Eastern and Central European Voices
Studies in Theology and Religion
Supplements: Tools in Theology and Religion

Edited by
Roman Mazur and Mariusz Rosik

Volume 1

Roman Mazur, Roman Bogacz, Andrzej Gieniusz

Analytical Lexicon of the Greek Bible

in three parts

Part 3 (π–ω)

Vandenhoeck & Ruprecht

A translation of *Słownik analityczny do Biblii greckiej*, Instrumenta Biblica 1,
edited by Roman Mazur and Roman Bogacz (UNUM Press, Krakow 2021).

Bibliographic information published by the Deutsche Nationalbibliothek:
The Deutsche Nationalbibliothek lists this publication in the Deutsche Nationalbibliografie;
detailed bibliographic data available online: https://dnb.de

© 2023 by Vandenhoeck & Ruprecht, Robert-Bosch-Breite 10, D-37079 Göttingen, Germany,
an imprint of the Brill-Group
(Koninklijke Brill NV, Leiden, The Netherlands; Brill USA Inc., Boston MA, USA;
Brill Asia Pte Ltd, Singapore; Brill Deutschland GmbH, Paderborn, Germany,
Brill Österreich GmbH, Vienna, Austria)
Koninklijke Brill NV incorporates the imprints Brill, Brill Nijhoff, Brill Hotei,
Brill Schöningh, Brill Fink, Brill mentis, Vandenhoeck & Ruprecht, Böhlau,
V&R unipress and Wageningen Academic.

All rights reserved. No part of this work may be reproduced or utilized in any form or by any means, electronic
or mechanical, including photocopying, recording, or any information storage and retrieval system, without
prior written permission from the publisher.

Typesetting: Krzysztof Wilkosz
Cover design: SchwabScantechnik, Göttingen
Printed and bound: Hubert & Co, Göttingen
Printed in the EU

Vandenhoeck & Ruprecht Verlage | www.vandenhoeck-ruprecht-verlage.com

ISSN 2749-6260
ISBN 978-3-525-50001-9

Π, π

παγγέωργος (πᾶς; γῆ) master cultivator ‣ 1
  παγγέωργος ‣ 1
    Noun · masculine · singular · nominative · (common) ‣ 1
    (4Mac. 1,29)
παγετός (πάγος) frost ‣ 4
  παγετῷ ‣ 4
    Noun · masculine · singular · dative · (common) ‣ 4
    (Gen. 31,40; Sir. 3,15; Jer. 43,30; Bar. 2,25)
παγιδεύω (πήγνυμι) to entangle, trap ‣ 2 + 1 = 3
  παγιδεύεις ‣ 1
    Verb · second · singular · present · active · indicative ‣ 1
    (1Sam. 28,9)
  παγιδεύονται ‣ 1
    Verb · third · plural · present · passive · indicative ‣ 1
    (Eccl. 9,12)
  παγιδεύσωσιν ‣ 1
    Verb · third · plural · aorist · active · subjunctive ‣ 1
    (Matt. 22,15)
παγίς (πήγνυμι) snare, trap ‣ 62 + 2 + 5 = 69
  παγίδα ‣ 12 + 1 + 3 = 16
    Noun · feminine · singular · accusative · (common) ‣ 12 + 1 + 3 = 16 (Tob. 14,10; 1Mac. 1,35; 1Mac. 5,4; Psa. 56,7; Psa. 65,11; Psa. 68,23; Psa. 118,110; Psa. 139,6; Psa. 141,4; Prov. 7,23; Wis. 14,11; Sir. 27,26; Tob. 14,10; Rom. 11,9; 1Tim. 3,7; 1Tim. 6,9)
  παγίδας ‣ 10
    Noun · feminine · plural · accusative · (common) ‣ 10
    (Josh. 23,13; Psa. 10,6; Psa. 63,6; Psa. 139,6; Prov. 12,13; Prov. 21,6; Sir. 9,3; Jer. 5,26; Jer. 18,22; Ezek. 29,4)
  παγίδες ‣ 4
    Noun · feminine · plural · nominative · (common) ‣ 4
    (Psa. 17,6; Prov. 22,5; Job 18,9; Job 22,10)
  παγίδι ‣ 8
    Noun · feminine · singular · dative · (common) ‣ 8
    (Psa. 9,16; Psa. 9,31; Psa. 34,8; Eccl. 9,12; Job 18,8; Sir. 27,29; Is. 8,14; Jer. 31,44)
  παγίδος ‣ 13 + 1 + 1 = 15
    Noun · feminine · singular · genitive · (common) ‣ 13 + 1 + 1 = 15 (Tob. 14,10; Psa. 24,15; Psa. 30,5; Psa. 34,7; Psa. 90,3; Psa. 123,7; Psa. 140,9; Prov. 6,5; Prov. 13,14; Prov. 14,27; Sir. 27,20; Sir. 51,2; Is. 24,18; Tob. 14,10; 2Tim. 2,26)
  παγίδων ‣ 1
    Noun · feminine · plural · genitive · (common) ‣ 1 (Sir. 9,13)
  παγίς ‣ 12
    Noun · feminine · singular · nominative · (common) ‣ 12 (Psa. 123,7; Prov. 6,2; Prov. 11,9; Prov. 18,7; Prov. 20,25; Hos. 5,1; Hos. 9,8; Amos 3,5; Is. 24,17; Is. 42,22; Jer. 5,27; Jer. 31,43)
  παγίς ‣ 2 + 1 = 3
    Noun · feminine · singular · nominative · (common) ‣ 2 + 1 = 3
    (Psa. 34,8; Prov. 29,6; Luke 21,35)
παγκρατής (πᾶς; κεράννυμι) almighty, all-powerful ‣ 1
  παγκρατῆ ‣ 1
    Adjective · masculine · singular · accusative · noDegree ‣ 1
    (2Mac. 3,22)
πάγος (πήγνυμι) mountain peak, rocky hill, Areopagus (with AREIOS); frost ‣ 6 + 1 + 2 = 9
  πάγοι ‣ 1
    Noun · masculine · plural · nominative · (common) ‣ 1
    (Dan. 3,69)
  πάγον ‣ 1
    Noun · masculine · singular · accusative · (proper) ‣ 1
    (Acts 17,19)
  πάγος ‣ 4 + 1 = 5
    Noun · neuter · singular · accusative · (common) ‣ 1 (Job 37,10)
    Noun · neuter · singular · nominative · (common) ‣ 3 + 1 = 4
    (Ex. 16,14; Ode. 8,69; Zech. 14,6; Dan. 3,69)
  πάγου ‣ 1
    Noun · masculine · singular · genitive · (proper) ‣ 1 (Acts 17,22)
  πάγους ‣ 1
    Noun · neuter · singular · genitive · (common) ‣ 1 (Nah. 3,17)
Παθαια Pethahiah ‣ 1
  Παθαια ‣ 1
    Noun · masculine · singular · nominative · (proper) ‣ 1
    (Neh. 11,24)
Παθαιος Pethahiah ‣ 1
  Παθαιος ‣ 1
    Noun · masculine · singular · nominative · (proper) ‣ 1
    (1Esdr. 9,23)
παθεινός (πάσχω) mournful; mourner ‣ 1
  παθεινοὺς ‣ 1
    Noun · masculine · plural · accusative · (common) ‣ 1 (Job 29,25)
πάθημα (πάσχω) suffering ‣ 16
  πάθημα ‣ 1
    Noun · neuter · singular · accusative ‣ 1 (Heb. 2,9)
  παθήμασιν ‣ 4
    Noun · neuter · plural · dative ‣ 4
    (Gal. 5,24; Col. 1,24; 2Tim. 3,11; 1Pet. 4,13)
  παθήματα ‣ 4

Noun · neuter · plural · accusative · ▸ **1** (1Pet. 1,11)
Noun · neuter · plural · nominative · ▸ **3** (Rom. 7,5; Rom. 8,18; 2Cor. 1,5)
παθημάτων ▸ 7
Noun · neuter · plural · genitive · ▸ **7** (2Cor. 1,6; 2Cor. 1,7; Phil. 3,10; Heb. 2,10; Heb. 10,32; 1Pet. 5,1; 1Pet. 5,9)

παθητός (πάσχω) subject to suffering ▸ 1
παθητός ▸ 1
Adjective · masculine · singular · nominative · (verbal) ▸ **1** (Acts 26,23)

παθοκράτεια (πάσχω; κεράννυμι) self-control; control of emotion ▸ 2
παθοκράτειαν ▸ 2
Noun · feminine · singular · accusative · (common) ▸ **2** (4Mac. 13,5; 4Mac. 13,16)

παθοκρατέομαι (πάσχω; κεράννυμι) to be controlled by emotions ▸ 1
παθοκρατεῖσθαι ▸ 1
Verb · present · passive · infinitive ▸ **1** (4Mac. 7,20)

πάθος (πάσχω) trouble; emotion; passion, suffering ▸ 64 + 3 = 67
πάθει ▸ 1
Noun · neuter · singular · dative ▸ **1** (1Th. 4,5)
πάθεσι ▸ 1
Noun · neuter · plural · dative · (common) ▸ **1** (4Mac. 13,2)
πάθεσιν ▸ 2
Noun · neuter · plural · dative · (common) ▸ **2** (4Mac. 7,8; 4Mac. 15,23)
πάθη ▸ 8 + 1 = 9
Noun · neuter · plural · accusative · (common) ▸ **5 + 1 = 6** (4Mac. 2,16; 4Mac. 2,21; 4Mac. 6,33; 4Mac. 15,4; 4Mac. 16,4; Rom. 1,26)
Noun · neuter · plural · nominative · (common) ▸ **2** (4Mac. 1,35; 4Mac. 6,32)
Noun · neuter · plural · vocative · (common) ▸ **1** (4Mac. 15,13)
πάθος ▸ 4 + 1 = 5
Noun · neuter · singular · accusative · (common) ▸ **1 + 1 = 2** (Job 30,31; Col. 3,5)
Noun · neuter · singular · nominative · (common) ▸ **3** (4Mac. 1,14; 4Mac. 1,24; Prov. 25,20)
πάθους ▸ 1
Noun · neuter · singular · genitive · (common) ▸ **1** (4Mac. 13,4)
παθῶν ▸ 48
Noun · neuter · plural · genitive · (common) ▸ **48** (4Mac. 1,1; 4Mac. 1,3; 4Mac. 1,4; 4Mac. 1,4; 4Mac. 1,5; 4Mac. 1,6; 4Mac. 1,7; 4Mac. 1,9; 4Mac. 1,13; 4Mac. 1,14; 4Mac. 1,19; 4Mac. 1,20; 4Mac. 1,21; 4Mac. 1,25; 4Mac. 1,29; 4Mac. 1,30; 4Mac. 1,30; 4Mac. 2,3; 4Mac. 2,6; 4Mac. 2,7; 4Mac. 2,9; 4Mac. 2,15; 4Mac. 2,18; 4Mac. 2,24; 4Mac. 3,1; 4Mac. 3,5; 4Mac. 3,17; 4Mac. 3,18; 4Mac. 6,31; 4Mac. 7,1; 4Mac. 7,5; 4Mac. 7,10; 4Mac. 7,16; 4Mac. 7,17; 4Mac. 7,18; 4Mac. 7,22; 4Mac. 7,23; 4Mac. 8,28; 4Mac. 13,1; 4Mac. 13,3; 4Mac. 13,7; 4Mac. 14,1; 4Mac. 15,1; 4Mac. 15,4; 4Mac. 15,32; 4Mac. 16,1; 4Mac. 16,2; 4Mac. 18,2)

Παθουρης Pathros (Upper Egypt) ▸ 4
Παθουρη ▸ 1
Noun · masculine · singular · dative · (proper) ▸ **1** (Jer. 51,15)
Παθουρης ▸ 3
Noun · feminine · singular · genitive · (proper) ▸ **2** (Ezek. 29,14; Ezek. 30,14)
Noun · masculine · singular · genitive · (proper) ▸ **1** (Jer. 51,1)

παιάν (Παιάν) song, hymn, chant ▸ 1
παιάνων ▸ 1
Noun · masculine · plural · genitive · (common) ▸ **1** (2Mac. 15,25)

παιγνία (παῖς) play, sport, game ▸ 1 + 1 = 2
παιγνία ▸ 1
Noun · feminine · singular · nominative · (common) ▸ **1** (Jer. 30,10)
παιγνίαις ▸ 1
Noun · feminine · plural · dative · (common) ▸ **1** (Judg. 16,27)

παίγνιον (παῖς) game, toy; trifle, contemptible thing; farce ▸ 3
παίγνια ▸ 1
Noun · neuter · plural · nominative · (common) ▸ **1** (Hab. 1,10)
παιγνίοις ▸ 1
Noun · neuter · plural · dative · (common) ▸ **1** (Wis. 12,26)
παίγνιον ▸ 1
Noun · neuter · singular · accusative · (common) ▸ **1** (Wis. 15,12)

παιδαγωγός (παῖς; ἄγω) teacher ▸ 3
παιδαγωγόν ▸ 1
Noun · masculine · singular · accusative ▸ **1** (Gal. 3,25)
παιδαγωγός ▸ 1
Noun · masculine · singular · nominative ▸ **1** (Gal. 3,24)
παιδαγωγούς ▸ 1
Noun · masculine · plural · accusative ▸ **1** (1Cor. 4,15)

παιδάριον (παῖς) child, boy; servant ▸ 212 + 21 + 1 = 234
παιδάρια ▸ 27 + 3 = 30
Noun · neuter · plural · accusative · (common) ▸ **10 + 2 = 12** (1Sam. 25,5; 2Sam. 13,32; 1Kings 21,15; 2Kings 5,22; 2Kings 5,23; 1Mac. 2,46; 1Mac. 13,17; 1Mac. 13,18; 1Mac. 13,19; Joel 4,3; Dan. 1,10; Dan. 1,15)
Noun · neuter · plural · nominative · (common) ▸ **17 + 1 = 18** (Ruth 2,9; 1Sam. 16,11; 1Sam. 21,6; 1Sam. 25,8; 1Sam. 25,9; 1Sam. 25,12; 1Sam. 30,17; 2Sam. 2,14; 2Sam. 13,29; 2Sam. 18,15; 1Kings 12,10; 1Kings 12,24s; 1Kings 21,17; 1Kings 21,19; 2Kings 2,23; 2Kings 19,6; 2Chr. 10,10; Dan. 1,17)
παιδαριά ▸ 4
Noun · neuter · plural · accusative · (common) ▸ **3** (1Sam. 25,8; 1Sam. 25,25; 1Kings 16,28g)
Noun · neuter · plural · nominative · (common) ▸ **1** (1Sam. 21,5)
παιδαρίοις ▸ 10 + 1 = 11
Noun · neuter · plural · dative · (common) ▸ **10 + 1 = 11** (Ruth 2,9; Ruth 2,15; 1Sam. 21,3; 1Sam. 25,5; 1Sam. 25,19; 1Sam. 25,27; 2Sam. 4,12; 2Sam. 13,28; 2Sam. 16,2; 1Kings 21,14; Bel 14)
παιδάριον ▸ 111 + 11 + 1 = 123
Noun · neuter · singular · accusative · (common) ▸ **39 + 3 = 42** (Gen. 22,12; Gen. 42,22; Gen. 43,8; Gen. 44,30; Gen. 44,31; Judg. 8,14; Judg. 9,54; Judg. 16,26; 1Sam. 1,22; 1Sam. 1,25; 1Sam. 3,8; 1Sam. 4,21; 1Sam. 9,10; 1Sam. 9,22; 1Sam. 10,14; 1Sam. 14,6; 1Sam. 20,21; 1Sam. 20,40; 2Sam. 9,9; 2Sam. 12,18; 2Sam. 12,22; 2Sam. 13,17; 2Sam. 13,34; 2Sam. 14,21; 2Sam. 18,12; 1Kings 11,28; 1Kings 12,24m; 1Kings 19,3; 2Kings 4,12; 2Kings 4,24; 2Kings 4,25; 2Kings 4,34; 2Kings 4,35; 2Kings 4,41; 2Kings 8,4; 1Chr. 22,5; 2Chr. 34,3; Tob. 6,2; 1Mac. 11,39; Judg. 8,14; Judg. 8,20; Judg. 9,54)
Noun · neuter · singular · nominative · (common) ▸ **72 + 8 + 1 = 81** (Gen. 22,5; Gen. 37,30; Judg. 7,11; Judg. 8,20; Judg. 9,54; Judg. 13,5; Judg. 13,7; Judg. 13,24; Judg. 17,7; Judg. 17,11; Judg. 17,12; Judg. 19,3; Judg. 19,9; Judg. 19,11; Ruth 2,6; 1Sam. 1,14; 1Sam. 1,24; 1Sam. 2,11; 1Sam. 2,13; 1Sam. 2,15; 1Sam. 2,18; 1Sam. 2,21; 1Sam. 2,26; 1Sam. 3,1; 1Sam. 4,17; 1Sam. 9,6; 1Sam. 9,8; 1Sam. 17,33; 1Sam. 17,42; 1Sam. 20,35; 1Sam. 20,36; 1Sam. 20,37; 1Sam. 20,38; 1Sam. 20,39; 1Sam. 20,41;

1Sam. 30,13; 2Sam. 1,6; 2Sam. 12,18; 2Sam. 12,18; 2Sam. 12,18; 2Sam. 12,19; 2Sam. 12,19; 2Sam. 12,21; 2Sam. 12,22; 2Sam. 16,1; 2Sam. 17,18; 2Sam. 18,32; 2Sam. 19,18; 1Kings 3,7; 1Kings 11,17; 1Kings 12,24g; 1Kings 12,24l; 1Kings 12,24n; 1Kings 17,22; 1Kings 18,43; 1Kings 18,43; 2Kings 4,14; 2Kings 4,18; 2Kings 4,18; 2Kings 4,31; 2Kings 4,32; 2Kings 4,35; 2Kings 5,20; 2Kings 6,15; 2Kings 9,4; Tob. 6,2; Tob. 6,3; Tob. 6,5; Tob. 6,7; Tob. 6,14; 1Mac. 11,54; Lam. 2,21; Judg. 7,11; Judg. 9,54; Judg. 13,5; Judg. 13,7; Judg. 13,24; Tob. 6,3; Tob. 6,5; Tob. 6,7; John 6,9)

παιδάριόν ‣ 1 + 1 = 2
  Noun · neuter · singular · nominative · (common) ‣ 1 + 1 = 2 (Judg. 7,10; Judg. 7,10)

παιδαρίου ‣ 20 + 2 = 22
  Noun · neuter · singular · genitive · (common) ‣ 20 + 2 = 22 (Judg. 13,12; Judg. 18,3; Judg. 18,15; 1Sam. 1,25; 1Sam. 1,27; 1Sam. 20,38; 2Sam. 12,16; 2Sam. 12,21; 2Sam. 18,5; 1Kings 12,24g; 1Kings 12,24g; 1Kings 17,21; 2Kings 4,29; 2Kings 4,30; 2Kings 4,31; 2Kings 4,34; 2Kings 5,14; 2Kings 6,17; Tob. 5,17; Jer. 31,11; Tob. 6,2; Sus. 45)

παιδαρίῳ ‣ 21 + 2 = 23
  Noun · neuter · singular · dative · (common) ‣ 21 + 2 = 23 (Judg. 13,8; Judg. 19,13; Judg. 19,19; Ruth 2,5; 1Sam. 9,5; 1Sam. 9,7; 1Sam. 14,1; 1Sam. 20,21; 1Sam. 20,36; 1Sam. 20,40; 2Sam. 1,5; 2Sam. 1,13; 2Sam. 18,29; 2Sam. 18,32; 1Kings 12,24k; 1Kings 17,21; 1Kings 18,43; 2Kings 4,19; 2Kings 4,26; 2Kings 4,38; Tob. 6,11; Tob. 6,3; Tob. 6,11)

παιδαρίων ‣ 18 + 1 = 19
  Noun · neuter · plural · genitive · (common) ‣ 18 + 1 = 19 (Gen. 33,14; Ruth 2,21; 1Sam. 2,17; 1Sam. 9,3; 1Sam. 16,18; 1Sam. 21,8; 1Sam. 25,14; 1Sam. 26,22; 2Sam. 1,15; 2Sam. 2,21; 2Sam. 20,11; 1Kings 12,8; 1Kings 12,14; 2Kings 4,22; 2Chr. 10,8; Neh. 13,19; 1Mac. 16,16; Zech. 8,5; Dan. 1,13)

παιδεία (παῖς) instruction, discipline ‣ 110 + 6 = 116
  παιδεία ‣ 25 + 1 = 26
    Noun · feminine · singular · nominative · (common) ‣ 25 + 1 = 26 (4Mac. 1,17; Psa. 17,36; Psa. 17,36; Ode. 5,16; Prov. 6,23; Prov. 10,17; Prov. 10,17; Prov. 13,18; Prov. 15,10; Prov. 15,33; Prov. 16,22; Prov. 17,8; Prov. 22,15; Sir. 1,27; Sir. 4,24; Sir. 21,19; Sir. 21,21; Sir. 22,6; Sir. 33,25; Sol. 13,7; Sol. 13,9; Sol. 18,4; Is. 26,16; Is. 50,5; Is. 53,5; Heb. 12,11)
  παιδείᾳ ‣ 7 + 1 = 8
    Noun · feminine · singular · dative · (common) ‣ 7 + 1 = 8 (Sir. 4,17; Sir. 44,4; Sol. 8,26; Sol. 10,3; Sol. 13,10; Ezek. 13,9; Dan. 1,20; Eph. 6,4)
  παιδεῖαι ‣ 1
    Noun · feminine · plural · nominative · (common) ‣ 1 (Prov. 25,1)
  Παιδείαν ‣ 2
    Noun · feminine · singular · accusative · (common) ‣ 2 (Sir. 23,7; Sir. 50,27)
  παιδείαν ‣ 54 + 2 = 56
    Noun · feminine · singular · accusative · (common) ‣ 54 + 2 = 56 (Deut. 11,2; Ezra 7,26; 2Mac. 6,12; 4Mac. 10,10; Psa. 49,17; Psa. 118,66; Prov. 1,2; Prov. 1,7; Prov. 1,8; Prov. 4,1; Prov. 5,12; Prov. 8,10; Prov. 12,1; Prov. 15,5; Prov. 15,32; Prov. 16,17; Prov. 19,20; Prov. 19,27; Prov. 23,12; Prov. 24,32; Job 20,3; Job 37,13; Wis. 3,11; Sir. 1,12 Prol.; Sir. 6,18; Sir. 8,8; Sir. 9,1; Sir. 16,25; Sir. 18,14; Sir. 23,2; Sir. 24,27; Sir. 24,32; Sir. 32,14; Sir. 33,4; Sir. 33,18; Sir. 38,34; Sir. 39,8; Sir. 41,14; Sir. 51,16; Sir. 51,26; Sol. 10,2; Sol. 14,1; Sol. 16,13; Amos 3,7; Hab. 1,12; Zeph. 3,2; Zeph. 3,7; Jer. 2,30; Jer. 5,3; Jer. 7,27; Jer. 17,23; Jer. 37,14; Jer. 39,33; Jer. 42,13; 2Tim. 3,16; Heb. 12,7)
  παιδείας ‣ 21 + 2 = 23
    Noun · feminine · singular · genitive · (common) ‣ 21 + 2 = 23 (2Mac. 7,33; 4Mac. 13,22; Psa. 2,12; Prov. 3,11; Prov. 4,13; Wis. 1,5; Wis. 2,12; Wis. 6,17; Wis. 6,17; Wis. 7,14; Sir. 1,3 Prol.; Sir. 1,29 Prol.; Sir. 31,17; Sir. 42,5; Sir. 42,8; Sir. 51,23; Sir. 51,28; Sol. 7,9; Sol. 18,7; Is. 50,4; Bar. 4,13; Heb. 12,5; Heb. 12,8)

παιδευτής (παῖς) instructor, corrector ‣ 5 + 2 = 7
  παιδευτά ‣ 1
    Noun · masculine · singular · vocative · (common) ‣ 1 (4Mac. 5,34)
  παιδευτὰς ‣ 1
    Noun · masculine · plural · accusative ‣ 1 (Heb. 12,9)
  παιδευτὴν ‣ 1
    Noun · masculine · singular · accusative ‣ 1 (Rom. 2,20)
  παιδευτής ‣ 1
    Noun · masculine · singular · nominative · (common) ‣ 1 (Sir. 37,19)
  παιδευτής ‣ 3
    Noun · masculine · singular · nominative · (common) ‣ 3 (4Mac. 9,6; Sol. 8,29; Hos. 5,2)

παιδεύω (παῖς) to instruct, discipline ‣ 88 + 13 = 101
  ἐπαιδεύθη ‣ 1
    Verb · third · singular · aorist · passive · indicative ‣ 1 (Acts 7,22)
  ἐπαιδεύθην ‣ 1
    Verb · first · singular · aorist · passive · indicative ‣ 1 (Jer. 38,18)
  ἐπαιδεύθησαν ‣ 1
    Verb · third · plural · aorist · passive · indicative ‣ 1 (Hos. 7,14)
  ἐπαίδευον ‣ 1
    Verb · third · plural · imperfect · active · indicative ‣ 1 (Heb. 12,10)
  ἐπαίδευσάν ‣ 2
    Verb · third · plural · aorist · active · indicative ‣ 2 (Psa. 15,7; Ezek. 28,3)
  ἐπαίδευσας ‣ 1
    Verb · second · singular · aorist · active · indicative ‣ 1 (Psa. 38,12)
  Ἐπαίδευσάς ‣ 1
    Verb · second · singular · aorist · active · indicative ‣ 1 (Jer. 38,18)
  ἐπαίδευσεν ‣ 9
    Verb · third · singular · aorist · active · indicative ‣ 9 (Deut. 32,10; 1Kings 12,11; 1Kings 12,14; 2Chr. 10,11; 2Chr. 10,11; 2Chr. 10,14; Esth. 2,7; Ode. 2,10; Prov. 31,1)
  ἐπαίδευσέν ‣ 1
    Verb · third · singular · aorist · active · indicative ‣ 1 (Psa. 117,18)
  παίδευε ‣ 3
    Verb · second · singular · present · active · imperative ‣ 3 (Prov. 19,18; Prov. 28,17a; Prov. 29,17)
  παιδεύει ‣ 3 + 2 = 5
    Verb · third · singular · present · active · indicative ‣ 3 + 2 = 5 (4Mac. 5,24; Prov. 3,12; Prov. 13,24; Heb. 12,6; Heb. 12,7)
  παιδεύειν ‣ 2
    Verb · present · active · infinitive ‣ 2 (Prov. 23,13; Sol. 16,11)
  παιδεύεσθαι ‣ 2
    Verb · present · passive · infinitive ‣ 2 (2Mac. 10,4; Hos. 10,10)
  παιδεύεσθε ‣ 1
    Verb · second · plural · present · passive · imperative ‣ 1 (Wis. 6,25)
  παιδεύεται ‣ 2

Verb • third • singular • present • passive • indicative ▸ 2 (Prov. 22,3; Sol. 13,8)
παιδευθέντες ▸ 2
    Verb • aorist • passive • participle • masculine • plural • nominative ▸ 2 (4Mac. 13,24; Wis. 3,5)
παιδευθῇ ▸ 1
    Verb • third • singular • aorist • passive • subjunctive ▸ 1 (Sir. 23,15)
παιδευθήσεσθε ▸ 1
    Verb • second • plural • future • passive • indicative ▸ 1 (Wis. 6,11)
παιδευθήσεται ▸ 2
    Verb • third • singular • future • passive • indicative ▸ 2 (Prov. 29,19; Sir. 21,12)
παιδευθήσῃ ▸ 3
    Verb • second • singular • future • passive • indicative ▸ 3 (Sir. 6,32; Is. 28,26; Jer. 6,8)
παιδευθησόμεθα ▸ 1
    Verb • first • plural • future • passive • indicative ▸ 1 (Psa. 89,10)
παιδευθήσονται ▸ 1
    Verb • third • plural • future • passive • indicative ▸ 1 (Ezek. 23,48)
παιδεύθητε ▸ 1
    Verb • second • plural • aorist • passive • subjunctive ▸ 1 (Psa. 2,10)
παιδευθῆτε ▸ 1
    Verb • second • plural • aorist • passive • subjunctive ▸ 1 (Lev. 26,23)
παιδευθῶσιν ▸ 1
    Verb • third • plural • aorist • passive • subjunctive ▸ 1 (1Tim. 1,20)
παιδευόμεθα ▸ 1
    Verb • first • plural • present • passive • indicative ▸ 1 (1Cor. 11,32)
παιδευόμενοι ▸ 2 + 1 = 3
    Verb • present • passive • participle • masculine • plural • nominative ▸ 2 + 1 = 3 (Wis. 11,9; Is. 46,3; 2Cor. 6,9)
παιδευόμενος ▸ 1
    Verb • present • passive • participle • masculine • singular • nominative ▸ 1 (Sol. 3,4)
παιδεύοντα ▸ 1
    Verb • present • active • participle • masculine • singular • accusative ▸ 1 (2Tim. 2,25)
παιδεύοντός ▸ 1
    Verb • present • active • participle • masculine • singular • genitive ▸ 1 (Prov. 5,13)
παιδεύουσα ▸ 1
    Verb • present • active • participle • feminine • singular • nominative ▸ 1 (Titus 2,12)
παιδεύσαι ▸ 1
    Verb • third • singular • aorist • active • optative ▸ 1 (Deut. 8,5)
παιδεῦσαι ▸ 4
    Verb • aorist • active • infinitive ▸ 4 (Lev. 26,18; Psa. 104,22; Sol. 17,42; Hos. 10,10)
παιδεῦσαί ▸ 1
    Verb • aorist • active • infinitive ▸ 1 (Deut. 4,36)
παιδεύσας ▸ 2
    Verb • aorist • active • participle • masculine • singular • nominative ▸ 2 (Luke 23,16; Luke 23,22)
παιδεύσει ▸ 5
    Verb • third • singular • future • active • indicative ▸ 5 (Deut. 8,5; Psa. 140,5; Sir. 10,1; Sir. 37,23; Jer. 2,19)

παιδεύσῃς ▸ 3
    Verb • second • singular • aorist • active • subjunctive ▸ 3 (Psa. 6,2; Psa. 37,2; Psa. 93,12)
παίδευσον ▸ 4
    Verb • second • singular • aorist • active • imperative ▸ 4 (Sir. 7,23; Sir. 30,13; Sol. 7,3; Jer. 10,24)
παιδεύσουσιν ▸ 1
    Verb • third • plural • future • active • indicative ▸ 1 (Deut. 22,18)
παιδεύσω ▸ 7
    Verb • first • singular • future • active • indicative ▸ 7 (Lev. 26,28; 1Kings 12,11; 1Kings 12,14; 2Chr. 10,11; 2Chr. 10,14; Hos. 7,12; Jer. 26,28)
παιδεύσωσιν ▸ 1
    Verb • third • plural • aorist • active • subjunctive ▸ 1 (Deut. 21,18)
παιδεύω ▸ 1
    Verb • first • singular • present • active • indicative ▸ 1 (Rev. 3,19)
παιδεύων ▸ 8
    Verb • present • active • participle • masculine • singular • nominative ▸ 8 (2Sam. 22,48; 2Mac. 6,16; Psa. 93,10; Psa. 117,18; Prov. 9,7; Wis. 12,22; Sir. 18,13; Sir. 30,2)
πεπαιδευμένης ▸ 1
    Verb • perfect • passive • participle • feminine • singular • genitive ▸ 1 (Sir. 26,14)
πεπαιδευμένος ▸ 5 + 1 = 6
    Verb • perfect • passive • participle • masculine • singular • nominative ▸ 5 + 1 = 6 (Tob. 4,14; Prov. 10,4a; Sir. 21,23; Sir. 40,29; Sir. 42,8; Acts 22,3)
πεπαιδευμένῳ ▸ 1
    Verb • perfect • passive • participle • masculine • singular • dative ▸ 1 (Sir. 31,19)
παιδιά (παῖς) child-play; sport, game ▸ 1
    παιδία ▸ 1
        Noun • neuter • plural • nominative • (common) ▸ 1 (2Chr. 20,13)
παιδιόθεν (παῖς; θεν) from childhood ▸ 1
    παιδιόθεν ▸ 1
        Adverb • (temporal) ▸ 1 (Mark 9,21)
παιδίον (παῖς) child ▸ 124 + 44 + 53 = 221
    Παιδία ▸ 2
        Noun • neuter • plural • vocative ▸ 2 (1John 2,18; 1John 3,7)
    παιδία ▸ 47 + 5 + 12 = 64
        Noun • neuter • plural • accusative • (common) ▸ 27 + 2 + 4 = 33 (Gen. 30,26; Gen. 31,17; Gen. 31,28; Gen. 32,16; Gen. 32,23; Gen. 33,1; Gen. 33,2; Gen. 33,5; Gen. 48,16; Gen. 50,23; Ex. 4,20; Ex. 21,5; Lev. 22,28; Num. 14,31; Deut. 3,6; Deut. 22,7; Tob. 10,13; 4Mac. 4,25; Ode. 11,19; Job 1,19; Job 39,3; Is. 34,15; Is. 38,19; Is. 66,8; Lam. 4,10; LetterJ 32; Sus. 30; Tob. 10,11; Tob. 14,3; Matt. 19,14; Mark 10,13; Mark 10,14; Luke 18,16)
        Noun • neuter • plural • nominative • (common) ▸ 19 + 1 + 6 = 26 (Gen. 25,22; Gen. 33,5; Gen. 33,13; Ex. 21,4; Ex. 22,23; Lev. 25,54; Num. 3,4; Num. 14,3; Deut. 11,2; Josh. 1,14; 1Sam. 1,2; Judith 4,11; Judith 7,23; Tob. 6,18; 2Mac. 8,28; Job 21,11; Is. 8,18; Is. 11,7; Is. 66,12; Tob. 6,18; Matt. 18,3; Matt. 19,13; Luke 11,7; 1Cor. 14,20; Heb. 2,13; Heb. 2,14)
        Noun • neuter • plural • vocative • (common) ▸ 1 + 2 + 2 = 5 (Tob. 14,11; Tob. 14,8; Tob. 14,11; John 21,5; 1John 2,14)
    παιδίοις ▸ 2 + 1 + 2 = 5
        Noun • neuter • plural • dative • (common) ▸ 2 + 1 + 2 = 5 (Gen. 45,19; Josh. 8,35 # 9,2f; Tob. 14,8; Matt. 11,16; Luke 7,32)
    Παιδίον ▸ 1 + 4 = 5
        Noun • masculine • singular • vocative • (common) ▸ 1 (Tob. 5,17)
        Noun • neuter • singular • vocative • (common) ▸ 1 + 3 = 4 (Tob.

παιδίον–παίζω

4,3; Tob. 2,2; Tob. 12,1; Tob. 14,3)
- **παιδίον** ▸ 56 + 29 + 27 = 112
  - **Noun** · neuter · singular · accusative · (common) ▸ 24 + 1 + 17 = **42** (Gen. 21,7; Gen. 21,14; Gen. 21,15; Gen. 21,18; Gen. 21,19; Gen. 44,32; Ex. 2,3; Ex. 2,6; Ex. 2,7; Ex. 2,9; Ex. 2,9; Ruth 4,16; 1Sam. 1,6; 1Sam. 1,6; 2Sam. 12,15; 1Kings 3,25; 1Kings 3,26; 1Kings 3,27; Tob. 5,18; Tob. 7,10; Tob. 7,11; Is. 7,16; Is. 8,4; Bar. 4,15; Tob. 5,18; Matt. 2,11; Matt. 2,13; Matt. 2,13; Matt. 2,14; Matt. 2,20; Matt. 2,21; Matt. 18,2; Matt. 18,5; Mark 7,30; Mark 9,36; Luke 1,59; Luke 2,27; Luke 9,47; Luke 9,48; John 4,49; John 16,21; Heb. 11,23)
  - **Noun** · neuter · singular · nominative · (common) ▸ 23 + 5 + 9 = **37** (Gen. 17,12; Gen. 21,8; Gen. 21,16; Gen. 44,20; Gen. 44,22; Gen. 44,33; Ex. 21,22; Deut. 1,39; Deut. 25,6; 1Sam. 1,2; 1Sam. 1,5; 2Sam. 6,23; Tob. 3,15; Tob. 10,4; Tob. 10,7; Ode. 9,76; Is. 3,5; Is. 9,5; Is. 10,19; Is. 11,6; Is. 11,8; Is. 53,2; Jer. 38,20; Tob. 5,21; Tob. 6,1; Tob. 6,2; Tob. 10,4; Tob. 10,7; Matt. 2,9; Matt. 18,4; Mark 5,39; Mark 5,40; Mark 10,15; Luke 1,66; Luke 1,80; Luke 2,40; Luke 18,17)
  - **Noun** · neuter · singular · vocative · (common) ▸ 9 + 23 + 1 = **33** (Tob. 4,4; Tob. 4,5; Tob. 4,12; Tob. 4,12; Tob. 4,13; Tob. 4,14; Tob. 4,19; Tob. 4,21; Tob. 11,9; Tob. 2,2; Tob. 2,3; Tob. 4,4; Tob. 4,5; Tob. 4,19; Tob. 4,20; Tob. 4,21; Tob. 5,3; Tob. 5,9; Tob. 5,17; Tob. 7,6; Tob. 7,10; Tob. 7,11; Tob. 7,12; Tob. 8,21; Tob. 8,21; Tob. 10,9; Tob. 10,11; Tob. 10,13; Tob. 11,9; Tob. 12,4; Tob. 14,9; Tob. 14,10; Luke 1,76)
- **παιδίου** ▸ 14 + 2 + 6 = 22
  - **Noun** · neuter · singular · genitive · (common) ▸ 14 + 2 + 6 = **22** (Gen. 21,12; Gen. 21,16; Gen. 21,17; Gen. 21,17; Gen. 21,20; Gen. 44,33; Gen. 44,34; Ex. 2,8; Ex. 2,10; Ex. 4,25; Ex. 4,26; Tob. 5,19; Is. 46,3; Is. 49,15; Judg. 13,12; Tob. 5,19; Matt. 2,8; Matt. 2,20; Mark 5,40; Mark 5,41; Mark 9,24; Luke 2,17)
- **παιδίῳ** ▸ 1 + 1 = 2
  - **Noun** · neuter · singular · dative · (common) ▸ 1 + 1 = **2** (Job 40,29; Judg. 13,8)
- **παιδίων** ▸ 3 + 2 + 4 = 9
  - **Noun** · neuter · plural · genitive · (common) ▸ 3 + 2 + 4 = **9** (Ex. 2,6; 4Mac. 4,9; Bel 20; Judg. 19,19; Bel 20; Matt. 14,21; Matt. 15,38; Mark 7,28; Mark 9,37)
- **παιδίσκη** (παῖς) young woman; slave-girl ▸ 88 + 10 + 13 = 111
  - **παιδίσκαι** ▸ 8
    - **Noun** · feminine · plural · nominative · (common) ▸ **8** (Gen. 12,16; Gen. 30,43; Gen. 32,6; Gen. 33,6; Deut. 12,12; 1Esdr. 5,1; 1Esdr. 5,41; Sus. 30)
  - **παιδίσκας** ▸ 13 + 2 + 1 = 16
    - **Noun** · feminine · plural · accusative · (common) ▸ 13 + 2 + 1 = **16** (Gen. 20,14; Gen. 20,17; Gen. 24,35; Gen. 32,23; Gen. 33,1; Gen. 33,2; Deut. 28,68; 2Kings 5,26; Esth. 7,4; Judith 8,7; Eccl. 2,7; Jer. 41,11; Jer. 41,16; Tob. 10,10; Sus. 36; Luke 12,45)
  - **παιδίσκη** ▸ 21 + 2 + 5 = 28
    - **Noun** · feminine · singular · nominative · (common) ▸ 20 + 2 + 5 = **27** (Gen. 16,1; Gen. 16,6; Gen. 25,12; Gen. 30,3; Gen. 30,5; Gen. 30,7; Gen. 30,10; Gen. 30,12; Ex. 20,10; Lev. 25,44; Deut. 5,14; Deut. 5,14; Deut. 12,18; Deut. 16,11; Deut. 16,14; 2Sam. 17,17; Judith 10,10; Judith 11,5; Judith 12,13; Tob. 8,13; Tob. 3,8; Tob. 8,14; Matt. 26,69; Mark 14,69; Luke 22,56; John 18,17; Acts 12,13)
    - **Noun** · feminine · singular · vocative · (common) ▸ **1** (Gen. 16,8)
  - **παιδίσκῃ** ▸ 1 + 1 = 2
    - **Noun** · feminine · singular · dative · (common) ▸ 1 + 1 = **2** (Lev. 25,6; Judg. 19,19)
- **παιδίσκην** ▸ 22 + 1 + 2 = 25
  - **Noun** · feminine · singular · accusative · (common) ▸ 22 + 1 + 2 = **25** (Gen. 16,2; Gen. 16,3; Gen. 16,5; Gen. 21,10; Gen. 29,24; Gen. 29,24; Gen. 29,29; Gen. 29,29; Gen. 30,4; Gen. 30,9; Gen. 30,18; Gen. 34,4; Ex. 20,17; Ex. 21,20; Ex. 21,32; Deut. 5,21; Deut. 15,17; 1Sam. 25,41; Amos 2,7; Jer. 41,9; Jer. 41,10; Jer. 41,16; Tob. 8,13; Acts 16,16; Gal. 4,30)
- **παιδίσκης** ▸ 14 + 1 + 4 = 19
  - **Noun** · feminine · singular · genitive · (common) ▸ 14 + 1 + 4 = **19** (Gen. 21,10; Gen. 21,12; Gen. 21,13; Gen. 35,25; Gen. 35,26; Ex. 23,12; Judg. 9,18; Ruth 4,12; Judith 11,6; Psa. 85,16; Psa. 115,7; Psa. 122,2; Wis. 9,5; Sir. 41,24; Judg. 9,18; Gal. 4,22; Gal. 4,23; Gal. 4,30; Gal. 4,31)
- **παιδισκῶν** ▸ 9 + 3 + 1 = 13
  - **Noun** · feminine · plural · genitive · (common) ▸ 9 + 3 + 1 = **13** (Gen. 31,33; Ruth 2,13; 2Sam. 6,20; 2Sam. 6,22; 1Esdr. 5,41; Ezra 2,65; Neh. 7,67; Tob. 3,7; Tob. 8,12; Tob. 3,7; Tob. 8,12; Sus. 36; Mark 14,66)
- **παιδοποιέω** (παῖς; ποιέω) to produce children ▸ 1
  - **παιδοποιήσασθαι** ▸ 1
    - **Verb** · aorist · middle · infinitive ▸ **1** (2Mac. 14,25)
- **παιδοποιία** (παῖς; ποιέω) procreation of children ▸ 1
  - **παιδοποιία** ▸ 1
    - **Noun** · feminine · singular · nominative · (common) ▸ **1** (4Mac. 17,6)
- **παίζω** (παῖς) to play; to amuse oneself ▸ 19 + 2 + 1 = 22
  - **ἔπαιζεν** ▸ 1
    - **Verb** · third · singular · imperfect · active · indicative ▸ **1** (Judg. 16,25)
  - **ἔπαιξεν** ▸ 1
    - **Verb** · third · singular · aorist · active · indicative ▸ **1** (Sir. 47,3)
  - **παῖζε** ▸ 1
    - **Verb** · second · singular · present · active · imperative ▸ **1** (Sir. 32,12)
  - **παίζειν** ▸ 1 + 1 = 2
    - **Verb** · present · active · infinitive ▸ 1 + 1 = **2** (Ex. 32,6; 1Cor. 10,7)
  - **παίζοντα** ▸ 3
    - **Verb** · present · active · participle · masculine · singular · accusative ▸ **3** (Gen. 21,9; Gen. 26,8; 1Chr. 15,29)
  - **παίζοντες** ▸ 3
    - **Verb** · present · active · participle · masculine · plural · nominative ▸ **3** (2Sam. 6,5; 1Chr. 13,8; 1Esdr. 5,3)
  - **παιζόντων** ▸ 4
    - **Verb** · present · active · participle · masculine · plural · genitive ▸ **3** (Jer. 15,17; Jer. 37,19; Jer. 38,4)
    - **Verb** · present · active · participle · neuter · plural · genitive ▸ **1** (Zech. 8,5)
  - **παίζουσαι** ▸ 1
    - **Verb** · present · active · participle · feminine · plural · nominative ▸ **1** (Is. 3,16)
  - **Παίζων** ▸ 1
    - **Verb** · present · active · participle · masculine · singular · nominative ▸ **1** (Prov. 26,19)
  - **παιξάτω** ▸ 1 + 1 = 2
    - **Verb** · third · singular · aorist · active · imperative ▸ 1 + 1 = **2** (Judg. 16,25; Judg. 16,25)
  - **παιξάτωσαν** ▸ 1
    - **Verb** · third · plural · aorist · active · imperative ▸ **1** (2Sam. 2,14)
  - **παίξῃ** ▸ 1
    - **Verb** · second · singular · future · middle · indicative ▸ **1** (Job

40,29)

παίξομαι ▸ 1
   Verb · first · singular · future · middle · indicative ▸ 1 (2Sam. 6,21)

παῖς child; slave ▸ 460 + 9 + 24 = 493

παῖδα ▸ 26 + 4 = 30
   Noun · feminine · singular · accusative · (common) ▸ 4 (Gen. 24,57; Gen. 34,12; Deut. 22,25; Deut. 22,28)
   Noun · masculine · singular · accusative · (common) ▸ 22 + 4 = 26 (Gen. 18,5; Gen. 24,52; Gen. 24,59; Gen. 39,14; Ex. 20,17; Ex. 21,2; Ex. 21,20; Ex. 21,32; Deut. 5,21; Deut. 23,16; 2Chr. 32,16; 1Esdr. 6,26; Neh. 6,5; Tob. 9,2; Tob. 11,5; 4Mac. 15,12; Prov. 19,28; Wis. 2,13; Sol. 12,6; Jer. 41,9; Jer. 41,10; Jer. 41,16; Luke 9,42; Acts 3,13; Acts 3,26; Acts 20,12)

παῖδά ▸ 11 + 1 = 12
   Noun · masculine · singular · accusative · (common) ▸ 11 + 1 = 12 (Gen. 18,3; Gen. 33,5; Gen. 44,24; Gen. 44,30; 1Chr. 17,4; 1Chr. 17,23; Sol. 17,21; Is. 22,20; Is. 37,35; Is. 44,21; Is. 49,6; Acts 4,27)

παῖδας ▸ 57 + 2 + 3 = 62
   Noun · masculine · plural · accusative · (common) ▸ 57 + 2 + 3 = 62 (Gen. 20,8; Gen. 20,14; Gen. 22,3; Gen. 22,19; Gen. 24,35; Gen. 43,18; Gen. 47,21; Deut. 28,68; 1Sam. 16,17; 1Sam. 19,1; 1Sam. 21,15; 1Sam. 22,7; 2Sam. 3,38; 2Sam. 10,3; 2Sam. 10,4; 2Sam. 11,1; 2Sam. 12,19; 2Sam. 14,30; 2Sam. 16,6; 2Sam. 16,11; 2Sam. 20,6; 2Sam. 24,20; 1Kings 1,9; 1Kings 5,15; 1Kings 22,3; 2Kings 2,24; 2Kings 5,26; 2Kings 6,8; 2Kings 6,11; 2Kings 7,12; 2Kings 9,11; 1Chr. 18,6; 1Chr. 18,7; 1Chr. 19,4; 2Chr. 8,9; 2Chr. 8,18; 2Chr. 12,8; 2Chr. 25,3; 2Chr. 32,9; Esth. 7,4; Judith 8,7; Judith 16,12; 1Mac. 1,6; 1Mac. 3,41; 2Mac. 7,34; 4Mac. 16,6; 4Mac. 17,5; 4Mac. 18,20; Prov. 20,7; Job 1,15; Job 1,17; Jer. 21,7; Jer. 32,19; Jer. 41,11; Jer. 41,16; Jer. 43,31; Dan. 3,95; Tob. 10,10; Dan. 3,95; Matt. 2,16; Matt. 21,15; Luke 12,45)

παῖδάς ▸ 10 + 1 = 11
   Noun · masculine · plural · accusative · (common) ▸ 10 + 1 = 11 (Gen. 44,19; 2Sam. 11,24; 1Kings 16,28g; 1Kings 21,6; 2Kings 18,26; Is. 36,11; Jer. 42,15; Jer. 44,18; Jer. 51,4; Dan. 1,12; Dan. 1,12)

παῖδες ▸ 100 + 1 = 101
   Noun · masculine · plural · nominative · (common) ▸ 96 + 1 = 97 (Gen. 12,16; Gen. 14,15; Gen. 21,25; Gen. 26,15; Gen. 26,18; Gen. 26,19; Gen. 26,25; Gen. 26,32; Gen. 30,43; Gen. 32,6; Gen. 44,9; Gen. 47,19; Gen. 47,25; Gen. 50,7; Num. 22,22; Deut. 12,12; Judg. 3,24; 1Sam. 16,15; 1Sam. 18,22; 1Sam. 18,23; 1Sam. 18,24; 1Sam. 18,26; 1Sam. 21,12; 1Sam. 22,6; 1Sam. 22,17; 1Sam. 25,40; 1Sam. 28,7; 1Sam. 28,23; 1Sam. 29,10; 2Sam. 2,12; 2Sam. 2,13; 2Sam. 2,31; 2Sam. 3,22; 2Sam. 10,2; 2Sam. 12,19; 2Sam. 12,21; 2Sam. 13,24; 2Sam. 13,31; 2Sam. 13,36; 2Sam. 14,30; 2Sam. 15,15; 2Sam. 15,17; 2Sam. 15,18; 2Sam. 15,22; 2Sam. 17,20; 2Sam. 19,7; 2Sam. 21,15; 1Kings 1,2; 1Kings 10,13; 1Kings 10,22c # 9,22; 1Kings 21,23; 2Kings 5,13; 2Kings 9,28; 2Kings 19,5; 2Kings 21,23; 2Kings 23,30; 2Kings 24,11; 2Kings 24,12; 1Chr. 16,13; 1Chr. 18,2; 1Chr. 18,13; 1Chr. 19,2; 1Chr. 19,3; 1Chr. 19,19; 1Chr. 21,3; 2Chr. 9,10; 2Chr. 9,10; 2Chr. 10,7; 2Chr. 24,25; 2Chr. 32,16; 2Chr. 33,24; 2Chr. 35,24; 1Esdr. 1,28; 1Esdr. 1,54; 1Esdr. 5,1; 1Esdr. 5,41; 1Esdr. 6,12; Esth. 6,8; Judith 3,2; 1Mac. 1,8; 4Mac. 6,17; 4Mac. 9,18; 4Mac. 17,9; 4Mac. 18,1; 4Mac. 18,23; Psa. 112,1; Job 29,5; Wis. 18,9; Wis. 19,6; Is. 37,5; Jer. 22,4; Jer. 43,24; Jer. 44,2; Jer. 52,8; Dan. 3,93; Sus. 30; Judg. 3,24)
   Noun · masculine · plural · vocative · (common) ▸ 4 (4Mac. 6,22; 4Mac. 16,8; 4Mac. 16,16; Prov. 4,1)

Παῖδές ▸ 1
   Noun · masculine · plural · nominative · (common) ▸ 1 (2Kings 10,5)

παῖδές ▸ 25
   Noun · masculine · plural · nominative · (common) ▸ 25 (Gen. 42,10; Gen. 42,11; Gen. 42,13; Gen. 44,31; Gen. 46,34; Gen. 47,3; Gen. 47,4; Ex. 5,16; Ex. 11,8; Lev. 25,55; Num. 31,49; Num. 32,25; Num. 32,27; Josh. 9,9; 2Sam. 14,31; 2Sam. 15,15; 1Kings 10,8; 2Chr. 2,7; 2Chr. 9,7; 1Esdr. 2,13; Ezra 4,11; Neh. 1,10; Judith 7,12; Is. 42,19; Dan. 2,7)

παιδί ▸ 9
   Noun · masculine · singular · dative · (common) ▸ 9 (Gen. 24,2; Josh. 9,24; Josh. 11,15; 1Chr. 2,35; 2Chr. 34,20; Psa. 17,1; Prov. 1,4; Bar. 1,20; Bar. 3,37)

παιδί ▸ 14 + 1 = 15
   Noun · masculine · singular · dative · (common) ▸ 14 + 1 = 15 (Gen. 18,7; Gen. 24,14; Gen. 24,65; Gen. 32,11; Gen. 44,18; Lev. 25,6; 2Chr. 6,15; 2Chr. 6,16; 2Chr. 6,17; Neh. 1,7; Neh. 1,8; Neh. 1,11; Psa. 85,16; Sir. 33,26; Tob. 7,10)

παιδός ▸ 17 + 2 = 19
   Noun · masculine · singular · genitive · (common) ▸ 17 + 2 = 19 (Gen. 18,17; Gen. 32,19; Gen. 33,14; Gen. 44,31; 1Chr. 17,17; 1Chr. 17,24; 1Chr. 17,25; 1Chr. 17,27; 1Chr. 21,8; 2Chr. 6,19; 2Chr. 6,21; Psa. 68,18; Prov. 29,21; Job 1,8; Is. 45,4; Bar. 2,28; Dan. 9,17; Acts 4,25; Acts 4,30)

παιδός ▸ 15 + 3 = 18
   Noun · feminine · singular · genitive · (common) ▸ 3 + 1 = 4 (Deut. 22,15; Deut. 22,15; Deut. 22,16; Luke 8,51)
   Noun · masculine · singular · genitive · (common) ▸ 12 + 2 = 14 (Gen. 19,2; Gen. 46,34; 2Mac. 6,23; 2Mac. 15,12; 4Mac. 12,6; 4Mac. 12,9; 4Mac. 15,4; Ode. 9,54; Ode. 9,69; Is. 44,26; Is. 50,10; Dan. 9,11; Luke 1,54; Luke 1,69)

παιδῶν ▸ 64 + 1 + 1 = 66
   Noun · masculine · plural · genitive · (common) ▸ 64 + 1 + 1 = 66 (Gen. 40,20; Gen. 41,37; Gen. 44,9; Gen. 44,16; Gen. 47,4; Josh. 10,6; 1Sam. 25,41; 1Sam. 25,42; 1Sam. 28,25; 2Sam. 2,15; 2Sam. 2,15; 2Sam. 2,17; 2Sam. 2,30; 2Sam. 8,7; 2Sam. 11,24; 2Sam. 18,7; 2Sam. 18,9; 1Kings 9,27; 1Kings 9,27; 1Kings 10,5; 1Kings 11,17; 1Kings 14,26; 1Kings 15,18; 1Kings 21,6; 2Kings 2,16; 2Kings 3,11; 2Kings 6,12; 2Kings 7,13; 1Chr. 20,8; 2Chr. 2,7; 2Chr. 6,27; 2Chr. 8,18; 2Chr. 8,18; 2Chr. 9,4; 2Chr. 9,21; 2Chr. 34,16; 2Chr. 36,5b; 1Esdr. 5,33; 1Esdr. 5,35; 1Esdr. 5,41; 1Esdr. 6,30; 1Esdr. 8,79; Neh. 1,11; 3Mac. 5,31; 4Mac. 15,6; 4Mac. 16,1; 4Mac. 16,9; 4Mac. 16,15; 4Mac. 17,3; 4Mac. 17,13; 4Mac. 18,6; Ode. 8,0; Job 4,18; Wis. 9,4; Wis. 12,7; Wis. 12,20; Wis. 18,10; Jer. 33,5; Jer. 47,9; Bar. 2,20; Bar. 2,24; Ezek. 46,17; Dan. 9,6; Dan. 9,10; Dan. 1,13; Luke 15,26)

Παῖς ▸ 2
   Noun · masculine · singular · nominative · (common) ▸ 2 (Gen. 24,34; Is. 41,9)

παῖς ▸ 78 + 1 + 9 = 88
   Noun · feminine · singular · nominative · (common) ▸ 4 (Gen. 24,28; Deut. 22,23; Ruth 2,6; Esth. 2,7)
   Noun · feminine · singular · vocative ▸ 1 (Luke 8,54)
   Noun · masculine · singular · nominative · (common) ▸ 74 + 1 + 8 = 83 (Gen. 9,25; Gen. 9,26; Gen. 9,27; Gen. 19,19; Gen. 24,5; Gen. 24,9; Gen. 24,10; Gen. 24,17; Gen. 24,53; Gen. 24,61; Gen. 24,65; Gen. 24,66; Gen. 32,5; Gen. 32,6; Gen. 32,21; Gen. 33,8; Gen. 39,17; Gen. 39,19; Gen. 41,12; Gen. 43,28; Gen. 44,10; Gen. 44,17; Gen. 44,18; Gen. 44,27; Gen. 44,32; Gen. 44,33; Ex. 20,10; Ex. 21,5; Lev. 25,44; Num. 14,24; Deut. 5,14; Deut. 5,14; Deut. 12,18; Deut. 16,11; Deut. 16,14; Josh. 1,7; Josh. 1,13;

παῖς–παλαιός

Josh. 7,7; Josh. 11,12; Josh. 12,6; Josh. 13,8; Josh. 14,7; Josh. 18,7; Josh. 22,2; Josh. 22,5; Judg. 16,26; 2Sam. 9,2; 2Sam. 15,34; 2Sam. 15,34; 2Sam. 19,20; 2Sam. 19,27; 1Chr. 2,34; 1Chr. 6,34; 1Chr. 17,25; 2Chr. 1,3; 2Chr. 6,19; 2Chr. 6,20; 2Chr. 13,6; 2Chr. 24,9; Neh. 2,5; Prov. 29,15; Eccl. 4,13; Wis. 8,19; Is. 20,3; Is. 24,2; Is. 41,8; Is. 42,1; Is. 43,10; Is. 44,1; Is. 44,2; Is. 44,21; Is. 52,13; Jer. 26,28; Dan. 10,17; Dan. 10,17; Matt. 8,6; Matt. 8,8; Matt. 8,13; Matt. 12,18; Matt. 17,18; Luke 2,43; Luke 7,7; John 4,51)

παισί ▸ 2
  Noun · masculine · plural · dative · (common) ▸ 2 (Dan. 1,13; Dan. 2,4)

παισίν ▸ 22 + 1 + 1 = 24
  Noun · masculine · plural · dative · (common) ▸ 22 + 1 + 1 = **24** (Gen. 22,5; Gen. 32,17; Gen. 32,17; Gen. 40,20; Gen. 41,10; Gen. 41,38; Gen. 50,2; 1Sam. 18,22; 1Sam. 25,10; 1Sam. 28,7; 2Sam. 15,14; 1Kings 3,15; 1Kings 21,12; 1Kings 21,31; 2Chr. 2,14; 2Chr. 35,23; 1Esdr. 1,28; Neh. 9,10; 3Mac. 5,49; 4Mac. 16,15; 4Mac. 17,2; Wis. 12,25; Dan. 2,7; Matt. 14,2)

παισίν ▸ 7 + 1 = 8
  Noun · masculine · plural · dative · (common) ▸ 7 + 1 = **8** (Gen. 44,7; Gen. 44,21; Gen. 44,23; Num. 32,4; 2Chr. 2,9; 2Chr. 6,14; Prov. 19,14; Dan. 2,4)

παίω to strike, hit ▸ 25 + 1 + 5 = 31

  ἔπαισά ▸ 1
    Verb · first · singular · aorist · active · indicative ▸ 1 (Jer. 37,14)

  ἔπαισαν ▸ 1
    Verb · third · plural · aorist · active · indicative ▸ 1 (2Kings 9,15)

  ἔπαισας ▸ 2
    Verb · second · singular · aorist · active · indicative ▸ 2 (Job 10,8; Jer. 14,19)

  ἔπαισεν ▸ 10 + 1 + 2 = 13
    Verb · third · singular · aorist · active · indicative ▸ 10 + 1 + 2 = **13** (Judg. 14,19; 2Sam. 6,7; 2Sam. 14,6; 2Sam. 20,10; 1Kings 16,16; 2Kings 25,21; Job 2,7; Job 4,19; Job 5,18; Jer. 5,6; Dan. 8,7; Mark 14,47; John 18,10)

  ἔπαισέν ▸ 1
    Verb · third · singular · aorist · active · indicative ▸ 1 (Job 16,10)

  παίοντα ▸ 1
    Verb · present · active · participle · neuter · singular · accusative ▸ 1 (Sol. 8,15)

  παίοντι ▸ 2
    Verb · present · active · participle · masculine · singular · dative ▸ 2 (Josh. 20,9; Lam. 3,30)

  παίοντος ▸ 1
    Verb · present · active · participle · masculine · singular · genitive ▸ 1 (Is. 14,29)

  παίσαντα ▸ 1
    Verb · aorist · active · participle · masculine · singular · accusative ▸ 1 (2Sam. 14,7)

  παίσας ▸ 2
    Verb · aorist · active · participle · masculine · singular · nominative ▸ 2 (Matt. 26,68; Luke 22,64)

  παίσῃ ▸ 1 + 1 = 2
    Verb · third · singular · aorist · active · subjunctive ▸ 1 + 1 = **2** (1Sam. 26,10; Rev. 9,5)

  παίω ▸ 1
    Verb · first · singular · present · active · subjunctive ▸ 1 (Ex. 12,13)

  παίων ▸ 1
    Verb · present · active · participle · masculine · singular · nominative ▸ 1 (Is. 14,6)

πέπαικάς ▸ 1
  Verb · second · singular · perfect · active · indicative ▸ 1 (Num. 22,28)

πέπαικεν ▸ 1
  Verb · third · singular · perfect · active · indicative ▸ 1 (1Sam. 13,4)

παλάθη fruitcake ▸ 7

  παλάθας ▸ 3
    Noun · feminine · plural · accusative · (common) ▸ 3 (1Sam. 25,18; 2Kings 4,42; 1Chr. 12,41)

  παλάθην ▸ 2
    Noun · feminine · singular · accusative · (common) ▸ 2 (2Kings 20,7; Is. 38,21)

  παλάθης ▸ 2
    Noun · feminine · singular · genitive · (common) ▸ 2 (1Sam. 30,12; Judith 10,5)

πάλαι (παλαιός) long ago ▸ 8 + 7 = 15

  Πάλαι ▸ 1
    Adverb · (sequence) ▸ 1 (2Cor. 12,19)

  πάλαι ▸ 8 + 6 = 14
    Adverb · (sequence) ▸ 8 + 5 = **13** (Esth. 13,7 # 3,13g; 3Mac. 4,1; Wis. 11,14; Wis. 12,3; Wis. 12,27; Is. 37,26; Is. 48,5; Is. 48,7; Matt. 11,21; Luke 10,13; Heb. 1,1; 2Pet. 1,9; Jude 4)
    Adverb · (temporal) ▸ 1 (Mark 15,44)

παλαιός old ▸ 21 + 3 + 19 = 43

  παλαιά ▸ 2 + 2 = 4
    Adjective · feminine · singular · nominative ▸ 1 (1John 2,7)
    Adjective · neuter · plural · accusative · noDegree ▸ 2 + 1 = **3** (Lev. 25,22; Song 7,14; Matt. 13,52)

  παλαιὰ ▸ 7
    Adjective · neuter · plural · accusative · noDegree ▸ 6 (Lev. 25,22; Lev. 26,10; Lev. 26,10; Lev. 26,10; Jer. 45,11; Jer. 45,11)
    Adjective · neuter · plural · nominative · noDegree ▸ 1 (Josh. 9,5)

  παλαιᾷ ▸ 1
    Adjective · feminine · singular · dative ▸ 1 (1Cor. 5,8)

  παλαιὰν ▸ 2
    Adjective · feminine · singular · accusative ▸ 2 (1Cor. 5,7; 1John 2,7)

  παλαιᾶς ▸ 1 + 1 = 2
    Adjective · feminine · singular · genitive · noDegree ▸ 1 + 1 = **2** (1Sam. 7,12; 2Cor. 3,14)

  παλαιόν ▸ 2
    Adjective · neuter · singular · accusative ▸ 2 (Mark 2,21; Luke 5,36)

  παλαιὸν ▸ 1 + 3 = 4
    Adjective · masculine · singular · accusative · noDegree ▸ 1 + 3 = **4** (Dan. 7,22; Luke 5,39; Eph. 4,22; Col. 3,9)

  παλαιὸς ▸ 3 + 2 + 2 = 7
    Adjective · masculine · singular · nominative · noDegree ▸ 3 + 2 + 2 = **7** (Job 15,10; Dan. 7,9; Dan. 7,13; Dan. 7,9; Dan. 7,22; Luke 5,39; Rom. 6,6)

  παλαιοτέροις ▸ 1
    Adjective · masculine · plural · dative · comparative ▸ 1 (3Mac. 3,18)

  παλαιοτέρων ▸ 1
    Adjective · feminine · plural · genitive · comparative ▸ 1 (Esth. 16,7 # 8,12g)

  παλαιοῦ ▸ 1 + 1 = 2
    Adjective · masculine · singular · genitive · noDegree ▸ 1 (Dan. 7,13)
    Adjective · neuter · singular · genitive ▸ 1 (Mark 2,21)

παλαιούς ▸ 2
    Adjective · masculine · plural · accusative · noDegree ▸ **2** (Josh. 9,4; Josh. 9,4)
παλαιούς ▸ 3
    Adjective · masculine · plural · accusative ▸ **3** (Matt. 9,17; Mark 2,22; Luke 5,37)
παλαιῷ ▸ 2
    Adjective · neuter · singular · dative ▸ **2** (Matt. 9,16; Luke 5,36)
παλαιῶν ▸ 3
    Adjective · masculine · plural · genitive · noDegree ▸ **1** (2Mac. 6,21)
    Adjective · neuter · plural · genitive · noDegree ▸ **2** (Lev. 25,22; Lev. 26,10)

παλαιότης (παλαιός) oldness ▸ 1
    παλαιότητι ▸ 1
        Noun · feminine · singular · dative ▸ **1** (Rom. 7,6)

παλαιόω (παλαιός) to make or become old, wear out
▸ 26 + 2 + 4 = 32
    ἐπαλαιώθη ▸ 2
        Verb · third · singular · aorist · passive · indicative ▸ **2** (Deut. 29,4; Psa. 31,3)
    ἐπαλαιώθην ▸ 1
        Verb · first · singular · aorist · passive · indicative ▸ **1** (Psa. 6,8)
    ἐπαλαιώθης ▸ 1
        Verb · second · singular · aorist · passive · indicative ▸ **1** (Bar. 3,10)
    ἐπαλαιώθησαν ▸ 2
        Verb · third · plural · aorist · passive · indicative ▸ **2** (Neh. 9,21; Psa. 17,46)
    ἐπαλαίωσαν ▸ 1
        Verb · third · plural · aorist · active · indicative ▸ **1** (Job 32,15)
    Ἐπαλαίωσεν ▸ 1
        Verb · third · singular · aorist · active · indicative ▸ **1** (Lam. 3,4)
    παλαιούμενα ▸ 1
        Verb · present · passive · participle · neuter · plural · accusative ▸ **1** (Luke 12,33)
    παλαιουμένη ▸ 1
        Verb · present · active · participle · feminine · singular · nominative ▸ **1** (Lev. 13,11)
    παλαιούμενον ▸ 1
        Verb · present · passive · participle · neuter · singular · nominative ▸ **1** (Heb. 8,13)
    παλαιοῦται ▸ 2
        Verb · third · singular · present · passive · indicative ▸ **2** (Job 13,28; Sir. 14,17)
    παλαιωθῇ ▸ 2
        Verb · third · singular · aorist · passive · subjunctive ▸ **2** (Sir. 9,10; Ezek. 47,12)
    παλαιωθήσεσθε ▸ 1
        Verb · second · plural · future · passive · indicative ▸ **1** (Is. 50,9)
    παλαιωθήσεται ▸ 3
        Verb · third · singular · future · passive · indicative ▸ **3** (Psa. 48,15; Job 14,18; Is. 51,6)
    παλαιωθήσονται ▸ 2 + 1 = 3
        Verb · third · plural · future · passive · indicative ▸ **2 + 1 = 3** (Psa. 101,27; Dan. 11,33; Heb. 1,11)
    παλαιώθητι ▸ 1
        Verb · second · singular · aorist · passive · imperative ▸ **1** (Sir. 11,20)
    παλαιῶν ▸ 1
        Verb · present · active · participle · masculine · plural · genitive ▸ **1** (Job 9,5)
    παλαιώσει ▸ 1
        Verb · third · singular · future · active · indicative ▸ **1** (Dan. 7,25)
    παλαιώσουσιν ▸ 1
        Verb · third · plural · future · active · indicative ▸ **1** (Is. 65,22)
    πεπαλαίωκεν ▸ 1
        Verb · third · singular · perfect · active · indicative ▸ **1** (Heb. 8,13)
    πεπαλαιωμένα ▸ 1
        Verb · perfect · passive · participle · neuter · plural · nominative ▸ **1** (Josh. 9,5)
    Πεπαλαιωμένε ▸ 1
        Verb · perfect · passive · participle · masculine · singular · vocative ▸ **1** (Sus. 52)
    πεπαλαιωμένε ▸ 1
        Verb · perfect · passive · participle · masculine · singular · vocative ▸ **1** (Sus. 52)
    πεπαλαίωνται ▸ 1
        Verb · third · plural · perfect · passive · indicative ▸ **1** (Job 21,7)
    πεπαλαίωται ▸ 1
        Verb · third · singular · perfect · passive · indicative ▸ **1** (Josh. 9,13)

παλαιστή (παλαιός) palm, palm-breadth ▸ 4
    παλαιστάς ▸ 1
        Noun · feminine · plural · accusative · (common) ▸ **1** (Psa. 38,6)
    παλαιστήν ▸ 1
        Noun · feminine · singular · accusative · (common) ▸ **1** (Ezek. 40,43)
    παλαιστῆς ▸ 2
        Noun · feminine · singular · genitive · (common) ▸ **2** (Ezek. 40,5; Ezek. 43,13)

παλαιστής (παλαιός) wrestler; adversary ▸ 3
    παλαιστής ▸ 2
        Noun · masculine · singular · nominative · (common) ▸ **2** (1Kings 7,12; 2Chr. 4,5)
    παλαιστοῦ ▸ 1
        Noun · masculine · singular · genitive · (common) ▸ **1** (Ex. 25,25)

παλαίστρα (παλαιός) excercise room; wrestling room ▸ 1
    παλαίστρῃ ▸ 1
        Noun · feminine · singular · dative · (common) ▸ **1** (2Mac. 4,14)

παλαίω (παλαιός) to wrestle ▸ 5
    ἐπάλαιεν ▸ 2
        Verb · third · singular · imperfect · active · indicative ▸ **2** (Gen. 32,25; Judg. 20,33)
    παλαίειν ▸ 2
        Verb · present · active · infinitive ▸ **2** (Gen. 32,26; Esth. 11,6 # 1,1e)
    παλαίωσιν ▸ 1
        Verb · third · plural · aorist · active · subjunctive ▸ **1** (Nah. 2,1)

παλαίωμα (παλαιός) antiquity ▸ 3
    παλαιώμασιν ▸ 1
        Noun · masculine · plural · dative · (common) ▸ **1** (Job 37,21)
    παλαιώματα ▸ 2
        Noun · neuter · plural · accusative · (common) ▸ **1** (Job 37,18)
        Noun · neuter · plural · nominative · (common) ▸ **1** (Job 36,28)

πάλη struggle ▸ 1
    πάλη ▸ 1
        Noun · feminine · singular · nominative ▸ **1** (Eph. 6,12)

παλιγγενεσία (πάλιν; γίνομαι) regeneration ▸ 2
    παλιγγενεσίᾳ ▸ 1
        Noun · feminine · singular · dative ▸ **1** (Matt. 19,28)
    παλιγγενεσίας ▸ 1

παλιγγενεσία–παμπόνηρος

Noun · feminine · singular · genitive ▸ 1 (Titus 3,5)

πάλιν again; in so far as ▸ 82 + 7 + 141 = 230
  Πάλιν ▸ 5 + 1 + 9 = 15
    Adverb · (sequence) ▸ 5 + 1 + 9 = 15 (Gen. 43,2; Ex. 4,7; Job 32,18; Jer. 43,15; Jer. 43,28; Judg. 20,39; Matt. 4,8; Matt. 5,33; Matt. 13,45; Matt. 13,47; Matt. 18,19; Matt. 26,42; John 8,12; John 18,7; 2Cor. 11,16)
  πάλιν ▸ 77 + 6 + 132 = 215
    Adverb · (sequence) ▸ 77 + 6 + 132 = 215 (Gen. 8,10; Gen. 8,12; Gen. 26,18; Gen. 29,33; Gen. 30,31; Gen. 41,22; Gen. 42,24; Gen. 44,25; Ex. 3,15; Ex. 4,6; Ex. 4,7; Lev. 14,43; Num. 35,32; Deut. 30,3; Josh. 6,14; Judg. 2,19; Judg. 19,3; Judg. 19,7; 2Chr. 19,4; 1Esdr. 4,6; 1Esdr. 4,34; 1Esdr. 6,17; 1Esdr. 8,53; 1Esdr. 8,84; Neh. 9,28; Tob. 2,8; Tob. 13,5; Tob. 13,10; Tob. 13,11; Tob. 14,5; 1Mac. 4,35; 2Mac. 3,33; 2Mac. 5,7; 2Mac. 5,20; 2Mac. 7,11; 2Mac. 7,14; 2Mac. 7,23; 2Mac. 7,33; 2Mac. 12,7; 2Mac. 14,46; 2Mac. 15,39; 3Mac. 5,13; 3Mac. 5,25; 3Mac. 5,40; 4Mac. 18,20; Psa. 70,20; Psa. 70,21; Job 5,18; Job 6,29; Job 7,4; Job 10,9; Job 10,16; Job 14,14; Job 33,19; Job 42,17a; Wis. 10,4; Wis. 13,8; Wis. 14,1; Wis. 16,23; Wis. 19,6; Sir. 4,18; Sir. 17,1; Sir. 29,2; Sir. 33,1; Sir. 34,25; Sir. 34,26; Is. 6,13; Is. 7,4; Is. 8,9; Is. 8,9; Is. 23,17; Is. 25,8; Is. 28,25; Is. 30,18; Jer. 18,4; Dan. 8,27; Dan. 9,27; Judg. 2,19; Tob. 2,8; Tob. 3,10; Tob. 13,11; Tob. 14,5; Tob. 14,5; Matt. 4,7; Matt. 19,24; Matt. 20,5; Matt. 21,36; Matt. 22,1; Matt. 22,4; Matt. 26,43; Matt. 26,44; Matt. 26,44; Matt. 26,72; Matt. 27,50; Mark 2,1; Mark 2,13; Mark 3,1; Mark 3,20; Mark 4,1; Mark 5,21; Mark 7,14; Mark 7,31; Mark 8,1; Mark 8,13; Mark 8,25; Mark 10,1; Mark 10,1; Mark 10,10; Mark 10,24; Mark 10,32; Mark 11,3; Mark 11,27; Mark 12,4; Mark 14,39; Mark 14,40; Mark 14,61; Mark 14,69; Mark 14,70; Mark 14,70; Mark 15,4; Mark 15,12; Mark 15,13; Luke 6,43; Luke 13,20; Luke 23,20; John 1,35; John 4,3; John 4,13; John 4,46; John 4,54; John 6,15; John 8,2; John 8,8; John 8,21; John 9,15; John 9,17; John 9,27; John 10,7; John 10,17; John 10,18; John 10,19; John 10,31; John 10,39; John 10,40; John 11,7; John 11,8; John 11,38; John 12,28; John 12,39; John 13,12; John 14,3; John 16,16; John 16,17; John 16,19; John 16,22; John 16,28; John 18,27; John 18,33; John 18,38; John 18,40; John 19,4; John 19,9; John 19,37; John 20,10; John 20,21; John 20,26; John 21,1; John 21,16; Acts 10,15; Acts 11,10; Acts 17,32; Acts 18,21; Acts 27,28; Rom. 8,15; Rom. 11,23; Rom. 15,10; Rom. 15,11; Rom. 15,12; 1Cor. 3,20; 1Cor. 7,5; 1Cor. 12,21; 2Cor. 1,16; 2Cor. 2,1; 2Cor. 3,1; 2Cor. 5,12; 2Cor. 10,7; 2Cor. 12,21; 2Cor. 13,2; Gal. 1,9; Gal. 1,17; Gal. 2,1; Gal. 2,18; Gal. 4,9; Gal. 4,9; Gal. 4,19; Gal. 5,1; Gal. 5,3; Phil. 1,26; Phil. 2,28; Phil. 4,4; Heb. 1,5; Heb. 1,6; Heb. 2,13; Heb. 2,13; Heb. 4,5; Heb. 4,7; Heb. 5,12; Heb. 6,1; Heb. 6,6; Heb. 10,30; James 5,18; 2Pet. 2,20; 1John 2,8; Rev. 10,8; Rev. 10,11)

παλλακή (παλλακίς) concubine ▸ 39 + 15 = 54
  παλλακαί ▸ 2 + 2 = 4
    Noun · feminine · plural · nominative · (common) ▸ 2 + 2 = 4 (1Kings 11,1; Song 6,9; Dan. 5,2; Dan. 5,3)
  παλλακαί ▸ 1 + 1 = 2
    Noun · feminine · plural · nominative · (common) ▸ 1 + 1 = 2 (Song 6,8; Dan. 5,23)
  παλλακάς ▸ 6
    Noun · feminine · plural · accusative · (common) ▸ 6 (2Sam. 5,13; 2Sam. 16,21; 2Sam. 16,22; 2Sam. 20,3; 2Chr. 11,21; 2Chr. 11,21)
  παλλακή ▸ 1 + 1 = 2
    Noun · feminine · singular · nominative · (common) ▸ 1 + 1 = 2 (Judg. 20,4; Judg. 20,4)
  Πάλλακή ▸ 15 + 6 = 21
    Noun · feminine · singular · nominative · (common) ▸ 15 + 6 = 21 (Gen. 22,24; Gen. 36,12; Gen. 46,20; Judg. 8,31; Judg. 19,2; Judg. 19,9; Judg. 19,10; Judg. 19,24; Judg. 19,27; 2Sam. 3,7; 2Sam. 21,11; 1Chr. 2,46; 1Chr. 2,48; 1Chr. 7,14; Neh. 2,6; Judg. 8,31; Judg. 19,2; Judg. 19,9; Judg. 19,10; Judg. 19,24; Judg. 19,27)
  παλλακῇ ▸ 1
    Noun · feminine · singular · dative · (common) ▸ 1 (2Mac. 4,30)
  παλλακήν ▸ 1 + 2 = 3
    Noun · feminine · singular · accusative · (common) ▸ 1 + 2 = 3 (Judg. 20,5; Judg. 20,5; Judg. 20,6)
  παλλακήν ▸ 3 + 2 = 5
    Noun · feminine · singular · accusative · (common) ▸ 3 + 2 = 5 (Judg. 19,1; 2Sam. 3,7; 1Esdr. 4,29; Judg. 19,1; Judg. 19,29)
  παλλακῆς ▸ 5 + 1 = 6
    Noun · feminine · singular · genitive · (common) ▸ 5 + 1 = 6 (Gen. 35,22; Judg. 19,25; Judg. 19,29; Judg. 20,6; 1Chr. 1,32; Judg. 19,25)
  παλλακῶν ▸ 4
    Noun · feminine · plural · genitive · (common) ▸ 4 (Gen. 25,6; 2Sam. 15,16; 2Sam. 19,6; 1Chr. 3,9)

παλλακίς concubine ▸ 1
  παλλακίδων ▸ 1
    Noun · feminine · plural · genitive · (common) ▸ 1 (Job 19,17)

πάλλομαι (πάλλω) to shake, tremble ▸ 2
  ἐπαλλόμην ▸ 2
    Verb · first · singular · imperfect · middle · indicative ▸ 2 (Ezra 9,3; Ezra 9,5)

παμβασιλεύς (πᾶς; βασιλεύς) universal monarch ▸ 1
  παμβασιλεῖ ▸ 1
    Noun · masculine · singular · dative · (common) ▸ 1 (Sir. 50,15)

παμβότανον (πᾶς; βόσκω) every growing plant ▸ 1
  παμβότανον ▸ 1
    Noun · neuter · singular · nominative · (common) ▸ 1 (Job 5,25)

παμμελής (πᾶς; μέλος) with many melodies ▸ 1
  παμμελέσιν ▸ 1
    Adjective · masculine · plural · dative · noDegree ▸ 1 (3Mac. 7,16)

παμμιαρός (πᾶς; μιαίνω) completely abominable ▸ 1
  παμμιαρώτατος ▸ 1
    Adjective · masculine · singular · nominative · superlative ▸ 1 (4Mac. 10,17)

παμμιγής (πᾶς; μίγνυμι) mixed with many things ▸ 2
  παμμειγέσιν ▸ 1
    Adjective · neuter · plural · dative · noDegree ▸ 1 (2Mac. 12,13)
  παμμιγῇ ▸ 1
    Adjective · feminine · singular · accusative · noDegree ▸ 1 (2Mac. 3,21)

παμπληθεί (πᾶς; πληρόω) together ▸ 1
  παμπληθεί ▸ 1
    Adverb ▸ 1 (Luke 23,18)

παμπληθής (πᾶς; πληρόω) very numerous; (neut) entirely ▸ 1
  παμπληθεῖς ▸ 1
    Adjective · feminine · plural · accusative · noDegree ▸ 1 (2Mac. 10,24)

παμποίκιλος (πᾶς; ποίκιλος) various; varigated ▸ 1
  παμποίκιλοι ▸ 1
    Adjective · feminine · plural · nominative · noDegree ▸ 1 (4Mac. 15,11)

παμπόνηρος (πᾶς; πόνος) completely evil ▸ 1

παμπονήρου ▸ 1
    Adjective · masculine · singular · genitive · noDegree ▸ **1** (2Mac. 14,27)

Παμφυλία Pamphylia ▸ 1 + 5 = 6
  Παμφυλίαν ▸ 1 + 3 = 4
    Noun · feminine · singular · accusative · (proper) ▸ **1 + 3 = 4** (1Mac. 15,23; Acts 2,10; Acts 14,24; Acts 27,5)
  Παμφυλίας ▸ 2
    Noun · feminine · singular · genitive · (proper) ▸ **2** (Acts 13,13; Acts 15,38)

πάμφυλος (πᾶς; φύω) for all nations ▸ 3
  πάμφυλα ▸ 1
    Adjective · neuter · plural · nominative · noDegree ▸ **1** (2Mac. 12,27)
  πάμφυλον ▸ 1
    Adjective · masculine · singular · accusative · noDegree ▸ **1** (4Mac. 4,11)
  παμφύλων ▸ 1
    Adjective · neuter · plural · genitive · noDegree ▸ **1** (2Mac. 8,9)

πανάγιος (πᾶς; ἅγος) entirely holy ▸ 2
  πανάγιε ▸ 1
    Adjective · feminine · singular · vocative · noDegree ▸ **1** (4Mac. 14,7)
  πανάγιος ▸ 1
    Adjective · masculine · singular · nominative · noDegree ▸ **1** (4Mac. 7,4)

πάνδεινος (πᾶς; δέος) very terrible ▸ 2
  πάνδεινον ▸ 2
    Adjective · masculine · singular · accusative · noDegree ▸ **1** (4Mac. 3,15)
    Adjective · neuter · singular · accusative · noDegree ▸ **1** (4Mac. 4,7)

πανδημεί (πᾶς; δῆμος) entirely ▸ 1
  πανδημεί ▸ 1
    Adverb ▸ **1** (Deut. 13,17)

πάνδημος (πᾶς; δῆμος) in common, of everybody ▸ 1
  πάνδημον ▸ 1
    Adjective · feminine · singular · accusative · noDegree ▸ **1** (2Mac. 3,18)

πανδοχεῖον (πᾶς; δέχομαι) inn ▸ 1
  πανδοχεῖον ▸ 1
    Noun · neuter · singular · accusative ▸ **1** (Luke 10,34)

πανδοχεύς (πᾶς; δέχομαι) inn-keeper ▸ 1
  πανδοχεῖ ▸ 1
    Noun · masculine · singular · dative ▸ **1** (Luke 10,35)

πανεθνεί (πᾶς; ἔθνος) as one nation ▸ 1
  πανεθνεί ▸ 1
    Adverb ▸ **1** (Wis. 19,8)

πανεπίσκοπος (πᾶς; ἐπί; σκέπτομαι) all-watching, all-controlling ▸ 1
  πανεπίσκοπον ▸ 1
    Adjective · neuter · singular · nominative · noDegree ▸ **1** (Wis. 7,23)

πανηγυρίζω (πᾶς; ἄγω) to attend an assembly; celebrate a feast-day ▸ 1
  πανηγυρίσατε ▸ 1
    Verb · second · plural · aorist · active · imperative ▸ **1** (Is. 66,10)

πανήγυρις (πᾶς; ἄγω) public festival; joyful gathering ▸ 4 + 1 = 5
  πανηγύρει ▸ 1
    Noun · feminine · singular · dative ▸ **1** (Heb. 12,22)
  πανηγύρεις ▸ 1
    Noun · feminine · plural · accusative · (common) ▸ **1** (Hos. 2,13)
  πανηγύρεσιν ▸ 2
    Noun · feminine · plural · dative · (common) ▸ **2** (Amos 5,21; Ezek. 46,11)
  πανηγύρεως ▸ 1
    Noun · feminine · singular · genitive · (common) ▸ **1** (Hos. 9,5)

πανηγυρισμός (πᾶς; ἄγω) celebration of a festival ▸ 1
  πανηγυρισμόν ▸ 1
    Noun · masculine · singular · accusative · (common) ▸ **1** (Wis. 15,12)

πανθήρ panther ▸ 2
  πανθήρ ▸ 2
    Noun · masculine · singular · nominative · (common) ▸ **2** (Hos. 5,14; Hos. 13,7)

πανόδυρτος (πᾶς; ὀδύρομαι) entirely lamentable ▸ 2
  πανόδυρτον ▸ 1
    Adjective · neuter · singular · accusative · noDegree ▸ **1** (3Mac. 6,32)
  πανόδυρτος ▸ 1
    Adjective · feminine · singular · nominative · noDegree ▸ **1** (3Mac. 4,2)

πανοικεί (πᾶς; οἶκος) with one's entire household ▸ 1
  πανοικεί ▸ 1
    Adverb ▸ **1** (Acts 16,34)

πανοικία (πᾶς; οἶκος) with all the household ▸ 5
  πανοικία ▸ 2
    Noun · feminine · singular · nominative · (common) ▸ **2** (Gen. 50,8; Gen. 50,22)
  πανοικίᾳ ▸ 2
    Noun · feminine · singular · dative · (common) ▸ **2** (Ex. 1,1; Esth. 16,17 # 8,12r)
  πανοικίαν ▸ 1
    Noun · feminine · singular · accusative · (common) ▸ **1** (Judg. 18,21)

πανοικία (πᾶς; οἶκος) with all the household ▸ 1
  πανοικίᾳ ▸ 1
    Adverb ▸ **1** (3Mac. 3,27)

πανοπλία (πᾶς; ὅπλον) whole, complete armor ▸ 11 + 3 = 14
  πανοπλίᾳ ▸ 1
    Noun · feminine · singular · dative · (common) ▸ **1** (2Mac. 15,28)
  πανοπλίαις ▸ 2
    Noun · feminine · plural · dative · (common) ▸ **2** (1Mac. 13,29; 2Mac. 10,30)
  πανοπλίαν ▸ 6 + 3 = 9
    Noun · feminine · singular · accusative · (common) ▸ **6 + 3 = 9** (2Sam. 2,21; 2Mac. 3,25; 2Mac. 11,8; Job 39,20; Wis. 5,17; Sir. 46,6; Luke 11,22; Eph. 6,11; Eph. 6,13)
  πανοπλίας ▸ 2
    Noun · feminine · plural · accusative · (common) ▸ **2** (Judith 14,3; 1Mac. 13,29)

πανούργευμα (πᾶς; ἔργον) great acts ▸ 3
  πανουργεύμασιν ▸ 1
    Noun · neuter · plural · dative · (common) ▸ **1** (Sir. 42,18)
  πανουργεύματα ▸ 2
    Noun · neuter · plural · accusative · (common) ▸ **2** (Judith 11,8; Sir. 1,6)

πανουργεύομαι (πᾶς; ἔργον) to be shrewd ▸ 1
  πανουργεύσηται ▸ 1

  Verb · third · singular · aorist · middle · subjunctive ▸ **1** (1Sam. 23,22)
πανουργία (πᾶς; ἔργον) craftiness ▸ 8 + 5 = 13
 πανουργία ▸ 3
  Noun · feminine · singular · nominative · (common) ▸ **3** (Sir. 19,23; Sir. 19,25; Sir. 21,12)
 πανουργίᾳ ▸ 4
  Noun · feminine · singular · dative ▸ **4** (1Cor. 3,19; 2Cor. 4,2; 2Cor. 11,3; Eph. 4,14)
 πανουργίαν ▸ 3 + 1 = 4
  Noun · feminine · singular · accusative · (common) ▸ **3 + 1 = 4** (Prov. 1,4; Prov. 8,5; Sir. 34,10; Luke 20,23)
 πανουργίας ▸ 2
  Noun · feminine · singular · genitive · (common) ▸ **2** (Num. 24,22; Josh. 9,4)
πανοῦργος (πᾶς; ἔργον) crafty ▸ 19 + 1 = 20
 πανοῦργοι ▸ 1
  Adjective · masculine · plural · nominative · noDegree ▸ **1** (Prov. 14,18)
 πανοῦργον ▸ 1
  Adjective · feminine · singular · accusative · noDegree ▸ **1** (Sir. 22,27)
 πανοῦργος ▸ 12 + 1 = 13
  Adjective · masculine · singular · nominative · noDegree ▸ **12 + 1 = 13** (Prov. 12,16; Prov. 13,1; Prov. 13,16; Prov. 14,15; Prov. 14,24; Prov. 22,3; Prov. 27,12; Prov. 28,2; Sir. 6,32; Sir. 21,12; Sir. 21,20; Sir. 37,19; 2Cor. 12,16)
 πανουργότερος ▸ 3
  Adjective · masculine · singular · nominative · comparative ▸ **3** (Prov. 15,5; Prov. 19,25; Prov. 21,11)
 πανούργων ▸ 2
  Adjective · masculine · plural · genitive · noDegree ▸ **2** (Prov. 14,8; Job 5,12)
πάνσοφος (πᾶς; σοφός) entirely wise; very wise ▸ 3
 πάνσοφος ▸ 2
  Adjective · feminine · singular · nominative · noDegree ▸ **1** (4Mac. 13,19)
  Adjective · masculine · singular · nominative · noDegree ▸ **1** (4Mac. 2,19)
 πανσόφῳ ▸ 1
  Adjective · masculine · singular · dative · noDegree ▸ **1** (4Mac. 1,12)
πανταχῇ (πᾶς) everywhere ▸ 3 + 1 = 4
 πανταχῇ ▸ 3 + 1 = 4
  Adverb · (place) ▸ **3 + 1 = 4** (2Mac. 8,7; Wis. 2,9; Is. 24,11; Acts 21,28)
πανταχόθεν (πᾶς; θεν) from all sides ▸ 2
 πανταχόθεν ▸ 2
  Adverb ▸ **2** (4Mac. 13,1; 4Mac. 15,32)
πανταχοῦ (πᾶς) everywhere ▸ 1 + 7 = 8
 πανταχοῦ ▸ 1 + 7 = 8
  Adverb ▸ **1 + 7 = 8** (Is. 42,22; Mark 1,28; Mark 16,20; Luke 9,6; Acts 17,30; Acts 24,3; Acts 28,22; 1Cor. 4,17)
παντελής (πᾶς; τέλος) complete, completely ▸ 1 + 2 = 3
 παντελὲς ▸ 1
  Adjective · neuter · singular · accusative ▸ **1** (Heb. 7,25)
 παντελές ▸ 1
  Adjective · neuter · singular · accusative ▸ **1** (Luke 13,11)
 παντελῆ ▸ 1
  Adjective · feminine · singular · accusative · noDegree ▸ **1** (3Mac. 7,16)
παντελῶς (πᾶς; τέλος) entirely ▸ 5
 παντελῶς ▸ 5
  Adverb ▸ **5** (2Mac. 3,12; 2Mac. 3,31; 2Mac. 7,40; 2Mac. 11,1; 2Mac. 14,46)
παντεπόπτης (πᾶς; ὁράω) all-watching, all-seeing ▸ 1
 παντεπόπτης ▸ 1
  Adjective · masculine · singular · nominative · noDegree ▸ **1** (2Mac. 9,5)
παντευχία (πᾶς; τεύχω) whole, complete armor ▸ 1
 παντευχίας ▸ 1
  Noun · feminine · plural · accusative · (common) ▸ **1** (4Mac. 3,12)
πάντη (πᾶς) in every way; on every side ▸ 2 + 1 = 3
 Πάντη ▸ 1
  Adverb ▸ **1** (3Mac. 4,1)
 πάντη ▸ 1 + 1 = 2
  Adverb ▸ **1 + 1 = 2** (Sir. 50,22; Acts 24,3)
παντοδαπός (πᾶς) of every kind; manifold ▸ 1
 παντοδαπὰ ▸ 1
  Adjective · neuter · plural · accusative · noDegree ▸ **1** (Job 40,21)
παντοδύναμος (πᾶς; δύναμαι) all powerful, almighty ▸ 3
 παντοδύναμον ▸ 1
  Adjective · neuter · singular · nominative · noDegree ▸ **1** (Wis. 7,23)
 παντοδύναμός ▸ 2
  Adjective · feminine · singular · nominative · noDegree ▸ **1** (Wis. 11,17)
  Adjective · masculine · singular · nominative · noDegree ▸ **1** (Wis. 18,15)
πάντοθεν (πᾶς; θεν) on all sides ▸ 10 + 1 + 3 = 14
 πάντοθεν ▸ 10 + 1 + 3 = 14
  Adverb · (place) ▸ **10 + 1 + 3 = 14** (2Sam. 24,14; 2Mac. 13,5; 3Mac. 3,25; 3Mac. 4,2; 3Mac. 4,10; 3Mac. 5,6; 4Mac. 9,20; Sir. 51,7; Jer. 20,9; Jer. 31,31; Sus. 22; Mark 1,45; Luke 19,43; Heb. 9,4)
παντοῖος (πᾶς) of every kind, manifold ▸ 5
 παντοῖα ▸ 1
  Adjective · neuter · plural · accusative · noDegree ▸ **1** (Dan. 2,6)
 παντοίοις ▸ 1
  Adjective · neuter · plural · dative · noDegree ▸ **1** (3Mac. 7,16)
 παντοίους ▸ 2
  Adjective · masculine · plural · accusative · noDegree ▸ **2** (2Mac. 5,3; 3Mac. 5,22)
 παντοίων ▸ 1
  Adjective · neuter · plural · genitive · noDegree ▸ **1** (4Mac. 1,34)
παντοκράτωρ (πᾶς; κεράννυμι) all mighty; almighty ▸ 181 + 10 = 191
 παντοκράτορα ▸ 5
  Noun · masculine · singular · accusative · (common) ▸ **5** (Judith 8,13; 3Mac. 2,8; 3Mac. 5,7; Job 8,5; Zeph. 2,10)
 παντοκράτορι ▸ 14
  Noun · masculine · singular · dative · (common) ▸ **14** (1Kings 19,10; 1Kings 19,14; 1Esdr. 9,46; Judith 15,10; 2Mac. 8,18; Job 27,11; Sir. 50,17; Zech. 12,5; Zech. 14,16; Zech. 14,17; Zech. 14,20; Zech. 14,21; Mal. 2,12; Jer. 40,11)
 παντοκράτορος ▸ 34 + 2 = 36
  Noun · masculine · singular · genitive · (common) ▸ **34 + 2 = 36** (Judith 4,13; 2Mac. 3,30; 2Mac. 5,20; 2Mac. 6,26; 2Mac. 7,35; 2Mac. 7,38; 2Mac. 8,11; 2Mac. 8,24; 2Mac. 15,8; 2Mac. 15,32; 3Mac. 6,28; Job 5,17; Job 15,25; Job 27,13; Job 33,4; Job 34,10;

Job 37,22; Wis. 7,25; Sir. 50,14; Mic. 4,4; Hab. 2,13; Hag. 1,14;
Zech. 7,3; Zech. 7,12; Zech. 8,1; Zech. 8,3; Zech. 8,9; Zech. 8,18;
Zech. 8,21; Zech. 8,22; Zech. 14,21; Mal. 3,14; Jer. 3,19; Jer. 28,5;
Rev. 16,14; Rev. 19,15)

παντοκράτορός ▸ 2

Noun ▪ masculine ▪ singular ▪ genitive ▪ (common) ▸ **2** (Job 32,8; Mal. 2,7)

παντοκράτωρ ▸ **126** + **8** = **134**

Noun ▪ masculine ▪ singular ▪ nominative ▪ (common) ▸ **124** + **5** = **129** (2Sam. 5,10; 2Sam. 7,8; 1Chr. 11,9; 1Chr. 17,7; 1Chr. 17,24; 1Chr. 29,12; Judith 16,5; Judith 16,17; 2Mac. 1,25; 3Mac. 2,2; 3Mac. 6,2; 3Mac. 6,18; Ode. 12,1; Ode. 14,12; Job 11,7; Job 22,17; Job 22,25; Job 23,16; Job 27,2; Job 34,12; Job 35,13; Sir. 42,17; Hos. 12,6; Amos 3,13; Amos 4,13; Amos 5,8; Amos 5,14; Amos 5,15; Amos 5,16; Amos 5,27; Amos 9,5; Amos 9,6; Amos 9,15; Nah. 2,14; Nah. 3,5; Hag. 1,2; Hag. 1,5; Hag. 1,7; Hag. 1,9; Hag. 2,4; Hag. 2,6; Hag. 2,7; Hag. 2,8; Hag. 2,9; Hag. 2,9; Hag. 2,11; Hag. 2,23; Hag. 2,23; Zech. 1,3; Zech. 1,4; Zech. 1,6; Zech. 1,12; Zech. 1,13; Zech. 1,14; Zech. 1,16; Zech. 1,17; Zech. 2,12; Zech. 2,13; Zech. 2,15; Zech. 3,7; Zech. 3,9; Zech. 3,10; Zech. 4,6; Zech. 4,9; Zech. 5,4; Zech. 6,12; Zech. 6,15; Zech. 7,9; Zech. 7,12; Zech. 7,13; Zech. 8,2; Zech. 8,4; Zech. 8,6; Zech. 8,6; Zech. 8,7; Zech. 8,9; Zech. 8,11; Zech. 8,14; Zech. 8,14; Zech. 8,17; Zech. 8,19; Zech. 8,20; Zech. 8,23; Zech. 9,14; Zech. 9,15; Zech. 10,3; Zech. 11,4; Zech. 12,4; Zech. 13,7; Mal. 1,4; Mal. 1,6; Mal. 1,8; Mal. 1,9; Mal. 1,10; Mal. 1,11; Mal. 1,13; Mal. 1,13; Mal. 1,14; Mal. 2,2; Mal. 2,4; Mal. 2,8; Mal. 2,16; Mal. 3,1; Mal. 3,5; Mal. 3,7; Mal. 3,10; Mal. 3,11; Mal. 3,12; Mal. 3,17; Mal. 3,19; Mal. 3,21; Jer. 5,14; Jer. 15,16; Jer. 23,16; Jer. 27,34; Jer. 28,57; Jer. 30,12; Jer. 32,27; Jer. 38,36; Jer. 39,14; Jer. 39,19; Jer. 51,7; Bar. 3,1; Bar. 3,4; 2Cor. 6,18; Rev. 1,8; Rev. 4,8; Rev. 19,6; Rev. 21,22)

Noun ▪ masculine ▪ singular ▪ vocative ▪ (common) ▸ **2** + **3** = **5** (2Sam. 7,25; 2Sam. 7,27; Rev. 11,17; Rev. 15,3; Rev. 16,7)

πάντοτε (πᾶς; ὅς; τέ) always ▸ **2** + **41** = **43**

Πάντοτε ▸ 1

Adverb ▪ (temporal) ▸ **1** (1Th. 5,16)

πάντοτε ▸ **2** + **38** = **40**

Adverb ▪ (temporal) ▸ **2** + **38** = **40** (Wis. 11,21; Wis. 19,18; Matt. 26,11; Matt. 26,11; Mark 14,7; Mark 14,7; Luke 15,31; Luke 18,1; John 6,34; John 8,29; John 12,8; John 12,8; John 18,20; Rom. 1,10; 1Cor. 1,4; 1Cor. 15,58; 2Cor. 2,14; 2Cor. 4,10; 2Cor. 5,6; 2Cor. 9,8; Gal. 4,18; Eph. 5,20; Phil. 1,4; Phil. 1,20; Phil. 2,12; Phil. 4,4; Col. 1,3; Col. 4,6; Col. 4,12; 1Th. 1,2; 1Th. 2,16; 1Th. 3,6; 1Th. 4,17; 1Th. 5,15; 2Th. 1,3; 2Th. 1,11; 2Th. 2,13; 2Tim. 3,7; Philem. 4; Heb. 7,25)

πάντοτέ ▸ 2

Adverb ▪ (temporal) ▸ **2** (John 7,6; John 11,42)

παντοτρόφος (πᾶς; τρέφω) all-nourishing ▸ 1

παντοτρόφῳ ▸ 1

Adjective ▪ feminine ▪ singular ▪ dative ▪ noDegree ▸ **1** (Wis. 16,25)

παντοφαγία (πᾶς; φάγος) eating indescriminately ▸ 1

παντοφαγία ▸ 1

Noun ▪ feminine ▪ singular ▪ nominative ▪ (common) ▸ **1** (4Mac. 1,27)

πάντως (πᾶς) by all means ▸ **3** + **8** = **11**

πάντως ▸ **3** + **8** = **11**

Adverb ▸ **3** + **8** = **11** (Tob. 14,8; 2Mac. 3,13; 3Mac. 1,15; Luke 4,23; Acts 21,22; Acts 28,4; Rom. 3,9; 1Cor. 5,10; 1Cor. 9,10; 1Cor. 9,22; 1Cor. 16,12)

πάνυ (πᾶς) altogether, entirely ▸ 4

πάνυ ▸ 4

Adverb ▸ **4** (2Mac. 9,6; 2Mac. 12,43; 2Mac. 13,8; 2Mac. 15,17)

πανυπέρτατος (πᾶς; ὑπέρ) most high ▸ 1

πανυπέρτατον ▸ 1

Adjective ▪ neuter ▪ singular ▪ accusative ▪ superlative ▸ **1** (3Mac. 1,20)

πάππος (πάππας) grandfather ▸ 1

πάππος ▸ 1

Noun ▪ masculine ▪ singular ▪ nominative ▪ (common) ▸ **1** (Sir. 1,7 Prol.)

πάπυρος papyrus ▸ 3

πάπυρον ▸ 1

Noun ▪ masculine ▪ singular ▪ accusative ▪ (common) ▸ **1** (Job 40,21)

πάπυρος ▸ 1

Noun ▪ masculine ▪ singular ▪ nominative ▪ (common) ▸ **1** (Job 8,11)

παπύρου ▸ 1

Noun ▪ masculine ▪ singular ▪ genitive ▪ (common) ▸ **1** (Is. 19,6)

παρά from, by; (+dat) with; (+acc) beside ▸ **831** + **50** + **194** = **1075**

Παρ' ▸ 2

Preposition ▪ (+dative) ▸ **2** (Gen. 23,11; Gen. 31,32)

παρ' ▸ **197** + **12** + **60** = **269**

Preposition ▪ (+accusative) ▸ **16** + **9** = **25** (Gen. 49,13; Num. 24,6; Judg. 5,17; 1Kings 13,24; 2Mac. 10,13; 2Mac. 10,14; 3Mac. 3,23; 3Mac. 5,42; Psa. 8,6; Psa. 72,2; Prov. 5,14; Sol. 16,2; Jer. 17,8; Ezek. 39,15; Dan. 3,19; Dan. 12,8; Luke 18,14; Rom. 4,18; Rom. 12,3; Rom. 14,5; Gal. 1,8; Gal. 1,9; Heb. 1,4; Heb. 2,7; Heb. 2,9)

Preposition ▪ (+dative) ▸ **65** + **4** + **23** = **92** (Gen. 24,25; Gen. 27,15; Gen. 29,27; Gen. 30,33; Gen. 31,32; Gen. 31,32; Gen. 34,16; Gen. 39,15; Gen. 39,16; Gen. 39,18; Gen. 44,9; Gen. 44,10; Gen. 44,16; Gen. 44,17; Ex. 16,18; Ex. 31,13; Ex. 33,12; Ex. 33,21; Ex. 35,23; Ex. 35,24; Deut. 15,3; Deut. 29,16; Deut. 32,34; Judg. 17,2; 1Sam. 6,14; 1Sam. 22,23; 1Sam. 23,19; 1Sam. 25,15; 1Sam. 25,16; 1Kings 21,40; 1Chr. 29,8; 1Esdr. 4,39; 1Esdr. 9,43; Esth. 13,3 # 3,13c; Tob. 4,4; Tob. 10,9; 1Mac. 8,22; 2Mac. 2,14; Psa. 41,9; Psa. 53,2; Psa. 129,7; Ode. 2,34; Ode. 11,12; Prov. 8,30; Prov. 9,18; Prov. 12,22; Prov. 15,8; Prov. 26,5; Prov. 26,12; Prov. 28,11; Job 10,12; Job 12,13; Job 12,16; Job 19,4; Job 34,14; Job 42,11; Sir. 5,6; Sir. 16,11; Sir. 35,12; Sir. 50,12; Is. 21,12; Is. 38,12; Jer. 44,13; Dan. 2,22; Bel 18; Judg. 17,2; Judg. 17,11; Tob. 4,4; Tob. 8,20; Matt. 8,10; Matt. 22,25; Luke 9,47; Luke 11,37; John 1,39; John 4,40; John 14,17; John 14,23; John 14,25; Acts 18,3; Acts 21,7; Acts 21,8; Acts 21,16; Acts 26,8; Acts 28,14; Rom. 11,25; Rom. 12,16; 1Cor. 16,2; 2Cor. 1,17; Eph. 6,9; Col. 4,16; James 1,17; Rev. 2,13)

Preposition ▪ (+genitive) ▸ **116** + **8** + **28** = **152** (Gen. 21,30; Gen. 23,13; Gen. 31,39; Gen. 43,34; Ex. 22,11; Ex. 25,3; Ex. 35,5; Lev. 25,36; Lev. 27,24; Num. 7,5; Num. 17,17; Num. 18,26; Num. 24,13; Num. 31,49; Num. 31,51; Deut. 2,6; Deut. 2,6; Deut. 3,4; Deut. 22,3; Judg. 8,24; 1Sam. 1,17; 1Sam. 1,27; 1Sam. 8,10; 1Sam. 20,7; 1Sam. 20,28; 2Sam. 2,31; 2Sam. 15,28; 1Kings 3,11; 1Kings 12,24; 1Kings 12,24y; 1Kings 21,20; 1Kings 21,20; 2Kings 3,11; 2Kings 4,5; 2Kings 5,20; 2Kings 8,8; 2Chr. 11,4; 2Chr. 13,19; 2Chr. 18,6; 2Chr. 18,23; 2Chr. 32,31; 1Esdr. 2,14; 1Esdr. 8,50; Ezra 4,19; Ezra 8,21; Neh. 5,12; Neh. 5,15; Neh. 10,32; Judith 8,17; Tob. 4,19; 1Mac. 7,13; 1Mac. 8,8; 1Mac. 9,44; 1Mac. 9,58; 1Mac. 10,87; 1Mac. 11,34; 1Mac. 11,73; 1Mac. 12,17; 1Mac. 12,27; 1Mac. 12,28; 1Mac. 12,29; 1Mac. 13,52; 1Mac. 15,15; 1Mac. 15,20; 1Mac. 16,16; 2Mac. 7,11; 2Mac. 11,17; 2Mac. 11,20; 2Mac. 14,21; 4Mac. 9,5; Psa. 2,8; Psa. 11,5; Psa. 61,2;

παρά

Psa. 61,6; Psa. 67,24; Psa. 151,7; Prov. 27,27; Prov. 31,21; Eccl. 5,10; Eccl. 5,12; Eccl. 7,12; Eccl. 8,8; Job 4,12; Job 6,22; Job 6,25; Job 13,11; Job 21,2; Job 23,7; Job 25,2; Job 25,3; Job 37,12; Job 37,21; Sir. 3,8; Sir. 8,8; Sir. 8,9; Sir. 12,2; Sir. 38,8; Amos 5,11; Zech. 9,17; Is. 46,13; Is. 51,4; Is. 54,10; Is. 57,16; Is. 59,21; Jer. 28,27; Jer. 28,53; Bar. 5,9; Ezek. 3,17; Ezek. 24,25; Ezek. 45,20; Dan. 1,20; Dan. 7,16; Dan. 11,31; Sus. 33; Bel 9; Bel 14; Judg. 8,24; Judg. 19,2; Tob. 5,2; Tob. 5,3; Dan. 1,20; Dan. 2,6; Dan. 7,16; Sus. 33; Matt. 2,4; Matt. 2,7; Mark 3,21; Mark 5,26; Mark 8,11; Mark 16,9; Luke 6,19; Luke 6,34; Luke 10,7; Luke 11,16; Luke 12,48; John 4,9; John 4,52; John 7,29; John 7,51; John 8,26; Acts 3,5; Acts 9,2; Acts 22,5; Acts 24,8; Rom. 11,27; Phil. 4,18; 1Th. 2,13; 1Th. 4,1; 2Th. 3,6; 2Tim. 1,13; 2Tim. 2,2; Rev. 3,18)

Παρά ▸ 7

Preposition · (+accusative) ▸ **4** (Ex. 14,11; Num. 14,16; Num. 20,19; Deut. 9,28)

Preposition · (+genitive) ▸ **3** (Gen. 24,50; 1Esdr. 4,59; Esth. 10,4 # 10,3a)

παρά ▸ **1** + **3** = **4**

Preposition · (+dative) ▸ **1** + **2** = **3** (1Mac. 1,57; Acts 9,43; Acts 10,6)

Preposition · (+genitive) ▸ **1** (2Th. 3,8)

παρά ▸ **624** + **38** + **131** = **793**

Preposition · (+accusative) ▸ **223** + **18** + **50** = **291** (Gen. 13,18; Gen. 19,1; Gen. 22,17; Gen. 24,11; Gen. 25,11; Gen. 29,20; Gen. 36,37; Gen. 37,3; Gen. 41,3; Gen. 41,3; Gen. 41,17; Gen. 43,34; Ex. 2,3; Ex. 2,5; Ex. 11,5; Ex. 12,22; Ex. 12,22; Ex. 13,20; Ex. 14,9; Ex. 14,30; Ex. 15,27; Ex. 18,11; Ex. 28,34; Ex. 29,10; Ex. 29,11; Ex. 29,12; Ex. 29,32; Ex. 33,8; Ex. 33,12; Ex. 33,16; Ex. 33,17; Ex. 36,5; Ex. 38,26; Ex. 40,6; Ex. 40,29; Lev. 1,16; Lev. 3,2; Lev. 3,8; Lev. 3,13; Lev. 4,4; Lev. 4,7; Lev. 4,7; Lev. 4,14; Lev. 4,25; Lev. 4,30; Lev. 4,34; Lev. 10,12; Lev. 16,7; Lev. 17,6; Lev. 19,21; Num. 2,18; Num. 3,23; Num. 3,46; Num. 6,13; Num. 6,18; Num. 10,6; Num. 12,3; Num. 13,29; Num. 13,29; Num. 16,18; Num. 16,19; Num. 16,27; Num. 20,19; Num. 22,1; Num. 25,6; Num. 33,9; Num. 33,49; Num. 33,50; Num. 34,7; Num. 35,1; Deut. 2,8; Deut. 2,36; Deut. 7,6; Deut. 7,7; Deut. 7,7; Deut. 7,8; Deut. 7,14; Deut. 9,28; Deut. 10,15; Deut. 16,21; Deut. 23,5; Deut. 31,14; Deut. 31,14; Deut. 31,15; Deut. 31,15; Josh. 5,1; Josh. 7,7; Josh. 12,7; Josh. 13,21; Josh. 18,14; Josh. 19,51; Josh. 22,7; Judg. 9,44; Judg. 11,26; Judg. 18,16; Judg. 19,26; Judg. 19,27; 1Sam. 4,13; 1Sam. 9,24; 1Sam. 13,5; 1Sam. 20,19; 1Sam. 20,25; 2Sam. 6,7; 2Sam. 10,3; 1Kings 2,35a; 1Kings 5,9; 1Kings 10,19; 1Kings 13,24; 1Kings 13,28; 1Kings 13,31; 2Kings 1,3; 2Kings 1,6; 2Kings 4,15; 2Kings 7,3; 2Kings 10,8; 2Kings 23,8; 1Chr. 1,48; 1Chr. 19,9; 1Chr. 24,4; 2Chr. 2,4; 2Chr. 9,18; 2Chr. 11,23; 2Chr. 29,34; 2Chr. 30,18; 1Esdr. 1,22; 1Esdr. 2,24; 1Esdr. 4,35; Neh. 7,2; Esth. 2,17; Esth. 3,8; Esth. 4,13; Esth. 4,16; Esth. 16,7 # 8,12g; Judith 5,4; Judith 8,25; Judith 11,23; Judith 12,18; Judith 13,4; Judith 13,18; Tob. 2,9; Tob. 5,6; Tob. 6,11; Tob. 9,2; Tob. 11,4; 1Mac. 11,1; 1Mac. 13,52; 1Mac. 14,45; 2Mac. 4,36; 2Mac. 4,42; 2Mac. 7,39; 3Mac. 4,8; 3Mac. 5,8; 3Mac. 7,8; 4Mac. 10,19; Psa. 1,3; Psa. 30,12; Psa. 43,11; Psa. 44,3; Psa. 44,8; Psa. 72,2; Psa. 93,17; Psa. 118,87; Psa. 134,5; Psa. 140,7; Ode. 7,32; Ode. 7,36; Ode. 7,37; Prov. 7,8; Prov. 7,12; Eccl. 2,9; Eccl. 3,19; Job 4,11; Job 4,20; Job 4,21; Job 24,8; Job 36,12; Job 40,21; Wis. 15,13; Sir. 15,5; Sir. 21,24; Sir. 43,28; Sol. 5,4; Sol. 9,9; Sol. 16,1; Zeph. 3,6; Is. 6,11; Is. 6,11; Is. 19,5; Is. 53,3; Jer. 2,15; Jer. 4,7; Jer. 9,9; Jer. 9,10; Jer. 9,11; Jer. 17,9; Jer. 26,6; Jer. 40,10; Jer. 40,12; Bar. 3,28; Lam. 1,4; Lam. 3,51; Ezek. 16,22; Ezek. 16,34; Ezek. 16,47; Ezek. 20,6; Ezek. 20,15; Ezek. 29,15; Ezek. 31,5; Ezek. 33,30; Ezek. 34,8; Dan. 1,10; Dan. 1,13; Dan. 1,20; Dan. 2,30; Dan. 3,32; Dan. 3,36; Dan. 3,37; Dan. 7,1; Dan. 7,3; Dan. 7,7; Dan. 7,23; Dan. 11,2; Dan. 11,13; Judg. 9,44; Judg. 11,26; Judg. 19,26; Judg. 19,27; Tob. 2,9; Tob. 3,17; Tob. 6,12; Tob. 6,13; Tob. 7,1; Dan. 1,10; Dan. 1,20; Dan. 2,30; Dan. 3,32; Dan. 3,36; Dan. 3,37; Dan. 7,7; Dan. 7,19; Dan. 11,2; Matt. 4,18; Matt. 13,1; Matt. 13,4; Matt. 13,19; Matt. 15,29; Matt. 15,30; Matt. 20,30; Mark 1,16; Mark 2,13; Mark 4,1; Mark 4,4; Mark 4,15; Mark 5,21; Mark 10,46; Luke 3,13; Luke 5,1; Luke 5,2; Luke 7,38; Luke 8,5; Luke 8,12; Luke 8,35; Luke 8,41; Luke 13,2; Luke 13,4; Luke 17,16; Luke 18,35; Acts 4,35; Acts 5,2; Acts 7,58; Acts 10,6; Acts 10,32; Acts 16,13; Acts 18,13; Acts 22,3; Rom. 1,25; Rom. 1,26; Rom. 11,24; Rom. 16,17; 1Cor. 3,11; 1Cor. 12,15; 1Cor. 12,16; 2Cor. 8,3; 2Cor. 11,24; Heb. 1,9; Heb. 3,3; Heb. 9,23; Heb. 11,4; Heb. 11,11; Heb. 11,12; Heb. 12,24)

Preposition · (+dative) ▸ **99** + **6** + **28** = **133** (Gen. 18,14; Gen. 24,23; Gen. 29,25; Gen. 33,19; Gen. 39,2; Gen. 40,3; Gen. 40,7; Ex. 2,21; Ex. 22,24; Ex. 33,16; Lev. 19,13; Lev. 25,35; Lev. 25,39; Lev. 25,40; Lev. 25,47; Lev. 25,47; Num. 11,15; Num. 22,8; Num. 22,9; Deut. 15,16; Judg. 15,8; Judg. 17,11; Judg. 18,3; Judg. 18,17; 1Sam. 9,23; 1Sam. 22,3; 1Sam. 25,29; 2Sam. 10,8; 2Sam. 11,9; 2Sam. 19,38; 2Sam. 20,8; 2Sam. 24,16; 1Kings 20,1; 1Kings 22,51; 2Chr. 14,10; 2Chr. 21,1; 2Chr. 25,24; Judith 11,9; Judith 11,17; Judith 12,11; Judith 15,10; Tob. 4,14; Tob. 9,5; 1Mac. 7,47; 1Mac. 13,29; 2Mac. 1,36; 4Mac. 3,11; 4Mac. 9,8; 4Mac. 13,3; Psa. 35,10; Psa. 38,13; Psa. 72,22; Psa. 75,13; Psa. 88,28; Psa. 129,4; Psa. 129,7; Ode. 14,44; Prov. 2,1; Prov. 2,18; Prov. 2,18; Prov. 3,7; Prov. 7,1; Prov. 8,3; Prov. 12,2; Prov. 14,6; Prov. 14,6; Prov. 14,12; Prov. 14,22; Prov. 15,11; Prov. 15,28a; Prov. 16,2; Prov. 16,5; Prov. 16,7; Prov. 16,11; Prov. 17,3; Prov. 17,15; Prov. 18,16; Prov. 21,3; Prov. 21,15; Job 1,18; Job 9,2; Job 14,5; Job 27,11; Job 40,15; Wis. 4,1; Wis. 4,1; Wis. 5,15; Wis. 8,10; Wis. 9,10; Wis. 12,7; Sir. 7,5; Sir. 12,12; Sir. 18,17; Sol. 9,5; Amos 6,10; Is. 49,4; Jer. 22,13; Dan. 1,19; Dan. 2,2; Judg. 17,11; Tob. 5,6; Tob. 5,10; Tob. 9,2; Tob. 9,5; Bel 18; Matt. 6,1; Matt. 19,26; Matt. 19,26; Matt. 28,15; Mark 10,27; Mark 10,27; Mark 10,27; Luke 1,30; Luke 2,52; Luke 18,27; Luke 18,27; Luke 19,7; John 8,38; John 17,5; John 17,5; John 19,25; Rom. 2,11; Rom. 2,13; Rom. 9,14; 1Cor. 3,19; 1Cor. 7,24; Gal. 3,11; 2Th. 1,6; 2Tim. 4,13; James 1,27; 1Pet. 2,4; 1Pet. 2,20; 2Pet. 3,8)

Preposition · (+genitive) ▸ **302** + **14** + **53** = **369** (Gen. 19,24; Gen. 23,6; Gen. 23,20; Gen. 25,10; Gen. 25,22; Gen. 38,20; Gen. 41,32; Gen. 44,32; Gen. 49,25; Gen. 49,30; Gen. 49,32; Gen. 50,13; Ex. 3,22; Ex. 4,20; Ex. 11,2; Ex. 11,2; Ex. 12,35; Ex. 14,13; Ex. 18,15; Ex. 22,13; Ex. 25,2; Ex. 27,21; Ex. 29,28; Ex. 29,28; Ex. 30,16; Ex. 35,22; Ex. 36,3; Ex. 36,3; Ex. 39,2; Lev. 7,34; Lev. 7,34; Lev. 7,36; Lev. 9,24; Lev. 10,2; Lev. 10,7; Lev. 16,5; Lev. 25,14; Lev. 25,15; Lev. 25,33; Num. 3,12; Num. 3,50; Num. 7,3; Num. 7,3; Num. 7,84; Num. 8,11; Num. 11,1; Num. 11,3; Num. 11,31; Num. 16,35; Num. 17,17; Num. 18,8; Num. 18,26; Num. 18,28; Num. 24,16; Num. 31,3; Num. 31,28; Num. 31,52; Num. 31,52; Num. 31,54; Num. 31,54; Num. 35,31; Deut. 10,12; Deut. 17,18; Deut. 18,3; Deut. 18,16; Deut. 23,16; Deut. 23,22; Deut. 33,23; Josh. 21,16; Josh. 21,17; Josh. 24,32; Judg. 1,14; Judg. 9,13; Judg. 14,4; Judg. 20,5; Ruth 2,12; Ruth 4,5; 1Sam. 1,20; 1Sam. 2,13; 1Sam. 2,15; 1Sam. 5,2; 1Sam. 7,14; 1Sam. 14,15; 1Sam. 16,14; 1Sam. 20,9; 1Sam. 20,33; 1Sam. 24,7; 1Sam. 26,11; 2Sam. 3,13; 2Sam. 3,15; 2Sam. 3,15; 2Sam. 3,37; 2Sam. 15,3; 2Sam. 21,12; 2Sam. 24,21; 2Sam. 24,24; 1Kings 2,15; 1Kings 2,16; 1Kings 2,20; 1Kings 2,33; 1Kings 4,12; 1Kings 5,14; 1Kings 10,3; 1Kings 12,15; 1Kings 16,24; 1Kings 18,38; 1Kings 20,3; 1Kings 21,34; 2Kings 4,3; 2Kings 4,28; 2Kings 5,15; 2Kings 6,33; 2Kings 12,9; 2Kings 12,10; 2Kings 20,9; 2Kings 22,4; 1Chr.

5,22; 1Chr. 12,20; 1Chr. 13,2; 1Chr. 29,12; 2Chr. 10,15; 2Chr. 19,2; 2Chr. 21,12; 2Chr. 22,7; 2Chr. 25,8; 2Chr. 25,20; 2Chr. 26,18; 2Chr. 30,6; 2Chr. 36,4a; 1Esdr. 1,15; 1Esdr. 2,25; 1Esdr. 4,46; 1Esdr. 4,59; 1Esdr. 5,53; 1Esdr. 6,5; 1Esdr. 8,6; 1Esdr. 8,8; 1Esdr. 8,75; Ezra 8,22; Ezra 8,23; Neh. 6,16; Neh. 13,6; Esth. 2,15; Esth. 4,5; Judith 11,14; Judith 12,15; Tob. 4,18; Tob. 5,20; 1Mac. 2,15; 1Mac. 2,17; 1Mac. 4,13; 1Mac. 7,32; 1Mac. 7,41; 1Mac. 9,12; 1Mac. 9,49; 1Mac. 11,39; 1Mac. 11,70; 1Mac. 12,7; 1Mac. 12,34; 1Mac. 12,49; 2Mac. 8,11; 2Mac. 11,16; 2Mac. 12,11; 2Mac. 15,7; 2Mac. 15,8; 2Mac. 15,16; 3Mac. 1,1; 3Mac. 5,35; 4Mac. 12,11; 4Mac. 18,23; Psa. 7,11; Psa. 21,26; Psa. 23,5; Psa. 23,5; Psa. 26,4; Psa. 36,23; Psa. 36,39; Psa. 38,8; Psa. 57,6; Psa. 72,25; Psa. 83,6; Psa. 103,21; Psa. 108,20; Psa. 117,23; Psa. 120,2; Ode. 5,19; Ode. 12,11; Prov. 8,35; Prov. 16,33; Prov. 18,22; Prov. 19,14; Prov. 20,24; Prov. 21,31; Prov. 29,26; Prov. 30,7; Eccl. 12,11; Job 1,12; Job 19,26; Job 20,29; Job 20,29; Job 21,9; Job 27,13; Job 27,13; Job 31,37; Job 34,9; Job 34,33; Wis. 6,3; Wis. 6,3; Sir. 1,1; Sir. 7,4; Sir. 7,4; Sir. 8,9; Sir. 11,14; Sir. 12,2; Sir. 15,9; Sir. 28,1; Sir. 28,3; Sir. 34,6; Sir. 37,21; Sir. 38,2; Sir. 38,2; Sir. 41,4; Sir. 50,21; Sol. 3,6; Sol. 5,3; Sol. 5,4; Mic. 1,12; Mic. 5,6; Mic. 6,8; Obad. 1; Jonah 3,7; Jonah 3,7; Hab. 2,13; Zech. 6,10; Zech. 6,10; Zech. 6,10; Zech. 7,12; Zech. 10,1; Is. 2,1; Is. 7,11; Is. 8,18; Is. 13,6; Is. 21,10; Is. 21,11; Is. 22,5; Is. 26,19; Is. 28,22; Is. 28,29; Is. 29,6; Is. 37,14; Is. 38,7; Is. 49,24; Is. 49,25; Is. 52,10; Is. 59,19; Is. 63,14; Jer. 11,1; Jer. 11,20; Jer. 18,1; Jer. 20,12; Jer. 21,1; Jer. 23,19; Jer. 23,30; Jer. 27,15; Jer. 27,28; Jer. 28,6; Jer. 28,59; Jer. 30,8; Jer. 33,1; Jer. 37,1; Jer. 39,1; Jer. 41,1; Jer. 41,8; Jer. 42,1; Jer. 44,17; Jer. 47,1; Jer. 52,34; Bar. 4,9; Bar. 4,22; Bar. 4,22; Bar. 4,24; Bar. 4,25; Bar. 4,35; Bar. 4,36; Bar. 5,1; Bar. 5,2; Bar. 5,4; Bar. 5,6; Lam. 2,9; Ezek. 16,32; Ezek. 33,30; Dan. 2,15; Dan. 2,16; Dan. 2,18; Dan. 4,23; Dan. 6,6; Dan. 6,8; Dan. 6,8; Dan. 6,13; Dan. 6,13; Dan. 9,23; Judg. 1,14; Judg. 14,4; Judg. 18,16; Tob. 5,20; Tob. 8,21; Dan. 2,18; Dan. 2,23; Dan. 2,49; Dan. 6,8; Dan. 6,8; Dan. 6,13; Dan. 6,13; Dan. 6,14; Sus. 55; Matt. 2,16; Matt. 18,19; Matt. 21,42; Mark 12,2; Mark 12,11; Mark 14,43; Luke 1,37; Luke 1,45; Luke 2,1; Luke 8,49; John 1,6; John 1,14; John 1,40; John 5,34; John 5,41; John 5,44; John 5,44; John 6,45; John 6,46; John 8,38; John 8,40; John 9,16; John 9,33; John 10,18; John 15,15; John 15,26; John 15,26; John 16,27; John 16,28; John 17,7; John 17,8; Acts 2,33; Acts 3,2; Acts 7,16; Acts 9,14; Acts 10,22; Acts 17,9; Acts 20,24; Acts 26,10; Acts 28,22; Gal. 1,12; Eph. 6,8; Phil. 4,18; 2Tim. 1,18; 2Tim. 3,14; James 1,5; James 1,7; 2Pet. 1,17; 2Pet. 2,11; 2John 3; 2John 3; 2John 4; Rev. 2,28)

παραβαίνω (παρά; βαίνω) to disobey, deviate, transgress ▸ 64 + 3 + 3 = 70
   παραβαίνειν ▸ 2
      Verb ▪ present ▪ active ▪ infinitive ▸ **2** (2Mac. 7,2; 4Mac. 9,1)
   παραβαίνετε ▸ 1 + 1 = 2
      Verb ▪ second ▪ plural ▪ present ▪ active ▪ indicative ▸ **1 + 1 = 2** (Num. 14,41; Matt. 15,3)
   παραβαίνοντας ▸ 1
      Verb ▪ present ▪ active ▪ participle ▪ masculine ▪ plural ▪ accusative ▸ **1** (Psa. 118,119)
   παραβαίνοντες ▸ 2
      Verb ▪ present ▪ active ▪ participle ▪ masculine ▪ plural ▪ nominative ▸ **2** (Sir. 10,19; Sir. 40,14)
   παραβαίνουσιν ▸ 1 + 1 = 2
      Verb ▪ third ▪ plural ▪ present ▪ active ▪ indicative ▸ **1 + 1 = 2** (1Esdr. 4,5; Matt. 15,2)
   παραβαίνων ▸ 4
      Verb ▪ present ▪ active ▪ participle ▪ masculine ▪ singular ▪ nominative ▸ **4** (Sir. 19,24; Sir. 23,18; Hos. 6,7; Ezek. 17,15)
   παραβαίνωσι ▸ 1
      Verb ▪ third ▪ plural ▪ present ▪ active ▪ subjunctive ▸ **1** (1Esdr. 8,24)
   παραβᾶσι ▸ 1
      Verb ▪ aorist ▪ active ▪ participle ▪ masculine ▪ plural ▪ dative ▸ **1** (4Mac. 13,15)
   παραβέβηκας ▸ 2
      Verb ▪ second ▪ singular ▪ perfect ▪ active ▪ indicative ▸ **2** (Num. 5,19; Num. 5,20)
   παραβεβηκότας ▸ 3
      Verb ▪ perfect ▪ active ▪ participle ▪ masculine ▪ plural ▪ accusative ▸ **3** (3Mac. 7,10; 3Mac. 7,11; 3Mac. 7,12)
   παραβεβηκότων ▸ 1
      Verb ▪ perfect ▪ active ▪ participle ▪ masculine ▪ plural ▪ genitive ▸ **1** (Is. 66,24)
   παραβῇ ▸ 4
      Verb ▪ third ▪ singular ▪ aorist ▪ active ▪ subjunctive ▸ **4** (Num. 5,12; Num. 5,29; Deut. 17,20; Sir. 42,10)
   παραβῆναι ▸ 10 + 2 = 12
      Verb ▪ aorist ▪ active ▪ infinitive ▸ **10 + 2 = 12** (Num. 22,18; Num. 24,13; Josh. 23,16; 1Esdr. 1,15; 1Esdr. 8,84; Tob. 4,5; 4Mac. 16,24; Sir. 31,10; Ezek. 16,59; Ezek. 17,18; Tob. 4,5; Tob. 9,3-4)
   παραβήσῃ ▸ 2
      Verb ▪ second ▪ singular ▪ future ▪ middle ▪ indicative ▸ **2** (Deut. 28,14; Judith 2,13)
   παραβησόμεθα ▸ 1
      Verb ▪ first ▪ plural ▪ future ▪ middle ▪ indicative ▸ **1** (Judith 8,30)
   παραβήσονται ▸ 1
      Verb ▪ third ▪ plural ▪ future ▪ middle ▪ indicative ▸ **1** (Sir. 39,31)
   παραβῆτε ▸ 2
      Verb ▪ second ▪ plural ▪ aorist ▪ active ▪ subjunctive ▸ **2** (Deut. 11,16; 1Sam. 12,21)
   παραβῶσίν ▸ 1
      Verb ▪ third ▪ plural ▪ aorist ▪ active ▪ subjunctive ▸ **1** (1Esdr. 6,31)
   παρεβαίνετε ▸ 1
      Verb ▪ second ▪ plural ▪ imperfect ▪ active ▪ indicative ▸ **1** (Ezek. 44,7)
   παρέβη ▸ 7 + 1 = 8
      Verb ▪ third ▪ singular ▪ aorist ▪ active ▪ indicative ▸ **7 + 1 = 8** (Josh. 7,11; Josh. 7,15; Josh. 11,15; 1Esdr. 1,46; Sir. 31,10; Ezek. 17,16; Ezek. 17,19; Acts 1,25)
   παρέβημεν ▸ 2
      Verb ▪ first ▪ plural ▪ aorist ▪ active ▪ indicative ▸ **2** (1Esdr. 8,79; Dan. 9,5)
   παρέβην ▸ 2
      Verb ▪ first ▪ singular ▪ aorist ▪ active ▪ indicative ▸ **2** (1Sam. 15,24; Job 14,17)
   παρέβησαν ▸ 9 + 1 = 10
      Verb ▪ third ▪ plural ▪ aorist ▪ active ▪ indicative ▸ **9 + 1 = 10** (Ex. 32,8; Lev. 26,40; Deut. 9,12; 2Kings 18,12; 1Mac. 7,18; Sol. 18,10; Hos. 8,1; Is. 24,5; Jer. 5,28; Dan. 9,11)
   παρέβητε ▸ 3
      Verb ▪ second ▪ plural ▪ aorist ▪ active ▪ indicative ▸ **3** (Num. 27,14; Deut. 1,43; Deut. 9,16)

παραβάλλω (παρά; βάλλω) to throw aside; to be attentive; to arrive ▸ 10 + 1 = 11
   παράβαλε ▸ 1
      Verb ▪ second ▪ singular ▪ aorist ▪ active ▪ imperative ▸ **1** (Prov. 4,20)
   παραβαλεῖς ▸ 2

παραβάλλω–παραβολή

Verb · second · singular · future · active · indicative ▸ 2 (Prov. 2,2; Prov. 2,2)
παραβαλεῖτε ▸ 1
  Verb · second · plural · future · active · indicative ▸ 1 (Ruth 2,16)
παράβαλλε ▸ 2
  Verb · second · singular · present · active · imperative ▸ 2 (Prov. 5,1; Prov. 22,17)
παραβάλλοντες ▸ 1
  Verb · present · active · participle · masculine · plural · nominative ▸ 1 (Ruth 2,16)
παραβεβλημένος ▸ 1
  Verb · perfect · middle · participle · masculine · singular · nominative ▸ 1 (2Mac. 14,38)
παρέβαλεν ▸ 1
  Verb · third · singular · aorist · active · indicative ▸ 1 (Judg. 19,21)
παρέβαλλον ▸ 1
  Verb · first · singular · imperfect · active · indicative ▸ 1 (Prov. 5,13)
παρεβάλομεν ▸ 1
  Verb · first · plural · aorist · active · indicative ▸ 1 (Acts 20,15)
παραβασιλεύω (παρά; βασιλεύς) to commit treason; to rule badly ▸ 1
  Παραβασιλεύετε ▸ 1
    Verb · second · plural · present · active · indicative ▸ 1 (3Mac. 6,24)
παράβασις (παρά; βαίνω) disobedience ▸ 3 + 7 = 10
  παραβάσει ▸ 1
    Noun · feminine · singular · dative ▸ 1 (1Tim. 2,14)
  παραβάσεις ▸ 1
    Noun · feminine · plural · accusative · (common) ▸ 1 (Psa. 100,3)
  παραβάσεων ▸ 2
    Noun · feminine · plural · genitive ▸ 2 (Gal. 3,19; Heb. 9,15)
  παραβάσεως ▸ 2
    Noun · feminine · singular · genitive ▸ 2 (Rom. 2,23; Rom. 5,14)
  παράβασιν ▸ 2
    Noun · feminine · singular · accusative · (common) ▸ 2 (2Mac. 15,10; Wis. 14,31)
  παράβασις ▸ 2
    Noun · feminine · singular · nominative ▸ 2 (Rom. 4,15; Heb. 2,2)
παραβάτης (παρά; βαίνω) one who disobeys; transgressor ▸ 5
  παραβάται ▸ 1
    Noun · masculine · plural · nominative ▸ 1 (James 2,9)
  παραβάτην ▸ 2
    Noun · masculine · singular · accusative ▸ 2 (Rom. 2,27; Gal. 2,18)
  παραβάτης ▸ 2
    Noun · masculine · singular · nominative ▸ 2 (Rom. 2,25; James 2,11)
παραβιάζομαι (παρά; βία) to defy; to press; to persuade ▸ 7 + 2 = 9
  παραβιασάμενοι ▸ 1
    Verb · aorist · middle · participle · masculine · plural · nominative ▸ 1 (Deut. 1,43)
  παραβιῶνται ▸ 1
    Verb · third · plural · future · middle · indicative ▸ 1 (Amos 6,10)
  παρεβιάζοντο ▸ 3
    Verb · third · plural · imperfect · middle · indicative ▸ 3 (Gen. 19,9; 1Sam. 28,23; Jonah 1,13)
  παρεβιάσαντο ▸ 1 + 1 = 2
    Verb · third · plural · aorist · middle · indicative ▸ 1 + 1 = 2 (2Kings 2,17; Luke 24,29)
  παρεβιάσατο ▸ 1 + 1 = 2
    Verb · third · singular · aorist · middle · indicative ▸ 1 + 1 = 2 (2Kings 5,16; Acts 16,15)
παραβιβάζω (παρά; βαίνω) to remove; to usurp ▸ 2 + 1 = 3
  παραβιβάζων ▸ 1
    Verb · present · active · participle · masculine · singular · nominative ▸ 1 (Dan. 11,20)
  παραβίβασον ▸ 1
    Verb · second · singular · aorist · active · imperative ▸ 1 (2Sam. 24,10)
  παρεβίβασεν ▸ 1
    Verb · third · singular · aorist · active · indicative ▸ 1 (2Sam. 12,13)
παραβλέπω (παρά; βλέπω) to observe; despise ▸ 4
  παράβλεπε ▸ 1
    Verb · second · singular · present · active · imperative ▸ 1 (Sir. 38,9)
  παρέβλεψεν ▸ 2
    Verb · third · singular · aorist · active · indicative ▸ 2 (Job 20,9; Job 28,7)
  παρέβλεψέν ▸ 1
    Verb · third · singular · aorist · active · indicative ▸ 1 (Song 1,6)
παραβολεύομαι (παρά; βάλλω) to risk ▸ 1
  παραβολευσάμενος ▸ 1
    Verb · aorist · middle · participle · masculine · singular · nominative ▸ 1 (Phil. 2,30)
παραβολή (παρά; βάλλω) proverb; poem; parable ▸ 45 + 1 + 50 = 96
  παραβολαί ▸ 2
    Noun · feminine · plural · nominative · (common) ▸ 2 (Sir. 1,25; Dan. 12,8)
  παραβολαῖς ▸ 4 + 12 = 16
    Noun · feminine · plural · dative · (common) ▸ 4 + 12 = 16 (Psa. 77,2; Sir. 38,34; Sir. 47,15; Sir. 47,17; Matt. 13,3; Matt. 13,10; Matt. 13,13; Matt. 13,34; Matt. 13,35; Matt. 22,1; Mark 3,23; Mark 4,2; Mark 4,11; Mark 4,33; Mark 12,1; Luke 8,10)
  παραβολάς ▸ 1 + 1 = 2
    Noun · feminine · plural · accusative · (common) ▸ 1 + 1 = 2 (1Kings 5,12; Mark 4,10)
  παραβολὰς ▸ 1 + 3 = 4
    Noun · feminine · plural · accusative · (common) ▸ 1 + 3 = 4 (Eccl. 1,17; Matt. 13,53; Matt. 21,45; Mark 4,13)
  παραβολή ▸ 3 + 2 = 5
    Noun · feminine · singular · nominative · (common) ▸ 3 + 2 = 5 (Sir. 20,20; Mic. 2,4; Ezek. 21,5; Luke 8,9; Luke 8,11)
  παραβολὴ ▸ 4 + 1 = 5
    Noun · feminine · singular · nominative · (common) ▸ 4 + 1 = 5 (1Sam. 24,14; Ezek. 12,22; Ezek. 18,2; Ezek. 18,3; Heb. 9,9)
  παραβολῇ ▸ 2 + 2 = 4
    Noun · feminine · singular · dative · (common) ▸ 2 + 2 = 4 (Deut. 28,37; Ezek. 16,44; Mark 4,30; Heb. 11,19)
  Παραβολὴν ▸ 1
    Noun · feminine · singular · accusative · (common) ▸ 1 (2Sam. 23,3)
  παραβολήν ▸ 3 + 5 = 8
    Noun · feminine · singular · accusative · (common) ▸ 3 + 5 = 8 (1Sam. 10,12; Psa. 68,12; Sir. 3,29; Matt. 24,32; Mark 7,17; Mark 13,28; Luke 13,6; Luke 14,7)
  παραβολὴν ▸ 20 + 1 + 21 = 42
    Noun · feminine · singular · accusative · (common) ▸ 20 + 1 + 21

Π, π

= **42** (Num. 23,7; Num. 23,18; Num. 24,3; Num. 24,15; Num. 24,20; Num. 24,21; Num. 24,23; 2Chr. 7,20; Tob. 3,4; Psa. 43,15; Psa. 48,5; Prov. 1,6; Wis. 5,4; Hab. 2,6; Jer. 24,9; Ezek. 12,23; Ezek. 12,23; Ezek. 17,2; Ezek. 19,14; Ezek. 24,3; Tob. 3,4; Matt. 13,18; Matt. 13,24; Matt. 13,31; Matt. 13,33; Matt. 13,36; Matt. 15,15; Matt. 21,33; Mark 4,13; Mark 12,12; Luke 4,23; Luke 5,36; Luke 6,39; Luke 12,16; Luke 12,41; Luke 15,3; Luke 18,1; Luke 18,9; Luke 19,11; Luke 20,9; Luke 20,19; Luke 21,29)

παραβολῆς ▸ **3**
  Noun • feminine • singular • genitive ▸ **3** (Matt. 13,34; Mark 4,34; Luke 8,4)

παραβολῶν ▸ **4**
  Noun • feminine • plural • genitive • (common) ▸ **4** (Eccl. 12,9; Sir. 13,26; Sir. 39,2; Sir. 39,3)

παραγγελία (παρά; ἄγγελος) commandment ▸ **5**
  παραγγελίᾳ ▸ **1**
    Noun • feminine • singular • dative ▸ **1** (Acts 5,28)
  παραγγελίαν ▸ **2**
    Noun • feminine • singular • accusative ▸ **2** (Acts 16,24; 1Tim. 1,18)
  παραγγελίας ▸ **2**
    Noun • feminine • plural • accusative ▸ **1** (1Th. 4,2)
    Noun • feminine • singular • genitive ▸ **1** (1Tim. 1,5)

παραγγέλλω (παρά; ἄγγελος) to command ▸ **23 + 32 = 55**
  παραγγείλαντες ▸ **1**
    Verb • aorist • active • participle • masculine • plural • nominative ▸ **1** (Acts 16,23)
  παραγγείλας ▸ **2 + 4 = 6**
    Verb • aorist • active • participle • masculine • singular • nominative ▸ **2 + 4 = 6** (2Mac. 12,5; 3Mac. 1,1; Matt. 10,5; Matt. 15,35; Acts 23,22; Acts 23,30)
  Παραγγείλατε ▸ **1**
    Verb • second • plural • aorist • active • imperative ▸ **1** (Josh. 6,7)
  παραγγείλατε ▸ **3**
    Verb • second • plural • aorist • active • imperative ▸ **3** (Jer. 26,14; Jer. 27,29; Jer. 28,27)
  παραγγείλῃς ▸ **1**
    Verb • second • singular • aorist • active • subjunctive ▸ **1** (1Tim. 1,3)
  Παράγγελλε ▸ **1**
    Verb • second • singular • present • active • imperative ▸ **1** (1Tim. 4,11)
  παράγγελλε ▸ **2**
    Verb • second • singular • present • active • imperative ▸ **2** (1Tim. 5,7; 1Tim. 6,17)
  παραγγέλλει ▸ **2**
    Verb • third • singular • present • active • indicative ▸ **2** (Mark 8,6; Acts 17,30)
  παραγγέλλειν ▸ **1**
    Verb • present • active • infinitive ▸ **1** (Acts 15,5)
  παραγγέλλεται ▸ **1**
    Verb • third • singular • present • passive • indicative ▸ **1** (Dan. 3,4)
  Παραγγέλλομεν ▸ **1**
    Verb • first • plural • present • active • indicative ▸ **1** (2Th. 3,6)
  παραγγέλλομεν ▸ **2**
    Verb • first • plural • present • active • indicative ▸ **2** (2Th. 3,4; 2Th. 3,12)
  παραγγέλλω ▸ **3**
    Verb • first • singular • present • active • indicative ▸ **3** (Acts 16,18; 1Cor. 7,10; 1Tim. 6,13)
  παραγγέλλων ▸ **1**
    Verb • present • active • participle • masculine • singular • nominative ▸ **1** (1Cor. 11,17)
  παρηγγείλαμεν ▸ **2**
    Verb • first • plural • aorist • active • indicative ▸ **2** (Acts 5,28; 1Th. 4,11)
  παρήγγειλαν ▸ **2**
    Verb • third • plural • aorist • active • indicative ▸ **2** (Acts 4,18; Acts 5,40)
  παρήγγειλε ▸ **1**
    Verb • third • singular • aorist • active • indicative ▸ **1** (Dan. 2,18)
  παρήγγειλεν ▸ **14 + 7 = 21**
    Verb • third • singular • aorist • active • indicative ▸ **14 + 7 = 21** (Judg. 4,10; 1Sam. 10,17; 1Sam. 15,4; 1Sam. 23,8; 1Kings 12,6; 1Kings 15,22; 2Chr. 36,22; Ezra 1,1; Judith 7,1; 1Mac. 5,58; 1Mac. 9,63; 2Mac. 5,25; 2Mac. 13,10; 2Mac. 15,10; Mark 6,8; Luke 5,14; Luke 8,29; Luke 8,56; Luke 9,21; Acts 1,4; Acts 10,42)
  παρηγγέλλομεν ▸ **1**
    Verb • first • plural • imperfect • active • indicative ▸ **1** (2Th. 3,10)
  παρηγγελμένα ▸ **1**
    Verb • perfect • passive • participle • neuter • plural • accusative ▸ **1** (Mark 16,8)
  παρηγγελμέναις ▸ **1**
    Verb • perfect • passive • participle • feminine • plural • dative ▸ **1** (3Mac. 4,14)

παράγγελμα (παρά; ἄγγελος) command ▸ **1**
  παραγγέλματός ▸ **1**
    Noun • neuter • singular • genitive • (common) ▸ **1** (1Sam. 22,14)

παραγίγνομαι to be present, come to aid; come to ▸ **1**
  παραγίγνεσθαι ▸ **1**
    Verb • present • middle • infinitive ▸ **1** (1Esdr. 5,43)

παραγίνομαι (παρά; γίνομαι) to come, to appear ▸ **174 + 4 + 37 = 215**
  παραγέγονα ▸ **1**
    Verb • first • singular • perfect • active • indicative ▸ **1** (Josh. 5,14)
  παραγέγονας ▸ **2**
    Verb • second • singular • perfect • active • indicative ▸ **2** (2Sam. 15,20; Job 1,7)
  παραγεγόνασιν ▸ **1**
    Verb • third • plural • perfect • active • indicative ▸ **1** (Judg. 9,31)
  παραγεγόνατε ▸ **1**
    Verb • second • plural • perfect • active • indicative ▸ **1** (Josh. 9,8)
  παραγέγονεν ▸ **2**
    Verb • third • singular • perfect • active • indicative ▸ **2** (1Sam. 20,27; 1Sam. 20,29)
  παραγεγονότας ▸ **1**
    Verb • perfect • active • participle • masculine • plural • accusative ▸ **1** (3Mac. 5,16)
  παραγεγονότων ▸ **1**
    Verb • perfect • active • participle • masculine • plural • genitive ▸ **1** (2Mac. 8,25)
  παραγενέσθαι ▸ **11**
    Verb • aorist • middle • infinitive ▸ **11** (Ex. 2,18; Num. 20,5; Josh. 9,12; Judg. 5,28; Ruth 1,19; 2Sam. 14,29; 2Sam. 19,31; 1Mac. 16,19; 2Mac. 13,1; 3Mac. 1,8; Sir. 48,25)
  παραγένεσθε ▸ **1**
    Verb • second • plural • aorist • middle • imperative ▸ **1** (Jer. 30,8)
  παραγενηθείς ▸ **2**
    Verb • aorist • passive • participle • masculine • singular • nominative ▸ **2** (2Mac. 3,9; Sir. 1,28 Prol.)
  παραγενηθέντα ▸ **1**

παραγίνομαι

Verb - aorist - passive - participle - neuter - plural - nominative
  ▸ 1 (1Mac. 4,60)

Παραγενηθέντες ▸ 1
  Verb - aorist - passive - participle - masculine - plural - nominative
  ▸ 1 (3Mac. 7,17)

παραγενηθέντες ▸ 2
  Verb - aorist - passive - participle - masculine - plural - nominative
  ▸ 2 (Num. 14,36; 1Mac. 4,26)

παραγενηθῆναι ▸ 1
  Verb - aorist - passive - infinitive ▸ 1 (1Mac. 4,46)

παραγενηθῆτε ▸ 1
  Verb - second - plural - aorist - passive - imperative ▸ 1 (Josh. 18,8)

παραγενηθήτωσαν ▸ 1
  Verb - third - plural - aorist - passive - imperative ▸ 1 (1Esdr. 9,12)

παραγένηται ▸ 1
  Verb - third - singular - aorist - middle - subjunctive ▸ 1 (Deut. 18,6)

παραγενόμεναι ▸ 1
  Verb - aorist - middle - participle - feminine - plural - nominative
  ▸ 1 (Ex. 2,16)

παραγενόμενοι ▸ 7 + 6 = 13
  Verb - aorist - middle - participle - masculine - plural - nominative
  ▸ 7 + 6 = **13** (Gen. 26,32; Ex. 2,17; 1Esdr. 5,54; 1Esdr. 6,8; 1Esdr. 8,63; 1Mac. 15,31; Dan. 2,2; Luke 7,4; Luke 7,20; Acts 5,22; Acts 14,27; Acts 15,4; Acts 17,10)

παραγενόμενον ▸ 1
  Verb - aorist - middle - participle - masculine - singular
  - accusative ▸ 1 (Acts 9,39)

Παραγενόμενος ▸ 1 + 2 = 3
  Verb - aorist - middle - participle - masculine - singular
  - nominative ▸ 1 + 2 = **3** (Gen. 14,13; Acts 5,21; Acts 9,26)

παραγενόμενος ▸ 12 + 8 = 20
  Verb - aorist - middle - participle - masculine - singular
  - nominative ▸ 12 + 8 = **20** (Lev. 14,48; Num. 21,7; 1Esdr. 5,54; 1Esdr. 6,19; 2Mac. 4,21; 2Mac. 4,34; 2Mac. 5,25; 2Mac. 9,4; 2Mac. 14,31; 2Mac. 15,31; 3Mac. 1,9; Dan. 1,1; Luke 14,21; Acts 5,25; Acts 10,33; Acts 11,23; Acts 18,27; Acts 23,16; Acts 24,24; Heb. 9,11)

παραγενόμενός ▸ 1
  Verb - aorist - middle - participle - masculine - singular
  - nominative ▸ 1 (Acts 28,21)

παραγενομένου ▸ 1
  Verb - aorist - middle - participle - masculine - singular
  - genitive ▸ 1 (Acts 25,7)

παραγενομένους ▸ 1
  Verb - aorist - middle - participle - masculine - plural - accusative
  ▸ 1 (Luke 22,52)

παραγένωμαι ▸ 1
  Verb - first - singular - aorist - middle - subjunctive ▸ 1 (1Cor. 16,3)

παραγενομένων ▸ 1
  Verb - aorist - middle - participle - masculine - plural - genitive
  ▸ 1 (1Sam. 13,15)

παραγένωνται ▸ 1 + 1 = 2
  Verb - third - plural - aorist - middle - subjunctive ▸ 1 + 1 = **2** (Num. 10,21; Acts 23,35)

παραγίνεσθαι ▸ 4
  Verb - present - middle - infinitive ▸ 4 (2Kings 9,17; 1Mac. 4,35; 2Mac. 13,12; Is. 56,1)

παραγίνεσθε ▸ 1

Verb - second - plural - present - middle - imperative ▸ 1 (Gen. 45,19)

Παραγίνεται ▸ 1
  Verb - third - singular - present - middle - indicative ▸ 1 (Ex. 18,15)

παραγίνεται ▸ 13 + 1 + 3 = 17
  Verb - third - singular - present - middle - indicative ▸ 13 + 1 + 3 = **17** (Gen. 32,21; Ex. 18,6; Judg. 9,37; 1Sam. 13,10; 1Sam. 19,18; 1Sam. 20,24; 1Sam. 30,21; 2Sam. 8,5; 2Sam. 9,6; 2Sam. 11,7; 1Kings 3,15; Eccl. 5,2; Is. 62,11; Tob. 11,15; Matt. 3,1; Matt. 3,13; Mark 14,43)

παραγίνῃ ▸ 1
  Verb - second - singular - present - middle - subjunctive ▸ 1 (2Sam. 1,3)

παραγίνομαι ▸ 2
  Verb - first - singular - present - middle - indicative ▸ 2 (Ex. 19,9; 1Sam. 25,19)

παραγινομένης ▸ 1
  Verb - present - middle - participle - feminine - singular
  - genitive ▸ 1 (2Sam. 6,16)

παραγινόμενοι ▸ 1
  Verb - present - middle - participle - masculine - plural
  - nominative ▸ 1 (2Mac. 15,24)

παραγινομένοις ▸ 1
  Verb - present - middle - participle - masculine - plural - dative
  ▸ 1 (2Sam. 15,6)

παραγινόμενον ▸ 2
  Verb - present - middle - participle - masculine - singular
  - accusative ▸ 1 (1Sam. 22,9)
  Verb - present - middle - participle - neuter - singular - nominative
  ▸ 1 (1Sam. 9,6)

παραγινόμενος ▸ 1
  Verb - present - middle - participle - masculine - singular
  - nominative ▸ 1 (Is. 63,1)

παραγινομένου ▸ 1
  Verb - present - middle - participle - masculine - singular
  - genitive ▸ 1 (2Sam. 3,13)

παραγινομένους ▸ 1
  Verb - present - middle - participle - masculine - plural
  - accusative ▸ 1 (2Mac. 3,39)

παραγινομένων ▸ 1
  Verb - present - middle - participle - neuter - plural - genitive
  ▸ 1 (2Mac. 8,16)

παραγίνονται ▸ 7
  Verb - third - plural - present - middle - indicative ▸ 7 (1Sam. 8,4; 2Sam. 5,1; 2Sam. 5,18; 2Sam. 6,6; 2Sam. 14,30; Esth. 5,5; Esth. 6,14)

παραγίνου ▸ 1
  Verb - second - singular - present - middle - imperative ▸ 1 (1Sam. 20,21)

Παρεγένετο ▸ 1
  Verb - third - singular - aorist - middle - indicative ▸ 1 (Luke 8,19)

παρεγένετο ▸ 25 + 1 + 4 = 30
  Verb - third - singular - aorist - middle - indicative ▸ 25 + 1 + 4 = **30** (Gen. 35,9; Ex. 8,20; Ex. 18,12; Josh. 21,45; Judg. 8,15; Judg. 11,18; Judg. 13,9; 1Sam. 13,8; 1Sam. 15,13; 2Sam. 3,25; 2Sam. 11,22; 2Sam. 13,34; 2Sam. 15,13; 2Sam. 18,31; 2Sam. 19,25; 1Kings 13,1; 2Kings 10,21; 2Chr. 24,24; Tob. 11,19; 2Mac. 1,14; 2Mac. 4,25; 2Mac. 12,6; Eccl. 5,15; Jer. 46,1; Sus. 13-14; Judg. 8,15; Luke 11,6; Luke 19,16; John 8,2; 2Tim. 4,16)

παρεγενήθη ▸ 4

Verb · third · singular · aorist · passive · indicative ▸ 4 (Ex. 20,20; 1Sam. 25,36; 1Mac. 15,40; Sus. 30)

παρεγενήθησαν ▸ 4
Verb · third · plural · aorist · passive · indicative ▸ 4 (Ruth 1,22; 2Sam. 20,15; Judith 15,5; 2Mac. 12,31)

παρεγενήθητε ▸ 1
Verb · second · plural · aorist · passive · indicative ▸ 1 (Josh. 24,11)

παρεγενόμην ▸ 1 + 2 = 3
Verb · first · singular · aorist · middle · indicative ▸ 1 + 2 = 3 (1Kings 10,7; Luke 12,51; Acts 24,17)

παρεγένοντο ▸ 36 + 1 + 4 = 41
Verb · third · plural · aorist · middle · indicative ▸ 36 + 1 + 4 = 41 (Gen. 50,10; Gen. 50,16; Ex. 2,18; Ex. 16,35; Num. 9,6; Num. 20,22; Josh. 11,5; Josh. 22,15; Judg. 18,2; Judg. 18,7; Judg. 18,8; Judg. 19,10; Judg. 20,34; Judg. 21,2; 1Sam. 22,11; 2Sam. 10,2; 2Sam. 10,14; 2Sam. 10,16; 2Sam. 10,17; 2Sam. 19,42; 2Sam. 23,16; 2Sam. 24,6; 2Sam. 24,8; 1Kings 12,12; 1Kings 21,27; 1Esdr. 8,6; Judith 3,5; Judith 6,11; Judith 7,1; Judith 14,13; Tob. 7,1; 1Mac. 5,14; Job 2,11; Job 2,11; Sus. 30; Bel 15-17; Tob. 11,19; Matt. 2,1; Acts 13,14; Acts 20,18; Acts 21,18)

παρεγένου ▸ 2
Verb · second · singular · aorist · middle · indicative ▸ 2 (1Sam. 13,11; 1Sam. 25,34)

παρεγίνετο ▸ 3
Verb · third · singular · imperfect · middle · indicative ▸ 3 (2Mac. 9,14; 2Mac. 11,2; 4Mac. 12,1)

παρεγίνοντο ▸ 5 + 1 + 1 = 7
Verb · third · plural · imperfect · middle · indicative ▸ 5 + 1 + 1 = 7 (Ex. 36,4; Judg. 6,5; Judg. 6,5; 2Sam. 3,22; 1Kings 5,14; Judg. 6,5; John 3,23)

παράγω (παρά; ἄγω) to bring; to pass by ▸ 14 + 10 = 24
παράγαγε ▸ 1
Verb · second · singular · aorist · active · imperative ▸ 1 (Eccl. 11,10)

παραγαγεῖν ▸ 1
Verb · aorist · active · infinitive ▸ 1 (Neh. 2,7)

παράγει ▸ 2
Verb · third · singular · present · active · indicative ▸ 2 (Matt. 20,30; 1Cor. 7,31)

παράγειν ▸ 1
Verb · present · active · infinitive ▸ 1 (1Esdr. 5,53)

παράγεται ▸ 2
Verb · third · singular · present · passive · indicative ▸ 2 (1John 2,8; 1John 2,17)

παράγοντά ▸ 1
Verb · present · active · participle · masculine · singular · accusative ▸ 1 (Mark 15,21)

παράγοντες ▸ 1
Verb · present · active · participle · masculine · plural · nominative ▸ 1 (Psa. 128,8)

παράγοντι ▸ 1
Verb · present · active · participle · masculine · singular · dative ▸ 1 (Matt. 9,27)

παράγουσιν ▸ 1
Verb · third · plural · present · active · indicative ▸ 1 (Psa. 143,4)

παράγων ▸ 4
Verb · present · active · participle · masculine · singular · nominative ▸ 4 (Matt. 9,9; Mark 1,16; Mark 2,14; John 9,1)

παρήγαγεν ▸ 3
Verb · third · singular · aorist · active · indicative ▸ 3 (1Sam. 16,9; 1Sam. 16,10; 1Sam. 20,36)

παρῆγεν ▸ 1
Verb · third · singular · imperfect · active · indicative ▸ 1 (3Mac. 6,16)

παρῆγον ▸ 3
Verb · third · plural · imperfect · active · indicative ▸ 3 (2Sam. 15,18; 4Mac. 9,11; 4Mac. 11,17)

παρήχθη ▸ 2
Verb · third · singular · aorist · passive · indicative ▸ 2 (Ezra 9,2; 4Mac. 5,4)

παράδειγμα (παρά; δείκνυμι) pattern, example ▸ 12
παράδειγμα ▸ 11
Noun · neuter · singular · accusative · (common) ▸ 10 (Ex. 25,9; Ex. 25,9; 1Chr. 28,11; 1Chr. 28,12; 1Chr. 28,18; 3Mac. 2,5; Nah. 3,6; Jer. 8,2; Jer. 9,21; Jer. 16,4)
Noun · neuter · singular · nominative · (common) ▸ 1 (4Mac. 6,19)

παραδείγματος ▸ 1
Noun · neuter · singular · genitive · (common) ▸ 1 (1Chr. 28,19)

παραδειγματίζω (παρά; δείκνυμι) to punish publicly; to make public display ▸ 6 + 1 = 7
παραδειγματίζοντας ▸ 1
Verb · present · active · participle · masculine · plural · accusative ▸ 1 (Heb. 6,6)

παραδειγματισθῆναι ▸ 2
Verb · aorist · passive · infinitive ▸ 2 (Jer. 13,22; Ezek. 28,17)

παραδειγματισθήσεσθε ▸ 1
Verb · second · plural · future · passive · indicative ▸ 1 (Dan. 2,5)

παραδειγμάτισον ▸ 2
Verb · second · singular · aorist · active · imperative ▸ 2 (Num. 25,4; Esth. 14,11 # 4,17q)

παρεδειγμάτισαν ▸ 1
Verb · third · plural · aorist · active · indicative ▸ 1 (Sol. 2,12)

παραδειγματισμός (παρά; δείκνυμι) putting to public shame ▸ 2
παραδειγματισμὸν ▸ 1
Noun · masculine · singular · accusative · (common) ▸ 1 (3Mac. 4,11)

παραδειγματισμῶν ▸ 1
Noun · masculine · singular · genitive · (common) ▸ 1 (3Mac. 7,14)

παραδείκνυμι (παρά; δείκνυμι) to reveal ▸ 5
Παραδείξατε ▸ 1
Verb · second · plural · aorist · active · imperative ▸ 1 (Bel 8)

παράδειξον ▸ 1
Verb · second · singular · aorist · active · imperative ▸ 1 (Ezek. 22,2)

παραδείξω ▸ 1
Verb · first · singular · aorist · active · subjunctive ▸ 1 (Bel 9)

παραδειχθέν ▸ 1
Verb · aorist · passive · participle · neuter · singular · accusative ▸ 1 (Ex. 27,8)

παρέδειξά ▸ 1
Verb · first · singular · aorist · active · indicative ▸ 1 (Hos. 13,4)

παράδεισος garden; paradise ▸ 34 + 11 + 3 = 48
παράδεισοι ▸ 1
Noun · masculine · plural · nominative · (common) ▸ 1 (Num. 24,6)

παράδεισον ▸ 4 + 1 = 5
Noun · masculine · singular · accusative · (common) ▸ 4 + 1 = 5 (Gen. 2,8; Gen. 2,10; Sir. 24,30; Is. 51,3; 2Cor. 12,4)

παράδεισος ▸ 7 + 1 = 8
Noun · masculine · singular · nominative · (common) ▸ 7 + 1 = 8

παράδεισος–παραδίδωμι

(Gen. 13,10; Song 4,13; Sir. 40,17; Sir. 40,27; Sol. 14,3; Joel 2,3; Is. 1,30; Sus. 4)
παραδείσου ▸ 9 + 6 = 15
   Noun · masculine · singular · genitive · (common) ▸ 9 + 6 = 15 (Gen. 3,2; Gen. 3,3; Gen. 3,8; Gen. 3,23; Gen. 3,24; Neh. 2,8; Ezek. 28,13; Ezek. 31,9; Sus. 54; Sus. 17; Sus. 18; Sus. 20; Sus. 25; Sus. 36; Sus. 38)
παραδείσους ▸ 2
   Noun · masculine · plural · accusative · (common) ▸ 2 (Eccl. 2,5; Jer. 36,5)
παραδείσῳ ▸ 11 + 4 + 2 = 17
   Noun · masculine · singular · dative · (common) ▸ 11 + 4 + 2 = 17 (Gen. 2,9; Gen. 2,15; Gen. 2,16; Gen. 3,1; Gen. 3,8; Gen. 3,10; 2Chr. 33,20; Ezek. 31,8; Ezek. 31,8; Sus. 7-8; Sus. 36; Sus. 7; Sus. 15; Sus. 26; Sus. 36; Luke 23,43; Rev. 2,7)

παραδέχομαι (παρά; δέχομαι) to receive ▸ 3 + 6 = 9
  παραδεξάμενος ▸ 1
    Verb · aorist · middle · participle · masculine · singular · nominative ▸ 1 (3Mac. 7,12)
  παραδέξῃ ▸ 1
    Verb · second · singular · future · middle · indicative ▸ 1 (Ex. 23,1)
  παραδέξονταί ▸ 1
    Verb · third · plural · future · middle · indicative ▸ 1 (Acts 22,18)
  παραδέχεσθαι ▸ 1
    Verb · present · middle · infinitive ▸ 1 (Acts 16,21)
  παραδέχεται ▸ 1 + 1 = 2
    Verb · third · singular · present · middle · indicative ▸ 1 + 1 = 2 (Prov. 3,12; Heb. 12,6)
  παραδέχονται ▸ 1
    Verb · third · plural · present · middle · indicative ▸ 1 (Mark 4,20)
  παραδέχου ▸ 1
    Verb · second · singular · present · middle · imperative ▸ 1 (1Tim. 5,19)
  παρεδέχθησαν ▸ 1
    Verb · third · plural · aorist · passive · indicative ▸ 1 (Acts 15,4)

παραδίδωμι (παρά; δίδωμι) to deliver, deliver over ▸ 249 + 28 + 119 = 396
  παραδεδομένοι ▸ 1
    Verb · perfect · passive · participle · masculine · plural · nominative ▸ 1 (Acts 14,26)
  παραδεδομένους ▸ 1
    Verb · perfect · passive · participle · masculine · plural · accusative ▸ 1 (Esth. 16,15 # 8,12p)
  παραδέδονται ▸ 2
    Verb · third · plural · perfect · passive · indicative ▸ 2 (Job 9,24; Ezek. 21,20)
  παραδέδοται ▸ 1
    Verb · third · singular · perfect · passive · indicative ▸ 1 (Luke 4,6)
  παραδέδωκα ▸ 6
    Verb · first · singular · perfect · active · indicative ▸ 6 (Num. 21,34; Deut. 1,8; Deut. 2,24; Deut. 3,2; Josh. 8,18; Josh. 10,8)
  παραδεδώκεισαν ▸ 1
    Verb · third · plural · pluperfect · active · indicative ▸ 1 (Mark 15,10)
  παραδέδωκεν ▸ 2
    Verb · third · singular · perfect · active · indicative ▸ 2 (Deut. 1,21; 1Sam. 14,10)
  παραδεδωκόσιν ▸ 1
    Verb · perfect · active · participle · masculine · plural · dative ▸ 1 (Acts 15,26)
  παραδιδόμεθα ▸ 1
    Verb · first · plural · present · passive · indicative ▸ 1 (2Cor. 4,11)
  Παραδιδομένη ▸ 1
    Verb · present · passive · participle · feminine · singular · nominative ▸ 1 (Jer. 45,3)
  παραδιδόναι ▸ 1 + 2 = 3
    Verb · present · active · infinitive ▸ 1 + 2 = 3 (2Mac. 14,31; John 6,71; John 12,4)
  παραδιδόντα ▸ 1
    Verb · present · active · participle · masculine · singular · accusative ▸ 1 (John 13,11)
  παραδιδόντες ▸ 2
    Verb · present · active · participle · masculine · plural · nominative ▸ 2 (Mark 13,11; Luke 21,12)
  παραδιδόντος ▸ 1
    Verb · present · active · participle · masculine · singular · genitive ▸ 1 (Luke 22,21)
  παραδίδοσθαι ▸ 1 + 2 = 3
    Verb · present · passive · infinitive ▸ 1 + 2 = 3 (2Mac. 10,4; Matt. 17,22; Luke 9,44)
  παραδίδοται ▸ 1 + 7 = 8
    Verb · third · singular · present · passive · indicative ▸ 1 + 7 = 8 (Prov. 11,8; Matt. 26,2; Matt. 26,24; Matt. 26,45; Mark 9,31; Mark 14,21; Mark 14,41; Luke 22,22)
  παραδιδούς ▸ 3
    Verb · present · active · participle · masculine · singular · nominative ▸ 3 (Matt. 26,46; Mark 14,42; John 21,20)
  παραδιδούς ▸ 1 + 7 = 8
    Verb · present · active · participle · masculine · singular · nominative ▸ 1 + 7 = 8 (2Sam. 5,19; Matt. 26,25; Matt. 26,48; Matt. 27,3; Mark 14,44; John 18,2; John 18,5; Acts 22,4)
  παραδιδῷ ▸ 1
    Verb · third · singular · present · active · subjunctive ▸ 1 (1Cor. 15,24)
  παραδίδωμι ▸ 5
    Verb · first · singular · present · active · indicative ▸ 5 (Josh. 6,2; Josh. 11,6; 1Sam. 23,4; Zech. 11,6; Ezek. 25,4)
  παραδίδωμί ▸ 2
    Verb · first · singular · present · active · indicative ▸ 2 (Job 2,6; Ezek. 23,28)
  παραδίδως ▸ 1
    Verb · second · singular · present · active · indicative ▸ 1 (Luke 22,48)
  παραδιδῷς ▸ 1
    Verb · second · singular · present · active · subjunctive ▸ 1 (Sir. 42,7)
  παραδίδωσιν ▸ 1
    Verb · third · singular · present · active · indicative ▸ 1 (Prov. 27,24)
  παραδοθείς ▸ 1
    Verb · aorist · passive · participle · masculine · singular · nominative ▸ 1 (Acts 15,40)
  παραδοθείσῃ ▸ 1
    Verb · aorist · passive · participle · feminine · singular · dative ▸ 1 (Jude 3)
  παραδοθείσης ▸ 1
    Verb · aorist · passive · participle · feminine · singular · genitive ▸ 1 (2Pet. 2,21)
  παραδοθέντα ▸ 1
    Verb · aorist · passive · participle · masculine · singular

παραδίδωμι

- accusative ▸ **1** (1Esdr. 9,39)

παραδοθῇ ▸ **9**
    Verb · third · singular · aorist · passive · subjunctive ▸ **9** (Deut. 2,30; Deut. 20,20; 2Kings 18,30; 2Kings 19,10; 1Mac. 7,35; Prov. 24,22c; Is. 33,23; Is. 36,15; Is. 37,10)

παραδοθῆναι ▸ **1 + 2 = 3**
    Verb · aorist · passive · infinitive ▸ **1 + 2 = 3** (Is. 23,7; Mark 1,14; Luke 24,7)

παραδοθήσεσθε ▸ **1 + 1 = 2**
    Verb · second · plural · future · passive · indicative ▸ **1 + 1 = 2** (Lev. 26,25; Luke 21,16)

Παραδοθήσεται ▸ **1**
    Verb · third · singular · future · passive · indicative ▸ **1** (Jer. 39,36)

παραδοθήσεται ▸ **7 + 3 + 3 = 13**
    Verb · third · singular · future · passive · indicative ▸ **7 + 3 + 3 = 13** (Jer. 21,10; Jer. 39,4; Jer. 39,28; Jer. 41,2; Jer. 45,3; Dan. 7,25; Dan. 11,11; Tob. 14,7; Dan. 11,6; Dan. 11,11; Matt. 20,18; Mark 10,33; Luke 18,32)

παραδοθήσῃ ▸ **1**
    Verb · second · singular · future · passive · indicative ▸ **1** (Jer. 44,17)

παραδοθήσονται ▸ **5**
    Verb · third · plural · future · passive · indicative ▸ **5** (Psa. 62,11; Hos. 8,10; Mic. 6,14; Is. 33,1; Is. 33,6)

παραδοθήτωσαν ▸ **1**
    Verb · third · plural · aorist · passive · imperative ▸ **1** (Esth. 2,3)

παραδοθῶ ▸ **1**
    Verb · first · singular · aorist · passive · subjunctive ▸ **1** (John 18,36)

παραδοῖ ▸ **1 + 4 = 5**
    Verb · third · singular · aorist · active · subjunctive ▸ **1 + 4 = 5** (1Mac. 11,40; Mark 4,29; Mark 14,10; Mark 14,11; John 13,2)

παραδόντος ▸ **1**
    Verb · aorist · active · participle · masculine · singular · genitive ▸ **1** (Gal. 2,20)

Παράδος ▸ **1**
    Verb · second · singular · aorist · active · imperative ▸ **1** (Bel 29)

παράδος ▸ **3**
    Verb · second · singular · aorist · active · imperative ▸ **3** (1Sam. 11,12; Ezra 7,19; Is. 25,7)

παράδοτε ▸ **2**
    Verb · second · plural · aorist · active · imperative ▸ **2** (1Mac. 15,21; 1Mac. 15,30)

παράδοτέ ▸ **1**
    Verb · second · plural · aorist · active · imperative ▸ **1** (Judg. 15,12)

παραδοῦναι ▸ **18 + 3 = 21**
    Verb · aorist · active · infinitive ▸ **18 + 3 = 21** (Deut. 1,27; Deut. 2,31; Deut. 23,15; Josh. 7,7; 1Sam. 24,5; 1Sam. 30,23; 2Kings 3,13; 2Chr. 25,20; 2Chr. 32,11; 2Chr. 35,12; 1Esdr. 8,58; Judith 6,10; 1Mac. 10,6; 1Mac. 12,34; 2Mac. 15,15; Psa. 9,35; Is. 34,2; Jer. 33,24; Luke 20,20; Luke 22,6; 1Cor. 5,5)

παραδοῦναί ▸ **5 + 1 = 6**
    Verb · aorist · active · infinitive ▸ **5 + 1 = 6** (Judg. 7,2; Judg. 15,12; 1Sam. 30,15; 1Chr. 12,18; Ezek. 21,34; Judg. 7,2)

παραδούς ▸ **1**
    Verb · aorist · active · participle · masculine · singular · nominative ▸ **1** (John 19,11)

παραδοὺς ▸ **3**
    Verb · aorist · active · participle · masculine · singular · nominative ▸ **3** (Matt. 10,4; Matt. 27,4; Acts 12,4)

παραδῶ ▸ **2 + 1 = 3**
    Verb · first · singular · aorist · active · subjunctive ▸ **2 + 1 = 3** (Mic. 6,16; Is. 47,3; 1Cor. 13,3)

παραδῷ ▸ **5 + 1 + 3 = 9**
    Verb · third · singular · aorist · active · subjunctive ▸ **5 + 1 + 3 = 9** (Deut. 21,10; Deut. 28,7; Josh. 2,14; Judg. 11,9; 1Mac. 16,18; Judg. 11,9; Matt. 5,25; Matt. 26,16; Luke 22,4)

παραδώῃ ▸ **1**
    Verb · third · singular · aorist · active · optative ▸ **1** (Psa. 40,3)

παραδῷς ▸ **11 + 1 = 12**
    Verb · second · singular · aorist · active · subjunctive ▸ **11 + 1 = 12** (Num. 21,2; Judg. 11,30; Esth. 14,11 # 4,17q; Psa. 26,12; Psa. 73,19; Psa. 118,121; Psa. 139,9; Ode. 7,34; Prov. 30,10; Sir. 23,6; Dan. 3,34; Dan. 3,34)

Παραδώσει ▸ **1**
    Verb · third · singular · future · active · indicative ▸ **1** (Matt. 10,21)

παραδώσει ▸ **9 + 6 = 15**
    Verb · third · singular · future · active · indicative ▸ **9 + 6 = 15** (Deut. 7,2; Deut. 7,23; Deut. 7,24; Deut. 20,13; Judg. 11,30; 1Sam. 17,47; 1Sam. 28,19; Esth. 2,13; Sir. 4,19; Matt. 26,21; Matt. 26,23; Mark 13,12; Mark 14,18; Luke 12,58; John 13,21)

παραδώσειν ▸ **2**
    Verb · future · active · infinitive ▸ **2** (Judith 8,9; Judith 8,33)

παραδώσεις ▸ **6**
    Verb · second · singular · future · active · indicative ▸ **6** (Deut. 23,16; 1Sam. 14,37; 2Sam. 5,19; 1Kings 8,46; 2Chr. 6,36; Prov. 6,1)

παραδῶσιν ▸ **1**
    Verb · third · plural · aorist · active · subjunctive ▸ **1** (Matt. 10,19)

παραδῶσίν ▸ **1**
    Verb · third · plural · aorist · active · subjunctive ▸ **1** (Jer. 45,20)

παραδώσομέν ▸ **1 + 1 = 2**
    Verb · first · plural · future · active · indicative ▸ **1 + 1 = 2** (Judg. 15,13; Judg. 15,13)

παραδώσουσιν ▸ **1 + 7 = 8**
    Verb · third · plural · future · active · indicative ▸ **1 + 7 = 8** (Deut. 19,12; Matt. 10,17; Matt. 20,19; Matt. 24,9; Matt. 24,10; Mark 10,33; Mark 13,9; Acts 21,11)

παραδώσουσίν ▸ **1**
    Verb · third · plural · future · active · indicative ▸ **1** (Judith 10,15)

παραδώσω ▸ **19 + 1 + 1 = 21**
    Verb · first · singular · future · active · indicative ▸ **19 + 1 + 1 = 21** (Ex. 23,31; Judg. 4,7; Judg. 7,7; Judg. 20,28; 2Sam. 5,19; 2Kings 3,18; 2Kings 21,14; 1Mac. 12,45; Is. 19,4; Is. 65,12; Jer. 15,4; Jer. 22,25; Jer. 24,8; Ezek. 7,21; Ezek. 11,9; Ezek. 16,27; Ezek. 16,39; Ezek. 21,32; Ezek. 21,36; Judg. 4,7; Matt. 26,15)

παραδώσων ▸ **1**
    Verb · future · active · participle · masculine · singular · nominative ▸ **1** (John 6,64)

παραδῶτε ▸ **1**
    Verb · second · plural · aorist · active · subjunctive ▸ **1** (2Mac. 14,33)

παρεδίδετο ▸ **1**
    Verb · third · singular · imperfect · passive · indicative ▸ **1** (1Cor. 11,23)

παρεδίδοντο ▸ **1**
    Verb · third · plural · imperfect · passive · indicative ▸ **1** (Bel 31-32)

παρεδίδοσαν ▸ **1**

παραδίδωμι–παράδοσις

Verb · third · plural · imperfect · active · indicative ▸ **1** (Acts 16,4)

παρεδίδου ▸ **2**
Verb · third · singular · imperfect · active · indicative ▸ **2** (Acts 8,3; 1Pet. 2,23)

παρεδίδουν ▸ **1**
Verb · third · plural · imperfect · active · indicative ▸ **1** (Acts 27,1)

παρεδόθη ▸ **9 + 4 = 13**
Verb · third · singular · aorist · passive · indicative ▸ **9 + 4 = 13** (1Esdr. 6,17; 1Esdr. 8,61; 1Mac. 5,50; Is. 53,12; Is. 53,12; Jer. 2,24; Jer. 26,24; Jer. 27,2; Dan. 4,17a; Matt. 4,12; Matt. 11,27; Luke 10,22; Rom. 4,25)

παρεδόθημεν ▸ **2**
Verb · first · plural · aorist · passive · indicative ▸ **2** (1Esdr. 8,74; Ezra 9,7)

παρεδόθην ▸ **5 + 1 = 6**
Verb · first · singular · aorist · passive · indicative ▸ **5 + 1 = 6** (Psa. 87,9; Ode. 11,13; Ode. 11,13; Is. 38,12; Is. 38,13; Acts 28,17)

παρεδόθησαν ▸ **3**
Verb · third · plural · aorist · passive · indicative ▸ **3** (1Esdr. 2,8; Sir. 11,6; Jer. 39,43)

παρεδόθητε ▸ **1 + 1 = 2**
Verb · second · plural · aorist · passive · indicative ▸ **1 + 1 = 2** (Bar. 4,6; Rom. 6,17)

παρέδοσαν ▸ **1**
Verb · third · plural · aorist · active · indicative ▸ **1** (Luke 1,2)

παρέδωκα ▸ **5 + 1 + 4 = 10**
Verb · first · singular · aorist · active · indicative ▸ **5 + 1 + 4 = 10** (Judg. 7,9; 1Esdr. 8,56; Ezek. 23,9; Ezek. 31,11; Ezek. 39,23; Judg. 7,9; 1Cor. 11,2; 1Cor. 11,23; 1Cor. 15,3; 1Tim. 1,20)

παρεδώκαμεν ▸ **1 + 1 = 2**
Verb · first · plural · aorist · active · indicative ▸ **1 + 1 = 2** (Esth. 16,7 # 8,12g; John 18,30)

παρέδωκαν ▸ **2 + 1 + 5 = 8**
Verb · third · plural · aorist · active · indicative ▸ **2 + 1 + 5 = 8** (1Mac. 10,9; Dan. 3,95; Dan. 3,95; Matt. 27,2; Matt. 27,18; Mark 15,1; Luke 24,20; Eph. 4,19)

παρεδώκάν ▸ **1**
Verb · third · plural · aorist · active · indicative ▸ **1** (John 18,35)

παρέδωκας ▸ **6 + 1 + 2 = 9**
Verb · second · singular · aorist · active · indicative ▸ **6 + 1 + 2 = 9** (Esth. 14,6 # 4,17n; 1Mac. 4,30; Ode. 7,32; Is. 25,5; Is. 64,6; Dan. 3,32; Dan. 3,32; Matt. 25,20; Matt. 25,22)

παρεδώκατε ▸ **2**
Verb · second · plural · aorist · active · indicative ▸ **2** (Mark 7,13; Acts 3,13)

Παρέδωκεν ▸ **3 + 1 = 4**
Verb · third · singular · aorist · active · indicative ▸ **3 + 1 = 4** (Josh. 2,24; Judg. 16,23; Judg. 16,24; Judg. 16,24)

παρέδωκεν ▸ **66 + 15 + 17 = 98**
Verb · third · singular · aorist · active · indicative ▸ **66 + 15 + 17 = 98** (Gen. 14,20; Gen. 27,20; Ex. 21,13; Num. 21,3; Num. 32,4; Deut. 2,33; Deut. 2,36; Deut. 3,3; Deut. 31,5; Deut. 32,30; Josh. 6,16; Josh. 10,12; Josh. 10,19; Josh. 10,30; Josh. 10,32; Josh. 10,35; Josh. 11,8; Josh. 21,44; Josh. 24,8; Josh. 24,10; Josh. 24,11; Josh. 24,33b; Judg. 2,14; Judg. 2,23; Judg. 3,10; Judg. 3,28; Judg. 4,14; Judg. 6,1; Judg. 6,13; Judg. 7,14; Judg. 7,15; Judg. 8,3; Judg. 11,21; Judg. 11,32; Judg. 12,3; Judg. 13,1; Judg. 18,10; 1Sam. 14,12; 1Sam. 23,14; 1Sam. 30,23; 2Chr. 13,16; 2Chr. 16,8; 2Chr. 24,24; 2Chr. 28,5; 2Chr. 28,5; 2Chr. 28,9; 2Chr. 30,7; 2Chr. 36,17; 1Esdr. 1,50; 1Esdr. 2,8; 1Esdr. 6,14; Judith 13,9; Tob. 7,13; 1Mac. 3,34; 2Mac. 1,17; Psa. 77,48; Psa. 77,61; Psa. 105,41; Ode. 2,30; Job 16,11; Job 24,14; Wis. 14,15; Is. 53,6; Dan. 1,2; Dan. 2,38; Bel 22; Judg. 1,4; Judg. 2,14; Judg. 2,23; Judg. 3,10; Judg. 3,28; Judg. 4,14; Judg. 7,14; Judg. 7,15; Judg. 8,3; Judg. 11,21; Judg. 11,32; Judg. 13,1; Tob. 7,13; Tob. 10,10; Bel 30; Matt. 18,34; Matt. 25,14; Matt. 27,26; Mark 3,19; Mark 15,15; Luke 23,25; John 19,16; John 19,30; Acts 6,14; Acts 7,42; Rom. 1,24; Rom. 1,26; Rom. 1,28; Rom. 8,32; Eph. 5,2; Eph. 5,25; 2Pet. 2,4)

παρεδώκέν ▸ **3**
Verb · third · singular · aorist · active · indicative ▸ **3** (1Sam. 24,11; 1Sam. 26,23; Psa. 117,18)

παραδοξάζω (παρά; δοκέω) to treat differently ▸ **7**

παραδοξάζοντα ▸ **1**
Verb · present · active · participle · masculine · singular · accusative ▸ **1** (2Mac. 3,30)

παραδοξάσει ▸ **2**
Verb · third · singular · future · active · indicative ▸ **2** (Ex. 11,7; Deut. 28,59)

παραδοξάσω ▸ **2**
Verb · first · singular · future · active · indicative ▸ **2** (Ex. 8,18; Ex. 9,4)

παρεδόξασας ▸ **1**
Verb · second · singular · aorist · active · indicative ▸ **1** (3Mac. 2,9)

παρεδόξασεν ▸ **1**
Verb · third · singular · aorist · active · indicative ▸ **1** (Sir. 10,13)

παράδοξος (παρά; δοκέω) unusual; paradoxical ▸ **8 + 1 = 9**

παράδοξα ▸ **1 + 1 = 2**
Adjective · neuter · plural · accusative ▸ **1** (Luke 5,26)
Adjective · neuter · plural · nominative · noDegree ▸ **1** (Sir. 43,25)

παράδοξον ▸ **4**
Adjective · feminine · singular · accusative · noDegree ▸ **1** (Wis. 19,5)
Adjective · neuter · singular · accusative · noDegree ▸ **2** (2Mac. 9,24; 4Mac. 2,14)
Adjective · neuter · singular · nominative · noDegree ▸ **1** (Judith 13,13)

παραδοξότατον ▸ **1**
Adjective · neuter · singular · nominative · superlative ▸ **1** (Wis. 16,17)

παραδόξῳ ▸ **2**
Adjective · feminine · singular · dative · noDegree ▸ **1** (3Mac. 6,33)
Adjective · neuter · singular · dative · noDegree ▸ **1** (Wis. 5,2)

παραδόξως (παρά; δοκέω) unusually; unexpectedly ▸ **1**

παραδόξως ▸ **1**
Adverb ▸ **1** (4Mac. 4,14)

παράδοσις (παρά; δίδωμι) deliverance; tradition ▸ **2 + 13 = 15**

Παραδόσει ▸ **1**
Noun · feminine · singular · dative · (common) ▸ **1** (Jer. 41,2)

παραδόσει ▸ **1 + 1 = 2**
Noun · feminine · singular · dative · (common) ▸ **1 + 1 = 2** (Jer. 39,4; Mark 7,13)

παραδόσεις ▸ **2**
Noun · feminine · plural · accusative ▸ **2** (1Cor. 11,2; 2Th. 2,15)

παραδόσεων ▸ **1**
Noun · feminine · plural · genitive ▸ **1** (Gal. 1,14)

παράδοσιν ‣ 9
  Noun · feminine · singular · accusative ‣ 9 (Matt. 15,2; Matt. 15,3; Matt. 15,6; Mark 7,3; Mark 7,5; Mark 7,8; Mark 7,9; Col. 2,8; 2Th. 3,6)

παραδρομή (παρά; τρέχω) retinue ‣ 2
  παραδρομαῖς ‣ 1
    Noun · feminine · plural · dative · (common) ‣ 1 (Song 7,6)
  παραδρομῆς ‣ 1
    Noun · feminine · singular · genitive · (common) ‣ 1 (2Mac. 3,28)

παραζεύγνυμι (παρά; ζυγός) to join together ‣ 1
  παρέζευξαν ‣ 1
    Verb · third · plural · aorist · active · indicative ‣ 1 (Judith 10,17)

παραζηλόω (παρά; ζέω) to make jealous ‣ 10 + 4 = 14
  παραζήλου ‣ 3
    Verb · second · singular · present · active · imperative ‣ 3 (Psa. 36,1; Psa. 36,7; Psa. 36,8)
  παραζηλοῦμεν ‣ 1
    Verb · first · plural · present · active · indicative ‣ 1 (1Cor. 10,22)
  παραζηλῶσαι ‣ 1
    Verb · aorist · active · infinitive ‣ 1 (Rom. 11,11)
  παραζηλώσει ‣ 1
    Verb · third · singular · future · active · indicative ‣ 1 (Sir. 30,3)
  παραζηλώσω ‣ 2 + 2 = 4
    Verb · first · singular · future · active · indicative ‣ 2 + 2 = 4 (Deut. 32,21; Ode. 2,21; Rom. 10,19; Rom. 11,14)
  παρεζήλωσαν ‣ 1
    Verb · third · plural · aorist · active · indicative ‣ 1 (Psa. 77,58)
  παρεζήλωσάν ‣ 2
    Verb · third · plural · aorist · active · indicative ‣ 2 (Deut. 32,21; Ode. 2,21)
  παρεζήλωσεν ‣ 1
    Verb · third · singular · aorist · active · indicative ‣ 1 (1Kings 14,22)

παραζώνη (παρά; ζώννυμι) belt ‣ 1
  παραζώνην ‣ 1
    Noun · feminine · singular · accusative · (common) ‣ 1 (2Sam. 18,11)

παραθαλάσσιος (παρά; ἅλας) by the sea/lake ‣ 6 + 1 = 7
  παραθαλασσίαν ‣ 2 + 1 = 3
    Adjective · feminine · singular · accusative · noDegree ‣ 2 + 1 = 3 (2Chr. 8,17; 1Mac. 7,1; Matt. 4,13)
  παραθαλασσίας ‣ 2
    Adjective · feminine · singular · genitive · noDegree ‣ 2 (1Mac. 11,8; Ezek. 25,9)
  παραθαλασσίους ‣ 2
    Adjective · feminine · plural · accusative · noDegree ‣ 2 (2Mac. 8,11; Jer. 29,7)

παραθαρσύνω (παρά; θρασύς) to encourage ‣ 1
  παρεθάρσυνον ‣ 1
    Verb · third · plural · imperfect · active · indicative ‣ 1 (4Mac. 13,8)

παράθεμα (παρά; τίθημι) nearby; placed alongside ‣ 3
  παράθεμα ‣ 2
    Noun · neuter · singular · accusative · (common) ‣ 2 (Ex. 38,24; Ex. 39,9)
  παραθέματος ‣ 1
    Noun · neuter · singular · genitive · (common) ‣ 1 (Ex. 38,24)

παραθερμαίνω (παρά; θέρμη) to warm ‣ 1
  παρατεθέρμανται ‣ 1
    Verb · third · singular · perfect · passive · indicative ‣ 1 (Deut. 19,6)

παράθεσις (παρά; τίθημι) provisions; meal ‣ 8
  παραθέσει ‣ 1
    Noun · feminine · singular · dative · (common) ‣ 1 (2Mac. 12,14)
  παραθέσεις ‣ 3
    Noun · feminine · plural · accusative · (common) ‣ 2 (2Chr. 11,11; 1Mac. 9,52)
    Noun · feminine · plural · nominative · (common) ‣ 1 (2Mac. 12,27)
  παραθέσεως ‣ 1
    Noun · feminine · singular · genitive · (common) ‣ 1 (1Mac. 6,53)
  παράθεσιν ‣ 2
    Noun · feminine · singular · accusative · (common) ‣ 2 (2Kings 6,23; Prov. 6,8)
  παράθεσις ‣ 1
    Noun · feminine · singular · nominative · (common) ‣ 1 (Prov. 15,17)

παραθεωρέω (παρά; θεάομαι) to neglect ‣ 1
  παρεθεωροῦντο ‣ 1
    Verb · third · plural · imperfect · passive · indicative ‣ 1 (Acts 6,1)

παραθήκη (παρά; τίθημι) deposit ‣ 2 + 1 + 3 = 6
  παραθήκῃ ‣ 1 + 1 = 2
    Noun · feminine · singular · dative · (common) ‣ 1 + 1 = 2 (Lev. 5,21; Tob. 10,13)
  παραθήκην ‣ 1 + 3 = 4
    Noun · feminine · singular · accusative · (common) ‣ 1 + 3 = 4 (Lev. 5,23; 1Tim. 6,20; 2Tim. 1,12; 2Tim. 1,14)

παραθλίβω (παρά; θλίβω) to hold, detain ‣ 1
  παραθλίψατε ‣ 1
    Verb · second · plural · aorist · active · imperative ‣ 1 (2Kings 6,32)

παραίνεσις (παρά; αἶνος) encouragement ‣ 1
  παραίνεσις ‣ 1
    Noun · feminine · singular · nominative · (common) ‣ 1 (Wis. 8,9)

παραινέω (παρά; αἶνος) to advise, exhort ‣ 4 + 2 = 6
  παραινέσαντος ‣ 1
    Verb · aorist · active · participle · masculine · singular · genitive ‣ 1 (2Mac. 7,26)
  παραινέσας ‣ 1
    Verb · aorist · active · participle · masculine · singular · nominative ‣ 1 (3Mac. 7,12)
  παραινῶ ‣ 1
    Verb · first · singular · present · active · indicative ‣ 1 (Acts 27,22)
  παρῄνει ‣ 2 + 1 = 3
    Verb · third · singular · imperfect · active · indicative ‣ 2 + 1 = 3 (2Mac. 7,25; 3Mac. 5,17; Acts 27,9)

παραιρέω to draw off ‣ 1
  παρείλατο ‣ 1
    Verb · third · singular · aorist · middle · indicative ‣ 1 (Num. 11,25)

παραιτέομαι (παρά; αἰτέω) to ask; to refuse ‣ 8 + 12 = 20
  παραιτεῖσθαι ‣ 2 + 1 = 3
    Verb · present · middle · infinitive ‣ 2 + 1 = 3 (2Mac. 2,31; 4Mac. 11,2; Luke 14,18)
  παραιτησάμενοι ‣ 1 + 1 = 2
    Verb · aorist · middle · participle · masculine · plural · nominative

▸ 1 + 1 = **2** (3Mac. 6,27; Heb. 12,25)

παραιτήσασθαι ▸ 1
  Verb · aorist · middle · infinitive ▸ **1** (Esth. 4,8)

παραιτήσησθε ▸ 1
  Verb · second · plural · aorist · middle · subjunctive ▸ **1** (Heb. 12,25)

παραιτοῦ ▸ 4
  Verb · second · singular · present · middle · imperative ▸ **4** (1Tim. 4,7; 1Tim. 5,11; 2Tim. 2,23; Titus 3,10)

παραιτοῦμαι ▸ 1
  Verb · first · singular · present · middle · indicative ▸ **1** (Acts 25,11)

Παραιτούμενος ▸ 1
  Verb · present · middle · participle · masculine · singular · nominative ▸ **1** (1Sam. 20,6)

παρητεῖτο ▸ 1
  Verb · third · singular · imperfect · middle · indicative ▸ **1** (Esth. 7,7)

παρητημένον ▸ 2
  Verb · perfect · passive · participle · masculine · singular · accusative ▸ **2** (Luke 14,18; Luke 14,19)

παρητήσαντο ▸ 1
  Verb · third · plural · aorist · middle · indicative ▸ **1** (Heb. 12,19)

παρητήσατο ▸ 1
  Verb · third · singular · aorist · middle · indicative ▸ **1** (1Sam. 20,6)

Παρήτηται ▸ 1
  Verb · third · singular · perfect · middle · indicative ▸ **1** (1Sam. 20,28)

παρητοῦντο ▸ 1
  Verb · third · plural · imperfect · middle · indicative ▸ **1** (Mark 15,6)

παραίτιος (παρά; αἰτέω) sharing ▸ 1
  παραίτιος ▸ 1
    Adjective · masculine · singular · nominative · noDegree ▸ **1** (2Mac. 11,19)

παρακαθέζομαι (παρά; κατά; ἕζομαι) to sit beside ▸ 1
  παρακαθεσθεῖσα ▸ 1
    Verb · aorist · passive · participle · feminine · singular · nominative ▸ **1** (Luke 10,39)

παρακαθεύδω (παρά; κατά; εὕδω) to sleep alongside ▸ 1
  παρακαθεύδοντες ▸ 1
    Verb · present · active · participle · masculine · plural · nominative ▸ **1** (Judith 10,20)

παρακάθημαι (παρά; κατά; ἧσαι) to sit alongside ▸ 1
  παρακαθήμενοι ▸ 1
    Verb · present · middle · participle · masculine · plural · nominative ▸ **1** (Esth. 1,14)

παρακαθίζω (παρά; κατά; ἵζω) to sit down alongside ▸ 1
  παρεκάθισαν ▸ 1
    Verb · third · plural · aorist · active · indicative ▸ **1** (Job 2,13)

παρακαθίστημι (παρά; κατά; ἵστημι) to place beside; be equipped for a voyage ▸ 1
  παρακατασταθέντα ▸ 1
    Verb · aorist · passive · participle · neuter · plural · accusative ▸ **1** (2Mac. 12,3)

παρακαλέω (παρά; καλέω) to urge, exhort, comfort ▸ 137 + 3 + 109 = 249

παρακαλεῖ ▸ 1
  Verb · third · singular · present · active · indicative ▸ **1** (Mark 5,23)

παρακάλει ▸ 1 + 4 = 5
  Verb · second · singular · present · active · imperative ▸ 1 + 4 = **5** (Sir. 30,23; 1Tim. 5,1; 1Tim. 6,2; Titus 2,6; Titus 2,15)

παρακαλεῖν ▸ 1 + 3 = 4
  Verb · present · active · infinitive ▸ 1 + 3 = **4** (Is. 22,4; Mark 5,17; 2Cor. 1,4; Titus 1,9)

παρακαλεῖσθαι ▸ 1
  Verb · present · passive · infinitive ▸ **1** (Gen. 37,35)

παρακαλεῖσθε ▸ 1
  Verb · second · plural · present · passive · imperative ▸ **1** (2Cor. 13,11)

παρακαλεῖται ▸ 1 + 1 = 2
  Verb · third · singular · present · passive · indicative ▸ 1 + 1 = **2** (2Mac. 7,6; Luke 16,25)

Παρακαλεῖτε ▸ 1
  Verb · second · plural · present · active · imperative ▸ **1** (Is. 40,1)

παρακαλεῖτε ▸ 4 + 3 = 7
  Verb · second · plural · present · active · imperative ▸ 4 + 3 = **7** (Is. 10,31; Is. 10,32; Is. 13,2; Is. 40,1; 1Th. 4,18; 1Th. 5,11; Heb. 3,13)

παρακαλεῖτέ ▸ 1
  Verb · second · plural · present · active · indicative ▸ **1** (Job 21,34)

παρακαλέσαι ▸ 9 + 6 = 15
  Verb · aorist · active · infinitive ▸ 9 + 5 = **14** (Gen. 37,35; 2Sam. 10,2; 1Chr. 7,22; 1Chr. 19,2; 1Chr. 19,2; 3Mac. 1,6; Psa. 118,76; Job 2,11; Is. 61,2; Matt. 26,53; 2Cor. 2,7; 2Cor. 8,6; 2Cor. 9,5; 1Th. 3,2)
  Verb · third · singular · aorist · active · optative ▸ **1** (2Th. 2,17)

παρακαλέσαντες ▸ 1
  Verb · aorist · active · participle · masculine · plural · nominative ▸ **1** (2Mac. 12,3)

παρακαλέσας ▸ 2 + 2 = 4
  Verb · aorist · active · participle · masculine · singular · nominative ▸ 2 + 2 = **4** (2Mac. 13,12; 2Mac. 13,14; Acts 20,1; Acts 20,2)

παρακαλέσατε ▸ 2
  Verb · second · plural · aorist · active · imperative ▸ **2** (Is. 35,4; Is. 40,2)

Παρακαλέσει ▸ 1
  Verb · third · singular · future · active · indicative ▸ **1** (Job 7,13)

παρακαλέσει ▸ 6
  Verb · third · singular · future · active · indicative ▸ **6** (Is. 40,11; Is. 49,10; Is. 51,19; Is. 66,13; Bar. 4,30; Lam. 2,13)

παρακαλέσεις ▸ 1
  Verb · second · singular · future · active · indicative ▸ **1** (Psa. 118,82)

παρακαλέσετε ▸ 1
  Verb · second · plural · future · active · indicative ▸ **1** (Ezek. 24,23)

παρακαλέσῃ ▸ 1 + 2 = 3
  Verb · third · singular · aorist · active · subjunctive ▸ 1 + 2 = **3** (Deut. 13,7; Eph. 6,22; Col. 4,8)

παρακάλεσον ▸ 1 + 1 = 2
  Verb · second · singular · aorist · active · imperative ▸ 1 + 1 = **2** (Deut. 3,28; 2Tim. 4,2)

παρακαλέσοντα ▸ 1
  Verb · future · active · participle · masculine · singular · accusative ▸ **1** (2Mac. 11,32)

παρακαλέσουσιν ▸ 1

Verb · third · plural · future · active · indicative ▸ 1 (Ezek. 14,23)

παρακαλέσω ▸ 4
Verb · first · singular · future · active · indicative ▸ 4 (Is. 21,2; Is. 41,27; Is. 51,3; Is. 66,13)

παρακαλέσωσί ▸ 1
Verb · third · plural · aorist · active · subjunctive ▸ 1 (Prov. 1,10)

παρακαλούμεθα ▸ 2
Verb · first · plural · present · passive · indicative ▸ 2 (2Cor. 1,4; 2Cor. 1,6)

Παρακαλοῦμεν ▸ 2
Verb · first · plural · present · active · indicative ▸ 2 (1Th. 4,10; 1Th. 5,14)

παρακαλοῦμεν ▸ 4
Verb · first · plural · present · active · indicative ▸ 4 (1Cor. 4,13; 2Cor. 6,1; 1Th. 4,1; 2Th. 3,12)

παρακαλούμενος ▸ 1
Verb · present · passive · participle · masculine · singular · nominative ▸ 1 (4Mac. 10,1)

παρακαλοῦντας ▸ 3
Verb · present · active · participle · masculine · plural · accusative ▸ 3 (2Sam. 10,3; 1Chr. 19,3; Psa. 68,21)

παρακαλοῦντες ▸ 2 + 4 = 6
Verb · present · active · participle · masculine · plural · nominative ▸ 2 + 4 = 6 (Is. 33,7; Is. 57,5; Acts 9,38; Acts 14,22; 1Th. 2,12; Heb. 10,25)

παρακαλοῦντος ▸ 1 + 1 = 2
Verb · present · active · participle · masculine · singular · genitive ▸ 1 + 1 = 2 (4Mac. 8,17; 2Cor. 5,20)

παρακαλοῦσα ▸ 1
Verb · present · active · participle · feminine · singular · nominative ▸ 1 (4Mac. 16,24)

παρακαλοῦσιν ▸ 2
Verb · third · plural · present · active · indicative ▸ 2 (Mark 7,32; Mark 8,22)

Παρακαλῶ ▸ 1 + 9 = 10
Verb · first · singular · present · active · indicative ▸ 1 + 9 = **10** (2Mac. 6,12; Rom. 12,1; Rom. 15,30; Rom. 16,17; 1Cor. 1,10; 1Cor. 4,16; 1Cor. 16,15; Eph. 4,1; 1Tim. 2,1; Heb. 13,22)

παρακαλῶ ▸ 3 + 11 = 14
Verb · first · singular · present · active · indicative ▸ 3 + 11 = **14** (2Mac. 9,26; 4Mac. 8,5; Prov. 8,4; Acts 24,4; Acts 27,34; 2Cor. 2,8; 2Cor. 10,1; Phil. 4,2; Phil. 4,2; Philem. 9; Philem. 10; Heb. 13,19; 1Pet. 2,11; 1Pet. 5,1)

παρακαλῶν ▸ 12 + 9 = 21
Verb · present · active · participle · masculine · singular · nominative ▸ 12 + 9 = **21** (1Mac. 5,53; 4Mac. 12,6; Eccl. 4,1; Eccl. 4,1; Job 29,25; Is. 51,12; Is. 51,18; Lam. 1,2; Lam. 1,9; Lam. 1,16; Lam. 1,17; Lam. 1,21; Matt. 8,5; Mark 1,40; Luke 3,18; Acts 16,9; Rom. 12,8; 2Cor. 1,4; 2Cor. 7,6; 1Pet. 5,12; Jude 3)

παρακαλῶνται ▸ 1
Verb · third · plural · present · passive · subjunctive ▸ 1 (1Cor. 14,31)

Παρακέκλημαι ▸ 1
Verb · first · singular · perfect · middle · indicative ▸ 1 (1Sam. 15,11)

παρακεκλήμεθα ▸ 1
Verb · first · plural · perfect · passive · indicative ▸ 1 (2Cor. 7,13)

παρακεκλημένοι ▸ 1
Verb · perfect · passive · participle · masculine · plural · nominative ▸ 1 (Psa. 125,1)

Παρακέκλησθε ▸ 1
Verb · second · plural · perfect · passive · indicative ▸ 1 (Sir. 1,15 Prol.)

παρακληθείς ▸ 3
Verb · aorist · passive · participle · masculine · singular · nominative ▸ 3 (Gen. 38,12; Ode. 11,16; Is. 38,16)

Παρακληθέντες ▸ 1
Verb · aorist · passive · participle · masculine · plural · nominative ▸ 1 (2Mac. 15,17)

παρακληθῇ ▸ 1
Verb · third · singular · aorist · passive · subjunctive ▸ 1 (Sir. 35,17)

παρακληθῆναι ▸ 1 + 1 = 2
Verb · aorist · passive · infinitive ▸ 1 + 1 = **2** (Psa. 76,3; Matt. 2,18)

παρακληθῇς ▸ 1
Verb · second · singular · aorist · passive · subjunctive ▸ 1 (Ezek. 24,17)

παρακληθήσεσθε ▸ 2
Verb · second · plural · future · passive · indicative ▸ 2 (Is. 66,13; Ezek. 24,22)

παρακληθήσεται ▸ 5
Verb · third · singular · future · passive · indicative ▸ 5 (Deut. 32,36; 2Mac. 7,6; Psa. 134,14; Ode. 2,36; Ezek. 32,31)

παρακληθήσονται ▸ 1 + 1 = 2
Verb · third · plural · future · passive · indicative ▸ 1 + 1 = **2** (Is. 66,12; Matt. 5,4)

παρακλήθητι ▸ 3
Verb · second · singular · aorist · passive · imperative ▸ 3 (Psa. 89,13; Sir. 38,17; Sir. 38,23)

παρακληθῶσιν ▸ 1
Verb · third · plural · aorist · passive · subjunctive ▸ 1 (Col. 2,2)

παρεκάλει ▸ 12 + 8 = 20
Verb · third · singular · imperfect · active · indicative ▸ 12 + 8 = **20** (Esth. 15,8 # 5,1e; Esth. 15,15 # 5,2b; 2Mac. 2,3; 2Mac. 4,34; 2Mac. 7,21; 2Mac. 8,16; 2Mac. 11,15; 2Mac. 13,3; 2Mac. 15,8; 3Mac. 1,4; 3Mac. 5,36; 4Mac. 4,11; Matt. 18,29; Mark 5,10; Mark 5,18; Luke 8,41; Luke 15,28; Acts 2,40; Acts 11,23; Acts 27,33)

παρεκάλεσα ▸ 2 + 4 = 6
Verb · first · singular · aorist · active · indicative ▸ 2 + 4 = **6** (Is. 51,3; Is. 57,18; Acts 28,20; 1Cor. 16,12; 2Cor. 12,8; 2Cor. 12,18)

παρεκάλεσά ▸ 1
Verb · first · singular · aorist · active · indicative ▸ 1 (1Tim. 1,3)

παρεκάλεσαν ▸ 5 + 6 = 11
Verb · third · plural · aorist · active · indicative ▸ 5 + 6 = **11** (Judith 6,20; 1Mac. 12,50; Psa. 22,4; Job 42,11; Sir. 49,10; Matt. 8,34; Mark 5,12; Luke 8,32; Acts 15,32; Acts 16,39; Acts 16,40)

παρεκάλεσας ▸ 3
Verb · second · singular · aorist · active · indicative ▸ 3 (Ex. 15,13; Ode. 1,13; Job 4,3)

παρεκάλεσάς ▸ 3 + 1 = 4
Verb · second · singular · aorist · active · indicative ▸ 3 + 1 = **4** (Ruth 2,13; Psa. 70,21; Psa. 85,17; Matt. 18,32)

παρεκάλεσε ▸ 1
Verb · third · singular · aorist · active · indicative ▸ 1 (2Mac. 12,42)

παρεκάλεσεν ▸ 11 + 2 = 13
Verb · third · singular · aorist · active · indicative ▸ 11 + 2 = **13** (Gen. 50,21; 1Sam. 22,4; 2Sam. 12,24; 1Mac. 9,35; 1Mac. 13,3; 2Mac. 13,23; 2Mac. 14,25; Psa. 118,50; Sir. 17,24; Sir. 48,24; Is. 49,13; Acts 16,15; 2Cor. 7,6)

παρεκάλεσέν ▸ 1
Verb · third · singular · aorist · active · indicative ▸ 1 (Acts 8,31)

παρακαλέω–παράκλησις

παρεκαλοῦμεν ▸ 1
    Verb · first · plural · imperfect · active · indicative ▸ 1 (Acts 21,12)

παρεκάλουν ▸ 5 + 8 = 13
    Verb · third · plural · imperfect · active · indicative ▸ 5 + 8 = **13** (2Mac. 6,21; 2Mac. 7,5; 3Mac. 3,8; Zech. 10,2; Ezek. 31,16; Matt. 8,31; Matt. 14,36; Mark 6,56; Luke 7,4; Luke 8,31; Acts 13,42; Acts 19,31; Acts 25,2)

παρεκλήθη ▸ 5 + 2 + 1 = 8
    Verb · third · singular · aorist · passive · indicative ▸ 5 + 2 + 1 = **8** (Gen. 24,67; Judg. 2,18; Judg. 21,15; 2Sam. 13,39; 2Sam. 24,16; Judg. 2,18; Judg. 21,15; 2Cor. 7,7)

παρεκλήθην ▸ 1
    Verb · first · singular · aorist · passive · indicative ▸ 1 (Psa. 118,52)

παρεκλήθης ▸ 1
    Verb · second · singular · aorist · passive · indicative ▸ 1 (Is. 54,11)

παρεκλήθημεν ▸ 2
    Verb · first · plural · aorist · passive · indicative ▸ 2 (Acts 28,14; 1Th. 3,7)

παρεκλήθησαν ▸ 1 + 1 + 1 = 3
    Verb · third · plural · aorist · passive · indicative ▸ 1 + 1 + 1 = **3** (Judg. 21,6; Judg. 21,6; Acts 20,12)

παρακάλυμμα (παρά; καλύπτω) veil, screen ▸ 1
  παρακαλύμματι ▸ 1
    Noun · neuter · singular · dative · (common) ▸ **1** (Wis. 17,3)

παρακαλύπτω (παρά; καλύπτω) to hide ▸ 2 + 1 = 3
  παρακαλύπτεσθε ▸ 1
    Verb · second · plural · present · middle · imperative ▸ 1 (Is. 44,8)
  παρακεκαλυμμένον ▸ 1
    Verb · perfect · passive · participle · neuter · singular · nominative ▸ **1** (Luke 9,45)
  παρεκάλυπτον ▸ 1
    Verb · third · plural · imperfect · active · indicative ▸ 1 (Ezek. 22,26)

παρακαταθήκη (παρά; κατά; τίθημι) deposit ▸ 6
  παρακαταθήκας ▸ 2
    Noun · feminine · plural · accusative · (common) ▸ **2** (2Mac. 3,10; 4Mac. 4,7)
  παρακαταθήκη ▸ 1
    Noun · feminine · singular · dative · (common) ▸ **1** (Tob. 10,13)
  παρακαταθήκης ▸ 3
    Noun · feminine · singular · genitive · (common) ▸ **3** (Ex. 22,7; Ex. 22,10; 2Mac. 3,15)

παρακατατίθημι (παρά; κατά; τίθημι) to deposit; entrust ▸ 4
  παρακαταθεμένοις ▸ 1
    Verb · aorist · middle · participle · masculine · plural · dative ▸ **1** (2Mac. 3,15)
  παρεκατέθετο ▸ 2
    Verb · third · singular · aorist · middle · indicative ▸ **2** (Jer. 47,7; Jer. 48,10)
  παρεκατετιθέμην ▸ 1
    Verb · first · singular · imperfect · middle · indicative ▸ **1** (2Mac. 9,25)

παράκειμαι (παρά; κεῖμαι) to be present ▸ 10 + 2 = 12
  παρακείμεθα ▸ 1
    Verb · first · plural · present · passive · indicative ▸ **1** (Judith 3,2)
  παρακείμενα ▸ 2
    Verb · present · passive · participle · neuter · plural · accusative ▸ **1** (Bel 15-17)
    Verb · present · passive · participle · neuter · plural · nominative ▸ **1** (Sir. 30,18)
  παρακείμενά ▸ 1
    Verb · present · passive · participle · neuter · plural · accusative ▸ **1** (Sir. 31,16)
  παρακειμένην ▸ 1
    Verb · present · passive · participle · feminine · singular · accusative ▸ **1** (2Mac. 12,16)
  παρακειμένης ▸ 1
    Verb · present · passive · participle · feminine · singular · genitive ▸ **1** (2Mac. 4,41)
  παρακείμενοι ▸ 1
    Verb · present · passive · participle · masculine · plural · nominative ▸ **1** (3Mac. 7,3)
  παρακειμένους ▸ 2
    Verb · present · passive · participle · masculine · plural · accusative ▸ **2** (2Mac. 9,25; 3Mac. 6,17)
  παράκεινται ▸ 1
    Verb · third · plural · present · passive · indicative ▸ **1** (Judith 3,3)
  παράκειται ▸ 1
    Verb · third · singular · present · middle · indicative ▸ **1** (Rom. 7,21)
  παράκειταί ▸ 1
    Verb · third · singular · present · middle · indicative ▸ **1** (Rom. 7,18)

παρακελεύω (παρά; κελεύω) to command; to exhort ▸ 2
  παρακελεύομαι ▸ 1
    Verb · first · singular · present · middle · indicative ▸ **1** (Prov. 9,16)
  παρεκέλευεν ▸ 1
    Verb · third · singular · imperfect · active · indicative ▸ **1** (4Mac. 5,2)

παρακλείω (παρά; κλείω) to lock up ▸ 1
  παρέκλεισεν ▸ 1
    Verb · third · singular · aorist · active · indicative ▸ **1** (2Mac. 4,34)

παράκλησις (παρά; καλέω) encouragement ▸ 16 + 29 = 45
  παρακλήσει ▸ 1 + 7 = 8
    Noun · feminine · singular · dative · (common) ▸ 1 + 7 = **8** (Jer. 38,9; Acts 9,31; Acts 15,31; Rom. 12,8; 2Cor. 7,4; 2Cor. 7,7; 2Cor. 7,13; 1Tim. 4,13)
  παρακλήσεις ▸ 1
    Noun · feminine · plural · nominative · (common) ▸ **1** (Psa. 93,19)
  παρακλήσεως ▸ 2 + 12 = 14
    Noun · feminine · singular · genitive · (common) ▸ 2 + 12 = **14** (1Mac. 10,24; Is. 66,11; Acts 4,36; Acts 13,15; Rom. 15,4; Rom. 15,5; 2Cor. 1,3; 2Cor. 1,4; 2Cor. 1,6; 2Cor. 1,6; 2Cor. 1,7; 2Cor. 8,4; Heb. 12,5; Heb. 13,22)
  παράκλησιν ▸ 8 + 7 = 15
    Noun · feminine · singular · accusative · (common) ▸ 8 + 7 = **15** (1Mac. 12,9; 2Mac. 7,24; 2Mac. 15,11; Nah. 3,7; Is. 28,29; Is. 57,18; Jer. 16,7; Jer. 16,7; Luke 2,25; Luke 6,24; 1Cor. 14,3; 2Cor. 8,17; 2Th. 2,16; Philem. 7; Heb. 6,18)
  παράκλησις ▸ 4 + 3 = 7
    Noun · feminine · singular · nominative · (common) ▸ 4 + 3 = **7** (Job 21,2; Sol. 13,0; Hos. 13,14; Is. 30,7; 2Cor. 1,5; Phil. 2,1;

1Th. 2,3)

παρακλητικός (παρά; καλέω) comforting, exhortive ▸ 1
- παρακλητικούς ▸ 1
  - **Adjective** · masculine · plural · accusative · noDegree ▸ **1** (Zech. 1,13)

παράκλητος (παρά; καλέω) helper, advocate ▸ 5
- παράκλητον ▸ 2
  - **Noun** · masculine · singular · accusative ▸ **2** (John 14,16; 1John 2,1)
- παράκλητος ▸ 3
  - **Noun** · masculine · singular · nominative ▸ **3** (John 14,26; John 15,26; John 16,7)

παρακλήτωρ (παρά; καλέω) comforter ▸ 1
- παρακλήτορες ▸ 1
  - **Noun** · masculine · plural · nominative · (common) ▸ **1** (Job 16,2)

παρακμάζω (παρά; ἀκή) to age past the prime ▸ 1
- παρακμάσῃ ▸ 1
  - **Verb** · third · singular · aorist · active · subjunctive ▸ **1** (Sir. 42,9)

παρακοή (παρά; ἀκούω) disobedience ▸ 3
- παρακοή ▸ 1
  - **Noun** · feminine · singular · nominative ▸ **1** (Heb. 2,2)
- παρακοήν ▸ 1
  - **Noun** · feminine · singular · accusative ▸ **1** (2Cor. 10,6)
- παρακοῆς ▸ 1
  - **Noun** · feminine · singular · genitive ▸ **1** (Rom. 5,19)

παράκοιτος wife ▸ 3
- παράκοιτοι ▸ 2
  - **Noun** · feminine · plural · nominative · (common) ▸ **2** (Dan. 5,2; Dan. 5,3)
- παράκοιτοί ▸ 1
  - **Noun** · feminine · plural · nominative · (common) ▸ **1** (Dan. 5,23)

παρακολουθέω (παρά; ἀκόλουθος) to follow closely ▸ 2 + 4 = 6
- παρακολουθήσει ▸ 1
  - **Verb** · third · singular · future · active · indicative ▸ **1** (Mark 16,17)
- παρακολουθήσειν ▸ 1
  - **Verb** · future · active · infinitive ▸ **1** (2Mac. 8,11)
- παρακολουθοῦντα ▸ 1
  - **Verb** · present · active · participle · masculine · singular · accusative ▸ **1** (2Mac. 9,27)
- παρηκολούθηκας ▸ 1
  - **Verb** · second · singular · perfect · active · indicative ▸ **1** (1Tim. 4,6)
- παρηκολουθηκότι ▸ 1
  - **Verb** · perfect · active · participle · masculine · singular · dative ▸ **1** (Luke 1,3)
- παρηκολούθησάς ▸ 1
  - **Verb** · second · singular · aorist · active · indicative ▸ **1** (2Tim. 3,10)

παρακομίζω (παρά; κομίζω) to carry ▸ 7
- παρακομίζειν ▸ 1
  - **Verb** · present · active · infinitive ▸ **1** (2Mac. 9,10)
- παρακομίζοντα ▸ 1
  - **Verb** · present · active · participle · masculine · singular · accusative ▸ **1** (2Mac. 4,23)
- παρακομίζοντας ▸ 1
  - **Verb** · present · active · participle · masculine · plural · accusative ▸ **1** (2Mac. 4,19)
- παρακομίζοντες ▸ 1
  - **Verb** · present · active · participle · masculine · plural · nominative ▸ **1** (2Mac. 4,19)
- παρακομιζόντων ▸ 1
  - **Verb** · present · active · participle · masculine · plural · genitive ▸ **1** (2Mac. 4,20)
- παρεκομίζετο ▸ 2
  - **Verb** · third · singular · imperfect · middle · indicative ▸ **1** (2Mac. 9,29)
  - **Verb** · third · singular · imperfect · passive · indicative ▸ **1** (2Mac. 9,8)

παρακούω (παρά; ἀκούω) to refuse to listen ▸ 7 + 1 + 3 = 11
- παρακούεις ▸ 1
  - **Verb** · second · singular · present · active · indicative ▸ **1** (Esth. 3,3)
- παρακούσας ▸ 1
  - **Verb** · aorist · active · participle · masculine · singular · nominative ▸ **1** (Mark 5,36)
- παρακούουσιν ▸ 2
  - **Verb** · third · plural · present · active · indicative ▸ **2** (1Esdr. 4,11; Esth. 3,8)
- παρακούσῃ ▸ 2
  - **Verb** · third · singular · aorist · active · subjunctive ▸ **2** (Matt. 18,17; Matt. 18,17)
- παρακούσῃς ▸ 1
  - **Verb** · second · singular · aorist · active · subjunctive ▸ **1** (Esth. 4,14)
- παρήκουσα ▸ 1 + 1 = 2
  - **Verb** · first · singular · aorist · active · indicative ▸ **1 + 1 = 2** (Esth. 7,4; Tob. 3,4)
- παρήκουσαν ▸ 1
  - **Verb** · third · plural · aorist · active · indicative ▸ **1** (Tob. 3,4)
- παρηκούσατε ▸ 1
  - **Verb** · second · plural · aorist · active · indicative ▸ **1** (Is. 65,12)

παρακρούω (παρά; κρούω) to mislead, deceive ▸ 1
- παρεκρούσατό ▸ 1
  - **Verb** · third · singular · aorist · middle · indicative ▸ **1** (Gen. 31,7)

παρακύπτω (παρά; κύπτω) to look through; to lean in; to stoop down ▸ 7 + 1 + 5 = 13
- παρακύπτει ▸ 1
  - **Verb** · third · singular · present · active · indicative ▸ **1** (Sir. 21,23)
- παρακυπτομένας ▸ 1
  - **Verb** · present · middle · participle · feminine · plural · accusative ▸ **1** (1Kings 6,4)
- παρακύπτουσα ▸ 1
  - **Verb** · present · active · participle · feminine · singular · nominative ▸ **1** (Prov. 7,6)
- παρακύπτων ▸ 2
  - **Verb** · present · active · participle · masculine · singular · nominative ▸ **2** (Song 2,9; Sir. 14,23)
- παρακύψαι ▸ 1
  - **Verb** · aorist · active · infinitive ▸ **1** (1Pet. 1,12)
- παρακύψας ▸ 1 + 3 = 4
  - **Verb** · aorist · active · participle · masculine · singular · nominative ▸ **1 + 3 = 4** (Gen. 26,8; Luke 24,12; John 20,5; James 1,25)
- παρέκυψεν ▸ 1 + 1 + 1 = 3
  - **Verb** · third · singular · aorist · active · indicative ▸ **1 + 1 + 1 = 3** (1Chr. 15,29; Judg. 5,28; John 20,11)

παραλαλέω (παρά; λάλος) to chatter ▸ 1
- παραλαλοῦντος ▸ 1
  - **Verb** · present · active · participle · masculine · singular

παραλαλέω–παράλιος

· genitive ▸ 1 (Psa. 43,17)

παραλαμβάνω (παρά; λαμβάνω) to take ▸ 38 + 5 + 49 = 92

παράλαβε ▸ 2 + 3 = 5
Verb · second · singular · aorist · active · imperative ▸ 2 + 3 = 5 (Tob. 9,2; Tob. 9,2; Matt. 2,13; Matt. 2,20; Matt. 18,16)

παραλαβεῖν ▸ 3 + 1 = 4
Verb · aorist · active · infinitive ▸ 3 + 1 = 4 (Judg. 11,5; 1Mac. 6,56; Jer. 39,7; Matt. 1,20)

παραλαβόντα ▸ 1
Verb · aorist · active · participle · masculine · singular · accusative ▸ 1 (Acts 15,39)

παραλαβόντες ▸ 2 + 2 = 4
Verb · aorist · active · participle · masculine · plural · nominative ▸ 2 + 2 = 4 (Gen. 45,18; 1Esdr. 8,59; Matt. 27,27; 1Th. 2,13)

παραλαβόντος ▸ 1
Verb · aorist · active · participle · masculine · singular · genitive ▸ 1 (2Mac. 4,7)

παραλάβω ▸ 1
Verb · first · singular · aorist · active · subjunctive ▸ 1 (Num. 23,27)

Παραλαβών ▸ 1 + 1 = 2
Verb · aorist · active · participle · masculine · singular · nominative ▸ 1 + 1 = 2 (Josh. 4,2; Luke 18,31)

παραλαβών ▸ 1
Verb · aorist · active · participle · masculine · singular · nominative ▸ 1 (Sus. 13-14)

παραλαβών ▸ 5 + 9 = 14
Verb · aorist · active · participle · masculine · singular · nominative ▸ 5 + 9 = 14 (Gen. 31,23; Num. 22,41; 2Mac. 5,5; 2Mac. 10,11; 3Mac. 1,2; Matt. 26,37; Mark 10,32; Luke 9,10; Luke 9,28; Acts 16,33; Acts 21,24; Acts 21,26; Acts 21,32; Acts 23,18)

παραλαμβάνει ▸ 8
Verb · third · singular · present · active · indicative ▸ 8 (Matt. 4,5; Matt. 4,8; Matt. 12,45; Matt. 17,1; Mark 5,40; Mark 9,2; Mark 14,33; Luke 11,26)

παραλαμβάνεται ▸ 2
Verb · third · singular · present · passive · indicative ▸ 2 (Matt. 24,40; Matt. 24,41)

παραλαμβάνοντες ▸ 1
Verb · present · active · participle · masculine · plural · nominative ▸ 1 (Heb. 12,28)

παραλαμβάνουσιν ▸ 1
Verb · third · plural · present · active · indicative ▸ 1 (Mark 4,36)

παραλημφθεῖσαν ▸ 1
Verb · aorist · passive · participle · feminine · singular · accusative ▸ 1 (Wis. 16,14)

παραλημφθήσεται ▸ 2
Verb · third · singular · future · passive · indicative ▸ 2 (Luke 17,34; Luke 17,35)

παραλήμψεται ▸ 1
Verb · third · singular · future · middle · indicative ▸ 1 (Jer. 30,18)

παραλήμψομαι ▸ 1
Verb · first · singular · future · middle · indicative ▸ 1 (John 14,3)

παραλήμψομαί ▸ 1
Verb · first · singular · future · middle · indicative ▸ 1 (Song 8,2)

παραλημψόμενος ▸ 1
Verb · future · middle · participle · masculine · singular · nominative ▸ 1 (Jer. 30,17)

παραλήμψονται ▸ 1
Verb · third · plural · future · middle · indicative ▸ 1 (Dan. 7,18)

παραλήψεται ▸ 1
Verb · third · singular · future · middle · indicative ▸ 1 (Dan. 4,31)

παραλήψονται ▸ 1
Verb · third · plural · future · middle · indicative ▸ 1 (Dan. 7,18)

παρείλημμαι ▸ 1
Verb · first · singular · perfect · middle · indicative ▸ 1 (Num. 23,20)

παρέλαβε ▸ 3
Verb · third · singular · aorist · active · indicative ▸ 3 (Dan. 6,1; Dan. 6,20; Dan. 6,29)

παρέλαβεν ▸ 12 + 2 + 4 = 18
Verb · third · singular · aorist · active · indicative ▸ 12 + 2 + 4 = 18 (Gen. 22,3; Gen. 47,2; Num. 23,14; Num. 23,28; Judg. 9,43; 2Chr. 25,11; Esth. 15,2 # 5,1a; Judith 6,21; 1Mac. 3,37; 1Mac. 4,1; 1Mac. 5,23; Jer. 30,17; Dan. 6,1; Bel 1; Matt. 1,24; Matt. 2,14; Matt. 2,21; Matt. 20,17)

παρέλαβέν ▸ 1
Verb · third · singular · aorist · active · indicative ▸ 1 (Lam. 3,2)

παρέλαβες ▸ 1 + 1 = 2
Verb · second · singular · aorist · active · indicative ▸ 1 + 1 = 2 (1Esdr. 4,43; Col. 4,17)

παρελάβετε ▸ 5
Verb · second · plural · aorist · active · indicative ▸ 5 (1Cor. 15,1; Gal. 1,9; Phil. 4,9; Col. 2,6; 1Th. 4,1)

Παρέλαβον ▸ 1
Verb · third · plural · aorist · active · indicative ▸ 1 (John 19,16)

παρέλαβον ▸ 5
Verb · first · singular · aorist · active · indicative ▸ 3 (1Cor. 11,23; 1Cor. 15,3; Gal. 1,12)
Verb · third · plural · aorist · active · indicative ▸ 2 (Mark 7,4; John 1,11)

παρελάβοσαν ▸ 1
Verb · third · plural · aorist · active · indicative ▸ 1 (2Th. 3,6)

παραλέγομαι (παρά; λέγω) to lie beside; to sail along ▸ 2

παραλεγόμενοι ▸ 1
Verb · present · middle · participle · masculine · plural · nominative ▸ 1 (Acts 27,8)

παρελέγοντο ▸ 1
Verb · third · plural · imperfect · middle · indicative ▸ 1 (Acts 27,13)

παραλείπω (παρά; λείπω) to neglect, leave ▸ 4

παραλείπουσαι ▸ 2
Verb · present · active · participle · feminine · plural · nominative ▸ 2 (3Mac. 1,19; 3Mac. 1,20)

παραλιπεῖν ▸ 1
Verb · aorist · active · infinitive ▸ 1 (1Esdr. 8,7)

παρέλιπον ▸ 1
Verb · third · plural · aorist · active · indicative ▸ 1 (Sol. 8,13)

παραλία (παρά; ἅλας) seacoast, coastal area ▸ 12 + 1 = 13

παραλίᾳ ▸ 1
Noun · feminine · singular · dative · (common) ▸ 1 (Josh. 9,1)

παραλίαν ▸ 5 + 1 = 6
Noun · feminine · singular · accusative · (common) ▸ 5 + 1 = 6 (Judith 2,28; Judith 3,6; Judith 5,22; Is. 8,23; Ezek. 25,16; Judg. 5,17)

παραλίας ▸ 6
Noun · feminine · singular · genitive · (common) ▸ 6 (Judith 1,7; Judith 5,2; Judith 7,8; 1Mac. 11,8; 1Mac. 15,38; Job 6,3)

παράλιος (παρά; ἅλας) coastal area ▸ 5 + 1 = 6

παραλίαν ▸ 1
   Adjective · feminine · singular · accusative · noDegree ▸ 1 (Deut. 1,7)
παράλιον ▸ 1
   Adjective · neuter · singular · accusative · noDegree ▸ 1 (Deut. 33,19)
παράλιος ▸ 1
   Adjective · masculine · singular · nominative · noDegree ▸ 1 (Gen. 49,13)
παραλίου ▸ 1
   Noun · feminine · singular · genitive ▸ 1 (Luke 6,17)
παραλίους ▸ 2
   Adjective · masculine · plural · accusative · noDegree ▸ 2 (Josh. 11,3; Josh. 11,3)

παραλλαγή (παρά; ἄλλος) transmission; variation, change ▸ 1 + 1 = 2
παραλλαγή ▸ 1
   Noun · feminine · singular · nominative ▸ 1 (James 1,17)
παραλλαγῇ ▸ 1
   Noun · feminine · singular · dative · (common) ▸ 1 (2Kings 9,20)

παράλλαξις alternation; change ▸ 1
παραλλάξεως ▸ 1
   Noun · feminine · singular · genitive · (common) ▸ 1 (Dan. 12,11)

παραλλάσσω (παρά; ἄλλος) to change ▸ 5 + 1 = 6
παραλλάξαι ▸ 1
   Verb · aorist · active · infinitive ▸ 1 (Dan. 6,16)
παράλλαξον ▸ 1
   Verb · second · singular · aorist · active · imperative ▸ 1 (Prov. 4,15)
παραλλάσσον ▸ 1
   Verb · present · active · participle · neuter · singular · accusative ▸ 1 (Esth. 13,5 # 3,13e)
παραλλάσσουσιν ▸ 1
   Verb · third · plural · present · active · indicative ▸ 1 (1Kings 5,1)
παρηλλαγμένα ▸ 1
   Verb · perfect · passive · participle · neuter · plural · nominative ▸ 1 (Ezra 1,9)
παρηλλαγμένον ▸ 1
   Verb · perfect · passive · participle · neuter · singular · nominative ▸ 1 (2Mac. 3,16)

παραλογίζομαι (παρά; λέγω) to deceive ▸ 14 + 2 = 16
παραλογιζέσθω ▸ 1
   Verb · third · singular · present · middle · imperative ▸ 1 (Bel 7)
παραλογίζηται ▸ 1
   Verb · third · singular · present · middle · subjunctive ▸ 1 (Col. 2,4)
παραλογιζόμενοι ▸ 1
   Verb · present · middle · participle · masculine · plural · nominative ▸ 1 (James 1,22)
παραλογισαμένων ▸ 1
   Verb · aorist · middle · participle · masculine · plural · genitive ▸ 1 (Esth. 16,6 # 8,12f)
παρελογίσαντό ▸ 1
   Verb · third · plural · aorist · middle · indicative ▸ 1 (Lam. 1,19)
παρελογίσασθέ ▸ 1
   Verb · second · plural · aorist · middle · indicative ▸ 1 (Josh. 9,22)
παρελογίσατο ▸ 2
   Verb · third · singular · aorist · middle · indicative ▸ 2 (2Sam. 21,5; Sol. 4,11)
παρελογίσατό ▸ 1
   Verb · third · singular · aorist · middle · indicative ▸ 1 (2Sam. 19,27)
παρελογίσω ▸ 7
   Verb · second · singular · aorist · middle · indicative ▸ 7 (Gen. 29,25; Gen. 31,41; Judg. 16,10; Judg. 16,13; Judg. 16,15; 1Sam. 19,17; 1Sam. 28,12)

παραλογισμός (παρά; λέγω) deception, false reasoning ▸ 5
παραλογισμοί ▸ 1
   Noun · masculine · plural · nominative · (common) ▸ 1 (Sol. 4,10)
παραλογισμοῖς ▸ 1
   Noun · masculine · plural · dative · (common) ▸ 1 (Esth. 16,13 # 8,12n)
παραλογισμῷ ▸ 3
   Noun · masculine · singular · dative · (common) ▸ 3 (Esth. 16,6 # 8,12f; 2Mac. 1,13; Sol. 4,22)

παράλυσις (παρά; λύω) destruction ▸ 1
παράλυσιν ▸ 1
   Noun · feminine · singular · accusative · (common) ▸ 1 (Ezek. 21,15)

παραλυτικός (παρά; λύω) paralytic, paralyzed ▸ 10
παραλυτικόν ▸ 2
   Adjective · masculine · singular · accusative ▸ 2 (Matt. 9,2; Mark 2,3)
παραλυτικός ▸ 1
   Adjective · masculine · singular · nominative ▸ 1 (Matt. 8,6)
παραλυτικός ▸ 1
   Adjective · masculine · singular · nominative ▸ 1 (Mark 2,4)
παραλυτικούς ▸ 1
   Adjective · masculine · plural · accusative ▸ 1 (Matt. 4,24)
παραλυτικῷ ▸ 5
   Adjective · masculine · singular · dative ▸ 5 (Matt. 9,2; Matt. 9,6; Mark 2,5; Mark 2,9; Mark 2,10)

παραλύω (παρά; λύω) to weaken, disable, be paralyzed ▸ 24 + 5 = 29
παραλελυμένα ▸ 3 + 1 = 4
   Verb · perfect · passive · participle · neuter · plural · accusative · (variant) ▸ 1 (Heb. 12,12)
   Verb · perfect · passive · participle · neuter · plural · nominative ▸ 3 (Lev. 13,45; Sir. 25,23; Is. 35,3)
παραλελυμένοι ▸ 1
   Verb · perfect · passive · participle · masculine · plural · nominative ▸ 1 (Acts 8,7)
παραλελυμένον ▸ 1
   Verb · perfect · passive · participle · masculine · singular · accusative ▸ 1 (3Mac. 2,22)
παραλελυμένος ▸ 2
   Verb · perfect · passive · participle · masculine · singular · nominative ▸ 2 (Luke 5,18; Acts 9,33)
παραλελυμένους ▸ 2
   Verb · perfect · passive · participle · masculine · plural · accusative ▸ 2 (Deut. 32,36; Ode. 2,36)
παραλελυμένῳ ▸ 1
   Verb · perfect · passive · participle · masculine · singular · dative ▸ 1 (Luke 5,24)
παραλυθήσονται ▸ 3
   Verb · third · plural · future · passive · indicative ▸ 3 (Jer. 27,36; Ezek. 7,27; Ezek. 21,12)
παραλῦσαι ▸ 1
   Verb · aorist · active · infinitive ▸ 1 (Is. 23,9)
παραλύσει ▸ 1
   Verb · third · singular · future · active · indicative ▸ 1 (Gen. 4,15)
παραλύω ▸ 1

παραλύω–παρανομία

    Verb · first · singular · present · active · indicative ▸ **1** (Ezek. 25,9)

παρέλυεν ▸ 1
    Verb · third · singular · imperfect · active · indicative ▸ **1** (Wis. 17,18)

παρελύθη ▸ 2
    Verb · third · singular · aorist · passive · indicative ▸ **2** (1Mac. 9,55; Sol. 8,5)

παρελύθησαν ▸ 4
    Verb · third · plural · aorist · passive · indicative ▸ **4** (Gen. 19,11; Jer. 6,24; Jer. 27,15; Jer. 27,43)

παρελύοντο ▸ 1
    Verb · third · plural · imperfect · passive · indicative ▸ **1** (Wis. 17,14)

παρέλυσεν ▸ 4
    Verb · third · singular · aorist · active · indicative ▸ **4** (2Sam. 8,4; 1Chr. 18,4; Judith 16,6; Jer. 26,15)

παραμένω (παρά; μένω) to remain, continue ▸ 8 + 1 + 4 = 13

παραμείνας ▸ 1
    Verb · aorist · active · participle · masculine · singular · nominative ▸ **1** (James 1,25)

παραμείνῃ ▸ 2 + 1 = 3
    Verb · third · singular · aorist · active · subjunctive ▸ 2 + 1 = **3** (Sir. 6,8; Sir. 6,10; Dan. 11,17)

παραμένει ▸ 2
    Verb · third · singular · present · active · indicative ▸ **2** (Sir. 11,17; Sir. 38,19)

παραμένειν ▸ 1
    Verb · present · active · infinitive ▸ **1** (Heb. 7,23)

παραμένουσιν ▸ 1
    Verb · third · plural · present · active · indicative ▸ **1** (Prov. 12,7)

παραμενῶ ▸ 1 + 2 = 3
    Verb · first · singular · future · active · indicative ▸ 1 + 2 = **3** (Gen. 44,33; 1Cor. 16,6; Phil. 1,25)

παρέμεινεν ▸ 1
    Verb · third · singular · aorist · active · indicative ▸ **1** (Judith 12,7)

παρέμενεν ▸ 1
    Verb · third · singular · imperfect · active · indicative ▸ **1** (Judith 12,9)

παραμυθέομαι (παρά; μῦθος) to comfort; appease ▸ 1 + 4 = 5

παραμυθεῖσθε ▸ 1
    Verb · second · plural · present · middle · imperative ▸ **1** (1Th. 5,14)

παραμυθήσωνται ▸ 1
    Verb · third · plural · aorist · middle · subjunctive ▸ **1** (John 11,19)

παραμυθούμενοι ▸ 2
    Verb · present · middle · participle · masculine · plural · nominative ▸ **2** (John 11,31; 1Th. 2,12)

παραμυθούμενος ▸ 1
    Verb · present · middle · participle · masculine · singular · nominative ▸ **1** (2Mac. 15,9)

παραμυθία (παρά; μῦθος) exhortation; consolation, comfort ▸ 2 + 1 = 3

παραμυθία ▸ 1
    Noun · feminine · singular · nominative · (common) ▸ **1** (Esth. 16,5 # 8,12e)

παραμυθίαν ▸ 1 + 1 = 2
    Noun · feminine · singular · accusative · (common) ▸ 1 + 1 = **2** (Wis. 19,12; 1Cor. 14,3)

παραμύθιον (παρά; μῦθος) comfort ▸ 1 + 1 = 2

παραμύθιον ▸ 1 + 1 = 2
    Noun · neuter · singular · accusative · (common) ▸ **1** (Wis. 3,18)
    Noun · neuter · singular · nominative ▸ **1** (Phil. 2,1)

παραναγινώσκω (παρά; ἀνά; γινώσκω) to read in public ▸ 2

παραναγνοὺς ▸ 1
    Verb · aorist · active · participle · masculine · singular · nominative ▸ **1** (2Mac. 8,23)

παραναγνωσθέντος ▸ 1
    Verb · aorist · passive · participle · masculine · singular · genitive ▸ **1** (3Mac. 1,12)

παρανακλίνω (παρά; ἀνά; κλίνω) to bend ▸ 1

παρανέκλινας ▸ 1
    Verb · second · singular · aorist · active · indicative ▸ **1** (Sir. 47,19)

παραναλίσκω (παρά; ἀναλίσκω) to be lost ▸ 1

παρανηλώμεθα ▸ 1
    Verb · first · plural · perfect · passive · indicative ▸ **1** (Num. 17,27)

παρανομέω (παρά; νόμος 1st homograph) to act contrary to the law ▸ 11 + 1 = 12

παρανομεῖν ▸ 3
    Verb · present · active · infinitive ▸ **3** (4Mac. 5,17; 4Mac. 5,20; 4Mac. 5,27)

Παρανομεῖς ▸ 1
    Verb · second · singular · present · active · indicative ▸ **1** (Job 34,18)

παρανομεῖτε ▸ 1
    Verb · second · plural · present · active · imperative ▸ **1** (Psa. 74,5)

παρανομήσασιν ▸ 1
    Verb · aorist · active · participle · masculine · plural · dative ▸ **1** (4Mac. 8,14)

παρανομοῦντος ▸ 1
    Verb · present · active · participle · masculine · singular · genitive ▸ **1** (Psa. 70,4)

παρανομούντων ▸ 1
    Verb · present · active · participle · masculine · plural · genitive ▸ **1** (Psa. 25,4)

παρανομούσης ▸ 1
    Verb · present · active · participle · feminine · singular · genitive ▸ **1** (Sol. 16,8)

παρανομοῦσιν ▸ 1
    Verb · present · active · participle · masculine · plural · dative ▸ **1** (Psa. 74,5)

παρηνόμουν ▸ 1
    Verb · third · plural · imperfect · active · indicative ▸ **1** (Psa. 118,51)

παρανομῶν ▸ 1
    Verb · present · active · participle · masculine · singular · nominative ▸ **1** (Acts 23,3)

παρανομία (παρά; νόμος 1st homograph) wrongdoing, lawlessness ▸ 11 + 1 = 12

παρανομία ▸ 1
    Noun · feminine · singular · nominative · (common) ▸ **1** (Prov. 10,26)

παρανομίᾳ ▸ 3
    Noun · feminine · singular · dative · (common) ▸ **3** (4Mac. 5,13; Sol. 4,12; Sol. 17,20)

παρανομίαι ▸ 2

Noun · feminine · plural · nominative · (common) ▸ 2 (Prov. 5,22; Sol. 8,9)

παρανομίαις ▸ 1
Noun · feminine · plural · dative · (common) ▸ 1 (Sol. 4,1)

παρανομίαν ▸ 2
Noun · feminine · singular · accusative · (common) ▸ 2 (4Mac. 2,11; 4Mac. 4,19)

παρανομίας ▸ 2 + 1 = 3
Noun · feminine · plural · accusative · (common) ▸ 1 (Psa. 36,7)
Noun · feminine · singular · genitive · (common) ▸ 1 + 1 = 2 (4Mac. 9,3; 2Pet. 2,16)

παράνομος (παρά; νόμος 1st homograph) lawless, illegal, illicit; wrongdoer ▸ 70 + 3 = 73

παράνομα ▸ 1
Adjective · neuter · plural · accusative · noDegree ▸ 1 (Sol. 17,24)

παράνομοι ▸ 16 + 1 = 17
Adjective · masculine · plural · nominative · noDegree ▸ 16 + 1 = 17 (Deut. 13,14; 2Chr. 13,7; 1Mac. 1,11; 1Mac. 10,61; 1Mac. 11,21; 3Mac. 2,17; Psa. 5,6; Psa. 36,38; Psa. 85,14; Psa. 118,85; Prov. 2,22; Prov. 11,6; Prov. 29,12; Sol. 14,6; Sus. 28; Sus. 32; Sus. 32)

παρανόμοις ▸ 1
Adjective · masculine · plural · dative · noDegree ▸ 1 (Prov. 19,11)

παράνομον ▸ 3
Adjective · masculine · singular · accusative · noDegree ▸ 2 (2Mac. 13,7; Psa. 40,9)
Adjective · neuter · singular · accusative · noDegree ▸ 1 (Psa. 100,3)

παράνομος ▸ 13
Adjective · masculine · singular · nominative · noDegree ▸ 13 (2Sam. 16,7; 2Sam. 20,1; 2Sam. 23,5; Psa. 35,2; Prov. 3,32; Prov. 6,12; Prov. 10,5; Prov. 12,2; Prov. 16,29; Prov. 21,24; Prov. 22,12; Prov. 23,28; Prov. 29,4)

παρανόμου ▸ 9
Adjective · feminine · singular · genitive · noDegree ▸ 5 (2Mac. 4,14; 2Mac. 8,4; Wis. 3,16; Sol. 4,11; Sol. 12,1)
Adjective · masculine · singular · genitive · noDegree ▸ 3 (Prov. 22,14; Prov. 25,19; Sol. 12,1)
Adjective · neuter · singular · genitive · noDegree ▸ 1 (Sol. 4,23)

Παρανόμους ▸ 1
Adjective · masculine · plural · accusative · noDegree ▸ 1 (Psa. 118,113)

παρανόμους ▸ 3
Adjective · masculine · plural · accusative · noDegree ▸ 3 (1Mac. 1,34; 2Mac. 4,11; Sol. 12,3)

παρανόμῳ ▸ 8
Adjective · feminine · singular · dative · noDegree ▸ 2 (3Mac. 5,27; 4Mac. 9,4)
Adjective · masculine · singular · dative · noDegree ▸ 3 (2Mac. 6,21; Prov. 4,17; Job 17,8)
Adjective · neuter · singular · dative · noDegree ▸ 3 (Prov. 26,3; Prov. 28,17a; Prov. 29,18)

παρανόμων ▸ 15 + 2 = 17
Adjective · masculine · plural · genitive · noDegree ▸ 15 + 2 = 17 (Judg. 19,22; 1Kings 20,10; 1Kings 20,13; Prov. 1,18; Prov. 4,14; Prov. 11,30; Prov. 13,2; Prov. 14,9; Prov. 17,4; Job 20,5; Job 27,7; Sol. 4,9; Sol. 4,19; Sol. 12,0; Sol. 12,4; Judg. 19,22; Judg. 20,13)

παρανόμως (παρά; νόμος 1st homograph) lawlessly; unlawfully ▸ 2

παρανόμως ▸ 2
Adverb ▸ 2 (Prov. 21,27; Job 34,20)

παραξιφίς (παρά; ξίφος) dagger ▸ 1
παραξιφίδι ▸ 1
Noun · feminine · singular · dative · (common) ▸ 1 (2Sam. 5,8)

παράπαν (παρά; πᾶς) altogether, absolutely; entirely ▸ 9

παράπαν ▸ 9
Adverb ▸ 9 (1Kings 11,10; Zeph. 3,6; Jer. 7,4; Ezek. 20,9; Ezek. 20,14; Ezek. 20,15; Ezek. 20,22; Ezek. 41,6; Ezek. 46,20)

παραπέμπω (παρά; πέμπω) to omit, neglect; to escort, accompany, send away ▸ 2

παραπέμποντας ▸ 1
Verb · present · active · participle · masculine · plural · accusative ▸ 1 (Esth. 13,4 # 3,13d)

παραπέμψας ▸ 1
Verb · aorist · active · participle · masculine · singular · nominative ▸ 1 (3Mac. 1,26)

παραπέτασμα (παρά; πετάννυμι) curtain, garment ▸ 1

παραπετάσματα ▸ 1
Noun · neuter · plural · accusative · (common) ▸ 1 (Amos 2,8)

παραπηδάω (παρά; πηδάω) to jump ahead ▸ 1
παρεπήδησεν ▸ 1
Verb · third · singular · aorist · active · indicative ▸ 1 (4Mac. 11,1)

παραπικραίνω (παρά; πικρός) to provoke ▸ 43 + 1 = 44

παραπικραίνειν ▸ 1
Verb · present · active · infinitive ▸ 1 (Ezek. 24,14)

παραπικραίνοντα ▸ 3
Verb · present · active · participle · masculine · singular · accusative ▸ 3 (Ezek. 17,12; Ezek. 24,3; Ezek. 44,6)

παραπικραίνοντας ▸ 1
Verb · present · active · participle · masculine · plural · accusative ▸ 1 (Psa. 67,7)

παραπικραίνοντάς ▸ 1
Verb · present · active · participle · masculine · plural · accusative ▸ 1 (Ezek. 2,3)

παραπικραίνοντες ▸ 2
Verb · present · active · participle · masculine · plural · nominative ▸ 2 (Deut. 31,27; Psa. 65,7)

παραπικραίνουσα ▸ 2
Verb · present · active · participle · feminine · singular · nominative ▸ 2 (Psa. 77,8; Lam. 1,20)

παραπικραίνων ▸ 13
Verb · present · active · participle · masculine · singular · nominative ▸ 13 (Ezek. 2,5; Ezek. 2,6; Ezek. 2,7; Ezek. 2,8; Ezek. 2,8; Ezek. 3,9; Ezek. 3,26; Ezek. 3,27; Ezek. 12,2; Ezek. 12,3; Ezek. 12,9; Ezek. 12,25; Ezek. 12,27)

παραπικρᾶναι ▸ 3
Verb · aorist · active · infinitive ▸ 3 (Jer. 39,29; Jer. 51,3; Jer. 51,8)

παραπικράναντες ▸ 1
Verb · aorist · active · participle · masculine · plural · nominative ▸ 1 (1Esdr. 6,14)

παρεπίκρανα ▸ 2
Verb · first · singular · aorist · active · indicative ▸ 2 (Lam. 1,18; Lam. 1,20)

παρεπίκραναν ▸ 9 + 1 = 10
Verb · third · plural · aorist · active · indicative ▸ 9 + 1 = 10 (Psa. 77,17; Psa. 77,40; Psa. 77,56; Psa. 104,28; Psa. 105,7; Psa. 105,33; Psa. 105,43; Psa. 106,11; Hos. 10,5; Heb. 3,16)

παρεπίκρανάν ‣ 3
   Verb ▪ third ▪ plural ▪ aorist ▪ active ▪ indicative ‣ 3 (Psa. 5,11; Ezek. 2,3; Ezek. 20,21)
παρεπίκρανας ‣ 1
   Verb ▪ second ▪ singular ▪ aorist ▪ active ▪ indicative ‣ 1 (1Kings 13,21)
παρεπίκρανε ‣ 1
   Verb ▪ third ▪ singular ▪ aorist ▪ active ▪ indicative ‣ 1 (1Kings 13,26)

παραπικρασμός (παρά; πικρός) provocation ‣ 1 + 2 = 3
   παραπικρασμῷ ‣ 1 + 2 = 3
      Noun ▪ masculine ▪ singular ▪ dative ▪ (common) ‣ 1 + 2 = 3 (Psa. 94,8; Heb. 3,8; Heb. 3,15)

παραπίπτω (παρά; πίπτω) to fall away ‣ 8 + 1 = 9
   παραπέπτωκας ‣ 1
      Verb ▪ second ▪ singular ▪ perfect ▪ active ▪ indicative ‣ 1 (Ezek. 22,4)
   παραπεσάτω ‣ 1
      Verb ▪ third ▪ singular ▪ aorist ▪ active ▪ imperative ‣ 1 (Esth. 6,10)
   παραπεσεῖν ‣ 1
      Verb ▪ aorist ▪ active ▪ infinitive ‣ 1 (Ezek. 14,13)
   παραπέσητε ‣ 1
      Verb ▪ second ▪ plural ▪ aorist ▪ active ▪ subjunctive ‣ 1 (Wis. 6,9)
   παραπεσόντας ‣ 1
      Verb ▪ aorist ▪ active ▪ participle ▪ masculine ▪ plural ▪ accusative ‣ 1 (Heb. 6,6)
   παραπίπτοντας ‣ 1
      Verb ▪ present ▪ active ▪ participle ▪ masculine ▪ plural ▪ accusative ‣ 1 (Wis. 12,2)
   παρέπεσεν ‣ 1
      Verb ▪ third ▪ singular ▪ aorist ▪ active ▪ indicative ‣ 1 (Ezek. 18,24)
   παρέπεσον ‣ 2
      Verb ▪ third ▪ plural ▪ aorist ▪ active ▪ indicative ‣ 2 (Ezek. 15,8; Ezek. 20,27)

παραπλέω (παρά; πλέω) to sail by ‣ 1
   παραπλεῦσαι ‣ 1
      Verb ▪ aorist ▪ active ▪ infinitive ‣ 1 (Acts 20,16)

παράπληκτος (παρά; πλήσσω) mad, crazy ‣ 1
   παράπληκτος ‣ 1
      Adjective ▪ masculine ▪ singular ▪ nominative ▪ noDegree ‣ 1 (Deut. 28,34)

παραπληξία (παρά; πλήσσω) madness, craziness ‣ 1
   παραπληξίᾳ ‣ 1
      Noun ▪ feminine ▪ singular ▪ dative ▪ (common) ‣ 1 (Deut. 28,28)

παραπλήσιος (παρά; πλησίον) coming near, nearly, resembling ‣ 1
   παραπλήσιον ‣ 1
      Adverb ‣ 1 (Phil. 2,27)

παραπλησίως (παρά; πλησίον) likewise ‣ 1
   παραπλησίως ‣ 1
      Adverb ‣ 1 (Heb. 2,14)

παράπλους (παρά; πλέω) voyage ‣ 1
   παράπλου ‣ 1
      Noun ▪ masculine ▪ singular ▪ genitive ▪ (common) ‣ 1 (3Mac. 4,11)

παραπομπή (παρά; πέμπω) escort ‣ 1
   παραπομπῆς ‣ 1
      Noun ▪ feminine ▪ singular ▪ genitive ▪ (common) ‣ 1 (1Mac. 9,37)

παραπορεύομαι (παρά; πορεύομαι) to pass by ‣ 36 + 2 + 5 = 43
   παραπορεύεσθαι ‣ 1
      Verb ▪ present ▪ middle ▪ infinitive ‣ 1 (Mark 2,23)
   παραπορεύεσθε ‣ 3
      Verb ▪ second ▪ plural ▪ present ▪ middle ▪ indicative ‣ 2 (Deut. 2,4; 2Chr. 24,20)
      Verb ▪ second ▪ plural ▪ present ▪ middle ▪ imperative ‣ 1 (Deut. 2,13)
   παραπορευέσθωσαν ‣ 2
      Verb ▪ third ▪ plural ▪ present ▪ middle ▪ imperative ‣ 2 (Josh. 6,7; Josh. 6,9)
   παραπορεύεται ‣ 1
      Verb ▪ third ▪ singular ▪ present ▪ middle ▪ indicative ‣ 1 (Josh. 15,6)
   Παραπορευόμεθα ‣ 1
      Verb ▪ first ▪ plural ▪ present ▪ middle ▪ indicative ‣ 1 (Judg. 19,18)
   παραπορευομένης ‣ 1
      Verb ▪ present ▪ middle ▪ participle ▪ feminine ▪ singular ▪ genitive ‣ 1 (Prov. 10,25)
   παραπορευόμενοι ‣ 4 + 3 = 7
      Verb ▪ present ▪ middle ▪ participle ▪ masculine ▪ plural ▪ nominative ‣ 4 + 3 = 7 (1Kings 13,25; Psa. 79,13; Lam. 1,12; Lam. 2,15; Matt. 27,39; Mark 11,20; Mark 15,29)
   παραπορευομένοις ‣ 1
      Verb ▪ present ▪ middle ▪ participle ▪ masculine ▪ plural ▪ dative ‣ 1 (Is. 51,23)
   παραπορευόμενον ‣ 2
      Verb ▪ present ▪ middle ▪ participle ▪ masculine ▪ singular ▪ accusative ‣ 1 (Prov. 7,8)
      Verb ▪ present ▪ middle ▪ participle ▪ neuter ▪ singular ▪ nominative ‣ 1 (Zeph. 2,2)
   παραπορευόμενος ‣ 5
      Verb ▪ present ▪ middle ▪ participle ▪ masculine ▪ singular ▪ nominative ‣ 5 (Ex. 30,14; Ex. 39,3; Sol. 2,11; Jer. 19,8; Jer. 30,11)
   παραπορευομένους ‣ 2
      Verb ▪ present ▪ middle ▪ participle ▪ masculine ▪ plural ▪ accusative ‣ 2 (2Sam. 24,20; Job 21,29)
   παραπορευομένων ‣ 1
      Verb ▪ present ▪ middle ▪ participle ▪ masculine ▪ plural ▪ genitive ‣ 1 (LetterJ 43)
   παραπορεύσῃ ‣ 1
      Verb ▪ second ▪ singular ▪ future ▪ middle ▪ indicative ‣ 1 (Deut. 2,18)
   παραπορεύωνται ‣ 1
      Verb ▪ third ▪ plural ▪ present ▪ middle ▪ subjunctive ‣ 1 (Ex. 30,13)
   παρεπορεύετο ‣ 3 + 1 = 4
      Verb ▪ third ▪ singular ▪ imperfect ▪ middle ▪ indicative ‣ 3 + 1 = 4 (Ruth 4,1; 2Sam. 15,18; 1Kings 21,39; Judg. 9,25)
   παρεπορεύθημεν ‣ 1
      Verb ▪ first ▪ plural ▪ aorist ▪ passive ▪ indicative ‣ 1 (Deut. 2,14)
   παρεπορεύοντο ‣ 8 + 1 = 9
      Verb ▪ third ▪ plural ▪ imperfect ▪ middle ▪ indicative ‣ 8 + 1 = 9 (Gen. 32,22; Gen. 37,28; Ex. 2,5; Josh. 8,33 # 9,2d; 1Sam. 29,2; 1Sam. 29,2; 2Sam. 15,23; 2Sam. 15,23; Mark 9,30)

παράπτωμα (παρά; πίπτω) trespass ‣ 19 + 3 + 19 = 41
   παράπτωμα ‣ 3 + 2 + 3 = 8
      Noun ▪ neuter ▪ singular ▪ accusative ▪ (common) ‣ 3 + 2 = 5 (Ezek. 3,20; Ezek. 14,13; Ezek. 18,26; Dan. 6,5; Dan. 6,23)

Noun · neuter · singular · nominative ▸ **3** (Rom. 5,15; Rom. 5,20; Rom. 11,12)

παραπτώμασιν ▸ 2 + 3 = **5**
  Noun · neuter · plural · dative · (common) ▸ 2 + 3 = **5** (Ezek. 14,11; Ezek. 20,27; Eph. 2,1; Eph. 2,5; Col. 2,13)

παραπτώμασίν ▸ 1
  Noun · neuter · plural · dative · (common) ▸ **1** (Dan. 4,27)

παραπτώματα ▸ 5 + 6 = **11**
  Noun · neuter · plural · accusative · (common) ▸ 4 + 6 = **10** (Psa. 18,13; Job 36,9; Sol. 13,5; Sol. 13,10; Matt. 6,14; Matt. 6,15; Mark 11,25; Rom. 4,25; 2Cor. 5,19; Col. 2,13)
  Noun · neuter · plural · nominative · (common) ▸ **1** (Ezek. 18,22)

παραπτώματι ▸ 7 + 4 = **11**
  Noun · neuter · singular · dative · (common) ▸ 7 + 4 = **11** (Job 35,15; Wis. 3,13; Sol. 3,7; Zech. 9,5; Ezek. 15,8; Ezek. 18,24; Ezek. 18,26; Rom. 5,15; Rom. 5,17; Rom. 11,11; Gal. 6,1)

παραπτώματος ▸ 1 + 1 = **2**
  Noun · neuter · singular · genitive · (common) ▸ 1 + 1 = **2** (Wis. 10,1; Rom. 5,18)

παραπτωμάτων ▸ 1 + 2 = **3**
  Noun · neuter · plural · genitive · (common) ▸ 1 + 2 = **3** (Psa. 21,2; Rom. 5,16; Eph. 1,7)

παράπτωσις (παρά; πίπτω) trespass ▸ 1
  παραπτώσει ▸ 1
    Noun · feminine · singular · dative · (common) ▸ **1** (Jer. 22,21)

παραριθμέω to re-count ▸ 1
  παρηρίθμησεν ▸ 1
    Verb · third · singular · aorist · active · indicative ▸ **1** (Tob. 9,5)

παραρρέω (παρά; ῥέω) to drift away ▸ 2 + 1 = **3**
  παραρρέον ▸ 1
    Verb · present · active · participle · neuter · singular · accusative ▸ **1** (Is. 44,4)
  παραρρυῇς ▸ 1
    Verb · second · singular · aorist · active · subjunctive ▸ **1** (Prov. 3,21)
  παραρυῶμεν ▸ 1
    Verb · first · plural · aorist · passive · subjunctive ▸ **1** (Heb. 2,1)

παραρρίπτω (παρά; ῥίπτω) to throw down ▸ 3
  παραρριπτεῖσθαι ▸ 1
    Verb · present · passive · infinitive ▸ **1** (Psa. 83,11)
  Παράρριψόν ▸ 1
    Verb · second · singular · aorist · active · imperative ▸ **1** (1Sam. 2,36)
  παρέρριψαν ▸ 1
    Verb · third · plural · aorist · active · indicative ▸ **1** (2Mac. 1,16)

παράρρυμα (παρά; ἐρύω) tent, curtain ▸ 1
  παραρρύματα ▸ 1
    Noun · neuter · plural · accusative · (common) ▸ **1** (Ex. 35,11)

παράσημος (παρά; σημεῖον) special insignia, figurehead ▸ 1 + 1 = **2**
  παρασήμῳ ▸ 1 + 1 = **2**
    Adjective · neuter · singular · dative · noDegree ▸ 1 + 1 = **2** (3Mac. 2,29; Acts 28,11)

παρασιωπάω (παρά; σιωπή) to not mention ▸ 20
  παρασιωπᾷ ▸ 1
    Verb · third · singular · present · active · indicative ▸ **1** (1Sam. 23,9)
  παρασιωπηθήσεται ▸ 1
    Verb · third · singular · future · passive · indicative ▸ **1** (Prov. 12,2)
  παρασιωπήσεται ▸ 1
    Verb · third · singular · future · middle · indicative ▸ **1** (Psa. 49,3)

παρασιωπήση ▸ 5
  Verb · second · singular · future · middle · indicative ▸ **1** (Hab. 1,13)
  Verb · third · singular · aorist · active · subjunctive ▸ **4** (Num. 30,5; Num. 30,8; Num. 30,12; Num. 30,15)

παρασιωπήσης ▸ 7
  Verb · second · singular · aorist · active · subjunctive ▸ **7** (1Sam. 7,8; Psa. 27,1; Psa. 27,1; Psa. 34,22; Psa. 38,13; Psa. 108,1; Sol. 5,2)

παρασιωπήσομαι ▸ 1
  Verb · first · singular · future · middle · indicative ▸ **1** (Hos. 10,11)

παρασιωπήσονται ▸ 1
  Verb · third · plural · future · middle · indicative ▸ **1** (Amos 6,12)

παρεσιώπα ▸ 1
  Verb · third · singular · imperfect · active · indicative ▸ **1** (Gen. 24,21)

παρεσιωπήσατε ▸ 1
  Verb · second · plural · aorist · active · indicative ▸ **1** (Hos. 10,13)

παρεσιώπησεν ▸ 1
  Verb · third · singular · aorist · active · indicative ▸ **1** (Gen. 34,5)

παρασκευάζω (παρά; σκεῦος) to prepare ▸ 15 + 1 + 4 = **20**
  παρασκευάζει ▸ 1
    Verb · third · singular · present · active · indicative ▸ **1** (Prov. 15,18)
  παρασκευάζειν ▸ 1
    Verb · present · active · infinitive ▸ **1** (Tob. 8,19)
  παρασκευάζεται ▸ 1
    Verb · third · singular · present · middle · indicative ▸ **1** (Prov. 29,5)
  παρασκευάζετε ▸ 1
    Verb · second · plural · present · active · imperative ▸ **1** (Jer. 28,11)
  παρασκευαζόμενα ▸ 1
    Verb · present · passive · participle · neuter · plural · accusative ▸ **1** (Bel 8)
  παρασκευάζοντι ▸ 1
    Verb · present · active · participle · masculine · singular · dative ▸ **1** (2Mac. 2,27)
  παρασκευαζόντων ▸ 1
    Verb · present · active · participle · masculine · plural · genitive ▸ **1** (Acts 10,10)
  παρασκευάζου ▸ 1
    Verb · second · singular · present · middle · imperative ▸ **1** (Prov. 24,27)
  παρασκευάσαι ▸ 1
    Verb · aorist · active · infinitive ▸ **1** (Prov. 23,2)
  παρασκευάσασθαι ▸ 1
    Verb · aorist · middle · infinitive ▸ **1** (1Sam. 24,4)
  παρασκευάσασθε ▸ 1
    Verb · second · plural · aorist · middle · imperative ▸ **1** (Jer. 6,4)
  παρασκευάσατε ▸ 1
    Verb · second · plural · aorist · active · imperative ▸ **1** (Jer. 26,9)
  παρασκευάσεται ▸ 1
    Verb · third · singular · future · middle · indicative ▸ **1** (1Cor. 14,8)
  παρασκευάση ▸ 1
    Verb · second · singular · future · middle · indicative ▸ **1** (Jer. 12,5)

παρασκευασθέντα ▸ 1
: **Verb** • aorist • passive • participle • neuter • plural • accusative ▸ 1 (2Mac. 6,21)

παρεσκευάσαντο ▸ 1
: **Verb** • third • plural • aorist • middle • indicative ▸ 1 (Judith 5,1)

παρεσκευασμένη ▸ 1
: **Verb** • perfect • passive • participle • feminine • singular • nominative ▸ 1 (Is. 26,7)

παρεσκευασμένοι ▸ 1 + 1 = 2
: **Verb** • perfect • passive • participle • masculine • plural • nominative ▸ 1 + 1 = 2 (Jer. 27,42; 2Cor. 9,3)

παρεσκεύασται ▸ 1
: **Verb** • third • singular • perfect • passive • indicative ▸ 1 (2Cor. 9,2)

παρασκευή (παρά; σκεῦος) preparation; preparation day (Friday) ▸ 3 + 6 = 9

παρασκευή ▸ 3
: **Noun** • feminine • singular • nominative ▸ 3 (Mark 15,42; John 19,14; John 19,31)

παρασκευήν ▸ 1
: **Noun** • feminine • singular • accusative ▸ 1 (Matt. 27,62)

παρασκευήν ▸ 3 + 1 = 4
: **Noun** • feminine • singular • accusative • (common) ▸ 3 + 1 = 4 (Judith 2,17; Judith 4,5; 2Mac. 15,21; John 19,42)

παρασκευῆς ▸ 1
: **Noun** • feminine • singular • genitive ▸ 1 (Luke 23,54)

παράστασις (παρά; ἵστημι) display ▸ 1

παράστασιν ▸ 1
: **Noun** • feminine • singular • accusative • (common) ▸ 1 (1Mac. 15,32)

παρασυμβάλλω (παρά; σύν; βάλλω) to compare ▸ 2

παρασυνεβλήθη ▸ 2
: **Verb** • third • singular • aorist • passive • indicative ▸ 2 (Psa. 48,13; Psa. 48,21)

παράταξις (παρά; τάσσω) battle line; possessions ▸ 43 + 17 = 60

παρατάξει ▸ 5 + 3 = 8
: **Noun** • feminine • singular • dative • (common) ▸ 4 + 3 = 7 (Judg. 6,26; 1Sam. 4,2; Ezek. 17,21; Ezek. 24,16; Judg. 6,26; Judg. 20,39; Judg. 21,22)
: **Noun** • masculine • singular • dative • (common) ▸ 1 (Wis. 12,9)

παρατάξεων ▸ 1
: **Noun** • masculine • plural • genitive • (common) ▸ 1 (1Mac. 3,26)

παρατάξεως ▸ 15 + 5 = 20
: **Noun** • feminine • singular • genitive • (common) ▸ 15 + 5 = 20 (Num. 31,14; Num. 31,21; 1Sam. 4,12; 1Sam. 4,16; 1Sam. 17,4; 1Sam. 17,45; 1Chr. 12,9; 1Chr. 12,25; 1Esdr. 1,28; 1Esdr. 2,25; Neh. 11,14; Judith 7,11; Judith 16,12; Zech. 14,3; Is. 22,6; Judg. 8,13; Judg. 8,13; Judg. 18,11; Judg. 18,16; Judg. 20,17)

παράταξιν ▸ 20 + 6 = 26
: **Noun** • feminine • singular • accusative • (common) ▸ 20 + 6 = 26 (Num. 31,5; Num. 31,27; Num. 31,28; 1Sam. 17,8; 1Sam. 17,10; 1Sam. 17,36; 1Chr. 5,18; 1Chr. 7,40; 1Chr. 12,26; 1Chr. 12,34; 1Chr. 12,39; 2Chr. 26,11; Judith 1,6; Judith 2,15; Judith 5,23; 1Mac. 4,21; 1Mac. 6,42; 1Mac. 12,41; 2Mac. 8,20; Psa. 143,1; Judg. 20,14; Judg. 20,18; Judg. 20,20; Judg. 20,22; Judg. 20,23; Judg. 20,28)

παράταξις ▸ 2 + 3 = 5
: **Noun** • feminine • singular • nominative • (common) ▸ 2 + 3 = 5 (2Chr. 20,15; Is. 36,5; Judg. 20,34; Judg. 20,39; Judg. 20,42)

παρατάσσω (παρά; τάσσω) to array for battle ▸ 55 + 24 = 79

παράταξαι ▸ 1 + 1 = 2
: **Verb** • second • singular • aorist • middle • imperative ▸ 1 + 1 = 2 (Ex. 17,9; Judg. 9,38)

παραταξαμένους ▸ 2
: **Verb** • aorist • middle • participle • masculine • plural • accusative ▸ 2 (2Mac. 1,12; 2Mac. 12,34)

παρατάξασθαι ▸ 9 + 9 = 18
: **Verb** • aorist • middle • infinitive ▸ 9 + 9 = 18 (Num. 1,45; Num. 21,23; Num. 26,2; Num. 31,3; Num. 31,4; Judg. 20,22; 1Sam. 17,8; 1Chr. 7,4; Neh. 4,2; Judg. 8,1; Judg. 10,9; Judg. 10,18; Judg. 11,9; Judg. 11,12; Judg. 11,27; Judg. 11,32; Judg. 12,1; Judg. 12,3)

παρατάξασθε ▸ 2
: **Verb** • second • plural • aorist • middle • imperative ▸ 2 (Neh. 4,8; Jer. 27,14)

παρατάξεται ▸ 3
: **Verb** • third • singular • future • middle • indicative ▸ 3 (Zech. 14,3; Zech. 14,14; Jer. 6,23)

παρατάξῃ ▸ 1
: **Verb** • second • singular • future • middle • indicative ▸ 1 (Judg. 11,8)

παρατάξηται ▸ 1
: **Verb** • third • singular • aorist • middle • subjunctive ▸ 1 (Psa. 26,3)

παραταξώμεθα ▸ 2
: **Verb** • first • plural • aorist • middle • subjunctive ▸ 2 (Judg. 1,3; Judg. 11,6)

παρατάξονται ▸ 2
: **Verb** • third • plural • future • middle • indicative ▸ 2 (Zech. 10,5; Jer. 27,9)

παρατάσσεται ▸ 1
: **Verb** • third • singular • present • middle • indicative ▸ 1 (1Chr. 19,17)

παρατασσόμενοι ▸ 3
: **Verb** • present • middle • participle • masculine • plural • nominative ▸ 3 (1Chr. 12,36; 1Chr. 12,39; 2Mac. 1,11)

παρατασσόμενος ▸ 1
: **Verb** • present • middle • participle • masculine • singular • nominative ▸ 1 (Joel 2,5)

παρατάσσονται ▸ 3
: **Verb** • third • plural • present • middle • indicative ▸ 3 (1Sam. 4,2; 1Sam. 17,2; 1Chr. 19,9)

παρατέταγμαι ▸ 1
: **Verb** • first • singular • perfect • middle • indicative ▸ 1 (Zech. 8,15)

παρατέτακται ▸ 2
: **Verb** • third • singular • perfect • middle • indicative ▸ 2 (Zech. 1,6; Mal. 1,4)

παρετάξαντο ▸ 13 + 6 = 19
: **Verb** • third • plural • aorist • middle • indicative ▸ 13 + 6 = 19 (Gen. 14,8; Num. 31,7; Josh. 24,8; Judg. 5,19; Judg. 20,20; Judg. 20,22; Judg. 20,30; Judg. 20,33; 2Sam. 10,8; 2Sam. 10,9; 2Sam. 10,10; 1Chr. 19,10; 1Chr. 19,11; Judg. 1,5; Judg. 5,19; Judg. 5,20; Judg. 5,20; Judg. 9,52; Judg. 11,5)

παρετάξατο ▸ 10 + 4 = 14
: **Verb** • third • singular • aorist • middle • indicative ▸ 10 + 4 = 14 (Ex. 17,10; Num. 21,23; Josh. 24,9; 2Sam. 10,17; 1Chr. 19,14; 1Chr. 19,17; 2Chr. 13,3; 2Chr. 13,3; 2Chr. 14,9; Judith 1,13; Judg. 9,17; Judg. 9,39; Judg. 11,20; Judg. 12,4)

παρετάσσετο ▸ 1
: **Verb** • third • singular • imperfect • middle • indicative ▸ 1 (Judg. 9,45)

παρετάσσοντο ▸ 1

Verb · third · plural · imperfect · middle · indicative ▸ 1 (Psa. 139,3)

παρατείνω (παρά; τείνω) to extend, continue; stretch ▸ 7 + 1 = 8

    παρατεῖνον ▸ 1
        Verb · present · active · participle · neuter · singular · nominative ▸ 1 (Num. 23,28)

    παράτεινον ▸ 2
        Verb · second · singular · aorist · active · imperative ▸ 2 (Psa. 35,11; Ode. 14,46)

    παρατείνοντα ▸ 1
        Verb · present · active · participle · neuter · plural · nominative ▸ 1 (Ezek. 27,13)

    παρατείνουσαν ▸ 1
        Verb · present · active · participle · feminine · singular · accusative ▸ 1 (2Sam. 2,29)

    παρατενεῖ ▸ 1
        Verb · third · singular · future · active · indicative ▸ 1 (Gen. 49,13)

    παρέτειναν ▸ 1
        Verb · third · plural · aorist · active · indicative ▸ 1 (Judith 7,3)

    παρέτεινέν ▸ 1
        Verb · third · singular · imperfect · active · indicative ▸ 1 (Acts 20,7)

παρατηρέω (παρά; τηρέω) to watch ▸ 2 + 4 + 6 = 12

    παρατηρεῖν ▸ 1
        Verb · present · active · infinitive ▸ 1 (Sus. 15)

    παρατηρεῖσθε ▸ 1
        Verb · second · plural · present · middle · indicative ▸ 1 (Gal. 4,10)

    παρατηρήσαντες ▸ 1
        Verb · aorist · active · participle · masculine · plural · nominative ▸ 1 (Luke 20,20)

    παρατηρήσεται ▸ 1
        Verb · third · singular · future · middle · indicative ▸ 1 (Psa. 36,12)

    παρατηρήσῃ ▸ 1
        Verb · second · singular · aorist · middle · subjunctive ▸ 1 (Psa. 129,3)

    παρατηρούμενοι ▸ 1
        Verb · present · middle · participle · masculine · plural · nominative ▸ 1 (Luke 14,1)

    παρατηροῦντες ▸ 1
        Verb · present · active · participle · masculine · plural · nominative ▸ 1 (Sus. 16)

    παρετήρησαν ▸ 1
        Verb · third · plural · aorist · active · indicative ▸ 1 (Dan. 6,12)

    παρετήρουν ▸ 1
        Verb · third · plural · imperfect · active · indicative ▸ 1 (Mark 3,2)

    παρετηροῦντο ▸ 2
        Verb · third · plural · imperfect · middle · indicative ▸ 2 (Luke 6,7; Acts 9,24)

    παρετηροῦσαν ▸ 1
        Verb · third · plural · imperfect · active · indicative ▸ 1 (Sus. 12)

παρατήρησις (παρά; τηρέω) observation ▸ 1

    παρατηρήσεως ▸ 1
        Noun · feminine · singular · genitive ▸ 1 (Luke 17,20)

παρατίθημι (παρά; τίθημι) to set before; commend ▸ 37 + 9 + 19 = 65

    παραθεῖναι ▸ 1
        Verb · aorist · active · infinitive ▸ 1 (Luke 9,16)

    παράθες ▸ 2 + 1 = 3
        Verb · second · singular · aorist · active · imperative ▸ 2 + 1 = 3 (1Sam. 9,24; 2Kings 6,22; Bel 11)

    παραθέσθαι ▸ 1
        Verb · aorist · middle · infinitive ▸ 1 (1Mac. 9,35)

    Παράθετε ▸ 1
        Verb · second · plural · aorist · active · imperative ▸ 1 (Gen. 43,31)

    παραθήσει ▸ 1
        Verb · third · singular · future · active · indicative ▸ 1 (Lev. 6,3)

    παραθήσεις ▸ 1
        Verb · second · singular · future · active · indicative ▸ 1 (Ex. 21,1)

    παραθήσομαι ▸ 1
        Verb · first · singular · future · middle · indicative ▸ 1 (Psa. 30,6)

    παραθήσομεν ▸ 1
        Verb · first · plural · future · active · indicative ▸ 1 (4Mac. 6,15)

    παραθήσω ▸ 1 + 1 = 2
        Verb · first · singular · future · active · indicative ▸ 1 + 1 = 2 (1Sam. 28,22; Luke 11,6)

    παράθου ▸ 1
        Verb · second · singular · aorist · middle · imperative ▸ 1 (2Tim. 2,2)

    παρατεθέντα ▸ 1
        Verb · aorist · passive · participle · neuter · plural · accusative ▸ 1 (Bel 18)

    παρατεθῆναι ▸ 1
        Verb · aorist · passive · infinitive ▸ 1 (1Sam. 21,7)

    παρατιθέασιν ▸ 1
        Verb · third · plural · present · active · indicative ▸ 1 (LetterJ 29)

    παρατίθεμαι ▸ 2
        Verb · first · singular · present · middle · indicative ▸ 2 (Luke 23,46; Acts 20,32)

    παρατίθεμαί ▸ 1 + 1 + 1 = 3
        Verb · first · singular · present · middle · indicative ▸ 1 + 1 + 1 = 3 (Tob. 10,13; Tob. 10,13; 1Tim. 1,18)

    παρατιθέμενα ▸ 1 + 1 = 2
        Verb · present · passive · participle · neuter · plural · accusative ▸ 1 + 1 = 2 (Bel 21; Luke 10,8)

    παρατιθέμενά ▸ 1
        Verb · present · passive · participle · neuter · plural · accusative ▸ 1 (Prov. 23,1)

    παρατιθέμενον ▸ 1
        Verb · present · passive · participle · neuter · singular · accusative ▸ 1 (1Cor. 10,27)

    παρατιθέμενος ▸ 1
        Verb · present · middle · participle · masculine · singular · nominative ▸ 1 (Acts 17,3)

    παρατιθέναι ▸ 1
        Verb · present · active · infinitive ▸ 1 (Mark 8,7)

    παρατιθέσθωσαν ▸ 1
        Verb · third · plural · present · middle · imperative ▸ 1 (1Pet. 4,19)

    παρατίθεται ▸ 1
        Verb · third · singular · present · passive · indicative ▸ 1 (LetterJ 26)

    παρατιθῶσιν ▸ 2
        Verb · third · plural · present · active · subjunctive ▸ 2 (Mark 6,41; Mark 8,6)

    παρεθέμην ▸ 2 + 3 = 5
        Verb · first · singular · aorist · middle · indicative ▸ 2 + 3 = 5 (Tob. 1,14; Tob. 4,20; Tob. 1,14; Tob. 4,20; Tob. 5,3)

παρέθεντο ‣ 2 + 2 = 4
    Verb ‧ third ‧ plural ‧ aorist ‧ middle ‧ indicative ‣ 2 + 2 = 4
    (Judith 4,5; 1Mac. 1,35; Luke 12,48; Acts 14,23)
παρέθετο ‣ 4 + 1 = 5
    Verb ‧ third ‧ singular ‧ aorist ‧ middle ‧ indicative ‣ 4 + 1 = 5
    (Deut. 4,44; 2Kings 5,24; 2Chr. 16,10; Tob. 4,1; Tob. 4,1)
παρέθηκαν ‣ 3 + 1 = 4
    Verb ‧ third ‧ plural ‧ aorist ‧ active ‧ indicative ‣ 3 + 1 = 4 (Gen. 43,32; 2Sam. 12,20; Tob. 7,8; Mark 8,6)
παρέθηκεν ‣ 6 + 1 + 3 = 10
    Verb ‧ third ‧ singular ‧ aorist ‧ active ‧ indicative ‣ 6 + 1 + 3 = 10 (Gen. 18,8; Gen. 24,33; Gen. 30,38; Ex. 19,7; 1Sam. 9,24; 2Kings 6,23; Bel 13; Matt. 13,24; Matt. 13,31; Acts 16,34)
παρέθηκέν ‣ 1
    Verb ‧ third ‧ singular ‧ aorist ‧ active ‧ indicative ‣ 1 (Sir. 15,16)
παρετέθη ‣ 3 + 2 = 5
    Verb ‧ third ‧ singular ‧ aorist ‧ passive ‧ indicative ‣ 3 + 2 = 5
    (Lev. 5,23; Bel 11; Bel 11; Tob. 2,2; Tob. 2,2)
παρατρέχω (παρά; τρέχω) to run by ‣ 16
    παρατρέχειν ‣ 2
        Verb ‧ present ‧ active ‧ infinitive ‣ 2 (2Sam. 15,1; 1Kings 1,5)
    παρατρέχοντα ‣ 1
        Verb ‧ present ‧ active ‧ participle ‧ masculine ‧ singular ‧ accusative ‣ 1 (3Mac. 5,15)
    παρατρέχοντες ‣ 4
        Verb ‧ present ‧ active ‧ participle ‧ masculine ‧ plural ‧ nominative ‣ 4 (1Kings 14,28; 2Kings 10,25; 2Kings 11,11; 2Chr. 12,11)
    παρατρεχόντων ‣ 6
        Verb ‧ present ‧ active ‧ participle ‧ masculine ‧ plural ‧ genitive ‣ 6 (1Kings 14,27; 1Kings 14,28; 2Kings 11,6; 2Kings 11,19; 2Chr. 12,10; 2Chr. 12,11)
    παρατρέχουσα ‣ 1
        Verb ‧ present ‧ active ‧ participle ‧ feminine ‧ singular ‧ nominative ‣ 1 (Wis. 5,9)
    παρατρέχουσιν ‣ 2
        Verb ‧ present ‧ active ‧ participle ‧ masculine ‧ plural ‧ dative ‣ 2 (1Sam. 22,17; 2Kings 10,25)
παρατυγχάνω (παρά; τυγχάνω) to happen to be near, happen to be present ‣ 1
    παρατυγχάνοντας ‣ 1
        Verb ‧ present ‧ active ‧ participle ‧ masculine ‧ plural ‧ accusative ‣ 1 (Acts 17,17)
παραυτίκα (παρά; αὐτός) immediately; momentary ‣ 2 + 1 = 3
    παραυτίκα ‣ 2 + 1 = 3
        Adverb ‣ 2 + 1 = 3 (Tob. 4,14; Psa. 69,4; 2Cor. 4,17)
παραφέρω (παρά; φέρω) to take away, transport ‣ 3 + 4 = 7
    παραφέρεσθε ‣ 1
        Verb ‧ second ‧ plural ‧ present ‧ passive ‧ imperative ‣ 1 (Heb. 13,9)
    παραφερόμεναι ‣ 1
        Verb ‧ present ‧ passive ‧ participle ‧ feminine ‧ plural ‧ nominative ‣ 1 (Jude 12)
    παρένεγκε ‣ 2
        Verb ‧ second ‧ singular ‧ aorist ‧ active ‧ imperative ‣ 2 (Mark 14,36; Luke 22,42)
    παρεφέρετο ‣ 1
        Verb ‧ third ‧ singular ‧ imperfect ‧ middle ‧ indicative ‣ 1 (1Sam. 21,14)
    παρέφερον ‣ 1
        Verb ‧ third ‧ plural ‧ imperfect ‧ active ‧ indicative ‣ 1 (Judg. 6,5)
    παρήνεγκαν ‣ 1
        Verb ‧ third ‧ plural ‧ aorist ‧ active ‧ indicative ‣ 1 (Ezra 10,7)
παραφρονέω (παρά; φρήν) to be out of one's mind ‣ 1 + 1 = 2
    παραφρονοῦντα ‣ 1
        Verb ‧ present ‧ active ‧ participle ‧ masculine ‧ singular ‧ accusative ‣ 1 (Zech. 7,11)
    παραφρονῶν ‣ 1
        Verb ‧ present ‧ active ‧ participle ‧ masculine ‧ singular ‧ nominative ‣ 1 (2Cor. 11,23)
παραφρόνησις (παρά; φρήν) insanity, madness ‣ 1
    παραφρονήσει ‣ 1
        Noun ‧ feminine ‧ singular ‧ dative ‧ (common) ‣ 1 (Zech. 12,4)
παραφρονία (παρά; φρήν) insanity, madness ‣ 1
    παραφρονίαν ‣ 1
        Noun ‧ feminine ‧ singular ‧ accusative ‣ 1 (2Pet. 2,16)
παράφρων (παρά; φρήν) insane ‣ 1
    παράφρονας ‣ 1
        Noun ‧ masculine ‧ plural ‧ accusative ‧ (common) ‣ 1 (Wis. 5,20)
παραφυάς (παρά; φύω) shoot, sprig ‣ 5
    παραφυάδας ‣ 1
        Noun ‧ feminine ‧ plural ‧ accusative ‧ (common) ‣ 1 (Psa. 79,12)
    παραφυάδες ‣ 1
        Noun ‧ feminine ‧ plural ‧ nominative ‧ (common) ‣ 1 (4Mac. 1,28)
    παραφυάσιν ‣ 3
        Noun ‧ feminine ‧ plural ‧ dative ‧ (common) ‣ 3 (Ezek. 31,3; Ezek. 31,6; Ezek. 31,8)
παραχειμάζω (παρά; χιών) to spend the winter ‣ 4
    παρακεχειμακότι ‣ 1
        Verb ‧ perfect ‧ active ‧ participle ‧ neuter ‧ singular ‧ dative ‣ 1 (Acts 28,11)
    παραχειμάσαι ‣ 2
        Verb ‧ aorist ‧ active ‧ infinitive ‣ 2 (Acts 27,12; Titus 3,12)
    παραχειμάσω ‣ 1
        Verb ‧ first ‧ singular ‧ future ‧ active ‧ indicative ‣ 1 (1Cor. 16,6)
παραχειμασία (παρά; χιών) wintering ‣ 1
    παραχειμασίαν ‣ 1
        Noun ‧ feminine ‧ singular ‧ accusative ‣ 1 (Acts 27,12)
παραχρῆμα (παρά; χράομαι) immediately ‣ 17 + 3 + 18 = 38
    παραχρῆμα ‣ 17 + 3 + 17 = 37
        Adverb ‣ 17 + 3 + 17 = 37 (Num. 6,9; Num. 12,4; 2Sam. 3,12; 2Mac. 4,34; 2Mac. 4,38; 2Mac. 5,18; 2Mac. 7,4; 2Mac. 10,22; 2Mac. 11,36; 4Mac. 14,9; Psa. 39,16; Job 39,30; Job 40,12; Wis. 18,17; Is. 29,5; Is. 30,13; Is. 30,13; Tob. 8,3; Bel 39; Bel 42; Matt. 21,19; Matt. 21,20; Luke 1,64; Luke 4,39; Luke 5,25; Luke 8,44; Luke 8,47; Luke 8,55; Luke 13,13; Luke 18,43; Luke 19,11; Luke 22,60; Acts 3,7; Acts 5,10; Acts 12,23; Acts 16,26; Acts 16,33)
    παραχρῆμά ‣ 1
        Adverb ‣ 1 (Acts 13,11)
παραχωρέω (παρά; χωρέω) to concede, yield; to deliver ‣ 2
    παραχωρήσαντες ‣ 1
        Verb ‧ aorist ‧ active ‧ participle ‧ masculine ‧ plural ‧ nominative ‣ 1 (2Mac. 2,28)
    παραχωρήσειν ‣ 1
        Verb ‧ future ‧ active ‧ infinitive ‣ 1 (2Mac. 8,11)
παρδάλεος (πάρδαλις) leopard-like ‣ 1
    παρδάλεοι ‣ 1
        Adjective ‧ masculine ‧ plural ‧ nominative ‧ noDegree ‣ 1

(4Mac. 9,28)

πάρδαλις leopard ▸ 8 + 1 + 1 = 10
- παρδάλει ▸ 1
  - **Noun** · feminine · singular · dative ▸ **1** (Rev. 13,2)
- παρδάλεις ▸ 1
  - **Noun** · feminine · plural · accusative · (common) ▸ **1** (Hab. 1,8)
- παρδάλεων ▸ 1
  - **Noun** · feminine · plural · genitive · (common) ▸ **1** (Song 4,8)
- πάρδαλιν ▸ 1
  - **Noun** · feminine · singular · accusative · (common) ▸ **1** (Dan. 7,6)
- πάρδαλις ▸ 5 + 1 = 6
  - **Noun** · feminine · singular · nominative · (common) ▸ 3 + 1 = **4** (Sir. 28,23; Jer. 5,6; Jer. 13,23; Dan. 7,6)
  - **Noun** · masculine · singular · nominative · (common) ▸ **1** (Hos. 13,7)
  - **Noun** · neuter · singular · nominative · (common) ▸ **1** (Is. 11,6)

παρεδρεύω (παρά; ἕζομαι) to serve; apply oneself to ▸ 2 + 1 = 3
- παρεδρεύει ▸ 2
  - **Verb** · third · singular · present · active · indicative ▸ **2** (Prov. 1,21; Prov. 8,3)
- παρεδρεύοντες ▸ 1
  - **Verb** · present · active · participle · masculine · plural · nominative ▸ **1** (1Cor. 9,13)

πάρεδρος (παρά; ἕζομαι) assistant; familiar spirit; sitting ▸ 2
- πάρεδρον ▸ 2
  - **Noun** · feminine · singular · accusative · (common) ▸ **2** (Wis. 6,14; Wis. 9,4)

πάρειμι (παρά; εἰμί) to be present; to pass by ▸ 57 + 2 + 24 = 83
- πάρει ▸ 1 + 1 = 2
  - **Verb** · second · singular · present · active · indicative ▸ 1 + 1 = **2** (Psa. 138,8; Matt. 26,50)
- πάρειμι ▸ 5
  - **Verb** · first · singular · present · active · indicative ▸ **5** (1Mac. 12,45; Job 1,7; Job 2,2; Is. 52,6; Is. 58,9)
- παρεῖναι ▸ 2 + 2 = 4
  - **Verb** · present · active · infinitive ▸ 2 + 2 = **4** (Ode. 4,2; Hab. 3,2; Acts 24,19; Gal. 4,20)
- παρεῖναί ▸ 1
  - **Verb** · present · infinitive ▸ **1** (Gal. 4,18)
- πάρεισιν ▸ 2 + 1 = 3
  - **Verb** · third · plural · present · active · indicative ▸ 2 + 1 = **3** (Num. 22,20; 2Sam. 13,35; Acts 17,6)
- παρέσει ▸ 1
  - **Verb** · second · singular · future · middle · indicative ▸ **1** (2Sam. 5,23)
- παρέσῃ ▸ 1
  - **Verb** · second · singular · future · middle · indicative ▸ **1** (1Chr. 14,14)
- Πάρεσμεν ▸ 1
  - **Verb** · first · plural · present · active · indicative ▸ **1** (Bar. 3,35)
- πάρεσμεν ▸ 1 + 1 = 2
  - **Verb** · first · plural · present · active · indicative ▸ 1 + 1 = **2** (Judith 9,6; Acts 10,33)
- παρέσται ▸ 1 + 1 + 1 = 3
  - **Verb** · third · singular · future · middle · indicative ▸ 1 + 1 + 1 = **3** (1Sam. 9,6; Tob. 10,6; Rev. 17,8)
- πάρεστε ▸ 1
  - **Verb** · second · plural · present · indicative ▸ **1** (Acts 10,21)
- πάρεστιν ▸ 11 + 3 = 14
  - **Verb** · third · singular · present · active · indicative ▸ 11 + 3 = **14** (Deut. 32,35; 2Mac. 3,9; Ode. 2,35; Prov. 7,19; Wis. 11,21; Wis. 12,18; Joel 2,1; Is. 8,1; Is. 30,13; Is. 63,4; Lam. 4,18; John 7,6; John 11,28; 2Pet. 1,9)
- παρῇ ▸ 1
  - **Verb** · third · singular · present · active · subjunctive ▸ **1** (Prov. 1,27)
- παρῆν ▸ 8 + 1 = 9
  - **Verb** · third · singular · imperfect · active · indicative ▸ 8 + 1 = **9** (Judg. 19,3; 1Esdr. 6,3; Esth. 9,1; 2Mac. 6,9; 2Mac. 10,24; 3Mac. 5,10; Wis. 13,1; Dan. 7,13; Tob. 10,1)
- Παρῆσαν ▸ 1
  - **Verb** · third · plural · imperfect · indicative ▸ **1** (Luke 13,1)
- παρῆσαν ▸ 6 + 1 = 7
  - **Verb** · third · plural · imperfect · active · indicative ▸ 6 + 1 = **7** (2Sam. 15,18; 1Mac. 11,63; 3Mac. 1,23; 3Mac. 5,31; 4Mac. 8,3; Dan. 7,13; Acts 12,20)
- παρόν ▸ 1
  - **Verb** · present · active · participle · neuter · singular · nominative ▸ **1** (4Mac. 6,27)
- παρὸν ▸ 3 + 1 = 4
  - **Verb** · present · active · participle · neuter · singular · accusative ▸ 2 + 1 = **3** (3Mac. 3,11; 3Mac. 5,17; Heb. 12,11)
  - **Verb** · present · active · participle · neuter · singular · nominative ▸ **1** (4Mac. 8,26)
- παρόντα ▸ 1
  - **Verb** · present · active · participle · masculine · singular · accusative ▸ **1** (Wis. 14,17)
- παρόντας ▸ 1
  - **Verb** · present · active · participle · masculine · plural · accusative ▸ **1** (Wis. 19,14)
- παρόντες ▸ 2 + 1 = 3
  - **Verb** · present · active · participle · masculine · plural · nominative ▸ 2 + 1 = **3** (3Mac. 5,21; Wis. 11,11; 2Cor. 10,11)
- παρόντος ▸ 4 + 1 = 5
  - **Verb** · present · active · participle · masculine · singular · genitive ▸ **3** (2Mac. 3,24; 2Mac. 4,18; 2Mac. 7,9)
  - **Verb** · present · active · participle · neuter · singular · genitive ▸ 1 + 1 = **2** (2Mac. 6,26; Col. 1,6)
- παρόντων ▸ 1
  - **Verb** · present · active · participle · masculine · plural · genitive ▸ **1** (3Mac. 1,13)
- παροῦσα ▸ 1
  - **Verb** · present · active · participle · feminine · singular · nominative ▸ **1** (Wis. 9,9)
- παροῦσάν ▸ 1
  - **Verb** · present · active · participle · feminine · singular · accusative ▸ **1** (Wis. 4,2)
- παρούσῃ ▸ 1
  - **Verb** · present · participle · feminine · singular · dative ▸ **1** (2Pet. 1,12)
- παροῦσιν ▸ 1 + 1 = 2
  - **Verb** · present · active · participle · masculine · plural · dative ▸ 1 + 1 = **2** (3Mac. 1,27; Heb. 13,5)
- παρών ▸ 6
  - **Verb** · present · participle · masculine · singular · nominative ▸ **6** (1Cor. 5,3; 1Cor. 5,3; 2Cor. 10,2; 2Cor. 11,9; 2Cor. 13,2; 2Cor. 13,10)

πάρειμι (2nd homograph) (παρά; εἰμί) to be present; to pass by ▸ 2
- παριόντας ▸ 1
  - **Verb** · present · active · participle · masculine · plural · accusative

▸ 1 (Prov. 9,15)
παριόντων ▸ 1
    Verb · present · active · participle · masculine · plural · genitive ▸ 1 (Prov. 15,10)

παρεισάγω (παρά; εἰς 2nd homograph; ἄγω) to bring in secretly ▸ 1
παρεισάξουσιν ▸ 1
    Verb · third · plural · future · active · indicative ▸ 1 (2Pet. 2,1)

παρείσακτος (παρά; εἰς 2nd homograph; ἄγω) brought in secretly ▸ 1
παρεισάκτους ▸ 1
    Adjective · masculine · plural · accusative ▸ 1 (Gal. 2,4)

παρεισδύνω to sneak in secretly ▸ 1
παρεισέδυσαν ▸ 1
    Verb · third · plural · aorist · active · indicative ▸ 1 (Jude 4)

παρεισέρχομαι (παρά; εἰς 2nd homograph; ἔρχομαι) to enter ▸ 2
παρεισῆλθεν ▸ 1
    Verb · third · singular · aorist · active · indicative ▸ 1 (Rom. 5,20)
παρεισῆλθον ▸ 1
    Verb · third · plural · aorist · active · indicative ▸ 1 (Gal. 2,4)

παρεισπορεύομαι (παρά; εἰς 2nd homograph; πορεύομαι) to enter secretly ▸ 1
παρεισπορευόμενοι ▸ 1
    Verb · present · middle · participle · masculine · plural · nominative ▸ 1 (2Mac. 8,1)

παρεισφέρω (παρά; εἰς 2nd homograph; φέρω) to exert ▸ 1
παρεισενέγκαντες ▸ 1
    Verb · aorist · active · participle · masculine · plural · nominative ▸ 1 (2Pet. 1,5)

παρεκλείπω (παρά; ἐκ; λείπω) to fail ▸ 1
παρεξέλιπεν ▸ 1
    Verb · third · singular · aorist · active · indicative ▸ 1 (Judith 11,12)

παρεκτείνω (παρά; ἐκ; τείνω) to extend; to compare ▸ 2
παρεκτεῖνον ▸ 1
    Verb · present · active · participle · neuter · singular · nominative ▸ 1 (Ezek. 47,19)
παρεκτείνου ▸ 1
    Verb · second · singular · present · middle · imperative ▸ 1 (Prov. 23,4)

παρεκτός (παρά; ἐκ) except, apart from ▸ 3
παρεκτὸς ▸ 3
    Adverb ▸ 1 (2Cor. 11,28)
    ImproperPreposition · (+genitive) ▸ 2 (Matt. 5,32; Acts 26,29)

παρέλκυσις (παρά; ἕλκω) delay ▸ 1
παρέλκυσις ▸ 1
    Noun · feminine · singular · nominative · (common) ▸ 1 (Job 25,3)

παρέλκω (παρά; ἕλκω) to draw aside; wait, continue; be redundant (Philo) ▸ 4
παρελκύσει ▸ 1
    Verb · third · singular · future · active · indicative ▸ 1 (Sir. 29,5)
παρελκύσῃς ▸ 3
    Verb · second · singular · aorist · active · subjunctive ▸ 3 (Sir. 4,1; Sir. 4,3; Sir. 29,8)

παρεμβάλλω (παρά; ἐν; βάλλω) to set up camp ▸ 186 + 12 + 1 = 199
παρέμβαλε ▸ 1
    Verb · second · singular · aorist · active · imperative ▸ 1 (2Sam. 12,28)
παρεμβαλεῖ ▸ 1
    Verb · third · singular · future · active · indicative ▸ 1 (Psa. 33,8)
παρεμβαλεῖν ▸ 5
    Verb · aorist · active · infinitive ▸ 5 (Deut. 23,10; 1Mac. 5,27; 1Mac. 5,42; 1Mac. 5,49; 3Mac. 4,11)
παρεμβαλέτε ▸ 2
    Verb · second · plural · aorist · active · imperative ▸ 2 (Num. 31,19; Jer. 27,29)
παρεμβαλέτωσαν ▸ 2
    Verb · third · plural · aorist · active · imperative ▸ 2 (Num. 1,53; Num. 2,2)
παρεμβάλῃ ▸ 1
    Verb · third · singular · aorist · active · subjunctive ▸ 1 (1Mac. 5,41)
παρεμβάλητε ▸ 1
    Verb · second · plural · aorist · active · subjunctive ▸ 1 (Josh. 4,3)
παρεμβάλλει ▸ 1
    Verb · third · singular · present · active · indicative ▸ 1 (1Sam. 11,1)
παρεμβάλλειν ▸ 2
    Verb · present · active · infinitive ▸ 2 (Num. 1,51; 1Mac. 15,39)
παρεμβάλλομέν ▸ 1
    Verb · first · plural · present · active · indicative ▸ 1 (1Mac. 6,57)
παρεμβάλλοντες ▸ 10
    Verb · present · active · participle · masculine · plural · nominative ▸ 10 (Num. 2,3; Num. 2,5; Num. 2,7; Num. 2,12; Num. 2,14; Num. 2,20; Num. 2,22; Num. 2,27; Num. 2,29; Num. 3,38)
παρεμβάλλου ▸ 1
    Verb · second · singular · present · middle · imperative ▸ 1 (Sir. 11,8)
παρεμβάλλουσαι ▸ 4
    Verb · present · active · participle · feminine · plural · nominative ▸ 4 (Num. 10,5; Num. 10,6; Num. 10,6; Num. 10,6)
παρεμβάλλουσιν ▸ 12
    Verb · third · plural · present · active · indicative ▸ 12 (Num. 2,17; 1Sam. 4,1; 1Sam. 4,1; 1Sam. 13,5; 1Sam. 17,1; 1Sam. 17,2; 1Sam. 28,4; 1Sam. 28,4; 2Sam. 11,11; 1Kings 21,29; 1Mac. 3,42; 1Mac. 5,39)
παρεμβαλοῦμεν ▸ 2
    Verb · first · plural · future · active · indicative ▸ 2 (2Sam. 17,12; Judith 7,13)
παρεμβαλοῦσιν ▸ 11 + 1 = 12
    Verb · third · plural · future · active · indicative ▸ 11 + 1 = 12 (Num. 1,50; Num. 1,52; Num. 2,2; Num. 3,23; Num. 3,29; Num. 3,35; Num. 9,18; Num. 9,18; Num. 9,20; Num. 9,22; 1Chr. 9,27; Luke 19,43)
παρεμβαλῶ ▸ 1
    Verb · first · singular · future · active · indicative ▸ 1 (2Kings 6,8)
παρεμβεβλήκασι ▸ 1
    Verb · third · plural · perfect · active · indicative ▸ 1 (1Mac. 6,26)
παρεμβεβλήκει ▸ 1
    Verb · third · singular · pluperfect · active · indicative ▸ 1 (1Chr. 11,15)
παρεμβεβλήκεισαν ▸ 3
    Verb · third · plural · pluperfect · active · indicative ▸ 3 (Judg. 7,12; 1Sam. 13,16; 3Mac. 1,1)
παρεμβεβληκότας ▸ 1
    Verb · perfect · active · participle · masculine · plural · accusative ▸ 1 (Ex. 14,9)
παρεμβεβληκότες ▸ 1
    Verb · perfect · active · participle · masculine · plural · nominative

▸ **1** (Judith 15,3)

παρεμβεβληκυῖαν ▸ **1**
   Verb · perfect · active · participle · feminine · singular · accusative ▸ **1** (Gen. 32,2)

παρεμβεβληκώς ▸ **2**
   Verb · perfect · active · participle · masculine · singular · nominative ▸ **2** (1Sam. 26,5; 1Mac. 9,5)

παρενέβαλε ▸ **1**
   Verb · third · singular · aorist · active · indicative ▸ **1** (1Mac. 16,6)

παρενέβαλεν ▸ **30** + **1** = **31**
   Verb · third · singular · aorist · active · indicative ▸ **30** + **1** = **31** (Gen. 33,18; Ex. 18,5; Ex. 19,2; Judg. 7,1; Judg. 11,20; 1Sam. 26,3; 1Sam. 29,1; 2Sam. 17,26; 1Kings 21,27; 2Kings 25,1; 2Chr. 32,1; 1Mac. 5,5; 1Mac. 5,37; 1Mac. 6,32; 1Mac. 6,48; 1Mac. 6,51; 1Mac. 7,19; 1Mac. 7,39; 1Mac. 7,40; 1Mac. 9,64; 1Mac. 10,48; 1Mac. 10,69; 1Mac. 10,75; 1Mac. 10,77; 1Mac. 10,86; 1Mac. 11,65; 1Mac. 13,13; 1Mac. 13,43; 1Mac. 15,13; 1Mac. 15,25; Judg. 9,50)

παρενέβαλλον ▸ **1**
   Verb · third · plural · imperfect · active · indicative ▸ **1** (Judg. 6,4)

παρενεβάλομεν ▸ **2**
   Verb · first · plural · aorist · active · indicative ▸ **2** (1Esdr. 8,41; Ezra 8,15)

παρενέβαλον ▸ **80** + **11** = **91**
   Verb · third · plural · aorist · active · indicative ▸ **80** + **11** = **91** (Ex. 15,27; Num. 2,34; Num. 9,17; Num. 12,16; Num. 21,10; Num. 21,11; Num. 21,12; Num. 21,13; Num. 22,1; Num. 33,5; Num. 33,6; Num. 33,7; Num. 33,7; Num. 33,8; Num. 33,9; Num. 33,10; Num. 33,11; Num. 33,12; Num. 33,13; Num. 33,14; Num. 33,15; Num. 33,16; Num. 33,17; Num. 33,18; Num. 33,19; Num. 33,20; Num. 33,21; Num. 33,22; Num. 33,23; Num. 33,24; Num. 33,25; Num. 33,26; Num. 33,27; Num. 33,28; Num. 33,29; Num. 33,30; Num. 33,31; Num. 33,32; Num. 33,33; Num. 33,34; Num. 33,35; Num. 33,36; Num. 33,36; Num. 33,37; Num. 33,41; Num. 33,42; Num. 33,43; Num. 33,44; Num. 33,45; Num. 33,46; Num. 33,47; Num. 33,48; Num. 33,49; Josh. 11,5; Judg. 1,23; Judg. 6,33; Judg. 10,17; Judg. 10,17; Judg. 11,18; Judg. 20,19; 1Sam. 23,26; 2Sam. 23,13; 2Sam. 24,5; 1Chr. 19,7; 1Chr. 19,9; Judith 7,3; Judith 7,17; Judith 7,18; Judith 7,18; 1Mac. 2,32; 1Mac. 3,40; 1Mac. 3,57; 1Mac. 4,29; 1Mac. 5,50; 1Mac. 6,31; 1Mac. 9,2; 1Mac. 9,3; 1Mac. 9,33; 1Mac. 11,67; 1Mac. 11,73; Judg. 1,23; Judg. 6,4; Judg. 6,33; Judg. 7,1; Judg. 10,17; Judg. 10,17; Judg. 11,18; Judg. 11,20; Judg. 15,9; Judg. 18,12; Judg. 20,19)

παρενεβάλοσαν ▸ **4**
   Verb · third · plural · aorist · active · indicative ▸ **4** (Ex. 17,1; Judg. 15,9; Judg. 18,12; Neh. 11,30)

Παρεμβολή (παρά; ἐν; βάλλω) Camp ▸ **3**
   Παρεμβολαί ▸ **1**
      Noun · feminine · plural · nominative · (proper) ▸ **1** (Gen. 32,3)
   Παρεμβολή ▸ **2**
      Noun · feminine · singular · nominative · (proper) ▸ **2** (Gen. 32,3; Judg. 18,12)

παρεμβολή (παρά; ἐν; βάλλω) barracks, encampment ▸ **297** + **29** + **10** = **336**
   παρεμβολαί ▸ **8**
      Noun · feminine · plural · nominative · (common) ▸ **8** (Gen. 33,8; Num. 10,5; Num. 10,6; Num. 10,6; Num. 10,6; 1Mac. 6,5; 1Mac. 7,43; 1Mac. 10,78)
   παρεμβολαῖς ▸ **3**
      Noun · feminine · plural · dative · (common) ▸ **3** (1Sam. 28,1; 1Mac. 13,43; Zech. 14,15)
   Παρεμβολάς ▸ **2**
      Noun · feminine · plural · accusative · (common) ▸ **2** (1Kings 2,8; 1Kings 2,35m)
   παρεμβολάς ▸ **3**
      Noun · feminine · plural · accusative · (common) ▸ **3** (Gen. 32,8; Gen. 32,11; Num. 10,2)
   παρεμβολάς ▸ **9** + **1** = **10**
      Noun · feminine · plural · accusative · (common) ▸ **9** + **1** = **10** (Ex. 17,1; Num. 5,3; 1Sam. 17,1; 1Sam. 17,53; 1Sam. 29,1; Judith 7,7; Judith 16,2; Amos 4,10; Ezek. 4,2; Heb. 11,34)
   Παρεμβολή ▸ **1**
      Noun · feminine · singular · nominative · (common) ▸ **1** (Judg. 18,12)
   παρεμβολή ▸ **4**
      Noun · feminine · singular · nominative · (common) ▸ **4** (Num. 4,5; Deut. 23,15; 1Mac. 3,57; Psa. 26,3)
   παρεμβολή ▸ **36** + **7** = **43**
      Noun · feminine · singular · nominative · (common) ▸ **36** + **7** = **43** (Gen. 32,9; Gen. 50,9; Num. 2,17; Judg. 4,16; Judg. 7,1; Judg. 7,8; Judg. 7,21; Judg. 7,22; Judg. 8,10; Judg. 8,11; 1Sam. 14,16; 1Kings 16,15; 2Kings 5,15; 1Chr. 11,15; Judith 7,17; Judith 7,20; 1Mac. 3,15; 1Mac. 3,23; 1Mac. 4,1; 1Mac. 4,37; 1Mac. 5,28; 1Mac. 5,34; 1Mac. 6,41; 1Mac. 6,42; 1Mac. 7,35; 1Mac. 7,43; 1Mac. 7,44; 1Mac. 9,7; 1Mac. 10,49; 1Mac. 10,53; 1Mac. 11,67; 1Mac. 11,68; 1Mac. 13,20; 1Mac. 16,8; Joel 2,11; Is. 8,8; Judg. 4,16; Judg. 7,1; Judg. 7,8; Judg. 7,21; Judg. 7,22; Judg. 8,10; Judg. 8,11)
   παρεμβολῇ ▸ **38** + **6** = **44**
      Noun · feminine · singular · dative · (common) ▸ **38** + **6** = **44** (Gen. 32,22; Ex. 19,16; Ex. 32,17; Ex. 32,19; Ex. 36,6; Lev. 17,3; Lev. 24,10; Num. 11,26; Num. 11,26; Num. 11,27; Deut. 23,15; Josh. 5,8; Judg. 7,11; Judg. 7,11; Judg. 7,13; Judg. 7,22; Judg. 8,10; Judg. 13,25; 1Sam. 4,6; 1Sam. 14,15; 1Sam. 14,19; 1Sam. 29,6; 2Sam. 23,16; 1Kings 16,16; 1Kings 16,16; 2Kings 3,9; 2Kings 7,7; 2Kings 19,35; 2Chr. 32,21; Judith 10,18; Judith 12,7; Judith 12,7; Judith 15,5; Judith 15,6; 1Mac. 5,49; 1Mac. 7,38; 1Mac. 12,28; Psa. 105,16; Judg. 7,9; Judg. 7,11; Judg. 7,11; Judg. 7,13; Judg. 7,22; Judg. 13,25)
   παρεμβολήν ▸ **25** + **2** + **4** = **31**
      Noun · feminine · singular · accusative · (common) ▸ **25** + **2** + **4** = **31** (Ex. 16,13; Ex. 33,11; Lev. 16,26; Lev. 16,28; Num. 4,15; Num. 11,30; Num. 14,45; Num. 19,7; Num. 31,24; Deut. 23,11; Deut. 23,12; Josh. 6,14; Josh. 7,22; Judg. 7,9; Judg. 7,14; Judg. 8,11; 1Sam. 4,3; 1Sam. 4,5; 1Sam. 4,6; 1Sam. 4,7; 1Sam. 26,6; 2Sam. 2,29; Judith 7,32; 1Mac. 4,20; 1Mac. 5,38; Judg. 7,14; Judg. 8,11; Acts 21,34; Acts 22,24; Acts 23,10; Acts 23,32)
   παρεμβολήν ▸ **61** + **7** + **3** = **71**
      Noun · feminine · singular · accusative · (common) ▸ **61** + **7** + **3** = **71** (Gen. 32,2; Gen. 32,9; Ex. 14,24; Ex. 14,24; Lev. 14,8; Num. 11,9; Num. 11,31; Num. 17,11; Num. 31,12; Josh. 4,8; Josh. 6,11; Josh. 6,18; Josh. 9,6; Josh. 10,6; Judg. 4,15; Judg. 7,10; Judg. 7,15; Judg. 7,15; Judg. 8,12; Judg. 21,8; Judg. 21,12; 1Sam. 14,21; 1Sam. 28,5; 1Sam. 28,19; 2Kings 3,24; 2Kings 6,24; 2Kings 7,4; 2Kings 7,5; 2Kings 7,6; 2Kings 7,10; 2Kings 7,16; 1Chr. 11,18; 1Chr. 14,15; 1Chr. 14,16; Judith 13,10; Judith 14,3; Judith 15,11; 1Mac. 3,3; 1Mac. 3,17; 1Mac. 3,27; 1Mac. 3,41; 1Mac. 4,2; 1Mac. 4,5; 1Mac. 4,7; 1Mac. 4,10; 1Mac. 4,21; 1Mac. 4,30; 1Mac. 4,30; 1Mac. 4,31; 1Mac. 5,37; 1Mac. 5,40; 1Mac. 5,45; 1Mac. 6,33; 1Mac. 7,42; 1Mac. 10,80; 1Mac. 12,26; 1Mac. 14,3; 2Mac. 13,15; 2Mac. 13,16; Wis. 19,7; Sir. 48,21; Judg. 4,15; Judg. 7,10; Judg. 7,15; Judg. 7,15; Judg. 8,12; Judg. 21,8; Judg. 21,12; Acts 21,37;

παρεμβολή–παρέρχομαι

Acts 23,16; Rev. 20,9)
παρεμβολῆς ▸ 100 + 6 + 2 = 108
  Noun ▪ feminine ▪ singular ▪ genitive ▪ (common)   ▸ 100 + 6 + 2 = 108 (Ex. 14,19; Ex. 14,20; Ex. 14,20; Ex. 16,13; Ex. 19,17; Ex. 29,14; Ex. 32,26; Ex. 32,27; Ex. 33,7; Ex. 33,7; Ex. 33,7; Ex. 33,8; Lev. 4,12; Lev. 4,21; Lev. 6,4; Lev. 8,17; Lev. 9,11; Lev. 10,4; Lev. 10,5; Lev. 13,46; Lev. 14,3; Lev. 16,27; Lev. 17,3; Lev. 24,14; Lev. 24,23; Num. 2,3; Num. 2,9; Num. 2,10; Num. 2,16; Num. 2,18; Num. 2,24; Num. 2,25; Num. 2,31; Num. 5,2; Num. 5,3; Num. 5,4; Num. 10,14; Num. 10,18; Num. 10,22; Num. 10,25; Num. 10,36; Num. 11,1; Num. 11,31; Num. 11,32; Num. 12,14; Num. 12,15; Num. 14,44; Num. 15,36; Num. 15,36; Num. 19,3; Num. 19,9; Num. 31,13; Num. 31,19; Deut. 2,14; Deut. 2,15; Deut. 23,11; Deut. 23,13; Deut. 29,10; Josh. 1,11; Josh. 3,2; Josh. 6,23; Josh. 8,22; Judg. 4,16; Judg. 7,17; Judg. 7,18; Judg. 7,19; Judg. 7,21; 1Sam. 4,16; 1Sam. 11,11; 1Sam. 17,46; 1Sam. 29,4; 2Sam. 1,2; 2Sam. 1,3; 2Sam. 2,8; 2Kings 7,5; 2Kings 7,8; 2Kings 7,12; 1Chr. 9,19; Judith 6,11; Judith 7,12; Judith 14,19; 1Mac. 4,4; 1Mac. 4,13; 1Mac. 4,23; 1Mac. 4,34; 1Mac. 6,32; 1Mac. 6,38; 1Mac. 6,40; 1Mac. 6,42; 1Mac. 6,48; 1Mac. 9,6; 1Mac. 9,11; 1Mac. 9,14; 1Mac. 11,73; 1Mac. 12,27; 2Mac. 15,22; Psa. 77,28; Is. 21,8; Is. 37,36; Ezek. 43,2; Judg. 4,16; Judg. 7,17; Judg. 7,18; Judg. 7,19; Judg. 7,21; Judg. 8,10; Heb. 13,11; Heb. 13,13)

παρεμβολῶν ▸ 8
  Noun ▪ feminine ▪ plural ▪ genitive ▪ (common) ▸ 8 (Num. 2,17; Num. 2,32; Num. 10,25; 1Chr. 9,18; 1Mac. 6,6; 1Mac. 9,13; Song 7,1; Sir. 43,8)

παρεμπίπτω (παρά; ἐν; πίπτω)   to sneak in ▸ 1
  παρεμπίπτει ▸ 1
    Verb ▪ third ▪ singular ▪ present ▪ active ▪ indicative   ▸ 1   (Wis. 7,25)

παρενοχλέω (παρά; ἐν; ὄχλος)   to trouble, annoy, add extra trouble ▸ 14 + 3 + 1 = 18
  παρενοχλεῖν ▸ 2 + 1 = 3
    Verb ▪ present ▪ active ▪ infinitive ▸ 2 + 1 = 3 (1Mac. 10,35; Psa. 34,13; Acts 15,19)
  παρενοχλείτω ▸ 1
    Verb ▪ third ▪ singular ▪ present ▪ active ▪ imperative ▪ 1 (1Mac. 10,63)
  παρενοχληθήσεται ▸ 1
    Verb ▪ third ▪ singular ▪ future ▪ passive ▪ indicative   ▸ 1   (2Mac. 11,31)
  παρενοχλῆσαι ▸ 1
    Verb ▪ aorist ▪ active ▪ infinitive ▸ 1 (1Mac. 12,14)
  παρενοχλήσει ▸ 1
    Verb ▪ third ▪ singular ▪ future ▪ active ▪ indicative ▸ 1 (Job 16,3)
  παρενοχλῶν ▸ 1
    Verb ▪ present ▪ active ▪ participle ▪ masculine ▪ singular ▪ nominative ▸ 1 (Jer. 26,27)
  παρενώχλησεν ▸ 1
    Verb ▪ third ▪ singular ▪ aorist ▪ active ▪ indicative   ▸ 1   (Judg. 14,17)
  παρηνώχλησά ▸ 1
    Verb ▪ first ▪ singular ▪ aorist ▪ active ▪ indicative ▸ 1 (Mic. 6,3)
  παρηνώχλησαν ▸ 2 + 1 = 3
    Verb ▪ third ▪ plural ▪ aorist ▪ active ▪ indicative ▸ 2 + 1 = 3 (Dan. 6,19; Dan. 6,24; Dan. 6,19)
  παρηνώχλησάς ▸ 1
    Verb ▪ second ▪ singular ▪ aorist ▪ active ▪ indicative ▸ 1 (1Sam. 28,15)
  παρηνώχλησεν ▸ 3 + 1 = 4
    Verb ▪ third ▪ singular ▪ aorist ▪ active ▪ indicative   ▸ 3 + 1 = 4

(Judg. 14,17; Judg. 16,16; Dan. 3,50; Dan. 3,50)
πάρεξ (παρά; ἐκ)   only; besides ▸ 14 + 1 = 15
  Πάρεξ ▸ 1
    Preposition ▪ (+genitive) ▸ 1 (Sir. 49,4)
  πάρεξ ▸ 13 + 1 = 14
    Adverb ▸ 1 (1Sam. 20,39)
    Preposition ▪ (+genitive)   ▸ 12 + 1 = 13 (Ruth 4,4; 1Sam. 21,10; 1Kings 3,18; 1Kings 12,20; Ezra 1,6; Neh. 7,67; Eccl. 2,25; Hos. 13,4; Is. 43,11; Is. 45,21; Ezek. 15,4; Ezek. 42,14; Judg. 8,26)

παρεξίστημι (παρά; ἐκ; ἵστημι)   to go mad ▸ 1
  παρεξεστηκώς ▸ 1
    Verb ▪ perfect ▪ active ▪ participle ▪ masculine ▪ singular ▪ nominative ▸ 1 (Hos. 9,7)

παρεπιδείκνυμι (παρά; ἐπί; δείκνυμι)   to display at the same time ▸ 1
  παρεπιδεικνύς ▸ 1
    Verb ▪ present ▪ active ▪ participle ▪ masculine ▪ singular ▪ nominative ▸ 1 (2Mac. 15,10)

παρεπίδημος (παρά; ἐπί; δῆμος)   pilgrim, refugee ▸ 2 + 3 = 5
  παρεπίδημοι ▸ 1
    Noun ▪ masculine ▪ plural ▪ nominative ▸ 1 (Heb. 11,13)
  παρεπιδήμοις ▸ 1
    Noun ▪ masculine ▪ plural ▪ dative ▸ 1 (1Pet. 1,1)
  παρεπίδημος ▸ 2
    Adjective ▪ masculine ▪ singular ▪ nominative ▪ noDegree   ▸ 2 (Gen. 23,4; Psa. 38,13)
  παρεπιδήμους ▸ 1
    Noun ▪ masculine ▪ plural ▪ accusative ▸ 1 (1Pet. 2,11)

πάρεργος (παρά; ἔργον)   incidental ▸ 1
  πάρεργος ▸ 1
    Adjective ▪ feminine ▪ singular ▪ nominative ▪ noDegree   ▸ 1 (2Mac. 15,19)

παρέρχομαι (παρά; ἔρχομαι)   to pass by, pass away ▸ 137 + 20 + 29 = 186
  παρελεύσεσθε ▸ 1
    Verb ▪ second ▪ plural ▪ future ▪ middle ▪ indicative   ▸ 1   (Gen. 18,5)
  παρελεύσεται ▸ 22 + 4 + 2 = 28
    Verb ▪ third ▪ singular ▪ future ▪ middle ▪ indicative   ▸ 22 + 4 + 2 = 28 (Ex. 12,23; Ex. 12,23; Num. 32,21; Num. 34,4; Num. 34,4; Josh. 15,10; Josh. 15,10; Josh. 15,11; Josh. 16,2; Josh. 16,6; Josh. 18,17; 1Kings 19,11; Psa. 148,6; Wis. 2,4; Sir. 11,19; Is. 10,28; Is. 10,29; Is. 28,19; Jer. 40,13; Dan. 11,10; Dan. 11,26; Dan. 12,1; Dan. 6,13; Dan. 7,14; Dan. 11,10; Dan. 11,40; Matt. 24,35; James 1,10)
  παρελεύσεταί ▸ 1
    Verb ▪ third ▪ singular ▪ future ▪ middle ▪ indicative ▸ 1 (Is. 33,22)
  παρελεύση ▸ 1
    Verb ▪ second ▪ singular ▪ future ▪ middle ▪ indicative   ▸ 1   (Ex. 23,5)
  Παρελεύσομαι ▸ 3 + 1 = 4
    Verb ▪ first ▪ singular ▪ future ▪ middle ▪ indicative   ▸ 3 + 1 = 4 (Deut. 2,27; Judg. 11,17; Judg. 11,19; Judg. 11,17)
  παρελεύσομαι ▸ 3
    Verb ▪ first ▪ singular ▪ future ▪ middle ▪ indicative   ▸ 3 (Ex. 33,19; Deut. 2,27; Deut. 2,28)
  Παρελευσόμεθα ▸ 1
    Verb ▪ first ▪ plural ▪ future ▪ middle ▪ indicative ▸ 1 (Num. 21,22)
  παρελευσόμεθα ▸ 5 + 1 = 6
    Verb ▪ first ▪ plural ▪ future ▪ middle ▪ indicative   ▸ 5 + 1 = 6 (Num. 20,17; Num. 20,19; Num. 20,19; Judg. 19,12; 1Mac.

5,48; Judg. 19,12)
παρελεύσονται ▸ 2 + 5 = 7
   Verb · third · plural · future · middle · indicative ▸ 2 + 5 = 7 (Num. 32,27; Psa. 103,9; Mark 13,31; Mark 13,31; Luke 21,33; Luke 21,33; 2Pet. 3,10)
παρεληλυθέναι ▸ 1
   Verb · perfect · active · infinitive ▸ 1 (Acts 27,9)
παρεληλυθότα ▸ 1
   Verb · perfect · active · participle · neuter · plural · accusative ▸ 1 (Sir. 42,19)
παρεληλυθότας ▸ 1
   Verb · perfect · active · participle · masculine · plural · accusative ▸ 1 (Jer. 41,18)
παρεληλυθὼς ▸ 1
   Verb · perfect · active · participle · masculine · singular · nominative ▸ 1 (1Pet. 4,3)
παρέλθατε ▸ 1
   Verb · second · plural · aorist · active · imperative ▸ 1 (Deut. 2,24)
παρελθάτω ▸ 2 + 1 = 3
   Verb · third · singular · aorist · active · imperative ▸ 2 + 1 = 3 (Gen. 30,32; Sir. 14,14; Matt. 26,39)
Πάρελθε ▸ 1
   Verb · second · singular · aorist · active · imperative ▸ 1 (Sir. 29,26)
παρελθεῖν ▸ 11 + 1 + 4 = 16
   Verb · aorist · active · infinitive ▸ 11 + 1 + 4 = 16 (Num. 20,21; Num. 21,23; Deut. 2,30; Deut. 17,2; Deut. 29,11; 2Sam. 15,24; 2Kings 6,9; Neh. 2,14; 1Mac. 2,22; Amos 7,8; Amos 8,2; Judg. 11,20; Matt. 8,28; Matt. 26,42; Mark 6,48; Luke 16,17)
παρελθέτω ▸ 1
   Verb · third · singular · aorist · active · imperative ▸ 1 (Judith 5,21)
παρελθέτωσαν ▸ 1
   Verb · third · plural · aorist · active · imperative ▸ 1 (Josh. 6,8)
παρελθῇ ▸ 15 + 1 + 6 = 22
   Verb · third · singular · aorist · active · subjunctive ▸ 15 + 1 + 6 = 22 (Ex. 15,16; Ex. 15,16; Ex. 33,22; Psa. 56,2; Ode. 1,16; Ode. 1,16; Ode. 5,20; Job 9,11; Job 14,16; Sol. 11,6; Is. 26,20; Is. 28,15; Is. 28,17; Is. 28,19; Is. 35,8; Dan. 2,9; Matt. 5,18; Matt. 5,18; Matt. 24,34; Mark 13,30; Mark 14,35; Luke 21,32)
παρέλθῃς ▸ 2
   Verb · second · singular · aorist · active · subjunctive ▸ 2 (Gen. 18,3; Judith 11,10)
παρέλθοι ▸ 2
   Verb · third · singular · aorist · active · optative ▸ 2 (Psa. 89,5; Psa. 89,6)
παρελθὸν ▸ 1
   Verb · aorist · active · participle · neuter · singular · accusative ▸ 1 (Job 11,16)
παρελθόντες ▸ 1 + 1 = 2
   Verb · aorist · active · participle · masculine · plural · nominative ▸ 1 + 1 = 2 (Prov. 22,3; Acts 16,8)
παρελθόντων ▸ 1
   Verb · aorist · active · participle · neuter · plural · genitive ▸ 1 (Wis. 11,12)
παρέλθω ▸ 4
   Verb · first · singular · aorist · active · subjunctive ▸ 4 (Ex. 33,22; Deut. 2,29; Psa. 140,10; Job 23,12)
Παρέλθωμεν ▸ 1
   Verb · first · plural · aorist · active · subjunctive ▸ 1 (Judg. 11,19)
παρέλθωμεν ▸ 3
   Verb · first · plural · aorist · active · subjunctive ▸ 3 (Num. 20,17; Num. 21,22; Is. 51,23)
Παρελθὼν ▸ 1
   Verb · aorist · active · participle · masculine · singular · nominative ▸ 1 (Ex. 3,3)
παρελθὼν ▸ 2
   Verb · aorist · active · participle · masculine · singular · nominative ▸ 2 (Luke 12,37; Luke 17,7)
παρέλθωσιν ▸ 1
   Verb · third · plural · aorist · active · subjunctive ▸ 1 (Matt. 24,35)
παρέρχεσθε ▸ 1
   Verb · second · plural · present · middle · indicative ▸ 1 (Luke 11,42)
παρέρχεται ▸ 1
   Verb · third · singular · present · middle · indicative ▸ 1 (Luke 18,37)
παρερχομένους ▸ 1
   Verb · present · middle · participle · masculine · plural · accusative ▸ 1 (2Kings 3,10)
Παρῆλθαν ▸ 1
   Verb · third · plural · aorist · active · indicative ▸ 1 (2Sam. 17,20)
παρῆλθαν ▸ 1 + 1 = 2
   Verb · third · plural · aorist · active · indicative ▸ 1 + 1 = 2 (Judg. 18,13; Judg. 12,1)
παρῆλθεν ▸ 22 + 5 + 2 = 29
   Verb · third · singular · aorist · active · indicative ▸ 22 + 5 + 2 = 29 (Gen. 32,32; Ex. 34,6; Judg. 3,26; 1Sam. 16,8; 2Sam. 15,22; 2Sam. 16,1; 2Sam. 18,9; 2Sam. 20,13; 2Sam. 23,4; 1Kings 18,29; 2Chr. 9,2; 2Chr. 18,23; Esth. 10,5 # 10,3b; Judith 2,24; Prov. 27,13; Song 2,11; Song 5,6; Job 28,8; Wis. 5,9; Sir. 42,20; Jer. 8,20; Jer. 48,8; Judg. 3,26; Judg. 11,29; Judg. 11,29; Judg. 11,32; Dan. 4,31; Matt. 14,15; 2Cor. 5,17)
παρῆλθες ▸ 1
   Verb · second · singular · aorist · active · indicative ▸ 1 (Judg. 12,1)
παρήλθετε ▸ 1
   Verb · second · plural · aorist · active · indicative ▸ 1 (Deut. 29,15)
παρήλθομεν ▸ 8
   Verb · first · plural · aorist · active · indicative ▸ 8 (Num. 13,32; Deut. 2,8; Deut. 2,8; Deut. 2,13; Deut. 2,14; Deut. 29,15; Josh. 4,23; Josh. 24,17)
Παρῆλθον ▸ 1
   Verb · third · plural · aorist · active · indicative ▸ 1 (Gen. 41,53)
παρῆλθον ▸ 12 + 4 + 1 = 17
   Verb · first · singular · aorist · active · indicative ▸ 4 + 1 + 1 = 6 (Deut. 26,13; Neh. 2,14; Psa. 36,36; Song 3,4; Judg. 12,3; Luke 15,29)
   Verb · third · plural · aorist · active · indicative ▸ 7 + 3 = 10 (Gen. 50,4; Judg. 19,14; 2Sam. 2,15; 2Chr. 8,15; Judith 15,5; Job 17,11; Is. 34,16; Judg. 9,26; Judg. 18,13; Judg. 19,14)
   Verb · third · singular · aorist · active · indicative ▸ 1 (4Mac. 11,3)
παρῆλθόν ▸ 1
   Verb · third · plural · aorist · active · indicative ▸ 1 (Job 6,15)
παρήλθοσαν ▸ 1
   Verb · third · plural · aorist · active · indicative ▸ 1 (Neh. 9,11)
πάρεσις (παρά; ἵημι) overlooking ▸ 1
   πάρεσιν ▸ 1
      Noun · feminine · singular · accusative ▸ 1 (Rom. 3,25)
παρέχω (παρά; ἔχω) to provide, cause, grant, present

παρέχω–παρθένος

▸ 15 + 16 = 31
παρασχέσθαι ▸ 1
  Verb · aorist · middle · infinitive ▸ **1** (4Mac. 3,2)
παρασχών ▸ 1
  Verb · aorist · active · participle · masculine · singular · nominative ▸ **1** (Acts 17,31)
παρεῖχεν ▸ 1
  Verb · third · singular · imperfect · active · indicative ▸ **1** (Acts 16,16)
παρείχετο ▸ 1
  Verb · third · singular · imperfect · middle · indicative ▸ **1** (Acts 19,24)
παρεῖχον ▸ 1
  Verb · third · plural · imperfect · active · indicative ▸ **1** (Acts 28,2)
παρέξει ▸ 1
  Verb · third · singular · future · active · indicative ▸ **1** (Job 34,29)
παρέξῃ ▸ 1
  Verb · second · singular · future · middle · indicative ▸ **1** (Luke 7,4)
παρεξόμεθα ▸ 1
  Verb · first · plural · future · middle · indicative ▸ **1** (Esth. 16,8 # 8,12h)
παρεξόμενος ▸ 1
  Verb · future · middle · participle · masculine · singular · nominative ▸ **1** (Esth. 13,2 # 3,13b)
παρέσχες ▸ 2
  Verb · second · singular · aorist · active · indicative ▸ **2** (Wis. 16,20; Wis. 18,3)
παρέσχον ▸ 1 + 1 = 2
  Verb · third · plural · aorist · active · indicative ▸ **1 + 1 = 2** (Sir. 29,4; Acts 22,2)
παρέσχου ▸ 1
  Verb · second · singular · aorist · middle · indicative ▸ **1** (Psa. 29,8)
πάρεχε ▸ 2
  Verb · second · singular · present · active · imperative ▸ **2** (Luke 6,29; Luke 11,7)
παρέχει ▸ 1
  Verb · third · singular · present · active · indicative ▸ **1** (3Mac. 6,28)
παρέχειν ▸ 1 + 1 = 2
  Verb · present · active · infinitive ▸ **1 + 1 = 2** (Is. 7,13; Luke 18,5)
παρέχεσθε ▸ 1
  Verb · second · plural · present · middle · imperative ▸ **1** (Col. 4,1)
παρέχετε ▸ 1 + 2 = 3
  Verb · second · plural · present · active · indicative ▸ **1 + 2 = 3** (Is. 7,13; Matt. 26,10; Mark 14,6)
παρεχέτω ▸ 1
  Verb · third · singular · present · active · imperative ▸ **1** (Gal. 6,17)
παρεχόμενος ▸ 1
  Verb · present · middle · participle · masculine · singular · nominative ▸ **1** (Titus 2,7)
παρέχοντι ▸ 1
  Verb · present · active · participle · masculine · singular · dative ▸ **1** (1Tim. 6,17)
παρεχούσης ▸ 1
  Verb · present · active · participle · feminine · singular · genitive ▸ **1** (Wis. 17,12)
παρέχουσι ▸ 1
  Verb · third · plural · present · active · indicative ▸ **1** (4Mac. 13,6)
παρέχουσιν ▸ 1
  Verb · third · plural · present · active · indicative ▸ **1** (1Tim. 1,4)
παρέχων ▸ 1
  Verb · present · active · participle · masculine · singular · nominative ▸ **1** (4Mac. 11,12)
παρέχωσιν ▸ 1
  Verb · third · plural · present · active · subjunctive ▸ **1** (Esth. 13,7 # 3,13g)
παρηγορέω (παρά; ἄγω) to persuade ▸ 1
  παρηγορεῖν ▸ 1
    Verb · present · active · infinitive ▸ **1** (4Mac. 12,2)
παρηγορία (παρά; ἄγω) comfort, exhortation ▸ 2 + 1 = 3
  παρηγορία ▸ 1
    Noun · feminine · singular · nominative ▸ **1** (Col. 4,11)
  παρηγορίαις ▸ 1
    Noun · feminine · plural · dative · (common) ▸ **1** (4Mac. 6,1)
  παρηγορίαν ▸ 1
    Noun · feminine · singular · accusative · (common) ▸ **1** (4Mac. 5,12)
παρθενία (παρθένος) virginity ▸ 4 + 2 + 1 = 7
  παρθένια ▸ 1
    Noun · neuter · plural · accusative · (common) ▸ **1** (Judg. 11,38)
  παρθενιά ▸ 1
    Noun · neuter · plural · accusative · (common) ▸ **1** (Judg. 11,37)
  παρθενίᾳ ▸ 1
    Noun · feminine · singular · dative · (common) ▸ **1** (Sir. 42,10)
  παρθενίας ▸ 3 + 1 = 4
    Noun · feminine · singular · genitive · (common) ▸ **3 + 1 = 4** (4Mac. 18,8; Sir. 15,2; Jer. 3,4; Luke 2,36)
παρθένια (παρθένος) indications of virginity ▸ 7
  παρθένια ▸ 6
    Noun · neuter · plural · accusative · (common) ▸ **4** (Deut. 22,14; Deut. 22,15; Deut. 22,17; Judg. 11,38)
    Noun · neuter · plural · nominative · (common) ▸ **2** (Deut. 22,17; Deut. 22,20)
  παρθενιά ▸ 1
    Noun · neuter · plural · accusative · (common) ▸ **1** (Judg. 11,37)
παρθενικός (παρθένος) pertaining to a virgin ▸ 2
  παρθενικά ▸ 1
    Adjective · neuter · plural · accusative · noDegree ▸ **1** (Esth. 2,3)
  παρθενικόν ▸ 1
    Adjective · masculine · singular · accusative · noDegree ▸ **1** (Joel 1,8)
παρθένος virgin ▸ 64 + 3 + 15 = 82
  παρθένοι ▸ 11 + 4 = 15
    Noun · feminine · plural · nominative · (common) ▸ **11 + 3 = 14** (2Sam. 13,18; 1Mac. 1,26; 3Mac. 1,18; Psa. 44,15; Psa. 77,63; Psa. 148,12; Amos 8,13; Jer. 38,13; Lam. 1,4; Lam. 1,18; Lam. 2,21; Matt. 25,7; Matt. 25,11; Acts 21,9)
    Noun · masculine · plural · nominative ▸ **1** (Rev. 14,4)
  παρθένοις ▸ 1
    Noun · feminine · plural · dative ▸ **1** (Matt. 25,1)
  παρθένον ▸ 13 + 5 = 18
    Noun · feminine · singular · accusative · (common) ▸ **13 + 5 = 18** (Gen. 34,3; Ex. 22,15; Lev. 21,13; Lev. 21,14; Deut. 22,19; Deut. 22,28; 1Kings 1,2; Job 31,1; Sir. 9,5; Sir. 30,20; Jer. 28,22; Ezek. 9,6; Ezek. 44,22; Luke 1,27; 1Cor. 7,36; 1Cor. 7,37; 1Cor. 7,38; 2Cor. 11,2)
  παρθένος ▸ 19 + 1 + 3 = 23

Noun · feminine · singular · nominative · (common) ▸ 19 + 1 + 3 = **23** (Gen. 24,14; Gen. 24,16; Gen. 24,16; Gen. 24,43; Gen. 24,55; Deut. 22,23; Judg. 19,24; 2Sam. 13,2; 2Kings 19,21; 4Mac. 18,7; Amos 5,2; Is. 7,14; Is. 37,22; Is. 47,1; Jer. 2,32; Jer. 18,13; Jer. 38,4; Jer. 38,21; Lam. 2,13; Judg. 19,24; Matt. 1,23; 1Cor. 7,28; 1Cor. 7,34)

παρθένου ▸ 3 + 1 = **4**
    Noun · feminine · singular · genitive · (common) ▸ 3 + 1 = **4** (Gen. 34,3; 1Esdr. 1,50; Judith 9,2; Luke 1,27)

παρθένους ▸ 8 + 2 = **10**
    Noun · feminine · plural · accusative · (common) ▸ 8 + 2 = **10** (Judg. 21,12; 2Chr. 36,17; Esth. 2,17; Judith 16,4; Zech. 9,17; Is. 23,4; Lam. 2,10; Lam. 5,11; Judg. 21,11; Judg. 21,12)

παρθένῳ ▸ 7
    Noun · feminine · singular · dative · (common) ▸ **7** (Lev. 21,3; Deut. 32,25; Ode. 2,25; Is. 62,5; Jer. 26,11; Lam. 1,15; LetterJ 8)

παρθένων ▸ 3 + 1 = **4**
    Noun · feminine · plural · genitive · (common) ▸ 3 + 1 = **4** (Ex. 22,16; 2Mac. 3,19; 2Mac. 5,13; 1Cor. 7,25)

Πάρθοι Parthians ▸ 1
    Πάρθοι ▸ 1
        Noun · masculine · plural · nominative · (proper) ▸ **1** (Acts 2,9)

παρίημι (παρά; ἵημι)   to let go, neglect, droop ▸ 20 + 2 = 22

παρείθησαν ▸ 1
    Verb · third · plural · aorist · passive · indicative ▸ **1** (2Sam. 4,1)

παρεῖμαι ▸ 1
    Verb · first · singular · perfect · passive · indicative ▸ **1** (Jer. 20,9)

παρείμεθα ▸ 1
    Verb · first · plural · perfect · passive · indicative ▸ **1** (3Mac. 2,13)

παρειμέναι ▸ 1
    Verb · perfect · passive · participle · feminine · plural · nominative ▸ **1** (Sir. 25,23)

παρειμέναις ▸ 1
    Verb · perfect · passive · participle · feminine · plural · dative ▸ **1** (Sir. 2,12)

παρειμένας ▸ 1
    Verb · perfect · passive · participle · feminine · plural · accusative ▸ **1** (Heb. 12,12)

παρειμένη ▸ 1
    Verb · perfect · passive · participle · feminine · singular · nominative ▸ **1** (Num. 13,20)

παρειμένῃ ▸ 1
    Verb · perfect · passive · participle · feminine · singular · dative ▸ **1** (Sir. 2,13)

παρειμένος ▸ 1
    Verb · perfect · middle · participle · masculine · singular · nominative ▸ **1** (Sir. 4,29)

παρειμένους ▸ 3
    Verb · perfect · passive · participle · masculine · plural · accusative ▸ **3** (Deut. 32,36; Ode. 2,36; Mal. 2,9)

παρεῖναι ▸ 1
    Verb · aorist · active · infinitive ▸ **1** (Luke 11,42)

παρείσθωσαν ▸ 1
    Verb · third · plural · perfect · passive · imperative ▸ **1** (Zeph. 3,16)

Πάρες ▸ 1
    Verb · second · singular · aorist · active · imperative ▸ **1** (Ex. 14,12)

παρῇ ▸ 1
    Verb · third · singular · aorist · active · subjunctive ▸ **1** (Sir. 23,2)

παρῆκαν ▸ 2
    Verb · third · plural · aorist · active · indicative ▸ **2** (1Sam. 2,5; Ode. 3,5)

παρῇς ▸ 1
    Verb · second · singular · present · active · subjunctive ▸ **1** (Psa. 137,8)

παρήσει ▸ 1
    Verb · third · singular · future · active · indicative ▸ **1** (Jer. 4,31)

παρήσομεν ▸ 1
    Verb · first · plural · future · active · indicative ▸ **1** (Judith 12,12)

παρήσω ▸ 1
    Verb · first · singular · future · active · indicative ▸ **1** (4Mac. 5,29)

πάρινος (Πάρος)   made of marble ▸ 2
    παρίνοις ▸ 1
        Adjective · masculine · plural · dative · noDegree ▸ **1** (Esth. 1,6)
    παρίνου ▸ 1
        Adjective · masculine · singular · genitive · noDegree ▸ **1** (Esth. 1,6)

πάριος (Πάρος)   pertaining to (the isle of) Paros ▸ 1
    πάριον ▸ 1
        Noun · masculine · singular · accusative · (common) ▸ **1** (1Chr. 29,2)

παρίστημι (παρά; ἵστημι)   to present, stand by ▸ 90 + 4 + 41 = 135

παραστάντες ▸ 1
    Verb · aorist · active · participle · masculine · plural · nominative ▸ **1** (4Mac. 6,1)

παραστάς ▸ 1
    Verb · aorist · active · participle · masculine · singular · nominative ▸ **1** (3Mac. 5,26)

Παράστηθι ▸ 2
    Verb · second · singular · aorist · active · imperative ▸ **2** (Num. 23,3; Num. 23,15)

παραστήκοντες ▸ 1
    Verb · perfect · active · participle · masculine · plural · nominative ▸ **1** (Judg. 3,19)

παραστῆναι ▸ 5 + 1 = **6**
    Verb · aorist · active · infinitive ▸ 5 + 1 = **6** (Ex. 18,23; Job 1,6; Job 2,1; Job 2,1; Zech. 6,5; Acts 27,24)

παραστῆσαι ▸ 1 + 7 = **8**
    Verb · aorist · active · infinitive ▸ 1 + 7 = **8** (1Mac. 6,34; Luke 2,22; Acts 23,24; Acts 24,13; Rom. 12,1; 2Cor. 11,2; Col. 1,22; 2Tim. 2,15)

παραστήσας ▸ 1
    Verb · aorist · active · participle · masculine · singular · nominative ▸ **1** (2Mac. 8,21)

παραστήσατε ▸ 2
    Verb · second · plural · aorist · active · imperative ▸ **2** (Rom. 6,13; Rom. 6,19)

παραστήσει ▸ 3
    Verb · third · singular · future · active · indicative ▸ **3** (Matt. 26,53; 1Cor. 8,8; 2Cor. 4,14)

παραστήσεται ▸ 1
    Verb · third · singular · future · middle · indicative ▸ **1** (1Kings 1,2)

παραστήσῃ ▸ 1
    Verb · third · singular · aorist · active · subjunctive ▸ **1** (Eph. 5,27)

παραστήσομαί ▸ 1
    Verb · first · singular · future · middle · indicative ▸ **1** (Psa. 5,4)

παρίστημι–παροδεύω

παραστησόμεθα ▸ 1
    Verb · first · plural · future · middle · indicative ▸ **1** (Rom. 14,10)
παραστήσονται ▸ 1
    Verb · third · plural · future · middle · indicative ▸ **1** (Num. 1,5)
παραστήσονταί ▸ 1
    Verb · third · plural · future · middle · indicative ▸ **1** (Is. 60,10)
παραστήσω ▸ 1
    Verb · first · singular · future · active · indicative ▸ **1** (Psa. 49,21)
παραστήσωμεν ▸ 1
    Verb · first · plural · aorist · active · subjunctive ▸ **1** (Col. 1,28)
παραστῆτε ▸ 1
    Verb · second · plural · aorist · active · subjunctive ▸ **1** (Rom. 16,2)
παρειστήκει ▸ 7
    Verb · third · singular · pluperfect · active · indicative ▸ **7** (Gen. 18,8; Gen. 45,1; Ex. 18,13; 1Sam. 16,21; 2Kings 5,25; 2Chr. 6,3; Esth. 4,5)
παρειστήκεισαν ▸ 2 + 1 + 1 = 4
    Verb · third · plural · pluperfect · active · indicative ▸ **2 + 1 + 1 = 4** (1Sam. 22,6; Dan. 7,10; Dan. 7,10; Acts 1,10)
παρεστάναι ▸ 5
    Verb · perfect · active · infinitive ▸ **5** (Deut. 10,8; Deut. 18,5; Prov. 22,29; Prov. 22,29; Sol. 2,36)
παρέστη ▸ 8 + 2 = 10
    Verb · third · singular · aorist · active · indicative ▸ **8 + 2 = 10** (Gen. 40,4; Ex. 34,5; Num. 23,3; 2Kings 8,11; Psa. 35,5; Psa. 44,10; Psa. 108,31; Wis. 10,11; Acts 27,23; 2Tim. 4,17)
παρέστηκαν ▸ 1
    Verb · third · plural · perfect · active · indicative ▸ **1** (Is. 5,29)
παρεστήκασιν ▸ 3 + 1 = 4
    Verb · third · plural · perfect · active · indicative ▸ **3 + 1 = 4** (Judith 12,13; 4Mac. 17,18; Zech. 4,14; Tob. 12,15)
παρέστηκεν ▸ 2 + 2 = 4
    Verb · third · singular · perfect · active · indicative ▸ **2 + 2 = 4** (Job 37,20; Joel 4,13; Mark 4,29; Acts 4,10)
παρέστηκέν ▸ 1
    Verb · third · singular · perfect · active · indicative ▸ **1** (Ex. 18,14)
παρεστηκέναι ▸ 2
    Verb · perfect · active · infinitive ▸ **2** (Deut. 21,5; Esth. 8,4)
παρεστηκόσιν ▸ 2
    Verb · perfect · active · participle · masculine · plural · dative ▸ **1** (Judith 11,13)
    Verb · perfect · active · participle · neuter · plural · dative ▸ **1** (1Sam. 25,27)
παρεστηκότας ▸ 1
    Verb · perfect · active · participle · masculine · plural · accusative ▸ **1** (1Sam. 22,7)
παρεστηκότες ▸ 8
    Verb · perfect · active · participle · masculine · plural · nominative ▸ **8** (Num. 7,2; Deut. 18,7; 1Kings 10,8; 1Kings 12,10; 2Chr. 9,7; Judith 4,14; Judith 6,10; Dan. 7,13)
παρεστηκότος ▸ 1
    Verb · perfect · active · participle · masculine · singular · genitive ▸ **1** (Deut. 17,12)
παρεστηκότων ▸ 4 + 2 = 6
    Verb · perfect · active · participle · masculine · plural · genitive ▸ **2 + 2 = 4** (Gen. 45,1; Sir. 51,2; Mark 14,47; Mark 15,35)
    Verb · perfect · active · participle · neuter · plural · genitive ▸ **2** (1Kings 12,8; 4Mac. 5,1)
παρεστηκυῖα ▸ 1
    Verb · perfect · active · participle · feminine · singular · nominative ▸ **1** (Ex. 9,31)
παρεστηκυῖαι ▸ 1
    Verb · perfect · active · participle · feminine · plural · nominative ▸ **1** (1Sam. 4,20)
παρεστηκώς ▸ 1
    Verb · perfect · active · participle · masculine · singular · nominative ▸ **1** (Deut. 1,38)
παρεστηκώς ▸ 4 + 1 + 3 = 8
    Verb · perfect · active · participle · masculine · singular · nominative ▸ **4 + 1 + 3 = 8** (Ex. 24,13; Num. 11,28; Judg. 20,28; Jer. 42,19; Judg. 20,28; Mark 15,39; Luke 1,19; John 18,22)
παρέστην ▸ 5
    Verb · first · singular · aorist · active · indicative ▸ **5** (1Kings 17,1; 1Kings 18,15; 2Kings 3,14; 2Kings 5,16; Jer. 15,11)
παρέστησαν ▸ 6 + 1 + 3 = 10
    Verb · third · plural · aorist · active · indicative ▸ **6 + 1 + 3 = 10** (Ex. 19,17; 1Sam. 5,2; Judith 9,6; 1Mac. 6,35; Psa. 2,2; Hos. 9,13; Dan. 6,7; Acts 4,26; Acts 9,39; Acts 23,33)
παρεστήσατε ▸ 1
    Verb · second · plural · aorist · active · indicative ▸ **1** (Rom. 6,19)
παρέστησεν ▸ 2 + 2 = 4
    Verb · third · singular · aorist · active · indicative ▸ **2 + 2 = 4** (1Kings 12,32; Sir. 23,23; Acts 1,3; Acts 9,41)
παρεστῶσιν ▸ 3
    Verb · perfect · active · participle · masculine · plural · dative ▸ **3** (Mark 14,69; Luke 19,24; Acts 23,2)
παρεστῶτα ▸ 1
    Verb · perfect · active · participle · masculine · singular · accusative ▸ **1** (John 19,26)
παρεστῶτας ▸ 1
    Verb · perfect · active · participle · masculine · plural · accusative ▸ **1** (Judith 13,1)
παρεστῶτες ▸ 1 + 2 = 3
    Verb · perfect · active · participle · masculine · plural · nominative ▸ **1 + 2 = 3** (1Kings 12,6; Mark 14,70; Acts 23,4)
παριστάμενος ▸ 1
    Verb · present · middle · participle · masculine · singular · nominative ▸ **1** (Wis. 19,22)
παριστάνετε ▸ 2
    Verb · second · plural · present · active · indicative ▸ **1** (Rom. 6,16)
    Verb · second · plural · present · active · imperative ▸ **1** (Rom. 6,13)
παρίστασθαι ▸ 1
    Verb · present · middle · infinitive ▸ **1** (Num. 16,9)
Παριστάσθω ▸ 1
    Verb · third · singular · present · middle · imperative ▸ **1** (1Sam. 16,22)
παριστῶσα ▸ 1
    Verb · present · active · participle · feminine · singular · nominative ▸ **1** (Sir. 23,22)

Παρμενᾶς Parmenas ▸ 1
Παρμενᾶν ▸ 1
    Noun · masculine · singular · accusative · (proper) ▸ **1** (Acts 6,5)

παροδεύω (παρά; ὁδός) to pass by, pass away ▸ 6
παροδεύοντος ▸ 1
    Verb · present · active · participle · masculine · singular · genitive ▸ **1** (Ezek. 36,34)
παροδεύσαντες ▸ 1
    Verb · aorist · active · participle · masculine · plural · nominative ▸ **1** (Wis. 10,8)

παροδευσάτω ▸ 1
    Verb ▪ third ▪ singular ▪ aorist ▪ active ▪ imperative ▸ **1** (Wis. 2,7)

παροδεύσῃ ▸ 1
    Verb ▪ third ▪ singular ▪ aorist ▪ active ▪ subjunctive ▸ **1** (Wis. 1,8)

παροδεύσω ▸ 1
    Verb ▪ first ▪ singular ▪ aorist ▪ active ▪ subjunctive ▸ **1** (Wis. 6,22)

παρώδευσεν ▸ 1
    Verb ▪ third ▪ singular ▪ aorist ▪ active ▪ indicative ▸ **1** (Wis. 5,14)

πάροδος (παρά; ὁδός) passage; traveler ▸ 8 + **1** = 9

  παρόδοις ▸ 1
    Noun ▪ feminine ▪ plural ▪ dative ▪ (common) ▸ **1** (Wis. 17,9)

  πάροδον ▸ 2
    Noun ▪ feminine ▪ singular ▪ accusative ▪ (common) ▸ **1** (2Kings 25,24)
    Noun ▪ masculine ▪ singular ▪ accusative ▪ (common) ▸ **1** (Ezek. 16,15)

  πάροδος ▸ 2
    Noun ▪ feminine ▪ singular ▪ nominative ▪ (common) ▸ **1** (Wis. 2,5)
    Noun ▪ masculine ▪ singular ▪ nominative ▪ (common) ▸ **1** (2Sam. 12,4)

  παρόδῳ ▸ 3 + **1** = 4
    Noun ▪ feminine ▪ singular ▪ dative ▪ (common) ▸ 2 + **1** = **3** (Gen. 38,14; Sol. 11,5; 1Cor. 16,7)
    Noun ▪ masculine ▪ singular ▪ dative ▪ (common) ▸ **1** (Ezek. 16,25)

παροικεσία (παρά; οἶκος) staying as a stranger, foreigner ▸ 2

  παροικεσίας ▸ 2
    Noun ▪ feminine ▪ singular ▪ genitive ▪ (common) ▸ **2** (Zech. 9,12; Ezek. 20,38)

παροικέω (παρά; οἶκος) to live in as a stranger ▸ 65 + **7** + 2 = 74

  παροικεῖ ▸ 4 + **1** = 5
    Verb ▪ third ▪ singular ▪ present ▪ active ▪ indicative ▸ 4 + **1** = **5** (Deut. 18,6; Judg. 5,17; Ezra 1,4; Jer. 6,25; Judg. 5,17)

  παροίκει ▸ 2
    Verb ▪ second ▪ singular ▪ present ▪ active ▪ imperative ▸ **2** (Gen. 26,3; 2Kings 8,1)

  Παροικεῖν ▸ 1
    Verb ▪ present ▪ active ▪ infinitive ▸ **1** (Gen. 47,4)

  παροικεῖν ▸ 5 + **1** = 6
    Verb ▪ present ▪ active ▪ infinitive ▸ 5 + **1** = **6** (Gen. 19,9; Judg. 17,8; Judg. 17,9; Judg. 17,11; Lam. 4,15; Judg. 17,11)

  παροικεῖς ▸ 2 + **1** = 3
    Verb ▪ second ▪ singular ▪ present ▪ active ▪ indicative ▸ 2 + **1** = **3** (Gen. 17,8; Sir. 41,19; Luke 24,18)

  παροικῆσαι ▸ 3 + **2** = 5
    Verb ▪ aorist ▪ active ▪ infinitive ▸ 3 + **2** = **5** (Gen. 12,10; Ruth 1,1; Is. 52,4; Judg. 17,8; Judg. 17,9)

  παροικήσει ▸ 3
    Verb ▪ third ▪ singular ▪ future ▪ active ▪ indicative ▸ **3** (Psa. 5,5; Psa. 14,1; Sol. 17,28)

  παροικήσεις ▸ 1
    Verb ▪ second ▪ singular ▪ future ▪ active ▪ indicative ▸ **1** (Sir. 29,24)

  παροικήσῃ ▸ 1
    Verb ▪ third ▪ singular ▪ aorist ▪ active ▪ subjunctive ▸ **1** (Jer. 27,40)

  παροικήσῃς ▸ 1
    Verb ▪ second ▪ singular ▪ aorist ▪ active ▪ subjunctive ▸ **1** (2Kings 8,1)

  παροικήσουσιν ▸ 4
    Verb ▪ third ▪ plural ▪ future ▪ active ▪ indicative ▸ **4** (Psa. 55,7; Sir. 38,32; Hos. 10,5; Ezek. 21,17)

  παροικήσουσίν ▸ 1
    Verb ▪ third ▪ plural ▪ future ▪ active ▪ indicative ▸ **1** (Is. 16,4)

  παροικήσω ▸ 1
    Verb ▪ first ▪ singular ▪ future ▪ active ▪ indicative ▸ **1** (Psa. 60,5)

  παροικοῦντα ▸ 1
    Verb ▪ present ▪ active ▪ participle ▪ masculine ▪ singular ▪ accusative ▸ **1** (Prov. 3,29)

  παροικοῦντας ▸ 1
    Verb ▪ present ▪ active ▪ participle ▪ masculine ▪ plural ▪ accusative ▸ **1** (2Chr. 15,9)

  παροικοῦντες ▸ 2
    Verb ▪ present ▪ active ▪ participle ▪ masculine ▪ plural ▪ nominative ▸ **2** (2Sam. 4,3; 1Chr. 29,15)

  παροικούντων ▸ 2
    Verb ▪ present ▪ active ▪ participle ▪ masculine ▪ plural ▪ genitive ▸ **2** (Psa. 30,14; Jer. 51,14)

  παροικοῦσιν ▸ 2
    Verb ▪ present ▪ active ▪ participle ▪ masculine ▪ plural ▪ dative ▸ **2** (2Mac. 12,8; Ezek. 47,22)

  παροικῶ ▸ 2
    Verb ▪ first ▪ singular ▪ present ▪ active ▪ indicative ▸ **2** (Gen. 24,37; Gen. 47,9)

  παροικῶν ▸ 3 + **1** = 4
    Verb ▪ present ▪ active ▪ participle ▪ masculine ▪ singular ▪ nominative ▸ 3 + **1** = **4** (Ex. 20,10; Deut. 5,14; Judg. 19,1; Judg. 19,1)

  παρῴκει ▸ 3 + **2** = 5
    Verb ▪ third ▪ singular ▪ imperfect ▪ active ▪ indicative ▸ 3 + **2** = **5** (Judg. 17,7; Judg. 19,16; 2Kings 8,2; Judg. 17,7; Judg. 19,16)

  παρῳκήκασιν ▸ 1
    Verb ▪ third ▪ plural ▪ perfect ▪ active ▪ indicative ▸ **1** (Ex. 6,4)

  παρῴκησα ▸ 1
    Verb ▪ first ▪ singular ▪ aorist ▪ active ▪ indicative ▸ **1** (Gen. 32,5)

  παρῳκήσαμεν ▸ 1
    Verb ▪ first ▪ plural ▪ aorist ▪ active ▪ indicative ▸ **1** (Num. 20,15)

  παρῴκησαν ▸ 6
    Verb ▪ third ▪ plural ▪ aorist ▪ active ▪ indicative ▸ **6** (Gen. 47,9; Ex. 6,4; 1Chr. 16,19; Judith 5,7; Judith 5,8; Judith 5,10)

  παρῴκησας ▸ 1
    Verb ▪ second ▪ singular ▪ aorist ▪ active ▪ indicative ▸ **1** (Gen. 21,23)

  παρῴκησεν ▸ 9 + **1** = 10
    Verb ▪ third ▪ singular ▪ aorist ▪ active ▪ indicative ▸ 9 + **1** = **10** (Gen. 20,1; Gen. 21,34; Gen. 35,27; Gen. 37,1; Deut. 26,5; Judg. 5,17; Psa. 93,17; Psa. 104,23; Psa. 119,6; Heb. 11,9)

  παρῳκοῦσαν ▸ 1
    Verb ▪ third ▪ plural ▪ imperfect ▪ active ▪ indicative ▸ **1** (Sus. 28)

παροίκησις (παρά; οἶκος) living as a stranger; neighborhood ▸ 3

  παροικήσει ▸ 1
    Noun ▪ feminine ▪ singular ▪ dative ▪ (common) ▸ **1** (Sir. 21,28)

  παροικήσεως ▸ 1
    Noun ▪ feminine ▪ singular ▪ genitive ▪ (common) ▸ **1** (Gen. 36,7)

  παροικήσεώς ▸ 1
    Noun ▪ feminine ▪ singular ▪ genitive ▪ (common) ▸ **1** (Gen. 28,4)

παροικία (παρά; οἶκος) journeying; lodging; diocese, district ▸ 20 + **2** = 22

  παροικία ▸ 2
    Noun ▪ feminine ▪ singular ▪ nominative ▪ (common) ▸ **2** (Psa. 119,5; Sol. 12,3)

παροικία ▸ 2 + 1 = 3
  Noun · feminine · singular · dative · (common) ▸ 2 + 1 = 3 (Wis. 19,10; Sir. 1,34 Prol.; Acts 13,17)
παροικίαις ▸ 2
  Noun · feminine · plural · dative · (common) ▸ 2 (Psa. 54,16; Sir. 41,5)
παροικίαν ▸ 1
  Noun · feminine · singular · accusative · (common) ▸ 1 (3Mac. 6,36)
παροικίας ▸ 12 + 1 = 13
  Noun · feminine · singular · genitive · (common) ▸ 12 + 1 = 13 (1Esdr. 5,7; Ezra 8,35; Judith 5,9; 3Mac. 7,19; Psa. 64,1; Psa. 118,54; Ode. 4,16; Sir. 16,8; Sir. 29,23; Sol. 17,17; Hab. 3,16; Lam. 2,22; 1Pet. 1,17)
παροικιῶν ▸ 1
  Noun · feminine · plural · genitive · (common) ▸ 1 (Psa. 33,5)
πάροικος (παρά; οἶκος) stranger ▸ 32 + 4 = 36
  πάροικε ▸ 2
    Adjective · masculine · singular · vocative · noDegree ▸ 2 (Sir. 29,26; Sir. 29,27)
  πάροικοι ▸ 6 + 1 = 7
    Adjective · feminine · plural · nominative · noDegree ▸ 3 (Jer. 30,12; Bar. 4,9; Bar. 4,14)
    Adjective · masculine · plural · nominative · noDegree ▸ 3 + 1 = 4 (Lev. 25,23; Zeph. 2,5; Bar. 4,24; Eph. 2,19)
  πάροικοί ▸ 1
    Adjective · masculine · plural · nominative · noDegree ▸ 1 (1Chr. 29,15)
  πάροικον ▸ 1 + 1 = 2
    Adjective · neuter · singular · nominative · noDegree ▸ 1 + 1 = 2 (Gen. 15,13; Acts 7,6)
  Πάροικος ▸ 2
    Adjective · masculine · singular · nominative · noDegree ▸ 2 (Gen. 23,4; Ex. 18,3)
  πάροικος ▸ 9 + 1 = 10
    Adjective · masculine · singular · nominative · noDegree ▸ 9 + 1 = 10 (Ex. 12,45; Lev. 22,10; Lev. 25,40; Deut. 23,8; Judith 4,10; Psa. 38,13; Psa. 118,19; Sol. 17,28; Jer. 14,8; Acts 7,29)
  Πάροικός ▸ 1
    Adjective · masculine · singular · nominative · noDegree ▸ 1 (Ex. 2,22)
  παροίκου ▸ 3
    Adjective · masculine · singular · genitive · noDegree ▸ 3 (Lev. 25,35; Lev. 25,47; 2Sam. 1,13)
  παροίκους ▸ 2 + 1 = 3
    Adjective · masculine · plural · accusative · noDegree ▸ 2 + 1 = 3 (1Chr. 5,10; Psa. 104,12; 1Pet. 2,11)
  παροίκῳ ▸ 4
    Adjective · masculine · singular · dative · noDegree ▸ 4 (Lev. 25,6; Lev. 25,47; Num. 35,15; Deut. 14,21)
  παροίκων ▸ 1
    Adjective · masculine · plural · genitive · noDegree ▸ 1 (Lev. 25,45)
παροιμία proverb, maxim; parable ▸ 7 + 5 = 12
  Παροιμίαι ▸ 1
    Noun · feminine · plural · nominative · (common) ▸ 1 (Prov. 1,1)
  παροιμίαι ▸ 1
    Noun · feminine · plural · nominative · (common) ▸ 1 (Sir. 6,35)
  παροιμίαις ▸ 2 + 2 = 4
    Noun · feminine · plural · dative · (common) ▸ 2 + 2 = 4 (Sir. 8,8; Sir. 47,17; John 16,25; John 16,25)
  παροιμίαν ▸ 1 + 2 = 3
    Noun · feminine · singular · accusative · (common) ▸ 1 + 2 = 3 (Prov. 26,7; John 10,6; John 16,29)
  παροιμίας ▸ 1 + 1 = 2
    Noun · feminine · plural · accusative · (common) ▸ 1 (Sir. 18,29)
    Noun · feminine · singular · genitive ▸ 1 (2Pet. 2,22)
  παροιμιῶν ▸ 1
    Noun · feminine · plural · genitive · (common) ▸ 1 (Sir. 39,3)
παροιμιάζω (παρά; οἶμος) to utter proverbs ▸ 1
  ἐπαροιμίαζεν ▸ 1
    Verb · third · singular · imperfect · active · indicative ▸ 1 (4Mac. 18,16)
παροινέω (παρά; οἶνος) to be affected by wine; to insult ▸ 1
  παροινήσουσιν ▸ 1
    Verb · third · plural · future · active · indicative ▸ 1 (Is. 41,12)
πάροινος (παρά; οἶνος) drunkard ▸ 2
  πάροινον ▸ 2
    Noun · masculine · singular · accusative ▸ 2 (1Tim. 3,3; Titus 1,7)
παροιστράω (παρά; οἶστρος) to rage ▸ 3
  παροίστρησεν ▸ 1
    Verb · third · singular · aorist · active · indicative ▸ 1 (Hos. 4,16)
  παροιστρήσουσι ▸ 1
    Verb · third · plural · future · active · indicative ▸ 1 (Ezek. 2,6)
  παροιστρῶσα ▸ 1
    Verb · present · active · participle · feminine · singular · nominative ▸ 1 (Hos. 4,16)
παροίχομαι to go by ▸ 1
  παρῳχημέναις ▸ 1
    Verb · perfect · passive · participle · feminine · plural · dative ▸ 1 (Acts 14,16)
παρομοιάζω (παρά; ὁμός) to be like ▸ 1
  παρομοιάζετε ▸ 1
    Verb · second · plural · present · active · indicative ▸ 1 (Matt. 23,27)
παρόμοιος (παρά; ὁμός) similar, like ▸ 1
  παρόμοια ▸ 1
    Adjective · neuter · plural · accusative ▸ 1 (Mark 7,13)
παροξύνω (παρά; ὀξύς) to provoke; be upset ▸ 52 + 2 = 54
  παροξῦναι ▸ 1
    Verb · aorist · active · infinitive ▸ 1 (Deut. 9,18)
  παροξύναντές ▸ 1
    Verb · aorist · active · participle · masculine · plural · nominative ▸ 1 (Num. 14,23)
  παροξυνάντων ▸ 1
    Verb · aorist · active · participle · masculine · plural · genitive ▸ 1 (Is. 60,14)
  παρόξυνε ▸ 1
    Verb · second · singular · present · active · imperative ▸ 1 (Prov. 6,3)
  παροξύνει ▸ 5
    Verb · third · singular · present · active · indicative ▸ 5 (Num. 14,11; Num. 15,30; Prov. 14,31; Prov. 17,5; Prov. 27,17)
  παροξυνεῖ ▸ 2
    Verb · third · singular · present · active · indicative ▸ 2 (Psa. 73,10; Jer. 27,34)
  παροξύνεται ▸ 1
    Verb · third · singular · present · passive · indicative ▸ 1 (1Cor. 13,5)
  παρωξύνετο ▸ 1
    Verb · third · singular · imperfect · passive · indicative ▸ 1 (Acts 17,16)

παροξύνη ▸ 1
    Verb · second · singular · present · passive · indicative ▸ **1** (Jer. 22,15)
παροξυνθείς ▸ 1
    Verb · aorist · passive · participle · masculine · singular · nominative ▸ **1** (Deut. 1,34)
παροξυνθῇς ▸ 1
    Verb · second · singular · aorist · passive · subjunctive ▸ **1** (Ezra 9,14)
παροξυνθήσεται ▸ 1
    Verb · third · singular · future · passive · indicative ▸ **1** (Dan. 11,10)
παροξύνοντες ▸ 2
    Verb · present · active · participle · masculine · plural · nominative ▸ **2** (Deut. 9,22; Mal. 2,17)
παροξύνουσα ▸ 1
    Verb · present · active · participle · feminine · singular · nominative ▸ **1** (Is. 23,11)
παροξυνοῦσίν ▸ 1
    Verb · third · plural · future · active · indicative ▸ **1** (Deut. 31,20)
παροξυνῶ ▸ 2
    Verb · first · singular · future · active · indicative ▸ **2** (Deut. 32,41; Ode. 2,41)
παροξύνων ▸ 4
    Verb · present · active · participle · masculine · singular · nominative ▸ **4** (2Sam. 12,14; Prov. 20,2; Is. 14,16; Is. 65,3)
παρωξύναμεν ▸ 1
    Verb · first · plural · aorist · active · indicative ▸ **1** (Mal. 2,17)
παρώξυναν ▸ 7
    Verb · third · plural · aorist · active · indicative ▸ **7** (Num. 16,30; Psa. 77,41; Psa. 105,29; Psa. 106,11; Sol. 4,21; Is. 5,24; Is. 63,10)
παρωξύνάν ▸ 2
    Verb · third · plural · aorist · active · indicative ▸ **2** (Deut. 32,16; Ode. 2,16)
παρώξυνας ▸ 3
    Verb · second · singular · aorist · active · indicative ▸ **3** (Deut. 9,7; 2Sam. 12,14; Is. 37,23)
παρωξύνατε ▸ 2
    Verb · second · plural · aorist · active · indicative ▸ **2** (Deut. 9,8; Bar. 4,7)
παρωξύνατέ ▸ 1
    Verb · second · plural · aorist · active · indicative ▸ **1** (Num. 20,24)
παρώξυνεν ▸ 4
    Verb · third · singular · aorist · active · indicative ▸ **4** (Psa. 9,25; Psa. 9,34; Psa. 73,18; Lam. 2,6)
παρωξύνθη ▸ 6
    Verb · third · singular · aorist · passive · indicative ▸ **6** (Deut. 9,19; Deut. 32,19; Ode. 2,19; Hos. 8,5; Zech. 10,3; Is. 5,25)
παρωξύνθην ▸ 1
    Verb · first · singular · aorist · passive · indicative ▸ **1** (Is. 47,6)

παροξυσμός (παρά; ὀξύς) sharp disagreement; encouragement ▸ 2 + 2 = 4
    παροξυσμὸν ▸ 1
        Noun · masculine · singular · accusative ▸ **1** (Heb. 10,24)
    παροξυσμὸς ▸ 1
        Noun · masculine · singular · nominative ▸ **1** (Acts 15,39)
    παροξυσμῷ ▸ 2
        Noun · masculine · singular · dative · (common) ▸ **2** (Deut. 29,27; Jer. 39,37)

παρόρασις (παρά; ὁράω) to withhold favor ▸ 1
    παρόρασις ▸ 1
        Noun · feminine · singular · nominative · (common) ▸ **1** (2Mac. 5,17)

παροράω (παρά; ὁράω) to overlook ▸ 19
    παρεωραμένος ▸ 1
        Verb · perfect · passive · participle · masculine · singular · nominative ▸ **1** (1Kings 10,3)
    παρεωραμένῳ ▸ 1
        Verb · perfect · passive · participle · neuter · singular · dative ▸ **1** (Eccl. 12,14)
    πάριδε ▸ 1
        Verb · second · singular · aorist · active · imperative ▸ **1** (Sir. 28,7)
    παριδεῖν ▸ 2
        Verb · aorist · active · infinitive ▸ **2** (4Mac. 13,4; 4Mac. 15,23)
    παρίδῃ ▸ 4
        Verb · third · singular · aorist · active · subjunctive ▸ **4** (Lev. 5,21; Num. 5,6; Num. 5,12; Sir. 32,18)
    παρίδῃς ▸ 3
        Verb · second · singular · aorist · active · subjunctive ▸ **3** (Prov. 4,5; Sir. 7,10; Sir. 8,8)
    παριδόντα ▸ 1
        Verb · aorist · active · participle · masculine · singular · accusative ▸ **1** (3Mac. 1,27)
    παριδών ▸ 2
        Verb · aorist · active · participle · masculine · singular · nominative ▸ **2** (Lev. 5,21; Num. 5,6)
    παροραθήσεσθαι ▸ 1
        Verb · future · passive · infinitive ▸ **1** (3Mac. 3,9)
    παρορᾷς ▸ 1
        Verb · second · singular · present · active · indicative ▸ **1** (Wis. 11,23)
    παρορῶ ▸ 1
        Verb · first · singular · present · active · indicative ▸ **1** (Is. 57,11)
    παρόψεται ▸ 1
        Verb · third · singular · future · middle · indicative ▸ **1** (Job 11,11)

παροργίζω (παρά; ὀργή) to make angry ▸ 57 + 1 + 2 = 60
    παροργίζειν ▸ 1
        Verb · present · active · infinitive ▸ **1** (2Kings 23,19)
    παροργίζετε ▸ 1 + 1 = 2
        Verb · second · plural · present · active · imperative ▸ 1 + 1 = **2** (Judith 8,14; Eph. 6,4)
    παροργίζητέ ▸ 1
        Verb · second · plural · present · active · subjunctive ▸ **1** (Jer. 25,6)
    παροργίζοντές ▸ 1
        Verb · present · active · participle · masculine · plural · nominative ▸ **1** (2Kings 21,15)
    παροργίζουσιν ▸ 2
        Verb · third · plural · present · active · indicative ▸ **2** (Job 12,6; Jer. 7,19)
    παροργίζων ▸ 2
        Verb · present · active · participle · masculine · singular · nominative ▸ **2** (Sir. 3,16; Sol. 4,1)
    παροργιοῦσιν ▸ 1
        Verb · third · plural · future · active · indicative ▸ **1** (Judith 11,11)
    παροργίσαι ▸ 17
        Verb · aorist · active · infinitive ▸ **17** (Deut. 4,25; Deut. 31,29; 1Kings 16,2; 1Kings 16,7; 1Kings 16,13; 1Kings 16,26; 1Kings 16,33; 1Kings 20,20; 2Kings 17,11; 2Kings 17,17; 2Kings 21,6;

παροργίζω–παρρησιάζομαι

2Chr. 33,6; Zech. 8,14; Jer. 11,17; Bar. 4,6; Ezek. 16,26; Ezek. 16,54)
- παροργίσῃς ▸ 1
  - **Verb** · second · singular · aorist · active · subjunctive ▸ 1 (Sir. 4,2)
- παροργισθήσεται ▸ 1
  - **Verb** · third · singular · future · passive · indicative ▸ 1 (Dan. 11,36)
- παροργίσωσίν ▸ 3
  - **Verb** · third · plural · aorist · active · subjunctive ▸ 3 (2Kings 22,17; 2Chr. 34,25; Jer. 7,18)
- παροργιῶ ▸ 3 + 1 = 4
  - **Verb** · first · singular · future · active · indicative ▸ 3 + 1 = 4 (Deut. 32,21; Ode. 2,21; Ezek. 32,9; Rom. 10,19)
- παρώργισα ▸ 1
  - **Verb** · first · singular · aorist · active · indicative ▸ 1 (Ode. 12,10)
- παρώργισαν ▸ 9 + 1 = 10
  - **Verb** · third · plural · aorist · active · indicative ▸ 9 + 1 = 10 (Judg. 2,12; Judg. 2,17; 2Chr. 28,25; Ezra 5,12; Psa. 77,40; Psa. 77,58; Psa. 105,16; Psa. 105,32; Sol. 4,21; Judg. 2,12)
- παρώργισάν ▸ 4
  - **Verb** · third · plural · aorist · active · indicative ▸ 4 (Deut. 32,21; Ode. 2,21; Jer. 8,19; Ezek. 20,27)
- παρώργισας ▸ 1
  - **Verb** · second · singular · aorist · active · indicative ▸ 1 (1Kings 20,22)
- παρωργίσατε ▸ 1
  - **Verb** · second · plural · aorist · active · indicative ▸ 1 (Is. 1,4)
- παρώργισεν ▸ 6
  - **Verb** · third · singular · aorist · active · indicative ▸ 6 (1Kings 15,30; 1Kings 22,54; 2Kings 23,26; 2Chr. 35,19c; Hos. 12,15; Mic. 2,7)
- παρωργισμένην ▸ 1
  - **Verb** · perfect · passive · participle · feminine · singular · accusative ▸ 1 (Sir. 4,3)

παρόργισμα (παρά; ὀργή) provocation ▸ 3
- παροργίσματα ▸ 2
  - **Noun** · neuter · plural · accusative · (common) ▸ 2 (1Kings 16,33; 2Chr. 35,19c)
- παροργισμάτων ▸ 1
  - **Noun** · neuter · plural · genitive · (common) ▸ 1 (1Kings 20,22)

παροργισμός (παρά; ὀργή) wrath, provocation ▸ 7 + 1 = 8
- παροργισμοῦ ▸ 2
  - **Noun** · masculine · singular · genitive · (common) ▸ 2 (2Kings 19,3; Jer. 21,5)
- παροργισμούς ▸ 1
  - **Noun** · masculine · plural · accusative · (common) ▸ 1 (2Kings 23,26)
- παροργισμούς ▸ 2
  - **Noun** · masculine · plural · accusative · (common) ▸ 2 (Neh. 9,18; Neh. 9,26)
- παροργισμῷ ▸ 2 + 1 = 3
  - **Noun** · masculine · plural · dative · (common) ▸ 1 + 1 = 2 (Sol. 8,9; Eph. 4,26)
  - **Noun** · masculine · singular · dative · (common) ▸ 1 (1Kings 15,30)

παρορμάω (παρά; ὁρμή) to stimulate ▸ 2
- παρορμῆσαι ▸ 1
  - **Verb** · aorist · active · infinitive ▸ 1 (2Mac. 15,17)
- παρορμήσειεν ▸ 1
  - **Verb** · third · singular · aorist · active · optative ▸ 1 (4Mac. 12,6)

Παροσωμ Gersonite (?) ▸ 1
- Παροσωμ ▸ 1
  - **Noun** · masculine · singular · dative · (proper) ▸ 1 (1Chr. 23,7)

παροτρύνω to stir up ▸ 1
- παρώτρυναν ▸ 1
  - **Verb** · third · plural · aorist · active · indicative ▸ 1 (Acts 13,50)

παρουσία (παρά; εἰμί) coming, presence ▸ 4 + 24 = 28
- παρουσία ▸ 1 + 6 = 7
  - **Noun** · feminine · singular · nominative · (common) ▸ 1 + 6 = 7 (Judith 10,18; Matt. 24,27; Matt. 24,37; Matt. 24,39; 2Cor. 10,10; 2Th. 2,9; James 5,8)
- παρουσίᾳ ▸ 9
  - **Noun** · feminine · singular · dative ▸ 9 (1Cor. 15,23; 1Cor. 16,17; 2Cor. 7,6; 2Cor. 7,7; Phil. 2,12; 1Th. 2,19; 1Th. 3,13; 1Th. 5,23; 1John 2,28)
- παρουσίαν ▸ 3 + 3 = 6
  - **Noun** · feminine · singular · accusative · (common) ▸ 3 + 3 = 6 (2Mac. 8,12; 2Mac. 15,21; 3Mac. 3,17; 1Th. 4,15; 2Pet. 1,16; 2Pet. 3,12)
- παρουσίας ▸ 6
  - **Noun** · feminine · singular · genitive ▸ 6 (Matt. 24,3; Phil. 1,26; 2Th. 2,1; 2Th. 2,8; James 5,7; 2Pet. 3,4)

παροψίς (παρά; ὀψάριον) plate ▸ 1
- παροψίδος ▸ 1
  - **Noun** · feminine · singular · genitive ▸ 1 (Matt. 23,25)

παρρησία (παρά; ῥῆμα) boldness ▸ 12 + 31 = 43
- παρρησία ▸ 2
  - **Noun** · feminine · singular · nominative ▸ 2 (2Cor. 7,4; 1John 5,14)
- παρρησίᾳ ▸ 1 + 14 = 15
  - **Noun** · feminine · singular · dative · (common) ▸ 1 + 14 = 15 (Wis. 5,1; Mark 8,32; John 7,4; John 7,13; John 7,26; John 10,24; John 11,14; John 11,54; John 16,25; John 16,29; John 18,20; 2Cor. 3,12; Eph. 6,19; Phil. 1,20; Col. 2,15)
- παρρησίαν ▸ 5 + 10 = 15
  - **Noun** · feminine · singular · accusative · (common) ▸ 5 + 10 = 15 (4Mac. 10,5; Prov. 1,20; Prov. 13,5; Job 27,10; Sir. 25,25; Acts 4,13; Eph. 3,12; 1Tim. 3,13; Philem. 8; Heb. 3,6; Heb. 10,19; Heb. 10,35; 1John 2,28; 1John 3,21; 1John 4,17)
- παρρησίας ▸ 6 + 5 = 11
  - **Noun** · feminine · singular · genitive · (common) ▸ 6 + 5 = 11 (Lev. 26,13; Esth. 16,19 # 8,12s; 1Mac. 4,18; 3Mac. 4,1; 3Mac. 7,12; Prov. 10,10; Acts 2,29; Acts 4,29; Acts 4,31; Acts 28,31; Heb. 4,16)

παρρησιάζομαι (παρά; ῥῆμα) to speak with boldness ▸ 5 + 9 = 14
- ἐπαρρησιάζετο ▸ 1
  - **Verb** · third · singular · imperfect · middle · indicative ▸ 1 (Acts 19,8)
- ἐπαρρησιασάμεθα ▸ 1
  - **Verb** · first · plural · aorist · middle · indicative ▸ 1 (1Th. 2,2)
- ἐπαρρησιάσατο ▸ 1 + 1 = 2
  - **Verb** · third · singular · aorist · middle · indicative ▸ 1 + 1 = 2 (Psa. 93,1; Acts 9,27)
- παρρησιάζεσθαι ▸ 1
  - **Verb** · present · middle · infinitive ▸ 1 (Acts 18,26)
- παρρησιαζόμενοι ▸ 1
  - **Verb** · present · middle · participle · masculine · plural · nominative ▸ 1 (Acts 14,3)
- παρρησιαζόμενος ▸ 2
  - **Verb** · present · middle · participle · masculine · singular · nominative ▸ 2 (Acts 9,28; Acts 26,26)

παρρησιασάμενοι ▸ 1
   Verb · aorist · middle · participle · masculine · plural · nominative ▸ 1 (Acts 13,46)
παρρησιάσεται ▸ 2
   Verb · third · singular · future · middle · indicative ▸ 2 (Prov. 20,9; Sir. 6,11)
παρρησιασθήση ▸ 1
   Verb · second · singular · future · passive · indicative ▸ 1 (Job 22,26)
παρρησιάσομαι ▸ 1
   Verb · first · singular · future · middle · indicative ▸ 1 (Psa. 11,6)
παρρησιάσωμαι ▸ 1
   Verb · first · singular · aorist · middle · subjunctive ▸ 1 (Eph. 6,20)

παρωθέω (παρά; ὠθέω) to set aside ▸ 1
   παρώσας ▸ 1
      Verb · aorist · active · participle · masculine · singular · nominative ▸ 1 (2Mac. 4,11)

παρωμίς (παρά; ὦμος) cord, rope ▸ 1
   παρωμίδας ▸ 1
      Noun · feminine · plural · accusative · (common) ▸ 1 (Ex. 28,14)

πᾶς all, every; the whole ▸ 6467 + 359 + 1243 = 8069
   Πᾶν ▸ 12 + 1 = 13
      Adjective · neuter · singular · accusative · noDegree · (intensive) ▸ 7 + 1 = 8 (Ex. 1,22; Lev. 7,23; Deut. 13,1; 1Sam. 14,36; 2Kings 12,5; 1Chr. 17,2; Sir. 36,18; 1Cor. 10,25)
      Adjective · neuter · singular · nominative · noDegree · (intensive) ▸ 5 (Ex. 39,1; Deut. 15,19; 2Chr. 34,16; Sir. 13,15; Sir. 40,12)
   πᾶν ▸ 467 + 19 + 74 = 560
      Adjective · masculine · singular · accusative · noDegree · (intensive) ▸ 1 (2Chr. 19,11)
      Adjective · neuter · singular · accusative · noDegree · (intensive) ▸ 312 + 15 + 37 = 364 (Gen. 1,21; Gen. 1,29; Gen. 1,29; Gen. 2,5; Gen. 2,6; Gen. 2,9; Gen. 7,23; Gen. 8,17; Gen. 17,23; Gen. 30,32; Gen. 30,32; Gen. 30,35; Gen. 30,35; Gen. 30,40; Gen. 34,15; Gen. 34,22; Gen. 34,25; Gen. 46,7; Gen. 47,14; Gen. 47,14; Ex. 1,22; Ex. 7,19; Ex. 10,5; Ex. 10,5; Ex. 11,5; Ex. 12,6; Ex. 12,12; Ex. 12,16; Ex. 12,20; Ex. 12,29; Ex. 12,44; Ex. 12,48; Ex. 13,2; Ex. 13,12; Ex. 13,12; Ex. 13,13; Ex. 13,13; Ex. 13,15; Ex. 13,15; Ex. 13,15; Ex. 16,23; Ex. 18,26; Ex. 18,26; Ex. 20,10; Ex. 22,8; Ex. 22,9; Ex. 29,12; Ex. 29,13; Ex. 34,20; Ex. 35,22; Ex. 35,35; Lev. 2,11; Lev. 3,3; Lev. 3,14; Lev. 3,15; Lev. 3,17; Lev. 3,17; Lev. 4,7; Lev. 4,8; Lev. 4,8; Lev. 4,18; Lev. 4,19; Lev. 4,25; Lev. 4,26; Lev. 4,30; Lev. 4,31; Lev. 4,34; Lev. 4,35; Lev. 7,3; Lev. 7,3; Lev. 7,3; Lev. 7,24; Lev. 7,26; Lev. 8,16; Lev. 11,3; Lev. 11,37; Lev. 11,38; Lev. 13,12; Lev. 13,13; Lev. 15,16; Lev. 16,4; Lev. 16,29; Lev. 17,10; Lev. 18,23; Lev. 18,23; Lev. 19,23; Lev. 20,16; Lev. 23,3; Lev. 23,7; Lev. 23,8; Lev. 23,21; Lev. 23,25; Lev. 23,28; Lev. 23,31; Lev. 23,35; Lev. 23,36; Num. 1,18; Num. 3,13; Num. 3,15; Num. 3,42; Num. 8,7; Num. 8,17; Num. 18,19; Num. 18,21; Num. 28,18; Num. 28,25; Num. 28,26; Num. 29,1; Num. 29,7; Num. 29,12; Num. 29,35; Num. 31,7; Num. 31,15; Num. 31,17; Num. 31,20; Num. 31,20; Num. 31,20; Num. 31,51; Num. 33,4; Num. 35,20; Num. 35,22; Deut. 5,14; Deut. 12,11; Deut. 14,3; Deut. 14,6; Deut. 14,11; Deut. 14,20; Deut. 14,21; Deut. 14,28; Deut. 15,2; Deut. 16,8; Deut. 16,21; Deut. 19,15; Deut. 20,13; Deut. 20,16; Deut. 26,12; Josh. 10,28; Josh. 10,30; Josh. 10,35; Josh. 10,37; Josh. 10,39; Josh. 10,40; Josh. 11,11; Josh. 13,11; Judg. 2,7; Judg. 11,22; Judg. 13,4; Judg. 13,14; Judg. 21,11; Ruth 4,7; 1Sam. 1,17; 1Sam. 2,14; 1Sam. 8,10; 1Sam. 11,3; 1Sam. 11,7; 1Sam. 11,8; 1Sam. 14,7; 1Sam. 15,9; 1Sam. 23,20; 1Sam. 27,1; 2Sam. 15,11; 2Sam. 15,36; 2Sam. 19,8; 1Kings 5,22; 1Kings 5,24; 1Kings 7,2; 1Kings 8,37; 1Kings 8,37; 1Kings 11,16; 1Kings 15,22; 1Kings 19,18; 1Kings 21,15; 2Kings 3,19; 2Kings 3,25; 2Kings 7,13; 2Kings 11,2; 2Kings 12,5; 2Kings 12,10; 2Kings 12,19; 2Kings 15,20; 2Kings 16,15; 2Kings 16,15; 2Kings 24,14; 2Kings 25,9; 1Chr. 23,29; 1Chr. 26,32; 1Chr. 27,1; 1Chr. 27,1; 1Chr. 28,9; 2Chr. 6,28; 2Chr. 19,11; 2Chr. 22,10; 2Chr. 23,19; 2Chr. 25,24; 2Chr. 31,18; 2Chr. 32,5; 2Chr. 32,21; 2Chr. 36,19; 1Esdr. 1,22; 1Esdr. 3,20; 1Esdr. 4,3; 1Esdr. 4,18; 1Esdr. 4,19; Ezra 7,17; Ezra 9,13; Neh. 9,25; Neh. 11,24; Neh. 13,15; Esth. 13,4 # 3,13d; Esth. 13,10 # 4,17c; Esth. 16,11 # 8,12l; Judith 2,7; Judith 2,10; Judith 2,19; Judith 4,4; Judith 4,15; Judith 7,18; Judith 12,14; Judith 14,4; Judith 15,4; Tob. 4,16; Tob. 12,11; 1Mac. 5,28; 1Mac. 5,35; 1Mac. 5,51; 1Mac. 9,63; 1Mac. 10,41; 1Mac. 10,43; 3Mac. 1,13; 3Mac. 1,27; 3Mac. 1,29; 3Mac. 3,10; 3Mac. 4,14; 3Mac. 5,1; 3Mac. 5,27; 3Mac. 5,30; 3Mac. 5,36; 3Mac. 7,9; 4Mac. 3,13; 4Mac. 9,14; Psa. 77,51; Psa. 104,16; Psa. 104,33; Psa. 106,18; Psa. 137,2; Psa. 144,16; Ode. 5,14; Eccl. 2,5; Eccl. 2,10; Eccl. 8,3; Eccl. 8,9; Eccl. 8,9; Eccl. 9,1; Eccl. 9,1; Eccl. 12,14; Job 8,20; Job 28,3; Job 28,10; Job 33,13; Job 33,20; Job 40,11; Job 41,26; Sir. 7,13; Sir. 15,13; Sir. 15,19; Sir. 25,11; Sir. 42,16; Sir. 42,17; Sir. 49,16; Sol. 6,6; Sol. 8,20; Sol. 11,5; Hab. 1,10; Is. 2,13; Is. 2,14; Is. 2,15; Is. 2,16; Is. 8,7; Is. 23,9; Is. 25,8; Is. 26,14; Is. 32,20; Is. 49,11; Is. 54,17; Jer. 2,20; Jer. 3,6; Jer. 7,15; Jer. 7,20; Jer. 13,11; Jer. 17,22; Jer. 17,24; Jer. 32,23; Jer. 37,16; Jer. 52,14; Bar. 5,7; Lam. 2,3; Ezek. 7,18; Ezek. 15,3; Ezek. 20,26; Ezek. 20,28; Ezek. 20,28; Ezek. 21,15; Ezek. 24,4; Ezek. 28,13; Ezek. 34,6; Ezek. 34,21; Ezek. 36,10; Ezek. 38,21; Ezek. 39,11; Ezek. 44,31; Dan. 2,40; Dan. 11,17; Judg. 2,7; Judg. 3,29; Judg. 6,17; Judg. 7,4; Judg. 10,15; Judg. 13,4; Judg. 13,7; Judg. 13,14; Judg. 20,10; Judg. 21,11; Tob. 12,11; Dan. 6,16; Dan. 7,19; Dan. 11,8; Dan. 11,37; Matt. 5,11; Matt. 12,36; Matt. 18,34; Luke 11,42; John 6,39; John 15,2; John 15,2; John 17,2; Acts 10,14; Acts 13,27; Acts 15,21; Acts 17,26; Acts 18,4; Acts 22,30; 1Cor. 10,27; 2Cor. 9,8; 2Cor. 10,5; 2Cor. 10,5; Eph. 3,19; Phil. 2,9; Col. 1,19; Col. 2,2; Col. 3,17; 2Tim. 2,21; 2Tim. 3,17; Titus 1,16; Titus 3,1; Rev. 5,13; Rev. 7,1; Rev. 7,17; Rev. 9,4; Rev. 9,4; Rev. 14,6; Rev. 18,12; Rev. 18,12; Rev. 18,12; Rev. 21,4)
      Adjective · neuter · singular · nominative · noDegree · (intensive) ▸ 154 + 4 + 37 = 195 (Gen. 2,19; Gen. 7,14; Gen. 7,14; Gen. 7,21; Gen. 8,19; Gen. 8,19; Gen. 9,3; Gen. 17,10; Gen. 17,12; Gen. 23,17; Gen. 30,33; Gen. 46,6; Gen. 47,15; Ex. 7,20; Ex. 20,10; Ex. 22,18; Ex. 23,17; Ex. 34,19; Ex. 34,23; Lev. 2,13; Lev. 3,16; Lev. 6,11; Lev. 11,23; Lev. 11,32; Lev. 11,32; Lev. 11,33; Lev. 11,34; Lev. 11,34; Lev. 11,35; Lev. 11,41; Lev. 13,13; Lev. 13,58; Lev. 15,4; Lev. 15,9; Lev. 15,17; Lev. 15,17; Lev. 15,20; Lev. 15,20; Lev. 15,26; Lev. 25,7; Lev. 27,11; Lev. 27,26; Lev. 27,28; Lev. 27,28; Lev. 27,29; Lev. 27,32; Num. 3,13; Num. 3,13; Num. 3,28; Num. 3,34; Num. 3,39; Num. 3,40; Num. 7,85; Num. 7,86; Num. 8,17; Num. 11,22; Num. 18,10; Num. 18,14; Num. 18,15; Num. 19,15; Num. 26,62; Num. 31,23; Num. 31,52; Deut. 1,39; Deut. 5,14; Deut. 16,16; Deut. 17,1; Deut. 19,15; Deut. 29,22; Josh. 6,19; Judg. 19,20; 1Sam. 9,6; 2Sam. 15,35; 2Sam. 23,5; 1Kings 6,7; 1Kings 7,37; 1Kings 11,15; 1Kings 12,24f; 1Kings 12,24u; 2Kings 12,14; 2Kings 18,15; 1Chr. 26,28; 1Chr. 29,16; 2Chr. 31,5; 1Esdr. 8,13; 1Esdr. 9,6; 1Esdr. 9,38; 1Esdr. 9,41; 1Esdr. 9,47; Ezra 7,16; Ezra 7,21; Ezra 7,23; Esth. 11,7 # 1,1f; Esth. 11,9 # 1,1h; Esth. 13,9 # 4,17b; Judith 3,3; Judith 11,12; Judith 16,16; Tob. 4,19; 1Mac. 9,34; 1Mac. 15,8; 2Mac. 9,9; 3Mac. 6,14; 3Mac. 7,13; Psa. 104,36; Prov. 3,15; Prov. 8,11; Prov. 20,8; Eccl. 1,9; Eccl. 11,8; Eccl. 12,13; Job 20,26; Job 40,31; Sir. 2,4; Sir. 14,19; Sir. 31,22; Sir. 33,7; Sir. 39,16; Sir. 42,20; Sir. 43,27; Sol. 3,8; Joel 2,6; Hab. 2,19; Is. 7,25; Is. 8,12; Is. 9,16; Is.

πᾶς

19,7; Is. 19,7; Is. 27,11; Is. 40,4; Is. 45,23; Is. 45,25; Is. 46,3; Jer. 41,1; Bar. 5,8; LetterJ 70; Ezek. 4,14; Ezek. 17,23; Ezek. 17,23; Ezek. 21,3; Ezek. 21,3; Ezek. 21,3; Ezek. 21,12; Ezek. 31,6; Ezek. 31,8; Ezek. 32,32; Ezek. 38,20; Ezek. 42,8; Ezek. 44,29; Ezek. 47,9; Ezek. 47,12; Ezek. 48,13; Dan. 3,96; Judg. 7,6; Judg. 19,20; Tob. 6,8; Dan. 4,9; Matt. 3,10; Matt. 7,17; Matt. 7,19; Matt. 15,17; Matt. 18,16; Matt. 23,35; Mark 7,18; Luke 1,10; Luke 1,37; Luke 2,23; Luke 3,5; Luke 3,9; John 6,37; Acts 15,12; Acts 22,5; Rom. 3,19; Rom. 14,11; Rom. 14,23; 1Cor. 6,18; 2Cor. 13,1; Eph. 4,16; Eph. 5,14; Phil. 2,10; Col. 2,9; Col. 2,19; 1Tim. 4,4; James 1,17; James 3,16; 1John 2,16; 1John 2,21; 1John 4,2; 1John 4,3; 1John 5,4; Rev. 6,14; Rev. 7,16; Rev. 21,27; Rev. 22,3)

πάνθ' ▸ 1
  Adjective · neuter · singular · dative · noDegree · (intensive) ▸ **1** (3Mac. 6,40)

Πάντα ▸ 15 + 1 + 6 = 22
  Adjective · neuter · plural · accusative · noDegree · (intensive)
  ▸ 12 + 1 + 3 = **16** (Ex. 19,8; Ex. 24,7; Josh. 1,16; Ruth 3,5; 2Sam. 7,3; 1Kings 21,9; 2Kings 20,15; Ezra 5,15; Judith 8,28; Eccl. 7,23; Is. 39,4; Is. 44,28; Tob. 5,1; Matt. 7,12; Mark 16,8; Phil. 2,14)
  Adjective · neuter · plural · nominative · noDegree · (intensive)
  ▸ 3 + 3 = **6** (2Sam. 9,9; Psa. 46,2; Is. 56,9; Matt. 11,27; 1Cor. 6,12; 1Cor. 10,23)

πάντα ▸ 1299 + 63 + 257 = 1619
  Adjective · masculine · singular · accusative · noDegree
  · (intensive) ▸ 223 + 17 + 20 = **260** (Gen. 1,30; Gen. 2,5; Gen. 4,15; Gen. 18,24; Gen. 18,26; Gen. 20,13; Gen. 31,16; Ex. 10,12; Ex. 10,15; Ex. 14,6; Ex. 17,13; Ex. 18,8; Ex. 22,4; Lev. 2,2; Lev. 2,16; Lev. 9,23; Lev. 14,45; Lev. 19,37; Num. 5,2; Num. 5,2; Num. 5,2; Num. 5,30; Num. 11,12; Num. 11,29; Num. 13,2; Num. 18,7; Num. 20,14; Num. 21,23; Num. 21,34; Num. 21,35; Deut. 2,33; Deut. 3,2; Deut. 3,3; Deut. 4,8; Deut. 4,19; Deut. 5,1; Deut. 11,24; Deut. 12,19; Deut. 14,14; Deut. 18,17; Deut. 24,8; Deut. 27,8; Deut. 28,42; Deut. 31,11; Josh. 1,9; Josh. 1,16; Josh. 2,13; Josh. 2,18; Josh. 6,25; Josh. 7,3; Josh. 10,24; Josh. 13,5; Josh. 22,18; Josh. 24,2; Judg. 2,4; Judg. 3,3; Judg. 3,29; Judg. 4,13; Judg. 7,8; Judg. 11,20; Judg. 11,21; Judg. 16,30; Judg. 19,30; 1Sam. 3,21; 1Sam. 7,3; 1Sam. 7,5; 1Sam. 10,23; 1Sam. 10,24; 1Sam. 10,25; 1Sam. 11,2; 1Sam. 12,1; 1Sam. 14,52; 1Sam. 14,52; 1Sam. 15,8; 1Sam. 27,8; 1Sam. 28,4; 2Sam. 2,9; 2Sam. 2,30; 2Sam. 3,12; 2Sam. 3,21; 2Sam. 3,29; 2Sam. 3,31; 2Sam. 5,3; 2Sam. 5,5; 2Sam. 6,1; 2Sam. 6,21; 2Sam. 8,15; 2Sam. 9,7; 2Sam. 10,17; 2Sam. 11,1; 2Sam. 12,29; 2Sam. 13,9; 2Sam. 13,9; 2Sam. 17,3; 2Sam. 17,16; 2Sam. 20,12; 2Sam. 20,22; 1Kings 4,7; 1Kings 6,1d; 1Kings 8,14; 1Kings 10,22b # 9,20; 1Kings 11,38; 1Kings 12,23; 1Kings 12,24x; 1Kings 12,24y; 1Kings 14,23; 1Kings 18,19; 1Kings 18,20; 1Kings 21,13; 1Kings 22,17; 2Kings 10,9; 2Kings 10,18; 2Kings 11,19; 2Kings 12,21; 2Kings 17,13; 2Kings 23,25; 1Chr. 12,39; 1Chr. 13,5; 1Chr. 14,8; 1Chr. 15,3; 1Chr. 18,14; 1Chr. 19,17; 1Chr. 28,19; 1Chr. 29,2; 2Chr. 1,2; 2Chr. 8,15; 2Chr. 9,30; 2Chr. 11,3; 2Chr. 16,6; 2Chr. 23,10; 2Chr. 23,20; 2Chr. 30,1; 2Chr. 30,6; 2Chr. 32,9; 2Chr. 33,8; 2Chr. 35,7; 2Chr. 35,19b; 1Esdr. 1,51; 1Esdr. 3,21; 1Esdr. 4,15; 1Esdr. 4,49; 1Esdr. 5,70; 1Esdr. 6,32; 1Esdr. 8,7; Ezra 6,12; Ezra 10,5; Neh. 5,13; Neh. 8,11; Neh. 13,26; Esth. 14,1 # 4,17k; Judith 7,12; Judith 10,4; Judith 11,7; Judith 14,12; Tob. 6,13; 1Mac. 1,51; 1Mac. 5,42; 1Mac. 5,45; 1Mac. 6,19; 1Mac. 7,18; 1Mac. 12,44; 1Mac. 13,20; 1Mac. 14,14; 2Mac. 2,17; 2Mac. 9,17; 3Mac. 3,24; 3Mac. 7,12; 4Mac. 1,29; 4Mac. 4,1; 4Mac. 5,23; 4Mac. 7,22; 4Mac. 16,19; 4Mac. 18,1; Psa. 72,27; Psa. 104,35; Psa. 145,6; Ode. 7,28; Prov. 3,12; Prov. 15,15; Prov. 17,17; Eccl. 2,18; Eccl. 4,4; Song 8,7; Job 28,21; Wis. 13,11; Sir. 1,17; Sir. 11,29; Sir. 36,21; Hos. 9,1; Zech. 12,4; Mal. 3,24; Is. 2,12; Is. 2,12; Is. 2,14; Is. 2,15; Is. 58,6; Jer. 9,25; Jer. 19,14; Jer. 20,4; Jer. 25,1; Jer. 25,2; Jer. 27,44; Jer. 32,19; Jer. 37,6; Jer. 48,10; Jer. 49,5; Jer. 49,8; Jer. 51,17; Bar. 1,7; Bar. 2,27; Ezek. 5,10; Ezek. 5,12; Ezek. 6,13; Ezek. 12,14; Ezek. 13,18; Ezek. 16,15; Ezek. 17,21; Ezek. 37,21; Ezek. 39,20; Dan. 2,10; Dan. 2,16; Dan. 4,17a; Dan. 11,36; Judg. 3,3; Judg. 3,29; Judg. 4,13; Judg. 6,35; Judg. 7,8; Judg. 9,25; Judg. 11,20; Judg. 11,21; Judg. 16,30; Tob. 2,12; Tob. 6,13; Tob. 6,17; Tob. 12,17; Dan. 3,10; Dan. 9,6; Dan. 11,36; Bel 15; Luke 4,13; Luke 4,37; Luke 9,13; Luke 12,18; Luke 21,4; John 1,9; Acts 10,43; Acts 20,18; Acts 21,27; Rom. 3,2; Phil. 4,7; Phil. 4,21; Col. 1,28; Col. 1,28; Col. 1,28; 2Th. 2,4; Heb. 9,19; Heb. 12,1; Heb. 12,6; 1Pet. 2,1)
  Adjective · masculine · singular · nominative · noDegree
  · (intensive) ▸ **1** (Sol. 2,10)
  Adjective · neuter · plural · accusative · noDegree · (intensive)
  ▸ 752 + 23 + 156 = **931** (Gen. 1,25; Gen. 1,31; Gen. 2,19; Gen. 2,19; Gen. 6,22; Gen. 7,5; Gen. 7,19; Gen. 7,20; Gen. 9,2; Gen. 9,2; Gen. 9,3; Gen. 12,5; Gen. 12,20; Gen. 14,11; Gen. 15,10; Gen. 18,19; Gen. 19,25; Gen. 20,8; Gen. 21,12; Gen. 24,1; Gen. 24,66; Gen. 25,5; Gen. 26,15; Gen. 28,15; Gen. 31,1; Gen. 31,9; Gen. 31,18; Gen. 31,18; Gen. 31,31; Gen. 31,37; Gen. 32,24; Gen. 34,29; Gen. 36,6; Gen. 36,6; Gen. 36,6; Gen. 39,4; Gen. 39,5; Gen. 39,6; Gen. 39,8; Gen. 39,22; Gen. 39,23; Gen. 41,34; Gen. 41,35; Gen. 41,39; Gen. 41,48; Gen. 42,29; Gen. 45,27; Gen. 46,32; Gen. 49,25; Gen. 50,15; Ex. 1,14; Ex. 4,21; Ex. 4,28; Ex. 4,30; Ex. 7,2; Ex. 7,27; Ex. 9,14; Ex. 9,25; Ex. 10,4; Ex. 10,14; Ex. 11,10; Ex. 15,26; Ex. 18,1; Ex. 18,8; Ex. 18,14; Ex. 20,9; Ex. 20,11; Ex. 23,13; Ex. 23,22; Ex. 23,22; Ex. 23,27; Ex. 24,3; Ex. 24,4; Ex. 25,9; Ex. 25,22; Ex. 27,3; Ex. 27,19; Ex. 29,24; Ex. 29,35; Ex. 30,27; Ex. 30,28; Ex. 30,28; Ex. 31,5; Ex. 31,6; Ex. 31,8; Ex. 31,8; Ex. 31,11; Ex. 33,16; Ex. 34,11; Ex. 34,32; Ex. 35,10; Ex. 35,13; Ex. 35,14; Ex. 35,16; Ex. 35,21; Ex. 35,21; Ex. 35,24; Ex. 35,29; Ex. 35,32; Ex. 35,35; Ex. 36,1; Ex. 36,1; Ex. 36,3; Ex. 36,3; Ex. 38,23; Ex. 39,9; Ex. 39,9; Ex. 39,15; Ex. 39,17; Ex. 39,19; Ex. 39,19; Ex. 39,21; Ex. 39,23; Ex. 40,8; Ex. 40,9; Ex. 40,9; Ex. 40,10; Ex. 40,16; Ex. 40,33; Lev. 1,9; Lev. 1,13; Lev. 5,4; Lev. 8,11; Lev. 8,11; Lev. 10,11; Lev. 13,51; Lev. 18,5; Lev. 18,5; Lev. 18,6; Lev. 18,26; Lev. 18,26; Lev. 18,27; Lev. 19,37; Lev. 20,22; Lev. 20,23; Lev. 22,20; Lev. 25,18; Num. 1,50; Num. 1,50; Num. 1,50; Num. 1,54; Num. 2,34; Num. 3,8; Num. 3,8; Num. 3,10; Num. 3,36; Num. 4,3; Num. 4,9; Num. 4,10; Num. 4,12; Num. 4,14; Num. 4,14; Num. 4,15; Num. 4,26; Num. 4,27; Num. 4,27; Num. 4,31; Num. 4,32; Num. 4,32; Num. 4,32; Num. 5,9; Num. 7,1; Num. 7,1; Num. 16,28; Num. 16,30; Num. 22,2; Num. 30,1; Num. 30,3; Num. 31,9; Num. 31,11; Num. 33,52; Deut. 1,3; Deut. 1,30; Deut. 1,41; Deut. 2,37; Deut. 3,4; Deut. 3,7; Deut. 3,21; Deut. 4,3; Deut. 4,6; Deut. 4,34; Deut. 5,13; Deut. 5,27; Deut. 6,2; Deut. 6,24; Deut. 7,6; Deut. 7,7; Deut. 7,7; Deut. 7,12; Deut. 7,14; Deut. 7,16; Deut. 10,15; Deut. 11,7; Deut. 11,23; Deut. 11,32; Deut. 12,8; Deut. 12,11; Deut. 12,14; Deut. 12,18; Deut. 13,16; Deut. 13,17; Deut. 13,17; Deut. 17,10; Deut. 18,16; Deut. 20,14; Deut. 20,14; Deut. 20,18; Deut. 26,16; Deut. 28,12; Deut. 28,20; Deut. 28,58; Deut. 28,64; Deut. 29,1; Deut. 29,8; Deut. 29,23; Deut. 29,28; Deut. 30,2; Deut. 32,27; Josh. 1,8; Josh. 1,17; Josh. 2,13; Josh. 2,23; Josh. 4,10; Josh. 6,23; Josh. 7,24; Josh. 7,24; Josh. 8,27; Josh. 8,34 # 9,2e; Josh. 8,34 # 9,2e; Josh. 9,3; Josh. 11,14; Josh. 11,19; Josh. 21,45; Josh. 22,2; Josh. 22,2; Josh. 23,4; Josh. 23,6; Josh. 23,14; Josh. 23,15; Josh. 24,18; Josh. 24,27; Josh. 24,29; Judg. 4,13; Judg. 4,15; Judg. 10,15; Judg. 11,24; Judg. 13,14; Judg. 13,23; Judg. 16,17; Judg. 16,18; Ruth 3,6; Ruth 3,11; Ruth 3,16; Ruth 4,9; Ruth 4,9; 1Sam. 2,28; 1Sam. 2,35; 1Sam. 3,12; 1Sam.

Π, π   πᾶς

8,8; 1Sam. 8,20; 1Sam. 9,19; 1Sam. 10,7; 1Sam. 10,20; 1Sam. 12,1; 1Sam. 15,3; 1Sam. 15,3; 1Sam. 15,13; 1Sam. 16,4; 1Sam. 19,7; 1Sam. 19,18; 1Sam. 25,9; 1Sam. 25,21; 1Sam. 25,30; 1Sam. 25,35; 1Sam. 30,2; 1Sam. 30,18; 1Sam. 30,19; 1Sam. 30,20; 2Sam. 3,19; 2Sam. 6,11; 2Sam. 6,12; 2Sam. 8,4; 2Sam. 8,8; 2Sam. 9,11; 2Sam. 11,22; 2Sam. 14,20; 2Sam. 15,15; 2Sam. 16,8; 2Sam. 17,14; 2Sam. 19,31; 2Sam. 19,39; 2Sam. 21,14; 2Sam. 24,23; 1Kings 2,3; 1Kings 5,1; 1Kings 5,20; 1Kings 7,2; 1Kings 7,31; 1Kings 7,32; 1Kings 7,37; 1Kings 7,46; 1Kings 8,4; 1Kings 8,43; 1Kings 8,50; 1Kings 8,56; 1Kings 9,4; 1Kings 10,2; 1Kings 10,13; 1Kings 14,26; 1Kings 15,12; 1Kings 19,1; 1Kings 19,18; 1Kings 20,26; 1Kings 22,54; 2Kings 5,12; 2Kings 8,4; 2Kings 8,6; 2Kings 8,6; 2Kings 8,9; 2Kings 10,30; 2Kings 11,9; 2Kings 12,6; 2Kings 12,13; 2Kings 12,19; 2Kings 14,3; 2Kings 14,14; 2Kings 15,3; 2Kings 15,16; 2Kings 15,34; 2Kings 16,11; 2Kings 16,16; 2Kings 18,3; 2Kings 18,12; 2Kings 19,11; 2Kings 21,8; 2Kings 22,13; 2Kings 23,19; 2Kings 23,24; 2Kings 23,32; 2Kings 23,37; 2Kings 24,3; 2Kings 24,7; 2Kings 24,9; 2Kings 24,13; 2Kings 24,19; 2Kings 25,14; 1Chr. 4,10; 1Chr. 5,16; 1Chr. 6,34; 1Chr. 9,29; 1Chr. 13,14; 1Chr. 14,17; 1Chr. 16,40; 1Chr. 17,20; 1Chr. 18,4; 1Chr. 18,10; 1Chr. 21,23; 1Chr. 23,26; 1Chr. 29,12; 1Chr. 29,14; 1Chr. 29,16; 1Chr. 29,17; 2Chr. 4,11; 2Chr. 4,16; 2Chr. 4,18; 2Chr. 4,19; 2Chr. 5,5; 2Chr. 6,33; 2Chr. 7,11; 2Chr. 7,17; 2Chr. 9,1; 2Chr. 9,12; 2Chr. 12,9; 2Chr. 21,18; 2Chr. 23,8; 2Chr. 24,23; 2Chr. 25,24; 2Chr. 26,4; 2Chr. 27,2; 2Chr. 29,2; 2Chr. 29,18; 2Chr. 29,19; 2Chr. 30,14; 2Chr. 31,5; 2Chr. 33,8; 2Chr. 33,9; 2Chr. 33,15; 2Chr. 34,7; 2Chr. 34,21; 2Chr. 34,33; 2Chr. 35,19c; 2Chr. 36,2b; 2Chr. 36,5; 2Chr. 36,17; 2Chr. 36,18; 2Chr. 36,18; 1Esdr. 1,53; 1Esdr. 1,55; 1Esdr. 3,12; 1Esdr. 4,2; 1Esdr. 4,5; 1Esdr. 4,5; 1Esdr. 4,19; 1Esdr. 4,22; 1Esdr. 4,35; 1Esdr. 4,44; 1Esdr. 4,57; 1Esdr. 4,57; 1Esdr. 6,4; 1Esdr. 6,18; 1Esdr. 8,4; 1Esdr. 8,7; 1Esdr. 8,16; 1Esdr. 8,21; 1Esdr. 9,15; Ezra 8,35; Neh. 5,19; Neh. 9,6; Neh. 9,6; Neh. 13,8; Neh. 13,18; Esth. 3,8; Esth. 13,8 # 4,17a; Esth. 13,12 # 4,17d; Esth. 8,7; Esth. 16,4 # 8,12d; Esth. 16,17 # 8,12r; Esth. 16,21 # 8,12t; Judith 1,12; Judith 1,13; Judith 3,8; Judith 4,1; Judith 4,1; Judith 6,17; Judith 8,14; Judith 8,25; Judith 9,4; Judith 10,1; Judith 10,5; Judith 11,9; Judith 11,12; Judith 11,16; Judith 14,8; Judith 14,10; Judith 15,10; Judith 15,11; Judith 15,11; Judith 16,19; Tob. 4,19; Tob. 5,1; Tob. 12,20; Tob. 14,6; Tob. 14,6; 1Mac. 1,21; 1Mac. 1,22; 1Mac. 1,24; 1Mac. 1,49; 1Mac. 4,26; 1Mac. 4,51; 1Mac. 5,23; 1Mac. 5,25; 1Mac. 5,28; 1Mac. 6,12; 1Mac. 6,25; 1Mac. 6,59; 1Mac. 7,24; 1Mac. 9,36; 1Mac. 9,40; 1Mac. 10,89; 1Mac. 11,34; 1Mac. 11,35; 1Mac. 11,53; 1Mac. 13,9; 1Mac. 14,35; 1Mac. 15,5; 1Mac. 15,27; 1Mac. 15,36; 2Mac. 1,17; 2Mac. 2,14; 2Mac. 3,3; 2Mac. 7,28; 2Mac. 8,14; 2Mac. 8,31; 2Mac. 9,7; 2Mac. 9,16; 2Mac. 10,18; 2Mac. 10,23; 2Mac. 12,22; 2Mac. 15,2; 2Mac. 15,12; 3Mac. 1,26; 3Mac. 2,3; 3Mac. 5,28; 3Mac. 5,42; 3Mac. 6,26; 3Mac. 7,4; 3Mac. 7,18; 3Mac. 7,22; 4Mac. 2,16; 4Mac. 14,13; Psa. 8,7; Psa. 9,2; Psa. 11,4; Psa. 15,3; Psa. 21,18; Psa. 25,7; Psa. 32,15; Psa. 33,21; Psa. 48,18; Psa. 49,11; Psa. 51,6; Psa. 58,6; Psa. 58,9; Psa. 73,17; Psa. 74,3; Psa. 74,11; Psa. 86,2; Psa. 98,8; Psa. 103,11; Psa. 103,24; Psa. 104,2; Psa. 108,11; Psa. 110,2; Psa. 112,4; Psa. 113,11; Psa. 118,13; Psa. 134,6; Psa. 137,4; Psa. 138,5; Ode. 2,27; Ode. 5,12; Ode. 7,28; Ode. 7,31; Ode. 7,31; Ode. 7,37; Ode. 11,13; Prov. 6,31; Prov. 16,30; Prov. 24,12; Prov. 26,24; Prov. 28,14; Prov. 31,4; Prov. 31,12; Eccl. 1,14; Eccl. 3,11; Eccl. 7,15; Eccl. 7,18; Eccl. 8,17; Eccl. 9,10; Eccl. 10,19; Eccl. 11,5; Song 1,3; Song 4,10; Job 1,12; Job 2,11; Job 8,3; Job 10,13; Job 11,10; Job 13,9; Job 13,27; Job 27,17; Job 28,24; Job 31,4; Job 33,29; Job 34,13; Job 42,2; Job 42,7; Job 42,11; Wis. 1,7; Wis. 1,10; Wis. 1,14; Wis. 7,27; Wis. 7,27; Wis. 8,1; Wis. 8,5; Wis. 9,1; Wis. 9,11; Wis. 11,20; Wis. 11,23; Wis. 11,24; Wis. 12,15; Wis. 15,1; Wis. 15,7; Wis. 15,15; Wis. 16,17; Wis. 16,25; Wis. 18,13; Wis. 18,14; Wis. 18,16; Wis. 19,22; Sir. 1,9; Sir. 15,18; Sir. 18,1; Sir. 23,20; Sir. 33,15; Sir. 36,1; Sir. 42,7; Sir. 42,17; Sir. 43,28; Sir. 43,33; Sir. 50,29; Hos. 2,7; Hos. 13,15; Amos 5,8; Mic. 1,7; Mic. 1,7; Mic. 1,7; Mic. 3,9; Mic. 5,10; Mic. 6,16; Joel 1,19; Joel 4,2; Joel 4,12; Obad. 15; Nah. 2,10; Nah. 3,10; Hab. 2,5; Zeph. 1,2; Zeph. 3,7; Hag. 2,7; Hag. 2,17; Zech. 7,14; Zech. 8,12; Zech. 8,17; Zech. 12,9; Zech. 14,2; Zech. 14,18; Mal. 2,9; Mal. 3,10; Mal. 3,12; Is. 4,5; Is. 9,17; Is. 10,12; Is. 14,12; Is. 14,26; Is. 25,7; Is. 25,7; Is. 26,12; Is. 27,4; Is. 34,2; Is. 37,36; Is. 39,2; Is. 39,6; Is. 40,26; Is. 41,20; Is. 44,24; Is. 45,7; Is. 46,10; Is. 48,6; Is. 51,3; Is. 66,2; Is. 66,18; Jer. 1,7; Jer. 1,15; Jer. 1,17; Jer. 3,7; Jer. 7,10; Jer. 7,13; Jer. 7,20; Jer. 10,16; Jer. 11,4; Jer. 12,9; Jer. 14,22; Jer. 16,10; Jer. 17,9; Jer. 21,2; Jer. 21,14; Jer. 25,9; Jer. 25,13; Jer. 27,21; Jer. 27,29; Jer. 27,32; Jer. 28,19; Jer. 28,60; Jer. 30,24; Jer. 32,13; Jer. 32,15; Jer. 33,8; Jer. 39,23; Jer. 39,42; Jer. 39,42; Jer. 40,9; Jer. 42,10; Jer. 42,17; Jer. 43,2; Jer. 43,3; Jer. 43,8; Jer. 43,31; Jer. 48,11; Jer. 49,20; Jer. 51,2; Jer. 52,18; Bar. 2,9; Bar. 3,32; Lam. 1,7; Lam. 1,10; Lam. 2,2; Lam. 2,3; Lam. 2,4; Ezek. 4,6; Ezek. 5,9; Ezek. 7,5; Ezek. 7,7; Ezek. 11,18; Ezek. 12,7; Ezek. 14,22; Ezek. 14,23; Ezek. 16,30; Ezek. 16,36; Ezek. 16,63; Ezek. 17,18; Ezek. 18,19; Ezek. 24,24; Ezek. 31,4; Ezek. 31,5; Ezek. 32,4; Ezek. 32,4; Ezek. 32,13; Ezek. 33,29; Ezek. 39,17; Ezek. 39,21; Ezek. 40,4; Ezek. 40,4; Ezek. 43,11; Ezek. 43,11; Ezek. 43,11; Ezek. 43,11; Ezek. 44,5; Ezek. 44,5; Ezek. 44,5; Ezek. 44,14; Ezek. 44,14; Ezek. 47,9; Dan. 2,17; Dan. 2,29; Dan. 2,40; Dan. 3,2; Dan. 3,28; Dan. 3,28; Dan. 3,31; Dan. 3,31; Dan. 3,37; Dan. 4,37; Dan. 5,23; Dan. 7,7; Dan. 7,19; Dan. 7,25; Dan. 9,14; Sus. 35a; Bel 15-17; Bel 18; Judg. 4,13; Judg. 4,15; Judg. 8,35; Judg. 13,14; Judg. 13,23; Tob. 1,13; Tob. 1,20; Tob. 5,10; Tob. 12,20; Tob. 13,13; Dan. 2,40; Dan. 2,40; Dan. 3,28; Dan. 3,28; Dan. 3,31; Dan. 3,31; Dan. 3,37; Dan. 5,22; Dan. 6,25; Dan. 7,7; Dan. 12,7; Sus. 42; Bel 11; Matt. 4,9; Matt. 6,32; Matt. 8,33; Matt. 13,34; Matt. 13,41; Matt. 13,44; Matt. 13,46; Matt. 13,51; Matt. 17,11; Matt. 18,25; Matt. 18,26; Matt. 18,31; Matt. 19,20; Matt. 19,27; Matt. 21,22; Matt. 23,3; Matt. 23,5; Matt. 24,2; Matt. 24,33; Matt. 28,19; Matt. 28,20; Mark 4,34; Mark 5,26; Mark 6,30; Mark 7,19; Mark 7,37; Mark 9,12; Mark 10,20; Mark 10,28; Mark 11,11; Mark 11,24; Mark 12,44; Mark 13,10; Mark 13,23; Luke 2,19; Luke 2,39; Luke 2,51; Luke 5,11; Luke 5,28; Luke 7,1; Luke 9,1; Luke 9,7; Luke 15,13; Luke 15,14; Luke 16,14; Luke 17,10; Luke 18,12; Luke 18,21; Luke 18,22; Luke 21,22; Luke 21,24; Luke 21,29; Luke 21,36; Luke 24,9; Luke 24,44; Luke 24,47; John 3,35; John 4,29; John 4,39; John 4,45; John 5,20; John 10,4; John 13,3; John 14,26; John 14,26; John 15,15; John 15,21; John 16,30; John 18,4; John 21,17; Acts 3,22; Acts 4,24; Acts 5,20; Acts 7,50; Acts 10,33; Acts 13,22; Acts 13,29; Acts 14,15; Acts 14,16; Acts 17,22; Acts 17,24; Acts 17,25; Acts 20,35; Rom. 8,32; Rom. 14,2; Rom. 16,26; 1Cor. 2,10; 1Cor. 2,15; 1Cor. 9,12; 1Cor. 9,23; 1Cor. 9,25; 1Cor. 10,31; 1Cor. 10,33; 1Cor. 11,2; 1Cor. 12,6; 1Cor. 12,11; 1Cor. 13,2; 1Cor. 13,3; 1Cor. 13,7; 1Cor. 13,7; 1Cor. 13,7; 1Cor. 13,7; 1Cor. 15,27; 1Cor. 15,27; 1Cor. 15,28; 2Cor. 2,9; 2Cor. 6,10; 2Cor. 7,14; Gal. 3,22; Eph. 1,10; Eph. 1,11; Eph. 1,22; Eph. 1,22; Eph. 1,23; Eph. 3,9; Eph. 3,20; Eph. 4,10; Eph. 4,15; Eph. 6,16; Eph. 6,21; Phil. 3,8; Phil. 3,8; Phil. 3,21; Phil. 4,13; Phil. 4,18; Col. 1,20; Col. 2,13; Col. 3,8; Col. 3,17; Col. 3,20; Col. 3,22; Col. 4,7; Col. 4,9; 1Th. 5,21; 1Tim. 4,8; 1Tim. 6,13; 1Tim. 6,17; 2Tim. 2,10; Titus 2,7; Heb. 1,3; Heb. 2,8; Heb. 2,8; Heb. 2,8; Heb. 2,17; Heb. 3,4; Heb. 4,15; Heb. 8,5; Heb. 9,21; 2Pet. 1,3; 1John 3,20; Jude 5; Rev. 4,11; Rev. 5,13; Rev. 12,5; Rev. 14,8; Rev. 21,5)

Adjective • neuter • plural • nominative • noDegree • (intensive)

πᾶς

▸ 312 + 23 + 80 = **415** (Gen. 7,14; Gen. 7,14; Gen. 7,22; Gen. 8,17; Gen. 8,19; Gen. 8,19; Gen. 11,6; Gen. 13,1; Gen. 18,18; Gen. 20,7; Gen. 22,18; Gen. 26,4; Gen. 29,3; Gen. 30,32; Gen. 31,8; Gen. 31,8; Gen. 31,21; Gen. 31,43; Gen. 33,11; Gen. 33,13; Gen. 42,36; Gen. 45,11; Gen. 45,20; Gen. 46,1; Gen. 47,1; Ex. 9,6; Ex. 25,39; Lev. 6,23; Lev. 11,9; Lev. 11,10; Lev. 11,12; Lev. 11,20; Num. 1,20; Num. 1,22; Num. 1,24; Num. 1,26; Num. 1,28; Num. 1,30; Num. 1,32; Num. 1,34; Num. 1,36; Num. 1,38; Num. 1,40; Num. 1,42; Num. 3,31; Num. 3,43; Num. 18,13; Num. 30,13; Num. 31,23; Num. 32,26; Deut. 5,28; Deut. 10,14; Deut. 14,9; Deut. 14,10; Deut. 14,19; Deut. 28,10; Deut. 30,1; Josh. 4,24; Josh. 6,17; Josh. 7,15; Josh. 23,15; Judg. 6,13; Judg. 6,13; 1Sam. 10,9; 1Sam. 21,6; 1Sam. 25,6; 2Sam. 3,36; 2Sam. 16,4; 2Sam. 22,23; 1Kings 7,13; 1Kings 7,19; 1Kings 7,31; 1Kings 7,42; 1Kings 10,21; 1Kings 10,21; 1Kings 11,41; 1Kings 14,29; 1Kings 15,7; 1Kings 15,31; 1Kings 16,5; 1Kings 16,14; 1Kings 16,27; 1Kings 21,4; 1Kings 22,39; 2Kings 8,21; 2Kings 8,23; 2Kings 10,34; 2Kings 12,20; 2Kings 13,8; 2Kings 13,12; 2Kings 14,18; 2Kings 14,28; 2Kings 15,6; 2Kings 15,21; 2Kings 15,26; 2Kings 15,31; 2Kings 15,36; 2Kings 20,17; 2Kings 21,17; 2Kings 23,28; 2Kings 24,5; 2Kings 25,17; 1Chr. 5,20; 1Chr. 16,32; 2Chr. 9,20; 2Chr. 9,20; 2Chr. 29,32; 2Chr. 31,1; 2Chr. 36,8; 1Esdr. 2,11; 1Esdr. 4,36; 1Esdr. 4,37; 1Esdr. 4,37; 1Esdr. 5,49; 1Esdr. 6,8; 1Esdr. 8,83; Ezra 1,11; Ezra 1,11; Ezra 8,34; Neh. 6,16; Esth. 4,11; Judith 3,8; Judith 7,20; Tob. 1,20; Tob. 2,14; Tob. 3,2; Tob. 3,11; 1Mac. 1,42; 1Mac. 2,18; 1Mac. 2,19; 1Mac. 4,11; 1Mac. 5,38; 1Mac. 5,43; 1Mac. 6,43; 1Mac. 10,43; 1Mac. 12,53; 1Mac. 13,6; 1Mac. 15,7; 2Mac. 3,11; 4Mac. 1,35; Psa. 1,3; Psa. 9,18; Psa. 17,23; Psa. 21,15; Psa. 21,28; Psa. 32,4; Psa. 34,10; Psa. 43,18; Psa. 48,2; Psa. 49,10; Psa. 66,8; Psa. 68,35; Psa. 71,11; Psa. 71,17; Psa. 81,5; Psa. 85,9; Psa. 95,12; Psa. 95,12; Psa. 97,3; Psa. 102,1; Psa. 102,22; Psa. 103,20; Psa. 103,27; Psa. 116,1; Psa. 117,10; Psa. 118,160; Psa. 148,3; Psa. 148,10; Ode. 2,34; Ode. 7,27; Ode. 8,57; Ode. 8,60; Ode. 8,65; Ode. 8,76; Ode. 8,79; Ode. 8,80; Ode. 8,81; Ode. 10,9; Ode. 12,4; Prov. 8,8; Prov. 8,9; Prov. 14,7; Prov. 16,2; Prov. 16,9; Prov. 16,33; Prov. 16,33; Eccl. 1,2; Eccl. 1,14; Eccl. 2,11; Eccl. 2,16; Eccl. 2,17; Eccl. 3,14; Eccl. 3,19; Eccl. 3,20; Eccl. 3,20; Eccl. 3,20; Eccl. 6,6; Eccl. 9,1; Eccl. 10,3; Eccl. 12,8; Song 7,14; Job 19,27; Job 37,12; Job 42,16; Wis. 5,9; Wis. 7,11; Wis. 14,25; Sir. 17,30; Sir. 18,26; Sir. 23,12; Sir. 24,23; Sir. 26,5; Sir. 35,4; Sir. 37,28; Sir. 39,16; Sir. 39,16; Sir. 39,21; Sir. 39,27; Sir. 39,29; Sir. 39,33; Sir. 39,34; Sir. 40,10; Sir. 40,11; Sir. 41,10; Sir. 41,16; Sir. 42,22; Sir. 42,23; Sir. 42,23; Sir. 42,24; Sir. 43,26; Sol. 17,14; Hos. 10,14; Amos 8,7; Amos 9,12; Mic. 1,5; Joel 1,12; Joel 4,11; Joel 4,12; Obad. 16; Nah. 3,12; Hab. 2,6; Zeph. 2,14; Hag. 2,14; Zech. 10,11; Zech. 12,3; Is. 2,2; Is. 2,18; Is. 16,9; Is. 18,6; Is. 21,9; Is. 24,13; Is. 29,11; Is. 34,4; Is. 40,4; Is. 40,15; Is. 40,16; Is. 40,17; Is. 43,9; Is. 44,23; Is. 52,10; Is. 55,12; Is. 56,9; Is. 60,7; Is. 64,10; Is. 65,4; Is. 66,2; Jer. 3,17; Jer. 4,25; Jer. 9,25; Jer. 10,9; Jer. 23,9; Jer. 52,22; Bar. 2,7; LetterJ 44; Ezek. 8,10; Ezek. 16,44; Ezek. 17,9; Ezek. 17,24; Ezek. 18,22; Ezek. 25,8; Ezek. 27,9; Ezek. 31,6; Ezek. 31,6; Ezek. 31,13; Ezek. 31,13; Ezek. 31,14; Ezek. 31,15; Ezek. 31,16; Ezek. 31,16; Ezek. 32,8; Ezek. 38,16; Ezek. 38,20; Ezek. 39,23; Ezek. 43,12; Ezek. 44,30; Dan. 3,7; Dan. 3,7; Dan. 3,27; Dan. 3,57; Dan. 3,60; Dan. 3,65; Dan. 3,76; Dan. 3,79; Dan. 3,80; Dan. 4,12; Dan. 4,21; Dan. 4,33; Dan. 7,14; Dan. 8,4; Dan. 9,13; Dan. 11,16; Dan. 12,7; Judg. 6,13; Judg. 9,14; Tob. 3,2; Tob. 3,11; Tob. 13,17; Tob. 14,4; Tob. 14,4; Tob. 14,4; Tob. 14,4; Tob. 14,6; Dan. 3,27; Dan. 3,57; Dan. 3,60; Dan. 3,65; Dan. 3,76; Dan. 3,79; Dan. 3,80; Dan. 3,81; Dan. 4,28; Dan. 4,37; Dan. 8,4; Dan. 9,13; Dan. 11,17; Matt. 5,18; Matt. 6,33; Matt. 13,56; Matt. 19,26; Matt. 22,4; Matt. 23,36; Matt. 24,8; Matt. 24,34; Matt. 25,32; Mark 3,28; Mark 4,11; Mark 7,23; Mark 9,23; Mark 10,27; Mark 13,4; Mark 13,30; Mark 14,36; Luke 1,65; Luke 10,22; Luke 11,41; Luke 12,30; Luke 15,31; Luke 18,31; Luke 21,32; John 1,3; John 10,41; John 16,15; John 17,7; John 17,10; John 19,28; Acts 1,18; Acts 10,12; Acts 15,17; Rom. 8,28; Rom. 11,36; Rom. 12,4; Rom. 14,20; 1Cor. 3,21; 1Cor. 3,22; 1Cor. 6,12; 1Cor. 6,12; 1Cor. 8,6; 1Cor. 8,6; 1Cor. 9,22; 1Cor. 10,23; 1Cor. 10,23; 1Cor. 10,23; 1Cor. 11,12; 1Cor. 12,12; 1Cor. 12,19; 1Cor. 12,26; 1Cor. 12,26; 1Cor. 14,26; 1Cor. 14,40; 1Cor. 15,27; 1Cor. 15,28; 1Cor. 15,28; 1Cor. 16,14; 2Cor. 4,15; 2Cor. 5,18; 2Cor. 12,19; Gal. 3,8; Eph. 5,13; Col. 1,16; Col. 1,16; Col. 1,17; Col. 2,22; Col. 3,11; 2Tim. 4,17; Titus 1,15; Heb. 2,10; Heb. 2,10; Heb. 4,13; Heb. 9,22; 2Pet. 3,4; Rev. 15,4; Rev. 18,3; Rev. 18,14; Rev. 18,23; Rev. 19,21)

Adjective · neuter · singular · accusative · noDegree · (intensive)
▸ **10** (Gen. 20,16; 2Sam. 11,22; 2Sam. 13,32; 1Kings 7,26; 2Kings 23,4; Neh. 9,6; Psa. 19,6; Psa. 144,9; Sol. 9,9; Sol. 17,34)

Adjective · neuter · singular · nominative · noDegree · (intensive)
▸ **1** (Psa. 144,10)

Adjective · neuter · plural · vocative · (variant) ▸ **1** (Rom. 15,11)

Πάντας ▸ 1

Adjective · masculine · plural · accusative · noDegree · (intensive)
▸ **1** (Ex. 24,3)

πάντας ▸ 452 + 34 + 90 = 576

Adjective · masculine · plural · accusative · noDegree · (intensive)
▸ 452 + 34 + 90 = **576** (Gen. 9,2; Gen. 14,7; Gen. 16,12; Gen. 17,23; Gen. 17,23; Gen. 19,25; Gen. 20,8; Gen. 27,37; Gen. 29,8; Gen. 29,13; Gen. 29,22; Gen. 31,23; Gen. 37,3; Gen. 39,22; Gen. 41,8; Gen. 41,8; Gen. 41,56; Gen. 45,1; Gen. 45,15; Ex. 4,28; Ex. 18,11; Ex. 19,7; Ex. 20,1; Ex. 23,27; Ex. 33,12; Ex. 33,17; Ex. 36,2; Ex. 36,2; Lev. 8,36; Lev. 17,2; Lev. 20,5; Lev. 21,24; Num. 12,3; Num. 14,39; Num. 16,10; Num. 16,31; Num. 16,32; Num. 17,24; Num. 22,4; Num. 23,13; Num. 24,17; Num. 25,4; Num. 31,12; Num. 33,4; Num. 33,52; Num. 33,53; Deut. 1,3; Deut. 1,7; Deut. 1,18; Deut. 4,9; Deut. 6,19; Deut. 7,15; Deut. 12,2; Deut. 12,28; Deut. 13,14; Deut. 13,16; Deut. 27,3; Deut. 28,33; Deut. 29,1; Deut. 29,8; Deut. 31,1; Deut. 31,1; Deut. 31,12; Deut. 31,24; Deut. 31,28; Deut. 32,44; Deut. 32,46; Deut. 32,46; Josh. 5,5; Josh. 8,1; Josh. 8,24; Josh. 8,25; Josh. 9,24; Josh. 10,42; Josh. 11,11; Josh. 11,14; Josh. 11,17; Josh. 13,6; Josh. 21,44; Josh. 23,2; Judg. 3,1; Judg. 3,1; Judg. 3,13; Judg. 3,29; Judg. 9,2; Judg. 9,3; Judg. 9,25; Judg. 9,44; Judg. 10,8; Judg. 11,11; Judg. 12,4; Judg. 16,17; Judg. 16,18; Judg. 21,10; 1Sam. 3,18; 1Sam. 8,21; 1Sam. 14,47; 1Sam. 19,1; 1Sam. 22,7; 1Sam. 22,11; 1Sam. 22,18; 1Sam. 22,21; 1Sam. 30,31; 2Sam. 7,9; 2Sam. 7,17; 2Sam. 11,18; 2Sam. 11,19; 2Sam. 13,21; 2Sam. 13,23; 2Sam. 13,27; 2Sam. 13,30; 2Sam. 14,19; 2Sam. 16,6; 2Sam. 16,11; 1Kings 1,9; 1Kings 1,9; 1Kings 1,19; 1Kings 1,25; 1Kings 2,35b; 1Kings 5,10; 1Kings 5,11; 1Kings 6,29; 1Kings 8,1; 1Kings 9,7; 1Kings 10,3; 1Kings 10,23; 1Kings 14,26; 1Kings 16,25; 1Kings 16,30; 1Kings 16,33; 1Kings 18,20; 1Kings 18,21; 1Kings 21,7; 1Kings 21,21; 1Kings 22,6; 2Kings 6,12; 2Kings 10,9; 2Kings 10,11; 2Kings 10,11; 2Kings 10,17; 2Kings 10,19; 2Kings 19,4; 2Kings 19,24; 2Kings 21,24; 2Kings 22,16; 2Kings 23,1; 2Kings 23,2; 2Kings 23,8; 2Kings 23,19; 2Kings 23,20; 2Kings 24,13; 2Kings 24,14; 2Kings 24,16; 2Kings 25,9; 1Chr. 12,16; 1Chr. 16,25; 1Chr. 17,8; 1Chr. 17,15; 1Chr. 22,2; 1Chr. 23,2; 1Chr. 27,1; 1Chr. 28,1; 1Chr. 28,21; 2Chr. 2,4; 2Chr. 2,16; 2Chr. 5,2; 2Chr. 9,2; 2Chr. 9,22; 2Chr. 11,23; 2Chr. 15,5; 2Chr. 21,4; 2Chr. 22,1; 2Chr. 24,23; 2Chr. 28,15; 2Chr. 34,24; 2Chr. 34,30; 2Chr. 34,32; 2Chr. 34,33; 2Chr. 35,7; 2Chr. 35,13; 2Chr. 36,18; 1Esdr. 1,50; 1Esdr. 3,14; 1Esdr. 3,18; 1Esdr. 4,47; 1Esdr. 4,47; 1Esdr. 8,23; 1Esdr. 9,16;

πᾶς

1Esdr. 9,49; Ezra 8,22; Ezra 8,22; Neh. 8,13; Neh. 11,2; Esth. 1,16; Esth. 3,6; Esth. 13,6 # 3,13f; Esth. 4,9; Esth. 4,12; Esth. 4,13; Esth. 14,19 # 4,17z; Esth. 8,13; Judith 1,7; Judith 1,7; Judith 1,7; Judith 1,9; Judith 1,10; Judith 1,12; Judith 1,12; Judith 2,2; Judith 2,2; Judith 2,14; Judith 2,23; Judith 2,25; Judith 2,26; Judith 2,27; Judith 2,27; Judith 2,28; Judith 3,8; Judith 4,7; Judith 5,2; Judith 5,2; Judith 5,4; Judith 5,14; Judith 5,15; Judith 5,16; Judith 6,1; Judith 6,16; Judith 7,20; Judith 8,9; Tob. 6,14; Tob. 8,15; Tob. 13,4; Tob. 13,18; 1Mac. 1,41; 1Mac. 1,51; 1Mac. 2,67; 1Mac. 5,27; 1Mac. 6,10; 1Mac. 6,28; 1Mac. 7,6; 1Mac. 7,7; 1Mac. 9,58; 1Mac. 10,29; 1Mac. 12,45; 1Mac. 12,48; 1Mac. 12,49; 1Mac. 13,10; 1Mac. 14,14; 2Mac. 1,22; 2Mac. 3,24; 2Mac. 4,42; 2Mac. 5,24; 2Mac. 5,26; 2Mac. 8,24; 2Mac. 9,15; 2Mac. 10,17; 2Mac. 11,11; 2Mac. 15,11; 3Mac. 2,28; 3Mac. 3,1; 3Mac. 7,8; 4Mac. 15,12; 4Mac. 17,24; Psa. 3,8; Psa. 5,6; Psa. 5,7; Psa. 17,40; Psa. 20,9; Psa. 30,12; Psa. 32,13; Psa. 32,14; Psa. 58,6; Psa. 75,10; Psa. 82,12; Psa. 87,8; Psa. 88,8; Psa. 88,41; Psa. 88,43; Psa. 88,48; Psa. 94,3; Psa. 95,4; Psa. 96,9; Psa. 98,2; Psa. 100,8; Psa. 100,8; Psa. 118,99; Psa. 118,118; Psa. 118,119; Psa. 134,5; Psa. 142,12; Psa. 144,14; Psa. 144,14; Psa. 144,20; Psa. 144,20; Prov. 2,9; Prov. 10,12; Prov. 22,10; Prov. 31,8; Eccl. 2,7; Eccl. 2,9; Eccl. 4,15; Eccl. 7,21; Eccl. 9,4; Job 34,23; Job 36,19; Wis. 11,23; Wis. 15,13; Wis. 16,12; Sir. 12,13; Sir. 46,18; Sol. 4,2; Sol. 4,25; Sol. 9,2; Sol. 17,41; Sol. 18,8; Amos 2,3; Joel 1,14; Nah. 1,4; Hab. 2,5; Zeph. 1,4; Zeph. 1,8; Zeph. 1,9; Zeph. 1,18; Zeph. 2,11; Zeph. 3,9; Hag. 1,11; Hag. 2,2; Zech. 8,10; Zech. 11,10; Zech. 12,4; Zech. 12,6; Zech. 14,12; Is. 1,25; Is. 1,25; Is. 14,9; Is. 27,9; Is. 29,21; Is. 39,2; Is. 40,26; Is. 43,7; Is. 43,14; Is. 49,18; Is. 49,18; Is. 53,3; Is. 54,13; Is. 54,17; Is. 56,6; Is. 57,13; Is. 58,3; Is. 61,2; Is. 65,8; Jer. 1,7; Jer. 1,14; Jer. 3,3; Jer. 4,24; Jer. 7,25; Jer. 8,2; Jer. 9,24; Jer. 13,13; Jer. 18,18; Jer. 19,2; Jer. 20,5; Jer. 20,5; Jer. 21,6; Jer. 22,22; Jer. 25,13; Jer. 27,27; Jer. 28,28; Jer. 28,60; Jer. 28,61; Jer. 29,4; Jer. 29,4; Jer. 32,20; Jer. 32,20; Jer. 32,22; Jer. 32,24; Jer. 32,25; Jer. 32,25; Jer. 32,26; Jer. 33,12; Jer. 33,15; Jer. 33,20; Jer. 33,21; Jer. 34,12; Jer. 37,2; Jer. 37,16; Jer. 41,6; Jer. 43,2; Jer. 43,4; Jer. 43,13; Jer. 43,16; Jer. 43,17; Jer. 43,18; Jer. 43,20; Jer. 43,24; Jer. 43,27; Jer. 43,28; Jer. 45,27; Jer. 48,3; Jer. 48,3; Jer. 48,9; Jer. 48,16; Jer. 50,1; Jer. 50,1; Jer. 50,5; Jer. 51,12; Jer. 52,10; Bar. 1,21; Lam. 1,15; Lam. 2,22; Lam. 3,34; Lam. 3,60; Lam. 3,61; Ezek. 3,10; Ezek. 5,10; Ezek. 7,16; Ezek. 9,6; Ezek. 11,25; Ezek. 12,14; Ezek. 12,14; Ezek. 16,37; Ezek. 16,37; Ezek. 23,7; Ezek. 23,23; Ezek. 23,23; Ezek. 23,23; Ezek. 23,29; Ezek. 27,33; Ezek. 29,4; Ezek. 29,5; Ezek. 29,10; Ezek. 32,15; Ezek. 37,16; Ezek. 38,4; Ezek. 38,11; Ezek. 38,22; Dan. 1,20; Dan. 2,12; Dan. 2,13; Dan. 2,24; Dan. 2,30; Dan. 3,1; Dan. 3,2; Dan. 3,52; Dan. 4,22; Dan. 4,37a; Dan. 5,0; Dan. 5,11; Dan. 6,4; Dan. 7,19; Dan. 11,2; Bel 14; Judg. 2,4; Judg. 3,1; Judg. 3,13; Judg. 3,19; Judg. 9,2; Judg. 9,3; Judg. 9,44; Judg. 10,8; Judg. 11,11; Judg. 11,24; Judg. 12,4; Tob. 3,17; Tob. 6,12; Tob. 8,5; Tob. 8,5; Tob. 8,15; Tob. 11,14; Tob. 13,4; Tob. 13,5; Tob. 13,12; Tob. 13,12; Tob. 13,17; Dan. 1,20; Dan. 2,12; Dan. 2,30; Dan. 2,48; Dan. 3,2; Dan. 4,6; Dan. 4,37; Dan. 7,24; Dan. 11,2; Dan. 11,37; Dan. 11,37; Bel 2; Matt. 2,4; Matt. 2,16; Matt. 4,24; Matt. 8,16; Matt. 12,15; Matt. 14,35; Matt. 21,12; Matt. 22,10; Matt. 26,1; Mark 1,32; Mark 2,12; Mark 5,40; Mark 6,39; Luke 1,65; Luke 4,36; Luke 5,9; Luke 6,10; Luke 6,19; Luke 7,16; Luke 9,23; Luke 12,41; Luke 13,2; Luke 13,4; Luke 13,28; Luke 17,27; Luke 17,29; Luke 21,35; John 2,15; John 2,24; John 12,32; Acts 4,33; Acts 5,5; Acts 5,11; Acts 9,14; Acts 9,40; Acts 10,38; Acts 10,44; Acts 11,23; Acts 17,30; Acts 18,2; Acts 18,23; Acts 19,10; Acts 19,17; Acts 21,21; Acts 21,28; Acts 22,15; Acts 26,29; Acts 27,24; Acts 27,44; Acts 28,2; Acts 28,30; Rom. 3,9; Rom. 3,22; Rom. 5,12; Rom. 5,18; Rom. 5,18; Rom. 10,12; Rom. 11,32; Rom. 11,32; Rom. 16,15; Rom. 16,19; 1Cor. 7,7; 1Cor. 14,5; 1Cor. 15,25; 2Cor. 2,3; 2Cor. 2,5; 2Cor. 5,10; 2Cor. 9,13; Gal. 6,10; Eph. 1,15; Eph. 3,9; Phil. 1,7; Phil. 1,8; Phil. 2,26; Col. 1,4; 1Th. 3,12; 1Th. 4,10; 1Th. 5,14; 1Th. 5,15; 1Th. 5,26; 1Tim. 2,4; 2Tim. 2,24; Titus 3,2; Philem. 5; Heb. 13,24; Heb. 13,24; 1Pet. 2,17; 2Pet. 3,9; Jude 25; Rev. 13,16)

Πάντες ▸ 6 + 1 = 7
Adjective · masculine · plural · nominative · noDegree
· (intensive) ▸ 6 + 1 = 7 (Gen. 49,28; Ex. 12,33; Num. 4,46; 2Sam. 13,33; Sir. 38,31; Dan. 6,27; Gal. 3,26)

πάντες ▸ 643 + 53 + 176 = 872
Adjective · masculine · plural · nominative · noDegree
· (intensive) ▸ 643 + 53 + 170 = **866** (Gen. 10,29; Gen. 14,3; Gen. 17,27; Gen. 20,8; Gen. 25,4; Gen. 34,24; Gen. 37,35; Gen. 42,11; Gen. 45,2; Gen. 47,15; Gen. 50,7; Gen. 50,7; Ex. 1,6; Ex. 4,19; Ex. 7,5; Ex. 7,24; Ex. 9,19; Ex. 11,8; Ex. 12,30; Ex. 12,30; Ex. 14,4; Ex. 14,18; Ex. 15,15; Ex. 16,22; Ex. 18,12; Ex. 27,17; Ex. 32,26; Ex. 34,30; Ex. 34,31; Ex. 34,32; Ex. 35,22; Ex. 36,4; Ex. 37,15; Ex. 37,18; Lev. 24,14; Num. 2,9; Num. 2,16; Num. 2,24; Num. 2,31; Num. 10,4; Num. 10,34; Num. 13,3; Num. 14,2; Num. 14,14; Num. 14,22; Num. 14,23; Num. 16,3; Num. 16,25; Num. 17,21; Num. 23,6; Num. 23,17; Num. 26,47; Num. 30,5; Num. 30,12; Num. 31,13; Num. 31,48; Num. 32,27; Deut. 1,22; Deut. 2,16; Deut. 4,4; Deut. 4,30; Deut. 5,3; Deut. 5,23; Deut. 9,10; Deut. 18,7; Deut. 29,9; Deut. 32,43; Deut. 32,43; Deut. 33,3; Josh. 3,17; Josh. 7,9; Josh. 7,14; Josh. 8,4; Josh. 8,5; Josh. 9,2; Josh. 9,11; Josh. 9,18; Josh. 10,2; Josh. 10,6; Josh. 11,5; Josh. 12,24; Josh. 22,12; Josh. 22,30; Josh. 23,14; Judg. 3,19; Judg. 5,31; Judg. 7,12; Judg. 7,18; Judg. 9,6; Judg. 9,46; Judg. 9,47; Judg. 9,49; Judg. 9,51; Judg. 9,51; Judg. 16,27; Judg. 20,1; Judg. 20,7; Judg. 20,16; Judg. 20,17; Judg. 20,25; Judg. 20,26; Judg. 20,35; Judg. 20,46; 1Sam. 7,7; 1Sam. 10,11; 1Sam. 11,1; 1Sam. 18,22; 1Sam. 22,6; 1Sam. 22,8; 1Sam. 22,11; 1Sam. 26,12; 2Sam. 1,11; 2Sam. 4,1; 2Sam. 5,3; 2Sam. 5,17; 2Sam. 8,14; 2Sam. 10,19; 2Sam. 13,25; 2Sam. 13,29; 2Sam. 13,31; 2Sam. 13,36; 2Sam. 15,17; 2Sam. 15,18; 2Sam. 15,18; 2Sam. 15,18; 2Sam. 15,18; 2Sam. 15,18; 2Sam. 15,22; 2Sam. 15,24; 2Sam. 16,6; 2Sam. 18,32; 2Sam. 19,7; 2Sam. 19,15; 2Sam. 19,42; 2Sam. 20,7; 2Sam. 20,14; 2Sam. 23,6; 2Sam. 23,39; 1Kings 1,41; 1Kings 1,49; 1Kings 5,14; 1Kings 8,43; 1Kings 8,60; 1Kings 8,62; 1Kings 8,63; 1Kings 10,13; 1Kings 10,24; 1Kings 11,17; 1Kings 21,12; 1Kings 22,10; 1Kings 22,12; 1Kings 22,13; 2Kings 10,19; 2Kings 10,21; 2Kings 10,21; 2Kings 10,21; 2Kings 10,21; 2Kings 10,21; 2Kings 10,21; 2Kings 19,35; 2Kings 23,2; 2Kings 24,16; 2Kings 25,4; 2Kings 25,23; 1Chr. 1,33; 1Chr. 2,4; 1Chr. 2,6; 1Chr. 3,9; 1Chr. 4,6; 1Chr. 5,10; 1Chr. 7,3; 1Chr. 7,8; 1Chr. 7,11; 1Chr. 7,40; 1Chr. 7,40; 1Chr. 8,38; 1Chr. 8,40; 1Chr. 9,9; 1Chr. 9,22; 1Chr. 10,11; 1Chr. 11,3; 1Chr. 12,22; 1Chr. 12,33; 1Chr. 12,39; 1Chr. 14,8; 1Chr. 15,27; 1Chr. 16,26; 1Chr. 18,13; 1Chr. 20,8; 1Chr. 21,3; 1Chr. 25,5; 1Chr. 25,6; 1Chr. 26,8; 1Chr. 26,8; 1Chr. 26,11; 1Chr. 27,31; 1Chr. 29,15; 1Chr. 29,24; 2Chr. 5,4; 2Chr. 5,4; 2Chr. 5,11; 2Chr. 5,12; 2Chr. 6,33; 2Chr. 7,3; 2Chr. 9,23; 2Chr. 14,7; 2Chr. 18,9; 2Chr. 18,11; 2Chr. 18,27; 2Chr. 20,24; 2Chr. 21,2; 2Chr. 24,10; 2Chr. 24,27; 2Chr. 25,12; 2Chr. 29,29; 2Chr. 35,18; 2Chr. 35,25; 2Chr. 36,14; 1Esdr. 1,19; 1Esdr. 4,19; 1Esdr. 4,37; 1Esdr. 4,39; 1Esdr. 5,3; 1Esdr. 5,28; 1Esdr. 5,35; 1Esdr. 5,41; 1Esdr. 5,54; 1Esdr. 5,56; 1Esdr. 7,11; 1Esdr. 7,11; 1Esdr. 7,13; 1Esdr. 8,24; 1Esdr. 9,12; 1Esdr. 9,36; 1Esdr. 9,46; 1Esdr. 9,50; 1Esdr. 9,54; Ezra 1,6; Ezra 2,42; Ezra 2,58; Ezra 3,8; Ezra 6,20; Ezra 8,20; Ezra 10,9; Ezra 10,14; Ezra 10,16; Ezra 10,44; Neh. 4,2; Neh. 4,9; Neh. 5,16; Neh. 6,9; Neh. 6,16; Neh.

πᾶς 1959

7,60; Neh. 10,1; Neh. 11,6; Neh. 13,20; Esth. 3,2; Judith 1,6; Judith 1,6; Judith 1,11; Judith 4,14; Judith 5,22; Judith 7,8; Judith 7,8; Judith 7,13; Judith 7,19; Judith 10,20; Judith 10,23; Judith 13,1; Judith 13,4; Judith 13,13; Judith 14,4; Judith 15,4; Judith 15,5; Judith 15,9; Tob. 1,10; Tob. 4,12; Tob. 8,15; Tob. 11,14; Tob. 13,10; Tob. 13,14; Tob. 13,14; Tob. 14,7; 1Mac. 1,9; 1Mac. 2,37; 1Mac. 2,40; 1Mac. 2,41; 1Mac. 2,43; 1Mac. 2,61; 1Mac. 3,2; 1Mac. 3,2; 1Mac. 3,6; 1Mac. 4,15; 1Mac. 4,22; 1Mac. 4,33; 1Mac. 5,13; 1Mac. 5,42; 1Mac. 6,41; 1Mac. 7,5; 1Mac. 7,22; 1Mac. 7,46; 1Mac. 8,16; 1Mac. 9,11; 1Mac. 9,14; 1Mac. 9,23; 1Mac. 9,28; 1Mac. 9,33; 1Mac. 9,58; 1Mac. 10,33; 1Mac. 10,64; 1Mac. 11,47; 1Mac. 11,70; 1Mac. 12,52; 1Mac. 13,4; 1Mac. 14,9; 2Mac. 1,23; 2Mac. 5,4; 2Mac. 8,20; 2Mac. 11,9; 2Mac. 12,41; 2Mac. 15,34; 2Mac. 15,36; 3Mac. 5,7; 3Mac. 5,21; 3Mac. 5,29; 3Mac. 7,22; 4Mac. 3,9; 4Mac. 7,17; 4Mac. 7,17; 4Mac. 8,29; 4Mac. 13,13; 4Mac. 13,17; 4Mac. 14,5; 4Mac. 16,25; 4Mac. 17,19; Psa. 2,10; Psa. 2,12; Psa. 5,12; Psa. 5,12; Psa. 6,9; Psa. 6,11; Psa. 13,3; Psa. 13,4; Psa. 21,8; Psa. 21,30; Psa. 21,30; Psa. 23,1; Psa. 24,3; Psa. 24,3; Psa. 30,24; Psa. 30,25; Psa. 31,11; Psa. 32,8; Psa. 33,23; Psa. 38,13; Psa. 39,17; Psa. 40,8; Psa. 41,8; Psa. 48,2; Psa. 52,4; Psa. 52,5; Psa. 55,6; Psa. 61,4; Psa. 63,9; Psa. 63,11; Psa. 65,16; Psa. 66,4; Psa. 66,6; Psa. 68,20; Psa. 69,5; Psa. 71,11; Psa. 74,4; Psa. 74,9; Psa. 75,6; Psa. 75,6; Psa. 75,12; Psa. 79,13; Psa. 81,6; Psa. 88,42; Psa. 91,8; Psa. 91,10; Psa. 93,4; Psa. 93,15; Psa. 95,5; Psa. 96,6; Psa. 96,7; Psa. 96,7; Psa. 101,16; Psa. 101,27; Psa. 102,20; Psa. 113,16; Psa. 113,25; Psa. 116,1; Psa. 117,4; Psa. 127,1; Psa. 128,5; Psa. 133,1; Psa. 134,18; Psa. 137,4; Psa. 138,16; Psa. 145,4; Psa. 148,2; Psa. 148,9; Psa. 148,11; Psa. 148,11; Ode. 1,15; Ode. 2,43; Ode. 2,43; Ode. 6,4; Ode. 7,44; Prov. 1,14; Prov. 2,19; Prov. 3,17; Prov. 11,20; Prov. 22,11; Prov. 26,19; Prov. 29,12; Prov. 30,5; Prov. 31,21; Eccl. 1,7; Eccl. 1,8; Song 3,8; Job 13,4; Job 16,2; Job 17,10; Job 27,12; Job 29,8; Job 38,7; Job 42,11; Job 42,11; Wis. 13,1; Wis. 15,14; Wis. 17,16; Wis. 18,12; Sir. 8,5; Sir. 8,7; Sir. 10,2; Sir. 13,23; Sir. 17,32; Sir. 25,24; Sir. 33,10; Sir. 36,17; Sir. 37,24; Sir. 44,7; Sir. 46,10; Sir. 49,4; Sir. 50,13; Sol. 17,27; Sol. 17,32; Hos. 7,4; Hos. 7,7; Hos. 7,7; Hos. 9,4; Hos. 9,15; Hos. 12,9; Amos 6,2; Amos 9,5; Amos 9,10; Amos 9,13; Mic. 1,2; Mic. 3,7; Mic. 4,5; Mic. 5,8; Mic. 7,2; Mic. 7,6; Joel 1,2; Joel 1,5; Joel 2,1; Joel 4,9; Obad. 7; Jonah 2,4; Nah. 1,5; Nah. 3,10; Nah. 3,19; Hab. 2,8; Zeph. 1,11; Zeph. 2,3; Hag. 1,12; Zech. 14,5; Zech. 14,21; Mal. 3,15; Mal. 3,19; Mal. 3,19; Is. 4,3; Is. 7,19; Is. 9,16; Is. 14,9; Is. 14,10; Is. 14,18; Is. 14,29; Is. 14,31; Is. 15,2; Is. 15,3; Is. 16,7; Is. 18,3; Is. 19,8; Is. 19,10; Is. 22,1; Is. 22,3; Is. 24,7; Is. 29,7; Is. 29,7; Is. 31,3; Is. 36,6; Is. 41,11; Is. 41,11; Is. 44,9; Is. 44,10; Is. 44,11; Is. 44,11; Is. 45,16; Is. 45,24; Is. 47,14; Is. 48,14; Is. 50,9; Is. 50,11; Is. 53,6; Is. 56,10; Is. 56,10; Is. 56,11; Is. 60,4; Is. 60,6; Is. 64,5; Is. 64,7; Is. 64,8; Is. 65,12; Is. 66,10; Is. 66,10; Jer. 2,3; Jer. 2,24; Jer. 2,29; Jer. 2,29; Jer. 5,6; Jer. 5,16; Jer. 6,13; Jer. 6,13; Jer. 6,28; Jer. 6,28; Jer. 9,1; Jer. 12,1; Jer. 17,13; Jer. 18,16; Jer. 20,6; Jer. 20,6; Jer. 20,10; Jer. 22,20; Jer. 23,14; Jer. 27,7; Jer. 27,10; Jer. 27,14; Jer. 27,30; Jer. 27,33; Jer. 30,32; Jer. 31,17; Jer. 31,17; Jer. 33,21; Jer. 37,14; Jer. 37,16; Jer. 38,34; Jer. 38,40; Jer. 41,10; Jer. 43,12; Jer. 43,12; Jer. 43,14; Jer. 45,27; Jer. 46,3; Jer. 47,7; Jer. 47,11; Jer. 47,13; Jer. 48,11; Jer. 48,16; Jer. 49,1; Jer. 49,17; Jer. 49,17; Jer. 50,2; Jer. 50,4; Jer. 50,5; Jer. 51,15; Jer. 51,18; Jer. 52,7; Jer. 52,8; Bar. 4,1; Lam. 1,2; Lam. 1,3; Lam. 1,8; Lam. 1,12; Lam. 1,18; Lam. 1,21; Lam. 2,15; Lam. 2,16; Lam. 3,46; Lam. 4,12; Ezek. 7,17; Ezek. 12,19; Ezek. 12,28; Ezek. 21,12; Ezek. 22,18; Ezek. 22,19; Ezek. 23,6; Ezek. 23,7; Ezek. 23,12; Ezek. 23,24; Ezek. 26,16; Ezek. 27,21; Ezek. 27,27; Ezek. 27,29; Ezek. 27,34; Ezek. 27,35; Ezek. 28,19; Ezek. 29,6; Ezek. 30,5; Ezek. 30,8; Ezek. 30,11; Ezek. 30,26; Ezek. 31,12; Ezek. 31,14; Ezek. 31,14; Ezek. 32,12; Ezek. 32,22; Ezek. 32,22; Ezek. 32,24; Ezek. 32,26; Ezek. 32,26; Ezek. 32,30; Ezek. 38,5; Ezek. 38,6; Ezek. 38,6; Ezek. 38,9; Ezek. 38,15; Ezek. 38,20; Ezek. 39,4; Ezek. 39,18; Ezek. 39,23; Dan. 2,13; Dan. 3,44; Dan. 3,90; Dan. 12,10; Sus. 28; Sus. 33; Sus. 33; Bel 9; Bel 28; Judg. 5,31; Judg. 7,12; Judg. 7,18; Judg. 8,10; Judg. 9,6; Judg. 9,46; Judg. 9,47; Judg. 9,49; Judg. 9,51; Judg. 16,17; Judg. 16,27; Judg. 20,1; Judg. 20,7; Judg. 20,16; Judg. 20,17; Judg. 20,25; Judg. 20,26; Judg. 20,35; Judg. 20,44; Judg. 20,46; Judg. 20,46; Tob. 1,5; Tob. 1,10; Tob. 2,10; Tob. 7,11; Tob. 10,13; Tob. 11,14; Tob. 11,14; Tob. 13,14; Tob. 13,14; Tob. 13,14; Tob. 13,14; Tob. 13,15; Tob. 13,16; Tob. 14,4; Tob. 14,5; Tob. 14,6; Tob. 14,6; Tob. 14,7; Dan. 3,3; Dan. 3,7; Dan. 3,44; Dan. 3,90; Dan. 4,18; Dan. 4,35; Dan. 5,8; Dan. 5,19; Dan. 6,8; Dan. 7,14; Dan. 12,10; Sus. 6; Sus. 30; Sus. 33; Matt. 11,13; Matt. 12,23; Matt. 14,20; Matt. 15,37; Matt. 19,11; Matt. 21,26; Matt. 22,28; Matt. 23,8; Matt. 25,31; Matt. 26,27; Matt. 26,31; Matt. 26,33; Matt. 26,35; Matt. 26,52; Matt. 26,56; Matt. 27,1; Matt. 27,22; Mark 1,5; Mark 1,37; Mark 5,20; Mark 6,42; Mark 6,50; Mark 7,3; Mark 7,14; Mark 12,44; Mark 14,23; Mark 14,27; Mark 14,29; Mark 14,31; Mark 14,50; Mark 14,53; Mark 14,64; Luke 1,63; Luke 1,66; Luke 2,3; Luke 2,18; Luke 2,47; Luke 4,22; Luke 4,28; Luke 6,26; Luke 8,40; Luke 8,52; Luke 9,17; Luke 9,43; Luke 13,3; Luke 13,5; Luke 13,17; Luke 14,18; Luke 14,29; Luke 15,1; Luke 19,7; Luke 20,38; Luke 21,4; Luke 22,70; Luke 23,48; Luke 23,49; John 1,7; John 1,16; John 3,26; John 5,23; John 5,28; John 6,45; John 7,21; John 10,8; John 11,48; John 13,10; John 13,11; John 13,35; John 17,21; John 18,20; Acts 1,14; Acts 2,1; Acts 2,4; Acts 2,12; Acts 2,32; Acts 2,44; Acts 3,24; Acts 4,21; Acts 5,17; Acts 5,36; Acts 5,37; Acts 6,15; Acts 8,1; Acts 8,10; Acts 9,21; Acts 9,26; Acts 9,35; Acts 10,33; Acts 10,43; Acts 16,33; Acts 17,7; Acts 17,21; Acts 18,17; Acts 19,7; Acts 20,25; Acts 21,18; Acts 21,20; Acts 21,24; Acts 22,3; Acts 26,4; Acts 27,36; Rom. 3,12; Rom. 3,23; Rom. 5,12; Rom. 9,6; Rom. 9,7; Rom. 10,16; Rom. 14,10; Rom. 15,11; 1Cor. 1,10; 1Cor. 8,1; 1Cor. 9,24; 1Cor. 10,1; 1Cor. 10,1; 1Cor. 10,2; 1Cor. 10,3; 1Cor. 10,4; 1Cor. 10,17; 1Cor. 12,13; 1Cor. 12,13; 1Cor. 12,29; 1Cor. 12,29; 1Cor. 12,29; 1Cor. 12,29; 1Cor. 12,30; 1Cor. 12,30; 1Cor. 12,30; 1Cor. 14,23; 1Cor. 14,24; 1Cor. 14,31; 1Cor. 14,31; 1Cor. 14,31; 1Cor. 15,22; 1Cor. 15,22; 1Cor. 15,51; 1Cor. 15,51; 1Cor. 16,20; 2Cor. 3,18; 2Cor. 5,14; 2Cor. 13,12; Gal. 1,2; Gal. 3,28; Eph. 2,3; Eph. 4,13; Phil. 2,21; Phil. 4,22; Col. 2,3; 1Th. 5,5; 2Th. 2,12; 2Tim. 1,15; 2Tim. 3,12; 2Tim. 4,16; 2Tim. 4,21; Titus 3,15; Heb. 1,6; Heb. 1,11; Heb. 1,14; Heb. 2,11; Heb. 3,16; Heb. 8,11; Heb. 11,13; Heb. 11,39; Heb. 12,8; 1Pet. 3,8; 1John 2,19; 1John 2,20; 2John 1; Rev. 7,11; Rev. 13,8; Rev. 18,19)

Adjective · masculine · plural · vocative ▸ **6** (Matt. 11,28; Luke 13,27; Acts 2,14; Acts 25,24; 1Pet. 5,5; Rev. 19,5)

Παντὶ ▸ 1

Adjective · masculine · singular · dative ▸ **1** (Luke 6,30)

παντὶ ▸ 236 + 10 + 57 = 303

Adjective · masculine · singular · dative · noDegree · (intensive) ▸ 163 + 5 + 33 = **201** (Gen. 26,11; Gen. 42,6; Gen. 47,12; Ex. 1,22; Ex. 20,24; Ex. 31,6; Lev. 9,23; Num. 11,13; Num. 15,26; Num. 18,31; Num. 35,15; Num. 35,23; Deut. 1,1; Deut. 12,13; Deut. 17,3; Deut. 19,3; Deut. 22,6; Deut. 23,17; Deut. 27,9; Deut. 27,14; Deut. 32,45; Josh. 4,24; Josh. 20,9; Judg. 6,35; Judg. 14,3; Ruth 4,9; 1Sam. 2,14; 1Sam. 7,9; 1Sam. 10,17; 1Sam. 14,40; 1Sam. 23,8; 2Sam. 6,19; 2Sam. 7,7; 2Sam. 14,25; 2Sam. 15,6; 2Sam. 17,3; 2Sam. 19,3; 2Sam. 23,5; 1Kings 8,38; 1Kings 15,22; 1Kings 20,19; 1Kings 21,10; 2Kings 10,21; 2Kings 17,10; 2Kings 23,21; 1Chr. 13,1; 1Chr. 16,3; 1Chr. 17,6; 1Chr. 18,14; 1Chr. 28,4; 1Chr. 29,21; 2Chr. 6,29; 2Chr. 6,29; 2Chr. 11,13;

1960   πᾶς

2Chr. 15,2; 2Chr. 20,3; 2Chr. 25,5; 2Chr. 28,23; 2Chr. 30,5; 2Chr. 30,17; 2Chr. 31,16; 2Chr. 31,19; 2Chr. 31,19; 2Chr. 31,20; 2Chr. 35,3; 1Esdr. 5,58; 1Esdr. 9,53; Ezra 3,5; Ezra 7,25; Neh. 8,9; Neh. 8,13; Neh. 9,10; Neh. 9,32; Esth. 11,12 # 1,1l; Esth. 13,5 # 3,13e; Esth. 6,9; Esth. 6,11; Esth. 16,19 # 8,12s; Judith 2,18; Judith 7,1; Judith 12,15; Judith 15,14; Tob. 1,6; Tob. 4,19; 1Mac. 1,25; 1Mac. 1,58; 1Mac. 12,11; 1Mac. 13,5; 1Mac. 14,35; 3Mac. 4,10; 3Mac. 5,47; 3Mac. 7,8; 4Mac. 1,2; Psa. 9,26; Psa. 33,2; Psa. 102,22; Psa. 105,3; Psa. 118,14; Psa. 118,20; Ode. 12,2; Prov. 5,19; Prov. 6,14; Prov. 8,30; Prov. 14,15; Prov. 14,23; Prov. 15,3; Prov. 18,1; Eccl. 1,3; Eccl. 2,10; Eccl. 2,19; Eccl. 2,20; Eccl. 2,22; Eccl. 3,13; Eccl. 4,8; Eccl. 4,16; Eccl. 5,17; Eccl. 9,3; Eccl. 9,8; Job 30,23; Job 30,25; Job 31,32; Wis. 19,22; Sir. 5,9; Sir. 8,19; Sir. 19,15; Sir. 22,6; Sir. 24,6; Sir. 26,4; Sir. 29,3; Sir. 40,1; Sir. 42,12; Sir. 50,9; Sol. 16,4; Amos 8,3; Hag. 2,9; Mal. 1,11; Is. 16,14; Jer. 8,3; Jer. 23,17; Jer. 24,9; Jer. 27,29; Jer. 31,37; Jer. 33,8; Jer. 33,11; Jer. 33,12; Jer. 33,18; Jer. 34,16; Jer. 36,26; Jer. 36,26; Jer. 40,9; Jer. 51,20; Jer. 51,20; Jer. 51,35; Lam. 3,14; Ezek. 5,4; Ezek. 12,10; Ezek. 16,25; Ezek. 29,21; Ezek. 45,6; Dan. 1,20; Dan. 4,37c; Dan. 9,7; Dan. 11,2; Tob. 1,6; Tob. 14,8; Dan. 2,38; Dan. 3,95; Dan. 9,7; Matt. 25,29; Luke 2,10; Luke 11,4; Luke 12,48; Luke 19,26; Luke 21,36; Acts 1,21; Acts 4,10; Acts 5,34; Acts 10,2; Acts 10,41; Acts 13,24; Rom. 1,16; Rom. 2,10; Rom. 10,4; Rom. 12,3; 1Cor. 1,2; 1Cor. 1,5; 1Cor. 16,16; 2Cor. 2,14; Gal. 5,3; Eph. 4,14; Eph. 6,18; Phil. 1,18; Col. 1,6; 1Th. 1,8; 2Th. 3,16; 1Tim. 2,8; Heb. 9,19; 1Pet. 2,18; 1Pet. 3,15; Rev. 21,19; Rev. 22,18)

Adjective • neuter • singular • dative • noDegree • (intensive) ▸ 73 + 5 + 24 = **102** (Gen. 1,30; Gen. 8,9; Ex. 8,13; Ex. 11,1; Ex. 12,20; Ex. 31,3; Ex. 34,3; Ex. 34,10; Ex. 35,33; Lev. 11,34; Lev. 13,48; Lev. 13,49; Lev. 13,52; Lev. 13,53; Lev. 13,57; Deut. 2,7; Deut. 8,3; Deut. 16,15; Deut. 30,9; Judg. 7,24; Judg. 20,6; 2Sam. 14,19; 2Sam. 21,5; 1Kings 2,46f; 1Kings 9,11; 2Kings 10,32; 2Kings 17,20; 1Chr. 21,4; 1Chr. 22,15; 2Chr. 31,21; 1Esdr. 9,40; Neh. 13,6; Esth. 16,13 # 8,12n; Esth. 10,3; Judith 14,7; Judith 14,7; 1Mac. 1,48; 1Mac. 1,53; 1Mac. 15,1; 2Mac. 4,5; 2Mac. 10,8; 2Mac. 15,12; 3Mac. 6,16; 3Mac. 6,17; 4Mac. 8,3; Psa. 147,9; Prov. 5,14; Eccl. 3,1; Eccl. 3,17; Eccl. 3,17; Eccl. 8,6; Eccl. 9,6; Eccl. 12,14; Sir. 10,6; Sir. 18,27; Sir. 31,15; Sir. 32,23; Sir. 37,28; Sir. 47,8; Sir. 49,1; Sol. 5,10; Sol. 9,2; Is. 7,19; Is. 19,6; Jer. 26,28; Jer. 30,27; Ezek. 31,12; Ezek. 34,6; Ezek. 39,4; Ezek. 39,17; Dan. 1,17; Dan. 9,6; Dan. 11,37; Judg. 7,24; Judg. 19,29; Judg. 20,6; Tob. 4,3; Dan. 1,20; Matt. 4,4; Acts 10,35; Acts 20,28; Rom. 4,16; 1Cor. 1,5; 2Cor. 4,8; 2Cor. 6,4; 2Cor. 7,5; 2Cor. 7,11; 2Cor. 7,16; 2Cor. 8,7; 2Cor. 9,8; 2Cor. 9,11; 2Cor. 11,6; 2Cor. 11,9; Phil. 4,6; Phil. 4,12; Col. 1,10; Col. 4,12; 1Th. 5,18; 2Th. 2,17; 1Tim. 5,10; Heb. 13,21; 1John 4,1)

παντί ▸ 2 + 1 = 3

Adjective • neuter • singular • dative • noDegree • (intensive) ▸ 2 + 1 = **3** (Prov. 28,5; Eccl. 5,8; Eph. 5,24)

παντός ▸ 62 + 1 + 3 = 66

Adjective • masculine • singular • genitive • noDegree • (intensive) ▸ 1 + 3 = **4** (Sol. 4,17; Acts 2,25; Acts 10,2; Acts 24,16)

Adjective • neuter • singular • genitive • noDegree • (intensive) ▸ 61 + 1 = **62** (Ex. 25,30; Ex. 27,20; Ex. 28,30; Ex. 28,38; Lev. 6,13; Lev. 11,42; Lev. 24,2; Num. 9,16; Num. 19,22; Num. 28,31; Num. 29,11; Num. 29,16; Num. 29,19; Num. 29,22; Num. 29,25; Num. 29,28; Num. 29,31; Num. 29,34; Num. 29,38; Deut. 14,26; Deut. 14,26; Josh. 4,6; 2Sam. 3,35; 2Sam. 9,7; 2Kings 4,9; 1Chr. 16,11; Judith 16,16; 1Mac. 1,36; Psa. 15,8; Psa. 18,15; Psa. 34,27; Psa. 37,18; Psa. 39,17; Psa. 49,8; Psa. 50,5; Psa. 69,5; Psa. 70,6; Psa. 71,15; Psa. 104,4; Psa. 108,15; Psa. 118,33; Psa. 118,44; Psa. 118,109; Psa. 118,117; Psa. 118,119; Prov. 13,9; Prov. 15,15; Sir. 6,37; Sir. 17,15; Sir. 45,13; Sol. 14,8; Hos. 12,7; Nah. 3,19; Is. 16,3; Is. 49,16; Is. 58,11; Is. 60,11; Is. 65,3; Jer. 6,7; Ezek. 46,14; Ezek. 46,15; Judg. 13,14)

παντὸς ▸ 283 + 16 + 31 = 330

Adjective • masculine • singular • genitive • noDegree • (intensive) ▸ 134 + 10 + 17 = **161** (Gen. 6,13; Gen. 17,12; Gen. 45,8; Ex. 13,22; Ex. 18,21; Ex. 18,25; Ex. 19,11; Ex. 34,10; Ex. 40,38; Num. 3,12; Num. 8,18; Deut. 4,18; Deut. 11,6; Deut. 13,10; Deut. 17,7; Deut. 31,7; Deut. 31,11; Deut. 34,12; Judg. 7,23; Judg. 20,2; Judg. 20,34; Judg. 20,48; 1Sam. 2,13; 1Sam. 2,23; 1Sam. 3,11; 1Sam. 13,22; 1Sam. 14,39; 1Sam. 24,3; 1Sam. 30,6; 2Sam. 3,19; 2Sam. 12,12; 2Sam. 16,22; 2Sam. 19,11; 2Sam. 19,12; 2Sam. 19,15; 2Sam. 19,21; 1Kings 1,20; 1Kings 5,27; 1Kings 6,22; 2Kings 3,21; 2Kings 16,15; 2Kings 17,13; 2Kings 21,12; 2Kings 22,13; 2Kings 22,13; 1Chr. 11,10; 1Chr. 13,4; 1Chr. 19,10; 1Chr. 28,4; 1Chr. 29,25; 1Chr. 29,25; 2Chr. 10,16; 2Chr. 24,5; 2Chr. 28,15; 2Chr. 29,24; 2Chr. 29,24; 2Chr. 34,9; 2Chr. 34,21; 2Chr. 36,23; 1Esdr. 7,8; 1Esdr. 8,60; 1Esdr. 8,63; 1Esdr. 8,92; Ezra 1,3; Ezra 6,17; Ezra 8,35; Neh. 4,10; Neh. 8,3; Neh. 8,5; Neh. 9,2; Esth. 13,6 # 3,13f; Esth. 14,15 # 4,17u; Judith 4,8; Judith 6,1; Judith 6,16; Judith 15,13; Tob. 4,7; Tob. 4,14; Tob. 4,18; 1Mac. 5,63; 1Mac. 8,4; 1Mac. 10,7; 1Mac. 10,63; 2Mac. 1,26; 2Mac. 14,36; Psa. 104,36; Psa. 115,9; Prov. 24,4; Eccl. 2,10; Eccl. 7,2; Job 12,10; Job 37,3; Job 37,7; Job 39,8; Sir. 7,33; Sir. 22,18; Sir. 26,12; Sir. 33,6; Sir. 40,16; Sir. 41,27; Sir. 42,8; Sir. 45,16; Sol. 6,5; Sol. 6,5; Sol. 16,8; Hag. 1,14; Is. 30,25; Jer. 16,16; Jer. 19,3; Jer. 30,27; Jer. 35,1; Jer. 35,5; Jer. 35,7; Jer. 35,10; Jer. 35,11; Jer. 36,2; Jer. 43,6; Jer. 43,10; Jer. 45,4; Jer. 51,26; Bar. 1,3; Bar. 1,4; Bar. 2,2; Ezek. 5,14; Ezek. 34,12; Ezek. 36,34; Ezek. 45,22; Dan. 3,7; Dan. 3,10; Dan. 3,15; Dan. 4,32; Dan. 6,6; Dan. 6,8; Dan. 6,13; Judg. 7,23; Judg. 14,3; Judg. 20,16; Judg. 20,34; Judg. 20,48; Tob. 13,4; Dan. 6,8; Dan. 6,13; Dan. 7,27; Dan. 9,12; Matt. 13,19; Matt. 18,10; Mark 5,5; Luke 8,47; Luke 20,45; Luke 24,19; Luke 24,53; Acts 13,10; Rom. 11,10; 1Cor. 11,3; 2Cor. 7,1; 2Th. 3,6; 2Th. 3,16; Heb. 2,9; Heb. 9,6; Heb. 13,15; Jude 25)

Adjective • neuter • singular • genitive • noDegree • (intensive) ▸ 149 + 6 + 14 = **169** (Gen. 2,16; Gen. 3,1; Ex. 11,5; Ex. 12,29; Ex. 20,4; Ex. 20,17; Ex. 23,7; Ex. 28,38; Ex. 30,8; Lev. 2,13; Lev. 5,2; Lev. 5,24; Lev. 6,6; Lev. 7,19; Lev. 7,21; Lev. 7,21; Lev. 11,32; Lev. 12,4; Lev. 13,59; Lev. 15,22; Lev. 22,3; Lev. 22,5; Lev. 24,8; Lev. 25,31; Lev. 25,32; Num. 3,22; Num. 4,7; Num. 28,10; Num. 28,15; Num. 28,23; Num. 28,24; Num. 29,6; Deut. 4,17; Deut. 4,17; Deut. 4,18; Deut. 4,25; Deut. 5,8; Deut. 5,21; Deut. 11,12; Deut. 14,22; Deut. 23,10; Deut. 23,20; Deut. 27,21; Deut. 33,10; Josh. 4,14; Josh. 11,21; Josh. 11,21; Judg. 18,10; Judg. 19,19; 1Sam. 22,14; 2Sam. 9,10; 2Sam. 9,13; 1Kings 1,3; 1Kings 14,23; 2Kings 16,4; 2Kings 17,10; 2Kings 25,29; 2Kings 25,30; 1Chr. 16,6; 1Chr. 16,37; 1Chr. 16,40; 1Chr. 23,31; 2Chr. 2,3; 2Chr. 2,3; 2Chr. 9,7; 2Chr. 24,14; 2Chr. 28,4; 2Chr. 32,7; 2Chr. 32,15; 2Chr. 32,28; Neh. 10,36; Neh. 10,38; Esth. 13,2 # 3,13b; Esth. 13,5 # 3,13e; Esth. 16,13 # 8,12n; Judith 9,14; Tob. 13,4; 1Mac. 6,58; 1Mac. 8,15; 1Mac. 10,35; 1Mac. 15,25; 1Mac. 1,25; 2Mac. 14,24; 2Mac. 14,34; 3Mac. 2,25; 3Mac. 7,6; 3Mac. 7,9; Psa. 24,15; Psa. 33,2; Psa. 33,11; Psa. 39,12; Psa. 68,24; Psa. 70,14; Psa. 72,23; Psa. 73,23; Psa. 108,19; Psa. 120,7; Ode. 12,15; Prov. 1,33; Prov. 3,7; Prov. 6,21; Job 1,1; Job 1,8; Job 2,3; Job 30,4; Wis. 10,12; Wis. 14,4; Wis. 14,27; Wis. 16,8; Sir. 16,30; Sir. 17,14; Sir. 23,10; Sir. 26,12; Sir. 27,11; Sir. 30,15; Sir. 31,13; Sir. 37,11; Sir. 37,16; Sir. 38,29; Sir. 40,16; Sir. 43,25; Sol. 2,36; Sol. 3,3; Sol. 3,4; Sol. 3,7; Sol. 4,16; Sol. 4,23; Amos 8,6; Hab. 1,17; Hag. 2,12; Hag. 2,13; Is. 21,8; Is. 25,8; Is. 30,25; Is. 30,29; Is. 30,29; Is. 52,5; Is. 57,16; Jer. 2,20; Jer. 3,6; Jer. 3,13; Jer. 16,16;

πᾶς

Jer. 52,33; Jer. 52,34; Ezek. 3,9; Ezek. 39,14; Ezek. 42,14; Dan. 3,5; Dan. 12,11; Judg. 18,10; Judg. 19,19; Dan. 3,5; Dan. 3,7; Dan. 3,10; Dan. 3,15; Matt. 13,47; Matt. 18,19; Acts 2,5; Acts 6,5; Acts 17,26; Eph. 1,21; 1Th. 5,22; 2Tim. 4,18; Philem. 6; Heb. 2,15; Rev. 7,9; Rev. 18,2; Rev. 18,2; Rev. 18,2)

Πάντων ▸ 2

Adjective · masculine · plural · genitive ▸ **1** (Luke 9,43)

Adjective · neuter · plural · genitive ▸ **1** (1Pet. 4,7)

πάντων ▸ 381 + 22 + 132 = 535

Adjective · feminine · plural · genitive · noDegree · (intensive)
▸ **2** (Num. 18,29; Ezek. 44,30)

Adjective · masculine · plural · genitive · noDegree · (intensive)
▸ 177 + 12 + 88 = **277** (Gen. 3,20; Gen. 10,21; Gen. 11,6; Gen. 14,20; Gen. 16,12; Gen. 16,12; Gen. 23,10; Gen. 23,11; Gen. 23,18; Gen. 25,18; Gen. 34,19; Gen. 37,4; Gen. 41,37; Gen. 41,51; Gen. 41,51; Gen. 43,34; Gen. 45,1; Ex. 11,3; Ex. 14,17; Ex. 24,8; Num. 8,16; Num. 16,29; Num. 16,29; Num. 17,17; Num. 33,3; Deut. 12,10; Deut. 18,6; Deut. 25,19; Deut. 28,14; Deut. 29,20; Josh. 3,7; Josh. 21,44; Josh. 23,1; Josh. 23,14; Judg. 6,9; Judg. 7,16; Judg. 8,34; Judg. 9,3; 1Sam. 3,17; 1Sam. 3,19; 1Sam. 10,19; 2Sam. 3,18; 2Sam. 7,1; 2Sam. 7,11; 2Sam. 10,9; 2Sam. 16,21; 2Sam. 17,4; 2Sam. 18,31; 2Sam. 19,6; 2Sam. 19,10; 2Sam. 22,1; 1Kings 2,35b; 1Kings 5,10; 1Kings 5,14; 1Kings 8,39; 1Kings 8,53; 1Kings 10,15; 1Kings 10,26a; 1Kings 22,22; 1Kings 22,23; 2Kings 4,3; 2Kings 9,5; 2Kings 9,7; 2Kings 17,13; 2Kings 17,23; 2Kings 17,39; 1Chr. 5,17; 1Chr. 7,5; 1Chr. 22,9; 1Chr. 26,26; 1Chr. 27,3; 1Chr. 28,5; 1Chr. 29,11; 1Chr. 29,12; 2Chr. 9,14; 2Chr. 9,26; 2Chr. 18,21; 2Chr. 18,22; 2Chr. 25,7; 2Chr. 30,9; 2Chr. 32,22; 2Chr. 34,13; 1Esdr. 2,5; 1Esdr. 4,40; 1Esdr. 8,26; 1Esdr. 8,48; 1Esdr. 9,45; Ezra 1,4; Ezra 1,5; Ezra 7,28; Neh. 4,6; Esth. 2,15; Esth. 3,1; Esth. 13,10 # 4,17c; Esth. 14,5 # 4,17m; Esth. 16,11 # 8,12l; Judith 5,5; Judith 7,16; Judith 7,23; Judith 7,29; Judith 11,20; Tob. 12,6; 1Mac. 2,23; 1Mac. 11,26; 1Mac. 11,51; 1Mac. 13,29; 1Mac. 14,43; 1Mac. 14,47; 2Mac. 1,24; 2Mac. 5,8; 2Mac. 7,34; 2Mac. 8,2; 2Mac. 9,21; 2Mac. 12,21; 2Mac. 13,12; 2Mac. 15,20; 3Mac. 1,11; 3Mac. 1,29; 3Mac. 6,39; 4Mac. 1,11; 4Mac. 1,19; 4Mac. 9,26; 4Mac. 9,30; 4Mac. 12,1; 4Mac. 12,11; Psa. 7,2; Psa. 9,26; Psa. 17,1; Psa. 17,31; Psa. 86,7; Psa. 102,19; Psa. 105,46; Psa. 118,63; Psa. 144,13; Psa. 144,15; Ode. 9,71; Ode. 13,31; Prov. 1,19; Prov. 8,25; Prov. 24,12; Prov. 30,2; Song 3,6; Job 5,8; Job 6,18; Job 8,13; Job 12,10; Job 17,7; Job 41,26; Wis. 6,7; Wis. 6,7; Wis. 7,6; Wis. 16,7; Sir. 36,1; Sir. 39,1; Sir. 40,1; Sir. 44,23; Sir. 50,22; Amos 9,1; Nah. 2,11; Hab. 2,8; Hab. 2,17; Zech. 14,14; Mal. 2,10; Is. 51,18; Jer. 12,14; Jer. 22,22; Jer. 40,9; Jer. 43,21; Bar. 1,4; Lam. 1,2; Ezek. 16,57; Ezek. 23,15; Ezek. 28,18; Ezek. 28,24; Ezek. 37,21; Ezek. 37,24; Dan. 2,48; Judg. 6,9; Judg. 7,16; Judg. 8,34; Judg. 9,2; Judg. 9,3; Tob. 10,14; Tob. 12,6; Dan. 1,19; Dan. 3,97; Dan. 4,12; Sus. 4; Sus. 63; Matt. 10,22; Matt. 22,27; Matt. 26,70; Mark 2,12; Mark 9,35; Mark 9,35; Mark 10,44; Mark 12,43; Mark 13,13; Luke 1,71; Luke 2,31; Luke 3,15; Luke 4,15; Luke 4,20; Luke 8,45; Luke 11,50; Luke 14,10; Luke 21,3; Luke 21,17; Luke 24,27; John 10,29; John 13,18; Acts 1,24; Acts 3,16; Acts 3,18; Acts 10,36; Acts 16,26; Acts 19,19; Acts 19,34; Acts 20,26; Acts 20,37; Acts 21,5; Acts 22,12; Acts 26,14; Acts 27,35; Rom. 1,8; Rom. 4,11; Rom. 4,16; Rom. 8,32; Rom. 10,12; Rom. 12,17; Rom. 12,18; Rom. 15,33; 1Cor. 9,19; 1Cor. 14,18; 1Cor. 14,24; 1Cor. 14,24; 1Cor. 15,8; 1Cor. 15,10; 1Cor. 15,19; 1Cor. 16,24; 2Cor. 2,3; 2Cor. 3,2; 2Cor. 5,14; 2Cor. 5,15; 2Cor. 7,13; 2Cor. 7,15; 2Cor. 13,13; Gal. 2,14; Eph. 3,8; Eph. 4,6; Eph. 4,6; Eph. 4,10; Eph. 6,18; Eph. 6,24; Phil. 1,4; Phil. 1,7; 1Th. 1,2; 1Th. 3,13; 2Th. 1,3; 2Th. 3,2; 2Th. 3,16; 2Th. 3,18; 1Tim. 2,1; 1Tim. 2,2; 1Tim. 2,6; 1Tim. 4,10; 1Tim. 5,20; Titus 3,15; Heb. 12,14; Heb. 12,23; Heb. 13,25; 3John 12; Jude 15; Rev. 8,3; Rev. 18,24; Rev. 19,18; Rev. 22,21)

Adjective · neuter · plural · genitive · noDegree · (intensive)
▸ 202 + 10 + 44 = **256** (Gen. 1,26; Gen. 1,28; Gen. 1,28; Gen. 2,2; Gen. 2,3; Gen. 3,1; Gen. 3,14; Gen. 3,14; Gen. 6,19; Gen. 6,19; Gen. 6,19; Gen. 6,19; Gen. 6,20; Gen. 6,20; Gen. 6,20; Gen. 6,20; Gen. 6,21; Gen. 7,8; Gen. 8,1; Gen. 8,1; Gen. 8,1; Gen. 8,1; Gen. 8,20; Gen. 8,20; Gen. 9,5; Gen. 9,10; Gen. 14,23; Gen. 24,2; Gen. 24,10; Gen. 27,33; Gen. 28,22; Gen. 31,37; Gen. 40,17; Gen. 45,18; Gen. 45,23; Gen. 47,17; Gen. 48,16; Ex. 9,4; Ex. 9,7; Ex. 14,7; Ex. 19,5; Ex. 23,22; Ex. 25,2; Ex. 25,9; Ex. 35,31; Lev. 5,22; Lev. 5,26; Lev. 7,14; Lev. 11,2; Lev. 11,9; Lev. 11,10; Lev. 11,31; Lev. 18,26; Lev. 18,29; Lev. 18,30; Lev. 20,24; Lev. 20,26; Lev. 22,25; Lev. 27,28; Num. 3,26; Num. 3,41; Num. 3,41; Num. 3,45; Num. 6,4; Num. 16,26; Num. 18,8; Num. 18,9; Num. 18,9; Num. 18,9; Num. 18,11; Num. 18,28; Num. 18,29; Num. 31,30; Deut. 2,25; Deut. 4,6; Deut. 4,23; Deut. 6,11; Deut. 8,13; Deut. 14,2; Deut. 14,9; Deut. 21,17; Deut. 26,19; Deut. 28,1; Deut. 28,47; Deut. 28,48; Deut. 28,57; Deut. 30,3; Josh. 8,35 # 9,2f; Josh. 11,15; Josh. 21,45; Judg. 13,13; Judg. 13,14; 1Sam. 2,16; 1Sam. 2,28; 1Sam. 15,9; 1Sam. 25,21; 1Sam. 25,22; 1Sam. 30,19; 2Sam. 14,19; 1Kings 2,46g; 1Kings 5,4; 1Kings 5,22; 1Kings 10,13; 1Kings 14,24; 1Kings 15,5; 2Kings 21,11; 2Kings 25,16; 1Chr. 18,11; 1Chr. 23,28; 1Chr. 23,31; 1Chr. 26,28; 1Chr. 28,12; 2Chr. 9,12; 2Chr. 11,13; 2Chr. 32,23; 2Chr. 33,2; 1Esdr. 1,47; 1Esdr. 4,39; Neh. 9,25; Esth. 13,9 # 4,17b; Esth. 14,5 # 4,17m; Esth. 14,15 # 4,17u; Esth. 15,2 # 5,1a; Esth. 8,2; Esth. 10,9 # 10,3f; Judith 12,11; Judith 14,13; Tob. 1,7; Tob. 12,5; Tob. 13,5; 1Mac. 3,34; 1Mac. 5,63; 1Mac. 10,5; 1Mac. 11,29; 2Mac. 7,23; 2Mac. 13,4; 3Mac. 2,21; 3Mac. 4,16; 3Mac. 6,26; 3Mac. 7,12; 4Mac. 1,14; 4Mac. 1,25; 4Mac. 2,22; 4Mac. 5,24; 4Mac. 11,5; Psa. 64,6; Psa. 115,3; Prov. 30,4; Eccl. 1,13; Eccl. 6,2; Song 4,14; Song 4,14; Job 1,10; Job 1,11; Job 31,12; Wis. 7,21; Wis. 7,23; Wis. 7,24; Wis. 8,3; Wis. 11,26; Wis. 12,13; Wis. 12,16; Wis. 12,16; Sir. 1,4; Sir. 24,7; Sir. 41,2; Sir. 43,22; Sol. 5,3; Sol. 13,6; Zeph. 3,11; Hag. 2,7; Zech. 14,15; Zech. 14,16; Zech. 14,19; Is. 29,7; Is. 29,8; Is. 36,20; Is. 51,18; Is. 52,10; Is. 61,11; Is. 66,20; Jer. 3,8; Jer. 15,4; Jer. 18,8; Jer. 31,38; Jer. 35,11; Jer. 35,14; Jer. 38,35; Lam. 1,22; Ezek. 15,2; Ezek. 16,5; Ezek. 16,54; Ezek. 36,25; Ezek. 39,17; Ezek. 43,11; Ezek. 44,30; Ezek. 44,30; Dan. 2,38; Dan. 4,17; Dan. 4,33; Dan. 4,37c; Dan. 7,16; Judg. 13,13; Tob. 1,5; Tob. 10,10; Tob. 12,4; Tob. 12,5; Tob. 13,5; Tob. 13,13; Tob. 14,4; Dan. 2,38; Dan. 7,16; Matt. 13,32; Matt. 24,9; Mark 4,31; Mark 4,32; Mark 12,22; Mark 12,28; Mark 12,33; Luke 3,19; Luke 7,18; Luke 7,35; Luke 21,12; Luke 24,14; John 3,31; John 3,31; Acts 1,1; Acts 3,21; Acts 9,32; Acts 10,39; Acts 13,38; Acts 22,10; Acts 24,8; Acts 26,2; Acts 26,3; Rom. 9,5; 1Cor. 4,13; Gal. 4,1; Eph. 4,6; Eph. 5,20; Col. 1,17; 1Th. 4,6; 1Tim. 2,1; 1Tim. 6,10; 2Tim. 3,11; Heb. 1,2; Heb. 4,4; Heb. 7,2; James 2,10; James 5,12; 1Pet. 4,8; 2Pet. 3,11; 1John 2,27; 3John 2; Jude 15; Jude 15)

Πᾶς ▸ 15 + 2 + 11 = 28

Adjective · masculine · singular · nominative · noDegree · (intensive) ▸ 15 + 2 + 11 = **28** (Gen. 26,11; Judg. 7,5; 2Sam. 5,8; 1Chr. 11,6; 1Mac. 2,27; 1Mac. 2,41; Psa. 115,2; Eccl. 6,7; Sir. 37,1; Sir. 37,7; Mal. 2,17; Jer. 13,12; Lam. 1,11; Ezek. 44,9; Dan. 5,7; Judg. 7,5; Dan. 3,96; Matt. 7,24; Matt. 10,32; Mark 9,49; Luke 6,47; Luke 16,18; Heb. 5,1; Heb. 8,3; 1John 3,4; 1John 3,9; 1John 5,1; 2John 9)

πᾶς ▸ 582 + 23 + 85 = 690

Adjective · masculine · singular · nominative · noDegree · (intensive) ▸ 580 + 23 + 83 = **686** (Gen. 2,1; Gen. 4,14; Gen. 4,15; Gen. 6,5; Gen. 7,1; Gen. 7,21; Gen. 7,22; Gen. 34,24; Gen.

35,6; Gen. 41,40; Gen. 46,34; Ex. 11,8; Ex. 12,15; Ex. 12,19; Ex. 12,43; Ex. 12,48; Ex. 18,13; Ex. 18,14; Ex. 18,18; Ex. 18,23; Ex. 19,8; Ex. 19,12; Ex. 19,16; Ex. 19,18; Ex. 20,18; Ex. 20,18; Ex. 24,3; Ex. 29,37; Ex. 30,14; Ex. 30,29; Ex. 31,14; Ex. 31,15; Ex. 32,3; Ex. 33,7; Ex. 33,8; Ex. 33,10; Ex. 33,10; Ex. 34,10; Ex. 35,2; Ex. 35,5; Ex. 35,10; Ex. 35,22; Ex. 35,24; Ex. 35,29; Ex. 36,1; Ex. 36,8; Ex. 39,3; Lev. 6,11; Lev. 6,20; Lev. 6,22; Lev. 7,6; Lev. 7,19; Lev. 7,25; Lev. 9,24; Lev. 10,6; Lev. 11,24; Lev. 11,25; Lev. 11,26; Lev. 11,27; Lev. 11,27; Lev. 11,31; Lev. 11,42; Lev. 11,42; Lev. 15,10; Lev. 15,19; Lev. 15,21; Lev. 15,22; Lev. 15,27; Lev. 16,17; Lev. 17,14; Lev. 18,29; Lev. 19,24; Lev. 21,18; Lev. 21,21; Lev. 22,3; Lev. 22,10; Lev. 22,13; Lev. 22,21; Lev. 23,42; Num. 1,2; Num. 1,3; Num. 1,20; Num. 1,22; Num. 1,24; Num. 1,26; Num. 1,28; Num. 1,30; Num. 1,32; Num. 1,34; Num. 1,36; Num. 1,38; Num. 1,40; Num. 1,42; Num. 1,45; Num. 4,3; Num. 4,23; Num. 4,30; Num. 4,35; Num. 4,37; Num. 4,39; Num. 4,41; Num. 4,43; Num. 4,47; Num. 13,32; Num. 14,23; Num. 15,13; Num. 16,34; Num. 17,28; Num. 18,11; Num. 18,13; Num. 19,13; Num. 19,14; Num. 19,16; Num. 20,29; Num. 21,8; Num. 21,33; Num. 26,2; Num. 30,14; Num. 31,19; Num. 32,21; Num. 32,29; Num. 35,11; Num. 35,30; Deut. 2,32; Deut. 3,1; Deut. 3,18; Deut. 4,3; Deut. 13,12; Deut. 15,21; Deut. 17,13; Deut. 18,12; Deut. 20,11; Deut. 21,23; Deut. 22,5; Deut. 25,16; Deut. 25,16; Deut. 27,15; Deut. 27,16; Deut. 27,17; Deut. 27,18; Deut. 27,19; Deut. 27,20; Deut. 27,21; Deut. 27,22; Deut. 27,23; Deut. 27,23; Deut. 27,24; Deut. 27,25; Deut. 27,26; Deut. 27,26; Deut. 29,9; Josh. 1,2; Josh. 1,3; Josh. 1,14; Josh. 2,19; Josh. 2,24; Josh. 3,17; Josh. 4,1; Josh. 4,11; Josh. 6,5; Josh. 6,5; Josh. 6,20; Josh. 6,20; Josh. 7,3; Josh. 7,24; Josh. 7,25; Josh. 8,3; Josh. 8,11; Josh. 8,14; Josh. 8,21; Josh. 8,33 # 9,2d; Josh. 10,5; Josh. 10,7; Josh. 10,7; Josh. 10,20; Josh. 10,21; Josh. 10,29; Josh. 10,31; Josh. 10,34; Josh. 10,36; Josh. 10,38; Josh. 11,7; Josh. 13,6; Judg. 7,1; Judg. 7,5; Judg. 7,6; Judg. 7,6; Judg. 7,7; Judg. 7,24; Judg. 8,27; Judg. 9,6; Judg. 9,34; Judg. 9,48; Judg. 15,10; Judg. 16,31; Judg. 19,30; Judg. 20,8; Judg. 20,11; Judg. 20,17; Judg. 20,20; Judg. 20,26; Judg. 20,33; Judg. 21,2; Ruth 4,11; 1Sam. 1,21; 1Sam. 2,33; 1Sam. 3,20; 1Sam. 4,5; 1Sam. 5,5; 1Sam. 7,2; 1Sam. 10,24; 1Sam. 11,4; 1Sam. 11,15; 1Sam. 11,15; 1Sam. 12,18; 1Sam. 12,19; 1Sam. 13,4; 1Sam. 13,7; 1Sam. 13,20; 1Sam. 14,15; 1Sam. 14,20; 1Sam. 14,22; 1Sam. 14,23; 1Sam. 14,24; 1Sam. 14,34; 1Sam. 15,9; 1Sam. 17,11; 1Sam. 18,16; 1Sam. 18,28; 1Sam. 19,5; 1Sam. 22,2; 1Sam. 22,2; 1Sam. 22,2; 1Sam. 22,16; 1Sam. 25,1; 1Sam. 28,3; 1Sam. 30,22; 1Sam. 31,12; 2Sam. 2,23; 2Sam. 2,28; 2Sam. 3,32; 2Sam. 3,34; 2Sam. 3,35; 2Sam. 3,36; 2Sam. 3,37; 2Sam. 3,37; 2Sam. 6,2; 2Sam. 6,15; 2Sam. 6,19; 2Sam. 12,31; 2Sam. 15,2; 2Sam. 15,4; 2Sam. 15,16; 2Sam. 15,18; 2Sam. 15,18; 2Sam. 15,18; 2Sam. 15,18; 2Sam. 15,18; 2Sam. 15,22; 2Sam. 15,23; 2Sam. 15,23; 2Sam. 15,24; 2Sam. 15,30; 2Sam. 16,6; 2Sam. 16,14; 2Sam. 16,15; 2Sam. 16,18; 2Sam. 16,21; 2Sam. 17,2; 2Sam. 17,10; 2Sam. 17,11; 2Sam. 17,13; 2Sam. 17,14; 2Sam. 17,22; 2Sam. 17,24; 2Sam. 17,26; 2Sam. 18,4; 2Sam. 18,5; 2Sam. 18,6; 2Sam. 18,13; 2Sam. 18,17; 2Sam. 19,9; 2Sam. 19,9; 2Sam. 19,10; 2Sam. 19,29; 2Sam. 19,40; 2Sam. 19,41; 2Sam. 19,42; 2Sam. 19,43; 2Sam. 20,2; 2Sam. 20,12; 2Sam. 20,13; 2Sam. 20,15; 1Kings 1,39; 1Kings 1,40; 1Kings 2,15; 1Kings 3,28; 1Kings 4,12; 1Kings 8,5; 1Kings 8,65; 1Kings 9,8; 1Kings 11,16; 1Kings 12,1; 1Kings 12,12; 1Kings 12,16; 1Kings 12,18; 1Kings 12,20; 1Kings 12,24t; 1Kings 12,24u; 1Kings 15,27; 1Kings 16,17; 1Kings 18,24; 1Kings 18,30; 1Kings 18,36; 1Kings 18,39; 1Kings 21,1; 1Kings 21,8; 2Kings 9,14; 2Kings 10,19; 2Kings 11,7; 2Kings 11,14; 2Kings 11,18; 2Kings 11,20; 2Kings 14,21; 2Kings 21,24; 2Kings 23,2; 2Kings 23,2; 2Kings 23,3; 2Kings 25,26; 1Chr. 9,1; 1Chr. 10,6; 1Chr. 10,7; 1Chr. 10,12; 1Chr. 11,1; 1Chr. 13,6; 1Chr. 13,8; 1Chr. 15,28; 1Chr. 16,36; 1Chr. 20,3; 1Chr. 21,5; 1Chr. 22,15; 1Chr. 25,7; 1Chr. 28,21; 1Chr. 28,21; 1Chr. 29,11; 1Chr. 29,23; 2Chr. 5,3; 2Chr. 6,32; 2Chr. 7,4; 2Chr. 7,5; 2Chr. 7,6; 2Chr. 7,8; 2Chr. 7,21; 2Chr. 8,7; 2Chr. 10,1; 2Chr. 10,12; 2Chr. 10,16; 2Chr. 12,1; 2Chr. 13,9; 2Chr. 15,13; 2Chr. 15,15; 2Chr. 17,5; 2Chr. 19,10; 2Chr. 20,13; 2Chr. 20,15; 2Chr. 20,18; 2Chr. 20,27; 2Chr. 23,5; 2Chr. 23,6; 2Chr. 23,8; 2Chr. 23,13; 2Chr. 23,17; 2Chr. 23,21; 2Chr. 24,10; 2Chr. 26,1; 2Chr. 26,12; 2Chr. 29,31; 2Chr. 29,36; 2Chr. 31,1; 2Chr. 31,1; 2Chr. 32,33; 2Chr. 34,12; 2Chr. 34,12; 2Chr. 34,30; 2Chr. 34,30; 2Chr. 35,18; 2Chr. 35,24; 1Esdr. 1,19; 1Esdr. 4,10; 1Esdr. 4,41; 1Esdr. 5,45; 1Esdr. 5,59; 1Esdr. 8,55; Ezra 1,4; Ezra 2,70; Ezra 3,11; Ezra 6,11; Ezra 6,21; Ezra 7,13; Ezra 7,26; Ezra 8,25; Ezra 8,34; Ezra 9,4; Ezra 10,8; Ezra 10,9; Neh. 7,73; Neh. 8,1; Neh. 8,2; Neh. 8,5; Neh. 8,6; Neh. 8,9; Neh. 8,12; Neh. 9,32; Neh. 10,29; Neh. 10,29; Neh. 12,47; Neh. 13,3; Neh. 13,12; Esth. 4,11; Esth. 13,18 # 4,17i; Judith 1,16; Judith 2,8; Judith 3,3; Judith 4,3; Judith 4,9; Judith 4,10; Judith 4,11; Judith 5,22; Judith 6,12; Judith 6,16; Judith 7,2; Judith 7,23; Judith 8,29; Judith 13,17; Judith 13,20; Judith 14,2; Judith 14,11; Judith 15,3; Judith 15,10; Judith 15,11; Judith 15,13; Judith 15,14; 1Mac. 1,27; 1Mac. 1,28; 1Mac. 1,52; 1Mac. 2,11; 1Mac. 2,42; 1Mac. 2,70; 1Mac. 4,55; 1Mac. 5,43; 1Mac. 9,20; 1Mac. 12,52; 1Mac. 13,26; 1Mac. 14,46; 3Mac. 3,29; 4Mac. 3,8; 4Mac. 9,29; Psa. 28,9; Psa. 31,6; Psa. 38,6; Psa. 38,12; Psa. 62,12; Psa. 63,10; Psa. 105,48; Psa. 142,0; Ode. 8,64; Prov. 3,32; Prov. 6,29; Prov. 13,4; Prov. 13,16; Prov. 15,27a; Prov. 16,5; Prov. 17,11; Prov. 19,6; Prov. 19,7; Prov. 20,1; Prov. 20,3; Prov. 21,2; Prov. 23,21; Prov. 23,21; Prov. 23,28; Eccl. 3,13; Eccl. 5,18; Eccl. 12,13; Job 15,20; Job 21,33; Job 24,20; Job 34,15; Job 36,25; Job 37,7; Job 41,22; Wis. 7,9; Sir. 13,15; Sir. 18,28; Sir. 22,1; Sir. 22,2; Sir. 22,22; Sir. 22,26; Sir. 23,17; Sir. 26,15; Sir. 31,7; Sir. 38,27; Sir. 48,13; Sir. 50,17; Sol. 2,9; Sol. 2,11; Sol. 9,3; Sol. 17,27; Amos 8,8; Joel 2,27; Joel 3,5; Nah. 3,7; Zeph. 1,11; Zeph. 2,15; Hag. 2,4; Zech. 5,3; Zech. 5,3; Zech. 10,4; Zech. 12,3; Zech. 13,1; Zech. 14,21; Is. 2,17; Is. 4,5; Is. 7,22; Is. 7,23; Is. 9,8; Is. 13,10; Is. 19,17; Is. 22,24; Is. 60,21; Is. 61,9; Jer. 9,3; Jer. 9,3; Jer. 9,25; Jer. 10,14; Jer. 10,14; Jer. 12,4; Jer. 13,12; Jer. 19,8; Jer. 27,13; Jer. 28,17; Jer. 28,17; Jer. 30,11; Jer. 31,37; Jer. 33,7; Jer. 33,8; Jer. 33,9; Jer. 33,16; Jer. 33,19; Jer. 41,10; Jer. 43,9; Jer. 43,23; Jer. 47,15; Jer. 48,13; Jer. 49,1; Jer. 50,4; Jer. 51,15; Jer. 51,26; Jer. 51,27; Ezek. 3,7; Ezek. 11,15; Ezek. 18,25; Ezek. 20,40; Ezek. 29,18; Ezek. 37,11; Ezek. 39,13; Ezek. 39,15; Ezek. 44,21; Ezek. 45,16; Dan. 2,10; Dan. 2,10; Dan. 3,6; Dan. 3,10; Dan. 3,64; Dan. 5,9; Dan. 6,6; Dan. 6,8; Dan. 6,13; Dan. 9,11; Dan. 12,1; Judg. 5,23; Judg. 7,1; Judg. 7,5; Judg. 7,7; Judg. 7,24; Judg. 8,27; Judg. 9,6; Judg. 9,34; Judg. 9,48; Judg. 9,49; Judg. 19,30; Judg. 20,8; Judg. 20,11; Judg. 20,20; Judg. 20,26; Judg. 20,33; Dan. 2,10; Dan. 3,64; Dan. 6,13; Dan. 9,11; Dan. 12,1; Sus. 47; Sus. 50; Matt. 5,22; Matt. 5,28; Matt. 5,32; Matt. 7,8; Matt. 7,21; Matt. 7,26; Matt. 13,2; Matt. 13,52; Matt. 19,29; Matt. 27,25; Mark 2,13; Mark 4,1; Mark 9,15; Mark 11,18; Luke 6,19; Luke 6,40; Luke 7,29; Luke 11,10; Luke 12,8; Luke 12,10; Luke 13,17; Luke 14,11; Luke 14,33; Luke 16,16; Luke 18,14; Luke 18,43; Luke 20,18; Luke 21,38; John 2,10; John 3,8; John 3,15; John 3,16; John 3,20; John 4,13; John 6,40; John 6,45; John 8,2; John 8,34; John 11,26; John 12,46; John 16,2; John 18,37; John 19,12; Acts 2,21; Acts 2,36; Acts 3,9; Acts 3,11; Acts 11,14; Acts 13,39; Rom. 3,4; Rom. 3,19; Rom. 10,13; Rom. 11,26; 1Cor. 9,25; 1Cor. 11,4; Gal. 3,10; Gal. 3,13; Gal. 5,14; Eph. 4,29; Eph. 5,5; 2Tim. 2,19; Heb. 3,4; Heb. 5,13; Heb. 10,11; James 1,19; 1John 2,23; 1John 2,29; 1John 3,3; 1John 3,6; 1John 3,6; 1John 3,10;

πᾶς   1963

1John 3,15; 1John 3,15; 1John 4,7; 1John 5,1; 1John 5,18; Rev. 1,7; Rev. 6,15; Rev. 8,7; Rev. 18,17; Rev. 18,17; Rev. 18,22; Rev. 22,15)

Adjective • masculine • singular • vocative • noDegree • (intensive) ▸ 2 + 2 = **4** (2Chr. 13,4; 2Chr. 15,2; Rom. 2,1; Rom. 10,11)

Πᾶσα ▸ 6 + 1 = 7

Adjective • feminine • singular • nominative • noDegree • (intensive) ▸ 6 + 1 = **7** (Lev. 17,12; Lev. 27,30; Num. 3,39; Sir. 1,1; Sir. 19,20; Is. 40,6; Rom. 13,1)

πᾶσα ▸ 260 + 11 + 45 = 316

Adjective • feminine • singular • nominative • noDegree • (intensive) ▸ 260 + 11 + 45 = **316** (Gen. 6,12; Gen. 7,21; Gen. 8,17; Gen. 9,11; Gen. 11,1; Gen. 13,9; Gen. 13,10; Gen. 41,55; Gen. 50,8; Gen. 50,8; Gen. 50,22; Ex. 1,6; Ex. 12,41; Ex. 12,47; Ex. 14,9; Ex. 14,23; Ex. 16,1; Ex. 16,2; Ex. 17,1; Ex. 19,5; Ex. 23,22; Ex. 27,19; Ex. 35,20; Ex. 35,25; Lev. 4,13; Lev. 6,16; Lev. 7,9; Lev. 7,9; Lev. 7,10; Lev. 7,27; Lev. 9,5; Lev. 15,4; Lev. 15,24; Lev. 17,15; Lev. 23,29; Lev. 23,30; Lev. 24,14; Lev. 24,16; Lev. 27,25; Lev. 27,32; Num. 1,45; Num. 2,32; Num. 5,9; Num. 8,20; Num. 10,3; Num. 14,1; Num. 14,2; Num. 14,10; Num. 14,29; Num. 15,24; Num. 15,35; Num. 15,36; Num. 15,36; Num. 16,3; Num. 16,6; Num. 16,11; Num. 18,12; Num. 18,12; Num. 20,1; Num. 20,22; Num. 20,29; Num. 27,21; Num. 30,14; Num. 32,13; Num. 36,8; Deut. 2,14; Deut. 3,10; Deut. 3,10; Deut. 21,5; Deut. 21,5; Deut. 21,6; Deut. 29,22; Josh. 9,18; Josh. 13,30; Josh. 13,30; Josh. 15,5; Josh. 18,1; Josh. 22,16; Judg. 2,10; Judg. 4,16; Judg. 6,33; Judg. 7,21; Judg. 20,1; Judg. 21,13; Ruth 1,19; Ruth 3,11; 1Sam. 14,25; 1Sam. 17,46; 1Sam. 17,47; 2Sam. 1,9; 2Sam. 3,23; 2Sam. 9,12; 2Sam. 15,23; 2Sam. 16,23; 2Sam. 23,5; 1Kings 8,14; 1Kings 15,23; 1Kings 16,28c; 1Kings 22,19; 2Kings 3,21; 2Kings 5,15; 2Kings 7,15; 2Kings 10,34; 2Kings 20,20; 2Kings 25,1; 2Kings 25,5; 1Chr. 13,4; 1Chr. 16,23; 1Chr. 16,30; 1Chr. 29,20; 2Chr. 1,3; 2Chr. 5,1; 2Chr. 5,6; 2Chr. 6,3; 2Chr. 6,29; 2Chr. 6,29; 2Chr. 8,16; 2Chr. 10,3; 2Chr. 18,18; 2Chr. 21,9; 2Chr. 23,3; 2Chr. 29,28; 2Chr. 30,2; 2Chr. 30,25; 2Chr. 30,25; 2Chr. 32,9; 2Chr. 35,16; 1Esdr. 4,36; 1Esdr. 8,62; Ezra 2,64; Ezra 5,7; Ezra 10,8; Ezra 10,12; Neh. 5,13; Neh. 7,66; Neh. 8,17; Esth. 15,15 # 5,2b; Esth. 16,24 # 8,12x; Judith 2,19; Judith 3,7; Judith 7,20; Judith 8,21; Judith 11,16; Judith 15,12; Judith 16,14; Judith 16,16; Tob. 1,4; 1Mac. 4,37; 1Mac. 4,59; 1Mac. 11,60; Psa. 32,6; Psa. 32,8; Psa. 37,10; Psa. 44,14; Psa. 61,9; Psa. 64,3; Psa. 65,1; Psa. 65,4; Psa. 71,19; Psa. 95,1; Psa. 95,9; Psa. 97,4; Psa. 99,1; Psa. 106,27; Psa. 106,42; Psa. 118,133; Psa. 144,21; Psa. 150,6; Ode. 12,15; Prov. 11,23; Prov. 11,25; Prov. 26,10; Job 8,12; Job 20,22; Job 26,3; Job 34,15; Job 41,3; Sir. 9,15; Sir. 13,16; Sir. 14,17; Sir. 21,3; Sir. 25,19; Sir. 37,28; Sir. 38,29; Sir. 39,18; Sir. 44,18; Sol. 8,8; Joel 4,4; Hab. 2,20; Zeph. 1,18; Zeph. 3,7; Zeph. 3,8; Zech. 1,11; Zech. 2,17; Zech. 10,11; Is. 1,5; Is. 1,5; Is. 6,3; Is. 7,24; Is. 13,7; Is. 13,7; Is. 14,7; Is. 19,6; Is. 23,18; Is. 24,10; Is. 24,11; Is. 37,20; Is. 40,4; Is. 40,5; Is. 40,6; Is. 45,23; Is. 49,26; Is. 54,17; Is. 64,5; Is. 66,16; Is. 66,16; Is. 66,23; Jer. 2,4; Jer. 4,20; Jer. 4,27; Jer. 4,29; Jer. 4,29; Jer. 7,2; Jer. 7,34; Jer. 8,16; Jer. 10,21; Jer. 12,11; Jer. 17,20; Jer. 17,20; Jer. 25,11; Jer. 27,13; Jer. 41,1; Jer. 46,1; Jer. 52,4; Bar. 2,15; Bar. 2,23; Lam. 1,6; Lam. 1,22; Ezek. 12,24; Ezek. 21,4; Ezek. 21,10; Ezek. 21,12; Ezek. 21,12; Ezek. 27,27; Ezek. 27,34; Ezek. 29,7; Ezek. 29,18; Ezek. 32,12; Ezek. 32,20; Ezek. 32,22; Ezek. 32,24; Ezek. 32,26; Ezek. 35,15; Ezek. 38,7; Ezek. 47,9; Ezek. 48,20; Dan. 2,40; Dan. 7,14; Sus. 41; Sus. 60-62; Judg. 2,10; Judg. 4,16; Judg. 6,33; Judg. 7,21; Judg. 21,13; Tob. 1,4; Tob. 8,5; Tob. 14,4; Dan. 4,12; Dan. 6,24; Sus. 60; Matt. 2,3; Matt. 3,5; Matt. 3,5; Matt. 8,32; Matt. 8,34; Matt. 12,25; Matt. 12,25; Matt. 12,31; Matt. 15,13; Matt. 21,10; Matt. 24,22; Matt. 28,18; Mark 1,5; Mark 13,20; Luke 3,5; Luke 3,6; Luke 4,7; Luke 11,17; Acts 3,23; Acts 13,44; Acts 27,20; Rom. 3,20; Rom. 8,22; Rom. 14,11; 1Cor. 1,29; 1Cor. 11,5; 1Cor. 15,39; Gal. 2,16; Eph. 2,21; Eph. 3,15; Eph. 4,31; Eph. 5,3; Phil. 2,11; 2Tim. 3,16; Heb. 2,2; Heb. 12,11; James 1,17; James 3,7; James 4,16; 1Pet. 1,24; 1Pet. 1,24; 2Pet. 1,20; 1John 5,17; Rev. 16,3; Rev. 16,20)

Πᾶσά ▸ 1

Adjective • feminine • singular • nominative • noDegree • (intensive) ▸ **1** (Is. 46,10)

πᾶσά ▸ 1

Adjective • feminine • singular • nominative • noDegree • (intensive) ▸ **1** (Wis. 7,16)

Πᾶσαι ▸ 1 + 1 = 2

Adjective • feminine • plural • nominative • noDegree • (intensive) ▸ 1 + 1 = **2** (Josh. 21,41; Matt. 1,17)

πᾶσαι ▸ 141 + 9 + 15 = 165

Adjective • feminine • plural • nominative • noDegree • (intensive) ▸ 141 + 9 + 15 = **165** (Gen. 5,5; Gen. 5,8; Gen. 5,11; Gen. 5,14; Gen. 5,17; Gen. 5,20; Gen. 5,23; Gen. 5,27; Gen. 5,31; Gen. 7,11; Gen. 9,29; Gen. 12,3; Gen. 24,19; Gen. 24,22; Gen. 28,14; Gen. 33,8; Gen. 41,57; Gen. 46,15; Gen. 46,22; Gen. 46,25; Gen. 46,26; Gen. 46,26; Gen. 46,27; Ex. 1,5; Ex. 10,6; Ex. 15,20; Ex. 35,26; Ex. 37,2; Ex. 37,14; Lev. 15,3; Lev. 15,25; Num. 7,87; Num. 7,88; Num. 30,5; Num. 30,8; Num. 30,9; Num. 30,12; Num. 31,35; Deut. 3,5; Deut. 3,10; Deut. 28,2; Deut. 28,15; Deut. 28,45; Deut. 29,19; Deut. 32,4; Josh. 13,25; Josh. 15,46; Josh. 16,9; Josh. 21,19; Josh. 21,26; Josh. 21,33; Josh. 21,39; Josh. 21,40; Judg. 16,18; Judg. 20,2; 2Sam. 5,1; 2Kings 19,19; 1Chr. 2,23; 1Chr. 4,27; 1Chr. 4,33; 1Chr. 6,45; 2Chr. 18,7; 2Chr. 33,19; 1Esdr. 4,28; Esth. 1,20; Judith 3,3; Judith 3,8; Judith 9,6; Tob. 1,5; Tob. 2,6; Tob. 3,2; Tob. 4,19; Tob. 8,5; Tob. 8,15; Tob. 13,18; 1Mac. 5,26; 1Mac. 10,34; 1Mac. 10,34; 1Mac. 11,38; 1Mac. 11,39; 1Mac. 11,43; 1Mac. 11,55; 1Mac. 13,34; 1Mac. 14,43; 1Mac. 15,10; 2Mac. 3,20; Psa. 21,28; Psa. 24,10; Psa. 71,17; Psa. 89,9; Psa. 102,21; Psa. 110,7; Psa. 118,86; Psa. 118,151; Psa. 118,168; Psa. 118,172; Psa. 148,2; Psa. 148,7; Psa. 148,9; Ode. 2,4; Ode. 7,27; Ode. 8,61; Ode. 9,48; Eccl. 2,23; Eccl. 5,16; Eccl. 12,4; Song 4,2; Song 4,4; Song 6,6; Sir. 17,20; Sir. 22,12; Sir. 33,13; Hos. 9,15; Joel 4,18; Zeph. 2,11; Zech. 12,14; Is. 45,13; Jer. 4,26; Jer. 10,20; Jer. 30,7; Jer. 31,9; Jer. 31,37; Jer. 45,22; Jer. 51,15; Jer. 52,23; Lam. 1,4; Ezek. 7,17; Ezek. 18,4; Ezek. 18,24; Ezek. 21,12; Ezek. 23,48; Ezek. 33,13; Ezek. 33,16; Ezek. 38,13; Dan. 3,27; Dan. 3,61; Dan. 3,96; Dan. 3,96; Dan. 4,21; Dan. 6,24; Dan. 7,27; Josh. 15,46; Judg. 20,2; Tob. 2,6; Tob. 3,2; Tob. 13,18; Dan. 3,27; Dan. 3,61; Dan. 5,23; Dan. 7,27; Matt. 10,30; Matt. 13,56; Matt. 24,30; Matt. 25,5; Matt. 25,7; Luke 1,48; Luke 12,7; Acts 3,25; Acts 9,39; Acts 16,26; Acts 27,37; Rom. 16,4; Rom. 16,16; Rev. 1,7; Rev. 2,23)

πάσαις ▸ 88 + 4 + 7 = 99

Adjective • feminine • plural • dative • noDegree • (intensive) ▸ 88 + 4 + 7 = **99** (Gen. 20,16; Gen. 24,20; Ex. 26,2; Ex. 40,38; Lev. 23,31; Num. 21,25; Num. 21,25; Num. 21,31; Num. 35,29; Deut. 10,12; Deut. 11,22; Deut. 16,18; Deut. 19,9; Deut. 28,25; Deut. 28,52; Deut. 28,52; Deut. 28,55; Deut. 28,57; Deut. 30,16; Josh. 21,42; Josh. 22,5; Judg. 11,26; 1Sam. 18,14; 1Sam. 23,23; 2Sam. 12,31; 2Sam. 15,10; 2Sam. 19,10; 2Sam. 20,14; 1Kings 2,46b; 1Kings 7,23; 1Kings 8,58; 1Kings 11,7; 2Kings 17,9; 2Kings 19,11; 2Kings 19,15; 2Chr. 17,2; 2Chr. 17,2; 2Chr. 17,10; 2Chr. 19,5; 2Chr. 33,14; Ezra 7,21; Neh. 8,15; Neh. 10,38; Esth. 2,3; Esth. 13,4 # 3,13d; Tob. 13,16; 1Mac. 10,36; 2Mac. 5,14; 3Mac. 1,1; 3Mac. 1,16; Psa. 89,14; Psa. 90,11; Psa. 102,3; Psa. 134,6; Psa. 144,17; Prov. 3,6; Sir. 23,15; Sir. 42,23; Hos. 13,10; Amos

4,6; Amos 5,16; Amos 5,16; Amos 5,17; Is. 23,17; Is. 49,9; Is. 49,9; Jer. 7,23; Jer. 15,4; Jer. 17,19; Jer. 19,13; Jer. 40,12; Jer. 41,17; Bar. 2,4; Ezek. 9,4; Ezek. 16,43; Ezek. 16,47; Ezek. 16,51; Ezek. 20,43; Ezek. 21,29; Ezek. 22,4; Ezek. 31,12; Ezek. 44,7; Ezek. 44,24; Ezek. 45,17; Dan. 4,37b; Dan. 4,37b; Dan. 4,37c; Dan. 9,7; Judg. 11,26; Tob. 1,4; Tob. 13,16; Dan. 11,2; Luke 1,6; Luke 1,75; Luke 24,27; 1Cor. 7,17; 1Cor. 14,33; James 1,8; 2Pet. 3,16)

Πᾶσαν ▸ 2 + 1 = 3

Adjective · feminine · singular · accusative · noDegree
· (intensive) ▸ 2 + 1 = **3** (Lev. 2,11; Sir. 25,13; James 1,2)

πᾶσαν ▸ 379 + 24 + 54 = 457

Adjective · feminine · singular · accusative · noDegree
· (intensive) ▸ 379 + 24 + 54 = **457** (Gen. 1,21; Gen. 2,11; Gen. 2,13; Gen. 6,17; Gen. 7,3; Gen. 7,4; Gen. 8,21; Gen. 9,11; Gen. 9,15; Gen. 9,19; Gen. 12,5; Gen. 13,10; Gen. 13,11; Gen. 13,15; Gen. 14,11; Gen. 14,16; Gen. 17,8; Gen. 18,25; Gen. 18,28; Gen. 19,25; Gen. 20,18; Gen. 26,3; Gen. 26,4; Gen. 31,1; Gen. 31,18; Gen. 34,29; Gen. 41,46; Gen. 45,13; Gen. 46,6; Gen. 47,20; Ex. 8,20; Ex. 9,9; Ex. 9,22; Ex. 9,22; Ex. 9,23; Ex. 9,25; Ex. 10,12; Ex. 10,14; Ex. 10,15; Ex. 10,22; Ex. 11,6; Ex. 12,3; Ex. 12,21; Ex. 13,2; Ex. 14,7; Ex. 14,28; Ex. 15,26; Ex. 16,3; Ex. 16,6; Ex. 18,22; Ex. 18,26; Ex. 22,21; Ex. 32,13; Ex. 35,1; Ex. 35,4; Ex. 39,1; Ex. 39,22; Lev. 2,11; Lev. 4,11; Lev. 8,3; Lev. 10,6; Lev. 14,8; Lev. 14,9; Lev. 14,9; Lev. 14,54; Lev. 15,26; Lev. 16,2; Lev. 22,5; Lev. 22,18; Lev. 22,18; Lev. 25,24; Num. 1,18; Num. 8,9; Num. 8,16; Num. 13,26; Num. 14,7; Num. 14,21; Num. 15,26; Num. 15,33; Num. 16,5; Num. 16,19; Num. 16,22; Num. 21,26; Num. 21,34; Num. 31,11; Num. 31,17; Num. 31,18; Num. 31,20; Deut. 1,19; Deut. 1,31; Deut. 2,34; Deut. 3,2; Deut. 3,6; Deut. 3,13; Deut. 3,13; Deut. 3,13; Deut. 3,14; Deut. 4,16; Deut. 4,49; Deut. 5,22; Deut. 5,33; Deut. 7,15; Deut. 8,2; Deut. 11,6; Deut. 19,8; Deut. 19,15; Deut. 19,15; Deut. 20,14; Deut. 20,14; Deut. 22,3; Deut. 23,19; Deut. 28,60; Deut. 28,61; Deut. 28,61; Deut. 34,1; Deut. 34,2; Deut. 34,2; Deut. 34,2; Josh. 2,24; Josh. 6,23; Josh. 6,27; Josh. 10,40; Josh. 10,41; Josh. 11,16; Josh. 11,16; Josh. 11,16; Josh. 11,23; Josh. 12,1; Josh. 12,5; Josh. 13,5; Josh. 13,9; Josh. 13,11; Josh. 13,12; Josh. 13,16; Josh. 13,21; Josh. 21,43; Josh. 22,20; Judg. 4,15; Judg. 6,37; Judg. 6,39; Judg. 6,40; Judg. 7,14; Judg. 8,12; Judg. 8,35; Judg. 9,1; Judg. 9,57; Judg. 11,21; Judg. 13,7; Judg. 16,18; Judg. 20,10; Judg. 21,11; 1Sam. 9,2; 1Sam. 12,7; 1Sam. 12,20; 1Sam. 13,3; 2Sam. 6,19; 2Sam. 7,17; 2Sam. 7,21; 2Sam. 8,9; 2Sam. 10,7; 2Sam. 20,22; 1Kings 2,44; 1Kings 6,1d; 1Kings 8,38; 1Kings 8,38; 1Kings 8,55; 1Kings 9,1; 1Kings 9,3; 1Kings 10,4; 1Kings 10,7; 1Kings 10,8; 1Kings 11,41; 1Kings 15,20; 1Kings 15,29; 1Kings 16,7; 1Kings 21,1; 2Kings 3,19; 2Kings 3,19; 2Kings 3,25; 2Kings 3,25; 2Kings 4,13; 2Kings 6,24; 2Kings 10,33; 2Kings 15,29; 2Kings 16,10; 2Kings 21,8; 1Chr. 6,33; 1Chr. 6,34; 1Chr. 12,16; 1Chr. 17,15; 1Chr. 17,19; 1Chr. 18,9; 1Chr. 19,8; 1Chr. 20,1; 1Chr. 22,5; 1Chr. 26,30; 1Chr. 28,13; 1Chr. 28,20; 1Chr. 28,21; 1Chr. 28,21; 1Chr. 29,2; 2Chr. 2,13; 2Chr. 2,15; 2Chr. 4,11; 2Chr. 6,3; 2Chr. 6,28; 2Chr. 7,22; 2Chr. 21,17; 2Chr. 29,16; 2Chr. 30,22; 1Esdr. 1,23; 1Esdr. 3,20; 1Esdr. 3,20; 1Esdr. 4,50; 1Esdr. 8,52; Neh. 9,6; Neh. 10,32; Neh. 13,16; Neh. 13,27; Esth. 1,22; Esth. 3,12; Esth. 15,6 # 5,1c; Judith 1,9; Judith 1,11; Judith 1,12; Judith 1,12; Judith 1,13; Judith 1,13; Judith 2,1; Judith 2,2; Judith 2,3; Judith 2,22; Judith 3,10; Judith 5,1; Judith 5,12; Judith 5,15; Judith 7,6; Judith 7,26; Judith 10,19; Judith 11,23; Judith 15,2; Tob. 1,21; Tob. 1,21; Tob. 12,9; Tob. 13,16; 1Mac. 3,28; 1Mac. 5,15; 1Mac. 5,53; 1Mac. 7,7; 1Mac. 7,23; 1Mac. 10,33; 1Mac. 10,33; 1Mac. 13,22; 1Mac. 13,48; 3Mac. 6,2; 3Mac. 6,5; 3Mac. 6,12; 3Mac. 6,32; 3Mac. 6,36; 4Mac. 4,19; 4Mac. 9,28; Psa. 18,5; Psa. 19,5; Psa. 44,17; Psa. 46,3; Psa. 56,6; Psa. 56,12; Psa. 70,14; Psa. 77,38; Psa. 82,19; Psa. 84,4; Psa. 96,9; Psa. 107,6; Psa. 118,104; Psa. 118,128; Ode. 7,32; Prov. 7,12; Eccl. 4,4; Job 28,24; Wis. 5,23; Wis. 7,29; Wis. 13,14; Wis. 16,20; Wis. 16,20; Sir. 6,35; Sir. 18,13; Sir. 21,14; Sir. 25,13; Sir. 25,14; Sir. 25,14; Sir. 32,2; Sir. 36,22; Sir. 39,33; Sir. 40,27; Sir. 41,16; Sir. 42,18; Sir. 43,20; Sir. 47,25; Sir. 50,20; Sol. 1,4; Sol. 4,4; Sol. 4,5; Sol. 4,24; Sol. 5,15; Sol. 8,24; Sol. 15,5; Sol. 17,18; Sol. 17,24; Sol. 18,3; Hos. 13,4; Amos 6,8; Amos 8,10; Amos 8,10; Joel 3,1; Nah. 2,11; Zeph. 3,8; Zech. 1,11; Zech. 3,9; Zech. 4,10; Zech. 14,9; Zech. 14,10; Is. 2,13; Is. 2,16; Is. 7,19; Is. 8,7; Is. 9,4; Is. 23,9; Is. 28,22; Is. 37,11; Is. 37,25; Is. 40,12; Is. 49,11; Is. 57,16; Is. 58,6; Jer. 2,21; Jer. 8,2; Jer. 12,12; Jer. 20,5; Jer. 20,7; Jer. 20,8; Jer. 27,13; Jer. 28,3; Jer. 28,7; Jer. 28,25; Jer. 31,8; Jer. 31,37; Jer. 32,31; Jer. 35,6; Jer. 37,14; Jer. 38,25; Jer. 38,25; Jer. 40,11; Jer. 42,3; Jer. 44,10; Jer. 51,35; Jer. 52,13; Bar. 2,27; Bar. 3,7; Bar. 3,37; Lam. 3,60; Ezek. 7,18; Ezek. 11,16; Ezek. 13,18; Ezek. 16,22; Ezek. 16,37; Ezek. 20,6; Ezek. 20,15; Ezek. 21,9; Ezek. 21,20; Ezek. 29,7; Ezek. 32,16; Ezek. 32,31; Ezek. 36,5; Ezek. 38,4; Dan. 2,35; Dan. 3,32; Dan. 4,11; Dan. 4,18; Dan. 7,23; Judg. 4,15; Judg. 6,37; Judg. 6,39; Judg. 6,40; Judg. 7,14; Judg. 8,12; Judg. 9,1; Judg. 9,57; Judg. 11,21; Judg. 16,17; Judg. 16,18; Judg. 16,18; Judg. 21,11; Tob. 1,21; Tob. 1,21; Tob. 12,9; Tob. 12,11; Tob. 13,16; Dan. 2,35; Dan. 3,32; Dan. 4,20; Dan. 6,5; Dan. 7,23; Dan. 9,14; Matt. 3,15; Matt. 4,23; Matt. 4,23; Matt. 9,35; Matt. 9,35; Matt. 10,1; Matt. 10,1; Matt. 18,32; Matt. 19,3; Matt. 27,45; Mark 5,33; Luke 2,1; Luke 3,3; Luke 4,25; Luke 10,1; Luke 10,19; John 5,22; Acts 2,17; Acts 5,21; Acts 7,14; Acts 15,36; Acts 17,17; Acts 20,27; Rom. 1,18; Rom. 2,9; Rom. 7,8; Rom. 10,18; Rom. 14,5; 1Cor. 13,2; 1Cor. 13,2; 1Cor. 15,24; 1Cor. 15,24; 1Cor. 15,30; 2Cor. 4,2; 2Cor. 9,8; 2Cor. 9,8; 2Cor. 9,11; 2Cor. 10,6; Phil. 4,19; Col. 1,10; Col. 1,11; 2Th. 1,11; Titus 2,10; Titus 3,2; Heb. 4,12; James 1,21; 1Pet. 2,1; 1Pet. 5,7; 2Pet. 1,5; Jude 3; Jude 15; Rev. 5,6; Rev. 13,7; Rev. 13,12)

πᾶσάν ▸ 2

Adjective · feminine · singular · accusative ▸ **2** (Acts 5,42; Acts 26,20)

Πάσας ▸ 3

Adjective · feminine · plural · accusative · noDegree · (intensive) ▸ **3** (Deut. 8,1; 2Chr. 36,23; Ezra 1,2)

πάσας ▸ 284 + 22 + 9 = 315

Adjective · feminine · plural · accusative · noDegree · (intensive) ▸ 284 + 22 + 9 = **315** (Gen. 3,14; Gen. 3,17; Gen. 6,5; Gen. 8,22; Gen. 19,29; Gen. 30,35; Gen. 43,9; Gen. 44,32; Ex. 12,14; Ex. 35,21; Lev. 13,46; Lev. 14,46; Lev. 15,26; Lev. 16,21; Lev. 16,21; Lev. 16,21; Lev. 25,18; Lev. 26,15; Lev. 26,34; Lev. 26,35; Num. 4,27; Num. 6,4; Num. 6,5; Num. 6,6; Num. 6,8; Num. 9,18; Num. 15,22; Num. 15,40; Num. 17,24; Num. 18,4; Num. 21,25; Num. 30,6; Num. 30,15; Num. 31,10; Num. 33,52; Num. 35,7; Deut. 2,36; Deut. 3,21; Deut. 4,9; Deut. 4,10; Deut. 4,40; Deut. 5,29; Deut. 6,2; Deut. 6,24; Deut. 6,25; Deut. 7,15; Deut. 11,1; Deut. 11,8; Deut. 11,13; Deut. 11,22; Deut. 11,31; Deut. 12,1; Deut. 12,17; Deut. 13,19; Deut. 14,23; Deut. 15,5; Deut. 16,3; Deut. 17,19; Deut. 17,19; Deut. 19,9; Deut. 19,9; Deut. 20,15; Deut. 23,7; Deut. 26,13; Deut. 26,18; Deut. 27,1; Deut. 27,10; Deut. 28,1; Deut. 28,15; Deut. 28,29; Deut. 28,33; Deut. 29,20; Deut. 29,26; Deut. 30,10; Deut. 31,13; Deut. 31,18; Deut. 33,12; Josh. 1,5; Josh. 2,22; Josh. 11,12; Josh. 11,13; Josh. 13,10; Josh. 13,17; Josh. 13,21; Josh. 13,30; Josh. 24,1; Josh. 24,29; Josh. 24,29; Judg. 2,7; Judg. 2,7; Judg. 2,18; Judg. 18,31; Judg. 19,29; Judg. 20,48; 1Sam. 1,21; 1Sam. 1,28; 1Sam. 2,32; 1Sam. 2,35; 1Sam. 7,13; 1Sam. 7,15; 1Sam. 12,19; 1Sam. 14,38; 1Sam. 14,52; 1Sam. 20,31; 1Sam. 22,4; 1Sam. 23,14; 1Sam. 25,7; 1Sam. 25,15;

πᾶς

1Sam. 25,16; 1Sam. 27,11; 1Sam. 28,2; 1Sam. 29,1; 2Sam. 13,37; 2Sam. 19,14; 2Sam. 24,2; 2Sam. 24,7; 1Kings 2,46b; 1Kings 2,46g; 1Kings 5,15; 1Kings 7,23; 1Kings 8,40; 1Kings 8,58; 1Kings 9,3; 1Kings 10,22a # 9,15; 1Kings 10,22a # 9,15; 1Kings 11,14; 1Kings 11,34; 1Kings 11,36; 1Kings 12,7; 1Kings 14,30; 1Kings 15,5; 1Kings 15,14; 1Kings 15,16; 1Kings 22,39; 2Kings 3,19; 2Kings 8,19; 2Kings 12,3; 2Kings 13,3; 2Kings 13,22; 2Kings 17,37; 2Kings 18,4; 2Kings 23,22; 2Kings 25,29; 2Kings 25,30; 1Chr. 7,5; 1Chr. 28,8; 1Chr. 28,9; 1Chr. 29,30; 2Chr. 6,31; 2Chr. 7,16; 2Chr. 8,4; 2Chr. 8,6; 2Chr. 8,6; 2Chr. 10,7; 2Chr. 11,21; 2Chr. 12,15; 2Chr. 13,20; 2Chr. 14,13; 2Chr. 15,17; 2Chr. 16,4; 2Chr. 20,29; 2Chr. 21,7; 2Chr. 24,2; 2Chr. 24,14; 2Chr. 34,33; 2Chr. 36,21; 1Esdr. 1,47; 1Esdr. 3,21; 1Esdr. 8,90; Ezra 3,5; Ezra 4,5; Ezra 10,3; Neh. 10,30; Esth. 2,17; Esth. 15,6 # 5,1c; Judith 2,24; Judith 4,5; Judith 8,6; Judith 12,18; Judith 13,18; Judith 16,22; Tob. 1,3; Tob. 1,4; Tob. 1,4; Tob. 4,3; Tob. 4,5; Tob. 4,5; Tob. 12,19; Tob. 13,12; Tob. 14,5; 1Mac. 2,65; 1Mac. 3,12; 1Mac. 3,27; 1Mac. 9,71; 1Mac. 10,47; 1Mac. 11,38; 1Mac. 14,4; 1Mac. 14,4; 1Mac. 15,23; 4Mac. 3,18; 4Mac. 4,24; Psa. 8,8; Psa. 9,15; Psa. 22,6; Psa. 24,18; Psa. 26,4; Psa. 50,11; Psa. 72,28; Psa. 73,8; Psa. 84,3; Psa. 102,2; Psa. 102,3; Psa. 105,2; Psa. 118,6; Psa. 118,128; Psa. 127,5; Psa. 134,11; Psa. 138,3; Ode. 9,75; Ode. 11,17; Ode. 11,20; Prov. 3,23; Prov. 5,21; Prov. 31,29; Eccl. 4,1; Eccl. 9,9; Eccl. 9,9; Job 1,5; Job 33,11; Sir. 23,19; Sir. 36,10; Sol. 14,4; Hos. 2,13; Hos. 2,13; Hos. 7,2; Hos. 9,8; Amos 3,2; Amos 8,10; Mic. 7,19; Zech. 9,1; Is. 10,10; Is. 38,17; Is. 38,20; Is. 51,13; Is. 63,9; Is. 65,5; Jer. 1,15; Jer. 1,15; Jer. 15,13; Jer. 16,17; Jer. 19,15; Jer. 24,9; Jer. 28,24; Jer. 31,24; Jer. 32,26; Jer. 38,37; Jer. 39,32; Jer. 39,39; Jer. 41,1; Jer. 42,7; Jer. 42,8; Jer. 42,19; Jer. 52,13; Jer. 52,33; Bar. 3,8; Lam. 2,5; Lam. 3,51; Ezek. 11,18; Ezek. 12,16; Ezek. 16,23; Ezek. 18,13; Ezek. 18,14; Ezek. 18,21; Ezek. 18,24; Ezek. 18,31; Ezek. 22,2; Ezek. 26,11; Ezek. 29,15; Ezek. 42,11; Ezek. 42,11; Ezek. 44,5; Dan. 4,27; Dan. 4,37a; Dan. 6,28; Judg. 2,7; Judg. 2,7; Judg. 2,18; Judg. 16,16; Judg. 18,31; Judg. 20,10; Judg. 20,48; Tob. 1,3; Tob. 1,4; Tob. 4,3; Tob. 4,5; Tob. 4,5; Tob. 5,6; Tob. 5,10; Tob. 5,10; Tob. 10,13; Tob. 10,13; Tob. 10,14; Tob. 12,18; Tob. 13,12; Dan. 2,44; Dan. 7,23; Matt. 4,8; Matt. 9,35; Matt. 28,20; Mark 4,13; Luke 4,5; Acts 8,40; Acts 26,11; Eph. 3,21; 1Pet. 2,1)

πάσῃ ▸ 215 + 15 + 45 = 275

Adjective ▪ feminine ▪ singular ▪ dative ▪ noDegree ▪ (intensive)

▸ 215 + 15 + 45 = 275 (Gen. 9,10; Gen. 9,15; Gen. 9,16; Gen. 19,17; Gen. 19,31; Gen. 28,15; Gen. 31,6; Gen. 41,29; Gen. 41,44; Gen. 41,54; Gen. 41,54; Gen. 41,57; Gen. 47,13; Ex. 7,19; Ex. 7,21; Ex. 8,12; Ex. 8,13; Ex. 9,9; Ex. 9,11; Ex. 9,14; Ex. 9,16; Ex. 9,25; Ex. 10,6; Ex. 10,15; Ex. 10,15; Ex. 10,19; Ex. 12,16; Ex. 12,30; Ex. 14,4; Ex. 14,17; Ex. 16,9; Ex. 16,10; Ex. 34,10; Ex. 35,3; Lev. 3,17; Lev. 7,26; Lev. 10,3; Lev. 21,11; Lev. 22,18; Lev. 23,3; Lev. 23,14; Lev. 23,21; Lev. 25,9; Lev. 25,9; Num. 6,6; Num. 13,26; Num. 16,19; Num. 16,26; Num. 31,17; Deut. 11,3; Deut. 12,15; Deut. 12,15; Deut. 12,20; Deut. 28,52; Deut. 29,1; Deut. 30,16; Deut. 34,11; Josh. 9,1; Josh. 9,19; Josh. 9,21; Josh. 9,27; Josh. 13,4; Josh. 24,3; Josh. 24,17; Judg. 8,10; Judg. 20,12; 1Sam. 4,8; 1Sam. 13,19; 2Sam. 8,14; 2Sam. 20,23; 2Sam. 24,8; 1Kings 10,20; 1Kings 10,22a # 9,15; 1Kings 16,26; 1Kings 22,43; 2Kings 5,15; 2Kings 17,5; 2Kings 17,16; 2Kings 17,22; 2Kings 20,13; 2Kings 21,3; 2Kings 21,5; 2Kings 21,21; 2Kings 22,2; 2Kings 23,3; 2Kings 23,3; 2Kings 23,4; 2Kings 23,5; 1Chr. 13,2; 1Chr. 13,2; 1Chr. 13,8; 1Chr. 14,17; 1Chr. 16,14; 1Chr. 21,12; 1Chr. 28,21; 1Chr. 29,1; 1Chr. 29,20; 2Chr. 8,6; 2Chr. 9,19; 2Chr. 15,6; 2Chr. 15,15; 2Chr. 16,9; 2Chr. 16,9; 2Chr. 17,19; 2Chr. 21,14; 2Chr. 26,14; 2Chr. 28,24; 2Chr. 28,25; 2Chr. 31,18; 2Chr. 31,19; 2Chr. 33,3; 2Chr. 33,5; 2Chr. 36,22; 1Esdr. 6,9; Ezra 1,1; Ezra 7,16; Ezra 8,21; Ezra 10,14; Neh. 9,5; Esth. 3,8; Esth. 4,3; Esth. 8,11; Esth. 8,12; Esth. 8,13; Esth. 9,4; Esth. 9,19; Judith 2,6; Judith 2,11; Judith 4,13; Judith 7,1; Judith 7,26; Judith 10,18; Judith 11,8; Judith 11,8; Judith 11,18; Judith 16,21; Tob. 4,14; Tob. 8,15; 1Mac. 1,41; 1Mac. 1,51; 1Mac. 3,40; 1Mac. 8,24; 1Mac. 12,32; 1Mac. 15,9; 3Mac. 3,29; 3Mac. 6,1; 3Mac. 6,30; 4Mac. 5,13; Psa. 8,2; Psa. 8,10; Psa. 35,5; Psa. 44,18; Psa. 70,18; Psa. 104,7; Psa. 135,25; Psa. 144,13; Ode. 7,37; Prov. 4,22; Prov. 4,23; Wis. 6,16; Sir. 3,13; Sir. 5,9; Sir. 6,26; Sir. 16,14; Sir. 18,15; Sir. 19,20; Sir. 24,6; Sir. 30,7; Sir. 33,21; Sir. 33,30; Sir. 35,8; Sir. 37,29; Sir. 39,35; Sir. 41,4; Sir. 47,8; Sir. 48,15; Sol. 4,5; Sol. 17,20; Zeph. 3,19; Zech. 5,6; Zech. 13,8; Is. 4,5; Is. 12,5; Is. 25,4; Is. 54,5; Is. 66,24; Jer. 2,34; Jer. 12,12; Jer. 15,10; Jer. 19,13; Jer. 23,15; Jer. 28,52; Jer. 33,17; Jer. 36,22; Jer. 38,24; Jer. 39,41; Jer. 39,41; Jer. 47,11; Jer. 51,26; Bar. 5,3; LetterJ 60; Ezek. 6,6; Ezek. 16,24; Ezek. 16,31; Ezek. 17,21; Ezek. 34,13; Dan. 1,4; Dan. 1,17; Dan. 1,17; Dan. 1,20; Dan. 1,20; Dan. 2,38; Dan. 3,37; Dan. 4,27; Dan. 6,26; Judg. 7,22; Judg. 20,12; Tob. 8,15; Tob. 11,16; Dan. 1,4; Dan. 1,17; Dan. 1,17; Dan. 1,20; Dan. 3,37; Dan. 4,1; Dan. 6,26; Dan. 6,27; Dan. 9,7; Dan. 9,13; Dan. 9,16; Matt. 6,29; Mark 16,15; Luke 7,17; Luke 12,27; John 16,13; Acts 1,8; Acts 2,43; Acts 5,23; Acts 7,22; Acts 23,1; Rom. 1,29; Rom. 9,17; 1Cor. 1,5; 1Cor. 4,17; 2Cor. 1,4; 2Cor. 1,4; 2Cor. 7,4; 2Cor. 8,7; 2Cor. 12,12; Eph. 1,3; Eph. 1,8; Eph. 4,31; Eph. 5,9; Eph. 6,18; Phil. 1,3; Phil. 1,4; Phil. 1,9; Phil. 1,20; Col. 1,9; Col. 1,11; Col. 1,23; Col. 1,28; Col. 3,16; 1Th. 3,7; 1Th. 3,9; 2Th. 2,9; 2Th. 2,10; 2Th. 3,17; 1Tim. 2,2; 1Tim. 2,11; 1Tim. 5,2; 2Tim. 4,2; 1Pet. 1,15; 1Pet. 2,13; Rev. 11,6)

πάσης ▸ 208 + 12 + 42 = 262

Adjective ▪ feminine ▪ singular ▪ genitive ▪ noDegree ▪ (intensive)

▸ 208 + 12 + 42 = 262 (Gen. 1,26; Gen. 1,28; Gen. 1,29; Gen. 6,19; Gen. 7,15; Gen. 7,16; Gen. 7,23; Gen. 8,9; Gen. 9,12; Gen. 9,15; Gen. 9,16; Gen. 9,17; Gen. 11,4; Gen. 11,8; Gen. 11,9; Gen. 11,9; Gen. 32,11; Gen. 32,11; Gen. 41,41; Gen. 41,56; Gen. 45,8; Gen. 45,9; Gen. 45,26; Ex. 8,18; Ex. 22,8; Lev. 5,3; Lev. 11,10; Lev. 11,46; Lev. 11,46; Lev. 16,17; Lev. 16,33; Lev. 17,11; Lev. 17,14; Lev. 17,14; Lev. 17,14; Lev. 22,4; Num. 1,2; Num. 14,5; Num. 15,25; Num. 16,22; Num. 18,9; Num. 18,15; Num. 19,11; Num. 20,25; Num. 20,27; Num. 25,6; Num. 26,2; Num. 27,2; Num. 27,16; Num. 27,19; Num. 27,22; Num. 31,27; Deut. 11,25; Deut. 31,30; Josh. 3,11; Josh. 3,13; Josh. 4,7; Josh. 8,35 # 9,2f; 1Sam. 2,29; 1Sam. 26,24; 1Sam. 30,16; 2Sam. 4,9; 2Sam. 18,8; 1Kings 1,29; 1Kings 2,2; 1Kings 8,22; 1Kings 15,20; 2Kings 13,11; 1Chr. 28,8; 1Chr. 29,12; 1Chr. 29,30; 2Chr. 6,12; 2Chr. 6,13; 2Chr. 9,28; 2Chr. 15,8; 2Chr. 28,14; 2Chr. 30,19; 2Chr. 31,1; 2Chr. 32,13; 2Chr. 34,7; 2Chr. 34,33; Neh. 10,32; Neh. 13,30; Esth. 13,2 # 3,13b; Esth. 14,12 # 4,17r; Esth. 16,22 # 8,12u; Judith 2,5; Judith 2,9; Judith 4,15; Judith 5,21; Judith 5,24; Judith 6,4; Judith 7,4; Judith 9,12; Judith 9,14; Judith 9,14; Judith 10,13; Judith 11,1; Judith 11,7; Judith 11,7; Judith 13,4; Judith 15,5; Tob. 3,14; Tob. 4,12; Tob. 4,18; Tob. 4,21; 1Mac. 6,14; 1Mac. 8,16; 1Mac. 14,5; 2Mac. 2,22; 2Mac. 3,1; 2Mac. 3,22; 2Mac. 3,24; 2Mac. 3,28; 2Mac. 3,29; 2Mac. 5,15; 2Mac. 5,20; 2Mac. 7,31; 2Mac. 14,38; 2Mac. 15,1; 2Mac. 15,6; 2Mac. 15,7; 2Mac. 15,17; 3Mac. 2,2; 3Mac. 5,6; 3Mac. 5,7; 3Mac. 7,5; 3Mac. 7,7; 3Mac. 7,9; 3Mac. 7,12; 4Mac. 2,4; Psa. 19,4; Psa. 46,8; Psa. 47,3; Psa. 53,9; Psa. 96,5; Psa. 104,21; Psa. 118,96; Psa. 118,101; Psa. 131,1; Ode. 7,44; Eccl. 2,10; Wis. 7,24; Sir. 1,10; Sir. 17,4; Sir. 29,12; Sir. 37,11; Sir. 37,16; Sir. 37,20; Sir. 37,21; Sir. 38,10; Sir. 39,19; Sir. 39,26; Sir. 40,8; Sir. 45,1; Sir. 45,4; Sir. 46,19; Sir. 50,13; Sol. 8,12; Sol. 16,7; Sol. 17,30; Amos 3,1; Mic. 4,13;

Mic. 7,16; Zech. 4,14; Zech. 5,3; Zech. 6,5; Is. 15,2; Is. 25,8; Is. 32,13; Is. 37,16; Is. 51,20; Is. 63,9; Jer. 1,16; Jer. 19,8; Jer. 23,3; Jer. 27,23; Jer. 28,28; Jer. 28,41; Jer. 28,49; Jer. 30,21; Jer. 31,37; Jer. 33,6; Jer. 39,27; Jer. 39,37; Jer. 40,9; Lam. 2,15; LetterJ 24; Ezek. 6,14; Ezek. 12,23; Ezek. 13,18; Ezek. 16,25; Ezek. 16,31; Ezek. 27,12; Ezek. 27,18; Ezek. 32,4; Ezek. 34,6; Ezek. 35,14; Dan. 2,11; Dan. 2,39; Dan. 3,44; Dan. 4,22; Dan. 4,29; Dan. 6,2; Dan. 6,4; Dan. 6,5; Dan. 11,43; Bel 5; Judg. 8,10; Tob. 3,14; Tob. 4,21; Tob. 14,7; Dan. 2,11; Dan. 2,39; Dan. 2,48; Dan. 3,44; Dan. 4,11; Dan. 8,5; Dan. 11,17; Bel 5; Matt. 23,27; Luke 5,17; Luke 6,17; Luke 12,15; Luke 21,35; John 17,2; Acts 4,29; Acts 8,27; Acts 12,11; Acts 13,10; Acts 13,10; Acts 17,11; Acts 19,26; Acts 20,19; Acts 24,3; Acts 28,31; Rom. 15,13; Rom. 15,14; 2Cor. 1,3; Eph. 1,21; Eph. 4,2; Eph. 4,16; Eph. 4,19; Eph. 6,18; Phil. 2,29; Col. 1,15; Col. 2,10; 1Tim. 1,15; 1Tim. 3,4; 1Tim. 4,9; 1Tim. 6,1; Titus 2,14; Titus 2,15; Heb. 6,16; Heb. 7,7; Heb. 9,19; 1Pet. 5,10; 1John 1,7; 1John 1,9; Rev. 5,9; Rev. 7,4; Rev. 18,22)

πᾶσι ▸ 124 + 2 = 126

Adjective · masculine · plural · dative · noDegree · (intensive) ▸ 59 + 2 = **61** (Gen. 32,20; Gen. 40,20; Gen. 41,55; Gen. 41,56; Gen. 47,23; Ex. 10,23; Ex. 11,7; Ex. 12,12; Ex. 12,42; Ex. 26,17; Ex. 28,3; Lev. 7,10; Num. 14,10; Deut. 7,18; Josh. 10,25; Judg. 20,46; 1Sam. 7,16; 2Kings 10,22; 2Chr. 32,13; 2Chr. 32,14; 1Esdr. 1,13; 1Esdr. 4,48; 1Esdr. 4,49; 1Esdr. 4,53; 1Esdr. 4,56; 1Esdr. 8,22; 1Esdr. 9,3; Esth. 2,18; Judith 16,24; Tob. 4,7; Tob. 4,11; Tob. 11,18; 2Mac. 3,34; 2Mac. 12,40; 3Mac. 4,11; Psa. 85,5; Psa. 95,3; Psa. 102,6; Psa. 110,10; Psa. 134,9; Psa. 144,18; Psa. 148,14; Psa. 149,9; Prov. 1,7; Prov. 3,18; Eccl. 11,9; Sir. 7,36; Amos 4,6; Zech. 12,2; Is. 64,11; Jer. 20,4; Jer. 28,24; Jer. 33,2; Bar. 2,4; Ezek. 16,33; Ezek. 16,33; Ezek. 26,17; Dan. 4,37c; Dan. 9,16; Dan. 4,1; Dan. 6,26)

Adjective · neuter · plural · dative · noDegree · (intensive) ▸ **65** (Gen. 1,30; Gen. 1,30; Gen. 2,20; Gen. 2,20; Gen. 9,10; Ex. 1,14; Ex. 3,20; Ex. 18,9; Lev. 11,27; Lev. 11,43; Lev. 18,24; Num. 4,16; Num. 35,3; Deut. 16,4; Deut. 23,21; Deut. 24,19; Deut. 28,40; Deut. 34,11; 1Sam. 30,16; 2Chr. 32,30; Neh. 9,33; Neh. 10,1; Esth. 3,14; Esth. 10,10 # 10,3g; Esth. 10,11 # 10,3h; Tob. 4,14; 2Mac. 11,14; 2Mac. 13,23; Psa. 104,31; Psa. 142,5; Psa. 144,13a; Eccl. 7,28; Job 12,9; Sir. 31,22; Sir. 33,23; Sir. 37,15; Sol. 4,13; Sol. 17,10; Hos. 7,10; Amos 9,9; Is. 5,25; Is. 10,4; Is. 19,14; Is. 25,6; Is. 45,12; Jer. 15,13; LetterJ 50; Ezek. 6,9; Ezek. 6,13; Ezek. 16,43; Ezek. 23,7; Ezek. 34,5; Ezek. 34,8; Ezek. 35,8; Ezek. 39,4; Ezek. 44,5; Ezek. 45,1; Dan. 3,29; Dan. 3,29; Dan. 4,12; Dan. 4,17a; Dan. 4,37b; Dan. 4,37c; Dan. 4,37c; Dan. 6,26)

πᾶσιν ▸ 215 + 14 + 88 = 317

Adjective · masculine · plural · dative · noDegree · (intensive) ▸ 109 + 8 + 51 = **168** (Gen. 11,1; Gen. 34,30; Gen. 35,2; Gen. 41,38; Gen. 45,22; Gen. 47,24; Ex. 34,34; Lev. 25,10; Deut. 27,26; Judg. 3,19; Judg. 10,18; Judg. 11,8; Judg. 20,44; 1Sam. 10,24; 1Sam. 22,7; 1Sam. 22,14; 2Sam. 3,21; 2Sam. 7,22; 2Sam. 15,14; 2Sam. 18,5; 2Sam. 22,31; 1Kings 2,46f; 1Kings 2,46k; 1Kings 3,15; 1Kings 8,56; 1Kings 10,29; 2Kings 18,21; 2Kings 18,35; 2Kings 21,14; 1Chr. 16,9; 1Chr. 20,3; 1Chr. 22,17; 2Chr. 1,2; 2Chr. 1,17; 1Esdr. 3,1; 1Esdr. 3,1; 1Esdr. 3,1; 1Esdr. 3,2; 1Esdr. 4,53; 1Esdr. 4,61; 1Esdr. 7,12; 1Esdr. 9,40; Ezra 6,20; Ezra 7,24; Ezra 7,25; Ezra 10,7; Ezra 10,17; Neh. 9,10; Esth. 1,11; Esth. 13,2 # 3,13b; Esth. 16,8 # 8,12h; 1Mac. 5,5; 1Mac. 5,44; 1Mac. 8,1; 1Mac. 8,24; 1Mac. 9,60; 1Mac. 10,34; 1Mac. 11,34; 1Mac. 12,43; 2Mac. 1,3; 2Mac. 1,19; 2Mac. 2,17; 2Mac. 2,25; 2Mac. 3,36; 2Mac. 9,8; 2Mac. 15,35; 3Mac. 1,11; 3Mac. 2,30; 3Mac. 3,6; 3Mac. 4,18; 3Mac. 5,11; 3Mac. 6,6; 3Mac. 6,8; 3Mac. 6,18; 3Mac. 7,1; 4Mac. 12,8; Psa. 6,8; Psa. 20,9; Psa. 144,18; Psa. 146,4; Prov. 3,15; Prov. 6,8b; Prov. 24,12; Eccl. 1,16; Eccl. 2,14; Eccl. 3,19; Eccl. 4,16; Eccl. 9,2; Eccl. 9,3; Eccl. 9,11; Job 37,21; Wis. 7,3; Sir. 26,6; Sir. 33,18; Sir. 37,28; Sir. 41,16; Hos. 4,3; Amos 6,8; Mic. 2,12; Zeph. 3,20; Is. 26,15; Jer. 8,3; Jer. 23,17; Jer. 25,16; Jer. 31,39; Ezek. 16,37; Ezek. 21,17; Ezek. 28,26; Ezek. 44,9; Judg. 6,31; Judg. 10,18; Judg. 11,8; Tob. 4,7; Tob. 11,18; Tob. 12,6; Dan. 4,21; Dan. 9,16; Matt. 5,15; Mark 6,41; Mark 13,37; Luke 2,38; Luke 3,16; Luke 9,48; Luke 24,9; Acts 1,19; Acts 2,39; Acts 2,45; Acts 4,10; Acts 4,16; Acts 15,3; Acts 16,32; Acts 17,25; Acts 17,31; Acts 19,17; Acts 20,32; Acts 20,36; Acts 24,5; Rom. 1,7; Rom. 13,7; 1Cor. 1,2; 1Cor. 8,7; 1Cor. 9,19; 1Cor. 9,22; 1Cor. 10,33; 1Cor. 12,6; 1Cor. 15,7; 2Cor. 1,1; 2Cor. 13,2; Eph. 3,18; Phil. 1,1; Phil. 1,13; Phil. 1,25; Phil. 2,17; Phil. 4,5; 1Th. 1,7; 1Th. 2,15; 1Th. 5,27; 2Th. 1,4; 2Th. 1,10; 1Tim. 4,15; 2Tim. 3,9; 2Tim. 4,8; Titus 2,11; Heb. 5,9; Heb. 13,4; James 1,5; 1Pet. 5,14; Rev. 21,8)

Adjective · neuter · plural · dative · noDegree · (intensive) ▸ 106 + 6 + 37 = **149** (Gen. 2,20; Gen. 9,2; Gen. 21,22; Gen. 39,5; Ex. 10,23; Ex. 13,7; Lev. 11,26; Lev. 11,42; Lev. 11,44; Lev. 18,24; Lev. 20,25; Num. 4,33; Num. 14,11; Deut. 4,7; Deut. 4,19; Deut. 4,27; Deut. 7,19; Deut. 12,7; Deut. 14,29; Deut. 15,10; Deut. 15,10; Deut. 15,18; Deut. 16,15; Deut. 26,11; Deut. 28,8; Deut. 28,37; Deut. 30,1; Josh. 1,7; Josh. 6,24; Josh. 23,3; Josh. 24,17; Judg. 2,15; 1Sam. 22,15; 2Sam. 7,7; 2Sam. 7,9; 2Sam. 8,6; 2Sam. 8,14; 1Kings 8,52; 1Kings 14,22; 2Kings 17,11; 2Kings 18,7; 2Kings 22,20; 1Chr. 12,34; 1Chr. 12,38; 1Chr. 17,6; 1Chr. 17,8; 1Chr. 18,6; 1Chr. 18,13; 2Chr. 7,20; 2Chr. 11,23; 2Chr. 33,22; 2Chr. 34,25; 2Chr. 34,28; 2Chr. 36,5c; 1Esdr. 2,6; Ezra 7,6; Neh. 5,18; Judith 8,10; Tob. 3,4; 1Mac. 3,36; 1Mac. 8,14; 1Mac. 9,23; 1Mac. 10,43; 2Mac. 11,15; 3Mac. 3,20; 3Mac. 6,15; Psa. 66,3; Psa. 76,13; Psa. 77,32; Psa. 81,8; Psa. 144,17; Ode. 7,27; Ode. 7,29; Prov. 6,16; Eccl. 2,11; Eccl. 3,1; Eccl. 11,8; Job 1,22; Job 2,10; Job 9,28; Job 36,28b; Job 42,11; Wis. 7,12; Wis. 12,1; Sir. 10,27; Sir. 12,5; Sir. 39,14; Sir. 41,1; Sir. 43,6; Sir. 48,15; Zech. 12,3; Is. 9,11; Is. 9,16; Is. 9,20; Is. 56,7; Is. 63,7; Jer. 3,10; Jer. 33,6; Jer. 51,8; Bar. 2,12; Ezek. 5,11; Ezek. 6,11; Ezek. 14,11; Ezek. 20,31; Ezek. 20,40; Dan. 3,27; Judg. 2,15; Tob. 3,4; Tob. 14,15; Dan. 3,27; Dan. 3,29; Dan. 11,43; Matt. 2,16; Matt. 23,20; Matt. 24,14; Matt. 24,47; Mark 11,17; Luke 1,3; Luke 2,20; Luke 3,20; Luke 9,43; Luke 12,44; Luke 13,17; Luke 14,33; Luke 16,26; Luke 24,21; Luke 24,25; Acts 24,14; Rom. 1,5; Rom. 8,37; 1Cor. 15,28; 2Cor. 11,6; Gal. 3,10; Gal. 6,6; Eph. 1,23; Eph. 4,6; Eph. 6,16; Phil. 4,12; Col. 1,18; Col. 3,11; Col. 3,14; 1Tim. 3,11; 2Tim. 2,7; 2Tim. 4,5; Titus 2,9; Titus 2,10; Heb. 13,18; 1Pet. 4,11; Rev. 19,17)

πᾶσίν ▸ 1

Adjective · masculine · plural · dative · noDegree · (intensive) ▸ **1** (4Mac. 4,12)

πασῶν ▸ 81 + 2 + 5 = 88

Adjective · feminine · plural · genitive · noDegree · (intensive) ▸ 81 + 2 + 5 = **88** (Gen. 6,2; Lev. 4,13; Lev. 4,22; Lev. 4,27; Lev. 5,17; Lev. 16,16; Lev. 16,30; Lev. 16,34; Lev. 23,38; Num. 10,25; Num. 15,39; Num. 18,9; Num. 31,4; Deut. 2,34; Deut. 3,4; Deut. 9,18; Deut. 18,5; Josh. 11,10; Josh. 22,14; Judg. 21,5; 1Sam. 6,18; 1Sam. 10,18; 1Sam. 18,6; 2Sam. 8,11; 1Kings 11,32; 1Kings 14,21; 1Kings 16,13; 2Kings 14,24; 2Kings 15,18; 2Kings 15,28; 2Kings 21,7; 2Chr. 6,5; 2Chr. 12,13; 2Chr. 14,4; 2Chr. 20,4; 2Chr. 20,6; 2Chr. 23,2; 2Chr. 33,7; 1Esdr. 5,51; Judith 15,13; Tob. 1,4; 1Mac. 7,46; 1Mac. 13,53; 4Mac. 5,23; 4Mac. 9,18; 4Mac. 15,6; Psa. 24,22; Psa. 33,5; Psa. 33,7; Psa. 33,18; Psa. 33,20; Psa. 38,9; Psa. 129,8; Prov. 3,26; Wis. 12,7; Amos 3,2; Amos 6,2; Nah. 3,10; Zech. 8,23; Zech. 14,17; Jer. 3,18; Jer. 16,15; Jer. 23,8; Jer. 40,5; Jer. 40,8; Lam. 2,19; Lam. 4,1; Ezek. 14,6; Ezek. 18,21; Ezek.

18,28; Ezek. 18,30; Ezek. 36,24; Ezek. 36,25; Ezek. 36,29; Ezek. 36,33; Ezek. 37,23; Ezek. 44,6; Ezek. 45,15; Ezek. 48,19; Dan. 4,21; Dan. 7,27; Judg. 21,5; Tob. 1,4; Mark 6,33; Luke 19,37; Acts 7,10; 2Cor. 8,18; 2Cor. 11,28)

πάσσαλος (πήγνυμι) peg, pin ▸ 23 + 7 = 30
  πάσσαλοι ▸ 3
    Noun · masculine · plural · nominative · (common) ▸ 3 (Ex. 27,19; Ex. 37,18; Is. 33,20)
  πασσάλοις ▸ 1
    Noun · masculine · plural · dative · (common) ▸ 1 (Judg. 16,14)
  πάσσαλον ▸ 5 + 4 = 9
    Noun · masculine · singular · accusative · (common) ▸ 5 + 4 = 9 (Judg. 4,21; Judg. 4,21; Judg. 5,26; Sir. 14,24; Ezek. 15,3; Judg. 4,21; Judg. 4,21; Judg. 5,26; Judg. 16,14)
  πάσσαλος ▸ 3 + 1 = 4
    Noun · masculine · singular · nominative · (common) ▸ 3 + 1 = 4 (Deut. 23,14; Judg. 4,22; Sir. 27,2; Judg. 4,22)
  πασσάλου ▸ 1
    Noun · masculine · singular · genitive · (common) ▸ 1 (Sir. 26,12)
  πασσάλους ▸ 9
    Noun · masculine · plural · accusative · (common) ▸ 9 (Ex. 38,21; Ex. 38,21; Ex. 39,8; Ex. 39,8; Ex. 39,21; Num. 3,37; Num. 4,32; Judg. 16,14; Is. 54,2)
  πασσάλῳ ▸ 1 + 2 = 3
    Noun · masculine · singular · dative · (common) ▸ 1 + 2 = 3 (Judg. 16,13; Judg. 16,13; Judg. 16,14)

πάσσω to scatter, sprinkle ▸ 7
  ἔπασεν ▸ 1
    Verb · third · singular · aorist · active · indicative ▸ 1 (Ex. 9,10)
  πασάμεναι ▸ 1
    Verb · aorist · middle · participle · feminine · plural · nominative ▸ 1 (3Mac. 1,18)
  πασάτω ▸ 1
    Verb · third · singular · aorist · active · imperative ▸ 1 (Ex. 9,8)
  πάσσει ▸ 1
    Verb · third · singular · present · active · indicative ▸ 1 (Sir. 43,18)
  πάσσοντος ▸ 1
    Verb · present · active · participle · masculine · singular · genitive ▸ 1 (Psa. 147,5)
  πάσσων ▸ 1
    Verb · present · active · participle · masculine · singular · nominative ▸ 1 (2Sam. 16,13)
  πεπασμένα ▸ 1
    Verb · perfect · passive · participle · neuter · plural · accusative ▸ 1 (Esth. 1,6)

παστός bridal chamber ▸ 5
  παστὸν ▸ 1
    Noun · masculine · singular · accusative · (common) ▸ 1 (3Mac. 4,6)
  παστοῦ ▸ 2
    Noun · masculine · singular · genitive · (common) ▸ 2 (Psa. 18,6; Joel 2,16)
  παστοὺς ▸ 1
    Noun · masculine · plural · accusative · (common) ▸ 1 (3Mac. 1,19)
  παστῷ ▸ 1
    Noun · masculine · singular · dative · (common) ▸ 1 (1Mac. 1,27)

παστοφόριον (παστός; φέρω) chamber ▸ 14
  παστοφόρια ▸ 7
    Noun · neuter · plural · accusative · (common) ▸ 4 (1Chr. 23,28; 2Chr. 31,11; 1Mac. 4,38; 1Mac. 4,57)
    Noun · neuter · plural · nominative · (common) ▸ 3 (Ezek. 40,17; Ezek. 40,17; Ezek. 40,38)
  παστοφορίοις ▸ 1
    Noun · neuter · plural · dative · (common) ▸ 1 (1Esdr. 8,58)
  παστοφόριον ▸ 3
    Noun · neuter · singular · accusative · (common) ▸ 3 (1Esdr. 9,1; Is. 22,15; Jer. 42,4)
  παστοφορίου ▸ 1
    Noun · neuter · singular · genitive · (common) ▸ 1 (1Chr. 26,16)
  παστοφορίων ▸ 2
    Noun · neuter · plural · genitive · (common) ▸ 2 (1Chr. 9,26; 1Chr. 28,12)

πασχα (πάσχω) passover; passover lamb ▸ 43
  πασχα ▸ 43
    Noun · neuter · singular · accusative · (common) ▸ 29 (Ex. 12,21; Ex. 12,48; Num. 9,2; Num. 9,4; Num. 9,6; Num. 9,10; Num. 9,13; Num. 9,14; Deut. 16,1; Deut. 16,2; Deut. 16,5; Deut. 16,6; Josh. 5,10; 2Kings 23,21; 1Esdr. 1,1; 1Esdr. 1,1; 1Esdr. 1,6; 1Esdr. 1,6; 1Esdr. 1,8; 1Esdr. 1,9; 1Esdr. 1,13; 1Esdr. 1,16; 1Esdr. 1,17; 1Esdr. 1,19; 1Esdr. 7,10; 1Esdr. 7,12; Ezra 6,19; Ezra 6,20; Ezra 6,21)
    Noun · neuter · singular · genitive · (common) ▸ 6 (Ex. 12,43; Ex. 34,25; Num. 9,12; Num. 9,14; Num. 28,16; Num. 33,3)
    Noun · neuter · singular · nominative · (common) ▸ 8 (Ex. 12,11; Ex. 12,27; Lev. 23,5; 2Kings 23,22; 2Kings 23,23; 1Esdr. 1,18; 1Esdr. 1,20; Ezek. 45,21)

πάσχα (πάσχω) passover; passover lamb ▸ 29
  πάσχα ▸ 29
    Noun · neuter · singular · accusative · (common) ▸ 15 (Matt. 26,17; Matt. 26,18; Matt. 26,19; Mark 14,12; Mark 14,12; Mark 14,14; Mark 14,16; Luke 22,7; Luke 22,8; Luke 22,11; Luke 22,13; Luke 22,15; John 18,28; Acts 12,4; Heb. 11,28)
    Noun · neuter · singular · dative ▸ 2 (John 2,23; John 18,39)
    Noun · neuter · singular · genitive · (common) ▸ 5 (Luke 2,41; John 11,55; John 12,1; John 13,1; John 19,14)
    Noun · neuter · singular · nominative · (common) ▸ 7 (Matt. 26,2; Mark 14,1; Luke 22,1; John 2,13; John 6,4; John 11,55; 1Cor. 5,7)

πάσχω to experience; suffer, endure ▸ 19 + 42 = 61
  ἔπαθεν ▸ 5
    Verb · third · singular · aorist · active · indicative ▸ 5 (Acts 28,5; Heb. 5,8; Heb. 13,12; 1Pet. 2,21; 1Pet. 3,18)
  ἐπάθετε ▸ 2
    Verb · second · plural · aorist · active · indicative ▸ 2 (Gal. 3,4; 1Th. 2,14)
  ἔπαθον ▸ 1
    Verb · first · singular · aorist · active · indicative ▸ 1 (Matt. 27,19)
  ἔπασχον ▸ 3
    Verb · third · plural · imperfect · active · indicative ▸ 3 (Wis. 19,13; Amos 6,6; Zech. 11,5)
  ἐπεπόνθεισαν ▸ 1
    Verb · third · plural · pluperfect · active · indicative ▸ 1 (Wis. 18,1)
  παθεῖν ▸ 1 + 12 = 13
    Verb · aorist · active · infinitive ▸ 1 + 12 = 13 (Ezek. 16,5; Matt. 16,21; Mark 8,31; Luke 9,22; Luke 17,25; Luke 22,15; Luke 24,26; Luke 24,46; Acts 1,3; Acts 3,18; Acts 9,16; Acts 17,3; Heb. 9,26)
  πάθῃ ▸ 1
    Verb · third · singular · aorist · active · subjunctive ▸ 1 (Mark 9,12)
  παθόντας ▸ 1
    Verb · aorist · active · participle · masculine · plural · accusative

▸ 1 (1Pet. 5,10)
παθόντος ▸ 1
    Verb ▪ aorist ▪ active ▪ participle ▪ masculine ▪ singular ▪ genitive
    ▸ 1 (1Pet. 4,1)
παθοῦσα ▸ 1
    Verb ▪ aorist ▪ active ▪ participle ▪ feminine ▪ singular ▪ nominative
    ▸ 1 (Mark 5,26)
παθών ▸ 1
    Verb ▪ aorist ▪ active ▪ participle ▪ masculine ▪ singular ▪ nominative
    ▸ 1 (1Pet. 4,1)
παθών ▸ 1
    Verb ▪ aorist ▪ active ▪ participle ▪ masculine ▪ singular ▪ nominative
    ▸ 1 (2Mac. 9,28)
πάθωσιν ▸ 1
    Verb ▪ third ▪ plural ▪ aorist ▪ active ▪ subjunctive ▸ 1 (LetterJ 33)
πάσχει ▸ 2
    Verb ▪ third ▪ singular ▪ present ▪ active ▪ indicative ▸ 2 (Matt. 17,15; 1Cor. 12,26)
πάσχειν ▸ 4
    Verb ▪ present ▪ active ▪ infinitive ▸ 4 (Matt. 17,12; Phil. 1,29; 1Pet. 3,17; Rev. 2,10)
πάσχετε ▸ 1
    Verb ▪ second ▪ plural ▪ present ▪ active ▪ indicative ▸ 1 (2Th. 1,5)
πασχέτω ▸ 1
    Verb ▪ third ▪ singular ▪ present ▪ active ▪ imperative ▸ 1 (1Pet. 4,15)
πάσχοιτε ▸ 1
    Verb ▪ second ▪ plural ▪ present ▪ active ▪ optative ▸ 1 (1Pet. 3,14)
πάσχομεν ▸ 4 + 1 = 5
    Verb ▪ first ▪ plural ▪ present ▪ active ▪ indicative ▸ 4 + 1 = 5 (2Mac. 7,18; 2Mac. 7,32; 4Mac. 9,8; 4Mac. 10,10; 2Cor. 1,6)
πάσχοντες ▸ 2 + 2 = 4
    Verb ▪ present ▪ active ▪ participle ▪ masculine ▪ plural ▪ nominative
    ▸ 2 + 2 = 4 (4Mac. 14,9; Wis. 12,27; 1Pet. 2,20; 1Pet. 4,19)
πάσχουσιν ▸ 1
    Verb ▪ third ▪ plural ▪ present ▪ active ▪ indicative ▸ 1 (Wis. 18,19)
πάσχω ▸ 1 + 1 = 2
    Verb ▪ first ▪ singular ▪ present ▪ active ▪ indicative ▸ 1 + 1 = 2 (2Mac. 6,30; 2Tim. 1,12)
πάσχων ▸ 2 + 2 = 4
    Verb ▪ present ▪ active ▪ participle ▪ masculine ▪ singular ▪ nominative ▸ 2 + 2 = 4 (Wis. 18,11; Sir. 38,16; 1Pet. 2,19; 1Pet. 2,23)
πείσονται ▸ 1
    Verb ▪ third ▪ plural ▪ future ▪ middle ▪ indicative ▸ 1 (4Mac. 4,25)
πεπόνθασιν ▸ 1 + 1 = 2
    Verb ▪ third ▪ plural ▪ perfect ▪ active ▪ indicative ▸ 1 + 1 = 2 (Esth. 9,26; Luke 13,2)
πέπονθεν ▸ 1
    Verb ▪ third ▪ singular ▪ perfect ▪ active ▪ indicative ▸ 1 (Heb. 2,18)

Πασχωρ Passhur ▸ 6
    Πασχωρ ▸ 6
        Noun ▪ masculine ▪ singular ▪ accusative ▪ (proper) ▸ 2 (Jer. 20,3; Jer. 21,1)
        Noun ▪ masculine ▪ singular ▪ genitive ▪ (proper) ▸ 2 (1Chr. 9,12; Jer. 45,1)
        Noun ▪ masculine ▪ singular ▪ nominative ▪ (proper) ▸ 2 (Jer. 20,1; Jer. 20,3)

Πάταρα Patara ▸ 1
    Πάταρα ▸ 1
        Noun ▪ neuter ▪ plural ▪ accusative ▪ (proper) ▸ 1 (Acts 21,1)

πατάσσω to strike ▸ 404 + 30 + 10 = 444
    ἐπάταξα ▸ 11 + 1 = 12
        Verb ▪ first ▪ singular ▪ aorist ▪ active ▪ indicative ▸ 11 + 1 = 12 (Num. 3,13; Num. 8,17; Judg. 15,16; 1Sam. 17,35; 1Sam. 17,35; Neh. 13,25; Amos 4,9; Hag. 2,17; Is. 57,17; Jer. 2,30; Jer. 40,5; Judg. 15,16)
    ἐπάταξά ▸ 1
        Verb ▪ first ▪ singular ▪ aorist ▪ active ▪ indicative ▸ 1 (Is. 60,10)
    ἐπατάξαμεν ▸ 3
        Verb ▪ first ▪ plural ▪ aorist ▪ active ▪ indicative ▸ 3 (Deut. 2,33; Deut. 3,3; Deut. 29,6)
    ἐπάταξαν ▸ 44 + 10 = 54
        Verb ▪ third ▪ plural ▪ aorist ▪ active ▪ indicative ▸ 44 + 10 = 54 (Gen. 19,11; Josh. 8,21; Josh. 8,22; Josh. 10,39; Josh. 12,6; Josh. 19,48; Judg. 1,5; Judg. 1,8; Judg. 1,17; Judg. 1,25; Judg. 3,29; Judg. 12,4; Judg. 18,27; Judg. 20,37; Judg. 20,45; Judg. 20,48; 1Sam. 7,11; 2Sam. 2,31; 2Sam. 18,15; 2Sam. 21,12; 2Kings 3,23; 2Kings 3,24; 2Kings 3,25; 2Kings 8,28; 2Kings 8,29; 2Kings 10,25; 2Kings 12,21; 2Kings 12,22; 2Kings 15,10; 2Kings 19,37; 1Chr. 4,41; 1Chr. 4,43; 1Chr. 10,2; 2Chr. 22,5; 2Chr. 22,6; 2Chr. 25,13; 2Chr. 28,17; 2Chr. 33,24; Judith 16,6; 1Mac. 2,44; 1Mac. 8,4; Is. 37,38; Jer. 44,15; Jer. 48,2; Judg. 1,8; Judg. 1,10; Judg. 1,25; Judg. 3,29; Judg. 9,44; Judg. 12,4; Judg. 18,27; Judg. 20,37; Judg. 20,45; Judg. 20,48)
    ἐπάταξάν ▸ 1
        Verb ▪ third ▪ plural ▪ aorist ▪ active ▪ indicative ▸ 1 (Song 5,7)
    ἐπάταξας ▸ 12
        Verb ▪ second ▪ singular ▪ aorist ▪ active ▪ indicative ▸ 12 (Ex. 17,5; Num. 22,32; 1Sam. 21,10; 2Sam. 12,9; 2Sam. 18,11; 2Kings 13,19; 2Kings 13,19; 2Kings 14,10; 2Chr. 25,19; Judith 9,3; Psa. 3,8; Psa. 68,27)
    ἐπατάξατε ▸ 1
        Verb ▪ second ▪ plural ▪ aorist ▪ active ▪ indicative ▸ 1 (Ezek. 11,7)
    ἐπάταξε ▸ 5
        Verb ▪ third ▪ singular ▪ aorist ▪ active ▪ indicative ▸ 5 (2Sam. 23,20; Jer. 26,2; Dan. 2,34; Dan. 2,35; Dan. 8,7)
    ἐπάταξεν ▸ 188 + 13 + 2 = 203
        Verb ▪ third ▪ singular ▪ aorist ▪ active ▪ indicative ▸ 188 + 13 + 2 = 203 (Gen. 14,15; Ex. 7,20; Ex. 8,13; Ex. 9,25; Ex. 9,25; Ex. 12,27; Ex. 12,29; Ex. 32,35; Num. 11,33; Num. 20,11; Num. 21,24; Num. 21,35; Num. 22,23; Num. 33,4; Num. 35,21; Deut. 4,46; Josh. 8,24; Josh. 10,33; Josh. 10,37; Josh. 10,40; Josh. 10,42; Josh. 13,12; Josh. 13,21; Josh. 24,5; Judg. 1,4; Judg. 1,10; Judg. 3,13; Judg. 3,31; Judg. 7,13; Judg. 8,11; Judg. 9,43; Judg. 9,44; Judg. 11,21; Judg. 11,33; Judg. 15,8; Judg. 15,15; 1Sam. 2,14; 1Sam. 5,3; 1Sam. 5,9; 1Sam. 5,9; 1Sam. 6,19; 1Sam. 6,19; 1Sam. 13,3; 1Sam. 14,13; 1Sam. 14,14; 1Sam. 14,31; 1Sam. 14,48; 1Sam. 15,7; 1Sam. 17,49; 1Sam. 18,27; 1Sam. 19,5; 1Sam. 19,8; 1Sam. 19,10; 1Sam. 22,19; 1Sam. 23,5; 1Sam. 24,6; 1Sam. 25,38; 1Sam. 30,1; 1Sam. 30,17; 2Sam. 1,15; 2Sam. 3,27; 2Sam. 5,25; 2Sam. 8,1; 2Sam. 8,2; 2Sam. 8,3; 2Sam. 8,5; 2Sam. 8,9; 2Sam. 8,10; 2Sam. 8,13; 2Sam. 10,18; 2Sam. 11,21; 2Sam. 11,22; 2Sam. 21,17; 2Sam. 21,18; 2Sam. 21,19; 2Sam. 21,21; 2Sam. 23,10; 2Sam. 23,12; 2Sam. 23,20; 2Sam. 23,21; 2Sam. 24,10; 1Kings 15,20; 1Kings 15,27; 1Kings 15,29; 1Kings 16,10; 1Kings 16,11; 1Kings 20,27; 1Kings 21,20; 1Kings 21,21; 1Kings 21,29; 1Kings 21,36; 1Kings 21,37; 1Kings 22,24; 1Kings 22,34; 2Kings 2,8; 2Kings 2,14; 2Kings 2,14; 2Kings 6,18; 2Kings 8,21; 2Kings 9,24; 2Kings 9,27; 2Kings 10,9; 2Kings 10,11; 2Kings 10,17; 2Kings 10,32; 2Kings 13,18; 2Kings 13,25; 2Kings 14,5;

παταάσσω–πατέω

2Kings 14,7; 2Kings 15,14; 2Kings 15,16; 2Kings 15,16; 2Kings 15,25; 2Kings 15,30; 2Kings 18,8; 2Kings 19,35; 2Kings 21,24; 2Kings 25,25; 1Chr. 11,14; 1Chr. 11,22; 1Chr. 11,22; 1Chr. 11,23; 1Chr. 13,10; 1Chr. 14,11; 1Chr. 14,16; 1Chr. 18,1; 1Chr. 18,2; 1Chr. 18,3; 1Chr. 18,5; 1Chr. 18,9; 1Chr. 18,10; 1Chr. 18,12; 1Chr. 20,1; 1Chr. 20,4; 1Chr. 20,5; 1Chr. 20,7; 1Chr. 21,7; 2Chr. 13,15; 2Chr. 13,17; 2Chr. 13,20; 2Chr. 14,11; 2Chr. 16,4; 2Chr. 18,23; 2Chr. 18,33; 2Chr. 21,9; 2Chr. 21,18; 2Chr. 25,11; 2Chr. 28,5; 2Chr. 28,5; 2Chr. 28,20; 2Chr. 33,25; Judith 2,27; Judith 5,12; Judith 13,8; Judith 13,15; 1Mac. 1,1; 1Mac. 1,30; 1Mac. 3,11; 1Mac. 5,3; 1Mac. 5,7; 1Mac. 5,34; 1Mac. 5,65; 1Mac. 7,41; 1Mac. 9,66; 1Mac. 12,31; 1Mac. 13,43; 1Mac. 14,3; 2Mac. 9,5; Psa. 59,2; Psa. 77,20; Psa. 77,51; Psa. 77,66; Psa. 104,33; Psa. 104,36; Psa. 134,8; Psa. 134,10; Sir. 48,21; Jonah 4,7; Jonah 4,8; Is. 5,25; Is. 27,7; Jer. 20,2; Jer. 30,23; Jer. 33,23; Jer. 48,9; Jer. 48,18; Jer. 52,27; Dan. 8,9; Judg. 3,13; Judg. 3,31; Judg. 5,26; Judg. 7,13; Judg. 8,11; Judg. 9,43; Judg. 11,21; Judg. 11,33; Judg. 14,19; Judg. 15,8; Judg. 15,15; Judg. 20,35; Dan. 2,34; Luke 22,50; Acts 12,23)

Ἐπάταξεν ▸ 4
    Verb · third · singular · aorist · active · indicative ▸ 4 (1Sam. 18,7; 1Sam. 21,12; 1Sam. 29,5; 2Sam. 13,30)

πατάξαι ▸ 26 + 1 = 27
    Verb · aorist · active · infinitive ▸ 22 + 1 = 23 (Gen. 8,21; Ex. 7,25; Ex. 12,23; Ex. 12,23; Num. 22,6; Num. 22,11; Deut. 1,4; Deut. 27,25; 1Sam. 19,10; 2Sam. 21,2; 2Sam. 21,16; 1Kings 16,7; 1Kings 21,35; 1Chr. 14,15; 1Esdr. 4,8; 1Mac. 1,1; 1Mac. 1,20; 1Mac. 4,2; 1Mac. 4,3; 1Mac. 9,47; Mic. 6,13; Jer. 47,14; Rev. 11,6)
    Verb · third · singular · aorist · active · optative ▸ 4 (Deut. 28,22; Deut. 28,27; Deut. 28,28; Deut. 28,35)

πατάξαντα ▸ 2
    Verb · aorist · active · participle · masculine · singular · accusative ▸ 2 (Deut. 21,1; 2Chr. 25,14)

πατάξαντας ▸ 1
    Verb · aorist · active · participle · masculine · plural · accusative ▸ 1 (2Kings 14,5)

πατάξαντες ▸ 1
    Verb · aorist · active · participle · masculine · plural · nominative ▸ 1 (1Sam. 4,8)

πατάξαντι ▸ 4
    Verb · aorist · active · participle · masculine · singular · dative ▸ 4 (Num. 35,15; Josh. 20,3; Psa. 135,10; Psa. 135,17)

πατάξαντος ▸ 2
    Verb · aorist · active · participle · masculine · singular · genitive ▸ 2 (Num. 35,24; Jer. 48,4)

πατάξάντων ▸ 1
    Verb · aorist · active · participle · masculine · plural · genitive ▸ 1 (2Kings 14,6)

πατάξας ▸ 10 + 1 + 3 = 14
    Verb · aorist · active · participle · masculine · singular · nominative ▸ 10 + 1 + 3 = 14 (Ex. 2,12; Ex. 21,19; Num. 35,11; Num. 35,21; Num. 35,30; 1Kings 21,37; 2Kings 6,21; 1Chr. 1,46; Is. 14,6; Dan. 2,35; Dan. 2,35; Matt. 26,51; Acts 7,24; Acts 12,7)

Πατάξατε ▸ 1
    Verb · second · plural · aorist · active · imperative ▸ 1 (2Sam. 13,28)

πατάξατε ▸ 4 + 1 = 5
    Verb · second · plural · aorist · active · imperative ▸ 4 + 1 = 5 (Num. 25,17; Judg. 21,10; 2Kings 10,25; Zech. 13,7; Judg. 21,10)

πατάξει ▸ 15
    Verb · third · singular · future · active · indicative ▸ 15 (1Kings 21,36; 2Chr. 21,14; Sol. 17,35; Hos. 6,1; Amos 6,11; Zech. 9,4; Zech. 14,18; Is. 10,24; Is. 11,4; Is. 11,15; Is. 19,22; Is. 49,10; Jer. 36,21; Jer. 50,11; Dan. 2,44)

πατάξεις ▸ 11 + 1 = 12
    Verb · second · singular · future · active · indicative ▸ 11 + 1 = 12 (Ex. 17,6; Deut. 7,2; Deut. 20,13; Judg. 6,16; 1Sam. 15,3; 1Sam. 23,2; 2Kings 6,22; 2Kings 13,17; 2Kings 13,19; 2Chr. 6,36; Prov. 23,14; Judg. 6,16)

πατάξετε ▸ 1
    Verb · second · plural · future · active · indicative ▸ 1 (2Kings 3,19)

πατάξῃ ▸ 19 + 1 + 1 = 21
    Verb · third · singular · aorist · active · subjunctive ▸ 19 + 1 + 1 = 21 (Gen. 32,12; Ex. 21,12; Ex. 21,18; Ex. 21,20; Ex. 21,26; Lev. 24,17; Lev. 24,18; Lev. 24,21; Num. 35,16; Num. 35,17; Num. 35,18; Deut. 19,4; Deut. 19,6; Deut. 19,11; Judg. 1,12; 1Sam. 17,9; 2Sam. 15,14; Is. 30,31; Jer. 47,15; Judg. 1,12; Rev. 19,15)

πατάξῃς ▸ 1
    Verb · second · singular · aorist · active · subjunctive ▸ 1 (Prov. 23,13)

πατάξητε ▸ 1
    Verb · second · plural · aorist · active · subjunctive ▸ 1 (Jer. 44,10)

πατάξομεν ▸ 2 + 1 = 3
    Verb · first · plural · future · active · indicative ▸ 2 + 1 = 3 (Gen. 37,21; Judith 6,3; Luke 22,49)

Πάταξον ▸ 4
    Verb · second · singular · aorist · active · imperative ▸ 4 (1Kings 21,35; 2Kings 6,18; 2Kings 13,18; Amos 9,1)

πάταξον ▸ 2
    Verb · second · singular · aorist · active · imperative ▸ 2 (Ex. 8,12; Judith 9,10)

Πάταξόν ▸ 1
    Verb · second · singular · aorist · active · imperative ▸ 1 (1Kings 21,37)

πατάξουσιν ▸ 2
    Verb · third · plural · future · active · indicative ▸ 2 (Mic. 4,14; Zech. 10,11)

πατάξω ▸ 21 + 2 = 23
    Verb · first · singular · aorist · active · subjunctive ▸ 4 (1Sam. 17,9; 1Sam. 23,2; 2Sam. 2,22; Mal. 3,23)
    Verb · first · singular · future · active · indicative ▸ 17 + 2 = 19 (Ex. 3,20; Ex. 9,15; Ex. 12,12; Lev. 26,24; Num. 14,12; Deut. 32,39; 1Sam. 17,36; 1Sam. 26,8; 2Sam. 17,2; 2Kings 6,21; Ode. 2,39; Amos 3,15; Zech. 12,4; Zech. 12,4; Jer. 21,6; Jer. 47,15; Ezek. 22,13; Matt. 26,31; Mark 14,27)

πατάξωμεν ▸ 1
    Verb · first · plural · aorist · active · subjunctive ▸ 1 (Jer. 18,18)

πατάξωσιν ▸ 1
    Verb · third · plural · aorist · active · subjunctive ▸ 1 (Ex. 21,22)

πατάσσειν ▸ 2
    Verb · present · active · infinitive ▸ 2 (Judg. 20,31; Judg. 20,39)

παταχρον idol ▸ 1
    παταχρα ▸ 1
        Noun · neuter · plural · accusative · (common) ▸ 1 (Is. 8,21)

παταχρος idol ▸ 1
    παταχρον ▸ 1
        Noun · masculine · singular · accusative · (common) ▸ 1 (Is. 37,38)

πατέω to trample ▸ 18 + 1 + 5 = 24
    ἐπατήθη ▸ 1

Verb · third · singular · aorist · passive · indicative ▸ **1** (Rev. 14,20)

ἐπάτησαν ▸ 3 + **1** = **4**
Verb · third · plural · aorist · active · indicative ▸ 3 + **1** = **4** (Job 22,15; Job 28,8; Jer. 31,33; Judg. 9,27)

ἐπάτησεν ▸ **1**
Verb · third · singular · aorist · active · indicative ▸ **1** (Lam. 1,15)

ἐπατοῦσαν ▸ **1**
Verb · third · plural · imperfect · active · indicative ▸ **1** (Sol. 8,12)

πατεῖ ▸ **1** + **1** = **2**
Verb · third · singular · present · active · indicative ▸ **1** + **1** = **2** (Is. 32,20; Rev. 19,15)

πατεῖν ▸ **1** + **1** = **2**
Verb · present · active · infinitive ▸ **1** + **1** = **2** (Is. 1,12; Luke 10,19)

πατεῖτε ▸ **1**
Verb · second · plural · present · active · imperative ▸ **1** (Joel 4,13)

πατῆσαι ▸ **1**
Verb · aorist · active · infinitive ▸ **1** (Is. 42,16)

πατησάτω ▸ **1**
Verb · third · singular · aorist · active · imperative ▸ **1** (Sol. 7,2)

πατήσῃ ▸ **1**
Verb · third · singular · aorist · active · subjunctive ▸ **1** (Deut. 11,24)

πατήσουσιν ▸ 2 + **1** = **3**
Verb · third · plural · future · active · indicative ▸ 2 + **1** = **3** (Is. 16,10; Is. 26,6; Rev. 11,2)

πατουμένη ▸ **1**
Verb · present · passive · participle · feminine · singular · nominative ▸ **1** (Luke 21,24)

πατοῦντα ▸ **1**
Verb · present · active · participle · neuter · plural · nominative ▸ **1** (Amos 2,7)

πατοῦντας ▸ **1**
Verb · present · active · participle · masculine · plural · accusative ▸ **1** (Neh. 13,15)

πατοῦντες ▸ **1**
Verb · present · active · participle · masculine · plural · nominative ▸ **1** (Zech. 10,5)

πατοῦσιν ▸ **2**
Verb · present · active · participle · masculine · plural · dative ▸ **1** (Is. 42,5)
Verb · third · plural · present · active · indicative ▸ **1** (Is. 25,10)

πάτημα (πατέω) what is trodden ▸ **2**
πάτημα ▸ **1**
Noun · neuter · singular · nominative · (common) ▸ **1** (2Kings 19,26)

πατήματα ▸ **1**
Noun · neuter · plural · accusative · (common) ▸ **1** (Ezek. 34,19)

πατήρ father, Father ▸ **1321** + **127** + **413** = **1861**
Πάτερ ▸ 8 + **4** + **3** = **15**
Noun · masculine · singular · vocative · (common) ▸ 8 + **4** + **3** = **15** (Gen. 22,7; Gen. 27,18; Judg. 11,36; 2Kings 2,12; 2Kings 13,14; Tob. 2,3; Tob. 5,1; Tob. 12,2; Judg. 11,36; Tob. 2,3; Tob. 2,3; Tob. 12,2; Matt. 6,9; Luke 11,2; John 17,24)

πάτερ ▸ **15** + **3** + **21** = **39**
Noun · masculine · singular · vocative · (common) ▸ **15** + **3** + **21** = **39** (Gen. 27,34; Gen. 27,36; Gen. 27,38; Gen. 27,38; Gen. 48,18; 2Kings 2,12; 2Kings 6,21; 2Kings 13,14; Tob. 11,11; 3Mac. 6,3; 3Mac. 6,8; 4Mac. 7,9; Wis. 14,3; Sir. 23,1; Sir. 23,4; Tob. 5,1; Tob. 10,8; Tob. 11,11; Matt. 11,25; Matt. 26,39; Matt. 26,42; Luke 10,21; Luke 15,12; Luke 15,18; Luke 15,21; Luke 16,24; Luke 16,27; Luke 16,30; Luke 22,42; Luke 23,34; Luke 23,46; John 11,41; John 12,27; John 12,28; John 17,1; John 17,5; John 17,11; John 17,21; John 17,25)

Πατέρα ▸ **1**
Noun · masculine · singular · accusative · (common) ▸ **1** (Jer. 3,19)

πατέρα ▸ **150** + **16** + **93** = **259**
Noun · masculine · singular · accusative · (common) ▸ **150** + **16** + **93** = **259** (Gen. 2,24; Gen. 17,5; Gen. 19,32; Gen. 19,33; Gen. 19,35; Gen. 22,7; Gen. 22,21; Gen. 26,18; Gen. 26,24; Gen. 27,22; Gen. 27,38; Gen. 31,18; Gen. 34,4; Gen. 34,11; Gen. 35,27; Gen. 37,2; Gen. 42,29; Gen. 43,8; Gen. 44,17; Gen. 44,19; Gen. 44,22; Gen. 44,22; Gen. 44,24; Gen. 44,30; Gen. 44,32; Gen. 44,34; Gen. 44,34; Gen. 45,8; Gen. 45,9; Gen. 45,13; Gen. 45,18; Gen. 45,19; Gen. 45,25; Gen. 46,5; Gen. 47,6; Gen. 47,7; Gen. 47,11; Gen. 50,2; Gen. 50,5; Gen. 50,6; Gen. 50,7; Gen. 50,14; Ex. 2,18; Ex. 20,12; Ex. 21,15; Ex. 21,16; Ex. 40,15; Lev. 16,32; Lev. 19,3; Lev. 20,9; Lev. 20,9; Deut. 5,16; Deut. 21,13; Deut. 27,16; Deut. 32,7; Josh. 2,18; Josh. 6,23; Josh. 15,18; Josh. 24,3; Judg. 11,37; Judg. 11,39; Judg. 14,3; Judg. 14,9; Judg. 15,6; Judg. 17,10; Judg. 18,19; Ruth 2,11; 1Sam. 14,27; 1Sam. 19,3; 1Sam. 19,4; 1Sam. 20,12; 2Sam. 6,21; 2Sam. 7,14; 2Sam. 9,7; 2Sam. 10,3; 2Sam. 15,7; 2Sam. 16,21; 2Sam. 17,8; 1Kings 5,17; 1Kings 5,19; 1Kings 8,18; 1Kings 11,12; 1Kings 19,20; 2Kings 4,18; 2Kings 4,19; 2Kings 14,5; 1Chr. 2,24; 1Chr. 2,44; 1Chr. 2,49; 1Chr. 2,49; 1Chr. 2,49; 1Chr. 4,12; 1Chr. 4,14; 1Chr. 4,17; 1Chr. 4,18; 1Chr. 4,18; 1Chr. 4,18; 1Chr. 7,14; 1Chr. 17,13; 1Chr. 19,3; 1Chr. 22,10; 1Chr. 25,3; 1Chr. 28,6; 2Chr. 1,9; 2Chr. 2,12; 2Chr. 6,4; 2Chr. 6,8; 2Chr. 22,4; 2Chr. 25,3; 1Esdr. 4,20; 1Esdr. 4,21; 1Esdr. 4,25; Esth. 16,11 # 8,12l; Tob. 7,13; Tob. 8,21; Tob. 10,9; Tob. 10,9; Tob. 11,2; 1Mac. 16,24; 3Mac. 5,7; 3Mac. 7,6; Ode. 2,7; Ode. 9,73; Prov. 10,1; Prov. 15,20; Prov. 19,26; Prov. 20,20 # 20,9a; Prov. 28,7; Prov. 28,24; Prov. 30,11; Job 17,14; Wis. 2,16; Wis. 10,1; Sir. 3,2; Sir. 3,3; Sir. 3,5; Sir. 3,6; Sir. 3,8; Sir. 3,16; Sir. 7,27; Sir. 22,5; Sir. 44,22; Sir. 51,10; Mic. 7,6; Mal. 1,6; Is. 8,4; Is. 51,2; Jer. 3,4; Jer. 38,9; Ezek. 22,7; Judg. 11,37; Judg. 11,39; Judg. 14,3; Judg. 14,9; Judg. 15,6; Judg. 17,10; Judg. 18,19; Tob. 3,10; Tob. 5,17; Tob. 7,13; Tob. 8,21; Tob. 10,8; Tob. 10,9; Tob. 10,9; Tob. 11,2; Tob. 11,7; Matt. 3,9; Matt. 4,22; Matt. 5,16; Matt. 8,21; Matt. 10,37; Matt. 11,27; Matt. 15,4; Matt. 15,4; Matt. 15,6; Matt. 19,5; Matt. 19,19; Matt. 19,29; Matt. 23,9; Matt. 26,53; Mark 1,20; Mark 5,40; Mark 7,10; Mark 7,10; Mark 9,21; Mark 10,7; Mark 10,19; Mark 10,29; Mark 15,21; Luke 1,73; Luke 3,8; Luke 8,51; Luke 9,59; Luke 11,11; Luke 14,26; Luke 15,18; Luke 15,20; Luke 18,20; John 5,18; John 5,19; John 5,23; John 5,23; John 5,45; John 6,42; John 6,46; John 6,46; John 6,57; John 8,19; John 8,19; John 8,27; John 8,41; John 8,49; John 10,15; John 13,1; John 14,6; John 14,7; John 14,8; John 14,9; John 14,9; John 14,12; John 14,16; John 14,28; John 14,31; John 15,16; John 15,23; John 15,24; John 16,3; John 16,10; John 16,17; John 16,23; John 16,26; John 16,28; John 20,17; John 20,17; John 20,17; Acts 7,4; Acts 7,14; Acts 28,8; Rom. 4,11; Rom. 4,12; Rom. 4,17; Rom. 4,18; Rom. 15,6; 2Cor. 6,18; Eph. 2,18; Eph. 3,14; Eph. 5,31; Eph. 6,2; 1Tim. 5,1; Heb. 1,5; James 3,9; 1Pet. 1,17; 1John 1,2; 1John 2,1; 1John 2,14; 1John 2,22; 1John 2,23; 1John 2,23; 2John 9)

πατέρας ▸ **45** + **4** + **12** = **61**
Noun · masculine · plural · accusative · (common) ▸ **45** + **4** + **12** = **61** (Gen. 15,15; Num. 20,15; Deut. 4,37; Deut. 10,15; Deut. 30,5; Josh. 24,17; Judg. 2,10; Judg. 2,19; 1Sam. 12,6; 1Sam. 12,8; 1Kings 8,53; 1Kings 9,9; 1Kings 19,4; 2Kings 21,15; 2Kings 22,20;

πατήρ

2Chr. 34,28; Neh. 9,32; Esth. 14,5 # 4,17m; Judith 8,25; 1Mac. 2,69; 2Mac. 1,25; 2Mac. 8,15; Ode. 9,55; Job 15,18; Job 30,1; Sir. 44,1; Hos. 9,10; Zech. 1,2; Zech. 1,6; Zech. 8,14; Jer. 3,18; Jer. 7,22; Jer. 7,26; Jer. 11,10; Jer. 13,14; Jer. 16,12; Jer. 17,23; Jer. 27,7; Jer. 41,5; Jer. 41,13; Bar. 1,19; Bar. 1,20; Ezek. 5,10; Ezek. 20,36; Dan. 9,6; Judg. 2,10; Judg. 2,19; Dan. 9,6; Bel 1; Luke 1,55; Acts 3,25; Acts 7,12; Acts 7,19; Acts 13,17; Acts 13,32; Acts 13,36; Acts 26,6; Acts 28,25; Rom. 11,28; 1Cor. 4,15; Heb. 12,9)

πατέρες ‣ 104 + 7 + 24 = 135

  Noun · masculine · plural · nominative · (common) ‣ 104 + 7 + 18 = **129** (Gen. 46,34; Gen. 47,3; Gen. 48,15; Ex. 10,6; Num. 20,15; Num. 32,8; Deut. 8,3; Deut. 8,16; Deut. 10,22; Deut. 13,7; Deut. 19,14; Deut. 24,16; Deut. 28,36; Deut. 28,64; Deut. 30,5; Deut. 32,17; Josh. 22,28; Josh. 24,2; Josh. 24,14; Judg. 2,17; Judg. 2,22; Judg. 6,13; Judg. 21,22; 1Sam. 12,8; 1Kings 14,22; 1Kings 15,12; 2Kings 12,19; 2Kings 14,6; 2Kings 15,9; 2Kings 17,41; 2Kings 19,12; 2Kings 20,17; 2Kings 22,13; 2Kings 23,32; 2Kings 23,37; 1Chr. 9,19; 1Chr. 29,15; 2Chr. 25,4; 2Chr. 29,6; 2Chr. 29,9; 2Chr. 30,7; 2Chr. 32,13; 2Chr. 32,14; 2Chr. 34,21; 2Chr. 36,2b; 2Chr. 36,5; 1Esdr. 6,14; Ezra 5,12; Neh. 9,16; Neh. 9,34; Neh. 13,18; Judith 8,19; Tob. 4,12; 1Mac. 4,9; 1Mac. 10,72; 2Mac. 1,19; 4Mac. 3,20; 4Mac. 5,37; 4Mac. 13,17; Psa. 21,5; Psa. 38,13; Psa. 43,2; Psa. 77,3; Psa. 77,8; Psa. 77,57; Psa. 94,9; Psa. 105,7; Ode. 2,17; Prov. 17,6; Prov. 19,14; Prov. 22,28; Sol. 8,22; Amos 2,4; Zech. 1,4; Zech. 1,5; Is. 37,12; Is. 39,6; Is. 43,27; Is. 64,10; Jer. 2,5; Jer. 3,25; Jer. 6,21; Jer. 7,18; Jer. 7,25; Jer. 9,13; Jer. 9,15; Jer. 16,11; Jer. 16,13; Jer. 16,19; Jer. 19,4; Jer. 23,7; Jer. 29,3; Jer. 38,29; Jer. 51,17; Jer. 51,21; Lam. 5,7; Ezek. 2,3; Ezek. 5,10; Ezek. 18,2; Ezek. 20,27; Ezek. 37,25; Dan. 11,24; Dan. 11,24; Dan. 11,38; Judg. 2,17; Judg. 2,22; Judg. 6,13; Judg. 21,22; Dan. 11,24; Dan. 11,24; Dan. 11,38; Luke 6,23; Luke 6,26; Luke 11,47; John 4,20; John 6,31; John 6,49; John 6,58; Acts 7,11; Acts 7,15; Acts 7,39; Acts 7,45; Acts 7,51; Acts 7,52; Acts 15,10; Rom. 9,5; 1Cor. 10,1; Heb. 3,9; 2Pet. 3,4)

  Noun · masculine · plural · vocative ‣ **6** (Acts 7,2; Acts 22,1; Eph. 6,4; Col. 3,21; 1John 2,13; 1John 2,14)

πατέρων ‣ 226 + 10 + 14 = 250

  Noun · masculine · plural · genitive · (common) ‣ 226 + 10 + 14 = **250** (Gen. 43,23; Gen. 46,3; Gen. 47,9; Gen. 47,30; Gen. 48,16; Gen. 48,21; Gen. 49,29; Ex. 3,13; Ex. 3,15; Ex. 3,16; Ex. 4,5; Ex. 20,5; Ex. 34,7; Lev. 26,40; Num. 14,18; Num. 32,14; Num. 36,3; Deut. 1,11; Deut. 1,21; Deut. 4,1; Deut. 4,31; Deut. 5,9; Deut. 6,3; Deut. 12,1; Deut. 24,16; Deut. 26,7; Deut. 27,3; Deut. 27,3; Deut. 29,24; Deut. 31,16; Josh. 1,11; Josh. 24,6; Josh. 24,15; Judg. 2,12; 2Sam. 7,12; 1Kings 1,21; 1Kings 2,10; 1Kings 8,21; 1Kings 8,57; 1Kings 11,21; 1Kings 11,43; 1Kings 11,43; 1Kings 12,24a; 1Kings 12,24a; 1Kings 13,22; 1Kings 14,31; 1Kings 14,31; 1Kings 15,8; 1Kings 15,8; 1Kings 15,24; 1Kings 16,6; 1Kings 16,28; 1Kings 16,28h; 1Kings 16,28h; 1Kings 20,3; 1Kings 20,6; 1Kings 22,40; 1Kings 22,51; 2Kings 8,24; 2Kings 8,24; 2Kings 10,35; 2Kings 12,22; 2Kings 13,9; 2Kings 13,9; 2Kings 13,13; 2Kings 14,6; 2Kings 14,16; 2Kings 14,20; 2Kings 14,22; 2Kings 14,29; 2Kings 15,7; 2Kings 15,7; 2Kings 15,22; 2Kings 15,38; 2Kings 15,38; 2Kings 16,20; 2Kings 17,14; 2Kings 20,21; 2Kings 21,18; 2Kings 21,22; 2Kings 24,6; 1Chr. 5,25; 1Chr. 12,18; 1Chr. 17,11; 1Chr. 28,9; 1Chr. 29,18; 1Chr. 29,20; 2Chr. 7,22; 2Chr. 11,16; 2Chr. 12,16; 2Chr. 13,11; 2Chr. 13,12; 2Chr. 13,18; 2Chr. 13,23; 2Chr. 14,3; 2Chr. 15,12; 2Chr. 16,13; 2Chr. 19,4; 2Chr. 20,6; 2Chr. 20,33; 2Chr. 21,1; 2Chr. 21,10; 2Chr. 21,19; 2Chr. 24,18; 2Chr. 24,24; 2Chr. 25,4; 2Chr. 25,28; 2Chr. 26,2; 2Chr. 26,23; 2Chr. 26,23; 2Chr. 27,9; 2Chr. 28,6; 2Chr. 28,9; 2Chr. 28,25; 2Chr. 28,27; 2Chr. 29,5; 2Chr. 30,7; 2Chr. 30,19; 2Chr. 30,22; 2Chr. 32,15; 2Chr. 32,33; 2Chr. 33,12; 2Chr. 33,20; 2Chr. 34,32; 2Chr. 34,33; 2Chr. 35,24; 2Chr. 36,8; 2Chr. 36,8; 2Chr. 36,15; 1Esdr. 1,12; 1Esdr. 1,48; 1Esdr. 2,16; 1Esdr. 4,60; 1Esdr. 4,62; 1Esdr. 8,57; 1Esdr. 8,73; 1Esdr. 8,74; 1Esdr. 9,8; Ezra 4,15; Ezra 7,27; Ezra 8,28; Ezra 9,7; Ezra 10,11; Neh. 2,3; Neh. 2,5; Neh. 9,2; Neh. 9,9; Judith 5,7; Judith 7,28; Judith 7,28; Judith 8,3; Judith 10,8; Tob. 3,3; Tob. 3,5; Tob. 4,12; Tob. 8,5; 1Mac. 2,19; 1Mac. 2,20; 1Mac. 2,50; 1Mac. 2,51; 1Mac. 2,70; 1Mac. 4,10; 1Mac. 7,2; 1Mac. 9,19; 1Mac. 10,52; 1Mac. 10,55; 1Mac. 10,67; 1Mac. 11,38; 1Mac. 13,25; 1Mac. 15,3; 1Mac. 15,10; 1Mac. 15,33; 1Mac. 15,34; 3Mac. 2,12; 3Mac. 7,16; 4Mac. 13,19; 4Mac. 15,4; 4Mac. 18,23; Psa. 44,17; Psa. 48,20; Psa. 77,12; Psa. 105,6; Psa. 108,14; Ode. 7,26; Ode. 7,28; Ode. 8,52; Ode. 9,72; Ode. 12,1; Ode. 14,34; Job 8,8; Wis. 9,1; Wis. 12,6; Wis. 18,9; Wis. 18,22; Wis. 18,24; Sir. 8,9; Sir. 47,23; Joel 1,2; Mal. 2,10; Mal. 3,7; Is. 65,7; Jer. 3,24; Jer. 11,10; Jer. 14,20; Jer. 16,3; Jer. 39,18; Jer. 51,9; Jer. 51,10; Bar. 2,19; Bar. 2,24; Bar. 2,33; Bar. 3,5; Bar. 3,7; Bar. 3,8; Ezek. 20,4; Ezek. 20,18; Ezek. 20,24; Ezek. 20,30; Ezek. 28,26; Dan. 2,23; Dan. 3,26; Dan. 3,28; Dan. 3,52; Dan. 9,16; Dan. 11,24; Dan. 11,37; Judg. 2,12; Tob. 3,3; Tob. 8,5; Dan. 2,23; Dan. 3,26; Dan. 3,28; Dan. 3,52; Dan. 9,16; Dan. 11,24; Dan. 11,37; Matt. 23,30; Matt. 23,32; Luke 1,17; Luke 1,72; Luke 11,48; John 7,22; Acts 3,13; Acts 5,30; Acts 7,32; Acts 7,38; Acts 7,45; Acts 22,14; Rom. 15,8; Heb. 11,23)

Πατήρ ‣ 3

  Noun · masculine · singular · nominative · (common) ‣ **3** (Tob. 7,5; Psa. 88,27; Jer. 2,27)

πατήρ ‣ 67 + 8 + 35 = 110

  Noun · masculine · singular · nominative · (common) ‣ 67 + 8 + 30 = **105** (Gen. 26,5; Gen. 27,10; Gen. 27,12; Gen. 27,31; Gen. 45,3; Gen. 47,1; Gen. 47,5; Gen. 48,1; Gen. 50,5; Gen. 50,16; Num. 30,5; Deut. 26,5; Judg. 9,17; 1Sam. 9,5; 1Sam. 10,2; 1Sam. 14,28; 1Sam. 14,29; 1Sam. 20,2; 1Sam. 20,2; 1Sam. 20,3; 1Sam. 20,6; 1Sam. 20,10; 1Sam. 22,3; 1Sam. 23,17; 2Sam. 13,5; 2Sam. 15,34; 2Sam. 17,8; 2Sam. 17,10; 1Kings 2,26; 1Kings 2,32; 1Kings 3,14; 1Kings 9,4; 1Kings 12,4; 1Kings 12,9; 1Kings 12,10; 1Kings 12,11; 1Kings 12,11; 1Kings 12,14; 1Kings 12,14; 1Kings 12,24p; 1Kings 12,24r; 1Kings 21,34; 1Kings 21,34; 2Chr. 2,6; 2Chr. 7,17; 2Chr. 10,4; 2Chr. 10,9; 2Chr. 10,10; 2Chr. 10,11; 2Chr. 10,11; 2Chr. 10,14; 2Chr. 10,14; Tob. 6,16; Tob. 9,4; Tob. 10,8; Tob. 11,7; Tob. 11,17; 1Mac. 2,65; 2Mac. 9,23; 4Mac. 10,2; Psa. 26,10; Job 38,28; Sir. 30,4; Mal. 1,6; Is. 63,16; Lam. 5,3; Ezek. 16,3; Judg. 9,17; Judg. 11,37; Tob. 7,5; Tob. 10,8; Tob. 11,8; Tob. 11,17; Dan. 5,11; Dan. 5,13; Matt. 6,4; Matt. 6,6; Matt. 6,18; Matt. 11,27; Matt. 15,13; Matt. 16,17; Matt. 18,35; Mark 13,32; Luke 2,48; Luke 10,22; Luke 15,27; Luke 22,29; John 5,17; John 5,36; John 6,32; John 8,16; John 8,18; John 8,19; John 8,54; John 10,29; John 12,26; John 12,50; John 14,23; John 14,31; John 15,1; John 15,8; John 15,9; John 20,21; Heb. 12,7; 1John 3,1)

  Noun · masculine · singular · vocative ‣ **5** (Matt. 11,26; Mark 14,36; Luke 10,21; Rom. 8,15; Gal. 4,6)

πατήρ ‣ 165 + 19 + 75 = 259

  Noun · masculine · singular · nominative · (common) ‣ 165 + 19 + 75 = **259** (Gen. 4,20; Gen. 9,18; Gen. 9,22; Gen. 11,29; Gen. 11,29; Gen. 17,4; Gen. 19,31; Gen. 19,37; Gen. 19,38; Gen. 26,18; Gen. 27,14; Gen. 27,26; Gen. 27,32; Gen. 27,39; Gen. 27,41; Gen. 31,7; Gen. 34,6; Gen. 35,18; Gen. 36,43; Gen. 37,1; Gen. 37,4; Gen. 37,10; Gen. 37,11; Gen. 37,35; Gen. 42,35; Gen. 42,36; Gen. 43,2; Gen. 43,7; Gen. 43,11; Gen. 43,27; Gen. 43,28; Gen. 44,20; Gen. 44,20; Gen. 44,25; Gen. 44,27; Gen. 48,17; Gen. 49,28; Gen. 50,15; Ex. 22,16; Num. 12,14; Num. 27,3; Num. 30,5; Num. 30,6; Deut. 21,19; Deut. 22,15; Deut. 22,16; Deut. 32,6;

Π, π

Josh. 24,2; Josh. 24,2; Judg. 14,3; Judg. 14,4; Judg. 14,5; Judg. 14,10; Judg. 15,1; Judg. 15,2; Judg. 19,3; Judg. 19,4; Judg. 19,5; Judg. 19,6; Judg. 19,8; Judg. 19,9; Ruth 4,17; 1Sam. 1,25; 1Sam. 10,12; 1Sam. 14,51; 1Sam. 14,51; 1Sam. 20,34; 2Sam. 10,2; 1Kings 1,6; 1Kings 7,2; 1Kings 11,8; 1Kings 11,33; 1Kings 13,12; 1Kings 15,11; 2Kings 1,18c; 2Kings 3,2; 2Kings 3,2; 2Kings 14,3; 2Kings 14,3; 2Kings 15,3; 2Kings 15,34; 2Kings 16,2; 2Kings 18,3; 2Kings 21,3; 2Kings 21,20; 2Kings 21,21; 2Kings 21,21; 2Kings 24,9; 1Chr. 2,17; 1Chr. 2,42; 1Chr. 2,45; 1Chr. 2,50; 1Chr. 2,51; 1Chr. 2,51; 1Chr. 4,4; 1Chr. 4,4; 1Chr. 4,11; 1Chr. 4,11; 1Chr. 4,19; 1Chr. 4,19; 1Chr. 4,21; 1Chr. 4,21; 1Chr. 7,22; 1Chr. 7,31; 1Chr. 8,29; 1Chr. 9,35; 1Chr. 19,2; 1Chr. 26,10; 1Chr. 29,10; 2Chr. 2,13; 2Chr. 2,16; 2Chr. 17,2; 2Chr. 21,3; 2Chr. 24,22; 2Chr. 26,4; 2Chr. 27,2; 2Chr. 28,1; 2Chr. 29,2; 2Chr. 33,3; 2Chr. 33,22; 2Chr. 33,22; 2Chr. 33,23; Tob. 5,17; Tob. 10,1; Tob. 13,4; 1Mac. 2,54; 1Mac. 16,21; 2Mac. 14,37; 4Mac. 2,19; 4Mac. 7,5; 4Mac. 7,11; 4Mac. 16,20; 4Mac. 18,9; Psa. 102,13; Ode. 2,6; Ode. 14,12; Prov. 17,21; Prov. 23,24; Prov. 23,25; Prov. 29,3; Job 29,16; Job 31,18; Job 42,15; Wis. 11,10; Wis. 14,15; Sir. 4,10; Sir. 44,19; Sol. 8,9; Sol. 8,18; Amos 2,7; Zech. 13,3; Zech. 13,3; Mal. 2,10; Is. 17,11; Is. 22,21; Is. 63,16; Is. 64,7; Jer. 42,6; Jer. 42,10; Jer. 42,18; Ezek. 16,45; Ezek. 18,18; Ezek. 18,20; Dan. 5,2; Judg. 14,3; Judg. 14,4; Judg. 14,5; Judg. 14,10; Judg. 15,1; Judg. 15,2; Judg. 19,3; Judg. 19,4; Judg. 19,5; Judg. 19,6; Judg. 19,8; Judg. 19,9; Tob. 1,8; Tob. 5,10; Tob. 6,12; Tob. 8,21; Tob. 9,3-4; Tob. 13,4; Dan. 5,2; Matt. 5,48; Matt. 6,8; Matt. 6,14; Matt. 6,15; Matt. 6,26; Matt. 6,32; Matt. 7,11; Matt. 10,21; Matt. 23,9; Matt. 24,36; Mark 9,24; Mark 11,25; Mark 13,12; Luke 1,67; Luke 2,33; Luke 6,36; Luke 10,22; Luke 11,13; Luke 12,30; Luke 12,32; Luke 12,53; Luke 15,20; Luke 15,22; Luke 15,28; John 3,35; John 4,23; John 4,53; John 5,20; John 5,21; John 5,22; John 5,26; John 5,36; John 5,37; John 6,27; John 6,37; John 6,44; John 6,57; John 8,28; John 8,39; John 8,42; John 8,44; John 8,56; John 10,15; John 10,17; John 10,30; John 10,36; John 10,38; John 12,49; John 13,3; John 14,10; John 14,10; John 14,11; John 14,13; John 14,26; John 14,28; John 16,15; John 16,27; John 16,32; John 18,11; Acts 1,7; Acts 16,3; Rom. 4,16; 1Cor. 8,6; 2Cor. 1,3; 2Cor. 1,3; 2Cor. 11,31; Eph. 1,3; Eph. 1,17; Eph. 4,6; 1Th. 2,11; 1Th. 3,11; 2Th. 2,16; James 2,21; 1Pet. 1,3; 1John 4,14)

πατράσιν ▸ 82 + 4 + 3 = **89**

    Noun ▪ masculine ▪ plural ▪ dative ▪ (common) ▸ 82 + 4 + 3 = **89** (Gen. 50,24; Ex. 13,5; Ex. 13,11; Num. 11,12; Num. 14,23; Deut. 1,8; Deut. 1,35; Deut. 5,3; Deut. 6,10; Deut. 6,18; Deut. 6,23; Deut. 7,8; Deut. 7,12; Deut. 7,13; Deut. 8,1; Deut. 8,18; Deut. 9,5; Deut. 10,11; Deut. 11,9; Deut. 11,21; Deut. 13,18; Deut. 19,8; Deut. 19,8; Deut. 26,3; Deut. 26,15; Deut. 28,9; Deut. 28,11; Deut. 29,12; Deut. 29,24; Deut. 30,9; Deut. 30,20; Deut. 31,7; Deut. 31,20; Deut. 31,21; Josh. 1,6; Josh. 5,6; Josh. 21,43; Josh. 21,44; Judg. 2,1; Judg. 2,20; Judg. 3,4; 1Sam. 12,7; 1Kings 8,34; 1Kings 8,40; 1Kings 8,48; 1Kings 8,58; 1Kings 22,51; 2Kings 17,13; 2Kings 21,8; 2Chr. 6,25; 2Chr. 6,31; 2Chr. 6,38; 2Chr. 21,1; 2Chr. 33,8; Neh. 9,23; Neh. 9,36; 2Mac. 7,30; Psa. 77,5; Wis. 12,21; Wis. 18,6; Sol. 9,10; Mic. 7,20; Jer. 7,7; Jer. 7,14; Jer. 11,4; Jer. 11,5; Jer. 16,15; Jer. 17,22; Jer. 23,39; Jer. 25,5; Jer. 37,3; Jer. 38,32; Jer. 39,22; Jer. 42,15; Bar. 1,16; Bar. 2,6; Bar. 2,21; Bar. 2,34; Ezek. 20,42; Ezek. 36,28; Ezek. 47,14; Dan. 9,8; Judg. 2,1; Judg. 2,20; Judg. 3,4; Dan. 9,8; Acts 7,44; Heb. 1,1; Heb. 8,9)

πατρί ▸ 54 + 9 + 24 = **87**

    Noun ▪ masculine ▪ singular ▪ dative ▪ (common) ▸ 54 + 9 + 24 = **87** (Gen. 10,21; Gen. 27,5; Gen. 27,18; Gen. 27,19; Gen. 27,31; Gen. 27,36; Gen. 29,12; Gen. 31,6; Gen. 31,35; Gen. 34,13; Gen. 37,9; Gen. 37,22; Gen. 37,32; Gen. 42,37; Gen. 45,23; Gen. 45,23; Gen. 46,29; Gen. 47,12; Gen. 48,9; Gen. 48,18; Gen. 50,10; Ex. 1,1; Ex. 22,16; Lev. 21,2; Lev. 21,11; Num. 6,7; Deut. 22,19; Deut. 22,29; Deut. 33,9; Josh. 17,1; Judg. 9,56; Judg. 14,2; Judg. 14,6; 1Sam. 14,1; 1Sam. 17,34; 1Chr. 2,52; 1Chr. 4,5; 2Chr. 3,1; Tob. 6,13; Tob. 6,15; Tob. 11,6; Tob. 11,15; 1Mac. 3,2; 1Mac. 11,32; 1Mac. 13,28; 1Mac. 16,1; Prov. 4,3; Prov. 17,25; Prov. 19,13; Sir. 41,7; Sir. 42,9; Jer. 16,7; Ezek. 44,25; Sus. 30; Judg. 9,56; Judg. 14,2; Judg. 14,6; Tob. 5,1; Tob. 5,9; Tob. 6,12; Tob. 6,13; Tob. 11,6; Tob. 11,15; Matt. 6,1; Matt. 15,5; Mark 7,11; Mark 7,12; Luke 1,62; Luke 9,42; Luke 15,29; John 4,23; John 8,38; John 14,10; John 14,11; Acts 7,2; Phil. 2,22; Phil. 4,20; Col. 1,3; Col. 1,12; Col. 3,17; 1Th. 1,1; 2Th. 1,1; Heb. 12,9; James 1,27; 1John 2,24; Jude 1; Rev. 1,6)

πατρί ▸ 25 + 8 + 9 = **42**

    Noun ▪ masculine ▪ singular ▪ dative ▪ (common) ▸ 25 + 8 + 9 = **42** (Gen. 24,23; Gen. 26,3; Gen. 27,9; Gen. 27,10; Gen. 27,31; Gen. 45,13; Judg. 14,16; 1Kings 2,44; 1Kings 8,24; 1Kings 8,25; 1Kings 8,26; 1Kings 9,5; 2Chr. 6,15; 2Chr. 6,16; 2Chr. 7,18; Tob. 3,10; Tob. 3,15; Tob. 5,7; Tob. 5,9; 1Mac. 6,23; Prov. 13,1; Is. 45,10; Jer. 20,15; Jer. 22,15; Dan. 5,12; Judg. 6,25; Judg. 6,25; Judg. 14,16; Tob. 3,15; Tob. 5,7; Tob. 6,15; Tob. 9,6; Dan. 5,18; Matt. 6,6; Matt. 6,18; Luke 12,53; Luke 15,12; John 4,21; John 10,38; John 14,20; 1Cor. 15,24; Eph. 5,20)

πατρός ▸ 157 + 14 + 41 = **212**

    Noun ▪ masculine ▪ singular ▪ genitive ▪ (common) ▸ 157 + 14 + 41 = **212** (Gen. 12,1; Gen. 19,37; Gen. 20,12; Gen. 20,13; Gen. 24,7; Gen. 24,38; Gen. 24,40; Gen. 26,24; Gen. 27,6; Gen. 27,29; Gen. 27,41; Gen. 28,4; Gen. 28,13; Gen. 28,21; Gen. 31,3; Gen. 31,5; Gen. 31,29; Gen. 31,30; Gen. 31,42; Gen. 32,10; Gen. 32,10; Gen. 38,11; Gen. 41,51; Gen. 46,31; Gen. 49,4; Gen. 49,8; Gen. 49,25; Gen. 49,26; Gen. 50,17; Ex. 3,6; Ex. 15,2; Ex. 18,4; Lev. 18,7; Lev. 18,8; Lev. 18,8; Lev. 18,9; Lev. 18,11; Lev. 18,12; Lev. 18,12; Lev. 18,14; Lev. 20,19; Num. 14,12; Num. 18,2; Num. 30,17; Deut. 13,7; Josh. 2,12; Josh. 2,13; Josh. 2,18; Judg. 6,15; Judg. 6,25; Judg. 6,25; Judg. 9,18; Judg. 11,7; Judg. 14,15; 1Sam. 2,27; 1Sam. 2,28; 1Sam. 2,28; 1Sam. 2,30; 1Sam. 2,31; 1Sam. 9,20; 1Sam. 19,3; 1Sam. 20,1; 1Sam. 20,8; 1Sam. 20,9; 1Sam. 20,13; 1Sam. 22,15; 1Sam. 22,16; 1Sam. 22,22; 1Sam. 23,17; 1Sam. 24,22; 2Sam. 3,7; 2Sam. 3,8; 2Sam. 9,7; 2Sam. 14,9; 2Sam. 15,34; 2Sam. 16,3; 2Sam. 16,19; 2Sam. 16,21; 2Sam. 19,29; 2Sam. 19,38; 2Sam. 24,17; 1Kings 2,24; 1Kings 2,26; 1Kings 2,31; 1Kings 3,6; 1Kings 3,7; 1Kings 8,15; 1Kings 8,17; 1Kings 8,20; 1Kings 12,4; 1Kings 12,10; 1Kings 12,24r; 1Kings 15,19; 1Kings 15,19; 1Kings 18,18; 1Kings 21,34; 2Kings 3,13; 2Kings 20,5; 1Chr. 21,17; 1Chr. 28,4; 1Chr. 28,4; 1Chr. 28,4; 2Chr. 1,8; 2Chr. 2,2; 2Chr. 2,13; 2Chr. 6,7; 2Chr. 6,10; 2Chr. 10,4; 2Chr. 10,10; 2Chr. 16,3; 2Chr. 16,3; 2Chr. 21,12; 2Chr. 21,12; 2Chr. 21,13; Neh. 1,6; Esth. 4,14; Judith 9,2; Judith 9,12; Tob. 1,4; Tob. 1,5; Tob. 1,8; Tob. 1,8; Tob. 3,15; Tob. 4,12; Tob. 6,15; 1Mac. 11,9; 1Mac. 13,3; 1Mac. 16,2; 4Mac. 17,6; Psa. 44,11; Psa. 151,1; Psa. 151,1; Psa. 151,4; Ode. 1,2; Ode. 14,18; Ode. 14,23; Ode. 14,28; Prov. 1,8; Prov. 6,20; Prov. 15,5; Prov. 19,20; Job 15,10; Wis. 9,12; Sir. 3,10; Sir. 3,12; Is. 7,17; Is. 14,21; Is. 38,5; Is. 38,8; Is. 58,14; Jer. 12,6; Jer. 39,7; Jer. 39,8; Jer. 39,9; Jer. 39,12; Ezek. 18,4; Dan. 5,12; Judg. 6,15; Judg. 9,18; Judg. 11,7; Judg. 14,15; Tob. 1,4; Tob. 1,4; Tob. 1,5; Tob. 3,10; Tob. 3,15; Tob. 6,15; Tob. 6,16; Tob. 6,16; Tob. 7,6; Dan. 5,11; Matt. 7,21; Matt. 10,32; Matt. 10,33; Matt. 11,27; Matt. 12,50; Matt. 18,10; Matt. 18,19; Matt. 20,23; Matt. 21,31; Matt. 25,34; Matt. 26,29; Luke 2,49; Luke 10,22; Luke 15,17; Luke 16,27; Luke 24,49; John 1,14; John 2,16; John 5,43; John 6,40; John 6,65; John 10,18; John 10,25; John 10,29; John 10,32; John 10,37; John 14,2; John 14,21;

πατήρ–πατριά

John 14,24; John 15,10; John 15,15; John 15,26; Acts 2,33; Acts 7,20; Rom. 6,4; Gal. 4,2; Phil. 2,11; 2John 4; Rev. 2,28; Rev. 3,5; Rev. 3,21)

πατρὸς ‣ 219 + 21 + 59 = 299
   Noun ▪ masculine ▪ singular ▪ genitive ▪ (common) ‣ 219 + 21 + 59 = 299 (Gen. 9,22; Gen. 9,23; Gen. 9,23; Gen. 11,28; Gen. 19,32; Gen. 19,33; Gen. 19,34; Gen. 19,34; Gen. 19,35; Gen. 19,36; Gen. 26,15; Gen. 26,15; Gen. 26,18; Gen. 27,30; Gen. 27,34; Gen. 28,2; Gen. 28,7; Gen. 28,8; Gen. 29,9; Gen. 29,9; Gen. 29,12; Gen. 31,1; Gen. 31,1; Gen. 31,5; Gen. 31,9; Gen. 31,14; Gen. 31,16; Gen. 31,19; Gen. 31,53; Gen. 33,19; Gen. 34,19; Gen. 35,22; Gen. 36,9; Gen. 36,24; Gen. 37,2; Gen. 37,12; Gen. 38,11; Gen. 42,13; Gen. 42,32; Gen. 42,32; Gen. 44,31; Gen. 44,32; Gen. 45,27; Gen. 46,1; Gen. 47,12; Gen. 48,17; Gen. 49,2; Gen. 50,1; Gen. 50,22; Ex. 2,16; Ex. 2,16; Ex. 6,20; Lev. 10,4; Lev. 20,11; Lev. 20,11; Lev. 20,17; Lev. 21,9; Lev. 22,13; Lev. 25,49; Lev. 25,49; Num. 3,4; Num. 27,4; Num. 27,4; Num. 27,7; Num. 27,7; Num. 27,10; Num. 27,11; Num. 30,4; Num. 30,17; Num. 36,6; Num. 36,8; Num. 36,12; Deut. 21,18; Deut. 22,21; Deut. 22,21; Deut. 23,1; Deut. 23,1; Deut. 27,20; Deut. 27,20; Deut. 27,22; Josh. 17,4; Josh. 24,33a; Judg. 1,14; Judg. 6,11; Judg. 6,24; Judg. 6,27; Judg. 8,32; Judg. 8,32; Judg. 9,5; Judg. 9,28; Judg. 11,2; Judg. 14,19; Judg. 15,6; Judg. 16,31; Judg. 16,31; Judg. 18,29; Judg. 19,2; Judg. 19,3; Ruth 4,17; 1Sam. 2,25; 1Sam. 9,3; 1Sam. 20,33; 1Sam. 22,1; 1Sam. 22,11; 2Sam. 2,32; 2Sam. 3,29; 2Sam. 9,7; 2Sam. 10,2; 2Sam. 16,22; 2Sam. 17,23; 2Sam. 21,14; 1Kings 2,12; 1Kings 3,3; 1Kings 5,15; 1Kings 7,37; 1Kings 11,4; 1Kings 11,17; 1Kings 11,27; 1Kings 11,43; 1Kings 12,6; 1Kings 12,24a; 1Kings 13,11; 1Kings 15,3; 1Kings 15,3; 1Kings 15,15; 1Kings 15,26; 1Kings 16,28b; 1Kings 16,28d; 1Kings 22,43; 1Kings 22,51; 1Kings 22,53; 2Kings 8,24; 2Kings 9,25; 2Kings 10,3; 2Kings 13,25; 2Kings 14,21; 2Kings 14,29; 2Kings 15,38; 2Kings 22,2; 2Kings 23,30; 2Kings 23,34; 1Chr. 2,21; 1Chr. 2,23; 1Chr. 2,42; 1Chr. 2,55; 1Chr. 4,4; 1Chr. 4,19; 1Chr. 5,1; 1Chr. 9,19; 1Chr. 19,2; 1Chr. 24,2; 1Chr. 24,19; 1Chr. 25,6; 1Chr. 29,23; 1Chr. 29,24; 2Chr. 5,1; 2Chr. 9,31; 2Chr. 10,6; 2Chr. 15,18; 2Chr. 17,3; 2Chr. 17,4; 2Chr. 17,4; 2Chr. 20,32; 2Chr. 26,1; 2Chr. 34,2; 2Chr. 34,3; 2Chr. 36,1; 2Chr. 36,4; 2Chr. 36,10; 1Esdr. 1,32; Esth. 2,7; Esth. 2,15; Esth. 13,6 # 3,13f; Tob. 3,7; Tob. 11,11; Tob. 11,11; Tob. 14,12; Tob. 14,13; 1Mac. 11,40; 1Mac. 13,27; 1Mac. 14,26; 2Mac. 4,11; 2Mac. 11,23; 2Mac. 11,24; 2Mac. 13,9; 4Mac. 7,1; 4Mac. 13,12; Psa. 67,6; Prov. 4,1; Prov. 19,27; Prov. 23,22; Prov. 30,17; Job 42,17c; Sir. 3,1; Sir. 3,9; Sir. 3,10; Sir. 3,11; Sir. 3,14; Sir. 22,3; Sir. 23,14; Sir. 34,20; Sir. 41,17; Sir. 48,10; Sir. 48,22; Mal. 3,23; Is. 3,6; Is. 22,23; Is. 22,24; Jer. 22,11; Jer. 42,8; Jer. 42,16; Jer. 42,18; Ezek. 18,11; Ezek. 18,14; Ezek. 18,17; Ezek. 18,19; Ezek. 18,20; Ezek. 22,10; Ezek. 22,11; Judg. 1,14; Judg. 6,11; Judg. 6,24; Judg. 6,27; Judg. 8,32; Judg. 9,1; Judg. 9,5; Judg. 9,28; Judg. 11,2; Judg. 14,19; Judg. 16,31; Judg. 16,31; Judg. 18,29; Judg. 19,2; Judg. 19,3; Tob. 1,8; Tob. 3,7; Tob. 3,10; Tob. 6,19; Tob. 14,12; Tob. 14,13; Matt. 2,22; Matt. 4,21; Matt. 5,45; Matt. 10,20; Matt. 10,29; Matt. 10,35; Matt. 13,43; Matt. 16,27; Matt. 18,14; Matt. 28,19; Mark 8,38; Mark 11,10; Luke 1,32; Luke 1,59; Luke 9,26; John 1,18; John 4,12; John 6,45; John 8,38; John 8,41; John 8,44; John 8,44; John 8,53; John 15,26; John 16,25; John 16,28; Acts 1,4; Acts 4,25; Acts 16,1; Rom. 1,7; Rom. 4,12; Rom. 9,10; 1Cor. 1,3; 1Cor. 5,1; 2Cor. 1,2; Gal. 1,1; Gal. 1,3; Gal. 1,4; Eph. 1,2; Eph. 6,23; Phil. 1,2; Col. 1,2; 1Th. 1,3; 1Th. 3,13; 2Th. 1,2; 1Tim. 1,2; 2Tim. 1,2; Titus 1,4; Philem. 3; Heb. 7,10; James 1,17; 1Pet. 1,2; 2Pet. 1,17; 1John 1,3; 1John 2,15; 1John 2,16; 2John 3; 2John 3; Rev. 14,1)

πατητός (πατέω) trodden upon ‣ 1
   πατητοῦ ‣ 1
      Adjective ▪ masculine ▪ singular ▪ genitive ▪ noDegree ‣ 1 (Is. 63,2)

Πάτμος Patmos ‣ 1
   Πάτμῳ ‣ 1
      Noun ▪ masculine ▪ singular ▪ dative ▪ (proper) ‣ 1 (Rev. 1,9)

πατράδελφος (πατήρ; ἀδελφός) father's brother; paternal uncle ‣ 4 + 1 = 5
   πατράδελφος ‣ 1
      Noun ▪ masculine ▪ singular ▪ nominative ▪ (common) ‣ 1 (1Chr. 27,32)
   πατραδέλφου ‣ 3 + 1 = 4
      Noun ▪ masculine ▪ singular ▪ genitive ▪ (common) ‣ 3 + 1 = 4 (Judg. 10,1; 2Sam. 23,9; 2Sam. 23,24; Judg. 10,1)

πατριά (πατήρ) family, people ‣ 172 + 3 + 3 = 178
   πατριά ‣ 4 + 1 = 5
      Noun ▪ feminine ▪ singular ▪ nominative ▪ (common) ‣ 4 + 1 = 5 (Deut. 29,17; 2Sam. 14,7; Judith 8,18; Jer. 2,4; Eph. 3,15)
   πατριᾷ ‣ 2
      Noun ▪ feminine ▪ singular ▪ dative ▪ (common) ‣ 2 (1Chr. 5,7; 1Chr. 6,39)
   πατριαί ‣ 7 + 1 = 8
      Noun ▪ feminine ▪ plural ▪ nominative ▪ (common) ‣ 7 + 1 = 8 (Ex. 6,15; 1Chr. 2,55; 1Chr. 4,27; 1Chr. 6,4; 1Chr. 16,28; Psa. 21,28; Psa. 95,7; Acts 3,25)
   πατριάν ‣ 2 + 1 = 3
      Noun ▪ feminine ▪ singular ▪ accusative ▪ (common) ‣ 2 + 1 = 3 (Deut. 18,8; Tob. 5,14; Tob. 5,14)
   πατριὰν ‣ 5
      Noun ▪ feminine ▪ singular ▪ accusative ▪ (common) ‣ 5 (1Chr. 6,55; 1Chr. 11,25; Esth. 9,27; Tob. 5,12; Jer. 25,9)
   πατριάς ‣ 3
      Noun ▪ feminine ▪ plural ▪ accusative ▪ (common) ‣ 3 (Num. 1,16; 1Chr. 26,31; Psa. 106,41)
   πατριὰς ‣ 12
      Noun ▪ feminine ▪ plural ▪ accusative ▪ (common) ‣ 12 (Num. 1,18; 1Chr. 6,4; 1Chr. 6,45; 1Chr. 6,47; 1Chr. 6,48; 1Chr. 7,5; 1Esdr. 1,4; 1Esdr. 5,4; 1Esdr. 5,37; 1Esdr. 5,43; 1Esdr. 5,60; 1Esdr. 8,28)
   πατριᾶς ‣ 18 + 2 + 1 = 21
      Noun ▪ feminine ▪ singular ▪ genitive ▪ (common) ‣ 18 + 2 + 1 = 21 (Ex. 6,17; Ex. 6,25; Num. 1,44; Num. 1,47; Num. 3,24; Num. 18,1; Num. 25,14; Num. 25,15; Num. 36,4; Num. 36,7; Josh. 22,14; 1Kings 4,6; 1Chr. 23,11; 1Chr. 24,6; 2Chr. 35,5; Ezra 2,59; Esth. 14,5 # 4,17m; Jer. 3,14; Tob. 1,9; Tob. 5,11; Luke 2,4)
   πατριῶν ‣ 119
      Noun ▪ feminine ▪ plural ▪ genitive ▪ (common) ‣ 119 (Num. 1,2; Num. 1,4; Num. 1,20; Num. 1,22; Num. 1,24; Num. 1,26; Num. 1,28; Num. 1,30; Num. 1,32; Num. 1,34; Num. 1,36; Num. 1,38; Num. 1,40; Num. 1,42; Num. 2,2; Num. 2,32; Num. 2,34; Num. 3,15; Num. 3,20; Num. 3,30; Num. 3,35; Num. 4,2; Num. 4,22; Num. 4,29; Num. 4,34; Num. 4,38; Num. 4,40; Num. 4,42; Num. 4,44; Num. 4,46; Num. 7,2; Num. 13,2; Num. 17,17; Num. 17,17; Num. 17,18; Num. 17,21; Num. 26,2; Num. 26,55; Num. 31,26; Num. 32,28; Num. 33,54; Num. 34,14; Num. 36,1; Josh. 14,1; Josh. 19,51; Josh. 21,1; Josh. 22,14; 1Chr. 4,38; 1Chr. 5,13; 1Chr. 5,15; 1Chr. 5,24; 1Chr. 5,24; 1Chr. 6,33; 1Chr. 6,46; 1Chr. 6,51; 1Chr. 6,56; 1Chr. 7,2; 1Chr. 7,9; 1Chr. 7,11; 1Chr. 7,40; 1Chr. 8,6; 1Chr. 8,10; 1Chr. 8,13; 1Chr. 8,28; 1Chr. 9,9; 1Chr. 9,9; 1Chr. 9,13; 1Chr. 9,33; 1Chr. 9,34; 1Chr. 12,31; 1Chr. 15,12; 1Chr. 23,9; 1Chr. 23,24; 1Chr. 23,24; 1Chr. 24,3; 1Chr. 24,4; 1Chr. 24,4; 1Chr. 24,6; 1Chr. 24,30; 1Chr. 24,31; 1Chr. 26,13;

1Chr. 26,21; 1Chr. 26,26; 1Chr. 26,32; 1Chr. 27,1; 1Chr. 29,6; 2Chr. 1,2; 2Chr. 5,2; 2Chr. 17,14; 2Chr. 23,2; 2Chr. 25,5; 2Chr. 31,17; 2Chr. 35,4; 2Chr. 35,5; 2Chr. 35,12; 1Esdr. 2,5; 1Esdr. 5,1; 1Esdr. 5,65; 1Esdr. 5,67; 1Esdr. 8,58; 1Esdr. 9,16; Ezra 1,5; Ezra 2,68; Ezra 3,12; Ezra 4,2; Ezra 4,3; Ezra 8,1; Ezra 8,29; Ezra 10,16; Neh. 7,61; Neh. 7,70; Neh. 7,71; Neh. 8,13; Neh. 10,35; Neh. 11,13; Neh. 12,12; Neh. 12,22; Neh. 12,23; Ezek. 45,15)

πατριάρχης (πατήρ; ἄρχω) family leader; patriarch ▸ 7 + 4 = 11
  πατριάρχαι ▸ 4 + 1 = 5
    Noun · masculine · plural · nominative · (common) ▸ 4 + 1 = 5 (1Chr. 24,31; 1Chr. 27,22; 4Mac. 7,19; 4Mac. 16,25; Acts 7,9)
  πατριάρχας ▸ 1 + 1 = 2
    Noun · masculine · plural · accusative · (common) ▸ 1 + 1 = 2 (2Chr. 23,20; Acts 7,8)
  πατριάρχης ▸ 1
    Noun · masculine · singular · nominative ▸ 1 (Heb. 7,4)
  πατριάρχου ▸ 1
    Noun · masculine · singular · genitive ▸ 1 (Acts 2,29)
  πατριαρχῶν ▸ 2
    Noun · masculine · plural · genitive · (common) ▸ 2 (2Chr. 19,8; 2Chr. 26,12)

πατρικός (πατήρ) ancestral ▸ 13 + 1 = 14
  πατρική ▸ 1
    Adjective · feminine · singular · nominative · noDegree ▸ 1 (Gen. 50,8)
  πατρικήν ▸ 3
    Adjective · feminine · singular · accusative · noDegree ▸ 3 (Lev. 25,41; Num. 36,8; 1Esdr. 1,5)
  πατρικῆς ▸ 1
    Adjective · feminine · singular · genitive · noDegree ▸ 1 (1Chr. 12,29)
  πατρικοῖς ▸ 1
    Adjective · neuter · plural · dative · noDegree ▸ 1 (Sir. 42,10)
  πατρικόν ▸ 4
    Adjective · masculine · singular · accusative · noDegree ▸ 4 (Lev. 22,13; Josh. 6,25; 1Chr. 26,6; 4Mac. 18,7)
  πατρικούς ▸ 1
    Adjective · masculine · plural · accusative · noDegree ▸ 1 (1Chr. 7,4)
  πατρικῷ ▸ 1
    Adjective · masculine · singular · dative · noDegree ▸ 1 (1Esdr. 1,29)
  πατρικῶν ▸ 1 + 1 = 2
    Adjective · feminine · plural · genitive ▸ 1 (Gal. 1,14)
    Adjective · masculine · plural · genitive · noDegree ▸ 1 (1Chr. 7,7)

πάτριος (πατήρ) ancestral, hereditary ▸ 24
  πατριᾶς ▸ 2
    Adjective · feminine · singular · genitive · noDegree ▸ 2 (Judith 8,2; Tob. 1,9)
  πάτριον ▸ 4
    Adjective · feminine · singular · accusative · noDegree ▸ 2 (3Mac. 6,32; 4Mac. 9,29)
    Adjective · masculine · singular · accusative · noDegree ▸ 2 (4Mac. 5,33; 4Mac. 8,7)
  πάτριος ▸ 1
    Adjective · feminine · singular · nominative · noDegree ▸ 1 (4Mac. 9,24)
  πατρίους ▸ 2
    Adjective · feminine · plural · accusative · noDegree ▸ 1 (4Mac. 9,1)
    Adjective · masculine · plural · accusative · noDegree ▸ 1 (2Mac. 7,2)
  πατρίῳ ▸ 6
    Adjective · feminine · singular · dative · noDegree ▸ 5 (2Mac. 7,8; 2Mac. 7,21; 2Mac. 7,27; 2Mac. 12,37; 2Mac. 15,29)
    Adjective · masculine · singular · dative · noDegree ▸ 1 (4Mac. 4,23)
  πατριῶν ▸ 3
    Adjective · masculine · plural · genitive · noDegree ▸ 3 (Ex. 6,14; Ex. 6,19; Ex. 12,3)
  πατρίων ▸ 6
    Adjective · masculine · plural · genitive · noDegree ▸ 3 (2Mac. 6,1; 2Mac. 7,24; 2Mac. 7,37)
    Adjective · neuter · plural · genitive · noDegree ▸ 3 (3Mac. 1,3; 4Mac. 18,5; Sir. 1,10 Prol.)

πατρίς (πατήρ) homeland ▸ 24 + 8 = 32
  πατρίδα ▸ 8 + 3 = 11
    Noun · feminine · singular · accusative · (common) ▸ 8 + 3 = 11 (Lev. 25,10; Esth. 2,10; Esth. 2,20; 4Mac. 1,11; 4Mac. 4,1; 4Mac. 4,5; 4Mac. 17,21; Jer. 26,16; Matt. 13,54; Mark 6,1; Heb. 11,14)
  πατρίδι ▸ 1 + 5 = 6
    Noun · feminine · singular · dative · (common) ▸ 1 + 5 = 6 (2Mac. 8,33; Matt. 13,57; Mark 6,4; Luke 4,23; Luke 4,24; John 4,44)
  πατρίδος ▸ 15
    Noun · feminine · singular · genitive · (common) ▸ 15 (Esth. 8,6; Tob. 5,11; 2Mac. 4,1; 2Mac. 5,8; 2Mac. 5,9; 2Mac. 5,15; 2Mac. 8,21; 2Mac. 13,3; 2Mac. 13,10; 2Mac. 13,14; 2Mac. 14,18; 4Mac. 4,20; 4Mac. 18,4; Jer. 22,10; Ezek. 23,15)

Πατροβᾶς Patrobas ▸ 1
  Πατροβᾶν ▸ 1
    Noun · masculine · singular · accusative · (proper) ▸ 1 (Rom. 16,14)

Πάτροκλος Patroclus ▸ 1
  Πατρόκλου ▸ 1
    Noun · masculine · singular · genitive · (proper) ▸ 1 (2Mac. 8,9)

πατρολῴας (πατήρ; ἀλοάω) father-murderer ▸ 1
  πατρολῴαις ▸ 1
    Noun · masculine · plural · dative ▸ 1 (1Tim. 1,9)

πατροπαράδοτος (πατήρ; παρά; δίδωμι) handed down from ancestors ▸ 1
  πατροπαραδότου ▸ 1
    Adjective · feminine · singular · genitive · (verbal) ▸ 1 (1Pet. 1,18)

Πατροσωνιιμ Pathrusites ▸ 1
  Πατροσωνιιμ ▸ 1
    Noun · masculine · plural · accusative · (proper) ▸ 1 (Gen. 10,14)

πατρῷος (πατήρ) paternal; belonging from one's father ▸ 9 + 3 = 12
  πατρῴαν ▸ 1
    Adjective · feminine · singular · accusative · noDegree ▸ 1 (4Mac. 16,20)
  πατρῴοις ▸ 1
    Adjective · neuter · plural · dative ▸ 1 (Acts 28,17)
  πατρῷον ▸ 2
    Adjective · masculine · singular · accusative · noDegree ▸ 2 (4Mac. 12,17; Prov. 27,10)
  πατρῴου ▸ 3 + 1 = 4
    Adjective · masculine · singular · genitive · noDegree ▸ 3 + 1 = 4 (2Mac. 5,10; 3Mac. 1,23; 4Mac. 16,16; Acts 22,3)
  πατρῴους ▸ 3
    Adjective · feminine · plural · accusative · noDegree ▸ 2 (2Mac.

πατρῷος–παύω

4,15; 2Mac. 6,6)
Adjective · masculine · plural · accusative · noDegree ▸ **1** (2Mac. 12,39)
πατρῴῳ ▸ 1
Adjective · masculine · singular · dative ▸ **1** (Acts 24,14)

παῦλα (παύω) cessation; pause ▸ 1
παῦλαν ▸ 1
Noun · feminine · singular · accusative · (common) ▸ **1** (2Mac. 4,6)

Παῦλος Paul; Paulus ▸ 158
Παῦλε ▸ 2
Noun · masculine · singular · vocative · (proper) ▸ **2** (Acts 26,24; Acts 27,24)
Παῦλον ▸ 30
Noun · masculine · singular · accusative · (proper) ▸ **30** (Acts 13,13; Acts 13,50; Acts 14,12; Acts 14,19; Acts 15,2; Acts 16,19; Acts 16,36; Acts 17,10; Acts 17,14; Acts 17,15; Acts 19,1; Acts 19,15; Acts 20,13; Acts 21,32; Acts 22,30; Acts 23,12; Acts 23,14; Acts 23,20; Acts 23,24; Acts 23,31; Acts 23,33; Acts 24,24; Acts 24,27; Acts 25,4; Acts 25,6; Acts 25,14; Acts 26,1; Acts 26,28; Acts 27,1; Acts 27,43)
Παῦλος ▸ 79
Noun · masculine · singular · nominative · (proper) ▸ **79** (Acts 13,9; Acts 13,16; Acts 13,46; Acts 14,11; Acts 14,14; Acts 15,35; Acts 15,36; Acts 15,38; Acts 15,40; Acts 16,3; Acts 16,18; Acts 16,25; Acts 16,28; Acts 16,37; Acts 17,22; Acts 17,33; Acts 18,5; Acts 18,18; Acts 19,4; Acts 19,13; Acts 19,21; Acts 19,26; Acts 20,1; Acts 20,7; Acts 20,10; Acts 20,16; Acts 21,13; Acts 21,18; Acts 21,26; Acts 21,29; Acts 21,37; Acts 21,39; Acts 21,40; Acts 22,25; Acts 22,28; Acts 23,1; Acts 23,3; Acts 23,5; Acts 23,6; Acts 23,10; Acts 23,17; Acts 23,18; Acts 24,10; Acts 25,10; Acts 25,19; Acts 25,23; Acts 26,1; Acts 26,25; Acts 26,29; Acts 27,9; Acts 27,21; Acts 27,31; Acts 27,33; Acts 28,8; Acts 28,15; Rom. 1,1; 1Cor. 1,1; 1Cor. 1,13; 1Cor. 3,5; 1Cor. 3,22; 2Cor. 1,1; 2Cor. 10,1; Gal. 1,1; Gal. 5,2; Eph. 1,1; Eph. 3,1; Phil. 1,1; Col. 1,1; Col. 1,23; 1Th. 1,1; 1Th. 2,18; 2Th. 1,1; 1Tim. 1,1; 2Tim. 1,1; Titus 1,1; Philem. 1; Philem. 9; Philem. 19; 2Pet. 3,15)
Παύλου ▸ 30
Noun · masculine · singular · genitive · (proper) ▸ **30** (Acts 13,45; Acts 14,9; Acts 15,12; Acts 16,14; Acts 17,13; Acts 17,16; Acts 18,14; Acts 19,6; Acts 19,11; Acts 19,29; Acts 19,30; Acts 20,9; Acts 20,37; Acts 21,11; Acts 21,30; Acts 23,16; Acts 24,1; Acts 24,26; Acts 25,2; Acts 25,8; Acts 25,21; Acts 27,11; Acts 28,3; Acts 28,25; 1Cor. 1,12; 1Cor. 1,13; 1Cor. 3,4; 1Cor. 16,21; Col. 4,18; 2Th. 3,17)
Παύλῳ ▸ 17
Noun · masculine · singular · dative · (proper) ▸ **17** (Acts 13,7; Acts 13,43; Acts 15,2; Acts 15,22; Acts 15,25; Acts 16,9; Acts 16,17; Acts 16,29; Acts 17,2; Acts 17,4; Acts 18,9; Acts 18,12; Acts 21,4; Acts 23,16; Acts 25,9; Acts 27,3; Acts 28,16)

παῦσις (παύω) ceasing ▸ 1
παῦσιν ▸ 1
Noun · feminine · singular · accusative · (common) ▸ **1** (Jer. 31,2)

παύω to cease, stop ▸ 77 + 1 + 15 = 93
ἐπαύοντο ▸ 1
Verb · third · plural · imperfect · middle · indicative ▸ **1** (Acts 5,42)
ἐπαυσάμην ▸ 1
Verb · first · singular · aorist · middle · indicative ▸ **1** (Acts 20,31)
ἐπαύσαντο ▸ 6 + 3 = 9
Verb · third · plural · aorist · middle · indicative ▸ 6 + 3 = **9** (Gen. 11,8; Gen. 24,22; Ex. 9,33; Josh. 8,24; Job 29,9; Jer. 51,10; Luke 8,24; Acts 21,32; Heb. 10,2)
ἐπαύσατο ▸ 18 + 1 + 2 = 21
Verb · third · singular · aorist · middle · indicative ▸ 18 + 1 + 2 = **21** (Gen. 18,33; Gen. 24,19; Ex. 31,17; Num. 16,31; Num. 25,8; Josh. 7,26; 2Sam. 15,24; Esth. 15,1; Judith 5,22; Judith 10,1; Judith 14,9; Tob. 5,23; Tob. 14,1; 1Mac. 2,23; 1Mac. 3,23; Job 31,40; Jer. 33,19; Jer. 50,1; Judg. 15,17; Luke 5,4; Luke 11,1)
παύει ▸ 1
Verb · third · singular · present · active · indicative ▸ **1** (Prov. 18,18)
παύεται ▸ 1
Verb · third · singular · present · middle · indicative ▸ **1** (Acts 6,13)
παύομαι ▸ 1 + 1 = 2
Verb · first · singular · present · middle · indicative ▸ 1 + 1 = **2** (Prov. 30,1; Eph. 1,16)
παυόμεθα ▸ 1
Verb · first · plural · present · middle · indicative ▸ **1** (Col. 1,9)
παῦσαι ▸ 4
Verb · second · singular · aorist · middle · imperative ▸ **4** (Ex. 32,12; Psa. 36,8; Sir. 28,6; Sir. 31,17)
παυσαμένου ▸ 1
Verb · aorist · middle · participle · masculine · singular · genitive ▸ **1** (Jer. 33,8)
παύσασθαι ▸ 4 + 1 = 5
Verb · aorist · middle · infinitive ▸ 4 + 1 = **5** (Gen. 27,30; 4Mac. 8,29; Job 38,1; Jer. 38,15; Acts 20,1)
παύσασθαί ▸ 1
Verb · aorist · middle · infinitive ▸ **1** (Job 6,7)
παύσασθε ▸ 1
Verb · second · plural · aorist · middle · imperative ▸ **1** (Is. 1,16)
παυσάσθω ▸ 2
Verb · third · singular · aorist · middle · imperative ▸ **2** (Ex. 9,28; Num. 17,25)
παυσάσθωσαν ▸ 1
Verb · third · plural · aorist · middle · imperative ▸ **1** (1Mac. 11,50)
παυσάτω ▸ 1
Verb · third · singular · aorist · active · imperative ▸ **1** (1Pet. 3,10)
παύσει ▸ 1
Verb · third · singular · future · active · indicative ▸ **1** (Job 6,26)
παύσεις ▸ 1
Verb · second · singular · future · active · indicative ▸ **1** (Is. 58,12)
παύσεται ▸ 7
Verb · third · singular · future · middle · indicative ▸ **7** (1Chr. 21,22; Is. 1,24; Is. 10,25; Jer. 31,2; Jer. 32,37; Jer. 33,13; Jer. 38,37)
παύσῃ ▸ 2 + 1 = 3
Verb · second · singular · future · middle · indicative ▸ 2 + 1 = **3** (Job 18,2; Jer. 28,63; Acts 13,10)
παύσηται ▸ 3
Verb · third · singular · aorist · middle · subjunctive ▸ **3** (Sir. 18,7; Sir. 23,17; Is. 24,13)
παύσηταί ▸ 1
Verb · third · singular · aorist · middle · subjunctive ▸ **1** (Job 14,13)
Παύσομαι ▸ 1
Verb · first · singular · future · middle · indicative ▸ **1** (Is. 57,10)
παύσομαι ▸ 3
Verb · first · singular · future · middle · indicative ▸ **3** (Ode.

11,20; Is. 38,20; Jer. 33,3)
- **παῦσον** ▸ 1
  - **Verb** · second · singular · aorist · active · imperative ▸ **1** (Psa. 33,14)
- **παύσονται** ▸ 1 + 1 = 2
  - **Verb** · third · plural · future · middle · indicative ▸ 1 + 1 = **2** (Ex. 9,29; 1Cor. 13,8)
- **παύσω** ▸ 2
  - **Verb** · first · singular · future · active · indicative ▸ **2** (Deut. 32,26; Ode. 2,26)
- **παυσώμεθα** ▸ 1
  - **Verb** · first · plural · aorist · middle · subjunctive ▸ **1** (Job 37,19)
- **παύσωνται** ▸ 3
  - **Verb** · third · plural · aorist · middle · subjunctive ▸ **3** (Gen. 24,14; Deut. 20,9; Jer. 38,37)
- **πέπαυται** ▸ 10 + 1 = 11
  - **Verb** · third · singular · perfect · middle · indicative ▸ **10** (Ex. 9,34; Ode. 5,10; Is. 16,10; Is. 24,8; Is. 24,8; Is. 24,8; Is. 24,11; Is. 26,10; Is. 32,10; Is. 33,8)
  - **Verb** · third · singular · perfect · passive · indicative ▸ **1** (1Pet. 4,1)

Πάφος Paphos ▸ 2
- **Πάφου** ▸ 2
  - **Noun** · feminine · singular · genitive · (proper) ▸ **2** (Acts 13,6; Acts 13,13)

πάχνη (παχύς) frost ▸ 9 + 1 = 10
- **πάχναι** ▸ 2 + 1 = 3
  - **Noun** · feminine · plural · nominative · (common) ▸ 2 + 1 = **3** (Ode. 8,70; Dan. 3,70; Dan. 3,70)
- **πάχνη** ▸ 3
  - **Noun** · feminine · singular · nominative · (common) ▸ **3** (Job 38,24; Wis. 5,14; Wis. 16,29)
- **πάχνῃ** ▸ 2
  - **Noun** · feminine · singular · dative · (common) ▸ **2** (Psa. 77,47; Psa. 118,83)
- **πάχνην** ▸ 2
  - **Noun** · feminine · singular · accusative · (common) ▸ **2** (Job 38,29; Sir. 43,19)

πάχος (παχύς) thickness ▸ 13
- **παχεῖ** ▸ 1
  - **Noun** · neuter · singular · dative · (common) ▸ **1** (Judith 10,3)
- **πάχει** ▸ 4
  - **Noun** · neuter · singular · dative · (common) ▸ **4** (1Kings 7,9; 1Kings 7,33; 2Chr. 4,17; Job 15,26)
- **πάχη** ▸ 2
  - **Noun** · neuter · plural · accusative · (common) ▸ **2** (Num. 24,8; 2Mac. 4,41)
- **πάχος** ▸ 6
  - **Noun** · masculine · singular · nominative · (common) ▸ **2** (2Chr. 4,5; Psa. 140,7)
  - **Noun** · neuter · singular · nominative · (common) ▸ **4** (1Kings 7,3; 1Kings 7,12; 1Kings 7,43; Jer. 52,21)

παχύνω (παχύς) to grow thick, dull ▸ 6 + 2 = 8
- **ἐπάχυνεν** ▸ 1
  - **Verb** · third · singular · aorist · active · indicative ▸ **1** (2Sam. 22,12)
- **ἐπαχύνθη** ▸ 4 + 2 = 6
  - **Verb** · third · singular · aorist · passive · indicative ▸ 4 + 2 = **6** (Deut. 32,15; Ode. 2,15; Is. 6,10; Is. 34,6; Matt. 13,15; Acts 28,27)
- **παχυνθῇ** ▸ 1
  - **Verb** · third · singular · aorist · passive · subjunctive ▸ **1** (Eccl. 12,5)

παχύς thick; fertile; rich, precious ▸ 7
- **παχεῖς** ▸ 1
  - **Adjective** · masculine · plural · nominative · noDegree ▸ **1** (Psa. 143,14)
- **παχέος** ▸ 1
  - **Adjective** · neuter · singular · genitive · noDegree ▸ **1** (Is. 28,1)
- **παχύ** ▸ 1
  - **Adjective** · neuter · singular · accusative · noDegree ▸ **1** (2Mac. 1,20)
- **παχὺ** ▸ 1
  - **Adjective** · neuter · singular · accusative · noDegree ▸ **1** (Ezek. 34,3)
- **παχυτέρα** ▸ 2
  - **Adjective** · feminine · singular · accusative · comparative ▸ **2** (1Kings 12,10; 1Kings 12,24r)
- **παχύτερος** ▸ 1
  - **Adjective** · masculine · singular · nominative · comparative ▸ **1** (2Chr. 10,10)

Παχων Pachon ▸ 1
- **Παχων** ▸ 1
  - **Noun** · masculine · singular · genitive · (proper) ▸ **1** (3Mac. 6,38)

πεδάω (πούς) to bind ▸ 10 + 4 = 14
- **ἐπεδήθην** ▸ 1
  - **Verb** · first · singular · aorist · passive · indicative ▸ **1** (Dan. 4,33a)
- **ἐπεδήθησαν** ▸ 1
  - **Verb** · third · plural · aorist · passive · indicative ▸ **1** (Dan. 3,21)
- **πεδήσαντας** ▸ 1
  - **Verb** · aorist · active · participle · masculine · plural · accusative ▸ **1** (Dan. 3,20)
- **πεδήσας** ▸ 1
  - **Verb** · aorist · active · participle · masculine · singular · nominative ▸ **1** (Ode. 12,3)
- **πεπεδημένοι** ▸ 1 + 1 = 2
  - **Verb** · perfect · passive · participle · masculine · plural · nominative ▸ 1 + 1 = **2** (Job 36,8; Dan. 3,23)
- **πεπεδημένους** ▸ 5 + 1 = 6
  - **Verb** · perfect · passive · participle · masculine · plural · accusative ▸ 5 + 1 = **6** (Psa. 67,7; Psa. 68,34; Psa. 89,12; Psa. 106,10; Psa. 145,7; Dan. 3,91)
- **πεπεδημένων** ▸ 2
  - **Verb** · perfect · passive · participle · masculine · plural · genitive ▸ **2** (Psa. 78,11; Psa. 101,21)

πέδη (πούς) fetter, chain ▸ 16 + 1 + 3 = 20
- **πέδαι** ▸ 2
  - **Noun** · feminine · plural · nominative · (common) ▸ **2** (Sir. 6,29; Sir. 21,19)
- **πέδαις** ▸ 11 + 1 + 2 = 14
  - **Noun** · feminine · plural · dative · (common) ▸ 11 + 1 + 2 = **14** (Judg. 16,21; 2Sam. 3,34; 2Kings 25,7; 2Chr. 33,11; 2Chr. 36,6; 3Mac. 4,9; 3Mac. 6,19; Psa. 104,18; Psa. 149,8; Jer. 52,11; Dan. 4,17a; Judg. 16,21; Mark 5,4; Luke 8,29)
- **πέδας** ▸ 3 + 1 = 4
  - **Noun** · feminine · plural · accusative · (common) ▸ 3 + 1 = **4** (1Mac. 3,41; Sir. 6,24; Sir. 33,29; Mark 5,4)

πεδήτης (πούς) prisoner ▸ 1
- **πεδῆται** ▸ 1
  - **Noun** · masculine · plural · nominative · (common) ▸ **1** (Wis. 17,2)

Πεδιας Bedeiah ▸ 1
- **Πεδιας** ▸ 1
  - **Noun** · masculine · singular · nominative · (proper) ▸ **1** (1Esdr.

πέδιλον (πούς) sandal ▸ 2
  πεδίλοις ▸ 2
    Noun ▪ neuter ▪ plural ▪ dative ▪ (common) ▸ 2 (Ode. 4,5; Hab. 3,5)
πεδινός (πούς) level (ground), plain ▸ 22 + 2 + 1 = 25
  πεδινή ▸ 2
    Adjective ▪ feminine ▪ singular ▪ nominative ▪ noDegree ▸ 2 (Deut. 11,11; Jer. 31,8)
  πεδινὴ ▸ 1
    Adjective ▪ feminine ▪ singular ▪ nominative ▪ noDegree ▸ 1 (Zech. 7,7)
  πεδινῇ ▸ 11 + 1 = 12
    Adjective ▪ feminine ▪ singular ▪ dative ▪ noDegree ▸ 11 + 1 = 12 (Deut. 4,43; Josh. 9,1; Josh. 15,33; 1Kings 10,27; 1Chr. 27,28; 2Chr. 1,15; 2Chr. 9,27; 2Chr. 26,10; Judith 15,7; 1Mac. 3,40; Is. 32,19; Josh. 15,33)
  πεδινήν ▸ 1 + 1 = 2
    Adjective ▪ feminine ▪ singular ▪ accusative ▪ noDegree ▸ 1 + 1 = 2 (Judg. 1,9; Judg. 1,9)
  πεδινὴν ▸ 3
    Adjective ▪ feminine ▪ singular ▪ accusative ▪ noDegree ▸ 3 (Josh. 10,40; Josh. 11,16; Jer. 21,13)
  πεδινῆς ▸ 3
    Adjective ▪ feminine ▪ singular ▪ genitive ▪ noDegree ▸ 3 (2Chr. 28,18; Judith 6,11; Jer. 17,26)
  πεδινοῦ ▸ 1 + 1 = 2
    Adjective ▪ neuter ▪ singular ▪ genitive ▪ noDegree ▸ 1 + 1 = 2 (Is. 13,2; Luke 6,17)
πεδίον (πούς) plain, level area ▸ 171 + 3 = 174
  πεδία ▸ 16 + 1 = 17
    Noun ▪ neuter ▪ plural ▪ accusative ▪ (common) ▸ 6 + 1 = 7 (Josh. 11,17; 1Chr. 6,41; Judith 1,6; Judith 2,27; Psa. 103,8; Is. 40,4; Tob. 5,10)
    Noun ▪ neuter ▪ plural ▪ nominative ▪ (common) ▸ 10 (Judith 4,5; Judith 6,4; Psa. 64,12; Psa. 95,12; Ode. 4,17; Joel 1,10; Joel 2,22; Hab. 3,17; Is. 16,8; Ezek. 32,4)
  πεδίοις ▸ 10
    Noun ▪ neuter ▪ plural ▪ dative ▪ (common) ▸ 10 (Ex. 1,14; Ex. 9,3; Ex. 9,21; Ex. 9,25; Lev. 17,5; Josh. 8,24; Judith 5,1; Psa. 131,6; Jer. 30,20; Ezek. 35,8)
  πεδίον ▸ 44 + 1 = 45
    Noun ▪ neuter ▪ singular ▪ accusative ▪ (common) ▸ 38 + 1 = 39 (Gen. 4,8; Gen. 11,2; Gen. 24,63; Gen. 27,3; Gen. 27,5; Gen. 31,4; Ex. 22,5; Lev. 14,7; Lev. 14,53; Num. 22,23; Deut. 1,7; Deut. 28,38; Josh. 11,2; Judg. 9,42; Judith 1,8; Judith 2,27; Judith 6,11; Judith 14,2; 1Mac. 4,14; 1Mac. 5,52; 1Mac. 10,71; 1Mac. 10,77; 1Mac. 11,67; 1Mac. 12,49; 1Mac. 16,5; 1Mac. 16,11; 2Mac. 14,33; Prov. 27,26; Job 39,21; Hos. 12,13; Joel 4,19; Obad. 19; Jer. 14,18; Ezek. 3,22; Ezek. 3,23; Ezek. 17,5; Ezek. 17,8; Bel 33; Bel 33)
    Noun ▪ neuter ▪ singular ▪ nominative ▪ (common) ▸ 6 (Gen. 14,17; Josh. 17,5; Judith 1,5; Judith 3,3; Wis. 19,7; Joel 2,3)
  πεδίου ▸ 37
    Noun ▪ neuter ▪ singular ▪ genitive ▪ (common) ▸ 37 (Gen. 25,29; Gen. 34,7; Gen. 35,27; Ex. 10,15; Num. 19,16; Num. 22,4; 1Sam. 14,14; Judith 2,21; Judith 4,6; Judith 15,2; 1Mac. 3,24; 1Mac. 13,13; Psa. 8,8; Psa. 103,16; Song 2,1; Amos 1,5; Joel 1,20; Joel 2,22; Is. 63,14; Jer. 9,21; Ezek. 16,5; Ezek. 17,24; Ezek. 26,10; Ezek. 29,5; Ezek. 31,4; Ezek. 31,5; Ezek. 31,6; Ezek. 31,15; Ezek. 33,27; Ezek. 34,8; Ezek. 37,1; Ezek. 37,2; Ezek. 38,20; Ezek. 39,4; Ezek. 39,5; Ezek. 39,10; Ezek. 39,17)
  πεδίῳ ▸ 56 + 1 = 57
    Noun ▪ neuter ▪ singular ▪ dative ▪ (common) ▸ 56 + 1 = 57 (Gen. 4,8; Gen. 24,65; Gen. 29,2; Gen. 34,5; Gen. 34,28; Gen. 36,35; Gen. 37,7; Gen. 37,15; Ex. 9,19; Ex. 9,19; Ex. 9,25; Ex. 16,25; Num. 21,20; Deut. 21,1; Deut. 22,25; Josh. 5,10; Josh. 12,7; Josh. 12,8; Josh. 20,8; 1Sam. 20,5; 2Sam. 17,8; 1Kings 11,29; 1Kings 16,4; 1Kings 20,24; 1Chr. 1,46; 1Chr. 8,8; 1Chr. 19,9; 2Chr. 26,23; 2Chr. 35,22; 1Esdr. 1,27; Neh. 6,2; Judith 1,5; Judith 7,18; Judith 8,3; 1Mac. 4,6; 1Mac. 4,21; 1Mac. 10,73; 1Mac. 10,83; 1Mac. 11,68; 4Mac. 18,8; Psa. 77,12; Psa. 77,43; Prov. 27,25; Job 39,10; Job 39,21; Job 42,17d; Sir. 24,14; Mic. 4,10; Zech. 12,11; Ezek. 7,15; Ezek. 8,4; Ezek. 26,6; Ezek. 26,8; Ezek. 31,12; Ezek. 34,27; Dan. 3,1; Dan. 3,1)
  πεδίων ▸ 8
    Noun ▪ neuter ▪ plural ▪ genitive ▪ (common) ▸ 8 (Gen. 41,48; Lev. 25,12; Lev. 26,4; Deut. 8,7; Josh. 11,8; 1Mac. 4,15; 1Mac. 14,8; Is. 41,18)
πεζεύω (πούς) to travel by foot ▸ 1
  πεζεύειν ▸ 1
    Verb ▪ present ▪ active ▪ infinitive ▸ 1 (Acts 20,13)
πεζῇ (πούς) on foot ▸ 2
  πεζῇ ▸ 2
    Adverb ▸ 2 (Matt. 14,13; Mark 6,33)
πεζικός (πούς) by foot; infantry ▸ 3
  πεζικαῖς ▸ 1
    Adjective ▪ feminine ▪ plural ▪ dative ▪ noDegree ▸ 1 (3Mac. 1,1)
  πεζικὰς ▸ 1
    Adjective ▪ feminine ▪ plural ▪ accusative ▪ noDegree ▸ 1 (1Mac. 15,38)
  πεζικὴ ▸ 1
    Adjective ▪ feminine ▪ singular ▪ nominative ▪ noDegree ▸ 1 (1Mac. 16,5)
πεζομαχία (πούς; μάχη) land battle ▸ 1
  πεζομαχίαν ▸ 1
    Noun ▪ feminine ▪ singular ▪ accusative ▪ (common) ▸ 1 (4Mac. 17,24)
πεζός (πούς) by foot; infantry ▸ 30 + 1 = 31
  πεζῇ ▸ 1
    Adjective ▪ feminine ▪ singular ▪ dative ▪ noDegree ▸ 1 (2Sam. 15,17)
  πεζοὶ ▸ 3
    Adjective ▪ masculine ▪ plural ▪ nominative ▪ noDegree ▸ 3 (Judith 7,2; Judith 7,20; Bar. 5,6)
  πεζοῖς ▸ 2
    Adjective ▪ masculine ▪ plural ▪ dative ▪ noDegree ▸ 2 (1Kings 21,10; Judith 2,19)
  πεζούς ▸ 1
    Adjective ▪ masculine ▪ plural ▪ accusative ▪ noDegree ▸ 1 (1Esdr. 8,51)
  πεζοὺς ▸ 2
    Adjective ▪ masculine ▪ plural ▪ accusative ▪ noDegree ▸ 2 (Judg. 5,15; Judith 2,22)
  πεζῶν ▸ 21 + 1 = 22
    Adjective ▪ feminine ▪ plural ▪ genitive ▪ noDegree ▸ 1 (1Mac. 6,30)
    Adjective ▪ masculine ▪ plural ▪ genitive ▪ noDegree ▸ 20 + 1 = 21 (Ex. 12,37; Num. 11,21; Judg. 20,2; 2Sam. 8,4; 2Sam. 10,6; 1Kings 21,29; 2Kings 13,7; 1Chr. 18,4; 1Chr. 19,18; Judith 1,4; Judith 2,5; Judith 7,2; Judith 9,7; 1Mac. 16,7; 2Mac. 11,4; 2Mac. 12,20; 2Mac. 12,33; 2Mac. 13,2; Sir. 16,10; Sir. 46,8; Judg. 20,2)
πειθαρχέω (πείθω; ἄρχω) to obey ▸ 3 + 4 = 7

πειθαρχεῖν ▸ 2
   Verb · present · active · infinitive ▸ 2 (Acts 5,29; Titus 3,1)
πειθαρχῇ ▸ 1
   Verb · third · singular · present · active · subjunctive ▸ 1 (Sir. 33,29)
πειθαρχήσαντάς ▸ 1
   Verb · aorist · active · participle · masculine · plural · accusative ▸ 1 (Acts 27,21)
πειθαρχήσουσιν ▸ 1
   Verb · third · plural · future · active · indicative ▸ 1 (Dan. 7,27)
πειθαρχοῦσιν ▸ 1 + 1 = 2
   Verb · third · plural · present · active · indicative ▸ 1 (1Esdr. 8,90)
   Verb · present · active · participle · masculine · plural · dative ▸ 1 (Acts 5,32)

πειθός (πείθω) persuasive ▸ 1
πειθοῖς ▸ 1
   Adjective · masculine · plural · dative ▸ 1 (1Cor. 2,4)

πείθω to persuade; believe; trust ▸ 175 + 6 + 52 = 233
ἔπειθέν ▸ 1
   Verb · third · singular · imperfect · active · indicative ▸ 1 (Acts 18,4)
ἐπείθετο ▸ 1 + 1 + 1 = 3
   Verb · third · singular · imperfect · passive · indicative ▸ 1 + 1 + 1 = 3 (3Mac. 1,11; Tob. 10,7; Acts 27,11)
ἔπειθον ▸ 1
   Verb · third · plural · imperfect · active · indicative ▸ 1 (Acts 13,43)
ἐπείθοντο ▸ 3
   Verb · third · plural · imperfect · passive · indicative ▸ 3 (Acts 5,36; Acts 5,37; Acts 28,24)
ἔπεισαν ▸ 1
   Verb · third · plural · aorist · active · indicative ▸ 1 (Matt. 27,20)
ἔπεισας ▸ 1
   Verb · second · singular · aorist · active · indicative ▸ 1 (Wis. 16,8)
ἔπεισεν ▸ 4
   Verb · third · singular · aorist · active · indicative ▸ 4 (1Sam. 24,8; 2Mac. 4,34; 2Mac. 11,14; 4Mac. 16,24)
ἐπείσθη ▸ 1
   Verb · third · singular · aorist · passive · indicative ▸ 1 (Esth. 4,4)
ἐπείσθησαν ▸ 1 + 2 = 3
   Verb · third · plural · aorist · passive · indicative ▸ 1 + 2 = 3 (2Mac. 10,20; Acts 5,39; Acts 17,4)
ἐπεποίθει ▸ 4 + 1 = 5
   Verb · third · singular · pluperfect · active · indicative ▸ 4 + 1 = 5 (Zeph. 3,2; Is. 30,32; Jer. 27,38; Sus. 35; Luke 11,22)
ἐπεποίθειν ▸ 1
   Verb · first · singular · pluperfect · active · indicative ▸ 1 (Job 6,13)
ἐπεποίθεις ▸ 4
   Verb · second · singular · pluperfect · active · indicative ▸ 4 (Is. 30,15; Jer. 31,7; Jer. 46,18; Ezek. 16,15)
ἐπεποίθεισαν ▸ 4 + 1 = 5
   Verb · third · plural · pluperfect · active · indicative ▸ 4 + 1 = 5 (Deut. 32,37; Ode. 2,37; Prov. 21,22; Bar. 3,17; Dan. 3,95)
ἐπεποίθησα ▸ 1
   Verb · first · singular · aorist · active · indicative ▸ 1 (Job 31,24)
ἐπεποίθησαν ▸ 1
   Verb · third · plural · pluperfect · active · indicative ▸ 1 (Judg. 9,26)
πείθεις ▸ 1
   Verb · second · singular · present · active · indicative ▸ 1 (Acts 26,28)
πείθεσθαι ▸ 1 + 2 = 3
   Verb · present · passive · infinitive ▸ 1 + 2 = 3 (4Mac. 15,10; Gal. 5,7; James 3,3)
Πείθεσθε ▸ 1
   Verb · second · plural · present · passive · imperative ▸ 1 (Heb. 13,17)
πείθεσθε ▸ 1
   Verb · second · plural · present · middle · imperative ▸ 1 (4Mac. 18,1)
πείθομαι ▸ 1
   Verb · first · singular · present · passive · indicative ▸ 1 (Acts 26,26)
πειθόμεθα ▸ 1
   Verb · first · plural · present · passive · indicative ▸ 1 (Heb. 13,18)
πείθομεν ▸ 1
   Verb · first · plural · present · active · indicative ▸ 1 (2Cor. 5,11)
πειθομένοις ▸ 1
   Verb · present · middle · participle · masculine · plural · dative ▸ 1 (Rom. 2,8)
πειθομένου ▸ 1
   Verb · present · passive · participle · masculine · singular · genitive ▸ 1 (Acts 21,14)
πείθονται ▸ 1
   Verb · third · plural · present · passive · indicative ▸ 1 (Wis. 13,7)
πείθω ▸ 1
   Verb · first · singular · present · active · indicative ▸ 1 (Gal. 1,10)
πείθων ▸ 2
   Verb · present · active · participle · masculine · singular · nominative ▸ 2 (Acts 19,8; Acts 28,23)
πεῖσαι ▸ 1
   Verb · aorist · active · infinitive ▸ 1 (2Mac. 4,45)
πείσαιμ' ▸ 1
   Verb · first · singular · aorist · active · optative ▸ 1 (4Mac. 2,6)
πείσαντες ▸ 2
   Verb · aorist · active · participle · masculine · plural · nominative ▸ 2 (Acts 12,20; Acts 14,19)
πείσας ▸ 1
   Verb · aorist · active · participle · masculine · singular · nominative ▸ 1 (Acts 19,26)
πείσει ▸ 1
   Verb · third · singular · future · active · indicative ▸ 1 (2Mac. 11,14)
πείσειεν ▸ 1
   Verb · third · singular · aorist · active · optative ▸ 1 (4Mac. 8,12)
πείσειν ▸ 1
   Verb · future · active · infinitive ▸ 1 (2Mac. 7,26)
πείσεται ▸ 1
   Verb · third · singular · future · middle · indicative ▸ 1 (Dan. 11,17)
πεισθείημεν ▸ 1
   Verb · first · plural · aorist · passive · optative ▸ 1 (4Mac. 8,17)
πεισθείης ▸ 1
   Verb · second · singular · aorist · passive · optative ▸ 1 (4Mac. 12,4)
πεισθείς ▸ 3
   Verb · aorist · passive · participle · masculine · singular · nominative ▸ 3 (2Mac. 4,34; 4Mac. 10,13; 4Mac. 12,5)
πεισθέντας ▸ 1

πεινάω

Verb · aorist · passive · participle · masculine · plural · accusative ▸ **1** (4Mac. 8,26)

πεισθῇς ▸ **1** + **1** = **2**
    Verb · second · singular · aorist · passive · subjunctive ▸ **1** + **1** = **2** (Prov. 26,25; Acts 23,21)

πεισθήσονται ▸ **1**
    Verb · third · plural · future · passive · indicative ▸ **1** (Luke 16,31)

Πείσθητι ▸ **1**
    Verb · second · singular · aorist · passive · imperative ▸ **1** (4Mac. 6,4)

πείσομεν ▸ **2**
    Verb · first · plural · future · active · indicative ▸ **2** (Matt. 28,14; 1John 3,19)

Πεῖσον ▸ **1**
    Verb · second · singular · aorist · active · imperative ▸ **1** (Judith 12,11)

πείσω ▸ **1**
    Verb · first · singular · future · active · indicative ▸ **1** (4Mac. 9,18)

Πέπεισμαι ▸ **1**
    Verb · first · singular · perfect · passive · indicative ▸ **1** (Rom. 15,14)

πέπεισμαι ▸ **2** + **4** = **6**
    Verb · first · singular · perfect · passive · indicative ▸ **2** + **4** = **6** (Tob. 14,4; 2Mac. 9,27; Rom. 8,38; Rom. 14,14; 2Tim. 1,5; 2Tim. 1,12)

Πεπείσμεθα ▸ **1**
    Verb · first · plural · perfect · passive · indicative ▸ **1** (Heb. 6,9)

πεπεισμένοι ▸ **2**
    Verb · perfect · passive · participle · masculine · plural · nominative ▸ **2** (3Mac. 3,24; 4Mac. 5,16)

πεπεισμένος ▸ **1**
    Verb · perfect · passive · participle · masculine · singular · nominative ▸ **1** (Luke 20,6)

πέποιθα ▸ **2** + **2** = **4**
    Verb · first · singular · perfect · active · indicative ▸ **2** + **2** = **4** (Psa. 10,1; Psa. 24,2; Gal. 5,10; Phil. 2,24)

πεποίθαμεν ▸ **5** + **1** = **6**
    Verb · first · plural · perfect · active · indicative ▸ **5** + **1** = **6** (2Kings 18,22; 2Chr. 14,10; 2Mac. 8,18; Is. 33,2; Is. 36,7; 2Th. 3,4)

πεποίθαν ▸ **1**
    Verb · third · plural · perfect · active · indicative ▸ **1** (Judith 7,10)

πέποιθας ▸ **8**
    Verb · second · singular · perfect · active · indicative ▸ **8** (Deut. 28,52; 2Kings 18,19; 2Kings 18,21; 2Kings 19,10; 1Mac. 10,71; Job 39,11; Is. 36,5; Jer. 12,5)

πέποιθάς ▸ **1**
    Verb · second · singular · perfect · active · indicative ▸ **1** (Rom. 2,19)

πεποίθασιν ▸ **3**
    Verb · third · plural · perfect · active · indicative ▸ **3** (2Mac. 8,18; Is. 59,4; Jer. 30,5)

πεποίθατε ▸ **9**
    Verb · second · plural · perfect · active · indicative ▸ **4** (2Chr. 32,10; Jer. 5,17; Jer. 7,8; Jer. 7,14)
    Verb · second · plural · perfect · active · imperative ▸ **5** (Judg. 9,15; Psa. 145,3; Is. 50,10; Jer. 7,4; Jer. 9,3)

πέποιθεν ▸ **9** + **2** = **11**
    Verb · third · singular · perfect · active · indicative ▸ **9** + **2** = **11** (Psa. 56,2; Prov. 28,1; Prov. 28,25; Prov. 28,26; Prov. 29,25; Job 40,23; Hab. 2,18; Jer. 17,7; Ezek. 33,13; Matt. 27,43; 2Cor. 10,7)

πεποιθέναι ▸ **10** + **1** = **11**
    Verb · perfect · active · infinitive ▸ **10** + **1** = **11** (Ruth 2,12; 2Chr. 16,7; 2Chr. 16,7; 2Chr. 16,8; 2Chr. 32,15; 1Mac. 10,77; Psa. 117,8; Psa. 117,8; Jer. 35,15; Jer. 36,31; Phil. 3,4)

πεποιθέτω ▸ **1**
    Verb · third · singular · perfect · active · imperative ▸ **1** (Job 12,6)

πεποιθόσιν ▸ **6** + **1** = **7**
    Verb · perfect · active · participle · masculine · plural · dative ▸ **6** + **1** = **7** (2Sam. 22,31; 2Kings 18,21; Ode. 7,40; Amos 6,1; Is. 30,3; Dan. 3,40; Dan. 3,40)

πεποιθότα ▸ **3** + **1** = **4**
    Verb · perfect · active · participle · masculine · singular · accusative ▸ **3** + **1** = **4** (Judg. 18,10; Judg. 18,27; Prov. 3,29; Judg. 18,27)

πεποιθότας ▸ **3** + **2** = **5**
    Verb · perfect · active · participle · masculine · plural · accusative ▸ **3** + **2** = **5** (Judith 2,5; Jer. 26,25; Jer. 39,37; Luke 18,9; Phil. 1,14)

πεποιθότες ▸ **31** + **2** = **33**
    Verb · perfect · active · participle · masculine · plural · nominative ▸ **31** + **2** = **33** (Lev. 25,18; Lev. 25,19; 1Sam. 12,11; 1Kings 2,46g; 1Mac. 9,58; 2Mac. 10,34; 2Mac. 12,14; 3Mac. 2,4; Psa. 2,12; Psa. 48,7; Psa. 113,16; Psa. 124,1; Psa. 134,18; Job 6,20; Wis. 3,9; Wis. 14,29; Is. 10,20; Is. 10,20; Is. 17,8; Is. 20,5; Is. 20,6; Is. 28,17; Is. 31,1; Is. 31,1; Is. 32,3; Is. 32,17; Is. 32,19; Is. 36,6; Is. 36,9; Is. 42,17; Jer. 31,13; 2Cor. 1,9; Phil. 3,3)

πεποιθότων ▸ **1**
    Verb · perfect · active · participle · masculine · plural · genitive ▸ **1** (Wis. 16,24)

πεποιθυῖα ▸ **3** + **2** = **5**
    Verb · perfect · active · participle · feminine · singular · nominative ▸ **3** + **2** = **5** (Judg. 8,11; Is. 47,8; Jer. 30,20; Judg. 8,11; Sus. 35)

πεποιθυῖαι ▸ **1**
    Verb · perfect · active · participle · feminine · plural · nominative ▸ **1** (Is. 32,11)

πεποιθώς ▸ **8**
    Verb · perfect · active · participle · masculine · singular · nominative ▸ **8** (Deut. 33,12; 2Mac. 7,40; Prov. 10,9; Job 11,18; Sir. 4,15; Is. 14,7; Is. 32,18; Jer. 23,6)

Πεποιθώς ▸ **1**
    Verb · perfect · active · participle · masculine · singular · nominative ▸ **1** (Philem. 21)

πεποιθὼς ▸ **25** + **4** = **29**
    Verb · perfect · active · participle · masculine · singular · nominative ▸ **25** + **4** = **29** (Deut. 33,28; 2Sam. 22,3; 2Kings 18,20; 2Mac. 15,7; Prov. 3,5; Prov. 3,23; Prov. 11,28; Prov. 14,16; Prov. 14,32; Prov. 16,20; Prov. 29,25; Job 27,8; Job 31,21; Sir. 32,24; Is. 8,14; Is. 8,17; Is. 12,2; Is. 17,7; Is. 22,24; Is. 30,12; Is. 36,4; Is. 36,6; Is. 37,10; Is. 58,14; Jer. 31,11; 2Cor. 2,3; Phil. 1,6; Phil. 1,25; Heb. 2,13)

πεινάω to be hungry ▸ **51** + **2** + **23** = **76**

ἐπείνας ▸ **1**
    Verb · second · singular · imperfect · active · indicative ▸ **1** (Deut. 25,18)

ἐπείνασα ▸ **2**
    Verb · first · singular · aorist · active · indicative ▸ **2** (Matt. 25,35; Matt. 25,42)

ἐπείνασαν ▸ **3** + **1** = **4**
    Verb · third · plural · aorist · active · indicative ▸ **3** + **1** = **4**

(1Mac. 13,49; Psa. 33,11; Sir. 16,27; Matt. 12,1)
ἐπείνασεν ▸ 1 + 7 = 8
    Verb · third · singular · aorist · active · indicative ▸ 1 + 7 = **8** (Gen. 41,55; Matt. 4,2; Matt. 12,3; Matt. 21,18; Mark 2,25; Mark 11,12; Luke 4,2; Luke 6,3)

πεινᾷ ▸ 1 + 3 = 4
    Verb · third · singular · present · active · indicative ▸ **2** (1Cor. 11,21; 1Cor. 11,34)
    Verb · third · singular · present · active · subjunctive ▸ 1 + 1 = **2** (Prov. 25,21; Rom. 12,20)

πεινᾶν ▸ 1
    Verb · present · active · infinitive ▸ **1** (Phil. 4,12)

πεινάσει ▸ 4
    Verb · third · singular · future · active · indicative ▸ **4** (Prov. 19,15; Is. 9,19; Is. 40,28; Is. 44,12)

πεινάσετε ▸ 1 + 1 = 2
    Verb · second · plural · future · active · indicative ▸ 1 + 1 = **2** (Is. 65,13; Luke 6,25)

πεινάσῃ ▸ 1
    Verb · third · singular · aorist · active · subjunctive ▸ **1** (John 6,35)

πεινάσητε ▸ 1
    Verb · second · plural · aorist · active · subjunctive ▸ **1** (Is. 8,21)

πεινάσουσιν ▸ 7 + 1 = 8
    Verb · third · plural · future · active · indicative ▸ 7 + 1 = **8** (Prov. 18,8; Sir. 24,21; Is. 5,27; Is. 40,30; Is. 40,31; Is. 49,10; Jer. 38,12; Rev. 7,16)

πεινάσω ▸ 2
    Verb · first · singular · aorist · active · subjunctive ▸ **2** (Psa. 49,12; Sol. 5,8)

πεινάσωμεν ▸ 1
    Verb · first · plural · aorist · active · subjunctive ▸ **1** (Jer. 49,14)

πεινάσωσιν ▸ 1
    Verb · third · plural · aorist · active · subjunctive ▸ **1** (Sol. 5,10)

πεινῶμεν ▸ 1 + 1 = 2
    Verb · first · plural · present · active · indicative ▸ 1 + 1 = **2** (2Kings 7,12; 1Cor. 4,11)

πεινῶν ▸ 3
    Verb · present · active · participle · masculine · singular · nominative ▸ **3** (2Sam. 17,29; Prov. 6,30; Prov. 28,15)

πεινῶντα ▸ 2
    Verb · present · active · participle · masculine · singular · accusative ▸ **2** (Matt. 25,37; Matt. 25,44)

πεινῶντας ▸ 2 + 1 = 3
    Verb · present · active · participle · masculine · plural · accusative ▸ 2 + 1 = **3** (Psa. 106,36; Ode. 9,53; Luke 1,53)

πεινῶντες ▸ 4 + 1 + 2 = 7
    Verb · present · active · participle · masculine · plural · nominative ▸ 4 + 1 + 1 = **6** (Judg. 8,4; 1Sam. 2,5; Psa. 106,5; Ode. 3,5; Judg. 8,4; Matt. 5,6)
    Verb · present · active · participle · masculine · plural · vocative · (variant) ▸ **1** (Luke 6,21)

πεινῶντι ▸ 7
    Verb · present · active · participle · masculine · singular · dative ▸ **7** (Tob. 4,16; Is. 28,12; Is. 46,2; Is. 58,7; Is. 58,10; Ezek. 18,7; Ezek. 18,16)

πεινώντων ▸ 2
    Verb · present · active · participle · masculine · plural · genitive ▸ **2** (Job 22,7; Job 24,10)

πεινῶσα ▸ 1
    Verb · present · active · participle · feminine · singular · nominative ▸ **1** (Bar. 2,18)

πεινῶσαν ▸ 3
    Verb · present · active · participle · feminine · singular · accusative ▸ **3** (Psa. 106,9; Sir. 4,2; Jer. 38,25)

πεινώσας ▸ 1
    Verb · present · active · participle · feminine · plural · accusative ▸ **1** (Is. 32,6)

πεινῶσιν ▸ 4 + 1 = 5
    Verb · present · active · participle · masculine · plural · dative ▸ 3 + 1 = **4** (Tob. 1,17; Psa. 145,7; Is. 40,29; Tob. 1,17)
    Verb · third · plural · present · active · indicative ▸ **1** (Judg. 8,5)

πεῖρα attempt; test ▸ 6 + 2 = 8
    πεῖρα ▸ 2
        Noun · feminine · singular · nominative · (common) ▸ **2** (Wis. 18,20; Wis. 18,25)
    πείρᾳ ▸ 1
        Noun · feminine · singular · dative · (common) ▸ **1** (Deut. 33,8)
    πεῖραν ▸ 3 + 2 = 5
        Noun · feminine · singular · accusative · (common) ▸ 3 + 2 = **5** (Deut. 28,56; 2Mac. 8,9; 4Mac. 8,2; Heb. 11,29; Heb. 11,36)

πειράζω (πεῖρα) to tempt, test; try ▸ 48 + 7 + 38 = 93
ἐπείραζεν ▸ 1 + 1 = 2
    Verb · third · singular · imperfect · active · indicative ▸ 1 + 1 = **2** (Gen. 22,1; Acts 9,26)

ἐπείραζον ▸ 1
    Verb · third · plural · imperfect · active · indicative ▸ **1** (Acts 16,7)

ἐπείρασα ▸ 1
    Verb · first · singular · aorist · active · indicative ▸ **1** (Eccl. 7,23)

ἐπείρασαν ▸ 5 + 2 = 7
    Verb · third · plural · aorist · active · indicative ▸ 5 + 2 = **7** (Deut. 33,8; Psa. 77,41; Psa. 77,56; Psa. 94,9; Psa. 105,14; 1Cor. 10,9; Heb. 3,9)

ἐπείρασάν ▸ 2
    Verb · third · plural · aorist · active · indicative ▸ **2** (Num. 14,22; Psa. 34,16)

ἐπείρασας ▸ 1
    Verb · second · singular · aorist · active · indicative ▸ **1** (Rev. 2,2)

ἐπειράσατε ▸ 1
    Verb · second · plural · aorist · active · indicative ▸ **1** (Judith 8,12)

ἐπείρασεν ▸ 6 + 1 + 2 = 9
    Verb · third · singular · aorist · active · indicative ▸ 6 + 1 + 2 = **9** (Ex. 15,25; Deut. 4,34; Judith 8,26; Wis. 3,5; Sir. 39,4; Dan. 1,14; Dan. 1,14; Acts 24,6; 1Th. 3,5)

ἐπειράσθησαν ▸ 1
    Verb · third · plural · aorist · passive · indicative ▸ **1** (Wis. 11,9)

πείραζε ▸ 1
    Verb · second · singular · present · active · imperative ▸ **1** (4Mac. 9,7)

πειράζει ▸ 2 + 1 = 3
    Verb · third · singular · present · active · indicative ▸ 2 + 1 = **3** (Deut. 13,4; Judith 8,25; James 1,13)

πειράζειν ▸ 1
    Verb · present · active · infinitive ▸ **1** (Ex. 17,7)

πειράζεται ▸ 1
    Verb · third · singular · present · passive · indicative ▸ **1** (James 1,14)

πειράζετε ▸ 1 + 4 = 5
    Verb · second · plural · present · active · indicative ▸ 1 + 3 = **4** (Ex. 17,2; Matt. 22,18; Mark 12,15; Acts 15,10)
    Verb · second · plural · present · active · imperative ▸ **1** (2Cor. 13,5)

πειράζῃ ▸ 1
   Verb · third · singular · present · active · subjunctive ▸ 1 (1Cor. 7,5)
πειράζομαι ▸ 1
   Verb · first · singular · present · passive · indicative ▸ 1 (James 1,13)
πειραζομένοις ▸ 1
   Verb · present · passive · participle · masculine · plural · dative ▸ 1 (Heb. 2,18)
πειραζόμενος ▸ 4
   Verb · present · passive · participle · masculine · singular · nominative ▸ 4 (Mark 1,13; Luke 4,2; Heb. 11,17; James 1,13)
πειράζοντες ▸ 6
   Verb · present · active · participle · masculine · plural · nominative ▸ 6 (Matt. 16,1; Matt. 19,3; Mark 8,11; Mark 10,2; Luke 11,16; John 8,6)
πειράζουσιν ▸ 2
   Verb · present · active · participle · masculine · plural · dative ▸ 1 (Wis. 1,2)
   Verb · third · plural · present · active · indicative ▸ 1 (Wis. 2,24)
πειράζων ▸ 1 + 4 = 5
   Verb · present · active · participle · masculine · singular · nominative ▸ 1 + 4 = 5 (Sir. 18,23; Matt. 4,3; Matt. 22,35; John 6,6; 1Th. 3,5)
πειράσαι ▸ 7 + 4 + 2 = 13
   Verb · aorist · active · infinitive ▸ 7 + 4 + 2 = 13 (Ex. 20,20; Judg. 2,22; Judg. 3,1; Judg. 3,4; 1Kings 10,1; 2Chr. 9,1; 2Chr. 32,31; Judg. 2,22; Judg. 3,1; Judg. 3,4; Tob. 12,13; Acts 5,9; Rev. 3,10)
πειράσει ▸ 2
   Verb · third · singular · future · active · indicative ▸ 2 (Sir. 4,17; Sir. 13,11)
πειράσῃ ▸ 1
   Verb · third · singular · aorist · active · subjunctive ▸ 1 (Wis. 19,5)
πειρασθείς ▸ 1
   Verb · aorist · passive · participle · masculine · singular · nominative ▸ 1 (Heb. 2,18)
πειρασθεῖσα ▸ 1
   Verb · aorist · passive · participle · feminine · singular · nominative ▸ 1 (4Mac. 15,16)
πειρασθῆναι ▸ 2
   Verb · aorist · passive · infinitive ▸ 2 (Matt. 4,1; 1Cor. 10,13)
πειρασθῇς ▸ 1
   Verb · second · singular · aorist · passive · subjunctive ▸ 1 (Gal. 6,1)
πειρασθῆτε ▸ 1
   Verb · second · plural · aorist · passive · subjunctive ▸ 1 (Rev. 2,10)
πειρασθῶσι ▸ 1
   Verb · third · plural · aorist · passive · subjunctive ▸ 1 (Dan. 12,10)
πειράσομαι ▸ 1
   Verb · first · singular · future · middle · indicative ▸ 1 (2Mac. 11,19)
πειρασόμεθα ▸ 1
   Verb · first · plural · future · middle · indicative ▸ 1 (2Mac. 2,23)
Πείρασον ▸ 1 + 1 = 2
   Verb · second · singular · aorist · active · imperative ▸ 1 + 1 = 2 (Dan. 1,12; Dan. 1,12)
πείρασον ▸ 1
   Verb · second · singular · aorist · active · imperative ▸ 1 (Sir. 37,27)
πείρασόν ▸ 1
   Verb · second · singular · aorist · active · imperative ▸ 1 (Psa. 25,2)
πειράσουσιν ▸ 1
   Verb · third · plural · future · active · indicative ▸ 1 (Wis. 12,26)
πειράσω ▸ 4 + 1 = 5
   Verb · first · singular · aorist · active · subjunctive ▸ 1 (Ex. 16,4)
   Verb · first · singular · future · active · indicative ▸ 3 + 1 = 4 (Judg. 6,39; Eccl. 2,1; Is. 7,12; Judg. 6,39)
πειράσωμεν ▸ 1
   Verb · first · plural · aorist · active · subjunctive ▸ 1 (Wis. 2,17)
πεπειρασμένον ▸ 1
   Verb · perfect · passive · participle · masculine · singular · accusative ▸ 1 (Heb. 4,15)

Πειρασμός (πεῖρα) Test, Temptation ▸ 2
   Πειρασμῷ ▸ 2
      Noun · masculine · singular · dative · (proper) ▸ 2 (Deut. 6,16; Deut. 9,22)

πειρασμός (πεῖρα) temptation, test ▸ 12 + 21 = 33
   πειρασμοῖς ▸ 3
      Noun · masculine · plural · dative ▸ 3 (Luke 22,28; James 1,2; 1Pet. 1,6)
   πειρασμόν ▸ 1 + 7 = 8
      Noun · masculine · singular · accusative · (common) ▸ 1 + 7 = 8 (Sir. 2,1; Matt. 6,13; Matt. 26,41; Mark 14,38; Luke 11,4; Luke 22,40; Luke 22,46; James 1,12)
   πειρασμόν ▸ 4
      Noun · masculine · singular · accusative ▸ 4 (Luke 4,13; Gal. 4,14; 1Tim. 6,9; 1Pet. 4,12)
   Πειρασμός ▸ 1
      Noun · masculine · singular · nominative · (common) ▸ 1 (Ex. 17,7)
   πειρασμός ▸ 2 + 1 = 3
      Noun · masculine · singular · nominative · (common) ▸ 2 + 1 = 3 (Sir. 27,5; Sir. 27,7; 1Cor. 10,13)
   πειρασμοῦ ▸ 1 + 4 = 5
      Noun · masculine · singular · genitive · (common) ▸ 1 + 4 = 5 (Psa. 94,8; Luke 8,13; Heb. 3,8; 2Pet. 2,9; Rev. 3,10)
   πειρασμούς ▸ 2
      Noun · masculine · plural · accusative · (common) ▸ 2 (Deut. 7,19; Deut. 29,2)
   πειρασμῷ ▸ 5 + 1 = 6
      Noun · masculine · singular · dative · (common) ▸ 5 + 1 = 6 (Deut. 4,34; 1Mac. 2,52; Sir. 6,7; Sir. 33,1; Sir. 44,20; 1Cor. 10,13)
   πειρασμῶν ▸ 1
      Noun · masculine · plural · genitive ▸ 1 (Acts 20,19)

πειρατεύω (πεῖρα) to raid ▸ 2
   πειρατεύσει ▸ 2
      Verb · third · singular · future · active · indicative ▸ 2 (Gen. 49,19; Gen. 49,19)

πειρατήριον (πεῖρα) trial; pirates ▸ 5
   πειρατήρια ▸ 2
      Noun · neuter · plural · accusative · (common) ▸ 1 (Job 10,17)
      Noun · neuter · plural · nominative · (common) ▸ 1 (Job 19,12)
   πειρατήριον ▸ 1
      Noun · neuter · singular · nominative · (common) ▸ 1 (Gen. 49,19)
   πειρατήριόν ▸ 1
      Noun · neuter · singular · nominative · (common) ▸ 1 (Job 7,1)
   πειρατηρίου ▸ 1

Noun · neuter · singular · genitive · (common) ▸ 1 (Psa. 17,30)
πειρατής (πεῖρα) pirate, raider ▸ 3
πειραταῖς ▸ 1
Noun · masculine · plural · dative · (common) ▸ 1 (Job 25,3)
πειρατοῦ ▸ 1
Noun · masculine · singular · genitive · (common) ▸ 1 (Hos. 6,9)
πειρατῶν ▸ 1
Noun · masculine · plural · genitive · (common) ▸ 1 (Job 16,9)
πειράω (πεῖρα) to tempt, test; try ▸ 7 + 1 = 8
ἐπειράθη ▸ 1
Verb · third · singular · aorist · passive · indicative ▸ 1 (Sir. 34,10)
ἐπειράθημεν ▸ 1
Verb · first · plural · aorist · passive · indicative ▸ 1 (1Mac. 12,10)
ἐπειρᾶτο ▸ 2
Verb · third · singular · imperfect · middle · indicative ▸ 2 (2Mac. 10,12; 4Mac. 12,2)
ἐπειρῶντο ▸ 2 + 1 = 3
Verb · third · plural · imperfect · middle · indicative ▸ 2 + 1 = 3 (3Mac. 1,25; 3Mac. 2,32; Acts 26,21)
πεπείραμαι ▸ 1
Verb · first · singular · perfect · middle · indicative ▸ 1 (1Sam. 17,39)
πεισμονή (πείθω) persuasion ▸ 1
πεισμονή ▸ 1
Noun · feminine · singular · nominative ▸ 1 (Gal. 5,8)
πέλαγος depths; open sea ▸ 2 + 2 = 4
πελάγει ▸ 1 + 1 = 2
Noun · neuter · singular · dative · (common) ▸ 1 + 1 = 2 (4Mac. 7,1; Matt. 18,6)
πέλαγος ▸ 1 + 1 = 2
Noun · neuter · singular · accusative · (common) ▸ 1 + 1 = 2 (2Mac. 5,21; Acts 27,5)
πέλας nearby ▸ 1
πέλας ▸ 1
Adverb ▸ 1 (Prov. 27,2)
πελειόομαι (πελός) to become blackened ▸ 1
ἐπελιώθη ▸ 1
Verb · third · singular · aorist · passive · indicative ▸ 1 (Lam. 5,10)
πελεκάν (πέλεκυς) pelican ▸ 3
πελεκᾶνα ▸ 2
Noun · masculine · singular · accusative · (common) ▸ 2 (Lev. 11,18; Deut. 14,18)
πελεκᾶνι ▸ 1
Noun · masculine · singular · dative · (common) ▸ 1 (Psa. 101,7)
πελεκάω (πέλεκυς) to cut, shape with an axe ▸ 1
ἐπελέκησαν ▸ 1
Verb · third · plural · aorist · active · indicative ▸ 1 (1Kings 6,1b)
πελεκητός (πέλεκυς) cut; hewn ▸ 1
πελεκητῶν ▸ 1
Adjective · masculine · plural · genitive · noDegree ▸ 1 (1Kings 10,22)
πελεκίζω to behead ▸ 1
πεπελεκισμένων ▸ 1
Verb · perfect · middle · participle · masculine · plural · genitive · (variant) ▸ 1 (Rev. 20,4)
πέλεκυς double-bladed axe ▸ 4
πελέκει ▸ 1
Noun · masculine · singular · dative · (common) ▸ 1 (Psa. 73,6)
πέλεκυν ▸ 2

Noun · masculine · singular · accusative · (common) ▸ 2 (Jer. 22,7; LetterJ 13)
πέλεκυς ▸ 1
Noun · neuter · singular · nominative · (common) ▸ 1 (1Kings 6,7)
πέλιος livid ▸ 1
πέλιοι ▸ 1
Adjective · masculine · plural · nominative · noDegree ▸ 1 (Prov. 23,29)
πέλμα sole of the foot ▸ 1
πέλματα ▸ 1
Noun · neuter · plural · accusative · (common) ▸ 1 (Esth. 13,12 # 4,17d)
πελταστής (πέλτη) lightly armed soldier ▸ 2
πελτασταί ▸ 2
Noun · masculine · plural · nominative · (common) ▸ 2 (2Chr. 14,7; 2Chr. 17,17)
πέλτη lightweight shield ▸ 5
πέλται ▸ 2
Noun · feminine · plural · nominative · (common) ▸ 2 (Ezek. 23,24; Ezek. 38,4)
πέλταις ▸ 2
Noun · feminine · plural · dative · (common) ▸ 2 (Ezek. 38,5; Ezek. 39,9)
πέλτας ▸ 1
Noun · feminine · plural · accusative · (common) ▸ 1 (Ezek. 27,10)
πέλυξ small axe ▸ 2
πέλυξ ▸ 2
Noun · masculine · singular · nominative · (common) ▸ 2 (Jer. 23,29; Ezek. 9,2)
πέμμα (πέσσω) cake ▸ 12
πέμμα ▸ 7
Noun · neuter · singular · accusative · (common) ▸ 3 (Ezek. 45,24; Ezek. 45,24; Ezek. 46,5)
Noun · neuter · singular · nominative · (common) ▸ 4 (Ezek. 46,7; Ezek. 46,7; Ezek. 46,11; Ezek. 46,11)
πέμματα ▸ 1
Noun · neuter · plural · accusative · (common) ▸ 1 (Hos. 3,1)
πέμματι ▸ 4
Noun · neuter · singular · dative · (common) ▸ 4 (Ezek. 45,24; Ezek. 46,5; Ezek. 46,7; Ezek. 46,11)
πέμπτος (πέντε) fifth ▸ 61 + 2 + 4 = 67
πέμπταις ▸ 1
Adjective · feminine · plural · dative · (ordinal · numeral) ▸ 1 (Zech. 7,5)
πέμπτη ▸ 3
Adjective · feminine · singular · nominative · (ordinal · numeral) ▸ 3 (Gen. 1,23; Ex. 13,18; Zech. 8,19)
πέμπτῃ ▸ 12 + 1 = 13
Adjective · feminine · singular · dative · (ordinal · numeral) ▸ 12 + 1 = 13 (Num. 7,36; Num. 29,26; Judg. 19,8; Neh. 6,15; 1Mac. 1,59; 1Mac. 4,52; 2Mac. 1,18; 2Mac. 10,5; Ezek. 1,1; Ezek. 1,2; Ezek. 8,1; Ezek. 33,21; Judg. 19,8)
πέμπτην ▸ 1
Adjective · feminine · singular · accusative · (ordinal · numeral) ▸ 1 (Rev. 6,9)
πέμπτης ▸ 4
Adjective · feminine · singular · genitive · (ordinal · numeral) ▸ 4 (1Mac. 4,59; 2Mac. 10,35; 3Mac. 6,38; 3Mac. 6,38)
πέμπτον ▸ 8
Adjective · masculine · singular · accusative · (ordinal · numeral)

πέμπω

    ▸ **4** (Gen. 30,17; 1Chr. 8,2; 2Mac. 7,15; Job 42,17c)
  Adjective · neuter · singular · accusative · (ordinal · numeral)
    ▸ **3** (Gen. 47,24; Lev. 5,24; Josh. 14,10)
  Adjective · neuter · singular · nominative · (ordinal · numeral)
    ▸ **1** (Ezek. 1,2)
πέμπτος ▸ 11 + 1 + 3 = 15
  Adjective · masculine · singular · nominative · (ordinal · numeral) ▸ 11 + 1 + 3 = **15** (Josh. 19,24; 2Sam. 3,4; 1Chr. 2,14; 1Chr. 3,3; 1Chr. 12,11; 1Chr. 24,9; 1Chr. 25,12; 1Chr. 26,3; 1Chr. 26,4; 1Chr. 27,8; 4Mac. 11,1; Josh. 19,24; Rev. 9,1; Rev. 16,10; Rev. 21,20)
πέμπτου ▸ 3
  Adjective · masculine · singular · genitive · (ordinal · numeral)
    ▸ **3** (2Chr. 15,19; 1Esdr. 8,6; Ezra 7,9)
πέμπτῳ ▸ 19
  Adjective · masculine · singular · dative · (ordinal · numeral)
    ▸ **12** (Num. 33,38; 1Kings 14,25; 2Kings 25,8; 1Chr. 27,8; 1Esdr. 8,5; Ezra 7,8; Zech. 7,3; Jer. 1,3; Jer. 35,1; Jer. 52,12; Ezek. 8,1; Ezek. 20,1)
  Adjective · neuter · singular · dative · (ordinal · numeral) ▸ **7** (Lev. 19,25; 2Kings 8,16; 2Chr. 12,2; 1Mac. 1,54; 1Mac. 10,67; Bar. 1,2; Ezek. 40,1)

πέμπω   to send ▸ 22 + 79 = 101
  ἐπέμφθη ▸ 1
    Verb · third · singular · aorist · passive · indicative ▸ **1** (Luke 4,26)
  ἔπεμψα ▸ 9
    Verb · first · singular · aorist · active · indicative ▸ **9** (Acts 10,33; Acts 23,30; 1Cor. 4,17; 2Cor. 9,3; Eph. 6,22; Phil. 2,28; Col. 4,8; 1Th. 3,5; Rev. 22,16)
  ἐπέμψαμεν ▸ 1 + 1 = 2
    Verb · first · plural · aorist · active · indicative ▸ 1 + 1 = **2** (Ezra 4,14; 1Th. 3,2)
  Ἔπεμψαν ▸ 1
    Verb · third · plural · aorist · active · indicative ▸ **1** (2Mac. 11,34)
  ἔπεμψας ▸ 2
    Verb · second · singular · aorist · active · indicative ▸ **2** (Wis. 9,17; Wis. 12,25)
  ἐπέμψατε ▸ 1
    Verb · second · plural · aorist · active · indicative ▸ **1** (Phil. 4,16)
  ἔπεμψεν ▸ 3 + 3 = 6
    Verb · third · singular · aorist · active · indicative ▸ 3 + 3 = **6** (2Mac. 1,20; 2Mac. 5,24; 2Mac. 14,19; Luke 7,6; Luke 7,19; Luke 15,15)
  πέμπει ▸ 1 + 1 = 2
    Verb · third · singular · present · active · indicative ▸ 1 + 1 = **2** (1Mac. 13,17; 2Th. 2,11)
  πέμπειν ▸ 1
    Verb · present · active · infinitive ▸ **1** (Acts 25,25)
  πεμπομένοις ▸ 1
    Verb · present · passive · participle · masculine · plural · dative ▸ **1** (1Pet. 2,14)
  πέμποντα ▸ 1
    Verb · present · active · participle · masculine · singular · accusative ▸ **1** (Acts 25,27)
  πέμπω ▸ 1
    Verb · first · singular · present · active · indicative ▸ **1** (John 20,21)
  πεμφθεὶς ▸ 1
    Verb · aorist · passive · participle · masculine · singular · nominative ▸ **1** (2Mac. 5,18)
  πεμφθέντες ▸ 2 + 1 = 3
    Verb · aorist · passive · participle · masculine · plural · nominative ▸ 2 + 1 = **3** (2Mac. 4,44; 2Mac. 11,17; Luke 7,10)
  πεμφθήτω ▸ 1
    Verb · third · singular · aorist · passive · imperative ▸ **1** (Esth. 8,5)
  πέμψαι ▸ 1 + 8 = 9
    Verb · aorist · active · infinitive ▸ 1 + 8 = **9** (Neh. 2,5; Luke 20,11; Luke 20,12; Acts 11,29; Acts 15,22; Acts 15,25; Phil. 2,19; Phil. 2,23; Phil. 2,25)
  πέμψαντα ▸ 1
    Verb · aorist · active · participle · masculine · singular · accusative ▸ **1** (John 5,23)
  πέμψαντά ▸ 6
    Verb · aorist · active · participle · masculine · singular · accusative ▸ **6** (John 7,33; John 12,44; John 12,45; John 13,20; John 15,21; John 16,5)
  πέμψαντες ▸ 1
    Verb · aorist · active · participle · masculine · plural · nominative ▸ **1** (Acts 19,31)
  πέμψαντί ▸ 1
    Verb · aorist · active · participle · masculine · singular · dative ▸ **1** (John 5,24)
  πέμψαντος ▸ 2
    Verb · aorist · active · participle · masculine · singular · genitive ▸ **2** (John 7,18; John 13,16)
  πέμψαντός ▸ 7
    Verb · aorist · active · participle · masculine · singular · genitive ▸ **7** (John 4,34; John 5,30; John 6,38; John 6,39; John 7,16; John 9,4; John 14,24)
  πέμψας ▸ 15
    Verb · aorist · active · participle · masculine · singular · nominative ▸ **15** (Matt. 2,8; Matt. 11,2; Matt. 14,10; Matt. 22,7; John 1,33; John 5,37; John 6,44; John 7,28; John 8,16; John 8,18; John 8,26; John 8,29; John 12,49; Acts 20,17; Rom. 8,3)
  πέμψασα ▸ 1
    Verb · aorist · active · participle · feminine · singular · nominative ▸ **1** (Gen. 27,42)
  πέμψασιν ▸ 1
    Verb · aorist · active · participle · masculine · plural · dative ▸ **1** (John 1,22)
  πέμψατέ ▸ 2
    Verb · second · plural · aorist · active · imperative ▸ **2** (2Mac. 11,36; 2Mac. 11,37)
  πεμψάτω ▸ 1
    Verb · third · singular · aorist · active · imperative ▸ **1** (Ezra 5,17)
  πέμψει ▸ 1
    Verb · third · singular · future · active · indicative ▸ **1** (John 14,26)
  πέμψειν ▸ 1
    Verb · future · active · infinitive ▸ **1** (3Mac. 5,42)
  πέμψῃς ▸ 1
    Verb · second · singular · aorist · active · subjunctive ▸ **1** (Luke 16,27)
  πέμψον ▸ 2 + 7 = 9
    Verb · second · singular · aorist · active · imperative ▸ 2 + 7 = **9** (2Mac. 3,38; Wis. 9,10; Mark 5,12; Luke 16,24; Acts 10,5; Acts 10,32; Rev. 1,11; Rev. 14,15; Rev. 14,18)
  πέμψουσιν ▸ 1
    Verb · third · plural · future · active · indicative ▸ **1** (Rev. 11,10)
  πέμψω ▸ 6
    Verb · first · singular · aorist · active · subjunctive ▸ **2** (John 13,20; Titus 3,12)

Verb · first · singular · future · active · indicative ▸ **4** (Luke 20,13; John 15,26; John 16,7; 1Cor. 16,3)

πέπομφα ▸ 1
    Verb · first · singular · perfect · active · indicative ▸ **1** (2Mac. 11,32)

πεπόμφατε ▸ 1
    Verb · second · plural · perfect · active · indicative ▸ **1** (1Esdr. 2,20)

πενέω (πένομαι) to be poor ▸ 1
  πενηθείς ▸ 1
    Verb · aorist · passive · participle · masculine · singular · nominative ▸ **1** (Prov. 30,9)

πένης (πόνος) day-laborer, poor person ▸ 78 + 1 + 1 = 80
  πένης ▸ 13
    Noun · masculine · singular · nominative · (common) ▸ **13** (Deut. 24,15; 2Sam. 12,1; Psa. 39,18; Psa. 48,3; Psa. 69,6; Psa. 73,21; Psa. 85,1; Psa. 108,22; Prov. 23,4; Prov. 28,11; Eccl. 4,13; Eccl. 4,14; Eccl. 6,8)
  πένησιν ▸ 1 + 1 = 2
    Noun · masculine · plural · dative · (common) ▸ **1 + 1 = 2** (Psa. 111,9; 2Cor. 9,9)
  πένητα ▸ 26
    Noun · masculine · singular · accusative · (common) ▸ **26** (Ex. 23,3; 1Sam. 2,8; Psa. 9,29; Psa. 10,4; Psa. 34,10; Psa. 36,14; Psa. 40,2; Psa. 71,12; Psa. 81,3; Psa. 81,4; Psa. 108,16; Psa. 112,7; Ode. 3,8; Prov. 14,31; Prov. 22,16; Prov. 22,22; Prov. 31,9; Eccl. 9,15; Wis. 2,10; Sir. 11,21; Sir. 13,18; Amos 2,6; Amos 8,4; Zech. 7,10; Ezek. 18,12; Ezek. 22,29)
  πένητας ▸ 4
    Noun · masculine · plural · accusative · (common) ▸ **4** (Prov. 14,21; Prov. 30,14; Amos 4,1; Amos 5,12)
  πένητες ▸ 1
    Noun · masculine · plural · nominative · (common) ▸ **1** (Psa. 21,27)
  πένητι ▸ 5
    Noun · masculine · singular · dative · (common) ▸ **5** (Deut. 15,11; 2Sam. 12,3; Psa. 9,10; Psa. 106,41; Prov. 31,20)
  πένητος ▸ 15
    Noun · masculine · singular · genitive · (common) ▸ **15** (Ex. 23,6; Deut. 24,14; 2Sam. 12,4; 1Esdr. 3,19; Psa. 71,13; Psa. 108,31; Eccl. 5,7; Eccl. 9,15; Eccl. 9,16; Job 34,28; Sir. 29,9; Sol. 5,11; Jer. 20,13; Jer. 22,16; Ezek. 16,49)
  πενήτων ▸ 13 + 1 = 14
    Noun · masculine · plural · genitive · (common) ▸ **13 + 1 = 14** (Psa. 9,13; Psa. 9,19; Psa. 9,31; Psa. 9,33; Psa. 9,38; Psa. 11,6; Psa. 68,34; Psa. 71,4; Psa. 71,13; Psa. 73,19; Psa. 139,13; Sir. 34,20; Is. 10,2; Dan. 4,27)

πενθερά (πενθερός) mother-in-law ▸ 13 + 6 = 19
  πενθερά ▸ 4 + 3 = 7
    Noun · feminine · singular · nominative · (common) ▸ **4 + 3 = 7** (Ruth 2,18; Ruth 2,19; Ruth 3,1; Ruth 3,6; Mark 1,30; Luke 4,38; Luke 12,53)
  πενθερᾷ ▸ 1
    Noun · feminine · singular · dative · (common) ▸ **1** (Ruth 2,19)
  πενθεράν ▸ 1 + 1 = 2
    Noun · feminine · singular · accusative · (common) ▸ **1 + 1 = 2** (Ruth 3,17; Luke 12,53)
  πενθερὰν ▸ 4 + 1 = 5
    Noun · feminine · singular · accusative · (common) ▸ **4 + 1 = 5** (Ruth 1,14; Ruth 2,21; Ruth 3,16; Mic. 7,6; Matt. 8,14)
  πενθερᾶς ▸ 3 + 1 = 4
    Noun · feminine · singular · genitive · (common) ▸ **3 + 1 = 4** (Deut. 27,23; Ruth 2,11; Ruth 2,23; Matt. 10,35)

πενθερός father-in-law ▸ 10 + 2 + 1 = 13
  πενθερόν ▸ 1
    Noun · masculine · singular · accusative · (common) ▸ **1** (Tob. 10,12)
  πενθερὸν ▸ 3
    Noun · masculine · singular · accusative · (common) ▸ **3** (Gen. 38,25; Tob. 14,12; 1Mac. 11,2)
  πενθερός ▸ 1
    Noun · masculine · singular · nominative · (common) ▸ **1** (Gen. 38,13)
  πενθερὸς ▸ 2 + 1 = 3
    Noun · masculine · singular · nominative · (common) ▸ **2 + 1 = 3** (1Sam. 4,19; Tob. 10,9; John 18,13)
  πενθεροῦ ▸ 2 + 1 = 3
    Noun · masculine · singular · genitive · (common) ▸ **2 + 1 = 3** (Judg. 1,16; 1Sam. 4,21; Tob. 14,12)
  πενθερούς ▸ 1
    Noun · masculine · plural · accusative · (common) ▸ **1** (Tob. 10,12)
  πενθεροὺς ▸ 1
    Noun · masculine · plural · accusative · (common) ▸ **1** (Tob. 14,13)

πενθέω (πένθος) to mourn ▸ 65 + 2 + 10 = 77
  ἐπένθει ▸ 4
    Verb · third · singular · imperfect · active · indicative ▸ **4** (Gen. 37,34; 1Sam. 15,35; Ezra 10,6; 1Mac. 1,27)
  ἐπενθήθησαν ▸ 1
    Verb · third · plural · aorist · passive · indicative ▸ **1** (Psa. 77,63)
  ἐπένθησα ▸ 2
    Verb · first · singular · aorist · active · indicative ▸ **2** (Neh. 1,4; Sir. 51,19)
  ἐπένθησαν ▸ 8
    Verb · third · plural · aorist · active · indicative ▸ **8** (2Chr. 35,24; 1Esdr. 1,30; 1Mac. 2,14; 1Mac. 2,39; 1Mac. 12,52; 1Mac. 13,26; Amos 1,2; Is. 24,4)
  ἐπενθήσατε ▸ 1
    Verb · second · plural · aorist · active · indicative ▸ **1** (1Cor. 5,2)
  ἐπένθησεν ▸ 14
    Verb · third · singular · aorist · active · indicative ▸ **14** (Gen. 50,3; Num. 14,39; 1Sam. 6,19; 2Sam. 13,37; 1Chr. 7,22; Judith 16,24; 1Mac. 12,52; Job 14,22; Hos. 10,5; Is. 24,4; Is. 33,9; Jer. 23,10; Lam. 2,8; Ezek. 31,15)
  Ἐπένθησεν ▸ 1
    Verb · third · singular · aorist · active · indicative ▸ **1** (Jer. 14,2)
  ἐπένθουν ▸ 1
    Verb · third · plural · imperfect · active · indicative ▸ **1** (1Mac. 9,20)
  πενθεῖ ▸ 1
    Verb · third · singular · present · active · indicative ▸ **1** (2Sam. 19,2)
  πενθεῖν ▸ 1
    Verb · present · active · infinitive ▸ **1** (Matt. 9,15)
  πενθεῖς ▸ 1
    Verb · second · singular · present · active · indicative ▸ **1** (1Sam. 16,1)
  πενθεῖτε ▸ 3
    Verb · second · plural · present · active · indicative ▸ **1** (Is. 66,10)
    Verb · second · plural · present · active · imperative ▸ **2** (Neh. 8,9; Joel 1,9)
  πενθείτω ▸ 2

Verb · third · singular · present · active · imperative ▸ **2** (Joel 1,10; Jer. 4,28)
- πενθῆσαι ▸ 1 + **1** = **2**
  Verb · aorist · active · infinitive ▸ 1 + **1** = **2** (Gen. 23,2; Bel 40)
- πενθήσατε ▸ 1
  Verb · second · plural · aorist · active · imperative ▸ **1** (James 4,9)
- πενθήσει ▸ 6
  Verb · third · singular · future · active · indicative ▸ **6** (Hos. 4,3; Amos 8,8; Is. 16,8; Is. 24,7; Is. 24,7; Jer. 12,4)
- πενθήσετε ▸ 1
  Verb · second · plural · future · active · indicative ▸ **1** (Luke 6,25)
- πενθήσῃς ▸ 1
  Verb · second · singular · aorist · active · subjunctive ▸ **1** (Jer. 16,5)
- Πένθησον ▸ 1
  Verb · second · singular · aorist · active · imperative ▸ **1** (2Sam. 14,2)
- πένθησον ▸ 1
  Verb · second · singular · aorist · active · imperative ▸ **1** (Sir. 7,34)
- πενθήσουσιν ▸ 3
  Verb · third · plural · future · active · indicative ▸ **3** (Amos 9,5; Is. 3,26; Is. 19,8)
- πενθήσω ▸ 1
  Verb · first · singular · aorist · active · subjunctive ▸ **1** (2Cor. 12,21)
- πενθοῦντας ▸ 2
  Verb · present · active · participle · masculine · plural · accusative ▸ **2** (Sir. 48,24; Is. 61,2)
- πενθοῦντες ▸ 3
  Verb · present · active · participle · masculine · plural · nominative ▸ **3** (Matt. 5,4; Rev. 18,15; Rev. 18,19)
- πενθοῦντος ▸ 1
  Verb · present · active · participle · masculine · singular · genitive ▸ **1** (1Esdr. 8,69)
- πενθούντων ▸ 1
  Verb · present · active · participle · masculine · plural · genitive ▸ **1** (Sir. 7,34)
- πενθοῦσα ▸ 2
  Verb · present · active · participle · feminine · singular · nominative ▸ **2** (2Sam. 14,2; Jer. 38,21)
- πενθοῦσιν ▸ 3 + **2** = **5**
  Verb · present · active · participle · masculine · plural · dative ▸ 2 + **1** = **3** (Is. 61,3; Is. 61,3; Mark 16,10)
  Verb · third · plural · present · active · indicative ▸ 1 + **1** = **2** (Lam. 1,4; Rev. 18,11)
- πενθῶν ▸ 5 + **1** = **6**
  Verb · present · active · participle · masculine · singular · nominative ▸ 5 + **1** = **6** (Gen. 37,35; 1Esdr. 9,2; Psa. 34,14; Dan. 10,2; Bel 40; Dan. 10,2)

πενθικός (πένθος) related to mourning ▸ 2
- πενθικά ▸ 1
  Adjective · neuter · plural · accusative · noDegree ▸ **1** (2Sam. 14,2)
- πενθικοῖς ▸ 1
  Adjective · neuter · plural · dative · noDegree ▸ **1** (Ex. 33,4)

Πένθος (πένθος) Mourning ▸ 1
- Πένθος ▸ 1
  Noun · neuter · singular · accusative · (proper) ▸ **1** (Gen. 50,11)

πένθος mourning ▸ 51 + **2** + 5 = **58**
- πένθει ▸ 5
  Noun · neuter · singular · dative · (common) ▸ **5** (1Mac. 3,51; Eccl. 5,16; Wis. 14,15; Sir. 22,6; Jer. 16,7)
- πένθη ▸ 1
  Noun · neuter · plural · accusative · (common) ▸ **1** (Wis. 19,3)
- Πένθος ▸ 2
  Noun · neuter · singular · nominative · (common) ▸ **2** (Gen. 50,11; Sir. 41,11)
- πένθος ▸ 28 + **1** + 5 = **34**
  Noun · neuter · singular · accusative · (common) ▸ 21 + **1** + 3 = **25** (Gen. 50,10; Gen. 50,11; 2Sam. 19,3; Esth. 13,17 # 4,17h; Tob. 2,6; 1Mac. 1,39; 1Mac. 1,40; 1Mac. 9,41; 1Mac. 12,52; Prov. 10,6; Prov. 14,13; Sir. 38,17; Amos 5,16; Amos 8,10; Amos 8,10; Mic. 1,8; Jer. 6,26; Jer. 38,13; Bar. 4,9; Bar. 4,34; Lam. 5,15; Tob. 2,6; James 4,9; Rev. 18,7; Rev. 18,7)
  Noun · neuter · singular · nominative · (common) ▸ 7 + 2 = **9** (2Sam. 11,27; Esth. 4,3; 1Mac. 1,25; 3Mac. 4,2; Sir. 22,12; Sir. 26,6; Is. 17,14; Rev. 18,8; Rev. 21,4)
- πένθους ▸ 15 + **1** = **16**
  Noun · neuter · singular · genitive · (common) ▸ 15 + **1** = **16** (Gen. 27,41; Gen. 35,8; Gen. 50,4; Deut. 34,8; Esth. 14,1 # 4,17k; Esth. 9,22; Eccl. 7,2; Eccl. 7,4; Hos. 9,4; Is. 16,3; Is. 60,20; Bar. 4,11; Bar. 4,23; Bar. 5,1; Ezek. 24,17; Tob. 2,5)

πενία (πένομαι) poverty, need ▸ 13
- πενία ▸ 4
  Noun · feminine · singular · nominative · (common) ▸ **3** (Prov. 6,11; Prov. 10,4; Prov. 24,34)
  Noun · neuter · plural · nominative · (common) ▸ **1** (Prov. 10,15)
- πενίᾳ ▸ 3
  Noun · feminine · singular · dative · (common) ▸ **3** (Sol. 4,6; Sol. 4,15; Sol. 16,13)
- πενίαν ▸ 2
  Noun · feminine · singular · accusative · (common) ▸ **2** (Prov. 13,18; Prov. 30,8)
- πενίας ▸ 4
  Noun · feminine · singular · genitive · (common) ▸ **4** (Prov. 28,19; Prov. 31,7; Job 36,8; Sol. 16,14)

πενιχρός (πόνος) poor ▸ 3 + **1** = **4**
- πενιχράν ▸ 1
  Adjective · feminine · singular · accusative ▸ **1** (Luke 21,2)
- πενιχροῖς ▸ 1
  Adjective · masculine · plural · dative · noDegree ▸ **1** (Prov. 29,7)
- πενιχροῦ ▸ 1
  Adjective · neuter · singular · genitive · noDegree ▸ **1** (Prov. 28,15)
- πενιχρῷ ▸ 1
  Adjective · masculine · singular · dative · noDegree ▸ **1** (Ex. 22,24)

πένομαι (πόνος) to be poor ▸ 5
- πένηται ▸ 4
  Verb · third · singular · present · middle · subjunctive ▸ **4** (Lev. 14,21; Lev. 25,25; Lev. 25,35; Deut. 24,12)
- πενόμενος ▸ 1
  Verb · present · middle · participle · masculine · singular · nominative ▸ **1** (Ex. 30,15)

πενταετηρικός (πέντε; ἔτος) every five years ▸ 1
- πενταετηρικοῦ ▸ 1
  Adjective · masculine · singular · genitive ▸ **1** (2Mac. 4,18)

πενταετής (πέντε; ἔτος) five years old ▸ 2
- πενταετοῦς ▸ 2
  Adjective · masculine · singular · genitive ▸ **2** (Lev. 27,5; Lev. 27,6)

πεντάκις (πέντε) five times ▸ 1 + 1 = 2
   πεντάκις ▸ 1 + 1 = 2
      Adverb ▪ (frequency) ▸ 1 + 1 = 2 (2Kings 13,19; 2Cor. 11,24)

πεντακισχίλιοι (πέντε; χίλιοι) five thousand ▸ 19 + 1 + 6 = 26
   πεντακισχίλια ▸ 6
      Adjective ▪ masculine ▪ plural ▪ accusative ▪ (cardinal ▪ numeral)
      ▸ 1 (1Esdr. 1,9)
      Adjective ▪ neuter ▪ plural ▪ accusative ▪ (cardinal ▪ numeral) ▸ 2
      (1Chr. 29,7; 2Chr. 35,9)
      Adjective ▪ neuter ▪ plural ▪ nominative ▪ (cardinal ▪ numeral)
      ▸ 3 (1Esdr. 2,11; 1Esdr. 5,42; Ezra 1,11)
   πεντακισχίλιαι ▸ 2
      Adjective ▪ feminine ▪ plural ▪ nominative ▪ (cardinal ▪ numeral)
      ▸ 2 (1Kings 5,12; Ezra 2,69)
   πεντακισχιλίας ▸ 2
      Adjective ▪ feminine ▪ plural ▪ accusative ▪ (cardinal ▪ numeral)
      ▸ 2 (1Chr. 5,21; 1Esdr. 5,44)
   πεντακισχίλιοι ▸ 4
      Adjective ▪ masculine ▪ plural ▪ nominative ▪ (cardinal ▪ numeral)
      ▸ 4 (Matt. 14,21; Mark 6,44; Luke 9,14; John 6,10)
   πεντακισχιλίους ▸ 7 + 1 + 1 = 9
      Adjective ▪ masculine ▪ plural ▪ accusative ▪ (cardinal ▪ numeral)
      ▸ 7 + 1 + 1 = 9 (Esth. 9,16; 1Mac. 4,1; 1Mac. 4,34; 1Mac. 10,42; 2Mac. 12,26; 2Mac. 12,28; 2Mac. 13,2; Judg. 20,45; Mark 8,19)
   πεντακισχιλίων ▸ 2 + 1 = 3
      Adjective ▪ feminine ▪ plural ▪ genitive ▪ (cardinal ▪ numeral) ▸ 1
      (2Mac. 15,27)
      Adjective ▪ masculine ▪ plural ▪ genitive ▪ (cardinal ▪ numeral)
      ▸ 1 + 1 = 2 (2Mac. 12,10; Matt. 16,9)

πεντακισχίλιος (πέντε; χίλιοι) five thousand ▸ 1
   πεντακισχιλίαν ▸ 1
      Adjective ▪ feminine ▪ singular ▪ accusative ▪ (cardinal ▪ numeral)
      ▸ 1 (1Mac. 4,28)

πεντακόσιοι (πέντε; ἑκατόν) five hundred ▸ 63 + 1 + 2 = 66
   πεντακόσια ▸ 8 + 1 = 9
      Adjective ▪ neuter ▪ plural ▪ accusative ▪ (cardinal ▪ numeral) ▸ 4 + 1 = 5 (Gen. 5,30; Gen. 11,11; 1Mac. 15,31; 1Mac. 15,31; Luke 7,41)
      Adjective ▪ neuter ▪ plural ▪ nominative ▪ (cardinal ▪ numeral)
      ▸ 4 (Num. 31,36; Num. 31,43; 1Esdr. 5,42; Job 1,3)
   πεντακοσία ▸ 1
      Adjective ▪ feminine ▪ singular ▪ nominative ▪ (cardinal ▪ numeral) ▸ 1 (1Mac. 6,35)
   πεντακόσιαι ▸ 3
      Adjective ▪ feminine ▪ plural ▪ nominative ▪ (cardinal ▪ numeral)
      ▸ 3 (2Sam. 24,9; 2Chr. 13,17; Job 1,3)
   πεντακόσιοι ▸ 31 + 1 = 32
      Adjective ▪ masculine ▪ plural ▪ nominative ▪ (cardinal ▪ numeral)
      ▸ 31 + 1 = 32 (Ex. 39,3; Ex. 39,6; Num. 1,21; Num. 1,31; Num. 1,41; Num. 1,46; Num. 2,11; Num. 2,19; Num. 2,28; Num. 2,32; Num. 3,22; Num. 4,48; Num. 26,18; Num. 26,23; Num. 26,27; Num. 26,41; Num. 31,39; Num. 31,45; 1Chr. 4,42; 2Chr. 26,13; 1Mac. 7,32; 2Mac. 12,10; Ezek. 45,2; Ezek. 48,16; Ezek. 48,16; Ezek. 48,16; Ezek. 48,30; Ezek. 48,32; Ezek. 48,33; Ezek. 48,34; Sus. 30; Judg. 8,26)
   πεντακοσίοις ▸ 3 + 1 = 4
      Adjective ▪ masculine ▪ plural ▪ dative ▪ (cardinal ▪ numeral) ▸ 3 + 1 = 4 (2Mac. 8,22; 2Mac. 10,31; 2Mac. 12,20; 1Cor. 15,6)
   πεντακοσίους ▸ 13
      Adjective ▪ masculine ▪ plural ▪ accusative ▪ (cardinal ▪ numeral)
      ▸ 13 (Ex. 30,23; Ex. 30,24; 2Chr. 35,9; Esth. 9,6; Esth. 9,12; 2Mac. 14,39; 3Mac. 5,2; Ezek. 42,16; Ezek. 42,17; Ezek. 42,18; Ezek. 42,19; Ezek. 45,2; Ezek. 48,16)
   πεντακοσίων ▸ 4
      Adjective ▪ masculine ▪ plural ▪ genitive ▪ (cardinal ▪ numeral)
      ▸ 3 (Num. 31,28; Ezek. 42,20; Ezek. 42,20)
      Adjective ▪ neuter ▪ plural ▪ genitive ▪ (cardinal ▪ numeral) ▸ 1 (Gen. 5,32)

πεντάπηχυς (πέντε; πῆχυς) five cubits in height ▸ 1
   πεντάπηχυν ▸ 1
      Noun ▪ masculine ▪ singular ▪ accusative ▪ (common) ▸ 1 (1Chr. 11,23)

πενταπλασίως (πέντε) fivefold ▸ 1
   πενταπλασίως ▸ 1
      Adverb ▸ 1 (Gen. 43,34)

πενταπλοῦς (πέντε) fivefold ▸ 1
   πενταπλᾶς ▸ 1
      Adjective ▪ feminine ▪ plural ▪ accusative ▪ (numeral) ▸ 1 (1Kings 6,31)

Πεντάπολις (πέντε; πόλις) Pentapolis (Five Cities) ▸ 1
   Πενταπόλεως ▸ 1
      Noun ▪ feminine ▪ singular ▪ genitive ▪ (proper) ▸ 1 (Wis. 10,6)

πέντε five ▸ 268 + 10 + 38 = 316
   πέντε ▸ 268 + 10 + 38 = 316
      Adjective ▪ feminine ▪ plural ▪ accusative ▪ (cardinal ▪ numeral)
      ▸ 45 + 3 + 4 = 52 (Gen. 45,22; Ex. 26,9; Ex. 26,37; Num. 7,17; Num. 7,23; Num. 7,29; Num. 7,35; Num. 7,41; Num. 7,47; Num. 7,53; Num. 7,59; Num. 7,65; Num. 7,71; Num. 7,77; Num. 7,83; Num. 11,19; Judg. 3,3; Judg. 20,35; Judg. 20,45; 1Sam. 6,4; 1Kings 7,25; 1Kings 7,25; 1Kings 7,35; 1Kings 7,35; 2Kings 19,35; 2Chr. 4,7; 2Chr. 4,7; 2Chr. 4,8; 2Chr. 4,8; Judith 7,30; Judith 8,9; 1Mac. 7,41; 1Mac. 10,40; 2Mac. 15,22; Zech. 8,21; Is. 37,36; Ezek. 45,1; Ezek. 45,3; Ezek. 45,6; Ezek. 45,6; Ezek. 48,15; Ezek. 48,20; Ezek. 48,21; Ezek. 48,21; Dan. 12,12; Judg. 3,3; Judg. 20,35; Dan. 12,12; Luke 19,18; John 5,2; Acts 19,19; Acts 24,1)
      Adjective ▪ feminine ▪ plural ▪ dative ▪ (cardinal ▪ numeral) ▸ 3 + 1 = 4 (Josh. 13,3; Judith 8,15; Ezek. 48,15; Acts 7,14)
      Adjective ▪ feminine ▪ plural ▪ genitive ▪ (cardinal ▪ numeral) ▸ 2 (Luke 19,19; Acts 20,6)
      Adjective ▪ feminine ▪ plural ▪ nominative ▪ (cardinal ▪ numeral)
      ▸ 29 + 2 + 3 = 34 (Gen. 46,27; Ex. 1,5; Ex. 26,3; Ex. 26,3; Ex. 37,6; Num. 1,35; Num. 1,37; Num. 2,15; Num. 2,23; Num. 26,45; Num. 26,50; Num. 31,32; Judg. 20,15; Judg. 20,46; 1Sam. 17,5; 1Chr. 4,32; Judith 7,17; 2Mac. 8,19; Is. 19,18; Ezek. 42,1; Ezek. 45,5; Ezek. 48,8; Ezek. 48,9; Ezek. 48,9; Ezek. 48,10; Ezek. 48,10; Ezek. 48,13; Ezek. 48,13; Ezek. 48,20; Judg. 8,10; Judg. 20,46; Matt. 25,2; Matt. 25,2; Acts 4,4)
      Adjective ▪ masculine ▪ plural ▪ accusative ▪ (cardinal ▪ numeral)
      ▸ 48 + 1 + 14 = 63 (Gen. 7,20; Gen. 14,9; Gen. 18,28; Gen. 47,2; Ex. 21,37; Ex. 26,27; Ex. 26,27; Ex. 26,37; Ex. 37,6; Ex. 39,5; Num. 3,47; Num. 3,50; Num. 7,17; Num. 7,17; Num. 7,23; Num. 7,23; Num. 7,29; Num. 7,29; Num. 7,35; Num. 7,35; Num. 7,41; Num. 7,41; Num. 7,47; Num. 7,47; Num. 7,53; Num. 7,53; Num. 7,59; Num. 7,59; Num. 7,65; Num. 7,65; Num. 7,71; Num. 7,71; Num. 7,77; Num. 7,77; Num. 7,83; Num. 7,83; Num. 31,8; Judg. 18,2; 1Sam. 17,40; 1Sam. 22,18; 2Sam. 21,8; 1Kings 7,4; 1Kings 7,4; 1Kings 7,14; 2Kings 25,19; 2Chr. 4,6; 2Chr. 4,6; 2Mac. 11,5; Judg. 18,2; Matt. 14,17; Matt. 14,19; Matt. 16,9; Mark 6,38; Mark 6,41; Mark 8,19; Luke 1,24; Luke 9,16; Luke 16,28; John 4,18; John 6,9; 1Cor. 14,19; Rev. 9,5; Rev. 9,10)
      Adjective ▪ masculine ▪ singular ▪ dative ▪ (cardinal ▪ numeral)

▸ 3 (1Kings 6,2; 1Kings 6,10; 1Kings 7,10)

Adjective • masculine • plural • genitive • (cardinal • numeral)
▸ 37 + 1 = **38** (Gen. 18,28; Ex. 27,1; Ex. 27,1; Ex. 27,15; Ex. 27,18; Ex. 37,16; Lev. 26,8; Num. 18,16; 1Sam. 6,18; 1Kings 6,6; 1Kings 6,24; 1Kings 6,24; 1Kings 7,40; 1Kings 7,40; 2Kings 6,25; 2Kings 7,13; 2Chr. 3,11; 2Chr. 3,11; 2Chr. 3,12; 2Chr. 3,12; 2Chr. 3,15; 2Chr. 3,15; 2Chr. 4,2; 2Chr. 6,13; 2Chr. 6,13; Jer. 52,21; Jer. 52,22; Ezek. 40,7; Ezek. 40,21; Ezek. 40,25; Ezek. 40,48; Ezek. 40,48; Ezek. 41,2; Ezek. 41,2; Ezek. 41,9; Ezek. 41,11; Ezek. 41,12; John 6,13)

Adjective • masculine • plural • nominative • (cardinal • numeral)
▸ 55 + 4 + 3 = **62** (Gen. 18,28; Ex. 39,2; Josh. 10,5; Josh. 10,16; Josh. 10,17; Josh. 10,22; Josh. 10,23; Judg. 18,7; Judg. 18,8; Judg. 18,14; Judg. 18,17; 1Sam. 6,16; 1Sam. 21,4; 2Sam. 19,18; 1Chr. 2,4; 1Chr. 2,6; 1Chr. 3,20; 1Chr. 7,3; 1Chr. 7,7; 2Chr. 24,27; 1Esdr. 5,12; 1Esdr. 5,12; 1Esdr. 5,17; 1Esdr. 5,18; 1Esdr. 5,19; 1Esdr. 5,22; 1Esdr. 5,22; 1Esdr. 5,41; 1Esdr. 5,42; 1Esdr. 5,42; Ezra 2,5; Ezra 2,8; Ezra 2,20; Ezra 2,33; Ezra 2,34; Ezra 2,66; Ezra 2,67; Neh. 7,13; Neh. 7,20; Neh. 7,25; Neh. 7,36; Neh. 7,67; Neh. 7,68; Neh. 7,69; 1Mac. 2,2; 2Mac. 10,29; Is. 17,6; Is. 30,17; Ezek. 11,1; Ezek. 40,13; Ezek. 40,29; Ezek. 40,33; Ezek. 40,36; Ezek. 45,12; Ezek. 45,12; Judg. 18,7; Judg. 18,8; Judg. 18,14; Judg. 18,17; Luke 9,13; Luke 12,52; Rev. 17,10)

Adjective • neuter • plural • accusative • (cardinal • numeral)
▸ 18 + 9 = **27** (Gen. 5,6; Gen. 5,10; Gen. 5,15; Gen. 5,21; Gen. 5,30; Gen. 11,12; Gen. 45,6; Gen. 45,11; 1Sam. 25,18; 1Sam. 25,18; 1Kings 16,28a; 1Kings 22,42; 2Kings 20,6; 2Kings 21,1; 2Chr. 25,25; 2Chr. 33,1; Judith 16,23; Is. 38,5; Matt. 25,15; Matt. 25,16; Matt. 25,16; Matt. 25,20; Matt. 25,20; Matt. 25,20; Matt. 25,20; Luke 14,19; John 6,19)

Adjective • neuter • plural • genitive • (cardinal • numeral) ▸ **21** (Gen. 12,4; Ex. 26,26; Num. 4,3; Josh. 10,26; Josh. 14,10; 2Sam. 4,4; 1Kings 16,28a; 1Kings 22,42; 2Kings 14,2; 2Kings 15,33; 2Kings 18,2; 2Kings 23,36; 2Chr. 20,31; 2Chr. 20,31; 2Chr. 25,1; 2Chr. 27,1; 2Chr. 29,1; 2Chr. 36,5; 1Esdr. 1,37; 2Mac. 2,23; Is. 7,8)

Adjective • neuter • plural • nominative • (cardinal • numeral)
▸ 9 + 1 = **10** (Gen. 5,11; Gen. 5,17; Gen. 5,23; Gen. 11,32; Gen. 25,7; Lev. 27,6; Num. 31,37; 1Sam. 25,42; 1Esdr. 5,42; Luke 12,6)

πεντεκαίδεκα (πέντε; καί; δέκα) fifteen ▸ **8**

πεντεκαίδεκα ▸ **8**

Adjective • feminine • plural • nominative • (cardinal • numeral)
▸ **1** (Judg. 8,10)

Adjective • masculine • plural • genitive • (cardinal • numeral)
▸ **3** (Ex. 27,14; Ex. 37,12; Ex. 37,13)

Adjective • masculine • plural • nominative • (cardinal • numeral)
▸ **1** (2Sam. 9,10)

Adjective • neuter • plural • accusative • (cardinal • numeral) ▸ **2** (2Kings 14,17; Hos. 3,2)

Adjective • neuter • plural • nominative • (cardinal • numeral)
▸ **1** (Lev. 27,7)

πεντεκαιδέκατος (πέντε; καί; δέκα) fifteenth ▸ **22** + 1 = **23**

πεντεκαιδεκάτῃ ▸ **15**

Adjective • feminine • singular • dative • (ordinal • numeral)
▸ **15** (Ex. 16,1; Lev. 23,6; Lev. 23,34; Lev. 23,39; Num. 28,17; Num. 29,12; Num. 33,3; 1Kings 12,32; 1Kings 12,33; Esth. 10,13 # 10,3k; 1Mac. 1,54; 2Mac. 11,33; 2Mac. 11,38; Ezek. 32,17; Ezek. 45,25)

πεντεκαιδεκάτην ▸ **3**

Adjective • feminine • singular • accusative • (ordinal • numeral)
▸ **3** (Esth. 9,18; Esth. 9,19; Esth. 9,21)

πεντεκαιδέκατος ▸ **2**

Adjective • masculine • singular • nominative • (ordinal • numeral) ▸ **2** (1Chr. 24,14; 1Chr. 25,22)

πεντεκαιδεκάτῳ ▸ 2 + 1 = **3**

Adjective • neuter • singular • dative • (ordinal • numeral) ▸ 2 + 1 = **3** (2Kings 14,23; 2Chr. 15,10; Luke 3,1)

πεντεκαιεικοσαετής (πέντε; καί; εἴκοσι; ἔτος) twenty-five years old ▸ **7**

πεντεκαιεικοσαετοῦς ▸ **7**

Adjective • masculine • singular • genitive ▸ **7** (Num. 4,23; Num. 4,30; Num. 4,35; Num. 4,39; Num. 4,43; Num. 4,47; Num. 8,24)

πεντήκοντα (πέντε) fifty ▸ 163 + 1 + 7 = **171**

πεντήκοντα ▸ 161 + 1 + 7 = **169**

Adjective • feminine • plural • accusative • (cardinal • numeral)
▸ **11** (Gen. 7,24; Gen. 8,3; Ex. 26,5; Ex. 26,5; Ex. 26,10; Ex. 26,10; Lev. 23,16; 1Sam. 6,19; 1Chr. 5,21; Neh. 6,15; Neh. 7,70)

Adjective • feminine • plural • genitive • (cardinal • numeral) ▸ **1** (Ezek. 4,4)

Adjective • feminine • plural • nominative • (cardinal • numeral)
▸ **16** (Num. 1,23; Num. 1,27; Num. 1,29; Num. 1,43; Num. 2,6; Num. 2,8; Num. 2,13; Num. 2,16; Num. 2,30; Num. 2,31; Num. 26,31; Num. 26,38; 1Chr. 12,34; 2Chr. 2,16; 2Chr. 14,7; Tob. 1,21)

Adjective • masculine • plural • accusative • (cardinal • numeral)
▸ 24 + 3 = **27** (Gen. 18,26; Ex. 26,6; Ex. 26,11; Ex. 30,23; Ex. 30,23; Num. 16,35; Num. 26,10; 2Sam. 15,1; 1Kings 1,5; 1Kings 18,4; 1Kings 18,13; 1Kings 18,19; 2Kings 1,9; 2Kings 1,10; 2Kings 1,11; 2Kings 1,12; 2Kings 1,13; 2Kings 1,14; 2Kings 2,17; 2Kings 15,20; 1Chr. 8,40; 1Mac. 9,61; 2Mac. 12,17; Hag. 2,16; Mark 6,40; Luke 9,14; Luke 16,6)

Adjective • masculine • plural • genitive • (cardinal • numeral)
▸ 22 + 1 + 1 = **24** (Gen. 6,15; Gen. 18,24; Ex. 27,12; Ex. 27,13; Ex. 27,18; Ex. 27,18; Ex. 37,10; Ex. 37,11; 2Sam. 24,24; 1Kings 7,43; 2Kings 1,13; 2Kings 6,25; Esth. 5,14; Esth. 7,9; Judith 1,2; 2Mac. 13,5; Ezek. 40,15; Ezek. 40,21; Ezek. 40,25; Ezek. 42,2; Ezek. 42,7; Ezek. 42,8; Judg. 7,11; John 21,11)

Adjective • masculine • plural • nominative • (cardinal • numeral)
▸ **61** (Gen. 18,24; Gen. 18,28; Ex. 39,3; Num. 1,37; Num. 1,46; Num. 2,15; Num. 2,16; Num. 2,32; Num. 3,34; Num. 4,36; Num. 16,2; Num. 31,52; 1Kings 7,39; 1Kings 18,22; 2Kings 2,7; 2Kings 2,16; 2Kings 13,7; 2Kings 15,25; 1Chr. 9,9; 1Chr. 15,6; 1Chr. 15,7; 2Chr. 3,9; 2Chr. 8,10; 1Esdr. 5,10; 1Esdr. 5,12; 1Esdr. 5,14; 1Esdr. 5,18; 1Esdr. 5,18; 1Esdr. 5,21; 1Esdr. 5,21; 1Esdr. 5,24; 1Esdr. 5,37; 1Esdr. 8,30; 1Esdr. 8,32; Ezra 2,7; Ezra 2,14; Ezra 2,15; Ezra 2,22; Ezra 2,29; Ezra 2,30; Ezra 2,31; Ezra 2,37; Ezra 2,60; Ezra 8,3; Neh. 5,17; Neh. 7,10; Neh. 7,12; Neh. 7,20; Neh. 7,26; Neh. 7,33; Neh. 7,34; Neh. 7,40; Ezek. 40,29; Ezek. 40,33; Ezek. 40,36; Ezek. 45,2; Ezek. 45,12; Ezek. 48,17; Ezek. 48,17; Ezek. 48,17; Ezek. 48,17)

Adjective • neuter • plural • accusative • (cardinal • numeral)
▸ 12 + 2 = **14** (Gen. 9,28; Num. 16,17; Deut. 22,29; Judg. 3,11; 2Kings 15,2; 2Kings 21,1; 2Chr. 8,18; 2Chr. 26,3; 2Chr. 33,1; 1Esdr. 8,56; Ezra 8,26; 2Mac. 4,9; Luke 7,41; John 8,57)

Adjective • neuter • plural • dative • (cardinal • numeral) ▸ **1** (Acts 13,20)

Adjective • neuter • plural • genitive • (cardinal • numeral) ▸ **9** (Num. 4,3; Num. 31,30; Num. 31,47; Josh. 7,21; Judg. 7,11; 1Kings 10,29; 2Chr. 1,17; Tob. 14,2; Tob. 14,11)

Adjective • neuter • plural • nominative • (cardinal • numeral)
▸ **5** (Gen. 5,31; Gen. 9,29; Lev. 27,3; Lev. 27,16; Ezra 8,6)

πεντήκοντά ▸ **2**

Adjective · masculine · plural · accusative · (cardinal · numeral)
▸ **2** (2Kings 1,10; 2Kings 1,12)

πεντηκονταετής (πέντε; ἔτος) fifty years old ▸ 7
  πεντηκονταετοῦς ▸ 7
    Adjective · masculine · singular · genitive ▸ **7** (Num. 4,23; Num. 4,30; Num. 4,35; Num. 4,39; Num. 4,43; Num. 4,47; Num. 8,25)

πεντηκόνταρχος (πέντε; ἄρχω) officer over fifty men ▸ 13
  πεντηκόνταρχον ▸ 5
    Noun · masculine · singular · accusative · (common) ▸ **5** (2Kings 1,9; 2Kings 1,10; 2Kings 1,11; 2Kings 1,13; Is. 3,3)
  πεντηκόνταρχος ▸ 3
    Noun · masculine · singular · nominative · (common) ▸ **3** (2Kings 1,9; 2Kings 1,11; 2Kings 1,13)
  πεντηκοντάρχους ▸ 5
    Noun · masculine · plural · accusative · (common) ▸ **5** (Ex. 18,21; Ex. 18,25; Deut. 1,15; 2Kings 1,14; 1Mac. 3,55)

πεντηκοστή (πέντε) Pentecost ▸ 3
  πεντηκοστῆς ▸ 3
    Noun · feminine · singular · genitive ▸ **3** (Acts 2,1; Acts 20,16; 1Cor. 16,8)

πεντηκοστός (πέντε) fiftieth; Pentecost ▸ 11 + 1 = 12
  πεντηκοστῇ ▸ 1 + 1 = 2
    Adjective · feminine · singular · dative · (ordinal · numeral) ▸ **1 + 1 = 2** (Tob. 2,1; Tob. 2,1)
  πεντηκοστήν ▸ 1
    Adjective · feminine · singular · accusative · (ordinal · numeral) ▸ **1** (2Mac. 12,32)
  πεντηκοστόν ▸ 2
    Adjective · neuter · singular · accusative · (ordinal · numeral) ▸ **1** (Lev. 25,10)
    Adjective · neuter · singular · nominative · (ordinal · numeral) ▸ **1** (Lev. 25,11)
  πεντηκοστοῦ ▸ 3
    Adjective · neuter · singular · genitive · (ordinal · numeral) ▸ **3** (1Mac. 6,20; 1Mac. 7,1; 1Mac. 9,3)
  πεντηκοστῷ ▸ 4
    Adjective · neuter · singular · dative · (ordinal · numeral) ▸ **4** (2Kings 15,23; 2Kings 15,27; 1Mac. 9,54; 2Mac. 14,4)

πέπειρος (πέπων) ripe ▸ 1
  πέπειροι ▸ 1
    Noun · masculine · plural · nominative · (common) ▸ **1** (Gen. 40,10)

πεποίθησις (πείθω) confidence ▸ 1 + 6 = 7
  πεποιθήσει ▸ 4
    Noun · feminine · singular · dative ▸ **4** (2Cor. 1,15; 2Cor. 8,22; 2Cor. 10,2; Eph. 3,12)
  Πεποίθησιν ▸ 1
    Noun · feminine · singular · accusative ▸ **1** (2Cor. 3,4)
  πεποίθησιν ▸ 1
    Noun · feminine · singular · accusative ▸ **1** (Phil. 3,4)
  πεποίθησις ▸ 1
    Noun · feminine · singular · nominative · (common) ▸ **1** (2Kings 18,19)

πεποιθότως (πείθω) confidently ▸ 1
  πεποιθότως ▸ 1
    Adverb ▸ **1** (Zech. 14,11)

πέπων gourd ▸ 1
  πέπονας ▸ 1
    Noun · masculine · plural · accusative · (common) ▸ **1** (Num. 11,5)

πέρα beyond, across, above ▸ 3

πέρα ▸ 3
  Adverb ▸ **2** (Ezra 7,21; Ezra 7,25)
  Preposition · (+genitive) ▸ **1** (Ezra 6,6)

περαίνω (πέραν) to finish, complete ▸ 3
  περάνῃ ▸ 1
    Verb · third · singular · aorist · active · subjunctive ▸ **1** (Hab. 2,5)
  περανθέντος ▸ 1
    Verb · aorist · passive · participle · masculine · singular · genitive ▸ **1** (3Mac. 4,11)
  περανοῦσιν ▸ 1
    Verb · third · plural · future · active · indicative ▸ **1** (1Sam. 12,21)

περαιτέρω (πέραν) further ▸ 1
  περαιτέρω ▸ 1
    Adverb · (comparative) ▸ **1** (Acts 19,39)

πέραν beyond, across ▸ 99 + 5 + 23 = 127
  Πέραν ▸ 1
    Preposition · (+genitive) ▸ **1** (Josh. 24,2)
  πέραν ▸ 98 + 5 + 23 = 126
    Adverb · (place) ▸ 54 + 5 + 8 = **67** (Num. 21,11; Num. 21,13; Num. 27,12; Num. 32,19; Num. 32,19; Num. 32,32; Num. 33,44; Num. 35,14; Deut. 1,5; Deut. 3,20; Deut. 4,46; Deut. 30,13; Josh. 1,15; Josh. 5,10; Josh. 9,1; Josh. 12,7; Josh. 13,8; Josh. 13,14; Josh. 14,3; Josh. 20,8; Josh. 22,4; Josh. 22,7; Josh. 22,11; Josh. 24,3; Josh. 24,14; Josh. 24,15; Judg. 5,17; Judg. 7,25; Judg. 10,8; Judg. 11,18; Judg. 11,29; 1Sam. 13,23; 1Sam. 14,1; 1Sam. 26,13; 1Sam. 31,7; 1Sam. 31,7; 2Sam. 10,16; 1Kings 2,46f; 1Kings 10,15; 1Chr. 6,63; 1Chr. 12,38; 1Chr. 19,16; Ezra 4,10; Ezra 4,17; Ezra 5,6; Ezra 5,6; Ezra 6,6; 1Mac. 7,8; 1Mac. 9,48; Jer. 22,20; Jer. 30,27; Jer. 32,22; Jer. 48,10; Jer. 52,8; Judg. 5,17; Judg. 7,25; Judg. 10,8; Judg. 11,18; Judg. 11,29; Matt. 8,18; Matt. 8,28; Matt. 14,22; Matt. 16,5; Mark 4,35; Mark 5,21; Mark 6,45; Mark 8,13)
    ImproperPreposition · (+genitive) ▸ 44 + 15 = **59** (Gen. 50,10; Gen. 50,11; Num. 34,15; Deut. 1,1; Deut. 3,8; Deut. 3,25; Deut. 4,41; Deut. 4,47; Deut. 4,49; Deut. 11,30; Deut. 30,13; Deut. 31,4; Josh. 2,10; Josh. 5,1; Josh. 9,10; Josh. 12,1; Josh. 13,27; Josh. 13,32; Josh. 13,32; Josh. 17,5; Josh. 18,7; Josh. 21,36; Josh. 24,8; 1Sam. 30,10; 1Kings 2,46f; 1Kings 5,4; 1Chr. 26,30; 2Chr. 20,2; Ezra 4,11; Ezra 5,3; Ezra 6,8; Ezra 6,13; Ezra 8,36; Neh. 2,7; Neh. 2,9; Judith 1,9; 1Mac. 5,37; 1Mac. 5,39; 1Mac. 5,41; 1Mac. 9,34; 1Mac. 11,60; Is. 7,20; Is. 8,23; Bar. 3,30; Matt. 4,15; Matt. 4,25; Matt. 19,1; Mark 3,8; Mark 5,1; Mark 10,1; Luke 8,22; John 1,28; John 3,26; John 6,1; John 6,17; John 6,22; John 6,25; John 10,40; John 18,1)

πέρας (πέραν) end, finish ▸ 48 + 11 + 4 = 63
  Πέρας ▸ 1
    Noun · neuter · singular · nominative · (common) ▸ **1** (Ezek. 7,2)
  πέρας ▸ 28 + 7 + 1 = 36
    Noun · neuter · singular · accusative · (common) ▸ 12 + 4 = **16** (1Esdr. 9,17; Esth. 13,3 # 3,13c; 3Mac. 5,5; Psa. 38,5; Job 28,3; Wis. 8,1; Wis. 18,21; Wis. 19,4; Sir. 1,33 Prol.; Hab. 2,3; Jer. 18,7; Jer. 18,9; Dan. 8,17; Dan. 8,19; Dan. 11,35; Dan. 12,9)
    Noun · neuter · singular · nominative · (common) ▸ 16 + 3 + 1 = **20** (2Mac. 5,8; Psa. 118,96; Psa. 144,3; Wis. 14,27; Amos 8,2; Nah. 2,10; Nah. 3,3; Nah. 3,9; Jer. 28,13; Ezek. 7,2; Ezek. 7,3; Ezek. 7,7; Ezek. 7,10; Ezek. 21,30; Ezek. 21,34; Ezek. 30,3; Dan. 7,28; Dan. 11,27; Dan. 12,6; Heb. 6,16)
  πέρασι ▸ 1
    Noun · neuter · plural · dative · (common) ▸ **1** (Psa. 7,7)
  πέρατα ▸ 8 + 3 + 1 = 12
    Noun · neuter · plural · accusative · (common) ▸ 4 + 3 + 1 = **8**

πέρας–περί

(Psa. 2,8; Psa. 18,5; Psa. 47,11; Psa. 64,9; Tob. 13,13; Dan. 4,11; Dan. 4,22; Rom. 10,18)

 Noun • neuter • plural • nominative • (common) ▸ **4** (Psa. 21,28; Psa. 66,8; Psa. 94,4; Psa. 97,3)

πέρατι ▸ 1

 Noun • neuter • singular • dative • (common) ▸ **1** (Dan. 11,40)

πέρατος ▸ 1

 Noun • neuter • singular • genitive • (common) ▸ **1** (Wis. 8,1)

περάτων ▸ 9 + 2 = 11

 Noun • neuter • plural • genitive • (common) ▸ 9 + 2 = **11** (Esth. 13,2 # 3,13b; Psa. 45,10; Psa. 58,14; Psa. 60,3; Psa. 64,6; Psa. 71,8; Wis. 6,1; Zeph. 3,10; Dan. 4,21; Matt. 12,42; Luke 11,31)

περασμός (πέραν) end, finishing ▸ 3

περασμός ▸ 1

 Noun • masculine • singular • nominative • (common) ▸ **1** (Eccl. 12,12)

περασμὸς ▸ 2

 Noun • masculine • singular • nominative • (common) ▸ **2** (Eccl. 4,8; Eccl. 4,16)

περάτης (πέραν) wanderer ▸ 1

περάτῃ ▸ 1

 Noun • masculine • singular • dative • (common) ▸ **1** (Gen. 14,13)

Πέργαμος Pergamus ▸ 2

Πέργαμον ▸ 1

 Noun • feminine • singular • accusative • (proper) ▸ **1** (Rev. 1,11)

Περγάμῳ ▸ 1

 Noun • feminine • singular • dative • (proper) ▸ **1** (Rev. 2,12)

Πέργη Perga ▸ 3

Πέργῃ ▸ 1

 Noun • feminine • singular • dative • (proper) ▸ **1** (Acts 14,25)

Πέργην ▸ 1

 Noun • feminine • singular • accusative • (proper) ▸ **1** (Acts 13,13)

Πέργης ▸ 1

 Noun • feminine • singular • genitive • (proper) ▸ **1** (Acts 13,14)

πέρδιξ partridge ▸ 2

πέρδιξ ▸ 2

 Noun • feminine • singular • nominative • (common) ▸ **2** (Sir. 11,30; Jer. 17,11)

περί about, concerning; (+acc) around ▸ 811 + 41 + 333 = 1185

Περὶ ▸ 6 + 14 = 20

 Preposition • (+accusative) ▸ **3** (Ex. 11,4; 2Mac. 5,1; 2Mac. 9,1)

 Preposition • (+genitive) ▸ 3 + 14 = **17** (Neh. 2,4; 1Mac. 13,15; Dan. 2,15; Matt. 24,36; Mark 13,32; Acts 26,2; 1Cor. 7,1; 1Cor. 7,25; 1Cor. 8,1; 1Cor. 8,4; 1Cor. 12,1; 1Cor. 16,1; 1Cor. 16,12; 2Cor. 9,1; 1Th. 4,9; 1Th. 5,1; Heb. 5,11)

περὶ ▸ 803 + 41 + 318 = 1162

 Preposition • (+accusative) ▸ 132 + 4 + 39 = **175** (Gen. 15,12; Gen. 24,47; Gen. 37,23; Gen. 41,42; Lev. 6,3; Lev. 13,45; Deut. 20,19; Deut. 24,13; Judg. 5,30; Judg. 16,3; 1Sam. 1,5; 1Sam. 1,6; 1Sam. 17,38; 1Sam. 25,16; 2Sam. 15,18; 1Kings 22,19; 1Chr. 28,1; 2Chr. 23,13; 1Esdr. 3,6; 1Esdr. 4,11; Neh. 10,34; Neh. 10,34; 1Mac. 11,13; 1Mac. 11,61; 1Mac. 13,40; 2Mac. 1,13; 2Mac. 1,13; 2Mac. 1,33; 2Mac. 1,36; 2Mac. 2,2; 2Mac. 3,17; 2Mac. 3,32; 2Mac. 3,38; 2Mac. 4,14; 2Mac. 4,41; 2Mac. 5,17; 2Mac. 7,42; 2Mac. 8,16; 2Mac. 8,27; 2Mac. 8,30; 2Mac. 8,32; 2Mac. 9,1; 2Mac. 9,3; 2Mac. 10,16; 2Mac. 10,20; 2Mac. 10,25; 2Mac. 10,33; 2Mac. 10,35; 2Mac. 11,2; 2Mac. 11,6; 2Mac. 11,13; 2Mac. 12,1; 2Mac. 12,5; 2Mac. 12,11; 2Mac. 12,14; 2Mac. 12,15; 2Mac. 12,19; 2Mac. 12,20; 2Mac. 12,20; 2Mac. 12,24; 2Mac. 12,36; 2Mac. 12,37; 2Mac. 12,39; 2Mac. 13,1; 2Mac. 13,8; 2Mac. 13,14; 2Mac. 13,15; 2Mac. 13,22; 2Mac. 14,1; 2Mac. 14,18; 2Mac. 14,30; 2Mac. 15,1; 2Mac. 15,6; 2Mac. 15,13; 2Mac. 15,25; 2Mac. 15,26; 3Mac. 1,1; 3Mac. 1,25; 3Mac. 1,27; 3Mac. 3,8; 3Mac. 5,5; 3Mac. 5,46; 3Mac. 5,48; 3Mac. 6,1; 3Mac. 7,10; 4Mac. 1,20; 4Mac. 1,20; 4Mac. 1,21; 4Mac. 3,8; 4Mac. 5,4; 4Mac. 5,10; 4Mac. 6,2; 4Mac. 9,13; 4Mac. 9,20; 4Mac. 10,8; 4Mac. 11,10; 4Mac. 11,10; 4Mac. 11,10; 4Mac. 13,13; 4Mac. 14,7; 4Mac. 14,8; 4Mac. 14,19; 4Mac. 15,11; 4Mac. 15,15; 4Mac. 15,15; Psa. 140,3; Job 1,5; Job 18,11; Job 40,25; Wis. 14,22; Wis. 17,17; Sir. 11,10; Sol. 2,20; Is. 2,1; Is. 29,3; Is. 29,3; Jer. 13,1; Jer. 13,2; Jer. 13,4; Jer. 13,11; Jer. 34,2; Jer. 43,21; Ezek. 16,11; Ezek. 16,11; Ezek. 16,12; Ezek. 38,6; Ezek. 38,6; Ezek. 38,9; Ezek. 39,4; Dan. 3,23; Dan. 3,48; Dan. 3,49; Tob. 6,17; Dan. 3,48; Dan. 3,49; Dan. 5,29; Matt. 3,4; Matt. 8,18; Matt. 18,6; Matt. 20,3; Matt. 20,5; Matt. 20,6; Matt. 20,9; Matt. 27,46; Mark 1,6; Mark 3,8; Mark 3,32; Mark 3,34; Mark 4,10; Mark 4,19; Mark 6,48; Mark 9,14; Mark 9,42; Mark 16,8; Luke 10,40; Luke 10,41; Luke 13,8; Luke 17,2; Luke 22,49; Acts 10,3; Acts 10,9; Acts 13,13; Acts 18,25; Acts 22,6; Acts 22,6; Acts 28,7; Phil. 2,23; 1Tim. 1,19; 1Tim. 6,4; 1Tim. 6,21; 2Tim. 2,18; 2Tim. 3,8; Titus 2,7; Jude 7; Rev. 15,6)

 Preposition • (+dative) ▸ **2** (Prov. 1,9; Prov. 3,22)

 Preposition • (+genitive) ▸ 669 + 37 + 279 = **985** (Gen. 12,17; Gen. 12,20; Gen. 17,20; Gen. 19,21; Gen. 20,2; Gen. 20,3; Gen. 20,7; Gen. 21,11; Gen. 21,12; Gen. 21,12; Gen. 21,25; Gen. 23,8; Gen. 24,9; Gen. 24,67; Gen. 25,21; Gen. 26,7; Gen. 26,7; Gen. 26,21; Gen. 26,22; Gen. 26,32; Gen. 27,41; Gen. 29,18; Gen. 29,20; Gen. 29,25; Gen. 30,26; Gen. 40,14; Gen. 41,15; Gen. 41,32; Gen. 41,55; Gen. 42,21; Gen. 50,4; Gen. 50,20; Ex. 8,4; Ex. 8,5; Ex. 8,5; Ex. 8,5; Ex. 8,8; Ex. 8,24; Ex. 9,28; Ex. 14,14; Ex. 14,25; Ex. 24,8; Ex. 28,12; Ex. 30,15; Ex. 30,16; Ex. 32,14; Ex. 32,30; Ex. 32,35; Lev. 1,4; Lev. 4,3; Lev. 4,3; Lev. 4,14; Lev. 4,20; Lev. 4,26; Lev. 4,28; Lev. 4,31; Lev. 4,35; Lev. 4,35; Lev. 5,5; Lev. 5,6; Lev. 5,6; Lev. 5,6; Lev. 5,6; Lev. 5,6; Lev. 5,7; Lev. 5,7; Lev. 5,8; Lev. 5,9; Lev. 5,10; Lev. 5,11; Lev. 5,11; Lev. 5,11; Lev. 5,13; Lev. 5,13; Lev. 5,15; Lev. 5,16; Lev. 5,18; Lev. 5,18; Lev. 5,21; Lev. 5,21; Lev. 5,22; Lev. 5,22; Lev. 5,24; Lev. 5,26; Lev. 5,26; Lev. 6,18; Lev. 6,23; Lev. 7,1; Lev. 7,5; Lev. 7,7; Lev. 7,12; Lev. 7,37; Lev. 8,2; Lev. 8,14; Lev. 8,34; Lev. 9,2; Lev. 9,3; Lev. 9,7; Lev. 9,7; Lev. 9,7; Lev. 9,8; Lev. 9,10; Lev. 9,15; Lev. 9,22; Lev. 10,16; Lev. 10,17; Lev. 10,17; Lev. 10,19; Lev. 10,19; Lev. 11,46; Lev. 12,6; Lev. 12,7; Lev. 12,8; Lev. 12,8; Lev. 13,36; Lev. 14,13; Lev. 14,13; Lev. 14,18; Lev. 14,19; Lev. 14,19; Lev. 14,20; Lev. 14,21; Lev. 14,22; Lev. 14,29; Lev. 14,31; Lev. 14,31; Lev. 14,53; Lev. 15,15; Lev. 15,15; Lev. 15,30; Lev. 15,30; Lev. 16,3; Lev. 16,5; Lev. 16,6; Lev. 16,6; Lev. 16,9; Lev. 16,11; Lev. 16,11; Lev. 16,11; Lev. 16,15; Lev. 16,15; Lev. 16,16; Lev. 16,17; Lev. 16,17; Lev. 16,20; Lev. 16,24; Lev. 16,24; Lev. 16,24; Lev. 16,24; Lev. 16,25; Lev. 16,27; Lev. 16,27; Lev. 16,30; Lev. 16,33; Lev. 16,33; Lev. 16,34; Lev. 17,11; Lev. 19,22; Lev. 19,22; Lev. 23,19; Lev. 23,28; Num. 5,8; Num. 5,15; Num. 6,11; Num. 6,11; Num. 6,11; Num. 6,11; Num. 6,16; Num. 6,21; Num. 7,16; Num. 7,22; Num. 7,28; Num. 7,34; Num. 7,40; Num. 7,46; Num. 7,52; Num. 7,58; Num. 7,64; Num. 7,70; Num. 7,76; Num. 7,82; Num. 7,87; Num. 8,8; Num. 8,12; Num. 8,12; Num. 8,19; Num. 8,20; Num. 8,21; Num. 8,22; Num. 8,24; Num. 9,8; Num. 10,29; Num. 14,27; Num. 14,36; Num. 15,24; Num. 15,25; Num. 15,25; Num. 15,25; Num. 15,27; Num. 15,28; Num. 15,28; Num. 17,11; Num. 17,12; Num. 21,7; Num. 25,13; Num. 27,19; Num. 28,15; Num. 28,22; Num. 28,22; Num. 28,30; Num. 28,30; Num. 29,5; Num. 29,5; Num. 29,11; Num. 29,11; Num. 29,16; Num. 29,19; Num. 29,22; Num. 29,25; Num. 29,28; Num. 29,31; Num. 29,34; Num. 29,38; Num. 30,3; Num. 31,50; Num. 35,31; Deut. 3,22; Deut. 4,21; Deut. 9,18; Deut. 9,20; Deut. 13,10; Josh.

9,24; Josh. 14,6; Judg. 6,31; Judg. 9,3; Judg. 11,35; Judg. 19,30; Judg. 21,6; 1Sam. 4,13; 1Sam. 7,5; 1Sam. 7,9; 1Sam. 9,5; 1Sam. 9,20; 1Sam. 12,23; 1Sam. 14,45; 1Sam. 18,8; 1Sam. 19,3; 1Sam. 19,4; 1Sam. 20,12; 1Sam. 21,3; 1Sam. 22,8; 1Sam. 23,9; 1Sam. 23,21; 1Sam. 25,39; 2Sam. 3,8; 2Sam. 3,8; 2Sam. 3,18; 2Sam. 7,25; 2Sam. 10,2; 2Sam. 10,12; 2Sam. 12,6; 2Sam. 12,16; 2Sam. 14,8; 2Sam. 17,21; 2Sam. 19,43; 2Sam. 21,1; 1Kings 2,18; 1Kings 2,19; 1Kings 5,13; 1Kings 5,13; 1Kings 5,13; 1Kings 5,13; 1Kings 5,13; 1Kings 5,22; 1Kings 8,15; 1Kings 10,6; 1Kings 10,6; 1Kings 12,15; 1Kings 12,24m; 1Kings 15,30; 1Kings 16,13; 1Kings 20,22; 1Kings 20,28; 1Kings 21,7; 1Kings 21,7; 1Kings 21,7; 1Kings 22,8; 1Kings 22,13; 2Kings 6,11; 2Kings 8,3; 2Kings 8,3; 2Kings 8,5; 2Kings 8,5; 2Kings 12,17; 2Kings 12,17; 2Kings 19,4; 2Kings 19,9; 2Kings 19,20; 2Kings 22,13; 2Kings 22,13; 2Kings 22,13; 2Kings 22,13; 1Chr. 6,34; 1Chr. 16,21; 1Chr. 19,2; 1Chr. 19,5; 1Chr. 19,13; 1Chr. 19,13; 1Chr. 21,7; 1Chr. 22,11; 1Chr. 29,30; 2Chr. 8,15; 2Chr. 9,5; 2Chr. 9,5; 2Chr. 9,29; 2Chr. 10,15; 2Chr. 15,15; 2Chr. 18,7; 2Chr. 18,12; 2Chr. 18,17; 2Chr. 22,9; 2Chr. 24,6; 2Chr. 29,21; 2Chr. 29,21; 2Chr. 29,21; 2Chr. 29,21; 2Chr. 29,23; 2Chr. 29,24; 2Chr. 29,24; 2Chr. 29,24; 2Chr. 30,18; 2Chr. 32,17; 2Chr. 32,20; 2Chr. 34,21; 2Chr. 34,21; 2Chr. 34,21; 1Esdr. 1,22; 1Esdr. 1,31; 1Esdr. 1,40; 1Esdr. 2,17; 1Esdr. 3,16; 1Esdr. 3,17; 1Esdr. 4,1; 1Esdr. 4,13; 1Esdr. 4,34; 1Esdr. 6,6; 1Esdr. 6,21; 1Esdr. 6,30; Ezra 4,22; Ezra 5,17; Ezra 6,3; Ezra 6,17; Ezra 8,23; Ezra 8,35; Ezra 8,35; Ezra 10,9; Ezra 10,14; Ezra 10,15; Ezra 10,19; Neh. 1,2; Neh. 1,2; Neh. 1,6; Neh. 4,8; Neh. 4,14; Neh. 10,35; Neh. 12,31; Neh. 12,38; Esth. 12,2 # 1,1n; Esth. 12,4 # 1,1p; Esth. 12,5 # 1,1q; Esth. 1,13; Esth. 4,8; Esth. 4,8; Esth. 6,2; Esth. 6,2; Esth. 6,4; Esth. 7,9; Esth. 10,5 # 10,3b; Esth. 10,5 # 10,3b; Judith 4,2; Judith 5,5; Judith 8,31; Judith 10,18; Judith 10,22; Tob. 1,19; Tob. 1,22; Tob. 2,8; Tob. 3,5; Tob. 4,1; Tob. 6,12; Tob. 12,6; Tob. 14,4; Tob. 14,5; 1Mac. 3,21; 1Mac. 3,34; 1Mac. 3,34; 1Mac. 3,43; 1Mac. 3,48; 1Mac. 4,44; 1Mac. 4,46; 1Mac. 7,21; 1Mac. 8,15; 1Mac. 8,31; 1Mac. 9,44; 1Mac. 9,55; 1Mac. 10,19; 1Mac. 10,35; 1Mac. 10,63; 1Mac. 10,63; 1Mac. 11,8; 1Mac. 11,29; 1Mac. 11,31; 1Mac. 12,8; 1Mac. 12,17; 1Mac. 12,22; 1Mac. 12,51; 1Mac. 13,3; 1Mac. 13,6; 1Mac. 13,6; 1Mac. 13,6; 1Mac. 14,9; 1Mac. 14,21; 1Mac. 14,32; 1Mac. 14,42; 1Mac. 14,43; 1Mac. 15,35; 2Mac. 1,6; 2Mac. 2,11; 2Mac. 2,13; 2Mac. 2,13; 2Mac. 2,28; 2Mac. 3,4; 2Mac. 3,6; 2Mac. 3,7; 2Mac. 3,9; 2Mac. 3,14; 2Mac. 3,15; 2Mac. 4,23; 2Mac. 4,43; 2Mac. 4,48; 2Mac. 5,11; 2Mac. 7,37; 2Mac. 8,4; 2Mac. 8,12; 2Mac. 10,21; 2Mac. 11,15; 2Mac. 11,17; 2Mac. 11,31; 2Mac. 11,36; 2Mac. 12,43; 2Mac. 12,45; 2Mac. 13,14; 2Mac. 13,25; 2Mac. 14,18; 2Mac. 14,20; 2Mac. 15,14; 2Mac. 15,18; 2Mac. 15,18; 3Mac. 1,22; 3Mac. 2,32; 3Mac. 3,6; 3Mac. 3,7; 3Mac. 4,19; 3Mac. 5,10; 3Mac. 5,15; 3Mac. 5,30; 3Mac. 5,37; 3Mac. 6,33; 3Mac. 6,36; 3Mac. 6,40; 3Mac. 7,8; 4Mac. 1,12; 4Mac. 1,12; 4Mac. 2,19; 4Mac. 4,5; 4Mac. 4,11; 4Mac. 4,13; 4Mac. 4,22; 4Mac. 5,29; 4Mac. 9,24; 4Mac. 11,3; 4Mac. 13,9; 4Mac. 14,3; 4Mac. 16,3; Psa. 37,1; Psa. 39,7; Psa. 39,8; Psa. 71,15; Psa. 86,3; Psa. 90,11; Psa. 115,3; Psa. 121,8; Ode. 11,16; Prov. 7,23; Eccl. 1,13; Eccl. 3,18; Eccl. 7,10; Eccl. 7,14; Eccl. 8,2; Job 1,5; Job 1,5; Job 36,32; Job 36,33; Job 36,33; Job 42,8; Job 42,8; Job 42,10; Wis. 1,1; Wis. 4,17; Wis. 6,7; Wis. 6,15; Wis. 12,13; Wis. 12,14; Wis. 13,17; Wis. 13,17; Wis. 13,18; Wis. 13,18; Wis. 13,18; Wis. 13,19; Wis. 14,30; Sir. 4,20; Sir. 4,25; Sir. 4,28; Sir. 5,5; Sir. 7,31; Sir. 11,9; Sir. 13,12; Sir. 16,7; Sir. 16,8; Sir. 17,14; Sir. 19,30; Sir. 21,1; Sir. 28,4; Sir. 33,20; Sir. 36,16; Sir. 37,11; Sir. 37,11; Sir. 37,11; Sir. 37,11; Sir. 37,11; Sir. 37,11; Sir. 37,11; Sir. 37,11; Sir. 37,11; Sir. 37,11; Sir. 39,5; Sir. 41,2; Sir. 41,12; Sir. 41,17; Sir. 41,17; Sir. 41,18; Sir. 41,18; Sir. 41,19; Sir. 41,19; Sir. 41,21; Sir. 41,25; Sir. 42,1; Sir. 42,2; Sir. 42,2; Sir. 42,3; Sir. 42,3; Sir. 42,4; Sir. 42,4; Sir. 42,5; Sir. 42,5; Sir. 42,8; Sir. 45,16; Sir. 45,18; Sir. 45,23; Sir. 51,14; Sol. 2,0; Sol. 3,0; Sol. 3,8; Sol. 6,5; Sol. 7,4; Sol. 8,10; Sol. 9,6; Sol. 9,7; Sol. 9,10; Sol. 17,4; Mic. 1,1; Mic. 1,1; Is. 2,1; Is. 7,5; Is. 8,19; Is. 8,20; Is. 8,20; Is. 23,5; Is. 23,11; Is. 24,11; Is. 37,4; Is. 37,21; Is. 37,22; Is. 38,1; Is. 38,16; Is. 45,11; Is. 45,11; Is. 45,11; Is. 46,11; Is. 52,15; Is. 53,4; Is. 53,10; Jer. 1,16; Jer. 3,8; Jer. 7,16; Jer. 7,16; Jer. 7,22; Jer. 11,14; Jer. 11,14; Jer. 12,14; Jer. 14,1; Jer. 14,11; Jer. 14,15; Jer. 15,4; Jer. 15,15; Jer. 16,3; Jer. 16,3; Jer. 16,3; Jer. 16,3; Jer. 18,8; Jer. 18,10; Jer. 21,2; Jer. 25,20; Jer. 33,20; Jer. 36,7; Jer. 37,6; Jer. 38,35; Jer. 40,4; Jer. 40,4; Jer. 40,5; Jer. 40,9; Jer. 40,9; Jer. 44,3; Jer. 47,16; Jer. 49,2; Jer. 49,20; Bar. 1,10; Bar. 1,11; Bar. 1,13; Lam. 1,22; Lam. 2,19; Lam. 3,39; Lam. 5,17; Lam. 5,17; Ezek. 33,30; Ezek. 38,17; Ezek. 42,13; Ezek. 42,13; Ezek. 43,11; Ezek. 43,19; Ezek. 43,21; Ezek. 45,15; Dan. 2,18; Dan. 4,27; Dan. 4,33a; Dan. 4,33a; Dan. 4,34; Dan. 4,37a; Dan. 4,37c; Dan. 5,9; Dan. 5,10; Dan. 6,5; Dan. 6,19; Dan. 7,19; Dan. 7,20; Dan. 7,23; Sus. 10-11; Sus. 10-11; Judg. 9,3; Judg. 16,28; Tob. 1,8; Tob. 1,18; Tob. 1,19; Tob. 1,19; Tob. 1,22; Tob. 2,8; Tob. 2,10; Tob. 3,5; Tob. 3,9; Tob. 4,2; Tob. 5,22; Tob. 6,13; Tob. 6,13; Tob. 7,16; Tob. 9,5; Tob. 10,4; Tob. 10,6; Tob. 10,9; Tob. 14,5; Dan. 2,15; Dan. 3,16; Dan. 5,14; Dan. 5,16; Dan. 5,29; Dan. 6,14; Dan. 6,15; Dan. 7,16; Dan. 7,19; Dan. 7,20; Dan. 9,20; Dan. 10,21; Sus. 5; Sus. 10; Sus. 27; Sus. 63; Matt. 2,8; Matt. 4,6; Matt. 6,28; Matt. 9,36; Matt. 11,7; Matt. 11,10; Matt. 12,36; Matt. 15,7; Matt. 16,11; Matt. 17,13; Matt. 18,19; Matt. 19,17; Matt. 20,24; Matt. 21,45; Matt. 22,16; Matt. 22,31; Matt. 22,42; Matt. 26,24; Matt. 26,28; Mark 1,30; Mark 1,44; Mark 5,16; Mark 5,27; Mark 7,6; Mark 7,25; Mark 8,30; Mark 10,10; Mark 10,41; Mark 12,14; Mark 12,26; Mark 14,21; Luke 1,1; Luke 1,4; Luke 2,17; Luke 2,17; Luke 2,18; Luke 2,27; Luke 2,33; Luke 2,38; Luke 3,15; Luke 3,19; Luke 3,19; Luke 4,10; Luke 4,14; Luke 4,37; Luke 4,38; Luke 5,14; Luke 5,15; Luke 6,28; Luke 7,3; Luke 7,17; Luke 7,18; Luke 7,24; Luke 7,27; Luke 9,9; Luke 9,11; Luke 9,45; Luke 11,53; Luke 12,26; Luke 13,1; Luke 16,2; Luke 19,37; Luke 21,5; Luke 22,32; Luke 22,37; Luke 23,8; Luke 24,4; Luke 24,14; Luke 24,19; Luke 24,27; Luke 24,44; John 1,7; John 1,8; John 1,15; John 1,22; John 1,47; John 2,21; John 2,25; John 3,25; John 5,31; John 5,32; John 5,32; John 5,36; John 5,37; John 5,39; John 5,46; John 6,41; John 6,61; John 7,7; John 7,12; John 7,13; John 7,17; John 7,32; John 7,39; John 8,13; John 8,14; John 8,18; John 8,18; John 8,26; John 8,46; John 9,17; John 9,18; John 9,21; John 10,13; John 10,25; John 10,33; John 10,33; John 10,41; John 11,13; John 11,13; John 11,19; John 12,6; John 12,41; John 13,18; John 13,22; John 13,24; John 15,22; John 15,26; John 16,8; John 16,8; John 16,8; John 16,9; John 16,10; John 16,11; John 16,19; John 16,25; John 16,26; John 17,9; John 17,9; John 17,9; John 17,20; John 17,20; John 18,19; John 18,19; John 18,23; John 18,34; John 19,24; John 21,24; Acts 1,1; Acts 1,3; Acts 1,16; Acts 2,29; Acts 2,31; Acts 5,24; Acts 7,52; Acts 8,12; Acts 8,15; Acts 8,34; Acts 8,34; Acts 8,34; Acts 9,13; Acts 10,19; Acts 11,22; Acts 12,5; Acts 13,29; Acts 15,2; Acts 15,6; Acts 17,32; Acts 18,15; Acts 19,8; Acts 19,23; Acts 19,25; Acts 19,40; Acts 19,40; Acts 19,40; Acts 21,21; Acts 21,24; Acts 21,25; Acts 22,10; Acts 22,18; Acts 23,6; Acts 23,11; Acts 23,15; Acts 23,20; Acts 23,29; Acts 24,8; Acts 24,10; Acts 24,13; Acts 24,21; Acts 24,21; Acts 24,22; Acts 24,24; Acts 24,25; Acts 25,9; Acts 25,15; Acts 25,16; Acts 25,18; Acts 25,19; Acts 25,20; Acts 25,20; Acts 25,24; Acts 25,26; Acts 26,1; Acts 26,7; Acts 26,26; Acts 28,15; Acts 28,21; Acts 28,21; Acts 28,22; Acts 28,23; Acts 28,31; Rom. 1,3; Rom. 1,8; Rom. 8,3; Rom. 14,12; Rom. 15,14; Rom. 15,21; 1Cor. 1,4; 1Cor. 1,11; 1Cor. 7,37; 2Cor. 10,8; Eph. 6,18; Eph. 6,22; Phil. 1,27; Phil. 2,19; Phil. 2,20;

περί–περιαντλέομαι 1991

Col. 1,3; Col. 4,3; Col. 4,8; Col. 4,10; 1Th. 1,2; 1Th. 1,9; 1Th. 3,9; 1Th. 4,6; 1Th. 4,13; 1Th. 5,25; 2Th. 1,3; 2Th. 1,11; 2Th. 2,13; 2Th. 3,1; 1Tim. 1,7; 2Tim. 1,3; Titus 2,8; Titus 3,8; Philem. 10; Heb. 2,5; Heb. 4,4; Heb. 4,8; Heb. 5,3; Heb. 5,3; Heb. 5,3; Heb. 6,9; Heb. 7,14; Heb. 9,5; Heb. 10,6; Heb. 10,7; Heb. 10,8; Heb. 10,18; Heb. 10,26; Heb. 11,7; Heb. 11,20; Heb. 11,22; Heb. 11,22; Heb. 11,32; Heb. 11,40; Heb. 13,11; Heb. 13,18; 1Pet. 1,10; 1Pet. 1,10; 1Pet. 3,15; 1Pet. 3,18; 1Pet. 5,7; 2Pet. 1,12; 2Pet. 3,16; 1John 1,1; 1John 2,2; 1John 2,2; 1John 2,2; 1John 2,26; 1John 2,27; 1John 4,10; 1John 5,9; 1John 5,10; 1John 5,16; 3John 2; Jude 3; Jude 9; Jude 15; Jude 15)

περί ▸ 2 + 1 = 3
  Preposition ▪ (+genitive) ▸ 2 + 1 = 3 (Ex. 22,8; 1Mac. 12,21; Acts 25,19)

περιαγκωνίζω (περί; ἀγκών) to tie hands behind a back ▸ 1
  περιαγκωνίσαντες ▸ 1
    Verb ▪ aorist ▪ active ▪ participle ▪ masculine ▪ plural ▪ nominative ▸ 1 (4Mac. 6,3)

περιάγω (περί; ἄγω) to go around ▸ 7 + 6 = 13
  περιαγαγόντες ▸ 1
    Verb ▪ aorist ▪ active ▪ participle ▪ masculine ▪ plural ▪ nominative ▸ 1 (2Mac. 6,10)
  περιαγαγών ▸ 1
    Verb ▪ aorist ▪ active ▪ participle ▪ masculine ▪ singular ▪ nominative ▸ 1 (2Mac. 4,38)
  περιάγειν ▸ 1
    Verb ▪ present ▪ active ▪ infinitive ▸ 1 (1Cor. 9,5)
  περιάγετε ▸ 1
    Verb ▪ second ▪ plural ▪ present ▪ active ▪ indicative ▸ 1 (Matt. 23,15)
  περιάγων ▸ 1
    Verb ▪ present ▪ active ▪ participle ▪ masculine ▪ singular ▪ nominative ▸ 1 (Acts 13,11)
  περιάξει ▸ 1
    Verb ▪ third ▪ singular ▪ future ▪ active ▪ indicative ▸ 1 (Is. 28,27)
  περιήγαγεν ▸ 3
    Verb ▪ third ▪ singular ▪ aorist ▪ active ▪ indicative ▸ 3 (Ezek. 37,2; Ezek. 46,21; Ezek. 47,2)
  περιήγαγον ▸ 1
    Verb ▪ first ▪ singular ▪ aorist ▪ active ▪ indicative ▸ 1 (Amos 2,10)
  περιῆγεν ▸ 3
    Verb ▪ third ▪ singular ▪ imperfect ▪ active ▪ indicative ▸ 3 (Matt. 4,23; Matt. 9,35; Mark 6,6)

περιαιρέω (περί; αἱρέω) to take away ▸ 60 + 5 = 65
  περιαιρεθήσεται ▸ 1
    Verb ▪ third ▪ singular ▪ future ▪ passive ▪ indicative ▸ 1 (Zech. 10,11)
  περιαιρεθήσονται ▸ 1
    Verb ▪ third ▪ plural ▪ future ▪ passive ▪ indicative ▸ 1 (Ex. 8,7)
  περιαιρεῖται ▸ 2 + 1 = 3
    Verb ▪ third ▪ singular ▪ present ▪ passive ▪ indicative ▸ 2 + 1 = 3 (Lev. 4,31; Lev. 4,35; 2Cor. 3,16)
  περιείλαντο ▸ 2
    Verb ▪ third ▪ plural ▪ aorist ▪ middle ▪ indicative ▸ 2 (Ex. 32,3; Ex. 33,6)
  περιείλατο ▸ 4
    Verb ▪ third ▪ singular ▪ aorist ▪ middle ▪ indicative ▸ 4 (Gen. 38,19; Judith 10,3; Sol. 2,21; Jonah 3,6)
  περιεῖλεν ▸ 7
    Verb ▪ third ▪ singular ▪ aorist ▪ active ▪ indicative ▸ 7 (Ex. 8,27; Num. 30,13; 1Sam. 28,3; 2Chr. 32,12; 2Chr. 33,15; 2Chr. 34,33; Zeph. 3,15)
  περιεῖλον ▸ 1
    Verb ▪ third ▪ plural ▪ aorist ▪ active ▪ indicative ▸ 1 (1Sam. 7,4)
  περίελε ▸ 4
    Verb ▪ second ▪ singular ▪ aorist ▪ active ▪ imperative ▸ 4 (1Chr. 21,8; Psa. 118,22; Psa. 118,39; Prov. 4,24)
  περιελεῖ ▸ 11
    Verb ▪ third ▪ singular ▪ future ▪ active ▪ indicative ▸ 11 (Lev. 3,4; Lev. 3,9; Lev. 3,15; Lev. 4,8; Lev. 4,9; Lev. 4,19; Lev. 4,31; Lev. 4,35; Lev. 7,4; Num. 30,14; Deut. 7,15)
  περιελεῖν ▸ 1 + 1 = 2
    Verb ▪ aorist ▪ active ▪ infinitive ▸ 1 + 1 = 2 (2Sam. 3,10; Heb. 10,11)
  περιελεῖς ▸ 1
    Verb ▪ second ▪ singular ▪ future ▪ active ▪ indicative ▸ 1 (Deut. 21,13)
  Περιέλεσθε ▸ 1
    Verb ▪ second ▪ plural ▪ aorist ▪ middle ▪ imperative ▸ 1 (Ex. 32,2)
  περιέλεσθε ▸ 3
    Verb ▪ second ▪ plural ▪ aorist ▪ middle ▪ imperative ▸ 3 (Ex. 32,24; Josh. 24,14; Josh. 24,23)
  περιέλετε ▸ 1
    Verb ▪ second ▪ plural ▪ aorist ▪ active ▪ imperative ▸ 1 (1Sam. 7,3)
  περιελέτω ▸ 2
    Verb ▪ third ▪ singular ▪ aorist ▪ active ▪ imperative ▸ 2 (Ex. 8,4; Ex. 10,17)
  περιέλῃ ▸ 3
    Verb ▪ third ▪ singular ▪ aorist ▪ active ▪ subjunctive ▸ 3 (Num. 30,13; Num. 30,16; Jer. 4,1)
  περιέλῃς ▸ 2
    Verb ▪ second ▪ singular ▪ aorist ▪ active ▪ subjunctive ▸ 2 (Psa. 118,43; Prov. 27,22)
  περιελομένη ▸ 1
    Verb ▪ aorist ▪ middle ▪ participle ▪ feminine ▪ singular ▪ nominative ▸ 1 (Gen. 38,14)
  περιελόμενος ▸ 3
    Verb ▪ aorist ▪ middle ▪ participle ▪ masculine ▪ singular ▪ nominative ▸ 3 (Gen. 41,42; Esth. 3,10; 2Mac. 4,38)
  περιελόντες ▸ 2
    Verb ▪ aorist ▪ active ▪ participle ▪ masculine ▪ plural ▪ nominative ▸ 2 (Acts 27,40; Acts 28,13)
  περιελοῦ ▸ 1
    Verb ▪ second ▪ singular ▪ aorist ▪ middle ▪ imperative ▸ 1 (1Sam. 1,14)
  περιελοῦνται ▸ 1
    Verb ▪ third ▪ plural ▪ future ▪ middle ▪ indicative ▸ 1 (LetterJ 57)
  περιελῶ ▸ 3
    Verb ▪ first ▪ singular ▪ future ▪ active ▪ indicative ▸ 3 (Num. 17,20; Zeph. 3,11; Bar. 4,34)
  περιελών ▸ 1
    Verb ▪ aorist ▪ active ▪ participle ▪ masculine ▪ singular ▪ nominative ▸ 1 (Lev. 3,10)
  περιελών ▸ 2
    Verb ▪ aorist ▪ active ▪ participle ▪ masculine ▪ singular ▪ nominative ▸ 2 (Num. 30,13; Num. 30,16)
  περιῃρεῖτο ▸ 1 + 1 = 2
    Verb ▪ third ▪ singular ▪ imperfect ▪ middle ▪ indicative ▸ 1 (Ex. 34,34)
    Verb ▪ third ▪ singular ▪ imperfect ▪ passive ▪ indicative ▸ 1 (Acts 27,20)

περιαντλέομαι (περί; ἀντλέω) to be overwhelmed,

submerged ▸ 1
περιαντλουμένη ▸ 1
    Verb · present · passive · participle · feminine · singular · nominative ▸ 1 (4Mac. 15,32)

περιάπτω (περί; ἅπτω) to kindle; to tie, tie around ▸ 1 + 1 = 2
περιαψάντων ▸ 1
    Verb · aorist · active · participle · masculine · plural · genitive ▸ 1 (Luke 22,55)
περιῆψαν ▸ 1
    Verb · third · plural · aorist · active · indicative ▸ 1 (3Mac. 3,7)

περιάργυρος (περί; ἄργυρος) silver-plated ▸ 7
περιάργυρα ▸ 3
    Adjective · neuter · plural · nominative · noDegree ▸ 3 (LetterJ 7; LetterJ 38; LetterJ 50)
περιάργυροι ▸ 3
    Adjective · masculine · plural · nominative · noDegree ▸ 3 (LetterJ 57; LetterJ 69; LetterJ 70)
περιαργύρων ▸ 1
    Adjective · masculine · plural · genitive · noDegree ▸ 1 (LetterJ 54)

περιαργυρόω (περί; ἄργυρος) to silver-plate ▸ 9
περιηργυρωμένα ▸ 1
    Verb · perfect · passive · participle · neuter · plural · accusative ▸ 1 (Is. 30,22)
περιηργυρωμέναι ▸ 4
    Verb · perfect · passive · participle · feminine · plural · nominative ▸ 4 (Ex. 27,11; Ex. 37,15; Ex. 37,17; Psa. 67,14)
περιηργυρωμένοι ▸ 2
    Verb · perfect · passive · participle · masculine · plural · nominative ▸ 2 (Ex. 37,15; Ex. 37,18)
περιηργύρωσεν ▸ 2
    Verb · third · singular · aorist · active · indicative ▸ 2 (Ex. 38,18; Ex. 38,20)

περιαστράπτω (περί; ἀστραπή) to flash around ▸ 1 + 2 = 3
περιαστράπτοντες ▸ 1
    Verb · present · active · participle · masculine · plural · nominative ▸ 1 (4Mac. 4,10)
περιαστράψαι ▸ 1
    Verb · aorist · active · infinitive ▸ 1 (Acts 22,6)
περιήστραψεν ▸ 1
    Verb · third · singular · aorist · active · indicative ▸ 1 (Acts 9,3)

περιβάλλω (περί; βάλλω) to put on, clothe ▸ 69 + 2 + 23 = 94
περίβαλε ▸ 1
    Verb · second · singular · aorist · active · imperative ▸ 1 (Is. 58,7)
περιβαλεῖ ▸ 2
    Verb · third · singular · future · active · indicative ▸ 2 (Job 23,9; Ezek. 18,7)
περιβαλεῖν ▸ 1
    Verb · aorist · active · infinitive ▸ 1 (Ezek. 27,7)
περιβαλεῖς ▸ 2
    Verb · second · singular · future · active · indicative ▸ 2 (Ruth 3,9; Ezek. 4,2)
περιβαλεῖται ▸ 1 + 1 = 2
    Verb · third · singular · future · middle · indicative ▸ 1 + 1 = 2 (Mic. 7,10; Rev. 3,5)
περιβαλέσθαι ▸ 3
    Verb · aorist · middle · infinitive ▸ 3 (Gen. 28,20; 1Kings 12,240; 1Esdr. 3,6)
περιβαλέσθω ▸ 1
    Verb · third · singular · aorist · middle · imperative ▸ 1 (Lev. 13,45)
περιβαλέσθωσαν ▸ 2
    Verb · third · plural · aorist · middle · imperative ▸ 2 (Psa. 70,13; Psa. 108,29)
περιβάλῃ ▸ 2 + 1 = 3
    Verb · second · singular · aorist · middle · subjunctive ▸ 2 + 1 = 3 (Deut. 22,12; Jer. 4,30; Rev. 3,18)
περιβάληται ▸ 1
    Verb · third · singular · aorist · middle · subjunctive ▸ 1 (Rev. 19,8)
περιβάλλει ▸ 1
    Verb · third · singular · present · active · indicative ▸ 1 (Prov. 29,5)
περιβάλλεσθαι ▸ 1
    Verb · present · passive · infinitive ▸ 1 (1Mac. 14,44)
περιβάλλεσθε ▸ 1
    Verb · second · plural · present · middle · indicative ▸ 1 (Ezek. 34,3)
περιβάλλεται ▸ 2
    Verb · third · singular · present · middle · indicative ▸ 2 (Esth. 6,8; Psa. 108,19)
περιβάλληται ▸ 1
    Verb · third · singular · present · middle · subjunctive ▸ 1 (1Mac. 14,43)
περιβαλλομένη ▸ 1
    Verb · present · middle · participle · feminine · singular · nominative ▸ 1 (Song 1,7)
περιβαλλομένου ▸ 1
    Verb · present · middle · participle · masculine · singular · genitive ▸ 1 (Sir. 40,4)
περιβάλλοντι ▸ 1
    Verb · present · active · participle · masculine · singular · dative ▸ 1 (Psa. 146,8)
περιβάλλουσιν ▸ 1
    Verb · third · plural · present · active · indicative ▸ 1 (Prov. 28,4)
περιβαλόμενοι ▸ 1
    Verb · aorist · middle · participle · masculine · plural · nominative ▸ 1 (3Mac. 6,34)
περιβαλοῦ ▸ 1 + 1 = 2
    Verb · second · singular · aorist · middle · imperative ▸ 1 + 1 = 2 (Bar. 5,2; Acts 12,8)
περιβαλούμεθα ▸ 1
    Verb · first · plural · future · middle · indicative ▸ 1 (Is. 4,1)
περιβαλῶ ▸ 1
    Verb · first · singular · future · active · indicative ▸ 1 (Ezek. 32,3)
περιβαλώμεθα ▸ 1
    Verb · first · plural · aorist · middle · subjunctive ▸ 1 (Matt. 6,31)
περιβαλών ▸ 1
    Verb · aorist · active · participle · masculine · singular · nominative ▸ 1 (Luke 23,11)
περιβάλωνται ▸ 1
    Verb · third · plural · aorist · middle · subjunctive ▸ 1 (Is. 59,6)
περιβεβλημένη ▸ 2 + 3 = 5
    Verb · perfect · passive · participle · feminine · singular · nominative ▸ 2 + 2 = 4 (Psa. 44,10; Psa. 44,14; Rev. 12,1; Rev. 17,4)
    Verb · perfect · middle · participle · feminine · singular · vocative · (variant) ▸ 1 (Rev. 18,16)
περιβεβλημένοι ▸ 1 + 2 = 3
    Verb · perfect · passive · participle · masculine · plural · nominative ▸ 1 + 2 = 3 (1Chr. 21,16; Rev. 7,13; Rev. 11,3)

περιβάλλω–περιβολή

περιβεβλημένον ▸ 1 + 2 = 3
    Verb · perfect · middle · participle · masculine · singular · accusative ▸ 1 + 1 = 2 (1Mac. 10,64; Mark 16,5)
    Verb · perfect · passive · participle · masculine · singular · accusative ▸ 1 (Rev. 10,1)

περιβεβλημένος ▸ 1 + 2 = 3
    Verb · perfect · passive · participle · masculine · singular · nominative ▸ 1 + 2 = 3 (1Kings 11,29; Mark 14,51; Rev. 19,13)

περιβεβλημένου ▸ 1
    Verb · perfect · middle · participle · masculine · singular · genitive ▸ 1 (Dan. 12,7)

περιβεβλημένους ▸ 2 + 2 = 4
    Verb · perfect · middle · participle · masculine · plural · accusative ▸ 2 (2Kings 19,2; Is. 37,2)
    Verb · perfect · passive · participle · masculine · plural · accusative ▸ 2 (Rev. 4,4; Rev. 7,9)

περιβεβλημένῳ ▸ 1
    Verb · perfect · middle · participle · masculine · singular · dative ▸ 1 (Dan. 12,6)

περιβεβλημένων ▸ 1
    Verb · perfect · middle · participle · masculine · plural · genitive ▸ 1 (LetterJ 11)

περιβληθέντες ▸ 1
    Verb · aorist · passive · participle · masculine · plural · nominative ▸ 1 (Wis. 19,17)

περιέβαλε ▸ 1
    Verb · third · singular · aorist · active · indicative ▸ 1 (Esth. 16,5 # 8,12e)

περιέβαλεν ▸ 3 + 2 = 5
    Verb · third · singular · aorist · active · indicative ▸ 3 + 2 = 5 (2Kings 8,15; 3Mac. 6,26; Ezek. 18,16; Judg. 4,18; Judg. 4,19)

περιέβαλες ▸ 1
    Verb · second · singular · aorist · active · indicative ▸ 1 (Ezek. 16,18)

περιεβάλεσθε ▸ 1
    Verb · second · plural · aorist · middle · indicative ▸ 1 (Hag. 1,6)

περιεβάλετέ ▸ 2
    Verb · second · plural · aorist · active · indicative ▸ 2 (Matt. 25,36; Matt. 25,43)

περιεβάλετο ▸ 10 + 2 = 12
    Verb · third · singular · aorist · middle · indicative ▸ 10 + 2 = 12 (Gen. 24,65; Gen. 38,14; 1Sam. 28,8; 1Kings 20,16; 1Kings 20,27; 2Kings 19,1; Esth. 15,1; Jonah 3,6; Is. 37,1; Is. 59,17; Matt. 6,29; Luke 12,27)

περιέβαλλον ▸ 1
    Verb · third · plural · imperfect · active · indicative ▸ 1 (1Kings 1,1)

περιεβάλομεν ▸ 1
    Verb · first · plural · aorist · active · indicative ▸ 1 (Matt. 25,38)

περιέβαλον ▸ 3 + 1 = 4
    Verb · third · plural · aorist · active · indicative ▸ 3 + 1 = 4 (2Chr. 28,15; Judith 4,12; Zech. 3,5; John 19,2)

περιέβαλόν ▸ 1
    Verb · first · singular · aorist · active · indicative ▸ 1 (Ezek. 16,10)

περιεβάλοντο ▸ 7
    Verb · third · plural · aorist · middle · indicative ▸ 7 (1Mac. 2,14; 1Mac. 3,47; 1Mac. 8,14; Psa. 72,6; Job 24,8; Jonah 3,8; Lam. 4,5)

περιβιόω (περί; βίος) to survive ▸ 1
    περιβεβιωκότες ▸ 1
        Verb · perfect · active · participle · masculine · plural · nominative ▸ 1 (3Mac. 5,18)

περίβλεπτος (περί; βλέπω) respected; respectable ▸ 1
    περίβλεπτος ▸ 1
        Adjective · masculine · singular · nominative · noDegree ▸ 1 (Prov. 31,23)

περιβλέπω (περί; βλέπω) to look around ▸ 9 + 2 + 7 = 18
    περιβλεπομένη ▸ 1 + 1 = 2
        Verb · present · middle · participle · feminine · singular · nominative ▸ 1 + 1 = 2 (Tob. 11,5; Tob. 11,5)
    περιβλέπου ▸ 1
        Verb · second · singular · present · middle · imperative ▸ 1 (Sir. 9,7)
    περίβλεψαι ▸ 2
        Verb · second · singular · aorist · middle · imperative ▸ 2 (Bar. 4,36; Bar. 5,5)
    περιβλεψάμενοι ▸ 1
        Verb · aorist · middle · participle · masculine · plural · nominative ▸ 1 (Mark 9,8)
    περιβλεψάμενος ▸ 1 + 5 = 6
        Verb · aorist · middle · participle · masculine · singular · nominative ▸ 1 + 5 = 6 (Ex. 2,12; Mark 3,5; Mark 3,34; Mark 10,23; Mark 11,11; Luke 6,10)
    περιβλέψαντες ▸ 1
        Verb · aorist · active · participle · masculine · plural · nominative ▸ 1 (Josh. 8,20)
    περιβλέψεταί ▸ 1
        Verb · third · singular · future · middle · indicative ▸ 1 (Job 7,8)
    περιβλέψῃς ▸ 1
        Verb · second · singular · aorist · active · subjunctive ▸ 1 (Gen. 19,17)
    περιεβλέπετο ▸ 1 + 1 = 2
        Verb · third · singular · imperfect · middle · indicative ▸ 1 + 1 = 2 (Tob. 10,7; Mark 5,32)
    περιεβλέψατο ▸ 1
        Verb · third · singular · aorist · middle · indicative ▸ 1 (1Kings 21,40)

περίβλημα (περί; βάλλω) garment ▸ 1
    περίβλημα ▸ 1
        Adjective · neuter · singular · accusative · noDegree ▸ 1 (Num. 31,20)

περιβόητος (περί; βοή) renowned, famous ▸ 1
    περιβόητον ▸ 1
        Adjective · neuter · singular · accusative · noDegree ▸ 1 (2Mac. 2,22)

περιβόλαιον (περί; βάλλω) cloak, covering ▸ 11 + 2 = 13
    περιβόλαιά ▸ 2
        Noun · neuter · plural · nominative · (common) ▸ 2 (Ezek. 16,13; Ezek. 27,7)
    περιβόλαιον ▸ 7 + 1 = 8
        Noun · neuter · singular · accusative · (common) ▸ 3 + 1 = 4 (Psa. 101,27; Is. 50,3; Is. 59,17; Heb. 1,12)
        Noun · neuter · singular · nominative · (common) ▸ 4 (Ex. 22,26; Psa. 103,6; Job 26,6; Jer. 15,12)
    περιβολαίου ▸ 1
        Noun · neuter · singular · genitive ▸ 1 (1Cor. 11,15)
    περιβολαίων ▸ 2
        Noun · neuter · plural · genitive · (common) ▸ 2 (Deut. 22,12; Judg. 8,26)

περιβολή (περί; βάλλω) covering ▸ 5
    περιβολῇ ▸ 1

περιβολή–περιέρχομαι

    Noun · feminine · singular · dative · (common) ▸ **1** (Sir. 11,4)
  περιβολήν ▸ **1**
    Noun · feminine · singular · accusative · (common) ▸ **1** (2Mac. 3,26)
  περιβολήν ▸ **3**
    Noun · feminine · singular · accusative · (common) ▸ **3** (Gen. 49,11; Sir. 50,11; Dan. 7,9)

περίβολος (περί; βάλλω) encircling; walled area ▸ **10**
  περιβόλοις ▸ **1**
    Noun · masculine · plural · dative · (common) ▸ **1** (2Mac. 6,4)
  περίβολον ▸ **3**
    Noun · masculine · singular · accusative · (common) ▸ **3** (2Mac. 1,15; 4Mac. 4,11; Ezek. 42,20)
  περιβολόν ▸ **1**
    Noun · masculine · singular · accusative · (common) ▸ **1** (Is. 54,12)
  περίβολος ▸ **1**
    Noun · masculine · singular · nominative · (common) ▸ **1** (Ezek. 40,5)
  περιβόλου ▸ **2**
    Noun · masculine · singular · genitive · (common) ▸ **2** (Sir. 50,2; Dan. 3,1)
  περιβόλῳ ▸ **1**
    Noun · masculine · singular · dative · (common) ▸ **1** (1Mac. 14,48)
  περιβόλων ▸ **1**
    Noun · neuter · plural · genitive · (common) ▸ **1** (3Mac. 4,11)

περιγίνομαι (περί; γίνομαι) to master; to be given ▸ **2**
  περιγενηθεῖσαν ▸ **1**
    Verb · aorist · passive · participle · feminine · singular · accusative ▸ **1** (1Chr. 28,19)
  περιεγένοντο ▸ **1**
    Verb · third · plural · aorist · middle · indicative ▸ **1** (4Mac. 13,3)

περιδειπνέω (περί; δεῖπνον) to invite to a funeral banquet ▸ **1**
  περιδειπνῆσαι ▸ **1**
    Verb · aorist · active · infinitive ▸ **1** (2Sam. 3,35)

περίδειπνον (περί; δεῖπνον) funeral banquet ▸ **1**
  περιδείπνῳ ▸ **1**
    Noun · neuter · singular · dative · (common) ▸ **1** (LetterJ 31)

περιδέξιον (περί; δέχομαι) bracelet ▸ **3**
  περιδέξια ▸ **2**
    Noun · neuter · plural · accusative · (common) ▸ **2** (Ex. 35,22; Is. 3,20)
  περιδέξιον ▸ **1**
    Noun · neuter · singular · accusative · (common) ▸ **1** (Num. 31,50)

περιδέω (περί; δέω) to wrap ▸ **1** + **1** = **2**
  περιεδέδετο ▸ **1**
    Verb · third · singular · pluperfect · passive · indicative ▸ **1** (John 11,44)
  περιέδησεν ▸ **1**
    Verb · third · singular · aorist · active · indicative ▸ **1** (Job 12,18)

περιδιπλόω (περί; δύο) to wrap around ▸ **1**
  περιεδίπλωσε ▸ **1**
    Verb · third · singular · aorist · active · indicative ▸ **1** (Judith 10,5)

περιδύω (περί; δύω) to strip ▸ **1**
  περιέδυσαν ▸ **1**
    Verb · third · plural · aorist · active · indicative ▸ **1** (4Mac. 6,2)

περίειμι (περί; εἰμί) to be around, to surpass, survive (sum) ▸ **6**
  περίεστιν ▸ **2**
    Verb · third · singular · present · active · indicative ▸ **2** (2Mac. 14,10; Job 31,21)
  περιόν ▸ **1**
    Verb · present · active · participle · neuter · singular · nominative ▸ **1** (Job 27,3)
  περιόντες ▸ **1**
    Verb · present · active · participle · masculine · plural · nominative ▸ **1** (Job 27,15)
  περιόντος ▸ **1**
    Verb · present · active · participle · masculine · singular · genitive ▸ **1** (2Mac. 7,24)
  περιοῦσαν ▸ **1**
    Verb · present · active · participle · feminine · singular · accusative ▸ **1** (3Mac. 5,18)

περιειμι (2nd homograph) (περί; εἰμί) to be around, to surpass, survive (sum) ▸ **1**
  περιῄειν ▸ **1**
    Verb · first · singular · imperfect · active · indicative ▸ **1** (Wis. 8,18)

περιεκτικός (περί; ἔχω) complete, comprehensive ▸ **1**
  περιεκτικώταται ▸ **1**
    Adjective · feminine · plural · nominative · superlative ▸ **1** (4Mac. 1,20)

περιεργάζομαι (περί; ἔργον) to meddle ▸ **1** + **1** = **2**
  περιεργαζομένους ▸ **1**
    Verb · present · middle · participle · masculine · plural · accusative ▸ **1** (2Th. 3,11)
  περιεργάζου ▸ **1**
    Verb · second · singular · present · middle · imperative ▸ **1** (Sir. 3,23)

περιεργία (περί; ἔργον) meddling ▸ **1**
  περιεργίας ▸ **1**
    Noun · feminine · singular · genitive · (common) ▸ **1** (Sir. 41,24)

περίεργος (περί; ἔργον) meddling; magical; curious ▸ **2**
  περίεργα ▸ **1**
    Adjective · neuter · plural · accusative ▸ **1** (Acts 19,19)
  περίεργοι ▸ **1**
    Adjective · feminine · plural · nominative ▸ **1** (1Tim. 5,13)

περιέρχομαι (περί; ἔρχομαι) to travel about ▸ **14** + **2** + **3** = **19**
  περιελεύσεται ▸ **5** + **2** = **7**
    Verb · third · singular · future · middle · indicative ▸ **5** + **2** = **7** (Josh. 15,10; Josh. 16,6; Josh. 18,14; Josh. 19,13; Josh. 19,14; Josh. 19,13; Josh. 19,14)
  περιελεύσονται ▸ **1**
    Verb · third · plural · future · middle · indicative ▸ **1** (Jer. 38,22)
  περιελθεῖν ▸ **2**
    Verb · aorist · active · infinitive ▸ **2** (Josh. 6,7; 2Sam. 14,20)
  περιελθοῦσα ▸ **1**
    Verb · aorist · active · participle · feminine · singular · nominative ▸ **1** (Josh. 6,11)
  Περιελθών ▸ **1**
    Verb · aorist · active · participle · masculine · singular · nominative ▸ **1** (Job 1,7)
  περιέρχεται ▸ **1**
    Verb · third · singular · present · middle · indicative ▸ **1** (Wis. 6,16)

περιερχόμεναι ▸ 1
   Verb ▪ present ▪ middle ▪ participle ▪ feminine ▪ plural ▪ nominative ▸ 1 (1Tim. 5,13)
περιερχομένη ▸ 1
   Verb ▪ present ▪ middle ▪ participle ▪ feminine ▪ singular ▪ nominative ▸ 1 (Job 2,9d)
περιερχομένων ▸ 1
   Verb ▪ present ▪ middle ▪ participle ▪ masculine ▪ plural ▪ genitive ▸ 1 (Acts 19,13)
περιῆλθον ▸ 1 + 1 = 2
   Verb ▪ first ▪ singular ▪ aorist ▪ active ▪ indicative ▸ 1 (Ezek. 3,15)
   Verb ▪ third ▪ plural ▪ aorist ▪ active ▪ indicative ▸ 1 (Heb. 11,37)
περιήλθοσαν ▸ 1
   Verb ▪ third ▪ plural ▪ aorist ▪ active ▪ indicative ▸ 1 (Josh. 6,15)

περιέχω (περί; ἔχω) to surround, seize, contain, say ▸ 34 + 2 = 36
   περιεῖχεν ▸ 2
      Verb ▪ third ▪ singular ▪ imperfect ▪ active ▪ indicative ▸ 2 (1Esdr. 8,7; 2Mac. 11,22)
   περιειχόμην ▸ 1
      Verb ▪ first ▪ singular ▪ imperfect ▪ middle ▪ indicative ▸ 1 (Dan. 7,28)
   περιέσχεν ▸ 9 + 1 = 10
      Verb ▪ third ▪ singular ▪ aorist ▪ active ▪ indicative ▸ 9 + 1 = 10 (1Kings 6,15; 1Kings 6,20; 1Kings 6,21; 1Kings 6,22; 1Kings 6,28; 1Kings 6,30; 1Kings 6,32; 2Mac. 4,16; Job 30,18; Luke 5,9)
   περιέσχον ▸ 9
      Verb ▪ third ▪ plural ▪ aorist ▪ active ▪ indicative ▸ 9 (2Sam. 22,5; Psa. 16,9; Psa. 17,5; Psa. 21,13; Psa. 21,17; Psa. 39,13; Psa. 87,18; Psa. 114,3; Sir. 51,7)
   περιέχει ▸ 1 + 1 = 2
      Verb ▪ third ▪ singular ▪ present ▪ active ▪ indicative ▸ 1 + 1 = 2 (4Mac. 1,2; 1Pet. 2,6)
   περιεχόμενα ▸ 1
      Verb ▪ present ▪ passive ▪ participle ▪ neuter ▪ plural ▪ nominative ▸ 1 (1Kings 6,35)
   περιεχόμενοι ▸ 1
      Verb ▪ present ▪ passive ▪ participle ▪ masculine ▪ plural ▪ nominative ▸ 1 (Jer. 26,5)
   περιεχόμενος ▸ 1
      Verb ▪ present ▪ passive ▪ participle ▪ masculine ▪ singular ▪ nominative ▸ 1 (Ezek. 6,12)
   περιέχοντας ▸ 1
      Verb ▪ present ▪ active ▪ participle ▪ masculine ▪ plural ▪ accusative ▸ 1 (4Mac. 8,4)
   περιέχουσαι ▸ 2
      Verb ▪ present ▪ active ▪ participle ▪ feminine ▪ plural ▪ nominative ▸ 2 (1Mac. 15,2; 2Mac. 11,16)
   περιέχουσαν ▸ 2
      Verb ▪ present ▪ active ▪ participle ▪ feminine ▪ singular ▪ accusative ▸ 2 (2Mac. 9,18; 3Mac. 5,6)
   περιεχούσης ▸ 2
      Verb ▪ present ▪ active ▪ participle ▪ feminine ▪ singular ▪ genitive ▸ 2 (Psa. 31,7; Wis. 18,14)
   περιέχουσιν ▸ 1
      Verb ▪ third ▪ plural ▪ present ▪ active ▪ indicative ▸ 1 (2Chr. 4,3)
   περιεχουσῶν ▸ 1
      Verb ▪ present ▪ active ▪ participle ▪ feminine ▪ plural ▪ genitive ▸ 1 (Ezek. 16,57)

περίζωμα (περί; ζώννυμι) covering, apron, skirt ▸ 10
   περίζωμα ▸ 8
      Noun ▪ neuter ▪ singular ▪ accusative ▪ (common) ▸ 6 (Ruth 3,15; Jer. 13,1; Jer. 13,2; Jer. 13,4; Jer. 13,6; Jer. 13,7)
      Noun ▪ neuter ▪ singular ▪ nominative ▪ (common) ▸ 2 (Jer. 13,10; Jer. 13,11)
   περιζώματα ▸ 2
      Noun ▪ neuter ▪ plural ▪ accusative ▪ (common) ▸ 2 (Gen. 3,7; Prov. 31,24)

περιζώννυμι (περί; ζώννυμι) to wrap around, make oneself ready ▸ 6
   περιεζωσμέναι ▸ 1
      Verb ▪ perfect ▪ passive ▪ participle ▪ feminine ▪ plural ▪ nominative ▸ 1 (Luke 12,35)
   περιεζωσμένοι ▸ 1
      Verb ▪ perfect ▪ passive ▪ participle ▪ masculine ▪ plural ▪ nominative ▸ 1 (Rev. 15,6)
   περιεζωσμένον ▸ 1
      Verb ▪ perfect ▪ passive ▪ participle ▪ masculine ▪ singular ▪ accusative ▸ 1 (Rev. 1,13)
   περιζωσάμενοι ▸ 1
      Verb ▪ aorist ▪ middle ▪ participle ▪ masculine ▪ plural ▪ nominative ▸ 1 (Eph. 6,14)
   περιζωσάμενος ▸ 1
      Verb ▪ aorist ▪ middle ▪ participle ▪ masculine ▪ singular ▪ nominative ▸ 1 (Luke 17,8)
   περιζώσεται ▸ 1
      Verb ▪ third ▪ singular ▪ future ▪ middle ▪ indicative ▸ 1 (Luke 12,37)

περιζωννύω to wrap around, make oneself ready ▸ 41 + 2 = 43
   περιεζώσαντο ▸ 4
      Verb ▪ third ▪ plural ▪ aorist ▪ middle ▪ indicative ▸ 4 (1Sam. 2,4; 1Kings 21,32; Ode. 3,4; Lam. 2,10)
   περιέζωσάς ▸ 2
      Verb ▪ second ▪ singular ▪ aorist ▪ active ▪ indicative ▸ 2 (Psa. 17,40; Psa. 29,12)
   περιεζώσατο ▸ 3 + 1 = 4
      Verb ▪ third ▪ singular ▪ aorist ▪ middle ▪ indicative ▸ 3 + 1 = 4 (Judg. 3,16; Psa. 92,1; Sol. 2,20; Judg. 3,16)
   περιέζωσεν ▸ 1
      Verb ▪ third ▪ singular ▪ aorist ▪ active ▪ indicative ▸ 1 (Sir. 45,7)
   περιεζωσμέναι ▸ 1
      Verb ▪ perfect ▪ passive ▪ participle ▪ feminine ▪ plural ▪ nominative ▸ 1 (Ex. 12,11)
   περιεζωσμένη ▸ 1
      Verb ▪ perfect ▪ passive ▪ participle ▪ feminine ▪ singular ▪ nominative ▸ 1 (Dan. 10,5)
   περιεζωσμένην ▸ 1
      Verb ▪ perfect ▪ passive ▪ participle ▪ feminine ▪ singular ▪ accusative ▸ 1 (Joel 1,8)
   περιεζωσμένοι ▸ 4
      Verb ▪ perfect ▪ middle ▪ participle ▪ masculine ▪ plural ▪ nominative ▸ 4 (Judg. 18,11; Judg. 18,16; Judg. 18,17; Judith 4,14)
   περιεζωσμένον ▸ 1
      Verb ▪ perfect ▪ middle ▪ participle ▪ neuter ▪ singular ▪ nominative ▸ 1 (1Sam. 2,18)
   περιεζωσμένος ▸ 7
      Verb ▪ perfect ▪ passive ▪ participle ▪ masculine ▪ singular ▪ nominative ▸ 7 (2Sam. 20,8; 2Sam. 20,8; 2Sam. 21,16; 2Kings 1,8; 1Chr. 15,27; Psa. 64,7; Dan. 10,5)
   περιεζωσμένου ▸ 1
      Verb ▪ perfect ▪ middle ▪ participle ▪ masculine ▪ singular ▪ genitive ▸ 1 (2Kings 3,21)

περιζώννυται ▸ 1
    Verb · third · singular · present · middle · indicative ▸ 1 (Psa. 108,19)
περιζωννύων ▸ 1
    Verb · present · active · participle · masculine · singular · nominative ▸ 1 (Psa. 17,33)
περίζωσαι ▸ 3
    Verb · second · singular · aorist · middle · imperative ▸ 3 (Psa. 44,4; Jer. 1,17; Jer. 6,26)
Περιζώσασθε ▸ 1
    Verb · second · plural · aorist · middle · imperative ▸ 1 (1Mac. 3,58)
περιζώσασθε ▸ 6
    Verb · second · plural · aorist · middle · imperative ▸ 6 (2Sam. 3,31; Joel 1,13; Is. 15,3; Is. 32,11; Jer. 4,8; Jer. 30,19)
περιζώση ▸ 1
    Verb · second · singular · future · middle · indicative ▸ 1 (Is. 3,24)
περιζώσονται ▸ 3
    Verb · third · plural · future · middle · indicative ▸ 3 (Psa. 64,13; Ezek. 7,18; Ezek. 44,18)

περίθεμα (περί; τίθημι) covering ▸ 2 + 1 = 3
περίθεμα ▸ 2
    Noun · neuter · singular · accusative · (common) ▸ 2 (Num. 17,3; Num. 17,4)
περιθεμάτων ▸ 1
    Noun · neuter · plural · genitive · (common) ▸ 1 (Judg. 8,26)

περίθεσις (περί; τίθημι) wearing ▸ 1
περιθέσεως ▸ 1
    Noun · feminine · singular · genitive ▸ 1 (1Pet. 3,3)

περιίπταμαι (περί; πέτομαι) to flutter over ▸ 1
περιπτάμενα ▸ 1
    Verb · present · middle · participle · neuter · plural · nominative ▸ 1 (4Mac. 14,17)

περιΐστημι (περί; ἵστημι) to put around; stand around, avoid ▸ 7 + 4 = 11
περιεστηκόσιν ▸ 1
    Verb · perfect · active · participle · masculine · plural · dative ▸ 1 (1Sam. 4,15)
περιέστησαν ▸ 1
    Verb · third · plural · aorist · active · indicative ▸ 1 (Acts 25,7)
περιεστώς ▸ 1
    Verb · perfect · active · participle · masculine · singular · nominative ▸ 1 (Judith 5,22)
περιεστῶτα ▸ 1
    Verb · perfect · active · participle · masculine · singular · accusative ▸ 1 (John 11,42)
περιεστῶτες ▸ 1
    Verb · perfect · active · participle · masculine · plural · nominative ▸ 1 (2Sam. 13,31)
περισταμένου ▸ 1
    Verb · present · middle · participle · neuter · singular · genitive ▸ 1 (2Mac. 14,9)
περιΐστασο ▸ 2
    Verb · second · singular · present · middle · imperative ▸ 2 (2Tim. 2,16; Titus 3,9)
περιστάντες ▸ 1
    Verb · aorist · active · participle · masculine · plural · nominative ▸ 1 (2Mac. 3,26)
περίστησον ▸ 1
    Verb · second · singular · aorist · active · imperative ▸ 1 (Josh. 6,3)
περιστήσωσιν ▸ 1
    Verb · third · plural · aorist · active · subjunctive ▸ 1 (LetterJ 36)

περικαθαίρω (περί; καθαρός) to purify ▸ 3
περιεκάθαρεν ▸ 1
    Verb · third · singular · aorist · active · indicative ▸ 1 (Josh. 5,4)
περικαθαίρων ▸ 2
    Verb · present · active · participle · masculine · singular · nominative ▸ 2 (Deut. 18,10; 4Mac. 1,29)

περικαθαρίζω (περί; καθαρός) to cleanse ▸ 3
περικαθαριεῖ ▸ 2
    Verb · third · singular · future · active · indicative ▸ 2 (Deut. 30,6; Is. 6,7)
περικαθαριεῖτε ▸ 1
    Verb · second · plural · future · active · indicative ▸ 1 (Lev. 19,23)

περικάθαρμα (περί; καθαρός) dirt, refuse; expiation ▸ 1 + 1 = 2
περικάθαρμα ▸ 1
    Noun · neuter · singular · nominative · (common) ▸ 1 (Prov. 21,18)
περικαθάρματα ▸ 1
    Noun · neuter · plural · nominative ▸ 1 (1Cor. 4,13)

περικάθημαι (περί; κατά; ἧμαι) to lay siege ▸ 7 + 1 = 8
περικάθηνται ▸ 1
    Verb · third · plural · present · middle · indicative ▸ 1 (Judg. 9,31)
περιεκάθηντο ▸ 3
    Verb · third · plural · imperfect · middle · indicative ▸ 3 (2Kings 6,25; 1Mac. 5,3; 1Mac. 6,24)
περιεκάθητο ▸ 1
    Verb · third · singular · imperfect · middle · indicative ▸ 1 (1Kings 15,27)
περικαθῆσθαι ▸ 2
    Verb · present · middle · infinitive ▸ 2 (1Mac. 11,22; 1Mac. 11,23)
περικάθηται ▸ 1
    Verb · third · singular · present · middle · indicative ▸ 1 (1Mac. 11,21)

περικαθίζω (περί; κατά; ἵζω) to besiege ▸ 18
περιεκάθισαν ▸ 5
    Verb · third · plural · aorist · active · indicative ▸ 5 (Josh. 10,5; 1Kings 16,17; 1Kings 21,1; 1Mac. 6,20; 2Mac. 10,33)
περιεκάθισεν ▸ 9
    Verb · third · singular · aorist · active · indicative ▸ 9 (Josh. 10,31; Josh. 10,34; Josh. 10,36; Judg. 9,50; 1Kings 15,27; 1Kings 21,1; 2Kings 6,24; 1Chr. 20,1; 1Mac. 11,61)
περικαθιεῖς ▸ 1
    Verb · second · singular · future · active · indicative ▸ 1 (Deut. 20,12)
περικαθίσαι ▸ 1
    Verb · aorist · active · infinitive ▸ 1 (1Mac. 6,19)
περικαθίσαντες ▸ 1
    Verb · aorist · active · participle · masculine · plural · nominative ▸ 1 (Josh. 10,38)
περικαθίσης ▸ 1
    Verb · second · singular · aorist · active · subjunctive ▸ 1 (Deut. 20,19)

περικαίω (περί; καίω) to burn, burn all around ▸ 1
περιέκαιεν ▸ 1
    Verb · third · singular · imperfect · active · indicative ▸ 1 (4Mac. 16,3)

περικαλύπτω (περί; καλύπτω) to cover ▸ 4 + 3 = 7

περικαλύπτειν ▸ 1 + 1 = 2
: Verb · present · active · infinitive ▸ 1 + 1 = 2 (1Kings 7,28; Mark 14,65)

περιεκάλυπτον ▸ 1
: Verb · third · plural · imperfect · active · indicative ▸ 1 (1Kings 8,7)

περικαλύψαι ▸ 1
: Verb · aorist · active · infinitive ▸ 1 (1Kings 7,5)

περικαλύψαντες ▸ 1
: Verb · aorist · active · participle · masculine · plural · nominative ▸ 1 (Luke 22,64)

περικεκαλυμμένα ▸ 1
: Verb · perfect · passive · participle · neuter · plural · nominative ▸ 1 (Ex. 28,20)

περικεκαλυμμένην ▸ 1
: Verb · perfect · passive · participle · feminine · singular · accusative ▸ 1 (Heb. 9,4)

περικατάλημπτος (περί; κατά; λαμβάνω) surrounded ▸ 1

περικατάλημπτος ▸ 1
: Adjective · masculine · singular · nominative · noDegree ▸ 1 (2Mac. 14,41)

περίκειμαι (περί; κεῖμαι) to be bound, surrounded ▸ 3 + 5 = 8

περίκειμαι ▸ 1
: Verb · first · singular · present · middle · indicative ▸ 1 (Acts 28,20)

περικείμενα ▸ 1
: Verb · present · passive · participle · neuter · plural · accusative ▸ 1 (4Mac. 12,2)

περικείμενον ▸ 1 + 1 = 2
: Verb · present · passive · participle · masculine · singular · accusative ▸ 1 + 1 = 2 (LetterJ 57; Heb. 12,1)

περίκεινται ▸ 1
: Verb · third · plural · present · passive · indicative ▸ 1 (LetterJ 23)

περίκειται ▸ 3
: Verb · third · singular · present · middle · indicative ▸ 3 (Mark 9,42; Luke 17,2; Heb. 5,2)

περικείρω (περί; κείρω) to shave all over ▸ 2

περικειρόμενον ▸ 1
: Verb · present · middle · participle · masculine · singular · accusative ▸ 1 (Jer. 9,25)

περικεκαρμένον ▸ 1
: Verb · perfect · middle · participle · neuter · singular · accusative ▸ 1 (Jer. 32,23)

περικεφαλαία (περί; κεφαλή) helmet ▸ 10 + 2 = 12

περικεφαλαία ▸ 1
: Noun · feminine · singular · nominative · (common) ▸ 1 (1Sam. 17,5)

περικεφαλαῖαι ▸ 2
: Noun · feminine · plural · nominative · (common) ▸ 2 (1Mac. 6,35; Ezek. 38,4)

περικεφαλαίαις ▸ 2
: Noun · feminine · plural · dative · (common) ▸ 2 (Jer. 26,4; Ezek. 38,5)

περικεφαλαίαν ▸ 2 + 2 = 4
: Noun · feminine · singular · accusative · (common) ▸ 2 + 2 = 4 (1Sam. 17,38; Is. 59,17; Eph. 6,17; 1Th. 5,8)

περικεφαλαίας ▸ 3
: Noun · feminine · plural · accusative · (common) ▸ 2 (2Chr. 26,14; Ezek. 27,10)

: Noun · feminine · singular · genitive · (common) ▸ 1 (1Sam. 17,49)

περικλάω (περί; κλάω) to bend ▸ 3

περιέκλασεν ▸ 1
: Verb · third · singular · aorist · active · indicative ▸ 1 (4Mac. 7,5)

περιέκλων ▸ 1
: Verb · third · plural · imperfect · active · indicative ▸ 1 (4Mac. 10,6)

περικλασθήσονται ▸ 1
: Verb · third · plural · future · passive · indicative ▸ 1 (Wis. 4,5)

περικλείω (περί; κλείω) to shut in all around, to surround ▸ 1

περικλῶντες ▸ 1
: Verb · present · active · participle · masculine · plural · nominative ▸ 1 (Job 30,4)

περικλύζομαι (περί; κλύζω) to bathe ▸ 2

περιεκλύσατο ▸ 1
: Verb · third · singular · aorist · middle · indicative ▸ 1 (Judith 10,3)

περικλύσασθαι ▸ 1
: Verb · aorist · middle · infinitive ▸ 1 (Tob. 6,2)

περικνημίς leg covering; gaiter ▸ 1

περικνημῖσι ▸ 1
: Noun · feminine · plural · dative · (common) ▸ 1 (Dan. 3,21)

περικομπέω (περί; κόμπος) to echo ▸ 1

περιεκόμπουν ▸ 1
: Verb · third · plural · imperfect · active · indicative ▸ 1 (Wis. 17,4)

περικοσμέω (περί; κόσμος) to be decorated ▸ 1

περικεκοσμημέναι ▸ 1
: Verb · perfect · passive · participle · feminine · plural · nominative ▸ 1 (Psa. 143,12)

περικρατέω (περί; κεράννυμι) to control ▸ 5

περιεκράτησε ▸ 1
: Verb · third · singular · aorist · active · indicative ▸ 1 (4Mac. 14,11)

περιεκράτησεν ▸ 1
: Verb · third · singular · aorist · active · indicative ▸ 1 (4Mac. 2,2)

περικρατεῖ ▸ 1
: Verb · third · singular · present · active · indicative ▸ 1 (4Mac. 1,9)

περικρατήσειεν ▸ 1
: Verb · third · singular · aorist · active · optative ▸ 1 (4Mac. 7,22)

περικρατοῦσιν ▸ 1
: Verb · third · plural · present · active · indicative ▸ 1 (4Mac. 7,17)

περικρατής (περί; κεράννυμι) in control of ▸ 1

περικρατεῖς ▸ 1
: Adjective · masculine · plural · nominative ▸ 1 (Acts 27,16)

περικρύβω (περί; κρύπτω) to hide ▸ 1

περιέκρυβεν ▸ 1
: Verb · third · singular · imperfect · active · indicative ▸ 1 (Luke 1,24)

περικυκλόω (περί; κυκλόω) to surround ▸ 16 + 1 = 17

περιεκύκλου ▸ 1
: Verb · third · singular · imperfect · active · indicative ▸ 1 (Jer. 52,21)

περιεκύκλωσαν ▸ 6
: Verb · third · plural · aorist · active · indicative ▸ 6 (Gen. 19,4; Num. 21,4; Judg. 19,22; Judg. 20,5; 2Kings 6,14; Judith 13,13)

περιεκύκλωσάν ▸ 3

Verb · third · plural · aorist · active · indicative ▸ **3** (Psa. 16,11; Psa. 17,6; Psa. 21,13)

περιεκύκλωσε ▸ 1
Verb · third · singular · aorist · active · indicative ▸ **1** (Josh. 6,13)

περικεκυκλωμένα ▸ 1
Verb · perfect · passive · participle · neuter · plural · nominative ▸ **1** (Ex. 36,20)

περικεκυκλωμένας ▸ 1
Verb · perfect · passive · participle · feminine · plural · accusative ▸ **1** (Num. 32,38)

περικυκλωθήσεται ▸ 1
Verb · third · singular · future · passive · indicative ▸ **1** (Jer. 38,39)

περικυκλώσουσιν ▸ 2
Verb · third · plural · future · active · indicative ▸ **2** (Josh. 7,9; Prov. 20,28)

περικυκλώσουσίν ▸ 1
Verb · third · plural · future · active · indicative ▸ **1** (Luke 19,43)

περικύκλῳ (περί; κυκλόω) in a circle; on all sides ▸ 23 + 3 = 26

περικύκλῳ ▸ 23 + 3 = 26
Adverb ▸ 23 + 3 = **26** (Ex. 28,33; Deut. 6,14; Deut. 13,8; Judg. 2,12; 2Kings 6,17; 2Kings 17,15; 2Kings 23,5; 1Chr. 9,27; 1Esdr. 1,50; 1Esdr. 2,6; Psa. 88,8; Is. 4,5; Ezek. 28,23; Ezek. 28,24; Ezek. 32,22; Ezek. 32,24; Ezek. 32,26; Ezek. 34,26; Ezek. 36,4; Ezek. 36,7; Ezek. 37,21; Ezek. 39,17; Dan. 9,16; Josh. 19,8; Judg. 2,12; Dan. 9,16)

περιλακίζομαι (περί; λακίς) to be torn all over ▸ 1
περιλακιζομένας ▸ 1
Verb · present · passive · participle · feminine · plural · accusative ▸ **1** (4Mac. 10,8)

περιλαμβάνω (περί; λαμβάνω) to embrace ▸ 13 + 1 = 14

περιειληφυῖα ▸ 1
Verb · perfect · active · participle · feminine · singular · nominative ▸ **1** (2Kings 4,16)

περιέλαβεν ▸ 3 + 1 = 4
Verb · third · singular · aorist · active · indicative ▸ 3 + 1 = **4** (Gen. 48,10; Judg. 16,29; Eccl. 4,5; Judg. 16,29)

περιλαβεῖν ▸ 1
Verb · aorist · active · infinitive ▸ **1** (Eccl. 3,5)

περιλάβετε ▸ 1
Verb · second · plural · aorist · active · imperative ▸ **1** (Psa. 47,13)

περιλάβῃ ▸ 1
Verb · third · singular · aorist · active · subjunctive ▸ **1** (Prov. 4,8)

περιλαβών ▸ 2
Verb · aorist · active · participle · masculine · singular · nominative ▸ **2** (Gen. 29,13; Gen. 33,4)

περιλαμβάνων ▸ 1
Verb · present · active · participle · masculine · singular · nominative ▸ **1** (Sir. 30,20)

περιλημφθήσονται ▸ 1
Verb · third · plural · future · passive · indicative ▸ **1** (Is. 31,9)

περιλήμψεταί ▸ 2
Verb · third · singular · future · middle · indicative ▸ **2** (Song 2,6; Song 8,3)

περιλάμπω (περί; λάμπω) to shine around ▸ 2

περιέλαμψεν ▸ 1
Verb · third · singular · aorist · active · indicative ▸ **1** (Luke 2,9)

περιλάμψαν ▸ 1
Verb · aorist · active · participle · neuter · singular · accusative ▸ **1** (Acts 26,13)

περιλείπομαι (περί; λείπω) to remain, survive ▸ 4 + 2 = 6

περιλειπόμενοι ▸ 1 + 2 = 3
Verb · present · passive · participle · masculine · plural · nominative ▸ 1 + 2 = **3** (4Mac. 13,18; 1Th. 4,15; 1Th. 4,17)

περιλειπόμενον ▸ 2
Verb · present · passive · participle · masculine · singular · accusative ▸ **1** (4Mac. 12,6)
Verb · present · passive · participle · neuter · singular · accusative ▸ **1** (2Mac. 1,31)

περιλελειμμένα ▸ 1
Verb · perfect · passive · participle · neuter · plural · accusative ▸ **1** (2Mac. 8,14)

περίλημψις (περί; λαμβάνω) embracing ▸ 1
περιλήμψεως ▸ 1
Noun · feminine · singular · genitive · (common) ▸ **1** (Eccl. 3,5)

περίλοιπος (περί; λείπω) remaining, surviving ▸ 2
περιλοίποις ▸ 1
Adjective · masculine · plural · dative · noDegree ▸ **1** (Psa. 20,13)

περιλοίπους ▸ 1
Adjective · masculine · plural · accusative · noDegree ▸ **1** (Amos 5,15)

περίλυπος (περί; λύπη) very sorrowful ▸ 7 + 1 + 5 = 13

περίλυπον ▸ 1
Adjective · masculine · singular · accusative ▸ **1** (Luke 18,24)

περίλυπος ▸ 7 + 1 + 2 = 10
Adjective · masculine · singular · nominative · noDegree ▸ 7 + 1 + 2 = **10** (Gen. 4,6; 1Esdr. 8,68; 1Esdr. 8,69; Psa. 41,6; Psa. 41,12; Psa. 42,5; Dan. 2,12; Tob. 3,1; Mark 6,26; Luke 18,23)

περίλυπός ▸ 2
Adjective · feminine · singular · nominative ▸ **2** (Matt. 26,38; Mark 14,34)

περιλύω (περί; λύω) to dismember ▸ 1
περιλύσαντες ▸ 1
Verb · aorist · active · participle · masculine · plural · nominative ▸ **1** (4Mac. 10,7)

περιμένω (περί; μένω) to await ▸ 2 + 1 = 3
περιμένειν ▸ 1
Verb · present · active · infinitive ▸ **1** (Acts 1,4)

περιμενοῦσιν ▸ 1
Verb · third · plural · future · active · indicative ▸ **1** (Wis. 8,12)

περιμένω ▸ 1
Verb · first · singular · present · active · indicative ▸ **1** (Gen. 49,18)

περίμετρον (περί; μέτρον) circumference, perimeter ▸ 3
περίμετρον ▸ 2
Noun · neuter · singular · nominative · (common) ▸ **2** (1Kings 7,3; Sir. 50,3)

περιμέτρῳ ▸ 1
Noun · neuter · singular · dative · (common) ▸ **1** (3Mac. 4,11)

περινίπτομαι to wash oneself ▸ 1
περινίψασθαι ▸ 1
Verb · aorist · middle · infinitive ▸ **1** (Tob. 6,2)

πέριξ (περί) around ▸ 1
πέριξ ▸ 1
Adverb · (place) ▸ **1** (Acts 5,16)

περιξύω (περί; ξύω) to scrape off ▸ 1

περιέξυσεν ▸ 1
: **Verb** ▪ third ▪ singular ▪ aorist ▪ active ▪ indicative ▸ 1 (Wis. 13,11)

περιοδεύω to travel around ▸ 6
περιοδεῦσαι ▸ 2
: **Verb** ▪ aorist ▪ active ▪ infinitive ▸ 2 (Zech. 1,10; Zech. 6,7)
περιοδεύσατε ▸ 1
: **Verb** ▪ second ▪ plural ▪ aorist ▪ active ▪ imperative ▸ 1 (Zech. 6,7)
Περιωδεύκαμεν ▸ 1
: **Verb** ▪ first ▪ plural ▪ perfect ▪ active ▪ indicative ▸ 1 (Zech. 1,11)
περιώδευσαν ▸ 2
: **Verb** ▪ third ▪ plural ▪ aorist ▪ active ▪ indicative ▸ 2 (2Sam. 24,8; Zech. 6,7)

περίοδος (περί; ὁδός) circuit, journey; circular; one who goes the rounds, patrol ▸ 1
περιόδῳ ▸ 1
: **Noun** ▪ feminine ▪ singular ▪ dative ▪ (common) ▸ 1 (Josh. 6,16)

περιοικέω (περί; οἶκος) to live near ▸ 1
περιοικοῦντας ▸ 1
: **Verb** ▪ present ▪ active ▪ participle ▪ masculine ▪ plural ▪ accusative ▸ 1 (Luke 1,65)

περιοικοδομέω (περί; οἶκος; δέμω) to enclose ▸ 4
περιοικοδομήσει ▸ 1
: **Verb** ▪ third ▪ singular ▪ future ▪ active ▪ indicative ▸ 1 (Ezek. 26,8)
περιοικοδομήσουσιν ▸ 1
: **Verb** ▪ third ▪ plural ▪ future ▪ active ▪ indicative ▸ 1 (Ezek. 39,11)
περιῳκοδόμημαι ▸ 1
: **Verb** ▪ first ▪ singular ▪ perfect ▪ passive ▪ indicative ▸ 1 (Job 19,8)
περιῳκοδόμησαν ▸ 1
: **Verb** ▪ third ▪ plural ▪ aorist ▪ active ▪ indicative ▸ 1 (Jer. 52,4)

περίοικος (περί; οἶκος) neighbor ▸ 5 + 4 + 1 = 10
περίοικα ▸ 4
: **Adjective** ▪ neuter ▪ plural ▪ accusative ▪ noDegree ▸ 4 (Judg. 1,27; Judg. 1,27; Judg. 1,27; Judg. 1,27)
περίοικοι ▸ 1
: **Adjective** ▪ masculine ▪ plural ▪ nominative ▸ 1 (Luke 1,58)
περίοικον ▸ 1
: **Adjective** ▪ feminine ▪ singular ▪ accusative ▪ noDegree ▸ 1 (Gen. 19,25)
περιοίκου ▸ 2
: **Adjective** ▪ feminine ▪ singular ▪ genitive ▪ noDegree ▸ 2 (Gen. 19,29; Jer. 30,21)
περιοίκους ▸ 1
: **Adjective** ▪ masculine ▪ plural ▪ accusative ▪ noDegree ▸ 1 (Deut. 1,7)
περιοίκῳ ▸ 1
: **Adjective** ▪ masculine ▪ singular ▪ dative ▪ noDegree ▸ 1 (1Kings 7,33)

περιονυχίζω (περί; ὄνυξ) to trim nails ▸ 1
περιονυχιεῖς ▸ 1
: **Verb** ▪ second ▪ singular ▪ future ▪ active ▪ indicative ▸ 1 (Deut. 21,12)

περιουσιασμός (περί; εἰμί) abundance, wealth ▸ 2
περιουσιασμὸν ▸ 1
: **Noun** ▪ masculine ▪ singular ▪ accusative ▪ (common) ▸ 1 (Psa. 134,4)
περιουσιασμοὺς ▸ 1
: **Noun** ▪ masculine ▪ plural ▪ accusative ▪ (common) ▸ 1 (Eccl. 2,8)

περιούσιος (περί; εἰμί) special ▸ 5 + 1 = 6
περιούσιον ▸ 3 + 1 = 4
: **Adjective** ▪ masculine ▪ singular ▪ accusative ▪ noDegree ▸ 3 + 1 = 4 (Deut. 7,6; Deut. 14,2; Deut. 26,18; Titus 2,14)
περιούσιος ▸ 2
: **Adjective** ▪ masculine ▪ singular ▪ nominative ▪ noDegree ▸ 2 (Ex. 19,5; Ex. 23,22)

περιοχή (περί; ἔχω) enclosure; passage ▸ 25 + 1 = 26
περιοχή ▸ 1 + 1 = 2
: **Noun** ▪ feminine ▪ singular ▪ nominative ▪ (common) ▸ 1 + 1 = 2 (Zech. 12,2; Acts 8,32)
περιοχῇ ▸ 13
: **Noun** ▪ feminine ▪ singular ▪ dative ▪ (common) ▸ 13 (1Sam. 22,4; 1Sam. 22,5; 2Sam. 5,9; 2Sam. 23,14; 2Kings 24,10; 2Kings 25,2; 1Chr. 11,7; 1Chr. 11,16; 2Chr. 32,10; Jer. 19,9; Jer. 28,30; Ezek. 12,13; Ezek. 17,20)
περιοχήν ▸ 1
: **Noun** ▪ feminine ▪ singular ▪ accusative ▪ (common) ▸ 1 (2Sam. 5,17)
περιοχὴν ▸ 4
: **Noun** ▪ feminine ▪ singular ▪ accusative ▪ (common) ▸ 4 (2Sam. 5,7; 1Chr. 11,5; Obad. 1; Ezek. 4,2)
περιοχῆς ▸ 6
: **Noun** ▪ feminine ▪ singular ▪ genitive ▪ (common) ▸ 6 (2Kings 19,24; Psa. 30,22; Psa. 59,11; Psa. 107,11; Psa. 140,3; Nah. 3,14)

περιπαθῶς (περί; πείθω) in rage ▸ 1
περιπαθῶς ▸ 1
: **Adverb** ▸ 1 (4Mac. 8,2)

περιπατέω (περί; πατέω) to walk, walk around ▸ 34 + 7 + 95 = 136
περιεπάτει ▸ 4 + 1 + 7 = 12
: **Verb** ▪ third ▪ singular ▪ imperfect ▪ active ▪ indicative ▸ 4 + 1 + 7 = 12 (2Sam. 11,2; Esth. 2,11; Dan. 4,29; Sus. 13-14; Sus. 7; Mark 5,42; John 5,9; John 7,1; John 10,23; John 11,54; Acts 3,8; Acts 14,10)
περιεπάτεις ▸ 1
: **Verb** ▪ second ▪ singular ▪ imperfect ▪ active ▪ indicative ▸ 1 (John 21,18)
περιεπάτησα ▸ 2
: **Verb** ▪ first ▪ singular ▪ aorist ▪ active ▪ indicative ▸ 2 (2Kings 20,3; Sir. 24,5)
περιεπατήσαμεν ▸ 1
: **Verb** ▪ first ▪ plural ▪ aorist ▪ active ▪ indicative ▸ 1 (2Cor. 12,18)
περιεπάτησαν ▸ 2 + 1 = 3
: **Verb** ▪ third ▪ plural ▪ aorist ▪ active ▪ indicative ▸ 2 + 1 = 3 (Judg. 21,24; Is. 59,9; Judg. 21,24)
περιεπάτησας ▸ 1
: **Verb** ▪ second ▪ singular ▪ aorist ▪ active ▪ indicative ▸ 1 (Job 38,16)
περιεπατήσατε ▸ 1
: **Verb** ▪ second ▪ plural ▪ aorist ▪ active ▪ indicative ▸ 1 (Eph. 2,2)
περιεπατήσατέ ▸ 1
: **Verb** ▪ second ▪ plural ▪ aorist ▪ active ▪ indicative ▸ 1 (Col. 3,7)
περιεπάτησεν ▸ 3
: **Verb** ▪ third ▪ singular ▪ aorist ▪ active ▪ indicative ▸ 3 (Matt. 14,29; Acts 14,8; 1John 2,6)
περιεπατοῦμεν ▸ 1
: **Verb** ▪ first ▪ plural ▪ imperfect ▪ active ▪ indicative ▸ 1 (Sus. 36)
περιεπάτουν ▸ 1 + 1 + 1 = 3
: **Verb** ▪ first ▪ singular ▪ imperfect ▪ active ▪ indicative ▸ 1 (Dan. 4,33b)
: **Verb** ▪ third ▪ plural ▪ imperfect ▪ active ▪ indicative ▸ 1 + 1 = 2 (Dan. 3,24; John 6,66)
περιπατεῖ ▸ 3

περιπάτει ▸ **1** + **7** = **8**
  Verb · second · singular · present · active · imperative ▸ **1** + **7** = **8** (Eccl. 11,9; Matt. 9,5; Mark 2,9; Luke 5,23; John 5,8; John 5,11; John 5,12; Acts 3,6)
περιπατεῖν ▸ **10**
  Verb · present · active · infinitive ▸ **10** (Mark 12,38; Luke 20,46; John 7,1; Acts 3,12; Acts 21,21; Eph. 4,17; 1Th. 2,12; 1Th. 4,1; 1John 2,6; Rev. 9,20)
περιπατεῖς ▸ **2** + **2** = **4**
  Verb · second · singular · present · active · indicative ▸ **2** + **2** = **4** (Sir. 9,13; Sir. 13,13; Rom. 14,15; 3John 3)
περιπατεῖτε ▸ **9**
  Verb · second · plural · present · active · indicative ▸ **3** (1Cor. 3,3; Eph. 5,15; 1Th. 4,1)
  Verb · second · plural · present · active · imperative ▸ **6** (John 12,35; Gal. 5,16; Eph. 5,2; Eph. 5,8; Col. 2,6; Col. 4,5)
περιπατείτω ▸ **1**
  Verb · third · singular · present · active · imperative ▸ **1** (1Cor. 7,17)
περιπατῇ ▸ **3**
  Verb · third · singular · present · active · subjunctive ▸ **3** (John 11,9; John 11,10; Rev. 16,15)
περιπατῇς ▸ **1**
  Verb · second · singular · present · active · subjunctive ▸ **1** (Prov. 6,22)
περιπατήσαισαν ▸ **1**
  Verb · third · plural · aorist · active · optative ▸ **1** (Job 20,25)
περιπατῆσαι ▸ **2**
  Verb · aorist · active · infinitive ▸ **2** (Eph. 4,1; Col. 1,10)
περιπατήσας ▸ **1**
  Verb · aorist · active · participle · masculine · singular · nominative ▸ **1** (1Sam. 17,39)
περιπατήσει ▸ **2**
  Verb · third · singular · future · active · indicative ▸ **2** (Prov. 6,28; Is. 8,7)
περιπατήσεις ▸ **1**
  Verb · second · singular · future · active · indicative ▸ **1** (Prov. 23,31)
περιπατήσῃ ▸ **1** + **1** = **2**
  Verb · third · singular · aorist · active · subjunctive ▸ **1** + **1** = **2** (Ex. 21,19; John 8,12)
περιπατήσουσιν ▸ **3** + **2** = **5**
  Verb · third · plural · future · active · indicative ▸ **3** + **2** = **5** (Psa. 113,15; Psa. 134,17; Sir. 38,32; Rev. 3,4; Rev. 21,24)
περιπατήσωμεν ▸ **3**
  Verb · first · plural · aorist · active · subjunctive ▸ **3** (Rom. 6,4; Rom. 13,13; Eph. 2,10)
περιπατῆτε ▸ **2**
  Verb · second · plural · present · active · subjunctive ▸ **2** (1Th. 4,12; 2John 6)
περιπατοῦμεν ▸ **1**
  Verb · first · plural · present · active · indicative ▸ **1** (2Cor. 5,7)
περιπατοῦντα ▸ **5**
  Verb · present · active · participle · masculine · singular · accusative ▸ **4** (Matt. 14,26; Mark 6,49; John 6,19; Acts 3,9)
  Verb · present · active · participle · neuter · plural · accusative ▸ **1** (3John 4)
περιπατοῦντας ▸ **2** + **1** + **6** = **9**
  Verb · present · active · participle · masculine · plural · accusative ▸ **2** + **1** + **6** = **9** (Eccl. 4,15; Dan. 3,92; Dan. 3,92; Matt. 15,31; Mark 8,24; 2Cor. 10,2; Phil. 3,17; 2Th. 3,11; 2John 4)
περιπατοῦντες ▸ **5**
  Verb · present · active · participle · masculine · plural · nominative ▸ **5** (Luke 11,44; Luke 24,17; 2Cor. 4,2; 2Cor. 10,3; Heb. 13,9)
περιπατοῦντι ▸ **1**
  Verb · present · active · participle · masculine · singular · dative ▸ **1** (John 1,36)
περιπατοῦντος ▸ **2** + **2** = **4**
  Verb · present · active · participle · masculine · singular · genitive ▸ **2** + **2** = **4** (Gen. 3,8; Gen. 3,10; Mark 11,27; 2Th. 3,6)
Περιπατούντων ▸ **1**
  Verb · present · active · participle · masculine · plural · genitive ▸ **1** (Sus. 36)
περιπατοῦσαν ▸ **1** + **1** = **2**
  Verb · present · active · participle · feminine · singular · accusative ▸ **1** + **1** = **2** (Sus. 7-8; Sus. 8)
περιπατοῦσιν ▸ **1** + **6** = **7**
  Verb · present · active · participle · masculine · plural · dative ▸ **2** (Mark 16,12; Rom. 8,4)
  Verb · third · plural · present · active · indicative ▸ **1** + **4** = **5** (Psa. 11,9; Matt. 11,5; Mark 7,5; Luke 7,22; Phil. 3,18)
περιπατῶ ▸ **1**
  Verb · first · singular · present · active · indicative ▸ **1** (Prov. 8,20)
περιπατῶμεν ▸ **3**
  Verb · first · plural · present · active · subjunctive ▸ **3** (1John 1,6; 1John 1,7; 2John 6)
Περιπατῶν ▸ **1**
  Verb · present · active · participle · masculine · singular · nominative ▸ **1** (Matt. 4,18)
περιπατῶν ▸ **3** + **1** + **5** = **9**
  Verb · present · active · participle · masculine · singular · nominative ▸ **3** + **1** + **5** = **9** (Psa. 103,3; Job 9,8; Sir. 10,27; Dan. 4,29; Matt. 14,25; Mark 6,48; John 12,35; Acts 3,8; Rev. 2,1)

περίπατος (περί; πατέω) walking; walkway; walking discourse ▸ **8**
περίπατοι ▸ **1**
  Noun · masculine · plural · nominative · (common) ▸ **1** (Ezek. 42,5)
περιπάτοις ▸ **1**
  Noun · masculine · plural · dative · (common) ▸ **1** (Prov. 23,31)
περίπατον ▸ **2**
  Noun · masculine · singular · accusative · (common) ▸ **2** (2Mac. 2,30; Job 41,24)
περίπατος ▸ **2**
  Noun · masculine · singular · nominative · (common) ▸ **2** (Ezek. 42,4; Ezek. 42,11)
περιπάτου ▸ **2**
  Noun · masculine · singular · genitive · (common) ▸ **2** (Ezek. 42,10; Ezek. 42,12)

περιπείρω to pierce through ▸ **1**
περιέπειραν ▸ **1**
  Verb · third · plural · aorist · active · indicative ▸ **1** (1Tim. 6,10)

περιπίπτω (περί; πίπτω) to strike; to fall among, to embrace ▸ **9** + **3** = **12**
περιέπεσεν ▸ **2** + **1** = **3**
  Verb · third · singular · aorist · active · indicative ▸ **2** + **1** = **3** (Ruth 2,3; 4Mac. 1,24; Luke 10,30)
περιπέσητε ▸ **1**
  Verb · second · plural · aorist · active · subjunctive ▸ **1** (James 1,2)

περιπίπτω–περιπόρφυρος

περιέπεσον ▸ 1
: **Verb** ▪ first ▪ singular ▪ aorist ▪ active ▪ indicative ▸ 1 (2Sam. 1,6)

περιπεσεῖν ▸ 1
: **Verb** ▪ aorist ▪ active ▪ infinitive ▸ 1 (2Mac. 10,4)

περιπεσεῖσθε ▸ 1
: **Verb** ▪ second ▪ plural ▪ future ▪ middle ▪ indicative ▸ 1 (Dan. 2,9)

περιπεσόντα ▸ 1
: **Verb** ▪ aorist ▪ active ▪ participle ▪ neuter ▪ plural ▪ accusative ▸ 1 (2Mac. 9,7)

περιπεσόντες ▸ 1
: **Verb** ▪ aorist ▪ active ▪ participle ▪ masculine ▪ plural ▪ nominative ▸ 1 (Acts 27,41)

περιπεσών ▸ 1
: **Verb** ▪ aorist ▪ active ▪ participle ▪ masculine ▪ singular ▪ nominative ▸ 1 (2Mac. 9,21)

περιπίπτει ▸ 1
: **Verb** ▪ third ▪ singular ▪ present ▪ active ▪ indicative ▸ 1 (Prov. 11,5)

περιπίπτειν ▸ 1
: **Verb** ▪ present ▪ active ▪ infinitive ▸ 1 (2Mac. 6,13)

περιπλέκω (περί; πλέκω) to embrace, entangle ▸ 8

περιεπλάκησάν ▸ 1
: **Verb** ▪ third ▪ plural ▪ aorist ▪ passive ▪ indicative ▸ 1 (Psa. 118,61)

περιέπλεκεν ▸ 1
: **Verb** ▪ third ▪ singular ▪ imperfect ▪ active ▪ indicative ▸ 1 (Psa. 49,19)

περιπεπλεγμένη ▸ 1
: **Verb** ▪ perfect ▪ passive ▪ participle ▪ feminine ▪ singular ▪ nominative ▸ 1 (Ezek. 17,7)

περιπεπλεγμένοι ▸ 1
: **Verb** ▪ perfect ▪ passive ▪ participle ▪ masculine ▪ plural ▪ nominative ▸ 1 (3Mac. 4,8)

περιπεπληγμένον ▸ 1
: **Verb** ▪ perfect ▪ passive ▪ participle ▪ masculine ▪ singular ▪ accusative ▸ 1 (3Mac. 2,22)

περιπλεκομένη ▸ 1
: **Verb** ▪ present ▪ active ▪ participle ▪ feminine ▪ singular ▪ nominative ▸ 1 (Nah. 1,10)

περιπλεκόμενοι ▸ 1
: **Verb** ▪ present ▪ passive ▪ participle ▪ masculine ▪ plural ▪ nominative ▸ 1 (3Mac. 5,49)

περιπλέκων ▸ 1
: **Verb** ▪ present ▪ active ▪ participle ▪ masculine ▪ singular ▪ nominative ▸ 1 (4Mac. 1,29)

περιποιέω (περί; ποιέω) to preserve, keep safe, keep alive; purchase ▸ 30 + 1 + 3 = 34

περιεποιησάμην ▸ 2
: **Verb** ▪ first ▪ singular ▪ aorist ▪ middle ▪ indicative ▸ 2 (Num. 22,33; Is. 43,21)

περιεποιήσαντο ▸ 1
: **Verb** ▪ third ▪ plural ▪ aorist ▪ middle ▪ indicative ▸ 1 (Judith 11,9)

περιεποιήσατο ▸ 7 + 1 = 8
: **Verb** ▪ third ▪ singular ▪ aorist ▪ middle ▪ indicative ▸ 7 + 1 = 8 (Gen. 31,18; Gen. 36,6; 1Sam. 15,9; 1Sam. 15,15; 1Sam. 25,39; 2Sam. 12,3; Jer. 31,36; Acts 20,28)

περιεποιοῦντο ▸ 1
: **Verb** ▪ third ▪ plural ▪ imperfect ▪ middle ▪ indicative ▸ 1 (Ezek. 13,18)

περιπεποίημαι ▸ 1
: **Verb** ▪ first ▪ singular ▪ perfect ▪ middle ▪ indicative ▸ 1 (1Chr. 29,3)

περιποιεῖσθε ▸ 1
: **Verb** ▪ second ▪ plural ▪ present ▪ middle ▪ imperative ▸ 1 (Ex. 1,16)

περιποιεῖται ▸ 3
: **Verb** ▪ third ▪ singular ▪ present ▪ middle ▪ indicative ▸ 3 (2Mac. 15,21; Prov. 6,32; Prov. 22,9a)

περιποιῆσαι ▸ 1
: **Verb** ▪ aorist ▪ active ▪ infinitive ▸ 1 (1Mac. 6,44)

περιποίησαι ▸ 2
: **Verb** ▪ second ▪ singular ▪ aorist ▪ middle ▪ imperative ▸ 2 (Psa. 78,11; Prov. 7,4)

περιποιησάμενος ▸ 1
: **Verb** ▪ aorist ▪ middle ▪ participle ▪ masculine ▪ singular ▪ nominative ▸ 1 (Sir. 1,11 Prol.)

περιποιήσαντι ▸ 1
: **Verb** ▪ aorist ▪ active ▪ participle ▪ masculine ▪ singular ▪ dative ▸ 1 (2Mac. 3,35)

περιποιήσασθαι ▸ 1 + 1 = 2
: **Verb** ▪ aorist ▪ middle ▪ infinitive ▸ 1 + 1 = 2 (Ezek. 13,19; Luke 17,33)

περιποιήσασθε ▸ 1
: **Verb** ▪ second ▪ plural ▪ aorist ▪ middle ▪ imperative ▸ 1 (Josh. 6,17)

περιποιήσεσθε ▸ 1
: **Verb** ▪ second ▪ plural ▪ future ▪ middle ▪ indicative ▸ 1 (Judg. 21,11)

περιποιήσεται ▸ 1
: **Verb** ▪ third ▪ singular ▪ future ▪ middle ▪ indicative ▸ 1 (Is. 31,5)

περιποιήσετε ▸ 1
: **Verb** ▪ second ▪ plural ▪ future ▪ active ▪ indicative ▸ 1 (Ex. 22,17)

περιποιήσῃ ▸ 1
: **Verb** ▪ second ▪ singular ▪ future ▪ middle ▪ indicative ▸ 1 (1Sam. 15,3)

περιποιησόμεθα ▸ 1
: **Verb** ▪ first ▪ plural ▪ future ▪ middle ▪ indicative ▸ 1 (Josh. 9,20)

περιποιήσονται ▸ 2
: **Verb** ▪ third ▪ plural ▪ future ▪ middle ▪ indicative ▸ 2 (Gen. 12,12; Job 27,17)

περιποιησώμεθα ▸ 1
: **Verb** ▪ first ▪ plural ▪ aorist ▪ middle ▪ subjunctive ▸ 1 (1Kings 18,5)

περιποιοῦνται ▸ 1
: **Verb** ▪ third ▪ plural ▪ present ▪ middle ▪ indicative ▸ 1 (1Tim. 3,13)

περιποίησις (περί; ποιέω) preservation; obtaining; possession ▸ 3 + 5 = 8

περιποιήσεως ▸ 1
: **Noun** ▪ feminine ▪ singular ▪ genitive ▸ 1 (Eph. 1,14)

περιποίησιν ▸ 3 + 4 = 7
: **Noun** ▪ feminine ▪ singular ▪ accusative ▪ (common) ▸ 3 + 4 = 7 (2Chr. 14,12; Hag. 2,9; Mal. 3,17; 1Th. 5,9; 2Th. 2,14; Heb. 10,39; 1Pet. 2,9)

περιπόλιον (περί; πέλω) surrounding fortification ▸ 2

περιπόλια ▸ 2
: **Noun** ▪ neuter ▪ plural ▪ accusative ▪ (common) ▸ 2 (1Mac. 11,4; 1Mac. 11,61)

περιπορεύομαι (περί; πορεύομαι) to go around ▸ 1

περιπορεύεται ▸ 1
: **Verb** ▪ third ▪ singular ▪ present ▪ middle ▪ indicative ▸ 1 (Josh. 15,3)

περιπόρφυρος (περί; πορφύρα) purple-clad,

purple-edged ▸ 1
περιπόρφυρα ▸ 1
    Adjective · neuter · plural · accusative · noDegree ▸ **1** (Is. 3,21)

περίπτερος (περί; πέτομαι) encircled with columns ▸ 3
περίπτερα ▸ 2
    Adjective · neuter · plural · nominative · noDegree ▸ **2** (Song 8,6; Song 8,6)
περίπτερον ▸ 1
    Adjective · masculine · singular · accusative · noDegree ▸ **1** (Amos 3,15)

περίπτωμα (περί; πίπτω) sudden event ▸ 2
Περιπτώματι ▸ 1
    Noun · neuter · singular · dative · (common) ▸ **1** (2Sam. 1,6)
περιπτώματι ▸ 1
    Noun · neuter · singular · dative · (common) ▸ **1** (Ruth 2,3)

περιρήγνυμι (περί; ῥήγνυμι) to tear off ▸ 1
περιρήξαντες ▸ 1
    Verb · aorist · active · participle · masculine · plural · nominative ▸ **1** (Acts 16,22)

περιρραίνω (περί; ῥαίνω) to sprinkle, purify ▸ 6
περιρραίνων ▸ 1
    Verb · present · active · participle · masculine · singular · nominative ▸ **1** (Num. 19,21)
περιρρανεῖ ▸ 4
    Verb · third · singular · future · active · indicative ▸ **4** (Lev. 14,7; Lev. 14,51; Num. 19,18; Num. 19,19)
περιρρανεῖς ▸ 1
    Verb · second · singular · future · active · indicative ▸ **1** (Num. 8,7)

περιρραντίζω (περί; ῥαίνω) to sprinkle ▸ 2
περιερραντίσθη ▸ 2
    Verb · third · singular · aorist · passive · indicative ▸ **2** (Num. 19,13; Num. 19,20)

περιρρέω (περί; ῥέω) to flow around, overflow ▸ 1
περιέρρεον ▸ 1
    Verb · third · plural · imperfect · active · indicative ▸ **1** (4Mac. 9,20)

περιρρήγνυμι (περί; ῥήγνυμι) to tear off ▸ 1
περιρρήξας ▸ 1
    Verb · aorist · active · participle · masculine · singular · nominative ▸ **1** (2Mac. 4,38)

περισιαλόομαι (περί; σίαλος) to be set in, embroidered ▸ 1
περισεσιαλωμένους ▸ 1
    Verb · perfect · passive · participle · masculine · plural · accusative ▸ **1** (Ex. 36,13)

περισκελής (περί; σκέλλω) legging ▸ 6
περισκελὲς ▸ 2
    Adjective · neuter · singular · accusative · noDegree ▸ **1** (Lev. 6,3)
    Adjective · neuter · singular · nominative · noDegree ▸ **1** (Lev. 16,4)
περισκελῆ ▸ 4
    Adjective · neuter · plural · accusative · noDegree ▸ **4** (Ex. 28,42; Ex. 36,35; Sir. 45,8; Ezek. 44,18)

περισκυθίζω (περί; σκυθίζω) to scalp ▸ 1
περισκυθίσαντας ▸ 1
    Verb · aorist · active · participle · masculine · plural · accusative ▸ **1** (2Mac. 7,4)

περισπασμός (περί; σπάω) burden, worry ▸ 9 + 1 = 10
περισπασμόν ▸ 1
    Noun · masculine · singular · accusative · (common) ▸ **1** (Eccl. 3,10)
περισπασμόν ▸ 3
    Noun · masculine · singular · accusative · (common) ▸ **3** (Eccl. 1,13; Eccl. 2,26; Eccl. 8,16)
περισπασμός ▸ 2 + 1 = 3
    Noun · masculine · singular · nominative · (common) ▸ 2 + 1 = 3 (Eccl. 2,23; Eccl. 4,8; Tob. 10,6)
περισπασμοῦ ▸ 1
    Noun · masculine · singular · genitive · (common) ▸ **1** (Eccl. 5,2)
περισπασμῷ ▸ 2
    Noun · masculine · singular · dative · (common) ▸ **2** (2Mac. 10,36; Eccl. 5,13)

περισπάω (περί; σπάω) to dragg off, turn around; (pass) be worried ▸ 5 + 1 = 6
περιέσπασεν ▸ 1
    Verb · third · singular · aorist · active · indicative ▸ **1** (2Sam. 6,6)
περιεσπᾶτο ▸ 1
    Verb · third · singular · imperfect · passive · indicative ▸ **1** (Luke 10,40)
περισπᾷ ▸ 1
    Verb · third · singular · present · active · indicative ▸ **1** (Eccl. 5,19)
περισπᾶσθαι ▸ 2
    Verb · present · passive · infinitive ▸ **2** (Eccl. 1,13; Eccl. 3,10)
περισπωμένῳ ▸ 1
    Verb · present · passive · participle · masculine · singular · dative ▸ **1** (Sir. 41,2)

περισπόριον (περί; σπείρω) country round about, open country surrounding a city ▸ 64 + 1 = 65
περισπόρια ▸ 64 + 1 = 65
    Noun · neuter · plural · accusative · (common) ▸ 62 + 1 = 63 (Josh. 21,2; Josh. 21,3; Josh. 21,8; Josh. 21,11; Josh. 21,34; Josh. 21,34; Josh. 21,35; Josh. 21,35; Josh. 21,36; Josh. 21,36; Josh. 21,37; Josh. 21,37; Josh. 21,38; Josh. 21,38; Josh. 21,39; Josh. 21,39; Judg. 1,18; Judg. 1,27; 1Chr. 6,40; 1Chr. 6,42; 1Chr. 6,42; 1Chr. 6,42; 1Chr. 6,43; 1Chr. 6,43; 1Chr. 6,44; 1Chr. 6,44; 1Chr. 6,44; 1Chr. 6,45; 1Chr. 6,45; 1Chr. 6,45; 1Chr. 6,49; 1Chr. 6,52; 1Chr. 6,52; 1Chr. 6,53; 1Chr. 6,53; 1Chr. 6,54; 1Chr. 6,54; 1Chr. 6,55; 1Chr. 6,55; 1Chr. 6,56; 1Chr. 6,56; 1Chr. 6,57; 1Chr. 6,57; 1Chr. 6,58; 1Chr. 6,58; 1Chr. 6,59; 1Chr. 6,59; 1Chr. 6,60; 1Chr. 6,60; 1Chr. 6,61; 1Chr. 6,61; 1Chr. 6,61; 1Chr. 6,62; 1Chr. 6,62; 1Chr. 6,63; 1Chr. 6,63; 1Chr. 6,64; 1Chr. 6,64; 1Chr. 6,65; 1Chr. 6,65; 1Chr. 6,66; 1Chr. 6,66; Judg. 1,18)
    Noun · neuter · plural · nominative · (common) ▸ **2** (Josh. 21,41; Josh. 21,42)

περισσεία (περί) advantage, abundance ▸ 12 + 4 = 16
περισσεία ▸ 12 + 1 = 13
    Noun · feminine · singular · nominative · (common) ▸ 12 + 1 = 13 (Eccl. 1,3; Eccl. 2,11; Eccl. 2,13; Eccl. 2,13; Eccl. 3,9; Eccl. 5,8; Eccl. 5,15; Eccl. 6,8; Eccl. 7,11; Eccl. 7,12; Eccl. 10,10; Eccl. 10,11; 2Cor. 8,2)
περισσείαν ▸ 3
    Noun · feminine · singular · accusative ▸ **3** (Rom. 5,17; 2Cor. 10,15; James 1,21)

περίσσευμα (περί) abundance ▸ 1 + 5 = 6
περίσσευμα ▸ 2
    Noun · neuter · singular · nominative ▸ **2** (2Cor. 8,14; 2Cor. 8,14)
περισσεύματα ▸ 1
    Noun · neuter · plural · accusative ▸ **1** (Mark 8,8)
περισσεύματος ▸ 1 + 2 = 3

Noun · neuter · singular · genitive · (common) ▸ 1 + 2 = **3** (Eccl. 2,15; Matt. 12,34; Luke 6,45)

περισσεύω (περί)   to abound ▸ 9 + 39 = 48

ἐπερίσσευον ▸ 1
   Verb · third · plural · imperfect · active · indicative ▸ 1 (Acts 16,5)

ἐπερίσσευσαν ▸ 1
   Verb · third · plural · aorist · active · indicative ▸ 1 (John 6,13)

ἐπερίσσευσεν ▸ 2 + 4 = 6
   Verb · third · singular · aorist · active · indicative ▸ 2 + 4 = **6** (1Mac. 3,30; Eccl. 3,19; Rom. 3,7; Rom. 5,15; 2Cor. 8,2; Eph. 1,8)

περισσεύει ▸ 1 + 3 = 4
   Verb · third · singular · present · active · indicative ▸ 1 + 3 = **4** (Sir. 11,12; 2Cor. 1,5; 2Cor. 1,5; 2Cor. 3,9)

περισσεύειν ▸ 5
   Verb · present · active · infinitive ▸ 5 (Luke 12,15; Rom. 15,13; Phil. 4,12; Phil. 4,12; 1Th. 4,10)

περισσεύετε ▸ 1
   Verb · second · plural · present · active · indicative ▸ 1 (2Cor. 8,7)

περισσεύῃ ▸ 2
   Verb · third · singular · present · active · subjunctive ▸ 2 (Phil. 1,9; Phil. 1,26)

περισσεύητε ▸ 4
   Verb · second · plural · present · active · subjunctive ▸ 4 (1Cor. 14,12; 2Cor. 8,7; 2Cor. 9,8; 1Th. 4,1)

περισσευθήσεται ▸ 2
   Verb · third · singular · future · passive · indicative ▸ 2 (Matt. 13,12; Matt. 25,29)

περισσεύομεν ▸ 1
   Verb · first · plural · present · active · indicative ▸ 1 (1Cor. 8,8)

περισσεῦον ▸ 2
   Verb · present · active · participle · neuter · singular · accusative ▸ 2 (Matt. 14,20; Matt. 15,37)

περισσεύονται ▸ 1
   Verb · third · plural · present · middle · indicative ▸ 1 (Luke 15,17)

περισσεύοντες ▸ 2
   Verb · present · active · participle · masculine · plural · nominative ▸ 2 (1Cor. 15,58; Col. 2,7)

περισσεύοντος ▸ 2
   Verb · present · active · participle · neuter · singular · genitive ▸ 2 (Mark 12,44; Luke 21,4)

περισσεύουσα ▸ 1
   Verb · present · active · participle · feminine · singular · nominative ▸ 1 (2Cor. 9,12)

περισσεύσαι ▸ 1
   Verb · third · singular · aorist · active · optative ▸ 1 (1Th. 3,12)

περισσεῦσαι ▸ 1
   Verb · aorist · active · infinitive ▸ 1 (2Cor. 9,8)

περισσεῦσαν ▸ 1
   Verb · aorist · active · participle · neuter · singular · nominative ▸ 1 (Luke 9,17)

περισσεύσαντα ▸ 1
   Verb · aorist · active · participle · neuter · plural · accusative ▸ 1 (John 6,12)

περισσεύσῃ ▸ 1 + 2 = 3
   Verb · third · singular · aorist · active · subjunctive ▸ 1 + 2 = **3** (Tob. 4,16; Matt. 5,20; 2Cor. 4,15)

περισσεύσῃς ▸ 1
   Verb · second · singular · aorist · active · subjunctive ▸ 1 (Sir. 33,30)

περισσεύω ▸ 1
   Verb · first · singular · present · active · indicative ▸ 1 (Phil. 4,18)

περισσεύων ▸ 4
   Verb · present · active · participle · masculine · singular · nominative ▸ 4 (1Sam. 2,33; 1Sam. 2,36; Sir. 10,27; Sir. 19,24)

περισσός (περί) more, remaining, excessive, to the full ▸ 19 + 7 + 15 = 41

περισσά ▸ 1
   Adjective · neuter · plural · accusative · noDegree ▸ 1 (Eccl. 7,16)

περισσὰ ▸ 2
   Adjective · neuter · plural · accusative · noDegree ▸ 1 (Num. 4,26)
   Adjective · neuter · plural · nominative · noDegree ▸ 1 (1Mac. 9,22)

περισσὰς ▸ 1
   Adjective · feminine · plural · accusative · noDegree ▸ 1 (Ezek. 48,15)

περισσὴ ▸ 1
   Adjective · feminine · singular · nominative · noDegree ▸ 1 (Dan. 5,14)

περισσοὶ ▸ 1
   Adjective · masculine · plural · nominative · noDegree ▸ 1 (1Sam. 30,9)

περισσοῖς ▸ 1 + 2 = 3
   Adjective · masculine · plural · dative · noDegree ▸ 2 (Judg. 21,7; Judg. 21,16)
   Adjective · neuter · plural · dative · noDegree ▸ 1 (Sir. 3,23)

περισσόν ▸ 1 + 1 = 2
   Adjective · neuter · singular · nominative · noDegree ▸ 1 + 1 = **2** (Prov. 14,23; 2Cor. 9,1)

περισσὸν ▸ 10 + 2 + 4 = 16
   Adverb ▸ 2 + 1 = **3** (Eccl. 12,9; Eccl. 12,11; John 10,10)
   Adjective · neuter · singular · accusative · noDegree ▸ 4 + 2 + 1 = **7** (Ex. 10,5; 2Kings 25,11; 2Mac. 12,44; Eccl. 2,15; Dan. 5,12; Dan. 6,4; Matt. 5,47)
   Adjective · neuter · singular · nominative · noDegree ▸ 4 + 2 = **6** (Eccl. 6,11; Ezek. 48,18; Ezek. 48,21; Ezek. 48,23; Matt. 5,37; Rom. 3,1)

περισσὸς ▸ 2
   Adjective · masculine · singular · nominative · noDegree ▸ 2 (Sol. 4,2; Sol. 4,2)

περισσοτέρα ▸ 1
   Adjective · neuter · plural · accusative · comparative ▸ 1 (Dan. 4,36)

περισσοτέρᾳ ▸ 1
   Adjective · feminine · singular · dative · comparative ▸ 1 (2Cor. 2,7)

περισσοτέραν ▸ 3
   Adjective · feminine · singular · accusative · comparative ▸ 3 (1Cor. 12,23; 1Cor. 12,23; 1Cor. 12,24)

περισσότερον ▸ 3
   Adjective · neuter · singular · accusative · comparative ▸ 3 (Mark 12,40; Luke 12,48; Luke 20,47)

περισσότερόν ▸ 2
   Adjective · neuter · singular · accusative · comparative ▸ 1 (Luke 12,4)
   Adjective · neuter · singular · nominative · comparative ▸ 1 (Mark 12,33)

περισσοῦ ‣ 1 + 1 = 2
: **Adjective** · neuter · singular · genitive ‣ 1 + 1 = 2 (Dan. 3,22; Mark 6,51)

περισσότερος (περί)   more ‣ 7
: περισσότερον ‣ 6
  : **Adverb** · (comparative) ‣ 5 (Matt. 11,9; Mark 7,36; 1Cor. 15,10; Heb. 6,17; Heb. 7,15)
  : **Adjective** · masculine · singular · accusative · comparative ‣ 1 (Luke 7,26)
: περισσότερόν ‣ 1
  : **Adverb** · (comparative) ‣ 1 (2Cor. 10,8)

περισσοτέρως (περί)   even more so ‣ 12
: περισσοτέρως ‣ 12
  : **Adverb** · (comparative) ‣ 12 (2Cor. 1,12; 2Cor. 2,4; 2Cor. 7,13; 2Cor. 7,15; 2Cor. 11,23; 2Cor. 11,23; 2Cor. 12,15; Gal. 1,14; Phil. 1,14; 1Th. 2,17; Heb. 2,1; Heb. 13,19)

περισσῶς (περί)   all the more ‣ 2 + 4 + 4 = 10
: περισσῶς ‣ 2 + 4 + 4 = 10
  : **Adverb** ‣ 2 + 4 + 4 = 10 (2Mac. 8,27; Psa. 30,24; Dan. 7,7; Dan. 7,7; Dan. 7,19; Dan. 8,9; Matt. 27,23; Mark 10,26; Mark 15,14; Acts 26,11)

περίστασις (περί; ἵστημι)   standing around; circumstance; crisis, difficulty ‣ 2
: περίστασιν ‣ 1
  : **Noun** · feminine · singular · accusative · (common) ‣ 1 (Ezek. 26,8)
: περίστασις ‣ 1
  : **Noun** · feminine · singular · nominative · (common) ‣ 1 (2Mac. 4,16)

περιστέλλω (περί; στέλλω)   to bury ‣ 5 + 1 = 6
: περιέστειλες ‣ 1
  : **Verb** · second · singular · aorist · active · indicative ‣ 1 (Tob. 12,13)
: περισταλῇς ‣ 1
  : **Verb** · second · singular · aorist · passive · subjunctive ‣ 1 (Ezek. 29,5)
: περιστείλῃς ‣ 1
  : **Verb** · second · singular · aorist · active · subjunctive ‣ 1 (Tob. 12,13)
: περίστειλον ‣ 2
  : **Verb** · second · singular · aorist · active · imperative ‣ 2 (Sir. 38,16; Sol. 16,10)
: περιστελεῖ ‣ 1
  : **Verb** · third · singular · future · active · indicative ‣ 1 (Is. 58,8)

περιστερά   dove, pigeon ‣ 36 + 10 = 46
: περιστερά ‣ 8
  : **Noun** · feminine · singular · nominative · (common) ‣ 6 (Ode. 11,14; Song 2,10; Song 2,13; Song 6,9; Zeph. 3,1; Is. 38,14)
  : **Noun** · feminine · singular · vocative · (common) ‣ 2 (Song 2,14; Song 5,2)
: περιστερὰ ‣ 5
  : **Noun** · feminine · singular · nominative · (common) ‣ 5 (Gen. 8,9; Gen. 8,11; Hos. 7,11; Hos. 11,11; Is. 59,11)
: περιστεραί ‣ 5
  : **Noun** · feminine · plural · nominative · (common) ‣ 5 (Song 4,1; Song 5,12; Nah. 2,8; Is. 60,8; Jer. 31,28)
: περιστεραί ‣ 1 + 1 = 2
  : **Noun** · feminine · plural · nominative · (common) ‣ 1 + 1 = 2 (Song 1,15; Matt. 10,16)
: περιστεράν ‣ 2
  : **Noun** · feminine · singular · accusative · (common) ‣ 2 (Gen. 8,12; Gen. 15,9)
: περιστεράν ‣ 2 + 4 = 6
  : **Noun** · feminine · singular · accusative · (common) ‣ 2 + 4 = 6 (Gen. 8,8; Gen. 8,10; Matt. 3,16; Mark 1,10; Luke 3,22; John 1,32)
: περιστεράς ‣ 1
  : **Noun** · feminine · plural · accusative ‣ 1 (Matt. 21,12)
: περιστεράς ‣ 3
  : **Noun** · feminine · plural · accusative ‣ 3 (Mark 11,15; John 2,14; John 2,16)
: περιστεράς ‣ 3
  : **Noun** · feminine · singular · genitive · (common) ‣ 3 (Lev. 12,6; Psa. 54,7; Psa. 67,14)
: περιστερῶν ‣ 10 + 1 = 11
  : **Noun** · feminine · plural · genitive · (common) ‣ 10 + 1 = 11 (Lev. 1,14; Lev. 5,7; Lev. 5,11; Lev. 12,8; Lev. 14,22; Lev. 14,30; Lev. 15,14; Lev. 15,29; Num. 6,10; 2Kings 6,25; Luke 2,24)

περιστήθιον (περί; στῆθος)   breastpiece ‣ 1
: περιστήθιον ‣ 1
  : **Noun** · neuter · singular · accusative · (common) ‣ 1 (Ex. 28,4)

περιστολή (περί; στέλλω)   robe; burial robe ‣ 3
: περιστολῇ ‣ 1
  : **Noun** · feminine · singular · dative · (common) ‣ 1 (Sol. 13,8)
: περιστολήν ‣ 2
  : **Noun** · feminine · singular · accusative · (common) ‣ 2 (Ex. 33,6; Sir. 45,7)

περιστόμιον (περί; στόμα)   collar ‣ 7
: περιστόμιον ‣ 6
  : **Noun** · neuter · singular · accusative · (common) ‣ 3 (Ex. 36,30; Job 15,27; Ezek. 39,11)
  : **Noun** · neuter · singular · nominative · (common) ‣ 3 (Ex. 28,32; Ex. 36,30; Job 30,18)
: περιστομίου ‣ 1
  : **Noun** · neuter · singular · genitive · (common) ‣ 1 (Ex. 28,32)

περιστρέφω (περί; στρέφω)   to gather; to be removed ‣ 3
: περιστραφέντα ‣ 1
  : **Verb** · aorist · passive · participle · neuter · plural · nominative ‣ 1 (Gen. 37,7)
: περιστραφήσεται ‣ 2
  : **Verb** · third · singular · future · passive · indicative ‣ 2 (Num. 36,7; Num. 36,9)

περιστροφή (περί; στρέφω)   procession ‣ 1
: περιστροφῇ ‣ 1
  : **Noun** · feminine · singular · dative · (common) ‣ 1 (Sir. 50,5)

περίστυλον (περί; στῦλος)   colonnade ‣ 9
: περίστυλα ‣ 2
  : **Noun** · neuter · plural · nominative · (common) ‣ 2 (Ezek. 40,17; Ezek. 42,3)
: περιστύλοις ‣ 1
  : **Noun** · neuter · plural · dative · (common) ‣ 1 (Ezek. 40,17)
: περίστυλον ‣ 4
  : **Noun** · neuter · singular · accusative · (common) ‣ 1 (2Mac. 4,46)
  : **Noun** · neuter · singular · nominative · (common) ‣ 3 (Ezek. 40,18; Ezek. 42,5; Ezek. 42,5)
: περιστύλου ‣ 1
  : **Noun** · neuter · singular · genitive · (common) ‣ 1 (Ezek. 42,5)
: περιστύλῳ ‣ 1
  : **Noun** · neuter · singular · dative · (common) ‣ 1 (3Mac. 5,23)

περισύρω (περί; σύρω)   to tear away ‣ 2
: περισύραντες ‣ 1

Verb · aorist · active · participle · masculine · plural · nominative ▸ 1 (2Mac. 7,7)
   περισύρων ▸ 1
      Verb · present · active · participle · masculine · singular · nominative ▸ 1 (Gen. 30,37)
περισχίζω (περί; σχίζω)   to divide ▸ 2
   περισχίζοντος ▸ 1
      Verb · present · active · participle · neuter · singular · genitive ▸ 1 (Ezek. 48,1)
   περισχιζούσης ▸ 1
      Verb · present · active · participle · feminine · singular · genitive ▸ 1 (Ezek. 47,15)
περιτειχίζω (περί; τεῖχος)   to build a wall around, fence in ▸ 2
   περιετείχισεν ▸ 1
      Verb · third · singular · aorist · active · indicative ▸ 1 (1Mac. 13,33)
   περιτετειχισμένα ▸ 1
      Verb · perfect · passive · participle · neuter · plural · nominative ▸ 1 (Hos. 10,14)
περίτειχος (περί; τεῖχος)   surrounding wall ▸ 2
   περίτειχος ▸ 2
      Noun · neuter · singular · accusative · (common) ▸ 1 (Is. 26,1)
      Noun · neuter · singular · nominative · (common) ▸ 1 (2Kings 25,1)
περιτέμνω (περί; τομός)   to circumcise ▸ 39 + 17 = 56
   περιέτεμεν ▸ 10 + 2 = 12
      Verb · third · singular · aorist · active · indicative ▸ 10 + 2 = **12** (Gen. 17,23; Gen. 17,24; Gen. 17,27; Gen. 21,4; Ex. 4,25; Josh. 5,3; Josh. 5,5; Josh. 5,7; Josh. 21,42d; Josh. 24,31a; Acts 7,8; Acts 16,3)
   περιετέμετο ▸ 1
      Verb · third · singular · aorist · middle · indicative ▸ 1 (Judith 14,10)
   περιέτεμον ▸ 2
      Verb · third · plural · aorist · active · indicative ▸ 2 (1Mac. 2,46; 4Mac. 4,25)
   περιετέμοντο ▸ 2
      Verb · third · plural · aorist · middle · indicative ▸ 2 (Gen. 34,24; Esth. 8,17)
   περιετμήθη ▸ 2
      Verb · third · singular · aorist · passive · indicative ▸ 2 (Gen. 17,25; Gen. 17,26)
   περιετμήθητε ▸ 1
      Verb · second · plural · aorist · passive · indicative ▸ 1 (Col. 2,11)
   περίτεμε ▸ 1
      Verb · second · singular · aorist · active · imperative ▸ 1 (Josh. 5,2)
   περιτεμεῖ ▸ 1
      Verb · third · singular · future · active · indicative ▸ 1 (Lev. 12,3)
   περιτεμεῖν ▸ 2
      Verb · aorist · active · infinitive ▸ 2 (Luke 1,59; Luke 2,21)
   περιτεμεῖς ▸ 2
      Verb · second · singular · future · active · indicative ▸ 2 (Ex. 12,44; Ex. 12,48)
   περιτεμεῖσθε ▸ 1
      Verb · second · plural · future · middle · indicative ▸ 1 (Deut. 10,16)
   περιτέμεσθε ▸ 1
      Verb · second · plural · aorist · middle · imperative ▸ 1 (Jer. 4,4)
   περιτέμνειν ▸ 2
      Verb · present · active · infinitive ▸ 2 (Acts 15,5; Acts 21,21)
   περιτέμνεσθαι ▸ 2 + 2 = 4
      Verb · present · passive · infinitive ▸ 2 + 2 = **4** (Gen. 34,17; Gen. 34,22; Gal. 6,12; Gal. 6,13)
   περιτεμνέσθω ▸ 1
      Verb · third · singular · present · passive · imperative ▸ 1 (1Cor. 7,18)
   περιτέμνετε ▸ 1
      Verb · second · plural · present · active · indicative ▸ 1 (John 7,22)
   περιτέμνησθε ▸ 1
      Verb · second · plural · present · passive · subjunctive ▸ 1 (Gal. 5,2)
   περιτεμνόμενοι ▸ 1
      Verb · present · passive · participle · masculine · plural · nominative ▸ 1 (Gal. 6,13)
   περιτεμνομένῳ ▸ 1
      Verb · present · passive · participle · masculine · singular · dative ▸ 1 (Gal. 5,3)
   περιτετμηκότας ▸ 1
      Verb · perfect · active · participle · masculine · plural · accusative ▸ 1 (1Mac. 1,61)
   περιτετμηκυῖαι ▸ 1
      Verb · perfect · active · participle · feminine · plural · nominative ▸ 1 (2Mac. 6,10)
   περιτετμηκυίας ▸ 1
      Verb · perfect · active · participle · feminine · plural · accusative ▸ 1 (1Mac. 1,60)
   περιτετμημένον ▸ 1
      Verb · perfect · passive · participle · neuter · singular · accusative ▸ 1 (4Mac. 9,21)
   περιτετμημένος ▸ 1
      Verb · perfect · passive · participle · masculine · singular · nominative ▸ 1 (1Cor. 7,18)
   περιτετμημένους ▸ 1
      Verb · perfect · passive · participle · masculine · plural · accusative ▸ 1 (Jer. 9,24)
   περιτέτμηνται ▸ 1
      Verb · third · plural · perfect · passive · indicative ▸ 1 (Gen. 34,22)
   περιτμηθέντες ▸ 1
      Verb · aorist · passive · participle · masculine · plural · nominative ▸ 1 (Josh. 5,8)
   περιτμηθῆναι ▸ 1 + 1 = 2
      Verb · aorist · passive · infinitive ▸ 1 + 1 = **2** (Gen. 34,15; Gal. 2,3)
   περιτμηθήσεσθε ▸ 1
      Verb · second · plural · future · passive · indicative ▸ 1 (Gen. 17,11)
   περιτμηθήσεται ▸ 4
      Verb · third · singular · future · passive · indicative ▸ 4 (Gen. 17,10; Gen. 17,12; Gen. 17,13; Gen. 17,14)
   περιτμήθητε ▸ 1
      Verb · second · plural · aorist · passive · imperative ▸ 1 (Jer. 4,4)
   περιτμηθῆτε ▸ 1
      Verb · second · plural · aorist · passive · subjunctive ▸ 1 (Acts 15,1)
περιτίθημι (περί; τίθημι)   to put on ▸ 52 + 1 + 8 = 61
   περιέθεσαν ▸ 1
      Verb · third · singular · aorist · active · indicative ▸ 1 (Wis. 14,21)
   περιέθετο ▸ 5
      Verb · third · singular · aorist · middle · indicative ▸ 5 (Judith 10,4; 1Mac. 11,13; 1Mac. 11,13; 1Mac. 13,32; Is. 59,17)

περιέθηκα ‣ 6
: **Verb** · first · singular · aorist · active · indicative ‣ **6** (Gen. 24,47; Ode. 10,2; Is. 5,2; Jer. 13,2; Ezek. 16,11; Ezek. 27,3)

περιέθηκαν ‣ **1** + **1** = **2**
: **Verb** · third · plural · aorist · active · indicative ‣ **1** + **1** = **2** (Dan. 5,29; Matt. 27,28)

περιέθηκάν ‣ 1
: **Verb** · third · plural · aorist · active · indicative ‣ **1** (Ezek. 27,4)

περιέθηκας ‣ 4
: **Verb** · second · singular · aorist · active · indicative ‣ **4** (Job 4,4; Job 13,26; Job 39,19; Job 39,20)

περιέθηκεν ‣ **8** + **2** = **10**
: **Verb** · third · singular · aorist · active · indicative ‣ **8** + **2** = **10** (Gen. 27,16; Gen. 41,42; Gen. 41,42; Ex. 34,35; Lev. 8,13; Esth. 5,11; Sol. 2,21; Dan. 5,29; Matt. 21,33; Mark 12,1)

περιέθηκέν ‣ 1
: **Verb** · third · singular · aorist · active · indicative ‣ **1** (Is. 61,10)

περιετίθετο ‣ 1
: **Verb** · third · singular · imperfect · middle · indicative ‣ **1** (Hos. 2,15)

περιθεῖναι ‣ 1
: **Verb** · aorist · active · infinitive ‣ **1** (Esth. 1,11)

περιθεῖναί ‣ 1
: **Verb** · aorist · active · infinitive ‣ **1** (Ezek. 27,7)

περιθείς ‣ **2** + **2** = **4**
: **Verb** · aorist · active · participle · masculine · singular · nominative ‣ **2** + **2** = **4** (1Mac. 13,29; Job 38,10; Matt. 27,48; Mark 15,36)

περιθέμεναι ‣ 1
: **Verb** · aorist · middle · participle · feminine · plural · nominative ‣ **1** (LetterJ 42)

περιθέμενος ‣ 1
: **Verb** · aorist · middle · participle · masculine · singular · nominative ‣ **1** (Job 31,36)

περιθέντες ‣ 1
: **Verb** · aorist · active · participle · masculine · plural · nominative ‣ **1** (John 19,29)

περιθέσθαι ‣ 1
: **Verb** · aorist · middle · infinitive ‣ **1** (1Mac. 12,39)

περιθέσθω ‣ 1
: **Verb** · third · singular · aorist · middle · imperative ‣ **1** (Jer. 28,3)

περιθήσει ‣ 1
: **Verb** · third · singular · future · active · indicative ‣ **1** (Dan. 5,7)

περιθήσεις ‣ 6
: **Verb** · second · singular · future · active · indicative ‣ **6** (Ex. 29,9; Ex. 40,8; Num. 27,7; Ruth 3,3; Job 40,25; Sir. 6,31)

περιθήσεται ‣ 2
: **Verb** · third · singular · future · middle · indicative ‣ **2** (Lev. 16,4; Wis. 5,18)

περιθήσετε ‣ 1
: **Verb** · second · plural · future · active · indicative ‣ **1** (Num. 27,8)

περιθήσῃ ‣ 1
: **Verb** · second · singular · future · middle · indicative ‣ **1** (Is. 49,18)

περιθήσουσιν ‣ 1
: **Verb** · third · plural · future · active · indicative ‣ **1** (Esth. 1,20)

περιθήσω ‣ 1
: **Verb** · first · singular · future · active · indicative ‣ **1** (Dan. 5,16)

περίθου ‣ 3
: **Verb** · second · singular · aorist · middle · imperative ‣ **3** (Prov. 7,3; Jer. 13,1; Jer. 34,2)

περιτιθέασιν ‣ 1
: **Verb** · third · plural · present · active · indicative ‣ **1** (Mark 15,17)

περιτιθείς ‣ 1
: **Verb** · present · active · participle · masculine · singular · nominative ‣ **1** (Prov. 12,9)

περιτίθεμεν ‣ 1
: **Verb** · first · plural · present · active · indicative ‣ **1** (1Cor. 12,23)

περιτομή (περί; τέμνω) circumcision ‣ **4** + **36** = **40**

Περιτομή ‣ 1
: **Noun** · feminine · singular · nominative ‣ **1** (Rom. 2,25)

περιτομή ‣ 5
: **Noun** · feminine · singular · nominative ‣ **5** (Rom. 2,25; Rom. 2,28; Gal. 5,6; Gal. 6,15; Phil. 3,3)

περιτομή ‣ 3
: **Noun** · feminine · singular · nominative ‣ **3** (Rom. 2,29; 1Cor. 7,19; Col. 3,11)

περιτομῇ ‣ **1** + **5** = **6**
: **Noun** · feminine · singular · dative · (common) ‣ **1** + **5** = **6** (Gen. 17,13; Rom. 4,10; Rom. 4,10; Phil. 3,5; Col. 2,11; Col. 2,11)

περιτομήν ‣ 2
: **Noun** · feminine · singular · accusative ‣ **2** (John 7,22; Gal. 2,9)

περιτομήν ‣ 5
: **Noun** · feminine · singular · accusative ‣ **5** (John 7,23; Rom. 2,26; Rom. 3,30; Rom. 4,9; Gal. 5,11)

περιτομῆς ‣ **3** + **15** = **18**
: **Noun** · feminine · singular · genitive · (common) ‣ **3** + **15** = **18** (Ex. 4,25; Ex. 4,26; Jer. 11,16; Acts 7,8; Acts 10,45; Acts 11,2; Rom. 2,27; Rom. 3,1; Rom. 4,11; Rom. 4,12; Rom. 4,12; Rom. 15,8; Gal. 2,7; Gal. 2,8; Gal. 2,12; Eph. 2,11; Col. 4,11; Titus 1,10)

περιτρέπω (περί; τρέπω) to overturn; to drive insane ‣ **1** + **1** = **2**

περιτρέπει ‣ 1
: **Verb** · third · singular · present · active · indicative ‣ **1** (Acts 26,24)

περιτρέψει ‣ 1
: **Verb** · third · singular · future · active · indicative ‣ **1** (Wis. 5,23)

περιτρέχω (περί; τρέχω) to run around ‣ **2** + **1** = **3**

Περιδράμετε ‣ 1
: **Verb** · second · plural · aorist · active · imperative ‣ **1** (Jer. 5,1)

περιδραμοῦνται ‣ 1
: **Verb** · third · plural · future · middle · indicative ‣ **1** (Amos 8,12)

περιέδραμον ‣ 1
: **Verb** · third · plural · aorist · active · indicative ‣ **1** (Mark 6,55)

περιφανῶς (περί; φαίνω) clearly ‣ 1

περιφανῶς ‣ 1
: **Adverb** ‣ **1** (4Mac. 8,2)

περιφέρεια (περί; φέρω) madness ‣ 2

περιφέρεια ‣ 2
: **Noun** · feminine · singular · nominative · (common) ‣ **2** (Eccl. 9,3; Eccl. 10,13)

περιφερής (περί; φέρω) around, round ‣ 2

περιφερές ‣ 2
: **Adjective** · neuter · plural · accusative · noDegree ‣ **1** (2Mac. 13,5)
: **Adjective** · neuter · singular · nominative · noDegree ‣ **1** (Ezek. 41,10)

περιφέρω (περί; φέρω) to carry about ‣ **4** + **3** = **7**

περιενέγκασάν ‣ 1
: **Verb** · aorist · active · participle · feminine · singular · accusative ‣ **1** (2Mac. 7,27)

περιεφέροσαν ‣ 1

περιφέρω–περίχωρος

Verb · third · plural · imperfect · active · indicative ▸ 1 (Josh. 24,33a)
περιφέρει ▸ 1
Verb · third · singular · present · active · indicative ▸ 1 (Eccl. 7,7)
περιφέρειν ▸ 1
Verb · present · active · infinitive ▸ 1 (Mark 6,55)
περιφέρεται ▸ 1
Verb · third · singular · present · passive · indicative ▸ 1 (Prov. 10,24)
περιφερόμενοι ▸ 1
Verb · present · passive · participle · masculine · plural · nominative ▸ 1 (Eph. 4,14)
περιφέροντες ▸ 1
Verb · present · active · participle · masculine · plural · nominative ▸ 1 (2Cor. 4,10)

περιφορά (περί; φέρω) madness ▸ 3
περιφοράν ▸ 1
Noun · feminine · singular · accusative · (common) ▸ 1 (Eccl. 7,25)
περιφοράν ▸ 2
Noun · feminine · singular · accusative · (common) ▸ 2 (Eccl. 2,2; Eccl. 2,12)

περιφράσσω (περί; φράσσω) to fortify, fence in ▸ 6
περιέφραξας ▸ 1
Verb · second · singular · aorist · active · indicative ▸ 1 (Job 1,10)
περιπεφραγμέναι ▸ 1
Verb · perfect · passive · participle · feminine · plural · nominative ▸ 1 (LetterJ 17)
περιπεφραγμένην ▸ 1
Verb · perfect · passive · participle · feminine · singular · accusative ▸ 1 (2Mac. 12,13)
περιφράξαι ▸ 1
Verb · aorist · active · infinitive ▸ 1 (1Kings 10,22a # 9,15)
περιφράξας ▸ 1
Verb · aorist · active · participle · masculine · singular · nominative ▸ 1 (2Mac. 1,34)
περίφραξον ▸ 1
Verb · second · singular · aorist · active · imperative ▸ 1 (Sir. 28,24)

περιφρονέω (περί; φρήν) to disregard, despise ▸ 3 + 1 = 4
περιεφρόνει ▸ 2
Verb · third · singular · imperfect · active · indicative ▸ 2 (4Mac. 6,9; 4Mac. 7,16)
περιφρονείτω ▸ 1
Verb · third · singular · present · active · imperative ▸ 1 (Titus 2,15)
περιφρονῆσαι ▸ 1
Verb · aorist · active · infinitive ▸ 1 (4Mac. 14,1)

περίφρων (περί; φρήν) despising ▸ 1
περίφρονες ▸ 1
Noun · masculine · plural · nominative · (common) ▸ 1 (4Mac. 8,28)

περιφυτεύω (περί; φύω) to implant ▸ 1
περιεφύτευσεν ▸ 1
Verb · third · singular · aorist · active · indicative ▸ 1 (4Mac. 2,21)

περιχαλάομαι (περί; χαλάω) to be relaxed ▸ 1
περικεχαλασμένων ▸ 1
Verb · perfect · passive · participle · feminine · plural · genitive ▸ 1 (4Mac. 7,13)

περιχαλκόω (περί; χαλκός) to copper-plate ▸ 1

περιχαλκώσεις ▸ 1
Verb · second · singular · future · active · indicative ▸ 1 (Ex. 27,6)

περιχαρακόω (περί; χαράσσω) to secure; besiege ▸ 2
περιεχαράκωσαν ▸ 1
Verb · third · plural · aorist · active · indicative ▸ 1 (Jer. 52,4)
περιχαράκωσον ▸ 1
Verb · second · singular · aorist · active · imperative ▸ 1 (Prov. 4,8)

περιχαρής (περί; χάρις) quite joyful ▸ 3
περιχαρεῖς ▸ 3
Adjective · masculine · plural · accusative · noDegree ▸ 1 (Job 29,22)
Adjective · masculine · plural · nominative · noDegree ▸ 2 (3Mac. 5,44; Job 3,22)

περιχέω (περί; χέω) to pour around; baptize by pouring ▸ 6
περιεκέχυτο ▸ 1
Verb · third · singular · pluperfect · passive · indicative ▸ 1 (2Mac. 3,17)
περιέχεον ▸ 1
Verb · third · plural · imperfect · active · indicative ▸ 1 (2Chr. 29,22)
περιεχύθη ▸ 2
Verb · third · singular · aorist · passive · indicative ▸ 2 (Ode. 6,6; Jonah 2,6)
περικεχυμένος ▸ 1
Verb · perfect · passive · participle · masculine · singular · nominative ▸ 1 (Judith 13,2)
περιχυθέντα ▸ 1
Verb · aorist · passive · participle · masculine · singular · accusative ▸ 1 (2Mac. 3,27)

περίχρυσος (περί; χρυσός) gold-plated ▸ 7
περίχρυσα ▸ 3
Adjective · neuter · plural · nominative · noDegree ▸ 3 (LetterJ 7; LetterJ 38; LetterJ 50)
περίχρυσοι ▸ 3
Adjective · masculine · plural · nominative · noDegree ▸ 3 (LetterJ 57; LetterJ 69; LetterJ 70)
περιχρύσων ▸ 1
Adjective · masculine · plural · genitive · noDegree ▸ 1 (LetterJ 54)

περιχρυσόω (περί; χρυσός) to gold-plate ▸ 3
περιεχρύσωσεν ▸ 2
Verb · third · singular · aorist · active · indicative ▸ 2 (1Kings 10,18; Is. 40,19)
περικεχρυσωμένα ▸ 1
Verb · perfect · passive · participle · neuter · plural · accusative ▸ 1 (Is. 30,22)

περίχωρος (περί; χωρέω) surrounding region ▸ 22 + 9 = 31
περίχωρα ▸ 3
Adjective · neuter · plural · accusative · noDegree ▸ 3 (Deut. 3,4; Deut. 34,3; 1Chr. 5,16)
περίχωρον ▸ 4 + 4 = 8
Adjective · feminine · singular · accusative · noDegree ▸ 4 + 4 = 8 (Gen. 13,10; Gen. 13,11; Deut. 3,13; Deut. 3,14; Matt. 14,35; Mark 1,28; Luke 3,3; Acts 14,6)
περίχωρος ▸ 1 + 1 = 2
Adjective · feminine · singular · nominative · noDegree ▸ 1 + 1 = 2 (Judith 3,7; Matt. 3,5)

περιχώρου ▸ 8 + 3 = 11
   Adjective ▪ feminine ▪ singular ▪ genitive ▪ noDegree ▸ 2 + 3 = 5 (Gen. 19,28; Neh. 12,28; Luke 4,14; Luke 4,37; Luke 8,37)
   Noun ▪ masculine ▪ singular ▪ genitive ▪ (common) ▸ 6 (Neh. 3,9; Neh. 3,12; Neh. 3,14; Neh. 3,16; Neh. 3,17; Neh. 3,18)
περιχώρους ▸ 1
   Adjective ▪ feminine ▪ plural ▪ accusative ▪ noDegree ▸ 1 (2Chr. 16,4)
περιχώρῳ ▸ 4 + 1 = 5
   Adjective ▪ feminine ▪ singular ▪ dative ▪ noDegree ▸ 2 + 1 = 3 (Gen. 19,17; Esth. 9,12; Luke 7,17)
   Adjective ▪ masculine ▪ singular ▪ dative ▪ noDegree ▸ 1 (2Chr. 4,17)
   Noun ▪ masculine ▪ singular ▪ dative ▪ (common) ▸ 1 (Neh. 3,17)
περιχώρων ▸ 1
   Adjective ▪ masculine ▪ plural ▪ genitive ▪ noDegree ▸ 1 (Gen. 13,12)

περίψημα (περί; ψάω) ransom; scum ▸ 1 + 1 + 1 = 3
περίψημα ▸ 1 + 1 + 1 = 3
   Noun ▪ neuter ▪ singular ▪ nominative ▪ (common) ▸ 1 + 1 + 1 = 3 (Tob. 5,19; Tob. 5,19; 1Cor. 4,13)

περιψύχω (περί; ψύχω) to chill all over; refresh ▸ 1
περιψύχων ▸ 1
   Verb ▪ present ▪ active ▪ participle ▪ masculine ▪ singular ▪ nominative ▸ 1 (Sir. 30,7)

περκάζω (περκνός) to turn darker ▸ 2
περκαζούσης ▸ 1
   Verb ▪ present ▪ active ▪ participle ▪ feminine ▪ singular ▪ genitive ▸ 1 (Sir. 51,15)
περκάσει ▸ 1
   Verb ▪ third ▪ singular ▪ future ▪ active ▪ indicative ▸ 1 (Amos 9,13)

περπερεύομαι to brag ▸ 1
περπερεύεται ▸ 1
   Verb ▪ third ▪ singular ▪ present ▪ middle ▪ indicative ▸ 1 (1Cor. 13,4)

Περσέα Perseus ▸ 1
Περσέα ▸ 1
   Noun ▪ masculine ▪ singular ▪ accusative ▪ (proper) ▸ 1 (1Mac. 8,5)

Περσέπολις Persepolis ▸ 1
Περσέπολιν ▸ 1
   Noun ▪ feminine ▪ singular ▪ accusative ▪ (proper) ▸ 1 (2Mac. 9,2)

Περσής Persian ▸ 3
Περσῶν ▸ 3
   Noun ▪ masculine ▪ plural ▪ genitive ▪ (proper) ▸ 3 (1Esdr. 2,8; 1Esdr. 2,12; 1Esdr. 2,26)

Πέρσης Persian ▸ 55 + 11 = 66
Πέρσαι ▸ 4
   Noun ▪ masculine ▪ plural ▪ nominative ▪ (proper) ▸ 4 (Judith 16,10; Ezek. 27,10; Ezek. 30,5; Ezek. 38,5)
Πέρσαις ▸ 3 + 2 = 5
   Noun ▪ masculine ▪ plural ▪ dative ▪ (proper) ▸ 3 + 2 = 5 (Esth. 16,22 # 8,12u; Dan. 5,26-28; Dan. 5,30; Dan. 5,28; Dan. 6,16)
Πέρσας ▸ 2
   Noun ▪ masculine ▪ plural ▪ accusative ▪ (proper) ▸ 2 (1Esdr. 1,54; 4Mac. 18,5)
Πέρσης ▸ 1 + 1 = 2
   Noun ▪ masculine ▪ singular ▪ nominative ▪ (proper) ▸ 1 + 1 = 2 (Dan. 6,29; Bel 1)
Πέρσου ▸ 1 + 1 = 2
   Noun ▪ masculine ▪ singular ▪ genitive ▪ (proper) ▸ 1 + 1 = 2 (Neh. 12,22; Dan. 6,29)
Περσῶν ▸ 44 + 7 = 51
   Noun ▪ masculine ▪ plural ▪ genitive ▪ (proper) ▸ 44 + 7 = **51** (2Chr. 36,22; 2Chr. 36,22; 2Chr. 36,23; 1Esdr. 2,1; 1Esdr. 2,1; 1Esdr. 2,2; 1Esdr. 5,6; 1Esdr. 5,53; 1Esdr. 5,68; 1Esdr. 7,5; 1Esdr. 8,1; 1Esdr. 8,77; Ezra 1,1; Ezra 1,1; Ezra 1,2; Ezra 1,8; Ezra 3,7; Ezra 4,3; Ezra 4,5; Ezra 4,5; Ezra 4,7; Ezra 4,24; Ezra 6,14; Ezra 7,1; Ezra 9,9; Esth. 1,3; Esth. 1,14; Esth. 1,18; Esth. 1,19; Esth. 16,10 # 8,12k; Esth. 16,14 # 8,120; Esth. 10,2; 1Mac. 1,1; 2Mac. 1,33; Is. 21,2; Is. 49,12; Jer. 32,25; Dan. 1,21; Dan. 6,13a; Dan. 8,20; Dan. 10,1; Dan. 10,13; Dan. 10,13; Dan. 10,20; Dan. 6,9; Dan. 6,13; Dan. 8,20; Dan. 10,1; Dan. 10,13; Dan. 10,13; Dan. 10,20)

Περσική Persia; Persian ▸ 1
Περσικὴν ▸ 1
   Noun ▪ feminine ▪ singular ▪ accusative ▪ (proper) ▸ 1 (2Mac. 1,19)

Περσίς Persis; Persian (f) ▸ 14 + 1 + 1 = 16
Περσίδα ▸ 6 + 1 = 7
   Noun ▪ feminine ▪ singular ▪ accusative ▪ (proper) ▸ 6 + 1 = 7 (Judith 1,7; 1Mac. 3,31; 1Mac. 6,5; 2Mac. 1,13; 2Mac. 9,1; 2Mac. 9,21; Rom. 16,12)
Περσίδι ▸ 2 + 1 = 3
   Noun ▪ feminine ▪ singular ▪ dative ▪ (proper) ▸ 2 + 1 = 3 (1Mac. 6,1; Dan. 11,2; Dan. 11,2)
Περσίδος ▸ 6
   Noun ▪ feminine ▪ singular ▪ genitive ▪ (proper) ▸ 6 (1Esdr. 3,1; 1Esdr. 3,9; 1Esdr. 3,14; 1Mac. 6,56; 1Mac. 14,2; 2Mac. 1,20)

πέρυσι (πέραν) year ago ▸ 2
πέρυσι ▸ 2
   Adverb ▪ (temporal) ▸ 2 (2Cor. 8,10; 2Cor. 9,2)

πέσσω to soften; to digest; to bake ▸ 15
ἔπεψαν ▸ 3
   Verb ▪ third ▪ plural ▪ aorist ▪ active ▪ indicative ▸ 3 (Ex. 12,39; Is. 44,15; Is. 44,16)
ἔπεψεν ▸ 3
   Verb ▪ third ▪ singular ▪ aorist ▪ active ▪ indicative ▸ 3 (Gen. 19,3; 1Sam. 28,24; Is. 44,19)
πεπεμμένην ▸ 1
   Verb ▪ perfect ▪ passive ▪ participle ▪ feminine ▪ singular ▪ accusative ▸ 1 (Lev. 2,4)
πέσσετε ▸ 1
   Verb ▪ second ▪ plural ▪ present ▪ active ▪ imperative ▸ 1 (Ex. 16,23)
πέσσητε ▸ 1
   Verb ▪ second ▪ plural ▪ present ▪ active ▪ subjunctive ▸ 1 (Ex. 16,23)
πεσσούσας ▸ 1
   Verb ▪ present ▪ active ▪ participle ▪ feminine ▪ plural ▪ accusative ▸ 1 (1Sam. 8,13)
πέσσουσιν ▸ 1
   Verb ▪ third ▪ plural ▪ present ▪ active ▪ indicative ▸ 1 (Jer. 44,21)
πεφθήσεται ▸ 1
   Verb ▪ third ▪ singular ▪ future ▪ passive ▪ indicative ▸ 1 (Lev. 6,10)
πεφθήσονται ▸ 1
   Verb ▪ third ▪ plural ▪ future ▪ passive ▪ indicative ▸ 1 (Lev. 23,17)
πέψουσι ▸ 1
   Verb ▪ third ▪ plural ▪ future ▪ active ▪ indicative ▸ 1 (Ezek. 46,20)
πέψουσιν ▸ 1
   Verb ▪ third ▪ plural ▪ future ▪ active ▪ indicative ▸ 1 (Lev. 26,26)

πέταλον (πετάννυμι) metal plate ▸ 7

πέταλον–πέτομαι

πέταλα ▸ 3
    Noun · neuter · plural · accusative · (common) ▸ **1** (1Kings 6,32)
    Noun · neuter · plural · nominative · (common) ▸ **2** (Ex. 36,10; 1Kings 6,35)

πέταλον ▸ 4
    Noun · neuter · singular · accusative · (common) ▸ **4** (Ex. 28,36; Ex. 29,6; Ex. 36,37; Lev. 8,9)

πέταμαι (πέτομαι) to fly ▸ 5
  ἐπέταντο ▸ 1
    Verb · third · plural · imperfect · middle · indicative ▸ **1** (Is. 6,2)
  πέτανται ▸ 1
    Verb · third · plural · present · middle · indicative ▸ **1** (Is. 60,8)
  πέτασθαι ▸ 1
    Verb · present · middle · infinitive ▸ **1** (Ezek. 32,10)
  πέταται ▸ 2
    Verb · third · singular · present · middle · indicative ▸ **2** (Deut. 4,17; Prov. 26,2)

πετάννυμι to spread; to fly ▸ 7
  ἐπετάσθη ▸ 3
    Verb · third · singular · aorist · passive · indicative ▸ **3** (2Sam. 22,11; Psa. 17,11; Psa. 17,11)
  ἐπετάσθησαν ▸ 1
    Verb · third · plural · aorist · passive · indicative ▸ **1** (Job 26,11)
  πετασθήσομαι ▸ 1
    Verb · first · singular · future · passive · indicative ▸ **1** (Psa. 54,7)
  πετασθήσονται ▸ 2
    Verb · third · plural · future · passive · indicative ▸ **2** (Hab. 1,8; Is. 11,14)

πέτασος (πετάννυμι) brimmed hat ▸ 1
  πέτασον ▸ 1
    Noun · masculine · singular · accusative · (common) ▸ **1** (2Mac. 4,12)

πέταυρον rope (?) ▸ 1
  πέτευρον ▸ 1
    Noun · neuter · singular · accusative · (common) ▸ **1** (Prov. 9,18)

πετεινόν (πέτομαι) bird ▸ 9 + 14 = 23
  πετεινά ▸ 1
    Noun · neuter · plural · nominative · (common) ▸ **1** (Sir. 43,14)
  πετεινά ▸ 7 + 11 = 18
    Noun · neuter · plural · accusative · (common) ▸ **3 + 4 = 7** (2Sam. 21,10; Sir. 22,20; Sir. 43,18; Matt. 6,26; Matt. 13,32; Mark 4,32; Acts 11,6)
    Noun · neuter · plural · nominative · (common) ▸ **4 + 7 = 11** (Job 12,7; Sir. 27,9; Dan. 4,12; Dan. 4,21; Matt. 8,20; Matt. 13,4; Mark 4,4; Luke 8,5; Luke 9,58; Luke 13,19; Acts 10,12)
  πετεινόν ▸ 1
    Noun · neuter · singular · accusative · (common) ▸ **1** (Sir. 27,19)
  πετεινῶν ▸ 3
    Noun · neuter · plural · genitive ▸ **3** (Luke 12,24; Rom. 1,23; James 3,7)

πετεινός (πέτομαι) able to fly, winged ▸ 86 + 3 = 89
  πετεινά ▸ 1
    Noun · neuter · plural · nominative · (common) ▸ **1** (Jer. 12,4)
  πετεινά ▸ 26 + 2 = 28
    Noun · neuter · plural · accusative · (common) ▸ **9 + 1 = 10** (Gen. 1,20; Gen. 2,19; Psa. 8,9; Psa. 49,11; Psa. 77,27; Sol. 5,9; Hos. 7,12; Jer. 15,3; Ezek. 32,4; Dan. 2,38)
    Noun · neuter · plural · nominative · (common) ▸ **17 + 1 = 18** (Gen. 1,22; Gen. 40,17; 1Kings 12,24m; 1Kings 16,4; 1Kings 20,24; Judith 11,7; Psa. 103,12; Psa. 148,10; Ode. 8,80; Hos. 2,14; Zeph. 1,3; Is. 18,6; Jer. 4,25; Ezek. 31,6; Ezek. 31,13; Ezek. 38,20; Dan. 3,80; Dan. 3,80)

πετεινοῖς ▸ 16
    Noun · neuter · plural · dative · (common) ▸ **16** (Gen. 1,30; Gen. 2,20; Lev. 20,25; Deut. 28,26; 1Sam. 17,44; 1Sam. 17,46; Esth. 16,24 # 8,12x; Psa. 78,2; Sir. 11,3; Hos. 4,3; Is. 18,6; Jer. 7,33; Jer. 16,4; Jer. 19,7; Jer. 41,20; Ezek. 29,5)

πετεινόν ▸ 2
    Noun · neuter · singular · accusative · (common) ▸ **1** (Lev. 17,13)
    Noun · neuter · singular · nominative · (common) ▸ **1** (Job 28,7)

πετεινόν ▸ 7
    Noun · neuter · singular · accusative · (common) ▸ **3** (Gen. 1,21; Deut. 14,20; Is. 46,11)
    Noun · neuter · singular · nominative · (common) ▸ **4** (Gen. 7,14; Gen. 8,19; Eccl. 10,20; Ezek. 17,23)

πετεινοῦ ▸ 1 + 1 = 2
    Noun · neuter · singular · genitive · (common) ▸ **1 + 1 = 2** (Is. 16,2; Dan. 7,6)

πετεινῷ ▸ 2
    Noun · neuter · singular · dative · (common) ▸ **2** (Ezek. 39,4; Ezek. 39,17)

πετεινῶν ▸ 31
    Noun · neuter · plural · genitive · (common) ▸ **31** (Gen. 1,26; Gen. 1,28; Gen. 6,7; Gen. 6,20; Gen. 7,3; Gen. 7,3; Gen. 7,8; Gen. 7,21; Gen. 7,23; Gen. 8,1; Gen. 8,17; Gen. 8,20; Lev. 1,14; Lev. 7,26; Lev. 11,13; Lev. 11,20; Lev. 11,21; Lev. 11,23; Lev. 11,46; Lev. 20,25; Deut. 14,19; 1Kings 5,13; 4Mac. 14,15; Job 28,21; Job 35,11; Sir. 17,4; Hos. 2,20; Jer. 5,27; Jer. 9,9; Ezek. 44,31; Dan. 2,38)

Πετεφρης Potiphar ▸ 5
  Πετεφρη ▸ 4
    Noun · masculine · singular · dative · (proper) ▸ **1** (Gen. 37,36)
    Noun · masculine · singular · genitive · (proper) ▸ **3** (Gen. 41,45; Gen. 41,50; Gen. 46,20)
  Πετεφρης ▸ 1
    Noun · masculine · singular · nominative · (proper) ▸ **1** (Gen. 39,1)

πέτομαι to fly ▸ 12 + 1 + 5 = 18
  ἔπτη ▸ 1
    Verb · third · singular · aorist · middle · indicative ▸ **1** (Job 20,8)
  πέτηται ▸ 1
    Verb · third · singular · present · middle · subjunctive ▸ **1** (Rev. 12,14)
  πετόμενα ▸ 3
    Verb · present · middle · participle · neuter · plural · accusative ▸ **2** (Gen. 1,20; Prov. 9,12a)
    Verb · present · middle · participle · neuter · plural · nominative ▸ **1** (Is. 31,5)
  πετόμενοι ▸ 1
    Verb · present · middle · participle · masculine · plural · nominative ▸ **1** (Is. 14,29)
  πετομένοις ▸ 1
    Verb · present · middle · participle · neuter · plural · dative ▸ **1** (Rev. 19,17)
  πετόμενον ▸ 2 + 1 = 3
    Verb · present · middle · participle · masculine · singular · accusative ▸ **1** (Rev. 14,6)
    Verb · present · middle · participle · neuter · singular · accusative ▸ **1** (Zech. 5,2)
    Verb · present · middle · participle · neuter · singular · nominative ▸ **1** (Zech. 5,1)
  πετόμενος ▸ 1
    Verb · present · middle · participle · masculine · singular · nominative ▸ **1** (Dan. 9,21)

πετομένου ▸ 3 + 1 = 4
    Verb · present · middle · participle · masculine · singular · genitive ▸ 2 + 1 = **3** (Prov. 30,19; Job 9,26; Rev. 8,13)
    Verb · present · middle · participle · neuter · singular · genitive ▸ **1** (Psa. 90,5)
πετομένῳ ▸ 1
    Verb · present · middle · participle · masculine · singular · dative ▸ **1** (Rev. 4,7)
πετομένων ▸ 1
    Verb · present · middle · participle · feminine · plural · genitive ▸ **1** (Is. 30,6)
πέτονται ▸ 1
    Verb · third · plural · present · middle · indicative ▸ **1** (Job 5,7)

Πέτρα (πέτρα) Petra (Rock) ▸ 3 + 1 = 4
    Πέτρα ▸ 1
        Noun · feminine · singular · nominative · (proper) ▸ **1** (1Sam. 23,28)
    Πέτραν ▸ 1
        Noun · feminine · singular · accusative · (proper) ▸ **1** (Is. 42,11)
    Πέτρας ▸ 1 + 1 = 2
        Noun · feminine · singular · genitive · (proper) ▸ 1 + 1 = **2** (Judg. 1,36; Judg. 1,36)

πέτρα rock ▸ 87 + 10 + 15 = 112
    πέτρα ▸ 6 + 2 = 8
        Noun · feminine · singular · nominative · (common) ▸ 6 + 2 = **8** (2Sam. 22,2; Psa. 103,18; Job 14,18; Is. 5,28; Is. 16,1; Is. 48,21; 1Cor. 10,4; 1Pet. 2,8)
    πέτρᾳ ▸ 10 + 2 + 2 = 14
        Noun · feminine · singular · dative · (common) ▸ 10 + 2 + 2 = **14** (Num. 24,21; Judg. 20,47; Judg. 21,13; Psa. 26,5; Psa. 60,3; Job 14,8; Job 22,24; Job 22,24; Is. 22,16; Is. 31,9; Judg. 20,47; Judg. 21,13; Matt. 16,18; Matt. 27,60)
    πέτραι ▸ 2 + 1 = 3
        Noun · feminine · plural · nominative · (common) ▸ 2 + 1 = **3** (Judith 16,15; Nah. 1,6; Matt. 27,51)
    πέτραις ▸ 6 + 1 = 7
        Noun · feminine · plural · dative · (common) ▸ 6 + 1 = **7** (1Sam. 13,6; Prov. 30,26; Job 19,24; Amos 6,12; Jer. 31,28; Jer. 31,28; Rev. 6,16)
    Πέτραν ▸ 1
        Noun · feminine · singular · accusative · (common) ▸ **1** (2Kings 14,7)
    πέτραν ▸ 22 + 4 + 5 = 31
        Noun · feminine · singular · accusative · (common) ▸ 22 + 4 + 5 = **31** (Ex. 17,6; Num. 20,8; Num. 20,11; Judg. 6,20; Judg. 13,19; Judg. 20,45; Judg. 20,47; 1Sam. 23,25; 2Sam. 21,10; 1Chr. 11,15; Psa. 39,3; Psa. 77,15; Psa. 77,20; Psa. 104,41; Psa. 113,8; Psa. 136,9; Job 24,8; Hab. 2,1; Is. 50,7; Is. 51,1; Jer. 5,3; Jer. 23,29; Judg. 6,20; Judg. 13,19; Judg. 20,45; Judg. 20,47; Matt. 7,24; Matt. 7,25; Luke 6,48; Luke 8,6; Rom. 9,33)
    πέτρας ▸ 40 + 4 + 4 = 48
        Noun · feminine · plural · accusative · (common) ▸ 3 + 1 = **4** (1Kings 19,11; Is. 2,10; Jer. 4,29; Rev. 6,15)
        Noun · feminine · singular · genitive · (common) ▸ 37 + 4 + 3 = **44** (Ex. 17,6; Ex. 33,21; Ex. 33,22; Num. 20,8; Num. 20,10; Num. 20,10; Deut. 8,15; Deut. 32,13; Deut. 32,13; Josh. 5,2; Judg. 6,21; Judg. 15,11; Judg. 15,13; 1Sam. 14,4; 1Sam. 14,4; 2Chr. 26,7; Neh. 9,15; 2Mac. 14,45; Psa. 77,16; Psa. 80,17; Psa. 135,16; Psa. 140,6; Ode. 2,13; Ode. 2,13; Prov. 30,19; Song 2,14; Job 39,1; Job 39,28; Wis. 11,4; Sir. 40,15; Is. 2,21; Is. 8,14; Is. 33,16; Is. 48,21; Jer. 13,4; Jer. 18,14; Ezek. 3,9; Judg. 6,21; Judg. 15,8; Judg. 15,11; Judg. 15,13; Mark 15,46; Luke 8,13; 1Cor. 10,4)

πέτρινος (πέτρα) rocky, made of rock ▸ 4
    πετρίνας ▸ 4
        Adjective · feminine · plural · accusative · noDegree ▸ **4** (Josh. 5,2; Josh. 5,3; Josh. 21,42d; Josh. 24,31a)

πετροβόλος (πέτρα; βάλλω) throwing rocks; catapult ▸ 5
    πετροβόλοις ▸ 1
        Noun · masculine · plural · dative · (common) ▸ **1** (1Sam. 14,14)
    πετροβόλον ▸ 1
        Noun · masculine · singular · accusative · (common) ▸ **1** (Job 41,20)
    πετροβόλου ▸ 1
        Adjective · masculine · singular · genitive · noDegree ▸ **1** (Wis. 5,22)
    πετροβόλους ▸ 2
        Adjective · masculine · plural · accusative · noDegree ▸ **2** (Ezek. 13,11; Ezek. 13,13)

Πέτρος (πέτρα) Peter ▸ 158
    Πέτρε ▸ 3
        Noun · masculine · singular · vocative · (proper) ▸ **3** (Luke 22,34; Acts 10,13; Acts 11,7)
    Πέτρον ▸ 26
        Noun · masculine · singular · accusative · (proper) ▸ **26** (Matt. 4,18; Matt. 17,1; Matt. 26,37; Mark 3,16; Mark 5,37; Mark 9,2; Mark 14,33; Mark 14,67; Mark 16,8; Luke 6,14; Luke 8,51; Luke 9,28; Luke 22,8; John 13,6; John 18,16; John 20,2; Acts 2,37; Acts 3,3; Acts 3,11; Acts 8,14; Acts 9,32; Acts 9,40; Acts 10,25; Acts 11,13; Acts 12,3; Acts 12,14)
    Πέτρος ▸ 100
        Noun · masculine · singular · nominative · (proper) ▸ **100** (Matt. 10,2; Matt. 14,28; Matt. 14,29; Matt. 15,15; Matt. 16,16; Matt. 16,18; Matt. 16,22; Matt. 17,4; Matt. 18,21; Matt. 19,27; Matt. 26,33; Matt. 26,35; Matt. 26,58; Matt. 26,69; Matt. 26,75; Mark 8,29; Mark 8,32; Mark 9,5; Mark 10,28; Mark 11,21; Mark 13,3; Mark 14,29; Mark 14,54; Mark 14,72; Luke 5,8; Luke 8,45; Luke 9,20; Luke 9,32; Luke 9,33; Luke 12,41; Luke 18,28; Luke 22,54; Luke 22,55; Luke 22,58; Luke 22,60; Luke 22,61; Luke 24,12; John 1,42; John 6,68; John 13,8; John 13,9; John 13,24; John 13,36; John 13,37; John 18,10; John 18,15; John 18,16; John 18,18; John 18,25; John 18,26; John 18,27; John 20,3; John 20,6; John 21,2; John 21,3; John 21,7; John 21,11; John 21,17; John 21,20; John 21,21; Acts 1,13; Acts 1,15; Acts 2,14; Acts 2,38; Acts 3,1; Acts 3,4; Acts 3,6; Acts 3,12; Acts 4,8; Acts 4,19; Acts 5,3; Acts 5,8; Acts 5,9; Acts 5,29; Acts 8,20; Acts 9,34; Acts 9,38; Acts 9,39; Acts 9,40; Acts 10,5; Acts 10,9; Acts 10,14; Acts 10,17; Acts 10,18; Acts 10,21; Acts 10,26; Acts 10,32; Acts 10,34; Acts 10,46; Acts 11,2; Acts 11,4; Acts 12,5; Acts 12,6; Acts 12,11; Acts 12,16; Acts 12,18; Acts 15,7; Gal. 2,7; 1Pet. 1,1; 2Pet. 1,1)
    ΠΕΤΡΟΥ ▸ 2
        Noun · masculine · singular · genitive · (proper) ▸ **2** (1Pet. 1,0; 2Pet. 1,0)
    Πέτρου ▸ 12
        Noun · masculine · singular · genitive · (proper) ▸ **12** (Matt. 8,14; Mark 14,66; John 1,40; John 1,44; John 6,8; John 20,4; Acts 4,13; Acts 5,15; Acts 10,19; Acts 10,44; Acts 12,7; Acts 12,14)
    Πέτρῳ ▸ 15
        Noun · masculine · singular · dative · (proper) ▸ **15** (Matt. 16,23; Matt. 17,24; Matt. 26,40; Matt. 26,73; Mark 8,33; Mark 14,37; Mark 14,70; Mark 16,7; Luke 22,61; John 18,11; John 18,17; John 21,7; John 21,15; Acts 10,45; Gal. 2,8)

πέτρος (πέτρα) rock, stone ▸ 13
    πέτρους ▸ 2

Noun · masculine · plural · accusative · (common) ▸ **2** (2Mac. 1,16; 2Mac. 4,41)
πετρῶν ▸ 11
Noun · masculine · plural · genitive · (common) ▸ **11** (Psa. 103,12; Job 30,6; Wis. 17,17; Obad. 3; Is. 2,19; Is. 2,21; Is. 7,19; Is. 57,5; Jer. 16,16; Jer. 28,25; Jer. 30,10)

πετρώδης (πέτρα; εἶδος) rocky place ▸ 4
πετρῶδες ▸ 1
Adjective · neuter · singular · accusative ▸ **1** (Mark 4,5)
πετρώδη ▸ 3
Adjective · neuter · plural · accusative ▸ **3** (Matt. 13,5; Matt. 13,20; Mark 4,16)

πεύκη pine ▸ 1
πεύκῃ ▸ 1
Noun · feminine · singular · dative · (common) ▸ **1** (Is. 60,13)

πεύκινος (πεύκη) made of pine ▸ 8
πεύκινα ▸ 5
Adjective · neuter · plural · accusative · noDegree ▸ **4** (1Kings 5,22; 2Chr. 2,7; 2Chr. 9,10; 2Chr. 9,11)
Adjective · neuter · plural · nominative · noDegree ▸ **1** (1Kings 6,34)
πευκίναις ▸ 1
Adjective · feminine · plural · dative · noDegree ▸ **1** (1Kings 6,15)
πευκίνοις ▸ 1
Adjective · neuter · plural · dative · noDegree ▸ **1** (1Kings 9,11)
πευκίνων ▸ 1
Adjective · neuter · plural · genitive · noDegree ▸ **1** (1Kings 6,32)

πέψις (πέσσω) cooking; digestion ▸ 1
πέψιν ▸ 1
Noun · feminine · singular · accusative · (common) ▸ **1** (Hos. 7,4)

πήγανον rue (ruta chalepensis) ▸ 1
πήγανον ▸ 1
Noun · neuter · singular · accusative ▸ **1** (Luke 11,42)

Πηγή (πηγή) Water Spring ▸ 2
Πηγή ▸ 1
Noun · feminine · singular · nominative · (proper) ▸ **1** (Judg. 15,19)
Πηγήν ▸ 1
Noun · feminine · singular · accusative · (proper) ▸ **1** (Josh. 21,29)

πηγή water spring ▸ 94 + 4 + 11 = 109
πηγαί ▸ 7 + 1 = 8
Noun · feminine · plural · nominative · (common) ▸ **7 + 1 = 8** (Gen. 7,11; Gen. 8,2; Ex. 15,27; Num. 33,9; Deut. 8,7; Psa. 17,16; Sol. 17,19; 2Pet. 2,17)
πηγαί ▸ 3 + 1 = 4
Noun · feminine · plural · nominative · (common) ▸ **3 + 1 = 4** (Ode. 8,77; Prov. 4,21; Dan. 3,77; Dan. 3,77)
πηγάς ▸ 4
Noun · feminine · plural · accusative · (common) ▸ **4** (Num. 34,11; Judith 6,11; 4Mac. 3,10; Is. 41,18)
πηγάς ▸ 11 + 4 = 15
Noun · feminine · plural · accusative · (common) ▸ **11 + 4 = 15** (1Kings 18,5; 2Kings 3,19; Judith 7,7; Judith 7,17; Psa. 41,2; Psa. 73,15; Psa. 103,10; Psa. 113,8; Prov. 8,24; Prov. 8,28; Hos. 13,15; Rev. 7,17; Rev. 8,10; Rev. 14,7; Rev. 16,4)
Πηγή ▸ 1
Noun · feminine · singular · nominative · (common) ▸ **1** (Judg. 15,19)
πηγή ▸ 2
Noun · feminine · singular · nominative · (common) ▸ **2** (Esth. 10,6 # 10,3c; Prov. 5,18)
πηγή ▸ 17 + 1 + 4 = 22
Noun · feminine · singular · nominative · (common) ▸ **17 + 1 + 4 = 22** (Gen. 2,6; Josh. 15,7; Josh. 19,37; Psa. 35,10; Ode. 14,44; Prov. 6,11a; Prov. 10,11; Prov. 13,14; Prov. 14,27; Prov. 16,22; Prov. 18,4; Song 4,12; Song 4,15; Sir. 21,13; Joel 4,18; Is. 35,7; Is. 58,11; Josh. 19,37; Mark 5,29; John 4,6; John 4,14; James 3,11)
πηγῇ ▸ 1 + 1 = 2
Noun · feminine · singular · dative · (common) ▸ **1 + 1 = 2** (2Sam. 17,17; John 4,6)
πηγήν ▸ 2
Noun · feminine · singular · accusative · (common) ▸ **2** (Gen. 24,29; Eccl. 12,6)
πηγήν ▸ 20 + 1 = 21
Noun · feminine · singular · accusative · (common) ▸ **20 + 1 = 21** (Gen. 14,7; Gen. 24,16; Gen. 24,42; Gen. 24,45; Lev. 20,18; Deut. 8,15; Josh. 15,9; Josh. 17,7; Josh. 18,15; Josh. 18,16; Josh. 18,17; 2Kings 3,25; 4Mac. 3,14; Prov. 25,26; Job 38,16; Jer. 2,13; Jer. 8,23; Jer. 17,13; Jer. 28,36; Bar. 3,12; Judg. 7,1)
πηγῆς ▸ 19 + 1 = 20
Noun · feminine · singular · genitive · (common) ▸ **19 + 1 = 20** (Gen. 16,7; Gen. 16,7; Gen. 24,13; Gen. 24,30; Gen. 24,43; Lev. 12,7; Josh. 15,7; Josh. 19,29; 1Kings 1,9; Neh. 2,13; Esth. 11,10 # 1,1i; Judith 7,3; Judith 7,12; Judith 12,7; Prov. 5,15; Prov. 5,16; Prov. 9,18c; Wis. 11,6; Ezek. 25,9; Rev. 21,6)
πηγῶν ▸ 8
Noun · feminine · plural · genitive · (common) ▸ **8** (Lev. 11,36; Deut. 33,13; 2Chr. 32,3; 2Chr. 32,4; 4Mac. 13,21; Psa. 67,27; Is. 12,3; Is. 49,10)

πῆγμα (πήγνυμι) mass ▸ 2
πῆγμα ▸ 2
Noun · neuter · singular · accusative · (common) ▸ **1** (4Mac. 9,21)
Noun · neuter · singular · nominative · (common) ▸ **1** (Josh. 3,16)

πήγνυμι to put up, fasten ▸ 36 + 5 + 1 = 42
ἐπάγη ▸ 5
Verb · third · singular · aorist · passive · indicative ▸ **5** (Ex. 15,8; Ex. 15,8; Ode. 1,8; Ode. 1,8; Lam. 4,8)
ἐπάγης ▸ 1
Verb · second · singular · aorist · passive · indicative ▸ **1** (Job 15,7)
ἔπηξαν ▸ 3
Verb · third · plural · aorist · active · indicative ▸ **3** (Josh. 18,1; 2Sam. 16,22; Wis. 11,2)
ἔπηξεν ▸ 12 + 4 + 1 = 17
Verb · third · singular · aorist · active · indicative ▸ **12 + 4 + 1 = 17** (Gen. 26,25; Gen. 31,25; Gen. 35,16; Ex. 33,7; Ex. 38,26; Num. 24,6; Judg. 4,11; 2Sam. 6,17; 2Sam. 21,10; 1Chr. 16,1; Tob. 14,10; Job 38,30; Judg. 4,11; Judg. 4,21; Judg. 16,14; Tob. 14,10; Heb. 8,2)
παγείς ▸ 1
Verb · aorist · passive · participle · masculine · singular · nominative ▸ **1** (Wis. 7,2)
παγεῖσα ▸ 1
Verb · aorist · passive · participle · feminine · singular · nominative ▸ **1** (Sir. 43,19)
παγήσεται ▸ 3
Verb · third · singular · future · passive · indicative ▸ **3** (Ezra 6,11; Sir. 27,2; Sir. 43,20)
πεπήγασιν ▸ 1
Verb · third · plural · perfect · active · indicative ▸ **1** (Job 38,6)
πέπηγεν ▸ 1

Verb · third · singular · perfect · active · indicative ▸ 1 (Job 41,16)
πεπηγὸς ▸ 1
Verb · perfect · active · participle · neuter · singular · nominative ▸ 1 (Sir. 19,12)
πεπηγώς ▸ 1
Verb · perfect · active · participle · masculine · singular · nominative ▸ 1 (Job 6,16)
πήξας ▸ 3
Verb · aorist · active · participle · masculine · singular · nominative ▸ 3 (Ode. 11,12; Is. 38,12; Is. 42,5)
πήξει ▸ 1 + 1 = 2
Verb · third · singular · future · active · indicative ▸ 1 + 1 = 2 (Sir. 14,24; Dan. 11,45)
πῆξον ▸ 1
Verb · second · singular · aorist · active · imperative ▸ 1 (Is. 54,2)
πήξουσιν ▸ 1
Verb · third · plural · future · active · indicative ▸ 1 (Jer. 6,3)

πηδάλιον rudder ▸ 2
πηδαλίου ▸ 1
Noun · neuter · singular · genitive ▸ 1 (James 3,4)
πηδαλίων ▸ 1
Noun · neuter · plural · genitive ▸ 1 (Acts 27,40)

πηδαλιουχέω (πηδός; ὀχέω) to steer ▸ 1
πηδαλιουχῶν ▸ 1
Verb · present · active · participle · masculine · singular · nominative ▸ 1 (4Mac. 7,1)

πηδάω to leap ▸ 2
πηδᾶν ▸ 1
Verb · present · active · infinitive ▸ 1 (Lev. 11,21)
πηδῶν ▸ 1
Verb · present · active · participle · masculine · singular · nominative ▸ 1 (Song 2,8)

πηλίκος (ἡλικία) how great? how large? ▸ 3 + 2 = 5
πηλίκαις ▸ 1
Adjective · feminine · plural · dative · noDegree · (interrogative) ▸ 1 (4Mac. 15,22)
πηλίκοις ▸ 1
Pronoun · (interrogative) · neuter · plural · dative ▸ 1 (Gal. 6,11)
πηλίκον ▸ 2
Adjective · neuter · singular · nominative · noDegree · (interrogative) ▸ 2 (Zech. 2,6; Zech. 2,6)
πηλίκος ▸ 1
Pronoun · (interrogative) · masculine · singular · nominative ▸ 1 (Heb. 7,4)

πήλινος (πηλός) made of clay ▸ 5
πηλίνας ▸ 1
Adjective · feminine · plural · accusative · noDegree ▸ 1 (Job 4,19)
πήλινον ▸ 1
Adjective · neuter · singular · nominative · noDegree ▸ 1 (Job 13,12)
πήλινός ▸ 1
Adjective · masculine · singular · nominative · noDegree ▸ 1 (Bel 7)
πηλίνῳ ▸ 2
Adjective · neuter · singular · dative · noDegree ▸ 2 (Dan. 2,41; Dan. 2,43)

πηλός mud, clay ▸ 31 + 1 + 6 = 38
πηλόν ▸ 2
Noun · masculine · singular · accusative · (common) ▸ 2 (Job 10,9; Is. 41,25)

πηλὸν ▸ 8 + 5 = 13
Noun · masculine · singular · accusative · (common) ▸ 8 + 5 = 13 (2Sam. 22,43; Psa. 17,43; Job 38,14; Sir. 38,30; Nah. 3,14; Zech. 9,3; Zech. 10,5; Is. 45,9; John 9,6; John 9,6; John 9,11; John 9,14; John 9,15)
πηλός ▸ 1
Noun · masculine · singular · nominative · (common) ▸ 1 (Gen. 11,3)
πηλὸς ▸ 9 + 1 = 10
Noun · masculine · singular · nominative · (common) ▸ 9 + 1 = 10 (Job 41,22; Wis. 7,9; Sir. 33,13; Mic. 7,10; Is. 29,16; Is. 41,25; Is. 45,9; Is. 64,7; Jer. 18,6; Bel 7)
πηλοῦ ▸ 8 + 1 = 9
Noun · masculine · singular · genitive · (common) ▸ 8 + 1 = 9 (Psa. 39,3; Psa. 68,15; Job 4,19; Job 33,6; Wis. 15,7; Wis. 15,8; Wis. 15,10; Is. 14,23; Rom. 9,21)
πηλῷ ▸ 3
Noun · masculine · singular · dative · (common) ▸ 3 (Ex. 1,14; Job 27,16; Job 30,19)

πηλουργός (πηλός; ἔργον) clay-worker ▸ 1
πηλουργός ▸ 1
Noun · masculine · singular · nominative · (common) ▸ 1 (Wis. 15,7)

πῆξις (πήγνυμι) stiffness ▸ 1
πήξεως ▸ 1
Noun · feminine · singular · genitive · (common) ▸ 1 (Sir. 41,20)

πήρα bag ▸ 3 + 6 = 9
πήραν ▸ 2 + 5 = 7
Noun · feminine · singular · accusative · (common) ▸ 2 + 5 = 7 (Judith 10,5; Judith 13,10; Matt. 10,10; Mark 6,8; Luke 9,3; Luke 10,4; Luke 22,36)
πήρας ▸ 1 + 1 = 2
Noun · feminine · singular · genitive · (common) ▸ 1 + 1 = 2 (Judith 13,15; Luke 22,35)

πηρόω (πηρός) to maim, mutilate; incapacitate ▸ 1
ἐπήρωσεν ▸ 1
Verb · third · singular · aorist · active · indicative ▸ 1 (4Mac. 18,21)

πῆχυς arm; cubit ▸ 241 + 3 + 4 = 248
πήχει ▸ 17
Noun · masculine · singular · dative · (common) ▸ 17 (Deut. 3,11; 1Kings 6,2; 1Kings 6,2; 1Kings 6,3; 1Kings 6,3; 1Kings 6,6; 1Kings 6,10; 1Kings 6,24; 1Kings 6,26; 1Kings 7,10; 1Kings 7,10; 1Kings 7,10; 1Kings 7,11; 1Kings 7,14; Jer. 52,22; Ezek. 40,5; Ezek. 43,13)
πήχεις ▸ 46 + 1 = 47
Noun · masculine · plural · accusative · (common) ▸ 27 + 1 = 28 (Gen. 7,20; Num. 35,4; Num. 35,5; Num. 35,5; Num. 35,5; Num. 35,5; Josh. 3,4; 1Kings 6,16; 1Kings 6,20; 1Kings 6,20; 1Kings 6,20; 1Kings 7,3; 1Kings 7,4; 1Kings 7,14; 2Kings 14,13; 2Chr. 25,23; Ezra 6,3; Neh. 3,13; Judith 1,3; Prov. 31,19; Ezek. 40,14; Ezek. 42,2; Ezek. 42,4; Ezek. 42,17; Ezek. 43,16; Ezek. 43,17; Dan. 3,47; Dan. 3,47)
Noun · masculine · plural · nominative · (common) ▸ 19 (1Kings 7,3; 1Kings 7,4; 1Kings 7,14; 1Kings 7,39; 1Kings 7,39; 2Chr. 4,3; Judith 1,4; Ezek. 40,13; Ezek. 40,19; Ezek. 40,23; Ezek. 40,27; Ezek. 40,29; Ezek. 40,29; Ezek. 40,33; Ezek. 40,33; Ezek. 40,36; Ezek. 40,36; Ezek. 43,14; Ezek. 45,2)
πήχεος ▸ 14
Noun · masculine · singular · genitive · (common) ▸ 14 (Ex. 25,10; Ex. 25,10; Ex. 25,17; Ex. 25,23; Ex. 25,23; Ex. 26,16; Ex. 30,2; Ex. 30,2; 1Kings 7,18; 1Kings 7,21; Ezek. 40,42; Ezek.

πήχεσιν ▸ 1
  Noun · masculine · plural · dative · (common) ▸ **1** (Jer. 52,22)
πήχεων ▸ 74 + 2 = 76
  Noun · masculine · plural · genitive · (common) ▸ 74 + 2 = **76** (Gen. 6,15; Gen. 6,15; Gen. 6,15; Ex. 25,10; Ex. 25,17; Ex. 25,23; Ex. 26,2; Ex. 26,2; Ex. 26,8; Ex. 26,8; Ex. 26,16; Ex. 27,1; Ex. 27,1; Ex. 27,1; Ex. 27,13; Ex. 27,14; Ex. 30,2; Ex. 37,2; Ex. 37,10; Ex. 37,11; Ex. 37,12; Ex. 37,13; Ex. 37,16; Ex. 37,16; 1Sam. 17,4; 1Kings 6,2; 1Kings 6,6; 1Kings 6,23; 1Kings 6,24; 1Kings 6,24; 2Kings 25,17; 2Kings 25,17; 2Chr. 3,3; 2Chr. 3,3; 2Chr. 3,3; 2Chr. 3,4; 2Chr. 3,4; 2Chr. 3,8; 2Chr. 3,8; 2Chr. 3,11; 2Chr. 3,11; 2Chr. 3,11; 2Chr. 3,12; 2Chr. 3,12; 2Chr. 3,13; 2Chr. 3,15; 2Chr. 3,15; 2Chr. 4,1; 2Chr. 4,1; 2Chr. 4,1; 2Chr. 4,2; 2Chr. 4,2; 2Chr. 4,2; 2Chr. 6,13; 2Chr. 6,13; 2Chr. 6,13; 1Esdr. 6,24; 1Esdr. 6,24; Ezra 6,3; 2Mac. 13,5; Zech. 5,2; Zech. 5,2; Jer. 52,21; Jer. 52,22; Ezek. 40,7; Ezek. 40,42; Ezek. 40,47; Ezek. 40,47; Ezek. 41,8; Ezek. 41,12; Ezek. 41,12; Ezek. 41,15; Ezek. 42,2; Ezek. 42,7; Dan. 3,1; Dan. 3,1)
πῆχυν ▸ 5 + 2 = 7
  Noun · masculine · singular · accusative · (common) ▸ 5 + 2 = **7** (Gen. 6,16; Ex. 26,13; Ex. 26,13; Ezek. 40,42; Ezek. 43,13; Matt. 6,27; Luke 12,25)
πῆχυς ▸ 5
  Noun · masculine · singular · nominative · (common) ▸ **4** (Ezek. 40,12; Ezek. 43,13; Ezek. 43,15; Ezek. 43,17)
  Noun · neuter · singular · nominative · (common) ▸ **1** (Ezek. 43,14)
πηχῶν ▸ 79 + 2 = 81
  Noun · masculine · plural · genitive · (common) ▸ 79 + 2 = **81** (Ex. 27,9; Ex. 27,11; Ex. 27,12; Ex. 27,15; Ex. 27,16; Ex. 27,18; Ex. 37,2; Deut. 3,11; Deut. 3,11; 1Kings 6,17; 1Kings 7,8; 1Kings 7,39; 1Kings 7,43; Esth. 5,14; Esth. 7,9; Judith 1,2; Judith 1,2; Judith 1,2; Judith 1,2; Judith 1,3; Judith 1,4; Jer. 52,21; Ezek. 40,5; Ezek. 40,7; Ezek. 40,9; Ezek. 40,9; Ezek. 40,11; Ezek. 40,11; Ezek. 40,12; Ezek. 40,12; Ezek. 40,15; Ezek. 40,21; Ezek. 40,21; Ezek. 40,25; Ezek. 40,25; Ezek. 40,48; Ezek. 40,48; Ezek. 40,48; Ezek. 40,48; Ezek. 40,48; Ezek. 40,49; Ezek. 40,49; Ezek. 41,1; Ezek. 41,1; Ezek. 41,2; Ezek. 41,2; Ezek. 41,2; Ezek. 41,2; Ezek. 41,2; Ezek. 41,3; Ezek. 41,3; Ezek. 41,3; Ezek. 41,3; Ezek. 41,4; Ezek. 41,4; Ezek. 41,5; Ezek. 41,5; Ezek. 41,9; Ezek. 41,10; Ezek. 41,11; Ezek. 41,12; Ezek. 41,13; Ezek. 41,13; Ezek. 41,14; Ezek. 41,22; Ezek. 41,22; Ezek. 41,22; Ezek. 42,4; Ezek. 42,8; Ezek. 42,8; Ezek. 42,20; Ezek. 43,14; Ezek. 43,15; Ezek. 43,16; Ezek. 43,17; Ezek. 46,22; Ezek. 46,22; Dan. 3,1; Dan. 3,1; John 21,8; Rev. 21,17)

πιάζω (πιέζω) to seize ▸ 2 + 12 = 14
  ἐπίασαν ▸ 1
    Verb · third · plural · aorist · active · indicative ▸ **1** (John 21,3)
  ἐπιάσατε ▸ 1
    Verb · second · plural · aorist · active · indicative ▸ **1** (John 21,10)
  ἐπίασεν ▸ 1
    Verb · third · singular · aorist · active · indicative ▸ **1** (John 8,20)
  ἐπιάσθη ▸ 1
    Verb · third · singular · aorist · passive · indicative ▸ **1** (Rev. 19,20)
  πιάσαι ▸ 4
    Verb · aorist · active · infinitive ▸ **4** (John 7,30; John 7,44; John 10,39; 2Cor. 11,32)
  πιάσας ▸ 2
    Verb · aorist · active · participle · masculine · singular · nominative ▸ **2** (Acts 3,7; Acts 12,4)
  Πιάσατε ▸ 1
    Verb · second · plural · aorist · active · imperative ▸ **1** (Song 2,15)
  πιασθήσεται ▸ 1
    Verb · third · singular · future · passive · indicative ▸ **1** (Sir. 23,21)
  πιάσωσιν ▸ 2
    Verb · third · plural · aorist · active · subjunctive ▸ **2** (John 7,32; John 11,57)

πιαίνω (πίων) to enrich; to fatten ▸ 8
  πιαίνει ▸ 1
    Verb · third · singular · present · active · indicative ▸ **1** (Prov. 15,30)
  πιαίνεται ▸ 2
    Verb · third · singular · present · middle · indicative ▸ **2** (Ezek. 17,8; Ezek. 17,10)
  πιανάτω ▸ 1
    Verb · third · singular · aorist · active · imperative ▸ **1** (Psa. 19,4)
  πιανεῖ ▸ 1
    Verb · third · singular · future · active · indicative ▸ **1** (Sir. 26,13)
  πιανθήσεται ▸ 2
    Verb · third · singular · future · passive · indicative ▸ **2** (Is. 58,11; Is. 58,11)
  πιανθήσονται ▸ 1
    Verb · third · plural · future · passive · indicative ▸ **1** (Psa. 64,13)

πιέζω to press, press down ▸ 1 + 1 = 2
  πεπιεσμένον ▸ 1
    Verb · perfect · passive · participle · neuter · singular · accusative ▸ **1** (Luke 6,38)
  πιέσεις ▸ 1
    Verb · second · singular · future · active · indicative ▸ **1** (Mic. 6,15)

πιθανολογία (πείθω; λέγω) enticing argument ▸ 1
  πιθανολογίᾳ ▸ 1
    Noun · feminine · singular · dative ▸ **1** (Col. 2,4)

πίθηκος ape; monkey ▸ 1
  πιθήκων ▸ 1
    Noun · masculine · plural · genitive · (common) ▸ **1** (2Chr. 9,21)

πίθος earthen jar ▸ 1
  πίθος ▸ 1
    Noun · masculine · singular · nominative · (common) ▸ **1** (Prov. 23,27)

Πιθωμ Pithom ▸ 1
  Πιθωμ ▸ 1
    Noun · feminine · singular · accusative · (proper) ▸ **1** (Ex. 1,11)

Πικρά Bitter ▸ 1
  Πικράν ▸ 1
    Noun · feminine · singular · accusative · (proper) ▸ **1** (Ruth 1,20)

πικραίνω (πικρός) to make bitter ▸ 12 + 1 + 4 = 17
  ἐπίκρανεν ▸ 1
    Verb · third · singular · aorist · active · indicative ▸ **1** (1Mac. 3,7)
  ἐπικράνθη ▸ 4 + 1 = 5
    Verb · third · singular · aorist · passive · indicative ▸ 4 + 1 = **5** (Ex. 16,20; Ruth 1,13; Ruth 1,20; Is. 14,9; Rev. 10,10)
  ἐπικράνθησαν ▸ 1 + 1 = 2
    Verb · third · plural · aorist · passive · indicative ▸ 1 + 1 = **2** (Jer. 44,15; Rev. 8,11)
  πικραίνεσθε ▸ 1
    Verb · second · plural · present · passive · imperative ▸ **1** (Col. 3,19)
  πικραινομένη ▸ 1

  Verb · present · passive · participle · feminine · singular · nominative ▸ **1** (Lam. 1,4)
πικρᾶναί ▸ **1**
  Verb · aorist · active · infinitive ▸ **1** (Jer. 39,32)
πικράνας ▸ **1**
  Verb · aorist · active · participle · masculine · singular · nominative ▸ **1** (Job 27,2)
πικρανεῖ ▸ **1**
  Verb · third · singular · future · active · indicative ▸ **1** (Rev. 10,9)
πικρανθῇ ▸ **1**
  Verb · third · singular · aorist · passive · subjunctive ▸ **1** (1Esdr. 4,31)
πικρανθῇς ▸ **1**
  Verb · second · singular · aorist · passive · subjunctive ▸ **1** (Tob. 5,14)
πικρανθήσονται ▸ **1**
  Verb · third · plural · future · passive · indicative ▸ **1** (Jer. 40,9)
πίκρανον ▸ **1**
  Verb · second · singular · aorist · active · imperative ▸ **1** (Sir. 38,17)

πικρασμός (**πικρός**) bitterness, bitter feeling ▸ **1**
 πικρασμῷ ▸ **1**
  Noun · masculine · singular · dative · (common) ▸ **1** (Esth. 14,8 # 4,170)

πικρία (**πικρός**) bitterness ▸ **27** + **4** = **31**
 Πικρία ▸ **1**
  Noun · feminine · singular · nominative · (common) ▸ **1** (Ex. 15,23)
 πικρία ▸ **3** + **1** = **4**
  Noun · feminine · singular · nominative · (common) ▸ **3** + **1** = **4** (Sir. 31,29; Is. 28,21; Is. 37,29; Eph. 4,31)
 πικρίᾳ ▸ **5**
  Noun · feminine · singular · dative · (common) ▸ **5** (Deut. 29,17; Job 3,20; Job 10,1; Sir. 4,6; Sir. 7,11)
 πικρίαν ▸ **5**
  Noun · feminine · singular · accusative · (common) ▸ **5** (Job 7,11; Wis. 8,16; Sir. 21,12; Amos 6,12; Jer. 2,21)
 πικρίας ▸ **13** + **3** = **16**
  Noun · feminine · singular · genitive · (common) ▸ **13** + **3** = **16** (Deut. 32,32; 3Mac. 4,4; Psa. 9,28; Psa. 13,3; Ode. 2,32; Job 9,18; Job 21,25; Is. 28,21; Is. 28,28; Jer. 15,17; Lam. 3,15; Lam. 3,19; Ezek. 28,24; Acts 8,23; Rom. 3,14; Heb. 12,15)

Πικρίαι bitterness ▸ **2**
 Πικρίαις ▸ **1**
  Noun · feminine · plural · dative · (proper) ▸ **1** (Num. 33,8)
 Πικριῶν ▸ **1**
  Noun · feminine · plural · genitive · (proper) ▸ **1** (Num. 33,9)

πικρίς (**πικρός**) bitter herb ▸ **2**
 πικρίδων ▸ **2**
  Noun · feminine · plural · genitive · (common) ▸ **2** (Ex. 12,8; Num. 9,11)

πικρός bitter ▸ **36** + **1** + **2** = **39**
 πικρά ▸ **2**
  Adjective · feminine · singular · nominative · noDegree ▸ **1** (Jer. 4,18)
  Adjective · neuter · plural · accusative · noDegree ▸ **1** (Sir. 25,18)
 πικρὰ ▸ **4**
  Adjective · feminine · singular · nominative · noDegree ▸ **2** (2Sam. 2,26; Zeph. 1,14)
  Adjective · neuter · plural · accusative · noDegree ▸ **1** (Sir. 29,25)
  Adjective · neuter · plural · nominative · noDegree ▸ **1** (Prov. 27,7)
 πικραί ▸ **1**
  Adjective · feminine · plural · nominative · noDegree ▸ **1** (2Mac. 9,5)
 πικρὰν ▸ **3**
  Adjective · feminine · singular · accusative · noDegree ▸ **3** (Gen. 27,34; 2Kings 14,26; Sir. 30,17)
 πικρὰς ▸ **1**
  Adjective · feminine · plural · accusative · noDegree ▸ **1** (3Mac. 2,24)
 πικρᾶς ▸ **5**
  Adjective · feminine · singular · genitive · noDegree ▸ **5** (2Mac. 6,7; 3Mac. 4,15; 3Mac. 5,18; 4Mac. 18,20; 4Mac. 18,20)
 πικροὶ ▸ **1**
  Adjective · masculine · plural · nominative · noDegree ▸ **1** (Judg. 18,25)
 πικρόν ▸ **4** + **1** = **5**
  Adjective · neuter · singular · accusative · noDegree ▸ **2** + **1** = **3** (Is. 5,20; Jer. 23,15; James 3,11)
  Adjective · neuter · singular · nominative · noDegree ▸ **2** (Sir. 41,1; Jer. 2,19)
 πικρὸν ▸ **6** + **1** = **7**
  Adjective · masculine · singular · accusative ▸ **1** (James 3,14)
  Adjective · neuter · singular · accusative · noDegree ▸ **4** (Psa. 63,4; Hab. 1,6; Is. 5,20; Ezek. 27,30)
  Adjective · neuter · singular · nominative · noDegree ▸ **2** (Ex. 15,23; Is. 24,9)
 πικρός ▸ **2**
  Adjective · masculine · singular · nominative · noDegree ▸ **2** (1Sam. 15,32; 4Mac. 18,20)
 πικρότερον ▸ **4**
  Adjective · neuter · singular · accusative · comparative ▸ **4** (4Mac. 6,16; 4Mac. 8,2; Prov. 5,4; Eccl. 7,26)
 πικροτέρων ▸ **1**
  Adjective · masculine · plural · genitive · comparative ▸ **1** (4Mac. 15,16)
 πικροῦ ▸ **1**
  Adjective · masculine · singular · genitive · noDegree ▸ **1** (3Mac. 6,31)
 πικρῷ ▸ **1**
  Adjective · masculine · singular · dative · noDegree ▸ **1** (Jer. 20,8)
 πικρῶν ▸ **1**
  Adjective · masculine · plural · genitive · noDegree ▸ **1** (4Mac. 6,8)

πικρῶς (**πικρός**) bitterly ▸ **7** + **2** = **9**
 Πικρῶς ▸ **1**
  Adverb ▸ **1** (Jer. 27,21)
 πικρῶς ▸ **6** + **2** = **8**
  Adverb ▸ **6** + **2** = **8** (2Mac. 7,39; 4Mac. 6,1; 4Mac. 10,5; Is. 22,4; Is. 33,7; Dan. 2,15; Matt. 26,75; Luke 22,62)

Πιλᾶτος Pilate ▸ **55**
 Πιλᾶτον ▸ **7**
  Noun · masculine · singular · accusative · (proper) ▸ **7** (Matt. 27,62; Mark 15,5; Mark 15,43; Luke 23,1; John 19,31; John 19,38; Acts 13,28)
 Πιλᾶτος ▸ **39**
  Noun · masculine · singular · nominative · (proper) ▸ **39** (Matt. 27,13; Matt. 27,17; Matt. 27,22; Matt. 27,24; Matt. 27,58; Matt. 27,65; Mark 15,2; Mark 15,4; Mark 15,9; Mark 15,12; Mark 15,14; Mark 15,15; Mark 15,44; Luke 13,1; Luke 23,3; Luke 23,4; Luke

πίμπλημι

23,6; Luke 23,12; Luke 23,13; Luke 23,20; Luke 23,24; John 18,29; John 18,31; John 18,33; John 18,35; John 18,37; John 18,38; John 19,1; John 19,4; John 19,6; John 19,8; John 19,10; John 19,12; John 19,13; John 19,15; John 19,19; John 19,22; John 19,38; Acts 4,27)

Πιλάτου ▸ 3
   Noun · masculine · singular · genitive · (proper) ▸ **3** (Luke 3,1; Acts 3,13; 1Tim. 6,13)

Πιλάτῳ ▸ 6
   Noun · masculine · singular · dative · (proper) ▸ **6** (Matt. 27,2; Matt. 27,58; Mark 15,1; Luke 23,11; Luke 23,52; John 19,21)

πίμπλημι (πληρόω)   to fill, fulfill ▸ 116 + 1 + 24 = 141

ἔπλησα ▸ 2
   Verb · first · singular · aorist · active · indicative ▸ **2** (Zech. 9,13; Jer. 6,11)

ἐπλήσαμεν ▸ 1
   Verb · first · plural · aorist · active · indicative ▸ **1** (Josh. 9,13)

ἔπλησαν ▸ 9 + 1 = 10
   Verb · third · plural · aorist · active · indicative ▸ 9 + 1 = **10** (Gen. 26,15; Ex. 2,16; 1Kings 18,35; 2Chr. 16,14; Ezra 9,11; Job 3,15; Mic. 6,12; Jer. 19,4; Ezek. 8,17; Luke 5,7)

ἔπλησας ▸ 1
   Verb · second · singular · aorist · active · indicative ▸ **1** (Ezek. 28,16)

ἔπλησε ▸ 1
   Verb · third · singular · aorist · active · indicative ▸ **1** (Esth. 14,1 # 4,17k)

ἔπλησεν ▸ 18
   Verb · third · singular · aorist · active · indicative ▸ **18** (Gen. 21,19; Gen. 24,16; Lev. 9,17; 1Kings 8,10; 1Kings 8,11; 1Kings 21,27; 2Kings 9,24; 2Kings 21,16; 2Kings 23,14; 2Kings 24,4; 2Chr. 7,1; 2Chr. 7,2; 2Chr. 36,5d; Esth. 14,1 # 4,17k; Nah. 2,13; Jer. 28,34; Ezek. 10,3; Ezek. 10,4)

ἐπλήσθη ▸ 23 + 1 + 5 = 29
   Verb · third · singular · aorist · passive · indicative ▸ 23 + 1 + 5 = **29** (Gen. 6,11; Gen. 6,13; Ex. 40,34; Ex. 40,35; 2Kings 3,20; 2Kings 10,21; Psa. 16,14; Psa. 25,10; Psa. 79,10; Psa. 87,4; Psa. 122,4; Psa. 125,2; Song 5,2; Sol. 4,12; Is. 6,4; Is. 40,2; Jer. 26,12; Jer. 28,5; Jer. 31,5; Ezek. 9,9; Ezek. 9,9; Ezek. 10,4; Dan. 3,19; Dan. 3,19; Matt. 22,10; Luke 1,41; Luke 1,57; Luke 1,67; Acts 19,29)

ἐπλήσθημεν ▸ 2
   Verb · first · plural · aorist · passive · indicative ▸ **2** (Psa. 122,3; Jer. 51,17)

ἐπλήσθην ▸ 2
   Verb · first · singular · aorist · passive · indicative ▸ **2** (Sol. 1,2; Sol. 1,3)

ἐπλήσθησαν ▸ 2 + 12 = 14
   Verb · third · plural · aorist · passive · indicative ▸ 2 + 12 = **14** (2Kings 4,6; Psa. 37,8; Luke 1,23; Luke 2,6; Luke 2,21; Luke 2,22; Luke 4,28; Luke 5,26; Luke 6,11; Acts 2,4; Acts 3,10; Acts 4,31; Acts 5,17; Acts 13,45)

πίμπλησιν ▸ 1
   Verb · third · singular · present · active · indicative ▸ **1** (Prov. 18,20)

πίμπληται ▸ 1
   Verb · third · singular · present · passive · subjunctive ▸ **1** (Prov. 3,10)

πιμπλῶν ▸ 1
   Verb · present · active · participle · masculine · singular · nominative ▸ **1** (Sir. 24,25)

πλήσας ▸ 1
   Verb · aorist · active · participle · masculine · singular · nominative ▸ **1** (Matt. 27,48)

Πλήσατε ▸ 2
   Verb · second · plural · aorist · active · imperative ▸ **2** (Gen. 44,1; Ex. 16,32)

πλήσατε ▸ 2
   Verb · second · plural · aorist · active · imperative ▸ **2** (Jer. 30,23; Ezek. 9,7)

πλήσει ▸ 1
   Verb · third · singular · future · active · indicative ▸ **1** (Lev. 16,12)

πλησθείς ▸ 2 + 2 = 4
   Verb · aorist · passive · participle · masculine · singular · nominative ▸ 2 + 2 = **4** (Prov. 25,16; Prov. 30,9; Acts 4,8; Acts 13,9)

πλησθείς ▸ 1
   Verb · aorist · passive · participle · masculine · singular · nominative ▸ **1** (Prov. 25,17)

πλησθῇ ▸ 2
   Verb · third · singular · aorist · passive · subjunctive ▸ **2** (Prov. 30,22; Dan. 12,4)

πλησθῆναι ▸ 1 + 1 = 2
   Verb · aorist · passive · infinitive ▸ 1 + 1 = **2** (Job 31,31; Luke 21,22)

πλησθῇς ▸ 1 + 1 = 2
   Verb · second · singular · aorist · passive · subjunctive ▸ 1 + 1 = **2** (Sir. 22,23; Acts 9,17)

πλησθήσεσθε ▸ 1
   Verb · second · plural · future · passive · indicative ▸ **1** (Ex. 16,12)

πλησθήσεται ▸ 17 + 1 = 18
   Verb · third · singular · future · passive · indicative ▸ 17 + 1 = **18** (Lev. 19,29; 2Kings 3,17; Prov. 12,14; Prov. 14,14; Prov. 15,4; Prov. 28,19; Prov. 28,19; Eccl. 5,9; Sir. 23,11; Sir. 23,11; Sir. 37,24; Sir. 42,25; Hab. 2,14; Is. 15,9; Jer. 27,19; Ezek. 3,3; Ezek. 30,11; Luke 1,15)

πλησθήσεταί ▸ 1
   Verb · third · singular · future · passive · indicative ▸ **1** (Ezek. 32,4)

πλησθήσῃ ▸ 1
   Verb · second · singular · future · passive · indicative ▸ **1** (Ezek. 23,33)

πλησθησόμεθα ▸ 1
   Verb · first · plural · future · passive · indicative ▸ **1** (Psa. 64,5)

πλησθήσονται ▸ 9
   Verb · third · plural · future · passive · indicative ▸ **9** (Ex. 8,17; Tob. 12,9; Psa. 64,12; Psa. 103,28; Prov. 1,31; Prov. 12,21; Joel 2,24; Zech. 8,5; Is. 22,7)

πλησθήσονταί ▸ 1
   Verb · third · plural · future · passive · indicative ▸ **1** (Ex. 10,6)

πλησθῶμεν ▸ 1
   Verb · first · plural · aorist · passive · subjunctive ▸ **1** (Wis. 2,7)

πλησθῶσιν ▸ 1
   Verb · third · plural · aorist · passive · subjunctive ▸ **1** (Prov. 5,10)

πλῆσον ▸ 3
   Verb · second · singular · aorist · active · imperative ▸ **3** (1Sam. 16,1; Sir. 36,13; Ezek. 10,2)

πλήσουσιν ▸ 2
   Verb · third · plural · future · active · indicative ▸ **2** (Zech. 9,15; Ezek. 43,26)

πλήσω ▸ 1

Verb · first · singular · future · active · indicative ▸ **1** (Hag. 2,7)
πλήσωμεν ▸ 1
Verb · first · plural · aorist · active · subjunctive ▸ **1** (Prov. 1,13)

πίμπρημι to swell up ▸ 1
πίμπρασθαι ▸ 1
Verb · present · middle · infinitive · (variant) ▸ **1** (Acts 28,6)

πινακίδιον (πίναξ) small writing tablet ▸ 1
πινακίδιον ▸ 1
Noun · neuter · singular · accusative ▸ **1** (Luke 1,63)

πίναξ plate, platter; plank, tablet ▸ 5
πίνακι ▸ 4
Noun · masculine · singular · dative ▸ **4** (Matt. 14,8; Matt. 14,11; Mark 6,25; Mark 6,28)
πίνακος ▸ 1
Noun · masculine · singular · genitive ▸ **1** (Luke 11,39)

πίννινος (πίννα) of a shell; mollusk ▸ 1
πιννίνου ▸ 1
Noun · masculine · singular · genitive · (common) ▸ **1** (Esth. 1,6)

πίνω to drink ▸ 270 + 24 + 73 = 367
ἔπιεν ▸ 17 + **1** + 2 = 20
Verb · third · singular · aorist · active · indicative ▸ 17 + **1** + 2 = **20** (Gen. 9,21; Gen. 25,34; Gen. 27,25; Ex. 34,28; Num. 20,11; Judg. 15,19; 1Sam. 1,18; 2Sam. 11,13; 1Kings 13,19; 1Kings 19,6; 1Kings 19,8; 2Kings 9,34; 1Esdr. 9,2; Ezra 10,6; Judith 12,19; Judith 12,20; Judith 12,20; Judg. 15,19; John 4,12; Acts 9,9)
ἔπιες ▸ 2
Verb · second · singular · aorist · active · indicative ▸ **2** (1Kings 13,22; Obad. 16)
ἐπίετε ▸ 2
Verb · second · plural · aorist · active · indicative ▸ **2** (Deut. 29,5; Hag. 1,6)
ἔπινεν ▸ 4
Verb · third · singular · imperfect · active · indicative ▸ **4** (2Sam. 12,3; 1Kings 17,6; Esth. 1,7; Dan. 5,1)
ἔπινες ▸ 1
Verb · second · singular · imperfect · active · indicative ▸ **1** (Dan. 5,23)
ἐπίνετε ▸ 4 + **1** = 5
Verb · second · plural · imperfect · active · indicative ▸ 4 + **1** = **5** (Deut. 32,38; Ode. 2,38; Ezek. 34,18; Dan. 5,23; Dan. 5,23)
ἔπινον ▸ 5 + **2** + 3 = 10
Verb · third · plural · imperfect · active · indicative ▸ 5 + **2** + 3 = **10** (Job 1,13; Amos 2,8; Joel 4,3; Ezek. 34,19; Dan. 5,3; Dan. 5,3; Dan. 5,4; Luke 17,27; Luke 17,28; 1Cor. 10,4)
ἐπίομεν ▸ 1 + **1** = 2
Verb · first · plural · aorist · active · indicative ▸ 1 + **1** = **2** (2Chr. 31,10; Luke 13,26)
ἔπιον ▸ 25 + **4** + 2 = 31
Verb · first · singular · aorist · active · indicative ▸ **6** (Gen. 24,46; Deut. 9,9; Deut. 9,18; 2Kings 19,24; Esth. 14,17 # 4,17x; Song 5,1)
Verb · third · plural · aorist · active · indicative ▸ 19 + **4** + 2 = **25** (Gen. 24,54; Gen. 26,30; Gen. 31,46; Gen. 31,54; Gen. 43,34; Ex. 24,11; Deut. 32,14; Judg. 9,27; Judg. 19,4; Judg. 19,6; Judg. 19,8; Judg. 19,21; 2Kings 6,23; 2Kings 7,8; 1Chr. 29,22; Tob. 12,19; Ode. 2,14; Is. 24,9; Jer. 30,6; Judg. 9,27; Judg. 19,4; Judg. 19,6; Judg. 19,21; Mark 14,23; 1Cor. 10,4)
ἐπίοσαν ▸ 3
Verb · third · plural · aorist · active · indicative ▸ **3** (1Esdr. 3,3; Jer. 28,7; Jer. 42,14)
πεῖν ▸ 5
Verb · aorist · active · infinitive ▸ **5** (John 4,7; John 4,9; John 4,10; 1Cor. 9,4; 1Cor. 10,7)
πέπωκα ▸ 1
Verb · first · singular · perfect · active · indicative ▸ **1** (1Sam. 1,15)
πέπωκαν ▸ 1
Verb · third · plural · perfect · active · indicative ▸ **1** (Rev. 18,3)
πέπωκας ▸ 1
Verb · second · singular · perfect · active · indicative ▸ **1** (2Sam. 12,21)
πεπώκει ▸ 1
Verb · third · singular · pluperfect · active · indicative ▸ **1** (1Sam. 30,12)
πέπωκεν ▸ 1
Verb · third · singular · perfect · active · indicative ▸ **1** (Bel 7)
Πίε ▸ 4
Verb · second · singular · aorist · active · imperative ▸ **4** (Gen. 24,14; Gen. 24,18; Gen. 24,46; Judith 12,17)
πίε ▸ 5 + **2** + 1 = 8
Verb · second · singular · aorist · active · imperative ▸ 5 + **2** + 1 = **8** (Gen. 24,44; 1Kings 18,41; Tob. 7,10; Eccl. 9,7; Hab. 2,16; Tob. 7,10; Tob. 7,11; Luke 12,19)
πιεῖν ▸ 44 + **4** + 8 = 56
Verb · aorist · active · infinitive ▸ 44 + **4** + 8 = **56** (Gen. 30,38; Gen. 30,38; Ex. 7,18; Ex. 7,21; Ex. 7,24; Ex. 7,24; Ex. 15,22; Ex. 15,23; Ex. 17,1; Ex. 32,6; Num. 20,5; Num. 21,16; Num. 33,14; Judg. 7,5; Judg. 7,6; Ruth 3,3; 2Sam. 11,11; 2Sam. 16,2; 2Sam. 23,16; 2Sam. 23,17; 1Kings 13,23; 1Kings 18,42; 2Kings 18,27; 1Chr. 11,18; 1Chr. 11,19; 1Esdr. 9,54; Neh. 8,12; Judith 7,21; Judith 7,21; Judith 12,11; Eccl. 5,17; Eccl. 8,15; Job 8,12; Amos 4,8; Is. 22,13; Is. 23,18; Is. 51,22; Jer. 2,18; Jer. 2,18; Jer. 16,8; Jer. 30,6; Jer. 32,28; Jer. 42,8; Jer. 42,14; Judg. 7,5; Judg. 7,6; Tob. 7,14; Tob. 8,1; Matt. 20,22; Matt. 27,34; Matt. 27,34; Mark 10,38; Acts 23,12; Acts 23,21; Rom. 14,21; Rev. 16,6)
πίεσαι ▸ 11 + **1** = 12
Verb · second · singular · future · middle · indicative ▸ 11 + **1** = **12** (Deut. 28,39; Ruth 2,9; 1Kings 17,4; Judith 12,13; Sir. 9,10; Jer. 30,6; Ezek. 4,11; Ezek. 4,11; Ezek. 12,18; Ezek. 23,32; Ezek. 23,34; Luke 17,8)
πίεσθε ▸ 8 + **2** = 10
Verb · second · plural · future · middle · indicative ▸ 8 + **2** = **10** (Lev. 10,9; Deut. 2,6; 2Kings 3,17; Is. 36,16; Jer. 32,28; Ezek. 39,17; Ezek. 39,18; Ezek. 39,19; Matt. 20,23; Mark 10,39)
πίεται ▸ 15 + **1** = 16
Verb · third · singular · future · middle · indicative ▸ 15 + **1** = **16** (Ex. 17,6; Num. 6,3; Num. 6,3; Num. 6,20; Num. 23,24; Deut. 11,11; 1Sam. 1,11; 2Kings 18,31; 2Kings 18,31; Psa. 109,7; Prov. 26,6; Eccl. 2,24; Eccl. 3,13; Sir. 26,12; Is. 48,21; Rev. 14,10)
Πίετε ▸ 2
Verb · second · plural · aorist · active · imperative ▸ **2** (Jer. 32,27; Jer. 42,5)
πίετε ▸ 6 + **1** = 7
Verb · second · plural · aorist · active · imperative ▸ 6 + **1** = **7** (1Esdr. 9,51; Neh. 8,10; Prov. 9,5; Song 5,1; Is. 21,5; Is. 55,1; Matt. 26,27)
πιέτω ▸ 2 + **1** = 3
Verb · third · singular · aorist · active · imperative ▸ 2 + **1** = **3** (Judg. 13,14; 1Kings 13,18; Judg. 13,14)
πιέτωσαν ▸ 2 + **1** = 3
Verb · third · plural · aorist · active · imperative ▸ 2 + **1** = **3** (2Kings 6,22; Jonah 3,7; Dan. 5,2)
πίῃ ▸ 1 + **2** = 3
Verb · third · singular · aorist · active · subjunctive ▸ 1 + **2** = **3**

πιότης

(Is. 44,12; Luke 1,15; John 4,14)

πίῃς ‣ 7 + 2 = 9
Verb ▪ second ▪ singular ▪ aorist ▪ active ▪ subjunctive ‣ 7 + 2 = 9 (Judg. 13,4; Judg. 13,7; 1Kings 13,9; 1Kings 13,17; 1Kings 13,22; Tob. 4,15; Prov. 9,18c; Judg. 13,4; Judg. 13,7)

πίητε ‣ 5 + 3 = 8
Verb ▪ second ▪ plural ▪ aorist ▪ active ▪ subjunctive ‣ 5 + 3 = 8 (Esth. 4,16; Amos 5,11; Mic. 6,15; Zech. 7,6; Jer. 42,6; Matt. 6,25; Luke 12,29; John 6,53)

πῖνε ‣ 1
Verb ▪ second ▪ singular ▪ present ▪ active ▪ imperative ‣ 1 (Prov. 5,15)

πίνει ‣ 6 + 1 + 1 = 8
Verb ▪ third ▪ singular ▪ present ▪ active ▪ indicative ‣ 6 + 1 + 1 = 8 (Gen. 44,5; 1Esdr. 4,11; Prov. 23,7; Dan. 1,5; Dan. 1,8; Bel 24; Bel 6; 1Cor. 11,29)

πίνειν ‣ 6 + 4 = 10
Verb ▪ present ▪ active ▪ infinitive ‣ 6 + 4 = 10 (1Esdr. 3,6; Judith 12,1; 1Mac. 11,58; 2Mac. 15,39; Prov. 31,6; Job 1,4; Matt. 20,22; Luke 12,45; 1Cor. 10,21; 1Cor. 11,22)

πίνεται ‣ 1
Verb ▪ third ▪ singular ▪ present ▪ passive ▪ indicative ‣ 1 (Lev. 11,34)

πίνετε ‣ 1 + 2 = 3
Verb ▪ second ▪ plural ▪ present ▪ active ▪ indicative ‣ 1 + 2 = 3 (Zech. 7,6; Luke 5,30; 1Cor. 10,31)

πινέτω ‣ 2
Verb ▪ third ▪ singular ▪ present ▪ active ▪ imperative ‣ 2 (John 7,37; 1Cor. 11,28)

πινέτωσαν ‣ 1
Verb ▪ third ▪ plural ▪ present ▪ active ▪ imperative ‣ 1 (Prov. 31,4)

πίνῃ ‣ 2
Verb ▪ third ▪ singular ▪ present ▪ active ▪ subjunctive ‣ 2 (Matt. 24,49; 1Cor. 11,27)

πίνῃς ‣ 1
Verb ▪ second ▪ singular ▪ present ▪ active ▪ subjunctive ‣ 1 (Sir. 31,27)

πίνητε ‣ 3
Verb ▪ second ▪ plural ▪ present ▪ active ▪ subjunctive ‣ 3 (Luke 22,30; 1Cor. 11,25; 1Cor. 11,26)

πινόμενος ‣ 2
Verb ▪ present ▪ passive ▪ participle ▪ masculine ▪ singular ▪ nominative ‣ 2 (Sir. 31,28; Sir. 31,29)

πίνοντα ‣ 1
Verb ▪ present ▪ active ▪ participle ▪ neuter ▪ plural ▪ nominative ‣ 1 (Ezek. 31,16)

πίνοντας ‣ 1
Verb ▪ present ▪ active ▪ participle ▪ masculine ▪ plural ▪ accusative ‣ 1 (1Esdr. 3,18)

πίνοντες ‣ 11 + 2 = 13
Verb ▪ present ▪ active ▪ participle ▪ masculine ▪ plural ▪ nominative ‣ 11 + 2 = 13 (1Sam. 30,16; 1Kings 1,25; 1Kings 2,46a; 1Kings 2,46g; 1Chr. 12,40; Psa. 68,13; Amos 6,6; Joel 1,5; Is. 5,22; Is. 29,8; Ezek. 31,14; Matt. 24,38; Luke 10,7)

πίνοντές ‣ 1
Verb ▪ present ▪ active ▪ participle ▪ masculine ▪ plural ▪ nominative ‣ 1 (Sir. 24,21)

πινόντων ‣ 1
Verb ▪ present ▪ active ▪ participle ▪ masculine ▪ plural ▪ genitive ‣ 1 (Job 1,18)

πίνουσαι ‣ 2
Verb ▪ present ▪ active ▪ participle ▪ feminine ▪ plural ▪ nominative ‣ 2 (Gen. 24,14; Gen. 24,22)

πίνουσιν ‣ 2 + 1 = 3
Verb ▪ present ▪ active ▪ participle ▪ masculine ▪ plural ▪ dative ‣ 1 (Is. 24,9)
Verb ▪ third ▪ plural ▪ present ▪ active ▪ indicative ‣ 1 + 1 = 2 (Is. 5,12; Luke 5,33)

πίνω ‣ 4
Verb ▪ first ▪ singular ▪ present ▪ active ▪ indicative ‣ 2 (Mark 10,38; Mark 10,39)
Verb ▪ first ▪ singular ▪ present ▪ active ▪ subjunctive ‣ 2 (Matt. 26,29; Mark 14,25)

πίνων ‣ 9 + 2 + 8 = 19
Verb ▪ present ▪ active ▪ participle ▪ masculine ▪ singular ▪ nominative ‣ 9 + 2 + 8 = 19 (Gen. 24,19; 1Kings 8,65; 1Kings 16,9; 1Kings 21,12; 1Kings 21,16; Job 15,16; Job 34,7; Is. 29,8; Jer. 30,6; Tob. 8,20; Dan. 5,1; Matt. 11,18; Matt. 11,19; Luke 7,33; Luke 7,34; John 4,13; John 6,54; John 6,56; 1Cor. 11,29)

πίνωσιν ‣ 1
Verb ▪ third ▪ plural ▪ present ▪ active ▪ subjunctive ‣ 1 (1Esdr. 3,22)

Πίομαι ‣ 1
Verb ▪ first ▪ singular ▪ future ▪ middle ▪ indicative ‣ 1 (Judith 12,18)

πίομαι ‣ 7
Verb ▪ first ▪ singular ▪ future ▪ middle ▪ indicative ‣ 7 (Deut. 2,28; 2Sam. 19,36; 2Sam. 23,17; 1Kings 13,16; 1Kings 17,10; 1Chr. 11,19; Psa. 49,13)

πιόμεθα ‣ 3 + 1 = 4
Verb ▪ first ▪ plural ▪ future ▪ middle ▪ indicative ‣ 3 + 1 = 4 (Ex. 15,24; Num. 20,17; Num. 21,22; Dan. 1,12)

πίονται ‣ 16
Verb ▪ third ▪ plural ▪ future ▪ middle ▪ indicative ‣ 16 (Psa. 74,9; Amos 9,14; Obad. 16; Obad. 16; Is. 19,5; Is. 25,6; Is. 25,6; Is. 49,26; Is. 62,8; Is. 62,9; Is. 65,13; Jer. 22,15; Jer. 32,16; Ezek. 4,16; Ezek. 12,19; Ezek. 25,4)

Πιόντες ‣ 1
Verb ▪ aorist ▪ active ▪ participle ▪ masculine ▪ plural ▪ nominative ‣ 1 (Jer. 32,28)

πιόντες ‣ 2
Verb ▪ aorist ▪ active ▪ participle ▪ masculine ▪ plural ▪ nominative ‣ 2 (Prov. 31,5; Job 42,11)

πιοῦσα ‣ 1 + 1 = 2
Verb ▪ aorist ▪ active ▪ participle ▪ feminine ▪ singular ▪ nominative ‣ 1 + 1 = 2 (Is. 51,17; Heb. 6,7)

πίω ‣ 2 + 1 + 6 = 9
Verb ▪ first ▪ singular ▪ aorist ▪ active ▪ subjunctive ‣ 2 + 1 + 6 = 9 (Gen. 24,14; 1Kings 13,8; Tob. 7,12; Matt. 26,29; Matt. 26,42; Mark 14,25; Luke 17,8; Luke 22,18; John 18,11)

πίωμεν ‣ 5 + 2 = 7
Verb ▪ first ▪ plural ▪ aorist ▪ active ▪ subjunctive ‣ 5 + 2 = 7 (Ex. 17,2; Num. 20,19; Amos 4,1; Is. 22,13; Jer. 42,6; Matt. 6,31; 1Cor. 15,32)

πιών ‣ 1
Verb ▪ aorist ▪ active ▪ participle ▪ masculine ▪ singular ▪ nominative ‣ 1 (Luke 5,39)

πίωσιν ‣ 5 + 1 = 6
Verb ▪ third ▪ plural ▪ aorist ▪ active ▪ subjunctive ‣ 5 + 1 = 6 (Gen. 24,19; Psa. 77,44; Zeph. 1,13; Is. 36,12; Ezek. 44,21; Mark 16,18)

πιότης (πίων) oil; fat; fatness; richness ‣ 11 + 1 + 1 = 13

πιότης ▸ 2
  Noun ▪ feminine ▪ singular ▪ nominative ▪ (common) ▸ **2** (1Kings 13,3; 1Kings 13,5)
πιότητά ▸ 2 + 1 = 3
  Noun ▪ feminine ▪ singular ▪ accusative ▪ (common) ▸ 2 + 1 = **3** (Judg. 9,9; Ezek. 25,4; Judg. 9,9)
πιότητος ▸ 7 + 1 = 8
  Noun ▪ feminine ▪ singular ▪ genitive ▪ (common) ▸ 7 + 1 = **8** (Gen. 27,28; Gen. 27,39; Psa. 35,9; Psa. 62,6; Psa. 64,12; Job 36,16; Zech. 4,14; Rom. 11,17)

πιπράσκω   to sell ▸ 32 + 9 = 41
  ἐπίπρασκον ▸ 1
    Verb ▪ third ▪ plural ▪ imperfect ▪ active ▪ indicative ▸ **1** (Acts 2,45)
  ἐπράθη ▸ 2 + 1 = 3
    Verb ▪ third ▪ singular ▪ aorist ▪ passive ▪ indicative ▸ 2 + 1 = **3** (1Kings 20,25; Psa. 104,17; John 12,5)
  ἐπράθημεν ▸ 1
    Verb ▪ first ▪ plural ▪ aorist ▪ passive ▪ indicative ▸ **1** (Esth. 7,4)
  ἐπράθησαν ▸ 3
    Verb ▪ third ▪ plural ▪ aorist ▪ passive ▪ indicative ▸ **3** (2Kings 17,17; 1Mac. 1,15; 2Mac. 5,14)
  ἐπράθητε ▸ 3
    Verb ▪ second ▪ plural ▪ aorist ▪ passive ▪ indicative ▸ **3** (Is. 50,1; Is. 52,3; Bar. 4,6)
  πέπρακα ▸ 1
    Verb ▪ first ▪ singular ▪ perfect ▪ active ▪ indicative ▸ **1** (Is. 50,1)
  πέπρακά ▸ 1
    Verb ▪ first ▪ singular ▪ perfect ▪ active ▪ indicative ▸ **1** (Is. 48,10)
  πέπρακαν ▸ 1
    Verb ▪ third ▪ plural ▪ perfect ▪ active ▪ indicative ▸ **1** (2Mac. 10,21)
  Πέπρακεν ▸ 1
    Verb ▪ third ▪ singular ▪ perfect ▪ active ▪ indicative ▸ **1** (1Sam. 23,7)
  πέπρακεν ▸ 2 + 1 = 3
    Verb ▪ third ▪ singular ▪ perfect ▪ active ▪ indicative ▸ 2 + 1 = **3** (Gen. 31,15; Judith 7,25; Matt. 13,46)
  πεπρακὼς ▸ 1
    Verb ▪ perfect ▪ active ▪ participle ▪ masculine ▪ singular ▪ nominative ▸ **1** (2Mac. 4,32)
  πεπραμένος ▸ 1
    Verb ▪ perfect ▪ passive ▪ participle ▪ masculine ▪ singular ▪ nominative ▸ **1** (Rom. 7,14)
  πεπραμένους ▸ 1
    Verb ▪ perfect ▪ passive ▪ participle ▪ masculine ▪ plural ▪ accusative ▸ **1** (2Mac. 8,14)
  πέπρασαι ▸ 1
    Verb ▪ perfect ▪ active ▪ infinitive ▸ **1** (1Kings 20,20)
  πιπρασκομένων ▸ 1
    Verb ▪ present ▪ passive ▪ participle ▪ neuter ▪ plural ▪ genitive ▸ **1** (Acts 4,34)
  πραθὲν ▸ 1
    Verb ▪ aorist ▪ passive ▪ participle ▪ neuter ▪ singular ▪ nominative ▸ **1** (Acts 5,4)
  πραθέντα ▸ 1
    Verb ▪ aorist ▪ passive ▪ participle ▪ masculine ▪ singular ▪ accusative ▸ **1** (Wis. 10,13)
  πραθῇ ▸ 3
    Verb ▪ third ▪ singular ▪ aorist ▪ passive ▪ subjunctive ▸ **3** (Lev. 25,39; Lev. 25,47; Deut. 15,12)
  πραθῆναι ▸ 1 + 3 = 4
    Verb ▪ aorist ▪ passive ▪ infinitive ▸ 1 + 3 = **4** (Lev. 25,48; Matt. 18,25; Matt. 26,9; Mark 14,5)
  πραθήσεσθε ▸ 1
    Verb ▪ second ▪ plural ▪ future ▪ passive ▪ indicative ▸ **1** (Deut. 28,68)
  πραθήσεται ▸ 5
    Verb ▪ third ▪ singular ▪ future ▪ passive ▪ indicative ▸ **5** (Lev. 25,23; Lev. 25,42; Lev. 27,27; Deut. 21,14; Ezek. 48,14)
  πραθήσεταί ▸ 1
    Verb ▪ third ▪ singular ▪ future ▪ passive ▪ indicative ▸ **1** (Jer. 41,14)
  πραθήσονται ▸ 1
    Verb ▪ third ▪ plural ▪ future ▪ passive ▪ indicative ▸ **1** (Lev. 25,34)
  πραθήτω ▸ 1
    Verb ▪ third ▪ singular ▪ aorist ▪ passive ▪ imperative ▸ **1** (Ex. 22,2)

πίπτω   to fall ▸ 390 + 33 + 90 = 513
  ἔπεσα ▸ 1 + 3 = 4
    Verb ▪ first ▪ singular ▪ aorist ▪ active ▪ indicative ▸ 1 + 3 = **4** (Dan. 8,17; Rev. 1,17; Rev. 19,10; Rev. 22,8)
  ἔπεσά ▸ 1
    Verb ▪ first ▪ singular ▪ aorist ▪ active ▪ indicative ▸ **1** (Acts 22,7)
  ἔπεσαν ▸ 27 + 5 + 12 = 44
    Verb ▪ third ▪ plural ▪ aorist ▪ active ▪ indicative ▸ 27 + 5 + 12 = **44** (Ex. 32,28; Lev. 9,24; Num. 16,22; Num. 20,6; Judg. 12,6; Judg. 20,44; 1Sam. 4,10; 1Sam. 17,52; 2Sam. 1,19; 2Sam. 1,25; 2Sam. 1,27; 2Sam. 11,17; 2Sam. 21,9; 2Sam. 21,22; 2Chr. 20,18; 1Mac. 4,15; 1Mac. 4,40; Psa. 19,9; Psa. 26,2; Psa. 77,64; Sir. 28,18; Sir. 50,17; Hos. 7,7; Jer. 26,12; Jer. 27,15; Ezek. 31,12; Ezek. 39,23; Judg. 9,40; Judg. 12,6; Judg. 13,20; Judg. 20,44; Tob. 12,16; Matt. 17,6; John 18,6; 1Cor. 10,8; Heb. 11,30; Rev. 5,8; Rev. 5,14; Rev. 6,13; Rev. 7,11; Rev. 11,16; Rev. 16,19; Rev. 17,10; Rev. 19,4)
  ἔπεσας ▸ 1
    Verb ▪ second ▪ singular ▪ aorist ▪ active ▪ indicative ▸ **1** (2Sam. 3,34)
  ἔπεσε ▸ 1
    Verb ▪ third ▪ singular ▪ aorist ▪ active ▪ indicative ▸ **1** (2Mac. 4,20)
  Ἔπεσε ▸ 1
    Verb ▪ third ▪ singular ▪ aorist ▪ active ▪ indicative ▸ **1** (Is. 46,1)
  Ἔπεσεν ▸ 1
    Verb ▪ third ▪ singular ▪ aorist ▪ active ▪ indicative ▸ **1** (Amos 5,2)
  ἔπεσεν ▸ 76 + 12 + 29 = 117
    Verb ▪ third ▪ singular ▪ aorist ▪ active ▪ indicative ▸ 76 + 12 + 29 = **117** (Gen. 17,3; Gen. 17,17; Num. 14,5; Num. 16,4; Josh. 5,14; Josh. 6,20; Josh. 7,6; Josh. 17,5; Judg. 4,16; Judg. 5,27; Judg. 5,27; Judg. 7,13; Judg. 16,30; Judg. 18,1; Judg. 19,26; Ruth 2,10; 1Sam. 3,19; 1Sam. 4,18; 1Sam. 17,49; 1Sam. 19,24; 1Sam. 20,41; 1Sam. 25,23; 1Sam. 28,20; 2Sam. 1,2; 2Sam. 2,23; 2Sam. 4,4; 2Sam. 9,6; 2Sam. 14,4; 2Sam. 14,22; 2Sam. 14,33; 2Sam. 19,19; 2Sam. 20,8; 1Kings 18,7; 1Kings 18,38; 1Kings 18,39; 1Kings 21,30; 2Kings 1,2; 2Kings 2,13; 2Kings 2,14; 2Kings 4,37; 2Kings 6,6; 1Chr. 10,5; 1Chr. 21,16; 1Chr. 26,14; 2Chr. 6,13; Esth. 3,7; Esth. 15,7 # 5,1d; Esth. 15,15 # 5,2b; Judith 8,3; Judith 9,1; Judith 14,6; 1Mac. 1,5; 1Mac. 4,45; 1Mac. 4,55; 1Mac. 5,54; 1Mac. 6,8; 1Mac. 6,46; 1Mac. 7,43; 1Mac. 7,44; 1Mac. 9,1; 1Mac. 9,18; 1Mac. 9,21; 1Mac. 10,50; 1Mac. 12,37; Job 1,16; Job 1,19; Job 16,9; Sir. 14,2; Sol. 3,5; Sol. 3,10; Jonah 1,7; Jer. 26,16; Jer. 28,8; Lam. 5,16; Ezek. 11,5; Ezek. 24,6; Judg. 4,16; Judg. 5,27; Judg. 5,27; Judg. 5,27; Judg. 7,13; Judg. 7,13; Judg. 16,30; Judg. 19,26; Tob. 11,13; Tob. 14,10; Dan. 2,46; Dan. 8,10; Matt. 7,25; Matt. 7,27; Matt.

πίπτω

13,4; Matt. 13,5; Matt. 13,7; Matt. 13,8; Matt. 26,39; Mark 4,4; Mark 4,5; Mark 4,7; Mark 4,8; Luke 8,5; Luke 8,7; Luke 8,8; Luke 13,4; Luke 17,16; John 11,32; Acts 1,26; Acts 5,10; Acts 13,11; Acts 20,9; Heb. 3,17; Rev. 8,10; Rev. 8,10; Rev. 11,13; Rev. 14,8; Rev. 14,8; Rev. 18,2; Rev. 18,2)

ἔπεσον ▸ 39 + 1 = 40
Verb · third · plural · aorist · active · indicative ▸ 39 + 1 = 40 (Gen. 44,14; Num. 17,10; Judg. 9,40; Judg. 13,20; 1Chr. 5,10; 1Chr. 5,22; 1Chr. 10,1; 1Chr. 20,8; 1Chr. 21,14; 2Chr. 7,3; 2Chr. 13,17; 2Chr. 14,12; 2Chr. 29,30; Judith 4,11; Judith 8,19; Tob. 12,16; 1Mac. 1,18; 1Mac. 3,11; 1Mac. 3,24; 1Mac. 4,15; 1Mac. 4,34; 1Mac. 4,34; 1Mac. 5,22; 1Mac. 5,34; 1Mac. 5,60; 1Mac. 5,67; 1Mac. 6,42; 1Mac. 7,32; 1Mac. 7,46; 1Mac. 8,10; 1Mac. 9,17; 1Mac. 9,40; 1Mac. 9,49; 1Mac. 11,74; 1Mac. 16,8; 1Mac. 16,10; Psa. 35,13; Ezek. 23,3; Ezek. 27,34; Dan. 3,23)

ἔπιπτεν ▸ 2 + 1 = 3
Verb · third · singular · imperfect · active · indicative ▸ 2 + 1 = 3 (1Sam. 21,14; Dan. 6,11; Mark 14,35)

ἔπιπτον ▸ 1
Verb · third · plural · imperfect · active · indicative ▸ 1 (Judith 7,22)

πέπτωκα ▸ 1
Verb · first · singular · perfect · active · indicative ▸ 1 (Mic. 7,8)

πέπτωκας ▸ 1 + 1 = 2
Verb · second · singular · perfect · active · indicative ▸ 1 + 1 = 2 (Josh. 7,10; Rev. 2,5)

πεπτώκασι ▸ 1
Verb · third · plural · perfect · active · indicative ▸ 1 (2Sam. 1,4)

πεπτώκασιν ▸ 3
Verb · third · plural · perfect · active · indicative ▸ 3 (2Mac. 7,36; Is. 9,9; Jer. 26,6)

Πέπτωκεν ▸ 1
Verb · third · singular · perfect · active · indicative ▸ 1 (Is. 21,9)

πέπτωκεν ▸ 5
Verb · third · singular · perfect · active · indicative ▸ 5 (2Sam. 3,38; 1Mac. 5,12; Zech. 11,2; Is. 23,13; Ezek. 13,12)

πεπτωκέναι ▸ 2
Verb · perfect · active · infinitive ▸ 2 (2Mac. 12,40; Prov. 25,26)

πεπτωκός ▸ 1
Verb · perfect · active · participle · neuter · singular · accusative ▸ 1 (Ex. 23,5)

πεπτωκότα ▸ 5 + 1 = 6
Verb · perfect · active · participle · masculine · singular · accusative ▸ 1 (Rev. 9,1)
Verb · perfect · active · participle · neuter · plural · accusative ▸ 4 (4Mac. 2,14; Sir. 49,13; Amos 9,11; Dan. 11,14)
Verb · perfect · active · participle · neuter · plural · nominative ▸ 1 (Is. 49,19)

πεπτωκότας ▸ 3
Verb · perfect · active · participle · masculine · plural · accusative ▸ 3 (Deut. 22,4; 1Sam. 31,8; 1Chr. 10,8)

πεπτωκότες ▸ 9 + 1 = 10
Verb · perfect · active · participle · masculine · plural · nominative ▸ 9 + 1 = 10 (Judg. 8,10; Judg. 20,46; 1Sam. 5,4; 2Chr. 20,24; 1Mac. 10,85; Sir. 28,18; Jer. 18,21; Ezek. 32,22; Ezek. 32,24; Judg. 8,10)

πεπτωκότων ▸ 3
Verb · perfect · active · participle · masculine · plural · genitive ▸ 3 (Wis. 18,23; Is. 21,15; Ezek. 32,27)

πεπτωκυῖα ▸ 1 + 1 = 2
Verb · perfect · active · participle · feminine · singular · nominative ▸ 1 + 1 = 2 (Judg. 19,27; Judg. 19,27)

πεπτωκυῖαν ▸ 1 + 1 = 2
Verb · perfect · active · participle · feminine · singular · accusative ▸ 1 + 1 = 2 (Amos 9,11; Acts 15,16)

πεπτωκώς ▸ 7 + 1 = 8
Verb · perfect · active · participle · masculine · singular · nominative ▸ 7 + 1 = 8 (Deut. 21,1; Judg. 3,25; Judg. 4,22; 1Sam. 5,3; 1Sam. 5,4; Amos 8,3; Dan. 10,9; Judg. 3,25)

Πέσατε ▸ 1
Verb · second · plural · aorist · active · imperative ▸ 1 (Hos. 10,8)

πεσεῖν ▸ 13 + 1 = 14
Verb · aorist · active · infinitive ▸ 13 + 1 = 14 (Num. 14,3; 2Sam. 1,10; 2Mac. 3,6; 2Mac. 9,7; 2Mac. 12,34; Psa. 117,13; Job 12,5; Job 33,18; Job 33,24; Wis. 11,20; Sir. 23,1; Is. 25,2; Lam. 1,7; Luke 16,17)

πεσεῖσθε ▸ 7
Verb · second · plural · future · middle · indicative ▸ 7 (Lev. 26,17; Num. 14,42; Num. 14,43; Is. 65,12; Jer. 32,27; Jer. 32,34; Ezek. 11,10)

Πεσεῖται ▸ 1
Verb · third · singular · future · middle · indicative ▸ 1 (Ezek. 13,11)

πεσεῖται ▸ 42 + 1 + 2 = 45
Verb · third · singular · future · middle · indicative ▸ 42 + 1 + 2 = 45 (Gen. 49,17; Num. 14,29; Num. 14,32; Josh. 6,5; Ruth 3,18; 1Sam. 14,45; 2Sam. 14,11; 1Kings 1,52; 1Kings 22,20; 2Kings 10,10; 2Chr. 18,19; Judith 7,11; Psa. 9,31; Psa. 90,7; Ode. 5,19; Prov. 11,28; Prov. 24,16; Eccl. 11,3; Job 24,23; Sir. 19,1; Amos 3,5; Is. 2,17; Is. 3,25; Is. 10,34; Is. 22,25; Is. 24,20; Is. 24,23; Is. 26,19; Is. 27,3; Is. 31,8; Is. 34,4; Is. 37,7; Jer. 27,32; Jer. 43,7; Ezek. 6,12; Ezek. 13,10; Ezek. 13,14; Ezek. 13,14; Ezek. 13,15; Ezek. 38,20; Ezek. 47,14; Dan. 11,19; Dan. 11,19; Matt. 10,29; Luke 14,5)

πέσετε ▸ 2
Verb · second · plural · aorist · active · imperative ▸ 2 (Luke 23,30; Rev. 6,16)

Πεσέτω ▸ 1
Verb · third · singular · aorist · active · imperative ▸ 1 (Jer. 49,2)

πεσέτω ▸ 1
Verb · third · singular · aorist · active · imperative ▸ 1 (Jer. 44,20)

πεσέτωσαν ▸ 1
Verb · third · plural · aorist · active · imperative ▸ 1 (1Mac. 7,38)

πεσῇ ▸ 7
Verb · second · singular · future · middle · indicative ▸ 7 (2Kings 14,10; 2Chr. 25,19; Esth. 6,13; Judith 6,6; Ezek. 29,5; Ezek. 39,4; Ezek. 39,5)

πέσῃ ▸ 10 + 5 = 15
Verb · third · singular · aorist · active · subjunctive ▸ 10 + 5 = 15 (Ex. 9,19; Lev. 11,33; Lev. 11,35; Deut. 22,8; Psa. 36,24; Prov. 24,17; Eccl. 4,10; Eccl. 11,3; Amos 9,9; LetterJ 25; Matt. 21,44; Luke 20,18; 1Cor. 10,12; Heb. 4,11; Rev. 7,16)

πέσῃς ▸ 3
Verb · second · singular · aorist · active · subjunctive ▸ 3 (Sir. 1,30; Sir. 28,26; Jer. 46,18)

πέσητε ▸ 1 + 1 = 2
Verb · second · plural · aorist · active · subjunctive ▸ 1 + 1 = 2 (Sir. 2,7; James 5,12)

πέσοι ▸ 1
Verb · third · singular · aorist · active · optative ▸ 1 (1Sam. 26,20)

πεσόν ▸ 1
Verb · aorist · active · participle · neuter · singular · nominative

▸ **1** (Luke 8,14)
πεσόντα ▸ **1** + **1** = **2**
    Verb ▪ aorist ▪ active ▪ participle ▪ masculine ▪ singular ▪ accusative
    ▸ **1** + **1** = **2** (2Mac. 3,27; Luke 10,18)
πεσόντας ▸ **1**
    Verb ▪ aorist ▪ active ▪ participle ▪ masculine ▪ plural ▪ accusative
    ▸ **1** (Rom. 11,22)
πεσόντες ▸ **5** + **1** + **1** = **7**
    Verb ▪ aorist ▪ active ▪ participle ▪ masculine ▪ plural ▪ nominative
    ▸ **5** + **1** + **1** = **7** (Josh. 8,25; Judith 6,18; 2Mac. 10,4; Dan. 3,5; Dan. 3,15; Dan. 3,15; Matt. 2,11)
πεσοῦμαι ▸ **1**
    Verb ▪ first ▪ singular ▪ future ▪ middle ▪ indicative ▸ **1** (Sir. 23,3)
πεσούμεθα ▸ **1**
    Verb ▪ first ▪ plural ▪ future ▪ middle ▪ indicative ▸ **1** (Ode. 5,18)
πεσοῦνται ▸ **58** + **1** + **4** = **63**
    Verb ▪ third ▪ plural ▪ future ▪ middle ▪ indicative ▸ **58** + **1** + **4** = **63** (Lev. 26,7; Lev. 26,8; Lev. 26,36; 1Sam. 2,33; 1Sam. 28,19; 2Sam. 22,39; Psa. 17,39; Psa. 34,8; Psa. 44,6; Psa. 139,11; Psa. 140,10; Ode. 5,18; Hos. 7,16; Hos. 14,1; Amos 3,14; Amos 7,17; Amos 8,14; Joel 2,8; Nah. 3,12; Is. 3,25; Is. 8,15; Is. 10,34; Is. 13,15; Is. 16,9; Is. 26,18; Is. 59,10; Jer. 6,15; Jer. 16,4; Jer. 20,4; Jer. 23,12; Jer. 27,30; Jer. 28,4; Jer. 28,49; Jer. 28,52; Jer. 30,32; Jer. 30,32; Jer. 51,12; Ezek. 5,12; Ezek. 6,7; Ezek. 6,11; Ezek. 13,11; Ezek. 17,21; Ezek. 22,28; Ezek. 24,21; Ezek. 25,13; Ezek. 27,27; Ezek. 28,23; Ezek. 30,4; Ezek. 30,5; Ezek. 30,6; Ezek. 30,6; Ezek. 30,17; Ezek. 30,25; Ezek. 32,20; Ezek. 33,27; Ezek. 35,8; Ezek. 38,20; Dan. 11,26; Dan. 11,26; Matt. 15,14; Matt. 24,29; Luke 21,24; Rev. 4,10)
πεσοῦσα ▸ **1**
    Verb ▪ aorist ▪ active ▪ participle ▪ feminine ▪ singular ▪ nominative
    ▸ **1** (Judith 10,23)
πεσοῦσαν ▸ **1**
    Verb ▪ aorist ▪ active ▪ participle ▪ feminine ▪ singular ▪ accusative
    ▸ **1** (1Kings 21,25)
πέσω ▸ **1**
    Verb ▪ first ▪ singular ▪ aorist ▪ active ▪ subjunctive ▸ **1** (Sir. 22,27)
πεσών ▸ **9** + **2** + **13** = **24**
    Verb ▪ aorist ▪ active ▪ participle ▪ masculine ▪ singular ▪ nominative
    ▸ **9** + **2** + **13** = **24** (Deut. 22,8; Esth. 6,13; Job 1,20; Job 14,10; Sir. 13,21; Dan. 2,46; Dan. 3,6; Dan. 3,10; Dan. 3,11; Dan. 3,6; Dan. 3,11; Matt. 4,9; Matt. 18,26; Matt. 18,29; Matt. 21,44; Mark 9,20; Luke 5,12; Luke 8,41; Luke 20,18; John 12,24; Acts 5,5; Acts 9,4; Acts 10,25; 1Cor. 14,25)
πέσωσιν ▸ **5** + **1** = **6**
    Verb ▪ third ▪ plural ▪ aorist ▪ active ▪ subjunctive ▸ **5** + **1** = **6** (Ex. 19,21; Eccl. 4,10; Sol. 1,5; Is. 28,13; Is. 30,25; Rom. 11,11)
πίπτει ▸ **3** + **5** = **8**
    Verb ▪ third ▪ singular ▪ present ▪ active ▪ indicative ▸ **3** + **5** = **8** (2Sam. 2,23; 2Sam. 17,12; Is. 34,4; Matt. 17,15; Mark 5,22; Luke 11,17; Rom. 14,4; 1Cor. 13,8)
πίπτετε ▸ **1**
    Verb ▪ second ▪ plural ▪ present ▪ active ▪ indicative ▸ **1** (Psa. 81,7)
πῖπτον ▸ **2**
    Verb ▪ present ▪ active ▪ participle ▪ neuter ▪ singular ▪ nominative
    ▸ **2** (Job 14,18; Is. 30,13)
πίπτοντα ▸ **1**
    Verb ▪ present ▪ active ▪ participle ▪ neuter ▪ plural ▪ nominative
    ▸ **1** (Dan. 3,7)
πίπτοντας ▸ **1**
    Verb ▪ present ▪ active ▪ participle ▪ masculine ▪ plural ▪ accusative
    ▸ **1** (4Mac. 15,20)
πίπτοντες ▸ **3** + **1** = **4**
    Verb ▪ present ▪ active ▪ participle ▪ masculine ▪ plural ▪ nominative
    ▸ **3** + **1** = **4** (Judg. 20,46; Dan. 3,5; Dan. 3,7; Mark 13,25)
πιπτόντων ▸ **1** + **2** = **3**
    Verb ▪ present ▪ active ▪ participle ▪ masculine ▪ plural ▪ genitive
    ▸ **1** (Prov. 29,16)
    Verb ▪ present ▪ active ▪ participle ▪ neuter ▪ plural ▪ genitive ▸ **2** (Matt. 15,27; Luke 16,21)
πίπτουσα ▸ **1**
    Verb ▪ present ▪ active ▪ participle ▪ feminine ▪ singular
    ▪ nominative ▸ **1** (Mic. 5,6)
Πίπτουσιν ▸ **1**
    Verb ▪ third ▪ plural ▪ present ▪ active ▪ indicative ▸ **1** (Judg. 20,32)
πίπτουσιν ▸ **3** + **1** = **4**
    Verb ▪ third ▪ plural ▪ present ▪ active ▪ indicative ▸ **3** + **1** = **4** (1Sam. 31,1; 2Sam. 2,16; Prov. 11,14; Judg. 20,39)
πίπτω ▸ **6** + **2** = **8**
    Verb ▪ first ▪ singular ▪ present ▪ active ▪ indicative ▸ **6** + **2** = **8** (Ezek. 1,28; Ezek. 3,23; Ezek. 9,8; Ezek. 11,13; Ezek. 43,3; Ezek. 44,4; Dan. 8,17; Dan. 8,18)
πίπτων ▸ **5**
    Verb ▪ present ▪ active ▪ participle ▪ masculine ▪ singular
    ▪ nominative ▸ **5** (2Sam. 3,29; 4Mac. 6,7; 4Mac. 6,8; Job 15,24; Jer. 8,4)
Πισιδία Pisidia ▸ **1**
    Πισιδίαν ▸ **1**
        Noun ▪ feminine ▪ singular ▪ accusative ▪ (proper) ▸ **1** (Acts 14,24)
Πισίδιος Pisidian ▸ **1**
    Πισιδίαν ▸ **1**
        Adjective ▪ feminine ▪ singular ▪ accusative ▪ (proper) ▸ **1** (Acts 13,14)
πίσσα pitch, resin ▸ **5** + **2** = **7**
    πίσσα ▸ **1**
        Noun ▪ feminine ▪ singular ▪ nominative ▪ (common) ▸ **1** (Is. 34,9)
    πίσσαν ▸ **2** + **2** = **4**
        Noun ▪ feminine ▪ singular ▪ accusative ▪ (common) ▸ **2** + **2** = **4** (Is. 34,9; Dan. 3,46; Dan. 3,46; Bel 27)
    πίσσης ▸ **2**
        Noun ▪ feminine ▪ singular ▪ genitive ▪ (common) ▸ **2** (Sir. 13,1; Bel 27)
πιστεύω (πείθω) to believe, trust ▸ **81** + **7** + **241** = **329**
    ἐπίστευεν ▸ **1**
        Verb ▪ third ▪ singular ▪ imperfect ▪ active ▪ indicative ▸ **1** (John 2,24)
    ἐπιστεύετε ▸ **2**
        Verb ▪ second ▪ plural ▪ imperfect ▪ active ▪ indicative ▸ **2** (John 5,46; John 5,46)
    ἐπιστεύθη ▸ **2** + **2** = **4**
        Verb ▪ third ▪ singular ▪ aorist ▪ passive ▪ indicative ▸ **2** + **2** = **4** (1Sam. 3,21; 1Sam. 27,12; 2Th. 1,10; 1Tim. 3,16)
    ἐπιστεύθην ▸ **2**
        Verb ▪ first ▪ singular ▪ aorist ▪ passive ▪ indicative ▸ **2** (1Tim. 1,11; Titus 1,3)
    ἐπιστεύθησαν ▸ **1**
        Verb ▪ third ▪ plural ▪ aorist ▪ passive ▪ indicative ▸ **1** (Rom. 3,2)
    ἐπίστευον ▸ **1** + **1** + **4** = **6**
        Verb ▪ first ▪ singular ▪ imperfect ▪ active ▪ indicative ▸ **1** + **1** = **2** (Tob. 2,14; Tob. 2,14)
        Verb ▪ third ▪ plural ▪ imperfect ▪ active ▪ indicative ▸ **4** (John 7,5;

πιστεύω

John 12,11; John 12,37; Acts 18,8)

ἐπίστευσα ▸ 3 + 1 = 4
  Verb · first · singular · aorist · active · indicative ▸ 3 + 1 = **4** (1Kings 10,7; 2Chr. 9,6; Psa. 118,66; 2Cor. 4,13)

Ἐπίστευσα ▸ 1
  Verb · first · singular · aorist · active · indicative ▸ **1** (Psa. 115,1)

ἐπιστεύσαμεν ▸ 2
  Verb · first · plural · aorist · active · indicative ▸ **2** (Rom. 13,11; Gal. 2,16)

ἐπίστευσαν ▸ 8 + 22 = 30
  Verb · third · plural · aorist · active · indicative ▸ 8 + 22 = **30** (Ex. 14,31; 1Mac. 10,46; Psa. 77,22; Psa. 77,32; Psa. 105,12; Psa. 105,24; Wis. 18,6; Lam. 4,12; Matt. 21,32; Mark 16,13; Mark 16,14; John 2,11; John 2,22; John 2,23; John 4,39; John 4,41; John 7,31; John 8,30; John 9,18; John 10,42; John 11,45; John 12,42; John 17,8; Acts 4,4; Acts 8,12; Acts 9,42; Acts 13,48; Acts 17,12; Acts 17,34; Rom. 10,14)

ἐπίστευσας ▸ 2
  Verb · second · singular · aorist · active · indicative ▸ **2** (Matt. 8,13; Luke 1,20)

ἐπιστεύσατε ▸ 3 + 7 = 10
  Verb · second · plural · aorist · active · indicative ▸ 3 + 7 = **10** (Num. 20,12; Deut. 9,23; Jer. 25,8; Matt. 21,25; Matt. 21,32; Mark 11,31; Luke 20,5; 1Cor. 3,5; 1Cor. 15,2; 1Cor. 15,11)

ἐπίστευσεν ▸ 7 + 2 + 13 = 22
  Verb · third · singular · aorist · active · indicative ▸ 7 + 2 + 13 = **22** (Gen. 15,6; Gen. 45,26; Ex. 4,31; Judith 14,10; Is. 53,1; Jer. 47,14; Sus. 41; Dan. 6,24; Sus. 41; John 4,53; John 7,48; John 12,38; John 20,8; Acts 8,13; Acts 13,12; Acts 18,8; Rom. 4,3; Rom. 4,17; Rom. 4,18; Rom. 10,16; Gal. 3,6; James 2,23)

Ἐπίστευσεν ▸ 1
  Verb · third · singular · aorist · active · indicative ▸ **1** (John 4,50)

πεπίστευκα ▸ 2
  Verb · first · singular · perfect · active · indicative ▸ **2** (John 11,27; 2Tim. 1,12)

πεπιστεύκαμεν ▸ 2
  Verb · first · plural · perfect · active · indicative ▸ **2** (John 6,69; 1John 4,16)

πεπίστευκας ▸ 1
  Verb · second · singular · perfect · active · indicative ▸ **1** (John 20,29)

πεπιστεύκατε ▸ 1
  Verb · second · plural · perfect · active · indicative ▸ **1** (John 16,27)

πεπιστεύκεισαν ▸ 1
  Verb · third · plural · pluperfect · active · indicative ▸ **1** (Acts 14,23)

πεπίστευκεν ▸ 2
  Verb · third · singular · perfect · active · indicative ▸ **2** (John 3,18; 1John 5,10)

πεπιστευκόσιν ▸ 1 + 1 = 2
  Verb · perfect · active · participle · masculine · plural · dative ▸ 1 + 1 = **2** (2Mac. 3,22; Acts 18,27)

πεπιστευκότας ▸ 1 + 1 = 2
  Verb · perfect · active · participle · masculine · plural · accusative ▸ 1 + 1 = **2** (2Mac. 3,12; John 8,31)

πεπιστευκότες ▸ 2
  Verb · perfect · active · participle · masculine · plural · nominative ▸ **2** (Acts 15,5; Titus 3,8)

πεπιστευκότων ▸ 3
  Verb · perfect · active · participle · masculine · plural · genitive ▸ **2** (Acts 19,18; Acts 21,20)

  Verb · perfect · active · participle · neuter · plural · genitive ▸ **1** (Acts 21,25)

πεπιστευκώς ▸ 1 + 1 = 2
  Verb · perfect · active · participle · masculine · singular · nominative ▸ 1 + 1 = **2** (4Mac. 7,21; Acts 16,34)

πεπίστευμαι ▸ 2
  Verb · first · singular · perfect · passive · indicative ▸ **2** (1Cor. 9,17; Gal. 2,7)

πεπιστευμένα ▸ 2
  Verb · perfect · passive · participle · neuter · plural · accusative ▸ **2** (2Mac. 3,22; 3Mac. 3,21)

πίστευε ▸ 4 + 1 = 5
  Verb · second · singular · present · active · imperative ▸ 4 + 1 = **5** (Sir. 11,21; Sir. 13,11; Sir. 19,15; Sir. 32,23; Mark 5,36)

πίστευέ ▸ 1
  Verb · second · singular · present · active · imperative ▸ **1** (John 4,21)

πιστεύει ▸ 4 + 3 = 7
  Verb · third · singular · present · active · indicative ▸ 4 + 3 = **7** (Prov. 14,15; Job 4,18; Job 15,15; Sir. 2,13; John 12,44; Rom. 14,2; 1Cor. 13,7)

πιστεύειν ▸ 5
  Verb · present · active · infinitive ▸ **5** (Luke 24,25; John 12,39; Rom. 15,13; Phil. 1,29; 1Tim. 1,16)

πιστεύεις ▸ 1 + 7 = 8
  Verb · second · singular · present · active · indicative ▸ 1 + 7 = **8** (1Mac. 7,7; John 1,50; John 9,35; John 11,26; John 14,10; Acts 26,27; Acts 26,27; James 2,19)

πιστεύεται ▸ 1
  Verb · third · singular · present · passive · indicative ▸ **1** (Rom. 10,10)

πιστεύετε ▸ 1 + 17 = 18
  Verb · second · plural · present · active · imperative ▸ 1 + 7 = **8** (2Chr. 32,15; Mark 1,15; Mark 11,24; Mark 13,21; John 10,38; John 12,36; John 14,11; 1John 4,1)
  Verb · second · plural · present · active · indicative · (variant) ▸ **10** (Matt. 9,28; John 3,12; John 5,38; John 5,47; John 6,36; John 10,25; John 10,26; John 14,1; John 14,1; John 16,31)

πιστεύετέ ▸ 1 + 4 = 5
  Verb · second · plural · present · active · imperative ▸ **2** (John 10,37; John 14,11)
  Verb · second · plural · present · active · indicative ▸ 1 + 2 = **3** (1Esdr. 4,28; John 8,45; John 8,46)

πιστευέτω ▸ 2
  Verb · third · singular · present · active · imperative ▸ **2** (Job 15,22; Job 15,31)

πιστεύῃ ▸ 2
  Verb · third · singular · present · active · subjunctive ▸ **2** (Mark 11,23; John 17,21)

πιστεύητε ▸ 2
  Verb · second · plural · present · active · subjunctive ▸ **2** (John 6,29; John 10,38)

πιστευθείς ▸ 1
  Verb · aorist · passive · participle · masculine · singular · nominative ▸ **1** (Sus. 53)

πιστευθέντων ▸ 1
  Verb · aorist · passive · participle · masculine · plural · genitive ▸ **1** (Esth. 16,5 # 8,12e)

πιστευθῆναι ▸ 1
  Verb · aorist · passive · infinitive ▸ **1** (1Th. 2,4)

πιστευθήσονται ▸ 1
  Verb · third · plural · future · passive · indicative ▸ **1** (Gen.

42,20)

πιστεύομεν ▸ 6
: **Verb** · first · plural · present · active · indicative ▸ **6** (John 4,42; John 16,30; Acts 15,11; Rom. 6,8; 2Cor. 4,13; 1Th. 4,14)

πιστεύοντα ▸ 1
: **Verb** · present · active · participle · masculine · singular · accusative ▸ **1** (Acts 10,43)

πιστεύοντας ▸ 1 + 4 = 5
: **Verb** · present · active · participle · masculine · plural · accusative ▸ 1 + 4 = **5** (Wis. 16,26; Acts 22,19; Rom. 3,22; 1Cor. 1,21; Eph. 1,19)

πιστεύοντες ▸ 2 + 7 = 9
: **Verb** · present · active · participle · masculine · plural · nominative ▸ 2 + 7 = **9** (4Mac. 5,25; 4Mac. 7,19; Matt. 21,22; John 6,64; John 20,31; Acts 2,44; Acts 5,14; Acts 9,26; 1Pet. 1,8)

πιστεύοντι ▸ 4
: **Verb** · present · active · participle · masculine · singular · dative ▸ **4** (Mark 9,23; Rom. 1,16; Rom. 4,5; Rom. 10,4)

πιστευόντων ▸ 4
: **Verb** · present · active · participle · masculine · plural · genitive ▸ **4** (Matt. 18,6; Mark 9,42; John 17,20; Rom. 4,11)

πιστεύουσιν ▸ 3 + 1 + 14 = 18
: **Verb** · present · active · participle · masculine · plural · dative ▸ 1 + 10 = **11** (Prov. 30,1; John 1,12; Rom. 4,24; 1Cor. 14,22; 1Cor. 14,22; Gal. 3,22; 1Th. 1,7; 1Th. 2,10; 1Th. 2,13; 1Pet. 2,7; 1John 5,13)
: **Verb** · third · plural · present · active · indicative ▸ 2 + 1 + 4 = **7** (1Mac. 8,16; Wis. 14,5; Tob. 10,8; Luke 8,13; John 6,64; John 16,9; James 2,19)

πιστεύουσίν ▸ 1
: **Verb** · third · plural · present · active · indicative ▸ **1** (Num. 14,11)

πιστεῦσαι ▸ 6
: **Verb** · aorist · active · infinitive ▸ **6** (Matt. 21,32; John 5,44; Acts 14,1; Acts 15,7; 2Th. 2,11; Heb. 11,6)

πιστεύσαντας ▸ 1
: **Verb** · aorist · active · participle · masculine · plural · accusative ▸ **1** (Jude 5)

πιστεύσαντες ▸ 2 + 7 = 9
: **Verb** · aorist · active · participle · masculine · plural · nominative ▸ 2 + 7 = **9** (1Mac. 2,59; 4Mac. 4,7; Luke 8,12; John 7,39; John 20,29; Acts 19,2; Eph. 1,13; 2Th. 2,12; Heb. 4,3)

πιστευσάντων ▸ 1
: **Verb** · aorist · active · participle · masculine · plural · genitive ▸ **1** (Acts 4,32)

πιστεύσας ▸ 2
: **Verb** · aorist · active · participle · masculine · singular · nominative ▸ **2** (Mark 16,16; Acts 11,21)

πιστεύσασα ▸ 1
: **Verb** · aorist · active · participle · feminine · singular · nominative ▸ **1** (Luke 1,45)

πιστεύσασιν ▸ 3
: **Verb** · aorist · active · participle · masculine · plural · dative ▸ **3** (Mark 16,17; Acts 11,17; 2Th. 1,10)

πιστεύσατε ▸ 2
: **Verb** · second · plural · aorist · active · imperative ▸ **2** (4Mac. 8,7; Sir. 2,8)

πιστεύσει ▸ 1 + 1 = 2
: **Verb** · third · singular · future · active · indicative ▸ 1 + 1 = **2** (Sir. 36,26; Luke 16,11)

πιστεύσεις ▸ 2
: **Verb** · second · singular · future · active · indicative ▸ **2** (Deut. 28,66; Job 39,12)

πιστεύσετε ▸ 2
: **Verb** · second · plural · future · active · indicative ▸ **2** (John 3,12; John 5,47)

πιστεύσῃ ▸ 2 + 1 = 3
: **Verb** · third · singular · aorist · active · subjunctive ▸ 2 + 1 = **3** (Job 24,22; Job 39,24; Tob. 5,2)

πιστεύσῃς ▸ 3 + 2 = 5
: **Verb** · second · singular · aorist · active · subjunctive ▸ 3 + 2 = **5** (Sir. 12,10; Sir. 32,21; Jer. 12,6; John 11,40; Rom. 10,9)

πιστεύσητε ▸ 3 + 11 = 14
: **Verb** · second · plural · aorist · active · subjunctive ▸ 3 + 11 = **14** (Hab. 1,5; Is. 7,9; Is. 43,10; Matt. 24,23; Matt. 24,26; Luke 22,67; John 4,48; John 8,24; John 11,15; John 13,19; John 14,29; John 19,35; John 20,31; Acts 13,41)

πιστεύσομεν ▸ 1
: **Verb** · first · plural · future · active · indicative ▸ **1** (Matt. 27,42)

πίστευσον ▸ 1 + 2 = 3
: **Verb** · second · singular · aorist · active · imperative ▸ 1 + 2 = **3** (Sir. 2,6; Luke 8,50; Acts 16,31)

πιστεύσουσιν ▸ 1
: **Verb** · third · plural · future · active · indicative ▸ **1** (John 11,48)

πιστεύσουσίν ▸ 1
: **Verb** · third · plural · future · active · indicative ▸ **1** (Ex. 4,8)

πιστεύσω ▸ 2
: **Verb** · first · singular · aorist · active · subjunctive ▸ **2** (John 9,36; John 20,25)

πιστεύσωμεν ▸ 2
: **Verb** · first · plural · aorist · active · subjunctive ▸ **2** (Mark 15,32; 1John 3,23)

πιστεύσωμέν ▸ 1
: **Verb** · first · plural · aorist · active · subjunctive ▸ **1** (John 6,30)

πιστεύσωσιν ▸ 3 + 4 = 7
: **Verb** · third · plural · aorist · active · subjunctive ▸ 3 + 4 = **7** (Ex. 19,9; Job 29,24; Wis. 12,2; John 1,7; John 11,42; Acts 19,4; Rom. 10,14)

πιστεύσωσίν ▸ 4
: **Verb** · third · plural · aorist · active · subjunctive ▸ **4** (Ex. 4,1; Ex. 4,5; Ex. 4,8; Ex. 4,9)

πιστεύω ▸ 2 + 2 + 4 = 8
: **Verb** · first · singular · present · active · indicative ▸ 2 + 2 + 4 = **8** (Psa. 26,13; Job 9,16; Tob. 14,4; Tob. 14,4; Mark 9,24; John 9,38; Acts 27,25; 1Cor. 11,18)

πιστεύων ▸ 2 + 24 = 26
: **Verb** · present · active · participle · masculine · singular · nominative ▸ 2 + 24 = **26** (Sir. 32,24; Is. 28,16; John 3,15; John 3,16; John 3,18; John 3,18; John 3,36; John 5,24; John 6,35; John 6,40; John 6,47; John 7,38; John 11,25; John 11,26; John 12,44; John 12,46; John 14,12; Acts 13,39; Acts 24,14; Rom. 9,33; Rom. 10,11; 1Pet. 2,6; 1John 5,1; 1John 5,5; 1John 5,10; 1John 5,10)

πιστικός (πείθω) pure, genuine ▸ 2
: πιστικῆς ▸ 2
: **Adjective** · feminine · singular · genitive ▸ **2** (Mark 14,3; John 12,3)

πίστις (πείθω) faith, belief, trust; value; proof ▸ 59 + 243 = 302
: Πίστει ▸ 18
: **Noun** · feminine · singular · dative ▸ **18** (Heb. 11,3; Heb. 11,4; Heb. 11,5; Heb. 11,7; Heb. 11,8; Heb. 11,9; Heb. 11,11; Heb. 11,17; Heb. 11,20; Heb. 11,21; Heb. 11,22; Heb. 11,23; Heb. 11,24; Heb. 11,27; Heb. 11,28; Heb. 11,29; Heb. 11,30; Heb.

πίστει ‣ 20 + 40 = 60
  Noun · feminine · singular · dative · (common) ‣ 20 + 40 = **60** (2Kings 12,16; 2Kings 22,7; 1Chr. 9,22; 1Chr. 9,26; 1Chr. 9,31; 2Chr. 31,12; 2Chr. 31,15; 2Chr. 31,18; 2Chr. 34,12; Esth. 13,3 # 3,13c; 3Mac. 6,25; Psa. 32,4; Sir. 41,16; Sir. 45,4; Sir. 46,15; Sir. 49,10; Sol. 17,40; Hos. 2,22; Jer. 35,9; Jer. 39,41; Acts 3,16; Acts 6,7; Acts 14,22; Acts 15,9; Acts 16,5; Acts 26,18; Rom. 3,28; Rom. 4,19; Rom. 4,20; Rom. 5,2; Rom. 11,20; Rom. 14,1; 1Cor. 16,13; 2Cor. 1,24; 2Cor. 8,7; 2Cor. 13,5; Gal. 2,20; Phil. 1,27; Phil. 3,9; Col. 1,23; Col. 2,7; 2Th. 2,13; 1Tim. 1,2; 1Tim. 1,4; 1Tim. 2,7; 1Tim. 2,15; 1Tim. 3,13; 1Tim. 4,12; 2Tim. 1,13; 2Tim. 3,10; Titus 1,13; Titus 2,2; Titus 3,15; Heb. 4,2; James 1,6; James 2,5; 1Pet. 5,9; 2Pet. 1,5; Jude 3; Jude 20)

πίστεις ‣ 5
  Noun · feminine · plural · accusative · (common) ‣ **3** (3Mac. 3,10; Prov. 12,22; Prov. 15,28)
  Noun · feminine · plural · nominative · (common) ‣ **2** (Prov. 3,3; Prov. 14,22)

πίστεσιν ‣ 1
  Noun · feminine · plural · dative · (common) ‣ **1** (Prov. 15,27a)

πίστεως ‣ 4 + 93 = 97
  Noun · feminine · singular · genitive · (common) ‣ 4 + 93 = **97** (3Mac. 5,44; 4Mac. 17,2; Song 4,8; Wis. 3,14; Acts 6,5; Acts 11,24; Acts 13,8; Acts 14,27; Acts 24,24; Rom. 1,5; Rom. 1,12; Rom. 1,17; Rom. 1,17; Rom. 3,22; Rom. 3,25; Rom. 3,26; Rom. 3,27; Rom. 3,30; Rom. 3,30; Rom. 3,31; Rom. 4,11; Rom. 4,12; Rom. 4,13; Rom. 4,16; Rom. 4,16; Rom. 5,1; Rom. 9,30; Rom. 9,32; Rom. 10,6; Rom. 10,8; Rom. 12,3; Rom. 12,6; Rom. 14,23; Rom. 14,23; Rom. 16,26; 2Cor. 1,24; 2Cor. 4,13; 2Cor. 5,7; 2Cor. 10,15; Gal. 2,16; Gal. 2,16; Gal. 3,2; Gal. 3,5; Gal. 3,7; Gal. 3,8; Gal. 3,9; Gal. 3,11; Gal. 3,12; Gal. 3,14; Gal. 3,22; Gal. 3,24; Gal. 3,25; Gal. 3,26; Gal. 5,5; Gal. 6,10; Eph. 2,8; Eph. 3,12; Eph. 3,17; Eph. 4,13; Eph. 6,16; Eph. 6,23; Phil. 1,25; Phil. 2,17; Phil. 3,9; Col. 2,5; Col. 2,12; 1Th. 1,3; 1Th. 3,2; 1Th. 3,7; 1Th. 3,10; 1Th. 5,8; 2Th. 1,4; 2Th. 1,11; 1Tim. 1,5; 1Tim. 1,14; 1Tim. 3,9; 1Tim. 4,1; 1Tim. 4,6; 1Tim. 6,10; 1Tim. 6,12; 2Tim. 1,5; 2Tim. 3,15; Heb. 6,1; Heb. 6,12; Heb. 10,22; Heb. 10,38; Heb. 10,39; Heb. 11,6; Heb. 11,33; Heb. 11,39; Heb. 12,2; James 1,3; James 2,24; James 5,15; 1Pet. 1,5; 1Pet. 1,7; 1Pet. 1,9)

πίστεώς ‣ 1 + 1 = 2
  Noun · feminine · singular · genitive · (common) ‣ 1 + 1 = **2** (Hab. 2,4; Philem. 6)

πίστιν ‣ 20 + 55 = 75
  Noun · feminine · singular · accusative · (common) ‣ 20 + 55 = **75** (1Sam. 26,23; Neh. 10,1; 1Mac. 10,27; 1Mac. 10,37; 1Mac. 14,35; 1Mac. 14,35; 3Mac. 3,3; 3Mac. 5,31; 4Mac. 15,24; 4Mac. 16,22; Prov. 12,17; Prov. 14,22; Sir. 15,15; Sir. 22,23; Sir. 27,16; Sir. 37,26; Jer. 5,1; Jer. 5,3; Jer. 15,18; Jer. 40,6; Matt. 8,10; Matt. 9,2; Matt. 9,29; Matt. 17,20; Matt. 21,21; Matt. 23,23; Mark 2,5; Mark 4,40; Mark 11,22; Luke 5,20; Luke 7,9; Luke 17,5; Luke 17,6; Luke 18,8; Acts 14,9; Acts 17,31; Acts 20,21; Rom. 1,17; Rom. 3,3; Rom. 14,22; 1Cor. 13,2; Gal. 1,23; Gal. 3,23; Gal. 3,23; Eph. 1,15; Col. 1,4; 1Th. 3,5; 1Th. 3,6; 1Tim. 1,19; 1Tim. 1,19; 1Tim. 5,8; 1Tim. 5,12; 1Tim. 6,11; 1Tim. 6,21; 2Tim. 2,18; 2Tim. 2,22; 2Tim. 3,8; 2Tim. 4,7; Titus 1,1; Titus 1,4; Titus 2,10; Philem. 5; Heb. 11,7; Heb. 11,13; Heb. 13,7; James 2,1; James 2,14; James 2,18; James 2,18; James 2,18; 1Pet. 1,21; 2Pet. 1,1; Rev. 2,13; Rev. 2,19; Rev. 14,12)

πίστις ‣ 8 + 36 = 44
  Noun · feminine · singular · nominative · (common) ‣ 8 + 36 = **44** (Deut. 32,20; 1Sam. 21,3; Ode. 2,20; Sir. 1,27; Sir. 40,12; Sol. 8,28; Jer. 7,27; Jer. 9,2; Matt. 9,22; Matt. 15,28; Mark 5,34; Mark 10,52; Luke 7,50; Luke 8,25; Luke 8,48; Luke 17,19; Luke 18,42; Luke 22,32; Acts 3,16; Rom. 1,8; Rom. 4,5; Rom. 4,9; Rom. 4,14; Rom. 10,17; 1Cor. 2,5; 1Cor. 12,9; 1Cor. 13,13; 1Cor. 15,14; 1Cor. 15,17; Gal. 5,6; Gal. 5,22; Eph. 4,5; 1Th. 1,8; 2Th. 1,3; 2Th. 3,2; Heb. 11,1; James 2,14; James 2,17; James 2,20; James 2,22; James 2,22; James 2,26; 1John 5,4; Rev. 13,10)

πιστοποιέω (πείθω; ποιέω) to make believable ‣ 2
  ἐπιστοποίει ‣ 1
    Verb · third · singular · imperfect · active · indicative ‣ **1** (4Mac. 18,17)
  ἐπιστοποίησας ‣ 1
    Verb · second · singular · aorist · active · indicative ‣ **1** (4Mac. 7,9)

πιστός (πείθω) faithful, reliable, trustworthy, stable ‣ 69 + 5 + 67 = 141
  πιστά ‣ 2 + 2 = 4
    Adjective · neuter · plural · accusative · noDegree ‣ 2 + 2 = **4** (Hos. 5,9; Is. 55,3; Acts 13,34; Titus 1,6)
  πιστά ‣ 1
    Adjective · neuter · plural · nominative · noDegree ‣ **1** (Prov. 17,7)
  πισταί ‣ 1
    Adjective · feminine · plural · nominative · noDegree ‣ **1** (Psa. 110,7)
  πιστάς ‣ 1 + 1 = 2
    Adjective · feminine · plural · accusative · noDegree ‣ 1 + 1 = **2** (Deut. 28,59; 1Tim. 3,11)
  πιστέ ‣ 2
    Adjective · masculine · singular · vocative · (verbal) ‣ **2** (Matt. 25,21; Matt. 25,23)
  πιστή ‣ 2
    Adjective · feminine · singular · nominative · noDegree ‣ **2** (Psa. 18,8; Sir. 31,23)
  πιστή ‣ 5 + 1 + 1 = 7
    Adjective · feminine · singular · nominative · noDegree ‣ 5 + 1 + 1 = **7** (4Mac. 7,15; Psa. 88,29; Is. 1,21; Is. 1,26; Dan. 2,45; Dan. 2,45; 1Tim. 5,16)
  πιστήν ‣ 1 + 1 = 2
    Adjective · feminine · singular · accusative · noDegree ‣ 1 + 1 = **2** (Neh. 9,8; Acts 16,15)
  πιστῆς ‣ 1
    Adjective · feminine · singular · genitive · (verbal) ‣ **1** (Acts 16,1)
  πιστοί ‣ 3 + 5 = 8
    Adjective · masculine · plural · nominative · noDegree ‣ 3 + 5 = **8** (2Sam. 20,18; Neh. 13,13; Wis. 3,9; Luke 16,11; Luke 16,12; Acts 10,45; Rev. 21,5; Rev. 22,6)
  πιστοί ‣ 2 + 2 = 4
    Adjective · masculine · plural · nominative · noDegree ‣ 2 + 2 = **4** (Sir. 37,22; Sir. 37,23; 1Tim. 6,2; Rev. 17,14)
  πιστοῖς ‣ 4
    Adjective · masculine · plural · dative · (verbal) ‣ **4** (Eph. 1,1; Col. 1,2; 1Tim. 4,3; 2Tim. 2,2)
  πιστόν ‣ 8 + 1 + 1 = 10
    Adjective · masculine · singular · accusative · noDegree ‣ 6 + 1 + 1 = **8** (1Sam. 2,35; 1Sam. 2,35; 1Sam. 25,28; 1Kings 11,38; Prov. 11,21; Jer. 49,5; Tob. 5,3; 1Tim. 1,12)
    Adjective · neuter · singular · accusative · noDegree ‣ **1** (Prov. 2,12)
    Adjective · neuter · singular · nominative · noDegree ‣ **1** (Is. 33,16)

πιστὸν ▸ 3 + 4 = 7
    Adjective · masculine · singular · accusative · noDegree ▸ 3 + 2 = 5 (1Mac. 7,8; 1Mac. 14,41; Prov. 20,6; Heb. 3,2; Heb. 11,11)
    Adjective · neuter · singular · accusative · (verbal) ▸ 1 (3John 5)
    Adjective · neuter · singular · nominative · (verbal) ▸ 1 (1Cor. 4,17)
Πιστὸς ▸ 2 + 2 = 4
    Adjective · masculine · singular · nominative · noDegree ▸ 2 + 2 = 4 (2Sam. 23,1; Sol. 14,1; 2Th. 3,3; Titus 3,8)
πιστός ▸ 9 + 2 + 8 = 19
    Adjective · masculine · singular · nominative · noDegree ▸ 9 + 2 + 8 = 19 (Num. 12,7; Deut. 7,9; Deut. 32,4; 1Mac. 2,52; Psa. 88,38; Ode. 2,4; Prov. 14,25; Sir. 44,20; Is. 49,7; Tob. 5,9; Tob. 10,6; Matt. 25,21; Matt. 25,23; Luke 16,10; John 20,27; 1Cor. 4,2; 1John 1,9; Rev. 1,5; Rev. 2,13)
πιστός ▸ 17 + 1 + 23 = 41
    Adjective · masculine · singular · nominative · noDegree ▸ 17 + 1 + 23 = 41 (1Sam. 3,20; 1Sam. 22,14; 2Sam. 23,1; Tob. 5,9; 3Mac. 2,11; Psa. 144,13a; Prov. 11,13; Prov. 13,17; Prov. 14,5; Prov. 25,13; Job 17,9; Sir. 6,14; Sir. 6,16; Sir. 33,3; Sir. 46,15; Sir. 48,22; Sol. 17,10; Dan. 6,5; Matt. 24,45; Luke 12,42; Luke 16,10; Luke 19,17; 1Cor. 1,9; 1Cor. 7,25; 1Cor. 10,13; 2Cor. 1,18; Eph. 6,21; Col. 1,7; Col. 4,7; 1Th. 5,24; 1Tim. 1,15; 1Tim. 3,1; 1Tim. 4,9; 2Tim. 2,11; 2Tim. 2,13; Heb. 2,17; Heb. 3,5; Heb. 10,23; Rev. 2,10; Rev. 3,14; Rev. 19,11)
πιστότερος ▸ 1
    Adjective · masculine · singular · nominative · comparative ▸ 1 (Sir. 37,13)
πιστοῦ ▸ 2 + 2 = 4
    Adjective · masculine · singular · genitive · noDegree ▸ 2 + 2 = 4 (Prov. 17,6a; Sir. 6,15; Titus 1,9; 1Pet. 5,12)
πιστοὺς ▸ 2 + 2 = 4
    Adjective · masculine · plural · accusative · noDegree ▸ 2 + 2 = 4 (Psa. 100,6; Is. 8,2; 1Tim. 6,2; 1Pet. 1,21)
πιστῷ ▸ 3 + 4 = 7
    Adjective · masculine · singular · dative · noDegree ▸ 2 + 4 = 6 (Is. 22,23; Is. 22,25; 2Cor. 6,15; Gal. 3,9; Col. 4,9; 1Pet. 4,19)
    Adjective · neuter · singular · dative · noDegree ▸ 1 (Sir. 34,8)
πιστῶν ▸ 4 + 2 = 6
    Adjective · masculine · plural · genitive · noDegree ▸ 4 + 2 = 6 (1Mac. 3,13; 2Mac. 1,2; Job 12,20; Sir. 1,14; 1Tim. 4,10; 1Tim. 4,12)

πιστόω (πείθω) to establish; to be faithful; firmly believe ▸ 16 + 1 = 17
    ἐπίστου ▸ 1
        Verb · third · singular · imperfect · active · indicative ▸ 1 (2Mac. 7,24)
    ἐπιστώθη ▸ 1
        Verb · third · singular · aorist · passive · indicative ▸ 1 (Psa. 77,8)
    ἐπιστώθης ▸ 1
        Verb · second · singular · aorist · passive · indicative ▸ 1 (2Tim. 3,14)
    ἐπιστώθησαν ▸ 2
        Verb · third · plural · aorist · passive · indicative ▸ 2 (Psa. 77,37; Psa. 92,5)
    πιστωθῆναι ▸ 1
        Verb · aorist · passive · infinitive ▸ 1 (3Mac. 4,19)
    πιστωθήσεται ▸ 1
        Verb · third · singular · future · passive · indicative ▸ 1 (2Sam. 7,16)
    πιστώθητι ▸ 2
        Verb · second · singular · aorist · passive · imperative ▸ 2 (Sir. 27,17; Sir. 29,3)
    πιστωθήτω ▸ 4
        Verb · third · singular · aorist · passive · imperative ▸ 4 (1Kings 8,26; 1Chr. 17,23; 2Chr. 1,9; 2Chr. 6,17)
    πιστώσαι ▸ 1
        Verb · third · singular · aorist · active · optative ▸ 1 (1Kings 1,36)
    πιστώσαντος ▸ 1
        Verb · aorist · active · participle · masculine · singular · genitive ▸ 1 (2Mac. 12,25)
    πίστωσον ▸ 1
        Verb · second · singular · aorist · active · imperative ▸ 1 (2Sam. 7,25)
    πιστώσω ▸ 1
        Verb · first · singular · future · active · indicative ▸ 1 (1Chr. 17,14)

πιστῶς (πείθω) faithfully ▸ 1
    πιστῶς ▸ 1
        Adverb ▸ 1 (2Kings 16,2)

πίτυρον (πτίσσω) bran ▸ 1
    πίτυρα ▸ 1
        Noun · neuter · plural · accusative · (common) ▸ 1 (LetterJ 42)

πίτυς pine tree ▸ 2
    πίτυες ▸ 1
        Noun · feminine · plural · nominative · (common) ▸ 1 (Ezek. 31,8)
    πίτυς ▸ 1
        Noun · feminine · singular · nominative · (common) ▸ 1 (Zech. 11,2)

πίων fat, rich, fertile ▸ 19 + 2 = 21
    πῖον ▸ 2
        Adjective · neuter · singular · nominative · noDegree ▸ 2 (Psa. 67,16; Psa. 67,16)
    πίονα ▸ 2
        Adjective · masculine · singular · accusative · noDegree ▸ 1 (Is. 30,23)
        Adjective · neuter · plural · nominative · noDegree ▸ 1 (Is. 17,4)
    πίονας ▸ 1
        Adjective · feminine · plural · accusative · noDegree ▸ 1 (1Chr. 4,40)
    πίονες ▸ 2
        Adjective · masculine · plural · nominative · noDegree ▸ 2 (Psa. 21,13; Psa. 21,30)
    πίονι ▸ 5
        Adjective · feminine · singular · dative · noDegree ▸ 1 (Ezek. 34,14)
        Adjective · masculine · singular · dative · noDegree ▸ 2 (Ode. 10,1; Is. 5,1)
        Adjective · neuter · singular · dative · noDegree ▸ 2 (Psa. 91,11; Psa. 91,15)
    πιόνων ▸ 3 + 1 = 4
        Adjective · masculine · plural · genitive · noDegree ▸ 3 + 1 = 4 (Ode. 7,39; Mic. 6,7; Dan. 3,39; Dan. 3,39)
    πίοσιν ▸ 1 + 1 = 2
        Adjective · masculine · plural · dative · noDegree ▸ 1 + 1 = 2 (Psa. 77,31; Dan. 11,24)
    πίων ▸ 3
        Adjective · feminine · singular · nominative · noDegree ▸ 2 (Gen. 49,15; Num. 13,20)
        Adjective · masculine · singular · nominative · noDegree ▸ 1 (Gen. 49,20)

πλαγιάζω (πλάγος) to lead astray ▸ 2

ἐπλαγίασαν ▸ 1
Verb · third · plural · aorist · active · indicative ▸ **1** (Is. 29,21)
πλαγιάσῃ ▸ 1
Verb · third · singular · aorist · active · subjunctive ▸ **1** (Ezek. 14,5)

πλάγιος (πλάγος) private; treacherous; alongside ▸ 18 + 2 = 20
πλάγια ▸ 1
Adjective · neuter · plural · accusative · noDegree ▸ **1** (Ex. 26,13)
πλαγίας ▸ 2
Adjective · feminine · plural · accusative · noDegree ▸ **1** (Sus. 18)
Adjective · feminine · singular · genitive · noDegree ▸ **1** (Sus. 26)
πλάγιοι ▸ 4
Adjective · masculine · plural · nominative · noDegree ▸ **4** (Lev. 26,21; Lev. 26,23; Lev. 26,27; Lev. 26,40)
πλαγίῳ ▸ 3
Adjective · masculine · singular · dative · noDegree ▸ **3** (Lev. 26,24; Lev. 26,28; Lev. 26,41)
πλαγίων ▸ 10
Adjective · neuter · plural · genitive · noDegree ▸ **10** (Gen. 6,16; Ex. 25,32; Lev. 1,11; Num. 3,29; Num. 3,35; Deut. 31,26; Ruth 2,14; 1Sam. 20,25; 2Sam. 3,27; 2Sam. 16,13)

πλανάω (πλάνη) to wander; deceive ▸ 119 + 7 + 39 = 165
ἐπλανᾶτο ▸ 1
Verb · third · singular · imperfect · passive · indicative ▸ **1** (Gen. 21,14)
ἐπλανήθη ▸ 2
Verb · third · singular · aorist · passive · indicative ▸ **2** (Is. 47,15; Is. 53,6)
ἐπλανήθημεν ▸ 3
Verb · first · plural · aorist · passive · indicative ▸ **3** (Wis. 5,6; Is. 53,6; Is. 64,4)
ἐπλανήθην ▸ 3
Verb · first · singular · aorist · passive · indicative ▸ **3** (Psa. 118,110; Psa. 118,176; Job 19,4)
ἐπλανήθησαν ▸ 15 + 1 + 2 = 18
Verb · third · plural · aorist · passive · indicative ▸ 15 + 1 + 2 = **18** (Tob. 5,14; Psa. 57,4; Psa. 106,4; Wis. 2,21; Wis. 12,24; Wis. 17,1; Sir. 9,8; Sir. 29,18; Sol. 18,12; Hos. 4,12; Is. 28,7; Is. 28,7; Ezek. 44,13; Ezek. 48,11; Ezek. 48,11; Tob. 5,14; 2Pet. 2,15; Rev. 18,23)
ἐπλάνησαν ▸ 4
Verb · third · plural · aorist · active · indicative ▸ **4** (Is. 19,14; Jer. 23,13; Jer. 23,32; Ezek. 13,10)
ἐπλάνησας ▸ 1
Verb · second · singular · aorist · active · indicative ▸ **1** (Is. 63,17)
ἐπλάνησάς ▸ 3
Verb · second · singular · aorist · active · indicative ▸ **3** (Judg. 16,10; Judg. 16,13; Judg. 16,15)
ἐπλάνησεν ▸ 9 + 1 = 10
Verb · third · singular · aorist · active · indicative ▸ 9 + 1 = **10** (2Kings 21,9; 2Chr. 33,9; Psa. 106,40; Job 12,24; Wis. 15,4; Sir. 3,24; Sir. 15,12; Sir. 34,7; Amos 2,4; Rev. 19,20)
ἐπλανῶντο ▸ 1
Verb · third · plural · imperfect · passive · indicative ▸ **1** (Sol. 17,17)
πεπλάνηκα ▸ 1
Verb · first · singular · perfect · active · indicative ▸ **1** (Ezek. 14,9)
πεπλάνημαι ▸ 1
Verb · first · singular · perfect · passive · indicative ▸ **1** (Job 6,24)
πεπλανημένη ▸ 1
Verb · perfect · passive · participle · feminine · singular · dative ▸ **1** (3Mac. 4,16)
πεπλανημένοι ▸ 2
Verb · perfect · passive · participle · masculine · plural · nominative ▸ **2** (Is. 28,7; Is. 46,8)
πεπλανημένοις ▸ 1
Verb · perfect · passive · participle · neuter · plural · dative ▸ **1** (Matt. 18,13)
πεπλανημένον ▸ 1
Verb · perfect · passive · participle · masculine · singular · accusative ▸ **1** (Job 5,2)
πεπλανημένος ▸ 2
Verb · perfect · passive · participle · masculine · singular · nominative ▸ **2** (Sir. 34,9; Sir. 34,10)
πεπλάνησθε ▸ 1
Verb · second · plural · perfect · passive · indicative ▸ **1** (John 7,47)
πεπλάνηται ▸ 1
Verb · third · singular · perfect · passive · indicative ▸ **1** (Prov. 9,12b)
πλάνα ▸ 1 + 1 = 2
Verb · second · singular · present · active · imperative ▸ 1 + 1 = **2** (Tob. 10,7; Tob. 10,7)
πλανᾷ ▸ 2 + 3 = 5
Verb · third · singular · present · active · indicative ▸ 2 + 3 = **5** (1Esdr. 3,18; Prov. 28,10; John 7,12; Rev. 2,20; Rev. 13,14)
πλανᾶσθαι ▸ 3
Verb · present · passive · infinitive ▸ **3** (Wis. 14,22; Ezek. 44,10; Ezek. 44,15)
πλανᾶσθε ▸ 7
Verb · second · plural · present · passive · indicative ▸ **3** (Matt. 22,29; Mark 12,24; Mark 12,27)
Verb · second · plural · present · passive · imperative ▸ **4** (1Cor. 6,9; 1Cor. 15,33; Gal. 6,7; James 1,16)
πλανᾶται ▸ 5
Verb · third · singular · present · passive · indicative ▸ **4** (Prov. 10,17; Job 19,4a; Is. 19,14; Is. 21,4)
Verb · third · singular · present · passive · subjunctive ▸ **1** (Ezek. 14,11)
πλανάτω ▸ 1
Verb · third · singular · present · active · imperative ▸ **1** (1John 3,7)
πλανηθείησαν ▸ 1
Verb · third · plural · aorist · passive · optative ▸ **1** (Job 12,25)
πλανηθείς ▸ 2
Verb · aorist · passive · participle · masculine · singular · nominative ▸ **2** (Deut. 4,19; Deut. 30,17)
πλανηθέντες ▸ 1
Verb · aorist · passive · participle · masculine · plural · nominative ▸ **1** (Wis. 11,15)
πλανηθῇ ▸ 3 + 2 = 5
Verb · third · singular · aorist · passive · subjunctive ▸ 3 + 2 = **5** (Prov. 16,10; Ezek. 14,9; Ezek. 33,12; Matt. 18,12; James 5,19)
πλανηθῆναι ▸ 1
Verb · aorist · passive · infinitive ▸ **1** (Bar. 4,28)
πλανηθῆναί ▸ 1
Verb · aorist · passive · infinitive ▸ **1** (Sir. 51,13)
πλανηθήσεται ▸ 1

                Verb · third · singular · future · passive · indicative ▸ 1 (Sir. 31,5)
    πλανηθήση ▸ 1
                Verb · second · singular · future · passive · indicative ▸ 1 (Is. 17,11)
    πλανήθητε ▸ 1
                Verb · second · plural · aorist · passive · imperative ▸ 1 (Is. 16,8)
    πλανηθῆτε ▸ 1 + 1 = 2
                Verb · second · plural · aorist · passive · subjunctive ▸ 1 + 1 = 2 (Deut. 11,28; Luke 21,8)
    πλανηθῶσιν ▸ 3
                Verb · third · plural · aorist · passive · subjunctive ▸ 3 (2Mac. 6,25; Is. 35,8; Jer. 38,9)
    πλανῆσαι ▸ 2
                Verb · aorist · active · infinitive ▸ 2 (Matt. 24,24; Rev. 20,8)
    πλανῆσαί ▸ 1
                Verb · aorist · active · infinitive ▸ 1 (Deut. 13,6)
    πλανησάντων ▸ 1
                Verb · aorist · active · participle · masculine · plural · genitive ▸ 1 (Is. 30,21)
    πλανήσει ▸ 1
                Verb · third · singular · future · active · indicative ▸ 1 (Prov. 12,26)
    πλανήσεις ▸ 1
                Verb · second · singular · future · active · indicative ▸ 1 (2Kings 4,28)
    πλανήσῃ ▸ 3
                Verb · third · singular · aorist · active · subjunctive ▸ 3 (Matt. 24,4; Mark 13,5; Rev. 20,3)
    πλανήσουσιν ▸ 1 + 3 = 4
                Verb · third · plural · future · active · indicative ▸ 1 + 3 = 4 (Is. 19,13; Matt. 24,5; Matt. 24,11; Mark 13,6)
    πλανήσωσιν ▸ 1
                Verb · third · plural · aorist · active · subjunctive ▸ 1 (Prov. 1,10)
    πλανῶ ▸ 4 + 1 = 5
                Verb · first · singular · present · active · indicative ▸ 1 (Hos. 2,16)
                Verb · second · singular · aorist · middle · imperative ▸ 1 (Is. 41,10)
                Verb · second · singular · present · middle · imperative ▸ 2 + 1 = 3 (2Mac. 7,18; Sir. 9,7; Bel 7)
    πλανῶμεν ▸ 1
                Verb · first · plural · present · active · indicative ▸ 1 (1John 1,8)
    πλανώμενα ▸ 1
                Verb · present · passive · participle · neuter · plural · accusative ▸ 1 (Deut. 22,1)
    πλανώμενοι ▸ 4 + 4 = 8
                Verb · present · passive · participle · masculine · plural · nominative ▸ 4 + 4 = 8 (Prov. 14,22; Job 38,41; Is. 29,24; Is. 46,5; 2Tim. 3,13; Titus 3,3; Heb. 11,38; 1Pet. 2,25)
    πλανωμένοις ▸ 1 + 1 = 2
                Verb · present · passive · participle · masculine · plural · dative ▸ 1 + 1 = 2 (Ex. 23,4; Heb. 5,2)
    πλανώμενον ▸ 5 + 1 = 6
                Verb · present · passive · participle · masculine · singular · accusative ▸ 1 (Gen. 37,15)
                Verb · present · passive · participle · neuter · singular · accusative ▸ 2 + 1 = 3 (Ezek. 34,4; Ezek. 34,16; Matt. 18,12)
                Verb · present · passive · participle · neuter · singular · nominative ▸ 2 (Is. 13,14; Jer. 27,17)
    πλανώμενος ▸ 4
                Verb · present · passive · participle · masculine · singular · nominative ▸ 4 (Prov. 21,16; Prov. 29,15; Sir. 16,23; Sir. 36,25)
    πλανωμένων ▸ 1
                Verb · present · passive · participle · masculine · plural · genitive ▸ 1 (Is. 21,15)
    πλανῶν ▸ 3 + 2 = 5
                Verb · present · active · participle · masculine · singular · nominative ▸ 3 + 2 = 5 (Deut. 27,18; Job 12,23; Hos. 8,6; Rev. 12,9; Rev. 20,10)
    πλανῶνται ▸ 7 + 1 = 8
                Verb · third · plural · present · passive · indicative ▸ 7 + 1 = 8 (Ex. 14,3; Psa. 94,10; Prov. 13,9a; Wis. 13,6; Is. 22,5; Is. 22,5; Is. 44,20; Heb. 3,10)
    πλανῶντας ▸ 1 + 1 = 2
                Verb · present · active · participle · masculine · plural · accusative ▸ 1 + 1 = 2 (Mic. 3,5; Tob. 14,6)
    πλανῶντάς ▸ 1
                Verb · present · active · participle · masculine · plural · accusative ▸ 1 (Is. 30,20)
    πλανῶντες ▸ 2 + 1 = 3
                Verb · present · active · participle · masculine · plural · nominative ▸ 2 + 1 = 3 (Is. 9,15; Is. 41,29; 2Tim. 3,13)
    πλανῶντές ▸ 1
                Verb · present · active · participle · masculine · plural · nominative ▸ 1 (Is. 30,20)
    πλανώντων ▸ 1 + 1 = 2
                Verb · present · active · participle · masculine · plural · genitive ▸ 1 + 1 = 2 (Dan. 6,23; 1John 2,26)
    πλανῶσιν ▸ 2
                Verb · third · plural · present · active · indicative ▸ 2 (Is. 3,12; Is. 9,15)
πλάνη error ▸ 6 + 10 = 16
    πλάναι ▸ 1
                Noun · feminine · plural · nominative · (common) ▸ 1 (Ezek. 33,10)
    πλάνη ▸ 1
                Noun · feminine · singular · nominative ▸ 1 (Matt. 27,64)
    πλάνῃ ▸ 4 + 3 = 7
                Noun · feminine · singular · dative · (common) ▸ 4 + 3 = 7 (Tob. 5,14; Prov. 14,8; Wis. 1,12; Jer. 23,17; 2Pet. 2,18; 2Pet. 3,17; Jude 11)
    πλάνης ▸ 1 + 6 = 7
                Noun · feminine · singular · genitive · (common) ▸ 1 + 6 = 7 (Wis. 12,24; Rom. 1,27; Eph. 4,14; 1Th. 2,3; 2Th. 2,11; James 5,20; 1John 4,6)
πλάνησις (πλάνη) error ▸ 11 + 1 = 12
    πλανήσει ▸ 4
                Noun · feminine · singular · dative · (common) ▸ 4 (Sol. 8,19; Is. 30,28; Ezek. 44,13; Ezek. 48,11)
    πλανήσεως ▸ 3
                Noun · feminine · singular · genitive · (common) ▸ 3 (Sol. 8,14; Is. 19,14; Jer. 4,11)
    πλάνησιν ▸ 2 + 1 = 3
                Noun · feminine · singular · accusative · (common) ▸ 2 + 1 = 3 (Is. 30,10; Is. 32,6; Tob. 14,6)
    πλάνησις ▸ 2
                Noun · feminine · singular · nominative · (common) ▸ 2 (Is. 22,5; Is. 30,28)
πλανήτης (πλάνη) wanderer, roamer; planet, planetary ▸ 1 + 1 = 2
    πλανῆται ▸ 1 + 1 = 2
                Noun · masculine · plural · nominative · (common) ▸ 1 + 1 = 2

πλανήτης–πλατεῖα

(Hos. 9,17; Jude 13)

πλανῆτις (πλάνη)   wanderer (f) ▸ 1
- πλανῆτις ▸ 1
  - **Noun** · feminine · singular · nominative · (common)   ▸ 1 (Job 2,9d)

πλάνος (πλάνη)   error; deceitful ▸ 2 + 5 = 7
- πλάνοι ▸ 2
  - **Adjective** · masculine · plural · nominative ▸ 2 (2Cor. 6,8; 2John 7)
- πλάνοις ▸ 1 + 1 = 2
  - **Noun** · masculine · plural · dative · (common) ▸ 1 (Jer. 23,32)
  - **Adjective** · neuter · plural · dative ▸ 1 (1Tim. 4,1)
- πλάνος ▸ 1 + 2 = 3
  - **Adjective** · masculine · singular · nominative · noDegree ▸ 1 + 2 = 3 (Job 19,4; Matt. 27,63; 2John 7)

πλάξ   tablet ▸ 33 + 3 = 36
- πλάκας ▸ 18
  - **Noun** · feminine · plural · accusative · (common) ▸ 18 (Ex. 31,18; Ex. 31,18; Ex. 32,19; Ex. 34,1; Ex. 34,4; Ex. 34,4; Deut. 4,13; Deut. 5,22; Deut. 9,9; Deut. 9,9; Deut. 9,10; Deut. 9,11; Deut. 9,11; Deut. 10,1; Deut. 10,2; Deut. 10,3; Deut. 10,4; Deut. 10,5)
- πλάκες ▸ 9 + 1 = 10
  - **Noun** · feminine · plural · nominative · (common)   ▸ 9 + 1 = 10 (Ex. 32,15; Ex. 32,15; Ex. 32,16; Ex. 34,29; Deut. 9,15; Deut. 10,3; 1Kings 8,9; 1Kings 8,9; 2Chr. 5,10; Heb. 9,4)
- πλακῶν ▸ 3
  - **Noun** · feminine · plural · genitive · (common) ▸ 3 (Ex. 34,1; Ex. 34,28; Deut. 9,17)
- πλαξὶν ▸ 2 + 2 = 4
  - **Noun** · feminine · plural · dative · (common)   ▸ 2 + 2 = 4 (Ex. 34,1; Deut. 10,2; 2Cor. 3,3; 2Cor. 3,3)
- πλαξίν ▸ 1
  - **Noun** · feminine · plural · dative · (common) ▸ 1 (Ex. 32,16)

πλάσμα (πλάσσω)   what is formed ▸ 5 + 1 = 6
- πλάσμα ▸ 4 + 1 = 5
  - **Noun** · neuter · singular · accusative · (common)   ▸ 2   (Psa. 102,14; Hab. 2,18)
  - **Noun** · neuter · singular · nominative · (common)   ▸ 2 + 1 = 3 (Judith 8,29; Is. 29,16; Rom. 9,20)
- πλάσματος ▸ 1
  - **Noun** · neuter · singular · genitive · (common) ▸ 1 (Job 40,19)

πλάσσω   to form, mould; make up, fabricate ▸ 52 + 2 = 54
- ἔπλασα ▸ 2
  - **Verb** · first · singular · aorist · active · indicative   ▸ 2   (2Kings 19,25; Is. 43,7)
- ἔπλασά ▸ 1
  - **Verb** · first · singular · aorist · active · indicative ▸ 1 (Is. 44,21)
- ἔπλασαν ▸ 2
  - **Verb** · third · plural · aorist · active · indicative ▸ 2 (Psa. 94,5; Hab. 2,18)
- ἔπλασάν ▸ 2
  - **Verb** · third · plural · aorist · active · indicative ▸ 2 (Psa. 118,73; Job 10,8)
- ἔπλασας ▸ 5
  - **Verb** · second · singular · aorist · active · indicative ▸ 5 (Psa. 73,17; Psa. 103,26; Job 10,9; Job 38,14; Is. 29,16)
- ἔπλασάς ▸ 1
  - **Verb** · second · singular · aorist · active · indicative ▸ 1 (Psa. 138,5)
- ἐπλάσατο ▸ 1
  - **Verb** · third · singular · aorist · middle · indicative ▸ 1 (1Kings 12,33)
- ἔπλασεν ▸ 6
  - **Verb** · third · singular · aorist · active · indicative ▸ 6 (Gen. 2,7; Gen. 2,8; Gen. 2,15; Gen. 2,19; Ex. 32,4; Wis. 15,16)
- ἔπλασέν ▸ 1
  - **Verb** · third · singular · aorist · active · indicative ▸ 1 (Hab. 1,12)
- ἐπλάσθη ▸ 1 + 1 = 2
  - **Verb** · third · singular · aorist · passive · indicative ▸ 1 + 1 = 2 (Job 34,15; 1Tim. 2,13)
- πεπλασμένον ▸ 1
  - **Verb** · perfect · passive · participle · masculine · singular · accusative ▸ 1 (Jer. 19,1)
- πλάσαι ▸ 3
  - **Verb** · aorist · active · infinitive ▸ 3 (Wis. 15,16; Is. 53,11; Jer. 1,5)
- πλάσαντα ▸ 1
  - **Verb** · aorist · active · participle · masculine · singular · accusative ▸ 1 (Wis. 15,11)
- πλάσαντι ▸ 1 + 1 = 2
  - **Verb** · aorist · active · participle · masculine · singular · dative ▸ 1 + 1 = 2 (Is. 29,16; Rom. 9,20)
- πλάσας ▸ 11
  - **Verb** · aorist · active · participle · masculine · singular · nominative ▸ 11 (2Mac. 7,23; Psa. 32,15; Psa. 93,9; Prov. 24,12; Hab. 2,18; Is. 27,11; Is. 43,1; Is. 44,2; Is. 49,5; Jer. 10,16; Jer. 28,19)
- πλασθέντες ▸ 1
  - **Verb** · aorist · passive · participle · masculine · plural · nominative ▸ 1 (4Mac. 13,20)
- πλασθῆναι ▸ 1
  - **Verb** · aorist · passive · infinitive ▸ 1 (Psa. 89,2)
- πλασθήσονται ▸ 1
  - **Verb** · third · plural · future · passive · indicative   ▸ 1   (Psa. 138,16)
- πλάσσει ▸ 3
  - **Verb** · third · singular · present · active · indicative ▸ 3 (Wis. 15,7; Wis. 15,8; Wis. 15,9)
- πλάσσοντες ▸ 2
  - **Verb** · present · active · participle · masculine · plural · nominative ▸ 2 (Is. 44,9; Is. 44,10)
- πλάσσω ▸ 1
  - **Verb** · first · singular · present · active · indicative ▸ 1 (Jer. 18,11)
- πλάσσων ▸ 4
  - **Verb** · present · active · participle · masculine · singular · nominative ▸ 4 (Psa. 93,20; Zech. 12,1; Is. 44,24; Jer. 40,2)

πλάστιγξ (πλήσσω)   balance, scale ▸ 2
- πλάστιγγι ▸ 1
  - **Noun** · feminine · singular · dative · (common) ▸ 1 (2Mac. 9,8)
- πλαστίγγων ▸ 1
  - **Noun** · feminine · singular · genitive · (common) ▸ 1 (Wis. 11,22)

πλαστός (πλάσσω)   made-up, fabricated ▸ 1
- πλαστοῖς ▸ 1
  - **Adjective** · masculine · plural · dative · (verbal) ▸ 1 (2Pet. 2,3)

πλάτανος (πλατύς)   plane-tree ▸ 2
- πλάτανος ▸ 1
  - **Noun** · feminine · singular · nominative · (common) ▸ 1 (Sir. 24,14)
- πλατάνου ▸ 1
  - **Noun** · feminine · singular · genitive · (common) ▸ 1 (Gen. 30,37)

πλατεῖα (πλατύς)   street, square ▸ 3 + 2 + 9 = 14
- πλατεῖα ▸ 1 + 1 = 2
  - **Noun** · feminine · singular · nominative ▸ 1 + 1 = 2 (Dan. 9,25; Rev. 21,21)

πλατεῖαι ▸ 1 + 1 = 2
  Noun · feminine · plural · nominative · (common) ▸ 1 + 1 = 2 (Tob. 13,17; Tob. 13,17)
πλατείαις ▸ 2
  Noun · feminine · plural · dative ▸ 2 (Matt. 12,19; Luke 13,26)
πλατείας ▸ 2 + 5 = 7
  Noun · feminine · plural · accusative ▸ 3 (Luke 10,10; Luke 14,21; Acts 5,15)
  Noun · feminine · singular · genitive · (common) ▸ 2 + 2 = 4 (Esth. 6,9; Esth. 6,11; Rev. 11,8; Rev. 22,2)
πλατειῶν ▸ 1
  Noun · feminine · plural · genitive ▸ 1 (Matt. 6,5)

πλάτος (πλατύς) breadth ▸ 55 + 4 = 59
  πλάτη ▸ 1
    Noun · neuter · plural · accusative · (common) ▸ 1 (Hab. 1,6)
  πλάτος ▸ 48 + 4 = 52
    Noun · neuter · singular · accusative · (common) ▸ 27 + 1 = 28 (Gen. 13,17; Gen. 32,26; Ex. 25,10; Ex. 25,17; 1Kings 6,2; 1Kings 6,3; 1Kings 6,3; 1Kings 6,6; 1Kings 6,6; Ezra 6,3; Neh. 8,1; Judith 1,2; Judith 1,2; Judith 1,3; 2Mac. 12,16; Prov. 7,3; Prov. 22,20; Sir. 1,3; Zech. 5,2; Is. 8,8; Ezek. 40,7; Ezek. 40,7; Ezek. 40,8; Ezek. 40,11; Ezek. 40,19; Ezek. 40,20; Dan. 9,27; Rev. 20,9)
    Noun · neuter · singular · nominative · (common) ▸ 21 + 3 = 24 (Gen. 6,15; Ex. 26,16; 1Kings 2,35a; 1Kings 6,20; 1Kings 7,14; 1Kings 7,39; 1Esdr. 6,24; Judith 1,4; Zech. 2,6; Ezek. 40,5; Ezek. 40,13; Ezek. 40,42; Ezek. 40,48; Ezek. 41,1; Ezek. 41,11; Ezek. 41,12; Ezek. 42,2; Ezek. 42,4; Ezek. 48,10; Ezek. 48,10; Dan. 3,1; Eph. 3,18; Rev. 21,16; Rev. 21,16)
  πλάτους ▸ 6
    Noun · neuter · singular · genitive · (common) ▸ 6 (Gen. 32,26; Gen. 32,33; Gen. 32,33; 2Chr. 3,4; 2Chr. 3,8; Ezek. 43,16)

πλατύνω (πλατύς) to enlarge ▸ 24 + 3 = 27
  ἐπλάτυναν ▸ 1
    Verb · third · plural · aorist · active · indicative ▸ 1 (Psa. 34,21)
  ἐπλάτυνας ▸ 2
    Verb · second · singular · aorist · active · indicative ▸ 2 (Psa. 17,37; Psa. 118,32)
  ἐπλάτυνάς ▸ 1
    Verb · second · singular · aorist · active · indicative ▸ 1 (Psa. 4,2)
  ἐπλάτυνεν ▸ 6
    Verb · third · singular · aorist · active · indicative ▸ 6 (Gen. 26,22; 1Mac. 3,3; 1Mac. 14,6; Hab. 2,5; Is. 5,14; Jer. 2,24)
  ἐπλατύνθη ▸ 5
    Verb · third · singular · aorist · passive · indicative ▸ 5 (Deut. 32,15; 1Sam. 2,1; Ode. 2,15; Ode. 3,1; Jer. 28,58)
  ἐπλατύνθησαν ▸ 2
    Verb · third · plural · aorist · passive · indicative ▸ 2 (Psa. 24,17; Ezek. 31,5)
  πεπλάτυνται ▸ 1
    Verb · third · singular · perfect · middle · indicative · (variant) ▸ 1 (2Cor. 6,11)
  πλατύναι ▸ 1
    Verb · third · singular · aorist · active · optative ▸ 1 (Gen. 9,27)
  πλατυνθῇ ▸ 1
    Verb · third · singular · aorist · passive · subjunctive ▸ 1 (Deut. 11,16)
  πλατυνθήσεται ▸ 1
    Verb · third · singular · future · passive · indicative ▸ 1 (Gen. 28,14)
  πλατύνθητε ▸ 1
    Verb · second · plural · aorist · passive · imperative ▸ 1 (2Cor. 6,13)
  πλάτυνον ▸ 2
    Verb · second · singular · aorist · active · imperative ▸ 2 (Psa. 80,11; Is. 54,2)
  πλατύνου ▸ 1
    Verb · second · singular · present · middle · imperative ▸ 1 (Prov. 24,28)
  πλατύνουσιν ▸ 1
    Verb · third · plural · present · active · indicative ▸ 1 (Matt. 23,5)
  πλατύνω ▸ 1
    Verb · first · singular · aorist · active · subjunctive ▸ 1 (Ex. 34,24)

πλατύς wide ▸ 61 + 5 + 1 = 67
  πλάτει ▸ 3
    Adjective · masculine · singular · dative · noDegree ▸ 3 (1Kings 7,43; Ezek. 48,15; Dan. 12,2)
  πλατεῖα ▸ 5 + 1 + 1 = 7
    Adjective · feminine · singular · nominative · noDegree ▸ 5 + 1 + 1 = 7 (Gen. 34,10; Gen. 34,21; 1Chr. 4,40; Neh. 7,4; Psa. 118,96; Judg. 18,10; Matt. 7,13)
  πλατείᾳ ▸ 8 + 3 = 11
    Adjective · feminine · singular · dative · noDegree ▸ 8 + 3 = 11 (Gen. 19,2; Judg. 19,15; Judg. 19,17; Judg. 19,20; Ezra 10,9; Neh. 9,35; Ezek. 16,24; Ezek. 16,31; Judg. 19,15; Judg. 19,17; Judg. 19,20)
  πλατεῖαι ▸ 1
    Adjective · feminine · plural · nominative · noDegree ▸ 1 (Zech. 8,5)
  πλατείαις ▸ 28
    Adjective · feminine · plural · dative · noDegree ▸ 28 (Neh. 8,16; Judith 7,14; Judith 7,22; 1Mac. 1,55; 1Mac. 2,9; 1Mac. 14,9; Psa. 143,14; Prov. 1,20; Prov. 7,12; Prov. 9,14; Prov. 22,13; Song 3,2; Job 29,7; Sir. 23,21; Amos 5,16; Nah. 2,5; Zech. 8,4; Zech. 8,5; Is. 15,3; Jer. 5,1; Jer. 27,30; Jer. 30,32; Jer. 31,38; Lam. 2,11; Lam. 2,12; Lam. 4,18; Ezek. 7,19; Ezek. 28,23)
  πλατεῖαν ▸ 1
    Adjective · feminine · singular · accusative · noDegree ▸ 1 (2Chr. 32,6)
  πλατείας ▸ 7 + 1 = 8
    Adjective · feminine · plural · accusative · noDegree ▸ 5 (Judith 1,14; 3Mac. 1,18; Prov. 5,16; Prov. 7,6; Ezek. 26,11)
    Adjective · feminine · singular · genitive · noDegree ▸ 2 + 1 = 3 (2Sam. 21,12; Esth. 4,1; Tob. 2,4)
  πλατεῖς ▸ 1
    Adjective · masculine · plural · nominative · noDegree ▸ 1 (Is. 33,21)
  πλατειῶν ▸ 3
    Adjective · feminine · plural · genitive · noDegree ▸ 3 (Psa. 17,43; Psa. 54,12; Jer. 9,20)
  πλατέος ▸ 2
    Adjective · neuter · singular · genitive · noDegree ▸ 2 (Neh. 3,8; Neh. 12,38)
  πλατύ ▸ 2
    Adjective · neuter · singular · accusative · noDegree ▸ 1 (Ezek. 23,32)
    Adjective · neuter · singular · nominative · noDegree ▸ 1 (Neh. 4,13)

πλατυσμός (πλατύς) wide space ▸ 6
  πλατυσμόν ▸ 2
    Noun · masculine · singular · accusative · (common) ▸ 2 (Psa. 17,20; Psa. 117,5)
  πλατυσμὸν ▸ 2
    Noun · masculine · singular · accusative · (common) ▸ 2 (2Sam. 22,20; 2Sam. 22,37)

πλατυσμῷ ▸ 2
: **Noun** · masculine · singular · dative · (common) ▸ **2** (Psa. 118,45; Sir. 47,12)

πλέγμα (πλέκω) elaborate hairstyle ▸ 1
: πλέγμασιν ▸ 1
: **Noun** · neuter · plural · dative ▸ **1** (1Tim. 2,9)

Πλειάς Pleiades (constellation) ▸ 2
: Πλειάδα ▸ 1
: **Noun** · singular · accusative · (proper) ▸ **1** (Job 9,9)
: Πλειάδος ▸ 1
: **Noun** · singular · genitive · (proper) ▸ **1** (Job 38,31)

πλειστάκις (πληρόω) most times, very often ▸ 1
: πλειστάκις ▸ 1
: **Adverb** ▸ **1** (Eccl. 7,22)

πλέκω to weave, devise, compound ▸ 2 + 3 = 5
: πεπλεγμένα ▸ 1
: **Verb** · perfect · passive · participle · neuter · plural · accusative ▸ **1** (Ex. 28,14)
: πλακείς ▸ 1
: **Verb** · aorist · passive · participle · masculine · singular · nominative ▸ **1** (Is. 28,5)
: πλέξαντες ▸ 3
: **Verb** · aorist · active · participle · masculine · plural · nominative ▸ **3** (Matt. 27,29; Mark 15,17; John 19,2)

πλεονάζω (πληρόω) to increase ▸ 27 + 9 = 36
: ἐπλεόνασαν ▸ 3
: **Verb** · third · plural · aorist · active · indicative ▸ **3** (1Chr. 4,27; 2Chr. 31,5; 1Esdr. 8,72)
: ἐπλεόνασας ▸ 1
: **Verb** · second · singular · aorist · active · indicative ▸ **1** (Psa. 70,21)
: ἐπλεόνασεν ▸ 4 + 2 = 6
: **Verb** · third · singular · aorist · active · indicative ▸ **4 + 2 = 6** (Ex. 16,18; 2Sam. 18,8; 2Chr. 24,11; Psa. 49,19; Rom. 5,20; 2Cor. 8,15)
: ἐπλεονάσθησαν ▸ 1
: **Verb** · third · plural · aorist · passive · indicative ▸ **1** (1Chr. 5,23)
: πλεονάζει ▸ 1 + 1 = 2
: **Verb** · third · singular · present · active · indicative ▸ **1 + 1 = 2** (Sir. 35,1; 2Th. 1,3)
: πλεονάζειν ▸ 1
: **Verb** · present · active · infinitive ▸ **1** (2Mac. 2,32)
: πλεονάζον ▸ 5
: **Verb** · present · active · participle · neuter · singular · accusative ▸ **5** (Ex. 16,23; Ex. 26,12; Ex. 26,12; 1Mac. 10,41; Ezek. 23,32)
: πλεονάζοντα ▸ 2
: **Verb** · present · active · participle · masculine · singular · accusative ▸ **1** (Phil. 4,17)
: **Verb** · present · active · participle · neuter · plural · nominative ▸ **1** (2Pet. 1,8)
: πλεονάζοντες ▸ 1
: **Verb** · present · active · participle · masculine · plural · nominative ▸ **1** (Num. 3,46)
: πλεοναζόντων ▸ 3
: **Verb** · present · active · participle · masculine · plural · genitive ▸ **3** (Num. 3,48; Num. 3,49; Num. 3,51)
: πλεοναζούσῃ ▸ 1
: **Verb** · present · active · participle · feminine · singular · dative ▸ **1** (Prov. 15,6)
: πλεοναζούσης ▸ 1
: **Verb** · present · active · participle · feminine · singular · genitive ▸ **1** (Num. 9,22)
: πλεονάζων ▸ 1
: **Verb** · present · active · participle · masculine · singular · nominative ▸ **1** (Sir. 20,8)
: πλεονάσαι ▸ 1 + 1 = 2
: **Verb** · aorist · active · infinitive ▸ **1 + 1 = 2** (Sol. 5,4; 1Th. 3,12)
: πλεονάσασα ▸ 1
: **Verb** · aorist · active · participle · feminine · singular · nominative ▸ **1** (2Cor. 4,15)
: πλεονάσεις ▸ 1
: **Verb** · second · singular · future · active · indicative ▸ **1** (Num. 26,54)
: πλεονάσῃ ▸ 2
: **Verb** · third · singular · aorist · active · subjunctive ▸ **2** (Rom. 5,20; Rom. 6,1)
: πλεονάσω ▸ 1
: **Verb** · first · singular · future · active · indicative ▸ **1** (Jer. 37,19)
: πλεονάσωσιν ▸ 1
: **Verb** · third · plural · aorist · active · subjunctive ▸ **1** (Sir. 23,3)

πλεονάκις (πληρόω) more frequently ▸ 9 + 1 = 10
: Πλεονάκις ▸ 1
: **Adverb** ▸ **1** (Psa. 128,1)
: πλεονάκις ▸ 8 + 1 = 9
: **Adverb** ▸ **8 + 1 = 9** (Tob. 1,6; 1Mac. 16,2; 3Mac. 2,12; 3Mac. 6,26; Psa. 105,43; Psa. 128,2; Sir. 34,12; Is. 42,20; Tob. 5,6)

πλεόνασμα (πληρόω) overabundance ▸ 1
: πλεόνασμα ▸ 1
: **Noun** · neuter · singular · nominative · (common) ▸ **1** (Num. 31,32)

πλεονασμός (πληρόω) excessive profit ▸ 6
: πλεονασμόν ▸ 5
: **Noun** · masculine · singular · accusative · (common) ▸ **5** (Lev. 25,37; Ezek. 18,8; Ezek. 18,13; Ezek. 18,17; Ezek. 22,12)
: πλεονασμῶν ▸ 1
: **Noun** · masculine · plural · genitive · (common) ▸ **1** (Prov. 28,8)

πλεοναστός (πληρόω) numerous ▸ 2
: πλεοναστόν ▸ 1
: **Adjective** · masculine · singular · accusative · noDegree ▸ **1** (Deut. 30,5)
: πλεοναστὸν ▸ 1
: **Adjective** · masculine · singular · accusative · noDegree ▸ **1** (1Mac. 4,35)

πλεονεκτέω (πληρόω; ἔχω) to be greedy; take advantage of ▸ 2 + 1 + 5 = 8
: ἐπλεονέκτησα ▸ 1
: **Verb** · first · singular · aorist · active · indicative ▸ **1** (2Cor. 12,17)
: ἐπλεονεκτήσαμεν ▸ 1
: **Verb** · first · plural · aorist · active · indicative ▸ **1** (2Cor. 7,2)
: ἐπλεονέκτησεν ▸ 1
: **Verb** · third · singular · aorist · active · indicative ▸ **1** (2Cor. 12,18)
: πλεονεκτεῖν ▸ 1
: **Verb** · present · active · infinitive ▸ **1** (1Th. 4,6)
: πλεονεκτηθῶμεν ▸ 1
: **Verb** · first · plural · aorist · passive · subjunctive ▸ **1** (2Cor. 2,11)
: πλεονεκτούντων ▸ 1
: **Verb** · present · active · participle · masculine · plural · genitive ▸ **1** (Judg. 4,11)
: πλεονεκτῶν ▸ 1
: **Verb** · present · active · participle · masculine · singular · nominative ▸ **1** (Hab. 2,9)
: πλεονεκτῶσιν ▸ 1

Verb · third · plural · present · active · subjunctive ▸ **1** (Ezek. 22,27)

πλεονέκτης (πληρόω; ἔχω) greedy person ▸ **1** + **4** = **5**
  πλεονέκται ▸ **1**
    Noun · masculine · plural · nominative ▸ **1** (1Cor. 6,10)
  πλεονέκταις ▸ **1**
    Noun · masculine · plural · dative ▸ **1** (1Cor. 5,10)
  πλεονέκτης ▸ **2**
    Noun · masculine · singular · nominative ▸ **2** (1Cor. 5,11; Eph. 5,5)
  πλεονέκτου ▸ **1**
    Noun · masculine · singular · genitive · (common) ▸ **1** (Sir. 14,9)

πλεονεξία (πληρόω; ἔχω) greediness; lust; advantage ▸ **8** + **10** = **18**
  πλεονεξία ▸ **1**
    Noun · feminine · singular · nominative ▸ **1** (Eph. 5,3)
  πλεονεξίᾳ ▸ **2** + **3** = **5**
    Noun · feminine · singular · dative · (common) ▸ **2** + **3** = **5** (Wis. 10,11; Ezek. 22,27; Rom. 1,29; Eph. 4,19; 2Pet. 2,3)
  πλεονεξίαι ▸ **1**
    Noun · feminine · plural · nominative ▸ **1** (Mark 7,22)
  πλεονεξίαν ▸ **4** + **2** = **6**
    Noun · feminine · singular · accusative · (common) ▸ **4** + **2** = **6** (Judg. 5,19; Psa. 118,36; Hab. 2,9; Jer. 22,17; 2Cor. 9,5; Col. 3,5)
  πλεονεξίας ▸ **2** + **3** = **5**
    Noun · feminine · plural · accusative · (common) ▸ **1** (2Mac. 4,50)
    Noun · feminine · singular · genitive · (common) ▸ **1** + **3** = **4** (Is. 28,8; Luke 12,15; 1Th. 2,5; 2Pet. 2,14)

πλευρά side; rib ▸ **29** + **5** = **34**
  πλευρά ▸ **2**
    Noun · feminine · singular · nominative · (common) ▸ **1** (1Kings 6,6)
    Noun · neuter · plural · accusative · (common) ▸ **1** (Ex. 27,7)
  πλευρᾷ ▸ **1**
    Noun · feminine · singular · dative · (common) ▸ **1** (2Sam. 21,14)
  πλευραί ▸ **2**
    Noun · feminine · plural · nominative · (common) ▸ **2** (Job 40,18; Job 40,18)
  πλευραῖς ▸ **3**
    Noun · feminine · plural · dative · (common) ▸ **3** (Num. 33,55; 1Kings 6,15; Ezek. 34,21)
  πλευράν ▸ **2** + **1** = **3**
    Noun · feminine · singular · accusative · (common) ▸ **2** + **1** = **3** (Gen. 2,22; 4Mac. 18,7; John 20,27)
  πλευρὰν ▸ **2** + **4** = **6**
    Noun · feminine · singular · accusative · (common) ▸ **2** + **4** = **6** (2Sam. 2,16; Sir. 42,5; John 19,34; John 20,20; John 20,25; Acts 12,7)
  πλευράς ▸ **3**
    Noun · feminine · plural · accusative · (common) ▸ **3** (Judith 6,6; Prov. 22,27; Is. 11,5)
  πλευρὰς ▸ **2**
    Noun · feminine · plural · accusative · (common) ▸ **2** (1Kings 6,5; Sir. 30,12)
  πλευρᾶς ▸ **5**
    Noun · feminine · singular · genitive · (common) ▸ **5** (2Sam. 13,34; 2Sam. 16,13; 1Kings 6,8; Ezek. 41,5; Ezek. 41,9)
  πλευρῶν ▸ **7**
    Noun · feminine · plural · genitive · (common) ▸ **7** (Gen. 2,21; 1Kings 7,9; 1Kings 7,40; 1Kings 8,19; Ezek. 41,7; Ezek. 41,8; Ezek. 41,9)

πλευρόν (πλευρά) side; rib; flank ▸ **18** + **1** = **19**
  πλευρὰ ▸ **6** + **1** = **7**
    Noun · neuter · plural · accusative · (common) ▸ **1** (4Mac. 11,19)
    Noun · neuter · plural · nominative · (common) ▸ **5** + **1** = **6** (4Mac. 6,6; Psa. 47,3; Ezek. 41,6; Ezek. 41,26; Dan. 7,5; Dan. 7,5)
  πλευροῖς ▸ **2**
    Noun · neuter · plural · dative · (common) ▸ **2** (Ex. 30,4; Ezek. 41,6)
  πλευρόν ▸ **4**
    Noun · neuter · singular · accusative · (common) ▸ **4** (Ezek. 4,4; Ezek. 4,6; Ezek. 4,8; Dan. 10,16)
  πλευρὸν ▸ **3**
    Noun · neuter · singular · accusative · (common) ▸ **2** (1Kings 6,16; Ezek. 41,6)
    Noun · neuter · singular · nominative · (common) ▸ **1** (Ezek. 41,6)
  πλευροῦ ▸ **3**
    Noun · neuter · singular · genitive · (common) ▸ **3** (Ezek. 4,8; Ezek. 4,9; Dan. 7,5)

πλέω to sail ▸ **6** + **6** = **12**
  ἐπλέομεν ▸ **1**
    Verb · first · plural · imperfect · active · indicative ▸ **1** (Acts 21,3)
  ἔπλευσεν ▸ **1**
    Verb · third · singular · aorist · active · indicative ▸ **1** (4Mac. 7,3)
  πλεῖν ▸ **1** + **1** = **2**
    Verb · present · active · infinitive ▸ **1** + **1** = **2** (1Esdr. 4,23; Acts 27,2)
  πλέον ▸ **1**
    Verb · present · active · participle · neuter · singular · accusative ▸ **1** (Acts 27,6)
  πλέοντας ▸ **1**
    Verb · present · active · participle · masculine · plural · accusative ▸ **1** (Acts 27,24)
  πλέοντες ▸ **2**
    Verb · present · active · participle · masculine · plural · nominative ▸ **2** (Sir. 43,24; Is. 42,10)
  πλεόντων ▸ **1** + **1** = **2**
    Verb · present · active · participle · masculine · plural · genitive ▸ **1** + **1** = **2** (1Mac. 13,29; Luke 8,23)
  πλεῦσαι ▸ **1**
    Verb · aorist · active · infinitive ▸ **1** (Jonah 1,3)
  πλέων ▸ **1**
    Verb · present · active · participle · masculine · singular · nominative ▸ **1** (Rev. 18,17)

πληγή (πλήσσω) plague, blow, wound ▸ **94** + **2** + **22** = **118**
  πληγαί ▸ **4** + **2** = **6**
    Noun · feminine · plural · nominative · (common) ▸ **4** + **2** = **6** (Psa. 63,8; Prov. 20,30; Prov. 29,15; Zech. 13,6; Rev. 15,8; Rev. 18,8)
  πληγαῖς ▸ **2** + **3** = **5**
    Noun · feminine · plural · dative · (common) ▸ **2** + **3** = **5** (Judith 5,12; 2Mac. 6,30; 2Cor. 6,5; 2Cor. 11,23; Rev. 9,20)
  πληγάς ▸ **2**
    Noun · feminine · plural · accusative · (common) ▸ **2** (Deut. 28,59; 2Mac. 3,26)
  πληγὰς ▸ **5** + **6** = **11**
    Noun · feminine · plural · accusative · (common) ▸ **5** + **6** = **11** (Lev. 26,21; Deut. 25,3; Deut. 28,59; Deut. 28,59; Deut. 29,21; Luke 10,30; Acts 16,23; Rev. 15,1; Rev. 15,6; Rev. 16,9; Rev.

πληγή–πληθύνω

22,18)
πληγή ▸ 5
Noun ▪ feminine ▪ singular ▪ nominative ▪ (common) ▸ 5 (Nah. 3,19; Jer. 10,18; Jer. 10,19; Jer. 15,18; Jer. 37,12)

πληγή ▸ 15 + 3 = 18
Noun ▪ feminine ▪ singular ▪ nominative ▪ (common) ▸ 15 + 3 = 18 (Ex. 12,13; Num. 25,8; Num. 31,16; Josh. 22,17; 1Sam. 4,10; 1Sam. 4,17; 1Sam. 14,14; 1Sam. 14,30; 1Chr. 21,22; Sir. 25,23; Sir. 27,25; Sir. 28,17; Sir. 28,17; Mic. 1,9; Is. 1,6; Rev. 13,3; Rev. 13,12; Rev. 16,21)

πληγῇ ▸ 14 + 1 = 15
Noun ▪ feminine ▪ singular ▪ dative ▪ (common) ▸ 14 + 1 = 15 (Num. 14,37; Num. 25,9; 1Sam. 4,8; Judith 15,5; 2Mac. 9,5; 2Mac. 14,43; Wis. 5,11; Sir. 21,3; Is. 14,6; Is. 19,22; Is. 30,31; Is. 53,3; Is. 53,4; Jer. 14,17; Rev. 11,6)

πληγήν ▸ 35 + 2 + 1 = 38
Noun ▪ feminine ▪ singular ▪ accusative ▪ (common) ▸ 35 + 2 + 1 = 38 (Ex. 11,1; Ex. 33,5; Num. 11,33; Num. 26,1; Deut. 28,61; Judg. 11,33; Judg. 15,8; 1Sam. 6,19; 1Sam. 19,8; 1Sam. 23,5; 1Kings 21,21; 2Chr. 6,28; 2Chr. 13,17; 2Chr. 21,14; 2Chr. 28,5; 1Mac. 1,30; 1Mac. 5,3; 1Mac. 5,34; 1Mac. 7,22; 1Mac. 8,4; 1Mac. 13,32; 1Mac. 14,36; 1Mac. 15,29; 1Mac. 15,35; Prov. 22,8; Job 2,13; Job 42,16; Sir. 25,13; Sir. 25,13; Mic. 1,11; Is. 10,24; Is. 10,26; Is. 14,6; Jer. 27,13; Jer. 37,14; Judg. 11,33; Judg. 15,8; Rev. 13,14)

πληγῆς ▸ 8 + 1 = 9
Noun ▪ feminine ▪ singular ▪ genitive ▪ (common) ▸ 8 + 1 = 9 (Num. 25,18; 1Kings 22,35; 1Mac. 3,29; Sir. 22,22; Is. 30,26; Is. 53,10; Jer. 19,8; Jer. 37,17; Rev. 16,21)

πληγῶν ▸ 4 + 5 = 9
Noun ▪ feminine ▪ plural ▪ genitive ▪ (common) ▸ 4 + 5 = 9 (Deut. 25,2; 2Kings 8,29; 2Kings 9,15; 2Chr. 22,6; Luke 12,48; Acts 16,33; Rev. 9,18; Rev. 18,4; Rev. 21,9)

πλῆθος (πληρόω)   multitude ▸ 281 + 6 + 31 = 318
πλήθει ▸ 49 + 1 = 50
Noun ▪ neuter ▪ singular ▪ dative ▪ (common) ▸ 49 + 1 = 50 (Ex. 15,7; Ex. 32,13; Lev. 25,36; Deut. 1,10; Deut. 10,22; Deut. 28,62; Josh. 11,4; 1Sam. 13,5; 2Kings 19,23; 1Esdr. 8,88; 1Esdr. 9,40; Neh. 5,18; Judith 9,11; 1Mac. 3,19; 1Mac. 3,20; 2Mac. 4,5; 2Mac. 11,16; 2Mac. 13,10; 3Mac. 2,7; Psa. 5,8; Psa. 32,16; Psa. 32,17; Psa. 36,11; Psa. 48,7; Psa. 65,3; Psa. 68,14; Ode. 1,7; Eccl. 1,18; Eccl. 5,2; Eccl. 5,2; Eccl. 5,6; Eccl. 5,9; Eccl. 5,10; Eccl. 11,1; Wis. 8,15; Sir. 6,34; Sir. 7,9; Sir. 7,14; Sir. 7,16; Sir. 33,11; Sir. 34,19; Sir. 42,11; Hos. 10,13; Is. 37,24; Jer. 28,13; Ezek. 19,11; Ezek. 27,25; Ezek. 28,9; Ezek. 31,2; Heb. 11,12)

πλήθεσιν ▸ 3
Noun ▪ neuter ▪ plural ▪ dative ▪ (common) ▸ 3 (2Mac. 13,1; 2Mac. 14,20; 3Mac. 5,46)

πλήθη ▸ 7 + 1 = 8
Noun ▪ neuter ▪ plural ▪ accusative ▪ (common) ▸ 5 (2Mac. 2,21; 2Mac. 5,3; 2Mac. 5,26; Psa. 146,4; Ezek. 39,4)
Noun ▪ neuter ▪ plural ▪ nominative ▪ (common) ▸ 2 + 1 = 3 (2Mac. 12,27; 3Mac. 5,24; Acts 5,14)

Πλῆθος ▸ 1
Noun ▪ neuter ▪ singular ▪ accusative ▪ (common) ▸ 1 (Ex. 36,5)

πλῆθος ▸ 167 + 6 + 25 = 198
Noun ▪ masculine ▪ singular ▪ nominative ▪ (common) ▸ 1 (Is. 1,11)
Noun ▪ neuter ▪ singular ▪ accusative ▪ (common) ▸ 118 + 5 + 7 = 130 (Gen. 27,28; Gen. 30,30; Gen. 48,16; Gen. 48,19; Ex. 12,6; Deut. 26,5; Deut. 28,47; Judg. 4,7; Judg. 6,5; Judg. 7,12; Judg. 7,12; 2Sam. 17,11; 2Sam. 18,29; 1Kings 1,19; 1Kings 1,25; 1Kings 2,46a; 1Kings 10,10; 1Kings 10,27; 2Kings 7,13; 1Chr. 4,38; 1Chr. 12,41; 1Chr. 22,3; 1Chr. 22,4; 1Chr. 22,5; 1Chr. 22,8; 1Chr. 22,15; 1Chr. 29,21; 2Chr. 1,15; 2Chr. 2,8; 2Chr. 4,18; 2Chr. 9,1; 2Chr. 9,9; 2Chr. 9,27; 2Chr. 11,12; 2Chr. 11,23; 2Chr. 11,23; 2Chr. 14,10; 2Chr. 16,8; 2Chr. 20,12; 2Chr. 20,24; 2Chr. 30,24; 2Chr. 31,5; 2Chr. 31,10; 2Chr. 31,18; 2Chr. 32,29; 1Esdr. 9,48; 1Esdr. 9,49; Neh. 9,25; Neh. 13,22; Judith 2,5; Judith 2,17; Judith 2,18; Judith 5,10; Judith 7,4; Judith 7,18; Tob. 4,8; 1Mac. 3,17; 1Mac. 4,8; 1Mac. 5,12; 1Mac. 9,6; 1Mac. 9,63; 1Mac. 10,77; 1Mac. 15,3; 2Mac. 2,24; 2Mac. 5,10; 2Mac. 12,42; 4Mac. 8,5; Psa. 5,11; Psa. 9,25; Psa. 50,3; Psa. 51,9; Psa. 68,17; Psa. 93,19; Psa. 105,45; Psa. 150,2; Ode. 7,42; Eccl. 6,3; Job 33,19; Wis. 11,15; Wis. 11,17; Wis. 18,5; Wis. 19,10; Sir. 5,6; Sir. 7,7; Sir. 16,1; Sir. 16,3; Sir. 35,21; Sir. 51,3; Hos. 4,7; Hos. 8,12; Hos. 10,1; Mic. 4,13; Zech. 14,14; Is. 21,15; Is. 21,15; Is. 21,15; Is. 21,15; Is. 21,15; Is. 28,2; Is. 51,10; Is. 63,7; Jer. 10,13; Jer. 13,22; Jer. 28,27; Jer. 30,27; Jer. 37,16; Lam. 1,5; Lam. 3,32; Ezek. 26,13; Ezek. 28,17; Ezek. 28,18; Ezek. 30,10; Ezek. 30,15; Ezek. 31,7; Ezek. 31,9; Ezek. 31,15; Ezek. 39,11; Dan. 3,42; Judg. 4,7; Judg. 6,5; Judg. 7,12; Judg. 7,12; Dan. 3,42; Luke 5,6; Acts 6,2; Acts 14,1; Acts 15,30; Acts 28,3; James 5,20; 1Pet. 4,8)
Noun ▪ neuter ▪ singular ▪ nominative ▪ (common) ▸ 48 + 1 + 18 = 67 (Ex. 1,9; Ex. 8,20; Ex. 19,21; Num. 32,1; Num. 32,1; 1Chr. 29,16; 2Chr. 13,8; 2Chr. 20,2; 2Chr. 30,5; 2Chr. 30,17; 1Esdr. 9,6; 1Esdr. 9,10; 1Esdr. 9,11; 1Esdr. 9,38; 1Esdr. 9,41; 1Esdr. 9,47; Judith 1,16; Judith 2,16; Judith 5,3; Judith 7,2; Judith 15,7; Judith 16,3; 1Mac. 8,20; 2Mac. 3,6; 2Mac. 4,39; 3Mac. 1,24; 3Mac. 4,5; 3Mac. 6,14; 3Mac. 7,13; Psa. 30,20; Psa. 43,13; Psa. 71,7; Psa. 76,17; Eccl. 1,18; Wis. 4,3; Wis. 6,24; Wis. 14,20; Zech. 9,10; Is. 5,13; Is. 17,12; Is. 31,1; Is. 31,4; Is. 63,15; Ezek. 31,6; Ezek. 31,18; Ezek. 32,32; Ezek. 47,10; Dan. 10,1; Dan. 2,35; Mark 3,7; Mark 3,8; Luke 1,10; Luke 2,13; Luke 6,17; Luke 8,37; Luke 19,37; Luke 23,1; Luke 23,27; John 5,3; Acts 2,6; Acts 5,16; Acts 14,4; Acts 15,12; Acts 17,4; Acts 21,36; Acts 23,7; Acts 25,24)

πλῆθός ▸ 3
Noun ▪ neuter ▪ singular ▪ accusative ▪ (common) ▸ 2 (1Chr. 22,14; Nah. 2,14)
Noun ▪ neuter ▪ singular ▪ nominative ▪ (common) ▸ 1 (Jer. 26,16)

πλήθους ▸ 48 + 4 = 52
Noun ▪ neuter ▪ singular ▪ genitive ▪ (common) ▸ 48 + 4 = 52 (Gen. 16,10; Gen. 17,4; Gen. 32,13; Gen. 36,7; Ex. 23,2; 1Sam. 1,16; 1Kings 7,32; 2Chr. 5,6; 2Chr. 9,6; 2Chr. 12,3; 1Esdr. 8,20; 1Esdr. 9,2; 1Esdr. 9,4; 1Esdr. 9,12; 1Esdr. 9,45; Judith 2,20; 1Mac. 1,3; 1Mac. 6,41; 1Mac. 6,41; 1Mac. 8,15; 2Mac. 3,21; 2Mac. 14,1; 3Mac. 5,48; Psa. 63,3; Psa. 105,7; Psa. 144,7; Ode. 12,9; Prov. 5,23; Job 31,34; Job 35,9; Wis. 6,2; Wis. 16,1; Wis. 18,20; Sir. 44,19; Hos. 9,7; Nah. 3,3; Nah. 3,4; Zech. 2,8; Zech. 8,4; Lam. 1,3; Ezek. 23,42; Ezek. 26,10; Ezek. 27,12; Ezek. 27,16; Ezek. 27,18; Ezek. 27,33; Ezek. 28,16; Ezek. 32,6; John 21,6; Acts 4,32; Acts 6,5; Acts 19,9)

πληθῶν ▸ 3
Noun ▪ neuter ▪ plural ▪ genitive ▪ (common) ▸ 3 (2Mac. 9,2; 2Mac. 14,41; 2Mac. 15,21)

πληθύνω (πληρόω)   to multiply ▸ 199 + 7 + 12 = 218
ἐπλήθυνα ▸ 5
Verb ▪ first ▪ singular ▪ aorist ▪ active ▪ indicative ▸ 5 (Josh. 24,3; Hos. 2,10; Hos. 12,11; Is. 51,2; Lam. 2,22)

ἐπληθύναμεν ▸ 1
Verb ▪ first ▪ plural ▪ aorist ▪ active ▪ indicative ▸ 1 (Ezra 10,13)

ἐπλήθυναν ▸ 11
Verb ▪ third ▪ plural ▪ aorist ▪ active ▪ indicative ▸ 11 (1Sam. 7,2; 1Chr. 7,4; 1Chr. 23,11; 2Chr. 36,14; 1Mac. 1,9; Ode. 12,9; Ode.

12,9; Sir. 48,16; Jer. 5,6; Jer. 37,14; Ezek. 27,15)

ἐπλήθυνας ▸ 12
   Verb · second · singular · aorist · active · indicative ▸ **12** (Neh. 9,23; Psa. 35,8; Psa. 64,10; Sir. 47,18; Nah. 3,16; Is. 57,9; Jer. 26,11; Ezek. 16,25; Ezek. 16,29; Ezek. 16,51; Ezek. 23,19; Ezek. 28,5)

ἐπληθύνατε ▸ 3
   Verb · second · plural · aorist · active · indicative ▸ **3** (Amos 4,4; Amos 4,9; Ezek. 11,6)

ἐπλήθυνεν ▸ 19 + 1 = 20
   Verb · third · singular · aorist · active · indicative ▸ 17 + 1 = **18** (Deut. 1,10; Judg. 16,24; 1Sam. 1,12; 1Sam. 14,19; 2Kings 21,6; 2Chr. 33,6; 2Chr. 33,23; 1Mac. 14,15; Psa. 17,15; Wis. 10,10; Sir. 18,12; Hos. 8,11; Hos. 8,14; Hos. 10,1; Hos. 12,2; Lam. 2,5; Ezek. 19,2; Judg. 16,24)
   Verb · third · singular · imperfect · active · indicative ▸ **2** (Ex. 1,7; Ex. 1,20)

ἐπλήθυνέν ▸ 1
   Verb · third · singular · aorist · active · indicative ▸ **1** (2Sam. 22,36)

ἐπληθύνετο ▸ 1 + 3 = 4
   Verb · third · singular · imperfect · passive · indicative ▸ 1 + 3 = **4** (Gen. 7,18; Acts 6,7; Acts 9,31; Acts 12,24)

ἐπληθύνθη ▸ 9 + 1 = 10
   Verb · third · singular · aorist · passive · indicative ▸ 9 + 1 = **10** (Gen. 7,17; 1Kings 2,35b; 1Kings 5,10; 1Mac. 1,40; 1Mac. 3,42; Psa. 105,29; Psa. 118,69; Sir. 24,29; Hos. 9,7; Acts 7,17)

ἐπληθύνθης ▸ 1
   Verb · second · singular · aorist · passive · indicative ▸ **1** (Ezek. 16,7)

ἐπληθύνθησαν ▸ 21
   Verb · third · plural · aorist · passive · indicative ▸ **21** (Gen. 6,5; Gen. 47,27; Ex. 1,7; 1Chr. 4,38; Ezra 9,6; Judith 5,9; Judith 9,7; Psa. 3,2; Psa. 4,8; Psa. 15,4; Psa. 24,19; Psa. 37,20; Psa. 39,6; Psa. 39,13; Psa. 68,5; Psa. 106,38; Eccl. 5,10; Sir. 47,24; Jer. 15,8; Jer. 37,16; Ezek. 22,25)

Ἐπληθύνθησαν ▸ 1
   Verb · third · plural · aorist · passive · indicative ▸ **1** (Gen. 38,12)

ἐπλήθυνον ▸ 1
   Verb · third · plural · imperfect · active · indicative ▸ **1** (2Mac. 3,19)

πεπληθυμμένη ▸ 2
   Verb · perfect · passive · participle · feminine · singular · nominative ▸ **2** (Lam. 1,1a; Lam. 1,1a)

πεπληθυμμένοι ▸ 1
   Verb · perfect · passive · participle · masculine · plural · nominative ▸ **1** (1Sam. 25,10)

πεπλήθυνται ▸ 2
   Verb · third · plural · perfect · passive · indicative ▸ **1** (Joel 4,13)
   Verb · third · singular · perfect · passive · indicative ▸ **1** (Gen. 18,20)

πληθύναι ▸ 1
   Verb · third · singular · aorist · active · optative ▸ **1** (Gen. 28,3)

πληθῦναι ▸ 7 + 1 = 8
   Verb · aorist · active · infinitive ▸ 7 + 1 = **8** (Deut. 28,63; 1Chr. 27,23; Ode. 7,36; Sir. 27,1; Sir. 44,21; Sol. 10,1; Dan. 3,36; Dan. 3,36)

πληθύνας ▸ 1
   Verb · aorist · active · participle · masculine · singular · nominative ▸ **1** (Ode. 12,10)

πληθύνατε ▸ 2
   Verb · second · plural · aorist · active · imperative ▸ **2** (Gen. 34,12; Sir. 43,30)

πληθύνει ▸ 3
   Verb · third · singular · present · active · indicative ▸ **3** (Eccl. 10,14; Sir. 31,30; Jer. 26,23)

πληθυνεῖ ▸ 13 + 1 + 1 = 15
   Verb · third · singular · future · active · indicative ▸ 13 + 1 + 1 = **15** (Deut. 7,13; Deut. 13,18; Deut. 17,16; Deut. 17,17; Deut. 17,17; Deut. 28,11; Psa. 77,38; Sir. 6,5; Sir. 6,5; Sir. 34,10; Sir. 40,15; Sol. 17,33; Dan. 11,39; Dan. 11,39; 2Cor. 9,10)

πληθυνεῖτε ▸ 1
   Verb · second · plural · future · active · indicative ▸ **1** (Num. 33,54)

πληθύνεσθε ▸ 7
   Verb · second · plural · present · passive · imperative ▸ **7** (Gen. 1,22; Gen. 1,28; Gen. 8,17; Gen. 9,1; Gen. 9,7; Gen. 9,7; Jer. 36,6)

πληθυνέσθωσαν ▸ 1
   Verb · third · plural · present · passive · imperative ▸ **1** (Gen. 1,22)

πληθύνεται ▸ 1
   Verb · third · singular · present · passive · indicative ▸ **1** (Sir. 11,32)

πληθύνῃ ▸ 2
   Verb · third · singular · aorist · active · subjunctive ▸ **2** (Lev. 25,16; Deut. 17,16)

πληθύνῃς ▸ 4
   Verb · second · singular · aorist · active · subjunctive ▸ **1** (1Chr. 4,10)
   Verb · second · singular · present · active · subjunctive ▸ **3** (Sir. 11,10; Sir. 22,13; Jer. 2,22)

πληθύνητε ▸ 1
   Verb · second · plural · present · active · subjunctive ▸ **1** (Is. 1,15)

πληθυνθείη ▸ 1 + 2 + 3 = 6
   Verb · third · singular · aorist · passive · optative ▸ 1 + 2 + 3 = **6** (Dan. 4,37c; Dan. 4,1; Dan. 6,26; 1Pet. 1,2; 2Pet. 1,2; Jude 2)

πληθυνθείησαν ▸ 1
   Verb · third · plural · aorist · passive · optative ▸ **1** (Gen. 48,16)

πληθυνθέντος ▸ 1
   Verb · aorist · passive · participle · neuter · singular · genitive ▸ **1** (Deut. 8,13)

πληθυνθέντων ▸ 2
   Verb · aorist · passive · participle · masculine · plural · genitive ▸ **1** (Deut. 8,13)
   Verb · aorist · passive · participle · neuter · plural · genitive ▸ **1** (Deut. 8,13)

πληθυνθῇ ▸ 4 + 1 = 5
   Verb · third · singular · aorist · passive · subjunctive ▸ 4 + 1 = **5** (Ex. 1,10; Deut. 7,22; Ezra 4,22; Psa. 48,17; Dan. 12,4)

πληθυνθῆναι ▸ 1 + 1 = 2
   Verb · aorist · passive · infinitive ▸ 1 + 1 = **2** (2Sam. 14,11; Matt. 24,12)

πληθυνθήσεται ▸ 4
   Verb · third · singular · future · passive · indicative ▸ **4** (Psa. 91,13; Prov. 4,10; Prov. 13,11; Sir. 21,13)

πληθυνθήσονται ▸ 8
   Verb · third · plural · future · passive · indicative ▸ **8** (Psa. 91,15; Psa. 138,18; Prov. 28,28; Job 39,4; Zech. 10,8; Is. 6,12; Is. 14,2; Jer. 23,3)

πληθυνθῆτε ▸ 2
   Verb · second · plural · aorist · passive · subjunctive ▸ **2** (Deut. 6,3; Jer. 3,16)

πληθυνθῶσιν ▸ 2
  Verb ▪ third ▪ plural ▪ aorist ▪ passive ▪ subjunctive ▸ **2** (Sir. 23,3; Ezek. 21,20)
Πλήθυνον ▸ **1** + **1** = **2**
  Verb ▪ second ▪ singular ▪ aorist ▪ active ▪ imperative ▸ **1** + **1** = **2** (Judg. 9,29; Judg. 9,29)
πλήθυνον ▸ 1
  Verb ▪ second ▪ singular ▪ aorist ▪ active ▪ imperative ▸ **1** (Psa. 64,11)
πληθύνοντα ▸ 2
  Verb ▪ present ▪ active ▪ participle ▪ masculine ▪ singular ▪ accusative ▸ **1** (3Mac. 6,4)
  Verb ▪ present ▪ active ▪ participle ▪ neuter ▪ plural ▪ nominative ▸ **1** (Psa. 143,13)
πληθύνοντες ▸ 2
  Verb ▪ present ▪ active ▪ participle ▪ masculine ▪ plural ▪ nominative ▸ **2** (1Chr. 8,40; Eccl. 6,11)
πληθυνόντων ▸ 1
  Verb ▪ present ▪ active ▪ participle ▪ masculine ▪ plural ▪ genitive ▸ **1** (Acts 6,1)
πληθύνου ▸ 2
  Verb ▪ second ▪ singular ▪ present ▪ passive ▪ imperative ▸ **2** (Gen. 35,11; Ezek. 16,7)
πληθύνουσα ▸ 1
  Verb ▪ present ▪ active ▪ participle ▪ feminine ▪ singular ▪ nominative ▸ **1** (Sir. 21,12)
πληθυνοῦσι ▸ 1
  Verb ▪ third ▪ plural ▪ future ▪ active ▪ indicative ▸ **1** (Psa. 64,14)
πληθύνουσιν ▸ 1
  Verb ▪ third ▪ plural ▪ present ▪ active ▪ indicative ▸ **1** (Sir. 23,16)
πληθύνω ▸ 1
  Verb ▪ first ▪ singular ▪ aorist ▪ active ▪ subjunctive ▸ **1** (Ex. 11,9)
πληθυνῶ ▸ **18** + **1** = **19**
  Verb ▪ first ▪ singular ▪ future ▪ active ▪ indicative ▸ **18** + **1** = **19** (Gen. 3,16; Gen. 16,10; Gen. 17,2; Gen. 17,20; Gen. 22,17; Gen. 26,4; Gen. 26,24; Gen. 48,4; Ex. 7,3; Lev. 26,9; 1Kings 3,14; Bar. 2,34; Ezek. 24,10; Ezek. 36,10; Ezek. 36,11; Ezek. 36,29; Ezek. 36,30; Ezek. 36,37; Heb. 6,14)
Πληθύνων ▸ 2
  Verb ▪ present ▪ active ▪ participle ▪ masculine ▪ singular ▪ nominative ▸ **2** (Gen. 3,16; Gen. 16,10)
πληθύνων ▸ **4** + **1** = **5**
  Verb ▪ present ▪ active ▪ participle ▪ masculine ▪ singular ▪ nominative ▸ **4** + **1** = **5** (Gen. 22,17; Ex. 11,9; Prov. 28,8; Hab. 2,6; Heb. 6,14)
πληθύνωσιν ▸ 1
  Verb ▪ third ▪ plural ▪ present ▪ active ▪ subjunctive ▸ **1** (Sir. 16,2)
πληθύουσα ▸ 1
  Verb ▪ present ▪ active ▪ participle ▪ feminine ▪ singular ▪ nominative ▸ **1** (3Mac. 5,41)
πληθύς (πληρόω)   crowd ▸ 1
  πληθὺν ▸ 1
    Noun ▪ feminine ▪ singular ▪ accusative ▪ (common) ▸ **1** (3Mac. 4,17)
πλήκτης (πλήσσω)   violent person, bully ▸ 2
  πλήκτην ▸ 2
    Noun ▪ masculine ▪ singular ▪ accusative ▸ **2** (1Tim. 3,3; Titus 1,7)
πλημμέλεια (πλημμελέω)   sin, trespass; sin offering ▸ 48
  πλημμέλεια ▸ 3
    Noun ▪ feminine ▪ singular ▪ nominative ▪ (common) ▸ **3** (Josh. 22,16; 1Sam. 24,14; 2Sam. 14,13)

πλημμελείᾳ ▸ 4
  Noun ▪ feminine ▪ singular ▪ dative ▪ (common) ▸ **4** (Josh. 22,20; Ezra 9,7; Ezra 9,13; Dan. 9,7)
πλημμέλειαι ▸ 1
  Noun ▪ feminine ▪ plural ▪ nominative ▪ (common) ▸ **1** (Ezra 9,6)
πλημμελείαί ▸ 1
  Noun ▪ feminine ▪ plural ▪ nominative ▪ (common) ▸ **1** (Psa. 68,6)
πλημμελείαις ▸ 2
  Noun ▪ feminine ▪ plural ▪ dative ▪ (common) ▸ **2** (Ezra 9,15; Psa. 67,22)
πλημμέλειαν ▸ 9
  Noun ▪ feminine ▪ singular ▪ accusative ▪ (common) ▸ **9** (Lev. 5,18; Num. 5,7; Num. 6,12; Josh. 7,1; Josh. 22,31; 2Chr. 33,23; Ezra 10,10; Sir. 38,10; Sir. 49,4)
πλημμελείας ▸ 28
  Noun ▪ feminine ▪ plural ▪ accusative ▪ (common) ▸ **1** (Ezra 10,19)
  Noun ▪ feminine ▪ singular ▪ genitive ▪ (common) ▸ **27** (Lev. 5,15; Lev. 5,16; Lev. 5,25; Lev. 6,10; Lev. 7,1; Lev. 7,2; Lev. 7,5; Lev. 7,7; Lev. 7,37; Lev. 14,12; Lev. 14,13; Lev. 14,14; Lev. 14,17; Lev. 14,24; Lev. 14,25; Lev. 14,25; Lev. 14,28; Lev. 19,21; Lev. 19,21; Lev. 19,22; Lev. 22,16; Num. 18,9; 2Kings 12,17; Sir. 7,31; Sir. 18,27; Sir. 26,29; Sir. 41,18)
πλημμελέω   to go wrong, err; to mistreat ▸ **32** + **1** = **33**
  ἐπλημμέλησα ▸ 1
    Verb ▪ first ▪ singular ▪ aorist ▪ active ▪ indicative ▸ **1** (Psa. 118,67)
  ἐπλημμελήσαμεν ▸ 1
    Verb ▪ first ▪ plural ▪ aorist ▪ active ▪ indicative ▸ **1** (Josh. 22,22)
  ἐπλημμέλησαν ▸ 4
    Verb ▪ third ▪ plural ▪ aorist ▪ active ▪ indicative ▸ **4** (Josh. 7,1; Sir. 49,4; Jer. 16,18; Dan. 9,7)
  ἐπλημμελήσατε ▸ 3
    Verb ▪ second ▪ plural ▪ aorist ▪ active ▪ indicative ▸ **3** (Josh. 22,16; Josh. 22,31; Judg. 21,22)
  ἐπλημμέλησεν ▸ 9
    Verb ▪ third ▪ singular ▪ aorist ▪ active ▪ indicative ▸ **9** (Lev. 5,6; Lev. 5,15; Lev. 5,19; Lev. 5,25; Lev. 5,26; Lev. 14,21; Num. 5,7; Josh. 22,20; Sir. 23,23)
  πλημμελήσατε ▸ 1
    Verb ▪ second ▪ plural ▪ aorist ▪ active ▪ imperative ▸ **1** (Judg. 21,22)
  πλημμελήσει ▸ 1
    Verb ▪ third ▪ singular ▪ future ▪ active ▪ indicative ▸ **1** (Sir. 19,4)
  πλημμελήσῃ ▸ 8
    Verb ▪ third ▪ singular ▪ aorist ▪ active ▪ subjunctive ▸ **8** (Lev. 4,22; Lev. 4,27; Lev. 5,3; Lev. 5,17; Lev. 5,23; Num. 5,6; Sir. 23,11; Sir. 26,11)
  πλημμελήσῃς ▸ 1
    Verb ▪ second ▪ singular ▪ aorist ▪ active ▪ subjunctive ▸ **1** (Sir. 9,13)
  πλημμελήσουσιν ▸ 2
    Verb ▪ third ▪ plural ▪ future ▪ active ▪ indicative ▸ **2** (Psa. 33,22; Jer. 2,3)
  πλημμελήσωσιν ▸ 2
    Verb ▪ third ▪ plural ▪ aorist ▪ active ▪ subjunctive ▸ **2** (Lev. 4,13; Psa. 33,23)
πλημμέλημα (πλημμελέω)   trespass, sin ▸ 3
  πλημμέλημα ▸ 3
    Noun ▪ neuter ▪ singular ▪ accusative ▪ (common) ▸ **2** (Num. 5,8; Jer. 2,5)
    Noun ▪ neuter ▪ singular ▪ nominative ▪ (common) ▸ **1** (Num. 5,8)
πλημμελής (πλημμελέω)   trespass ▸ 1

πλημμελής ▸ 1
    Adjective • feminine • singular • nominative • noDegree ▸ **1** (Sir. 10,7)

πλημμέλησις (πλημμελέω) trespass ▸ 2
    πλημμελήσεως ▸ 1
        Noun • feminine • singular • genitive • (common) ▸ **1** (Ezra 10,19)
    πλημμέλησιν ▸ 1
        Noun • feminine • singular • accusative • (common) ▸ **1** (Lev. 5,19)

πλήμμυρα (πληρόω) flood ▸ 1 + 1 = 2
    πλήμμυρα ▸ 1
        Noun • feminine • singular • nominative • (common) ▸ **1** (Job 40,23)
    πλημμύρης ▸ 1
        Noun • feminine • singular • genitive ▸ **1** (Luke 6,48)

πλήν (πληρόω) only, except (prep.); but, nevertheless (conj.) ▸ 230 + 18 + 31 = 279
    Πλήν ▸ 7 + 1 + 3 = 11
        Adverb ▸ 6 + 1 = **7** (Judg. 20,39; 2Kings 18,20; Sir. 29,8; Hos. 12,9; Amos 3,2; Zeph. 3,7; Judg. 14,16)
        Conjunction • coordinating • (adversative) ▸ **3** (Luke 6,24; Luke 22,21; Phil. 4,14)
        ImproperPreposition • (+genitive) ▸ **1** (Sir. 39,1)
    πλήν ▸ 1
        Adverb ▸ **1** (Judg. 10,15)
    πλήν ▸ 222 + 17 + 28 = 267
        Adverb ▸ 137 + 12 = **149** (Gen. 9,4; Gen. 41,40; Ex. 8,5; Ex. 8,7; Ex. 9,26; Ex. 12,16; Ex. 22,19; Lev. 21,23; Num. 11,6; Num. 18,3; Num. 18,17; Num. 22,35; Num. 26,65; Num. 29,11; Num. 32,12; Num. 36,6; Deut. 1,36; Deut. 2,28; Deut. 2,35; Deut. 2,37; Deut. 3,11; Deut. 3,19; Deut. 10,15; Deut. 12,16; Deut. 12,26; Deut. 15,23; Deut. 16,8; Deut. 18,20; Josh. 1,17; Josh. 6,17; Josh. 11,13; Josh. 11,22; Judg. 3,2; Judg. 3,2; Judg. 4,9; Judg. 7,19; Judg. 16,28; Judg. 19,20; Judg. 19,20; 1Sam. 1,5; 1Sam. 5,4; 1Sam. 8,9; 1Sam. 12,20; 1Sam. 12,24; 1Sam. 25,34; 2Sam. 3,13; 2Sam. 12,14; 2Sam. 17,3; 2Sam. 23,10; 1Kings 2,35k; 1Kings 3,2; 1Kings 3,3; 1Kings 8,9; 1Kings 8,19; 1Kings 8,25; 1Kings 8,27; 1Kings 11,12; 1Kings 11,13; 1Kings 15,14; 1Kings 15,23; 1Kings 20,25; 2Kings 1,18b; 2Kings 3,2; 2Kings 3,3; 2Kings 5,7; 2Kings 12,14; 2Kings 13,6; 2Kings 14,3; 2Kings 14,4; 2Kings 15,35; 2Kings 17,2; 2Kings 17,18; 2Kings 17,21; 2Kings 22,7; 2Kings 23,9; 2Kings 23,26; 2Kings 23,35; 2Kings 24,3; 2Kings 24,14; 2Chr. 5,10; 2Chr. 6,9; 2Chr. 6,16; 2Chr. 15,17; 2Chr. 18,15; 2Chr. 33,8; 2Chr. 33,17; 2Chr. 33,17; 2Chr. 35,19c; 2Chr. 36,5c; Ezra 10,15; Esth. 4,11; Esth. 14,18 # 4,17y; Tob. 7,10; 1Mac. 4,6; 1Mac. 5,48; 1Mac. 6,24; 1Mac. 10,14; 1Mac. 11,70; 1Mac. 13,6; 2Mac. 6,17; 3Mac. 6,18; Psa. 31,6; Psa. 38,6; Psa. 38,7; Psa. 38,12; Psa. 48,16; Psa. 61,5; Psa. 61,6; Psa. 61,10; Psa. 67,22; Psa. 72,18; Psa. 74,9; Psa. 84,10; Psa. 90,8; Psa. 139,14; Prov. 7,1a; Eccl. 7,29; Job 6,27; Job 9,21; Job 14,18; Job 33,8; Sir. 17,24; Sir. 45,22; Amos 4,12; Amos 9,8; Zech. 1,6; Is. 4,1; Jer. 3,13; Jer. 3,20; Jer. 3,23; Jer. 10,24; Jer. 12,1; Jer. 33,24; Jer. 35,7; Lam. 2,16; Lam. 3,3; Ezek. 16,49; Judg. 3,2; Judg. 3,2; Judg. 4,9; Judg. 10,15; Judg. 19,20; Judg. 19,20; Judg. 20,10; Dan. 2,6; Dan. 4,15; Dan. 4,23; Dan. 11,18; Sus. 16)
        Conjunction • coordinating • (adversative) ▸ 2 + 24 = **26** (Lev. 11,4; 2Kings 1,18c; Matt. 11,22; Matt. 11,24; Matt. 18,7; Matt. 26,39; Matt. 26,64; Luke 6,35; Luke 10,11; Luke 10,14; Luke 10,20; Luke 11,41; Luke 12,31; Luke 13,33; Luke 17,1; Luke 18,7; Luke 19,27; Luke 22,22; Luke 22,42; Luke 23,28; Acts 20,23; 1Cor. 11,11; Eph. 5,33; Phil. 1,18; Phil. 3,16; Rev. 2,25)
        ImproperPreposition • (+genitive) ▸ 83 + 5 + 4 = **92** (Gen. 14,24; Gen. 39,6; Gen. 39,9; Ex. 8,6; Ex. 10,24; Ex. 12,37; Ex. 20,3; Ex. 21,19; Lev. 11,36; Lev. 23,38; Lev. 23,38; Lev. 23,38; Lev. 23,38; Num. 5,8; Num. 5,20; Num. 28,23; Num. 28,31; Num. 29,6; Num. 29,16; Num. 29,19; Num. 29,22; Num. 29,25; Num. 29,28; Num. 29,31; Num. 29,34; Num. 29,38; Num. 29,39; Num. 31,22; Deut. 3,5; Deut. 4,35; Deut. 4,39; Deut. 18,8; Deut. 20,14; Deut. 28,69; Deut. 32,39; Josh. 6,24; Josh. 8,27; Josh. 13,14; Josh. 22,29; Judg. 8,26; Judg. 8,26; Judg. 11,34; 1Sam. 2,2; 2Sam. 2,10; 2Sam. 7,22; 2Sam. 22,32; 2Sam. 22,32; 1Kings 16,28b; 1Kings 22,44; 2Kings 10,29; 2Kings 12,4; 2Kings 15,4; 2Kings 21,16; 1Chr. 3,9; 1Chr. 17,20; 2Chr. 9,14; Esth. 13,14 # 4,17e; Judith 8,20; Tob. 1,20; Tob. 6,15; 1Mac. 11,38; 4Mac. 8,11; Psa. 17,32; Psa. 17,32; Ode. 2,39; Ode. 3,2; Wis. 12,13; Sir. 22,22; Sir. 36,4; Sir. 36,9; Sir. 45,13; Hos. 13,4; Joel 2,27; Is. 44,6; Is. 44,8; Is. 45,5; Is. 45,6; Is. 45,14; Is. 45,21; Is. 46,9; Is. 64,3; Ezek. 46,17; Bel 41; Tob. 1,20; Tob. 6,12; Tob. 7,10; Tob. 7,10; Bel 41; Mark 12,32; Acts 8,1; Acts 15,28; Acts 27,22)

πλήρης (πληρόω) full ▸ 119 + 3 + 16 = 138
    πλήρει ▸ 7
        Adjective • feminine • singular • dative • noDegree ▸ **7** (2Kings 20,3; 1Chr. 29,9; 2Chr. 16,9; 2Chr. 19,9; 2Chr. 25,2; 1Esdr. 1,21; 1Mac. 8,25)
    πλήρεις ▸ 22 + 1 + 5 = 28
        Adjective • feminine • plural • accusative • noDegree ▸ 4 + 1 = **5** (Ex. 9,8; Deut. 6,11; Neh. 9,25; Wis. 11,18; Matt. 15,37)
        Adjective • feminine • plural • nominative • noDegree ▸ **5** (Num. 7,86; Psa. 72,10; Wis. 5,22; Is. 1,15; Ezek. 36,38)
        Adjective • masculine • plural • accusative • noDegree ▸ 3 + 3 = **6** (Gen. 41,7; Gen. 41,24; Job 39,2; Matt. 14,20; Mark 8,19; Acts 6,3)
        Adjective • masculine • plural • nominative • noDegree ▸ 10 + 1 + 1 = **12** (Gen. 41,22; 1Sam. 2,5; Ezra 4,20; 3Mac. 6,31; Ode. 3,5; Is. 51,20; Jer. 5,27; LetterJ 16; Ezek. 1,18; Ezek. 10,12; Sus. 28; Acts 19,28)
    πλῆρες ▸ 8
        Adjective • neuter • singular • accusative • noDegree ▸ **3** (Ex. 16,33; Lev. 16,12; 2Kings 4,39)
        Adjective • neuter • singular • nominative • noDegree ▸ **5** (2Sam. 23,7; 2Kings 6,17; Psa. 74,9; Sir. 42,16; Is. 30,27)
    πλήρη ▸ 33 + 1 = 34
        Adjective • feminine • singular • accusative • noDegree ▸ **15** (Lev. 2,2; Lev. 5,12; Num. 7,14; Num. 7,20; Num. 7,26; Num. 7,32; Num. 7,38; Num. 7,44; Num. 7,50; Num. 7,56; Num. 7,62; Num. 7,68; Num. 7,74; Num. 7,80; Song 5,5)
        Adjective • masculine • singular • accusative • noDegree ▸ 2 + 1 = **3** (Num. 22,18; Num. 24,13; 2John 8)
        Adjective • neuter • plural • nominative • noDegree ▸ **16** (Num. 7,13; Num. 7,19; Num. 7,25; Num. 7,31; Num. 7,37; Num. 7,43; Num. 7,49; Num. 7,55; Num. 7,61; Num. 7,67; Num. 7,73; Num. 7,79; Psa. 143,13; Song 5,13; Job 21,24; Sir. 19,26)
    πλήρης ▸ 47 + 2 + 10 = 59
        Adjective • feminine • singular • nominative • noDegree ▸ 22 + 1 + 2 = **25** (Judg. 6,38; 2Sam. 23,11; 2Kings 7,15; 1Chr. 11,13; 2Chr. 15,17; Psa. 32,5; Psa. 47,11; Psa. 118,64; Ode. 4,3; Wis. 3,4; Wis. 17,6; Sir. 1,30; Sir. 50,6; Joel 4,13; Nah. 3,1; Hab. 3,3; Is. 1,21; Is. 6,3; Jer. 5,27; Ezek. 7,23; Ezek. 7,23; Ezek. 26,2; Judg. 6,38; John 1,14; Acts 9,36)
        Adjective • masculine • singular • accusative ▸ **2** (Mark 4,28; Acts 6,5)
        Adjective • masculine • singular • nominative • noDegree ▸ 25 + 1 + 5 = **31** (Gen. 25,8; Gen. 35,29; Judg. 16,27; Ruth 1,21; Ruth 2,12; 1Chr. 23,1; 1Chr. 29,28; 2Chr. 24,15; 2Mac. 13,5; Prov. 17,1; Job 7,4; Job 10,15; Job 14,1; Job 32,18; Job 36,16; Job

πλήρης–πληρόω

42,17; Is. 1,4; Is. 1,11; Is. 6,1; Is. 63,3; Ezek. 17,3; Ezek. 43,5; Ezek. 44,4; Dan. 4,27; Dan. 6,1; Judg. 16,27; Luke 4,1; Luke 5,12; Acts 6,8; Acts 7,55; Acts 11,24)
    Adjective · masculine · singular · vocative ▸ **1** (Acts 13,10)
πλήρους ▸ 2
    Adjective · masculine · singular · genitive · noDegree ▸ **2** (Gen. 27,27; Jer. 6,11)

πληροφορέω (πληρόω; φέρω)   to be set on; to assure fully ▸ 1 + 6 = 7
    ἐπληροφορήθη ▸ 1
        Verb · third · singular · aorist · passive · indicative ▸ **1** (Eccl. 8,11)
    πεπληροφορημένοι ▸ 1
        Verb · perfect · passive · participle · masculine · plural · nominative ▸ **1** (Col. 4,12)
    πεπληροφορημένων ▸ 1
        Verb · perfect · passive · participle · neuter · plural · genitive ▸ **1** (Luke 1,1)
    πληροφορείσθω ▸ 1
        Verb · third · singular · present · passive · imperative ▸ **1** (Rom. 14,5)
    πληροφορηθεὶς ▸ 1
        Verb · aorist · passive · participle · masculine · singular · nominative ▸ **1** (Rom. 4,21)
    πληροφορηθῇ ▸ 1
        Verb · third · singular · aorist · passive · subjunctive ▸ **1** (2Tim. 4,17)
    πληροφόρησον ▸ 1
        Verb · second · singular · aorist · active · imperative ▸ **1** (2Tim. 4,5)

πληροφορία (πληρόω; φέρω)   full assurance, certainty ▸ 4
    πληροφορίᾳ ▸ 2
        Noun · feminine · singular · dative ▸ **2** (1Th. 1,5; Heb. 10,22)
    πληροφορίαν ▸ 1
        Noun · feminine · singular · accusative ▸ **1** (Heb. 6,11)
    πληροφορίας ▸ 1
        Noun · feminine · singular · genitive ▸ **1** (Col. 2,2)

πληρόω   to fill; fulfill ▸ 106 + 6 + 86 = 198
    ἐπεπλήρωτο ▸ 3
        Verb · third · singular · pluperfect · passive · indicative ▸ **3** (2Mac. 3,30; 2Mac. 6,5; 2Mac. 9,7)
    ἐπλήρου ▸ 2 + 1 = 3
        Verb · third · singular · imperfect · active · indicative ▸ **2 + 1 = 3** (Josh. 3,15; 1Kings 13,33; Acts 13,25)
    ἐπληροῦντο ▸ 2
        Verb · third · plural · imperfect · passive · indicative ▸ **2** (Acts 9,23; Acts 13,52)
    ἐπληροῦτο ▸ 1
        Verb · third · singular · imperfect · passive · indicative ▸ **1** (Acts 7,23)
    ἐπληρώθη ▸ 4 + 6 = 10
        Verb · third · singular · aorist · passive · indicative ▸ **4 + 6 = 10** (2Chr. 24,10; Psa. 64,10; Psa. 103,24; Eccl. 9,3; Matt. 2,17; Matt. 13,48; Matt. 27,9; John 12,3; Acts 19,21; James 2,23)
    ἐπληρώθην ▸ 1
        Verb · first · singular · aorist · passive · indicative ▸ **1** (Sir. 39,12)
    ἐπληρώθησαν ▸ 6
        Verb · third · plural · aorist · passive · indicative ▸ **6** (Gen. 25,24; Tob. 10,1; Psa. 73,20; Jer. 32,34; Lam. 4,18; Dan. 4,34)
    ἐπλήρωσα ▸ 1
        Verb · first · singular · aorist · active · indicative ▸ **1** (Sir. 33,17)

ἐπλήρωσαν ▸ 5 + 2 = 7
    Verb · third · plural · aorist · active · indicative ▸ **5 + 2 = 7** (Gen. 50,3; 1Mac. 3,49; 2Mac. 13,16; 3Mac. 6,19; 4Mac. 12,14; Acts 13,27; Acts 14,26)
ἐπλήρωσας ▸ 2
    Verb · second · singular · aorist · active · indicative ▸ **2** (1Kings 8,24; 2Chr. 6,15)
ἐπληρώσατε ▸ 2
    Verb · second · plural · aorist · active · indicative ▸ **2** (2Chr. 29,31; Jer. 51,25)
Ἐπληρώσατε ▸ 1
    Verb · second · plural · aorist · active · indicative ▸ **1** (Ex. 32,29)
ἐπλήρωσεν ▸ 7 + 4 + 4 = 15
    Verb · third · singular · aorist · active · indicative ▸ **7 + 4 + 4 = 15** (1Kings 8,15; 2Chr. 6,4; Judith 10,5; Psa. 128,7; Wis. 4,13; Wis. 18,16; Sir. 45,15; Judg. 17,5; Judg. 17,12; Dan. 2,35; Dan. 5,26; Luke 7,1; Acts 2,2; Acts 3,18; Acts 5,3)
πεπληρώκατε ▸ 1
    Verb · second · plural · perfect · active · indicative ▸ **1** (Acts 5,28)
πεπλήρωκεν ▸ 1 + 2 = 3
    Verb · third · singular · perfect · active · indicative ▸ **1 + 2 = 3** (Wis. 1,7; John 16,6; Rom. 13,8)
πεπληρωκέναι ▸ 1
    Verb · perfect · active · infinitive ▸ **1** (Rom. 15,19)
πεπληρωκώς ▸ 1
    Verb · perfect · active · participle · masculine · singular · nominative ▸ **1** (1Chr. 12,16)
πεπλήρωμαι ▸ 2
    Verb · first · singular · perfect · passive · indicative ▸ **2** (2Cor. 7,4; Phil. 4,18)
πεπληρωμένα ▸ 1
    Verb · perfect · passive · participle · neuter · plural · accusative ▸ **1** (Rev. 3,2)
πεπληρωμέναι ▸ 1
    Verb · perfect · passive · participle · feminine · plural · nominative ▸ **1** (Song 5,14)
πεπληρωμένη ▸ 1 + 3 = 4
    Verb · perfect · passive · participle · feminine · singular · nominative ▸ **1 + 3 = 4** (2Mac. 7,21; John 16,24; 1John 1,4; 2John 12)
πεπληρωμένην ▸ 1 + 1 = 2
    Verb · perfect · passive · participle · feminine · singular · accusative ▸ **1 + 1 = 2** (2Mac. 12,16; John 17,13)
πεπληρωμένοι ▸ 1 + 3 = 4
    Verb · perfect · passive · participle · masculine · plural · nominative ▸ **1 + 3 = 4** (2Mac. 10,30; Rom. 15,14; Phil. 1,11; Col. 2,10)
πεπληρωμένος ▸ 2
    Verb · perfect · passive · participle · masculine · singular · nominative ▸ **2** (1Kings 7,2; 3Mac. 4,16)
πεπληρωμένους ▸ 1 + 1 = 2
    Verb · perfect · passive · participle · masculine · plural · accusative ▸ **1 + 1 = 2** (3Mac. 5,10; Rom. 1,29)
πεπλήρωνται ▸ 1
    Verb · third · plural · perfect · passive · indicative ▸ **1** (Gen. 29,21)
πεπληρῶσθαι ▸ 1
    Verb · perfect · passive · infinitive ▸ **1** (Job 20,22)
πεπλήρωται ▸ 5
    Verb · third · singular · perfect · passive · indicative ▸ **5** (Mark 1,15; Luke 4,21; John 3,29; John 7,8; Gal. 5,14)
πληροῖς ▸ 1

Verb · second · singular · present · active · subjunctive ▸ **1** (Col. 4,17)

πληρούμενον ▸ 1
Verb · present · passive · participle · neuter · singular · nominative ▸ **1** (Luke 2,40)

πληρουμένου ▸ 1
Verb · present · middle · participle · masculine · singular · genitive ▸ **1** (Eph. 1,23)

πληρουμένων ▸ 1 + 1 = 2
Verb · present · passive · participle · masculine · plural · genitive ▸ **1** + **1** = **2** (Dan. 8,23; Dan. 8,23)

πληροῦν ▸ 1 + 1 = 2
Verb · present · active · infinitive ▸ 1 + 1 = **2** (Dan. 4,11; Luke 9,31)

πληροῦντας ▸ 1
Verb · present · active · participle · masculine · plural · accusative ▸ **1** (Zeph. 1,9)

πληροῦντες ▸ 1
Verb · present · active · participle · masculine · plural · nominative ▸ **1** (Is. 65,11)

πληροῦντος ▸ 1
Verb · present · active · participle · masculine · singular · genitive ▸ **1** (1Mac. 4,19)

πληροῦσθαι ▸ 2
Verb · present · passive · infinitive ▸ **2** (Jer. 36,10; Bar. 5,7)

πληροῦσθε ▸ 1
Verb · second · plural · present · passive · imperative ▸ **1** (Eph. 5,18)

πληροῦτε ▸ 1
Verb · second · plural · present · active · imperative ▸ **1** (Jer. 28,11)

πληρῶ ▸ 2
Verb · first · singular · future · active · indicative ▸ **2** (Jer. 13,13; Jer. 23,24)

πληρωθείς ▸ 1
Verb · aorist · passive · participle · masculine · singular · nominative ▸ **1** (3Mac. 5,30)

πληρωθείσης ▸ 1
Verb · aorist · passive · participle · feminine · singular · genitive ▸ **1** (Acts 24,27)

πληρωθέν ▸ 1
Verb · aorist · passive · participle · neuter · singular · accusative ▸ **1** (2Kings 4,4)

πληρωθέντων ▸ 1
Verb · aorist · passive · participle · neuter · plural · genitive ▸ **1** (Acts 7,30)

πληρωθῇ ▸ 4 + 1 + 20 = 25
Verb · third · singular · aorist · passive · subjunctive ▸ 4 + 1 + 20 = **25** (Lev. 8,33; Lev. 25,29; Lev. 25,30; Jer. 41,14; Tob. 14,5; Matt. 1,22; Matt. 2,15; Matt. 2,23; Matt. 4,14; Matt. 8,17; Matt. 12,17; Matt. 13,35; Matt. 21,4; Luke 22,16; John 12,38; John 13,18; John 15,11; John 15,25; John 17,12; John 18,9; John 18,32; John 19,24; John 19,36; Rom. 8,4; 2Cor. 10,6)

πληρωθῆναι ▸ 4 + 2 = 6
Verb · aorist · passive · infinitive ▸ 4 + 2 = **6** (1Kings 2,27; 2Chr. 36,21; 2Chr. 36,22; Jer. 25,12; Luke 24,44; Acts 1,16)

πληρωθήσεται ▸ 8 + 1 = 9
Verb · third · singular · future · passive · indicative ▸ 8 + 1 = **9** (Judith 2,8; Judith 6,4; Psa. 71,19; Eccl. 1,8; Eccl. 6,7; Is. 40,4; Jer. 13,12; Jer. 13,12; Luke 3,5)

πληρωθήσονται ▸ 1
Verb · third · plural · future · passive · indicative ▸ **1** (Luke 1,20)

πληρωθῆτε ▸ 2
Verb · second · plural · aorist · passive · subjunctive ▸ **2** (Eph. 3,19; Col. 1,9)

πληρωθήτω ▸ 1
Verb · third · singular · aorist · passive · imperative ▸ **1** (Psa. 70,8)

πληρωθῶ ▸ 1
Verb · first · singular · aorist · passive · subjunctive ▸ **1** (2Tim. 1,4)

πληρωθῶσιν ▸ 8 + 5 = 13
Verb · third · plural · aorist · passive · subjunctive ▸ 8 + 5 = **13** (Lev. 12,4; Num. 6,5; 2Sam. 7,12; 1Chr. 17,11; Tob. 8,20; Tob. 14,5; Eccl. 11,3; Ezek. 7,19; Matt. 26,54; Matt. 26,56; Mark 14,49; Luke 21,24; Rev. 6,11)

πληρώσαι ▸ 3 + 1 = 4
Verb · third · singular · aorist · active · optative ▸ 3 + 1 = **4** (Psa. 19,5; Psa. 19,6; Job 20,23; Rom. 15,13)

πληρῶσαι ▸ 7 + 3 = 10
Verb · aorist · active · infinitive ▸ 7 + 3 = **10** (Num. 7,88; 1Chr. 29,5; 2Chr. 13,9; 1Mac. 2,55; Is. 8,8; Is. 13,3; Jer. 40,5; Matt. 3,15; Matt. 5,17; Col. 1,25)

πληρώσαντες ▸ 1
Verb · aorist · active · participle · masculine · plural · nominative ▸ **1** (Acts 12,25)

πληρώσατε ▸ 4 + 1 = 5
Verb · second · plural · aorist · active · imperative ▸ 4 + 1 = **5** (Gen. 1,22; Gen. 1,28; Gen. 9,1; Gen. 9,7; Matt. 23,32)

πληρώσατέ ▸ 1
Verb · second · plural · aorist · active · imperative ▸ **1** (Phil. 2,2)

πληρώσει ▸ 3 + 1 = 4
Verb · third · singular · future · active · indicative ▸ 3 + 1 = **4** (Psa. 109,6; Psa. 126,5; Sir. 26,2; Phil. 4,19)

πληρώσεις ▸ 1 + 1 = 2
Verb · second · singular · future · active · indicative ▸ 1 + 1 = **2** (Psa. 15,11; Acts 2,28)

πληρώσῃ ▸ 1 + 2 = 3
Verb · third · singular · aorist · active · subjunctive ▸ 1 + 2 = **3** (Num. 6,13; Eph. 4,10; 2Th. 1,11)

πλήρωσον ▸ 1
Verb · second · singular · aorist · active · imperative ▸ **1** (Psa. 82,17)

πληρώσουσιν ▸ 1
Verb · third · plural · future · active · indicative ▸ **1** (Judith 2,8)

πληρώσω ▸ 3
Verb · first · singular · future · active · indicative ▸ **3** (1Kings 1,14; Psa. 80,11; Jer. 28,14)

πλήρωμα (πληρόω) fullness ▸ 15 + 17 = 32
πλήρωμα ▸ 11 + 11 = 22
Noun · neuter · singular · accusative · (common) ▸ 6 + 3 = **9** (Psa. 88,12; Eccl. 4,6; Jer. 8,16; Jer. 29,2; Ezek. 19,7; Ezek. 30,12; Mark 2,21; Eph. 3,19; Col. 1,19)
Noun · neuter · singular · nominative · (common) ▸ 5 + 8 = **13** (Psa. 23,1; Psa. 49,12; Psa. 95,11; Psa. 97,7; Eccl. 4,6; Matt. 9,16; Rom. 11,12; Rom. 11,25; Rom. 13,10; 1Cor. 10,26; Gal. 4,4; Eph. 1,23; Col. 2,9)

πληρώματα ▸ 2 + 2 = 4
Noun · neuter · plural · accusative · (common) ▸ 2 + 2 = **4** (Song 5,12; Song 5,12; Mark 6,43; Mark 8,20)

πληρώματι ▸ 2 + 1 = 3
Noun · neuter · singular · dative · (common) ▸ 2 + 1 = **3** (1Chr. 16,32; Ezek. 12,19; Rom. 15,29)

πληρώματος ▸ 3

πλήρωμα–πλήσσω

Noun · neuter · singular · genitive ▸ **3** (John 1,16; Eph. 1,10; Eph. 4,13)

πλήρωσις (πληρόω) filling; fulness ▸ 8 + 1 = 9
  πληρώσει ▸ 1
    Noun · feminine · singular · dative · (common) ▸ **1** (Ezek. 32,15)
  πληρώσεως ▸ 5 + 1 = 6
    Noun · feminine · singular · genitive · (common) ▸ 5 + 1 = **6** (Ex. 35,27; Deut. 33,16; 1Chr. 29,2; Jer. 4,12; Jer. 5,24; Dan. 10,3)
  πλήρωσιν ▸ 2
    Noun · feminine · singular · accusative · (common) ▸ **2** (Judith 8,31; Ezek. 5,2)

πλησιάζω (πλησίον) to come near, approach; have sexual intercourse ▸ 1
  πλησιαζόντων ▸ 1
    Verb · present · active · participle · neuter · plural · genitive ▸ **1** (2Mac. 6,4)

πλησίον near; neighbor ▸ 214 + 8 + 17 = 239
  πλησίον ▸ 214 + 8 + 17 = 239
    Adverb · (place) ▸ 192 + 7 + 16 = **215** (Gen. 11,3; Gen. 11,7; Gen. 26,31; Ex. 2,13; Ex. 11,2; Ex. 11,2; Ex. 12,4; Ex. 20,16; Ex. 20,17; Ex. 20,17; Ex. 20,17; Ex. 21,14; Ex. 21,18; Ex. 21,35; Ex. 22,6; Ex. 22,7; Ex. 22,8; Ex. 22,9; Ex. 22,10; Ex. 22,13; Ex. 22,25; Ex. 32,27; Lev. 5,21; Lev. 5,21; Lev. 18,20; Lev. 19,11; Lev. 19,13; Lev. 19,15; Lev. 19,16; Lev. 19,17; Lev. 19,18; Lev. 20,10; Lev. 24,19; Lev. 25,14; Lev. 25,14; Lev. 25,14; Lev. 25,15; Lev. 25,17; Deut. 4,42; Deut. 5,20; Deut. 5,21; Deut. 5,21; Deut. 5,21; Deut. 15,2; Deut. 19,4; Deut. 19,5; Deut. 19,5; Deut. 19,11; Deut. 19,14; Deut. 22,24; Deut. 22,26; Deut. 23,25; Deut. 23,25; Deut. 23,26; Deut. 24,10; Deut. 27,17; Deut. 27,24; Judg. 4,11; Judg. 6,29; Judg. 7,13; Judg. 7,14; Judg. 7,22; Judg. 10,18; Ruth 3,14; Ruth 4,7; 1Sam. 10,11; 1Sam. 14,20; 1Sam. 15,28; 1Sam. 20,41; 1Sam. 20,41; 1Sam. 28,16; 1Sam. 28,17; 1Sam. 30,26; 2Sam. 2,16; 2Sam. 2,16; 2Sam. 12,11; 1Kings 8,31; 1Kings 12,24t; 1Kings 21,35; 2Kings 3,23; 2Kings 7,3; 2Kings 7,9; 2Chr. 6,22; Esth. 9,19; Esth. 9,19; Judith 7,4; Judith 7,13; Judith 10,19; Judith 15,2; Tob. 2,8; 1Mac. 2,40; 1Mac. 3,43; 1Mac. 12,33; 2Mac. 6,11; 3Mac. 1,6; 4Mac. 2,5; 4Mac. 2,5; 4Mac. 8,4; 4Mac. 12,10; Psa. 11,3; Psa. 14,3; Psa. 14,4; Psa. 23,4; Psa. 27,3; Psa. 34,14; Psa. 37,12; Psa. 44,15; Psa. 100,5; Psa. 121,8; Ode. 10,8; Prov. 9,12; Prov. 26,27; Song 1,9; Song 1,15; Song 2,2; Song 2,10; Song 2,13; Song 4,1; Song 4,7; Song 5,2; Song 5,16; Song 6,4; Job 16,21; Sir. 5,12; Sir. 6,17; Sir. 9,14; Sir. 10,6; Sir. 13,15; Sir. 15,5; Sir. 16,28; Sir. 17,14; Sir. 18,13; Sir. 19,14; Sir. 19,17; Sir. 22,23; Sir. 25,1; Sir. 25,18; Sir. 27,18; Sir. 27,19; Sir. 28,2; Sir. 28,7; Sir. 29,1; Sir. 29,2; Sir. 29,2; Sir. 29,5; Sir. 29,14; Sir. 29,20; Sir. 31,15; Sir. 31,31; Sir. 34,22; Sol. 8,10; Mic. 7,2; Jonah 1,7; Hab. 2,15; Zech. 3,8; Zech. 3,10; Zech. 8,10; Zech. 8,16; Zech. 8,17; Zech. 11,6; Zech. 11,9; Zech. 14,13; Zech. 14,13; Mal. 3,16; Mal. 3,23; Is. 3,5; Is. 5,8; Is. 19,2; Is. 41,6; Jer. 5,8; Jer. 6,21; Jer. 7,5; Jer. 9,3; Jer. 9,7; Jer. 9,19; Jer. 19,9; Jer. 22,8; Jer. 22,13; Jer. 23,27; Jer. 23,30; Jer. 23,35; Jer. 26,16; Jer. 41,15; Jer. 41,17; Jer. 43,16; LetterJ 43; Ezek. 18,6; Ezek. 18,8; Ezek. 18,11; Ezek. 18,15; Ezek. 22,11; Ezek. 41,16; Judg. 6,29; Judg. 7,13; Judg. 7,14; Judg. 7,22; Judg. 10,18; Tob. 2,8; Sus. 61; Matt. 5,43; Matt. 19,19; Matt. 22,39; Mark 12,31; Mark 12,33; Luke 10,27; Luke 10,29; Luke 10,36; Acts 7,27; Rom. 13,9; Rom. 13,10; Rom. 15,2; Gal. 5,14; Eph. 4,25; James 2,8; James 4,12)
    ImproperPreposition · (+genitive) ▸ 22 + 1 + 1 = **24** (Ex. 34,3; Num. 33,37; Deut. 1,1; Deut. 11,30; Josh. 8,33 # 9,2d; Josh. 8,33 # 9,2d; Josh. 12,9; Josh. 15,46; Josh. 19,46; 2Sam. 5,23; 1Chr. 14,14; Judith 2,21; Judith 3,9; Judith 4,6; Judith 5,5; Judith 7,3; Judith 7,18; 1Mac. 3,40; 3Mac. 6,31; 4Mac. 5,4; Ezek. 40,9; Ezek. 41,17; Josh. 15,46; John 4,5)

πλησίος (πλησίον) nearby ▸ 3
  πλησιέστερον ▸ 1
    Adjective · masculine · singular · accusative · comparative ▸ **1** (4Mac. 12,2)
  πλησίοι ▸ 1
    Adjective · masculine · plural · vocative · noDegree ▸ **1** (Song 5,1)
  πλησίον ▸ 1
    Adjective · masculine · singular · accusative · noDegree ▸ **1** (Psa. 87,19)

πλησμονή (πληρόω) satisfaction ▸ 28 + 1 = 29
  πλησμονή ▸ 3
    Noun · feminine · singular · nominative · (common) ▸ **3** (Deut. 33,23; Sir. 1,16; Is. 30,23)
  πλησμονῇ ▸ 3
    Noun · feminine · singular · dative · (common) ▸ **3** (Prov. 26,16; Prov. 27,7; Ezek. 16,49)
  πλησμονήν ▸ 8
    Noun · feminine · singular · accusative · (common) ▸ **8** (Ex. 16,3; Psa. 77,25; Sir. 45,20; Hos. 13,6; Hag. 1,6; Is. 1,14; Is. 55,2; Is. 56,11)
  πλησμονήν ▸ 11 + 1 = 12
    Noun · feminine · singular · accusative · (common) ▸ 11 + 1 = **12** (Ex. 16,8; Lev. 25,19; Lev. 26,5; Judith 7,21; Psa. 105,15; Sol. 5,17; Hab. 2,16; Is. 65,15; Jer. 14,22; Lam. 5,6; Ezek. 39,19; Col. 2,23)
  πλησμονῆς ▸ 3
    Noun · feminine · singular · genitive · (common) ▸ **3** (Gen. 41,30; Prov. 3,10; Sir. 18,25)

πλήσσω to strike ▸ 26 + 1 + 1 = 28
  ἐπλήγη ▸ 6 + 1 = 7
    Verb · third · singular · aorist · passive · indicative ▸ 6 + 1 = **7** (Ex. 9,31; Ex. 9,32; Num. 25,14; 1Mac. 9,55; Psa. 101,5; Is. 9,12; Rev. 8,12)
  ἐπλήγην ▸ 1
    Verb · first · singular · aorist · passive · indicative ▸ **1** (Zech. 13,6)
  ἐπλήγησαν ▸ 4 + 1 = 5
    Verb · third · plural · aorist · passive · indicative ▸ 4 + 1 = **5** (1Sam. 4,2; 1Sam. 5,12; 2Sam. 1,12; Wis. 19,17; Judg. 20,36)
  πεπλήγασιν ▸ 1
    Verb · third · plural · perfect · active · indicative ▸ **1** (2Chr. 29,9)
  πεπληγότος ▸ 1
    Verb · perfect · active · participle · masculine · singular · genitive ▸ **1** (Num. 25,14)
  πεπληγυίᾳ ▸ 1
    Verb · perfect · active · participle · feminine · singular · dative ▸ **1** (Num. 25,15)
  πεπληγυῖαν ▸ 1
    Verb · perfect · active · participle · feminine · singular · accusative ▸ **1** (Num. 25,18)
  πεπληγώς ▸ 4
    Verb · perfect · active · participle · masculine · singular · nominative ▸ **4** (2Sam. 4,4; 2Sam. 9,3; Prov. 7,23; Prov. 23,32)
  πληγείς ▸ 1
    Verb · aorist · passive · participle · masculine · singular · nominative ▸ **1** (Ex. 22,1)
  πληγέντες ▸ 1
    Verb · aorist · passive · participle · masculine · plural · nominative ▸ **1** (Ex. 16,3)

πληγήσεσθε ▸ 1
   Verb · second · plural · future · passive · indicative ▸ **1** (2Sam. 11,22)

πληγήσεται ▸ 2
   Verb · third · singular · future · passive · indicative ▸ **2** (2Sam. 11,15; Is. 27,7)

πληγῆτε ▸ 1
   Verb · second · plural · aorist · passive · subjunctive ▸ **1** (Is. 1,5)

πλήσσουσι ▸ 1
   Verb · third · plural · present · active · indicative ▸ **1** (4Mac. 14,19)

πλινθεία (πλίνθος) brickmaking ▸ 5
  πλινθείᾳ ▸ 1
   Noun · feminine · singular · dative · (common) ▸ **1** (Ex. 1,14)
  πλινθείας ▸ 4
   Noun · feminine · singular · genitive · (common) ▸ **4** (Ex. 5,8; Ex. 5,14; Ex. 5,18; Ex. 5,19)

πλινθεῖον (πλίνθος) brick factory ▸ 2
  πλινθείου ▸ 2
   Noun · neuter · singular · genitive · (common) ▸ **2** (2Sam. 12,31; 1Kings 2,46h)

πλινθεύω (πλίνθος) to make bricks ▸ 1
  πλινθεύσωμεν ▸ 1
   Verb · first · plural · aorist · active · subjunctive ▸ **1** (Gen. 11,3)

πλίνθος brick ▸ 11
  Πλίνθοι ▸ 1
   Noun · feminine · plural · nominative · (common) ▸ **1** (Is. 9,9)
  πλίνθοις ▸ 1
   Noun · feminine · plural · dative · (common) ▸ **1** (Is. 65,3)
  πλίνθον ▸ 3
   Noun · feminine · singular · accusative · (common) ▸ **3** (Ex. 5,16; Nah. 3,14; Ezek. 4,1)
  πλίνθος ▸ 2
   Noun · feminine · singular · nominative · (common) ▸ **2** (Gen. 11,3; Is. 24,23)
  πλίνθου ▸ 2
   Noun · feminine · singular · genitive · (common) ▸ **2** (Ex. 24,10; Mic. 7,11)
  πλίνθους ▸ 1
   Noun · feminine · plural · accusative · (common) ▸ **1** (Gen. 11,3)
  πλίνθῳ ▸ 1
   Noun · feminine · singular · dative · (common) ▸ **1** (Judith 5,11)

πλινθουργία (πλίνθος; ἔργον) brick making ▸ 1
  πλινθουργίαν ▸ 1
   Noun · feminine · singular · accusative · (common) ▸ **1** (Ex. 5,7)

πλοιάριον (πλέω) small boat ▸ 5
  πλοιάρια ▸ 2
   Noun · neuter · plural · accusative ▸ **1** (John 6,24)
   Noun · neuter · plural · nominative ▸ **1** (John 6,23)
  πλοιάριον ▸ 2
   Noun · neuter · singular · nominative ▸ **2** (Mark 3,9; John 6,22)
  πλοιαρίῳ ▸ 1
   Noun · neuter · singular · dative ▸ **1** (John 21,8)

πλοῖον (πλέω) boat, ship ▸ 41 + **1** + 67 = 109
  πλοῖα ▸ 18 + **6** = 24
   Noun · neuter · plural · accusative · (common) ▸ 8 + **4** = **12** (2Chr. 8,18; 2Chr. 20,36; 2Chr. 20,36; 1Mac. 8,26; 1Mac. 11,1; 1Mac. 13,29; 1Mac. 15,3; Psa. 47,8; Luke 5,2; Luke 5,7; Luke 5,11; Rev. 18,19)
   Noun · neuter · plural · nominative · (common) ▸ 10 + **2** = **12** (2Chr. 9,21; 1Mac. 8,28; 1Mac. 15,14; Psa. 103,26; Is. 23,1; Is. 23,10; Is. 23,14; Is. 60,9; Ezek. 27,9; Ezek. 27,25; Mark 4,36; James 3,4)
  πλοῖά ▸ 1
   Noun · neuter · plural · nominative · (common) ▸ **1** (2Chr. 20,37)
  πλοίοις ▸ 7 + **1** = 8
   Noun · neuter · plural · dative · (common) ▸ 7 + **1** = **8** (Deut. 28,68; Judg. 5,17; Psa. 106,23; Job 40,31; Is. 11,14; Is. 43,14; Dan. 11,40; Judg. 5,17)
  πλοῖον ▸ 7 + **33** = 40
   Noun · neuter · singular · accusative · (common) ▸ 4 + **29** = **33** (1Mac. 15,37; 3Mac. 4,7; Jonah 1,3; Is. 2,16; Matt. 4,22; Matt. 8,23; Matt. 8,24; Matt. 9,1; Matt. 13,2; Matt. 14,22; Matt. 14,32; Matt. 15,39; Mark 4,1; Mark 4,37; Mark 4,37; Mark 5,18; Mark 6,45; Mark 6,51; Mark 8,10; Luke 8,22; Luke 8,37; John 6,17; John 6,21; John 6,22; John 21,3; Acts 20,13; Acts 20,38; Acts 21,2; Acts 21,6; Acts 27,6; Acts 27,17; Acts 27,38; Acts 27,39)
   Noun · neuter · singular · nominative · (common) ▸ 3 + **4** = **7** (Sir. 33,2; Jonah 1,4; Is. 33,21; Matt. 14,24; Mark 6,47; John 6,21; Acts 21,3)
  πλοίου ▸ 2 + **12** = 14
   Noun · neuter · singular · genitive · (common) ▸ 2 + **12** = **14** (Wis. 14,1; Jonah 1,5; Matt. 14,29; Mark 5,2; Mark 6,54; Luke 5,3; John 6,19; John 21,6; Acts 27,10; Acts 27,15; Acts 27,19; Acts 27,22; Acts 27,30; Acts 27,44)
  πλοίῳ ▸ 1 + **14** = 15
   Noun · neuter · singular · dative · (common) ▸ 1 + **14** = **15** (Jonah 1,5; Matt. 4,21; Matt. 14,13; Matt. 14,33; Mark 1,19; Mark 1,20; Mark 4,36; Mark 5,21; Mark 6,32; Mark 8,14; Luke 5,7; Acts 27,2; Acts 27,31; Acts 27,37; Acts 28,11)
  πλοίων ▸ 5 + **2** = 7
   Noun · neuter · plural · genitive · (common) ▸ 5 + **2** = **7** (Gen. 49,13; 3Mac. 4,9; Is. 2,16; Is. 18,1; Ezek. 27,29; Luke 5,3; Rev. 8,9)

πλόκαμος (πλέκω) lock, braid (of hair) ▸ 1
  πλοκάμους ▸ 1
   Noun · masculine · plural · accusative · (common) ▸ **1** (3Mac. 1,4)

πλοκή (πλέκω) braided, twisted ▸ 1
  πλοκῆς ▸ 1
   Noun · feminine · singular · genitive · (common) ▸ **1** (Ex. 28,14)

πλόκιον (πλέκω) lock of hair ▸ 1
  πλόκιον ▸ 1
   Noun · neuter · singular · nominative · (common) ▸ **1** (Song 7,6)

πλόος (πλέω) voyage ▸ 3
  πλοὸς ▸ 1
   Noun · masculine · singular · genitive ▸ **1** (Acts 27,9)
  πλοῦν ▸ 2
   Noun · masculine · singular · accusative ▸ **2** (Acts 21,7; Acts 27,10)

πλοῦς (πλέω) voyage; sailing ▸ 1
  Πλοῦν ▸ 1
   Noun · masculine · singular · accusative · (common) ▸ **1** (Wis. 14,1)

πλούσιος (πλοῦτος) rich ▸ 55 + **1** + 28 = 84
  πλουσία ▸ 2
   Adjective · feminine · singular · nominative · noDegree ▸ **1** (Is. 32,13)
   Adjective · neuter · plural · nominative · noDegree ▸ **1** (Is. 33,20)
  πλούσιαι ▸ 1
   Adjective · feminine · plural · nominative · noDegree ▸ **1** (Is. 32,9)
  πλουσίας ▸ 1

Adjective · feminine · plural · accusative · noDegree ▸ **1** (1Esdr. 3,21)

πλούσιοι ▸ 6 + 4 = 10
Adjective · masculine · plural · nominative · noDegree ▸ 6 + 3 = **9** (Psa. 33,11; Psa. 44,13; Prov. 22,7; Eccl. 10,6; Sir. 44,6; Is. 5,14; Mark 12,41; James 2,6; Rev. 6,15)
Adjective · masculine · plural · vocative · (variant) ▸ **1** (James 5,1)

πλουσίοις ▸ 2
Adjective · masculine · plural · dative ▸ **2** (Luke 6,24; 1Tim. 6,17)

πλούσιον ▸ 4 + 3 = 7
Adjective · masculine · singular · accusative · noDegree ▸ 2 + 3 = **5** (Eccl. 10,20; Sir. 25,2; Matt. 19,24; Mark 10,25; Luke 18,25)
Adjective · masculine · singular · nominative · noDegree ▸ **1** (Sol. 5,14)
Adjective · neuter · singular · nominative · noDegree ▸ **1** (1Mac. 6,2)

πλούσιος ▸ 19 + 1 + 12 = 32
Adjective · masculine · singular · nominative · noDegree ▸ 19 + 1 + 12 = **32** (Gen. 13,2; Ruth 3,10; 1Sam. 2,10; 2Sam. 12,1; Psa. 48,3; Ode. 3,10; Prov. 19,22; Prov. 22,2; Prov. 28,11; Job 27,19; Sir. 10,22; Sir. 10,30; Sir. 13,3; Sir. 13,21; Sir. 13,23; Sir. 30,14; Sir. 31,3; Sir. 31,8; Jer. 9,22; Sus. 4; Matt. 19,23; Matt. 27,57; Luke 16,1; Luke 16,19; Luke 16,22; Luke 18,23; Luke 19,2; 2Cor. 8,9; Eph. 2,4; James 1,10; James 1,11; Rev. 2,9)

πλούσιός ▸ 1
Adjective · masculine · singular · nominative ▸ **1** (Rev. 3,17)

πλουσίου ▸ 8 + 2 = 10
Adjective · masculine · singular · genitive · noDegree ▸ 7 + 2 = **9** (1Esdr. 3,19; Esth. 1,20; Prov. 18,11; Prov. 28,6; Sir. 8,2; Sir. 13,22; Sir. 26,4; Luke 12,16; Luke 16,21)
Adjective · neuter · singular · genitive · noDegree ▸ **1** (Sol. 18,1)

πλουσίους ▸ 2 + 4 = 6
Adjective · masculine · plural · accusative · noDegree ▸ 2 + 4 = **6** (Is. 53,9; Jer. 24,1; Luke 14,12; Luke 21,1; James 2,5; Rev. 13,16)

πλουσίῳ ▸ 6
Adjective · masculine · singular · dative · noDegree ▸ **6** (2Sam. 12,2; 2Sam. 12,4; Prov. 22,16; Prov. 23,4; Sir. 13,18; Sir. 13,20)

πλουσίων ▸ 4
Adjective · masculine · plural · genitive · noDegree ▸ **4** (Psa. 9,29; Prov. 10,15; Prov. 14,20; Sir. 13,19)

πλουσιώτερον ▸ 1
Adjective · neuter · singular · nominative · comparative ▸ **1** (Wis. 8,5)

πλουσιωτέρῳ ▸ 1
Adjective · masculine · singular · dative · comparative ▸ **1** (Sir. 13,2)

πλουσίως (πλοῦτος) richly ▸ 4
πλουσίως ▸ 4
Adverb ▸ **4** (Col. 3,16; 1Tim. 6,17; Titus 3,6; 2Pet. 1,11)

πλουτέω (πλοῦτος) to be rich ▸ 13 + 1 + 12 = 26
ἐπλούτησαν ▸ 3 + 2 = 5
Verb · third · plural · aorist · active · indicative ▸ 3 + 2 = **5** (Judith 15,6; Prov. 31,28; Jer. 5,27; Rev. 18,3; Rev. 18,19)
ἐπλουτήσατε ▸ 1
Verb · second · plural · aorist · active · indicative ▸ **1** (1Cor. 4,8)
ἐπλούτησεν ▸ 1
Verb · third · singular · aorist · active · indicative ▸ **1** (Gen. 30,43)
πεπλούτηκα ▸ 1 + 1 = 2
Verb · first · singular · perfect · active · indicative ▸ 1 + 1 = **2** (Hos. 12,9; Rev. 3,17)
πεπλουτήκαμεν ▸ 1
Verb · first · plural · perfect · active · indicative ▸ **1** (Zech. 11,5)
πλουτεῖν ▸ 1 + 2 = 3
Verb · present · active · infinitive ▸ 1 + 2 = **3** (Prov. 28,22; 1Tim. 6,9; 1Tim. 6,18)
πλουτῆσαι ▸ 1
Verb · aorist · active · infinitive ▸ **1** (Eccl. 5,11)
πλουτήσαντες ▸ 1
Verb · aorist · active · participle · masculine · plural · nominative ▸ **1** (Rev. 18,15)
πλουτήσει ▸ 1 + 1 = 2
Verb · third · singular · future · active · indicative ▸ 1 + 1 = **2** (Dan. 11,2; Dan. 11,2)
πλουτήσῃ ▸ 1
Verb · third · singular · aorist · active · subjunctive ▸ **1** (Psa. 48,17)
πλουτήσῃς ▸ 1
Verb · second · singular · aorist · active · subjunctive ▸ **1** (Rev. 3,18)
πλουτήσητε ▸ 1
Verb · second · plural · aorist · active · subjunctive ▸ **1** (2Cor. 8,9)
πλουτοῦντας ▸ 1 + 1 = 2
Verb · present · active · participle · masculine · plural · accusative ▸ 1 + 1 = **2** (Ode. 9,53; Luke 1,53)
πλουτῶν ▸ 2 + 2 = 4
Verb · present · active · participle · masculine · singular · nominative ▸ 2 + 2 = **4** (Ex. 30,15; Sir. 11,18; Luke 12,21; Rom. 10,12)

πλουτίζω (πλοῦτος) to enrich ▸ 13 + 3 = 16
ἐπλούτισα ▸ 1
Verb · first · singular · aorist · active · indicative ▸ **1** (Gen. 14,23)
ἐπλούτισας ▸ 1
Verb · second · singular · aorist · active · indicative ▸ **1** (Ezek. 27,33)
ἐπλούτισεν ▸ 1
Verb · third · singular · aorist · active · indicative ▸ **1** (Wis. 10,11)
ἐπλουτίσθητε ▸ 1
Verb · second · plural · aorist · passive · indicative ▸ **1** (1Cor. 1,5)
πλουτιεῖν ▸ 1
Verb · present · active · infinitive ▸ **1** (2Mac. 7,24)
πλουτίζει ▸ 3
Verb · third · singular · present · active · indicative ▸ **3** (1Sam. 2,7; Ode. 3,7; Prov. 10,22)
πλουτιζόμενοι ▸ 1
Verb · present · passive · participle · masculine · plural · nominative ▸ **1** (2Cor. 9,11)
πλουτίζοντες ▸ 1 + 1 = 2
Verb · present · active · participle · masculine · plural · nominative ▸ 1 + 1 = **2** (Prov. 13,7; 2Cor. 6,10)
πλουτίζουσιν ▸ 1
Verb · third · plural · present · active · indicative ▸ **1** (Prov. 10,4)
πλουτίσαι ▸ 2
Verb · aorist · active · infinitive ▸ **2** (Psa. 64,10; Sir. 11,21)
πλουτισθῇ ▸ 1
Verb · third · singular · aorist · passive · subjunctive ▸ **1** (Job 15,29)
πλουτισθήσεται ▸ 1
Verb · third · singular · future · passive · indicative ▸ **1** (Sir. 19,1)

πλοῦτος riches ▸ 97 + 3 + 22 = 122
  πλοῦτον ▸ 32 + 1 + 3 = 36
    Noun • masculine • singular • accusative • (common) ▸ 32 + 1 + 3 = **36** (Gen. 31,16; 1Kings 3,11; 1Kings 3,13; 2Chr. 1,11; 2Chr. 1,12; Esth. 1,4; Esth. 5,11; 1Mac. 4,23; Psa. 36,16; Psa. 48,11; Prov. 21,17; Prov. 28,8; Prov. 29,3; Prov. 30,8; Prov. 31,3; Prov. 31,29; Eccl. 5,12; Eccl. 5,18; Eccl. 6,2; Job 20,18; Wis. 7,8; Wis. 7,13; Sir. 10,30; Sir. 21,4; Sir. 28,10; Mic. 6,12; Is. 30,6; Is. 32,14; Is. 60,16; Jer. 17,11; LetterJ 34; Dan. 11,2; Dan. 11,2; Rom. 9,23; Heb. 11,26; Rev. 5,12)
  πλοῦτόν ▸ 1
    Noun • masculine • singular • accusative • (common) ▸ **1** (Esth. 10,2)
  πλοῦτος ▸ 31 + 1 + 13 = 45
    Noun • masculine • singular • nominative • (common) ▸ 30 + 1 + 5 = **36** (Deut. 33,19; 1Chr. 29,12; 2Chr. 17,5; 2Chr. 18,1; 2Chr. 32,27; Psa. 61,11; Psa. 111,3; Prov. 3,16; Prov. 8,18; Prov. 13,8; Prov. 13,22; Prov. 19,4; Prov. 22,1; Prov. 22,4; Eccl. 5,13; Eccl. 9,11; Job 20,15; Wis. 5,8; Wis. 7,11; Wis. 8,18; Sir. 11,14; Sir. 13,24; Sir. 14,3; Sir. 30,16; Sol. 1,4; Is. 24,8; Is. 29,5; Is. 29,7; Is. 29,8; Is. 60,5; Tob. 12,8; Rom. 11,12; Rom. 11,12; Eph. 1,18; James 5,2; Rev. 18,17)
    Noun • neuter • singular • accusative ▸ **7** (2Cor. 8,2; Eph. 1,7; Eph. 2,7; Eph. 3,8; Eph. 3,16; Phil. 4,19; Col. 2,2)
    Noun • neuter • singular • nominative • (common) ▸ 1 + 1 = **2** (Is. 29,2; Col. 1,27)
  πλοῦτός ▸ 1
    Noun • masculine • singular • nominative • (common) ▸ **1** (Wis. 8,5)
  πλούτου ▸ 13 + 1 + 6 = 20
    Noun • masculine • singular • genitive • (common) ▸ 13 + 1 + 6 = **20** (Esth. 1,4; Psa. 48,7; Psa. 51,9; Psa. 72,12; Psa. 75,6; Prov. 11,16; Prov. 24,4; Eccl. 4,8; Job 31,25; Sir. 18,25; Sir. 24,17; Sir. 31,1; Is. 32,18; Dan. 11,2; Matt. 13,22; Mark 4,19; Luke 8,14; Rom. 2,4; Rom. 11,33; 1Tim. 6,17)
  πλούτῳ ▸ 19
    Noun • masculine • singular • dative • (common) ▸ **19** (1Sam. 2,10; 1Kings 10,23; 1Chr. 29,28; 2Chr. 9,22; 1Mac. 6,1; Psa. 36,3; Psa. 118,14; Ode. 3,10; Prov. 11,16; Prov. 11,28; Prov. 13,7; Prov. 13,23; Job 21,7; Sir. 10,31; Sir. 10,31; Is. 16,14; Is. 61,6; Jer. 9,22; Dan. 11,2)

πλύνω to wash ▸ 52 + 3 = 55
  ἔπλυναν ▸ 1 + 1 = 2
    Verb • third • plural • aorist • active • indicative ▸ 1 + 1 = **2** (Ex. 19,14; Rev. 7,14)
  ἐπλύναντο ▸ 1
    Verb • third • plural • aorist • middle • indicative ▸ **1** (Num. 8,21)
  ἔπλυνεν ▸ 3
    Verb • third • singular • aorist • active • indicative ▸ **3** (Lev. 8,21; Lev. 9,14; 2Sam. 19,25)
  ἔπλυνον ▸ 1
    Verb • third • plural • imperfect • active • indicative ▸ **1** (Luke 5,2)
  πλυθῆναι ▸ 2
    Verb • aorist • passive • infinitive ▸ **2** (Lev. 13,55; Lev. 13,56)
  πλυθήσεται ▸ 4
    Verb • third • singular • future • passive • indicative ▸ **4** (Lev. 6,20; Lev. 13,58; Lev. 13,58; Lev. 15,17)
  πλυνάμενος ▸ 2
    Verb • aorist • middle • participle • masculine • singular • nominative ▸ **2** (Lev. 13,6; Lev. 13,34)
  πλυνάτωσαν ▸ 1
    Verb • third • plural • aorist • active • imperative ▸ **1** (Ex. 19,10)
  πλυνεῖ ▸ 28
    Verb • third • singular • future • active • indicative ▸ **28** (Gen. 49,11; Lev. 11,25; Lev. 11,28; Lev. 11,40; Lev. 11,40; Lev. 13,54; Lev. 14,8; Lev. 14,9; Lev. 14,47; Lev. 14,47; Lev. 15,5; Lev. 15,6; Lev. 15,7; Lev. 15,8; Lev. 15,10; Lev. 15,11; Lev. 15,13; Lev. 15,21; Lev. 15,22; Lev. 15,27; Lev. 16,26; Lev. 16,28; Lev. 17,15; Num. 19,7; Num. 19,8; Num. 19,10; Num. 19,19; Num. 19,21)
  πλύνειν ▸ 1
    Verb • present • active • infinitive ▸ **1** (2Chr. 4,6)
  πλυνεῖς ▸ 2
    Verb • second • singular • future • active • indicative ▸ **2** (Ex. 29,17; Psa. 50,9)
  πλυνεῖσθε ▸ 1
    Verb • second • plural • future • middle • indicative ▸ **1** (Num. 31,24)
  πλύνῃ ▸ 1
    Verb • third • singular • aorist • active • subjunctive ▸ **1** (Lev. 17,16)
  πλῦνόν ▸ 1
    Verb • second • singular • aorist • active • imperative ▸ **1** (Psa. 50,4)
  πλύνοντες ▸ 1
    Verb • present • active • participle • masculine • plural • nominative ▸ **1** (Rev. 22,14)
  πλυνόντων ▸ 1
    Verb • present • active • participle • masculine • plural • genitive ▸ **1** (Mal. 3,2)
  πλυνοῦσιν ▸ 3
    Verb • third • plural • future • active • indicative ▸ **3** (Lev. 1,9; Lev. 1,13; Num. 8,7)

πλωτός (πλέω) sailing; floating; fleet ▸ 2
  πλωτήν ▸ 1
    Adjective • feminine • singular • accusative • noDegree ▸ **1** (2Mac. 5,21)
  πλωτόν ▸ 1
    Adjective • neuter • singular • nominative • noDegree ▸ **1** (Job 40,31)

πνεῦμα (πνέω) wind; breath; spirit, Spirit ▸ 350 + 31 + 379 = 760
  Πνεῦμα ▸ 3
    Noun • neuter • singular • nominative • (common) ▸ **3** (Is. 61,1; Jer. 4,11; Lam. 4,20)
  πνεῦμα ▸ 215 + 22 + 145 = 382
    Noun • neuter • singular • accusative • (common) ▸ 75 + 6 + 61 = **142** (Gen. 8,1; Gen. 41,38; Ex. 31,3; Ex. 35,31; Num. 11,29; Num. 27,18; Deut. 2,30; Judg. 9,23; 1Sam. 16,16; 1Sam. 16,23; 2Sam. 13,21; 1Kings 19,11; 1Kings 22,23; 2Kings 3,17; 2Kings 19,7; 1Chr. 5,26; 1Chr. 5,26; 1Chr. 12,19; 2Chr. 18,22; 2Chr. 36,22; 1Esdr. 2,1; 1Esdr. 2,5; Ezra 1,1; Ezra 1,5; Esth. 15,8 # 5,1e; 2Mac. 7,22; 2Mac. 7,23; 4Mac. 11,11; Psa. 50,12; Psa. 50,13; Psa. 103,29; Psa. 105,33; Psa. 118,131; Psa. 147,7; Ode. 5,18; Eccl. 3,21; Eccl. 3,21; Eccl. 8,8; Job 10,12; Job 34,14; Wis. 9,17; Wis. 13,2; Wis. 15,11; Wis. 15,16; Wis. 16,14; Sol. 8,14; Amos 4,13; Mic. 2,7; Mic. 2,11; Jonah 1,4; Hab. 1,11; Hag. 1,14; Hag. 1,14; Hag. 1,14; Zech. 12,1; Zech. 12,10; Zech. 13,2; Is. 19,14; Is. 26,18; Is. 37,7; Is. 42,5; Is. 63,10; Is. 63,11; Jer. 4,12; Jer. 28,11; Bar. 3,1; Ezek. 11,19; Ezek. 13,11; Ezek. 18,31; Ezek. 20,31; Ezek. 36,26; Ezek. 37,5; Ezek. 37,9; Dan. 3,50; Sus. 44-45; Judg. 9,23; Judg. 13,25; Judg. 14,6; Tob. 4,3; Dan. 4,8; Sus. 45; Matt. 3,16; Matt. 27,50; Mark 1,10; Mark 3,29; Mark 3,30; Mark 7,25; Mark 9,17; Luke 3,22; Luke 4,33; Luke 11,13; Luke 12,10; Luke 13,11; Luke

πνεῦμα

24,37; John 1,32; John 1,33; John 3,34; John 14,17; John 19,30; John 20,22; Acts 5,3; Acts 5,9; Acts 8,15; Acts 8,17; Acts 8,19; Acts 10,47; Acts 15,8; Acts 16,16; Acts 19,2; Acts 23,8; Rom. 1,4; Rom. 8,4; Rom. 8,5; Rom. 8,9; Rom. 8,15; Rom. 8,15; Rom. 11,8; 1Cor. 2,12; 1Cor. 2,12; 1Cor. 7,40; 1Cor. 12,8; 1Cor. 12,13; 1Cor. 15,45; 1Cor. 16,18; 2Cor. 4,13; 2Cor. 11,4; Gal. 3,2; Gal. 3,5; Gal. 4,6; Gal. 4,29; Gal. 6,8; Eph. 1,17; Eph. 4,30; 1Th. 4,8; 1Th. 5,19; 2Tim. 1,7; Heb. 10,29; 1John 4,2; 1John 4,6; 1John 4,6; Jude 19; Rev. 13,15)

Noun · neuter · singular · nominative · (common) ▸ 140 + 16 + 82 = **238** (Gen. 1,2; Gen. 6,17; Gen. 7,15; Gen. 45,27; Num. 5,14; Num. 5,14; Num. 5,30; Num. 11,25; Num. 11,26; Num. 11,31; Num. 14,24; Num. 23,7; Num. 24,2; Josh. 2,11; Judg. 3,10; Judg. 6,34; Judg. 8,3; Judg. 11,29; Judg. 13,25; Judg. 14,6; Judg. 14,19; Judg. 15,14; Judg. 15,19; 1Sam. 10,6; 1Sam. 10,10; 1Sam. 11,6; 1Sam. 16,13; 1Sam. 16,14; 1Sam. 16,14; 1Sam. 16,15; 1Sam. 16,23; 1Sam. 19,9; 1Sam. 19,20; 1Sam. 19,23; 1Sam. 30,12; 2Sam. 13,39; 2Sam. 23,2; 1Kings 17,51; 1Kings 18,12; 1Kings 19,11; 1Kings 20,4; 1Kings 22,21; 1Kings 22,22; 1Kings 22,24; 2Kings 2,15; 2Kings 2,16; 2Chr. 15,1; 2Chr. 18,20; 2Chr. 18,21; 2Chr. 18,23; 2Chr. 20,14; 2Chr. 24,20; Judith 7,19; Judith 10,13; Judith 14,6; Tob. 6,8; 1Mac. 13,7; Psa. 10,6; Psa. 50,19; Psa. 77,8; Psa. 77,39; Psa. 102,16; Psa. 106,25; Psa. 134,17; Psa. 145,4; Psa. 148,8; Ode. 14,15; Eccl. 1,6; Eccl. 1,6; Eccl. 3,19; Eccl. 10,4; Eccl. 12,7; Job 1,19; Job 4,15; Job 8,2; Job 12,10; Job 20,3; Job 27,3; Job 30,15; Job 32,18; Job 33,4; Job 41,8; Wis. 1,5; Wis. 1,6; Wis. 1,7; Wis. 2,3; Wis. 5,11; Wis. 5,23; Wis. 7,7; Wis. 7,22; Wis. 17,17; Sir. 34,13; Hos. 5,4; Hos. 12,2; Hab. 2,19; Zech. 5,9; Is. 11,2; Is. 11,2; Is. 11,2; Is. 11,2; Is. 11,3; Is. 19,3; Is. 25,4; Is. 30,28; Is. 32,15; Is. 34,16; Is. 48,16; Is. 57,16; Is. 59,21; Is. 63,14; Jer. 10,14; Jer. 28,17; Bar. 2,17; LetterJ 24; LetterJ 60; Ezek. 1,4; Ezek. 1,12; Ezek. 1,20; Ezek. 1,20; Ezek. 1,21; Ezek. 2,2; Ezek. 3,12; Ezek. 3,14; Ezek. 3,24; Ezek. 8,3; Ezek. 10,17; Ezek. 11,1; Ezek. 11,5; Ezek. 11,24; Ezek. 21,12; Ezek. 27,26; Ezek. 37,8; Ezek. 37,10; Ezek. 43,5; Dan. 2,3; Dan. 5,12; Dan. 6,4; Dan. 10,8; Dan. 10,17; Sus. 63; Judg. 3,10; Judg. 6,34; Judg. 8,3; Judg. 11,29; Judg. 14,19; Judg. 15,14; Judg. 15,19; Dan. 2,1; Dan. 3,50; Dan. 4,9; Dan. 4,18; Dan. 5,11; Dan. 5,12; Dan. 5,14; Dan. 5,20; Dan. 6,4; Matt. 10,20; Matt. 12,43; Matt. 26,41; Mark 1,12; Mark 1,26; Mark 9,20; Mark 13,11; Mark 14,38; Luke 1,35; Luke 2,25; Luke 4,18; Luke 8,55; Luke 9,39; Luke 11,24; Luke 12,12; Luke 24,39; John 3,8; John 4,24; John 7,39; John 14,26; John 15,26; John 16,13; Acts 1,16; Acts 2,4; Acts 5,32; Acts 8,18; Acts 8,29; Acts 8,39; Acts 10,19; Acts 10,44; Acts 11,15; Acts 13,2; Acts 16,7; Acts 17,16; Acts 19,2; Acts 19,6; Acts 19,15; Acts 19,16; Acts 20,23; Acts 20,28; Acts 21,11; Acts 23,9; Acts 28,25; Rom. 8,9; Rom. 8,10; Rom. 8,11; Rom. 8,16; Rom. 8,26; Rom. 8,26; 1Cor. 2,10; 1Cor. 2,11; 1Cor. 2,11; 1Cor. 3,16; 1Cor. 5,5; 1Cor. 12,4; 1Cor. 12,11; 2Cor. 3,6; 2Cor. 3,17; 2Cor. 7,13; Gal. 5,17; Eph. 4,4; 1Th. 5,23; 1Tim. 4,1; Heb. 3,7; Heb. 10,15; 1Pet. 1,11; 1Pet. 4,14; 1John 4,2; 1John 4,3; 1John 5,8; James 4,5; Rev. 2,7; Rev. 2,11; Rev. 2,17; Rev. 2,29; Rev. 3,6; Rev. 3,13; Rev. 3,22; Rev. 11,11; Rev. 14,13; Rev. 19,10; Rev. 22,17)

Noun · neuter · singular · vocative · (variant) ▸ **2** (Mark 5,8; Mark 9,25)

πνεῦμά ▸ 30 + 3 + 13 = 46

Noun · neuter · singular · accusative · (common) ▸ 15 + 1 + 3 = **19** (Gen. 6,3; Ex. 15,10; Neh. 9,20; Judith 16,14; Tob. 3,6; Psa. 30,6; Psa. 103,30; Psa. 141,4; Psa. 142,4; Ode. 1,10; Is. 42,1; Is. 44,3; Ezek. 36,27; Ezek. 37,6; Ezek. 37,14; Tob. 3,6; Matt. 12,18; Luke 23,46; Acts 7,59)

Noun · neuter · singular · nominative · (common) ▸ 15 + 2 + 10 = **27** (1Kings 20,5; Psa. 76,4; Psa. 76,7; Psa. 142,7; Psa. 142,10; Ode. 5,9; Ode. 9,47; Ode. 11,12; Job 7,7; Job 32,8; Wis. 12,1; Hag. 2,5; Is. 26,9; Is. 38,12; Dan. 5,23; Dan. 2,3; Dan. 7,15; Luke 1,47; John 3,6; John 6,63; John 6,63; Acts 11,12; 1Cor. 6,17; 1Cor. 14,14; 2Cor. 3,17; 1John 5,6; 1John 5,6)

πνεύμασιν ▸ 5

Noun · neuter · plural · dative ▸ **5** (Mark 1,27; Luke 4,36; 1Tim. 4,1; Heb. 12,23; 1Pet. 3,19)

πνεύματα ▸ 7 + 2 + 18 = 27

Noun · neuter · plural · accusative · (common) ▸ 1 + 10 = **11** (Psa. 75,13; Matt. 8,16; Matt. 12,45; Luke 11,26; Acts 8,7; Acts 19,12; Acts 19,13; Heb. 1,7; 1John 4,1; Rev. 3,1; Rev. 16,13)

Noun · neuter · plural · nominative · (common) ▸ 6 + 2 + 8 = **16** (Psa. 103,4; Ode. 8,65; Ode. 8,86; Sir. 39,28; Dan. 3,65; Dan. 3,86; Dan. 3,65; Dan. 3,86; Mark 3,11; Mark 5,13; Luke 10,20; 1Cor. 14,32; Heb. 1,14; Rev. 4,5; Rev. 5,6; Rev. 16,14)

πνεύματι ▸ 37 + 1 + 88 = 126

Noun · neuter · singular · dative · (common) ▸ 37 + 1 + 88 = **126** (1Kings 18,45; 1Kings 19,11; 1Chr. 28,12; 4Mac. 7,14; Psa. 32,6; Psa. 33,19; Psa. 47,8; Psa. 50,14; Ode. 7,39; Eccl. 7,8; Eccl. 8,8; Job 17,1; Wis. 11,20; Sir. 39,6; Sir. 48,24; Sol. 17,37; Hos. 4,12; Mic. 3,8; Jonah 4,8; Zech. 7,12; Mal. 2,15; Mal. 2,16; Is. 4,4; Is. 4,4; Is. 11,4; Is. 11,15; Is. 27,8; Is. 27,8; Is. 28,6; Is. 29,10; Is. 29,24; Jer. 30,27; Ezek. 5,2; Ezek. 11,24; Ezek. 37,1; Ezek. 37,9; Dan. 3,39; Dan. 3,39; Matt. 3,11; Matt. 5,3; Matt. 12,28; Matt. 22,43; Mark 1,8; Mark 1,23; Mark 2,8; Mark 5,2; Mark 8,12; Mark 9,25; Mark 12,36; Luke 1,17; Luke 1,80; Luke 2,27; Luke 3,16; Luke 4,1; Luke 8,29; Luke 9,42; Luke 10,21; John 1,33; John 4,23; John 4,24; John 11,33; John 13,21; Acts 1,5; Acts 6,10; Acts 7,51; Acts 10,38; Acts 11,16; Acts 15,28; Acts 16,18; Acts 18,25; Acts 19,21; Acts 20,22; Rom. 2,29; Rom. 8,9; Rom. 8,13; Rom. 8,14; Rom. 8,16; Rom. 9,1; Rom. 12,11; Rom. 14,17; Rom. 15,16; 1Cor. 5,3; 1Cor. 6,11; 1Cor. 7,34; 1Cor. 12,3; 1Cor. 12,3; 1Cor. 12,9; 1Cor. 12,9; 1Cor. 12,13; 1Cor. 14,2; 1Cor. 14,15; 1Cor. 14,15; 1Cor. 14,16; 2Cor. 3,3; 2Cor. 6,6; 2Cor. 12,18; Gal. 3,3; Gal. 5,5; Gal. 5,16; Gal. 5,18; Gal. 5,25; Gal. 5,25; Gal. 6,1; Eph. 1,13; Eph. 2,18; Eph. 2,22; Eph. 3,5; Eph. 4,23; Eph. 5,18; Eph. 6,18; Phil. 1,27; Phil. 3,3; Col. 1,8; Col. 2,5; 1Th. 1,5; 2Th. 2,8; 1Tim. 3,16; 1Pet. 1,12; 1Pet. 3,18; 1Pet. 4,6; 1John 4,1; Jude 20; Rev. 1,10; Rev. 4,2; Rev. 17,3; Rev. 21,10)

πνεύματί ▸ 6 + 3 = 9

Noun · neuter · singular · dative · (common) ▸ 6 + 3 = **9** (2Kings 2,9; Neh. 9,30; Eccl. 7,9; Sir. 9,9; Zech. 1,6; Zech. 4,6; Rom. 1,9; 1Cor. 4,21; 2Cor. 2,13)

πνεύματος ▸ 40 + 3 + 90 = 133

Noun · neuter · singular · genitive · (common) ▸ 40 + 3 + 90 = **133** (Ex. 15,8; Ex. 28,3; Num. 11,17; Num. 11,25; Deut. 34,9; 2Sam. 22,16; Esth. 16,12 # 8,12m; 2Mac. 14,46; 3Mac. 6,24; Psa. 17,16; Ode. 1,8; Prov. 15,4; Eccl. 1,14; Eccl. 1,17; Eccl. 2,11; Eccl. 2,17; Eccl. 2,26; Eccl. 4,4; Eccl. 4,6; Eccl. 4,16; Eccl. 6,9; Eccl. 11,5; Job 4,9; Job 13,25; Job 15,2; Job 16,3; Wis. 5,3; Wis. 11,20; Sir. 38,23; Sir. 43,17; Sir. 48,12; Sol. 18,7; Hos. 4,19; Mal. 2,15; Is. 7,2; Is. 33,11; Is. 61,3; Is. 65,14; Ezek. 11,5; Dan. 5,4; Tob. 6,8; Dan. 2,35; Bel 36; Matt. 1,18; Matt. 4,1; Matt. 12,31; Matt. 12,32; Matt. 28,19; Luke 1,15; Luke 1,41; Luke 1,67; Luke 2,26; Luke 4,1; Luke 4,14; John 3,5; John 3,6; John 3,8; John 7,39; Acts 1,2; Acts 1,8; Acts 2,4; Acts 2,33; Acts 2,38; Acts 4,8; Acts 4,25; Acts 4,31; Acts 6,3; Acts 6,5; Acts 7,55; Acts 9,17; Acts 9,31; Acts 10,45; Acts 11,24; Acts 11,28; Acts 13,4; Acts 13,9; Acts 13,52; Acts 16,6; Acts 21,4; Rom. 5,5; Rom. 7,6; Rom. 8,2; Rom. 8,5; Rom. 8,6; Rom. 8,11; Rom. 8,23; Rom. 8,27; Rom. 15,13; Rom. 15,19; Rom. 15,30; 1Cor. 2,4; 1Cor. 2,10; 1Cor. 2,13; 1Cor. 2,14;

Π, π

1Cor. 5,4; 1Cor. 12,7; 1Cor. 12,8; 2Cor. 1,22; 2Cor. 3,6; 2Cor. 3,8; 2Cor. 3,18; 2Cor. 5,5; 2Cor. 7,1; 2Cor. 13,13; Gal. 3,14; Gal. 5,17; Gal. 6,8; Gal. 6,18; Eph. 2,2; Eph. 3,16; Eph. 4,3; Eph. 6,17; Phil. 1,19; Phil. 2,1; Phil. 4,23; 1Th. 1,6; 2Th. 2,2; 2Th. 2,13; 2Tim. 1,14; Titus 3,5; Philem. 25; Heb. 2,4; Heb. 4,12; Heb. 6,4; Heb. 9,8; Heb. 9,14; James 2,26; 1Pet. 1,2; 1Pet. 3,4; 2Pet. 1,21; 1John 3,24; 1John 4,13; Rev. 18,2)

πνεύματός ▸ 6 + 6 = 12
  Noun · neuter · singular · genitive · (common) ▸ 6 + 6 = **12** (Psa. 138,7; Job 7,15; Joel 3,1; Joel 3,2; Is. 30,1; Ezek. 3,14; Matt. 1,20; Acts 2,17; Acts 2,18; 1Cor. 6,19; Gal. 5,22; 2Tim. 4,22)

πνευμάτων ▸ 6 + 11 = 17
  Noun · neuter · plural · genitive · (common) ▸ 6 + 11 = **17** (Num. 16,22; Num. 27,16; 2Mac. 3,24; Wis. 7,20; Wis. 7,23; Ezek. 37,9; Matt. 10,1; Mark 6,7; Luke 6,18; Luke 7,21; Luke 8,2; Acts 5,16; 1Cor. 12,10; 1Cor. 14,12; Heb. 12,9; Rev. 1,4; Rev. 22,6)

πνευματικός (πνέω) spiritual ▸ 26
  πνευματικά ▸ 1
    Adjective · neuter · plural · accusative ▸ **1** (1Cor. 14,1)
  πνευματικὰ ▸ 3
    Adjective · neuter · plural · accusative ▸ **3** (1Cor. 2,13; 1Cor. 9,11; Eph. 6,12)
  πνευματικαῖς ▸ 2
    Adjective · feminine · plural · dative ▸ **2** (Eph. 5,19; Col. 3,16)
  πνευματικὰς ▸ 1
    Adjective · feminine · plural · accusative ▸ **1** (1Pet. 2,5)
  πνευματικῇ ▸ 2
    Adjective · feminine · singular · dative ▸ **2** (Eph. 1,3; Col. 1,9)
  πνευματικῆς ▸ 1
    Adjective · feminine · singular · genitive ▸ **1** (1Cor. 10,4)
  πνευματικοί ▸ 1
    Adjective · masculine · plural · nominative ▸ **1** (Gal. 6,1)
  πνευματικοῖς ▸ 3
    Adjective · masculine · plural · dative · (variant) ▸ **2** (1Cor. 2,13; 1Cor. 3,1)
    Adjective · neuter · plural · dative ▸ **1** (Rom. 15,27)
  πνευματικόν ▸ 3
    Adjective · neuter · singular · nominative ▸ **3** (1Cor. 15,44; 1Cor. 15,44; 1Cor. 15,46)
  πνευματικὸν ▸ 4
    Adjective · neuter · singular · accusative ▸ **3** (Rom. 1,11; 1Cor. 10,3; 1Cor. 10,4)
    Adjective · neuter · singular · nominative ▸ **1** (1Cor. 15,46)
  πνευματικός ▸ 2
    Adjective · masculine · singular · nominative ▸ **2** (Rom. 7,14; 1Cor. 14,37)
  πνευματικὸς ▸ 2
    Adjective · masculine · singular · nominative ▸ **2** (1Cor. 2,15; 1Pet. 2,5)
  πνευματικῶν ▸ 1
    Adjective · neuter · plural · genitive ▸ **1** (1Cor. 12,1)

πνευματικῶς (πνέω) spiritually ▸ 2
  πνευματικῶς ▸ 2
    Adverb ▸ **2** (1Cor. 2,14; Rev. 11,8)

πνευματοφορέομαι (πνέω; φέρω) to be blown around, borne by wind ▸ 1
  ἐπνευματοφορεῖτο ▸ 1
    Verb · third · singular · imperfect · passive · indicative ▸ **1** (Jer. 2,24)

πνευματοφόρος (πνέω; φέρω) spirit-bearing; spirit-moved, inspired ▸ 2
  πνευματοφόροι ▸ 1
    Noun · masculine · plural · nominative · (common) ▸ **1** (Zeph. 3,4)
  πνευματοφόρος ▸ 1
    Noun · masculine · singular · nominative · (common) ▸ **1** (Hos. 9,7)

πνεύμων (πνέω) lungs ▸ 2
  πνεύμονος ▸ 2
    Noun · masculine · singular · genitive · (common) ▸ **2** (1Kings 22,34; 2Chr. 18,33)

πνέω to blow ▸ 6 + 7 = 13
  ἔπνευσαν ▸ 2
    Verb · third · plural · aorist · active · indicative ▸ **2** (Matt. 7,25; Matt. 7,27)
  ἔπνευσεν ▸ 1
    Verb · third · singular · aorist · active · indicative ▸ **1** (Is. 40,24)
  πνέῃ ▸ 1
    Verb · third · singular · present · active · subjunctive ▸ **1** (Rev. 7,1)
  πνεῖ ▸ 1 + 1 = 2
    Verb · third · singular · present · active · indicative ▸ 1 + 1 = **2** (LetterJ 60; John 3,8)
  πνέοντα ▸ 1
    Verb · present · active · participle · masculine · singular · accusative ▸ **1** (Luke 12,55)
  πνέοντος ▸ 1
    Verb · present · active · participle · masculine · singular · genitive ▸ **1** (John 6,18)
  πνεύσει ▸ 2
    Verb · third · singular · future · active · indicative ▸ **2** (Psa. 147,7; Sir. 43,20)
  πνεύσεται ▸ 1
    Verb · third · singular · future · middle · indicative ▸ **1** (Sir. 43,16)
  πνεούσῃ ▸ 1
    Verb · present · active · participle · feminine · singular · dative ▸ **1** (Acts 27,40)
  πνέων ▸ 1
    Verb · present · active · participle · masculine · singular · nominative ▸ **1** (2Mac. 9,7)

πνιγμός choking ▸ 1
  πνιγμοῦ ▸ 1
    Noun · masculine · singular · genitive · (common) ▸ **1** (Sir. 51,4)

πνίγω to choke, suffocate, drown ▸ 2 + 3 = 5
  ἔπνιγεν ▸ 1 + 1 = 2
    Verb · third · singular · imperfect · active · indicative ▸ 1 + 1 = **2** (1Sam. 16,14; Matt. 18,28)
  ἐπνίγοντο ▸ 1
    Verb · third · plural · imperfect · middle · indicative · (variant) ▸ **1** (Mark 5,13)
  ἔπνιξαν ▸ 1
    Verb · third · plural · aorist · active · indicative ▸ **1** (Matt. 13,7)
  πνίγει ▸ 1
    Verb · third · singular · present · active · indicative ▸ **1** (1Sam. 16,15)

πνικτός (πνίγω) choked ▸ 3
  πνικτὸν ▸ 1
    Adjective · neuter · singular · accusative · (verbal) ▸ **1** (Acts 21,25)
  πνικτοῦ ▸ 1
    Adjective · neuter · singular · genitive · (verbal) ▸ **1** (Acts 15,20)
  πνικτῶν ▸ 1
    Adjective · neuter · plural · genitive · (verbal) ▸ **1** (Acts 15,29)

πνοή (πνέω) wind ▸ 24 + 2 + 2 = 28
  πνοή ▸ 1 + 1 = 2
    Noun ▪ feminine ▪ singular ▪ nominative ▪ (common) ▸ 1 + 1 = 2 (Neh. 6,1; Dan. 5,23)
  πνοή ▸ 7 + 1 = 8
    Noun ▪ feminine ▪ singular ▪ nominative ▪ (common) ▸ 7 + 1 = 8 (Psa. 150,6; Prov. 20,27; Job 26,4; Job 32,8; Job 33,4; Wis. 2,2; Sir. 33,21; Dan. 10,17)
  πνοῇ ▸ 3
    Noun ▪ feminine ▪ singular ▪ dative ▪ (common) ▸ 3 (2Mac. 3,31; 2Mac. 7,9; Prov. 11,13)
  πνοήν ▸ 2
    Noun ▪ feminine ▪ singular ▪ accusative ▪ (common) ▸ 2 (Ode. 11,16; Is. 38,16)
  πνοήν ▸ 7 + 1 = 8
    Noun ▪ feminine ▪ singular ▪ accusative ▪ (common) ▸ 7 + 1 = 8 (Gen. 2,7; Gen. 7,22; 1Kings 15,29; Prov. 24,12; Is. 42,5; Is. 57,16; Ezek. 13,13; Acts 17,25)
  πνοῆς ▸ 4 + 1 = 5
    Noun ▪ feminine ▪ singular ▪ genitive ▪ (common) ▸ 4 + 1 = 5 (2Sam. 22,16; Prov. 1,23; Job 27,3; Job 37,10; Acts 2,2)

πόα grass; lye ▸ 3
  πόα ▸ 1
    Noun ▪ neuter ▪ singular ▪ nominative ▪ (common) ▸ 1 (Mal. 3,2)
  πόαν ▸ 2
    Noun ▪ feminine ▪ singular ▪ accusative ▪ (common) ▸ 2 (Prov. 27,25; Jer. 2,22)

ποδάγρα (πούς; ἄγω) trap for feet; gout in the feet ▸ 1
  ποδάγραις ▸ 1
    Noun ▪ feminine ▪ plural ▪ dative ▪ (common) ▸ 1 (4Mac. 11,10)

ποδήρης (πούς) foot-length; foot-length robe ▸ 12 + 1 = 13
  ποδήρη ▸ 11 + 1 = 12
    Adjective ▪ masculine ▪ singular ▪ accusative ▪ noDegree ▸ 11 + 1 = 12 (Ex. 25,7; Ex. 28,4; Ex. 28,31; Ex. 29,5; Ex. 35,9; Sir. 27,8; Sir. 45,8; Zech. 3,4; Ezek. 9,2; Ezek. 9,3; Ezek. 9,11; Rev. 1,13)
  ποδήρους ▸ 1
    Adjective ▪ neuter ▪ singular ▪ genitive ▪ noDegree ▸ 1 (Wis. 18,24)

ποδιστήρ (πούς) footbath ▸ 1
  ποδιστῆρας ▸ 1
    Noun ▪ masculine ▪ plural ▪ accusative ▪ (common) ▸ 1 (2Chr. 4,16)

ποθεινός (πόθος) desireable ▸ 3
  ποθεινή ▸ 1
    Adjective ▪ feminine ▪ singular ▪ nominative ▪ noDegree ▸ 1 (Prov. 6,8b)
  ποθεινοτέρα ▸ 1
    Adjective ▪ feminine ▪ singular ▪ vocative ▪ comparative ▸ 1 (4Mac. 15,1)
  ποθεινοτέραν ▸ 1
    Adjective ▪ feminine ▪ singular ▪ accusative ▪ comparative ▸ 1 (4Mac. 13,26)

πόθεν (πω; ὅς; θεν) from where? ▸ 42 + 6 + 29 = 77
  Πόθεν ▸ 14 + 4 + 1 = 19
    Adverb ▸ 14 + 4 = 18 (Gen. 42,7; Josh. 9,8; Judg. 17,9; 2Sam. 1,3; 2Sam. 1,13; 2Kings 5,25; Tob. 2,13; Tob. 7,3; Psa. 120,1; Job 1,7; Job 2,2; Is. 41,28; Jer. 43,17; LetterJ 29; Judg. 17,9; Tob. 2,13; Tob. 5,5; Tob. 7,3)
    Particle ▪ (interrogative) ▸ 1 (James 4,1)
  πόθεν ▸ 28 + 2 + 28 = 58
    Adverb ▸ 28 + 2 + 2 = 32 (Gen. 16,8; Gen. 29,4; Num. 11,13; Josh. 9,8; Judg. 13,6; Judg. 19,17; 1Sam. 25,11; 1Sam. 30,13; 2Kings 6,27; 2Kings 20,14; Judith 10,12; Judith 12,3; 4Mac. 1,33; 4Mac. 8,26; 4Mac. 13,12; Prov. 22,27; Job 28,12; Job 28,20; Job 38,24; Sir. 27,27; Sir. 37,3; Jonah 1,8; Nah. 3,7; Is. 39,3; Is. 41,24; Is. 41,24; Jer. 15,18; Jer. 31,9; Judg. 13,6; Judg. 19,17; Rev. 2,5; Rev. 7,13)
    Particle ▪ (interrogative) ▸ 26 (Matt. 13,27; Matt. 13,54; Matt. 13,56; Matt. 15,33; Matt. 21,25; Mark 6,2; Mark 8,4; Mark 12,37; Luke 1,43; Luke 13,25; Luke 13,27; Luke 20,7; John 1,48; John 2,9; John 3,8; John 4,11; John 6,5; John 7,27; John 7,27; John 7,28; John 8,14; John 8,14; John 9,29; John 9,30; John 19,9; James 4,1)

ποθέω (πόθος) to desire ▸ 7
  ποθεῖ ▸ 2
    Verb ▪ third ▪ singular ▪ present ▪ active ▪ indicative ▸ 2 (Wis. 8,8; Wis. 15,5)
  ποθήσατε ▸ 1
    Verb ▪ second ▪ plural ▪ aorist ▪ active ▪ imperative ▸ 1 (Wis. 6,11)
  ποθουμένην ▸ 1
    Verb ▪ present ▪ passive ▪ participle ▪ feminine ▪ singular ▪ accusative ▸ 1 (Esth. 13,2 # 3,13b)
  ποθοῦντες ▸ 1
    Verb ▪ present ▪ active ▪ participle ▪ masculine ▪ plural ▪ nominative ▸ 1 (Wis. 15,6)
  ποθοῦσα ▸ 1
    Verb ▪ present ▪ active ▪ participle ▪ feminine ▪ singular ▪ nominative ▸ 1 (Prov. 7,15)
  ποθοῦσιν ▸ 1
    Verb ▪ third ▪ plural ▪ present ▪ active ▪ indicative ▸ 1 (Wis. 4,2)

ποιέω to do, make; to work ▸ 3204 + 183 + 568 = 3955
  ἐποίει ▸ 20 + 3 + 13 = 36
    Verb ▪ third ▪ singular ▪ imperfect ▪ active ▪ indicative ▸ 20 + 3 + 13 = 36 (Gen. 39,23; Gen. 40,20; Ex. 1,20; Ex. 18,14; Josh. 6,14; Judg. 17,6; Judg. 21,25; 1Sam. 1,7; 1Sam. 1,25; 2Kings 18,7; Neh. 4,11; Tob. 14,2; Prov. 8,28; Prov. 8,29; Job 1,5; Jer. 18,3; Jer. 18,4; Dan. 6,11; Dan. 7,8; Dan. 8,4; Judg. 17,6; Judg. 21,25; Dan. 7,21; Mark 3,8; Mark 15,8; Luke 9,43; Luke 14,16; John 2,23; John 5,16; John 6,2; Acts 6,8; Acts 8,6; Acts 9,36; Acts 9,39; Acts 16,18; Acts 19,11)
  ἐποίεις ▸ 4 + 1 = 5
    Verb ▪ second ▪ singular ▪ imperfect ▪ active ▪ indicative ▸ 4 + 1 = 5 (Wis. 9,9; Ezek. 22,4; Ezek. 23,21; Sus. 52; Sus. 52)
  ἐποιεῖτε ▸ 3 + 1 + 1 = 5
    Verb ▪ second ▪ plural ▪ imperfect ▪ active ▪ indicative ▸ 3 + 1 + 1 = 5 (Prov. 1,25; Mal. 2,13; Sus. 57; Sus. 57; John 8,39)
  ἐποιεῖτο ▸ 6
    Verb ▪ third ▪ singular ▪ imperfect ▪ middle ▪ indicative ▸ 6 (2Mac. 3,8; 2Mac. 5,6; 2Mac. 7,24; 2Mac. 12,23; 3Mac. 1,26; Job 29,4)
  ἐποιήθη ▸ 1
    Verb ▪ third ▪ singular ▪ aorist ▪ passive ▪ indicative ▸ 1 (Bar. 2,2)
  ἐποίησα ▸ 73 + 8 + 10 = 91
    Verb ▪ first ▪ singular ▪ aorist ▪ active ▪ indicative ▸ 73 + 8 + 10 = 91 (Gen. 6,7; Gen. 6,7; Gen. 7,4; Gen. 8,21; Gen. 9,6; Gen. 20,5; Gen. 21,23; Gen. 27,19; Gen. 27,37; Gen. 40,15; Ex. 10,2; Num. 14,11; Num. 14,22; Deut. 10,3; Deut. 10,5; Deut. 26,14; Josh. 7,20; Judg. 1,7; Judg. 8,2; Judg. 15,11; Judg. 18,24; Ruth 2,19; 2Sam. 3,8; 2Sam. 24,10; 2Kings 20,3; 1Chr. 21,8; 2Chr. 32,13; Neh. 5,15; Neh. 5,19; Neh. 13,14; Esth. 13,12 # 4,17d; Esth. 13,14 # 4,17e; Tob. 1,3; 1Mac. 6,12; Psa. 7,4; Psa. 50,6; Ode. 10,4; Ode. 12,10; Zech. 7,3; Is. 5,4; Is. 10,11; Is. 33,13; Is. 37,26; Is. 38,3; Is. 43,7; Is. 43,22; Is. 44,7; Is. 45,12; Is. 46,4; Is. 46,11; Is. 48,3; Is. 48,5; Is. 48,6; Is. 48,14; Is. 57,16; Is. 66,9; Jer. 7,12;

ποιέω

Jer. 7,14; Jer. 8,6; Jer. 34,5; Jer. 49,10; Ezek. 12,7; Ezek. 14,23; Ezek. 20,9; Ezek. 20,14; Ezek. 20,17; Ezek. 20,22; Ezek. 24,18; Ezek. 29,3; Ezek. 29,9; Ezek. 39,21; Ezek. 39,24; Sus. 35a; Judg. 1,7; Judg. 8,2; Judg. 15,11; Judg. 18,24; Tob. 1,3; Tob. 1,16; Dan. 3,15; Dan. 6,23; John 4,29; John 4,39; John 7,21; John 7,23; John 13,15; John 15,24; Acts 26,10; 2Cor. 11,7; 1Tim. 1,13; Heb. 8,9)

Ἐποίησα ▸ 1

Verb ▪ first ▪ singular ▪ aorist ▪ active ▪ indicative ▸ 1 (Psa. 118,121)

ἐποίησά ▸ 13

Verb ▪ first ▪ singular ▪ aorist ▪ active ▪ indicative ▸ 13 (Gen. 27,37; Num. 22,28; Num. 22,30; 2Sam. 7,9; 2Sam. 14,21; 1Chr. 17,8; Eccl. 2,5; Eccl. 2,6; Eccl. 2,8; Mic. 6,3; Is. 41,15; Is. 43,3; Is. 43,23)

ἐποιήσαμεν ▸ 17 + 2 + 2 = 21

Verb ▪ first ▪ plural ▪ aorist ▪ active ▪ indicative ▸ 17 + 2 + 2 = **21** (Ex. 14,5; Deut. 3,6; Josh. 9,24; Josh. 22,24; Esth. 6,3; Tob. 3,5; 1Mac. 10,23; 1Mac. 13,3; 3Mac. 3,20; Ode. 5,18; Ode. 7,30; Is. 26,18; Jer. 33,19; Jer. 42,10; Jer. 51,17; Jer. 51,19; Dan. 3,30; Tob. 3,5; Dan. 3,30; Matt. 7,22; Titus 3,5)

Ἐποιήσαμεν ▸ 1

Verb ▪ first ▪ plural ▪ aorist ▪ active ▪ indicative ▸ 1 (Is. 28,15)

ἐποιησάμην ▸ 1

Verb ▪ first ▪ singular ▪ aorist ▪ middle ▪ indicative ▸ 1 (Acts 1,1)

ἐποίησαν ▸ 274 + 14 + 15 = 303

Verb ▪ third ▪ plural ▪ aorist ▪ active ▪ indicative ▸ 274 + 14 + 15 = **303** (Gen. 3,7; Gen. 14,2; Gen. 31,46; Gen. 42,20; Gen. 45,21; Gen. 50,12; Ex. 1,17; Ex. 1,21; Ex. 7,6; Ex. 7,10; Ex. 7,11; Ex. 7,20; Ex. 7,22; Ex. 8,3; Ex. 8,14; Ex. 11,10; Ex. 12,28; Ex. 12,28; Ex. 12,35; Ex. 12,39; Ex. 12,50; Ex. 12,50; Ex. 14,4; Ex. 16,17; Ex. 32,8; Ex. 32,20; Ex. 32,28; Ex. 32,31; Ex. 36,9; Ex. 36,11; Ex. 36,12; Ex. 36,13; Ex. 36,15; Ex. 36,16; Ex. 36,22; Ex. 36,23; Ex. 36,26; Ex. 36,27; Ex. 36,29; Ex. 36,31; Ex. 36,32; Ex. 36,34; Ex. 36,37; Ex. 37,1; Ex. 37,3; Ex. 37,5; Ex. 37,7; Ex. 39,5; Ex. 39,10; Ex. 39,10; Ex. 39,11; Ex. 39,12; Ex. 39,22; Ex. 39,23; Lev. 10,7; Lev. 18,27; Lev. 20,13; Lev. 20,23; Lev. 24,23; Num. 1,54; Num. 1,54; Num. 2,34; Num. 5,4; Num. 5,4; Num. 8,20; Num. 8,22; Num. 9,5; Num. 17,26; Num. 32,8; Num. 36,10; Deut. 2,22; Deut. 9,12; Deut. 12,31; Deut. 20,18; Deut. 31,18; Deut. 34,9; Josh. 4,8; Josh. 5,10; Josh. 9,4; Josh. 9,26; Josh. 10,1; Josh. 10,1; Josh. 10,28; Josh. 10,28; Josh. 10,30; Josh. 10,30; Josh. 10,32; Josh. 10,35; Josh. 10,37; Josh. 10,39; Josh. 10,39; Josh. 14,5; Josh. 17,13; Josh. 22,28; Judg. 2,11; Judg. 2,17; Judg. 3,7; Judg. 6,1; Judg. 6,2; Judg. 8,35; Judg. 9,27; Judg. 15,11; Judg. 20,6; Judg. 20,10; Judg. 21,23; Ruth 4,11; 1Sam. 5,9; 1Sam. 6,10; 1Sam. 31,11; 2Sam. 13,29; 2Sam. 21,14; 2Sam. 23,17; 2Sam. 24,17; 1Kings 14,22; 1Kings 14,24; 1Kings 15,12; 1Kings 18,26; 1Kings 18,26; 1Kings 18,34; 1Kings 20,11; 2Kings 11,9; 2Kings 15,9; 2Kings 17,8; 2Kings 17,11; 2Kings 17,16; 2Kings 17,16; 2Kings 17,19; 2Kings 17,29; 2Kings 17,30; 2Kings 17,30; 2Kings 17,30; 2Kings 17,31; 2Kings 17,32; 2Kings 17,32; 2Kings 17,32; 2Kings 17,41; 2Kings 18,12; 2Kings 19,11; 2Kings 21,15; 2Kings 23,12; 2Kings 23,19; 2Kings 23,32; 2Kings 23,37; 1Chr. 5,10; 1Chr. 10,11; 1Chr. 11,19; 1Chr. 21,17; 2Chr. 4,4; 2Chr. 16,14; 2Chr. 23,8; 2Chr. 24,7; 2Chr. 24,14; 2Chr. 29,6; 2Chr. 30,21; 2Chr. 30,23; 2Chr. 34,32; 2Chr. 35,17; 2Chr. 35,18; 2Chr. 36,2b; 2Chr. 36,5; 1Esdr. 7,6; 1Esdr. 9,15; Ezra 3,4; Ezra 6,13; Ezra 6,16; Ezra 6,19; Ezra 6,22; Ezra 10,16; Ezra 10,37; Neh. 8,16; Neh. 8,17; Neh. 8,17; Neh. 8,18; Neh. 9,18; Neh. 9,18; Neh. 9,26; Neh. 9,34; Neh. 13,18; Neh. 13,20; Esth. 9,29; Judith 4,8; Judith 9,2; Judith 10,10; Judith 11,2; Judith 11,14; Judith 11,17; Judith 15,12; 1Mac. 1,15; 1Mac. 1,52; 1Mac. 2,18; 1Mac. 2,40; 1Mac. 2,51; 1Mac. 4,49; 1Mac. 4,51; 1Mac. 4,53; 1Mac. 4,56; 1Mac. 4,60; 1Mac. 5,56; 1Mac. 6,31; 1Mac. 6,52; 1Mac. 6,59; 1Mac. 7,22; 1Mac. 8,3; 1Mac. 8,15; 1Mac. 10,11; 1Mac. 10,62; 1Mac. 11,4; 1Mac. 11,26; 1Mac. 11,51; 1Mac. 14,36; 2Mac. 4,42; 2Mac. 8,24; 2Mac. 10,3; 3Mac. 1,23; 3Mac. 7,18; Psa. 9,16; Psa. 105,19; Psa. 106,37; Psa. 151,2; Prov. 31,29; Eccl. 2,11; Eccl. 8,10; Job 1,17; Job 42,9; Wis. 14,17; Sir. 48,16; Sir. 50,16; Sol. 2,8; Sol. 2,9; Sol. 2,24; Sol. 8,13; Hos. 6,9; Hos. 8,4; Hos. 13,2; Amos 2,4; Is. 2,8; Is. 2,20; Is. 17,8; Is. 31,7; Is. 37,11; Is. 46,6; Is. 48,5; Is. 66,4; Jer. 4,18; Jer. 6,13; Jer. 7,30; Jer. 10,11; Jer. 11,8; Jer. 11,17; Jer. 12,2; Jer. 28,24; Jer. 31,33; Jer. 36,23; Jer. 37,16; Jer. 38,35; Jer. 39,23; Jer. 39,32; Jer. 41,18; Jer. 41,18; Jer. 44,15; Jer. 51,3; Jer. 51,9; Lam. 1,22; Ezek. 7,20; Ezek. 16,50; Ezek. 20,24; Ezek. 23,10; Ezek. 25,15; Ezek. 27,6; Ezek. 27,6; Ezek. 33,29; Ezek. 43,11; Dan. 11,24; Sus. 60-62; Judg. 2,11; Judg. 2,17; Judg. 3,7; Judg. 6,1; Judg. 6,2; Judg. 8,35; Judg. 9,27; Judg. 20,6; Judg. 20,32; Judg. 21,11; Judg. 21,23; Dan. 11,24; Sus. 18; Sus. 61; Matt. 17,12; Matt. 20,12; Matt. 21,36; Matt. 26,19; Matt. 28,15; Mark 6,30; Mark 9,13; Luke 9,10; Luke 9,15; John 12,2; John 12,16; John 19,23; John 19,24; Acts 8,2; Acts 11,30)

Ἐποίησαν ▸ 1

Verb ▪ third ▪ plural ▪ aorist ▪ active ▪ indicative ▸ 1 (Sol. 8,22)

ἐποίησάν ▸ 5 + 1 = 6

Verb ▪ third ▪ plural ▪ aorist ▪ active ▪ indicative ▸ 5 + 1 = **6** (Deut. 2,29; 1Sam. 8,8; Psa. 118,73; Job 10,8; Ezek. 23,38; Judg. 15,11)

ἐποιήσαντο ▸ 9

Verb ▪ third ▪ plural ▪ aorist ▪ middle ▪ indicative ▸ **9** (2Mac. 1,23; 2Mac. 4,44; 2Mac. 10,3; 2Mac. 12,16; 2Mac. 14,22; 3Mac. 6,40; Prov. 30,26; Jonah 1,5; Is. 22,13)

ἐποίησας ▸ 121 + 11 + 6 = 138

Verb ▪ second ▪ singular ▪ aorist ▪ active ▪ indicative ▸ 121 + 11 + 6 = **138** (Gen. 3,13; Gen. 3,14; Gen. 4,10; Gen. 20,6; Gen. 20,9; Gen. 20,10; Gen. 22,16; Gen. 24,14; Gen. 26,10; Gen. 31,26; Gen. 32,11; Ex. 14,11; Num. 21,34; Deut. 3,2; Deut. 3,24; Josh. 7,19; Josh. 8,2; Judg. 8,1; Judg. 15,11; Ruth 2,19; 1Sam. 15,6; 1Sam. 15,19; 1Sam. 28,18; 2Sam. 3,24; 2Sam. 7,21; 2Sam. 12,12; 2Sam. 12,21; 2Sam. 13,16; 2Sam. 16,10; 1Kings 1,6; 1Kings 2,44; 1Kings 3,6; 1Kings 8,18; 2Kings 10,30; 2Kings 19,15; 1Chr. 17,19; 1Chr. 22,8; 2Chr. 1,8; 2Chr. 2,2; 2Chr. 6,8; 2Chr. 25,16; Neh. 9,6; Neh. 9,10; Neh. 9,17; Neh. 9,31; Neh. 9,33; Esth. 13,10 # 4,17c; Esth. 14,5 # 4,17m; Esth. 6,3; Judith 9,5; Judith 14,8; Judith 15,10; Judith 15,10; Tob. 8,6; Tob. 8,16; Psa. 9,5; Psa. 39,6; Psa. 49,21; Psa. 51,4; Psa. 51,11; Psa. 70,19; Psa. 73,17; Psa. 85,9; Psa. 98,4; Psa. 103,24; Psa. 108,27; Psa. 118,65; Psa. 138,15; Ode. 7,27; Ode. 7,28; Ode. 7,31; Ode. 7,31; Job 1,10; Job 9,12; Job 11,10; Job 14,3; Job 22,23; Wis. 11,24; Wis. 12,12; Wis. 12,12; Wis. 12,19; Sol. 5,3; Obad. 15; Jonah 1,10; Is. 22,16; Is. 25,1; Is. 29,16; Is. 37,16; Is. 57,9; Jer. 2,23; Jer. 2,28; Jer. 3,5; Jer. 14,22; Jer. 35,15; Jer. 39,17; Jer. 39,20; Jer. 39,20; Jer. 39,23; Jer. 45,9; Bar. 2,11; Bar. 2,27; Lam. 1,21; Ezek. 16,16; Ezek. 16,17; Ezek. 16,24; Ezek. 16,31; Ezek. 16,43; Ezek. 16,47; Ezek. 16,48; Ezek. 16,51; Ezek. 16,54; Ezek. 16,59; Ezek. 16,63; Ezek. 22,13; Ezek. 28,4; Dan. 3,27; Dan. 3,28; Dan. 3,28; Dan. 3,31; Dan. 3,31; Dan. 9,15; Judg. 8,1; Judg. 15,11; Tob. 8,6; Tob. 8,6; Tob. 8,16; Dan. 3,27; Dan. 3,28; Dan. 3,31; Dan. 3,31; Dan. 4,35; Dan. 9,15; Matt. 20,12; Luke 2,48; John 18,35; Acts 10,33; Rom. 9,20; Rev. 5,10)

ἐποίησάς ▸ 3

Verb ▪ second ▪ singular ▪ aorist ▪ active ▪ indicative ▸ 3 (Gen. 12,18; Gen. 29,25; 1Sam. 24,19)

ἐποιήσατε ▸ 24 + 5 + 8 = 37

Verb ▪ second ▪ plural ▪ aorist ▪ active ▪ indicative ▸ 24 + 5 + 8 = **37** (Gen. 44,15; Ex. 1,18; Deut. 9,16; Deut. 9,21; Josh. 23,8;

ποιέω

Judg. 2,2; Judg. 9,16; Judg. 9,16; Judg. 9,16; Judg. 9,19; Ruth 1,8; 1Sam. 12,17; 2Sam. 2,6; 2Chr. 13,9; Judith 7,24; 1Mac. 15,29; Amos 5,26; Is. 22,11; Is. 30,1; Is. 65,12; Jer. 7,13; Jer. 51,22; Jer. 51,25; Ezek. 5,7; Judg. 2,2; Judg. 9,16; Judg. 9,16; Judg. 9,16; Judg. 9,19; Matt. 25,40; Matt. 25,40; Matt. 25,45; Matt. 25,45; Luke 19,46; Acts 4,7; Acts 7,43; Phil. 4,14)

ἐποιήσατο ▸ 5
Verb · third · singular · aorist · middle · indicative ▸ 5 (2Mac. 12,37; 2Mac. 12,45; 2Mac. 13,14; 3Mac. 2,1; Psa. 110,4)

ἐποίησε ▸ 8
Verb · third · singular · aorist · active · indicative ▸ 8 (Esth. 1,9; Sol. 2,9; Dan. 3,50; Dan. 4,37b; Dan. 4,37c; Dan. 5,0; Dan. 8,12; Bel 27)

ἐποίησέ ▸ 1
Verb · third · singular · aorist · active · indicative ▸ 1 (Job 19,3)

ἐποίησεν ▸ 713 + 41 + 71 = 825
Verb · third · singular · aorist · active · indicative ▸ 713 + 41 + 71 = 825 (Gen. 1,1; Gen. 1,7; Gen. 1,16; Gen. 1,21; Gen. 1,25; Gen. 1,27; Gen. 1,27; Gen. 1,27; Gen. 1,31; Gen. 2,2; Gen. 2,2; Gen. 2,4; Gen. 3,1; Gen. 3,21; Gen. 5,1; Gen. 5,1; Gen. 5,2; Gen. 5,2; Gen. 6,6; Gen. 6,22; Gen. 6,22; Gen. 7,5; Gen. 8,6; Gen. 8,13; Gen. 9,24; Gen. 13,4; Gen. 18,8; Gen. 19,3; Gen. 21,1; Gen. 21,6; Gen. 21,8; Gen. 21,26; Gen. 24,66; Gen. 26,30; Gen. 27,14; Gen. 27,17; Gen. 27,31; Gen. 29,22; Gen. 29,28; Gen. 33,2; Gen. 33,17; Gen. 33,17; Gen. 34,7; Gen. 37,3; Gen. 38,10; Gen. 41,47; Gen. 41,51; Gen. 42,28; Gen. 43,17; Gen. 50,10; Ex. 4,11; Ex. 4,30; Ex. 7,6; Ex. 8,9; Ex. 8,20; Ex. 8,27; Ex. 9,6; Ex. 13,8; Ex. 14,21; Ex. 14,31; Ex. 17,6; Ex. 17,10; Ex. 18,1; Ex. 18,8; Ex. 18,9; Ex. 18,24; Ex. 18,25; Ex. 20,11; Ex. 31,17; Ex. 32,4; Ex. 32,35; Ex. 36,1; Ex. 36,8; Ex. 37,20; Ex. 38,1; Ex. 38,5; Ex. 38,9; Ex. 38,11; Ex. 38,12; Ex. 38,13; Ex. 38,18; Ex. 38,19; Ex. 38,20; Ex. 38,21; Ex. 38,22; Ex. 38,23; Ex. 38,24; Ex. 38,25; Ex. 38,26; Ex. 38,27; Ex. 39,7; Ex. 40,16; Ex. 40,16; Lev. 4,20; Lev. 5,26; Lev. 8,4; Lev. 8,34; Lev. 8,36; Lev. 9,16; Lev. 16,15; Lev. 24,19; Num. 5,7; Num. 8,3; Num. 8,4; Num. 8,20; Num. 17,26; Num. 20,27; Num. 21,9; Num. 22,2; Num. 23,2; Num. 23,30; Num. 24,18; Num. 27,22; Num. 31,31; Num. 33,4; Deut. 1,30; Deut. 2,12; Deut. 3,21; Deut. 4,3; Deut. 4,34; Deut. 7,18; Deut. 10,21; Deut. 11,3; Deut. 11,4; Deut. 11,5; Deut. 11,6; Deut. 11,7; Deut. 22,21; Deut. 24,9; Deut. 29,1; Deut. 29,23; Deut. 31,4; Deut. 32,27; Deut. 33,21; Deut. 34,12; Josh. 2,10; Josh. 4,23; Josh. 5,3; Josh. 6,26; Josh. 7,15; Josh. 9,3; Josh. 9,9; Josh. 9,10; Josh. 9,15; Josh. 11,9; Josh. 11,15; Josh. 11,18; Josh. 23,3; Josh. 24,5; Josh. 24,7; Josh. 24,20; Josh. 24,29; Judg. 2,7; Judg. 2,10; Judg. 3,16; Judg. 6,19; Judg. 6,20; Judg. 6,27; Judg. 6,27; Judg. 6,29; Judg. 6,29; Judg. 6,40; Judg. 8,27; Judg. 8,35; Judg. 9,56; Judg. 13,23; Judg. 14,6; Judg. 14,10; Judg. 15,6; Judg. 15,10; Judg. 16,26; Judg. 17,4; Judg. 17,5; Judg. 18,27; Judg. 18,31; Judg. 21,15; Ruth 2,19; Ruth 3,6; Ruth 3,16; 1Sam. 2,19; 1Sam. 11,13; 1Sam. 12,7; 1Sam. 14,45; 1Sam. 14,48; 1Sam. 15,2; 1Sam. 16,4; 1Sam. 19,5; 1Sam. 19,18; 1Sam. 28,9; 1Sam. 28,18; 2Sam. 3,20; 2Sam. 3,36; 2Sam. 5,25; 2Sam. 8,8; 2Sam. 8,13; 2Sam. 10,2; 2Sam. 11,27; 2Sam. 12,4; 2Sam. 12,6; 2Sam. 12,31; 2Sam. 13,10; 2Sam. 13,27; 2Sam. 14,20; 2Sam. 14,22; 2Sam. 15,1; 2Sam. 15,6; 2Sam. 19,25; 2Sam. 21,11; 2Sam. 23,10; 2Sam. 23,12; 2Sam. 23,22; 1Kings 1,5; 1Kings 2,5; 1Kings 2,35c; 1Kings 2,35e; 1Kings 3,15; 1Kings 3,15; 1Kings 6,4; 1Kings 6,5; 1Kings 6,16; 1Kings 6,20; 1Kings 6,23; 1Kings 6,31; 1Kings 6,33; 1Kings 7,2; 1Kings 7,4; 1Kings 7,5; 1Kings 7,6; 1Kings 7,10; 1Kings 7,14; 1Kings 7,23; 1Kings 7,24; 1Kings 7,26; 1Kings 7,26; 1Kings 7,31; 1Kings 7,31; 1Kings 7,32; 1Kings 7,34; 1Kings 7,37; 1Kings 8,64; 1Kings 8,65; 1Kings 8,66; 1Kings 9,8; 1Kings 9,26; 1Kings 10,12; 1Kings 10,16; 1Kings 10,18; 1Kings 11,7; 1Kings 11,8; 1Kings 11,25; 1Kings 11,33; 1Kings 11,38; 1Kings 11,41; 1Kings 12,24a; 1Kings 12,28; 1Kings 12,31; 1Kings 12,31; 1Kings 12,32; 1Kings 12,32; 1Kings 12,32; 1Kings 12,32; 1Kings 12,33; 1Kings 12,33; 1Kings 13,11; 1Kings 13,33; 1Kings 14,22; 1Kings 14,27; 1Kings 14,29; 1Kings 15,3; 1Kings 15,5; 1Kings 15,7; 1Kings 15,11; 1Kings 15,13; 1Kings 15,23; 1Kings 15,26; 1Kings 15,31; 1Kings 15,34; 1Kings 16,5; 1Kings 16,7; 1Kings 16,14; 1Kings 16,19; 1Kings 16,25; 1Kings 16,27; 1Kings 16,28c; 1Kings 16,28f; 1Kings 16,30; 1Kings 16,33; 1Kings 17,5; 1Kings 17,15; 1Kings 18,32; 1Kings 18,33; 1Kings 19,1; 1Kings 20,26; 1Kings 21,25; 1Kings 22,11; 1Kings 22,39; 1Kings 22,39; 1Kings 22,46; 1Kings 22,53; 2Kings 1,18; 2Kings 1,18b; 2Kings 1,18c; 2Kings 3,2; 2Kings 3,2; 2Kings 4,5; 2Kings 7,6; 2Kings 7,12; 2Kings 8,2; 2Kings 8,4; 2Kings 8,18; 2Kings 8,18; 2Kings 8,23; 2Kings 8,27; 2Kings 10,10; 2Kings 10,19; 2Kings 10,34; 2Kings 12,3; 2Kings 12,20; 2Kings 13,2; 2Kings 13,8; 2Kings 13,11; 2Kings 13,12; 2Kings 13,12; 2Kings 14,3; 2Kings 14,3; 2Kings 14,3; 2Kings 14,15; 2Kings 14,18; 2Kings 14,24; 2Kings 14,28; 2Kings 15,3; 2Kings 15,3; 2Kings 15,6; 2Kings 15,9; 2Kings 15,18; 2Kings 15,21; 2Kings 15,24; 2Kings 15,26; 2Kings 15,28; 2Kings 15,31; 2Kings 15,34; 2Kings 15,34; 2Kings 15,36; 2Kings 16,2; 2Kings 16,16; 2Kings 16,19; 2Kings 17,2; 2Kings 17,22; 2Kings 18,3; 2Kings 18,3; 2Kings 18,4; 2Kings 20,20; 2Kings 21,2; 2Kings 21,3; 2Kings 21,3; 2Kings 21,6; 2Kings 21,11; 2Kings 21,11; 2Kings 21,17; 2Kings 21,20; 2Kings 21,20; 2Kings 21,25; 2Kings 22,2; 2Kings 23,12; 2Kings 23,15; 2Kings 23,19; 2Kings 23,19; 2Kings 23,28; 2Kings 23,32; 2Kings 23,37; 2Kings 24,3; 2Kings 24,5; 2Kings 24,9; 2Kings 24,9; 2Kings 24,13; 2Kings 24,19; 2Kings 24,19; 2Kings 25,16; 1Chr. 11,14; 1Chr. 11,24; 1Chr. 14,16; 1Chr. 15,1; 1Chr. 15,1; 1Chr. 16,9; 1Chr. 16,12; 1Chr. 16,26; 1Chr. 18,8; 1Chr. 19,2; 1Chr. 20,3; 1Chr. 21,29; 1Chr. 23,5; 1Chr. 26,10; 2Chr. 1,3; 2Chr. 1,5; 2Chr. 2,11; 2Chr. 2,17; 2Chr. 3,8; 2Chr. 3,10; 2Chr. 3,14; 2Chr. 3,15; 2Chr. 3,16; 2Chr. 3,16; 2Chr. 4,1; 2Chr. 4,2; 2Chr. 4,6; 2Chr. 4,7; 2Chr. 4,8; 2Chr. 4,8; 2Chr. 4,9; 2Chr. 4,11; 2Chr. 4,11; 2Chr. 4,14; 2Chr. 4,14; 2Chr. 4,16; 2Chr. 4,18; 2Chr. 4,19; 2Chr. 5,1; 2Chr. 6,13; 2Chr. 7,7; 2Chr. 7,7; 2Chr. 7,8; 2Chr. 7,9; 2Chr. 7,9; 2Chr. 7,10; 2Chr. 7,21; 2Chr. 9,11; 2Chr. 9,15; 2Chr. 9,17; 2Chr. 11,15; 2Chr. 12,9; 2Chr. 12,10; 2Chr. 12,14; 2Chr. 13,8; 2Chr. 14,1; 2Chr. 18,10; 2Chr. 20,36; 2Chr. 21,6; 2Chr. 21,6; 2Chr. 21,11; 2Chr. 21,19; 2Chr. 22,4; 2Chr. 24,2; 2Chr. 24,16; 2Chr. 24,22; 2Chr. 24,24; 2Chr. 25,2; 2Chr. 26,4; 2Chr. 26,4; 2Chr. 26,15; 2Chr. 27,2; 2Chr. 27,2; 2Chr. 28,1; 2Chr. 28,2; 2Chr. 28,24; 2Chr. 28,25; 2Chr. 29,2; 2Chr. 29,2; 2Chr. 30,5; 2Chr. 31,20; 2Chr. 31,20; 2Chr. 31,21; 2Chr. 32,27; 2Chr. 33,2; 2Chr. 33,3; 2Chr. 33,6; 2Chr. 33,7; 2Chr. 33,22; 2Chr. 33,22; 2Chr. 33,22; 2Chr. 34,2; 2Chr. 34,33; 2Chr. 35,1; 2Chr. 35,18; 2Chr. 36,2b; 2Chr. 36,5; 2Chr. 36,5c; 2Chr. 36,8; 2Chr. 36,9; 2Chr. 36,12; 1Esdr. 1,37; 1Esdr. 1,42; 1Esdr. 1,45; 1Esdr. 3,1; 1Esdr. 5,3; 1Esdr. 8,77; Neh. 5,13; Neh. 13,5; Neh. 13,7; Esth. 1,3; Esth. 1,5; Esth. 1,15; Esth. 1,21; Esth. 2,4; Esth. 2,18; Esth. 2,18; Esth. 3,7; Esth. 4,17; Esth. 5,11; Esth. 8,3; Esth. 16,21 # 8,12t; Esth. 10,6 # 10,3c; Esth. 10,9 # 10,3f; Esth. 10,10 # 10,3g; Judith 1,2; Judith 1,4; Judith 1,5; Judith 4,1; Judith 6,21; Judith 8,5; Judith 8,14; Judith 8,26; Judith 11,22; Judith 12,10; Judith 13,11; Judith 13,16; Judith 14,10; Judith 14,18; Judith 15,8; Tob. 6,5; Tob. 7,16; Tob. 8,19; Tob. 12,6; Tob. 14,10; Tob. 14,10; 1Mac. 1,24; 1Mac. 1,51; 1Mac. 2,26; 1Mac. 6,20; 1Mac. 6,49; 1Mac. 7,7; 1Mac. 7,23; 1Mac. 7,24; 1Mac. 9,22; 1Mac. 9,64; 1Mac. 9,71; 1Mac. 10,15; 1Mac. 10,46; 1Mac. 10,58; 1Mac. 11,5; 1Mac. 11,20; 1Mac. 11,26; 1Mac. 11,27; 1Mac. 12,46; 1Mac. 13,29; 1Mac. 13,29; 1Mac. 13,30; 1Mac. 13,32; 1Mac. 13,43; 1Mac. 14,5; 1Mac. 14,11; 1Mac.

ποιέω

14,39; 1Mac. 16,15; 1Mac. 16,17; 2Mac. 1,34; 2Mac. 3,24; 2Mac. 7,28; 2Mac. 8,21; 2Mac. 13,26; 4Mac. 2,17; Psa. 10,3; Psa. 14,3; Psa. 21,32; Psa. 65,16; Psa. 77,4; Psa. 77,12; Psa. 94,5; Psa. 95,5; Psa. 97,1; Psa. 99,3; Psa. 102,10; Psa. 103,19; Psa. 104,5; Psa. 113,11; Psa. 117,15; Psa. 117,16; Psa. 117,24; Psa. 134,6; Psa. 134,7; Psa. 147,9; Ode. 2,27; Ode. 9,51; Ode. 9,68; Ode. 10,2; Ode. 10,4; Ode. 10,7; Prov. 8,26; Prov. 22,2; Prov. 31,13; Prov. 31,22; Prov. 31,24; Eccl. 2,12; Eccl. 3,11; Eccl. 3,11; Eccl. 3,14; Eccl. 3,14; Eccl. 6,12; Eccl. 7,14; Eccl. 7,29; Eccl. 8,12; Song 3,9; Song 3,10; Job 11,7; Job 12,9; Job 15,27; Job 21,31; Job 23,13; Job 24,21; Job 28,24; Job 28,26; Job 34,13; Job 37,5; Job 40,20; Wis. 1,13; Wis. 2,23; Wis. 6,7; Wis. 15,16; Sir. 15,14; Sir. 17,3; Sir. 19,13; Sir. 19,13; Sir. 31,9; Sir. 31,10; Sir. 42,24; Sir. 43,33; Sir. 45,19; Sir. 46,7; Sir. 46,17; Sir. 48,14; Sir. 48,22; Sol. 2,7; Sol. 2,35; Sol. 17,13; Sol. 17,14; Hos. 2,10; Hos. 8,6; Amos 3,6; Joel 2,26; Jonah 1,9; Jonah 3,10; Jonah 4,5; Zech. 1,6; Zech. 10,1; Mal. 2,15; Is. 5,2; Is. 5,4; Is. 5,7; Is. 12,5; Is. 20,2; Is. 27,4; Is. 40,19; Is. 40,23; Is. 41,4; Is. 41,20; Is. 44,13; Is. 44,17; Is. 44,19; Is. 45,18; Is. 45,21; Is. 53,9; Is. 62,11; Is. 66,2; Jer. 2,13; Jer. 5,19; Jer. 10,13; Jer. 11,15; Jer. 15,4; Jer. 18,4; Jer. 18,13; Jer. 22,8; Jer. 27,15; Jer. 27,29; Jer. 28,16; Jer. 30,2; Jer. 31,30; Jer. 36,22; Jer. 36,31; Jer. 43,8; Jer. 45,12; Jer. 45,16; Jer. 47,3; Jer. 48,9; Jer. 48,11; Jer. 52,20; Bar. 1,8; Bar. 2,2; Lam. 2,6; Lam. 2,20; Ezek. 3,20; Ezek. 17,6; Ezek. 17,18; Ezek. 18,13; Ezek. 18,14; Ezek. 18,17; Ezek. 18,18; Ezek. 18,19; Ezek. 18,19; Ezek. 18,21; Ezek. 18,22; Ezek. 18,22; Ezek. 18,24; Ezek. 18,24; Ezek. 18,26; Ezek. 18,27; Ezek. 18,28; Ezek. 23,30; Ezek. 24,24; Ezek. 25,12; Ezek. 31,11; Ezek. 33,13; Ezek. 33,16; Dan. 3,1; Dan. 4,37a; Dan. 5,1; Judg. 1,28; Judg. 2,7; Judg. 2,10; Judg. 3,16; Judg. 6,19; Judg. 6,20; Judg. 6,27; Judg. 6,27; Judg. 6,29; Judg. 6,29; Judg. 6,40; Judg. 8,27; Judg. 8,35; Judg. 9,56; Judg. 11,39; Judg. 14,6; Judg. 14,10; Judg. 15,6; Judg. 15,10; Judg. 17,4; Judg. 17,5; Judg. 18,27; Judg. 18,31; Judg. 19,21; Judg. 20,10; Judg. 21,15; Tob. 1,5; Tob. 1,18; Tob. 12,6; Tob. 13,7; Tob. 14,2; Tob. 14,10; Tob. 14,15; Dan. 3,1; Dan. 3,50; Dan. 4,2; Dan. 5,1; Dan. 8,4; Dan. 8,12; Dan. 9,14; Bel 27; Matt. 1,24; Matt. 12,3; Matt. 13,26; Matt. 13,28; Matt. 13,58; Matt. 19,4; Matt. 20,5; Matt. 21,15; Matt. 21,31; Matt. 22,2; Matt. 26,12; Matt. 26,13; Matt. 27,23; Mark 2,25; Mark 3,14; Mark 3,16; Mark 5,20; Mark 6,21; Mark 10,6; Mark 14,8; Mark 14,9; Mark 15,14; Luke 1,68; Luke 3,19; Luke 5,29; Luke 6,3; Luke 6,10; Luke 8,8; Luke 8,39; Luke 8,39; Luke 11,40; Luke 16,8; Luke 17,9; Luke 19,18; Luke 23,22; John 2,11; John 4,45; John 4,46; John 4,54; John 6,14; John 7,31; John 8,40; John 9,6; John 9,11; John 9,14; John 10,41; John 11,45; John 11,46; John 15,24; John 19,7; John 20,30; John 21,25; Acts 2,22; Acts 2,36; Acts 7,24; Acts 7,50; Acts 9,13; Acts 10,39; Acts 12,8; Acts 14,11; Acts 14,15; Acts 14,27; Acts 15,4; Acts 15,12; Acts 21,19; 2Cor. 5,21; Eph. 3,11; Heb. 1,2; Heb. 7,27; 1Pet. 2,22; Rev. 1,6)

Ἐποίησεν ▸ 1 + 1 = 2
  Verb ▪ third ▪ singular ▪ aorist ▪ active ▪ indicative ▸ 1 + 1 = 2 (Lam. 2,17; Luke 1,51)

ἐποίησέν ▸ 16 + 1 + 3 = 20
  Verb ▪ third ▪ singular ▪ aorist ▪ active ▪ indicative ▸ 16 + 1 + 3 = 20 (Gen. 39,19; Gen. 45,8; Ex. 32,21; Deut. 8,17; Deut. 10,22; Deut. 25,17; Deut. 26,19; Deut. 32,6; Judg. 11,36; Judg. 18,4; 1Kings 2,5; 1Kings 2,24; Ode. 2,6; Ode. 9,49; Jer. 2,17; Jer. 3,6; Judg. 18,4; Luke 1,49; John 9,26; Acts 17,26)

Ἐποίησέν ▸ 1
  Verb ▪ third ▪ singular ▪ aorist ▪ active ▪ indicative ▸ 1 (Gen. 45,9)

ἐποιήσω ▸ 3
  Verb ▪ second ▪ singular ▪ aorist ▪ middle ▪ indicative ▸ 3 (Job 7,21; Job 14,3; Dan. 5,23)

ἐποίουν ▸ 21 + 1 + 3 = 25
  Verb ▪ first ▪ singular ▪ imperfect ▪ active ▪ indicative ▸ 1 + 1 = 2 (Tob. 1,16; Dan. 8,27)
  Verb ▪ third ▪ plural ▪ imperfect ▪ active ▪ indicative ▸ 20 + 3 = 23 (Num. 11,8; Judg. 14,10; 1Sam. 2,14; 1Sam. 2,22; 2Kings 17,34; 1Chr. 5,19; 2Chr. 24,11; 2Chr. 24,13; 2Chr. 34,10; Neh. 4,10; 1Mac. 1,58; 1Mac. 14,36; 1Mac. 15,35; 3Mac. 3,4; Sol. 2,12; Amos 2,8; Hag. 1,14; Ezek. 22,9; Ezek. 23,39; Ezek. 43,8; Luke 6,23; Luke 6,26; Acts 15,3)

ἐποιοῦντο ▸ 1 + 1 = 2
  Verb ▪ third ▪ plural ▪ imperfect ▪ middle ▪ indicative ▸ 1 + 1 = 2 (2Mac. 3,20; Acts 27,18)

ἐποιοῦσαν ▸ 1
  Verb ▪ third ▪ plural ▪ imperfect ▪ active ▪ indicative ▸ 1 (Job 1,4)

Πεποίηκα ▸ 1
  Verb ▪ first ▪ singular ▪ perfect ▪ active ▪ indicative ▸ 1 (Ezek. 9,11)

πεποίηκα ▸ 9 + 2 = 11
  Verb ▪ first ▪ singular ▪ perfect ▪ active ▪ indicative ▸ 9 + 2 = 11 (Ex. 19,4; 1Sam. 20,1; 1Kings 3,12; 1Kings 18,13; 1Kings 18,36; Ezek. 5,9; Ezek. 12,11; Ezek. 14,23; Ezek. 24,22; John 13,12; 2Cor. 11,25)

πεποίηκά ▸ 3
  Verb ▪ first ▪ singular ▪ perfect ▪ active ▪ indicative ▸ 3 (1Sam. 29,8; 1Kings 9,3; 1Kings 19,20)

πεποιήκαμεν ▸ 1
  Verb ▪ first ▪ plural ▪ perfect ▪ active ▪ indicative ▸ 1 (Luke 17,10)

πεποίηκας ▸ 10
  Verb ▪ second ▪ singular ▪ perfect ▪ active ▪ indicative ▸ 10 (Gen. 24,44; Gen. 27,45; Ruth 2,11; 1Sam. 13,11; 1Sam. 14,43; 1Sam. 24,20; 1Sam. 26,16; 2Sam. 7,21; Job 10,14; Jonah 1,14)

πεποίηκάς ▸ 2
  Verb ▪ second ▪ singular ▪ perfect ▪ active ▪ indicative ▸ 2 (Gen. 20,9; Num. 23,11)

πεποιήκασιν ▸ 1
  Verb ▪ third ▪ plural ▪ perfect ▪ active ▪ indicative ▸ 1 (Ezek. 8,17)

πεποιήκατε ▸ 5 + 1 = 6
  Verb ▪ second ▪ plural ▪ perfect ▪ active ▪ indicative ▸ 5 + 1 = 6 (Gen. 34,30; Gen. 44,5; 1Sam. 12,20; 2Sam. 2,5; Ezek. 5,7; Mark 11,17)

πεποιήκεισαν ▸ 1 + 1 = 2
  Verb ▪ third ▪ plural ▪ pluperfect ▪ active ▪ indicative ▸ 1 + 1 = 2 (Bel 12; Mark 15,7)

πεποίηκεν ▸ 8 + 5 = 13
  Verb ▪ third ▪ singular ▪ perfect ▪ active ▪ indicative ▸ 8 + 5 = 13 (Gen. 31,1; 1Sam. 6,9; 1Sam. 20,32; 1Sam. 28,17; Job 9,17; Job 16,7; Ezek. 16,48; Ezek. 18,12; Mark 5,19; Mark 7,37; Luke 1,25; Heb. 11,28; 1John 5,10)

πεποιηκέναι ▸ 2 + 1 + 1 = 4
  Verb ▪ perfect ▪ active ▪ infinitive ▸ 2 + 1 + 1 = 4 (Judg. 3,12; 1Mac. 14,35; Judg. 3,12; John 12,18)

πεποιηκόσιν ▸ 1
  Verb ▪ perfect ▪ active ▪ participle ▪ masculine ▪ plural ▪ dative ▸ 1 (Acts 3,12)

πεποιηκότας ▸ 1
  Verb ▪ perfect ▪ active ▪ participle ▪ masculine ▪ plural ▪ accusative ▸ 1 (Ezek. 38,12)

πεποιηκότες ▸ 1 + 1 = 2
  Verb ▪ perfect ▪ active ▪ participle ▪ masculine ▪ plural ▪ nominative ▸ 1 + 1 = 2 (Ex. 39,23; John 18,18)

πεποιηκότος ▸ 1
  Verb ▪ perfect ▪ active ▪ participle ▪ masculine ▪ singular

ποιέω

- genitive ▸ **1** (John 12,37)

πεποιηκυῖα ▸ **1**
  Verb ▪ perfect ▪ active ▪ participle ▪ neuter ▪ plural ▪ nominative
    ▸ **1** (Judith 14,8)

πεποιηκώς ▸ **1**
  Verb ▪ perfect ▪ active ▪ participle ▪ masculine ▪ singular
    ▪ nominative ▸ **1** (Is. 58,2)

πεποιηκώς ▸ **2**
  Verb ▪ perfect ▪ active ▪ participle ▪ masculine ▪ singular
    ▪ nominative ▸ **2** (Acts 21,33; James 5,15)

πεποιημένα ▸ **3**
  Verb ▪ perfect ▪ passive ▪ participle ▪ neuter ▪ plural ▪ accusative
    ▸ **3** (1Sam. 25,18; 2Kings 23,4; Eccl. 1,14)

πεποιημέναι ▸ **1**
  Verb ▪ perfect ▪ passive ▪ participle ▪ feminine ▪ plural ▪ nominative
    ▸ **1** (Psa. 110,8)

πεποιημένον ▸ **8**
  Verb ▪ perfect ▪ middle ▪ participle ▪ masculine ▪ singular
    ▪ accusative ▸ **1** (2Mac. 13,6)
  Verb ▪ perfect ▪ passive ▪ participle ▪ masculine ▪ singular
    ▪ accusative ▸ **2** (Eccl. 8,16; Job 40,19)
  Verb ▪ perfect ▪ passive ▪ participle ▪ neuter ▪ singular ▪ accusative
    ▸ **2** (Eccl. 4,3; Eccl. 8,17)
  Verb ▪ perfect ▪ passive ▪ participle ▪ neuter ▪ singular ▪ nominative
    ▸ **3** (Eccl. 1,9; Eccl. 2,17; Job 41,25)

πεποιημένῳ ▸ **2**
  Verb ▪ perfect ▪ passive ▪ participle ▪ masculine ▪ singular ▪ dative
    ▸ **1** (Eccl. 9,3)
  Verb ▪ perfect ▪ passive ▪ participle ▪ neuter ▪ singular ▪ dative
    ▸ **1** (Eccl. 9,6)

πεποιημένων ▸ **1**
  Verb ▪ perfect ▪ passive ▪ participle ▪ neuter ▪ plural ▪ genitive ▸ **1**
    (Heb. 12,27)

πεποίηται ▸ **3**
  Verb ▪ third ▪ singular ▪ perfect ▪ middle ▪ indicative ▸ **1** (Job 24,12)
  Verb ▪ third ▪ singular ▪ perfect ▪ passive ▪ indicative ▸ **2** (Eccl. 8,9; Eccl. 8,14)

Ποίει ▸ **2**
  Verb ▪ second ▪ singular ▪ present ▪ active ▪ imperative ▸ **2** (1Sam. 1,23; 1Sam. 14,7)

ποιεῖ ▸ **35** + **4** + **28** = **67**
  Verb ▪ third ▪ singular ▪ present ▪ active ▪ indicative ▸ **35** + **4** + **28**
    = **67** (Gen. 31,12; Gen. 41,25; Gen. 41,28; Deut. 20,20; 1Sam. 27,11; 2Kings 7,19; 1Esdr. 3,19; 1Esdr. 3,21; 1Esdr. 3,21; 1Esdr. 4,35; 1Esdr. 4,39; Tob. 14,11; Prov. 7,10; Prov. 10,16; Prov. 11,17; Prov. 11,18; Prov. 13,6; Prov. 14,27; Prov. 17,16a; Prov. 17,22; Prov. 22,16; Prov. 26,28; Job 5,18; Job 34,11; Wis. 6,19; Wis. 12,16; Sir. 11,27; Sir. 14,7; Sir. 28,17; Sol. 17,10; Is. 33,1; LetterJ 61; Ezek. 46,12; Dan. 4,17; Dan. 4,37; Tob. 14,11; Tob. 14,11; Dan. 4,35; Dan. 6,28; Matt. 5,32; Matt. 6,3; Matt. 7,17; Matt. 7,17; Matt. 7,24; Matt. 8,9; Matt. 13,23; Matt. 26,73; Mark 4,32; Mark 7,37; Luke 7,8; John 4,1; John 5,19; John 5,20; John 7,4; John 7,19; John 7,51; John 11,47; John 14,10; John 15,15; 1Cor. 7,38; 1John 3,4; 1John 3,9; 3John 10; Rev. 13,12; Rev. 13,12; Rev. 13,13; Rev. 13,16)

ποίει ▸ **27** + **2** + **3** = **32**
  Verb ▪ second ▪ singular ▪ present ▪ active ▪ imperative ▸ **27** + **2**
    + **3** = **32** (Gen. 31,16; Judg. 11,36; 1Sam. 10,7; 1Sam. 14,36; 1Sam. 14,40; 2Sam. 7,3; 1Chr. 17,2; 1Chr. 22,16; 1Chr. 28,10; 1Chr. 28,20; Tob. 4,3; Tob. 4,5; Tob. 4,7; Tob. 4,16; Psa. 36,3; Prov. 4,26; Prov. 6,3; Prov. 31,4; Sir. 4,7; Sir. 7,1; Sir. 7,12; Sir. 14,11; Sir. 14,13; Sir. 32,12; Is. 8,23; Is. 8,23; Jer. 27,21; Tob. 4,3; Tob. 4,5; Luke 10,28; Luke 10,37; Rom. 13,3)

ποιεῖν ▸ **116** + **1** + **25** = **142**
  Verb ▪ present ▪ active ▪ infinitive ▸ **116** + **1** + **25** = **142** (Gen. 11,6; Gen. 18,19; Gen. 39,11; Ex. 5,16; Ex. 18,18; Ex. 23,15; Ex. 31,16; Ex. 35,29; Ex. 35,32; Ex. 35,33; Ex. 35,35; Ex. 36,1; Ex. 36,3; Lev. 4,2; Lev. 5,17; Lev. 26,15; Num. 4,23; Num. 4,35; Num. 4,39; Deut. 4,1; Deut. 4,13; Deut. 4,14; Deut. 5,1; Deut. 5,32; Deut. 6,1; Deut. 6,3; Deut. 6,24; Deut. 6,25; Deut. 7,11; Deut. 8,1; Deut. 11,22; Deut. 11,32; Deut. 12,1; Deut. 13,1; Deut. 13,19; Deut. 15,5; Deut. 15,11; Deut. 15,15; Deut. 17,19; Deut. 18,9; Deut. 19,9; Deut. 20,18; Deut. 24,8; Deut. 24,8; Deut. 24,18; Deut. 24,20; Deut. 24,22; Deut. 28,1; Deut. 28,13; Deut. 28,15; Deut. 28,58; Deut. 29,8; Deut. 29,28; Deut. 30,10; Deut. 30,14; Deut. 31,12; Deut. 32,46; Josh. 1,7; Josh. 1,8; Josh. 22,5; Josh. 22,5; Josh. 23,6; 1Sam. 2,10; 1Sam. 8,12; 1Sam. 14,15; 1Kings 3,28; 1Kings 7,2; 1Kings 8,59; 1Kings 9,4; 1Kings 10,9; 1Kings 16,28b; 2Kings 17,37; 2Kings 21,6; 2Kings 22,13; 1Chr. 22,12; 1Chr. 22,13; 1Chr. 29,19; 1Esdr. 3,24; 1Esdr. 4,11; 1Esdr. 8,91; Ezra 7,10; Neh. 10,30; Esth. 2,20; Judith 7,1; Judith 7,16; Tob. 4,7; Tob. 4,8; Tob. 4,16; 1Mac. 13,37; 2Mac. 1,3; 4Mac. 1,12; Psa. 142,10; Ode. 3,10; Ode. 14,43; Prov. 3,27; Prov. 3,28; Prov. 16,7; Prov. 21,3; Prov. 21,15; Prov. 21,25; Eccl. 2,11; Eccl. 3,12; Mic. 6,8; Is. 1,17; Is. 7,22; Is. 56,2; Is. 58,13; Jer. 7,10; Jer. 17,24; Jer. 22,15; Jer. 22,17; Jer. 42,18; LetterJ 63; Ezek. 8,17; Ezek. 17,8; Ezek. 20,21; Tob. 14,8; Matt. 6,1; Matt. 7,18; Matt. 7,18; Matt. 12,2; Matt. 12,12; Mark 2,23; John 3,2; John 5,19; John 5,27; John 5,30; John 6,6; John 7,17; John 8,44; John 9,16; John 9,33; John 15,5; Acts 1,1; Acts 7,19; Acts 9,6; Acts 16,21; Acts 16,30; Acts 22,26; Rom. 1,28; Rom. 7,21; James 4,17)

ποιεῖς ▸ **16** + **2** + **13** = **31**
  Verb ▪ second ▪ singular ▪ present ▪ active ▪ indicative ▸ **16** + **2**
    + **13** = **31** (Gen. 19,19; Ex. 5,15; Ex. 18,14; Ex. 18,17; Num. 11,15; Judg. 11,27; Judg. 18,3; 2Sam. 3,25; 1Kings 20,7; 2Mac. 7,16; Eccl. 2,2; Sir. 12,1; Is. 45,9; Ezek. 11,13; Ezek. 12,9; Ezek. 24,19; Judg. 11,27; Judg. 18,3; Matt. 21,23; Mark 11,28; Luke 20,2; John 2,18; John 3,2; John 6,30; John 7,3; John 7,4; John 8,53; John 10,33; John 13,27; James 2,19; 3John 5)

ποιεῖσθαι ▸ **3** + **3** = **6**
  Verb ▪ present ▪ middle ▪ infinitive ▸ **3** + **2** = **5** (2Mac. 2,30; 3Mac. 4,17; Sir. 1,17 Prol.; 2Pet. 1,10; 2Pet. 1,15)
  Verb ▪ present ▪ passive ▪ infinitive ▪ (variant) ▸ **1** (1Tim. 2,1)

ποιεῖσθε ▸ **1**
  Verb ▪ second ▪ plural ▪ present ▪ middle ▪ imperative ▸ **1** (Rom. 13,14)

ποιεῖται ▸ **4** + **1** = **5**
  Verb ▪ third ▪ singular ▪ present ▪ middle ▪ indicative ▸ **4** + **1** = **5** (Prov. 6,8; Prov. 6,8a; Prov. 29,13; Amos 7,10; Eph. 4,16)

Ποιεῖτε ▸ **1**
  Verb ▪ second ▪ plural ▪ present ▪ active ▪ imperative ▸ **1** (Jer. 22,3)

ποιεῖτε ▸ **17** + **2** + **34** = **53**
  Verb ▪ second ▪ plural ▪ present ▪ active ▪ indicative ▸ **11** + **1** + **18**
    = **30** (Gen. 24,49; Num. 15,14; Judg. 18,18; 1Sam. 2,23; 2Chr. 19,6; Neh. 2,19; Neh. 5,9; Neh. 13,17; 1Mac. 10,27; Zech. 7,9; Jer. 51,7; Judg. 18,18; Matt. 5,47; Matt. 21,13; Matt. 23,15; Mark 7,13; Mark 11,3; Mark 11,5; Luke 6,2; Luke 6,46; John 8,38; John 8,41; Acts 14,15; Acts 21,13; 1Cor. 10,31; 1Th. 4,10; 1Th. 5,11; 2Th. 3,4; James 2,8; 2Pet. 1,19)
  Verb ▪ second ▪ plural ▪ present ▪ active ▪ imperative ▸ **6** + **1** + **16**
    = **23** (Gen. 32,17; 1Sam. 2,24; Hag. 2,4; Is. 16,3; Is. 40,3; Ezek. 20,19; Tob. 12,7; Matt. 3,3; Matt. 7,12; Matt. 23,3; Mark 1,3; Luke

3,4; Luke 6,27; Luke 6,31; Luke 22,19; John 2,16; 1Cor. 10,31; 1Cor. 11,24; 1Cor. 11,25; Eph. 6,9; Phil. 2,14; Heb. 12,13; James 2,12)

ποιείτω ‣ 2 + 2 = 4
Verb ▪ third ▪ singular ▪ present ▪ active ▪ imperative ‣ 2 + 2 = **4** (2Sam. 15,26; 2Chr. 32,15; Luke 3,11; 1Cor. 7,36)

ποιείτωσαν ‣ 2
Verb ▪ third ▪ plural ▪ present ▪ active ▪ imperative ‣ **2** (Num. 9,2; Deut. 5,31)

ποιῇ ‣ 5 + 3 = 8
Verb ▪ third ▪ singular ▪ present ▪ active ▪ subjunctive ‣ 5 + 3 = **8** (Gen. 39,3; Lev. 2,8; Esth. 1,20; Psa. 1,3; Sir. 14,7; John 5,19; John 9,31; Rev. 13,13)

ποιηθῇ ‣ 2
Verb ▪ third ▪ singular ▪ aorist ▪ passive ▪ subjunctive ‣ **2** (Lev. 11,32; Lev. 13,51)

ποιηθήσεται ‣ 19 + 1 = 20
Verb ▪ third ▪ singular ▪ future ▪ passive ▪ indicative ‣ 19 + 1 = **20** (Ex. 12,16; Ex. 12,16; Lev. 2,7; Lev. 4,13; Lev. 4,20; Lev. 4,22; Lev. 4,27; Lev. 6,14; Lev. 7,9; Lev. 7,9; Lev. 7,24; Lev. 16,34; Num. 28,15; Deut. 16,8; 2Sam. 13,12; 2Kings 12,14; Ezra 6,11; Neh. 6,9; Jer. 3,16; Judg. 20,9)

ποιηθησόμενον ‣ 1
Verb ▪ future ▪ passive ▪ participle ▪ neuter ▪ singular ▪ nominative ‣ **1** (Eccl. 1,9)

ποιηθήσονται ‣ 1
Verb ▪ third ▪ plural ▪ future ▪ passive ▪ indicative ‣ **1** (Ex. 25,19)

ποιῇς ‣ 7 + 5 = 12
Verb ▪ second ▪ singular ▪ present ▪ active ▪ subjunctive ‣ 7 + 5 = **12** (Gen. 21,22; Ex. 20,25; Deut. 14,29; Deut. 15,18; Prov. 24,34; Sir. 12,1; Is. 64,2; Matt. 6,2; Mark 11,28; Luke 14,12; Luke 14,13; Rom. 13,4)

Ποιῆσαι ‣ 2
Verb ▪ third ▪ singular ▪ aorist ▪ active ▪ optative ‣ **2** (Gen. 48,20; Jer. 36,22)

ποιήσαι ‣ 20 + 1 = 21
Verb ▪ third ▪ singular ▪ aorist ▪ active ▪ optative ‣ 20 + 1 = **21** (Ruth 1,8; Ruth 1,17; 1Sam. 3,17; 1Sam. 14,6; 1Sam. 14,44; 1Sam. 20,13; 1Sam. 25,22; 2Sam. 2,6; 2Sam. 3,9; 2Sam. 3,35; 2Sam. 19,14; 1Kings 2,23; 1Kings 19,2; 1Kings 21,10; 2Kings 6,31; 1Chr. 12,33; Judith 13,20; 2Mac. 1,4; Sol. 11,8; Jer. 35,6; Tob. 7,12)

ποιῆσαι ‣ 220 + 20 + 47 = 287
Verb ▪ aorist ▪ active ▪ infinitive ‣ 220 + 20 + 47 = **287** (Gen. 2,3; Gen. 11,6; Gen. 18,7; Gen. 19,22; Gen. 34,14; Gen. 34,19; Gen. 41,32; Gen. 44,7; Gen. 44,17; Ex. 12,48; Ex. 12,48; Ex. 32,14; Ex. 35,1; Ex. 35,29; Ex. 35,35; Ex. 36,5; Ex. 36,7; Lev. 4,27; Lev. 5,4; Lev. 8,5; Lev. 8,34; Lev. 17,4; Lev. 17,9; Num. 4,3; Num. 9,4; Num. 9,6; Num. 9,13; Num. 15,3; Num. 16,28; Num. 22,18; Num. 24,13; Num. 33,56; Deut. 1,14; Deut. 4,5; Deut. 8,18; Deut. 9,18; Deut. 13,12; Deut. 17,10; Deut. 19,19; Deut. 19,20; Deut. 26,16; Deut. 27,26; Deut. 28,63; Deut. 34,11; Josh. 22,23; Josh. 22,26; Judg. 3,12; Judg. 4,1; Judg. 6,27; Judg. 8,3; Judg. 10,6; Judg. 13,1; Judg. 15,10; Judg. 17,3; Judg. 17,8; 2Sam. 7,23; 2Sam. 12,4; 2Sam. 12,9; 2Sam. 18,13; 2Sam. 19,19; 2Sam. 23,17; 1Kings 9,1; 1Kings 11,10; 1Kings 11,33; 1Kings 16,19; 1Kings 16,33; 1Kings 20,20; 1Kings 20,25; 1Kings 21,9; 1Kings 22,43; 2Kings 4,14; 2Kings 10,24; 2Kings 10,30; 2Kings 17,15; 2Kings 17,17; 2Kings 21,9; 2Kings 21,16; 1Chr. 11,19; 1Chr. 13,4; 1Chr. 15,19; 2Chr. 2,6; 2Chr. 2,13; 2Chr. 4,11; 2Chr. 7,11; 2Chr. 9,8; 2Chr. 14,3; 2Chr. 20,32; 2Chr. 20,36; 2Chr. 20,36; 2Chr. 30,1; 2Chr. 30,2; 2Chr. 30,3; 2Chr. 30,5; 2Chr. 30,12; 2Chr. 30,13; 2Chr. 30,23; 2Chr. 33,6; 2Chr. 33,8; 2Chr. 33,9; 2Chr. 34,21; 2Chr. 35,6; 2Chr. 35,16; 2Chr. 35,21; 1Esdr. 4,4; 1Esdr. 4,46; 1Esdr. 4,57; 1Esdr. 4,57; 1Esdr. 8,16; 1Esdr. 8,92; Ezra 4,22; Ezra 7,18; Ezra 10,5; Ezra 10,12; Neh. 2,12; Neh. 5,12; Neh. 8,12; Neh. 8,15; Neh. 9,24; Neh. 9,28; Neh. 12,27; Neh. 13,7; Neh. 13,27; Esth. 11,12 # 1,1l; Esth. 1,8; Esth. 1,15; Esth. 3,2; Esth. 7,5; Judith 2,13; Judith 8,30; Judith 11,16; Judith 13,5; Judith 13,11; Judith 14,5; Tob. 3,5; Tob. 10,7; Tob. 12,8; Tob. 13,6; 1Mac. 1,13; 1Mac. 1,15; 1Mac. 3,15; 1Mac. 3,42; 1Mac. 7,9; 1Mac. 9,10; 1Mac. 11,28; 1Mac. 11,33; 1Mac. 11,37; 1Mac. 13,34; 1Mac. 14,35; 1Mac. 14,46; 1Mac. 15,6; 2Mac. 9,14; 2Mac. 14,39; 3Mac. 4,13; 3Mac. 6,17; Psa. 39,9; Psa. 102,18; Psa. 108,16; Psa. 118,112; Psa. 118,126; Psa. 125,2; Psa. 125,3; Psa. 149,7; Psa. 149,9; Ode. 9,72; Ode. 10,2; Ode. 10,7; Prov. 2,16; Prov. 8,24; Prov. 8,24; Eccl. 4,17; Eccl. 8,11; Eccl. 9,10; Eccl. 12,12; Job 35,6; Sir. 7,10; Sir. 10,26; Sir. 15,15; Sir. 31,10; Sir. 45,9; Sir. 51,18; Sol. 2,36; Sol. 9,4; Hos. 8,7; Amos 8,5; Amos 8,5; Joel 2,21; Jonah 3,10; Hab. 2,18; Zech. 1,6; Zech. 2,4; Zech. 8,15; Is. 5,2; Is. 5,4; Is. 5,7; Is. 8,1; Is. 10,6; Is. 32,6; Is. 63,12; Is. 63,14; Jer. 1,12; Jer. 4,22; Jer. 7,18; Jer. 13,23; Jer. 18,4; Jer. 18,6; Jer. 18,8; Jer. 18,10; Jer. 33,3; Jer. 39,35; Jer. 41,15; Jer. 43,3; Bar. 1,22; Ezek. 15,3; Ezek. 18,9; Ezek. 23,44; Ezek. 33,15; Ezek. 36,37; Dan. 2,46; Dan. 4,37a; Dan. 4,37a; Judg. 3,12; Judg. 4,1; Judg. 6,27; Judg. 8,3; Judg. 10,6; Judg. 13,1; Judg. 13,19; Judg. 15,10; Judg. 17,3; Judg. 17,8; Judg. 20,10; Judg. 20,10; Tob. 3,5; Tob. 8,19; Tob. 10,8; Tob. 12,8; Tob. 13,6; Tob. 14,10; Dan. 11,6; Sus. 62; Matt. 5,36; Matt. 9,28; Matt. 20,15; Matt. 23,15; Matt. 23,23; Mark 3,4; Mark 6,5; Mark 7,12; Mark 14,7; Mark 15,15; Luke 1,72; Luke 2,27; Luke 5,34; Luke 11,42; Luke 12,4; Luke 17,10; John 11,37; Acts 4,28; Acts 5,34; Acts 7,44; Acts 22,10; Acts 26,28; Rom. 4,21; Rom. 9,21; 2Cor. 8,10; 2Cor. 8,11; 2Cor. 13,7; Gal. 2,10; Gal. 3,10; Gal. 5,3; Eph. 3,20; Philem. 14; Heb. 10,7; Heb. 10,9; Heb. 13,19; Heb. 13,21; James 3,12; James 3,12; Jude 15; Rev. 12,17; Rev. 13,5; Rev. 13,7; Rev. 13,14; Rev. 13,14; Rev. 17,17; Rev. 17,17; Rev. 19,19)

ποίησαι ‣ 1
Verb ▪ second ▪ singular ▪ aorist ▪ middle ▪ imperative ‣ **1** (Jer. 6,26)

ποιῆσαί ‣ 12 + 1 = 13
Verb ▪ aorist ▪ active ▪ infinitive ‣ 12 + 1 = **13** (Gen. 28,15; 2Sam. 13,2; 2Kings 4,13; Neh. 6,2; 3Mac. 3,15; Sir. 32,19; Ezek. 5,15; Ezek. 16,5; Ezek. 16,30; Ezek. 20,44; Ezek. 27,5; Ezek. 28,22; Judg. 11,36)

ποιήσαιεν ‣ 1
Verb ▪ third ▪ plural ▪ aorist ▪ active ▪ optative ‣ **1** (Luke 6,11)

ποιήσαισαν ‣ 1
Verb ▪ third ▪ plural ▪ aorist ▪ active ▪ optative ‣ **1** (Deut. 1,44)

ποιησάμενοι ‣ 2 + 1 = 3
Verb ▪ aorist ▪ middle ▪ participle ▪ masculine ▪ plural ▪ nominative ‣ 2 + 1 = **3** (2Mac. 8,29; 2Mac. 10,16; Acts 23,13)

ποιησάμενος ‣ 1 + 2 = 3
Verb ▪ aorist ▪ middle ▪ participle ▪ masculine ▪ singular ▪ nominative ‣ 1 + 2 = **3** (3Mac. 2,9; Acts 25,17; Heb. 1,3)

ποιησάμενός ‣ 1
Verb ▪ aorist ▪ middle ▪ participle ▪ masculine ▪ singular ▪ nominative ‣ **1** (2Mac. 12,43)

ποιησαμένου ‣ 1
Verb ▪ aorist ▪ middle ▪ participle ▪ masculine ▪ singular ▪ genitive ‣ **1** (2Mac. 4,11)

ποιῆσάν ‣ 1
Verb ▪ aorist ▪ active ▪ participle ▪ neuter ▪ singular ▪ nominative ‣ **1** (Job 33,4)

ποιήσαντα ‣ 11

ποιέω

Verb ▪ aorist ▪ active ▪ participle ▪ masculine ▪ singular ▪ accusative ▸ **11** (Deut. 32,15; Psa. 145,6; Ode. 2,15; Prov. 14,31; Prov. 17,5; Sir. 39,5; Sir. 43,11; Sir. 47,8; Is. 22,11; Is. 51,13; Bar. 4,7)

ποιήσαντά ▸ 3
Verb ▪ aorist ▪ active ▪ participle ▪ masculine ▪ singular ▪ accusative ▸ **3** (Sir. 7,30; Sir. 32,13; Is. 51,13)

ποιήσαντας ▸ 1
Verb ▪ aorist ▪ active ▪ participle ▪ masculine ▪ plural ▪ accusative ▸ **1** (3Mac. 2,4)

ποιήσαντες ▸ 3 + 7 = 10
Verb ▪ aorist ▪ active ▪ participle ▪ masculine ▪ plural ▪ nominative ▸ **3 + 7 = 10** (2Mac. 1,16; 2Mac. 8,30; 2Mac. 10,4; Matt. 21,6; Mark 15,1; Luke 5,6; John 5,29; Acts 15,33; Acts 23,12; Heb. 10,36)

ποιήσαντι ▸ 8 + 3 = 11
Verb ▪ aorist ▪ active ▪ participle ▪ masculine ▪ singular ▪ dative ▸ **8 + 3 = 11** (Psa. 113,23; Psa. 135,5; Psa. 135,7; Psa. 149,2; Wis. 16,24; Is. 17,7; Is. 29,16; Bar. 3,35; Heb. 3,2; James 2,13; Rev. 14,7)

ποιήσαντος ▸ 11
Verb ▪ aorist ▪ active ▪ participle ▪ masculine ▪ singular ▪ genitive ▸ **11** (3Mac. 7,22; Psa. 94,6; Psa. 105,21; Psa. 120,2; Psa. 123,8; Job 23,9; Sir. 10,12; Sir. 33,13; Sir. 38,15; Sir. 39,28; Hos. 8,14)

ποιησάντων ▸ 1
Verb ▪ aorist ▪ active ▪ participle ▪ masculine ▪ plural ▪ genitive ▸ **1** (2Mac. 13,12)

ποιήσας ▸ 36 + 20 = 56
Verb ▪ aorist ▪ active ▪ participle ▪ masculine ▪ singular ▪ nominative ▸ **36 + 20 = 56** (Lev. 9,22; Lev. 18,5; 1Sam. 12,6; 1Sam. 14,45; 2Sam. 12,5; 2Sam. 12,7; Neh. 9,29; 2Mac. 1,25; 2Mac. 8,35; 3Mac. 1,7; 3Mac. 1,9; 3Mac. 2,20; Psa. 38,10; Psa. 133,3; Ode. 12,2; Prov. 17,28; Job 8,3; Job 17,2; Job 35,10; Job 37,15; Wis. 9,1; Wis. 13,15; Wis. 14,8; Wis. 14,15; Sir. 4,6; Sir. 32,2; Sir. 43,5; Is. 27,11; Is. 42,5; Is. 43,1; Is. 44,2; Is. 45,7; Is. 45,11; Is. 45,18; Is. 45,18; Jer. 10,12; Luke 6,49; Luke 10,25; Luke 10,37; Luke 11,40; Luke 12,47; Luke 12,48; Luke 18,18; John 2,15; John 5,11; John 5,15; Acts 4,24; Acts 7,36; Acts 17,24; Acts 18,23; Acts 20,3; Acts 28,17; Rom. 10,5; Gal. 3,12; Eph. 2,14; Rev. 19,20)

ποιήσασα ▸ 1
Verb ▪ aorist ▪ active ▪ participle ▪ feminine ▪ singular ▪ nominative ▸ **1** (Sus. 43)

ποιήσασαν ▸ 1
Verb ▪ aorist ▪ active ▪ participle ▪ feminine ▪ singular ▪ accusative ▸ **1** (Mark 5,32)

ποιήσασθαι ▸ 6 + 1 = 7
Verb ▪ aorist ▪ middle ▪ infinitive ▸ **6 + 1 = 7** (2Mac. 3,7; 2Mac. 9,2; 2Mac. 14,18; 3Mac. 1,23; Dan. 2,9; Dan. 11,6; Rom. 15,26)

ποιήσασθε ▸ 1
Verb ▪ second ▪ plural ▪ aorist ▪ middle ▪ imperative ▸ **1** (Is. 32,10)

Ποιήσατε ▸ 3
Verb ▪ second ▪ plural ▪ aorist ▪ active ▪ imperative ▸ **3** (2Kings 3,16; 2Kings 18,31; 2Kings 23,21)

ποιήσατε ▸ 36 + 4 + 11 = 51
Verb ▪ second ▪ plural ▪ aorist ▪ active ▪ imperative ▸ **36 + 4 + 11 = 51** (Gen. 41,55; Gen. 42,18; Gen. 43,11; Gen. 45,17; Lev. 9,6; Num. 4,19; Num. 16,6; Josh. 9,25; Judg. 9,48; Judg. 19,24; 1Sam. 6,7; 2Sam. 3,18; 1Kings 18,25; 2Chr. 19,11; 1Esdr. 1,6; 1Esdr. 9,9; Ezra 7,18; Ezra 10,11; Esth. 1,13; Tob. 12,7; Tob. 13,8; 1Mac. 2,33; Sir. 3,1; Is. 41,23; Is. 56,1; Jer. 11,4; Jer. 11,6; Jer. 27,2; Jer. 27,15; Jer. 27,29; Jer. 33,13; Jer. 38,7; Jer. 42,15; Bar. 1,10; Ezek. 18,31; Ezek. 45,9; Judg. 9,48; Judg. 19,24; Judg. 21,22; Tob. 14,8; Matt. 3,8; Matt. 12,33; Matt. 12,33; Matt. 23,3; Luke 3,8; Luke 12,33; Luke 16,9; John 2,5; John 6,10; 1Cor. 16,1; Col. 4,16)

ποιήσατέ ▸ 1
Verb ▪ second ▪ plural ▪ aorist ▪ active ▪ imperative ▸ **1** (Jer. 33,14)

Ποιησάτω ▸ 1
Verb ▪ third ▪ singular ▪ aorist ▪ active ▪ imperative ▸ **1** (Judg. 11,37)

ποιησάτω ▸ 3 + 2 = 5
Verb ▪ third ▪ singular ▪ aorist ▪ active ▪ imperative ▸ **3 + 2 = 5** (Gen. 41,34; 2Sam. 13,5; 1Chr. 21,23; 1Pet. 3,11; Rev. 22,11)

ποιησάτωσαν ▸ 1
Verb ▪ third ▪ plural ▪ aorist ▪ active ▪ imperative ▸ **1** (Num. 15,38)

ποιήσει ▸ 154 + 12 + 17 = 183
Verb ▪ third ▪ singular ▪ future ▪ active ▪ indicative ▸ **154 + 12 + 17 = 183** (Gen. 20,9; Ex. 9,5; Ex. 12,47; Ex. 14,13; Ex. 21,9; Ex. 31,14; Ex. 31,15; Lev. 4,20; Lev. 5,10; Lev. 6,15; Lev. 14,19; Lev. 14,30; Lev. 15,15; Lev. 15,30; Lev. 16,15; Lev. 16,16; Lev. 16,24; Lev. 23,30; Lev. 25,21; Lev. 26,22; Num. 5,30; Num. 6,11; Num. 6,16; Num. 6,17; Num. 6,17; Num. 8,12; Num. 9,10; Num. 9,14; Num. 9,14; Num. 15,13; Num. 15,14; Num. 15,14; Num. 15,24; Num. 15,30; Num. 23,19; Num. 24,14; Num. 30,3; Deut. 3,21; Deut. 3,24; Deut. 7,19; Deut. 17,2; Deut. 27,15; Deut. 30,5; Deut. 30,5; Deut. 30,13; Deut. 31,4; Josh. 3,5; Josh. 10,25; 1Sam. 2,10; 1Sam. 2,35; 1Sam. 3,18; 1Sam. 12,16; 1Sam. 22,3; 1Sam. 25,28; 1Sam. 25,30; 1Sam. 28,2; 2Sam. 9,11; 2Sam. 10,12; 2Sam. 12,18; 2Sam. 14,15; 2Sam. 15,20; 1Kings 2,38; 2Kings 5,17; 2Kings 7,2; 2Kings 8,13; 2Kings 19,30; 2Kings 19,31; 2Kings 20,9; 1Chr. 19,13; Judith 10,16; Judith 11,4; Judith 11,6; Tob. 13,7; Tob. 13,8; 1Mac. 3,60; Psa. 36,5; Psa. 55,5; Psa. 55,12; Psa. 105,2; Psa. 117,6; Psa. 139,13; Psa. 144,19; Ode. 3,10; Ode. 4,17; Ode. 5,10; Prov. 4,27b; Eccl. 7,20; Eccl. 8,3; Eccl. 11,5; Job 14,9; Job 22,17; Job 26,14; Job 30,24; Job 42,8; Sir. 6,4; Sir. 8,15; Sir. 15,1; Sir. 15,11; Sir. 16,14; Sir. 18,31; Sir. 20,13; Sir. 35,18; Sir. 38,7; Sol. 3,5; Sol. 17,44; Sol. 18,6; Hos. 10,3; Mic. 7,9; Hab. 3,17; Zeph. 1,18; Is. 5,10; Is. 5,10; Is. 5,19; Is. 9,6; Is. 10,23; Is. 19,15; Is. 23,17; Is. 25,6; Is. 28,2; Is. 28,21; Is. 28,22; Is. 30,30; Is. 37,32; Is. 38,7; Is. 44,28; Jer. 16,20; Jer. 21,2; Jer. 23,5; Jer. 28,12; Ezek. 17,17; Ezek. 17,23; Ezek. 18,8; Ezek. 20,11; Ezek. 20,13; Ezek. 20,21; Ezek. 26,8; Ezek. 45,17; Ezek. 45,22; Ezek. 45,23; Ezek. 46,12; Ezek. 46,13; Ezek. 46,13; Ezek. 46,14; Dan. 8,24; Dan. 8,25; Dan. 11,3; Dan. 11,7; Dan. 11,16; Dan. 11,23; Dan. 11,24; Dan. 11,28; Dan. 11,30; Dan. 11,36; Dan. 11,39; Tob. 7,11; Dan. 8,24; Dan. 11,3; Dan. 11,7; Dan. 11,16; Dan. 11,17; Dan. 11,23; Dan. 11,24; Dan. 11,28; Dan. 11,30; Dan. 11,36; Dan. 11,39; Matt. 18,35; Matt. 21,40; Mark 9,39; Mark 12,9; Luke 18,8; Luke 20,15; John 7,31; John 14,12; John 14,12; Acts 13,22; Rom. 9,28; 1Cor. 7,37; 1Cor. 7,38; 1Cor. 10,13; 1Th. 5,24; Heb. 13,6; Rev. 11,7)

ποιήσειν ▸ 7
Verb ▪ future ▪ active ▪ infinitive ▸ **7** (Gen. 26,29; 2Mac. 7,24; 2Mac. 9,15; 2Mac. 11,2; 2Mac. 11,3; 4Mac. 5,10; Job 34,12)

ποιήσεις ▸ 219 + 2 + 3 = 224
Verb ▪ second ▪ singular ▪ future ▪ active ▪ indicative ▸ **219 + 2 + 3 = 224** (Gen. 6,14; Gen. 6,15; Gen. 6,16; Gen. 6,16; Gen. 6,16; Gen. 18,25; Gen. 18,25; Gen. 20,13; Gen. 21,23; Gen. 40,14; Gen. 47,29; Ex. 4,17; Ex. 4,21; Ex. 13,5; Ex. 20,4; Ex. 20,9; Ex. 20,10; Ex. 22,29; Ex. 23,11; Ex. 23,11; Ex. 23,12; Ex. 23,16; Ex. 23,24; Ex. 25,8; Ex. 25,9; Ex. 25,9; Ex. 25,10; Ex. 25,11; Ex. 25,13; Ex. 25,17; Ex. 25,18; Ex. 25,19; Ex. 25,23; Ex. 25,24; Ex. 25,25; Ex. 25,25; Ex. 25,26; Ex. 25,28; Ex. 25,29; Ex. 25,29; Ex. 25,31; Ex. 25,31; Ex. 25,37; Ex. 25,38; Ex. 25,40; Ex. 26,1; Ex. 26,1; Ex.

26,4; Ex. 26,4; Ex. 26,5; Ex. 26,5; Ex. 26,6; Ex. 26,7; Ex. 26,7; Ex. 26,10; Ex. 26,10; Ex. 26,11; Ex. 26,14; Ex. 26,15; Ex. 26,16; Ex. 26,17; Ex. 26,18; Ex. 26,19; Ex. 26,22; Ex. 26,23; Ex. 26,24; Ex. 26,26; Ex. 26,29; Ex. 26,31; Ex. 26,31; Ex. 26,36; Ex. 26,37; Ex. 27,1; Ex. 27,2; Ex. 27,3; Ex. 27,3; Ex. 27,4; Ex. 27,4; Ex. 27,6; Ex. 27,8; Ex. 27,8; Ex. 27,9; Ex. 28,2; Ex. 28,13; Ex. 28,14; Ex. 28,15; Ex. 28,15; Ex. 28,15; Ex. 28,22; Ex. 28,31; Ex. 28,33; Ex. 28,36; Ex. 28,39; Ex. 28,39; Ex. 28,40; Ex. 28,40; Ex. 28,42; Ex. 29,1; Ex. 29,2; Ex. 29,35; Ex. 29,36; Ex. 29,38; Ex. 29,39; Ex. 29,39; Ex. 29,41; Ex. 29,41; Ex. 30,1; Ex. 30,1; Ex. 30,3; Ex. 30,4; Ex. 30,4; Ex. 30,5; Ex. 30,25; Ex. 31,15; Ex. 34,17; Ex. 34,22; Ex. 35,2; Lev. 22,23; Lev. 23,3; Lev. 23,3; Num. 8,7; Num. 8,26; Num. 9,3; Num. 9,3; Num. 10,2; Num. 15,3; Num. 15,5; Num. 15,6; Num. 15,11; Num. 21,34; Num. 22,20; Num. 28,4; Num. 28,4; Num. 28,5; Num. 28,8; Num. 28,21; Num. 28,24; Deut. 3,2; Deut. 5,8; Deut. 5,13; Deut. 5,14; Deut. 6,18; Deut. 10,1; Deut. 12,14; Deut. 12,27; Deut. 12,28; Deut. 12,31; Deut. 15,1; Deut. 15,3; Deut. 15,17; Deut. 16,1; Deut. 16,8; Deut. 16,10; Deut. 16,12; Deut. 16,13; Deut. 16,21; Deut. 17,10; Deut. 17,11; Deut. 20,15; Deut. 22,3; Deut. 22,3; Deut. 22,3; Deut. 22,8; Deut. 22,8; Deut. 22,12; Deut. 23,24; Deut. 27,10; Deut. 30,8; Josh. 7,9; Josh. 8,2; Judg. 6,17; Judg. 9,33; Ruth 3,4; 1Sam. 10,8; 1Sam. 16,3; 1Sam. 20,8; 1Sam. 20,14; 1Sam. 24,5; 1Sam. 25,17; 1Sam. 26,25; 1Sam. 29,7; 1Kings 2,3; 1Kings 2,6; 1Kings 2,7; 1Kings 2,9; 1Kings 2,350; 1Kings 5,23; 1Kings 8,30; 1Kings 8,32; 1Kings 8,39; 1Kings 8,43; 1Kings 8,45; 1Kings 17,13; 1Kings 21,22; 2Kings 5,13; 2Kings 8,12; 1Chr. 4,10; 2Chr. 6,23; 2Chr. 6,33; 2Chr. 6,35; 2Chr. 6,39; 1Mac. 11,43; 2Mac. 11,26; Psa. 87,11; Psa. 118,84; Eccl. 8,4; Job 11,8; Hab. 1,14; Zech. 6,11; Is. 30,22; Is. 64,3; Jer. 4,30; Jer. 12,5; Ezek. 4,9; Ezek. 4,15; Ezek. 43,25; Ezek. 45,20; Ezek. 45,24; Ezek. 45,25; Judg. 6,17; Judg. 9,33; Philem. 21; Heb. 8,5; 3John 6)

ποιήσεται ▸ 4
Verb ▪ third ▪ singular ▪ future ▪ middle ▪ indicative ▸ **4** (Mic. 1,8; Nah. 1,8; Nah. 1,9; Dan. 11,17)

ποιήσετε ▸ 95 + 5 + 2 = 102
Verb ▪ second ▪ plural ▪ future ▪ active ▪ indicative ▸ 95 + 5 + 2 = **102** (Ex. 4,15; Ex. 12,16; Ex. 12,17; Ex. 20,23; Ex. 20,23; Ex. 30,32; Ex. 30,37; Lev. 2,11; Lev. 15,31; Lev. 16,29; Lev. 18,3; Lev. 18,3; Lev. 18,4; Lev. 18,5; Lev. 18,26; Lev. 19,4; Lev. 19,15; Lev. 19,27; Lev. 19,28; Lev. 19,28; Lev. 19,35; Lev. 19,37; Lev. 20,8; Lev. 20,22; Lev. 22,24; Lev. 22,31; Lev. 23,7; Lev. 23,8; Lev. 23,12; Lev. 23,21; Lev. 23,25; Lev. 23,28; Lev. 23,31; Lev. 23,35; Lev. 23,36; Lev. 24,5; Lev. 25,18; Lev. 25,18; Lev. 26,1; Num. 15,5; Num. 15,12; Num. 15,39; Num. 28,8; Num. 28,18; Num. 28,24; Num. 28,25; Num. 28,26; Num. 29,1; Num. 29,2; Num. 29,7; Num. 29,12; Num. 29,35; Num. 29,39; Num. 32,24; Deut. 1,18; Deut. 4,6; Deut. 7,5; Deut. 12,4; Deut. 12,8; Deut. 19,19; Deut. 22,26; Deut. 26,16; Deut. 29,8; Deut. 31,5; Deut. 31,29; Josh. 2,12; Josh. 2,14; Josh. 8,8; Judg. 7,17; Judg. 7,17; Judg. 18,14; Judg. 21,11; 1Sam. 11,10; 1Sam. 30,23; 2Kings 11,5; 2Kings 17,12; 2Chr. 19,7; 2Chr. 19,9; 2Chr. 19,10; 2Chr. 23,4; Esth. 16,17 # 8,12r; 1Mac. 12,18; 1Mac. 12,22; 2Mac. 2,16; Job 19,2; Sir. 2,14; Hos. 9,5; Zech. 8,16; Jer. 5,31; Jer. 17,22; Jer. 18,11; Ezek. 24,22; Ezek. 24,24; Ezek. 46,15; Ezek. 46,15; Judg. 7,17; Judg. 7,17; Judg. 18,14; Judg. 19,24; Judg. 21,11; Matt. 21,21; 2Th. 3,4)

ποιήσετέ ▸ 2
Verb ▪ second ▪ plural ▪ future ▪ active ▪ indicative ▸ **2** (Ex. 20,24; Num. 28,31)

ποιήση ▸ 44 + 1 + 9 = 54
Verb ▪ second ▪ singular ▪ future ▪ middle ▪ indicative ▸ **3** (1Mac. 6,22; Job 7,18; Job 14,13)
Verb ▪ third ▪ singular ▪ aorist ▪ active ▪ subjunctive ▸ 41 + 1 + 9 = **51** (Ex. 21,11; Ex. 30,33; Ex. 30,38; Lev. 4,2; Lev. 4,22; Lev. 5,17; Lev. 5,22; Lev. 17,8; Lev. 18,29; Num. 5,6; Num. 15,29; Deut. 8,16; Deut. 17,12; 1Sam. 20,2; Esth. 16,24 # 8,12x; Judith 7,28; Judith 12,4; 1Mac. 1,50; 1Mac. 14,45; Ode. 10,4; Sir. 42,11; Sir. 50,29; Hos. 8,7; Amos 3,7; Zeph. 3,5; Is. 26,10; Is. 62,7; Jer. 23,20; Jer. 37,24; Ezek. 3,20; Ezek. 18,14; Ezek. 18,21; Ezek. 18,24; Ezek. 18,26; Ezek. 18,27; Ezek. 33,13; Ezek. 33,14; Ezek. 33,18; Ezek. 33,19; Ezek. 46,12; Dan. 9,14; Tob. 8,4; Matt. 5,19; Matt. 12,50; Mark 3,35; Luke 13,9; Luke 18,7; 1Cor. 6,18; Eph. 6,8; Rev. 12,15; Rev. 13,15)

ποιήσης ▸ 26 + 2 + 1 = 29
Verb ▪ second ▪ singular ▪ aorist ▪ active ▪ subjunctive ▸ 26 + 2 + 1 = **29** (Gen. 22,12; Gen. 30,31; Ex. 15,26; Ex. 18,23; Ex. 23,22; Ex. 23,22; Deut. 12,25; Deut. 12,28; Deut. 21,9; Deut. 28,20; Judg. 13,16; 2Sam. 13,12; 1Kings 11,38; 2Chr. 7,17; 1Esdr. 4,46; Judith 11,23; Tob. 4,15; Tob. 4,21; Prov. 5,7; Sir. 8,16; Sir. 8,18; Sir. 12,5; Sir. 32,19; Sir. 33,30; Jer. 10,24; Jer. 47,16; Judg. 13,16; Tob. 4,21; Mark 10,35)

ποιήσηται ▸ 1
Verb ▪ third ▪ singular ▪ aorist ▪ middle ▪ subjunctive ▸ **1** (Job 31,14)

ποιήσητε ▸ 27 + 2 + 1 = 30
Verb ▪ second ▪ plural ▪ aorist ▪ active ▪ subjunctive ▸ 27 + 2 + 1 = **30** (Gen. 19,8; Lev. 18,30; Lev. 26,3; Lev. 26,14; Num. 15,12; Num. 15,22; Num. 15,40; Num. 32,20; Num. 32,23; Deut. 4,16; Deut. 4,23; Deut. 4,25; Deut. 4,25; Deut. 7,12; Josh. 6,18; Josh. 23,12; Judg. 15,7; Judg. 19,23; Judg. 19,24; Ezra 6,8; Neh. 1,9; Jer. 5,10; Jer. 7,5; Jer. 22,4; Jer. 22,5; Jer. 51,4; Ezek. 36,27; Judg. 15,7; Judg. 19,23; Luke 17,10)

ποιήσομαι ▸ 2
Verb ▪ first ▪ singular ▪ future ▪ middle ▪ indicative ▸ **2** (Judg. 15,7; Job 31,14)

ποιησόμεθα ▸ 1
Verb ▪ first ▪ plural ▪ future ▪ middle ▪ indicative ▸ **1** (John 14,23)

ποιήσομεν ▸ 34 + 3 + 4 = 41
Verb ▪ first ▪ plural ▪ future ▪ active ▪ indicative ▸ 34 + 3 + 4 = **41** (Ex. 10,25; Ex. 19,8; Ex. 24,3; Ex. 24,7; Num. 10,29; Num. 10,32; Num. 32,31; Deut. 5,27; Deut. 30,12; Deut. 30,13; Josh. 1,16; Josh. 9,20; Judg. 1,24; Judg. 11,10; Judg. 13,15; Judg. 20,9; 2Sam. 17,6; 2Kings 10,5; 2Kings 10,5; 1Esdr. 9,10; Neh. 5,12; Tob. 6,13; 1Mac. 2,34; 1Mac. 8,32; 1Mac. 10,16; 1Mac. 13,9; Psa. 59,14; Psa. 107,14; Jer. 18,12; Jer. 49,3; Jer. 49,5; Jer. 49,20; Jer. 51,17; Jer. 51,25; Judg. 1,24; Judg. 11,10; Tob. 6,13; Matt. 28,14; Heb. 6,3; James 4,13; James 4,15)

ποιήσομέν ▸ 1
Verb ▪ first ▪ plural ▪ future ▪ active ▪ indicative ▸ **1** (Song 1,11)

Ποίησον ▸ 6
Verb ▪ second ▪ singular ▪ aorist ▪ active ▪ imperative ▸ **6** (Ex. 30,18; Ex. 32,23; Num. 10,2; Num. 21,8; Josh. 5,2; Jer. 34,2)

ποίησον ▸ 54 + 6 + 8 = 68
Verb ▪ second ▪ singular ▪ aorist ▪ active ▪ imperative ▸ 54 + 6 + 8 = **68** (Gen. 6,14; Gen. 18,5; Gen. 18,6; Gen. 24,12; Gen. 35,1; Ex. 32,1; Lev. 9,7; Lev. 9,7; Num. 17,3; Judg. 10,15; Judg. 16,26; 2Sam. 13,7; 2Sam. 19,28; 2Sam. 19,38; 1Kings 2,31; 1Kings 17,13; 1Kings 17,13; 1Kings 21,24; 1Kings 22,22; 2Chr. 18,21; Ezra 10,4; Esth. 6,10; Judith 9,14; Tob. 3,6; Tob. 4,8; Tob. 8,17; 1Mac. 2,18; 1Mac. 7,38; 4Mac. 6,29; Psa. 33,15; Psa. 36,27; Psa. 82,10; Psa. 85,17; Psa. 108,21; Psa. 118,124; Ode. 7,42; Prov. 5,8; Prov. 30,8; Eccl. 9,10; Job 11,14; Sir. 12,2; Sir. 12,5; Sir. 28,25; Sir. 28,25; Sir. 38,17; Sol. 16,10; Is. 8,2; Jer. 14,7; Jer. 18,23; Jer.

ποιέω

26,19; Jer. 38,21; Ezek. 12,3; Dan. 3,42; Dan. 9,19; Judg. 10,15; Tob. 3,6; Tob. 8,17; Dan. 1,13; Dan. 3,42; Dan. 9,19; Matt. 8,9; Luke 4,23; Luke 7,8; John 13,27; Acts 7,40; Acts 21,23; 2Tim. 4,5; Rev. 2,5)

ποίησόν ‣ 5 + 1 + 1 = 7
  Verb · second · singular · aorist · active · imperative ‣ 5 + 1 + 1 = 7 (Gen. 27,4; Gen. 27,7; Judg. 11,37; Psa. 142,8; Is. 49,20; Judg. 11,36; Luke 15,19)

ποιήσονται ‣ 1
  Verb · third · plural · future · middle · indicative ‣ 1 (1Mac. 8,30)

ποιήσουσι ‣ 2
  Verb · third · plural · future · active · indicative ‣ 2 (Ezek. 7,23; Dan. 11,32)

ποιήσουσιν ‣ 39 + 1 + 5 = 45
  Verb · third · plural · future · active · indicative ‣ 39 + 1 + 5 = 45 (Ex. 18,20; Ex. 21,31; Ex. 28,3; Ex. 28,4; Ex. 28,4; Ex. 28,6; Ex. 30,35; Ex. 31,6; Ex. 31,11; Lev. 23,19; Num. 4,26; Num. 9,11; Num. 9,12; Num. 32,25; Deut. 25,9; 1Sam. 11,7; 1Mac. 6,27; Prov. 13,23; Eccl. 2,3; Job 5,12; Zeph. 3,13; Is. 10,3; Is. 19,21; Is. 33,23; Is. 37,31; Is. 39,7; LetterJ 37; Ezek. 16,41; Ezek. 23,25; Ezek. 23,29; Ezek. 23,48; Ezek. 25,14; Ezek. 33,31; Ezek. 33,32; Ezek. 37,24; Ezek. 43,11; Ezek. 43,25; Ezek. 43,27; Ezek. 46,2; Dan. 11,32; John 15,21; John 16,2; John 16,3; 1Cor. 15,29; Rev. 17,16)

Ποιήσω ‣ 3
  Verb · first · singular · future · active · indicative ‣ 3 (2Sam. 10,2; 1Chr. 19,2; 1Mac. 3,14)

ποιήσω ‣ 159 + 2 + 25 = 186
  Verb · first · singular · aorist · active · subjunctive ‣ 27 + 1 + 13 = 41 (Gen. 27,37; Gen. 30,30; Gen. 31,43; Gen. 39,9; Ex. 17,4; Judg. 7,17; 1Sam. 10,2; 1Sam. 13,9; 1Sam. 24,7; 1Sam. 28,15; 2Sam. 3,9; 2Sam. 9,1; 2Sam. 9,3; 1Kings 18,23; 1Kings 18,29; 2Kings 2,9; 2Kings 4,2; Neh. 6,13; Tob. 3,10; Ode. 10,4; Ode. 10,5; Job 31,14; Job 35,3; Hos. 11,9; Zeph. 3,20; Is. 5,4; Jer. 6,8; Judg. 7,17; Matt. 19,16; Matt. 20,32; Mark 10,36; Mark 10,51; Mark 15,12; Luke 12,17; Luke 16,3; Luke 18,41; Luke 20,13; John 4,34; John 17,4; Acts 22,10; 1Cor. 6,15)
  Verb · first · singular · future · active · indicative ‣ 132 + 1 + 12 = 145 (Gen. 12,2; Gen. 13,16; Gen. 21,13; Gen. 21,18; Gen. 27,9; Gen. 32,10; Gen. 32,13; Gen. 46,3; Gen. 47,30; Gen. 48,4; Ex. 3,20; Ex. 6,1; Ex. 12,12; Ex. 32,10; Ex. 33,5; Ex. 33,17; Ex. 34,10; Ex. 34,10; Lev. 26,16; Num. 14,12; Num. 14,28; Num. 14,35; Num. 22,17; Num. 23,26; Num. 33,56; Deut. 9,14; Deut. 12,30; Deut. 32,39; Judg. 16,20; Ruth 3,5; Ruth 3,11; 1Sam. 20,4; 2Sam. 2,6; 2Sam. 9,7; 2Sam. 11,11; 2Sam. 12,12; 2Sam. 18,4; 2Sam. 19,39; 2Sam. 19,39; 2Sam. 21,3; 2Sam. 21,4; 2Sam. 24,12; 1Kings 1,30; 1Kings 5,22; 1Kings 11,12; 1Kings 17,12; 1Kings 21,9; 1Chr. 21,10; 2Chr. 25,9; Esth. 13,14 # 4,17e; Esth. 5,4; Esth. 5,8; Esth. 5,8; Esth. 6,6; Judith 2,12; Judith 7,31; Judith 8,32; Judith 12,14; Tob. 5,1; 1Mac. 10,56; 1Mac. 11,42; 2Mac. 9,4; 2Mac. 14,33; 4Mac. 18,19; Psa. 65,15; Ode. 2,39; Ode. 11,19; Hos. 6,4; Hos. 6,4; Hos. 10,15; Amos 4,12; Amos 4,12; Mic. 5,14; Is. 1,24; Is. 5,5; Is. 10,11; Is. 10,13; Is. 38,19; Is. 41,18; Is. 42,16; Is. 42,16; Is. 42,16; Is. 43,13; Is. 43,19; Is. 46,10; Is. 48,11; Is. 52,7; Is. 65,8; Jer. 4,27; Jer. 5,18; Jer. 7,14; Jer. 9,6; Jer. 19,12; Jer. 26,28; Jer. 26,28; Jer. 35,13; Jer. 36,32; Jer. 38,13; Jer. 40,6; Jer. 40,9; Jer. 40,9; Bar. 2,23; Ezek. 5,8; Ezek. 5,9; Ezek. 5,9; Ezek. 5,10; Ezek. 7,27; Ezek. 8,18; Ezek. 11,9; Ezek. 12,25; Ezek. 12,25; Ezek. 12,28; Ezek. 16,59; Ezek. 17,24; Ezek. 22,14; Ezek. 24,14; Ezek. 25,11; Ezek. 25,17; Ezek. 28,26; Ezek. 29,15; Ezek. 30,14; Ezek. 30,19; Ezek. 33,29; Ezek. 35,4; Ezek. 35,11; Ezek. 35,14;

2051

Ezek. 36,11; Ezek. 36,27; Ezek. 36,36; Ezek. 37,14; Dan. 4,37a; Dan. 6,13a; Tob. 5,1; Matt. 4,19; Matt. 17,4; Matt. 27,22; Mark 1,17; Mark 10,17; Luke 12,18; Luke 16,4; John 14,13; John 14,14; 2Cor. 11,12; Rev. 3,9; Rev. 3,12)

Ποιήσωμεν ‣ 2
  Verb · first · plural · aorist · active · subjunctive ‣ 2 (Gen. 1,26; 1Mac. 5,57)

ποιήσωμεν ‣ 23 + 5 + 8 = 36
  Verb · first · plural · aorist · active · subjunctive ‣ 23 + 5 + 8 = 36 (Gen. 2,18; Gen. 11,4; Gen. 35,3; Judg. 13,8; Judg. 21,7; Judg. 21,16; 1Sam. 5,8; 1Sam. 6,2; 2Sam. 16,20; 2Kings 4,10; 2Kings 6,2; 2Kings 6,15; 2Chr. 14,6; 2Chr. 20,12; Esth. 5,5; Tob. 8,6; 1Mac. 2,40; 1Mac. 3,50; 1Mac. 6,58; Song 8,8; Jonah 1,11; Is. 27,5; Is. 27,5; Judg. 13,8; Judg. 13,15; Judg. 21,7; Judg. 21,16; Tob. 8,6; Mark 9,5; Luke 3,10; Luke 3,12; Luke 3,14; Luke 9,33; Acts 2,37; Acts 4,16; Rom. 3,8)

ποιήσων ‣ 1
  Verb · future · active · participle · masculine · singular · nominative ‣ 1 (Acts 24,17)

ποιήσωσιν ‣ 14 + 4 = 18
  Verb · third · plural · aorist · active · subjunctive ‣ 14 + 4 = 18 (Ex. 23,33; Lev. 4,13; Num. 15,34; Deut. 20,12; 1Sam. 13,19; Judith 11,11; Judith 11,15; 1Mac. 4,44; 1Mac. 5,16; 1Mac. 13,48; Job 41,18; Jer. 16,6; Jer. 18,10; Ezek. 44,14; Matt. 12,16; Mark 3,12; Luke 19,48; John 6,15)

ποιῆτε ‣ 2 + 7 = 9
  Verb · second · plural · present · active · subjunctive ‣ 2 + 7 = 9 (Num. 15,6; Num. 15,8; John 13,15; John 13,17; John 15,14; 2Cor. 13,7; Gal. 5,17; Col. 3,17; Col. 3,23)

ποιοῦμαι ‣ 2
  Verb · first · singular · present · middle · indicative ‣ 2 (Acts 20,24; Rom. 1,9)

ποιοῦμεν ‣ 3 + 4 = 7
  Verb · first · plural · present · active · indicative ‣ 3 + 4 = 7 (Deut. 12,8; 2Kings 7,9; Is. 29,15; John 11,47; 1John 1,6; 1John 1,10; 1John 3,22)

ποιούμενοι ‣ 1 + 1 = 2
  Verb · present · middle · participle · masculine · plural · nominative ‣ 1 + 1 = 2 (1Esdr. 5,70; 1Th. 1,2)

ποιούμενος ‣ 4 + 5 = 9
  Verb · present · middle · participle · masculine · singular · nominative ‣ 4 + 5 = 9 (1Mac. 15,25; 3Mac. 5,15; Job 22,4; Dan. 6,19; Luke 13,22; Eph. 1,16; Phil. 1,4; Philem. 4; Jude 3)

ποιουμένου ‣ 2
  Verb · present · middle · participle · masculine · singular · genitive ‣ 2 (2Mac. 3,33; 2Mac. 4,28)

ποιουμένῳ ‣ 1
  Verb · present · middle · participle · masculine · singular · dative ‣ 1 (2Mac. 2,31)

ποιουμένων ‣ 1
  Verb · present · middle · participle · masculine · plural · genitive ‣ 1 (2Mac. 12,10)

ποιοῦν ‣ 2 + 6 = 8
  Verb · present · active · participle · neuter · singular · accusative ‣ 2 + 6 = 8 (Gen. 1,11; Gen. 1,12; Matt. 3,10; Matt. 7,19; Luke 3,9; Luke 6,43; Luke 6,43; Rev. 22,2)

ποιοῦντα ‣ 10 + 1 + 5 = 16
  Verb · present · active · participle · masculine · singular · accusative ‣ 9 + 1 + 4 = 14 (Judg. 9,48; Psa. 145,7; Job 5,9; Job 5,11; Sir. 50,22; Sir. 50,22; Sol. 12,5; Mal. 2,12; Ezek. 18,10; Judg. 9,48; Matt. 24,46; Luke 12,43; John 5,19; Acts 24,12)
  Verb · present · active · participle · neuter · plural · nominative

Π, π

▸ 1 + 1 = **2** (Psa. 148,8; Rev. 16,14)

ποιοῦνται ▸ **1**
Verb · third · plural · present · middle · indicative ▸ **1** (Luke 5,33)

ποιοῦντας ▸ **8** + **3** = **11**
Verb · present · active · participle · masculine · plural · accusative ▸ **8** + **3** = **11** (Ezra 3,8; Ezra 3,9; 1Mac. 10,11; Psa. 33,17; Psa. 36,1; Psa. 100,3; Job 34,22; Sol. 4,24; Matt. 13,41; Rom. 16,17; 1Pet. 3,12)

ποιοῦντες ▸ **35** + **4** + **7** = **46**
Verb · present · active · participle · masculine · plural · nominative ▸ **35** + **4** + **7** = **46** (Ex. 36,4; Num. 32,13; 1Kings 5,30; 2Kings 17,29; 2Kings 24,16; 1Chr. 23,24; 1Chr. 26,8; 2Chr. 24,13; 2Chr. 26,13; 1Esdr. 5,56; Neh. 4,15; Neh. 11,12; Neh. 13,10; Tob. 12,9; Tob. 14,7; Psa. 102,20; Psa. 102,21; Psa. 105,3; Psa. 106,23; Psa. 113,16; Psa. 134,18; Job 13,9; Sol. 15,8; Mal. 3,15; Mal. 3,19; Is. 19,10; Is. 29,15; Is. 29,15; Is. 29,21; Is. 41,29; Is. 44,9; Jer. 7,5; Jer. 22,4; Jer. 39,30; Jer. 51,17; Tob. 4,6; Tob. 12,9; Tob. 12,10; Tob. 14,7; Luke 8,21; Acts 19,14; Acts 25,3; Gal. 6,9; Eph. 2,3; Eph. 6,6; 2Pet. 1,10)

ποιοῦντι ▸ **4** + **2** = **6**
Verb · present · active · participle · masculine · singular · dative ▸ **4** + **1** = **5** (Judg. 13,19; 2Sam. 3,39; Psa. 36,7; Psa. 135,4; James 4,17)
Verb · present · active · participle · neuter · singular · dative ▸ **1** (Matt. 21,43)

ποιοῦντος ▸ **2** + **1** = **3**
Verb · present · active · participle · masculine · singular · genitive ▸ **2** + **1** = **3** (2Mac. 12,41; Eccl. 3,9; Matt. 6,3)

ποιοῦντός ▸ **1**
Verb · present · active · participle · masculine · singular · genitive ▸ **1** (Tob. 4,6)

ποιούντων ▸ **13**
Verb · present · active · participle · masculine · plural · genitive ▸ **13** (1Kings 2,35h; 1Kings 12,21; 2Kings 12,12; 2Kings 22,5; 2Kings 22,9; 1Chr. 22,15; 2Chr. 11,1; 2Chr. 34,10; 2Chr. 34,13; 2Chr. 34,16; 2Chr. 34,17; Eccl. 8,11; Job 34,8)

ποιοῦσα ▸ **1**
Verb · present · active · participle · feminine · singular · nominative ▸ **1** (Ezek. 22,3)

Ποιοῦσαι ▸ **1**
Verb · present · active · participle · feminine · plural · nominative ▸ **1** (Jer. 51,25)

ποιοῦσαι ▸ **3**
Verb · present · active · participle · feminine · plural · nominative ▸ **3** (Lev. 18,29; 2Chr. 26,11; Jer. 51,25)

ποιούσαις ▸ **1**
Verb · present · active · participle · feminine · plural · dative ▸ **1** (Ezek. 13,18)

ποιοῦσαν ▸ **1**
Verb · present · active · participle · feminine · singular · accusative ▸ **1** (Jer. 7,29)

ποιοῦσι ▸ **2**
Verb · present · active · participle · masculine · plural · dative ▸ **2** (2Chr. 34,10; Tob. 4,7)

ποιοῦσιν ▸ **36** + **2** + **12** = **50**
Verb · present · active · participle · masculine · plural · dative ▸ **13** + **1** + **1** = **15** (2Kings 12,12; 2Kings 12,15; 2Kings 12,16; 2Kings 22,5; 2Chr. 24,12; Neh. 2,16; Tob. 4,11; 4Mac. 18,16; Psa. 30,24; Psa. 110,10; Prov. 1,7; Job 31,3; Is. 64,4; Tob. 4,7; James 3,18)
Verb · third · plural · present · active · indicative ▸ **23** + **1** + **11** = **35** (Gen. 39,22; Ex. 5,8; Deut. 12,30; Deut. 31,21; 1Sam. 8,8; 2Kings 12,16; 2Kings 17,34; 2Kings 17,40; 2Kings 17,41; 2Kings 22,7; 1Esdr. 4,4; 1Esdr. 4,17; 1Esdr. 4,17; 1Mac. 8,2; 1Mac. 9,37; Prov. 11,24; Eccl. 10,19; Jer. 7,17; Ezek. 8,6; Ezek. 8,6; Ezek. 8,9; Ezek. 8,12; Ezek. 8,13; Judg. 14,10; Matt. 5,46; Matt. 5,47; Matt. 6,2; Matt. 12,2; Matt. 23,3; Matt. 23,5; Mark 2,24; Luke 6,33; Luke 23,31; Luke 23,34; Rom. 1,32)

Ποιῶ ▸ **1**
Verb · first · singular · present · active · indicative ▸ **1** (Tob. 7,12)

ποιῶ ▸ **19** + **1** + **23** = **43**
Verb · first · singular · present · active · indicative ▸ **19** + **1** + **22** = **42** (Gen. 18,17; Josh. 2,12; Judg. 15,3; 1Sam. 3,11; 2Kings 10,21; Neh. 2,16; Neh. 6,3; Judith 8,34; Zeph. 3,19; Zech. 8,11; Mal. 3,17; Mal. 3,21; Is. 43,19; Is. 65,18; Is. 66,22; Ezek. 12,11; Ezek. 22,14; Ezek. 36,22; Ezek. 36,32; Judg. 15,3; Matt. 21,24; Matt. 21,27; Matt. 26,18; Mark 11,29; Mark 11,33; Luke 20,8; John 5,36; John 8,28; John 8,29; John 10,25; John 10,37; John 10,38; John 13,7; John 14,12; John 14,31; Rom. 7,15; Rom. 7,16; Rom. 7,19; Rom. 7,20; 1Cor. 9,23; 2Cor. 11,12; Rev. 21,5)
Verb · first · singular · present · active · subjunctive ▸ **1** (John 6,38)

ποιῶμεν ▸ **2**
Verb · first · plural · present · active · subjunctive ▸ **2** (John 6,28; 1John 5,2)

ποιῶν ▸ **70** + **1** + **27** = **98**
Verb · present · active · participle · masculine · singular · nominative ▸ **70** + **1** + **26** = **97** (Ex. 15,11; Ex. 20,6; Ex. 34,7; Ex. 35,2; Deut. 5,10; Deut. 10,18; Deut. 18,12; Deut. 22,5; Deut. 25,16; Deut. 25,16; 1Sam. 25,28; 1Sam. 26,25; 2Sam. 8,15; 2Sam. 9,7; 2Sam. 22,51; Ezra 7,26; Psa. 9,17; Psa. 13,1; Psa. 13,3; Psa. 14,5; Psa. 17,51; Psa. 52,2; Psa. 52,4; Psa. 71,18; Psa. 76,15; Psa. 85,10; Psa. 100,7; Psa. 102,6; Psa. 103,4; Psa. 103,32; Ode. 1,11; Prov. 12,22; Prov. 16,12; Prov. 20,11; Prov. 25,22; Job 9,9; Job 9,10; Job 25,2; Job 34,13; Sir. 20,4; Sir. 27,27; Sir. 29,1; Sir. 34,26; Sir. 35,2; Sol. 6,6; Sol. 9,3; Sol. 9,5; Sol. 9,5; Sol. 15,4; Sol. 17,15; Sol. 17,19; Amos 4,13; Amos 5,7; Amos 5,8; Amos 9,12; Mal. 2,17; Is. 45,7; Is. 45,7; Is. 54,5; Is. 56,2; Jer. 5,1; Jer. 9,23; Jer. 17,8; Jer. 17,11; Jer. 28,15; Jer. 31,10; Jer. 39,18; Jer. 40,2; Ezek. 17,15; Ezek. 18,5; Tob. 7,6; Matt. 7,21; Matt. 7,26; Luke 6,47; John 3,21; John 5,18; John 8,34; John 18,30; John 19,12; Acts 10,2; Acts 15,17; Acts 19,24; Rom. 3,12; Rom. 12,20; Eph. 2,15; 1Tim. 4,16; 1Tim. 5,21; Heb. 1,7; Heb. 13,21; 1John 2,17; 1John 2,29; 1John 3,4; 1John 3,7; 1John 3,8; 1John 3,10; Rev. 21,27; Rev. 22,15)
Verb · present · active · participle · masculine · singular · vocative ▸ **1** (Rom. 2,3)

ποιῶσιν ▸ **1** + **4** = **5**
Verb · third · plural · present · active · subjunctive ▸ **1** + **4** = **5** (Ezek. 11,20; Matt. 7,12; Luke 6,31; Rom. 2,14; Heb. 13,17)

ποίεω to do, make; to work ▸ **4** + **1** = **5**
ποιῶν ▸ **4** + **1** = **5**
Verb · present · active · participle · masculine · singular · nominative ▸ **4** + **1** = **5** (1Kings 7,26; 2Kings 10,25; 1Chr. 18,14; Is. 10,12; Dan. 6,11)

ποίημα (ποιέω) created thing; deed ▸ **28** + **1** + **2** = **31**
ποίημα ▸ **10** + **1** = **11**
Noun · neuter · singular · accusative · (common) ▸ **5** (Eccl. 3,11; Eccl. 4,3; Eccl. 8,9; Eccl. 8,17; Eccl. 12,14)
Noun · neuter · singular · nominative · (common) ▸ **5** + **1** = **6** (Eccl. 2,17; Eccl. 8,14; Eccl. 8,14; Eccl. 9,10; Is. 29,16; Eph. 2,10)

ποίημά ▸ **1**
Noun · neuter · singular · accusative · (common) ▸ **1** (Eccl. 2,4)

ποίημα–ποικιλτός

ποιήμασιν ▸ 3 + 1 = 4
  Noun · neuter · plural · dative · (common) ▸ 3 + 1 = 4 (Ezra 9,13; Psa. 142,5; Eccl. 3,22; Rom. 1,20)
ποιήμασίν ▸ 1
  Noun · neuter · plural · dative · (common) ▸ 1 (Eccl. 2,11)
ποιήματα ▸ 9 + 1 = 10
  Noun · neuter · plural · accusative · (common) ▸ 8 (1Sam. 8,8; Neh. 6,14; Psa. 63,10; Eccl. 1,14; Eccl. 5,5; Eccl. 7,13; Eccl. 8,17; Eccl. 11,5)
  Noun · neuter · plural · nominative · (common) ▸ 1 + 1 = 2 (1Sam. 19,4; Judg. 13,12)
ποιήματά ▸ 1
  Noun · neuter · plural · accusative · (common) ▸ 1 (Eccl. 9,7)
ποιήματι ▸ 1
  Noun · neuter · singular · dative · (common) ▸ 1 (Eccl. 3,17)
ποιήματί ▸ 1
  Noun · neuter · singular · dative · (common) ▸ 1 (Psa. 91,5)
ποιήματος ▸ 1
  Noun · neuter · singular · genitive · (common) ▸ 1 (Eccl. 4,4)

ποίησις (ποιέω) doing; creation ▸ 10 + 1 + 1 = 12
  ποιήσει ▸ 1 + 1 = 2
    Noun · feminine · singular · dative · (common) ▸ 1 + 1 = 2 (Sir. 51,19; James 1,25)
  ποιήσεως ▸ 3
    Noun · feminine · singular · genitive · (common) ▸ 3 (Ex. 32,35; Sir. 16,26; Ezek. 43,18)
  ποίησιν ▸ 5 + 1 = 6
    Noun · feminine · singular · accusative · (common) ▸ 5 + 1 = 6 (Ex. 28,8; Ex. 36,12; Lev. 8,7; 2Kings 16,10; Psa. 18,2; Dan. 9,14)
  ποίησις ▸ 1
    Noun · feminine · singular · nominative · (common) ▸ 1 (Sir. 19,20)

ποιητής (ποιέω) maker, creator; poet ▸ 1 + 6 = 7
  ποιηταὶ ▸ 2
    Noun · masculine · plural · nominative ▸ 2 (Rom. 2,13; James 1,22)
  ποιητὰς ▸ 1
    Noun · masculine · plural · accusative · (common) ▸ 1 (1Mac. 2,67)
  ποιητής ▸ 1
    Noun · masculine · singular · nominative ▸ 1 (James 1,23)
  ποιητὴς ▸ 2
    Noun · masculine · singular · nominative ▸ 2 (James 1,25; James 4,11)
  ποιητῶν ▸ 1
    Noun · masculine · plural · genitive ▸ 1 (Acts 17,28)

ποικιλία (ποικίλος) embroidery; variety, diversity ▸ 10 + 1 = 11
  ποικιλία ▸ 1
    Noun · feminine · singular · nominative · (common) ▸ 1 (Sir. 43,25)
  ποικιλίᾳ ▸ 4
    Noun · feminine · singular · dative · (common) ▸ 4 (Ex. 27,16; Ex. 36,15; Sol. 4,3; Sol. 12,2)
  ποικιλίαν ▸ 2
    Noun · feminine · singular · accusative · (common) ▸ 2 (4Mac. 15,24; Sir. 38,27)
  ποικιλίας ▸ 3 + 1 = 4
    Noun · feminine · singular · genitive · (common) ▸ 3 + 1 = 4 (Ex. 35,35; Judg. 5,30; Ezek. 27,7; Judg. 5,30)

ποικίλλω (ποικίλος) to embroider; to dress with embroidery ▸ 2
  πεποικιλμένη ▸ 2
    Verb · perfect · passive · participle · feminine · singular · nominative ▸ 2 (Psa. 44,10; Psa. 44,14)

ποίκιλμα embroidered fabric ▸ 3
  ποικίλματα ▸ 3
    Noun · neuter · plural · accusative · (common) ▸ 2 (Jer. 13,23; Ezek. 27,16)
    Noun · neuter · plural · nominative · (common) ▸ 1 (Ezek. 23,15)

ποικίλος many colored; various kinds ▸ 26 + 10 = 36
  ποικίλα ▸ 5
    Adjective · neuter · plural · accusative · noDegree ▸ 2 (Gen. 30,39; Ezek. 16,10)
    Adjective · neuter · plural · nominative · noDegree ▸ 3 (Gen. 31,8; Gen. 31,8; Ezek. 16,13)
  ποικίλαις ▸ 2 + 7 = 9
    Adjective · feminine · plural · dative · noDegree ▸ 2 + 7 = 9 (3Mac. 2,6; 4Mac. 18,21; Matt. 4,24; Mark 1,34; Luke 4,40; 2Tim. 3,6; Titus 3,3; Heb. 2,4; Heb. 13,9)
  ποικίλας ▸ 1
    Adjective · feminine · plural · accusative · noDegree ▸ 1 (4Mac. 17,7)
  ποικίλη ▸ 1
    Adjective · feminine · singular · nominative · noDegree ▸ 1 (3Mac. 1,21)
  ποικίλην ▸ 2
    Adjective · feminine · singular · accusative · noDegree ▸ 2 (Josh. 7,21; 2Mac. 15,21)
  ποικίλης ▸ 1
    Adjective · feminine · singular · genitive ▸ 1 (1Pet. 4,10)
  ποικίλοι ▸ 4
    Adjective · masculine · plural · nominative · noDegree ▸ 4 (Gen. 31,10; Zech. 1,8; Zech. 6,3; Zech. 6,6)
  ποικίλοις ▸ 1 + 2 = 3
    Adjective · masculine · plural · dative ▸ 2 (James 1,2; 1Pet. 1,6)
    Adjective · neuter · plural · dative · noDegree ▸ 1 (4Mac. 7,4)
  ποικίλον ▸ 7
    Adjective · masculine · singular · accusative · noDegree ▸ 5 (Gen. 37,3; Gen. 37,23; Gen. 37,32; Ezek. 16,18; Ezek. 26,16)
    Adjective · neuter · singular · accusative · noDegree ▸ 1 (Gen. 30,40)
    Adjective · neuter · singular · nominative · noDegree ▸ 1 (Gen. 30,37)
  ποικίλους ▸ 2
    Adjective · masculine · plural · accusative · noDegree ▸ 2 (Gen. 31,12; 1Chr. 29,2)
  ποικίλων ▸ 1
    Adjective · masculine · plural · genitive · noDegree ▸ 1 (Judg. 5,30)

ποικιλτής (ποικίλος) embroiderer ▸ 7 + 1 = 8
  ποικιλτοῦ ▸ 7
    Noun · masculine · singular · genitive · (common) ▸ 7 (Ex. 26,36; Ex. 28,6; Ex. 28,15; Ex. 28,39; Ex. 36,36; Ex. 37,16; Sir. 45,10)
  ποικιλτῶν ▸ 1
    Noun · masculine · plural · genitive · (common) ▸ 1 (Judg. 5,30)

ποικιλτικός (ποικίλος) embroidered, related to embroidery ▸ 2
  ποικιλτικὰ ▸ 1
    Adjective · neuter · plural · accusative · noDegree ▸ 1 (Ex. 37,21)
  ποικιλτικὴν ▸ 1
    Adjective · feminine · singular · accusative · noDegree ▸ 1 (Job 38,36)

ποικιλτός (ποικίλος) embroidered ▸ 1

ποικιλτὰ ▸ 1
: **Adjective** · neuter · plural · accusative · noDegree ▸ **1** (Ex. 35,35)

ποικίλως (ποικίλος) variously ▸ 2
: ποικίλως ▸ 2
  : **Adverb** ▸ **2** (Esth. 1,6; 4Mac. 16,3)

ποιμαίνω (ποιμήν) to shepherd, feed ▸ 54 + 11 = 65
: ἐποίμαινεν ▸ 1
  : **Verb** · third · singular · imperfect · active · indicative ▸ **1** (Gen. 30,36)
: ἐποίμαινον ▸ 1
  : **Verb** · first · singular · imperfect · active · indicative ▸ **1** (Psa. 151,1)
: ἐποίμαινόν ▸ 1
  : **Verb** · first · singular · imperfect · active · indicative ▸ **1** (Hos. 13,5)
: ἐποίμανεν ▸ 1
  : **Verb** · third · singular · aorist · active · indicative ▸ **1** (Psa. 77,72)
: Ποίμαινε ▸ 1
  : **Verb** · second · singular · present · active · imperative ▸ **1** (Mic. 7,14)
: ποίμαινε ▸ 1 + 1 = 2
  : **Verb** · second · singular · present · active · imperative ▸ **1 + 1 = 2** (Song 1,8; John 21,16)
: ποιμαίνει ▸ 6 + 1 = 7
  : **Verb** · third · singular · present · active · indicative ▸ **6 + 1 = 7** (1Sam. 16,11; Psa. 22,1; Psa. 48,15; Prov. 22,11; Prov. 28,7; Prov. 29,3; 1Cor. 9,7)
: ποιμαίνειν ▸ 5 + 2 = 7
  : **Verb** · present · active · infinitive ▸ **5 + 2 = 7** (2Sam. 7,7; 1Chr. 17,6; Psa. 77,71; Song 6,2; Ezek. 34,10; Acts 20,28; Rev. 12,5)
: ποιμαίνεις ▸ 1
  : **Verb** · second · singular · present · active · indicative ▸ **1** (Song 1,7)
: Ποιμαίνετε ▸ 1
  : **Verb** · second · plural · present · active · imperative ▸ **1** (Zech. 11,4)
: ποιμαίνοντα ▸ 1
  : **Verb** · present · active · participle · masculine · singular · accusative ▸ **1** (Luke 17,7)
: ποιμαίνοντας ▸ 1
  : **Verb** · present · active · participle · masculine · plural · accusative ▸ **1** (Jer. 23,2)
: ποιμαίνοντες ▸ 5 + 1 = 6
  : **Verb** · present · active · participle · masculine · plural · nominative ▸ **5 + 1 = 6** (1Sam. 25,16; Zech. 11,17; Is. 61,5; Jer. 3,15; Jer. 6,18; Jude 12)
: ποιμαίνοντι ▸ 1
  : **Verb** · present · active · participle · masculine · singular · dative ▸ **1** (Judith 8,26)
: ποιμαίνουσαι ▸ 1
  : **Verb** · present · active · participle · feminine · plural · nominative ▸ **1** (Ex. 2,16)
: ποιμαίνουσιν ▸ 1
  : **Verb** · third · plural · present · active · indicative ▸ **1** (Gen. 37,13)
: Ποιμαίνων ▸ 1
  : **Verb** · present · active · participle · masculine · singular · nominative ▸ **1** (1Sam. 17,34)
: ποιμαίνων ▸ 6
  : **Verb** · present · active · participle · masculine · singular · nominative ▸ **6** (Gen. 37,2; Ex. 3,1; Psa. 79,2; Song 2,16; Song 6,3; Sol. 17,40)
: ποιμάνατε ▸ 1
  : **Verb** · second · plural · aorist · active · imperative ▸ **1** (1Pet. 5,2)
: ποιμανεῖ ▸ 6 + 4 = 10
  : **Verb** · third · singular · future · active · indicative ▸ **6 + 4 = 10** (Psa. 47,15; Prov. 9,12a; Mic. 5,3; Is. 40,11; Jer. 22,22; Ezek. 34,23; Matt. 2,6; Rev. 2,27; Rev. 7,17; Rev. 19,15)
: ποιμανεῖς ▸ 3
  : **Verb** · second · singular · future · active · indicative ▸ **3** (2Sam. 5,2; 1Chr. 11,2; Psa. 2,9)
: ποιμανθήσῃ ▸ 1
  : **Verb** · second · singular · future · passive · indicative ▸ **1** (Psa. 36,3)
: ποίμανον ▸ 1
  : **Verb** · second · singular · aorist · active · imperative ▸ **1** (Psa. 27,9)
: ποιμανοῦσιν ▸ 4
  : **Verb** · third · plural · future · active · indicative ▸ **4** (Mic. 5,5; Jer. 3,15; Jer. 6,3; Jer. 23,4)
: ποιμανῶ ▸ 4
  : **Verb** · first · singular · future · active · indicative ▸ **4** (Gen. 30,31; Zech. 11,7; Zech. 11,7; Zech. 11,9)

ποιμενικός (ποιμήν) pertaining to a shepherd ▸ 2
: ποιμενικὰ ▸ 1
  : **Adjective** · neuter · plural · accusative · noDegree ▸ **1** (Zech. 11,15)
: ποιμενικῷ ▸ 1
  : **Adjective** · neuter · singular · dative · noDegree ▸ **1** (1Sam. 17,40)

ποιμήν shepherd ▸ 81 + 18 = 99
: ποιμένα ▸ 4 + 6 = 10
  : **Noun** · masculine · singular · accusative · (common) ▸ **4 + 6 = 10** (Zech. 11,16; Is. 63,11; Jer. 28,23; Ezek. 34,23; Matt. 9,36; Matt. 26,31; Mark 6,34; Mark 14,27; Heb. 13,20; 1Pet. 2,25)
: ποιμένας ▸ 15 + 1 = 16
  : **Noun** · masculine · plural · accusative · (common) ▸ **15 + 1 = 16** (Gen. 29,8; Job 1,16; Zech. 10,3; Zech. 11,8; Zech. 13,7; Zech. 13,7; Zech. 13,7; Jer. 3,3; Jer. 3,15; Jer. 22,22; Jer. 23,4; Ezek. 34,2; Ezek. 34,5; Ezek. 34,8; Ezek. 34,10; Eph. 4,11)
: Ποιμένες ▸ 1
  : **Noun** · masculine · plural · nominative · (common) ▸ **1** (Gen. 47,3)
: ποιμένες ▸ 23 + 3 = 26
  : **Noun** · masculine · plural · nominative · (common) ▸ **22 + 3 = 25** (Gen. 26,20; Gen. 46,32; Ex. 2,17; 1Sam. 25,7; Mic. 5,4; Nah. 3,18; Zech. 11,5; Is. 13,20; Jer. 2,8; Jer. 6,3; Jer. 10,21; Jer. 12,10; Jer. 23,1; Jer. 27,6; Ezek. 34,2; Ezek. 34,2; Ezek. 34,2; Ezek. 34,7; Ezek. 34,8; Ezek. 34,8; Ezek. 34,9; Ezek. 34,10; Luke 2,8; Luke 2,15; Luke 2,20)
  : **Noun** · masculine · plural · vocative · (common) ▸ **1** (Jer. 32,34)
: ποιμένι ▸ 1
  : **Noun** · masculine · singular · dative · (common) ▸ **1** (Job 24,2)
: ποιμένος ▸ 3
  : **Noun** · masculine · singular · genitive · (common) ▸ **3** (Gen. 38,20; Eccl. 12,11; Zech. 11,15)
: ποιμένων ▸ 14 + 1 = 15
  : **Noun** · masculine · plural · genitive · (common) ▸ **14 + 1 = 15** (Gen. 13,7; Gen. 13,7; Gen. 13,8; Gen. 13,8; Gen. 26,20; Ex. 2,19; 2Kings 10,12; Song 1,8; Amos 1,2; Zech. 11,3; Is. 32,14; Jer. 32,35; Jer. 32,36; Jer. 40,12; Luke 2,18)
: ποιμέσι ▸ 1
  : **Noun** · masculine · plural · dative · (common) ▸ **1** (Ezek. 34,2)
: ποιμέσιν ▸ 1

ποιμήν–ποῖος

   Noun · masculine · plural · dative · (common) ▸ **1** (Jer. 3,1)
ποιμήν ▸ **7** + **3** = **10**
   Noun · masculine · singular · nominative · (common) ▸ **7** + **3** = **10** (Num. 27,17; 1Kings 22,17; 2Chr. 18,16; Judith 11,19; Jer. 27,44; Jer. 30,13; Ezek. 34,23; John 10,2; John 10,12; John 10,16)
ποιμήν ▸ **11** + **4** = **15**
   Noun · masculine · singular · nominative · (common) ▸ **11** + **4** = **15** (Gen. 4,2; Gen. 38,12; Gen. 46,34; 2Sam. 24,17; Wis. 17,16; Sir. 18,13; Amos 3,12; Is. 40,11; Jer. 50,12; Ezek. 34,12; Ezek. 37,24; Matt. 25,32; John 10,11; John 10,11; John 10,14)

ποίμνη (ποιμήν)   flock ▸ **2** + **5** = **7**
   ποίμνη ▸ **1**
      Noun · feminine · singular · nominative ▸ **1** (John 10,16)
   ποίμνην ▸ **2**
      Noun · feminine · singular · accusative ▸ **2** (Luke 2,8; 1Cor. 9,7)
   ποίμνης ▸ **2** + **2** = **4**
      Noun · feminine · singular · genitive · (common) ▸ **2** + **2** = **4** (Gen. 32,17; Gen. 32,17; Matt. 26,31; 1Cor. 9,7)

ποίμνιον (ποιμήν)   flock ▸ **73** + **1** + **5** = **79**
   ποίμνια ▸ **26**
      Noun · neuter · plural · accusative · (common) ▸ **14** (Gen. 29,2; Gen. 30,40; Deut. 7,13; Deut. 28,51; 1Sam. 8,17; 1Sam. 14,32; 1Sam. 15,21; 1Sam. 27,9; 1Sam. 30,20; 1Kings 21,27; 2Chr. 32,28; Judith 2,27; Jer. 6,18; Ezek. 13,5)
      Noun · neuter · plural · nominative · (common) ▸ **12** (Gen. 29,2; Gen. 29,3; Gen. 31,4; Deut. 28,4; Deut. 28,18; 1Sam. 25,2; 1Sam. 25,2; 2Sam. 12,2; Judith 3,3; Joel 1,18; Zeph. 2,14; Jer. 6,3)
   ποιμνίοις ▸ **1** + **1** = **2**
      Noun · neuter · plural · dative · (common) ▸ **1** + **1** = **2** (Mic. 5,7; Judg. 6,4)
   ποίμνιον ▸ **22** + **2** = **24**
      Noun · neuter · singular · accusative · (common) ▸ **17** + **1** = **18** (Gen. 32,17; Judg. 6,4; 1Sam. 25,2; 1Sam. 25,4; 1Sam. 25,16; 1Kings 22,17; Psa. 77,52; Job 24,2; Sir. 18,13; Sol. 17,40; Mic. 2,12; Mic. 5,3; Zech. 10,3; Is. 40,11; Jer. 28,23; Jer. 38,10; Ezek. 34,12; 1Pet. 5,2)
      Noun · neuter · singular · nominative · (common) ▸ **5** (Is. 27,10; Is. 27,10; Jer. 13,17; Jer. 13,20; Bar. 4,26)
      Noun · neuter · singular · vocative ▸ **1** (Luke 12,32)
   ποιμνίου ▸ **6** + **2** = **8**
      Noun · neuter · singular · genitive · (common) ▸ **6** + **2** = **8** (1Sam. 15,14; 1Sam. 15,15; Prov. 27,23; Eccl. 2,7; Mic. 4,8; Ezek. 34,31; Acts 20,29; 1Pet. 5,3)
   ποιμνίῳ ▸ **5** + **1** = **6**
      Noun · neuter · singular · dative · (common) ▸ **5** + **1** = **6** (1Sam. 16,11; 1Sam. 16,19; 1Sam. 17,34; Mal. 1,14; Jer. 38,24; Acts 20,28)
   ποιμνίων ▸ **13**
      Noun · neuter · plural · genitive · (common) ▸ **13** (Gen. 32,20; 1Sam. 15,9; 1Sam. 24,4; 2Sam. 12,4; 1Chr. 17,7; Neh. 10,37; Psa. 49,9; Psa. 77,70; Song 1,8; Amos 6,4; Zeph. 2,6; Is. 17,2; Is. 65,10)

ποῖος (οἷος)   what kind of? ▸ **36** + **3** + **33** = **72**
   ποῖα ▸ **1**
      Pronoun · (interrogative) · neuter · plural · accusative ▸ **1** (Luke 24,19)
   ποία ▸ **1** + **6** = **7**
      Adjective · feminine · singular · nominative · noDegree · (interrogative) ▸ **1** (Jer. 6,16)
      Pronoun · (interrogative) · feminine · singular · nominative ▸ **6** (Matt. 22,36; Mark 12,28; Luke 6,32; Luke 6,33; Luke 6,34; James 4,14)
   Ποίᾳ ▸ **3**
      Adjective · feminine · singular · dative · noDegree · (interrogative) ▸ **3** (1Kings 13,12; 2Kings 3,8; 2Chr. 18,23)
   ποίᾳ ▸ **3** + **12** = **15**
      Adjective · feminine · singular · dative · noDegree · (interrogative) ▸ **3** (Job 38,19; Sir. 33,33; Jer. 5,7)
      Pronoun · (interrogative) · feminine · singular · dative ▸ **12** (Matt. 21,23; Matt. 21,24; Matt. 21,27; Matt. 24,42; Matt. 24,43; Mark 11,28; Mark 11,29; Mark 11,33; Luke 12,39; Luke 20,2; Luke 20,8; Acts 4,7)
   ποίαν ▸ **1**
      Pronoun · (interrogative) · feminine · singular · accusative ▸ **1** (Rev. 3,3)
   ποίας ▸ **5** + **3** + **3** = **11**
      Adjective · feminine · singular · genitive · noDegree · (interrogative) ▸ **5** + **3** = **8** (2Sam. 15,2; Tob. 5,9; Tob. 5,11; Tob. 5,11; Jonah 1,8; Tob. 5,9; Tob. 5,11; Tob. 5,11)
      Pronoun · (interrogative) · feminine · plural · accusative ▸ **1** (Matt. 19,18)
      Pronoun · (interrogative) · feminine · singular · genitive ▸ **2** (Luke 5,19; Acts 23,34)
   ποίοις ▸ **1**
      Adjective · masculine · plural · dative · noDegree · (interrogative) ▸ **1** (4Mac. 8,16)
   Ποῖον ▸ **4**
      Adjective · neuter · singular · accusative · noDegree · (interrogative) ▸ **1** (Is. 45,9)
      Adjective · neuter · singular · nominative · noDegree · (interrogative) ▸ **2** (1Kings 22,24; Is. 50,1)
      Pronoun · (interrogative) · neuter · singular · nominative ▸ **1** (Judg. 9,2)
   ποῖον ▸ **10** + **4** = **14**
      Adjective · masculine · singular · accusative · noDegree · (interrogative) ▸ **1** (Is. 66,1)
      Adjective · neuter · singular · accusative · noDegree · (interrogative) ▸ **1** (Eccl. 2,3)
      Adjective · neuter · singular · nominative · noDegree · (interrogative) ▸ **8** (Deut. 4,7; Deut. 4,8; 1Mac. 2,10; Eccl. 11,6; Sir. 10,19; Sir. 10,19; Sir. 10,19; Sir. 10,19)
      Pronoun · (interrogative) · masculine · singular · accusative ▸ **2** (Acts 7,49; 1Pet. 1,11)
      Pronoun · (interrogative) · neuter · singular · accusative ▸ **1** (John 10,32)
      Pronoun · (interrogative) · neuter · singular · nominative ▸ **1** (1Pet. 2,20)
   ποῖος ▸ **6**
      Adjective · masculine · singular · nominative · noDegree · (interrogative) ▸ **6** (1Sam. 9,18; Job 28,12; Job 28,20; Job 38,19; Is. 66,1; Dan. 3,15)
   ποῖός ▸ **1**
      Adjective · masculine · singular · nominative · noDegree · (interrogative) ▸ **1** (2Mac. 3,37)
   ποίου ▸ **1** + **1** = **2**
      Adjective · masculine · singular · genitive · noDegree · (interrogative) ▸ **1** (Jonah 1,8)
      Pronoun · (interrogative) · masculine · singular · genitive ▸ **1** (Rom. 3,27)
   ποίῳ ▸ **1** + **5** = **6**
      Adjective · masculine · singular · dative · noDegree · (interrogative) ▸ **1** (Sus. 58)
      Pronoun · (interrogative) · masculine · singular · dative ▸ **3**

(John 12,33; John 18,32; John 21,19)
          Pronoun · (interrogative) · neuter · singular · dative ▸ **2** (Acts 4,7; 1Cor. 15,35)
πόκος wool, fleece ▸ 9 + 7 = 16
    πόκον ▸ 6 + 5 = 11
        Noun · masculine · singular · accusative · (common) ▸ 6 + 5 = **11** (Judg. 6,37; Judg. 6,37; Judg. 6,38; Judg. 6,39; Judg. 6,40; Psa. 71,6; Judg. 6,37; Judg. 6,37; Judg. 6,38; Judg. 6,39; Judg. 6,40)
    πόκου ▸ 1 + 1 = 2
        Noun · masculine · singular · genitive · (common) ▸ 1 + 1 = **2** (Judg. 6,38; Judg. 6,38)
    πόκῳ ▸ 1 + 1 = 2
        Noun · masculine · singular · dative · (common) ▸ 1 + 1 = **2** (Judg. 6,39; Judg. 6,39)
    πόκων ▸ 1
        Noun · masculine · plural · genitive · (common) ▸ **1** (2Kings 3,4)
πολεμέω (πόλεμος) to wage war ▸ 221 + 9 + 7 = 237
    ἐπολέμει ▸ 11
        Verb · third · singular · imperfect · active · indicative ▸ **11** (Ex. 17,8; Judg. 5,14; Judg. 9,45; Judg. 12,4; 1Sam. 14,47; 2Chr. 11,1; 2Chr. 12,15; Esth. 9,24; 1Mac. 5,3; 1Mac. 11,65; Jer. 41,7)
    ἐπολέμεις ▸ 1
        Verb · second · singular · imperfect · active · indicative ▸ **1** (Jer. 31,27)
    Ἐπολέμησα ▸ 1
        Verb · first · singular · aorist · active · indicative ▸ **1** (2Sam. 12,27)
    ἐπολεμήσαμεν ▸ 1
        Verb · first · plural · aorist · active · indicative ▸ **1** (1Mac. 16,2)
    ἐπολέμησαν ▸ 23 + 2 = 25
        Verb · third · plural · aorist · active · indicative ▸ 23 + 2 = **25** (Josh. 19,48; Josh. 24,11; Judg. 1,5; Judg. 1,8; Judg. 5,19; Judg. 5,20; Judg. 5,20; Judg. 11,4; 1Sam. 4,10; 1Sam. 12,9; 2Sam. 10,17; 2Sam. 21,15; 1Kings 21,1; 1Chr. 10,1; 1Chr. 19,17; 1Mac. 6,31; 1Mac. 6,31; 1Mac. 6,52; 1Mac. 8,10; 1Mac. 9,68; 1Mac. 10,75; 1Mac. 11,55; 1Mac. 12,13; Judg. 5,8; Judg. 5,19)
    ἐπολέμησάν ▸ 3
        Verb · third · plural · aorist · active · indicative ▸ **3** (Psa. 108,3; Psa. 128,1; Psa. 128,2)
    ἐπολέμησε ▸ 1
        Verb · third · singular · aorist · active · indicative ▸ **1** (1Mac. 14,32)
    ἐπολέμησεν ▸ 28 + 1 + 1 = 30
        Verb · third · singular · aorist · active · indicative ▸ 28 + 1 + 1 = **30** (Num. 21,1; Num. 21,26; Judg. 9,17; Judg. 9,39; Judg. 11,20; Judg. 11,25; 1Sam. 19,8; 1Sam. 23,5; 2Sam. 8,10; 2Sam. 12,26; 2Sam. 12,29; 1Kings 16,28c; 2Kings 12,18; 2Kings 14,15; 2Kings 14,28; 1Chr. 11,8; 1Chr. 18,10; 2Chr. 20,29; 2Chr. 26,6; 1Mac. 5,35; 1Mac. 5,50; 1Mac. 6,63; 1Mac. 9,64; 1Mac. 13,47; 1Mac. 14,26; Is. 20,1; Is. 29,1; Is. 63,10; Judg. 11,25; Rev. 12,7)
    ἐπολέμουν ▸ 9 + 1 = 10
        Verb · third · plural · imperfect · active · indicative ▸ 9 + 1 = **10** (Judg. 11,5; 1Sam. 31,1; 2Sam. 11,17; 2Chr. 17,10; 1Mac. 3,2; 1Mac. 5,30; 1Mac. 5,65; Psa. 119,7; Jer. 41,1; Judg. 1,8)
    ἐπολέμωσεν ▸ 1
        Verb · third · singular · aorist · active · indicative ▸ **1** (4Mac. 4,21)
    πολεμεῖ ▸ 3 + 1 = 4
        Verb · third · singular · present · active · indicative ▸ 3 + 1 = **4** (Ex. 14,25; Ex. 17,16; 1Sam. 25,28; Rev. 19,11)
    πολέμει ▸ 2
        Verb · second · singular · present · active · imperative ▸ **2** (Judg. 9,38; Judith 7,11)
    πολεμεῖν ▸ 28
        Verb · present · active · infinitive ▸ **28** (Judg. 12,1; Judg. 12,3; 1Sam. 17,33; 1Sam. 28,1; 1Sam. 29,11; 2Sam. 2,28; 1Kings 12,21; 1Kings 12,24x; 2Kings 3,21; 2Kings 8,29; 2Kings 9,15; 2Kings 16,5; 2Kings 19,9; 1Chr. 7,11; 1Chr. 7,40; 1Chr. 19,10; 2Chr. 18,31; 2Chr. 20,22; 2Chr. 22,6; 2Chr. 32,8; 2Chr. 35,22; 1Esdr. 1,26; 1Mac. 4,41; 1Mac. 11,46; Mic. 4,3; Is. 2,4; Jer. 28,30; Jer. 48,12)
    πολεμεῖτε ▸ 4 + 1 = 5
        Verb · second · plural · present · active · indicative ▸ 1 + 1 = **2** (Jer. 21,4; James 4,2)
        Verb · second · plural · present · active · imperative ▸ **3** (1Kings 22,31; 2Kings 10,3; 2Chr. 18,30)
    πολεμῇ ▸ 1
        Verb · third · singular · present · active · subjunctive ▸ **1** (1Mac. 15,39)
    πολεμηθήσεται ▸ 1
        Verb · third · singular · future · passive · indicative ▸ **1** (Dan. 9,26)
    πολεμῆσαι ▸ 31 + 3 + 2 = 36
        Verb · aorist · active · infinitive ▸ 31 + 3 + 2 = **36** (Josh. 11,5; Judg. 1,1; Judg. 1,9; Judg. 8,1; Judg. 10,18; Judg. 11,9; Judg. 11,27; Judg. 11,32; Judg. 20,14; Judg. 20,18; 1Sam. 17,9; 1Sam. 29,8; 2Sam. 11,20; 2Sam. 11,22; 1Kings 22,32; 1Chr. 19,7; 2Chr. 20,17; 2Chr. 32,2; 2Chr. 35,22; Esth. 11,7 # 1,1f; Esth. 8,13; Judith 6,2; 1Mac. 3,10; 1Mac. 3,17; 1Mac. 3,58; 1Mac. 5,57; 1Mac. 9,8; 1Mac. 9,30; 1Mac. 12,24; Is. 7,1; Is. 36,10; Judg. 1,1; Judg. 1,9; Dan. 10,20; Rev. 12,7; Rev. 13,4)
    πολεμῆσαί ▸ 1
        Verb · aorist · active · infinitive ▸ **1** (Judg. 11,12)
    Πολεμήσατε ▸ 1
        Verb · second · plural · aorist · active · imperative ▸ **1** (1Mac. 5,32)
    πολεμήσατε ▸ 2
        Verb · second · plural · aorist · active · imperative ▸ **2** (1Sam. 4,9; 1Mac. 4,18)
    πολεμήσει ▸ 11 + 1 = 12
        Verb · third · singular · future · active · indicative ▸ 11 + 1 = **12** (Ex. 14,14; Deut. 3,22; 1Sam. 8,20; 1Sam. 17,32; 2Chr. 15,6; Neh. 4,14; 1Mac. 2,66; Sir. 4,28; Sir. 29,13; Is. 19,2; Dan. 11,11; Dan. 11,11)
    πολεμήσεις ▸ 1
        Verb · second · singular · future · active · indicative ▸ **1** (1Sam. 15,18)
    πολεμήσετε ▸ 5
        Verb · second · plural · future · active · indicative ▸ **5** (Deut. 1,42; 1Kings 12,24; 1Kings 12,24y; 2Chr. 11,4; 2Chr. 13,12)
    πολεμήση ▸ 2
        Verb · third · singular · aorist · active · subjunctive ▸ **2** (1Mac. 12,40; 1Mac. 14,1)
    πολεμήσομεν ▸ 3
        Verb · first · plural · future · active · indicative ▸ **3** (Deut. 1,41; Judg. 11,8; 1Kings 21,25)
    πολεμήσομέν ▸ 1
        Verb · first · plural · future · active · indicative ▸ **1** (1Mac. 8,32)
    πολέμησον ▸ 2
        Verb · second · singular · aorist · active · imperative ▸ **2** (1Mac. 13,9; Psa. 34,1)
    πολεμήσουσιν ▸ 4 + 1 = 5
        Verb · third · plural · future · active · indicative ▸ 4 + 1 = **5** (Is. 30,32; Jer. 15,20; Jer. 41,22; Jer. 44,8; Rev. 17,14)

πολεμήσουσίν ▸ 1
  Verb · third · plural · future · active · indicative ▸ **1** (Jer. 1,19)
πολεμήσω ▸ 2 + **1** = **3**
  Verb · first · singular · future · active · indicative ▸ 2 + **1** = **3** (1Mac. 3,14; Jer. 21,5; Rev. 2,16)
πολεμήσωμεν ▸ 9
  Verb · first · plural · aorist · active · subjunctive ▸ **9** (Judg. 1,3; Judg. 11,6; 1Kings 21,23; 1Mac. 2,40; 1Mac. 2,41; 1Mac. 3,43; 1Mac. 9,9; 1Mac. 9,44; 1Mac. 12,53)
πολεμήσωσιν ▸ 1
  Verb · third · plural · aorist · active · subjunctive ▸ **1** (1Mac. 15,19)
πολεμοῦμεν ▸ 1
  Verb · first · plural · present · active · indicative ▸ **1** (1Mac. 3,21)
πολεμουμένη ▸ 1
  Verb · present · passive · participle · feminine · singular · nominative ▸ **1** (Josh. 11,23)
πολεμουμένοις ▸ 1
  Verb · present · passive · participle · masculine · plural · dative ▸ **1** (1Mac. 5,16)
πολεμοῦντα ▸ 1
  Verb · present · active · participle · masculine · singular · accusative ▸ **1** (2Kings 19,8)
πολεμοῦντας ▸ 1
  Verb · present · active · participle · masculine · plural · accusative ▸ **1** (Jer. 44,10)
πολεμοῦντάς ▸ 1
  Verb · present · active · participle · masculine · plural · accusative ▸ **1** (Psa. 34,1)
πολεμοῦντες ▸ 4
  Verb · present · active · participle · masculine · plural · nominative ▸ **4** (1Mac. 6,37; 1Mac. 11,41; 1Mac. 11,50; Jer. 39,29)
πολεμοῦντές ▸ 1
  Verb · present · active · participle · masculine · plural · nominative ▸ **1** (Psa. 55,3)
πολεμοῦντος ▸ 1
  Verb · present · active · participle · masculine · singular · genitive ▸ **1** (Esth. 14,13 # 4,17s)
πολεμούντων ▸ 2
  Verb · present · active · participle · masculine · plural · genitive ▸ **2** (Jer. 39,24; Jer. 45,4)
πολεμοῦσιν ▸ 5
  Verb · present · active · participle · masculine · plural · dative ▸ **2** (1Mac. 8,26; 1Mac. 15,19)
  Verb · third · plural · present · active · indicative ▸ **3** (1Sam. 23,1; 1Sam. 28,15; 1Esdr. 4,6)
πολεμῶν ▸ 7 + **1** = **8**
  Verb · present · active · participle · masculine · singular · nominative ▸ 7 + **1** = **8** (Judg. 11,25; 2Kings 6,8; 1Mac. 3,12; 1Mac. 14,13; 4Mac. 4,22; Psa. 55,2; Job 11,19; Judg. 11,25)

πολεμικός (πόλεμος) for war, warlike; military ▸ 18
πολεμικά ▸ 6
  Adjective · neuter · plural · accusative · noDegree ▸ **5** (Judg. 18,11; Judg. 18,17; 1Mac. 15,3; Jer. 21,4; Jer. 31,14)
  Adjective · neuter · plural · nominative · noDegree ▸ **1** (2Sam. 1,27)
πολεμικά ▸ 6
  Adjective · neuter · plural · accusative · noDegree ▸ **6** (Deut. 1,41; Judg. 18,16; 1Sam. 8,12; Judith 7,5; Judith 14,2; 1Mac. 3,3)
πολεμικαῖς ▸ 1
  Adjective · feminine · plural · dative · noDegree ▸ **1** (2Mac. 8,9)
πολεμικὴ ▸ 1
  Adjective · feminine · singular · nominative · noDegree ▸ **1** (2Chr. 26,13)
πολεμικοῖς ▸ 3
  Adjective · neuter · plural · dative · noDegree ▸ **3** (1Chr. 12,34; 1Chr. 12,38; Ezek. 32,27)
πολεμικόν ▸ 1
  Adjective · neuter · singular · nominative · noDegree ▸ **1** (Zech. 9,10)

πολέμιος (πόλεμος) warlike, hostile, harmful; enemy ▸ 41 + **1** = **42**
πολεμίαν ▸ 1
  Adjective · feminine · singular · accusative · noDegree ▸ **1** (Is. 27,4)
πολέμιε ▸ 1
  Adjective · masculine · singular · vocative · noDegree ▸ **1** (4Mac. 11,23)
πολέμιοι ▸ 2
  Adjective · masculine · plural · nominative · noDegree ▸ **2** (1Mac. 7,29; 1Mac. 14,34)
πολέμιοί ▸ 1 + **1** = **2**
  Adjective · masculine · plural · nominative · noDegree ▸ 1 + **1** = **2** (Tob. 12,10; Tob. 12,10)
πολεμίοις ▸ 8
  Adjective · masculine · plural · dative · noDegree ▸ **8** (Judith 15,4; 2Mac. 8,16; 2Mac. 10,27; 2Mac. 13,21; 2Mac. 15,26; 4Mac. 3,11; Wis. 11,3; LetterJ 55)
πολέμιον ▸ 2
  Adjective · masculine · singular · accusative · noDegree ▸ **1** (2Mac. 3,38)
  Adjective · neuter · singular · accusative · noDegree ▸ **1** (2Mac. 15,39)
πολέμιος ▸ 2
  Adjective · masculine · singular · nominative · noDegree ▸ **2** (1Chr. 18,10; 4Mac. 8,10)
πολεμίου ▸ 1
  Adjective · masculine · singular · genitive · noDegree ▸ **1** (Ezra 8,31)
πολεμίους ▸ 10
  Adjective · masculine · plural · accusative · noDegree ▸ **10** (1Esdr. 4,4; 2Mac. 4,16; 2Mac. 10,21; 2Mac. 11,11; 2Mac. 12,22; 3Mac. 2,33; 3Mac. 3,24; 4Mac. 17,20; 4Mac. 17,24; 4Mac. 18,4)
πολεμίων ▸ 13
  Adjective · masculine · plural · genitive · noDegree ▸ **13** (Esth. 9,16; 1Mac. 14,33; 2Mac. 5,6; 2Mac. 8,6; 2Mac. 8,24; 2Mac. 8,27; 2Mac. 12,28; 2Mac. 14,22; 2Mac. 15,20; 4Mac. 2,14; 4Mac. 3,12; 4Mac. 3,13; Sol. 15,9)

πολεμιστής (πόλεμος) warrior ▸ 51
πολεμισταὶ ▸ 13
  Noun · masculine · plural · nominative · (common) ▸ **13** (Num. 31,53; Deut. 2,16; 1Kings 10,22c # 9,22; 1Chr. 12,39; 2Chr. 8,9; 2Chr. 13,3; 2Chr. 14,7; 2Chr. 17,13; 2Chr. 28,14; Joel 2,7; Jer. 27,30; Jer. 28,32; Jer. 52,7)
πολεμισταί ▸ 6
  Noun · masculine · plural · nominative · (common) ▸ **6** (Num. 31,32; Judg. 20,17; Joel 4,9; Jer. 30,32; Ezek. 27,10; Ezek. 27,27)
πολεμισταῖς ▸ 1
  Noun · masculine · plural · dative · (common) ▸ **1** (2Chr. 13,3)
πολεμιστὰς ▸ 2
  Noun · masculine · plural · accusative · (common) ▸ **2** (Josh. 8,1; 1Mac. 13,10)
πολεμιστήν ▸ 1

Noun · masculine · singular · accusative · (common) ▸ **1** (Ezek. 39,20)

πολεμιστὴν ▸ 2
Noun · masculine · singular · accusative · (common) ▸ **2** (2Chr. 32,21; Is. 3,2)

πολεμιστής ▸ 12
Noun · masculine · singular · nominative · (common) ▸ **12** (Josh. 8,3; Josh. 8,11; Josh. 10,7; Josh. 11,7; Josh. 17,1; 1Sam. 16,18; 1Sam. 17,33; 2Sam. 17,8; 1Chr. 28,3; Judith 15,3; Wis. 18,15; Sir. 26,28)

πολεμιστοῦ ▸ 1
Noun · masculine · singular · genitive · (common) ▸ **1** (1Sam. 13,15)

πολεμιστῶν ▸ 13
Noun · masculine · plural · genitive · (common) ▸ **13** (Num. 31,27; Num. 31,28; Num. 31,42; Num. 31,49; Deut. 2,14; 1Sam. 30,22; 2Kings 25,19; Judith 1,16; Judith 7,2; Judith 7,7; 1Mac. 15,13; 1Mac. 16,4; Jer. 52,25)

πόλεμος war ▸ 380 + 7 + 18 = 405

πόλεμοι ▸ 2 + 1 = 3
Noun · masculine · plural · nominative · (common) ▸ **2 + 1 = 3** (1Mac. 12,13; 1Mac. 14,29; James 4,1)

πολέμοις ▸ 2
Noun · masculine · plural · dative · (common) ▸ **2** (Judith 5,18; 1Mac. 12,14)

πόλεμον ▸ 174 + 4 + 10 = 188
Noun · masculine · singular · accusative · (common) ▸ **174 + 4 + 10 = 188** (Gen. 14,2; Gen. 14,8; Ex. 13,17; Num. 10,9; Num. 21,33; Num. 31,36; Num. 32,6; Num. 32,20; Num. 32,27; Num. 32,29; Num. 32,30; Deut. 2,5; Deut. 2,9; Deut. 2,19; Deut. 2,24; Deut. 2,32; Deut. 3,1; Deut. 20,1; Deut. 20,3; Deut. 20,12; Deut. 20,20; Deut. 21,10; Deut. 24,5; Josh. 4,13; Josh. 8,14; Josh. 11,18; Josh. 11,20; Josh. 14,11; Josh. 22,33; Judg. 3,2; Judg. 3,10; Judg. 20,20; Judg. 20,20; Judg. 20,22; Judg. 20,23; Judg. 20,28; 1Sam. 4,1; 1Sam. 4,1; 1Sam. 4,2; 1Sam. 7,10; 1Sam. 8,20; 1Sam. 13,5; 1Sam. 14,22; 1Sam. 17,1; 1Sam. 17,2; 1Sam. 23,8; 1Sam. 25,28; 1Sam. 26,10; 1Sam. 28,1; 1Sam. 29,4; 1Sam. 29,9; 1Sam. 30,24; 2Sam. 3,6; 2Sam. 10,8; 2Sam. 10,13; 2Sam. 21,17; 2Sam. 22,35; 2Sam. 22,40; 2Sam. 23,9; 1Kings 8,44; 1Kings 12,21; 1Kings 21,14; 1Kings 21,18; 1Kings 21,26; 1Kings 22,4; 1Kings 22,6; 1Kings 22,15; 1Kings 22,30; 1Kings 22,30; 2Kings 3,7; 2Kings 8,28; 2Kings 16,5; 2Kings 18,20; 2Kings 24,16; 1Chr. 5,10; 1Chr. 5,18; 1Chr. 5,19; 1Chr. 7,4; 1Chr. 11,13; 1Chr. 12,20; 1Chr. 12,36; 1Chr. 12,37; 1Chr. 14,15; 1Chr. 19,9; 1Chr. 19,14; 2Chr. 6,34; 2Chr. 11,1; 2Chr. 13,3; 2Chr. 13,3; 2Chr. 14,9; 2Chr. 18,3; 2Chr. 18,5; 2Chr. 18,14; 2Chr. 18,29; 2Chr. 18,29; 2Chr. 20,1; 2Chr. 22,5; 2Chr. 25,5; 2Chr. 25,13; 2Chr. 26,11; 2Chr. 26,12; 2Chr. 26,13; 2Chr. 32,8; 2Chr. 35,21; 1Esdr. 1,23; 1Esdr. 1,27; 1Esdr. 4,4; Esth. 11,7 # 1,1f; Judith 1,5; Judith 1,11; Judith 5,1; Judith 7,1; Judith 14,13; 1Mac. 1,18; 1Mac. 2,32; 1Mac. 2,35; 1Mac. 2,41; 1Mac. 2,66; 1Mac. 3,2; 1Mac. 3,13; 1Mac. 3,44; 1Mac. 4,13; 1Mac. 5,19; 1Mac. 5,39; 1Mac. 5,42; 1Mac. 5,59; 1Mac. 5,67; 1Mac. 6,4; 1Mac. 6,30; 1Mac. 6,33; 1Mac. 6,34; 1Mac. 7,43; 1Mac. 8,6; 1Mac. 9,30; 1Mac. 10,2; 1Mac. 10,49; 1Mac. 10,50; 1Mac. 10,78; 1Mac. 11,69; 1Mac. 12,27; 1Mac. 12,28; 1Mac. 12,50; 1Mac. 13,9; 1Mac. 13,14; 2Mac. 2,14; 3Mac. 1,2; Psa. 17,35; Psa. 17,40; Psa. 75,4; Psa. 143,1; Song 3,8; Job 40,32; Sir. 46,6; Sol. 8,15; Sol. 17,33; Hos. 2,20; Mic. 3,5; Joel 2,5; Joel 4,9; Obad. 1; Zech. 14,2; Is. 42,13; Jer. 6,4; Jer. 6,23; Jer. 26,3; Jer. 27,42; Jer. 30,8; Jer. 35,8; Jer. 49,14; Bar. 3,26; Ezek. 17,17; Dan. 7,8; Dan. 7,21; Dan. 11,25; Judg. 3,2; Judg. 3,10; Dan. 7,21; Dan. 11,25; Luke 14,31; 1Cor. 14,8; Rev. 9,7; Rev. 9,9; Rev. 11,7; Rev. 12,17; Rev. 13,7; Rev. 16,14; Rev. 19,19; Rev. 20,8)

πόλεμόν ▸ 1
Noun · masculine · singular · accusative · (common) ▸ **1** (2Sam. 11,25)

Πόλεμος ▸ 1
Noun · masculine · singular · nominative · (common) ▸ **1** (Num. 21,14)

πόλεμος ▸ 58 + 1 = 59
Noun · masculine · singular · nominative · (common) ▸ **58 + 1 = 59** (Ex. 1,10; Lev. 26,6; Judg. 20,34; Judg. 20,39; Judg. 20,42; 1Sam. 4,2; 1Sam. 14,23; 1Sam. 14,23; 1Sam. 14,52; 1Sam. 17,47; 1Sam. 19,8; 1Sam. 31,3; 2Sam. 2,17; 2Sam. 3,1; 2Sam. 18,6; 2Sam. 18,8; 2Sam. 21,15; 2Sam. 21,18; 2Sam. 21,19; 2Sam. 21,20; 1Kings 14,30; 1Kings 15,7; 1Kings 15,16; 1Kings 21,29; 1Kings 22,1; 1Kings 22,35; 2Kings 3,26; 1Chr. 5,22; 1Chr. 10,3; 1Chr. 20,4; 1Chr. 20,5; 1Chr. 20,6; 2Chr. 13,2; 2Chr. 13,14; 2Chr. 14,5; 2Chr. 15,19; 2Chr. 16,9; 2Chr. 18,34; 2Chr. 27,7; Judith 7,11; 1Mac. 4,17; 1Mac. 5,31; 1Mac. 8,24; 1Mac. 8,27; 1Mac. 9,7; 1Mac. 9,13; 1Mac. 9,17; 1Mac. 9,45; 1Mac. 9,47; Psa. 26,3; Prov. 24,6; Eccl. 9,11; Job 22,10; Sir. 46,6; Hos. 10,9; Is. 42,25; LetterJ 48; Ezek. 7,15; Rev. 12,7)

πόλεμός ▸ 1
Noun · masculine · singular · nominative · (common) ▸ **1** (1Esdr. 1,25)

πολέμου ▸ 63 + 1 = 64
Noun · masculine · singular · genitive · (common) ▸ **63 + 1 = 64** (Ex. 32,17; Lev. 26,36; Num. 31,14; Num. 31,21; Josh. 10,24; Josh. 14,15; Judg. 8,13; 1Sam. 13,22; 1Sam. 14,20; 2Sam. 1,4; 2Sam. 1,25; 2Sam. 10,9; 2Sam. 11,7; 2Sam. 11,15; 2Sam. 11,18; 2Sam. 11,19; 2Sam. 11,22; 1Kings 2,5; 1Kings 21,39; 1Kings 22,34; 2Kings 25,4; 1Chr. 12,9; 1Chr. 12,34; 2Chr. 17,18; 2Chr. 18,33; 2Chr. 28,12; 2Chr. 32,6; Judith 2,16; Judith 4,5; Judith 11,8; 1Mac. 3,19; 1Mac. 4,7; 1Mac. 5,56; 1Mac. 12,44; 1Mac. 14,9; 2Mac. 12,36; Psa. 77,9; Psa. 139,8; Prov. 21,31; Eccl. 3,8; Eccl. 9,18; Job 38,23; Job 39,25; Sir. 37,5; Sir. 37,11; Sir. 40,6; Sol. 1,2; Sol. 8,1; Sol. 15,7; Sol. 17,33; Hos. 10,14; Amos 1,14; Mic. 2,8; Zech. 14,3; Is. 22,2; Is. 46,2; Jer. 4,19; Jer. 27,22; Jer. 28,20; LetterJ 13; LetterJ 49; Dan. 9,26; Dan. 9,27; Dan. 9,26)

πολέμους ▸ 20 + 1 + 3 = 24
Noun · masculine · plural · accusative · (common) ▸ **20 + 1 + 3 = 24** (Ex. 15,3; Judg. 3,1; 1Chr. 22,8; 1Esdr. 2,21; Judith 9,7; Judith 16,2; 1Mac. 1,2; 1Mac. 3,3; 1Mac. 5,7; 1Mac. 5,21; 1Mac. 8,2; 1Mac. 10,15; 1Mac. 13,3; 1Mac. 16,2; 2Mac. 2,20; Psa. 45,10; Psa. 67,31; Psa. 139,3; Ode. 1,3; Sir. 46,3; Judg. 3,1; Matt. 24,6; Mark 13,7; Luke 21,9)

πολέμῳ ▸ 52 + 1 + 1 = 54
Noun · masculine · singular · dative · (common) ▸ **52 + 1 + 1 = 54** (Lev. 26,37; Num. 14,3; Num. 20,18; Deut. 4,34; Deut. 20,2; Deut. 20,5; Deut. 20,6; Deut. 20,7; Deut. 29,6; Josh. 10,11; Josh. 11,19; Judg. 20,39; Judg. 21,22; 1Sam. 17,8; 2Sam. 3,30; 2Sam. 5,24; 2Sam. 19,4; 2Sam. 19,11; 2Kings 9,16; 2Kings 13,25; 2Kings 14,7; 1Chr. 5,20; 1Chr. 12,1; Judith 1,13; 1Mac. 2,38; 1Mac. 3,59; 1Mac. 5,67; 1Mac. 7,31; 1Mac. 7,43; 1Mac. 8,5; 1Mac. 9,1; 1Mac. 11,4; 1Mac. 11,15; 1Mac. 11,72; Psa. 23,8; Psa. 88,44; Eccl. 8,8; Job 5,15; Job 5,20; Job 33,18; Wis. 8,15; Wis. 14,22; Sir. 46,1; Sir. 47,5; Sol. 12,3; Hos. 1,7; Zech. 10,3; Zech. 10,5; Is. 21,15; Jer. 18,21; Jer. 48,16; Dan. 11,20; Dan. 11,20; Heb. 11,34)

πολέμων ▸ 6 + 2 = 8
Noun · masculine · plural · genitive · (common) ▸ **6 + 2 = 8** (1Kings 5,17; 1Chr. 26,27; 1Mac. 9,22; 1Mac. 16,23; 2Mac. 10,10; Jer. 30,18; Matt. 24,6; Mark 13,7)

πολεμοτροφέω (πόλεμος; τρέφω) to stay at war ▸ 3
    ἐπολεμοτρόφει ▸ 1
        Verb · third · singular · imperfect · active · indicative ▸ **1** (2Mac. 10,14)
    πολεμοτροφεῖν ▸ 1
        Verb · present · active · infinitive ▸ **1** (2Mac. 10,15)
    πολεμοτροφοῦσιν ▸ 1
        Verb · third · plural · present · active · indicative ▸ **1** (2Mac. 14,6)

πολιά (πολιός) gray-hair ▸ 17
    πολιὰ ▸ 1
        Noun · feminine · singular · nominative · (common) ▸ **1** (Wis. 4,9)
    πολιᾷ ▸ 3
        Noun · feminine · singular · dative · (common) ▸ **3** (Judg. 8,32; 2Mac. 15,13; 3Mac. 4,5)
    πολιαὶ ▸ 1
        Noun · feminine · plural · nominative · (common) ▸ **1** (Hos. 7,9)
    πολιαί ▸ 1
        Noun · feminine · plural · nominative · (common) ▸ **1** (Prov. 20,29)
    πολιαῖς ▸ 1
        Noun · feminine · plural · dative · (common) ▸ **1** (Sir. 25,4)
    πολιάν ▸ 2
        Noun · feminine · singular · accusative · (common) ▸ **2** (Ruth 4,15; 4Mac. 5,7)
    πολιὰν ▸ 3
        Noun · feminine · singular · accusative · (common) ▸ **3** (1Kings 2,6; 1Kings 2,9; 1Kings 2,350)
    πολιάς ▸ 1
        Noun · feminine · plural · accusative · (common) ▸ **1** (Is. 47,2)
    πολιὰς ▸ 1
        Noun · feminine · plural · accusative · (common) ▸ **1** (Wis. 2,10)
    πολιᾶς ▸ 2
        Noun · feminine · singular · genitive · (common) ▸ **2** (2Mac. 6,23; 4Mac. 7,15)
    πολιῶν ▸ 1
        Noun · feminine · plural · genitive · (common) ▸ **1** (Sir. 6,18)

πολιορκέω (πόλις; ἕρκος) to besiege ▸ 25 + 2 = 27
    ἐπολιόρκει ▸ 4 + 1 = 5
        Verb · third · singular · imperfect · active · indicative ▸ **4 + 1 = 5** (Josh. 10,29; Josh. 10,31; 2Kings 18,9; Dan. 1,1; Dan. 1,1)
    ἐπολιόρκησεν ▸ 3
        Verb · third · singular · aorist · active · indicative ▸ **3** (Josh. 10,34; 2Kings 17,4; 2Kings 17,5)
    ἐπολιόρκουν ▸ 4
        Verb · third · plural · imperfect · active · indicative ▸ **4** (2Sam. 20,15; 2Kings 16,5; 2Kings 24,11; Jer. 46,1)
    πεπολιόρκημαι ▸ 1
        Verb · first · singular · perfect · passive · indicative ▸ **1** (Job 17,7)
    πολιορκῆσαι ▸ 2
        Verb · aorist · active · infinitive ▸ **2** (Is. 7,1; Is. 37,9)
    πολιορκήσουσιν ▸ 2
        Verb · third · plural · future · active · indicative ▸ **2** (Is. 9,20; Jer. 19,9)
    πολιορκουμένη ▸ 3
        Verb · present · passive · participle · feminine · singular · nominative ▸ **3** (4Mac. 7,4; Is. 1,8; Is. 27,3)
    πολιορκοῦντα ▸ 2
        Verb · present · active · participle · masculine · singular · accusative ▸ **2** (2Mac. 11,6; Is. 37,8)
    πολιορκοῦντας ▸ 1
        Verb · present · active · participle · masculine · plural · accusative ▸ **1** (4Mac. 7,4)
    πολιορκοῦντες ▸ 1
        Verb · present · active · participle · masculine · plural · nominative ▸ **1** (1Esdr. 5,69)
    πολιορκούντων ▸ 1 + 1 = 2
        Verb · present · active · participle · masculine · plural · genitive ▸ **1 + 1 = 2** (Judg. 2,18; Judg. 2,18)
    πολιορκοῦσιν ▸ 1
        Verb · third · plural · present · active · indicative ▸ **1** (Judg. 9,31)

πολιορκήσις (πόλις; ἕρκος) siege ▸ 1
    πολιορκήσει ▸ 1
        Noun · feminine · singular · dative · (common) ▸ **1** (Sir. 50,4)

πολιορκία (πόλις; ἕρκος) siege; oppression ▸ 6
    πολιορκία ▸ 1
        Noun · feminine · singular · nominative · (common) ▸ **1** (Prov. 1,27)
    πολιορκίᾳ ▸ 1
        Noun · feminine · singular · dative · (common) ▸ **1** (Jer. 19,9)
    πολιορκίαν ▸ 3
        Noun · feminine · singular · accusative · (common) ▸ **3** (2Mac. 10,18; 2Mac. 10,19; 4Mac. 17,24)
    πολιορκίας ▸ 1
        Noun · feminine · singular · genitive · (common) ▸ **1** (1Esdr. 2,17)

πολιός gray, grizzled ▸ 1
    πολιοῦ ▸ 1
        Adjective · neuter · singular · genitive · noDegree ▸ **1** (Lev. 19,32)

Πόλις (πόλις) City; City-State ▸ 3
    Πόλις ▸ 3
        Noun · feminine · singular · nominative · (proper) ▸ **3** (Josh. 15,15; Josh. 15,49; Judg. 1,11)

πόλις city, town; city-state ▸ 1469 + 106 + 163 = 1738
    πόλει ▸ 176 + 5 + 21 = 202
        Noun · feminine · singular · dative · (common) ▸ **176 + 5 + 21 = 202** (Gen. 13,12; Gen. 14,5; Gen. 18,24; Gen. 18,26; Gen. 19,12; Gen. 23,2; Gen. 26,33; Gen. 28,19; Gen. 34,28; Gen. 34,29; Gen. 36,32; Gen. 36,35; Gen. 36,39; Lev. 25,29; Lev. 25,30; Num. 20,16; Num. 35,28; Deut. 12,15; Deut. 13,16; Deut. 20,14; Deut. 22,23; Deut. 22,24; Deut. 28,3; Deut. 28,16; Josh. 6,21; Josh. 8,2; Josh. 8,27; Judg. 8,27; Judg. 9,45; Judg. 12,7; Judg. 18,29; 1Sam. 5,6; 1Sam. 5,9; 1Sam. 5,11; 1Sam. 9,6; 1Sam. 9,13; 1Sam. 9,25; 1Sam. 20,29; 1Sam. 22,5; 1Sam. 27,5; 1Sam. 28,3; 2Sam. 12,1; 2Sam. 18,3; 2Sam. 19,38; 1Kings 2,10; 1Kings 8,16; 1Kings 11,36; 1Kings 11,43; 1Kings 12,24a; 1Kings 12,24m; 1Kings 13,25; 1Kings 14,21; 1Kings 14,31; 1Kings 15,8; 1Kings 15,24; 1Kings 16,4; 1Kings 16,28h; 1Kings 20,11; 1Kings 20,24; 1Kings 22,51; 2Kings 7,4; 2Kings 8,24; 2Kings 9,28; 2Kings 9,31; 2Kings 12,22; 2Kings 14,20; 2Kings 15,7; 2Kings 15,38; 2Kings 16,20; 2Kings 17,32; 2Kings 20,21; 2Kings 23,16; 2Kings 23,30; 2Kings 25,3; 2Kings 25,11; 2Kings 25,19; 2Kings 25,19; 1Chr. 1,43; 1Chr. 1,46; 1Chr. 1,50; 1Chr. 15,1; 2Chr. 6,5; 2Chr. 8,11; 2Chr. 9,31; 2Chr. 12,13; 2Chr. 12,16; 2Chr. 13,23; 2Chr. 16,14; 2Chr. 19,5; 2Chr. 19,5; 2Chr. 21,1; 2Chr. 21,20; 2Chr. 24,16; 2Chr. 24,25; 2Chr. 25,28; 2Chr. 27,9; 2Chr. 28,25; 2Chr. 28,25; 2Chr. 28,27; 2Chr. 31,19; 2Chr. 31,19; 1Esdr. 6,8; Ezra 6,2; Neh. 11,1; Esth. 11,3 # 1,1b; Esth. 1,2; Esth. 2,5; Esth. 8,11; Esth. 9,6; Esth. 9,12; Esth. 9,18; Judith 1,1; Judith 7,32; Judith 8,3; Judith 14,9; 1Mac. 2,17; 1Mac. 2,27; 1Mac. 2,28; 1Mac. 2,31; 1Mac. 9,65; 1Mac. 11,3; 1Mac. 11,47; 1Mac. 13,25; 1Mac. 13,43; 1Mac. 13,44; 1Mac. 13,45; 1Mac. 14,36; 2Mac. 1,12; 2Mac. 15,19;

πόλις

3Mac. 1,19; Psa. 30,22; Psa. 47,2; Psa. 47,9; Psa. 47,9; Psa. 54,10; Psa. 72,20; Prov. 6,14; Eccl. 7,19; Eccl. 8,10; Song 3,2; Song 3,3; Song 5,7; Job 29,7; Job 42,17d; Job 42,17d; Wis. 9,8; Sir. 9,18; Sir. 24,11; Sir. 42,11; Amos 3,6; Amos 3,6; Amos 7,17; Mic. 6,9; Jonah 4,5; Is. 18,4; Is. 22,10; Is. 25,4; Is. 32,18; Jer. 21,6; Jer. 21,7; Jer. 21,9; Jer. 22,8; Jer. 32,29; Jer. 45,2; Jer. 45,4; Jer. 45,9; Jer. 52,6; Jer. 52,25; Lam. 1,19; Ezek. 5,2; Ezek. 7,15; Ezek. 11,2; Ezek. 11,6; Ezek. 48,15; Ezek. 48,17; Dan. 8,2; Judg. 8,27; Judg. 8,32; Judg. 9,45; Judg. 12,7; Tob. 13,17; Matt. 10,15; Matt. 10,23; Luke 2,11; Luke 7,37; Luke 10,12; Luke 18,2; Luke 18,3; Luke 23,19; Luke 24,49; Acts 4,27; Acts 8,8; Acts 8,9; Acts 10,9; Acts 11,5; Acts 16,12; Acts 18,10; Acts 21,29; Acts 22,3; 2Cor. 11,26; Heb. 12,22; Rev. 18,18)

πόλεις ▸ 316 + 31 + 12 = 359

   Noun · feminine · plural · accusative · (common) ▸ 194 + 6 + 10 = 210 (Gen. 19,25; Gen. 19,29; Gen. 19,29; Gen. 22,17; Gen. 24,60; Gen. 35,5; Ex. 1,11; Lev. 26,25; Lev. 26,31; Num. 21,2; Num. 21,3; Num. 21,25; Num. 22,39; Num. 31,10; Num. 32,16; Num. 32,24; Num. 32,33; Num. 32,33; Num. 32,36; Num. 35,2; Num. 35,6; Num. 35,6; Num. 35,6; Num. 35,7; Num. 35,7; Num. 35,8; Num. 35,11; Num. 35,13; Num. 35,14; Num. 35,14; Deut. 1,22; Deut. 2,37; Deut. 3,4; Deut. 3,12; Deut. 4,41; Deut. 6,10; Deut. 9,1; Deut. 19,2; Deut. 19,7; Deut. 19,9; Deut. 20,15; Deut. 21,2; Josh. 9,17; Josh. 10,19; Josh. 10,20; Josh. 11,12; Josh. 11,13; Josh. 13,10; Josh. 13,17; Josh. 13,21; Josh. 13,31; Josh. 17,12; Josh. 18,9; Josh. 20,2; Josh. 21,2; Josh. 21,3; Josh. 21,8; Josh. 21,9; Josh. 21,16; Josh. 21,25; Josh. 21,27; Josh. 21,27; Josh. 21,32; Josh. 24,13; Judg. 1,20; Judg. 5,11; Judg. 10,4; Judg. 11,33; Judg. 20,48; Judg. 20,48; Judg. 21,23; 1Sam. 20,9; 1Sam. 31,7; 2Sam. 20,6; 2Sam. 24,7; 1Kings 2,35k; 1Kings 9,11; 1Kings 9,12; 1Kings 10,22a # 9,15; 1Kings 10,22a # 9,15; 1Kings 21,34; 1Kings 22,39; 2Kings 3,25; 2Kings 13,25; 2Kings 13,25; 2Kings 18,13; 2Kings 19,25; 1Chr. 2,23; 1Chr. 6,42; 1Chr. 6,49; 1Chr. 6,50; 1Chr. 6,52; 1Chr. 10,7; 2Chr. 8,2; 2Chr. 8,4; 2Chr. 8,5; 2Chr. 8,6; 2Chr. 8,6; 2Chr. 8,6; 2Chr. 11,5; 2Chr. 11,10; 2Chr. 13,19; 2Chr. 14,5; 2Chr. 14,6; 2Chr. 14,13; 2Chr. 16,4; 2Chr. 17,12; 2Chr. 24,5; 2Chr. 25,13; 2Chr. 26,6; 2Chr. 27,4; 2Chr. 28,18; 2Chr. 31,1; 2Chr. 32,1; 2Chr. 32,28; 2Chr. 32,29; 1Esdr. 2,17; Neh. 9,25; Judith 2,24; Judith 2,27; Judith 3,6; Judith 4,12; 1Mac. 1,19; 1Mac. 1,29; 1Mac. 1,44; 1Mac. 5,36; 1Mac. 9,50; 1Mac. 10,84; 1Mac. 11,3; 1Mac. 14,33; 1Mac. 15,4; 1Mac. 15,19; 1Mac. 15,30; 1Mac. 16,14; 1Mac. 16,18; 2Mac. 3,8; 2Mac. 4,32; 2Mac. 6,8; 2Mac. 8,6; 2Mac. 8,11; 3Mac. 1,6; Psa. 9,7; Psa. 138,20; Prov. 21,22; Job 15,28; Sir. 28,14; Sir. 46,2; Hos. 8,14; Hos. 8,14; Amos 9,14; Mic. 1,11; Mic. 5,10; Mic. 5,13; Obad. 20; Zeph. 1,16; Zech. 1,12; Zech. 8,20; Zech. 8,21; Is. 10,6; Is. 10,13; Is. 14,17; Is. 23,16; Is. 25,2; Is. 25,2; Is. 26,5; Is. 34,13; Is. 36,1; Is. 54,3; Is. 61,4; Jer. 1,15; Jer. 4,5; Jer. 4,16; Jer. 5,6; Jer. 5,17; Jer. 8,14; Jer. 9,10; Jer. 10,22; Jer. 19,15; Jer. 22,6; Jer. 31,24; Jer. 31,28; Jer. 32,18; Jer. 38,21; Jer. 41,1; Jer. 41,7; Jer. 41,22; Jer. 51,2; Ezek. 16,7; Ezek. 19,7; Ezek. 26,19; Ezek. 36,33; Ezek. 39,9; Ezek. 45,5; Dan. 3,1; Judg. 1,20; Judg. 5,11; Judg. 20,48; Judg. 20,48; Judg. 21,23; Dan. 11,15; Matt. 9,35; Matt. 10,23; Matt. 11,20; Mark 6,56; Luke 13,22; Acts 8,40; Acts 14,6; Acts 16,4; Acts 26,11; 2Pet. 2,6)

   Noun · feminine · plural · nominative · (common) ▸ 122 + 25 + 2 = 149 (Lev. 25,32; Lev. 26,33; Num. 13,19; Num. 13,28; Num. 35,3; Num. 35,12; Num. 35,13; Num. 35,15; Deut. 1,28; Deut. 3,5; Deut. 3,10; Deut. 3,10; Josh. 9,17; Josh. 13,23; Josh. 13,25; Josh. 13,28; Josh. 13,30; Josh. 14,4; Josh. 14,12; Josh. 15,21; Josh. 15,25; Josh. 15,32; Josh. 15,36; Josh. 15,41; Josh. 15,44; Josh. 15,51; Josh. 15,54; Josh. 15,57; Josh. 15,59; Josh. 15,59a; Josh. 15,60; Josh. 15,62; Josh. 15,62; Josh. 16,9; Josh. 16,9; Josh. 18,21; Josh. 18,24; Josh. 18,28; Josh. 18,28; Josh. 19,6; Josh. 19,7; Josh. 19,16; Josh. 19,23; Josh. 19,31; Josh. 19,35; Josh. 19,41; Josh. 19,47; Josh. 20,3; Josh. 20,9; Josh. 21,4; Josh. 21,5; Josh. 21,6; Josh. 21,7; Josh. 21,18; Josh. 21,19; Josh. 21,22; Josh. 21,24; Josh. 21,26; Josh. 21,29; Josh. 21,31; Josh. 21,33; Josh. 21,33; Josh. 21,35; Josh. 21,37; Josh. 21,39; Josh. 21,40; Josh. 21,40; Josh. 21,41; Josh. 21,41; 1Sam. 7,14; 1Kings 4,13; 1Kings 9,13; 2Kings 10,2; 1Chr. 2,22; 1Chr. 4,31; 1Chr. 4,32; 1Chr. 6,45; 1Chr. 6,45; 1Chr. 6,46; 1Chr. 6,47; 1Chr. 6,48; 1Chr. 6,51; Judith 3,4; Judith 5,3; Judith 5,18; 1Mac. 5,26; 1Mac. 15,28; Psa. 68,36; Amos 4,8; Mic. 7,12; Mic. 7,12; Zeph. 3,6; Zech. 1,17; Zech. 7,7; Is. 1,7; Is. 6,11; Is. 14,31; Is. 17,9; Is. 19,18; Is. 24,12; Is. 25,3; Is. 45,1; Jer. 2,15; Jer. 4,7; Jer. 4,26; Jer. 11,12; Jer. 13,19; Jer. 20,16; Jer. 28,43; Jer. 30,7; Jer. 31,9; Jer. 31,34; Jer. 41,7; Bar. 4,32; Ezek. 6,6; Ezek. 12,20; Ezek. 29,12; Ezek. 30,7; Ezek. 35,9; Ezek. 36,10; Ezek. 36,35; Ezek. 36,38; Josh. 15,32; Josh. 15,36; Josh. 15,41; Josh. 15,44; Josh. 15,51; Josh. 15,54; Josh. 15,57; Josh. 15,59; Josh. 15,59a; Josh. 15,60; Josh. 15,62; Josh. 15,62; Josh. 18,24; Josh. 18,28; Josh. 19,6; Josh. 19,7; Josh. 19,16; Josh. 19,23; Josh. 19,30; Josh. 19,31; Josh. 19,35; Josh. 19,38; Judg. 5,8; Judg. 10,4; Judg. 11,33; Jude 7; Rev. 16,19)

πόλεσι ▸ 2

   Noun · feminine · plural · dative · (common) ▸ 2 (1Kings 10,26; Sol. 17,14)

πόλεσιν ▸ 95 + 1 + 2 = 98

   Noun · feminine · plural · dative · (common) ▸ 95 + 1 + 2 = 98 (Gen. 19,25; Gen. 41,35; Gen. 41,48; Lev. 25,34; Num. 21,25; Num. 21,31; Num. 32,17; Num. 32,26; Deut. 3,19; Deut. 12,18; Deut. 17,8; Deut. 19,1; Deut. 31,12; Josh. 11,21; Josh. 21,42; Judg. 11,26; 1Sam. 30,29; 1Sam. 30,29; 2Sam. 2,3; 2Sam. 12,31; 1Kings 15,20; 2Kings 17,9; 2Kings 17,24; 2Kings 17,24; 2Kings 17,26; 2Kings 17,29; 2Kings 23,5; 2Kings 23,19; 1Chr. 9,2; 1Chr. 13,2; 2Chr. 1,14; 2Chr. 9,25; 2Chr. 10,17; 2Chr. 11,23; 2Chr. 17,2; 2Chr. 17,2; 2Chr. 17,2; 2Chr. 17,7; 2Chr. 17,9; 2Chr. 17,19; 2Chr. 19,5; 2Chr. 19,10; 2Chr. 21,11; 2Chr. 31,1; 2Chr. 31,6; 2Chr. 33,14; 2Chr. 34,6; Ezra 2,70; Ezra 2,70; Ezra 3,1; Ezra 4,10; Ezra 10,14; Neh. 7,73; Neh. 7,73; Neh. 8,15; Neh. 10,38; Neh. 11,1; Neh. 11,3; Neh. 11,3; Judith 1,9; 1Mac. 1,51; 1Mac. 1,54; 1Mac. 1,58; 1Mac. 3,8; 1Mac. 5,27; 1Mac. 11,60; 1Mac. 14,10; Job 6,20; Hos. 11,6; Amos 4,6; Is. 37,26; Is. 40,9; Is. 44,26; Jer. 7,17; Jer. 11,6; Jer. 30,17; Jer. 38,23; Jer. 38,24; Jer. 39,44; Jer. 39,44; Jer. 39,44; Jer. 39,44; Jer. 40,10; Jer. 40,12; Jer. 40,13; Jer. 40,13; Jer. 40,13; Jer. 41,7; Jer. 47,10; Jer. 51,6; Jer. 51,17; Jer. 51,21; Lam. 5,11; Ezek. 36,4; Judg. 11,26; Matt. 11,1; Luke 4,43)

πόλεσίν ▸ 18

   Noun · feminine · plural · dative · (common) ▸ 18 (Deut. 12,17; Deut. 12,21; Deut. 14,21; Deut. 14,27; Deut. 14,28; Deut. 14,29; Deut. 15,22; Deut. 16,11; Deut. 16,14; Deut. 16,18; Deut. 24,14; Deut. 26,12; Deut. 28,52; Deut. 28,52; Deut. 28,55; Deut. 28,57; Hos. 13,10; Ezek. 35,4)

πόλεων ▸ 68 + 4 + 6 = 78

   Noun · feminine · plural · genitive · (common) ▸ 68 + 4 + 6 = 78 (Lev. 25,32; Lev. 25,33; Num. 32,38; Num. 35,2; Num. 35,4; Num. 35,5; Num. 35,8; Deut. 2,34; Deut. 2,35; Deut. 3,4; Deut. 3,5; Deut. 3,7; Deut. 4,42; Deut. 18,6; Deut. 19,5; Deut. 19,11; Deut. 20,15; Deut. 20,16; Josh. 19,8; Josh. 21,42; Judg. 20,11; Judg. 20,14; Judg. 20,15; Judg. 20,42; 1Sam. 6,18; 1Sam. 15,5; 1Sam. 18,6; 1Sam. 27,5; 2Sam. 2,1; 2Sam. 8,8; 2Sam. 8,11; 2Sam. 10,12; 1Kings 8,37; 2Kings 23,8; 1Chr. 4,33; 1Chr. 18,8; 1Chr. 19,7; 1Chr. 19,13; 2Chr. 6,28; 2Chr. 12,4; 2Chr. 14,4; 2Chr. 15,8; 2Chr. 20,4; 2Chr. 21,3; 2Chr. 23,2; 2Chr. 31,19; Neh. 12,44;

πόλις

Judith 1,14; Judith 6,7; 1Mac. 5,68; 1Mac. 10,71; 1Mac. 11,2; 1Mac. 11,8; 1Mac. 14,17; 1Mac. 15,31; Amos 2,2; Is. 14,21; Is. 14,31; Is. 17,1; Jer. 7,34; Jer. 17,26; Bar. 2,23; Ezek. 16,7; Ezek. 25,9; Ezek. 29,12; Ezek. 30,7; Dan. 11,39; Sus. 6; Josh. 19,8; Judg. 20,14; Judg. 20,15; Judg. 20,42; Matt. 14,13; Mark 6,33; Luke 5,12; Luke 19,17; Luke 19,19; Acts 5,16)

πόλεών ‣ 6

Noun • feminine • plural • genitive • (common) ‣ **6** (Deut. 13,13; Deut. 15,7; Deut. 16,5; Deut. 17,2; Jer. 2,28; Jer. 11,13)

πόλεως ‣ 313 + 35 + 36 = 384

Noun • feminine • singular • genitive • (common) ‣ 313 + 35 + 36 = **384** (Gen. 19,4; Gen. 19,15; Gen. 19,22; Gen. 20,2; Gen. 24,11; Gen. 24,43; Gen. 33,18; Gen. 34,20; Gen. 34,20; Gen. 34,24; Gen. 41,45; Gen. 41,48; Gen. 41,50; Gen. 46,20; Ex. 9,33; Lev. 14,40; Lev. 14,41; Lev. 14,45; Lev. 14,53; Lev. 25,33; Num. 21,28; Num. 24,19; Num. 35,4; Num. 35,5; Num. 35,26; Num. 35,27; Deut. 19,12; Deut. 21,3; Deut. 21,4; Deut. 21,6; Deut. 21,19; Deut. 21,20; Deut. 21,21; Deut. 22,17; Deut. 22,18; Deut. 22,21; Deut. 22,24; Deut. 25,8; Josh. 2,18; Josh. 6,5; Josh. 8,4; Josh. 8,4; Josh. 8,6; Josh. 8,11; Josh. 8,12; Josh. 8,14; Josh. 8,16; Josh. 8,20; Josh. 8,21; Josh. 8,22; Josh. 17,9; Josh. 21,12; Josh. 21,42; Judg. 1,16; Judg. 1,17; Judg. 1,23; Judg. 1,24; Judg. 1,24; Judg. 1,25; Judg. 6,27; Judg. 6,28; Judg. 6,30; Judg. 8,16; Judg. 8,17; Judg. 9,30; Judg. 9,35; Judg. 9,40; Judg. 9,43; Judg. 9,44; Judg. 9,51; Judg. 9,51; Judg. 14,18; Judg. 16,2; Judg. 16,3; Judg. 17,8; Judg. 18,29; Judg. 19,15; Judg. 19,17; Judg. 19,22; Judg. 20,21; Judg. 20,31; Judg. 20,32; Judg. 20,38; Judg. 20,40; Judg. 20,40; Judg. 20,48; Ruth 4,2; 1Sam. 1,3; 1Sam. 5,9; 1Sam. 5,12; 1Sam. 6,18; 1Sam. 9,11; 1Sam. 9,14; 1Sam. 9,18; 1Sam. 9,27; 1Sam. 16,4; 1Sam. 21,14; 2Sam. 6,16; 2Sam. 11,17; 2Sam. 12,30; 2Sam. 15,2; 2Sam. 15,12; 2Sam. 15,24; 2Sam. 20,21; 2Sam. 20,22; 2Sam. 24,5; 1Kings 1,41; 1Kings 2,35f; 1Kings 8,1; 1Kings 8,44; 1Kings 8,48; 1Kings 9,9a # 9,24; 1Kings 10,22a # 9,15; 1Kings 11,18; 1Kings 11,27; 1Kings 17,10; 1Kings 20,11; 1Kings 20,13; 1Kings 21,19; 1Kings 22,26; 2Kings 2,19; 2Kings 2,19; 2Kings 2,23; 2Kings 7,3; 2Kings 7,10; 2Kings 7,12; 2Kings 9,15; 2Kings 10,5; 2Kings 10,6; 2Kings 10,9; 2Kings 10,25; 2Kings 17,9; 2Kings 18,8; 2Kings 19,34; 2Kings 20,6; 2Kings 23,8; 2Kings 23,8; 2Kings 23,17; 2Kings 25,19; 1Chr. 4,12; 1Chr. 6,41; 1Chr. 13,5; 1Chr. 15,29; 1Chr. 19,9; 1Chr. 20,2; 2Chr. 1,4; 2Chr. 5,2; 2Chr. 6,34; 2Chr. 6,38; 2Chr. 8,11; 2Chr. 18,25; 2Chr. 29,20; 2Chr. 30,10; 2Chr. 32,3; 2Chr. 32,4; 2Chr. 32,5; 2Chr. 32,30; 2Chr. 33,14; 2Chr. 33,15; 2Chr. 34,8; Ezra 6,2; Ezra 10,14; Ezra 10,14; Neh. 2,8; Neh. 3,15; Neh. 8,16; Neh. 11,9; Neh. 12,37; Esth. 4,1; Esth. 6,9; Esth. 6,11; Esth. 9,14; Judith 3,10; Judith 6,12; Judith 6,12; Judith 6,14; Judith 6,14; Judith 6,16; Judith 7,7; Judith 7,13; Judith 7,22; Judith 7,23; Judith 7,32; Judith 8,10; Judith 10,6; Judith 10,6; Judith 10,9; Judith 10,10; Judith 13,12; Judith 13,12; Judith 13,12; Judith 14,2; 1Mac. 1,31; 1Mac. 2,7; 1Mac. 3,37; 1Mac. 5,31; 1Mac. 5,47; 1Mac. 5,51; 1Mac. 5,59; 1Mac. 6,3; 1Mac. 6,49; 1Mac. 6,63; 1Mac. 9,67; 1Mac. 10,63; 1Mac. 10,75; 1Mac. 10,76; 1Mac. 10,86; 1Mac. 11,3; 1Mac. 11,45; 1Mac. 11,46; 1Mac. 11,46; 1Mac. 11,49; 1Mac. 11,49; 1Mac. 11,60; 1Mac. 12,36; 1Mac. 12,36; 1Mac. 13,47; 1Mac. 14,37; 2Mac. 3,1; 2Mac. 3,9; 2Mac. 4,2; 2Mac. 4,22; 2Mac. 4,48; 2Mac. 5,5; 2Mac. 5,8; 2Mac. 8,17; 2Mac. 10,27; 2Mac. 12,4; 2Mac. 13,13; 2Mac. 13,14; 2Mac. 15,14; 2Mac. 15,37; 3Mac. 2,31; 3Mac. 4,11; 3Mac. 4,12; 3Mac. 5,44; 3Mac. 5,46; 3Mac. 7,16; Psa. 71,16; Psa. 100,8; Psa. 106,4; Prov. 1,21; Job 2,8; Job 24,12; Job 39,7; Sir. 7,7; Sir. 9,7; Sir. 9,13; Sir. 10,2; Sir. 23,21; Sir. 26,5; Sir. 36,26; Sir. 40,19; Mic. 4,10; Joel 2,9; Jonah 4,5; Jonah 4,5; Jonah 4,11; Hab. 2,8; Hab. 2,17; Zech. 8,5; Zech. 14,2; Zech. 14,2; Is. 22,8; Is. 30,13; Is. 32,14; Is. 36,19; Is. 37,13; Is. 37,35; Is. 38,6; Is. 48,2; Is. 66,6; Jer. 3,14; Jer. 17,24; Jer. 17,25; Jer. 20,5; Jer. 21,4; Jer. 22,8; Jer. 33,11; Jer. 40,4; Jer. 43,6; Jer. 44,4; Jer. 44,21; Jer. 48,7; Jer. 50,13; Jer. 52,7; Jer. 52,13; Jer. 52,25; Lam. 2,11; Lam. 2,12; Lam. 3,51; Ezek. 4,3; Ezek. 9,1; Ezek. 11,23; Ezek. 11,23; Ezek. 21,24; Ezek. 25,9; Ezek. 30,17; Ezek. 39,16; Ezek. 40,2; Ezek. 45,6; Ezek. 45,7; Ezek. 45,7; Ezek. 48,20; Ezek. 48,21; Ezek. 48,22; Ezek. 48,30; Ezek. 48,31; Ezek. 48,35; Dan. 4,29; Dan. 11,13; Dan. 11,34; Sus. 28; Josh. 19,29; Judg. 1,16; Judg. 1,17; Judg. 1,23; Judg. 1,24; Judg. 1,24; Judg. 1,25; Judg. 6,27; Judg. 6,28; Judg. 6,30; Judg. 8,16; Judg. 8,16; Judg. 8,17; Judg. 9,30; Judg. 9,35; Judg. 9,43; Judg. 9,44; Judg. 9,51; Judg. 9,51; Judg. 14,18; Judg. 16,2; Judg. 16,3; Judg. 17,8; Judg. 18,29; Judg. 18,29; Judg. 19,15; Judg. 19,17; Judg. 19,22; Judg. 20,31; Judg. 20,32; Judg. 20,38; Judg. 20,40; Judg. 20,40; Judg. 20,48; Tob. 1,4; Matt. 10,14; Matt. 21,17; Matt. 23,34; Mark 11,19; Luke 2,4; Luke 4,29; Luke 7,12; Luke 7,12; Luke 8,27; Luke 9,5; Luke 10,11; Luke 14,21; Luke 23,51; John 1,44; John 4,30; John 4,39; John 19,20; Acts 7,58; Acts 13,50; Acts 14,4; Acts 14,13; Acts 14,19; Acts 16,14; Acts 16,39; Acts 21,5; Acts 21,39; Acts 25,23; Rom. 16,23; Rev. 3,12; Rev. 11,8; Rev. 11,13; Rev. 14,20; Rev. 21,14; Rev. 21,19; Rev. 21,21; Rev. 22,19)

πόλεώς ‣ 2 + 2 = 4

Noun • feminine • singular • genitive • (common) ‣ 2 + 2 = **4** (Dan. 9,16; Dan. 9,18; Dan. 9,16; Dan. 9,18)

Πόλιν ‣ 4

Noun • feminine • singular • accusative • (common) ‣ **4** (Josh. 15,10; Josh. 15,16; Judg. 1,12; 1Chr. 11,7)

πόλιν ‣ 330 + 20 + 64 = 414

Noun • feminine • singular • accusative • (common) ‣ 330 + 20 + 63 = **413** (Gen. 4,17; Gen. 4,17; Gen. 10,11; Gen. 11,4; Gen. 11,5; Gen. 11,8; Gen. 18,28; Gen. 19,14; Gen. 19,21; Gen. 23,10; Gen. 23,18; Gen. 24,10; Gen. 24,13; Gen. 33,18; Gen. 34,25; Gen. 34,27; Gen. 35,27; Gen. 44,4; Gen. 44,13; Gen. 46,28; Gen. 46,29; Ex. 9,29; Num. 22,36; Num. 35,25; Num. 35,32; Deut. 2,34; Deut. 2,36; Deut. 3,6; Deut. 13,14; Deut. 13,17; Deut. 20,10; Deut. 20,19; Deut. 20,20; Deut. 34,3; Josh. 2,14; Josh. 4,13; Josh. 6,5; Josh. 6,7; Josh. 6,11; Josh. 6,13; Josh. 6,15; Josh. 6,16; Josh. 6,20; Josh. 6,23; Josh. 6,26; Josh. 7,3; Josh. 8,5; Josh. 8,7; Josh. 8,17; Josh. 8,18; Josh. 8,18; Josh. 8,19; Josh. 8,19; Josh. 8,21; Josh. 8,28; Josh. 13,9; Josh. 15,10; Josh. 15,13; Josh. 19,13; Josh. 19,50; Josh. 19,50; Josh. 20,7; Josh. 21,13; Josh. 21,21; Josh. 21,32; Josh. 21,36; Josh. 21,38; Josh. 21,42b; Josh. 21,42c; Josh. 24,33b; Judg. 1,8; Judg. 1,25; Judg. 1,26; Judg. 3,13; Judg. 9,31; Judg. 9,33; Judg. 9,45; Judg. 9,45; Judg. 18,27; Judg. 18,28; Judg. 19,11; Judg. 19,12; Judg. 20,37; Ruth 2,18; Ruth 3,15; 1Sam. 4,13; 1Sam. 8,22; 1Sam. 9,10; 1Sam. 9,12; 1Sam. 9,13; 1Sam. 9,14; 1Sam. 10,5; 1Sam. 11,9; 1Sam. 14,23; 1Sam. 20,6; 1Sam. 20,28; 1Sam. 20,40; 1Sam. 21,1; 1Sam. 22,19; 1Sam. 23,7; 1Sam. 23,10; 1Sam. 30,3; 2Sam. 5,9; 2Sam. 6,10; 2Sam. 6,12; 2Sam. 10,3; 2Sam. 10,14; 2Sam. 11,16; 2Sam. 11,20; 2Sam. 11,22; 2Sam. 11,25; 2Sam. 12,26; 2Sam. 12,27; 2Sam. 12,28; 2Sam. 12,28; 2Sam. 15,14; 2Sam. 15,25; 2Sam. 15,27; 2Sam. 15,34; 2Sam. 15,37; 2Sam. 17,13; 2Sam. 17,13; 2Sam. 17,17; 2Sam. 17,23; 2Sam. 19,4; 2Sam. 20,15; 2Sam. 20,19; 2Sam. 20,22; 1Kings 2,35c; 1Kings 2,35f; 1Kings 5,14a; 1Kings 11,13; 1Kings 11,32; 1Kings 11,43; 1Kings 12,24b; 1Kings 12,24k; 1Kings 13,29; 1Kings 21,2; 1Kings 21,12; 1Kings 21,30; 1Kings 22,36; 2Kings 3,19; 2Kings 6,14; 2Kings 6,15; 2Kings 7,4; 2Kings 7,12; 2Kings 8,3; 2Kings 19,32; 2Kings 19,33; 2Kings 20,6; 2Kings 20,20; 2Kings 23,27; 2Kings 24,11; 2Kings 25,4; 1Chr. 11,8; 1Chr. 11,8; 1Chr. 13,6; 1Chr. 13,13; 1Chr. 19,3; 1Chr. 19,15; 2Chr. 11,12; 2Chr. 11,12; 2Chr. 15,6; 2Chr. 28,15; 2Chr. 30,10; 2Chr. 32,18; 2Chr. 35,19d;

1Esdr. 2,14; 1Esdr. 2,23; 1Esdr. 4,48; 1Esdr. 4,53; 1Esdr. 4,56; 1Esdr. 5,8; 1Esdr. 6,8; Ezra 2,1; Ezra 4,12; Ezra 5,4; Neh. 2,5; Neh. 3,34; Neh. 7,6; Neh. 13,18; Esth. 1,5; Esth. 2,3; Esth. 2,8; Esth. 8,17; Esth. 9,27; Judith 7,13; Judith 7,26; Judith 8,9; Judith 8,11; Judith 8,33; 1Mac. 1,30; 1Mac. 1,33; 1Mac. 1,51; 1Mac. 1,51; 1Mac. 2,15; 1Mac. 5,28; 1Mac. 5,44; 1Mac. 5,50; 1Mac. 6,3; 1Mac. 6,7; 1Mac. 6,63; 1Mac. 7,1; 1Mac. 7,32; 1Mac. 9,52; 1Mac. 10,10; 1Mac. 11,48; 1Mac. 11,50; 1Mac. 11,66; 1Mac. 12,37; 1Mac. 13,44; 1Mac. 15,14; 1Mac. 15,14; 2Mac. 2,22; 2Mac. 3,4; 2Mac. 3,14; 2Mac. 4,36; 2Mac. 4,38; 2Mac. 4,39; 2Mac. 5,2; 2Mac. 5,5; 2Mac. 5,8; 2Mac. 5,11; 2Mac. 5,17; 2Mac. 5,26; 2Mac. 6,10; 2Mac. 8,3; 2Mac. 9,2; 2Mac. 9,14; 2Mac. 10,1; 2Mac. 10,36; 2Mac. 11,2; 2Mac. 12,13; 2Mac. 12,16; 2Mac. 12,27; 2Mac. 12,28; 2Mac. 12,29; 2Mac. 12,38; 2Mac. 15,17; 3Mac. 1,17; 3Mac. 2,9; 3Mac. 3,8; 3Mac. 3,16; 3Mac. 4,4; 3Mac. 4,11; 3Mac. 5,24; 3Mac. 6,5; 3Mac. 6,30; 3Mac. 6,41; Psa. 45,5; Psa. 58,7; Psa. 58,15; Psa. 59,11; Psa. 106,7; Psa. 106,36; Psa. 107,11; Psa. 126,1; Ode. 7,28; Prov. 16,32; Prov. 29,8; Eccl. 9,15; Eccl. 10,15; Sir. 36,12; Sir. 36,26; Sir. 48,17; Sir. 49,6; Sir. 50,4; Sol. 8,4; Hos. 11,9; Amos 4,7; Amos 4,7; Amos 4,8; Amos 6,8; Mic. 6,9; Jonah 1,2; Jonah 3,2; Jonah 3,4; Hab. 2,12; Hab. 2,12; Zech. 8,21; Is. 10,28; Is. 10,29; Is. 19,2; Is. 22,9; Is. 37,33; Is. 45,13; Is. 66,20; Jer. 1,18; Jer. 8,16; Jer. 14,18; Jer. 19,8; Jer. 19,11; Jer. 19,12; Jer. 19,15; Jer. 21,10; Jer. 23,39; Jer. 29,2; Jer. 30,31; Jer. 31,8; Jer. 33,6; Jer. 33,12; Jer. 33,15; Jer. 39,3; Jer. 39,24; Jer. 39,29; Jer. 39,29; Jer. 39,36; Jer. 44,8; Jer. 44,10; Jer. 46,16; Ezek. 4,1; Ezek. 9,5; Ezek. 10,2; Ezek. 17,4; Ezek. 22,2; Ezek. 25,5; Ezek. 26,10; Ezek. 26,19; Ezek. 40,1; Ezek. 43,3; Ezek. 48,18; Ezek. 48,19; Dan. 3,28; Dan. 9,19; Dan. 9,24; Dan. 9,25; Dan. 9,26; Dan. 11,15; Dan. 11,24; Dan. 11,24; Josh. 19,13; Judg. 1,8; Judg. 1,12; Judg. 1,25; Judg. 1,26; Judg. 3,13; Judg. 9,31; Judg. 9,33; Judg. 9,45; Judg. 9,45; Judg. 18,27; Judg. 18,28; Judg. 19,11; Judg. 19,12; Judg. 20,11; Judg. 20,37; Dan. 3,28; Dan. 9,19; Dan. 9,24; Dan. 9,26; Matt. 2,23; Matt. 4,5; Matt. 8,33; Matt. 9,1; Matt. 10,5; Matt. 10,11; Matt. 21,18; Matt. 22,7; Matt. 23,34; Matt. 26,18; Matt. 27,53; Matt. 28,11; Mark 1,45; Mark 5,14; Mark 14,13; Mark 14,16; Luke 1,26; Luke 1,39; Luke 2,3; Luke 2,4; Luke 2,39; Luke 4,31; Luke 7,11; Luke 8,1; Luke 8,4; Luke 8,34; Luke 8,39; Luke 9,10; Luke 10,1; Luke 10,8; Luke 10,10; Luke 19,41; Luke 22,10; John 4,5; John 4,8; John 4,28; John 11,54; Acts 8,5; Acts 9,6; Acts 12,10; Acts 14,20; Acts 14,21; Acts 15,21; Acts 15,36; Acts 16,20; Acts 17,5; Acts 17,16; Acts 19,35; Acts 20,23; Acts 24,12; 2Cor. 11,32; Titus 1,5; Heb. 11,10; Heb. 11,16; Heb. 13,14; James 4,13; Rev. 11,2; Rev. 20,9; Rev. 21,2; Rev. 21,10; Rev. 21,15; Rev. 21,16; Rev. 22,14)

Noun · feminine · singular · accusative · (proper) ▸ **1** (Acts 16,11)

Πόλις ▸ 2

Noun · feminine · singular · nominative · (common) ▸ **2** (Is. 1,26; Is. 60,14)

πόλις ▸ 137 + 8 + 22 = 167

Noun · feminine · singular · nominative · (common) ▸ 136 + 8 + 18 = **162** (Gen. 10,12; Gen. 19,20; Ex. 1,11; Num. 21,26; Num. 21,27; Num. 35,5; Deut. 2,36; Deut. 3,4; Deut. 21,3; Josh. 6,17; Josh. 6,24; Josh. 9,17; Josh. 10,2; Josh. 11,19; Josh. 13,16; Josh. 14,15; Josh. 15,9; Josh. 15,21; Josh. 15,54; Josh. 15,60; Josh. 18,14; Josh. 21,20; Josh. 21,42; Judg. 1,27; Ruth 1,19; 1Sam. 4,13; 2Sam. 5,7; 2Sam. 5,9; 1Kings 1,45; 1Kings 16,18; 2Kings 6,19; 2Kings 11,20; 2Kings 18,30; 2Kings 24,10; 2Kings 25,2; 2Kings 25,4; 1Chr. 2,53; 1Chr. 11,5; 2Chr. 15,6; 2Chr. 23,21; 1Esdr. 2,15; 1Esdr. 2,17; 1Esdr. 2,17; 1Esdr. 2,18; 1Esdr. 2,21; Ezra 4,13; Ezra 4,15; Ezra 4,15; Ezra 4,15; Ezra 4,16; Ezra 4,19; Ezra 4,21; Neh. 2,3; Neh. 7,4; Esth. 3,15; Esth. 16,24 # 8,12x; Judith 8,18; Tob. 13,10; 1Mac. 5,46; 1Mac. 5,50; 1Mac. 6,1; 1Mac. 14,20; 3Mac. 4,3; 3Mac. 5,41; 4Mac. 7,4; Psa. 47,3; Psa. 86,3; Psa. 121,3; Prov. 10,15; Prov. 11,10; Prov. 18,11; Prov. 18,19; Prov. 25,28; Eccl. 9,14; Eccl. 10,16; Job 6,10; Sir. 10,3; Sir. 16,4; Sir. 31,24; Sir. 38,32; Hos. 6,8; Amos 5,3; Joel 4,17; Jonah 3,3; Nah. 3,1; Zeph. 2,15; Zeph. 3,1; Zech. 8,3; Zech. 14,2; Is. 1,8; Is. 1,21; Is. 19,2; Is. 19,18; Is. 22,2; Is. 24,10; Is. 25,2; Is. 26,1; Is. 27,3; Is. 27,3; Is. 29,1; Is. 32,13; Is. 33,20; Is. 33,20; Is. 36,15; Is. 52,1; Is. 62,12; Is. 64,9; Jer. 4,29; Jer. 17,25; Jer. 28,31; Jer. 31,8; Jer. 31,15; Jer. 33,9; Jer. 37,18; Jer. 38,38; Jer. 39,24; Jer. 39,25; Jer. 39,28; Jer. 39,31; Jer. 41,2; Jer. 45,3; Jer. 45,17; Jer. 45,18; Jer. 45,23; Jer. 46,2; Jer. 52,5; Jer. 52,7; Lam. 1,1a; Lam. 2,15; Ezek. 7,23; Ezek. 9,9; Ezek. 22,3; Ezek. 24,6; Ezek. 26,17; Ezek. 33,21; Ezek. 48,15; Josh. 15,25; Josh. 15,49; Josh. 15,54; Josh. 15,60; Josh. 18,28; Josh. 19,41; Judg. 1,11; Judg. 1,27; Matt. 5,14; Matt. 5,35; Matt. 8,34; Matt. 12,25; Matt. 21,10; Mark 1,33; Luke 4,29; Acts 13,44; Acts 16,12; Acts 19,29; Acts 21,30; Acts 27,8; Rev. 16,19; Rev. 17,18; Rev. 18,21; Rev. 21,16; Rev. 21,18; Rev. 21,23)

Noun · feminine · singular · vocative · (common) ▸ 1 + 4 = **5** (Jer. 6,6; Rev. 18,10; Rev. 18,10; Rev. 18,16; Rev. 18,19)

πόλισ-ασεδεκ City of Sedek (Heb. of righteousness) ▸ 1

Πόλισ-ασεδεκ ▸ 1

Noun · feminine · singular · nominative · (proper) ▸ **1** (Is. 19,18)

πολιτάρχης (πόλις; ἄρχω) city ruler, official ▸ 2

πολιτάρχας ▸ 2

Noun · masculine · plural · accusative ▸ **2** (Acts 17,6; Acts 17,8)

πολιτεία (πόλις) citizenship; civic life, republic; life ▸ 8 + 2 = 10

πολιτείαν ▸ 3 + 1 = 4

Noun · feminine · singular · accusative · (common) ▸ 3 + 1 = **4** (3Mac. 3,23; 4Mac. 3,20; 4Mac. 17,9; Acts 22,28)

πολιτείας ▸ 5 + 1 = 6

Noun · feminine · plural · accusative · (common) ▸ **1** (2Mac. 4,11)

Noun · feminine · singular · genitive · (common) ▸ 4 + 1 = **5** (2Mac. 8,17; 2Mac. 13,14; 3Mac. 3,21; 4Mac. 8,7; Eph. 2,12)

πολίτευμα (πόλις) place of citizenship; group of citizens ▸ 1 + 1 = 2

πολίτευμα ▸ 1 + 1 = 2

Noun · neuter · singular · accusative · (common) ▸ 1 + 1 = **2** (2Mac. 12,7; Phil. 3,20)

πολιτεύομαι (πόλις) to live, live as a citizen ▸ 8 + 2 = 10

πεπολίτευμαι ▸ 1

Verb · first · singular · perfect · middle · indicative ▸ **1** (Acts 23,1)

πολιτεύεσθαι ▸ 3

Verb · present · middle · infinitive ▸ **3** (2Mac. 6,1; 2Mac. 11,25; 4Mac. 5,16)

πολιτεύεσθε ▸ 1

Verb · second · plural · present · middle · imperative ▸ **1** (Phil. 1,27)

πολιτευόμενοι ▸ 2

Verb · present · middle · participle · masculine · plural · nominative ▸ **2** (3Mac. 3,4; 4Mac. 4,23)

πολιτευόμενος ▸ 2

Verb · present · middle · participle · masculine · singular · nominative ▸ **2** (4Mac. 2,8; 4Mac. 2,23)

πολιτευομένους ▸ 1

Verb · present · middle · participle · masculine · plural · accusative ▸ **1** (Esth. 16,15 # 8,12p)

πολίτης (πόλις) citizen ▸ 17 + 4 = 21
  πολῖται ▸ 1
    Noun · masculine · plural · nominative ▸ 1 (Luke 19,14)
  πολίταις ▸ 3
    Noun · masculine · plural · dative · (common) ▸ 3 (2Mac. 5,23; 2Mac. 9,19; Prov. 11,9)
  πολίτας ▸ 2
    Noun · masculine · plural · accusative · (common) ▸ 2 (2Mac. 5,23; Prov. 11,12)
  πολίτην ▸ 3 + 1 = 4
    Noun · masculine · singular · accusative · (common) ▸ 3 + 1 = 4 (Prov. 24,28; Zech. 13,7; Jer. 38,34; Heb. 8,11)
  πολίτης ▸ 1
    Noun · masculine · singular · nominative ▸ 1 (Acts 21,39)
  πολιτῶν ▸ 9 + 1 = 10
    Noun · masculine · plural · genitive · (common) ▸ 9 + 1 = 10 (Gen. 23,11; 2Mac. 4,5; 2Mac. 4,50; 2Mac. 5,6; 2Mac. 5,8; 2Mac. 14,8; 2Mac. 15,30; 3Mac. 1,22; Jer. 36,23; Luke 15,15)

πολλάκις (πολύς) often ▸ 9 + 3 + 18 = 30
  πολλάκις ▸ 9 + 3 + 18 = 30
    Adverb · (frequency) ▸ 9 + 3 + 18 = 30 (Esth. 16,5 # 8,12e; 1Mac. 14,29; 2Mac. 9,25; 2Mac. 12,22; 3Mac. 5,41; 4Mac. 16,6; Job 4,2; Job 31,31; Sir. 19,15; Tob. 1,6; Tob. 5,6; Tob. 5,10; Matt. 17,15; Matt. 17,15; Mark 5,4; Mark 9,22; John 18,2; Acts 26,11; Rom. 1,13; 2Cor. 8,22; 2Cor. 11,23; 2Cor. 11,26; 2Cor. 11,27; 2Cor. 11,27; Phil. 3,18; 2Tim. 1,16; Heb. 6,7; Heb. 9,25; Heb. 9,26; Heb. 10,11)

πολλαπλασίων (πολύς) more, many times more ▸ 1
  πολλαπλασίονα ▸ 1
    Adjective · neuter · plural · accusative ▸ 1 (Luke 18,30)

πολλαχόθεν (πολύς; θεν) from everywhere; in many ways ▸ 1
  πολλαχόθεν ▸ 1
    Adverb ▸ 1 (4Mac. 1,7)

πολλαχῶς (πολύς) in many ways ▸ 2
  πολλαχῶς ▸ 2
    Adverb ▸ 2 (3Mac. 1,25; Ezek. 16,26)

πολλοστός (πολύς) great, abundant ▸ 2
  πολλοστὸς ▸ 2
    Adjective · masculine · singular · nominative · noDegree ▸ 2 (2Sam. 23,20; Prov. 5,19)

Πολυανδρεῖον common burial place ▸ 3
  Πολυανδρεῖον ▸ 2
    Noun · neuter · singular · nominative · (proper) ▸ 2 (Jer. 19,6; Jer. 19,6)
  πολυανδρεῖον ▸ 1
    Noun · neuter · singular · accusative · (proper) ▸ 1 (4Mac. 15,20)

πολυανδρεῖον common burial place ▸ 8
  Πολυανδρεῖον ▸ 2
    Noun · neuter · singular · accusative · (common) ▸ 1 (2Mac. 9,4)
    Noun · neuter · singular · nominative · (common) ▸ 1 (Ezek. 39,16)
  πολυανδρεῖον ▸ 5
    Noun · neuter · singular · accusative · (common) ▸ 4 (2Mac. 9,14; Jer. 19,2; Ezek. 39,11; Ezek. 39,15)
    Noun · neuter · singular · nominative · (common) ▸ 1 (Ezek. 39,11)
  πολυανδρείῳ ▸ 1
    Noun · neuter · singular · dative · (common) ▸ 1 (Jer. 2,23)

πολύγονος (πολύς; γίνομαι) fertile ▸ 2
  πολύγονον ▸ 1
    Adjective · neuter · singular · nominative · noDegree ▸ 1 (Wis. 4,3)
  πολυγονώτεραι ▸ 1
    Adjective · feminine · plural · nominative · comparative ▸ 1 (4Mac. 15,5)

πολύδακρυς (πολύς; δάκρυ) tearful ▸ 1
  πολύδακρυν ▸ 1
    Adjective · feminine · singular · accusative · noDegree ▸ 1 (3Mac. 5,25)

πολυέλεος (πολύς; ἔλεος) with great mercy ▸ 11
  πολυέλεε ▸ 1
    Adjective · masculine · singular · vocative · noDegree ▸ 1 (3Mac. 6,9)
  πολυέλεος ▸ 10
    Adjective · masculine · singular · nominative · noDegree ▸ 10 (Ex. 34,6; Num. 14,18; Neh. 9,17; Psa. 85,5; Psa. 85,15; Psa. 102,8; Psa. 144,8; Ode. 12,7; Joel 2,13; Jonah 4,2)

πολυετής (πολύς; ἔτος) for many years; prolonged ▸ 1
  πολυετὲς ▸ 1
    Adjective · neuter · singular · accusative · noDegree ▸ 1 (Wis. 4,16)

πολυημερεύω (πολύς; ἡμέρα) to live long ▸ 1
  πολυημερεύσητε ▸ 1
    Verb · second · plural · aorist · active · subjunctive ▸ 1 (Deut. 11,21)

πολυήμερος (πολύς; ἡμέρα) long-lived ▸ 4
  πολυήμεροι ▸ 1
    Adjective · masculine · plural · nominative · noDegree ▸ 1 (Deut. 30,18)
  πολυήμερος ▸ 3
    Adjective · masculine · singular · nominative · noDegree ▸ 3 (Deut. 22,7; Deut. 25,15; Dan. 4,27)

πολύθρηνος (πολύς; θρέομαι) full of sorrow ▸ 1
  πολύθρηνος ▸ 1
    Adjective · feminine · singular · nominative · noDegree ▸ 1 (4Mac. 16,10)

πολυκέφαλος (πολύς; κεφαλή) many-headed ▸ 1
  πολυκέφαλον ▸ 1
    Adjective · feminine · singular · accusative · noDegree ▸ 1 (4Mac. 7,14)

πολυλογία (πολύς; λέγω) many words ▸ 1 + 1 = 2
  πολυλογίᾳ ▸ 1
    Noun · feminine · singular · dative ▸ 1 (Matt. 6,7)
  πολυλογίας ▸ 1
    Noun · feminine · singular · genitive · (common) ▸ 1 (Prov. 10,19)

πολυμερής (πολύς; μέρος) manifold ▸ 1
  πολυμερές ▸ 1
    Adjective · neuter · singular · nominative · noDegree ▸ 1 (Wis. 7,22)

πολυμερῶς (πολύς; μέρος) many times ▸ 1
  Πολυμερῶς ▸ 1
    Adverb ▸ 1 (Heb. 1,1)

πολυοδία (πολύς; ὁδός) many ways ▸ 1
  πολυοδίαις ▸ 1
    Noun · feminine · plural · dative · (common) ▸ 1 (Is. 57,10)

πολύορκος (πολύς; ὅρκος) quick to take oaths ▸ 2
  πολύορκος ▸ 1
    Adjective · masculine · singular · nominative · noDegree ▸ 1 (Sir. 23,11)
  πολυόρκου ▸ 1
    Adjective · neuter · singular · genitive · noDegree ▸ 1 (Sir.

27,14)

πολυοχλία (πολύς; ὄχλος) great multitude ▸ 3
  πολυοχλίαν ▸ 1
    Noun · feminine · singular · accusative · (common) ▸ 1 (Job 31,34)
  πολυοχλίας ▸ 2
    Noun · feminine · plural · accusative · (common) ▸ 1 (Job 39,7)
    Noun · feminine · singular · genitive · (common) ▸ 1 (Bar. 4,34)

πολύπαις (πολύς; παῖς) with many children ▸ 1
  πολύπαις ▸ 1
    Noun · feminine · singular · nominative · (common) ▸ 1 (4Mac. 16,10)

πολυπειρία (πολύς; πεῖρα) great experience ▸ 2
  πολυπειρία ▸ 1
    Noun · feminine · singular · nominative · (common) ▸ 1 (Sir. 25,6)
  πολυπειρίαν ▸ 1
    Noun · feminine · singular · accusative · (common) ▸ 1 (Wis. 8,8)

πολύπειρος (πολύς; πεῖρα) greatly experienced ▸ 3
  πολύπειρος ▸ 3
    Adjective · masculine · singular · nominative · noDegree ▸ 3 (Sir. 21,22; Sir. 34,9; Sir. 36,20)

πολυπλασιάζομαι (πολύς) to become numerous ▸ 3
  πολυπλασιασθῆτε ▸ 3
    Verb · second · plural · aorist · passive · subjunctive ▸ 3 (Deut. 4,1; Deut. 8,1; Deut. 11,8)

πολυπλάσιος (πολύς) many times as many ▸ 1
  πολυπλάσια ▸ 1
    Adjective · neuter · plural · accusative · noDegree ▸ 1 (2Mac. 9,16)

πολυπλήθεια (πολύς; πίμπλημι) great multitude ▸ 1
  πολυπλήθειαν ▸ 1
    Noun · feminine · singular · accusative · (common) ▸ 1 (2Mac. 8,16)

πολυπληθέω (πολύς; πίμπλημι) to multiply, become numerous ▸ 3
  πολυπληθεῖ ▸ 2
    Verb · third · singular · present · active · indicative ▸ 2 (Ex. 5,5; Lev. 11,42)
  πολυπληθεῖτε ▸ 1
    Verb · second · plural · present · active · indicative ▸ 1 (Deut. 7,7)

πολυπληθύνω (πολύς; πίμπλημι) to multiply ▸ 1
  Πολυπληθυνῶ ▸ 1
    Verb · first · singular · future · active · indicative ▸ 1 (Ex. 32,13)

πολύπλοκος (πολύς; πλέκω) complex ▸ 4
  πολυπλόκοις ▸ 1
    Adjective · masculine · plural · dative · noDegree ▸ 1 (Esth. 16,13 # 8,12n)
  πολύπλοκον ▸ 1
    Adjective · feminine · singular · accusative · noDegree ▸ 1 (4Mac. 15,24)
  πολύπλοκός ▸ 1
    Adjective · feminine · singular · nominative · noDegree ▸ 1 (4Mac. 14,13)
  πολυπλόκων ▸ 1
    Adjective · masculine · plural · genitive · noDegree ▸ 1 (Job 5,13)

πολυποίκιλος (πολύς; ποικίλος) multicolored, diverse, intricate ▸ 1
  πολυποίκιλος ▸ 1
    Adjective · feminine · singular · nominative ▸ 1 (Eph. 3,10)

πολυπραγμονέω (πολύς; πράσσω) to look closely into; to meddle ▸ 1
  πολυπραγμονεῖν ▸ 1
    Verb · present · active · infinitive ▸ 1 (2Mac. 2,30)

πολυρήμων (πολύς; ῥήγνυμι) too talkative ▸ 1
  πολυρῆμον ▸ 1
    Adjective · neuter · singular · nominative · noDegree ▸ 1 (Job 8,2)

πολύς much, many; (adv) more ▸ 865 + 59 + 416 = 1340
  πλεῖον ▸ 20 + 1 + 15 = 36
    Adverb · (comparative) ▸ 7 (Matt. 5,20; Mark 12,43; Luke 7,42; Luke 9,13; Acts 20,9; 2Tim. 2,16; 2Tim. 3,9)
    Adjective · neuter · singular · accusative · comparative ▸ 17 + 1 + 4 = 22 (1Esdr. 2,24; 1Esdr. 4,25; 1Esdr. 9,11; Judith 13,1; 2Mac. 8,24; 2Mac. 10,27; 2Mac. 12,36; 3Mac. 5,18; Psa. 50,4; Psa. 61,3; Psa. 89,10; Psa. 122,4; Wis. 8,12; Wis. 16,17; Sir. 1,7 Prol.; Sir. 34,23; Jer. 2,12; Judg. 20,40; Matt. 20,10; Luke 7,43; Luke 21,3; Acts 4,17)
    Adjective · neuter · singular · nominative · comparative ▸ 3 + 4 = 7 (Lev. 25,16; Lev. 25,51; 1Sam. 9,7; Matt. 12,41; Matt. 12,42; Luke 11,31; Luke 11,32)
  πλεῖόν ▸ 1 + 3 = 4
    Adverb · (comparative) ▸ 1 (Acts 24,4)
    Adjective · neuter · singular · accusative · comparative ▸ 1 + 2 = 3 (Is. 57,8; Matt. 6,25; Luke 12,23)
  πλείονα ▸ 13 + 1 + 6 = 20
    Adjective · feminine · singular · accusative · comparative ▸ 1 + 2 = 3 (Wis. 17,12; Heb. 3,3; Heb. 11,4)
    Adjective · masculine · singular · accusative · comparative ▸ 1 + 2 = 3 (Bar. 4,35; John 15,2; Acts 18,20)
    Adjective · neuter · plural · accusative · comparative ▸ 9 + 1 = 10 (Tob. 7,8; 1Mac. 11,24; 2Mac. 1,14; 2Mac. 8,30; Prov. 11,24; Prov. 16,21; Sir. 34,11; Is. 16,3; LetterJ 2; John 7,31)
    Adjective · neuter · plural · nominative · comparative ▸ 2 + 1 + 1 = 4 (Sir. 3,23; Sir. 16,21; Tob. 2,2; Rev. 2,19)
  πλείονά ▸ 1
    Adjective · masculine · singular · accusative · comparative ▸ 1 (Deut. 20,1)
  πλείονας ▸ 1 + 6 = 7
    Adjective · feminine · plural · accusative · comparative ▸ 1 (Acts 27,20)
    Adjective · masculine · plural · accusative · comparative ▸ 1 + 5 = 6 (Ezek. 29,15; Matt. 21,36; John 4,1; 1Cor. 9,19; 2Cor. 9,2; Phil. 1,14)
  πλείονες ▸ 3 + 3 = 6
    Adjective · masculine · plural · nominative · comparative ▸ 3 + 3 = 6 (2Chr. 32,7; 2Mac. 11,12; Jer. 43,32; Acts 27,12; Acts 28,23; 1Cor. 15,6)
  πλείονές ▸ 1
    Adjective · masculine · plural · nominative · comparative ▸ 1 (Heb. 7,23)
  πλείονι ▸ 3
    Adjective · masculine · singular · dative · comparative ▸ 3 (Gen. 46,29; 3Mac. 5,2; Sir. 16,17)
  πλείονος ▸ 1 + 1 = 2
    Adjective · feminine · singular · genitive · comparative ▸ 1 + 1 = 2 (2Mac. 14,20; Heb. 3,3)
  πλειόνων ▸ 10 + 5 = 15
    Adjective · feminine · plural · genitive · comparative ▸ 2 (Sir. 51,3; Ezek. 38,8)
    Adjective · masculine · plural · genitive · comparative ▸ 5 + 2 = 7 (Ex. 23,2; Ex. 23,2; 2Mac. 12,24; 3Mac. 4,18; Sir. 31,18; 2Cor. 2,6; 2Cor. 4,15)

πολύς

Adjective · neuter · plural · genitive · comparative ▸ 3 + 3 = **6**
(1Esdr. 6,13; 2Mac. 12,25; 4Mac. 11,3; Luke 11,53; Acts 4,22; Acts 24,17)

πλείοσιν ▸ 3 + 2 = 5

Adjective · masculine · plural · dative · comparative ▸ 3 + 2 = **5**
(Num. 26,54; Num. 33,54; Sir. 13,11; Acts 2,40; 1Cor. 10,5)

πλείους ▸ 24 + 1 + 9 = 34

Adjective · feminine · plural · accusative · comparative ▸ 12 + 4 = **16** (Lev. 15,25; Num. 9,19; Num. 20,15; Deut. 20,19; Deut. 25,3; Josh. 11,18; Josh. 22,3; Josh. 23,1; Josh. 24,7; Judith 4,13; 1Mac. 6,9; Jer. 39,14; Acts 13,31; Acts 21,10; Acts 25,6; Acts 25,14)

Adjective · feminine · plural · nominative · comparative ▸ **1**
(Acts 24,11)

Adjective · masculine · plural · accusative · comparative ▸ **4**
(Num. 22,15; 2Mac. 10,23; 2Mac. 12,19; LetterJ 18)

Adjective · masculine · plural · nominative · comparative ▸ 8 + 1 + 4 = **13** (Ex. 1,12; Josh. 10,11; Judg. 16,30; 2Kings 6,16; 1Chr. 24,4; Jonah 4,11; Is. 22,9; Ezek. 33,24; Judg. 16,30; John 4,41; Acts 19,32; Acts 23,13; Acts 23,21)

πλεῖστα ▸ 1

Adjective · neuter · plural · accusative · superlative ▸ **1** (2Chr. 25,9)

πλεῖσται ▸ 1

Adjective · feminine · plural · nominative · superlative ▸ **1** (Matt. 11,20)

πλείσταις ▸ 1

Adjective · feminine · plural · dative · superlative ▸ **1** (1Esdr. 2,6)

πλείστας ▸ 1

Adjective · feminine · plural · accusative · superlative ▸ **1** (3Mac. 3,16)

πλείστῃ ▸ 1

Adjective · feminine · singular · dative · superlative ▸ **1** (Esth. 16,3 # 8,12c)

πλείστην ▸ 1

Adjective · feminine · singular · accusative · superlative ▸ **1** (3Mac. 7,21)

πλεῖστοι ▸ 2

Adjective · masculine · plural · nominative · superlative ▸ **2** (Josh. 5,6; 3Mac. 2,32)

πλείστοις ▸ 3

Adjective · masculine · plural · dative · superlative ▸ **2** (2Mac. 9,25; Sir. 45,9)

Adjective · neuter · plural · dative · superlative ▸ **1** (2Mac. 6,31)

πλεῖστον ▸ 4 + 1 = 5

Adjective · neuter · singular · accusative · superlative ▸ 1 + 1 = **2** (Is. 7,22; 1Cor. 14,27)

Adjective · neuter · singular · nominative · superlative ▸ **3** (1Chr. 12,30; 2Chr. 30,18; Is. 9,2)

πλεῖστος ▸ 2

Adjective · masculine · singular · nominative · superlative ▸ **2** (Matt. 21,8; Mark 4,1)

πλείστῳ ▸ 1

Adjective · masculine · singular · dative · superlative ▸ **1** (Sir. 50,18)

πλείω ▸ 1 + 1 = 2

Adjective · neuter · plural · accusative · comparative ▸ 1 + 1 = **2** (1Esdr. 4,42; Matt. 26,53)

πλείων ▸ 1

Adjective · masculine · singular · nominative · comparative ▸ **1** (LetterJ 11)

πλέον ▸ 4 + 3 = 7

Adverb · (comparative) ▸ **1** (John 21,15)

Adjective · neuter · singular · accusative · comparative ▸ 3 + 2 = **5** (4Mac. 1,8; 4Mac. 2,6; 4Mac. 9,30; Luke 3,13; Acts 15,28)

Adjective · neuter · singular · nominative · comparative ▸ **1** (Mal. 3,14)

πλέονα ▸ 1

Adjective · neuter · plural · nominative · comparative ▸ **1** (Amos 6,2)

Πολλά ▸ 1

Adjective · neuter · plural · nominative · noDegree ▸ **1** (Sir. 31,12)

Πολλὰ ▸ 2 + 4 = 6

Adjective · neuter · plural · accusative · noDegree ▸ 2 + 4 = **6** (Sir. 16,5; Sir. 43,27; Luke 3,18; John 20,30; 2John 12; 3John 13)

πολλὰ ▸ 33 + 2 + 16 = 51

Adjective · neuter · plural · accusative · noDegree ▸ 24 + 2 + 10 = **36** (2Kings 10,18; 2Chr. 14,12; 2Chr. 21,3; 2Chr. 25,13; 2Chr. 27,3; 2Chr. 32,5; Ezra 5,11; 1Mac. 1,11; 1Mac. 10,21; 1Mac. 10,87; 1Mac. 11,51; Psa. 118,162; Ode. 4,15; Prov. 13,23; Eccl. 1,16; Eccl. 12,12; Job 16,2; Sir. 32,8; Sir. 34,9; Hab. 2,8; Hag. 1,9; Is. 30,33; Jer. 28,55; Ezek. 26,3; Tob. 7,1; Dan. 11,33; Matt. 9,14; Matt. 19,22; Mark 5,38; Mark 6,34; Mark 10,22; Mark 12,41; Mark 15,3; Luke 10,41; Luke 12,19; 2Tim. 4,14)

Adjective · neuter · plural · nominative · noDegree ▸ 9 + 6 = **15** (Gen. 13,6; Gen. 26,14; Gen. 33,9; 2Kings 9,22; Tob. 4,21; Jonah 4,11; Is. 17,13; Is. 31,1; Ezek. 32,10; Mark 7,4; Acts 2,43; Acts 26,24; 1Cor. 12,14; Rev. 8,3; Rev. 19,12)

πολλὰ ▸ 99 + 4 + 45 = 148

Adjective · neuter · plural · accusative · noDegree ▸ 65 + 2 + 37 = **104** (Num. 35,8; Num. 35,8; Deut. 3,19; Deut. 7,1; Josh. 22,8; 1Sam. 26,21; 2Sam. 3,22; 2Sam. 12,30; 1Kings 10,10; 1Kings 10,11; 1Chr. 5,9; 1Chr. 11,22; 1Chr. 20,2; 1Chr. 22,8; 2Chr. 14,14; 2Chr. 17,13; 2Chr. 20,25; 2Chr. 20,25; 2Chr. 28,8; 1Esdr. 1,47; Neh. 9,30; Tob. 2,2; 1Mac. 1,9; 1Mac. 10,28; 1Mac. 10,60; 1Mac. 11,1; 1Mac. 11,48; 1Mac. 14,32; 2Mac. 1,35; 2Mac. 7,26; 2Mac. 8,32; 2Mac. 9,19; 2Mac. 13,8; 2Mac. 15,14; 4Mac. 10,1; Psa. 39,6; Psa. 119,6; Psa. 134,10; Prov. 14,17; Prov. 19,7; Prov. 19,19; Prov. 22,16; Prov. 26,10; Prov. 28,20; Eccl. 5,19; Eccl. 6,3; Eccl. 11,8; Eccl. 12,10; Job 1,10; Job 9,17; Job 11,2; Job 34,37; Job 35,6; Job 37,19; Sir. 11,10; Sir. 12,18; Sir. 20,12; Sir. 20,15; Sir. 27,24; Sir. 32,9; Sir. 34,11; Amos 3,9; Hag. 1,6; Is. 23,16; Ezek. 38,22; Tob. 4,21; Dan. 2,48; Matt. 13,3; Matt. 16,21; Matt. 27,19; Mark 1,34; Mark 1,45; Mark 3,12; Mark 4,2; Mark 5,10; Mark 5,23; Mark 5,26; Mark 5,43; Mark 6,13; Mark 6,20; Mark 6,23; Mark 7,13; Mark 8,31; Mark 9,12; Mark 9,26; Luke 9,22; Luke 12,19; Luke 17,25; Luke 22,65; John 8,26; John 10,32; John 11,47; John 14,30; John 16,12; Acts 25,7; Acts 26,9; Rom. 12,4; Rom. 15,22; Rom. 16,6; Rom. 16,12; 1Cor. 12,12; 1Cor. 16,12; 1Cor. 16,19; James 3,2)

Adjective · neuter · plural · nominative · noDegree ▸ 34 + 2 + 8 = **44** (Gen. 24,25; Gen. 30,43; Gen. 36,7; Ex. 12,38; Ex. 23,29; Deut. 31,17; Josh. 11,4; Judg. 8,24; 2Sam. 12,2; 2Chr. 14,13; 2Chr. 26,10; Esth. 2,8; Judith 1,6; Tob. 13,13; 1Mac. 9,22; Prov. 14,4; Prov. 15,29a; Sir. 11,29; Sir. 18,9; Sir. 43,32; Mic. 4,2; Mic. 4,11; Hab. 2,13; Zech. 2,15; Zech. 8,22; Is. 2,3; Is. 2,6; Is. 52,15; Is. 54,1; Ezek. 37,2; Ezek. 38,6; Ezek. 38,9; Ezek. 38,15; Ezek. 47,7; Tob. 5,10; Tob. 13,13; Matt. 27,52; Luke 8,30; John 3,23; John 21,25; Acts 5,12; 1Cor. 12,12; 1Cor. 12,20; Gal. 4,27)

Πολλαὶ ▸ 2

Adjective · feminine · plural · nominative · noDegree ▸ **2** (4Mac. 18,15; Prov. 31,29)

πολλαί ▸ 15 + 1 + 3 = 19
  Adjective · feminine · plural · nominative · noDegree ▸ 15 + 1 + 3 = 19 (Judg. 8,30; 2Chr. 15,3; Tob. 3,5; 1Mac. 12,13; 2Mac. 12,27; 4Mac. 1,21; 4Mac. 1,28; Psa. 31,10; Psa. 33,20; Prov. 4,10; Prov. 29,16; Prov. 31,29; Eccl. 11,8; Jer. 14,7; Dan. 7,8; Judg. 8,30; Matt. 27,55; Mark 15,41; Luke 4,25)

πολλαί ▸ 3 + 1 + 3 = 7
  Adjective · feminine · plural · nominative · noDegree ▸ 3 + 1 + 3 = 7 (Psa. 96,1; Sir. 42,6; Is. 5,9; Tob. 3,5; Luke 7,47; Luke 8,3; John 14,2)

πολλαῖς ▸ 4 + 1 + 4 = 9
  Adjective · feminine · plural · dative · noDegree ▸ 4 + 1 + 4 = 9 (Ex. 2,11; 1Mac. 2,18; 2Mac. 9,6; 3Mac. 2,6; Dan. 11,40; Mark 4,33; Luke 2,36; Acts 28,10; 1Tim. 6,10)

Πολλάς ▸ 1
  Adjective · feminine · plural · accusative · noDegree ▸ 1 (2Mac. 3,33)

πολλάς ▸ 18 + 2 + 3 = 23
  Adjective · feminine · plural · accusative · noDegree ▸ 18 + 2 + 3 = 23 (Gen. 21,34; Gen. 37,34; Deut. 1,46; Deut. 2,1; 1Chr. 7,22; Judith 5,8; Judith 5,16; Judith 16,25; 1Mac. 6,52; 1Mac. 9,2; 1Mac. 11,20; 1Mac. 11,40; 1Mac. 13,26; Zech. 8,20; Jer. 44,16; Ezek. 12,27; Dan. 7,5; Dan. 8,26; Dan. 7,5; Dan. 8,26; Luke 12,47; Acts 8,25; Acts 16,23)

πολλάς ▸ 32 + 3 + 8 = 43
  Adjective · feminine · plural · accusative · noDegree ▸ 32 + 3 + 8 = 43 (Ex. 2,23; Ex. 4,19; 2Sam. 14,2; 1Kings 3,11; 1Kings 18,1; 2Chr. 1,11; Tob. 1,3; Tob. 1,16; 1Mac. 6,31; 1Mac. 6,51; 1Mac. 9,20; 1Mac. 9,64; 1Mac. 10,2; 1Mac. 11,1; 1Mac. 11,65; 1Mac. 15,4; 2Mac. 3,26; 3Mac. 2,13; 4Mac. 4,3; 4Mac. 15,7; 4Mac. 16,8; Psa. 70,20; Eccl. 7,22; Hos. 3,3; Hos. 3,4; Amos 5,12; Jer. 13,6; Jer. 42,7; Bar. 1,12; Dan. 2,48; Dan. 8,27; Dan. 9,27; Tob. 1,3; Tob. 1,16; Dan. 11,18; Matt. 7,22; Matt. 13,58; Luke 15,13; John 2,12; Acts 1,5; Acts 10,2; Acts 16,18; 1Tim. 6,9)

πολλή ▸ 16 + 3 = 19
  Adjective · feminine · singular · nominative · noDegree ▸ 16 + 3 = 19 (Gen. 29,7; 2Chr. 17,5; 2Chr. 18,1; Tob. 4,13; 1Mac. 9,39; Psa. 18,12; Psa. 35,7; Prov. 15,6; Prov. 15,6; Eccl. 6,1; Job 22,5; Job 31,21; Joel 2,11; Is. 14,11; Ezek. 38,4; Ezek. 38,15; Mark 6,35; 2Cor. 7,4; 2Cor. 7,4)

πολλή ▸ 35 + 2 + 1 = 38
  Adjective · feminine · singular · nominative · noDegree ▸ 35 + 2 + 1 = 38 (Gen. 41,29; Ex. 9,24; Ex. 10,14; Josh. 13,1; 1Sam. 2,5; 1Sam. 26,13; 1Kings 19,7; 2Chr. 28,13; 2Chr. 29,35; 2Chr. 30,13; 2Chr. 32,27; Ezra 10,1; Tob. 3,6; 1Mac. 5,38; 1Mac. 8,19; 1Mac. 13,22; 1Mac. 16,5; 1Mac. 16,7; Psa. 24,11; Psa. 118,165; Psa. 129,7; Ode. 3,5; Prov. 28,12; Eccl. 2,7; Eccl. 8,6; Eccl. 12,12; Job 1,3; Job 26,2; Job 39,11; Sir. 15,18; Is. 59,12; Bar. 2,29; Ezek. 22,5; Ezek. 24,14; Ezek. 37,10; Tob. 3,6; Tob. 14,9; Acts 8,8)

πολλῇ ▸ 19 + 3 + 8 = 30
  Adjective · feminine · singular · dative · noDegree ▸ 19 + 3 + 8 = 30 (Neh. 9,35; Judith 7,32; 1Mac. 7,27; 1Mac. 9,43; 3Mac. 3,15; Psa. 34,18; Psa. 67,12; Psa. 77,15; Prov. 7,21; Prov. 11,14; Prov. 28,27; Job 23,6; Job 30,18; Wis. 5,1; Sir. 18,32; Sol. 2,27; Is. 47,12; Is. 54,13; Ezek. 28,5; Dan. 2,12; Dan. 11,13; Dan. 11,28; Rom. 9,22; 2Cor. 3,12; 2Cor. 6,4; 2Cor. 8,2; 2Cor. 8,22; 1Th. 1,5; 1Th. 1,6; 1Th. 2,17)

πολλήν ▸ 5 + 2 = 7
  Adjective · feminine · singular · accusative · noDegree ▸ 5 + 2 = 7 (Ex. 3,8; Deut. 8,7; 1Mac. 9,35; Prov. 6,8; Eccl. 9,18; Matt. 13,5; Mark 4,5)

πολλήν ▸ 27 + 3 + 7 = 37
  Adjective · feminine · singular · accusative · noDegree ▸ 27 + 3 + 7 = 37 (Ex. 9,18; Ex. 10,4; 1Kings 2,35a; 1Kings 5,9; 2Chr. 16,8; 2Chr. 24,24; 2Chr. 28,5; 2Chr. 32,29; 1Esdr. 8,7; 1Mac. 8,6; 1Mac. 10,77; 1Mac. 13,1; 1Mac. 14,7; 2Mac. 4,37; 2Mac. 8,20; 2Mac. 9,22; Psa. 32,16; Sir. 1,31 Prol.; Sir. 33,28; Sir. 44,2; Sir. 51,16; Sir. 51,27; Sol. 1,3; Amos 7,4; Is. 21,7; Jer. 13,10; Jer. 47,12; Tob. 3,6; Dan. 2,6; Dan. 11,5; Luke 10,40; Acts 16,16; Eph. 2,4; 1Tim. 3,13; Philem. 7; Philem. 8; Heb. 10,32)

Πολλῆς ▸ 3
  Adjective · feminine · singular · genitive ▸ 3 (Acts 15,7; Acts 23,10; Acts 27,21)

πολλῆς ▸ 24 + 1 + 10 = 35
  Adjective · feminine · singular · genitive · noDegree ▸ 24 + 1 + 10 = 35 (Gen. 15,14; Josh. 9,13; 1Mac. 7,10; 1Mac. 7,11; 1Mac. 9,60; 1Mac. 11,63; 1Mac. 12,24; 1Mac. 12,42; 1Mac. 13,12; 2Mac. 3,28; 2Mac. 12,24; 2Mac. 13,3; 3Mac. 5,10; Psa. 39,11; Wis. 12,18; Sir. 13,11; Sir. 20,5; Sir. 37,11; Sir. 42,5; Sol. 8,18; Is. 36,2; Is. 40,26; Jer. 35,8; Dan. 11,3; Dan. 11,3; Matt. 24,30; Mark 6,35; Mark 13,26; Luke 21,27; Acts 21,40; Acts 24,2; Acts 25,23; Acts 27,10; 2Cor. 2,4; 2Cor. 8,4)

Πολλοί ▸ 2
  Adjective · masculine · plural · nominative ▸ 2 (John 6,60; John 11,45)

πολλοί ▸ 68 + 6 + 65 = 139
  Adjective · masculine · plural · nominative · noDegree ▸ 68 + 6 + 65 = 139 (Gen. 6,1; Num. 22,3; Deut. 30,16; Judg. 9,40; 2Sam. 1,4; 2Sam. 24,14; 1Kings 2,46a; 1Kings 18,25; 1Chr. 5,22; 1Chr. 21,13; 2Chr. 15,9; 2Chr. 32,23; 1Esdr. 4,14; 1Esdr. 4,26; 1Esdr. 4,27; 1Esdr. 5,61; Ezra 3,12; Neh. 6,18; Esth. 16,3 # 8,12c; Esth. 8,17; Judith 16,22; 1Mac. 1,43; 1Mac. 1,52; 1Mac. 1,62; 1Mac. 2,16; 1Mac. 2,29; 1Mac. 2,32; 1Mac. 5,26; 1Mac. 9,6; 1Mac. 9,17; 1Mac. 12,10; 2Mac. 4,35; 2Mac. 6,24; Psa. 3,2; Psa. 3,3; Psa. 4,7; Psa. 39,4; Psa. 55,3; Psa. 118,157; Prov. 19,6; Prov. 19,21; Prov. 29,26; Eccl. 6,11; Job 18,11; Job 27,14; Sir. 9,8; Sir. 11,5; Sir. 11,6; Sir. 13,22; Sir. 27,1; Sir. 28,18; Sir. 29,4; Sir. 29,7; Sir. 31,6; Sir. 37,31; Zech. 8,20; Zech. 8,22; Is. 8,15; Is. 30,25; Is. 33,23; Is. 66,16; Jer. 12,10; Jer. 27,41; Lam. 1,22; Dan. 11,34; Dan. 11,34; Dan. 12,2; Dan. 12,4; Judg. 9,40; Dan. 11,14; Dan. 11,34; Dan. 11,41; Dan. 12,2; Dan. 12,4; Matt. 4,25; Matt. 7,22; Matt. 8,11; Matt. 9,10; Matt. 13,17; Matt. 15,30; Matt. 19,30; Matt. 22,14; Matt. 24,5; Matt. 24,10; Matt. 24,11; Mark 2,2; Mark 2,15; Mark 2,15; Mark 6,2; Mark 6,33; Mark 10,31; Mark 10,48; Mark 11,8; Mark 12,41; Mark 13,6; Mark 14,56; Luke 1,1; Luke 1,14; Luke 4,27; Luke 5,15; Luke 10,24; Luke 21,8; John 2,23; John 4,39; John 6,66; John 7,31; John 8,30; John 10,20; John 10,41; John 10,42; John 11,19; John 11,55; John 12,11; John 12,42; John 19,20; Acts 4,4; Acts 8,7; Acts 8,7; Acts 9,42; Acts 13,43; Acts 17,12; Acts 18,8; Rom. 5,15; Rom. 12,5; 1Cor. 1,26; 1Cor. 1,26; 1Cor. 1,26; 1Cor. 8,5; 1Cor. 11,30; 2Cor. 2,17; 2Cor. 11,18; Phil. 3,18; Titus 1,10; James 3,1; 2Pet. 2,2; 1John 2,18; 1John 4,1; 2John 7; Rev. 8,11)

Πολλοί ▸ 1
  Adjective · masculine · plural · nominative ▸ 1 (Acts 19,18)

πολλοί ▸ 26 + 2 + 15 = 43
  Adjective · masculine · plural · nominative · noDegree ▸ 26 + 2 + 15 = 43 (Num. 13,18; 1Chr. 4,27; Neh. 5,2; 1Mac. 1,18; 1Mac. 3,11; 1Mac. 8,10; 1Mac. 9,6; 1Mac. 9,40; 1Mac. 12,13; 1Mac. 16,8; Psa. 21,13; Psa. 21,17; Psa. 118,156; Prov. 14,20; Eccl. 5,6; Job 11,19; Sir. 6,6; Sir. 11,13; Sir. 20,14; Sir. 39,9; Amos 3,15; Zech. 10,8; Is. 30,17; Is. 52,14; Dan. 11,26; Dan. 12,10; Dan. 11,26; Dan. 12,10; Matt. 7,13; Matt. 8,1; Matt. 12,15; Matt. 13,2; Matt. 19,2; Mark 5,9; Mark 6,31; Luke 13,24; Luke 14,25; Rom.

πολύς

5,19; Rom. 5,19; 1Cor. 8,5; 1Cor. 10,17; 1Cor. 16,9; Heb. 12,15)

πολλοῖς ▸ **36** + **1** + **7** = **44**

    Adjective · masculine · plural · dative · noDegree ▸ 16 + 1 + 5 = **22** (1Sam. 14,6; 2Chr. 14,10; Neh. 9,19; Neh. 9,28; Neh. 9,31; Judith 5,18; 1Mac. 3,18; 2Mac. 1,36; 4Mac. 5,4; Psa. 70,7; Sir. 6,22; Sol. 17,33; Is. 53,11; Jer. 3,1; Jer. 27,29; Dan. 11,40; Dan. 9,27; Matt. 27,53; Luke 7,21; Luke 8,29; Rom. 8,29; Rev. 10,11)

    Adjective · neuter · plural · dative · noDegree ▸ 20 + 2 = **22** (Deut. 15,6; Deut. 28,12; Josh. 22,8; Neh. 13,26; Judith 5,9; 1Mac. 6,6; 2Mac. 5,18; 2Mac. 12,12; 3Mac. 6,5; 4Mac. 7,4; Psa. 54,19; Psa. 76,20; Psa. 106,23; Prov. 26,20; Job 32,7; Sir. 37,30; Jer. 28,13; Dan. 11,13; Dan. 11,28; Dan. 11,40; Acts 1,3; 2Cor. 8,22)

πολλοῦ ▸ **16** + **7** = **23**

    Adjective · masculine · singular · genitive · noDegree ▸ 7 + 5 = **12** (2Chr. 20,15; Job 2,9; Job 31,25; Sol. 8,2; Sol. 8,2; Is. 49,1; Dan. 11,10; Mark 8,1; Luke 8,4; Acts 15,32; Rev. 19,1; Rev. 19,6)

    Adjective · neuter · singular · genitive · noDegree ▸ 9 + 2 = **11** (Wis. 10,18; Sol. 8,2; Is. 17,13; Is. 30,27; Jer. 48,12; Ezek. 1,24; Ezek. 19,10; Ezek. 31,5; Ezek. 32,13; Matt. 26,9; Acts 22,28)

πολλούς ▸ **10** + **3** + **4** = **17**

    Adjective · masculine · plural · accusative · noDegree ▸ 10 + 3 + 4 = **17** (2Chr. 26,10; Neh. 7,2; 1Mac. 5,7; Prov. 19,4; Eccl. 7,29; Hab. 2,10; Jer. 16,16; Dan. 9,27; Dan. 11,33; Dan. 11,44; Tob. 8,19; Dan. 9,18; Dan. 11,44; Matt. 8,16; Matt. 24,11; Acts 10,27; Acts 26,10)

πολλούς ▸ **41** + **4** + **19** = **64**

    Adjective · masculine · plural · accusative · noDegree ▸ 41 + 4 + 18 = **63** (1Chr. 28,5; 2Chr. 18,2; Esth. 16,5 # 8,12e; Tob. 1,18; Tob. 4,4; 1Mac. 1,2; 1Mac. 1,11; 1Mac. 3,7; 1Mac. 3,18; 1Mac. 5,21; 1Mac. 7,19; 1Mac. 9,69; 2Mac. 4,42; 3Mac. 1,5; 3Mac. 2,26; 4Mac. 3,7; Prov. 7,26; Job 4,3; Job 24,7; Job 24,24; Sir. 3,24; Sir. 8,2; Sir. 28,13; Sir. 28,14; Sir. 29,17; Sir. 30,23; Sir. 31,25; Sir. 34,7; Sol. 4,20; Mic. 4,13; Mal. 2,6; Mal. 2,8; Is. 43,4; Is. 53,12; Is. 57,9; Jer. 3,3; Jer. 16,16; Ezek. 3,6; Dan. 8,25; Dan. 11,12; Dan. 11,18; Tob. 1,18; Tob. 4,4; Dan. 8,25; Dan. 11,39; Matt. 3,7; Matt. 15,30; Matt. 24,5; Mark 1,34; Mark 3,10; Mark 6,13; Mark 9,26; Mark 12,5; Mark 13,6; Luke 1,16; Luke 7,21; Luke 14,16; Rom. 5,15; 1Cor. 4,15; 2Cor. 6,10; 2Cor. 12,21; Gal. 1,14; Heb. 2,10)

    Adjective · neuter · plural · accusative ▸ **1** (Matt. 14,24)

πολλῷ ▸ **20** + **1** + **20** = **41**

    Adjective · masculine · singular · dative · noDegree ▸ 13 + 1 + 5 = **19** (Judith 7,18; Ode. 12,10; Prov. 13,7; Prov. 23,34; Eccl. 5,16; Job 12,12; Job 12,12; Sir. 51,28; Is. 16,14; Ezek. 17,9; Ezek. 17,17; Dan. 11,13; Dan. 11,25; Dan. 11,44; Acts 20,2; 1Cor. 2,3; 1Th. 2,2; 1Tim. 3,8; Titus 2,3)

    Adjective · neuter · singular · dative · noDegree ▸ 7 + 15 = **22** (2Mac. 3,27; Prov. 14,28; Sir. 1,14 Prol.; Is. 23,3; Ezek. 17,5; Ezek. 17,8; Ezek. 27,26; Matt. 6,30; Mark 10,48; Luke 16,10; Luke 16,10; Luke 18,39; John 4,41; Rom. 5,9; Rom. 5,10; Rom. 5,15; Rom. 5,17; 1Cor. 12,22; 2Cor. 3,9; 2Cor. 3,11; Phil. 1,23; Phil. 2,12)

Πολλῶν ▸ **2**

    Adjective · neuter · plural · genitive · noDegree ▸ **2** (Esth. 13,2 # 3,13b; Sir. 1,1 Prol.)

πολλῶν ▸ **64** + **3** + **39** = **106**

    Adjective · feminine · plural · genitive · noDegree ▸ 6 + 1 + 3 = **10** (Deut. 3,5; Prov. 7,20; Is. 13,20; Is. 24,22; Ezek. 16,41; Ezek. 27,3; Dan. 11,10; Luke 2,35; Acts 14,22; 2Cor. 9,12)

    Adjective · masculine · plural · genitive · noDegree ▸ 29 + 2 + 20 = **51** (Num. 26,56; Neh. 6,17; 1Mac. 15,29; 2Mac. 2,27; 4Mac. 5,4; 4Mac. 10,1; Psa. 30,14; Psa. 108,30; Psa. 109,6; Prov. 29,16; Song 7,5; Job 14,21; Job 20,19; Job 35,9; Sir. 1,24; Sir. 37,19; Sir. 42,11; Mic. 4,3; Mic. 5,6; Mic. 5,7; Is. 14,19; Is. 53,12; Jer. 20,10; Jer. 49,2; Bar. 4,12; Ezek. 9,9; Ezek. 32,3; Ezek. 32,9; Ezek. 43,2; Dan. 8,25; Dan. 12,3; Matt. 8,30; Matt. 20,28; Matt. 24,12; Matt. 26,28; Matt. 26,60; Mark 5,26; Mark 10,45; Mark 14,24; Luke 2,34; Luke 4,41; Acts 9,13; Acts 15,35; Rom. 16,2; 1Cor. 10,33; 2Cor. 1,11; 1Tim. 6,12; 2Tim. 2,2; Heb. 9,28; Rev. 5,11; Rev. 9,9)

    Adjective · neuter · plural · genitive · noDegree ▸ 29 + 16 = **45** (Gen. 17,5; Num. 24,7; Deut. 15,6; Deut. 28,12; 2Sam. 22,17; 1Esdr. 2,6; Judith 15,7; 1Mac. 9,39; 2Mac. 4,39; 2Mac. 4,39; Psa. 17,17; Psa. 28,3; Psa. 31,6; Psa. 88,51; Psa. 92,4; Psa. 143,7; Prov. 6,35; Prov. 8,18; Prov. 17,1; Sir. 42,4; Nah. 1,12; Is. 13,4; Is. 13,4; Is. 17,12; Is. 17,12; Ezek. 26,7; Ezek. 38,8; Ezek. 38,12; Ezek. 38,23; Matt. 10,31; Matt. 25,21; Matt. 25,23; Luke 12,7; Acts 24,10; Rom. 4,17; Rom. 4,18; Rom. 5,16; Rom. 15,23; 2Cor. 1,11; 2Cor. 2,4; Gal. 3,16; Rev. 1,15; Rev. 14,2; Rev. 17,1; Rev. 19,6)

Πολὺ ▸ **2**

    Adjective · neuter · singular · nominative · noDegree ▸ **2** (Deut. 7,17; 2Sam. 24,16)

πολύ ▸ **16** + **1** + **6** = **23**

    Adverb ▸ **2** (Luke 7,47; Rev. 5,4)

    Adjective · neuter · singular · accusative · noDegree ▸ 10 + 2 = **12** (Gen. 18,18; Ex. 16,18; 2Chr. 24,11; Judith 5,10; 1Mac. 3,31; 1Mac. 16,11; Hab. 3,15; Is. 8,7; Ezek. 31,7; Dan. 11,10; Luke 5,6; Luke 12,48)

    Adjective · neuter · singular · nominative · noDegree ▸ 6 + 1 + 2 = **9** (Num. 20,11; 2Chr. 13,8; Neh. 4,13; Esth. 11,10 # 1,1i; Esth. 10,6 # 10,3c; Ezek. 26,19; Dan. 4,10; Luke 12,48; Acts 17,4)

πολύ ▸ **60** + **5** + **17** = **82**

    Adverb ▸ 3 + 8 = **11** (Dan. 5,9; Dan. 6,15; Dan. 6,24; Mark 12,27; Acts 18,27; Acts 27,14; Acts 28,6; 2Cor. 8,22; Heb. 12,9; Heb. 12,25; James 5,16)

    Adjective · neuter · singular · accusative · noDegree ▸ 44 + 2 + 3 = **49** (Gen. 48,16; Ex. 16,17; Num. 14,12; Deut. 9,14; Deut. 26,5; Deut. 28,38; Josh. 24,4; 2Sam. 3,1; 2Kings 21,16; 2Chr. 9,9; 2Chr. 11,23; 2Chr. 14,10; 2Chr. 20,12; 2Chr. 32,4; 1Esdr. 3,22; Neh. 2,2; Neh. 3,33; Esth. 16,10 # 8,12k; Judith 2,17; Judith 2,18; Judith 5,18; Judith 7,18; Judith 10,7; Tob. 8,16; Tob. 12,8; 1Mac. 3,41; 1Mac. 4,23; 2Mac. 9,11; 3Mac. 5,12; 3Mac. 5,17; 4Mac. 1,8; 4Mac. 2,6; Psa. 122,3; Ode. 12,14; Prov. 25,27; Eccl. 5,11; Eccl. 7,16; Eccl. 7,17; Wis. 18,20; Sir. 16,12; Sir. 49,13; Is. 28,2; Is. 55,7; Dan. 11,39; Tob. 8,16; Dan. 7,28; Acts 14,1; 2Cor. 8,15; 1Pet. 1,3)

    Adjective · neuter · singular · nominative · noDegree ▸ 16 + 6 = **22** (Deut. 1,28; Deut. 2,10; Deut. 2,21; 2Kings 12,11; 2Chr. 20,2; 1Esdr. 9,11; Judith 1,16; Judith 7,2; Judith 15,7; Psa. 30,20; Song 8,7; Job 5,25; Sol. 5,14; Is. 11,9; Is. 17,13; Ezek. 47,10; Mark 3,7; Mark 3,8; Luke 6,17; Luke 12,48; Luke 23,27; Rom. 3,2)

πολύν ▸ **8** + **1** + **1** = **10**

    Adjective · masculine · singular · accusative · noDegree ▸ 8 + 1 + 1 = **10** (Josh. 22,8; 1Kings 3,8; 1Chr. 29,2; Psa. 36,16; Is. 2,4; Is. 34,10; Jer. 38,8; Ezek. 17,15; Dan. 11,11; John 15,5)

πολύν ▸ **21** + **1** + **8** = **30**

    Adjective · masculine · singular · accusative · noDegree ▸ 21 + 1 + 8 = **30** (Gen. 41,49; Deut. 9,2; 2Sam. 8,8; 1Kings 5,21; 1Kings 10,2; 1Chr. 18,8; 1Chr. 22,3; 2Chr. 1,9; 2Chr. 32,4; Judith 12,20; 1Mac. 1,30; 1Mac. 5,6; 2Mac. 6,1; 2Mac. 6,13; 4Mac. 4,10; Psa. 18,11; Prov. 9,11; Prov. 9,18d; Job 29,18; Sir. 51,28; Is. 27,10; Dan. 11,13; Matt. 14,14; Matt. 25,19; Mark 6,34; Mark 9,14; John 5,6; John 12,24; John 15,8; Col. 4,13)

Πολὺς ▸ 1 + 1 = 2
  Adjective · masculine · singular · nominative · noDegree ▸ 1 + 1 = **2** (Judg. 7,2; Judg. 7,2)
πολύς ▸ 10 + 2 + 11 = 23
  Adjective · masculine · singular · nominative · noDegree ▸ 10 + 2 + 11 = **23** (Gen. 50,20; Josh. 17,14; Judg. 7,4; Ezra 10,13; Neh. 4,4; 1Mac. 5,30; Prov. 22,1; Job 36,26; Job 38,21; Sir. 5,6; Judg. 7,4; Dan. 4,12; Matt. 2,18; Matt. 9,37; Matt. 20,29; Luke 6,35; Luke 7,11; Luke 9,37; Luke 10,2; John 6,2; Acts 6,7; Acts 11,21; Rev. 7,9)
πολύς ▸ 26 + 2 + 15 = 43
  Adjective · masculine · singular · nominative · noDegree ▸ 26 + 2 + 15 = **43** (Gen. 15,1; Ex. 12,38; Num. 21,6; Deut. 33,6; Josh. 17,15; Josh. 17,17; 2Sam. 13,34; 2Sam. 15,12; 2Chr. 30,13; 1Esdr. 8,88; Esth. 1,7; Judith 2,20; Prov. 5,20; Prov. 14,29; Job 3,15; Job 11,3; Sir. 16,12; Sir. 31,29; Amos 8,3; Joel 2,2; Joel 2,5; Ezek. 17,7; Ezek. 24,12; Ezek. 47,9; Dan. 4,12; Dan. 4,33b; Tob. 14,9; Dan. 4,21; Matt. 5,12; Matt. 26,47; Mark 5,21; Mark 5,24; Mark 12,37; Luke 5,29; Luke 6,17; Luke 6,23; John 6,5; John 6,10; John 7,12; John 12,9; John 12,12; Acts 18,10; Heb. 5,11)

πολύσπλαγχνος (πολύς; σπλάγχνον) very compassionate ▸ 1
  πολύσπλαγχνός ▸ 1
    Adjective · masculine · singular · nominative ▸ 1 (James 5,11)

πολυτελής (πολύς; τέλος) expensive ▸ 15 + 3 = 18
  πολυτελεῖ ▸ 3 + 1 = 4
    Adjective · masculine · singular · dative · noDegree ▸ 3 + 1 = **4** (Job 31,24; Sir. 50,9; Dan. 11,38; 1Tim. 2,9)
  πολυτελεῖς ▸ 1
    Adjective · masculine · plural · accusative · noDegree ▸ 1 (1Chr. 29,2)
  πολυτελές ▸ 1
    Adjective · neuter · singular · nominative · noDegree ▸ 1 (Prov. 25,12)
  πολυτελές ▸ 1
    Adjective · neuter · singular · nominative ▸ 1 (1Pet. 3,4)
  πολυτελέσιν ▸ 1
    Adjective · masculine · plural · dative · noDegree ▸ 1 (Sir. 45,11)
  πολυτελῆ ▸ 2
    Adjective · feminine · singular · accusative · noDegree ▸ 1 (Prov. 1,13)
    Adjective · masculine · singular · accusative · noDegree ▸ 1 (Is. 28,16)
  πολυτελοῦς ▸ 1 + 1 = 2
    Adjective · feminine · singular · genitive ▸ 1 (Mark 14,3)
    Adjective · masculine · singular · genitive · noDegree ▸ 1 (Wis. 2,7)
  πολυτελῶν ▸ 6
    Adjective · masculine · plural · genitive · noDegree ▸ 5 (Esth. 15,6 # 5,1c; Judith 10,21; Prov. 3,15; Prov. 8,11; Prov. 31,10)
    Adjective · neuter · plural · genitive · noDegree ▸ 1 (1Esdr. 6,8)

πολύτιμος (πολύς; τιμή) expensive ▸ 3
  πολύτιμον ▸ 1
    Adjective · masculine · singular · accusative ▸ 1 (Matt. 13,46)
  πολυτιμότερον ▸ 1
    Adjective · neuter · singular · nominative · comparative ▸ 1 (1Pet. 1,7)
  πολυτίμου ▸ 1
    Adjective · feminine · singular · genitive ▸ 1 (John 12,3)

πολυτόκος (πολύς; τίκτω) increased offspring, prolific ▸ 1
  πολυτόκα ▸ 1
    Adjective · neuter · plural · nominative · noDegree ▸ 1 (Psa. 143,13)

πολυτρόπος (πολύς; τρέπω) manifold, many ways ▸ 3
  πολυτρόποις ▸ 1
    Adjective · feminine · plural · dative · noDegree ▸ 1 (4Mac. 3,21)
  πολυτροπωτάτη ▸ 1
    Adjective · feminine · singular · nominative · superlative ▸ 1 (4Mac. 1,25)
  πολυτροπωτέρων ▸ 1
    Adjective · feminine · plural · genitive · comparative ▸ 1 (4Mac. 14,11)

πολυτρόπως (πολύς; τρέπω) in many ways ▸ 1
  πολυτρόπως ▸ 1
    Adverb ▸ 1 (Heb. 1,1)

πολύφροντις (πολύς; φρήν) thoughtful; full of cares ▸ 1
  πολυφρόντιδα ▸ 1
    Adjective · masculine · singular · accusative · noDegree ▸ 1 (Wis. 9,15)

πολυχρονίζω (πολύς; χρόνος) to live long ▸ 1
  πολυχρονιεῖτε ▸ 1
    Verb · second · plural · future · active · indicative ▸ 1 (Deut. 4,26)

πολυχρόνιος (πολύς; χρόνος) long-lived; everlasting, ▸ 6
  πολυχρόνιοι ▸ 1
    Adjective · masculine · plural · nominative · noDegree ▸ 1 (LetterJ 46)
  πολυχρόνιοί ▸ 1
    Adjective · masculine · plural · nominative · noDegree ▸ 1 (Job 32,9)
  πολυχρόνιον ▸ 1
    Adjective · neuter · singular · accusative · noDegree ▸ 1 (Wis. 4,8)
  πολυχρόνιος ▸ 1
    Adjective · masculine · singular · nominative · noDegree ▸ 1 (Gen. 26,8)
  πολυχρονίους ▸ 1
    Adjective · feminine · plural · accusative · noDegree ▸ 1 (Wis. 2,10)
  πολυχρονίῳ ▸ 1
    Adjective · feminine · singular · dative · noDegree ▸ 1 (4Mac. 17,12)

πολυωρέω (πολύς; ὥρα) to prosper, care for ▸ 3
  ἐπολυώρησας ▸ 1
    Verb · second · singular · aorist · active · indicative ▸ 1 (Psa. 11,9)
  πολυωρήσει ▸ 1
    Verb · third · singular · future · active · indicative ▸ 1 (Deut. 30,9)
  πολυωρήσεις ▸ 1
    Verb · second · singular · future · active · indicative ▸ 1 (Psa. 137,3)

πόμα (πίνω) drink ▸ 4 + 1 + 2 = 7
  πόμα ▸ 2 + 1 = 3
    Noun · neuter · singular · accusative · (common) ▸ 2 + 1 = **3** (4Mac. 3,16; Psa. 101,10; 1Cor. 10,4)
  πόμασιν ▸ 1 + 1 = 2
    Noun · neuter · plural · dative · (common) ▸ 1 + 1 = **2** (3Mac. 5,45; Heb. 9,10)
  πόματος ▸ 1 + 1 = 2

πόμα–πονηρία

Noun · neuter · singular · genitive · (common) ▸ 1 + 1 = 2 (3Mac. 5,2; Dan. 1,16)

πομπεύω (πέμπω) to walk in a procession; make a proud display ▸ 2
  πομπεύει ▸ 1
    Verb · third · singular · present · active · indicative ▸ 1 (Wis. 4,2)
  πομπεύειν ▸ 1
    Verb · present · active · infinitive ▸ 1 (2Mac. 6,7)

πονέω (πόνος) to labor ▸ 19
  ἐπόνεσα ▸ 3
    Verb · first · singular · aorist · active · indicative ▸ 3 (2Chr. 18,33; 2Chr. 35,23; Prov. 23,35)
  ἐπόνεσαν ▸ 2
    Verb · third · plural · aorist · active · indicative ▸ 2 (Jer. 5,3; Lam. 4,6)
  ἐπονέσατε ▸ 1
    Verb · second · plural · aorist · active · indicative ▸ 1 (1Sam. 23,21)
  ἐπόνεσεν ▸ 4
    Verb · third · singular · aorist · active · indicative ▸ 4 (1Kings 15,23; 1Chr. 10,3; Hos. 9,16; Jer. 28,29)
  πονεῖ ▸ 1
    Verb · third · singular · present · active · indicative ▸ 1 (Prov. 16,26)
  πονεῖν ▸ 1
    Verb · present · active · infinitive ▸ 1 (Gen. 49,15)
  πονεῖτε ▸ 1
    Verb · second · plural · present · active · indicative ▸ 1 (1Esdr. 4,22)
  πονέσει ▸ 1
    Verb · third · singular · future · active · indicative ▸ 1 (Sir. 13,5)
  πονέσουσιν ▸ 1
    Verb · third · plural · future · active · indicative ▸ 1 (Is. 19,10)
  πονούντων ▸ 1
    Verb · present · active · participle · masculine · plural · genitive ▸ 1 (Judith 16,7)
  πονῶ ▸ 1
    Verb · first · singular · present · active · indicative ▸ 1 (Sol. 2,14)
  πονῶν ▸ 2
    Verb · present · active · participle · masculine · singular · nominative ▸ 2 (1Sam. 22,8; Sir. 11,11)

πονηρεύομαι (πόνος) to behave wickedly ▸ 34 + 2 = 36
  ἐπονηρεύοντο ▸ 1
    Verb · third · plural · imperfect · middle · indicative ▸ 1 (Gen. 37,18)
  ἐπονηρεύσαντο ▸ 2 + 2 = 4
    Verb · third · plural · aorist · middle · indicative ▸ 2 + 2 = 4 (Mic. 3,4; Sus. 60-62; Sus. 43; Sus. 61)
  ἐπονηρεύσασθε ▸ 2
    Verb · second · plural · aorist · middle · indicative ▸ 2 (Jer. 16,12; Jer. 49,20)
  ἐπονηρεύσατο ▸ 4
    Verb · third · singular · aorist · middle · indicative ▸ 4 (Deut. 19,19; 1Kings 16,25; 1Kings 16,30; Psa. 73,3)
  ἐπονηρεύσω ▸ 1
    Verb · second · singular · aorist · middle · indicative ▸ 1 (Jer. 2,33)
  Ἐπονηρεύσω ▸ 1
    Verb · second · singular · aorist · middle · indicative ▸ 1 (Jer. 45,9)
  πεπονηρεῦσθαι ▸ 2
    Verb · perfect · middle · infinitive ▸ 2 (Ex. 22,7; Ex. 22,10)
  πονηρεύεσθαι ▸ 1
    Verb · present · middle · infinitive ▸ 1 (Psa. 36,8)
  πονηρεύεσθε ▸ 2
    Verb · second · plural · present · middle · imperative ▸ 2 (1Chr. 16,22; Psa. 104,15)
  πονηρευόμενοι ▸ 2
    Verb · present · middle · participle · masculine · plural · nominative ▸ 2 (Psa. 36,9; Psa. 118,115)
  πονηρευομένοις ▸ 2
    Verb · present · middle · participle · masculine · plural · dative ▸ 2 (Psa. 36,1; Psa. 91,12)
  πονηρευόμενος ▸ 3
    Verb · present · middle · participle · masculine · singular · nominative ▸ 3 (Psa. 5,5; Psa. 14,4; Sir. 19,26)
  πονηρευομένους ▸ 1
    Verb · present · middle · participle · masculine · plural · accusative ▸ 1 (Psa. 93,16)
  πονηρευομένων ▸ 5
    Verb · present · middle · participle · masculine · plural · genitive ▸ 5 (Esth. 14,19 # 4,17z; Psa. 21,17; Psa. 25,5; Psa. 63,3; Jer. 20,13)
  πονηρεύονται ▸ 1
    Verb · third · plural · present · middle · indicative ▸ 1 (Sus. 35a)
  πονηρεύσεταί ▸ 1
    Verb · third · singular · future · middle · indicative ▸ 1 (Eccl. 7,22)
  πονηρεύσησθε ▸ 2
    Verb · second · plural · aorist · middle · subjunctive ▸ 2 (Gen. 19,7; Judg. 19,23)
  πονηρεύσηται ▸ 1
    Verb · third · singular · aorist · middle · subjunctive ▸ 1 (Deut. 15,9)

πονηρία (πόνος) wickedness ▸ 62 + 9 + 7 = 78
  πονηρία ▸ 13 + 3 = 16
    Noun · feminine · singular · nominative · (common) ▸ 13 + 3 = 16 (Ex. 10,10; Neh. 2,2; Psa. 7,10; Eccl. 2,21; Eccl. 6,1; Eccl. 10,5; Wis. 17,10; Sir. 12,10; Sir. 25,17; Sir. 42,13; Sir. 42,14; Jer. 6,29; Jer. 31,16; Judg. 20,3; Judg. 20,12; Judg. 20,41)
  πονηρίᾳ ▸ 4 + 1 = 5
    Noun · feminine · singular · dative · (common) ▸ 4 + 1 = 5 (Neh. 1,3; Neh. 13,7; Psa. 72,8; Is. 7,16; Rom. 1,29)
  πονηρίαι ▸ 2 + 1 = 3
    Noun · feminine · plural · nominative · (common) ▸ 2 + 1 = 3 (Psa. 54,16; Prov. 26,25; Mark 7,22)
  πονηρίαις ▸ 1
    Noun · feminine · plural · dative · (common) ▸ 1 (Wis. 19,13)
  πονηρίαν ▸ 16 + 6 + 1 = 23
    Noun · feminine · singular · accusative · (common) ▸ 16 + 6 + 1 = 23 (Deut. 31,21; Judg. 11,27; Neh. 2,17; Neh. 6,2; Neh. 13,27; 4Mac. 2,13; Psa. 27,4; Psa. 93,23; Eccl. 11,10; Sir. 25,13; Sir. 25,13; Sir. 47,25; Is. 10,1; Is. 10,1; Is. 59,7; Bar. 2,26; Judg. 9,56; Judg. 9,57; Judg. 11,27; Judg. 15,3; Judg. 20,13; Dan. 11,27; Matt. 22,18)
  πονηρίας ▸ 24 + 3 = 27
    Noun · feminine · plural · accusative · (common) ▸ 4 (1Mac. 13,46; Is. 1,16; Jer. 23,11; Jer. 39,32)
    Noun · feminine · singular · genitive · (common) ▸ 20 + 3 = 23 (Ex. 32,12; Psa. 140,4; Wis. 4,6; Wis. 4,14; Wis. 10,5; Wis. 10,7; Sir. 3,28; Sir. 19,22; Sir. 29,7; Sir. 31,24; Sir. 35,3; Sir. 46,7; Is. 47,10; Jer. 4,4; Jer. 9,6; Jer. 24,2; Jer. 24,3; Jer. 24,8; Jer. 51,3; Jer. 51,22; Luke 11,39; 1Cor. 5,8; Eph. 6,12)

πονηριῶν ▸ 2 + **1** = 3
   Noun · feminine · plural · genitive · (common)   ▸ 2 + 1 = **3**   (Is. 1,16; Jer. 40,5; Acts 3,26)
πονηρός (πόνος)   wicked, evil   ▸ 369 + **13** + 78 = 460
   πονηρά ▸ 23 + **4** = 27
      Adjective · feminine · singular · nominative · noDegree   ▸ 8 + 2 = **10** (Num. 13,19; Eccl. 6,2; Eccl. 10,13; Sir. 18,12; Sir. 22,11; Sir. 25,23; Sir. 26,7; Is. 28,19; Luke 11,29; James 4,16)
      Adjective · neuter · plural · accusative · noDegree ▸ 14 + 1 = **15** (Gen. 31,24; Gen. 31,29; Gen. 50,17; Gen. 50,20; Josh. 23,15; 1Mac. 7,25; Wis. 3,14; Sir. 27,27; Hos. 7,15; Mic. 3,2; Hab. 1,13; Jer. 24,8; Jer. 45,4; Jer. 51,29; Matt. 12,35)
      Adjective · neuter · plural · nominative · noDegree ▸ 1 + 1 = **2** (Sol. 13,3; John 7,7)
   πονηρὰ ▸ 48 + **9** = 57
      Adjective · feminine · singular · nominative · noDegree   ▸ 9 + 3 = **12** (1Sam. 3,21; Eccl. 5,15; Wis. 12,10; Sir. 3,24; Sir. 5,14; Sir. 6,4; Sir. 13,24; Sir. 14,9; Sir. 29,24; Matt. 12,39; Matt. 16,4; Heb. 3,12)
      Adjective · neuter · plural · accusative · noDegree ▸ 36 + 3 = **39** (Gen. 6,5; Gen. 8,21; Gen. 44,4; Gen. 44,5; Lev. 26,6; Num. 11,1; Num. 14,36; Num. 14,37; Num. 32,13; Deut. 4,25; Deut. 6,22; Deut. 28,20; 1Sam. 25,21; 2Sam. 3,39; 2Kings 21,11; 1Esdr. 8,83; Judith 8,9; Psa. 34,12; Psa. 108,20; Sir. 11,33; Sol. 2,8; Hos. 3,1; Amos 5,15; Mic. 2,9; Nah. 1,11; Is. 7,15; Jer. 2,13; Jer. 3,5; Jer. 18,10; Jer. 23,2; Jer. 24,3; Jer. 24,3; Ezek. 5,17; Ezek. 14,15; Ezek. 14,21; Ezek. 34,25; Matt. 9,4; Acts 19,12; Acts 19,13)
      Adjective · neuter · plural · nominative · noDegree ▸ 3 + 3 = **6** (2Kings 2,19; Wis. 3,12; Is. 3,11; Mark 7,23; John 3,19; 1John 3,12)
   πονηρᾷ ▸ 9 + **2** = 11
      Adjective · feminine · singular · dative · noDegree   ▸ 9 + 2 = **11** (Num. 14,35; 2Chr. 21,15; 2Chr. 21,19; Psa. 40,2; Psa. 48,6; Sir. 25,25; Sir. 42,6; Sol. 2,6; Jer. 17,17; Matt. 12,45; Eph. 6,13)
   πονηραί ▸ 2
      Adjective · feminine · plural · nominative · noDegree ▸ **2** (Gen. 41,19; Gen. 47,9)
   πονηραί ▸ 1 + **2** = 3
      Adjective · feminine · plural · nominative · noDegree   ▸ 1 + 2 = **3** (Gen. 28,8; Eph. 5,16; 1Tim. 6,4)
   πονηράν ▸ 4
      Adjective · feminine · singular · accusative · noDegree ▸ **4** (Deut. 28,60; Sir. 9,1; Jer. 17,18; Jer. 30,29)
   πονηρὰν ▸ 6
      Adjective · feminine · singular · accusative · noDegree ▸ **6** (Num. 14,27; 1Esdr. 2,14; Ezra 4,12; Is. 3,9; Is. 7,5; Ezek. 11,2)
   πονηράς ▸ 2
      Adjective · feminine · plural · accusative · noDegree ▸ **2** (Deut. 7,15; Ezek. 14,21)
   πονηρὰς ▸ 3
      Adjective · feminine · plural · accusative · noDegree ▸ **3** (Deut. 28,59; Sol. 2,16; Ezek. 36,31)
   πονηρᾶς ▸ 24 + **1** = 25
      Adjective · feminine · singular · genitive · noDegree   ▸ 24 + 1 = **25** (Lev. 27,14; Psa. 111,7; Psa. 118,101; Psa. 143,10; Prov. 7,5; Sir. 25,16; Sol. 10,1; Sol. 16,7; Sol. 16,7; Jonah 3,8; Jer. 3,17; Jer. 16,12; Jer. 18,11; Jer. 18,12; Jer. 23,14; Jer. 25,5; Jer. 33,3; Jer. 42,15; Jer. 43,3; Jer. 43,7; Bar. 1,22; Bar. 2,8; Ezek. 13,22; Ezek. 18,23; Heb. 10,22)
   πονηρὲ ▸ 2
      Adjective · masculine · singular · vocative ▸ **2** (Matt. 25,26; Luke 19,22)

πονηρέ ▸ 1
   Adjective · masculine · singular · vocative ▸ **1** (Matt. 18,32)
πονηροί ▸ 3 + **4** = 7
   Adjective · masculine · plural · nominative · noDegree   ▸ 3 + 4 = **7** (Gen. 13,13; 2Sam. 4,11; Is. 56,11; Matt. 7,11; Matt. 12,34; Luke 11,13; 2Tim. 3,13)
πονηροὶ ▸ 2 + **1** = 3
   Adjective · masculine · plural · nominative · noDegree   ▸ 2 + 1 = **3** (Is. 9,16; Is. 30,4; Matt. 15,19)
πονηροῖς ▸ 3 + **3** = 6
   Adjective · masculine · plural · dative · noDegree   ▸ 2 + 1 = **3** (Gen. 12,17; Bar. 2,25; 3John 10)
   Adjective · neuter · plural · dative · noDegree   ▸ 1 + 2 = **3** (Ezra 9,13; Col. 1,21; 2John 11)
πονηρόν ▸ 29 + **7** = 36
   Adjective · masculine · singular · accusative · noDegree   ▸ 4 + 2 = **6** (Gen. 34,30; 1Mac. 14,14; Psa. 63,6; Eccl. 9,12; 1John 2,13; 1John 2,14)
   Adjective · neuter · singular · accusative · noDegree   ▸ 14 + 3 = **17** (Gen. 2,17; Gen. 3,5; Gen. 3,22; Num. 11,10; 2Sam. 14,17; 2Chr. 12,14; Neh. 6,13; Judith 8,8; 1Mac. 1,15; Psa. 96,10; Eccl. 8,5; Eccl. 8,11; Amos 5,14; Mal. 2,17; Luke 6,45; Acts 28,21; Rom. 12,9)
   Adjective · neuter · singular · nominative · noDegree   ▸ 11 + 2 = **13** (Deut. 17,1; 1Sam. 16,23; 1Kings 5,18; Neh. 13,8; Tob. 6,8; Prov. 3,15; Prov. 20,8; Eccl. 12,14; Is. 1,4; Is. 5,20; Is. 14,20; Acts 18,14; Acts 19,16)
πονηρὸν ▸ 129 + **11** + 5 = 145
   Adjective · masculine · singular · accusative · noDegree ▸ 14 + 1 = **15** (Gen. 37,2; Num. 20,5; Deut. 13,6; Deut. 17,7; Deut. 17,12; Deut. 19,19; Deut. 21,21; Deut. 22,21; Deut. 22,22; Deut. 22,24; Deut. 24,7; Prov. 22,3; Eccl. 1,13; Jer. 11,19; 1Cor. 5,13)
   Adjective · neuter · singular · accusative · noDegree   ▸ 87 + 10 + 2 = **99** (Gen. 39,9; Ex. 33,4; Lev. 27,10; Num. 24,13; Deut. 9,18; Deut. 13,12; Deut. 17,2; Deut. 19,20; Deut. 22,14; Deut. 22,19; Deut. 31,29; Judg. 2,11; Judg. 3,7; Judg. 3,12; Judg. 3,12; Judg. 4,1; Judg. 6,1; Judg. 9,23; Judg. 10,6; Judg. 13,1; 1Sam. 15,19; 1Sam. 16,16; 1Sam. 16,23; 2Sam. 12,9; 1Kings 11,8; 1Kings 12,24a; 1Kings 14,22; 1Kings 15,26; 1Kings 15,34; 1Kings 16,19; 1Kings 16,25; 1Kings 16,30; 1Kings 20,20; 1Kings 20,25; 1Kings 22,53; 2Kings 1,18b; 2Kings 3,2; 2Kings 8,18; 2Kings 8,27; 2Kings 13,2; 2Kings 13,11; 2Kings 14,24; 2Kings 15,9; 2Kings 15,18; 2Kings 15,24; 2Kings 15,28; 2Kings 17,2; 2Kings 17,17; 2Kings 21,2; 2Kings 21,6; 2Kings 21,9; 2Kings 21,15; 2Kings 21,16; 2Kings 21,20; 2Kings 23,32; 2Kings 23,37; 2Kings 24,9; 2Kings 24,19; 2Chr. 21,6; 2Chr. 22,4; 2Chr. 29,6; 2Chr. 33,2; 2Chr. 33,6; 2Chr. 33,9; 2Chr. 33,22; 2Chr. 36,2b; 2Chr. 36,5; 2Chr. 36,9; 2Chr. 36,12; 1Esdr. 1,37; 1Esdr. 1,42; 1Esdr. 1,45; Neh. 9,28; Judith 7,15; Tob. 3,17; 1Mac. 1,36; 3Mac. 7,9; Psa. 50,6; Ode. 12,10; Eccl. 4,3; Eccl. 8,11; Eccl. 8,12; Sir. 17,31; Is. 65,12; Is. 66,4; Jer. 7,30; Jer. 39,30; Judg. 2,11; Judg. 3,7; Judg. 3,12; Judg. 3,12; Judg. 4,1; Judg. 6,1; Judg. 9,23; Judg. 10,6; Judg. 13,1; Tob. 3,17; Matt. 5,11; Luke 6,22)
   Adjective · neuter · singular · nominative · noDegree   ▸ 27 + 1 + 2 = **30** (Gen. 35,22; Gen. 37,20; Gen. 37,33; Gen. 38,10; 1Sam. 8,6; 1Sam. 16,14; 1Sam. 16,15; 1Sam. 18,8; 1Sam. 19,9; 2Sam. 11,25; 2Sam. 11,27; 2Kings 4,41; 1Chr. 21,7; Neh. 2,2; Neh. 2,3; Neh. 2,10; Neh. 3,33; Neh. 4,1; Tob. 3,8; Eccl. 2,17; Eccl. 9,3; Eccl. 11,2; Sir. 5,15; Sir. 37,27; Sol. 3,10; Hos. 12,2; Is. 5,20; Tob. 3,8; Acts 19,15; Rev. 16,2)
   Adjective · neuter · singular · vocative · noDegree ▸ **1** (Sir. 37,3)
πονηρός ▸ 8 + **2** = 10

Adjective · masculine · singular · nominative · noDegree ▸ 8 + 2 = **10** (Deut. 15,21; Neh. 13,17; Psa. 33,22; Eccl. 4,8; Job 21,30; Sir. 31,13; Amos 5,13; Mic. 2,3; Matt. 20,15; Mark 7,22)

πονηρὸς ▸ 13 + 6 = 19
Adjective · masculine · singular · nominative · noDegree ▸ 13 + 6 = **19** (Gen. 38,7; 1Sam. 25,3; 1Sam. 30,22; 1Chr. 2,3; Esth. 7,6; Prov. 11,15; Job 12,6; Sir. 14,5; Sir. 14,8; Sir. 14,10; Sir. 20,24; Sir. 28,21; Jer. 23,10; Matt. 6,23; Matt. 12,35; Matt. 13,19; Luke 6,45; Luke 11,34; 1John 5,18)

πονηροτάτῳ ▸ 2 + 1 = 3
Adjective · masculine · singular · dative · superlative ▸ 2 + 1 = **3** (Ode. 7,32; Dan. 3,32; Dan. 3,32)

πονηρότερα ▸ 2
Adjective · neuter · plural · accusative · comparative ▸ **2** (Matt. 12,45; Luke 11,26)

πονηρότερον ▸ 2
Adjective · neuter · singular · nominative · comparative ▸ **2** (Sir. 31,13; Sir. 39,34)

πονηρότερος ▸ 1
Adjective · masculine · singular · nominative · comparative ▸ **1** (Sir. 14,6)

πονηροῦ ▸ 14 + 1 + 12 = 27
Adjective · masculine · singular · genitive · noDegree ▸ 5 + 9 = **14** (Psa. 9,36; Psa. 139,2; Sir. 51,11; Sol. 12,1; Sol. 12,2; Matt. 5,37; Matt. 12,35; Matt. 13,38; Luke 6,45; John 17,15; Gal. 1,4; Eph. 6,16; 2Th. 3,3; 1John 3,12)
Adjective · neuter · singular · genitive · noDegree ▸ 9 + 1 + 3 = **13** (Gen. 2,9; Lev. 27,12; Deut. 23,10; 2Sam. 13,22; Psa. 100,4; Eccl. 9,3; Job 1,1; Job 1,8; Sir. 4,20; Tob. 6,8; Matt. 6,13; 1Th. 5,22; 2Tim. 4,18)

πονηρούς ▸ 1 + 2 = 3
Adjective · masculine · plural · accusative · noDegree ▸ 1 + 2 = **3** (1Mac. 11,8; Matt. 22,10; Luke 6,35)

πονηροὺς ▸ 3 + 5 = 8
Adjective · masculine · plural · accusative · noDegree ▸ 3 + 5 = **8** (Job 34,17; Is. 53,9; Ezek. 38,10; Matt. 5,45; Matt. 7,17; Matt. 7,18; Matt. 13,49; Acts 17,5)

πονηρῷ ▸ 10 + 2 = 12
Adjective · masculine · singular · dative · noDegree ▸ 6 + 2 = **8** (2Mac. 1,5; Psa. 36,19; Eccl. 5,13; Eccl. 8,3; Sir. 31,24; Sir. 42,5; Matt. 5,39; 1John 5,19)
Adjective · neuter · singular · dative · noDegree ▸ **4** (Lev. 27,10; Lev. 27,33; Deut. 28,35; Job 2,7)

πονηρῶν ▸ 27 + 6 = 33
Adjective · feminine · plural · genitive · noDegree ▸ **6** (2Kings 17,13; 2Chr. 7,14; Psa. 93,13; Jonah 3,10; Zech. 1,4; Jer. 23,14)
Adjective · masculine · plural · genitive · noDegree ▸ 11 + 2 = **13** (4Mac. 12,11; Psa. 77,49; Prov. 8,13; Prov. 24,20; Job 35,12; Job 37,16; Is. 25,4; Is. 31,2; Is. 32,7; Jer. 12,14; Jer. 15,21; 2Th. 3,2; James 2,4)
Adjective · neuter · plural · genitive · noDegree ▸ 10 + 4 = **14** (1Esdr. 4,39; Neh. 9,35; Sol. 6,3; Zech. 1,4; Is. 35,9; Jer. 23,22; Jer. 24,2; Jer. 25,5; Jer. 33,3; Bar. 2,33; Luke 3,19; Luke 7,21; Luke 8,2; Acts 25,18)

πόνος labor, toil; pain ▸ 93 + 4 = 97
πόνοι ▸ 4
Noun · masculine · plural · nominative · (common) ▸ **4** (Prov. 5,10; Job 2,9b; Wis. 8,7; Hos. 12,9)

πόνοις ▸ 8
Noun · masculine · plural · dative · (common) ▸ **8** (1Chr. 10,3; 4Mac. 16,23; 4Mac. 18,3; Prov. 16,26; Wis. 8,18; Wis. 19,16; Sir. 3,27; Bar. 2,25)

πόνον ▸ 20 + 1 = 21
Noun · masculine · singular · accusative · (common) ▸ 20 + 1 = **21** (Ex. 2,11; 1Kings 8,37; 2Chr. 6,28; 2Mac. 7,36; 4Mac. 1,21; 4Mac. 1,23; 4Mac. 5,23; 4Mac. 7,22; 4Mac. 9,31; 4Mac. 16,19; Psa. 7,15; Psa. 9,35; Job 3,10; Job 15,2; Sir. 38,7; Is. 1,5; Is. 59,4; Is. 65,14; Is. 66,7; Jer. 51,33; Col. 4,13)

πόνος ▸ 12 + 1 = 13
Noun · masculine · singular · nominative · (common) ▸ 12 + 1 = **13** (Num. 23,21; 4Mac. 1,20; Psa. 7,17; Psa. 9,28; Psa. 89,10; Job 4,5; Job 5,6; Wis. 15,4; Sir. 31,20; Is. 49,4; Jer. 4,15; Jer. 14,18; Rev. 21,4)

πόνου ▸ 7 + 1 = 8
Noun · masculine · singular · genitive · (common) ▸ 7 + 1 = **8** (4Mac. 1,4; 4Mac. 1,23; 4Mac. 1,24; 4Mac. 1,28; Psa. 104,36; Wis. 9,16; Is. 53,11; Rev. 16,10)

πόνους ▸ 19
Noun · masculine · plural · accusative · (common) ▸ **19** (Deut. 28,33; 1Sam. 15,23; 4Mac. 1,9; 4Mac. 6,9; Psa. 77,46; Psa. 104,44; Psa. 108,11; Psa. 127,2; Prov. 6,8b; Prov. 24,2; Wis. 5,1; Wis. 10,10; Sir. 14,15; Hab. 1,3; Hab. 1,13; Hag. 1,11; Jer. 20,5; Jer. 20,18; Ezek. 23,29)

πόνῳ ▸ 5
Noun · masculine · singular · dative · (common) ▸ **5** (Gen. 34,25; Judith 5,11; Sir. 11,21; Is. 53,4; Jer. 6,7)

πόνων ▸ 18 + 1 = 19
Noun · masculine · plural · genitive · (common) ▸ 18 + 1 = **19** (Gen. 41,51; 2Mac. 9,18; 4Mac. 11,12; 4Mac. 11,20; 4Mac. 13,1; 4Mac. 13,4; 4Mac. 15,16; 4Mac. 18,2; Psa. 77,51; Prov. 3,9; Prov. 31,7; Wis. 3,15; Wis. 10,9; Sir. 28,15; Obad. 13; Hag. 2,14; Is. 65,22; Jer. 4,14; Rev. 16,11)

Ποντικός Pontian, from Pontus; Ponticus ▸ 1
Ποντικὸν ▸ 1
Adjective · masculine · singular · accusative · (proper) ▸ **1** (Acts 18,2)

Πόντιος Pontius ▸ 3
Πόντιος ▸ 1
Noun · masculine · singular · nominative · (proper) ▸ **1** (Acts 4,27)
Ποντίου ▸ 2
Noun · masculine · singular · genitive · (proper) ▸ **2** (Luke 3,1; 1Tim. 6,13)

ποντόβροχος (πόντος; βρέχω) drowned at sea ▸ 1
ποντοβρόχους ▸ 1
Adjective · masculine · plural · accusative · noDegree ▸ **1** (3Mac. 6,4)

ποντοπορέω (πόντος; πορεύομαι) to travel at sea ▸ 1
ποντοπορούσης ▸ 1
Verb · present · active · participle · feminine · singular · genitive ▸ **1** (Prov. 30,19)

Πόντος (πόντος) Pontus (Sea) ▸ 2
Πόντον ▸ 1
Noun · masculine · singular · accusative · (proper) ▸ **1** (Acts 2,9)
Πόντου ▸ 1
Noun · masculine · singular · genitive · (proper) ▸ **1** (1Pet. 1,1)

πόντος sea ▸ 2
πόντῳ ▸ 2
Noun · masculine · singular · dative · (common) ▸ **2** (Ex. 15,5; Ode. 1,5)

Πόπλιος Publius ▸ 2
Ποπλίου ▸ 1
Noun · masculine · singular · genitive · (proper) ▸ **1** (Acts 28,8)

Ποπλίῳ ▸ 1
   Noun ▪ masculine ▪ singular ▪ dative ▪ (proper) ▸ **1** (Acts 28,7)

πορεία (πορεύομαι) journey ▸ 32 + 2 = 34
   πορεία ▸ 2
      Noun ▪ feminine ▪ singular ▪ nominative ▪ (common) ▸ **2** (Neh. 2,6; Wis. 3,3)
   πορείᾳ ▸ 5
      Noun ▪ feminine ▪ singular ▪ dative ▪ (common) ▸ **5** (Tob. 7,9; Sol. 18,10; Nah. 2,6; Is. 3,16; Is. 8,11)
   πορεῖαι ▸ 1
      Noun ▪ feminine ▪ plural ▪ nominative ▪ (common) ▸ **1** (Psa. 67,25)
   πορεῖαί ▸ 1
      Noun ▪ feminine ▪ plural ▪ nominative ▪ (common) ▸ **1** (Psa. 67,25)
   πορείαις ▸ 1
      Noun ▪ feminine ▪ plural ▪ dative ▸ **1** (James 1,11)
   πορείαν ▸ 12 + 1 = 13
      Noun ▪ feminine ▪ singular ▪ accusative ▪ (common) ▸ 12 + 1 = **13** (Judith 2,19; 2Mac. 3,8; 2Mac. 9,4; 2Mac. 9,7; 2Mac. 12,10; 3Mac. 4,5; Prov. 2,7; Prov. 26,7; Sir. 43,5; Jonah 3,4; Jer. 10,23; Jer. 18,15; Luke 13,22)
   πορείας ▸ 11
      Noun ▪ feminine ▪ plural ▪ accusative ▪ (common) ▸ **3** (Ode. 4,7; Prov. 4,27b; Hab. 3,7)
      Noun ▪ feminine ▪ singular ▪ genitive ▪ (common) ▸ **8** (Num. 33,2; Tob. 10,1; 3Mac. 5,48; Ode. 4,10; Wis. 5,11; Jonah 3,3; Nah. 1,8; Hab. 3,10)

πορεῖον (πορεύομαι) wagon, cart ▸ 1
   πορεῖα ▸ 1
      Noun ▪ neuter ▪ plural ▪ accusative ▪ (common) ▸ **1** (Gen. 45,17)

πορεύομαι to go ▸ 1116 + 144 + 153 = 1413
   ἐπορεύεσθε ▸ 1
      Verb ▪ second ▪ plural ▪ imperfect ▪ middle ▪ indicative ▸ **1** (Jer. 7,9)
   ἐπορεύετο ▸ 41 + 4 + 6 = 51
      Verb ▪ third ▪ singular ▪ imperfect ▪ middle ▪ indicative ▸ 41 + 4 + 6 = **51** (Gen. 24,62; Num. 22,23; Josh. 4,18; 1Sam. 2,26; 1Sam. 7,16; 1Sam. 14,19; 1Sam. 14,26; 1Sam. 19,23; 2Sam. 3,1; 2Sam. 3,1; 2Sam. 3,16; 2Sam. 3,31; 2Sam. 5,10; 2Sam. 8,6; 2Sam. 8,14; 2Sam. 15,30; 2Sam. 16,13; 2Sam. 18,25; 1Kings 12,30; 1Kings 18,45; 1Kings 20,27; 1Chr. 11,9; 1Chr. 18,6; 1Chr. 18,13; 2Chr. 9,21; Neh. 12,38; Tob. 10,7; Tob. 10,14; Tob. 11,1; 1Mac. 6,36; 1Mac. 13,20; 1Mac. 13,31; Hos. 2,15; Jonah 1,11; Jonah 1,13; Jer. 2,25; Jer. 28,59; Ezek. 1,12; Ezek. 11,21; Bel 4; Bel 33; Judg. 4,24; Judg. 14,9; Bel 4; Bel 33; Matt. 24,1; Luke 4,30; Luke 7,6; Luke 19,28; John 4,50; Acts 8,39)
   ἐπορεύθη ▸ 221 + 31 + 11 = 263
      Verb ▪ third ▪ singular ▪ aorist ▪ passive ▪ indicative ▸ 221 + 31 + 11 = **263** (Gen. 12,4; Gen. 13,3; Gen. 21,19; Gen. 22,3; Gen. 22,13; Gen. 24,10; Gen. 25,22; Gen. 26,1; Gen. 26,26; Gen. 27,5; Gen. 28,5; Gen. 28,7; Gen. 28,9; Gen. 28,10; Gen. 29,1; Gen. 35,22; Gen. 36,6; Gen. 37,17; Ex. 4,27; Ex. 4,29; Ex. 14,19; Num. 16,25; Num. 22,7; Num. 22,21; Num. 22,22; Num. 22,35; Num. 22,39; Num. 23,3; Num. 23,3; Num. 24,1; Num. 32,39; Num. 32,41; Num. 32,42; Deut. 4,3; Deut. 31,14; Josh. 14,10; Judg. 1,3; Judg. 1,10; Judg. 1,16; Judg. 1,17; Judg. 3,13; Judg. 4,9; Judg. 4,24; Judg. 8,29; Judg. 9,1; Judg. 9,7; Judg. 9,21; Judg. 9,50; Judg. 11,11; Judg. 11,16; Judg. 11,38; Judg. 13,11; Judg. 14,9; Judg. 14,9; Judg. 15,4; Judg. 16,1; Judg. 17,8; Judg. 17,10; Judg. 19,3; Judg. 19,3; Judg. 20,37; Ruth 1,1; Ruth 2,3; 1Sam. 1,18; 1Sam. 3,6; 1Sam. 3,8; 1Sam. 3,9; 1Sam. 11,15; 1Sam. 15,12; 1Sam. 17,48; 1Sam. 18,27; 1Sam. 19,18; 1Sam. 19,22; 1Sam. 19,23; 1Sam. 22,5; 1Sam. 23,5; 1Sam. 23,16; 1Sam. 23,25; 1Sam. 23,28; 1Sam. 24,3; 1Sam. 25,42; 1Sam. 27,2; 1Sam. 30,9; 2Sam. 2,32; 2Sam. 3,19; 2Sam. 3,21; 2Sam. 6,2; 2Sam. 6,12; 2Sam. 11,22; 2Sam. 12,29; 2Sam. 13,8; 2Sam. 13,19; 2Sam. 13,37; 2Sam. 13,38; 2Sam. 14,23; 2Sam. 15,9; 2Sam. 16,13; 2Sam. 17,17; 2Sam. 18,24; 2Sam. 20,5; 2Sam. 21,12; 1Kings 2,40; 1Kings 2,40; 1Kings 3,4; 1Kings 3,14; 1Kings 9,4; 1Kings 9,12; 1Kings 11,8; 1Kings 11,33; 1Kings 12,24a; 1Kings 12,24g; 1Kings 12,24o; 1Kings 12,28; 1Kings 13,14; 1Kings 13,28; 1Kings 15,3; 1Kings 15,26; 1Kings 15,34; 1Kings 16,26; 1Kings 16,28b; 1Kings 16,28f; 1Kings 16,31; 1Kings 17,10; 1Kings 17,11; 1Kings 17,15; 1Kings 18,2; 1Kings 18,6; 1Kings 18,6; 1Kings 18,16; 1Kings 18,16; 1Kings 19,4; 1Kings 19,8; 1Kings 19,21; 1Kings 21,38; 1Kings 22,43; 1Kings 22,53; 2Kings 1,4; 2Kings 2,1; 2Kings 2,25; 2Kings 3,7; 2Kings 3,9; 2Kings 4,30; 2Kings 4,35; 2Kings 5,5; 2Kings 5,26; 2Kings 6,4; 2Kings 8,2; 2Kings 8,9; 2Kings 8,18; 2Kings 8,27; 2Kings 8,28; 2Kings 9,4; 2Kings 9,16; 2Kings 9,18; 2Kings 10,12; 2Kings 10,15; 2Kings 13,2; 2Kings 13,11; 2Kings 13,21; 2Kings 16,3; 2Kings 16,10; 2Kings 19,36; 2Kings 21,21; 2Kings 21,21; 2Kings 21,22; 2Kings 22,2; 2Kings 22,14; 2Kings 23,29; 2Kings 25,4; 1Chr. 5,41; 1Chr. 11,4; 1Chr. 16,43; 2Chr. 1,3; 2Chr. 10,16; 2Chr. 11,17; 2Chr. 17,3; 2Chr. 17,4; 2Chr. 20,32; 2Chr. 21,6; 2Chr. 21,20; 2Chr. 22,3; 2Chr. 22,5; 2Chr. 22,5; 2Chr. 25,11; 2Chr. 28,2; 2Chr. 34,2; 2Chr. 34,22; 2Chr. 35,20; 1Esdr. 9,1; Ezra 10,6; Ezra 10,6; Neh. 12,32; Tob. 2,10; Tob. 5,4; Tob. 8,10; Tob. 9,5; 1Mac. 5,21; 1Mac. 5,39; 1Mac. 6,6; 1Mac. 10,60; 1Mac. 10,77; 1Mac. 11,7; 1Mac. 11,24; 1Mac. 11,39; 1Mac. 14,1; 1Mac. 14,3; Psa. 1,1; Psa. 80,14; Eccl. 12,5; Song 2,11; Job 42,9; Sir. 31,8; Hos. 1,3; Hos. 5,13; Jonah 3,3; Nah. 2,12; Mal. 2,6; Is. 57,17; Jer. 3,8; Ezek. 18,11; Ezek. 18,17; Judg. 1,3; Judg. 1,10; Judg. 1,17; Judg. 1,26; Judg. 3,13; Judg. 3,17; Judg. 4,9; Judg. 6,21; Judg. 8,29; Judg. 9,1; Judg. 9,7; Judg. 9,8; Judg. 9,21; Judg. 9,50; Judg. 11,11; Judg. 11,16; Judg. 11,18; Judg. 11,38; Judg. 13,11; Judg. 14,9; Judg. 15,4; Judg. 16,1; Judg. 17,8; Judg. 17,10; Judg. 19,2; Judg. 19,3; Judg. 19,28; Tob. 1,19; Tob. 2,3; Tob. 6,1; Tob. 9,5; Matt. 12,1; Matt. 19,15; Luke 1,39; Luke 4,42; Luke 7,11; Luke 19,12; Luke 22,39; John 8,1; Acts 8,27; Acts 12,17; 2Tim. 4,10)
   Ἐπορεύθη ▸ 3
      Verb ▪ third ▪ singular ▪ aorist ▪ passive ▪ indicative ▸ **3** (Gen. 30,14; Ex. 4,18; 1Kings 2,41)
   ἐπορεύθημεν ▸ 7 + 1 = 8
      Verb ▪ first ▪ plural ▪ aorist ▪ passive ▪ indicative ▸ 7 + 1 = **8** (Deut. 1,19; Josh. 24,17; 1Sam. 9,6; Ezra 5,8; Tob. 3,5; Psa. 54,15; Mal. 3,14; Tob. 3,5)
   ἐπορεύθην ▸ 16 + 2 = 18
      Verb ▪ first ▪ singular ▪ aorist ▪ passive ▪ indicative ▸ 16 + 2 = **18** (Gen. 35,3; Lev. 26,41; Judg. 19,18; Ruth 1,21; 1Sam. 15,20; Neh. 2,16; Judith 13,16; Tob. 2,10; Psa. 25,1; Psa. 25,11; Psa. 130,1; Is. 38,3; Jer. 2,23; Jer. 13,5; Jer. 13,7; Ezek. 3,14; Judg. 19,18; Tob. 5,6)
   ἐπορεύθης ▸ 17 + 1 = 18
      Verb ▪ second ▪ singular ▪ aorist ▪ passive ▪ indicative ▸ 17 + 1 = **18** (Judg. 12,1; Ruth 2,11; Ruth 2,22; 2Sam. 19,26; 1Kings 8,25; 1Kings 13,9; 1Kings 13,17; 1Kings 16,2; 1Kings 18,18; 1Chr. 17,8; 2Chr. 6,16; 2Chr. 21,12; 2Chr. 21,13; Jer. 38,21; Bar. 3,13; Ezek. 16,47; Ezek. 23,31; Judg. 8,1)
   ἐπορεύθησαν ▸ 101 + 16 + 5 = 122
      Verb ▪ third ▪ plural ▪ aorist ▪ passive ▪ indicative ▸ 101 + 16 + 5 = **122** (Gen. 9,23; Gen. 22,6; Gen. 22,19; Gen. 24,61; Gen. 45,24; Ex. 14,29; Ex. 15,19; Lev. 26,40; Num. 33,8; Josh. 2,22; Josh.

πορεύομαι

8,9; Josh. 18,8; Josh. 18,9; Josh. 19,48; Josh. 19,49; Josh. 19,51; Josh. 22,6; Josh. 22,9; Josh. 24,28; Judg. 1,11; Judg. 2,12; Judg. 2,17; Judg. 5,6; Judg. 5,6; Judg. 9,4; Judg. 9,6; Judg. 9,8; Judg. 9,49; Judg. 11,5; Judg. 18,7; Judg. 18,26; Ruth 1,19; 1Sam. 8,3; 1Sam. 9,10; 1Sam. 10,26; 1Sam. 23,13; 1Sam. 23,24; 1Sam. 31,12; 2Sam. 2,29; 2Sam. 4,5; 2Sam. 15,11; 2Sam. 17,18; 2Sam. 17,21; 2Kings 1,2; 2Kings 2,6; 2Kings 7,8; 2Kings 7,8; 2Kings 7,15; 2Kings 9,35; 2Kings 10,25; 2Kings 13,6; 2Kings 17,8; 2Kings 17,15; 2Kings 17,19; 2Kings 17,22; 1Chr. 4,39; 1Chr. 4,42; 1Chr. 16,20; 2Chr. 11,14; 2Chr. 30,6; Ezra 4,23; Judith 8,36; Tob. 11,4; 1Mac. 1,13; 1Mac. 5,24; 1Mac. 5,58; 1Mac. 6,22; 1Mac. 8,19; 1Mac. 9,2; 1Mac. 9,4; 1Mac. 12,3; 1Mac. 16,4; 1Mac. 16,5; Psa. 104,41; Psa. 118,3; Ode. 1,19; Eccl. 8,10; Job 24,13; Hos. 7,11; Is. 3,16; Is. 65,2; Jer. 2,5; Jer. 2,8; Jer. 3,6; Jer. 7,24; Jer. 8,2; Jer. 9,13; Jer. 14,18; Jer. 39,23; Jer. 52,7; Bar. 4,13; Bar. 4,26; Lam. 1,5; Lam. 1,18; Lam. 2,21; Lam. 4,9; Ezek. 5,6; Ezek. 20,13; Ezek. 20,16; Ezek. 20,21; Ezek. 25,3; Judg. 2,12; Judg. 2,17; Judg. 5,6; Judg. 5,6; Judg. 9,4; Judg. 9,6; Judg. 9,49; Judg. 9,55; Judg. 11,5; Judg. 18,7; Judg. 18,26; Judg. 19,14; Judg. 21,23; Tob. 6,1; Tob. 6,6; Tob. 11,4; Matt. 2,9; Matt. 28,16; Luke 9,56; John 7,53; Jude 11)

Ἐπορεύθησαν ▸ 1
Verb · third · plural · aorist · passive · indicative ▸ 1 (Gen. 37,12)

ἐπορεύθησάν ▸ 1
Verb · third · plural · aorist · passive · indicative ▸ 1 (1Mac. 11,21)

ἐπορεύθητε ▸ 7 + 1 = 8
Verb · second · plural · aorist · passive · indicative ▸ 7 + 1 = 8 (Deut. 1,31; 1Sam. 10,2; 1Sam. 10,14; Wis. 6,4; Mic. 6,16; Jer. 51,23; Ezek. 5,7; Judg. 18,24)

ἐπορευόμεθα ▸ 1 + 1 = 2
Verb · first · plural · imperfect · middle · indicative ▸ 1 + 1 = 2 (Tob. 5,14; Acts 21,5)

ἐπορευόμην ▸ 10 + 6 + 1 = 17
Verb · first · singular · imperfect · middle · indicative ▸ 10 + 6 + 1 = 17 (1Kings 2,8; 1Kings 2,35m; Tob. 1,3; Tob. 1,6; Tob. 1,7; Tob. 1,14; Psa. 37,7; Psa. 118,45; Psa. 141,4; Job 29,3; Tob. 1,3; Tob. 1,6; Tob. 1,7; Tob. 1,10; Tob. 1,14; Tob. 2,10; Acts 22,5)

ἐπορεύοντο ▸ 30 + 1 + 5 = 36
Verb · third · plural · imperfect · middle · indicative ▸ 30 + 1 + 5 = 36 (Gen. 37,25; Ex. 15,22; Josh. 3,6; Ruth 1,7; 1Sam. 3,21; 1Sam. 6,12; 1Sam. 6,12; 1Sam. 23,13; 2Sam. 6,4; 2Kings 2,11; Neh. 6,17; Judith 10,11; 1Mac. 5,29; 1Mac. 6,36; 1Mac. 12,50; Psa. 125,6; Prov. 2,20; Jer. 48,6; Lam. 1,6; Ezek. 1,9; Ezek. 1,12; Ezek. 1,17; Ezek. 1,19; Ezek. 1,20; Ezek. 1,21; Ezek. 10,11; Ezek. 10,11; Ezek. 10,16; Ezek. 10,22; Ezek. 20,16; Judg. 11,40; Luke 2,3; Luke 2,41; Luke 24,28; Acts 5,41; Acts 8,36)

ἐπορεύου ▸ 1
Verb · second · singular · imperfect · middle · indicative ▸ 1 (2Sam. 7,9)

πεπόρευμαι ▸ 2
Verb · first · singular · perfect · middle · indicative ▸ 2 (Ex. 5,23; Job 30,28)

πεπορευμένοι ▸ 1
Verb · perfect · middle · participle · masculine · plural · nominative ▸ 1 (Judg. 18,14)

πεπορευμένος ▸ 1
Verb · perfect · middle · participle · masculine · singular · nominative ▸ 1 (Job 31,5)

πεπορευμένους ▸ 1
Verb · perfect · passive · participle · masculine · plural · accusative ▸ 1 (1Pet. 4,3)

πεπορευμένων ▸ 1
Verb · perfect · middle · participle · masculine · plural · genitive ▸ 1 (Num. 14,38)

πεπόρευνται ▸ 2
Verb · third · plural · perfect · middle · indicative ▸ 2 (Josh. 2,5; Mic. 2,7)

πεπόρευσαι ▸ 1
Verb · second · singular · perfect · middle · indicative ▸ 1 (Gen. 31,30)

πεπόρευσθε ▸ 1
Verb · second · plural · perfect · middle · indicative ▸ 1 (Josh. 3,4)

πεπόρευται ▸ 7
Verb · third · singular · perfect · middle · indicative ▸ 7 (1Sam. 14,3; 1Sam. 14,17; 1Kings 13,12; 2Kings 5,25; Prov. 7,19; Is. 20,3; Ezek. 18,9)

πορεύεσθαι ▸ 61 + 4 + 17 = 82
Verb · present · middle · infinitive ▸ 61 + 4 + 17 = 82 (Lev. 18,4; Num. 22,13; Deut. 5,33; Deut. 8,6; Deut. 10,12; Deut. 11,22; Deut. 13,6; Deut. 19,9; Deut. 26,17; Deut. 28,14; Deut. 29,17; Deut. 30,16; Josh. 22,5; Judg. 2,22; Ruth 1,18; 1Sam. 9,9; 1Sam. 23,26; 1Sam. 30,21; 2Sam. 2,19; 2Sam. 19,1; 2Sam. 19,16; 1Kings 2,3; 1Kings 2,4; 1Kings 3,3; 1Kings 8,25; 1Kings 8,36; 1Kings 8,58; 1Kings 8,61; 1Kings 16,28f; 1Kings 16,31; 1Kings 20,26; 2Kings 10,31; 2Kings 23,3; 2Chr. 6,16; Neh. 10,30; Tob. 8,21; 1Mac. 5,46; 1Mac. 6,23; 1Mac. 6,59; Psa. 77,10; Prov. 2,13; Sir. 5,2; Sir. 46,10; Hos. 5,11; Hos. 13,4; Mic. 6,8; Zech. 6,7; Is. 42,24; Jer. 33,4; Bar. 1,18; Bar. 2,10; Lam. 4,18; Ezek. 1,17; Ezek. 1,19; Ezek. 1,20; Ezek. 1,21; Ezek. 1,24; Ezek. 10,11; Ezek. 10,11; Ezek. 10,11; Ezek. 10,16; Judg. 2,19; Judg. 2,22; Judg. 19,7; Dan. 9,10; Luke 4,42; Luke 9,51; Luke 10,38; Luke 13,33; Luke 17,11; Luke 22,33; Luke 24,28; John 7,35; John 7,35; Acts 9,3; Acts 14,16; Acts 17,14; Acts 19,21; Acts 20,1; Acts 25,20; 1Cor. 10,27; 1Cor. 16,4)

Πορεύεσθε ▸ 10 + 4 = 14
Verb · second · plural · present · middle · imperative ▸ 10 + 4 = 14 (Gen. 41,55; Ex. 10,8; Josh. 18,8; Judg. 18,2; Judg. 18,6; Ruth 1,8; 2Chr. 10,5; Neh. 8,10; Zech. 6,7; Ezek. 9,5; Judg. 18,2; Judg. 18,6; Judg. 21,10; Judg. 21,20)

πορεύεσθε ▸ 24 + 3 + 7 = 34
Verb · second · plural · present · middle · indicative ▸ 6 + 1 = 7 (Deut. 1,33; Josh. 3,4; Judg. 18,6; Ruth 1,11; 2Kings 1,3; Jer. 16,12; Judg. 18,6)
Verb · second · plural · present · middle · imperative ▸ 18 + 2 + 7 = 27 (Ex. 12,32; Lev. 20,23; Deut. 13,5; Josh. 3,3; Judg. 19,5; 1Sam. 29,10; 2Sam. 14,30; 1Kings 18,21; 1Kings 18,21; Is. 50,11; Is. 55,1; Is. 62,10; Jer. 7,23; Jer. 25,6; Jer. 28,50; Ezek. 20,13; Ezek. 20,18; Ezek. 20,19; Judg. 10,14; Judg. 21,21; Matt. 10,6; Matt. 21,2; Matt. 22,9; Matt. 25,9; Matt. 25,41; Acts 5,20; Acts 16,36)

πορευέσθω ▸ 4
Verb · third · singular · present · middle · imperative ▸ 4 (Deut. 20,5; Deut. 20,6; Deut. 20,7; Deut. 20,8)

πορευέσθωσαν ▸ 4
Verb · third · plural · present · middle · imperative ▸ 4 (Ex. 5,7; Ex. 10,11; 2Kings 17,27; 1Mac. 10,37)

πορεύεται ▸ 25 + 7 = 32
Verb · third · singular · present · middle · indicative ▸ 25 + 7 = 32 (Lev. 11,20; Lev. 11,21; Lev. 11,27; Lev. 11,27; Josh. 15,4; Josh. 17,7; 1Sam. 28,8; 1Kings 12,1; 1Kings 12,24k; Prov. 6,12; Prov. 10,9; Prov. 10,9; Prov. 15,21; Prov. 28,26; Prov. 30,29; Eccl. 1,4; Eccl. 1,6; Eccl. 1,6; Eccl. 2,14; Eccl. 3,20; Eccl. 6,4; Eccl. 6,6; Wis. 15,8; Sir. 25,26; Bar. 3,33; Matt. 8,9; Matt.

πορεύομαι

12,45; Luke 7,8; Luke 11,26; Luke 15,4; Luke 22,22; John 10,4)

πορεύῃ ▸ 18 + 3 = 21
Verb · second · singular · present · middle · indicative ▸ 12 + 2 = **14** (Gen. 16,8; Gen. 32,18; Ex. 33,15; Num. 14,14; Judg. 4,9; Judg. 19,17; 2Sam. 15,19; 2Kings 1,6; 2Kings 4,23; Judith 10,12; Eccl. 9,10; Zech. 2,6; Judg. 4,9; Judg. 19,17)
Verb · second · singular · present · middle · subjunctive ▸ 6 + 1 = **7** (Josh. 1,9; Judg. 14,3; Prov. 3,23; Prov. 4,12; Eccl. 4,17; Zech. 3,7; Judg. 14,3)

πορεύησθε ▸ 7
Verb · second · plural · present · middle · subjunctive ▸ **7** (Gen. 42,38; Lev. 26,3; Lev. 26,21; Lev. 26,23; Lev. 26,27; Jer. 7,6; Ezek. 36,27)

πορεύηται ▸ 2
Verb · third · singular · present · middle · subjunctive ▸ **2** (Eccl. 10,3; Sir. 12,11)

Πορευθείς ▸ 2
Verb · aorist · passive · participle · masculine · singular · nominative ▸ **2** (Gen. 37,14; 2Kings 5,10)

πορευθείς ▸ 14 + 2 + 8 = 24
Verb · aorist · passive · participle · masculine · singular · nominative ▸ 14 + 2 + 8 = **24** (Gen. 12,9; Gen. 27,9; Gen. 27,13; Gen. 27,14; Gen. 45,28; 1Kings 22,13; 2Kings 5,12; 2Chr. 18,12; Judith 12,11; Tob. 1,19; Tob. 5,3; Tob. 11,6; 1Mac. 7,7; Dan. 6,20; Tob. 10,6; Tob. 11,6; Matt. 17,27; Matt. 18,12; Matt. 25,16; Matt. 26,14; Luke 14,10; Luke 15,15; 1Pet. 3,19; 1Pet. 3,22)

πορευθεῖσα ▸ 1 + 1 = 2
Verb · aorist · passive · participle · feminine · singular · nominative ▸ 1 + 1 = **2** (Judith 13,20; Mark 16,10)

πορευθεῖσαι ▸ 2 + 1 = 3
Verb · aorist · passive · participle · feminine · plural · nominative ▸ 2 + 1 = **3** (1Mac. 6,5; 1Mac. 6,56; Matt. 28,7)

πορευθεῖσιν ▸ 1
Verb · aorist · passive · participle · masculine · plural · dative ▸ **1** (Tob. 1,3)

πορευθέντα ▸ 1
Verb · aorist · passive · participle · masculine · singular · accusative ▸ **1** (1Mac. 8,6)

πορευθέντας ▸ 1
Verb · aorist · passive · participle · masculine · plural · accusative ▸ **1** (Jer. 13,10)

πορευθέντες ▸ 11 + 1 + 15 = 27
Verb · aorist · passive · participle · masculine · plural · nominative ▸ 11 + 1 + 15 = **27** (Gen. 22,8; Gen. 43,2; Ex. 5,18; Num. 13,26; Deut. 11,28; Deut. 29,25; Josh. 2,1; Josh. 23,16; 2Kings 2,16; 1Mac. 9,59; Jer. 51,3; Judg. 18,17; Matt. 2,8; Matt. 9,13; Matt. 11,4; Matt. 21,6; Matt. 22,15; Matt. 27,66; Matt. 28,19; Mark 16,15; Luke 7,22; Luke 9,12; Luke 9,13; Luke 9,52; Luke 13,32; Luke 17,14; Luke 22,8)

πορευθέντι ▸ 1 + 1 = 2
Verb · aorist · passive · participle · masculine · singular · dative ▸ 1 + 1 = **2** (Tob. 12,1; Acts 27,3)

πορευθέντων ▸ 2
Verb · aorist · passive · participle · masculine · plural · genitive ▸ **2** (1Sam. 30,22; 2Sam. 23,17)

πορευθῇ ▸ 2 + 1 + 1 = 4
Verb · third · singular · aorist · passive · subjunctive ▸ 2 + 1 + 1 = **4** (2Sam. 13,26; Eccl. 5,14; Tob. 5,9; Luke 16,30)

πορευθῆναι ▸ 53 + 13 + 2 = 68
Verb · aorist · passive · infinitive ▸ 53 + 13 + 2 = **68** (Gen. 11,31; Gen. 12,5; Gen. 24,5; Gen. 24,8; Ex. 3,19; Ex. 8,24; Num. 22,14; Judg. 2,19; Judg. 12,1; Judg. 18,9; 1Sam. 17,33; 1Sam. 17,39; 1Sam. 20,28; 2Sam. 13,25; 2Sam. 15,14; 2Sam. 15,20; 1Kings 11,10; 1Kings 11,15; 1Kings 12,24; 1Kings 12,24z; 1Kings 16,19; 2Kings 9,15; 1Chr. 12,21; 1Chr. 21,30; 2Chr. 11,4; 2Chr. 20,36; 2Chr. 20,36; 2Chr. 20,37; 2Chr. 25,13; 2Chr. 34,31; Ezra 7,13; Ezra 7,13; Judith 5,9; Tob. 1,15; Tob. 5,5; Tob. 5,9; 1Mac. 1,44; 1Mac. 3,31; 1Mac. 5,20; 1Mac. 5,66; 1Mac. 12,17; Psa. 106,7; Eccl. 1,7; Eccl. 5,14; Eccl. 6,8; Eccl. 7,2; Eccl. 7,2; Eccl. 10,15; Job 10,21; Job 34,8; Jer. 44,12; Jer. 47,5; Jer. 48,17; Judg. 12,1; Judg. 18,9; Judg. 19,5; Judg. 19,8; Judg. 19,9; Judg. 19,27; Tob. 1,15; Tob. 5,2; Tob. 5,5; Tob. 5,10; Tob. 5,10; Tob. 5,17; Tob. 10,5; Acts 1,25; Acts 16,7)

πορευθῆναί ▸ 1
Verb · aorist · passive · infinitive ▸ **1** (Ruth 3,10)

πορευθῇς ▸ 16 + 3 = 19
Verb · second · singular · aorist · passive · subjunctive ▸ 16 + 3 = **19** (Gen. 28,15; Num. 10,32; Deut. 8,19; Deut. 28,9; Judg. 4,8; Judg. 4,8; Ruth 1,16; Ruth 2,8; 1Kings 2,42; 1Kings 3,14; 1Kings 9,4; 1Kings 11,38; 2Chr. 7,17; Tob. 4,5; Prov. 1,15; Jer. 16,5; Judg. 4,8; Judg. 4,8; Tob. 4,5)

πορευθήσῃ ▸ 1
Verb · second · singular · future · passive · indicative ▸ **1** (Ruth 2,9)

Πορεύθητε ▸ 3
Verb · second · plural · aorist · passive · imperative ▸ **3** (Judg. 21,10; 1Chr. 21,2; 2Chr. 34,21)

πορεύθητε ▸ 6
Verb · second · plural · aorist · passive · imperative ▸ **6** (Josh. 9,11; 1Sam. 9,3; 1Sam. 23,22; 1Sam. 29,10; Job 42,8; Jer. 7,12)

πορευθῆτε ▸ 4 + 1 = 5
Verb · second · plural · aorist · passive · subjunctive ▸ 4 + 1 = **5** (1Kings 9,6; 2Kings 2,18; 2Chr. 7,19; Mic. 2,3; Luke 21,8)

Πορεύθητι ▸ 9
Verb · second · singular · aorist · passive · imperative ▸ **9** (Ex. 4,27; 1Sam. 15,18; 2Sam. 13,7; 2Sam. 24,12; 1Kings 18,1; Esth. 4,10; Esth. 4,13; Is. 6,9; Is. 38,5)

πορεύθητι ▸ 7 + 3 + 4 = 14
Verb · second · singular · aorist · passive · imperative ▸ 7 + 3 + 4 = **14** (Gen. 22,2; Tob. 9,2; Prov. 6,8a; Hos. 3,1; Jonah 1,2; Jonah 3,2; Ezek. 3,1; Tob. 5,16; Tob. 9,2; Tob. 13,15; Matt. 8,9; Luke 7,8; Acts 9,11; Acts 28,26)

πορευθήτω ▸ 3
Verb · third · singular · aorist · passive · imperative ▸ **3** (2Sam. 13,24; 2Sam. 13,26; Tob. 4,15)

Πορευθῶ ▸ 1
Verb · first · singular · aorist · passive · subjunctive ▸ **1** (Ruth 2,2)

πορευθῶ ▸ 12 + 1 + 2 = 15
Verb · first · singular · aorist · passive · subjunctive ▸ 12 + 1 + 2 = **15** (Judg. 9,9; Judg. 9,11; Judg. 9,13; 1Sam. 16,2; 1Sam. 23,2; 2Sam. 15,20; 1Kings 22,6; 2Chr. 18,5; 2Chr. 18,14; Psa. 22,4; Psa. 137,7; Psa. 138,7; Tob. 10,8; John 14,3; John 16,7)

Πορευθῶμεν ▸ 10 + 1 = 11
Verb · first · plural · aorist · passive · subjunctive ▸ 10 + 1 = **11** (Gen. 37,17; Ex. 5,8; Ex. 5,17; Deut. 13,3; Deut. 13,14; 1Sam. 11,14; 1Mac. 1,11; Hos. 6,1; Zech. 8,21; Sus. 19; Sus. 13)

πορευθῶμεν ▸ 9
Verb · first · plural · aorist · passive · subjunctive ▸ **9** (1Sam. 9,6; 1Sam. 9,9; 1Sam. 9,10; 1Sam. 23,3; 2Sam. 13,25; 2Kings 6,2; 1Mac. 5,57; Is. 2,5; Is. 30,21)

πορευθῶσιν ▸ 3 + 1 = 4
Verb · third · plural · aorist · passive · subjunctive ▸ 3 + 1 = **4**

πορεύομαι

(Psa. 88,31; Amos 9,4; Is. 28,13; Acts 23,23)

- **πορεύομαι** ‣ 9 + 2 + 8 = 19
  - **Verb** · first · singular · present · middle · indicative ‣ 9 + 2 + 8 = **19** (Gen. 24,42; Gen. 25,32; Gen. 28,20; Gen. 37,30; Judg. 17,9; 1Sam. 17,45; 1Kings 2,2; Psa. 41,10; Psa. 42,2; Judg. 17,9; Judg. 19,18; Luke 14,19; John 11,11; John 14,2; John 14,12; John 14,28; John 16,28; Acts 20,22; Rom. 15,25)
- **πορευόμεθα** ‣ 1 + 1 = 2
  - **Verb** · first · plural · present · middle · indicative ‣ 1 + 1 = **2** (Judg. 18,5; Judg. 18,5)
- **πορευόμενα** ‣ 1 + 1 = 2
  - **Verb** · present · middle · participle · neuter · plural · nominative ‣ 1 + 1 = **2** (Judg. 9,8; Judg. 9,8)
- **Πορευομένη** ‣ 1 + 1 = 2
  - **Verb** · present · middle · participle · feminine · singular · nominative ‣ 1 + 1 = **2** (Judg. 4,9; Judg. 4,9)
- **πορευομένη** ‣ 4 + 1 + 1 = 6
  - **Verb** · present · middle · participle · feminine · singular · nominative ‣ 4 + 1 + 1 = **6** (Judg. 4,24; 2Sam. 13,19; Hos. 6,4; Hos. 13,3; Judg. 4,24; Acts 9,31)
- **πορευόμενοι** ‣ 19 + 1 + 7 = 27
  - **Verb** · present · middle · participle · masculine · plural · nominative ‣ 19 + 1 + 7 = **27** (Ex. 5,11; Ex. 10,8; Josh. 6,9; Josh. 8,11; Judg. 18,14; Judg. 18,17; 1Sam. 3,21; 1Sam. 12,14; 2Sam. 15,11; 2Sam. 15,18; 1Chr. 15,25; Tob. 6,1; Psa. 118,1; Psa. 125,6; Psa. 127,1; Prov. 2,19; Is. 30,2; Is. 50,10; Jer. 6,28; Judg. 5,10; Matt. 10,7; Luke 1,6; Luke 8,14; Luke 24,13; 2Pet. 3,3; Jude 16; Jude 18)
- **πορευομένοις** ‣ 5 + 1 = 6
  - **Verb** · present · middle · participle · masculine · plural · dative ‣ 5 + 1 = **6** (Josh. 18,8; 2Chr. 6,14; Sol. 14,2; Is. 44,3; Jer. 23,17; Mark 16,12)
- **πορευόμενον** ‣ 9 + 1 + 2 = 12
  - **Verb** · present · middle · participle · masculine · singular · accusative ‣ 1 + 1 + 1 = **3** (Tob. 11,16; Tob. 11,16; Acts 1,11)
  - **Verb** · present · middle · participle · neuter · singular · accusative ‣ **3** (Eccl. 6,9; Hab. 1,6; Is. 8,6)
  - **Verb** · present · middle · participle · neuter · singular · nominative ‣ 5 + 1 = **6** (Gen. 8,3; Gen. 8,5; 2Sam. 17,11; Psa. 77,39; Ezek. 1,12; Luke 9,53)
- **πορευόμενος** ‣ 26 + 1 + 3 = 30
  - **Verb** · present · middle · participle · masculine · singular · nominative ‣ 26 + 1 + 3 = **30** (Gen. 2,14; Gen. 24,65; Lev. 11,42; Lev. 11,42; Deut. 6,7; Judg. 14,9; 1Sam. 14,19; 2Sam. 5,10; 2Sam. 13,34; 2Sam. 15,12; 2Sam. 16,13; 2Sam. 18,25; 1Chr. 11,9; 2Chr. 17,12; Tob. 8,2; Psa. 14,2; Psa. 100,6; Prov. 14,2; Prov. 28,6; Prov. 28,18; Prov. 28,18; Song 7,10; Sir. 34,26; Is. 9,1; Is. 20,2; Is. 33,15; Judg. 14,9; Luke 14,31; Acts 26,12; 1Tim. 1,3)
- **Πορευομένου** ‣ 1
  - **Verb** · present · middle · participle · masculine · singular · genitive ‣ **1** (Ex. 4,21)
- **πορευομένου** ‣ 3 + 2 = 5
  - **Verb** · present · middle · participle · masculine · singular · genitive ‣ 2 + 2 = **4** (2Sam. 8,3; 1Chr. 18,3; Luke 19,36; Acts 1,10)
  - **Verb** · present · middle · participle · neuter · singular · genitive ‣ **1** (Wis. 17,17)
- **πορευομένους** ‣ 4 + 1 + 2 = 7
  - **Verb** · present · middle · participle · masculine · plural · accusative ‣ 4 + 1 + 2 = **7** (Deut. 11,19; Psa. 83,12; Eccl. 10,7; Jer. 23,14; Dan. 4,37; Acts 26,13; 2Pet. 2,10)

- **πορευομένῳ** ‣ 3 + 1 = 4
  - **Verb** · present · middle · participle · masculine · singular · dative ‣ 3 + 1 = **4** (2Sam. 18,22; 1Kings 8,23; Jer. 23,17; Acts 22,6)
- **Πορευομένων** ‣ 1
  - **Verb** · present · middle · participle · feminine · plural · genitive ‣ **1** (Matt. 28,11)
- **πορευομένων** ‣ 2 + 1 + 3 = 6
  - **Verb** · present · middle · participle · masculine · plural · genitive ‣ 2 + 1 + 3 = **6** (Josh. 19,8; 2Kings 2,11; Josh. 19,8; Matt. 11,7; Luke 9,57; Acts 16,16)
- **πορεύονται** ‣ 9
  - **Verb** · third · plural · present · middle · indicative ‣ **9** (Num. 32,6; 1Sam. 1,19; 1Sam. 8,5; 1Sam. 23,26; 2Sam. 17,17; 1Kings 12,24u; Eccl. 1,7; Eccl. 1,7; Is. 46,7)
- **Πορεύου** ‣ 31 + 3 = 34
  - **Verb** · second · singular · present · middle · imperative ‣ 31 + 3 = **34** (Ex. 2,8; Ex. 33,1; Judg. 6,14; Judg. 11,38; Ruth 2,2; 1Sam. 1,17; 1Sam. 17,37; 1Sam. 20,11; 1Sam. 20,40; 1Sam. 20,42; 1Sam. 23,2; 1Sam. 26,19; 2Sam. 3,16; 2Sam. 7,5; 1Kings 2,29; 1Kings 2,31; 1Kings 17,3; 1Kings 18,11; 1Kings 18,14; 1Kings 19,15; 1Chr. 12,19; 1Chr. 17,4; 1Chr. 21,10; Judith 8,35; Tob. 5,8; Tob. 5,17; Is. 20,2; Is. 22,15; Jer. 22,1; Jer. 42,13; Jer. 46,16; Judg. 6,14; Judg. 11,38; Tob. 5,17)
- **πορεύου** ‣ 23 + 16 = 39
  - **Verb** · second · singular · present · middle · imperative ‣ 23 + 16 = **39** (Ex. 4,12; 1Sam. 1,14; 1Sam. 15,3; 1Sam. 20,22; 1Sam. 22,5; 1Sam. 29,7; 2Sam. 13,15; 2Sam. 14,21; 1Kings 12,24g; 1Kings 17,9; 1Kings 18,8; 2Kings 4,24; Ezra 5,15; 1Mac. 5,17; Prov. 24,27; Sir. 5,9; Sir. 8,15; Sir. 18,30; Sir. 22,13; Sir. 32,20; Mic. 2,10; Jer. 3,12; Jer. 47,5; Matt. 2,20; Luke 5,24; Luke 7,50; Luke 8,48; Luke 10,37; Luke 13,31; Luke 17,19; John 4,50; John 8,11; John 20,17; Acts 8,26; Acts 9,15; Acts 10,20; Acts 22,10; Acts 22,21; Acts 24,25)
- **πορεύσεσθε** ‣ 6 + 1 = 7
  - **Verb** · second · plural · future · middle · indicative ‣ 6 + 1 = **7** (Lev. 18,3; Deut. 6,14; Josh. 8,7; Is. 52,12; Jer. 20,6; Jer. 42,15; Judg. 19,5)
- **πορεύσεται** ‣ 29 + 11 + 1 = 41
  - **Verb** · third · singular · future · middle · indicative ‣ 29 + 11 + 1 = **41** (Gen. 24,39; Ex. 10,26; Ex. 23,23; Josh. 16,8; Judg. 7,4; Judg. 7,4; Judg. 7,4; Judg. 7,4; 1Sam. 6,9; 1Sam. 17,32; 2Kings 20,9; 2Chr. 25,7; Judith 10,13; Tob. 6,18; Ode. 4,5; Job 29,20; Wis. 1,11; Sir. 4,17; Mic. 1,8; Joel 2,7; Nah. 3,10; Hab. 3,5; Zech. 9,14; Is. 6,8; Is. 33,21; Is. 41,2; Is. 52,12; Jer. 9,3; Jer. 10,23; Josh. 19,27; Judg. 7,4; Judg. 7,4; Judg. 7,4; Judg. 7,4; Tob. 5,3; Tob. 5,4; Tob. 5,21; Tob. 6,17; Tob. 6,18; Tob. 10,1; Luke 11,5)
- **Πορεύσῃ** ‣ 2
  - **Verb** · second · singular · aorist · middle · subjunctive ‣ **2** (Gen. 24,58; 2Chr. 18,3)
- **πορεύσῃ** ‣ 20 + 2 + 1 = 23
  - **Verb** · second · singular · aorist · middle · subjunctive ‣ 3 + 1 = **4** (Ex. 17,5; 2Kings 3,7; Eccl. 8,3; Judg. 11,8)
  - **Verb** · second · singular · future · middle · indicative ‣ 17 + 1 + 1 = **19** (Gen. 3,14; Gen. 24,4; Gen. 24,38; Lev. 19,16; Num. 22,12; Deut. 14,25; Deut. 26,2; Ruth 2,8; Ruth 2,9; 1Sam. 28,22; 2Kings 4,25; 1Chr. 14,14; Psa. 31,8; Is. 33,21; Is. 48,17; Jer. 1,7; Jer. 15,6; Judg. 19,9; Acts 25,12)
- **Πορεύσομαι** ‣ 6 + 1 = 7
  - **Verb** · first · singular · future · middle · indicative ‣ 6 + 1 = **7** (Gen. 24,58; Ex. 4,18; 2Sam. 15,7; Tob. 5,6; Hos. 2,9; Jer. 47,15; Tob. 5,17)

Π, π

πορεύσομαι ▸ 33 + 9 + 2 = 44
   Verb ▪ first ▪ singular ▪ future ▪ middle ▪ indicative ▸ 33 + 9 + 2 = **44** (Ex. 3,11; Lev. 26,24; Lev. 26,28; Num. 10,30; Num. 23,3; Num. 23,15; Deut. 29,18; Judg. 1,3; Judg. 4,8; Judg. 4,8; Judg. 4,9; Judg. 11,37; Ruth 1,16; 1Sam. 17,36; 1Sam. 28,7; 2Sam. 3,21; 2Sam. 12,23; 2Sam. 15,20; 2Sam. 19,27; 2Kings 6,3; Psa. 85,11; Psa. 142,8; Ode. 11,10; Song 4,6; Job 16,22; Job 23,8; Hos. 5,14; Hos. 5,15; Hos. 11,10; Zech. 8,21; Is. 45,2; Jer. 2,20; Jer. 5,5; Judg. 1,3; Judg. 4,8; Judg. 4,8; Judg. 4,9; Judg. 9,9; Judg. 9,11; Judg. 9,13; Judg. 11,13; Judg. 11,37; Luke 15,18; Acts 18,6)

Πορευσόμεθα ▸ 1
   Verb ▪ first ▪ plural ▪ future ▪ middle ▪ indicative ▸ **1** (Zech. 8,23)

πορευσόμεθα ▸ 21 + 1 = 22
   Verb ▪ first ▪ plural ▪ future ▪ middle ▪ indicative ▸ 21 + 1 = **22** (Gen. 33,12; Gen. 43,5; Gen. 43,8; Ex. 5,3; Ex. 8,23; Ex. 10,9; Num. 20,17; Num. 21,22; Num. 21,22; Josh. 1,16; 1Sam. 9,7; 1Sam. 23,23; 1Mac. 2,20; 1Mac. 5,17; Psa. 121,1; Mic. 4,2; Mic. 4,5; Is. 2,3; Jer. 6,16; Jer. 18,12; Jer. 49,3; James 4,13)

πορεύσονται ▸ 42 + 1 + 1 = 44
   Verb ▪ third ▪ plural ▪ future ▪ middle ▪ indicative ▸ 42 + 1 + 1 = **44** (Ex. 16,4; Ex. 18,20; 2Chr. 2,8; 2Chr. 6,27; Neh. 9,12; Neh. 9,19; Judith 14,3; Psa. 80,13; Psa. 83,8; Psa. 88,16; Ode. 4,11; Job 38,35; Wis. 5,21; Hos. 5,6; Hos. 9,6; Hos. 14,7; Hos. 14,10; Amos 1,15; Amos 3,3; Mic. 4,2; Mic. 4,5; Joel 2,8; Hab. 3,11; Zeph. 1,17; Is. 2,3; Is. 18,2; Is. 19,23; Is. 35,8; Is. 35,9; Is. 45,16; Is. 59,11; Is. 60,3; Is. 60,14; Jer. 3,17; Jer. 10,9; Jer. 11,12; Jer. 26,22; Jer. 27,4; Ezek. 12,11; Ezek. 30,17; Ezek. 32,14; Ezek. 37,24; Judg. 7,7; 1Cor. 16,4)

πορευσώμεθα ▸ 1
   Verb ▪ first ▪ plural ▪ aorist ▪ middle ▪ subjunctive ▸ **1** (Ex. 3,18)

πορεύωμαι ▸ 2
   Verb ▪ first ▪ singular ▪ present ▪ middle ▪ subjunctive ▸ **2** (Rom. 15,24; 1Cor. 16,6)

πορεύωνται ▸ 2
   Verb ▪ third ▪ plural ▪ present ▪ middle ▪ subjunctive ▸ **2** (Hos. 7,12; Ezek. 11,20)

πόρευσις (πορεύομαι) journey ▸ 1
   πορεύσεως ▸ 1
      Noun ▪ feminine ▪ singular ▪ genitive ▪ (common) ▸ **1** (Gen. 33,14)

πορευτός (πορεύομαι) safe for a journey ▸ 2
   πορευτὴν ▸ 1
      Adjective ▪ feminine ▪ singular ▪ accusative ▪ noDegree ▸ **1** (Esth. 13,2 # 3,13b)
   πορευτὸν ▸ 1
      Adjective ▪ neuter ▪ singular ▪ accusative ▪ noDegree ▸ **1** (2Mac. 5,21)

πορθέω to destroy ▸ 2 + 3 = 5
   ἐπόρθει ▸ 1
      Verb ▪ third ▪ singular ▪ imperfect ▪ active ▪ indicative ▸ **1** (Gal. 1,23)
   ἐπόρθησεν ▸ 1
      Verb ▪ third ▪ singular ▪ aorist ▪ active ▪ indicative ▸ **1** (4Mac. 4,23)
   ἐπόρθουν ▸ 1
      Verb ▪ first ▪ singular ▪ imperfect ▪ active ▪ indicative ▸ **1** (Gal. 1,13)
   πορθεῖς ▸ 1
      Verb ▪ second ▪ singular ▪ present ▪ active ▪ indicative ▸ **1** (4Mac. 11,4)
   πορθήσας ▸ 1
      Verb ▪ aorist ▪ active ▪ participle ▪ masculine ▪ singular ▪ nominative ▸ **1** (Acts 9,21)

πορίζω (πορεύομαι) to provide, cause; make profit ▸ 1
   πορίζειν ▸ 1
      Verb ▪ present ▪ active ▪ infinitive ▸ **1** (Wis. 15,12)

πορισμός (πορεύομαι) gain, profit ▸ 2 + 2 = 4
   πορισμὸν ▸ 1
      Noun ▪ masculine ▪ singular ▪ accusative ▸ **1** (1Tim. 6,5)
   πορισμός ▸ 1
      Noun ▪ masculine ▪ singular ▪ nominative ▸ **1** (1Tim. 6,6)
   πορισμοῦ ▸ 1
      Noun ▪ masculine ▪ singular ▪ genitive ▪ (common) ▸ **1** (Wis. 13,19)
   πορισμῶν ▸ 1
      Noun ▪ masculine ▪ plural ▪ genitive ▪ (common) ▸ **1** (Wis. 14,2)

Πόρκιος Porcius ▸ 1
   Πόρκιον ▸ 1
      Noun ▪ masculine ▪ singular ▪ accusative ▪ (proper) ▸ **1** (Acts 24,27)

πορνεία (πόρνη) sexual immorality ▸ 49 + 1 + 25 = 75
   Πορνεία ▸ 1
      Noun ▪ feminine ▪ singular ▪ nominative ▸ **1** (Eph. 5,3)
   πορνεία ▸ 4 + 3 = 7
      Noun ▪ feminine ▪ singular ▪ nominative ▪ (common) ▸ 4 + 3 = **7** (Sir. 26,9; Is. 47,10; Jer. 3,9; Ezek. 23,29; 1Cor. 5,1; 1Cor. 5,1; Gal. 5,19)
   πορνείᾳ ▸ 8 + 4 = 12
      Noun ▪ feminine ▪ singular ▪ dative ▪ (common) ▸ 8 + 4 = **12** (Sir. 23,23; Nah. 3,4; Jer. 2,20; Ezek. 16,33; Ezek. 16,34; Ezek. 16,36; Ezek. 23,17; Ezek. 43,7; Matt. 19,9; 1Cor. 6,13; 2Cor. 12,21; Rev. 19,2)
   πορνεῖαι ▸ 1 + 2 = 3
      Noun ▪ feminine ▪ plural ▪ nominative ▪ (common) ▸ 1 + 2 = **3** (2Kings 9,22; Matt. 15,19; Mark 7,21)
   πορνείαις ▸ 1
      Noun ▪ feminine ▪ plural ▪ dative ▪ (common) ▸ **1** (Jer. 3,2)
   Πορνείαν ▸ 1
      Noun ▪ feminine ▪ singular ▪ accusative ▪ (common) ▸ **1** (Hos. 4,11)
   πορνείαν ▸ 19 + 1 + 3 = 23
      Noun ▪ feminine ▪ singular ▪ accusative ▪ (common) ▸ 19 + 1 + 3 = **23** (Num. 14,33; Tob. 8,7; Hos. 2,4; Hos. 6,10; Is. 57,9; Ezek. 16,15; Ezek. 16,22; Ezek. 16,25; Ezek. 23,7; Ezek. 23,8; Ezek. 23,8; Ezek. 23,11; Ezek. 23,11; Ezek. 23,14; Ezek. 23,18; Ezek. 23,19; Ezek. 23,27; Ezek. 23,35; Ezek. 43,9; Tob. 8,7; Acts 21,25; 1Cor. 6,18; Col. 3,5)
   πορνείας ▸ 15 + 12 = 27
      Noun ▪ feminine ▪ plural ▪ accusative ▸ **1** (1Cor. 7,2)
      Noun ▪ feminine ▪ singular ▪ genitive ▪ (common) ▸ 15 + 11 = **26** (Gen. 38,24; Tob. 4,12; Wis. 14,12; Sir. 41,17; Hos. 1,2; Hos. 1,2; Hos. 2,6; Hos. 4,12; Hos. 5,4; Mic. 1,7; Mic. 1,7; Nah. 3,4; Jer. 13,27; Ezek. 16,41; Ezek. 23,29; Matt. 5,32; John 8,41; Acts 15,20; Acts 15,29; 1Th. 4,3; Rev. 2,21; Rev. 9,21; Rev. 14,8; Rev. 17,2; Rev. 17,4; Rev. 18,3)

πορνεῖον (πόρνη) brothel ▸ 3
   πορνεῖα ▸ 1
      Noun ▪ neuter ▪ plural ▪ accusative ▪ (common) ▸ **1** (Ezek. 16,25)
   πορνεῖον ▸ 2
      Noun ▪ neuter ▪ singular ▪ accusative ▪ (common) ▸ **2** (Ezek. 16,31; Ezek. 16,39)

πορνεύω (πόρνη) to commit sexual immorality ▸ 18 + 8 = 26
   ἐπόρνευον ▸ 1

πορνεύω–πορφύρα

Verb · third · plural · imperfect · active · indicative ▸ 1 (Judg. 2,15)
ἐπόρνευσαν ▸ 4 + 3 = 7
Verb · third · plural · aorist · active · indicative ▸ 4 + 3 = 7 (1Chr. 5,25; Psa. 105,39; Hos. 4,10; Jer. 3,6; 1Cor. 10,8; Rev. 17,2; Rev. 18,3)
ἐπόρνευσας ▸ 3
Verb · second · singular · aorist · active · indicative ▸ 3 (Hos. 9,1; Ezek. 16,15; Ezek. 23,19)
ἐπόρνευσεν ▸ 1
Verb · third · singular · aorist · active · indicative ▸ 1 (Jer. 3,8)
πεπορνεύκασιν ▸ 1
Verb · third · plural · perfect · active · indicative ▸ 1 (Ezek. 16,34)
πορνεύοντα ▸ 1
Verb · present · active · participle · masculine · singular · accusative ▸ 1 (Psa. 72,27)
πορνεύοντες ▸ 1
Verb · present · active · participle · masculine · plural · nominative ▸ 1 (Hos. 4,18)
πορνεύουσιν ▸ 1
Verb · present · active · participle · masculine · plural · dative ▸ 1 (Ezek. 6,9)
πορνεῦσαι ▸ 1 + 2 = 3
Verb · aorist · active · infinitive ▸ 1 + 2 = 3 (Jer. 3,7; Rev. 2,14; Rev. 2,20)
πορνεύσαντες ▸ 1
Verb · aorist · active · participle · masculine · plural · nominative ▸ 1 (Rev. 18,9)
πορνεύσει ▸ 1
Verb · third · singular · future · active · indicative ▸ 1 (Amos 7,17)
πορνεύσῃς ▸ 1
Verb · second · singular · aorist · active · subjunctive ▸ 1 (Hos. 3,3)
πορνεύωμεν ▸ 1
Verb · first · plural · present · active · subjunctive ▸ 1 (1Cor. 10,8)
πορνεύων ▸ 1 + 1 = 2
Verb · present · active · participle · masculine · singular · nominative ▸ 1 + 1 = 2 (Deut. 23,18; 1Cor. 6,18)
πορνεύωσιν ▸ 1
Verb · third · plural · present · active · subjunctive ▸ 1 (Hos. 4,14)

πόρνη prostitute ▸ 42 + 2 + 12 = 56
πόρναι ▸ 3 + 2 = 5
Noun · feminine · plural · nominative · (common) ▸ 3 + 2 = 5 (1Kings 3,16; 1Kings 20,19; 1Kings 22,38; Matt. 21,31; Matt. 21,32)
πόρναις ▸ 4
Noun · feminine · plural · dative · (common) ▸ 4 (Sir. 9,6; Sir. 19,2; Joel 4,3; LetterJ 9)
πόρνας ▸ 1
Noun · feminine · plural · accusative · (common) ▸ 1 (Prov. 29,3)
πόρνη ▸ 9 + 3 = 12
Noun · feminine · singular · nominative · (common) ▸ 9 + 3 = 12 (Gen. 38,21; Gen. 38,21; Deut. 23,18; 1Kings 12,24b; Nah. 3,4; Is. 1,21; Is. 23,16; Ezek. 16,31; Ezek. 16,35; Heb. 11,31; James 2,25; Rev. 17,15)
πόρνῃ ▸ 1 + 1 = 2
Noun · feminine · singular · dative · (common) ▸ 1 + 1 = 2 (Gen. 34,31; 1Cor. 6,16)
πόρνην ▸ 9 + 1 + 2 = 12
Noun · feminine · singular · accusative · (common) ▸ 9 + 1 + 2 = 12 (Gen. 38,15; Gen. 38,22; Lev. 21,7; Lev. 21,14; Josh. 6,17; Josh. 6,23; Josh. 6,25; Judg. 16,1; Ezek. 23,44; Judg. 16,1; Rev. 17,16; Rev. 19,2)
πόρνης ▸ 12 + 1 + 2 = 15
Noun · feminine · singular · genitive · (common) ▸ 12 + 1 + 2 = 15 (Deut. 23,3; Deut. 23,19; Josh. 2,1; Judg. 11,1; Prov. 5,3; Prov. 6,26; Hos. 4,14; Is. 23,15; Is. 57,3; Jer. 3,3; Ezek. 16,30; Ezek. 23,43; Judg. 11,1; 1Cor. 6,15; Rev. 17,1)
πορνῶν ▸ 3 + 2 = 5
Noun · feminine · plural · genitive · (common) ▸ 3 + 2 = 5 (Sol. 2,11; Hos. 4,14; Jer. 5,7; Luke 15,30; Rev. 17,5)

πορνικός (πόρνη) for a prostitute ▸ 2
πορνικόν ▸ 1
Adjective · neuter · singular · accusative · noDegree ▸ 1 (Prov. 7,10)
πορνικὸν ▸ 1
Adjective · neuter · singular · accusative · noDegree ▸ 1 (Ezek. 16,24)

πορνοκόπος (πόρνη; κόπτω) prostitute chaser ▸ 1
πορνοκόπος ▸ 1
Adjective · masculine · singular · nominative · noDegree ▸ 1 (Prov. 23,21)

πόρνος (πόρνη) sexually immoral man; prostitute chaser ▸ 2 + 10 = 12
πόρνοι ▸ 2
Noun · masculine · plural · nominative ▸ 2 (1Cor. 6,9; Rev. 22,15)
πόρνοις ▸ 4
Noun · masculine · plural · dative ▸ 4 (1Cor. 5,9; 1Cor. 5,10; 1Tim. 1,10; Rev. 21,8)
πόρνος ▸ 1 + 3 = 4
Noun · masculine · singular · nominative · (common) ▸ 1 + 3 = 4 (Sir. 23,17; 1Cor. 5,11; Eph. 5,5; Heb. 12,16)
πόρνους ▸ 1
Noun · masculine · plural · accusative ▸ 1 (Heb. 13,4)
πόρνῳ ▸ 1
Noun · masculine · singular · dative · (common) ▸ 1 (Sir. 23,17)

πόρπη (πείρω) buckle ▸ 3
πόρπην ▸ 3
Noun · feminine · singular · accusative · (common) ▸ 3 (1Mac. 10,89; 1Mac. 11,58; 1Mac. 14,44)

πόρρω (πρό) far away ▸ 17 + 4 = 21
Πόρρω ▸ 1
Adverb · (place) ▸ 1 (Is. 65,5)
πόρρω ▸ 16 + 3 = 19
Adverb · (place) ▸ 16 + 3 = 19 (2Chr. 26,15; 3Mac. 4,16; Job 5,4; Job 11,14; Job 22,18; Job 22,23; Sir. 31,21; Sir. 47,16; Is. 17,13; Is. 22,3; Is. 29,13; Is. 66,19; Jer. 12,2; Jer. 31,24; Jer. 32,26; Bar. 3,21; Matt. 15,8; Mark 7,6; Luke 14,32)
πορρώτερον ▸ 1
Adverb · (comparative) ▸ 1 (Luke 24,28)

πόρρωθεν (πρό; θεν) from afar, at a distance ▸ 16 + 2 = 18
πόρρωθεν ▸ 16 + 2 = 18
Adverb · (place) ▸ 16 + 2 = 18 (2Kings 20,14; Job 2,12; Job 39,25; Job 39,29; Wis. 14,17; Is. 10,3; Is. 13,5; Is. 33,13; Is. 33,17; Is. 39,3; Is. 43,6; Is. 46,11; Is. 49,12; Jer. 5,15; Jer. 23,23; Jer. 38,3; Luke 17,12; Heb. 11,13)

πορφύρα purple cloth ▸ 46 + 3 + 4 = 53
πορφύρα ▸ 1
Noun · feminine · singular · nominative · (common) ▸ 1 (Song

7,6)
πορφύρα ▸ 5
    Noun · feminine · singular · dative · (common) ▸ 5 (Ex. 36,10; 2Chr. 2,6; 2Chr. 2,13; 1Mac. 11,58; Sir. 45,10)
πορφύραν ▸ 21 + 3 + 3 = 27
    Noun · feminine · singular · accusative · (common) ▸ 21 + 3 + 3 = 27 (Ex. 25,4; Ex. 28,5; Ex. 31,4; Ex. 35,6; Ex. 35,25; Ex. 39,12; 1Esdr. 3,6; 1Mac. 4,23; 1Mac. 8,14; 1Mac. 10,20; 1Mac. 10,62; 1Mac. 10,64; 1Mac. 14,43; 1Mac. 14,44; 2Mac. 4,38; Jer. 10,9; Ezek. 27,7; Dan. 5,7; Dan. 5,16; Dan. 5,29; Dan. 6,4; Dan. 5,7; Dan. 5,16; Dan. 5,29; Mark 15,17; Mark 15,20; Luke 16,19)
πορφύρας ▸ 19 + 1 = 20
    Noun · feminine · singular · genitive · (common) ▸ 19 + 1 = 20 (Ex. 26,1; Ex. 26,31; Ex. 26,36; Ex. 27,16; Ex. 28,8; Ex. 28,15; Ex. 28,33; Ex. 36,9; Ex. 36,12; Ex. 36,15; Ex. 36,31; Ex. 36,36; Ex. 37,3; Ex. 37,5; Ex. 37,16; 2Chr. 3,14; Judith 10,21; Prov. 31,22; LetterJ 71; Rev. 18,12)

πορφύρεος (πορφύρα) purple ▸ 5
    πορφυρᾶ ▸ 1
        Adjective · feminine · singular · nominative · noDegree ▸ 1 (Song 3,10)
    πορφυροῖς ▸ 1
        Adjective · neuter · plural · dative · noDegree ▸ 1 (Esth. 1,6)
    πορφυροῦν ▸ 2
        Adjective · neuter · singular · accusative · noDegree ▸ 2 (Num. 4,14; Esth. 8,15)
    πορφυρῶν ▸ 1
        Adjective · neuter · plural · genitive · noDegree ▸ 1 (Judg. 8,26)

πορφυρίς purple garment ▸ 1
    πορφυρίδων ▸ 1
        Noun · feminine · plural · genitive · (common) ▸ 1 (Judg. 8,26)

πορφυρίων (πορφύρα) purple coat ▸ 2
    πορφυρίωνα ▸ 2
        Noun · masculine · singular · accusative · (common) ▸ 2 (Lev. 11,18; Deut. 14,18)

πορφυρόπωλις (πορφύρα; πωλέω) merchant selling purple cloth ▸ 1
    πορφυρόπωλις ▸ 1
        Noun · feminine · singular · nominative ▸ 1 (Acts 16,14)

πορφυροῦς (πορφύρα) purple ▸ 1 + 4 = 5
    πορφυροῦν ▸ 1 + 4 = 5
        Adjective · masculine · singular · accusative · noDegree ▸ 1 (LetterJ 11)
        Adjective · neuter · singular · accusative ▸ 4 (John 19,2; John 19,5; Rev. 17,4; Rev. 18,16)

ποσάκις (ὅς) how often? ▸ 5 + 3 = 8
    Ποσάκις ▸ 3
        Adverb · (frequency) ▸ 3 (1Kings 22,16; 2Chr. 18,15; 3Mac. 5,37)
    ποσάκις ▸ 2 + 3 = 5
        Adverb · (frequency) ▸ 2 + 3 = 5 (Psa. 77,40; Sir. 20,17; Matt. 18,21; Matt. 23,37; Luke 13,34)

ποσαπλῶς (ὅς) how many times, how often ▸ 1
    ποσαπλῶς ▸ 1
        Adverb ▸ 1 (Psa. 62,2)

ποσαχῶς (ὅς) in how much more, in how many ways ▸ 2
    ποσαχῶς ▸ 2
        Adverb ▸ 2 (Sir. 10,31; Sir. 10,31)

Ποσιδώνιος Posidonius ▸ 1
    Ποσιδώνιον ▸ 1
        Noun · masculine · singular · accusative · (proper) ▸ 1 (2Mac. 14,19)

πόσις (πίνω) drink ▸ 1 + 1 + 3 = 5
    πόσει ▸ 1
        Noun · feminine · singular · dative ▸ 1 (Col. 2,16)
    πόσιν ▸ 1 + 1 = 2
        Noun · feminine · singular · accusative · (common) ▸ 1 + 1 = 2 (Dan. 1,10; Dan. 1,10)
    πόσις ▸ 2
        Noun · feminine · singular · nominative ▸ 2 (John 6,55; Rom. 14,17)

πόσος (ὅς) how much, how many? ▸ 12 + 4 + 27 = 43
    Πόσα ▸ 1
        Adjective · neuter · plural · nominative · noDegree · (interrogative) ▸ 1 (Gen. 47,8)
    πόσα ▸ 2
        Pronoun · (interrogative) · neuter · plural · accusative ▸ 2 (Matt. 27,13; Mark 15,4)
    Πόσαι ▸ 1
        Adjective · feminine · plural · nominative · noDegree · (interrogative) ▸ 1 (2Sam. 19,35)
    πόσαι ▸ 3 + 1 = 4
        Adjective · feminine · plural · nominative · noDegree · (interrogative) ▸ 3 (4Mac. 1,14; Psa. 118,84; Job 13,23)
        Pronoun · (interrogative) · feminine · plural · nominative ▸ 1 (Acts 21,20)
    πόσαις ▸ 1 + 2 = 3
        Adjective · feminine · plural · dative · noDegree · (interrogative) ▸ 1 + 2 = 3 (4Mac. 15,22; Tob. 10,1; Tob. 10,1)
    πόσας ▸ 1
        Pronoun · (interrogative) · feminine · plural · accusative ▸ 1 (Matt. 16,10)
    πόση ▸ 1
        Adjective · feminine · singular · nominative · noDegree · (interrogative) ▸ 1 (Job 38,18)
    πόσην ▸ 1
        Pronoun · (interrogative) · feminine · singular · accusative ▸ 1 (2Cor. 7,11)
    πόσης ▸ 1
        Adjective · feminine · singular · genitive · noDegree · (interrogative) ▸ 1 (Wis. 12,21)
    πόσοι ▸ 1
        Pronoun · (interrogative) · masculine · plural · nominative ▸ 1 (Luke 15,17)
    Πόσον ▸ 1
        Adjective · masculine · singular · accusative · noDegree · (interrogative) ▸ 1 (Ezek. 27,33)
    πόσον ▸ 1 + 2 + 3 = 6
        Adjective · masculine · singular · accusative · noDegree · (interrogative) ▸ 2 (Tob. 12,2; Tob. 12,3)
        Adjective · neuter · singular · accusative · noDegree · (interrogative) ▸ 1 (1Esdr. 8,75)
        Pronoun · (interrogative) · neuter · singular · accusative ▸ 2 (Luke 16,5; Luke 16,7)
        Pronoun · (interrogative) · neuter · singular · nominative ▸ 1 (Matt. 6,23)
    πόσος ▸ 1
        Pronoun · (interrogative) · masculine · singular · nominative ▸ 1 (Mark 9,21)
    πόσους ▸ 5
        Pronoun · (interrogative) · masculine · plural · accusative ▸ 5 (Matt. 15,34; Matt. 16,9; Mark 6,38; Mark 8,5; Mark 8,19)
    πόσῳ ▸ 2 + 11 = 13
        Adjective · neuter · singular · dative · noDegree

πόσος–πότε

- (interrogative) ▸ **2** (Wis. 13,3; Wis. 13,4)

Pronoun ▪ (interrogative) ▪ neuter ▪ singular ▪ dative ▸ **11** (Matt. 7,11; Matt. 10,25; Matt. 12,12; Luke 11,13; Luke 12,24; Luke 12,28; Rom. 11,12; Rom. 11,24; Philem. 16; Heb. 9,14; Heb. 10,29)

πόσων ▸ **1**

Pronoun ▪ (interrogative) ▪ feminine ▪ plural ▪ genitive ▸ **1** (Mark 8,20)

ποταμός (πίνω)   river ▸ **241** + **11** + **17** = **269**

ποταμοὶ ▸ **12** + **3** = **15**

Noun ▪ masculine ▪ plural ▪ nominative ▪ (common) ▸ **12** + **3** = **15** (2Kings 5,12; Psa. 92,3; Psa. 97,8; Song 8,7; Wis. 5,22; Is. 18,2; Is. 19,6; Is. 33,21; Is. 43,2; Jer. 26,7; Ezek. 29,9; Ezek. 32,14; Matt. 7,25; Matt. 7,27; John 7,38)

ποταμοί ▸ **7** + **1** = **8**

Noun ▪ masculine ▪ plural ▪ nominative ▪ (common) ▸ **7** + **1** = **8** (Psa. 92,3; Psa. 104,41; Ode. 6,4; Ode. 8,78; Jonah 2,4; Ezek. 29,3; Dan. 3,78; Dan. 3,78)

ποταμοῖς ▸ **8**

Noun ▪ masculine ▪ plural ▪ dative ▪ (common) ▸ **8** (2Kings 17,6; Psa. 88,26; Ode. 4,8; Ode. 4,8; Nah. 3,8; Hab. 3,8; Hab. 3,8; Ezek. 32,2)

ποταμόν ▸ **12** + **1** + **1** = **14**

Noun ▪ masculine ▪ singular ▪ accusative ▪ (common) ▸ **12** + **1** + **1** = **14** (Gen. 36,37; Ex. 2,3; Ex. 2,5; Ex. 2,5; Ex. 7,25; Ex. 17,5; Num. 13,29; 1Chr. 1,48; 1Esdr. 8,41; 1Mac. 12,30; Sir. 24,31; Is. 19,8; Tob. 6,2; Rev. 12,15)

ποταμὸν ▸ **16** + **4** = **20**

Noun ▪ masculine ▪ singular ▪ accusative ▪ (common) ▸ **16** + **4** = **20** (Gen. 31,21; Ex. 1,22; Josh. 5,1; 2Sam. 8,3; 2Kings 23,29; 1Chr. 5,26; 1Chr. 18,3; 2Chr. 32,4; 2Chr. 35,20; Ezra 8,15; Ezra 8,21; Tob. 6,1; 1Mac. 3,37; Prov. 9,18b; Is. 11,15; Jer. 13,7; Acts 16,13; Rev. 12,16; Rev. 16,12; Rev. 22,1)

ποταμός ▸ **5** + **1** = **6**

Noun ▪ masculine ▪ singular ▪ nominative ▪ (common) ▸ **5** + **1** = **6** (Ex. 7,18; Ex. 7,21; Esth. 10,6 # 10,3c; Sir. 24,31; Ezek. 47,9; Luke 6,49)

ποταμὸς ▸ **29** + **1** + **1** = **31**

Noun ▪ masculine ▪ singular ▪ nominative ▪ (common) ▸ **29** + **1** + **1** = **31** (Gen. 2,10; Gen. 2,14; Gen. 2,14; Ex. 7,28; Josh. 4,7; Esth. 11,10 # 1,1i; Esth. 10,6 # 10,3c; Judith 2,8; Psa. 64,10; Prov. 18,4; Job 14,11; Job 22,16; Wis. 19,10; Sir. 39,22; Sir. 40,13; Sir. 47,14; Amos 8,8; Amos 8,8; Amos 9,5; Amos 9,5; Is. 19,5; Is. 32,2; Is. 48,18; Is. 59,19; Is. 66,12; Jer. 26,7; Jer. 26,8; Ezek. 47,9; Dan. 7,10; Dan. 7,10; Luke 6,48)

ποταμοῦ ▸ **102** + **6** + **1** = **109**

Noun ▪ masculine ▪ singular ▪ genitive ▪ (common) ▸ **102** + **6** + **1** = **109** (Gen. 15,18; Gen. 15,18; Gen. 15,18; Gen. 41,1; Gen. 41,2; Gen. 41,3; Gen. 41,3; Gen. 41,17; Gen. 41,18; Gen. 41,19; Ex. 4,9; Ex. 4,9; Ex. 7,15; Ex. 7,18; Ex. 7,21; Ex. 7,24; Ex. 7,24; Ex. 23,31; Num. 22,5; Deut. 1,7; Deut. 11,24; Deut. 11,24; Josh. 1,4; Josh. 1,4; Josh. 24,2; Josh. 24,3; Josh. 24,14; Josh. 24,15; 2Sam. 10,16; 1Kings 2,46f; 1Kings 2,46f; 1Kings 2,46k; 1Kings 5,4; 1Kings 8,65; 1Kings 10,26a; 2Kings 24,7; 1Chr. 5,9; 1Chr. 19,16; 2Chr. 9,26; 2Chr. 20,16; 1Esdr. 8,60; Ezra 4,10; Ezra 4,11; Ezra 4,17; Ezra 4,20; Ezra 5,3; Ezra 5,6; Ezra 5,6; Ezra 6,6; Ezra 6,6; Ezra 6,8; Ezra 6,13; Ezra 7,21; Ezra 7,25; Ezra 8,31; Ezra 8,36; Neh. 2,7; Neh. 2,9; Judith 1,9; Tob. 6,2; 1Mac. 3,32; 1Mac. 5,41; 1Mac. 7,8; 1Mac. 11,7; 1Mac. 11,60; 3Mac. 7,20; Psa. 45,5; Psa. 71,8; Psa. 79,12; Wis. 11,6; Sir. 4,26; Sir. 24,30; Sir. 40,16; Sir. 44,21; Mic. 7,12; Is. 7,18; Is. 7,20; Is. 8,7; Is. 18,7; Is. 19,6; Is. 19,7; Is. 19,7; Is. 27,12; Bar. 1,4; Ezek. 1,1; Ezek. 1,3; Ezek. 3,15; Ezek. 3,23; Ezek. 10,15; Ezek. 10,20; Ezek. 10,22; Ezek. 29,4; Ezek. 29,4; Ezek. 29,4; Ezek. 29,5; Ezek. 43,3; Ezek. 47,6; Ezek. 47,7; Ezek. 47,12; Dan. 10,4; Dan. 12,5; Dan. 12,7; Tob. 6,1; Dan. 10,4; Dan. 12,5; Dan. 12,5; Dan. 12,6; Dan. 12,7; Rev. 22,2)

ποταμούς ▸ **6**

Noun ▪ masculine ▪ plural ▪ accusative ▪ (common) ▸ **6** (1Esdr. 4,23; Is. 43,19; Is. 44,27; Is. 47,2; Ezek. 29,10; Ezek. 32,2)

ποταμοὺς ▸ **16** + **1** = **17**

Noun ▪ masculine ▪ plural ▪ accusative ▪ (common) ▸ **16** + **1** = **17** (Ex. 7,19; Ex. 8,1; 2Kings 19,24; Psa. 73,15; Psa. 77,16; Psa. 77,44; Psa. 106,33; Nah. 1,4; Is. 41,18; Is. 42,15; Is. 43,20; Is. 50,2; Ezek. 30,12; Ezek. 31,4; Ezek. 31,15; Dan. 4,37; Rev. 16,4)

ποταμῷ ▸ **12** + **3** = **15**

Noun ▪ masculine ▪ singular ▪ dative ▪ (common) ▸ **12** + **3** = **15** (Gen. 2,13; Ex. 7,17; Ex. 7,18; Ex. 7,20; Ex. 7,20; Ex. 7,21; Ex. 8,5; Ex. 8,7; 2Kings 18,11; Psa. 65,6; Jer. 26,2; Jer. 26,10; Matt. 3,6; Mark 1,5; Rev. 9,14)

ποταμῶν ▸ **16** + **2** + **2** = **20**

Noun ▪ masculine ▪ plural ▪ genitive ▪ (common) ▸ **16** + **2** + **2** = **20** (Num. 24,6; Judg. 3,8; Psa. 23,2; Psa. 136,1; Ode. 4,9; Job 28,10; Job 28,11; Sol. 6,3; Nah. 2,7; Hab. 3,9; Zeph. 3,10; Zech. 9,10; Zech. 10,11; Is. 18,1; Jer. 2,18; Ezek. 29,3; Judg. 3,8; Judg. 3,10; 2Cor. 11,26; Rev. 8,10)

ποταμοφόρητος (πίνω; φέρω)   swept away by a river ▸ **1**

ποταμοφόρητον ▸ **1**

Adjective ▪ feminine ▪ singular ▪ accusative ▪ (verbal) ▸ **1** (Rev. 12,15)

ποταπός (ποῦ; ἀπό)   what sort of? what kind of? ▸ **1** + **7** = **8**

ποταπαὶ ▸ **1**

Pronoun ▪ (interrogative) ▪ feminine ▪ plural ▪ nominative ▸ **1** (Mark 13,1)

ποταπὴ ▸ **1**

Pronoun ▪ (interrogative) ▪ feminine ▪ singular ▪ nominative ▸ **1** (Luke 7,39)

ποταπὴν ▸ **1**

Pronoun ▪ (interrogative) ▪ feminine ▪ singular ▪ accusative ▸ **1** (1John 3,1)

ποταποὶ ▸ **1**

Pronoun ▪ (interrogative) ▪ masculine ▪ plural ▪ nominative ▸ **1** (Mark 13,1)

ποταπός ▸ **1**

Pronoun ▪ (interrogative) ▪ masculine ▪ singular ▪ nominative ▸ **1** (Matt. 8,27)

ποταπὸς ▸ **1**

Pronoun ▪ (interrogative) ▪ masculine ▪ singular ▪ nominative ▸ **1** (Luke 1,29)

ποταποὺς ▸ **1**

Pronoun ▪ (interrogative) ▪ masculine ▪ plural ▪ accusative ▸ **1** (2Pet. 3,11)

ποταπῷ ▸ **1**

Adjective ▪ masculine ▪ singular ▪ dative ▪ noDegree ▪ (interrogative) ▸ **1** (Sus. 54)

πότε (ποῦ)   when? ▸ **45** + **2** + **19** = **66**

Πότε ▸ **6**

Adverb ▸ **6** (Psa. 40,6; Psa. 118,82; Job 7,4; Job 7,4; Amos 8,5; Dan. 12,6)

πότε ▸ **39** + **2** + **19** = **60**

Adverb ▸ **39** + **2** = **41** (Gen. 30,30; Ex. 8,5; Judg. 5,13; 1Sam. 1,14; 1Sam. 16,1; 2Sam. 2,26; 1Kings 18,21; Neh. 2,6; Neh. 2,6; Judith 11,17; 1Mac. 6,22; Psa. 4,3; Psa. 6,4; Psa. 12,2; Psa. 12,2; Psa.

12,3; Psa. 34,17; Psa. 41,3; Psa. 61,4; Psa. 73,10; Psa. 78,5; Psa. 79,5; Psa. 81,2; Psa. 88,47; Psa. 89,13; Psa. 93,3; Psa. 93,3; Psa. 100,2; Psa. 118,84; Prov. 6,9; Prov. 23,35; Job 2,9d; Job 4,7; Is. 6,11; Jer. 4,14; Jer. 4,21; Jer. 12,4; Jer. 23,26; Jer. 38,22; Dan. 8,13; Dan. 12,6)
    Particle · (interrogative) ▸ **19** (Matt. 17,17; Matt. 17,17; Matt. 24,3; Matt. 25,37; Matt. 25,38; Matt. 25,39; Matt. 25,44; Mark 9,19; Mark 9,19; Mark 13,4; Mark 13,33; Mark 13,35; Luke 9,41; Luke 12,36; Luke 17,20; Luke 21,7; John 6,25; John 10,24; Rev. 6,10)

ποτέ (ποῦ)   at some time, once, formerly ▸ 23 + 1 + 29 = 53
  ποτ᾽ ▸ **3**
    Particle · (indefinite) ▸ **3** (2Mac. 14,32; Job 31,16; Wis. 17,15)
  ποτε ▸ **7 + 1 + 22 = 30**
    Particle · (indefinite) ▸ **7 + 1 + 22 = 30** (Josh. 22,28; 2Mac. 10,4; 2Mac. 13,10; 4Mac. 4,1; Job 31,38; Wis. 5,4; Wis. 14,15; Sus. 15; Luke 22,32; John 9,13; Rom. 11,30; Gal. 1,13; Gal. 1,23; Gal. 1,23; Gal. 2,6; Eph. 2,2; Eph. 2,3; Eph. 2,13; Eph. 5,8; Eph. 5,29; Col. 1,21; Col. 3,7; 1Th. 2,5; Titus 3,3; Heb. 1,5; Heb. 1,13; 1Pet. 2,10; 1Pet. 3,5; 1Pet. 3,20; 2Pet. 1,10)
  ποτὲ ▸ **12 + 3 = 15**
    Particle · (indefinite) ▸ **12 + 3 = 15** (Deut. 1,46; Josh. 5,4; Josh. 5,4; 2Sam. 11,25; 2Sam. 11,25; 1Esdr. 8,69; 1Mac. 8,11; 4Mac. 7,4; Psa. 93,8; Wis. 16,18; Wis. 16,19; Is. 41,7; Rom. 1,10; Eph. 2,11; Phil. 4,10)
  ποτέ ▸ **1 + 4 = 5**
    Particle · (indefinite) ▸ **1 + 4 = 5** (4Mac. 1,14; Rom. 7,9; 1Cor. 9,7; Philem. 11; 2Pet. 1,21)

πότερον (ποῦ; ἕτερος)   whether ▸ 12 + 1 = 13
  Πότερον ▸ **2**
    Adverb ▸ **2** (Job 15,2; Job 22,2)
  πότερον ▸ **10 + 1 = 11**
    Adverb ▸ **10** (Job 4,6; Job 4,12; Job 7,1; Job 7,12; Job 13,7; Job 13,11; Job 21,22; Job 22,5; Job 26,2; Job 31,15)
    Conjunction · coordinating · (correlative) ▸ **1** (John 7,17)

πότημα (πίνω)   drink ▸ 1
  πότημα ▸ **1**
    Noun · neuter · singular · accusative · (common) ▸ **1** (Jer. 28,39)

ποτήριον (πίνω)   cup ▸ 33 + 31 = 64
  ποτήρια ▸ **3**
    Noun · neuter · plural · accusative · (common) ▸ **2** (Prov. 23,31; Jer. 42,5)
    Noun · neuter · plural · nominative · (common) ▸ **1** (Esth. 1,7)
  ποτήριον ▸ **24 + 23 = 47**
    Noun · neuter · singular · accusative · (common) ▸ **17 + 19 = 36** (Gen. 40,11; Gen. 40,11; Gen. 40,13; Gen. 40,21; Psa. 115,4; Sol. 8,14; Is. 51,17; Is. 51,17; Is. 51,22; Jer. 16,7; Jer. 30,6; Jer. 32,15; Jer. 32,17; Jer. 32,28; Lam. 4,21; Ezek. 23,31; Ezek. 23,32; Matt. 10,42; Matt. 20,22; Matt. 26,27; Mark 9,41; Mark 10,38; Mark 10,39; Mark 14,23; Mark 14,36; Luke 22,17; Luke 22,20; Luke 22,42; John 18,11; 1Cor. 10,21; 1Cor. 10,21; 1Cor. 11,25; 1Cor. 11,26; 1Cor. 11,27; Rev. 16,19; Rev. 17,4)
    Noun · neuter · singular · nominative · (common) ▸ **7 + 4 = 11** (Gen. 40,11; Psa. 74,9; Hab. 2,16; Jer. 28,7; Lam. 2,13; Ezek. 23,33; Ezek. 23,33; Matt. 26,39; Luke 22,20; 1Cor. 10,16; 1Cor. 11,25)
  ποτήριόν ▸ **1 + 1 = 2**
    Noun · neuter · singular · nominative · (common) ▸ **1 + 1 = 2** (Psa. 22,5; Matt. 20,23)
  ποτηρίου ▸ **5 + 4 = 9**
    Noun · neuter · singular · genitive · (common) ▸ **5 + 4 = 9** (2Sam. 12,3; 1Kings 7,12; 2Chr. 4,5; Psa. 10,6; Psa. 15,5; Matt. 23,25; Matt. 23,26; Luke 11,39; 1Cor. 11,28)
  ποτηρίῳ ▸ **2**
    Noun · neuter · singular · dative ▸ **2** (Rev. 14,10; Rev. 18,6)
  ποτηρίων ▸ **1**
    Noun · neuter · plural · genitive ▸ **1** (Mark 7,4)

ποτίζω (πίνω)   to give a drink ▸ 65 + 2 + 15 = 82
  ἐπότιζεν ▸ **1 + 2 = 3**
    Verb · third · singular · imperfect · active · indicative ▸ **1 + 2 = 3** (Gen. 2,6; Matt. 27,48; Mark 15,36)
  ἐποτίζετε ▸ **1**
    Verb · second · plural · imperfect · active · indicative ▸ **1** (Amos 2,12)
  ἐπότιζον ▸ **2**
    Verb · third · plural · imperfect · active · indicative ▸ **2** (Gen. 29,2; Gen. 29,3)
  ἐπότισα ▸ **1 + 1 = 2**
    Verb · first · singular · aorist · active · indicative ▸ **1 + 1 = 2** (Jer. 32,17; 1Cor. 3,2)
  ἐποτίσαμεν ▸ **1**
    Verb · first · plural · aorist · active · indicative ▸ **1** (Matt. 25,37)
  ἐπότισαν ▸ **3**
    Verb · third · plural · aorist · active · indicative ▸ **3** (Gen. 19,33; Gen. 19,35; 1Sam. 30,11)
  ἐπότισάν ▸ **1**
    Verb · third · plural · aorist · active · indicative ▸ **1** (Psa. 68,22)
  ἐπότισας ▸ **2**
    Verb · second · singular · aorist · active · indicative ▸ **2** (Psa. 59,5; Job 22,7)
  ἐποτισάτέ ▸ **2**
    Verb · second · plural · aorist · active · indicative ▸ **2** (Matt. 25,35; Matt. 25,42)
  ἐπότισεν ▸ **11 + 1 + 1 = 13**
    Verb · third · singular · aorist · active · indicative ▸ **11 + 1 + 1 = 13** (Gen. 21,19; Gen. 24,18; Gen. 24,46; Gen. 29,10; Ex. 2,17; Ex. 2,19; Ex. 32,20; Judg. 4,19; Psa. 77,15; Sol. 8,14; Jer. 8,14; Judg. 4,19; 1Cor. 3,6)
  ἐποτίσθημεν ▸ **1**
    Verb · first · plural · aorist · passive · indicative ▸ **1** (1Cor. 12,13)
  πεπότικεν ▸ **1 + 1 = 2**
    Verb · third · singular · perfect · active · indicative ▸ **1 + 1 = 2** (Is. 29,10; Rev. 14,8)
  ποτιεῖ ▸ **5**
    Verb · third · singular · future · active · indicative ▸ **5** (Num. 5,24; Num. 5,26; 2Sam. 23,15; 1Chr. 11,17; Joel 4,18)
  ποτιεῖς ▸ **5**
    Verb · second · singular · future · active · indicative ▸ **5** (Psa. 35,9; Psa. 79,6; Sir. 29,25; Jer. 32,15; Jer. 42,2)
  ποτιεῖτε ▸ **1**
    Verb · second · plural · future · active · indicative ▸ **1** (Num. 20,8)
  πότιζε ▸ **1 + 1 = 2**
    Verb · second · singular · present · active · imperative ▸ **1 + 1 = 2** (Prov. 25,21; Rom. 12,20)
  ποτίζει ▸ **1**
    Verb · third · singular · present · active · indicative ▸ **1** (Luke 13,15)
  ποτίζειν ▸ **1**
    Verb · present · active · infinitive ▸ **1** (Gen. 2,10)
  ποτιζομένη ▸ **1**
    Verb · present · passive · participle · feminine · singular · nominative ▸ **1** (Gen. 13,10)
  ποτίζων ▸ **2 + 2 = 4**

Verb · present · active · participle · masculine · singular · nominative ▸ 2 + 2 = **4** (Psa. 103,13; Hab. 2,15; 1Cor. 3,7; 1Cor. 3,8)
- ποτίζωσιν ▸ 1
  Verb · third · plural · present · active · subjunctive ▸ **1** (Deut. 11,10)
- ποτιοῦμεν ▸ 1
  Verb · first · plural · future · active · indicative ▸ **1** (Gen. 29,8)
- ποτιοῦσιν ▸ 2
  Verb · third · plural · future · active · indicative ▸ **2** (Psa. 103,11; Jer. 16,7)
- ποτίσαι ▸ 5
  Verb · aorist · active · infinitive ▸ **5** (Ex. 2,16; 3Mac. 5,2; Eccl. 2,6; Is. 43,20; Ezek. 17,7)
- ποτίσαντες ▸ 1
  Verb · aorist · active · participle · masculine · plural · nominative ▸ **1** (Gen. 29,7)
- ποτίσας ▸ 1
  Verb · aorist · active · participle · masculine · singular · nominative ▸ **1** (3Mac. 5,10)
- ποτίσει ▸ 1
  Verb · third · singular · future · active · indicative ▸ **1** (Sir. 15,3)
- ποτίσῃ ▸ 2
  Verb · third · singular · aorist · active · subjunctive ▸ **2** (Matt. 10,42; Mark 9,41)
- ποτισθήσεται ▸ 1
  Verb · third · singular · future · passive · indicative ▸ **1** (Ezek. 32,6)
- Πότισόν ▸ 4 + 1 = **5**
  Verb · second · singular · aorist · active · imperative ▸ 4 + 1 = **5** (Gen. 24,17; Gen. 24,43; Gen. 24,45; Judg. 4,19; Judg. 4,19)
- ποτίσωμεν ▸ 2
  Verb · first · plural · aorist · active · subjunctive ▸ **2** (Gen. 19,32; Gen. 19,34)
- Ποτιῶ ▸ 1
  Verb · first · singular · future · active · indicative ▸ **1** (Sir. 24,31)
- ποτιῶ ▸ 6
  Verb · first · singular · future · active · indicative ▸ **6** (Gen. 24,14; Gen. 24,46; Song 8,2; Is. 27,3; Jer. 9,14; Jer. 23,15)

Ποτίολοι Puteoli ▸ 1
- Ποτιόλους ▸ 1
  Noun · masculine · plural · accusative · (proper) ▸ **1** (Acts 28,13)

ποτιστήριον (πίνω) watering trough ▸ 2
- ποτιστήριον ▸ 1
  Noun · neuter · singular · accusative · (common) ▸ **1** (Gen. 24,20)
- ποτιστηρίων ▸ 1
  Noun · neuter · plural · genitive · (common) ▸ **1** (Gen. 30,38)

ποτόν (πίνω) drink ▸ 4
- πότον ▸ 1
  Noun · masculine · singular · accusative · (common) ▸ **1** (1Mac. 16,15)
- ποτόν ▸ 1
  Noun · neuter · singular · accusative · (common) ▸ **1** (4Mac. 3,14)
- πότου ▸ 2
  Noun · neuter · singular · genitive · (common) ▸ **2** (3Mac. 6,36; Jer. 16,8)

πότος (πίνω) drinking party ▸ 30 + 6 + 1 = 37
- πότοι ▸ 1
  Noun · masculine · plural · nominative · (common) ▸ **1** (Prov. 23,30)
- πότοις ▸ 1
  Noun · masculine · plural · dative ▸ **1** (1Pet. 4,3)
- πότον ▸ 17 + 1 = 18
  Noun · masculine · singular · accusative · (common) ▸ 15 + 1 = **16** (Gen. 19,3; Gen. 40,20; Judg. 14,10; 2Sam. 13,27; 2Sam. 13,27; 1Kings 3,15; Esth. 1,5; Esth. 1,9; Esth. 2,18; Esth. 6,14; Judith 12,10; Judith 13,1; 3Mac. 5,16; 3Mac. 7,18; Job 1,4; Judg. 14,10)
  Noun · neuter · singular · accusative · (common) ▸ **2** (2Sam. 3,20; Judith 6,21)
- ποτόν ▸ 1
  Noun · masculine · singular · accusative · (common) ▸ **1** (4Mac. 3,15)
- πότος ▸ 4 + 1 = **5**
  Noun · masculine · singular · nominative · (common) ▸ 4 + 1 = **5** (Judg. 14,17; 1Sam. 25,36; 1Sam. 25,36; Esth. 1,8; Judg. 14,17)
- πότου ▸ 5 + 4 = **9**
  Noun · masculine · singular · genitive · (common) ▸ 5 + 4 = **9** (Judg. 14,12; 1Kings 10,21; Eccl. 7,2; Job 1,5; Job 8,11; Judg. 14,12; Dan. 1,5; Dan. 1,8; Dan. 5,10)
- πότῳ ▸ 2
  Noun · neuter · singular · dative · (common) ▸ **2** (Esth. 5,6; Esth. 7,2)

ποτός (πίνω) drunk, drink; drinking party ▸ 4
- ποτά ▸ 2
  Adjective · neuter · plural · accusative · noDegree ▸ **2** (1Esdr. 5,53; Ezra 3,7)
- ποτόν ▸ 1
  Adjective · neuter · singular · nominative · noDegree ▸ **1** (Lev. 11,34)
- ποτῷ ▸ 1
  Adjective · neuter · singular · dative · noDegree ▸ **1** (Job 15,16)

πού (ποῦ) somewhere ▸ 4
- που ▸ 3
  Particle · (indefinite) ▸ **3** (Acts 27,29; Rom. 4,19; Heb. 4,4)
- πού ▸ 1
  Particle · (indefinite) ▸ **1** (Heb. 2,6)

ποῦ where? ▸ 118 + 7 + 48 = 173
- που ▸ 3
  Adverb ▸ **3** (1Kings 10,12; 2Mac. 5,27; Prov. 31,21)
- Ποῦ ▸ 38 + 2 + 1 = 41
  Adverb ▸ 38 + 2 = **40** (Gen. 4,9; Gen. 18,9; Gen. 19,5; Gen. 38,21; Deut. 32,37; Judg. 8,18; Judg. 9,38; Judg. 19,17; Ruth 2,19; 1Sam. 10,14; 1Sam. 19,22; 2Sam. 2,1; 2Sam. 9,4; 2Sam. 17,20; 2Kings 2,14; 2Kings 6,6; Tob. 2,14; Psa. 41,4; Psa. 41,11; Psa. 78,10; Psa. 113,10; Ode. 2,37; Song 6,1; Job 20,7; Job 21,28; Job 35,10; Sol. 8,3; Mic. 7,10; Joel 2,17; Zech. 2,6; Zech. 5,10; Mal. 2,17; Jer. 2,6; Jer. 2,8; Jer. 15,2; Jer. 17,15; Lam. 2,12; Ezek. 13,12; Judg. 8,18; Judg. 19,17)
  Particle · (interrogative) ▸ **1** (Rom. 3,27)
- ποῦ ▸ 77 + 5 + 47 = 129
  Adverb ▸ 77 + 5 = **82** (Gen. 3,9; Gen. 16,8; Gen. 22,7; Gen. 32,18; Gen. 37,16; Gen. 37,30; Ex. 2,20; Deut. 1,28; Josh. 2,5; Josh. 8,20; Judg. 6,13; Judg. 20,3; Ruth 2,19; Ruth 2,19; 1Sam. 26,16; 2Sam. 2,22; 2Sam. 13,13; 2Sam. 16,3; 2Kings 6,13; 2Kings 18,34; 2Kings 18,34; 2Kings 19,13; 2Kings 19,13; Judith 10,12; 1Mac. 3,50; 2Mac. 14,32; Psa. 88,50; Psa. 138,7; Psa. 138,7; Prov. 11,31; Prov. 23,30; Song 1,7; Song 1,7; Song 6,1; Job 17,15; Job 19,29; Job 21,28; Job 38,4; Sir. 43,28; Sol. 9,3; Hos. 13,10; Hos. 13,14; Hos. 13,14; Obad. 5; Nah. 2,12; Zech. 1,5; Mal. 1,6; Mal. 1,6; Is. 10,3; Is. 19,12; Is. 30,15; Is. 30,18; Is. 33,18; Is. 33,18; Is. 33,18; Is. 36,19; Is. 36,19; Is. 37,13; Is. 49,21; Is. 51,13; Is. 63,11; Is. 63,15; Is. 63,15; Jer. 2,28; Jer. 3,2; Jer. 6,14; Jer. 13,20; Jer. 43,19; Jer.

44,19; Bar. 3,14; Bar. 3,14; Bar. 3,14; Bar. 3,14; Bar. 3,14; Bar. 3,16; LetterJ 48; Bel 35; Judg. 6,13; Judg. 9,38; Judg. 20,3; Tob. 2,14; Tob. 2,14)

 Particle · (interrogative) ▸ **47** (Matt. 2,2; Matt. 2,4; Matt. 8,20; Matt. 26,17; Mark 14,12; Mark 14,14; Mark 15,47; Luke 8,25; Luke 9,58; Luke 12,17; Luke 17,17; Luke 17,37; Luke 22,9; Luke 22,11; John 1,38; John 1,39; John 3,8; John 7,11; John 7,35; John 8,10; John 8,14; John 8,14; John 8,19; John 9,12; John 11,34; John 11,57; John 12,35; John 13,36; John 14,5; John 16,5; John 20,2; John 20,13; John 20,15; 1Cor. 1,20; 1Cor. 1,20; 1Cor. 1,20; 1Cor. 12,17; 1Cor. 12,17; 1Cor. 12,19; 1Cor. 15,55; 1Cor. 15,55; Gal. 4,15; Heb. 11,8; 1Pet. 4,18; 2Pet. 3,4; 1John 2,11; Rev. 2,13)

Πούδης Pudens ▸ **1**
 Πούδης ▸ **1**
  Noun · masculine · singular · nominative · (proper) ▸ **1** (2Tim. 4,21)

πούς foot ▸ **279** + **24** + **93** = **396**
 πόδα ▸ **21** + **2** + **3** = **26**
  Noun · masculine · singular · accusative · (common) ▸ **21** + **2** + **3** = **26** (Gen. 33,14; Ex. 21,24; Num. 22,25; Deut. 19,21; Deut. 33,24; 2Kings 21,8; 2Chr. 33,8; Psa. 90,12; Psa. 120,3; Prov. 1,15; Prov. 3,26; Prov. 4,27; Prov. 25,17; Eccl. 4,17; Job 13,27; Job 30,12; Job 33,11; Sir. 40,25; Is. 58,13; Is. 58,13; Jer. 2,25; Judg. 20,43; Tob. 6,2; Matt. 4,6; Luke 4,11; Rev. 10,2)

 πόδας ▸ **82** + **7** + **55** = **144**
  Noun · masculine · plural · accusative · (common) ▸ **82** + **7** + **55** = **144** (Gen. 18,4; Gen. 19,2; Gen. 29,1; Gen. 43,24; Gen. 49,19; Gen. 49,33; Ex. 4,25; Ex. 24,10; Ex. 29,17; Ex. 30,19; Ex. 30,21; Ex. 38,27; Lev. 1,9; Lev. 1,13; Lev. 8,21; Lev. 9,14; Josh. 4,9; Josh. 4,18; Josh. 10,24; Josh. 10,24; Judg. 4,10; Judg. 19,21; 1Sam. 14,13; 1Sam. 25,24; 1Sam. 25,41; 2Sam. 4,4; 2Sam. 4,12; 2Sam. 9,3; 2Sam. 11,8; 2Sam. 19,25; 2Sam. 22,34; 2Sam. 22,39; 1Kings 15,23; 2Kings 4,37; 2Kings 13,21; 2Chr. 3,13; 2Chr. 16,12; Esth. 8,3; Esth. 16,7 # 8,12g; Judith 10,4; 1Mac. 9,16; 3Mac. 4,8; 3Mac. 4,9; 3Mac. 5,8; 4Mac. 10,5; Psa. 17,10; Psa. 17,34; Psa. 17,39; Psa. 21,17; Psa. 24,15; Psa. 30,9; Psa. 37,17; Psa. 39,3; Psa. 46,4; Psa. 55,14; Psa. 65,9; Psa. 104,18; Psa. 113,15; Psa. 114,8; Psa. 118,59; Psa. 118,101; Psa. 134,17; Ode. 4,19; Ode. 9,79; Prov. 6,28; Song 5,3; Job 18,11; Sir. 6,24; Sir. 8,18; Hab. 3,19; Zech. 14,12; Is. 6,2; Is. 41,2; Jer. 13,16; Jer. 14,10; Jer. 45,22; Lam. 3,34; Ezek. 2,1; Ezek. 2,2; Ezek. 3,24; Dan. 2,34; Dan. 2,41; Judg. 3,24; Judg. 4,10; Judg. 19,21; Tob. 6,2; Dan. 2,34; Dan. 2,41; Dan. 8,18; Matt. 15,30; Matt. 18,8; Matt. 22,13; Matt. 28,9; Mark 5,22; Mark 7,25; Mark 9,45; Luke 1,79; Luke 7,38; Luke 7,38; Luke 7,38; Luke 7,44; Luke 7,44; Luke 7,45; Luke 7,46; Luke 8,35; Luke 8,41; Luke 10,11; Luke 10,39; Luke 15,22; Luke 17,16; Luke 24,39; Luke 24,40; John 11,2; John 11,32; John 11,44; John 12,3; John 12,3; John 13,5; John 13,6; John 13,8; John 13,9; John 13,10; John 13,12; John 13,14; John 13,14; Acts 4,35; Acts 4,37; Acts 5,2; Acts 5,10; Acts 7,58; Acts 10,25; Acts 14,10; Acts 16,24; Acts 21,11; Acts 22,3; Acts 26,16; Rom. 16,20; 1Cor. 15,25; 1Cor. 15,27; Eph. 1,22; Eph. 6,15; 1Tim. 5,10; Rev. 1,17; Rev. 11,11)

 πόδες ▸ **30** + **2** + **7** = **39**
  Noun · masculine · plural · nominative · (common) ▸ **30** + **2** + **7** = **39** (Lev. 11,23; Deut. 8,4; Josh. 3,13; Josh. 3,15; 2Sam. 3,34; 2Kings 9,35; Neh. 9,21; 4Mac. 14,6; Psa. 13,3; Psa. 72,2; Psa. 121,2; Psa. 131,7; Ode. 4,5; Prov. 1,16; Prov. 5,5; Prov. 6,18; Prov. 7,11; Wis. 15,15; Sir. 26,18; Nah. 2,1; Hab. 3,5; Zech. 14,4; Is. 5,28; Is. 26,6; Is. 52,7; Is. 59,7; Jer. 12,5; Ezek. 1,7; Dan. 2,33; Dan. 10,6; Judg. 5,28; Dan. 2,33; Acts 5,9; Rom. 3,15; Rom. 10,15; Rev. 1,15; Rev. 2,18; Rev. 10,1; Rev. 13,2)

 ποδί ▸ **2**
  Noun · masculine · singular · dative · (common) ▸ **2** (1Kings 2,5; Ezek. 6,11)

 ποδί ▸ **4**
  Noun · masculine · singular · dative · (common) ▸ **4** (Gen. 30,30; Psa. 65,6; Prov. 6,13; Ezek. 25,6)

 ποδός ▸ **6**
  Noun · masculine · singular · genitive · (common) ▸ **6** (Ex. 21,24; Lev. 21,19; Deut. 2,5; Deut. 19,21; Deut. 28,65; 2Kings 19,24)

 ποδός ▸ **10** + **1** = **11**
  Noun · masculine · singular · genitive · (common) ▸ **10** + **1** = **11** (Ex. 29,20; Lev. 8,23; Lev. 14,14; Lev. 14,17; Lev. 14,25; Lev. 14,28; Deut. 11,24; Deut. 25,9; 2Sam. 14,25; 1Mac. 10,72; Acts 7,5)

 ποδῶν ▸ **59** + **6** + **19** = **84**
  Noun · masculine · plural · genitive · (common) ▸ **59** + **6** + **19** = **84** (Ex. 3,5; Ex. 25,26; Ex. 29,20; Lev. 8,24; Lev. 11,21; Lev. 13,12; Deut. 28,35; Deut. 29,4; Josh. 1,3; Josh. 5,15; Judg. 1,6; Judg. 1,7; Judg. 5,27; Judg. 5,27; Ruth 3,4; Ruth 3,7; Ruth 3,8; Ruth 3,14; 2Sam. 21,20; 2Sam. 22,10; 1Kings 5,17; 1Kings 18,41; 2Kings 4,27; 2Kings 6,32; 1Chr. 28,2; Esth. 13,12 # 4,17d; Judith 6,4; 3Mac. 4,5; 4Mac. 15,15; Psa. 8,7; Psa. 98,5; Psa. 109,1; Prov. 26,6; Job 2,7; Job 13,27; Job 18,13; Sir. 38,30; Nah. 1,3; Mal. 3,21; Is. 1,6; Is. 3,12; Is. 3,16; Is. 7,20; Is. 20,2; Is. 41,3; Is. 49,23; Is. 66,1; Jer. 29,3; Lam. 1,9; Lam. 2,1; LetterJ 16; LetterJ 25; Ezek. 34,19; Ezek. 34,19; Ezek. 37,10; Ezek. 43,7; Dan. 2,42; Dan. 7,4; Dan. 10,10; Judg. 1,6; Judg. 1,7; Judg. 5,27; Judg. 5,27; Dan. 2,42; Dan. 7,4; Matt. 5,35; Matt. 10,14; Matt. 22,44; Mark 6,11; Mark 12,36; Luke 9,5; Luke 20,43; Acts 2,35; Acts 7,33; Acts 7,49; Acts 13,25; Acts 13,51; Heb. 1,13; Heb. 2,8; Heb. 10,13; Rev. 3,9; Rev. 12,1; Rev. 19,10; Rev. 22,8)

 ποσί ▸ **1**
  Noun · masculine · plural · dative · (common) ▸ **1** (Dan. 7,7)

 ποσί ▸ **1**
  Noun · masculine · plural · dative · (common) ▸ **1** (Dan. 7,19)

 ποσὶν ▸ **31** + **6** + **3** = **40**
  Noun · masculine · plural · dative · (common) ▸ **31** + **6** + **3** = **40** (Gen. 8,9; Gen. 24,32; Gen. 24,32; Ex. 12,9; Ex. 12,11; Lev. 11,42; Deut. 11,10; Josh. 9,5; Judg. 4,15; Judg. 4,17; Judg. 5,15; 2Sam. 2,18; 2Sam. 9,13; 2Sam. 15,16; 2Sam. 15,18; 2Kings 3,9; Judith 2,7; Judith 14,7; 1Mac. 5,48; 3Mac. 5,42; Prov. 4,26; Wis. 14,11; Sir. 21,19; Sir. 25,20; Sir. 38,29; Amos 2,15; Is. 3,16; Is. 28,3; Ezek. 24,23; Ezek. 34,18; Ezek. 34,18; Judg. 4,15; Judg. 4,17; Judg. 5,15; Tob. 11,10; Dan. 7,7; Dan. 7,19; Matt. 7,6; Acts 14,8; Heb. 12,13)

 ποσὶν ▸ **8** + **1** + **2** = **11**
  Noun · masculine · plural · dative · (common) ▸ **8** + **1** + **2** = **11** (Deut. 2,28; Psa. 56,7; Psa. 118,105; Psa. 139,6; Prov. 29,5; Lam. 1,13; Ezek. 24,17; Ezek. 32,2; Judg. 8,5; John 20,12; 1Cor. 12,21)

 πούς ▸ **9** + **3** = **12**
  Noun · masculine · singular · nominative · (common) ▸ **9** + **3** = **12** (Psa. 25,12; Psa. 67,24; Psa. 93,18; Prov. 3,6; Prov. 3,23; Job 31,5; Job 31,7; Sir. 6,36; Sir. 51,15; Matt. 18,8; Mark 9,45; 1Cor. 12,15)

 πούς ▸ **15**
  Noun · masculine · singular · nominative · (common) ▸ **15** (Deut. 28,56; Deut. 32,35; 1Sam. 23,22; Psa. 9,16; Psa. 35,12; Ode. 2,35; Prov. 25,19; Job 18,8; Job 29,15; Job 39,15; Sir. 21,22; Sol. 7,2; Ezek. 29,11; Ezek. 29,11; Ezek. 32,13)

πρᾶγμα (πράσσω) thing, deed ▸ **121** + **5** + **11** = **137**
 πρᾶγμα ▸ **42** + **2** + **3** = **47**
  Noun · neuter · singular · accusative · (common) ▸ **29** + **1** + **2** = **32** (Gen. 19,22; Gen. 21,26; Ex. 1,18; Deut. 17,10; Deut.

πράγμα–πραότης

24,1; Josh. 9,24; Judg. 6,29; Judg. 6,29; 1Kings 10,22c # 9,22; 1Chr. 21,8; 2Chr. 23,19; 1Esdr. 4,18; 1Esdr. 4,19; 1Esdr. 8,91; 1Esdr. 9,16; Esth. 7,5; Judith 8,32; Judith 11,6; 1Mac. 9,10; 1Mac. 10,43; 2Mac. 1,34; Psa. 63,4; Psa. 100,3; Amos 3,7; Jer. 47,16; Jer. 51,4; Dan. 2,8; Dan. 2,10; Sus. 10-11; Sus. 63; Acts 5,4; 1Cor. 6,1)
  Noun · neuter · singular · nominative · (common) ▸ 13 + 1 + 1 = **15** (Gen. 44,15; Num. 20,19; Num. 31,23; Deut. 22,26; Deut. 24,5; 1Kings 11,27; Esth. 2,4; Esth. 3,15; Tob. 7,9; 1Mac. 7,3; 2Mac. 1,33; 2Mac. 2,26; 3Mac. 5,27; Dan. 6,18; James 3,16)
πράγμασιν ▸ 8
  Noun · neuter · plural · dative · (common) ▸ **8** (Esth. 13,5 # 3,13e; 2Mac. 8,8; 3Mac. 3,7; 3Mac. 6,28; 3Mac. 7,11; 4Mac. 4,3; Prov. 16,20; Dan. 1,20)
πράγματα ▸ 23
  Noun · neuter · plural · accusative · (common) ▸ **21** (Num. 22,8; Esth. 13,7 # 3,13g; Esth. 16,5 # 8,12e; Judith 11,16; 2Mac. 4,6; 2Mac. 4,31; 2Mac. 11,19; 2Mac. 13,13; 2Mac. 14,10; 2Mac. 15,17; 3Mac. 3,21; 3Mac. 3,23; 3Mac. 3,26; 3Mac. 7,2; 3Mac. 7,4; Prov. 11,13; Prov. 25,2; Is. 25,1; Is. 28,22; Dan. 4,37a; Dan. 4,37a)
  Noun · neuter · plural · nominative · (common) ▸ **2** (2Mac. 9,24; 3Mac. 3,13)
πράγματι ▸ 7 + 1 + 3 = 11
  Noun · neuter · singular · dative · (common) ▸ 7 + 1 + 3 = **11** (2Mac. 3,8; 3Mac. 3,17; Eccl. 3,1; Eccl. 3,17; Eccl. 5,7; Eccl. 8,6; Sir. 31,15; Tob. 4,3; Rom. 16,2; 2Cor. 7,11; 1Th. 4,6)
πράγματος ▸ 17 + 2 + 1 = 20
  Noun · neuter · singular · genitive · (common) ▸ 17 + 2 + 1 = **20** (Lev. 5,2; Lev. 5,24; Lev. 7,21; Deut. 23,15; Deut. 23,20; Judg. 19,19; 1Chr. 21,7; 1Esdr. 8,67; 1Esdr. 9,13; Tob. 2,8; 1Mac. 10,35; 1Mac. 10,63; Psa. 90,6; Prov. 13,13; Job 1,1; Job 1,8; Sir. 11,9; Judg. 19,19; Tob. 2,8; Matt. 18,19)
πραγμάτων ▸ 24 + 4 = 28
  Noun · neuter · plural · genitive · (common) ▸ 24 + 4 = **28** (Esth. 13,6 # 3,13f; 1Mac. 3,32; 1Mac. 6,56; 2Mac. 3,7; 2Mac. 3,38; 2Mac. 4,2; 2Mac. 4,21; 2Mac. 4,23; 2Mac. 10,11; 2Mac. 11,1; 2Mac. 13,2; 2Mac. 13,23; 2Mac. 14,26; 3Mac. 1,4; 3Mac. 5,40; 3Mac. 7,1; 3Mac. 7,9; 4Mac. 1,16; 4Mac. 8,7; 4Mac. 12,5; Jer. 51,22; Bar. 2,33; Dan. 2,48; Dan. 2,49; Luke 1,1; Heb. 6,18; Heb. 10,1; Heb. 11,1)

πραγματεία (πράσσω) work; narrative; affair ▸ 7 + 1 = 8
  πραγματεία ▸ 2
    Noun · feminine · singular · nominative · (common) ▸ **2** (1Kings 7,19; 1Kings 10,22a # 9,15)
  πραγματεία ▸ 1
    Noun · feminine · singular · dative · (common) ▸ **1** (1Chr. 28,21)
  πραγματείαις ▸ 1 + 1 = 2
    Noun · feminine · plural · dative · (common) ▸ 1 + 1 = **2** (Dan. 6,4; 2Tim. 2,4)
  πραγματείαν ▸ 2
    Noun · feminine · singular · accusative · (common) ▸ **2** (1Kings 9,1; 1Kings 10,22a # 9,15)
  πραγματείας ▸ 1
    Noun · feminine · singular · genitive · (common) ▸ **1** (2Mac. 2,31)

πραγματεύομαι (πράσσω) to trade, tend to business ▸ 2 + 1 = 3
  ἐπραγματευόμην ▸ 1
    Verb · first · singular · imperfect · middle · indicative ▸ **1** (Dan. 8,27)
  ἐπραγματεύσατο ▸ 1
    Verb · third · singular · aorist · middle · indicative ▸ **1** (1Kings 10,22a # 9,15)
  πραγματεύσασθε ▸ 1
    Verb · second · plural · aorist · middle · imperative ▸ **1** (Luke 19,13)

πραγματικός (πράσσω) official ▸ 1
  πραγματικοῖς ▸ 1
    Adjective · masculine · plural · dative · noDegree ▸ **1** (1Esdr. 8,22)

πραιτώριον praetorium, army headquarters ▸ 8
  πραιτώριον ▸ 6
    Noun · neuter · singular · accusative ▸ **5** (Matt. 27,27; John 18,28; John 18,28; John 18,33; John 19,9)
    Noun · neuter · singular · nominative ▸ **1** (Mark 15,16)
  πραιτωρίῳ ▸ 2
    Noun · neuter · singular · dative ▸ **2** (Acts 23,35; Phil. 1,13)

πράκτωρ (πράσσω) officer, ruler ▸ 1 + 2 = 3
  πράκτορες ▸ 1
    Noun · masculine · plural · nominative · (common) ▸ **1** (Is. 3,12)
  πράκτορι ▸ 1
    Noun · masculine · singular · dative ▸ **1** (Luke 12,58)
  πράκτωρ ▸ 1
    Noun · masculine · singular · nominative ▸ **1** (Luke 12,58)

πρᾶξις (πράσσω) deed, action ▸ 20 + 7 = 27
  πράξει ▸ 1 + 1 = 2
    Noun · feminine · singular · dative · (common) ▸ 1 + 1 = **2** (Sir. 38,24; Luke 23,51)
  ΠΡΑΞΕΙΣ ▸ 1
    Noun · feminine · plural · nominative · (common) ▸ **1** (Acts 1,0)
  πράξεις ▸ 9 + 2 = 11
    Noun · feminine · plural · accusative · (common) ▸ 2 + 2 = **4** (Sir. 35,22; Dan. 4,37c; Acts 19,18; Rom. 8,13)
    Noun · feminine · plural · nominative · (common) ▸ **7** (2Chr. 12,15; 2Chr. 13,22; 2Chr. 27,7; 2Chr. 28,26; 1Mac. 13,34; Prov. 13,13a; Sir. 11,10)
  πράξεσί ▸ 1
    Noun · feminine · plural · dative · (common) ▸ **1** (Wis. 9,11)
  πράξεσιν ▸ 1
    Noun · feminine · plural · dative · (common) ▸ **1** (Col. 3,9)
  πράξεων ▸ 1
    Noun · feminine · plural · genitive · (common) ▸ **1** (1Mac. 16,23)
  πράξεως ▸ 2
    Noun · feminine · singular · genitive · (common) ▸ **2** (1Esdr. 1,31; Sir. 37,16)
  πρᾶξιν ▸ 4 + 2 = 6
    Noun · feminine · singular · accusative · (common) ▸ 4 + 2 = **6** (1Esdr. 1,23; 3Mac. 1,27; Job 24,5; Sol. 4,10; Matt. 16,27; Rom. 12,4)
  πρᾶξίν ▸ 1
    Noun · feminine · singular · accusative · (common) ▸ **1** (Judith 8,34)
  πρᾶξις ▸ 1
    Noun · feminine · singular · nominative · (common) ▸ **1** (2Mac. 4,28)

πρᾶος (πραΰς) gentle, meek ▸ 1
  πρᾶον ▸ 1
    Adjective · masculine · singular · accusative · noDegree ▸ **1** (2Mac. 15,12)

πραότης (πραΰς) gentleness ▸ 1
  πραότης ▸ 1
    Noun · feminine · singular · nominative · (common) ▸ **1** (Sir. 1,27)

πρασιά garden-bed; group ▸ 1 + 2 = 3
  πρασιαί ▸ 2
    Noun ▪ feminine ▪ plural ▪ nominative ▪ 2 (Mark 6,40; Mark 6,40)
  πρασιάν ▸ 1
    Noun ▪ feminine ▪ singular ▪ accusative ▪ (common) ▪ 1 (Sir. 24,31)
πράσινος (πράσον) light green ▸ 1
  πράσινος ▸ 1
    Adjective ▪ masculine ▪ singular ▪ nominative ▪ noDegree ▪ 1 (Gen. 2,12)
πρᾶσις (πιπράσκω) sale, transaction ▸ 21
  πράσει ▸ 3
    Noun ▪ feminine ▪ singular ▪ dative ▪ (common) ▪ 3 (Lev. 25,42; Deut. 21,14; Ezek. 27,17)
  πράσεων ▸ 1
    Noun ▪ feminine ▪ plural ▪ genitive ▪ (common) ▪ 1 (2Kings 12,8)
  πράσεως ▸ 9
    Noun ▪ feminine ▪ singular ▪ genitive ▪ (common) ▪ 9 (Lev. 25,27; Lev. 25,50; Lev. 25,51; Deut. 18,8; 2Kings 12,6; Neh. 13,15; Sir. 27,2; Sir. 37,11; Sir. 42,5)
  πρᾶσιν ▸ 6
    Noun ▪ feminine ▪ singular ▪ accusative ▪ (common) ▪ 6 (Lev. 25,14; Lev. 25,25; Neh. 10,32; Neh. 13,16; Neh. 13,20; 2Mac. 8,34)
  πρᾶσις ▸ 2
    Noun ▪ feminine ▪ singular ▪ nominative ▪ (common) ▪ 2 (Gen. 42,1; Lev. 25,28)
πράσον leek ▸ 1
  πράσα ▸ 1
    Noun ▪ neuter ▪ plural ▪ accusative ▪ (common) ▪ 1 (Num. 11,5)
πράσσω to do, to accomplish ▸ 37 + 4 + 39 = 80
  ἔπραξα ▸ 1 + 1 = 2
    Verb ▪ first ▪ singular ▪ aorist ▪ active ▪ indicative ▪ 1 + 1 = 2 (Prov. 26,19; Luke 19,23)
  ἐπράξαμεν ▸ 1
    Verb ▪ first ▪ plural ▪ aorist ▪ active ▪ indicative ▪ 1 (Luke 23,41)
  ἔπραξαν ▸ 1 + 1 = 2
    Verb ▪ third ▪ plural ▪ aorist ▪ active ▪ indicative ▪ 1 + 1 = 2 (1Esdr. 3,23; 2Cor. 12,21)
  ἔπραξας ▸ 3
    Verb ▪ second ▪ singular ▪ aorist ▪ active ▪ indicative ▪ 3 (Gen. 31,28; Job 5,27; Is. 57,10)
  ἐπράξατε ▸ 1
    Verb ▪ second ▪ plural ▪ aorist ▪ active ▪ indicative ▪ 1 (Acts 3,17)
  ἔπραξεν ▸ 1 + 2 = 3
    Verb ▪ third ▪ singular ▪ aorist ▪ active ▪ indicative ▪ 1 + 2 = 3 (Job 24,20; Luke 23,41; 2Cor. 5,10)
  Ἔπραξεν ▸ 1
    Verb ▪ third ▪ singular ▪ aorist ▪ active ▪ indicative ▪ 1 (Job 36,23)
  ἔπρασσε ▸ 1
    Verb ▪ third ▪ singular ▪ imperfect ▪ active ▪ indicative ▪ 1 (Dan. 6,4)
  ἔπραττεν ▸ 1
    Verb ▪ third ▪ singular ▪ imperfect ▪ active ▪ indicative ▪ 1 (2Mac. 14,23)
  ἔπραττον ▸ 1
    Verb ▪ third ▪ plural ▪ imperfect ▪ active ▪ indicative ▪ 1 (4Mac. 3,20)
  πεπραγμένον ▸ 2
    Verb ▪ perfect ▪ passive ▪ participle ▪ neuter ▪ singular ▪ nominative ▪ 2 (Luke 23,15; Acts 26,26)
  πέπραχά ▸ 1
    Verb ▪ first ▪ singular ▪ perfect ▪ active ▪ indicative ▪ 1 (Acts 25,11)
  πεπραχέναι ▸ 1 + 1 = 2
    Verb ▪ perfect ▪ active ▪ infinitive ▪ 1 + 1 = 2 (Prov. 30,20; Acts 25,25)
  πρᾶξαι ▸ 1 + 1 = 2
    Verb ▪ aorist ▪ active ▪ infinitive ▪ 1 + 1 = 2 (Job 7,20; Acts 26,9)
  πράξαντες ▸ 1
    Verb ▪ aorist ▪ active ▪ participle ▪ masculine ▪ plural ▪ nominative ▪ 1 (John 5,29)
  πραξάντων ▸ 2
    Verb ▪ aorist ▪ active ▪ participle ▪ masculine ▪ plural ▪ genitive ▪ 2 (Acts 19,19; Rom. 9,11)
  πράξας ▸ 2 + 1 = 3
    Verb ▪ aorist ▪ active ▪ participle ▪ masculine ▪ singular ▪ nominative ▪ 2 + 1 = 3 (2Mac. 6,22; Job 27,6; 1Cor. 5,2)
  πράξασαν ▸ 1 + 1 = 2
    Verb ▪ aorist ▪ active ▪ participle ▪ feminine ▪ singular ▪ accusative ▪ 1 + 1 = 2 (Sus. 23; Sus. 23)
  πράξεις ▸ 1
    Verb ▪ second ▪ singular ▪ future ▪ active ▪ indicative ▪ 1 (Job 35,6)
  πράξετε ▸ 1
    Verb ▪ second ▪ plural ▪ future ▪ active ▪ indicative ▪ 1 (Acts 15,29)
  πράξῃ ▸ 1
    Verb ▪ third ▪ singular ▪ aorist ▪ active ▪ subjunctive ▪ 1 (Prov. 30,20)
  πράξῃς ▸ 1 + 1 = 2
    Verb ▪ second ▪ singular ▪ aorist ▪ active ▪ subjunctive ▪ 1 + 1 = 2 (Job 36,21; Acts 16,28)
  πράξω ▸ 2 + 2 = 4
    Verb ▪ first ▪ singular ▪ aorist ▪ active ▪ subjunctive ▪ 2 + 2 = 4 (Sus. 22; Sus. 22; Sus. 22; Sus. 22)
  πρᾶσσε ▸ 1
    Verb ▪ second ▪ singular ▪ present ▪ active ▪ imperative ▪ 1 (Sir. 10,6)
  πράσσει ▸ 5 + 1 = 6
    Verb ▪ third ▪ singular ▪ present ▪ active ▪ indicative ▪ 5 + 1 = 6 (Prov. 10,23; Prov. 13,10; Prov. 13,16; Prov. 14,17; Prov. 25,28; Acts 26,31)
  πράσσειν ▸ 3 + 4 = 7
    Verb ▪ present ▪ active ▪ infinitive ▪ 3 + 4 = 7 (1Mac. 10,35; Prov. 21,7; Wis. 12,4; Luke 22,23; Acts 5,35; Acts 19,36; 1Th. 4,11)
  πράσσεις ▸ 1
    Verb ▪ second ▪ singular ▪ present ▪ active ▪ indicative ▪ 1 (Rom. 2,1)
  πράσσετε ▸ 2
    Verb ▪ second ▪ plural ▪ present ▪ active ▪ imperative ▪ 2 (Luke 3,13; Phil. 4,9)
  πράσσῃς ▸ 1 + 1 = 2
    Verb ▪ second ▪ singular ▪ present ▪ active ▪ subjunctive ▪ 1 + 1 = 2 (Josh. 1,7; Rom. 2,25)
  πράσσοντας ▸ 1 + 3 = 4
    Verb ▪ present ▪ active ▪ participle ▪ masculine ▪ plural ▪ accusative ▪ 1 + 3 = 4 (3Mac. 2,3; Acts 26,20; Rom. 2,2; Rom. 2,3)
  πράσσοντες ▸ 2
    Verb ▪ present ▪ active ▪ participle ▪ masculine ▪ plural ▪ nominative ▪ 2 (Rom. 1,32; Gal. 5,21)
  πράσσοντι ▸ 1
    Verb ▪ present ▪ active ▪ participle ▪ masculine ▪ singular ▪ dative ▪ 1 (Rom. 13,4)

πράσσω–πρεσβεύω

πράσσουσιν ▸ 2 + 2 = 4
    Verb · present · active · participle · masculine · plural · dative ▸ **1** (Rom. 1,32)
    Verb · third · plural · present · active · indicative ▸ 2 + 1 = **3** (1Esdr. 4,32; Job 34,21; Acts 17,7)

πράσσω ▸ 4
    Verb · first · singular · present · active · indicative ▸ **4** (Rom. 7,15; Rom. 7,19; 1Cor. 9,17; Eph. 6,21)

πράσσων ▸ 1 + 1 = 2
    Verb · present · active · participle · masculine · singular · nominative ▸ 1 + 1 = **2** (Dan. 11,20; John 3,20)

πράττειν ▸ 1
    Verb · present · active · infinitive ▸ **1** (2Mac. 9,19)

πράττων ▸ 1
    Verb · present · active · participle · masculine · singular · nominative ▸ **1** (2Mac. 12,43)

πραχθὲν ▸ 2
    Verb · aorist · passive · participle · neuter · singular · nominative ▸ **2** (1Esdr. 1,31; Wis. 14,10)

πρατός (πιπράσκω) for sale ▸ 1
    πρατὴν ▸ 1
        Adjective · feminine · singular · accusative · noDegree ▸ **1** (2Mac. 11,3)

πραΰθυμος (πραΰς) gentle minded ▸ 2
    πραΰθυμος ▸ 2
        Adjective · masculine · singular · nominative · noDegree ▸ **2** (Prov. 14,30; Prov. 16,19)

πραΰνω (πραΰς) to calm ▸ 2
    πραΰναι ▸ 1
        Verb · aorist · active · infinitive ▸ **1** (Psa. 93,13)
    πραΰνει ▸ 1
        Verb · third · singular · present · active · indicative ▸ **1** (Prov. 18,14)

πραϋπάθεια (πραΰς; πείθω) humility, gentleness ▸ 1
    πραϋπαθίαν ▸ 1
        Noun · feminine · singular · accusative ▸ **1** (1Tim. 6,11)

πραΰς gentle ▸ 16 + 4 = 20
    πραεία ▸ 1
        Adjective · feminine · singular · dative · noDegree ▸ **1** (Dan. 4,19)
    πραεῖς ▸ 9 + 1 = 10
        Adjective · masculine · plural · accusative · noDegree ▸ **6** (Psa. 24,9; Psa. 24,9; Psa. 75,10; Psa. 146,6; Psa. 149,4; Sir. 10,14)
        Adjective · masculine · plural · nominative · noDegree ▸ 3 + 1 = **4** (Psa. 33,3; Psa. 36,11; Job 24,4; Matt. 5,5)
    πραέων ▸ 2
        Adjective · masculine · plural · genitive · noDegree ▸ **2** (Job 36,15; Is. 26,6)
    πραέως ▸ 1
        Adjective · neuter · singular · genitive ▸ **1** (1Pet. 3,4)
    πραΰν ▸ 1
        Adjective · masculine · singular · accusative · noDegree ▸ **1** (Zeph. 3,12)
    πραΰς ▸ 3 + 1 = 4
        Adjective · masculine · singular · nominative · noDegree ▸ 3 + 1 = **4** (Num. 12,3; Joel 4,11; Zech. 9,9; Matt. 21,5)
    πραΰς ▸ 1
        Adjective · masculine · singular · nominative ▸ **1** (Matt. 11,29)

πραΰτης (πραΰς) gentleness ▸ 9 + 11 = 20
    πραΰτης ▸ 2 + 1 = 3
        Noun · feminine · singular · nominative · (common) ▸ 2 + 1 = **3** (Psa. 89,10; Sir. 36,23; Gal. 5,23)
    πραΰτητα ▸ 1 + 2 = 3
        Noun · feminine · singular · accusative · (common) ▸ 1 + 2 = **3** (Esth. 15,8 # 5,1e; Col. 3,12; Titus 3,2)
    πραΰτητι ▸ 4 + 3 = 7
        Noun · feminine · singular · dative · (common) ▸ 4 + 3 = **7** (Sir. 3,17; Sir. 4,8; Sir. 10,28; Sir. 45,4; 2Tim. 2,25; James 1,21; James 3,13)
    πραΰτητος ▸ 2 + 5 = 7
        Noun · feminine · singular · genitive · (common) ▸ 2 + 5 = **7** (Psa. 44,5; Psa. 131,1; 1Cor. 4,21; 2Cor. 10,1; Gal. 6,1; Eph. 4,2; 1Pet. 3,16)

πρεπόντως (πρέπω) fittingly; gracefully ▸ 1
    πρεπόντως ▸ 1
        Adverb ▸ **1** (2Mac. 15,12)

πρέπω to be fitting ▸ 10 + 7 = 17
    Ἔπρεπεν ▸ 1
        Verb · third · singular · imperfect · active · indicative ▸ **1** (Heb. 2,10)
    ἔπρεπεν ▸ 1 + 1 = 2
        Verb · third · singular · imperfect · active · indicative ▸ 1 + 1 = **2** (3Mac. 3,20; Heb. 7,26)
    πρέπει ▸ 5 + 3 = 8
        Verb · third · singular · present · active · indicative ▸ 5 + 3 = **8** (Psa. 32,1; Psa. 64,2; Psa. 92,5; Sir. 32,3; Sir. 33,29; Eph. 5,3; 1Tim. 2,10; Titus 2,1)
    πρέπον ▸ 2 + 2 = 4
        Verb · present · active · participle · neuter · singular · accusative ▸ 2 + 2 = **4** (1Mac. 12,11; 3Mac. 7,13; Matt. 3,15; 1Cor. 11,13)
    πρέποντα ▸ 1
        Verb · present · active · participle · masculine · singular · accusative ▸ **1** (3Mac. 3,25)
    πρεπούσαις ▸ 1
        Verb · present · active · participle · feminine · plural · dative ▸ **1** (3Mac. 7,19)

πρεσβεία (πρεσβύτης) embassy; ambassador; messenger; presbyterate ▸ 1 + 2 = 3
    πρεσβείαν ▸ 1 + 2 = 3
        Noun · feminine · singular · accusative · (common) ▸ 1 + 2 = **3** (2Mac. 4,11; Luke 14,32; Luke 19,14)

πρεσβεῖον (πρεσβύτης) age privilege; eldership ▸ 3 + 1 = 4
    πρεσβεῖα ▸ 1
        Noun · neuter · plural · accusative · (common) ▸ **1** (Gen. 43,33)
    πρεσβεῖον ▸ 1
        Noun · neuter · singular · accusative · (common) ▸ **1** (Sus. 50)
    πρεσβείου ▸ 1
        Noun · neuter · singular · genitive · (common) ▸ **1** (Psa. 70,18)
    πρεσβείῳ ▸ 1
        Noun · neuter · singular · dative · (common) ▸ **1** (3Mac. 6,1)

πρεσβευτής (πρεσβύτης) ambassador ▸ 6
    πρεσβευταί ▸ 3
        Noun · masculine · plural · nominative · (common) ▸ **3** (1Mac. 14,21; 1Mac. 14,22; 1Mac. 15,17)
    πρεσβευταῖς ▸ 2
        Noun · masculine · plural · dative · (common) ▸ **2** (2Chr. 32,31; 1Mac. 14,40)
    πρεσβευτάς ▸ 1
        Noun · masculine · plural · accusative · (common) ▸ **1** (1Mac. 13,21)

πρεσβεύω (πρεσβύτης) to be an ambassador; to serve, negotiate ▸ 2

πρεσβεύομεν ▸ 1
Verb · first · plural · present · active · indicative ▸ **1** (2Cor. 5,20)
πρεσβεύω ▸ 1
Verb · first · singular · present · active · indicative ▸ **1** (Eph. 6,20)

πρέσβις (πρεσβύτης) age ▸ 1
πρέσβεις ▸ 1
Noun · masculine · plural · accusative · (common) ▸ **1** (Hos. 5,13)

πρέσβυς (πρεσβύτης) ambassador; old man ▸ 14
πρέσβεις ▸ 13
Noun · masculine · plural · accusative · (common) ▸ **9** (Num. 21,21; Num. 22,5; Deut. 2,26; 1Mac. 9,70; 1Mac. 10,51; 1Mac. 11,9; 1Mac. 13,14; Is. 39,1; Is. 57,9)
Noun · masculine · plural · nominative · (common) ▸ **4** (Psa. 67,32; Is. 13,8; Is. 21,2; Is. 37,6)
πρέσβυς ▸ 1
Noun · masculine · singular · nominative · (common) ▸ **1** (Is. 63,9)

πρεσβύτατος (πρεσβύτης) oldest ▸ 1
πρεσβύτατον ▸ 1
Adjective · masculine · singular · accusative · superlative ▸ **1** (4Mac. 9,11)

πρεσβυτέριον (πρεσβύτης) body of elders ▸ 3
πρεσβυτέριον ▸ 2
Noun · neuter · singular · nominative ▸ **2** (Luke 22,66; Acts 22,5)
πρεσβυτερίου ▸ 1
Noun · neuter · singular · genitive ▸ **1** (1Tim. 4,14)

πρεσβύτερος (πρεσβύτης) older; elder ▸ 202 + 17 + 66 = 285
πρεσβυτέρα ▸ 6
Adjective · feminine · singular · nominative · comparative ▸ **6** (Gen. 19,31; Gen. 19,33; Gen. 19,34; Gen. 19,37; Ezek. 16,46; Ezek. 23,4)
πρεσβύτεραι ▸ 1
Adjective · feminine · plural · nominative · comparative ▸ **1** (Zech. 8,4)
πρεσβυτέραν ▸ 2
Adjective · feminine · singular · accusative · comparative ▸ **2** (Gen. 29,26; 1Kings 12,24e)
πρεσβυτέρας ▸ 1 + 1 = 2
Adjective · feminine · plural · accusative · comparative ▸ **1 + 1 = 2** (Ezek. 16,61; 1Tim. 5,2)
πρεσβύτερε ▸ 1
Adjective · masculine · singular · vocative · comparative ▸ **1** (Sir. 32,3)
πρεσβύτεροι ▸ 54 + 8 + 21 = 83
Adjective · masculine · plural · nominative · comparative ▸ **54 + 8 + 20 = 82** (Gen. 18,11; Gen. 50,7; Gen. 50,7; Ex. 18,12; Ex. 34,30; Lev. 4,15; Num. 11,16; Num. 11,30; Num. 16,25; Josh. 7,6; Josh. 8,10; Josh. 8,33 # 9,2d; Josh. 9,11; Judg. 11,5; Judg. 11,8; Judg. 11,10; Judg. 21,16; Ruth 4,11; 1Sam. 4,3; 1Sam. 16,4; 2Sam. 5,3; 2Sam. 12,17; 1Kings 12,24q; 1Kings 20,11; 1Kings 21,8; 2Kings 6,32; 2Kings 10,5; 1Chr. 11,3; 1Chr. 15,25; 1Chr. 21,16; 2Chr. 5,4; 1Esdr. 5,60; 1Esdr. 6,5; Ezra 3,12; Ezra 6,7; Ezra 6,14; Ezra 10,14; 1Mac. 1,26; 1Mac. 14,9; 3Mac. 1,25; Job 32,4; Job 32,6; Joel 1,2; Joel 3,1; Zech. 8,4; Lam. 2,10; Lam. 5,12; Ezek. 8,1; Ezek. 8,12; Ezek. 27,9; Sus. 29; Sus. 34; Sus. 36; Sus. 52; Judg. 11,5; Judg. 11,8; Judg. 11,10; Judg. 21,16; Sus. 5; Sus. 8; Sus. 16; Sus. 50; Matt. 21,23; Matt. 26,3; Matt. 26,57; Matt. 27,1; Matt. 27,20; Mark 11,27; Mark 14,53; Acts 2,17; Acts 4,23; Acts 15,6; Acts 15,23; Acts 21,18; Acts 25,15; 1Tim. 5,17; Heb. 11,2; Rev. 4,10; Rev. 5,8; Rev. 5,14; Rev. 11,16; Rev. 19,4)

Adjective · masculine · plural · vocative · comparative ▸ **1** (Acts 4,8)
πρεσβύτεροί ▸ 1
Adjective · masculine · plural · nominative · comparative ▸ **1** (Lam. 1,19)
πρεσβυτέροις ▸ 16 + 2 + 5 = 23
Adjective · masculine · plural · dative · comparative ▸ **16 + 2 + 5 = 23** (Ex. 10,9; Ex. 24,14; Deut. 31,9; Judg. 11,7; Ruth 4,9; 1Sam. 30,26; 2Sam. 17,15; 1Kings 12,6; 1Esdr. 7,2; Judith 6,21; 1Mac. 13,36; 1Mac. 14,20; 2Mac. 8,30; 2Mac. 13,13; Wis. 8,10; Sir. 25,4; Judg. 11,7; Sus. 41; Matt. 27,3; Luke 20,1; Acts 15,22; Acts 23,14; 1Pet. 5,5)
πρεσβύτερον ▸ 5
Adjective · masculine · singular · accusative · comparative ▸ **3** (Gen. 27,1; Eccl. 4,13; Ezek. 9,6)
Adjective · masculine · singular · accusative · noDegree ▸ **1** (Sus. 52)
Noun · masculine · singular · accusative · (common) ▸ **1** (Is. 3,2)
πρεσβύτερος ▸ 14 + 3 = 17
Adjective · masculine · singular · nominative · comparative ▸ **14 + 3 = 17** (Gen. 18,12; Gen. 19,31; Gen. 24,1; Gen. 35,29; Gen. 43,27; Gen. 44,20; Josh. 13,1; Josh. 23,1; 2Sam. 19,33; 1Kings 1,1; 1Kings 12,24i; Job 42,17; Jer. 6,11; Jer. 39,8; Luke 15,25; 2John 1; 3John 1)
πρεσβυτέρου ▸ 10 + 1 = 11
Adjective · masculine · singular · genitive · comparative ▸ **10 + 1 = 11** (Gen. 19,4; Gen. 27,15; Gen. 27,42; Gen. 44,12; Lev. 19,32; 2Chr. 15,13; Ode. 2,25; Job 1,13; Sir. 25,20; Is. 47,6; 1Tim. 5,19)
Πρεσβυτέρους ▸ 1
Adjective · masculine · plural · accusative · comparative ▸ **1** (1Pet. 5,1)
πρεσβυτέρους ▸ 43 + 3 + 11 = 57
Adjective · masculine · plural · accusative · comparative ▸ **43 + 3 + 11 = 57** (Ex. 19,7; Num. 11,25; Deut. 31,28; Deut. 32,7; Josh. 7,23; Josh. 24,1; Judg. 8,14; Judg. 8,16; Judg. 11,9; 2Sam. 3,17; 2Sam. 19,12; 1Kings 8,1; 1Kings 12,24q; 1Kings 20,8; 1Kings 21,7; 2Kings 6,32; 2Kings 10,1; 2Kings 19,2; 2Kings 23,1; 2Chr. 5,2; 2Chr. 10,6; 2Chr. 22,1; 2Chr. 34,29; 2Chr. 36,17; 1Esdr. 6,8; 1Esdr. 6,26; 1Esdr. 9,13; Ezra 5,9; Judith 6,16; Judith 8,10; Judith 10,6; Judith 13,12; 1Mac. 12,35; 1Mac. 16,2; 3Mac. 6,1; Psa. 104,22; Psa. 118,100; Ode. 2,7; Joel 1,14; Joel 2,16; Is. 37,2; Jer. 36,1; Ezek. 20,3; Judg. 8,16; Judg. 11,9; Sus. 18; Luke 7,3; Luke 22,52; Acts 4,5; Acts 6,12; Acts 11,30; Acts 14,23; Acts 15,2; Acts 20,17; Titus 1,5; James 5,14; Rev. 4,4)
Πρεσβυτέρῳ ▸ 1
Adjective · masculine · singular · dative · comparative ▸ **1** (1Tim. 5,1)
πρεσβυτέρῳ ▸ 2
Adjective · masculine · singular · dative · comparative ▸ **2** (Gen. 24,2; Job 1,18)
πρεσβυτέρων ▸ 46 + 4 + 22 = 72
Adjective · masculine · plural · genitive · comparative ▸ **45 + 4 + 22 = 71** (Ex. 17,5; Ex. 24,1; Num. 11,16; Num. 11,24; Josh. 24,29; Judg. 2,7; Judg. 11,11; Ruth 4,2; Ruth 4,4; 1Sam. 15,30; 2Sam. 17,4; 1Kings 12,8; 1Kings 12,13; 2Chr. 10,8; 2Chr. 10,13; 2Chr. 32,3; 1Esdr. 6,10; 1Esdr. 9,4; Ezra 6,8; Ezra 10,8; Judith 7,23; 1Mac. 7,33; 1Mac. 11,23; 1Mac. 14,28; 2Mac. 5,13; 3Mac. 1,8; 3Mac. 1,23; Psa. 106,32; Prov. 20,29; Job 12,20; Sir. 6,34; Sir. 7,14; Is. 3,14; Is. 24,23; Jer. 19,1; Jer. 19,1; Jer. 33,17; Bar. 1,4; Ezek. 7,26; Ezek. 8,11; Ezek. 9,6; Ezek. 14,1; Ezek. 20,1; Sus. 13-14; Sus. 41; Judg. 2,7; Judg. 8,14; Judg. 11,11; Sus. 5; Matt.

15,2; Matt. 16,21; Matt. 26,47; Matt. 27,12; Matt. 27,41; Matt. 28,12; Mark 7,3; Mark 7,5; Mark 8,31; Mark 14,43; Mark 15,1; Luke 9,22; John 8,9; Acts 15,4; Acts 16,4; Acts 24,1; Rev. 5,5; Rev. 5,6; Rev. 5,11; Rev. 7,11; Rev. 7,13; Rev. 14,3)
    Noun · masculine · singular · genitive · (common) ▸ **1** (2Mac. 14,37)

πρεσβύτης older, elderly man ▸ **38** + **11** + **3** = **52**
  πρεσβῦτα ▸ **2**
    Noun · masculine · singular · vocative · (common) ▸ **2** (4Mac. 5,6; 4Mac. 7,10)
  πρεσβῦται ▸ **5** + **6** = **11**
    Noun · masculine · plural · nominative · (common) ▸ **5** + **6** = **11** (2Mac. 11,34; Psa. 148,12; Job 29,8; Jer. 38,13; Lam. 5,14; Sus. 19; Sus. 24; Sus. 27; Sus. 28; Sus. 34; Sus. 36)
  Πρεσβύτας ▸ **1**
    Noun · masculine · plural · accusative ▸ **1** (Titus 2,2)
  πρεσβύτας ▸ **2** + **1** = **3**
    Noun · masculine · plural · accusative · (common) ▸ **2** + **1** = **3** (Is. 20,4; Lam. 4,16; Sus. 61)
  πρεσβύτην ▸ **6** + **1** = **7**
    Noun · masculine · singular · accusative · (common) ▸ **6** + **1** = **7** (Judg. 19,22; Sol. 2,8; Sol. 17,11; Is. 3,5; Is. 9,14; Bar. 4,15; Judg. 19,22)
  πρεσβύτης ▸ **18** + **3** + **2** = **23**
    Adjective · masculine · singular · nominative · noDegree ▸ **2** (2Kings 4,14; 1Chr. 23,1)
    Noun · masculine · singular · nominative · (common) ▸ **16** + **3** + **2** = **21** (Gen. 25,8; Num. 10,31; Judg. 19,16; Judg. 19,17; Judg. 19,20; 1Sam. 2,22; 1Sam. 2,32; 1Sam. 3,21; 1Sam. 4,18; 1Kings 1,15; 1Kings 13,11; 1Kings 13,25; Tob. 12,4; Job 15,10; Is. 65,20; Lam. 2,21; Judg. 19,16; Judg. 19,17; Judg. 19,20; Luke 1,18; Philem. 9)
  πρεσβύτου ▸ **5**
    Noun · masculine · singular · genitive · (common) ▸ **5** (Deut. 28,50; Deut. 32,25; Josh. 6,21; 1Esdr. 1,50; Wis. 2,10)

πρεσβῦτις (πρεσβύτης) older; elderly woman ▸ **1** + **1** = **2**
  πρεσβῦτι ▸ **1**
    Noun · feminine · singular · vocative · (common) ▸ **1** (4Mac. 16,14)
  πρεσβύτιδας ▸ **1**
    Noun · feminine · plural · accusative ▸ **1** (Titus 2,3)

πρήθω to swell ▸ **3**
  πεπρησμένην ▸ **1**
    Verb · perfect · passive · participle · feminine · singular · accusative ▸ **1** (Num. 5,21)
  πρῆσαι ▸ **1**
    Verb · aorist · active · infinitive ▸ **1** (Num. 5,22)
  πρησθήσεται ▸ **1**
    Verb · third · singular · future · passive · indicative ▸ **1** (Num. 5,27)

πρηνής (πρό) head first ▸ **4** + **1** = **5**
  πρηνέα ▸ **1**
    Adjective · masculine · singular · accusative · noDegree ▸ **1** (3Mac. 5,43)
  πρηνεῖς ▸ **3**
    Adjective · masculine · plural · accusative · noDegree ▸ **2** (3Mac. 6,23; Wis. 4,19)
    Adjective · masculine · plural · nominative · noDegree ▸ **1** (3Mac. 5,50)
  πρηνής ▸ **1**
    Adjective · masculine · singular · nominative ▸ **1** (Acts 1,18)

πρίαμαι (πέρα) to buy, purchase ▸ **6**
  ἐπρίατο ▸ **1**
    Verb · third · singular · aorist · middle · indicative ▸ **1** (Prov. 31,16)
  πρίασθαι ▸ **3**
    Verb · aorist · middle · infinitive ▸ **3** (Gen. 42,3; Gen. 42,10; Gen. 43,20)
  πρίασθε ▸ **2**
    Verb · second · plural · aorist · middle · imperative ▸ **2** (Gen. 42,2; Gen. 43,2)

πρίζω (πρίων) to cut with a saw, torture ▸ **1** + **1** + **1** = **3**
  ἔπριζον ▸ **1**
    Verb · third · plural · imperfect · active · indicative ▸ **1** (Amos 1,3)
  ἐπρίσθησαν ▸ **1**
    Verb · third · plural · aorist · passive · indicative ▸ **1** (Heb. 11,37)
  πρίσαι ▸ **1**
    Verb · aorist · active · infinitive ▸ **1** (Sus. 59)

πρίν (πρό) before; (adv) formerly ▸ **55** + **5** + **13** = **73**
  Πρίν ▸ **2**
    Conjunction · subordinating · (temporal) ▸ **2** (Sir. 11,7; Sir. 18,19)
  πρὶν ▸ **52** + **5** + **13** = **70**
    Conjunction · subordinating · (temporal) ▸ **52** + **5** + **13** = **70** (Gen. 27,4; Gen. 29,26; Ex. 1,19; Num. 11,33; Josh. 2,8; Judg. 14,18; 1Sam. 2,15; 1Sam. 3,3; 1Sam. 3,7; 1Sam. 9,13; 2Kings 2,9; 2Kings 6,32; Judith 7,14; Tob. 2,4; Tob. 3,8; Tob. 4,2; Tob. 8,20; Tob. 14,15; 1Mac. 10,4; 2Mac. 8,14; 2Mac. 13,13; 3Mac. 5,28; 3Mac. 6,4; 3Mac. 6,31; 3Mac. 6,34; 4Mac. 5,6; 4Mac. 9,27; Prov. 18,13; Wis. 2,8; Sir. 11,8; Sir. 18,21; Sir. 18,23; Sir. 19,17; Sir. 23,20; Sir. 48,25; Sir. 51,13; Joel 3,4; Mal. 3,22; Is. 7,15; Is. 7,16; Is. 8,4; Is. 17,14; Is. 23,7; Is. 28,4; Is. 28,24; Is. 46,10; Is. 48,5; Is. 65,24; Is. 66,7; Is. 66,7; Ezek. 33,22; Sus. 35a; Tob. 2,4; Tob. 3,8; Tob. 4,2; Tob. 14,15; Sus. 42; Matt. 1,18; Matt. 26,34; Matt. 26,75; Mark 14,30; Mark 14,72; Luke 2,26; Luke 22,61; John 4,49; John 8,58; John 14,29; Acts 2,20; Acts 7,2; Acts 25,16)
  πρίν ▸ **1**
    Conjunction · subordinating · (temporal) ▸ **1** (Sir. 14,13)

πρῖνος oak tree ▸ **1** + **1** = **2**
  πρῖνον ▸ **1** + **1** = **2**
    Noun · feminine · singular · accusative · (common) ▸ **1** + **1** = **2** (Sus. 58; Sus. 58)

Πρίσκα Prisca ▸ **3**
  Πρίσκα ▸ **1**
    Noun · feminine · singular · nominative · (proper) ▸ **1** (1Cor. 16,19)
  Πρίσκαν ▸ **2**
    Noun · feminine · singular · accusative · (proper) ▸ **2** (Rom. 16,3; 2Tim. 4,19)

Πρίσκιλλα Priscilla ▸ **3**
  Πρίσκιλλα ▸ **2**
    Noun · feminine · singular · nominative · (proper) ▸ **2** (Acts 18,18; Acts 18,26)
  Πρίσκιλλαν ▸ **1**
    Noun · feminine · singular · accusative · (proper) ▸ **1** (Acts 18,2)

πριστηροειδής (πρίων; εἶδος) shaped like a saw ▸ **1**
  πριστηροειδεῖς ▸ **1**
    Adjective · masculine · plural · accusative · noDegree ▸ **1** (Is. 41,15)

πρίων saw ▸ **5**
  πρίονι ▸ **1**
    Noun · masculine · singular · dative · (common) ▸ **1** (2Sam.

12,31)

πρίονος ▸ 1
    Noun · masculine · singular · genitive · (common) ▸ **1** (Judith 3,9)

πρίοσιν ▸ 2
    Noun · masculine · plural · dative · (common) ▸ **1** (Amos 1,3)
    Noun · neuter · plural · dative · (common) ▸ **1** (1Chr. 20,3)

πρίων ▸ 1
    Noun · masculine · singular · nominative · (common) ▸ **1** (Is. 10,15)

πρό before, above ▸ 244 + 10 + 47 = 301
    Πρὸ ▸ 1 + 4 = 5
        Preposition · (+genitive) ▸ 1 + 4 = **5** (Jer. 1,5; Luke 21,12; John 13,1; Gal. 3,23; James 5,12)
    πρὸ ▸ 243 + 10 + 43 = 296
        Preposition ▸ **1** (4Mac. 9,5)
        Preposition · (+genitive) ▸ 242 + 10 + 43 = **295** (Gen. 2,5; Gen. 2,5; Gen. 11,4; Gen. 13,10; Gen. 19,4; Gen. 24,15; Gen. 24,45; Gen. 27,7; Gen. 27,10; Gen. 27,33; Gen. 36,31; Gen. 37,18; Gen. 41,50; Gen. 45,28; Gen. 48,5; Gen. 50,16; Ex. 4,10; Ex. 4,10; Ex. 12,34; Ex. 13,9; Ex. 13,16; Ex. 17,6; Ex. 21,29; Ex. 21,29; Ex. 21,36; Ex. 21,36; Ex. 22,25; Ex. 23,20; Ex. 32,34; Ex. 33,2; Ex. 34,6; Ex. 34,11; Ex. 34,24; Lev. 5,4; Lev. 14,36; Lev. 18,24; Lev. 18,28; Lev. 18,30; Num. 13,22; Num. 14,42; Num. 27,17; Num. 27,17; Num. 33,52; Deut. 1,21; Deut. 1,30; Deut. 2,21; Deut. 2,31; Deut. 2,33; Deut. 3,18; Deut. 3,28; Deut. 4,38; Deut. 4,42; Deut. 5,7; Deut. 6,8; Deut. 6,19; Deut. 8,20; Deut. 9,3; Deut. 9,4; Deut. 11,18; Deut. 19,4; Deut. 19,4; Deut. 19,6; Deut. 19,6; Deut. 22,6; Deut. 23,15; Deut. 28,7; Deut. 30,1; Deut. 30,15; Deut. 30,19; Deut. 31,3; Deut. 31,3; Deut. 31,7; Deut. 31,21; Deut. 33,1; Josh. 3,1; Josh. 4,5; Ruth 3,14; 1Sam. 18,16; 1Kings 12,8; 1Kings 12,10; 1Kings 12,30; 2Kings 6,32; 2Chr. 19,11; 2Chr. 33,19; 1Esdr. 5,60; 1Esdr. 9,41; Ezra 5,11; Neh. 5,15; Neh. 13,4; Neh. 13,19; Judith 3,3; Judith 8,15; Judith 10,13; Judith 14,5; Judith 16,24; Tob. 10,11; Tob. 14,15; 1Mac. 3,22; 1Mac. 5,7; 1Mac. 5,43; 1Mac. 6,36; 1Mac. 10,34; 1Mac. 11,26; 1Mac. 15,5; 2Mac. 2,32; 2Mac. 3,15; 2Mac. 7,7; 2Mac. 8,17; 2Mac. 8,26; 2Mac. 10,6; 2Mac. 12,27; 2Mac. 15,31; 2Mac. 15,36; 3Mac. 4,4; 3Mac. 4,11; 4Mac. 1,22; 4Mac. 1,23; 4Mac. 12,4; Psa. 26,1; Psa. 38,14; Psa. 54,20; Psa. 56,7; Psa. 57,10; Psa. 71,5; Psa. 71,17; Psa. 73,12; Psa. 88,15; Psa. 89,2; Psa. 95,13; Psa. 100,3; Psa. 109,3; Psa. 118,67; Psa. 128,6; Ode. 4,5; Ode. 9,76; Prov. 8,23; Prov. 8,24; Prov. 8,24; Prov. 8,24; Prov. 8,25; Prov. 8,25; Prov. 16,18; Prov. 16,18; Prov. 18,12; Prov. 18,12; Prov. 30,7; Eccl. 2,26; Eccl. 2,26; Eccl. 5,1; Eccl. 5,5; Eccl. 7,26; Eccl. 9,1; Job 3,24; Job 4,16; Job 8,12; Job 10,21; Job 15,7; Job 15,32; Job 15,33; Job 21,18; Job 23,17; Job 24,6; Wis. 14,20; Wis. 15,8; Sir. 11,28; Sir. 18,19; Sir. 18,20; Sir. 22,24; Sir. 22,24; Sir. 24,9; Sir. 27,7; Sir. 27,29; Sir. 30,24; Sir. 32,10; Sir. 32,10; Sir. 37,16; Sir. 38,30; Sir. 40,16; Sir. 42,21; Sir. 45,13; Sir. 46,19; Sir. 48,10; Sir. 51,30; Sol. 1,8; Sol. 14,8; Amos 1,1; Amos 4,7; Amos 9,4; Mic. 2,13; Mic. 2,13; Mic. 6,4; Joel 2,3; Joel 2,10; Joel 2,11; Hab. 3,5; Zeph. 2,2; Zeph. 2,2; Zeph. 2,2; Hag. 2,15; Zech. 3,1; Zech. 3,3; Zech. 3,4; Zech. 3,8; Zech. 3,9; Zech. 4,7; Zech. 8,10; Zech. 14,20; Mal. 3,1; Mal. 3,14; Is. 18,5; Is. 30,33; Is. 42,9; Is. 44,7; Is. 62,11; Jer. 1,5; Jer. 9,12; Jer. 13,16; Jer. 15,1; Jer. 15,19; Jer. 17,16; Jer. 21,8; Jer. 30,27; Jer. 41,15; Ezek. 4,1; Ezek. 8,11; Ezek. 14,1; Ezek. 14,3; Ezek. 14,4; Ezek. 14,7; Ezek. 16,18; Ezek. 16,19; Ezek. 16,57; Ezek. 20,1; Ezek. 22,30; Ezek. 23,24; Ezek. 23,41; Ezek. 36,17; Ezek. 38,17; Ezek. 41,22; Ezek. 44,12; Ezek. 44,15; Dan. 7,7; Judg. 14,18; Tob. 2,10; Tob. 6,18; Tob. 8,18; Tob. 10,11; Tob. 10,13; Tob. 11,7; Tob. 14,15; Dan. 2,31; Dan. 8,3; Matt. 5,12; Matt. 6,8; Matt. 8,29; Matt. 11,10; Matt. 24,38; Mark 1,2; Luke 2,21; Luke 7,27; Luke 9,52; Luke 10,1; Luke 11,38; Luke 22,15; John 1,48; John 5,7; John 10,8; John 11,55; John 12,1; John 13,19; John 17,5; John 17,24; Acts 5,36; Acts 12,6; Acts 12,14; Acts 13,24; Acts 14,13; Acts 21,38; Acts 23,15; Rom. 16,7; 1Cor. 2,7; 1Cor. 4,5; 2Cor. 12,2; Gal. 1,17; Gal. 2,12; Eph. 1,4; Col. 1,17; 2Tim. 1,9; 2Tim. 4,21; Titus 1,2; Heb. 11,5; James 5,9; 1Pet. 1,20; 1Pet. 4,8; Jude 25)

προάγω (πρό; ἄγω)   to go before; to elevate ▸ 13 + 20 = 33
    προαγαγεῖν ▸ 2
        Verb · aorist · active · infinitive ▸ **2** (Acts 12,6; Acts 17,5)
    προαγαγών ▸ 1
        Verb · aorist · active · participle · masculine · singular · nominative ▸ **1** (Acts 16,30)
    προάγει ▸ 2
        Verb · third · singular · present · active · indicative ▸ **2** (Matt. 28,7; Mark 16,7)
    προάγειν ▸ 2
        Verb · present · active · infinitive ▸ **2** (Matt. 14,22; Mark 6,45)
    προάγοντες ▸ 3
        Verb · present · active · participle · masculine · plural · nominative ▸ **3** (Matt. 21,9; Mark 11,9; Luke 18,39)
    προάγοντος ▸ 1
        Verb · present · active · participle · masculine · singular · genitive ▸ **1** (2Mac. 10,1)
    προάγουσαι ▸ 1 + 1 = 2
        Verb · present · active · participle · feminine · plural · nominative ▸ 1 + 1 = **2** (Judith 10,22; 1Tim. 5,24)
    προαγούσας ▸ 1
        Verb · present · active · participle · feminine · plural · accusative ▸ **1** (1Tim. 1,18)
    προαγούσης ▸ 1
        Verb · present · active · participle · feminine · singular · genitive ▸ **1** (Heb. 7,18)
    προάγουσιν ▸ 1
        Verb · third · plural · present · active · indicative ▸ **1** (Matt. 21,31)
    προάγων ▸ 2
        Verb · present · active · participle · masculine · singular · nominative ▸ **2** (Mark 10,32; 2John 9)
    προάξει ▸ 2
        Verb · third · singular · future · active · indicative ▸ **2** (Prov. 4,27b; Sir. 20,27)
    προάξω ▸ 2
        Verb · first · singular · future · active · indicative ▸ **2** (Matt. 26,32; Mark 14,28)
    προαχθείς ▸ 1
        Verb · aorist · passive · participle · masculine · singular · nominative ▸ **1** (2Mac. 5,18)
    προαχθέντες ▸ 1
        Verb · aorist · passive · participle · masculine · plural · nominative ▸ **1** (Wis. 19,11)
    προήγαγον ▸ 1
        Verb · first · singular · aorist · active · indicative ▸ **1** (Acts 25,26)
    προῆγεν ▸ 1 + 1 = 2
        Verb · third · singular · imperfect · active · indicative ▸ 1 + 1 = **2** (1Mac. 10,77; Matt. 2,9)
    προῆγον ▸ 2
        Verb · third · plural · imperfect · active · indicative ▸ **2** (2Mac. 10,27; 2Mac. 11,10)
    προήχθη ▸ 3
        Verb · third · singular · aorist · passive · indicative ▸ **3** (Esth. 2,21; Prov. 6,8c; Sir. 1,12 Prol.)

προάγω–προβαίνω

προήχθημεν ▸ 1
    Verb · first · plural · aorist · passive · indicative ▸ **1** (3Mac. 3,16)

προαγωνίζομαι (πρό; ἀγών) to fight before ▸ 1
  προηγωνίζετο ▸ 1
    Verb · third · singular · imperfect · middle · indicative ▸ **1** (4Mac. 17,13)

προαδικέω (πρό; α; δίκη) to be the first in wrong-doing (Philo+) ▸ 1
  προηδικημένοι ▸ 1
    Verb · perfect · passive · participle · masculine · plural · nominative ▸ **1** (Wis. 18,2)

προαίρεσις (πρό; αἱρέω) choice; inclination; (human) will; provocation ▸ 15
  προαιρέσει ▸ 4
    Noun · feminine · singular · dative · (common) ▸ **4** (Judg. 5,2; 2Mac. 9,27; Eccl. 2,22; Jer. 8,5)
  προαιρέσεις ▸ 1
    Noun · feminine · plural · accusative · (common) ▸ **1** (Jer. 14,14)
  προαιρέσεως ▸ 1
    Noun · feminine · singular · genitive · (common) ▸ **1** (Eccl. 4,6)
  προαίρεσιν ▸ 1
    Noun · feminine · singular · accusative · (common) ▸ **1** (2Mac. 11,26)
  προαίρεσις ▸ 8
    Noun · feminine · singular · nominative · (common) ▸ **8** (Eccl. 1,14; Eccl. 1,17; Eccl. 2,11; Eccl. 2,17; Eccl. 2,26; Eccl. 4,4; Eccl. 4,16; Eccl. 6,9)

προαιρέω (πρό; αἱρέω) to take out, choose, prefer, decide ▸ 14 + 1 = 15
  προαιρῇ ▸ 1
    Verb · second · singular · present · middle · indicative ▸ **1** (3Mac. 6,10)
  προαιρούμεθα ▸ 1
    Verb · first · plural · present · middle · indicative ▸ **1** (3Mac. 7,2)
  προαιρουμένους ▸ 1
    Verb · present · middle · participle · masculine · plural · accusative ▸ **1** (2Mac. 6,9)
  προαιροῦνται ▸ 1
    Verb · third · plural · present · middle · indicative ▸ **1** (Prov. 21,25)
  προαιρῶνται ▸ 1
    Verb · third · plural · present · middle · subjunctive ▸ **1** (3Mac. 2,30)
  προείλαντο ▸ 1
    Verb · third · plural · aorist · middle · indicative ▸ **1** (Prov. 1,29)
  προείλατο ▸ 4
    Verb · third · singular · aorist · middle · indicative ▸ **4** (Gen. 34,8; Deut. 7,6; Deut. 7,7; Deut. 10,15)
  προειλόμην ▸ 1
    Verb · first · singular · aorist · middle · indicative ▸ **1** (Wis. 7,10)
  προείλω ▸ 1
    Verb · second · singular · aorist · middle · indicative ▸ **1** (Wis. 9,7)
  προελέσθαι ▸ 1
    Verb · aorist · middle · infinitive ▸ **1** (Is. 7,15)
  προελοῦσα ▸ 1
    Verb · aorist · active · participle · feminine · singular · nominative ▸ **1** (Judith 13,15)
  προῄρηται ▸ 1
    Verb · third · singular · perfect · passive · indicative ▸ **1** (2Cor. 9,7)

προαιτιάομαι (πρό; αἰτία) to accuse beforehand ▸ 1
  προῃτιασάμεθα ▸ 1
    Verb · first · plural · aorist · middle · indicative ▸ **1** (Rom. 3,9)

προακούω (πρό; ἀκούω) to hear before ▸ 1
  προηκούσατε ▸ 1
    Verb · second · plural · aorist · active · indicative ▸ **1** (Col. 1,5)

προαλής (πρό; ἄλη) impulsive, precipitous ▸ 1
  προαλής ▸ 1
    Adjective · masculine · singular · nominative · noDegree ▸ **1** (Sir. 30,8)

προαμαρτάνω (πρό; ἁμαρτάνω) to sin previously ▸ 2
  προημαρτηκόσιν ▸ 1
    Verb · perfect · active · participle · masculine · plural · dative ▸ **1** (2Cor. 13,2)
  προημαρτηκότων ▸ 1
    Verb · perfect · active · participle · masculine · plural · genitive ▸ **1** (2Cor. 12,21)

προαναμέλπω (πρό; ἀνά; μέλος) to sing first ▸ 1
  προαναμέλποντες ▸ 1
    Verb · present · active · participle · masculine · plural · nominative ▸ **1** (Wis. 18,9)

προανατάσσομαι (πρό; ἀνά; τάσσω) to prefer ▸ 1
  προανατάξωμαι ▸ 1
    Verb · first · singular · aorist · middle · subjunctive ▸ **1** (Psa. 136,6)

προανατέλλω (πρό; ἀνά; τέλλω) to sprout anew ▸ 1
  προανατέλλοντα ▸ 1
    Verb · present · active · participle · neuter · plural · nominative ▸ **1** (Ezek. 17,9)

προαπαγγέλλω (πρό; ἀπό; ἄγγελος) to forewarn ▸ 1
  προαπαγγείλῃς ▸ 1
    Verb · second · singular · aorist · active · subjunctive ▸ **1** (Ezek. 33,9)

προαποδείκνυμι (πρό; ἀπό; δείκνυμι) to prove, mention earlier ▸ 1
  προαποδεδειγμένων ▸ 1
    Verb · perfect · passive · participle · masculine · plural · genitive ▸ **1** (3Mac. 2,25)

προαποθνήσκω (πρό; ἀπό; θνήσκω) to die first ▸ 1
  προαποθανόντας ▸ 1
    Verb · aorist · active · participle · masculine · plural · accusative ▸ **1** (4Mac. 13,18)

προασπίζω (πρό; ἀσπίς) to defend ▸ 3
  προασπίζει ▸ 1
    Verb · third · singular · present · active · indicative ▸ **1** (4Mac. 14,15)
  προασπίζοντα ▸ 1
    Verb · present · active · participle · masculine · singular · accusative ▸ **1** (4Mac. 9,15)
  προασπίσαιμεν ▸ 1
    Verb · first · plural · aorist · active · optative ▸ **1** (4Mac. 6,21)

προάστιον suburban, suburb ▸ 2
  προάστια ▸ 2
    Noun · neuter · plural · accusative · (common) ▸ **2** (Num. 35,2; Num. 35,7)

προαύλιον (πρό; αὐλή) front courtyard ▸ 1
  προαύλιον ▸ 1
    Noun · neuter · singular · accusative ▸ **1** (Mark 14,68)

προβαίνω (πρό; βαίνω) to go on, advance; be old ▸ 17 + 1 + 5 = 23
  προβαίνοντα ▸ 1
    Verb · present · active · participle · masculine · singular

• accusative ▸ **1** (2Mac. 8,8)

προβαίνουσα ▸ 1
   Verb · present · active · participle · feminine · singular · nominative ▸ **1** (Judith 16,23)

προβαίνουσαι ▸ 1
   Verb · present · active · participle · feminine · plural · nominative ▸ **1** (Ex. 19,19)

προβαινούσης ▸ 2
   Verb · present · active · participle · feminine · singular · genitive ▸ **2** (2Mac. 4,3; 3Mac. 5,18)

προβαίνων ▸ 1
   Verb · present · active · participle · masculine · singular · nominative ▸ **1** (Gen. 26,13)

προβάς ▸ 2
   Verb · aorist · active · participle · masculine · singular · nominative ▸ **2** (Matt. 4,21; Mark 1,19)

προβέβηκα ▸ 1
   Verb · first · singular · perfect · active · indicative ▸ **1** (Josh. 23,2)

προβέβηκας ▸ 1
   Verb · second · singular · perfect · active · indicative ▸ **1** (Josh. 13,1)

προβεβήκει ▸ 1
   Verb · third · singular · pluperfect · active · indicative ▸ **1** (Judg. 19,11)

προβεβηκότες ▸ 1 + 1 = 2
   Verb · perfect · active · participle · masculine · plural · nominative ▸ 1 + **1** = **2** (Gen. 18,11; Luke 1,7)

προβεβηκότος ▸ 2
   Verb · perfect · active · participle · masculine · singular · genitive ▸ **2** (2Mac. 4,40; Job 2,9)

προβεβηκυῖα ▸ 2
   Verb · perfect · active · participle · feminine · singular · nominative ▸ **2** (Luke 1,18; Luke 2,36)

προβεβηκώς ▸ 5
   Verb · perfect · active · participle · masculine · singular · nominative ▸ **5** (Gen. 24,1; Josh. 13,1; Josh. 23,1; 1Kings 1,1; 2Mac. 6,18)

προβῇ ▸ 1
   Verb · third · singular · aorist · active · subjunctive ▸ **1** (1Esdr. 2,24)

προβάλλω (πρό; βάλλω) to put forth ▸ 8 + 3 + 2 = 13

προβάλετε ▸ 1
   Verb · second · plural · aorist · active · imperative ▸ **1** (Jer. 26,4)

προβάλλομαι ▸ 1
   Verb · first · singular · present · middle · indicative ▸ **1** (Judg. 14,12)

προβαλλομένοις ▸ 1
   Verb · present · middle · participle · masculine · plural · dative ▸ **1** (Prov. 22,21)

προβάλλουσιν ▸ 1
   Verb · third · plural · present · active · indicative ▸ **1** (Prov. 26,18)

προβαλόντων ▸ 1
   Verb · aorist · active · participle · masculine · plural · genitive ▸ **1** (Acts 19,33)

Προβαλοῦ ▸ 1 + 1 = 2
   Verb · second · singular · aorist · middle · imperative ▸ 1 + **1** = **2** (Judg. 14,13; Judg. 14,13)

Προβαλῶ ▸ 1
   Verb · first · singular · future · active · indicative ▸ **1** (Judg. 14,12)

προβαλών ▸ 1
   Verb · aorist · active · participle · masculine · singular · nominative ▸ **1** (2Mac. 14,46)

προβάλωσιν ▸ 1
   Verb · third · plural · aorist · active · subjunctive ▸ **1** (Luke 21,30)

προέβαλεν ▸ 1
   Verb · third · singular · aorist · active · indicative ▸ **1** (2Mac. 7,10)

προεβάλου ▸ 1 + 1 = 2
   Verb · second · singular · aorist · middle · indicative ▸ 1 + **1** = **2** (Judg. 14,16; Judg. 14,16)

προβασανίζω (πρό; βάσανος) to torture earlier ▸ 2

προβασανισθέντι ▸ 1
   Verb · aorist · passive · participle · masculine · singular · dative ▸ **1** (4Mac. 8,5)

προβασανισθέντων ▸ 1
   Verb · aorist · passive · participle · masculine · plural · genitive ▸ **1** (4Mac. 10,16)

προβασκάνιον (πρό; βάσκανος) charm, amulet ▸ 1

προβασκάνιον ▸ 1
   Noun · neuter · singular · nominative · (common) ▸ **1** (LetterJ 69)

προβατικός (πρό; βαίνω) relating to sheep ▸ 3 + 1 = 4

προβατικῇ ▸ 1
   Adjective · feminine · singular · dative ▸ **1** (John 5,2)

προβατικήν ▸ 1
   Adjective · feminine · singular · accusative · noDegree ▸ **1** (Neh. 3,1)

προβατικῆς ▸ 2
   Adjective · feminine · singular · genitive · noDegree ▸ **2** (Neh. 3,32; Neh. 12,39)

πρόβατον (πρό; βαίνω) sheep ▸ 295 + 5 + 39 = 339

πρόβατα ▸ 135 + 3 + 24 = 162
   Noun · neuter · plural · accusative · (common) ▸ 91 + 1 + 12 = **104** (Gen. 20,14; Gen. 21,27; Gen. 24,35; Gen. 27,9; Gen. 29,3; Gen. 29,7; Gen. 29,8; Gen. 29,9; Gen. 29,10; Gen. 29,10; Gen. 30,36; Gen. 30,40; Gen. 31,10; Gen. 31,12; Gen. 31,19; Gen. 32,8; Gen. 32,15; Gen. 34,28; Gen. 37,2; Gen. 37,12; Gen. 38,12; Gen. 38,13; Gen. 50,8; Ex. 2,16; Ex. 2,16; Ex. 2,17; Ex. 2,19; Ex. 3,1; Ex. 3,1; Ex. 12,32; Ex. 20,24; Ex. 21,37; Num. 22,40; Num. 27,17; Deut. 16,2; Josh. 7,24; 1Sam. 25,11; 1Sam. 25,18; 2Sam. 17,29; 1Kings 1,9; 1Kings 1,19; 1Kings 1,25; 1Kings 8,5; 2Kings 5,26; 1Chr. 12,41; 1Chr. 21,17; 2Chr. 5,6; 2Chr. 14,14; 2Chr. 15,11; 2Chr. 18,2; 2Chr. 18,16; 2Chr. 30,24; 2Chr. 30,24; 2Chr. 35,7; 2Chr. 35,8; 2Chr. 35,9; 1Esdr. 1,8; 1Esdr. 1,9; Judith 2,17; Judith 8,26; Judith 11,19; Psa. 8,8; Psa. 43,12; Psa. 48,15; Psa. 73,1; Psa. 76,21; Psa. 77,52; Psa. 79,2; Psa. 106,41; Psa. 151,1; Prov. 27,26; Job 1,16; Mic. 2,12; Mic. 7,14; Zech. 9,16; Zech. 11,4; Zech. 11,7; Zech. 11,7; Zech. 11,11; Zech. 11,17; Zech. 13,7; Is. 7,21; Is. 22,13; Is. 43,23; Jer. 3,24; Jer. 5,17; Jer. 23,1; Jer. 30,24; Jer. 40,12; Ezek. 34,2; Ezek. 36,37; Tob. 10,10; Matt. 10,6; Matt. 10,16; Matt. 15,24; Matt. 25,32; Matt. 25,33; Luke 15,4; John 2,14; John 2,15; John 10,3; John 10,12; John 10,16; Rev. 18,13)
   Noun · neuter · plural · nominative · (common) ▸ 44 + 2 + 12 = **58** (Gen. 12,16; Gen. 13,5; Gen. 30,38; Gen. 30,39; Gen. 30,39; Gen. 30,41; Gen. 30,42; Gen. 31,8; Gen. 31,8; Gen. 31,10; Gen. 32,6; Gen. 33,13; Gen. 37,14; Ex. 12,38; Ex. 34,3; Num. 11,22; 2Sam. 24,17; 1Kings 2,46e; 1Kings 5,3; 2Chr. 29,33; Neh. 5,18; Psa. 43,23; Psa. 78,13; Psa. 94,7; Psa. 99,3; Psa. 143,13; Ode. 4,17; Job 1,3; Job 21,11; Job 42,12; Jonah 3,7; Hab. 3,17; Zech. 10,2; Is. 53,6; Is. 60,7; Jer. 13,20; Jer. 27,6; Jer. 40,13; Ezek. 34,6; Ezek. 34,17; Ezek. 34,31; Ezek. 36,38; Ezek. 36,38; Bel 3; Bel 3; Bel 32; Matt. 9,36; Matt. 18,12; Matt. 26,31; Mark 6,34;

πρόβατον–προγινώσκω

Mark 14,27; John 10,3; John 10,4; John 10,8; John 10,12; John 10,27; Rom. 8,36; 1Pet. 2,25)

πρόβατά ▸ 23 + 2 = 25
  Noun · neuter · plural · accusative · (common) ▸ 13 + 2 = **15** (Gen. 30,31; Is. 61,5; Jer. 23,2; Ezek. 34,3; Ezek. 34,8; Ezek. 34,8; Ezek. 34,10; Ezek. 34,10; Ezek. 34,10; Ezek. 34,11; Ezek. 34,12; Ezek. 34,15; Ezek. 34,22; John 21,16; John 21,17)
  Noun · neuter · plural · nominative · (common) ▸ **10** (Gen. 30,32; Gen. 31,38; Gen. 45,10; Deut. 28,31; Jer. 10,20; Ezek. 34,5; Ezek. 34,8; Ezek. 34,8; Ezek. 34,19; Ezek. 34,31)

προβάτοις ▸ 5
  Noun · neuter · plural · dative · (common) ▸ **5** (Gen. 31,41; Ex. 9,3; Ex. 10,9; Deut. 14,26; Deut. 15,19)

Πρόβατον ▸ 1
  Noun · neuter · singular · nominative · (common) ▸ **1** (Jer. 27,17)

πρόβατον ▸ 29 + 2 = 31
  Noun · neuter · singular · accusative · (common) ▸ 24 + 1 = **25** (Gen. 22,8; Gen. 30,32; Ex. 12,3; Ex. 12,3; Ex. 12,4; Ex. 12,4; Ex. 12,21; Ex. 21,37; Ex. 22,9; Lev. 4,32; Lev. 5,7; Lev. 14,10; Lev. 17,3; Lev. 22,23; Lev. 22,27; Lev. 22,28; Lev. 23,12; Lev. 27,26; Deut. 17,1; Deut. 18,3; Deut. 22,1; 1Sam. 14,34; 1Sam. 17,34; Ezek. 45,15; Matt. 12,11)
  Noun · neuter · singular · nominative · (common) ▸ 5 + 1 = **6** (Gen. 22,7; Ex. 12,5; Psa. 118,176; Is. 13,14; Is. 53,7; Acts 8,32)

πρόβατόν ▸ 1 + 1 = 2
  Noun · neuter · singular · accusative · (common) ▸ 1 + 1 = **2** (Ex. 22,29; Luke 15,6)

προβάτου ▸ 12 + 1 = 13
  Noun · neuter · singular · genitive · (common) ▸ 12 + 1 = **13** (Ex. 21,37; Ex. 22,3; Ex. 22,8; Ex. 34,19; Lev. 4,35; 1Sam. 15,3; 1Sam. 22,19; Is. 7,25; Ezek. 34,17; Ezek. 34,17; Ezek. 34,20; Ezek. 34,20; Matt. 12,12)

προβάτῳ ▸ 2
  Noun · neuter · singular · dative · (common) ▸ **2** (Ex. 13,13; Ex. 34,20)

προβάτων ▸ 87 + 2 + 9 = 98
  Noun · neuter · plural · genitive · (common) ▸ 87 + 2 + 9 = **98** (Gen. 4,2; Gen. 4,4; Gen. 21,28; Gen. 21,29; Gen. 26,14; Gen. 29,2; Gen. 29,6; Gen. 29,9; Gen. 30,40; Gen. 30,41; Gen. 31,38; Gen. 38,17; Gen. 46,34; Gen. 47,3; Gen. 47,17; Ex. 10,24; Lev. 1,2; Lev. 1,10; Lev. 3,6; Lev. 5,6; Lev. 5,15; Lev. 5,18; Lev. 5,25; Lev. 7,23; Lev. 22,19; Lev. 22,21; Lev. 27,32; Num. 15,3; Num. 15,11; Num. 18,17; Num. 31,28; Num. 31,30; Num. 31,32; Num. 31,36; Num. 31,37; Num. 31,43; Num. 32,16; Num. 32,36; Deut. 7,13; Deut. 8,13; Deut. 12,6; Deut. 12,17; Deut. 12,21; Deut. 14,4; Deut. 14,23; Deut. 15,14; Deut. 15,19; Deut. 18,4; Deut. 28,4; Deut. 28,18; Deut. 28,51; Deut. 32,14; 2Sam. 7,8; 1Kings 8,63; 1Chr. 5,21; 1Chr. 27,31; 2Chr. 17,11; 2Chr. 31,6; 2Chr. 32,29; Ezra 10,19; Tob. 7,8; Psa. 64,14; Psa. 77,70; Psa. 113,4; Psa. 113,6; Psa. 151,4; Ode. 2,14; Sir. 47,3; Hos. 5,6; Amos 7,15; Mic. 5,7; Joel 1,18; Zeph. 2,6; Is. 63,11; Jer. 27,8; Jer. 27,45; Jer. 30,14; Jer. 32,34; Jer. 32,35; Jer. 32,36; Jer. 38,12; Ezek. 25,5; Ezek. 34,12; Ezek. 36,38; Ezek. 43,23; Ezek. 43,25; Ezek. 45,15; Tob. 1,6; Tob. 7,8; Matt. 7,15; John 10,1; John 10,2; John 10,7; John 10,11; John 10,13; John 10,15; John 10,26; Heb. 13,20)

προβιβάζω (πρό; βαίνω) to teach, persuade ▸ 2 + 1 = 3
  προβιβάσαι ▸ 1
    Verb · aorist · active · infinitive ▸ **1** (Ex. 35,34)
  προβιβάσεις ▸ 1
    Verb · second · singular · future · active · indicative ▸ **1** (Deut. 6,7)
  προβιβασθεῖσα ▸ 1
    Verb · aorist · passive · participle · feminine · singular · nominative ▸ **1** (Matt. 14,8)

προβλέπω (πρό; βλέπω) to foresee, to provide ▸ 1 + 1 = 2
  προβλέπει ▸ 1
    Verb · third · singular · present · active · indicative ▸ **1** (Psa. 36,13)
  προβλεψαμένου ▸ 1
    Verb · aorist · middle · participle · masculine · singular · genitive ▸ **1** (Heb. 11,40)

πρόβλημα (πρό; βάλλω) riddle, problem ▸ 11 + 8 = 19
  Πρόβλημα ▸ 1
    Noun · neuter · singular · nominative · (common) ▸ **1** (Judg. 14,12)
  πρόβλημα ▸ 7 + 5 = 12
    Noun · neuter · singular · accusative · (common) ▸ 7 + 5 = **12** (Judg. 14,12; Judg. 14,12; Judg. 14,14; Judg. 14,15; Judg. 14,16; Judg. 14,19; Hab. 2,6; Judg. 14,13; Judg. 14,14; Judg. 14,15; Judg. 14,16; Judg. 14,19)
  πρόβλημά ▸ 3 + 1 = 4
    Noun · neuter · singular · accusative · (common) ▸ 3 + 1 = **4** (Judg. 14,13; Judg. 14,18; Psa. 48,5; Judg. 14,18)
  προβλήματα ▸ 1 + 1 = 2
    Noun · neuter · plural · accusative · (common) ▸ 1 + 1 = **2** (Psa. 77,2; Dan. 8,23)

προβλής (πρό; βάλλω) jutting out ▸ 1
  προβλῆτες ▸ 1
    Noun · masculine · plural · nominative · (common) ▸ **1** (4Mac. 13,6)

προγίνομαι (πρό; γίνομαι) to happen previously ▸ 3 + 1 = 4
  προγεγονότα ▸ 1
    Verb · perfect · active · participle · neuter · plural · accusative ▸ **1** (2Mac. 15,8)
  προγεγονότων ▸ 1 + 1 = 2
    Verb · perfect · active · participle · neuter · plural · genitive ▸ 1 + 1 = **2** (Wis. 19,13; Rom. 3,25)
  προγεγονώς ▸ 1
    Verb · perfect · active · participle · masculine · singular · nominative ▸ **1** (2Mac. 14,3)

προγινώσκω (πρό; γινώσκω) to know ahead of time, choose ahead of time ▸ 3 + 5 = 8
  προγινώσκει ▸ 1
    Verb · third · singular · present · active · indicative ▸ **1** (Wis. 8,8)
  προγινώσκοντες ▸ 1
    Verb · present · active · participle · masculine · plural · nominative ▸ **1** (2Pet. 3,17)
  προγινώσκοντές ▸ 1
    Verb · present · active · participle · masculine · plural · nominative ▸ **1** (Acts 26,5)
  προγνωσθῆναι ▸ 1
    Verb · aorist · passive · infinitive ▸ **1** (Wis. 6,13)
  προέγνω ▸ 2
    Verb · third · singular · aorist · active · indicative ▸ **2** (Rom. 8,29; Rom. 11,2)
  προεγνώσθη ▸ 1
    Verb · third · singular · aorist · passive · indicative ▸ **1** (Wis. 18,6)
  προεγνωσμένου ▸ 1
    Verb · perfect · passive · participle · masculine · singular

• genitive ▸ 1 (1Pet. 1,20)

πρόγνωσις (πρό; γινώσκω) foreknowledge/forechoice ▸ 2 + 2 = 4
  προγνώσει ▸ 1 + 1 = 2
    Noun • feminine • singular • dative • (common) ▸ 1 + 1 = 2 (Judith 9,6; Acts 2,23)
  πρόγνωσιν ▸ 1
    Noun • feminine • singular • accusative ▸ 1 (1Pet. 1,2)
  πρόγνωσίν ▸ 1
    Noun • feminine • singular • accusative • (common) ▸ 1 (Judith 11,19)

προγονικός (πρό; γίνομαι) ancient, ancestral ▸ 2
  προγονικὴν ▸ 1
    Adjective • feminine • singular • accusative • noDegree ▸ 1 (2Mac. 14,7)
  προγονικῆς ▸ 1
    Adjective • feminine • singular • genitive • noDegree ▸ 1 (2Mac. 8,17)

πρόγονος (πρό; γίνομαι) parent ▸ 11 + 2 = 13
  πρόγονοί ▸ 1
    Noun • masculine • plural • nominative • (common) ▸ 1 (Sir. 8,4)
  προγόνοις ▸ 2 + 1 = 3
    Noun • masculine • plural • dative • (common) ▸ 2 + 1 = 3 (Esth. 16,16 # 8,12q; 3Mac. 5,31; 1Tim. 5,4)
  προγόνους ▸ 2
    Noun • masculine • plural • accusative • (common) ▸ 2 (3Mac. 7,7; 4Mac. 9,2)
  προγόνων ▸ 6 + 1 = 7
    Noun • masculine • plural • genitive • (common) ▸ 6 + 1 = 7 (Esth. 14,5 # 4,17m; 2Mac. 8,19; 2Mac. 11,25; 2Mac. 6,28; 4Mac. 3,8; 4Mac. 5,29; 2Tim. 1,3)

προγράφω (πρό; γράφω) to write formerly ▸ 2 + 4 = 6
  προγεγραμμένοι ▸ 1 + 1 = 2
    Verb • perfect • passive • participle • masculine • plural • nominative ▸ 1 + 1 = 2 (Dan. 3,3; Jude 4)
  προγραφήτωσαν ▸ 1
    Verb • third • plural • aorist • passive • imperative ▸ 1 (1Mac. 10,36)
  προεγράφη ▸ 2
    Verb • third • singular • aorist • passive • indicative ▸ 2 (Rom. 15,4; Gal. 3,1)
  προέγραψα ▸ 1
    Verb • first • singular • aorist • active • indicative ▸ 1 (Eph. 3,3)

πρόδηλος (πρό; δῆλος) very evident ▸ 3 + 3 = 6
  πρόδηλα ▸ 1
    Adjective • neuter • plural • nominative ▸ 1 (1Tim. 5,25)
  πρόδηλοί ▸ 1
    Adjective • feminine • plural • nominative ▸ 1 (1Tim. 5,24)
  πρόδηλον ▸ 2 + 1 = 3
    Adjective • neuter • singular • accusative • noDegree ▸ 1 (2Mac. 14,39)
    Adjective • neuter • singular • nominative • noDegree ▸ 1 + 1 = 2 (2Mac. 3,17; Heb. 7,14)
  πρόδηλός ▸ 1
    Adjective • feminine • singular • nominative • noDegree ▸ 1 (Judith 8,29)

προδηλόω (πρό; δῆλος) to explain ahead of time ▸ 1
  προδεδηλωμένην ▸ 1
    Verb • perfect • passive • participle • feminine • singular • accusative ▸ 1 (3Mac. 4,14)

προδίδωμι (πρό; δίδωμι) to give first ▸ 3 + 1 = 4
  προδίδωμι ▸ 1
    Verb • first • singular • present • active • indicative ▸ 1 (2Mac. 7,37)
  προδίδωσίν ▸ 1
    Verb • third • singular • present • active • indicative ▸ 1 (2Kings 6,11)
  προδώσων ▸ 1
    Verb • future • active • participle • masculine • singular • nominative ▸ 1 (4Mac. 4,1)
  προέδωκεν ▸ 1
    Verb • third • singular • aorist • active • indicative ▸ 1 (Rom. 11,35)

προδοσία (πρό; δίδωμι) betrayal ▸ 2
  προδοσία ▸ 1
    Noun • feminine • singular • nominative • (common) ▸ 1 (Wis. 17,11)
  προδοσία ▸ 1
    Noun • feminine • singular • dative • (common) ▸ 1 (Wis. 17,14)

προδότης (πρό; δίδωμι) traitor ▸ 4 + 3 = 7
  προδόται ▸ 2
    Noun • masculine • plural • nominative ▸ 2 (Acts 7,52; 2Tim. 3,4)
  προδότας ▸ 2
    Noun • masculine • plural • accusative • (common) ▸ 2 (2Mac. 10,22; 3Mac. 3,24)
  προδότην ▸ 1
    Noun • masculine • singular • accusative • (common) ▸ 1 (2Mac. 5,15)
  προδότης ▸ 1 + 1 = 2
    Noun • masculine • singular • nominative • (common) ▸ 1 + 1 = 2 (2Mac. 10,13; Luke 6,16)

πρόδρομος (πρό; τρέχω) preceding; precursor, forerunner ▸ 3 + 1 = 4
  πρόδρομοι ▸ 1
    Adjective • feminine • plural • nominative • noDegree ▸ 1 (Num. 13,20)
  πρόδρομος ▸ 1 + 1 = 2
    Adjective • masculine • singular • nominative ▸ 1 (Heb. 6,20)
    Adjective • neuter • singular • nominative • noDegree ▸ 1 (Is. 28,4)
  προδρόμους ▸ 1
    Adjective • masculine • plural • accusative • noDegree ▸ 1 (Wis. 12,8)

προεῖπον (πρό; λέγω) to say ahead of time, foretell ▸ 12
  προειρήκαμεν ▸ 1
    Verb • first • plural • perfect • active • indicative ▸ 1 (3Mac. 6,35)
  προειρημένας ▸ 1
    Verb • perfect • passive • participle • feminine • plural • accusative ▸ 1 (3Mac. 6,36)
  προειρημένοις ▸ 1
    Verb • perfect • passive • participle • neuter • plural • dative ▸ 1 (2Mac. 2,32)
  προειρημένον ▸ 3
    Verb • perfect • passive • participle • masculine • singular • accusative ▸ 1 (3Mac. 6,35)
    Verb • perfect • passive • participle • neuter • singular • accusative ▸ 2 (2Mac. 3,28; 3Mac. 4,17)
  προειρημένος ▸ 1
    Verb • perfect • passive • participle • masculine • singular • nominative ▸ 1 (2Mac. 4,1)
  προειρημένους ▸ 1
    Verb • perfect • passive • participle • masculine • plural • accusative ▸ 1 (2Mac. 6,29)

προειρημένῳ ‣ 1
: **Verb** · perfect · passive · participle · neuter · singular · dative ‣ **1** (3Mac. 1,26)

προειρημένων ‣ 3
: **Verb** · perfect · passive · participle · masculine · plural · genitive ‣ **1** (2Mac. 14,8)
Verb · perfect · passive · participle · neuter · plural · genitive ‣ **2** (1Esdr. 6,31; 2Mac. 3,7)

προεκφέρω (πρό; ἐκ; φέρω) to stretch out first ‣ 1
προεξήνεγκεν ‣ 1
: **Verb** · third · singular · aorist · active · indicative ‣ **1** (Gen. 38,28)

προελπίζω (πρό; ἐλπίς) to trust first ‣ 1
προηλπικότας ‣ 1
: **Verb** · perfect · active · participle · masculine · plural · accusative ‣ **1** (Eph. 1,12)

προενάρχομαι (πρό; ἄρχω) to begin ‣ 2
προενήρξασθε ‣ 1
: **Verb** · second · plural · aorist · middle · indicative ‣ **1** (2Cor. 8,10)

προενήρξατο ‣ 1
: **Verb** · third · singular · aorist · middle · indicative ‣ **1** (2Cor. 8,6)

προεξαποστέλλω (πρό; ἐκ; ἀπό; στέλλω) to send out ahead of time ‣ 1
προεξαπέστειλεν ‣ 1
: **Verb** · third · singular · aorist · active · indicative ‣ **1** (2Mac. 12,21)

προεπαγγέλλω (πρό; ἐπί; ἄγγελος) to promise long before ‣ 2
προεπηγγείλατο ‣ 1
: **Verb** · third · singular · aorist · middle · indicative ‣ **1** (Rom. 1,2)

προεπηγγελμένην ‣ 1
: **Verb** · perfect · middle · participle · feminine · singular · accusative · (variant) ‣ **1** (2Cor. 9,5)

προέρχομαι (πρό; ἔρχομαι) to go before ‣ 10 + 9 = 19
προελεύσεται ‣ 1 + 1 = 2
: **Verb** · third · singular · future · middle · indicative ‣ **1 + 1 = 2** (Sir. 32,10; Luke 1,17)

προελθεῖν ‣ 3
: **Verb** · aorist · active · infinitive ‣ **3** (Judith 2,19; 2Mac. 4,34; Prov. 8,24)

προελθέτω ‣ 1
: **Verb** · third · singular · aorist · active · imperative ‣ **1** (Gen. 33,14)

προελθόντες ‣ 2
: **Verb** · aorist · active · participle · masculine · plural · nominative ‣ **2** (Acts 20,5; Acts 20,13)

προελθών ‣ 2
: **Verb** · aorist · active · participle · masculine · singular · nominative ‣ **2** (Matt. 26,39; Mark 14,35)

προέλθωσιν ‣ 1
: **Verb** · third · plural · aorist · active · subjunctive ‣ **1** (2Cor. 9,5)

προῆλθεν ‣ 4
: **Verb** · third · singular · aorist · active · indicative ‣ **4** (Gen. 33,3; Judith 15,13; 2Mac. 14,21; 3Mac. 2,26)

προῆλθον ‣ 1 + 2 = 3
: **Verb** · third · plural · aorist · active · indicative ‣ **1 + 2 = 3** (Esth. 11,6 # 1,1e; Mark 6,33; Acts 12,10)

προήρχετο ‣ 1
: **Verb** · third · singular · imperfect · middle · indicative ‣ **1** (Luke 22,47)

προετοιμάζω (πρό; ἕτοιμος) to prepare ahead of time ‣ 2 + 2 = 4
προετοιμάσει ‣ 1
: **Verb** · third · singular · future · active · indicative ‣ **1** (Is. 28,24)

προητοίμασας ‣ 1
: **Verb** · second · singular · aorist · active · indicative ‣ **1** (Wis. 9,8)

προητοίμασεν ‣ 2
: **Verb** · third · singular · aorist · active · indicative ‣ **2** (Rom. 9,23; Eph. 2,10)

προευαγγελίζομαι (πρό; εὖ; ἄγγελος) to evangelize earlier ‣ 1
προευηγγελίσατο ‣ 1
: **Verb** · third · singular · aorist · middle · indicative ‣ **1** (Gal. 3,8)

προέχω (πρό; ἔχω) to put first, be first, be better off ‣ 1 + 1 = 2
προεχόμεθα ‣ 1
: **Verb** · first · plural · present · middle · indicative ‣ **1** (Rom. 3,9)

προσχῇς ‣ 1
: **Verb** · second · singular · aorist · active · subjunctive ‣ **1** (Num. 16,15)

προηγέομαι (πρό; ἄγω) to lead the way ‣ 13 + 1 = 14
προηγεῖται ‣ 1
: **Verb** · third · singular · present · middle · indicative ‣ **1** (Prov. 17,14)

προηγησαμένου ‣ 1
: **Verb** · aorist · middle · participle · masculine · singular · genitive ‣ **1** (2Mac. 4,40)

προηγούμενοι ‣ 4 + 1 = 5
: **Verb** · present · middle · participle · masculine · plural · nominative ‣ **4 + 1 = 5** (1Esdr. 5,9; 1Esdr. 8,28; 1Esdr. 8,67; 1Esdr. 9,12; Rom. 12,10)

προηγούμενος ‣ 3
: **Verb** · present · middle · participle · masculine · singular · nominative ‣ **3** (2Mac. 8,23; 2Mac. 10,12; 2Mac. 11,8)

προηγουμένους ‣ 2
: **Verb** · present · middle · participle · masculine · plural · accusative ‣ **2** (Deut. 20,9; 2Mac. 8,22)

προηγουμένῳ ‣ 1
: **Verb** · present · middle · participle · masculine · singular · dative ‣ **1** (3Mac. 1,11)

προηγουμένων ‣ 1
: **Verb** · present · middle · participle · masculine · plural · genitive ‣ **1** (1Esdr. 5,8)

προηγορέω (πρό; ἀγορά) to speak on behalf of someone ‣ 1
προηγορησάντων ‣ 1
: **Verb** · aorist · active · participle · masculine · plural · nominative ‣ **1** (2Mac. 4,48)

προήγορος (πρό; ἀγορά) spokesman, advocate ‣ 2
προήγορον ‣ 1
: **Noun** · masculine · singular · accusative · (common) ‣ **1** (2Mac. 7,4)

προήγορος ‣ 1
: **Noun** · masculine · singular · nominative · (common) ‣ **1** (2Mac. 7,2)

προήκω (πρό; ἥκω) to have gone ahead, advanced ‣ 1
προήκων ‣ 1
: **Verb** · present · active · participle · masculine · singular · nominative ‣ **1** (4Mac. 5,4)

προθερίζω (πρό; θέρμη) to reap first ‣ 1
προτεθερισμένα ‣ 1
: **Verb** · perfect · passive · participle · neuter · plural · accusative

▸ 1 (Judg. 15,5)

πρόθεσις (πρό; τίθημι) setting forth, offering; purpose ▸ 18 + 12 = 30
  προθέσει ▸ 2
    Noun ▪ feminine ▪ singular ▪ dative ▸ 2 (Acts 11,23; 2Tim. 3,10)
  προθέσεις ▸ 1
    Noun ▪ feminine ▪ plural ▪ accusative ▪ (common) ▸ 1 (2Chr. 13,11)
  προθέσεως ▸ 11 + 4 = 15
    Noun ▪ feminine ▪ singular ▪ genitive ▪ (common) ▸ 11 + 4 = 15 (Ex. 39,17; Ex. 40,23; 1Sam. 21,7; 1Chr. 9,32; 1Chr. 23,29; 1Chr. 28,16; 2Chr. 4,19; 2Chr. 29,18; 1Mac. 1,22; 3Mac. 1,22; 3Mac. 5,12; Matt. 12,4; Mark 2,26; Luke 6,4; Acts 27,13)
  πρόθεσιν ▸ 6 + 4 = 10
    Noun ▪ feminine ▪ singular ▪ accusative ▪ (common) ▸ 6 + 4 = 10 (Ex. 40,4; 2Chr. 2,3; 2Mac. 3,8; 2Mac. 10,3; 3Mac. 2,26; 3Mac. 5,29; Rom. 8,28; Eph. 1,11; Eph. 3,11; 2Tim. 1,9)
  πρόθεσις ▸ 2
    Noun ▪ feminine ▪ singular ▪ nominative ▸ 2 (Rom. 9,11; Heb. 9,2)

προθεσμία (πρό; τίθημι) set time ▸ 1
  προθεσμίας ▸ 1
    Noun ▪ feminine ▪ singular ▪ genitive ▸ 1 (Gal. 4,2)

προθυμέομαι (πρό; θυμός) to be willing, eager ▸ 11
  προεθυμήθην ▸ 1
    Verb ▪ first ▪ singular ▪ aorist ▪ passive ▪ indicative ▸ 1 (1Chr. 29,17)
  προεθυμήθησαν ▸ 2
    Verb ▪ third ▪ plural ▪ aorist ▪ passive ▪ indicative ▸ 2 (1Chr. 29,6; 1Chr. 29,9)
  προεθυμήθησάν ▸ 1
    Verb ▪ third ▪ plural ▪ aorist ▪ passive ▪ indicative ▸ 1 (1Mac. 1,13)
  προθυμηθέντα ▸ 1
    Verb ▪ aorist ▪ passive ▪ participle ▪ masculine ▪ singular ▪ accusative ▸ 1 (1Chr. 29,17)
  προθυμηθέντων ▸ 1
    Verb ▪ aorist ▪ passive ▪ participle ▪ masculine ▪ plural ▪ genitive ▸ 1 (3Mac. 3,17)
  προθυμηθῆναι ▸ 2
    Verb ▪ aorist ▪ passive ▪ infinitive ▸ 2 (1Chr. 29,9; 3Mac. 1,8)
  προθυμηθῆναί ▸ 1
    Verb ▪ aorist ▪ passive ▪ infinitive ▸ 1 (1Chr. 29,14)
  προθυμούμενος ▸ 2
    Verb ▪ present ▪ middle ▪ participle ▪ masculine ▪ singular ▪ nominative ▸ 2 (1Chr. 29,5; 2Chr. 17,16)

προθυμία (πρό; θυμός) willingness, eagerness, goodwill ▸ 1 + 5 = 6
  προθυμία ▸ 2
    Noun ▪ feminine ▪ singular ▪ nominative ▸ 2 (2Cor. 8,11; 2Cor. 8,12)
  προθυμίαν ▸ 2
    Noun ▪ feminine ▪ singular ▪ accusative ▸ 2 (2Cor. 8,19; 2Cor. 9,2)
  προθυμίας ▸ 1 + 1 = 2
    Noun ▪ feminine ▪ singular ▪ genitive ▪ (common) ▸ 1 + 1 = 2 (Sir. 45,23; Acts 17,11)

πρόθυμος (πρό; θυμός) willing, eager, ready ▸ 6 + 3 = 9
  πρόθυμον ▸ 1 + 3 = 4
    Adjective ▪ neuter ▪ singular ▪ accusative ▪ noDegree ▸ 1 (3Mac. 5,26)
    Adjective ▪ neuter ▪ singular ▪ nominative ▸ 3 (Matt. 26,41; Mark 14,38; Rom. 1,15)
  πρόθυμος ▸ 3
    Adjective ▪ masculine ▪ singular ▪ nominative ▪ noDegree ▸ 3 (1Chr. 28,21; 2Chr. 29,31; Hab. 1,8)
  προθυμοτέρους ▸ 1
    Adjective ▪ masculine ▪ plural ▪ accusative ▪ comparative ▸ 1 (2Mac. 15,9)
  προθύμους ▸ 1
    Adjective ▪ feminine ▪ plural ▪ accusative ▪ noDegree ▸ 1 (2Mac. 4,14)

προθύμως (πρό; θυμός) willingly ▸ 6 + 1 + 1 = 8
  προθύμως ▸ 6 + 1 + 1 = 8
    Adverb ▸ 6 + 1 + 1 = 8 (2Chr. 29,34; Tob. 7,7; 2Mac. 6,28; 2Mac. 11,7; 4Mac. 1,1; 4Mac. 16,16; Tob. 7,8; 1Pet. 5,2)

πρόθυρον (πρό; θύρα) doorway; porch, vestibule ▸ 23 + 1 = 24
  πρόθυρα ▸ 10
    Noun ▪ neuter ▪ plural ▪ accusative ▪ (common) ▸ 9 (Zech. 12,2; Jer. 1,15; Ezek. 8,3; Ezek. 8,7; Ezek. 8,14; Ezek. 10,19; Ezek. 46,2; Ezek. 46,3; Ezek. 47,1)
    Noun ▪ neuter ▪ plural ▪ nominative ▪ (common) ▸ 1 (1Kings 7,36)
  προθύροις ▸ 5
    Noun ▪ neuter ▪ plural ▪ dative ▪ (common) ▸ 5 (Is. 66,17; Jer. 33,10; Jer. 43,10; Jer. 50,9; Ezek. 43,8)
  πρόθυρον ▸ 3 + 1 = 4
    Noun ▪ neuter ▪ singular ▪ accusative ▪ (common) ▸ 3 + 1 = 4 (Gen. 19,6; Judg. 19,27; 1Sam. 5,4; Judg. 19,27)
  πρόθυρόν ▸ 1
    Noun ▪ neuter ▪ singular ▪ accusative ▪ (common) ▸ 1 (Ezek. 43,8)
  προθύρου ▸ 1
    Noun ▪ neuter ▪ singular ▪ genitive ▪ (common) ▸ 1 (Ezek. 46,2)
  προθύρων ▸ 3
    Noun ▪ neuter ▪ plural ▪ genitive ▪ (common) ▸ 3 (Jer. 19,2; Ezek. 8,16; Ezek. 11,1)

προΐημι (πρό; ἵημι) to bring forth ▸ 11
  προέμενοι ▸ 1
    Verb ▪ aorist ▪ middle ▪ participle ▪ masculine ▪ plural ▪ nominative ▸ 1 (4Mac. 18,3)
  προέσθαι ▸ 1
    Verb ▪ aorist ▪ middle ▪ infinitive ▸ 1 (Prov. 17,27)
  πρόῃ ▸ 2
    Verb ▪ second ▪ singular ▪ aorist ▪ middle ▪ subjunctive ▸ 2 (Prov. 5,9; Prov. 30,32)
  προήσεται ▸ 1
    Verb ▪ third ▪ singular ▪ future ▪ middle ▪ indicative ▸ 1 (Ex. 3,19)
  προήσομαι ▸ 1
    Verb ▪ first ▪ singular ▪ future ▪ middle ▪ indicative ▸ 1 (Prov. 1,23)
  προΐεμαι ▸ 1
    Verb ▪ first ▪ singular ▪ present ▪ middle ▪ indicative ▸ 1 (Prov. 8,4)
  προϊέμενον ▸ 1
    Verb ▪ present ▪ middle ▪ participle ▪ masculine ▪ singular ▪ accusative ▸ 1 (2Mac. 15,12)
  προΐεντο ▸ 1
    Verb ▪ third ▪ plural ▪ imperfect ▪ middle ▪ indicative ▸ 1 (2Mac. 10,34)
  προΐῃ ▸ 1
    Verb ▪ second ▪ singular ▪ present ▪ middle ▪ indicative ▸ 1 (Job 7,19)
  προῶμαι ▸ 1
    Verb ▪ first ▪ singular ▪ aorist ▪ middle ▪ subjunctive ▸ 1 (Job 27,6)

πρόϊμος (πρό) early rain ▸ 8 + 1 = 9
  πρόιμα ▸ 1

Adjective · neuter · plural · nominative · noDegree ▸ 1 (Jer. 24,2)
πρόϊμον ▸ 6
Adjective · masculine · singular · accusative · noDegree ▸ 5 (Deut. 11,14; Hos. 9,10; Joel 2,23; Zech. 10,1; Jer. 5,24)
Adjective · neuter · singular · nominative · noDegree ▸ 1 (Is. 58,8)
πρόϊμον ▸ 1
Noun · masculine · singular · accusative ▸ 1 (James 5,7)
πρόϊμος ▸ 1
Adjective · masculine · singular · nominative · noDegree ▸ 1 (Hos. 6,3)

προΐστημι (πρό; ἵστημι) to manage, stand before, lead ▸ 8 + 8 = 16
προεστήκασιν ▸ 1
Verb · third · plural · perfect · active · indicative ▸ 1 (4Mac. 11,27)
προεστηκόσι ▸ 1
Verb · perfect · active · participle · masculine · plural · dative ▸ 1 (Amos 6,10)
προεστηκότα ▸ 1
Verb · perfect · active · participle · masculine · singular · accusative ▸ 1 (2Sam. 13,17)
προεστηκότας ▸ 1
Verb · perfect · active · participle · masculine · plural · accusative ▸ 1 (Bel 8)
προεστηκότος ▸ 1
Verb · perfect · active · participle · masculine · singular · genitive ▸ 1 (Prov. 23,5)
προέστην ▸ 1
Verb · first · singular · aorist · active · indicative ▸ 1 (Is. 43,24)
προεστὼς ▸ 1
Verb · perfect · active · participle · masculine · singular · nominative ▸ 1 (Prov. 26,17)
προεστῶτες ▸ 1
Verb · perfect · active · participle · masculine · plural · nominative ▸ 1 (1Tim. 5,17)
Πρόστητε ▸ 1
Verb · second · plural · aorist · active · imperative ▸ 1 (1Mac. 5,19)
προϊστάμενοι ▸ 1
Verb · present · middle · participle · masculine · plural · nominative ▸ 1 (1Tim. 3,12)
προϊστάμενον ▸ 1
Verb · present · middle · participle · masculine · singular · accusative ▸ 1 (1Tim. 3,4)
προϊστάμενος ▸ 1
Verb · present · middle · participle · masculine · singular · nominative ▸ 1 (Rom. 12,8)
προϊσταμένους ▸ 1
Verb · present · middle · participle · masculine · plural · accusative ▸ 1 (1Th. 5,12)
προΐστασθαι ▸ 2
Verb · present · middle · infinitive ▸ 2 (Titus 3,8; Titus 3,14)
προστῆναι ▸ 1
Verb · aorist · active · infinitive ▸ 1 (1Tim. 3,5)

προκαθηγέομαι (πρό; κατά; ἄγω) to guide, lead ▸ 1
προκαθηγουμένων ▸ 1
Verb · present · middle · participle · masculine · plural · genitive ▸ 1 (1Esdr. 6,11)

προκάθημαι (πρό; κατά; ἧμαι) to sit in place of honor ▸ 4
προεκάθητο ▸ 1
Verb · third · singular · imperfect · middle · indicative ▸ 1 (1Esdr. 9,45)
προκαθήμενοι ▸ 1
Verb · present · middle · participle · masculine · plural · nominative ▸ 1 (1Esdr. 1,30)
προκαθημένων ▸ 2
Verb · present · middle · participle · masculine · plural · genitive ▸ 2 (1Esdr. 5,60; 1Esdr. 9,4)

προκαθίζω (πρό; κατά; ἵζω) to sit in state, sit in judgment ▸ 1
Προκαθίσας ▸ 1
Verb · aorist · active · participle · masculine · singular · nominative ▸ 1 (4Mac. 5,1)

προκακόομαι (πρό; κακός) to be mistreated previously ▸ 1
προκακωθέντα ▸ 1
Verb · aorist · passive · participle · masculine · singular · accusative ▸ 1 (4Mac. 17,22)

προκαλέω (πρό; καλέω) to call out, provoke, irritate ▸ 1 + 1 = 2
προκαλούμενοι ▸ 1
Verb · present · middle · participle · masculine · plural · nominative ▸ 1 (Gal. 5,26)
προκαλούμενος ▸ 1
Verb · present · middle · participle · masculine · singular · nominative ▸ 1 (2Mac. 8,11)

προκαταγγέλλω (πρό; κατά; ἄγγελος) to announce beforehand ▸ 2
προκαταγγείλαντας ▸ 1
Verb · aorist · active · participle · masculine · plural · accusative ▸ 1 (Acts 7,52)
προκατήγγειλεν ▸ 1
Verb · third · singular · aorist · active · indicative ▸ 1 (Acts 3,18)

προκαταλαμβάνω (πρό; κατά; λαμβάνω) to surprise; to capture first ▸ 35 + 6 = 41
προκαταλαβέσθαι ▸ 2
Verb · aorist · middle · infinitive ▸ 2 (2Chr. 32,1; 1Mac. 5,11)
προκαταλαβέτωσαν ▸ 2
Verb · third · plural · aorist · active · imperative ▸ 2 (3Mac. 2,20; Psa. 78,8)
προκαταλάβῃ ▸ 1
Verb · second · singular · aorist · middle · subjunctive ▸ 1 (1Mac. 6,27)
προκαταλάβηται ▸ 1 + 1 = 2
Verb · third · singular · aorist · middle · subjunctive ▸ 1 + 1 = 2 (Judg. 1,12; Judg. 1,12)
προκαταλαβοῦ ▸ 1
Verb · second · singular · aorist · middle · imperative ▸ 1 (2Sam. 12,28)
προκαταλάβωμαι ▸ 1
Verb · first · singular · aorist · middle · subjunctive ▸ 1 (2Sam. 12,28)
προκαταλάβωνται ▸ 1
Verb · third · plural · aorist · middle · subjunctive ▸ 1 (2Chr. 32,18)
προκαταλαμβάνεσθαι ▸ 1
Verb · present · middle · infinitive ▸ 1 (Judith 7,1)
προκαταλήμψῃ ▸ 1
Verb · second · singular · future · middle · indicative ▸ 1 (Judith 2,10)
προκατείλημπται ▸ 1

Verb · third · singular · perfect · passive · indicative ▸ **1** (1Kings 16,18)

προκατελάβετο ▸ **14 + 3 = 17**
    Verb · third · singular · aorist · middle · indicative ▸ **14 + 3 = 17** (Judg. 1,13; Judg. 9,50; 2Sam. 8,4; 1Kings 5,14b; 1Kings 11,14; 2Kings 12,18; 1Chr. 11,5; 1Chr. 18,4; 2Chr. 13,19; 2Chr. 17,2; Judith 7,7; 1Mac. 5,8; 1Mac. 5,36; 1Mac. 12,33; Judg. 1,13; Judg. 12,5; Judg. 20,39)

προκατελάβοντο ▸ **9 + 2 = 11**
    Verb · third · plural · aorist · middle · indicative ▸ **9 + 2 = 11** (Judg. 3,28; Judg. 7,24; Judg. 12,5; Judith 4,5; Judith 7,17; 1Mac. 5,44; 1Mac. 9,2; 2Mac. 10,36; Psa. 76,5; Judg. 3,28; Judg. 7,24)

προκαταρτίζω (πρό; κατά; ἄρτι) to prepare ahead of time ▸ **1**
    προκαταρτίσωσιν ▸ **1**
        Verb · third · plural · aorist · active · subjunctive ▸ **1** (2Cor. 9,5)

προκατασκευάζω (πρό; κατά; σκεῦος) to prepare ahead of time ▸ **1**
    προκατασκευαζομένους ▸ **1**
        Verb · present · middle · participle · masculine · plural · accusative ▸ **1** (Sir. 1,35 Prol.)

προκατασκιρρόομαι (πρό; κατά; σκῖρος) to be hardened against earlier ▸ **1**
    προκατεσκιρωμένης ▸ **1**
        Verb · perfect · passive · participle · feminine · singular · genitive ▸ **1** (3Mac. 4,1)

πρόκειμαι (πρό; κεῖμαι) to set before, to lie before ▸ **11 + 5 = 16**
    προκείμενα ▸ **1**
        Verb · present · passive · participle · neuter · plural · accusative ▸ **1** (Lev. 24,7)
    προκειμένας ▸ **1**
        Verb · present · passive · participle · feminine · plural · accusative ▸ **1** (4Mac. 15,15)
    προκειμένην ▸ **3**
        Verb · present · passive · participle · feminine · singular · accusative ▸ **3** (Ex. 38,9; Num. 4,7; Esth. 11,1 # 10,3l)
    προκειμένης ▸ **2**
        Verb · present · middle · participle · feminine · singular · genitive ▸ **2** (Heb. 6,18; Heb. 12,2)
    προκείμενον ▸ **3 + 1 = 4**
        Verb · present · middle · participle · masculine · singular · accusative ▸ **1** (Heb. 12,1)
        Verb · present · passive · participle · masculine · singular · accusative ▸ **1** (Esth. 1,8)
        Verb · present · passive · participle · neuter · singular · accusative ▸ **1** (3Mac. 5,46)
        Verb · present · passive · participle · neuter · singular · nominative ▸ **1** (Esth. 1,7)
    προκειμένους ▸ **1**
        Verb · present · passive · participle · masculine · plural · accusative ▸ **1** (Ex. 39,17)
    προκειμένων ▸ **1**
        Verb · present · passive · participle · feminine · plural · genitive ▸ **1** (4Mac. 15,2)
    πρόκεινται ▸ **1**
        Verb · third · plural · present · middle · indicative ▸ **1** (Jude 7)
    πρόκειται ▸ **1 + 1 = 2**
        Verb · third · singular · present · middle · indicative ▸ **1** (2Cor. 8,12)
        Verb · third · singular · present · passive · indicative ▸ **1** (Ex. 10,10)

προκηρύσσω (πρό; κηρύσσω) to preach beforehand ▸ **1**
    προκηρύξαντος ▸ **1**
        Verb · aorist · active · participle · masculine · singular · genitive ▸ **1** (Acts 13,24)

προκοπή (πρό; κόπτω) progress, success ▸ **2 + 3 = 5**
    προκοπή ▸ **1 + 1 = 2**
        Noun · feminine · singular · nominative · (common) ▸ **1 + 1 = 2** (Sir. 51,17; 1Tim. 4,15)
    προκοπήν ▸ **1 + 2 = 3**
        Noun · feminine · singular · accusative · (common) ▸ **1 + 2 = 3** (2Mac. 8,8; Phil. 1,12; Phil. 1,25)

προκόπτω (πρό; κόπτω) to advance, grow; cut beforehand ▸ **6**
    προέκοπτεν ▸ **1**
        Verb · third · singular · imperfect · active · indicative ▸ **1** (Luke 2,52)
    προέκοπτον ▸ **1**
        Verb · first · singular · imperfect · active · indicative ▸ **1** (Gal. 1,14)
    προέκοψεν ▸ **1**
        Verb · third · singular · aorist · active · indicative ▸ **1** (Rom. 13,12)
    προκόψουσιν ▸ **3**
        Verb · third · plural · future · active · indicative ▸ **3** (2Tim. 2,16; 2Tim. 3,9; 2Tim. 3,13)

πρόκρημνος (πρό; κρεμάννυμι) jutting, overhanging ▸ **1**
    πρόκρημνον ▸ **1**
        Adjective · feminine · singular · accusative · noDegree ▸ **1** (4Mac. 7,5)

πρόκριμα (πρό; κρίνω) prejudice ▸ **1**
    προκρίματος ▸ **1**
        Noun · neuter · singular · genitive ▸ **1** (1Tim. 5,21)

προκρίνω (πρό; κρίνω) to prefer ▸ **1**
    προέκρινα ▸ **1**
        Verb · first · singular · aorist · active · indicative ▸ **1** (Wis. 7,8)

προκυρόω (πρό; κύριος) to determine earlier ▸ **1**
    προκεκυρωμένην ▸ **1**
        Verb · perfect · middle · participle · feminine · singular · accusative · (variant) ▸ **1** (Gal. 3,17)

προλαμβάνω (πρό; λαμβάνω) to do ahead of time; to be surprised ▸ **1 + 3 = 4**
    προέλαβεν ▸ **1**
        Verb · third · singular · aorist · active · indicative ▸ **1** (Mark 14,8)
    προλαμβάνει ▸ **1**
        Verb · third · singular · present · active · indicative ▸ **1** (1Cor. 11,21)
    προλημφθείς ▸ **1**
        Verb · aorist · passive · participle · masculine · singular · nominative ▸ **1** (Wis. 17,16)
    προλημφθῇ ▸ **1**
        Verb · third · singular · aorist · passive · subjunctive ▸ **1** (Gal. 6,1)

προλέγω (πρό; λέγω) to say ahead of time; foretell ▸ **1 + 15 = 16**
    προείπαμεν ▸ **1**
        Verb · first · plural · aorist · active · indicative ▸ **1** (1Th. 4,6)
    προεῖπεν ▸ **1**
        Verb · third · singular · aorist · active · indicative ▸ **1** (Acts 1,16)
    προεῖπον ▸ **1**
        Verb · first · singular · aorist · active · indicative ▸ **1** (Gal. 5,21)

προείρηκα ▸ 4
    Verb ▪ first ▪ singular ▪ perfect ▪ active ▪ indicative ▸ 4 (Matt. 24,25; Mark 13,23; 2Cor. 7,3; 2Cor. 13,2)
προειρήκαμεν ▸ 1
    Verb ▪ first ▪ plural ▪ perfect ▪ active ▪ indicative ▸ 1 (Gal. 1,9)
προείρηκεν ▸ 1
    Verb ▪ third ▪ singular ▪ perfect ▪ active ▪ indicative ▸ 1 (Rom. 9,29)
προειρημένων ▸ 2
    Verb ▪ perfect ▪ passive ▪ participle ▪ neuter ▪ plural ▪ genitive ▸ 2 (2Pet. 3,2; Jude 17)
προείρηται ▸ 1
    Verb ▪ third ▪ singular ▪ perfect ▪ passive ▪ indicative ▸ 1 (Heb. 4,7)
προελέγομεν ▸ 1
    Verb ▪ first ▪ plural ▪ imperfect ▪ active ▪ indicative ▸ 1 (1Th. 3,4)
προλέγω ▸ 2
    Verb ▪ first ▪ singular ▪ present ▪ active ▪ indicative ▸ 2 (2Cor. 13,2; Gal. 5,21)
προλέγων ▸ 1
    Verb ▪ present ▪ active ▪ participle ▪ masculine ▪ singular ▪ nominative ▸ 1 (Is. 41,26)
προλήνιον (πρό; ληνός) vat before a winepress ▸ 2
    προλήνιον ▸ 2
        Noun ▪ neuter ▪ singular ▪ accusative ▪ (common) ▸ 2 (Ode. 10,2; Is. 5,2)
πρόλοβος (πρό; λέπω) bird's crop ▸ 1
    πρόλοβον ▸ 1
        Noun ▪ masculine ▪ singular ▪ accusative ▪ (common) ▸ 1 (Lev. 1,16)
προμαρτύρομαι (πρό; μάρτυς) to foretell, witness beforehand ▸ 1
    προμαρτυρόμενον ▸ 1
        Verb ▪ present ▪ middle ▪ participle ▪ neuter ▪ singular ▪ nominative ▸ 1 (1Pet. 1,11)
προμαχέω (πρό; μάχη) to serve as champion ▸ 1
    προεμάχησεν ▸ 1
        Verb ▪ third ▪ singular ▪ aorist ▪ active ▪ indicative ▸ 1 (Wis. 18,21)
προμαχών (πρό; μάχη) bulwark, rampart ▸ 4 + 1 = 5
    προμαχῶνας ▸ 3
        Noun ▪ masculine ▪ plural ▪ accusative ▪ (common) ▸ 3 (Jer. 5,10; Jer. 40,4; Ezek. 4,2)
    προμαχῶνες ▸ 1 + 1 = 2
        Noun ▪ masculine ▪ plural ▪ nominative ▪ (common) ▸ 1 + 1 = 2 (Tob. 13,17; Tob. 13,17)
προμελετάω (πρό; μέλω) to prepare ahead of time ▸ 1
    προμελετᾶν ▸ 1
        Verb ▪ present ▪ active ▪ infinitive ▸ 1 (Luke 21,14)
προμεριμνάω (πρό; μεριμνάω) to worry ahead of time ▸ 1
    προμεριμνᾶτε ▸ 1
        Verb ▪ second ▪ plural ▪ present ▪ active ▪ imperative ▸ 1 (Mark 13,11)
προμηνύω (πρό; μηνύω) to reveal beforehand; denounce beforehand ▸ 1
    προεμήνυσαν ▸ 1
        Verb ▪ third ▪ plural ▪ aorist ▪ active ▪ indicative ▸ 1 (Wis. 18,19)
προνοέω (πρό; νοῦς) to try, care for ▸ 9 + 3 = 12
    προενόησεν ▸ 1
        Verb ▪ third ▪ singular ▪ aorist ▪ active ▪ indicative ▸ 1 (Wis. 13,16)
    προνοεῖ ▸ 1 + 1 = 2
        Verb ▪ third ▪ singular ▪ present ▪ active ▪ indicative ▸ 1 + 1 = 2 (Wis. 6,7; 1Tim. 5,8)
    προνοηθῇ ▸ 2
        Verb ▪ third ▪ singular ▪ aorist ▪ passive ▪ subjunctive ▸ 2 (Dan. 11,37; Dan. 11,37)
    προνοηθῆναι ▸ 1
        Verb ▪ aorist ▪ passive ▪ infinitive ▸ 1 (1Esdr. 2,24)
    προνοήθητι ▸ 1
        Verb ▪ second ▪ singular ▪ aorist ▪ passive ▪ imperative ▸ 1 (2Mac. 14,9)
    προνοοῦ ▸ 1
        Verb ▪ second ▪ singular ▪ present ▪ middle ▪ imperative ▸ 1 (Prov. 3,4)
    προνοοῦμεν ▸ 1
        Verb ▪ first ▪ plural ▪ present ▪ active ▪ indicative ▸ 1 (2Cor. 8,21)
    προνοούμενοι ▸ 1 + 1 = 2
        Verb ▪ present ▪ middle ▪ participle ▪ masculine ▪ plural ▪ nominative ▸ 1 + 1 = 2 (3Mac. 3,24; Rom. 12,17)
    προνοοῦσιν ▸ 1
        Verb ▪ third ▪ plural ▪ present ▪ active ▪ indicative ▸ 1 (4Mac. 7,18)
πρόνοια (πρό; νοῦς) foreknowledge, forethought; providence, care ▸ 9 + 2 = 11
    πρόνοια ▸ 4
        Noun ▪ feminine ▪ singular ▪ nominative ▪ (common) ▸ 4 (4Mac. 9,24; 4Mac. 13,19; 4Mac. 17,22; Wis. 14,3)
    προνοίᾳ ▸ 1
        Noun ▪ neuter ▪ singular ▪ dative ▪ (common) ▸ 1 (3Mac. 5,30)
    πρόνοιαν ▸ 1 + 1 = 2
        Noun ▪ feminine ▪ singular ▪ accusative ▪ (common) ▸ 1 + 1 = 2 (Dan. 6,19; Rom. 13,14)
    προνοίας ▸ 3 + 1 = 4
        Noun ▪ feminine ▪ singular ▪ genitive ▪ (common) ▸ 3 + 1 = 4 (2Mac. 4,6; 3Mac. 4,21; Wis. 17,2; Acts 24,2)
προνομεύω (πρό; νέμω) to despoil, plunder ▸ 41 + 2 = 43
    ἐπρονομεύθησαν ▸ 1
        Verb ▪ third ▪ plural ▪ aorist ▪ passive ▪ indicative ▸ 1 (Sir. 48,15)
    ἐπρονομεύσαμεν ▸ 2
        Verb ▪ first ▪ plural ▪ aorist ▪ active ▪ indicative ▸ 2 (Deut. 2,35; Deut. 3,7)
    ἐπρονόμευσαν ▸ 9
        Verb ▪ third ▪ plural ▪ aorist ▪ active ▪ indicative ▸ 9 (Num. 31,9; Num. 31,9; Num. 31,32; Num. 31,53; Josh. 8,27; Josh. 11,14; Judg. 2,14; Judith 15,6; 1Mac. 8,10)
    ἐπρονόμευσε ▸ 1
        Verb ▪ third ▪ singular ▪ aorist ▪ active ▪ indicative ▸ 1 (Judith 1,14)
    ἐπρονόμευσεν ▸ 2
        Verb ▪ third ▪ singular ▪ aorist ▪ active ▪ indicative ▸ 2 (Judith 2,23; Judith 2,26)
    πεπρονομευμένος ▸ 1
        Verb ▪ perfect ▪ passive ▪ participle ▪ masculine ▪ singular ▪ nominative ▸ 1 (Is. 42,22)
    προνομευθήσεται ▸ 2
        Verb ▪ third ▪ singular ▪ future ▪ passive ▪ indicative ▸ 2 (Judith 8,21; Is. 24,3)
    προνομεύοντάς ▸ 1
        Verb ▪ present ▪ active ▪ participle ▪ masculine ▪ plural ▪ accusative ▸ 1 (Jer. 37,16)

προνομεύοντες ‣ 1
: **Verb** · present · active · participle · masculine · plural · nominative ‣ 1 (Jer. 27,10)

προνομευόντων ‣ 2 + 2 = 4
: **Verb** · present · active · participle · masculine · plural · genitive ‣ 2 + 2 = 4 (Judg. 2,14; Judg. 2,16; Judg. 2,14; Judg. 2,16)

προνομεύουσιν ‣ 1
: **Verb** · present · active · participle · masculine · plural · dative ‣ 1 (Is. 42,24)

προνομεῦσαι ‣ 3
: **Verb** · aorist · active · infinitive ‣ 3 (1Mac. 6,3; Ezek. 38,12; Ezek. 38,13)

προνομεύσαντας ‣ 1
: **Verb** · aorist · active · participle · masculine · plural · accusative ‣ 1 (Ezek. 39,10)

προνομευσάντων ‣ 1
: **Verb** · aorist · active · participle · masculine · plural · genitive ‣ 1 (Is. 17,14)

προνομεύσει ‣ 4
: **Verb** · third · singular · future · active · indicative ‣ 4 (Num. 24,17; Ezek. 26,12; Ezek. 29,19; Ezek. 30,24)

προνομεύσεις ‣ 3
: **Verb** · second · singular · future · active · indicative ‣ 3 (Deut. 20,14; Deut. 21,10; Josh. 8,2)

προνόμευσον ‣ 1
: **Verb** · second · singular · aorist · active · imperative ‣ 1 (Is. 8,3)

προνομεύσουσιν ‣ 3
: **Verb** · third · plural · future · active · indicative ‣ 3 (Is. 11,14; Is. 13,16; Ezek. 39,10)

προνομεύσω ‣ 1
: **Verb** · first · singular · future · active · indicative ‣ 1 (Is. 10,13)

προνομεύσωσιν ‣ 1
: **Verb** · third · plural · aorist · active · subjunctive ‣ 1 (1Esdr. 4,5)

προνομή (πρό; νέμω) spoils, plunder ‣ 43 + 1 = 44
προνομῇ ‣ 6
: **Noun** · feminine · singular · dative · (common) ‣ 6 (Deut. 21,11; Josh. 7,21; Is. 24,3; Ezek. 34,28; Ezek. 36,5; Dan. 11,33)

προνομήν ‣ 8
: **Noun** · feminine · singular · accusative · (common) ‣ 8 (1Mac. 7,47; Prov. 12,24; Is. 10,2; Is. 33,23; Is. 42,22; Jer. 27,10; Jer. 37,16; Ezek. 34,22)

προνομήν ‣ 27 + 1 = 28
: **Noun** · feminine · singular · accusative · (common) ‣ 27 + 1 = 28 (Num. 31,11; Num. 31,12; Deut. 20,14; Deut. 21,10; Josh. 8,2; Josh. 22,8; 2Kings 21,14; 1Esdr. 8,74; Judith 4,12; Judith 7,26; Judith 9,4; Judith 16,4; Is. 6,13; Is. 8,1; Is. 10,6; Is. 33,23; Jer. 2,14; Jer. 15,13; Jer. 30,27; Ezek. 26,5; Ezek. 29,19; Ezek. 30,24; Ezek. 34,8; Ezek. 36,4; Ezek. 38,12; Ezek. 38,13; Dan. 11,24; Dan. 11,24)

προνομῆς ‣ 2
: **Noun** · feminine · singular · genitive · (common) ‣ 2 (Num. 31,32; 1Kings 10,22a # 9,15)

προνουμηνία (πρό; νέος; μήν) eve of New Moon ‣ 1
προνουμηνιῶν ‣ 1
: **Noun** · feminine · plural · genitive · (common) ‣ 1 (Judith 8,6)

προοδηγός (πρό; ὁδός; ἄγω) leader ‣ 1
προοδηγὸν ‣ 1
: **Noun** · masculine · singular · accusative · (common) ‣ 1 (2Mac. 12,36)

πρόοιδα (πρό; οἶδα) to know ahead of time ‣ 1
προῄδει ‣ 1
: **Verb** · third · singular · pluperfect · active · indicative ‣ 1 (Wis. 19,1)

προοίμιον (πρό; οἶμος) parable, poem; preface ‣ 3
προοίμιον ‣ 1
: **Noun** · neuter · singular · nominative · (common) ‣ 1 (Job 25,2)

προοιμίῳ ‣ 2
: **Noun** · neuter · singular · dative · (common) ‣ 2 (Job 27,1; Job 29,1)

προοράω (πρό; ὁράω) to see ahead of time ‣ 4 + 4 = 8
προεῖδες ‣ 1
: **Verb** · second · singular · aorist · active · indicative ‣ 1 (Psa. 138,3)

προεῖδον ‣ 1
: **Verb** · third · plural · aorist · active · indicative ‣ 1 (Gen. 37,18)

προειδυίας ‣ 1
: **Verb** · perfect · active · participle · feminine · plural · accusative ‣ 1 (4Mac. 4,25)

προεωρακότες ‣ 1
: **Verb** · perfect · active · participle · masculine · plural · nominative ‣ 1 (Acts 21,29)

προϊδοῦσα ‣ 1
: **Verb** · aorist · active · participle · feminine · singular · nominative ‣ 1 (Gal. 3,8)

προϊδὼν ‣ 1
: **Verb** · aorist · active · participle · masculine · singular · nominative ‣ 1 (Acts 2,31)

προορώμην ‣ 1
: **Verb** · first · singular · imperfect · middle · indicative ‣ 1 (Acts 2,25)

προωρώμην ‣ 1
: **Verb** · first · singular · imperfect · middle · indicative ‣ 1 (Psa. 15,8)

προορίζω (πρό; ὅρος 2nd homograph) to decide beforehand ‣ 6
προορίσας ‣ 1
: **Verb** · aorist · active · participle · masculine · singular · nominative ‣ 1 (Eph. 1,5)

προορισθέντες ‣ 1
: **Verb** · aorist · passive · participle · masculine · plural · nominative ‣ 1 (Eph. 1,11)

προώρισεν ‣ 4
: **Verb** · third · singular · aorist · active · indicative ‣ 4 (Acts 4,28; Rom. 8,29; Rom. 8,30; 1Cor. 2,7)

πρόπαππος (πρό; πάππας) great-grandfather ‣ 1
πρόπαπποι ‣ 1
: **Noun** · masculine · plural · nominative · (common) ‣ 1 (Ex. 10,6)

προπάσχω (πρό; πάσχω) to suffer beforehand ‣ 1
προπαθόντες ‣ 1
: **Verb** · aorist · active · participle · masculine · plural · nominative ‣ 1 (1Th. 2,2)

προπάτωρ (πρό; πατήρ) forefather ‣ 1 + 1 = 2
προπάτορα ‣ 1
: **Noun** · masculine · singular · accusative ‣ 1 (Rom. 4,1)

προπάτωρ ‣ 1
: **Noun** · masculine · singular · nominative · (common) ‣ 1 (3Mac. 2,21)

προπέμπω (πρό; πέμπω) to send on one's way ‣ 5 + 9 = 14
προέπεμπον ‣ 1
: **Verb** · third · plural · imperfect · active · indicative ‣ 1 (Acts 20,38)

προπέμπειν ‣ 1
: **Verb** · present · active · infinitive ‣ 1 (2Mac. 6,23)

προπεμπόντων ▸ 1
   Verb ▪ present ▪ active ▪ participle ▪ masculine ▪ plural ▪ genitive ▸ 1 (Acts 21,5)
προπέμπωσιν ▸ 1
   Verb ▪ third ▪ plural ▪ present ▪ active ▪ subjunctive ▸ 1 (1Mac. 12,4)
προπεμφθέντες ▸ 1
   Verb ▪ aorist ▪ passive ▪ participle ▪ masculine ▪ plural ▪ nominative ▸ 1 (Acts 15,3)
προπεμφθῆναι ▸ 2
   Verb ▪ aorist ▪ passive ▪ infinitive ▸ 2 (Rom. 15,24; 2Cor. 1,16)
προπέμψαντες ▸ 1
   Verb ▪ aorist ▪ active ▪ participle ▪ masculine ▪ plural ▪ nominative ▸ 1 (Wis. 19,2)
προπέμψας ▸ 1
   Verb ▪ aorist ▪ active ▪ participle ▪ masculine ▪ singular ▪ nominative ▸ 1 (3John 6)
προπέμψατε ▸ 1
   Verb ▪ second ▪ plural ▪ aorist ▪ active ▪ imperative ▸ 1 (1Cor. 16,11)
προπέμψητε ▸ 1
   Verb ▪ second ▪ plural ▪ aorist ▪ active ▪ subjunctive ▸ 1 (1Cor. 16,6)
πρόπεμψον ▸ 1
   Verb ▪ second ▪ singular ▪ aorist ▪ active ▪ imperative ▸ 1 (Titus 3,13)
προπέμψουσίν ▸ 1
   Verb ▪ third ▪ plural ▪ future ▪ active ▪ indicative ▸ 1 (Judith 10,15)
προπέμψωσιν ▸ 1
   Verb ▪ third ▪ plural ▪ aorist ▪ active ▪ subjunctive ▸ 1 (1Esdr. 4,47)

προπετής (πρό; πίπτω) reckless ▸ 3 + 2 = 5
προπετεῖς ▸ 1
   Adjective ▪ masculine ▪ plural ▪ nominative ▸ 1 (2Tim. 3,4)
προπετὲς ▸ 1
   Adjective ▪ neuter ▪ singular ▪ accusative ▸ 1 (Acts 19,36)
προπετὴς ▸ 2
   Adjective ▪ masculine ▪ singular ▪ nominative ▪ noDegree ▸ 2 (Prov. 13,3; Sir. 9,18)
προπετοῦς ▸ 1
   Adjective ▪ masculine ▪ singular ▪ genitive ▪ noDegree ▸ 1 (Prov. 10,14)

προπίπτω (πρό; πίπτω) to fall, to bow down ▸ 7
προπεπτωκότα ▸ 1
   Verb ▪ perfect ▪ active ▪ participle ▪ masculine ▪ singular ▪ accusative ▸ 1 (2Mac. 15,28)
προπεπτωκότας ▸ 1
   Verb ▪ perfect ▪ active ▪ participle ▪ masculine ▪ plural ▪ accusative ▸ 1 (2Mac. 12,44)
προπεπτωκότων ▸ 2
   Verb ▪ perfect ▪ active ▪ participle ▪ masculine ▪ plural ▪ genitive ▸ 2 (2Mac. 12,39; 2Mac. 12,42)
προπεπτωκὼς ▸ 1
   Verb ▪ perfect ▪ active ▪ participle ▪ masculine ▪ singular ▪ nominative ▸ 1 (Judith 13,2)
προπεσοῦνται ▸ 2
   Verb ▪ third ▪ plural ▪ future ▪ middle ▪ indicative ▸ 2 (Psa. 21,30; Psa. 71,9)

προπομπή (πρό; πέμπω) escort ▸ 1
προπομπὴν ▸ 1
   Noun ▪ feminine ▪ singular ▪ accusative ▪ (common) ▸ 1 (1Esdr. 8,51)

προπορεύομαι (πρό; πορεύομαι) to go beforehand ▸ 34 + 2 = 36
προεπορεύετο ▸ 3
   Verb ▪ third ▪ singular ▪ imperfect ▪ middle ▪ indicative ▸ 3 (Num. 10,33; Josh. 10,13; 1Sam. 17,7)
προεπορεύοντο ▸ 2
   Verb ▪ third ▪ plural ▪ imperfect ▪ middle ▪ indicative ▸ 2 (Josh. 6,13; 1Mac. 9,11)
Προπορεύεσθε ▸ 3
   Verb ▪ second ▪ plural ▪ present ▪ middle ▪ imperative ▸ 3 (Gen. 32,17; Josh. 10,24; 1Sam. 25,19)
προπορεύεσθε ▸ 2
   Verb ▪ second ▪ plural ▪ present ▪ middle ▪ imperative ▸ 2 (Deut. 3,18; Josh. 3,6)
προπορεύεται ▸ 3
   Verb ▪ third ▪ singular ▪ present ▪ middle ▪ indicative ▸ 3 (Ex. 32,34; Deut. 1,33; Deut. 9,3)
προπορευόμενά ▸ 1
   Verb ▪ present ▪ middle ▪ participle ▪ neuter ▪ plural ▪ nominative ▸ 1 (Gen. 32,18)
προπορευομένη ▸ 1
   Verb ▪ present ▪ middle ▪ participle ▪ feminine ▪ singular ▪ nominative ▸ 1 (Prov. 24,34)
προπορευομένης ▸ 1
   Verb ▪ present ▪ middle ▪ participle ▪ feminine ▪ singular ▪ genitive ▸ 1 (Esth. 15,7 # 5,1d)
προπορευομένοις ▸ 2
   Verb ▪ present ▪ middle ▪ participle ▪ masculine ▪ plural ▪ dative ▸ 1 (Gen. 32,20)
   Verb ▪ present ▪ middle ▪ participle ▪ neuter ▪ plural ▪ dative ▸ 1 (Gen. 32,21)
προπορευόμενος ▸ 6
   Verb ▪ present ▪ middle ▪ participle ▪ masculine ▪ singular ▪ nominative ▸ 6 (Ex. 14,19; Deut. 1,30; Deut. 20,4; Deut. 31,3; Deut. 31,3; Deut. 31,6)
προπορεύονται ▸ 1
   Verb ▪ third ▪ plural ▪ present ▪ middle ▪ indicative ▸ 1 (Prov. 4,18)
Προπορεύου ▸ 1
   Verb ▪ second ▪ singular ▪ present ▪ middle ▪ imperative ▸ 1 (Ex. 17,5)
προπορεύσεται ▸ 4
   Verb ▪ third ▪ singular ▪ future ▪ middle ▪ indicative ▸ 4 (Psa. 84,14; Psa. 88,15; Psa. 96,3; Is. 58,8)
προπορεύσῃ ▸ 1 + 1 = 2
   Verb ▪ second ▪ singular ▪ future ▪ middle ▪ indicative ▸ 1 + 1 = 2 (Ode. 9,76; Luke 1,76)
προπορεύσομαί ▸ 1
   Verb ▪ first ▪ singular ▪ future ▪ middle ▪ indicative ▸ 1 (Ex. 33,14)
προπορεύσονται ▸ 2 + 1 = 3
   Verb ▪ third ▪ plural ▪ future ▪ middle ▪ indicative ▸ 2 + 1 = 3 (Ex. 32,1; Ex. 32,23; Acts 7,40)

προπράσσω (πρό; πράσσω) to do ahead of time ▸ 2
προπεπραγμένα ▸ 1
   Verb ▪ perfect ▪ passive ▪ participle ▪ neuter ▪ plural ▪ accusative ▸ 1 (3Mac. 6,27)
προπραχθέντα ▸ 1
   Verb ▪ aorist ▪ passive ▪ participle ▪ neuter ▪ plural ▪ nominative ▸ 1 (1Esdr. 1,31)

προπτύω (πρό; πτύω) to spit out ▸ 1
προπτύσας ▸ 1

Verb · aorist · active · participle · masculine · singular · nominative ▸ **1** (2Mac. 6,20)

πρόπτωσις (πρό; πίπτω)   lying facedown ▸ 2
   πρόπτωσεως ▸ 1
      Noun · feminine · singular · genitive · (common) ▸ **1** (2Mac. 13,12)
   πρόπτωσιν ▸ 1
      Noun · feminine · singular · accusative · (common) ▸ **1** (2Mac. 3,21)

πρόπυλον (πρό; πύλη)   gateway, threshold ▸ 2
   πρόπυλα ▸ 2
      Noun · neuter · plural · accusative · (common) ▸ **1** (Zeph. 1,9)
      Noun · neuter · plural · nominative · (common) ▸ **1** (Amos 9,1)

πρός   for; (+dat) at; (+acc) to, toward; (adv) moreover ▸ 4096 + 286 + 714 = 5096
   Πρός ▸ 2
      Preposition · (+accusative) ▸ **2** (Gen. 30,16; Jer. 3,7)
   ΠΡΟΣ ▸ 14
      Preposition · (+accusative) ▸ **14** (Rom. 1,0; 1Cor. 1,0; 2Cor. 1,0; Gal. 1,0; Eph. 1,0; Phil. 1,0; Col. 1,0; 1Th. 1,0; 2Th. 1,0; 1Tim. 1,0; 2Tim. 1,0; Titus 1,0; Philem. 0; Heb. 1,0)
   Πρὸς ▸ 12
      Preposition · (+accusative) ▸ **12** (2Kings 9,5; 2Kings 9,5; Ezra 4,11; 2Mac. 11,27; 4Mac. 6,24; 4Mac. 17,23; Psa. 24,1; Psa. 27,1; Psa. 119,1; Psa. 122,1; Is. 21,11; Jer. 44,13)
   πρός ▸ 360 + 15 + 31 = 406
      Preposition · (+accusative) ▸ 360 + 15 + 31 = **406** (Gen. 4,10; Gen. 18,21; Gen. 26,27; Gen. 30,28; Gen. 31,29; Gen. 31,52; Gen. 38,16; Gen. 39,14; Gen. 39,17; Gen. 42,20; Gen. 42,34; Gen. 43,29; Gen. 44,21; Gen. 45,4; Gen. 45,9; Gen. 45,18; Gen. 46,31; Gen. 49,22; Ex. 3,9; Ex. 8,5; Ex. 11,8; Ex. 14,15; Ex. 18,15; Ex. 18,16; Ex. 22,22; Ex. 22,26; Ex. 23,33; Ex. 24,12; Ex. 32,2; Ex. 32,26; Ex. 34,1; Lev. 26,23; Lev. 26,27; Num. 22,8; Num. 22,10; Num. 22,16; Num. 22,19; Num. 22,37; Num. 24,12; Deut. 1,42; Deut. 2,1; Deut. 2,2; Deut. 2,9; Deut. 2,17; Deut. 2,31; Deut. 3,2; Deut. 3,26; Deut. 4,10; Deut. 4,10; Deut. 5,23; Deut. 5,28; Deut. 5,28; Deut. 9,12; Deut. 9,13; Deut. 10,1; Deut. 10,1; Deut. 10,11; Deut. 18,17; Deut. 31,2; Deut. 31,28; Josh. 2,4; Josh. 10,4; Josh. 18,6; Josh. 18,8; Judg. 4,18; Judg. 10,12; Judg. 11,7; Judg. 11,12; Judg. 12,3; Judg. 13,6; Judg. 13,10; Judg. 16,10; Judg. 16,13; Ruth 2,21; Ruth 3,17; 1Sam. 9,16; 1Sam. 13,12; 1Sam. 15,16; 1Sam. 16,19; 1Sam. 17,8; 1Sam. 17,44; 1Sam. 17,45; 1Sam. 19,15; 1Sam. 20,29; 1Sam. 21,15; 1Sam. 21,16; 1Sam. 29,3; 1Sam. 29,6; 2Sam. 1,9; 2Sam. 6,9; 2Sam. 11,6; 2Sam. 12,23; 2Sam. 13,6; 2Sam. 15,36; 2Sam. 19,43; 1Kings 5,22; 1Kings 5,23; 1Kings 12,5; 1Kings 12,9; 1Kings 12,12; 1Kings 12,24г; 1Kings 13,6; 1Kings 13,18; 1Kings 17,18; 1Kings 18,19; 1Kings 18,30; 1Kings 21,7; 1Kings 21,39; 1Kings 21,39; 1Kings 22,14; 1Kings 22,16; 2Kings 4,6; 2Kings 5,7; 2Kings 5,8; 2Kings 5,11; 2Kings 5,22; 2Kings 6,28; 2Kings 9,12; 2Kings 10,6; 2Kings 10,19; 2Kings 18,22; 2Kings 18,25; 2Kings 18,31; 2Kings 19,20; 2Kings 20,14; 2Kings 22,15; 1Chr. 12,18; 1Chr. 21,2; 2Chr. 10,5; 2Chr. 10,9; 2Chr. 10,12; 2Chr. 18,13; 2Chr. 18,15; 2Chr. 34,23; 1Esdr. 2,20; 1Esdr. 8,69; Ezra 9,1; Ezra 9,4; Neh. 1,3; Neh. 1,9; Neh. 6,2; Neh. 6,4; Neh. 6,5; Neh. 6,19; Tob. 2,13; Tob. 5,9; Tob. 7,12; Psa. 2,7; Psa. 30,3; Psa. 70,2; Psa. 100,2; Psa. 101,3; Prov. 9,4; Prov. 9,16; Prov. 25,7; Eccl. 9,13; Job 16,14; Job 31,13; Sir. 24,19; Sir. 51,23; Hos. 3,1; Hos. 5,15; Hos. 7,7; Hos. 7,14; Amos 4,6; Amos 4,8; Amos 4,9; Amos 4,10; Amos 4,11; Amos 7,8; Amos 7,8; Amos 7,15; Amos 8,2; Mic. 7,10; Joel 1,8; Joel 2,12; Jonah 1,2; Hab. 2,2; Hag. 2,17; Zech. 1,3; Zech. 1,9; Zech. 1,10; Zech. 1,14; Zech. 1,17; Zech. 2,2; Zech. 2,4; Zech. 2,6; Zech. 4,2; Zech. 4,5; Zech. 4,6; Zech. 4,8; Zech. 4,13; Zech. 5,2; Zech. 5,3; Zech. 5,5; Zech. 5,11; Zech. 6,8; Zech. 6,9; Zech. 7,4; Zech. 8,18; Zech. 11,13; Zech. 11,15; Zech. 12,10; Mal. 3,7; Is. 1,15; Is. 6,6; Is. 8,1; Is. 21,6; Is. 36,16; Is. 37,21; Is. 37,29; Is. 39,3; Is. 41,1; Is. 44,22; Is. 45,16; Is. 45,22; Is. 48,16; Is. 51,4; Jer. 1,4; Jer. 1,7; Jer. 1,9; Jer. 1,9; Jer. 1,11; Jer. 1,12; Jer. 1,13; Jer. 1,14; Jer. 2,29; Jer. 3,1; Jer. 3,6; Jer. 3,10; Jer. 3,11; Jer. 3,12; Jer. 4,1; Jer. 9,12; Jer. 11,6; Jer. 11,9; Jer. 11,11; Jer. 13,3; Jer. 13,6; Jer. 13,8; Jer. 14,11; Jer. 14,14; Jer. 15,1; Jer. 17,15; Jer. 18,5; Jer. 19,1; Jer. 24,3; Jer. 24,4; Jer. 36,12; Jer. 37,21; Jer. 37,21; Jer. 39,8; Jer. 39,25; Jer. 39,26; Jer. 39,33; Jer. 40,3; Jer. 42,12; Jer. 43,1; Jer. 43,2; Ezek. 2,1; Ezek. 2,2; Ezek. 2,3; Ezek. 2,9; Ezek. 3,1; Ezek. 3,3; Ezek. 3,4; Ezek. 3,10; Ezek. 3,16; Ezek. 3,22; Ezek. 3,24; Ezek. 4,15; Ezek. 4,16; Ezek. 6,1; Ezek. 7,1; Ezek. 8,5; Ezek. 8,6; Ezek. 8,8; Ezek. 8,9; Ezek. 8,12; Ezek. 8,13; Ezek. 8,15; Ezek. 8,17; Ezek. 9,9; Ezek. 11,2; Ezek. 11,5; Ezek. 11,14; Ezek. 12,1; Ezek. 12,8; Ezek. 12,17; Ezek. 12,21; Ezek. 12,26; Ezek. 13,1; Ezek. 14,1; Ezek. 14,2; Ezek. 14,12; Ezek. 15,1; Ezek. 16,1; Ezek. 17,1; Ezek. 17,11; Ezek. 18,1; Ezek. 20,2; Ezek. 21,1; Ezek. 21,5; Ezek. 21,6; Ezek. 21,13; Ezek. 21,23; Ezek. 22,1; Ezek. 22,17; Ezek. 22,23; Ezek. 23,1; Ezek. 23,36; Ezek. 24,1; Ezek. 24,15; Ezek. 24,19; Ezek. 24,20; Ezek. 25,1; Ezek. 26,1; Ezek. 26,2; Ezek. 27,1; Ezek. 28,1; Ezek. 28,11; Ezek. 28,20; Ezek. 29,1; Ezek. 29,17; Ezek. 30,1; Ezek. 30,20; Ezek. 31,1; Ezek. 32,1; Ezek. 32,17; Ezek. 33,1; Ezek. 33,21; Ezek. 33,22; Ezek. 33,23; Ezek. 34,1; Ezek. 35,1; Ezek. 36,16; Ezek. 37,3; Ezek. 37,4; Ezek. 37,9; Ezek. 37,11; Ezek. 37,15; Ezek. 38,1; Ezek. 40,4; Ezek. 40,45; Ezek. 41,22; Ezek. 42,13; Ezek. 43,6; Ezek. 43,7; Ezek. 43,18; Ezek. 43,19; Ezek. 44,2; Ezek. 44,5; Ezek. 44,13; Ezek. 44,15; Ezek. 46,20; Ezek. 46,24; Ezek. 47,6; Ezek. 47,8; Dan. 10,12; Dan. 10,20; Judg. 4,18; Judg. 10,12; Judg. 11,7; Judg. 11,12; Judg. 13,6; Judg. 13,10; Judg. 13,10; Judg. 16,10; Judg. 18,24; Tob. 2,13; Dan. 8,1; Dan. 8,17; Dan. 10,11; Dan. 10,11; Dan. 10,12; Matt. 3,14; Matt. 11,28; Matt. 14,28; Matt. 19,14; Matt. 25,36; Matt. 25,39; Mark 9,19; Mark 10,14; Luke 6,47; Luke 11,6; Luke 14,26; Luke 18,9; Luke 18,16; John 5,40; John 6,44; John 6,65; John 7,37; Acts 11,11; Acts 19,38; Acts 22,8; Acts 22,10; Acts 22,13; Acts 22,21; Acts 23,22; Acts 24,12; Acts 26,14; 1Cor. 16,11; Phil. 2,30; Col. 3,13; 2Tim. 4,9; Titus 3,12)
   πρὸς ▸ 3722 + 271 + 669 = 4662
      Adverb ▸ **1** (Song 1,16)
      Preposition ▸ **3** (Gen. 24,11; Judg. 19,26; Psa. 45,6)
      Preposition · (+accusative) ▸ 3627 + 269 + 661 = **4557** (Gen. 2,19; Gen. 2,22; Gen. 2,24; Gen. 3,16; Gen. 4,7; Gen. 4,8; Gen. 4,9; Gen. 4,13; Gen. 6,4; Gen. 6,13; Gen. 6,18; Gen. 6,20; Gen. 6,21; Gen. 7,1; Gen. 7,2; Gen. 7,9; Gen. 7,15; Gen. 8,9; Gen. 8,9; Gen. 8,11; Gen. 8,11; Gen. 8,12; Gen. 9,11; Gen. 9,12; Gen. 12,15; Gen. 13,14; Gen. 14,9; Gen. 14,9; Gen. 14,21; Gen. 14,22; Gen. 14,22; Gen. 15,1; Gen. 15,4; Gen. 15,7; Gen. 15,13; Gen. 15,15; Gen. 16,2; Gen. 16,2; Gen. 16,4; Gen. 16,5; Gen. 16,6; Gen. 16,9; Gen. 16,13; Gen. 17,9; Gen. 17,18; Gen. 17,19; Gen. 17,21; Gen. 17,22; Gen. 18,5; Gen. 18,6; Gen. 18,9; Gen. 18,10; Gen. 18,13; Gen. 18,14; Gen. 18,19; Gen. 18,27; Gen. 18,29; Gen. 18,31; Gen. 19,3; Gen. 19,5; Gen. 19,5; Gen. 19,5; Gen. 19,6; Gen. 19,6; Gen. 19,7; Gen. 19,8; Gen. 19,10; Gen. 19,12; Gen. 19,14; Gen. 19,18; Gen. 19,31; Gen. 19,31; Gen. 19,34; Gen. 20,1; Gen. 20,3; Gen. 20,17; Gen. 21,22; Gen. 22,1; Gen. 22,5; Gen. 22,7; Gen. 22,19; Gen. 23,5; Gen. 23,8; Gen. 23,10; Gen. 24,5; Gen. 24,6; Gen. 24,29; Gen. 24,30; Gen. 24,49; Gen. 24,54; Gen. 24,56; Gen. 24,56; Gen. 24,62; Gen. 25,6; Gen. 25,8; Gen. 25,18; Gen. 26,1; Gen. 26,16; Gen. 26,26; Gen. 27,5; Gen. 27,6; Gen. 27,6; Gen. 27,11; Gen. 27,22; Gen. 27,38; Gen. 27,43; Gen. 27,46; Gen. 28,5;

πρός

Gen. 28,9; Gen. 29,1; Gen. 29,21; Gen. 29,21; Gen. 29,23; Gen. 29,23; Gen. 29,30; Gen. 30,3; Gen. 30,4; Gen. 30,10; Gen. 30,14; Gen. 31,2; Gen. 31,3; Gen. 31,18; Gen. 31,24; Gen. 31,52; Gen. 32,4; Gen. 32,7; Gen. 32,7; Gen. 32,26; Gen. 32,31; Gen. 33,14; Gen. 34,4; Gen. 34,6; Gen. 34,11; Gen. 34,11; Gen. 34,20; Gen. 34,20; Gen. 35,1; Gen. 35,27; Gen. 35,29; Gen. 37,2; Gen. 37,13; Gen. 37,13; Gen. 37,18; Gen. 37,19; Gen. 37,23; Gen. 37,26; Gen. 37,30; Gen. 37,35; Gen. 38,1; Gen. 38,2; Gen. 38,8; Gen. 38,9; Gen. 38,16; Gen. 38,16; Gen. 38,18; Gen. 38,22; Gen. 38,25; Gen. 39,17; Gen. 39,19; Gen. 40,6; Gen. 41,9; Gen. 41,14; Gen. 41,55; Gen. 41,55; Gen. 41,57; Gen. 42,21; Gen. 42,24; Gen. 42,28; Gen. 42,29; Gen. 42,30; Gen. 42,37; Gen. 42,37; Gen. 43,8; Gen. 43,9; Gen. 43,9; Gen. 43,13; Gen. 43,19; Gen. 43,23; Gen. 43,33; Gen. 43,34; Gen. 43,34; Gen. 44,8; Gen. 44,14; Gen. 44,17; Gen. 44,24; Gen. 44,27; Gen. 44,30; Gen. 44,32; Gen. 44,32; Gen. 44,34; Gen. 45,3; Gen. 45,4; Gen. 45,9; Gen. 45,12; Gen. 45,15; Gen. 45,17; Gen. 45,25; Gen. 46,28; Gen. 46,30; Gen. 46,31; Gen. 47,5; Gen. 47,5; Gen. 47,5; Gen. 47,15; Gen. 47,17; Gen. 47,18; Gen. 47,18; Gen. 48,1; Gen. 48,2; Gen. 48,5; Gen. 48,10; Gen. 48,11; Gen. 49,11; Gen. 49,29; Gen. 49,33; Gen. 50,4; Gen. 50,16; Gen. 50,17; Gen. 50,18; Ex. 1,10; Ex. 1,19; Ex. 2,9; Ex. 2,10; Ex. 2,11; Ex. 2,18; Ex. 2,23; Ex. 2,24; Ex. 3,7; Ex. 3,10; Ex. 3,11; Ex. 3,11; Ex. 3,13; Ex. 3,13; Ex. 3,13; Ex. 3,13; Ex. 3,13; Ex. 3,14; Ex. 3,14; Ex. 3,15; Ex. 3,15; Ex. 3,16; Ex. 3,18; Ex. 3,18; Ex. 4,1; Ex. 4,4; Ex. 4,10; Ex. 4,11; Ex. 4,15; Ex. 4,16; Ex. 4,16; Ex. 4,18; Ex. 4,18; Ex. 4,19; Ex. 4,21; Ex. 4,25; Ex. 4,27; Ex. 4,30; Ex. 5,1; Ex. 5,4; Ex. 5,10; Ex. 5,15; Ex. 5,22; Ex. 5,23; Ex. 6,1; Ex. 6,2; Ex. 6,2; Ex. 6,3; Ex. 6,4; Ex. 6,10; Ex. 6,13; Ex. 6,13; Ex. 6,27; Ex. 6,29; Ex. 6,29; Ex. 6,29; Ex. 7,1; Ex. 7,2; Ex. 7,7; Ex. 7,8; Ex. 7,9; Ex. 7,14; Ex. 7,15; Ex. 7,16; Ex. 7,16; Ex. 7,19; Ex. 7,26; Ex. 7,26; Ex. 7,26; Ex. 8,1; Ex. 8,4; Ex. 8,5; Ex. 8,8; Ex. 8,12; Ex. 8,16; Ex. 8,16; Ex. 8,24; Ex. 8,25; Ex. 8,26; Ex. 9,1; Ex. 9,1; Ex. 9,8; Ex. 9,13; Ex. 9,13; Ex. 9,22; Ex. 9,28; Ex. 9,29; Ex. 9,33; Ex. 10,1; Ex. 10,1; Ex. 10,7; Ex. 10,8; Ex. 10,10; Ex. 10,12; Ex. 10,17; Ex. 10,18; Ex. 10,21; Ex. 11,1; Ex. 11,9; Ex. 12,1; Ex. 12,3; Ex. 12,6; Ex. 12,21; Ex. 12,26; Ex. 12,43; Ex. 12,48; Ex. 12,50; Ex. 13,1; Ex. 13,3; Ex. 14,1; Ex. 14,10; Ex. 14,11; Ex. 14,12; Ex. 14,13; Ex. 14,15; Ex. 14,26; Ex. 14,27; Ex. 15,25; Ex. 16,3; Ex. 16,4; Ex. 16,6; Ex. 16,9; Ex. 16,11; Ex. 16,12; Ex. 16,12; Ex. 16,15; Ex. 16,19; Ex. 16,23; Ex. 16,28; Ex. 16,33; Ex. 17,2; Ex. 17,3; Ex. 17,4; Ex. 17,5; Ex. 17,14; Ex. 18,5; Ex. 18,6; Ex. 18,17; Ex. 18,19; Ex. 18,19; Ex. 19,4; Ex. 19,8; Ex. 19,9; Ex. 19,9; Ex. 19,9; Ex. 19,9; Ex. 19,10; Ex. 19,14; Ex. 19,16; Ex. 19,21; Ex. 19,21; Ex. 19,23; Ex. 19,23; Ex. 19,24; Ex. 19,25; Ex. 20,19; Ex. 20,19; Ex. 20,20; Ex. 20,22; Ex. 20,22; Ex. 20,24; Ex. 21,6; Ex. 23,13; Ex. 23,23; Ex. 24,1; Ex. 24,2; Ex. 24,6; Ex. 24,8; Ex. 24,12; Ex. 24,14; Ex. 25,1; Ex. 25,22; Ex. 26,18; Ex. 26,20; Ex. 26,22; Ex. 26,27; Ex. 26,35; Ex. 26,35; Ex. 27,9; Ex. 27,11; Ex. 27,13; Ex. 28,1; Ex. 28,43; Ex. 28,43; Ex. 29,5; Ex. 29,16; Ex. 29,21; Ex. 30,11; Ex. 30,17; Ex. 30,20; Ex. 30,22; Ex. 30,34; Ex. 31,1; Ex. 31,12; Ex. 32,3; Ex. 32,7; Ex. 32,13; Ex. 32,17; Ex. 32,22; Ex. 32,26; Ex. 32,26; Ex. 32,30; Ex. 32,30; Ex. 32,31; Ex. 32,33; Ex. 33,1; Ex. 33,11; Ex. 33,11; Ex. 33,12; Ex. 33,15; Ex. 33,17; Ex. 34,1; Ex. 34,10; Ex. 34,15; Ex. 34,27; Ex. 34,31; Ex. 34,32; Ex. 34,32; Ex. 34,33; Ex. 35,1; Ex. 35,4; Ex. 36,2; Ex. 36,5; Ex. 37,7; Ex. 37,9; Ex. 37,10; Ex. 37,11; Ex. 38,27; Ex. 39,13; Ex. 40,1; Ex. 40,22; Ex. 40,24; Lev. 1,2; Lev. 1,3; Lev. 1,11; Lev. 1,15; Lev. 1,15; Lev. 2,2; Lev. 2,8; Lev. 2,8; Lev. 4,1; Lev. 4,2; Lev. 4,18; Lev. 5,8; Lev. 5,12; Lev. 5,14; Lev. 5,18; Lev. 5,20; Lev. 5,21; Lev. 6,1; Lev. 6,12; Lev. 6,17; Lev. 7,22; Lev. 7,28; Lev. 8,1; Lev. 8,31; Lev. 9,2; Lev. 9,7; Lev. 9,8; Lev. 9,9; Lev. 9,12; Lev. 9,18; Lev. 9,18; Lev. 10,3; Lev. 10,6; Lev. 10,9; Lev. 10,11; Lev. 10,12; Lev. 10,12; Lev. 10,19; Lev. 11,1; Lev. 12,1; Lev. 12,2; Lev. 12,6; Lev. 13,1; Lev. 13,2; Lev. 13,9; Lev. 13,16; Lev. 14,1; Lev. 14,2; Lev. 14,23; Lev. 14,33; Lev. 15,1; Lev. 15,29; Lev. 16,1; Lev. 16,2; Lev. 16,2; Lev. 17,1; Lev. 17,2; Lev. 17,2; Lev. 17,2; Lev. 17,2; Lev. 17,5; Lev. 17,8; Lev. 18,1; Lev. 18,2; Lev. 18,6; Lev. 18,14; Lev. 18,19; Lev. 18,20; Lev. 18,20; Lev. 18,23; Lev. 18,23; Lev. 18,23; Lev. 19,1; Lev. 19,2; Lev. 19,34; Lev. 20,1; Lev. 20,16; Lev. 21,1; Lev. 21,1; Lev. 21,16; Lev. 21,23; Lev. 21,23; Lev. 21,24; Lev. 21,24; Lev. 22,1; Lev. 22,3; Lev. 22,17; Lev. 22,18; Lev. 22,18; Lev. 22,26; Lev. 23,1; Lev. 23,2; Lev. 23,9; Lev. 23,10; Lev. 23,10; Lev. 23,23; Lev. 23,26; Lev. 23,33; Lev. 24,1; Lev. 24,11; Lev. 24,13; Lev. 24,15; Lev. 25,1; Lev. 25,2; Lev. 25,6; Lev. 25,31; Lev. 25,50; Lev. 25,51; Lev. 26,44; Lev. 27,1; Lev. 27,13; Lev. 27,19; Lev. 27,23; Lev. 27,27; Lev. 27,31; Lev. 27,34; Num. 1,1; Num. 1,48; Num. 2,1; Num. 2,10; Num. 2,25; Num. 3,5; Num. 3,11; Num. 3,14; Num. 3,35; Num. 3,40; Num. 3,44; Num. 4,1; Num. 4,17; Num. 4,19; Num. 4,21; Num. 4,43; Num. 4,47; Num. 5,1; Num. 5,5; Num. 5,8; Num. 5,11; Num. 5,12; Num. 5,15; Num. 5,25; Num. 6,1; Num. 6,2; Num. 6,10; Num. 6,22; Num. 7,4; Num. 7,5; Num. 7,11; Num. 7,89; Num. 7,89; Num. 8,1; Num. 8,2; Num. 8,5; Num. 8,19; Num. 8,23; Num. 9,1; Num. 9,3; Num. 9,7; Num. 9,8; Num. 9,9; Num. 9,11; Num. 9,14; Num. 10,1; Num. 10,4; Num. 10,6; Num. 10,9; Num. 10,30; Num. 11,2; Num. 11,2; Num. 11,11; Num. 11,16; Num. 11,16; Num. 11,23; Num. 11,24; Num. 11,25; Num. 11,26; Num. 12,4; Num. 12,6; Num. 12,11; Num. 12,13; Num. 12,14; Num. 13,1; Num. 13,17; Num. 13,26; Num. 13,26; Num. 13,29; Num. 13,30; Num. 13,30; Num. 13,31; Num. 13,32; Num. 14,2; Num. 14,7; Num. 14,11; Num. 14,13; Num. 14,20; Num. 14,26; Num. 14,36; Num. 14,39; Num. 15,1; Num. 15,2; Num. 15,17; Num. 15,18; Num. 15,22; Num. 15,23; Num. 15,23; Num. 15,26; Num. 15,33; Num. 15,33; Num. 15,35; Num. 15,37; Num. 15,38; Num. 16,5; Num. 16,5; Num. 16,5; Num. 16,5; Num. 16,8; Num. 16,9; Num. 16,11; Num. 16,15; Num. 16,16; Num. 16,20; Num. 16,23; Num. 16,25; Num. 16,26; Num. 17,1; Num. 17,2; Num. 17,9; Num. 17,11; Num. 17,15; Num. 17,16; Num. 17,24; Num. 17,25; Num. 17,27; Num. 18,1; Num. 18,2; Num. 18,3; Num. 18,3; Num. 18,4; Num. 18,4; Num. 18,8; Num. 18,17; Num. 18,20; Num. 18,25; Num. 18,26; Num. 18,30; Num. 19,1; Num. 19,2; Num. 19,3; Num. 20,3; Num. 20,6; Num. 20,7; Num. 20,8; Num. 20,10; Num. 20,12; Num. 20,14; Num. 20,16; Num. 20,18; Num. 20,23; Num. 20,24; Num. 21,1; Num. 21,5; Num. 21,7; Num. 21,7; Num. 21,7; Num. 21,8; Num. 21,16; Num. 21,21; Num. 21,34; Num. 22,5; Num. 22,7; Num. 22,8; Num. 22,9; Num. 22,10; Num. 22,12; Num. 22,13; Num. 22,14; Num. 22,16; Num. 22,20; Num. 22,20; Num. 22,25; Num. 22,35; Num. 22,35; Num. 22,37; Num. 22,37; Num. 22,38; Num. 22,38; Num. 23,3; Num. 23,4; Num. 23,5; Num. 23,6; Num. 23,11; Num. 23,12; Num. 23,13; Num. 23,15; Num. 23,16; Num. 23,17; Num. 23,25; Num. 23,27; Num. 23,29; Num. 24,10; Num. 24,12; Num. 24,25; Num. 25,6; Num. 25,10; Num. 25,16; Num. 26,1; Num. 26,1; Num. 26,52; Num. 27,6; Num. 27,12; Num. 27,13; Num. 27,15; Num. 27,18; Num. 27,18; Num. 28,1; Num. 28,2; Num. 28,3; Num. 28,4; Num. 28,8; Num. 30,2; Num. 31,1; Num. 31,2; Num. 31,3; Num. 31,12; Num. 31,12; Num. 31,12; Num. 31,21; Num. 31,25; Num. 31,48; Num. 31,49; Num. 32,2; Num. 32,2; Num. 32,2; Num. 32,20; Num. 32,25; Num. 32,29; Num. 33,50; Num. 33,51; Num. 34,1; Num. 34,2; Num. 34,3; Num. 34,3; Num. 34,4; Num. 34,4; Num. 34,7; Num. 34,16; Num. 35,1; Num. 35,5; Num. 35,5; Num. 35,5; Num. 35,5; Num. 35,9; Num. 35,10; Deut. 1,3; Deut. 1,3; Deut. 1,7; Deut. 1,7; Deut. 1,9; Deut. 1,20; Deut. 1,25; Deut. 1,29; Deut. 1,36; Deut. 2,5; Deut. 2,9; Deut. 2,24; Deut. 2,26; Deut. 4,2; Deut. 4,12; Deut.

Π, π

4,15; Deut. 4,23; Deut. 4,30; Deut. 5,1; Deut. 5,2; Deut. 5,3; Deut. 5,4; Deut. 5,22; Deut. 5,24; Deut. 5,27; Deut. 5,27; Deut. 5,28; Deut. 5,31; Deut. 6,13; Deut. 7,2; Deut. 7,3; Deut. 9,7; Deut. 9,9; Deut. 9,10; Deut. 9,13; Deut. 9,24; Deut. 9,26; Deut. 10,4; Deut. 10,20; Deut. 11,25; Deut. 12,27; Deut. 13,3; Deut. 15,9; Deut. 15,16; Deut. 15,17; Deut. 16,6; Deut. 17,9; Deut. 17,9; Deut. 19,9; Deut. 20,3; Deut. 20,5; Deut. 20,8; Deut. 20,9; Deut. 20,10; Deut. 20,12; Deut. 20,20; Deut. 21,13; Deut. 22,2; Deut. 22,15; Deut. 23,12; Deut. 23,19; Deut. 24,15; Deut. 25,5; Deut. 26,3; Deut. 26,3; Deut. 26,7; Deut. 28,7; Deut. 28,25; Deut. 29,1; Deut. 29,11; Deut. 31,1; Deut. 31,2; Deut. 31,14; Deut. 31,16; Deut. 31,27; Deut. 32,46; Deut. 32,48; Deut. 32,50; Deut. 32,50; Deut. 34,4; Josh. 2,3; Josh. 2,8; Josh. 2,9; Josh. 2,17; Josh. 2,18; Josh. 2,23; Josh. 2,24; Josh. 3,7; Josh. 4,13; Josh. 4,19; Josh. 5,15; Josh. 6,2; Josh. 6,6; Josh. 7,3; Josh. 7,3; Josh. 7,10; Josh. 7,11; Josh. 7,23; Josh. 8,1; Josh. 8,5; Josh. 8,18; Josh. 8,23; Josh. 9,6; Josh. 9,6; Josh. 9,7; Josh. 9,8; Josh. 9,8; Josh. 9,11; Josh. 9,11; Josh. 9,12; Josh. 9,15; Josh. 9,15; Josh. 9,16; Josh. 10,1; Josh. 10,1; Josh. 10,3; Josh. 10,3; Josh. 10,3; Josh. 10,3; Josh. 10,4; Josh. 10,4; Josh. 10,6; Josh. 10,6; Josh. 10,8; Josh. 10,12; Josh. 10,21; Josh. 10,24; Josh. 10,25; Josh. 10,27; Josh. 11,1; Josh. 11,1; Josh. 11,1; Josh. 11,2; Josh. 11,6; Josh. 11,18; Josh. 11,20; Josh. 11,20; Josh. 13,1; Josh. 14,6; Josh. 14,6; Josh. 14,6; Josh. 14,10; Josh. 15,1; Josh. 18,4; Josh. 18,9; Josh. 18,13; Josh. 18,14; Josh. 18,15; Josh. 18,17; Josh. 20,2; Josh. 21,1; Josh. 21,1; Josh. 21,1; Josh. 21,2; Josh. 21,21; Josh. 22,13; Josh. 22,13; Josh. 22,13; Josh. 22,15; Josh. 22,15; Josh. 22,15; Josh. 22,15; Josh. 22,28; Josh. 22,32; Josh. 22,33; Josh. 22,33; Josh. 23,2; Josh. 23,12; Josh. 23,14; Josh. 23,15; Josh. 24,2; Josh. 24,7; Josh. 24,11; Josh. 24,19; Josh. 24,21; Josh. 24,22; Josh. 24,23; Josh. 24,24; Josh. 24,25; Josh. 24,27; Josh. 24,27; Judg. 1,1; Judg. 1,3; Judg. 1,10; Judg. 1,11; Judg. 1,16; Judg. 2,1; Judg. 2,4; Judg. 2,10; Judg. 3,9; Judg. 3,13; Judg. 3,15; Judg. 3,19; Judg. 3,20; Judg. 3,20; Judg. 3,24; Judg. 3,28; Judg. 4,3; Judg. 4,5; Judg. 4,6; Judg. 4,7; Judg. 4,8; Judg. 4,9; Judg. 4,11; Judg. 4,14; Judg. 4,18; Judg. 4,18; Judg. 4,19; Judg. 4,20; Judg. 4,20; Judg. 4,21; Judg. 4,22; Judg. 5,29; Judg. 6,6; Judg. 6,7; Judg. 6,8; Judg. 6,12; Judg. 6,13; Judg. 6,14; Judg. 6,15; Judg. 6,16; Judg. 6,17; Judg. 6,18; Judg. 6,19; Judg. 6,20; Judg. 6,20; Judg. 6,22; Judg. 6,27; Judg. 6,29; Judg. 6,30; Judg. 6,31; Judg. 6,36; Judg. 6,39; Judg. 7,2; Judg. 7,3; Judg. 7,4; Judg. 7,4; Judg. 7,5; Judg. 7,7; Judg. 7,9; Judg. 7,17; Judg. 7,25; Judg. 8,1; Judg. 8,2; Judg. 8,8; Judg. 8,14; Judg. 8,15; Judg. 8,18; Judg. 8,22; Judg. 8,23; Judg. 8,24; Judg. 9,1; Judg. 9,1; Judg. 9,1; Judg. 9,14; Judg. 9,15; Judg. 9,31; Judg. 9,33; Judg. 9,36; Judg. 9,36; Judg. 9,38; Judg. 9,38; Judg. 9,48; Judg. 9,54; Judg. 10,10; Judg. 10,11; Judg. 10,14; Judg. 10,15; Judg. 10,18; Judg. 11,3; Judg. 11,6; Judg. 11,8; Judg. 11,8; Judg. 11,9; Judg. 11,10; Judg. 11,12; Judg. 11,13; Judg. 11,14; Judg. 11,14; Judg. 11,17; Judg. 11,17; Judg. 11,19; Judg. 11,28; Judg. 11,32; Judg. 11,32; Judg. 11,35; Judg. 11,36; Judg. 11,36; Judg. 11,37; Judg. 11,39; Judg. 12,1; Judg. 12,2; Judg. 12,2; Judg. 12,3; Judg. 13,3; Judg. 13,3; Judg. 13,8; Judg. 13,8; Judg. 13,9; Judg. 13,10; Judg. 13,11; Judg. 13,11; Judg. 13,13; Judg. 13,13; Judg. 13,15; Judg. 13,16; Judg. 13,17; Judg. 13,21; Judg. 13,21; Judg. 13,22; Judg. 14,3; Judg. 14,9; Judg. 14,9; Judg. 14,10; Judg. 15,1; Judg. 15,1; Judg. 15,4; Judg. 15,11; Judg. 15,18; Judg. 16,1; Judg. 16,5; Judg. 16,5; Judg. 16,6; Judg. 16,7; Judg. 16,9; Judg. 16,10; Judg. 16,11; Judg. 16,12; Judg. 16,13; Judg. 16,13; Judg. 16,14; Judg. 16,15; Judg. 16,18; Judg. 16,26; Judg. 16,28; Judg. 17,9; Judg. 17,10; Judg. 18,2; Judg. 18,4; Judg. 18,8; Judg. 18,10; Judg. 18,14; Judg. 18,18; Judg. 18,19; Judg. 18,23; Judg. 18,25; Judg. 19,3; Judg. 19,5; Judg. 19,6; Judg. 19,11; Judg. 19,12; Judg. 19,18; Judg. 19,22; Judg. 19,23; Judg. 19,23; Judg. 19,25; Judg. 19,28; Judg. 19,30; Judg. 20,1; Judg. 20,3; Judg. 20,16; Judg. 20,20; Judg. 20,23; Judg. 20,24; Judg. 20,30; Judg. 20,30; Judg. 20,36; Judg. 20,37; Judg. 20,38; Judg. 20,45; Judg. 20,47; Judg. 21,5; Judg. 21,5; Judg. 21,8; Judg. 21,13; Judg. 21,14; Judg. 21,22; Judg. 21,22; Ruth 1,15; Ruth 1,15; Ruth 1,15; Ruth 1,18; Ruth 1,20; Ruth 2,2; Ruth 2,8; Ruth 2,10; Ruth 2,11; Ruth 2,12; Ruth 2,21; Ruth 2,22; Ruth 3,5; Ruth 3,16; Ruth 3,17; Ruth 4,1; Ruth 4,13; Ruth 4,14; 1Sam. 1,10; 1Sam. 1,25; 1Sam. 1,26; 1Sam. 2,25; 1Sam. 2,27; 1Sam. 2,27; 1Sam. 3,5; 1Sam. 3,6; 1Sam. 3,8; 1Sam. 3,11; 1Sam. 3,16; 1Sam. 3,17; 1Sam. 3,21; 1Sam. 4,7; 1Sam. 4,16; 1Sam. 5,8; 1Sam. 5,8; 1Sam. 5,10; 1Sam. 6,20; 1Sam. 6,21; 1Sam. 6,21; 1Sam. 7,3; 1Sam. 7,3; 1Sam. 7,3; 1Sam. 7,5; 1Sam. 7,8; 1Sam. 7,8; 1Sam. 7,9; 1Sam. 8,4; 1Sam. 8,6; 1Sam. 8,7; 1Sam. 8,10; 1Sam. 8,22; 1Sam. 8,22; 1Sam. 9,3; 1Sam. 9,9; 1Sam. 9,10; 1Sam. 9,15; 1Sam. 9,16; 1Sam. 9,18; 1Sam. 9,21; 1Sam. 10,3; 1Sam. 10,8; 1Sam. 10,8; 1Sam. 10,11; 1Sam. 10,14; 1Sam. 10,14; 1Sam. 10,14; 1Sam. 10,15; 1Sam. 10,16; 1Sam. 10,17; 1Sam. 10,18; 1Sam. 10,24; 1Sam. 10,25; 1Sam. 11,1; 1Sam. 11,2; 1Sam. 11,3; 1Sam. 11,4; 1Sam. 11,10; 1Sam. 11,10; 1Sam. 11,12; 1Sam. 11,14; 1Sam. 12,1; 1Sam. 12,4; 1Sam. 12,5; 1Sam. 12,6; 1Sam. 12,8; 1Sam. 12,10; 1Sam. 12,19; 1Sam. 12,19; 1Sam. 12,19; 1Sam. 12,20; 1Sam. 13,13; 1Sam. 14,6; 1Sam. 14,8; 1Sam. 14,8; 1Sam. 14,9; 1Sam. 14,10; 1Sam. 14,10; 1Sam. 14,12; 1Sam. 14,12; 1Sam. 14,12; 1Sam. 14,12; 1Sam. 14,19; 1Sam. 14,19; 1Sam. 14,36; 1Sam. 14,40; 1Sam. 14,42; 1Sam. 14,43; 1Sam. 14,45; 1Sam. 14,52; 1Sam. 15,1; 1Sam. 15,6; 1Sam. 15,10; 1Sam. 15,11; 1Sam. 15,12; 1Sam. 15,13; 1Sam. 15,16; 1Sam. 15,17; 1Sam. 15,20; 1Sam. 15,24; 1Sam. 15,26; 1Sam. 15,28; 1Sam. 15,32; 1Sam. 15,33; 1Sam. 16,1; 1Sam. 16,1; 1Sam. 16,3; 1Sam. 16,7; 1Sam. 16,11; 1Sam. 16,11; 1Sam. 16,12; 1Sam. 16,15; 1Sam. 16,17; 1Sam. 16,17; 1Sam. 16,19; 1Sam. 16,20; 1Sam. 16,21; 1Sam. 16,22; 1Sam. 17,9; 1Sam. 17,32; 1Sam. 17,33; 1Sam. 17,33; 1Sam. 17,34; 1Sam. 17,37; 1Sam. 17,39; 1Sam. 17,40; 1Sam. 17,43; 1Sam. 17,44; 1Sam. 17,45; 1Sam. 17,45; 1Sam. 19,1; 1Sam. 19,1; 1Sam. 19,3; 1Sam. 19,4; 1Sam. 19,4; 1Sam. 19,7; 1Sam. 19,8; 1Sam. 19,18; 1Sam. 20,4; 1Sam. 20,5; 1Sam. 20,10; 1Sam. 20,11; 1Sam. 20,12; 1Sam. 20,12; 1Sam. 20,27; 1Sam. 20,38; 1Sam. 21,2; 1Sam. 21,9; 1Sam. 21,11; 1Sam. 21,12; 1Sam. 21,15; 1Sam. 22,1; 1Sam. 22,2; 1Sam. 22,3; 1Sam. 22,5; 1Sam. 22,7; 1Sam. 22,9; 1Sam. 22,11; 1Sam. 23,3; 1Sam. 23,4; 1Sam. 23,6; 1Sam. 23,9; 1Sam. 23,16; 1Sam. 23,17; 1Sam. 23,19; 1Sam. 23,20; 1Sam. 23,20; 1Sam. 23,27; 1Sam. 24,5; 1Sam. 24,5; 1Sam. 24,7; 1Sam. 24,10; 1Sam. 24,17; 1Sam. 24,18; 1Sam. 25,5; 1Sam. 25,9; 1Sam. 25,17; 1Sam. 25,22; 1Sam. 25,34; 1Sam. 25,36; 1Sam. 25,40; 1Sam. 25,40; 1Sam. 26,1; 1Sam. 26,6; 1Sam. 26,6; 1Sam. 26,6; 1Sam. 26,8; 1Sam. 26,9; 1Sam. 26,15; 1Sam. 26,25; 1Sam. 27,2; 1Sam. 27,5; 1Sam. 27,9; 1Sam. 27,10; 1Sam. 27,10; 1Sam. 28,1; 1Sam. 28,2; 1Sam. 28,2; 1Sam. 28,7; 1Sam. 28,7; 1Sam. 28,8; 1Sam. 28,9; 1Sam. 28,12; 1Sam. 28,21; 1Sam. 28,21; 1Sam. 29,3; 1Sam. 29,8; 1Sam. 29,9; 1Sam. 30,7; 1Sam. 30,11; 1Sam. 30,15; 1Sam. 30,21; 1Sam. 31,4; 2Sam. 1,2; 2Sam. 1,3; 2Sam. 1,16; 2Sam. 2,1; 2Sam. 2,5; 2Sam. 2,5; 2Sam. 2,14; 2Sam. 2,22; 2Sam. 2,22; 2Sam. 3,7; 2Sam. 3,7; 2Sam. 3,8; 2Sam. 3,12; 2Sam. 3,12; 2Sam. 3,13; 2Sam. 3,14; 2Sam. 3,16; 2Sam. 3,17; 2Sam. 3,20; 2Sam. 3,21; 2Sam. 3,21; 2Sam. 3,23; 2Sam. 3,24; 2Sam. 3,24; 2Sam. 3,27; 2Sam. 3,31; 2Sam. 3,31; 2Sam. 3,38; 2Sam. 4,8; 2Sam. 5,1; 2Sam. 5,2; 2Sam. 5,3; 2Sam. 5,6; 2Sam. 5,11; 2Sam. 5,19; 2Sam. 5,19; 2Sam. 5,24; 2Sam. 6,10; 2Sam. 6,21; 2Sam. 7,2; 2Sam. 7,3; 2Sam. 7,4; 2Sam. 7,5; 2Sam. 7,7; 2Sam. 7,17; 2Sam. 7,20; 2Sam. 7,27; 2Sam. 8,10; 2Sam. 9,2; 2Sam. 9,2; 2Sam. 9,3; 2Sam. 9,4; 2Sam. 9,6; 2Sam. 9,9; 2Sam. 9,11; 2Sam. 10,3; 2Sam.

πρός

10,3; 2Sam. 10,9; 2Sam. 10,13; 2Sam. 11,2; 2Sam. 11,4; 2Sam. 11,6; 2Sam. 11,6; 2Sam. 11,7; 2Sam. 11,10; 2Sam. 11,11; 2Sam. 11,12; 2Sam. 11,14; 2Sam. 11,19; 2Sam. 11,20; 2Sam. 11,21; 2Sam. 11,22; 2Sam. 11,22; 2Sam. 11,22; 2Sam. 11,22; 2Sam. 11,22; 2Sam. 11,23; 2Sam. 11,24; 2Sam. 11,25; 2Sam. 11,25; 2Sam. 11,25; 2Sam. 12,1; 2Sam. 12,1; 2Sam. 12,4; 2Sam. 12,4; 2Sam. 12,5; 2Sam. 12,7; 2Sam. 12,13; 2Sam. 12,18; 2Sam. 12,18; 2Sam. 12,19; 2Sam. 12,21; 2Sam. 12,23; 2Sam. 12,24; 2Sam. 12,27; 2Sam. 13,5; 2Sam. 13,6; 2Sam. 13,7; 2Sam. 13,10; 2Sam. 13,13; 2Sam. 13,20; 2Sam. 13,24; 2Sam. 13,25; 2Sam. 13,28; 2Sam. 13,30; 2Sam. 13,35; 2Sam. 13,37; 2Sam. 14,2; 2Sam. 14,3; 2Sam. 14,3; 2Sam. 14,4; 2Sam. 14,5; 2Sam. 14,7; 2Sam. 14,9; 2Sam. 14,10; 2Sam. 14,10; 2Sam. 14,12; 2Sam. 14,15; 2Sam. 14,15; 2Sam. 14,18; 2Sam. 14,21; 2Sam. 14,29; 2Sam. 14,29; 2Sam. 14,29; 2Sam. 14,29; 2Sam. 14,30; 2Sam. 14,30; 2Sam. 14,31; 2Sam. 14,31; 2Sam. 14,32; 2Sam. 14,32; 2Sam. 14,32; 2Sam. 14,33; 2Sam. 14,33; 2Sam. 15,2; 2Sam. 15,2; 2Sam. 15,3; 2Sam. 15,6; 2Sam. 15,7; 2Sam. 15,13; 2Sam. 15,15; 2Sam. 15,19; 2Sam. 15,22; 2Sam. 16,2; 2Sam. 16,3; 2Sam. 16,9; 2Sam. 16,11; 2Sam. 16,11; 2Sam. 16,16; 2Sam. 16,16; 2Sam. 16,17; 2Sam. 16,18; 2Sam. 16,20; 2Sam. 16,21; 2Sam. 16,21; 2Sam. 16,22; 2Sam. 17,1; 2Sam. 17,3; 2Sam. 17,3; 2Sam. 17,6; 2Sam. 17,6; 2Sam. 17,7; 2Sam. 17,12; 2Sam. 17,13; 2Sam. 17,15; 2Sam. 17,20; 2Sam. 17,21; 2Sam. 17,25; 2Sam. 18,2; 2Sam. 18,4; 2Sam. 18,12; 2Sam. 18,22; 2Sam. 18,24; 2Sam. 18,28; 2Sam. 18,32; 2Sam. 19,6; 2Sam. 19,11; 2Sam. 19,12; 2Sam. 19,12; 2Sam. 19,12; 2Sam. 19,12; 2Sam. 19,15; 2Sam. 19,20; 2Sam. 19,24; 2Sam. 19,27; 2Sam. 19,28; 2Sam. 19,29; 2Sam. 19,31; 2Sam. 19,34; 2Sam. 19,35; 2Sam. 19,42; 2Sam. 19,42; 2Sam. 19,43; 2Sam. 20,3; 2Sam. 20,4; 2Sam. 20,6; 2Sam. 20,15; 2Sam. 20,16; 2Sam. 20,16; 2Sam. 20,17; 2Sam. 20,21; 2Sam. 20,21; 2Sam. 20,22; 2Sam. 20,22; 2Sam. 20,22; 2Sam. 20,22; 2Sam. 21,2; 2Sam. 21,3; 2Sam. 21,5; 2Sam. 21,10; 2Sam. 22,7; 2Sam. 22,42; 2Sam. 23,10; 2Sam. 23,13; 2Sam. 23,16; 2Sam. 23,21; 2Sam. 23,23; 2Sam. 24,2; 2Sam. 24,3; 2Sam. 24,3; 2Sam. 24,4; 2Sam. 24,9; 2Sam. 24,10; 2Sam. 24,11; 2Sam. 24,12; 2Sam. 24,13; 2Sam. 24,14; 2Sam. 24,17; 2Sam. 24,18; 2Sam. 24,21; 2Sam. 24,22; 2Sam. 24,23; 2Sam. 24,24; 1Kings 1,3; 1Kings 1,11; 1Kings 1,13; 1Kings 1,13; 1Kings 1,15; 1Kings 1,20; 1Kings 2,13; 1Kings 2,14; 1Kings 2,17; 1Kings 2,19; 1Kings 2,29; 1Kings 2,29; 1Kings 2,30; 1Kings 2,38; 1Kings 2,39; 1Kings 2,40; 1Kings 2,42; 1Kings 2,44; 1Kings 3,5; 1Kings 3,11; 1Kings 3,26; 1Kings 5,16; 1Kings 5,19; 1Kings 5,22; 1Kings 7,2; 1Kings 8,18; 1Kings 8,28; 1Kings 8,48; 1Kings 8,48; 1Kings 8,54; 1Kings 8,58; 1Kings 8,59; 1Kings 8,61; 1Kings 9,3; 1Kings 10,2; 1Kings 10,6; 1Kings 10,7; 1Kings 11,11; 1Kings 11,18; 1Kings 11,18; 1Kings 11,21; 1Kings 11,40; 1Kings 12,3; 1Kings 12,5; 1Kings 12,7; 1Kings 12,10; 1Kings 12,10; 1Kings 12,10; 1Kings 12,12; 1Kings 12,13; 1Kings 12,14; 1Kings 12,21; 1Kings 12,22; 1Kings 12,23; 1Kings 12,24c; 1Kings 12,24f; 1Kings 12,24g; 1Kings 12,24h; 1Kings 12,24k; 1Kings 12,24l; 1Kings 12,24m; 1Kings 12,24o; 1Kings 12,24p; 1Kings 12,24p; 1Kings 12,24q; 1Kings 12,24q; 1Kings 12,24r; 1Kings 12,24x; 1Kings 12,24y; 1Kings 12,24y; 1Kings 12,24y; 1Kings 12,24y; 1Kings 12,27; 1Kings 12,27; 1Kings 12,28; 1Kings 13,2; 1Kings 13,4; 1Kings 13,6; 1Kings 13,7; 1Kings 13,8; 1Kings 13,12; 1Kings 13,18; 1Kings 13,18; 1Kings 13,20; 1Kings 13,21; 1Kings 13,22; 1Kings 15,18; 1Kings 15,19; 1Kings 16,1; 1Kings 16,12; 1Kings 16,28g; 1Kings 17,1; 1Kings 17,2; 1Kings 17,8; 1Kings 17,13; 1Kings 17,18; 1Kings 17,19; 1Kings 17,24; 1Kings 18,1; 1Kings 18,5; 1Kings 18,17; 1Kings 18,21; 1Kings 18,22; 1Kings 18,29; 1Kings 18,30; 1Kings 18,30; 1Kings 18,31; 1Kings 18,40; 1Kings 19,2; 1Kings 19,9; 1Kings 19,13; 1Kings 19,15; 1Kings 20,2; 1Kings 20,3; 1Kings 20,5; 1Kings 20,5; 1Kings 20,6; 1Kings 20,6; 1Kings 20,7; 1Kings 20,8; 1Kings 20,11; 1Kings 20,11; 1Kings 20,14; 1Kings 20,15; 1Kings 20,17; 1Kings 20,19; 1Kings 20,20; 1Kings 20,21; 1Kings 21,2; 1Kings 21,3; 1Kings 21,5; 1Kings 21,6; 1Kings 21,9; 1Kings 21,10; 1Kings 21,22; 1Kings 21,25; 1Kings 21,31; 1Kings 21,33; 1Kings 21,33; 1Kings 21,34; 1Kings 21,35; 1Kings 21,36; 1Kings 21,39; 1Kings 21,40; 1Kings 21,42; 1Kings 22,2; 1Kings 22,3; 1Kings 22,4; 1Kings 22,5; 1Kings 22,7; 1Kings 22,8; 1Kings 22,15; 1Kings 22,18; 1Kings 22,18; 1Kings 22,21; 1Kings 22,26; 1Kings 22,30; 2Kings 1,2; 2Kings 1,3; 2Kings 1,3; 2Kings 1,4; 2Kings 1,5; 2Kings 1,5; 2Kings 1,6; 2Kings 1,6; 2Kings 1,6; 2Kings 1,6; 2Kings 1,7; 2Kings 1,7; 2Kings 1,8; 2Kings 1,9; 2Kings 1,9; 2Kings 1,9; 2Kings 1,10; 2Kings 1,11; 2Kings 1,11; 2Kings 1,12; 2Kings 1,13; 2Kings 1,13; 2Kings 1,15; 2Kings 1,15; 2Kings 1,16; 2Kings 2,2; 2Kings 2,3; 2Kings 2,3; 2Kings 2,4; 2Kings 2,5; 2Kings 2,5; 2Kings 2,9; 2Kings 2,16; 2Kings 2,18; 2Kings 2,18; 2Kings 2,19; 2Kings 2,20; 2Kings 3,7; 2Kings 3,12; 2Kings 3,13; 2Kings 3,13; 2Kings 3,14; 2Kings 3,26; 2Kings 4,1; 2Kings 4,3; 2Kings 4,5; 2Kings 4,6; 2Kings 4,9; 2Kings 4,10; 2Kings 4,12; 2Kings 4,13; 2Kings 4,13; 2Kings 4,13; 2Kings 4,16; 2Kings 4,17; 2Kings 4,18; 2Kings 4,18; 2Kings 4,19; 2Kings 4,19; 2Kings 4,20; 2Kings 4,23; 2Kings 4,24; 2Kings 4,25; 2Kings 4,25; 2Kings 4,27; 2Kings 4,33; 2Kings 4,36; 2Kings 4,36; 2Kings 4,41; 2Kings 4,42; 2Kings 5,5; 2Kings 5,5; 2Kings 5,6; 2Kings 5,6; 2Kings 5,6; 2Kings 5,8; 2Kings 5,10; 2Kings 5,13; 2Kings 5,13; 2Kings 5,13; 2Kings 5,15; 2Kings 5,19; 2Kings 5,25; 2Kings 5,25; 2Kings 5,26; 2Kings 6,1; 2Kings 6,8; 2Kings 6,9; 2Kings 6,11; 2Kings 6,15; 2Kings 6,18; 2Kings 6,18; 2Kings 6,19; 2Kings 6,19; 2Kings 6,22; 2Kings 6,23; 2Kings 6,26; 2Kings 6,29; 2Kings 6,32; 2Kings 6,32; 2Kings 6,33; 2Kings 7,3; 2Kings 7,6; 2Kings 7,7; 2Kings 7,9; 2Kings 7,10; 2Kings 7,12; 2Kings 7,13; 2Kings 7,17; 2Kings 7,18; 2Kings 8,1; 2Kings 8,3; 2Kings 8,4; 2Kings 8,5; 2Kings 8,8; 2Kings 8,9; 2Kings 8,9; 2Kings 8,14; 2Kings 9,5; 2Kings 9,8; 2Kings 9,11; 2Kings 9,11; 2Kings 9,12; 2Kings 9,14; 2Kings 9,19; 2Kings 9,23; 2Kings 9,25; 2Kings 9,32; 2Kings 9,33; 2Kings 9,33; 2Kings 10,1; 2Kings 10,1; 2Kings 10,1; 2Kings 10,2; 2Kings 10,5; 2Kings 10,5; 2Kings 10,6; 2Kings 10,7; 2Kings 10,7; 2Kings 10,9; 2Kings 10,15; 2Kings 10,15; 2Kings 10,16; 2Kings 10,17; 2Kings 10,18; 2Kings 10,30; 2Kings 11,4; 2Kings 11,7; 2Kings 11,9; 2Kings 11,13; 2Kings 11,14; 2Kings 11,15; 2Kings 12,5; 2Kings 12,8; 2Kings 13,14; 2Kings 13,15; 2Kings 13,23; 2Kings 14,8; 2Kings 14,9; 2Kings 14,9; 2Kings 15,12; 2Kings 16,7; 2Kings 16,10; 2Kings 17,4; 2Kings 18,14; 2Kings 18,17; 2Kings 18,18; 2Kings 18,18; 2Kings 18,19; 2Kings 18,19; 2Kings 18,26; 2Kings 18,26; 2Kings 18,27; 2Kings 18,27; 2Kings 18,30; 2Kings 18,37; 2Kings 19,2; 2Kings 19,3; 2Kings 19,5; 2Kings 19,6; 2Kings 19,9; 2Kings 19,20; 2Kings 19,32; 2Kings 19,32; 2Kings 20,1; 2Kings 20,1; 2Kings 20,2; 2Kings 20,2; 2Kings 20,4; 2Kings 20,5; 2Kings 20,8; 2Kings 20,11; 2Kings 20,12; 2Kings 20,14; 2Kings 20,14; 2Kings 20,14; 2Kings 20,16; 2Kings 20,19; 2Kings 21,7; 2Kings 21,7; 2Kings 21,23; 2Kings 22,4; 2Kings 22,8; 2Kings 22,8; 2Kings 22,9; 2Kings 22,10; 2Kings 22,14; 2Kings 22,14; 2Kings 22,18; 2Kings 22,18; 2Kings 22,20; 2Kings 23,1; 2Kings 23,3; 2Kings 23,9; 2Kings 23,25; 2Kings 25,6; 2Kings 25,11; 2Kings 25,20; 2Kings 25,23; 1Chr. 2,21; 1Chr. 5,9; 1Chr. 5,10; 1Chr. 5,20; 1Chr. 7,23; 1Chr. 10,1; 1Chr. 11,1; 1Chr. 11,3; 1Chr. 11,15; 1Chr. 11,18; 1Chr. 11,25; 1Chr. 12,1; 1Chr. 12,9; 1Chr. 12,20; 1Chr. 12,20; 1Chr. 12,23; 1Chr. 12,24; 1Chr. 12,24; 1Chr. 13,2; 1Chr. 13,2; 1Chr. 13,3; 1Chr. 13,12; 1Chr. 13,13; 1Chr. 14,1; 1Chr. 17,1; 1Chr. 17,2; 1Chr. 17,3; 1Chr. 17,4; 1Chr. 17,6; 1Chr. 17,15; 1Chr. 17,18; 1Chr. 17,23; 1Chr. 18,10; 1Chr. 19,3; 1Chr. 19,3; 1Chr. 19,10; 1Chr. 21,2; 1Chr. 21,2; 1Chr. 21,8; 1Chr. 21,9;

1Chr. 21,10; 1Chr. 21,11; 1Chr. 21,13; 1Chr. 21,17; 1Chr. 21,18; 1Chr. 21,21; 1Chr. 21,22; 1Chr. 21,23; 1Chr. 21,26; 1Chr. 21,27; 1Chr. 22,14; 1Chr. 24,5; 1Chr. 26,14; 1Chr. 26,17; 1Chr. 29,18; 2Chr. 1,2; 2Chr. 1,8; 2Chr. 1,11; 2Chr. 2,2; 2Chr. 2,10; 2Chr. 4,10; 2Chr. 5,3; 2Chr. 6,4; 2Chr. 6,8; 2Chr. 6,34; 2Chr. 6,38; 2Chr. 8,18; 2Chr. 9,1; 2Chr. 9,1; 2Chr. 9,5; 2Chr. 10,3; 2Chr. 10,10; 2Chr. 10,12; 2Chr. 10,14; 2Chr. 10,16; 2Chr. 11,1; 2Chr. 11,2; 2Chr. 11,3; 2Chr. 11,3; 2Chr. 11,4; 2Chr. 11,13; 2Chr. 11,14; 2Chr. 12,5; 2Chr. 12,5; 2Chr. 12,7; 2Chr. 13,3; 2Chr. 13,7; 2Chr. 13,7; 2Chr. 13,12; 2Chr. 13,14; 2Chr. 14,10; 2Chr. 14,10; 2Chr. 15,6; 2Chr. 15,6; 2Chr. 15,9; 2Chr. 16,2; 2Chr. 16,7; 2Chr. 16,9; 2Chr. 17,10; 2Chr. 18,2; 2Chr. 18,3; 2Chr. 18,4; 2Chr. 18,7; 2Chr. 18,14; 2Chr. 18,17; 2Chr. 18,23; 2Chr. 18,25; 2Chr. 18,25; 2Chr. 18,29; 2Chr. 19,9; 2Chr. 19,11; 2Chr. 20,1; 2Chr. 20,6; 2Chr. 20,9; 2Chr. 20,12; 2Chr. 20,29; 2Chr. 20,33; 2Chr. 20,35; 2Chr. 20,36; 2Chr. 22,6; 2Chr. 22,7; 2Chr. 22,7; 2Chr. 22,9; 2Chr. 23,12; 2Chr. 24,11; 2Chr. 24,14; 2Chr. 24,14; 2Chr. 24,19; 2Chr. 24,19; 2Chr. 25,7; 2Chr. 25,10; 2Chr. 25,14; 2Chr. 25,17; 2Chr. 25,18; 2Chr. 25,18; 2Chr. 26,6; 2Chr. 26,19; 2Chr. 27,5; 2Chr. 28,13; 2Chr. 28,15; 2Chr. 28,16; 2Chr. 29,4; 2Chr. 29,18; 2Chr. 29,24; 2Chr. 29,27; 2Chr. 30,6; 2Chr. 30,9; 2Chr. 30,9; 2Chr. 31,10; 2Chr. 32,6; 2Chr. 32,9; 2Chr. 32,9; 2Chr. 32,24; 2Chr. 32,30; 2Chr. 32,31; 2Chr. 33,7; 2Chr. 33,7; 2Chr. 33,13; 2Chr. 33,18; 2Chr. 33,18; 2Chr. 34,9; 2Chr. 34,15; 2Chr. 34,16; 2Chr. 34,22; 2Chr. 34,28; 2Chr. 34,28; 2Chr. 35,13; 2Chr. 35,19b; 2Chr. 35,21; 2Chr. 36,13; 2Chr. 36,13; 1Esdr. 1,24; 1Esdr. 1,25; 1Esdr. 1,27; 1Esdr. 1,27; 1Esdr. 2,14; 1Esdr. 3,4; 1Esdr. 4,4; 1Esdr. 4,4; 1Esdr. 4,20; 1Esdr. 4,33; 1Esdr. 4,47; 1Esdr. 5,60; 1Esdr. 6,3; 1Esdr. 7,8; 1Esdr. 8,8; 1Esdr. 8,43; 1Esdr. 8,44; 1Esdr. 8,51; 1Esdr. 8,62; 1Esdr. 8,70; 1Esdr. 8,82; 1Esdr. 8,88; 1Esdr. 8,90; 1Esdr. 8,91; 1Esdr. 9,38; 1Esdr. 9,48; Ezra 3,7; Ezra 4,2; Ezra 4,2; Ezra 4,3; Ezra 4,7; Ezra 4,11; Ezra 4,17; Ezra 4,18; Ezra 5,7; Ezra 5,17; Ezra 6,13; Ezra 6,21; Ezra 8,15; Ezra 8,15; Ezra 8,17; Ezra 8,28; Ezra 9,5; Ezra 9,6; Ezra 10,1; Ezra 10,10; Neh. 1,7; Neh. 2,4; Neh. 2,7; Neh. 2,9; Neh. 2,13; Neh. 2,17; Neh. 3,35; Neh. 4,3; Neh. 4,8; Neh. 4,8; Neh. 4,8; Neh. 4,13; Neh. 4,13; Neh. 4,13; Neh. 4,14; Neh. 5,1; Neh. 5,7; Neh. 5,17; Neh. 6,3; Neh. 6,8; Neh. 6,17; Neh. 6,17; Neh. 8,13; Neh. 8,13; Neh. 9,4; Neh. 9,8; Neh. 9,13; Neh. 9,26; Neh. 9,27; Neh. 9,28; Neh. 10,29; Neh. 11,24; Neh. 11,25; Neh. 12,24; Neh. 13,6; Neh. 13,21; Neh. 13,22; Esth. 11,9 # 1,1h; Esth. 1,11; Esth. 1,16; Esth. 1,19; Esth. 2,8; Esth. 2,12; Esth. 2,13; Esth. 2,14; Esth. 2,14; Esth. 2,15; Esth. 2,16; Esth. 3,8; Esth. 13,4 # 3,13d; Esth. 13,4 # 3,13d; Esth. 13,5 # 3,13e; Esth. 4,10; Esth. 4,10; Esth. 4,11; Esth. 4,11; Esth. 4,13; Esth. 4,15; Esth. 4,15; Esth. 4,16; Esth. 13,12 # 4,17d; Esth. 5,6; Esth. 5,14; Esth. 6,7; Esth. 6,13; Esth. 7,9; Esth. 8,3; Esth. 8,3; Esth. 8,7; Esth. 16,11 # 8,12l; Esth. 9,12; Esth. 9,25; Esth. 10,9 # 10,3f; Judith 1,5; Judith 1,6; Judith 1,13; Judith 2,4; Judith 2,23; Judith 2,25; Judith 3,1; Judith 3,5; Judith 4,9; Judith 4,12; Judith 4,15; Judith 5,5; Judith 5,12; Judith 6,1; Judith 6,1; Judith 6,13; Judith 7,1; Judith 7,4; Judith 7,11; Judith 7,18; Judith 7,19; Judith 7,29; Judith 7,30; Judith 8,9; Judith 8,11; Judith 8,11; Judith 8,28; Judith 8,32; Judith 8,35; Judith 9,1; Judith 10,1; Judith 10,9; Judith 10,14; Judith 10,19; Judith 11,1; Judith 11,3; Judith 11,5; Judith 11,17; Judith 11,22; Judith 12,3; Judith 12,4; Judith 12,5; Judith 12,6; Judith 12,9; Judith 12,11; Judith 12,13; Judith 12,13; Judith 12,14; Judith 12,17; Judith 13,10; Judith 13,14; Judith 14,1; Judith 15,9; Judith 15,9; Judith 16,22; Tob. 1,7; Tob. 2,10; Tob. 2,14; Tob. 5,17; Tob. 5,17; Tob. 5,17; Tob. 5,18; Tob. 6,18; Tob. 7,10; Tob. 7,11; Tob. 7,13; Tob. 8,1; Tob. 8,21; Tob. 10,9; Tob. 10,9; Tob. 10,13; Tob. 11,1; Tob. 11,10; Tob. 11,17; Tob. 12,20; Tob. 13,6; Tob. 13,6; Tob. 13,13; Tob. 14,3; Tob. 14,12; 1Mac. 1,13; 1Mac. 1,18; 1Mac. 1,52; 1Mac. 2,16; 1Mac. 2,32; 1Mac. 2,33; 1Mac. 2,40; 1Mac. 2,42; 1Mac. 2,67; 1Mac. 2,69; 1Mac. 3,10; 1Mac. 3,17; 1Mac. 3,41; 1Mac. 3,43; 1Mac. 4,17; 1Mac. 5,3; 1Mac. 5,7; 1Mac. 5,10; 1Mac. 5,19; 1Mac. 5,21; 1Mac. 5,38; 1Mac. 5,40; 1Mac. 5,40; 1Mac. 5,41; 1Mac. 5,41; 1Mac. 5,48; 1Mac. 5,57; 1Mac. 5,64; 1Mac. 5,65; 1Mac. 6,10; 1Mac. 6,22; 1Mac. 6,29; 1Mac. 6,52; 1Mac. 6,57; 1Mac. 6,60; 1Mac. 6,63; 1Mac. 7,5; 1Mac. 7,6; 1Mac. 7,10; 1Mac. 7,12; 1Mac. 7,20; 1Mac. 7,22; 1Mac. 7,25; 1Mac. 7,27; 1Mac. 7,29; 1Mac. 7,46; 1Mac. 8,10; 1Mac. 8,20; 1Mac. 9,8; 1Mac. 9,9; 1Mac. 9,26; 1Mac. 9,29; 1Mac. 9,57; 1Mac. 9,68; 1Mac. 9,70; 1Mac. 9,70; 1Mac. 10,3; 1Mac. 10,5; 1Mac. 10,11; 1Mac. 10,20; 1Mac. 10,26; 1Mac. 10,27; 1Mac. 10,38; 1Mac. 10,51; 1Mac. 10,53; 1Mac. 10,54; 1Mac. 10,69; 1Mac. 10,71; 1Mac. 10,82; 1Mac. 11,9; 1Mac. 11,9; 1Mac. 11,21; 1Mac. 11,24; 1Mac. 11,31; 1Mac. 11,33; 1Mac. 11,33; 1Mac. 11,39; 1Mac. 11,41; 1Mac. 11,42; 1Mac. 11,44; 1Mac. 11,47; 1Mac. 11,49; 1Mac. 11,55; 1Mac. 11,55; 1Mac. 11,60; 1Mac. 11,72; 1Mac. 12,1; 1Mac. 12,2; 1Mac. 12,4; 1Mac. 12,7; 1Mac. 12,10; 1Mac. 12,10; 1Mac. 12,10; 1Mac. 12,16; 1Mac. 12,17; 1Mac. 12,18; 1Mac. 12,24; 1Mac. 12,40; 1Mac. 13,14; 1Mac. 13,17; 1Mac. 13,17; 1Mac. 13,21; 1Mac. 13,21; 1Mac. 13,34; 1Mac. 13,38; 1Mac. 13,50; 1Mac. 14,3; 1Mac. 14,18; 1Mac. 14,18; 1Mac. 14,18; 1Mac. 14,21; 1Mac. 14,22; 1Mac. 14,22; 1Mac. 14,24; 1Mac. 14,30; 1Mac. 14,37; 1Mac. 15,10; 1Mac. 15,17; 1Mac. 15,19; 1Mac. 15,21; 1Mac. 15,28; 1Mac. 15,36; 1Mac. 16,19; 2Mac. 1,2; 2Mac. 1,11; 2Mac. 2,10; 2Mac. 2,20; 2Mac. 2,29; 2Mac. 3,3; 2Mac. 3,5; 2Mac. 3,6; 2Mac. 3,27; 2Mac. 3,35; 2Mac. 4,5; 2Mac. 4,10; 2Mac. 4,11; 2Mac. 4,28; 2Mac. 4,33; 2Mac. 4,40; 2Mac. 4,43; 2Mac. 4,45; 2Mac. 4,49; 2Mac. 5,8; 2Mac. 5,9; 2Mac. 5,16; 2Mac. 5,23; 2Mac. 5,27; 2Mac. 6,12; 2Mac. 6,12; 2Mac. 6,14; 2Mac. 6,15; 2Mac. 6,20; 2Mac. 6,21; 2Mac. 6,22; 2Mac. 6,29; 2Mac. 7,14; 2Mac. 7,16; 2Mac. 7,21; 2Mac. 8,3; 2Mac. 8,7; 2Mac. 8,8; 2Mac. 8,15; 2Mac. 8,20; 2Mac. 9,13; 2Mac. 9,16; 2Mac. 9,18; 2Mac. 9,25; 2Mac. 9,29; 2Mac. 10,12; 2Mac. 10,12; 2Mac. 10,13; 2Mac. 10,13; 2Mac. 10,14; 2Mac. 10,18; 2Mac. 10,19; 2Mac. 10,25; 2Mac. 10,36; 2Mac. 11,6; 2Mac. 11,13; 2Mac. 11,23; 2Mac. 11,26; 2Mac. 11,34; 2Mac. 11,36; 2Mac. 12,1; 2Mac. 12,3; 2Mac. 12,12; 2Mac. 12,17; 2Mac. 12,30; 2Mac. 12,31; 2Mac. 14,3; 2Mac. 14,4; 2Mac. 14,5; 2Mac. 14,9; 2Mac. 14,11; 2Mac. 14,26; 2Mac. 14,26; 2Mac. 14,30; 2Mac. 14,39; 2Mac. 15,27; 3Mac. 1,8; 3Mac. 1,8; 3Mac. 1,19; 3Mac. 2,9; 3Mac. 3,3; 3Mac. 3,10; 3Mac. 3,18; 3Mac. 3,21; 3Mac. 3,23; 3Mac. 3,25; 3Mac. 4,5; 3Mac. 4,6; 3Mac. 4,11; 3Mac. 4,11; 3Mac. 4,11; 3Mac. 5,2; 3Mac. 5,3; 3Mac. 5,3; 3Mac. 5,24; 3Mac. 5,26; 3Mac. 5,42; 3Mac. 5,44; 3Mac. 5,49; 3Mac. 6,26; 3Mac. 6,30; 3Mac. 6,41; 3Mac. 7,4; 3Mac. 7,6; 3Mac. 7,7; 3Mac. 7,18; 4Mac. 1,33; 4Mac. 2,1; 4Mac. 2,3; 4Mac. 2,10; 4Mac. 2,11; 4Mac. 3,21; 4Mac. 4,1; 4Mac. 4,2; 4Mac. 4,4; 4Mac. 4,7; 4Mac. 4,10; 4Mac. 5,16; 4Mac. 5,32; 4Mac. 6,18; 4Mac. 6,22; 4Mac. 6,24; 4Mac. 6,26; 4Mac. 7,21; 4Mac. 9,29; 4Mac. 11,2; 4Mac. 11,25; 4Mac. 13,10; 4Mac. 13,23; 4Mac. 13,25; 4Mac. 14,4; 4Mac. 14,6; 4Mac. 14,13; 4Mac. 14,18; 4Mac. 15,6; 4Mac. 15,8; 4Mac. 15,9; 4Mac. 15,21; 4Mac. 15,24; 4Mac. 15,27; 4Mac. 15,30; 4Mac. 15,30; 4Mac. 16,22; 4Mac. 17,1; 4Mac. 17,4; 4Mac. 17,5; Psa. 2,5; Psa. 3,5; Psa. 4,4; Psa. 5,3; Psa. 5,8; Psa. 11,3; Psa. 12,5; Psa. 17,7; Psa. 17,42; Psa. 21,6; Psa. 21,25; Psa. 21,28; Psa. 24,15; Psa. 27,2; Psa. 27,2; Psa. 29,3; Psa. 29,9; Psa. 29,9; Psa. 30,23; Psa. 31,6; Psa. 31,6; Psa. 31,9; Psa. 33,6; Psa. 36,5; Psa. 41,2; Psa. 41,3; Psa. 41,7; Psa. 42,4; Psa. 42,4; Psa. 43,21; Psa. 50,2; Psa. 50,2; Psa. 54,17; Psa. 56,3; Psa. 58,10; Psa. 60,3; Psa. 62,2; Psa. 64,3; Psa. 65,17; Psa. 68,14; Psa. 73,23; Psa. 75,1; Psa. 76,2; Psa. 76,2; Psa. 77,34; Psa. 84,9; Psa. 85,3; Psa. 85,4; Psa. 85,7; Psa. 87,10; Psa. 87,10; Psa. 87,14; Psa. 90,7; Psa. 90,10; Psa.

90,12; Psa. 98,7; Psa. 101,2; Psa. 103,27; Psa. 104,42; Psa. 106,6; Psa. 106,13; Psa. 106,19; Psa. 106,28; Psa. 118,48; Psa. 118,128; Psa. 118,148; Psa. 119,3; Psa. 122,2; Psa. 136,9; Psa. 137,2; Psa. 138,6; Psa. 140,1; Psa. 140,1; Psa. 140,8; Psa. 141,2; Psa. 141,2; Psa. 141,6; Psa. 141,7; Psa. 142,6; Psa. 142,8; Psa. 142,9; Psa. 143,1; Ode. 5,9; Ode. 6,3; Ode. 6,5; Ode. 6,8; Ode. 7,36; Ode. 9,55; Ode. 9,73; Ode. 10,8; Ode. 10,8; Ode. 11,14; Ode. 14,42; Prov. 3,30; Prov. 5,3; Prov. 5,20; Prov. 6,6; Prov. 6,8a; Prov. 6,8b; Prov. 6,29; Prov. 7,5; Prov. 9,18a; Prov. 15,17; Prov. 21,8; Prov. 21,30; Prov. 23,5; Prov. 23,8; Prov. 23,16; Prov. 25,17; Prov. 26,4; Eccl. 1,6; Eccl. 1,6; Eccl. 8,14; Eccl. 8,14; Eccl. 9,3; Eccl. 9,4; Eccl. 10,17; Eccl. 12,7; Song 4,6; Song 4,6; Song 7,14; Job 1,4; Job 1,5; Job 1,14; Job 1,16; Job 1,17; Job 2,3; Job 2,11; Job 2,11; Job 7,13; Job 8,5; Job 9,3; Job 10,2; Job 11,5; Job 11,13; Job 13,3; Job 16,20; Job 21,19; Job 22,27; Job 29,24; Job 30,20; Job 33,5; Job 33,26; Job 34,31; Job 38,41; Job 39,26; Job 40,4; Job 42,8; Job 42,11; Job 42,17e; Wis. 1,9; Wis. 1,16; Wis. 4,4; Wis. 6,9; Wis. 6,14; Wis. 7,14; Wis. 15,7; Wis. 15,15; Wis. 16,6; Wis. 16,20; Wis. 16,21; Wis. 16,21; Wis. 16,25; Wis. 16,28; Wis. 18,12; Wis. 18,12; Wis. 18,23; Sir. 1,33 Prol.; Sir. 4,12; Sir. 4,18; Sir. 5,7; Sir. 6,36; Sir. 7,24; Sir. 13,2; Sir. 13,17; Sir. 13,18; Sir. 13,18; Sir. 22,13; Sir. 25,19; Sir. 27,9; Sir. 27,9; Sir. 27,16; Sir. 33,12; Sir. 38,1; Sir. 39,5; Sir. 40,8; Sir. 42,8; Sir. 44,18; Sir. 45,3; Sir. 46,4; Sir. 48,10; Sir. 48,20; Sir. 49,3; Sir. 50,29; Sir. 51,19; Sol. 1,1; Sol. 1,1; Sol. 5,2; Sol. 5,8; Sol. 5,10; Sol. 6,6; Sol. 7,6; Sol. 17,39; Hos. 1,1; Hos. 1,2; Hos. 1,2; Hos. 1,4; Hos. 2,4; Hos. 2,9; Hos. 3,3; Hos. 4,1; Hos. 5,1; Hos. 5,4; Hos. 5,13; Hos. 5,13; Hos. 6,1; Hos. 7,1; Hos. 7,10; Hos. 9,10; Hos. 11,4; Hos. 12,3; Hos. 12,4; Hos. 12,5; Hos. 12,7; Hos. 12,11; Hos. 14,1; Hos. 14,2; Hos. 14,3; Amos 2,7; Amos 3,7; Amos 5,4; Amos 6,5; Amos 7,10; Amos 7,12; Amos 7,14; Mic. 1,1; Mic. 2,1; Mic. 3,4; Mic. 4,1; Mic. 6,1; Mic. 6,2; Joel 1,1; Joel 1,14; Joel 1,19; Joel 1,20; Joel 2,13; Joel 4,2; Obad. 5; Obad. 5; Obad. 7; Jonah 1,1; Jonah 1,5; Jonah 1,6; Jonah 1,7; Jonah 1,8; Jonah 1,9; Jonah 1,10; Jonah 1,11; Jonah 1,12; Jonah 1,13; Jonah 1,14; Jonah 2,2; Jonah 2,3; Jonah 2,5; Jonah 2,8; Jonah 3,1; Jonah 3,2; Jonah 3,6; Jonah 3,8; Jonah 4,2; Jonah 4,4; Jonah 4,9; Hab. 1,2; Hab. 2,5; Zeph. 1,1; Zeph. 3,2; Hag. 1,1; Hag. 1,1; Hag. 1,12; Hag. 2,2; Hag. 2,2; Hag. 2,2; Hag. 2,10; Hag. 2,20; Hag. 2,21; Hag. 2,22; Zech. 1,1; Zech. 1,3; Zech. 1,3; Zech. 1,7; Zech. 2,2; Zech. 2,6; Zech. 2,8; Zech. 2,8; Zech. 2,15; Zech. 3,2; Zech. 3,4; Zech. 3,4; Zech. 3,6; Zech. 4,4; Zech. 4,6; Zech. 4,9; Zech. 4,11; Zech. 4,12; Zech. 5,10; Zech. 6,4; Zech. 6,12; Zech. 6,15; Zech. 7,1; Zech. 7,3; Zech. 7,3; Zech. 7,5; Zech. 7,5; Zech. 7,8; Zech. 7,9; Zech. 8,16; Zech. 11,10; Zech. 11,12; Zech. 13,3; Zech. 13,6; Zech. 14,4; Zech. 14,4; Zech. 14,4; Zech. 14,4; Zech. 14,7; Zech. 14,13; Mal. 1,7; Mal. 2,1; Mal. 2,4; Mal. 2,4; Mal. 3,5; Mal. 3,7; Mal. 3,16; Mal. 3,23; Mal. 3,23; Mal. 3,24; Is. 2,1; Is. 3,5; Is. 3,5; Is. 3,5; Is. 3,5; Is. 3,8; Is. 5,8; Is. 5,8; Is. 6,3; Is. 6,8; Is. 7,2; Is. 7,3; Is. 7,3; Is. 7,6; Is. 8,3; Is. 8,19; Is. 8,19; Is. 10,3; Is. 13,8; Is. 14,1; Is. 14,1; Is. 14,12; Is. 14,13; Is. 15,5; Is. 17,14; Is. 18,2; Is. 19,19; Is. 19,20; Is. 19,22; Is. 19,23; Is. 19,23; Is. 20,2; Is. 22,15; Is. 26,9; Is. 28,18; Is. 29,4; Is. 30,5; Is. 30,6; Is. 30,29; Is. 32,6; Is. 33,6; Is. 33,8; Is. 34,14; Is. 36,2; Is. 36,3; Is. 36,11; Is. 36,11; Is. 36,11; Is. 36,12; Is. 36,12; Is. 36,12; Is. 36,12; Is. 36,22; Is. 37,2; Is. 37,4; Is. 37,5; Is. 37,6; Is. 37,9; Is. 37,15; Is. 37,21; Is. 37,23; Is. 38,1; Is. 38,1; Is. 38,2; Is. 38,2; Is. 38,4; Is. 38,5; Is. 38,14; Is. 38,21; Is. 39,3; Is. 39,3; Is. 39,3; Is. 39,8; Is. 40,14; Is. 45,20; Is. 45,24; Is. 46,7; Is. 49,5; Is. 49,18; Is. 52,8; Is. 56,3; Is. 60,11; Is. 60,13; Is. 60,14; Is. 65,2; Jer. 1,2; Jer. 1,7; Jer. 1,16; Jer. 1,17; Jer. 1,19; Jer. 2,9; Jer. 2,9; Jer. 2,31; Jer. 2,35; Jer. 3,1; Jer. 3,3; Jer. 3,12; Jer. 4,12; Jer. 5,5; Jer. 6,10; Jer. 6,23; Jer. 7,13; Jer. 7,22; Jer. 7,25; Jer. 8,2; Jer. 8,2; Jer. 8,2; Jer. 9,11; Jer. 9,16; Jer. 11,1; Jer. 11,2; Jer. 11,2; Jer. 11,3; Jer. 11,10; Jer. 11,12; Jer. 11,20; Jer. 12,1; Jer. 12,1; Jer. 12,6; Jer. 13,11; Jer. 13,12; Jer. 13,12; Jer. 13,13; Jer. 13,19; Jer. 14,1; Jer. 14,14; Jer. 14,17; Jer. 15,1; Jer. 15,2; Jer. 15,2; Jer. 15,11; Jer. 15,19; Jer. 15,19; Jer. 15,20; Jer. 15,20; Jer. 16,10; Jer. 16,19; Jer. 17,20; Jer. 17,26; Jer. 18,1; Jer. 18,11; Jer. 18,11; Jer. 19,2; Jer. 19,14; Jer. 20,12; Jer. 21,1; Jer. 21,1; Jer. 21,3; Jer. 21,3; Jer. 21,4; Jer. 21,8; Jer. 21,9; Jer. 21,13; Jer. 21,13; Jer. 22,8; Jer. 22,21; Jer. 23,21; Jer. 23,28; Jer. 23,28; Jer. 23,30; Jer. 23,31; Jer. 23,32; Jer. 23,35; Jer. 23,35; Jer. 23,38; Jer. 25,1; Jer. 25,2; Jer. 25,2; Jer. 25,3; Jer. 25,4; Jer. 26,12; Jer. 26,16; Jer. 26,16; Jer. 27,5; Jer. 27,29; Jer. 27,34; Jer. 27,42; Jer. 28,25; Jer. 28,44; Jer. 28,61; Jer. 32,15; Jer. 32,15; Jer. 32,17; Jer. 32,26; Jer. 32,31; Jer. 33,5; Jer. 33,11; Jer. 33,12; Jer. 33,15; Jer. 33,16; Jer. 33,16; Jer. 33,16; Jer. 33,23; Jer. 34,3; Jer. 34,3; Jer. 34,3; Jer. 34,3; Jer. 34,3; Jer. 34,3; Jer. 34,4; Jer. 34,4; Jer. 34,10; Jer. 34,12; Jer. 34,15; Jer. 35,5; Jer. 35,12; Jer. 35,13; Jer. 36,1; Jer. 36,1; Jer. 36,1; Jer. 36,1; Jer. 36,3; Jer. 36,7; Jer. 36,24; Jer. 36,25; Jer. 36,28; Jer. 36,30; Jer. 36,31; Jer. 37,1; Jer. 37,2; Jer. 38,6; Jer. 39,1; Jer. 39,4; Jer. 39,6; Jer. 39,7; Jer. 39,16; Jer. 39,16; Jer. 39,29; Jer. 39,35; Jer. 39,40; Jer. 40,1; Jer. 40,5; Jer. 41,1; Jer. 41,2; Jer. 41,6; Jer. 41,8; Jer. 41,8; Jer. 41,9; Jer. 41,12; Jer. 41,13; Jer. 41,17; Jer. 42,1; Jer. 42,8; Jer. 42,9; Jer. 42,14; Jer. 42,14; Jer. 42,15; Jer. 43,2; Jer. 43,4; Jer. 43,14; Jer. 43,14; Jer. 43,16; Jer. 43,20; Jer. 43,25; Jer. 43,27; Jer. 43,31; Jer. 44,3; Jer. 44,3; Jer. 44,6; Jer. 44,7; Jer. 44,7; Jer. 44,14; Jer. 45,2; Jer. 45,4; Jer. 45,5; Jer. 45,8; Jer. 45,8; Jer. 45,11; Jer. 45,14; Jer. 45,17; Jer. 45,19; Jer. 45,20; Jer. 45,22; Jer. 45,23; Jer. 45,25; Jer. 45,25; Jer. 45,26; Jer. 45,27; Jer. 46,14; Jer. 46,15; Jer. 46,16; Jer. 47,1; Jer. 47,5; Jer. 47,6; Jer. 47,8; Jer. 47,12; Jer. 47,13; Jer. 47,14; Jer. 47,15; Jer. 47,16; Jer. 48,1; Jer. 48,6; Jer. 48,14; Jer. 48,15; Jer. 48,17; Jer. 49,2; Jer. 49,2; Jer. 49,4; Jer. 49,5; Jer. 49,6; Jer. 49,7; Jer. 49,13; Jer. 49,20; Jer. 49,21; Jer. 50,1; Jer. 50,1; Jer. 50,2; Jer. 50,3; Jer. 50,8; Jer. 51,1; Jer. 51,4; Jer. 51,5; Jer. 51,7; Jer. 51,16; Jer. 51,31; Jer. 52,9; Jer. 52,26; Bar. 1,3; Bar. 1,7; Bar. 1,7; Bar. 1,7; Bar. 1,10; Bar. 1,13; Bar. 1,14; Bar. 1,19; Bar. 1,19; Bar. 1,21; Bar. 2,5; Bar. 3,1; Bar. 3,36; Bar. 4,2; Bar. 4,20; Bar. 4,21; Bar. 4,27; Bar. 4,36; Bar. 5,5; Bar. 5,6; Lam. 1,12; Lam. 2,18; Lam. 2,19; Lam. 3,41; Lam. 4,4; Lam. 5,21; LetterJ 0; LetterJ 48; Ezek. 1,3; Ezek. 1,11; Ezek. 2,1; Ezek. 2,3; Ezek. 2,4; Ezek. 2,7; Ezek. 2,8; Ezek. 3,4; Ezek. 3,4; Ezek. 3,5; Ezek. 3,5; Ezek. 3,6; Ezek. 3,6; Ezek. 3,11; Ezek. 3,11; Ezek. 3,11; Ezek. 3,13; Ezek. 3,22; Ezek. 3,27; Ezek. 3,27; Ezek. 7,7; Ezek. 7,13; Ezek. 8,3; Ezek. 8,5; Ezek. 8,5; Ezek. 8,5; Ezek. 8,14; Ezek. 8,16; Ezek. 9,2; Ezek. 9,4; Ezek. 9,7; Ezek. 10,2; Ezek. 11,25; Ezek. 12,9; Ezek. 12,10; Ezek. 12,19; Ezek. 12,23; Ezek. 12,23; Ezek. 12,24; Ezek. 12,28; Ezek. 13,2; Ezek. 13,11; Ezek. 13,12; Ezek. 13,15; Ezek. 13,19; Ezek. 14,4; Ezek. 14,4; Ezek. 14,6; Ezek. 14,7; Ezek. 14,22; Ezek. 16,29; Ezek. 16,33; Ezek. 16,36; Ezek. 16,37; Ezek. 17,2; Ezek. 17,7; Ezek. 17,7; Ezek. 17,12; Ezek. 17,12; Ezek. 17,13; Ezek. 17,17; Ezek. 18,6; Ezek. 18,6; Ezek. 19,9; Ezek. 20,3; Ezek. 20,3; Ezek. 20,5; Ezek. 20,7; Ezek. 20,9; Ezek. 20,13; Ezek. 20,18; Ezek. 20,27; Ezek. 20,27; Ezek. 20,29; Ezek. 20,30; Ezek. 20,35; Ezek. 20,36; Ezek. 21,8; Ezek. 21,8; Ezek. 21,12; Ezek. 21,22; Ezek. 21,33; Ezek. 21,33; Ezek. 22,5; Ezek. 22,6; Ezek. 22,7; Ezek. 22,13; Ezek. 22,29; Ezek. 23,14; Ezek. 23,16; Ezek. 23,17; Ezek. 23,40; Ezek. 23,42; Ezek. 23,44; Ezek. 23,44; Ezek. 23,44; Ezek. 23,44; Ezek. 24,3; Ezek. 24,18; Ezek. 24,20; Ezek. 24,21; Ezek. 24,26; Ezek. 24,27; Ezek. 26,20; Ezek. 26,20; Ezek. 27,28; Ezek. 29,4; Ezek. 31,2; Ezek. 31,14; Ezek. 31,14; Ezek. 32,18; Ezek. 33,2; Ezek. 33,12; Ezek. 33,31; Ezek. 34,22; Ezek. 37,7; Ezek. 37,16; Ezek. 37,17; Ezek. 37,18; Ezek. 37,19; Ezek. 37,19; Ezek. 39,17; Ezek. 40,20; Ezek. 40,24; Ezek. 40,27; Ezek. 40,27;

Ezek. 40,28; Ezek. 40,35; Ezek. 40,40; Ezek. 40,40; Ezek. 40,44; Ezek. 40,44; Ezek. 40,44; Ezek. 40,44; Ezek. 40,45; Ezek. 40,46; Ezek. 40,46; Ezek. 41,7; Ezek. 41,11; Ezek. 41,11; Ezek. 41,12; Ezek. 41,19; Ezek. 41,19; Ezek. 42,1; Ezek. 42,1; Ezek. 42,2; Ezek. 42,4; Ezek. 42,7; Ezek. 42,9; Ezek. 42,10; Ezek. 42,11; Ezek. 42,12; Ezek. 42,13; Ezek. 42,13; Ezek. 42,13; Ezek. 42,15; Ezek. 42,17; Ezek. 42,18; Ezek. 42,19; Ezek. 42,20; Ezek. 43,2; Ezek. 43,14; Ezek. 43,18; Ezek. 44,4; Ezek. 44,6; Ezek. 44,6; Ezek. 44,13; Ezek. 44,13; Ezek. 44,16; Ezek. 44,19; Ezek. 45,7; Ezek. 45,7; Ezek. 45,7; Ezek. 45,7; Ezek. 45,7; Ezek. 45,11; Ezek. 46,1; Ezek. 46,9; Ezek. 46,9; Ezek. 46,9; Ezek. 46,9; Ezek. 46,19; Ezek. 47,2; Ezek. 47,2; Ezek. 47,8; Ezek. 47,15; Ezek. 47,17; Ezek. 47,18; Ezek. 47,18; Ezek. 47,18; Ezek. 47,19; Ezek. 47,20; Ezek. 48,1; Ezek. 48,1; Ezek. 48,1; Ezek. 48,1; Ezek. 48,2; Ezek. 48,2; Ezek. 48,3; Ezek. 48,3; Ezek. 48,4; Ezek. 48,4; Ezek. 48,5; Ezek. 48,5; Ezek. 48,6; Ezek. 48,6; Ezek. 48,7; Ezek. 48,7; Ezek. 48,8; Ezek. 48,8; Ezek. 48,8; Ezek. 48,8; Ezek. 48,10; Ezek. 48,10; Ezek. 48,10; Ezek. 48,10; Ezek. 48,16; Ezek. 48,16; Ezek. 48,16; Ezek. 48,16; Ezek. 48,17; Ezek. 48,17; Ezek. 48,17; Ezek. 48,17; Ezek. 48,18; Ezek. 48,18; Ezek. 48,21; Ezek. 48,21; Ezek. 48,21; Ezek. 48,23; Ezek. 48,23; Ezek. 48,24; Ezek. 48,24; Ezek. 48,25; Ezek. 48,25; Ezek. 48,26; Ezek. 48,26; Ezek. 48,27; Ezek. 48,27; Ezek. 48,28; Ezek. 48,30; Ezek. 48,31; Ezek. 48,32; Ezek. 48,33; Ezek. 48,34; Dan. 1,18; Dan. 2,4; Dan. 2,7; Dan. 2,16; Dan. 2,23; Dan. 2,24; Dan. 2,24; Dan. 2,25; Dan. 2,47; Dan. 3,13; Dan. 3,36; Dan. 3,93; Dan. 4,22; Dan. 5,10; Dan. 5,13; Dan. 6,5; Dan. 6,5; Dan. 6,29; Dan. 7,8; Dan. 7,16; Dan. 7,21; Dan. 8,4; Dan. 8,4; Dan. 8,4; Dan. 8,6; Dan. 8,7; Dan. 9,4; Dan. 10,20; Sus. 6; Sus. 12; Sus. 13-14; Sus. 19; Bel 4; Bel 5; Bel 9; Bel 18; Bel 33; Bel 34; Bel 37; Judg. 1,1; Judg. 1,1; Judg. 1,3; Judg. 1,5; Judg. 1,9; Judg. 1,10; Judg. 1,11; Judg. 2,1; Judg. 2,4; Judg. 2,10; Judg. 3,9; Judg. 3,10; Judg. 3,13; Judg. 3,15; Judg. 3,19; Judg. 3,19; Judg. 3,20; Judg. 3,20; Judg. 3,28; Judg. 4,3; Judg. 4,5; Judg. 4,6; Judg. 4,7; Judg. 4,8; Judg. 4,14; Judg. 4,18; Judg. 4,19; Judg. 4,20; Judg. 4,20; Judg. 4,21; Judg. 4,22; Judg. 5,29; Judg. 6,6; Judg. 6,8; Judg. 6,12; Judg. 6,13; Judg. 6,14; Judg. 6,15; Judg. 6,16; Judg. 6,17; Judg. 6,18; Judg. 6,19; Judg. 6,20; Judg. 6,20; Judg. 6,22; Judg. 6,27; Judg. 6,29; Judg. 6,30; Judg. 6,36; Judg. 6,39; Judg. 7,2; Judg. 7,4; Judg. 7,4; Judg. 7,4; Judg. 7,4; Judg. 7,5; Judg. 7,5; Judg. 7,6; Judg. 7,7; Judg. 7,9; Judg. 7,11; Judg. 7,17; Judg. 7,25; Judg. 8,1; Judg. 8,1; Judg. 8,2; Judg. 8,8; Judg. 8,9; Judg. 8,14; Judg. 8,15; Judg. 8,18; Judg. 8,22; Judg. 8,23; Judg. 8,24; Judg. 9,1; Judg. 9,1; Judg. 9,1; Judg. 9,12; Judg. 9,15; Judg. 9,29; Judg. 9,31; Judg. 9,33; Judg. 9,36; Judg. 9,36; Judg. 9,38; Judg. 9,39; Judg. 9,54; Judg. 10,9; Judg. 10,9; Judg. 10,10; Judg. 10,11; Judg. 10,14; Judg. 10,15; Judg. 10,18; Judg. 10,18; Judg. 11,3; Judg. 11,6; Judg. 11,8; Judg. 11,8; Judg. 11,8; Judg. 11,9; Judg. 11,10; Judg. 11,12; Judg. 11,13; Judg. 11,14; Judg. 11,17; Judg. 11,17; Judg. 11,19; Judg. 11,20; Judg. 11,28; Judg. 11,32; Judg. 11,32; Judg. 11,35; Judg. 11,36; Judg. 11,36; Judg. 11,37; Judg. 11,39; Judg. 12,1; Judg. 12,2; Judg. 12,3; Judg. 12,6; Judg. 13,3; Judg. 13,3; Judg. 13,8; Judg. 13,8; Judg. 13,9; Judg. 13,10; Judg. 13,11; Judg. 13,11; Judg. 13,13; Judg. 13,13; Judg. 13,15; Judg. 13,16; Judg. 13,17; Judg. 13,21; Judg. 13,21; Judg. 13,22; Judg. 14,3; Judg. 14,9; Judg. 14,10; Judg. 14,16; Judg. 14,17; Judg. 15,1; Judg. 15,4; Judg. 15,18; Judg. 16,1; Judg. 16,5; Judg. 16,6; Judg. 16,7; Judg. 16,10; Judg. 16,11; Judg. 16,13; Judg. 16,13; Judg. 16,13; Judg. 16,15; Judg. 16,18; Judg. 16,26; Judg. 16,28; Judg. 17,9; Judg. 17,10; Judg. 18,2; Judg. 18,4; Judg. 18,7; Judg. 18,8; Judg. 18,10; Judg. 18,14; Judg. 18,18; Judg. 18,25; Judg. 19,5; Judg. 19,6; Judg. 19,11; Judg. 19,12; Judg. 19,18; Judg. 19,22; Judg. 19,23; Judg. 19,25; Judg. 19,26; Judg. 19,28; Judg. 20,1; Judg. 20,14; Judg. 20,16; Judg. 20,18; Judg. 20,20; Judg. 20,23; Judg. 20,23; Judg. 20,24; Judg. 20,28; Judg. 20,30; Judg. 20,30; Judg. 20,36; Judg. 20,43; Judg. 20,45; Judg. 20,47; Judg. 20,48; Judg. 21,5; Judg. 21,5; Judg. 21,6; Judg. 21,8; Judg. 21,13; Judg. 21,14; Judg. 21,22; Tob. 1,7; Tob. 1,13; Tob. 2,10; Tob. 2,14; Tob. 3,11; Tob. 4,3; Tob. 5,10; Tob. 5,17; Tob. 5,17; Tob. 5,17; Tob. 5,18; Tob. 5,21; Tob. 5,21; Tob. 6,14; Tob. 7,1; Tob. 7,11; Tob. 7,12; Tob. 7,13; Tob. 7,13; Tob. 8,21; Tob. 10,8; Tob. 10,8; Tob. 10,9; Tob. 10,9; Tob. 10,12; Tob. 11,7; Tob. 11,11; Tob. 11,16; Tob. 11,17; Tob. 11,19; Tob. 12,20; Tob. 13,6; Tob. 13,6; Tob. 13,13; Tob. 13,15; Dan. 1,11; Dan. 2,24; Dan. 3,36; Dan. 3,93; Dan. 7,21; Dan. 7,25; Dan. 8,6; Dan. 8,7; Dan. 8,9; Dan. 8,9; Dan. 8,9; Dan. 9,2; Dan. 9,3; Dan. 9,4; Dan. 9,6; Dan. 9,6; Dan. 10,11; Dan. 10,11; Dan. 10,16; Dan. 10,20; Dan. 11,6; Dan. 11,7; Dan. 11,16; Dan. 11,23; Sus. 4; Sus. 6; Sus. 28; Sus. 37; Sus. 47; Sus. 51; Sus. 52; Bel 1; Bel 29; Matt. 2,12; Matt. 3,5; Matt. 3,10; Matt. 3,13; Matt. 3,15; Matt. 4,6; Matt. 5,28; Matt. 6,1; Matt. 7,15; Matt. 10,6; Matt. 10,13; Matt. 13,2; Matt. 13,30; Matt. 13,56; Matt. 14,25; Matt. 14,29; Matt. 17,14; Matt. 19,8; Matt. 21,32; Matt. 21,34; Matt. 21,37; Matt. 23,5; Matt. 23,34; Matt. 23,37; Matt. 25,9; Matt. 26,12; Matt. 26,14; Matt. 26,18; Matt. 26,18; Matt. 26,40; Matt. 26,45; Matt. 26,57; Matt. 27,4; Matt. 27,14; Matt. 27,19; Matt. 27,62; Mark 1,5; Mark 1,27; Mark 1,32; Mark 1,33; Mark 1,40; Mark 1,45; Mark 2,2; Mark 2,3; Mark 2,13; Mark 3,7; Mark 3,8; Mark 3,13; Mark 3,31; Mark 4,1; Mark 4,1; Mark 4,41; Mark 5,15; Mark 5,19; Mark 5,22; Mark 6,3; Mark 6,25; Mark 6,30; Mark 6,45; Mark 6,48; Mark 6,51; Mark 7,1; Mark 7,25; Mark 8,16; Mark 9,10; Mark 9,14; Mark 9,14; Mark 9,16; Mark 9,17; Mark 9,19; Mark 9,20; Mark 9,34; Mark 10,1; Mark 10,5; Mark 10,7; Mark 10,26; Mark 10,50; Mark 11,1; Mark 11,4; Mark 11,7; Mark 11,27; Mark 11,31; Mark 12,2; Mark 12,4; Mark 12,6; Mark 12,7; Mark 12,12; Mark 12,13; Mark 12,18; Mark 13,22; Mark 14,4; Mark 14,10; Mark 14,49; Mark 14,53; Mark 14,54; Mark 15,31; Mark 15,43; Mark 16,3; Luke 1,13; Luke 1,18; Luke 1,19; Luke 1,27; Luke 1,28; Luke 1,34; Luke 1,43; Luke 1,55; Luke 1,61; Luke 1,73; Luke 1,80; Luke 2,15; Luke 2,18; Luke 2,20; Luke 2,34; Luke 2,48; Luke 2,49; Luke 3,9; Luke 3,12; Luke 3,13; Luke 4,4; Luke 4,11; Luke 4,21; Luke 4,23; Luke 4,26; Luke 4,26; Luke 4,36; Luke 4,40; Luke 4,43; Luke 5,4; Luke 5,10; Luke 5,22; Luke 5,30; Luke 5,31; Luke 5,33; Luke 5,34; Luke 5,36; Luke 6,3; Luke 6,9; Luke 6,11; Luke 7,3; Luke 7,4; Luke 7,7; Luke 7,19; Luke 7,20; Luke 7,20; Luke 7,24; Luke 7,40; Luke 7,44; Luke 7,50; Luke 8,4; Luke 8,13; Luke 8,19; Luke 8,21; Luke 8,22; Luke 8,25; Luke 8,35; Luke 9,3; Luke 9,13; ·Luke 9,14; Luke 9,23; Luke 9,33; Luke 9,41; Luke 9,43; Luke 9,50; Luke 9,57; Luke 9,59; Luke 9,62; Luke 10,2; Luke 10,23; Luke 10,26; Luke 10,29; Luke 10,39; Luke 11,1; Luke 11,5; Luke 11,5; Luke 11,39; Luke 12,1; Luke 12,3; Luke 12,15; Luke 12,16; Luke 12,22; Luke 12,41; Luke 12,41; Luke 12,47; Luke 12,58; Luke 13,7; Luke 13,23; Luke 13,34; Luke 14,3; Luke 14,5; Luke 14,6; Luke 14,7; Luke 14,7; Luke 14,23; Luke 14,25; Luke 14,32; Luke 15,3; Luke 15,18; Luke 15,20; Luke 15,22; Luke 16,1; Luke 16,20; Luke 16,26; Luke 16,26; Luke 16,30; Luke 17,1; Luke 17,4; Luke 17,22; Luke 18,1; Luke 18,3; Luke 18,11; Luke 18,31; Luke 18,40; Luke 19,5; Luke 19,8; Luke 19,9; Luke 19,13; Luke 19,29; Luke 19,33; Luke 19,35; Luke 19,39; Luke 19,42; Luke 20,2; Luke 20,3; Luke 20,5; Luke 20,9; Luke 20,10; Luke 20,14; Luke 20,19; Luke 20,23; Luke 20,25; Luke 20,41; Luke 21,38; Luke 22,15; Luke 22,23; Luke 22,45; Luke 22,52; Luke 22,56; Luke 22,70; Luke 23,4; Luke 23,7; Luke 23,12; Luke 23,14; Luke 23,15; Luke 23,22; Luke 23,28; Luke 24,5; Luke 24,10; Luke 24,12; Luke 24,14; Luke 24,17; Luke 24,17; Luke 24,18; Luke 24,25; Luke 24,29; Luke 24,32; Luke 24,44; Luke 24,44; Luke 24,50; John 1,1; John 1,2;

John 1,19; John 1,29; John 1,42; John 1,47; John 2,3; John 3,2; John 3,4; John 3,20; John 3,21; John 3,26; John 3,26; John 4,15; John 4,30; John 4,33; John 4,35; John 4,40; John 4,47; John 4,48; John 4,49; John 5,33; John 5,35; John 5,45; John 6,5; John 6,5; John 6,17; John 6,28; John 6,34; John 6,35; John 6,37; John 6,37; John 6,45; John 6,52; John 6,68; John 7,3; John 7,33; John 7,35; John 7,45; John 7,50; John 7,50; John 8,2; John 8,31; John 8,33; John 8,57; John 9,13; John 10,35; John 10,41; John 11,3; John 11,4; John 11,15; John 11,19; John 11,21; John 11,29; John 11,32; John 11,45; John 11,46; John 12,19; John 12,32; John 13,1; John 13,3; John 13,6; John 13,28; John 14,3; John 14,6; John 14,12; John 14,18; John 14,23; John 14,28; John 14,28; John 16,5; John 16,7; John 16,7; John 16,10; John 16,17; John 16,17; John 16,28; John 17,11; John 17,13; John 18,13; John 18,24; John 18,29; John 18,38; John 19,3; John 19,24; John 19,39; John 20,2; John 20,2; John 20,10; John 20,17; John 20,17; John 20,17; John 21,22; John 21,23; Acts 1,7; Acts 2,12; Acts 2,29; Acts 2,37; Acts 2,38; Acts 2,47; Acts 3,2; Acts 3,10; Acts 3,11; Acts 3,12; Acts 3,22; Acts 3,25; Acts 3,25; Acts 4,1; Acts 4,8; Acts 4,15; Acts 4,19; Acts 4,23; Acts 4,23; Acts 4,24; Acts 4,37; Acts 5,8; Acts 5,9; Acts 5,10; Acts 5,10; Acts 5,35; Acts 6,1; Acts 7,3; Acts 8,14; Acts 8,20; Acts 8,24; Acts 8,26; Acts 9,2; Acts 9,10; Acts 9,11; Acts 9,15; Acts 9,27; Acts 9,29; Acts 9,32; Acts 9,38; Acts 9,40; Acts 10,3; Acts 10,13; Acts 10,15; Acts 10,21; Acts 10,28; Acts 10,33; Acts 11,2; Acts 11,3; Acts 11,14; Acts 11,20; Acts 11,30; Acts 12,5; Acts 12,8; Acts 12,15; Acts 12,20; Acts 12,21; Acts 13,15; Acts 13,15; Acts 13,31; Acts 13,32; Acts 13,36; Acts 14,11; Acts 15,2; Acts 15,2; Acts 15,7; Acts 15,25; Acts 15,33; Acts 15,36; Acts 16,36; Acts 16,37; Acts 16,40; Acts 17,2; Acts 17,15; Acts 17,15; Acts 17,17; Acts 18,6; Acts 18,14; Acts 18,21; Acts 19,2; Acts 19,2; Acts 19,31; Acts 20,6; Acts 20,18; Acts 21,11; Acts 21,18; Acts 21,37; Acts 21,39; Acts 22,1; Acts 22,5; Acts 22,15; Acts 22,25; Acts 23,3; Acts 23,17; Acts 23,18; Acts 23,18; Acts 23,24; Acts 23,30; Acts 23,30; Acts 24,16; Acts 24,19; Acts 25,16; Acts 25,19; Acts 25,21; Acts 25,22; Acts 26,1; Acts 26,9; Acts 26,14; Acts 26,26; Acts 26,28; Acts 26,31; Acts 27,3; Acts 27,12; Acts 28,4; Acts 28,8; Acts 28,10; Acts 28,17; Acts 28,21; Acts 28,23; Acts 28,25; Acts 28,25; Acts 28,26; Acts 28,30; Rom. 1,10; Rom. 1,13; Rom. 3,26; Rom. 4,2; Rom. 5,1; Rom. 8,18; Rom. 8,31; Rom. 10,1; Rom. 10,21; Rom. 10,21; Rom. 15,2; Rom. 15,17; Rom. 15,22; Rom. 15,23; Rom. 15,29; Rom. 15,30; Rom. 15,32; 1Cor. 2,1; 1Cor. 2,3; 1Cor. 4,18; 1Cor. 4,19; 1Cor. 4,21; 1Cor. 6,1; 1Cor. 6,5; 1Cor. 7,5; 1Cor. 7,35; 1Cor. 7,35; 1Cor. 10,11; 1Cor. 12,2; 1Cor. 12,7; 1Cor. 13,12; 1Cor. 14,6; 1Cor. 14,12; 1Cor. 14,26; 1Cor. 15,34; 1Cor. 16,5; 1Cor. 16,6; 1Cor. 16,7; 1Cor. 16,10; 1Cor. 16,12; 2Cor. 1,12; 2Cor. 1,15; 2Cor. 1,16; 2Cor. 1,18; 2Cor. 1,20; 2Cor. 2,1; 2Cor. 2,16; 2Cor. 3,1; 2Cor. 3,4; 2Cor. 3,13; 2Cor. 3,16; 2Cor. 4,2; 2Cor. 4,6; 2Cor. 5,8; 2Cor. 5,10; 2Cor. 5,12; 2Cor. 6,11; 2Cor. 6,14; 2Cor. 6,15; 2Cor. 7,3; 2Cor. 7,4; 2Cor. 7,8; 2Cor. 7,12; 2Cor. 8,17; 2Cor. 8,19; 2Cor. 10,4; 2Cor. 11,8; 2Cor. 11,9; 2Cor. 12,14; 2Cor. 12,17; 2Cor. 12,21; 2Cor. 13,1; 2Cor. 13,7; Gal. 1,17; Gal. 1,18; Gal. 2,5; Gal. 2,5; Gal. 2,14; Gal. 4,18; Gal. 4,20; Gal. 6,10; Gal. 6,10; Eph. 2,18; Eph. 3,4; Eph. 3,14; Eph. 4,12; Eph. 4,14; Eph. 4,29; Eph. 5,31; Eph. 6,9; Eph. 6,11; Eph. 6,11; Eph. 6,12; Eph. 6,12; Eph. 6,12; Eph. 6,12; Eph. 6,12; Eph. 6,22; Phil. 1,26; Phil. 2,25; Phil. 4,6; Col. 2,23; Col. 3,19; Col. 4,5; Col. 4,8; Col. 4,10; 1Th. 1,8; 1Th. 1,9; 1Th. 1,9; 1Th. 2,1; 1Th. 2,2; 1Th. 2,9; 1Th. 2,17; 1Th. 2,18; 1Th. 3,4; 1Th. 3,6; 1Th. 3,11; 1Th. 4,12; 1Th. 5,14; 2Th. 2,5; 2Th. 3,1; 2Th. 3,8; 2Th. 3,10; 1Tim. 1,16; 1Tim. 3,14; 1Tim. 4,7; 1Tim. 4,8; 1Tim. 4,8; 2Tim. 2,24; 2Tim. 3,16; 2Tim. 3,16; 2Tim. 3,16; 2Tim. 3,16; 2Tim. 3,17; Titus 1,16; Titus 3,1; Titus 3,2; Titus 3,12; Philem. 5; Philem. 13; Philem. 15; Heb. 1,7; Heb. 1,8; Heb. 1,13; Heb. 2,17; Heb. 4,13; Heb. 5,1; Heb. 5,5; Heb. 5,7; Heb. 5,14; Heb. 6,11; Heb. 7,21; Heb. 9,13; Heb. 9,20; Heb. 10,16; Heb. 11,18; Heb. 12,4; Heb. 12,10; Heb. 12,11; Heb. 13,13; James 4,5; James 4,14; 1Pet. 2,4; 1Pet. 3,15; 1Pet. 4,12; 2Pet. 1,3; 2Pet. 3,16; 1John 1,2; 1John 2,1; 1John 3,21; 1John 5,14; 1John 5,16; 1John 5,16; 1John 5,16; 1John 5,17; 2John 10; 2John 12; 2John 12; 3John 14; Rev. 1,17; Rev. 3,20; Rev. 10,9; Rev. 12,5; Rev. 12,5; Rev. 12,12; Rev. 13,6)

- **Preposition** · (+dative) ▸ 69 + 2 + 7 = **78** (Gen. 14,13; Gen. 15,17; Gen. 18,1; Gen. 18,10; Gen. 28,9; Gen. 38,14; Ex. 1,16; Ex. 26,4; Lev. 4,18; Num. 35,6; Deut. 1,1; Josh. 9,1; Josh. 11,16; Josh. 11,17; Josh. 21,13; Josh. 21,22; Josh. 21,26; Josh. 24,31; Judg. 9,6; Judg. 9,35; 1Sam. 10,2; 2Sam. 18,26; 2Sam. 20,23; 1Chr. 7,28; 1Chr. 26,16; 1Chr. 26,18; 1Chr. 26,30; 1Esdr. 4,11; 1Esdr. 4,31; 1Esdr. 5,46; Neh. 6,7; Esth. 16,17 # 8,12r; Judith 1,7; Judith 2,19; Judith 12,10; Tob. 3,11; Tob. 11,16; 1Mac. 12,16; 1Mac. 14,34; 2Mac. 4,8; 2Mac. 4,9; 2Mac. 4,9; 2Mac. 5,21; 2Mac. 5,23; 2Mac. 5,24; 2Mac. 6,21; 2Mac. 8,22; 2Mac. 9,17; 2Mac. 9,25; 2Mac. 10,31; 2Mac. 11,8; 2Mac. 11,11; 2Mac. 11,11; 2Mac. 11,26; 2Mac. 11,29; 2Mac. 12,2; 2Mac. 12,20; 2Mac. 14,4; 3Mac. 1,20; 3Mac. 5,1; 3Mac. 5,5; 3Mac. 5,14; 3Mac. 5,51; Prov. 5,8; Wis. 8,9; Sir. 29,25; Ezek. 39,11; Dan. 8,2; Dan. 8,6; Judg. 9,6; Judg. 9,35; Mark 5,11; Luke 19,37; John 18,16; John 20,11; John 20,12; John 20,12; Rev. 1,13)
- **Preposition** · (+genitive) ▸ 22 + 1 = **23** (Gen. 23,13; Gen. 24,63; Gen. 28,11; Gen. 28,18; Gen. 29,34; Gen. 31,5; Josh. 15,8; Ruth 3,4; Ruth 3,7; Ruth 3,8; Ruth 3,14; 1Sam. 19,13; 1Sam. 19,16; 1Sam. 26,7; 1Sam. 26,11; 1Sam. 26,12; 1Sam. 26,16; 1Kings 19,6; Judith 13,6; 4Mac. 6,20; Jer. 13,16; Lam. 1,9; Acts 27,34)

προσάββατον (πρό; σάββατον) day before sabbath ▸ 2 + 1 = 3

προσάββατον ▸ 1
- **Adjective** · neuter · singular · nominative ▸ **1** (Mark 15,42)

προσαββάτου ▸ 1
- **Noun** · neuter · singular · genitive · (common) ▸ **1** (Psa. 92,1)

προσαββάτων ▸ 1
- **Noun** · neuter · plural · genitive · (common) ▸ **1** (Judith 8,6)

προσαγγέλλω (πρός; ἄγγελος) to announce ▸ 6

προσαγγεῖλαι ▸ 1
- **Verb** · aorist · active · infinitive ▸ **1** (3Mac. 5,10)

προσαγγελέντος ▸ 1
- **Verb** · aorist · passive · participle · neuter · singular · genitive ▸ **1** (2Mac. 10,21)

προσαγγελθῇ ▸ 1
- **Verb** · third · singular · aorist · passive · subjunctive ▸ **1** (2Mac. 9,24)

προσήγγειλαν ▸ 1
- **Verb** · third · plural · aorist · active · indicative ▸ **1** (Judith 10,18)

προσήγγειλεν ▸ 2
- **Verb** · third · singular · aorist · active · indicative ▸ **2** (2Mac. 3,6; 2Mac. 13,21)

προσαγορεύω (πρός; ἄγω) to designate; to call, address ▸ 7 + 1 = 8

προσαγορευθείς ▸ 1
- **Verb** · aorist · passive · participle · masculine · singular · nominative ▸ **1** (Heb. 5,10)

προσαγορευθέντος ▸ 2
- **Verb** · aorist · passive · participle · masculine · singular · genitive ▸ **2** (2Mac. 4,7; 2Mac. 10,9)

προσαγορευόμενος ▸ 1
- **Verb** · present · passive · participle · masculine · singular · nominative ▸ **1** (2Mac. 14,37)

προσαγορεύουσιν ▸ 1

Verb · third · plural · present · active · indicative ▸ **1** (Wis. 14,22)

προσαγορεύσεις ▸ **1**
Verb · second · singular · future · active · indicative ▸ **1** (Deut. 23,7)

προσηγόρευνται ▸ **1**
Verb · third · plural · perfect · passive · indicative ▸ **1** (1Mac. 14,40)

προσηγόρευσαν ▸ **1**
Verb · third · plural · aorist · active · indicative ▸ **1** (2Mac. 1,36)

προσάγω (πρό; ἄγω)   to bring to ▸ **172 + 3 + 4 = 179**

Προσάγαγε ▸ **3**
Verb · second · singular · aorist · active · imperative ▸ **3** (1Sam. 14,18; 1Sam. 23,9; 1Sam. 30,7)

προσάγαγε ▸ **1 + 1 = 2**
Verb · second · singular · aorist · active · imperative ▸ **1 + 1 = 2** (Mal. 1,8; Luke 9,41)

Προσάγαγέ ▸ **2**
Verb · second · singular · aorist · active · imperative ▸ **2** (Gen. 27,25; Gen. 48,9)

προσαγαγεῖν ▸ **4 + 1 = 5**
Verb · aorist · active · infinitive ▸ **4 + 1 = 5** (1Sam. 14,34; 2Mac. 12,43; Sir. 45,16; Sus. 56; Sus. 56)

Προσαγάγετε ▸ **7**
Verb · second · plural · aorist · active · imperative ▸ **7** (Josh. 3,9; Josh. 4,5; 1Sam. 13,9; 1Sam. 14,38; 1Sam. 22,17; 1Kings 18,30; Is. 34,1)

προσαγάγετε ▸ **5**
Verb · second · plural · aorist · active · imperative ▸ **5** (2Chr. 29,31; Joel 4,9; Is. 48,16; Is. 57,3; Jer. 26,3)

Προσαγάγετέ ▸ **1**
Verb · second · plural · aorist · active · imperative ▸ **1** (1Sam. 15,32)

προσαγάγῃ ▸ **5 + 1 = 6**
Verb · third · singular · aorist · active · subjunctive ▸ **5 + 1 = 6** (Lev. 1,2; Lev. 3,1; Lev. 3,7; Lev. 7,16; Prov. 19,24; 1Pet. 3,18)

προσαγάγῃς ▸ **1**
Verb · second · singular · aorist · active · subjunctive ▸ **1** (Prov. 24,15)

προσαγάγητε ▸ **2**
Verb · second · plural · aorist · active · subjunctive ▸ **2** (Mal. 1,8; Mal. 1,8)

προσαγαγόντες ▸ **1 + 1 = 2**
Verb · aorist · active · participle · masculine · plural · nominative ▸ **1 + 1 = 2** (Dan. 3,22; Acts 16,20)

προσαγάγου ▸ **2**
Verb · second · singular · aorist · middle · imperative ▸ **2** (Ex. 28,1; Num. 18,2)

πρόσαγε ▸ **1**
Verb · second · singular · present · active · imperative ▸ **1** (Sir. 14,11)

προσάγει ▸ **2**
Verb · third · singular · present · active · indicative ▸ **2** (Ex. 3,4; 1Sam. 10,21)

προσάγειν ▸ **6 + 1 = 7**
Verb · present · active · infinitive ▸ **6 + 1 = 7** (Lev. 16,1; 1Sam. 13,6; 2Chr. 35,12; 2Mac. 7,5; 2Mac. 14,41; Ezek. 44,13; Acts 27,27)

προσαγειόχασιν ▸ **1**
Verb · third · plural · perfect · active · indicative ▸ **1** (Lev. 10,19)

προσάγεται ▸ **1**
Verb · third · singular · present · passive · indicative ▸ **1** (Mal. 1,11)

προσάγομεν ▸ **1**
Verb · first · plural · present · active · indicative ▸ **1** (2Mac. 11,36)

προσάγοντα ▸ **1**
Verb · present · active · participle · masculine · singular · accusative ▸ **1** (Dan. 8,7)

προσάγοντας ▸ **1**
Verb · present · active · participle · masculine · plural · accusative ▸ **1** (Sir. 12,13)

προσάγοντες ▸ **4**
Verb · present · active · participle · masculine · plural · nominative ▸ **4** (2Mac. 7,15; Mal. 1,7; Mal. 3,3; Ezek. 42,14)

προσαγόντων ▸ **3**
Verb · present · active · participle · masculine · plural · genitive ▸ **3** (Tob. 6,15; 2Mac. 14,31; Mal. 2,12)

προσάγουσιν ▸ **1**
Verb · third · plural · present · active · indicative ▸ **1** (1Sam. 10,21)

προσάγων ▸ **4**
Verb · present · active · participle · masculine · singular · nominative ▸ **4** (Lev. 7,8; 1Mac. 15,25; 2Mac. 14,4; Sir. 34,20)

προσάξει ▸ **24**
Verb · third · singular · future · active · indicative ▸ **24** (Ex. 21,6; Ex. 21,6; Lev. 1,3; Lev. 1,10; Lev. 3,1; Lev. 3,7; Lev. 3,12; Lev. 4,3; Lev. 4,4; Lev. 4,14; Lev. 4,14; Lev. 5,8; Lev. 7,14; Lev. 7,25; Lev. 14,12; Lev. 16,6; Lev. 16,9; Lev. 16,11; Lev. 16,20; Lev. 19,21; Num. 5,16; Num. 6,12; Num. 6,14; Num. 15,27)

προσάξεις ▸ **8**
Verb · second · singular · future · active · indicative ▸ **8** (Ex. 29,4; Ex. 29,8; Ex. 29,10; Ex. 40,12; Ex. 40,14; Lev. 22,24; Num. 8,9; Num. 8,10)

προσάξετε ▸ **19**
Verb · second · plural · future · active · indicative ▸ **19** (Lev. 23,8; Lev. 23,18; Lev. 23,25; Lev. 23,27; Lev. 23,36; Lev. 23,36; Num. 16,17; Num. 28,3; Num. 28,9; Num. 28,11; Num. 28,19; Num. 28,27; Num. 29,13; Num. 29,36; Deut. 2,19; Josh. 7,14; Josh. 7,14; Josh. 7,14; 1Mac. 2,67)

προσάξομεν ▸ **1**
Verb · first · plural · future · active · indicative ▸ **1** (Josh. 8,5)

προσάξουσιν ▸ **6**
Verb · third · plural · future · active · indicative ▸ **6** (Lev. 3,3; Lev. 6,7; Lev. 22,20; Lev. 22,22; Psa. 71,10; Ezek. 44,15)

προσάξω ▸ **1**
Verb · first · singular · future · active · indicative ▸ **1** (Mal. 3,5)

προσαχθήσεται ▸ **1**
Verb · third · singular · future · passive · indicative ▸ **1** (Lev. 14,2)

προσήγαγε ▸ **1**
Verb · third · singular · aorist · active · indicative ▸ **1** (Ezek. 37,7)

προσήγαγέ ▸ **1**
Verb · third · singular · aorist · active · indicative ▸ **1** (Dan. 10,10)

προσήγαγεν ▸ **25**
Verb · third · singular · aorist · active · indicative ▸ **25** (Gen. 27,25; Lev. 8,13; Lev. 8,14; Lev. 8,18; Lev. 8,22; Lev. 8,24; Num. 25,6; Num. 27,5; Josh. 7,16; Judg. 3,13; 1Sam. 1,25; 1Sam. 1,25; 1Sam. 9,18; 1Sam. 10,20; 1Sam. 28,25; 1Sam. 30,21; 2Sam. 3,34; 2Sam. 13,11; 1Kings 18,21; 1Kings 18,30; 1Kings 21,29; 2Kings 16,14; 1Mac. 13,43; 2Mac. 3,32; 2Mac. 13,23)

προσηγάγετε ▸ **3**

προσάγω–προσαποστέλλω

Verb · second · plural · aorist · active · indicative ▸ 3 (2Sam. 11,21; 2Sam. 11,22; 2Sam. 11,22)
προσηγάγετο ▸ 4
Verb · third · singular · aorist · middle · indicative ▸ 4 (Lev. 7,35; Num. 16,5; Num. 16,5; Num. 16,9)
προσηγάγετό ▸ 1
Verb · third · singular · aorist · middle · indicative ▸ 1 (Num. 16,10)
προσηγαγόμην ▸ 1
Verb · first · singular · aorist · middle · indicative ▸ 1 (Ex. 19,4)
προσήγαγον ▸ 8 + 1 = 9
Verb · first · singular · aorist · active · indicative ▸ 1 + 1 = 2 (Tob. 12,12; Tob. 12,12)
Verb · third · plural · aorist · active · indicative ▸ 7 (Num. 7,3; Num. 15,33; Josh. 8,23; 1Sam. 1,25; 2Chr. 29,23; 1Mac. 5,54; Sus. 52)
προσῆγεν ▸ 4
Verb · third · singular · imperfect · active · indicative ▸ 4 (Ex. 14,10; 1Sam. 14,34; 2Mac. 6,19; 2Mac. 13,19)
προσῆγον ▸ 2
Verb · third · plural · imperfect · active · indicative ▸ 2 (1Sam. 7,10; 2Mac. 15,25)
προσήγοντο ▸ 1
Verb · third · plural · imperfect · middle · indicative ▸ 1 (Sus. 4)
προσήχθη ▸ 2
Verb · third · singular · aorist · passive · indicative ▸ 2 (Josh. 7,17; Josh. 7,17)

προσαγωγή (πρός; ἄγω) access; freedom to enter ▸ 3
προσαγωγὴν ▸ 3
Noun · feminine · singular · accusative ▸ 3 (Rom. 5,2; Eph. 2,18; Eph. 3,12)

προσαιτέω (πρός; αἰτέω) to beg ▸ 1 + 1 = 2
προσαιτήσουσιν ▸ 1
Verb · third · plural · future · active · indicative ▸ 1 (Job 27,14)
προσαιτῶν ▸ 1
Verb · present · active · participle · masculine · singular · nominative ▸ 1 (John 9,8)

προσαίτης (πρός; αἰτέω) beggar ▸ 2
προσαίτης ▸ 2
Noun · masculine · singular · nominative ▸ 2 (Mark 10,46; John 9,8)

προσαναβαίνω (πρός; ἀνά; βαίνω) to go up ▸ 9 + 1 + 1 = 11
προσαναβαίνει ▸ 4
Verb · third · singular · present · active · indicative ▸ 4 (Josh. 11,17; Josh. 15,3; Josh. 15,6; Josh. 15,7)
προσαναβάντες ▸ 1
Verb · aorist · active · participle · masculine · plural · nominative ▸ 1 (2Mac. 10,36)
προσανάβηθι ▸ 1
Verb · second · singular · aorist · active · imperative ▸ 1 (Luke 14,10)
προσαναβῆναι ▸ 1
Verb · aorist · active · infinitive ▸ 1 (Ex. 19,23)
προσαναβήσεται ▸ 2 + 1 = 3
Verb · third · singular · future · middle · indicative ▸ 2 + 1 = 3 (Josh. 18,12; Josh. 19,12; Josh. 19,12)
προσανέβησαν ▸ 1
Verb · third · plural · aorist · active · indicative ▸ 1 (Judith 13,10)

προσανάβασις (πρός; ἀνά; βαίνω) ascent ▸ 1
προσαναβάσεως ▸ 1
Noun · feminine · singular · genitive · (common) ▸ 1 (Josh. 15,3)

προσαναλέγομαι (πρός; ἀνά; λέγω) to rehearse ▸ 1
προσαναλεξάμενος ▸ 1
Verb · aorist · middle · participle · masculine · singular · nominative ▸ 1 (2Mac. 8,19)

προσαναλόω to spend lavishly ▸ 1
προσαναλώσασα ▸ 1
Verb · aorist · active · participle · feminine · singular · nominative ▸ 1 (Luke 8,43)

προσαναπαύομαι (πρός; ἀνά; παύω) to find rest with ▸ 1
προσαναπαύσομαι ▸ 1
Verb · first · singular · future · middle · indicative ▸ 1 (Wis. 8,16)

προσαναπληρόω (πρός; ἀνά; πληρόω) to supply, fill up ▸ 1 + 2 = 3
προσαναπληροῦσα ▸ 1
Verb · present · active · participle · feminine · singular · nominative ▸ 1 (2Cor. 9,12)
προσανεπλήρωσαν ▸ 1
Verb · third · plural · aorist · active · indicative ▸ 1 (2Cor. 11,9)
προσαναπληρώσωσιν ▸ 1
Verb · third · plural · aorist · active · subjunctive ▸ 1 (Wis. 19,4)

προσανατίθημι (πρός; ἀνά; τίθημι) to go for advice ▸ 2
προσανεθέμην ▸ 1
Verb · first · singular · aorist · middle · indicative ▸ 1 (Gal. 1,16)
προσανέθεντο ▸ 1
Verb · third · plural · aorist · middle · indicative ▸ 1 (Gal. 2,6)

προσανατρέπω (πρός; ἀνά; τρέπω) to overthrow ▸ 1
προσανατρέψουσιν ▸ 1
Verb · third · plural · future · active · indicative ▸ 1 (Sir. 13,23)

προσαναφέρω (πρός; ἀνά; φέρω) to report ▸ 3
προσαναφέρουσιν ▸ 1
Verb · third · plural · present · active · indicative ▸ 1 (Tob. 12,15)
προσανενεχθῆναι ▸ 1
Verb · aorist · passive · infinitive ▸ 1 (2Mac. 11,36)
προσανοίσω ▸ 1
Verb · first · singular · future · active · indicative ▸ 1 (Judith 11,18)

προσανοικοδομέω (πρός; ἀνά; οἶκος; δέμω) to build up ▸ 1
προσανοικοδομηθήσεταί ▸ 1
Verb · third · singular · future · passive · indicative ▸ 1 (Sir. 3,14)

προσαξιόω (πρός; ἄξιος) to make request ▸ 1
προσηξίωσαν ▸ 1
Verb · third · plural · aorist · active · indicative ▸ 1 (3Mac. 7,10)

προσαπειλέω (πρός; ἀπειλή) to threaten further ▸ 1
προσαπειλησάμενοι ▸ 1
Verb · aorist · middle · participle · masculine · plural · nominative ▸ 1 (Acts 4,21)

προσαποθνήσκω (πρός; ἀπό; θνήσκω) to die also ▸ 1
προσαποθανεῖται ▸ 1
Verb · third · singular · future · middle · indicative ▸ 1 (Ex. 21,29)

προσαπόλλυμι (πρός; ἀπό; ὄλλυμι) to put to death ▸ 1
προσαπολέσαι ▸ 1
Verb · aorist · active · infinitive ▸ 1 (2Mac. 13,4)

προσαποστέλλω (πρός; ἀπό; στέλλω) to send off ▸ 1
προσαποστείλας ▸ 1

προσαποθέομαι (πρός; ἀπό; ὠθέω) to be bushed away ▸ 1
   προσαπωθεῖται ▸ 1
      Verb · third · singular · present · passive · indicative ▸ 1 (Sir. 13,21)

προσαρτίως (πρός; ἄρτι) recently ▸ 1
   προσαρτίως ▸ 1
      Adverb ▸ 1 (3Mac. 1,19)

προσβαίνω (πρός; βαίνω) to ascend ▸ 5
   προσβαίνοντας ▸ 1
      Verb · present · active · participle · masculine · plural · accusative ▸ 1 (Judith 4,7)
   προσβαίνουσιν ▸ 2
      Verb · present · active · participle · masculine · plural · dative ▸ 2 (1Esdr. 4,53; 1Esdr. 4,53)
   προσβῆναι ▸ 1
      Verb · aorist · active · infinitive ▸ 1 (Judith 7,10)
   προσέβη ▸ 1
      Verb · third · singular · aorist · active · indicative ▸ 1 (1Esdr. 8,1)

προσβάλλω (πρός; βάλλω) to attack ▸ 7 + 1 = 8
   προσβάλλων ▸ 1
      Verb · present · active · participle · masculine · singular · nominative ▸ 1 (4Mac. 11,23)
   προσβαλόντες ▸ 2
      Verb · aorist · active · participle · masculine · plural · nominative ▸ 2 (2Mac. 10,17; 2Mac. 10,35)
   προσβαλών ▸ 1
      Verb · aorist · active · participle · masculine · singular · nominative ▸ 1 (4Mac. 3,7)
   προσέβαλεν ▸ 1
      Verb · third · singular · aorist · active · indicative ▸ 1 (2Mac. 13,22)
   προσέβαλλον ▸ 1
      Verb · third · plural · imperfect · active · indicative ▸ 1 (Dan. 7,2)
   προσέβαλον ▸ 2
      Verb · third · plural · aorist · active · indicative ▸ 2 (2Mac. 10,28; 2Mac. 12,10)

πρόσβασις (πρός; βαίνω) approach; opportunity ▸ 4
   προσβάσεως ▸ 2
      Noun · feminine · singular · genitive · (common) ▸ 2 (Josh. 15,7; Judith 4,7)
   πρόσβασιν ▸ 1
      Noun · feminine · singular · accusative · (common) ▸ 1 (3Mac. 1,26)
   πρόσβασις ▸ 1
      Noun · feminine · singular · nominative · (common) ▸ 1 (2Mac. 4,13)

προσβλητός (πρός; βάλλω) attached; overlaid ▸ 1
   προσβλητόν ▸ 1
      Adjective · neuter · singular · nominative · noDegree ▸ 1 (Jer. 10,9)

προσβολή (πρός; βάλλω) attack ▸ 2
   προσβολάς ▸ 1
      Noun · feminine · plural · accusative · (common) ▸ 1 (2Mac. 5,3)
   προσβολῆς ▸ 1
      Noun · feminine · singular · genitive · (common) ▸ 1 (2Mac. 15,19)

προσγελάω (πρός; γελάω) to smile at ▸ 3
   προσγελάσεταί ▸ 1
      Verb · third · singular · future · middle · indicative ▸ 1 (Sir. 13,6)
   προσγελάσῃ ▸ 1
      Verb · third · singular · aorist · active · subjunctive ▸ 1 (1Esdr. 4,31)
   προσγελῶν ▸ 1
      Verb · present · active · participle · masculine · singular · nominative ▸ 1 (Sir. 13,11)

προσγίνομαι (πρός; γίνομαι) to attach oneself ▸ 3
   προσγεγενημένων ▸ 1
      Verb · perfect · middle · participle · masculine · plural · genitive ▸ 1 (Lev. 20,2)
   προσγένηται ▸ 1
      Verb · third · singular · aorist · middle · subjunctive ▸ 1 (Num. 15,14)
   προσγενόμενος ▸ 1
      Verb · aorist · middle · participle · masculine · singular · nominative ▸ 1 (Lev. 18,26)

προσγράφω (πρός; γράφω) to specify in writing ▸ 1
   προσγεγραμμένων ▸ 1
      Verb · perfect · passive · participle · neuter · plural · genitive ▸ 1 (1Esdr. 6,31)

προσδαπανάω (πρός; δαπάνη) to spend further ▸ 1
   προσδαπανήσῃς ▸ 1
      Verb · second · singular · aorist · active · subjunctive ▸ 1 (Luke 10,35)

προσδεκτός (πρός; δέχομαι) acceptable ▸ 3
   προσδεκτά ▸ 1
      Adjective · neuter · plural · nominative · noDegree ▸ 1 (Wis. 9,12)
   προσδεκτοί ▸ 2
      Adjective · masculine · plural · nominative · noDegree ▸ 2 (Prov. 11,20; Prov. 16,15)

προσδέομαι (πρός; δέομαι) to need; plead ▸ 6 + 1 = 7
   προσδεηθήσεται ▸ 1
      Verb · third · singular · future · passive · indicative ▸ 1 (Sir. 13,3)
   προσδεθῇς ▸ 1
      Verb · second · singular · aorist · passive · subjunctive ▸ 1 (Sir. 18,32)
   προσδεόμενος ▸ 2
      Verb · present · middle · participle · masculine · singular · nominative ▸ 2 (Prov. 12,9; Sir. 11,12)
   προσδεόμενός ▸ 1
      Verb · present · middle · participle · masculine · singular · nominative ▸ 1 (Acts 17,25)
   προσδεομένου ▸ 1
      Verb · present · middle · participle · masculine · singular · genitive ▸ 1 (Sir. 4,3)
   προσεδεήθη ▸ 1
      Verb · third · singular · aorist · passive · indicative ▸ 1 (Sir. 42,21)

προσδέχομαι (πρός; δέχομαι) to receive; wait for ▸ 47 + 1 + 14 = 62
   πρόσδεξαι ▸ 2
      Verb · second · singular · aorist · middle · imperative ▸ 2 (2Mac. 1,26; Ode. 14,22)
   προσδεξάμενοι ▸ 1
      Verb · aorist · middle · participle · masculine · plural · nominative ▸ 1 (Heb. 11,35)
   προσδέξασθαι ▸ 2
      Verb · aorist · middle · infinitive ▸ 2 (2Chr. 36,21; Job 33,20)
   προσδέξασθε ▸ 1
      Verb · second · plural · aorist · middle · imperative ▸ 1 (Ex.

10,17)

προσδέξεσθε ‣ 1
  Verb · second · plural · future · middle · indicative ‣ 1 (Ruth 1,13)

προσδέξεται ‣ 10
  Verb · third · singular · future · middle · indicative ‣ 10 (Gen. 32,21; Ex. 22,10; Lev. 26,43; Sir. 7,9; Sir. 15,2; Sir. 35,11; Hos. 8,13; Mic. 6,7; Mal. 1,8; Dan. 7,25)

προσδέξῃ ‣ 1
  Verb · second · singular · future · middle · indicative ‣ 1 (2Mac. 3,38)

προσδέξησθε ‣ 1
  Verb · second · plural · aorist · middle · subjunctive ‣ 1 (Rom. 16,2)

προσδέξομαι ‣ 6
  Verb · first · singular · future · middle · indicative ‣ 6 (Amos 5,22; Mal. 1,10; Mal. 1,13; Ezek. 20,40; Ezek. 20,41; Ezek. 43,27)

προσδέξομαί ‣ 1
  Verb · first · singular · future · middle · indicative ‣ 1 (Is. 45,4)

προσδέξονται ‣ 2
  Verb · third · plural · future · middle · indicative ‣ 2 (Lev. 26,43; Psa. 103,11)

προσδέχεσθε ‣ 1
  Verb · second · plural · present · middle · imperative ‣ 1 (Phil. 2,29)

προσδέχεται ‣ 1
  Verb · third · singular · present · middle · indicative ‣ 1 (Luke 15,2)

προσδεχθείημεν ‣ 2 + 1 = 3
  Verb · first · plural · aorist · passive · optative ‣ 2 + 1 = 3 (Ode. 7,39; Dan. 3,39; Dan. 3,39)

προσδεχομένη ‣ 2
  Verb · present · middle · participle · feminine · singular · nominative ‣ 2 (Job 2,9d; Job 29,23)

προσδεχόμενοι ‣ 2 + 3 = 5
  Verb · present · middle · participle · masculine · plural · nominative ‣ 2 + 3 = 5 (Is. 55,12; Ezek. 32,10; Acts 23,21; Titus 2,13; Jude 21)

προσδεχομένοις ‣ 2
  Verb · present · middle · participle · masculine · plural · dative ‣ 2 (Luke 2,38; Luke 12,36)

προσδεχόμενος ‣ 2 + 2 = 4
  Verb · present · middle · participle · masculine · singular · nominative ‣ 2 + 2 = 4 (2Mac. 8,11; Job 2,9a; Mark 15,43; Luke 2,25)

προσδέχονται ‣ 2 + 1 = 3
  Verb · third · plural · present · middle · indicative ‣ 2 + 1 = 3 (Prov. 15,15; Wis. 14,29; Acts 24,15)

προσδέχου ‣ 1
  Verb · second · singular · present · middle · imperative ‣ 1 (Is. 28,10)

προσεδέξαντο ‣ 1
  Verb · third · plural · aorist · middle · indicative ‣ 1 (Esth. 9,23)

προσεδέξασθε ‣ 1
  Verb · second · plural · aorist · middle · indicative ‣ 1 (Heb. 10,34)

προσεδέξατο ‣ 4
  Verb · third · singular · aorist · middle · indicative ‣ 4 (1Chr. 12,19; Psa. 6,10; Wis. 3,6; Is. 42,1)

προσεδέχετο ‣ 1
  Verb · third · singular · imperfect · middle · indicative ‣ 1 (Luke 23,51)

προσεδέχθη ‣ 1
  Verb · third · singular · aorist · passive · indicative ‣ 1 (Wis. 18,7)

προσεδεχόμην ‣ 1
  Verb · first · singular · imperfect · middle · indicative ‣ 1 (Psa. 54,9)

προσεδέχοντο ‣ 3
  Verb · third · plural · imperfect · middle · indicative ‣ 3 (Ex. 36,3; Esth. 9,27; Wis. 19,15)

προσδέω (πρός; δέω) to bind ‣ 1
  προσέδησαν ‣ 1
    Verb · third · plural · aorist · active · indicative ‣ 1 (4Mac. 9,26)

προσδίδωμι (πρός; δίδωμι) to attend to ‣ 4
  προσδιδόναι ‣ 1
    Verb · present · active · infinitive ‣ 1 (Ezek. 16,34)
  προσδόντες ‣ 1
    Verb · aorist · active · participle · masculine · plural · nominative ‣ 1 (Tob. 2,12)
  προσεδίδου ‣ 1
    Verb · third · singular · imperfect · active · indicative ‣ 1 (Ezek. 16,33)
  προσέδωκέν ‣ 1
    Verb · third · singular · aorist · active · indicative ‣ 1 (Gen. 29,33)

προσδοκάω (πρός; δοκέω) to wait for, expect ‣ 13 + 16 = 29
  προσδοκᾷ ‣ 2
    Verb · third · singular · present · active · indicative ‣ 2 (Matt. 24,50; Luke 12,46)
  προσδοκᾶν ‣ 2
    Verb · present · active · infinitive ‣ 2 (2Mac. 7,14; 2Mac. 15,8)
  προσδοκάσθω ‣ 2
    Verb · third · singular · present · middle · imperative ‣ 2 (Deut. 32,2; Ode. 2,2)
  προσδοκῶμεν ‣ 1 + 4 = 5
    Verb · first · plural · present · active · indicative · (variant) ‣ 3 (Matt. 11,3; Luke 7,19; Luke 7,20)
    Verb · first · plural · present · active · subjunctive ‣ 1 + 1 = 2 (Wis. 12,22; 2Pet. 3,13)
  προσδοκῶν ‣ 3
    Verb · present · active · participle · masculine · singular · nominative ‣ 3 (Luke 1,21; Acts 3,5; Acts 10,24)
  προσδοκῶντα ‣ 1
    Verb · present · active · participle · neuter · plural · nominative ‣ 1 (3Mac. 5,24)
  προσδοκῶντας ‣ 1 + 1 = 2
    Verb · present · active · participle · masculine · plural · accusative ‣ 1 + 1 = 2 (2Mac. 9,25; 2Pet. 3,12)
  προσδοκῶντες ‣ 3
    Verb · present · active · participle · masculine · plural · nominative ‣ 3 (Luke 8,40; Acts 27,33; 2Pet. 3,14)
  Προσδοκῶντος ‣ 1
    Verb · present · active · participle · masculine · singular · genitive ‣ 1 (Luke 3,15)
  προσδοκώντων ‣ 1 + 1 = 2
    Verb · present · active · participle · masculine · plural · genitive ‣ 1 + 1 = 2 (2Mac. 15,20; Acts 28,6)
  προσδοκῶσιν ‣ 1
    Verb · third · plural · present · active · indicative ‣ 1 (Psa. 103,27)
  προσεδόκα ‣ 1

Verb · third · singular · imperfect · active · indicative ▸ **1** (2Mac. 12,44)

προσεδόκησεν ▸ 1
Verb · third · singular · aorist · active · indicative ▸ **1** (Psa. 68,21)

προσεδοκῶμεν ▸ 1
Verb · first · plural · imperfect · active · indicative ▸ **1** (Lam. 2,16)

προσεδόκων ▸ 1 + **1** = 2
Verb · first · singular · imperfect · active · indicative ▸ 1 + **1** = 2 (Psa. 118,166; Acts 28,6)

προσδοκία (πρός; δοκέω) expectation ▸ 9 + **2** = 11
προσδοκία ▸ 2
Noun · feminine · singular · nominative · (common) ▸ **2** (Gen. 49,10; Wis. 17,12)

προσδοκίαν ▸ 4
Noun · feminine · singular · accusative · (common) ▸ **4** (2Mac. 3,21; 3Mac. 5,41; Sol. 11,0; Is. 66,9)

προσδοκίας ▸ 3 + **2** = 5
Noun · feminine · singular · genitive · (common) ▸ 3 + **2** = 5 (3Mac. 5,49; Psa. 118,116; Sir. 40,2; Luke 21,26; Acts 12,11)

προσεάω (πρός; ἐάω) to allow to go farther ▸ 1
προσεῶντος ▸ 1
Verb · present · active · participle · masculine · singular · genitive ▸ **1** (Acts 27,7)

προσεγγίζω (πρός; ἐγγύς) to draw near to ▸ 15 + **1** = 16
προσεγγιεῖ ▸ 1
Verb · third · singular · future · active · indicative ▸ **1** (Ezek. 18,6)

προσεγγίζων ▸ 1
Verb · present · active · participle · masculine · singular · nominative ▸ **1** (Num. 8,19)

προσεγγίσαι ▸ 1
Verb · aorist · active · infinitive ▸ **1** (Judg. 20,23)

προσεγγίσας ▸ 2
Verb · aorist · active · participle · masculine · singular · nominative ▸ **2** (Lev. 2,8; Deut. 20,2)

προσεγγίσητε ▸ 1
Verb · second · plural · aorist · active · subjunctive ▸ **1** (Josh. 3,4)

προσήγγιζον ▸ 1
Verb · third · plural · imperfect · active · indicative ▸ **1** (2Kings 4,5)

προσήγγισαν ▸ 3
Verb · third · plural · aorist · active · indicative ▸ **3** (Gen. 33,6; Tob. 6,10; Psa. 118,150)

προσήγγισέ ▸ 1
Verb · third · singular · aorist · active · indicative ▸ **1** (Dan. 9,21)

προσήγγισεν ▸ 4 + **1** = 5
Verb · third · singular · aorist · active · indicative ▸ 4 + **1** = 5 (Gen. 33,7; Gen. 33,7; Judg. 5,25; 2Sam. 20,17; Judg. 6,19)

προσεδρεύω (πρός; ἑδράζω) to insist ▸ 1
προσήδρευεν ▸ 1
Verb · third · singular · imperfect · active · indicative ▸ **1** (1Mac. 11,40)

προσεδρία (πρός; ἑδράζω) sitting by; besieging ▸ 1
προσεδρείας ▸ 1
Noun · feminine · singular · genitive · (common) ▸ **1** (3Mac. 4,15)

προσεῖπον (πρός; λέγω) to speak ▸ 2 + **1** = 3
προσεῖπας ▸ 1
Verb · second · singular · aorist · active · indicative ▸ **1** (Judg. 17,2)

προσεῖπεν ▸ 2
Verb · third · singular · aorist · active · indicative ▸ **2** (2Mac. 7,8; Prov. 7,13)

προσεκκαίω (πρός; ἐν; καίω) to ignite further ▸ 1
προσεξέκαυσαν ▸ 1
Verb · third · plural · aorist · active · indicative ▸ **1** (Num. 21,30)

προσεμβριμάομαι (πρός; ἐν; βρίμη) to add to one's insults ▸ 1
προσενεβριμήσατο ▸ 1
Verb · third · singular · aorist · middle · indicative ▸ **1** (Sir. 13,3)

προσεμπίμπρημι (πρός; ἐν; πίμπρημι) to burn through ▸ 1
προσεμπρήσῃ ▸ 1
Verb · third · singular · aorist · active · subjunctive ▸ **1** (Ex. 22,5)

προσενέχομαι (πρός; ἐν; ἔχομαι) to be involved in ▸ 1
προσενέχεσθαι ▸ 1
Verb · present · passive · infinitive ▸ **1** (2Mac. 5,18)

προσεξηγέομαι (πρός; ἐκ; ἄγω) to recount ▸ 1
προσεξηγησάμενος ▸ 1
Verb · aorist · middle · participle · masculine · singular · nominative ▸ **1** (2Mac. 15,11)

προσεπικατατείνω (πρός; ἐπί; κατά; τείνω) to strain further ▸ 1
προσεπικατέτεινον ▸ 1
Verb · third · plural · imperfect · active · indicative ▸ **1** (4Mac. 9,19)

προσεπιτιμάω (πρός; ἐπί; τιμή) to criticize more ▸ 1
προσεπετίμησαν ▸ 1
Verb · third · plural · aorist · active · indicative ▸ **1** (Sir. 13,22)

προσεργάζομαι (πρός; ἔργον) to make more ▸ 1
προσηργάσατο ▸ 1
Verb · third · singular · aorist · middle · indicative ▸ **1** (Luke 19,16)

προσερυθριάω to redden ▸ 1
προσηρυθρίων ▸ 1
Verb · first · singular · imperfect · active · indicative ▸ **1** (Tob. 2,14)

προσέρχομαι (πρός; ἔρχομαι) to come to ▸ 111 + **5** + 86 = 202
προσελεύσεται ▸ 11
Verb · third · singular · future · middle · indicative ▸ **11** (Ex. 12,48; Ex. 22,7; Lev. 18,6; Lev. 20,16; Lev. 21,17; Lev. 21,18; Lev. 21,21; Lev. 21,23; Num. 18,4; Psa. 63,7; Psa. 90,10)

προσελεύσῃ ▸ 1
Verb · second · singular · future · middle · indicative ▸ **1** (Lev. 18,19)

προσελεύσονται ▸ 5
Verb · third · plural · future · middle · indicative ▸ **5** (Num. 10,4; Num. 18,3; Num. 18,22; Deut. 21,5; Ezek. 44,16)

προσελεύσονταί ▸ 1
Verb · third · plural · future · middle · indicative ▸ **1** (Is. 54,15)

προσεληλύθατε ▸ 2
Verb · second · plural · perfect · active · indicative ▸ **2** (Heb. 12,18; Heb. 12,22)

Προσέλθατε ▸ 2
Verb · second · plural · aorist · active · imperative ▸ **2** (Ex. 16,9; Lev. 10,4)

προσέλθατε ▸ 1
Verb · second · plural · aorist · active · imperative ▸ **1** (Psa. 33,6)

Πρόσελθε ▸ 1
Verb · second · singular · aorist · active · imperative ▸ **1** (Lev.

προσέρχομαι

9,7)

πρόσελθε ▸ 7 + 1 = 8
  Verb ▪ second ▪ singular ▪ aorist ▪ active ▪ imperative ▸ 7 + 1 = **8** (Deut. 5,27; Ruth 2,14; Esth. 15,9 # 5,1f; Judith 10,15; 1Mac. 2,18; Sir. 6,19; Sir. 6,26; Acts 8,29)

προσελθεῖν ▸ 1
  Verb ▪ aorist ▪ active ▪ infinitive ▸ **1** (1Sam. 7,13)

προσέλθετε ▸ 1
  Verb ▪ second ▪ plural ▪ aorist ▪ active ▪ imperative ▸ **1** (Sir. 24,19)

προσέλθῃ ▸ 6
  Verb ▪ third ▪ singular ▪ aorist ▪ active ▪ subjunctive ▸ **6** (Ex. 12,48; Lev. 19,33; Lev. 22,3; Num. 9,14; Num. 17,5; Deut. 25,11)

προσέλθῃς ▸ 5
  Verb ▪ second ▪ singular ▪ aorist ▪ active ▪ subjunctive ▸ **5** (Deut. 20,10; Sir. 1,28; Sir. 9,13; Sir. 21,2; Jer. 7,16)

προσέλθητε ▸ 1
  Verb ▪ second ▪ plural ▪ aorist ▪ active ▪ subjunctive ▸ **1** (Ex. 19,15)

Προσελθόντες ▸ 1
  Verb ▪ aorist ▪ active ▪ participle ▪ masculine ▪ plural ▪ nominative ▸ **1** (Luke 20,27)

προσελθόντες ▸ 8 + 1 + 16 = 25
  Verb ▪ aorist ▪ active ▪ participle ▪ masculine ▪ plural ▪ nominative ▸ 8 + 1 + 16 = **25** (Gen. 43,19; Num. 32,2; Josh. 10,24; 1Esdr. 5,65; Judith 7,8; 2Mac. 2,6; Dan. 3,8; Sus. 39; Dan. 6,13; Matt. 8,25; Matt. 13,10; Matt. 13,27; Matt. 14,12; Matt. 15,12; Matt. 15,23; Matt. 16,1; Matt. 17,19; Matt. 26,50; Matt. 26,60; Matt. 26,73; Mark 6,35; Mark 10,2; Luke 8,24; Luke 9,12; Acts 23,14)

προσελθόντι ▸ 1
  Verb ▪ aorist ▪ active ▪ participle ▪ masculine ▪ singular ▪ dative ▸ **1** (Ex. 12,49)

προσελθόντος ▸ 1
  Verb ▪ aorist ▪ active ▪ participle ▪ masculine ▪ singular ▪ genitive ▸ **1** (2Mac. 1,15)

προσελθόντων ▸ 1
  Verb ▪ aorist ▪ active ▪ participle ▪ masculine ▪ plural ▪ genitive ▸ **1** (Matt. 26,60)

προσελθοῦσα ▸ 2 + 2 = 4
  Verb ▪ aorist ▪ active ▪ participle ▪ feminine ▪ singular ▪ nominative ▸ 2 + 2 = **4** (Deut. 25,9; Judith 13,6; Matt. 9,20; Luke 8,44)

προσελθοῦσαι ▸ 1 + 1 = 2
  Verb ▪ aorist ▪ active ▪ participle ▪ feminine ▪ plural ▪ nominative ▸ 1 + 1 = **2** (Num. 27,1; Matt. 28,9)

Προσέλθωμεν ▸ 1
  Verb ▪ first ▪ plural ▪ aorist ▪ active ▪ subjunctive ▸ **1** (1Sam. 14,36)

Προσελθών ▸ 1 + 2 = 3
  Verb ▪ aorist ▪ active ▪ participle ▪ masculine ▪ singular ▪ nominative ▸ 1 + 2 = **3** (2Sam. 1,15; Matt. 25,22; Matt. 25,24)

προσελθών ▸ 6 + 21 = 27
  Verb ▪ aorist ▪ active ▪ participle ▪ masculine ▪ singular ▪ nominative ▸ 6 + 21 = **27** (Gen. 29,10; Deut. 22,14; Josh. 5,13; 3Mac. 5,14; 4Mac. 4,6; Dan. 3,93; Matt. 4,3; Matt. 8,2; Matt. 8,19; Matt. 18,21; Matt. 19,16; Matt. 21,28; Matt. 21,30; Matt. 25,20; Matt. 26,49; Matt. 27,58; Matt. 28,2; Matt. 28,18; Mark 1,31; Mark 12,28; Mark 14,45; Luke 7,14; Luke 10,34; Luke 23,52; Acts 9,1; Acts 22,26; Acts 22,27)

προσέλθωσιν ▸ 2
  Verb ▪ third ▪ plural ▪ aorist ▪ active ▪ subjunctive ▸ **2** (Deut. 25,1; 1Mac. 8,1)

προσέρχεσθαι ▸ 1 + 1 = 2
  Verb ▪ present ▪ middle ▪ infinitive ▸ 1 + 1 = **2** (2Mac. 6,20; Acts 10,28)

προσέρχεται ▸ 1
  Verb ▪ third ▪ singular ▪ present ▪ middle ▪ indicative ▸ **1** (1Tim. 6,3)

προσέρχῃ ▸ 1
  Verb ▪ second ▪ singular ▪ present ▪ middle ▪ subjunctive ▸ **1** (Sir. 2,1)

προσερχόμενοι ▸ 2
  Verb ▪ present ▪ middle ▪ participle ▪ masculine ▪ plural ▪ nominative ▸ **2** (Luke 23,36; 1Pet. 2,4)

προσερχόμενον ▸ 1
  Verb ▪ present ▪ middle ▪ participle ▪ masculine ▪ singular ▪ accusative ▸ **1** (Heb. 11,6)

προσερχομένου ▸ 2
  Verb ▪ present ▪ middle ▪ participle ▪ masculine ▪ singular ▪ genitive ▸ **2** (Luke 9,42; Acts 7,31)

προσερχομένους ▸ 2
  Verb ▪ present ▪ middle ▪ participle ▪ masculine ▪ plural ▪ accusative ▸ **2** (Heb. 7,25; Heb. 10,1)

προσέρχονται ▸ 2
  Verb ▪ third ▪ plural ▪ present ▪ middle ▪ indicative ▸ **2** (Matt. 9,14; Matt. 15,1)

προσερχώμεθα ▸ 2
  Verb ▪ first ▪ plural ▪ present ▪ middle ▪ subjunctive ▸ **2** (Heb. 4,16; Heb. 10,22)

προσῆλθαν ▸ 1
  Verb ▪ third ▪ plural ▪ aorist ▪ active ▪ indicative ▸ **1** (Matt. 5,1)

προσῆλθάν ▸ 1
  Verb ▪ third ▪ plural ▪ aorist ▪ active ▪ indicative ▸ **1** (Luke 13,31)

προσήλθατέ ▸ 1
  Verb ▪ second ▪ plural ▪ aorist ▪ active ▪ indicative ▸ **1** (Deut. 1,22)

προσῆλθε ▸ 1
  Verb ▪ third ▪ singular ▪ aorist ▪ active ▪ indicative ▸ **1** (Dan. 9,22)

προσῆλθεν ▸ 16 + 1 + 8 = 25
  Verb ▪ third ▪ singular ▪ aorist ▪ active ▪ indicative ▸ 16 + 1 + 8 = **25** (Gen. 42,24; Lev. 9,5; Lev. 9,8; 1Sam. 4,16; 1Sam. 15,32; 1Sam. 17,40; 2Sam. 10,13; 1Kings 21,13; 1Kings 21,22; 1Kings 21,28; 1Kings 22,24; Esth. 1,14; Judith 12,15; 1Mac. 2,23; 2Mac. 13,26; Jonah 1,6; Dan. 3,93; Matt. 8,5; Matt. 17,7; Matt. 17,14; Matt. 20,20; Matt. 26,7; Matt. 26,69; Acts 12,13; Acts 18,2)

προσῆλθες ▸ 1
  Verb ▪ second ▪ singular ▪ aorist ▪ active ▪ indicative ▸ **1** (Sir. 1,30)

προσήλθετε ▸ 2
  Verb ▪ second ▪ plural ▪ aorist ▪ active ▪ indicative ▸ **2** (Deut. 4,11; Deut. 5,23)

προσήλθομεν ▸ 1
  Verb ▪ first ▪ plural ▪ aorist ▪ active ▪ indicative ▸ **1** (Deut. 2,37)

προσῆλθον ▸ 11 + 2 + 15 = 28
  Verb ▪ first ▪ singular ▪ aorist ▪ active ▪ indicative ▸ 2 + 1 = **3** (Is. 8,3; Dan. 7,16; Dan. 7,16)
  Verb ▪ third ▪ plural ▪ aorist ▪ active ▪ indicative ▸ 9 + 1 + 15 = **25** (Ex. 34,32; Lev. 10,5; Num. 9,6; Num. 31,48; Num. 32,16; Num. 36,1; 2Chr. 24,27; 1Mac. 2,16; Jer. 49,1; Judg. 20,24; Matt. 4,11; Matt. 9,28; Matt. 13,36; Matt. 14,15; Matt. 15,30; Matt. 17,24; Matt. 18,1; Matt. 19,3; Matt. 21,14; Matt. 21,23; Matt. 22,23; Matt. 24,1; Matt. 24,3; Matt. 26,17; John 12,21)

προσῆλθοσαν ▸ 5 + 1 = 6
  Verb ▪ third ▪ plural ▪ aorist ▪ active ▪ indicative ▸ 5 + 1 = **6** (Josh. 14,6; Josh. 21,1; Judg. 20,24; Dan. 6,7; Sus. 19; Dan. 3,8)

2113

Π, π

προσήλθοσάν ▸ 1
: **Verb** · third · plural · aorist · active · indicative ▸ **1** (1Esdr. 8,65)

προσήρχοντο ▸ 1
: **Verb** · third · plural · imperfect · middle · indicative ▸ **1** (Acts 28,9)

προσιόντα ▸ 1
: **Verb** · present · active · participle · masculine · singular · accusative ▸ **1** (4Mac. 14,16)

προσιόντας ▸ 2
: **Verb** · present · active · participle · masculine · plural · accusative ▸ **2** (4Mac. 14,19; 4Mac. 14,19)

προσιόντες ▸ 1
: **Verb** · present · active · participle · masculine · plural · nominative ▸ **1** (4Mac. 6,13)

προσέτι (πρός; ἔτι) still more ▸ 4
προσέτι ▸ 4
: **Adverb** ▸ **4** (2Sam. 16,11; 2Mac. 12,14; 4Mac. 14,1; Job 36,16)

προσευχή (πρός; εὔχομαι) prayer ▸ 109 + 6 + 36 = 151
προσευχαί ▸ 1
: **Noun** · feminine · plural · nominative ▸ **1** (Rev. 5,8)

προσευχαί ▸ 1
: **Noun** · feminine · plural · nominative ▸ **1** (Acts 10,4)

προσευχαῖς ▸ 3 + 6 = 9
: **Noun** · feminine · plural · dative · (common) ▸ 3 + 6 = **9** (1Mac. 12,11; Dan. 9,18; Dan. 9,20; Acts 2,42; Rom. 15,30; Col. 4,12; 1Tim. 5,5; Rev. 8,3; Rev. 8,4)

προσευχὰς ▸ 1 + 3 = 4
: **Noun** · feminine · plural · accusative · (common) ▸ 1 + 3 = **4** (Tob. 12,15; 1Tim. 2,1; 1Pet. 3,7; 1Pet. 4,7)

Προσευχή ▸ 16
: **Noun** · feminine · singular · nominative · (common) ▸ **16** (Psa. 16,1; Psa. 85,1; Psa. 89,1; Psa. 101,1; Ode. 3,0; Ode. 4,1; Ode. 5,0; Ode. 6,0; Ode. 7,0; Ode. 9,0; Ode. 9,55t; Ode. 11,0; Ode. 12,0; Ode. 13,0; Hab. 3,1; Is. 38,9)

προσευχή ▸ 8
: **Noun** · feminine · singular · nominative · (common) ▸ **8** (Psa. 34,13; Psa. 87,3; Psa. 87,14; Psa. 140,2; Psa. 140,5; Psa. 141,1; Ode. 6,8; Jonah 2,8)

προσευχή ▸ 9 + 2 + 2 = 13
: **Noun** · feminine · singular · nominative · (common) ▸ 9 + 2 + 2 = **13** (2Chr. 6,29; 2Chr. 30,27; 2Chr. 33,18; Tob. 3,16; Tob. 12,8; 2Mac. 1,24; Psa. 41,9; Psa. 108,7; Sir. 35,17; Tob. 3,16; Tob. 12,8; Acts 10,31; Acts 12,5)

προσευχῇ ▸ 12 + 1 + 10 = 23
: **Noun** · feminine · singular · dative · (common) ▸ 12 + 1 + 10 = **23** (2Chr. 7,15; 1Mac. 5,33; Psa. 60,2; Psa. 68,14; Sir. 7,10; Sir. 7,14; Sir. 39,5; Sir. 39,6; Sir. 50,19; Sir. 51,13; Jer. 11,14; Dan. 9,21; Dan. 9,21; Matt. 21,22; Mark 9,29; Luke 6,12; Acts 1,14; Acts 6,4; Rom. 12,12; 1Cor. 7,5; Phil. 4,6; Col. 4,2; James 5,17)

προσευχήν ▸ 7
: **Noun** · feminine · singular · accusative · (common) ▸ **7** (1Kings 8,38; 1Kings 9,3; Judith 13,10; Psa. 6,10; Psa. 65,20; Psa. 85,6; Lam. 3,8)

προσευχήν ▸ 18 + 1 + 2 = 21
: **Noun** · feminine · singular · accusative · (common) ▸ 18 + 1 + 2 = **21** (2Sam. 7,27; 1Kings 8,54; 2Kings 19,4; 2Chr. 6,19; Neh. 1,6; Neh. 1,11; Neh. 1,11; Judith 12,6; Judith 13,3; Tob. 13,1; 2Mac. 1,23; Psa. 54,2; Psa. 79,5; Psa. 101,18; Prov. 28,9; Wis. 18,21; Sol. 6,5; Dan. 9,3; Dan. 9,3; Acts 16,13; Acts 16,16)

προσευχῆς ▸ 35 + 2 + 6 = 43
: **Noun** · feminine · singular · genitive · (common) ▸ 35 + 2 + 6 = **43** (1Kings 8,29; 1Kings 8,45; 1Kings 9,3; 2Kings 20,5; 2Chr. 6,19; 2Chr. 6,20; 2Chr. 6,35; 2Chr. 6,39; 2Chr. 7,12; 2Chr. 33,19; Tob. 12,12; 1Mac. 3,46; 1Mac. 7,37; 3Mac. 6,16; 3Mac. 7,20; Psa. 4,2; Psa. 16,1; Psa. 38,13; Psa. 53,4; Psa. 64,3; Psa. 83,9; Psa. 101,2; Psa. 142,1; Ode. 4,16; Sir. 3,5; Sir. 34,26; Hab. 3,16; Is. 38,5; Is. 56,7; Is. 56,7; Is. 60,7; Bar. 2,14; Bar. 3,4; Lam. 3,44; Dan. 9,17; Tob. 12,12; Dan. 9,17; Matt. 21,13; Mark 11,17; Luke 19,46; Luke 22,45; Acts 3,1; Eph. 6,18)

προσευχῶν ▸ 5
: **Noun** · feminine · plural · genitive ▸ **5** (Rom. 1,10; Eph. 1,16; 1Th. 1,2; Philem. 4; Philem. 22)

προσεύχομαι (πρός; εὔχομαι) to pray ▸ 100 + 10 + 85 = 195
Πρόσευξαι ▸ 3
: **Verb** · second · singular · aorist · middle · imperative ▸ **3** (1Sam. 12,19; Jer. 44,3; Jer. 49,20)

πρόσευξαι ▸ 1 + 1 = 2
: **Verb** · second · singular · aorist · middle · imperative ▸ 1 + 1 = **2** (Jer. 49,2; Matt. 6,6)

προσευξάμενοι ▸ 1 + 5 = 6
: **Verb** · aorist · middle · participle · masculine · plural · nominative ▸ 1 + 5 = **6** (4Mac. 4,11; Acts 1,24; Acts 6,6; Acts 13,3; Acts 14,23; Acts 21,5)

προσευξάμην ▸ 2
: **Verb** · first · singular · aorist · middle · indicative ▸ **2** (Tob. 3,1; Jer. 39,16)

προσευξάμενος ▸ 1
: **Verb** · aorist · middle · participle · masculine · singular · nominative ▸ **1** (Acts 28,8)

προσεύξασθαι ▸ 5 + 6 = 11
: **Verb** · aorist · middle · infinitive ▸ 5 + 6 = **11** (1Sam. 1,26; 2Sam. 7,27; 1Chr. 17,25; 1Mac. 3,44; Is. 16,12; Matt. 14,23; Mark 6,46; Luke 6,12; Luke 9,28; Luke 18,10; Acts 10,9)

προσεύξασθε ▸ 5 + 1 = 6
: **Verb** · second · plural · aorist · middle · imperative ▸ 5 + 1 = **6** (Ex. 10,17; Jer. 36,7; Jer. 36,12; Bar. 1,11; Bar. 1,13; Tob. 6,18)

προσευξάσθωσαν ▸ 1
: **Verb** · third · plural · aorist · middle · imperative ▸ **1** (James 5,14)

προσεύξατο ▸ 3
: **Verb** · third · singular · aorist · middle · indicative ▸ **3** (2Kings 6,17; Jonah 4,2; Is. 37,15)

προσεύξεται ▸ 3
: **Verb** · third · singular · future · middle · indicative ▸ **3** (Gen. 20,7; 1Sam. 2,25; Psa. 31,6)

προσεύξηται ▸ 1
: **Verb** · third · singular · aorist · middle · subjunctive ▸ **1** (Matt. 19,13)

προσεύξομαι ▸ 4 + 2 = 6
: **Verb** · first · singular · future · middle · indicative ▸ 4 + 2 = **6** (1Sam. 7,5; Judith 11,17; Psa. 5,3; Jer. 49,4; 1Cor. 14,15; 1Cor. 14,15)

προσεύξονται ▸ 9
: **Verb** · third · plural · future · middle · indicative ▸ **9** (1Sam. 2,25; 1Kings 8,33; 1Kings 8,35; 1Kings 8,42; 1Kings 8,44; 1Kings 8,48; 2Chr. 6,26; Psa. 71,15; Is. 45,14)

προσεύξωμαι ▸ 2
: **Verb** · first · singular · aorist · middle · subjunctive ▸ **2** (Matt. 26,36; Mark 14,32)

προσευξώμεθα ▸ 1 + 1 + 1 = 3
: **Verb** · first · plural · aorist · middle · subjunctive ▸ 1 + 1 + 1 = **3** (Tob. 8,4; Tob. 8,4; Rom. 8,26)

προσεύξωνται ▸ 7

προσεύχομαι–προσέχω

Verb · third · plural · aorist · middle · subjunctive ▸ **7** (1Kings 8,30; 2Chr. 6,21; 2Chr. 6,24; 2Chr. 6,32; 2Chr. 6,34; 2Chr. 6,38; 2Chr. 7,14)

προσεύχεσθαι ▸ **1 + 2 + 6 = 9**
Verb · present · middle · infinitive ▸ **1 + 2 + 6 = 9** (1Sam. 12,23; Tob. 3,1; Tob. 8,5; Matt. 6,5; Luke 9,29; Luke 11,1; Luke 18,1; 1Cor. 11,13; 1Tim. 2,8)

προσεύχεσθε ▸ **14**
Verb · second · plural · present · middle · indicative ▸ **1** (Mark 11,24)
Verb · second · plural · present · middle · imperative ▸ **13** (Matt. 5,44; Matt. 6,9; Matt. 24,20; Matt. 26,41; Mark 13,18; Mark 14,38; Luke 6,28; Luke 22,40; Luke 22,46; 1Th. 5,17; 1Th. 5,25; 2Th. 3,1; Heb. 13,18)

προσευχέσθω ▸ **2**
Verb · third · singular · present · middle · imperative ▸ **2** (1Cor. 14,13; James 5,13)

προσεύχεται ▸ **7 + 2 = 9**
Verb · third · singular · present · middle · indicative ▸ **7 + 2 = 9** (1Kings 8,28; 1Kings 8,29; 2Chr. 6,19; 2Chr. 6,20; Is. 44,17; Dan. 6,6; Dan. 6,9; Acts 9,11; 1Cor. 14,14)

προσεύχῃ ▸ **1**
Verb · second · singular · present · middle · subjunctive ▸ **1** (Matt. 6,6)

προσεύχησθε ▸ **2**
Verb · second · plural · present · middle · subjunctive ▸ **2** (Matt. 6,5; Luke 11,2)

προσεύχομαι ▸ **1 + 1 = 2**
Verb · first · singular · present · middle · indicative ▸ **1 + 1 = 2** (Neh. 1,6; Phil. 1,9)

προσευχόμεθα ▸ **1**
Verb · first · plural · present · middle · indicative ▸ **1** (2Th. 1,11)

προσευχομένη ▸ **2 + 1 = 3**
Verb · present · middle · participle · feminine · singular · nominative ▸ **2 + 1 = 3** (1Sam. 1,12; Esth. 15,1; 1Cor. 11,5)

Προσευχόμενοι ▸ **1**
Verb · present · middle · participle · masculine · plural · nominative ▸ **1** (Matt. 6,7)

προσευχόμενοι ▸ **2 + 9 = 11**
Verb · present · middle · participle · masculine · plural · nominative ▸ **2 + 9 = 11** (2Mac. 1,6; Is. 45,20; Mark 11,25; Mark 12,40; Acts 12,12; Acts 16,25; Eph. 6,18; Col. 1,3; Col. 1,9; Col. 4,3; Jude 20)

προσευχόμενον ▸ **3**
Verb · present · middle · participle · masculine · singular · accusative ▸ **2** (Luke 9,18; Luke 11,1)
Verb · present · middle · participle · neuter · singular · nominative ▸ **1** (Luke 1,10)

προσευχόμενος ▸ **8 + 1 + 5 = 14**
Verb · present · middle · participle · masculine · singular · nominative ▸ **8 + 1 + 5 = 14** (1Kings 8,54; 2Chr. 7,1; 1Esdr. 8,88; Ezra 10,1; Neh. 1,4; 2Mac. 15,14; Wis. 13,17; Dan. 9,20; Dan. 6,11; Matt. 26,39; Luke 5,16; Acts 10,30; Acts 11,5; 1Cor. 11,4)

προσευχομένου ▸ **1 + 2 = 3**
Verb · present · middle · participle · masculine · singular · genitive ▸ **1 + 2 = 3** (Dan. 9,20; Luke 3,21; Acts 22,17)

προσευχόμην ▸ **1**
Verb · first · singular · imperfect · middle · indicative ▸ **1** (Psa. 108,4)

προσεύχονται ▸ **1**
Verb · third · plural · present · middle · indicative ▸ **1** (Luke 20,47)

προσεύχου ▸ **3**
Verb · second · singular · present · middle · imperative ▸ **3** (Jer. 7,16; Jer. 11,14; Jer. 14,11)

προσεύχωμαι ▸ **1**
Verb · first · singular · present · middle · subjunctive ▸ **1** (1Cor. 14,14)

προσεύχωνται ▸ **2**
Verb · third · plural · present · middle · subjunctive ▸ **2** (1Esdr. 6,30; Ezra 6,10)

προσηυξάμεθα ▸ **1**
Verb · first · plural · aorist · middle · indicative ▸ **1** (Neh. 4,3)

προσηυξάμην ▸ **3 + 1 = 4**
Verb · first · singular · aorist · middle · indicative ▸ **3 + 1 = 4** (1Sam. 1,27; Neh. 2,4; Dan. 9,4; Dan. 9,4)

προσηύξαντο ▸ **1**
Verb · third · plural · aorist · middle · indicative ▸ **1** (Acts 8,15)

προσηύξατο ▸ **21 + 2 + 7 = 30**
Verb · third · singular · aorist · middle · indicative ▸ **21 + 2 + 7 = 30** (Gen. 20,17; 1Sam. 1,10; 1Sam. 8,6; 1Sam. 14,45; 2Kings 4,33; 2Kings 6,18; 2Chr. 30,18; 2Chr. 32,20; 2Chr. 32,24; 2Chr. 33,13; Ezra 10,1; 1Mac. 4,30; 1Mac. 7,40; 1Mac. 11,71; 2Mac. 2,10; 2Mac. 2,10; 3Mac. 6,1; Jonah 2,2; Is. 38,2; Dan. 3,24; Dan. 3,25; Judg. 13,8; Dan. 3,25; Matt. 26,42; Matt. 26,44; Mark 14,39; Acts 9,40; Acts 20,36; James 5,17; James 5,18)

προσηύξω ▸ **3 + 1 = 4**
Verb · second · singular · aorist · middle · indicative ▸ **3 + 1 = 4** (2Kings 19,20; Tob. 12,12; Is. 37,21; Tob. 12,12)

προσηύχετο ▸ **1 + 5 = 6**
Verb · third · singular · imperfect · middle · indicative ▸ **1 + 5 = 6** (Bel 4; Mark 1,35; Mark 14,35; Luke 18,11; Luke 22,41; Luke 22,44)

προσεχόντως (πρός; ἔχω) attentively ▸ **1**
προσεχόντως ▸ **1**
Adverb ▸ **1** (Prov. 31,25)

προσέχω (πρός; ἔχω) to pay attention to ▸ **120 + 1 + 24 = 145**
προσείχετε ▸ **1**
Verb · second · plural · imperfect · active · indicative ▸ **1** (Prov. 1,24)

προσεῖχον ▸ **3**
Verb · third · plural · imperfect · active · indicative ▸ **3** (Acts 8,6; Acts 8,10; Acts 8,11)

προσέξει ▸ **2**
Verb · third · singular · future · active · indicative ▸ **2** (Sir. 18,27; Is. 32,4)

προσέξουσιν ▸ **2**
Verb · third · plural · future · active · indicative ▸ **2** (Wis. 8,12; Dan. 12,10)

προσέσχεν ▸ **13**
Verb · third · singular · aorist · active · indicative ▸ **13** (Gen. 4,5; Gen. 34,3; Ex. 9,21; Deut. 1,45; 1Mac. 10,61; Psa. 9,38; Psa. 39,2; Psa. 65,19; Psa. 76,2; Psa. 80,12; Mal. 3,16; Jer. 7,24; Jer. 7,26)

Προσέσχες ▸ **2**
Verb · second · singular · aorist · active · indicative ▸ **2** (Job 1,8; Job 2,3)

προσέσχες ▸ **1**
Verb · second · singular · aorist · active · indicative ▸ **1** (Job 10,3)

προσέσχετε ▸ **1**
Verb · second · plural · aorist · active · indicative ▸ **1** (Jer. 25,4)

προσέσχηκεν ▸ **1**
Verb · third · singular · perfect · active · indicative ▸ **1** (Heb.

7,13)

προσέσχον ▸ 5
    Verb ▪ third ▪ plural ▪ aorist ▪ active ▪ indicative ▸ 5 (Neh. 9,34; 1Mac. 7,11; Job 29,21; Zech. 1,4; Jer. 6,19)

Πρόσεχε ▸ 4
    Verb ▪ second ▪ singular ▪ present ▪ active ▪ imperative ▸ 4 (Gen. 24,6; Deut. 24,8; Deut. 32,1; Ode. 2,1)

πρόσεχε ▸ 30 + 1 = 31
    Verb ▪ second ▪ singular ▪ present ▪ active ▪ imperative ▸ 30 + 1 = 31 (Ex. 10,28; Ex. 23,21; Ex. 34,11; Ex. 34,12; Deut. 4,9; Deut. 6,12; Deut. 8,11; Deut. 11,16; Deut. 12,13; Deut. 12,19; Deut. 12,23; Deut. 12,30; Deut. 15,9; 2Chr. 25,16; 2Chr. 35,21; Tob. 4,12; Tob. 4,14; Prov. 4,20; Prov. 5,1; Prov. 5,3; Prov. 7,24; Sir. 1,29; Sir. 6,13; Sir. 7,24; Sir. 11,33; Sir. 13,8; Sir. 13,13; Sir. 16,24; Sir. 28,26; Sir. 29,20; 1Tim. 4,13)

προσέχει ▸ 2
    Verb ▪ third ▪ singular ▪ present ▪ active ▪ indicative ▸ 2 (Prov. 17,4; Sir. 32,24)

προσέχειν ▸ 5 + 4 = 9
    Verb ▪ present ▪ active ▪ infinitive ▸ 5 + 4 = 9 (Esth. 16,8 # 8,12h; Prov. 1,30; Eccl. 4,13; Sir. 23,27; Zech. 7,11; Matt. 16,12; Acts 16,14; 1Tim. 1,4; Heb. 2,1)

προσέχεις ▸ 1
    Verb ▪ second ▪ singular ▪ present ▪ active ▪ indicative ▸ 1 (Job 7,17)

Προσέχετε ▸ 4 + 4 = 8
    Verb ▪ second ▪ plural ▪ present ▪ active ▪ imperative ▸ 4 + 4 = 8 (Ex. 19,12; Deut. 32,46; Psa. 77,1; Sir. 17,14; Matt. 6,1; Matt. 7,15; Matt. 10,17; Luke 21,34)

προσέχετε ▸ 10 + 7 = 17
    Verb ▪ second ▪ plural ▪ present ▪ active ▪ imperative ▸ 10 + 7 = 17 (Deut. 4,23; Ezra 7,23; 1Mac. 2,68; Prov. 4,1; Job 13,6; Hos. 5,1; Is. 1,10; Is. 28,23; Is. 49,1; Is. 55,3; Matt. 16,6; Matt. 16,11; Luke 12,1; Luke 17,3; Luke 20,46; Acts 5,35; Acts 20,28)

προσεχέτω ▸ 1
    Verb ▪ third ▪ singular ▪ present ▪ active ▪ imperative ▸ 1 (Mic. 1,2)

προσεχέτωσαν ▸ 1
    Verb ▪ third ▪ plural ▪ present ▪ active ▪ imperative ▸ 1 (Lev. 22,2)

προσέχητε ▸ 1
    Verb ▪ second ▪ plural ▪ present ▪ active ▪ subjunctive ▸ 1 (4Mac. 1,1)

προσέχον ▸ 2
    Verb ▪ present ▪ active ▪ participle ▪ neuter ▪ singular ▪ nominative ▸ 2 (Neh. 1,6; Neh. 1,11)

προσέχοντα ▸ 2
    Verb ▪ present ▪ active ▪ participle ▪ neuter ▪ plural ▪ nominative ▸ 2 (1Kings 7,17; Psa. 129,2)

προσέχοντας ▸ 1
    Verb ▪ present ▪ active ▪ participle ▪ masculine ▪ plural ▪ accusative ▸ 1 (1Tim. 3,8)

προσέχοντες ▸ 4 + 3 = 7
    Verb ▪ present ▪ active ▪ participle ▪ masculine ▪ plural ▪ nominative ▸ 4 + 3 = 7 (Song 8,13; Wis. 13,1; Wis. 14,30; Is. 1,23; 1Tim. 4,1; Titus 1,14; 2Pet. 1,19)

προσέχοντος ▸ 1
    Verb ▪ present ▪ active ▪ participle ▪ masculine ▪ singular ▪ genitive ▸ 1 (2Mac. 7,25)

προσέχων ▸ 6
    Verb ▪ present ▪ active ▪ participle ▪ masculine ▪ singular ▪ nominative ▸ 6 (1Esdr. 1,26; Job 27,6; Sir. 4,15; Sir. 28,16; Sir. 35,1; Sir. 37,31)

πρόσχες ▸ 19 + 1 = 20
    Verb ▪ second ▪ singular ▪ aorist ▪ active ▪ imperative ▸ 19 + 1 = 20 (3Mac. 2,2; Psa. 5,3; Psa. 16,1; Psa. 21,2; Psa. 21,20; Psa. 34,23; Psa. 37,23; Psa. 39,14; Psa. 54,3; Psa. 58,6; Psa. 60,2; Psa. 68,19; Psa. 69,2; Psa. 70,12; Psa. 79,2; Psa. 85,6; Psa. 140,1; Psa. 141,7; Dan. 9,18; Dan. 9,19)

προσηκόντως (πρός; ἥκω) properly ▸ 1
    προσηκόντως ▸ 1
        Adverb ▪ 1 (4Mac. 6,33)

προσήκω (πρός; ἥκω) to belong to ▸ 3
    προσήκειν ▸ 2
        Verb ▪ present ▪ active ▪ infinitive ▸ 2 (2Mac. 3,6; 4Mac. 4,3)
    προσῆκον ▸ 1
        Verb ▪ present ▪ active ▪ participle ▪ neuter ▪ singular ▪ nominative ▸ 1 (1Esdr. 5,50)

προσηλόω (πρός; ἧλος) to fasten; to nail to ▸ 1 + 1 = 2
    προσηλωμένοι ▸ 1
        Verb ▪ perfect ▪ passive ▪ participle ▪ masculine ▪ plural ▪ nominative ▸ 1 (3Mac. 4,9)
    προσηλώσας ▸ 1
        Verb ▪ aorist ▪ active ▪ participle ▪ masculine ▪ singular ▪ nominative ▸ 1 (Col. 2,14)

προσηλυτεύω (πρός; ἔρχομαι) to live among ▸ 1
    προσηλυτευόντων ▸ 1
        Verb ▪ present ▪ active ▪ participle ▪ masculine ▪ plural ▪ genitive ▸ 1 (Ezek. 14,7)

προσήλυτος (πρός; ἔρχομαι) resident alien; proselyte ▸ 84 + 1 + 4 = 89
    προσήλυτοι ▸ 7 + 1 = 8
        Noun ▪ masculine ▪ plural ▪ nominative ▪ (common) ▸ 7 + 1 = 8 (Ex. 22,20; Ex. 23,9; Lev. 19,34; Lev. 25,23; Deut. 10,19; 2Chr. 30,25; Is. 54,15; Acts 2,11)
    προσηλύτοις ▸ 6 + 1 = 7
        Noun ▪ masculine ▪ plural ▪ dative ▪ (common) ▸ 6 + 1 = 7 (Lev. 17,15; Num. 15,15; Num. 19,10; Josh. 8,35 # 9,2f; Ezek. 47,22; Ezek. 47,23; Tob. 1,8)
    προσήλυτον ▸ 11 + 2 = 13
        Noun ▪ masculine ▪ singular ▪ accusative ▪ (common) ▸ 11 + 2 = 13 (Ex. 22,20; Ex. 23,9; Deut. 10,18; Deut. 10,19; Deut. 31,12; Psa. 93,6; Zech. 7,10; Jer. 7,6; Jer. 22,3; Ezek. 22,7; Ezek. 22,29; Matt. 23,15; Acts 6,5)
    προσήλυτος ▸ 21
        Noun ▪ masculine ▪ singular ▪ nominative ▪ (common) ▸ 21 (Ex. 12,48; Ex. 20,10; Ex. 23,12; Lev. 16,29; Lev. 17,12; Lev. 18,26; Lev. 19,33; Lev. 19,34; Lev. 24,16; Num. 9,14; Num. 15,14; Num. 15,15; Deut. 5,14; Deut. 12,18; Deut. 14,29; Deut. 16,11; Deut. 16,14; Deut. 26,11; Deut. 28,43; Deut. 29,10; Josh. 8,33 # 9,2d)
    προσηλύτου ▸ 7
        Noun ▪ masculine ▪ singular ▪ genitive ▪ (common) ▸ 7 (Ex. 23,9; Lev. 25,35; Lev. 25,47; Deut. 1,16; Deut. 24,17; Deut. 27,19; Mal. 3,5)
    προσηλύτους ▸ 4
        Noun ▪ masculine ▪ plural ▪ accusative ▪ (common) ▸ 4 (1Chr. 22,2; 2Chr. 2,16; 2Chr. 15,9; Psa. 145,9)
    προσηλύτῳ ▸ 18
        Noun ▪ masculine ▪ singular ▪ dative ▪ (common) ▸ 18 (Ex. 12,49; Lev. 19,10; Lev. 23,22; Lev. 24,22; Lev. 25,47; Lev. 25,47; Num. 9,14; Num. 15,16; Num. 15,26; Num. 15,29; Num. 35,15; Deut. 10,18; Deut. 24,19; Deut. 24,20; Deut. 24,21; Deut. 26,12; Deut. 26,13; Josh. 20,9)
    προσηλύτων ▸ 10 + 1 = 11

προσήλυτος–προσκαλέω

Noun · masculine · plural · genitive · (common) ▸ 10 + 1 = **11** (Lev. 17,3; Lev. 17,8; Lev. 17,10; Lev. 17,13; Lev. 20,2; Lev. 22,18; Num. 15,30; Deut. 24,14; Ezek. 14,7; Ezek. 47,23; Acts 13,43)

προσημαίνω (πρός; σημεῖον)   to announce beforehand ▸ 3
- προσεσημαμμένων ▸ 1
  - **Verb** · perfect · passive · participle · masculine · singular · nominative ▸ **1** (3Mac. 5,47)
- προσημαινομένου ▸ 1
  - **Verb** · present · passive · participle · masculine · singular · genitive ▸ **1** (2Mac. 4,23)
- προσημανθεῖσαν ▸ 1
  - **Verb** · aorist · passive · participle · feminine · singular · accusative ▸ **1** (3Mac. 5,13)

προσημειόομαι (πρός; σημεῖον)   to foretell, forecast ▸ 1
- προσημειουμένους ▸ 1
  - **Verb** · present · middle · participle · masculine · plural · accusative ▸ **1** (4Mac. 15,19)

προσηνής (πρός; ἠνής)   agreeable ▸ 1
- προσηνές ▸ 1
  - **Adjective** · neuter · singular · nominative · noDegree ▸ **1** (Prov. 25,25)

πρόσθεμα (πρός; τίθημι)   increase (Philo+) ▸ 2
- πρόσθεμα ▸ 2
  - **Noun** · neuter · singular · accusative · (common) ▸ **1** (Ezek. 41,7)
  - **Noun** · neuter · singular · nominative · (common) ▸ **1** (Lev. 19,25)

πρόσθεσις (πρός; τίθημι)   increase ▸ 1
- πρόσθεσις ▸ 1
  - **Noun** · feminine · singular · nominative · (common) ▸ **1** (Ezek. 47,13)

προσθλίβω (πρός; θλίβω)   to press ▸ 1
- προσέθλιψεν ▸ 1
  - **Verb** · third · singular · aorist · active · indicative ▸ **1** (Num. 22,25)

προσκαθίστημι (πρός; κατά; ἵστημι)   to appoint ▸ 1
- προσκατέστησαν ▸ 1
  - **Verb** · third · plural · aorist · active · indicative ▸ **1** (Judg. 14,11)

πρόσκαιρος (πρός; καιρός)   temporary ▸ 3 + 4 = 7
- πρόσκαιρα ▸ 1
  - **Adjective** · neuter · plural · nominative ▸ **1** (2Cor. 4,18)
- πρόσκαιροί ▸ 1
  - **Adjective** · masculine · plural · nominative ▸ **1** (Mark 4,17)
- πρόσκαιρον ▸ 2 + 1 = 3
  - **Adjective** · feminine · singular · accusative · noDegree ▸ 2 + 1 = **3** (4Mac. 15,8; 4Mac. 15,23; Heb. 11,25)
- πρόσκαιρός ▸ 1
  - **Adjective** · masculine · singular · nominative ▸ **1** (Matt. 13,21)
- προσκαίρου ▸ 1
  - **Adjective** · feminine · singular · genitive · noDegree ▸ **1** (4Mac. 15,2)

προσκαίω (πρός; καίω)   to burn completely ▸ 1
- προσκαυθῇ ▸ 1
  - **Verb** · third · singular · aorist · passive · subjunctive ▸ **1** (Ezek. 24,11)

προσκαλέομαι (πρός; καλέω)   to summon ▸ 24
- προσεκαλέσαντο ▸ 1
  - **Verb** · third · plural · aorist · middle · indicative ▸ **1** (Wis. 1,16)
- προσεκαλέσατο ▸ 2
  - **Verb** · third · singular · aorist · middle · indicative ▸ **2** (1Sam. 26,14; Esth. 4,5)
- προσεκαλούμην ▸ 1
  - **Verb** · first · singular · imperfect · middle · indicative ▸ **1** (Job 19,17)
- προσεκαλοῦντο ▸ 1
  - **Verb** · third · plural · imperfect · middle · indicative ▸ **1** (2Mac. 8,1)
- προσεκλήθη ▸ 1
  - **Verb** · third · singular · aorist · passive · indicative ▸ **1** (Esth. 8,1)
- προσεκλήθησαν ▸ 1
  - **Verb** · third · plural · aorist · passive · indicative ▸ **1** (2Mac. 4,28)
- προσκαλεσάμενος ▸ 7
  - **Verb** · aorist · middle · participle · masculine · singular · nominative ▸ **7** (Gen. 28,1; 2Mac. 7,25; 3Mac. 5,1; 3Mac. 5,18; 3Mac. 5,37; 3Mac. 6,30; Wis. 18,8)
- Προσκαλεσαμένου ▸ 1
  - **Verb** · aorist · middle · participle · masculine · singular · genitive ▸ **1** (Sir. 13,9)
- προσκαλέσεται ▸ 2
  - **Verb** · third · singular · future · middle · indicative ▸ **2** (Psa. 49,4; Sir. 13,9)
- προσκαλουμένη ▸ 1
  - **Verb** · present · middle · participle · feminine · singular · nominative ▸ **1** (Prov. 9,15)
- προσκαλούμενος ▸ 2
  - **Verb** · present · middle · participle · masculine · singular · nominative ▸ **2** (Amos 5,8; Amos 9,6)
- προσκέκληται ▸ 3
  - **Verb** · third · singular · perfect · middle · indicative ▸ **3** (Ex. 3,18; Ex. 5,3; Joel 3,5)
- προσκληθείς ▸ 1
  - **Verb** · aorist · passive · participle · masculine · singular · nominative ▸ **1** (2Mac. 14,5)

προσκαλέω (πρός; καλέω)   to call, summon ▸ 29
- προσεκαλέσατο ▸ 1
  - **Verb** · third · singular · aorist · middle · indicative ▸ **1** (Luke 18,16)
- προσκαλεῖται ▸ 2
  - **Verb** · third · singular · present · middle · indicative ▸ **2** (Mark 3,13; Mark 6,7)
- προσκαλεσάμενοι ▸ 2
  - **Verb** · aorist · middle · participle · masculine · plural · nominative ▸ **2** (Acts 5,40; Acts 6,2)
- προσκαλεσάμενος ▸ 19
  - **Verb** · aorist · middle · participle · masculine · singular · nominative ▸ **19** (Matt. 10,1; Matt. 15,10; Matt. 15,32; Matt. 18,2; Matt. 18,32; Matt. 20,25; Mark 3,23; Mark 7,14; Mark 8,1; Mark 8,34; Mark 10,42; Mark 12,43; Mark 15,44; Luke 7,18; Luke 15,26; Luke 16,5; Acts 13,7; Acts 23,17; Acts 23,23)
- προσκαλεσάμενός ▸ 1
  - **Verb** · aorist · middle · participle · masculine · singular · nominative ▸ **1** (Acts 23,18)
- προσκαλεσάσθω ▸ 1
  - **Verb** · third · singular · aorist · middle · imperative ▸ **1** (James 5,14)
- προσκαλέσηται ▸ 1
  - **Verb** · third · singular · aorist · middle · subjunctive ▸ **1** (Acts 2,39)
- προσκέκλημαι ▸ 1
  - **Verb** · first · singular · perfect · middle · indicative ▸ **1** (Acts 13,2)
- προσκέκληται ▸ 1

Verb · third · singular · perfect · middle · indicative ▸ **1** (Acts 16,10)

προσκαρτερέω (πρός; κεράννυμι) to be close at hand; to persevere in ▸ 1 + 2 + 10 = 13
  προσεκαρτέρουν ▸ 1
    Verb · third · plural · imperfect · active · indicative ▸ **1** (Sus. 6)
  προσκαρτερεῖτε ▸ 1
    Verb · second · plural · present · active · imperative ▸ **1** (Col. 4,2)
  προσκαρτερῇ ▸ 1
    Verb · third · singular · present · active · subjunctive ▸ **1** (Mark 3,9)
  προσκαρτερήσαντες ▸ 1
    Verb · aorist · active · participle · masculine · plural · nominative ▸ **1** (Num. 13,20)
  προσκαρτερήσομεν ▸ 1
    Verb · first · plural · future · active · indicative ▸ **1** (Acts 6,4)
  προσκαρτεροῦντες ▸ 5
    Verb · present · active · participle · masculine · plural · nominative ▸ **5** (Acts 1,14; Acts 2,42; Acts 2,46; Rom. 12,12; Rom. 13,6)
  προσκαρτερούντων ▸ 1
    Verb · present · active · participle · masculine · plural · genitive ▸ **1** (Acts 10,7)
  προσκαρτερῶ ▸ 1
    Verb · first · singular · present · active · indicative ▸ **1** (Tob. 5,8)
  προσκαρτερῶν ▸ 1
    Verb · present · active · participle · masculine · singular · nominative ▸ **1** (Acts 8,13)

προσκαρτέρησις (πρός; κεράννυμι) perseverance ▸ 1
  προσκαρτερήσει ▸ 1
    Noun · feminine · singular · dative ▸ **1** (Eph. 6,18)

προσκαταλείπω (πρός; κατά; λείπω) to leave behind ▸ 1
  προσκατέλιπον ▸ 1
    Verb · third · plural · aorist · active · indicative ▸ **1** (Ex. 36,7)

πρόσκαυμα (πρός; καίω) burn marks ▸ 2
  πρόσκαυμα ▸ 2
    Noun · neuter · singular · nominative · (common) ▸ **2** (Joel 2,6; Nah. 2,11)

πρόσκειμαι (πρός; κεῖμαι) to lie near; be attached to ▸ 23 + 1 = 24
  προσκειμένας ▸ 1
    Verb · present · passive · participle · feminine · plural · accusative ▸ **1** (Ezek. 37,19)
  προσκείμενοι ▸ 1
    Verb · present · passive · participle · masculine · plural · nominative ▸ **1** (Deut. 4,4)
  προσκειμένοις ▸ 3 + 1 = 4
    Verb · present · passive · participle · masculine · plural · dative ▸ 3 + **1** = **4** (Num. 15,15; Num. 19,10; Is. 56,6; Tob. 1,8)
  προσκείμενος ▸ 3
    Verb · present · passive · participle · masculine · singular · nominative ▸ **3** (Lev. 16,29; Lev. 17,12; Is. 56,3)
  προσκειμένους ▸ 1
    Verb · present · passive · participle · masculine · plural · accusative ▸ **1** (Ezek. 37,16)
  προσκειμένῳ ▸ 5
    Verb · present · passive · participle · masculine · singular · dative ▸ **5** (Lev. 25,6; Num. 15,16; Num. 15,26; Num. 15,29; Josh. 20,9)
  προσκειμένων ▸ 5
    Verb · present · passive · participle · masculine · plural · genitive ▸ **5** (Lev. 17,3; Lev. 17,8; Lev. 17,10; Lev. 17,13; Lev. 22,18)
  πρόσκεισαι ▸ 1
    Verb · second · singular · present · middle · indicative ▸ **1** (Job 26,2)
  προσκεῖσθαι ▸ 2
    Verb · present · middle · infinitive ▸ **1** (Deut. 1,36)
    Verb · present · passive · infinitive ▸ **1** (Josh. 22,5)
  πρόσκειται ▸ 1
    Verb · third · singular · present · passive · indicative ▸ **1** (Num. 21,15)

προσκεφάλαιον (πρός; κεφαλή) cushion, pillow ▸ 3 + 1 = 4
  προσκεφάλαια ▸ 2
    Noun · neuter · plural · accusative · (common) ▸ **2** (Ezek. 13,18; Ezek. 13,20)
  προσκεφάλαιον ▸ 1 + 1 = 2
    Noun · neuter · singular · accusative · (common) ▸ 1 + **1** = **2** (1Esdr. 3,8; Mark 4,38)

προσκήνιον (πρός; σκηνή) space in front of a tent ▸ 1
  προσκήνιον ▸ 1
    Noun · neuter · singular · accusative · (common) ▸ **1** (Judith 10,22)

προσκληρόω (πρός; κληρόω) to join with ▸ 1
  προσεκληρώθησαν ▸ 1
    Verb · third · plural · aorist · passive · indicative ▸ **1** (Acts 17,4)

πρόσκλησις (πρός; καλέω) summons ▸ 1
  πρόσκλησιν ▸ 1
    Noun · feminine · singular · accusative · (common) ▸ **1** (2Mac. 4,14)

προσκλίνω (πρός; κλίνω) to join ▸ 1 + 1 = 2
  προσεκέκλιτο ▸ 1
    Verb · third · singular · pluperfect · passive · indicative ▸ **1** (2Mac. 14,24)
  προσεκλίθη ▸ 1
    Verb · third · singular · aorist · passive · indicative ▸ **1** (Acts 5,36)

πρόσκλισις (πρός; κλίνω) inclination, favoritism ▸ 1
  πρόσκλισιν ▸ 1
    Noun · feminine · singular · accusative ▸ **1** (1Tim. 5,21)

προσκολλάω (πρός; κολλάω) to cause to stick; to stick, cleave to; to be united ▸ 17 + 1 + 2 = 20
  προσεκολλήθη ▸ 2
    Verb · third · singular · aorist · passive · indicative ▸ **2** (Ruth 2,23; 2Sam. 23,10)
  προσεκολλήθησαν ▸ 1
    Verb · third · plural · aorist · passive · indicative ▸ **1** (Judg. 20,45)
  προσκολλᾶσθαι ▸ 2
    Verb · present · middle · infinitive ▸ **2** (Deut. 11,22; Psa. 72,28)
  προσκολληθήσεσθε ▸ 2
    Verb · second · plural · future · passive · indicative ▸ **2** (Lev. 19,31; Josh. 23,8)
  προσκολληθήσεται ▸ 4 + 2 = 6
    Verb · third · singular · future · passive · indicative ▸ 4 + **2** = **6** (Gen. 2,24; Deut. 13,18; Job 41,9; Sir. 13,16; Mark 10,7; Eph. 5,31)
  προσκολληθήσονται ▸ 2
    Verb · third · plural · future · passive · indicative ▸ **2** (Num. 36,7; Num. 36,9)
  προσκολλήθητι ▸ 2

Verb · second · singular · aorist · passive · imperative ▸ **2** (Ruth 2,21; Sir. 6,34)

προσκολλῆσαι ▸ **1**
Verb · third · singular · aorist · active · optative ▸ **1** (Deut. 28,21)

προσκολλήσω ▸ **1**
Verb · first · singular · future · active · indicative ▸ **1** (Ezek. 29,4)

προσκολλώμενοι ▸ **1**
Verb · present · passive · participle · masculine · plural · nominative ▸ **1** (Dan. 2,43)

πρόσκομμα (πρός; κόπτω) stumbling stone ▸ **11** + **6** = **17**

πρόσκομμα ▸ **7** + **2** = **9**
Noun · neuter · singular · accusative · (common) ▸ **5** + **1** = **6** (Judith 8,22; Sir. 17,25; Sir. 31,30; Is. 29,21; Jer. 3,3; Rom. 14,13)
Noun · neuter · singular · nominative · (common) ▸ **2** + **1** = **3** (Ex. 23,33; Ex. 34,12; 1Cor. 8,9)

προσκόμματα ▸ **1**
Noun · neuter · plural · nominative · (common) ▸ **1** (Sir. 39,24)

προσκόμματι ▸ **1**
Noun · neuter · singular · dative · (common) ▸ **1** (Is. 8,14)

προσκόμματος ▸ **1** + **4** = **5**
Noun · neuter · singular · genitive · (common) ▸ **1** + **4** = **5** (Sir. 34,16; Rom. 9,32; Rom. 9,33; Rom. 14,20; 1Pet. 2,8)

προσκόμματός ▸ **1**
Noun · neuter · singular · genitive · (common) ▸ **1** (Sir. 31,7)

προσκοπή (πρός; κόπτω) cause for offense ▸ **1**

προσκοπήν ▸ **1**
Noun · feminine · singular · accusative ▸ **1** (2Cor. 6,3)

προσκόπτω (πρός; κόπτω) to strike against; to stumble ▸ **17** + **1** + **8** = **26**

προσέκοπτεν ▸ **1** + **1** = **2**
Verb · third · singular · imperfect · active · indicative ▸ **1** + **1** = **2** (Tob. 11,10; Tob. 11,10)

προσέκοψαν ▸ **2**
Verb · third · plural · aorist · active · indicative ▸ **2** (Matt. 7,27; Rom. 9,32)

Προσέκοψεν ▸ **2**
Verb · third · singular · aorist · active · indicative ▸ **2** (Sol. 3,5; Sol. 3,9)

προσκόπτει ▸ **3**
Verb · third · singular · present · active · indicative ▸ **3** (John 11,9; John 11,10; Rom. 14,21)

προσκόπτῃ ▸ **1**
Verb · third · singular · present · active · subjunctive ▸ **1** (Prov. 3,6)

Προσκόπτουσιν ▸ **1**
Verb · third · plural · present · active · indicative ▸ **1** (Judg. 20,32)

προσκόπτουσιν ▸ **1** + **1** = **2**
Verb · third · plural · present · active · indicative ▸ **1** + **1** = **2** (Prov. 4,19; 1Pet. 2,8)

προσκόψαι ▸ **1**
Verb · aorist · active · infinitive ▸ **1** (Jer. 13,16)

προσκόψει ▸ **2**
Verb · third · singular · future · active · indicative ▸ **2** (Is. 3,5; Dan. 11,19)

προσκόψῃ ▸ **2**
Verb · third · singular · aorist · active · subjunctive ▸ **2** (Prov. 3,23; Sir. 13,23)

προσκόψῃς ▸ **4** + **2** = **6**
Verb · second · singular · aorist · active · subjunctive ▸ **4** + **2** = **6** (Psa. 90,12; Sir. 30,13; Sir. 31,17; Sir. 32,20; Matt. 4,6; Luke 4,11)

προσκόψουσι ▸ **2**
Verb · third · plural · future · active · indicative ▸ **2** (Dan. 11,14; Dan. 11,33)

προσκρούω (πρός; κρούω) to strike against ▸ **3**

προσέκρουεν ▸ **1**
Verb · third · singular · imperfect · active · indicative ▸ **1** (2Mac. 13,19)

προσκρούσει ▸ **2**
Verb · third · singular · future · active · indicative ▸ **2** (Job 40,23; Sir. 13,2)

προσκυλίω (πρός; κυλίω) to roll against ▸ **2**

προσεκύλισεν ▸ **1**
Verb · third · singular · aorist · active · indicative ▸ **1** (Mark 15,46)

προσκυλίσας ▸ **1**
Verb · aorist · active · participle · masculine · singular · nominative ▸ **1** (Matt. 27,60)

προσκυνέω (πρός; κυνέω) to fall down to worship; to do obeisance ▸ **206** + **22** + **60** = **288**

προσεκύνει ▸ **4** + **1** + **4** = **9**
Verb · third · singular · imperfect · active · indicative ▸ **4** + **1** + **4** = **9** (2Chr. 25,14; 2Chr. 29,28; Esth. 3,2; Bel 4; Bel 4; Matt. 8,2; Matt. 9,18; Matt. 15,25; Matt. 18,26)

προσεκύνησα ▸ **1**
Verb · first · singular · aorist · active · indicative ▸ **1** (Gen. 24,48)

προσεκύνησαν ▸ **38** + **2** + **12** = **52**
Verb · third · plural · aorist · active · indicative ▸ **38** + **2** + **12** = **52** (Gen. 33,6; Gen. 33,7; Gen. 33,7; Gen. 37,7; Gen. 42,6; Gen. 43,26; Gen. 43,28; Gen. 48,12; Ex. 33,10; Num. 25,2; Deut. 29,25; Judg. 2,12; Judg. 2,17; 1Kings 9,9; 2Kings 2,15; 2Kings 17,16; 1Chr. 29,20; 2Chr. 7,3; 2Chr. 7,22; 2Chr. 24,17; 2Chr. 29,29; 2Chr. 29,30; 1Esdr. 9,47; Neh. 8,6; Judith 5,8; Judith 6,18; Judith 13,17; Judith 16,18; 1Mac. 4,55; Psa. 21,30; Psa. 105,19; Is. 2,8; Jer. 1,16; Jer. 8,2; Jer. 16,11; Jer. 22,9; Dan. 3,7; Dan. 3,12; Judg. 2,12; Judg. 2,17; Matt. 2,11; Matt. 14,33; Matt. 28,9; Matt. 28,17; John 4,20; Rev. 5,14; Rev. 7,11; Rev. 11,16; Rev. 13,4; Rev. 13,4; Rev. 19,4; Rev. 20,4)

προσεκύνησε ▸ **1**
Verb · third · singular · aorist · active · indicative ▸ **1** (Dan. 2,46)

προσεκύνησεν ▸ **51** + **2** + **4** = **57**
Verb · third · singular · aorist · active · indicative ▸ **51** + **2** + **4** = **57** (Gen. 18,2; Gen. 19,1; Gen. 23,7; Gen. 23,12; Gen. 24,26; Gen. 24,52; Gen. 33,3; Gen. 47,31; Ex. 4,31; Ex. 12,27; Ex. 18,7; Ex. 34,8; Num. 22,31; Judg. 6,19; Judg. 7,15; Ruth 2,10; 1Sam. 15,31; 1Sam. 20,41; 1Sam. 24,9; 1Sam. 25,23; 1Sam. 25,41; 1Sam. 28,14; 2Sam. 1,2; 2Sam. 9,6; 2Sam. 9,8; 2Sam. 12,20; 2Sam. 14,4; 2Sam. 14,22; 2Sam. 14,33; 2Sam. 15,32; 2Sam. 18,21; 2Sam. 18,28; 2Sam. 24,20; 1Kings 1,16; 1Kings 1,23; 1Kings 1,31; 1Kings 1,47; 1Kings 1,53; 1Kings 2,13; 1Kings 16,31; 1Kings 19,18; 1Kings 22,54; 2Kings 4,37; 2Kings 21,3; 2Kings 21,21; 1Chr. 21,21; 2Chr. 33,3; Judith 10,9; Judith 10,23; Judith 14,7; Job 1,20; Judg. 7,15; Dan. 2,46; Mark 5,6; John 9,38; Acts 10,25; Heb. 11,21)

προσεκύνουν ▸ **2** + **2** + **1** = **5**
Verb · third · plural · imperfect · active · indicative ▸ **2** + **2** + **1** = **5** (Gen. 37,9; Esth. 3,2; Tob. 5,14; Dan. 3,7; Mark 15,19)

προσκεκυνήκασιν ▸ **1**
Verb · third · plural · perfect · active · indicative ▸ **1** (Ex. 32,8)

προσκυνεῖ ▸ **2** + **1** = **3**
Verb · third · singular · present · active · indicative ▸ **2** + **1** = **3** (Esth. 3,5; Is. 44,17; Rev. 14,9)

προσκυνεῖν ▸ 13 + 2 + 3 = 18
    Verb · present · active · infinitive ▸ 13 + 2 + 3 = 18 (Judg. 2,19; 1Sam. 1,3; 1Sam. 2,36; 2Kings 5,18; Esth. 13,12 # 4,17d; Tob. 5,14; Is. 2,20; Is. 37,38; Jer. 13,10; Jer. 25,6; Jer. 33,2; LetterJ 5; Ezek. 46,9; Judg. 2,19; Bel 4; John 4,20; John 4,24; Acts 7,43)
προσκυνεῖς ▸ 1 + 1 = 2
    Verb · second · singular · present · active · indicative ▸ 1 + 1 = 2 (Bel 5; Bel 5)
προσκυνεῖτε ▸ 3 + 2 + 1 = 6
    Verb · second · plural · present · active · indicative ▸ 1 + 2 + 1 = 4 (Dan. 3,14; Dan. 3,5; Dan. 3,14; John 4,22)
    Verb · second · plural · present · active · imperative ▸ 2 (Psa. 98,5; Psa. 98,9)
προσκυνῆσαι ▸ 9 + 3 = 12
    Verb · aorist · active · infinitive ▸ 9 + 3 = 12 (Lev. 26,1; 2Sam. 15,5; 2Kings 5,18; 2Chr. 20,18; Sir. 50,17; Zech. 14,16; Zech. 14,17; Is. 66,23; Dan. 3,15; Matt. 2,2; Rev. 19,10; Rev. 22,8)
προσκυνῆσαί ▸ 1
    Verb · aorist · active · infinitive ▸ 1 (Gen. 37,10)
προσκυνήσαντες ▸ 1 + 1 = 2
    Verb · aorist · active · participle · masculine · plural · nominative ▸ 1 + 1 = 2 (Gen. 22,5; Luke 24,52)
προσκυνησάντων ▸ 1
    Verb · aorist · active · participle · masculine · plural · genitive ▸ 1 (Dan. 3,15)
προσκυνήσας ▸ 2
    Verb · aorist · active · participle · masculine · singular · nominative ▸ 2 (2Sam. 16,4; 4Mac. 5,12)
προσκυνήσατε ▸ 5 + 1 = 6
    Verb · second · plural · aorist · active · imperative ▸ 5 + 1 = 6 (1Chr. 16,29; Psa. 28,2; Psa. 95,9; Psa. 96,7; Dan. 3,5; Rev. 14,7)
προσκυνησάτωσαν ▸ 2 + 1 = 3
    Verb · third · plural · aorist · active · imperative ▸ 2 + 1 = 3 (Deut. 32,43; Ode. 2,43; Heb. 1,6)
προσκυνησάτωσάν ▸ 1
    Verb · third · plural · aorist · active · imperative ▸ 1 (Psa. 65,4)
προσκυνήσει ▸ 2 + 1 = 3
    Verb · third · singular · future · active · indicative ▸ 2 + 1 = 3 (Ezek. 46,2; Ezek. 46,3; 1Cor. 14,25)
προσκυνήσεις ▸ 5 + 2 = 7
    Verb · second · singular · future · active · indicative ▸ 5 + 2 = 7 (Ex. 20,5; Ex. 23,24; Deut. 5,9; Deut. 26,10; Psa. 80,10; Matt. 4,10; Luke 4,8)
προσκυνήσετε ▸ 4 + 1 + 1 = 6
    Verb · second · plural · future · active · indicative ▸ 4 + 1 + 1 = 6 (2Kings 17,35; 2Kings 17,36; 2Kings 18,22; 2Chr. 32,12; Judg. 2,2; John 4,21)
προσκυνήσῃ ▸ 3 + 2 = 5
    Verb · third · singular · aorist · active · subjunctive ▸ 3 + 2 = 5 (Dan. 3,6; Dan. 3,10; Dan. 3,11; Dan. 3,6; Dan. 3,11)
προσκυνήσῃς ▸ 4 + 2 = 6
    Verb · second · singular · aorist · active · subjunctive ▸ 4 + 2 = 6 (Deut. 4,19; Deut. 8,19; Deut. 30,17; Mic. 5,12; Matt. 4,9; Luke 4,7)
προσκυνήσητε ▸ 7 + 2 = 9
    Verb · second · plural · aorist · active · subjunctive ▸ 7 + 2 = 9 (Ex. 34,14; Deut. 11,16; Josh. 23,7; Josh. 23,16; Judg. 2,2; 1Kings 9,6; 2Chr. 7,19; Dan. 3,15; Dan. 3,15)
προσκυνήσομεν ▸ 1
    Verb · first · plural · future · active · indicative ▸ 1 (Psa. 131,7)
προσκύνησον ▸ 1 + 1 + 2 = 4
    Verb · second · singular · aorist · active · imperative ▸ 1 + 1 + 2 = 4 (Bel 24; Bel 24; Rev. 19,10; Rev. 22,9)
προσκυνήσουσιν ▸ 8 + 7 = 15
    Verb · third · plural · future · active · indicative ▸ 8 + 7 = 15 (Ex. 24,1; Psa. 21,28; Psa. 44,13; Psa. 71,11; Psa. 85,9; Zeph. 2,11; Is. 27,13; Is. 49,7; John 4,23; Rev. 3,9; Rev. 4,10; Rev. 9,20; Rev. 13,8; Rev. 13,12; Rev. 15,4)
προσκυνήσουσίν ▸ 6
    Verb · third · plural · future · active · indicative ▸ 6 (Gen. 27,29; Gen. 27,29; Gen. 49,8; Ex. 11,8; Is. 45,14; Is. 49,23)
προσκυνήσω ▸ 6 + 1 + 1 = 8
    Verb · first · singular · future · active · indicative ▸ 6 + 1 = 7 (1Sam. 15,25; 1Sam. 15,30; 2Kings 5,18; Esth. 13,14 # 4,17e; Psa. 5,8; Psa. 137,2; Bel 25)
    Verb · first · singular · aorist · active · subjunctive ▸ 1 (Matt. 2,8)
προσκυνήσωμεν ▸ 1
    Verb · first · plural · aorist · active · subjunctive ▸ 1 (Psa. 94,6)
προσκυνήσων ▸ 2
    Verb · future · active · participle · masculine · singular · nominative ▸ 2 (Acts 8,27; Acts 24,11)
προσκυνήσωσι ▸ 1
    Verb · third · plural · aorist · active · subjunctive ▸ 1 (Dan. 3,95)
προσκυνήσωσιν ▸ 1 + 1 + 2 = 4
    Verb · third · plural · aorist · active · subjunctive ▸ 1 + 1 + 2 = 4 (Deut. 17,3; Dan. 3,95; John 12,20; Rev. 13,15)
προσκυνοῦμεν ▸ 1 + 1 + 1 = 3
    Verb · first · plural · present · active · indicative ▸ 1 + 1 + 1 = 3 (Dan. 3,18; Dan. 3,18; John 4,22)
προσκυνοῦμέν ▸ 1
    Verb · first · plural · present · active · indicative ▸ 1 (Ode. 14,6)
προσκυνούμενον ▸ 1
    Verb · present · passive · participle · masculine · singular · accusative ▸ 1 (Esth. 16,11 # 8,12l)
προσκυνοῦντας ▸ 2 + 5 = 7
    Verb · present · active · participle · masculine · plural · accusative ▸ 2 + 5 = 7 (Zeph. 1,5; LetterJ 5; John 4,23; John 4,24; Rev. 11,1; Rev. 16,2; Rev. 19,20)
προσκυνοῦντες ▸ 3 + 1 = 4
    Verb · present · active · participle · masculine · plural · nominative ▸ 3 + 1 = 4 (Neh. 9,3; Psa. 96,7; Dan. 6,27; Rev. 14,11)
προσκυνοῦντος ▸ 1
    Verb · present · active · participle · masculine · singular · genitive ▸ 1 (2Kings 19,37)
προσκυνοῦσα ▸ 1
    Verb · present · active · participle · feminine · singular · nominative ▸ 1 (Matt. 20,20)
προσκυνοῦσι ▸ 1
    Verb · third · plural · present · active · indicative ▸ 1 (Judith 8,18)
προσκυνοῦσιν ▸ 6 + 1 = 7
    Verb · third · plural · present · active · indicative ▸ 6 + 1 = 7 (1Sam. 1,19; Neh. 9,6; Is. 44,15; Is. 44,19; Is. 46,6; Ezek. 8,16; Dan. 3,12)
προσκυνῶν ▸ 1
    Verb · present · active · participle · masculine · singular · nominative ▸ 1 (Dan. 6,28)
προσκύνησις (πρός; κυνέω) falling down in worship or obeisance ▸ 2
προσκυνήσει ▸ 1
    Noun · feminine · singular · dative · (common) ▸ 1 (Sir. 50,21)
προσκυνήσεων ▸ 1
    Noun · feminine · singular · genitive · (common) ▸ 1 (3Mac. 3,7)
προσκυνητής (πρός; κυνέω) worshiper ▸ 1

προσκυνηταί ▸ 1
: **Noun** ▪ masculine ▪ plural ▪ nominative ▸ **1** (John 4,23)

προσκύπτω (πρός; κύπτω) to stoop over ▸ 1
προσκύψασα ▸ 1
: **Verb** ▪ aorist ▪ active ▪ participle ▪ feminine ▪ singular ▪ nominative ▸ **1** (2Mac. 7,27)

προσκυρέω (πρός; κυρέω) to adjoin ▸ 1
προσκυροῦσαν ▸ 1
: **Verb** ▪ present ▪ active ▪ participle ▪ feminine ▪ singular ▪ accusative ▸ **1** (1Mac. 10,39)

προσλαλέω (πρός; λάλος) to speak to ▸ 2 + 2 = 4
προσλαλῆσαι ▸ 1
: **Verb** ▪ aorist ▪ active ▪ infinitive ▸ **1** (Acts 28,20)

προσλαλήσει ▸ 1
: **Verb** ▪ third ▪ singular ▪ future ▪ active ▪ indicative ▸ **1** (Ex. 4,16)

προσλαλοῦντες ▸ 1
: **Verb** ▪ present ▪ active ▪ participle ▪ masculine ▪ plural ▪ nominative ▸ **1** (Acts 13,43)

προσλαλῶν ▸ 1
: **Verb** ▪ present ▪ active ▪ participle ▪ masculine ▪ singular ▪ nominative ▸ **1** (Wis. 13,17)

προσλαμβάνω (πρός; λαμβάνω) to increase; to receive, accept ▸ 8 + 12 = 20
προσείληφεν ▸ 1
: **Verb** ▪ third ▪ singular ▪ perfect ▪ active ▪ indicative ▸ **1** (Wis. 17,10)

προσελάβετο ▸ 1 + 2 = 3
: **Verb** ▪ third ▪ singular ▪ aorist ▪ middle ▪ indicative ▸ **1 + 2 = 3** (1Sam. 12,22; Rom. 14,3; Rom. 15,7)

προσελάβετό ▸ 2
: **Verb** ▪ third ▪ singular ▪ aorist ▪ middle ▪ indicative ▸ **2** (Psa. 17,17; Psa. 26,10)

προσελάβοντο ▸ 3
: **Verb** ▪ third ▪ plural ▪ aorist ▪ middle ▪ indicative ▸ **3** (Acts 18,26; Acts 27,36; Acts 28,2)

προσελάβου ▸ 2
: **Verb** ▪ second ▪ singular ▪ aorist ▪ middle ▪ indicative ▸ **2** (Psa. 64,5; Psa. 72,24)

προσλαβόμενοι ▸ 1 + 2 = 3
: **Verb** ▪ aorist ▪ middle ▪ participle ▪ masculine ▪ plural ▪ nominative ▸ **1 + 2 = 3** (2Mac. 10,15; Acts 17,5; Acts 27,33)

προσλαβόμενος ▸ 2
: **Verb** ▪ aorist ▪ middle ▪ participle ▪ masculine ▪ singular ▪ nominative ▸ **2** (Matt. 16,22; Mark 8,32)

προσλαβοῦ ▸ 1
: **Verb** ▪ second ▪ singular ▪ aorist ▪ middle ▪ imperative ▸ **1** (Philem. 17)

προσλαμβάνεσθε ▸ 2
: **Verb** ▪ second ▪ plural ▪ present ▪ middle ▪ imperative ▸ **2** (Rom. 14,1; Rom. 15,7)

προσλαμβανόμενοι ▸ 1
: **Verb** ▪ present ▪ middle ▪ participle ▪ masculine ▪ plural ▪ nominative ▸ **1** (2Mac. 8,1)

πρόσλημψις (πρός; λαμβάνω) acceptance ▸ 1
πρόσλημψις ▸ 1
: **Noun** ▪ feminine ▪ singular ▪ nominative ▸ **1** (Rom. 11,15)

προσλογίζομαι (πρός; λέγω) to calculate ▸ 5
προσελογίσθην ▸ 1
: **Verb** ▪ first ▪ singular ▪ aorist ▪ passive ▪ indicative ▸ **1** (Psa. 87,5)

προσελογίσθης ▸ 1
: **Verb** ▪ second ▪ singular ▪ aorist ▪ passive ▪ indicative ▸ **1** (Bar. 3,11)

προσλογιεῖται ▸ 1
: **Verb** ▪ third ▪ singular ▪ future ▪ middle ▪ indicative ▸ **1** (Lev. 27,18)

προσλογίζεται ▸ 1
: **Verb** ▪ third ▪ singular ▪ present ▪ middle ▪ indicative ▸ **1** (Josh. 13,3)

προσλογίζου ▸ 1
: **Verb** ▪ second ▪ singular ▪ present ▪ middle ▪ imperative ▸ **1** (Sir. 7,16)

προσμαρτυρέω (πρός; μάρτυς) to confirm ▸ 1
προσμαρτυρησάντων ▸ 1
: **Verb** ▪ aorist ▪ active ▪ participle ▪ masculine ▪ plural ▪ genitive ▸ **1** (3Mac. 5,19)

προσμείγνυμι (πρός; μίγνυμι) to unite, mingle, come close ▸ 2
προσμείγνυται ▸ 1
: **Verb** ▪ third ▪ singular ▪ present ▪ middle ▪ indicative ▸ **1** (Prov. 14,13)

προσμειξάντων ▸ 1
: **Verb** ▪ aorist ▪ active ▪ participle ▪ masculine ▪ plural ▪ genitive ▸ **1** (2Mac. 15,20)

προσμειδιάω (πρός; μειδάω) to smile ▸ 1
προσεμειδίασεν ▸ 1
: **Verb** ▪ third ▪ singular ▪ aorist ▪ active ▪ indicative ▸ **1** (4Mac. 8,4)

προσμένω (πρός; μένω) to wait; to remain with ▸ 3 + 1 + 7 = 11
προσμεῖναι ▸ 1
: **Verb** ▪ aorist ▪ active ▪ infinitive ▸ **1** (1Tim. 1,3)

προσέμειναν ▸ 1
: **Verb** ▪ third ▪ plural ▪ aorist ▪ active ▪ indicative ▸ **1** (Judg. 3,25)

προσμείνας ▸ 1
: **Verb** ▪ aorist ▪ active ▪ participle ▪ masculine ▪ singular ▪ nominative ▸ **1** (Acts 18,18)

προσέμεινεν ▸ 1
: **Verb** ▪ third ▪ singular ▪ aorist ▪ active ▪ indicative ▸ **1** (3Mac. 7,17)

προσμένει ▸ 1
: **Verb** ▪ third ▪ singular ▪ present ▪ active ▪ indicative ▸ **1** (1Tim. 5,5)

προσμένειν ▸ 2
: **Verb** ▪ present ▪ active ▪ infinitive ▸ **2** (Acts 11,23; Acts 13,43)

προσμενοῦσιν ▸ 1
: **Verb** ▪ third ▪ plural ▪ future ▪ active ▪ indicative ▸ **1** (Wis. 3,9)

προσμένουσίν ▸ 2
: **Verb** ▪ third ▪ plural ▪ present ▪ active ▪ indicative ▸ **2** (Matt. 15,32; Mark 8,2)

προσμενῶ ▸ 1
: **Verb** ▪ first ▪ singular ▪ future ▪ active ▪ indicative ▸ **1** (Tob. 2,2)

προσνέμω (πρός; νέμω) to assign, attach, attribute ▸ 1
προσνέμομεν ▸ 1
: **Verb** ▪ first ▪ plural ▪ present ▪ active ▪ indicative ▸ **1** (4Mac. 6,33)

προσνοέω (πρός; νοῦς) to observe ▸ 6 + 3 = 9
προσενόησα ▸ 1
: **Verb** ▪ first ▪ singular ▪ aorist ▪ active ▪ indicative ▸ **1** (Is. 63,5)

προσενόησεν ▸ 1 + 1 = 2
: **Verb** ▪ third ▪ singular ▪ aorist ▪ active ▪ indicative ▸ **1 + 1 = 2** (Tob. 11,6; Tob. 11,6)

προσνοήσει ▸ 2
: **Verb** ▪ third ▪ singular ▪ future ▪ active ▪ indicative ▸ **2** (Job 20,9; Job 24,15)

προσνοήσω ▸ 1

Verb · first · singular · future · active · indicative ▸ **1** (Num. 23,9)
προσενόουν ▸ **1**
Verb · first · singular · imperfect · active · indicative ▸ **1** (Dan. 7,8)
προσνοῶν ▸ **1** + **1** = **2**
Verb · present · active · participle · masculine · singular · nominative ▸ **1** + **1** = **2** (Judg. 3,26; Judg. 3,26)

πρόσοδος (πρός; ὁδός) approach; rising (of the sun) ▸ **7**
πρόσοδος ▸ **1**
Noun · feminine · singular · nominative · (common) ▸ **1** (2Mac. 14,3)
προσόδου ▸ **1**
Noun · feminine · singular · genitive · (common) ▸ **1** (2Mac. 4,8)
προσόδους ▸ **1**
Noun · feminine · plural · accusative · (common) ▸ **1** (3Mac. 3,16)
προσόδων ▸ **4**
Noun · feminine · plural · genitive · (common) ▸ **4** (2Mac. 3,3; 2Mac. 9,16; 3Mac. 6,30; Prov. 28,16)

προσοδύρομαι (πρός; ὀδύρομαι) to lament ▸ **1**
προσοδυρόμενοι ▸ **1**
Verb · present · middle · participle · masculine · plural · nominative ▸ **1** (Wis. 19,3)

προσόζω (πρός; ὄζω) to stink ▸ **1**
προσώζεσαν ▸ **1**
Verb · third · plural · aorist · active · indicative ▸ **1** (Psa. 37,6)

προσοίγω (πρός; οἴγω) to shut ▸ **1**
προσέῳξεν ▸ **1**
Verb · third · singular · aorist · active · indicative ▸ **1** (Gen. 19,6)

προσονομάζω (πρός; ὄνομα) to call by name, give a name ▸ **1**
προσονομάσαι ▸ **1**
Verb · aorist · active · infinitive ▸ **1** (2Mac. 6,2)

προσοράω (πρός; ὁράω) to look at ▸ **2**
προσεῖδόν ▸ **1**
Verb · third · plural · aorist · active · indicative ▸ **1** (Job 6,15)
προσιδεῖν ▸ **1**
Verb · aorist · active · infinitive ▸ **1** (Wis. 17,9)

προσορμίζω to moor ▸ **1**
προσωρμίσθησαν ▸ **1**
Verb · third · plural · aorist · passive · indicative ▸ **1** (Mark 6,53)

προσοφείλω (πρός; ὀφείλω) to owe, owe besides ▸ **1**
προσοφείλεις ▸ **1**
Verb · second · singular · present · active · indicative ▸ **1** (Philem. 19)

προσοχή (πρός; ἔχω) attention ▸ **4**
προσοχή ▸ **1**
Noun · feminine · singular · nominative · (common) ▸ **1** (Wis. 6,18)
προσοχῆς ▸ **3**
Noun · feminine · singular · genitive · (common) ▸ **3** (Wis. 12,20; Sir. 1,16 Prol.; Sir. 11,18)

προσοχθίζω (πρός; ὀχθέω) to be angry ▸ **21** + **2** = **23**
προσοχθιεῖ ▸ **2**
Verb · third · singular · future · active · indicative ▸ **2** (Lev. 26,30; Sir. 38,4)
προσοχθιεῖς ▸ **1**
Verb · second · singular · future · active · indicative ▸ **1** (Deut. 7,26)
προσοχθιεῖτε ▸ **1**
Verb · second · plural · future · active · indicative ▸ **1** (Ezek. 36,31)
προσοχθίσῃ ▸ **3**
Verb · third · singular · aorist · active · subjunctive ▸ **3** (Lev. 18,28; Lev. 20,22; Lev. 26,15)
προσοχθίσῃς ▸ **1**
Verb · second · singular · aorist · active · subjunctive ▸ **1** (Sir. 6,25)
Προσώχθικα ▸ **1**
Verb · first · singular · perfect · active · indicative ▸ **1** (Gen. 27,46)
προσώχθισα ▸ **3** + **1** = **4**
Verb · first · singular · aorist · active · indicative ▸ **3** + **1** = **4** (Lev. 26,44; Psa. 94,10; Sir. 25,2; Heb. 3,10)
προσώχθισαν ▸ **1**
Verb · third · plural · aorist · active · indicative ▸ **1** (Lev. 26,43)
προσώχθισεν ▸ **7** + **1** = **8**
Verb · third · singular · aorist · active · indicative ▸ **7** + **1** = **8** (Lev. 18,25; Lev. 18,28; Num. 21,5; Num. 22,3; Psa. 21,25; Psa. 35,5; Sir. 50,25; Heb. 3,17)
προσωχθίσθη ▸ **1**
Verb · third · singular · aorist · passive · indicative ▸ **1** (2Sam. 1,21)

προσόχθισμα (πρός; ὀχθέω) offence; object of anger ▸ **10**
προσόχθισμα ▸ **1**
Noun · neuter · singular · nominative · (common) ▸ **1** (Sir. 27,13)
προσοχθίσματα ▸ **2**
Noun · neuter · plural · accusative · (common) ▸ **2** (2Kings 23,24; Ode. 12,10)
προσοχθίσματι ▸ **4**
Noun · neuter · singular · dative · (common) ▸ **4** (Deut. 7,26; 1Kings 11,33; 2Kings 23,13; 2Kings 23,13)
προσοχθισμάτων ▸ **3**
Noun · neuter · plural · genitive · (common) ▸ **3** (1Kings 16,32; 1Kings 18,29; 3Mac. 2,18)

προσοχυρόω (πρός; ὀχυρόω) to fortify ▸ **2**
προσωχύρωσεν ▸ **2**
Verb · third · singular · aorist · active · indicative ▸ **2** (1Mac. 13,48; 1Mac. 13,52)

πρόσοψις (πρός; ὁράω) appearance ▸ **4** + **1** = **5**
πρόσοψιν ▸ **1**
Noun · feminine · singular · accusative · (common) ▸ **1** (2Mac. 6,18)
πρόσοψις ▸ **3** + **1** = **4**
Noun · feminine · singular · nominative · (common) ▸ **3** + **1** = **4** (Dan. 2,31; Dan. 2,31; Dan. 7,20; Dan. 2,31)

προσπαίζω (πρός; παῖς) to play, make fun of ▸ **2**
πρόσπαιζε ▸ **1**
Verb · second · singular · present · active · imperative ▸ **1** (Sir. 8,4)
προσπαίζουσιν ▸ **1**
Verb · third · plural · present · active · indicative ▸ **1** (Job 21,11)

προσπαρακαλέω (πρός; παρά; καλέω) to exhort ▸ **1**
προσπαρακαλέσαντες ▸ **1**
Verb · aorist · active · participle · masculine · plural · nominative ▸ **1** (2Mac. 12,31)

προσπάσσω (πρός; πάσσω) to sprinkle ▸ **1**
προσέπασεν ▸ **1**
Verb · third · singular · aorist · active · indicative ▸ **1** (Tob. 11,11)

πρόσπεινος (πρός; πεινάω) hungry ▸ **1**
πρόσπεινος ▸ **1**

προσπήγνυμι (πρός; πήγνυμι) to be fixed on; to crucify ▸ 1
    προσπήξαντες ▸ 1
        Verb · aorist · active · participle · masculine · plural · nominative ▸ 1 (Acts 2,23)

προσπίπτω (πρός; πίπτω) to fall upon; to fall down before ▸ 23 + 8 = 31
    προσέπεσαν ▸ 1
        Verb · third · plural · aorist · active · indicative ▸ 1 (Matt. 7,25)
    προσέπεσεν ▸ 9 + 5 = 14
        Verb · third · singular · aorist · active · indicative ▸ 9 + 5 = 14 (Gen. 33,4; Ex. 4,25; Esth. 8,3; Esth. 9,4; Judith 14,7; 2Mac. 8,12; 2Mac. 9,3; 2Mac. 13,1; 2Mac. 14,1; Mark 5,33; Mark 7,25; Luke 5,8; Luke 8,28; Acts 16,29)
    προσέπιπτεν ▸ 1
        Verb · third · singular · imperfect · active · indicative ▸ 1 (3Mac. 4,1)
    προσέπιπτον ▸ 1
        Verb · third · plural · imperfect · active · indicative ▸ 1 (Mark 3,11)
    προσπεσεῖν ▸ 1
        Verb · aorist · active · infinitive ▸ 1 (3Mac. 3,25)
    προσπέσῃς ▸ 1
        Verb · second · singular · aorist · active · subjunctive ▸ 1 (Sir. 25,21)
    προσπεσὸν ▸ 1
        Verb · aorist · active · participle · neuter · singular · nominative ▸ 1 (Prov. 25,20)
    προσπεσόντες ▸ 2
        Verb · aorist · active · participle · masculine · plural · nominative ▸ 2 (1Esdr. 9,47; 2Mac. 10,26)
    Προσπεσόντος ▸ 1
        Verb · aorist · active · participle · neuter · singular · genitive ▸ 1 (1Esdr. 8,8)
    Προσπεσόντων ▸ 1
        Verb · aorist · active · participle · neuter · plural · genitive ▸ 1 (2Mac. 5,11)
    προσπεσόντων ▸ 2
        Verb · aorist · active · participle · masculine · plural · genitive ▸ 1 (3Mac. 1,16)
        Verb · aorist · active · participle · neuter · plural · genitive ▸ 1 (2Mac. 14,28)
    προσπεσοῦσα ▸ 1
        Verb · aorist · active · participle · feminine · singular · nominative ▸ 1 (Luke 8,47)
    προσπέσωμεν ▸ 1
        Verb · first · plural · aorist · active · subjunctive ▸ 1 (Psa. 94,6)
    πρόσπιπτε ▸ 1
        Verb · second · singular · present · active · imperative ▸ 1 (Prov. 25,8)
    προσπίπτοντα ▸ 2
        Verb · present · active · participle · neuter · plural · accusative ▸ 2 (1Esdr. 2,13; 1Esdr. 2,19)

προσποιέω (πρός; ποιέω) to add on; to act as if ▸ 4 + 1 = 5
    προσεποιεῖτο ▸ 1
        Verb · third · singular · imperfect · middle · indicative ▸ 1 (Sus. 10-11)
    προσεποιήσαντό ▸ 1
        Verb · third · plural · aorist · middle · indicative ▸ 1 (Job 19,14)
    προσεποιήσατο ▸ 1 + 1 = 2
        Verb · third · singular · aorist · middle · indicative ▸ 1 + 1 = 2 (1Sam. 21,14; Luke 24,28)
    προσποιῶν ▸ 1
        Verb · present · active · participle · masculine · singular · nominative ▸ 1 (Sir. 31,30)

προσπορεύομαι (πρός; πορεύομαι) to come toward; to approach ▸ 18 + 1 = 19
    προσπορεύεσθαι ▸ 1
        Verb · present · middle · infinitive ▸ 1 (Ex. 36,2)
    προσπορεύεσθε ▸ 1
        Verb · second · plural · present · middle · indicative ▸ 1 (Deut. 20,3)
    προσπορευέσθωσαν ▸ 2
        Verb · third · plural · present · middle · imperative ▸ 2 (Ex. 24,14; Num. 4,19)
    προσπορεύῃ ▸ 1
        Verb · second · singular · present · middle · subjunctive ▸ 1 (Tob. 6,18)
    προσπορευομένοις ▸ 1
        Verb · present · middle · participle · masculine · plural · dative ▸ 1 (Josh. 8,35 # 9,2f)
    προσπορευόμενον ▸ 2
        Verb · present · middle · participle · masculine · singular · accusative ▸ 2 (Ezra 7,17; Sir. 12,14)
    προσπορευόμενος ▸ 5
        Verb · present · middle · participle · masculine · singular · nominative ▸ 5 (Lev. 19,34; Num. 1,51; Num. 18,7; 2Chr. 13,9; Neh. 10,29)
    προσπορευομένων ▸ 2
        Verb · present · middle · participle · masculine · plural · genitive ▸ 2 (Lev. 10,9; Num. 4,19)
    προσπορεύονται ▸ 1
        Verb · third · plural · present · middle · indicative ▸ 1 (Mark 10,35)
    προσπορεύωνται ▸ 3
        Verb · third · plural · present · middle · subjunctive ▸ 3 (Ex. 28,43; Ex. 30,20; Ex. 38,27)

προσπυρόω (πρός; πῦρ) to enflame anger ▸ 1
    προσεπύρωσαν ▸ 1
        Verb · third · plural · aorist · active · indicative ▸ 1 (2Mac. 14,11)

προσραίνω (πρός; ῥαίνω) to sprinkle ▸ 2
    προσέρρανεν ▸ 1
        Verb · third · singular · aorist · active · indicative ▸ 1 (Lev. 8,30)
    προσρανεῖ ▸ 1
        Verb · third · singular · future · active · indicative ▸ 1 (Lev. 4,6)

προσρήσσω (πρός; ῥήγνυμι) to burst upon ▸ 2
    προσέρηξεν ▸ 2
        Verb · third · singular · aorist · active · indicative ▸ 2 (Luke 6,48; Luke 6,49)

προσσιελίζω (πρός; σιελίζω) to spit on ▸ 1
    προσσιελίσῃ ▸ 1
        Verb · third · singular · aorist · active · subjunctive ▸ 1 (Lev. 15,8)

προσταγή (πρό; ἵστημι) command, ordinance ▸ 1
    προσταγὴν ▸ 1
        Noun · feminine · singular · accusative · (common) ▸ 1 (Dan. 3,95)

πρόσταγμα (πρός; τάσσω) command ▸ 167 + 3 = 170
    πρόσταγμα ▸ 48 + 2 = 50
        Noun · neuter · singular · accusative · (common) ▸ 29 + 2 = 31 (Gen. 47,26; Josh. 8,27; Josh. 21,42b; Judg. 11,39; 1Sam. 30,25; 1Chr. 16,17; 1Chr. 26,32; 2Chr. 30,6; 2Chr. 30,12; 2Chr. 35,25;

1Esdr. 1,6; 1Esdr. 5,53; 1Mac. 1,60; 1Mac. 2,18; 1Mac. 2,23; 1Mac. 2,68; Psa. 2,7; Psa. 104,10; Psa. 148,6; Job 26,10; Jer. 5,22; Ezek. 45,14; Dan. 2,15; Dan. 5,7; Dan. 6,13a; Dan. 8,16; Dan. 9,23; Dan. 9,23; Dan. 10,11; Judg. 11,39; Tob. 1,8)

Noun · neuter · singular · nominative · (common) ▸ **19** (Gen. 24,50; Deut. 15,2; Deut. 19,4; 2Chr. 29,25; Esth. 2,8; Esth. 15,9 # 5,1f; Esth. 8,14; Esth. 8,17; Esth. 9,4; 3Mac. 4,1; Psa. 80,5; Prov. 14,27; Sir. 39,16; Ezek. 46,14; Dan. 3,22; Dan. 9,2; Dan. 10,1; Dan. 10,1; Dan. 10,1)

προστάγμασιν ▸ 11
Noun · neuter · plural · dative · (common) ▸ **11** (1Kings 3,3; 1Kings 8,61; 2Chr. 31,21; 1Mac. 6,23; 2Mac. 1,4; Sir. 6,37; Jer. 51,23; Bar. 1,18; Bar. 2,10; Ezek. 33,15; Dan. 10,11)

προστάγμασίν ▸ 11
Noun · neuter · plural · dative · (common) ▸ **11** (Lev. 26,3; Lev. 26,43; Jer. 39,23; Ezek. 11,20; Ezek. 18,9; Ezek. 18,17; Ezek. 20,13; Ezek. 20,16; Ezek. 20,19; Ezek. 20,21; Ezek. 37,24)

προστάγματα ▸ 31
Noun · neuter · plural · accusative · (common) ▸ **27** (Ex. 18,16; Ex. 18,20; Deut. 11,32; 1Kings 8,58; 1Chr. 22,13; 2Chr. 33,8; 2Chr. 34,31; 1Esdr. 8,64; Ezra 7,10; Neh. 1,7; Neh. 9,13; Neh. 9,14; Esth. 2,20; Tob. 14,9; 1Mac. 10,14; 3Mac. 7,11; Psa. 98,7; Amos 2,4; Mal. 3,24; Is. 24,5; Ezek. 20,25; Ezek. 43,11; Ezek. 44,5; Dan. 9,12; Dan. 9,25; Dan. 10,15; Dan. 12,4)
Noun · neuter · plural · nominative · (common) ▸ **4** (Lev. 26,46; Deut. 12,1; Ezek. 43,18; Dan. 12,9)

προστάγματά ▸ 28
Noun · neuter · plural · accusative · (common) ▸ **26** (Gen. 26,5; Ex. 20,6; Lev. 18,4; Lev. 18,5; Lev. 18,26; Lev. 18,30; Lev. 19,37; Lev. 20,8; Lev. 20,22; Lev. 26,14; Deut. 5,10; 1Kings 3,14; 1Kings 9,4; 1Kings 9,6; 1Kings 11,11; 1Kings 11,38; 1Chr. 29,19; 2Chr. 7,17; 2Chr. 7,19; 1Esdr. 8,79; Zech. 3,7; Ezek. 20,11; Ezek. 20,24; Ezek. 43,11; Ezek. 44,24; Dan. 9,4)
Noun · neuter · plural · nominative · (common) ▸ **2** (Ode. 5,9; Is. 26,9)

Προστάγματι ▸ 1
Noun · neuter · singular · dative · (common) ▸ **1** (Sir. 43,13)

προστάγματι ▸ 8 + 1 = 9
Noun · neuter · singular · dative · (common) ▸ **8 + 1 = 9** (Josh. 14,14; Tob. 1,6; Psa. 7,7; Psa. 93,20; Job 26,13; Job 39,27; Sir. 39,18; Bar. 5,8; Tob. 1,6)

προστάγματος ▸ 22
Noun · neuter · singular · genitive · (common) ▸ **22** (Lev. 24,12; Num. 9,18; Num. 9,18; Num. 9,20; Num. 9,23; Num. 9,23; Num. 33,38; Num. 36,5; Josh. 15,13; Josh. 17,4; Josh. 19,50; Josh. 21,3; Josh. 22,9; 2Chr. 19,10; 2Chr. 29,15; 1Esdr. 7,4; 1Esdr. 8,8; 2Mac. 7,30; 2Mac. 7,30; 2Mac. 10,8; Job 4,9; Jer. 5,24)

προστάγματός ▸ 1
Noun · neuter · singular · genitive · (common) ▸ **1** (Ode. 12,3)

προσταγμάτων ▸ 6
Noun · neuter · plural · genitive · (common) ▸ **6** (Lev. 4,2; Ezra 7,11; 2Mac. 2,2; Sol. 14,2; Jer. 51,10; Bar. 4,1)

προσταράσσω (πρός; ταράσσω) to trouble even more ▸ 1
προσταράξῃς ▸ 1
Verb · second · singular · aorist · active · subjunctive ▸ **1** (Sir. 4,3)

προστάς (πρό; ἵστημι) porch ▸ 1 + 1 = 2
προστάδα ▸ 1 + 1 = 2
Noun · feminine · singular · accusative · (common) ▸ **1 + 1 = 2** (Judg. 3,23; Judg. 3,22)

προστάσσω (πρός; τάσσω) to command ▸ 72 + 2 + 7 = 81

προσετάγη ▸ 4
Verb · third · singular · aorist · passive · indicative ▸ **4** (Esth. 3,14; Sir. 3,22; Jonah 2,11; Sus. 44-45)

προσέταξα ▸ 3
Verb · first · singular · aorist · active · indicative ▸ **3** (Deut. 18,20; 1Esdr. 8,10; 1Esdr. 8,19)

προσέταξαν ▸ 1
Verb · third · plural · aorist · active · indicative ▸ **1** (Sus. 32)

προσέταξας ▸ 1
Verb · second · singular · aorist · active · indicative ▸ **1** (Dan. 3,10)

προσέταξεν ▸ 33 + 5 = 38
Verb · third · singular · aorist · active · indicative ▸ **33 + 5 = 38** (Gen. 47,11; Gen. 50,2; Ex. 36,6; Lev. 10,1; Deut. 17,3; Deut. 27,1; 2Chr. 31,5; 2Chr. 31,13; 1Esdr. 5,68; 1Esdr. 6,22; 1Esdr. 6,23; 1Esdr. 6,26; 1Esdr. 6,31; Esth. 2,23; Esth. 3,2; Judith 6,10; Judith 12,7; 1Mac. 10,37; 1Mac. 10,62; 2Mac. 7,3; 2Mac. 7,4; 2Mac. 13,4; 2Mac. 15,30; 3Mac. 4,11; 3Mac. 4,13; Jonah 2,1; Jonah 4,6; Jonah 4,7; Jonah 4,8; Dan. 2,12; Dan. 2,14; Dan. 3,13; Dan. 3,24; Matt. 1,24; Matt. 8,4; Mark 1,44; Luke 5,14; Acts 10,48)

προσταγεῖσιν ▸ 1
Verb · aorist · passive · participle · masculine · plural · dative ▸ **1** (1Esdr. 7,1)

προσταγὲν ▸ 2
Verb · aorist · passive · participle · neuter · singular · accusative ▸ **2** (3Mac. 5,4; 3Mac. 5,19)

προστάξαι ▸ 3
Verb · aorist · active · infinitive ▸ **3** (1Esdr. 1,49; 3Mac. 3,1; Is. 36,21)

προστάξαντος ▸ 2
Verb · aorist · active · participle · masculine · singular · genitive ▸ **2** (1Esdr. 6,10; 2Mac. 14,16)

προστάξας ▸ 1
Verb · aorist · active · participle · masculine · singular · nominative ▸ **1** (2Mac. 5,24)

προσταξάτω ▸ 1
Verb · third · singular · aorist · active · imperative ▸ **1** (Esth. 1,19)

προστάξει ▸ 4
Verb · third · singular · future · active · indicative ▸ **4** (Lev. 14,4; Lev. 14,5; Lev. 14,36; Lev. 14,40)

Πρόσταξον ▸ 1
Verb · second · singular · aorist · active · imperative ▸ **1** (Num. 5,2)

προστάσσεις ▸ 1
Verb · second · singular · present · active · indicative ▸ **1** (Josh. 5,14)

προστάσσοντα ▸ 1
Verb · present · active · participle · masculine · singular · accusative ▸ **1** (Is. 55,4)

προστάσσων ▸ 3
Verb · present · active · participle · masculine · singular · nominative ▸ **3** (2Mac. 15,5; 3Mac. 5,3; 3Mac. 5,40)

προστάττειν ▸ 1
Verb · present · active · infinitive ▸ **1** (3Mac. 5,37)

προσταχθέντα ▸ 1
Verb · aorist · passive · participle · neuter · plural · accusative ▸ **1** (Esth. 1,15)

προστεταγμένα ▸ 1 + 1 + 1 = 3
Verb · perfect · passive · participle · neuter · plural · accusative

▸ 1 + 1 + 1 = 3 (2Mac. 6,21; Sus. 18; Acts 10,33)
- προστεταγμένον ▸ 1
    - Verb · perfect · passive · participle · neuter · singular · accusative ▸ 1 (Tob. 1,8)
- προστεταγμένους ▸ 1
    - Verb · perfect · passive · participle · masculine · plural · accusative ▸ 1 (Acts 17,26)
- προστέτακται ▸ 1
    - Verb · third · singular · perfect · passive · indicative ▸ 1 (Dan. 4,14)
- προστέταχα ▸ 1
    - Verb · first · singular · perfect · active · indicative ▸ 1 (Dan. 2,8)
- προστέταχά ▸ 1
    - Verb · first · singular · perfect · active · indicative ▸ 1 (Judith 2,13)
- προστετάχαμεν ▸ 3
    - Verb · first · plural · perfect · active · indicative ▸ 3 (Esth. 13,6 # 3,13f; 3Mac. 3,25; 3Mac. 7,8)
- προστεταχώς ▸ 1
    - Verb · perfect · active · participle · masculine · singular · nominative ▸ 1 (2Mac. 15,3)

προστατέω (πρός; ἵστημι) to rule, be in charge ▸ 2
- προστατεῖν ▸ 1
    - Verb · present · active · infinitive ▸ 1 (Sir. 45,24)
- προστατῆσαι ▸ 1
    - Verb · aorist · active · infinitive ▸ 1 (1Mac. 14,47)

προστάτης (πρό; ἵστημι) ruler, leader; defender, benefactor ▸ 7
- προστάται ▸ 2
    - Noun · masculine · plural · nominative · (common) ▸ 2 (1Chr. 27,31; 1Chr. 29,6)
- προστάτας ▸ 1
    - Noun · masculine · plural · accusative · (common) ▸ 1 (2Chr. 24,11)
- προστάτῃ ▸ 1
    - Noun · masculine · singular · dative · (common) ▸ 1 (1Esdr. 2,8)
- προστάτης ▸ 2
    - Noun · masculine · singular · nominative · (common) ▸ 2 (2Chr. 24,11; 2Mac. 3,4)
- προστατῶν ▸ 1
    - Noun · masculine · plural · genitive · (common) ▸ 1 (2Chr. 8,10)

προστάτις (πρό; ἵστημι) ruler, leader; patron, benefactor (f) ▸ 1
- προστάτις ▸ 1
    - Noun · feminine · singular · nominative ▸ 1 (Rom. 16,2)

προστίθημι (πρός; τίθημι) to put; to add ▸ 285 + 22 + 18 = 325
- προσέθεντο ▸ 15 + 3 = 18
    - Verb · third · plural · aorist · middle · indicative ▸ 15 + 3 = **18** (Gen. 37,8; Num. 11,25; Judg. 3,12; Judg. 4,1; Judg. 8,28; Judg. 10,6; Judg. 13,1; Judg. 20,22; 1Sam. 7,13; 2Sam. 2,28; 2Sam. 5,22; 2Kings 6,23; 1Chr. 14,13; Psa. 77,17; Job 29,22; Judg. 3,12; Judg. 4,1; Judg. 10,6)
- προσέθετο ▸ 33 + 3 + 3 = 39
    - Verb · third · singular · aorist · middle · indicative ▸ 33 + 3 + 3 = **39** (Gen. 8,12; Gen. 38,26; Ex. 9,34; Num. 22,15; Num. 22,25; Num. 22,26; Judg. 9,37; 1Sam. 3,6; 1Sam. 3,8; 1Sam. 3,21; 1Sam. 9,8; 1Sam. 15,35; 1Sam. 18,29; 1Sam. 19,8; 1Sam. 19,21; 1Sam. 20,17; 1Sam. 23,4; 1Sam. 27,4; 2Sam. 2,22; 2Sam. 18,22; 2Sam. 24,1; 2Kings 1,11; 2Kings 1,13; 2Kings 24,7; Tob. 14,2; 1Mac. 3,15; 1Mac. 9,1; 1Mac. 9,72; 1Mac. 10,88; Hos. 13,2; Is. 7,10; Is. 8,5; Ezek. 23,14; Judg. 9,37; Tob. 14,2; Dan. 10,18; Luke 20,11; Luke 20,12; Acts 12,3)
- προσέθηκα ▸ 2
    - Verb · first · singular · aorist · active · indicative ▸ 2 (Eccl. 1,16; Eccl. 2,9)
- προσέθηκαν ▸ 2 + 3 = 5
    - Verb · third · plural · aorist · active · indicative ▸ 2 + 3 = **5** (Num. 17,4; Psa. 68,27; Judg. 8,28; Judg. 13,1; Judg. 20,22)
- προσέθηκας ▸ 1
    - Verb · second · singular · aorist · active · indicative ▸ 1 (2Chr. 9,6)
- προσέθηκε ▸ 1
    - Verb · third · singular · aorist · active · indicative ▸ 1 (Dan. 10,18)
- προσέθηκεν ▸ 12 + 2 + 1 = 15
    - Verb · third · singular · aorist · active · indicative ▸ 12 + 2 + 1 = **15** (Gen. 4,2; Gen. 18,29; Deut. 5,22; Judg. 13,21; 2Sam. 24,25; 1Kings 16,33; 2Chr. 28,22; Sir. 17,11; Sir. 45,20; Sir. 48,23; Sol. 3,10; Jer. 51,33; Judg. 11,14; Judg. 13,21; Luke 3,20)
- προσέθηκέν ▸ 1
    - Verb · third · singular · aorist · active · indicative ▸ 1 (Is. 50,4)
- προσετέθη ▸ 12 + 2 + 3 = 17
    - Verb · third · singular · aorist · passive · indicative ▸ 12 + 2 + 3 = **17** (Gen. 25,8; Gen. 25,17; Gen. 35,29; Gen. 49,33; Num. 27,13; Deut. 32,50; Judith 14,10; Judith 16,22; 1Mac. 2,69; 1Mac. 14,30; Sir. 42,21; Dan. 6,29; Dan. 4,36; Bel 1; Acts 11,24; Acts 13,36; Gal. 3,19)
- προσετέθην ▸ 1
    - Verb · first · singular · aorist · passive · indicative ▸ 1 (Josh. 14,8)
- προσετέθης ▸ 1
    - Verb · second · singular · aorist · passive · indicative ▸ 1 (Josh. 14,9)
- προσετέθησαν ▸ 6 + 1 + 1 = 8
    - Verb · third · plural · aorist · passive · indicative ▸ 6 + 1 + 1 = **8** (Judg. 2,10; 2Chr. 15,9; 1Mac. 2,43; 1Mac. 3,41; 1Mac. 11,34; Jer. 43,32; Judg. 2,10; Acts 2,41)
- προσετίθει ▸ 1
    - Verb · third · singular · imperfect · active · indicative ▸ 1 (Acts 2,47)
- προσετίθεντο ▸ 1
    - Verb · third · plural · imperfect · passive · indicative ▸ 1 (Acts 5,14)
- Προσθείη ▸ 1
    - Verb · third · singular · aorist · active · optative ▸ 1 (1Chr. 21,3)
- προσθείη ▸ 15
    - Verb · third · singular · aorist · active · optative ▸ 15 (Deut. 1,11; Ruth 1,17; 1Sam. 3,17; 1Sam. 14,44; 1Sam. 20,13; 1Sam. 25,22; 2Sam. 3,9; 2Sam. 3,35; 2Sam. 19,14; 2Sam. 24,3; 1Kings 2,23; 1Kings 19,2; 1Kings 21,10; 2Kings 6,31; Psa. 113,22)
- προσθεῖναι ▸ 14 + 1 + 2 = 17
    - Verb · aorist · active · infinitive ▸ 14 + 1 + 2 = **17** (Ex. 10,28; Num. 32,14; Num. 32,15; 2Chr. 28,13; 1Esdr. 9,7; Ezra 10,10; Tob. 12,1; 1Mac. 8,30; 1Mac. 11,1; Eccl. 2,26; Eccl. 3,14; Sir. 5,5; Sir. 18,6; Is. 30,1; Tob. 12,1; Matt. 6,27; Luke 12,25)
- Προσθείς ▸ 1
    - Verb · aorist · active · participle · masculine · singular · nominative ▸ 1 (Job 36,1)
- προσθείς ▸ 2 + 1 = 3
    - Verb · aorist · active · participle · masculine · singular · nominative ▸ 2 + 1 = **3** (Job 27,1; Job 29,1; Luke 19,11)
- προσθεῖσα ▸ 2
    - Verb · aorist · active · participle · feminine · singular · nominative

▸ **2** (Gen. 38,5; Esth. 8,3)

προσθέμενοι ▸ 1
   Verb · aorist · middle · participle · masculine · plural · nominative ▸ **1** (Job 32,13)

Προσθέμενος ▸ 1
   Verb · aorist · middle · participle · masculine · singular · nominative ▸ **1** (Gen. 25,1)

πρόσθες ▸ 6 + **1** = 7
   Verb · second · singular · aorist · active · imperative ▸ 6 + **1** = 7 (1Chr. 22,14; Psa. 68,28; Ode. 5,15; Ode. 5,15; Is. 26,15; Is. 26,15; Luke 17,5)

Προσθέτω ▸ 1
   Verb · third · singular · aorist · active · imperative ▸ **1** (Gen. 30,24)

προσθῇ ▸ 4
   Verb · third · singular · aorist · active · subjunctive ▸ **4** (Josh. 23,13; Psa. 9,39; Sir. 19,13; Amos 5,2)

προσθῇς ▸ 6
   Verb · second · singular · aorist · active · subjunctive ▸ **6** (Ex. 8,25; Deut. 3,26; Prov. 30,6; Sir. 21,1; Amos 7,13; Zeph. 3,11)

προσθήσει ▸ 34
   Verb · third · singular · future · active · indicative ▸ **34** (Gen. 4,12; Ex. 30,15; Lev. 5,16; Lev. 5,24; Lev. 22,14; Lev. 27,13; Lev. 27,15; Lev. 27,19; Lev. 27,27; Lev. 27,31; Num. 5,7; Num. 22,19; 2Sam. 7,10; 2Sam. 7,20; 2Sam. 14,10; 2Kings 19,30; 1Chr. 17,9; 1Chr. 17,18; Psa. 40,9; Psa. 76,8; Psa. 88,23; Prov. 9,9; Prov. 19,19; Eccl. 1,18; Job 20,9; Job 27,19; Sir. 3,27; Sir. 18,5; Sir. 21,15; Sir. 37,31; Sol. 5,4; Is. 11,11; Lam. 4,16; Lam. 4,22)

προσθήσεις ▸ 5
   Verb · second · singular · future · active · indicative ▸ **5** (Lev. 19,14; Deut. 13,1; Deut. 19,9; Judg. 18,25; Psa. 60,7)

προσθήσεσθε ▸ 5
   Verb · second · plural · future · middle · indicative ▸ **5** (Gen. 44,23; Ex. 9,28; Ex. 14,13; Deut. 28,68; Is. 1,13)

προσθήσετε ▸ 2
   Verb · second · plural · future · active · indicative ▸ **2** (Deut. 4,2; Deut. 17,16)

προσθήσῃ ▸ 1
   Verb · second · singular · future · middle · indicative ▸ **1** (Is. 51,22)

προσθῆσθε ▸ 1
   Verb · second · plural · aorist · middle · subjunctive ▸ **1** (Josh. 23,12)

προσθήσομεν ▸ 1
   Verb · first · plural · future · active · indicative ▸ **1** (Deut. 18,16)

προσθήσουσιν ▸ 4 + **1** = 5
   Verb · third · plural · future · active · indicative ▸ 4 + **1** = **5** (Deut. 13,12; Deut. 19,20; Deut. 20,8; Deut. 25,3; Judg. 18,25)

προσθήσουσίν ▸ 1
   Verb · third · plural · future · active · indicative ▸ **1** (Prov. 3,2)

προσθήσω ▸ 25 + **3** = 28
   Verb · first · singular · future · active · indicative ▸ 25 + **3** = **28** (Gen. 8,21; Gen. 8,21; Lev. 26,18; Lev. 26,21; Josh. 7,12; Judg. 2,3; Judg. 2,21; Judg. 10,13; 2Sam. 12,8; 1Kings 12,11; 1Kings 12,14; 2Kings 20,6; 2Kings 21,8; 2Chr. 10,11; 2Chr. 10,14; 2Chr. 33,8; Tob. 5,16; Psa. 70,14; Ode. 6,5; Job 34,32; Job 40,5; Hos. 1,6; Hos. 9,15; Jonah 2,5; Is. 29,14; Judg. 2,21; Judg. 10,13; Tob. 5,16)

προσθήσωσιν ▸ 1
   Verb · third · plural · aorist · active · subjunctive ▸ **1** (Nah. 2,1)

προσθῆτε ▸ 1
   Verb · second · plural · aorist · active · subjunctive ▸ **1** (Is. 23,12)

προσθῶ ▸ 5
   Verb · first · singular · aorist · active · subjunctive ▸ **5** (Judg. 20,23; Judg. 20,28; 1Sam. 15,6; Amos 7,8; Amos 8,2)

προσθώμεθα ▸ 1
   Verb · first · plural · aorist · middle · subjunctive ▸ **1** (Deut. 5,25)

προσθῶμεν ▸ 1 + **2** = 3
   Verb · first · plural · aorist · active · subjunctive ▸ 1 + **2** = **3** (Job 34,37; Judg. 20,23; Judg. 20,28)

προσθῶσιν ▸ 3
   Verb · third · plural · aorist · active · subjunctive ▸ **3** (Deut. 25,3; 1Mac. 8,30; Lam. 4,15)

προστεθείη ▸ 1
   Verb · third · singular · aorist · passive · optative ▸ **1** (Psa. 119,3)

προστεθείκαμεν ▸ 1
   Verb · first · plural · perfect · active · indicative ▸ **1** (1Sam. 12,19)

προστέθεικας ▸ 1
   Verb · second · singular · perfect · active · indicative ▸ **1** (1Kings 10,7)

προστεθειμένοις ▸ 2
   Verb · perfect · middle · participle · masculine · plural · dative ▸ **1** (Esth. 9,27)
   Verb · perfect · passive · participle · masculine · plural · dative ▸ **1** (1Esdr. 2,4)

προστεθείς ▸ 1
   Verb · aorist · passive · participle · masculine · singular · nominative ▸ **1** (Num. 20,26)

προστέθειταί ▸ 1
   Verb · third · singular · perfect · middle · indicative ▸ **1** (Deut. 23,16)

προστεθέντας ▸ 2
   Verb · aorist · passive · participle · masculine · plural · accusative ▸ **2** (1Mac. 10,38; Ezek. 37,16)

προστεθέντες ▸ 1
   Verb · aorist · passive · participle · masculine · plural · nominative ▸ **1** (1Esdr. 7,6)

προστεθῇ ▸ 3
   Verb · third · singular · aorist · passive · subjunctive ▸ **3** (1Sam. 26,10; Prov. 9,18d; Prov. 10,22)

προστεθῆναι ▸ 1
   Verb · aorist · passive · infinitive ▸ **1** (Heb. 12,19)

προστεθήσεσθε ▸ 3
   Verb · second · plural · future · passive · indicative ▸ **3** (Deut. 13,5; 1Sam. 12,25; Job 13,9)

προστεθήσεται ▸ 9 + **3** = 12
   Verb · third · singular · future · passive · indicative ▸ 9 + **3** = **12** (Ex. 5,7; Ex. 11,6; Num. 36,3; Num. 36,4; Joel 2,2; Is. 10,20; Is. 14,1; Is. 14,1; Is. 52,1; Matt. 6,33; Mark 4,24; Luke 12,31)

προστεθήσεταί ▸ 1
   Verb · third · singular · future · passive · indicative ▸ **1** (Prov. 9,11)

προστεθήσῃ ▸ 5
   Verb · second · singular · future · passive · indicative ▸ **5** (Ex. 23,2; Num. 27,13; Num. 31,2; 2Chr. 34,28; Is. 47,1)

προστεθήσομαι ▸ 1
   Verb · first · singular · future · passive · indicative ▸ **1** (1Sam. 27,1)

προστεθήσονται ▸ 4 + **1** = 5
   Verb · third · plural · future · passive · indicative ▸ 4 + **1** = **5** (Ex. 1,10; Num. 18,4; Amos 3,15; Zech. 14,17; Dan. 11,34)

προστεθῆτε ▸ 1
   Verb · second · plural · aorist · passive · subjunctive ▸ **1** (Ezek. 36,12)

προστέθητι ▸ 1
: **Verb** · second · singular · aorist · passive · imperative ▸ **1** (Deut. 32,50)

Προστεθήτω ▸ 1
: **Verb** · third · singular · aorist · passive · imperative ▸ **1** (Num. 20,24)

προστεθήτω ▸ 1
: **Verb** · third · singular · aorist · passive · imperative ▸ **1** (1Mac. 10,38)

προστεθήτωσάν ▸ 1
: **Verb** · third · plural · aorist · passive · imperative ▸ **1** (Num. 18,2)

προστιθείς ▸ 1
: **Verb** · present · active · participle · masculine · singular · nominative ▸ **1** (Eccl. 1,18)

προστίθεμαι ▸ 1
: **Verb** · first · singular · present · passive · indicative ▸ **1** (Gen. 49,29)

προστιθεμένοις ▸ 1
: **Verb** · present · middle · participle · masculine · plural · dative ▸ **1** (1Mac. 8,1)

προστιθεμένων ▸ 1
: **Verb** · present · passive · participle · masculine · plural · genitive ▸ **1** (1Mac. 10,30)

προστιθέντες ▸ 1
: **Verb** · present · active · participle · masculine · plural · nominative ▸ **1** (Is. 1,5)

προστίθεσθε ▸ 1
: **Verb** · second · plural · present · middle · imperative ▸ **1** (Psa. 61,11)

προστίθετε ▸ 1
: **Verb** · second · plural · present · active · indicative ▸ **1** (Neh. 13,18)

προστίθημι ▸ 1
: **Verb** · first · singular · present · active · indicative ▸ **1** (Is. 38,5)

προστίθημί ▸ 2
: **Verb** · first · singular · present · active · indicative ▸ **2** (2Kings 22,20; 2Chr. 34,28)

προστίθησιν ▸ 2
: **Verb** · third · singular · present · active · indicative ▸ **2** (Prov. 10,27; Prov. 19,4)

πρόστιμον (πρός; τιμή) penalty, fine ▸ 1
πρόστιμα ▸ 1
: **Noun** · neuter · plural · accusative · (common) ▸ **1** (2Mac. 7,36)

προστρέχω (πρός; τρέχω) to run out; to run to ▸ 6 + 3 = 9
προσδραμόντες ▸ 1
: **Verb** · aorist · active · participle · masculine · plural · nominative ▸ **1** (Prov. 18,10)

προσδραμοῦσα ▸ 1
: **Verb** · aorist · active · participle · feminine · singular · nominative ▸ **1** (Tob. 11,9)

προσδραμών ▸ 1 + 2 = 3
: **Verb** · aorist · active · participle · masculine · singular · nominative ▸ **1 + 2 = 3** (Num. 11,27; Mark 10,17; Acts 8,30)

προσέδραμεν ▸ 3
: **Verb** · third · singular · aorist · active · indicative ▸ **3** (Gen. 18,2; Gen. 33,4; Tob. 11,10)

προστρέχοντες ▸ 1
: **Verb** · present · active · participle · masculine · plural · nominative ▸ **1** (Mark 9,15)

προσυπομιμνήσκω (πρός; ὑπό; μιμνήσκομαι) to recall ▸ 1

προσυπομνήσας ▸ 1
: **Verb** · aorist · active · participle · masculine · singular · nominative ▸ **1** (2Mac. 15,9)

προσυστέλλομαι (πρός; σύν; στέλλω) to be returned to a former state ▸ 1
προσυνεσταλμένην ▸ 1
: **Verb** · aorist · middle · participle · feminine · singular · accusative ▸ **1** (3Mac. 2,29)

προσυψόω (πρός; ὕψος) to raise up higher ▸ 1
προσυψῶσαι ▸ 1
: **Verb** · aorist · active · infinitive ▸ **1** (1Mac. 12,36)

προσφάγιον (πρός; φάγος) cooked fish ▸ 1
προσφάγιον ▸ 1
: **Noun** · neuter · singular · accusative ▸ **1** (John 21,5)

προσφαίνομαι (πρός; φαίνω) to appear; to appear before ▸ 1
προσεφάνησαν ▸ 1
: **Verb** · third · plural · aorist · passive · indicative ▸ **1** (2Mac. 3,26)

πρόσφατος (πρός; φόνος) freshly slain; fresh, new, recent ▸ 6 + 1 = 7
πρόσφατοι ▸ 2
: **Adjective** · masculine · plural · nominative · noDegree ▸ **2** (Deut. 32,17; Ode. 2,17)

πρόσφατον ▸ 2 + 1 = 3
: **Adjective** · feminine · singular · accusative · noDegree ▸ **1 + 1 = 2** (Num. 6,3; Heb. 10,20)
: **Adjective** · neuter · singular · nominative · noDegree ▸ **1** (Eccl. 1,9)

πρόσφατος ▸ 2
: **Adjective** · masculine · singular · nominative · noDegree ▸ **2** (Psa. 80,10; Sir. 9,10)

προσφάτως (πρός; φόνος) recently ▸ 5 + 1 = 6
προσφάτως ▸ 5 + 1 = 6
: **Adverb** · (temporal) ▸ **5 + 1 = 6** (Deut. 24,5; Judith 4,3; Judith 4,5; 2Mac. 14,36; Ezek. 11,3; Acts 18,2)

προσφέρω (πρός; φέρω) to bring, to offer ▸ 161 + 4 + 47 = 212
προσενέγκαι ▸ 6 + 1 = 7
: **Verb** · aorist · active · infinitive ▸ **6 + 1 = 7** (Lev. 17,4; Lev. 23,37; Num. 9,7; Num. 15,13; 1Esdr. 5,48; Sir. 7,9; Mark 2,4)

προσενεγκάμενοι ▸ 1
: **Verb** · aorist · middle · participle · masculine · plural · nominative ▸ **1** (LetterJ 40)

προσενεγκάμενος ▸ 1
: **Verb** · aorist · middle · participle · masculine · singular · nominative ▸ **1** (Sir. 1,31 Prol.)

προσενέγκας ▸ 2
: **Verb** · aorist · active · participle · masculine · singular · nominative ▸ **2** (Heb. 5,7; Heb. 10,12)

προσενέγκασθαι ▸ 1
: **Verb** · aorist · middle · infinitive ▸ **1** (Sir. 1,30 Prol.)

προσένεγκε ▸ 1 + 2 = 3
: **Verb** · second · singular · aorist · active · imperative ▸ **1 + 2 = 3** (Lev. 9,2; Mark 1,44; Luke 5,14)

προσενεγκεῖν ▸ 4
: **Verb** · aorist · active · infinitive ▸ **4** (Lev. 21,21; Lev. 21,21; 1Esdr. 1,12; 1Esdr. 8,15)

προσενέγκῃ ▸ 3 + 1 = 4
: **Verb** · third · singular · aorist · active · subjunctive ▸ **3 + 1 = 4** (Lev. 4,32; Lev. 22,18; Lev. 22,21; Heb. 8,3)

προσενέγκῃς ▸ 1

προσφέρω

Verb · second · singular · aorist · active · subjunctive ▸ **1** (Gen. 4,7)

προσενέγκητε ▸ **2**
Verb · second · plural · aorist · active · subjunctive ▸ **2** (Lev. 23,14; Lev. 23,15)

προσένεγκον ▸ **1**
Verb · second · singular · aorist · active · imperative ▸ **1** (Matt. 8,4)

προσενέγκωσιν ▸ **2**
Verb · third · plural · aorist · active · subjunctive ▸ **2** (Lev. 22,18; Jer. 14,12)

προσενεχθείς ▸ **1**
Verb · aorist · passive · participle · masculine · singular · nominative ▸ **1** (Heb. 9,28)

προσενεχθῆναι ▸ **2**
Verb · aorist · passive · infinitive ▸ **2** (1Esdr. 1,16; 2Mac. 11,18)

προσενηνόχαμεν ▸ **1**
Verb · first · plural · perfect · active · indicative ▸ **1** (Num. 31,50)

προσενήνοχεν ▸ **1**
Verb · third · singular · perfect · active · indicative ▸ **1** (Heb. 11,17)

προσέφερεν ▸ **1** + **1** = **2**
Verb · third · singular · imperfect · active · indicative ▸ **1** + **1** = **2** (Job 1,5; Heb. 11,17)

Προσέφερον ▸ **1**
Verb · third · plural · imperfect · active · indicative ▸ **1** (Luke 18,15)

προσέφερον ▸ **2** + **2** = **4**
Verb · third · plural · imperfect · active · indicative ▸ **2** + **2** = **4** (Judith 4,14; 4Mac. 11,19; Matt. 9,2; Mark 10,13)

προσήνεγκα ▸ **1**
Verb · first · singular · aorist · active · indicative ▸ **1** (Matt. 17,16)

προσηνέγκαμεν ▸ **1**
Verb · first · plural · aorist · active · indicative ▸ **1** (2Mac. 1,8)

προσήνεγκαν ▸ **20** + **7** = **27**
Verb · third · plural · aorist · active · indicative ▸ **20** + **7** = **27** (Gen. 43,26; Lev. 9,9; Lev. 9,12; Lev. 9,13; Lev. 9,15; Lev. 9,18; Lev. 10,1; Num. 7,2; Num. 7,10; Num. 7,10; Num. 17,4; 2Sam. 17,29; 1Kings 3,24; 1Chr. 16,1; 2Chr. 29,7; 1Esdr. 7,7; 1Esdr. 8,63; Ezra 6,17; Ezra 8,35; 1Mac. 4,56; Matt. 2,11; Matt. 4,24; Matt. 8,16; Matt. 9,32; Matt. 14,35; Matt. 22,19; John 19,29)

προσηνέγκαντο ▸ **1**
Verb · third · plural · aorist · middle · indicative ▸ **1** (3Mac. 4,17)

προσηνέγκατέ ▸ **1** + **2** = **3**
Verb · second · plural · aorist · active · indicative ▸ **1** + **2** = **3** (Amos 5,25; Luke 23,14; Acts 7,42)

προσηνέγκατο ▸ **1**
Verb · third · singular · aorist · middle · indicative ▸ **1** (Judith 12,9)

προσήνεγκεν ▸ **10** + **2** + **4** = **16**
Verb · third · singular · aorist · active · indicative ▸ **10** + **2** + **4** = **16** (Gen. 27,31; Ex. 32,6; Lev. 8,6; Lev. 9,16; Lev. 9,17; Num. 7,13; Num. 7,18; Num. 7,19; Num. 9,13; Judg. 3,17; Judg. 3,17; Judg. 5,25; Matt. 25,20; Acts 8,18; Heb. 9,14; Heb. 11,4)

προσηνέχθη ▸ **1** + **3** = **4**
Verb · third · singular · aorist · passive · indicative ▸ **1** + **3** = **4** (Dan. 7,13; Matt. 12,22; Matt. 18,24; Acts 21,26)

προσηνέχθησαν ▸ **1** + **1** = **2**
Verb · third · plural · aorist · passive · indicative ▸ **1** + **1** = **2** (Num. 17,3; Matt. 19,13)

προσοίσει ▸ **26**
Verb · third · singular · future · active · indicative ▸ **26** (Lev. 1,3; Lev. 1,13; Lev. 1,14; Lev. 1,15; Lev. 2,8; Lev. 2,8; Lev. 3,6; Lev. 3,9; Lev. 4,23; Lev. 4,32; Lev. 7,3; Lev. 7,12; Lev. 7,13; Lev. 7,30; Lev. 12,6; Lev. 12,7; Lev. 14,23; Lev. 16,9; Num. 5,15; Num. 5,25; Num. 6,13; Num. 6,16; Num. 6,20; Num. 15,4; Num. 15,9; Ezek. 46,4)

προσοίσεις ▸ **5**
Verb · second · singular · future · active · indicative ▸ **5** (Ex. 29,3; Ex. 34,26; Lev. 2,14; Deut. 23,19; Ezra 7,17)

προσοίσεσθαι ▸ **1**
Verb · future · middle · infinitive ▸ **1** (3Mac. 3,10)

προσοίσετε ▸ **10**
Verb · second · plural · future · active · indicative ▸ **10** (Lev. 1,2; Lev. 2,11; Lev. 2,12; Lev. 2,13; Lev. 22,25; Lev. 23,16; Lev. 23,17; Num. 15,7; Num. 29,8; Ezek. 43,24)

προσοίσουσι ▸ **1**
Verb · third · plural · future · active · indicative ▸ **1** (Ezek. 43,23)

προσοίσουσιν ▸ **8**
Verb · third · plural · future · active · indicative ▸ **8** (Lev. 1,5; Lev. 6,13; Lev. 7,11; Lev. 7,30; Lev. 10,15; Num. 7,11; Psa. 71,10; Ezek. 44,27)

προσοίσω ▸ **1**
Verb · first · singular · future · active · indicative ▸ **1** (Dan. 4,37a)

πρόσφερε ▸ **1** + **1** = **2**
Verb · second · singular · present · active · imperative ▸ **1** + **1** = **2** (2Kings 16,15; Matt. 5,24)

προσφέρει ▸ **2** + **1** = **3**
Verb · third · singular · present · active · indicative ▸ **2** + **1** = **3** (Lev. 7,8; Lev. 21,8; Heb. 9,7)

προσφέρειν ▸ **9** + **3** = **12**
Verb · present · active · infinitive ▸ **9** + **3** = **12** (Ex. 36,6; Lev. 7,38; Lev. 21,17; Num. 26,61; Num. 28,2; 1Esdr. 4,52; 1Esdr. 5,52; Ezek. 44,7; Ezek. 44,15; John 16,2; Heb. 5,3; Heb. 8,3)

προσφέρεται ▸ **1** + **1** = **2**
Verb · third · singular · present · passive · indicative ▸ **1** + **1** = **2** (Lev. 27,11; Heb. 12,7)

προσφέρετε ▸ **1**
Verb · second · plural · present · active · imperative ▸ **1** (Dan. 4,37b)

προσφέρῃ ▸ **3** + **2** = **5**
Verb · third · singular · present · active · subjunctive ▸ **3** + **2** = **5** (Lev. 2,1; Lev. 2,4; Lev. 7,12; Heb. 5,1; Heb. 9,25)

προσφέρῃς ▸ **2** + **1** = **3**
Verb · second · singular · present · active · subjunctive ▸ **2** + **1** = **3** (Lev. 1,14; Lev. 2,14; Matt. 5,23)

προσφέρητε ▸ **2**
Verb · second · plural · present · active · subjunctive ▸ **2** (Lev. 2,11; Num. 28,26)

προσφέρομεν ▸ **1**
Verb · first · plural · present · active · indicative ▸ **1** (1Mac. 12,11)

προσφερόμενα ▸ **1**
Verb · present · passive · participle · neuter · plural · accusative ▸ **1** (Ex. 36,3)

προσφερόμεναι ▸ **1**
Verb · present · passive · participle · feminine · plural · nominative ▸ **1** (Heb. 10,2)

προσφερομένην ▸ **1**
Verb · present · passive · participle · feminine · singular · accusative ▸ **1** (1Mac. 7,33)

προσφερόμενον ▸ **1**

προσφέρω–προσχράομαι

Verb · present · passive · participle · neuter · singular · nominative ▸ 1 (Judith 9,1)
προσφερομένου ▸ 1
Verb · present · middle · participle · masculine · singular · genitive ▸ 1 (Wis. 16,21)
προσφερομένων ▸ 1
Verb · present · passive · participle · neuter · plural · genitive ▸ 1 (Lev. 27,9)
προσφέρονται ▸ 1 + 2 = 3
Verb · third · plural · present · middle · indicative ▸ 1 + 2 = 3 (Prov. 6,8b; Heb. 9,9; Heb. 10,8)
προσφέροντας ▸ 1
Verb · present · active · participle · masculine · plural · accusative ▸ 1 (Num. 16,35)
προσφέροντες ▸ 2 + 1 = 3
Verb · present · active · participle · masculine · plural · nominative ▸ 2 + 1 = 3 (1Kings 2,46b; Ezra 6,10; Luke 23,36)
προσφέροντι ▸ 2
Verb · present · active · participle · masculine · singular · dative ▸ 2 (Lev. 7,18; Lev. 23,20)
προσφέροντος ▸ 1
Verb · present · active · participle · masculine · singular · genitive ▸ 1 (Lev. 7,9)
προσφερόντων ▸ 1 + 1 = 2
Verb · present · active · participle · masculine · plural · genitive ▸ 1 + 1 = 2 (Num. 3,4; Heb. 8,4)
προσφέρουσιν ▸ 3 + 1 = 4
Verb · third · plural · present · active · indicative ▸ 3 + 1 = 4 (Lev. 21,6; Num. 18,15; Prov. 21,27; Heb. 10,1)
προσφέρων ▸ 6 + 1 + 1 = 8
Verb · present · active · participle · masculine · singular · nominative ▸ 6 + 1 + 1 = 8 (Lev. 7,29; Lev. 7,33; Num. 7,12; Num. 15,4; Judg. 3,18; Sir. 35,2; Judg. 3,18; Heb. 10,11)
προσφέρωνται ▸ 1
Verb · third · plural · present · passive · subjunctive ▸ 1 (1Esdr. 6,30)
προσφέρωσιν ▸ 1
Verb · third · plural · present · active · subjunctive ▸ 1 (Num. 5,9)
προσφιλής (πρός; φίλος) dear, beloved ▸ 3 + 1 = 4
προσφιλές ▸ 1
Adjective · neuter · singular · nominative · noDegree ▸ 1 (Esth. 15,5 # 5,1b)
προσφιλῆ ▸ 2 + 1 = 3
Adjective · masculine · singular · accusative · noDegree ▸ 2 (Sir. 4,7; Sir. 20,13)
Adjective · neuter · plural · nominative ▸ 1 (Phil. 4,8)
προσφορά (πρός; φέρω) offering ▸ 15 + 1 + 9 = 25
προσφορά ▸ 1
Noun · feminine · singular · nominative ▸ 1 (Acts 21,26)
προσφορὰ ▸ 5 + 1 + 2 = 8
Noun · feminine · singular · nominative · (common) ▸ 5 + 1 + 2 = 8 (Ode. 7,38; Sir. 34,18; Sir. 35,5; Sir. 50,13; Dan. 3,38; Dan. 3,38; Rom. 15,16; Heb. 10,18)
προσφορᾷ ▸ 1 + 1 = 2
Noun · feminine · singular · dative · (common) ▸ 1 + 1 = 2 (Sir. 46,16; Heb. 10,14)
προσφοραῖς ▸ 1
Noun · feminine · plural · dative · (common) ▸ 1 (Sir. 34,19)
προσφορὰν ▸ 4 + 2 = 6
Noun · feminine · singular · accusative · (common) ▸ 4 + 2 = 6 (Psa. 39,7; Sir. 38,11; Sir. 50,14; Dan. 4,37b; Eph. 5,2; Heb. 10,5)
προσφοράς ▸ 1 + 1 = 2
Noun · feminine · plural · accusative · (common) ▸ 1 + 1 = 2 (Sir. 35,1; Acts 24,17)
προσφορὰς ▸ 2 + 1 = 3
Noun · feminine · plural · accusative · (common) ▸ 2 + 1 = 3 (1Esdr. 5,51; Sir. 14,11; Heb. 10,8)
προσφορᾶς ▸ 1 + 1 = 2
Noun · feminine · singular · genitive · (common) ▸ 1 + 1 = 2 (1Kings 7,34; Heb. 10,10)
προσφύω to grow to, upon; to confirm ▸ 1
προσφυέντος ▸ 1
Verb · present · active · participle · neuter · singular · genitive ▸ 1 (Dan. 7,20)
προσφωνέω (πρός; φωνή) to call, speak ▸ 4 + 7 = 11
προσεφώνει ▸ 1
Verb · third · singular · imperfect · active · indicative ▸ 1 (Acts 22,2)
προσεφώνησεν ▸ 4
Verb · third · singular · aorist · active · indicative ▸ 4 (Luke 6,13; Luke 13,12; Luke 23,20; Acts 21,40)
προσφωνηθῆναι ▸ 1
Verb · aorist · passive · infinitive ▸ 1 (1Esdr. 6,6)
προσφωνῆσαι ▸ 2
Verb · aorist · active · infinitive ▸ 2 (1Esdr. 2,16; 2Mac. 15,15)
προσφωνησάτω ▸ 1
Verb · third · singular · aorist · active · imperative ▸ 1 (1Esdr. 6,21)
προσφωνοῦντα ▸ 1
Verb · present · active · participle · neuter · plural · nominative ▸ 1 (Matt. 11,16)
προσφωνοῦσιν ▸ 1
Verb · present · active · participle · neuter · plural · dative ▸ 1 (Luke 7,32)
προσχαίρω (πρός; χάρις) to rejoice ▸ 1
προσέχαιρεν ▸ 1
Verb · third · singular · imperfect · active · indicative ▸ 1 (Prov. 8,30)
προσχέω (πρός; χέω) to pour ▸ 23
προσέχεαν ▸ 1
Verb · third · plural · aorist · active · indicative ▸ 1 (2Chr. 35,11)
προσέχεεν ▸ 6
Verb · third · singular · aorist · active · indicative ▸ 6 (Ex. 24,6; Lev. 8,19; Lev. 8,24; Lev. 9,12; Lev. 9,18; 2Kings 16,13)
προσέχεον ▸ 2
Verb · third · plural · imperfect · active · indicative ▸ 2 (2Chr. 29,22; 2Chr. 29,22)
προσχεεῖ ▸ 2
Verb · third · singular · future · active · indicative ▸ 2 (Lev. 7,2; Lev. 17,6)
προσχέειν ▸ 1
Verb · present · active · infinitive ▸ 1 (Ezek. 43,18)
προσχεεῖς ▸ 5
Verb · second · singular · future · active · indicative ▸ 5 (Ex. 29,16; Ex. 29,21; Num. 18,17; Deut. 12,27; 2Kings 16,15)
προσχέοντι ▸ 1
Verb · present · active · participle · masculine · singular · dative ▸ 1 (Lev. 7,14)
προσχεοῦσιν ▸ 5
Verb · third · plural · future · active · indicative ▸ 5 (Lev. 1,5; Lev. 1,11; Lev. 3,2; Lev. 3,8; Lev. 3,13)
προσχράομαι (πρός; χράομαι) to use besides ▸ 1

προσχρησάμενοι ▸ 1
  Verb ▪ aorist ▪ middle ▪ participle ▪ masculine ▪ plural ▪ nominative ▸ **1** (Esth. 16,17 # 8,12r)

πρόσχυσις (πρός; χέω) sprinkling ▸ 1
  πρόσχυσιν ▸ 1
  Noun ▪ feminine ▪ singular ▪ accusative ▸ **1** (Heb. 11,28)

πρόσχωμα (πρός; χέω) mound ▸ 2 + 1 = 3
  πρόσχωμα ▸ 2 + 1 = 3
  Noun ▪ neuter ▪ singular ▪ accusative ▪ (common) ▸ 2 + 1 = **3** (2Sam. 20,15; 2Kings 19,32; Dan. 11,15)

προσχωρέω (πρός; χωρέω) to come forward, advance ▸ 4
  προσεχώρησαν ▸ 2
  Verb ▪ third ▪ plural ▪ aorist ▪ active ▪ indicative ▸ **2** (1Chr. 12,20; 1Chr. 12,21)
  προσεχωρήσατε ▸ 1
  Verb ▪ second ▪ plural ▪ aorist ▪ active ▪ indicative ▸ **1** (1Mac. 10,26)
  προσχωρῆσαι ▸ 1
  Verb ▪ aorist ▪ active ▪ infinitive ▸ **1** (Jer. 21,9)

προσψαύω (πρός; ψάω) to touch upon, touch ▸ 1
  προσψαύετε ▸ 1
  Verb ▪ second ▪ plural ▪ present ▪ active ▪ indicative ▸ **1** (Luke 11,46)

προσωθέω (πρός; ὠθέω) to push to ▸ 1
  προσωθοῦσιν ▸ 1
  Verb ▪ third ▪ plural ▪ present ▪ active ▪ indicative ▸ **1** (2Mac. 13,6)

προσωπεῖον (πρός; ὁράω) mask ▸ 1
  προσωπεῖα ▸ 1
  Noun ▪ neuter ▪ plural ▪ accusative ▪ (common) ▸ **1** (4Mac. 15,15)

προσωπολημπτέω (πρός; ὁράω; λαμβάνω) to show favoritism ▸ 1
  προσωπολημπτεῖτε ▸ 1
  Verb ▪ second ▪ plural ▪ present ▪ active ▪ indicative ▸ **1** (James 2,9)

προσωπολήμπτης (πρός; ὁράω; λαμβάνω) one who shows favoritism ▸ 1
  προσωπολήμπτης ▸ 1
  Noun ▪ masculine ▪ singular ▪ nominative ▸ **1** (Acts 10,34)

προσωπολημψία (πρός; ὁράω; λαμβάνω) favoritism ▸ 4
  προσωπολημψία ▸ 3
  Noun ▪ feminine ▪ singular ▪ nominative ▸ **3** (Rom. 2,11; Eph. 6,9; Col. 3,25)
  προσωπολημψίαις ▸ 1
  Noun ▪ feminine ▪ plural ▪ dative ▸ **1** (James 2,1)

πρόσωπον (πρός; ὁράω) face; person ▸ 1242 + 61 + 76 = 1379
  πρόσωπα ▸ 40 + 1 + 7 = 48
  Noun ▪ neuter ▪ plural ▪ accusative ▪ (common) ▸ 26 + 1 + 5 = **32** (Judg. 18,23; 1Esdr. 4,39; 1Mac. 7,3; 1Mac. 7,28; Psa. 81,2; Psa. 82,17; Prov. 19,6; Prov. 28,21; Prov. 29,26; Job 6,28; Job 9,24; Job 13,10; Job 34,19; Job 40,13; Mal. 1,9; Mal. 2,3; Mal. 2,9; Is. 9,14; Is. 34,15; Jer. 2,27; Jer. 5,3; Ezek. 6,9; Ezek. 14,6; Ezek. 20,43; Ezek. 32,10; Dan. 1,10; Dan. 1,10; Matt. 6,16; Luke 24,5; Jude 16; Rev. 7,11; Rev. 11,16)
  Noun ▪ neuter ▪ plural ▪ nominative ▪ (common) ▸ 14 + 2 = **16** (Gen. 40,7; Ex. 25,20; Ex. 25,20; 1Chr. 12,9; 2Chr. 3,13; Psa. 33,6; Prov. 27,19; Jer. 7,19; Jer. 37,6; Ezek. 1,6; Ezek. 1,8; Ezek. 8,16; Ezek. 10,21; Ezek. 41,18; Rev. 9,7; Rev. 9,7)
  πρόσωπά ▸ 1
  Noun ▪ neuter ▪ plural ▪ nominative ▪ (common) ▸ **1** (Ezek. 10,22)
  προσώποις ▸ 8 + 1 = 9
  Noun ▪ neuter ▪ plural ▪ dative ▪ (common) ▸ 8 + 1 = **9** (2Kings 14,8; 2Kings 14,11; 2Chr. 25,17; Prov. 27,19; Wis. 17,4; Sol. 9,6; Hab. 1,9; Jer. 10,2; Dan. 11,20)
  Πρόσωπον ▸ 1
  Noun ▪ neuter ▪ singular ▪ accusative ▪ (common) ▸ **1** (Lam. 4,16)
  πρόσωπον ▸ 458 + 18 + 40 = 516
  Noun ▪ neuter ▪ singular ▪ accusative ▪ (common) ▸ 427 + 17 + 36 = **480** (Gen. 2,6; Gen. 2,7; Gen. 9,23; Gen. 11,8; Gen. 11,9; Gen. 16,12; Gen. 17,3; Gen. 17,17; Gen. 18,16; Gen. 19,21; Gen. 19,28; Gen. 19,28; Gen. 23,17; Gen. 25,18; Gen. 25,18; Gen. 31,2; Gen. 31,5; Gen. 32,21; Gen. 32,21; Gen. 32,22; Gen. 32,31; Gen. 32,31; Gen. 33,10; Gen. 33,18; Gen. 38,15; Gen. 42,6; Gen. 43,5; Gen. 43,26; Gen. 43,31; Gen. 44,26; Gen. 48,12; Gen. 50,1; Ex. 3,6; Ex. 10,28; Ex. 10,29; Ex. 16,14; Ex. 26,9; Ex. 28,23 # 28,29a; Ex. 28,37; Ex. 33,20; Ex. 34,33; Ex. 34,35; Ex. 34,35; Ex. 36,25; Ex. 36,27; Lev. 8,9; Lev. 9,24; Lev. 10,18; Lev. 13,41; Lev. 16,2; Lev. 16,14; Lev. 16,15; Lev. 19,15; Lev. 19,15; Lev. 19,32; Num. 3,38; Num. 6,25; Num. 6,26; Num. 8,2; Num. 8,3; Num. 12,14; Num. 14,5; Num. 16,4; Num. 16,22; Num. 17,8; Num. 17,10; Num. 20,6; Num. 21,11; Num. 21,20; Num. 24,1; Deut. 1,17; Deut. 1,17; Deut. 2,25; Deut. 5,4; Deut. 7,10; Deut. 7,10; Deut. 9,2; Deut. 10,17; Deut. 11,25; Deut. 11,25; Deut. 16,19; Deut. 25,9; Deut. 28,50; Deut. 31,21; Deut. 32,49; Deut. 34,10; Deut. 34,10; Josh. 5,14; Josh. 6,5; Josh. 7,6; Josh. 7,12; Josh. 8,10; Josh. 13,3; Josh. 13,16; Josh. 13,25; Josh. 15,8; Josh. 17,7; Josh. 18,14; Josh. 18,16; Josh. 19,11; Judg. 2,14; Judg. 4,19; Judg. 6,22; Judg. 6,22; Judg. 13,20; Judg. 16,3; Judg. 20,35; Ruth 2,10; 1Sam. 5,3; 1Sam. 5,4; 1Sam. 9,12; 1Sam. 14,13; 1Sam. 14,25; 1Sam. 15,27; 1Sam. 16,7; 1Sam. 16,8; 1Sam. 17,49; 1Sam. 20,41; 1Sam. 21,14; 1Sam. 22,4; 1Sam. 24,3; 1Sam. 24,9; 1Sam. 25,23; 1Sam. 25,41; 1Sam. 26,1; 1Sam. 28,14; 1Sam. 30,16; 2Sam. 9,6; 2Sam. 10,9; 2Sam. 11,11; 2Sam. 14,4; 2Sam. 14,20; 2Sam. 14,22; 2Sam. 14,24; 2Sam. 14,28; 2Sam. 14,32; 2Sam. 14,33; 2Sam. 14,33; 2Sam. 15,18; 2Sam. 15,23; 2Sam. 17,19; 2Sam. 18,8; 2Sam. 18,28; 2Sam. 19,5; 2Sam. 19,6; 2Sam. 19,9; 2Sam. 19,19; 2Sam. 21,1; 2Sam. 24,20; 1Kings 1,23; 1Kings 1,23; 1Kings 1,31; 1Kings 2,15; 1Kings 2,17; 1Kings 3,15; 1Kings 3,15; 1Kings 6,3; 1Kings 6,3; 1Kings 6,17; 1Kings 6,21; 1Kings 6,36a; 1Kings 7,22; 1Kings 7,35; 1Kings 7,43; 1Kings 7,43; 1Kings 8,8; 1Kings 8,14; 1Kings 8,22; 1Kings 8,31; 1Kings 8,64; 1Kings 10,24; 1Kings 13,11; 1Kings 18,1; 1Kings 18,7; 1Kings 18,39; 1Kings 18,42; 1Kings 19,13; 1Kings 20,4; 2Kings 3,14; 2Kings 4,29; 2Kings 4,31; 2Kings 8,15; 2Kings 9,32; 2Kings 10,4; 2Kings 11,18; 2Kings 12,18; 2Kings 18,24; 2Kings 20,2; 2Kings 21,13; 2Kings 23,13; 2Kings 25,19; 1Chr. 16,4; 1Chr. 16,11; 1Chr. 16,27; 1Chr. 16,29; 1Chr. 19,10; 1Chr. 21,16; 1Chr. 28,8; 2Chr. 3,4; 2Chr. 3,4; 2Chr. 3,8; 2Chr. 3,17; 2Chr. 4,20; 2Chr. 5,9; 2Chr. 6,3; 2Chr. 6,36; 2Chr. 6,42; 2Chr. 7,3; 2Chr. 9,23; 2Chr. 13,7; 2Chr. 13,8; 2Chr. 19,7; 2Chr. 20,3; 2Chr. 20,5; 2Chr. 20,18; 2Chr. 25,22; 2Chr. 29,6; 2Chr. 30,9; 2Chr. 33,12; 2Chr. 34,4; 2Chr. 34,4; 2Chr. 35,22; 1Esdr. 4,58; Neh. 8,6; Esth. 15,7 # 5,1d; Esth. 16,11 # 8,12l; Judith 1,7; Judith 2,7; Judith 2,19; Judith 2,21; Judith 2,23; Judith 2,25; Judith 3,9; Judith 4,6; Judith 4,11; Judith 4,11; Judith 4,13; Judith 5,10; Judith 6,4; Judith 6,19; Judith 7,4; Judith 7,6; Judith 7,18; Judith 9,1; Judith 10,13; Judith 10,14; Judith 10,15; Judith 10,23; Judith 10,23; Judith 11,11; Judith 12,13; Judith 14,6; Judith 15,2; Judith 16,7; Judith 16,20; Tob. 12,16; Tob. 13,6; 1Mac. 1,22; 1Mac. 3,53; 1Mac. 4,10; 1Mac. 4,40; 1Mac. 4,55; 1Mac. 4,57; 1Mac. 4,61; 1Mac. 5,37; 1Mac. 5,44; 1Mac. 5,52; 1Mac. 5,55; 1Mac. 7,30; 1Mac. 7,36; 1Mac. 10,72; 1Mac. 13,13; 1Mac. 15,39; 1Mac. 16,6;

πρόσωπον

2Mac. 7,6; 3Mac. 6,18; 4Mac. 6,11; Psa. 9,32; Psa. 10,7; Psa. 17,43; Psa. 20,13; Psa. 21,25; Psa. 23,6; Psa. 33,1; Psa. 34,5; Psa. 66,2; Psa. 82,14; Psa. 83,10; Psa. 94,2; Psa. 103,15; Psa. 103,29; Psa. 103,30; Psa. 104,4; Psa. 131,10; Psa. 147,6; Ode. 13,31; Prov. 7,15; Prov. 18,5; Prov. 22,26; Prov. 27,17; Prov. 29,5; Prov. 24,23; Eccl. 8,1; Eccl. 10,10; Eccl. 11,1; Song 7,5; Job 14,20; Job 15,27; Job 18,17; Job 22,8; Job 24,18; Job 26,9; Job 26,10; Job 32,22; Job 34,19; Job 34,29; Job 38,30; Job 41,5; Job 42,8; Wis. 5,1; Wis. 6,7; Sir. 4,22; Sir. 4,27; Sir. 12,18; Sir. 13,25; Sir. 14,8; Sir. 16,30; Sir. 17,25; Sir. 19,27; Sir. 25,17; Sir. 31,6; Sir. 35,13; Sir. 36,22; Sir. 42,1; Sir. 45,3; Sir. 45,5; Sir. 50,17; Sol. 2,8; Sol. 2,18; Sol. 5,10; Hos. 5,5; Hos. 7,10; Amos 9,6; Mic. 3,4; Joel 2,20; Zech. 5,3; Zech. 8,21; Zech. 8,22; Zech. 8,22; Mal. 1,9; Is. 3,15; Is. 6,2; Is. 8,17; Is. 13,8; Is. 24,1; Is. 28,25; Is. 30,28; Is. 36,9; Is. 38,2; Is. 49,23; Is. 51,13; Is. 59,2; Jer. 6,7; Jer. 9,25; Jer. 18,17; Jer. 24,1; Jer. 27,5; Jer. 27,8; Jer. 28,51; Jer. 30,21; Jer. 32,23; Jer. 33,4; Jer. 39,33; Jer. 42,5; Jer. 43,7; Jer. 43,9; Jer. 43,22; Jer. 47,10; Jer. 49,15; Jer. 49,17; Jer. 51,10; Jer. 52,12; Jer. 52,33; Bar. 1,18; Bar. 2,10; Bar. 2,14; Lam. 1,5; Lam. 1,6; Lam. 4,16; LetterJ 11; LetterJ 20; Ezek. 1,12; Ezek. 3,20; Ezek. 7,18; Ezek. 10,22; Ezek. 12,12; Ezek. 16,5; Ezek. 20,35; Ezek. 20,35; Ezek. 29,5; Ezek. 36,31; Ezek. 40,12; Ezek. 41,4; Ezek. 41,12; Ezek. 41,14; Ezek. 41,15; Ezek. 41,21; Ezek. 41,25; Ezek. 42,10; Ezek. 42,10; Ezek. 42,10; Ezek. 42,11; Ezek. 42,13; Ezek. 42,17; Ezek. 42,18; Ezek. 45,7; Ezek. 45,7; Dan. 2,46; Dan. 4,33a; Dan. 6,11; Dan. 6,13a; Dan. 7,10; Dan. 8,18; Dan. 9,13; Dan. 11,17; Dan. 11,18; Dan. 11,19; Josh. 19,11; Judg. 2,14; Judg. 6,22; Judg. 6,22; Judg. 13,20; Judg. 18,23; Judg. 20,2; Tob. 12,16; Tob. 13,6; Tob. 14,10; Dan. 2,46; Dan. 8,5; Dan. 9,10; Dan. 11,16; Dan. 11,17; Dan. 11,18; Dan. 11,19; Matt. 16,3; Matt. 17,6; Matt. 18,10; Matt. 22,16; Matt. 26,39; Matt. 26,67; Mark 12,14; Mark 14,65; Luke 2,31; Luke 5,12; Luke 9,51; Luke 12,56; Luke 17,16; Luke 20,21; Luke 21,35; Acts 3,13; Acts 6,15; Acts 6,15; Acts 20,38; Acts 25,16; 1Cor. 13,12; 1Cor. 13,12; 1Cor. 14,25; 2Cor. 3,7; 2Cor. 3,13; 2Cor. 8,24; 2Cor. 10,1; 2Cor. 10,7; 2Cor. 11,20; Gal. 2,6; Gal. 2,11; 1Th. 2,17; 1Th. 3,10; James 1,23; Rev. 4,7; Rev. 22,4)

- **Noun** · neuter · singular · nominative · (common) ▸ 31 + 1 + 4 = **36** (Deut. 5,4; 1Sam. 1,18; 1Chr. 12,9; 2Chr. 32,2; Esth. 15,5 # 5,1b; Judith 6,9; Judith 10,7; Tob. 4,7; Psa. 33,17; Prov. 15,13; Prov. 17,24; Prov. 25,23; Job 11,15; Sir. 13,26; Sir. 25,23; Sir. 26,4; Joel 2,6; Nah. 2,11; Is. 29,22; Is. 53,3; Jer. 1,13; Ezek. 1,10; Ezek. 1,10; Ezek. 1,10; Ezek. 1,10; Ezek. 21,3; Ezek. 27,35; Ezek. 41,19; Ezek. 41,19; Ezek. 47,1; Dan. 10,6; Dan. 10,6; Matt. 17,2; Luke 9,53; 1Pet. 3,12; Rev. 10,1)

πρόσωπόν ▸ 130 + 10 + 3 = 143

- **Noun** · neuter · singular · accusative · (common) ▸ 120 + 9 + 3 = **132** (Gen. 32,21; Gen. 33,10; Gen. 43,3; Gen. 44,23; Gen. 46,30; Ex. 33,20; Lev. 17,10; Lev. 20,3; Lev. 20,5; Lev. 20,6; Lev. 26,17; Deut. 7,24; Deut. 31,17; Deut. 31,18; Deut. 32,20; Josh. 7,10; 1Sam. 25,35; 2Sam. 2,22; 2Sam. 3,13; 2Sam. 3,13; 2Sam. 14,24; 1Kings 2,16; 1Kings 2,20; 1Chr. 17,25; 2Chr. 7,14; 1Esdr. 8,71; Ezra 9,6; Judith 6,5; Judith 11,5; Tob. 3,6; Tob. 3,12; Tob. 4,7; 3Mac. 6,15; Psa. 12,2; Psa. 26,8; Psa. 26,8; Psa. 26,9; Psa. 29,8; Psa. 30,17; Psa. 43,25; Psa. 44,13; Psa. 49,21; Psa. 50,11; Psa. 68,8; Psa. 68,18; Psa. 79,4; Psa. 79,8; Psa. 79,20; Psa. 87,15; Psa. 101,3; Psa. 118,135; Psa. 142,7; Ode. 2,20; Ode. 7,41; Job 1,11; Job 2,5; Job 4,15; Job 16,8; Job 19,8; Sir. 4,4; Sir. 7,24; Sir. 35,8; Hos. 5,15; Nah. 2,2; Nah. 3,5; Mal. 1,8; Is. 50,6; Is. 50,7; Is. 54,8; Is. 57,17; Is. 64,6; Jer. 3,12; Jer. 13,26; Jer. 18,20; Jer. 21,10; Jer. 27,44; Jer. 30,13; Jer. 37,20; Jer. 38,37; Jer. 40,5; Jer. 41,15; Jer. 41,18; Jer. 42,19; Jer. 44,20; Jer. 49,2; Jer. 51,11; Bar. 2,19; Lam. 1,22; Ezek. 1,28; Ezek. 3,8; Ezek. 3,23; Ezek. 4,3; Ezek. 4,7; Ezek. 6,2; Ezek. 7,22; Ezek. 9,8; Ezek. 11,13; Ezek. 12,6; Ezek. 13,17; Ezek. 14,8; Ezek. 15,7; Ezek. 15,7; Ezek. 21,2; Ezek. 21,7; Ezek. 25,2; Ezek. 28,21; Ezek. 29,2; Ezek. 35,2; Ezek. 38,2; Ezek. 39,23; Ezek. 39,24; Ezek. 39,29; Ezek. 43,3; Ezek. 44,4; Dan. 3,41; Dan. 8,17; Dan. 9,3; Dan. 10,9; Dan. 10,12; Dan. 10,15; Tob. 2,9; Tob. 3,6; Tob. 3,12; Dan. 3,41; Dan. 8,17; Dan. 8,18; Dan. 9,3; Dan. 9,17; Dan. 10,15; Matt. 6,17; Acts 20,25; Col. 2,1)

- **Noun** · neuter · singular · nominative · (common) ▸ 10 + 1 = **11** (Gen. 4,6; Ex. 33,23; 2Sam. 17,11; Neh. 2,2; Neh. 2,3; Esth. 15,13 # 5,2a; Judith 13,16; Tob. 2,9; Ezek. 21,21; Dan. 9,17; Dan. 10,9)

προσώπου ▸ 564 + 30 + 18 = 612

- **Noun** · neuter · singular · genitive · (common) ▸ 564 + 30 + 18 = **612** (Gen. 3,8; Gen. 3,19; Gen. 4,14; Gen. 4,14; Gen. 4,16; Gen. 6,7; Gen. 7,4; Gen. 7,23; Gen. 8,8; Gen. 8,13; Gen. 11,4; Gen. 16,6; Gen. 16,8; Gen. 20,16; Gen. 23,8; Gen. 27,30; Gen. 35,1; Gen. 35,7; Gen. 36,6; Gen. 41,46; Gen. 41,56; Gen. 44,29; Gen. 48,11; Ex. 2,15; Ex. 10,11; Ex. 14,19; Ex. 14,25; Ex. 23,18; Ex. 23,20; Ex. 25,37; Ex. 32,34; Ex. 33,2; Ex. 34,6; Ex. 34,11; Ex. 34,24; Ex. 34,29; Ex. 34,30; Lev. 10,4; Lev. 18,24; Lev. 19,32; Lev. 26,10; Num. 14,42; Num. 17,11; Num. 17,24; Num. 19,4; Num. 19,16; Num. 20,6; Num. 22,3; Num. 27,17; Num. 27,17; Num. 32,21; Num. 33,52; Num. 33,55; Deut. 1,21; Deut. 1,30; Deut. 2,12; Deut. 2,21; Deut. 2,22; Deut. 2,25; Deut. 2,31; Deut. 2,33; Deut. 3,18; Deut. 3,28; Deut. 4,38; Deut. 5,5; Deut. 5,7; Deut. 6,15; Deut. 6,19; Deut. 7,1; Deut. 7,6; Deut. 7,19; Deut. 7,21; Deut. 7,22; Deut. 8,20; Deut. 9,3; Deut. 9,3; Deut. 9,4; Deut. 9,4; Deut. 9,5; Deut. 11,4; Deut. 11,23; Deut. 12,29; Deut. 12,30; Deut. 14,2; Deut. 20,3; Deut. 20,19; Deut. 22,6; Deut. 23,15; Deut. 28,7; Deut. 28,7; Deut. 28,25; Deut. 28,60; Deut. 30,1; Deut. 30,15; Deut. 30,19; Deut. 31,3; Deut. 31,3; Deut. 31,3; Deut. 31,6; Deut. 31,7; Deut. 33,27; Deut. 34,1; Josh. 2,10; Josh. 2,11; Josh. 3,10; Josh. 4,5; Josh. 4,7; Josh. 5,1; Josh. 7,4; Josh. 8,5; Josh. 8,6; Josh. 8,15; Josh. 9,24; Josh. 9,24; Josh. 10,10; Josh. 10,11; Josh. 10,12; Josh. 11,6; Josh. 13,6; Josh. 23,3; Josh. 23,5; Josh. 23,5; Josh. 23,9; Josh. 23,13; Josh. 24,8; Josh. 24,12; Josh. 24,18; Judg. 2,3; Judg. 2,18; Judg. 2,21; Judg. 5,5; Judg. 5,5; Judg. 6,2; Judg. 6,6; Judg. 6,9; Judg. 6,11; Judg. 9,21; Judg. 9,39; Judg. 9,40; Judg. 11,3; Judg. 11,23; Judg. 11,24; Judg. 11,33; 1Sam. 1,14; 1Sam. 4,17; 1Sam. 7,7; 1Sam. 8,18; 1Sam. 13,12; 1Sam. 15,7; 1Sam. 18,12; 1Sam. 18,15; 1Sam. 18,16; 1Sam. 19,8; 1Sam. 19,10; 1Sam. 20,15; 1Sam. 21,7; 1Sam. 21,7; 1Sam. 21,11; 1Sam. 21,13; 1Sam. 23,5; 1Sam. 23,26; 1Sam. 25,10; 1Sam. 26,3; 1Sam. 26,20; 1Sam. 31,1; 2Sam. 2,24; 2Sam. 7,9; 2Sam. 7,15; 2Sam. 7,23; 2Sam. 10,13; 2Sam. 10,14; 2Sam. 10,18; 2Sam. 14,7; 2Sam. 15,14; 2Sam. 23,11; 1Kings 1,50; 1Kings 2,7; 1Kings 2,29; 1Kings 3,28; 1Kings 5,17; 1Kings 8,11; 1Kings 8,25; 1Kings 8,54; 1Kings 9,7; 1Kings 11,43; 1Kings 12,8; 1Kings 12,10; 1Kings 12,30; 1Kings 13,6; 1Kings 13,6; 1Kings 13,34; 1Kings 14,24; 1Kings 17,3; 1Kings 17,5; 1Kings 20,26; 1Kings 20,27; 1Kings 20,29; 2Kings 1,15; 2Kings 3,24; 2Kings 5,27; 2Kings 6,32; 2Kings 9,7; 2Kings 9,14; 2Kings 9,37; 2Kings 11,2; 2Kings 13,4; 2Kings 13,14; 2Kings 13,23; 2Kings 14,12; 2Kings 16,3; 2Kings 16,14; 2Kings 16,18; 2Kings 17,8; 2Kings 17,11; 2Kings 17,18; 2Kings 17,20; 2Kings 17,23; 2Kings 21,2; 2Kings 21,9; 2Kings 22,19; 2Kings 23,27; 2Kings 24,3; 2Kings 24,20; 2Kings 25,26; 1Chr. 5,25; 1Chr. 10,1; 1Chr. 11,13; 1Chr. 12,1; 1Chr. 16,30; 1Chr. 16,33; 1Chr. 17,8; 1Chr. 17,21; 1Chr. 19,15; 1Chr. 19,15; 1Chr. 19,18; 1Chr. 19,19; 1Chr. 21,12; 1Chr. 21,30; 1Chr. 29,11; 2Chr. 1,13; 2Chr. 5,14; 2Chr. 6,16; 2Chr. 6,31; 2Chr. 7,20; 2Chr. 10,2; 2Chr. 12,5; 2Chr. 13,16; 2Chr. 19,11; 2Chr. 20,7; 2Chr. 20,15; 2Chr. 22,11; 2Chr. 28,3; 2Chr. 32,7; 2Chr. 32,7; 2Chr. 32,21; 2Chr. 33,2; 2Chr. 33,9; 2Chr. 33,12; 2Chr. 34,27; 2Chr. 35,19d;

2Chr. 36,5c; 2Chr. 36,12; Ezra 7,14; Ezra 9,7; Ezra 10,6; Neh. 4,3; Neh. 4,8; Neh. 5,15; Neh. 10,34; Judith 1,11; Judith 2,5; Judith 2,14; Judith 3,3; Judith 4,2; Judith 5,8; Judith 5,12; Judith 5,16; Judith 6,2; Judith 8,15; Judith 10,12; Judith 10,13; Judith 10,23; Judith 11,13; Judith 11,16; Judith 12,13; Judith 13,1; Judith 13,4; Judith 14,3; Judith 16,6; Judith 16,15; 1Mac. 1,18; 1Mac. 3,22; 1Mac. 5,7; 1Mac. 5,21; 1Mac. 5,34; 1Mac. 5,43; 1Mac. 6,6; 2Mac. 6,18; Psa. 1,4; Psa. 3,1; Psa. 4,7; Psa. 9,4; Psa. 9,26; Psa. 15,11; Psa. 16,2; Psa. 16,9; Psa. 17,9; Psa. 20,7; Psa. 20,10; Psa. 30,21; Psa. 30,23; Psa. 37,4; Psa. 37,4; Psa. 37,6; Psa. 41,6; Psa. 41,12; Psa. 42,5; Psa. 43,4; Psa. 43,16; Psa. 43,17; Psa. 50,13; Psa. 54,22; Psa. 56,1; Psa. 56,7; Psa. 59,6; Psa. 60,4; Psa. 67,2; Psa. 67,3; Psa. 67,3; Psa. 67,5; Psa. 67,9; Psa. 67,9; Psa. 68,30; Psa. 77,55; Psa. 79,17; Psa. 88,15; Psa. 88,16; Psa. 88,24; Psa. 89,8; Psa. 95,9; Psa. 95,13; Psa. 96,5; Psa. 96,5; Psa. 101,11; Psa. 113,7; Psa. 113,7; Psa. 118,58; Psa. 138,7; Ode. 4,5; Ode. 9,76; Ode. 12,4; Prov. 2,6; Prov. 25,5; Eccl. 2,26; Eccl. 2,26; Eccl. 3,14; Eccl. 5,1; Eccl. 5,5; Eccl. 7,3; Eccl. 7,26; Eccl. 8,3; Eccl. 8,12; Eccl. 8,13; Eccl. 9,1; Eccl. 10,5; Job 13,20; Job 17,12; Job 21,31; Job 23,15a; Job 23,17; Job 24,15; Job 29,24; Job 30,10; Job 30,11; Job 41,6; Sir. 6,12; Sir. 7,6; Sir. 8,11; Sir. 18,24; Sir. 19,11; Sir. 19,11; Sir. 19,29; Sir. 20,22; Sir. 21,2; Sir. 21,22; Sir. 22,25; Sir. 26,17; Sir. 29,27; Sir. 31,13; Sir. 34,3; Sir. 34,3; Sir. 35,12; Sir. 38,8; Sir. 40,6; Sir. 41,22; Sol. 2,22; Sol. 4,8; Sol. 6,5; Sol. 12,6; Sol. 15,5; Sol. 17,25; Hos. 2,4; Hos. 7,2; Hos. 10,7; Hos. 10,15; Hos. 11,2; Amos 2,9; Amos 5,8; Amos 5,19; Amos 9,4; Amos 9,8; Mic. 1,4; Mic. 2,13; Mic. 2,13; Mic. 6,4; Joel 2,3; Joel 2,6; Joel 2,10; Joel 2,11; Jonah 1,3; Jonah 1,3; Jonah 1,10; Nah. 1,5; Nah. 1,6; Hab. 2,20; Hab. 3,5; Zeph. 1,2; Zeph. 1,3; Zeph. 1,7; Zeph. 2,7; Hag. 1,12; Hag. 2,14; Zech. 2,17; Zech. 3,1; Zech. 3,3; Zech. 3,4; Zech. 3,8; Zech. 3,9; Zech. 4,7; Zech. 8,21; Zech. 14,20; Mal. 2,5; Mal. 3,1; Mal. 3,14; Is. 2,10; Is. 2,19; Is. 2,21; Is. 3,9; Is. 3,19; Is. 7,16; Is. 16,4; Is. 17,9; Is. 19,1; Is. 19,16; Is. 25,8; Is. 31,8; Is. 57,1; Is. 57,14; Is. 62,11; Is. 63,12; Is. 64,1; Jer. 1,8; Jer. 1,13; Jer. 1,14; Jer. 1,17; Jer. 4,1; Jer. 4,4; Jer. 4,26; Jer. 4,26; Jer. 5,22; Jer. 7,12; Jer. 7,15; Jer. 8,2; Jer. 9,6; Jer. 9,12; Jer. 9,21; Jer. 13,17; Jer. 14,16; Jer. 15,1; Jer. 15,17; Jer. 15,19; Jer. 16,4; Jer. 17,16; Jer. 18,23; Jer. 21,8; Jer. 22,25; Jer. 23,9; Jer. 23,9; Jer. 23,10; Jer. 26,16; Jer. 27,16; Jer. 28,64; Jer. 30,27; Jer. 31,44; Jer. 32,16; Jer. 32,26; Jer. 32,27; Jer. 32,33; Jer. 32,37; Jer. 32,38; Jer. 33,19; Jer. 35,16; Jer. 38,37; Jer. 39,24; Jer. 39,31; Jer. 42,11; Jer. 42,11; Jer. 44,11; Jer. 45,9; Jer. 46,17; Jer. 47,9; Jer. 48,9; Jer. 48,18; Jer. 48,18; Jer. 49,11; Jer. 49,11; Jer. 49,16; Jer. 49,16; Jer. 51,3; Jer. 51,22; Jer. 51,23; Bar. 2,8; Lam. 2,3; Lam. 2,19; Lam. 3,35; Lam. 4,20; Lam. 5,9; Lam. 5,10; Ezek. 1,9; Ezek. 2,6; Ezek. 2,6; Ezek. 3,9; Ezek. 4,1; Ezek. 8,11; Ezek. 14,1; Ezek. 14,3; Ezek. 14,4; Ezek. 14,7; Ezek. 14,15; Ezek. 16,18; Ezek. 16,19; Ezek. 16,63; Ezek. 20,1; Ezek. 22,30; Ezek. 23,24; Ezek. 23,41; Ezek. 33,27; Ezek. 34,6; Ezek. 36,17; Ezek. 37,2; Ezek. 38,20; Ezek. 38,20; Ezek. 39,5; Ezek. 39,14; Ezek. 41,22; Ezek. 44,12; Ezek. 44,15; Dan. 3,19; Dan. 4,22; Dan. 6,14; Dan. 8,5; Dan. 9,7; Dan. 9,8; Dan. 11,22; Judg. 2,3; Judg. 2,18; Judg. 2,21; Judg. 5,5; Judg. 5,5; Judg. 6,2; Judg. 6,6; Judg. 6,7; Judg. 6,9; Judg. 6,11; Judg. 9,21; Judg. 9,40; Judg. 11,3; Judg. 11,23; Judg. 11,24; Judg. 11,33; Judg. 16,3; Tob. 3,6; Dan. 2,15; Dan. 2,31; Dan. 3,19; Dan. 5,19; Dan. 5,24; Dan. 6,27; Dan. 6,27; Dan. 7,8; Dan. 9,7; Dan. 9,8; Dan. 9,13; Dan. 11,22; Matt. 11,10; Mark 1,2; Luke 7,27; Luke 9,29; Luke 9,52; Luke 10,1; Acts 2,28; Acts 3,20; Acts 5,41; Acts 7,45; Acts 13,24; Acts 17,26; 2Cor. 3,7; 2Th. 1,9; James 1,11; Rev. 6,16; Rev. 12,14; Rev. 20,11)

προσώπῳ ▸ 35 + 1 + 7 = 43
  Noun · neuter · singular · dative · (common) ▸ 35 + 1 + 7 = 43 (Gen. 4,5; Gen. 8,9; Gen. 19,1; Num. 22,31; Deut. 28,50; 1Sam. 1,22; 1Sam. 2,11; 2Kings 5,1; 2Kings 8,11; 1Chr. 21,21; Esth. 7,8; Judith 3,2; Judith 7,15; Judith 11,21; Judith 12,12; Judith 14,7; 2Mac. 4,24; 2Mac. 14,24; 3Mac. 5,33; Psa. 16,15; Psa. 41,3; Psa. 139,14; Prov. 4,3; Prov. 7,13; Prov. 8,30; Prov. 21,29; Prov. 25,7; Eccl. 8,1; Job 9,27; Job 33,26; Sir. 10,5; Sir. 26,5; Sir. 35,4; Jer. 52,25; Dan. 8,23; Dan. 8,23; 2Cor. 2,10; 2Cor. 3,18; 2Cor. 4,6; 2Cor. 5,12; Gal. 1,22; 1Th. 2,17; Heb. 9,24)

προσώπων ▸ 5 + 1 = 6
  Noun · neuter · plural · genitive · (common) ▸ 5 + 1 = 6 (Bar. 1,15; Bar. 2,6; Ezek. 1,10; Ezek. 3,8; Ezek. 10,22; 2Cor. 1,11)

προτάσσω (πρό; τάσσω) to ordain, determine ▸ 1
  προτεταγμένοις ▸ 1
    Verb · perfect · passive · participle · masculine · plural · dative ▸ 1 (2Mac. 8,36)

προτείνω (πρό; τείνω) to stretch forth; to tie up ▸ 7 + 1 = 8
  προέτειναν ▸ 1
    Verb · third · plural · aorist · active · indicative ▸ 1 (Acts 22,25)
  προέτεινεν ▸ 1
    Verb · third · singular · aorist · active · indicative ▸ 1 (2Mac. 7,10)
  προτείναντα ▸ 2
    Verb · aorist · active · participle · masculine · singular · accusative ▸ 2 (2Mac. 15,12; 2Mac. 15,15)
  προτείναντες ▸ 1
    Verb · aorist · active · participle · masculine · plural · nominative ▸ 1 (2Mac. 14,34)
  προτείνας ▸ 2
    Verb · aorist · active · participle · masculine · singular · nominative ▸ 2 (2Mac. 14,33; 3Mac. 2,1)
  προτείνουσαι ▸ 1
    Verb · present · active · participle · feminine · plural · nominative ▸ 1 (2Mac. 3,20)

προτείχισμα (πρό; τεῖχος) outer works; outer wall ▸ 9
  προτείχισμα ▸ 4
    Noun · neuter · singular · accusative · (common) ▸ 3 (2Chr. 32,5; Lam. 2,8; Ezek. 40,5)
    Noun · neuter · singular · nominative · (common) ▸ 1 (Ezek. 48,15)
  προτειχίσματι ▸ 2
    Noun · neuter · singular · dative · (common) ▸ 2 (2Sam. 20,15; 1Kings 20,23)
  προτειχίσματος ▸ 3
    Noun · neuter · singular · genitive · (common) ▸ 3 (Song 2,14; Jer. 52,7; Ezek. 42,20)

προτέρημα (πρότερος) success, advantage, victory ▸ 1 + 1 = 2
  προτέρημά ▸ 1 + 1 = 2
    Noun · neuter · singular · nominative · (common) ▸ 1 + 1 = 2 (Judg. 4,9; Judg. 4,9)

πρότερος (πρό) former, formerly ▸ 108 + 5 + 11 = 124
  πρότερα ▸ 5
    Adjective · neuter · plural · accusative · noDegree ▸ 4 (Num. 32,30; Judith 9,5; Is. 46,9; Is. 48,3)
    Adjective · neuter · plural · nominative · noDegree ▸ 1 (Is. 41,22)
  προτέρα ▸ 4
    Adjective · feminine · singular · nominative · noDegree ▸ 3 (Num. 10,33; Wis. 7,29; Sir. 1,4)
    Adjective · neuter · plural · accusative · noDegree ▸ 1 (Ex. 10,14)

προτέρᾳ ‣ 1
: **Adjective** · feminine · singular · dative · noDegree ‣ 1 (1Mac. 8,24)

προτέραι ‣ 2
: **Adjective** · feminine · plural · nominative · noDegree ‣ 2 (Num. 6,12; Eccl. 7,10)

προτέραις ‣ 1
: **Adjective** · feminine · plural · dative · noDegree ‣ 1 (Is. 48,7)

προτέραν ‣ 2 + 1 = 3
: **Adjective** · feminine · singular · accusative · comparative ‣ 1 + 1 = 2 (Josh. 24,12; Eph. 4,22)
: **Adjective** · feminine · singular · accusative · noDegree ‣ 1 (Gen. 40,13)

προτέρας ‣ 4
: **Adjective** · feminine · plural · accusative · noDegree ‣ 2 (Deut. 4,32; Deut. 4,32)
: **Adjective** · feminine · singular · genitive · noDegree ‣ 2 (Ex. 23,28; Lev. 26,45)

προτέροι ‣ 8
: **Adjective** · masculine · plural · nominative · noDegree ‣ 8 (Lev. 18,27; Num. 32,17; Deut. 2,10; Josh. 1,14; Josh. 3,14; 1Chr. 29,29; Tob. 6,15; Jer. 35,8)

προτέροί ‣ 1
: **Adjective** · masculine · plural · nominative · noDegree ‣ 1 (Jer. 35,8)

προτέροις ‣ 1
: **Adjective** · neuter · plural · dative · noDegree ‣ 1 (1Mac. 8,27)

πρότερον ‣ 60 + 4 + 10 = 74
: **Adverb** · (comparative) ‣ 25 + 10 = 35 (Gen. 26,1; Lev. 5,8; Deut. 2,12; 1Kings 13,6; 1Chr. 9,2; 1Chr. 15,13; Neh. 13,5; Judith 8,18; 1Mac. 1,1; 1Mac. 6,7; 1Mac. 12,7; 1Mac. 12,16; 2Mac. 1,22; 2Mac. 3,30; 2Mac. 6,29; 2Mac. 9,10; 2Mac. 9,16; 2Mac. 10,24; Sir. 12,17; Sir. 37,8; Is. 46,10; Is. 61,4; Jer. 11,10; Jer. 40,7; Jer. 40,11; John 6,62; John 7,50; John 9,8; 2Cor. 1,15; Gal. 4,13; 1Tim. 1,13; Heb. 4,6; Heb. 7,27; Heb. 10,32; 1Pet. 1,14)
: **Adjective** · masculine · singular · accusative · noDegree ‣ 2 + 1 = 3 (Lev. 4,21; Hos. 2,9; Dan. 11,13)
: **Adjective** · neuter · singular · accusative · noDegree ‣ 31 + 1 = 32 (Gen. 13,3; Num. 21,26; Deut. 2,20; Deut. 9,18; Josh. 10,14; Josh. 11,10; Josh. 14,15; Josh. 15,15; Judith 5,7; 1Mac. 3,46; 1Mac. 4,47; 1Mac. 4,60; 1Mac. 5,1; 1Mac. 6,59; 1Mac. 9,72; 1Mac. 11,27; 1Mac. 11,34; 1Mac. 11,39; 1Mac. 12,3; 1Mac. 12,24; 1Mac. 14,33; 1Mac. 14,34; 1Mac. 15,3; 1Mac. 15,27; 2Mac. 11,31; Job 42,5; Is. 1,26; Is. 52,4; Jer. 37,20; Dan. 3,22; Sus. 52; Sus. 52)
: **Adjective** · neuter · singular · nominative · noDegree ‣ 2 + 2 = 4 (Gen. 28,19; Judg. 18,29; Judg. 1,10; Judg. 18,29)

πρότερόν ‣ 1
: **Adverb** ‣ 1 (Jer. 41,5)

πρότερος ‣ 12
: **Adjective** · masculine · singular · nominative · noDegree ‣ 12 (Gen. 38,28; Num. 14,14; Deut. 1,33; Deut. 24,4; 2Sam. 19,21; Tob. 14,5; 1Mac. 5,40; 1Mac. 5,43; Sir. 31,18; Sir. 46,3; Is. 52,12; Sus. 12)

πρότερός ‣ 1
: **Adjective** · masculine · singular · nominative · noDegree ‣ 1 (Ex. 33,19)

προτέρου ‣ 1
: **Adjective** · masculine · singular · genitive · noDegree ‣ 1 (4Mac. 9,26)

προτέρους ‣ 1
: **Adjective** · masculine · plural · accusative · noDegree ‣ 1 (Deut. 1,22)

προτέρων ‣ 3 + 1 = 4
: **Adjective** · masculine · plural · genitive · noDegree ‣ 1 (Sir. 41,3)
: **Adjective** · neuter · plural · genitive · noDegree ‣ 2 + 1 = 3 (Sir. 21,1; Is. 65,17; Dan. 7,20)

προτίθημι (πρό; τίθημι)   to set forth; to purpose ‣ 12 + 3 = 15

προεθέμην ‣ 1 + 1 = 2
: **Verb** · first · singular · aorist · middle · indicative ‣ 1 + 1 = 2 (Psa. 100,3; Rom. 1,13)

προέθεντο ‣ 1
: **Verb** · third · plural · aorist · middle · indicative ‣ 1 (Psa. 53,5)

προέθεντό ‣ 1
: **Verb** · third · plural · aorist · middle · indicative ‣ 1 (Psa. 85,14)

προέθεσαν ‣ 1
: **Verb** · third · plural · aorist · active · indicative ‣ 1 (4Mac. 8,13)

προέθετο ‣ 1 + 2 = 3
: **Verb** · third · singular · aorist · middle · indicative ‣ 1 + 2 = 3 (3Mac. 2,27; Rom. 3,25; Eph. 1,9)

προεθήκαμεν ‣ 1
: **Verb** · first · plural · aorist · active · indicative ‣ 1 (2Mac. 1,8)

προέθηκεν ‣ 1
: **Verb** · third · singular · aorist · active · indicative ‣ 1 (Ex. 40,23)

προθέντων ‣ 1
: **Verb** · aorist · active · participle · masculine · plural · genitive ‣ 1 (2Mac. 1,15)

προθήσεις ‣ 1
: **Verb** · second · singular · future · active · indicative ‣ 1 (Ex. 40,4)

προθήσεται ‣ 1
: **Verb** · third · singular · future · middle · indicative ‣ 1 (Lev. 24,8)

προτεθειμένων ‣ 1
: **Verb** · perfect · passive · participle · neuter · plural · genitive ‣ 1 (Ex. 29,23)

προτεθέντος ‣ 1
: **Verb** · aorist · passive · participle · masculine · singular · genitive ‣ 1 (Prov. 29,24)

προτιμάω (πρό; τιμή)   to prefer ‣ 2

προτετιμημένη ‣ 1
: **Verb** · perfect · passive · participle · feminine · singular · dative ‣ 1 (2Mac. 15,2)

προτιμῶν ‣ 1
: **Verb** · present · active · participle · masculine · singular · nominative ‣ 1 (4Mac. 1,15)

προτομή (πρό; τέμνω)   head, bust; relief ‣ 2

προτομαί ‣ 1
: **Noun** · feminine · plural · nominative · (common) ‣ 1 (1Kings 10,19)

προτομήν ‣ 1
: **Noun** · feminine · singular · accusative · (common) ‣ 1 (2Mac. 15,35)

προτρέπω (πρό; τρέπω)   to encourage, persuade, urge on ‣ 5 + 1 = 6

προετρέπετο ‣ 2
: **Verb** · third · singular · imperfect · middle · indicative ‣ 2 (4Mac. 15,12; 4Mac. 16,13)

προετρέψατο ‣ 2
: **Verb** · third · singular · aorist · middle · indicative ‣ 2 (2Mac. 11,7; Wis. 14,18)

προτρεψαμένης ‣ 1

Verb · aorist · middle · participle · feminine · singular · genitive ▸ **1** (4Mac. 12,7)
προτρεψάμενοι ▸ **1**
Verb · aorist · middle · participle · masculine · plural · nominative ▸ **1** (Acts 18,27)

προτρέχω (πρό; τρέχω) to run ahead ▸ 3 + **1** + **2** = **6**
προδράμωμεν ▸ **1** + **1** = **2**
Verb · first · plural · aorist · active · subjunctive ▸ **1** + **1** = **2** (Tob. 11,3; Tob. 11,3)
προδραμών ▸ **1**
Verb · aorist · active · participle · masculine · singular · nominative ▸ **1** (1Mac. 16,21)
προδραμών ▸ **1**
Verb · aorist · active · participle · masculine · singular · nominative ▸ **1** (Luke 19,4)
προέδραμεν ▸ **1**
Verb · third · singular · aorist · active · indicative ▸ **1** (John 20,4)
προτρέχοντας ▸ **1**
Verb · present · active · participle · masculine · plural · accusative ▸ **1** (1Sam. 8,11)

προϋπάρχω (πρό; ὑπό; ἄρχω) to exist previously ▸ 1 + **2** = **3**
προϋπῆρχεν ▸ **1** + **1** = **2**
Verb · third · singular · imperfect · active · indicative ▸ **1** + **1** = **2** (Job 42,17b; Acts 8,9)
προϋπῆρχον ▸ **1**
Verb · third · plural · imperfect · active · indicative ▸ **1** (Luke 23,12)

προϋποτάσσω (πρό; ὑπό; τάσσω) to be issued to, assigned to previously ▸ 1
προϋποτεταγμένων ▸ **1**
Verb · perfect · passive · participle · neuter · plural · genitive ▸ **1** (3Mac. 1,2)

προϋφίσταμαι (πρό; ὑπό; ἵστημι) to be present previously ▸ 1
προϋφεστῶτος ▸ **1**
Verb · perfect · active · participle · neuter · singular · genitive ▸ **1** (Wis. 19,7)

προφαίνω (πρό; φαίνω) to appear ▸ 1
προυφάνησαν ▸ **1**
Verb · third · plural · aorist · passive · indicative ▸ **1** (4Mac. 4,10)

προφανῶς (πρό; φαίνω) conspicuously ▸ 1
προφανῶς ▸ **1**
Adverb ▸ **1** (Sir. 51,13)

προφασίζομαι (πρό; φαίνω) to use a pretext, excuse ▸ 3
προφασίζεσθαι ▸ **1**
Verb · present · middle · infinitive ▸ **1** (Psa. 140,4)
προφασίζεται ▸ **2**
Verb · third · singular · present · middle · indicative ▸ **2** (2Kings 5,7; Prov. 22,13)

πρόφασις (πρό; φαίνω) motive, false motive, excuse, pretext ▸ 3 + **3** + **6** = **12**
προφάσει ▸ **5**
Noun · feminine · singular · dative ▸ **5** (Mark 12,40; Luke 20,47; Acts 27,30; Phil. 1,18; 1Th. 2,5)
προφάσεις ▸ **3**
Noun · feminine · plural · accusative · (common) ▸ **3** (Psa. 140,4; Prov. 18,1; Hos. 10,4)
πρόφασιν ▸ **3** + **1** = **4**
Noun · feminine · singular · accusative ▸ **3** + **1** = **4** (Dan. 6,5; Dan. 6,5; Dan. 6,6; John 15,22)

προφασιστικός (πρό; φαίνω) accusing falsely ▸ 2
προφασιστικοὺς ▸ **2**
Adjective · masculine · plural · accusative · noDegree ▸ **2** (Deut. 22,14; Deut. 22,17)

προφέρω (πρό; φέρω) to bring out ▸ 6 + **2** = **8**
προεφέροντο ▸ **1**
Verb · third · plural · imperfect · middle · indicative ▸ **1** (3Mac. 5,39)
προήνεγκεν ▸ **1**
Verb · third · singular · aorist · active · indicative ▸ **1** (Tob. 9,5)
προφέρει ▸ **1** + **2** = **3**
Verb · third · singular · present · active · indicative ▸ **1** + **2** = **3** (Prov. 10,13; Luke 6,45; Luke 6,45)
προφερόμενοι ▸ **2**
Verb · present · middle · participle · masculine · plural · nominative ▸ **2** (3Mac. 7,4; 3Mac. 7,11)
προφερόμενος ▸ **1**
Verb · present · middle · participle · masculine · singular · nominative ▸ **1** (3Mac. 1,12)

προφητεία (πρό; φημί) prophecy ▸ 16 + **19** = **35**
προφητεία ▸ **1** + **5** = **6**
Noun · feminine · singular · nominative · (common) ▸ **1** + **5** = **6** (Neh. 6,12; Matt. 13,14; 1Cor. 12,10; 1Cor. 14,22; 2Pet. 1,20; 2Pet. 1,21)
προφητείᾳ ▸ **3** + **1** = **4**
Noun · feminine · singular · dative · (common) ▸ **3** + **1** = **4** (2Chr. 32,32; Ezra 6,14; Sir. 46,20; 1Cor. 14,6)
προφητεῖαι ▸ **1** + **1** = **2**
Noun · feminine · plural · nominative · (common) ▸ **1** + **1** = **2** (Sir. 1,24 Prol.; 1Cor. 13,8)
προφητείαις ▸ **3**
Noun · feminine · plural · dative · (common) ▸ **3** (Sir. 39,1; Sir. 44,3; Sir. 46,1)
προφητείαν ▸ **4** + **2** = **6**
Noun · feminine · singular · accusative · (common) ▸ **4** + **2** = **6** (2Chr. 15,8; Ezra 5,1; Sir. 24,33; Dan. 11,14; Rom. 12,6; 1Cor. 13,2)
προφητείας ▸ **4** + **10** = **14**
Noun · feminine · plural · accusative · (common) ▸ **2** + **2** = **4** (Sir. 36,14; Jer. 23,31; 1Th. 5,20; 1Tim. 1,18)
Noun · feminine · singular · genitive · (common) ▸ **2** + **8** = **10** (Tob. 2,6; Bel 1; 1Tim. 4,14; Rev. 1,3; Rev. 11,6; Rev. 19,10; Rev. 22,7; Rev. 22,10; Rev. 22,18; Rev. 22,19)

προφητεύω (πρό; φημί) to prophesy ▸ 117 + **28** = **145**
ἐπροφήτευον ▸ **7** + **1** = **8**
Verb · third · plural · imperfect · active · indicative ▸ **7** + **1** = **8** (1Kings 18,29; 1Kings 22,10; 1Kings 22,12; 2Chr. 18,9; 2Chr. 18,11; Jer. 2,8; Jer. 23,21; Acts 19,6)
ἐπροφήτευσα ▸ **2**
Verb · first · singular · aorist · active · indicative ▸ **2** (Ezek. 37,7; Ezek. 37,10)
ἐπροφητεύσαμεν ▸ **1**
Verb · first · plural · aorist · active · indicative ▸ **1** (Matt. 7,22)
ἐπροφήτευσαν ▸ **6** + **1** = **7**
Verb · third · plural · aorist · active · indicative ▸ **6** + **1** = **7** (Num. 11,25; Num. 11,26; 1Sam. 19,21; 1Sam. 19,21; Jer. 23,13; Jer. 35,8; Matt. 11,13)
ἐπροφήτευσας ▸ **3**
Verb · second · singular · aorist · active · indicative ▸ **3** (Judith 6,2; Jer. 20,6; Jer. 33,9)
ἐπροφήτευσεν ▸ **11** + **4** = **15**
Verb · third · singular · aorist · active · indicative ▸ **11** + **4** = **15**

προφήτης

(1Sam. 10,10; 1Sam. 19,24; 2Chr. 20,37; 1Esdr. 6,1; Ezra 5,1; Sir. 48,13; Jer. 25,14; Jer. 32,13; Jer. 33,11; Jer. 33,20; Jer. 36,31; Matt. 15,7; Mark 7,6; Luke 1,67; John 11,51)

Προεφήτευσεν ▸ 1
Verb ▪ third ▪ singular ▪ aorist ▪ active ▪ indicative ▸ 1 (Jude 14)

προεφήτευσεν ▸ 1
Verb ▪ third ▪ singular ▪ aorist ▪ active ▪ indicative ▸ 1 (Sir. 46,20)

προφήτευε ▸ 1
Verb ▪ second ▪ singular ▪ present ▪ active ▪ imperative ▸ 1 (Amos 7,16)

προφητεύει ▸ 3
Verb ▪ third ▪ singular ▪ present ▪ active ▪ indicative ▸ 3 (1Kings 22,18; 2Chr. 18,17; Ezek. 12,27)

προφητεύειν ▸ 5 + 2 = 7
Verb ▪ present ▪ active ▪ infinitive ▸ 5 + 2 = 7 (Sir. 47,1; Zech. 13,3; Zech. 13,4; Jer. 23,26; Ezek. 11,13; 1Cor. 14,31; 1Cor. 14,39)

προφητεύεις ▸ 2
Verb ▪ second ▪ singular ▪ present ▪ active ▪ indicative ▸ 2 (Jer. 35,6; Jer. 39,3)

προφητεύητε ▸ 2
Verb ▪ second ▪ plural ▪ present ▪ active ▪ subjunctive ▸ 2 (1Cor. 14,1; 1Cor. 14,5)

προφητεύομεν ▸ 1
Verb ▪ first ▪ plural ▪ present ▪ active ▪ indicative ▸ 1 (1Cor. 13,9)

προφητεύοντας ▸ 1
Verb ▪ present ▪ active ▪ participle ▪ masculine ▪ plural ▪ accusative ▸ 1 (Jer. 23,32)

προφητεύοντες ▸ 3
Verb ▪ present ▪ active ▪ participle ▪ masculine ▪ plural ▪ nominative ▸ 3 (1Sam. 10,5; Jer. 34,15; Ezek. 13,16)

προφητεύοντι ▸ 1
Verb ▪ present ▪ active ▪ participle ▪ masculine ▪ singular ▪ dative ▸ 1 (Jer. 36,26)

προφητεύοντος ▸ 1
Verb ▪ present ▪ active ▪ participle ▪ masculine ▪ singular ▪ genitive ▸ 1 (Jer. 20,1)

προφητευόντων ▸ 4
Verb ▪ present ▪ active ▪ participle ▪ masculine ▪ plural ▪ genitive ▸ 4 (1Esdr. 7,3; Jer. 14,15; Jer. 23,26; Jer. 34,16)

προφητεύουσα ▸ 1
Verb ▪ present ▪ active ▪ participle ▪ feminine ▪ singular ▪ nominative ▸ 1 (1Cor. 11,5)

προφητεύουσαι ▸ 1
Verb ▪ present ▪ active ▪ participle ▪ feminine ▪ plural ▪ nominative ▸ 1 (Acts 21,9)

προφητευούσας ▸ 1
Verb ▪ present ▪ active ▪ participle ▪ feminine ▪ plural ▪ accusative ▸ 1 (Ezek. 13,17)

προφητεύουσιν ▸ 15
Verb ▪ present ▪ active ▪ participle ▪ masculine ▪ plural ▪ dative ▸ 1 (Ezek. 13,3)
Verb ▪ third ▪ plural ▪ present ▪ active ▪ indicative ▸ 14 (Num. 11,27; 1Sam. 19,20; Wis. 14,28; Jer. 5,31; Jer. 14,13; Jer. 14,14; Jer. 14,14; Jer. 14,16; Jer. 23,25; Jer. 34,10; Jer. 34,14; Jer. 34,15; Jer. 34,16; Jer. 36,9)

προφητεῦσαι ▸ 4 + 1 = 5
Verb ▪ aorist ▪ active ▪ infinitive ▸ 4 + 1 = 5 (Amos 7,13; Jer. 19,14; Jer. 33,12; Ezek. 37,7; Rev. 10,11)

προφητεύσαντα ▸ 1
Verb ▪ aorist ▪ active ▪ participle ▪ masculine ▪ singular ▪ accusative ▸ 1 (Jer. 36,27)

προφητεύσαντες ▸ 1 + 1 = 2
Verb ▪ aorist ▪ active ▪ participle ▪ masculine ▪ plural ▪ nominative ▸ 1 + 1 = 2 (Jer. 44,19; 1Pet. 1,10)

προφητεύσας ▸ 1
Verb ▪ aorist ▪ active ▪ participle ▪ masculine ▪ singular ▪ nominative ▸ 1 (Jer. 35,9)

προφητεύσει ▸ 1
Verb ▪ third ▪ singular ▪ future ▪ active ▪ indicative ▸ 1 (Amos 3,8)

προφητεύσεις ▸ 6
Verb ▪ second ▪ singular ▪ future ▪ active ▪ indicative ▸ 6 (1Sam. 10,6; Amos 7,12; Jer. 32,30; Ezek. 4,7; Ezek. 13,2; Ezek. 21,7)

προφητεύση ▸ 1
Verb ▪ third ▪ singular ▪ aorist ▪ active ▪ subjunctive ▸ 1 (Zech. 13,3)

προφητεύσης ▸ 1
Verb ▪ second ▪ singular ▪ aorist ▪ active ▪ subjunctive ▸ 1 (Jer. 11,21)

προφητεύσητε ▸ 1
Verb ▪ second ▪ plural ▪ aorist ▪ active ▪ subjunctive ▸ 1 (Amos 2,12)

Προφήτευσον ▸ 2
Verb ▪ second ▪ singular ▪ aorist ▪ active ▪ imperative ▸ 2 (Ezek. 37,4; Ezek. 37,9)

προφήτευσον ▸ 26 + 3 = 29
Verb ▪ second ▪ singular ▪ aorist ▪ active ▪ imperative ▸ 26 + 3 = 29 (Amos 7,15; Ezek. 6,2; Ezek. 11,4; Ezek. 11,4; Ezek. 13,2; Ezek. 13,17; Ezek. 21,2; Ezek. 21,7; Ezek. 21,14; Ezek. 21,19; Ezek. 21,33; Ezek. 25,2; Ezek. 28,21; Ezek. 29,2; Ezek. 30,2; Ezek. 34,2; Ezek. 34,2; Ezek. 35,2; Ezek. 36,1; Ezek. 36,3; Ezek. 36,6; Ezek. 37,9; Ezek. 37,12; Ezek. 38,2; Ezek. 38,14; Ezek. 39,1; Matt. 26,68; Mark 14,65; Luke 22,64)

προφητεύσουσιν ▸ 1 + 3 = 4
Verb ▪ third ▪ plural ▪ future ▪ active ▪ indicative ▸ 1 + 3 = 4 (Joel 3,1; Acts 2,17; Acts 2,18; Rev. 11,3)

προφητεύων ▸ 4 + 4 = 8
Verb ▪ present ▪ active ▪ participle ▪ masculine ▪ singular ▪ nominative ▸ 4 + 4 = 8 (1Sam. 10,13; 1Sam. 19,23; 2Chr. 18,7; Jer. 33,20; 1Cor. 11,4; 1Cor. 14,3; 1Cor. 14,4; 1Cor. 14,5)

προφητεύωσιν ▸ 1
Verb ▪ third ▪ plural ▪ present ▪ active ▪ subjunctive ▸ 1 (1Cor. 14,24)

προφήτης (πρό; φημί) prophet ▸ 323 + 10 + 144 = 477

προφῆται ▸ 37 + 2 + 21 = 60
Noun ▪ masculine ▪ plural ▪ nominative ▪ (common) ▸ 37 + 2 + 20 = 59 (1Kings 18,22; 1Kings 18,22; 1Kings 22,10; 1Kings 22,12; 1Kings 22,13; 2Kings 10,19; 2Kings 10,21; 2Kings 10,21; 2Kings 23,2; 2Chr. 18,9; 2Chr. 18,11; 2Chr. 18,12; 2Chr. 35,15; 1Esdr. 6,1; Ezra 5,2; Tob. 14,5; Mic. 3,11; Zeph. 3,4; Zech. 1,4; Zech. 1,5; Zech. 13,4; Jer. 2,8; Jer. 2,26; Jer. 4,9; Jer. 5,13; Jer. 5,31; Jer. 14,13; Jer. 14,14; Jer. 14,15; Jer. 23,25; Jer. 34,15; Jer. 35,8; Jer. 39,32; Jer. 44,19; Lam. 2,9; Ezek. 13,16; Ezek. 22,28; Tob. 14,4; Tob. 14,5; Matt. 7,12; Matt. 11,13; Matt. 13,17; Matt. 22,40; Luke 10,24; Luke 16,16; Luke 24,25; John 1,45; John 8,52; John 8,53; Acts 3,24; Acts 10,43; Acts 11,27; Acts 13,1; Acts 15,32; Acts 26,22; 1Cor. 12,29; 1Cor. 14,29; 1Pet. 1,10; Rev. 11,10)
Noun ▪ masculine ▪ plural ▪ vocative ▸ 1 (Rev. 18,20)

Προφῆται ▸ 1
Noun ▪ masculine ▪ plural ▪ nominative ▪ (common) ▸ 1 (Lam. 2,14)

προφῆταί ▸ 3
Noun ▪ masculine ▪ plural ▪ nominative ▪ (common) ▸ 3 (Sir. 36,15; Jer. 34,18; Ezek. 13,4)

προφήταις ▸ 15 + 10 = 25
   Noun · masculine · plural · dative · (common)   ▸ 15 + 10 = **25** (1Sam. 10,11; 1Sam. 10,12; 1Sam. 19,24; 1Sam. 28,6; 1Kings 18,25; 1Chr. 16,22; 2Chr. 36,16; Psa. 104,15; Amos 2,12; Zech. 1,6; Is. 30,10; Jer. 23,9; Jer. 23,13; Jer. 23,14; Bar. 1,16; Luke 6,23; Luke 24,44; John 6,45; Acts 13,40; Acts 24,14; Acts 26,27; 1Cor. 14,32; Eph. 3,5; Heb. 1,1; Rev. 11,18)
προφήτας ▸ 44 + 15 = 59
   Noun · masculine · plural · accusative · (common)   ▸ 44 + 15 = **59** (Num. 11,29; 1Kings 18,4; 1Kings 18,4; 1Kings 18,13; 1Kings 18,19; 1Kings 18,19; 1Kings 18,20; 1Kings 18,29; 1Kings 18,40; 1Kings 19,1; 1Kings 19,10; 1Kings 19,14; 1Kings 22,6; 2Kings 3,13; 2Chr. 18,5; 2Chr. 24,19; 2Chr. 25,15; 1Esdr. 1,49; Neh. 6,7; Neh. 9,26; Neh. 9,32; 4Mac. 18,10; Wis. 7,27; Sir. 48,8; Hos. 6,5; Hos. 12,11; Amos 2,11; Amos 3,7; Mic. 3,5; Mic. 3,6; Zech. 7,3; Jer. 2,30; Jer. 7,25; Jer. 13,13; Jer. 23,21; Jer. 23,30; Jer. 23,31; Jer. 23,32; Jer. 25,4; Jer. 36,15; Jer. 42,15; Jer. 51,4; Ezek. 13,2; Ezek. 13,9; Matt. 5,12; Matt. 5,17; Matt. 23,31; Matt. 23,34; Matt. 23,37; Luke 11,49; Luke 13,28; Luke 13,34; Luke 16,29; Rom. 11,3; 1Cor. 12,28; Eph. 4,11; 1Th. 2,15; James 5,10; Rev. 10,7)
προφήτῃ ▸ 7 + 1 = 8
   Noun · masculine · singular · dative · (common)   ▸ 7 + 1 = **8** (2Chr. 16,10; 2Chr. 20,20; Neh. 6,14; Hos. 12,14; Hos. 12,14; Jer. 28,59; Ezek. 14,10; Mark 1,2)
προφήτην ▸ 35 + 3 + 12 = 50
   Noun · masculine · singular · accusative · (common)   ▸ 35 + 3 + 12 = **50** (Deut. 18,15; Deut. 18,18; Judg. 6,8; 1Sam. 3,20; 1Sam. 9,9; 2Sam. 7,2; 2Sam. 12,1; 2Sam. 24,11; 1Kings 1,10; 1Kings 1,32; 1Kings 1,44; 1Kings 13,20; 1Kings 16,12; 1Kings 19,16; 2Kings 19,2; 1Chr. 17,1; 1Mac. 4,46; 1Mac. 14,41; Psa. 50,2; Hag. 2,10; Hag. 2,20; Zech. 1,1; Zech. 1,7; Is. 3,2; Is. 9,14; Is. 37,2; Jer. 1,5; Jer. 35,9; Jer. 49,2; Jer. 50,6; Lam. 2,20; Ezek. 14,4; Ezek. 14,7; Ezek. 14,9; Dan. 9,2; Judg. 6,8; Dan. 9,2; Dan. 9,24; Matt. 10,41; Matt. 11,9; Matt. 14,5; Matt. 21,26; Matt. 21,46; Luke 7,26; Luke 13,33; Luke 20,6; Acts 3,22; Acts 7,37; Acts 8,28; Acts 8,30)
προφήτης ▸ 85 + 2 + 27 = 114
   Noun · masculine · singular · nominative · (common)   ▸ 85 + 2 + 27 = **114** (Gen. 20,7; Ex. 7,1; Num. 12,6; Deut. 13,2; Deut. 13,6; Deut. 18,19; Deut. 18,20; Deut. 18,20; Deut. 18,22; Deut. 18,22; Deut. 34,10; 1Sam. 3,21; 1Sam. 22,5; 1Kings 1,8; 1Kings 1,22; 1Kings 1,23; 1Kings 1,34; 1Kings 1,38; 1Kings 1,45; 1Kings 11,29; 1Kings 13,11; 1Kings 13,18; 1Kings 13,25; 1Kings 13,29; 1Kings 13,29; 1Kings 17,1; 1Kings 18,22; 1Kings 21,13; 1Kings 21,22; 1Kings 21,38; 1Kings 22,7; 2Kings 3,11; 2Kings 5,8; 2Kings 5,13; 2Kings 6,12; 2Kings 9,1; 2Kings 9,4; 2Kings 20,1; 2Kings 20,11; 2Kings 20,14; 1Chr. 10,13; 2Chr. 12,5; 2Chr. 16,7; 2Chr. 18,6; 2Chr. 19,2; 2Chr. 25,16; 2Chr. 28,9; 2Chr. 32,20; 1Esdr. 1,30; Ezra 5,1; Tob. 14,4; Tob. 14,8; 1Mac. 9,27; 2Mac. 2,1; 2Mac. 2,2; 2Mac. 2,4; 2Mac. 15,14; Psa. 73,9; Ode. 7,38; Ode. 9,76; Sir. 46,13; Sir. 46,15; Sir. 48,1; Sir. 48,22; Sir. 49,7; Hos. 4,5; Hos. 9,7; Hos. 9,8; Amos 7,14; Hab. 1,1; Zech. 13,5; Is. 28,7; Is. 38,1; Is. 39,3; Jer. 14,18; Jer. 23,11; Jer. 23,28; Jer. 23,33; Jer. 23,34; Jer. 35,9; Jer. 51,31; Ezek. 2,5; Ezek. 14,9; Ezek. 33,33; Dan. 3,38; Dan. 3,38; Bel 33; Matt. 13,57; Matt. 21,11; Mark 6,4; Mark 6,15; Mark 11,32; Luke 1,76; Luke 4,24; Luke 7,16; Luke 7,39; Luke 9,8; Luke 9,19; Luke 24,19; John 1,21; John 1,23; John 1,25; John 4,19; John 4,44; John 6,14; John 7,40; John 7,52; John 9,17; Acts 2,30; Acts 7,48; Acts 8,34; Acts 21,10; 1Cor. 14,37; Titus 1,12)
προφήτου ▸ 32 + 1 + 26 = 59
   Noun · masculine · singular · genitive · (common)   ▸ 32 + 1 + 26 = **59** (Deut. 13,4; 2Sam. 12,25; 2Kings 5,3; 2Kings 14,25; 2Kings 23,18; 1Chr. 25,2; 1Chr. 26,28; 1Chr. 29,29; 2Chr. 9,29; 2Chr. 12,15; 2Chr. 13,22; 2Chr. 15,8; 2Chr. 21,12; 2Chr. 26,22; 2Chr. 29,25; 2Chr. 29,30; 2Chr. 32,32; 2Chr. 35,18; 2Chr. 36,12; 1Esdr. 1,18; 1Esdr. 1,26; 1Esdr. 1,45; Ezra 6,14; Wis. 11,1; Amos 7,14; Hab. 3,1; Hag. 1,1; Hag. 1,3; Hag. 1,12; Hag. 2,1; Jer. 18,18; Ezek. 7,26; Tob. 2,6; Matt. 1,22; Matt. 2,5; Matt. 2,15; Matt. 2,17; Matt. 3,3; Matt. 4,14; Matt. 8,17; Matt. 10,41; Matt. 10,41; Matt. 11,9; Matt. 12,17; Matt. 12,39; Matt. 13,35; Matt. 21,4; Matt. 24,15; Matt. 27,9; Luke 3,4; Luke 4,17; Luke 4,27; Luke 7,26; John 12,38; Acts 2,16; Acts 3,23; Acts 13,20; Acts 28,25; 2Pet. 2,16)
προφητῶν ▸ 64 + 2 + 32 = 98
   Noun · masculine · plural · genitive · (common)   ▸ 64 + 2 + 32 = **98** (1Sam. 10,5; 1Sam. 10,10; 1Sam. 10,11; 1Sam. 19,20; 1Sam. 28,15; 1Kings 18,13; 1Kings 21,35; 1Kings 21,41; 1Kings 22,22; 1Kings 22,23; 2Kings 2,3; 2Kings 2,5; 2Kings 2,7; 2Kings 2,15; 2Kings 4,1; 2Kings 4,38; 2Kings 4,38; 2Kings 5,22; 2Kings 6,1; 2Kings 9,1; 2Kings 9,7; 2Kings 17,13; 2Kings 17,13; 2Kings 17,23; 2Kings 21,10; 2Kings 24,2; 2Chr. 18,21; 2Chr. 18,22; 2Chr. 29,25; 2Chr. 36,5b; 2Chr. 36,15; 1Esdr. 6,2; 1Esdr. 7,3; 1Esdr. 8,79; Ezra 9,11; Neh. 6,14; Neh. 9,30; Tob. 4,12; 1Mac. 9,54; 2Mac. 2,13; 2Mac. 15,9; Ode. 9,70; Sir. 1,1 Prol.; Sir. 1,9 Prol.; Sir. 49,10; Hos. 12,11; Zech. 7,7; Zech. 7,12; Zech. 8,9; Is. 29,10; Jer. 8,1; Jer. 14,15; Jer. 23,15; Jer. 23,16; Jer. 23,26; Jer. 33,5; Jer. 34,16; Bar. 1,21; Bar. 2,20; Bar. 2,24; Lam. 4,13; Ezek. 38,17; Dan. 9,6; Dan. 9,10; Dan. 9,6; Dan. 9,10; Matt. 2,23; Matt. 16,14; Matt. 23,29; Matt. 23,30; Matt. 26,56; Mark 6,15; Mark 8,28; Luke 1,70; Luke 11,47; Luke 11,50; Luke 16,31; Luke 18,31; Luke 24,27; Acts 3,18; Acts 3,21; Acts 3,25; Acts 7,42; Acts 7,52; Acts 13,15; Acts 13,27; Acts 15,15; Acts 28,23; Rom. 1,2; Rom. 3,21; 1Cor. 14,32; Eph. 2,20; Heb. 11,32; 2Pet. 3,2; Rev. 16,6; Rev. 18,24; Rev. 22,6; Rev. 22,9)
προφητικός (πρό; φημί)   prophetic ▸ 2
   προφητικὸν ▸ 1
      Adjective · masculine · singular · accusative ▸ **1** (2Pet. 1,19)
   προφητικῶν ▸ 1
      Adjective · feminine · plural · genitive ▸ **1** (Rom. 16,26)
προφῆτις (πρό; φημί)   prophet (f) ▸ 5 + 1 + 2 = 8
   προφῆτιν ▸ 3 + 1 = 4
      Noun · feminine · singular · accusative · (common)   ▸ 3 + 1 = **4** (2Kings 22,14; 2Chr. 34,22; Is. 8,3; Rev. 2,20)
   προφῆτις ▸ 2 + 1 + 1 = 4
      Noun · feminine · singular · nominative · (common)   ▸ 2 + 1 + 1 = **4** (Ex. 15,20; Judg. 4,4; Judg. 4,4; Luke 2,36)
προφθάνω (πρό; φθάνω)   to outrun; come before ▸ 20 + 1 = 21
   προέφθακεν ▸ 1
      Verb · third · singular · perfect · active · indicative   ▸ **1** (1Mac. 10,23)
   προέφθασα ▸ 2
      Verb · first · singular · aorist · active · indicative   ▸ **2** (Psa. 118,147; Jonah 4,2)
   προέφθασαν ▸ 2
      Verb · third · plural · aorist · active · indicative   ▸ **2** (Psa. 67,26; Psa. 118,148)
   προέφθασάν ▸ 5
      Verb · third · plural · aorist · active · indicative   ▸ **5** (2Sam. 22,6; 2Sam. 22,19; Psa. 17,6; Psa. 17,19; Job 30,27)
   προέφθασας ▸ 1
      Verb · second · singular · aorist · active · indicative   ▸ **1** (Psa. 20,4)

προέφθασεν ‣ 1 + 1 = 2
  Verb · third · singular · aorist · active · indicative ‣ 1 + 1 = 2 (1Sam. 20,25; Matt. 17,25)
προφθάσει ‣ 5
  Verb · third · singular · future · active · indicative ‣ 5 (2Kings 19,32; Psa. 58,11; Psa. 67,32; Psa. 87,14; Sir. 19,27)
πρόφθασον ‣ 1
  Verb · second · singular · aorist · active · imperative ‣ 1 (Psa. 16,13)
Προφθάσωμεν ‣ 1
  Verb · first · plural · aorist · active · subjunctive ‣ 1 (1Mac. 10,4)
προφθάσωμεν ‣ 1
  Verb · first · plural · aorist · active · subjunctive ‣ 1 (Psa. 94,2)
προφυλακή (πρό; φυλάσσω) outpost; advance guard ‣ 12
  προφυλακὰς ‣ 1
    Noun · feminine · plural · accusative · (common) ‣ 1 (Nah. 2,6)
  προφυλακή ‣ 1
    Noun · feminine · singular · nominative · (common) ‣ 1 (Ex. 12,42)
  προφυλακὴ ‣ 4
    Noun · feminine · singular · nominative · (common) ‣ 4 (Ex. 12,42; Num. 32,17; Neh. 4,16; Judith 10,11)
  προφυλακῇ ‣ 1
    Noun · feminine · singular · dative · (common) ‣ 1 (Neh. 7,3)
  προφυλακήν ‣ 1
    Noun · feminine · singular · accusative · (common) ‣ 1 (Ezek. 38,7)
  προφυλακὴν ‣ 3
    Noun · feminine · singular · accusative · (common) ‣ 3 (Judith 7,13; Judith 14,2; Ezek. 26,8)
  προφυλακῆς ‣ 1
    Noun · feminine · singular · genitive · (common) ‣ 1 (Neh. 4,17)
προφύλαξ (πρό; φυλάσσω) advance guard ‣ 3
  προφύλακας ‣ 3
    Noun · feminine · plural · accusative · (common) ‣ 1 (Neh. 7,3)
    Noun · masculine · plural · accusative · (common) ‣ 2 (Neh. 4,3; 1Mac. 12,27)
προφυλάσσω (πρό; φυλάσσω) to guard against ‣ 1
  προφυλάξομαι ‣ 1
    Verb · first · singular · future · middle · indicative ‣ 1 (2Sam. 22,24)
προχαλάομαι (πρό; χαλάω) to be loosened previously, be extended ‣ 1
  προκεχάλασται ‣ 1
    Verb · third · singular · perfect · passive · indicative ‣ 1 (4Mac. 10,19)
προχειρίζομαι (πρό; χείρ) to choose, appoint ‣ 6
  προχείρισαι ‣ 1
    Verb · second · singular · aorist · middle · imperative ‣ 1 (Ex. 4,13)
  προχειρισάμενος ‣ 3
    Verb · aorist · middle · participle · masculine · singular · nominative ‣ 3 (2Mac. 3,7; 2Mac. 8,9; 2Mac. 14,12)
  προχειρίσασθε ‣ 1
    Verb · second · plural · aorist · middle · imperative ‣ 1 (Josh. 3,12)
  προχειρισθέντες ‣ 1
    Verb · aorist · passive · participle · masculine · plural · nominative ‣ 1 (Dan. 3,22)
προχειρίζω (πρό; χείρ) to choose, to appoint ‣ 3
  προεχειρίσατό ‣ 1
    Verb · third · singular · aorist · middle · indicative ‣ 1 (Acts 22,14)
  προκεχειρισμένον ‣ 1
    Verb · perfect · middle · participle · masculine · singular · accusative ‣ 1 (Acts 3,20)
  προχειρίσασθαί ‣ 1
    Verb · aorist · middle · infinitive ‣ 1 (Acts 26,16)
πρόχειρος (πρό; χείρ) speedy, ready, at hand; (adv) readily ‣ 1
  πρόχειρος ‣ 1
    Adjective · masculine · singular · nominative · noDegree ‣ 1 (Prov. 11,3)
προχειροτονέω (πρό; χείρ; τείνω) to choose beforehand ‣ 1
  προκεχειροτονημένοις ‣ 1
    Verb · perfect · middle · participle · masculine · plural · dative · (variant) ‣ 1 (Acts 10,41)
Πρόχορος Prochorus ‣ 1
  Πρόχορον ‣ 1
    Noun · masculine · singular · accusative · (proper) ‣ 1 (Acts 6,5)
προχώρημα (πρό; χῶρος) excrement ‣ 1
  προχωρημάτων ‣ 1
    Noun · neuter · plural · genitive · (common) ‣ 1 (Ezek. 32,6)
πρύμνα stern (of a boat) ‣ 3
  πρύμνα ‣ 1
    Noun · feminine · singular · nominative ‣ 1 (Acts 27,41)
  πρύμνῃ ‣ 1
    Noun · feminine · singular · dative ‣ 1 (Mark 4,38)
  πρύμνης ‣ 1
    Noun · feminine · singular · genitive ‣ 1 (Acts 27,29)
πρύτανις master, prince, ruler; Prytanis (President) ‣ 1
  πρυτάνεις ‣ 1
    Noun · masculine · plural · accusative · (common) ‣ 1 (Wis. 13,2)
πρώην (πρό) lately, just now ‣ 1
  πρώην ‣ 1
    Adverb ‣ 1 (Josh. 8,5)
πρωΐ (πρό) in the morning ‣ 185 + 13 + 12 = 210
  πρωὶ ‣ 124 + 8 = 132
    Adverb · (temporal) ‣ 124 + 8 = 132 (Gen. 19,27; Gen. 20,8; Gen. 21,14; Gen. 22,3; Gen. 24,54; Gen. 26,31; Gen. 28,18; Gen. 32,1; Gen. 40,6; Gen. 41,8; Gen. 44,3; Ex. 8,16; Ex. 9,13; Ex. 10,13; Ex. 12,10; Ex. 12,10; Ex. 16,7; Ex. 16,8; Ex. 16,12; Ex. 16,13; Ex. 16,21; Ex. 24,4; Ex. 27,21; Ex. 29,39; Ex. 30,7; Ex. 34,2; Ex. 34,25; Ex. 36,3; Lev. 6,5; Lev. 6,13; Lev. 24,3; Num. 9,12; Num. 9,21; Num. 14,40; Num. 22,13; Num. 22,21; Num. 22,41; Num. 28,4; Deut. 16,7; Deut. 28,67; Josh. 7,14; Josh. 8,10; Judg. 9,33; Judg. 9,35; Judg. 16,2; Judg. 19,8; Judg. 19,26; Judg. 19,27; 1Sam. 1,19; 1Sam. 3,15; 1Sam. 3,15; 1Sam. 9,19; 1Sam. 11,5; 1Sam. 19,2; 1Sam. 20,35; 1Sam. 25,22; 1Sam. 25,34; 2Sam. 11,14; 2Sam. 13,4; 2Sam. 23,4; 1Kings 3,21; 1Kings 17,6; 1Kings 22,35; 2Kings 3,20; 2Kings 7,9; 2Kings 10,9; 1Chr. 9,27; 1Chr. 9,27; 1Chr. 16,40; 1Chr. 23,30; 2Chr. 2,3; 2Chr. 13,11; 2Chr. 20,20; Ezra 3,3; 1Mac. 3,58; 1Mac. 4,52; 1Mac. 6,33; 1Mac. 11,67; 1Mac. 16,5; Psa. 5,4; Psa. 5,4; Psa. 29,6; Psa. 54,18; Psa. 58,17; Psa. 87,14; Psa. 89,5; Psa. 89,6; Psa. 89,14; Psa. 91,3; Psa. 142,8; Ode. 11,13; Prov. 27,14; Job 1,5; Job 7,18; Job 24,17; Hos. 7,6; Amos 4,4; Amos 5,8; Amos 8,4; Zeph. 3,5; Zeph. 3,5; Is. 5,11; Is. 14,12; Is. 17,14; Is. 21,12; Is. 28,19; Is. 28,19; Is. 37,36; Is. 38,13; Jer. 20,16; Jer. 21,12; Jer. 31,33; Ezek. 12,8; Ezek. 24,18; Ezek. 24,18; Ezek. 46,13; Ezek. 46,14; Ezek. 46,15; Dan. 4,18; Dan. 4,33; Dan. 6,17; Dan. 6,20; Dan. 8,14; Dan. 8,26; Judg. 9,33; Judg. 19,8; Judg.

19,27; Judg. 20,19; Dan. 6,20; Dan. 8,14; Bel 11; Bel 16)
πρωΐ ▸ 61 + 5 = 66
    Adverb ▪ (temporal) ▸ 61 + 5 = 66 (Gen. 1,5; Gen. 1,8; Gen. 1,13; Gen. 1,19; Gen. 1,23; Gen. 1,31; Gen. 29,25; Gen. 32,25; Ex. 7,15; Ex. 12,22; Ex. 16,19; Ex. 16,20; Ex. 16,21; Ex. 16,23; Ex. 16,24; Ex. 23,18; Ex. 29,34; Ex. 30,7; Ex. 36,3; Lev. 6,2; Lev. 7,15; Lev. 19,13; Lev. 22,30; Lev. 24,4; Num. 9,15; Num. 9,21; Deut. 16,4; Deut. 28,67; Josh. 3,1; Josh. 6,12; Judg. 6,28; Judg. 6,31; Judg. 19,5; Judg. 19,25; Ruth 3,13; Ruth 3,13; Ruth 3,14; 1Sam. 5,4; 1Sam. 15,12; 1Sam. 19,11; 1Sam. 25,36; 1Sam. 25,37; 1Sam. 29,10; 2Sam. 13,4; 2Sam. 17,22; 2Sam. 24,11; 1Kings 3,21; 2Kings 3,22; 2Kings 10,8; 2Kings 16,15; 2Kings 19,35; 2Chr. 35,12; 1Mac. 12,29; Psa. 45,6; Psa. 48,15; Job 7,4; Sir. 31,20; Zeph. 3,3; Is. 17,11; Is. 50,4; Ezek. 33,22; Judg. 6,28; Judg. 6,31; Judg. 19,5; Judg. 19,25; Judg. 19,25)
Πρωΐ ▸ 1
    Adverb ▪ (temporal) ▸ 1 (Matt. 21,18)
πρωΐ ▸ 8
    Adverb ▪ (temporal) ▸ 8 (Matt. 20,1; Mark 1,35; Mark 11,20; Mark 15,1; Mark 16,2; Mark 16,9; John 20,1; Acts 28,23)
πρωΐ ▸ 3
    Adverb ▪ (temporal) ▸ 3 (Matt. 16,3; Mark 13,35; John 18,28)
πρωΐα (πρό) early morning, in the morning ▸ 9 + 1 + 2 = 12
    πρωίᾳ ▸ 2
        Noun ▪ feminine ▪ singular ▪ dative ▪ (common) ▸ 2 (Eccl. 10,16; Eccl. 11,6)
    πρωίας ▸ 7 + 1 = 8
        Noun ▪ feminine ▪ plural ▪ accusative ▪ (common) ▸ 2 (Psa. 72,14; Psa. 100,8)
        Noun ▪ feminine ▪ singular ▪ genitive ▪ (common) ▸ 5 + 1 = 6 (2Sam. 23,4; Psa. 64,9; Psa. 129,6; Psa. 129,6; Sir. 47,10; Dan. 8,26)
    Πρωΐας ▸ 2
        Noun ▪ feminine ▪ singular ▪ genitive ▸ 2 (Matt. 27,1; John 21,4)
πρωία (πρό) early morning, in the morning ▸ 1
    πρωίαν ▸ 1
        Noun ▪ feminine ▪ singular ▪ accusative ▪ (common) ▸ 1 (3Mac. 5,24)
πρωΐθεν (πρό; θεν) from the morning ▸ 10
    πρωΐθεν ▸ 10
        Adverb ▸ 10 (Ex. 18,13; Ex. 18,14; Ruth 2,7; 2Sam. 2,27; 2Sam. 24,15; 1Kings 18,26; 1Mac. 9,13; 1Mac. 10,80; Job 4,20; Sir. 18,26)
πρωϊνός (πρό) morning ▸ 12 + 2 = 14
    πρωινή ▸ 2
        Adjective ▪ feminine ▪ singular ▪ nominative ▪ noDegree ▸ 2 (Hos. 6,4; Hos. 13,3)
    πρωινῇ ▸ 1
        Adjective ▪ feminine ▪ singular ▪ dative ▪ noDegree ▸ 1 (1Sam. 11,11)
    πρωινήν ▸ 3
        Adjective ▪ feminine ▪ singular ▪ accusative ▪ noDegree ▸ 3 (Ex. 29,41; 2Kings 16,15; 2Chr. 31,3)
    πρωινῆς ▸ 1
        Adjective ▪ feminine ▪ singular ▪ genitive ▪ noDegree ▸ 1 (Num. 28,23)
    πρωινόν ▸ 2
        Adjective ▪ neuter ▪ singular ▪ accusative ▪ noDegree ▸ 1 (Job 38,12)
        Adjective ▪ neuter ▪ singular ▪ nominative ▪ noDegree ▸ 1 (1Esdr. 1,12)
    πρωϊνόν ▸ 1
        Adjective ▪ masculine ▪ singular ▪ accusative ▸ 1 (Rev. 2,28)
    πρωϊνὸν ▸ 2
        Adjective ▪ neuter ▪ singular ▪ accusative ▪ noDegree ▸ 2 (Gen. 49,27; 1Esdr. 5,49)
    πρωϊνός ▸ 1
        Adjective ▪ masculine ▪ singular ▪ nominative ▸ 1 (Rev. 22,16)
    πρωινοῦ ▸ 1
        Adjective ▪ neuter ▪ singular ▪ genitive ▪ noDegree ▸ 1 (Lev. 9,17)
πρῷρα (πρό) bow (of a boat) ▸ 2
    πρῷρα ▸ 1
        Noun ▪ feminine ▪ singular ▪ nominative ▸ 1 (Acts 27,41)
    πρώρης ▸ 1
        Noun ▪ feminine ▪ singular ▪ genitive ▸ 1 (Acts 27,30)
πρωρεύς (πρό) sea captain; bow officer; look-out ▸ 2
    πρωρεῖς ▸ 1
        Noun ▪ masculine ▪ plural ▪ nominative ▪ (common) ▸ 1 (Ezek. 27,29)
    πρωρεὺς ▸ 1
        Noun ▪ masculine ▪ singular ▪ nominative ▪ (common) ▸ 1 (Jonah 1,6)
πρωταγωνιστής (πρό; ἀγών) main fighter; protagonist ▸ 2
    πρωταγωνισταὶ ▸ 1
        Noun ▪ masculine ▪ plural ▪ nominative ▪ (common) ▸ 1 (1Mac. 9,11)
    πρωταγωνιστής ▸ 1
        Noun ▪ masculine ▪ singular ▪ nominative ▪ (common) ▸ 1 (2Mac. 15,30)
πρώταρχος (πρό; ἄρχω) primary ruler; chief governor ▸ 1
    πρώταρχον ▸ 1
        Adjective ▪ masculine ▪ singular ▪ accusative ▪ noDegree ▸ 1 (2Mac. 10,11)
πρωτεύω (πρό) to have first place, take preeminence ▸ 3 + 1 = 4
    πρωτεύειν ▸ 1
        Verb ▪ present ▪ active ▪ infinitive ▸ 1 (Esth. 5,11)
    πρωτεύοντα ▸ 1
        Verb ▪ present ▪ active ▪ participle ▪ masculine ▪ singular ▪ accusative ▸ 1 (2Mac. 13,15)
    πρωτευόντων ▸ 1
        Verb ▪ present ▪ active ▪ participle ▪ masculine ▪ plural ▪ genitive ▸ 1 (2Mac. 6,18)
    πρωτεύων ▸ 1
        Verb ▪ present ▪ active ▪ participle ▪ masculine ▪ singular ▪ nominative ▸ 1 (Col. 1,18)
πρωτοβαθρέω (πρό; βαίνω) to take the first seat ▸ 1
    ἐπρωτοβάθρει ▸ 1
        Verb ▪ third ▪ singular ▪ imperfect ▪ active ▪ indicative ▸ 1 (Esth. 3,1)
πρωτοβολέω (πρό; βάλλω) to produce new fruit ▸ 1
    πρωτοβολήσει ▸ 1
        Verb ▪ third ▪ singular ▪ future ▪ active ▪ indicative ▸ 1 (Ezek. 47,12)
πρωτογένημα (πρό; γίνομαι) festival of firstfruits ▸ 16 + 1 = 17
    πρωτογενήματα ▸ 7 + 1 = 8
        Noun ▪ neuter ▪ plural ▪ accusative ▪ (common) ▸ 5 + 1 = 6 (Ex. 34,26; Neh. 10,36; Neh. 10,36; 1Mac. 3,49; Ezek. 44,30; Tob. 1,6)
        Noun ▪ neuter ▪ plural ▪ nominative ▪ (common) ▸ 2 (Num. 18,13; Ezek. 48,14)

πρωτογένημα–πρῶτος

πρωτογενήματος ▸ 2
  Noun ▪ neuter ▪ singular ▪ genitive ▪ (common) ▸ **2** (Lev. 23,19; Lev. 23,20)
πρωτογενημάτων ▸ 7
  Noun ▪ neuter ▪ plural ▪ genitive ▪ (common) ▸ **7** (Ex. 23,16; Ex. 23,19; Lev. 2,14; Lev. 2,14; Lev. 23,17; 2Kings 4,42; Sir. 45,20)
πρωτογενής (πρό; γίνομαι) firstborn ▸ 2
  πρωτογενές ▸ 1
    Adjective ▪ neuter ▪ singular ▪ nominative ▪ noDegree ▸ **1** (Ex. 13,2)
  πρωτογενές ▸ 1
    Adjective ▪ neuter ▪ singular ▪ nominative ▪ noDegree ▸ **1** (Prov. 31,2)
πρωτόγονος (πρό; γίνομαι) firstborn; firstfruits ▸ 2
  πρωτόγονα ▸ 1
    Adjective ▪ neuter ▪ plural ▪ accusative ▪ noDegree ▸ **1** (Mic. 7,1)
  πρωτογόνῳ ▸ 1
    Adjective ▪ masculine ▪ singular ▪ dative ▪ noDegree ▸ **1** (Sir. 36,11)
πρωτοκαθεδρία (πρό; κατά; ἕζομαι) seat of honor ▸ 4
  πρωτοκαθεδρίαν ▸ 1
    Noun ▪ feminine ▪ singular ▪ accusative ▸ **1** (Luke 11,43)
  πρωτοκαθεδρίας ▸ 3
    Noun ▪ feminine ▪ plural ▪ accusative ▸ **3** (Matt. 23,6; Mark 12,39; Luke 20,46)
πρωτοκλισία (πρό; κλίνω) place of honor ▸ 5
  πρωτοκλισίαν ▸ 2
    Noun ▪ feminine ▪ singular ▪ accusative ▸ **2** (Matt. 23,6; Luke 14,8)
  πρωτοκλισίας ▸ 3
    Noun ▪ feminine ▪ plural ▪ accusative ▸ **3** (Mark 12,39; Luke 14,7; Luke 20,46)
πρωτοκλίσιον (πρό; κλίνω) coronation festival ▸ 1
  πρωτοκλίσια ▸ 1
    Noun ▪ neuter ▪ plural ▪ accusative ▪ (common) ▸ **1** (2Mac. 4,21)
πρωτοκουρία (πρό; κείρω) first shearing ▸ 1 + 1 = 2
  πρωτοκουρίας ▸ 1 + 1 = 2
    Noun ▪ feminine ▪ plural ▪ accusative ▪ (common) ▸ **1 + 1 = 2** (Tob. 1,6; Tob. 1,6)
πρωτολογία (πρό; λέγω) prosecutor's part ▸ 1
  πρωτολογίᾳ ▸ 1
    Noun ▪ feminine ▪ singular ▪ dative ▪ (common) ▸ **1** (Prov. 18,17)
πρωτόπλαστος (πρό; πλάσσω) first-formed (Philo+) ▸ 2
  πρωτόπλαστον ▸ 1
    Adjective ▪ masculine ▪ singular ▪ accusative ▸ **1** (Wis. 10,1)
  πρωτοπλάστου ▸ 1
    Adjective ▪ masculine ▪ singular ▪ genitive ▸ **1** (Wis. 7,1)
πρῶτος (πρό) first, prominent, former ▸ 226 + 16 + 157 = 399
  πρῶτα ▸ 6 + 2 = 8
    Adjective ▪ neuter ▪ plural ▪ accusative ▪ (ordinal ▪ numeral) ▸ **6 + 1 = 7** (1Sam. 15,12; 1Sam. 15,21; Job 23,8; Amos 6,6; Is. 43,18; Dan. 10,21; Rev. 2,5)
    Adjective ▪ neuter ▪ plural ▪ nominative ▪ (ordinal ▪ numeral) ▸ **1** (Rev. 21,4)
  πρῶτά ▸ 1
    Adjective ▪ neuter ▪ plural ▪ nominative ▪ (ordinal ▪ numeral) ▸ **1** (Job 8,7)
  πρῶται ▸ 4
    Adjective ▪ feminine ▪ plural ▪ nominative ▪ (ordinal ▪ numeral) ▸ **4** (Ex. 34,1; Ex. 34,4; Deut. 10,3; 2Chr. 28,26)
  πρώταις ▸ 4
    Adjective ▪ feminine ▪ plural ▪ dative ▪ (ordinal ▪ numeral) ▸ **4** (Ex. 34,1; Deut. 10,2; 2Sam. 16,23; 2Chr. 17,3)
  πρώτας ▸ 3
    Adjective ▪ feminine ▪ plural ▪ accusative ▪ (ordinal ▪ numeral) ▸ **3** (Gen. 41,20; Deut. 10,1; Neh. 5,15)
  ΠΡΩΤΗ ▸ 2
    Adjective ▪ feminine ▪ singular ▪ nominative ▪ (ordinal ▪ numeral) ▸ **2** (1Pet. 1,0; 1John 1,0)
  πρώτη ▸ 9 + 2 + 12 = 23
    Adjective ▪ feminine ▪ singular ▪ nominative ▪ (ordinal ▪ numeral) ▸ **9 + 2 + 12 = 23** (Ex. 12,16; Lev. 23,7; Lev. 23,35; Num. 28,18; Josh. 15,21; 1Sam. 14,14; 2Chr. 3,3; Mic. 4,8; Dan. 11,29; Judg. 20,39; Dan. 11,29; Matt. 22,38; Mark 12,28; Mark 12,29; Luke 2,2; Eph. 6,2; Heb. 8,7; Heb. 9,1; Heb. 9,2; Heb. 9,18; Rev. 4,1; Rev. 20,5; Rev. 21,1)
  πρώτῃ ▸ 9 + 1 + 6 = 16
    Adjective ▪ feminine ▪ singular ▪ dative ▪ (ordinal ▪ numeral) ▸ **9 + 1 + 6 = 16** (Gen. 8,5; Lev. 23,39; Lev. 23,40; Num. 7,12; Num. 29,13; Deut. 16,4; Judg. 20,22; 2Chr. 29,17; Ezra 7,9; Judg. 20,22; Matt. 26,17; Mark 14,12; Mark 16,9; 2Tim. 4,16; Heb. 9,15; Rev. 20,6)
  πρώτην ▸ 12 + 6 = 18
    Adjective ▪ feminine ▪ singular ▪ accusative ▪ (ordinal ▪ numeral) ▸ **12 + 6 = 18** (Deut. 10,4; 2Sam. 13,16; 4Mac. 8,2; Job 8,8; Job 42,14; Wis. 7,3; Joel 2,20; Hag. 2,9; Zech. 14,8; Is. 65,16; Dan. 8,1; Dan. 11,13; Luke 15,22; Acts 12,10; 1Tim. 5,12; Heb. 8,13; Heb. 9,6; Rev. 2,4)
  πρώτης ▸ 10 + 1 + 5 = 16
    Adjective ▪ feminine ▪ singular ▪ genitive ▪ (ordinal ▪ numeral) ▸ **10 + 1 + 5 = 16** (Ex. 12,15; Ex. 12,15; Lev. 23,11; 1Chr. 27,2; 1Chr. 29,21; Neh. 8,18; 2Mac. 8,23; 2Mac. 12,22; Zech. 14,10; Dan. 10,12; Dan. 10,12; Acts 16,12; Matt. 27,64; Acts 20,18; Phil. 1,5; Heb. 9,8)
  πρῶτοι ▸ 17 + 1 + 11 = 29
    Adjective ▪ masculine ▪ plural ▪ nominative ▪ (ordinal ▪ numeral) ▸ **17 + 1 + 11 = 29** (Num. 2,3; Num. 2,9; Num. 10,13; Num. 10,14; 1Kings 18,25; 1Chr. 18,17; 2Chr. 9,29; 2Chr. 12,15; 2Chr. 16,11; 2Chr. 20,34; 2Chr. 25,26; 2Chr. 26,22; 2Chr. 35,27; Esth. 1,14; 1Mac. 7,13; Is. 11,14; Is. 43,27; Tob. 7,1; Matt. 19,30; Matt. 19,30; Matt. 20,10; Matt. 20,16; Matt. 20,16; Mark 10,31; Mark 10,31; Luke 13,30; Luke 13,30; Luke 19,47; Acts 25,2)
  πρώτοις ▸ 23 + 2 = 25
    Adjective ▪ masculine ▪ plural ▪ dative ▪ (ordinal ▪ numeral) ▸ **2 + 1 = 3** (1Sam. 9,22; Sir. 45,20; Mark 6,21)
    Adjective ▪ neuter ▪ plural ▪ dative ▪ (ordinal ▪ numeral) ▸ **21 + 1 = 22** (Gen. 33,2; Deut. 13,10; Deut. 17,7; Josh. 8,33 # 9,2d; 2Sam. 20,18; 2Sam. 21,9; 2Sam. 24,25; 1Kings 2,35c; 1Kings 17,13; 1Kings 21,9; 1Kings 21,17; 1Chr. 11,6; 1Chr. 11,6; Neh. 7,5; 1Mac. 6,6; 1Mac. 10,41; Prov. 20,20 # 20,9b; Eccl. 1,11; Sir. 4,17; Sol. 4,3; Is. 60,9; 1Cor. 15,3)
  Πρῶτον ▸ 1
    Adverb ▸ **1** (Rom. 1,8)
  πρῶτον ▸ 18 + 4 + 63 = 85
    Adverb ▸ **9 + 58 = 67** (1Sam. 2,16; Tob. 4,12; 2Mac. 14,8; 4Mac. 1,30; 4Mac. 6,2; Sir. 11,7; Sir. 23,23; Is. 8,23; Is. 11,14; Matt. 5,24; Matt. 6,33; Matt. 7,5; Matt. 8,21; Matt. 12,29; Matt. 13,30; Matt. 17,10; Matt. 23,26; Mark 3,27; Mark 4,28; Mark 7,27; Mark 9,11; Mark 9,12; Mark 13,10; Mark 16,9; Luke 6,42; Luke 9,59; Luke 9,61; Luke 10,5; Luke 11,38; Luke 12,1; Luke 14,28; Luke 14,31; Luke 17,25; Luke 21,9; John 1,41; John 2,10; John 7,51; John 10,40; John 12,16; John 15,18; John 18,13; John 19,39; Acts

3,26; Acts 7,12; Acts 13,46; Acts 15,14; Rom. 1,16; Rom. 2,9; Rom. 2,10; Rom. 3,2; Rom. 15,24; 1Cor. 11,18; 1Cor. 12,28; 1Cor. 15,46; 2Cor. 8,5; 1Th. 4,16; 2Th. 2,3; 1Tim. 2,1; 1Tim. 3,10; 1Tim. 5,4; 2Tim. 1,5; 2Tim. 2,6; Heb. 7,2; James 3,17; 1Pet. 4,17; 2Pet. 1,20; 2Pet. 3,3)

    Adjective · masculine · singular · accusative · (ordinal · numeral) ▸ 4 + 2 + 2 = **8** (1Kings 2,35; 2Kings 25,18; Ezra 3,12; Jer. 52,24; Tob. 6,18; Tob. 14,5; Matt. 17,27; Acts 1,1)

    Adjective · neuter · singular · accusative · (ordinal · numeral) ▸ 4 + 1 + 2 = **7** (Lev. 9,15; Ruth 3,10; Sol. 17,43; Ezek. 27,17; Judg. 20,32; Heb. 10,9; Rev. 13,12)

    Adjective · neuter · singular · nominative · (ordinal · numeral) ▸ 1 + 1 + 1 = **3** (Dan. 7,4; Dan. 7,4; Rev. 4,7)

πρῶτόν ▸ 1
    Adverb ▸ **1** (Acts 26,20)

πρῶτος ▸ 28 + 2 + 27 = 57
    Adjective · masculine · singular · nominative · (ordinal · numeral) ▸ 28 + 2 + 27 = **57** (Josh. 18,11; 1Chr. 11,11; 1Chr. 24,7; 1Chr. 25,9; 1Chr. 25,28; 1Chr. 27,33; 2Chr. 26,20; 1Esdr. 3,17; Neh. 12,46; 1Mac. 2,18; 1Mac. 6,2; 1Mac. 7,43; 1Mac. 16,6; 2Mac. 7,8; 2Mac. 11,7; 2Mac. 15,18; 4Mac. 5,4; Prov. 26,18; Job 15,7; Job 42,17d; Sir. 24,28; Sir. 31,17; Is. 41,4; Is. 43,26; Is. 44,6; Is. 48,12; Jer. 27,17; Dan. 8,21; Tob. 5,10; Dan. 8,21; Matt. 10,2; Matt. 20,27; Matt. 21,31; Matt. 22,25; Mark 9,35; Mark 10,44; Mark 12,20; Luke 14,18; Luke 19,16; Luke 20,29; John 8,7; John 20,4; John 20,8; Acts 26,23; Rom. 10,19; 1Cor. 14,30; 1Cor. 15,45; 1Cor. 15,47; 1Tim. 2,13; 1John 4,19; Rev. 1,17; Rev. 2,8; Rev. 8,7; Rev. 16,2; Rev. 21,1; Rev. 21,19; Rev. 22,13)

πρῶτός ▸ 2 + 3 = 5
    Adjective · masculine · singular · nominative · (ordinal · numeral) ▸ 2 + 3 = **5** (Ex. 12,2; 2Sam. 19,44; John 1,15; John 1,30; 1Tim. 1,15)

πρώτου ▸ 41 + 1 + 2 = 44
    Adjective · masculine · singular · genitive · (ordinal · numeral) ▸ 31 + 1 + 1 = **33** (Gen. 8,13; Ex. 12,18; Ex. 40,2; Num. 9,3; Num. 33,3; Josh. 4,19; 2Sam. 18,27; 1Chr. 27,2; 1Chr. 27,3; 2Chr. 29,17; 2Chr. 29,17; 2Chr. 35,1; 1Esdr. 1,1; 1Esdr. 5,6; 1Esdr. 5,46; 1Esdr. 7,10; 1Esdr. 8,2; 1Esdr. 8,6; 1Esdr. 8,60; 1Esdr. 9,17; Ezra 6,19; Ezra 7,5; Ezra 7,9; Ezra 8,31; Ezra 10,17; Judith 2,1; 1Mac. 9,3; 2Mac. 7,7; Ezek. 29,17; Ezek. 32,17; Dan. 10,4; Dan. 10,4; John 19,32)

    Adjective · neuter · singular · genitive · (ordinal · numeral) ▸ 10 + 1 = **11** (Ex. 4,8; 2Chr. 36,22; 1Esdr. 2,1; 1Esdr. 6,23; 1Mac. 13,42; 1Mac. 13,51; Job 42,11; Dan. 1,21; Dan. 7,1; Dan. 9,1; Rev. 13,12)

πρώτους ▸ 3 + 3 = 6
    Adjective · masculine · plural · accusative · (ordinal · numeral) ▸ 3 + 3 = **6** (2Kings 1,14; Job 18,20; Dan. 7,24; Acts 13,50; Acts 27,43; Acts 28,17)

πρώτῳ ▸ 27 + 3 + 4 = 34
    Adjective · masculine · singular · dative · (ordinal · numeral) ▸ 18 + 3 = **21** (Gen. 32,18; Gen. 32,20; Ex. 40,17; Lev. 23,5; Num. 9,1; Num. 20,1; Num. 28,16; Num. 33,3; 1Chr. 12,16; 2Chr. 29,3; Esth. 3,12; Esth. 8,9; Ezek. 30,20; Ezek. 40,1; Ezek. 45,18; Ezek. 45,21; Dan. 10,1; Dan. 11,1; Luke 16,5; Acts 28,7; 1Tim. 1,16)

    Adjective · neuter · singular · dative · (ordinal · numeral) ▸ 9 + 3 + 1 = **13** (1Kings 16,23; 2Chr. 27,5; 1Esdr. 6,16; Ezra 1,1; Ezra 5,13; Ezra 6,3; 2Mac. 14,4; Zech. 6,2; Dan. 9,2; Dan. 7,1; Dan. 9,1; Dan. 11,1; Matt. 21,28)

πρώτων ▸ 9 + 1 + 7 = 17
    Adjective · feminine · plural · genitive · (ordinal · numeral) ▸ 1 + 1 = **2** (1Mac. 3,29; Acts 17,4)

    Adjective · masculine · plural · genitive · (ordinal · numeral) ▸ 5 + 1 + 2 = **8** (1Mac. 10,65; 1Mac. 11,27; 2Mac. 8,9; Psa. 70,1; Dan. 10,13; Dan. 10,13; Matt. 20,8; Matt. 21,36)

    Adjective · neuter · plural · genitive · (ordinal · numeral) ▸ 3 + 4 = **7** (Song 4,14; Ezek. 27,22; Dan. 7,8; Matt. 12,45; Luke 11,26; 2Pet. 2,20; Rev. 2,19)

πρωτοστάτης (πρό; ἵστημι) primary person; ringleader ▸ 1 + 1 = 2
    πρωτοστάτην ▸ 1
        Noun · masculine · singular · accusative ▸ **1** (Acts 24,5)
    πρωτοστάτης ▸ 1
        Noun · masculine · singular · nominative · (common) ▸ **1** (Job 15,24)

πρωτοτοκεύω (πρό; τίκτω) to treat as firstborn ▸ 1
    πρωτοτοκεῦσαι ▸ 1
        Verb · aorist · active · infinitive ▸ **1** (Deut. 21,16)

πρωτοτοκέω (πρό; τίκτω) to bring forth first offspring ▸ 3
    πρωτοτοκούσας ▸ 2
        Verb · present · active · participle · feminine · plural · accusative ▸ **2** (1Sam. 6,7; 1Sam. 6,10)
    πρωτοτοκούσης ▸ 1
        Verb · present · active · participle · feminine · singular · genitive ▸ **1** (Jer. 4,31)

πρωτοτόκια (πρό; τίκτω) rights of firstborn ▸ 7 + 1 = 8
    πρωτοτόκια ▸ 5 + 1 = 6
        Noun · neuter · plural · accusative · (common) ▸ 3 + 1 = **4** (Gen. 25,33; Gen. 25,34; 1Chr. 5,1; Heb. 12,16)
        Noun · neuter · plural · nominative · (common) ▸ **2** (Gen. 25,32; Deut. 21,17)
    πρωτοτόκιά ▸ 2
        Noun · neuter · plural · accusative · (common) ▸ **2** (Gen. 25,31; Gen. 27,36)

πρωτότοκος (πρό; τίκτω) firstborn ▸ 132 + 1 + 8 = 141
    πρωτότοκα ▸ 15 + 1 = 16
        Adjective · neuter · plural · accusative ▸ 12 + 1 = **13** (Ex. 22,28; Num. 18,15; Num. 18,17; Num. 18,17; Num. 18,17; Deut. 12,6; Deut. 12,17; Deut. 14,23; Neh. 10,37; Neh. 10,37; Tob. 5,14; Psa. 134,8; Heb. 11,28)
        Adjective · neuter · plural · nominative ▸ **3** (Num. 3,43; Num. 18,15; Ezek. 44,30)
    πρωτότοκά ▸ 1
        Adjective · neuter · plural · accusative ▸ **1** (Mic. 6,7)
    πρωτοτόκοις ▸ 1
        Adjective · neuter · plural · dative ▸ **1** (Psa. 135,10)
    πρωτότοκον ▸ 34 + 3 = 37
        Adjective · masculine · singular · accusative ▸ 10 + 3 = **13** (Gen. 10,15; Gen. 22,21; Ex. 4,23; Deut. 21,16; Deut. 21,17; 2Kings 3,27; 1Chr. 2,13; 1Chr. 8,1; Psa. 88,28; Sol. 18,4; Luke 2,7; Rom. 8,29; Heb. 1,6)
        Adjective · neuter · singular · accusative ▸ **17** (Ex. 11,5; Ex. 12,12; Ex. 12,29; Ex. 13,2; Ex. 13,13; Ex. 13,15; Ex. 13,15; Ex. 34,20; Ex. 34,20; Num. 3,13; Num. 3,40; Num. 3,42; Num. 8,17; Num. 33,4; Deut. 15,19; Psa. 77,51; Psa. 104,36)
        Adjective · neuter · singular · nominative · noDegree ▸ **7** (Ex. 34,19; Ex. 34,19; Lev. 27,26; Num. 3,13; Num. 3,13; Num. 8,17; Deut. 15,19)
    πρωτότοκος ▸ 37 + 3 = 40
        Adjective · masculine · singular · nominative ▸ 37 + 3 = **40** (Gen.

25,13; Gen. 25,25; Gen. 27,32; Gen. 35,23; Gen. 38,7; Gen. 43,33; Gen. 46,8; Gen. 48,18; Num. 3,2; Num. 26,5; Deut. 21,15; Deut. 33,17; Josh. 17,1; 1Sam. 8,2; 2Sam. 3,2; 2Sam. 13,21; 2Sam. 19,44; 1Chr. 2,3; 1Chr. 2,25; 1Chr. 2,42; 1Chr. 3,1; 1Chr. 3,15; 1Chr. 5,1; 1Chr. 5,12; 1Chr. 6,13; 1Chr. 8,30; 1Chr. 8,38; 1Chr. 8,39; 1Chr. 9,5; 1Chr. 9,31; 1Chr. 9,36; 1Chr. 9,44; 1Chr. 26,2; 1Chr. 26,4; 1Chr. 26,10; 2Chr. 21,3; 4Mac. 15,18; Col. 1,15; Col. 1,18; Rev. 1,5)

πρωτότοκός ▸ 4
  Adjective · masculine · singular · nominative ▸ 4 (Gen. 27,19; Gen. 49,3; Ex. 4,22; Jer. 38,9)

πρωτοτόκου ▸ 21
  Adjective · masculine · singular · genitive ▸ 15 (Gen. 36,15; Gen. 41,51; Ex. 6,14; Num. 1,20; Num. 3,12; Num. 8,18; 1Chr. 1,29; 1Chr. 2,25; 1Chr. 2,27; 1Chr. 2,50; 1Chr. 4,4; 1Chr. 5,1; 1Chr. 5,3; 1Chr. 26,6; Sol. 13,9)
  Adjective · neuter · singular · genitive ▸ 6 (Ex. 11,5; Ex. 11,5; Ex. 11,5; Ex. 12,29; Ex. 12,29; Ex. 12,29)

πρωτοτόκῳ ▸ 9 + 1 = 10
  Adjective · feminine · singular · dative ▸ 1 (1Sam. 14,49)
  Adjective · masculine · singular · dative ▸ 8 + 1 = 9 (Gen. 38,6; Deut. 15,19; Josh. 6,26; Josh. 6,26; Josh. 17,1; Judg. 8,20; 1Kings 16,34; Zech. 12,10; Judg. 8,20)

πρωτοτόκων ▸ 10 + 1 = 11
  Adjective · masculine · plural · genitive ▸ 1 + 1 = 2 (Num. 8,16; Heb. 12,23)
  Adjective · neuter · plural · genitive ▸ 9 (Gen. 4,4; Ex. 13,15; Ex. 13,15; Num. 3,41; Num. 3,41; Num. 3,45; Num. 3,46; Num. 3,50; Wis. 18,13)

πρώτως (πρό) firstly, for the first time ▸ 1
  πρώτως ▸ 1
    Adverb ▸ 1 (Acts 11,26)

πταῖσμα (πταίω) false step, stumble, mistake, offense ▸ 1
  πταῖσμα ▸ 1
    Noun · neuter · singular · nominative · (common) ▸ 1 (1Sam. 6,4)

πταίω to cause to fall; to fall ▸ 15 + 5 = 20
  ἐπταίκασιν ▸ 1
    Verb · third · plural · perfect · active · indicative ▸ 1 (1Chr. 19,19)
  ἐπταικώς ▸ 1
    Verb · perfect · active · participle · masculine · singular · nominative ▸ 1 (2Mac. 14,17)
  ἔπταισαν ▸ 2 + 1 = 3
    Verb · third · plural · aorist · active · indicative ▸ 2 + 1 = 3 (1Sam. 7,10; 2Sam. 10,19; Rom. 11,11)
  ἔπταισεν ▸ 6
    Verb · third · singular · aorist · active · indicative ▸ 6 (1Sam. 4,2; 1Sam. 4,3; 2Sam. 2,17; 2Sam. 10,15; 2Sam. 18,7; 2Kings 14,12)
  πταίει ▸ 1 + 1 = 2
    Verb · third · singular · present · active · indicative ▸ 1 + 1 = 2 (1Sam. 4,10; James 3,2)
  πταίομεν ▸ 1
    Verb · first · plural · present · active · indicative ▸ 1 (James 3,2)
  πταῖσαι ▸ 1
    Verb · aorist · active · infinitive ▸ 1 (1Kings 8,33)
  πταίσῃ ▸ 1 + 1 = 2
    Verb · third · singular · aorist · active · subjunctive ▸ 1 + 1 = 2 (Sir. 2,8; James 2,10)
  πταίσῃς ▸ 2
    Verb · second · singular · aorist · active · subjunctive ▸ 2 (Deut. 7,25; Sir. 37,12)
  πταίσητέ ▸ 1
    Verb · second · plural · aorist · active · subjunctive ▸ 1 (2Pet. 1,10)

πταρμός (πταίρω) sneezing ▸ 1
  πταρμῷ ▸ 1
    Noun · masculine · singular · dative · (common) ▸ 1 (Job 41,10)

πτέρνα heel; hoof; step ▸ 11 + 1 + 1 = 13
  πτέρναι ▸ 1 + 1 = 2
    Noun · feminine · plural · nominative · (common) ▸ 1 + 1 = 2 (Judg. 5,22; Judg. 5,22)
  πτέρναις ▸ 2
    Noun · feminine · plural · dative · (common) ▸ 2 (Josh. 23,13; Song 1,8)
  πτέρναν ▸ 4 + 1 = 5
    Noun · feminine · singular · accusative · (common) ▸ 4 + 1 = 5 (Gen. 3,15; Gen. 49,17; Psa. 55,7; Sir. 12,17; John 13,18)
  πτέρνας ▸ 1
    Noun · feminine · plural · accusative · (common) ▸ 1 (Jer. 13,22)
  πτέρνῃ ▸ 1
    Noun · feminine · singular · dative · (common) ▸ 1 (Jer. 9,3)
  πτέρνης ▸ 2
    Noun · feminine · singular · genitive · (common) ▸ 2 (Gen. 25,26; Psa. 48,6)

πτερνίζω (πτέρνα) to deceive; to act treacherously ▸ 7
  ἐπτερνίκαμέν ▸ 1
    Verb · first · plural · perfect · active · indicative ▸ 1 (Mal. 3,8)
  ἐπτέρνικεν ▸ 1
    Verb · third · singular · perfect · active · indicative ▸ 1 (Gen. 27,36)
  ἐπτέρνισεν ▸ 1
    Verb · third · singular · aorist · active · indicative ▸ 1 (Hos. 12,4)
  πτερνιεῖ ▸ 2
    Verb · third · singular · future · active · indicative ▸ 2 (Mal. 3,8; Jer. 9,3)
  πτερνίζετε ▸ 1
    Verb · second · plural · present · active · indicative ▸ 1 (Mal. 3,9)
  πτερνίζετέ ▸ 1
    Verb · second · plural · present · active · indicative ▸ 1 (Mal. 3,8)

πτερνισμός (πτέρνα) deception; treachery ▸ 2
  πτερνισμόν ▸ 1
    Noun · masculine · singular · accusative · (common) ▸ 1 (Psa. 40,10)
  πτερνισμῷ ▸ 1
    Noun · masculine · singular · dative · (common) ▸ 1 (2Kings 10,19)

πτερόν (πέτομαι) feather; wing ▸ 4 + 3 = 7
  πτερά ▸ 3 + 3 = 6
    Noun · neuter · plural · accusative · (common) ▸ 1 (Dan. 7,4)
    Noun · neuter · plural · nominative · (common) ▸ 2 + 3 = 5 (Dan. 7,4; Dan. 7,6; Dan. 7,4; Dan. 7,4; Dan. 7,6)
  πτεροῖς ▸ 1
    Noun · neuter · plural · dative · (common) ▸ 1 (Lev. 1,16)

πτεροφυέω (πέτομαι; φύω) to grow feathers/wings ▸ 1
  πτεροφυήσουσιν ▸ 1
    Verb · third · plural · future · active · indicative ▸ 1 (Is. 40,31)

πτερύγιον (πέτομαι) wing; edge; highest point; projection ▸ 18 + 2 = 20
  πτερύγια ▸ 7
    Noun · neuter · plural · accusative · (common) ▸ 2 (Ex. 36,26; Num. 15,38)

Noun · neuter · plural · nominative · (common) ▸ **5** (Lev. 11,9; Lev. 11,10; Lev. 11,12; Deut. 14,9; Deut. 14,10)

πτερύγιον ▸ **6 + 2 = 8**
  Noun · neuter · singular · accusative · (common) ▸ **3 + 2 = 5** (1Sam. 24,5; 1Sam. 24,6; 1Sam. 24,12; Matt. 4,5; Luke 4,9)
  Noun · neuter · singular · nominative · (common) ▸ **3** (1Sam. 24,12; 1Kings 6,24; 1Kings 6,24)

πτερύγιόν ▸ **1**
  Noun · neuter · singular · accusative · (common) ▸ **1** (Ruth 3,9)

πτερυγίου ▸ **3**
  Noun · neuter · singular · genitive · (common) ▸ **3** (1Sam. 15,27; 1Kings 6,24; 1Kings 6,24)

πτερυγίων ▸ **1**
  Noun · neuter · plural · genitive · (common) ▸ **1** (Num. 15,38)

πτέρυξ (πέτομαι)   wing ▸ **78 + 5 = 83**
  πτέρυγας ▸ **18 + 3 = 21**
    Noun · feminine · plural · accusative · (common) ▸ **18 + 3 = 21** (Ex. 25,20; Deut. 32,11; Ruth 2,12; 1Kings 6,27; 1Kings 8,6; 2Chr. 5,8; Psa. 54,7; Psa. 90,4; Ode. 2,11; Eccl. 10,20; Job 39,26; Zech. 5,9; Zech. 5,9; Jer. 30,16; Ezek. 7,2; Ezek. 10,16; Ezek. 10,19; Ezek. 11,22; Matt. 23,37; Luke 13,34; Rev. 4,8)
  πτέρυγάς ▸ **3**
    Noun · feminine · plural · accusative · (common) ▸ **3** (Psa. 138,9; Ezek. 16,8; Ezek. 29,4)
  πτέρυγες ▸ **16 + 1 = 17**
    Noun · feminine · plural · nominative · (common) ▸ **16 + 1 = 17** (1Kings 6,27; 2Chr. 3,11; 2Chr. 3,13; Psa. 67,14; Prov. 23,5; Is. 6,2; Is. 6,2; Is. 18,1; Ezek. 1,6; Ezek. 1,7; Ezek. 1,11; Ezek. 1,23; Ezek. 1,24; Ezek. 10,12; Ezek. 10,21; Dan. 4,33b; Rev. 12,14)
  πτέρυγος ▸ **3**
    Noun · feminine · singular · genitive · (common) ▸ **3** (1Kings 6,27; 2Chr. 3,11; 2Chr. 3,12)
  πτερύγων ▸ **23 + 1 = 24**
    Noun · feminine · plural · genitive · (common) ▸ **23 + 1 = 24** (Ex. 19,4; Lev. 1,17; 2Sam. 22,11; 2Chr. 5,7; Psa. 16,8; Psa. 17,11; Psa. 35,8; Psa. 56,2; Psa. 60,5; Psa. 62,8; Psa. 103,3; Job 37,3; Job 38,13; Wis. 5,11; Is. 11,12; Is. 24,16; Ezek. 1,8; Ezek. 1,22; Ezek. 1,24; Ezek. 3,13; Ezek. 10,5; Ezek. 10,8; Ezek. 10,21; Rev. 9,9)
  πτέρυξ ▸ **8**
    Noun · feminine · singular · nominative · (common) ▸ **8** (1Kings 6,27; 1Kings 6,27; 1Kings 6,27; 2Chr. 3,11; 2Chr. 3,11; 2Chr. 3,12; 2Chr. 3,12; Job 39,13)
  πτέρυξιν ▸ **7**
    Noun · feminine · plural · dative · (common) ▸ **7** (Ex. 25,20; Ex. 38,8; 1Kings 8,7; 1Chr. 28,18; Hos. 4,19; Zech. 5,9; Mal. 3,20)

πτερύσσομαι (πέτομαι)   to flap the wings ▸ **2**
  πτερυσσόμεναι ▸ **1**
    Verb · present · middle · participle · feminine · plural · nominative ▸ **1** (Ezek. 1,23)
  πτερυσσομένων ▸ **1**
    Verb · present · middle · participle · feminine · plural · genitive ▸ **1** (Ezek. 3,13)

πτερωτός (πέτομαι)   winged ▸ **6**
  πτερωτά ▸ **2**
    Adjective · neuter · plural · accusative · noDegree ▸ **1** (Psa. 77,27)
    Adjective · neuter · plural · nominative · noDegree ▸ **1** (Psa. 148,10)
  πτερωτοί ▸ **1**
    Adjective · masculine · plural · nominative · noDegree ▸ **1** (Ezek. 1,7)
  πτερωτοῖς ▸ **1**
    Adjective · neuter · plural · dative · noDegree ▸ **1** (Prov. 1,17)
  πτερωτὸν ▸ **1**
    Adjective · neuter · singular · accusative · noDegree ▸ **1** (Gen. 1,21)
  πτερωτοῦ ▸ **1**
    Adjective · neuter · singular · genitive · noDegree ▸ **1** (Deut. 4,17)

πτηνός (πέτομαι)   feathered, winged; bird ▸ **1**
  πτηνῶν ▸ **1**
    Adjective · neuter · plural · genitive ▸ **1** (1Cor. 15,39)

πτήσσω   to cower ▸ **6**
  ἔπτηξαν ▸ **3**
    Verb · third · plural · aorist · active · indicative ▸ **3** (2Kings 19,26; 1Mac. 12,28; Job 38,17)
  ἔπτηξεν ▸ **1**
    Verb · third · singular · aorist · active · indicative ▸ **1** (4Mac. 16,20)
  πτηξάτω ▸ **1**
    Verb · third · singular · aorist · active · imperative ▸ **1** (3Mac. 6,13)
  πτήξητε ▸ **1**
    Verb · second · plural · aorist · active · subjunctive ▸ **1** (Deut. 1,29)

πτίλος (πέτομαι)   infection of the eyelids ▸ **1**
  πτίλος ▸ **1**
    Adjective · masculine · singular · nominative · noDegree ▸ **1** (Lev. 21,20)

πτοέω   to terrify ▸ **37 + 2 = 39**
  ἐπτοεῖτο ▸ **1**
    Verb · third · singular · imperfect · passive · indicative ▸ **1** (Jer. 4,25)
  ἐπτοήθη ▸ **5**
    Verb · third · singular · aorist · passive · indicative ▸ **5** (Ex. 19,16; Josh. 7,5; 1Mac. 7,30; Ode. 4,16; Hab. 3,16)
  ἐπτοήθησαν ▸ **4**
    Verb · third · plural · aorist · passive · indicative ▸ **4** (Judith 16,11; Job 32,15; Is. 31,4; Jer. 8,9)
  ἐπτόηται ▸ **1**
    Verb · third · singular · perfect · passive · indicative ▸ **1** (Jer. 28,56)
  πτοηθείην ▸ **1**
    Verb · first · singular · aorist · passive · optative ▸ **1** (Jer. 17,18)
  πτοηθείησαν ▸ **1**
    Verb · third · plural · aorist · passive · optative ▸ **1** (Jer. 17,18)
  πτοηθέντες ▸ **1**
    Verb · aorist · passive · participle · masculine · plural · nominative ▸ **1** (Luke 24,37)
  πτοηθῇς ▸ **6**
    Verb · second · singular · aorist · passive · subjunctive ▸ **6** (Deut. 31,6; 1Chr. 22,13; 1Chr. 28,20; Jer. 1,17; Jer. 26,27; Ezek. 3,9)
  πτοηθήσεται ▸ **2**
    Verb · third · singular · future · passive · indicative ▸ **2** (Sol. 6,3; Amos 3,6)
  πτοηθήσῃ ▸ **1**
    Verb · second · singular · future · passive · indicative ▸ **1** (Job 11,16)
  πτοηθήσομαι ▸ **1**
    Verb · first · singular · future · passive · indicative ▸ **1** (Job 23,15a)
  πτοηθήσονται ▸ **4**
    Verb · third · plural · future · passive · indicative ▸ **4** (Ode. 4,7; Obad. 9; Hab. 3,7; Jer. 23,4)

πτοέω–πτῶμα

πτοηθῆτε ▸ 3 + 1 = 4
    Verb · second · plural · aorist · passive · subjunctive ▸ 3 + 1 = 4 (2Chr. 20,15; 2Chr. 20,17; 2Chr. 32,7; Luke 21,9)
πτοηθῶσιν ▸ 2
    Verb · third · plural · aorist · passive · subjunctive ▸ 2 (Ezek. 2,5; Ezek. 2,7)
πτοήσει ▸ 3
    Verb · third · singular · future · active · indicative ▸ 3 (Prov. 13,3; Hab. 2,17; Jer. 21,13)
πτοήσω ▸ 1
    Verb · first · singular · future · active · indicative ▸ 1 (Jer. 25,17)
πτοοῦνται ▸ 1
    Verb · third · plural · present · passive · indicative ▸ 1 (Jer. 26,5)

πτοή (πτοέω) terror ▸ 2
    πτόη ▸ 1
        Noun · feminine · singular · nominative · (common) ▸ 1 (1Mac. 3,25)
    πτόην ▸ 1
        Noun · feminine · singular · accusative · (common) ▸ 1 (3Mac. 6,17)

πτόησις (πτοέω) terrifying fear ▸ 1 + 1 = 2
    πτόησιν ▸ 1 + 1 = 2
        Noun · feminine · singular · accusative · (common) ▸ 1 + 1 = 2 (Prov. 3,25; 1Pet. 3,6)

Πτολεμαεῖς Ptolemais ▸ 2
    Πτολεμαεῖς ▸ 2
        Noun · masculine · plural · nominative · (proper) ▸ 2 (1Mac. 12,48; 2Mac. 13,25)

Πτολεμαϊκός Ptolemaic ▸ 1
    Πτολεμαϊκῶν ▸ 1
        Adjective · neuter · plural · genitive · noDegree ▸ 1 (3Mac. 1,2)

Πτολεμαῖος Ptolemeus ▸ 30
    Πτολεμαῖον ▸ 5
        Noun · masculine · singular · accusative · (proper) ▸ 5 (1Mac. 1,18; 1Mac. 3,38; 1Mac. 10,51; 2Mac. 8,8; 2Mac. 9,29)
    Πτολεμαῖος ▸ 17
        Noun · masculine · singular · nominative · (proper) ▸ 17 (Esth. 11,1 # 10,3l; 1Mac. 1,18; 1Mac. 10,55; 1Mac. 10,57; 1Mac. 11,3; 1Mac. 11,8; 1Mac. 11,13; 1Mac. 11,15; 1Mac. 11,16; 1Mac. 11,18; 1Mac. 16,11; 1Mac. 16,16; 1Mac. 16,18; 2Mac. 4,46; 2Mac. 10,12; 3Mac. 3,12; 3Mac. 7,1)
    Πτολεμαίου ▸ 5
        Noun · masculine · singular · genitive · (proper) ▸ 5 (Esth. 11,1 # 10,3l; Esth. 11,1 # 10,3l; 2Mac. 1,10; 2Mac. 6,8; 3Mac. 1,2)
    Πτολεμαίῳ ▸ 3
        Noun · masculine · singular · dative · (proper) ▸ 3 (1Mac. 11,17; 1Mac. 15,16; 2Mac. 4,45)

Πτολεμαῖος Ptolemy ▸ 1
    Πτολεμαίῳ ▸ 1
        Noun · masculine · singular · dative · (proper) ▸ 1 (4Mac. 4,22)

Πτολεμαΐς Ptolemais ▸ 18 + 1 = 19
    Πτολεμαΐδα ▸ 12
        Noun · feminine · singular · accusative · (proper) ▸ 11 (1Mac. 10,1; 1Mac. 10,39; 1Mac. 10,56; 1Mac. 10,57; 1Mac. 10,60; 1Mac. 11,22; 1Mac. 11,22; 1Mac. 11,24; 1Mac. 12,45; 1Mac. 12,48; 3Mac. 7,17)
        Noun · masculine · singular · accusative · (proper) ▸ 1 (2Mac. 13,25)
    Πτολεμαΐδα ▸ 1
        Noun · feminine · singular · accusative · (proper) ▸ 1 (Acts 21,7)
    Πτολεμαΐδι ▸ 1
        Noun · feminine · singular · dative · (proper) ▸ 1 (1Mac. 10,58)
    Πτολεμαΐδος ▸ 5
        Noun · feminine · singular · genitive · (proper) ▸ 4 (1Mac. 5,15; 1Mac. 5,22; 1Mac. 5,55; 1Mac. 13,12)
        Noun · masculine · singular · genitive · (proper) ▸ 1 (2Mac. 13,24)

πτύελος (πτύω) saliva, spit ▸ 2
    πτύελον ▸ 1
        Noun · masculine · singular · accusative · (common) ▸ 1 (Job 30,10)
    πτύελόν ▸ 1
        Noun · masculine · singular · accusative · (common) ▸ 1 (Job 7,19)

πτύξις (πτύσσω) fold of clothing ▸ 1
    πτύξιν ▸ 1
        Noun · feminine · singular · accusative · (common) ▸ 1 (Job 41,5)

πτύον (πτύω) winnowing fork ▸ 2
    πτύον ▸ 2
        Noun · neuter · singular · nominative ▸ 2 (Matt. 3,12; Luke 3,17)

πτύρω to frighten ▸ 1
    πτυρόμενοι ▸ 1
        Verb · present · middle · participle · masculine · plural · nominative · (variant) ▸ 1 (Phil. 1,28)

πτύσμα (πτύω) spit ▸ 1
    πτύσματος ▸ 1
        Noun · neuter · singular · genitive ▸ 1 (John 9,6)

πτύσσω to close ▸ 1
    πτύξας ▸ 1
        Verb · aorist · active · participle · masculine · singular · nominative ▸ 1 (Luke 4,20)

πτυχή (πτύσσω) door panel ▸ 2
    πτυχαί ▸ 2
        Noun · feminine · plural · nominative · (common) ▸ 2 (1Kings 6,34; 1Kings 6,34)

πτύω to spit ▸ 2 + 3 = 5
    ἔπτυσεν ▸ 1
        Verb · third · singular · aorist · active · indicative ▸ 1 (John 9,6)
    πτύσας ▸ 2
        Verb · aorist · active · participle · masculine · singular · nominative ▸ 2 (Mark 7,33; Mark 8,23)
    πτύσῃς ▸ 1
        Verb · second · singular · aorist · active · subjunctive ▸ 1 (Sir. 28,12)
    πτύων ▸ 1
        Verb · present · active · participle · masculine · singular · nominative ▸ 1 (Num. 12,14)

πτῶμα (πίπτω) corpse ▸ 22 + 1 + 7 = 30
    πτῶμα ▸ 12 + 1 + 6 = 19
        Noun · neuter · singular · accusative · (common) ▸ 6 + 1 + 4 = 11 (Judg. 14,8; Judith 8,19; Job 15,23; Job 16,14; Wis. 4,19; Sir. 31,6; Judg. 14,8; Matt. 14,12; Mark 6,29; Mark 15,45; Rev. 11,9)
        Noun · neuter · singular · nominative · (common) ▸ 6 + 2 = 8 (Job 18,12; Job 20,5; Sol. 3,10; Is. 30,13; Is. 30,14; Is. 51,19; Matt. 24,28; Rev. 11,8)
    πτώματα ▸ 2 + 1 = 3
        Noun · neuter · plural · accusative · (common) ▸ 1 + 1 = 2 (Psa. 109,6; Rev. 11,9)
        Noun · neuter · plural · nominative · (common) ▸ 1 (Job 37,16)
    πτώματι ▸ 5
        Noun · neuter · singular · dative · (common) ▸ 5 (Judith 13,20; 2Mac. 9,7; Job 16,14; Job 31,29; Is. 8,14)
    πτώματί ▸ 1
        Noun · neuter · singular · dative · (common) ▸ 1 (Bar. 4,33)

πτώματος ▸ 2
  Noun · neuter · singular · genitive · (common) ▸ **2** (Prov. 16,18; Job 33,17)

πτῶσις (πίπτω) fall; disaster; carcass ▸ **36** + **1** + **2** = **39**
  πτώσει ▸ **6** + **1** = **7**
    Noun · feminine · singular · dative · (common) ▸ **6** + **1** = **7** (Esth. 14,11 # 4,17q; Sir. 25,7; Sir. 27,29; Jer. 6,15; Bar. 4,31; Bar. 4,33; Judg. 20,39)
  πτώσεως ▸ **10**
    Noun · feminine · singular · genitive · (common) ▸ **10** (Judith 10,2; Sir. 3,31; Sir. 4,19; Sir. 34,16; Sir. 50,4; Nah. 3,3; Is. 51,17; Is. 51,22; Jer. 30,15; Ezek. 31,16)
  πτώσεώς ▸ **5**
    Noun · feminine · singular · genitive · (common) ▸ **5** (Sir. 13,13; Ezek. 26,15; Ezek. 26,18; Ezek. 27,27; Ezek. 32,10)
  πτῶσιν ▸ **6** + **1** = **7**
    Noun · feminine · singular · accusative · (common) ▸ **6** + **1** = **7** (3Mac. 6,31; Sir. 11,30; Zech. 14,15; Is. 17,1; Ezek. 31,13; Ezek. 32,10; Luke 2,34)
  πτῶσίν ▸ **1**
    Noun · feminine · singular · accusative · (common) ▸ **1** (Sir. 4,22)
  πτῶσις ▸ **8** + **1** = **9**
    Noun · feminine · singular · nominative · (common) ▸ **8** + **1** = **9** (Ex. 30,12; Psa. 105,29; Sir. 1,22; Sir. 5,13; Sir. 20,18; Zech. 14,12; Zech. 14,15; Zech. 14,18; Matt. 7,27)

πτωχεία (πτωχός) poverty ▸ **19** + **3** = **22**
  πτωχεία ▸ **2** + **1** = **3**
    Noun · feminine · singular · nominative · (common) ▸ **2** + **1** = **3** (Sir. 11,14; Sir. 13,24; 2Cor. 8,2)
  πτωχείᾳ ▸ **6** + **1** = **7**
    Noun · feminine · singular · dative · (common) ▸ **6** + **1** = **7** (Psa. 30,11; Psa. 106,10; Sir. 10,31; Sir. 10,31; Sir. 11,12; Sir. 22,23; 2Cor. 8,9)
  πτωχείαν ▸ **3** + **1** = **4**
    Noun · feminine · singular · accusative · (common) ▸ **3** + **1** = **4** (1Chr. 22,14; Sir. 18,25; Lam. 3,1; Rev. 2,9)
  πτωχείας ▸ **8**
    Noun · feminine · singular · genitive · (common) ▸ **8** (Deut. 8,9; Psa. 43,25; Psa. 87,10; Psa. 106,41; Job 30,27; Job 36,21; Is. 48,10; Lam. 3,19)

πτωχεύω (πτωχός) to become poor ▸ **6** + **2** + **1** = **9**
  ἐπτωχεύσαμεν ▸ **2** + **1** = **3**
    Verb · first · plural · aorist · active · indicative ▸ **2** + **1** = **3** (Tob. 4,21; Psa. 78,8; Tob. 4,21)
  ἐπτώχευσαν ▸ **1**
    Verb · third · plural · aorist · active · indicative ▸ **1** (Psa. 33,11)
  ἐπτώχευσεν ▸ **1** + **1** + **1** = **3**
    Verb · third · singular · aorist · active · indicative ▸ **1** + **1** + **1** = **3** (Judg. 6,6; Judg. 6,6; 2Cor. 8,9)
  πτωχεῦσαι ▸ **1**
    Verb · aorist · active · infinitive ▸ **1** (Judg. 14,15)
  πτωχεύσει ▸ **1**
    Verb · third · singular · future · active · indicative ▸ **1** (Prov. 23,21)

πτωχίζω (πτωχός) to make poor ▸ **2**
  πτωχίζει ▸ **2**
    Verb · third · singular · present · active · indicative ▸ **2** (1Sam. 2,7; Ode. 3,7)

πτωχός poor ▸ **122** + **2** + **34** = **158**
  πτωχά ▸ **1**
    Adjective · neuter · plural · accusative ▸ **1** (Gal. 4,9)
  πτωχή ▸ **3**
    Adjective · feminine · singular · nominative ▸ **3** (Mark 12,42; Mark 12,43; Luke 21,3)
  πτωχοί ▸ **8** + **4** = **12**
    Adjective · masculine · plural · nominative · noDegree ▸ **8** + **4** = **12** (Ex. 23,11; 2Kings 24,14; Psa. 68,33; Is. 14,30; Is. 14,30; Is. 24,6; Is. 29,19; Is. 41,17; Matt. 5,3; Matt. 11,5; Luke 7,22; 2Cor. 6,10)
  πτωχοί ▸ **2** + **1** = **3**
    Adjective · masculine · plural · nominative · noDegree ▸ **2** (Sir. 13,19; Jer. 5,4)
    Adjective · masculine · plural · vocative · (variant) ▸ **1** (Luke 6,20)
  πτωχοῖς ▸ **3** + **9** = **12**
    Adjective · masculine · plural · dative · noDegree ▸ **3** + **9** = **12** (Esth. 9,22; Prov. 28,27; Is. 61,1; Matt. 19,21; Matt. 26,9; Mark 10,21; Mark 14,5; Luke 4,18; Luke 18,22; Luke 19,8; John 12,5; John 13,29)
  πτωχόν ▸ **5** + **1** = **6**
    Adjective · masculine · singular · accusative · noDegree ▸ **5** + **1** = **6** (Psa. 9,30; Psa. 81,3; Psa. 81,4; Prov. 14,31; Prov. 19,17; James 2,6)
  πτωχόν ▸ **18** + **2** + **1** = **21**
    Adjective · masculine · singular · accusative · noDegree ▸ **18** + **2** + **1** = **21** (1Sam. 2,8; 2Sam. 22,28; Psa. 9,30; Psa. 34,10; Psa. 34,10; Psa. 36,14; Psa. 40,2; Psa. 71,12; Psa. 108,16; Psa. 112,7; Ode. 3,8; Prov. 19,7; Prov. 22,9; Job 29,12; Sir. 10,23; Sir. 25,2; Ezek. 18,12; Ezek. 22,29; Tob. 2,2; Tob. 2,3; Luke 16,22)
  πτωχός ▸ **9**
    Adjective · masculine · singular · nominative · noDegree ▸ **9** (Psa. 9,19; Psa. 9,23; Psa. 9,35; Psa. 24,16; Psa. 39,18; Psa. 87,16; Sir. 10,22; Sir. 13,20; Is. 25,3)
  πτωχός ▸ **22** + **3** = **25**
    Adjective · masculine · singular · nominative · noDegree ▸ **22** + **3** = **25** (Ruth 3,10; Psa. 33,7; Psa. 68,30; Psa. 69,6; Psa. 73,21; Psa. 85,1; Psa. 108,22; Ode. 4,14; Prov. 13,8; Prov. 19,4; Prov. 19,22; Prov. 22,2; Prov. 22,22; Prov. 28,6; Prov. 28,15; Sir. 10,30; Sir. 13,3; Sir. 13,23; Sir. 18,33; Sir. 30,14; Sir. 31,4; Hab. 3,14; Luke 16,20; James 2,2; Rev. 3,17)
  πτωχοῦ ▸ **20**
    Adjective · masculine · singular · genitive · noDegree ▸ **20** (Lev. 19,15; Esth. 1,20; Tob. 4,7; Psa. 13,6; Psa. 21,25; Psa. 71,13; Psa. 139,13; Prov. 17,5; Sir. 4,1; Sir. 4,4; Sir. 21,5; Sir. 26,4; Sir. 29,22; Sir. 35,13; Sir. 38,19; Sol. 5,2; Sol. 5,11; Sol. 18,2; Is. 3,14; Ezek. 16,49)
  πτωχούς ▸ **3** + **2** = **5**
    Adjective · masculine · plural · accusative · noDegree ▸ **3** + **2** = **5** (Psa. 71,2; Prov. 14,20; Prov. 28,3; Luke 14,13; Rev. 13,16)
  πτωχούς ▸ **11** + **6** = **17**
    Adjective · masculine · plural · accusative · noDegree ▸ **11** + **6** = **17** (Psa. 71,4; Psa. 131,15; Prov. 14,21; Prov. 28,8; Prov. 29,14; Sol. 10,6; Amos 4,1; Amos 5,11; Amos 8,4; Amos 8,6; Is. 58,7; Matt. 26,11; Mark 14,7; Luke 14,21; John 12,8; Rom. 15,26; James 2,5)
  πτωχῷ ▸ **11** + **1** = **12**
    Adjective · masculine · singular · dative · noDegree ▸ **11** + **1** = **12** (Lev. 19,10; Lev. 23,22; Deut. 24,19; Psa. 67,11; Psa. 101,1; Prov. 22,9; Prov. 29,7; Prov. 31,20; Sir. 4,8; Sir. 7,32; LetterJ 27; James 2,3)
  πτωχῶν ▸ **10** + **2** = **12**
    Adjective · masculine · plural · genitive · noDegree ▸ **10** + **2** = **12** (2Kings 25,12; Psa. 11,6; Prov. 22,7; Job 34,28; Job 36,6; Sir. 34,21; Sol. 15,1; Amos 2,7; Is. 3,15; Is. 10,2; John 12,6; Gal. 2,10)

πύγαργος (πυγή; ἀργός) white-tailed antelope ▸ 1
  πύγαργον ▸ 1
    Noun ▪ masculine ▪ singular ▪ accusative ▪ (common) ▸ 1 (Deut. 14,5)

πυγμή (πύξ) fist, fist-fight ▸ 2 + 1 = 3
  πυγμαῖς ▸ 1
    Noun ▪ feminine ▪ plural ▪ dative ▪ (common) ▸ 1 (Is. 58,4)
  πυγμῇ ▸ 1 + 1 = 2
    Noun ▪ feminine ▪ singular ▪ dative ▪ (common) ▸ 1 + 1 = 2 (Ex. 21,18; Mark 7,3)

πυθμήν stem; depth ▸ 6
  πυθμένα ▸ 2
    Noun ▪ masculine ▪ singular ▪ accusative ▪ (common) ▸ 2 (Prov. 14,12; Prov. 16,25)
  πυθμένες ▸ 2
    Noun ▪ masculine ▪ plural ▪ nominative ▪ (common) ▸ 2 (Gen. 40,10; Gen. 40,12)
  πυθμένι ▸ 2
    Noun ▪ masculine ▪ singular ▪ dative ▪ (common) ▸ 2 (Gen. 41,5; Gen. 41,22)

πύθων Python ▸ 1
  πύθωνα ▸ 1
    Noun ▪ masculine ▪ singular ▪ accusative ▸ 1 (Acts 16,16)

πυκάζω (πύξ) to overshadow ▸ 4
  πεπυκασμένων ▸ 1
    Verb ▪ perfect ▪ passive ▪ participle ▪ masculine ▪ plural ▪ genitive ▸ 1 (3Mac. 4,5)
  πυκάζουσα ▸ 1
    Verb ▪ present ▪ active ▪ participle ▪ feminine ▪ singular ▪ nominative ▸ 1 (Hos. 14,9)
  πυκάζουσιν ▸ 1
    Verb ▪ present ▪ active ▪ participle ▪ masculine ▪ plural ▪ dative ▸ 1 (Psa. 117,27)
  πυκάσῃ ▸ 1
    Verb ▪ third ▪ singular ▪ aorist ▪ active ▪ subjunctive ▸ 1 (Job 15,32)

πυκνός (πύξ) frequent, quick, rapid, shrewd ▸ 7 + 3 = 10
  πυκνὰ ▸ 1
    Adverb ▸ 1 (Luke 5,33)
  πυκνάς ▸ 1
    Adjective ▪ feminine ▪ plural ▪ accusative ▸ 1 (1Tim. 5,23)
  πυκνοτάτης ▸ 1
    Adjective ▪ feminine ▪ singular ▪ genitive ▪ superlative ▸ 1 (3Mac. 1,28)
  πυκνότερον ▸ 4 + 1 = 5
    Adverb ▪ (comparative) ▸ 2 + 1 = 3 (Esth. 16,3 # 8,12c; 3Mac. 7,3; Acts 24,26)
    Adjective ▪ masculine ▪ singular ▪ accusative ▪ comparative ▸ 1 (2Mac. 8,8)
    Adjective ▪ neuter ▪ singular ▪ accusative ▪ comparative ▸ 1 (3Mac. 4,12)
  πυκνοτέρῳ ▸ 1
    Adjective ▪ neuter ▪ singular ▪ dative ▪ comparative ▸ 1 (4Mac. 12,12)
  πυκνῷ ▸ 1
    Adjective ▪ neuter ▪ singular ▪ dative ▪ noDegree ▸ 1 (3Mac. 4,10)

πυκτεύω (πύξ) to box, spar, fight ▸ 1
  πυκτεύω ▸ 1
    Verb ▪ first ▪ singular ▪ present ▪ active ▪ indicative ▸ 1 (1Cor. 9,26)

πύλη gate, door; (prop pl = Thermopylae) ▸ 365 + 8 + 10 = 383
  πύλαι ▸ 28 + 1 = 29
    Noun ▪ feminine ▪ plural ▪ nominative ▪ (common) ▸ 28 + 1 = 29 (Deut. 3,5; 1Chr. 9,18; 1Chr. 9,24; 2Chr. 8,5; Neh. 1,3; Neh. 2,3; Neh. 2,13; Neh. 2,17; Neh. 7,3; Neh. 13,19; Psa. 23,7; Psa. 23,9; Job 38,17; Nah. 2,7; Nah. 3,13; Is. 14,31; Is. 60,11; Is. 60,18; Jer. 14,2; Jer. 28,58; Lam. 1,4; Lam. 2,9; Ezek. 42,3; Ezek. 48,31; Ezek. 48,31; Ezek. 48,32; Ezek. 48,33; Ezek. 48,34; Matt. 16,18)
  πύλαις ▸ 42
    Noun ▪ feminine ▪ plural ▪ dative ▪ (common) ▸ 42 (Gen. 38,14; 1Kings 22,10; 2Kings 7,1; 1Chr. 9,22; 1Chr. 9,22; 2Chr. 31,2; Neh. 6,1; Esth. 16,17 # 8,12r; Judith 1,3; 1Mac. 9,50; 1Mac. 13,33; 3Mac. 5,51; Psa. 9,15; Psa. 72,28; Ode. 11,10; Prov. 1,21; Prov. 1,21; Prov. 8,3; Prov. 12,13a; Prov. 22,22; Prov. 24,7; Prov. 31,23; Prov. 31,31; Song 7,5; Job 38,8; Amos 5,10; Amos 5,12; Amos 5,15; Hag. 2,14; Zech. 8,16; Is. 29,21; Is. 38,10; Jer. 15,7; Jer. 17,19; Jer. 17,19; Jer. 17,20; Jer. 17,21; Jer. 17,27; Jer. 17,27; Jer. 19,3; Jer. 22,2; Jer. 22,4)
  πύλας ▸ 40 + 1 = 41
    Noun ▪ feminine ▪ plural ▪ accusative ▪ (common) ▸ 40 + 1 = 41 (Josh. 6,26; Josh. 6,26; 2Chr. 14,6; 2Chr. 23,4; 2Chr. 23,19; Neh. 2,8; Neh. 13,19; Neh. 13,19; Neh. 13,22; Judith 1,4; Judith 1,4; Judith 13,10; 1Mac. 4,57; 1Mac. 5,47; 1Mac. 12,48; 1Mac. 15,39; 2Mac. 10,36; 3Mac. 6,18; Psa. 23,7; Psa. 23,9; Psa. 86,2; Psa. 99,4; Psa. 106,16; Psa. 117,19; Job 3,10; Job 38,10; Job 41,6; Wis. 16,13; Sir. 49,13; Sol. 8,17; Mic. 1,12; Obad. 11; Obad. 13; Is. 22,7; Is. 22,8; Is. 26,2; Is. 54,12; Ezek. 21,27; Ezek. 26,10; Ezek. 44,17; Acts 9,24)
  Πύλη ▸ 1
    Noun ▪ feminine ▪ singular ▪ nominative ▪ (common) ▸ 1 (Ezek. 46,1)
  πύλη ▸ 24 + 2 = 26
    Noun ▪ feminine ▪ singular ▪ nominative ▪ (common) ▸ 24 + 2 = 26 (Gen. 28,17; Josh. 2,5; Josh. 2,7; Psa. 117,20; Ezek. 40,13; Ezek. 40,20; Ezek. 40,22; Ezek. 40,23; Ezek. 40,24; Ezek. 40,27; Ezek. 44,2; Ezek. 46,2; Ezek. 48,31; Ezek. 48,31; Ezek. 48,31; Ezek. 48,32; Ezek. 48,32; Ezek. 48,32; Ezek. 48,33; Ezek. 48,33; Ezek. 48,33; Ezek. 48,34; Ezek. 48,34; Ezek. 48,34; Matt. 7,13; Matt. 7,14)
  πύλῃ ▸ 31 + 1 + 2 = 34
    Noun ▪ feminine ▪ singular ▪ dative ▪ (common) ▸ 31 + 1 + 2 = 34 (Ex. 27,16; Ruth 4,11; 2Sam. 18,26; 2Sam. 19,9; 2Sam. 19,9; 2Sam. 23,15; 2Sam. 23,16; 2Kings 7,17; 2Kings 7,18; 2Kings 7,20; 2Kings 11,6; 2Kings 14,13; 2Kings 23,8; 1Chr. 9,18; 1Chr. 11,17; 1Chr. 11,18; 2Chr. 23,5; 2Chr. 24,8; Neh. 2,13; Neh. 2,15; Neh. 12,39; Tob. 11,16; Psa. 68,13; Psa. 126,5; Jer. 20,2; Jer. 44,13; Jer. 45,7; Jer. 46,3; Jer. 50,9; Dan. 8,2; Dan. 8,6; Judg. 16,2; Luke 7,12; Acts 3,10)
  πύλην ▸ 57 + 1 + 1 = 59
    Noun ▪ feminine ▪ singular ▪ accusative ▪ (common) ▸ 57 + 1 + 1 = 59 (Gen. 19,1; Gen. 34,20; Gen. 34,24; Ex. 32,27; Ex. 37,13; Ex. 38,20; Deut. 21,19; Deut. 22,15; Deut. 22,24; Deut. 25,7; Judg. 9,44; Ruth 4,1; 1Sam. 4,13; 1Kings 12,24l; 2Kings 7,10; 2Kings 15,35; 1Chr. 16,42; 1Chr. 26,16; 2Chr. 8,14; 2Chr. 8,14; 2Chr. 26,9; 2Chr. 26,9; 2Chr. 27,3; 2Chr. 33,14; 2Chr. 34,9; Neh. 2,13; Neh. 2,14; Neh. 3,1; Neh. 3,3; Neh. 3,6; Neh. 3,13; Neh. 3,14; Neh. 12,39; Neh. 12,39; Judith 10,6; Judith 10,9; Judith 13,11; Judith 13,12; Judith 13,13; 3Mac. 5,48; Mic. 2,13; Ezek. 8,5; Ezek. 11,1; Ezek. 21,20; Ezek. 40,6; Ezek. 40,13; Ezek. 40,13; Ezek. 40,23; Ezek. 40,23; Ezek. 40,27; Ezek. 40,28; Ezek. 40,32; Ezek. 40,35; Ezek. 43,1; Ezek. 46,9; Ezek. 46,12; Ezek. 47,2; Tob. 11,16; Acts 12,10)

πύλης ‣ **115** + **6** + **3** = **124**
  Noun · feminine · singular · genitive · (common) ‣ 115 + 6 + 3 = **124** (Ex. 32,26; Ex. 32,27; Ex. 37,16; Ex. 39,8; Ex. 39,19; Num. 3,26; Num. 4,32; Josh. 7,5; Judg. 9,35; Judg. 16,2; Judg. 16,3; 1Sam. 4,18; 1Sam. 17,52; 1Sam. 21,14; 2Sam. 3,27; 2Sam. 10,8; 2Sam. 11,23; 2Sam. 15,2; 2Sam. 18,4; 2Sam. 18,24; 2Sam. 19,1; 2Kings 7,17; 2Kings 10,8; 2Kings 11,6; 2Kings 11,19; 2Kings 14,13; 2Kings 23,8; 2Kings 25,4; 2Chr. 18,9; 2Chr. 23,15; 2Chr. 23,20; 2Chr. 25,23; 2Chr. 25,23; 2Chr. 32,6; 2Chr. 35,15; 2Chr. 35,15; Neh. 3,13; Neh. 3,26; Neh. 3,28; Neh. 3,29; Neh. 3,31; Neh. 3,32; Neh. 8,1; Neh. 8,16; Neh. 12,37; Neh. 12,37; Neh. 12,39; Neh. 12,39; Esth. 4,2; Judith 8,33; 1Mac. 5,22; Mic. 1,9; Zeph. 1,10; Zech. 14,10; Zech. 14,10; Zech. 14,10; Jer. 19,2; Jer. 22,19; Jer. 33,10; Jer. 38,38; Jer. 38,40; Jer. 43,10; Jer. 52,7; Lam. 5,14; Ezek. 8,3; Ezek. 8,14; Ezek. 9,2; Ezek. 10,19; Ezek. 11,1; Ezek. 40,3; Ezek. 40,6; Ezek. 40,9; Ezek. 40,9; Ezek. 40,10; Ezek. 40,14; Ezek. 40,14; Ezek. 40,15; Ezek. 40,15; Ezek. 40,16; Ezek. 40,19; Ezek. 40,19; Ezek. 40,21; Ezek. 40,23; Ezek. 40,23; Ezek. 40,27; Ezek. 40,27; Ezek. 40,28; Ezek. 40,38; Ezek. 40,40; Ezek. 40,41; Ezek. 40,44; Ezek. 40,44; Ezek. 42,1; Ezek. 42,15; Ezek. 42,16; Ezek. 43,2; Ezek. 43,4; Ezek. 44,1; Ezek. 44,3; Ezek. 44,4; Ezek. 44,17; Ezek. 45,19; Ezek. 46,2; Ezek. 46,2; Ezek. 46,2; Ezek. 46,3; Ezek. 46,8; Ezek. 46,8; Ezek. 46,9; Ezek. 46,9; Ezek. 46,9; Ezek. 46,9; Ezek. 46,19; Ezek. 47,2; Dan. 8,3; Judg. 9,35; Judg. 9,40; Judg. 9,44; Judg. 16,3; Judg. 18,16; Tob. 11,15; Matt. 7,13; Acts 16,13; Heb. 13,12)
πυλῶν ‣ **27**
  Noun · feminine · plural · genitive · (common) ‣ **27** (Deut. 6,9; Deut. 11,20; Deut. 12,12; 1Sam. 17,52; 2Sam. 18,24; 2Kings 23,8; 1Chr. 9,23; 1Chr. 9,26; 1Chr. 22,3; 1Chr. 26,1; 1Chr. 26,12; Judith 7,22; Judith 13,11; 4Mac. 3,13; Psa. 9,14; Psa. 106,18; Psa. 147,2; Wis. 6,14; Sol. 16,2; Is. 62,10; Jer. 1,15; Jer. 17,24; Jer. 17,25; Lam. 4,12; Ezek. 40,18; Ezek. 40,18; Ezek. 44,11)

πυλών (πύλη) gate; porch ‣ **30** + **18** = **48**
πυλὼν ‣ **1**
  Noun · masculine · singular · nominative · (common) ‣ **1** (1Kings 6,8)
πυλῶνα ‣ **7** + **4** = **11**
  Noun · masculine · singular · accusative · (common) ‣ 7 + 4 = **11** (1Kings 14,27; 1Kings 17,10; 1Chr. 19,9; 1Chr. 26,13; 1Chr. 26,13; 2Chr. 12,10; 2Mac. 1,8; Matt. 26,71; Luke 16,20; Acts 10,17; Acts 12,14)
πυλῶνας ‣ **3** + **3** = **6**
  Noun · masculine · plural · accusative · (common) ‣ 3 + 3 = **6** (2Chr. 3,7; 2Mac. 3,19; 2Mac. 8,33; Acts 14,13; Rev. 21,12; Rev. 21,15)
πυλῶνες ‣ **6**
  Noun · masculine · plural · nominative ‣ **6** (Rev. 21,13; Rev. 21,13; Rev. 21,13; Rev. 21,13; Rev. 21,21; Rev. 21,25)
πυλῶνι ‣ **4**
  Noun · masculine · singular · dative · (common) ‣ **4** (Gen. 43,19; 1Kings 6,33; 2Kings 10,9; 2Kings 11,5)
πυλῶνος ‣ **13** + **2** = **15**
  Noun · masculine · singular · genitive · (common) ‣ 13 + 2 = **15** (Judg. 18,16; Judg. 18,17; Judg. 19,26; 1Esdr. 1,15; 1Esdr. 5,46; 1Esdr. 7,9; 1Esdr. 9,38; 1Esdr. 9,41; Ezek. 40,9; Ezek. 40,11; Ezek. 40,11; Ezek. 41,2; Ezek. 41,2; Acts 12,13; Acts 12,14)
πυλώνων ‣ **1**
  Noun · masculine · plural · genitive ‣ **1** (Rev. 21,21)
πυλῶσι ‣ **1**
  Noun · masculine · plural · dative · (common) ‣ **1** (Ezek. 33,30)
πυλῶσιν ‣ **1** + **2** = **3**
  Noun · masculine · plural · dative · (common) ‣ 1 + 2 = **3** (Zeph. 2,14; Rev. 21,12; Rev. 22,14)

πυλωρός (πύλη) gatekeeper; door-keeper; janitor ‣ **30**
πυλωροί ‣ **13**
  Noun · masculine · plural · nominative · (common) ‣ **13** (1Chr. 15,23; 1Chr. 15,24; 1Chr. 23,5; 2Chr. 8,14; 2Chr. 23,19; 2Chr. 35,15; Ezra 2,70; Ezra 7,7; Neh. 7,1; Neh. 7,73; Neh. 10,40; Neh. 11,19; Job 38,17)
πυλωροί ‣ **5**
  Noun · masculine · plural · nominative · (common) ‣ **5** (1Chr. 9,17; 1Chr. 15,18; 2Chr. 34,13; Neh. 7,45; Neh. 10,29)
πυλωροῖς ‣ **1**
  Noun · masculine · plural · dative · (common) ‣ **1** (Ezra 7,24)
πυλωρός ‣ **2**
  Noun · masculine · singular · nominative · (common) ‣ **2** (1Chr. 9,21; 2Chr. 31,14)
πυλωρούς ‣ **1**
  Noun · masculine · plural · accusative · (common) ‣ **1** (1Chr. 16,38)
πυλωρούς ‣ **3**
  Noun · masculine · plural · accusative · (common) ‣ **3** (Neh. 12,25; Neh. 12,30; Neh. 12,45)
πυλωρῶν ‣ **5**
  Noun · masculine · plural · genitive · (common) ‣ **5** (1Chr. 26,19; Ezra 2,42; Ezra 10,24; Neh. 12,47; Neh. 13,5)

πυνθάνομαι to inquire ‣ **13** + **12** = **25**
ἐπύθετο ‣ **1**
  Verb · third · singular · aorist · middle · indicative ‣ **1** (John 4,52)
ἐπυνθάνετο ‣ **6** + **5** = **11**
  Verb · third · singular · imperfect · middle · indicative ‣ 6 + 5 = **11** (2Chr. 31,9; 2Mac. 3,9; 3Mac. 1,13; 3Mac. 5,18; 3Mac. 5,27; Dan. 2,15; Matt. 2,4; Luke 15,26; Luke 18,36; Acts 21,33; Acts 23,19)
ἐπυνθανόμεθα ‣ **1**
  Verb · first · plural · imperfect · middle · indicative ‣ **1** (1Esdr. 6,10)
ἐπυνθάνοντο ‣ **2**
  Verb · third · plural · imperfect · middle · indicative ‣ **2** (Acts 4,7; Acts 10,18)
πυθέσθαι ‣ **2** + **1** = **3**
  Verb · aorist · middle · infinitive ‣ 2 + 1 = **3** (Gen. 25,22; 2Chr. 32,31; John 13,24)
πυθόμενος ‣ **1**
  Verb · aorist · middle · participle · masculine · singular · nominative ‣ **1** (Acts 23,34)
πυθομένου ‣ **1**
  Verb · aorist · middle · participle · masculine · singular · genitive ‣ **1** (Esth. 13,3 # 3,13c)
πυνθάνεσθαι ‣ **1** + **1** = **2**
  Verb · present · middle · infinitive ‣ 1 + 1 = **2** (Esth. 6,4; Acts 23,20)
πυνθάνομαι ‣ **1**
  Verb · first · singular · present · middle · indicative ‣ **1** (Acts 10,29)
πυνθανόμενοι ‣ **1**
  Verb · present · middle · participle · masculine · plural · nominative ‣ **1** (4Mac. 9,27)
πυνθανομένου ‣ **1**
  Verb · present · middle · participle · masculine · singular · genitive ‣ **1** (4Mac. 11,13)

πυνθάνομαι–πῦρ

πυξίον (πύξος) tablet ▸ 4
  πυξία ▸ 1
    Noun ▪ neuter ▪ plural ▪ accusative ▪ (common) ▸ **1** (Ex. 24,12)
  πυξίον ▸ 2
    Noun ▪ neuter ▪ singular ▪ accusative ▪ (common) ▸ **1** (Hab. 2,2)
    Noun ▪ neuter ▪ singular ▪ nominative ▪ (common) ▸ **1** (Song 5,14)
  πυξίου ▸ 1
    Noun ▪ neuter ▪ singular ▪ genitive ▪ (common) ▸ **1** (Is. 30,8)
πύξος boxtree ▸ 1
  πύξον ▸ 1
    Noun ▪ feminine ▪ singular ▪ accusative ▪ (common) ▸ **1** (Is. 41,19)
πῦρ fire ▸ 502 + 39 + 71 = 612
  Πῦρ ▸ 1 + 1 = 2
    Noun ▪ neuter ▪ singular ▪ accusative ▸ **1** (Luke 12,49)
    Noun ▪ neuter ▪ singular ▪ nominative ▪ (common) ▸ **1** (Job 1,16)
  πῦρ ▸ 220 + 10 + 25 = 255
    Noun ▪ neuter ▪ singular ▪ accusative ▪ (common) ▸ 110 + 2 + 15 = **127** (Gen. 19,24; Gen. 22,6; Ex. 9,28; Ex. 22,5; Ex. 32,24; Ex. 35,3; Lev. 1,7; Lev. 1,7; Lev. 10,1; Lev. 10,1; Lev. 16,1; Lev. 16,13; Num. 3,4; Num. 6,18; Num. 16,7; Num. 16,18; Num. 16,35; Num. 17,2; Num. 17,11; Num. 21,30; Num. 26,61; Deut. 4,36; Deut. 18,16; Judg. 15,5; 1Kings 18,23; 1Kings 18,23; 1Kings 18,25; 1Kings 19,12; 2Kings 1,10; 2Kings 1,10; 2Kings 1,12; 2Kings 1,14; 2Kings 19,18; 2Chr. 7,1; 2Chr. 7,3; Judith 13,13; Judith 16,17; 2Mac. 1,20; 2Mac. 1,20; 2Mac. 1,33; 2Mac. 9,7; 2Mac. 10,3; 2Mac. 13,8; 2Mac. 14,41; 4Mac. 5,32; 4Mac. 6,24; 4Mac. 9,19; 4Mac. 10,14; 4Mac. 15,15; 4Mac. 18,20; Psa. 10,6; Psa. 103,4; Psa. 104,32; Psa. 104,39; Ode. 5,11; Prov. 6,27; Prov. 16,27; Wis. 10,6; Wis. 13,2; Wis. 16,22; Sir. 3,30; Sir. 8,3; Sir. 15,16; Sir. 28,11; Sir. 48,3; Hos. 8,14; Amos 1,4; Amos 1,7; Amos 1,10; Amos 1,12; Amos 1,14; Amos 2,2; Amos 2,5; Joel 3,3; Nah. 3,13; Is. 10,17; Is. 30,14; Is. 30,33; Is. 37,19; Is. 44,16; Is. 50,11; Jer. 5,14; Jer. 7,18; Jer. 17,27; Jer. 21,14; Jer. 22,7; Jer. 27,32; Jer. 27,42; Jer. 30,33; Jer. 43,23; Jer. 43,23; Jer. 50,12; Lam. 1,13; Lam. 2,3; Lam. 2,4; Lam. 4,11; Ezek. 8,2; Ezek. 10,6; Ezek. 19,12; Ezek. 21,3; Ezek. 22,20; Ezek. 24,10; Ezek. 28,18; Ezek. 30,8; Ezek. 30,14; Ezek. 30,16; Ezek. 38,22; Ezek. 39,6; Ezek. 39,9; Sus. 60-62; Judg. 15,5; Dan. 3,95; Matt. 3,10; Matt. 7,19; Matt. 17,15; Matt. 18,8; Matt. 25,41; Mark 9,22; Mark 9,43; Luke 3,9; Luke 9,54; Luke 17,29; Luke 22,55; John 15,6; Acts 2,19; Acts 28,5; Rev. 13,13)
    Noun ▪ neuter ▪ singular ▪ nominative ▪ (common) ▸ 110 + 8 + 10 = **128** (Gen. 22,7; Ex. 9,23; Ex. 9,24; Ex. 22,5; Ex. 24,17; Ex. 40,38; Lev. 6,2; Lev. 6,3; Lev. 6,5; Lev. 6,6; Lev. 9,24; Lev. 10,2; Num. 11,1; Num. 11,2; Num. 11,3; Num. 21,28; Num. 26,10; Deut. 4,24; Deut. 5,25; Deut. 9,3; Deut. 32,22; Judg. 6,21; Judg. 9,15; Judg. 9,20; Judg. 9,20; 2Sam. 22,9; 1Kings 18,38; 1Kings 18,38; 1Kings 19,12; 2Kings 1,12; 2Mac. 2,10; 2Mac. 2,10; 4Mac. 11,26; Psa. 17,9; Psa. 20,10; Psa. 38,4; Psa. 49,3; Psa. 57,9; Psa. 77,21; Psa. 77,63; Psa. 78,5; Psa. 82,15; Psa. 88,47; Psa. 96,3; Psa. 105,18; Psa. 117,12; Psa. 148,8; Ode. 2,22; Ode. 8,66; Prov. 26,20; Prov. 30,16; Job 15,34; Job 20,26; Job 22,20; Job 28,5; Job 31,12; Wis. 16,17; Wis. 16,22; Wis. 19,20; Sir. 7,17; Sir. 9,8; Sir. 16,6; Sir. 23,17; Sir. 23,17; Sir. 39,26; Sir. 39,29; Sir. 40,30; Sir. 43,21; Sir. 48,1; Sir. 50,9; Sol. 12,2; Amos 5,6; Mic. 6,10; Joel 1,19; Joel 1,20; Joel 2,3; Obad. 18; Nah. 3,15; Zech. 11,1; Mal. 3,2; Is. 9,17; Is. 10,16; Is. 26,11; Is. 30,27; Is. 33,11; Is. 33,14; Is. 64,1; Is. 65,5; Is. 66,15; Is. 66,24; Jer. 4,4; Jer. 6,23; Jer. 11,16; Jer. 15,14; Jer. 20,9; Jer. 21,12; Jer. 23,29; Bar. 4,35; LetterJ 54; LetterJ 61; Ezek. 1,4; Ezek. 5,4; Ezek. 15,5; Ezek. 15,7; Ezek. 19,14; Ezek. 23,25; Dan. 3,50; Dan. 3,66; Dan. 3,94; Judg. 6,21; Judg. 9,15; Judg. 9,20; Judg. 9,20; Dan. 3,50; Dan. 3,66; Dan. 3,94; Dan. 7,9; Mark 9,48; 1Cor. 3,13; Heb. 12,29; James 3,5; James 3,6; James 5,3; Rev. 8,7; Rev. 9,17; Rev. 11,5; Rev. 20,9)
  πυράς ▸ 1
    Noun ▪ feminine ▪ plural ▪ accusative ▪ (common) ▸ **1** (Judith 7,5)
  πυρί ▸ 88 + 13 = 101
    Noun ▪ neuter ▪ singular ▪ dative ▪ (common) ▸ 88 + 13 = **101** (Ex. 12,8; Ex. 12,10; Ex. 29,14; Ex. 32,20; Lev. 6,23; Lev. 7,17; Lev. 7,19; Lev. 8,17; Lev. 8,32; Lev. 9,11; Lev. 13,52; Lev. 13,55; Lev. 13,57; Lev. 19,6; Lev. 20,14; Deut. 1,33; Deut. 4,11; Deut. 9,21; Deut. 12,31; Deut. 13,17; Josh. 7,15; 2Sam. 23,7; 1Kings 15,13; 1Kings 16,18; 1Kings 19,12; 2Kings 8,12; 2Kings 16,3; 2Kings 17,17; 2Kings 17,31; 2Kings 21,6; 1Chr. 21,26; 2Chr. 33,6; 2Chr. 35,13; 2Chr. 36,19; 1Esdr. 1,13; 1Esdr. 1,52; Esth. 16,24 # 8,12x; 1Mac. 1,31; 1Mac. 1,56; 1Mac. 5,5; 1Mac. 5,44; 1Mac. 5,68; 1Mac. 6,31; 1Mac. 11,61; 3Mac. 2,5; 3Mac. 5,43; 3Mac. 5,43; 3Mac. 6,6; 4Mac. 9,22; 4Mac. 12,12; 4Mac. 18,12; 4Mac. 18,20; Psa. 73,7; Psa. 79,17; Psa. 139,11; Job 41,12; Wis. 16,16; Sir. 2,5; Sir. 8,10; Sir. 45,19; Sol. 12,4; Amos 4,10; Amos 7,4; Zeph. 1,18; Zeph. 3,8; Zech. 9,4; Is. 10,17; Is. 44,16; Is. 44,19; Is. 47,14; Is. 66,16; Jer. 4,26; Jer. 30,18; Jer. 36,22; Jer. 39,29; Jer. 41,22; Ezek. 5,2; Ezek. 15,4; Ezek. 15,6; Ezek. 16,41; Ezek. 21,36; Ezek. 21,37; Ezek. 22,21; Ezek. 22,31; Ezek. 36,5; Ezek. 38,19; Dan. 3,25; Dan. 3,93; Matt. 3,12; Matt. 13,40; Mark 9,49; Luke 3,17; 1Cor. 3,13; 2Th. 1,8; Heb. 12,18; 2Pet. 3,7; Rev. 8,8; Rev. 14,10; Rev. 15,2; Rev. 18,8; Rev. 21,8)
  πυρί ▸ 71 + 9 + 4 = 84
    Noun ▪ neuter ▪ singular ▪ dative ▪ (common) ▸ 71 + 9 + 4 = **84** (Gen. 11,3; Ex. 3,2; Ex. 12,9; Ex. 19,18; Ex. 29,34; Ex. 34,13; Lev. 4,12; Lev. 16,27; Num. 31,10; Num. 31,23; Deut. 5,23; Deut. 7,5; Deut. 7,25; Deut. 9,15; Deut. 12,3; Deut. 18,10; Josh. 8,19; Josh. 8,28; Josh. 11,6; Josh. 11,9; Josh. 11,11; Josh. 16,10; Judg. 1,8; Judg. 9,49; Judg. 9,52; Judg. 12,1; Judg. 14,15; Judg. 15,6; Judg. 20,48; 1Sam. 30,1; 1Sam. 30,3; 1Sam. 30,14; 2Sam. 14,30; 2Sam. 14,30; 2Sam. 14,31; 1Kings 18,24; 1Kings 18,36; 1Kings 18,37; 2Kings 23,10; 2Kings 23,11; 1Chr. 14,12; Neh. 1,3; Neh. 2,3; Neh. 2,13; Neh. 2,17; 1Mac. 5,28; 1Mac. 5,35; 1Mac. 10,84; 1Mac. 16,10; 4Mac. 16,3; Psa. 45,10; Psa. 77,48; Prov. 26,21; Mic. 1,7; Nah. 2,4; Hab. 2,13; Jer. 7,31; Jer. 19,5; Jer. 21,10; Jer. 28,32; Jer. 41,2; Jer. 44,8; Jer. 44,10; Jer. 45,17; Jer. 45,18; Jer. 50,13; Jer. 52,13; Bar. 1,2; Ezek. 5,4; Ezek. 39,10; Dan. 3,92; Judg. 1,8; Judg. 9,49; Judg. 9,52; Judg. 12,1; Judg. 14,15; Judg. 15,6; Judg. 15,14; Judg. 18,27; Judg. 20,48; Matt. 3,11; Luke 3,16; Rev. 16,8; Rev. 17,16)
  πυρός ▸ 44 + 6 + 12 = 62
    Noun ▪ neuter ▪ singular ▪ genitive ▪ (common) ▸ 44 + 6 + 12 = **62** (Gen. 15,17; Ex. 13,21; Lev. 1,17; Lev. 13,24; Num. 31,23; Deut. 4,12; Deut. 4,15; Deut. 4,33; Deut. 4,36; Deut. 5,4; Deut. 5,22; Deut. 5,24; Deut. 10,4; Judg. 15,14; Judg. 16,9; 2Sam. 22,13; 1Mac. 6,39; 2Mac. 1,18; 4Mac. 9,9; Psa. 17,13; Psa. 28,7; Psa. 67,3; Psa. 77,14; Prov. 6,28; Song 8,6; Job 41,11; Sir. 21,9; Sir. 51,4; Amos 4,11; Zech. 3,2; Is. 1,31; Is. 9,17; Is. 43,2; Is. 47,14; Is. 66,15; Jer. 6,29; Ezek. 1,13; Dan. 3,17; Dan. 3,93; Dan. 3,93; Dan. 7,9; Dan. 7,10; Dan. 7,11; Dan. 10,6; Judg. 16,9; Dan. 3,92; Dan. 3,93; Dan. 7,9; Dan. 7,11; Dan. 10,6; Matt. 5,22; Matt. 13,42; Matt. 13,50; Matt. 18,9; 1Cor. 3,15; Heb. 11,34; Rev. 10,1; Rev. 14,18; Rev. 19,12; Rev. 20,14; Rev. 20,14; Rev. 20,15)
  πυρός ▸ 77 + 14 + 16 = 107
    Noun ▪ neuter ▪ singular ▪ genitive ▪ (common) ▸ 77 + 14 + 16 = **107** (Ex. 3,2; Ex. 13,22; Ex. 14,24; Lev. 1,8; Lev. 1,12; Lev. 3,5; Lev. 16,12; Lev. 21,9; Num. 9,15; Num. 9,16; Num. 14,14; Deut. 5,5; Deut. 5,23; Deut. 5,26; 1Sam. 2,28; 2Kings 2,11; 2Kings 2,11; 2Kings 6,17; 2Chr. 28,3; 1Esdr. 6,23; Neh. 9,12; Neh. 9,19; 2Mac.

1,19; 2Mac. 2,1; 3Mac. 2,29; 4Mac. 7,10; 4Mac. 7,12; 4Mac. 8,13; 4Mac. 13,5; 4Mac. 14,9; 4Mac. 14,10; 4Mac. 16,21; 4Mac. 18,14; Psa. 20,10; Psa. 65,12; Prov. 25,22; Wis. 16,19; Wis. 16,27; Wis. 17,5; Sir. 11,32; Sir. 22,24; Sir. 28,10; Sir. 36,8; Sir. 38,28; Sir. 48,9; Sol. 8,2; Sol. 15,4; Hos. 7,6; Mic. 1,4; Joel 2,5; Nah. 2,5; Zech. 2,9; Zech. 12,6; Zech. 12,6; Zech. 13,9; Is. 4,5; Is. 5,24; Is. 9,18; Is. 29,6; Is. 50,11; Is. 64,1; Jer. 43,22; Ezek. 1,4; Ezek. 1,13; Ezek. 1,13; Ezek. 1,27; Ezek. 5,4; Ezek. 10,2; Ezek. 10,7; Ezek. 15,7; Dan. 3,6; Dan. 3,11; Dan. 3,15; Dan. 3,20; Dan. 3,49; Dan. 3,88; Dan. 3,94; Dan. 3,6; Dan. 3,11; Dan. 3,15; Dan. 3,17; Dan. 3,20; Dan. 3,21; Dan. 3,23; Dan. 3,25; Dan. 3,49; Dan. 3,88; Dan. 3,91; Dan. 3,93; Dan. 3,94; Dan. 7,10; Acts 2,3; Acts 7,30; Rom. 12,20; Heb. 1,7; Heb. 10,27; 1Pet. 1,7; Jude 7; Jude 23; Rev. 1,14; Rev. 2,18; Rev. 3,18; Rev. 4,5; Rev. 8,5; Rev. 9,18; Rev. 19,20; Rev. 20,10)

πυρά (πῦρ) funeral pyre; burnt sacrifice altar ▸ 7 + 2 = 9
- πυρά ▸ 2
  - **Noun** · feminine · singular · nominative · (common) ▸ **2** (2Mac. 1,22; Wis. 17,6)
- πυρᾷ ▸ 1
  - **Noun** · feminine · singular · dative · (common) ▸ **1** (2Mac. 7,5)
- πυράν ▸ 1
  - **Noun** · feminine · singular · accusative ▸ **1** (Acts 28,3)
- πυράν ▸ 1
  - **Noun** · feminine · singular · accusative ▸ **1** (Acts 28,2)
- πυράς ▸ 2
  - **Noun** · feminine · plural · accusative · (common) ▸ **2** (1Mac. 12,28; 2Mac. 10,36)
- πυράς ▸ 2
  - **Noun** · feminine · singular · genitive · (common) ▸ **2** (4Mac. 17,1; Sir. 51,4)

πυραμίς pyramid ▸ 1
- πυραμίδας ▸ 1
  - **Noun** · feminine · singular · accusative · (common) ▸ **1** (1Mac. 13,28)

πυργόβαρις (πύργος; βάρις) fortress, citadel ▸ 2
- πυργοβάρεις ▸ 1
  - **Noun** · feminine · plural · accusative · (common) ▸ **1** (Sol. 8,19)
- πυργοβάρεσίν ▸ 1
  - **Noun** · feminine · plural · dative · (common) ▸ **1** (Psa. 121,7)

πύργος tower ▸ 76 + 11 + 4 = 91
- πύργοι ▸ 5 + 1 = 6
  - **Noun** · masculine · plural · nominative · (common) ▸ 5 + 1 = **6** (Tob. 13,17; 1Mac. 6,37; 4Mac. 13,6; Song 8,10; Is. 30,25; Tob. 13,17)
- πύργοις ▸ 6
  - **Noun** · masculine · plural · dative · (common) ▸ **6** (1Chr. 27,25; 1Mac. 1,33; 1Mac. 13,33; 2Mac. 10,20; Psa. 47,13; Ezek. 27,11)
- πύργον ▸ 12 + 2 + 3 = 17
  - **Noun** · masculine · singular · accusative · (common) ▸ 12 + 2 + 3 = **17** (Gen. 11,4; Gen. 11,5; Gen. 11,8; Judg. 8,9; Judg. 8,17; 2Kings 9,17; 1Mac. 13,43; 2Mac. 14,41; Ode. 10,2; Is. 2,15; Is. 5,2; Is. 9,9; Judg. 8,9; Judg. 8,17; Matt. 21,33; Mark 12,1; Luke 14,28)
- πύργος ▸ 10 + 1 + 1 = 12
  - **Noun** · masculine · singular · nominative · (common) ▸ 10 + 1 + 1 = **12** (Judg. 9,51; Neh. 3,25; Neh. 3,26; 2Mac. 13,5; Psa. 60,4; Song 4,4; Song 7,5; Song 7,5; Mic. 4,8; Is. 10,9; Judg. 9,51; Luke 13,4)
- πύργου ▸ 18 + 4 = 22
  - **Noun** · masculine · singular · genitive · (common) ▸ 18 + 4 = **22** (Gen. 35,16; Judg. 9,46; Judg. 9,47; Judg. 9,49; Judg. 9,51; Judg. 9,52; Judg. 9,52; 2Kings 17,9; 2Kings 18,8; Neh. 3,1; Neh. 3,1; Neh. 3,11; Neh. 3,19; Neh. 3,27; Neh. 12,38; 3Mac. 2,27; Zech. 14,10; Jer. 38,38; Judg. 9,49; Judg. 9,51; Judg. 9,52; Judg. 9,52)
- πύργους ▸ 21 + 1 = 22
  - **Noun** · masculine · plural · accusative · (common) ▸ 21 + 1 = **22** (2Chr. 14,6; 2Chr. 26,9; 2Chr. 26,10; 2Chr. 27,4; 2Chr. 32,5; 1Esdr. 1,52; 1Esdr. 4,4; Judith 1,3; Judith 7,5; Judith 7,32; 1Mac. 4,60; 1Mac. 5,5; 1Mac. 5,5; 1Mac. 5,65; 1Mac. 16,10; 2Mac. 10,18; 2Mac. 10,22; 2Mac. 10,36; Is. 29,3; Ezek. 26,4; Ezek. 26,9; Tob. 13,14)
- πύργῳ ▸ 1
  - **Noun** · masculine · singular · dative · (common) ▸ **1** (Neh. 12,39)
- πύργων ▸ 3 + 2 = 5
  - **Noun** · masculine · plural · genitive · (common) ▸ 3 + 2 = **5** (2Chr. 26,15; Judith 1,14; Dan. 4,29; Judg. 9,46; Judg. 9,47)

πυρεῖον (πῦρ) censer ▸ 21
- πυρεῖα ▸ 9
  - **Noun** · neuter · plural · accusative · (common) ▸ **8** (Num. 4,14; Num. 16,17; Num. 17,2; Num. 17,3; Num. 17,4; 2Kings 25,15; 2Chr. 4,11; 2Chr. 4,21)
  - **Noun** · neuter · plural · nominative · (common) ▸ **1** (Num. 16,6)
- πυρεῖον ▸ 9
  - **Noun** · neuter · singular · accusative · (common) ▸ **9** (Ex. 27,3; Ex. 38,23; Lev. 10,1; Lev. 16,12; Num. 16,17; Num. 16,17; Num. 16,17; Num. 16,18; Num. 17,11)
- πυρείου ▸ 2
  - **Noun** · neuter · singular · genitive · (common) ▸ **2** (Ex. 38,24; Sir. 50,9)
- πυρείων ▸ 1
  - **Noun** · neuter · plural · genitive · (common) ▸ **1** (Ex. 38,22)

πυρέσσω (πῦρ) to have a fever ▸ 2
- πυρέσσουσα ▸ 1
  - **Verb** · present · active · participle · feminine · singular · nominative ▸ **1** (Mark 1,30)
- πυρέσσουσαν ▸ 1
  - **Verb** · present · active · participle · feminine · singular · accusative ▸ **1** (Matt. 8,14)

πυρετός (πῦρ) fever ▸ 1 + 6 = 7
- πυρετοῖς ▸ 1
  - **Noun** · masculine · plural · dative ▸ **1** (Acts 28,8)
- πυρετός ▸ 3
  - **Noun** · masculine · singular · nominative ▸ **3** (Matt. 8,15; Mark 1,31; John 4,52)
- πυρετῷ ▸ 1 + 2 = 3
  - **Noun** · masculine · singular · dative · (common) ▸ 1 + 2 = **3** (Deut. 28,22; Luke 4,38; Luke 4,39)

πυρίκαυστος (πῦρ; καίω) burned with fire ▸ 3
- πυρίκαυστοι ▸ 2
  - **Adjective** · feminine · plural · nominative · noDegree ▸ **1** (Is. 1,7)
  - **Adjective** · masculine · plural · nominative · noDegree ▸ **1** (Is. 9,4)
- πυρίκαυστος ▸ 1
  - **Adjective** · masculine · singular · nominative · noDegree ▸ **1** (Is. 64,10)

πύρινος (πῦρ) fiery red ▸ 3 + 1 = 4
- πυρίνους ▸ 1
  - **Adjective** · masculine · plural · accusative ▸ **1** (Rev. 9,17)
- πυρίνων ▸ 3
  - **Adjective** · masculine · plural · genitive · noDegree ▸ **3** (Sir. 48,9; Ezek. 28,14; Ezek. 28,16)

πυριφλεγής (πῦρ; φλέγω) burned with fire; pillar of fire ▸ 2
   πυριφλεγῆ ▸ 1
      Adjective · masculine · singular · accusative · noDegree ▸ **1** (Wis. 18,3)
   πυριφλεγής ▸ 1
      Adjective · masculine · singular · nominative · noDegree ▸ **1** (3Mac. 3,29)

πυροβόλον (πῦρ; βάλλω) fire-throwing catapult ▸ 1
   πυροβόλα ▸ 1
      Noun · neuter · plural · accusative · (common) ▸ **1** (1Mac. 6,51)

πυρόπνους (πῦρ; πνέω) fiery; fire-breathing ▸ 1
   πυρόπνουν ▸ 1
      Adjective · feminine · singular · accusative · noDegree ▸ **1** (3Mac. 6,34)

πυρός (πῦρ) wheat ▸ 36 + 1 = 37
   πυροί ▸ 1
      Noun · masculine · plural · nominative · (common) ▸ **1** (Jer. 48,8)
   πυρόν ▸ 2
      Noun · masculine · singular · accusative · (common) ▸ **2** (1Esdr. 6,29; Is. 28,25)
   πυρός ▸ 1
      Noun · masculine · singular · nominative · (common) ▸ **1** (Ex. 9,32)
   πυροῦ ▸ 14
      Noun · masculine · singular · genitive · (common) ▸ **14** (Deut. 8,8; Deut. 32,14; 1Kings 5,25; 2Chr. 27,5; 1Esdr. 8,20; Ezra 7,22; Neh. 13,12; Psa. 80,17; Psa. 147,3; Ode. 2,14; Job 31,40; Sir. 39,26; Joel 1,11; Ezek. 45,13)
   πυρούς ▸ 2
      Noun · masculine · plural · accusative · (common) ▸ **2** (1Chr. 21,20; Ezra 6,9)
   πυρούς ▸ 5
      Noun · masculine · plural · accusative · (common) ▸ **5** (Judg. 6,11; 2Sam. 4,6; 2Sam. 17,28; Jer. 12,13; Ezek. 4,9)
   πυρῶν ▸ 11 + 1 = 12
      Noun · feminine · plural · genitive · (common) ▸ **1** (Judith 3,3)
      Noun · masculine · plural · genitive · (common) ▸ **10 + 1 = 11** (Gen. 30,14; Ex. 29,2; Ex. 34,22; Josh. 3,15; Judg. 15,1; Ruth 2,23; 1Sam. 6,13; 1Sam. 12,17; 2Sam. 24,15; Judith 2,27; Judg. 15,1)

πυροφόρος (πῦρ; φέρω) fire carrier ▸ 1
   πυροφόρος ▸ 1
      Adjective · masculine · singular · nominative · noDegree ▸ **1** (Obad. 18)

πυρόω (πῦρ) to burn ▸ 26 + 2 + 6 = 34
   ἐπύρωσας ▸ 1
      Verb · second · singular · aorist · active · indicative ▸ **1** (Psa. 65,10)
   ἐπύρωσάς ▸ 1
      Verb · second · singular · aorist · active · indicative ▸ **1** (Psa. 16,3)
   ἐπύρωσεν ▸ 2
      Verb · third · singular · aorist · active · indicative ▸ **2** (Judith 8,27; Psa. 104,19)
   πεπυρωμένα ▸ 2 + 1 = 3
      Verb · perfect · passive · participle · neuter · plural · accusative ▸ **1** (Eph. 6,16)
      Verb · perfect · passive · participle · neuter · plural · nominative ▸ **2** (Psa. 17,31; Sol. 17,43)
   πεπυρωμένης ▸ 1 + 1 = 2
      Verb · perfect · passive · participle · feminine · singular · genitive ▸ **1 + 1 = 2** (3Mac. 4,2; Rev. 1,15)
   πεπυρωμένοι ▸ 1
      Verb · perfect · passive · participle · masculine · plural · nominative ▸ **1** (Prov. 30,5)
   πεπυρωμένον ▸ 5 + 1 = 6
      Verb · perfect · passive · participle · neuter · singular · accusative ▸ **2 + 1 = 3** (Esth. 15,7 # 5,1d; Job 22,25; Rev. 3,18)
      Verb · perfect · passive · participle · neuter · singular · nominative ▸ **3** (2Sam. 22,31; Psa. 11,7; Psa. 118,140)
   πεπυρωμένος ▸ 2
      Verb · perfect · passive · participle · masculine · singular · nominative ▸ **2** (2Mac. 14,45; Prov. 10,20)
   πυροῦμαι ▸ 1
      Verb · first · singular · present · passive · indicative ▸ **1** (2Cor. 11,29)
   πυρούμενοι ▸ 1
      Verb · present · passive · participle · masculine · plural · nominative ▸ **1** (2Pet. 3,12)
   πυροῦσθαι ▸ 1
      Verb · present · passive · infinitive ▸ **1** (1Cor. 7,9)
   πυροῦται ▸ 2
      Verb · third · singular · present · passive · indicative ▸ **2** (Psa. 65,10; Zech. 13,9)
   πυροῦτέ ▸ 1
      Verb · second · plural · present · active · imperative ▸ **1** (4Mac. 9,17)
   πυρωθείς ▸ 1
      Verb · aorist · passive · participle · masculine · singular · nominative ▸ **1** (2Mac. 4,38)
   πυρωθέντες ▸ 1
      Verb · aorist · passive · participle · masculine · plural · nominative ▸ **1** (2Mac. 10,35)
   πυρωθῶσιν ▸ 1
      Verb · third · plural · aorist · passive · subjunctive ▸ **1** (Dan. 12,10)
   πυρῶσαι ▸ 1
      Verb · aorist · active · infinitive ▸ **1** (Dan. 11,35)
   πυρώσαντες ▸ 2
      Verb · aorist · active · participle · masculine · plural · nominative ▸ **2** (2Mac. 10,3; 4Mac. 11,19)
   πύρωσον ▸ 1
      Verb · second · singular · aorist · active · imperative ▸ **1** (Psa. 25,2)
   πυρώσω ▸ 3
      Verb · first · singular · future · active · indicative ▸ **3** (Zech. 13,9; Is. 1,25; Jer. 9,6)

πύρπνοος (πῦρ; πνέω) fire-breathing ▸ 1
   πυρπνόον ▸ 1
      Adjective · neuter · singular · accusative · noDegree ▸ **1** (Wis. 11,18)

πυρπολέω (πῦρ; πέλω) to light up a fire, watch a fire ▸ 1
   πυρπολούμενος ▸ 1
      Verb · present · passive · participle · masculine · singular · nominative ▸ **1** (4Mac. 7,4)

πυρράζω (πῦρ) to be red ▸ 2
   πυρράζει ▸ 2
      Verb · third · singular · present · active · indicative ▸ **2** (Matt. 16,2; Matt. 16,3)

πυρράκης (πῦρ) red, ruddy ▸ 3
   πυρράκης ▸ 3
      Adjective · masculine · singular · nominative · noDegree ▸ **3**

(Gen. 25,25; 1Sam. 16,12; 1Sam. 17,42)

πυρρίζω (πῦρ) to be red ▸ 5
  πυρριζουσα ▸ 4
    Verb · present · active · participle · feminine · singular · nominative ▸ 4 (Lev. 13,19; Lev. 13,42; Lev. 13,43; Lev. 13,49)
  πυρριζούσας ▸ 1
    Verb · present · active · participle · feminine · plural · accusative ▸ 1 (Lev. 14,37)

πυρρόομαι (πῦρ) to become red ▸ 1
  ἐπυρρώθησαν ▸ 1
    Verb · third · plural · aorist · passive · indicative ▸ 1 (Lam. 4,7)

Πύρρος (πῦρ) Pyrrhus ▸ 1
  Πύρρου ▸ 1
    Noun · masculine · singular · genitive · (proper) ▸ 1 (Acts 20,4)

πυρρός (πῦρ) red ▸ 8 + 2 = 10
  πυρρὰ ▸ 1
    Adjective · neuter · plural · accusative · noDegree ▸ 1 (2Kings 3,22)
  πυρρὰν ▸ 1
    Adjective · feminine · singular · accusative · noDegree ▸ 1 (Num. 19,2)
  πυρρᾶς ▸ 1
    Adjective · feminine · singular · genitive · noDegree ▸ 1 (2Kings 5,17)
  πυρροὶ ▸ 1
    Adjective · masculine · plural · nominative · noDegree ▸ 1 (Zech. 1,8)
  πυρροί ▸ 1
    Adjective · masculine · plural · nominative · noDegree ▸ 1 (Zech. 6,2)
  πυρρόν ▸ 1
    Adjective · masculine · singular · accusative · noDegree ▸ 1 (Zech. 1,8)
  πυρρός ▸ 1 + 1 = 2
    Adjective · masculine · singular · nominative · noDegree ▸ 1 + 1 = 2 (Song 5,10; Rev. 6,4)
  πυρρὸς ▸ 1
    Adjective · masculine · singular · nominative ▸ 1 (Rev. 12,3)
  πυρροῦ ▸ 1
    Adjective · neuter · singular · genitive · noDegree ▸ 1 (Gen. 25,30)

πυρσεύω (πῦρ) to kindle ▸ 2
  πυρσεύει ▸ 1
    Verb · third · singular · present · active · indicative ▸ 1 (Prov. 16,28)
  πυρσεύσαισαν ▸ 1
    Verb · third · plural · aorist · active · optative ▸ 1 (Job 20,10)

πυρσός (πῦρ) smoke column; torch, beacon ▸ 2
  πυρσὸν ▸ 1
    Noun · masculine · singular · accusative · (common) ▸ 1 (Judg. 20,38)
  πυρσὸς ▸ 1
    Noun · masculine · singular · nominative · (common) ▸ 1 (Judg. 20,40)

πυρφόρος (πῦρ; φέρω) fire-bearing ▸ 1
  πυρφόρου ▸ 1
    Adjective · masculine · singular · genitive · noDegree ▸ 1 (Job 41,21)

πυρώδης (πῦρ; εἶδος) fiery ▸ 1
  πυρώδεις ▸ 1
    Adjective · feminine · plural · accusative · noDegree ▸ 1 (Sir. 43,4)

πύρωσις (πῦρ) burning ▸ 2 + 3 = 5
  πυρώσει ▸ 1 + 1 = 2
    Noun · feminine · plural · dative · (common) ▸ 1 + 1 = 2 (Amos 4,9; 1Pet. 4,12)
  πυρώσεως ▸ 2
    Noun · feminine · singular · genitive ▸ 2 (Rev. 18,9; Rev. 18,18)
  πύρωσις ▸ 1
    Noun · feminine · singular · nominative · (common) ▸ 1 (Prov. 27,21)

πώγων beard ▸ 19
  πώγων ▸ 1
    Noun · masculine · singular · nominative · (common) ▸ 1 (Jer. 31,37)
  πώγωνα ▸ 5
    Noun · masculine · singular · accusative · (common) ▸ 5 (Lev. 14,9; 1Sam. 21,14; Psa. 132,2; Psa. 132,2; Is. 7,20)
  πώγωνά ▸ 1
    Noun · masculine · singular · accusative · (common) ▸ 1 (Ezek. 5,1)
  πώγωνας ▸ 5
    Noun · masculine · plural · accusative · (common) ▸ 5 (2Sam. 10,4; 2Sam. 10,5; 1Chr. 19,5; Jer. 48,5; LetterJ 30)
  πώγωνι ▸ 1
    Noun · masculine · singular · dative · (common) ▸ 1 (Lev. 13,29)
  πώγωνος ▸ 4
    Noun · masculine · singular · genitive · (common) ▸ 4 (Lev. 19,27; Lev. 21,5; 2Sam. 20,9; 1Esdr. 8,68)
  πώγωνός ▸ 2
    Noun · masculine · singular · genitive · (common) ▸ 2 (Lev. 13,30; Ezra 9,3)

πωλέω to sell ▸ 16 + 22 = 38
  ἐπώλει ▸ 2
    Verb · third · singular · imperfect · active · indicative ▸ 2 (Gen. 41,56; Gen. 42,6)
  ἐπώλησεν ▸ 1
    Verb · third · singular · aorist · active · indicative ▸ 1 (Acts 5,1)
  ἐπώλουν ▸ 2 + 1 = 3
    Verb · third · plural · imperfect · active · indicative ▸ 2 + 1 = 3 (2Mac. 8,14; Joel 4,3; Luke 17,28)
  πωλεῖ ▸ 1
    Verb · third · singular · present · active · indicative ▸ 1 (Matt. 13,44)
  πωλεῖν ▸ 3
    Verb · present · active · infinitive ▸ 3 (Ex. 21,8; 1Mac. 13,49; 2Mac. 5,24)
  πωλεῖται ▸ 1
    Verb · third · singular · present · passive · indicative ▸ 1 (Matt. 10,29)
  πωλεῖτε ▸ 1
    Verb · second · plural · present · active · indicative ▸ 1 (Neh. 5,8)
  πωλῆσαι ▸ 1
    Verb · aorist · active · infinitive ▸ 1 (Rev. 13,17)
  πωλήσας ▸ 1
    Verb · aorist · active · participle · masculine · singular · nominative ▸ 1 (Acts 4,37)
  Πωλήσατε ▸ 1
    Verb · second · plural · aorist · active · imperative ▸ 1 (Luke 12,33)
  πωλησάτω ▸ 1
    Verb · third · singular · aorist · active · imperative ▸ 1 (Luke 22,36)

πώλησον ▸ 2
: **Verb** · second · singular · aorist · active · imperative ▸ **2** (Mark 10,21; Luke 18,22)

πώλησόν ▸ 1
: **Verb** · second · singular · aorist · active · imperative ▸ **1** (Matt. 19,21)

πωλούμενον ▸ 1
: **Verb** · present · passive · participle · neuter · singular · accusative ▸ **1** (1Cor. 10,25)

πωλουμένους ▸ 1
: **Verb** · present · passive · participle · masculine · plural · accusative ▸ **1** (Neh. 5,8)

πωλοῦντα ▸ 1
: **Verb** · present · active · participle · masculine · singular · accusative ▸ **1** (Ezek. 7,13)

πωλοῦνται ▸ 1
: **Verb** · third · plural · present · passive · indicative ▸ **1** (Luke 12,6)

πωλοῦντας ▸ 5
: **Verb** · present · active · participle · masculine · plural · accusative ▸ **5** (Matt. 21,12; Matt. 25,9; Mark 11,15; Luke 19,45; John 2,14)

πωλοῦντες ▸ 2 + 1 = 3
: **Verb** · present · active · participle · masculine · plural · nominative ▸ 2 + 1 = **3** (Neh. 13,16; Zech. 11,5; Acts 4,34)

πωλούντων ▸ 2
: **Verb** · present · active · participle · masculine · plural · genitive ▸ **2** (Matt. 21,12; Mark 11,15)

πωλοῦσα ▸ 1
: **Verb** · present · active · participle · feminine · singular · nominative ▸ **1** (Nah. 3,4)

πωλοῦσιν ▸ 1
: **Verb** · present · active · participle · masculine · plural · dative ▸ **1** (John 2,16)

πωλῶν ▸ 2
: **Verb** · present · active · participle · masculine · singular · nominative ▸ **2** (Is. 24,2; Ezek. 7,12)

πωλῶσιν ▸ 1
: **Verb** · third · plural · present · active · subjunctive ▸ **1** (1Mac. 12,36)

πῶλος colt ▸ 7 + 2 + 12 = 21

πῶλον ▸ 3 + 12 = 15
: **Noun** · masculine · singular · accusative · (common) ▸ 3 + 12 = **15** (Gen. 49,11; Gen. 49,11; Zech. 9,9; Matt. 21,2; Matt. 21,5; Matt. 21,7; Mark 11,2; Mark 11,4; Mark 11,5; Mark 11,7; Luke 19,30; Luke 19,33; Luke 19,33; Luke 19,35; John 12,15)

πῶλος ▸ 1
: **Noun** · feminine · singular · nominative · (common) ▸ **1** (Prov. 5,19)

πώλους ▸ 3 + 2 = 5
: **Noun** · masculine · plural · accusative · (common) ▸ 3 + 2 = **5** (Gen. 32,16; Judg. 10,4; Judg. 12,14; Judg. 10,4; Judg. 12,14)

πώποτε (πω; ὅς) ever, at any time ▸ 3 + 2 + 6 = 11

πώποτε ▸ 3 + 2 + 6 = 11
: **Adverb** · (temporal) ▸ 3 + 2 + 6 = **11** (1Sam. 25,28; Judith 12,20; Bel 7; Sus. 27; Bel 7; Luke 19,30; John 1,18; John 5,37; John 6,35; John 8,33; 1John 4,12)

πωρόω to harden, make stubborn; become dim ▸ 1 + 5 = 6

ἐπωρώθη ▸ 1
: **Verb** · third · singular · aorist · passive · indicative ▸ **1** (2Cor. 3,14)

ἐπωρώθησαν ▸ 1
: **Verb** · third · plural · aorist · passive · indicative ▸ **1** (Rom. 11,7)

ἐπώρωσεν ▸ 1
: **Verb** · third · singular · aorist · active · indicative ▸ **1** (John 12,40)

πεπωρωμένη ▸ 1
: **Verb** · perfect · passive · participle · feminine · singular · nominative ▸ **1** (Mark 6,52)

πεπωρωμένην ▸ 1
: **Verb** · perfect · passive · participle · feminine · singular · accusative ▸ **1** (Mark 8,17)

πεπώρωνται ▸ 1
: **Verb** · third · plural · perfect · passive · indicative ▸ **1** (Job 17,7)

πώρωσις (πωρόω) stubbornness ▸ 3

πωρώσει ▸ 1
: **Noun** · feminine · singular · dative ▸ **1** (Mark 3,5)

πώρωσιν ▸ 1
: **Noun** · feminine · singular · accusative ▸ **1** (Eph. 4,18)

πώρωσις ▸ 1
: **Noun** · feminine · singular · nominative ▸ **1** (Rom. 11,25)

πώς (ὅς) somehow, in some way ▸ 7 + 15 = 22

πως ▸ 7 + 15 = 22
: **Adverb** ▸ **7** (2Sam. 14,15; 2Sam. 16,12; 1Kings 18,5; 1Kings 21,31; 2Kings 19,4; Job 20,23; Jer. 28,8)
: **Particle** · (indefinite) ▸ **15** (Acts 27,12; Rom. 1,10; Rom. 11,14; Rom. 11,21; 1Cor. 8,9; 1Cor. 9,27; 2Cor. 2,7; 2Cor. 9,4; 2Cor. 11,3; 2Cor. 12,20; 2Cor. 12,20; Gal. 2,2; Gal. 4,11; Phil. 3,11; 1Th. 3,5)

πῶς (ὅς) how? in what way? ▸ 125 + 4 + 103 = 232

Πῶς ▸ 26 + 1 + 1 = 28
: **Adverb** ▸ 26 + 1 = **27** (Gen. 43,27; Deut. 12,30; Deut. 18,21; Deut. 28,67; Deut. 28,67; Judg. 16,15; 1Sam. 16,2; 2Sam. 1,5; 2Sam. 1,14; 2Sam. 6,9; 1Kings 12,6; 1Chr. 13,12; 2Chr. 10,6; 1Mac. 9,21; 4Mac. 2,24; Psa. 72,11; Prov. 5,12; Sir. 49,11; Is. 1,21; Is. 14,4; Jer. 9,18; Jer. 31,17; Lam. 1,1a; Lam. 2,1; Lam. 4,1; Ezek. 26,17; Judg. 16,15)
: **Particle** · (interrogative) ▸ **1** (Rom. 10,14)

πῶς ▸ 99 + 3 + 102 = 204
: **Adverb** ▸ 99 + 3 = **102** (Gen. 39,9; Gen. 44,8; Gen. 44,34; Ex. 6,12; Ex. 6,30; Ex. 33,16; Deut. 1,12; Deut. 2,7; Deut. 7,17; Deut. 25,18; Deut. 31,27; Deut. 32,30; Josh. 9,7; Ruth 2,11; Ruth 3,18; 1Sam. 23,3; 2Sam. 1,19; 2Sam. 1,25; 2Sam. 1,27; 2Sam. 2,22; 2Sam. 11,11; 2Sam. 12,18; 2Sam. 23,3; 2Kings 6,15; 2Kings 10,4; 2Kings 17,28; 2Kings 18,24; 1Esdr. 3,18; 1Esdr. 4,12; 1Esdr. 4,32; Neh. 2,17; Esth. 13,3 # 3,13c; Esth. 8,6; Esth. 8,6; Esth. 9,12; Esth. 9,24; Judith 8,14; Tob. 5,2; Tob. 11,2; 1Mac. 3,53; 4Mac. 1,5; 4Mac. 13,5; 4Mac. 14,13; Psa. 10,1; Psa. 72,19; Psa. 136,4; Ode. 2,30; Prov. 4,19; Prov. 15,11; Prov. 20,24; Eccl. 2,16; Eccl. 4,11; Song 5,3; Song 5,3; Job 9,2; Job 11,5; Job 21,34; Job 25,4; Job 33,12; Wis. 5,5; Wis. 6,22; Wis. 11,8; Wis. 11,9; Wis. 11,25; Wis. 13,9; Wis. 16,4; Wis. 19,10; Sir. 25,3; Obad. 6; Zeph. 2,15; Hag. 2,3; Is. 7,13; Is. 14,12; Is. 19,11; Is. 20,6; Is. 36,9; Is. 40,20; Jer. 2,21; Jer. 2,23; Jer. 8,8; Jer. 12,5; Jer. 12,5; Jer. 27,23; Jer. 27,23; Jer. 28,41; Jer. 28,41; Jer. 29,7; Jer. 30,31; Jer. 31,14; Jer. 31,39; Jer. 31,39; Lam. 4,2; LetterJ 39; LetterJ 44; LetterJ 46; LetterJ 49; LetterJ 56; Ezek. 33,10; Dan. 10,17; Tob. 5,2; Tob. 11,2; Dan. 10,17)
: **Particle** · (interrogative) ▸ **102** (Matt. 6,28; Matt. 7,4; Matt. 10,19; Matt. 12,4; Matt. 12,26; Matt. 12,29; Matt. 12,34; Matt. 16,11; Matt. 21,20; Matt. 22,12; Matt. 22,43; Matt. 22,45; Matt. 23,33; Matt. 26,54; Mark 2,26; Mark 3,23; Mark 4,13; Mark 4,30; Mark 5,16; Mark 9,12; Mark 10,23; Mark 10,24; Mark 11,18; Mark 12,26; Mark 12,35; Mark 12,41; Mark 14,1; Mark 14,11; Luke 1,34; Luke 6,42; Luke 8,18; Luke 8,36; Luke 10,26; Luke 11,18;

Luke 12,11; Luke 12,27; Luke 12,50; Luke 12,56; Luke 14,7; Luke 18,24; Luke 20,41; Luke 20,44; Luke 22,2; Luke 22,4; John 3,4; John 3,9; John 3,12; John 4,9; John 5,44; John 5,47; John 6,42; John 6,52; John 7,15; John 8,33; John 9,10; John 9,15; John 9,16; John 9,19; John 9,21; John 9,26; John 11,36; John 12,34; John 14,5; John 14,9; Acts 2,8; Acts 4,21; Acts 8,31; Acts 9,27; Acts 9,27; Acts 11,13; Acts 12,17; Acts 15,36; Acts 20,18; Rom. 3,6; Rom. 4,10; Rom. 6,2; Rom. 8,32; Rom. 10,14; Rom. 10,14; Rom. 10,15; 1Cor. 3,10; 1Cor. 7,32; 1Cor. 7,33; 1Cor. 7,34; 1Cor. 14,7; 1Cor. 14,9; 1Cor. 14,16; 1Cor. 15,12; 1Cor. 15,35; 2Cor. 3,8; Gal. 2,14; Gal. 4,9; Eph. 5,15; Col. 4,6; 1Th. 1,9; 1Th. 4,1; 2Th. 3,7; 1Tim. 3,5; 1Tim. 3,15; Heb. 2,3; 1John 3,17; Rev. 3,3)

Ρ, ρ

Ραα Zorah ▸ 1
    Ραα ▸ 1
        Noun · singular · nominative · (proper) ▸ **1** (Josh. 15,33)

Ῥαάβ Rahab ▸ 2
    Ῥαὰβ ▸ 2
        Noun · feminine · singular · nominative · (proper) ▸ **2**
        (Heb. 11,31; James 2,25)

Ρααβ Rahab ▸ 11 + **1** = **12**
    Ρααβ ▸ 11 + **1** = **12**
        Noun · singular · genitive · (proper) ▸ **1** + **1** = **2**
        (Num. 13,21; Judg. 18,28)
        Noun · feminine · singular · accusative · (proper) ▸ **5**
        (Josh. 2,3; Josh. 6,17; Josh. 6,23; Josh. 6,25; Josh. 21,31)
        Noun · feminine · singular · genitive · (proper) ▸ **1** (Psa. 86,4)
        Noun · feminine · singular · nominative · (proper) ▸ **2**
        (Josh. 2,1; Josh. 19,28)
        Noun · masculine · singular · genitive · (proper) ▸ **2**
        (2Sam. 8,3; 2Sam. 8,12)

Ρααβια Rehabiah ▸ 3
    Ρααβια ▸ 3
        Noun · masculine · singular · dative · (proper) ▸ **1** (1Chr. 24,21)
        Noun · masculine · singular · genitive · (proper) ▸ **1** (1Chr. 23,17)
        Noun · masculine · singular · nominative · (proper) ▸ **1**
        (1Chr. 23,17)

Ρααβιας Rehabiah ▸ 1
    Ρααβιας ▸ 1
        Noun · masculine · singular · nominative · (proper) ▸ **1**
        (1Chr. 26,25)

Ρααια Reaiah ▸ 1
    Ρααια ▸ 1
        Noun · masculine · singular · genitive · (proper) ▸ **1** (Neh. 7,50)

Ραασσων Rezin ▸ 6
    Ραασσων ▸ 6
        Noun · masculine · singular · accusative · (proper) ▸ **3**
        (2Kings 15,37; 2Kings 16,9; Is. 8,6)
        Noun · masculine · singular · nominative · (proper) ▸ **3**
        (2Kings 16,5; 2Kings 16,6; Is. 7,1)

Ρααυ Rehob ▸ 1
    Ρααυ ▸ 1
        Noun · singular · nominative · (proper) ▸ **1** (Josh. 19,30)

Ραβα Arabah ▸ 1
    Ραβα ▸ 1
        Noun · feminine · singular · accusative · (proper) ▸ **1** (Josh. 11,2)

Ραβαμαγ Rabamag (Heb. chief soothsayer) ▸ 1
    Ραβαμαγ ▸ 1
        Noun · masculine · singular · nominative · (proper) ▸ **1**
        (Jer. 46,3)

Ραββα Rabbah ▸ 5
    Ραββα ▸ 5
        Noun · singular · accusative · (proper) ▸ **1** (Amos 6,2)
        Noun · singular · genitive · (proper) ▸ **1** (Josh. 13,25)
        Noun · feminine · singular · accusative · (proper) ▸ **2**
        (1Chr. 20,1; 1Chr. 20,1)
        Noun · feminine · singular · genitive · (proper) ▸ **1** (Amos 1,14)

Ραββαθ Rabbah ▸ 8
    Ραββαθ ▸ 8
        Noun · genitive · (proper) ▸ **1** (2Sam. 17,27)
        Noun · singular · accusative · (proper) ▸ **2**
        (2Sam. 11,1; Ezek. 21,25)
        Noun · masculine · singular · accusative · (proper) ▸ **2**
        (2Sam. 12,29; Jer. 30,18)
        Noun · masculine · singular · dative · (proper) ▸ **2**
        (2Sam. 12,26; 2Sam. 12,27)
        Noun · masculine · singular · genitive · (proper) ▸ **1** (Jer. 30,19)

ῥαββί Rabbi (Heb. my teacher) ▸ 15
    ῥαββί ▸ 15
        Noun · masculine · singular · accusative · (Hebr.) ▸ **2**
        (Matt. 23,7; Matt. 23,8)
        Noun · masculine · singular · vocative · (Hebr.) ▸ **13**
        (Matt. 26,25; Matt. 26,49; Mark 9,5; Mark 11,21; Mark 14,45; John 1,38; John 1,49; John 3,2; John 3,26; John 4,31; John 6,25; John 9,2; John 11,8)

ῥαββουνί (ῥαββί) Rabbi (Aram. my teacher) ▸ 2
    ραββουνι ▸ 2
        Noun · masculine · singular · vocative · (Aram.) ▸ **2**
        (Mark 10,51; John 20,16)

Ραββωθ Rabbith ▸ 1
    Ραββωθ ▸ 1
        Noun · singular · nominative · (proper) ▸ **1** (Josh. 19,20)

ῥαβδίζω (ῥάβδος) to beat with a stick ▸ 2 + **1** + **2** = **5**
    ἐρράβδιζεν ▸ 1
        Verb · third · singular · imperfect · active · indicative ▸ **1**
        (Judg. 6,11)
    ἐρράβδισεν ▸ 1
        Verb · third · singular · aorist · active · indicative ▸ **1** (Ruth 2,17)
    ἐρραβδίσθην ▸ 1
        Verb · first · singular · aorist · passive · indicative ▸ **1**
        (2Cor. 11,25)

ῥαβδίζειν ▸ 1
    Verb · present · active · infinitive ▸ **1** (Acts 16,22)
ῥαβδίζων ▸ 1
    Verb · present · active · participle · masculine · singular · nominative ▸ **1** (Judg. 6,11)
ῥάβδος stick, staff, scepter ▸ 117 + 4 + 12 = 133
    ῥάβδοι ▸ 1
        Noun · feminine · plural · nominative · (common) ▸ **1** (Ezek. 37,20)
    ῥάβδοις ▸ 3
        Noun · feminine · plural · dative · (common) ▸ **3** (Gen. 30,37; Hos. 4,12; Ezek. 39,9)
    ῥάβδον ▸ 46 + 3 = 49
        Noun · feminine · singular · accusative · (common) ▸ **46 + 3 = 49** (Gen. 30,37; Gen. 38,18; Ex. 4,17; Ex. 4,20; Ex. 7,9; Ex. 7,10; Ex. 7,12; Ex. 7,15; Ex. 7,19; Ex. 8,1; Ex. 8,12; Ex. 8,13; Ex. 10,13; Ex. 17,5; Lev. 27,32; Num. 17,17; Num. 17,17; Num. 17,21; Num. 17,21; Num. 17,24; Num. 17,25; Num. 20,8; Num. 20,9; 2Kings 18,21; Esth. 4,11; Esth. 15,11 # 5:2; Esth. 8,4; Psa. 73,2; Psa. 109,2; Psa. 124,3; Job 9,34; Sol. 18,7; Nah. 1,13; Zech. 8,4; Zech. 11,10; Zech. 11,14; Is. 9,3; Is. 10,15; Is. 36,6; Ezek. 20,37; Ezek. 21,26; Ezek. 37,16; Ezek. 37,16; Ezek. 37,16; Ezek. 37,17; Ezek. 37,19; Matt. 10,10; Mark 6,8; Luke 9,3)
    ῥάβδος ▸ 24 + 1 + 3 = 28
        Noun · feminine · singular · nominative · (common) ▸ **24 + 1 + 3 = 28** (Gen. 38,25; Ex. 4,4; Ex. 7,12; Ex. 17,9; Num. 17,18; Num. 17,20; Num. 17,21; Num. 17,23; Tob. 5,18; Psa. 22,4; Psa. 44,7; Psa. 44,7; Prov. 22,15; Prov. 26,3; Sir. 33,25; Is. 9,3; Is. 10,5; Is. 11,1; Jer. 31,17; Ezek. 7,10; Ezek. 19,11; Ezek. 19,12; Ezek. 19,14; Ezek. 29,6; Tob. 5,18; Heb. 1,8; Heb. 1,8; Heb. 9,4)
    Ῥάβδος ▸ 1
        Noun · feminine · singular · nominative · (common) ▸ **1** (Ex. 4,2)
    ῥάβδου ▸ 7 + 2 + 1 = 10
        Noun · feminine · singular · genitive · (common) ▸ **7 + 2 + 1 = 10** (Gen. 47,31; Ex. 21,19; Num. 17,17; Num. 17,18; Judg. 6,21; Ezek. 19,14; Bel 25; Judg. 6,21; Bel 25; Heb. 11,21)
    ῥάβδους ▸ 10
        Noun · feminine · plural · accusative · (common) ▸ **10** (Gen. 30,38; Gen. 30,39; Gen. 30,41; Gen. 30,41; Ex. 7,12; Num. 17,17; Num. 17,21; Num. 17,22; Num. 17,24; Zech. 11,7)
    ῥάβδῳ ▸ 23 + 1 + 5 = 29
        Noun · feminine · singular · dative · (common) ▸ **23 + 1 + 5 = 29** (Gen. 32,11; Ex. 7,17; Ex. 7,20; Ex. 14,16; Ex. 21,20; Num. 20,11; Num. 22,23; Num. 22,27; 1Sam. 17,43; 2Sam. 7,14; 2Sam. 23,21; 1Chr. 11,23; Psa. 2,9; Psa. 88,33; Prov. 10,13; Prov. 23,13; Prov. 23,14; Sol. 17,24; Mic. 4,14; Mic. 7,14; Is. 10,24; Is. 28,27; Lam. 3,1; Judg. 5,14; 1Cor. 4,21; Rev. 2,27; Rev. 11,1; Rev. 12,5; Rev. 19,15)
    ῥάβδων ▸ 2
        Noun · feminine · plural · genitive · (common) ▸ **2** (Gen. 30,38; Num. 17,21)
ῥαβδοῦχος (ῥάβδος; ἔχω) policeman; jailer ▸ 2
    ῥαβδοῦχοι ▸ 1
        Noun · masculine · plural · nominative ▸ **1** (Acts 16,38)
    ῥαβδούχους ▸ 1
        Noun · masculine · plural · accusative ▸ **1** (Acts 16,35)
Ῥάγα Rages (?) ▸ 1
    Ῥάγα ▸ 1
        Noun · feminine · singular · accusative · (proper) ▸ **1** (Tob. 5,6)
Ῥάγαι Rages ▸ 2
    Ῥάγας ▸ 2
        Noun · feminine · plural · accusative · (proper) ▸ **2** (Tob. 9,2; Tob. 9,5)
ῥαγάς (ῥήγνυμι) crevice ▸ 1
    ῥαγάδα ▸ 1
        Noun · feminine · plural · accusative · (common) ▸ **1** (Is. 7,19)
Ραγαυ Reu; Ragau ▸ 7
    Ραγαυ ▸ 7
        Noun · singular · genitive · (proper) ▸ **2** (Judith 1,5; Judith 1,15)
        Noun · masculine · singular · accusative · (proper) ▸ **2** (Gen. 11,18; Gen. 11,19)
        Noun · masculine · singular · nominative · (proper) ▸ **3** (Gen. 11,20; Gen. 11,21; 1Chr. 1,25)
Ῥαγαύ Reu; Ragau ▸ 1
    Ῥαγαύ ▸ 1
        Noun · masculine · singular · genitive · (proper) ▸ **1** (Luke 3,35)
Ραγεμ Regem ▸ 1
    Ραγεμ ▸ 1
        Noun · masculine · singular · nominative · (proper) ▸ **1** (1Chr. 2,47)
Ραγη Rages (?) ▸ 1
    Ραγη ▸ 1
        Noun · feminine · singular · dative · (proper) ▸ **1** (Tob. 6,10)
Ραγμα (ῥάσσω) Raamah ▸ 2
    Ραγμα ▸ 2
        Noun · singular · genitive · (proper) ▸ **1** (Ezek. 27,22)
        Noun · masculine · singular · nominative · (proper) ▸ **1** (1Chr. 4,3)
ῥάγμα (ῥάσσω) crack, tear ▸ 1
    ῥάγμασιν ▸ 1
        Noun · neuter · plural · dative · (common) ▸ **1** (Amos 6,11)
Ῥάγοι Rages ▸ 6 + 5 = 11
    Ῥάγοις ▸ 5 + 3 = 8
        Noun · masculine · plural · dative · (proper) ▸ **1 + 3 = 4** (Tob. 1,14; Tob. 4,1; Tob. 4,20; Tob. 5,6)
        Noun · masculine · singular · dative · (proper) ▸ **4** (Tob. 4,1; Tob. 4,20; Tob. 5,5; Tob. 9,2)
    Ῥάγων ▸ 1 + 2 = 3
        Noun · masculine · plural · genitive · (proper) ▸ **1 + 2 = 3** (Tob. 6,13; Tob. 6,13; Tob. 6,13)
Ραγουηλ Reuel ▸ 39 + 21 = 60
    Ραγουηλ ▸ 39 + 21 = 60
        Noun · masculine · singular · accusative · (proper) ▸ **6 + 1 = 7** (Gen. 36,4; Ex. 2,18; Tob. 6,11; Tob. 6,13; Tob. 10,14; Tob. 14,12; Tob. 7,1)
        Noun · masculine · singular · dative · (proper) ▸ **2 + 1 = 3** (Tob. 7,10; Tob. 10,8; Tob. 7,9)
        Noun · masculine · singular · genitive · (proper) ▸ **15 + 7 = 22** (Gen. 36,13; Gen. 36,17; Gen. 36,17; Num. 1,14; Num. 2,14; Num. 7,42; Num. 7,47; Num. 10,20; Num. 10,29; 1Chr. 1,37; 1Chr. 9,8; Tob. 3,7; Tob. 3,17; Tob. 3,17; Tob. 7,1; Tob. 1,1; Tob. 3,7; Tob. 3,17; Tob. 3,17; Tob. 9,6; Tob. 10,14; Tob. 11,15)
        Noun · masculine · singular · nominative · (proper) ▸ **16 + 12 = 28** (Gen. 25,3; Gen. 36,10; 1Chr. 1,35; Tob. 7,2; Tob. 7,3; Tob. 7,6; Tob. 7,10; Tob. 7,12; Tob. 7,15; Tob. 8,10; Tob. 8,11; Tob. 8,15; Tob. 8,20; Tob. 9,3; Tob. 10,7; Tob. 10,10; Tob. 6,13; Tob. 7,6; Tob. 7,10; Tob. 7,12; Tob. 7,13; Tob. 7,15; Tob. 8,10; Tob. 8,11; Tob. 9,3-4; Tob. 10,8; Tob. 10,9; Tob. 10,10)
Ραγουήλος Raguel ▸ 2
    Ραγουήλου ▸ 2
        Noun · masculine · singular · genitive · (proper) ▸ **2** (Tob. 14,12; Tob. 14,13)
Ραγουήλος Raguel ▸ 2
    Ραγουήλου ▸ 2

Ραγουῆλος–Ραμά

ῥάδαμνος twig, branch ▸ 4
  ῥαδάμνοις ▸ 1
    Noun · masculine · plural · dative · (common) · **1** (Job 40,22)
  ῥάδαμνος ▸ 3
    Noun · masculine · singular · nominative · (common) · **3** (Job 8,16; Job 14,7; Job 15,32)

Ραδδαι Raddai ▸ 1
  Ραδδαι ▸ 1
    Noun · masculine · singular · nominative · (proper) · **1** (1Chr. 2,14)

ῥᾴδιος easy ▸ 2
  ῥᾴδιον ▸ 2
    Adjective · neuter · singular · nominative · noDegree · **2** (2Mac. 2,26; 2Mac. 4,17)

ῥᾳδιούργημα (ῥᾴδιος; ἔργον) wrongdoing ▸ 1
  ῥᾳδιούργημα ▸ 1
    Noun · neuter · singular · nominative · **1** (Acts 18,14)

ῥᾳδιουργία unscrupulousness ▸ 1
  ῥᾳδιουργίας ▸ 1
    Noun · feminine · singular · genitive · **1** (Acts 13,10)

Ραεμ Raham ▸ 1
  Ραεμ ▸ 1
    Noun · masculine · singular · accusative · (proper) · **1** (1Chr. 2,44)

Ραεμμαθ Rahamath (?) ▸ 1
  Ραεμμαθ ▸ 1
    Noun · singular · dative · (proper) · **1** (1Kings 11,14)

Ραζις Razis ▸ 1
  Ραζις ▸ 1
    Noun · masculine · singular · nominative · (proper) · **1** (2Mac. 14,37)

Ραθαμα Rithmah ▸ 2
  Ραθαμα ▸ 2
    Noun · singular · dative · (proper) · **1** (Num. 33,18)
    Noun · singular · genitive · (proper) · **1** (Num. 33,19)

Ραθαμιν Rathamin ▸ 1
  Ραθαμιν ▸ 1
    Noun · singular · accusative · (proper) · **1** (1Mac. 11,34)

ραθμ (Hebr.) broom tree ▸ 1
  ραθμ ▸ 1
    Noun · **1** (1Kings 19,4)

ῥᾳθυμέω (ῥᾳθυμία) to be unconcerned, careless ▸ 4
  ῥᾳθύμει ▸ 1
    Verb · second · singular · present · active · imperative · **1** (Sir. 32,11)
  ῥᾳθυμεῖτε ▸ 1
    Verb · second · plural · present · active · indicative · **1** (Gen. 42,1)
  ῥᾳθυμούντων ▸ 1
    Verb · present · active · participle · neuter · plural · genitive · **1** (2Mac. 6,4)
  ῥᾳθυμῶν ▸ 1
    Verb · present · active · participle · masculine · singular · nominative · **1** (Judith 1,16)

ῥᾳθυμία recreation, relaxation; sluggishness, laziness; rashness ▸ 1
  ῥᾳθυμίας ▸ 1
    Noun · feminine · singular · genitive · (common) · **1** (3Mac. 4,8)

Ραια Reaiah ▸ 1
  Ραια ▸ 1
    Noun · masculine · singular · nominative · (proper) · **1** (1Chr. 4,2)

ῥαίνω to sprinkle ▸ 13
  ἔρρανεν ▸ 1
    Verb · third · singular · aorist · active · indicative · **1** (Lev. 8,11)
  ῥανάτωσαν ▸ 1
    Verb · third · plural · aorist · active · imperative · **1** (Is. 45,8)
  ῥανεῖ ▸ 9
    Verb · third · singular · future · active · indicative · **9** (Lev. 4,17; Lev. 5,9; Lev. 14,16; Lev. 14,27; Lev. 16,14; Lev. 16,14; Lev. 16,15; Lev. 16,19; Num. 19,4)
  ῥανεῖς ▸ 1
    Verb · second · singular · future · active · indicative · **1** (Ex. 29,21)
  ῥανῶ ▸ 1
    Verb · first · singular · future · active · indicative · **1** (Ezek. 36,25)

Ραιφαν Rephan ▸ 1
  Ραιφαν ▸ 1
    Noun · masculine · singular · genitive · (proper) · **1** (Amos 5,26)

Ῥαιφάν Rephan ▸ 1
  Ῥαιφάν ▸ 1
    Noun · masculine · singular · genitive · (proper) · **1** (Acts 7,43)

ῥακά empty-head ▸ 1
  ῥακά ▸ 1
    Adjective · singular · (Aram.) · **1** (Matt. 5,22)

ῥάκος piece of cloth; rag ▸ 3 + 2 = 5
  ῥάκη ▸ 1
    Noun · neuter · plural · accusative · (common) · **1** (Jer. 45,11)
  ῥάκος ▸ 2
    Noun · neuter · singular · accusative · (common) · **1** (Esth. 14,16 # 4,17w)
    Noun · neuter · singular · nominative · (common) · **1** (Is. 64,5)
  ῥάκους ▸ 2
    Noun · neuter · singular · genitive · **2** (Matt. 9,16; Mark 2,21)

ῥακώδης (ῥάκος; εἶδος) ragged ▸ 1
  ῥακώδη ▸ 1
    Noun · neuter · plural · accusative · (common) · **1** (Prov. 23,21)

Ραμ Ram ▸ 4
  Ραμ ▸ 4
    Noun · feminine · singular · genitive · (proper) · **1** (Job 32,2)
    Noun · masculine · singular · genitive · (proper) · **1** (1Chr. 2,27)
    Noun · masculine · singular · nominative · (proper) · **2** (1Chr. 2,9; 1Chr. 2,25)

Ραμα Ramah ▸ 25 + 5 = 30
  Ραμα ▸ 25 + 5 = 30
    Noun · singular · genitive · (proper) · **1** (1Sam. 19,19)
    Noun · feminine · singular · accusative · (proper) · **8 + 1 = 9** (Josh. 19,29; 1Sam. 19,23; 1Kings 15,17; 1Kings 15,21; 2Chr. 16,1; 2Chr. 16,5; 2Chr. 22,5; Is. 10,29; Josh. 19,29)
    Noun · feminine · singular · dative · (proper) · **10 + 1 = 11** (Judg. 19,13; 1Sam. 19,18; 1Sam. 19,22; 1Sam. 19,23; 1Sam. 20,1; 1Sam. 22,6; 1Sam. 30,27; 2Chr. 22,6; 2Chr. 36,5; Jer. 38,15; Judg. 19,13)
    Noun · feminine · singular · genitive · (proper) · **3 + 1 = 4** (Judg. 4,5; 1Kings 15,22; 2Chr. 16,6; Judg. 4,5)
    Noun · feminine · singular · nominative · (proper) · **2 + 2 = 4** (Josh. 18,25; Zech. 14,10; Josh. 18,25; Josh. 19,36)
    Noun · masculine · singular · genitive · (proper) · **1** (1Chr. 27,27)

Ῥαμά Ramah ▸ 1
  Ῥαμά ▸ 1
    Noun · feminine · singular · dative · (proper) · **1** (Matt. 2,18)

Ραμαθ Remeth ▸ 1
    Ραμαθ ▸ 1
        Noun · feminine · singular · nominative · (proper) ▸ 1 (Josh. 19,21)

Ραμεν Ramen (?) ▸ 1 + 1 = 2
    Ραμεν ▸ 1 + 1 = 2
        Noun · singular · nominative · (proper) ▸ 1 + 1 = 2 (Josh. 15,34; Josh. 15,34)

Ραμεσσαι Tarshish ▸ 1
    Ραμεσσαι ▸ 1
        Noun · masculine · singular · nominative · (proper) ▸ 1 (1Chr. 7,10)

Ραμεσση Rameses ▸ 7
    Ραμεσση ▸ 7
        Noun · feminine · singular · accusative · (proper) ▸ 1 (Ex. 1,11)
        Noun · feminine · singular · genitive · (proper) ▸ 2 (Gen. 46,28; Gen. 47,11)
        Noun · masculine · singular · genitive · (proper) ▸ 4 (Ex. 12,37; Num. 33,3; Num. 33,5; Judith 1,9)

Ραμια Ramiah ▸ 1
    Ραμια ▸ 1
        Noun · masculine · singular · nominative · (proper) ▸ 1 (Ezra 10,25)

ῥάμμα thread ▸ 1
    ῥάμμα ▸ 1
        Noun · neuter · singular · accusative · (common) ▸ 1 (Judg. 16,12)

Ραμμαθ Rammath (?) ▸ 1
    Ραμμαθ ▸ 1
        Noun · feminine · singular · dative · (proper) ▸ 1 (2Kings 9,16)

Ραμμω Kamon ▸ 1
    Ραμμω ▸ 1
        Noun · singular · dative · (proper) ▸ 1 (Judg. 10,5)

ῥάμνος bramble ▸ 5 + 2 = 7
    ῥάμνον ▸ 2
        Noun · feminine · singular · accusative · (common) ▸ 2 (Judg. 9,14; Psa. 57,10)
    ῥάμνος ▸ 1 + 1 = 2
        Noun · feminine · singular · nominative · (common) ▸ 1 + 1 = 2 (Judg. 9,15; Judg. 9,15)
    ῥάμνου ▸ 1
        Noun · feminine · singular · genitive · (common) ▸ 1 (Judg. 9,15)
    ῥάμνῳ ▸ 1 + 1 = 2
        Noun · feminine · singular · dative · (common) ▸ 1 + 1 = 2 (LetterJ 70; Judg. 9,14)

Ραμνων Kamon ▸ 1
    Ραμνων ▸ 1
        Noun · singular · dative · (proper) ▸ 1 (Judg. 10,5)

Ραμωθ Ramoth ▸ 13
    Ραμωθ ▸ 13
        Noun · feminine · singular · accusative · (proper) ▸ 9 (Deut. 4,43; Josh. 21,38; 1Chr. 6,65; 2Chr. 18,2; 2Chr. 18,3; 2Chr. 18,5; 2Chr. 18,11; 2Chr. 18,14; 2Chr. 18,28)
        Noun · feminine · singular · dative · (proper) ▸ 1 (2Chr. 18,19)
        Noun · feminine · singular · genitive · (proper) ▸ 3 (Josh. 13,26; Neh. 3,4; Ezek. 27,16)

Ρανα Rinnah ▸ 1
    Ρανα ▸ 1
        Noun · masculine · singular · nominative · (proper) ▸ 1 (1Chr. 4,20)

ῥανίς (ῥαίνω) drop ▸ 1
    ῥανὶς ▸ 1
        Noun · feminine · singular · nominative · (common) ▸ 1 (Wis. 11,22)

ῥαντίζω (ῥαίνω) to sprinkle ▸ 3 + 4 = 7
    ἐρράντισεν ▸ 2
        Verb · third · singular · aorist · active · indicative ▸ 2 (Heb. 9,19; Heb. 9,21)
    ἐρραντίσθη ▸ 1
        Verb · third · singular · aorist · passive · indicative ▸ 1 (2Kings 9,33)
    ῥαντιεῖς ▸ 1
        Verb · second · singular · future · active · indicative ▸ 1 (Psa. 50,9)
    ῥαντίζουσα ▸ 1
        Verb · present · active · participle · feminine · singular · nominative ▸ 1 (Heb. 9,13)
    ῥαντισθῇ ▸ 1
        Verb · third · singular · aorist · passive · subjunctive ▸ 1 (Lev. 6,20)
    ῥεραντισμένοι ▸ 1
        Verb · perfect · passive · participle · masculine · plural · nominative · (variant) ▸ 1 (Heb. 10,22)

ῥαντισμός (ῥαίνω) sprinkling ▸ 5 + 2 = 7
    ῥαντισμὸν ▸ 1
        Noun · masculine · singular · accusative ▸ 1 (1Pet. 1,2)
    ῥαντισμοῦ ▸ 5 + 1 = 6
        Noun · masculine · singular · genitive · (common) ▸ 5 + 1 = 6 (Num. 19,9; Num. 19,13; Num. 19,20; Num. 19,21; Num. 19,21; Heb. 12,24)

ῥαντός (ῥαίνω) sprinkled ▸ 7
    ῥαντά ▸ 1
        Adjective · neuter · plural · accusative · noDegree ▸ 1 (Gen. 30,39)
    ῥαντὰς ▸ 1
        Adjective · feminine · plural · accusative · noDegree ▸ 1 (Gen. 30,35)
    ῥαντοί ▸ 1
        Adjective · masculine · plural · nominative · noDegree ▸ 1 (Gen. 31,10)
    ῥαντὸν ▸ 2
        Adjective · neuter · singular · accusative · noDegree ▸ 1 (Gen. 30,32)
        Adjective · neuter · singular · nominative · noDegree ▸ 1 (Gen. 30,33)
    ῥαντούς ▸ 1
        Adjective · masculine · plural · accusative · noDegree ▸ 1 (Gen. 31,12)
    ῥαντοὺς ▸ 1
        Adjective · masculine · plural · accusative · noDegree ▸ 1 (Gen. 30,35)

Ραουμ Rehum ▸ 6
    Ραουμ ▸ 6
        Noun · masculine · singular · accusative · (proper) ▸ 1 (Ezra 4,17)
        Noun · masculine · singular · genitive · (proper) ▸ 1 (Ezra 4,23)
        Noun · masculine · singular · nominative · (proper) ▸ 4 (Ezra 4,8; Ezra 4,9; Neh. 3,17; Neh. 10,26)

Ραουμος Rehum ▸ 3
    Ραουμος ▸ 3
        Noun · masculine · singular · nominative · (proper) ▸ 3 (1Esdr. 2,12; 1Esdr. 2,13; 1Esdr. 2,25)

Ραούμος Rehum ▸ 1
    Ραούμῳ ▸ 1
        Noun · masculine · singular · dative · (proper) ▸ 1 (1Esdr. 2,19)

ῥαπίζω (ῥαπίς)   to strike ▸ 2 + 1 + 2 = 5
  ἐράπισαν ▸ 1
    Verb ▪ third ▪ plural ▪ aorist ▪ active ▪ indicative ▸ **1** (Matt. 26,67)
  ἐρράπιζεν ▸ 1
    Verb ▪ third ▪ singular ▪ imperfect ▪ active ▪ indicative ▸ **1** (1Esdr. 4,30)
  ἐρράπιζον ▸ 1
    Verb ▪ third ▪ plural ▪ imperfect ▪ active ▪ indicative ▸ **1** (Judg. 16,25)
  ῥαπίζει ▸ 1
    Verb ▪ third ▪ singular ▪ present ▪ active ▪ indicative ▸ **1** (Matt. 5,39)
  ῥαπίζων ▸ 1
    Verb ▪ present ▪ active ▪ participle ▪ masculine ▪ singular ▪ nominative ▸ **1** (Hos. 11,4)

ῥάπισμα (ῥάπις)   stroke, blow, slap ▸ 1 + 3 = 4
  ῥάπισμα ▸ 1
    Noun ▪ neuter ▪ singular ▪ accusative ▸ **1** (John 18,22)
  ῥαπίσμασιν ▸ 1
    Noun ▪ neuter ▪ plural ▪ dative ▸ **1** (Mark 14,65)
  ῥαπίσματα ▸ 1 + 1 = 2
    Noun ▪ neuter ▪ plural ▪ accusative ▪ (common) ▸ 1 + 1 = **2** (Is. 50,6; John 19,3)

ῥαπτός (ῥάπις)   patched, stitched ▸ 1
  ῥαπτά ▸ 1
    Adjective ▪ neuter ▪ plural ▪ accusative ▪ noDegree ▸ **1** (Ezek. 16,16)

ῥάπτω (ῥάπις)   to sew, stitch, plot ▸ 3
  ἔρραψα ▸ 1
    Verb ▪ first ▪ singular ▪ aorist ▪ active ▪ indicative ▸ **1** (Job 16,15)
  ἔρραψαν ▸ 1
    Verb ▪ third ▪ plural ▪ aorist ▪ active ▪ indicative ▸ **1** (Gen. 3,7)
  ῥάψαι ▸ 1
    Verb ▪ aorist ▪ active ▪ infinitive ▸ **1** (Eccl. 3,7)

Ραρα   Beer ▸ 1
  Ραρα ▸ 1
    Noun ▪ singular ▪ accusative ▪ (proper) ▸ **1** (Judg. 9,21)

Ρασεφ   Resheph ▸ 1
  Ρασεφ ▸ 1
    Noun ▪ masculine ▪ singular ▪ nominative ▪ (proper) ▸ **1** (1Chr. 7,25)

Ρασια   Rizia ▸ 1
  Ρασια ▸ 1
    Noun ▪ masculine ▪ singular ▪ nominative ▪ (proper) ▸ **1** (1Chr. 7,39)

Ρασιμ   Razim (Heb. runners; guards) ▸ 2
  Ρασιμ ▸ 2
    Noun ▪ masculine ▪ singular ▪ accusative ▪ (proper) ▸ **2** (2Kings 11,4; 2Kings 11,19)

Ρασσις   Rassisites ▸ 1
  Ρασσις ▸ 1
    Noun ▪ singular ▪ genitive ▪ (proper) ▸ **1** (Judith 2,23)

ῥάσσω   to strike ▸ 7 + 1 = 8
  ἐρράχθη ▸ 2 + 1 = 3
    Verb ▪ third ▪ singular ▪ aorist ▪ passive ▪ indicative ▸ 2 + 1 = **3** (Dan. 8,10; Dan. 8,11; Dan. 8,11)
  ῥάξει ▸ 1
    Verb ▪ third ▪ singular ▪ future ▪ active ▪ indicative ▸ **1** (Is. 9,10)
  ῥάξον ▸ 1
    Verb ▪ second ▪ singular ▪ aorist ▪ active ▪ imperative ▸ **1** (Judith 9,8)
  ῥάξουσιν ▸ 1
    Verb ▪ third ▪ plural ▪ future ▪ active ▪ indicative ▸ **1** (Is. 13,16)
  ῥάξω ▸ 1
    Verb ▪ first ▪ singular ▪ future ▪ active ▪ indicative ▸ **1** (Jer. 23,33)
  ῥάσσω ▸ 1
    Verb ▪ first ▪ singular ▪ present ▪ active ▪ indicative ▸ **1** (Jer. 23,39)

Ρασων   Rezin ▸ 2
  Ρασων ▸ 2
    Noun ▪ masculine ▪ singular ▪ genitive ▪ (proper) ▸ **2** (Ezra 2,48; Neh. 7,50)

Ραφα   Rapha ▸ 5
  Ραφα ▸ 5
    Noun ▪ feminine ▪ singular ▪ genitive ▪ (proper) ▸ **1** (1Chr. 20,8)
    Noun ▪ masculine ▪ singular ▪ dative ▪ (proper) ▸ **2** (2Sam. 21,20; 2Sam. 21,22)
    Noun ▪ masculine ▪ singular ▪ genitive ▪ (proper) ▸ **2** (2Sam. 21,16; 2Sam. 21,18)

Ραφαηλ   Rephael; Raphael ▸ 10 + 14 = 24
  Ραφαηλ ▸ 10 + 14 = 24
    Noun ▪ masculine ▪ singular ▪ accusative ▪ (proper) ▸ 2 + 2 = **4** (Tob. 5,4; Tob. 9,1; Tob. 5,4; Tob. 9,1)
    Noun ▪ masculine ▪ singular ▪ dative ▪ (proper) ▸ 1 + 2 = **3** (Tob. 7,9; Tob. 6,14; Tob. 7,9)
    Noun ▪ masculine ▪ singular ▪ genitive ▪ (proper) ▸ 2 + 3 = **5** (Tob. 3,16; Tob. 8,2; Tob. 1,1; Tob. 6,19; Tob. 8,2)
    Noun ▪ masculine ▪ singular ▪ nominative ▪ (proper) ▸ 5 + 7 = **12** (1Chr. 26,7; Tob. 9,5; Tob. 11,1; Tob. 11,7; Tob. 12,15; Tob. 3,17; Tob. 6,11; Tob. 8,3; Tob. 9,5; Tob. 11,1; Tob. 11,7; Tob. 12,15)

Ραφαια   Rephaia ▸ 6
  Ραφαια ▸ 6
    Noun ▪ masculine ▪ singular ▪ nominative ▪ (proper) ▸ **6** (1Chr. 3,21; 1Chr. 4,42; 1Chr. 7,2; 1Chr. 8,37; 1Chr. 9,43; Neh. 3,9)

Ραφαϊμ   Rephaim ▸ 1
  Ραφαϊμ ▸ 1
    Noun ▪ masculine ▪ plural ▪ genitive ▪ (proper) ▸ **1** (2Sam. 23,13)

Ραφαϊν   Rephaites ▸ 8
  Ραφαϊν ▸ 8
    Noun ▪ masculine ▪ plural ▪ accusative ▪ (proper) ▸ **1** (Gen. 15,20)
    Noun ▪ masculine ▪ plural ▪ genitive ▪ (proper) ▸ **3** (Deut. 2,20; Deut. 3,11; Deut. 3,13)
    Noun ▪ masculine ▪ plural ▪ nominative ▪ (proper) ▸ **2** (Deut. 2,11; Deut. 2,20)
    Noun ▪ masculine ▪ singular ▪ genitive ▪ (proper) ▸ **2** (Josh. 15,8; Judith 8,1)

Ραφακα   Dophkah ▸ 2
  Ραφακα ▸ 2
    Noun ▪ singular ▪ accusative ▪ (proper) ▸ **1** (Num. 33,12)
    Noun ▪ singular ▪ genitive ▪ (proper) ▸ **1** (Num. 33,13)

Ραφες   Rezeph ▸ 2
  Ραφες ▸ 2
    Noun ▪ feminine ▪ singular ▪ accusative ▪ (proper) ▸ **2** (2Kings 19,12; Is. 37,12)

Ραφη   Rephah; Rapha ▸ 2
  Ραφη ▸ 2
    Noun ▪ masculine ▪ singular ▪ accusative ▪ (proper) ▸ **1** (1Chr. 8,2)
    Noun ▪ masculine ▪ singular ▪ nominative ▪ (proper) ▸ **1** (1Chr. 7,25)

Ραφι   Raphi (?) ▸ 1
  Ραφι ▸ 1
    Noun ▪ feminine ▪ singular ▪ genitive ▪ (proper) ▸ **1** (1Kings 2,46f)

Ῥαφία   Raphia ▸ 1
  Ῥαφίαν ▸ 1

Noun · feminine · singular · accusative · (proper) ▸ **1** (3Mac. 1,1)
ῥαφιδευτής embroiderer ▸ **1**
   ῥαφιδευτοῦ ▸ **1**
     Noun · masculine · singular · genitive · (common) ▸ **1** (Ex. 27,16)
ῥαφιδευτός (ῥάπις; δύο) stitcher ▸ **1**
   ῥαφιδευτὰ ▸ **1**
     Adjective · neuter · plural · accusative · noDegree ▸ **1** (Ex. 37,21)
Ραφιδιν Rephidim ▸ **5**
   Ραφιδιν ▸ **5**
     Noun · dative · (proper) ▸ **3** (Ex. 17,1; Ex. 17,8; Num. 33,14)
     Noun · genitive · (proper) ▸ **2** (Ex. 19,2; Num. 33,15)
Ραφις (ῥαφίς) Rab-saris (Heb. chief officer) ▸ **1**
   Ραφις ▸ **1**
     Noun · masculine · singular · accusative · (proper) ▸ **1** (2Kings 18,17)
ῥαφίς needle ▸ **2**
   ῥαφίδος ▸ **2**
     Noun · feminine · singular · genitive ▸ **2** (Matt. 19,24; Mark 10,25)
Ραφου Raphu ▸ **1**
   Ραφου ▸ **1**
     Noun · masculine · singular · genitive · (proper) ▸ **1** (Num. 13,9)
Ραφων Raphon ▸ **1**
   Ραφων ▸ **1**
     Noun · singular · genitive · (proper) ▸ **1** (1Mac. 5,37)
Ῥαχάβ Rahab ▸ **1**
   Ῥαχάβ ▸ **1**
     Noun · feminine · singular · genitive · (proper) ▸ **1** (Matt. 1,5)
Ραχηλ Rachel ▸ **50**
   Ραχηλ ▸ **50**
     Noun · feminine · singular · accusative · (proper) ▸ **10** (Gen. 29,10; Gen. 29,11; Gen. 29,18; Gen. 29,28; Gen. 29,30; Gen. 29,30; Gen. 31,4; Gen. 33,1; Gen. 33,2; Ruth 4,11)
     Noun · feminine · singular · dative · (proper) ▸ **4** (Gen. 29,12; Gen. 29,29; Gen. 30,2; Gen. 46,25)
     Noun · feminine · singular · genitive · (proper) ▸ **13** (Gen. 29,18; Gen. 29,20; Gen. 29,25; Gen. 30,5; Gen. 30,7; Gen. 30,22; Gen. 31,33; Gen. 35,20; Gen. 35,24; Gen. 35,25; Gen. 46,19; Gen. 46,22; 1Sam. 10,2)
     Noun · feminine · singular · nominative · (proper) ▸ **23** (Gen. 29,6; Gen. 29,9; Gen. 29,16; Gen. 29,17; Gen. 29,31; Gen. 30,1; Gen. 30,1; Gen. 30,3; Gen. 30,6; Gen. 30,8; Gen. 30,14; Gen. 30,15; Gen. 30,23; Gen. 30,25; Gen. 31,14; Gen. 31,19; Gen. 31,32; Gen. 31,34; Gen. 33,7; Gen. 35,16; Gen. 35,19; Gen. 48,7; Jer. 38,15)
Ῥαχήλ Rachel ▸ **1**
   Ῥαχήλ ▸ **1**
     Noun · feminine · singular · nominative · (proper) ▸ **1** (Matt. 2,18)
ῥάχις backbone ▸ **2**
   ῥάχις ▸ **2**
     Noun · feminine · singular · nominative · (common) ▸ **2** (1Sam. 5,4; Job 40,18)
Ραψακης Rab-sheka (Heb. chief commander) ▸ **16**
   Ραψακην ▸ **4**
     Noun · masculine · singular · accusative · (proper) ▸ **4** (2Kings 18,17; 2Kings 18,26; Sir. 48,18; Is. 36,2)
   Ραψακης ▸ **8**
     Noun · masculine · singular · nominative · (proper) ▸ **8** (2Kings 18,19; 2Kings 18,27; 2Kings 18,28; 2Kings 19,8; Is. 36,4; Is. 36,12; Is. 36,13; Is. 37,8)
   Ραψακου ▸ **4**
     Noun · masculine · singular · genitive · (proper) ▸ **4** (2Kings 18,37; 2Kings 19,4; Is. 36,22; Is. 37,4)
Ραωβ Rehob ▸ **1**
   Ραωβ ▸ **1**
     Noun · singular · nominative · (proper) ▸ **1** (Josh. 19,30)
Ραωμ Raom (Ir?) ▸ **1**
   Ραωμ ▸ **1**
     Noun · masculine · singular · genitive · (proper) ▸ **1** (1Chr. 7,12)
Ρεβεκκα Rebecca ▸ **34**
   Ρεβεκκα ▸ **16**
     Noun · feminine · singular · dative · (proper) ▸ **4** (Gen. 24,29; Gen. 24,53; Gen. 26,35; Gen. 27,42)
     Noun · feminine · singular · nominative · (proper) ▸ **12** (Gen. 24,15; Gen. 24,45; Gen. 24,51; Gen. 24,61; Gen. 24,64; Gen. 25,21; Gen. 25,26; Gen. 25,28; Gen. 27,5; Gen. 27,6; Gen. 27,15; Gen. 27,46)
   Ρεβεκκαν ▸ **9**
     Noun · feminine · singular · accusative · (proper) ▸ **9** (Gen. 22,23; Gen. 24,58; Gen. 24,59; Gen. 24,60; Gen. 24,61; Gen. 24,67; Gen. 25,20; Gen. 27,11; Gen. 49,31)
   Ρεβεκκας ▸ **9**
     Noun · feminine · singular · genitive · (proper) ▸ **9** (Gen. 24,30; Gen. 25,21; Gen. 26,7; Gen. 26,7; Gen. 26,8; Gen. 28,5; Gen. 29,1; Gen. 29,12; Gen. 35,8)
Ῥεβέκκα Rebecca ▸ **1**
   Ῥεβέκκα ▸ **1**
     Noun · feminine · singular · nominative · (proper) ▸ **1** (Rom. 9,10)
Ρεβες Ebez ▸ **1**
   Ρεβες ▸ **1**
     Noun · singular · nominative · (proper) ▸ **1** (Josh. 19,20)
Ρεγμα Raamah; Dimonah ▸ **5**
   Ρεγμα ▸ **5**
     Noun · singular · nominative · (proper) ▸ **1** (Josh. 15,22)
     Noun · masculine · singular · genitive · (proper) ▸ **2** (Gen. 10,7; 1Chr. 1,9)
     Noun · masculine · singular · nominative · (proper) ▸ **2** (Gen. 10,7; 1Chr. 1,9)
ῥέγχω to snorr ▸ **2**
   ἔρρεγχεν ▸ **1**
     Verb · third · singular · imperfect · active · indicative ▸ **1** (Jonah 1,5)
   ῥέγχεις ▸ **1**
     Verb · second · singular · present · active · indicative ▸ **1** (Jonah 1,6)
ῥέδη carriage, wagon ▸ **1**
   ῥεδῶν ▸ **1**
     Noun · feminine · plural · genitive ▸ **1** (Rev. 18,13)
Ρεελιας Reelaiah ▸ **1**
   Ρεελιας ▸ **1**
     Noun · masculine · singular · nominative · (proper) ▸ **1** (Ezra 2,2)
Ρεηα Reaiah ▸ **1**
   Ρεηα ▸ **1**
     Noun · masculine · singular · genitive · (proper) ▸ **1** (Ezra 2,47)
Ρεημα Reumah ▸ **1**
   Ρεημα ▸ **1**
     Noun · feminine · singular · nominative · (proper) ▸ **1** (Gen. 22,24)
Ρεηρωθ Anaharath ▸ **1**
   Ρεηρωθ ▸ **1**
     Noun · singular · nominative · (proper) ▸ **1** (Josh. 19,19)
Ρεκεμ Rekem ▸ **1**

Ρεκεμ ▸ 1
  Noun · singular · nominative · (proper) ▸ 1 (Josh. 18,27)
Ρεκκαθ Rakkath ▸ 1
  Ρεκκαθ ▸ 1
  Noun · singular · nominative · (proper) ▸ 1 (Josh. 19,35)
Ρεκομ Rekem ▸ 1
  Ρεκομ ▸ 1
  Noun · masculine · singular · nominative · (proper) ▸ 1 (1Chr. 2,43)
Ρεκχα Recab ▸ 3
  Ρεκχα ▸ 3
  Noun · masculine · singular · dative · (proper) ▸ 1 (2Sam. 4,9)
  Noun · masculine · singular · nominative · (proper) ▸ 2 (2Sam. 4,5; 2Sam. 4,6)
Ρεμαθ Ramoth ▸ 1
  Ρεμαθ ▸ 1
  Noun · singular · dative · (proper) ▸ 1 (1Kings 4,13)
ῥεμβασμός (ῥέμβομαι) roving, wandering ▸ 1
  ῥεμβασμὸς ▸ 1
  Noun · masculine · singular · nominative · (common) ▸ 1 (Wis. 4,12)
ῥεμβεύω (ῥέμβομαι) to rove, wander ▸ 1
  ῥέμβευσον ▸ 1
  Verb · second · singular · aorist · active · imperative ▸ 1 (Is. 23,16)
ῥέμβομαι to roam, wander ▸ 1
  ῥέμβεται ▸ 1
  Verb · third · singular · present · middle · indicative ▸ 1 (Prov. 7,12)
Ρεμμαθ Jarmuth; Ramoth ▸ 8
  Ρεμμαθ ▸ 8
  Noun · feminine · singular · accusative · (proper) ▸ 6 (Josh. 21,29; 1Kings 22,4; 1Kings 22,6; 1Kings 22,12; 1Kings 22,15; 1Kings 22,29)
  Noun · feminine · singular · dative · (proper) ▸ 1 (1Kings 22,20)
  Noun · feminine · singular · nominative · (proper) ▸ 1 (1Kings 22,3)
Ρεμμαν Rimmon; Harmon ▸ 4
  Ρεμμαν ▸ 4
  Noun · singular · genitive · (proper) ▸ 3 (2Kings 5,18; 2Kings 5,18; 2Kings 5,18)
  Noun · neuter · singular · accusative · (proper) ▸ 1 (Amos 4,3)
Ρεμμας Remeth ▸ 1
  Ρεμμας ▸ 1
  Noun · singular · nominative · (proper) ▸ 1 (Josh. 19,21)
Ρεμμωθ Ramoth ▸ 5
  Ρεμμωθ ▸ 5
  Noun · feminine · singular · accusative · (proper) ▸ 2 (2Kings 9,1; 2Kings 9,4)
  Noun · feminine · singular · dative · (proper) ▸ 3 (2Kings 8,28; 2Kings 8,29; 2Kings 9,14)
Ρεμμων Rimmon; Rimmono; Dimon ▸ 13 + 7 = 20
  Ρεμμων ▸ 13 + 7 = 20
  Noun · singular · accusative · (proper) ▸ 1 (Josh. 19,13)
  Noun · singular · dative · (proper) ▸ 1 (Num. 33,19)
  Noun · singular · genitive · (proper) ▸ 3 + 4 = 7 (Num. 33,20; Zech. 14,10; Is. 15,9; Judg. 20,45; Judg. 20,47; Judg. 20,47; Judg. 21,13)
  Noun · singular · nominative · (proper) ▸ 2 (Josh. 15,32; Josh. 19,7)
  Noun · feminine · singular · accusative · (proper) ▸ 4 (Judg. 20,45; Judg. 20,47; Judg. 20,47; 1Chr. 6,62)
  Noun · feminine · singular · genitive · (proper) ▸ 1 (Judg. 21,13)
  Noun · masculine · singular · genitive · (proper) ▸ 4 (2Sam. 4,2; 2Sam. 4,5; 2Sam. 4,9; Is. 15,9)
Ρεμμωνα Rimmon ▸ 1
  Ρεμμωνα ▸ 1
  Noun · singular · accusative · (proper) ▸ 1 (Josh. 19,13)
Ρεμνα Rumah; Dumah ▸ 1
  Ρεμνα ▸ 1
  Noun · singular · nominative · (proper) ▸ 1 (Josh. 15,52)
Ρεναθ Renath ▸ 1
  Ρεναθ ▸ 1
  Noun · singular · nominative · (proper) ▸ 1 (Josh. 19,19)
Ρεννα Dannah ▸ 1 + 1 = 2
  Ρεννα ▸ 1 + 1 = 2
  Noun · singular · nominative · (proper) ▸ 1 + 1 = 2 (Josh. 15,49; Josh. 15,49)
Ρεουμ Rehu ▸ 1
  Ρεουμ ▸ 1
  Noun · masculine · singular · nominative · (proper) ▸ 1 (Ezra 2,2)
Ρεσφα Rizpah ▸ 4
  Ρεσφα ▸ 4
  Noun · feminine · singular · genitive · (proper) ▸ 1 (2Sam. 21,8)
  Noun · feminine · singular · nominative · (proper) ▸ 3 (2Sam. 3,7; 2Sam. 21,10; 2Sam. 21,11)
ῥεῦμα (ῥέω) stream ▸ 1
  ῥεύματος ▸ 1
  Noun · neuter · singular · genitive · (common) ▸ 1 (Sir. 39,13)
ῥέω to flow ▸ 41 + 1 = 42
  ἐρρύησαν ▸ 3
  Verb · third · plural · aorist · passive · indicative ▸ 3 (Psa. 77,20; Psa. 104,41; Prov. 3,20)
  ῥέῃ ▸ 3
  Verb · third · singular · present · active · subjunctive ▸ 3 (Lev. 15,25; Lev. 15,25; Psa. 61,11)
  ῥείτω ▸ 1
  Verb · third · singular · present · active · imperative ▸ 1 (Jer. 9,17)
  ῥέον ▸ 1
  Verb · present · active · participle · neuter · singular · nominative ▸ 1 (Job 38,30)
  ῥέουσα ▸ 2
  Verb · present · active · participle · feminine · singular · nominative ▸ 2 (Lev. 15,19; Num. 14,8)
  ῥέουσαν ▸ 21
  Verb · present · active · participle · feminine · singular · accusative ▸ 21 (Ex. 3,8; Ex. 3,17; Ex. 13,5; Ex. 33,3; Lev. 20,24; Num. 13,27; Num. 16,14; Deut. 6,3; Deut. 11,9; Deut. 26,9; Deut. 26,10; Deut. 26,15; Deut. 27,3; Deut. 31,20; Josh. 5,6; Sir. 46,8; Jer. 11,5; Jer. 39,22; Bar. 1,20; Ezek. 20,6; Ezek. 20,15)
  ῥεούσης ▸ 1
  Verb · present · active · participle · feminine · singular · genitive ▸ 1 (Num. 16,13)
  ῥευσάτωσαν ▸ 1
  Verb · third · plural · aorist · active · imperative ▸ 1 (Song 4,16)
  ῥεύσουσιν ▸ 1
  Verb · third · plural · future · active · indicative ▸ 1 (John 7,38)
  ῥέων ▸ 1
  Verb · present · active · participle · masculine · singular · nominative ▸ 1 (Lev. 15,3)
  ῥυήσεται ▸ 3
  Verb · third · singular · future · middle · indicative ▸ 3 (Psa. 147,7; Wis. 16,29; Is. 48,21)

ῥυήσονται ▸ 4
    Verb · third · plural · future · middle · indicative ▸ 4 (Job 36,28; Joel 4,18; Joel 4,18; Zech. 14,12)

Ῥήγιον Rhegium ▸ 1
  Ῥήγιον ▸ 1
    Noun · neuter · singular · accusative · (proper) ▸ 1 (Acts 28,13)

ῥῆγμα (ῥήγνυμι) torn piece; ruin, destruction ▸ 5 + 1 = 6
  ῥῆγμα ▸ 1
    Noun · neuter · singular · nominative ▸ 1 (Luke 6,49)
  ῥήγματα ▸ 5
    Noun · neuter · plural · accusative · (common) ▸ 5 (1Kings 11,30; 1Kings 11,31; 1Kings 12,24o; 1Kings 12,24o; 2Kings 2,12)

ῥήγνυμι to break, tear, attack, burst out ▸ 38 + 1 + 1 = 40
  ἐρράγη ▸ 8
    Verb · third · singular · aorist · passive · indicative ▸ 8 (Num. 16,31; 1Kings 1,40; 1Kings 13,5; 2Kings 25,4; Job 17,11; Job 26,8; Is. 35,6; Jer. 46,2)
  ἐρράγησαν ▸ 3
    Verb · third · plural · aorist · passive · indicative ▸ 3 (Gen. 7,11; Prov. 3,20; Is. 33,23)
  ἐρρηγώς ▸ 1
    Verb · perfect · active · participle · masculine · singular · nominative ▸ 1 (Job 32,19)
  ἔρρηξαν ▸ 1
    Verb · third · plural · aorist · active · indicative ▸ 1 (Is. 59,5)
  ἔρρηξας ▸ 2
    Verb · second · singular · aorist · active · indicative ▸ 2 (Neh. 9,11; Job 15,13)
  ἔρρηξεν ▸ 1 + 1 = 2
    Verb · third · singular · aorist · active · indicative ▸ 1 + 1 = 2 (Job 28,10; Judg. 15,19)
  ἐρρώγασιν ▸ 1
    Verb · third · plural · perfect · active · indicative ▸ 1 (Josh. 9,13)
  ῥαγῇ ▸ 1
    Verb · third · singular · aorist · passive · subjunctive ▸ 1 (Ex. 28,32)
  ῥαγήσεται ▸ 5
    Verb · third · singular · future · passive · indicative ▸ 5 (Ode. 4,9; Hab. 3,9; Is. 58,8; Ezek. 13,11; Ezek. 38,20)
  ῥαγῶσιν ▸ 1
    Verb · third · plural · aorist · passive · subjunctive ▸ 1 (Is. 5,27)
  ῥήγνυται ▸ 1
    Verb · third · singular · present · passive · indicative ▸ 1 (1Kings 13,3)
  ῥήγνυνται ▸ 1
    Verb · third · plural · present · passive · indicative · (variant) ▸ 1 (Matt. 9,17)
  ῥῆξαι ▸ 1
    Verb · aorist · active · infinitive ▸ 1 (Eccl. 3,7)
  ῥήξαντες ▸ 1
    Verb · aorist · active · participle · masculine · plural · nominative ▸ 1 (Job 2,12)
  ῥήξας ▸ 1
    Verb · aorist · active · participle · masculine · singular · nominative ▸ 1 (Job 31,37)
  ῥηξάτω ▸ 1
    Verb · third · singular · aorist · active · imperative ▸ 1 (Is. 52,9)
  ῥηξάτωσαν ▸ 1
    Verb · third · plural · aorist · active · imperative ▸ 1 (Is. 49,13)
  ῥήξει ▸ 3
    Verb · third · singular · future · active · indicative ▸ 3 (Job 6,5; Wis. 4,19; Sir. 19,10)
  ῥῆξον ▸ 3
    Verb · second · singular · aorist · active · imperative ▸ 3 (Ex. 14,16; 1Kings 12,24o; Is. 54,1)
  ῥήξω ▸ 1
    Verb · first · singular · future · active · indicative ▸ 1 (Ezek. 13,13)
  ῥήσσω ▸ 1
    Verb · first · singular · present · active · indicative ▸ 1 (1Kings 11,31)

Ρηι Rei ▸ 1
  Ρηι ▸ 1
    Noun · masculine · singular · nominative · (proper) ▸ 1 (1Kings 1,8)

ῥῆμα word, thing ▸ 517 + 29 + 68 = 614
  ῥῆμα ▸ 275 + 18 + 19 = 312
    Noun · neuter · singular · accusative · (common) ▸ 189 + 13 + 10 = 212 (Gen. 18,25; Gen. 22,16; Gen. 30,31; Gen. 32,20; Gen. 34,14; Gen. 34,19; Gen. 37,11; Gen. 39,9; Gen. 41,28; Gen. 44,2; Gen. 44,7; Gen. 44,17; Gen. 44,18; Ex. 2,15; Ex. 9,5; Ex. 9,6; Ex. 9,20; Ex. 9,21; Ex. 12,24; Ex. 18,17; Ex. 18,22; Ex. 18,23; Ex. 18,26; Ex. 18,26; Ex. 33,4; Lev. 9,6; Lev. 10,7; Num. 13,26; Num. 14,41; Num. 15,31; Num. 22,18; Num. 22,20; Num. 22,35; Num. 22,38; Num. 23,3; Num. 23,5; Num. 23,16; Num. 23,26; Num. 24,13; Num. 30,3; Num. 31,16; Num. 31,16; Num. 32,20; Deut. 1,17; Deut. 1,43; Deut. 4,2; Deut. 4,32; Deut. 13,1; Deut. 13,12; Deut. 15,10; Deut. 15,11; Deut. 15,15; Deut. 17,8; Deut. 18,20; Deut. 18,21; Deut. 19,7; Deut. 19,20; Deut. 24,18; Deut. 24,20; Deut. 24,22; Josh. 1,13; Josh. 2,21; Josh. 3,9; Josh. 8,8; Josh. 14,6; Josh. 14,10; Josh. 14,12; Judg. 8,1; Judg. 11,37; Judg. 18,7; Judg. 19,24; Judg. 19,30; Ruth 3,18; 1Sam. 2,23; 1Sam. 3,7; 1Sam. 3,17; 1Sam. 8,10; 1Sam. 9,21; 1Sam. 9,27; 1Sam. 10,2; 1Sam. 10,16; 1Sam. 12,16; 1Sam. 14,12; 1Sam. 15,23; 1Sam. 15,26; 1Sam. 20,2; 1Sam. 20,2; 1Sam. 20,23; 1Sam. 20,39; 1Sam. 21,3; 1Sam. 21,3; 1Sam. 22,15; 1Sam. 24,7; 1Sam. 25,36; 1Sam. 26,19; 1Sam. 28,18; 2Sam. 2,6; 2Sam. 3,11; 2Sam. 7,25; 2Sam. 11,11; 2Sam. 12,6; 2Sam. 12,12; 2Sam. 13,20; 2Sam. 13,33; 2Sam. 14,3; 2Sam. 14,12; 2Sam. 14,15; 2Sam. 14,15; 2Sam. 14,18; 2Sam. 15,6; 2Sam. 15,11; 2Sam. 15,28; 2Sam. 15,36; 2Sam. 17,6; 2Sam. 24,13; 1Kings 2,27; 1Kings 3,10; 1Kings 3,11; 1Kings 8,20; 1Kings 8,59; 1Kings 12,15; 1Kings 12,24; 1Kings 12,24p; 1Kings 12,24q; 1Kings 12,24z; 1Kings 13,21; 1Kings 13,26; 1Kings 13,33; 1Kings 15,29; 1Kings 16,12; 1Kings 16,34; 1Kings 17,5; 1Kings 17,16; 1Kings 21,9; 1Kings 21,24; 1Kings 22,19; 1Kings 22,38; 2Kings 1,17; 2Kings 2,22; 2Kings 4,44; 2Kings 5,14; 2Kings 6,18; 2Kings 7,16; 2Kings 8,2; 2Kings 8,13; 2Kings 9,26; 2Kings 10,17; 2Kings 14,25; 2Kings 17,12; 2Kings 22,9; 2Kings 22,20; 2Kings 23,16; 2Kings 24,13; 1Chr. 11,19; 2Chr. 36,22; 1Esdr. 3,5; Ezra 5,11; Ezra 6,9; Ezra 6,11; Ezra 10,5; Ezra 10,16; Neh. 5,12; Neh. 5,13; Neh. 6,4; Neh. 11,24; Judith 1,11; Judith 8,8; Tob. 12,11; Psa. 18,3; Psa. 55,11; Psa. 67,12; Prov. 17,27; Eccl. 8,5; Job 2,9e; Job 19,4a; Job 33,13; Job 34,34; Sol. 9,2; Is. 38,7; Is. 58,9; Is. 66,5; Jer. 5,14; Jer. 7,23; Jer. 33,2; Jer. 42,14; Jer. 45,14; Jer. 49,4; Dan. 2,9; Dan. 7,28; Judg. 6,29; Judg. 6,29; Judg. 8,1; Judg. 19,24; Tob. 12,11; Dan. 2,9; Dan. 2,10; Dan. 2,10; Dan. 2,15; Dan. 2,17; Dan. 3,95; Dan. 6,15; Dan. 7,28; Matt. 12,36; Matt. 27,14; Mark 9,32; Mark 14,72; Luke 2,15; Luke 2,50; Luke 9,45; Acts 10,37; Acts 28,25; Heb. 6,5)
    Noun · neuter · singular · nominative · (common) ▸ 86 + 5 + 9 = 100 (Gen. 15,1; Gen. 18,14; Gen. 21,11; Gen. 21,12; Gen. 41,32; Ex. 2,14; Ex. 14,12; Ex. 16,16; Ex. 16,32; Ex. 18,18; Ex.

ῥῆμα–ῥῆσις

35,4; Lev. 4,13; Lev. 8,5; Lev. 17,2; Num. 11,14; Num. 30,2; Num. 36,6; Deut. 1,14; Deut. 1,23; Deut. 15,9; Deut. 17,1; Deut. 17,4; Deut. 18,22; Deut. 18,22; Deut. 19,15; Deut. 30,14; Josh. 8,35 # 9,2f; Judg. 20,9; Ruth 3,18; 1Sam. 3,1; 1Sam. 3,17; 1Sam. 4,16; 1Sam. 8,6; 1Sam. 9,10; 1Sam. 14,42; 1Sam. 15,10; 1Sam. 18,8; 1Sam. 21,9; 1Sam. 26,16; 2Sam. 7,4; 2Sam. 11,25; 2Sam. 11,27; 2Sam. 12,21; 2Sam. 15,35; 2Sam. 17,19; 2Sam. 19,11; 2Sam. 22,31; 1Kings 1,27; 1Kings 2,38; 1Kings 12,24; 1Kings 12,24h; 1Kings 12,24m; 1Kings 12,24s; 1Kings 12,24y; 1Kings 12,24y; 1Kings 13,3; 1Kings 13,32; 1Kings 13,34; 1Kings 17,2; 1Kings 17,8; 1Kings 17,24; 1Kings 18,1; 1Kings 18,24; 1Kings 19,9; 1Kings 20,28; 2Kings 3,12; 2Kings 4,41; 2Kings 7,2; 2Kings 7,19; 2Kings 20,4; 2Kings 20,17; 1Chr. 21,4; 2Chr. 11,4; Ezra 10,4; Neh. 2,19; Esth. 5,14; Job 4,12; Is. 8,20; Is. 14,28; Is. 15,1; Is. 16,13; Is. 17,1; Is. 22,1; Is. 40,8; Jer. 1,1; Jer. 6,10; Judg. 20,9; Tob. 14,4; Dan. 2,8; Dan. 3,22; Dan. 4,17; Matt. 18,16; Luke 1,37; Luke 3,2; Luke 18,34; Rom. 10,8; 2Cor. 13,1; Eph. 6,17; 1Pet. 1,25; 1Pet. 1,25)

- ῥῆμά ▸ 18 + 3 + 3 = 24

  Noun · neuter · singular · accusative · (common) ▸ 10 + 2 + 2 = **14** (Gen. 30,34; Gen. 47,30; Num. 14,20; Num. 27,14; Deut. 18,18; Judg. 11,10; 1Sam. 15,24; 1Kings 3,12; 1Kings 17,13; Ode. 13,29; Judg. 11,10; Bel 9; Luke 1,38; Luke 2,29)

  Noun · neuter · singular · nominative · (common) ▸ 8 + 1 + 1 = **10** (Ex. 16,23; Judg. 13,17; 1Kings 8,26; 2Chr. 6,17; Ezra 10,12; Wis. 16,26; Is. 55,11; Dan. 10,12; Judg. 13,17; Rom. 10,8)

- ῥήμασιν ▸ 15 + 1 = 16

  Noun · neuter · plural · dative · (common) ▸ 15 + 1 = **16** (Judg. 5,29; 1Esdr. 1,26; 1Esdr. 9,55; Prov. 7,24; Job 4,4; Job 6,6; Job 11,3; Job 15,3; Job 15,5; Job 16,3; Job 16,4; Job 31,40; Job 33,3; Sir. 46,15; Hos. 6,5; John 5,47)

- ῥήμασίν ▸ 2

  Noun · neuter · plural · dative · (common) ▸ **2** (Job 6,26; Wis. 6,25)

- ῥήματα ▸ 131 + 24 = 155

  Noun · neuter · plural · accusative · (common) ▸ 113 + 19 = **132** (Gen. 15,1; Gen. 20,8; Gen. 22,1; Gen. 22,20; Gen. 24,28; Gen. 24,30; Gen. 24,66; Gen. 27,34; Gen. 29,12; Gen. 31,1; Gen. 39,7; Gen. 39,17; Gen. 39,19; Gen. 40,1; Gen. 42,16; Gen. 44,6; Gen. 44,7; Gen. 44,24; Gen. 48,1; Ex. 4,30; Ex. 19,6; Ex. 19,9; Ex. 23,8; Ex. 23,22; Ex. 24,3; Ex. 24,4; Ex. 34,1; Ex. 34,27; Ex. 34,28; Num. 11,24; Num. 14,36; Num. 14,39; Num. 22,7; Deut. 4,13; Deut. 4,36; Deut. 5,5; Deut. 5,22; Deut. 10,2; Deut. 11,18; Deut. 28,58; Deut. 29,18; Deut. 29,28; Deut. 31,9; Deut. 31,19; Deut. 31,30; Deut. 32,1; Josh. 8,34 # 9,2e; Josh. 23,15; Josh. 24,26; 1Sam. 11,5; 1Sam. 11,6; 1Sam. 17,11; 1Sam. 18,23; 1Sam. 18,24; 1Sam. 18,26; 1Sam. 19,7; 1Sam. 21,13; 1Sam. 24,17; 1Sam. 25,9; 1Sam. 25,12; 1Sam. 25,37; 2Sam. 11,22; Ezra 7,1; Esth. 1,17; Judith 3,5; Judith 6,17; Judith 6,17; Judith 7,28; Judith 7,31; Judith 8,9; Judith 10,1; Judith 10,13; Judith 10,14; Judith 11,5; Judith 11,9; Judith 13,3; Judith 14,19; 1Mac. 5,14; 1Mac. 5,37; Psa. 51,6; Psa. 53,4; Psa. 77,1; Psa. 137,1; Psa. 137,4; Ode. 2,1; Job 6,10; Job 8,10; Job 12,11; Job 15,4; Job 15,5; Job 15,13; Job 22,22; Job 23,5; Job 23,12; Job 26,4; Job 32,11; Job 32,12; Job 32,14; Job 34,37; Job 35,16; Job 36,4; Job 38,2; Job 42,7; Sir. 39,6; Hos. 10,4; Zech. 1,13; Is. 42,16; Is. 44,26; Jer. 16,10; Jer. 18,20; Lam. 2,17; Ezek. 33,32; Dan. 7,25; Luke 2,19; Luke 2,51; Luke 7,1; John 3,34; John 6,68; John 8,20; John 8,47; John 14,10; John 17,8; Acts 5,20; Acts 6,11; Acts 6,13; Acts 10,22; Acts 10,44; Acts 11,14; Acts 13,42; Acts 16,38; Acts 26,25; 2Cor. 12,4)

  Noun · neuter · plural · nominative · (common) ▸ 18 + 5 = **23** (Gen. 27,42; Gen. 41,37; Gen. 42,20; Deut. 6,6; Deut. 17,8; Deut. 30,1; Josh. 23,15; Judith 6,4; Psa. 18,5; Psa. 35,4; Prov. 8,8; Job 6,25; Job 34,35; Sol. 17,43; Is. 29,11; Is. 59,21; Jer. 9,7; Ezek. 38,10; Luke 1,65; Luke 24,11; John 6,63; John 10,21; Rom. 10,18)

- Ῥήματα ▸ 1

  Noun · neuter · plural · nominative · (common) ▸ **1** (Eccl. 1,1)

- ῥήματά ▸ 19 + 3 = 22

  Noun · neuter · plural · accusative · (common) ▸ 14 + 2 = **16** (Gen. 24,33; Ex. 4,15; Deut. 4,10; 1Sam. 3,11; Judith 10,16; Psa. 5,2; Psa. 140,6; Prov. 3,1; Job 9,14; Job 10,1; Job 13,17; Job 24,25; Job 33,1; Ezek. 33,31; John 12,48; Acts 2,14)

  Noun · neuter · plural · nominative · (common) ▸ 5 + 1 = **6** (Deut. 32,2; Ode. 2,2; Job 6,3; Job 19,4a; Job 19,23; John 15,7)

- ῥήματι ▸ 16 + 3 + 4 = 23

  Noun · neuter · singular · dative · (common) ▸ 16 + 3 + 4 = **23** (Gen. 19,21; Deut. 1,26; Deut. 8,3; Deut. 9,23; 2Sam. 12,14; 1Kings 13,18; 1Esdr. 8,69; Ezra 10,13; Judith 2,6; Job 29,22; Sir. 4,24; Sir. 39,17; Sir. 47,8; Bar. 4,37; Bar. 5,5; Dan. 1,17; Tob. 14,4; Dan. 1,20; Dan. 9,23; Matt. 4,4; Eph. 5,26; Heb. 1,3; Heb. 11,3)

- ῥήματί ▸ 3 + 1 = 4

  Noun · neuter · singular · dative · (common) ▸ 3 + 1 = **4** (Deut. 32,51; Sir. 41,16; Dan. 10,12; Luke 5,5)

- ῥήματος ▸ 19 + 4 + 7 = 30

  Noun · neuter · singular · genitive · (common) ▸ 19 + 4 + 7 = **30** (Gen. 24,9; Ex. 17,1; Ex. 23,7; Num. 33,2; Deut. 2,7; Deut. 17,11; Deut. 23,10; Deut. 34,5; Josh. 22,24; Judg. 18,10; 2Sam. 14,20; 2Kings 10,10; 1Esdr. 1,54; 1Esdr. 2,1; Ezra 10,9; Ezra 10,14; Eccl. 8,1; Job 6,26; Sir. 16,28; Judg. 18,10; Tob. 2,6; Dan. 3,16; Dan. 5,26; Matt. 26,75; Luke 2,17; Luke 9,45; Luke 20,26; Luke 22,61; Acts 11,16; Rom. 10,17)

- ῥήματός ▸ 1

  Noun · neuter · singular · genitive · (common) ▸ **1** (Judg. 13,12)

- ῥημάτων ▸ 17 + 1 + 6 = 24

  Noun · masculine · plural · genitive · (common) ▸ **1** (Psa. 16,6)

  Noun · neuter · plural · genitive · (common) ▸ 16 + 1 + 6 = **23** (Gen. 24,52; Gen. 37,8; Deut. 4,12; Josh. 1,18; Josh. 21,45; 1Kings 11,41; 1Kings 11,41; Judith 2,13; Judith 6,9; Job 4,2; Job 32,18; Job 33,8; Job 34,16; Job 42,3; Sir. 2,15; Sir. 12,12; Tob. 14,4; Luke 24,8; John 12,47; Acts 5,32; Heb. 12,19; 2Pet. 3,2; Jude 17)

Ρημωθ Remoth; Jeremoth ▸ 1

- Ρημωθ ▸ 1

  Noun · masculine · singular · nominative · (proper) ▸ **1** (Ezra 10,29)

ρης (Hebr.) resh ▸ 1

- ρης ▸ 1

  Noun ▸ **1** (Psa. 118,153)

Ῥησά Rhesa ▸ 1

- Ῥησά ▸ 1

  Noun · masculine · singular · genitive · (proper) ▸ **1** (Luke 3,27)

Ρησαίας Resaiah ▸ 1

- Ρησαιου ▸ 1

  Noun · masculine · singular · genitive · (proper) ▸ **1** (1Esdr. 5,8)

ῥῆσις (ῥῆμα) saying; utterance ▸ 10

- ῥήσει ▸ 1

  Noun · feminine · singular · dative · (common) ▸ **1** (Prov. 4,20)

- ῥήσεις ▸ 5

  Noun · feminine · plural · accusative · (common) ▸ **4** (Prov. 1,6; Prov. 19,27; Prov. 27,27; Prov. 31,2)

  Noun · feminine · plural · nominative · (common) ▸ **1** (Prov. 15,26)

- ῥῆσιν ▸ 4

  Noun · feminine · singular · accusative · (common) ▸ **4** (Ezra 5,7;

Prov. 1,23; Prov. 2,1; Prov. 4,5)

ῥήσσω (ῥήγνυμι) to break, tear, attack, burst out ‣ 6
    ἔρρηξεν ‣ 1
        Verb · third · singular · aorist · active · indicative ‣ 1 (Luke 9,42)
    ῥήξει ‣ 2
        Verb · third · singular · future · active · indicative ‣ 2 (Mark 2,22; Luke 5,37)
    ῥῆξον ‣ 1
        Verb · second · singular · aorist · active · imperative ‣ 1 (Gal. 4,27)
    ῥήξωσιν ‣ 1
        Verb · third · plural · aorist · active · subjunctive ‣ 1 (Matt. 7,6)
    ῥήσσει ‣ 1
        Verb · third · singular · present · active · indicative ‣ 1 (Mark 9,18)

Ρησφαρα Resphara (Heb. land of Hepher) ‣ 1
    Ρησφαρα ‣ 1
        Noun · masculine · singular · nominative · (proper) ‣ 1 (1Kings 4,10)

ῥητίνη balm, resin ‣ 6
    ῥητίνη ‣ 1
        Noun · feminine · singular · nominative · (common) ‣ 1 (Jer. 8,22)
    ῥητίνην ‣ 3
        Noun · feminine · singular · accusative · (common) ‣ 3 (Jer. 26,11; Jer. 28,8; Ezek. 27,17)
    ῥητίνης ‣ 2
        Noun · feminine · singular · genitive · (common) ‣ 2 (Gen. 37,25; Gen. 43,11)

ῥητός (ῥῆμα) expressly stated, mentioned ‣ 2
    ῥητόν ‣ 1
        Adjective · neuter · singular · nominative · noDegree ‣ 1 (Ex. 9,4)
    ῥητὸν ‣ 1
        Adjective · neuter · singular · accusative · noDegree ‣ 1 (Ex. 22,8)

ῥήτωρ (ῥῆμα) lawyer, orator ‣ 1
    ῥήτορος ‣ 1
        Noun · masculine · singular · genitive ‣ 1 (Acts 24,1)

ῥητῶς (ῥῆμα) expressly, clearly ‣ 1
    ῥητῶς ‣ 1
        Adverb ‣ 1 (1Tim. 4,1)

Ρηφα Recah ‣ 1
    Ρηφα ‣ 1
        Noun · masculine · singular · genitive · (proper) ‣ 1 (1Chr. 4,12)

Ρηχα Reaiah ‣ 1
    Ρηχα ‣ 1
        Noun · masculine · singular · nominative · (proper) ‣ 1 (1Chr. 5,5)

Ρηχαβ (Heb. chariot) ‣ 13 + 1 = 14
    Ρηχαβ ‣ 13 + 1 = 14
        Noun · singular · nominative · (proper) ‣ 1 + 1 = 2 (Judg. 1,19; Judg. 1,19)
        Noun · feminine · singular · genitive · (proper) ‣ 2 (1Kings 4,9; 1Chr. 2,55)
        Noun · masculine · singular · genitive · (proper) ‣ 9 (2Kings 10,15; 2Kings 10,23; 1Chr. 4,8; Neh. 3,14; Jer. 42,6; Jer. 42,14; Jer. 42,16; Jer. 42,18; Jer. 42,19)
        Noun · masculine · singular · nominative · (proper) ‣ 1 (2Sam. 4,2)

Ριβα Ribai ‣ 1
    Ριβα ‣ 1
        Noun · masculine · singular · genitive · (proper) ‣ 1 (2Sam. 23,29)

Ριβαι Ribai ‣ 1
    Ριβαι ‣ 1
        Noun · masculine · singular · genitive · (proper) ‣ 1 (1Chr. 11,31)

ῥῖγος frost, cold ‣ 2
    ῥίγει ‣ 1
        Noun · neuter · singular · dative · (common) ‣ 1 (Deut. 28,22)
    ῥῖγος ‣ 1
        Noun · neuter · singular · nominative · (common) ‣ 1 (Dan. 3,67)

ῥίζα root; origin ‣ 56 + 7 + 17 = 80
    ῥίζα ‣ 16 + 7 = 23
        Noun · feminine · singular · nominative · (common) ‣ 16 + 7 = 23 (Deut. 29,17; 1Esdr. 8,86; 1Mac. 1,10; Job 14,8; Job 29,19; Wis. 3,15; Wis. 15,3; Sir. 1,6; Sir. 1,20; Mal. 3,19; Is. 5,24; Is. 11,10; Is. 40,24; Is. 53,2; Ezek. 16,3; Dan. 4,26; Rom. 11,16; Rom. 11,18; Rom. 15,12; 1Tim. 6,10; Heb. 12,15; Rev. 5,5; Rev. 22,16)
    ῥίζαι ‣ 8
        Noun · feminine · plural · nominative · (common) ‣ 8 (Prov. 12,3; Prov. 12,12; Job 18,16; Sir. 40,15; Ezek. 17,6; Ezek. 17,7; Ezek. 17,9; Ezek. 31,7)
    ῥίζαν ‣ 11 + 8 = 19
        Noun · feminine · singular · accusative · (common) ‣ 11 + 8 = 19 (2Kings 19,30; 1Esdr. 8,75; 1Esdr. 8,84; 1Esdr. 8,85; Judith 6,13; Job 5,3; Job 19,28; Wis. 4,3; Sir. 23,25; Sir. 47,22; Is. 37,31; Matt. 3,10; Matt. 13,6; Matt. 13,21; Mark 4,6; Mark 4,17; Luke 3,9; Luke 8,13; Rom. 11,18)
    Ῥίζαν ‣ 1
        Noun · feminine · singular · accusative · (common) ‣ 1 (Dan. 4,15)
    ῥίζας ‣ 8
        Noun · feminine · plural · accusative · (common) ‣ 8 (Psa. 79,10; Job 13,27; Job 30,4; Sir. 10,15; Hos. 9,16; Hos. 14,6; Amos 2,9; Jer. 17,8)
    ῥίζης ‣ 7 + 4 + 1 = 12
        Noun · feminine · singular · genitive · (common) ‣ 7 + 4 + 1 = 12 (Judith 7,12; Tob. 5,14; Job 8,12; Is. 11,1; Is. 11,1; Dan. 11,7; Dan. 11,20; Tob. 5,14; Dan. 2,41; Dan. 11,7; Dan. 11,20; Rom. 11,17)
    ῥιζῶν ‣ 5 + 3 + 1 = 9
        Noun · feminin · e · plural · genitive · (common) ‣ 4 + 3 + 1 = 8 (Job 28,9; Job 31,12; Wis. 7,20; Ezek. 17,9; Dan. 4,15; Dan. 4,23; Dan. 4,26; Mark 11,20)
        Noun · neuter · plural · genitive · (common) ‣ 1 (Psa. 47,3)

ῥιζόω (ῥίζα) to take root ‣ 5 + 2 = 7
    ἐρριζώθησαν ‣ 1
        Verb · third · plural · aorist · passive · indicative ‣ 1 (Jer. 12,2)
    ἐρρίζωκεν ‣ 1
        Verb · third · singular · perfect · active · indicative ‣ 1 (Sir. 3,28)
    ἐρριζωμένη ‣ 1
        Verb · perfect · passive · participle · feminine · singular · nominative ‣ 1 (Sol. 14,4)
    ἐρριζωμένοι ‣ 2
        Verb · perfect · passive · participle · masculine · plural · nominative · (variant) ‣ 2 (Eph. 3,17; Col. 2,7)
    ἐρρίζωσα ‣ 1
        Verb · first · singular · aorist · active · indicative ‣ 1 (Sir. 24,12)
    ῥιζωθῇ ‣ 1
        Verb · third · singular · aorist · passive · subjunctive ‣ 1 (Is. 40,24)

ῥίζωμα (ῥίζα) root ‣ 2
    ῥιζωμά ‣ 1

ρίζωμα–ρίπτω

Noun · neuter · singular · accusative · (common) ▸ **1** (Psa. 51,7)
ριζώματα ▸ 1
    Noun · neuter · plural · accusative · (common) ▸ **1** (Job 36,30)

Ῥινοκοροῦρα Rinokoroura (?) ▸ 1
  Ῥινοκορούρων ▸ 1
    Noun · neuter · plural · genitive · (proper) ▸ **1** (Is. 27,12)

ῥιπή (ῥίπτω) blinking ▸ 1
  ῥιπῇ ▸ 1
    Noun · feminine · singular · dative ▸ **1** (1Cor. 15,52)

ῥιπίζω (ῥίψ) to toss away, blow away ▸ 1 + 1 = 2
  ἐρρίπισεν ▸ 1
    Verb · third · singular · aorist · active · indicative ▸ **1** (Dan. 2,35)
  ῥιπιζομένῳ ▸ 1
    Verb · present · passive · participle · masculine · singular
    · dative · (variant) ▸ **1** (James 1,6)

ῥιπιστός (ῥίψ) windy ▸ 1 + 1 = 2
  ῥιπιστὰ ▸ 1
    Adjective · neuter · plural · accusative · noDegree ▸ **1** (Jer. 22,14)
  ῥιπτούντων ▸ 1
    Verb · present · active · participle · masculine · plural · genitive ▸ **1** (Acts 22,23)

ῥιπτέω to throw, let down ▸ 2
  ῥιπτοῦμεν ▸ 1
    Verb · first · plural · present · active · indicative ▸ **1** (Dan. 9,18)
  ῥιπτοῦντος ▸ 1
    Verb · present · active · participle · masculine · singular · genitive ▸ **1** (Dan. 9,20)

ῥίπτω to throw, cast down ▸ 103 + 7 + 7 = 117
  ἐρριμμένα ▸ 1
    Verb · perfect · passive · participle · neuter · plural · accusative ▸ **1** (1Mac. 11,4)
  ἐρριμμένη ▸ 1
    Verb · perfect · passive · participle · feminine · singular · nominative ▸ **1** (Is. 33,12)
  ἐρριμμένην ▸ 1
    Verb · perfect · passive · participle · feminine · singular · accusative ▸ **1** (Judg. 15,15)
  ἐρριμμένοι ▸ 2 + 1 = 3
    Verb · perfect · passive · participle · masculine · plural · nominative ▸ **2 + 1 = 3** (Psa. 87,6; Jer. 14,16; Matt. 9,36)
  ἐρριμμένον ▸ 7 + 1 = 8
    Verb · perfect · middle · participle · neuter · singular · nominative ▸ **1** (1Kings 13,24)
    Verb · perfect · passive · participle · masculine · singular · accusative ▸ **3 + 1 = 4** (Judith 6,13; Judith 14,15; Tob. 1,17; Tob. 1,17)
    Verb · perfect · passive · participle · neuter · singular · accusative ▸ **2** (1Kings 13,25; 1Kings 13,28)
    Verb · perfect · passive · participle · neuter · singular · nominative ▸ **1** (Jer. 43,30)
  ἐρριμμένῳ ▸ 1
    Verb · perfect · passive · participle · masculine · singular · dative ▸ **1** (LetterJ 70)
  ἔρριπται ▸ 1 + 1 + 1 = 3
    Verb · third · singular · perfect · passive · indicative ▸ **1 + 1 + 1 = 3** (Tob. 2,3; Tob. 2,3; Luke 17,2)
  ἔρριπτεν ▸ 1
    Verb · third · singular · imperfect · active · indicative ▸ **1** (Jer. 43,23)
  ἔρριπτο ▸ 1
    Verb · third · singular · pluperfect · active · indicative ▸ **1** (2Mac. 3,29)
  ἐρρίφη ▸ 4 + 1 = 5
    Verb · third · singular · aorist · passive · indicative ▸ **4 + 1 = 5** (Ezek. 19,12; Dan. 4,17a; Dan. 6,18; Dan. 8,12; Dan. 8,12)
  ἐρρίφησαν ▸ 1
    Verb · third · plural · aorist · passive · indicative ▸ **1** (Dan. 6,25)
  ἔρριψα ▸ 5
    Verb · first · singular · aorist · active · indicative ▸ **5** (Ex. 32,24; Deut. 9,17; Deut. 9,21; Neh. 13,8; Sir. 10,9)
  ἔρριψά ▸ 1
    Verb · first · singular · aorist · active · indicative ▸ **1** (Ezek. 28,17)
  ἔρριψαν ▸ 13 + 2 = 15
    Verb · third · plural · aorist · active · indicative ▸ **13 + 2 = 15** (Gen. 37,24; Ex. 7,12; Josh. 8,29; Josh. 10,27; 2Kings 3,25; 2Kings 10,25; 2Kings 13,21; 2Chr. 30,14; Neh. 9,26; 1Mac. 5,43; 1Mac. 11,51; Jer. 45,6; Sus. 60-62; Matt. 15,30; Acts 27,19)
  ἔρριψας ▸ 1
    Verb · second · singular · aorist · active · indicative ▸ **1** (Neh. 9,11)
  ἔρριψάς ▸ 1
    Verb · second · singular · aorist · active · indicative ▸ **1** (Dan. 6,23)
  ἔρριψε ▸ 3
    Verb · third · singular · aorist · active · indicative ▸ **3** (4Mac. 12,19; 4Mac. 17,1; Sus. 60-62)
  ἔρριψεν ▸ 29 + 3 = 32
    Verb · third · singular · aorist · active · indicative ▸ **29 + 3 = 32** (Gen. 21,15; Ex. 4,3; Ex. 7,10; Ex. 15,1; Ex. 15,4; Ex. 15,21; Ex. 32,19; Judg. 8,25; Judg. 9,17; Judg. 9,53; Judg. 15,17; 2Sam. 11,21; 2Sam. 11,22; 2Sam. 18,17; 2Kings 2,16; 2Kings 2,21; 2Kings 6,6; 2Kings 7,15; 2Kings 23,6; 2Kings 23,12; 2Chr. 34,4; Ode. 1,1; Ode. 1,4; Joel 1,7; Zech. 5,8; Zech. 5,8; Jer. 33,23; Jer. 45,11; Jer. 48,9; Judg. 9,53; Judg. 15,17; Dan. 8,7)
  ἔρριψέν ▸ 1
    Verb · third · singular · aorist · active · indicative ▸ **1** (Job 16,11)
  ῥεριμμένος ▸ 1
    Verb · perfect · passive · participle · masculine · singular · nominative ▸ **1** (Judg. 4,22)
  Ῥίπτω ▸ 1
    Verb · first · singular · present · active · indicative ▸ **1** (Jer. 45,26)
  ῥιφείς ▸ 1
    Verb · aorist · passive · participle · masculine · singular · nominative ▸ **1** (Wis. 18,18)
  ῥιφέντα ▸ 2
    Verb · aorist · passive · participle · masculine · singular · accusative ▸ **2** (3Mac. 6,7; Wis. 11,14)
  ῥιφῇ ▸ 2
    Verb · third · singular · aorist · passive · subjunctive ▸ **2** (Dan. 6,6; Dan. 6,9)
  ῥιφῆναι ▸ 1
    Verb · aorist · passive · infinitive ▸ **1** (Dan. 6,15)
  ῥιφήσεται ▸ 5
    Verb · third · singular · future · passive · indicative ▸ **5** (2Sam. 20,21; Jer. 22,19; Ezek. 7,19; Dan. 6,8; Dan. 6,13)
  ῥιφήσῃ ▸ 1
    Verb · second · singular · future · passive · indicative ▸ **1** (Is. 14,19)
  ῥιφήσονται ▸ 3
    Verb · third · plural · future · passive · indicative ▸ **3** (Wis. 5,22; Is. 34,3; Jer. 27,30)

ῥῖψαν ▸ 1
: Verb · aorist · active · participle · neuter · singular · nominative
  ▸ 1 (Luke 4,35)
ῥίψαντες ▸ 3 + 1 = 4
: Verb · aorist · active · participle · masculine · plural · nominative
  ▸ 3 + 1 = 4 (1Mac. 7,44; 2Mac. 3,15; 3Mac. 5,50; Acts 27,29)
ῥίψας ▸ 1
: Verb · aorist · active · participle · masculine · singular · nominative
  ▸ 1 (Matt. 27,5)
ῥίψατε ▸ 1
: Verb · second · plural · aorist · active · imperative ▸ 1 (Ex. 1,22)
ῥίψει ▸ 1
: Verb · third · singular · future · active · indicative ▸ 1 (Is. 22,18)
ῥίψεις ▸ 2
: Verb · second · singular · future · active · indicative ▸ 2 (Jer. 28,63; Ezek. 5,4)
ῥῖψον ▸ 2
: Verb · second · singular · aorist · active · imperative ▸ 2 (Ex. 7,9; 2Kings 9,26)
Ῥῖψον ▸ 2
: Verb · second · singular · aorist · active · imperative ▸ 2 (Ex. 4,3; 2Kings 9,25)
ῥίψωμεν ▸ 1
: Verb · first · plural · aorist · active · subjunctive ▸ 1 (Gen. 37,20)

ῥίς nose; (pl.) nostrils ▸ 10
ῥῖνα ▸ 2
: Noun · feminine · singular · accusative · (common) ▸ 2 (Job 40,24; Job 40,25)
ῥῖνά ▸ 1
: Noun · feminine · singular · accusative · (common) ▸ 1 (Is. 37,29)
ῥῖνας ▸ 2
: Noun · feminine · plural · accusative · (common) ▸ 2 (Psa. 113,14; Psa. 134,17)
ῥῖνες ▸ 1
: Noun · feminine · plural · nominative · (common) ▸ 1 (Wis. 15,15)
ῥινὶ ▸ 1
: Noun · feminine · singular · dative · (common) ▸ 1 (Prov. 11,22)
ῥινός ▸ 1
: Noun · feminine · singular · genitive · (common) ▸ 1 (Song 7,9)
ῥισὶν ▸ 1
: Noun · feminine · plural · dative · (common) ▸ 1 (Wis. 2,2)
ῥισίν ▸ 1
: Noun · feminine · plural · dative · (common) ▸ 1 (Job 27,3)

Ρισων Dishan ▸ 3
Ρισων ▸ 3
: Noun · masculine · singular · genitive · (proper) ▸ 1 (Gen. 36,28)
: Noun · masculine · singular · nominative · (proper) ▸ 2 (Gen. 36,21; Gen. 36,30)

Ριφαθ Riphath ▸ 2
Ριφαθ ▸ 2
: Noun · masculine · singular · nominative · (proper) ▸ 2 (Gen. 10,3; 1Chr. 1,6)

ῥόα pomegranate ▸ 23 + 1 = 24
ῥόα ▸ 2
: Noun · feminine · singular · nominative · (common) ▸ 2 (Joel 1,12; Hag. 2,19)
ῥόᾳ ▸ 1
: Noun · feminine · singular · dative · (common) ▸ 1 (Ezek. 19,10)
ῥόαι ▸ 9
: Noun · feminine · plural · nominative · (common) ▸ 9 (Num. 20,5; Deut. 8,8; 2Kings 25,17; Song 6,11; Song 7,13; Jer. 52,22; Jer. 52,22; Jer. 52,23; Jer. 52,23)
ῥόαν ▸ 1
: Noun · feminine · singular · accusative · (common) ▸ 1 (1Sam. 14,2)
ῥόας ▸ 5
: Noun · feminine · plural · accusative · (common) ▸ 1 (1Kings 7,28)
: Noun · feminine · singular · genitive · (common) ▸ 4 (Ex. 28,33; Ex. 36,31; Song 4,3; Song 6,7)
ῥοῶν ▸ 5 + 1 = 6
: Noun · feminine · plural · genitive · (common) ▸ 5 + 1 = 6 (Num. 13,23; 1Kings 7,6; 1Kings 7,28; Song 4,13; Song 8,2; Tob. 1,7)

ῥόαξ stream ▸ 1
ῥόακος ▸ 1
: Noun · masculine · singular · genitive · (common) ▸ 1 (Ezek. 40,40)

Ροβε Reba ▸ 1
Ροβε ▸ 1
: Noun · masculine · singular · accusative · (proper) ▸ 1 (Josh. 13,21)

Ροβοαμ Rehoboam ▸ 62
Ροβοαμ ▸ 62
: Noun · masculine · singular · accusative · (proper) ▸ 13 (1Kings 12,3; 1Kings 12,12; 1Kings 12,24p; 1Kings 12,27; 1Kings 14,21; 2Chr. 10,3; 2Chr. 10,12; 2Chr. 11,3; 2Chr. 11,17; 2Chr. 11,22; 2Chr. 12,5; 2Chr. 13,7; Sir. 47,23)
: Noun · masculine · singular · dative · (proper) ▸ 5 (2Sam. 14,27; 1Kings 12,21; 1Kings 12,23; 1Kings 12,24y; 2Chr. 11,1)
: Noun · masculine · singular · genitive · (proper) ▸ 10 (2Sam. 8,7; 1Kings 12,24s; 1Kings 14,25; 1Kings 14,29; 1Kings 14,30; 1Kings 15,1; 2Chr. 12,1; 2Chr. 12,2; 2Chr. 12,13; 2Chr. 12,15)
: Noun · masculine · singular · nominative · (proper) ▸ 34 (1Kings 11,43; 1Kings 12,1; 1Kings 12,13; 1Kings 12,18; 1Kings 12,21; 1Kings 12,24a; 1Kings 12,24o; 1Kings 12,24p; 1Kings 12,24q; 1Kings 12,24q; 1Kings 12,24r; 1Kings 12,24u; 1Kings 12,24x; 1Kings 14,21; 1Kings 14,22; 1Kings 14,27; 1Kings 14,31; 1Chr. 3,10; 2Chr. 9,31; 2Chr. 10,1; 2Chr. 10,6; 2Chr. 10,13; 2Chr. 10,17; 2Chr. 10,18; 2Chr. 10,18; 2Chr. 11,1; 2Chr. 11,5; 2Chr. 11,18; 2Chr. 11,21; 2Chr. 12,10; 2Chr. 12,13; 2Chr. 12,15; 2Chr. 12,16; 2Chr. 13,7)

Ῥοβοάμ Rehoboam ▸ 2
Ῥοβοάμ ▸ 1
: Noun · masculine · singular · accusative · (proper) ▸ 1 (Matt. 1,7)
Ῥοβοάμ ▸ 1
: Noun · masculine · singular · nominative · (proper) ▸ 1 (Matt. 1,7)

Ροβοκ Reba ▸ 1
Ροβοκ ▸ 1
: Noun · masculine · singular · accusative · (proper) ▸ 1 (Num. 31,8)

Ῥόδη Rhoda ▸ 1
Ῥόδη ▸ 1
: Noun · feminine · singular · nominative · (proper) ▸ 1 (Acts 12,13)

Ῥόδιοι Rhodes; Rodanim ▸ 2
Ῥόδιοι ▸ 1
: Noun · masculine · plural · nominative · (proper) ▸ 1 (1Chr. 1,7)
Ῥοδίων ▸ 1
: Noun · masculine · plural · genitive · (proper) ▸ 1 (Ezek. 27,15)

Ῥόδιος Rhodean ▸ 1
Ῥόδιοι ▸ 1
: Noun · masculine · plural · nominative · (proper) ▸ 1 (Gen. 10,4)

Ῥόδιος–ῥομφαία

Ροδοκος Rhodocus ▸ 1
　Ροδοκος ▸ 1
　　Noun · masculine · singular · nominative · (proper) ▸ 1 (2Mac. 13,21)

ῥόδον rose ▸ 5
　ῥόδα ▸ 1
　　Noun · neuter · plural · accusative · (common) ▸ 1 (Esth. 1,6)
　ῥόδον ▸ 1
　　Noun · neuter · singular · nominative · (common) ▸ 1 (Sir. 39,13)
　ῥόδου ▸ 1
　　Noun · neuter · singular · genitive · (common) ▸ 1 (Sir. 24,14)
　ῥόδων ▸ 2
　　Noun · neuter · plural · genitive · (common) ▸ 2 (Wis. 2,8; Sir. 50,8)

Ῥόδος Rhodes ▸ 1 + 1 = 2
　Ῥόδον ▸ 1 + 1 = 2
　　Noun · singular · accusative · (proper) ▸ 1 + 1 = 2 (1Mac. 15,23; Acts 21,1)

ῥοδοφόρος (ῥόδον; φέρω) rose-bearing ▸ 1
　ῥοδοφόρον ▸ 1
　　Adjective · feminine · singular · accusative · noDegree ▸ 1 (3Mac. 7,17)

ῥοιζέω (ῥοῖζος) to babble ▸ 1
　ῥοιζοῦντος ▸ 1
　　Verb · present · active · participle · neuter · singular · genitive ▸ 1 (Song 4,15)

ῥοιζηδόν with a great noise ▸ 1
　ῥοιζηδὸν ▸ 1
　　Adverb ▸ 1 (2Pet. 3,10)

ῥοῖζος rush, rushing ▸ 3 + 1 = 4
　ῥοῖζος ▸ 1
　　Noun · masculine · singular · nominative · (common) ▸ 1 (Ezek. 47,5)
　ῥοίζου ▸ 1
　　Noun · masculine · singular · genitive · (common) ▸ 1 (Wis. 5,11)
　ῥοίζῳ ▸ 1 + 1 = 2
　　Noun · masculine · singular · dative · (common) ▸ 1 + 1 = 2 (2Mac. 9,7; Bel 36)

Ροϊμος Roimos, Rehum ▸ 1
　Ροϊμου ▸ 1
　　Noun · masculine · singular · genitive · (proper) ▸ 1 (1Esdr. 5,8)

ῥοΐσκος (ῥόα) small pomegranate ▸ 9
　ῥοΐσκοις ▸ 1
　　Noun · masculine · plural · dative · (common) ▸ 1 (Sir. 45,9)
　ῥοΐσκον ▸ 1
　　Noun · masculine · singular · accusative · (common) ▸ 1 (Ex. 28,34)
　ῥοΐσκος ▸ 1
　　Noun · masculine · singular · nominative · (common) ▸ 1 (Ex. 36,33)
　ῥοΐσκους ▸ 1
　　Noun · masculine · plural · accusative · (common) ▸ 1 (2Chr. 3,16)
　ῥοΐσκους ▸ 3
　　Noun · masculine · plural · accusative · (common) ▸ 3 (Ex. 28,33; Ex. 28,33; Ex. 36,31)
　ῥοΐσκων ▸ 1
　　Noun · masculine · plural · genitive · (common) ▸ 1 (2Chr. 4,13)
　ῥοΐσκων ▸ 1
　　Noun · masculine · plural · genitive · (common) ▸ 1 (Ex. 36,32)

Ροκομ Rekem ▸ 2
　Ροκομ ▸ 2
　　Noun · masculine · singular · accusative · (proper) ▸ 2 (Num. 31,8; Josh. 13,21)

Ρομελιας Remaliah ▸ 12
　Ρομελια ▸ 1
　　Noun · masculine · singular · genitive · (proper) ▸ 1 (2Chr. 28,6)
　Ρομελιου ▸ 11
　　Noun · masculine · singular · genitive · (proper) ▸ 11 (2Kings 15,25; 2Kings 15,27; 2Kings 15,30; 2Kings 15,32; 2Kings 15,37; 2Kings 16,1; 2Kings 16,5; Is. 7,1; Is. 7,5; Is. 7,9; Is. 8,6)

Ρομμα Romma (Gallim?) ▸ 1
　Ρομμα ▸ 1
　　Noun · singular · genitive · (proper) ▸ 1 (1Sam. 25,44)

ῥομφαία sword ▸ 236 + 23 + 7 = 266
　ῥομφαία ▸ 35 + 1 + 3 = 39
　　Noun · feminine · singular · nominative · (common) ▸ 35 + 1 + 3 = 39 (Josh. 5,13; Judg. 7,14; 1Sam. 13,22; 1Sam. 14,20; 1Sam. 15,33; 1Sam. 21,9; 1Sam. 21,10; 2Sam. 1,22; 2Sam. 2,26; 2Sam. 12,10; 1Chr. 21,16; 2Chr. 20,9; Judith 11,10; 1Mac. 8,23; 1Mac. 9,73; Psa. 36,15; Psa. 43,7; Psa. 58,8; Song 3,8; Sir. 21,3; Sir. 39,30; Sir. 40,9; Sol. 15,7; Hos. 11,6; Nah. 2,14; Nah. 3,15; Jer. 6,25; Jer. 49,16; Ezek. 21,14; Ezek. 21,16; Ezek. 21,19; Ezek. 21,19; Ezek. 21,33; Ezek. 33,4; Ezek. 33,6; Judg. 7,14; Luke 2,35; Rev. 1,16; Rev. 19,15)
　Ῥομφαία ▸ 6 + 1 = 7
　　Noun · feminine · singular · nominative · (common) ▸ 5 + 1 = 6 (Judg. 7,20; Ezek. 14,17; Ezek. 21,14; Ezek. 21,33; Ezek. 32,11; Judg. 7,20)
　　Noun · feminine · singular · vocative · (common) ▸ 1 (Zech. 13,7)
　ῥομφαίᾳ ▸ 77 + 1 + 3 = 81
　　Noun · feminine · singular · dative · (common) ▸ 77 + 1 + 3 = 81 (Num. 31,8; Josh. 24,12; 1Sam. 2,33; 1Sam. 17,45; 1Sam. 17,47; 2Sam. 1,12; 2Sam. 3,29; 2Sam. 12,9; 2Sam. 12,9; 1Kings 1,51; 1Kings 2,8; 1Kings 2,32; 1Kings 2,35n; 1Kings 19,1; 1Kings 19,10; 1Kings 19,14; 2Kings 6,22; 2Kings 8,12; 2Kings 11,15; 2Kings 11,20; 2Kings 19,7; 2Chr. 21,4; 2Chr. 32,21; 2Chr. 36,17; 1Esdr. 1,50; Ezra 9,7; Judith 1,12; Judith 16,4; 1Mac. 2,9; 1Mac. 3,3; 1Mac. 4,15; 1Mac. 4,33; 1Mac. 7,38; 1Mac. 7,46; 1Mac. 12,48; Psa. 43,4; Psa. 77,64; Hos. 1,7; Hos. 7,16; Hos. 14,1; Amos 1,11; Amos 4,10; Amos 7,9; Amos 7,11; Amos 7,17; Amos 9,1; Amos 9,4; Amos 9,10; Mic. 5,5; Hag. 2,22; Is. 66,16; Jer. 5,17; Jer. 45,2; Jer. 46,18; Jer. 49,17; Jer. 49,22; Jer. 51,12; Jer. 51,13; Jer. 51,18; Jer. 51,27; Bar. 2,25; Lam. 2,21; Ezek. 5,2; Ezek. 5,12; Ezek. 6,11; Ezek. 6,12; Ezek. 7,15; Ezek. 7,15; Ezek. 11,10; Ezek. 17,21; Ezek. 21,17; Ezek. 23,10; Ezek. 23,25; Ezek. 24,21; Ezek. 25,13; Dan. 11,33; Dan. 11,44; Dan. 11,33; Rev. 2,16; Rev. 6,8; Rev. 19,21)
　ῥομφαῖαι ▸ 2
　　Noun · feminine · plural · nominative · (common) ▸ 2 (Psa. 9,7; Psa. 149,6)
　ῥομφαίαν ▸ 79 + 12 + 1 = 92
　　Noun · feminine · singular · accusative · (common) ▸ 79 + 12 + 1 = 92 (Gen. 3,24; Ex. 5,21; Ex. 32,27; Num. 22,23; Judg. 8,10; Judg. 20,2; Judg. 20,15; Judg. 20,17; Judg. 20,25; Judg. 20,35; Judg. 20,46; 1Sam. 13,19; 1Sam. 17,39; 1Sam. 17,51; 1Sam. 21,9; 1Sam. 22,10; 1Sam. 22,13; 1Sam. 25,13; 1Sam. 31,4; 1Sam. 31,4; 1Sam. 31,5; 2Sam. 23,8; 2Sam. 24,9; 2Kings 3,26; 1Chr. 10,4; 1Chr. 10,4; 1Chr. 10,5; 1Chr. 11,11; 1Chr. 11,20; 1Chr. 21,12; 1Chr. 21,27; 1Esdr. 4,23; 1Esdr. 8,74; Neh. 4,12; Judith 7,14; Judith 8,19; Judith 9,2; 2Mac. 15,15; 2Mac. 15,16; Psa. 7,13; Psa. 16,13; Psa. 34,3; Psa. 36,14; Psa. 44,4; Psa. 63,4; Psa. 75,4; Psa. 77,62; Song 3,8; Wis. 5,20; Sir. 22,21; Sir. 26,28; Sir. 46,2; Hos. 2,20; Mic. 4,3; Mic. 6,14; Hag. 1,11; Zech. 9,13; Jer. 50,11; Jer.

50,11; Ezek. 5,1; Ezek. 5,17; Ezek. 6,3; Ezek. 11,8; Ezek. 11,8; Ezek. 12,14; Ezek. 14,17; Ezek. 14,21; Ezek. 21,19; Ezek. 21,24; Ezek. 21,25; Ezek. 29,8; Ezek. 29,10; Ezek. 30,24; Ezek. 30,25; Ezek. 32,10; Ezek. 33,2; Ezek. 33,3; Ezek. 33,6; Sus. 59; Judg. 7,22; Judg. 8,10; Judg. 8,20; Judg. 9,54; Judg. 19,29; Judg. 20,2; Judg. 20,15; Judg. 20,17; Judg. 20,25; Judg. 20,35; Judg. 20,46; Sus. 59; Rev. 2,12)

ῥομφαίας ▸ 36 + 8 = 44
   Noun · feminine · plural · accusative · (common) ▸ **2** (Mic. 4,3; Joel 4,10)
   Noun · feminine · singular · genitive · (common) ▸ **34 + 8 = 42** (Josh. 6,21; Josh. 8,24; Judg. 1,8; Judg. 1,25; Judg. 4,15; Judg. 4,16; Judg. 18,27; Judg. 20,37; Judg. 20,48; Judg. 21,10; 1Sam. 15,8; 1Sam. 22,19; 1Kings 19,17; 1Kings 19,17; 2Kings 3,23; 2Kings 10,25; 1Chr. 21,30; 1Esdr. 1,53; Judith 2,27; 1Mac. 5,28; 1Mac. 5,51; Psa. 21,21; Psa. 62,11; Psa. 88,44; Psa. 143,10; Sol. 13,2; Nah. 3,3; Zeph. 2,12; Jer. 51,28; Lam. 4,9; Lam. 5,9; Ezek. 6,8; Ezek. 12,16; Ezek. 21,20; Judg. 1,8; Judg. 1,25; Judg. 4,15; Judg. 4,16; Judg. 18,27; Judg. 20,37; Judg. 20,48; Judg. 21,10)

ῥομφαιῶν ▸ 1
   Noun · feminine · plural · genitive · (common) ▸ **1** (Neh. 4,7)

Ροολλαμ Roollam (Zaham?) ▸ 1
   Ροολλαμ ▸ 1
      Noun · masculine · singular · accusative · (proper) ▸ **1** (2Chr. 11,19)

ῥόπαλον (ῥέπω) club ▸ 1
   ῥόπαλον ▸ 1
      Noun · neuter · singular · nominative · (common) ▸ **1** (Prov. 25,18)

ῥοπή (ῥέπω) weight; influence ▸ 7
   ῥοπή ▸ 4
      Noun · feminine · singular · nominative · (common) ▸ **4** (Prov. 16,11; Wis. 11,22; Sir. 1,22; Is. 40,15)
   ῥοπῇ ▸ 1
      Noun · feminine · singular · dative · (common) ▸ **1** (Josh. 13,22)
   ῥοπὴν ▸ 2
      Noun · feminine · singular · accusative · (common) ▸ **2** (3Mac. 5,49; Wis. 18,12)

ῥοποπώλης (ῥέπω; πωλέω) petty merchant ▸ 2
   ῥοποπῶλαι ▸ 2
      Noun · masculine · plural · nominative · (common) ▸ **2** (Neh. 3,31; Neh. 3,32)

Ρουβην Reuben ▸ 87 + 2 = 89
   Ρουβην ▸ 87 + 2 = 89
      Noun · masculine · plural · genitive · (proper) ▸ **2** (Josh. 22,34; 1Chr. 5,6)
      Noun · masculine · singular · accusative · (proper) ▸ **3** (Gen. 29,32; Deut. 33,6; 1Chr. 5,26)
      Noun · masculine · singular · dative · (proper) ▸ **8** (Deut. 3,12; Deut. 3,16; Deut. 4,43; Deut. 29,7; Josh. 1,12; Josh. 12,6; Josh. 13,8; 1Chr. 27,16)
      Noun · masculine · singular · genitive · (proper) ▸ **58 + 2 = 60** (Gen. 46,9; Ex. 6,14; Ex. 6,14; Num. 1,5; Num. 1,20; Num. 1,21; Num. 2,10; Num. 2,10; Num. 2,16; Num. 7,30; Num. 10,18; Num. 13,4; Num. 16,1; Num. 26,5; Num. 26,7; Num. 32,1; Num. 32,2; Num. 32,6; Num. 32,25; Num. 32,29; Num. 32,31; Num. 32,33; Num. 32,37; Num. 34,14; Deut. 11,6; Josh. 4,12; Josh. 13,15; Josh. 13,23; Josh. 13,23; Josh. 15,6; Josh. 18,17; Josh. 20,8; Josh. 21,7; Josh. 21,36; Josh. 22,1; Josh. 22,9; Josh. 22,10; Josh. 22,11; Josh. 22,13; Josh. 22,15; Josh. 22,21; Josh. 22,30; Josh. 22,31; Josh. 22,32; Josh. 22,33; Judg. 5,15; Judg. 5,16; 2Kings 10,33; 1Chr. 5,1; 1Chr. 5,3; 1Chr. 5,18; 1Chr. 6,48; 1Chr. 6,63; 1Chr. 11,42; 1Chr. 12,38; Ezek. 48,6; Ezek. 48,7; Ezek. 48,31; Judg. 5,15; Judg. 5,16)
      Noun · masculine · singular · nominative · (proper) ▸ **15** (Gen. 30,14; Gen. 35,22; Gen. 35,23; Gen. 37,21; Gen. 37,22; Gen. 37,29; Gen. 42,22; Gen. 42,37; Gen. 46,8; Gen. 48,5; Ex. 1,2; Num. 26,5; Deut. 27,13; Josh. 18,7; 1Chr. 2,1)
      Noun · masculine · singular · vocative · (proper) ▸ **1** (Gen. 49,3)

Ῥουβήν Reuben ▸ 1
   Ῥουβὴν ▸ 1
      Noun · masculine · singular · genitive · (proper) ▸ **1** (Rev. 7,5)

Ρουβηνι Reubenite ▸ 1
   Ρουβηνι ▸ 1
      Noun · masculine · singular · genitive · (proper) ▸ **1** (1Chr. 26,32)

Ρουθ Ruth ▸ 19
   Ρουθ ▸ 19
      Noun · feminine · singular · accusative · (proper) ▸ **5** (Ruth 1,15; Ruth 2,8; Ruth 2,22; Ruth 4,10; Ruth 4,13)
      Noun · feminine · singular · genitive · (proper) ▸ **1** (Ruth 4,5)
      Noun · feminine · singular · nominative · (proper) ▸ **13** (Ruth 1,4; Ruth 1,14; Ruth 1,16; Ruth 1,22; Ruth 2,2; Ruth 2,14; Ruth 2,18; Ruth 2,19; Ruth 2,21; Ruth 2,23; Ruth 3,5; Ruth 3,9; Ruth 3,16)

Ῥούθ Ruth ▸ 1
   Ῥούθ ▸ 1
      Noun · feminine · singular · genitive · (proper) ▸ **1** (Matt. 1,5)

Ρουμα Rumah ▸ 1 + 1 = 2
   Ρουμα ▸ 1 + 1 = 2
      Noun · singular · genitive · (proper) ▸ **1** (2Kings 23,36)
      Noun · singular · nominative · (proper) ▸ **1** (Josh. 15,52)

ῥοῦς (ῥέω) flow, course ▸ 1
   ῥοῦν ▸ 1
      Noun · masculine · singular · accusative · (common) ▸ **1** (Sir. 4,26)

Ῥοῦφος Rufus ▸ 2
   Ῥοῦφον ▸ 1
      Noun · masculine · singular · accusative · (proper) ▸ **1** (Rom. 16,13)
   Ῥούφου ▸ 1
      Noun · masculine · singular · genitive · (proper) ▸ **1** (Mark 15,21)

Ρωβ Rehob ▸ 5 + 1 = 6
   Ρωβ ▸ 5 + 1 = 6
      Noun · singular · genitive · (proper) ▸ **1** (Judg. 18,28)
      Noun · singular · nominative · (proper) ▸ **1** (2Sam. 10,8)
      Noun · feminine · singular · accusative · (proper) ▸ **2** (Judg. 1,31; 1Chr. 6,60)
      Noun · feminine · singular · nominative · (proper) ▸ **1** (Josh. 19,28)
      Noun · masculine · singular · nominative · (proper) ▸ **1** (Neh. 10,12)

Ρωβωθ Rehoboth ▸ 3
   Ρωβωθ ▸ 3
      Noun · feminine · singular · accusative · (proper) ▸ **1** (Gen. 10,11)
      Noun · feminine · singular · genitive · (proper) ▸ **2** (Gen. 36,37; 1Chr. 1,48)

ῥοών (ῥόα) pomegranate orchard ▸ 1
   ῥοῶνος ▸ 1
      Noun · masculine · singular · genitive · (common) ▸ **1** (Zech. 12,11)

Ρως Rosh (Heb. head; summit) ▸ 2
   Ρως ▸ 2
      Noun · feminine · singular · genitive · (proper) ▸ **1** (2Sam. 16,1)
      Noun · masculine · singular · genitive · (proper) ▸ **1** (2Sam.

ῥύδην (ῥέω) furiously ▸ 1
  ῥύδην ▸ 1
    Adverb ▸ 1 (2Mac. 3,25)
ῥυθμίζω (ῥέω) to arrange ▸ 1
  ἐρρύθμισεν ▸ 1
    Verb · third · singular · aorist · active · indicative ▸ 1 (Is. 44,13)
ῥυθμός (ῥέω) arrangement; symmetry; order; rhythm ▸ 5
  ῥυθμοί ▸ 1
    Noun · masculine · plural · nominative · (common) ▸ 1 (Song 7,2)
  ῥυθμόν ▸ 2
    Noun · masculine · singular · accusative · (common) ▸ 2 (Ex. 28,15; 2Kings 16,10)
  ῥυθμός ▸ 1
    Noun · masculine · singular · nominative · (common) ▸ 1 (Wis. 17,17)
  ῥυθμοῦ ▸ 1
    Noun · masculine · singular · genitive · (common) ▸ 1 (Wis. 19,18)
ῥύμη street ▸ 3 + 4 = 7
  ῥῦμαι ▸ 1
    Noun · feminine · plural · nominative · (common) ▸ 1 (Tob. 13,18)
  ῥύμαις ▸ 2 + 1 = 3
    Noun · feminine · plural · dative · (common) ▸ 2 + 1 = 3 (Sir. 9,7; Is. 15,3; Matt. 6,2)
  ῥύμας ▸ 1
    Noun · feminine · plural · accusative ▸ 1 (Luke 14,21)
  ῥύμην ▸ 2
    Noun · feminine · singular · accusative ▸ 2 (Acts 9,11; Acts 12,10)
ῥύομαι to deliver ▸ 180 + 13 + 17 = 210
  ἐρρυσάμην ▸ 2 + 1 = 3
    Verb · first · singular · aorist · middle · indicative ▸ 2 + 1 = 3 (2Sam. 12,7; Psa. 80,8; Judg. 6,9)
  ἐρρύσαντο ▸ 4
    Verb · third · plural · aorist · middle · indicative ▸ 4 (Judg. 11,26; 2Kings 18,33; Is. 36,18; Is. 37,12)
  ἐρρύσασθε ▸ 1
    Verb · second · plural · aorist · middle · indicative ▸ 1 (Josh. 22,31)
  ἐρρύσατο ▸ 28 + 3 + 4 = 35
    Verb · third · singular · aorist · middle · indicative ▸ 28 + 3 + 4 = 35 (Ex. 2,17; Ex. 2,19; Ex. 12,27; Ex. 14,30; 2Sam. 19,10; 1Esdr. 8,60; Ezra 8,31; Esth. 10,9 # 10,3f; 3Mac. 6,11; 3Mac. 6,39; Psa. 17,1; Psa. 33,18; Psa. 56,5; Psa. 71,12; Psa. 105,43; Psa. 106,6; Psa. 106,20; Job 33,17; Job 33,30; Wis. 10,6; Wis. 10,9; Wis. 10,13; Wis. 10,15; Sol. 13,4; Is. 36,20; Is. 52,9; Is. 63,5; Dan. 3,88; Judg. 9,17; Dan. 3,88; Dan. 3,88; 2Cor. 1,10; Col. 1,13; 2Tim. 3,11; 2Pet. 2,7)
  Ἐρρύσατο ▸ 1
    Verb · third · singular · aorist · middle · indicative ▸ 1 (Is. 48,20)
  ἐρρύσατό ▸ 2
    Verb · third · singular · aorist · middle · indicative ▸ 2 (2Sam. 22,18; Psa. 33,5)
  ἐρρύσθη ▸ 2
    Verb · third · singular · aorist · passive · indicative ▸ 2 (1Mac. 2,60; Psa. 123,7)
  ἐρρύσθημεν ▸ 2
    Verb · first · plural · aorist · passive · indicative ▸ 2 (1Mac. 12,15; Psa. 123,7)
  ἐρρύσθην ▸ 1
    Verb · first · singular · aorist · passive · indicative ▸ 1 (2Tim. 4,17)
  ἐρρύσθησαν ▸ 1
    Verb · third · plural · aorist · passive · indicative ▸ 1 (2Kings 23,18)
  ἐρρύσω ▸ 8 + 1 = 9
    Verb · second · singular · aorist · middle · indicative ▸ 8 + 1 = 9 (Ex. 5,23; Neh. 9,28; 3Mac. 2,12; 3Mac. 6,6; Psa. 21,5; Psa. 53,9; Psa. 55,14; Psa. 85,13; Judg. 11,26)
  ῥύεσθαι ▸ 1
    Verb · present · middle · infinitive ▸ 1 (2Pet. 2,9)
  ῥύεται ▸ 4 + 2 = 6
    Verb · third · singular · present · middle · indicative ▸ 4 + 2 = 6 (Tob. 4,10; Tob. 12,9; Tob. 14,11; Prov. 11,6; Tob. 12,9; Dan. 6,28)
  ῥυόμενοι ▸ 1
    Verb · present · middle · participle · masculine · plural · nominative ▸ 1 (2Kings 18,33)
  ῥυομένοις ▸ 1
    Verb · present · passive · participle · masculine · plural · dative ▸ 1 (Is. 51,10)
  ῥυόμενον ▸ 1
    Verb · present · middle · participle · masculine · singular · accusative ▸ 1 (1Th. 1,10)
  ῥυόμενος ▸ 8 + 2 + 1 = 11
    Verb · present · middle · participle · masculine · singular · nominative ▸ 8 + 2 + 1 = 11 (Psa. 34,10; Psa. 49,22; Psa. 70,11; Wis. 16,8; Is. 5,29; Is. 59,20; Dan. 8,4; Dan. 8,7; Judg. 18,28; Dan. 11,45; Rom. 11,26)
  ῥυόμενός ▸ 1
    Verb · present · middle · participle · masculine · singular · nominative ▸ 1 (Gen. 48,16)
  ῥῦσαι ▸ 13 + 1 = 14
    Verb · second · singular · aorist · middle · imperative ▸ 13 + 1 = 14 (Esth. 4,8; Esth. 14,14 # 4,17t; Esth. 14,19 # 4,17z; 1Mac. 5,17; Psa. 6,5; Psa. 16,13; Psa. 21,21; Psa. 78,9; Psa. 114,4; Psa. 119,2; Prov. 24,11; Sol. 12,1; Is. 63,16; Matt. 6,13)
  ῥῦσαί ▸ 18
    Verb · second · singular · aorist · middle · imperative ▸ 18 (Esth. 14,19 # 4,17z; Psa. 7,2; Psa. 24,20; Psa. 30,2; Psa. 30,16; Psa. 38,9; Psa. 42,1; Psa. 50,16; Psa. 58,3; Psa. 68,19; Psa. 70,2; Psa. 70,4; Psa. 108,22; Psa. 118,170; Psa. 139,2; Psa. 141,7; Psa. 143,7; Psa. 143,11)
  ῥύσαιτο ▸ 2
    Verb · third · singular · aorist · middle · optative ▸ 2 (Josh. 22,22; Sol. 17,45)
  ῥυσάμενον ▸ 2
    Verb · aorist · middle · participle · masculine · singular · accusative ▸ 2 (Wis. 19,9; Sir. 29,16)
  ῥυσάμενος ▸ 2
    Verb · aorist · middle · participle · masculine · singular · nominative ▸ 2 (3Mac. 6,10; Is. 44,6)
  ῥυσάμενός ▸ 6
    Verb · aorist · middle · participle · masculine · singular · nominative ▸ 6 (Is. 47,4; Is. 48,17; Is. 49,7; Is. 49,26; Is. 54,5; Is. 54,8)
  ῥυσαμένου ▸ 1 + 1 = 2
    Verb · aorist · middle · participle · masculine · singular · genitive ▸ 1 + 1 = 2 (Judg. 8,34; Judg. 8,34)
  ῥύσασθαι ▸ 9 + 1 = 10
    Verb · aorist · middle · infinitive ▸ 9 + 1 = 10 (2Sam. 14,16; 1Mac. 16,2; 2Mac. 8,14; 3Mac. 2,32; 3Mac. 5,8; Psa. 32,19; Is. 36,14; Is.

36,19; Is. 50,2; Dan. 3,96)
ῥύσασθαί ▸ 2
    Verb · aorist · middle · infinitive ▸ **2** (Psa. 39,14; Job 6,23)
ῥύσασθε ▸ 2
    Verb · second · plural · aorist · middle · imperative ▸ **2** (Psa. 81,4; Is. 1,17)
ῥυσάσθω ▸ 1 + 1 = 2
    Verb · third · singular · aorist · middle · imperative ▸ 1 + 1 = **2** (Psa. 21,9; Matt. 27,43)
ῥύσεται ▸ 22 + 1 + 3 = 26
    Verb · third · singular · future · middle · indicative ▸ 22 + 1 + 3 = **26** (2Kings 18,32; Judith 6,2; Psa. 33,8; Psa. 33,20; Psa. 36,40; Psa. 40,2; Psa. 88,49; Psa. 96,10; Prov. 6,31; Prov. 10,2; Prov. 12,6; Prov. 13,17; Prov. 14,25; Job 22,30; Wis. 2,18; Sir. 40,24; Sol. 4,23; Sol. 4,23; Mic. 5,5; Is. 36,18; Is. 36,20; Dan. 8,11; Dan. 3,17; Rom. 7,24; 2Cor. 1,10; 2Cor. 1,10)
Ῥύσεται ▸ 1
    Verb · third · singular · future · middle · indicative ▸ **1** (Is. 36,15)
ῥύσεταί ▸ 6 + 1 = 7
    Verb · third · singular · future · middle · indicative ▸ 6 + 1 = **7** (Psa. 17,18; Psa. 17,20; Psa. 17,20; Psa. 90,3; Job 5,20; Mic. 4,10; 2Tim. 4,18)
ῥύσῃ ▸ 9
    Verb · second · singular · future · middle · indicative ▸ **9** (2Sam. 22,44; 2Sam. 22,49; Psa. 17,44; Psa. 17,49; Prov. 22,23; Prov. 23,14; Is. 25,4; Ezek. 3,19; Ezek. 3,21)
ῥύσηται ▸ 1
    Verb · third · singular · aorist · middle · subjunctive ▸ **1** (Dan. 8,11)
ῥύσηταί ▸ 1
    Verb · third · singular · aorist · middle · subjunctive ▸ **1** (Prov. 2,12)
ῥυσθείην ▸ 1
    Verb · first · singular · aorist · passive · optative ▸ **1** (Psa. 68,15)
ῥυσθέντας ▸ 1 + 1 = 2
    Verb · aorist · passive · participle · masculine · plural · accusative ▸ 1 + 1 = **2** (Ode. 9,74; Luke 1,74)
ῥυσθήσῃ ▸ 1
    Verb · second · singular · future · passive · indicative ▸ **1** (2Kings 19,11)
ῥυσθήσομαι ▸ 1
    Verb · first · singular · future · passive · indicative ▸ **1** (Psa. 17,30)
ῥυσθῶ ▸ 1
    Verb · first · singular · aorist · passive · subjunctive ▸ **1** (Rom. 15,31)
ῥυσθῶμεν ▸ 1
    Verb · first · plural · aorist · passive · subjunctive ▸ **1** (2Th. 3,2)
ῥυσθῶσιν ▸ 2
    Verb · third · plural · aorist · passive · subjunctive ▸ **2** (Psa. 59,7; Psa. 107,7)
ῥύσομαι ▸ 7
    Verb · first · singular · future · middle · indicative ▸ **7** (Ex. 6,6; Psa. 90,14; Hos. 13,14; Is. 49,25; Ezek. 13,21; Ezek. 13,23; Ezek. 37,23)
ῥύσονται ▸ 1
    Verb · third · plural · future · middle · indicative ▸ **1** (Ezek. 14,20)
ῥύσωνται ▸ 3
    Verb · third · plural · aorist · middle · subjunctive ▸ **3** (LetterJ 35; LetterJ 53; Ezek. 14,18)
ῥυπαίνω (ῥύπος) to be filthy, impure ▸ 1
    ῥυπανθήτω ▸ 1
        Verb · third · singular · aorist · passive · imperative ▸ **1** (Rev. 22,11)
ῥυπαρία (ῥύπος) impurity ▸ 1
    ῥυπαρίαν ▸ 1
        Noun · feminine · singular · accusative ▸ **1** (James 1,21)
ῥυπαρός (ῥύπος) shabby, impure, dirty ▸ 2 + 2 = 4
    ῥυπαρά ▸ 2
        Adjective · neuter · plural · accusative · noDegree ▸ **2** (Zech. 3,3; Zech. 3,4)
    ῥυπαρᾷ ▸ 1
        Adjective · feminine · singular · dative ▸ **1** (James 2,2)
    ῥυπαρὸς ▸ 1
        Adjective · masculine · singular · nominative ▸ **1** (Rev. 22,11)
ῥύπος filth, dirt ▸ 4 + 1 = 5
    ῥύπον ▸ 2
        Noun · masculine · singular · accusative · (common) ▸ **1** (Is. 4,4)
        Noun · neuter · singular · accusative · (common) ▸ **1** (Job 11,15)
    ῥύπου ▸ 1 + 1 = 2
        Noun · masculine · singular · genitive · (common) ▸ 1 + 1 = **2** (Job 14,4; 1Pet. 3,21)
    ῥύπῳ ▸ 1
        Noun · masculine · singular · dative · (common) ▸ **1** (Job 9,31)
ῥύσις (ῥέω) flow ▸ 19 + 3 = 22
    ῥύσει ▸ 2 + 2 = 4
        Noun · feminine · singular · dative · (common) ▸ 2 + 2 = **4** (Lev. 15,25; Lev. 15,33; Mark 5,25; Luke 8,43)
    ῥύσεως ▸ 12
        Noun · feminine · singular · genitive · (common) ▸ **12** (Lev. 15,3; Lev. 15,3; Lev. 15,3; Lev. 15,3; Lev. 15,13; Lev. 15,15; Lev. 15,25; Lev. 15,26; Lev. 15,28; Lev. 15,30; Deut. 23,11; Sir. 51,9)
    ῥύσιν ▸ 2
        Noun · feminine · singular · accusative · (common) ▸ **2** (Lev. 20,18; Job 38,25)
    ῥύσις ▸ 3 + 1 = 4
        Noun · feminine · singular · nominative · (common) ▸ 3 + 1 = **4** (Lev. 15,2; Lev. 15,2; Lev. 15,19; Luke 8,44)
ῥύστης (ῥύομαι) deliverer ▸ 5
    ῥύστης ▸ 5
        Noun · masculine · singular · nominative · (common) ▸ **5** (3Mac. 7,23; Psa. 17,3; Psa. 17,49; Psa. 69,6; Psa. 143,2)
ῥυτίς fold, wrinkle ▸ 1
    ῥυτίδα ▸ 1
        Noun · feminine · singular · accusative ▸ **1** (Eph. 5,27)
Ρωγελλιμ Rogelim ▸ 2
    Ρωγελλιμ ▸ 2
        Noun · genitive · (proper) ▸ **1** (2Sam. 19,32)
        Noun · plural · genitive · (proper) ▸ **1** (2Sam. 17,27)
Ρωγηλ Rogel ▸ 4
    Ρωγηλ ▸ 4
        Noun · singular · genitive · (proper) ▸ **4** (Josh. 15,7; Josh. 18,16; 2Sam. 17,17; 1Kings 1,9)
Ρωκεϊμ Harhaiah ▸ 1
    Ρωκεϊμ ▸ 1
        Noun · masculine · singular · genitive · (proper) ▸ **1** (Neh. 3,8)
Ῥωμαῖοι Roman ▸ 2
    Ῥωμαίους ▸ 1
        Noun · masculine · plural · dative · (proper) ▸ **1** (1Mac. 12,16)
    Ῥωμαίων ▸ 1
        Noun · masculine · plural · genitive · (proper) ▸ **1** (1Mac. 14,40)
Ῥωμαῖος Roman ▸ 11 + 13 = 24
    Ῥωμαῖοι ▸ 4 + 2 = 6

Ρωσαι–Ρωσαι

Noun · masculine · plural · nominative · (proper)   ▸ 4 + 2 = **6**
(1Mac. 8,27; 1Mac. 8,29; 2Mac. 11,34; Dan. 11,30; John 11,48; Acts 2,10)

Ῥωμαῖοί ▸ 1
Adjective · masculine · plural · nominative · (proper)   ▸ **1** (Acts 16,38)

Ῥωμαίοις ▸ 3 + 2 = 5
Noun · masculine · plural · dative · (proper)   ▸ 3 + 2 = **5** (1Mac. 8,23; 2Mac. 8,10; 2Mac. 8,36; Acts 16,21; Acts 25,16)

Ῥωμαῖον ▸ 1
Adjective · masculine · singular · accusative · (proper)   ▸ **1** (Acts 22,25)

Ῥωμαῖος ▸ 1
Adjective · masculine · singular · nominative · (proper)   ▸ **1** (Acts 22,27)

Ῥωμαῖός ▸ 3
Adjective · masculine · singular · nominative · (proper)   ▸ **3** (Acts 22,26; Acts 22,29; Acts 23,27)

ΡΩΜΑΙΟΥΣ ▸ 1
Noun · masculine · plural · accusative · (proper)   ▸ **1** (Rom. 1,0)

Ῥωμαίους ▸ 1 + 1 = 2
Noun · masculine · plural · accusative · (proper)   ▸ 1 + 1 = **2** (2Mac. 4,11; Acts 16,37)

Ῥωμαίων ▸ 3 + 1 = 4
Noun · masculine · plural · genitive · (proper)   ▸ 3 + 1 = **4** (1Mac. 8,1; 1Mac. 15,16; 2Mac. 11,34; Acts 28,17)

Ῥωμαϊστί   in the Latin language ▸ 1
Ῥωμαϊστί ▸ 1
Adverb · (proper)   ▸ **1** (John 19,20)

ῥωμαλέος (ῥώομαι)   strong ▸ 1
ῥωμαλέοι ▸ 1
Adjective · masculine · plural · nominative · noDegree   ▸ **1** (2Mac. 12,27)

Ρωμεμθι-ωδ   Romamti-ezer ▸ 2
Ρωμεμθι-ωδ ▸ 2
Noun · masculine · singular · nominative · (proper)   ▸ **2** (1Chr. 25,4; 1Chr. 25,31)

ῥώμη (ῥώομαι)   strength ▸ 3
ῥώμῃ ▸ 3
Noun · feminine · singular · dative · (common)   ▸ **3** (2Mac. 3,26; 3Mac. 2,4; Prov. 6,8c)

Ῥώμη (ῥώομαι)   Rome ▸ 12 + 8 = 20
Ῥώμῃ ▸ 5 + 3 = 8
Noun · feminine · singular · dative · (proper)   ▸ 5 + 3 = **8** (1Mac. 1,10; 1Mac. 8,24; 1Mac. 8,26; 1Mac. 8,28; 1Mac. 14,16; Rom. 1,7; Rom. 1,15; 2Tim. 1,17)

Ῥώμην ▸ 5 + 4 = 9
Noun · feminine · singular · accusative · (proper)   ▸ 5 + 4 = **9** (1Mac. 8,17; 1Mac. 8,19; 1Mac. 12,1; 1Mac. 12,3; 1Mac. 14,24; Acts 19,21; Acts 23,11; Acts 28,14; Acts 28,16)

Ῥώμης ▸ 2 + 1 = 3
Noun · feminine · singular · genitive · (proper) ▸ 2 + 1 = **3** (1Mac. 7,1; 1Mac. 15,15; Acts 18,2)

ῥώννυμι   to strengthen, possess strength ▸ 10 + 1 = 11
ἔρρωμαι ▸ 1
Verb · first · singular · perfect · middle · indicative   ▸ **1** (3Mac. 3,13)

ἐρρώμεθα ▸ 1
Verb · first · plural · perfect · middle · indicative   ▸ **1** (3Mac. 7,2)

ἐρρωμένων ▸ 1
Verb · perfect · middle · participle · neuter · plural · genitive   ▸ **1** (3Mac. 1,4)

ἐρρῶσθαι ▸ 2
Verb · perfect · middle · infinitive   ▸ **2** (3Mac. 3,12; 3Mac. 7,1)

ἔρρωσθε ▸ 5
Verb · second · plural · perfect · middle · imperative   ▸ **5** (2Mac. 9,20; 2Mac. 11,21; 2Mac. 11,28; 2Mac. 11,33; 3Mac. 7,9)

Ἔρρωσθε ▸ 1
Verb · second · plural · perfect · passive · imperative · (variant)
  ▸ **1** (Acts 15,29)

ῥώξ (ῥήγνυμι)   grape; berry; cleft ▸ 3
ῥῶγας ▸ 1
Noun · masculine · plural · accusative · (common)   ▸ **1** (Lev. 19,10)

ῥῶγες ▸ 1
Noun · feminine · plural · nominative · (common)   ▸ **1** (Is. 17,6)

ῥώξ ▸ 1
Noun · masculine · singular · nominative · (common)   ▸ **1** (Is. 65,8)

Ρως   Rosh (Heb. head, chief); Buz ▸ 5
Ρως ▸ 5
Noun · singular · genitive · (proper)   ▸ **3** (Ezek. 38,2; Ezek. 38,3; Ezek. 39,1)
Noun · feminine · singular · accusative · (proper)   ▸ **1** (Jer. 32,23)
Noun · masculine · singular · nominative · (proper)   ▸ **1** (Gen. 46,21)

Ρωσαι   Rosai (Heb. heads; chiefs) ▸ 1
Ρωσαι ▸ 1
Noun · masculine · singular · genitive · (proper)   ▸ **1** (1Chr. 26,6)

Σ, σ

Σααρ Zohar ▸ 5
  Σααρ ▸ 5
    Noun · masculine · singular · genitive · (proper) ▸ 2
    (Gen. 23,8; Gen. 25,9)
    Noun · masculine · singular · nominative · (proper) ▸ 3
    (Gen. 46,10; Ex. 6,15; 1Chr. 4,7)

Σααρημ Shaharaim ▸ 1
  Σααρημ ▸ 1
    Noun · masculine · singular · nominative · (proper) ▸ 1
    (1Chr. 8,8)

Σααρια Shehariah ▸ 1
  Σααρια ▸ 1
    Noun · masculine · singular · nominative · (proper) ▸ 1
    (1Chr. 8,26)

Σααρις Izharites ▸ 1
  Σααρις ▸ 1
    Noun · masculine · singular · nominative · (proper) ▸ 1
    (Num. 3,27)

Σαβα Seba; Sheba ▸ 20
  Σαβα ▸ 20
    Noun · singular · genitive · (proper) ▸ 4
    (Psa. 71,10; Is. 60,6; Jer. 6,20; Ezek. 27,22)
    Noun · singular · nominative · (proper) ▸ 1 (Ezek. 38,13)
    Noun · feminine · singular · dative · (proper) ▸ 2
    (1Kings 10,13; 2Chr. 9,12)
    Noun · feminine · singular · nominative · (proper) ▸ 6 (1Kings 10,1; 1Kings 10,4; 1Kings 10,10; 2Chr. 9,1; 2Chr. 9,3; 2Chr. 9,9)
    Noun · masculine · singular · accusative · (proper) ▸ 1
    (Gen. 25,3)
    Noun · masculine · singular · genitive · (proper) ▸ 1 (1Kings 4,3)
    Noun · masculine · singular · nominative · (proper) ▸ 5
    (Gen. 10,7; Gen. 10,7; 1Chr. 1,9; 1Chr. 1,9; 1Chr. 1,32)

Σαβαθα Sabtah; Shiphtan; Sabta ▸ 3
  Σαβαθα ▸ 3
    Noun · masculine · singular · genitive · (proper) ▸ 1
    (Num. 34,24)
    Noun · masculine · singular · nominative · (proper) ▸ 2
    (Gen. 10,7; 1Chr. 1,9)

Σαβαθαι Shabbethai ▸ 1
  Σαβαθαι ▸ 1
    Noun · masculine · singular · nominative · (proper) ▸ 1
    (Ezra 10,15)

Σαβαθος Zabad ▸ 1
  Σαβαθος ▸ 1
    Noun · masculine · singular · nominative · (proper) ▸ 1
    (1Esdr. 9,28)

Σαβαι Shebaites (?) ▸ 1
  Σαβων ▸ 1
    Noun · masculine · plural · genitive · (proper) ▸ 1 (Job 6,19)

Σαβαϊμ Hazzebaim ▸ 1
  Σαβαϊμ ▸ 1
    Noun · masculine · singular · genitive · (proper) ▸ 1 (Neh. 7,59)

Σαβακαθα Sabteca ▸ 1
  Σαβακαθα ▸ 1
    Noun · masculine · singular · nominative · (proper) ▸ 1
    (Gen. 10,7)

Σαβανια Shebaniah ▸ 1
  Σαβανια ▸ 1
    Noun · masculine · singular · nominative · (proper) ▸ 1
    (Neh. 10,11)

Σαβανναιους Zabad ▸ 1
  Σαβανναιους ▸ 1
    Noun · masculine · singular · nominative · (proper) ▸ 1
    (1Esdr. 9,33)

Σαβαννος Binnui ▸ 1
  Σαβαννου ▸ 1
    Noun · masculine · singular · genitive · (proper) ▸ 1 (1Esdr. 8,62)

Σαβαου Shobai ▸ 1
  Σαβαου ▸ 1
    Noun · masculine · singular · genitive · (proper) ▸ 1 (Ezra 2,42)

Σαβατ Shebat ▸ 2
  Σαβατ ▸ 2
    Noun · singular · nominative · (proper) ▸ 2
    (1Mac. 16,14; Zech. 1,7)

Σαβατια Shephatiah ▸ 1
  Σαβατια ▸ 1
    Noun · masculine · singular · nominative · (proper) ▸ 1
    (2Sam. 3,4)

σαβαχα (Hebr.) lattice work ▸ 2
  σαβαχα ▸ 2
    Noun ▸ 2 (2Kings 25,17; 2Kings 25,17)

σαβαχθάνι you have abandoned me ▸ 2
  σαβαχθανι ▸ 2
    Verb · second · singular · (Aram.) ▸ 2 (Matt. 27,46; Mark 15,34)

Σαβαωθ sabaoth (Hebr.) of hosts, armies ▸ 11
  Σαβαωθ ▸ 1
    Noun · singular · dative · (proper) ▸ 1 (2Kings 10,16)
  σαβαωθ ▸ 10

Noun · singular · dative · (proper) ▸ **4** (Josh. 6,17; 1Sam. 1,3; 1Esdr. 9,46; Jer. 26,10)
Noun · singular · genitive · (proper) ▸ **4** (1Sam. 1,20; 1Sam. 17,45; Ode. 10,7; Ode. 10,9)
Noun · singular · nominative · (proper) ▸ **1** (1Sam. 15,2)
Noun · singular · vocative · (proper) ▸ **1** (1Sam. 1,11)

Σαβαώθ Sabaoth (Hebr.) of hosts, armies ▸ **2**
σαβαώθ ▸ **2**
Noun · singular · genitive · (proper) ▸ **1** (James 5,4)
Noun · singular · nominative · (proper) ▸ **1** (Rom. 9,29)

σαβαωθ sabaoth (Hebr.) of hosts, armies ▸ **53**
σαβαωθ ▸ **53**
Noun · singular · accusative · (proper) ▸ **1** (Is. 6,5)
Noun · singular · dative · (proper) ▸ **1** (Is. 18,7)
Noun · singular · genitive · (proper) ▸ **17** (Is. 2,12; Is. 5,7; Is. 5,9; Is. 5,24; Is. 8,18; Is. 9,6; Is. 13,13; Is. 18,7; Is. 19,16; Is. 21,10; Is. 22,5; Is. 22,14; Is. 28,22; Is. 28,29; Is. 29,6; Is. 37,32; Is. 39,5)
Noun · singular · nominative · (proper) ▸ **33** (Is. 1,9; Is. 1,24; Is. 3,1; Is. 5,16; Is. 5,25; Is. 6,3; Is. 7,7; Is. 10,16; Is. 10,24; Is. 10,33; Is. 13,4; Is. 14,22; Is. 14,24; Is. 17,3; Is. 19,4; Is. 19,12; Is. 19,25; Is. 22,12; Is. 22,15; Is. 22,17; Is. 22,25; Is. 23,9; Is. 23,11; Is. 25,6; Is. 28,5; Is. 31,4; Is. 44,6; Is. 45,13; Is. 45,14; Is. 47,4; Is. 48,2; Is. 51,15; Is. 54,5)
Noun · singular · vocative · (proper) ▸ **1** (Is. 37,16)

Σαββαιας Sabbaias ▸ **1**
Σαββαιας ▸ **1**
Noun · masculine · singular · nominative · (proper) ▸ **1** (1Esdr. 9,32)

Σαββαταιος Shabbethai ▸ **2**
Σαββαταιος ▸ **2**
Noun · masculine · singular · nominative · (proper) ▸ **2** (1Esdr. 9,14; 1Esdr. 9,48)

σαββατίζω (σάββατον) to keep sabbath; to rest ▸ **9**
ἐσαββάτισεν ▸ **3**
Verb · third · singular · aorist · active · indicative ▸ **3** (Ex. 16,30; Lev. 26,35; 2Chr. 36,21)
σαββατιεῖ ▸ **3**
Verb · third · singular · future · active · indicative ▸ **3** (Lev. 26,34; Lev. 26,35; 1Esdr. 1,55)
σαββατιεῖτε ▸ **1**
Verb · second · plural · future · active · indicative ▸ **1** (Lev. 23,32)
σαββατίζειν ▸ **1**
Verb · present · active · infinitive ▸ **1** (2Mac. 6,6)
σαββατίσαι ▸ **1**
Verb · aorist · active · infinitive ▸ **1** (2Chr. 36,21)

σαββατισμός (σάββατον) sabbath rest ▸ **1**
σαββατισμὸς ▸ **1**
Noun · masculine · singular · nominative ▸ **1** (Heb. 4,9)

σάββατον sabbath, week ▸ **130 + 68 = 198**
σάββασιν ▸ **1 + 13 = 14**
Noun · neuter · plural · dative · (common) ▸ **1 + 13 = 14** (1Mac. 2,38; Matt. 12,1; Matt. 12,5; Matt. 12,10; Matt. 12,11; Matt. 12,12; Mark 1,21; Mark 2,23; Mark 2,24; Mark 3,2; Mark 3,4; Luke 4,31; Luke 6,2; Luke 13,10)
σάββατα ▸ **32 + 1 = 33**
Noun · neuter · plural · accusative · (common) ▸ **16 + 1 = 17** (Ex. 16,29; Ex. 20,10; Ex. 31,14; Ex. 31,16; Lev. 23,32; Lev. 26,34; Lev. 26,34; Lev. 26,43; 2Chr. 31,3; 2Chr. 36,21; 1Esdr. 1,55; 1Mac. 1,45; Hos. 2,13; Is. 1,13; Is. 56,2; Is. 58,13; Acts 17,2)
Noun · neuter · plural · nominative · (common) ▸ **16** (Ex. 16,23; Ex. 16,25; Ex. 16,26; Ex. 31,15; Ex. 35,2; Lev. 16,31; Lev. 23,3; Lev. 23,32; Lev. 25,2; Lev. 25,4; Lev. 25,4; Lev. 25,6; Deut. 5,14; 1Mac. 1,39; 1Mac. 10,34; Amos 8,5)
σάββατά ▸ **16**
Noun · neuter · plural · accusative · (common) ▸ **15** (Ex. 31,13; Lev. 19,3; Lev. 19,30; Lev. 26,2; Is. 56,4; Is. 56,6; Ezek. 20,12; Ezek. 20,13; Ezek. 20,16; Ezek. 20,20; Ezek. 20,21; Ezek. 20,24; Ezek. 22,8; Ezek. 23,38; Ezek. 44,24)
Noun · neuter · plural · nominative · (common) ▸ **1** (Lev. 23,3)
σαββάτοις ▸ **7**
Noun · neuter · plural · dative · (common) ▸ **7** (Lev. 26,35; Num. 28,10; 1Chr. 23,31; 2Chr. 2,3; 2Chr. 8,13; Ezek. 45,17; Ezek. 46,3)
σάββατον ▸ **15 + 13 = 28**
Noun · neuter · singular · accusative · (common) ▸ **13 + 9 = 22** (2Kings 11,5; 2Kings 11,7; 2Kings 11,9; 2Kings 11,9; 1Chr. 9,32; 1Chr. 9,32; 2Chr. 23,4; Neh. 13,18; 1Mac. 1,43; 2Mac. 8,27; 2Mac. 8,28; 2Mac. 12,38; Is. 66,23; Matt. 12,5; Mark 2,27; Luke 23,56; John 5,18; John 9,16; Acts 13,27; Acts 13,42; Acts 15,21; Acts 18,4)
Noun · neuter · singular · nominative · (common) ▸ **2 + 4 = 6** (2Kings 4,23; 1Mac. 6,49; Mark 2,27; Luke 23,54; John 5,9; John 9,14)
σάββατόν ▸ **1 + 1 = 2**
Noun · neuter · singular · accusative · (common) ▸ **1** (Neh. 9,14)
Noun · neuter · singular · nominative ▸ **1** (John 5,10)
σαββάτου ▸ **16 + 13 = 29**
Noun · neuter · singular · genitive · (common) ▸ **16 + 13 = 29** (2Chr. 23,8; 2Chr. 23,8; Neh. 10,32; Neh. 13,15; Neh. 13,17; Neh. 13,19; Neh. 13,19; Neh. 13,19; Neh. 13,22; 2Mac. 5,25; 2Mac. 8,26; Psa. 37,1; Psa. 47,1; Psa. 91,1; Is. 66,23; Lam. 2,6; Matt. 12,8; Mark 2,28; Mark 6,2; Mark 16,1; Mark 16,9; Luke 6,5; Luke 13,14; Luke 13,16; Luke 14,5; Luke 18,12; John 19,31; Acts 1,12; 1Cor. 16,2)
σαββάτῳ ▸ **4 + 16 = 20**
Noun · neuter · singular · dative · (common) ▸ **4 + 16 = 20** (Neh. 10,32; Neh. 13,15; Neh. 13,16; Neh. 13,21; Matt. 12,2; Matt. 24,20; Luke 6,1; Luke 6,6; Luke 6,7; Luke 6,9; Luke 13,14; Luke 13,15; Luke 14,1; Luke 14,3; John 5,16; John 7,22; John 7,23; John 7,23; John 19,31; Acts 13,44)
σαββάτων ▸ **38 + 11 = 49**
Noun · neuter · plural · genitive · (common) ▸ **38 + 11 = 49** (Ex. 20,8; Ex. 35,3; Lev. 16,31; Lev. 23,15; Lev. 23,32; Lev. 23,38; Lev. 24,8; Num. 15,32; Num. 15,33; Num. 28,9; Num. 28,10; Deut. 5,12; Deut. 5,15; 1Esdr. 5,51; Neh. 10,34; Judith 8,6; Judith 10,2; 1Mac. 2,32; 1Mac. 2,34; 1Mac. 2,41; 1Mac. 9,34; 1Mac. 9,43; 2Mac. 15,3; Psa. 23,1; Psa. 93,1; Amos 6,3; Is. 58,13; Jer. 17,21; Jer. 17,22; Jer. 17,22; Jer. 17,24; Jer. 17,24; Jer. 17,27; Jer. 17,27; Ezek. 22,26; Ezek. 46,1; Ezek. 46,4; Ezek. 46,12; Matt. 28,1; Matt. 28,1; Mark 16,2; Luke 4,16; Luke 24,1; John 20,1; John 20,19; Acts 13,14; Acts 16,13; Acts 20,7; Col. 2,16)

Σαβεε Sheba ▸ **8 + 1 = 9**
Σαβεε ▸ **8 + 1 = 9**
Noun · singular · nominative · (proper) ▸ **1** (Josh. 19,2)
Noun · masculine · singular · genitive · (proper) ▸ **5** (2Sam. 20,2; 2Sam. 20,7; 2Sam. 20,10; 2Sam. 20,13; 2Sam. 20,22)
Noun · masculine · singular · nominative · (proper) ▸ **3** (2Sam. 20,1; 2Sam. 20,6; 2Sam. 20,21)

σαβεκ (Hebr.) thicket ▸ **1**
σαβεκ ▸ **1**
Noun · singular · dative · (common) ▸ **1** (Gen. 22,13)

Σαβερ Sheber ▸ **1**
Σαβερ ▸ **1**

Σαβερ–Σαεμηρων

Noun · masculine · singular · accusative · (proper) ▸ **1** (1Chr. 2,48)

Σαβευ Sheba ▸ 1
   Σαβευ ▸ 1
      Noun · masculine · singular · accusative · (proper) ▸ **1** (Gen. 10,28)

Σαβηβα Hazzobebah ▸ 1
   Σαβηβα ▸ 1
      Noun · masculine · singular · accusative · (proper) ▸ **1** (1Chr. 4,8)

Σαβι Shobi ▸ 1
   Σαβι ▸ 1
      Noun · masculine · singular · genitive · (proper) ▸ **1** (Neh. 7,45)

σαβι Shobi ▸ 3
   σαβι ▸ 3
      Noun ▸ **3** (Dan. 11,16; Dan. 11,41; Dan. 11,45)

Σαβια Sakia; Zibiah ▸ 2
   Σαβια ▸ 2
      Noun · feminine · singular · nominative · (proper) ▸ **1** (2Chr. 24,1)
      Noun · masculine · singular · accusative · (proper) ▸ **1** (1Chr. 8,10)

Σαβιν Zeboim ▸ 1
   Σαβιν ▸ 1
      Noun · feminine · singular · accusative · (proper) ▸ **1** (1Sam. 13,18)

Σαβουδ Zaboud (?) ▸ 1
   Σαβουδ ▸ 1
      Noun · masculine · singular · nominative · (proper) ▸ **1** (1Chr. 4,26)

Σαβχια Semakiah ▸ 1
   Σαβχια ▸ 1
      Noun · masculine · singular · nominative · (proper) ▸ **1** (1Chr. 26,7)

Σαγαφ Shaaph ▸ 2
   Σαγαφ ▸ 2
      Noun · masculine · singular · accusative · (proper) ▸ **1** (1Chr. 2,49)
      Noun · masculine · singular · nominative · (proper) ▸ **1** (1Chr. 2,47)

σαγή (σάττω) armor, harness ▸ 1
   σαγῇ ▸ 1
      Noun · feminine · singular · dative · (common) ▸ **1** (2Mac. 3,25)

σαγήνη dragnet ▸ 7 + 1 = 8
   σαγῆναι ▸ 1
      Noun · feminine · plural · nominative · (common) ▸ **1** (Eccl. 7,26)
   σαγήναις ▸ 1
      Noun · feminine · plural · dative · (common) ▸ **1** (Hab. 1,15)
   σαγήνας ▸ 1
      Noun · feminine · plural · accusative · (common) ▸ **1** (Is. 19,8)
   σαγήνῃ ▸ 1 + 1 = 2
      Noun · feminine · singular · dative · (common) ▸ 1 + 1 = **2** (Hab. 1,16; Matt. 13,47)
   σαγηνῶν ▸ 3
      Noun · feminine · plural · genitive · (common) ▸ **3** (Ezek. 26,5; Ezek. 26,14; Ezek. 47,10)

σάγμα (σάττω) saddlebag ▸ 1
   σάγματα ▸ 1
      Noun · neuter · plural · accusative · (common) ▸ **1** (Gen. 31,34)

Σαδαιεμ (Hebr.) Crags of the Wild Goats ▸ 1
   Σαδαιεμ ▸ 1
      Noun · singular · genitive · (proper) ▸ **1** (1Sam. 24,3)

Σαδδαι Shaddai (Heb. Almighty) ▸ 1
   Σαδδαι ▸ 1
      Noun · masculine · singular · genitive · (proper) ▸ **1** (Ezek. 10,5)

Σαδδουκ Zadok ▸ 11
   Σαδδουκ ▸ 11
      Noun · masculine · singular · genitive · (proper) ▸ **8** (Ezra 7,2; Neh. 11,11; Neh. 13,13; Ezek. 40,46; Ezek. 42,13; Ezek. 43,19; Ezek. 44,15; Ezek. 48,11)
      Noun · masculine · singular · nominative · (proper) ▸ **3** (2Sam. 8,17; Neh. 3,29; Neh. 10,22)

Σαδδουκαῖος Zadokite; Sadducee ▸ 14
   Σαδδουκαῖοι ▸ 5
      Noun · masculine · plural · nominative · (proper) ▸ **5** (Matt. 16,1; Matt. 22,23; Mark 12,18; Acts 4,1; Acts 23,8)
   Σαδδουκαίους ▸ 1
      Noun · masculine · plural · accusative · (proper) ▸ **1** (Matt. 22,34)
   Σαδδουκαίων ▸ 8
      Noun · masculine · plural · genitive · (proper) ▸ **8** (Matt. 3,7; Matt. 16,6; Matt. 16,11; Matt. 16,12; Luke 20,27; Acts 5,17; Acts 23,6; Acts 23,7)

Σαδδουκος Zadok ▸ 1
   Σαδδουκου ▸ 1
      Noun · masculine · singular · genitive · (proper) ▸ **1** (1Esdr. 8,2)

σαδη (Hebr.) tsadhe ▸ 1
   σαδη ▸ 1
      Noun ▸ **1** (Psa. 118,137)

σαδημωθ (Hebr.) fields ▸ 1
   σαδημωθ ▸ 1
      Noun ▸ **1** (2Kings 23,4)

σαδηρωθ (Hebr.) ranks ▸ 2
   σαδηρωθ ▸ 2
      Noun ▸ **2** (2Kings 11,8; 2Kings 11,15)

Σαδουχ Zadok ▸ 1
   Σαδουχ ▸ 1
      Noun · masculine · singular · nominative · (proper) ▸ **1** (1Kings 4,4)

Σαδωκ Zadok ▸ 43
   Σαδωκ ▸ 43
      Noun · masculine · singular · accusative · (proper) ▸ **11** (2Sam. 17,15; 2Sam. 19,12; 1Kings 1,26; 1Kings 1,32; 1Kings 1,44; 1Kings 2,35; 1Chr. 5,34; 1Chr. 5,38; 1Chr. 15,11; 1Chr. 16,39; 1Chr. 29,22)
      Noun · masculine · singular · dative · (proper) ▸ **4** (2Sam. 15,25; 2Sam. 15,27; 2Sam. 15,35; 2Sam. 15,36)
      Noun · masculine · singular · genitive · (proper) ▸ **10** (2Sam. 18,19; 2Sam. 18,22; 2Sam. 18,27; 1Kings 2,46h; 1Kings 4,2; 2Kings 15,33; 1Chr. 9,11; 1Chr. 24,31; 2Chr. 27,1; 2Chr. 31,10)
      Noun · masculine · singular · nominative · (proper) ▸ **18** (2Sam. 15,24; 2Sam. 15,29; 2Sam. 15,35; 2Sam. 20,25; 1Kings 1,8; 1Kings 1,34; 1Kings 1,38; 1Kings 1,39; 1Kings 1,45; 1Chr. 5,34; 1Chr. 5,38; 1Chr. 6,38; 1Chr. 12,29; 1Chr. 18,16; 1Chr. 24,3; 1Chr. 24,6; 1Chr. 27,17; Neh. 3,4)

Σαδώκ Zadok ▸ 2
   Σαδώκ ▸ 1
      Noun · masculine · singular · accusative · (proper) ▸ **1** (Matt. 1,14)
   Σαδώκ ▸ 1
      Noun · masculine · singular · nominative · (proper) ▸ **1** (Matt. 1,14)

Σαδωμ Sadom (Heb. salt) ▸ 1
   Σαδωμ ▸ 1
      Noun · singular · nominative · (proper) ▸ **1** (Josh. 15,62)

Σαεμηρων Samaria ▸ 1

Σαεμηρων ▸ 1
  Noun · singular · genitive · (proper) ▸ **1** (1Kings 16,24)
Σαθαρβουζανα Shethar-bozenai ▸ 4
  Σαθαρβουζανα ▸ 4
    Noun · masculine · singular · nominative · (proper) ▸ **3** (Ezra 5,3; Ezra 5,6; Ezra 6,13)
    Noun · masculine · singular · vocative · (proper) ▸ **1** (Ezra 6,6)
Σαθουρ Sethur ▸ 1
  Σαθουρ ▸ 1
    Noun · masculine · singular · nominative · (proper) ▸ **1** (Num. 13,13)
Σαθραβουζάνης Sathrabuzanes ▸ 4
  Σαθραβουζάνῃ ▸ 1
    Noun · masculine · singular · dative · (proper) ▸ **1** (1Esdr. 6,26)
  Σαθραβουζάνης ▸ 3
    Noun · masculine · singular · nominative · (proper) ▸ **3** (1Esdr. 6,3; 1Esdr. 6,7; 1Esdr. 7,1)
σαθρός rotten, weak ▸ 2
  σαθρόν ▸ 1
    Adjective · neuter · singular · accusative · noDegree ▸ **1** (Job 41,19)
  σαθρότερον ▸ 1
    Adjective · neuter · singular · accusative · comparative ▸ **1** (Wis. 14,1)
σαθρόω (σαθρός) to weaken ▸ 1
  ἐσάθρωσαν ▸ 1
    Verb · third · plural · aorist · active · indicative ▸ **1** (Judg. 10,8)
Σαιζα Shiza ▸ 1
  Σαιζα ▸ 1
    Noun · masculine · singular · genitive · (proper) ▸ **1** (1Chr. 11,42)
σαίνω to disturb ▸ 1
  σαίνεσθαι ▸ 1
    Verb · present · passive · infinitive · (variant) ▸ **1** (1Th. 3,3)
Σάις Sin (Pelusium) ▸ 1
  Σάιν ▸ 1
    Noun · feminine · singular · accusative · (proper) ▸ **1** (Ezek. 30,15)
Σακαριμ Shaaraim ▸ 1
  Σακαριμ ▸ 1
    Noun · singular · nominative · (proper) ▸ **1** (Josh. 15,36)
σάκκος sackcloth ▸ 62 + **1** + 4 = 67
  σάκκοις ▸ 4
    Noun · masculine · plural · dative · (common) ▸ **4** (1Chr. 21,16; Neh. 9,1; 2Mac. 10,25; Joel 1,13)
  σάκκον ▸ 30
    Noun · masculine · singular · accusative · (common) ▸ **30** (Gen. 37,34; Gen. 42,25; 2Sam. 21,10; 1Kings 20,16; 1Kings 20,27; 1Kings 20,27; 2Kings 6,30; 2Kings 19,1; Esth. 4,1; Esth. 4,2; Esth. 4,3; Esth. 4,4; Judith 8,5; Judith 9,1; Judith 10,3; Psa. 29,12; Psa. 34,13; Psa. 68,12; Job 16,15; Sol. 2,20; Amos 8,10; Joel 1,8; Jonah 3,6; Is. 3,24; Is. 20,2; Is. 37,1; Is. 50,3; Is. 58,5; Jer. 6,26; Bar. 4,20)
  σάκκος ▸ 1 + **1** = 2
    Noun · masculine · singular · nominative · (common) ▸ **1** + **1** = **2** (Jer. 31,37; Rev. 6,12)
  σάκκου ▸ 1
    Noun · masculine · singular · genitive · (common) ▸ **1** (Lev. 11,32)
  σάκκους ▸ 21 + **1** = 22
    Noun · masculine · plural · accusative · (common) ▸ 21 + **1** = **22** (Gen. 42,35; Josh. 9,4; 2Sam. 3,31; 1Kings 21,31; 1Kings 21,32; 2Kings 19,2; Judith 4,10; Judith 4,11; Judith 4,14; 1Mac. 2,14; 1Mac. 3,47; 2Mac. 3,19; Jonah 3,5; Jonah 3,8; Is. 15,3; Is. 32,11; Is. 37,2; Jer. 4,8; Jer. 30,19; Lam. 2,10; Ezek. 7,18; Rev. 11,3)
  σάκκῳ ▸ 4 + **1** + 2 = 7
    Noun · masculine · singular · dative · (common) ▸ 4 + **1** + 2 = **7** (Gen. 42,35; 2Sam. 12,16; Judith 4,12; Dan. 9,3; Dan. 9,3; Matt. 11,21; Luke 10,13)
  σάκκων ▸ 1
    Noun · masculine · plural · genitive · (common) ▸ **1** (Is. 22,12)
Σακχαρωνα Shikkeron ▸ 1
  Σακχαρωνα ▸ 1
    Noun · singular · accusative · (proper) ▸ **1** (Josh. 15,11)
Σαλα Shelah ▸ 7
  Σαλα ▸ 7
    Noun · masculine · singular · accusative · (proper) ▸ **2** (Gen. 10,24; Gen. 11,13)
    Noun · masculine · singular · nominative · (proper) ▸ **5** (Gen. 10,24; Gen. 11,13; Gen. 11,14; Gen. 11,15; 1Chr. 1,24)
Σαλά Shelah ▸ 2
  Σαλά ▸ 2
    Noun · masculine · singular · genitive · (proper) ▸ **2** (Luke 3,32; Luke 3,35)
Σαλαβιν Shaalabbin ▸ 1 + **1** = 2
  Σαλαβιν ▸ 1 + **1** = 2
    Noun · singular · nominative · (proper) ▸ 1 + **1** = **2** (Josh. 19,42; Josh. 19,42)
Σαλαβωνι Shaalbonite ▸ 1
  Σαλαβωνι ▸ 1
    Noun · masculine · singular · nominative · (proper) ▸ **1** (1Chr. 11,33)
Σαλαβωνίτης Shaalbonite ▸ 1
  Σαλαβωνίτης ▸ 1
    Noun · masculine · singular · nominative · (proper) ▸ **1** (2Sam. 23,32)
Σαλαδ Seled ▸ 2
  Σαλαδ ▸ 2
    Noun · masculine · singular · nominative · (proper) ▸ **2** (1Chr. 2,30; 1Chr. 2,30)
Σαλαθιηλ Salathiel ▸ 16
  Σαλαθιηλ ▸ 16
    Noun · masculine · singular · genitive · (proper) ▸ **15** (1Chr. 3,19; 1Esdr. 5,5; 1Esdr. 5,47; 1Esdr. 5,54; 1Esdr. 6,2; Ezra 3,2; Ezra 3,8; Ezra 5,2; Neh. 12,1; Hag. 1,1; Hag. 1,12; Hag. 1,14; Hag. 2,2; Hag. 2,21; Hag. 2,23)
    Noun · masculine · singular · nominative · (proper) ▸ **1** (1Chr. 3,17)
Σαλαθιήλ Salathiel ▸ 3
  Σαλαθιήλ ▸ 1
    Noun · masculine · singular · accusative · (proper) ▸ **1** (Matt. 1,12)
  Σαλαθιήλ ▸ 2
    Noun · masculine · singular · genitive · (proper) ▸ **1** (Luke 3,27)
    Noun · masculine · singular · nominative · (proper) ▸ **1** (Matt. 1,12)
Σαλαμαν Shalman ▸ 1
  Σαλαμαν ▸ 1
    Noun · masculine · singular · nominative · (proper) ▸ **1** (Hos. 10,14)
Σαλαμανασαρ Shalmaneser ▸ 1
  Σαλαμανασαρ ▸ 1
    Noun · masculine · singular · nominative · (proper) ▸ **1** (2Kings 17,3)
Σαλαμανασσαρ Shalmaneser ▸ 1

Σαλαμανασσαρ ‣ 1
: **Noun** · masculine · singular · nominative · (proper) ‣ **1** (2Kings 18,9)

Σαλαμι Shalmai ‣ 1
Σαλαμι ‣ 1
: **Noun** · masculine · singular · genitive · (proper) ‣ **1** (Neh. 7,48)

Σαλαμια Shelemiah ‣ 1
Σαλαμια ‣ 1
: **Noun** · masculine · singular · dative · (proper) ‣ **1** (1Chr. 26,14)

Σαλαμιηλ Shelumiel ‣ 8
Σαλαμιηλ ‣ 8
: **Noun** · masculine · singular · genitive · (proper) ‣ **2** (Num. 7,41; Judith 8,1)
: **Noun** · masculine · singular · nominative · (proper) ‣ **6** (Num. 1,6; Num. 2,12; Num. 7,36; Num. 10,19; Num. 13,4; Num. 34,20)

Σαλαμιν Salamin (Heb. peace) ‣ 1
Σαλαμιν ‣ 1
: **Noun** · singular · dative · (proper) ‣ **1** (Josh. 19,48a)

σαλαμιν (Hebr.) peace ‣ 1
σαλαμιν ‣ 1
: **Noun** · singular · genitive · (common) ‣ **1** (Josh. 22,29)

Σαλαμίς Salamis ‣ 1
Σαλαμῖνι ‣ 1
: **Noun** · feminine · singular · dative · (proper) ‣ **1** (Acts 13,5)

Σαλείμ Salim ‣ 1
Σαλείμ ‣ 1
: **Noun** · neuter · singular · genitive · (proper) ‣ **1** (John 3,23)

Σαλεμ Shallum ‣ 1
Σαλεμ ‣ 1
: **Noun** · masculine · singular · nominative · (proper) ‣ **1** (1Chr. 4,25)

σαλεύω (σάλος) to shake ‣ 76 + 2 + 15 = 93
ἐσαλεύθη ‣ 13 + 1 = 14
: **Verb** · third · singular · aorist · passive · indicative ‣ 13 + 1 = **14** (Judith 12,16; 1Mac. 6,8; 1Mac. 9,13; Psa. 17,8; Psa. 45,7; Psa. 59,4; Psa. 76,19; Psa. 96,4; Psa. 113,7; Ode. 4,6; Sir. 48,12; Hab. 3,6; Jer. 23,9; Acts 4,31)

ἐσαλεύθησαν ‣ 10 + 1 = 11
: **Verb** · third · plural · aorist · passive · indicative ‣ 10 + 1 = **11** (Judg. 5,5; 2Sam. 22,37; Psa. 17,8; Psa. 47,6; Psa. 72,2; Psa. 106,27; Sir. 48,19; Nah. 1,5; Jer. 28,7; Lam. 4,15; Judg. 5,5)

Ἐσαλεύθησαν ‣ 1
: **Verb** · third · plural · aorist · passive · indicative ‣ **1** (Lam. 4,14)

ἐσαλεύοντο ‣ 1
: **Verb** · third · plural · imperfect · passive · indicative ‣ **1** (1Mac. 6,41)

ἐσάλευσαν ‣ 1
: **Verb** · third · plural · aorist · active · indicative ‣ **1** (Psa. 108,25)

ἐσάλευσεν ‣ 3 + 1 = 4
: **Verb** · third · singular · aorist · active · indicative ‣ 3 + 1 = **4** (2Kings 17,20; Sir. 28,14; Sir. 29,17; Heb. 12,26)

σαλεύηται ‣ 1
: **Verb** · third · singular · present · passive · subjunctive ‣ **1** (Is. 40,20)

σαλευθῇ ‣ 2
: **Verb** · third · singular · aorist · passive · subjunctive ‣ **2** (Psa. 20,8; Is. 7,2)

σαλευθῆναι ‣ 1 + 2 = 3
: **Verb** · aorist · passive · infinitive ‣ 1 + 2 = **3** (Psa. 37,17; Acts 16,26; 2Th. 2,2)

σαλευθῇς ‣ 1
: **Verb** · second · singular · aorist · passive · subjunctive ‣ **1** (Prov. 3,26)

σαλευθήσεται ‣ 12
: **Verb** · third · singular · future · passive · indicative ‣ **12** (Judith 16,15; Psa. 14,5; Psa. 45,6; Psa. 92,1; Psa. 95,10; Psa. 111,6; Psa. 124,1; Job 41,15; Wis. 4,4; Sir. 43,16; Sol. 15,4; Mic. 1,4)

σαλευθησόμεθα ‣ 1
: **Verb** · first · plural · future · passive · indicative ‣ **1** (Sol. 8,33)

σαλευθήσονται ‣ 3 + 3 = 6
: **Verb** · third · plural · future · passive · indicative ‣ 3 + 3 = **6** (Psa. 81,5; Sir. 16,18; Amos 8,12; Matt. 24,29; Mark 13,25; Luke 21,26)

σαλευθήτω ‣ 5
: **Verb** · third · singular · aorist · passive · imperative ‣ **5** (1Chr. 16,30; Psa. 95,9; Psa. 95,11; Psa. 97,7; Psa. 98,1)

σαλευθήτωσαν ‣ 2 + 1 = 3
: **Verb** · third · plural · aorist · passive · imperative ‣ 2 + 1 = **3** (1Mac. 4,32; Psa. 32,8; Dan. 4,14)

σαλευθῶ ‣ 5 + 1 = 6
: **Verb** · first · singular · aorist · passive · subjunctive ‣ 5 + 1 = **6** (Psa. 9,27; Psa. 12,5; Psa. 15,8; Psa. 29,7; Psa. 61,3; Acts 2,25)

σαλευθῶσιν ‣ 3
: **Verb** · third · plural · aorist · passive · subjunctive ‣ **3** (Psa. 16,5; Eccl. 12,3; Nah. 3,12)

σαλευόμενα ‣ 1 + 1 = 2
: **Verb** · present · passive · participle · neuter · plural · accusative ‣ 1 + 1 = **2** (Zech. 12,2; Heb. 12,27)

σαλευόμενοι ‣ 1
: **Verb** · present · passive · participle · masculine · plural · nominative ‣ **1** (Psa. 108,10)

σαλευόμενον ‣ 1 + 2 = 3
: **Verb** · present · passive · participle · neuter · singular · nominative ‣ 1 + 2 = **3** (Sir. 26,7; Matt. 11,7; Luke 7,24)

σαλευόμενος ‣ 1
: **Verb** · present · passive · participle · masculine · singular · nominative ‣ **1** (Sir. 13,21)

σαλευομένων ‣ 1
: **Verb** · present · passive · participle · neuter · plural · genitive · (variant) ‣ **1** (Heb. 12,27)

σαλεύονται ‣ 1
: **Verb** · third · plural · present · passive · indicative ‣ **1** (Job 9,6)

σαλεύοντες ‣ 1
: **Verb** · present · active · participle · masculine · plural · nominative ‣ **1** (Acts 17,13)

σαλεύσαι ‣ 1
: **Verb** · third · singular · aorist · active · optative ‣ **1** (Psa. 35,12)

σαλεῦσαι ‣ 2 + 1 = 3
: **Verb** · aorist · active · infinitive ‣ 2 + 1 = **3** (2Kings 21,8; 2Chr. 33,8; Luke 6,48)

σαλεύσει ‣ 1
: **Verb** · third · singular · future · active · indicative ‣ **1** (Wis. 4,19)

σαλεύων ‣ 1
: **Verb** · present · active · participle · masculine · singular · nominative ‣ **1** (Amos 9,5)

σεσαλευμένον ‣ 1
: **Verb** · perfect · passive · participle · neuter · singular · accusative · (variant) ‣ **1** (Luke 6,38)

Σεσάλευται ‣ 1
: **Verb** · third · singular · perfect · passive · indicative ‣ **1** (Psa. 93,18)

Σαλεφ Sheleph ‣ 1
Σαλεφ ‣ 1

Σαλη Shilhim ▸ 1
    Σαλη ▸ 1
        Noun · singular · nominative · (proper) ▸ **1** (Josh. 15,32)

Σαλημ Salem ▸ 4
    Σαλημ ▸ 4
        Noun · feminine · singular · accusative · (proper) ▸ **1** (Gen. 33,18)
        Noun · feminine · singular · genitive · (proper) ▸ **3** (Gen. 14,18; Judith 4,4; Jer. 48,5)

Σαλήμ Salem ▸ 2
    Σαλήμ ▸ 2
        Noun · feminine · singular · genitive · (proper) ▸ **2** (Heb. 7,1; Heb. 7,2)

Σαλημος Shallum ▸ 1
    Σαλημου ▸ 1
        Noun · masculine · singular · genitive · (proper) ▸ **1** (1Esdr. 8,1)

Σαλθας Salthas ▸ 1
    Σαλθας ▸ 1
        Noun · masculine · singular · nominative · (proper) ▸ **1** (1Esdr. 9,22)

Σαλθι Zillethai ▸ 1
    Σαλθι ▸ 1
        Noun · masculine · singular · nominative · (proper) ▸ **1** (1Chr. 8,20)

Σαλι Shilhi ▸ 1
    Σαλι ▸ 1
        Noun · masculine · singular · genitive · (proper) ▸ **1** (2Chr. 20,31)

Σαλιμ Shahazumah (?) ▸ 1
    Σαλιμ ▸ 1
        Noun · singular · accusative · (proper) ▸ **1** (Josh. 19,22)

Σαλιμουθ Shelomith ▸ 1
    Σαλιμουθ ▸ 1
        Noun · masculine · singular · nominative · (proper) ▸ **1** (Ezra 8,10)

Σαλισα Shilshah ▸ 1
    Σαλισα ▸ 1
        Noun · masculine · singular · nominative · (proper) ▸ **1** (1Chr. 7,37)

Σαλλαι Sallu ▸ 1
    Σαλλαι ▸ 1
        Noun · masculine · singular · dative · (proper) ▸ **1** (Neh. 12,20)

Σαλλουμος Salloumos, Shallum ▸ 1
    Σαλλουμος ▸ 1
        Noun · masculine · singular · nominative · (proper) ▸ **1** (1Esdr. 9,25)

Σαλμαα Shema ▸ 1
    Σαλμαα ▸ 1
        Noun · singular · nominative · (proper) ▸ **1** (Josh. 15,26)

Σαλμαν Salmon ▸ 2
    Σαλμαν ▸ 2
        Noun · masculine · singular · accusative · (proper) ▸ **1** (Ruth 4,20)
        Noun · masculine · singular · nominative · (proper) ▸ **1** (Ruth 4,21)

Σαλμανα Zalmunna ▸ 12
    Σαλμανα ▸ 12
        Noun · masculine · singular · accusative · (proper) ▸ **6** (Judg. 8,7; Judg. 8,12; Judg. 8,15; Judg. 8,18; Judg. 8,21; Psa. 82,12)
        Noun · masculine · singular · genitive · (proper) ▸ **3** (Judg. 8,5; Judg. 8,6; Judg. 8,15)
        Noun · masculine · singular · nominative · (proper) ▸ **3** (Judg. 8,10; Judg. 8,12; Judg. 8,21)

Σαλμών Salu ▸ 2 + 2 = 4
    Σαλμων ▸ 2
        Noun · masculine · singular · accusative · (proper) ▸ **1** (1Chr. 2,11)
        Noun · masculine · singular · nominative · (proper) ▸ **1** (1Chr. 2,11)
    Σαλμών ▸ 1
        Noun · masculine · singular · accusative · (proper) ▸ **1** (Matt. 1,4)
    Σαλμών ▸ 1
        Noun · masculine · singular · nominative · (proper) ▸ **1** (Matt. 1,5)

Σαλμώνη Salmone ▸ 1
    Σαλμώνην ▸ 1
        Noun · feminine · singular · accusative · (proper) ▸ **1** (Acts 27,7)

σάλος surge, seawave; restlessness; trial ▸ 9 + 1 = 10
    σάλον ▸ 5
        Noun · masculine · singular · accusative · (common) ▸ **5** (Psa. 54,23; Psa. 65,9; Psa. 88,10; Psa. 120,3; Lam. 1,8)
    σάλος ▸ 1
        Noun · masculine · singular · nominative · (common) ▸ **1** (Sir. 40,4)
    σάλου ▸ 1 + 1 = 2
        Noun · masculine · singular · genitive · (common) ▸ 1 + 1 = 2 (Jonah 1,15; Luke 21,25)
    σάλῳ ▸ 2
        Noun · masculine · singular · dative · (common) ▸ **2** (Sol. 6,3; Zech. 9,14)

Σαλουια Sheal ▸ 1
    Σαλουια ▸ 1
        Noun · masculine · singular · nominative · (proper) ▸ **1** (Ezra 10,29)

Σαλουμ Shallum ▸ 6
    Σαλουμ ▸ 6
        Noun · masculine · singular · genitive · (proper) ▸ **4** (1Esdr. 5,28; Ezra 2,42; Ezra 7,2; Neh. 7,45)
        Noun · masculine · singular · nominative · (proper) ▸ **2** (Ezra 10,42; Neh. 3,12)

Σαλούμ Shallum ▸ 3
    Σαλουμ ▸ 3
        Noun · masculine · singular · accusative · (proper) ▸ **1** (1Chr. 2,40)
        Noun · masculine · singular · nominative · (proper) ▸ **2** (1Chr. 2,41; 1Chr. 3,15)

Σαλπααδ Zelophehad ▸ 12
    Σαλπααδ ▸ 12
        Noun · masculine · singular · dative · (proper) ▸ **3** (Num. 26,37; Josh. 17,3; 1Chr. 7,15)
        Noun · masculine · singular · genitive · (proper) ▸ **8** (Num. 26,37; Num. 27,1; Num. 27,7; Num. 36,2; Num. 36,6; Num. 36,10; Num. 36,11; Josh. 17,3)
        Noun · masculine · singular · nominative · (proper) ▸ **1** (1Chr. 7,15)

σάλπιγξ (σαλπίζω) trumpet ▸ 95 + 4 + 11 = 110
    σάλπιγγα ▸ 1 + 1 = 2
        Noun · feminine · singular · accusative · (common) ▸ 1 + 1 = 2 (Is. 58,1; Rev. 9,14)
    σάλπιγγας ▸ 3 + 1 = 4
        Noun · feminine · plural · accusative · (common) ▸ 3 + 1 = 4 (Num. 10,2; Josh. 6,8; Josh. 6,13; Rev. 8,6)
    σάλπιγγες ▸ 9 + 1 = 10

σάλπιγξ–Σαλωμιθ

Noun · feminine · plural · nominative · (common) ▸ 9 + 1 = **10** (Ex. 19,13; Num. 31,6; 2Kings 11,14; 2Kings 12,14; 1Chr. 16,42; 2Chr. 13,12; 2Chr. 23,13; 2Chr. 29,27; 2Chr. 29,28; Rev. 8,2)

σάλπιγγι ▸ 17 + 2 = **19**
  Noun · feminine · singular · dative · (common) ▸ 17 + 2 = **19** (Lev. 25,9; Josh. 6,5; 1Sam. 13,3; 2Sam. 2,28; Psa. 80,4; Sol. 11,1; Hos. 5,8; Joel 2,1; Joel 2,15; Zech. 9,14; Is. 27,13; Jer. 4,5; Jer. 6,1; Jer. 28,27; Ezek. 7,14; Ezek. 33,3; Ezek. 33,6; 1Cor. 15,52; 1Th. 4,16)

σάλπιγγος ▸ 22 + 4 + 5 = **31**
  Noun · feminine · singular · genitive · (common) ▸ 22 + 4 + 5 = **31** (Ex. 19,16; Ex. 19,19; Ex. 20,18; Lev. 25,9; 2Sam. 6,15; Psa. 46,6; Psa. 97,6; Psa. 150,3; Job 39,25; Sol. 8,1; Amos 2,2; Zeph. 1,16; Is. 18,3; Jer. 4,19; Jer. 6,17; Jer. 49,14; Ezek. 33,4; Ezek. 33,5; Dan. 3,5; Dan. 3,7; Dan. 3,10; Dan. 3,15; Dan. 3,5; Dan. 3,7; Dan. 3,10; Dan. 3,15; Matt. 24,31; Heb. 12,19; Rev. 1,10; Rev. 4,1; Rev. 8,13)

σαλπίγγων ▸ 8
  Noun · feminine · plural · genitive · (common) ▸ **8** (Lev. 23,24; Josh. 6,20; 1Esdr. 5,57; 1Esdr. 5,61; 1Esdr. 5,62; 1Esdr. 5,63; 2Mac. 15,25; Jer. 4,21)

σάλπιγξ ▸ 2 + 1 = **3**
  Noun · feminine · singular · nominative · (common) ▸ 2 + 1 = **3** (Job 39,24; Amos 3,6; 1Cor. 14,8)

σάλπιγξι ▸ 1
  Noun · feminine · plural · dative · (common) ▸ **1** (Josh. 6,13)

σάλπιγξιν ▸ 32
  Noun · feminine · plural · dative · (common) ▸ **32** (Num. 10,8; Num. 10,9; Num. 10,10; Josh. 6,20; 2Kings 11,14; 1Chr. 13,8; 1Chr. 15,24; 1Chr. 15,28; 1Chr. 16,6; 2Chr. 5,12; 2Chr. 5,13; 2Chr. 7,6; 2Chr. 13,14; 2Chr. 15,14; 2Chr. 20,28; 2Chr. 23,13; 2Chr. 29,26; Ezra 3,10; Neh. 8,15; Neh. 12,35; Neh. 12,41; 1Mac. 3,54; 1Mac. 4,40; 1Mac. 5,31; 1Mac. 5,33; 1Mac. 6,33; 1Mac. 7,45; 1Mac. 9,12; 1Mac. 9,12; 1Mac. 16,8; Psa. 97,6; Sir. 50,16)

σαλπίζω to sound the trumpet ▸ 61 + 8 + 12 = **81**

ἐσάλπιζον ▸ 1
  Verb · third · plural · imperfect · active · indicative ▸ **1** (1Mac. 7,45)

ἐσάλπισαν ▸ 17 + 3 = **20**
  Verb · third · plural · aorist · active · indicative ▸ 17 + 3 = **20** (Josh. 6,13; Josh. 6,16; Josh. 6,20; Judg. 7,19; Judg. 7,20; Judg. 7,22; 2Kings 9,13; 2Chr. 13,14; 2Chr. 23,13; 1Esdr. 5,59; 1Mac. 3,54; 1Mac. 4,13; 1Mac. 4,40; 1Mac. 5,33; 1Mac. 6,33; 1Mac. 9,12; 1Mac. 16,8; Judg. 7,19; Judg. 7,20; Judg. 7,22)

ἐσάλπισεν ▸ 7 + 2 + 7 = **16**
  Verb · third · singular · aorist · active · indicative ▸ 7 + 2 + 7 = **16** (Judg. 3,27; Judg. 6,34; 2Sam. 2,28; 2Sam. 18,16; 2Sam. 20,1; 2Sam. 20,22; 1Kings 1,39; Judg. 3,27; Judg. 6,34; Rev. 8,7; Rev. 8,8; Rev. 8,10; Rev. 8,12; Rev. 9,1; Rev. 9,13; Rev. 11,15)

σαλπιεῖ ▸ 1
  Verb · third · singular · future · active · indicative ▸ **1** (Zech. 9,14)

σαλπιεῖτε ▸ 7 + 1 = **8**
  Verb · second · plural · future · active · indicative ▸ 7 + 1 = **8** (Num. 10,5; Num. 10,6; Num. 10,6; Num. 10,6; Num. 10,7; Num. 10,10; Judg. 7,18; Judg. 7,18)

σαλπίζει ▸ 1
  Verb · third · singular · present · active · indicative ▸ **1** (1Sam. 13,3)

σαλπίζειν ▸ 2 + 1 + 2 = **5**
  Verb · present · active · infinitive ▸ 2 + 1 + 2 = **5** (Judg. 7,20; 2Chr. 5,13; Judg. 7,20; Rev. 8,13; Rev. 10,7)

σαλπίζοντες ▸ 4
  Verb · present · active · participle · masculine · plural · nominative ▸ **4** (Josh. 6,9; 1Chr. 15,24; 2Chr. 5,12; 2Chr. 7,6)

σαλπίζουσαι ▸ 1
  Verb · present · active · participle · feminine · plural · nominative ▸ **1** (2Chr. 29,28)

σαλπίζων ▸ 3
  Verb · present · active · participle · masculine · singular · nominative ▸ **3** (2Kings 11,14; 1Esdr. 5,62; Neh. 4,12)

σαλπιοῦσιν ▸ 3
  Verb · third · plural · future · active · indicative ▸ **3** (Num. 10,6; Num. 10,8; Is. 27,13)

Σαλπίσατε ▸ 3
  Verb · second · plural · aorist · active · imperative ▸ **3** (Sol. 11,1; Hos. 5,8; Joel 2,1)

σαλπίσατε ▸ 6
  Verb · second · plural · aorist · active · imperative ▸ **6** (1Kings 1,34; Psa. 80,4; Joel 2,15; Is. 44,23; Jer. 28,27; Ezek. 7,14)

σαλπίσει ▸ 1
  Verb · third · singular · future · active · indicative ▸ **1** (1Cor. 15,52)

σαλπίσεις ▸ 1
  Verb · second · singular · future · active · indicative ▸ **1** (Num. 10,3)

σαλπίση ▸ 1
  Verb · third · singular · aorist · active · subjunctive ▸ **1** (Ezek. 33,3)

σαλπίσης ▸ 1
  Verb · second · singular · aorist · active · subjunctive ▸ **1** (Matt. 6,2)

σαλπίσητε ▸ 1
  Verb · second · plural · aorist · active · subjunctive ▸ **1** (Josh. 6,5)

σαλπίσωσιν ▸ 1 + 1 = **2**
  Verb · third · plural · aorist · active · subjunctive ▸ 1 + 1 = **2** (Num. 10,4; Rev. 8,6)

σαλπιῶ ▸ 1 + 1 = **2**
  Verb · first · singular · future · active · indicative ▸ 1 + 1 = **2** (Judg. 7,18; Judg. 7,18)

σαλπιστής (σαλπίζω) trumpeter ▸ 1

σαλπιστῶν ▸ 1
  Noun · masculine · plural · genitive ▸ **1** (Rev. 18,22)

Σαλω Salu; Sallu ▸ 2

Σαλω ▸ 2
  Noun · masculine · singular · genitive · (proper) ▸ **1** (Num. 25,14)
  Noun · masculine · singular · nominative · (proper) ▸ **1** (1Chr. 9,7)

Σαλωμ Shallum ▸ 11

Σαλωμ ▸ 11
  Noun · masculine · singular · accusative · (proper) ▸ **1** (1Chr. 5,38)
  Noun · masculine · singular · dative · (proper) ▸ **1** (1Chr. 9,31)
  Noun · masculine · singular · genitive · (proper) ▸ **4** (1Mac. 2,26; Jer. 39,7; Jer. 39,8; Bar. 1,7)
  Noun · masculine · singular · nominative · (proper) ▸ **5** (1Chr. 5,39; 1Chr. 7,13; 1Chr. 9,17; 1Chr. 9,17; 1Chr. 9,19)

Σαλώμη Salome ▸ 2

Σαλώμη ▸ 2
  Noun · feminine · singular · nominative · (proper) ▸ **2** (Mark 15,40; Mark 16,1)

Σαλωμιθ Shelomith; Shelomoth ▸ 3

Σαλωμιθ ▸ 3

Noun · feminine · singular · nominative · (proper) ▸ **2** (Lev. 24,11; 1Chr. 3,19)

Noun · masculine · singular · nominative · (proper) ▸ **1** (1Chr. 23,9)

Σαλωμωθ   Shelomith; Shelomoth ▸ 6
Σαλωμωθ ▸ 6

Noun · masculine · singular · genitive · (proper) ▸ **2** (1Chr. 24,22; 1Chr. 26,28)

Noun · masculine · singular · nominative · (proper) ▸ **4** (1Chr. 23,18; 1Chr. 24,22; 1Chr. 26,25; 1Chr. 26,26)

Σαλωμων   Solomon ▸ 342
Σαλωμων ▸ 342

Noun · masculine · singular · accusative · (proper) ▸ **34** (2Sam. 12,24; 1Kings 1,10; 1Kings 1,19; 1Kings 1,26; 1Kings 1,33; 1Kings 1,38; 1Kings 1,39; 1Kings 1,43; 1Kings 1,47; 1Kings 1,51; 1Kings 2,17; 1Kings 2,19; 1Kings 3,3; 1Kings 3,5; 1Kings 5,15; 1Kings 5,22; 1Kings 7,2; 1Kings 8,1; 1Kings 10,2; 1Kings 10,6; 1Kings 11,9; 1Kings 11,11; 1Kings 11,27; 2Kings 21,7; 1Chr. 23,1; 1Chr. 29,22; 1Chr. 29,25; 2Chr. 1,11; 2Chr. 2,10; 2Chr. 8,18; 2Chr. 9,1; 2Chr. 9,1; 2Chr. 33,7; Psa. 71,1)

Noun · masculine · singular · dative · (proper) ▸ **70** (1Kings 1,51; 1Kings 1,53; 1Kings 2,1; 1Kings 2,29; 1Kings 2,35a; 1Kings 2,35d; 1Kings 2,35l; 1Kings 2,41; 1Kings 2,46b; 1Kings 2,46e; 1Kings 2,46i; 1Kings 3,5; 1Kings 4,7; 1Kings 5,1; 1Kings 5,2; 1Kings 5,9; 1Kings 5,24; 1Kings 5,26; 1Kings 5,29; 1Kings 7,26; 1Kings 7,31; 1Kings 9,2; 1Kings 9,14; 1Kings 9,28; 1Kings 10,10; 1Kings 10,10; 1Kings 10,14; 1Kings 10,26; 1Kings 11,14; 1Kings 12,24b; 1Kings 12,24b; 1Chr. 22,17; 1Chr. 28,5; 1Chr. 28,11; 1Chr. 28,19; 1Chr. 28,20; 1Chr. 29,19; 2Chr. 1,7; 2Chr. 4,11; 2Chr. 4,16; 2Chr. 7,10; 2Chr. 7,12; 2Chr. 8,2; 2Chr. 8,6; 2Chr. 9,9; 2Chr. 9,10; 2Chr. 9,12; 2Chr. 9,13; 2Chr. 9,14; 2Chr. 9,25; 2Chr. 9,28; Psa. 126,1; Song 3,11; Song 8,11; Sol. 2,0; Sol. 3,0; Sol. 5,0; Sol. 6,0; Sol. 7,0; Sol. 8,0; Sol. 9,0; Sol. 10,0; Sol. 11,0; Sol. 12,0; Sol. 13,0; Sol. 14,0; Sol. 15,0; Sol. 16,0; Sol. 17,0; Sol. 18,0)

Noun · masculine · singular · genitive · (proper) ▸ **81** (2Sam. 14,27; 1Kings 1,11; 1Kings 1,12; 1Kings 1,37; 1Kings 1,50; 1Kings 2,13; 1Kings 2,28; 1Kings 2,35b; 1Kings 2,35h; 1Kings 2,46g; 1Kings 2,46h; 1Kings 4,11; 1Kings 4,15; 1Kings 5,14; 1Kings 5,14b; 1Kings 5,21; 1Kings 5,26; 1Kings 5,30; 1Kings 6,1; 1Kings 6,1b; 1Kings 7,37; 1Kings 9,1; 1Kings 9,11; 1Kings 9,27; 1Kings 10,1; 1Kings 10,4; 1Kings 10,5; 1Kings 10,13; 1Kings 10,21; 1Kings 10,21; 1Kings 10,22a # 9,15; 1Kings 10,24; 1Kings 10,28; 1Kings 11,4; 1Kings 11,14; 1Kings 11,26; 1Kings 11,31; 1Kings 11,41; 1Kings 11,41; 1Kings 11,43; 1Kings 12,6; 1Kings 12,21; 1Kings 12,23; 1Kings 12,24o; 1Kings 12,24p; 1Kings 14,21; 1Chr. 2,54; 1Chr. 3,10; 2Chr. 1,16; 2Chr. 8,10; 2Chr. 8,18; 2Chr. 9,1; 2Chr. 9,2; 2Chr. 9,3; 2Chr. 9,10; 2Chr. 9,20; 2Chr. 9,20; 2Chr. 9,23; 2Chr. 9,29; 2Chr. 10,2; 2Chr. 10,6; 2Chr. 11,3; 2Chr. 11,17; 2Chr. 11,17; 2Chr. 13,6; 2Chr. 13,7; 2Chr. 30,26; 2Chr. 35,4; 1Esdr. 1,4; 1Esdr. 5,33; 1Esdr. 5,35; Neh. 7,57; Neh. 7,60; Neh. 11,3; Neh. 12,45; Song 1,1; Song 1,5; Song 3,7; Sol. 4,0; Amos 1,6; Amos 1,9)

Noun · masculine · singular · nominative · (proper) ▸ **155** (2Sam. 5,14; 2Sam. 8,8; 2Sam. 24,25; 1Kings 1,13; 1Kings 1,17; 1Kings 1,21; 1Kings 1,30; 1Kings 1,34; 1Kings 1,39; 1Kings 1,46; 1Kings 1,51; 1Kings 1,52; 1Kings 1,53; 1Kings 1,53; 1Kings 2,12; 1Kings 2,22; 1Kings 2,23; 1Kings 2,25; 1Kings 2,27; 1Kings 2,29; 1Kings 2,29; 1Kings 2,35e; 1Kings 2,35g; 1Kings 2,45; 1Kings 2,46; 1Kings 2,46a; 1Kings 2,46b; 1Kings 2,46c; 1Kings 2,46l; 1Kings 3,4; 1Kings 3,6; 1Kings 3,10; 1Kings 3,15; 1Kings 4,1; 1Kings 5,10; 1Kings 5,12; 1Kings 5,14a; 1Kings 5,14b; 1Kings 5,16; 1Kings 5,25; 1Kings 5,25; 1Kings 6,2; 1Kings 7,1; 1Kings 7,34; 1Kings 7,37; 1Kings 7,37; 1Kings 7,38; 1Kings 7,45; 1Kings 7,50; 1Kings 8,1; 1Kings 8,22; 1Kings 8,53a; 1Kings 8,54; 1Kings 8,63; 1Kings 8,65; 1Kings 9,1; 1Kings 9,9a # 9,24; 1Kings 9,10; 1Kings 9,12; 1Kings 9,26; 1Kings 10,3; 1Kings 10,13; 1Kings 10,16; 1Kings 10,22a # 9,15; 1Kings 10,22b # 9,20; 1Kings 10,22c # 9,22; 1Kings 10,23; 1Kings 11,1; 1Kings 11,2; 1Kings 11,5; 1Kings 11,8; 1Kings 11,28; 1Kings 11,40; 1Kings 11,40; 1Kings 11,42; 1Kings 11,43; 1Kings 11,43; 1Kings 12,24a; 1Kings 12,24b; 1Kings 12,24c; 1Kings 12,24c; 1Kings 12,24d; 2Kings 23,13; 2Kings 24,13; 2Kings 25,16; 1Chr. 2,51; 1Chr. 3,5; 1Chr. 5,36; 1Chr. 6,17; 1Chr. 14,4; 1Chr. 18,8; 1Chr. 22,5; 1Chr. 22,6; 1Chr. 22,7; 1Chr. 22,9; 1Chr. 28,6; 1Chr. 29,1; 1Chr. 29,23; 1Chr. 29,28; 2Chr. 1,1; 2Chr. 1,2; 2Chr. 1,3; 2Chr. 1,5; 2Chr. 1,6; 2Chr. 1,8; 2Chr. 1,13; 2Chr. 1,14; 2Chr. 1,18; 2Chr. 2,1; 2Chr. 2,2; 2Chr. 2,16; 2Chr. 3,1; 2Chr. 3,3; 2Chr. 4,18; 2Chr. 4,19; 2Chr. 5,1; 2Chr. 5,1; 2Chr. 5,2; 2Chr. 5,6; 2Chr. 6,1; 2Chr. 6,13; 2Chr. 7,1; 2Chr. 7,5; 2Chr. 7,7; 2Chr. 7,7; 2Chr. 7,8; 2Chr. 7,11; 2Chr. 7,11; 2Chr. 8,1; 2Chr. 8,2; 2Chr. 8,3; 2Chr. 8,6; 2Chr. 8,8; 2Chr. 8,9; 2Chr. 8,11; 2Chr. 8,12; 2Chr. 8,16; 2Chr. 8,17; 2Chr. 9,2; 2Chr. 9,12; 2Chr. 9,15; 2Chr. 9,22; 2Chr. 9,30; 2Chr. 9,31; 2Chr. 12,9; 2Chr. 35,3; 1Esdr. 1,3; Neh. 13,26; 2Mac. 2,8; 2Mac. 2,10; 2Mac. 2,12; Song 3,9; Sir. 47,13; Sir. 47,23; Jer. 52,20)

Noun · masculine · singular · vocative · (proper) ▸ **2** (1Chr. 28,9; Song 8,12)

Σαλωμών   Solomon ▸ 2
Σαλωμῶντα ▸ 1

Noun · masculine · singular · accusative · (proper) ▸ **1** (4Mac. 18,16)

Σαλωμῶντος ▸ 1

Noun · masculine · singular · genitive · (proper) ▸ **1** (Prov. 25,1)

Σαλωμῶν   Solomon ▸ 1
Σαλωμῶντος ▸ 1

Noun · masculine · singular · genitive · (proper) ▸ **1** (Prov. 1,1)

Σαμα   Shammah; Shema ▸ 4
Σαμα ▸ 4

Noun · singular · dative · (proper) ▸ **1** (1Chr. 4,28)

Noun · masculine · singular · accusative · (proper) ▸ **1** (1Sam. 16,9)

Noun · masculine · singular · genitive · (proper) ▸ **1** (1Chr. 5,8)

Noun · masculine · singular · nominative · (proper) ▸ **1** (1Chr. 8,13)

Σαμαα   Sheba; Shimeah; Samlah; Shimei; Shimea; Shammua; Shimeam ▸ 12 + 1 = 13
Σαμαα ▸ 12 + 1 = 13

Noun · singular · nominative · (proper) ▸ **1 + 1 = 2** (Josh. 19,2; Josh. 15,26)

Noun · masculine · singular · accusative · (proper) ▸ **1** (1Chr. 9,38)

Noun · masculine · singular · genitive · (proper) ▸ **4** (2Sam. 13,3; 2Sam. 13,32; 1Chr. 6,24; 1Chr. 20,7)

Noun · masculine · singular · nominative · (proper) ▸ **6** (1Kings 4,17; 1Chr. 1,47; 1Chr. 1,48; 1Chr. 2,13; 1Chr. 3,5; 1Chr. 14,4)

Σαμαγωθ   Samgar ▸ 1
Σαμαγωθ ▸ 1

Noun · masculine · singular · nominative · (proper) ▸ **1** (Jer. 46,3)

Σαμαε   Samae (?) ▸ 1
Σαμαε ▸ 1

Noun · singular · nominative · (proper) ▸ **1** (2Sam. 5,16a)

Σαμαθ   Shimeath ▸ 1
Σαμαθ ▸ 1

Noun · masculine · singular · genitive · (proper) ▸ **1** (2Chr. 24,26)

Σαμαθιιμ Shimeathites ▸ 1
  Σαμαθιιμ ▸ 1
    Noun · masculine · plural · nominative · (proper) ▸ **1** (1Chr. 2,55)
Σαμαι Shammah; Shammai; Shimei ▸ 4
  Σαμαι ▸ 4
    Noun · masculine · singular · accusative · (proper) ▸ **1** (1Chr. 2,44)
    Noun · masculine · singular · genitive · (proper) ▸ **1** (1Chr. 2,28)
    Noun · masculine · singular · nominative · (proper) ▸ **2** (2Sam. 23,25; 1Chr. 2,28)
Σαμαϊ Shammah; Shammai; Shimei ▸ 1
  Σαμαϊ ▸ 1
    Noun · masculine · singular · genitive · (proper) ▸ **1** (1Chr. 8,21)
Σαμαια Shemariah; Samaria ▸ 16
  Σαμαια ▸ 16
    Noun · masculine · singular · dative · (proper) ▸ **2** (1Chr. 26,6; Ezra 8,16)
    Noun · masculine · singular · genitive · (proper) ▸ **3** (1Chr. 3,22; 1Chr. 26,7; Neh. 12,35)
    Noun · masculine · singular · nominative · (proper) ▸ **11** (2Sam. 23,11; 1Chr. 3,22; 1Chr. 9,14; Ezra 8,13; Ezra 10,21; Ezra 10,31; Neh. 3,29; Neh. 10,9; Neh. 11,15; Neh. 12,34; Neh. 12,36)
Σαμαιας Shemaiah; Ishmaiah; Shema ▸ 25
  Σαμαια ▸ 1
    Noun · masculine · singular · genitive · (proper) ▸ **1** (2Chr. 12,15)
  Σαμαιαν ▸ 9
    Noun · masculine · singular · accusative · (proper) ▸ **9** (1Kings 12,22; 1Kings 12,24o; 1Kings 12,24y; 1Chr. 15,11; 2Chr. 11,2; 2Chr. 12,7; Jer. 36,24; Jer. 36,31; Jer. 36,32)
  Σαμαιας ▸ 13
    Noun · masculine · singular · nominative · (proper) ▸ **13** (1Kings 12,24o; 1Chr. 12,4; 1Chr. 15,8; 1Chr. 24,6; 1Chr. 26,4; 1Chr. 27,19; 2Chr. 12,5; 2Chr. 29,14; 2Chr. 35,9; 1Esdr. 1,9; 1Esdr. 8,39; Neh. 8,4; Jer. 36,31)
  Σαμαιου ▸ 2
    Noun · masculine · singular · genitive · (proper) ▸ **2** (1Chr. 4,37; Jer. 33,20)
Σαμαίας Shemaiah; Ishmaiah; Shema ▸ 1
  Σαμαιαν ▸ 1
    Noun · masculine · singular · accusative · (proper) ▸ **1** (1Esdr. 8,43)
Σαμαιος Shemaiah ▸ 1
  Σαμαιος ▸ 1
    Noun · masculine · singular · nominative · (proper) ▸ **1** (1Esdr. 9,21)
Σαμαλα Samlah ▸ 2
  Σαμαλα ▸ 2
    Noun · masculine · singular · nominative · (proper) ▸ **2** (Gen. 36,36; Gen. 36,37)
Σαμαλαι Shalmai ▸ 1
  Σαμαλαι ▸ 1
    Noun · masculine · singular · genitive · (proper) ▸ **1** (Ezra 2,46)
Σαμαραθ Shimrath ▸ 1
  Σαμαραθ ▸ 1
    Noun · masculine · singular · nominative · (proper) ▸ **1** (1Chr. 8,21)
Σαμαραῖος Zemarites ▸ 1
  Σαμαραῖον ▸ 1
    Noun · masculine · singular · accusative · (proper) ▸ **1** (Gen. 10,18)
Σαμαραν Shimron ▸ 1
  Σαμαραν ▸ 1
    Noun · masculine · singular · dative · (proper) ▸ **1** (Num. 26,20)
Σαμαρανι Shimronite ▸ 1
  Σαμαρανι ▸ 1
    Noun · masculine · singular · nominative · (proper) ▸ **1** (Num. 26,20)
Σαμάρεια Samaria ▸ 114 + 1 + 11 = 126
  Σαμάρεια ▸ 6 + 1 + 1 = 8
    Noun · feminine · singular · nominative · (proper) ▸ 6 + 1 + 1 = **8** (2Kings 18,10; Mic. 1,5; Ezek. 16,46; Ezek. 16,51; Ezek. 16,55; Ezek. 23,4; Tob. 14,4; Acts 8,14)
  Σαμαρείᾳ ▸ 45 + 1 = 46
    Noun · feminine · singular · dative · (proper) ▸ 45 + 1 = **46** (Judg. 10,1; Judg. 10,2; 1Kings 13,32; 1Kings 16,28; 1Kings 16,29; 1Kings 16,32; 1Kings 18,2; 1Kings 20,18; 1Kings 21,34; 1Kings 22,37; 1Kings 22,52; 2Kings 1,2; 2Kings 1,18a; 2Kings 5,3; 2Kings 6,25; 2Kings 10,1; 2Kings 10,1; 2Kings 10,17; 2Kings 10,35; 2Kings 10,36; 2Kings 13,1; 2Kings 13,6; 2Kings 13,9; 2Kings 13,10; 2Kings 13,13; 2Kings 14,16; 2Kings 14,23; 2Kings 15,8; 2Kings 15,13; 2Kings 15,14; 2Kings 15,17; 2Kings 15,23; 2Kings 15,25; 2Kings 15,27; 2Kings 17,1; 2Kings 17,32; 2Chr. 22,9; 1Esdr. 2,12; 1Esdr. 2,19; Ezra 4,17; Judith 1,9; Amos 3,12; Is. 9,8; Is. 10,10; Is. 10,11; Acts 1,8)
  Σαμάρειαν ▸ 27 + 1 = 28
    Noun · feminine · singular · accusative · (proper) ▸ 27 + 1 = **28** (1Kings 21,1; 1Kings 21,1; 1Kings 21,43; 1Kings 22,37; 2Kings 2,25; 2Kings 6,19; 2Kings 6,20; 2Kings 6,24; 2Kings 10,12; 2Kings 10,17; 2Kings 14,14; 2Kings 15,14; 2Kings 17,5; 2Kings 17,6; 2Kings 17,24; 2Kings 18,9; 2Kings 18,11; 2Kings 18,34; 2Chr. 18,2; 2Chr. 25,24; 2Chr. 28,8; 2Chr. 28,9; 2Chr. 28,15; 2Mac. 15,1; Mic. 1,6; Is. 10,9; Is. 36,19; Acts 15,3)
  Σαμαρείας ▸ 36 + 8 = 44
    Noun · feminine · singular · genitive · (proper) ▸ 36 + 8 = **44** (1Kings 20,1; 1Kings 21,10; 1Kings 21,17; 1Kings 22,10; 1Kings 22,38; 2Kings 1,3; 2Kings 3,6; 2Kings 6,20; 2Kings 7,1; 2Kings 7,18; 2Kings 10,1; 2Kings 17,24; 2Kings 17,26; 2Kings 17,28; 2Kings 21,13; 2Kings 23,18; 2Kings 23,19; 2Chr. 18,9; 2Chr. 25,13; 2Chr. 36,5b; Judith 4,4; 1Mac. 3,10; 1Mac. 10,38; Sir. 50,26; Amos 3,9; Amos 4,1; Amos 6,1; Amos 8,14; Mic. 1,1; Obad. 19; Is. 8,4; Jer. 23,13; Jer. 38,5; Jer. 48,5; Ezek. 16,53; Ezek. 23,33; Luke 17,11; John 4,4; John 4,5; John 4,7; Acts 8,1; Acts 8,5; Acts 8,9; Acts 9,31)
Σαμαρι Shimri ▸ 1
  Σαμαρι ▸ 1
    Noun · masculine · singular · genitive · (proper) ▸ **1** (1Chr. 4,37)
Σαμαρια Samaria; Shemariah; Amariah ▸ 4
  Σαμαρια ▸ 4
    Noun · masculine · singular · genitive · (proper) ▸ **1** (Ezra 7,3)
    Noun · masculine · singular · nominative · (proper) ▸ **3** (1Chr. 12,6; Ezra 10,32; Ezra 10,41)
Σαμαρία Samaria; Shemariah; Amariah ▸ 6
  Σαμάρεια ▸ 4
    Noun · feminine · singular · nominative · (proper) ▸ **2** (Hos. 10,7; Hos. 14,1)
    Noun · feminine · singular · vocative · (proper) ▸ **2** (Hos. 8,5; Hos. 8,6)
  Σαμάρειαν ▸ 1
    Noun · feminine · singular · accusative · (proper) ▸ **1** (Hos. 10,5)
  Σαμαρείας ▸ 1
    Noun · feminine · singular · genitive · (proper) ▸ **1** (Hos. 7,1)
Σαμαριας Shemariah ▸ 1
  Σαμαριαν ▸ 1
    Noun · masculine · singular · accusative · (proper) ▸ **1** (2Chr.

11,19)

Σαμαρίτης Samaritan ▸ 1 + 9 = 10
  Σαμαρῖται ▸ 1 + 1 = 2
    Noun · masculine · plural · nominative · (proper) ▸ 1 + 1 = 2 (2Kings 17,29; John 4,40)
  Σαμαρίταις ▸ 1
    Noun · masculine · plural · dative · (proper) ▸ 1 (John 4,9)
  Σαμαρίτης ▸ 3
    Noun · masculine · singular · nominative · (proper) ▸ 3 (Luke 10,33; Luke 17,16; John 8,48)
  Σαμαριτῶν ▸ 4
    Noun · masculine · plural · genitive · (proper) ▸ 4 (Matt. 10,5; Luke 9,52; John 4,39; Acts 8,25)

Σαμαρῖτις Samaritan (f) ▸ 3 + 2 = 5
  Σαμαρίτιδος ▸ 2 + 1 = 3
    Noun · feminine · singular · genitive · (proper) ▸ 2 + 1 = 3 (1Mac. 10,30; 1Mac. 11,34; John 4,9)
  Σαμαρῖτιν ▸ 1
    Noun · feminine · singular · accusative · (proper) ▸ 1 (1Mac. 11,28)
  Σαμαρῖτις ▸ 1
    Noun · feminine · singular · nominative · (proper) ▸ 1 (John 4,9)

Σαματος Samatus ▸ 1
  Σαματος ▸ 1
    Noun · masculine · singular · nominative · (proper) ▸ 1 (1Esdr. 9,34)

Σαμαχια Ismakiah ▸ 1
  Σαμαχια ▸ 1
    Noun · masculine · singular · nominative · (proper) ▸ 1 (2Chr. 31,13)

Σαμαωθ Shamhuth ▸ 1
  Σαμαωθ ▸ 1
    Noun · masculine · singular · nominative · (proper) ▸ 1 (1Chr. 27,8)

Σαμβρι Shimri ▸ 1
  Σαμβρι ▸ 1
    Noun · masculine · singular · nominative · (proper) ▸ 1 (2Chr. 29,13)

σαμβύκη harp ▸ 1 + 4 = 5
  σαμβύκης ▸ 1 + 4 = 5
    Noun · feminine · singular · genitive · (common) ▸ 1 + 4 = 5 (Dan. 3,5; Dan. 3,5; Dan. 3,7; Dan. 3,10; Dan. 3,15)

Σαμεγαρ Shamgar ▸ 2 + 2 = 4
  Σαμεγαρ ▸ 2 + 2 = 4
    Noun · masculine · singular · genitive · (proper) ▸ 1 + 1 = 2 (Judg. 5,6; Judg. 5,6)
    Noun · masculine · singular · nominative · (proper) ▸ 1 + 1 = 2 (Judg. 3,31; Judg. 3,31)

Σαμερι Shimri ▸ 1
  Σαμερι ▸ 1
    Noun · masculine · singular · genitive · (proper) ▸ 1 (1Chr. 11,45)

Σαμες Shemesh ▸ 1
  Σαμες ▸ 1
    Noun · singular · genitive · (proper) ▸ 1 (Josh. 19,41)

Σαμηρ Shomer; Shamir ▸ 2
  Σαμηρ ▸ 2
    Noun · masculine · singular · accusative · (proper) ▸ 1 (1Chr. 7,32)
    Noun · masculine · singular · nominative · (proper) ▸ 1 (1Chr. 24,24)

Σαμι Shuham ▸ 3
  Σαμι ▸ 3
    Noun · masculine · singular · dative · (proper) ▸ 1 (Num. 26,46)
    Noun · masculine · singular · genitive · (proper) ▸ 1 (Num. 26,47)
    Noun · masculine · singular · nominative · (proper) ▸ 1 (Num. 26,46)

Σαμια Shemaiah ▸ 1
  Σαμια ▸ 1
    Noun · masculine · singular · genitive · (proper) ▸ 1 (1Chr. 9,16)

Σαμιρ Shamir ▸ 1 + 2 = 3
  Σαμιρ ▸ 1 + 2 = 3
    Noun · singular · nominative · (proper) ▸ 1 + 2 = 3 (Josh. 15,48; Judg. 10,1; Judg. 10,2)

Σαμμα Shammah ▸ 2
  Σαμμα ▸ 2
    Noun · masculine · singular · nominative · (proper) ▸ 2 (2Sam. 23,33; 1Chr. 11,44)

Σαμμαυς Shemesh ▸ 1
  Σαμμαυς ▸ 1
    Noun · singular · nominative · (proper) ▸ 1 (Josh. 19,41)

Σαμμους Shammua; Shema ▸ 2
  Σαμμους ▸ 2
    Noun · singular · nominative · (proper) ▸ 1 (2Sam. 5,14)
    Noun · masculine · singular · nominative · (proper) ▸ 1 (1Esdr. 9,43)

Σαμμωθ Shammoth ▸ 1
  Σαμμωθ ▸ 1
    Noun · masculine · singular · nominative · (proper) ▸ 1 (1Chr. 11,27)

Σαμοθράκη Samothrace ▸ 1
  Σαμοθράκην ▸ 1
    Noun · feminine · singular · accusative · (proper) ▸ 1 (Acts 16,11)

Σάμος Samos ▸ 1 + 1 = 2
  Σάμον ▸ 1 + 1 = 2
    Noun · singular · accusative · (proper) ▸ 1 (1Mac. 15,23)
    Noun · feminine · singular · accusative · (proper) ▸ 1 (Acts 20,15)

Σαμου Shimei ▸ 1
  Σαμου ▸ 1
    Noun · masculine · singular · nominative · (proper) ▸ 1 (Ezra 10,23)

Σαμουε Shammua ▸ 1
  Σαμουε ▸ 1
    Noun · masculine · singular · nominative · (proper) ▸ 1 (Neh. 12,18)

Σαμουηλ Samuel ▸ 146
  Σαμουηλ ▸ 146
    Noun · masculine · singular · accusative · (proper) ▸ 26 (1Sam. 1,20; 1Sam. 3,8; 1Sam. 3,11; 1Sam. 3,16; 1Sam. 3,21; 1Sam. 7,8; 1Sam. 8,4; 1Sam. 8,7; 1Sam. 8,22; 1Sam. 9,18; 1Sam. 10,14; 1Sam. 11,12; 1Sam. 12,4; 1Sam. 12,11; 1Sam. 12,18; 1Sam. 12,19; 1Sam. 15,10; 1Sam. 15,20; 1Sam. 15,24; 1Sam. 16,1; 1Sam. 16,7; 1Sam. 16,12; 1Sam. 19,18; 1Sam. 19,20; 1Sam. 28,11; 1Sam. 28,12)
    Noun · masculine · singular · dative · (proper) ▸ 1 (1Sam. 15,12)
    Noun · masculine · singular · genitive · (proper) ▸ 18 (1Sam. 7,13; 1Sam. 8,6; 1Sam. 8,19; 1Sam. 9,15; 1Sam. 9,24; 1Sam. 10,9; 1Sam. 11,7; 1Sam. 16,8; 1Sam. 16,10; 1Sam. 28,20; 1Chr. 6,13; 1Chr. 6,18; 1Chr. 11,3; 1Chr. 26,28; 1Chr. 29,29; 2Chr. 35,18; 1Esdr. 1,18; Ode. 3,0)
    Noun · masculine · singular · nominative · (proper) ▸ 96 (1Sam. 2,18; 1Sam. 2,21; 1Sam. 2,26; 1Sam. 3,1; 1Sam. 3,3; 1Sam. 3,7; 1Sam. 3,9; 1Sam. 3,10; 1Sam. 3,15; 1Sam. 3,15; 1Sam. 3,18; 1Sam. 3,19; 1Sam. 3,20; 1Sam. 3,21; 1Sam. 7,3; 1Sam. 7,5;

1Sam. 7,6; 1Sam. 7,9; 1Sam. 7,9; 1Sam. 7,10; 1Sam. 7,12; 1Sam. 7,15; 1Sam. 8,1; 1Sam. 8,6; 1Sam. 8,10; 1Sam. 8,21; 1Sam. 8,22; 1Sam. 9,14; 1Sam. 9,17; 1Sam. 9,19; 1Sam. 9,22; 1Sam. 9,23; 1Sam. 9,24; 1Sam. 9,26; 1Sam. 9,26; 1Sam. 9,27; 1Sam. 10,1; 1Sam. 10,15; 1Sam. 10,17; 1Sam. 10,20; 1Sam. 10,22; 1Sam. 10,24; 1Sam. 10,25; 1Sam. 10,25; 1Sam. 11,14; 1Sam. 11,15; 1Sam. 11,15; 1Sam. 12,1; 1Sam. 12,5; 1Sam. 12,6; 1Sam. 12,18; 1Sam. 12,20; 1Sam. 13,8; 1Sam. 13,8; 1Sam. 13,10; 1Sam. 13,11; 1Sam. 13,13; 1Sam. 13,15; 1Sam. 15,1; 1Sam. 15,11; 1Sam. 15,12; 1Sam. 15,13; 1Sam. 15,14; 1Sam. 15,16; 1Sam. 15,17; 1Sam. 15,22; 1Sam. 15,26; 1Sam. 15,27; 1Sam. 15,28; 1Sam. 15,31; 1Sam. 15,32; 1Sam. 15,33; 1Sam. 15,33; 1Sam. 15,34; 1Sam. 15,35; 1Sam. 15,35; 1Sam. 16,2; 1Sam. 16,4; 1Sam. 16,10; 1Sam. 16,11; 1Sam. 16,11; 1Sam. 16,13; 1Sam. 16,13; 1Sam. 19,18; 1Sam. 19,22; 1Sam. 25,1; 1Sam. 28,3; 1Sam. 28,14; 1Sam. 28,15; 1Sam. 28,16; 1Chr. 7,2; 1Chr. 9,22; 1Chr. 10,13; Psa. 98,6; Sir. 46,13; Jer. 15,1)
- **Noun** · masculine · singular · vocative · (proper) ▸ **5** (1Sam. 3,4; 1Sam. 3,4; 1Sam. 3,6; 1Sam. 3,6; 1Sam. 3,16)

Σαμουήλ Samuel ▸ 3
Σαμουήλ ▸ 3
- **Noun** · masculine · singular · genitive · (proper) ▸ **3** (Acts 3,24; Acts 13,20; Heb. 11,32)

Σαμουι Shammua; Samoui ▸ 1
Σαμουι ▸ 1
- **Noun** · masculine · singular · genitive · (proper) ▸ **1** (Neh. 11,17)

Σαμουιας Shemaiah ▸ 1
Σαμουιας ▸ 1
- **Noun** · masculine · singular · nominative · (proper) ▸ **1** (2Chr. 17,8)

Σαμς sun; Shemesh ▸ 1
Σαμς ▸ 1
- **Noun** · singular · genitive · (proper) ▸ **1** (Josh. 19,12)

Σαμσαι Shimshai ▸ 4
Σαμσαι ▸ 4
- **Noun** · masculine · singular · accusative · (proper) ▸ **1** (Ezra 4,17)
- **Noun** · masculine · singular · genitive · (proper) ▸ **1** (Ezra 4,23)
- **Noun** · masculine · singular · nominative · (proper) ▸ **2** (Ezra 4,8; Ezra 4,9)

Σαμσαῖος Shimshai ▸ 3
Σαμσαῖος ▸ 3
- **Noun** · masculine · singular · nominative · (proper) ▸ **3** (1Esdr. 2,12; 1Esdr. 2,13; 1Esdr. 2,25)

Σαμσαίος Shimshai ▸ 1
Σαμσαίῳ ▸ 1
- **Noun** · masculine · singular · dative · (proper) ▸ **1** (1Esdr. 2,19)

Σαμσαρια Shamsherai ▸ 1
Σαμσαρια ▸ 1
- **Noun** · masculine · singular · nominative · (proper) ▸ **1** (1Chr. 8,26)

σαμχ (Hebr.) samekh ▸ 1
σαμχ ▸ 1
- **Noun** ▸ **1** (Psa. 118,113)

Σαμψάμης Sampsames ▸ 1
Σαμψάμη ▸ 1
- **Noun** · masculine · singular · dative · (proper) ▸ **1** (1Mac. 15,23)

Σαμψων Samson ▸ 43 + 45 = 88
Σαμψων ▸ 43 + 45 = 88
- **Noun** · masculine · singular · accusative · (proper) ▸ 10 + 10 = **20** (Judg. 13,24; Judg. 15,10; Judg. 15,11; Judg. 16,6; Judg. 16,10; Judg. 16,13; Judg. 16,23; Judg. 16,25; Judg. 16,25; Judg. 16,27; Judg. 13,24; Judg. 15,10; Judg. 16,6; Judg. 16,10; Judg. 16,13; Judg. 16,15; Judg. 16,19; Judg. 16,23; Judg. 16,25; Judg. 16,25)
- **Noun** · masculine · singular · dative · (proper) ▸ **2** (Judg. 15,11; Judg. 16,27)
- **Noun** · masculine · singular · genitive · (proper) ▸ 4 + 4 = **8** (Judg. 14,7; Judg. 14,15; Judg. 14,16; Judg. 14,20; Judg. 14,7; Judg. 14,15; Judg. 14,16; Judg. 14,20)
- **Noun** · masculine · singular · nominative · (proper) ▸ 25 + 25 = **50** (Judg. 14,1; Judg. 14,3; Judg. 14,5; Judg. 14,10; Judg. 14,12; Judg. 14,16; Judg. 14,18; Judg. 14,19; Judg. 15,1; Judg. 15,3; Judg. 15,4; Judg. 15,6; Judg. 15,7; Judg. 15,11; Judg. 15,12; Judg. 15,16; Judg. 16,1; Judg. 16,2; Judg. 16,3; Judg. 16,7; Judg. 16,26; Judg. 16,28; Judg. 16,29; Judg. 16,30; Judg. 16,30; Judg. 14,1; Judg. 14,3; Judg. 14,5; Judg. 14,10; Judg. 14,12; Judg. 14,16; Judg. 14,18; Judg. 14,19; Judg. 15,1; Judg. 15,3; Judg. 15,4; Judg. 15,6; Judg. 15,7; Judg. 15,11; Judg. 15,12; Judg. 15,16; Judg. 16,1; Judg. 16,2; Judg. 16,3; Judg. 16,7; Judg. 16,26; Judg. 16,28; Judg. 16,29; Judg. 16,30; Judg. 16,30)
- **Noun** · masculine · singular · vocative · (proper) ▸ 4 + 4 = **8** (Judg. 16,9; Judg. 16,12; Judg. 16,14; Judg. 16,20; Judg. 16,9; Judg. 16,12; Judg. 16,14; Judg. 16,20)

Σαμψών Samson ▸ 1
Σαμψών ▸ 1
- **Noun** · masculine · singular · genitive · (proper) ▸ **1** (Heb. 11,32)

Σαν Shan ▸ 1
Σαν ▸ 1
- **Noun** · masculine · singular · genitive · (proper) ▸ **1** (1Kings 4,12)

Σαναα Hassenuah; Senaah ▸ 3
Σαναα ▸ 3
- **Noun** · singular · genitive · (proper) ▸ **3** (1Chr. 9,7; Ezra 2,35; Neh. 7,38)

Σαναας Senaah ▸ 1
Σαναας ▸ 1
- **Noun** · masculine · singular · genitive · (proper) ▸ **1** (1Esdr. 5,23)

Σαναβαλλατ Sanballat ▸ 10
Σαναβαλλατ ▸ 10
- **Noun** · masculine · singular · dative · (proper) ▸ **2** (Neh. 6,1; Neh. 6,14)
- **Noun** · masculine · singular · genitive · (proper) ▸ **1** (Neh. 13,28)
- **Noun** · masculine · singular · nominative · (proper) ▸ **7** (Neh. 2,10; Neh. 2,19; Neh. 3,33; Neh. 4,1; Neh. 6,2; Neh. 6,5; Neh. 6,12)

Σαναβάσσαρος Sheshbazzar ▸ 4
Σαναβάσσαρος ▸ 1
- **Noun** · masculine · singular · nominative · (proper) ▸ **1** (1Esdr. 6,19)
Σαναβασσάρου ▸ 1
- **Noun** · masculine · singular · genitive · (proper) ▸ **1** (1Esdr. 2,11)
Σαναβασσάρῳ ▸ 2
- **Noun** · masculine · singular · dative · (proper) ▸ **2** (1Esdr. 2,8; 1Esdr. 6,17)

σανδάλιον (σάνδαλον) sandal ▸ 4 + 2 = 6
σανδάλια ▸ 2 + 1 = 3
- **Noun** · neuter · plural · accusative · (common) ▸ 1 + 1 = **2** (Judith 10,4; Mark 6,9)
- **Noun** · neuter · plural · nominative · (common) ▸ **1** (Josh. 9,5)
σανδάλιά ▸ 1 + 1 = 2
- **Noun** · neuter · plural · accusative · (common) ▸ 1 + 1 = **2** (Is. 20,2; Acts 12,8)
σανδάλιον ▸ 1
- **Noun** · neuter · singular · nominative · (common) ▸ **1** (Judith 16,9)

Σανεσαρ Shenazzar ▸ 1
  Σανεσαρ ▸ 1
    Noun ▪ masculine ▪ singular ▪ nominative ▪ (proper) ▸ **1** (1Chr. 3,18)

Σανι Sani (Heb. second) ▸ 1
  Σανι ▸ 1
    Noun ▪ masculine ▪ singular ▪ genitive ▪ (proper) ▸ **1** (1Chr. 6,13)

σανίδωμα (σανίς) planking, deck ▸ 1
  σανιδώματι ▸ 1
    Noun ▪ neuter ▪ singular ▪ dative ▪ (common) ▸ **1** (3Mac. 4,10)

σανιδωτός (σανίς) planked, boarded over ▸ 1
  σανιδωτὸν ▸ 1
    Adjective ▪ neuter ▪ singular ▪ accusative ▪ noDegree ▸ **1** (Ex. 27,8)

Σανιρ Senir ▸ 4
  Σανιρ ▸ 4
    Noun ▪ singular ▪ accusative ▪ (proper) ▸ **2** (Deut. 3,9; 1Chr. 5,23)
    Noun ▪ singular ▪ genitive ▪ (proper) ▸ **2** (Song 4,8; Ezek. 27,5)

σανίς plank, board ▸ 3 + 1 = 4
  σανίδα ▸ 1
    Noun ▪ feminine ▪ singular ▪ accusative ▪ (common) ▸ **1** (Song 8,9)
  σανίδος ▸ 1
    Noun ▪ feminine ▪ singular ▪ genitive ▪ (common) ▸ **1** (2Kings 12,10)
  σανίδων ▸ 1
    Noun ▪ feminine ▪ plural ▪ genitive ▪ (common) ▸ **1** (Ezek. 27,5)
  σανίσιν ▸ 1
    Noun ▪ feminine ▪ plural ▪ dative ▸ **1** (Acts 27,44)

Σανιωρ Senir ▸ 1
  Σανιωρ ▸ 1
    Noun ▪ singular ▪ accusative ▪ (proper) ▸ **1** (Deut. 3,9)

Σανσαννα Sansannah ▸ 1
  Σανσαννα ▸ 1
    Noun ▪ singular ▪ nominative ▪ (proper) ▸ **1** (Josh. 15,31)

Σαου Sheva ▸ 1
  Σαου ▸ 1
    Noun ▪ masculine ▪ singular ▪ accusative ▪ (proper) ▸ **1** (1Chr. 2,49)

Σαουια Saouia (?) Uzzi (?) ▸ 1
  Σαουια ▸ 1
    Noun ▪ masculine ▪ singular ▪ genitive ▪ (proper) ▸ **1** (Ezra 7,4)

Σαουλ Shaul; Saul ▸ 380
  Σαουλ ▸ 380
    Noun ▪ masculine ▪ singular ▪ accusative ▪ (proper) ▸ **56** (1Sam. 9,3; 1Sam. 9,15; 1Sam. 9,17; 1Sam. 9,22; 1Sam. 9,26; 1Sam. 10,15; 1Sam. 11,4; 1Sam. 11,6; 1Sam. 11,15; 1Sam. 13,13; 1Sam. 14,40; 1Sam. 14,42; 1Sam. 14,45; 1Sam. 15,1; 1Sam. 15,11; 1Sam. 15,12; 1Sam. 15,13; 1Sam. 15,16; 1Sam. 15,17; 1Sam. 15,26; 1Sam. 15,35; 1Sam. 15,35; 1Sam. 16,20; 1Sam. 16,21; 1Sam. 17,32; 1Sam. 17,34; 1Sam. 17,39; 1Sam. 18,21; 1Sam. 19,4; 1Sam. 19,7; 1Sam. 19,8; 1Sam. 23,19; 1Sam. 23,27; 1Sam. 24,8; 1Sam. 24,10; 1Sam. 24,17; 1Sam. 26,1; 1Sam. 26,6; 1Sam. 28,12; 1Sam. 28,21; 1Sam. 31,3; 1Sam. 31,8; 2Sam. 1,1; 2Sam. 1,12; 2Sam. 1,17; 2Sam. 1,24; 2Sam. 2,4; 2Sam. 2,5; 2Sam. 21,1; 2Sam. 21,12; 1Chr. 8,33; 1Chr. 9,39; 1Chr. 10,3; 1Chr. 10,8; 1Chr. 12,20; 1Chr. 12,24)
    Noun ▪ masculine ▪ singular ▪ dative ▪ (proper) ▸ **30** (Num. 26,13; 1Sam. 9,8; 1Sam. 9,19; 1Sam. 9,24; 1Sam. 9,25; 1Sam. 9,27; 1Sam. 13,22; 1Sam. 14,33; 1Sam. 15,35; 1Sam. 16,1; 1Sam. 16,23; 1Sam. 19,9; 1Sam. 19,17; 1Sam. 19,19; 1Sam. 19,21; 1Sam. 20,28; 1Sam. 20,32; 1Sam. 22,22; 1Sam. 23,7; 1Sam. 23,13; 1Sam. 24,23; 1Sam. 27,4; 1Sam. 31,2; 1Sam. 31,11; 2Sam. 3,7; 2Sam. 4,4; 2Sam. 9,9; 2Sam. 21,8; 1Chr. 10,11; Psa. 51,2)
    Noun ▪ masculine ▪ singular ▪ genitive ▪ (proper) ▸ **106** (1Sam. 9,3; 1Sam. 9,24; 1Sam. 10,26; 1Sam. 11,7; 1Sam. 13,2; 1Sam. 13,4; 1Sam. 13,15; 1Sam. 13,22; 1Sam. 14,1; 1Sam. 14,16; 1Sam. 14,21; 1Sam. 14,23; 1Sam. 14,49; 1Sam. 14,50; 1Sam. 14,51; 1Sam. 14,52; 1Sam. 15,31; 1Sam. 16,14; 1Sam. 16,15; 1Sam. 17,8; 1Sam. 18,8; 1Sam. 18,20; 1Sam. 18,23; 1Sam. 18,24; 1Sam. 18,26; 1Sam. 19,1; 1Sam. 19,10; 1Sam. 19,20; 1Sam. 20,25; 1Sam. 21,8; 1Sam. 21,8; 1Sam. 21,11; 1Sam. 22,9; 1Sam. 23,16; 1Sam. 23,17; 1Sam. 23,24; 1Sam. 23,26; 1Sam. 24,5; 1Sam. 24,9; 1Sam. 28,25; 1Sam. 29,3; 1Sam. 31,2; 1Sam. 31,12; 2Sam. 1,2; 2Sam. 1,21; 2Sam. 1,22; 2Sam. 2,8; 2Sam. 2,8; 2Sam. 2,10; 2Sam. 2,12; 2Sam. 2,15; 2Sam. 3,1; 2Sam. 3,1; 2Sam. 3,6; 2Sam. 3,6; 2Sam. 3,7; 2Sam. 3,8; 2Sam. 3,10; 2Sam. 3,13; 2Sam. 3,14; 2Sam. 4,1; 2Sam. 4,2; 2Sam. 4,4; 2Sam. 4,8; 2Sam. 4,8; 2Sam. 5,2; 2Sam. 6,16; 2Sam. 6,20; 2Sam. 6,23; 2Sam. 9,1; 2Sam. 9,2; 2Sam. 9,3; 2Sam. 9,6; 2Sam. 9,7; 2Sam. 9,9; 2Sam. 12,7; 2Sam. 16,5; 2Sam. 16,8; 2Sam. 19,18; 2Sam. 19,25; 2Sam. 21,4; 2Sam. 21,6; 2Sam. 21,7; 2Sam. 21,7; 2Sam. 21,8; 2Sam. 21,11; 2Sam. 21,12; 2Sam. 21,13; 2Sam. 21,14; 2Sam. 22,1; 1Chr. 5,10; 1Chr. 10,2; 1Chr. 10,2; 1Chr. 10,12; 1Chr. 11,2; 1Chr. 12,1; 1Chr. 12,2; 1Chr. 12,30; 1Chr. 12,30; 1Chr. 13,3; 1Chr. 15,29; 1Chr. 26,28; 1Mac. 4,30; Psa. 17,1; Psa. 56,1; Is. 10,29)
    Noun ▪ masculine ▪ singular ▪ nominative ▪ (proper) ▸ **188** (Gen. 36,37; Gen. 36,38; Gen. 46,10; Ex. 6,15; 1Sam. 9,2; 1Sam. 9,5; 1Sam. 9,7; 1Sam. 9,10; 1Sam. 9,18; 1Sam. 9,21; 1Sam. 9,24; 1Sam. 9,26; 1Sam. 10,11; 1Sam. 10,12; 1Sam. 10,16; 1Sam. 10,21; 1Sam. 10,26; 1Sam. 11,5; 1Sam. 11,5; 1Sam. 11,11; 1Sam. 11,12; 1Sam. 11,13; 1Sam. 13,2; 1Sam. 13,3; 1Sam. 13,4; 1Sam. 13,7; 1Sam. 13,9; 1Sam. 13,10; 1Sam. 13,11; 1Sam. 13,15; 1Sam. 13,16; 1Sam. 14,2; 1Sam. 14,17; 1Sam. 14,18; 1Sam. 14,19; 1Sam. 14,19; 1Sam. 14,20; 1Sam. 14,24; 1Sam. 14,33; 1Sam. 14,34; 1Sam. 14,35; 1Sam. 14,35; 1Sam. 14,36; 1Sam. 14,37; 1Sam. 14,38; 1Sam. 14,41; 1Sam. 14,41; 1Sam. 14,42; 1Sam. 14,42; 1Sam. 14,43; 1Sam. 14,44; 1Sam. 14,46; 1Sam. 14,47; 1Sam. 14,52; 1Sam. 15,4; 1Sam. 15,5; 1Sam. 15,6; 1Sam. 15,7; 1Sam. 15,9; 1Sam. 15,12; 1Sam. 15,13; 1Sam. 15,15; 1Sam. 15,20; 1Sam. 15,24; 1Sam. 15,27; 1Sam. 15,30; 1Sam. 15,34; 1Sam. 16,2; 1Sam. 16,17; 1Sam. 16,19; 1Sam. 16,22; 1Sam. 16,23; 1Sam. 17,2; 1Sam. 17,11; 1Sam. 17,33; 1Sam. 17,37; 1Sam. 17,38; 1Sam. 18,7; 1Sam. 18,9; 1Sam. 18,12; 1Sam. 18,15; 1Sam. 18,20; 1Sam. 18,21; 1Sam. 18,22; 1Sam. 18,25; 1Sam. 18,25; 1Sam. 18,28; 1Sam. 19,1; 1Sam. 19,2; 1Sam. 19,6; 1Sam. 19,6; 1Sam. 19,10; 1Sam. 19,11; 1Sam. 19,14; 1Sam. 19,17; 1Sam. 19,18; 1Sam. 19,20; 1Sam. 19,21; 1Sam. 19,22; 1Sam. 19,24; 1Sam. 19,24; 1Sam. 20,27; 1Sam. 20,30; 1Sam. 20,33; 1Sam. 21,12; 1Sam. 22,6; 1Sam. 22,6; 1Sam. 22,7; 1Sam. 22,12; 1Sam. 22,13; 1Sam. 22,16; 1Sam. 22,21; 1Sam. 23,7; 1Sam. 23,8; 1Sam. 23,9; 1Sam. 23,10; 1Sam. 23,11; 1Sam. 23,14; 1Sam. 23,15; 1Sam. 23,17; 1Sam. 23,21; 1Sam. 23,25; 1Sam. 23,25; 1Sam. 23,26; 1Sam. 23,26; 1Sam. 23,28; 1Sam. 24,2; 1Sam. 24,4; 1Sam. 24,8; 1Sam. 24,9; 1Sam. 24,17; 1Sam. 24,17; 1Sam. 24,18; 1Sam. 24,23; 1Sam. 25,44; 1Sam. 26,2; 1Sam. 26,3; 1Sam. 26,4; 1Sam. 26,5; 1Sam. 26,5; 1Sam. 26,7; 1Sam. 26,17; 1Sam. 26,21; 1Sam. 26,25; 1Sam. 26,25; 1Sam. 27,1; 1Sam. 27,1; 1Sam. 28,3; 1Sam. 28,4; 1Sam. 28,5; 1Sam. 28,6; 1Sam. 28,7; 1Sam. 28,8; 1Sam. 28,9; 1Sam. 28,10; 1Sam. 28,12; 1Sam. 28,14; 1Sam. 28,15; 1Sam. 28,20; 1Sam. 29,5; 1Sam. 31,4; 1Sam. 31,4; 1Sam. 31,5; 1Sam. 31,6; 1Sam. 31,7; 2Sam. 1,4; 2Sam. 1,5; 2Sam. 1,6; 2Sam. 1,23; 2Sam. 2,7; 2Sam. 4,10; 2Sam. 21,2; 1Chr. 1,48; 1Chr. 1,49; 1Chr. 4,24; 1Chr. 6,9; 1Chr. 8,33; 1Chr. 9,39; 1Chr. 10,4; 1Chr. 10,4; 1Chr. 10,5; 1Chr. 10,6; 1Chr. 10,7; 1Chr. 10,13;

1Chr. 10,13; 1Chr. 12,20; Psa. 58,1)

Σαούλ Shaul; Saul ▸ 1 + 9 = 10
  Σαουλ ▸ 1
    Noun · masculine · singular · dative · (proper) ▸ **1** (Psa. 53,2)
  Σαούλ ▸ 3
    Noun · masculine · singular · vocative · (proper) ▸ **3** (Acts 9,4; Acts 22,7; Acts 26,14)
  Σαούλ ▸ 6
    Noun · masculine · singular · accusative · (proper) ▸ **1** (Acts 13,21)
    Noun · masculine · singular · vocative · (proper) ▸ **5** (Acts 9,4; Acts 9,17; Acts 22,7; Acts 22,13; Acts 26,14)

Σαουλι Shaulite ▸ 1
  Σαουλι ▸ 1
    Noun · masculine · singular · nominative · (proper) ▸ **1** (Num. 26,13)

Σαουρ Ashhur ▸ 1
  Σαουρ ▸ 1
    Noun · masculine · singular · dative · (proper) ▸ **1** (1Chr. 4,5)

σαπρία (σήπω) decay, rot ▸ 10
  σαπρία ▸ 3
    Noun · feminine · singular · nominative · (common) ▸ **3** (Job 21,26; Job 25,6; Joel 2,20)
  σαπρίᾳ ▸ 2
    Noun · feminine · singular · dative · (common) ▸ **2** (Job 2,9c; Job 7,5)
  σαπρίαν ▸ 2
    Noun · feminine · singular · accusative · (common) ▸ **2** (2Mac. 9,9; Job 17,14)
  σαπρίας ▸ 3
    Noun · feminine · singular · genitive · (common) ▸ **3** (Job 8,16; Sol. 14,7; Sol. 16,14)

σαπρίζω (σήπω) to make rotten ▸ 1
  σαπριοῦσιν ▸ 1
    Verb · third · plural · future · active · indicative ▸ **1** (Eccl. 10,1)

σαπρός (σήπω) rotten; counterfeit ▸ 8
  σαπρὰ ▸ 1
    Adjective · neuter · plural · accusative ▸ **1** (Matt. 13,48)
  σαπρόν ▸ 2
    Adjective · masculine · singular · accusative ▸ **2** (Matt. 12,33; Luke 6,43)
  σαπρὸν ▸ 4
    Adjective · neuter · singular · accusative ▸ **1** (Matt. 12,33)
    Adjective · neuter · singular · nominative ▸ **3** (Matt. 7,17; Matt. 7,18; Luke 6,43)
  σαπρὸς ▸ 1
    Adjective · masculine · singular · nominative ▸ **1** (Eph. 4,29)

σάπφειρος sapphire ▸ 13 + 1 = 14
  σάπφειρον ▸ 2
    Noun · feminine · singular · accusative · (common) ▸ **2** (Is. 54,11; Ezek. 28,13)
  σάπφειρος ▸ 2
    Noun · feminine · singular · nominative · (common) ▸ **2** (Ex. 28,18; Ex. 36,18)
  σαπφείρου ▸ 7
    Noun · feminine · singular · genitive · (common) ▸ **7** (Ex. 24,10; Song 5,14; Job 28,6; Lam. 4,7; Ezek. 1,26; Ezek. 9,2; Ezek. 10,1)
  σαπφείρῳ ▸ 2 + 1 = 3
    Noun · feminine · singular · dative · (common) ▸ **2 + 1 = 3** (Tob. 13,17; Job 28,16; Tob. 13,17)

Σαπφιν Shuppites ▸ 1
  Σαπφιν ▸ 1
    Noun · masculine · singular · nominative · (proper) ▸ **1** (1Chr. 7,12)

Σάπφιρα Sapphira ▸ 1
  Σαπφίρῃ ▸ 1
    Noun · feminine · singular · dative · (proper) ▸ **1** (Acts 5,1)

σάπφιρος sapphire ▸ 1
  σάπφιρος ▸ 1
    Noun · feminine · singular · nominative ▸ **1** (Rev. 21,19)

Σαρα Sarai; Ashhur ▸ 20
  Σαρα ▸ 13
    Noun · singular · nominative · (proper) ▸ **1** (Josh. 18,22)
    Noun · feminine · singular · dative · (proper) ▸ **1** (Gen. 12,11)
    Noun · feminine · singular · nominative · (proper) ▸ **11** (Gen. 11,29; Gen. 11,30; Gen. 16,1; Gen. 16,2; Gen. 16,3; Gen. 16,5; Gen. 16,6; Gen. 17,15; Gen. 17,15; Gen. 46,17; Num. 26,30)
  Σαραν ▸ 3
    Noun · feminine · singular · accusative · (proper) ▸ **3** (Gen. 11,31; Gen. 12,5; Gen. 16,6)
  Σαρας ▸ 4
    Noun · feminine · singular · genitive · (proper) ▸ **4** (Gen. 12,17; Gen. 16,2; Gen. 16,8; Gen. 16,8)

Σαραα Zorah ▸ 7 + 8 = 15
  Σαραα ▸ 7 + 8 = 15
    Noun · singular · accusative · (proper) ▸ **1 + 1 = 2** (Judg. 18,8; Judg. 18,8)
    Noun · singular · genitive · (proper) ▸ **5 + 5 = 10** (Judg. 13,2; Judg. 13,25; Judg. 16,31; Judg. 18,2; Judg. 18,11; Judg. 13,2; Judg. 13,25; Judg. 16,31; Judg. 18,2; Judg. 18,11)
    Noun · singular · nominative · (proper) ▸ **2** (Josh. 15,33; Josh. 19,41)
    Noun · feminine · singular · accusative · (proper) ▸ **1** (2Chr. 11,10)

σαράβαρα sandal ▸ 1 + 2 = 3
  σαράβαρα ▸ 1 + 1 = 2
    Noun · neuter · plural · nominative · (common) ▸ **1 + 1 = 2** (Dan. 3,94; Dan. 3,94)
  σαραβάροις ▸ 1
    Noun · neuter · plural · dative · (common) ▸ **1** (Dan. 3,21)

Σαραβια Sherebiah ▸ 5
  Σαραβια ▸ 5
    Noun · masculine · singular · genitive · (proper) ▸ **1** (Neh. 9,4)
    Noun · masculine · singular · nominative · (proper) ▸ **4** (Neh. 8,7; Neh. 10,13; Neh. 12,8; Neh. 12,24)

Σαραβιας Sherebiah ▸ 1
  Σαραβιας ▸ 1
    Noun · masculine · singular · nominative · (proper) ▸ **1** (1Esdr. 9,48)

Σαραδ Sharar ▸ 1
  Σαραδ ▸ 1
    Noun · masculine · singular · genitive · (proper) ▸ **1** (2Sam. 23,33)

Σαραδα Zedad ▸ 1
  Σαραδα ▸ 1
    Noun · singular · genitive · (proper) ▸ **1** (Num. 34,8)

Σαραθ Zorah ▸ 1
  Σαραθ ▸ 1
    Noun · singular · nominative · (proper) ▸ **1** (Josh. 19,41)

Σαραθαῖοι Zorathites ▸ 1
  Σαραθαῖοι ▸ 1
    Noun · masculine · plural · nominative · (proper) ▸ **1** (1Chr. 2,53)

Σαραθι Zorathite ▸ 1
  Σαραθι ▸ 1

Noun · masculine · singular · genitive · (proper) ▸ **1** (1Chr. 4,2)
Σαραια Seraiah ▸ 10
   Σαραια ▸ 10
      Noun · masculine · singular · accusative · (proper) ▸ **1** (1Chr. 5,40)
      Noun · masculine · singular · dative · (proper) ▸ **2** (Neh. 12,12; Jer. 43,26)
      Noun · masculine · singular · genitive · (proper) ▸ **2** (1Chr. 4,35; Neh. 10,3)
      Noun · masculine · singular · nominative · (proper) ▸ **5** (1Chr. 4,13; 1Chr. 4,14; 1Chr. 8,38; Neh. 11,11; Neh. 12,1)
Σαραιας Seraiah ▸ 11
   Σαραια ▸ 2
      Noun · masculine · singular · dative · (proper) ▸ **2** (Ezra 8,24; Jer. 28,59)
   Σαραιαν ▸ 2
      Noun · masculine · singular · accusative · (proper) ▸ **2** (2Kings 25,18; Jer. 28,61)
   Σαραιας ▸ 5
      Noun · masculine · singular · nominative · (proper) ▸ **5** (2Kings 25,23; 1Chr. 5,40; Ezra 2,2; Jer. 28,59; Jer. 47,8)
   Σαραιου ▸ 2
      Noun · masculine · singular · genitive · (proper) ▸ **2** (1Esdr. 8,1; Ezra 7,1)
Σαραίας Seraiah ▸ 1
   Σαραιου ▸ 1
      Noun · masculine · singular · genitive · (proper) ▸ **1** (1Esdr. 5,5)
Σαρασαδαι Sarasadai ▸ 1
   Σαρασαδαι ▸ 1
      Noun · masculine · singular · genitive · (proper) ▸ **1** (Judith 8,1)
Σαρασαρ Sharezer ▸ 3
   Σαρασαρ ▸ 3
      Noun · masculine · singular · nominative · (proper) ▸ **3** (2Kings 19,37; Zech. 7,2; Is. 37,38)
Σαραφ Saraph ▸ 1
   Σαραφ ▸ 1
      Noun · masculine · singular · nominative · (proper) ▸ **1** (1Chr. 4,22)
Σαραφι Saraphi (Heb. goldsmith) ▸ 1
   Σαραφι ▸ 1
      Noun · masculine · singular · genitive · (proper) ▸ **1** (Neh. 3,31)
Σαρβαχα Sarbacha ▸ 1
   Σαρβαχα ▸ 1
      Noun · masculine · singular · accusative · (proper) ▸ **1** (Esth. 9,8)
σαργάνη braid; basket ▸ 1
   σαργάνη ▸ 1
      Noun · feminine · singular · dative ▸ **1** (2Cor. 11,33)
Σαργαριμ Shaaraim ▸ 1
   Σαργαριμ ▸ 1
      Noun · singular · nominative · (proper) ▸ **1** (Josh. 15,36)
Σάρδεις Sardis ▸ 3
   Σάρδεις ▸ 1
      Noun · feminine · plural · accusative · (proper) ▸ **1** (Rev. 1,11)
   Σάρδεσιν ▸ 2
      Noun · feminine · plural · dative · (proper) ▸ **2** (Rev. 3,1; Rev. 3,4)
σάρδιον sardius, carnelian ▸ 7 + 2 = 9
   σάρδιον ▸ 4 + 1 = 5
      Noun · neuter · singular · accusative · (common) ▸ **1** (Ezek. 28,13)
      Noun · neuter · singular · nominative · (common) ▸ 3 + 1 = **4** (Ex. 28,17; Ex. 36,17; Prov. 25,12; Rev. 21,20)
   σαρδίου ▸ 3
      Noun · neuter · singular · genitive · (common) ▸ **3** (Ex. 25,7; Ex. 35,9; Prov. 25,11)
   σαρδίῳ ▸ 1
      Noun · neuter · singular · dative ▸ **1** (Rev. 4,3)
σαρδόνυξ (σάρδιον) sardonyx ▸ 1
   σαρδόνυξ ▸ 1
      Noun · feminine · singular · nominative ▸ **1** (Rev. 21,20)
Σαρεδ Sered ▸ 2
   Σαρεδ ▸ 2
      Noun · masculine · singular · dative · (proper) ▸ **1** (Num. 26,22)
      Noun · masculine · singular · genitive · (proper) ▸ **1** (1Sam. 9,1)
Σαρεδι Seredite ▸ 1
   Σαρεδι ▸ 1
      Noun · masculine · singular · nominative · (proper) ▸ **1** (Num. 26,22)
Σαρεθ Zereth ▸ 1
   Σαρεθ ▸ 1
      Noun · masculine · singular · nominative · (proper) ▸ **1** (1Chr. 4,7)
Σαρεπτα Zarephath ▸ 2
   Σαρεπτα ▸ 2
      Noun · neuter · plural · accusative · (proper) ▸ **2** (1Kings 17,9; 1Kings 17,10)
Σάρεπτα Sarepta ▸ 1
   Σάρεπτα ▸ 1
      Noun · neuter · plural · accusative · (proper) ▸ **1** (Luke 4,26)
Σαρεπτων Sarepta ▸ 1
   Σαρεπτων ▸ 1
      Noun · neuter · plural · genitive · (proper) ▸ **1** (Obad. 20)
Σαρια Sheariah ▸ 1
   Σαρια ▸ 1
      Noun · masculine · singular · nominative · (proper) ▸ **1** (1Chr. 9,44)
Σαριδ Sarid ▸ 2
   Σαριδ ▸ 2
      Noun · singular · genitive · (proper) ▸ **2** (Josh. 19,10; Josh. 19,12)
Σαριρα Zeredah ▸ 8
   Σαριρα ▸ 8
      Noun · feminine · singular · accusative · (proper) ▸ **3** (1Kings 12,24b; 1Kings 12,24l; 1Kings 12,24n)
      Noun · feminine · singular · genitive · (proper) ▸ **4** (1Kings 11,26; 1Kings 11,43; 1Kings 12,24f; 1Kings 12,24k)
      Noun · feminine · singular · nominative · (proper) ▸ **1** (1Kings 12,24b)
Σαριχ Hereth ▸ 1
   Σαριχ ▸ 1
      Noun · masculine · singular · genitive · (proper) ▸ **1** (1Sam. 22,5)
σαρκικός (σάρξ) material, worldly ▸ 7
   σαρκικά ▸ 2
      Adjective · neuter · plural · accusative ▸ **1** (1Cor. 9,11)
      Adjective · neuter · plural · nominative ▸ **1** (2Cor. 10,4)
   σαρκικῇ ▸ 1
      Adjective · feminine · singular · dative ▸ **1** (2Cor. 1,12)
   σαρκικοί ▸ 2
      Adjective · masculine · plural · nominative ▸ **2** (1Cor. 3,3; 1Cor. 3,3)
   σαρκικοῖς ▸ 1
      Adjective · neuter · plural · dative ▸ **1** (Rom. 15,27)
   σαρκικῶν ▸ 1
      Adjective · feminine · plural · genitive ▸ **1** (1Pet. 2,11)
σάρκινος (σάρξ) fleshly, worldly, mortal, weak ▸ 5 + 4 = 9

σάρκινος–σάρξ

σαρκίναις ▸ 1
  Adjective · feminine · plural · dative ▸ **1** (2Cor. 3,3)
σαρκίνη ▸ 1
  Adjective · feminine · singular · nominative · noDegree ▸ **1** (Prov. 24,22c)
σαρκίνην ▸ 2
  Adjective · feminine · singular · accusative · noDegree ▸ **2** (Ezek. 11,19; Ezek. 36,26)
σαρκίνης ▸ 1
  Adjective · feminine · singular · genitive ▸ **1** (Heb. 7,16)
σαρκίνοι ▸ 1
  Adjective · masculine · plural · nominative · noDegree ▸ **1** (2Chr. 32,8)
σαρκίνοις ▸ 1
  Adjective · masculine · plural · dative ▸ **1** (1Cor. 3,1)
σαρκίνον ▸ 1
  Adjective · masculine · singular · accusative · noDegree ▸ **1** (Esth. 14,10 # 4,17p)
σαρκίνός ▸ 1
  Adjective · masculine · singular · nominative ▸ **1** (Rom. 7,14)
σαρκοφαγέω (σάρξ; φάγος) to eat flesh, meat ▸ 1
σαρκοφαγεῖν ▸ 1
  Verb · present · active · infinitive ▸ **1** (4Mac. 5,26)
σαρκοφαγία (σάρξ; φάγος) eating flesh, meat ▸ 2
σαρκοφαγίαν ▸ 2
  Noun · feminine · singular · accusative · (common) ▸ **2** (4Mac. 5,8; 4Mac. 5,14)
σάρξ flesh, meat, body, sinful nature ▸ 208 + 7 + 147 = 362
σάρκα ▸ 24 + 37 = 61
  Noun · feminine · singular · accusative · (common) ▸ 24 + 37 = **61** (Gen. 2,21; Gen. 2,24; Gen. 6,17; Gen. 8,21; Gen. 9,15; Gen. 17,11; Gen. 17,14; Gen. 17,24; Gen. 17,25; Gen. 34,24; Ex. 30,32; Lev. 4,11; Lev. 12,3; Judith 2,3; Judith 14,10; 4Mac. 9,28; Eccl. 2,3; Eccl. 5,5; Sir. 18,13; Joel 3,1; Jer. 17,5; Jer. 32,31; Jer. 51,35; Ezek. 21,9; Matt. 19,5; Mark 10,8; Luke 24,39; John 6,52; John 6,53; John 6,54; John 6,56; John 8,15; Acts 2,17; Rom. 1,3; Rom. 4,1; Rom. 8,4; Rom. 8,5; Rom. 8,12; Rom. 8,13; Rom. 9,3; Rom. 9,5; Rom. 11,14; 1Cor. 1,26; 1Cor. 6,16; 1Cor. 10,18; 2Cor. 1,17; 2Cor. 5,16; 2Cor. 5,16; 2Cor. 10,2; 2Cor. 10,3; 2Cor. 11,18; Gal. 4,23; Gal. 4,29; Gal. 5,24; Gal. 6,8; Eph. 5,29; Eph. 5,31; Eph. 6,5; Eph. 6,12; Col. 3,22; Jude 8)
Σάρκας ▸ 1
  Noun · feminine · plural · accusative · (common) ▸ **1** (1Mac. 7,17)
σάρκας ▸ 45 + 2 + 7 = 54
  Noun · feminine · plural · accusative · (common) ▸ 45 + 2 + 7 = **54** (Gen. 6,3; Gen. 40,19; Lev. 21,5; Lev. 26,29; Lev. 26,29; Judg. 8,7; 1Sam. 17,44; 2Kings 9,36; Judith 16,17; 2Mac. 9,9; 4Mac. 6,6; 4Mac. 9,17; 4Mac. 10,8; 4Mac. 15,15; 4Mac. 15,15; 4Mac. 15,20; Psa. 26,2; Psa. 77,27; Psa. 78,2; Psa. 118,120; Eccl. 4,5; Job 13,14; Job 21,6; Job 33,25; Wis. 19,21; Sir. 31,1; Sir. 38,28; Sol. 13,3; Mic. 3,2; Mic. 3,3; Mic. 3,3; Zeph. 1,17; Zech. 11,9; Is. 9,19; Is. 31,3; Is. 49,26; Jer. 19,9; Jer. 19,9; Jer. 19,9; Bar. 2,3; Bar. 2,3; Lam. 3,4; Ezek. 32,5; Ezek. 37,6; Dan. 7,5; Judg. 8,7; Dan. 7,5; James 5,3; Rev. 17,16; Rev. 19,18; Rev. 19,18; Rev. 19,18; Rev. 19,18; Rev. 19,18)
σάρκες ▸ 15
  Noun · feminine · plural · nominative · (common) ▸ **15** (2Sam. 5,1; 2Sam. 19,13; 1Chr. 11,1; 4Mac. 9,20; Prov. 5,11; Job 4,15; Job 6,12; Job 14,22; Job 19,20; Job 33,21; Job 41,15; Sol. 4,19; Zech. 14,12; Ezek. 23,20; Ezek. 37,8)
σαρκί ▸ 6 + 21 = 27
  Noun · feminine · singular · dative · (common) ▸ 6 + 21 = **27** (Prov. 4,22; Sir. 33,30; Sir. 44,20; Sol. 16,14; Ezek. 44,7; Ezek. 44,9; Rom. 2,28; Rom. 7,25; Rom. 8,8; Rom. 8,9; Rom. 8,12; 1Cor. 7,28; 2Cor. 4,11; 2Cor. 10,3; Gal. 1,16; Gal. 3,3; Gal. 6,13; Eph. 2,11; Eph. 2,14; Phil. 1,24; Phil. 3,3; Col. 2,5; Philem. 16; 1Pet. 4,1; 1Pet. 4,1; 1Pet. 4,2; 1John 4,2)
σαρκί ▸ 11 + 18 = 29
  Noun · feminine · singular · dative · (common) ▸ 11 + 18 = **29** (Gen. 9,15; Gen. 9,16; Psa. 37,4; Psa. 37,8; Psa. 101,6; Psa. 135,25; Sir. 33,21; Sir. 41,4; Is. 66,24; Jer. 9,25; Jer. 12,12; Rom. 7,5; Rom. 7,18; Rom. 8,3; 2Cor. 12,7; Gal. 2,20; Gal. 4,14; Gal. 5,13; Gal. 6,12; Eph. 2,11; Phil. 1,22; Phil. 3,4; Phil. 3,4; Col. 1,24; Col. 2,1; 1Tim. 3,16; 1Pet. 3,18; 1Pet. 4,6; 2John 7)
σαρκός ▸ 14 + 1 + 8 = 23
  Noun · feminine · singular · genitive · (common) ▸ 14 + 1 + 8 = **23** (Gen. 2,23; Gen. 6,19; Gen. 7,15; Gen. 9,17; Gen. 29,14; Num. 16,22; Num. 18,15; Eccl. 11,10; Eccl. 12,12; Job 16,18; Sir. 19,12; Sir. 45,4; Jer. 39,27; Dan. 2,11; Dan. 2,11; John 17,2; Rom. 8,3; 1Cor. 5,5; Gal. 5,17; Gal. 5,19; Col. 2,11; Col. 2,23; Heb. 2,14)
σαρκός ▸ 28 + 1 + 29 = 58
  Noun · feminine · singular · genitive · (common) ▸ 28 + 1 + 29 = **58** (Gen. 7,16; Gen. 17,13; Ex. 4,7; Lev. 13,10; Lev. 13,38; Lev. 13,39; Lev. 13,39; Lev. 13,43; Lev. 17,11; Lev. 17,14; Lev. 17,14; Lev. 17,14; Lev. 18,6; Num. 27,16; 2Kings 6,30; 4Mac. 7,18; Sir. 1,10; Sir. 14,18; Sir. 17,4; Sir. 23,17; Sir. 39,19; Sir. 40,8; Sir. 45,1; Sir. 46,19; Sol. 4,6; Ezek. 11,19; Ezek. 36,26; Bel 5; Bel 5; John 1,13; John 3,6; Rom. 6,19; Rom. 8,3; Rom. 8,5; Rom. 8,6; Rom. 8,7; Rom. 9,8; Rom. 13,14; 2Cor. 7,1; Gal. 4,13; Gal. 5,16; Gal. 6,8; Eph. 2,3; Eph. 2,3; Col. 1,22; Col. 2,13; Col. 2,18; Heb. 5,7; Heb. 9,10; Heb. 9,13; Heb. 10,20; Heb. 12,9; 1Pet. 3,21; 2Pet. 2,10; 2Pet. 2,18; 1John 2,16; Jude 7; Jude 23)
σαρκῶν ▸ 10 + 1 = 11
  Noun · feminine · plural · genitive · (common) ▸ 10 + 1 = **11** (Lev. 25,49; Num. 12,12; Deut. 28,55; 4Mac. 7,13; Job 2,5; Job 19,22; Job 31,31; Wis. 12,5; Sir. 25,26; Is. 10,18; Rev. 19,21)
σάρξ ▸ 15 + 1 + 8 = 24
  Noun · feminine · singular · nominative · (common) ▸ 15 + 1 + 8 = **24** (Deut. 5,26; 2Sam. 19,14; 2Kings 5,10; Psa. 15,9; Psa. 27,7; Psa. 55,5; Psa. 62,2; Psa. 72,26; Psa. 77,39; Psa. 83,3; Psa. 108,24; Sir. 44,18; Hos. 9,12; Is. 66,16; Dan. 4,33b; Dan. 4,12; Matt. 24,22; Mark 10,8; Mark 13,20; John 3,6; John 6,51; John 6,55; Acts 2,26; Gal. 2,16)
σὰρξ ▸ 32 + 1 + 18 = 51
  Noun · feminine · singular · nominative · (common) ▸ 32 + 1 + 18 = **51** (Gen. 2,23; Gen. 6,12; Gen. 7,21; Gen. 8,17; Gen. 9,11; Gen. 37,27; Lev. 13,18; Lev. 13,24; Judg. 9,2; 2Kings 4,34; 2Kings 5,14; 2Kings 5,14; Neh. 5,5; Neh. 5,5; Judith 10,13; Psa. 64,3; Psa. 144,21; Prov. 26,10; Job 34,15; Wis. 7,1; Sir. 13,16; Sir. 14,17; Sir. 17,31; Sir. 28,5; Zech. 2,17; Is. 40,5; Is. 40,6; Is. 49,26; Is. 66,23; Ezek. 21,4; Ezek. 21,10; Ezek. 21,12; Judg. 9,2; Matt. 16,17; Matt. 19,6; Matt. 26,41; Mark 14,38; Luke 3,6; John 1,14; John 6,63; Acts 2,31; Rom. 3,20; 1Cor. 1,29; 1Cor. 15,39; 1Cor. 15,39; 1Cor. 15,39; 1Cor. 15,39; 1Cor. 15,50; 2Cor. 7,5; Gal. 5,17; 1Pet. 1,24)
σαρξί ▸ 1
  Noun · feminine · plural · dative · (common) ▸ **1** (Prov. 3,22a)
σαρξὶν ▸ 5 + 1 = 6
  Noun · feminine · plural · dative · (common) ▸ 5 + 1 = **6** (Gen. 41,2; Gen. 41,3; Gen. 41,4; Gen. 41,18; 4Mac. 15,20; Dan. 1,15)
σαρξὶν ▸ 1

Noun · feminine · plural · dative · (common) ‣ **1** (Gen. 41,19)

Σαρου Sharai ‣ 1
  Σαρου ‣ 1
    Noun · masculine · singular · nominative · (proper) ‣ **1** (Ezra 10,40)

Σαρουια Zeruiah ‣ 27
  Σαρουια ‣ 8
    Noun · singular · genitive · (proper) ‣ **1** (1Chr. 27,24)
    Noun · feminine · singular · genitive · (proper) ‣ **6** (1Chr. 2,16; 1Chr. 11,6; 1Chr. 11,39; 1Chr. 18,12; 1Chr. 18,15; 1Chr. 26,28)
    Noun · feminine · singular · nominative · (proper) ‣ **1** (1Chr. 2,16)
  Σαρουιας ‣ 19
    Noun · feminine · singular · genitive · (proper) ‣ **19** (1Sam. 26,6; 2Sam. 2,13; 2Sam. 2,18; 2Sam. 3,39; 2Sam. 8,16; 2Sam. 14,1; 2Sam. 16,9; 2Sam. 16,10; 2Sam. 17,25; 2Sam. 18,2; 2Sam. 19,22; 2Sam. 19,23; 2Sam. 21,17; 2Sam. 23,18; 2Sam. 23,37; 1Kings 1,7; 1Kings 2,5; 1Kings 2,22; 1Kings 2,28)

Σαρουιας Zeruiah ‣ 2
  Σαρουιας ‣ 2
    Noun · masculine · singular · nominative · (proper) ‣ **2** (Jer. 44,13; Jer. 44,14)

σαρόω to sweep ‣ 3
  σαροῖ ‣ 1
    Verb · third · singular · present · active · indicative ‣ **1** (Luke 15,8)
  σεσαρωμένον ‣ 2
    Verb · perfect · passive · participle · masculine · singular · accusative · (variant) ‣ **2** (Matt. 12,44; Luke 11,25)

Σαρρα Sarah ‣ 49 + 18 = 67
  Σαρρα ‣ 30 + 8 = 38
    Noun · feminine · singular · dative · (proper) ‣ 6 + 2 = **8** (Gen. 18,11; Gen. 18,14; Gen. 20,16; Gen. 21,1; Tob. 3,7; Tob. 11,17; Tob. 10,12; Tob. 11,17)
    Noun · feminine · singular · nominative · (proper) ‣ 24 + 6 = **30** (Gen. 17,15; Gen. 17,17; Gen. 17,19; Gen. 17,21; Gen. 18,9; Gen. 18,10; Gen. 18,10; Gen. 18,11; Gen. 18,12; Gen. 18,13; Gen. 18,15; Gen. 21,2; Gen. 21,3; Gen. 21,6; Gen. 21,7; Gen. 21,9; Gen. 21,12; Gen. 23,2; Gen. 24,36; Tob. 3,17; Tob. 6,11; Tob. 7,1; Tob. 7,7; Tob. 12,12; Tob. 3,7; Tob. 3,17; Tob. 6,11; Tob. 7,7; Tob. 10,13; Tob. 12,12)
  Σαρραν ‣ 13 + 8 = 21
    Noun · feminine · singular · accusative · (proper) ‣ 13 + 8 = **21** (Gen. 18,6; Gen. 20,2; Gen. 20,14; Gen. 21,1; Gen. 23,2; Gen. 23,19; Gen. 25,10; Gen. 49,31; Tob. 3,17; Tob. 7,13; Tob. 10,10; Tob. 12,14; Is. 51,2; Tob. 3,17; Tob. 7,9; Tob. 7,10; Tob. 7,13; Tob. 10,10; Tob. 10,11; Tob. 11,15; Tob. 12,14)
  Σαρρας ‣ 6 + 2 = 8
    Noun · feminine · singular · genitive · (proper) ‣ 6 + 2 = **8** (Gen. 20,2; Gen. 20,18; Gen. 23,1; Gen. 24,67; Gen. 25,12; Tob. 10,13; Tob. 6,12; Tob. 10,13)

Σάρρα Sarah ‣ 4
  Σάρρα ‣ 2
    Noun · feminine · singular · nominative · (proper) ‣ **2** (Heb. 11,11; 1Pet. 3,6)
  Σάρρᾳ ‣ 1
    Noun · feminine · singular · dative · (proper) ‣ **1** (Rom. 9,9)
  Σάρρας ‣ 1
    Noun · feminine · singular · genitive · (proper) ‣ **1** (Rom. 4,19)

Σαρσαθαιος Shethar ‣ 1
  Σαρσαθαιος ‣ 1
    Noun · masculine · singular · nominative · (proper) ‣ **1** (Esth. 1,14)

Σαρσουσιν Hazar Susah ‣ 1
  Σαρσουσιν ‣ 1
    Noun · singular · nominative · (proper) ‣ **1** (Josh. 19,5)

Σαρωθιε Sarothie ‣ 1
  Σαρωθιε ‣ 1
    Noun · masculine · singular · genitive · (proper) ‣ **1** (1Esdr. 5,34)

Σαρων Sharon ‣ 3
  Σαρων ‣ 3
    Noun · feminine · singular · genitive · (proper) ‣ **2** (Josh. 12,18; 1Chr. 5,16)
    Noun · masculine · singular · nominative · (proper) ‣ **1** (Is. 33,9)

Σαρών Sharon ‣ 1
  Σαρῶνα ‣ 1
    Noun · masculine · singular · accusative · (proper) ‣ **1** (Acts 9,35)

Σαρωνίτης Sharonite ‣ 1
  Σαρωνίτης ‣ 1
    Noun · masculine · singular · nominative · (proper) ‣ **1** (1Chr. 27,29)

Σασαβασαρ Sheshbazzar ‣ 4
  Σασαβασαρ ‣ 4
    Noun · masculine · singular · dative · (proper) ‣ **2** (Ezra 1,8; Ezra 5,14)
    Noun · masculine · singular · genitive · (proper) ‣ **1** (Ezra 1,11)
    Noun · masculine · singular · nominative · (proper) ‣ **1** (Ezra 5,16)

Σασιμα Shahazumah ‣ 1
  Σασιμα ‣ 1
    Noun · singular · accusative · (proper) ‣ **1** (Josh. 19,22)

σαταν (Hebr.) adversary; Satan ‣ 1
  σαταν ‣ 1
    Noun · masculine · singular · nominative · (common) ‣ **1** (1Kings 11,14)

σατάν (Hebr.) adversary; Satan ‣ 1
  σαταν ‣ 1
    Noun · masculine · singular · accusative · (common) ‣ **1** (1Kings 11,14)

σατανᾶς Satan (Heb. adversary) ‣ 1 + 36 = 37
  σατανᾶ ‣ 13
    Noun · masculine · singular · genitive · (proper) ‣ **10** (Mark 1,13; Acts 26,18; 2Cor. 2,11; 2Cor. 12,7; 2Th. 2,9; 1Tim. 5,15; Rev. 2,9; Rev. 2,13; Rev. 2,24; Rev. 3,9)
    Noun · masculine · singular · vocative · (proper) ‣ **3** (Matt. 4,10; Matt. 16,23; Mark 8,33)
  σατανᾷ ‣ 2
    Noun · masculine · singular · dative · (proper) ‣ **2** (1Cor. 5,5; 1Tim. 1,20)
  σατανᾶν ‣ 1 + 4 = 5
    Noun · masculine · singular · accusative · (common) ‣ 1 + 4 = **5** (Sir. 21,27; Matt. 12,26; Mark 3,23; Luke 10,18; Rom. 16,20)
  Σατανᾶς ‣ 2
    Noun · masculine · singular · nominative · (proper) ‣ **2** (Rev. 12,9; Rev. 20,2)
  σατανᾶς ‣ 15
    Noun · masculine · singular · nominative · (proper) ‣ **15** (Matt. 12,26; Mark 3,23; Mark 3,26; Mark 4,15; Luke 11,18; Luke 13,16; Luke 22,3; Luke 22,31; John 13,27; Acts 5,3; 1Cor. 7,5; 2Cor. 11,14; 1Th. 2,18; Rev. 2,13; Rev. 20,7)

Σατι Sotai ‣ 1
  Σατι ‣ 1
    Noun · masculine · singular · genitive · (proper) ‣ **1** (Ezra 2,55)

σάτον saton (dry measure) ‣ 2 + 2 = 4

σάτα ▸ 2 + 2 = 4
  Noun · neuter · plural · accusative · (common) ▸ 1 + 2 = **3** (Hag. 2,16; Matt. 13,33; Luke 13,21)
  Noun · neuter · plural · nominative · (common) ▸ **1** (Hag. 2,16)

Σατραις Shitrai ▸ 1
  Σατραις ▸ 1
    Noun · masculine · singular · nominative · (proper) ▸ **1** (1Chr. 27,29)

σατραπεία (σατράπης) satrapy ▸ 6 + 1 = 7
  σατραπείαις ▸ 4
    Noun · feminine · plural · dative · (common) ▸ **4** (Josh. 13,3; 1Esdr. 3,2; Esth. 8,9; Esth. 16,2 # 8,12b)
  σατραπείας ▸ 2 + 1 = 3
    Noun · feminine · plural · accusative · (common) ▸ 2 + 1 = **3** (Judg. 3,3; 2Mac. 9,25; Judg. 3,3)

σατράπης satrap; governor ▸ 36 + 8 = 44
  σατράπαι ▸ 11 + 5 = 16
    Noun · masculine · plural · nominative · (common) ▸ 10 + 4 = **14** (Judg. 16,5; Judg. 16,8; Judg. 16,23; Judg. 16,27; 1Sam. 6,12; 1Sam. 6,16; 1Sam. 7,7; 1Sam. 29,2; 1Sam. 29,3; 1Sam. 29,9; Dan. 3,94; Dan. 6,5; Dan. 6,7; Dan. 6,8)
    Noun · masculine · plural · vocative · (common) ▸ 1 + 1 = **2** (Judg. 5,3; Judg. 5,3)
  σατράπαις ▸ 1
    Noun · masculine · plural · dative · (common) ▸ **1** (1Esdr. 3,2)
  σατράπας ▸ 12 + 2 = 14
    Noun · masculine · plural · accusative · (common) ▸ 12 + 2 = **14** (Judg. 16,18; Judg. 16,30; 1Sam. 5,8; 1Sam. 5,11; 1Kings 21,24; 1Esdr. 3,14; 1Esdr. 4,47; Judith 5,2; Dan. 3,2; Dan. 6,2; Dan. 6,4; Dan. 6,20; Dan. 6,2; Dan. 6,3)
  σατράπην ▸ 2
    Noun · masculine · singular · accusative · (common) ▸ **2** (1Esdr. 3,21; 1Esdr. 4,49)
  σατραπῶν ▸ 10 + 1 = 11
    Noun · masculine · plural · genitive · (common) ▸ 10 + 1 = **11** (1Sam. 6,4; 1Sam. 6,18; 1Sam. 29,6; 1Sam. 29,7; 1Kings 10,15; 2Chr. 9,14; Esth. 1,3; Esth. 8,9; Esth. 9,3; Dan. 6,15; Dan. 2,48)

σατραπία (σατράπης) satrapy ▸ 1
  σατραπίαι ▸ 1
    Noun · feminine · plural · nominative · (common) ▸ **1** (Judg. 16,18)

Σαττιν Shittim ▸ 3
  Σαττιν ▸ 3
    Noun · genitive · (proper) ▸ **2** (Josh. 2,1; Josh. 3,1)
    Noun · singular · dative · (proper) ▸ **1** (Num. 25,1)

Σαυα Shua ▸ 2
  Σαυα ▸ 2
    Noun · feminine · singular · nominative · (proper) ▸ **2** (Gen. 38,2; Gen. 38,12)

Σαυας Shua ▸ 1
  Σαυας ▸ 1
    Noun · feminine · singular · genitive · (proper) ▸ **1** (1Chr. 2,3)

Σαυη Shaveh ▸ 2
  Σαυη ▸ 2
    Noun · singular · dative · (proper) ▸ **1** (Gen. 14,5)
    Noun · feminine · singular · accusative · (proper) ▸ **1** (Gen. 14,17)

Σαυναν Hatticon ▸ 1
  Σαυναν ▸ 1
    Noun · singular · genitive · (proper) ▸ **1** (Ezek. 47,16)

Σαῦλος Saul ▸ 15
  Σαῦλον ▸ 4
    Noun · masculine · singular · accusative · (proper) ▸ **4** (Acts 9,11; Acts 11,25; Acts 13,2; Acts 13,7)
  Σαῦλος ▸ 8
    Noun · masculine · singular · nominative · (proper) ▸ **8** (Acts 8,1; Acts 8,3; Acts 9,1; Acts 9,8; Acts 9,22; Acts 12,25; Acts 13,1; Acts 13,9)
  Σαύλου ▸ 2
    Noun · masculine · singular · genitive · (proper) ▸ **2** (Acts 7,58; Acts 11,30)
  Σαύλῳ ▸ 1
    Noun · masculine · singular · dative · (proper) ▸ **1** (Acts 9,24)

Σαυνις Shuni ▸ 1
  Σαυνις ▸ 1
    Noun · masculine · singular · nominative · (proper) ▸ **1** (Gen. 46,16)

σαύρα lizard ▸ 1
  σαύρα ▸ 1
    Noun · feminine · singular · nominative · (common) ▸ **1** (Lev. 11,30)

Σαυχαῖος Shuhite ▸ 2
  Σαυχαίων ▸ 2
    Noun · masculine · plural · genitive · (proper) ▸ **2** (Job 2,11; Job 42,17e)

Σαυχίτης Shuhite ▸ 4
  Σαυχίτης ▸ 4
    Noun · masculine · singular · nominative · (proper) ▸ **4** (Job 8,1; Job 18,1; Job 25,1; Job 42,9)

Σαφ Saph (?) ▸ 1
  Σαφ ▸ 1
    Noun · masculine · singular · genitive · (proper) ▸ **1** (1Kings 4,6)

Σαφαθ Shaphat ▸ 1
  Σαφαθ ▸ 1
    Noun · masculine · singular · nominative · (proper) ▸ **1** (1Chr. 3,22)

Σαφαμ Shapham ▸ 1
  Σαφαμ ▸ 1
    Noun · masculine · singular · nominative · (proper) ▸ **1** (1Chr. 5,12)

Σαφαν Zaphon; Shaphan ▸ 18
  Σαφαν ▸ 18
    Noun · singular · accusative · (proper) ▸ **1** (Josh. 13,27)
    Noun · masculine · singular · accusative · (proper) ▸ **2** (2Chr. 34,8; 2Chr. 34,15)
    Noun · masculine · singular · dative · (proper) ▸ **2** (2Chr. 34,15; 2Chr. 34,20)
    Noun · masculine · singular · genitive · (proper) ▸ **10** (2Kings 25,22; 2Chr. 34,20; Jer. 33,24; Jer. 36,3; Jer. 43,10; Jer. 43,11; Jer. 43,12; Jer. 46,14; Jer. 47,5; Ezek. 8,11)
    Noun · masculine · singular · nominative · (proper) ▸ **3** (2Chr. 34,16; 2Chr. 34,18; 2Chr. 34,18)

Σαφανια Zephaniah ▸ 1
  Σαφανια ▸ 1
    Noun · masculine · singular · genitive · (proper) ▸ **1** (1Chr. 6,21)

Σαφαρ Shepher ▸ 2
  Σαφαρ ▸ 2
    Noun · singular · accusative · (proper) ▸ **1** (Num. 33,23)
    Noun · singular · genitive · (proper) ▸ **1** (Num. 33,24)

Σαφαραθ Sophereth ▸ 1
  Σαφαραθ ▸ 1
    Noun · masculine · singular · genitive · (proper) ▸ **1** (Neh. 7,57)

Σαφατ Shaphat ▸ 6
  Σαφατ ▸ 6

Noun · masculine · singular · genitive · (proper) ▸ **5** (1Kings 19,16; 1Kings 19,19; 2Kings 3,11; 1Esdr. 5,10; 1Esdr. 5,34)
Noun · masculine · singular · nominative · (proper) ▸ **1** (Num. 13,5)

Σαφατια Shephatiah ▸ **9**
Σαφατια ▸ **9**
Noun · masculine · singular · genitive · (proper) ▸ **7** (1Chr. 9,8; Ezra 2,4; Ezra 2,57; Ezra 8,8; Neh. 7,9; Neh. 7,59; Neh. 11,4)
Noun · masculine · singular · nominative · (proper) ▸ **2** (1Chr. 3,3; 1Chr. 12,6)

Σαφατιας Shephatiah ▸ **4**
Σαφατιας ▸ **3**
Noun · masculine · singular · nominative · (proper) ▸ **3** (1Chr. 27,16; 2Chr. 21,2; Jer. 45,1)
Σαφατιου ▸ **1**
Noun · masculine · singular · genitive · (proper) ▸ **1** (1Esdr. 8,34)

Σαφεκ Saphek (?) ▸ **1**
Σαφεκ ▸ **1**
Noun · singular · dative · (proper) ▸ **1** (1Sam. 30,28a)

σαφής clear, distinct, plain ▸ **4 + 1 = 5**
σαφὲς ▸ **2 + 1 = 3**
Adjective · neuter · singular · accusative · noDegree ▸ **1 + 1 = 2** (Sus. 48; Sus. 48)
Adjective · neuter · singular · nominative · noDegree ▸ **1** (2Mac. 12,40)
σαφές ▸ **1**
Adjective · neuter · singular · nominative · noDegree ▸ **1** (Wis. 7,22)
σαφέστερον ▸ **1**
Adjective · neuter · singular · accusative · comparative ▸ **1** (4Mac. 3,6)

Σαφθαβηθαεμεκ north to Beth Emek ▸ **1**
Σαφθαβηθαεμεκ ▸ **1**
Noun · singular · genitive · (proper) ▸ **1** (Josh. 19,27)

Σαφθαιβαιθμε Saphthaibaithme (Heb. north to Beth Emek) ▸ **1**
Σαφθαιβαιθμε ▸ **1**
Noun · singular · accusative · (proper) ▸ **1** (Josh. 19,27)

Σαφι Siphmoth ▸ **1**
Σαφι ▸ **1**
Noun · singular · dative · (proper) ▸ **1** (1Sam. 30,28)

Σαφιρ Shamir ▸ **1**
Σαφιρ ▸ **1**
Noun · singular · nominative · (proper) ▸ **1** (Josh. 15,48)

Σαφου Sippai ▸ **1**
Σαφου ▸ **1**
Noun · masculine · singular · accusative · (proper) ▸ **1** (1Chr. 20,4)

Σαφυθι Shephatiah ▸ **1**
Σαφυθι ▸ **1**
Noun · masculine · singular · genitive · (proper) ▸ **1** (1Esdr. 5,33)

Σαφφαν Shaphan ▸ **8**
Σαφφαν ▸ **8**
Noun · masculine · singular · accusative · (proper) ▸ **3** (2Kings 22,3; 2Kings 22,8; 2Kings 22,8)
Noun · masculine · singular · dative · (proper) ▸ **1** (2Kings 22,12)
Noun · masculine · singular · genitive · (proper) ▸ **1** (2Kings 22,12)
Noun · masculine · singular · nominative · (proper) ▸ **3** (2Kings 22,10; 2Kings 22,10; 2Kings 22,14)

σαφφωθ (Hebr.) milk, curds ▸ **2**
σαφφωθ ▸ **2**
Noun ▸ **1** (Jer. 52,19)
Noun · singular · accusative · (common) ▸ **1** (2Sam. 17,29)

Σαφων Zephon ▸ **2**
Σαφων ▸ **2**
Noun · masculine · singular · dative · (proper) ▸ **1** (Num. 26,24)
Noun · masculine · singular · nominative · (proper) ▸ **1** (Gen. 46,16)

Σαφωνι Zephonite ▸ **1**
Σαφωνι ▸ **1**
Noun · masculine · singular · nominative · (proper) ▸ **1** (Num. 26,24)

σαφῶς (σαφής) clearly, plainly ▸ **5**
σαφῶς ▸ **5**
Adverb ▸ **5** (Deut. 13,15; Deut. 27,8; 2Mac. 4,33; 3Mac. 4,19; Hab. 2,2)

Σαχανια Shecaniah; Shebaniah ▸ **2**
Σαχανια ▸ **2**
Noun · masculine · singular · genitive · (proper) ▸ **1** (Ezra 8,3)
Noun · masculine · singular · nominative · (proper) ▸ **1** (Neh. 9,4)

Σαχαρ Sacar ▸ **1**
Σαχαρ ▸ **1**
Noun · masculine · singular · genitive · (proper) ▸ **1** (1Chr. 11,35)

Σαχερδονος Esarhaddon ▸ **2 + 3 = 5**
Σαχερδονος ▸ **2 + 3 = 5**
Noun · masculine · singular · genitive · (proper) ▸ **1** (Tob. 2,1)
Noun · masculine · singular · nominative · (proper) ▸ **2 + 2 = 4** (Tob. 1,21; Tob. 1,22; Tob. 1,21; Tob. 1,22)

σαχωλ (Hebr.) discretion ▸ **1**
σαχωλ ▸ **1**
Noun ▸ **1** (Ezra 8,18)

Σαων-εσβι-εμωηδ Saon-esbi-emoed (Heb. Braggart has missed his chance) ▸ **1**
Σαων-εσβι-εμωηδ ▸ **1**
Noun · masculine · singular · nominative · (proper) ▸ **1** (Jer. 26,17)

Σαωχω Socoh ▸ **1**
Σαωχω ▸ **1**
Noun · singular · nominative · (proper) ▸ **1** (Josh. 15,35)

σβέννυμι to extinguish, quench ▸ **45 + 6 = 51**
ἐσβέννυτο ▸ **1**
Verb · third · singular · imperfect · passive · indicative ▸ **1** (4Mac. 9,20)
ἔσβεσαν ▸ **1 + 1 = 2**
Verb · third · plural · aorist · active · indicative ▸ **1 + 1 = 2** (2Chr. 29,7; Heb. 11,34)
ἔσβεσεν ▸ **1**
Verb · third · singular · aorist · active · indicative ▸ **1** (Job 34,26)
ἐσβέσθη ▸ **2**
Verb · third · singular · aorist · passive · indicative ▸ **2** (Job 4,10; Job 16,15)
ἐσβέσθησαν ▸ **1**
Verb · third · plural · aorist · passive · indicative ▸ **1** (Is. 43,17)
ἐσβεσμένοι ▸ **1**
Verb · perfect · passive · participle · masculine · plural · nominative ▸ **1** (3Mac. 6,34)
ἐσβεσμένον ▸ **2**
Verb · perfect · passive · participle · neuter · singular · nominative ▸ **2** (Job 30,8; Is. 43,17)
σβέννυνται ▸ **1**
Verb · third · plural · present · passive · indicative · (variant) ▸ **1** (Matt. 25,8)

σβέννυμι–σεαυτοῦ

σβεννύντι ▸ 1
    Verb · present · active · participle · neuter · singular · dative ▸ 1 (Wis. 16,17)

σβέννυται ▸ 2 + 1 = 3
    Verb · third · singular · present · passive · indicative ▸ 2 + 1 = 3 (Prov. 10,7; Prov. 13,9; Mark 9,48)

σβέννυτε ▸ 1
    Verb · second · plural · present · active · imperative ▸ 1 (1Th. 5,19)

σβέσαι ▸ 3 + 1 = 4
    Verb · aorist · active · infinitive ▸ 3 + 1 = 4 (Esth. 14,8 # 4,170; 4Mac. 3,17; Song 8,7; Eph. 6,16)

σβέσας ▸ 1
    Verb · aorist · active · participle · masculine · singular · nominative ▸ 1 (4Mac. 18,20)

σβέσει ▸ 1 + 1 = 2
    Verb · third · singular · future · active · indicative ▸ 1 + 1 = 2 (Is. 42,3; Matt. 12,20)

σβέσῃς ▸ 1
    Verb · second · singular · aorist · active · subjunctive ▸ 1 (2Sam. 21,17)

σβεσθέντος ▸ 1
    Verb · aorist · passive · participle · masculine · singular · genitive ▸ 1 (Wis. 2,3)

σβεσθῇ ▸ 2
    Verb · third · singular · aorist · passive · subjunctive ▸ 2 (Sir. 23,17; Sir. 28,23)

σβεσθῆναί ▸ 1
    Verb · aorist · passive · infinitive ▸ 1 (Ezek. 32,7)

σβεσθήσεται ▸ 17
    Verb · third · singular · future · passive · indicative ▸ 17 (Lev. 6,2; Lev. 6,5; Lev. 6,6; 2Kings 22,17; 2Chr. 34,25; Prov. 20,20 # 20,9a; Prov. 24,20; Job 18,5; Job 18,6; Job 21,17; Sir. 28,12; Is. 34,10; Is. 66,24; Jer. 7,20; Jer. 17,27; Ezek. 21,3; Ezek. 21,4)

σβέσον ▸ 1
    Verb · second · singular · aorist · active · imperative ▸ 1 (Job 40,12)

σβέσουσιν ▸ 1
    Verb · third · plural · future · active · indicative ▸ 1 (2Sam. 14,7)

σβέσων ▸ 4
    Verb · future · active · participle · masculine · singular · nominative ▸ 4 (Amos 5,6; Is. 1,31; Jer. 4,4; Jer. 21,12)

σβεστικός (σβέννυμι) extinguishing, quenching ▸ 1

σβεστικῆς ▸ 1
    Adjective · feminine · singular · genitive · noDegree ▸ 1 (Wis. 19,20)

σεαυτοῦ (σύ; αὐτός) of yourself (sg.) ▸ 229 + 8 + 43 = 280

σαυτῇ ▸ 2
    Pronoun · (reflexive) · second · feminine · singular · dative ▸ 2 (1Kings 17,13; 2Kings 4,3)

σαυτοῦ ▸ 3 + 1 = 4
    Pronoun · (reflexive) · second · masculine · singular · genitive ▸ 3 + 1 = 4 (1Sam. 19,11; 1Kings 20,7; Ezek. 33,9; Tob. 6,4)

σαυτῷ ▸ 13
    Pronoun · (reflexive) · second · masculine · singular · dative ▸ 13 (Deut. 21,11; 2Sam. 2,21; 1Kings 3,5; 1Kings 3,11; 1Kings 3,11; 1Kings 8,53; 1Kings 8,53a; 1Kings 21,34; 2Kings 6,7; 2Kings 18,21; 2Kings 18,24; Ezek. 4,9; Ezek. 37,17)

σεαυτῇ ▸ 14 + 1 = 15
    Pronoun · (reflexive) · second · feminine · singular · dative ▸ 14 + 1 = 15 (Ruth 3,3; Esth. 4,13; Job 38,11; Nah. 3,11; Nah. 3,14; Jer. 2,22; Jer. 3,3; Jer. 6,26; Jer. 26,19; Lam. 2,18; Ezek. 16,16; Ezek. 16,17; Ezek. 16,24; Ezek. 16,24; Judg. 17,2)

σεαυτήν ▸ 3
    Pronoun · (reflexive) · second · feminine · singular · accusative ▸ 3 (Song 1,8; Jer. 38,21; Ezek. 16,52)

σεαυτήν ▸ 1
    Pronoun · (reflexive) · second · feminine · singular · accusative ▸ 1 (Josh. 2,18)

σεαυτῆς ▸ 1
    Pronoun · (reflexive) · second · feminine · singular · genitive ▸ 1 (Num. 5,19)

σεαυτόν ▸ 13 + 11 = 24
    Pronoun · (reflexive) · second · masculine · singular · accusative ▸ 13 + 11 = 24 (Gen. 6,21; Gen. 31,24; Gen. 31,29; Ex. 33,13; Lev. 19,18; Lev. 19,34; Num. 18,2; Deut. 28,36; 4Mac. 10,13; Sir. 1,30; Sir. 3,18; Sir. 7,26; Sir. 18,20; Matt. 19,19; Matt. 22,39; Matt. 27,40; Mark 12,31; Luke 4,23; Luke 10,27; Luke 23,37; Rom. 13,9; Gal. 5,14; Philem. 19; James 2,8)

σεαυτόν ▸ 24 + 22 = 46
    Pronoun · (reflexive) · second · masculine · singular · accusative ▸ 24 + 22 = 46 (Ex. 28,1; Num. 27,18; Deut. 17,15; Deut. 17,15; Deut. 17,15; 1Kings 13,18; 4Mac. 6,14; Prov. 22,26; Prov. 30,32; Job 22,23; Sir. 4,7; Sir. 4,27; Sir. 6,2; Sir. 6,3; Sir. 7,7; Sir. 7,16; Sir. 9,1; Sir. 14,11; Sir. 18,23; Sir. 30,21; Sir. 33,21; Sir. 38,21; Ezek. 31,2; Ezek. 38,7; Matt. 4,6; Matt. 8,4; Mark 1,44; Mark 15,30; Luke 4,9; Luke 5,14; Luke 23,39; John 7,4; John 8,53; John 10,33; John 14,22; John 21,18; Rom. 2,1; Rom. 2,19; Rom. 2,21; Rom. 14,22; Gal. 6,1; 1Tim. 4,7; 1Tim. 4,16; 1Tim. 5,22; 2Tim. 2,15; Titus 2,7)

σεαυτοῦ ▸ 22 + 4 + 5 = 31
    Pronoun · (reflexive) · second · masculine · singular · genitive ▸ 22 + 4 + 5 = 31 (Gen. 6,19; Gen. 8,17; Gen. 19,17; Gen. 40,14; Ex. 17,5; Ex. 32,13; Ex. 33,18; Lev. 9,7; Deut. 9,27; Judg. 4,6; 1Sam. 9,3; 1Sam. 20,8; 2Sam. 20,6; Judith 2,5; Tob. 9,2; 4Mac. 5,12; Prov. 4,24; Prov. 25,17; Sir. 31,15; Ezek. 3,21; Dan. 9,19; Sus. 55; Judg. 4,6; Tob. 9,2; Sus. 55; Sus. 59; John 1,22; John 8,13; John 18,34; Acts 26,1; 2Tim. 4,11)

σεαυτῷ ▸ 133 + 2 + 5 = 140
    Pronoun · (reflexive) · second · masculine · singular · dative ▸ 133 + 2 + 5 = 140 (Gen. 6,14; Gen. 6,21; Gen. 14,21; Gen. 24,6; Gen. 28,2; Ex. 10,28; Ex. 12,24; Ex. 17,9; Ex. 18,21; Ex. 20,4; Ex. 23,21; Ex. 30,34; Ex. 34,1; Ex. 34,12; Ex. 34,17; Ex. 34,27; Lev. 9,2; Lev. 19,19; Lev. 22,23; Lev. 25,8; Num. 10,2; Num. 13,2; Num. 21,8; Deut. 4,9; Deut. 5,8; Deut. 6,12; Deut. 7,25; Deut. 8,11; Deut. 10,1; Deut. 10,1; Deut. 11,16; Deut. 12,13; Deut. 12,19; Deut. 12,30; Deut. 15,9; Deut. 16,9; Deut. 16,13; Deut. 16,18; Deut. 16,21; Deut. 16,21; Deut. 16,22; Deut. 19,2; Deut. 19,7; Deut. 19,9; Deut. 20,14; Deut. 22,7; Deut. 22,12; Deut. 24,8; Deut. 27,2; Josh. 5,2; Josh. 8,2; Josh. 8,2; Josh. 17,15; Ruth 4,6; Ruth 4,8; 1Sam. 2,16; 1Sam. 21,10; 2Sam. 2,21; 2Sam. 7,23; 2Sam. 7,24; 2Sam. 12,9; 2Sam. 19,8; 2Sam. 24,12; 2Sam. 24,13; 1Kings 2,36; 1Kings 11,31; 1Kings 12,240; 1Kings 12,240; 2Kings 18,23; 1Chr. 17,22; 1Chr. 21,10; 1Chr. 21,11; 1Chr. 21,23; 2Chr. 1,11; Neh. 6,7; Neh. 9,10; Esth. 13,16 # 4,17g; Tob. 4,9; Tob. 4,12; Tob. 4,13; Tob. 4,14; Tob. 5,3; 1Mac. 5,17; 1Mac. 12,45; Psa. 79,16; Psa. 79,18; Prov. 2,1; Prov. 3,7; Prov. 4,13; Prov. 7,1; Prov. 7,4; Prov. 9,12; Prov. 22,20; Prov. 25,10a; Job 5,27; Job 10,13; Sir. 6,31; Sir. 12,12; Sir. 29,20; Hos. 1,2; Hos. 6,11; Zech. 11,15; Is. 7,11; Is. 8,1; Is. 21,6; Is. 22,16; Is. 22,16; Is. 22,16; Is. 63,14; Jer. 2,28; Jer. 13,1; Jer. 22,14; Jer. 39,7; Jer. 39,20; Jer. 39,25; Jer. 43,2; Jer. 50,9; Jer. 51,35; Bar. 2,11; Lam. 3,44; Ezek. 4,1; Ezek. 4,3; Ezek. 4,9; Ezek. 5,1; Ezek. 5,1; Ezek.

12,3; Ezek. 12,5; Ezek. 21,24; Ezek. 24,2; Ezek. 28,4; Ezek. 37,16; Ezek. 37,16; Dan. 9,15; Tob. 5,3; Dan. 9,15; John 17,5; Acts 9,34; Acts 16,28; Rom. 2,5; 1Tim. 4,16)

σεβάζομαι (σέβω) to worship ▸ 1
- ἐσεβάσθησαν ▸ 1
  - **Verb** · third · plural · aorist · passive · indicative ▸ **1** (Rom. 1,25)

Σεβαμα Sebam; Sibmah ▸ 5
- Σεβαμα ▸ 5
  - **Noun** · singular · accusative · (proper) ▸ **1** (Josh. 13,19)
  - **Noun** · singular · genitive · (proper) ▸ **2** (Is. 16,8; Is. 16,9)
  - **Noun** · singular · nominative · (proper) ▸ **1** (Num. 32,3)
  - **Noun** · feminine · singular · accusative · (proper) ▸ **1** (Num. 32,38)

Σεβανι Sebaniah; Sebani ▸ 1
- Σεβανι ▸ 1
  - **Noun** · masculine · singular · nominative · (proper) ▸ **1** (Neh. 10,5)

Σεβανια Sebaniah ▸ 1
- Σεβανια ▸ 1
  - **Noun** · masculine · singular · nominative · (proper) ▸ **1** (Neh. 10,13)

σέβασμα (σέβω) object or place of worship ▸ 2 + 1 + 2 = 5
- σέβασμα ▸ 1 + 1 = 2
  - **Noun** · neuter · singular · accusative · (common) ▸ 1 + 1 = **2** (Wis. 14,20; 2Th. 2,4)
- σεβάσματα ▸ 1 + 1 = 2
  - **Noun** · neuter · plural · accusative · (common) ▸ 1 + 1 = **2** (Bel 27; Acts 17,23)
- σεβασμάτων ▸ 1
  - **Noun** · neuter · plural · genitive · (common) ▸ **1** (Wis. 15,17)

σεβαστός (σέβω) emperor, imperial; sovereign ▸ 3
- Σεβαστῆς ▸ 1
  - **Adjective** · feminine · singular · genitive · (proper) ▸ **1** (Acts 27,1)
- Σεβαστὸν ▸ 1
  - **Adjective** · masculine · singular · accusative · (proper) ▸ **1** (Acts 25,25)
- Σεβαστοῦ ▸ 1
  - **Adjective** · masculine · singular · genitive · (proper) ▸ **1** (Acts 25,21)

Σεβεγων Zibeon ▸ 8
- Σεβεγων ▸ 8
  - **Noun** · masculine · singular · genitive · (proper) ▸ **5** (Gen. 36,2; Gen. 36,14; Gen. 36,24; Gen. 36,24; 1Chr. 1,40)
  - **Noun** · masculine · singular · nominative · (proper) ▸ **3** (Gen. 36,20; Gen. 36,29; 1Chr. 1,38)

Σεβεε Sheba ▸ 1
- Σεβεε ▸ 1
  - **Noun** · masculine · singular · nominative · (proper) ▸ **1** (1Chr. 5,13)

Σεβεκαθα Sabteca ▸ 1
- Σεβεκαθα ▸ 1
  - **Noun** · masculine · singular · nominative · (proper) ▸ **1** (1Chr. 1,9)

Σεβημα Sibmah ▸ 1
- Σεβημα ▸ 1
  - **Noun** · singular · genitive · (proper) ▸ **1** (Jer. 31,32)

Σεβια Zibia ▸ 1
- Σεβια ▸ 1
  - **Noun** · masculine · singular · accusative · (proper) ▸ **1** (1Chr. 8,9)

Σεβοχα Sibbecai ▸ 1
- Σεβοχα ▸ 1
  - **Noun** · masculine · singular · nominative · (proper) ▸ **1** (2Sam. 21,18)

Σεβραιμ Sibraim ▸ 1
- Σεβραιμ ▸ 1
  - **Noun** · singular · nominative · (proper) ▸ **1** (Ezek. 47,16)

σέβω to worship ▸ 21 + 5 + 10 = 36
- ἐσέβετο ▸ 1 + 1 = 2
  - **Verb** · third · singular · imperfect · middle · indicative ▸ 1 + 1 = **2** (Bel 4; Bel 4)
- ἐσέβοντο ▸ 3 + 1 = 4
  - **Verb** · third · plural · imperfect · middle · indicative ▸ 3 + 1 = **4** (Josh. 24,33b; Bel 3; Bel 23; Bel 23)
- σέβειν ▸ 1
  - **Verb** · present · active · infinitive ▸ **1** (4Mac. 5,24)
- σέβεσθαι ▸ 1 + 1 = 2
  - **Verb** · present · middle · infinitive ▸ 1 + 1 = **2** (2Mac. 1,3; Acts 18,13)
- σέβεσθε ▸ 2
  - **Verb** · second · plural · present · middle · indicative ▸ **2** (4Mac. 8,14; Bel 27)
- σέβεται ▸ 1 + 1 = 2
  - **Verb** · third · singular · present · middle · indicative ▸ 1 + 1 = **2** (Job 1,9; Acts 19,27)
- σέβησθε ▸ 1
  - **Verb** · second · plural · present · middle · subjunctive ▸ **1** (Josh. 4,24)
- σέβομαι ▸ 2 + 1 = 3
  - **Verb** · first · singular · present · middle · indicative ▸ 2 + 1 = **3** (Jonah 1,9; Bel 5; Bel 5)
- σεβομένας ▸ 1
  - **Verb** · present · middle · participle · feminine · plural · accusative ▸ **1** (Acts 13,50)
- σεβομένη ▸ 1
  - **Verb** · present · middle · participle · feminine · singular · nominative ▸ **1** (Acts 16,14)
- σεβόμενοι ▸ 3 + 1 = 4
  - **Verb** · present · middle · participle · masculine · plural · nominative ▸ 3 + 1 = **4** (3Mac. 3,4; Wis. 15,6; Dan. 3,90; Dan. 3,90)
- σεβομένοις ▸ 3 + 1 + 1 = 5
  - **Verb** · present · middle · participle · masculine · plural · dative ▸ 3 + 1 + 1 = **5** (Ode. 7,33; Is. 66,14; Dan. 3,33; Dan. 3,33; Acts 17,17)
- σεβομένου ▸ 1
  - **Verb** · present · middle · participle · masculine · singular · genitive ▸ **1** (Acts 18,7)
- σεβομένων ▸ 2
  - **Verb** · present · middle · participle · masculine · plural · genitive ▸ **2** (Acts 13,43; Acts 17,4)
- σέβονται ▸ 1
  - **Verb** · third · plural · present · middle · indicative ▸ **1** (Wis. 15,18)
- σέβονταί ▸ 1 + 2 = 3
  - **Verb** · third · plural · present · middle · indicative ▸ 1 + 2 = **3** (Is. 29,13; Matt. 15,9; Mark 7,7)
- σέβωνται ▸ 1
  - **Verb** · third · plural · present · middle · subjunctive ▸ **1** (Josh. 22,25)

Σεβωιμ Zeboiim ▸ 5
- Σεβωιμ ▸ 5
  - **Noun** · accusative · (proper) ▸ **1** (Hos. 11,8)

Σεβωιμ–σεισμός

Noun · genitive · (proper) ▸ **3** (Gen. 10,19; Gen. 14,2; Gen. 14,8)
Noun · singular · nominative · (proper) ▸ **1** (Deut. 29,22)

Σεβωιν Sabeans ▸ 1
  Σεβωιν ▸ 1
    Noun · masculine · plural · nominative · (proper) ▸ **1** (Is. 45,14)

Σεγουβ Segub ▸ 3
  Σεγουβ ▸ 3
    Noun · masculine · singular · accusative · (proper) ▸ **1** (1Chr. 2,21)
    Noun · masculine · singular · dative · (proper) ▸ **1** (1Kings 16,34)
    Noun · masculine · singular · nominative · (proper) ▸ **1** (1Chr. 2,22)

Σεδδαδα Zedad ▸ 1
  Σεδδαδα ▸ 1
    Noun · singular · genitive · (proper) ▸ **1** (Ezek. 47,15)

Σεδδουκ Sarid ▸ 1
  Σεδδουκ ▸ 1
    Noun · singular · genitive · (proper) ▸ **1** (Josh. 19,12)

Σεδεκια Zedekiah ▸ 2
  Σεδεκια ▸ 2
    Noun · masculine · singular · accusative · (proper) ▸ **1** (2Kings 24,17)
    Noun · masculine · singular · nominative · (proper) ▸ **1** (1Chr. 3,15)

Σεδεκιας Zedekiah ▸ 48
  Σεδεκια ▸ 7
    Noun · masculine · singular · dative · (proper) ▸ **5** (Jer. 35,1; Jer. 39,1; Jer. 46,1; Jer. 46,2; Jer. 52,5)
    Noun · masculine · singular · genitive · (proper) ▸ **1** (Jer. 1,3)
    Noun · masculine · singular · vocative · (proper) ▸ **1** (Jer. 41,4)
  Σεδεκιαν ▸ 13
    Noun · masculine · singular · accusative · (proper) ▸ **13** (2Chr. 36,10; Jer. 21,3; Jer. 21,7; Jer. 24,8; Jer. 34,3; Jer. 34,12; Jer. 36,21; Jer. 36,22; Jer. 41,2; Jer. 41,6; Jer. 41,8; Jer. 41,21; Jer. 51,30)
  Σεδεκιας ▸ 18
    Noun · masculine · singular · nominative · (proper) ▸ **18** (1Kings 22,11; 2Kings 24,18; 2Kings 24,20; 1Chr. 3,16; 2Chr. 18,10; 2Chr. 18,23; 2Chr. 36,11; Neh. 10,2; Jer. 21,1; Jer. 36,3; Jer. 39,3; Jer. 39,4; Jer. 39,5; Jer. 43,12; Jer. 44,1; Jer. 44,3; Jer. 44,17; Bar. 1,8)
  Σεδεκιου ▸ 10
    Noun · masculine · singular · genitive · (proper) ▸ **10** (2Kings 25,2; 2Kings 25,7; 2Kings 25,7; 2Chr. 36,17; Jer. 25,20; Jer. 28,59; Jer. 52,1; Jer. 52,10; Jer. 52,11; Bar. 1,1)

Σεδεκίας Zedekiah ▸ 2
  Σεδεκιαν ▸ 2
    Noun · masculine · singular · accusative · (proper) ▸ **2** (1Esdr. 1,44; 1Esdr. 1,44)

Σεδεκιου Zedekiah ▸ 1
  Σεδεκιου ▸ 1
    Noun · masculine · singular · nominative · (proper) ▸ **1** (1Kings 22,24)

Σεδεμ Zabad ▸ 1
  Σεδεμ ▸ 1
    Noun · masculine · singular · nominative · (proper) ▸ **1** (Ezra 10,43)

Σεδιουρ Shedeur ▸ 5
  Σεδιουρ ▸ 5
    Noun · masculine · singular · genitive · (proper) ▸ **5** (Num. 1,5; Num. 2,10; Num. 7,30; Num. 7,35; Num. 10,18)

Σεδραχ Hadrach; Sedrach ▸ 12 + 14 = 26
  Σεδραχ ▸ 12 + 14 = 26
    Noun · masculine · singular · accusative · (proper) ▸ 4 + 6 = **10** (Dan. 1,7; Dan. 2,49; Dan. 3,13; Dan. 3,20; Dan. 1,7; Dan. 2,49; Dan. 3,13; Dan. 3,19; Dan. 3,20; Dan. 3,97)
    Noun · masculine · singular · dative · (proper) ▸ **1** (Dan. 3,97)
    Noun · masculine · singular · genitive · (proper) ▸ 3 + 2 = **5** (Zech. 9,1; Dan. 3,95; Dan. 3,96; Dan. 3,95; Dan. 3,96)
    Noun · masculine · singular · nominative · (proper) ▸ 3 + 4 = **7** (Dan. 3,12; Dan. 3,16; Dan. 3,93; Dan. 3,12; Dan. 3,16; Dan. 3,23; Dan. 3,93)
    Noun · masculine · singular · vocative · (proper) ▸ 1 + 2 = **3** (Dan. 3,14; Dan. 3,14; Dan. 3,93)

Σεηρα Sheerah ▸ 1
  Σεηρα ▸ 1
    Noun · masculine · singular · nominative · (proper) ▸ **1** (1Chr. 7,24)

Σεθεννακ Sansannah ▸ 1
  Σεθεννακ ▸ 1
    Noun · singular · nominative · (proper) ▸ **1** (Josh. 15,31)

σειρά chain, rope ▸ 2 + 3 + 1 = 6
  σειραῖς ▸ 1 + 1 = 2
    Noun · feminine · plural · dative · (common) ▸ 1 + 1 = **2** (Prov. 5,22; 2Pet. 2,4)
  σειράς ▸ 1 + 3 = 4
    Noun · feminine · plural · accusative · (common) ▸ 1 + 3 = **4** (Judg. 16,13; Judg. 16,13; Judg. 16,14; Judg. 16,19)

Σείραμ Sirah ▸ 1
  Σείραμ ▸ 1
    Noun · masculine · singular · genitive · (proper) ▸ **1** (2Sam. 3,26)

σειρήν siren ▸ 6
  σειρῆνες ▸ 2
    Noun · feminine · plural · nominative · (common) ▸ **1** (Is. 43,20)
    Noun · neuter · plural · nominative · (common) ▸ **1** (Is. 13,21)
  σειρήνων ▸ 4
    Noun · feminine · plural · genitive · (common) ▸ **4** (Job 30,29; Mic. 1,8; Is. 34,13; Jer. 27,39)

σειρήνιος (σειρήν) from a siren ▸ 1
  σειρήνιοι ▸ 1
    Adjective · feminine · plural · nominative · noDegree ▸ **1** (4Mac. 15,21)

σειρομάστης (σειρά; μάστιξ) spear ▸ 4
  σειρομάσταις ▸ 1
    Noun · masculine · plural · dative · (common) ▸ **1** (1Kings 18,28)
  σειρομάστας ▸ 2
    Noun · masculine · plural · accusative · (common) ▸ **2** (2Kings 11,10; Joel 4,10)
  σειρομάστην ▸ 1
    Noun · masculine · singular · accusative · (common) ▸ **1** (Num. 25,7)

Σείρωθα Seirah ▸ 1
  Σείρωθα ▸ 1
    Noun · singular · accusative · (proper) ▸ **1** (Judg. 3,26)

σεῖσμα (σείω) shaking ▸ 1
  σείσματι ▸ 1
    Noun · neuter · singular · dative · (common) ▸ **1** (Sir. 27,4)

σεισμός (σείω) shake, earthquake; shakedown (extortion) ▸ 15 + 14 = 29
  σεισμοί ▸ 2
    Noun · masculine · plural · nominative ▸ **2** (Matt. 24,7; Mark 13,8)
  σεισμοί ▸ 1
    Noun · masculine · plural · nominative ▸ **1** (Luke 21,11)
  σεισμόν ▸ 1

Noun · masculine · singular · accusative ▸ **1** (Matt. 27,54)
- σεισμόν ▸ **1**
  - **Noun** · masculine · singular · accusative · (common) ▸ **1** (4Mac. 17,3)
- σεισμός ▸ **3** + **1** = **4**
  - **Noun** · masculine · singular · nominative · (common) ▸ **3** + **1** = **4** (Esth. 11,5 # 1,1d; Is. 15,5; Ezek. 37,7; Rev. 8,5)
- σεισμὸς ▸ **3** + **8** = **11**
  - **Noun** · masculine · singular · nominative · (common) ▸ **3** + **8** = **11** (Jer. 10,22; Jer. 23,19; Ezek. 38,19; Matt. 8,24; Matt. 28,2; Acts 16,26; Rev. 6,12; Rev. 11,13; Rev. 11,19; Rev. 16,18; Rev. 16,18)
- σεισμοῦ ▸ **8**
  - **Noun** · masculine · singular · genitive · (common) ▸ **8** (Job 41,21; Amos 1,1; Nah. 3,2; Zech. 14,5; Is. 29,6; Jer. 29,3; Ezek. 3,12; Ezek. 3,13)
- σεισμῷ ▸ **1**
  - **Noun** · masculine · singular · dative ▸ **1** (Rev. 11,13)

σείω to shake ▸ **36** + **1** + **5** = **42**
- ἐσείσθη ▸ **7** + **1** + **2** = **10**
  - **Verb** · third · singular · aorist · passive · indicative ▸ **7** + **1** + **2** = **10** (Judg. 5,4; 2Sam. 22,8; 1Mac. 1,28; Psa. 67,9; Jer. 8,16; Jer. 28,29; Jer. 30,15; Judg. 5,4; Matt. 21,10; Matt. 27,51)
- ἐσείσθησαν ▸ **3** + **1** = **4**
  - **Verb** · third · plural · aorist · passive · indicative ▸ **3** + **1** = **4** (Nah. 1,5; Is. 28,7; Ezek. 31,16; Matt. 28,4)
- σείεται ▸ **2**
  - **Verb** · third · singular · present · passive · indicative ▸ **2** (1Esdr. 4,36; Prov. 30,21)
- σείομαι ▸ **1**
  - **Verb** · first · singular · present · passive · indicative ▸ **1** (Job 9,28)
- σειομένη ▸ **1**
  - **Verb** · present · passive · participle · feminine · singular · nominative · (variant) ▸ **1** (Rev. 6,13)
- σεισθήσεται ▸ **12**
  - **Verb** · third · singular · future · passive · indicative ▸ **12** (Amos 1,14; Amos 9,1; Joel 2,10; Joel 4,16; Is. 13,13; Is. 17,4; Is. 19,1; Is. 24,18; Is. 24,20; Jer. 27,46; Ezek. 26,10; Dan. 2,40)
- σεισθήσονται ▸ **4**
  - **Verb** · third · plural · future · passive · indicative ▸ **4** (Ode. 4,14; Hab. 3,14; Ezek. 26,15; Ezek. 38,20)
- σείσθητι ▸ **1**
  - **Verb** · second · singular · aorist · passive · imperative ▸ **1** (Hab. 2,16)
- σεισθῶσιν ▸ **1**
  - **Verb** · third · plural · aorist · passive · subjunctive ▸ **1** (Is. 33,20)
- σείσω ▸ **2** + **1** = **3**
  - **Verb** · first · singular · future · active · indicative ▸ **2** + **1** = **3** (Hag. 2,6; Is. 10,13; Heb. 12,26)
- σείω ▸ **1**
  - **Verb** · first · singular · present · active · indicative ▸ **1** (Hag. 2,21)
- σείων ▸ **2**
  - **Verb** · present · active · participle · masculine · singular · nominative ▸ **2** (Job 9,6; Is. 14,16)

Σεκελα Ziklag ▸ **1**
- Σεκελα ▸ **1**
  - **Noun** · singular · nominative · (proper) ▸ **1** (Josh. 19,5)

Σεκελακ Ziklag ▸ **10**
- Σεκελακ ▸ **10**
  - **Noun** · singular · dative · (proper) ▸ **1** (2Sam. 4,10)
  - **Noun** · singular · nominative · (proper) ▸ **1** (Josh. 15,31)
  - **Noun** · feminine · plural · dative · (proper) ▸ **1** (2Sam. 1,1)
  - **Noun** · feminine · singular · accusative · (proper) ▸ **6** (1Sam. 27,6; 1Sam. 30,1; 1Sam. 30,1; 1Sam. 30,1; 1Sam. 30,14; 1Sam. 30,26)
  - **Noun** · feminine · singular · nominative · (proper) ▸ **1** (1Sam. 27,6)

Σεκλαγ Ziklag ▸ **1**
- Σεκλαγ ▸ **1**
  - **Noun** · singular · dative · (proper) ▸ **1** (1Chr. 4,30)

Σεκοῦνδος Secundus ▸ **1**
- Σεκοῦνδος ▸ **1**
  - **Noun** · masculine · singular · nominative · (proper) ▸ **1** (Acts 20,4)

Σελαθι Zillethai ▸ **1**
- Σελαθι ▸ **1**
  - **Noun** · masculine · singular · nominative · (proper) ▸ **1** (1Chr. 12,21)

Σελεϊ Shilhi ▸ **2**
- Σελεϊ ▸ **2**
  - **Noun** · masculine · singular · genitive · (proper) ▸ **2** (1Kings 16,28a; 1Kings 22,42)

Σελεϊμ Shilhim ▸ **1**
- Σελεϊμ ▸ **1**
  - **Noun** · singular · nominative · (proper) ▸ **1** (Josh. 15,32)

Σελεμι Shelomi ▸ **1**
- Σελεμι ▸ **1**
  - **Noun** · masculine · singular · genitive · (proper) ▸ **1** (Num. 34,27)

Σελεμια Shelemiah; Selemia ▸ **4**
- Σελεμια ▸ **4**
  - **Noun** · masculine · singular · genitive · (proper) ▸ **2** (Neh. 3,30; Neh. 13,13)
  - **Noun** · masculine · singular · nominative · (proper) ▸ **2** (Ezra 10,39; Ezra 10,41)

Σελεμιας Shelemiah ▸ **2**
- Σελεμιας ▸ **1**
  - **Noun** · masculine · singular · nominative · (proper) ▸ **1** (1Esdr. 9,34)
- Σελεμιου ▸ **1**
  - **Noun** · masculine · singular · genitive · (proper) ▸ **1** (Jer. 45,1)

Σελεμιος Shelemiah ▸ **2**
- Σελεμιου ▸ **2**
  - **Noun** · masculine · singular · genitive · (proper) ▸ **2** (Jer. 44,3; Jer. 44,13)

Σελεμιου Shelemiah ▸ **2**
- Σελεμιου ▸ **2**
  - **Noun** · masculine · singular · genitive · (proper) ▸ **2** (Jer. 43,12; Jer. 43,14)

Σελεύκεια Seleucia ▸ **1** + **1** = **2**
- Σελεύκειαν ▸ **1**
  - **Noun** · feminine · singular · accusative · (proper) ▸ **1** (Acts 13,4)
- Σελευκείας ▸ **1**
  - **Noun** · feminine · singular · genitive · (proper) ▸ **1** (1Mac. 11,8)

Σελεύκος Seleucus ▸ **1**
- Σελεύκου ▸ **1**
  - **Noun** · masculine · singular · genitive · (proper) ▸ **1** (1Mac. 7,1)

Σέλευκος Seleucus ▸ **9**
- Σέλευκον ▸ **3**
  - **Noun** · masculine · singular · accusative · (proper) ▸ **3** (2Mac. 3,3; 4Mac. 3,20; 4Mac. 4,4)
- Σέλευκος ▸ **1**

Noun · masculine · singular · nominative · (proper) ▸ **1** (4Mac. 4,13)
Σελεύκου ▸ 4
Noun · masculine · singular · genitive · (proper) ▸ **4** (2Mac. 4,7; 2Mac. 5,18; 2Mac. 14,1; 4Mac. 4,15)
Σελεύκῳ ▸ 1
Noun · masculine · singular · dative · (proper) ▸ **1** (4Mac. 4,3)

Σελεφ Zalaph ▸ 1
Σελεφ ▸ 1
Noun · masculine · singular · genitive · (proper) ▸ **1** (Neh. 3,30)

Σεληκ Zelek ▸ 1
Σεληκ ▸ 1
Noun · masculine · singular · nominative · (proper) ▸ **1** (1Chr. 11,39)

Σεληκαν Selekan (?) ▸ 1
Σεληκαν ▸ 1
Noun · singular · nominative · (proper) ▸ **1** (Josh. 18,27)

σελήνη moon ▸ 40 + 1 + 9 = 50
σελήνη ▸ 26 + 1 + 5 = 32
Noun · feminine · singular · nominative · (common) ▸ 26 + 1 + 5 = **32** (Gen. 37,9; Josh. 10,12; Josh. 10,13; 4Mac. 17,5; Psa. 71,7; Psa. 88,38; Psa. 120,6; Psa. 148,3; Ode. 4,11; Ode. 8,62; Eccl. 12,2; Song 6,10; Sir. 27,11; Sir. 43,6; Sir. 50,6; Joel 2,10; Joel 3,4; Joel 4,15; Hab. 3,11; Is. 13,10; Is. 60,20; LetterJ 59; LetterJ 66; Ezek. 32,7; Dan. 3,62; Dan. 4,11; Dan. 3,62; Matt. 24,29; Mark 13,24; Acts 2,20; Rev. 6,12; Rev. 12,1)
σελήνῃ ▸ 3 + 1 = 4
Noun · feminine · singular · dative · (common) ▸ 3 + 1 = **4** (Deut. 17,3; 2Kings 23,5; Job 25,5; Luke 21,25)
σελήνην ▸ 7
Noun · feminine · singular · accusative · (common) ▸ **7** (Deut. 4,19; Psa. 8,4; Psa. 103,19; Psa. 135,9; Job 31,26; Jer. 8,2; Jer. 38,36)
σελήνης ▸ 4 + 3 = 7
Noun · feminine · singular · genitive · (common) ▸ 4 + 3 = **7** (Psa. 71,5; Sir. 43,7; Is. 30,26; Is. 60,19; 1Cor. 15,41; Rev. 8,12; Rev. 21,23)

σεληνιάζομαι (σελήνη) to be moonstruck; to be an epileptic ▸ 2
σεληνιάζεται ▸ 1
Verb · third · singular · present · passive · indicative · (variant) ▸ **1** (Matt. 17,15)
σεληνιαζομένους ▸ 1
Verb · present · passive · participle · masculine · plural · accusative · (variant) ▸ **1** (Matt. 4,24)

σελίς scroll column ▸ 1
σελίδας ▸ 1
Noun · feminine · plural · accusative · (common) ▸ **1** (Jer. 43,23)

Σελλα Zillah ▸ 4
Σελλα ▸ 4
Noun · feminine · singular · accusative · (proper) ▸ **1** (Josh. 21,35)
Noun · feminine · singular · dative · (proper) ▸ **1** (Gen. 4,23)
Noun · feminine · singular · nominative · (proper) ▸ **2** (Gen. 4,19; Gen. 4,22)

Σελλημ Shillem; Hillel; Shallum ▸ 8
Σελλημ ▸ 8
Noun · masculine · singular · accusative · (proper) ▸ **1** (Jer. 22,11)
Noun · masculine · singular · dative · (proper) ▸ **1** (Num. 26,49)
Noun · masculine · singular · genitive · (proper) ▸ **5** (Judg. 12,13; Judg. 12,15; 2Kings 22,14; 2Chr. 28,12; 2Chr. 34,22)
Noun · masculine · singular · nominative · (proper) ▸ **1** (Ezra 10,24)

Σελλημι Shillemite ▸ 1
Σελλημι ▸ 1
Noun · masculine · singular · nominative · (proper) ▸ **1** (Num. 26,49)

Σελλης Shelesh; Laish ▸ 2
Σελλης ▸ 2
Noun · singular · genitive · (proper) ▸ **1** (2Sam. 3,15)
Noun · masculine · singular · nominative · (proper) ▸ **1** (1Chr. 7,35)

Σελλησα Shiloh ▸ 1
Σελλησα ▸ 1
Noun · singular · accusative · (proper) ▸ **1** (Josh. 16,6)

Σελλουμ Shallum ▸ 6
Σελλουμ ▸ 6
Noun · masculine · singular · accusative · (proper) ▸ **1** (2Kings 15,14)
Noun · masculine · singular · genitive · (proper) ▸ **1** (2Kings 15,15)
Noun · masculine · singular · nominative · (proper) ▸ **4** (2Kings 15,10; 2Kings 15,10; 2Kings 15,13; 2Kings 15,13)

Σελμανα Zalmunna ▸ 11
Σελμανα ▸ 11
Noun · masculine · singular · accusative · (proper) ▸ **5** (Judg. 8,7; Judg. 8,12; Judg. 8,15; Judg. 8,18; Judg. 8,21)
Noun · masculine · singular · genitive · (proper) ▸ **3** (Judg. 8,5; Judg. 8,6; Judg. 8,15)
Noun · masculine · singular · nominative · (proper) ▸ **3** (Judg. 8,10; Judg. 8,12; Judg. 8,21)

Σελμων Zalmon ▸ 3
Σελμων ▸ 3
Noun · singular · dative · (proper) ▸ **1** (Psa. 67,15)
Noun · singular · genitive · (proper) ▸ **1** (Judg. 9,48)
Noun · masculine · singular · nominative · (proper) ▸ **1** (2Sam. 23,28)

Σελμωνα Hashmonah; Zalmonah ▸ 4
Σελμωνα ▸ 4
Noun · singular · accusative · (proper) ▸ **2** (Num. 33,29; Num. 33,41)
Noun · singular · genitive · (proper) ▸ **2** (Num. 33,30; Num. 33,42)

Σελνα Selnah (?) ▸ 1
Σελνα ▸ 1
Noun · feminine · singular · accusative · (proper) ▸ **1** (1Chr. 6,42)

Σελχα Salecah; Shalisha ▸ 5
Σελχα ▸ 5
Noun · singular · genitive · (proper) ▸ **5** (Deut. 3,10; Josh. 12,5; Josh. 13,11; 1Sam. 9,4; 1Chr. 5,11)

Σελωμ Shallum ▸ 1
Σελωμ ▸ 1
Noun · masculine · singular · genitive · (proper) ▸ **1** (Jer. 42,4)

Σεμαα Shema ▸ 3
Σεμαα ▸ 3
Noun · masculine · singular · accusative · (proper) ▸ **1** (1Chr. 8,32)
Noun · masculine · singular · nominative · (proper) ▸ **2** (1Chr. 2,43; 1Chr. 2,44)

Σεμαι Shimeah ▸ 1
Σεμαι ▸ 1
Noun · masculine · singular · accusative · (proper) ▸ **1** (1Chr. 4,17)

Σεμεΐ Shimei ▸ 47
Σεμεΐ ▸ 47
Noun · masculine · singular · accusative · (proper) ▸ **4** (2Sam. 19,24; 1Kings 2,36; 1Kings 2,42; 1Kings 2,44)
Noun · masculine · singular · dative · (proper) ▸ **3** (1Kings 2,39; 1Chr. 4,27; 1Chr. 23,7)
Noun · masculine · singular · genitive · (proper) ▸ **11** (Num. 3,21; 2Sam. 21,21; 1Kings 2,35l; 1Kings 2,39; 1Chr. 5,4; 1Chr. 6,27; 1Chr. 23,9; 1Chr. 23,10; 1Chr. 23,10; 2Chr. 31,15; Neh. 6,10)
Noun · masculine · singular · nominative · (proper) ▸ **29** (Ex. 6,17; Num. 3,18; 2Sam. 16,5; 2Sam. 16,7; 2Sam. 16,13; 2Sam. 19,17; 2Sam. 19,19; 2Sam. 19,22; 1Kings 1,8; 1Kings 2,8; 1Kings 2,38; 1Kings 2,38; 1Kings 2,40; 1Kings 2,40; 1Kings 2,41; 1Chr. 3,19; 1Chr. 4,26; 1Chr. 5,4; 1Chr. 6,2; 1Chr. 6,14; 1Chr. 25,3; 1Chr. 25,17; 1Chr. 27,27; 2Chr. 29,14; 2Chr. 31,12; 2Chr. 31,13; 1Esdr. 9,33; Ezra 10,33; Ezra 10,38)

Σεμεΐν Semein ▸ 1
Σεμεΐν ▸ 1
Noun · masculine · singular · genitive · (proper) ▸ **1** (Luke 3,26)

Σεμεια Shemaiah ▸ 1
Σεμεια ▸ 1
Noun · masculine · singular · dative · (proper) ▸ **1** (Neh. 12,18)

Σεμειας Shemaiah; Semeias ▸ 2
Σεμειας ▸ 1
Noun · masculine · singular · nominative · (proper) ▸ **1** (Neh. 12,42)
Σεμειου ▸ 1
Noun · masculine · singular · genitive · (proper) ▸ **1** (Tob. 5,14)

Σεμεΐας Shemaiah; Semeias ▸ 2
Σεμεΐου ▸ 2
Noun · masculine · singular · genitive · (proper) ▸ **2** (Esth. 11,2 # 1,1a; Esth. 2,5)

Σεμεΐς Shimei ▸ 1
Σεμεΐς ▸ 1
Noun · masculine · singular · nominative · (proper) ▸ **1** (1Esdr. 9,23)

Σεμειων Simeon (?) ▸ 1
Σεμειων ▸ 1
Noun · masculine · singular · nominative · (proper) ▸ **1** (1Chr. 4,19)

Σεμελιας Shemeliah ▸ 1
Σεμελιου ▸ 1
Noun · masculine · singular · genitive · (proper) ▸ **1** (Tob. 5,14)

Σεμερων Samaria ▸ 2
Σεμερων ▸ 2
Noun · masculine · singular · nominative · (proper) ▸ **1** (1Chr. 7,1)
Noun · neuter · singular · accusative · (proper) ▸ **1** (1Kings 16,24)

Σεμεων Shimeon ▸ 1
Σεμεων ▸ 1
Noun · masculine · singular · nominative · (proper) ▸ **1** (Ezra 10,31)

Σεμηρ Shemer ▸ 2
Σεμηρ ▸ 2
Noun · singular · genitive · (proper) ▸ **1** (1Kings 16,24)
Noun · masculine · singular · genitive · (proper) ▸ **1** (1Kings 16,24)

σεμίδαλις fine flour ▸ 65 + **1** + 1 = 67
σεμιδάλεως ▸ 42 + **1** = 43
Noun · feminine · singular · genitive · (common) ▸ 42 + **1** = **43** (Gen. 18,6; Ex. 29,40; Lev. 2,2; Lev. 2,4; Lev. 5,13; Lev. 6,8; Lev. 6,13; Lev. 7,12; Lev. 14,10; Lev. 14,21; Lev. 23,13; Lev. 23,17; Num. 6,15; Num. 7,13; Num. 7,19; Num. 7,25; Num. 7,31; Num. 7,37; Num. 7,43; Num. 7,49; Num. 7,55; Num. 7,61; Num. 7,67; Num. 7,73; Num. 7,79; Num. 8,8; Num. 15,4; Num. 15,6; Num. 15,9; Num. 28,9; Num. 28,12; Num. 28,12; Num. 28,13; 1Sam. 1,24; 1Kings 2,46e; 1Kings 5,2; 2Kings 7,1; 2Kings 7,16; 2Kings 7,18; 1Chr. 9,29; Sir. 38,11; Bel 3; Bel 3)
σεμίδαλιν ▸ **14** + **1** = 15
Noun · feminine · singular · accusative · (common) ▸ 14 + 1 = **15** (Ex. 29,2; Lev. 5,11; Lev. 7,12; Lev. 9,4; Lev. 24,5; Num. 28,5; 1Chr. 23,29; 2Mac. 1,8; Sir. 35,2; Is. 1,13; Is. 66,3; Ezek. 16,13; Ezek. 16,19; Ezek. 46,14; Rev. 18,13)
σεμίδαλις ▸ 9
Noun · feminine · singular · nominative · (common) ▸ **9** (Lev. 2,1; Lev. 2,5; Lev. 2,7; Num. 28,20; Num. 28,28; Num. 29,3; Num. 29,9; Num. 29,14; Sir. 39,26)

Σεμιρα Shemida ▸ 1
Σεμιρα ▸ 1
Noun · masculine · singular · genitive · (proper) ▸ **1** (1Chr. 7,19)

Σεμιραμωθ Shemiramoth ▸ 4
Σεμιραμωθ ▸ 4
Noun · masculine · singular · nominative · (proper) ▸ **4** (1Chr. 15,18; 1Chr. 15,20; 1Chr. 16,5; 2Chr. 17,8)

Σεμιων Shimon ▸ 1
Σεμιων ▸ 1
Noun · masculine · singular · genitive · (proper) ▸ **1** (1Chr. 4,20)

Σεμμα Shamma ▸ 1
Σεμμα ▸ 1
Noun · masculine · singular · nominative · (proper) ▸ **1** (1Chr. 7,37)

Σεμμηρ Shemer; Shomer; Shemed ▸ 3
Σεμμηρ ▸ 3
Noun · masculine · singular · genitive · (proper) ▸ **2** (1Chr. 6,31; 1Chr. 7,34)
Noun · masculine · singular · nominative · (proper) ▸ **1** (1Chr. 8,12)

σεμνολογέω (σέβω; λέγω) to speak seriously ▸ 1
σεμνολογήσας ▸ 1
Verb · second · singular · aorist · active · indicative ▸ **1** (4Mac. 7,9)

σεμνός (σέβω) serious; reverent; (n) holiness ▸ 9 + **4** = 13
σεμνά ▸ 1
Adjective · neuter · plural · accusative · noDegree ▸ **1** (Prov. 8,6)
σεμνά ▸ 1
Adjective · neuter · plural · nominative ▸ **1** (Phil. 4,8)
σεμναί ▸ 1
Adjective · feminine · plural · nominative · noDegree ▸ **1** (Prov. 15,26)
σεμνάς ▸ 1
Adjective · feminine · plural · accusative ▸ **1** (1Tim. 3,11)
σεμνή ▸ 1
Adjective · feminine · singular · nominative · noDegree ▸ **1** (4Mac. 17,5)
σεμνήν ▸ 1
Adjective · feminine · singular · accusative · noDegree ▸ **1** (Prov. 6,8a)
σεμνῆς ▸ 1
Adjective · feminine · singular · genitive · noDegree ▸ **1** (4Mac. 7,15)
σεμνόν ▸ 1
Adjective · neuter · singular · accusative · noDegree ▸ **1** (4Mac. 5,36)

σεμνός–Σερουχ

σεμνοτάτης ▸ 1
 Adjective · feminine · singular · genitive · superlative ▸ **1** (2Mac. 6,11)
σεμνοῦ ▸ 1
 Adjective · neuter · singular · genitive · noDegree ▸ **1** (2Mac. 8,15)
σεμνούς ▸ 2
 Adjective · masculine · plural · accusative ▸ **2** (1Tim. 3,8; Titus 2,2)
σεμνῶν ▸ 1
 Adjective · masculine · plural · genitive · noDegree ▸ **1** (2Mac. 6,28)

σεμνότης (σέβω) seriousness; reverence ▸ **1 + 3 = 4**
σεμνότητα ▸ 1
 Noun · feminine · singular · accusative ▸ **1** (Titus 2,7)
σεμνότητι ▸ **1 + 1 = 2**
 Noun · feminine · singular · dative · (common) ▸ **1 + 1 = 2** (2Mac. 3,12; 1Tim. 2,2)
σεμνότητος ▸ 1
 Noun · feminine · singular · genitive ▸ **1** (1Tim. 3,4)

σεμνῶς (σέβω) seriously; reverently ▸ **1**
σεμνῶς ▸ 1
 Adverb ▸ **1** (4Mac. 1,17)

Σεμριμ Zemaraim ▸ **1**
Σεμριμ ▸ 1
 Noun · singular · nominative · (proper) ▸ **1** (Josh. 18,22)

Σεμρων Shimron ▸ **1**
Σεμρων ▸ 1
 Noun · singular · nominative · (proper) ▸ **1** (Josh. 19,15)

Σεμωιθ Minnith ▸ **1**
Σεμωιθ ▸ 1
 Noun · singular · accusative · (proper) ▸ **1** (Judg. 11,33)

σεν (Hebr.) sin/shin ▸ **1**
σεν ▸ 1
 Noun ▸ **1** (Psa. 118,161)

Σεννα Zin; Zenan; Seneh ▸ **4**
Σεννα ▸ 4
 Noun · singular · accusative · (proper) ▸ **2** (Num. 34,4; Josh. 15,3)
 Noun · singular · nominative · (proper) ▸ **1** (Josh. 15,37)
 Noun · masculine · singular · nominative · (proper) ▸ **1** (1Sam. 14,4)

Σεννααν Zaanan ▸ **1**
Σεννααν ▸ 1
 Noun · singular · accusative · (proper) ▸ **1** (Mic. 1,11)

Σεννααρ Shinar ▸ **5 + 1 = 6**
Σεννααρ ▸ **5 + 1 = 6**
 Noun · dative · (proper) ▸ **2** (Gen. 10,10; Gen. 11,2)
 Noun · singular · genitive · (proper) ▸ **3 + 1 = 4** (Gen. 14,1; Gen. 14,2; Gen. 14,9; Dan. 1,2)

Σενναν Zenan ▸ **1**
Σενναν ▸ 1
 Noun · singular · nominative · (proper) ▸ **1** (Josh. 15,37)

Σενναχηριμ Sennacherib ▸ **17 + 4 = 21**
Σενναχηριμ ▸ **17 + 4 = 21**
 Noun · masculine · singular · accusative · (proper) ▸ **2** (2Mac. 8,19; 3Mac. 6,5)
 Noun · masculine · singular · genitive · (proper) ▸ **4 + 1 = 5** (2Kings 19,16; 2Kings 19,20; 2Chr. 32,22; Is. 37,21; Tob. 1,22)
 Noun · masculine · singular · nominative · (proper) ▸ **11 + 3 = 14** (2Kings 18,13; 2Kings 19,36; 2Chr. 32,1; 2Chr. 32,2; 2Chr. 32,9; 2Chr. 32,10; Tob. 1,15; Tob. 1,18; Sir. 48,18; Is. 36,1; Is. 37,17; Tob. 1,15; Tob. 1,18; Tob. 1,18)

Σενναχηριμ Sennacherib ▸ **1**
Σενναχηριμ ▸ 1
 Noun · masculine · singular · genitive · (proper) ▸ **1** (2Mac. 15,22)

Σεπφαμ Shepham ▸ **1**
Σεπφαμ ▸ 1
 Noun · singular · genitive · (proper) ▸ **1** (Num. 34,11)

Σεπφαμα Shepham ▸ **1**
Σεπφαμα ▸ 1
 Noun · singular · accusative · (proper) ▸ **1** (Num. 34,10)

Σεπφαριμ Sepharvaim ▸ **2**
Σεπφαριμ ▸ 2
 Noun · singular · genitive · (proper) ▸ **2** (Is. 36,19; Is. 37,13)

Σεπφαρουαιν Sepharvaim ▸ **5**
Σεπφαρουαιν ▸ 5
 Noun · masculine · plural · genitive · (proper) ▸ **2** (2Kings 17,31; 2Kings 18,34)
 Noun · masculine · plural · nominative · (proper) ▸ **3** (2Kings 17,24; 2Kings 17,31; 2Kings 19,13)

Σεπφωρ Zippor ▸ **7 + 1 = 8**
Σεπφωρ ▸ **7 + 1 = 8**
 Noun · singular · genitive · (proper) ▸ **1** (Num. 23,18)
 Noun · masculine · singular · accusative · (proper) ▸ **1** (Num. 22,2)
 Noun · masculine · singular · genitive · (proper) ▸ **4 + 1 = 5** (Num. 22,10; Num. 22,16; Josh. 24,9; Judg. 11,25; Judg. 11,25)
 Noun · masculine · singular · nominative · (proper) ▸ **1** (Num. 22,4)

Σεπφωρα Shiphra ▸ **4**
Σεπφωρα ▸ 2
 Noun · feminine · singular · nominative · (proper) ▸ **2** (Ex. 1,15; Ex. 4,25)
Σεπφωραν ▸ 2
 Noun · feminine · singular · accusative · (proper) ▸ **2** (Ex. 2,21; Ex. 18,2)

Σεραδα Zereth ▸ **1**
Σεραδα ▸ 1
 Noun · singular · accusative · (proper) ▸ **1** (Josh. 13,19)

Σεραρ Serar ▸ **1**
Σεραρ ▸ 1
 Noun · masculine · singular · genitive · (proper) ▸ **1** (1Esdr. 5,32)

σεραφιν (Hebr.) seraphs ▸ **2**
σεραφιν ▸ 2
 Noun ▸ **2** (Is. 6,2; Is. 6,6)

Σέργιος Sergius ▸ **1**
Σεργίῳ ▸ 1
 Noun · masculine · singular · dative · (proper) ▸ **1** (Acts 13,7)

Σερεβιας Sherebiah ▸ **1**
Σερεβιαν ▸ 1
 Noun · masculine · singular · accusative · (proper) ▸ **1** (1Esdr. 8,54)

Σερεδ Sered ▸ **1**
Σερεδ ▸ 1
 Noun · masculine · singular · nominative · (proper) ▸ **1** (Gen. 46,14)

Σερι Hazar ▸ **1**
Σερι ▸ 1
 Noun · singular · nominative · (proper) ▸ **1** (Josh. 15,27)

Σερουχ Serug ▸ **5**
Σερουχ ▸ 5
 Noun · masculine · singular · accusative · (proper) ▸ **2** (Gen. 11,20; Gen. 11,21)

Σερούχ Serug ▸ 1
　Σεροὺχ ▸ 1
　　Noun · masculine · singular · genitive · (proper) ▸ **1** (Luke 3,35)

Σερραν Serran (?) ▸ 1
　Σερραν ▸ 1
　　Noun · singular · dative · (proper) ▸ **1** (2Sam. 23,9)

σερσερωθ (Hebr.) chains ▸ 1
　σερσερωθ ▸ 1
　　Noun ▸ **1** (2Chr. 3,16)

Σεσαθαν Zarethan ▸ 1
　Σεσαθαν ▸ 1
　　Noun · masculine · singular · genitive · (proper) ▸ **1** (1Kings 4,12)

Σεσθηλ Sesthel ▸ 1
　Σεσθηλ ▸ 1
　　Noun · masculine · singular · nominative · (proper) ▸ **1** (1Esdr. 9,31)

Σεσι Sheshai; Shashai ▸ 2
　Σεσι ▸ 2
　　Noun · masculine · singular · accusative · (proper) ▸ **1** (Judg. 1,10)
　　Noun · masculine · singular · nominative · (proper) ▸ **1** (Ezra 10,40)

Σεσσι Sheshai ▸ 1 + 1 = 2
　Σεσσι ▸ 1 + 1 = 2
　　Noun · masculine · singular · accusative · (proper) ▸ **1** (Judg. 1,10)
　　Noun · masculine · singular · nominative · (proper) ▸ **1** (Num. 13,22)

Σεσσις Shashai ▸ 1
　Σεσσις ▸ 1
　　Noun · masculine · singular · nominative · (proper) ▸ **1** (1Esdr. 9,34)

Σετιρωθα Seirah ▸ 1
　Σετιρωθα ▸ 1
　　Noun · singular · accusative · (proper) ▸ **1** (Judg. 3,26)

Σετρι Sithri ▸ 1
　Σετρι ▸ 1
　　Noun · masculine · singular · nominative · (proper) ▸ **1** (Ex. 6,22)

σευτλίον beet ▸ 1
　σευτλίον ▸ 1
　　Noun · neuter · singular · nominative · (common) ▸ **1** (Is. 51,20)

Σεφ Saph ▸ 1
　Σεφ ▸ 1
　　Noun · masculine · singular · accusative · (proper) ▸ **1** (2Sam. 21,18)

Σεφεθ Zephath ▸ 1
　Σεφεθ ▸ 1
　　Noun · singular · accusative · (proper) ▸ **1** (Judg. 1,17)

Σεφεϊ Shiphi ▸ 1
　Σεφεϊ ▸ 1
　　Noun · masculine · singular · genitive · (proper) ▸ **1** (1Chr. 4,37)

Σεφεκ Zephath ▸ 1
　Σεφεκ ▸ 1
　　Noun · singular · accusative · (proper) ▸ **1** (Judg. 1,17)

Σεφηλα (Hebr.) Shephelah; foothills ▸ 5
　Σεφηλα ▸ 5
　　Noun · feminine · singular · dative · (proper) ▸ **3** (2Chr. 26,10; 1Mac. 12,38; Obad. 19)
　　Noun · feminine · singular · genitive · (proper) ▸ **2** (Jer. 39,44; Jer. 40,13)

Σεφι Secu ▸ 1
　Σεφι ▸ 1
　　Noun · masculine · singular · dative · (proper) ▸ **1** (1Sam. 19,22)

Σεφινα Zaphon ▸ 1
　Σεφινα ▸ 1
　　Noun · singular · accusative · (proper) ▸ **1** (Judg. 12,1)

Σεφνι Shiphmite ▸ 1
　Σεφνι ▸ 1
　　Noun · masculine · singular · genitive · (proper) ▸ **1** (1Chr. 27,27)

Σεχενια Shecaniah; Sechenia ▸ 7
　Σεχενια ▸ 7
　　Noun · masculine · singular · dative · (proper) ▸ **2** (1Chr. 24,11; Neh. 12,14)
　　Noun · masculine · singular · genitive · (proper) ▸ **3** (1Chr. 3,22; Neh. 3,29; Neh. 6,18)
　　Noun · masculine · singular · nominative · (proper) ▸ **2** (1Chr. 3,21; Neh. 12,3)

Σεχενιας Shecaniah, Secenias ▸ 3
　Σεχενιας ▸ 3
　　Noun · masculine · singular · nominative · (proper) ▸ **3** (1Esdr. 8,32; Ezra 8,5; Ezra 10,2)

Σεχενιος Sechenias ▸ 1
　Σεχενιου ▸ 1
　　Noun · masculine · singular · genitive · (proper) ▸ **1** (1Esdr. 8,29)

Σεχονιας Shecaniah ▸ 1
　Σεχονιας ▸ 1
　　Noun · masculine · singular · genitive · (proper) ▸ **1** (2Chr. 31,15)

Σεωριμ Seorim ▸ 1
　Σεωριμ ▸ 1
　　Noun · masculine · singular · dative · (proper) ▸ **1** (1Chr. 24,8)

Σηα Ziha ▸ 1
　Σηα ▸ 1
　　Noun · masculine · singular · genitive · (proper) ▸ **1** (Neh. 7,46)

Σηγωρ Zoar ▸ 9
　Σηγωρ ▸ 9
　　Noun · singular · accusative · (proper) ▸ **2** (Gen. 19,22; Gen. 19,23)
　　Noun · singular · dative · (proper) ▸ **1** (Gen. 19,30)
　　Noun · singular · genitive · (proper) ▸ **3** (Gen. 19,30; Deut. 34,3; Is. 15,5)
　　Noun · singular · nominative · (proper) ▸ **2** (Gen. 14,2; Gen. 14,8)
　　Noun · masculine · singular · accusative · (proper) ▸ **1** (2Kings 17,4)

Σηδανιν Sidonites ▸ 1
　Σηδανιν ▸ 1
　　Noun · masculine · plural · dative · (proper) ▸ **1** (Ezra 3,7)

Σηθ Seth ▸ 10
　Σηθ ▸ 10
　　Noun · masculine · singular · accusative · (proper) ▸ **3** (Gen. 4,25; Gen. 5,3; Gen. 5,4)
　　Noun · masculine · singular · dative · (proper) ▸ **1** (Gen. 4,26)
　　Noun · masculine · singular · genitive · (proper) ▸ **2** (Gen. 5,8; Num. 24,17)
　　Noun · masculine · singular · nominative · (proper) ▸ **4** (Gen. 5,6; Gen. 5,7; 1Chr. 1,1; Sir. 49,16)

Σήθ Seth ▸ 1
　Σήθ ▸ 1
　　Noun · masculine · singular · genitive · (proper) ▸ **1** (Luke 3,38)

Σηιρ Seir ▸ 37 + 1 = 38
　Σηιρ ▸ 37 + 1 = 38
　　Noun · singular · accusative · (proper) ▸ **8** (Gen. 33,14; Gen. 33,16; Josh. 11,17; Josh. 12,7; 1Chr. 4,42; 2Chr. 20,22; 2Chr.

20,23; 2Chr. 20,23)
- **Noun** · singular · genitive · (proper) ▸ **12** (Gen. 14,6; Gen. 32,4; Gen. 36,8; Gen. 36,9; Deut. 1,2; Deut. 1,44; Deut. 33,2; Judg. 5,4; Ezek. 35,2; Ezek. 35,3; Ezek. 35,7; Ezek. 35,15)
- **Noun** · singular · nominative · (proper) ▸ **1** (2Chr. 20,10)
- **Noun** · feminine · singular · accusative · (proper) ▸ **2** (Deut. 2,9; Deut. 2,18)
- **Noun** · feminine · singular · dative · (proper) ▸ **4** (Deut. 2,8; Deut. 2,12; Deut. 2,22; Deut. 2,29)
- **Noun** · masculine · singular · genitive · (proper) ▸ **6** (Gen. 36,20; Gen. 36,21; 1Chr. 1,38; 2Chr. 25,11; 2Chr. 25,14; Is. 21,11)
- **Noun** · neuter · singular · accusative · (proper) ▸ **3** (Deut. 2,1; Deut. 2,5; Josh. 24,4)
- **Noun** · neuter · singular · dative · (proper) ▸ 1 + 1 = **2** (Deut. 2,4; Judg. 5,4)

σηκός shrine; temple ▸ 1
- σηκὸν ▸ 1
  - **Noun** · masculine · singular · accusative · (common) ▸ **1** (2Mac. 14,33)

Σηλαλεφ Zelah Haeleph ▸ 1
- Σηλαλεφ ▸ 1
  - **Noun** · singular · nominative · (proper) ▸ **1** (Josh. 18,28)

Σηλι Sallai ▸ 1
- Σηλι ▸ 1
  - **Noun** · masculine · singular · nominative · (proper) ▸ **1** (Neh. 11,8)

Σηλω Shiloh ▸ 19
- Σηλω ▸ 19
  - **Noun** · singular · accusative · (proper) ▸ **4** (Josh. 18,1; Josh. 22,12; Josh. 24,1; 1Sam. 1,3)
  - **Noun** · singular · dative · (proper) ▸ **8** (Josh. 18,8; Josh. 18,10; Josh. 19,51; Josh. 21,2; Josh. 24,25; Judg. 18,31; 1Sam. 1,9; 1Kings 12,24h)
  - **Noun** · singular · genitive · (proper) ▸ **1** (Josh. 22,9)
  - **Noun** · feminine · singular · accusative · (proper) ▸ **2** (Judg. 21,12; Judg. 21,21)
  - **Noun** · feminine · singular · dative · (proper) ▸ **2** (Judg. 21,19; Judg. 21,21)
  - **Noun** · feminine · singular · genitive · (proper) ▸ **1** (Judg. 21,21)
  - **Noun** · masculine · singular · nominative · (proper) ▸ **1** (Neh. 11,7)

Σηλωμ Shelah; Shiloh ▸ 21 + 1 = 22
- Σηλωμ ▸ 21 + 1 = 22
  - **Noun** · feminine · singular · accusative · (proper) ▸ **3** (1Sam. 1,24; 1Sam. 4,4; 1Sam. 4,12)
  - **Noun** · feminine · singular · dative · (proper) ▸ 10 + 1 = **11** (1Sam. 1,21; 1Sam. 1,24; 1Sam. 2,14; 1Sam. 3,21; 1Sam. 14,3; 1Kings 2,27; Jer. 7,12; Jer. 7,14; Jer. 33,6; Jer. 33,9; Judg. 18,31)
  - **Noun** · feminine · singular · genitive · (proper) ▸ **2** (1Sam. 4,3; Psa. 77,60)
  - **Noun** · masculine · singular · accusative · (proper) ▸ **1** (Gen. 38,5)
  - **Noun** · masculine · singular · dative · (proper) ▸ **1** (Gen. 38,26)
  - **Noun** · masculine · singular · genitive · (proper) ▸ **1** (1Chr. 4,21)
  - **Noun** · masculine · singular · nominative · (proper) ▸ **3** (Gen. 38,11; Gen. 38,14; Gen. 46,12)

Σηλων Shiloh ▸ 2 + 4 = 6
- Σηλων ▸ 2 + 4 = 6
  - **Noun** · singular · dative · (proper) ▸ **2** (Judg. 21,19; Judg. 21,21)
  - **Noun** · singular · genitive · (proper) ▸ **1** (Judg. 21,21)
  - **Noun** · feminine · singular · accusative · (proper) ▸ **1** (Judg. 21,12)
  - **Noun** · masculine · singular · dative · (proper) ▸ **1** (Num. 26,16)
  - **Noun** · masculine · singular · nominative · (proper) ▸ **1** (1Chr. 2,3)

Σηλωνι Shelanite; Shilonite ▸ 3
- Σηλωνι ▸ 3
  - **Noun** · masculine · plural · genitive · (proper) ▸ **1** (1Chr. 9,5)
  - **Noun** · masculine · singular · genitive · (proper) ▸ **1** (Neh. 11,5)
  - **Noun** · masculine · singular · nominative · (proper) ▸ **1** (Num. 26,16)

Σηλωνίτης Shilonite ▸ 6
- Σηλωνίτην ▸ 1
  - **Noun** · masculine · singular · accusative · (proper) ▸ **1** (1Kings 12,24k)
- Σηλωνίτης ▸ 1
  - **Noun** · masculine · singular · nominative · (proper) ▸ **1** (1Kings 11,29)
- Σηλωνίτου ▸ 4
  - **Noun** · masculine · singular · genitive · (proper) ▸ **4** (1Kings 12,15; 1Kings 15,29; 2Chr. 9,29; 2Chr. 10,15)

Σημ Shem ▸ 17
- Σημ ▸ 17
  - **Noun** · masculine · singular · accusative · (proper) ▸ **2** (Gen. 5,32; Gen. 6,10)
  - **Noun** · masculine · singular · dative · (proper) ▸ **1** (Gen. 10,21)
  - **Noun** · masculine · singular · genitive · (proper) ▸ **7** (Gen. 9,26; Gen. 9,27; Gen. 10,1; Gen. 10,22; Gen. 10,31; Gen. 11,10; 1Chr. 1,17)
  - **Noun** · masculine · singular · nominative · (proper) ▸ **7** (Gen. 7,13; Gen. 9,18; Gen. 9,23; Gen. 11,10; Gen. 11,11; 1Chr. 1,4; Sir. 49,16)

Σήμ Shem ▸ 1
- Σὴμ ▸ 1
  - **Noun** · masculine · singular · genitive · (proper) ▸ **1** (Luke 3,36)

σημαία (σημεῖον) banner; ensign ▸ 1
- σημαίαν ▸ 1
  - **Noun** · feminine · singular · accusative · (common) ▸ **1** (Is. 30,17)

σημαίνω (σημεῖον) to indicate, signify ▸ 25 + 1 + 6 = 32
- ἐσήμαινον ▸ 1
  - **Verb** · third · plural · imperfect · active · indicative ▸ **1** (Ezra 3,11)
- ἐσήμαναν ▸ 1 + 1 = 2
  - **Verb** · third · plural · aorist · active · indicative ▸ 1 + 1 = **2** (Judg. 7,21; Judg. 7,21)
- ἐσήμανάς ▸ 1
  - **Verb** · second · singular · aorist · active · indicative ▸ **1** (Dan. 2,23)
- ἐσήμανε ▸ 1
  - **Verb** · third · singular · aorist · active · indicative ▸ **1** (Dan. 2,45)
- ἐσήμανεν ▸ 2 + 2 = 4
  - **Verb** · third · singular · aorist · active · indicative ▸ 2 + 2 = **4** (Esth. 2,22; Dan. 2,15; Acts 11,28; Rev. 1,1)
- ἐσημάνθη ▸ 2
  - **Verb** · third · singular · aorist · passive · indicative ▸ **2** (1Esdr. 8,48; Dan. 2,30)
- ἐσήμηνέν ▸ 1
  - **Verb** · third · singular · aorist · active · indicative ▸ **1** (1Esdr. 2,2)
- σεσήμανται ▸ 1
  - **Verb** · third · singular · perfect · passive · indicative ▸ **1** (2Mac. 2,1)
- σημαίνει ▸ 1
  - **Verb** · third · singular · present · active · indicative ▸ **1** (Prov.

6,13)
σημαίνειν ▸ 1
Verb · present · active · infinitive ▸ **1** (2Chr. 13,12)
σημαινέτωσαν ▸ 1
Verb · third · plural · present · active · imperative ▸ **1** (Josh. 6,8)
σημαινομένους ▸ 1
Verb · present · passive · participle · masculine · plural · accusative ▸ **1** (Esth. 13,6 # 3,13f)
σημαινομένων ▸ 1
Verb · present · passive · participle · neuter · plural · genitive ▸ **1** (2Mac. 11,17)
σημαινούσης ▸ 1
Verb · present · active · participle · feminine · singular · genitive ▸ **1** (Job 39,25)
σημαίνων ▸ 3
Verb · present · active · participle · masculine · singular · nominative ▸ **3** (John 12,33; John 18,32; John 21,19)
σημᾶναι ▸ 1
Verb · aorist · active · infinitive ▸ **1** (Acts 25,27)
Σημάνατε ▸ 1
Verb · second · plural · aorist · active · imperative ▸ **1** (Jer. 4,5)
σημάνατε ▸ 1
Verb · second · plural · aorist · active · imperative ▸ **1** (Jer. 6,1)
σημανεῖς ▸ 1
Verb · second · singular · future · active · indicative ▸ **1** (Ex. 18,20)
σημανεῖτε ▸ 1
Verb · second · plural · future · active · indicative ▸ **1** (Num. 10,9)
σημάνῃ ▸ 3
Verb · third · singular · aorist · active · subjunctive ▸ **3** (Job 39,24; Ezek. 33,3; Ezek. 33,6)
σημανῶ ▸ 1
Verb · first · singular · future · active · indicative ▸ **1** (Zech. 10,8)
σημάνωσιν ▸ 1
Verb · third · plural · aorist · active · subjunctive ▸ **1** (Neh. 8,15)
σημασία (σημεῖον)   symbol, signal, significance ▸ 25
σημασία ▸ 6
Noun · feminine · singular · nominative · (common) ▸ **6** (Lev. 13,6; Lev. 13,7; Lev. 13,8; Lev. 25,10; Lev. 25,11; Lev. 25,12)
σημασίᾳ ▸ 5
Noun · feminine · singular · dative · (common) ▸ **5** (Lev. 25,13; Num. 10,6; Num. 10,7; 1Chr. 15,28; Ezra 3,12)
σημασίαν ▸ 5
Noun · feminine · singular · accusative · (common) ▸ **5** (Lev. 25,15; Num. 10,5; Num. 10,6; Num. 10,6; Num. 10,6)
σημασίας ▸ 6
Noun · feminine · singular · genitive · (common) ▸ **6** (Lev. 13,2; Lev. 14,56; Num. 29,1; 2Chr. 13,12; Ezra 3,13; Sol. 11,1)
σημασιῶν ▸ 3
Noun · feminine · plural · genitive · (common) ▸ **3** (Num. 31,6; 1Mac. 4,40; 1Mac. 7,45)
σημέα (σημεῖον)   sign; insignia ▸ 1
σημέας ▸ 1
Noun · feminine · plural · accusative · (common) ▸ **1** (Num. 2,2)
σημεῖον   sign, miracle ▸ 116 + 4 + 77 = 197
σημεῖα ▸ 34 + 2 + 32 = 68
Noun · neuter · plural · accusative · (common) ▸ 29 + 2 + 26 = **57** (Gen. 1,14; Ex. 4,17; Ex. 4,28; Ex. 4,30; Ex. 11,9; Ex. 11,10; Num. 14,22; Deut. 6,22; Deut. 7,19; Deut. 11,3; Deut. 29,2; Neh. 9,10; Esth. 10,9 # 10,3f; Psa. 73,4; Psa. 73,4; Psa. 73,9; Psa. 77,43; Psa. 134,9; Job 21,29; Wis. 8,8; Sir. 36,5; Sir. 45,3; Is. 8,18; Is. 44,25; Is. 66,19; Jer. 31,9; Jer. 39,20; Dan. 4,37; Dan. 4,37a; Dan. 4,2; Dan. 6,28; Matt. 16,3; Matt. 24,24; Mark 13,22; John 2,23; John 3,2; John 4,48; John 6,2; John 6,26; John 7,31; John 9,16; John 11,47; John 12,37; John 20,30; Acts 2,19; Acts 4,30; Acts 6,8; Acts 7,36; Acts 8,6; Acts 8,13; Acts 14,3; Acts 15,12; 1Cor. 1,22; Rev. 13,13; Rev. 13,14; Rev. 16,14; Rev. 19,20)

Noun · neuter · plural · nominative · (common) ▸ 5 + 6 = **11** (Ex. 10,1; Deut. 28,46; 1Sam. 10,7; 1Sam. 10,9; Is. 20,3; Mark 16,17; Luke 21,11; Luke 21,25; Acts 2,43; Acts 5,12; 2Cor. 12,12)
σημεῖά ▸ 3
Noun · neuter · plural · accusative · (common) ▸ **3** (Ex. 7,3; Ex. 10,2; LetterJ 66)
σημείοις ▸ 8 + 4 = 12
Noun · neuter · plural · dative · (common) ▸ 8 + 4 = **12** (Ex. 4,9; Num. 14,11; Deut. 4,34; Deut. 26,8; Deut. 34,11; Wis. 10,16; Jer. 39,21; Bar. 2,11; Acts 2,22; 2Cor. 12,12; 2Th. 2,9; Heb. 2,4)
σημεῖον ▸ 56 + 2 + 37 = 95
Noun · neuter · singular · accusative · (common) ▸ 34 + 1 + 18 = **53** (Gen. 4,15; Gen. 9,13; Ex. 7,9; Ex. 13,16; Num. 17,3; Num. 17,25; Deut. 6,8; Deut. 11,18; Deut. 13,2; Josh. 2,18; Josh. 4,6; Judg. 6,17; 2Chr. 32,24; Esth. 14,16 # 4,17w; 2Mac. 15,35; 3Mac. 6,32; Psa. 85,17; Wis. 5,13; Sir. 42,18; Sir. 43,6; Is. 7,11; Is. 7,14; Is. 11,12; Is. 13,2; Is. 19,20; Is. 33,23; Is. 55,13; Jer. 6,1; Jer. 28,12; Jer. 28,27; Ezek. 9,4; Ezek. 20,12; Ezek. 20,20; Ezek. 39,15; Tob. 5,2; Matt. 12,38; Matt. 12,39; Matt. 16,1; Matt. 16,4; Matt. 26,48; Mark 8,11; Luke 2,34; Luke 11,16; Luke 11,29; Luke 23,8; John 2,18; John 4,54; John 6,14; John 6,30; John 10,41; John 12,18; Rom. 4,11; Rev. 15,1)

Noun · neuter · singular · nominative · (common) ▸ 22 + 1 + 19 = **42** (Gen. 9,12; Gen. 9,17; Ex. 3,12; Ex. 8,19; Ex. 13,9; Deut. 13,3; 1Sam. 2,34; 1Sam. 10,1; 1Sam. 14,10; 2Kings 19,29; 2Kings 20,8; 2Kings 20,9; Wis. 5,11; Sir. 43,7; Sol. 15,6; Sol. 15,9; Is. 18,3; Is. 37,30; Is. 38,7; Is. 38,22; Jer. 51,29; Ezek. 9,6; Judg. 20,38; Matt. 12,39; Matt. 12,39; Matt. 16,4; Matt. 16,4; Matt. 24,3; Matt. 24,30; Mark 8,12; Mark 8,12; Mark 13,4; Luke 2,12; Luke 11,29; Luke 11,29; Luke 11,30; Luke 21,7; Acts 4,16; Acts 4,22; 2Th. 3,17; Rev. 12,1; Rev. 12,3)
σημεῖόν ▸ 4 + 1 = 5
Noun · neuter · singular · accusative ▸ **1** (1Cor. 14,22)

Noun · neuter · singular · nominative · (common) ▸ **4** (Ex. 31,13; Ex. 31,17; 2Mac. 6,13; Ezek. 4,3)
σημείου ▸ 5
Noun · neuter · singular · genitive · (common) ▸ **5** (Ex. 4,8; Ex. 4,8; Num. 21,8; Num. 21,9; Dan. 5,9)
σημείῳ ▸ 3
Noun · neuter · singular · dative · (common) ▸ **3** (Gen. 17,11; Ex. 12,13; Num. 26,10)
σημείων ▸ 3 + 3 = 6
Noun · neuter · plural · genitive · (common) ▸ 3 + 3 = **6** (Psa. 64,9; Psa. 104,27; Jer. 10,2; Mark 16,20; John 2,11; Rom. 15,19)
σημειόω (σημεῖον)   to note, to manifest ▸ 1 + 1 = 2
ἐσημειώθη ▸ 1
Verb · third · singular · aorist · passive · indicative ▸ **1** (Psa. 4,7)
σημειοῦσθε ▸ 1
Verb · second · plural · present · middle · imperative ▸ **1** (2Th. 3,14)
σημείωσις (σημεῖον)   sign, signal ▸ 2
σημειώσει ▸ 1
Noun · feminine · singular · dative · (common) ▸ **1** (Sol. 4,2)
σημείωσιν ▸ 1
Noun · feminine · singular · accusative · (common) ▸ **1** (Psa. 59,6)

σήμερον (ἡμέρα) today ▸ 283 + 8 + 41 = 332
   Σήμερον ▸ 3
      Adverb ▸ 3 (Josh. 22,31; 2Sam. 14,22; 2Sam. 16,3)
   σήμερον ▸ 279 + 8 + 41 = 328
      Adverb ▸ 279 + 8 + 41 = **328** (Gen. 4,14; Gen. 19,37; Gen. 19,38; Gen. 21,26; Gen. 22,14; Gen. 24,12; Gen. 24,42; Gen. 25,31; Gen. 25,33; Gen. 26,33; Gen. 30,16; Gen. 30,32; Gen. 31,43; Gen. 31,46; Gen. 35,4; Gen. 35,20; Gen. 40,7; Gen. 41,9; Gen. 41,41; Gen. 42,13; Gen. 42,32; Gen. 47,23; Gen. 50,20; Ex. 2,18; Ex. 5,14; Ex. 13,4; Ex. 14,13; Ex. 14,13; Ex. 16,25; Ex. 16,25; Ex. 19,10; Ex. 32,29; Lev. 9,4; Lev. 10,19; Lev. 10,19; Num. 22,30; Deut. 1,10; Deut. 1,39; Deut. 2,18; Deut. 4,1; Deut. 4,2; Deut. 4,4; Deut. 4,8; Deut. 4,26; Deut. 4,38; Deut. 4,39; Deut. 4,40; Deut. 5,3; Deut. 6,2; Deut. 6,6; Deut. 6,24; Deut. 7,11; Deut. 8,1; Deut. 8,11; Deut. 8,18; Deut. 8,19; Deut. 9,1; Deut. 9,3; Deut. 9,6; Deut. 10,13; Deut. 11,2; Deut. 11,4; Deut. 11,7; Deut. 11,8; Deut. 11,13; Deut. 11,22; Deut. 11,26; Deut. 11,27; Deut. 11,28; Deut. 11,32; Deut. 12,8; Deut. 12,11; Deut. 12,14; Deut. 13,1; Deut. 13,19; Deut. 15,5; Deut. 19,9; Deut. 20,3; Deut. 26,3; Deut. 26,17; Deut. 26,18; Deut. 27,1; Deut. 27,4; Deut. 27,10; Deut. 28,1; Deut. 28,13; Deut. 28,14; Deut. 28,15; Deut. 29,9; Deut. 29,11; Deut. 29,14; Deut. 29,14; Deut. 30,2; Deut. 30,8; Deut. 30,11; Deut. 30,15; Deut. 30,16; Deut. 30,18; Deut. 30,19; Deut. 31,2; Deut. 31,21; Deut. 31,27; Deut. 32,46; Josh. 4,9; Josh. 5,9; Josh. 6,25; Josh. 7,19; Josh. 7,25; Josh. 9,27; Josh. 10,27; Josh. 13,13; Josh. 14,10; Josh. 14,11; Josh. 22,3; Josh. 22,16; Josh. 22,18; Josh. 22,18; Josh. 22,29; Josh. 24,15; Josh. 24,27; Josh. 24,31a; Judg. 9,18; Judg. 11,27; Judg. 19,9; Judg. 21,3; Judg. 21,6; Ruth 2,19; Ruth 2,19; Ruth 3,18; Ruth 4,9; Ruth 4,10; Ruth 4,14; 1Sam. 4,3; 1Sam. 4,7; 1Sam. 4,16; 1Sam. 9,12; 1Sam. 9,19; 1Sam. 9,20; 1Sam. 9,27; 1Sam. 10,2; 1Sam. 10,19; 1Sam. 11,13; 1Sam. 12,5; 1Sam. 12,17; 1Sam. 14,28; 1Sam. 14,30; 1Sam. 14,38; 1Sam. 14,41; 1Sam. 14,44; 1Sam. 14,45; 1Sam. 15,28; 1Sam. 16,5; 1Sam. 17,10; 1Sam. 17,36; 1Sam. 17,45; 1Sam. 17,46; 1Sam. 20,27; 1Sam. 21,3; 1Sam. 21,6; 1Sam. 22,15; 1Sam. 24,11; 1Sam. 24,12; 1Sam. 24,19; 1Sam. 24,19; 1Sam. 24,20; 1Sam. 25,10; 1Sam. 25,32; 1Sam. 25,33; 1Sam. 25,34; 1Sam. 26,8; 1Sam. 26,19; 1Sam. 26,21; 1Sam. 26,23; 1Sam. 26,24; 1Sam. 27,10; 1Sam. 29,6; 1Sam. 30,13; 1Sam. 30,25; 2Sam. 3,8; 2Sam. 3,8; 2Sam. 3,39; 2Sam. 6,20; 2Sam. 6,20; 2Sam. 11,12; 2Sam. 15,20; 2Sam. 15,20; 2Sam. 18,31; 2Sam. 19,6; 2Sam. 19,6; 2Sam. 19,7; 2Sam. 19,7; 2Sam. 19,7; 2Sam. 19,8; 2Sam. 19,21; 2Sam. 19,23; 2Sam. 19,23; 2Sam. 19,23; 2Sam. 19,36; 1Kings 1,25; 1Kings 1,48; 1Kings 1,51; 1Kings 2,24; 1Kings 2,31; 1Kings 5,21; 1Kings 8,15; 1Kings 8,28; 1Kings 8,56; 1Kings 18,15; 1Kings 18,36; 1Kings 21,13; 1Kings 22,5; 2Kings 2,3; 2Kings 2,5; 2Kings 4,23; 2Kings 6,28; 2Kings 6,31; 1Chr. 29,5; 2Chr. 6,19; 2Chr. 10,7; 2Chr. 18,4; 2Chr. 35,21; 2Chr. 35,25; 1Esdr. 8,74; 1Esdr. 8,86; Neh. 1,6; Neh. 1,11; Neh. 5,11; Neh. 9,36; Esth. 1,18; Esth. 5,4; Judith 6,2; Judith 7,28; Judith 8,12; Judith 8,18; Judith 8,29; Judith 12,18; Judith 13,11; Judith 13,17; Tob. 6,11; 1Mac. 2,63; 1Mac. 3,17; 1Mac. 4,10; 1Mac. 5,32; 1Mac. 6,26; 1Mac. 7,42; 1Mac. 9,30; 1Mac. 9,44; 1Mac. 10,20; 1Mac. 10,30; 1Mac. 10,30; 1Mac. 13,39; 1Mac. 16,2; 3Mac. 5,20; 3Mac. 6,13; Psa. 2,7; Psa. 94,7; Ode. 7,37; Ode. 7,40; Ode. 11,19; Prov. 7,14; Sir. 10,10; Sir. 20,15; Sir. 38,22; Sir. 47,7; Is. 10,32; Is. 37,3; Is. 38,19; Is. 58,4; Jer. 1,10; Jer. 1,18; Jer. 41,15; Bar. 3,8; Ezek. 2,3; Ezek. 20,29; Ezek. 20,31; Ezek. 24,2; Dan. 3,37; Dan. 3,40; Sus. 55; Judg. 6,17; Judg. 9,18; Judg. 11,27; Judg. 21,3; Judg. 21,6; Tob. 7,12; Dan. 3,37; Dan. 3,40; Matt. 6,11; Matt. 6,30; Matt. 11,23; Matt. 16,3; Matt. 21,28; Matt. 27,8; Matt. 27,19; Matt. 28,15; Mark 14,30; Luke 2,11; Luke 4,21; Luke 5,26; Luke 12,28; Luke 13,32; Luke 13,33; Luke 19,5; Luke 19,9; Luke 22,34; Luke 22,61; Luke 23,43; Acts 4,9; Acts 13,33; Acts 19,40; Acts 20,26; Acts 22,3; Acts 24,21; Acts 26,2; Acts 26,29; Acts 27,33; Rom. 11,8; 2Cor. 3,14; 2Cor. 3,15; Heb. 1,5; Heb. 3,7; Heb. 3,13; Heb. 3,15; Heb. 4,7; Heb. 4,7; Heb. 5,5; Heb. 13,8; James 4,13)
   σήμερόν ▸ 1
      Adverb ▸ 1 (Esth. 5,4)

Σην Shema ▸ 1
   Σην ▸ 1
      Noun · singular · nominative · (proper) ▸ 1 (Josh. 15,26)

σήπη (σήπω) rot, decay ▸ 1
   σήπη ▸ 1
      Noun · feminine · singular · nominative · (common) ▸ 1 (Sir. 19,3)

σήπω to rot, decay ▸ 8 + 1 = 9
   ἐσάπησαν ▸ 2
      Verb · third · plural · aorist · passive · indicative ▸ 2 (Psa. 37,6; Job 19,20)
   σαπήσεται ▸ 1
      Verb · third · singular · future · passive · indicative ▸ 1 (Ezek. 17,9)
   σαπῶσιν ▸ 1
      Verb · third · plural · aorist · passive · subjunctive ▸ 1 (Job 33,21)
   σέσηπεν ▸ 1
      Verb · third · singular · perfect · active · indicative ▸ 1 (James 5,2)
   σεσηπότα ▸ 1
      Verb · perfect · active · participle · masculine · singular · accusative ▸ 1 (Job 16,7)
   σηπομένης ▸ 1
      Verb · present · passive · participle · feminine · singular · genitive ▸ 1 (LetterJ 71)
   σηπόμενον ▸ 1
      Verb · present · passive · participle · neuter · singular · nominative ▸ 1 (Sir. 14,19)
   σῆψον ▸ 1
      Verb · second · singular · aorist · active · imperative ▸ 1 (Job 40,12)

Σήρων Seron ▸ 2
   Σήρων ▸ 2
      Noun · masculine · singular · nominative · (proper) ▸ 2 (1Mac. 3,13; 1Mac. 3,23)

σής moth ▸ 10 + 3 = 13
   σής ▸ 6 + 3 = 9
      Noun · masculine · singular · nominative · (common) ▸ 6 + 3 = **9** (Prov. 14,30; Prov. 25,20a; Sir. 42,13; Mic. 7,4; Is. 33,1; Is. 50,9; Matt. 6,19; Matt. 6,20; Luke 12,33)
   σῆτες ▸ 2
      Noun · masculine · plural · nominative · (common) ▸ 2 (Job 27,18; Job 32,22)
   σητός ▸ 1
      Noun · masculine · singular · genitive · (common) ▸ 1 (Is. 51,8)
   σητὸς ▸ 1
      Noun · masculine · singular · genitive · (common) ▸ 1 (Job 4,19)

σητόβρωτος (σής; βιβρώσκω) moth-eaten ▸ 1 + 1 = 2
   σητόβρωτα ▸ 1
      Adjective · neuter · plural · nominative ▸ 1 (James 5,2)
   σητόβρωτον ▸ 1
      Adjective · neuter · singular · nominative · noDegree ▸ 1 (Job 13,28)

σῆψις (σήπω) decay ▸ 1
   σῆψιν ▸ 1

Noun · feminine · singular · accusative · (common) ▸ **1** (Is. 14,11)

Σηων Sihon ▸ 37 + 4 = 41
    Σηων ▸ 37 + 4 = 41
      Noun · masculine · singular · accusative · (proper) ▸ 12 + 2 = **14** (Num. 21,21; Deut. 1,4; Deut. 2,24; Deut. 2,26; Deut. 2,31; Deut. 3,6; Josh. 12,2; Josh. 13,21; Judg. 11,19; Judg. 11,21; Psa. 134,11; Psa. 135,19; Judg. 11,19; Judg. 11,21)
      Noun · masculine · singular · dative · (proper) ▸ **5** (Num. 21,34; Deut. 3,2; Deut. 31,4; Josh. 2,10; Josh. 9,10)
      Noun · masculine · singular · genitive · (proper) ▸ **13** (Num. 21,26; Num. 21,27; Num. 21,28; Num. 21,29; Num. 32,33; Deut. 4,46; Deut. 4,48; Josh. 12,5; Josh. 13,10; Josh. 13,21; Josh. 13,27; 1Kings 4,18; Neh. 9,22)
      Noun · masculine · singular · nominative · (proper) ▸ 7 + 2 = **9** (Num. 21,23; Num. 21,23; Deut. 2,30; Deut. 2,32; Deut. 29,6; Judg. 11,20; Judg. 11,20; Judg. 11,20; Judg. 11,20)

σθενόω to strengthen ▸ 1
    σθενώσει ▸ 1
      Verb · third · singular · future · active · indicative ▸ **1** (1Pet. 5,10)

σθένος (σθενόω) strength ▸ 5
    σθένει ▸ 1
      Noun · neuter · singular · dative · (common) ▸ **1** (3Mac. 2,2)
    σθένος ▸ 3
      Noun · neuter · singular · accusative · (common) ▸ **1** (Job 26,14)
      Noun · neuter · singular · nominative · (common) ▸ **2** (Job 4,10; Job 16,15)
    σθένους ▸ 1
      Noun · neuter · singular · genitive · (common) ▸ **1** (Sol. 17,14)

σθένω (σθενόω) to be strong ▸ 1
    ἔσθενον ▸ 1
      Verb · third · plural · imperfect · active · indicative ▸ **1** (3Mac. 3,8)

σιαγόνιον (σιαγών) cheek ▸ 1
    σιαγόνια ▸ 1
      Noun · neuter · plural · accusative · (common) ▸ **1** (Deut. 18,3)

Σιαγών (σιαγών) Siagon (Lehi - as a proper name); cheek, jaw ▸ 22 + 8 + 2 = 32
    σιαγόνα ▸ 8 + 2 + 2 = 12
      Noun · feminine · singular · accusative · (common) ▸ 8 + 2 + 2 = **12** (Judg. 15,15; Judg. 15,17; 1Kings 22,24; 2Chr. 18,23; Job 16,10; Sir. 35,15; Mic. 4,14; Lam. 3,30; Judg. 15,15; Judg. 15,17; Matt. 5,39; Luke 6,29)
    σιαγόνας ▸ 4
      Noun · feminine · plural · accusative · (common) ▸ **4** (Psa. 31,9; Hos. 11,4; Is. 50,6; Ezek. 29,4)
    σιαγόνες ▸ 2
      Noun · feminine · plural · nominative · (common) ▸ **2** (Song 1,10; Song 5,13)
    σιαγόνι ▸ 3 + 3 = 6
      Noun · feminine · singular · dative · (common) ▸ 3 + 2 = **5** (Judg. 15,16; Judg. 15,16; Job 21,5; Judg. 15,16; Judg. 15,16)
      Noun · feminine · singular · dative · (proper) ▸ **1** (Judg. 15,19)
    Σιαγόνι ▸ 1
      Noun · feminine · singular · dative · (proper) ▸ **1** (Judg. 15,19)
    σιαγόνος ▸ 3 + 1 = 4
      Noun · feminine · singular · genitive · (proper) ▸ 3 + 1 = **4** (Judg. 15,17; Judg. 15,19; Judg. 15,19; Judg. 15,17)
    Σιαγόνος ▸ 1 + 1 = 2
      Noun · feminine · singular · genitive · (proper) ▸ 1 + 1 = **2** (Judg. 15,14; Judg. 15,14)
    σιαγόνων ▸ 1

Noun · feminine · plural · genitive · (common) ▸ **1** (Lam. 1,2)

Σιαν Shion ▸ 1
    Σιαν ▸ 1
      Noun · singular · nominative · (proper) ▸ **1** (Josh. 19,19)

Σιβα Ziba ▸ 16
    Σιβα ▸ 16
      Noun · masculine · singular · accusative · (proper) ▸ **2** (2Sam. 9,9; 2Sam. 16,2)
      Noun · masculine · singular · dative · (proper) ▸ **2** (2Sam. 9,10; 2Sam. 16,4)
      Noun · masculine · singular · genitive · (proper) ▸ **1** (2Sam. 9,12)
      Noun · masculine · singular · nominative · (proper) ▸ **11** (2Sam. 9,2; 2Sam. 9,2; 2Sam. 9,3; 2Sam. 9,4; 2Sam. 9,11; 2Sam. 16,1; 2Sam. 16,2; 2Sam. 16,3; 2Sam. 16,4; 2Sam. 19,18; 2Sam. 19,30)

σιβύνη spear ▸ 1
    σιβύναις ▸ 1
      Noun · feminine · plural · dative · (common) ▸ **1** (Judith 1,15)

σιγάω (σιγή) to be silent ▸ 18 + 3 + 10 = 31
    ἐσίγησα ▸ 3
      Verb · first · singular · aorist · active · indicative ▸ **3** (Psa. 31,3; Psa. 38,3; Psa. 49,21)
    ἐσίγησαν ▸ 2 + 2 = 4
      Verb · third · plural · aorist · active · indicative ▸ 2 + 2 = **4** (Psa. 106,29; Sir. 13,23; Luke 9,36; Luke 20,26)
    ἐσίγησεν ▸ 3 + 1 = 4
      Verb · third · singular · aorist · active · indicative ▸ 3 + 1 = **4** (1Esdr. 3,24; 1Esdr. 4,12; 1Mac. 11,5; Tob. 5,23)
    Ἐσίγησεν ▸ 1
      Verb · third · singular · aorist · active · indicative ▸ **1** (Acts 15,12)
    σεσιγημένου ▸ 1
      Verb · perfect · passive · participle · neuter · singular · genitive · (variant) ▸ **1** (Rom. 16,25)
    Σίγα ▸ 4 + 2 = 6
      Verb · second · singular · present · active · imperative ▸ 4 + 2 = **6** (Tob. 10,6; Tob. 10,7; Amos 6,10; Is. 32,5; Tob. 10,6; Tob. 10,7)
    σιγᾶν ▸ 1 + 1 = 2
      Verb · present · active · infinitive ▸ 1 + 1 = **2** (Eccl. 3,7; Acts 12,17)
    σιγάτω ▸ 2
      Verb · third · singular · present · active · imperative ▸ **2** (1Cor. 14,28; 1Cor. 14,30)
    σιγάτωσαν ▸ 1
      Verb · third · plural · present · active · imperative ▸ **1** (1Cor. 14,34)
    σιγῆσαι ▸ 1
      Verb · aorist · active · infinitive ▸ **1** (Acts 15,13)
    σιγήσει ▸ 1
      Verb · third · singular · future · active · indicative ▸ **1** (Sir. 20,7)
    σιγήσετε ▸ 1
      Verb · second · plural · future · active · indicative ▸ **1** (Ex. 14,14)
    σιγήσῃ ▸ 1
      Verb · third · singular · aorist · active · subjunctive ▸ **1** (Luke 18,39)
    σιγήσῃς ▸ 1
      Verb · second · singular · aorist · active · subjunctive ▸ **1** (Psa. 82,2)
    σιγήσομαι ▸ 1
      Verb · first · singular · future · middle · indicative ▸ **1** (Lam. 3,49)
    σιγῶντά ▸ 1
      Verb · present · active · participle · masculine · singular

• accusative ▸ **1** (Wis. 8,12)
σιγή silence ▸ 2 + 2 = 4
  σιγή ▸ 1
    Noun • feminine • singular • nominative ▸ **1** (Rev. 8,1)
  σιγῇ ▸ 1
    Noun • feminine • singular • dative • (common) ▸ **1** (3Mac. 3,23)
  σιγῆς ▸ 1 + 1 = 2
    Noun • feminine • singular • genitive • (common) ▸ 1 + 1 = **2** (Wis. 18,14; Acts 21,40)
σιγηρός (σιγή) silent ▸ 1
  σιγηρά ▸ 1
    Adjective • feminine • singular • nominative • noDegree ▸ **1** (Sir. 26,14)
Σίδη Side ▸ 1
  Σίδην ▸ 1
    Noun • feminine • singular • accusative • (proper) ▸ **1** (1Mac. 15,23)
σιδήριον (σίδηρος) iron axhead ▸ 4
  σιδήριον ▸ 4
    Noun • neuter • singular • nominative • (common) ▸ **4** (Deut. 19,5; 2Kings 6,5; 2Kings 6,6; Eccl. 10,10)
σιδηρόδεσμος (σίδηρος; δέω) iron-fettered ▸ 1
  σιδηροδέσμοις ▸ 1
    Adjective • feminine • plural • dative • noDegree ▸ **1** (3Mac. 4,9)
σίδηρος iron ▸ 65 + 9 + 1 = 75
  σίδηρον ▸ 15 + 3 = 18
    Noun • masculine • singular • accusative • (common) ▸ 15 + 3 = **18** (Deut. 20,19; Deut. 27,5; Josh. 22,8; 1Chr. 22,3; 1Chr. 22,14; 1Chr. 29,2; Psa. 104,18; Prov. 27,17; Job 41,19; Is. 44,12; Is. 60,17; Ezek. 27,12; Dan. 2,41; Dan. 2,43; Dan. 2,45; Dan. 2,41; Dan. 2,43; Dan. 2,45)
  σίδηρος ▸ 19 + 5 = 24
    Noun • masculine • singular • nominative • (common) ▸ 19 + 5 = **24** (Deut. 8,9; Deut. 33,25; Josh. 6,19; Josh. 8,31 # 9,2b; Josh. 17,16; Judg. 13,5; 1Sam. 1,11; Judith 6,6; Prov. 27,17; Job 28,2; Job 40,18; Sir. 39,26; Jer. 6,28; Jer. 15,12; Ezek. 22,20; Ezek. 27,19; Dan. 2,35; Dan. 2,40; Dan. 2,43; Judg. 13,5; Dan. 2,35; Dan. 2,40; Dan. 2,40; Dan. 2,43)
  Σίδηρος ▸ 1
    Noun • masculine • singular • nominative • (common) ▸ **1** (Judg. 16,17)
  σιδήρου ▸ 22 + 1 = 23
    Noun • masculine • singular • genitive • (common) ▸ 22 + 1 = **23** (Gen. 4,22; Num. 31,22; Num. 35,16; Josh. 6,24; 1Sam. 13,19; 1Sam. 17,5; 1Sam. 17,7; 2Sam. 23,7; 1Kings 8,51; 1Chr. 29,7; 2Chr. 24,12; Ode. 12,10; Job 5,20; Job 15,22; Job 20,24; Job 39,22; Sir. 22,15; Sir. 38,28; Is. 60,17; Dan. 2,33; Dan. 2,41; Bel 25; Rev. 18,12)
  σιδήρῳ ▸ 9
    Noun • masculine • singular • dative • (common) ▸ **9** (1Chr. 22,16; 2Chr. 2,6; 2Chr. 2,13; Judith 9,8; 4Mac. 14,19; Psa. 106,10; Wis. 13,15; Sir. 48,17; Ezek. 22,18)
σιδηροῦς (σίδηρος) made of iron ▸ 38 + 14 + 5 = 57
  σιδηρᾶ ▸ 9 + 2 = 11
    Adjective • feminine • singular • nominative • noDegree ▸ **2** (Deut. 3,11; Deut. 28,23)
    Adjective • neuter • plural • accusative • noDegree ▸ 4 + 1 = **5** (1Kings 22,11; 2Chr. 18,10; 2Mac. 11,9; Mic. 4,13; Judg. 4,13)
    Adjective • neuter • plural • nominative • noDegree ▸ 3 + 1 = **4** (Judg. 4,3; Judg. 4,13; Dan. 2,33; Judg. 4,3)
  σιδηρᾷ ▸ 2 + 3 = 5
    Adjective • feminine • singular • dative • noDegree ▸ 2 + 3 = **5** (Psa. 2,9; Sol. 17,24; Rev. 2,27; Rev. 12,5; Rev. 19,15)
  σιδηραῖ ▸ 1
    Adjective • feminine • plural • nominative • noDegree ▸ **1** (Dan. 2,33)
  σιδηραῖς ▸ 3
    Adjective • feminine • plural • dative • noDegree ▸ **3** (4Mac. 9,28; 4Mac. 11,10; Psa. 149,8)
  σιδηρᾶν ▸ 1
    Adjective • feminine • singular • accusative ▸ **1** (Acts 12,10)
  σιδηρᾶς ▸ 4 + 1 = 5
    Adjective • feminine • plural • accusative • noDegree ▸ **3** (Deut. 4,20; 4Mac. 8,13; 4Mac. 9,26)
    Adjective • feminine • singular • genitive • noDegree ▸ 1 + 1 = **2** (Jer. 11,4; Dan. 2,41)
  σιδηροῖ ▸ 1 + 2 = 3
    Adjective • masculine • plural • nominative • noDegree ▸ 1 + 2 = **3** (Dan. 7,19; Dan. 7,7; Dan. 7,19)
  σιδηροῖς ▸ 4
    Adjective • masculine • plural • dative • noDegree ▸ **3** (2Sam. 12,31; 3Mac. 3,25; Amos 1,3)
    Adjective • neuter • plural • dative • noDegree ▸ **1** (1Chr. 20,3)
  σιδηροῦν ▸ 8 + 3 = 11
    Adjective • masculine • singular • accusative • noDegree ▸ **4** (Lev. 26,19; Deut. 28,48; Jer. 35,14; Ezek. 4,3)
    Adjective • neuter • singular • accusative • noDegree ▸ 1 + 1 = **2** (Ezek. 4,3; Dan. 2,41)
    Adjective • neuter • singular • nominative • noDegree ▸ 3 + 2 = **5** (1Kings 6,7; Is. 48,4; Dan. 2,42; Dan. 2,33; Dan. 2,42)
  σιδηροῦς ▸ 6 + 3 + 1 = 10
    Adjective • masculine • plural • accusative • noDegree ▸ 4 + 3 + 1 = **8** (Psa. 106,16; Is. 45,2; Dan. 2,34; Dan. 7,7; Dan. 2,34; Dan. 5,4; Dan. 5,23; Rev. 9,9)
    Adjective • masculine • singular • nominative • noDegree ▸ **2** (Sir. 28,20; Jer. 35,13)
  σιδηρῷ ▸ 1 + 2 = 3
    Adjective • neuter • singular • dative • noDegree ▸ 1 + 2 = **3** (Job 19,24; Dan. 4,15; Dan. 4,23)
Σιδών Sidon ▸ 24 + 3 + 9 = 36
  Σιδών ▸ 3
    Noun • feminine • singular • nominative • (proper) ▸ **1** (Zech. 9,2)
    Noun • feminine • singular • vocative • (proper) ▸ **2** (Is. 23,4; Ezek. 28,22)
  Σιδών ▸ 1
    Noun • feminine • singular • nominative • (proper) ▸ **1** (Joel 4,4)
  Σιδῶνα ▸ 7 + 1 + 2 = 10
    Noun • feminine • singular • accusative • (proper) ▸ 6 + 1 + 2 = **9** (Josh. 11,2; Judg. 1,31; 2Sam. 24,6; Jer. 29,4; Ezek. 27,8; Ezek. 28,21; Judg. 1,31; Mark 3,8; Acts 27,3)
    Noun • masculine • singular • accusative • (proper) ▸ **1** (Gen. 10,15)
  Σιδῶνι ▸ 1 + 4 = 5
    Noun • feminine • singular • dative • (proper) ▸ 1 + 4 = **5** (Judith 2,28; Matt. 11,21; Matt. 11,22; Luke 10,13; Luke 10,14)
  Σιδῶνος ▸ 12 + 2 + 3 = 17
    Noun • singular • genitive • (proper) ▸ **1** (Sus. 56)
    Noun • feminine • singular • genitive • (proper) ▸ 11 + 2 + 3 = **16** (Gen. 10,19; Gen. 49,13; Josh. 11,8; Josh. 19,28; Judg. 10,6; Judg. 18,7; Judg. 18,9; 1Mac. 5,15; Is. 23,12; Jer. 32,30; Jer. 34,3; Josh. 19,28; Judg. 10,6; Matt. 15,21; Mark 7,31; Luke 6,17)
Σιδωνία Sidon ▸ 1
  Σιδωνίας ▸ 1
    Noun • feminine • singular • genitive • (proper) ▸ **1** (1Kings 17,9)

Σιδώνιος Sidonian; Sidonius ‣ 14 + 5 + 2 = 21
   Σιδωνίας ‣ 1
      Adjective ‧ feminine ‧ singular ‧ genitive ‧ (proper) ‣ 1 (Luke 4,26)
   Σιδώνιοι ‣ 4
      Noun ‧ masculine ‧ plural ‧ nominative ‧ (proper) ‣ 4 (Josh. 13,4; Judg. 10,12; 1Kings 5,20; 1Chr. 22,4)
   Σιδωνίοις ‣ 1 + 1 = 2
      Noun ‧ masculine ‧ plural ‧ dative ‧ (proper) ‣ 1 + 1 = 2 (1Esdr. 5,53; Acts 12,20)
   Σιδώνιον ‣ 1 + 1 = 2
      Noun ‧ masculine ‧ singular ‧ accusative ‧ (proper) ‣ 1 + 1 = 2 (Judg. 3,3; Judg. 3,3)
   Σιδωνίους ‣ 1
      Noun ‧ masculine ‧ plural ‧ accusative ‧ (proper) ‣ 1 (Josh. 13,6)
   Σιδωνίων ‣ 7 + 4 = 11
      Noun ‧ masculine ‧ plural ‧ genitive ‧ (proper) ‣ 7 + 4 = 11 (Judg. 18,7; Judg. 18,9; Judg. 18,28; 1Kings 11,6; 1Kings 11,33; 1Kings 16,31; 2Kings 23,13; Judg. 10,12; Judg. 18,7; Judg. 18,7; Judg. 18,28)

σίελον spit ‣ 1
   σίελα ‣ 1
      Noun ‧ neuter ‧ plural ‧ nominative ‧ (common) ‣ 1 (1Sam. 21,14)

σίελος (σίελον) spit; spittle ‣ 1
   σίελος ‣ 1
      Noun ‧ masculine ‧ singular ‧ nominative ‧ (common) ‣ 1 (Is. 40,15)

σικάριος terrorist, assassin ‣ 1
   σικαρίων ‣ 1
      Noun ‧ masculine ‧ plural ‧ genitive ‣ 1 (Acts 21,38)

Σικελακ Ziklag ‣ 1
   Σικελακ ‣ 1
      Noun ‧ singular ‧ nominative ‧ (proper) ‣ 1 (Josh. 19,5)

Σικελεγ Ziklag ‣ 1
   Σικελεγ ‣ 1
      Noun ‧ singular ‧ nominative ‧ (proper) ‣ 1 (Josh. 15,31)

σικερα strong drink ‣ 15 + 1 = 16
   σικερα ‣ 15 + 1 = 16
      Noun ‧ neuter ‧ singular ‧ accusative ‧ (common) ‣ 9 + 1 = 10 (Lev. 10,9; Num. 28,7; Deut. 29,5; Judg. 13,4; Judg. 13,7; Judg. 13,14; Is. 5,11; Is. 5,22; Is. 28,7; Judg. 13,14)
      Noun ‧ neuter ‧ singular ‧ dative ‧ (common) ‣ 1 (Deut. 14,26)
      Noun ‧ neuter ‧ singular ‧ genitive ‧ (common) ‣ 4 (Num. 6,3; Num. 6,3; Is. 28,7; Is. 29,9)
      Noun ‧ neuter ‧ singular ‧ nominative ‧ (common) ‣ 1 (Is. 24,9)

σίκερα strong drink ‣ 1
   σίκερα ‣ 1
      Noun ‧ neuter ‧ singular ‧ accusative ‧ (common) ‣ 1 (Luke 1,15)

Σικιμα Shechem (Heb. land ridge) ‣ 40 + 13 = 53
   Σικιμα ‣ 14
      Noun ‧ neuter ‧ plural ‧ accusative ‧ (proper) ‣ 14 (Gen. 48,22; Judg. 9,1; Judg. 9,26; Judg. 9,31; Judg. 9,34; Judg. 21,19; 1Kings 12,1; 1Kings 12,1; 1Kings 12,24o; 1Kings 12,24x; 1Kings 12,25; Psa. 59,8; Psa. 107,8; Hos. 6,9)
   Σικιμοις ‣ 7 + 2 = 9
      Noun ‧ neuter ‧ plural ‧ dative ‧ (proper) ‣ 7 + 2 = 9 (Gen. 35,4; Josh. 24,32; Josh. 24,32; Judg. 8,31; Judg. 9,6; Judg. 9,41; Sir. 50,26; Judg. 9,6; Judg. 9,26)
   Σικιμων ‣ 19 + 11 = 30
      Noun ‧ neuter ‧ plural ‧ genitive ‧ (proper) ‣ 19 + 11 = 30 (Gen. 33,18; Judg. 9,2; Judg. 9,3; Judg. 9,6; Judg. 9,7; Judg. 9,18; Judg. 9,20; Judg. 9,20; Judg. 9,23; Judg. 9,23; Judg. 9,24; Judg. 9,25; Judg. 9,26; Judg. 9,39; Judg. 9,46; Judg. 9,47; Judg. 9,49; Judg. 9,57; 1Kings 12,24u; Judg. 9,6; Judg. 9,7; Judg. 9,18; Judg. 9,20; Judg. 9,20; Judg. 9,23; Judg. 9,23; Judg. 9,24; Judg. 9,25; Judg. 9,26; Judg. 9,49)

Σικιμῖται Shechemites ‣ 1
   Σικιμίτας ‣ 1
      Noun ‧ masculine ‧ plural ‧ accusative ‧ (proper) ‣ 1 (4Mac. 2,19)

Σικιμος Shechem ‣ 1
   Σικιμων ‣ 1
      Noun ‧ masculine ‧ plural ‧ genitive ‧ (proper) ‣ 1 (Gen. 35,5)

σίκλος shekel ‣ 76
   σίκλοι ‣ 11
      Noun ‧ masculine ‧ plural ‧ nominative ‧ (common) ‣ 11 (Ex. 39,1; Ex. 39,2; Ex. 39,6; Num. 7,85; Num. 31,52; Judg. 8,26; 1Sam. 13,21; 2Chr. 3,9; Ezek. 45,12; Ezek. 45,12; Ezek. 45,12)
   σίκλον ‣ 16
      Noun ‧ masculine ‧ singular ‧ accusative ‧ (common) ‣ 16 (Ex. 39,1; Ex. 39,3; Num. 3,50; Num. 7,13; Num. 7,19; Num. 7,25; Num. 7,31; Num. 7,37; Num. 7,43; Num. 7,49; Num. 7,55; Num. 7,61; Num. 7,67; Num. 7,73; Num. 7,79; Num. 18,16)
   σίκλου ‣ 9
      Noun ‧ masculine ‧ singular ‧ genitive ‧ (common) ‣ 9 (Ex. 39,3; Num. 3,47; 1Sam. 9,8; 2Kings 7,1; 2Kings 7,1; 2Kings 7,16; 2Kings 7,16; 2Kings 7,18; 2Kings 7,18)
   σίκλους ‣ 13
      Noun ‧ masculine ‧ plural ‧ accusative ‧ (common) ‣ 13 (Ex. 30,23; Ex. 30,24; Ex. 39,5; Num. 3,47; Num. 3,50; Deut. 22,19; 2Sam. 14,26; 2Sam. 18,12; 2Kings 15,20; 1Chr. 21,25; 1Mac. 10,42; Jer. 39,9; Ezek. 4,10)
   σίκλῳ ‣ 3
      Noun ‧ masculine ‧ singular ‧ dative ‧ (common) ‣ 3 (Lev. 5,15; Num. 7,85; 2Sam. 14,26)
   σίκλων ‣ 24
      Noun ‧ masculine ‧ plural ‧ genitive ‧ (common) ‣ 24 (Lev. 5,15; Num. 7,13; Num. 7,19; Num. 7,25; Num. 7,31; Num. 7,37; Num. 7,43; Num. 7,49; Num. 7,55; Num. 7,61; Num. 7,67; Num. 7,73; Num. 7,79; Num. 7,85; Num. 7,85; Num. 18,16; 1Sam. 17,5; 1Sam. 17,7; 2Sam. 21,16; 2Sam. 24,24; 2Kings 6,25; 2Kings 6,25; 1Mac. 10,40; Is. 7,23)

σικυήρατον (σικύς) field of cucumbers ‣ 2
   σικυηράτῳ ‣ 2
      Noun ‧ neuter ‧ singular ‧ dative ‧ (common) ‣ 2 (Is. 1,8; LetterJ 69)

σικύς cucumber ‣ 1
   σικύας ‣ 1
      Noun ‧ masculine ‧ plural ‧ accusative ‧ (common) ‣ 1 (Num. 11,5)

Σικυών Sicyon ‣ 1
   Σικυῶνα ‣ 1
      Noun ‧ singular ‧ accusative ‧ (proper) ‣ 1 (1Mac. 15,23)

Σιλαθα Ithlah ‣ 1
   Σιλαθα ‣ 1
      Noun ‧ singular ‧ nominative ‧ (proper) ‣ 1 (Josh. 19,42)

Σιλᾶς Silas ‣ 12
   Σιλᾷ ‣ 2
      Noun ‧ masculine ‧ singular ‧ dative ‧ (proper) ‣ 2 (Acts 16,29; Acts 17,4)
   Σιλᾶν ‣ 6
      Noun ‧ masculine ‧ singular ‧ accusative ‧ (proper) ‣ 6 (Acts 15,22; Acts 15,27; Acts 15,40; Acts 16,19; Acts 17,10; Acts 17,15)
   Σιλᾶς ‣ 4

Σιλᾶς–σινιάζω

Noun • masculine • singular • nominative • (proper) ▸ **4** (Acts 15,32; Acts 16,25; Acts 17,14; Acts 18,5)

Σιλουανός Silvanus ▸ 4
  Σιλουανός ▸ 2
    Noun • masculine • singular • nominative • (proper) ▸ **2** (1Th. 1,1; 2Th. 1,1)
  Σιλουανοῦ ▸ 2
    Noun • masculine • singular • genitive • (proper) ▸ **2** (2Cor. 1,19; 1Pet. 5,12)

Σιλωάμ Shiloah; Siloam ▸ 1 + 3 = 4
  Σιλωαμ ▸ 1
    Noun • masculine • singular • genitive • (proper) ▸ **1** (Is. 8,6)
  Σιλωάμ ▸ 1
    Noun • masculine • singular • genitive • (proper) ▸ **1** (John 9,7)
  Σιλωάμ ▸ 2
    Noun • masculine • singular • accusative • (proper) ▸ **1** (John 9,11)
    Noun • masculine • singular • dative • (proper) ▸ **1** (Luke 13,4)

σιμικίνθιον apron, kerchief ▸ 1
  σιμικίνθια ▸ 1
    Noun • neuter • plural • accusative ▸ **1** (Acts 19,12)

Σίμων Simon ▸ 80
  Σιμων ▸ 42
    Noun • masculine • singular • nominative • (proper) ▸ **42** (1Esdr. 9,32; 1Mac. 2,3; 1Mac. 5,21; 1Mac. 5,55; 1Mac. 9,19; 1Mac. 9,33; 1Mac. 9,62; 1Mac. 9,67; 1Mac. 10,74; 1Mac. 10,82; 1Mac. 11,65; 1Mac. 12,33; 1Mac. 12,38; 1Mac. 13,1; 1Mac. 13,13; 1Mac. 13,14; 1Mac. 13,17; 1Mac. 13,20; 1Mac. 13,25; 1Mac. 13,27; 1Mac. 13,33; 1Mac. 13,34; 1Mac. 13,47; 1Mac. 13,53; 1Mac. 14,17; 1Mac. 14,24; 1Mac. 14,29; 1Mac. 14,32; 1Mac. 14,47; 1Mac. 14,49; 1Mac. 16,16; 2Mac. 3,4; 2Mac. 3,11; 2Mac. 4,1; 2Mac. 14,17; 3Mac. 2,1; 4Mac. 4,1; Sir. 50,1)
  Σιμωνα ▸ 11
    Noun • masculine • singular • accusative • (proper) ▸ **11** (1Mac. 9,65; 1Mac. 11,59; 1Mac. 11,64; 1Mac. 13,45; 1Mac. 13,50; 1Mac. 14,41; 2Mac. 4,6; 2Mac. 8,22; 2Mac. 10,19; 2Mac. 10,20; 4Mac. 4,4)
  Σιμωνι ▸ 13
    Noun • masculine • singular • dative • (proper) ▸ **13** (1Mac. 5,17; 1Mac. 5,20; 1Mac. 9,37; 1Mac. 13,36; 1Mac. 14,20; 1Mac. 14,23; 1Mac. 14,25; 1Mac. 14,46; 1Mac. 15,1; 1Mac. 15,21; 1Mac. 15,24; 1Mac. 16,1; 1Mac. 16,16)
  Σιμωνι ▸ 1
    Noun • masculine • singular • dative • (proper) ▸ **1** (1Mac. 15,2)
  Σιμωνος ▸ 13
    Noun • masculine • singular • genitive • (proper) ▸ **13** (1Mac. 13,42; 1Mac. 14,4; 1Mac. 14,27; 1Mac. 14,35; 1Mac. 14,40; 1Mac. 15,17; 1Mac. 15,32; 1Mac. 15,36; 1Mac. 16,13; 2Mac. 4,3; 2Mac. 4,4; 2Mac. 4,23; 4Mac. 4,5)

Σίμων Simon ▸ 75
  Σίμων ▸ 36
    Noun • masculine • singular • nominative • (proper) ▸ **27** (Matt. 10,2; Matt. 10,4; Matt. 13,55; Matt. 16,16; Mark 1,36; Luke 5,5; Luke 5,8; Luke 7,43; John 1,42; John 6,68; John 13,9; John 13,24; John 13,36; John 18,10; John 18,15; John 18,25; John 20,6; John 21,2; John 21,3; John 21,7; John 21,11; Acts 1,13; Acts 8,9; Acts 8,13; Acts 8,18; Acts 8,24; Acts 10,18)
    Noun • masculine • singular • vocative • (proper) ▸ **9** (Matt. 16,17; Matt. 17,25; Mark 14,37; Luke 7,40; Luke 22,31; Luke 22,31; John 21,15; John 21,16; John 21,17)
  Σίμωνα ▸ 14
    Noun • masculine • singular • accusative • (proper) ▸ **14** (Matt. 4,18; Matt. 27,32; Mark 1,16; Mark 3,18; Mark 15,21; Luke 5,4; Luke 5,10; Luke 6,14; Luke 6,15; John 1,41; John 13,6; John 20,2; Acts 10,32; Acts 11,13)
  Σίμωνά ▸ 2
    Noun • masculine • singular • accusative • (proper) ▸ **2** (Luke 23,26; Acts 10,5)
  Σίμωνι ▸ 7
    Noun • masculine • singular • dative • (proper) ▸ **7** (Mark 3,16; Luke 5,10; Luke 7,44; Luke 24,34; John 21,15; Acts 9,43; Acts 10,6)
  Σίμωνος ▸ 16
    Noun • masculine • singular • genitive • (proper) ▸ **16** (Matt. 26,6; Mark 1,16; Mark 1,29; Mark 1,30; Mark 6,3; Mark 14,3; Luke 4,38; Luke 4,38; Luke 5,3; John 1,40; John 6,8; John 6,71; John 13,2; John 13,26; Acts 10,17; Acts 10,32)

Σιν Sin ▸ 13
  Σιν ▸ 13
    Noun • singular • genitive • (proper) ▸ **13** (Ex. 16,1; Ex. 17,1; Num. 13,21; Num. 20,1; Num. 27,14; Num. 27,14; Num. 33,11; Num. 33,12; Num. 33,36; Num. 33,36; Num. 34,3; Deut. 32,51; Josh. 15,1)

Σινα Sinai ▸ 38 + 1 = 39
  Σινα ▸ 38 + 1 = 39
    Noun • neuter • singular • accusative • (proper) ▸ **7** (Ex. 16,1; Ex. 19,11; Ex. 19,20; Ex. 19,23; Ex. 24,16; Ex. 34,4; Neh. 9,13)
    Noun • neuter • singular • dative • (proper) ▸ **9** (Ex. 31,18; Ex. 34,2; Ex. 34,32; Lev. 7,38; Lev. 25,1; Lev. 26,46; Lev. 27,34; Psa. 67,18; Sir. 48,7)
    Noun • neuter • singular • genitive • (proper) ▸ **19** (Ex. 19,1; Ex. 19,2; Ex. 19,16; Lev. 7,38; Num. 1,1; Num. 1,19; Num. 3,1; Num. 3,4; Num. 3,14; Num. 9,1; Num. 9,5; Num. 10,12; Num. 26,61; Num. 26,64; Num. 28,6; Num. 33,15; Num. 33,16; Deut. 33,2; Judith 5,14)
    Noun • neuter • singular • nominative • (proper) ▸ **3 + 1 = 4** (Ex. 19,18; Judg. 5,5; Psa. 67,9; Judg. 5,5)

Σινά Sinai ▸ 4
  Σινᾶ ▸ 4
    Noun • neuter • singular • dative • (proper) ▸ **1** (Acts 7,38)
    Noun • neuter • singular • genitive • (proper) ▸ **2** (Acts 7,30; Gal. 4,24)
    Noun • neuter • singular • nominative • (proper) ▸ **1** (Gal. 4,25)

σίναπι mustard plant ▸ 5
  σινάπεως ▸ 5
    Noun • neuter • singular • genitive ▸ **5** (Matt. 13,31; Matt. 17,20; Mark 4,31; Luke 13,19; Luke 17,6)

σινδών linen cloth, garment ▸ 3 + 1 + 6 = 10
  σινδόνα ▸ 3
    Noun • feminine • singular • accusative ▸ **3** (Mark 14,51; Mark 14,52; Mark 15,46)
  σινδόνας ▸ 3 + 1 = 4
    Noun • feminine • plural • accusative • (common) ▸ **3 + 1 = 4** (Judg. 14,12; Judg. 14,13; Prov. 31,24; Judg. 14,12)
  σινδόνι ▸ 3
    Noun • feminine • singular • dative ▸ **3** (Matt. 27,59; Mark 15,46; Luke 23,53)

Σιουαν Sivan ▸ 1
  Σιουαν ▸ 1
    Noun • singular • genitive • (proper) ▸ **1** (Bar. 1,8)

σινιάζω to sift ▸ 1
  σινιάσαι ▸ 1
    Verb • aorist • active • infinitive ▸ **1** (Luke 22,31)

Σιρ Zur ▸ 1
  Σιρ ▸ 1
    Noun • masculine • singular • nominative • (proper) ▸ **1** (1Chr. 9,36)

Σιρα Zarethan ▸ 1
  Σιρα ▸ 1
    Noun • singular • genitive • (proper) ▸ **1** (1Kings 7,33)

Σιραχ Sirach ▸ 1
  Σιραχ ▸ 1
    Noun • masculine • singular • genitive • (proper) ▸ **1** (Sir. 50,27)

Σιρδαθα Zarethan ▸ 1
  Σιρδαθα ▸ 1
    Noun • masculine • singular • genitive • (proper) ▸ **1** (2Chr. 4,17)

σιρικός silk, silken ▸ 1
  σιρικοῦ ▸ 1
    Adjective • neuter • singular • genitive ▸ **1** (Rev. 18,12)

σιρομάστης (σειρά; μάστιξ) spear ▸ 1
  σιρομαστῶν ▸ 1
    Noun • masculine • plural • genitive • (common) ▸ **1** (Judg. 5,8)

σιρώνων (Hebr.) ornaments ▸ 1
  σιρώνων ▸ 1
    Noun • plural • genitive • (common) ▸ **1** (Judg. 8,26)

Σισαρα Sisera ▸ 23 + 19 = 42
  Σισαρα ▸ 23 + 19 = 42
    Noun • masculine • singular • accusative • (proper) ▸ 6 + 6 = **12** (Judg. 4,7; Judg. 4,9; Judg. 4,14; Judg. 4,15; Judg. 4,22; Judg. 5,26; Judg. 4,7; Judg. 4,9; Judg. 4,14; Judg. 4,15; Judg. 4,22; Judg. 5,26)
    Noun • masculine • singular • dative • (proper) ▸ 2 + 2 = **4** (Judg. 4,12; Psa. 82,10; Judg. 4,12; Judg. 5,30)
    Noun • masculine • singular • genitive • (proper) ▸ 9 + 4 = **13** (Judg. 4,16; Judg. 4,18; Judg. 5,20; Judg. 5,28; Judg. 5,28; Judg. 5,30; 1Sam. 12,9; Ezra 2,53; Neh. 7,55; Judg. 4,16; Judg. 4,18; Judg. 5,20; Judg. 5,28)
    Noun • masculine • singular • nominative • (proper) ▸ 6 + 7 = **13** (Judg. 4,2; Judg. 4,13; Judg. 4,15; Judg. 4,17; Judg. 4,19; Judg. 4,22; Judg. 4,2; Judg. 4,13; Judg. 4,15; Judg. 4,17; Judg. 4,19; Judg. 4,20; Judg. 4,22)

Σισίννης Sisinnes ▸ 4
  Σισίννη ▸ 1
    Noun • masculine • singular • dative • (proper) ▸ **1** (1Esdr. 6,26)
  Σισίννης ▸ 3
    Noun • masculine • singular • nominative • (proper) ▸ **3** (1Esdr. 6,3; 1Esdr. 6,7; 1Esdr. 7,1)

σισόη lock of hair ▸ 1
  σισόην ▸ 1
    Noun • feminine • singular • accusative • (common) ▸ **1** (Lev. 19,27)

σιτέομαι (σῖτος) to feed on, to live on ▸ 2
  σιτούμενοι ▸ 1
    Verb • present • middle • participle • masculine • plural • nominative ▸ **1** (2Mac. 5,27)
  σιτοῦνται ▸ 1
    Verb • third • plural • present • middle • indicative ▸ **1** (Prov. 4,17)

σιτευτός (σῖτος) well-fed, fattened ▸ 4 + 3 = 7
  σιτευτά ▸ 1
    Adjective • neuter • plural • nominative • noDegree ▸ **1** (1Kings 5,3)
  σιτευτοί ▸ 1
    Adjective • masculine • plural • nominative • noDegree ▸ **1** (Jer. 26,21)
  σιτευτόν ▸ 2
    Adjective • masculine • singular • accusative • (verbal) ▸ **2** (Luke 15,23; Luke 15,27)
  σιτευτόν ▸ 1 + 1 = 2
    Adjective • masculine • singular • accusative • noDegree ▸ 1 + 1 = **2** (Judg. 6,25; Luke 15,30)
  σιτευτός ▸ 1
    Adjective • masculine • singular • nominative • noDegree ▸ **1** (Judg. 6,28)

σιτίον (σῖτος) grain, food ▸ 1 + 1 = 2
  σιτία ▸ 1
    Noun • neuter • plural • accusative ▸ **1** (Acts 7,12)
  σιτίων ▸ 1
    Noun • neuter • plural • genitive • (common) ▸ **1** (Prov. 30,22)

σιτιστός (σῖτος) fattened ▸ 1
  σιτιστά ▸ 1
    Adjective • neuter • plural • nominative • (verbal) ▸ **1** (Matt. 22,4)

σιτοβολών (σῖτος; βάλλω) granary, storehouse ▸ 1
  σιτοβολῶνας ▸ 1
    Noun • masculine • plural • accusative • (common) ▸ **1** (Gen. 41,56)

σιτοδεία (σῖτος; δέομαι) lack of food, famine ▸ 2
  σιτοδείᾳ ▸ 1
    Noun • feminine • singular • dative • (common) ▸ **1** (Lev. 26,26)
  σιτοδείαν ▸ 1
    Noun • feminine • singular • accusative • (common) ▸ **1** (Neh. 9,15)

σιτοδοσία (σῖτος; δίδωμι) grain allotment ▸ 2
  σιτοδοσίας ▸ 2
    Noun • feminine • singular • genitive • (common) ▸ **2** (Gen. 42,19; Gen. 42,33)

σιτομετρέω (σῖτος; μέτρον) to distribute grain ▸ 2
  ἐσιτομέτρει ▸ 2
    Verb • third • singular • imperfect • active • indicative ▸ **2** (Gen. 47,12; Gen. 47,14)

σιτομέτριον (σῖτος; μέτρον) food allotment ▸ 1
  σιτομέτριον ▸ 1
    Noun • neuter • singular • accusative ▸ **1** (Luke 12,42)

σιτοποιός (σῖτος; ποιέω) baker ▸ 1
  σιτοποιοῦ ▸ 1
    Adjective • masculine • singular • genitive • noDegree ▸ **1** (Gen. 40,17)

σῖτος grain ▸ 78 + 2 + 14 = 94
  σῖτα ▸ 8
    Noun • neuter • plural • accusative • (common) ▸ **8** (Prov. 4,17; Prov. 31,27; Job 6,5; Job 12,11; Job 15,23; Job 30,4; Job 38,41; Job 39,29)
  σῖτά ▸ 1
    Noun • neuter • plural • accusative • (common) ▸ **1** (Job 6,7)
  σῖτον ▸ 23 + 1 + 9 = 33
    Noun • masculine • singular • accusative • (common) ▸ 23 + 1 + 9 = **33** (Gen. 41,49; Gen. 42,3; Gen. 42,26; Gen. 43,2; Gen. 47,12; Deut. 28,51; 1Chr. 21,23; 2Chr. 2,9; 2Chr. 2,14; Neh. 5,2; Neh. 5,3; Neh. 5,10; Neh. 5,11; 1Mac. 8,26; Psa. 64,14; Prov. 11,26; Prov. 20,4; Hos. 2,10; Hos. 2,24; Joel 2,19; Hag. 1,11; Jer. 23,28; Ezek. 36,29; Judg. 6,11; Matt. 3,12; Matt. 13,29; Matt. 13,30; Mark 4,28; Luke 3,17; Luke 12,18; Luke 22,31; Acts 27,38; Rev. 18,13)
  σῖτόν ▸ 4
    Noun • masculine • singular • accusative • (common) ▸ **4** (Deut. 7,13; Deut. 11,14; Hos. 2,11; Is. 62,8)

Σῖτος ▸ 1
  Noun · masculine · singular · nominative · (common) ▸ **1** (Gen. 47,13)
σῖτος ▸ 9
  Noun · masculine · singular · nominative · (common) ▸ **9** (Gen. 41,35; Gen. 42,2; Num. 18,27; 1Mac. 8,28; Job 5,26; Joel 1,10; Joel 1,17; Zech. 9,17; Lam. 2,12)
σίτου ▸ **26** + **1** + **5** = **32**
  Noun · masculine · singular · genitive · (common) ▸ **26** + **1** + **5** = **32** (Gen. 27,28; Gen. 42,25; Gen. 44,2; Gen. 47,14; Num. 18,12; Deut. 12,17; Deut. 14,23; Deut. 15,14; Deut. 18,4; Josh. 5,11; Josh. 5,12; 2Kings 18,32; 2Chr. 31,5; 2Chr. 32,28; Neh. 10,40; Neh. 13,5; Judith 11,13; Psa. 4,8; Prov. 3,10; Song 7,3; Job 33,20; Hos. 9,1; Joel 2,24; Is. 36,17; Jer. 38,12; Ezek. 27,17; Tob. 1,7; Matt. 13,25; Luke 16,7; John 12,24; 1Cor. 15,37; Rev. 6,6)
σίτῳ ▸ 4
  Noun · masculine · singular · dative · (common) ▸ **4** (Gen. 27,37; Deut. 33,28; Hos. 7,14; Hos. 14,8)
σίτων ▸ 2
  Noun · masculine · plural · genitive · (common) ▸ **1** (Job 3,24)
  Noun · neuter · plural · genitive · (common) ▸ **1** (Neh. 10,38)
Σιφ Zuph ▸ **2** + **1** = **3**
  Σιφ ▸ **1** + **1** = **2**
    Noun · feminine · singular · accusative · (proper) ▸ **1** (1Sam. 9,5)
    Noun · feminine · singular · genitive · (proper) ▸ **1** (Judg. 11,16)
  Σιφα ▸ 1
    Noun · masculine · singular · genitive · (proper) ▸ **1** (1Sam. 1,1)
Σιων Zion ▸ 184
  Σιων ▸ 184
    Noun · singular · dative · (proper) ▸ **1** (Josh. 19,26)
    Noun · feminine · singular · accusative · (proper) ▸ **35** (Psa. 2,6; Psa. 47,13; Psa. 50,20; Psa. 68,36; Psa. 101,14; Psa. 101,17; Psa. 128,5; Psa. 131,13; Sir. 36,13; Sir. 48,18; Amos 6,1; Mic. 3,10; Mic. 4,11; Zech. 1,14; Zech. 1,17; Zech. 2,11; Zech. 8,2; Zech. 8,3; Is. 12,6; Is. 14,32; Is. 35,10; Is. 40,9; Is. 51,3; Is. 51,11; Is. 52,8; Is. 62,1; Jer. 3,14; Jer. 4,6; Jer. 27,28; Jer. 28,10; Jer. 28,24; Jer. 28,35; Jer. 38,6; Dan. 9,19; Dan. 9,24)
    Noun · feminine · singular · dative · (proper) ▸ **31** (1Kings 3,15; 1Kings 8,1; Psa. 9,12; Psa. 64,2; Psa. 75,3; Psa. 83,8; Psa. 98,2; Psa. 101,22; Sir. 24,10; Sir. 48,24; Sol. 11,1; Joel 2,1; Joel 2,15; Joel 4,17; Joel 4,21; Is. 4,3; Is. 10,24; Is. 24,23; Is. 25,5; Is. 30,19; Is. 31,9; Is. 32,2; Is. 33,14; Is. 41,27; Is. 46,13; Is. 51,16; Jer. 8,19; Jer. 9,18; Lam. 2,6; Lam. 4,11; Lam. 5,11)
    Noun · feminine · singular · genitive · (proper) ▸ **94** (2Sam. 5,7; 2Kings 19,21; 2Kings 19,31; 1Chr. 11,5; 1Esdr. 8,78; Judith 9,13; 1Mac. 4,37; 1Mac. 4,60; 1Mac. 5,54; 1Mac. 6,48; 1Mac. 6,62; 1Mac. 7,33; 1Mac. 10,11; 1Mac. 14,26; Psa. 9,15; Psa. 13,7; Psa. 19,3; Psa. 47,3; Psa. 47,12; Psa. 49,2; Psa. 52,7; Psa. 72,28; Psa. 73,2; Psa. 77,68; Psa. 86,2; Psa. 109,2; Psa. 124,1; Psa. 125,1; Psa. 127,5; Psa. 132,3; Psa. 133,3; Psa. 134,21; Psa. 136,1; Psa. 136,3; Psa. 149,2; Amos 1,2; Mic. 1,13; Mic. 4,2; Mic. 4,7; Mic. 4,8; Mic. 4,10; Mic. 4,13; Joel 2,23; Joel 3,5; Joel 4,16; Obad. 17; Obad. 21; Zeph. 3,14; Zech. 2,14; Zech. 9,9; Is. 1,8; Is. 2,3; Is. 3,16; Is. 3,17; Is. 4,4; Is. 4,5; Is. 8,18; Is. 9,10; Is. 10,12; Is. 10,32; Is. 16,1; Is. 18,7; Is. 22,1; Is. 22,5; Is. 28,16; Is. 29,8; Is. 31,4; Is. 34,8; Is. 37,22; Is. 37,32; Is. 52,2; Is. 59,20; Is. 61,3; Is. 62,11; Jer. 4,31; Jer. 6,2; Jer. 6,23; Jer. 14,19; Jer. 27,5; Jer. 38,12; Bar. 4,9; Bar. 4,14; Bar. 4,24; Lam. 1,4; Lam. 1,6; Lam. 2,1; Lam. 2,4; Lam. 2,8; Lam. 2,10; Lam. 2,13; Lam. 2,18; Lam. 4,2; Lam. 4,22; Lam. 5,18)
    Noun · feminine · singular · nominative · (proper) ▸ **15** (1Kings 8,1; 2Chr. 5,2; Psa. 86,5; Psa. 96,8; Mic. 3,12; Is. 1,21; Is. 1,26; Is. 33,5; Is. 33,20; Is. 49,14; Is. 60,14; Is. 64,9; Is. 66,8; Jer. 33,18; Lam. 1,17)
    Noun · feminine · singular · vocative · (proper) ▸ **8** (Psa. 145,10; Psa. 147,1; Zeph. 3,16; Zech. 9,13; Is. 52,1; Is. 52,1; Is. 52,7; Jer. 38,21)
Σιών Zion ▸ 7
  Σιών ▸ 2
    Noun · feminine · singular · genitive · (proper) ▸ **2** (Matt. 21,5; John 12,15)
  Σιών ▸ 5
    Noun · feminine · singular · dative · (proper) ▸ **3** (Rom. 9,33; Heb. 12,22; 1Pet. 2,6)
    Noun · feminine · singular · genitive · (proper) ▸ **2** (Rom. 11,26; Rev. 14,1)
Σιωνα Shion ▸ 1
  Σιωνα ▸ 1
    Noun · singular · nominative · (proper) ▸ **1** (Josh. 19,19)
σιωπάω (σιωπή) to be silent ▸ **35** + **1** + **10** = **46**
  ἐσιώπα ▸ 2
    Verb · third · singular · imperfect · active · indicative ▸ **2** (Matt. 26,63; Mark 14,61)
  ἐσιώπησα ▸ 2
    Verb · first · singular · aorist · active · indicative ▸ **2** (Is. 42,14; Dan. 10,15)
  ἐσιώπησαν ▸ 3
    Verb · third · plural · aorist · active · indicative ▸ **3** (Job 29,21; Is. 36,21; Lam. 2,10)
  ἐσιώπησας ▸ 1
    Verb · second · singular · aorist · active · indicative ▸ **1** (Is. 64,11)
  ἐσιώπησεν ▸ 3
    Verb · third · singular · aorist · active · indicative ▸ **3** (Num. 30,15; 2Chr. 25,16; 1Esdr. 4,41)
  ἐσιώπων ▸ 2
    Verb · third · plural · imperfect · active · indicative ▸ **2** (Mark 3,4; Mark 9,34)
  σεσιωπήκαμεν ▸ 1
    Verb · first · plural · perfect · active · indicative ▸ **1** (Job 18,3)
  σιώπα ▸ 1
    Verb · second · singular · present · active · imperative ▸ **1** (Mark 4,39)
  Σιώπα ▸ **1** + **1** = **2**
    Verb · second · singular · present · active · imperative ▸ **1** + **1** = **2** (Deut. 27,9; Judg. 3,19)
  Σιωπᾶτε ▸ 1
    Verb · second · plural · present · active · imperative ▸ **1** (Neh. 8,11)
  σιωπᾶτε ▸ 3
    Verb · second · plural · present · active · imperative ▸ **3** (Judg. 18,9; 2Kings 2,3; 2Kings 2,5)
  σιωπήσαιτο ▸ 1
    Verb · third · singular · aorist · middle · optative ▸ **1** (Lam. 2,18)
  σιωπήσεται ▸ 3
    Verb · third · singular · future · middle · indicative ▸ **3** (Job 30,27; Amos 5,13; Lam. 3,28)
  σιωπήσῃ ▸ 1
    Verb · third · singular · aorist · active · subjunctive ▸ **1** (Mark 10,48)
  σιωπήσῃς ▸ 1
    Verb · second · singular · aorist · active · subjunctive ▸ **1** (Acts 18,9)
  σιωπήσομαι ▸ 4

Verb · first · singular · future · middle · indicative ▸ **4** (Job 41,4; Is. 42,14; Is. 62,1; Jer. 4,19)
- σιωπήσονται ▸ 1
    Verb · third · plural · future · middle · indicative ▸ **1** (Is. 62,6)
- σιωπήσουσιν ▸ 1
    Verb · third · plural · future · active · indicative ▸ **1** (Luke 19,40)
- σιωπήσω ▸ 2
    Verb · first · singular · future · active · indicative ▸ **2** (Job 16,6; Is. 65,6)
- σιωπήσωσιν ▸ 1
    Verb · third · plural · aorist · active · subjunctive ▸ **1** (Matt. 20,31)
- σιωπῶμεν ▸ 2
    Verb · first · plural · present · active · indicative ▸ **2** (1Kings 22,3; 2Kings 7,9)
- σιωπῶν ▸ 6 + 1 = 7
    Verb · present · active · participle · masculine · singular · nominative ▸ **6 + 1 = 7** (Num. 30,15; Sir. 20,1; Sir. 20,5; Sir. 20,6; Sir. 20,6; Sir. 32,8; Luke 1,20)
- σιωπώντων ▸ 1
    Verb · present · active · participle · masculine · plural · genitive ▸ **1** (4Mac. 10,18)

σιωπή silence ▸ 2
- σιωπήν ▸ 1
    Noun · feminine · singular · accusative · (common) ▸ **1** (Amos 8,3)
- σιωπῆς ▸ 1
    Noun · feminine · singular · genitive · (common) ▸ **1** (Sir. 41,21)

σιώπησις (σιωπή) veil ▸ 3
- σιωπήσεώς ▸ 3
    Noun · feminine · singular · genitive · (common) ▸ **3** (Song 4,1; Song 4,3; Song 6,7)

Σιωρ Shahar; Zair ▸ 2 + 2 = 4
- Σιωρ ▸ 2 + 2 = 4
    Noun · singular · accusative · (proper) ▸ **2** (Josh. 13,19; 2Kings 8,21)
    Noun · singular · nominative · (proper) ▸ **1** (Josh. 15,54)
    Noun · masculine · singular · dative · (proper) ▸ **1** (Josh. 19,26)

σκάλλω to search ▸ 1
- ἔσκαλλεν ▸ 1
    Verb · third · singular · imperfect · active · indicative ▸ **1** (Psa. 76,7)

σκαμβός crooked, perverse ▸ 1
- σκαμβή ▸ 1
    Adjective · feminine · singular · nominative · noDegree ▸ **1** (Psa. 100,4)

σκανδαλίζω (σκάνδαλον) to cause someone to sin ▸ 4 + 29 = 33
- ἐσκανδαλίζοντο ▸ 2
    Verb · third · plural · imperfect · passive · indicative · (variant) ▸ **2** (Matt. 13,57; Mark 6,3)
- ἐσκανδαλίσθησαν ▸ 1
    Verb · third · plural · aorist · passive · indicative ▸ **1** (Matt. 15,12)
- σκανδαλίζει ▸ 6
    Verb · third · singular · present · active · indicative ▸ **6** (Matt. 5,29; Matt. 5,30; Matt. 18,8; Matt. 18,9; John 6,61; 1Cor. 8,13)
- σκανδαλίζεται ▸ 2
    Verb · third · singular · present · passive · indicative · (variant) ▸ **2** (Matt. 13,21; 2Cor. 11,29)
- σκανδαλίζῃ ▸ 3
    Verb · third · singular · present · active · subjunctive ▸ **3** (Mark 9,43; Mark 9,45; Mark 9,47)
- σκανδαλίζονται ▸ 1
    Verb · third · plural · present · passive · indicative · (variant) ▸ **1** (Mark 4,17)
- σκανδαλιζούσης ▸ 1
    Verb · present · active · participle · feminine · singular · genitive ▸ **1** (Sol. 16,7)
- σκανδαλίσῃ ▸ 3
    Verb · third · singular · aorist · active · subjunctive ▸ **3** (Matt. 18,6; Mark 9,42; Luke 17,2)
- σκανδαλισθῇ ▸ 2
    Verb · third · singular · aorist · passive · subjunctive ▸ **2** (Matt. 11,6; Luke 7,23)
- σκανδαλισθῇς ▸ 1
    Verb · second · singular · aorist · passive · subjunctive ▸ **1** (Sir. 9,5)
- σκανδαλισθήσεσθε ▸ 2
    Verb · second · plural · future · passive · indicative ▸ **2** (Matt. 26,31; Mark 14,27)
- σκανδαλισθήσεται ▸ 1
    Verb · third · singular · future · passive · indicative ▸ **1** (Sir. 32,15)
- σκανδαλισθήσομαι ▸ 1
    Verb · first · singular · future · passive · indicative ▸ **1** (Matt. 26,33)
- σκανδαλισθήσονται ▸ 1 + 3 = 4
    Verb · third · plural · future · passive · indicative ▸ **1 + 3 = 4** (Sir. 23,8; Matt. 24,10; Matt. 26,33; Mark 14,29)
- σκανδαλισθῆτε ▸ 1
    Verb · second · plural · aorist · passive · subjunctive ▸ **1** (John 16,1)
- σκανδαλίσω ▸ 1
    Verb · first · singular · aorist · active · subjunctive ▸ **1** (1Cor. 8,13)
- σκανδαλίσωμεν ▸ 1
    Verb · first · plural · aorist · active · subjunctive ▸ **1** (Matt. 17,27)

σκάνδαλον offense, cause of sin ▸ 22 + 1 + 15 = 38
- σκάνδαλα ▸ 4 + 4 = 8
    Noun · neuter · plural · accusative · (common) ▸ **4 + 4 = 8** (Josh. 23,13; Judith 5,1; Wis. 14,11; Hos. 4,17; Matt. 13,41; Matt. 18,7; Luke 17,1; Rom. 16,17)
- σκάνδαλον ▸ 16 + 1 + 8 = 25
    Noun · neuter · singular · accusative · (common) ▸ **11 + 1 + 4 = 16** (Lev. 19,14; Judg. 2,3; Judg. 8,27; 1Sam. 18,21; 1Mac. 5,4; Psa. 49,20; Psa. 68,23; Psa. 105,36; Psa. 139,6; Sir. 7,6; Sir. 27,23; Judg. 2,3; Rom. 11,9; Rom. 14,13; 1Cor. 1,23; Rev. 2,14)
    Noun · neuter · singular · nominative · (common) ▸ **5 + 4 = 9** (1Sam. 25,31; Judith 5,20; Judith 12,2; Psa. 48,14; Psa. 118,165; Matt. 16,23; Matt. 18,7; Gal. 5,11; 1John 2,10)
- σκανδάλου ▸ 1 + 2 = 3
    Noun · neuter · singular · genitive · (common) ▸ **1 + 2 = 3** (Sol. 4,23; Rom. 9,33; 1Pet. 2,8)
- σκανδάλων ▸ 1 + 1 = 2
    Noun · neuter · plural · genitive · (common) ▸ **1 + 1 = 2** (Psa. 140,9; Matt. 18,7)

σκάπτω to dig ▸ 2 + 3 = 5
- ἔσκαψεν ▸ 1
    Verb · third · singular · aorist · active · indicative ▸ **1** (Luke 6,48)
- σκάπτειν ▸ 1
    Verb · present · active · infinitive ▸ **1** (Luke 16,3)
- σκαφῇ ▸ 2
    Verb · third · singular · aorist · passive · subjunctive ▸ **2** (Ode.

σκάπτω–σκεπεινός

10,6; Is. 5,6)
- **σκάψω** ▸ 1
  - **Verb** · first · singular · aorist · active · subjunctive ▸ **1** (Luke 13,8)
- **σκάφη (σκάπτω)** bowl; ship's boat ▸ 1 + 1 + 3 = 5
  - σκάφῃ ▸ 1
    - **Noun** · feminine · singular · dative · (common) ▸ **1** (Bel 33)
  - σκάφην ▸ 1 + 1 = 2
    - **Noun** · feminine · singular · accusative ▸ 1 + 1 = **2** (Bel 33; Acts 27,30)
  - σκάφης ▸ 2
    - **Noun** · feminine · singular · genitive ▸ **2** (Acts 27,16; Acts 27,32)
- **σκάφος (σκάπτω)** boat, ship; ship's hull ▸ 2
  - σκάφη ▸ 2
    - **Noun** · neuter · plural · accusative · (common) ▸ **2** (2Mac. 12,3; 2Mac. 12,6)
- **σκελίζω (σκέλος)** to overthrow ▸ 1
  - σκελίζω ▸ 1
    - **Verb** · first · singular · present · active · indicative ▸ **1** (Jer. 10,18)
- **σκέλος** leg ▸ 10 + 1 + 3 = 14
  - σκέλη ▸ 7 + 1 + 3 = 11
    - **Noun** · neuter · plural · accusative · (common) ▸ 4 + 2 = **6** (Lev. 11,21; 4Mac. 10,6; Amos 3,12; Ezek. 16,25; John 19,32; John 19,33)
    - **Noun** · neuter · plural · nominative · (common) ▸ 3 + 1 + 1 = **5** (2Sam. 22,37; Ezek. 1,7; Dan. 2,33; Dan. 10,6; John 19,31)
  - σκέλος ▸ 1
    - **Noun** · neuter · singular · accusative · (common) ▸ **1** (Ezek. 24,4)
  - σκελῶν ▸ 2
    - **Noun** · neuter · plural · genitive · (common) ▸ **2** (1Sam. 17,6; Prov. 26,7)
- **σκεπάζω (σκέπω)** to cover, shelter ▸ 41
  - ἐσκέπασαν ▸ 2
    - **Verb** · third · plural · aorist · active · indicative ▸ **2** (Ex. 2,2; Neh. 3,14)
  - ἐσκέπασάς ▸ 1
    - **Verb** · second · singular · aorist · active · indicative ▸ **1** (Psa. 63,3)
  - ἐσκέπασεν ▸ 2
    - **Verb** · third · singular · aorist · active · indicative ▸ **2** (Ex. 12,27; Ex. 40,21)
  - ἐσκέπασέν ▸ 3
    - **Verb** · third · singular · aorist · active · indicative ▸ **3** (Psa. 26,5; Sol. 13,1; Is. 49,2)
  - ἐσκεπάσθη ▸ 1
    - **Verb** · third · singular · aorist · passive · indicative ▸ **1** (Sir. 48,12)
  - σκεπάζεται ▸ 1
    - **Verb** · third · singular · present · passive · indicative ▸ **1** (1Sam. 26,1)
  - σκεπαζόμενοι ▸ 2
    - **Verb** · present · passive · participle · masculine · plural · nominative ▸ **2** (1Mac. 6,37; Wis. 19,8)
  - σκεπαζόμενος ▸ 2
    - **Verb** · present · middle · participle · masculine · singular · nominative ▸ **2** (1Sam. 23,26; 3Mac. 3,29)
  - σκεπάζοντες ▸ 1
    - **Verb** · present · active · participle · masculine · plural · nominative ▸ **1** (2Mac. 10,30)
  - σκεπάζων ▸ 1
    - **Verb** · present · active · participle · masculine · singular · nominative ▸ **1** (1Mac. 3,3)
  - σκεπάσαι ▸ 5
    - **Verb** · aorist · active · infinitive ▸ **2** (Judith 8,15; Sir. 22,25)
    - **Verb** · third · singular · aorist · active · optative ▸ **3** (Deut. 32,11; 1Sam. 26,24; Ode. 2,11)
  - σκεπάσει ▸ 1
    - **Verb** · third · singular · future · active · indicative ▸ **1** (Wis. 5,16)
  - σκεπάσεις ▸ 3
    - **Verb** · second · singular · future · active · indicative ▸ **3** (Ex. 40,3; Psa. 16,8; Psa. 30,21)
  - σκεπάσῃ ▸ 2
    - **Verb** · third · singular · aorist · active · subjunctive ▸ **2** (Num. 9,20; 3Mac. 3,27)
  - σκεπάσῃς ▸ 1
    - **Verb** · second · singular · aorist · active · subjunctive ▸ **1** (Deut. 13,9)
  - σκεπασθείς ▸ 1
    - **Verb** · aorist · passive · participle · masculine · singular · nominative ▸ **1** (Sir. 28,19)
  - σκεπασθῆναι ▸ 2
    - **Verb** · aorist · passive · infinitive ▸ **2** (1Mac. 11,16; Is. 30,2)
  - σκεπασθήσεται ▸ 3
    - **Verb** · third · singular · future · passive · indicative ▸ **3** (Sir. 2,13; Sir. 14,27; Is. 4,5)
  - σκεπασθήσομαι ▸ 1
    - **Verb** · first · singular · future · passive · indicative ▸ **1** (Psa. 60,5)
  - σκεπασθησόμεθα ▸ 1
    - **Verb** · first · plural · future · passive · indicative ▸ **1** (Is. 28,15)
  - σκεπασθῆτε ▸ 1
    - **Verb** · second · plural · aorist · passive · subjunctive ▸ **1** (Zeph. 2,3)
  - σκεπάσω ▸ 4
    - **Verb** · first · singular · future · active · indicative ▸ **4** (Ex. 12,13; Ex. 33,22; Psa. 90,14; Is. 51,16)
- **σκέπαρνον** axe; adze ▸ 2
  - σκεπάρνοις ▸ 1
    - **Noun** · neuter · plural · dative · (common) ▸ **1** (1Chr. 20,3)
  - σκεπάρνῳ ▸ 1
    - **Noun** · neuter · singular · dative · (common) ▸ **1** (Is. 44,12)
- **σκέπασις (σκέπω)** covering, shelter ▸ 1
  - σκέπασις ▸ 1
    - **Noun** · feminine · singular · nominative · (common) ▸ **1** (Deut. 33,27)
- **σκέπασμα** clothing ▸ 1
  - σκεπάσματα ▸ 1
    - **Noun** · neuter · plural · accusative ▸ **1** (1Tim. 6,8)
- **σκεπαστής (σκέπω)** protector, defender ▸ 8
  - σκεπαστά ▸ 1
    - **Noun** · masculine · singular · vocative · (common) ▸ **1** (3Mac. 6,9)
  - σκεπασταί ▸ 2
    - **Noun** · masculine · plural · nominative · (common) ▸ **2** (Deut. 32,38; Ode. 2,38)
  - σκεπαστής ▸ 2
    - **Noun** · masculine · singular · nominative · (common) ▸ **2** (Judith 9,11; Psa. 70,6)
  - σκεπαστὴς ▸ 3
    - **Noun** · masculine · singular · nominative · (common) ▸ **3** (Ex. 15,2; Ode. 1,2; Sir. 51,2)
- **σκεπεινός (σκέπω)** sheltered ▸ 1
  - σκεπεινοῖς ▸ 1
    - **Noun** · masculine · plural · dative · (common) ▸ **1** (Neh. 4,7)

σκέπη (σκέπω) covering, shelter ▸ 41
  σκέπη ▸ 11
    Noun · feminine · singular · nominative · (common) ▸ **11** (Esth. 4,14; Psa. 120,5; Job 21,28; Sir. 6,14; Sir. 34,16; Sir. 34,16; Hos. 4,13; Is. 16,4; Is. 25,4; Is. 25,4; Is. 30,3)
  σκέπῃ ▸ 10
    Noun · feminine · singular · dative · (common) ▸ **10** (Judg. 9,15; 1Sam. 25,20; Psa. 16,8; Psa. 35,8; Psa. 60,5; Psa. 62,8; Psa. 90,1; Song 2,14; Sir. 14,26; Is. 4,6)
  σκέπην ▸ 17
    Noun · feminine · singular · accusative · (common) ▸ **17** (Gen. 19,8; Ex. 26,7; Judg. 5,8; 1Mac. 9,38; 2Mac. 13,17; Psa. 104,39; Job 24,8; Job 37,8; Wis. 10,17; Sir. 6,29; Sir. 29,22; Hos. 14,8; Is. 16,3; Is. 28,2; Is. 49,2; LetterJ 67; Ezek. 31,17)
  σκέπης ▸ 3
    Noun · feminine · singular · genitive · (common) ▸ **3** (2Mac. 5,9; 3Mac. 5,6; Ezek. 31,12)

σκέπτομαι to search out, watch out ▸ 4
  σκέψαι ▸ 4
    Verb · second · singular · aorist · middle · imperative ▸ **4** (Gen. 41,33; Ex. 18,21; Zech. 11,13; Bel 15-17)

σκευάζω (σκεῦος) to prepare; supply ▸ 2
  ἐσκεύασα ▸ 1
    Verb · first · singular · aorist · active · indicative ▸ **1** (3Mac. 5,31)
  ἐσκευασμένον ▸ 1
    Verb · perfect · passive · participle · neuter · singular · nominative ▸ **1** (Sir. 49,1)

Σκευᾶς Sceva ▸ 1
  Σκευᾶ ▸ 1
    Noun · masculine · singular · genitive · (proper) ▸ **1** (Acts 19,14)

σκευασία (σκεῦος) preparation ▸ 1
  σκευασίαν ▸ 1
    Noun · feminine · singular · accusative · (common) ▸ **1** (Eccl. 10,1)

σκευή (σκεῦος) tackle, rigging ▸ 6 + 1 = 7
  σκεύη ▸ 6
    Noun · neuter · plural · accusative · (common) ▸ **5** (Judith 16,19; 1Mac. 1,21; 1Mac. 1,23; 1Mac. 3,3; 1Mac. 6,12)
    Noun · neuter · plural · nominative · (common) ▸ **1** (1Mac. 2,9)
  σκευήν ▸ 1
    Noun · feminine · singular · accusative · (common) ▸ **1** (Acts 27,19)

σκεῦος object, vessel ▸ 300 + 10 + 23 = 333
  σκεύει ▸ 8 + 2 = 10
    Noun · neuter · singular · dative · (common) ▸ 8 + 2 = **10** (Lev. 6,21; Lev. 13,49; Lev. 13,52; Lev. 13,53; Lev. 13,57; Num. 35,16; Num. 35,18; Psa. 70,22; Luke 8,16; 1Pet. 3,7)
  σκεύεσι ▸ 1
    Noun · neuter · plural · dative · (common) ▸ **1** (1Kings 19,21)
  σκεύεσιν ▸ 7 + 1 = 8
    Noun · neuter · plural · dative · (common) ▸ 7 + 1 = **8** (1Sam. 10,22; 1Chr. 12,34; 1Chr. 12,38; 1Esdr. 1,43; Ezra 1,6; 1Mac. 14,10; Sir. 45,8; 2Cor. 4,7)
  σκεύη ▸ 216 + 8 + 8 = 232
    Noun · neuter · plural · accusative · (common) ▸ 189 + 7 + 5 = **201** (Gen. 24,53; Gen. 31,37; Ex. 3,22; Ex. 11,2; Ex. 12,35; Ex. 22,6; Ex. 27,3; Ex. 30,27; Ex. 30,28; Ex. 30,28; Ex. 31,8; Ex. 31,8; Ex. 35,13; Ex. 35,14; Ex. 35,16; Ex. 38,12; Ex. 38,23; Ex. 39,9; Ex. 39,11; Ex. 39,13; Ex. 39,15; Ex. 39,17; Ex. 39,19; Ex. 40,9; Ex. 40,10; Lev. 8,11; Num. 1,50; Num. 1,50; Num. 3,8; Num. 3,36; Num. 4,10; Num. 4,12; Num. 4,14; Num. 4,14; Num. 4,15; Num. 4,26; Num. 4,32; Num. 4,32; Num. 7,1; Num. 7,1; Num. 18,3; Num. 19,18; Num. 31,6; Deut. 1,41; Josh. 7,11; Judg. 9,54; Judg. 18,11; Judg. 18,16; Judg. 18,17; Ruth 2,9; 1Sam. 6,8; 1Sam. 6,15; 1Sam. 8,12; 1Sam. 8,12; 1Sam. 13,21; 1Sam. 14,1; 1Sam. 14,6; 1Sam. 14,7; 1Sam. 14,12; 1Sam. 14,12; 1Sam. 14,13; 1Sam. 14,13; 1Sam. 14,14; 1Sam. 14,17; 1Sam. 16,21; 1Sam. 17,54; 1Sam. 20,40; 1Sam. 21,6; 1Sam. 21,9; 1Sam. 30,24; 1Sam. 31,4; 1Sam. 31,4; 1Sam. 31,5; 1Sam. 31,6; 1Sam. 31,9; 1Sam. 31,10; 2Sam. 8,8; 2Sam. 17,28; 2Sam. 18,15; 2Sam. 23,37; 1Kings 7,31; 1Kings 7,34; 1Kings 7,37; 1Kings 8,4; 1Kings 10,25; 1Kings 15,15; 2Kings 4,3; 2Kings 4,3; 2Kings 4,4; 2Kings 14,14; 2Kings 23,4; 2Kings 24,13; 2Kings 25,14; 1Chr. 9,28; 1Chr. 9,29; 1Chr. 9,29; 1Chr. 10,4; 1Chr. 10,4; 1Chr. 10,5; 1Chr. 10,9; 1Chr. 10,10; 1Chr. 11,39; 1Chr. 18,8; 1Chr. 18,10; 1Chr. 22,19; 1Chr. 23,26; 2Chr. 4,11; 2Chr. 4,16; 2Chr. 4,18; 2Chr. 4,19; 2Chr. 5,1; 2Chr. 5,5; 2Chr. 9,24; 2Chr. 9,24; 2Chr. 15,18; 2Chr. 20,25; 2Chr. 24,14; 2Chr. 24,14; 2Chr. 25,24; 2Chr. 28,24; 2Chr. 29,18; 2Chr. 29,18; 2Chr. 29,19; 2Chr. 32,27; 2Chr. 36,18; 1Esdr. 1,51; 1Esdr. 2,7; 1Esdr. 4,44; 1Esdr. 4,57; 1Esdr. 6,17; 1Esdr. 6,18; 1Esdr. 6,25; 1Esdr. 8,17; 1Esdr. 8,55; 1Esdr. 8,56; 1Esdr. 8,56; 1Esdr. 8,56; 1Esdr. 8,59; Ezra 1,7; Ezra 5,14; Ezra 5,15; Ezra 7,19; Ezra 8,25; Ezra 8,26; Ezra 8,33; Neh. 13,5; Neh. 13,8; Neh. 13,9; Judith 7,5; Judith 14,2; 1Mac. 4,30; 1Mac. 4,49; 1Mac. 14,15; 1Mac. 15,26; 2Mac. 5,16; 2Mac. 9,16; Psa. 7,14; Eccl. 9,18; Wis. 15,7; Wis. 15,13; Sir. 27,5; Sol. 17,23; Hos. 13,15; Nah. 2,10; Zech. 11,15; Is. 10,28; Is. 52,11; Jer. 26,19; Jer. 27,25; Jer. 28,20; Jer. 30,24; Jer. 31,12; Jer. 35,3; Jer. 35,6; Jer. 52,18; Bar. 1,8; Bar. 1,8; Ezek. 9,1; Ezek. 12,3; Ezek. 12,4; Ezek. 12,4; Ezek. 12,7; Ezek. 12,7; Ezek. 16,17; Ezek. 16,39; Ezek. 23,26; Ezek. 27,13; Ezek. 40,42; Dan. 5,2; Judg. 9,54; Judg. 18,11; Judg. 18,16; Tob. 10,10; Dan. 1,2; Dan. 5,2; Dan. 5,23; Matt. 12,29; Mark 3,27; Rom. 9,22; Rom. 9,23; Heb. 9,21)
    Noun · neuter · plural · nominative · (common) ▸ 27 + 1 + 3 = **31** (Ex. 25,39; Num. 3,31; Deut. 22,5; 2Sam. 1,27; 2Sam. 8,10; 2Sam. 8,10; 2Sam. 8,10; 2Sam. 24,22; 1Kings 10,21; 1Kings 10,21; 2Kings 4,6; 2Chr. 9,20; 2Chr. 9,20; 1Esdr. 2,10; 1Esdr. 2,11; 1Esdr. 8,57; Ezra 1,10; Ezra 1,11; Ezra 6,5; Ezra 8,27; Ezra 8,28; Neh. 10,40; Judith 4,3; Job 28,17; Is. 65,4; Jer. 34,16; Dan. 5,23; Dan. 5,3; Luke 17,31; 2Tim. 2,20; Rev. 2,27)
  σκεῦος ▸ 42 + 1 + 10 = 53
    Noun · neuter · singular · accusative · (common) ▸ 20 + 1 + 6 = **27** (Ex. 35,22; Lev. 14,50; Num. 19,17; Num. 31,20; Num. 31,20; Num. 31,50; Num. 31,51; Num. 35,20; Num. 35,22; 1Sam. 13,20; 2Kings 4,6; 2Kings 11,11; 2Chr. 36,19; Psa. 2,9; Wis. 13,11; Is. 54,16; Is. 54,17; Jer. 28,34; LetterJ 58; Ezek. 15,3; Dan. 11,8; Mark 11,16; Acts 27,17; Rom. 9,21; 1Th. 4,4; Rev. 18,12; Rev. 18,12)
    Noun · neuter · singular · nominative · (common) ▸ 22 + 4 = **26** (Lev. 6,21; Lev. 11,32; Lev. 11,33; Lev. 13,58; Lev. 15,4; Lev. 15,12; Lev. 15,12; Lev. 15,26; Num. 19,15; 1Kings 6,7; 2Kings 4,6; 2Kings 11,8; 2Kings 12,14; 2Kings 12,14; 2Chr. 23,7; Psa. 30,13; Sir. 43,2; Sir. 43,8; Sir. 50,9; Hos. 8,8; Jer. 22,28; LetterJ 15; John 19,29; Acts 9,15; Acts 10,16; 2Tim. 2,21)
  σκεῦός ▸ 1 + 2 = 3
    Noun · neuter · singular · accusative · (common) ▸ 1 + 2 = **3** (Gen. 27,3; Acts 10,11; Acts 11,5)
  σκεύους ▸ 6
    Noun · neuter · singular · genitive · (common) ▸ **6** (Lev. 11,32; Lev. 13,59; Lev. 15,6; Lev. 15,22; Lev. 15,23; Sir. 38,28)
  σκευῶν ▸ 19 + 1 = 20
    Noun · neuter · plural · genitive · (common) ▸ 19 + 1 = **20** (Gen. 31,37; Gen. 45,20; Ex. 25,9; Num. 7,85; 1Sam. 25,13; 2Kings 7,15; 2Kings 20,13; 2Kings 25,16; 1Chr. 28,13; 2Chr. 36,7; 2Chr. 36,10; 1Esdr. 1,39; Ezra 8,30; 2Mac. 4,48; Jonah 1,5; Is. 39,2; Jer.

34,19; Dan. 1,2; Dan. 11,8; Dan. 1,2)

Σκηνή (σκηνή)   Succoth; Tent ▸ 2
  Σκηναί ▸ 1
    Noun · feminine · plural · nominative · (proper) ▸ **1** (Gen. 33,17)
  Σκηνάς ▸ 1
    Noun · feminine · plural · accusative · (proper) ▸ **1** (Gen. 33,17)

σκηνή   tent; Tabernacle; stage (theatrical) ▸ 421 + 13 + 20 = 454
  σκηναί ▸ 6 + 1 = 7
    Noun · feminine · plural · nominative · (common) ▸ 6 + 1 = **7**
    (2Kings 7,10; Judith 7,18; Ode. 4,7; Prov. 14,11; Hab. 3,7; Is. 33,20; Judg. 6,5)
  σκηναί ▸ 3
    Noun · feminine · plural · nominative · (common) ▸ **3** (Gen. 13,5; Num. 24,5; Num. 24,6)
  σκηναῖς ▸ 16 + 2 + 1 = 19
    Noun · feminine · plural · dative · (common) ▸ 16 + 2 + 1 = **19**
    (Gen. 4,20; Gen. 25,16; Lev. 23,42; Lev. 23,42; Lev. 23,43; Deut. 1,27; Judg. 8,11; 2Sam. 11,11; 1Kings 21,12; 1Chr. 5,10; Neh. 8,14; Neh. 8,17; Psa. 117,15; Hos. 12,10; Jer. 42,7; Jer. 42,10; Judg. 5,24; Judg. 8,11; Heb. 11,9)
  σκηνάς ▸ 2 + 3 = 5
    Noun · feminine · plural · accusative · (common) ▸ 2 + 3 = **5**
    (Gen. 33,17; Wis. 11,2; Matt. 17,4; Mark 9,5; Luke 16,9)
  σκηνὰς ▸ 12 + 1 = 13
    Noun · feminine · plural · accusative · (common) ▸ 12 + 1 = **13**
    (Num. 16,30; Deut. 11,6; Judg. 6,5; 2Kings 7,7; 2Chr. 14,14; Ezra 8,29; Neh. 8,15; Neh. 8,16; Neh. 8,17; 2Mac. 12,12; Jer. 6,3; Jer. 30,24; Luke 9,33)
  σκηνή ▸ 8 + 2 = 10
    Noun · feminine · singular · nominative · (common) ▸ 8 + 2 = **10**
    (Ex. 40,17; Ex. 40,34; Ex. 40,35; Num. 9,15; Judg. 7,13; Job 8,14; Jer. 4,20; Jer. 10,20; Judg. 7,13; Tob. 13,11)
  σκηνή ▸ 12 + 4 = 16
    Noun · feminine · singular · nominative · (common) ▸ 12 + 4 = **16** (Gen. 13,3; Ex. 26,6; Ex. 33,7; Num. 2,17; Num. 3,25; Josh. 22,19; 2Sam. 22,12; 1Chr. 21,29; 2Chr. 1,3; Tob. 13,11; Psa. 17,12; Is. 1,8; Acts 7,44; Heb. 9,2; Heb. 9,3; Rev. 21,3)
  σκηνῇ ▸ 55 + 1 = 56
    Noun · feminine · singular · dative · (common) ▸ 55 + 1 = **56**
    (Gen. 18,9; Ex. 26,14; Ex. 26,15; Ex. 26,18; Ex. 27,9; Ex. 27,21; Ex. 30,36; Ex. 37,1; Ex. 40,26; Lev. 4,7; Lev. 4,18; Lev. 16,16; Lev. 16,17; Lev. 24,3; Num. 1,1; Num. 3,25; Num. 4,3; Num. 4,4; Num. 4,15; Num. 4,23; Num. 4,28; Num. 4,31; Num. 4,33; Num. 4,35; Num. 4,37; Num. 4,39; Num. 4,41; Num. 4,47; Num. 8,19; Num. 8,22; Num. 8,24; Num. 8,26; Num. 17,19; Num. 17,22; Num. 18,21; Num. 18,31; Num. 31,30; Josh. 7,21; Judg. 5,24; 2Sam. 7,6; 1Chr. 17,5; 2Chr. 1,6; 2Chr. 5,5; Judith 6,10; Judith 12,9; Judith 13,2; 3Mac. 1,3; Psa. 26,5; Psa. 26,6; Psa. 30,21; Job 18,15; Sir. 24,10; Sir. 24,15; Is. 16,5; Lam. 2,4; Heb. 13,10)
  σκηνήν ▸ 16 + 1 + 1 = 18
    Noun · feminine · singular · accusative · (common) ▸ 16 + 1 + 1 = **18** (Ex. 18,7; Ex. 33,8; Ex. 33,9; Lev. 15,31; Num. 9,15; Num. 10,17; Num. 10,21; Num. 11,26; Josh. 7,22; Judg. 4,18; 1Chr. 15,1; Judith 10,20; Judith 12,5; Judith 14,17; Sir. 24,8; Is. 22,16; Judg. 4,18; Heb. 8,5)
  σκηνὴν ▸ 92 + 4 + 5 = 101
    Noun · feminine · singular · accusative · (common) ▸ 92 + 4 + 5 = **101** (Gen. 12,8; Gen. 18,6; Gen. 26,25; Gen. 31,25; Gen. 33,19; Gen. 35,16; Ex. 26,1; Ex. 26,30; Ex. 28,43; Ex. 29,30; Ex. 29,44; Ex. 30,20; Ex. 30,21; Ex. 30,26; Ex. 31,7; Ex. 33,7; Ex. 33,7; Ex. 33,8; Ex. 35,11; Ex. 38,27; Ex. 39,13; Ex. 40,2; Ex. 40,8; Ex. 40,9; Ex. 40,18; Ex. 40,19; Ex. 40,21; Ex. 40,22; Ex. 40,24; Ex. 40,34; Ex. 40,35; Lev. 4,5; Lev. 4,16; Lev. 6,23; Lev. 8,11; Lev. 9,23; Lev. 10,9; Lev. 16,20; Lev. 16,23; Lev. 16,33; Num. 1,50; Num. 1,50; Num. 1,51; Num. 1,51; Num. 4,25; Num. 7,1; Num. 7,89; Num. 10,17; Num. 11,16; Num. 12,4; Num. 12,4; Num. 17,7; Num. 17,23; Num. 18,22; Num. 19,13; Num. 31,54; Deut. 31,14; Josh. 7,22; Josh. 7,24; Josh. 18,1; Judg. 4,11; Judg. 4,17; 2Sam. 16,22; 1Kings 2,29; 1Kings 2,30; 2Kings 7,8; 2Kings 7,8; 1Chr. 23,26; 2Chr. 1,4; 2Chr. 5,5; 2Chr. 24,6; Judith 5,22; Judith 8,5; Judith 10,15; Judith 10,17; Judith 13,1; Judith 14,3; Judith 14,13; Judith 15,11; 2Mac. 2,4; 2Mac. 2,5; 3Mac. 1,2; 4Mac. 3,8; Psa. 77,60; Ode. 11,12; Sir. 14,25; Amos 5,26; Amos 9,11; Jonah 4,5; Is. 38,12; Is. 40,22; Dan. 11,45; Judg. 4,11; Judg. 4,17; Judg. 7,8; Dan. 11,45; Acts 7,43; Acts 15,16; Heb. 9,6; Heb. 9,21; Rev. 13,6)
  σκηνῆς ▸ 189 + 3 + 4 = 196
    Noun · feminine · singular · genitive · (common) ▸ 189 + 3 + 4 = **196** (Gen. 18,1; Gen. 18,2; Gen. 18,10; Ex. 25,9; Ex. 26,7; Ex. 26,9; Ex. 26,12; Ex. 26,12; Ex. 26,12; Ex. 26,13; Ex. 26,13; Ex. 26,17; Ex. 26,22; Ex. 26,23; Ex. 26,26; Ex. 26,27; Ex. 26,27; Ex. 26,35; Ex. 26,35; Ex. 29,4; Ex. 29,10; Ex. 29,10; Ex. 29,11; Ex. 29,32; Ex. 29,42; Ex. 30,16; Ex. 30,18; Ex. 31,7; Ex. 33,8; Ex. 33,9; Ex. 33,10; Ex. 33,10; Ex. 33,11; Ex. 35,21; Ex. 37,5; Ex. 37,19; Ex. 38,19; Ex. 38,20; Ex. 38,20; Ex. 38,21; Ex. 38,26; Ex. 39,4; Ex. 39,7; Ex. 39,8; Ex. 39,9; Ex. 39,19; Ex. 39,19; Ex. 39,21; Ex. 40,5; Ex. 40,6; Ex. 40,12; Ex. 40,19; Ex. 40,22; Ex. 40,22; Ex. 40,24; Ex. 40,29; Ex. 40,33; Ex. 40,36; Ex. 40,38; Lev. 1,1; Lev. 1,3; Lev. 1,5; Lev. 3,2; Lev. 3,8; Lev. 3,13; Lev. 4,4; Lev. 4,7; Lev. 4,14; Lev. 4,18; Lev. 6,9; Lev. 6,19; Lev. 8,3; Lev. 8,4; Lev. 8,31; Lev. 8,33; Lev. 8,35; Lev. 9,5; Lev. 10,7; Lev. 12,6; Lev. 14,11; Lev. 14,23; Lev. 15,14; Lev. 15,29; Lev. 16,7; Lev. 17,4; Lev. 17,4; Lev. 17,5; Lev. 17,6; Lev. 17,9; Lev. 19,21; Num. 1,50; Num. 1,53; Num. 1,53; Num. 2,2; Num. 3,7; Num. 3,7; Num. 3,8; Num. 3,8; Num. 3,10; Num. 3,23; Num. 3,25; Num. 3,26; Num. 3,29; Num. 3,35; Num. 3,36; Num. 3,38; Num. 4,16; Num. 4,25; Num. 4,25; Num. 4,26; Num. 4,30; Num. 4,31; Num. 4,31; Num. 4,43; Num. 5,17; Num. 6,10; Num. 6,13; Num. 6,18; Num. 7,3; Num. 7,5; Num. 8,9; Num. 8,15; Num. 9,15; Num. 9,17; Num. 9,18; Num. 9,19; Num. 9,20; Num. 10,3; Num. 10,11; Num. 11,24; Num. 12,5; Num. 12,10; Num. 14,10; Num. 16,9; Num. 16,18; Num. 16,19; Num. 16,27; Num. 17,8; Num. 17,15; Num. 17,28; Num. 18,2; Num. 18,3; Num. 18,4; Num. 18,4; Num. 18,6; Num. 18,23; Num. 19,4; Num. 20,6; Num. 25,6; Num. 27,2; Num. 31,47; Deut. 31,14; Deut. 31,14; Deut. 31,15; Deut. 31,15; Josh. 7,23; Josh. 19,51; Josh. 22,29; Josh. 24,25; Judg. 4,20; Judg. 4,21; Judg. 7,13; 2Sam. 6,17; 2Sam. 7,2; 1Kings 1,39; 1Chr. 6,17; 1Chr. 6,33; 1Chr. 9,19; 1Chr. 9,21; 1Chr. 9,23; 1Chr. 16,1; 1Chr. 16,39; 1Chr. 23,32; 2Chr. 1,5; 2Chr. 1,13; 2Chr. 29,6; Judith 8,36; Judith 10,18; Judith 14,14; Psa. 26,5; Psa. 28,1; Psa. 41,5; Job 5,24; Job 36,29; Wis. 9,8; Is. 33,20; Is. 54,2; Jer. 10,20; Judg. 4,20; Judg. 4,21; Judg. 7,13; Heb. 8,2; Heb. 9,8; Heb. 9,11; Rev. 15,5)
  σκηνῶν ▸ 10
    Noun · feminine · plural · genitive · (common) ▸ **10** (Lev. 23,34; Num. 16,26; Num. 16,27; Deut. 16,13; 2Chr. 8,13; Ezra 3,4; Judith 3,3; 2Mac. 10,6; Psa. 59,8; Psa. 107,8)

σκηνοπηγία (σκηνή; πήγνυμι)   making of booths; Festival of Tabernacles ▸ 9 + 1 = 10
  σκηνοπηγία ▸ 1
    Noun · feminine · singular · nominative ▸ **1** (John 7,2)
  σκηνοπηγίας ▸ 9
    Noun · feminine · singular · genitive · (common) ▸ **9** (Deut. 16,16; Deut. 31,10; 1Esdr. 5,50; 1Mac. 10,21; 2Mac. 1,9; 2Mac.

1,18; Zech. 14,16; Zech. 14,18; Zech. 14,19)

σκηνοποιός (σκηνή; ποιέω) tentmaker ▸ 1
  σκηνοποιοί ▸ 1
    Noun · masculine · plural · nominative ▸ 1 (Acts 18,3)
σκῆνος (σκηνή) tent ▸ 1 + 2 = 3
  σκήνει ▸ 1
    Noun · neuter · singular · dative ▸ 1 (2Cor. 5,4)
  σκῆνος ▸ 1
    Noun · neuter · singular · nominative · (common) ▸ 1 (Wis. 9,15)
  σκήνους ▸ 1
    Noun · neuter · singular · genitive ▸ 1 (2Cor. 5,1)
σκηνόω (σκηνή) to pitch a tent, dwell in a tent ▸ 1 + 3 + 5 = 9
  ἐσκήνωσεν ▸ 1 + 1 + 1 = 3
    Verb · third · singular · aorist · active · indicative ▸ 1 + 1 + 1 = 3 (Gen. 13,12; Judg. 5,17; John 1,14)
  σκηνοῦντας ▸ 1
    Verb · present · active · participle · masculine · plural · accusative ▸ 1 (Rev. 13,6)
  σκηνοῦντες ▸ 1
    Verb · present · active · participle · masculine · plural · vocative · (variant) ▸ 1 (Rev. 12,12)
  σκηνούντων ▸ 1
    Verb · present · active · participle · masculine · plural · genitive ▸ 1 (Judg. 8,11)
  σκηνώσει ▸ 1 + 2 = 3
    Verb · third · singular · future · active · indicative ▸ 1 + 2 = 3 (Judg. 5,17; Rev. 7,15; Rev. 21,3)
σκήνωμα (σκηνή) tent, dwelling place ▸ 78 + 2 + 3 = 83
  σκήνωμα ▸ 19 + 1 + 1 = 21
    Noun · neuter · singular · accusative · (common) ▸ 19 + 1 + 1 = 21 (Judg. 7,8; Judg. 20,8; 1Sam. 4,10; 1Sam. 13,2; 2Sam. 18,17; 1Kings 2,28; 1Kings 8,4; 1Kings 12,24u; 2Kings 14,12; 2Chr. 25,22; Judith 9,8; Psa. 18,5; Psa. 45,5; Psa. 73,7; Psa. 77,60; Psa. 77,67; Psa. 131,3; Psa. 131,5; Lam. 2,6; Judg. 20,8; Acts 7,46)
  σκήνωμά ▸ 1 + 1 = 2
    Noun · neuter · singular · accusative · (common) ▸ 1 + 1 = 2 (Judg. 19,9; Judg. 19,9)
  σκηνώμασι ▸ 1
    Noun · neuter · plural · dative · (common) ▸ 1 (Psa. 77,51)
  σκηνώμασιν ▸ 9
    Noun · neuter · plural · dative · (common) ▸ 9 (Deut. 33,18; 2Kings 13,5; Judith 15,1; Psa. 68,26; Psa. 77,55; Psa. 83,11; Psa. 105,25; Song 1,8; Hos. 9,6)
  σκηνώματα ▸ 26
    Noun · neuter · plural · accusative · (common) ▸ 20 (2Sam. 7,23; 2Sam. 19,9; 2Sam. 20,22; 1Kings 8,66; 1Kings 12,16; 2Kings 8,21; 2Chr. 7,10; 2Chr. 10,16; 2Chr. 11,14; 2Chr. 21,9; Judith 2,26; Judith 10,18; Psa. 86,2; Psa. 131,7; Ode. 4,7; Job 39,6; Hab. 1,6; Zech. 12,7; Jer. 9,18; Ezek. 25,4)
    Noun · neuter · plural · nominative · (common) ▸ 6 (1Chr. 5,20; Psa. 48,12; Psa. 82,7; Song 1,5; Hab. 3,7; Jer. 28,30)
  σκηνώματά ▸ 6
    Noun · neuter · plural · accusative · (common) ▸ 5 (2Sam. 20,1; 1Kings 12,16; 1Kings 12,24t; 2Chr. 10,16; Psa. 42,3)
    Noun · neuter · plural · nominative · (common) ▸ 1 (Psa. 83,2)
  σκηνώματι ▸ 4 + 1 = 5
    Noun · neuter · singular · dative · (common) ▸ 4 + 1 = 5 (1Sam. 17,54; 1Kings 8,4; Judith 14,7; 1Mac. 9,66; 2Pet. 1,13)
  σκηνώματί ▸ 3
    Noun · neuter · singular · dative · (common) ▸ 3 (Psa. 14,1; Psa. 60,5; Psa. 90,10)
  σκηνώματος ▸ 3
    Noun · neuter · singular · genitive · (common) ▸ 3 (1Esdr. 1,48; Psa. 25,8; Psa. 51,7)
  σκηνώματός ▸ 1
    Noun · neuter · singular · genitive ▸ 1 (2Pet. 1,14)
  σκηνωμάτων ▸ 6
    Noun · neuter · plural · genitive · (common) ▸ 6 (Josh. 3,14; 2Mac. 10,6; Psa. 77,28; Psa. 119,5; Job 21,28; Mal. 2,12)
σκήνωσις (σκηνή) dwelling ▸ 1
  σκηνώσεως ▸ 1
    Noun · feminine · singular · genitive · (common) ▸ 1 (2Mac. 14,35)
σκῆπτρον (σκήπτω) staff, scepter ▸ 32
  σκῆπτρα ▸ 11
    Noun · neuter · plural · accusative · (common) ▸ 11 (1Sam. 10,19; 1Sam. 10,20; 1Kings 11,31; 1Kings 11,32; 1Kings 11,35; 1Kings 11,36; Ode. 4,9; Wis. 10,14; Sir. 35,21; Hab. 3,9; Ezek. 30,18)
  σκήπτροις ▸ 1
    Noun · neuter · plural · dative · (common) ▸ 1 (Wis. 6,21)
  σκῆπτρον ▸ 9
    Noun · neuter · singular · accusative · (common) ▸ 4 (1Sam. 10,21; 1Kings 11,13; 1Kings 12,21; LetterJ 12)
    Noun · neuter · singular · nominative · (common) ▸ 5 (1Sam. 10,20; 1Kings 12,24f; 1Kings 12,24u; 1Kings 12,24u; Zech. 10,11)
  σκῆπτρόν ▸ 1
    Noun · neuter · singular · accusative · (common) ▸ 1 (Esth. 14,11 # 4,17q)
  σκήπτρου ▸ 5
    Noun · neuter · singular · genitive · (common) ▸ 5 (1Sam. 9,21; 1Sam. 9,21; 1Sam. 14,27; 1Sam. 15,17; 1Kings 12,20)
  σκήπτρῳ ▸ 3
    Noun · neuter · singular · dative · (common) ▸ 3 (Judg. 5,14; 1Sam. 14,43; 1Kings 8,16)
  σκήπτρων ▸ 2
    Noun · neuter · plural · genitive · (common) ▸ 2 (1Sam. 2,28; Wis. 7,8)
σκιά shadow ▸ 52 + 2 + 7 = 61
  σκιά ▸ 2
    Noun · feminine · singular · nominative · (common) ▸ 2 (Job 16,16; Is. 38,8)
  σκιὰ ▸ 17 + 2 = 19
    Noun · feminine · singular · nominative · (common) ▸ 17 + 2 = 19 (2Kings 20,9; 2Kings 20,10; 2Kings 20,11; 1Chr. 29,15; Psa. 43,20; Psa. 79,11; Psa. 101,12; Psa. 108,23; Psa. 143,4; Eccl. 7,12; Job 3,5; Job 8,9; Job 14,2; Job 24,17; Job 28,3; Wis. 5,9; Jer. 13,16; Acts 5,15; Col. 2,17)
  σκιᾷ ▸ 12 + 1 + 3 = 16
    Noun · feminine · singular · dative · (common) ▸ 12 + 1 + 3 = 16 (Psa. 56,2; Psa. 87,7; Psa. 106,10; Ode. 9,79; Eccl. 6,12; Eccl. 7,12; Eccl. 8,13; Song 2,3; Jonah 4,5; Is. 9,1; Lam. 4,20; Ezek. 31,6; Judg. 9,15; Matt. 4,16; Luke 1,79; Heb. 8,5)
  σκιαί ▸ 1
    Noun · feminine · plural · nominative · (common) ▸ 1 (Jer. 6,4)
  σκιαί ▸ 2
    Noun · feminine · plural · nominative · (common) ▸ 2 (Song 2,17; Song 4,6)
  σκιάν ▸ 12 + 1 + 1 = 14
    Noun · feminine · singular · accusative · (common) ▸ 12 + 1 + 1 = 14 (Judg. 9,36; 2Kings 20,10; Job 12,22; Job 15,29; Amos 5,8;

σκιά–σκληρός

Jonah 4,6; Is. 4,6; Is. 38,8; Is. 51,16; Bar. 1,12; Bar. 1,12; Ezek. 17,23; Judg. 9,36; Mark 4,32)
- **Σκιὰν** ▸ 1
  - **Noun** · feminine · singular · accusative ▸ **1** (Heb. 10,1)
- **σκιᾶς** ▸ 6
  - **Noun** · feminine · singular · genitive · (common) ▸ **6** (Psa. 22,4; Psa. 106,14; Job 7,2; Job 24,17; Wis. 2,5; Sir. 34,2)

σκιαγράφος (σκιά; γράφω) painting, drawing; painter ▸ 1
- **σκιαγράφων** ▸ 1
  - **Noun** · masculine · plural · genitive · (common) ▸ **1** (Wis. 15,4)

σκιάδιον (σκιά) sunshade ▸ 1
- **σκιαδίων** ▸ 1
  - **Noun** · neuter · plural · genitive · (common) ▸ **1** (Is. 66,20)

σκιάζω (σκιά) to shade, overshadow ▸ 16
- **ἐσκίαζον** ▸ 1
  - **Verb** · third · plural · imperfect · active · indicative ▸ **1** (Dan. 4,12)
- **ἐσκίασαν** ▸ 2
  - **Verb** · third · plural · aorist · active · indicative ▸ **2** (Sol. 11,5; Bar. 5,8)
- **ἐσκίασεν** ▸ 1
  - **Verb** · third · singular · aorist · active · indicative ▸ **1** (Job 36,28)
- **σκιάζει** ▸ 2
  - **Verb** · third · singular · present · active · indicative ▸ **2** (Num. 9,18; Deut. 33,12)
- **σκιάζειν** ▸ 1
  - **Verb** · present · active · infinitive ▸ **1** (Jonah 4,6)
- **σκιάζοντα** ▸ 1
  - **Verb** · present · active · participle · masculine · singular · accusative ▸ **1** (Ex. 38,8)
- **σκιάζονται** ▸ 1
  - **Verb** · third · plural · present · middle · indicative ▸ **1** (Job 40,22)
- **σκιαζόντων** ▸ 1
  - **Verb** · present · active · participle · masculine · plural · genitive ▸ **1** (1Chr. 28,18)
- **σκιάζουσα** ▸ 2
  - **Verb** · present · active · participle · feminine · singular · nominative ▸ **2** (Num. 10,36; Wis. 19,7)
- **σκιάζουσαι** ▸ 1
  - **Verb** · present · active · participle · feminine · plural · nominative ▸ **1** (Num. 24,6)
- **σκιαζούσης** ▸ 1
  - **Verb** · present · active · participle · feminine · singular · genitive ▸ **1** (Num. 9,22)
- **σκιάσει** ▸ 2
  - **Verb** · third · singular · future · active · indicative ▸ **2** (2Sam. 20,6; Is. 4,5)

σκιρτάω (σκαίρω) to stir, leap ▸ 7 + 3 = 10
- **ἐσκιρτᾶτε** ▸ 1
  - **Verb** · second · plural · imperfect · active · indicative ▸ **1** (Jer. 27,11)
- **ἐσκίρτησαν** ▸ 2
  - **Verb** · third · plural · aorist · active · indicative ▸ **2** (Psa. 113,4; Joel 1,17)
- **ἐσκιρτήσατε** ▸ 1
  - **Verb** · second · plural · aorist · active · indicative ▸ **1** (Psa. 113,6)
- **ἐσκίρτησεν** ▸ 2
  - **Verb** · third · singular · aorist · active · indicative ▸ **2** (Luke 1,41; Luke 1,44)
- **ἐσκίρτων** ▸ 1
  - **Verb** · third · plural · imperfect · active · indicative ▸ **1** (Gen. 25,22)
- **σκιρτήσατε** ▸ 1
  - **Verb** · second · plural · aorist · active · imperative ▸ **1** (Luke 6,23)
- **σκιρτήσετε** ▸ 1
  - **Verb** · second · plural · future · active · indicative ▸ **1** (Mal. 3,20)
- **σκιρτώντων** ▸ 1
  - **Verb** · present · active · participle · neuter · plural · genitive ▸ **1** (Wis. 17,18)

σκληρία (σκληρός) hardness ▸ 1
- **σκληρίαν** ▸ 1
  - **Noun** · feminine · singular · accusative · (common) ▸ **1** (Eccl. 7,25)

σκληροκαρδία (σκληρός; καρδία) hard-heartedness, stubbornness ▸ 3 + 3 = 6
- **σκληροκαρδίᾳ** ▸ 1
  - **Noun** · feminine · singular · dative · (common) ▸ **1** (Sir. 16,10)
- **σκληροκαρδίαν** ▸ 2 + 3 = 5
  - **Noun** · feminine · singular · accusative · (common) ▸ 2 + 3 = **5** (Deut. 10,16; Jer. 4,4; Matt. 19,8; Mark 10,5; Mark 16,14)

σκληροκάρδιος (σκληρός; καρδία) hard-hearted, stubborn ▸ 2
- **σκληροκάρδιοι** ▸ 1
  - **Adjective** · masculine · plural · nominative · noDegree ▸ **1** (Ezek. 3,7)
- **σκληροκάρδιος** ▸ 1
  - **Adjective** · masculine · singular · nominative · noDegree ▸ **1** (Prov. 17,20)

σκληρός hard, cruel, harsh ▸ 57 + 2 + 5 = 64
- **Σκληρὰ** ▸ 1
  - **Adjective** · neuter · plural · accusative · noDegree ▸ **1** (1Kings 12,24k)
- **σκληρά** ▸ 6
  - **Adverb** ▸ **1** (2Chr. 10,13)
  - **Adjective** · feminine · singular · nominative · noDegree ▸ **1** (Zeph. 1,14)
  - **Adjective** · neuter · plural · accusative · noDegree ▸ **4** (Deut. 26,6; 1Kings 12,13; Judith 9,13; Psa. 59,5)
- **σκληρὰ** ▸ 7
  - **Adjective** · feminine · singular · nominative · noDegree ▸ **5** (1Sam. 1,15; 1Sam. 5,7; Sir. 3,26; Sir. 3,27; Is. 8,21)
  - **Adjective** · neuter · plural · accusative · noDegree ▸ **2** (Gen. 42,7; Gen. 42,30)
- **σκληράς** ▸ 1 + 1 = 2
  - **Adjective** · feminine · plural · accusative · noDegree ▸ 1 + 1 = **2** (Psa. 16,4; Judg. 2,19)
- **σκληρὰς** ▸ 1
  - **Adjective** · feminine · plural · accusative · noDegree ▸ **1** (2Mac. 6,30)
- **σκληρᾶς** ▸ 4
  - **Adjective** · feminine · singular · genitive · noDegree ▸ **4** (Judg. 2,19; 1Kings 12,4; 2Chr. 10,4; Is. 14,3)
- **σκληροί** ▸ 2
  - **Adjective** · masculine · plural · nominative · noDegree ▸ **2** (1Esdr. 2,22; Is. 19,4)
- **σκληροῖς** ▸ 1
  - **Adjective** · neuter · plural · dative · noDegree ▸ **1** (Ex. 1,14)
- **σκληρόν** ▸ 4 + 1 + 1 = 6
  - **Adjective** · masculine · singular · accusative · noDegree ▸ 1 + 1 = **2** (Deut. 31,27; Tob. 13,14)
  - **Adjective** · neuter · singular · accusative · noDegree ▸ **2** (Prov. 17,27; Is. 8,12)

Adjective · neuter · singular · nominative · noDegree ▸ 1 + 1 = **2** (Is. 8,12; Acts 26,14)

σκληρὸν ▸ **8**
  Adjective · neuter · singular · nominative · noDegree ▸ **8** (Gen. 21,11; Gen. 21,12; Gen. 45,5; Deut. 1,17; Deut. 15,18; Is. 5,30; Is. 21,2; Is. 28,2)

σκληρός ▸ **4** + **1** = **5**
  Adjective · masculine · singular · nominative · noDegree ▸ **4** + **1** = **5** (Prov. 29,19; Eccl. 7,17; Job 22,21; Sir. 30,8; John 6,60)

σκληρὸς ▸ **10** + **1** = **11**
  Adjective · masculine · singular · nominative · noDegree ▸ **10** + **1** = **11** (Gen. 49,3; Gen. 49,3; 1Sam. 25,3; 2Sam. 2,17; Prov. 27,16; Prov. 28,14; Song 8,6; Job 9,4; Sol. 4,2; Is. 48,4; Matt. 25,24)

σκληρότεροί ▸ **1**
  Adjective · masculine · plural · nominative · comparative ▸ **1** (2Sam. 3,39)

σκληροῦ ▸ **2**
  Adjective · masculine · singular · genitive · noDegree ▸ **1** (Wis. 11,4)
  Adjective · neuter · singular · genitive · noDegree ▸ **1** (Bar. 2,33)

σκληρῷ ▸ **2**
  Adjective · masculine · singular · dative · noDegree ▸ **1** (Dan. 11,32)
  Adjective · neuter · singular · dative · noDegree ▸ **1** (Is. 27,8)

σκληρῶν ▸ **3** + **2** = **5**
  Adjective · masculine · plural · genitive · noDegree ▸ **2** + **1** = **3** (Num. 16,26; Is. 19,4; James 3,4)
  Adjective · neuter · plural · genitive · noDegree ▸ **1** + **1** = **2** (Ex. 6,9; Jude 15)

σκληρότης (σκληρός) hardness, cruelty ▸ **4** + **1** = **5**
  σκληρότητα ▸ **1**
    Noun · feminine · singular · accusative · (common) ▸ **1** (Deut. 9,27)
  σκληρότητά ▸ **1**
    Noun · feminine · singular · accusative ▸ **1** (Rom. 2,5)
  σκληρότητες ▸ **1**
    Noun · feminine · plural · nominative · (common) ▸ **1** (2Sam. 22,6)
  σκληρότητος ▸ **2**
    Noun · feminine · singular · genitive · (common) ▸ **2** (Is. 4,6; Is. 28,27)

σκληροτράχηλος (σκληρός; τράχηλος) stiff-necked, stubborn ▸ **8** + **1** = **9**
  Σκληροτράχηλοι ▸ **1**
    Adjective · masculine · plural · vocative ▸ **1** (Acts 7,51)
  σκληροτράχηλόν ▸ **1**
    Adjective · masculine · singular · accusative · noDegree ▸ **1** (Ex. 33,3)
  σκληροτράχηλος ▸ **3**
    Adjective · masculine · singular · nominative · noDegree ▸ **3** (Ex. 33,5; Deut. 9,6; Sir. 16,11)
  σκληροτράχηλός ▸ **3**
    Adjective · masculine · singular · nominative · noDegree ▸ **3** (Ex. 34,9; Deut. 9,13; Bar. 2,30)
  σκληροτραχήλου ▸ **1**
    Adjective · masculine · singular · genitive · noDegree ▸ **1** (Prov. 29,1)

σκληρύνω (σκληρός) to harden; to make stubborn ▸ **37** + **1** + **6** = **44**
  ἐσκλήρυνα ▸ **1**
    Verb · first · singular · aorist · active · indicative ▸ **1** (Ex. 10,1)
  ἐσκληρύναμεν ▸ **1**
    Verb · first · plural · aorist · active · indicative ▸ **1** (Sol. 8,29)
  ἐσκλήρυναν ▸ **7**
    Verb · third · plural · aorist · active · indicative ▸ **7** (2Kings 17,14; Neh. 9,16; Neh. 9,17; Neh. 9,29; Jer. 7,26; Jer. 17,23; Jer. 19,15)
  ἐσκλήρυνας ▸ **1**
    Verb · second · singular · aorist · active · indicative ▸ **1** (Is. 63,17)
  Ἐσκλήρυνας ▸ **1**
    Verb · second · singular · aorist · active · indicative ▸ **1** (2Kings 2,10)
  ἐσκλήρυνεν ▸ **9**
    Verb · third · singular · aorist · active · indicative ▸ **9** (Ex. 9,12; Ex. 10,20; Ex. 10,27; Ex. 11,10; Ex. 13,15; Ex. 14,8; Deut. 2,30; 2Chr. 10,4; 2Chr. 36,13)
  ἐσκληρύνθη ▸ **6**
    Verb · third · singular · aorist · passive · indicative ▸ **6** (Gen. 49,7; Ex. 7,22; Ex. 8,15; Ex. 9,35; 2Sam. 19,44; 1Mac. 2,30)
  ἐσκληρύνοντο ▸ **1**
    Verb · third · plural · imperfect · passive · indicative · (variant) ▸ **1** (Acts 19,9)
  σκληρύνας ▸ **1**
    Verb · aorist · active · participle · masculine · singular · nominative ▸ **1** (1Esdr. 1,46)
  σκληρύνει ▸ **1**
    Verb · third · singular · present · active · indicative ▸ **1** (Rom. 9,18)
  σκληρυνεῖτε ▸ **1**
    Verb · second · plural · future · active · indicative ▸ **1** (Deut. 10,16)
  σκληρύνητε ▸ **2** + **3** = **5**
    Verb · second · plural · aorist · active · subjunctive ▸ **2** + **3** = **5** (2Chr. 30,8; Psa. 94,8; Heb. 3,8; Heb. 3,15; Heb. 4,7)
  σκληρυνθείη ▸ **1**
    Verb · third · singular · aorist · passive · optative ▸ **1** (Psa. 89,6)
  σκληρυνθείς ▸ **1**
    Verb · aorist · passive · participle · masculine · singular · nominative ▸ **1** (Sir. 30,12)
  σκληρυνθῇ ▸ **1**
    Verb · third · singular · aorist · passive · subjunctive ▸ **1** (Heb. 3,13)
  σκληρυνομένη ▸ **1** + **1** = **2**
    Verb · present · middle · participle · feminine · singular · nominative ▸ **1** (Judg. 4,24)
    Verb · present · passive · participle · feminine · singular · nominative ▸ **1** (Judg. 4,24)
  σκληρυνῶ ▸ **4**
    Verb · first · singular · future · active · indicative ▸ **4** (Ex. 4,21; Ex. 7,3; Ex. 14,4; Ex. 14,17)

σκληρῶς (σκληρός) hardly, harshly, with difficulty ▸ **6**
  σκληρότερον ▸ **2**
    Adverb ▸ **2** (3Mac. 4,19; 3Mac. 7,6)
  σκληρῶς ▸ **4**
    Adverb ▸ **4** (Gen. 35,17; 1Sam. 20,7; 1Sam. 20,10; Is. 22,3)

σκνίψ gnat ▸ **7**
  σκνῖπα ▸ **1**
    Noun · masculine · singular · accusative · (common) ▸ **1** (Wis. 19,10)
  σκνῖπες ▸ **1**
    Noun · masculine · plural · nominative · (common) ▸ **1** (Psa.

104,31)
- σκνῖφα ▸ 1
  - **Noun** · masculine · singular · accusative · (common) ▸ **1** (Ex. 8,14)
- σκνῖφες ▸ 4
  - **Noun** · masculine · plural · nominative · (common) ▸ **4** (Ex. 8,12; Ex. 8,13; Ex. 8,13; Ex. 8,14)

σκολιάζω (σκολιός) to be crooked ▸ 3
- σκολιάζων ▸ 3
  - **Verb** · present · active · participle · masculine · singular · nominative ▸ **3** (Prov. 10,8; Prov. 14,2; Prov. 17,16a)

σκολιός crooked, bent ▸ 23 + 4 = 27
- σκολιά ▸ 1
  - **Adjective** · neuter · plural · accusative · noDegree ▸ **1** (Prov. 23,33)
- σκολιά ▸ 6 + 1 = 7
  - **Adjective** · feminine · singular · nominative · noDegree ▸ **4** (Deut. 32,5; Psa. 77,8; Ode. 2,5; Hos. 9,8)
  - **Adjective** · neuter · plural · accusative · noDegree ▸ **1** (Is. 42,16)
  - **Adjective** · neuter · plural · nominative · noDegree ▸ **1** + **1** = **2** (Is. 40,4; Luke 3,5)
- σκολιαί ▸ 1
  - **Adjective** · feminine · plural · nominative · noDegree ▸ **1** (Prov. 2,15)
- σκολιαῖς ▸ 2
  - **Adjective** · feminine · plural · dative · noDegree ▸ **2** (Prov. 22,5; Prov. 28,18)
- σκολιάς ▸ 1
  - **Adjective** · feminine · plural · accusative · noDegree ▸ **1** (Prov. 21,8)
- σκολιᾶς ▸ 1 + 2 = 3
  - **Adjective** · feminine · singular · genitive · noDegree ▸ **1** + **2** = **3** (Prov. 22,14a; Acts 2,40; Phil. 2,15)
- σκολιοί ▸ 1
  - **Adjective** · masculine · plural · nominative · noDegree ▸ **1** (Wis. 1,3)
- σκολιοῖς ▸ 1
  - **Adjective** · masculine · plural · dative ▸ **1** (1Pet. 2,18)
- σκολιόν ▸ 1
  - **Adjective** · neuter · singular · accusative · noDegree ▸ **1** (Job 4,18)
- σκολιόν ▸ 4
  - **Adjective** · masculine · singular · accusative · noDegree ▸ **1** (Is. 27,1)
  - **Adjective** · neuter · singular · accusative · noDegree ▸ **2** (Prov. 4,24; Wis. 13,13)
  - **Adjective** · neuter · singular · nominative · noDegree ▸ **1** (Prov. 8,8)
- σκολιός ▸ 3
  - **Adjective** · masculine · singular · nominative · noDegree ▸ **3** (Prov. 16,26; Prov. 16,28; Job 9,20)
- σκολιούς ▸ 1
  - **Adjective** · masculine · plural · accusative · noDegree ▸ **1** (Prov. 21,8)
- σκολιῶν ▸ 1
  - **Adjective** · masculine · plural · genitive · noDegree ▸ **1** (Wis. 16,5)

σκολιότης (σκολιός) crookedness, dishonesty ▸ 1
- σκολιότητι ▸ 1
  - **Noun** · feminine · singular · dative · (common) ▸ **1** (Ezek. 16,5)

σκολιῶς (σκολιός) dishonestly, perversely ▸ 1
- σκολιῶς ▸ 1
  - **Adverb** ▸ **1** (Jer. 6,28)

σκόλοψ thorn ▸ 4 + 1 = 5
- σκόλοπες ▸ 1
  - **Noun** · masculine · plural · nominative · (common) ▸ **1** (Num. 33,55)
- σκολόπων ▸ 1
  - **Noun** · masculine · singular · genitive · (common) ▸ **1** (Sir. 43,19)
- σκόλοψ ▸ 1 + 1 = 2
  - **Noun** · masculine · singular · nominative · (common) ▸ **1** + **1** = **2** (Ezek. 28,24; 2Cor. 12,7)
- σκόλοψιν ▸ 1
  - **Noun** · masculine · plural · dative · (common) ▸ **1** (Hos. 2,8)

σκόπελον (σκέπτομαι) mound ▸ 1
- σκόπελον ▸ 1
  - **Noun** · neuter · singular · nominative · (common) ▸ **1** (2Kings 23,17)

σκοπεύω (σκοπός) to watch closely ▸ 7
- σκοπεύει ▸ 1
  - **Verb** · third · singular · present · active · indicative ▸ **1** (Prov. 5,21)
- σκοπεύοντες ▸ 1
  - **Verb** · present · active · participle · masculine · plural · nominative ▸ **1** (Ex. 33,8)
- σκοπεύουσιν ▸ 2
  - **Verb** · third · plural · present · active · indicative ▸ **2** (Prov. 15,3; Job 39,29)
- σκόπευσον ▸ 1
  - **Verb** · second · singular · aorist · active · imperative ▸ **1** (Nah. 2,2)
- σκοπεύων ▸ 2
  - **Verb** · present · active · participle · masculine · singular · nominative ▸ **2** (1Sam. 4,13; Song 7,5)

σκοπέω (σκοπός) to pay attention to; watch closely ▸ 2 + 6 = 8
- σκόπει ▸ 1
  - **Verb** · second · singular · present · active · imperative ▸ **1** (Luke 11,35)
- σκοπεῖν ▸ 1 + 1 = 2
  - **Verb** · present · active · infinitive ▸ **1** + **1** = **2** (Esth. 16,7 # 8,12g; Rom. 16,17)
- σκοπεῖτε ▸ 1
  - **Verb** · second · plural · present · active · imperative ▸ **1** (Phil. 3,17)
- σκοποῦντες ▸ 1
  - **Verb** · present · active · participle · masculine · plural · nominative ▸ **1** (Phil. 2,4)
- σκοπούντων ▸ 1
  - **Verb** · present · active · participle · masculine · plural · genitive ▸ **1** (2Cor. 4,18)
- σκοπῶν ▸ 1 + 1 = 2
  - **Verb** · present · active · participle · masculine · singular · nominative ▸ **1** + **1** = **2** (2Mac. 4,5; Gal. 6,1)

σκοπή (σκοπός) watchtower ▸ 1
- σκοπῆς ▸ 1
  - **Noun** · feminine · singular · genitive · (common) ▸ **1** (Sir. 37,14)

σκοπιά (σκοπός) high place, hilltop, watchtower ▸ 11 + 2 = 13
- σκοπιᾷ ▸ 1 + 1 = 2
  - **Noun** · feminine · singular · dative · (common) ▸ **1** + **1** = **2** (Hos. 5,1; Judg. 10,17)
- σκοπιάν ▸ 1
  - **Noun** · feminine · singular · accusative · (common) ▸ **1** (1Kings

15,22)

σκοπιάν ‣ 4 + **1** = 5
  Noun · feminine · singular · accusative · (common) ‣ 4 + **1** = 5 (Num. 23,14; Judg. 11,29; 2Chr. 20,24; Is. 21,8; Judg. 11,29)

σκοπιὰς ‣ 1
  Noun · feminine · plural · accusative · (common) ‣ **1** (Num. 33,52)

σκοπιᾶς ‣ 3
  Noun · feminine · plural · accusative · (common) ‣ **1** (Sir. 40,6)
  Noun · feminine · singular · genitive · (common) ‣ **2** (Judg. 11,29; Mic. 7,4)

σκοπιῶν ‣ 1
  Noun · feminine · plural · genitive · (common) ‣ **1** (Is. 41,9)

σκοπός lookout, sentry; target ‣ 27 + **1** = 28
  σκοποί ‣ 2
    Noun · masculine · plural · nominative · (common) ‣ **2** (1Sam. 14,16; Sir. 37,14)
  σκοπόν ‣ 2
    Noun · masculine · singular · accusative · (common) ‣ **2** (Job 16,12; Ezek. 33,2)
  σκοπὸν ‣ 8 + **1** = 9
    Noun · masculine · singular · accusative · (common) ‣ 8 + **1** = **9** (Lev. 26,1; Wis. 5,12; Wis. 5,21; Hos. 9,10; Is. 21,6; Lam. 3,12; Ezek. 3,17; Ezek. 33,7; Phil. 3,14)
  σκοπός ‣ 2
    Noun · masculine · singular · nominative · (common) ‣ **2** (2Sam. 18,27; Ezek. 33,6)
  σκοπὸς ‣ 10
    Noun · masculine · singular · nominative · (common) ‣ **10** (2Sam. 13,34; 2Sam. 13,34; 2Sam. 18,24; 2Sam. 18,25; 2Sam. 18,26; 2Sam. 18,26; 2Kings 9,17; 2Kings 9,18; 2Kings 9,20; Hos. 9,8)
  σκοποῦ ‣ 1
    Noun · masculine · singular · genitive · (common) ‣ **1** (Ezek. 33,6)
  σκοπούς ‣ 1
    Noun · masculine · plural · accusative · (common) ‣ **1** (Jer. 6,17)
  σκοποὺς ‣ 1
    Noun · masculine · plural · accusative · (common) ‣ **1** (Nah. 3,12)

σκορακισμός (κόραξ) contemptuousness ‣ 1
  σκορακισμοῦ ‣ 1
    Noun · masculine · singular · genitive · (common) ‣ **1** (Sir. 41,21)

σκόρδον garlic ‣ 1
  σκόρδα ‣ 1
    Noun · neuter · plural · accusative · (common) ‣ **1** (Num. 11,5)

σκορπίδιον (σκορπίζω) arrow shooting machine ‣ 1
  σκορπίδια ‣ 1
    Noun · neuter · plural · accusative · (common) ‣ **1** (1Mac. 6,51)

σκορπίζω to scatter ‣ 24 + **5** = 29
  ἐσκόρπισαν ‣ 1
    Verb · third · plural · aorist · active · indicative ‣ **1** (Sol. 4,20)
  ἐσκόρπισεν ‣ 5 + **1** = 6
    Verb · third · singular · aorist · active · indicative ‣ 5 + **1** = **6** (2Sam. 22,15; Judith 7,32; 1Mac. 7,6; Psa. 17,15; Psa. 111,9; 2Cor. 9,9)
  ἐσκορπίσθη ‣ 1
    Verb · third · singular · aorist · passive · indicative ‣ **1** (1Mac. 10,83)
  ἐσκορπίσθησαν ‣ 2
    Verb · third · plural · aorist · passive · indicative ‣ **2** (1Mac. 6,54; Wis. 17,3)
  ἐσκορπίσμεθα ‣ 1
    Verb · first · plural · perfect · passive · indicative ‣ **1** (Tob. 3,4)
  ἐσκορπισμέναι ‣ 1
    Verb · perfect · passive · participle · feminine · plural · nominative ‣ **1** (1Mac. 4,4)
  σκορπιεῖ ‣ 1
    Verb · third · singular · future · active · indicative ‣ **1** (Job 39,15)
  σκορπιεῖς ‣ 1
    Verb · second · singular · future · active · indicative ‣ **1** (Psa. 143,6)
  σκορπίζει ‣ 3
    Verb · third · singular · present · active · indicative ‣ **3** (Matt. 12,30; Luke 11,23; John 10,12)
  σκορπιζόμεθα ‣ 1
    Verb · first · plural · present · passive · indicative ‣ **1** (Neh. 4,13)
  σκορπίζων ‣ 2
    Verb · present · active · participle · masculine · singular · nominative ‣ **2** (Ode. 4,10; Hab. 3,10)
  σκορπίσαι ‣ 2
    Verb · aorist · active · infinitive ‣ **2** (2Mac. 14,13; Sol. 4,10)
  Σκορπισθείησαν ‣ 1
    Verb · third · plural · aorist · passive · optative ‣ **1** (Sol. 4,19)
  σκορπισθείησαν ‣ 1
    Verb · third · plural · aorist · passive · optative ‣ **1** (Sol. 12,4)
  σκορπισθήσονται ‣ 1
    Verb · third · plural · future · passive · indicative ‣ **1** (Tob. 14,4)
  σκορπισθῆτε ‣ 1 + **1** = 2
    Verb · second · plural · aorist · passive · subjunctive ‣ 1 + **1** = **2** (Tob. 13,5; John 16,32)
  σκορπιῶ ‣ 2
    Verb · first · singular · future · active · indicative ‣ **2** (Mal. 2,3; Ezek. 5,12)

σκορπίος (σκορπίζω) scorpion ‣ 10 + **5** = 15
  σκορπίοι ‣ 1 + **1** = 2
    Noun · masculine · plural · nominative · (common) ‣ 1 + **1** = **2** (Sir. 39,30; Rev. 9,3)
  σκορπίοις ‣ 5 + **1** = 6
    Noun · masculine · plural · dative · (common) ‣ 5 + **1** = **6** (1Kings 12,11; 1Kings 12,14; 1Kings 12,24r; 2Chr. 10,11; 2Chr. 10,14; Rev. 9,10)
  σκορπίον ‣ 1
    Noun · masculine · singular · accusative ‣ **1** (Luke 11,12)
  σκορπίος ‣ 1
    Noun · masculine · singular · nominative · (common) ‣ **1** (Deut. 8,15)
  σκορπίου ‣ 2 + **1** = 3
    Noun · masculine · singular · genitive · (common) ‣ 2 + **1** = **3** (4Mac. 11,10; Sir. 26,7; Rev. 9,5)
  σκορπίων ‣ 1 + **1** = 2
    Noun · masculine · plural · genitive · (common) ‣ 1 + **1** = **2** (Ezek. 2,6; Luke 10,19)

σκορπισμός (σκορπίζω) scattering (Philo+) ‣ 1
  σκορπισμὸς ‣ 1
    Noun · masculine · singular · nominative · (common) ‣ **1** (Sol. 17,18)

σκοτάζω (σκότος) to become dark ‣ 6
  ἐσκότασαν ‣ 1
    Verb · third · plural · aorist · active · indicative ‣ **1** (Lam. 5,17)
  ἐσκότασεν ‣ 2
    Verb · third · singular · aorist · active · indicative ‣ **2** (Psa. 104,28; Ezek. 31,15)
  Ἐσκότασεν ‣ 1

σκοτάζω–σκοτόω

> **Verb** · third · singular · aorist · active · indicative ▸ **1** (Lam. 4,8)

σκοτάσει ▸ 1
> **Verb** · second · singular · future · active · indicative ▸ **1** (Mic. 6,14)

σκοτάσουσιν ▸ 1
> **Verb** · third · plural · future · active · indicative ▸ **1** (Eccl. 12,3)

σκοτεινός (σκότος) dark ▸ 15 + 3 = 18

σκοτεινά ▸ 2
> **Adjective** · neuter · plural · accusative · noDegree ▸ **2** (Jer. 13,16; Dan. 2,22)

σκοτειναί ▸ 1
> **Adjective** · feminine · plural · nominative · noDegree ▸ **1** (Prov. 4,19)

σκοτεινὴ ▸ 1
> **Adjective** · feminine · singular · nominative · noDegree ▸ **1** (Job 15,23)

σκοτεινὴν ▸ 1
> **Adjective** · feminine · singular · accusative · noDegree ▸ **1** (Job 10,21)

σκοτεινοῖς ▸ 3
> **Adjective** · neuter · plural · dative · noDegree ▸ **3** (Psa. 87,7; Psa. 142,3; Lam. 3,6)

σκοτεινόν ▸ 1 + 2 = 3
> **Adjective** · neuter · singular · accusative · noDegree ▸ **1** + 1 = **2** (2Kings 5,24; Luke 11,36)
> **Adjective** · neuter · singular · nominative ▸ **1** (Luke 11,34)

σκοτεινὸν ▸ 2 + 1 = 3
> **Adjective** · masculine · singular · accusative · noDegree ▸ **1** (Prov. 1,6)
> **Adjective** · neuter · singular · nominative · noDegree ▸ 1 + 1 = **2** (Psa. 17,12; Matt. 6,23)

σκοτεινὸς ▸ 1
> **Adjective** · masculine · singular · nominative · noDegree ▸ **1** (Gen. 15,12)

σκοτεινούς ▸ 1
> **Adjective** · masculine · plural · accusative · noDegree ▸ **1** (Is. 45,3)

σκοτεινῷ ▸ 2
> **Adjective** · masculine · singular · dative · noDegree ▸ **2** (Is. 45,19; Is. 48,16)

σκοτία (σκότος) darkness ▸ 3 + 16 = 19

σκοτία ▸ 2 + 6 = 8
> **Noun** · feminine · singular · nominative · (common) ▸ 2 + 6 = **8** (Job 28,3; Mic. 3,6; John 1,5; John 6,17; John 12,35; 1John 1,5; 1John 2,8; 1John 2,11)

σκοτίᾳ ▸ 1 + 9 = 10
> **Noun** · feminine · singular · dative · (common) ▸ 1 + 9 = **10** (Is. 16,3; Matt. 10,27; Luke 12,3; John 1,5; John 8,12; John 12,35; John 12,46; 1John 2,9; 1John 2,11; 1John 2,11)

σκοτίας ▸ 1
> **Noun** · feminine · singular · genitive ▸ **1** (John 20,1)

σκοτίζω (σκότος) to darken ▸ 6 + 5 = 11

ἐσκοτίσθη ▸ 1
> **Verb** · third · singular · aorist · passive · indicative ▸ **1** (Rom. 1,21)

ἐσκοτισμένοι ▸ 2
> **Verb** · perfect · passive · participle · masculine · plural · nominative ▸ **2** (3Mac. 4,10; Psa. 73,20)

σκοτισθῇ ▸ 1 + 1 = 2
> **Verb** · third · singular · aorist · passive · subjunctive ▸ 1 + 1 = **2** (Eccl. 12,2; Rev. 8,12)

σκοτισθήσεται ▸ 2 + 2 = 4
> **Verb** · third · singular · future · passive · indicative ▸ 2 + 2 = **4** (Psa. 138,12; Is. 13,10; Matt. 24,29; Mark 13,24)

σκοτισθήτωσαν ▸ 1 + 1 = 2
> **Verb** · third · plural · aorist · passive · imperative ▸ 1 + 1 = **2** (Psa. 68,24; Rom. 11,10)

σκοτομήνη (σκότος; μήν) darkness, shadows ▸ 1

σκοτομήνη ▸ 1
> **Noun** · feminine · singular · dative · (common) ▸ **1** (Psa. 10,2)

σκότος darkness ▸ 116 + 4 + 31 = 151

σκότει ▸ 32 + 2 + 5 = 39
> **Noun** · neuter · singular · dative · (common) ▸ 32 + 2 + 5 = **39** (Deut. 28,29; Josh. 2,5; 2Kings 7,5; 2Kings 7,7; 1Esdr. 4,24; 2Mac. 3,27; Psa. 81,5; Psa. 87,13; Psa. 90,6; Psa. 106,10; Psa. 111,4; Ode. 9,79; Prov. 7,9; Eccl. 2,14; Eccl. 5,16; Eccl. 6,4; Eccl. 6,4; Job 24,16; Job 28,3; Job 29,3; Wis. 18,4; Wis. 19,17; Mic. 7,8; Is. 9,1; Is. 29,15; Is. 29,18; Is. 42,7; Is. 49,9; Is. 50,10; Is. 58,10; LetterJ 70; Dan. 2,22; Tob. 5,10; Dan. 2,22; Matt. 4,16; Luke 1,79; Rom. 2,19; 1Th. 5,4; 1John 1,6)

σκότος ▸ 65 + 2 + 14 = 81
> **Noun** · neuter · singular · accusative · (common) ▸ 31 + 1 + 6 = **38** (Gen. 1,5; 2Sam. 22,12; 2Sam. 22,29; Tob. 4,10; Tob. 14,10; Tob. 14,10; Psa. 17,12; Psa. 17,29; Psa. 103,20; Psa. 104,28; Psa. 138,12; Prov. 20,20 # 20,9a; Eccl. 2,13; Job 3,4; Job 12,25; Job 15,30; Job 18,18; Job 19,8; Job 24,14; Job 24,15; Joel 3,4; Is. 5,20; Is. 5,20; Is. 42,16; Is. 45,7; Is. 47,1; Is. 47,5; Is. 50,3; Jer. 13,16; Lam. 3,2; Ezek. 32,8; Tob. 14,10; Matt. 8,12; Matt. 22,13; Matt. 25,30; John 3,19; Acts 2,20; 2Cor. 6,14)
> **Noun** · neuter · singular · nominative · (common) ▸ 34 + 1 + 8 = **43** (Gen. 1,2; Ex. 10,21; Ex. 10,21; Ex. 10,22; Ex. 14,20; Deut. 4,11; Deut. 5,22; 2Sam. 1,9; 2Sam. 22,12; Psa. 34,6; Psa. 54,6; Psa. 138,11; Psa. 138,12; Ode. 8,72; Job 3,5; Job 3,6; Job 5,14; Job 18,6; Job 20,26; Job 22,11; Job 23,17; Sir. 23,18; Sol. 14,9; Sol. 15,10; Amos 5,18; Amos 5,20; Nah. 1,8; Is. 5,30; Is. 8,22; Is. 8,22; Is. 58,10; Is. 59,9; Is. 60,2; Dan. 3,72; Dan. 3,72; Matt. 6,23; Matt. 6,23; Matt. 27,45; Mark 15,33; Luke 11,35; Luke 23,44; Acts 13,11; Eph. 5,8)

σκότους ▸ 19 + 12 = 31
> **Noun** · neuter · singular · genitive · (common) ▸ 19 + 12 = **31** (Gen. 1,4; Gen. 1,18; Esth. 11,8 # 1,1g; Psa. 106,14; Prov. 2,13; Eccl. 11,8; Job 10,22; Job 12,22; Job 15,22; Job 17,12; Job 26,10; Job 37,15; Job 38,19; Wis. 17,2; Wis. 17,16; Wis. 17,20; Wis. 17,20; Joel 2,2; Zeph. 1,15; Luke 22,53; Acts 26,18; Rom. 13,12; 1Cor. 4,5; 2Cor. 4,6; Eph. 5,11; Eph. 6,12; Col. 1,13; 1Th. 5,5; 1Pet. 2,9; 2Pet. 2,17; Jude 13)

σκοτόω (σκότος) to darken; blind, stupify, make dizzy ▸ 5 + 1 + 3 = 9

ἐσκοτώθη ▸ 1 + 1 = 2
> **Verb** · third · singular · aorist · passive · indicative ▸ 1 + 1 = **2** (Judg. 4,21; Rev. 9,2)

ἐσκοτώθην ▸ 1
> **Verb** · first · singular · aorist · passive · indicative ▸ **1** (Jer. 8,21)

ἐσκοτώθησαν ▸ 1
> **Verb** · third · plural · aorist · passive · indicative ▸ **1** (Jer. 14,2)

ἐσκοτωμένη ▸ 1
> **Verb** · perfect · passive · participle · feminine · singular · nominative · (variant) ▸ **1** (Rev. 16,10)

ἐσκοτωμένοι ▸ 1
> **Verb** · perfect · passive · participle · masculine · plural · nominative · (variant) ▸ **1** (Eph. 4,18)

ἐσκότωται ▸ 1
> **Verb** · third · singular · perfect · passive · indicative ▸ **1** (Job 30,30)

σκοτοῖ ▸ 1
: **Verb** · third · singular · present · active · indicative ▸ 1 (Sir. 25,17)

σκοτωθείη ▸ 1
: **Verb** · third · singular · aorist · passive · optative ▸ 1 (Job 3,9)

σκυβαλίζομαι (σκύβαλον) to be treated with contempt ▸ 1

σκυβαλισθῶσιν ▸ 1
: **Verb** · third · plural · aorist · passive · subjunctive ▸ 1 (Sir. 26,28)

σκύβαλον garbage ▸ 1 + 1 = 2

σκύβαλα ▸ 1 + 1 = 2
: **Noun** · neuter · plural · nominative · (common) ▸ 1 + 1 = 2 (Sir. 27,4; Phil. 3,8)

Σκύθαι Scythian ▸ 4 + 1 = 5

Σκυθῶν ▸ 4 + 1 = 5
: **Noun** · feminine · plural · accusative · (proper) ▸ 1 (2Mac. 12,29)
: **Noun** · feminine · plural · genitive · (proper) ▸ 3 + 1 = 4 (Judg. 1,27; 2Mac. 4,47; 3Mac. 7,5; Judg. 1,27)

Σκύθης Scythian ▸ 1 + 1 = 2

Σκύθης ▸ 1
: **Noun** · masculine · singular · nominative · (proper) ▸ 1 (Col. 3,11)

Σκυθῶν ▸ 1
: **Noun** · masculine · plural · genitive · (proper) ▸ 1 (Judith 3,10)

Σκυθοπολῖται people of Scythopolis ▸ 1

Σκυθοπολῖται ▸ 1
: **Noun** · masculine · plural · nominative · (proper) ▸ 1 (2Mac. 12,30)

σκυθρωπάζω (σκυθρός; ὁράω) to look gloomy ▸ 7

σκυθρωπάζει ▸ 1
: **Verb** · third · singular · present · active · indicative ▸ 1 (Prov. 15,13)

σκυθρωπάζων ▸ 4
: **Verb** · present · active · participle · masculine · singular · nominative ▸ 4 (Psa. 34,14; Psa. 37,7; Psa. 41,10; Psa. 42,2)

σκυθρωπάσει ▸ 2
: **Verb** · third · singular · future · active · indicative ▸ 2 (Jer. 19,8; Jer. 27,13)

σκυθρωπός (σκυθρός; ὁράω) gloomy ▸ 2 + 1 + 2 = 5

σκυθρωπὰ ▸ 1 + 1 = 2
: **Adjective** · neuter · plural · accusative · noDegree ▸ 1 (Dan. 1,10)
: **Adjective** · neuter · plural · nominative · noDegree ▸ 1 (Gen. 40,7)

σκυθρωποί ▸ 2
: **Adjective** · masculine · plural · nominative ▸ 2 (Matt. 6,16; Luke 24,17)

σκυθρωπὸν ▸ 1
: **Adjective** · neuter · singular · nominative · noDegree ▸ 1 (Sir. 25,23)

σκυθρωπῶς (σκυθρός; ὁράω) gloomily ▸ 1

σκυθρωπῶς ▸ 1
: **Adverb** ▸ 1 (3Mac. 5,34)

σκυλεία (σκῦλον) plundering ▸ 1

σκυλείαν ▸ 1
: **Noun** · feminine · singular · accusative · (common) ▸ 1 (1Mac. 4,23)

σκυλεύω (σκῦλον) to strip, despoil ▸ 30

ἐσκύλευσαν ▸ 7
: **Verb** · third · plural · aorist · active · indicative ▸ 7 (Ex. 12,36; 2Chr. 14,12; 2Chr. 14,13; 2Chr. 20,25; 2Chr. 25,13; 2Chr. 28,8; Wis. 10,20)

ἐσκύλευσας ▸ 1
: **Verb** · second · singular · aorist · active · indicative ▸ 1 (Hab. 2,8)

ἐσκύλευσεν ▸ 5
: **Verb** · third · singular · aorist · active · indicative ▸ 5 (Judith 2,27; Judith 4,1; 1Mac. 5,68; 1Mac. 11,61; 2Mac. 9,16)

σκυλεύειν ▸ 1
: **Verb** · present · active · infinitive ▸ 1 (1Chr. 10,8)

σκυλευόντων ▸ 1
: **Verb** · present · active · participle · masculine · plural · genitive ▸ 1 (2Chr. 20,25)

σκυλεῦσαι ▸ 6
: **Verb** · aorist · active · infinitive ▸ 6 (2Chr. 20,25; Judith 16,4; 1Mac. 3,20; Ezek. 38,12; Ezek. 38,13; Ezek. 38,13)

σκυλεύσαντα ▸ 1
: **Verb** · aorist · active · participle · neuter · plural · accusative ▸ 1 (Zech. 2,12)

σκυλεύσαντας ▸ 1
: **Verb** · aorist · active · participle · masculine · plural · accusative ▸ 1 (Ezek. 39,10)

σκυλεύσει ▸ 3
: **Verb** · third · singular · future · active · indicative ▸ 3 (Ezek. 26,12; Ezek. 29,19; Ezek. 30,24)

σκυλεύσετε ▸ 1
: **Verb** · second · plural · future · active · indicative ▸ 1 (Ex. 3,22)

σκυλεύσον ▸ 1
: **Verb** · second · singular · aorist · active · imperative ▸ 1 (Is. 8,3)

σκυλεύσουσιν ▸ 1
: **Verb** · third · plural · future · active · indicative ▸ 1 (Ezek. 39,10)

σκυλεύσουσίν ▸ 1
: **Verb** · third · plural · future · active · indicative ▸ 1 (Hab. 2,8)

σκύλλω to trouble ▸ 4

ἐσκυλμένοι ▸ 1
: **Verb** · perfect · passive · participle · masculine · plural · nominative · (variant) ▸ 1 (Matt. 9,36)

σκύλλε ▸ 1
: **Verb** · second · singular · present · active · imperative ▸ 1 (Luke 8,49)

σκύλλεις ▸ 1
: **Verb** · second · singular · present · active · indicative ▸ 1 (Mark 5,35)

σκύλλου ▸ 1
: **Verb** · second · singular · present · passive · imperative · (variant) ▸ 1 (Luke 7,6)

σκυλμός (σκῦλον) harsh treatment ▸ 3

σκυλμοῖς ▸ 1
: **Noun** · masculine · plural · dative · (common) ▸ 1 (3Mac. 4,6)

σκυλμῶν ▸ 2
: **Noun** · masculine · plural · genitive · (common) ▸ 2 (3Mac. 3,25; 3Mac. 7,5)

σκῦλον (σκύλλω) plunder ▸ 100 + 7 + 1 = 108

σκῦλα ▸ 73 + 5 + 1 = 79
: **Noun** · neuter · plural · accusative · (common) ▸ 66 + 2 + 1 = 69 (Ex. 15,9; Num. 31,11; Num. 31,12; Num. 31,27; Deut. 2,35; Deut. 3,7; Deut. 7,16; Deut. 13,17; Deut. 13,17; Josh. 11,14; Judg. 5,30; 1Sam. 14,32; 1Sam. 15,19; 1Sam. 23,3; 2Sam. 3,22; 2Sam. 12,30; 2Kings 3,23; 1Chr. 20,2; 2Chr. 14,12; 2Chr. 20,25; 2Chr. 20,25; 2Chr. 20,25; 2Chr. 24,23; 2Chr. 25,13; 2Chr. 28,8; 2Chr. 28,8; 2Chr. 28,14; Judith 9,4; 1Mac. 1,3; 1Mac. 1,19; 1Mac. 1,31; 1Mac. 1,35; 1Mac. 3,12; 1Mac. 4,18; 1Mac. 5,3; 1Mac. 5,22; 1Mac. 5,28; 1Mac. 5,35; 1Mac. 5,51; 1Mac. 5,68; 1Mac.

σκῦλον–σμικρύνω

7,47; 1Mac. 9,40; 1Mac. 10,84; 1Mac. 10,87; 1Mac. 11,48; 1Mac. 11,51; 1Mac. 12,31; 2Mac. 8,27; Psa. 67,13; Psa. 118,162; Ode. 1,9; Prov. 16,19; Sol. 5,3; Is. 9,2; Is. 10,6; Is. 49,24; Is. 49,25; Is. 53,12; Jer. 21,9; Ezek. 7,21; Ezek. 29,19; Ezek. 30,24; Ezek. 38,12; Ezek. 38,13; Ezek. 38,13; Dan. 11,24; Judg. 5,30; Dan. 11,24; Luke 11,22)

  Noun · neuter · plural · nominative · (common) ▸ 7 + 3 = **10** (Judg. 5,30; Judg. 5,30; 1Sam. 30,20; 2Chr. 14,13; Zech. 2,13; Is. 8,4; Is. 33,4; Judg. 5,30; Judg. 5,30; Judg. 5,30)

- σκύλά ▸ 1
  Noun · neuter · plural · nominative · (common) ▸ **1** (Zech. 14,1)
- σκύλοις ▸ 3
  Noun · neuter · plural · dative · (common) ▸ **3** (1Sam. 30,16; 1Sam. 30,20; 1Mac. 6,6)
- σκῦλον ▸ 1
  Noun · neuter · singular · nominative · (common) ▸ **1** (Judg. 5,30)
- σκύλων ▸ 22 + 2 = **24**
  Noun · neuter · plural · genitive · (common) ▸ 22 + 2 = **24** (Num. 31,26; Josh. 8,27; Judg. 8,24; Judg. 8,25; 1Sam. 14,30; 1Sam. 15,12; 1Sam. 15,21; 1Sam. 30,19; 1Sam. 30,20; 1Sam. 30,22; 1Sam. 30,26; 1Sam. 30,26; 2Sam. 8,12; 2Chr. 15,11; 2Chr. 28,15; 1Mac. 2,10; 1Mac. 4,17; 2Mac. 8,28; 2Mac. 8,31; Prov. 1,13; Prov. 31,11; Is. 8,1; Judg. 8,24; Judg. 8,25)

σκύμνος cub ▸ 28 + 1 = **29**
- σκύμνοι ▸ 5
  Noun · masculine · plural · nominative · (common) ▸ **5** (Psa. 103,21; Job 4,11; Hos. 13,8; Jer. 28,38; Lam. 4,3)
- σκύμνοις ▸ 2
  Noun · masculine · plural · dative · (common) ▸ **2** (Nah. 2,12; Nah. 2,13)
- σκύμνος ▸ 16 + 1 = **17**
  Noun · masculine · singular · nominative · (common) ▸ 16 + 1 = **17** (Gen. 49,9; Gen. 49,9; Num. 23,24; Num. 24,9; Deut. 33,22; Judg. 14,5; 1Mac. 3,4; Psa. 16,12; Prov. 30,30; Amos 3,4; Mic. 5,7; Nah. 2,12; Is. 5,29; Is. 30,6; Is. 31,4; Ezek. 19,2; Judg. 14,5)
- σκύμνου ▸ 1
  Noun · masculine · singular · genitive · (common) ▸ **1** (Joel 1,6)
- σκύμνους ▸ 1
  Noun · masculine · plural · accusative · (common) ▸ **1** (Ezek. 19,2)
- σκύμνων ▸ 3
  Noun · masculine · plural · genitive · (common) ▸ **3** (Psa. 56,5; Ezek. 19,3; Ezek. 19,5)

σκυτάλη staff, pole ▸ 4
- σκυτάλαις ▸ 1
  Noun · feminine · plural · dative · (common) ▸ **1** (Ex. 30,4)
- σκυτάλας ▸ 1
  Noun · feminine · plural · accusative · (common) ▸ **1** (Ex. 30,5)
- σκυτάλης ▸ 2
  Noun · feminine · singular · genitive · (common) ▸ **2** (2Sam. 3,29; 1Kings 12,24b)

σκωληκόβρωτος (σκώληξ; βιβρώσκω) eaten by worms ▸ 1
- σκωληκόβρωτος ▸ 1
  Adjective · masculine · singular · nominative ▸ **1** (Acts 12,23)

σκώληξ worm ▸ 18 + 1 = **19**
- σκώληκας ▸ 5
  Noun · masculine · plural · accusative · (common) ▸ **5** (Ex. 16,20; Judith 16,17; 1Mac. 2,62; 2Mac. 9,9; Sir. 10,11)
- σκώληκες ▸ 1
  Noun · masculine · plural · nominative · (common) ▸ **1** (Sir. 19,3)
- σκώληκι ▸ 1
  Noun · masculine · singular · dative · (common) ▸ **1** (Jonah 4,7)
- σκωλήκων ▸ 2
  Noun · masculine · plural · genitive · (common) ▸ **2** (Job 2,9c; Job 7,5)
- σκώληξ ▸ 9 + 1 = **10**
  Noun · masculine · singular · nominative · (common) ▸ 9 + 1 = **10** (Ex. 16,24; Deut. 28,39; Psa. 21,7; Prov. 12,4; Prov. 25,20a; Job 25,6; Sir. 7,17; Is. 14,11; Is. 66,24; Mark 9,48)

σκῶλον (σκόλοψ) thorn, stake ▸ 5 + 1 = **6**
- σκῶλα ▸ 1
  Noun · neuter · plural · accusative · (common) ▸ **1** (Is. 57,14)
- σκῶλον ▸ 4 + 1 = **5**
  Noun · neuter · singular · accusative · (common) ▸ 2 + 1 = **3** (Judg. 11,35; 2Chr. 28,23; Judg. 8,27)
  Noun · neuter · singular · nominative · (common) ▸ **2** (Ex. 10,7; Deut. 7,16)

σκώπτω to mock ▸ 1
- σκώπτει ▸ 1
  Verb · third · singular · present · active · indicative ▸ **1** (Sir. 10,10)

σμαράγδινος (σμάραγδος) made of emerald ▸ 1
- σμαραγδίνῳ ▸ 1
  Adjective · masculine · singular · dative ▸ **1** (Rev. 4,3)

σμαραγδίτης (σμάραγδος) emerald ▸ 1
- σμαραγδίτου ▸ 1
  Noun · masculine · singular · genitive · (common) ▸ **1** (Esth. 1,6)

σμάραγδος emerald; malachite ▸ 10 + 1 + 1 = **12**
- σμάραγδον ▸ 1
  Noun · masculine · singular · accusative · (common) ▸ **1** (Ezek. 28,13)
- σμάραγδος ▸ 2 + 1 = **3**
  Noun · feminine · singular · nominative · (common) ▸ 2 + 1 = **3** (Ex. 28,17; Ex. 36,17; Rev. 21,19)
- σμαράγδου ▸ 6
  Noun · feminine · singular · genitive · (common) ▸ **4** (Ex. 28,9; Ex. 35,17 # 35,12a; Ex. 35,27; Ex. 36,13)
  Noun · masculine · singular · genitive · (common) ▸ **2** (Judith 10,21; Sir. 32,6)
- σμαράγδῳ ▸ 1 + 1 = **2**
  Noun · masculine · singular · dative · (common) ▸ 1 + 1 = **2** (Tob. 13,17; Tob. 13,17)

σμῆγμα (σμάω) soap, salve ▸ 3 + 1 = **4**
- σμῆγμα ▸ 2 + 1 = **3**
  Noun · neuter · singular · accusative · (common) ▸ 1 + 1 = **2** (Esth. 2,9; Sus. 17)
  Noun · neuter · singular · nominative · (common) ▸ **1** (Esth. 2,3)
- σμήγμασιν ▸ 1
  Noun · neuter · plural · dative · (common) ▸ **1** (Esth. 2,12)

σμικρύνω (μικρός) to make small, diminish; debase ▸ 11 + 1 = **12**
- ἐσμίκρυνας ▸ 1
  Verb · second · singular · aorist · active · indicative ▸ **1** (Psa. 88,46)
- ἐσμίκρυνεν ▸ 1
  Verb · third · singular · aorist · active · indicative ▸ **1** (Psa. 106,38)
- ἐσμικρύνθη ▸ 1
  Verb · third · singular · aorist · passive · indicative ▸ **1** (1Chr. 17,17)
- ἐσμικρύνθημεν ▸ 2 + 1 = **3**

Verb · first · plural · aorist · passive · indicative ▸ 2 + 1 = **3** (Ode. 7,37; Dan. 3,37; Dan. 3,37)
  ἐσμικρύνθησαν ▸ 1
    Verb · third · plural · aorist · passive · indicative ▸ **1** (1Chr. 16,19)
  σμικρύνῃς ▸ 1
    Verb · second · singular · present · active · subjunctive ▸ **1** (Sir. 35,7)
  σμικρυνθήσεται ▸ 1
    Verb · third · singular · future · passive · indicative ▸ **1** (Hos. 4,3)
  σμικρυνθῆτε ▸ 1
    Verb · second · plural · aorist · passive · subjunctive ▸ **1** (Jer. 36,6)
  σμικρυνθῶσιν ▸ 1
    Verb · third · plural · aorist · passive · subjunctive ▸ **1** (Bar. 2,34)
  σμίκρυνον ▸ 1
    Verb · second · singular · aorist · active · imperative ▸ **1** (Sir. 17,25)
σμῖλαξ (μῖλαξ) yew ▸ 2
  σμίλακά ▸ 1
    Noun · feminine · singular · accusative · (common) ▸ **1** (Jer. 26,14)
  σμῖλαξ ▸ 1
    Noun · feminine · singular · nominative · (common) ▸ **1** (Nah. 1,10)
σμιρίτης smyrite; emery ▸ 1
  σμιρίτης ▸ 1
    Noun · masculine · singular · nominative · (common) ▸ **1** (Job 41,7)
Σμύρνα (σμύρνα) Smyrna ▸ 2
  Σμύρναν ▸ 1
    Noun · feminine · singular · accusative · (proper) ▸ **1** (Rev. 1,11)
  Σμύρνῃ ▸ 1
    Noun · feminine · singular · dative · (proper) ▸ **1** (Rev. 2,8)
σμύρνα myrrh ▸ 10 + 2 = 12
  σμύρνα ▸ 3
    Noun · feminine · singular · nominative · (common) ▸ **3** (Psa. 44,9; Song 4,14; Sir. 24,15)
  σμύρναν ▸ 5 + 1 = 6
    Noun · feminine · singular · accusative · (common) ▸ 5 + 1 = **6** (Song 3,6; Song 5,1; Song 5,5; Song 5,5; Song 5,13; Matt. 2,11)
  σμύρνης ▸ 2 + 1 = 3
    Noun · feminine · singular · genitive · (common) ▸ 2 + 1 = **3** (Ex. 30,23; Song 4,6; John 19,39)
σμυρνίζω (σμύρνα) to mix with myrrh ▸ 1
  ἐσμυρνισμένον ▸ 1
    Verb · perfect · passive · participle · masculine · singular · accusative ▸ **1** (Mark 15,23)
σμύρνινος (σμύρνα) made from myrrh ▸ 1
  σμυρνίνῳ ▸ 1
    Adjective · neuter · singular · dative · noDegree ▸ **1** (Esth. 2,12)
Σοβακ Ishbak ▸ 1
  Σοβακ ▸ 1
    Noun · masculine · singular · accusative · (proper) ▸ **1** (1Chr. 1,32)
Σοβαλ Bezer (?) ▸ 1
  Σοβαλ ▸ 1
    Noun · masculine · singular · nominative · (proper) ▸ **1** (1Chr. 7,37)
Σοβνια Shebaniah ▸ 1
  Σοβνια ▸ 1
    Noun · masculine · singular · nominative · (proper) ▸ **1** (1Chr. 15,24)
Σοβοχαι Sibbecai ▸ 3
  Σοβοχαι ▸ 3
    Noun · masculine · singular · nominative · (proper) ▸ **3** (1Chr. 11,29; 1Chr. 20,4; 1Chr. 27,11)
Σοδομα Sodom ▸ 40
  Σοδομα ▸ 16
    Noun · neuter · plural · accusative · (proper) ▸ **7** (Gen. 13,10; Gen. 18,22; Gen. 19,1; Gen. 19,24; Amos 4,11; Is. 13,19; Jer. 27,40)
    Noun · neuter · plural · nominative · (proper) ▸ **9** (Deut. 29,22; Zeph. 2,9; Is. 1,9; Jer. 23,14; Jer. 30,12; Ezek. 16,46; Ezek. 16,48; Ezek. 16,55; Ezek. 16,56)
  Σοδομοις ▸ 4
    Noun · neuter · plural · dative · (proper) ▸ **4** (Gen. 13,12; Gen. 13,13; Gen. 14,12; Gen. 18,26)
  Σοδομων ▸ 20
    Noun · neuter · plural · genitive · (proper) ▸ **20** (Gen. 10,19; Gen. 14,2; Gen. 14,8; Gen. 14,10; Gen. 14,11; Gen. 14,16; Gen. 14,17; Gen. 14,21; Gen. 14,22; Gen. 18,16; Gen. 18,20; Gen. 19,1; Gen. 19,28; Deut. 32,32; Ode. 2,32; Is. 1,10; Is. 3,9; Lam. 4,6; Ezek. 16,49; Ezek. 16,53)
Σόδομα Sodom ▸ 9
  Σόδομα ▸ 3
    Noun · neuter · plural · nominative · (proper) ▸ **3** (Rom. 9,29; Jude 7; Rev. 11,8)
  Σοδόμοις ▸ 2
    Noun · neuter · plural · dative · (proper) ▸ **2** (Matt. 11,23; Luke 10,12)
  Σοδόμων ▸ 4
    Noun · neuter · plural · genitive · (proper) ▸ **4** (Matt. 10,15; Matt. 11,24; Luke 17,29; 2Pet. 2,6)
Σοδομῖται persons from Sodom ▸ 1
  Σοδομίτας ▸ 1
    Noun · masculine · plural · accusative · (proper) ▸ **1** (3Mac. 2,5)
Σοδομίτης person from Sodom ▸ 1
  Σοδομῖται ▸ 1
    Noun · masculine · plural · nominative · (proper) ▸ **1** (Gen. 19,4)
Σοήνη Seba ▸ 1
  Σοήνην ▸ 1
    Noun · feminine · singular · accusative · (proper) ▸ **1** (Is. 43,3)
Σοκχωθ Succoth ▸ 16 + 6 = 22
  Σοκχωθ ▸ 16 + 6 = 22
    Noun · singular · accusative · (proper) ▸ **1** (1Sam. 17,1)
    Noun · singular · dative · (proper) ▸ **1** (1Kings 21,16)
    Noun · singular · genitive · (proper) ▸ **3** (Ex. 13,20; 1Sam. 17,1; 1Kings 7,33)
    Noun · feminine · singular · accusative · (proper) ▸ **1** (2Chr. 11,7)
    Noun · feminine · singular · genitive · (proper) ▸ 7 + 6 = **13** (Judg. 8,5; Judg. 8,6; Judg. 8,8; Judg. 8,14; Judg. 8,14; Judg. 8,15; Judg. 8,16; Judg. 8,5; Judg. 8,6; Judg. 8,8; Judg. 8,14; Judg. 8,14; Judg. 8,15)
    Noun · masculine · singular · accusative · (proper) ▸ **1** (Num. 33,5)
    Noun · masculine · singular · genitive · (proper) ▸ **2** (Num. 33,6; 2Chr. 4,17)
Σοκχωθα Succoth, Sokotha ▸ 2
  Σοκχωθα ▸ 2
    Noun · singular · accusative · (proper) ▸ **2** (Ex. 12,37; Josh. 13,27)
Σοκχωθβαινιθ Succoth Benoth ▸ 1
  Σοκχωθβαινιθ ▸ 1
    Noun · feminine · singular · accusative · (proper) ▸ **1** (2Kings

17,30)

Σολομών Solomon ‣ 1 + 12 = 13
- Σολομών ‣ 4
  - **Noun** · masculine · singular · nominative · (proper) ‣ 4 (Matt. 1,7; Matt. 6,29; Luke 12,27; Acts 7,47)
- Σολομῶνα ‣ 1
  - **Noun** · masculine · singular · accusative · (proper) ‣ 1 (Matt. 1,6)
- Σολομῶνος ‣ 5
  - **Noun** · masculine · singular · genitive · (proper) ‣ 5 (Matt. 12,42; Matt. 12,42; Luke 11,31; Luke 11,31; John 10,23)
- Σολομῶντος ‣ 1 + 2 = 3
  - **Noun** · masculine · singular · genitive · (proper) ‣ 1 + 2 = 3 (2Sam. 8,7; Acts 3,11; Acts 5,12)

Σομα Eshan (?) ‣ 1
- Σομα ‣ 1
  - **Noun** · singular · nominative · (proper) ‣ 1 (Josh. 15,52)

Σομαρωθ Shimrith ‣ 1
- Σομαρωθ ‣ 1
  - **Noun** · masculine · singular · genitive · (proper) ‣ 1 (2Chr. 24,26)

Σομε Shammah ‣ 3
- Σομε ‣ 3
  - **Noun** · masculine · singular · nominative · (proper) ‣ 3 (Gen. 36,13; Gen. 36,17; 1Chr. 1,37)

Σομεα Shimea ‣ 1
- Σομεα ‣ 1
  - **Noun** · masculine · singular · nominative · (proper) ‣ 1 (1Chr. 6,15)

Σομεϊς Shimei ‣ 1
- Σομεϊς ‣ 1
  - **Noun** · masculine · singular · nominative · (proper) ‣ 1 (1Esdr. 9,34)

Σομναν Shebna ‣ 1
- Σομναν ‣ 1
  - **Noun** · masculine · singular · accusative · (proper) ‣ 1 (2Kings 19,2)

Σομνας Shebna ‣ 8
- Σομναν ‣ 2
  - **Noun** · masculine · singular · accusative · (proper) ‣ 2 (Is. 22,15; Is. 37,2)
- Σομνας ‣ 6
  - **Noun** · masculine · singular · nominative · (proper) ‣ 6 (2Kings 18,18; 2Kings 18,26; 2Kings 18,37; Is. 36,3; Is. 36,11; Is. 36,22)

Σομορων Zemaraim; Samaria ‣ 5
- Σομορων ‣ 5
  - **Noun** · feminine · singular · genitive · (proper) ‣ 3 (Ezra 4,10; Neh. 3,34; Is. 7,9)
  - **Noun** · feminine · singular · nominative · (proper) ‣ 1 (Is. 7,9)
  - **Noun** · masculine · singular · genitive · (proper) ‣ 1 (2Chr. 13,4)

σοομ (Hebr.) carnelian ‣ 1
- σοομ ‣ 1
  - **Noun** ‣ 1 (1Chr. 29,2)

Σορ Tyre; Sor (Heb. rock) ‣ 10
- Σορ ‣ 10
  - **Noun** · feminine · singular · accusative · (proper) ‣ 1 (Ezek. 27,2)
  - **Noun** · feminine · singular · dative · (proper) ‣ 3 (Ezek. 26,15; Ezek. 27,3; Ezek. 27,3)
  - **Noun** · feminine · singular · genitive · (proper) ‣ 2 (Jer. 21,13; Ezek. 26,4)
  - **Noun** · feminine · singular · nominative · (proper) ‣ 1 (Ezek. 26,2)
  - **Noun** · feminine · singular · vocative · (proper) ‣ 3 (Ezek. 26,3; Ezek. 26,7; Ezek. 27,8)

Σορε Serah ‣ 1
- Σορε ‣ 1
  - **Noun** · feminine · singular · nominative · (proper) ‣ 1 (1Chr. 7,30)

Σορος (σορός) Bier, Coffin ‣ 1
- Σορος ‣ 1
  - **Noun** · masculine · singular · accusative · (proper) ‣ 1 (1Chr. 7,16)

σορός bier, coffin ‣ 2 + 1 = 3
- σοροῦ ‣ 1
  - **Noun** · feminine · singular · genitive ‣ 1 (Luke 7,14)
- σορῷ ‣ 2
  - **Noun** · feminine · singular · dative · (common) ‣ 2 (Gen. 50,26; Job 21,32)

σός (σύ) your (sing.) ‣ 135 + 25 = 160
- σά ‣ 4 + 2 = 6
  - **Adjective** · neuter · plural · accusative · noDegree · (possessive) ‣ 1 (Wis. 11,26)
  - **Adjective** · neuter · plural · nominative · noDegree · (possessive) ‣ 3 + 2 = 5 (Gen. 20,7; Gen. 33,9; Psa. 118,91; Luke 15,31; John 17,10)
- σὰ ‣ 5 + 2 = 7
  - **Adjective** · neuter · plural · accusative · noDegree · (possessive) ‣ 1 + 1 = 2 (1Chr. 29,14; Luke 6,30)
  - **Adjective** · neuter · plural · nominative · noDegree · (possessive) ‣ 4 + 1 = 5 (1Sam. 25,6; Prov. 5,16; Prov. 23,16; Prov. 27,2; John 17,10)
- σαῖς ‣ 2
  - **Adjective** · feminine · plural · dative · noDegree · (possessive) ‣ 2 (Prov. 27,23; Wis. 19,6)
- σάς ‣ 1
  - **Adjective** · feminine · plural · accusative · noDegree · (possessive) ‣ 1 (1Kings 21,13)
- σὰς ‣ 1
  - **Adjective** · feminine · plural · accusative · noDegree · (possessive) ‣ 1 (Prov. 5,16)
- σή ‣ 4
  - **Adjective** · feminine · singular · nominative · noDegree · (possessive) ‣ 4 (Psa. 73,16; Psa. 73,16; Psa. 88,12; Wis. 14,3)
- σὴ ‣ 3
  - **Adjective** · feminine · singular · nominative · noDegree · (possessive) ‣ 3 (Lev. 18,10; 1Esdr. 4,59; Prov. 3,1)
- σῇ ‣ 15 + 4 = 19
  - **Adjective** · feminine · singular · dative · noDegree · (possessive) ‣ 15 + 4 = 19 (Gen. 30,27; Prov. 1,9; Prov. 2,10; Prov. 3,5; Prov. 4,9; Prov. 4,21; Prov. 6,21; Prov. 22,25; Prov. 23,4; Prov. 24,14; Prov. 28,17a; Wis. 14,6; Wis. 19,8; Bar. 4,31; Bar. 4,33; Acts 5,4; Acts 24,4; 1Cor. 8,11; 1Cor. 14,16)
- σήν ‣ 1
  - **Adjective** · feminine · singular · accusative · noDegree · (possessive) ‣ 1 (1Kings 21,28)
- σὴν ‣ 18 + 1 = 19
  - **Adjective** · feminine · singular · accusative · noDegree · (possessive) ‣ 18 + 1 = 19 (3Mac. 2,6; 3Mac. 5,29; 3Mac. 6,13; Prov. 2,10; Prov. 4,4; Prov. 4,23; Prov. 5,8; Prov. 6,1; Prov. 7,4; Prov. 22,17; Prov. 22,23; Prov. 23,26; Wis. 16,15; Wis. 16,21; Sir. 8,19; Is. 10,16; Is. 10,16; Bar. 5,3; John 4,42)
- σῆς ‣ 8 + 3 = 11
  - **Adjective** · feminine · singular · genitive · noDegree · (possessive) ‣ 8 + 3 = 11 (2Mac. 14,35; 3Mac. 2,8; Prov. 5,10; Prov. 5,16; Prov. 23,19; Job 39,26; Wis. 12,15; Wis. 16,11; Matt. 24,3; Acts

24,2; Philem. 14)

σοί ▸ 1 + 2 = 3
  Adjective · masculine · plural · nominative · noDegree · (possessive) ▸ 1 + 2 = **3** (Wis. 19,6; Mark 2,18; Luke 5,33)

σοῖς ▸ 11
  Adjective · masculine · plural · dative · noDegree · (possessive) ▸ **4** (Ex. 5,15; Prov. 4,26; Prov. 6,25; Prov. 7,3)
  Adjective · neuter · plural · dative · noDegree · (possessive) ▸ **7** (Prov. 3,22a; Prov. 6,4; Prov. 6,4; Prov. 22,18; Prov. 24,28; Jer. 38,16; Jer. 38,17)

σόν ▸ 2 + 1 = 3
  Adjective · neuter · singular · nominative · noDegree · (possessive) ▸ 2 + 1 = **3** (Gen. 21,13; Sir. 38,22; Matt. 25,25)

σὸν ▸ 26 + 3 = 29
  Adjective · masculine · singular · accusative · noDegree · (possessive) ▸ **13** (Prov. 1,14; Prov. 3,26; Prov. 3,29; Prov. 4,27; Prov. 5,3; Prov. 5,9; Prov. 6,1; Prov. 6,3; Prov. 25,17; Prov. 27,10; Prov. 24,28; Prov. 31,3; Prov. 31,3)
  Adjective · neuter · singular · accusative · noDegree · (possessive) ▸ 10 + 1 = **11** (3Mac. 6,5; Prov. 4,20; Prov. 5,1; Prov. 7,15; Prov. 9,18a; Prov. 22,17; Prov. 23,5; Prov. 31,8; Prov. 31,9; Dan. 9,18; Matt. 20,14)
  Adjective · neuter · singular · nominative · noDegree · (possessive) ▸ 3 + 2 = **5** (Prov. 27,2; Job 15,6; Is. 4,1; Luke 22,42; John 18,35)

σός ▸ 6
  Adjective · masculine · singular · nominative · noDegree · (possessive) ▸ **6** (2Sam. 9,2; 2Sam. 15,34; Psa. 115,7; Psa. 118,94; Wis. 16,12; Wis. 18,21)

σὸς ▸ 7 + 1 = 8
  Adjective · masculine · singular · nominative · noDegree · (possessive) ▸ 7 + 1 = **8** (1Sam. 22,15; 1Kings 21,4; 1Esdr. 4,59; Psa. 88,14; Psa. 115,7; Prov. 25,8; Wis. 9,5; John 17,17)

σούς ▸ 1
  Adjective · masculine · plural · accusative · (possessive) ▸ **1** (Mark 5,19)

σῷ ▸ 8 + 5 = 13
  Adjective · masculine · singular · dative · noDegree · (possessive) ▸ 6 + 2 = **8** (Deut. 3,24; Josh. 5,14; Prov. 1,9; Prov. 3,3; Prov. 3,22; Prov. 6,21; Matt. 7,3; Matt. 13,27)
  Adjective · neuter · singular · dative · noDegree · (possessive) ▸ 2 + 3 = **5** (Ex. 5,23; Job 39,27; Matt. 7,22; Matt. 7,22; Matt. 7,22)

σῶν ▸ 12
  Adjective · feminine · plural · genitive · noDegree · (possessive) ▸ **2** (4Mac. 9,6; Prov. 5,19)
  Adjective · masculine · plural · genitive · noDegree · (possessive) ▸ **6** (Ex. 32,13; 1Chr. 29,14; Prov. 3,9; Prov. 3,9; Prov. 27,27; Wis. 9,4)
  Adjective · neuter · plural · genitive · noDegree · (possessive) ▸ **4** (Gen. 14,23; Gen. 31,32; Prov. 5,15; Prov. 5,15)

Σοσομαι Sismai ▸ 2
  Σοσομαι ▸ 2
    Noun · masculine · singular · accusative · (proper) ▸ **1** (1Chr. 2,40)
    Noun · masculine · singular · nominative · (proper) ▸ **1** (1Chr. 2,40)

Σουα Sua ▸ 1
  Σουα ▸ 1
    Noun · masculine · singular · genitive · (proper) ▸ **1** (1Esdr. 5,29)

Σουαλ Shual ▸ 1
  Σουαλ ▸ 1
    Noun · masculine · singular · nominative · (proper) ▸ **1** (1Chr. 7,36)

Σουβα Zobah ▸ 12
  Σουβα ▸ 12
    Noun · singular · genitive · (proper) ▸ **10** (1Sam. 14,47; 2Sam. 8,3; 2Sam. 8,5; 2Sam. 8,7; 2Sam. 8,12; 1Kings 11,14; 1Kings 14,26; 1Chr. 18,3; 1Chr. 18,5; 1Chr. 18,9)
    Noun · singular · nominative · (proper) ▸ **1** (2Sam. 10,8)
    Noun · masculine · singular · nominative · (proper) ▸ **1** (1Kings 2,46h)

Σουβαηλ Shubael ▸ 6
  Σουβαηλ ▸ 6
    Noun · masculine · singular · genitive · (proper) ▸ **1** (1Chr. 24,20)
    Noun · masculine · singular · nominative · (proper) ▸ **5** (1Chr. 23,16; 1Chr. 24,20; 1Chr. 25,4; 1Chr. 25,20; 1Chr. 26,24)

Σουβαλ Shobal ▸ 2
  Σουβαλ ▸ 2
    Noun · masculine · singular · nominative · (proper) ▸ **2** (1Chr. 4,1; 1Chr. 4,2)

Σουβας Subas ▸ 1
  Σουβας ▸ 1
    Noun · masculine · singular · genitive · (proper) ▸ **1** (1Esdr. 5,34)

Σουδ Sud ▸ 1
  Σουδ ▸ 1
    Noun · singular · genitive · (proper) ▸ **1** (Bar. 1,4)

σουδάριον handkerchief ▸ 4
  σουδάρια ▸ 1
    Noun · neuter · plural · accusative ▸ **1** (Acts 19,12)
  σουδάριον ▸ 1
    Noun · neuter · singular · accusative ▸ **1** (John 20,7)
  σουδαρίῳ ▸ 2
    Noun · neuter · singular · dative ▸ **2** (Luke 19,20; John 11,44)

Σουδι Sodi ▸ 1
  Σουδι ▸ 1
    Noun · masculine · singular · genitive · (proper) ▸ **1** (Num. 13,10)

Σουδίας Sudias ▸ 1
  Σουδιου ▸ 1
    Noun · masculine · singular · genitive · (proper) ▸ **1** (1Esdr. 5,26)

Σουε Shoa ▸ 1
  Σουε ▸ 1
    Noun · singular · accusative · (proper) ▸ **1** (Ezek. 23,23)

Σουια Ziha; Sia ▸ 2
  Σουια ▸ 2
    Noun · masculine · singular · genitive · (proper) ▸ **2** (Ezra 2,43; Neh. 7,47)

Σουλαμῖτις Shulammite (f) ▸ 2
  Σουλαμίτιδι ▸ 1
    Noun · feminine · singular · dative · (proper) ▸ **1** (Song 7,1)
  Σουλαμῖτις ▸ 1
    Noun · feminine · singular · nominative · (proper) ▸ **1** (Song 7,1)

Σουμαν Shunem ▸ 1
  Σουμαν ▸ 1
    Noun · singular · accusative · (proper) ▸ **1** (2Kings 4,8)

Σουναμ Shunem ▸ 1
  Σουναμ ▸ 1
    Noun · singular · nominative · (proper) ▸ **1** (Josh. 19,18)

Σουναν Shunem ▸ 1
  Σουναν ▸ 1
    Noun · singular · nominative · (proper) ▸ **1** (Josh. 19,18)

Σουνι Shuni; Shunite ▸ 2
  Σουνι ▸ 2
    Noun · masculine · singular · dative · (proper) ▸ **1** (Num. 26,24)

Noun · masculine · singular · nominative · (proper) ▸ **1** (Num. 26,24)

Σουρ Shur ▸ 10 + 1 = 11
   Σουρ ▸ 10 + 1 = 11
     Noun · singular · (proper) ▸ **1** (Gen. 16,7)
     Noun · singular · accusative · (proper) ▸ **1** (Judith 2,28)
     Noun · singular · dative · (proper) ▸ **1** (Judg. 7,25)
     Noun · singular · genitive · (proper) ▸ **4** (Gen. 20,1; Gen. 25,18; Ex. 15,22; 1Sam. 15,7)
     Noun · masculine · singular · accusative · (proper) ▸ **2** (Num. 31,8; Josh. 13,21)
     Noun · masculine · singular · genitive · (proper) ▸ **1** (Num. 25,15)
     Noun · masculine · singular · nominative · (proper) ▸ **1** (1Chr. 8,30)

Σουρι Hori; Zeri ▸ 2
   Σουρι ▸ 2
     Noun · masculine · singular · genitive · (proper) ▸ **1** (Num. 13,5)
     Noun · masculine · singular · nominative · (proper) ▸ **1** (1Chr. 25,3)

Σουριηλ Zuriel ▸ 1
   Σουριηλ ▸ 1
     Noun · masculine · singular · nominative · (proper) ▸ **1** (Num. 3,35)

Σουριν Sourin (Heb. rock of Oreb?) ▸ 1
   Σουριν ▸ 1
     Noun · singular · dative · (proper) ▸ **1** (Judg. 7,25)

Σουρισαδαι Zurishaddai ▸ 5
   Σουρισαδαι ▸ 5
     Noun · masculine · singular · genitive · (proper) ▸ **5** (Num. 1,6; Num. 2,12; Num. 7,36; Num. 7,41; Num. 10,19)

Σουσα Susa ▸ 2
   Σουσα ▸ 2
     Noun · masculine · singular · nominative · (proper) ▸ **2** (2Sam. 20,25; 1Chr. 18,16)

Σουσά Susa ▸ 13
   Σούσοις ▸ 12
     Noun · neuter · plural · dative · (proper) ▸ **12** (Esth. 11,3 # 1,1b; Esth. 1,2; Esth. 2,5; Esth. 4,8; Esth. 4,16; Esth. 8,14; Esth. 8,15; Esth. 9,6; Esth. 9,11; Esth. 9,12; Esth. 9,15; Esth. 9,18)
   Σούσων ▸ 1
     Noun · neuter · plural · genitive · (proper) ▸ **1** (Esth. 16,17 # 8,12r)

Σοῦσα Sheva; Shavsha; Susa ▸ 1 + 1 = 2
   Σούσοις ▸ 1 + 1 = 2
     Noun · neuter · plural · dative · (proper) ▸ **1 + 1 = 2** (Dan. 8,2; Dan. 8,2)

Σουσακιμ Sheshak ▸ 13
   Σουσακιμ ▸ 13
     Noun · masculine · singular · accusative · (proper) ▸ **3** (1Kings 11,40; 1Kings 12,24c; 1Kings 12,24f)
     Noun · masculine · singular · dative · (proper) ▸ **3** (1Kings 12,24d; 2Chr. 12,5; 2Chr. 12,5)
     Noun · masculine · singular · nominative · (proper) ▸ **7** (2Sam. 8,7; 1Kings 12,24d; 1Kings 12,24e; 1Kings 14,25; 2Chr. 12,2; 2Chr. 12,9; 2Chr. 12,10)

Σουσαν Susa ▸ 4
   Σουσαν ▸ 4
     Noun · singular · accusative · (proper) ▸ **3** (Esth. 2,3; Esth. 2,8; Esth. 3,15)
     Noun · singular · dative · (proper) ▸ **1** (Neh. 1,1)

Σουσαναχαῖοι Susaites (?) ▸ 1
   Σουσαναχαῖοι ▸ 1
     Noun · masculine · plural · nominative · (proper) ▸ **1** (Ezra 4,9)

Σουσαννα Susanna ▸ 3 + 10 = 13
   Σουσαννα ▸ 6
     Noun · feminine · singular · nominative · (proper) ▸ **6** (Sus. 2; Sus. 7; Sus. 22; Sus. 24; Sus. 31; Sus. 42)
   Σουσανναν ▸ 2 + 1 = 3
     Noun · feminine · singular · accusative · (proper) ▸ **2 + 1 = 3** (Sus. 7-8; Sus. 29; Sus. 29)
   Σουσαννας ▸ 1 + 1 = 2
     Noun · feminine · singular · genitive · (proper) ▸ **1 + 1 = 2** (Sus. 30; Sus. 63)
   Σουσαννης ▸ 2
     Noun · feminine · singular · genitive · (proper) ▸ **2** (Sus. 27; Sus. 28)

Σουσάννα Susanna ▸ 1
   Σουσάννα ▸ 1
     Noun · feminine · singular · nominative · (proper) ▸ **1** (Luke 8,3)

Σουσι Susi; Sheshai ▸ 2
   Σουσι ▸ 2
     Noun · masculine · singular · accusative · (proper) ▸ **1** (Josh. 15,14)
     Noun · masculine · singular · genitive · (proper) ▸ **1** (Num. 13,11)

Σουσίτης Sousites (?) ▸ 1
   Σουσίτου ▸ 1
     Noun · masculine · singular · genitive · (proper) ▸ **1** (2Sam. 23,9)

Σουταλα Shuthela; Shuthelahite ▸ 2
   Σουταλα ▸ 2
     Noun · masculine · singular · dative · (proper) ▸ **1** (Num. 26,39)
     Noun · masculine · singular · genitive · (proper) ▸ **1** (Num. 26,40)

Σουταλααμ Soutalaam (?) ▸ 2
   Σουταλααμ ▸ 2
     Noun · masculine · singular · genitive · (proper) ▸ **1** (Gen. 46,20)
     Noun · masculine · singular · nominative · (proper) ▸ **1** (Gen. 46,20)

Σουταλαϊ Shutelahite ▸ 1
   Σουταλαϊ ▸ 1
     Noun · masculine · singular · nominative · (proper) ▸ **1** (Num. 26,39)

Σουτι Sotai ▸ 1
   Σουτι ▸ 1
     Noun · masculine · singular · genitive · (proper) ▸ **1** (Neh. 7,57)

Σουφ Zuph ▸ 1
   Σουφ ▸ 1
     Noun · masculine · singular · genitive · (proper) ▸ **1** (1Chr. 6,20)

Σουφι Zophai ▸ 1
   Σουφι ▸ 1
     Noun · masculine · singular · nominative · (proper) ▸ **1** (1Chr. 6,11)

Σουφιρ Ophir ▸ 6 + 1 = 7
   Σουφιρ ▸ 6 + 1 = 7
     Noun · singular · genitive · (proper) ▸ **6 + 1 = 7** (1Kings 10,11; 1Chr. 29,4; 2Chr. 9,10; Tob. 13,17; Sir. 7,18; Is. 13,12; Tob. 13,17)

σοφία (σοφός) skill; wisdom ▸ 246 + 8 + 51 = 305
   Σοφία ▸ 2
     Noun · feminine · singular · nominative · (common) ▸ **2** (Prov. 1,20; Sir. 38,24)
   σοφία ▸ 73 + 2 + 12 = 87
     Noun · feminine · singular · nominative · (common) ▸ **73 + 2 + 12 = 87** (Ex. 36,1; Deut. 4,6; 2Sam. 14,20; 1Esdr. 4,59; Ezra

7,25; Judith 8,29; 4Mac. 1,16; Psa. 106,27; Prov. 2,10; Prov. 8,11; Prov. 8,12; Prov. 9,1; Prov. 10,23; Prov. 14,8; Prov. 14,33; Prov. 15,33; Prov. 17,28; Prov. 20,29; Prov. 21,30; Prov. 24,7; Eccl. 2,9; Eccl. 7,11; Eccl. 7,12; Eccl. 7,19; Eccl. 8,1; Eccl. 9,10; Eccl. 9,16; Eccl. 9,16; Eccl. 9,18; Eccl. 10,10; Job 12,2; Job 12,12; Job 12,13; Job 15,8; Job 26,3; Job 28,12; Job 28,20; Job 28,28; Wis. 1,4; Wis. 1,6; Wis. 6,12; Wis. 6,22; Wis. 7,12; Wis. 7,21; Wis. 7,24; Wis. 9,9; Wis. 10,4; Wis. 10,9; Wis. 10,21; Wis. 14,2; Sir. 1,1; Sir. 1,4; Sir. 1,27; Sir. 4,11; Sir. 4,24; Sir. 6,22; Sir. 11,1; Sir. 15,18; Sir. 19,20; Sir. 19,22; Sir. 20,30; Sir. 21,11; Sir. 21,18; Sir. 24,1; Sir. 25,5; Sir. 27,11; Sir. 34,8; Sir. 41,14; Is. 33,6; Jer. 8,9; Jer. 30,1; Jer. 30,1; Dan. 2,20; Dan. 2,20; Dan. 5,14; Matt. 11,19; Matt. 13,54; Mark 6,2; Luke 7,35; Luke 11,49; 1Cor. 1,30; 1Cor. 3,19; Eph. 3,10; James 3,15; James 3,17; Rev. 7,12; Rev. 13,18)

σοφίᾳ ▸ 38 + 3 + 13 = 54
   Noun ▪ feminine ▪ singular ▪ dative ▪ (common) ▸ 38 + 3 + 13 = 54 (Ex. 35,26; 2Sam. 20,22; 1Chr. 28,21; 2Chr. 9,22; Judith 11,20; Psa. 89,12; Psa. 103,24; Ode. 3,10; Prov. 3,5; Prov. 3,19; Prov. 5,1; Prov. 28,26; Eccl. 1,13; Eccl. 2,3; Eccl. 2,13; Eccl. 2,21; Eccl. 7,10; Eccl. 7,23; Eccl. 9,15; Job 38,37; Wis. 6,23; Wis. 7,28; Wis. 9,2; Wis. 9,18; Sir. 14,20; Sir. 15,10; Sir. 19,20; Sir. 19,23; Sol. 17,23; Sol. 17,29; Sol. 17,35; Sol. 18,7; Is. 10,13; Jer. 9,22; Jer. 10,12; Jer. 28,15; Dan. 1,4; Dan. 1,17; Dan. 1,4; Dan. 1,17; Dan. 2,30; Luke 2,40; Luke 2,52; Acts 6,10; Acts 7,22; 1Cor. 1,17; 1Cor. 1,21; 1Cor. 2,5; 2Cor. 1,12; Eph. 1,8; Col. 1,9; Col. 1,28; Col. 3,16; Col. 4,5)

σοφίαν ▸ 81 + 2 + 13 = 96
   Noun ▪ feminine ▪ singular ▪ accusative ▪ (common) ▸ 81 + 2 + 13 = 96 (Ex. 36,2; 1Kings 2,6; 1Kings 2,35a; 1Kings 5,9; 1Kings 5,26; 1Chr. 22,12; 2Chr. 1,10; 2Chr. 1,11; 2Chr. 1,12; 2Chr. 9,3; 2Chr. 9,7; 1Esdr. 3,7; 1Esdr. 4,60; 1Esdr. 8,23; Judith 11,8; 2Mac. 2,9; Psa. 36,30; Psa. 48,4; Prov. 1,2; Prov. 1,7; Prov. 1,29; Prov. 2,3; Prov. 2,6; Prov. 3,13; Prov. 6,8c; Prov. 7,4; Prov. 8,1; Prov. 10,13; Prov. 10,31; Prov. 11,2; Prov. 14,6; Prov. 17,16; Prov. 17,28; Prov. 24,14; Prov. 29,3; Prov. 29,15; Prov. 30,3; Eccl. 1,16; Eccl. 1,16; Eccl. 1,17; Eccl. 2,12; Eccl. 2,26; Eccl. 7,25; Eccl. 8,16; Eccl. 9,13; Job 4,21; Job 13,5; Job 28,18; Job 32,7; Job 32,13; Job 33,33; Job 38,36; Job 39,17; Wis. 3,11; Wis. 6,9; Wis. 6,21; Wis. 9,4; Wis. 9,17; Wis. 10,8; Sir. 1,12 Prol.; Sir. 1,3; Sir. 1,26; Sir. 6,18; Sir. 18,28; Sir. 20,31; Sir. 24,25; Sir. 25,10; Sir. 39,1; Sir. 39,10; Sir. 41,15; Sir. 43,33; Sir. 44,15; Sir. 45,26; Sir. 50,27; Sir. 51,13; Sir. 51,17; Sol. 4,9; Is. 29,14; Dan. 2,21; Dan. 2,23; Dan. 2,30; Dan. 2,21; Dan. 2,23; Matt. 12,42; Luke 11,31; Luke 21,15; Acts 7,10; 1Cor. 1,19; 1Cor. 1,20; 1Cor. 1,22; 1Cor. 1,24; 1Cor. 2,6; 1Cor. 2,7; 2Pet. 3,15; Rev. 5,12; Rev. 17,9)

Σοφίαν ▸ 1
   Noun ▪ feminine ▪ singular ▪ accusative ▸ 1 (1Cor. 2,6)

σοφίας ▸ 52 + 1 + 12 = 65
   Noun ▪ feminine ▪ singular ▪ genitive ▪ (common) ▸ 52 + 1 + 12 = 65 (Ex. 31,3; Ex. 35,31; Ex. 35,33; Ex. 35,35; 1Kings 5,14; 1Kings 5,14; 2Chr. 9,5; 2Chr. 9,6; 2Chr. 9,23; 4Mac. 1,15; 4Mac. 1,18; Psa. 50,8; Psa. 110,10; Prov. 1,7; Prov. 2,2; Prov. 4,11; Prov. 9,10; Prov. 16,16; Prov. 18,2; Prov. 22,4; Prov. 24,3; Prov. 31,5; Eccl. 1,18; Eccl. 7,12; Eccl. 10,1; Job 11,6; Wis. 6,20; Wis. 7,7; Wis. 7,15; Wis. 7,30; Wis. 8,5; Wis. 8,17; Wis. 9,6; Wis. 14,5; Sir. 1,3 Prol.; Sir. 1,6; Sir. 1,14; Sir. 1,16; Sir. 1,18; Sir. 1,20; Sir. 1,25; Sir. 6,37; Sir. 15,3; Sir. 22,6; Sir. 23,2; Sir. 37,21; Sir. 39,6; Sir. 40,20; Sir. 42,21; Is. 11,2; Bar. 3,12; Bar. 3,23; Dan. 1,20; Acts 6,3; Rom. 11,33; 1Cor. 1,21; 1Cor. 2,1; 1Cor. 2,4; 1Cor. 2,13; 1Cor. 12,8; Eph. 1,17; Col. 2,3; Col. 2,23; James 1,5; James 3,13)

σοφίζω (σοφός) to give wisdom; make wise ▸ 21 + 2 = 23

ἐσοφισάμην ▸ 2
   Verb ▪ first ▪ singular ▪ aorist ▪ middle ▪ indicative ▸ 2 (Eccl. 2,15; Eccl. 2,19)

ἐσοφίσαντο ▸ 1
   Verb ▪ third ▪ plural ▪ aorist ▪ middle ▪ indicative ▸ 1 (Sir. 18,29)

ἐσόφισάς ▸ 1
   Verb ▪ second ▪ singular ▪ aorist ▪ active ▪ indicative ▸ 1 (Psa. 118,98)

ἐσοφίσατο ▸ 3
   Verb ▪ third ▪ singular ▪ aorist ▪ middle ▪ indicative ▸ 3 (1Sam. 3,8; 1Kings 5,11; 1Kings 5,11)

ἐσοφίσθης ▸ 1
   Verb ▪ second ▪ singular ▪ aorist ▪ passive ▪ indicative ▸ 1 (Sir. 47,14)

σεσοφισμένοις ▸ 1
   Verb ▪ perfect ▪ passive ▪ participle ▪ masculine ▪ plural ▪ dative ▪ (variant) ▸ 1 (2Pet. 1,16)

σοφίζεται ▸ 1
   Verb ▪ third ▪ singular ▪ present ▪ middle ▪ indicative ▸ 1 (Sir. 38,31)

σοφιζόμενος ▸ 1
   Verb ▪ present ▪ middle ▪ participle ▪ masculine ▪ singular ▪ nominative ▸ 1 (Sir. 37,20)

σοφίζου ▸ 4
   Verb ▪ second ▪ singular ▪ present ▪ middle ▪ imperative ▸ 4 (Eccl. 7,16; Sir. 7,5; Sir. 10,26; Sir. 32,4)

σοφίζουσα ▸ 1
   Verb ▪ present ▪ active ▪ participle ▪ feminine ▪ singular ▪ nominative ▸ 1 (Psa. 18,8)

σοφίσαι ▸ 1 + 1 = 2
   Verb ▪ aorist ▪ active ▪ infinitive ▸ 1 + 1 = 2 (Psa. 104,22; 2Tim. 3,15)

σοφισθήσεται ▸ 4
   Verb ▪ third ▪ singular ▪ future ▪ passive ▪ indicative ▸ 4 (Prov. 16,17; Sir. 38,24; Sir. 38,25; Sir. 50,28)

Σοφισθήσομαι ▸ 1
   Verb ▪ first ▪ singular ▪ future ▪ passive ▪ indicative ▸ 1 (Eccl. 7,23)

σοφιστής (σοφός) wise man; sophist ▸ 9

σοφισταῖς ▸ 2
   Noun ▪ masculine ▪ plural ▪ dative ▪ (common) ▸ 2 (Dan. 2,18; Dan. 4,37c)

σοφιστάς ▸ 5
   Noun ▪ masculine ▪ plural ▪ accusative ▪ (common) ▸ 5 (Ex. 7,11; Dan. 1,20; Dan. 2,14; Dan. 2,24; Dan. 2,24)

σοφιστῶν ▸ 2
   Noun ▪ masculine ▪ plural ▪ genitive ▪ (common) ▸ 2 (Dan. 2,48; Dan. 4,18)

Σοφονιας Zephaniah ▸ 5

Σοφονιαν ▸ 4
   Noun ▪ masculine ▪ singular ▪ accusative ▪ (proper) ▸ 4 (Zeph. 1,1; Jer. 21,1; Jer. 36,25; Jer. 44,3)

Σοφονιας ▸ 1
   Noun ▪ masculine ▪ singular ▪ nominative ▪ (proper) ▸ 1 (Jer. 36,29)

Σοφονίας Zephaniah ▸ 3

Σοφονιαν ▸ 1
   Noun ▪ masculine ▪ singular ▪ accusative ▪ (proper) ▸ 1 (2Kings 25,18)

Σοφονιου ▸ 2
   Noun ▪ masculine ▪ singular ▪ genitive ▪ (proper) ▸ 2 (Zech. 6,10; Zech. 6,14)

σοφός wise; skilled ▸ 185 + 15 + 20 = 220
  σοφά ▸ 1
    Adjective · neuter · plural · nominative · noDegree ▸ **1** (Prov. 14,7)
  σοφαί ▸ 2 + 1 = 3
    Adjective · feminine · plural · nominative · noDegree ▸ 2 + 1 = **3** (Judg. 5,29; Prov. 14,1; Judg. 5,29)
  σοφάς ▸ 1
    Adjective · feminine · plural · accusative · noDegree ▸ **1** (Jer. 9,16)
  σοφή ▸ 3
    Adjective · feminine · singular · nominative · noDegree ▸ **3** (Ex. 35,25; 2Sam. 20,16; Prov. 23,15)
  σοφήν ▸ 1
    Adjective · feminine · singular · accusative · noDegree ▸ **1** (1Kings 3,12)
  σοφήν ▸ 1
    Adjective · feminine · singular · accusative · noDegree ▸ **1** (2Sam. 14,2)
  σοφῆς ▸ 1
    Adjective · feminine · singular · genitive · noDegree ▸ **1** (Sir. 7,19)
  Σοφοί ▸ 1
    Adjective · masculine · plural · nominative · noDegree ▸ **1** (Jer. 8,8)
  σοφοί ▸ 13 + 3 + 2 = 18
    Adjective · masculine · plural · nominative · noDegree ▸ 13 + 3 + 2 = **18** (Ex. 36,4; Prov. 3,35; Prov. 10,14; Prov. 24,7; Prov. 29,8; Eccl. 9,1; Job 15,18; Job 37,24; Sir. 44,4; Is. 19,11; Jer. 8,9; Ezek. 27,9; Ezek. 28,3; Dan. 2,13; Dan. 4,18; Dan. 5,8; Rom. 1,22; 1Cor. 1,26)
  σοφοί ▸ 6 + 1 + 1 = 8
    Adjective · masculine · plural · nominative · noDegree ▸ 6 + 1 + 1 = **8** (Prov. 13,10; Job 32,9; Job 34,2; Is. 19,12; Jer. 4,22; Ezek. 27,8; Dan. 5,15; Eph. 5,15)
  σοφοῖς ▸ 6 + 2 + 1 = 9
    Adjective · masculine · plural · dative · noDegree ▸ 6 + 2 + 1 = **9** (Ex. 28,3; Prov. 13,20; Prov. 24,23; Eccl. 9,11; Dan. 1,19; Dan. 2,21; Dan. 2,21; Dan. 5,7; Rom. 1,14)
  σοφόν ▸ 2
    Adjective · masculine · singular · accusative · noDegree ▸ **2** (Prov. 9,8; Eccl. 9,15)
  σοφόν ▸ 11
    Adjective · masculine · singular · accusative · noDegree ▸ **10** (2Chr. 2,6; 2Chr. 2,11; 2Chr. 2,12; Prov. 26,12; Eccl. 7,7; Sir. 21,15; Sol. 17,37; Is. 3,3; Dan. 2,10; Dan. 2,25)
    Adjective · neuter · singular · accusative · noDegree ▸ **1** (Sol. 8,20)
  σοφός ▸ 9 + 3 = 12
    Adjective · masculine · singular · nominative · noDegree ▸ 9 + 3 = **12** (Deut. 32,6; 1Kings 2,46a; Ode. 2,6; Prov. 12,15; Prov. 20,1; Eccl. 12,9; Sir. 1,8; Sir. 6,34; Sir. 20,5; 1Cor. 1,20; 1Cor. 3,18; 1Cor. 6,5)
  σοφός ▸ 57 + 3 = 60
    Adjective · masculine · singular · nominative · noDegree ▸ 57 + 3 = **60** (Ex. 35,10; Ex. 36,1; Ex. 36,8; Deut. 4,6; 1Sam. 16,18; 2Sam. 13,3; 2Sam. 14,20; 1Kings 2,9; 1Chr. 22,15; 4Mac. 7,23; Psa. 106,43; Ode. 3,10; Prov. 1,5; Prov. 9,12; Prov. 9,12; Prov. 10,1; Prov. 10,4a; Prov. 10,8; Prov. 13,20; Prov. 14,16; Prov. 15,20; Prov. 16,14; Prov. 19,20; Prov. 20,26; Prov. 21,11; Prov. 21,22; Prov. 23,19; Prov. 24,5; Prov. 25,12; Prov. 26,5; Prov. 27,11; Prov. 28,11; Prov. 29,9; Prov. 29,11; Eccl. 2,16; Eccl. 2,19; Eccl. 4,13; Eccl. 8,17; Job 9,4; Job 15,2; Job 34,34; Sir. 6,33; Sir. 9,17; Sir. 10,1; Sir. 18,27; Sir. 20,7; Sir. 20,13; Sir. 20,27; Sir. 33,2; Sir. 37,22; Sir. 37,23; Sir. 37,24; Sir. 37,26; Hos. 14,10; Is. 31,2; Jer. 9,22; Dan. 5,11; 1Cor. 3,10; 1Cor. 3,18; James 3,13)
  σοφοῦ ▸ 14
    Adjective · masculine · singular · genitive · noDegree ▸ **14** (Psa. 57,6; Prov. 13,14; Prov. 16,23; Prov. 17,24; Prov. 21,20; Eccl. 2,14; Eccl. 2,16; Eccl. 7,5; Eccl. 8,5; Eccl. 10,2; Eccl. 10,12; Wis. 4,17; Sir. 3,29; Sir. 21,13)
  σοφούς ▸ 1 + 1 = 2
    Adjective · masculine · plural · accusative · noDegree ▸ 1 + 1 = **2** (Eccl. 8,1; 1Cor. 1,27)
  σοφούς ▸ 13 + 6 + 3 = 22
    Adjective · masculine · plural · accusative · noDegree ▸ 13 + 6 + 3 = **22** (Gen. 41,8; Deut. 1,13; Deut. 1,15; 1Esdr. 5,6; Psa. 48,10; Prov. 16,21; Job 5,13; Obad. 8; Jer. 28,57; Dan. 1,4; Dan. 1,20; Dan. 2,12; Dan. 5,11; Dan. 2,12; Dan. 2,14; Dan. 2,24; Dan. 2,24; Dan. 2,48; Dan. 4,6; Matt. 23,34; Rom. 16,19; 1Cor. 3,19)
  σοφῷ ▸ 6 + 1 = 7
    Adjective · masculine · singular · dative · noDegree ▸ 6 + 1 = **7** (Prov. 9,9; Prov. 13,13a; Prov. 23,24; Eccl. 6,8; Eccl. 7,19; Sir. 10,25; Rom. 16,27)
  σοφῶν ▸ 26 + 2 + 4 = 32
    Adjective · masculine · plural · genitive · noDegree ▸ 26 + 2 + 4 = **32** (Deut. 16,19; 2Chr. 2,6; 2Chr. 2,13; 2Chr. 2,13; Prov. 1,6; Prov. 12,18; Prov. 14,3; Prov. 14,24; Prov. 15,2; Prov. 15,7; Prov. 15,12; Prov. 18,15; Prov. 22,17; Prov. 24,7; Prov. 30,24; Eccl. 7,4; Eccl. 9,17; Eccl. 12,11; Wis. 6,24; Wis. 7,15; Sir. 8,8; Sir. 9,14; Sir. 20,29; Sir. 21,26; Is. 29,14; Dan. 2,27; Dan. 2,18; Dan. 2,27; Matt. 11,25; Luke 10,21; 1Cor. 1,19; 1Cor. 3,20)
  σοφώτερα ▸ 1
    Adjective · neuter · plural · nominative · comparative ▸ **1** (Prov. 30,24)
  σοφώτερον ▸ 1 + 1 = 2
    Adjective · masculine · singular · accusative · comparative ▸ 1 + 1 = **2** (1Esdr. 3,5; 1Cor. 1,25)
  σοφώτερος ▸ 7
    Adjective · masculine · singular · nominative · comparative ▸ **7** (1Esdr. 3,9; 1Esdr. 4,42; Prov. 1,5; Prov. 6,6; Prov. 9,9; Prov. 26,16; Ezek. 28,3)
  σοφωτέρους ▸ 1
    Adjective · masculine · plural · accusative · comparative ▸ **1** (Dan. 1,20)
σοφόω (σοφός) to make wise ▸ 1
  σοφοῖ ▸ 1
    Verb · third · singular · present · active · indicative ▸ **1** (Psa. 145,8)
σοφῶς (σοφός) wisely ▸ 2
  σοφῶς ▸ 2
    Adverb ▸ **2** (Prov. 31,28; Is. 40,20)
Σοχοχα Secacah ▸ 1
  Σοχοχα ▸ 1
    Noun · singular · nominative · (proper) ▸ **1** (Josh. 15,61)
σπάδων (σπάω) eunuch ▸ 2
  σπάδοντας ▸ 1
    Noun · masculine · plural · accusative · (common) ▸ **1** (Is. 39,7)
  σπάδοντι ▸ 1
    Noun · masculine · singular · dative · (common) ▸ **1** (Gen. 37,36)
σπαίρω to gasp ▸ 1
  σπαίροντας ▸ 1
    Verb · present · active · participle · masculine · plural · accusative ▸ **1** (4Mac. 15,15)

Σπανία Spain ▸ 1 + 2 = 3
  Σπανίαν ▸ 2
    Noun · feminine · singular · accusative · (proper) ▸ 2 (Rom. 15,24; Rom. 15,28)
  Σπανίας ▸ 1
    Noun · feminine · singular · genitive · (proper) ▸ 1 (1Mac. 8,3)
σπανίζω (σπάνις) to be scarce; to be wanting ▸ 4
  ἐσπανίσθη ▸ 1
    Verb · third · singular · aorist · passive · indicative ▸ 1 (Judith 11,12)
  ἐσπανισμένους ▸ 1
    Verb · perfect · passive · participle · masculine · plural · accusative ▸ 1 (2Kings 14,26)
  σπανίζεται ▸ 1
    Verb · third · singular · present · passive · indicative ▸ 1 (Job 14,11)
  σπανίσαι ▸ 1
    Verb · aorist · active · infinitive ▸ 1 (Dan. 9,24)
σπάνιος (σπάνις) rare, scarce ▸ 1
  σπάνιον ▸ 1
    Adjective · masculine · singular · accusative · noDegree ▸ 1 (Prov. 25,17)
σπάνις scarcity ▸ 1
  σπάνει ▸ 1
    Noun · feminine · singular · dative · (common) ▸ 1 (Judith 8,9)
σπαράσσω (σπάω) to tear apart; to throw into convulsions ▸ 4 + 3 = 7
  ἐσπαραγμέναι ▸ 1
    Verb · perfect · passive · participle · feminine · plural · nominative ▸ 1 (3Mac. 4,6)
  ἐσπάραξεν ▸ 1
    Verb · third · singular · aorist · active · indicative ▸ 1 (Dan. 8,7)
  ἐσπαράχθησαν ▸ 1
    Verb · third · plural · aorist · passive · indicative ▸ 1 (2Sam. 22,8)
  σπαράξαν ▸ 1
    Verb · aorist · active · participle · neuter · singular · nominative ▸ 1 (Mark 1,26)
  σπαράξας ▸ 1
    Verb · aorist · active · participle · masculine · singular · nominative ▸ 1 (Mark 9,26)
  σπαράσσει ▸ 1
    Verb · third · singular · present · active · indicative ▸ 1 (Luke 9,39)
  σπαράσσεται ▸ 1
    Verb · third · singular · present · passive · indicative ▸ 1 (Jer. 4,19)
σπάργανον (σπάργω) baby cloths ▸ 2
  σπαργάνοις ▸ 2
    Noun · masculine · plural · dative · (common) ▸ 1 (Wis. 7,4)
    Noun · neuter · plural · dative · (common) ▸ 1 (Ezek. 16,4)
σπαργανόω (σπάργω) to wrap in baby cloths ▸ 2 + 2 = 4
  ἐσπαργανώθης ▸ 1
    Verb · second · singular · aorist · passive · indicative ▸ 1 (Ezek. 16,4)
  ἐσπαργανωμένον ▸ 1
    Verb · perfect · passive · participle · neuter · singular · accusative · (variant) ▸ 1 (Luke 2,12)
  ἐσπαργάνωσα ▸ 1
    Verb · first · singular · aorist · active · indicative ▸ 1 (Job 38,9)
  ἐσπαργάνωσεν ▸ 1
    Verb · third · singular · aorist · active · indicative ▸ 1 (Luke 2,7)
Σπάρτη Sparta ▸ 1
  Σπάρτης ▸ 1
    Noun · feminine · singular · genitive · (proper) ▸ 1 (1Mac. 14,16)
Σπαρτιᾶται Spartan ▸ 9
  Σπαρτιᾶται ▸ 1
    Noun · masculine · plural · nominative · (proper) ▸ 1 (1Mac. 14,20)
  Σπαρτιάταις ▸ 3
    Noun · masculine · plural · dative · (proper) ▸ 3 (1Mac. 12,5; 1Mac. 12,6; 1Mac. 15,23)
  Σπαρτιάτας ▸ 1
    Noun · feminine · plural · accusative · (proper) ▸ 1 (1Mac. 12,2)
  Σπαρτιατῶν ▸ 4
    Noun · masculine · plural · genitive · (proper) ▸ 4 (1Mac. 12,20; 1Mac. 12,21; 1Mac. 14,20; 1Mac. 14,23)
σπαρτίον (σπείρω) small cord ▸ 9 + 1 = 10
  σπαρτίον ▸ 8 + 1 = 9
    Noun · neuter · singular · accusative · (common) ▸ 2 + 1 = 3 (Josh. 2,18; Job 38,5; Judg. 16,12)
    Noun · neuter · singular · nominative · (common) ▸ 6 (Eccl. 4,12; Song 4,3; Song 6,7; Is. 34,11; Jer. 52,21; Ezek. 40,3)
  σπαρτίου ▸ 1
    Noun · neuter · singular · genitive · (common) ▸ 1 (Gen. 14,23)
σπασμός (σπάω) spasm, convulsion ▸ 1
  σπασμοὺς ▸ 1
    Noun · masculine · plural · accusative · (common) ▸ 1 (2Mac. 5,2)
σπαταλάω (σπατάλη) to live in luxury ▸ 2 + 2 = 4
  ἐσπαταλήσατε ▸ 1
    Verb · second · plural · aorist · active · indicative ▸ 1 (James 5,5)
  ἐσπατάλων ▸ 1
    Verb · third · plural · imperfect · active · indicative ▸ 1 (Ezek. 16,49)
  σπαταλῶν ▸ 1
    Verb · present · active · participle · masculine · singular · nominative ▸ 1 (Sir. 21,15)
  σπαταλῶσα ▸ 1
    Verb · present · active · participle · feminine · singular · nominative ▸ 1 (1Tim. 5,6)
σπατάλη luxury; overindulgence ▸ 1
  σπατάλῃ ▸ 1
    Noun · feminine · singular · dative · (common) ▸ 1 (Sir. 27,13)
σπάω to draw out; draw in; suck, sniff ▸ 30 + 3 + 2 = 35
  ἔσπασα ▸ 1
    Verb · first · singular · aorist · active · indicative ▸ 1 (Wis. 7,3)
  ἐσπάσαντο ▸ 1
    Verb · third · plural · aorist · middle · indicative ▸ 1 (Psa. 36,14)
  ἐσπάσατο ▸ 3
    Verb · third · singular · aorist · middle · indicative ▸ 3 (2Sam. 23,8; 1Chr. 11,11; 1Chr. 11,20)
  ἔσπασεν ▸ 1 + 1 = 2
    Verb · third · singular · aorist · active · indicative ▸ 1 + 1 = 2 (Judg. 8,20; Judg. 8,20)
  ἐσπασμένη ▸ 4
    Verb · perfect · passive · participle · feminine · singular · nominative ▸ 4 (Josh. 5,13; 1Chr. 21,16; Ezek. 21,33; Ezek. 21,33)
  ἐσπασμένην ▸ 2
    Verb · perfect · passive · participle · feminine · singular · accusative ▸ 2 (Num. 22,23; Num. 22,31)
  ἐσπασμένοι ▸ 1

Verb · perfect · middle · participle · masculine · plural · nominative
▸ **1** (Judg. 20,25)

ἐσπασμένους ▸ **1**
Verb · perfect · middle · participle · masculine · plural · accusative
▸ **1** (2Kings 3,26)

ἐσπασμένων ▸ **3**
Verb · perfect · middle · participle · masculine · plural · genitive
▸ **3** (Judg. 8,10; 1Chr. 21,5; 1Chr. 21,5)

Σπάσαι ▸ **3**
Verb · second · singular · aorist · middle · imperative ▸ **3** (Judg. 9,54; 1Sam. 31,4; 1Chr. 10,4)

σπάσαι ▸ **1**
Verb · aorist · active · infinitive ▸ **1** (Ezek. 26,15)

σπασάμενος ▸ **1** + **2** = **3**
Verb · aorist · middle · participle · masculine · singular · nominative ▸ **1** + **2** = **3** (Psa. 151,7; Mark 14,47; Acts 16,27)

σπάσῃς ▸ **1**
Verb · second · singular · aorist · active · subjunctive ▸ **1** (Sir. 22,21)

Σπάσον ▸ **1**
Verb · second · singular · aorist · active · imperative ▸ **1** (Judg. 9,54)

σπώμενοι ▸ **1**
Verb · present · middle · participle · masculine · plural · nominative ▸ **1** (Judg. 20,35)

σπωμένων ▸ **5** + **1** = **6**
Verb · present · middle · participle · masculine · plural · genitive ▸ **5** + **1** = **6** (Judg. 20,2; Judg. 20,15; Judg. 20,17; Judg. 20,46; 2Sam. 24,9; Judg. 8,10)

σπῶνται ▸ **1**
Verb · third · plural · present · middle · indicative ▸ **1** (1Esdr. 3,22)

σπεῖρα   military unit; cohort ▸ **4** + **7** = **11**

σπεῖρα ▸ **1**
Noun · feminine · singular · nominative ▸ **1** (John 18,12)

σπεῖραν ▸ **3**
Noun · feminine · singular · accusative ▸ **3** (Matt. 27,27; Mark 15,16; John 18,3)

σπείρας ▸ **3**
Noun · feminine · plural · accusative · (common) ▸ **1** (Judith 14,11)
Noun · feminine · singular · genitive · (common) ▸ **2** (2Mac. 8,23; 2Mac. 12,22)

σπείρης ▸ **3**
Noun · feminine · singular · genitive ▸ **3** (Acts 10,1; Acts 21,31; Acts 27,1)

σπειρῶν ▸ **1**
Noun · feminine · plural · genitive · (common) ▸ **1** (2Mac. 12,20)

σπειρηδόν (σπεῖρα)   by units; by cohorts ▸ **2**

σπειρηδὸν ▸ **2**
Adverb ▸ **2** (2Mac. 5,2; 2Mac. 12,20)

σπείρω   to sow ▸ **60** + **2** + **52** = **114**

ἔσπαρκας ▸ **1**
Verb · second · singular · perfect · active · indicative ▸ **1** (Is. 37,30)

ἐσπαρμένη ▸ **1**
Verb · perfect · passive · participle · feminine · singular · nominative ▸ **1** (Jer. 37,17)

ἐσπαρμένον ▸ **2**
Verb · perfect · passive · participle · masculine · singular · accusative ▸ **1** (Mark 4,15)
Verb · perfect · passive · participle · neuter · singular · accusative ▸ **1** (Matt. 13,19)

ἔσπειρα ▸ **2**
Verb · first · singular · aorist · active · indicative ▸ **2** (Matt. 25,26; Luke 19,22)

ἐσπείραμεν ▸ **1**
Verb · first · plural · aorist · active · indicative ▸ **1** (1Cor. 9,11)

ἔσπειραν ▸ **2** + **1** = **3**
Verb · third · plural · aorist · active · indicative ▸ **2** + **1** = **3** (Psa. 106,37; Hos. 8,7; Judg. 6,3)

ἔσπειρας ▸ **3**
Verb · second · singular · aorist · active · indicative ▸ **3** (Matt. 13,27; Matt. 25,24; Luke 19,21)

ἐσπείρατε ▸ **1**
Verb · second · plural · aorist · active · indicative ▸ **1** (Hag. 1,6)

ἔσπειρεν ▸ **4** + **1** + **1** = **6**
Verb · third · singular · aorist · active · indicative ▸ **4** + **1** + **1** = **6** (Ex. 32,20; Judg. 6,3; Judg. 9,45; 4Mac. 10,2; Judg. 9,45; Matt. 13,31)

Ἔσπειρεν ▸ **1**
Verb · third · singular · aorist · active · indicative ▸ **1** (Gen. 26,12)

σπαρείς ▸ **4**
Verb · aorist · passive · participle · masculine · singular · nominative ▸ **4** (Matt. 13,19; Matt. 13,20; Matt. 13,22; Matt. 13,23)

σπαρέντες ▸ **1**
Verb · aorist · passive · participle · masculine · plural · nominative ▸ **1** (Mark 4,20)

σπαρῇ ▸ **2**
Verb · third · singular · aorist · passive · subjunctive ▸ **2** (Mark 4,31; Mark 4,32)

σπαρήσεσθε ▸ **1**
Verb · second · plural · future · passive · indicative ▸ **1** (Ezek. 36,9)

σπαρήσεται ▸ **3**
Verb · third · singular · future · passive · indicative ▸ **3** (Lev. 11,37; Deut. 29,22; Nah. 1,14)

σπεῖραι ▸ **2**
Verb · aorist · active · infinitive ▸ **2** (Mark 4,3; Luke 8,5)

σπείραιμι ▸ **1**
Verb · first · singular · aorist · active · optative ▸ **1** (Job 31,8)

σπείραντες ▸ **1**
Verb · aorist · active · participle · masculine · plural · nominative ▸ **1** (Is. 37,30)

σπείραντι ▸ **1**
Verb · aorist · active · participle · masculine · singular · dative ▸ **1** (Matt. 13,24)

σπείραντος ▸ **1**
Verb · aorist · active · participle · masculine · singular · genitive ▸ **1** (Matt. 13,18)

σπείρας ▸ **1**
Verb · aorist · active · participle · masculine · singular · nominative ▸ **1** (Matt. 13,39)

σπείρατε ▸ **3**
Verb · second · plural · aorist · active · imperative ▸ **3** (Gen. 47,23; Hos. 10,12; Jer. 12,13)

σπεῖρε ▸ **1**
Verb · second · singular · present · active · imperative ▸ **1** (Sir. 7,3)

σπείρει ▸ **2** + **1** = **3**
Verb · third · singular · present · active · indicative ▸ **2** + **1** = **3** (Is. 28,25; Is. 28,25; Mark 4,14)

σπείρειν ▸ 4
: **Verb** · present · active · infinitive ▸ 4 (Matt. 13,3; Matt. 13,4; Mark 4,4; Luke 8,5)

σπείρεις ▸ 3
: **Verb** · second · singular · present · active · indicative ▸ 3 (1Cor. 15,36; 1Cor. 15,37; 1Cor. 15,37)

σπείρεται ▸ 2 + 6 = 8
: **Verb** · third · singular · present · passive · indicative ▸ 2 + 6 = 8 (Num. 20,5; Deut. 21,4; Mark 4,15; 1Cor. 15,42; 1Cor. 15,43; 1Cor. 15,43; 1Cor. 15,44; James 3,18)

σπείρῃ ▸ 1
: **Verb** · third · singular · present · active · subjunctive ▸ 1 (Gal. 6,7)

σπείρῃς ▸ 3
: **Verb** · second · singular · aorist · active · subjunctive ▸ 3 (Ex. 23,16; Deut. 22,9; Is. 17,11)

σπείρητε ▸ 2
: **Verb** · second · plural · aorist · active · subjunctive ▸ 2 (Jer. 4,3; Jer. 42,7)

σπειρόμενοι ▸ 2
: **Verb** · present · passive · participle · masculine · plural · nominative · (variant) ▸ 2 (Mark 4,16; Mark 4,18)

σπειρόμενον ▸ 1
: **Verb** · present · passive · participle · neuter · singular · nominative ▸ 1 (Is. 19,7)

σπεῖρον ▸ 5
: **Verb** · present · active · participle · neuter · singular · accusative ▸ 3 (Gen. 1,11; Gen. 1,12; Gen. 1,29)
: **Verb** · second · singular · aorist · active · imperative ▸ 2 (Num. 17,2; Eccl. 11,6)

σπείροντες ▸ 4
: **Verb** · present · active · participle · masculine · plural · nominative ▸ 4 (Psa. 125,5; Prov. 11,24; Job 4,8; Is. 32,20)

σπείροντι ▸ 1 + 1 = 2
: **Verb** · present · active · participle · masculine · singular · dative ▸ 1 + 1 = 2 (Is. 55,10; 2Cor. 9,10)

σπείρουσιν ▸ 2
: **Verb** · third · plural · present · active · indicative ▸ 2 (Matt. 6,26; Luke 12,24)

σπείρωμεν ▸ 2
: **Verb** · first · plural · aorist · active · subjunctive ▸ 2 (Gen. 47,19; Lev. 25,20)

σπείρων ▸ 4 + 11 = 15
: **Verb** · present · active · participle · masculine · singular · nominative ▸ 4 + 11 = 15 (Prov. 11,21; Prov. 22,8; Sir. 6,19; Is. 5,10; Matt. 13,3; Matt. 13,37; Mark 4,3; Mark 4,14; Luke 8,5; John 4,36; John 4,37; 2Cor. 9,6; 2Cor. 9,6; Gal. 6,8; Gal. 6,8)

σπείρωσι ▸ 1
: **Verb** · third · plural · aorist · active · subjunctive ▸ 1 (1Esdr. 4,6)

σπείρωσιν ▸ 2
: **Verb** · third · plural · aorist · active · subjunctive ▸ 1 (Is. 40,24)
: **Verb** · third · plural · present · active · subjunctive ▸ 1 (Deut. 11,10)

σπερεῖ ▸ 1
: **Verb** · third · singular · future · active · indicative ▸ 1 (Eccl. 11,4)

σπερεῖς ▸ 4
: **Verb** · second · singular · future · active · indicative ▸ 4 (Ex. 23,10; Lev. 25,3; Lev. 25,4; Mic. 6,15)

σπερεῖτε ▸ 3
: **Verb** · second · plural · future · active · indicative ▸ 3 (Lev. 25,11; Lev. 25,22; Lev. 26,16)

σπερῶ ▸ 3
: **Verb** · first · singular · future · active · indicative ▸ 3 (Hos. 2,25; Zech. 10,9; Jer. 38,27)

σπεκουλάτωρ executioner ▸ 1
σπεκουλάτορα ▸ 1
: **Noun** · masculine · singular · accusative ▸ 1 (Mark 6,27)

σπένδω to pour out as a drink-offering ▸ 19 + 1 + 2 = 22
ἐσπείσαμεν ▸ 2
: **Verb** · first · plural · aorist · active · indicative ▸ 2 (Jer. 51,19; Jer. 51,19)

ἔσπεισαν ▸ 4
: **Verb** · third · plural · aorist · active · indicative ▸ 4 (Hos. 9,4; Jer. 7,18; Jer. 19,13; Ezek. 20,28)

ἔσπεισεν ▸ 5
: **Verb** · third · singular · aorist · active · indicative ▸ 5 (Gen. 35,14; 2Sam. 23,16; 1Chr. 11,18; 4Mac. 3,16; Sir. 50,15)

ἔσπενδον ▸ 1
: **Verb** · third · plural · imperfect · active · indicative ▸ 1 (Jer. 39,29)

σπεῖσαι ▸ 1
: **Verb** · aorist · active · infinitive ▸ 1 (Dan. 2,46)

σπείσει ▸ 1
: **Verb** · third · singular · future · active · indicative ▸ 1 (Ex. 38,12)

σπείσεις ▸ 3
: **Verb** · second · singular · future · active · indicative ▸ 3 (Ex. 25,29; Ex. 30,9; Num. 28,7)

σπένδει ▸ 1
: **Verb** · third · singular · present · active · indicative ▸ 1 (Num. 4,7)

σπένδειν ▸ 2
: **Verb** · present · active · infinitive ▸ 2 (Jer. 51,17; Jer. 51,25)

σπένδομαι ▸ 2
: **Verb** · first · singular · present · passive · indicative · (variant) ▸ 2 (Phil. 2,17; 2Tim. 4,6)

σπέρμα (σπείρω) seed, offspring ▸ 265 + 14 + 43 = 322
Σπέρμα ▸ 1 + 1 = 2
: **Noun** · neuter · singular · nominative · (common) ▸ 1 (Sir. 10,19)
: **Noun** · neuter · singular · vocative · (common) ▸ 1 (Sus. 56)

σπέρμα ▸ 158 + 3 + 24 = 185
: **Noun** · neuter · singular · accusative · (common) ▸ 90 + 1 + 12 = 103 (Gen. 1,11; Gen. 1,12; Gen. 1,29; Gen. 4,25; Gen. 7,3; Gen. 13,16; Gen. 15,3; Gen. 16,10; Gen. 19,32; Gen. 19,34; Gen. 21,23; Gen. 22,17; Gen. 26,4; Gen. 26,24; Gen. 32,13; Gen. 38,8; Gen. 38,9; Gen. 46,7; Gen. 47,19; Gen. 47,23; Gen. 47,24; Gen. 48,11; Ex. 32,13; Lev. 11,37; Lev. 11,38; Lev. 21,15; Num. 5,28; Num. 14,24; Num. 23,10; Deut. 3,3; Deut. 4,37; Deut. 10,15; Deut. 22,9; Deut. 25,5; Deut. 28,38; Josh. 24,3; 1Sam. 1,11; 1Sam. 2,20; 1Sam. 2,31; 1Sam. 2,31; 1Sam. 24,22; 2Sam. 7,12; 2Kings 11,1; 2Kings 14,27; 1Chr. 17,11; 2Chr. 22,10; 1Esdr. 8,85; Ezra 2,59; Neh. 7,61; 2Mac. 7,17; 3Mac. 6,3; Psa. 20,11; Psa. 36,25; Psa. 88,5; Psa. 88,30; Psa. 105,27; Ode. 7,36; Eccl. 11,6; Wis. 10,15; Wis. 14,6; Sir. 44,21; Sir. 47,20; Sir. 47,22; Sol. 9,9; Sol. 17,7; Sol. 17,9; Sol. 18,3; Mal. 2,15; Is. 1,9; Is. 14,22; Is. 14,30; Is. 15,9; Is. 17,5; Is. 17,10; Is. 31,9; Is. 37,31; Is. 43,5; Is. 44,3; Is. 48,14; Is. 53,10; Is. 55,10; Is. 65,9; Jer. 7,15; Jer. 23,8; Jer. 26,27; Jer. 27,16; Jer. 38,27; Jer. 38,27; Jer. 42,7; Dan. 3,36; Dan. 3,36; Matt. 13,24; Matt. 13,27; Matt. 13,37; Matt. 22,24; Matt. 22,25; Mark 12,19; Mark 12,20; Mark 12,21; Mark 12,22; Luke 20,28; Rom. 9,8; Rom. 9,29)
: **Noun** · neuter · singular · nominative · (common) ▸ 68 + 2 + 12 = 82 (Gen. 1,11; Gen. 1,12; Gen. 8,22; Gen. 13,16; Gen. 15,5; Gen. 15,13; Gen. 17,9; Gen. 21,12; Gen. 21,13; Gen. 22,17; Gen.

σπέρμα–σπεύδω 2227

24,60; Gen. 28,14; Gen. 38,9; Gen. 46,6; Gen. 48,19; Ex. 16,31; Lev. 22,13; Num. 11,7; Num. 21,30; Num. 23,10; Num. 23,10; Num. 24,20; Deut. 30,19; 1Chr. 16,13; 1Esdr. 8,67; Ezra 9,2; Tob. 4,12; Tob. 8,6; Psa. 21,24; Psa. 21,24; Psa. 21,31; Psa. 24,13; Psa. 36,26; Psa. 36,28; Psa. 68,37; Psa. 88,37; Psa. 101,29; Psa. 104,6; Psa. 111,2; Prov. 11,18; Job 5,25; Wis. 3,16; Wis. 12,11; Sir. 10,19; Sir. 10,19; Sir. 10,19; Sir. 10,19; Sir. 10,19; Sir. 44,12; Sir. 44,13; Sir. 46,9; Is. 1,4; Is. 14,20; Is. 23,3; Is. 33,2; Is. 41,8; Is. 45,25; Is. 48,19; Is. 54,3; Is. 57,3; Is. 57,4; Is. 61,9; Is. 61,9; Is. 65,23; Is. 66,22; Jer. 42,9; Ezek. 31,17; Sus. 56; Tob. 8,6; Dan. 11,6; Matt. 13,38; John 8,33; John 8,37; Acts 7,6; Rom. 4,18; Rom. 9,7; Rom. 9,7; 2Cor. 11,22; Gal. 3,19; Gal. 3,29; Heb. 11,18; 1John 3,9)

σπέρμασιν ▸ 1
  Noun · neuter · plural · dative · **1** (Gal. 3,16)

σπέρματα ▸ 4 + 2 = 6
  Noun · neuter · plural · accusative · (common) ▸ 4 + 1 = **5** (Lev. 26,16; 1Sam. 8,15; Psa. 125,6; Is. 61,11; Dan. 1,16)
  Noun · neuter · plural · nominative · (common) ▸ **1** (Dan. 11,31)

σπέρματι ▸ 25 + 1 + 5 = 31
  Noun · neuter · singular · dative · (common) ▸ 25 + 1 + 5 = **31** (Gen. 9,9; Gen. 17,19; Ex. 28,43; Ex. 32,13; Ex. 33,1; Num. 25,13; Deut. 1,8; Deut. 11,9; Deut. 34,4; 2Sam. 22,51; 1Kings 2,33; 2Kings 17,20; 2Chr. 20,7; Neh. 9,8; Esth. 9,27; Psa. 17,51; Ode. 9,55; Sir. 44,21; Sir. 45,15; Sir. 45,21; Sir. 45,24; Sir. 45,25; Is. 30,23; Is. 45,19; Ezek. 20,5; Dan. 2,43; Luke 1,55; Acts 7,5; Rom. 4,13; Rom. 4,16; Gal. 3,16)

σπέρματί ▸ 17 + 2 = 19
  Noun · neuter · singular · dative · (common) ▸ 17 + 2 = **19** (Gen. 12,7; Gen. 13,15; Gen. 15,18; Gen. 17,8; Gen. 22,18; Gen. 24,7; Gen. 26,3; Gen. 26,4; Gen. 26,4; Gen. 28,4; Gen. 28,13; Gen. 28,14; Gen. 35,12; Gen. 48,4; Num. 18,19; Deut. 28,46; 2Kings 5,27; Acts 3,25; Gal. 3,16)

σπέρματος ▸ 44 + 5 + 8 = 57
  Noun · neuter · singular · genitive · (common) ▸ 44 + 5 + 8 = **57** (Gen. 1,29; Gen. 3,15; Lev. 15,16; Lev. 15,17; Lev. 15,18; Lev. 15,32; Lev. 19,20; Lev. 20,2; Lev. 20,3; Lev. 20,4; Lev. 21,21; Lev. 22,3; Lev. 22,4; Lev. 22,4; Lev. 27,30; Num. 5,13; Num. 17,5; Num. 24,7; Deut. 31,21; Ruth 4,12; 2Sam. 4,8; 1Kings 2,33; 1Kings 2,35l; 1Kings 11,14; 1Kings 18,32; 2Kings 25,25; Tob. 1,1; Tob. 1,9; Tob. 4,12; 1Mac. 5,62; 1Mac. 7,14; Ode. 12,1; Wis. 7,2; Sir. 1,15; Sir. 41,6; Sir. 44,11; Sir. 47,23; Sol. 17,4; Is. 14,29; Jer. 22,30; Ezek. 17,5; Ezek. 17,13; Ezek. 43,19; Ezek. 44,22; Tob. 1,1; Tob. 1,9; Tob. 6,19; Dan. 1,3; Dan. 9,1; John 7,42; Acts 13,23; Rom. 1,3; Rom. 11,1; 2Tim. 2,8; Heb. 2,16; Heb. 11,11; Rev. 12,17)

σπέρματός ▸ 15 + 1 = 16
  Noun · neuter · singular · genitive · (common) ▸ 15 + 1 = **16** (Gen. 3,15; Gen. 17,7; Gen. 17,7; Gen. 17,10; Gen. 17,12; Lev. 18,20; Lev. 18,21; Deut. 14,22; Deut. 28,59; Deut. 30,6; 1Sam. 20,42; 1Sam. 20,42; 1Kings 1,48; Is. 58,7; Is. 59,21; Tob. 13,17)

σπερμάτων ▸ 1 + 1 + 3 = 5
  Noun · neuter · plural · genitive · (common) ▸ 1 + 1 + 3 = **5** (4Mac. 18,1; Dan. 1,12; Matt. 13,32; Mark 4,31; 1Cor. 15,38)

σπερματίζω (σπείρω) to seed; to impregnate ▸ 2
  σπερματίζον ▸ 1
    Verb · present · active · participle · neuter · singular · nominative ▸ **1** (Ex. 9,31)
  σπερματισθῇ ▸ 1
    Verb · third · singular · aorist · passive · subjunctive ▸ **1** (Lev. 12,2)

σπερματισμός (σπείρω) insemination ▸ 1
  σπερματισμὸν ▸ 1
    Noun · masculine · singular · accusative · (common) ▸ **1** (Lev. 18,23)

σπερμολόγος (σπείρω; λέγω) babbler; scavenger; idea-picker ▸ 1
  σπερμολόγος ▸ 1
    Noun · masculine · singular · nominative ▸ **1** (Acts 17,18)

σπεύδω to hasten ▸ 64 + 2 + 6 = 72
  ἔσπευδεν ▸ 1 + 1 = 2
    Verb · third · singular · imperfect · active · indicative ▸ 1 + 1 = **2** (4Mac. 16,20; Acts 20,16)
  ἐσπεύδετο ▸ 1
    Verb · third · singular · imperfect · passive · indicative ▸ **1** (Esth. 3,15)
  ἔσπευδον ▸ 2
    Verb · third · plural · imperfect · active · indicative ▸ **2** (2Mac. 4,14; 4Mac. 14,5)
  ἔσπευσα ▸ 1
    Verb · first · singular · aorist · active · indicative ▸ **1** (Jer. 38,20)
  ἔσπευσαν ▸ 6 + 2 = 8
    Verb · third · plural · aorist · active · indicative ▸ 6 + 2 = **8** (Gen. 44,11; Ex. 15,15; 1Kings 21,33; 2Kings 9,13; 2Chr. 24,5; Ode. 1,15; Judg. 5,22; Judg. 20,41)
  ἔσπευσας ▸ 1
    Verb · second · singular · aorist · active · indicative ▸ **1** (1Sam. 25,34)
  ἔσπευσεν ▸ 18
    Verb · third · singular · aorist · active · indicative ▸ **18** (Gen. 18,6; Gen. 24,18; Gen. 24,20; Josh. 4,10; Josh. 8,14; Judg. 20,41; 1Sam. 25,18; 1Sam. 25,23; 1Sam. 28,20; 1Sam. 28,21; 1Sam. 28,24; 1Kings 18,7; 1Kings 21,41; 2Chr. 10,18; 2Chr. 26,20; Esth. 2,9; Wis. 4,14; Dan. 5,6)
  Σπεῦδε ▸ 1
    Verb · second · singular · present · active · imperative ▸ **1** (1Sam. 23,27)
  σπεῦδε ▸ 1
    Verb · second · singular · present · active · imperative ▸ **1** (Eccl. 5,1)
  σπεύδει ▸ 2
    Verb · third · singular · present · active · indicative ▸ **2** (Prov. 7,23; Prov. 28,22)
  σπεύδειν ▸ 1
    Verb · present · active · infinitive ▸ **1** (2Sam. 4,4)
  σπεύδοντας ▸ 1
    Verb · present · active · participle · masculine · plural · accusative ▸ **1** (2Pet. 3,12)
  σπεύδοντες ▸ 3
    Verb · present · active · participle · masculine · plural · nominative ▸ **3** (Esth. 8,14; Ezek. 30,9; Sus. 12)
  σπεύδων ▸ 3
    Verb · present · active · participle · masculine · singular · nominative ▸ **3** (2Mac. 9,14; Sir. 11,11; Is. 16,5)
  σπεύσαντας ▸ 1
    Verb · aorist · active · participle · masculine · plural · accusative ▸ **1** (3Mac. 3,1)
  σπεύσαντες ▸ 2 + 1 = 3
    Verb · aorist · active · participle · masculine · plural · nominative ▸ 2 + 1 = **3** (Gen. 45,9; Josh. 8,19; Luke 2,16)
  σπεύσας ▸ 5 + 2 = 7
    Verb · aorist · active · participle · masculine · singular · nominative ▸ 5 + 2 = **7** (Ex. 34,8; 1Sam. 4,14; 1Sam. 4,16; Wis. 18,21; Dan. 3,91; Luke 19,5; Luke 19,6)

σπεύσασα ▸ 3
: **Verb** · aorist · active · participle · feminine · singular · nominative ▸ **3** (Gen. 24,46; Judith 10,15; Judith 12,14)

σπεύσατε ▸ 3
: **Verb** · second · plural · aorist · active · imperative ▸ **3** (2Chr. 24,5; 2Mac. 11,37; Jer. 4,6)

σπεύσῃς ▸ 2
: **Verb** · second · singular · aorist · active · subjunctive ▸ **2** (Eccl. 7,9; Sir. 2,2)

Σπεῦσον ▸ 1
: **Verb** · second · singular · aorist · active · imperative ▸ **1** (Gen. 18,6)

σπεῦσον ▸ 4 + **1** = 5
: **Verb** · second · singular · aorist · active · imperative ▸ 4 + **1** = **5** (Gen. 19,22; 1Sam. 20,38; 2Sam. 17,16; Sir. 36,7; Acts 22,18)

σπεύσουσιν ▸ 2
: **Verb** · third · plural · future · active · indicative ▸ **2** (Mic. 4,1; Nah. 2,6)

σπήλαιον (σπέος) cave ▸ 54 + **1** + 6 = 61

σπήλαια ▸ 6 + **1** + 1 = 8
: **Noun** · neuter · plural · accusative · (common) ▸ 6 + **1** + 1 = **8** (2Mac. 6,11; Hab. 2,15; Is. 2,19; Is. 7,19; Is. 32,14; Jer. 4,29; Judg. 6,2; Rev. 6,15)

σπηλαίοις ▸ 5 + **1** = 6
: **Noun** · neuter · plural · dative · (common) ▸ 5 + **1** = **6** (Judg. 6,2; 1Sam. 13,6; 2Mac. 10,6; Is. 65,4; Ezek. 33,27; Heb. 11,38)

σπήλαιον ▸ 24 + 4 = 28
: **Noun** · neuter · singular · accusative · (common) ▸ 18 + 3 = **21** (Gen. 23,9; Gen. 23,11; Gen. 25,9; Gen. 25,10; Gen. 49,30; Gen. 50,13; Gen. 50,13; Josh. 10,16; Josh. 10,22; Josh. 10,27; Josh. 10,27; 1Sam. 22,1; 2Sam. 23,13; 1Kings 19,9; 1Kings 19,13; 1Chr. 11,15; Psa. 56,1; Jer. 27,26; Matt. 21,13; Mark 11,17; Luke 19,46)
: **Noun** · neuter · singular · nominative · (common) ▸ 6 + **1** = **7** (Gen. 23,17; Gen. 23,20; 1Sam. 24,4; Jer. 7,11; Jer. 12,9; Jer. 12,9; John 11,38)

σπηλαίου ▸ 6
: **Noun** · neuter · singular · genitive · (common) ▸ **6** (Gen. 49,32; Josh. 10,18; Josh. 10,22; Josh. 10,23; 1Sam. 24,4; 1Sam. 24,9)

σπηλαίῳ ▸ 13
: **Noun** · neuter · singular · dative · (common) ▸ **13** (Gen. 19,30; Gen. 23,17; Gen. 23,19; Gen. 49,29; Gen. 49,30; Josh. 10,17; Judg. 15,8; 1Sam. 24,11; 1Kings 18,4; 1Kings 18,13; Judith 16,23; Psa. 141,1; Is. 33,16)

σπιθαμή span width ▸ 8 + **1** = 9

σπιθαμῇ ▸ 1
: **Noun** · feminine · singular · dative · (common) ▸ **1** (Is. 40,12)

σπιθαμῆς ▸ 7 + **1** = 8
: **Noun** · feminine · singular · genitive · (common) ▸ 7 + **1** = **8** (Ex. 28,16; Ex. 28,16; Ex. 36,16; Ex. 36,16; Judg. 3,16; 1Sam. 17,4; Ezek. 43,13; Judg. 3,16)

σπιλάς (σπίλος) reef; spot, stain ▸ 1

σπιλάδες ▸ 1
: **Noun** · feminine · plural · nominative ▸ **1** (Jude 12)

σπίλος stain ▸ 2

σπίλοι ▸ 1
: **Noun** · masculine · plural · nominative ▸ **1** (2Pet. 2,13)

σπίλον ▸ 1
: **Noun** · masculine · singular · accusative ▸ **1** (Eph. 5,27)

σπιλόω (σπίλος) to stain ▸ 1 + 2 = 3

ἐσπιλωμένον ▸ 1
: **Verb** · perfect · passive · participle · masculine · singular · accusative · (variant) ▸ **1** (Jude 23)

σπιλοῦσα ▸ 1
: **Verb** · present · active · participle · feminine · singular · nominative ▸ **1** (James 3,6)

σπιλωθέν ▸ 1
: **Verb** · aorist · passive · participle · neuter · singular · nominative ▸ **1** (Wis. 15,4)

σπινθήρ spark ▸ 8

σπινθήρ ▸ 1
: **Noun** · feminine · singular · nominative · (common) ▸ **1** (Wis. 2,2)

σπινθῆρα ▸ 1
: **Noun** · masculine · singular · accusative · (common) ▸ **1** (Sir. 28,12)

σπινθῆρας ▸ 1
: **Noun** · masculine · plural · accusative · (common) ▸ **1** (Wis. 11,18)

σπινθῆρες ▸ 3
: **Noun** · masculine · plural · nominative · (common) ▸ **3** (Wis. 3,7; Is. 1,31; Ezek. 1,7)

σπινθῆρος ▸ 1
: **Noun** · masculine · singular · genitive · (common) ▸ **1** (Sir. 11,32)

σπινθηρός ▸ 1
: **Noun** · masculine · singular · genitive · (common) ▸ **1** (Sir. 42,22)

σπλαγχνίζομαι (σπλάγχνον) to have compassion ▸ 1 + 12 = 13

ἐσπλαγχνίσθη ▸ 6
: **Verb** · third · singular · aorist · passive · indicative ▸ **6** (Matt. 9,36; Matt. 14,14; Mark 6,34; Luke 7,13; Luke 10,33; Luke 15,20)

σπλαγχνίζειν ▸ 1
: **Verb** · present · active · infinitive ▸ **1** (2Mac. 6,8)

σπλαγχνίζομαι ▸ 2
: **Verb** · first · singular · present · passive · indicative · (variant) ▸ **2** (Matt. 15,32; Mark 8,2)

Σπλαγχνισθεὶς ▸ 1
: **Verb** · aorist · passive · participle · masculine · singular · nominative ▸ **1** (Matt. 18,27)

σπλαγχνισθεὶς ▸ 3
: **Verb** · aorist · passive · participle · masculine · singular · nominative ▸ **3** (Matt. 20,34; Mark 1,41; Mark 9,22)

σπλαγχνισμός (σπλάγχνον) eating entrails of a sacrifice ▸ 3

σπλαγχνισμόν ▸ 1
: **Noun** · masculine · singular · accusative · (common) ▸ **1** (2Mac. 6,7)

σπλαγχνισμοὺς ▸ 1
: **Noun** · masculine · plural · accusative · (common) ▸ **1** (2Mac. 7,42)

σπλαγχνισμῷ ▸ 1
: **Noun** · masculine · singular · dative · (common) ▸ **1** (2Mac. 6,21)

σπλάγχνον entrails, heart, affection ▸ 17 + 11 = 28

σπλάγχα ▸ 1
: **Noun** · neuter · plural · accusative · (common) ▸ **1** (Jer. 28,13)

σπλάγχνα ▸ 9 + 9 = 18
: **Noun** · neuter · plural · accusative · (common) ▸ 6 + 4 = **10** (2Mac. 9,6; 4Mac. 5,30; 4Mac. 11,19; 4Mac. 15,23; Ode. 9,78; Sol. 2,14; Luke 1,78; Col. 3,12; Philem. 20; 1John 3,17)
: **Noun** · neuter · plural · nominative · (common) ▸ 3 + 5 = **8** (Prov. 12,10; Sir. 30,7; Sir. 33,5; Acts 1,18; 2Cor. 7,15; Phil. 2,1; Philem. 7; Philem. 12)

σπλάγχνοις ▸ 1 + 2 = 3
: **Noun** · neuter · plural · dative · (common) ▸ 1 + 2 = **3** (Wis. 10,5; 2Cor. 6,12; Phil. 1,8)

σπλάγχνων ▸ 6
  Noun · neuter · plural · genitive · (common) ▸ **6** (2Mac. 9,5; 4Mac. 10,8; 4Mac. 14,13; 4Mac. 15,29; Prov. 26,22; Bar. 2,17)
σπλαγχνοφάγος (σπλάγχνον; φάγος) eating entrails of a sacrifice ▸ 1
  σπλαγχνοφάγον ▸ 1
    Adjective · feminine · singular · accusative · noDegree ▸ **1** (Wis. 12,5)
σπόγγος sponge ▸ 3
  σπόγγον ▸ 3
    Noun · masculine · singular · accusative ▸ **3** (Matt. 27,48; Mark 15,36; John 19,29)
σποδιά (σποδός) ashes ▸ 4
  σποδιάν ▸ 1
    Noun · feminine · singular · accusative · (common) ▸ **1** (Lev. 4,12)
  σποδιάν ▸ 1
    Noun · feminine · singular · accusative · (common) ▸ **1** (Num. 19,10)
  σποδιᾶς ▸ 2
    Noun · feminine · singular · genitive · (common) ▸ **2** (Lev. 4,12; Num. 19,17)
σποδοειδής (σποδός; εἶδος) ashen, ash colored ▸ 3
  σποδοειδεῖς ▸ 2
    Adjective · masculine · plural · accusative · noDegree ▸ **1** (Gen. 31,12)
    Adjective · masculine · plural · nominative · noDegree ▸ **1** (Gen. 31,10)
  σποδοειδῆ ▸ 1
    Adjective · neuter · plural · accusative · noDegree ▸ **1** (Gen. 30,39)
σποδόομαι (σποδός) to pour ashes on one's head ▸ 1
  ἐσποδώσαντο ▸ 1
    Verb · third · plural · aorist · middle · indicative ▸ **1** (Judith 4,11)
σποδός ashes ▸ 37 + 1 + 3 = 41
  σποδόν ▸ 4
    Noun · feminine · singular · accusative · (common) ▸ **4** (Esth. 4,2; 2Mac. 13,5; Job 42,6; Lam. 3,16)
  σποδόν ▸ 12
    Noun · feminine · singular · accusative · (common) ▸ **12** (Num. 19,9; 2Sam. 13,19; Esth. 4,1; Esth. 4,3; Judith 9,1; 1Mac. 3,47; 1Mac. 4,39; Psa. 101,10; Psa. 147,5; Is. 58,5; Ezek. 27,30; Ezek. 28,18)
  σποδός ▸ 4
    Noun · feminine · singular · nominative · (common) ▸ **4** (Gen. 18,27; 2Mac. 13,8; Sir. 10,9; Sir. 17,32)
  σποδός ▸ 4 + 1 = 5
    Noun · feminine · singular · nominative · (common) ▸ **4 + 1 = 5** (Judith 4,15; Wis. 15,10; Mal. 3,21; Is. 44,20; Heb. 9,13)
  σποδοῦ ▸ 6
    Noun · feminine · singular · genitive · (common) ▸ **6** (Lev. 1,16; Esth. 14,1 # 4,17k; 2Mac. 4,41; 2Mac. 13,5; Jonah 3,6; Is. 61,3)
  σποδῷ ▸ 7 + 1 + 2 = 10
    Noun · feminine · singular · dative · (common) ▸ **7 + 1 + 2 = 10** (2Mac. 13,8; Job 13,12; Job 30,19; Sir. 40,3; Jer. 6,26; Dan. 9,3; Bel 14; Dan. 9,3; Matt. 11,21; Luke 10,13)
σπονδεῖον (σπένδω) ash bowl ▸ 8
  σπονδεῖα ▸ 6
    Noun · neuter · plural · accusative · (common) ▸ **4** (Ex. 25,29; Ex. 38,12; Num. 4,7; 1Mac. 1,22)
    Noun · neuter · plural · nominative · (common) ▸ **2** (1Esdr. 2,9; 1Esdr. 2,9)
  σπονδείου ▸ 1
    Noun · neuter · singular · genitive · (common) ▸ **1** (Sir. 50,15)
  σπονδείων ▸ 1
    Noun · neuter · plural · genitive · (common) ▸ **1** (1Chr. 28,17)
σπονδή (σπένδω) drink-offering ▸ 67 + 1 = 68
  σπονδαί ▸ 19
    Noun · feminine · plural · nominative · (common) ▸ **19** (Lev. 23,18; Num. 7,87; Num. 29,6; Num. 29,6; Num. 29,16; Num. 29,19; Num. 29,22; Num. 29,24; Num. 29,25; Num. 29,27; Num. 29,28; Num. 29,30; Num. 29,31; Num. 29,33; Num. 29,34; Num. 29,37; Num. 29,38; 1Esdr. 6,30; Ezek. 45,17)
  σπονδάς ▸ 3
    Noun · feminine · plural · accusative · (common) ▸ **3** (Jer. 51,17; Jer. 51,19; Jer. 51,25)
  σπονδάς ▸ 12
    Noun · feminine · plural · accusative · (common) ▸ **12** (Lev. 23,37; Num. 28,31; Num. 29,39; 1Chr. 29,21; Ezra 7,17; Is. 57,6; Jer. 7,18; Jer. 19,13; Jer. 39,29; Jer. 51,19; Ezek. 20,28; Dan. 2,46)
  σπονδή ▸ 2 + 1 = 3
    Noun · feminine · singular · nominative · (common) ▸ **2 + 1 = 3** (Joel 1,13; Dan. 9,27; Dan. 9,27)
  σπονδή ▸ 7
    Noun · feminine · singular · nominative · (common) ▸ **7** (Num. 6,15; Num. 28,14; Num. 28,15; Num. 29,11; Num. 29,18; Num. 29,21; Joel 1,9)
  σπονδήν ▸ 20
    Noun · feminine · singular · accusative · (common) ▸ **20** (Gen. 35,14; Ex. 29,40; Ex. 29,41; Ex. 30,9; Lev. 23,13; Num. 6,17; Num. 15,5; Num. 15,7; Num. 15,10; Num. 15,24; Num. 28,7; Num. 28,7; Num. 28,8; Num. 28,9; Num. 28,10; Num. 28,24; 2Kings 16,13; 2Kings 16,15; 1Mac. 1,45; Joel 2,14)
  σπονδῶν ▸ 4
    Noun · feminine · plural · genitive · (common) ▸ **4** (Deut. 32,38; 2Chr. 29,35; Esth. 14,17 # 4,17x; Ode. 2,38)
σπόνδυλος (σφόνδυλος) vertebra ▸ 1
  σπονδύλων ▸ 1
    Noun · masculine · plural · genitive · (common) ▸ **1** (4Mac. 10,8)
σπορά (σπείρω) seed, sowing ▸ 2 + 1 = 3
  σπορά ▸ 1
    Noun · feminine · singular · nominative · (common) ▸ **1** (2Kings 19,29)
  σπορᾶς ▸ 1 + 1 = 2
    Noun · feminine · singular · genitive · (common) ▸ **1 + 1 = 2** (1Mac. 10,30; 1Pet. 1,23)
σπόριμος (σπείρω) seed-bearing; grainfield ▸ 3 + 3 = 6
  σπόριμον ▸ 2
    Adjective · masculine · singular · accusative · noDegree ▸ **1** (Gen. 1,29)
    Adjective · neuter · singular · accusative · noDegree ▸ **1** (Lev. 11,37)
  σπορίμου ▸ 1
    Adjective · neuter · singular · genitive · noDegree ▸ **1** (Gen. 1,29)
  σπορίμων ▸ 3
    Adjective · neuter · plural · genitive ▸ **3** (Matt. 12,1; Mark 2,23; Luke 6,1)
σπόρος (σπείρω) seed; seed-time ▸ 11 + 6 = 17
  σπόρον ▸ 6 + 4 = 10
    Noun · masculine · singular · accusative · (common) ▸ **6 + 4 = 10** (Lev. 26,5; Lev. 26,20; Lev. 27,16; Deut. 11,10; Job 39,12; Is.

28,24; Mark 4,26; Luke 8,5; 2Cor. 9,10; 2Cor. 9,10)
- **σπόρος** ▸ 2 + 2 = 4
  - **Noun** · masculine · singular · nominative · (common) ▸ 2 + 2 = 4 (Job 21,8; Is. 32,10; Mark 4,27; Luke 8,11)
- **σπόρου** ▸ 1
  - **Noun** · masculine · singular · genitive · (common) ▸ 1 (Sir. 40,22)
- **σπόρῳ** ▸ 2
  - **Noun** · masculine · singular · dative · (common) ▸ 2 (Ex. 34,21; Amos 9,13)

σπουδάζω (σπεύδω) to do one's best; to hasten, labor over ▸ 11 + 11 = 22
- **ἐσπούδακα** ▸ 2
  - **Verb** · first · singular · perfect · active · indicative ▸ 2 (Job 21,6; Job 23,15)
- **ἐσπούδασα** ▸ 1 + 1 = 2
  - **Verb** · first · singular · aorist · active · indicative ▸ 1 + 1 = 2 (Is. 21,3; Gal. 2,10)
- **ἐσπουδάσαμεν** ▸ 1
  - **Verb** · first · plural · aorist · active · indicative ▸ 1 (1Th. 2,17)
- **ἐσπούδασαν** ▸ 3
  - **Verb** · third · plural · aorist · active · indicative ▸ 3 (Judith 13,1; Judith 13,12; 3Mac. 7,10)
- **ἐσπούδασας** ▸ 1
  - **Verb** · second · singular · aorist · active · indicative ▸ 1 (Job 4,5)
- **ἐσπούδασεν** ▸ 1
  - **Verb** · third · singular · aorist · active · indicative ▸ 1 (Job 31,5)
- **ἐσπούδασέν** ▸ 2
  - **Verb** · third · singular · aorist · active · indicative ▸ 2 (Job 22,10; Job 23,16)
- **σπουδάζοντες** ▸ 1
  - **Verb** · present · active · participle · masculine · plural · nominative ▸ 1 (Eph. 4,3)
- **σπουδάσατε** ▸ 2
  - **Verb** · second · plural · aorist · active · imperative ▸ 2 (2Pet. 1,10; 2Pet. 3,14)
- **σπουδάσῃς** ▸ 1
  - **Verb** · second · singular · aorist · active · subjunctive ▸ 1 (Eccl. 8,2)
- **Σπούδασον** ▸ 2
  - **Verb** · second · singular · aorist · active · imperative ▸ 2 (2Tim. 4,9; 2Tim. 4,21)
- **σπούδασον** ▸ 2
  - **Verb** · second · singular · aorist · active · imperative ▸ 2 (2Tim. 2,15; Titus 3,12)
- **σπουδάσω** ▸ 1
  - **Verb** · first · singular · future · active · indicative ▸ 1 (2Pet. 1,15)
- **Σπουδάσωμεν** ▸ 1
  - **Verb** · first · plural · aorist · active · subjunctive ▸ 1 (Heb. 4,11)

σπουδαῖος (σπεύδω) earnest, excellent ▸ 1 + 3 = 4
- **σπουδαῖα** ▸ 1
  - **Adjective** · neuter · plural · nominative · noDegree ▸ 1 (Ezek. 41,25)
- **σπουδαῖον** ▸ 1
  - **Adjective** · masculine · singular · accusative ▸ 1 (2Cor. 8,22)
- **σπουδαιότερον** ▸ 1
  - **Adjective** · masculine · singular · accusative · comparative ▸ 1 (2Cor. 8,22)
- **σπουδαιότερος** ▸ 1
  - **Adjective** · masculine · singular · nominative · comparative ▸ 1 (2Cor. 8,17)

σπουδαιότης (σπεύδω) earnestness ▸ 1
- **σπουδαιότητι** ▸ 1
  - **Noun** · feminine · singular · dative · (common) ▸ 1 (3Mac. 1,9)

σπουδαίως (σπεύδω) earnestly ▸ 1 + 4 = 5
- **σπουδαιοτέρως** ▸ 1
  - **Adverb** · (comparative) ▸ 1 (Phil. 2,28)
- **σπουδαίως** ▸ 1 + 3 = 4
  - **Adverb** ▸ 1 + 3 = 4 (Wis. 2,6; Luke 7,4; 2Tim. 1,17; Titus 3,13)

σπουδή (σπεύδω) haste; speed; zeal; pursuit; exertion; study ▸ 27 + 6 + 12 = 45
- **σπουδαὶ** ▸ 1
  - **Noun** · feminine · plural · nominative · (common) ▸ 1 (Dan. 11,44)
- **σπουδή** ▸ 1
  - **Noun** · feminine · singular · nominative · (common) ▸ 1 (Jer. 8,15)
- **σπουδῇ** ▸ 5 + 4 + 3 = 12
  - **Noun** · feminine · singular · dative · (common) ▸ 5 + 4 + 3 = 12 (Ex. 12,33; Deut. 16,3; Ezra 4,23; Lam. 4,6; Dan. 10,7; Judg. 5,22; Dan. 2,25; Dan. 3,91; Dan. 6,20; Rom. 12,8; Rom. 12,11; 2Cor. 8,7)
- **σπουδήν** ▸ 3 + 1 = 4
  - **Noun** · feminine · singular · accusative · (common) ▸ 3 + 1 = 4 (1Sam. 21,9; Sir. 27,3; Jer. 15,8; 2Cor. 7,11)
- **σπουδὴν** ▸ 9 + 5 = 14
  - **Noun** · feminine · singular · accusative · (common) ▸ 9 + 5 = 14 (1Esdr. 2,25; 1Mac. 6,63; 2Mac. 14,43; Sir. 1,30 Prol.; Sir. 20,18; Sir. 21,5; Sir. 43,22; Zeph. 1,18; Dan. 2,25; 2Cor. 7,12; 2Cor. 8,16; Heb. 6,11; 2Pet. 1,5; Jude 3)
- **σπουδῆς** ▸ 9 + 1 + 3 = 13
  - **Noun** · feminine · singular · genitive · (common) ▸ 9 + 1 + 3 = 13 (Ex. 12,11; 1Esdr. 6,9; 3Mac. 4,15; 3Mac. 5,24; 3Mac. 5,27; Psa. 77,33; Wis. 14,17; Wis. 19,2; Ezek. 7,11; Sus. 50; Mark 6,25; Luke 1,39; 2Cor. 8,8)

σπυρίς basket ▸ 5
- **σπυρίδας** ▸ 3
  - **Noun** · feminine · plural · accusative ▸ 3 (Matt. 15,37; Matt. 16,10; Mark 8,8)
- **σπυρίδι** ▸ 1
  - **Noun** · feminine · singular · dative ▸ 1 (Acts 9,25)
- **σπυρίδων** ▸ 1
  - **Noun** · feminine · plural · genitive ▸ 1 (Mark 8,20)

σταγών (στάζω) drop ▸ 9
- **σταγόνας** ▸ 2
  - **Noun** · feminine · plural · accusative · (common) ▸ 2 (4Mac. 10,8; Sir. 1,2)
- **σταγόνες** ▸ 3
  - **Noun** · feminine · plural · nominative · (common) ▸ 3 (Psa. 71,6; Prov. 27,15; Job 36,27)
- **σταγόνος** ▸ 1
  - **Noun** · feminine · singular · genitive · (common) ▸ 1 (Mic. 2,11)
- **σταγόσιν** ▸ 1
  - **Noun** · feminine · plural · dative · (common) ▸ 1 (Psa. 64,11)
- **σταγών** ▸ 2
  - **Noun** · feminine · singular · nominative · (common) ▸ 2 (Sir. 18,10; Is. 40,15)

στάδιον (ἵστημι) stade (length); stadium; walkway ▸ 8 + 7 = 15
- **στάδιον** ▸ 1
  - **Noun** · neuter · singular · accusative · (common) ▸ 1 (Sus. 37)
- **σταδίους** ▸ 5 + 3 = 8
  - **Noun** · masculine · plural · accusative · (common) ▸ 5 + 3 = 8 (2Mac. 11,5; 2Mac. 12,10; 2Mac. 12,16; 2Mac. 12,17; 2Mac. 12,29; Matt. 14,24; Luke 24,13; John 6,19)

σταδίῳ ▸ 1
    Noun · neuter · singular · dative ▸ **1** (1Cor. 9,24)
σταδίων ▸ 2 + 3 = 5
    Noun · masculine · plural · genitive · (common) ▸ **1** (2Mac. 12,9)
    Noun · neuter · plural · genitive · (common) ▸ 1 + 3 = **4** (Dan. 4,12; John 11,18; Rev. 14,20; Rev. 21,16)

στάζω to trickle, drip, drop ▸ 15 + 3 = 18
   ἔσταξαν ▸ 3 + 1 = 4
    Verb · third · plural · aorist · active · indicative ▸ 3 + 1 = **4** (Judg. 5,4; Psa. 67,9; Song 5,5; Judg. 5,4)
   ἔσταξεν ▸ 5 + 2 = 7
    Verb · third · singular · aorist · active · indicative ▸ 5 + 2 = **7** (Ex. 9,33; 2Sam. 21,10; Psa. 118,28; Jer. 49,18; Jer. 51,6; Judg. 5,4; Judg. 6,38)
   στάζοι ▸ 1
    Verb · third · singular · present · active · optative ▸ **1** (Job 16,20)
   στάζοντα ▸ 1
    Verb · present · active · participle · neuter · plural · nominative ▸ **1** (Song 5,13)
   στάζουσαι ▸ 1
    Verb · present · active · participle · feminine · plural · nominative ▸ **1** (Psa. 71,6)
   στάξαι ▸ 1
    Verb · aorist · active · infinitive ▸ **1** (Sol. 17,18)
   στάξει ▸ 2
    Verb · third · singular · future · active · indicative ▸ **2** (Eccl. 10,18; Jer. 49,18)
   στάξῃ ▸ 1
    Verb · third · singular · aorist · active · subjunctive ▸ **1** (2Chr. 12,7)

στάθμιον (ἵστημι) weight, plummet ▸ 16
   στάθμια ▸ 4
    Noun · neuter · plural · accusative · (common) ▸ **1** (Amos 8,5)
    Noun · neuter · plural · nominative · (common) ▸ **3** (Lev. 19,36; Prov. 16,11; Mic. 6,11)
   σταθμίοις ▸ 2
    Noun · neuter · plural · dative · (common) ▸ **2** (Lev. 19,35; Lev. 27,25)
   στάθμιον ▸ 8
    Noun · neuter · singular · accusative · (common) ▸ **1** (2Kings 21,13)
    Noun · neuter · singular · nominative · (common) ▸ **7** (Deut. 25,13; Deut. 25,13; Deut. 25,15; Prov. 11,1; Prov. 20,10; Prov. 20,23; Ezek. 45,12)
   σταθμίων ▸ 2
    Noun · neuter · plural · genitive · (common) ▸ **2** (Sir. 42,4; Ezek. 5,1)

σταθμός (ἵστημι) lodge; doorpost; weight ▸ 52 + 2 = 54
   σταθμοί ▸ 2
    Noun · masculine · plural · nominative · (common) ▸ **2** (Num. 33,1; Num. 33,2)
   σταθμοῖς ▸ 1
    Noun · masculine · plural · dative · (common) ▸ **1** (Judg. 16,3)
   σταθμόν ▸ 1
    Noun · masculine · singular · accusative · (common) ▸ **1** (Ex. 21,6)
   σταθμὸν ▸ 12
    Noun · masculine · singular · accusative · (common) ▸ **12** (2Kings 12,10; 2Kings 22,4; 2Kings 23,4; 2Kings 25,18; 1Chr. 28,14; 1Chr. 28,16; 1Chr. 28,17; 1Chr. 28,18; Ezra 8,30; Job 28,25; Sir. 28,25; Jer. 9,1)
   σταθμός ▸ 3
    Noun · masculine · singular · nominative · (common) ▸ **3** (1Chr. 22,3; 1Chr. 22,14; Ezra 8,34)
   σταθμὸς ▸ 12 + 1 = 13
    Noun · masculine · singular · nominative · (common) ▸ 12 + 1 = **13** (Judg. 8,26; 1Sam. 17,5; 2Sam. 12,30; 2Sam. 21,16; 1Kings 7,32; 1Kings 10,14; 2Kings 25,16; 1Chr. 20,2; 2Chr. 9,13; Sir. 6,15; Sir. 26,15; Jer. 52,20; Judg. 8,26)
   σταθμοῦ ▸ 1
    Noun · masculine · singular · genitive · (common) ▸ **1** (1Chr. 28,17)
   σταθμούς ▸ 1
    Noun · masculine · plural · accusative · (common) ▸ **1** (Is. 28,17)
   σταθμοὺς ▸ 2
    Noun · masculine · plural · accusative · (common) ▸ **2** (Num. 33,2; Prov. 8,34)
   σταθμῷ ▸ 13
    Noun · masculine · singular · dative · (common) ▸ **13** (Gen. 43,21; Lev. 26,26; Lev. 27,3; 1Kings 7,32; Ezra 8,34; Wis. 11,20; Sir. 16,25; Sir. 42,7; Sol. 5,4; Is. 40,12; Is. 46,6; Ezek. 4,10; Ezek. 4,16)
   σταθμῶν ▸ 5
    Noun · masculine · plural · genitive · (common) ▸ **5** (Ex. 12,7; Ex. 12,22; Ex. 12,23; Judg. 16,3; Is. 57,8)

σταθμόω (ἵστημι) to measure ▸ 1
   ἐσταθμωμένον ▸ 1
    Verb · aorist · middle · participle · neuter · singular · accusative ▸ **1** (1Kings 6,23)

σταῖς dough ▸ 4
   σταῖς ▸ 4
    Noun · neuter · singular · accusative · (common) ▸ **4** (Ex. 12,34; Ex. 12,39; 2Sam. 13,8; Jer. 7,18)

στακτή (στάζω) myrrh oil ▸ 10
   στακτὴ ▸ 2
    Noun · feminine · singular · nominative · (common) ▸ **2** (Psa. 44,9; Sir. 24,15)
   στακτήν ▸ 1
    Noun · feminine · singular · accusative · (common) ▸ **1** (Ex. 30,34)
   στακτὴν ▸ 4
    Noun · feminine · singular · accusative · (common) ▸ **4** (Gen. 43,11; 1Kings 10,25; 2Chr. 9,24; Ezek. 27,16)
   στακτῆς ▸ 3
    Noun · feminine · singular · genitive · (common) ▸ **3** (Gen. 37,25; Song 1,13; Is. 39,2)

σταλαγμός (σταλάσσω) dripping ▸ 1
   σταλαγμοῖς ▸ 1
    Noun · masculine · plural · dative · (common) ▸ **1** (4Mac. 9,20)

σταλάζω (σταλάσσω) to drip, drop ▸ 1
   ἐστάλαξέν ▸ 1
    Verb · third · singular · aorist · active · indicative ▸ **1** (Mic. 2,11)

στάμνος (ἵστημι) jar ▸ 5 + 1 = 6
   στάμνον ▸ 5
    Noun · masculine · singular · accusative · (common) ▸ **5** (Ex. 16,33; 1Kings 12,24h; 1Kings 12,24i; 1Kings 12,24l; Bel 33)
   στάμνος ▸ 1
    Noun · feminine · singular · nominative ▸ **1** (Heb. 9,4)

στασιάζω (ἵστημι) to rebel ▸ 3
   ἐστασίασαν ▸ 1
    Verb · third · plural · aorist · active · indicative ▸ **1** (Judith 7,15)
   στασιάζειν ▸ 1
    Verb · present · active · infinitive ▸ **1** (2Mac. 4,30)

στασιάζουσιν ▸ 1
: **Verb** · third · plural · present · active · indicative ▸ 1 (2Mac. 14,6)

στασιαστής (ἵστημι) rebel ▸ 1
: στασιαστῶν ▸ 1
: **Noun** · masculine · plural · genitive ▸ 1 (Mark 15,7)

στάσιμος (ἵστημι) steady ▸ 1
: στασίμῃ ▸ 1
: **Adjective** · feminine · singular · dative · noDegree ▸ 1 (Sir. 26,17)

στάσις (ἵστημι) standing; position; argument, riot, revolt ▸ 25 + 5 + 9 = 39
: στάσει ▸ 4 + 2 + 1 = 7
: **Noun** · feminine · singular · dative · (common) ▸ 4 + 2 + 1 = 7 (Josh. 10,13; Neh. 8,7; Neh. 9,3; Neh. 13,11; Dan. 6,8; Dan. 10,11; Mark 15,7)
: στάσεις ▸ 1
: **Noun** · feminine · plural · accusative ▸ 1 (Acts 24,5)
: στάσεως ▸ 5 + 1 + 3 = 9
: **Noun** · feminine · singular · genitive · (common) ▸ 5 + 1 + 3 = 9 (Judg. 9,6; 2Chr. 23,13; 2Chr. 35,15; Sir. 33,12; Dan. 8,17; Judg. 9,6; Acts 15,2; Acts 19,40; Acts 23,10)
: στάσεώς ▸ 1 + 1 = 2
: **Noun** · feminine · singular · genitive · (common) ▸ 1 + 1 = 2 (Is. 22,19; Dan. 8,17)
: στάσιν ▸ 11 + 1 + 3 = 15
: **Noun** · feminine · singular · accusative · (common) ▸ 11 + 1 + 3 = 15 (1Kings 10,5; 1Chr. 28,2; 2Chr. 9,4; 2Chr. 24,13; 2Chr. 30,16; 2Chr. 35,10; Neh. 9,6; 1Mac. 7,18; 3Mac. 1,23; Nah. 3,11; Dan. 6,8; Dan. 6,16; Luke 23,19; Luke 23,25; Heb. 9,8)
: στάσις ▸ 4 + 1 = 5
: **Noun** · feminine · singular · nominative · (common) ▸ 4 + 1 = 5 (Deut. 28,65; 1Mac. 10,72; Prov. 17,14; Ezek. 1,28; Acts 23,7)

στατήρ (ἵστημι) stater (coin) ▸ 1
: στατῆρα ▸ 1
: **Noun** · masculine · singular · accusative ▸ 1 (Matt. 17,27)

σταυρός (σταυρόω) cross ▸ 27
: σταυρὸν ▸ 10
: **Noun** · masculine · singular · accusative ▸ 10 (Matt. 10,38; Matt. 16,24; Matt. 27,32; Mark 8,34; Mark 15,21; Luke 9,23; Luke 14,27; Luke 23,26; John 19,17; Heb. 12,2)
: σταυρὸς ▸ 1
: **Noun** · masculine · singular · nominative ▸ 1 (1Cor. 1,17)
: σταυροῦ ▸ 12
: **Noun** · masculine · singular · genitive ▸ 12 (Matt. 27,40; Matt. 27,42; Mark 15,30; Mark 15,32; John 19,19; John 19,31; 1Cor. 1,18; Gal. 5,11; Eph. 2,16; Phil. 2,8; Phil. 3,18; Col. 1,20)
: σταυρῷ ▸ 4
: **Noun** · masculine · singular · dative ▸ 4 (John 19,25; Gal. 6,12; Gal. 6,14; Col. 2,14)

σταυρόω to crucify ▸ 2 + 46 = 48
: ἐσταυρώθη ▸ 5
: **Verb** · third · singular · aorist · passive · indicative ▸ 5 (John 19,20; John 19,41; 1Cor. 1,13; 2Cor. 13,4; Rev. 11,8)
: ἐσταυρωμένον ▸ 4
: **Verb** · perfect · passive · participle · masculine · singular · accusative · (variant) ▸ 4 (Matt. 28,5; Mark 16,6; 1Cor. 1,23; 1Cor. 2,2)
: ἐσταυρωμένος ▸ 1
: **Verb** · perfect · passive · participle · masculine · singular · nominative · (variant) ▸ 1 (Gal. 3,1)
: ἐσταύρωσαν ▸ 7
: **Verb** · third · plural · aorist · active · indicative ▸ 7 (Mark 15,25; Luke 23,33; Luke 24,20; John 19,18; John 19,23; 1Cor. 2,8; Gal. 5,24)
: ἐσταυρώσατε ▸ 2
: **Verb** · second · plural · aorist · active · indicative ▸ 2 (Acts 2,36; Acts 4,10)
: ἐσταυρῶσθαι ▸ 1
: **Verb** · perfect · middle · infinitive ▸ 1 (Esth. 16,17 # 8,12r)
: ἐσταύρωται ▸ 1
: **Verb** · third · singular · perfect · passive · indicative · (variant) ▸ 1 (Gal. 6,14)
: σταύρου ▸ 2
: **Verb** · second · singular · present · active · imperative ▸ 2 (Luke 23,21; Luke 23,21)
: σταυροῦνται ▸ 1
: **Verb** · third · plural · present · passive · indicative · (variant) ▸ 1 (Matt. 27,38)
: σταυροῦσιν ▸ 2
: **Verb** · third · plural · present · active · indicative ▸ 2 (Mark 15,24; Mark 15,27)
: σταυρωθῇ ▸ 3
: **Verb** · third · singular · aorist · passive · subjunctive ▸ 3 (Matt. 27,26; Mark 15,15; John 19,16)
: σταυρωθῆναι ▸ 3
: **Verb** · aorist · passive · infinitive ▸ 3 (Matt. 26,2; Luke 23,23; Luke 24,7)
: Σταυρωθήτω ▸ 1
: **Verb** · third · singular · aorist · passive · imperative ▸ 1 (Esth. 7,9)
: σταυρωθήτω ▸ 2
: **Verb** · third · singular · aorist · passive · imperative ▸ 2 (Matt. 27,22; Matt. 27,23)
: σταυρῶσαι ▸ 2
: **Verb** · aorist · active · infinitive ▸ 2 (Matt. 20,19; Matt. 27,31)
: σταυρῶσαί ▸ 1
: **Verb** · aorist · active · infinitive ▸ 1 (John 19,10)
: Σταυρώσαντες ▸ 1
: **Verb** · aorist · active · participle · masculine · plural · nominative ▸ 1 (Matt. 27,35)
: σταυρώσατε ▸ 1
: **Verb** · second · plural · aorist · active · imperative ▸ 1 (John 19,6)
: σταυρώσετε ▸ 1
: **Verb** · second · plural · future · active · indicative ▸ 1 (Matt. 23,34)
: σταύρωσον ▸ 5
: **Verb** · second · singular · aorist · active · imperative ▸ 5 (Mark 15,13; Mark 15,14; John 19,6; John 19,6; John 19,15)
: σταυρώσω ▸ 1
: **Verb** · first · singular · aorist · active · subjunctive ▸ 1 (John 19,15)
: σταυρώσωσιν ▸ 1
: **Verb** · third · plural · aorist · active · subjunctive ▸ 1 (Mark 15,20)

σταφίς raisin ▸ 5
: σταφίδα ▸ 1
: **Noun** · feminine · singular · accusative · (common) ▸ 1 (Num. 6,3)
: σταφίδας ▸ 1
: **Noun** · feminine · plural · accusative · (common) ▸ 1 (1Chr. 12,41)
: σταφίδες ▸ 1
: **Noun** · feminine · plural · nominative · (common) ▸ 1 (2Sam.

16,1)
- σταφίδος ▸ 1
  - **Noun** · feminine · singular · genitive · (common) ▸ **1** (1Sam. 25,18)
- σταφίδων ▸ 1
  - **Noun** · feminine · plural · genitive · (common) ▸ **1** (Hos. 3,1)

σταφυλή bunch of grapes ▸ 31 + 3 = 34
- σταφυλαὶ ▸ 1
  - **Noun** · feminine · plural · nominative ▸ **1** (Rev. 14,18)
- σταφυλὰς ▸ 1
  - **Noun** · feminine · plural · accusative ▸ **1** (Matt. 7,16)
- σταφυλή ▸ 6
  - **Noun** · feminine · singular · nominative · (common) ▸ **6** (Deut. 32,32; Deut. 32,32; Ode. 2,32; Ode. 2,32; Amos 9,13; Jer. 8,13)
- σταφυλήν ▸ 4
  - **Noun** · feminine · singular · accusative · (common) ▸ **4** (Ode. 10,2; Ode. 10,4; Is. 5,2; Is. 5,4)
- σταφυλὴν ▸ 10 + 1 = 11
  - **Noun** · feminine · singular · accusative · (common) ▸ **10 + 1 = 11** (Gen. 40,11; Lev. 25,5; Num. 6,3; Deut. 23,26; 1Kings 12,24h; 1Kings 12,24i; 1Kings 12,24l; Neh. 13,15; Hos. 9,10; Ezek. 36,8; Luke 6,44)
- σταφυλῆς ▸ 11
  - **Noun** · feminine · singular · genitive · (common) ▸ **11** (Gen. 40,10; Gen. 49,11; Num. 6,3; Num. 13,20; Num. 13,23; Deut. 32,14; 1Mac. 6,34; Ode. 2,14; Sir. 39,26; Sir. 50,15; Sir. 51,15)

Στάχυς (στάχυς) Stachys ▸ 1
- Στάχυν ▸ 1
  - **Noun** · masculine · singular · accusative · (proper) ▸ **1** (Rom. 16,9)

στάχυς head of grain ▸ 17 + 3 + 5 = 25
- στάχυας ▸ 3 + 3 = 6
  - **Noun** · masculine · plural · accusative · (common) ▸ **3 + 3 = 6** (Gen. 41,7; Gen. 41,24; Judg. 15,5; Matt. 12,1; Mark 2,23; Luke 6,1)
- στάχυες ▸ 8
  - **Noun** · masculine · plural · nominative · (common) ▸ **8** (Gen. 41,5; Gen. 41,6; Gen. 41,7; Gen. 41,22; Gen. 41,23; Gen. 41,24; Gen. 41,26; Gen. 41,27)
- στάχυϊ ▸ 1
  - **Noun** · masculine · singular · dative ▸ **1** (Mark 4,28)
- στάχυν ▸ 1 + 1 = 2
  - **Noun** · masculine · singular · accusative · (common) ▸ **1 + 1 = 2** (Is. 17,5; Mark 4,28)
- στάχυς ▸ 3
  - **Noun** · masculine · plural · accusative · (common) ▸ **2** (Ex. 22,5; Deut. 23,25)
  - **Noun** · masculine · singular · nominative · (common) ▸ **1** (Job 24,24)
- Στάχυς ▸ 1
  - **Noun** · masculine · singular · nominative · (common) ▸ **1** (Judg. 12,6)
- στάχυσιν ▸ 1 + 1 = 2
  - **Noun** · masculine · plural · dative · (common) ▸ **1 + 1 = 2** (Ruth 2,2; Judg. 15,5)
- σταχύων ▸ 1 + 1 = 2
  - **Noun** · masculine · plural · genitive · (common) ▸ **1 + 1 = 2** (Is. 17,5; Judg. 15,5)

στέαρ (ἵστημι) fat ▸ 97 + 1 = 98
- στέαρ ▸ 72 + 1 = 73
  - **Noun** · neuter · singular · accusative · (common) ▸ **66 + 1 = 67** (Ex. 29,13; Ex. 29,13; Ex. 29,22; Ex. 29,22; Ex. 29,22; Lev. 1,8; Lev. 1,12; Lev. 3,3; Lev. 3,3; Lev. 3,4; Lev. 3,9; Lev. 3,9; Lev. 3,10; Lev. 3,14; Lev. 3,14; Lev. 3,15; Lev. 3,17; Lev. 4,8; Lev. 4,8; Lev. 4,8; Lev. 4,9; Lev. 4,19; Lev. 4,26; Lev. 4,26; Lev. 4,31; Lev. 4,35; Lev. 4,35; Lev. 6,5; Lev. 7,3; Lev. 7,3; Lev. 7,3; Lev. 7,4; Lev. 7,23; Lev. 7,25; Lev. 7,30; Lev. 7,31; Lev. 7,33; Lev. 8,16; Lev. 8,16; Lev. 8,20; Lev. 8,25; Lev. 8,25; Lev. 8,25; Lev. 8,26; Lev. 9,10; Lev. 9,19; Lev. 9,19; Lev. 9,19; Lev. 16,25; Lev. 17,6; Num. 18,17; Deut. 32,38; Judg. 3,22; 1Sam. 2,15; 1Sam. 2,16; 1Sam. 15,22; Psa. 16,10; Psa. 147,3; Ode. 2,38; Is. 1,11; Is. 43,24; Is. 55,1; Ezek. 39,19; Ezek. 44,7; Ezek. 44,15; Bel 27; Judg. 3,22)
  - **Noun** · neuter · singular · nominative · (common) ▸ **6** (Ex. 23,18; Lev. 3,16; Lev. 4,31; Lev. 7,24; Judith 16,16; Sir. 47,2)
- στέασιν ▸ 1
  - **Noun** · neuter · plural · dative · (common) ▸ **1** (2Chr. 29,35)
- στέατα ▸ 8
  - **Noun** · neuter · plural · accusative · (common) ▸ **8** (Lev. 9,20; Lev. 9,20; Lev. 9,24; 1Kings 8,64; 2Chr. 7,7; 2Chr. 7,7; 2Chr. 35,14; 1Esdr. 1,14)
- στέατι ▸ 1
  - **Noun** · neuter · singular · dative · (common) ▸ **1** (Job 15,27)
- στέατος ▸ 13
  - **Noun** · neuter · singular · genitive · (common) ▸ **13** (Deut. 32,14; Deut. 32,14; 2Sam. 1,22; Psa. 62,6; Psa. 72,7; Psa. 80,17; Ode. 2,14; Ode. 2,14; Job 21,24; Hos. 7,4; Is. 34,6; Is. 34,6; Is. 34,7)
- στεάτων ▸ 2
  - **Noun** · neuter · plural · genitive · (common) ▸ **2** (Gen. 4,4; Lev. 10,15)

στεατόομαι (ἵστημι) to be fattened ▸ 1
- ἐστεατωμένοι ▸ 1
  - **Verb** · perfect · passive · participle · masculine · plural · nominative ▸ **1** (Ezek. 39,18)

στεγάζω (στέγω) to roof, cover ▸ 5
- ἐστέγασαν ▸ 2
  - **Verb** · third · plural · aorist · active · indicative ▸ **2** (Neh. 3,3; Neh. 3,6)
- στεγάζων ▸ 1
  - **Verb** · present · active · participle · masculine · singular · nominative ▸ **1** (Psa. 103,3)
- στεγάσαι ▸ 2
  - **Verb** · aorist · active · infinitive ▸ **2** (2Chr. 34,11; Neh. 2,8)

στέγη (στέγω) roof ▸ 4 + 3 = 7
- στέγας ▸ 1
  - **Noun** · feminine · plural · accusative · (common) ▸ **1** (Ezek. 40,43)
- στέγη ▸ 1
  - **Noun** · feminine · singular · nominative · (common) ▸ **1** (4Mac. 17,3)
- στέγην ▸ 2 + 3 = 5
  - **Noun** · feminine · singular · accusative · (common) ▸ **2 + 3 = 5** (Gen. 8,13; 1Esdr. 6,4; Matt. 8,8; Mark 2,4; Luke 7,6)

στεγνός (στέγω) waterproof, covering ▸ 1
- στεγναὶ ▸ 1
  - **Adjective** · feminine · plural · nominative · noDegree ▸ **1** (Prov. 31,27)

στέγω to cover; to endure ▸ 1 + 4 = 5
- στέγει ▸ 1
  - **Verb** · third · singular · present · active · indicative ▸ **1** (1Cor. 13,7)
- στέγομεν ▸ 1
  - **Verb** · first · plural · present · active · indicative ▸ **1** (1Cor. 9,12)
- στέγοντες ▸ 1
  - **Verb** · present · active · participle · masculine · plural · nominative

▸ **1** (1Th. 3,1)
στέγων ▸ 1
    Verb · present · active · participle · masculine · singular · nominative ▸ **1** (1Th. 3,5)
στέξαι ▸ 1
    Verb · aorist · active · infinitive ▸ **1** (Sir. 8,17)

στεῖρα barren, infertile woman ▸ 14 + 2 + 5 = 21
    στεῖρα ▸ 11 + 2 + 3 = 16
        Adjective · feminine · singular · nominative ▸ **2** (Luke 1,7; Heb. 11,11)
        Noun · feminine · singular · nominative · (common) ▸ 11 + 2 = **13** (Gen. 11,30; Gen. 25,21; Gen. 29,31; Ex. 23,26; Deut. 7,14; Judg. 13,2; Judg. 13,3; 1Sam. 2,5; Ode. 3,5; Wis. 3,13; Is. 54,1; Judg. 13,2; Judg. 13,3)
        Noun · feminine · singular · vocative ▸ **1** (Gal. 4,27)
    στείρᾳ ▸ 1
        Adjective · feminine · singular · dative ▸ **1** (Luke 1,36)
    στεῖραι ▸ 1
        Noun · feminine · plural · nominative ▸ **1** (Luke 23,29)
    στεῖραν ▸ 3
        Noun · feminine · singular · accusative · (common) ▸ **3** (Psa. 112,9; Job 24,21; Is. 66,9)

στειρόω (στεῖρα) to be barren ▸ 1
    στειρωθῇ ▸ 1
        Verb · third · singular · aorist · passive · subjunctive ▸ **1** (Sir. 42,10)

στέλεχος (στέλλω) trunk, branch; stump ▸ 11
    στελέχη ▸ 7
        Noun · neuter · plural · accusative · (common) ▸ **1** (Ezek. 31,13)
        Noun · neuter · plural · nominative · (common) ▸ **6** (Ex. 15,27; Num. 33,9; Song 3,6; Sir. 50,12; Jer. 17,8; Ezek. 31,12)
    στέλεχος ▸ 3
        Noun · neuter · singular · nominative · (common) ▸ **3** (Gen. 49,21; Job 14,8; Job 29,18)
    στελεχῶν ▸ 1
        Noun · neuter · plural · genitive · (common) ▸ **1** (Ezek. 19,11)

στέλλω to journey; to avoid ▸ 7 + 2 = 9
    ἐσταλμέναι ▸ 1
        Verb · perfect · passive · participle · feminine · plural · nominative ▸ **1** (3Mac. 1,19)
    ἐστείλαντο ▸ 1
        Verb · third · plural · aorist · middle · indicative ▸ **1** (Wis. 7,14)
    ἐστείλατο ▸ 2
        Verb · third · singular · aorist · middle · indicative ▸ **2** (2Mac. 5,1; Prov. 31,25)
    στέλλεσθαι ▸ 1 + 1 = 2
        Verb · present · middle · infinitive ▸ 1 + 1 = **2** (Mal. 2,5; 2Th. 3,6)
    στελλόμενοι ▸ 1
        Verb · present · middle · participle · masculine · plural · nominative ▸ **1** (2Cor. 8,20)
    στελλομένοις ▸ 1
        Verb · present · middle · participle · masculine · plural · dative ▸ **1** (3Mac. 4,11)
    στελλόμενος ▸ 1
        Verb · present · middle · participle · masculine · singular · nominative ▸ **1** (Wis. 14,1)

στέμμα (στέφανος) garland ▸ 1
    στέμματα ▸ 1
        Noun · neuter · plural · accusative ▸ **1** (Acts 14,13)

στέμφυλον (στέμβω; φύω) olive cake; grape cake ▸ 1
    στεμφύλων ▸ 1
        Noun · neuter · plural · genitive · (common) ▸ **1** (Num. 6,4)

στεναγμός (στενός) groaning ▸ 26 + 2 + 2 = 30
    στεναγμοί ▸ 1
        Noun · masculine · plural · nominative · (common) ▸ **1** (Lam. 1,22)
    στεναγμοῖς ▸ 4 + 1 = 5
        Noun · masculine · plural · dative · (common) ▸ 4 + 1 = **5** (3Mac. 4,2; Psa. 30,11; Sol. 4,14; Jer. 51,33; Rom. 8,26)
    στεναγμόν ▸ 1
        Noun · masculine · singular · accusative · (common) ▸ **1** (Gen. 3,16)
    στεναγμὸν ▸ 3
        Noun · masculine · singular · accusative · (common) ▸ **3** (Ex. 2,24; Ex. 6,5; Psa. 101,21)
    στεναγμός ▸ 4
        Noun · masculine · singular · nominative · (common) ▸ **4** (Psa. 37,10; Job 3,24; Is. 35,10; Is. 51,11)
    στεναγμὸς ▸ 3
        Noun · masculine · singular · nominative · (common) ▸ **3** (Psa. 78,11; Wis. 11,12; Ezek. 24,17)
    στεναγμοῦ ▸ 6 + 1 + 1 = 8
        Noun · masculine · singular · genitive · (common) ▸ 6 + 1 + 1 = **8** (Judg. 2,18; Judith 14,16; Psa. 11,6; Psa. 37,9; Psa. 101,6; Jer. 4,31; Judg. 2,18; Acts 7,34)
    στεναγμῷ ▸ 3
        Noun · masculine · singular · dative · (common) ▸ **3** (Psa. 6,7; Job 23,2; Mal. 2,13)
    στεναγμῶν ▸ 1 + 1 = 2
        Noun · masculine · plural · genitive · (common) ▸ 1 + 1 = **2** (3Mac. 1,18; Tob. 3,1)

στενάζω (στενός) to groan, mourn ▸ 26 + 1 + 6 = 33
    ἐστέναξα ▸ 2
        Verb · first · singular · aorist · active · indicative ▸ **2** (Job 30,25; Jer. 38,19)
    ἐστέναξαν ▸ 2
        Verb · third · plural · aorist · active · indicative ▸ **2** (1Mac. 1,26; Job 18,20)
    ἐστέναξεν ▸ 3 + 1 = 4
        Verb · third · singular · aorist · active · indicative ▸ 3 + 1 = **4** (4Mac. 9,21; Job 24,12; Job 31,38; Mark 7,34)
    στενάζεις ▸ 1
        Verb · second · singular · present · active · indicative ▸ **1** (Ezek. 21,12)
    στενάζετε ▸ 1
        Verb · second · plural · present · active · imperative ▸ **1** (James 5,9)
    στενάζομεν ▸ 3
        Verb · first · plural · present · active · indicative ▸ **3** (Rom. 8,23; 2Cor. 5,2; 2Cor. 5,4)
    στενάζοντες ▸ 1
        Verb · present · active · participle · masculine · plural · nominative ▸ **1** (Heb. 13,17)
    στενάζουσα ▸ 1
        Verb · present · active · participle · feminine · singular · nominative ▸ **1** (Lam. 1,8)
    στενάζω ▸ 1
        Verb · first · singular · present · active · indicative ▸ **1** (Lam. 1,21)
    στενάζων ▸ 2
        Verb · present · active · participle · masculine · singular · nominative ▸ **2** (Sir. 30,20; Sir. 30,20)
    στενάξαι ▸ 1
        Verb · aorist · active · infinitive ▸ **1** (Ezek. 26,15)

στενάξας ▸ 1
: **Verb** · aorist · active · participle · masculine · singular · nominative ▸ 1 (Tob. 3,1)

στενάξατε ▸ 1
: **Verb** · second · plural · aorist · active · imperative ▸ 1 (Is. 46,8)

στενάξει ▸ 2
: **Verb** · third · singular · future · active · indicative ▸ 2 (Sir. 36,25; Nah. 3,7)

στενάξεις ▸ 1
: **Verb** · second · singular · future · active · indicative ▸ 1 (Ezek. 21,11)

στενάξῃς ▸ 1
: **Verb** · second · singular · aorist · active · subjunctive ▸ 1 (Is. 30,15)

στενάξονται ▸ 1
: **Verb** · third · plural · future · middle · indicative ▸ 1 (Wis. 5,3)

στενάξουσιν ▸ 5
: **Verb** · third · plural · future · active · indicative ▸ 5 (Is. 19,8; Is. 19,8; Is. 24,7; Is. 59,10; Ezek. 26,16)

στενάξω ▸ 2
: **Verb** · first · singular · future · active · indicative ▸ 2 (Job 9,27; Is. 21,2)

στενακτός (στενός) mourned ▸ 1
: στενακτή ▸ 1
: **Adjective** · feminine · singular · nominative · noDegree ▸ 1 (Ezek. 5,15)

στενός narrow ▸ 18 + 1 + 3 = 22
: Στενά ▸ 2 + 1 = 3
: **Adjective** · neuter · plural · nominative · noDegree ▸ 2 + 1 = 3 (2Sam. 24,14; 1Chr. 21,13; Sus. 22)
: στενή ▸ 1 + 1 = 2
: **Adjective** · feminine · singular · nominative · noDegree ▸ 1 + 1 = 2 (Is. 8,22; Matt. 7,14)
: στενῇ ▸ 1
: **Adjective** · feminine · singular · dative · noDegree ▸ 1 (Zech. 10,11)
: στενήν ▸ 1
: **Adjective** · feminine · singular · accusative · noDegree ▸ 1 (1Sam. 24,23)
: στενῆς ▸ 1 + 2 = 3
: **Adjective** · feminine · singular · genitive · noDegree ▸ 1 + 2 = 3 (Judith 4,7; Matt. 7,13; Luke 13,24)
: στενοῖς ▸ 5
: **Adjective** · masculine · plural · dative · noDegree ▸ 1 (Bar. 3,1)
: **Adjective** · neuter · plural · dative · noDegree ▸ 4 (1Sam. 23,14; 1Sam. 23,19; 1Sam. 24,1; Job 24,11)
: στενόν ▸ 1
: **Adjective** · neuter · singular · accusative · noDegree ▸ 1 (Is. 30,20)
: στενὸν ▸ 1
: **Adjective** · neuter · singular · nominative · noDegree ▸ 1 (Prov. 23,27)
: Στενός ▸ 1
: **Adjective** · masculine · singular · nominative · noDegree ▸ 1 (Is. 49,20)
: στενός ▸ 1
: **Adjective** · masculine · singular · nominative · noDegree ▸ 1 (Jer. 37,7)
: στενὸς ▸ 1
: **Adjective** · masculine · singular · nominative · noDegree ▸ 1 (2Kings 6,1)
: στενῷ ▸ 2
: **Adjective** · masculine · singular · dative · noDegree ▸ 2 (Num. 22,26; Job 18,11)

στενότης (στενός) narrowness ▸ 1
: στενότητα ▸ 1
: **Noun** · feminine · singular · accusative · (common) ▸ 1 (2Mac. 12,21)

στενοχωρέω (στενός; χωρέω) to keep in check; be narrow; press closely ▸ 4 + 1 + 3 = 8
: ἐστενοχώρησεν ▸ 1
: **Verb** · third · singular · aorist · active · indicative ▸ 1 (Judg. 16,16)
: στενοχωρεῖ ▸ 1
: **Verb** · third · singular · present · active · indicative ▸ 1 (Josh. 17,15)
: στενοχωρεῖσθε ▸ 2
: **Verb** · second · plural · present · passive · indicative · (variant) ▸ 2 (2Cor. 6,12; 2Cor. 6,12)
: στενοχωρήσει ▸ 1
: **Verb** · third · singular · future · active · indicative ▸ 1 (Is. 49,19)
: στενοχωρούμενοι ▸ 1 + 1 = 2
: **Verb** · present · passive · participle · masculine · plural · nominative ▸ 1 + 1 = 2 (Is. 28,20; 2Cor. 4,8)
: στενοχωρούμενος ▸ 1
: **Verb** · present · passive · participle · masculine · singular · nominative ▸ 1 (4Mac. 11,11)

στενοχωρία (στενός; χωρέω) distress ▸ 13 + 4 = 17
: στενοχωρία ▸ 3 + 2 = 5
: **Noun** · feminine · singular · nominative · (common) ▸ 3 + 2 = 5 (Esth. 11,8 # 1,1g; 3Mac. 2,10; Is. 8,22; Rom. 2,9; Rom. 8,35)
: στενοχωρίᾳ ▸ 5
: **Noun** · feminine · singular · dative · (common) ▸ 5 (Deut. 28,53; Deut. 28,55; Deut. 28,57; Is. 8,23; Is. 30,6)
: στενοχωρίαις ▸ 2
: **Noun** · feminine · plural · dative ▸ 2 (2Cor. 6,4; 2Cor. 12,10)
: στενοχωρίαν ▸ 1
: **Noun** · feminine · singular · accusative · (common) ▸ 1 (Wis. 5,3)
: στενοχωρίας ▸ 4
: **Noun** · feminine · plural · accusative · (common) ▸ 1 (1Mac. 13,3)
: **Noun** · feminine · singular · genitive · (common) ▸ 3 (Esth. 14,1 # 4,17k; 1Mac. 2,53; Sir. 10,26)

στένω (στένος) to moan, grieve ▸ 6
: στένουσι ▸ 1
: **Verb** · third · plural · present · active · indicative ▸ 1 (Prov. 28,28)
: στένουσιν ▸ 1
: **Verb** · third · plural · present · active · indicative ▸ 1 (Prov. 29,2)
: στένων ▸ 4
: **Verb** · present · active · participle · masculine · singular · nominative ▸ 4 (Gen. 4,12; Gen. 4,14; Job 10,1; Job 30,28)

στενῶς (στενός) with difficulty ▸ 1
: στενῶς ▸ 1
: **Adverb** ▸ 1 (1Sam. 13,6)

στέργω to love ▸ 1
: στέρξον ▸ 1
: **Verb** · second · singular · aorist · active · imperative ▸ 1 (Sir. 27,17)

στερεός (στερέω) firm, solid ▸ 16 + 4 = 20
: στερεά ▸ 1
: **Adjective** · feminine · singular · nominative · noDegree ▸ 1 (Jer. 15,18)
: στερεὰ ▸ 3 + 1 = 4

Adjective · feminine · singular · nominative · noDegree ▸ 3 + 1 = **4** (Num. 8,4; Num. 8,4; Is. 5,28; Heb. 5,14)
στερεᾷ ▸ 1
   Adjective · feminine · singular · dative · noDegree ▸ **1** (Is. 17,5)
στερεάν ▸ 1
   Adjective · feminine · singular · accusative · noDegree ▸ **1** (Jer. 37,14)
στερεὰν ▸ 3
   Adjective · feminine · singular · accusative · noDegree ▸ **3** (Ex. 38,13; Is. 50,7; Is. 51,1)
στερεᾶς ▸ 3 + **1** = **4**
   Adjective · feminine · singular · genitive · noDegree ▸ 3 + **1** = **4** (Deut. 32,13; Ode. 2,13; Is. 2,21; Heb. 5,12)
στερεοί ▸ 1
   Adjective · masculine · plural · nominative ▸ **1** (1Pet. 5,9)
στερεὸν ▸ 1
   Adjective · neuter · singular · accusative · noDegree ▸ **1** (Ex. 38,16)
στερεὸς ▸ 1
   Adjective · masculine · singular · nominative ▸ **1** (2Tim. 2,19)
στερεῶν ▸ 1
   Adjective · masculine · plural · genitive · noDegree ▸ **1** (1Sam. 4,8)
στερεωτέρων ▸ 2
   Adjective · masculine · plural · genitive · comparative ▸ **2** (Psa. 34,10; Jer. 38,11)

στερεόω (στερέω) to make strong ▸ 34 + 3 = 37
ἐστερεοῦντο ▸ 1
   Verb · third · plural · imperfect · passive · indicative · (variant) ▸ **1** (Acts 16,5)
ἐστερεώθη ▸ 2
   Verb · third · singular · aorist · passive · indicative ▸ **2** (Is. 51,6; Jer. 52,6)
Ἐστερεώθη ▸ 2
   Verb · third · singular · aorist · passive · indicative ▸ **2** (1Sam. 2,1; Ode. 3,1)
ἐστερεώθησαν ▸ 2 + **1** = 3
   Verb · third · plural · aorist · passive · indicative ▸ 2 + **1** = **3** (Psa. 17,18; Psa. 32,6; Acts 3,7)
ἐστερεωμένης ▸ 1
   Verb · perfect · passive · participle · feminine · singular · genitive ▸ **1** (1Sam. 6,18)
ἐστερέωσα ▸ 3
   Verb · first · singular · aorist · active · indicative ▸ **3** (Psa. 74,4; Is. 44,24; Is. 45,12)
ἐστερέωσαν ▸ 3
   Verb · third · plural · aorist · active · indicative ▸ **3** (1Mac. 9,62; Jer. 5,3; Jer. 10,4)
ἐστερέωσεν ▸ 10 + **1** = 11
   Verb · third · singular · aorist · active · indicative ▸ 10 + **1** = **11** (1Mac. 10,50; Psa. 92,1; Sir. 3,2; Sir. 39,28; Sir. 42,17; Sir. 42,25; Sir. 45,8; Sir. 50,1; Is. 48,13; Lam. 2,4; Acts 3,16)
στερεωθήσεται ▸ 2
   Verb · third · singular · future · passive · indicative ▸ **2** (Sir. 31,11; Dan. 8,24)
στερεῶν ▸ 2
   Verb · present · active · participle · masculine · singular · nominative ▸ **2** (Hos. 13,4; Amos 4,13)
στερεώσαντι ▸ 1
   Verb · aorist · active · participle · masculine · singular · dative ▸ **1** (Psa. 135,6)
στερεώσας ▸ 1
   Verb · aorist · active · participle · masculine · singular · nominative ▸ **1** (Is. 42,5)
στερεώσεις ▸ 2
   Verb · second · singular · future · active · indicative ▸ **2** (Job 37,18; Ezek. 4,7)
στερέωσον ▸ 3
   Verb · second · singular · aorist · active · imperative ▸ **3** (Sir. 26,10; Sir. 29,3; Sir. 42,11)

στερέω to deprive ▸ 19
ἐστέρεσεν ▸ 1
   Verb · third · singular · aorist · active · indicative ▸ **1** (Sir. 28,15)
ἐστερήθη ▸ 1
   Verb · third · singular · aorist · passive · indicative ▸ **1** (Sir. 37,21)
ἐστερήθην ▸ 1
   Verb · first · singular · aorist · passive · indicative ▸ **1** (Gen. 48,11)
ἐστερήθης ▸ 1
   Verb · second · singular · aorist · passive · indicative ▸ **1** (3Mac. 5,32)
ἐστερήθησαν ▸ 1
   Verb · third · plural · aorist · passive · indicative ▸ **1** (Psa. 77,30)
ἐστερημένος ▸ 1
   Verb · perfect · passive · participle · masculine · singular · nominative ▸ **1** (2Mac. 3,29)
ἐστέρηνται ▸ 1
   Verb · third · plural · perfect · passive · indicative ▸ **1** (3Mac. 1,12)
ἐστέρησας ▸ 2
   Verb · second · singular · aorist · active · indicative ▸ **2** (Psa. 20,3; Job 22,7)
ἐστέρησέν ▸ 2
   Verb · third · singular · aorist · active · indicative ▸ **2** (Gen. 30,2; Num. 24,11)
ἐστέρουν ▸ 1
   Verb · third · plural · imperfect · active · indicative ▸ **1** (3Mac. 2,33)
στερεῖσθαι ▸ 1
   Verb · present · passive · infinitive ▸ **1** (2Mac. 13,10)
στερηθεῖσαν ▸ 1
   Verb · aorist · passive · participle · feminine · singular · accusative ▸ **1** (4Mac. 12,6)
στερηθῆναι ▸ 1
   Verb · aorist · passive · infinitive ▸ **1** (Wis. 18,4)
στερηθήσονται ▸ 1
   Verb · third · plural · future · passive · indicative ▸ **1** (4Mac. 4,7)
στερῆσαι ▸ 1
   Verb · aorist · active · infinitive ▸ **1** (Esth. 16,12 # 8,12m)
στερήσει ▸ 1
   Verb · third · singular · future · active · indicative ▸ **1** (Psa. 83,12)
στερήσῃς ▸ 1
   Verb · second · singular · aorist · active · subjunctive ▸ **1** (Sir. 7,21)

στερέωμα (στερέω) firmness, steadfastness; firmament ▸ 28 + 2 + **1** = 31
στερέωμα ▸ 11 + **1** = 12
   Noun · neuter · singular · accusative · (common) ▸ 5 + **1** = **6** (Gen. 1,7; Gen. 1,8; Gen. 1,20; 1Esdr. 8,78; Esth. 9,29; Col. 2,5)
   Noun · neuter · singular · nominative · (common) ▸ **6** (Gen. 1,6; 1Mac. 9,14; Psa. 18,2; Psa. 72,4; Sir. 43,1; Ezek. 1,22)

στερέωμά ▸ 2
   Noun · neuter · singular · nominative · (common) ▸ 2 (Psa. 17,3; Psa. 70,3)
στερεώματι ▸ 8 + 1 = 9
   Noun · neuter · singular · dative · (common) ▸ 8 + 1 = 9 (Gen. 1,14; Gen. 1,15; Gen. 1,17; Psa. 150,1; Ode. 8,56; Sir. 43,8; Ezek. 13,5; Dan. 3,56; Dan. 3,56)
στερεώματος ▸ 7 + 1 = 8
   Noun · neuter · singular · genitive · (common) ▸ 7 + 1 = 8 (Gen. 1,7; Gen. 1,7; Ex. 24,10; Deut. 33,26; Ezek. 1,23; Ezek. 1,25; Ezek. 10,1; Dan. 12,3)

στερέωσις (στερέω) stubbornness; obstinancy ▸ 1
   στερέωσιν ▸ 1
      Noun · feminine · singular · accusative · (common) ▸ 1 (Sir. 28,10)

στερίσκω (στερέω) to deprive ▸ 1
   στερίσκω ▸ 1
      Verb · first · singular · present · active · indicative ▸ 1 (Eccl. 4,8)

στέρνον chest, breast ▸ 1
   στέρνοις ▸ 1
      Noun · neuter · plural · dative · (common) ▸ 1 (Sir. 26,18)

Στεφανᾶς Stephanas ▸ 3
   Στεφανᾶ ▸ 3
      Noun · masculine · singular · genitive · (proper) ▸ 3 (1Cor. 1,16; 1Cor. 16,15; 1Cor. 16,17)

στεφάνη (στέφανος) rim ▸ 8
   στεφάνῃ ▸ 1
      Noun · feminine · singular · dative · (common) ▸ 1 (Ex. 25,25)
   στεφάνην ▸ 7
      Noun · feminine · singular · accusative · (common) ▸ 7 (Ex. 25,25; Ex. 25,27; Ex. 27,3; Ex. 30,3; Ex. 30,4; Deut. 22,8; Jer. 52,18)

στεφανηφορέω (στέφανος; φέρω) to wear a crown ▸ 1
   στεφανηφοροῦσα ▸ 1
      Verb · present · active · participle · feminine · singular · nominative ▸ 1 (Wis. 4,2)

Στέφανος (στέφανος) Stephen ▸ 1 + 7 = 8
   Στέφανον ▸ 3
      Noun · masculine · singular · accusative · (proper) ▸ 3 (Acts 6,5; Acts 7,59; Acts 8,2)
   Στέφανος ▸ 1 + 1 = 2
      Noun · masculine · singular · nominative · (proper) ▸ 1 + 1 = 2 (Lam. 2,15; Acts 6,8)
   Στεφάνου ▸ 1
      Noun · masculine · singular · genitive · (proper) ▸ 1 (Acts 22,20)
   Στεφάνῳ ▸ 2
      Noun · masculine · singular · dative · (proper) ▸ 2 (Acts 6,9; Acts 11,19)

στέφανος crown ▸ 50 + 18 = 68
   στέφανοι ▸ 1
      Noun · masculine · plural · nominative ▸ 1 (Rev. 9,7)
   στεφάνοις ▸ 1
      Noun · masculine · plural · dative · (common) ▸ 1 (1Mac. 4,57)
   στέφανον ▸ 21 + 9 = 30
      Noun · masculine · singular · accusative · (common) ▸ 21 + 9 = 30 (2Sam. 12,30; 1Chr. 20,2; Esth. 8,15; 1Mac. 10,20; 1Mac. 13,37; 1Mac. 13,39; 2Mac. 14,4; Psa. 20,4; Psa. 64,12; Prov. 1,9; Prov. 4,9; Job 19,9; Job 31,36; Sir. 6,31; Sir. 15,6; Sir. 32,2; Sir. 40,4; Sir. 45,12; Ezek. 16,12; Ezek. 21,31; Ezek. 23,42; Matt. 27,29; Mark 15,17; John 19,2; John 19,5; 1Cor. 9,25; James 1,12; 1Pet. 5,4; Rev. 2,10; Rev. 14,14)
   στέφανόν ▸ 2 + 1 = 3
      Noun · masculine · singular · accusative · (common) ▸ 2 + 1 = 3 (Is. 22,18; Is. 22,21; Rev. 3,11)
   στέφανος ▸ 15 + 4 = 19
      Noun · masculine · singular · nominative · (common) ▸ 15 + 4 = 19 (Prov. 12,4; Prov. 14,24; Prov. 16,31; Prov. 17,6; Sir. 1,11; Sir. 1,18; Sir. 25,6; Sir. 50,12; Zech. 6,14; Is. 28,3; Is. 28,5; Is. 62,3; Jer. 13,18; Lam. 5,16; Ezek. 28,12; 1Th. 2,19; 2Tim. 4,8; Rev. 6,2; Rev. 12,1)
   στέφανός ▸ 1
      Noun · masculine · singular · vocative · (variant) ▸ 1 (Phil. 4,1)
   στεφάνου ▸ 1
      Noun · masculine · singular · genitive · (common) ▸ 1 (Sol. 2,20)
   στεφάνους ▸ 4 + 2 = 6
      Noun · masculine · plural · accusative · (common) ▸ 4 + 2 = 6 (1Mac. 1,22; 1Mac. 11,35; Zech. 6,11; LetterJ 8; Rev. 4,4; Rev. 4,10)
   στεφάνῳ ▸ 3
      Noun · masculine · singular · dative · (common) ▸ 3 (Prov. 4,9; Song 3,11; Is. 28,1)
   στεφάνων ▸ 3
      Noun · masculine · plural · genitive · (common) ▸ 3 (Judith 3,7; Judith 15,13; 1Mac. 10,29)

στεφανόω (στέφανος) to crown ▸ 8 + 3 = 11
   ἐστεφανωμένον ▸ 1
      Verb · perfect · passive · participle · masculine · singular · accusative · (variant) ▸ 1 (Heb. 2,9)
   ἐστεφάνωσαν ▸ 1
      Verb · third · plural · aorist · active · indicative ▸ 1 (Sol. 8,17)
   ἐστεφανώσαντο ▸ 1
      Verb · third · plural · aorist · middle · indicative ▸ 1 (Judith 15,13)
   ἐστεφάνωσας ▸ 2 + 1 = 3
      Verb · second · singular · aorist · active · indicative ▸ 2 + 1 = 3 (Psa. 5,13; Psa. 8,6; Heb. 2,7)
   ἐστεφάνωσεν ▸ 1
      Verb · third · singular · aorist · active · indicative ▸ 1 (Song 3,11)
   στεφανοῦντά ▸ 1
      Verb · present · active · participle · masculine · singular · accusative ▸ 1 (Psa. 102,4)
   στεφανοῦσα ▸ 1
      Verb · present · active · participle · feminine · singular · nominative ▸ 1 (4Mac. 17,15)
   στεφανοῦται ▸ 1
      Verb · third · singular · present · passive · indicative · (variant) ▸ 1 (2Tim. 2,5)
   στεφανωθήσεται ▸ 1
      Verb · third · singular · future · passive · indicative ▸ 1 (3Mac. 3,28)

στέφος (στέφανος) wreath ▸ 1
   στεφέων ▸ 1
      Noun · neuter · plural · genitive · (common) ▸ 1 (3Mac. 4,8)

στέφω (στέφανος) to put around; to crown ▸ 1
   στεψώμεθα ▸ 1
      Verb · first · plural · aorist · middle · subjunctive ▸ 1 (Wis. 2,8)

στηθοδεσμίς (στῆθος; δέω) breast-band ▸ 1
   στηθοδεσμίδα ▸ 1
      Noun · feminine · singular · accusative · (common) ▸ 1 (Jer. 2,32)

στῆθος chest, breast ▸ 8 + 1 + 5 = 14
   στήθει ▸ 1
      Noun · neuter · singular · dative · (common) ▸ 1 (Gen. 3,14)
   στηθέων ▸ 1

Noun · neuter · plural · genitive · (common) · **1** (Job 39,20)
στήθη · **2** + **2** = **4**
Noun · neuter · plural · accusative · (common) · **2** + **2** = **4** (Prov. 6,10; Prov. 24,33; Luke 23,48; Rev. 15,6)
στῆθος · **1** + **1** + **3** = **5**
Noun · neuter · singular · nominative · (common) · **1** + **1** + **3** = **5** (Dan. 2,32; Dan. 2,32; Luke 18,13; John 13,25; John 21,20)
στήθους · **3**
Noun · neuter · singular · genitive · (common) · **3** (Ex. 28,29; Ex. 28,30; Ex. 28,30)

στηθύνιον (στῆθος) breast · **12**
στηθύνια · **1**
Noun · neuter · plural · accusative · (common) · **1** (Lev. 9,20)
στηθύνιον · **9**
Noun · neuter · singular · accusative · (common) · **7** (Ex. 29,26; Ex. 29,27; Lev. 7,34; Lev. 8,29; Lev. 9,21; Lev. 10,14; Lev. 10,15)
Noun · neuter · singular · nominative · (common) · **2** (Lev. 7,31; Num. 18,18)
στηθυνίου · **2**
Noun · neuter · singular · genitive · (common) · **2** (Lev. 7,30; Num. 6,20)

στήκω (ἵστημι) to stand, stand firm · **1** + **10** = **11**
ἕστηκεν · **1**
Verb · third · singular · imperfect · active · indicative · **1** (John 8,44)
στήκει · **1** + **1** = **2**
Verb · third · singular · present · active · indicative · **1** + **1** = **2** (Judg. 16,26; Rom. 14,4)
στήκετε · **7**
Verb · second · plural · present · active · indicative · **3** (Mark 11,25; Phil. 1,27; 1Th. 3,8)
Verb · second · plural · present · active · imperative · **4** (1Cor. 16,13; Gal. 5,1; Phil. 4,1; 2Th. 2,15)
στήκοντες · **1**
Verb · present · active · participle · masculine · plural · nominative · **1** (Mark 3,31)

στήλη pillar; memorial stele · **45**
στῆλαι · **1**
Noun · feminine · plural · nominative · (common) · **1** (Hos. 10,2)
στήλαις · **1**
Noun · feminine · plural · dative · (common) · **1** (1Mac. 14,26)
στήλας · **19**
Noun · feminine · plural · accusative · (common) · **19** (Ex. 23,24; Ex. 34,13; Lev. 26,30; Num. 21,28; Num. 33,52; Deut. 7,5; Deut. 12,3; 1Kings 14,23; 2Kings 1,18c; 2Kings 3,2; 2Kings 10,27; 2Kings 17,10; 2Kings 18,4; 2Kings 23,14; 2Chr. 14,2; 2Chr. 31,1; 2Chr. 33,3; Hos. 10,1; Mic. 5,12)
στήλη · **7**
Noun · feminine · singular · nominative · (common) · **7** (Gen. 19,26; Gen. 31,48; Gen. 31,48; Gen. 35,20; Wis. 10,7; Is. 19,19; Ezek. 8,3)
στήλῃ · **1**
Noun · feminine · singular · dative · (common) · **1** (3Mac. 7,20)
στήλην · **16**
Noun · feminine · singular · accusative · (common) · **16** (Gen. 28,18; Gen. 28,22; Gen. 31,13; Gen. 31,45; Gen. 31,52; Gen. 35,14; Gen. 35,14; Gen. 35,20; Lev. 26,1; Num. 22,41; Deut. 16,22; 2Sam. 18,18; 2Sam. 18,18; 2Sam. 18,18; 2Kings 10,26; 3Mac. 2,27)

στηλογραφία (στήλη; γράφω) inscription · **6**
Στηλογραφία · **1**
Noun · feminine · singular · nominative · (common) · **1** (Psa. 15,1)
στηλογραφίαν · **5**
Noun · feminine · singular · accusative · (common) · **5** (Psa. 55,1; Psa. 56,1; Psa. 57,1; Psa. 58,1; Psa. 59,1)

στηλόω (στήλη) to set up a pillar · **9**
ἐστηλώθη · **1**
Verb · third · singular · aorist · passive · indicative · **1** (2Sam. 23,12)
ἐστηλωμένοι · **1**
Verb · perfect · middle · participle · masculine · plural · nominative · **1** (Judg. 18,16)
ἐστηλωμένος · **1**
Verb · perfect · middle · participle · masculine · singular · nominative · **1** (Judg. 18,17)
ἐστήλωσαν · **1**
Verb · third · plural · aorist · active · indicative · **1** (2Kings 17,10)
ἐστήλωσεν · **2**
Verb · third · singular · aorist · active · indicative · **2** (2Sam. 18,17; 2Sam. 18,18)
ἐστήλωσέν · **1**
Verb · third · singular · aorist · active · indicative · **1** (Lam. 3,12)
στηλώθητι · **1**
Verb · second · singular · aorist · passive · imperative · **1** (2Sam. 18,30)
Στήλωσον · **1**
Verb · second · singular · aorist · active · imperative · **1** (2Sam. 1,19)

στήμων (ἵστημι) warp (of a loom) · **10**
στήμονα · **1**
Noun · masculine · singular · accusative · (common) · **1** (Lev. 13,52)
στήμονι · **6**
Noun · masculine · singular · dative · (common) · **6** (Lev. 13,48; Lev. 13,49; Lev. 13,51; Lev. 13,53; Lev. 13,55; Lev. 13,57)
στήμονος · **2**
Noun · masculine · singular · genitive · (common) · **2** (Lev. 13,56; Lev. 13,59)
στήμων · **1**
Noun · masculine · singular · nominative · (common) · **1** (Lev. 13,58)

στῆρ fat · **1**
στῆρ · **1**
Noun · neuter · singular · accusative · (common) · **1** (Bel 27)

στήριγμα (ἵστημι) support; staff · **17** + **1** = **18**
στήριγμα · **15** + **1** = **16**
Noun · neuter · plural · accusative · (common) · **1** (1Mac. 6,18)
Noun · neuter · singular · accusative · (common) · **10** + **1** = **11** (Ezra 9,8; Tob. 8,6; 1Mac. 2,43; 1Mac. 10,23; Psa. 104,16; Sir. 3,31; Ezek. 4,16; Ezek. 5,16; Ezek. 7,11; Ezek. 14,13; Tob. 8,6)
Noun · neuter · singular · nominative · (common) · **4** (Psa. 71,6; Sir. 34,15; Sir. 34,16; Sir. 49,15)
στηρίγματος · **1**
Noun · neuter · singular · genitive · (common) · **1** (2Kings 25,11)
στηριγμάτων · **1**
Noun · neuter · plural · genitive · (common) · **1** (2Sam. 20,19)

στηριγμός (στηρίζω) firmness · **1**
στηριγμοῦ · **1**
Noun · masculine · singular · genitive · (common) · **1** (2Pet. 3,17)

στηρίζω to support, make firm, strengthen · **53** + **2** + **13** = **68**
ἐστηριγμένα · **1**

στηρίζω–στίγμα

1 (2Kings 18,16)
ἐστηριγμέναι ▸ 2
 Verb · perfect · passive · participle · feminine · plural · nominative ▸ **2** (Ex. 17,12; Psa. 110,8)
ἐστηριγμένη ▸ 2
 Verb · perfect · passive · participle · feminine · singular · nominative ▸ **2** (Gen. 28,12; Sir. 22,16)
ἐστηριγμένος ▸ 2
 Verb · perfect · middle · participle · masculine · singular · nominative ▸ **2** (Sir. 5,10; Is. 22,25)
ἐστηριγμένους ▸ 1
 Verb · perfect · passive · participle · masculine · plural · accusative · (variant) ▸ **1** (2Pet. 1,12)
ἐστήριζον ▸ 1
 Verb · third · plural · imperfect · active · indicative ▸ **1** (Ex. 17,12)
ἐστήρικα ▸ 1
 Verb · first · singular · perfect · active · indicative ▸ **1** (Jer. 21,10)
ἐστήρικται ▸ 1 + 1 = 2
 Verb · third · singular · perfect · passive · indicative ▸ **1** + **1** = **2** (Psa. 111,8; Luke 16,26)
ἐστήριξα ▸ 1
 Verb · first · singular · aorist · active · indicative ▸ **1** (Dan. 7,28)
ἐστήρισα ▸ 1
 Verb · first · singular · aorist · active · indicative ▸ **1** (Gen. 27,37)
ἐστήρισαι ▸ 1
 Verb · second · singular · perfect · passive · indicative ▸ **1** (4Mac. 17,5)
ἐστηρίσατο ▸ 1
 Verb · third · singular · aorist · middle · indicative ▸ **1** (Is. 59,16)
ἐστήρισεν ▸ 3 + 1 = 4
 Verb · third · singular · aorist · active · indicative ▸ **3** + **1** = **4** (1Mac. 14,14; 1Mac. 14,26; Prov. 15,25; Luke 9,51)
ἐστηρίσθαι ▸ 1
 Verb · perfect · passive · infinitive ▸ **1** (1Sam. 26,19)
ἐστηρίσθη ▸ 1
 Verb · third · singular · aorist · passive · indicative ▸ **1** (1Mac. 2,49)
ἐστηρισμένος ▸ 1
 Verb · perfect · passive · participle · masculine · singular · nominative ▸ **1** (1Mac. 2,17)
ἐστήρισται ▸ 1
 Verb · third · singular · perfect · passive · indicative ▸ **1** (Lev. 13,55)
ἐστηρίχθην ▸ 2
 Verb · first · singular · aorist · passive · indicative ▸ **2** (Sir. 24,10; Sir. 39,32)
στηριεῖ ▸ 1
 Verb · third · singular · future · active · indicative ▸ **1** (Sir. 6,37)
στηρίζει ▸ 2
 Verb · third · singular · present · active · indicative ▸ **2** (Psa. 103,15; Sir. 3,9)
στηρίζεται ▸ 1
 Verb · third · singular · present · passive · indicative ▸ **1** (Sir. 13,21)
στηρίζουσιν ▸ 1
 Verb · third · plural · present · active · indicative ▸ **1** (Sir. 40,19)
στηρίζων ▸ 2
 Verb · present · active · participle · masculine · singular · nominative ▸ **2** (Prov. 16,30; Prov. 27,20a)
στηρίξαι ▸ 4
 Verb · aorist · active · infinitive ▸ **3** (Rom. 16,25; 1Th. 3,2; 1Th. 3,13)
 Verb · third · singular · aorist · active · optative ▸ **1** (2Th. 2,17)
στηρίξατε ▸ 1
 Verb · second · plural · aorist · active · imperative ▸ **1** (James 5,8)
στηρίξει ▸ 2
 Verb · third · singular · future · active · indicative ▸ **2** (2Th. 3,3; 1Pet. 5,10)
στηρίσαι ▸ 1
 Verb · aorist · active · infinitive ▸ **1** (Ezek. 15,7)
στηρίσατέ ▸ 1
 Verb · second · plural · aorist · active · imperative ▸ **1** (Song 2,5)
στηρίσει ▸ 1
 Verb · third · singular · future · active · indicative ▸ **1** (Jer. 17,5)
Στήρισον ▸ 2 + 1 = 3
 Verb · second · singular · aorist · active · imperative ▸ **2** + **1** = **3** (Judg. 19,5; Judg. 19,8; Judg. 19,8)
στήρισον ▸ 9 + 2 = 11
 Verb · second · singular · aorist · active · imperative ▸ **9** + **2** = **11** (Sol. 16,12; Ezek. 6,2; Ezek. 13,17; Ezek. 21,2; Ezek. 21,7; Ezek. 25,2; Ezek. 28,21; Ezek. 29,2; Ezek. 38,2; Luke 22,32; Rev. 3,2)
στηρισόν ▸ 1
 Verb · second · singular · aorist · active · imperative ▸ **1** (Psa. 50,14)
Στηρισόν ▸ 1
 Verb · second · singular · aorist · active · imperative ▸ **1** (Judg. 19,5)
στηρίσουσιν ▸ 1
 Verb · third · plural · future · active · indicative ▸ **1** (Sir. 38,34)
στηριχθῇ ▸ 1
 Verb · third · singular · aorist · passive · subjunctive ▸ **1** (2Kings 18,21)
στηριχθῆναι ▸ 1 + 1 = 2
 Verb · aorist · passive · infinitive ▸ **1** + **1** = **2** (Sir. 42,17; Rom. 1,11)
στηριχθήσεται ▸ 1
 Verb · third · singular · future · passive · indicative ▸ **1** (Sir. 15,4)
στηριῶ ▸ 4
 Verb · first · singular · future · active · indicative ▸ **4** (Amos 9,4; Jer. 3,12; Jer. 24,6; Ezek. 14,8)

στιβαρός (στείβω) heavy, sturdy, harsh ▸ 1
στιβαρούς ▸ 1
 Adjective · masculine · plural · accusative · noDegree ▸ **1** (Ezek. 3,6)

στιβαρῶς (στείβω) heavily ▸ 1
στιβαρῶς ▸ 1
 Adverb ▸ **1** (Hab. 2,6)

στιβάς leafy branch ▸ 1
στιβάδας ▸ 1
 Noun · feminine · plural · accusative ▸ **1** (Mark 11,8)

στίβι eyepaint ▸ 1
στίβι ▸ 1
 Noun · neuter · singular · dative · (common) ▸ **1** (Jer. 4,30)

στιβίζομαι (στείβω) to paint black ▸ 1
ἐστιβίζου ▸ 1
 Verb · second · singular · imperfect · middle · indicative ▸ **1** (Ezek. 23,40)

στίγμα (στίζω) mark ▸ 1 + 1 = 2
στίγματα ▸ 1
 Noun · neuter · plural · accusative ▸ **1** (Gal. 6,17)

στιγμάτων ▸ 1
  Noun ▪ neuter ▪ plural ▪ genitive ▪ (common) ▸ **1** (Song 1,11)

στιγμή (στίζω) moment ▸ 2 + **1** = 3
  στιγμή ▸ 1
    Noun ▪ feminine ▪ singular ▪ nominative ▪ (common) ▸ **1** (Is. 29,5)
  στιγμῇ ▸ 1
    Noun ▪ feminine ▪ singular ▪ dative ▸ **1** (Luke 4,5)
  στιγμὴν ▸ 1
    Noun ▪ feminine ▪ singular ▪ accusative ▪ (common) ▸ **1** (2Mac. 9,11)

στικτός (στίζω) tattooed ▸ 1
  στικτὰ ▸ 1
    Adjective ▪ neuter ▪ plural ▪ accusative ▪ noDegree ▸ **1** (Lev. 19,28)

στιλβόω (στίλβω) to polish ▸ 1
  στιλβώσει ▸ 1
    Verb ▪ third ▪ singular ▪ future ▪ active ▪ indicative ▸ **1** (Psa. 7,13)

στίλβω to shine ▸ 8 + **1** + 1 = 10
  ἔστιλβεν ▸ 2
    Verb ▪ third ▪ singular ▪ imperfect ▪ active ▪ indicative ▸ **2** (1Mac. 6,39; 1Mac. 6,39)
  στίλβῃς ▸ 1
    Verb ▪ second ▪ singular ▪ present ▪ active ▪ subjunctive ▸ **1** (Ezek. 21,33)
  στίλβοντα ▸ 1 + 1 = 2
    Verb ▪ present ▪ active ▪ participle ▪ neuter ▪ plural ▪ accusative ▸ **1** (1Esdr. 8,56)
    Verb ▪ present ▪ active ▪ participle ▪ neuter ▪ plural ▪ nominative ▸ **1** (Mark 9,3)
  στίλβοντος ▸ 2 + **1** = 3
    Verb ▪ present ▪ active ▪ participle ▪ masculine ▪ singular ▪ genitive ▸ 2 + **1** = 3 (Ezra 8,27; Ezek. 40,3; Dan. 10,6)
  στιλβούσης ▸ 1
    Verb ▪ present ▪ active ▪ participle ▪ feminine ▪ singular ▪ genitive ▸ **1** (Nah. 3,3)
  στίλψωσιν ▸ 1
    Verb ▪ third ▪ plural ▪ aorist ▪ active ▪ subjunctive ▸ **1** (LetterJ 23)

στίλβωσις (στίλβω) shining ▸ 2
  στίλβωσιν ▸ 2
    Noun ▪ feminine ▪ singular ▪ accusative ▪ (common) ▸ **2** (Ezek. 21,15; Ezek. 21,20)

στιμίζομαι (στίβι) to paint black ▸ 1
  ἐστιμίσατο ▸ 1
    Verb ▪ third ▪ singular ▪ aorist ▪ middle ▪ indicative ▸ **1** (2Kings 9,30)

στιππύϊνος (στιππύον) linen ▸ 2
  στιππυΐνου ▸ 1
    Adjective ▪ neuter ▪ singular ▪ genitive ▪ noDegree ▸ **1** (Lev. 13,59)
  στιππυΐνῳ ▸ 1
    Adjective ▪ neuter ▪ singular ▪ dative ▪ noDegree ▸ **1** (Lev. 13,47)

στιππύον flax ▸ 4 + **3** = 7
  στιππύον ▸ 3 + **2** = 5
    Noun ▪ neuter ▪ singular ▪ accusative ▪ (common) ▸ 1 + **1** = 2 (Dan. 3,46; Judg. 15,14)
    Noun ▪ neuter ▪ singular ▪ nominative ▪ (common) ▸ 2 + **1** = 3 (Judg. 15,14; Sir. 21,9; Dan. 3,46)
  στιππύου ▸ 1 + **1** = 2
    Noun ▪ neuter ▪ singular ▪ genitive ▪ (common) ▸ 1 + **1** = 2 (Is. 1,31; Judg. 16,9)

στιχίζω (στείχω) to place in a row ▸ 1
  ἐστιχισμέναι ▸ 1
    Verb ▪ perfect ▪ passive ▪ participle ▪ feminine ▪ plural ▪ nominative ▸ **1** (Ezek. 42,3)

στίχος (στείχω) row; line, verse ▸ 21
  στίχοι ▸ 3
    Noun ▪ masculine ▪ plural ▪ nominative ▪ (common) ▸ **3** (1Kings 7,6; 1Kings 7,28; 1Kings 7,49)
  στίχον ▸ 2
    Noun ▪ masculine ▪ singular ▪ accusative ▪ (common) ▸ **2** (Ex. 28,20; 1Kings 7,6)
  στίχος ▸ 14
    Noun ▪ masculine ▪ singular ▪ nominative ▪ (common) ▸ **14** (Ex. 28,17; Ex. 28,17; Ex. 28,18; Ex. 28,19; Ex. 28,20; Ex. 36,17; Ex. 36,17; Ex. 36,18; Ex. 36,19; Ex. 36,20; 1Kings 6,36; 1Kings 7,6; 1Kings 7,40; 1Kings 7,49)
  στίχους ▸ 1
    Noun ▪ masculine ▪ plural ▪ accusative ▪ (common) ▸ **1** (1Kings 6,36)
  στίχων ▸ 1
    Noun ▪ masculine ▪ plural ▪ genitive ▪ (common) ▸ **1** (1Kings 7,39)

στοά (ἵστημι) porch, portico ▸ 4 + 4 = 8
  στοᾷ ▸ 3
    Noun ▪ feminine ▪ singular ▪ dative ▸ **2** (Acts 3,11; Acts 5,12)
    Noun ▪ feminine ▪ singular ▪ dative ▪ (proper) ▸ **1** (John 10,23)
  στοαί ▸ 3
    Noun ▪ feminine ▪ plural ▪ nominative ▪ (common) ▸ **3** (1Kings 6,33; Ezek. 40,18; Ezek. 42,3)
  στοαί ▸ 1
    Noun ▪ feminine ▪ plural ▪ nominative ▪ (common) ▸ **1** (Ezek. 42,5)
  στοάς ▸ 1
    Noun ▪ feminine ▪ plural ▪ accusative ▸ **1** (John 5,2)

στοιβάζω (στείβω) to pile; overwhelm ▸ 5
  ἐστοίβασεν ▸ 2
    Verb ▪ third ▪ singular ▪ aorist ▪ active ▪ indicative ▸ **2** (1Kings 18,33; 1Kings 18,33)
  ἐστοιβασμένη ▸ 1
    Verb ▪ perfect ▪ passive ▪ participle ▪ feminine ▪ singular ▪ dative ▸ **1** (Josh. 2,6)
  στοιβάσατέ ▸ 1
    Verb ▪ second ▪ plural ▪ aorist ▪ active ▪ imperative ▸ **1** (Song 2,5)
  στοιβάσει ▸ 1
    Verb ▪ third ▪ singular ▪ future ▪ active ▪ indicative ▸ **1** (Lev. 6,5)

στοιβή (στείβω) heap; bush ▸ 3
  στοιβῆς ▸ 3
    Noun ▪ feminine ▪ singular ▪ genitive ▪ (common) ▸ **3** (Judg. 15,5; Ruth 3,7; Is. 55,13)

Στοϊκός Stoic ▸ 1
  Στοϊκῶν ▸ 1
    Adjective ▪ masculine ▪ plural ▪ genitive ▪ (proper) ▸ **1** (Acts 17,18)

στοιχεῖον (στοιχέω) element; letter (of alphabet) ▸ 3 + 7 = 10
  στοιχεῖα ▸ 1 + **6** = 7
    Noun ▪ neuter ▪ plural ▪ accusative ▸ **4** (Gal. 4,3; Gal. 4,9; Col. 2,8; Heb. 5,12)
    Noun ▪ neuter ▪ plural ▪ nominative ▪ (common) ▸ 1 + **2** = 3 (Wis. 19,18; 2Pet. 3,10; 2Pet. 3,12)
  στοιχείων ▸ 2 + **1** = 3
    Noun ▪ neuter ▪ plural ▪ genitive ▪ (common) ▸ 2 + **1** = 3 (4Mac. 12,13; Wis. 7,17; Col. 2,20)

στοιχείωσις (στοιχέω) element; arrangement; introduction ▸ 1

στοιχείωσιν ▸ 1
  Noun · feminine · singular · accusative · (common) ▸ **1** (2Mac. 7,22)
στοιχέω to walk, live; prosper ▸ 1 + 5 = 6
  στοιχεῖν ▸ 1
    Verb · present · active · infinitive ▸ **1** (Phil. 3,16)
  στοιχεῖς ▸ 1
    Verb · second · singular · present · active · indicative ▸ **1** (Acts 21,24)
  στοιχήσει ▸ 1
    Verb · third · singular · future · active · indicative ▸ **1** (Eccl. 11,6)
  στοιχήσουσιν ▸ 1
    Verb · third · plural · future · active · indicative ▸ **1** (Gal. 6,16)
  στοιχοῦσιν ▸ 1
    Verb · present · active · participle · masculine · plural · dative ▸ **1** (Rom. 4,12)
  στοιχῶμεν ▸ 1
    Verb · first · plural · present · active · subjunctive ▸ **1** (Gal. 5,25)
στολή (στέλλω) clothing; robe ▸ 95 + 4 + 9 = 108
  στολαὶ ▸ 1
    Noun · feminine · plural · nominative · (common) ▸ **1** (Ex. 29,21)
  στολαί ▸ 1
    Noun · feminine · plural · nominative · (common) ▸ **1** (Ex. 28,4)
  στολαῖς ▸ 2 + 2 = 4
    Noun · feminine · plural · dative · (common)   ▸ 2 + 2 = **4** (2Mac. 3,15; Ezek. 44,19; Mark 12,38; Luke 20,46)
  στολάς ▸ 7
    Noun · feminine · plural · accusative · (common) ▸ **7** (Gen. 45,22; Gen. 45,22; Ex. 35,19; Judg. 14,12; 2Kings 5,5; 2Kings 5,22; 2Chr. 34,22)
  στολὰς ▸ 32 + 3 + 4 = 39
    Noun · feminine · plural · accusative · (common)   ▸ 32 + 3 + 4 = **39** (Gen. 35,2; Ex. 28,4; Ex. 29,5; Ex. 29,21; Ex. 31,10; Ex. 31,10; Ex. 33,5; Ex. 35,19; Ex. 35,21; Ex. 36,8; Ex. 39,12; Ex. 39,13; Ex. 39,18; Ex. 39,18; Ex. 40,13; Lev. 8,2; Lev. 8,30; Lev. 8,30; Lev. 8,30; Lev. 8,30; Judg. 14,13; Judg. 14,19; 2Kings 5,23; 2Chr. 5,12; 2Chr. 18,9; 1Esdr. 4,17; 1Esdr. 5,44; 1Mac. 14,9; 2Mac. 5,2; Ezek. 44,17; Ezek. 44,19; Ezek. 44,19; Judg. 14,12; Judg. 14,13; Judg. 14,19; Rev. 7,9; Rev. 7,13; Rev. 7,14; Rev. 22,14)
  στολή ▸ 1
    Noun · feminine · singular · nominative · (common) ▸ **1** (Job 9,31)
  στολὴ ▸ 4 + 1 = 5
    Noun · feminine · singular · nominative · (common) ▸ 4 + 1 = **5** (Ex. 29,21; Ex. 29,29; 1Chr. 15,27; Job 37,17; Rev. 6,11)
  στολῇ ▸ 3
    Noun · feminine · singular · dative · (common) ▸ **3** (1Chr. 15,27; Sir. 45,10; Is. 63,1)
  στολήν ▸ 5
    Noun · feminine · singular · accusative · (common) ▸ **5** (1Esdr. 4,54; Job 30,13; Is. 22,17; Is. 22,21; Ezek. 10,2)
  στολὴν ▸ 38 + 1 + 2 = 41
    Noun · feminine · singular · accusative · (common)   ▸ 38 + 1 + 2 = **41** (Gen. 27,15; Gen. 41,14; Gen. 41,42; Gen. 49,11; Ex. 28,2; Ex. 28,3; Ex. 29,21; Lev. 6,4; Lev. 6,4; Lev. 16,23; Lev. 16,24; Lev. 16,32; Lev. 16,32; Num. 20,26; Deut. 22,5; 2Sam. 6,14; 2Chr. 23,13; Esth. 15,6 # 5,1c; Esth. 6,8; Esth. 6,11; Esth. 8,15; Judith 10,7; Judith 16,7; Judith 16,8; 1Mac. 6,15; 1Mac. 10,21; Job 2,12; Sir. 6,29; Sir. 6,31; Sir. 50,11; Sol. 11,7; Jonah 3,6; Is. 9,4; Jer. 52,33; Bar. 4,20; Bar. 5,1; Ezek. 10,6; Ezek. 10,7; Judg. 17,10; Mark 16,5; Luke 15,22)
  στολῆς ▸ 1
    Noun · feminine · singular · genitive · (common) ▸ **1** (Job 30,18)
στολίζω (στέλλω) to clothe ▸ 12
  ἐστολίζετο ▸ 1
    Verb · third · singular · imperfect · passive · indicative   ▸ **1** (Judith 10,3)
  ἐστόλισεν ▸ 1
    Verb · third · singular · aorist · active · indicative ▸ **1** (Esth. 6,11)
  ἐστολισμένοι ▸ 4
    Verb · perfect · passive · participle · masculine · plural · nominative ▸ **4** (1Esdr. 5,57; 1Esdr. 7,9; Ezra 3,10; 2Mac. 3,33)
  ἐστολισμένος ▸ 1
    Verb · perfect · passive · participle · masculine · singular · nominative ▸ **1** (Esth. 8,15)
  ἐστολισμένους ▸ 1
    Verb · perfect · passive · participle · masculine · plural · accusative ▸ **1** (1Esdr. 1,2)
  στολιεῖ ▸ 1
    Verb · third · singular · future · active · indicative ▸ **1** (Dan. 5,7)
  στολίσαι ▸ 1
    Verb · aorist · active · infinitive ▸ **1** (Esth. 4,4)
  στολισάτω ▸ 1
    Verb · third · singular · aorist · active · imperative ▸ **1** (Esth. 6,9)
  στολιῶ ▸ 1
    Verb · first · singular · future · active · indicative ▸ **1** (Dan. 5,16)
στολισμός (στέλλω) clothing ▸ 3
  στολισμὸν ▸ 1
    Noun · masculine · singular · accusative · (common) ▸ **1** (2Chr. 9,4)
  στολισμὸς ▸ 1
    Noun · masculine · singular · nominative · (common) ▸ **1** (Sir. 19,30)
  στολισμοῦ ▸ 1
    Noun · masculine · singular · genitive · (common) ▸ **1** (Ezek. 42,14)
στολιστής (στέλλω) wardrobe keeper ▸ 1
  στολιστής ▸ 1
    Noun · masculine · singular · nominative · (common) ▸ **1** (2Kings 10,22)
στόλος (στέλλω) naval fleet ▸ 4
  στόλος ▸ 1
    Noun · masculine · singular · nominative · (common) ▸ **1** (3Mac. 7,17)
  στόλου ▸ 1
    Noun · masculine · singular · genitive · (common) ▸ **1** (2Mac. 14,1)
  στόλῳ ▸ 2
    Noun · masculine · singular · dative · (common) ▸ **2** (1Mac. 1,17; 2Mac. 12,9)
στόμα mouth ▸ 457 + 33 + 78 = 568
  στόμα ▸ 192 + 13 + 28 = 233
    Noun · neuter · singular · accusative · (common) ▸ 127 + 10 + 18 = **155** (Gen. 24,57; Gen. 29,3; Ex. 4,11; Ex. 4,12; Ex. 4,15; Ex. 4,15; Ex. 4,15; Lev. 13,45; Num. 4,27; Num. 12,8; Num. 12,8; Num. 16,30; Num. 22,28; Num. 22,38; Num. 23,5; Num. 23,12; Num. 23,16; Num. 26,10; Num. 33,7; Deut. 31,19; Josh. 10,18; Judg. 11,35; Judg. 11,36; Judg. 14,9; Judg. 18,19; 1Sam. 1,12; 1Sam. 14,26; 1Sam. 14,27; 1Kings 19,18; 2Kings 4,34; 2Kings 4,34; 2Kings 10,21; 2Kings 10,21; 2Kings 21,16; 2Kings 21,16; 2Chr. 36,4a; 1Esdr. 4,19; 1Esdr. 4,31; Ezra 9,11; Neh. 2,13; Esth. 13,17 # 4,17h; Esth. 14,8 # 4,17o; Esth. 14,10 # 4,17p; Esth. 14,13

4,17s; 4Mac. 5,36; Psa. 9,28; Psa. 21,14; Psa. 34,21; Psa. 37,14; Psa. 38,10; Psa. 39,4; Psa. 68,16; Psa. 72,9; Psa. 77,2; Psa. 80,11; Psa. 106,42; Psa. 113,13; Psa. 118,131; Psa. 134,16; Ode. 7,33; Prov. 4,24; Prov. 10,11; Prov. 13,3; Prov. 15,2; Prov. 21,23; Prov. 26,15; Prov. 31,8; Prov. 31,9; Prov. 31,25; Prov. 31,28; Eccl. 5,5; Eccl. 6,7; Eccl. 8,2; Job 3,1; Job 8,21; Job 23,4; Job 29,13; Job 33,2; Job 35,16; Job 40,23; Wis. 8,12; Wis. 10,21; Sir. 15,5; Sir. 20,15; Sir. 22,22; Sir. 22,27; Sir. 23,9; Sir. 23,13; Sir. 24,2; Sir. 26,12; Sir. 27,23; Sir. 29,24; Sir. 39,5; Sir. 51,25; Mic. 3,5; Mic. 7,16; Nah. 3,12; Zech. 5,8; Is. 5,14; Is. 49,2; Is. 51,16; Is. 52,15; Is. 53,7; Is. 53,7; Is. 57,4; Is. 59,21; Jer. 1,9; Jer. 5,14; Jer. 39,4; Lam. 1,18; Lam. 2,16; Lam. 3,46; Ezek. 2,8; Ezek. 3,2; Ezek. 3,27; Ezek. 4,14; Ezek. 16,63; Ezek. 21,27; Ezek. 29,21; Ezek. 33,22; Dan. 3,25; Dan. 3,33; Dan. 6,18; Dan. 7,20; Dan. 10,3; Dan. 10,16; Bel 27; Judg. 7,6; Judg. 11,35; Judg. 11,36; Judg. 18,19; Dan. 3,25; Dan. 3,33; Dan. 6,18; Dan. 10,3; Dan. 10,16; Bel 27; Matt. 5,2; Matt. 13,35; Matt. 15,11; Matt. 15,17; Matt. 17,27; Luke 21,15; Acts 8,32; Acts 8,35; Acts 10,34; Acts 11,8; Acts 18,14; Acts 23,2; 2John 12; 2John 12; 3John 14; 3John 14; Rev. 12,16; Rev. 13,6)

Noun · neuter · singular · nominative · (common) ▸ 65 + 3 + 10 = **78** (Gen. 4,11; Gen. 45,12; Ex. 4,16; Deut. 11,6; Judg. 9,38; 1Sam. 2,1; 2Sam. 1,16; 1Mac. 9,55; Psa. 13,3; Psa. 16,4; Psa. 16,10; Psa. 36,30; Psa. 48,4; Psa. 49,19; Psa. 50,17; Psa. 62,6; Psa. 62,12; Psa. 65,14; Psa. 70,8; Psa. 70,15; Psa. 108,2; Psa. 108,2; Psa. 125,2; Psa. 143,8; Psa. 143,11; Psa. 144,21; Ode. 3,1; Prov. 10,6; Prov. 10,14; Prov. 10,31; Prov. 10,32; Prov. 11,2; Prov. 12,6; Prov. 12,8; Prov. 15,14; Prov. 15,28; Prov. 16,10; Prov. 18,6; Prov. 18,7; Prov. 19,28; Prov. 22,14; Prov. 23,33; Prov. 26,28; Prov. 27,2; Job 5,16; Job 9,20; Job 15,6; Job 19,16; Wis. 1,11; Sir. 21,17; Sir. 21,26; Sir. 27,23; Mic. 4,4; Is. 1,20; Is. 9,16; Is. 24,3; Is. 25,8; Is. 58,14; Jer. 15,19; Jer. 39,4; Jer. 41,3; Ezek. 3,3; Ezek. 24,27; Ezek. 33,22; Dan. 7,8; Judg. 9,38; Dan. 7,8; Dan. 7,20; Matt. 12,34; Luke 1,64; Luke 6,45; Rom. 3,14; Rom. 3,19; 2Cor. 6,11; Jude 16; Rev. 13,2; Rev. 13,2; Rev. 13,5)

στόμασιν ▸ 2
Noun · neuter · plural · dative · (common) ▸ **2** (Prov. 11,11; Sir. 1,29)

στόματα ▸ 1 + 2 + 3 = 6
Noun · neuter · plural · accusative · (common) ▸ 1 + 2 + 3 = **6** (Dan. 6,19; Dan. 6,19; Dan. 6,23; Heb. 11,33; Heb. 11,34; James 3,3)

στόματι ▸ 98 + 13 + 7 = 118
Noun · neuter · singular · dative · (common) ▸ 98 + 13 + 7 = **118** (Gen. 8,11; Gen. 29,2; Gen. 34,26; Num. 27,21; Num. 27,21; Deut. 18,18; Deut. 21,5; Josh. 6,21; Josh. 8,24; Josh. 10,28; Josh. 10,30; Josh. 10,32; Josh. 10,33; Josh. 10,35; Josh. 10,37; Josh. 10,39; Josh. 11,12; Josh. 11,14; Josh. 19,48; Judg. 1,8; Judg. 1,25; Judg. 4,15; Judg. 4,16; Judg. 14,8; Judg. 18,27; Judg. 20,37; Judg. 20,48; Judg. 21,10; 1Sam. 12,14; 1Sam. 12,15; 1Sam. 15,8; 1Sam. 22,19; 2Sam. 14,3; 2Sam. 14,19; 2Sam. 15,14; 2Sam. 17,5; 2Sam. 18,25; 1Kings 8,15; 1Kings 22,13; 1Kings 22,22; 1Kings 22,23; 2Kings 10,25; 2Chr. 6,4; 2Chr. 18,12; 2Chr. 18,21; 2Chr. 18,22; 1Esdr. 1,54; 1Esdr. 2,1; Ezra 8,17; Judith 2,27; Judith 15,13; Tob. 13,7; 1Mac. 5,28; 1Mac. 5,51; 3Mac. 2,20; 3Mac. 4,16; Psa. 5,10; Psa. 31,2; Psa. 37,15; Psa. 48,14; Psa. 57,7; Psa. 58,8; Psa. 61,5; Psa. 77,30; Psa. 77,36; Psa. 134,17; Prov. 11,9; Prov. 16,26; Prov. 19,24; Job 20,12; Job 29,9; Job 32,5; Sir. 13,24; Sir. 14,1; Sir. 15,9; Sir. 20,19; Sir. 20,24; Sir. 20,29; Sir. 21,26; Sir. 28,18; Sir. 30,18; Sir. 34,8; Sir. 39,35; Sir. 40,30; Sir. 49,1; Sol. 8,34; Mic. 6,12; Zeph. 3,13; Zech. 14,12; Mal. 2,6; Is. 9,11; Is. 53,9; Jer. 21,7; Jer. 31,28; Jer. 51,25; Jer. 51,26; Ezek. 33,31; Dan. 7,5; Judg. 1,8; Judg. 1,25; Judg. 4,15; Judg. 4,16; Judg. 14,8; Judg. 18,27; Judg. 20,37; Judg. 20,48; Judg. 21,10; Tob. 11,15; Tob. 13,7; Dan. 4,31; Dan. 7,5; Luke 21,24; John 19,29; Rom. 10,10; Rom. 15,6; 1Pet. 2,22; Rev. 9,19; Rev. 14,5)

στόματί ▸ 25 + 4 = 29
Noun · neuter · singular · dative · (common) ▸ 25 + 4 = **29** (Gen. 41,40; Ex. 13,9; Deut. 23,24; Deut. 30,14; 1Kings 8,24; 1Kings 17,24; 2Chr. 6,15; Psa. 33,2; Psa. 38,2; Psa. 65,17; Psa. 88,2; Psa. 108,30; Psa. 118,103; Psa. 140,3; Eccl. 5,1; Job 7,11; Job 16,5; Job 31,27; Job 40,4; Sir. 5,12; Sir. 8,11; Sir. 28,25; Ezek. 3,3; Ezek. 16,56; Ezek. 35,13; Rom. 10,8; Rom. 10,9; Rev. 10,9; Rev. 10,10)

στόματος ▸ 103 + 4 + 29 = 136
Noun · neuter · singular · genitive · (common) ▸ 103 + 4 + 29 = **136** (Gen. 29,3; Gen. 29,8; Gen. 29,10; Gen. 42,27; Gen. 44,1; Ex. 23,13; Num. 30,3; Num. 32,24; Deut. 8,3; Deut. 19,15; Deut. 19,15; Deut. 31,21; Deut. 31,21; 1Sam. 2,3; 1Sam. 2,23; 1Sam. 17,35; 2Sam. 13,32; 2Sam. 14,13; 2Sam. 22,9; 1Kings 17,1; 1Kings 21,33; 2Kings 23,35; 1Chr. 16,12; 2Chr. 35,22; 2Chr. 36,12; 2Chr. 36,21; 2Chr. 36,22; 1Esdr. 1,26; 1Esdr. 1,45; Ezra 1,1; Ezra 9,11; Neh. 9,20; Judith 2,2; Judith 2,3; Judith 5,5; Judith 5,5; 1Mac. 2,60; Psa. 8,3; Psa. 21,22; Psa. 32,6; Psa. 35,4; Psa. 58,13; Psa. 104,5; Ode. 3,3; Ode. 9,70; Prov. 3,16a; Prov. 4,5; Prov. 6,2; Prov. 12,14; Prov. 14,3; Prov. 16,17; Prov. 16,23; Prov. 18,20; Prov. 21,20; Prov. 24,7; Prov. 26,7; Prov. 27,21; Eccl. 10,12; Eccl. 10,13; Eccl. 10,13; Song 1,2; Job 15,13; Job 22,22; Job 36,16; Job 37,2; Job 41,11; Job 41,13; Sir. 20,20; Sir. 21,5; Sir. 23,7; Sir. 24,3; Sir. 37,22; Sir. 39,17; Sol. 17,24; Sol. 17,35; Hos. 2,19; Amos 3,12; Joel 1,5; Zech. 8,9; Zech. 9,7; Mal. 2,7; Is. 11,4; Is. 59,21; Jer. 4,1; Jer. 7,27; Jer. 9,7; Jer. 9,11; Jer. 9,19; Jer. 12,2; Jer. 23,16; Jer. 28,44; Jer. 43,4; Jer. 43,18; Jer. 43,27; Jer. 43,32; Jer. 51,17; Jer. 51,31; Lam. 3,38; Ezek. 24,22; Ezek. 34,10; Dan. 3,51; Dan. 6,20; Sus. 60-62; Judg. 14,9; Dan. 3,51; Dan. 6,21; Sus. 61; Matt. 4,4; Matt. 15,11; Matt. 15,18; Matt. 18,16; Matt. 21,16; Luke 1,70; Luke 4,22; Luke 11,54; Luke 22,71; Acts 1,16; Acts 3,18; Acts 3,21; Acts 4,25; Acts 22,14; 2Cor. 13,1; Eph. 4,29; Col. 3,8; 2Th. 2,8; 2Tim. 4,17; James 3,10; Rev. 1,16; Rev. 11,5; Rev. 12,15; Rev. 12,16; Rev. 16,13; Rev. 16,13; Rev. 16,13; Rev. 19,15; Rev. 19,21)

στόματός ▸ 36 + 1 + 5 = 42
Noun · neuter · singular · genitive · (common) ▸ 36 + 1 + 5 = **42** (Deut. 32,1; Josh. 1,8; Judg. 11,36; 1Sam. 1,23; 1Esdr. 4,46; Esth. 14,8 # 4,170; Judith 2,6; Psa. 18,15; Psa. 49,16; Psa. 53,4; Psa. 77,1; Psa. 118,13; Psa. 118,43; Psa. 118,72; Psa. 118,88; Psa. 118,108; Psa. 137,1; Psa. 137,4; Ode. 2,1; Prov. 7,24; Prov. 8,8; Job 8,2; Job 13,6; Job 15,5; Sir. 28,12; Hos. 6,5; Is. 6,7; Is. 45,23; Is. 48,3; Is. 55,11; Is. 58,13; Is. 59,21; Jer. 1,9; Jer. 41,3; Ezek. 3,17; Ezek. 33,7; Judg. 11,36; Luke 19,22; Acts 15,7; Eph. 6,19; Rev. 2,16; Rev. 3,16)

στομάτων ▸ 2
Noun · neuter · plural · genitive ▸ **2** (Rev. 9,17; Rev. 9,18)

στόμαχος (στόμα) stomach; throat, gullet; anger ▸ 1
στόμαχον ▸ 1
Noun · masculine · singular · accusative ▸ **1** (1Tim. 5,23)

στόμωμα (στόμα) mouth, entrance ▸ 1
στόμωμα ▸ 1
Noun · neuter · singular · accusative · (common) ▸ **1** (Sir. 31,26)

στοργή (στέργω) love, affection ▸ 4
στοργή ▸ 1
Noun · feminine · singular · nominative · (common) ▸ **1** (4Mac. 14,13)

στοργῇ ▸ 1
Noun · feminine · singular · dative · (common) ▸ **1** (4Mac. 14,17)

στοργὴν ▸ 2

στοργή–στρατηγία

Noun · feminine · singular · accusative · (common) ▸ 2 (3Mac. 5,32; 4Mac. 14,14)

στοχάζομαι (στόχος) to reckon; guess ▸ 4
    στοχαζόμενος ▸ 1
        Verb · present · middle · participle · masculine · singular · nominative ▸ 1 (2Mac. 14,8)
    στόχασαι ▸ 1
        Verb · second · singular · aorist · middle · imperative ▸ 1 (Sir. 9,14)
    στόχασαί ▸ 1
        Verb · second · singular · aorist · middle · imperative ▸ 1 (Deut. 19,3)
    στοχάσασθαι ▸ 1
        Verb · aorist · middle · infinitive ▸ 1 (Wis. 13,9)

στοχαστής (στόχος) diviner ▸ 1
    στοχαστήν ▸ 1
        Noun · masculine · singular · accusative · (common) ▸ 1 (Is. 3,2)

στραγγαλάομαι (στράγξ) to strangle, be strangled ▸ 1 + 1 = 2
    ἐστραγγάληται ▸ 1
        Verb · third · singular · perfect · passive · indicative ▸ 1 (Tob. 2,3)
    ἐστραγγαλωμένος ▸ 1
        Verb · perfect · passive · participle · masculine · singular · nominative ▸ 1 (Tob. 2,3)

στραγγαλιά (στράγξ) knot ▸ 2
    στραγγαλιὰς ▸ 2
        Noun · feminine · plural · accusative · (common) ▸ 2 (Psa. 124,5; Is. 58,6)

στραγγαλίς chain, knotted ornament ▸ 1
    στραγγαλίδων ▸ 1
        Noun · feminine · plural · genitive · (common) ▸ 1 (Judg. 8,26)

στραγγαλώδης (στράγξ; εἶδος) knotted ▸ 1
    στραγγαλῶδες ▸ 1
        Adjective · neuter · singular · nominative · noDegree ▸ 1 (Prov. 8,8)

στραγγίζω (στράγξ) to squeeze ▸ 1 + 1 = 2
    στραγγιεῖ ▸ 1
        Verb · third · singular · future · active · indicative ▸ 1 (Lev. 1,15)
    στρατείας ▸ 1
        Noun · feminine · singular · genitive ▸ 1 (2Cor. 10,4)

στρατεία (στρατιά) warfare; fight; expedition; army host ▸ 1 + 1 = 2
    στρατείαν ▸ 1 + 1 = 2
        Noun · feminine · singular · accusative · (common) ▸ 1 + 1 = 2 (4Mac. 9,24; 1Tim. 1,18)

στράτευμα (στρατιά) military campaign; army ▸ 7 + 8 = 15
    στράτευμα ▸ 4 + 1 = 5
        Noun · neuter · singular · accusative · (common) ▸ 3 + 1 = 4 (2Mac. 8,21; 2Mac. 12,38; 2Mac. 13,13; Acts 23,10)
        Noun · neuter · singular · nominative · (common) ▸ 1 (1Mac. 9,34)
    στρατεύμασιν ▸ 1 + 1 = 2
        Noun · neuter · plural · dative · (common) ▸ 1 + 1 = 2 (Judith 11,8; Luke 23,11)
    στρατεύματα ▸ 3
        Noun · neuter · plural · accusative ▸ 2 (Matt. 22,7; Rev. 19,19)
        Noun · neuter · plural · nominative ▸ 1 (Rev. 19,14)
    στρατεύματι ▸ 1
        Noun · neuter · singular · dative ▸ 1 (Acts 23,27)
    στρατεύματος ▸ 1 + 1 = 2
        Noun · neuter · singular · genitive · (common) ▸ 1 + 1 = 2 (2Mac. 5,24; Rev. 19,19)
    στρατευμάτων ▸ 1 + 1 = 2
        Noun · neuter · plural · genitive · (common) ▸ 1 + 1 = 2 (4Mac. 5,1; Rev. 9,16)

στρατεύω (στρατιά) to serve as a soldier; to wage war ▸ 7 + 1 + 7 = 15
    ἐστράτευσεν ▸ 1
        Verb · third · singular · aorist · active · indicative ▸ 1 (4Mac. 18,5)
    στρατεύεσθαι ▸ 1
        Verb · present · middle · infinitive ▸ 1 (2Mac. 15,17)
    στρατεύθητι ▸ 1
        Verb · second · singular · aorist · passive · imperative ▸ 1 (Judg. 19,8)
    στρατεύεται ▸ 1
        Verb · third · singular · present · middle · indicative ▸ 1 (1Cor. 9,7)
    στρατεύῃ ▸ 1
        Verb · second · singular · present · middle · subjunctive ▸ 1 (1Tim. 1,18)
    στρατεύομαι ▸ 1
        Verb · first · singular · present · middle · indicative ▸ 1 (2Sam. 15,28)
    στρατευόμεθα ▸ 1
        Verb · first · plural · present · middle · indicative ▸ 1 (2Cor. 10,3)
    στρατευόμενοι ▸ 1
        Verb · present · middle · participle · masculine · plural · nominative ▸ 1 (Luke 3,14)
    στρατευόμενος ▸ 1
        Verb · present · middle · participle · masculine · singular · nominative ▸ 1 (2Tim. 2,4)
    στρατευομένων ▸ 1
        Verb · present · middle · participle · feminine · plural · genitive ▸ 1 (James 4,1)
    στρατεύονται ▸ 1 + 1 = 2
        Verb · third · plural · present · middle · indicative ▸ 1 + 1 = 2 (1Esdr. 4,6; 1Pet. 2,11)
    στρατευσάμενοι ▸ 1
        Verb · aorist · middle · participle · masculine · plural · nominative ▸ 1 (Is. 29,7)
    στρατεύσασθε ▸ 1
        Verb · second · plural · aorist · middle · imperative ▸ 1 (4Mac. 9,24)
    στράτευσον ▸ 1
        Verb · second · singular · aorist · active · imperative ▸ 1 (Judg. 19,8)

στρατηγέω (στρατιά; ἄγω) to command; serve as praetor ▸ 2
    ἐστρατήγηται ▸ 1
        Verb · third · singular · perfect · passive · indicative ▸ 1 (2Mac. 14,31)
    στρατηγοῦντος ▸ 1
        Verb · present · active · participle · masculine · singular · genitive ▸ 1 (2Mac. 10,32)

στρατήγημα (στρατιά; ἄγω) trick ▸ 1
    στρατηγήματι ▸ 1
        Noun · neuter · singular · dative · (common) ▸ 1 (2Mac. 14,29)

στρατηγία (στρατιά; ἄγω) command ▸ 1
    στρατηγίαν ▸ 1
        Noun · feminine · singular · accusative · (common) ▸ 1 (1Kings 2,35)

στρατηγός (στρατιά; ἄγω) captain, commander; chief magistrate ▸ 55 + 4 + 10 = 69
- στρατηγοί ▸ 3 + 2 + 3 = 8
  - **Noun** · masculine · plural · nominative · (common) ▸ 3 + 2 + 3 = **8** (1Sam. 29,4; Judith 7,8; Ezek. 32,30; Dan. 3,94; Dan. 6,8; Acts 16,22; Acts 16,35; Acts 16,36)
- στρατηγοί ▸ 1
  - **Noun** · masculine · plural · nominative · (common) ▸ **1** (Dan. 3,3)
- στρατηγοῖς ▸ 7 + 3 = 10
  - **Noun** · masculine · plural · dative · (common) ▸ 7 + 3 = **10** (1Esdr. 3,2; Neh. 2,16; Neh. 13,11; Esth. 3,12; 3Mac. 3,12; 3Mac. 4,18; 3Mac. 7,1; Luke 22,4; Acts 16,20; Acts 16,38)
- στρατηγόν ▸ 3
  - **Noun** · masculine · singular · accusative · (common) ▸ **3** (1Chr. 11,6; 1Mac. 14,42; 2Mac. 12,32)
- στρατηγόν ▸ 12
  - **Noun** · masculine · singular · accusative · (common) ▸ **12** (2Chr. 32,21; 1Mac. 8,10; 1Mac. 10,65; 1Mac. 11,59; 2Mac. 3,5; 2Mac. 4,4; 2Mac. 8,8; 2Mac. 8,9; 2Mac. 10,11; 2Mac. 13,24; 2Mac. 14,12; 4Mac. 4,2)
- στρατηγός ▸ 7 + 3 = 10
  - **Noun** · masculine · singular · nominative · (common) ▸ 7 + 3 = **10** (1Mac. 14,47; 1Mac. 16,11; 2Mac. 9,19; 2Mac. 10,14; Job 15,24; Dan. 10,13; Dan. 10,20; Acts 4,1; Acts 5,24; Acts 5,26)
- στρατηγοῦ ▸ 3
  - **Noun** · masculine · singular · genitive · (common) ▸ **3** (1Mac. 13,42; Dan. 10,13; Dan. 10,20)
- στρατηγούς ▸ 3
  - **Noun** · masculine · plural · accusative · (common) ▸ **3** (Jer. 28,23; Ezek. 23,6; Dan. 3,2)
- στρατηγούς ▸ 13 + 1 + 1 = 15
  - **Noun** · masculine · plural · accusative · (common) ▸ 13 + 1 + 1 = **15** (1Sam. 29,3; 1Esdr. 3,14; 1Esdr. 4,47; Neh. 4,8; Judith 2,14; Judith 5,2; Judith 14,3; Judith 14,12; 3Mac. 6,41; Jer. 28,28; Jer. 28,57; Ezek. 23,12; Ezek. 23,23; Dan. 3,2; Luke 22,52)
- στρατηγῶν ▸ 4
  - **Noun** · masculine · plural · genitive · (common) ▸ **4** (1Chr. 12,20; Neh. 12,40; 2Mac. 12,2; 3Mac. 4,4)

στρατιά army ▸ 42 + 2 = 44
- στρατιά ▸ 5
  - **Noun** · feminine · singular · nominative · (common) ▸ **5** (Ex. 14,9; 2Sam. 3,23; 1Kings 22,19; 1Chr. 32,9; Judith 7,18)
- στρατιᾷ ▸ 11 + 1 = 12
  - **Noun** · feminine · singular · dative · (common) ▸ 11 + 1 = **12** (Ex. 14,4; Ex. 14,17; Judg. 8,6; 1Chr. 12,22; 2Chr. 33,3; 2Chr. 33,5; Judith 7,1; 3Mac. 6,4; Zeph. 1,5; Jer. 7,18; Jer. 19,13; Acts 7,42)
- στρατιαί ▸ 2
  - **Noun** · feminine · plural · nominative · (common) ▸ **2** (Num. 10,28; Neh. 9,6)
- στρατιάν ▸ 5
  - **Noun** · feminine · singular · accusative · (common) ▸ **5** (1Kings 21,39; 1Chr. 19,8; 2Mac. 12,20; Hos. 13,4; Jer. 8,2)
- στρατιᾶς ▸ 19 + 1 = 20
  - **Noun** · feminine · singular · genitive · (common) ▸ 19 + 1 = **20** (Deut. 20,9; 2Sam. 8,16; 1Kings 11,15; 1Kings 11,21; 1Kings 16,16; 1Chr. 12,15; 1Chr. 12,24; 1Chr. 18,15; 1Chr. 20,1; 1Chr. 28,1; Judith 5,3; Judith 5,24; Judith 6,6; 1Mac. 2,66; 1Mac. 11,70; 2Mac. 8,24; 2Mac. 15,20; 3Mac. 5,3; 4Mac. 4,10; Luke 2,13)

στρατιώτης (στρατιά) soldier ▸ 6 + 26 = 32
- στρατιῶται ▸ 1 + 9 = 10
  - **Noun** · masculine · plural · nominative · (common) ▸ 1 + 9 = **10** (4Mac. 3,12; Matt. 27,27; Mark 15,16; Luke 23,36; John 19,2; John 19,23; John 19,24; John 19,32; Acts 23,31; Acts 27,32)
- στρατιώταις ▸ 3 + 3 = 6
  - **Noun** · masculine · plural · dative · (common) ▸ 3 + 3 = **6** (2Mac. 5,12; 3Mac. 3,12; 4Mac. 17,23; Matt. 28,12; Acts 12,18; Acts 27,31)
- στρατιώτας ▸ 1 + 5 = 6
  - **Noun** · masculine · plural · accusative · (common) ▸ 1 + 5 = **6** (2Mac. 14,39; Matt. 8,9; Luke 7,8; Acts 21,32; Acts 21,32; Acts 23,23)
- στρατιώτῃ ▸ 2
  - **Noun** · masculine · singular · dative ▸ **2** (John 19,23; Acts 28,16)
- στρατιώτην ▸ 1
  - **Noun** · masculine · singular · accusative ▸ **1** (Acts 10,7)
- στρατιώτης ▸ 1
  - **Noun** · masculine · singular · nominative ▸ **1** (2Tim. 2,3)
- στρατιωτῶν ▸ 1 + 5 = 6
  - **Noun** · masculine · plural · genitive · (common) ▸ 1 + 5 = **6** (4Mac. 3,7; John 19,34; Acts 12,4; Acts 12,6; Acts 21,35; Acts 27,42)

στρατιῶτις (στρατιά) soldier (f) ▸ 1
- στρατιῶτι ▸ 1
  - **Noun** · feminine · singular · vocative · (common) ▸ **1** (4Mac. 16,14)

στρατοκῆρυξ (στρατιά; κηρύσσω) camp herald ▸ 1
- στρατοκῆρυξ ▸ 1
  - **Noun** · masculine · singular · nominative · (common) ▸ **1** (1Kings 22,36)

στρατολογέω (στρατιά; λέγω) to enlist soldiers, enlist as a soldier ▸ 1
- στρατολογήσαντι ▸ 1
  - **Verb** · aorist · active · participle · masculine · singular · dative ▸ **1** (2Tim. 2,4)

στρατοπεδεία (στρατιά; πούς) camp ▸ 2
- στρατοπεδείᾳ ▸ 1
  - **Noun** · feminine · singular · dative · (common) ▸ **1** (Josh. 4,3)
- στρατοπεδείαν ▸ 1
  - **Noun** · feminine · singular · accusative · (common) ▸ **1** (2Mac. 13,14)

στρατοπεδεύω (στρατιά; πούς) to encamp ▸ 10
- ἐστρατοπεδεύκει ▸ 1
  - **Verb** · third · singular · pluperfect · active · indicative ▸ **1** (4Mac. 3,8)
- ἐστρατοπεδευκότα ▸ 1
  - **Verb** · perfect · active · participle · masculine · singular · accusative ▸ **1** (Num. 24,2)
- ἐστρατοπέδευσαν ▸ 2
  - **Verb** · third · plural · aorist · active · indicative ▸ **2** (Ex. 13,20; Ex. 14,10)
- ἐστρατοπεδεύσατε ▸ 1
  - **Verb** · second · plural · aorist · active · indicative ▸ **1** (Deut. 1,40)
- ἐστρατοπέδευσεν ▸ 2
  - **Verb** · third · singular · aorist · active · indicative ▸ **2** (Gen. 12,9; 2Mac. 9,23)
- στρατοπεδευσάτωσαν ▸ 1
  - **Verb** · third · plural · aorist · active · imperative ▸ **1** (Ex. 14,2)
- στρατοπεδεύσεις ▸ 1
  - **Verb** · second · singular · future · active · indicative ▸ **1** (Ex. 14,2)
- στρατοπεδεύσωσιν ▸ 1
  - **Verb** · third · plural · aorist · active · subjunctive ▸ **1** (Prov. 4,15)

στρατόπεδον (στρατιά; πούς) camp, encamped army ▸ 7 + 1 = 8

στρατόπεδον ▸ 4
    Noun · neuter · singular · accusative · (common) ▸ **3** (2Mac. 9,9; 4Mac. 3,13; Jer. 48,12)
    Noun · neuter · singular · nominative · (common) ▸ **1** (Jer. 41,1)
στρατοπέδου ▸ 2
    Noun · neuter · singular · genitive · (common) ▸ **2** (2Mac. 8,12; Wis. 12,8)
στρατοπέδῳ ▸ 1
    Noun · neuter · singular · dative · (common) ▸ **1** (3Mac. 6,17)
στρατοπέδων ▸ 1
    Noun · neuter · plural · genitive ▸ **1** (Luke 21,20)

στρατός (στρατιά) army ▸ 4
στρατόν ▸ 1
    Noun · masculine · singular · accusative · (common) ▸ **1** (4Mac. 4,11)
στρατὸς ▸ 1
    Noun · masculine · singular · nominative · (common) ▸ **1** (4Mac. 3,8)
στρατοῦ ▸ 2
    Noun · masculine · singular · genitive · (common) ▸ **2** (2Mac. 8,35; 4Mac. 4,5)

στρέβλη (στρέφω) torture rack ▸ 9
στρέβλαι ▸ 1
    Noun · feminine · plural · nominative · (common) ▸ **1** (Sir. 33,27)
στρέβλαις ▸ 1
    Noun · feminine · plural · dative · (common) ▸ **1** (4Mac. 7,4)
στρέβλαν ▸ 1
    Noun · feminine · singular · accusative · (common) ▸ **1** (4Mac. 7,14)
στρέβλας ▸ 3
    Noun · feminine · plural · accusative · (common) ▸ **3** (4Mac. 9,22; 4Mac. 14,12; 4Mac. 15,25)
στρέβλῃ ▸ 1
    Noun · feminine · singular · dative · (common) ▸ **1** (4Mac. 8,24)
στρεβλῶν ▸ 2
    Noun · feminine · plural · genitive · (common) ▸ **2** (4Mac. 8,11; 4Mac. 15,24)

στρεβλός (στρέφω) twisted, perverse ▸ 4
στρεβλὴ ▸ 1
    Adjective · feminine · singular · nominative · noDegree ▸ **1** (Sir. 36,20)
στρεβλὸν ▸ 1
    Adjective · neuter · singular · accusative · noDegree ▸ **1** (Psa. 77,57)
στρεβλοῦ ▸ 2
    Adjective · masculine · singular · genitive · noDegree ▸ **2** (2Sam. 22,27; Psa. 17,27)

στρεβλόω (στρέφω) to twist, make crooked, pervert; to trouble ▸ 6 + 1 = 7
στρεβλούμενον ▸ 1
    Verb · present · passive · participle · masculine · singular · accusative ▸ **1** (4Mac. 15,14)
στρεβλοῦτε ▸ 1
    Verb · second · plural · present · active · imperative ▸ **1** (4Mac. 9,17)
στρεβλωθέντας ▸ 1
    Verb · aorist · passive · participle · masculine · plural · accusative ▸ **1** (3Mac. 4,14)
στρεβλωθέντες ▸ 1
    Verb · aorist · passive · participle · masculine · plural · nominative ▸ **1** (4Mac. 12,3)
στρεβλωθήσῃ ▸ 1
    Verb · second · singular · future · passive · indicative ▸ **1** (2Sam. 22,27)
στρεβλῶσαι ▸ 1
    Verb · aorist · active · infinitive ▸ **1** (4Mac. 12,11)
στρεβλώσουσιν ▸ 1
    Verb · third · plural · future · active · indicative ▸ **1** (2Pet. 3,16)

στρεβλωτήριον (στρέφω) torture rack ▸ 1
στρεβλωτήριά ▸ 1
    Noun · neuter · plural · accusative · (common) ▸ **1** (4Mac. 8,13)

στρέμμα twisted thing; thread ▸ 1
στρέμμα ▸ 1
    Noun · neuter · singular · nominative · (common) ▸ **1** (Judg. 16,9)

στρεπτός (στρέφω) twisted ▸ 10
Στρεπτὰ ▸ 1
    Adjective · neuter · plural · accusative · noDegree ▸ **1** (Deut. 22,12)
στρεπτὰ ▸ 5
    Adjective · neuter · plural · accusative · noDegree ▸ **5** (Ex. 25,11; Ex. 25,24; 1Kings 7,27; 1Kings 7,27; 1Kings 7,28)
στρεπτὴν ▸ 2
    Adjective · feminine · singular · accusative · noDegree ▸ **2** (Ex. 30,3; Ex. 30,4)
στρεπτὸν ▸ 1
    Adjective · neuter · singular · accusative · noDegree ▸ **1** (Ex. 25,25)
στρεπτῶν ▸ 1
    Adjective · feminine · plural · genitive · noDegree ▸ **1** (Esth. 14,1 # 4,17k)

στρέφω to turn ▸ 40 + 3 + 21 = 64
ἐστράφη ▸ 9 + 1 + 1 = 11
    Verb · third · singular · aorist · passive · indicative ▸ 9 + 1 + 1 = **11** (1Sam. 14,47; 1Kings 2,15; Esth. 9,22; 1Mac. 1,40; Psa. 113,3; Job 28,5; Is. 63,10; Lam. 1,20; Lam. 5,15; Dan. 10,16; John 20,14)
ἐστράφην ▸ 1
    Verb · first · singular · aorist · passive · indicative ▸ **1** (Psa. 31,4)
ἐστράφης ▸ 1
    Verb · second · singular · aorist · passive · indicative ▸ **1** (Jer. 2,21)
ἐστράφησαν ▸ 3 + 1 = 4
    Verb · third · plural · aorist · passive · indicative ▸ 3 + 1 = **4** (1Mac. 1,39; Psa. 77,9; Jer. 37,6; Acts 7,39)
ἔστρεψαν ▸ 1
    Verb · third · plural · aorist · active · indicative ▸ **1** (Jer. 2,27)
ἔστρεψας ▸ 3
    Verb · second · singular · aorist · active · indicative ▸ **3** (1Kings 18,37; Psa. 29,12; Psa. 40,4)
ἔστρεψεν ▸ 2 + 2 = 4
    Verb · third · singular · aorist · active · indicative ▸ 2 + 2 = **4** (Neh. 13,2; Jer. 31,39; Matt. 27,3; Acts 7,42)
στραφεὶς ▸ 10
    Verb · aorist · passive · participle · masculine · singular · nominative ▸ **10** (Matt. 9,22; Matt. 16,23; Luke 7,9; Luke 7,44; Luke 9,55; Luke 10,23; Luke 14,25; Luke 22,61; Luke 23,28; John 1,38)
στραφεῖσα ▸ 1
    Verb · aorist · passive · participle · feminine · singular · nominative ▸ **1** (John 20,16)
στραφεῖσαν ▸ 2
    Verb · aorist · passive · participle · feminine · singular · accusative ▸ **2** (Ex. 4,17; Ex. 7,15)

στραφέντες ▸ 1
    Verb ▪ aorist ▪ passive ▪ participle ▪ masculine ▪ plural ▪ nominative ▸ 1 (Matt. 7,6)
στραφέντος ▸ 1
    Verb ▪ aorist ▪ passive ▪ participle ▪ masculine ▪ singular ▪ genitive ▸ 1 (Job 41,17)
στραφῇ ▸ 1
    Verb ▪ third ▪ singular ▪ aorist ▪ passive ▪ subjunctive ▸ 1 (Prov. 12,7)
στραφῇς ▸ 1
    Verb ▪ second ▪ singular ▪ aorist ▪ passive ▪ subjunctive ▸ 1 (Ezek. 4,8)
στραφήσεταί ▸ 1
    Verb ▪ third ▪ singular ▪ future ▪ passive ▪ indicative ▸ 1 (Sir. 6,28)
στραφήσῃ ▸ 1
    Verb ▪ second ▪ singular ▪ future ▪ passive ▪ indicative ▸ 1 (1Sam. 10,6)
Στραφήσονται ▸ 1 + 1 = 2
    Verb ▪ third ▪ plural ▪ future ▪ passive ▪ indicative ▸ 1 + 1 = 2 (Tob. 2,6; Tob. 2,6)
στραφήσονται ▸ 1
    Verb ▪ third ▪ plural ▪ future ▪ passive ▪ indicative ▸ 1 (Is. 34,9)
στραφῆτε ▸ 1
    Verb ▪ second ▪ plural ▪ aorist ▪ passive ▪ subjunctive ▸ 1 (Matt. 18,3)
στραφῶσιν ▸ 1
    Verb ▪ third ▪ plural ▪ aorist ▪ passive ▪ subjunctive ▸ 1 (John 12,40)
στρέφειν ▸ 1
    Verb ▪ present ▪ active ▪ infinitive ▸ 1 (Rev. 11,6)
στρέφεται ▸ 2
    Verb ▪ third ▪ singular ▪ present ▪ middle ▪ indicative ▸ 2 (1Esdr. 4,34; Prov. 26,14)
στρεφόμεθα ▸ 1
    Verb ▪ first ▪ plural ▪ present ▪ passive ▪ indicative ▪ (variant) ▸ 1 (Acts 13,46)
στρεφόμενα ▸ 1
    Verb ▪ present ▪ middle ▪ participle ▪ neuter ▪ plural ▪ nominative ▸ 1 (1Kings 6,34)
στρεφομένη ▸ 1 + 1 = 2
    Verb ▪ present ▪ middle ▪ participle ▪ feminine ▪ singular ▪ nominative ▸ 1 + 1 = 2 (Jer. 37,23; Judg. 7,13)
στρεφομένην ▸ 1
    Verb ▪ present ▪ middle ▪ participle ▪ feminine ▪ singular ▪ accusative ▸ 1 (Gen. 3,24)
στρεφόμενος ▸ 1
    Verb ▪ present ▪ middle ▪ participle ▪ masculine ▪ singular ▪ nominative ▸ 1 (Sir. 33,5)
στρέψαντος ▸ 1
    Verb ▪ aorist ▪ active ▪ participle ▪ masculine ▪ singular ▪ genitive ▸ 1 (Psa. 113,8)
στρέψει ▸ 1
    Verb ▪ third ▪ singular ▪ future ▪ active ▪ indicative ▸ 1 (Job 34,25)
στρέψον ▸ 2 + 1 = 3
    Verb ▪ second ▪ singular ▪ aorist ▪ active ▪ imperative ▸ 2 + 1 = 3 (Esth. 13,17 # 4,17h; Esth. 14,11 # 4,17q; Matt. 5,39)
στρέψω ▸ 1
    Verb ▪ first ▪ singular ▪ future ▪ active ▪ indicative ▸ 1 (Jer. 38,13)
στρηνιάω (στρῆνος) to live in sensuality ▸ 2
    ἐστρηνίασεν ▸ 1
        Verb ▪ third ▪ singular ▪ aorist ▪ active ▪ indicative ▸ 1 (Rev. 18,7)
    στρηνιάσαντες ▸ 1
        Verb ▪ aorist ▪ active ▪ participle ▪ masculine ▪ plural ▪ nominative ▸ 1 (Rev. 18,9)
στρῆνος insolence; sensuality ▸ 1 + 1 = 2
    στρῆνός ▸ 1
        Noun ▪ neuter ▪ singular ▪ nominative ▪ (common) ▸ 1 (2Kings 19,28)
    στρήνους ▸ 1
        Noun ▪ neuter ▪ singular ▪ genitive ▸ 1 (Rev. 18,3)
στρίφνος tough meat ▸ 1
    στρίφνος ▸ 1
        Noun ▪ masculine ▪ singular ▪ nominative ▪ (common) ▸ 1 (Job 20,18)
στροβέω (στρέφω) to distress ▸ 4
    στροβείτω ▸ 1
        Verb ▪ third ▪ singular ▪ present ▪ active ▪ imperative ▸ 1 (Job 9,34)
    στροβήσει ▸ 3
        Verb ▪ third ▪ singular ▪ future ▪ active ▪ indicative ▸ 3 (Job 13,11; Job 15,23; Job 33,7)
στρογγύλος (στράγξ) round ▸ 3
    στρογγύλην ▸ 1
        Adjective ▪ feminine ▪ singular ▪ accusative ▪ noDegree ▸ 1 (2Chr. 4,2)
    στρογγύλον ▸ 2
        Adjective ▪ neuter ▪ singular ▪ nominative ▪ noDegree ▸ 2 (1Kings 7,10; 1Kings 7,21)
στρουθίον (στρουθός) small sparrow; ostrich ▸ 13 + 1 + 4 = 18
    στρουθία ▸ 5 + 1 + 2 = 8
        Noun ▪ neuter ▪ plural ▪ nominative ▪ (common) ▸ 5 + 1 + 2 = 8 (Tob. 2,10; Tob. 2,10; Psa. 103,17; Sol. 17,16; Jer. 8,7; Tob. 2,10; Matt. 10,29; Luke 12,6)
    στρουθίον ▸ 7
        Noun ▪ neuter ▪ singular ▪ accusative ▪ (common) ▸ 1 (Job 40,29)
        Noun ▪ neuter ▪ singular ▪ nominative ▪ (common) ▸ 6 (Psa. 10,1; Psa. 83,4; Psa. 101,8; Psa. 123,7; Lam. 3,52; Lam. 4,3)
    στρουθίου ▸ 1
        Noun ▪ neuter ▪ singular ▪ genitive ▪ (common) ▸ 1 (Eccl. 12,4)
    στρουθίων ▸ 2
        Noun ▪ neuter ▪ plural ▪ genitive ▪ (common) ▸ 2 (Matt. 10,31; Luke 12,7)
στρουθός sparrow; ostrich ▸ 8
    στρουθοί ▸ 1
        Noun ▪ masculine ▪ plural ▪ nominative ▪ (common) ▸ 1 (Prov. 26,2)
    στρουθόν ▸ 2
        Noun ▪ masculine ▪ singular ▪ accusative ▪ (common) ▸ 2 (Lev. 11,16; Deut. 14,15)
    στρουθῶν ▸ 5
        Noun ▪ masculine ▪ plural ▪ genitive ▪ (common) ▸ 5 (Job 30,29; Is. 34,13; Is. 43,20; Jer. 10,22; Jer. 30,28)
στροφεύς (στρέφω) hinge ▸ 2
    στροφεῖς ▸ 2
        Noun ▪ masculine ▪ plural ▪ accusative ▪ (common) ▸ 1 (1Chr. 22,3)
        Noun ▪ masculine ▪ plural ▪ nominative ▪ (common) ▸ 1 (1Kings 6,34)
στροφή (στρέφω) turning ▸ 4
    στροφαῖς ▸ 1
        Noun ▪ feminine ▪ plural ▪ dative ▪ (common) ▸ 1 (Sir. 39,2)
    στροφὰς ▸ 2
        Noun ▪ feminine ▪ plural ▪ accusative ▪ (common) ▸ 2 (Prov. 1,3;

Wis. 8,8)
στροφῆς ▸ 1
  Noun · feminine · singular · genitive · (common) ▸ **1** (Sol. 12,2)
στρόφιγξ (στρέφω) hinge; pivot; axle ▸ 1
στρόφιγγος ▸ 1
  Noun · masculine · singular · genitive · (common) ▸ **1** (Prov. 26,14)
στρόφος (στρέφω) bowel disorder; colic ▸ 1
στρόφος ▸ 1
  Noun · masculine · singular · nominative · (common) ▸ **1** (Sir. 31,20)
στροφωτός (στρέφω) turning on hinges ▸ 1
στροφωτοῖς ▸ 1
  Adjective · neuter · plural · dative · noDegree ▸ **1** (Ezek. 41,24)
στρῶμα (στρωννύω) bed ▸ 1
στρῶμα ▸ 1
  Noun · neuter · singular · accusative · (common) ▸ **1** (Prov. 22,27)
στρωμνή (στρωννύω) bed; bed covering ▸ 11
στρωμναί ▸ 1
  Noun · feminine · plural · nominative · (common) ▸ **1** (Esth. 1,6)
στρωμναῖς ▸ 1
  Noun · feminine · plural · dative · (common) ▸ **1** (Amos 6,4)
στρωμνή ▸ 1
  Noun · feminine · singular · nominative · (common) ▸ **1** (Job 17,13)
στρωμνὴ ▸ 2
  Noun · feminine · singular · nominative · (common) ▸ **2** (Job 41,22; Ezek. 27,7)
στρωμνήν ▸ 2
  Noun · feminine · singular · accusative · (common) ▸ **2** (Gen. 49,4; Psa. 6,7)
στρωμνὴν ▸ 1
  Noun · feminine · singular · accusative · (common) ▸ **1** (Judith 9,3)
στρωμνῆς ▸ 3
  Noun · feminine · singular · genitive · (common) ▸ **3** (Judith 13,9; Psa. 62,7; Psa. 131,3)
στρωννύω to spread, furnish ▸ 8 + 1 + 6 = 15
ἔστρωκα ▸ 1
  Verb · first · singular · perfect · active · indicative ▸ **1** (Prov. 7,16)
ἐστρωμέναι ▸ 1
  Verb · perfect · passive · participle · feminine · plural · nominative ▸ **1** (Prov. 15,19)
ἐστρωμένης ▸ 1
  Verb · perfect · passive · participle · feminine · singular · genitive ▸ **1** (Ezek. 23,41)
ἐστρωμένον ▸ 2
  Verb · perfect · passive · participle · neuter · singular · accusative · (variant) ▸ **2** (Mark 14,15; Luke 22,12)
ἐστρώννυον ▸ 1
  Verb · third · plural · imperfect · active · indicative ▸ **1** (Matt. 21,8)
ἔστρωσαν ▸ 1 + 2 = 3
  Verb · third · plural · aorist · active · indicative ▸ 1 + 2 = **3** (Esth. 4,3; Matt. 21,8; Mark 11,8)
ἔστρωσεν ▸ 1 + 1 = 2
  Verb · third · singular · aorist · active · indicative ▸ 1 + 1 = **2** (Judith 12,15; Tob. 7,16)
ἔστρωται ▸ 1
  Verb · third · singular · perfect · passive · indicative ▸ **1** (Job 17,13)
στρῶσον ▸ 1
  Verb · second · singular · aorist · active · imperative ▸ **1** (Acts 9,34)
στρώσουσιν ▸ 2
  Verb · third · plural · future · active · indicative ▸ **2** (Is. 14,11; Ezek. 28,7)
στυγέω to hate ▸ 2
στυγούμενος ▸ 1
  Verb · present · passive · participle · masculine · singular · nominative ▸ **1** (2Mac. 5,8)
στυγοῦντες ▸ 1
  Verb · present · active · participle · masculine · plural · nominative ▸ **1** (3Mac. 2,31)
στυγητός (στυγέω) hated, hateful ▸ 1
στυγητοί ▸ 1
  Adjective · masculine · plural · nominative · (verbal) ▸ **1** (Titus 3,3)
στυγνάζω (στυγέω) to be sad, shocked, appalled ▸ 3 + 2 = 5
ἐστύγνασαν ▸ 1
  Verb · third · plural · aorist · active · indicative ▸ **1** (Ezek. 27,35)
στυγνάζων ▸ 1
  Verb · present · active · participle · masculine · singular · nominative ▸ **1** (Matt. 16,3)
στυγνάσας ▸ 1
  Verb · aorist · active · participle · masculine · singular · nominative ▸ **1** (Mark 10,22)
στυγνάσουσιν ▸ 2
  Verb · third · plural · future · active · indicative ▸ **2** (Ezek. 28,19; Ezek. 32,10)
στυγνός (στυγέω) sad, gloomy ▸ 3
στυγνὴν ▸ 1
  Adjective · feminine · singular · accusative · noDegree ▸ **1** (Wis. 17,5)
στυγνὸς ▸ 2
  Adjective · masculine · singular · nominative · noDegree ▸ **2** (Is. 57,17; Dan. 2,12)
στῦλος pillar ▸ 150 + 1 + 4 = 155
στῦλοι ▸ 1
  Noun · masculine · plural · nominative · (common) ▸ **1** (Num. 4,31)
στῦλοι ▸ 27 + 2 = 29
  Noun · masculine · plural · nominative · (common) ▸ 27 + 2 = **29** (Ex. 26,25; Ex. 27,10; Ex. 27,11; Ex. 27,12; Ex. 27,13; Ex. 27,14; Ex. 27,15; Ex. 27,16; Ex. 27,17; Ex. 37,8; Ex. 37,9; Ex. 37,10; Ex. 37,12; Ex. 37,13; Ex. 37,15; Ex. 37,15; Ex. 37,17; 1Kings 7,31; 1Kings 7,43; Song 5,15; Job 9,6; Job 26,11; Sir. 26,18; Jer. 52,20; Jer. 52,21; Ezek. 40,49; Ezek. 42,6; Gal. 2,9; Rev. 10,1)
στύλοις ▸ 8
  Noun · masculine · plural · dative · (common) ▸ **8** (Ex. 26,17; Ex. 26,19; Ex. 38,20; Ex. 39,5; 1Kings 7,28; 1Kings 7,39; Esth. 1,6; 1Mac. 13,29)
στῦλον ▸ 10 + 1 = 11
  Noun · masculine · singular · accusative · (common) ▸ 10 + 1 = **11** (Ex. 26,16; Ex. 33,10; 1Kings 7,7; 1Kings 7,7; 2Kings 23,3; 2Chr. 34,31; Neh. 9,19; Neh. 9,19; Wis. 18,3; Sir. 36,24; Rev. 3,12)
στῦλος ▸ 8 + 1 + 1 = 10
  Noun · masculine · singular · nominative · (common) ▸ 8 + 1 + 1 = **10** (Ex. 13,22; Ex. 13,22; Ex. 14,19; Ex. 33,9; Deut. 31,15; Judg. 20,40; 1Kings 7,3; LetterJ 58; Judg. 20,40; 1Tim. 3,15)

στύλου ▸ 6
   Noun ▪ masculine ▪ singular ▪ genitive ▪ (common) ▸ **6** (Ex. 26,16; 1Kings 7,3; 1Kings 7,3; 2Kings 11,14; 2Kings 25,17; Jer. 52,21)

στύλους ▸ 44
   Noun ▪ masculine ▪ plural ▪ accusative ▪ (common) ▸ **44** (Ex. 26,15; Ex. 26,18; Ex. 26,18; Ex. 26,20; Ex. 26,22; Ex. 26,23; Ex. 26,29; Ex. 26,33; Ex. 26,37; Ex. 35,11; Ex. 35,17 # 35,12a; Ex. 37,4; Ex. 37,6; Ex. 38,18; Ex. 38,18; Ex. 39,13; Ex. 39,19; Ex. 40,18; Num. 3,36; Num. 3,37; Num. 4,31; Num. 4,32; Num. 4,32; Judg. 16,26; Judg. 16,29; 2Sam. 8,8; 1Kings 2,35e; 1Kings 7,3; 1Kings 7,7; 1Kings 7,27; 2Kings 25,13; 2Kings 25,16; 1Chr. 18,8; 2Chr. 3,15; 2Chr. 3,17; 2Chr. 4,12; 1Mac. 13,29; 4Mac. 17,3; Psa. 74,4; Prov. 9,1; Song 3,10; Jer. 50,13; Jer. 52,17; Ezek. 42,6)

στύλῳ ▸ 24
   Noun ▪ masculine ▪ singular ▪ dative ▪ (common) ▸ **24** (Ex. 13,21; Ex. 13,21; Ex. 14,24; Ex. 19,9; Ex. 26,17; Ex. 26,19; Ex. 26,19; Ex. 26,21; Ex. 26,21; Ex. 26,25; Ex. 26,25; Ex. 26,26; Ex. 26,27; Ex. 26,27; Ex. 38,18; Num. 12,5; Num. 14,14; Num. 14,14; 2Kings 25,17; Neh. 9,12; Neh. 9,12; Psa. 98,7; Sir. 24,4; Jer. 52,22)

στύλων ▸ 22
   Noun ▪ masculine ▪ plural ▪ genitive ▪ (common) ▸ **22** (Ex. 26,28; Ex. 26,32; Ex. 27,11; Ex. 37,15; Ex. 38,20; Judg. 16,25; 1Kings 7,4; 1Kings 7,5; 1Kings 7,8; 1Kings 7,9; 1Kings 7,27; 1Kings 7,27; 1Kings 7,27; 1Kings 7,39; 1Kings 7,40; 1Kings 7,40; 1Kings 7,43; 2Chr. 3,16; 2Chr. 4,12; 2Chr. 4,12; 2Chr. 4,13; Judith 13,9)

στυράκινος (στύραξ)   made of storax wood ▸ 1
   στυρακίνην ▸ 1
      Adjective ▪ feminine ▪ singular ▪ accusative ▪ noDegree ▸ **1** (Gen. 30,37)

σύ you; you people (when pl) ▸ 13360 + 667 + 2907 = 16934
   σε ▸ 1164 + 58 + 160 = 1382
      Pronoun ▪ (personal) ▪ second ▪ singular ▪ accusative ▸ 1164 + 58 + 160 = **1382** (Gen. 3,19; Gen. 12,2; Gen. 12,2; Gen. 12,3; Gen. 12,3; Gen. 12,12; Gen. 15,4; Gen. 15,4; Gen. 15,7; Gen. 17,2; Gen. 17,5; Gen. 17,6; Gen. 17,6; Gen. 19,22; Gen. 20,6; Gen. 20,6; Gen. 22,17; Gen. 24,3; Gen. 26,3; Gen. 26,24; Gen. 26,29; Gen. 26,29; Gen. 27,4; Gen. 27,7; Gen. 27,10; Gen. 27,21; Gen. 27,25; Gen. 27,29; Gen. 27,29; Gen. 27,33; Gen. 27,42; Gen. 27,45; Gen. 28,3; Gen. 28,3; Gen. 28,3; Gen. 28,15; Gen. 28,15; Gen. 28,15; Gen. 30,2; Gen. 30,16; Gen. 30,30; Gen. 31,27; Gen. 31,29; Gen. 31,42; Gen. 32,10; Gen. 32,13; Gen. 32,18; Gen. 32,27; Gen. 35,1; Gen. 37,13; Gen. 38,17; Gen. 40,13; Gen. 40,19; Gen. 41,15; Gen. 41,41; Gen. 43,29; Gen. 45,11; Gen. 46,3; Gen. 46,4; Gen. 48,4; Gen. 48,4; Gen. 48,4; Gen. 48,20; Gen. 49,25; Gen. 50,6; Ex. 2,14; Ex. 3,10; Ex. 3,12; Ex. 3,12; Ex. 4,12; Ex. 4,14; Ex. 7,1; Ex. 9,15; Ex. 13,5; Ex. 13,9; Ex. 13,11; Ex. 13,14; Ex. 13,16; Ex. 15,26; Ex. 18,23; Ex. 20,2; Ex. 20,24; Ex. 23,20; Ex. 23,20; Ex. 23,21; Ex. 23,23; Ex. 23,33; Ex. 29,36; Ex. 32,4; Ex. 32,8; Ex. 33,3; Ex. 33,3; Ex. 33,3; Ex. 33,12; Ex. 33,13; Ex. 33,14; Ex. 33,17; Ex. 33,22; Ex. 34,15; Lev. 23,22; Num. 5,21; Num. 6,24; Num. 6,24; Num. 6,25; Num. 10,29; Num. 10,32; Num. 10,34; Num. 11,23; Num. 16,10; Num. 22,16; Num. 22,17; Num. 22,20; Num. 22,29; Num. 22,37; Num. 22,37; Num. 23,11; Num. 23,27; Num. 24,9; Num. 24,9; Num. 24,10; Num. 24,11; Num. 24,11; Num. 24,22; Deut. 1,31; Deut. 2,7; Deut. 4,30; Deut. 4,31; Deut. 4,31; Deut. 4,35; Deut. 4,36; Deut. 4,37; Deut. 4,38; Deut. 5,6; Deut. 5,15; Deut. 5,33; Deut. 6,10; Deut. 6,12; Deut. 6,15; Deut. 6,20; Deut. 7,1; Deut. 7,4; Deut. 7,6; Deut. 7,13; Deut. 7,13; Deut. 7,13; Deut. 7,15; Deut. 7,19; Deut. 8,2; Deut. 8,2; Deut. 8,2; Deut. 8,3; Deut. 8,3; Deut. 8,3; Deut. 8,5; Deut. 8,7; Deut. 8,14; Deut. 8,15; Deut. 8,16; Deut. 8,16; Deut. 8,16; Deut. 8,16; Deut. 10,22; Deut. 11,29; Deut. 12,7; Deut. 13,6; Deut. 13,6; Deut. 13,6; Deut. 13,6; Deut. 13,7; Deut. 13,11; Deut. 13,11; Deut. 13,13; Deut. 13,18; Deut. 13,18; Deut. 14,2; Deut. 14,24; Deut. 14,29; Deut. 15,4; Deut. 15,6; Deut. 15,10; Deut. 15,14; Deut. 15,15; Deut. 15,16; Deut. 15,18; Deut. 16,10; Deut. 16,13; Deut. 16,15; Deut. 20,1; Deut. 23,5; Deut. 23,6; Deut. 23,15; Deut. 23,21; Deut. 24,13; Deut. 24,18; Deut. 24,19; Deut. 25,19; Deut. 26,18; Deut. 26,18; Deut. 26,19; Deut. 26,19; Deut. 26,19; Deut. 28,1; Deut. 28,2; Deut. 28,6; Deut. 28,6; Deut. 28,9; Deut. 28,10; Deut. 28,10; Deut. 28,11; Deut. 28,13; Deut. 28,15; Deut. 28,19; Deut. 28,19; Deut. 28,20; Deut. 28,20; Deut. 28,21; Deut. 28,22; Deut. 28,22; Deut. 28,22; Deut. 28,24; Deut. 28,24; Deut. 28,25; Deut. 28,27; Deut. 28,27; Deut. 28,28; Deut. 28,35; Deut. 28,35; Deut. 28,36; Deut. 28,37; Deut. 28,45; Deut. 28,45; Deut. 28,45; Deut. 28,45; Deut. 28,48; Deut. 28,51; Deut. 28,52; Deut. 28,52; Deut. 28,53; Deut. 28,55; Deut. 28,57; Deut. 28,61; Deut. 28,64; Deut. 28,65; Deut. 28,68; Deut. 29,12; Deut. 30,1; Deut. 30,3; Deut. 30,3; Deut. 30,3; Deut. 30,4; Deut. 30,4; Deut. 30,5; Deut. 30,5; Deut. 30,5; Deut. 30,7; Deut. 30,7; Deut. 30,9; Deut. 30,16; Deut. 30,20; Deut. 31,6; Deut. 31,6; Deut. 31,8; Deut. 31,8; Deut. 32,6; Deut. 32,6; Deut. 32,6; Deut. 32,18; Deut. 32,18; Deut. 33,9; Deut. 33,19; Deut. 33,29; Josh. 1,5; Josh. 1,5; Josh. 3,7; Josh. 4,6; Josh. 7,25; Josh. 14,12; Josh. 17,15; Josh. 24,10; Judg. 4,20; Judg. 5,4; Judg. 6,14; Judg. 6,18; Judg. 13,15; Judg. 13,17; Judg. 14,15; Judg. 15,12; Judg. 15,12; Judg. 15,13; Judg. 15,13; Judg. 15,13; Judg. 16,6; Judg. 16,15; Judg. 18,3; Judg. 18,19; Judg. 18,19; Ruth 1,16; Ruth 2,4; Ruth 2,19; Ruth 3,10; Ruth 3,13; Ruth 3,13; Ruth 3,13; Ruth 3,18; Ruth 4,5; Ruth 4,5; Ruth 4,15; 1Sam. 1,8; 1Sam. 3,5; 1Sam. 3,6; 1Sam. 3,9; 1Sam. 9,19; 1Sam. 9,26; 1Sam. 10,1; 1Sam. 10,1; 1Sam. 10,4; 1Sam. 15,1; 1Sam. 15,6; 1Sam. 15,17; 1Sam. 15,18; 1Sam. 15,23; 1Sam. 15,26; 1Sam. 16,1; 1Sam. 16,15; 1Sam. 16,16; 1Sam. 17,46; 1Sam. 17,46; 1Sam. 18,22; 1Sam. 19,2; 1Sam. 19,17; 1Sam. 20,13; 1Sam. 20,22; 1Sam. 21,3; 1Sam. 22,13; 1Sam. 23,17; 1Sam. 24,11; 1Sam. 24,11; 1Sam. 24,12; 1Sam. 25,26; 1Sam. 25,29; 1Sam. 25,32; 1Sam. 25,34; 1Sam. 25,40; 1Sam. 26,19; 1Sam. 26,21; 1Sam. 26,23; 1Sam. 28,2; 1Sam. 28,15; 1Sam. 30,15; 2Sam. 2,22; 2Sam. 3,25; 2Sam. 5,24; 2Sam. 7,8; 2Sam. 7,8; 2Sam. 7,9; 2Sam. 7,11; 2Sam. 7,22; 2Sam. 7,23; 2Sam. 7,23; 2Sam. 10,11; 2Sam. 11,12; 2Sam. 11,19; 2Sam. 12,7; 2Sam. 12,7; 2Sam. 13,5; 2Sam. 14,18; 2Sam. 14,32; 2Sam. 15,20; 2Sam. 15,20; 2Sam. 19,6; 2Sam. 19,7; 2Sam. 19,7; 2Sam. 19,42; 2Sam. 24,13; 2Sam. 24,13; 2Sam. 24,23; 1Kings 2,8; 1Kings 2,20; 1Kings 2,26; 1Kings 2,42; 1Kings 8,40; 1Kings 8,43; 1Kings 8,43; 1Kings 8,52; 1Kings 8,53; 1Kings 10,9; 1Kings 10,9; 1Kings 12,240; 1Kings 12,28; 1Kings 16,2; 1Kings 16,2; 1Kings 17,4; 1Kings 17,9; 1Kings 18,10; 1Kings 18,10; 1Kings 18,12; 1Kings 18,44; 1Kings 19,10; 1Kings 21,34; 1Kings 21,36; 1Kings 22,16; 2Kings 1,9; 2Kings 1,10; 2Kings 1,12; 2Kings 2,2; 2Kings 2,4; 2Kings 2,6; 2Kings 3,14; 2Kings 4,29; 2Kings 4,30; 2Kings 6,27; 2Kings 6,27; 2Kings 8,13; 2Kings 9,3; 2Kings 9,6; 2Kings 9,12; 2Kings 14,10; 2Kings 19,10; 2Kings 19,21; 2Kings 19,21; 2Kings 19,28; 2Kings 19,28; 2Kings 20,5; 2Kings 20,6; 2Kings 22,20; 1Chr. 14,15; 1Chr. 17,7; 1Chr. 17,10; 1Chr. 19,12; 1Chr. 21,12; 1Chr. 22,12; 1Chr. 28,9; 1Chr. 28,10; 1Chr. 28,20; 1Chr. 28,20; 1Chr. 28,20; 2Chr. 1,11; 2Chr. 2,10; 2Chr. 6,33; 2Chr. 6,33; 2Chr. 9,8; 2Chr. 9,8; 2Chr. 16,7; 2Chr. 16,7; 2Chr. 16,8; 2Chr. 18,15; 2Chr. 21,14; 2Chr. 25,8; 2Chr. 25,16; 2Chr. 25,16; 2Chr. 25,19; 2Chr. 34,27; 2Chr. 34,28; 2Chr. 35,21; 1Esdr. 4,46; 1Esdr. 4,46; Neh. 6,10; Esth. 13,9 # 4,17b; Esth. 15,13 # 5,2a; Judith 6,7; Judith 6,7; Judith 9,4; Judith 10,8; Judith 10,15; Judith 10,15; Judith 10,16; Judith 11,4; Judith 11,4; Judith 11,7; Judith 11,19; Judith 11,22; Judith 13,18; Judith 13,20; Judith 16,15; Tob.

2,2; Tob. 3,11; Tob. 4,7; Tob. 4,16; Tob. 6,16; Tob. 8,5; Tob. 8,15; Tob. 8,15; Tob. 10,5; Tob. 10,13; Tob. 11,8; Tob. 11,9; Tob. 11,17; Tob. 12,14; Tob. 13,14; Tob. 13,14; Tob. 13,15; 1Mac. 4,33; 1Mac. 4,33; 1Mac. 8,32; 1Mac. 10,20; 1Mac. 10,20; 1Mac. 11,42; 1Mac. 11,57; 1Mac. 11,57; 1Mac. 15,9; 2Mac. 7,27; 2Mac. 7,27; 2Mac. 7,27; 2Mac. 7,28; 2Mac. 7,29; 3Mac. 2,8; 3Mac. 6,14; 4Mac. 5,34; 4Mac. 5,34; 4Mac. 5,35; 4Mac. 5,35; 4Mac. 9,30; 4Mac. 11,25; 4Mac. 12,12; 4Mac. 12,12; 4Mac. 15,18; 4Mac. 18,14; Psa. 2,7; Psa. 5,11; Psa. 7,8; Psa. 9,11; Psa. 17,2; Psa. 19,10; Psa. 20,5; Psa. 20,9; Psa. 21,23; Psa. 24,3; Psa. 24,21; Psa. 25,12; Psa. 29,2; Psa. 30,18; Psa. 30,20; Psa. 31,8; Psa. 31,8; Psa. 34,18; Psa. 35,11; Psa. 36,34; Psa. 39,17; Psa. 44,3; Psa. 44,5; Psa. 44,8; Psa. 44,9; Psa. 49,8; Psa. 49,15; Psa. 49,21; Psa. 50,6; Psa. 51,7; Psa. 51,7; Psa. 51,7; Psa. 54,23; Psa. 55,10; Psa. 59,6; Psa. 62,4; Psa. 62,5; Psa. 65,3; Psa. 67,8; Psa. 67,8; Psa. 68,7; Psa. 68,7; Psa. 68,10; Psa. 69,5; Psa. 73,4; Psa. 73,23; Psa. 76,17; Psa. 76,17; Psa. 78,6; Psa. 78,12; Psa. 80,8; Psa. 80,8; Psa. 80,11; Psa. 82,3; Psa. 83,5; Psa. 85,5; Psa. 85,14; Psa. 87,14; Psa. 90,4; Psa. 90,11; Psa. 90,12; Psa. 101,3; Psa. 102,4; Psa. 109,3; Psa. 113,25; Psa. 114,7; Psa. 117,28; Psa. 118,10; Psa. 118,63; Psa. 118,74; Psa. 118,79; Psa. 118,146; Psa. 118,175; Psa. 120,3; Psa. 120,5; Psa. 120,6; Psa. 120,7; Psa. 121,6; Psa. 127,5; Psa. 129,1; Psa. 129,5; Psa. 133,3; Psa. 137,3; Psa. 138,21; Psa. 144,1; Psa. 144,2; Psa. 144,10; Psa. 147,3; Ode. 2,6; Ode. 2,6; Ode. 2,6; Ode. 2,18; Ode. 2,18; Ode. 4,10; Ode. 7,33; Ode. 7,41; Ode. 11,18; Ode. 11,18; Ode. 11,19; Ode. 11,20; Ode. 12,15; Ode. 14,4; Ode. 14,5; Ode. 14,6; Ode. 14,7; Ode. 14,29; Ode. 14,46; Prov. 1,10; Prov. 1,10; Prov. 2,11; Prov. 2,11; Prov. 2,12; Prov. 2,16; Prov. 2,17; Prov. 3,3; Prov. 4,6; Prov. 4,8; Prov. 4,8; Prov. 4,11; Prov. 4,11; Prov. 4,21; Prov. 6,22; Prov. 6,24; Prov. 6,25; Prov. 7,5; Prov. 7,5; Prov. 7,15; Prov. 9,8; Prov. 9,8; Prov. 22,18; Prov. 22,21; Prov. 23,2; Prov. 23,22; Prov. 23,25; Prov. 24,14; Prov. 25,7; Prov. 25,8; Prov. 25,10; Prov. 25,17; Prov. 27,2; Prov. 28,17a; Prov. 29,17; Prov. 30,6; Prov. 30,10; Eccl. 2,1; Eccl. 5,4; Eccl. 5,4; Eccl. 7,18; Eccl. 7,21; Eccl. 7,22; Eccl. 11,9; Eccl. 11,9; Eccl. 12,1; Song 1,3; Song 1,4; Song 1,4; Song 1,9; Song 8,1; Song 8,1; Song 8,1; Song 8,2; Song 8,2; Song 8,2; Song 8,5; Song 8,5; Song 8,5; Job 1,11; Job 2,5; Job 5,19; Job 5,20; Job 5,20; Job 5,21; Job 8,10; Job 11,19; Job 14,16; Job 15,6; Job 20,2; Job 22,4; Job 22,10; Job 22,10; Job 22,11; Job 22,25; Job 33,7; Job 33,32; Job 33,33; Job 36,2; Job 36,16; Job 36,19; Job 38,3; Job 38,17; Job 40,7; Job 42,3; Job 42,4; Job 42,5; Wis. 11,4; Wis. 12,16; Wis. 12,16; Wis. 15,3; Wis. 16,16; Wis. 19,9; Sir. 1,30; Sir. 4,5; Sir. 4,6; Sir. 4,9; Sir. 4,10; Sir. 5,8; Sir. 6,35; Sir. 7,1; Sir. 7,30; Sir. 8,16; Sir. 11,34; Sir. 11,34; Sir. 12,5; Sir. 12,12; Sir. 12,16; Sir. 13,4; Sir. 13,5; Sir. 13,6; Sir. 13,7; Sir. 13,7; Sir. 13,7; Sir. 13,7; Sir. 13,9; Sir. 13,9; Sir. 13,11; Sir. 13,11; Sir. 14,13; Sir. 14,14; Sir. 18,21; Sir. 18,31; Sir. 19,9; Sir. 19,9; Sir. 19,10; Sir. 19,27; Sir. 21,2; Sir. 29,12; Sir. 30,9; Sir. 30,9; Sir. 32,1; Sir. 32,13; Sir. 32,13; Sir. 32,19; Sir. 36,4; Sir. 36,15; Sir. 37,10; Sir. 37,10; Sir. 38,9; Sir. 42,11; Sir. 42,11; Sir. 47,17; Sir. 48,11; Sir. 51,1; Sir. 51,8; Sir. 51,12; Sol. 2,15; Sol. 4,25; Sol. 5,5; Sol. 5,9; Sol. 7,7; Sol. 16,11; Sol. 16,12; Hos. 2,20; Hos. 2,21; Hos. 2,21; Hos. 2,22; Hos. 8,2; Hos. 11,8; Hos. 11,8; Hos. 11,8; Hos. 12,10; Hos. 12,10; Hos. 13,4; Hos. 13,5; Hos. 13,10; Hos. 13,10; Mic. 4,10; Mic. 4,10; Mic. 5,8; Mic. 6,3; Mic. 6,4; Mic. 6,4; Mic. 6,13; Mic. 6,13; Mic. 6,16; Obad. 2; Obad. 3; Obad. 4; Obad. 7; Obad. 10; Nah. 3,6; Nah. 3,7; Nah. 3,15; Nah. 3,15; Nah. 3,15; Hab. 2,8; Hab. 2,17; Hab. 2,17; Hab. 3,10; Zeph. 3,15; Zeph. 3,17; Zeph. 3,17; Hag. 2,23; Hag. 2,23; Zech. 9,13; Zech. 9,13; Mal. 3,8; Is. 1,25; Is. 10,24; Is. 12,1; Is. 14,3; Is. 14,16; Is. 16,12; Is. 22,18; Is. 25,1; Is. 25,3; Is. 25,3; Is. 25,5; Is. 30,19; Is. 30,20; Is. 30,20; Is. 30,21; Is. 37,10; Is. 37,22; Is. 37,22; Is. 37,29; Is. 38,6; Is. 38,18; Is. 38,18; Is. 38,19; Is. 38,20; Is. 40,26; Is. 41,9; Is. 41,9; Is. 41,9; Is. 41,10; Is. 41,10; Is. 41,12; Is. 41,14; Is. 41,15; Is. 42,6; Is. 42,6; Is. 42,6; Is. 43,1; Is. 43,1; Is. 43,1; Is. 43,1; Is. 43,2; Is. 43,2; Is. 43,3; Is. 43,4; Is. 43,5; Is. 43,22; Is. 43,22; Is. 43,23; Is. 44,2; Is. 44,2; Is. 44,21; Is. 44,22; Is. 44,24; Is. 44,24; Is. 45,4; Is. 45,4; Is. 45,8; Is. 47,4; Is. 47,13; Is. 48,9; Is. 48,10; Is. 48,10; Is. 48,14; Is. 48,17; Is. 48,17; Is. 49,6; Is. 49,6; Is. 49,6; Is. 49,7; Is. 49,7; Is. 49,8; Is. 49,17; Is. 49,19; Is. 49,26; Is. 49,26; Is. 51,12; Is. 51,13; Is. 51,13; Is. 51,13; Is. 51,13; Is. 51,14; Is. 51,16; Is. 51,18; Is. 51,19; Is. 51,23; Is. 51,23; Is. 52,8; Is. 54,5; Is. 54,5; Is. 54,6; Is. 54,7; Is. 54,7; Is. 54,8; Is. 54,8; Is. 54,16; Is. 54,16; Is. 55,5; Is. 55,5; Is. 55,5; Is. 55,5; Is. 57,11; Is. 57,12; Is. 57,13; Is. 58,8; Is. 58,14; Is. 58,14; Is. 60,6; Is. 60,10; Is. 60,10; Is. 60,14; Is. 60,14; Is. 60,15; Is. 60,15; Is. 60,16; Is. 60,16; Is. 62,2; Is. 63,17; Jer. 1,5; Jer. 1,5; Jer. 1,5; Jer. 1,5; Jer. 1,5; Jer. 1,7; Jer. 1,8; Jer. 1,10; Jer. 1,17; Jer. 1,18; Jer. 1,19; Jer. 1,19; Jer. 2,2; Jer. 2,16; Jer. 2,17; Jer. 2,19; Jer. 2,19; Jer. 2,19; Jer. 2,21; Jer. 2,28; Jer. 2,35; Jer. 3,19; Jer. 4,30; Jer. 6,8; Jer. 6,27; Jer. 10,25; Jer. 11,17; Jer. 12,5; Jer. 12,6; Jer. 13,21; Jer. 13,21; Jer. 14,22; Jer. 15,6; Jer. 15,14; Jer. 15,19; Jer. 15,20; Jer. 15,20; Jer. 15,21; Jer. 15,21; Jer. 17,13; Jer. 20,4; Jer. 22,6; Jer. 22,15; Jer. 22,16; Jer. 22,22; Jer. 22,24; Jer. 22,25; Jer. 22,26; Jer. 23,33; Jer. 26,27; Jer. 26,28; Jer. 26,28; Jer. 26,28; Jer. 28,14; Jer. 28,25; Jer. 28,25; Jer. 30,9; Jer. 30,10; Jer. 32,15; Jer. 35,15; Jer. 35,16; Jer. 36,22; Jer. 36,25; Jer. 36,26; Jer. 37,14; Jer. 37,16; Jer. 37,16; Jer. 37,16; Jer. 37,17; Jer. 38,3; Jer. 38,3; Jer. 38,4; Jer. 41,5; Jer. 43,2; Jer. 44,18; Jer. 45,14; Jer. 45,16; Jer. 45,16; Jer. 45,20; Jer. 45,22; Jer. 45,25; Jer. 46,17; Jer. 46,17; Jer. 46,18; Jer. 47,4; Jer. 49,5; Jer. 49,6; Jer. 50,2; Jer. 50,3; Bar. 3,6; Bar. 3,7; Bar. 4,25; Bar. 4,30; Bar. 4,30; Lam. 2,13; Lam. 2,13; Lam. 2,13; Lam. 2,17; Lam. 3,57; Lam. 4,22; Ezek. 2,3; Ezek. 3,6; Ezek. 3,17; Ezek. 3,25; Ezek. 5,11; Ezek. 5,14; Ezek. 5,17; Ezek. 7,5; Ezek. 7,7; Ezek. 9,8; Ezek. 12,6; Ezek. 16,6; Ezek. 16,7; Ezek. 16,8; Ezek. 16,9; Ezek. 16,9; Ezek. 16,10; Ezek. 16,10; Ezek. 16,10; Ezek. 16,10; Ezek. 16,11; Ezek. 16,19; Ezek. 16,21; Ezek. 16,27; Ezek. 16,27; Ezek. 16,27; Ezek. 16,30; Ezek. 16,34; Ezek. 16,38; Ezek. 16,38; Ezek. 16,39; Ezek. 16,39; Ezek. 16,39; Ezek. 16,40; Ezek. 16,40; Ezek. 16,41; Ezek. 16,52; Ezek. 16,54; Ezek. 16,57; Ezek. 16,61; Ezek. 21,34; Ezek. 21,34; Ezek. 21,35; Ezek. 21,36; Ezek. 22,4; Ezek. 22,15; Ezek. 22,15; Ezek. 23,24; Ezek. 23,26; Ezek. 23,28; Ezek. 23,30; Ezek. 24,14; Ezek. 24,14; Ezek. 24,14; Ezek. 25,7; Ezek. 25,7; Ezek. 25,7; Ezek. 26,10; Ezek. 26,14; Ezek. 26,19; Ezek. 26,19; Ezek. 26,20; Ezek. 26,20; Ezek. 26,21; Ezek. 27,7; Ezek. 27,21; Ezek. 27,26; Ezek. 27,26; Ezek. 27,36; Ezek. 28,3; Ezek. 28,8; Ezek. 28,9; Ezek. 28,14; Ezek. 28,16; Ezek. 28,17; Ezek. 28,17; Ezek. 28,18; Ezek. 28,18; Ezek. 28,18; Ezek. 28,19; Ezek. 29,4; Ezek. 29,5; Ezek. 29,5; Ezek. 29,9; Ezek. 32,3; Ezek. 32,4; Ezek. 32,7; Ezek. 33,7; Ezek. 35,3; Ezek. 35,5; Ezek. 35,6; Ezek. 35,9; Ezek. 35,10; Ezek. 35,11; Ezek. 35,14; Ezek. 38,4; Ezek. 38,16; Ezek. 38,17; Ezek. 39,2; Ezek. 39,2; Ezek. 39,2; Ezek. 39,3; Ezek. 39,4; Ezek. 43,23; Dan. 3,33; Dan. 3,41; Dan. 4,19; Dan. 4,25; Dan. 4,25; Dan. 4,26; Dan. 4,27; Dan. 4,32; Dan. 4,32; Dan. 4,32; Dan. 5,16; Dan. 6,13a; Dan. 6,17; Dan. 6,21; Dan. 6,21; Dan. 9,4; Sus. 56; Sus. 59; Bel 7; Judg. 4,20; Judg. 5,4; Judg. 6,14; Judg. 6,18; Judg. 11,24; Judg. 13,15; Judg. 13,17; Judg. 14,15; Judg. 15,12; Judg. 15,12; Judg. 15,13; Judg. 15,13; Judg. 15,13; Judg. 16,6; Judg. 16,15; Judg. 18,3; Judg. 18,19; Judg. 18,19; Tob. 2,2; Tob. 2,2; Tob. 3,11; Tob. 5,10; Tob. 5,10; Tob. 8,5; Tob. 8,15; Tob. 10,5; Tob. 10,8; Tob. 10,9; Tob. 10,12; Tob. 10,13; Tob. 11,9; Tob. 11,13; Tob. 11,17; Tob. 12,13; Tob. 12,14; Tob. 13,14; Tob. 13,14; Tob. 13,15; Dan. 2,38; Dan. 3,33; Dan. 3,41; Dan. 4,9; Dan. 4,19; Dan. 4,19; Dan. 4,25; Dan. 4,32; Dan.

4,32; Dan. 5,10; Dan. 6,17; Dan. 6,21; Dan. 9,4; Dan. 9,22; Dan. 10,14; Sus. 55; Sus. 56; Sus. 59; Bel 29; Bel 38; Matt. 4,6; Matt. 5,25; Matt. 5,29; Matt. 5,30; Matt. 5,39; Matt. 5,41; Matt. 5,42; Matt. 9,22; Matt. 14,28; Matt. 18,8; Matt. 18,9; Matt. 20,13; Matt. 25,21; Matt. 25,23; Matt. 25,24; Matt. 25,27; Matt. 25,37; Matt. 25,38; Matt. 25,39; Matt. 25,39; Matt. 25,44; Matt. 26,35; Matt. 26,63; Matt. 26,68; Matt. 26,73; Mark 1,24; Mark 1,37; Mark 3,32; Mark 5,7; Mark 5,19; Mark 5,31; Mark 5,34; Mark 9,43; Mark 9,43; Mark 9,45; Mark 9,45; Mark 9,47; Mark 10,21; Mark 10,35; Mark 10,49; Mark 10,52; Mark 14,31; Luke 2,48; Luke 4,10; Luke 4,11; Luke 4,34; Luke 6,29; Luke 6,30; Luke 7,50; Luke 8,20; Luke 8,45; Luke 8,48; Luke 11,27; Luke 11,36; Luke 12,58; Luke 12,58; Luke 12,58; Luke 13,31; Luke 14,10; Luke 14,12; Luke 14,18; Luke 14,19; Luke 16,27; Luke 17,19; Luke 18,42; Luke 19,21; Luke 19,22; Luke 19,43; Luke 19,43; Luke 19,44; Luke 22,64; John 1,48; John 1,48; John 1,50; John 7,20; John 8,10; John 8,11; John 10,33; John 11,8; John 11,28; John 13,8; John 16,30; John 17,4; John 17,25; John 17,25; John 18,26; John 18,35; John 19,10; John 19,10; John 21,15; John 21,16; John 21,17; John 21,18; John 21,20; Acts 4,30; Acts 5,3; Acts 5,9; Acts 7,27; Acts 7,34; Acts 7,35; Acts 8,23; Acts 9,6; Acts 9,34; Acts 10,19; Acts 10,22; Acts 13,33; Acts 13,47; Acts 13,47; Acts 18,10; Acts 22,14; Acts 22,21; Acts 23,3; Acts 23,11; Acts 23,20; Acts 24,4; Acts 24,4; Acts 24,10; Acts 24,25; Acts 26,3; Acts 26,16; Acts 26,17; Acts 26,17; Acts 26,24; Acts 27,24; Rom. 2,4; Rom. 3,4; Rom. 4,17; Rom. 8,2; Rom. 9,17; Rom. 15,3; 1Cor. 4,7; 1Tim. 1,3; 1Tim. 6,14; 2Tim. 1,4; 2Tim. 1,6; 2Tim. 3,15; 2Tim. 4,21; Titus 1,5; Titus 3,8; Titus 3,15; Philem. 10; Philem. 18; Philem. 23; Heb. 1,5; Heb. 1,9; Heb. 2,12; Heb. 5,5; Heb. 6,14; Heb. 6,14; Heb. 13,5; Heb. 13,5; 2John 5; 2John 13; 3John 2; 3John 14; 3John 15; Rev. 3,9; Rev. 3,10; Rev. 3,16; Rev. 10,11)

σὲ ▸ 314 + 8 + 26 = 348

Pronoun · (personal) · second · singular · accusative ▸ 314 + 8 + 26 = **348** (Gen. 4,7; Gen. 6,20; Gen. 7,1; Gen. 7,2; Gen. 12,12; Gen. 17,7; Gen. 17,8; Gen. 17,9; Gen. 17,10; Gen. 18,10; Gen. 18,14; Gen. 19,5; Gen. 19,9; Gen. 31,52; Gen. 35,12; Gen. 38,29; Gen. 39,9; Gen. 43,9; Gen. 43,9; Gen. 44,8; Gen. 44,32; Gen. 47,18; Gen. 48,4; Gen. 48,5; Gen. 49,8; Ex. 7,16; Ex. 7,29; Ex. 8,17; Ex. 14,12; Ex. 17,6; Ex. 19,9; Ex. 19,9; Ex. 20,24; Ex. 23,29; Ex. 32,10; Num. 6,25; Num. 6,26; Num. 10,4; Num. 14,12; Num. 18,4; Num. 19,2; Num. 22,33; Num. 22,37; Deut. 5,31; Deut. 7,6; Deut. 7,15; Deut. 7,22; Deut. 9,13; Deut. 9,14; Deut. 13,3; Deut. 14,2; Deut. 18,18; Deut. 20,12; Deut. 20,20; Deut. 22,2; Deut. 23,5; Deut. 28,2; Deut. 28,7; Deut. 28,8; Deut. 28,15; Deut. 28,21; Deut. 28,43; Deut. 28,45; Deut. 28,49; Deut. 28,60; Deut. 29,11; Deut. 30,1; Deut. 30,9; Judg. 4,7; Judg. 4,20; 1Sam. 8,7; 1Sam. 9,16; 1Sam. 10,6; 1Sam. 10,8; 1Sam. 17,45; 1Sam. 20,12; 1Sam. 20,13; 1Sam. 24,5; 1Sam. 25,40; 2Sam. 3,12; 2Sam. 3,13; 2Sam. 7,27; 2Sam. 12,11; 2Sam. 14,32; 2Sam. 16,8; 2Sam. 17,11; 2Sam. 20,21; 1Kings 1,20; 1Kings 3,12; 1Kings 8,28; 1Kings 8,48; 1Kings 8,48; 1Kings 11,37; 1Kings 12,10; 1Kings 12,24q; 1Kings 13,2; 1Kings 13,2; 1Kings 13,22; 1Kings 18,36; 1Kings 20,21; 1Kings 21,5; 1Kings 22,23; 2Kings 3,14; 2Kings 5,6; 2Kings 8,9; 2Kings 18,27; 1Chr. 17,18; 2Chr. 1,12; 2Chr. 6,34; 2Chr. 6,38; 2Chr. 10,10; 2Chr. 14,10; 2Chr. 18,22; 2Chr. 19,2; 2Chr. 20,2; 2Chr. 20,6; 2Chr. 20,9; 2Chr. 21,13; 2Chr. 35,21; 1Esdr. 1,25; 1Esdr. 8,91; Ezra 7,18; Ezra 10,4; Neh. 1,7; Neh. 9,27; Judith 11,7; Tob. 3,12; Tob. 12,3; 1Mac. 5,39; 1Mac. 9,30; 1Mac. 16,21; 2Mac. 7,17; 2Mac. 7,37; 4Mac. 10,21; 4Mac. 12,18; 4Mac. 15,18; Psa. 5,3; Psa. 9,11; Psa. 16,7; Psa. 20,12; Psa. 21,6; Psa. 21,11; Psa. 24,5; Psa. 30,15; Psa. 30,20; Psa. 31,6; Psa. 31,8; Psa. 50,15; Psa. 58,10; Psa. 60,3; Psa. 62,2; Psa. 64,3; Psa. 70,6; Psa. 85,3; Psa. 87,10; Psa. 90,7; Psa. 90,10; Psa. 101,2; Psa. 103,27; Psa. 122,1; Psa. 140,8; Psa. 142,8; Psa. 142,9; Psa. 144,15; Ode. 6,8; Ode. 12,15; Ode. 14,42; Prov. 3,30; Prov. 23,8; Song 7,6; Job 4,5; Job 15,8; Job 30,20; Job 42,3; Wis. 16,7; Sir. 13,2; Sir. 26,11; Sir. 33,20; Sir. 33,22; Sol. 5,2; Sol. 5,7; Sol. 5,8; Sol. 5,10; Sol. 8,31; Sol. 9,10; Hos. 4,6; Mic. 4,8; Mic. 4,11; Obad. 5; Obad. 7; Jonah 2,8; Nah. 3,6; Hab. 1,2; Hab. 2,16; Zeph. 3,17; Zeph. 3,17; Hag. 2,23; Is. 1,25; Is. 3,6; Is. 7,17; Is. 10,24; Is. 15,5; Is. 29,3; Is. 29,3; Is. 29,3; Is. 45,14; Is. 47,9; Is. 47,9; Is. 47,11; Is. 47,11; Is. 47,11; Is. 47,13; Is. 48,5; Is. 51,3; Is. 52,14; Is. 54,15; Is. 54,17; Is. 54,17; Is. 55,5; Is. 60,1; Is. 60,2; Is. 60,2; Is. 60,5; Is. 60,11; Is. 60,13; Is. 60,14; Jer. 2,31; Jer. 2,35; Jer. 11,17; Jer. 11,20; Jer. 12,6; Jer. 13,21; Jer. 15,20; Jer. 16,19; Jer. 20,4; Jer. 20,12; Jer. 21,13; Jer. 22,7; Jer. 22,21; Jer. 22,26; Jer. 23,17; Jer. 26,28; Jer. 27,31; Jer. 28,14; Jer. 28,25; Jer. 31,18; Jer. 39,7; Jer. 41,5; Jer. 43,2; Jer. 44,7; Jer. 45,25; Jer. 45,25; Jer. 47,14; Jer. 47,15; Bar. 4,31; Bar. 5,6; Lam. 2,15; Lam. 2,16; Lam. 2,17; Lam. 4,21; Ezek. 2,6; Ezek. 3,25; Ezek. 3,27; Ezek. 4,8; Ezek. 5,8; Ezek. 5,17; Ezek. 5,17; Ezek. 7,4; Ezek. 7,5; Ezek. 7,5; Ezek. 7,6; Ezek. 7,7; Ezek. 7,7; Ezek. 7,8; Ezek. 12,9; Ezek. 16,6; Ezek. 16,8; Ezek. 16,33; Ezek. 16,37; Ezek. 16,37; Ezek. 16,40; Ezek. 21,8; Ezek. 21,36; Ezek. 21,36; Ezek. 22,5; Ezek. 22,24; Ezek. 23,22; Ezek. 23,24; Ezek. 23,24; Ezek. 24,17; Ezek. 24,26; Ezek. 25,7; Ezek. 26,3; Ezek. 26,8; Ezek. 26,8; Ezek. 26,17; Ezek. 26,19; Ezek. 27,30; Ezek. 27,32; Ezek. 28,7; Ezek. 28,7; Ezek. 29,8; Ezek. 29,10; Ezek. 32,3; Ezek. 32,4; Ezek. 32,10; Ezek. 35,3; Ezek. 37,18; Ezek. 38,3; Ezek. 38,9; Ezek. 39,1; Dan. 2,39; Dan. 4,24; Dan. 4,26; Judg. 4,7; Judg. 4,20; Judg. 12,1; Tob. 3,12; Tob. 5,21; Tob. 12,3; Tob. 12,13; Dan. 4,25; Matt. 18,15; Matt. 18,33; Matt. 18,33; Matt. 26,18; Luke 1,19; Luke 1,35; Luke 7,7; Luke 7,20; Luke 14,9; Luke 17,4; Luke 17,4; Luke 19,43; John 17,3; John 17,11; John 17,13; Acts 11,14; Acts 13,11; Acts 23,18; Acts 23,30; Acts 26,29; Rom. 2,27; Rom. 11,22; 1Cor. 8,10; 1Tim. 1,18; 1Tim. 3,14; Titus 3,12)

σέ ▸ 185 + 18 + 11 = 214

Pronoun · (personal) · second · singular · accusative ▸ 185 + 18 + 11 = **214** (Gen. 6,18; Gen. 12,13; Gen. 17,7; Gen. 20,9; Gen. 28,4; Gen. 38,16; Gen. 42,37; Gen. 42,37; Gen. 47,5; Gen. 48,2; Ex. 6,29; Ex. 15,26; Ex. 18,6; Ex. 18,22; Ex. 33,22; Lev. 25,6; Num. 18,4; Num. 18,8; Num. 18,19; Num. 22,20; Num. 22,35; Num. 22,38; Deut. 4,40; Deut. 5,27; Deut. 5,28; Deut. 12,25; Deut. 15,16; Deut. 28,24; Deut. 28,48; Deut. 28,61; Deut. 33,3; Judg. 3,19; Judg. 3,20; Judg. 6,18; Judg. 7,4; Judg. 9,31; Judg. 9,33; Judg. 11,8; Judg. 16,9; Judg. 16,12; Judg. 16,14; Judg. 16,20; Ruth 4,4; 1Sam. 3,17; 1Sam. 10,7; 1Sam. 10,8; 1Sam. 15,28; 1Sam. 16,3; 1Sam. 19,4; 1Sam. 20,9; 1Sam. 24,12; 1Sam. 24,14; 1Sam. 25,30; 2Sam. 3,24; 2Sam. 5,2; 2Sam. 7,12; 2Sam. 7,20; 2Sam. 10,3; 2Sam. 10,11; 2Sam. 13,25; 2Sam. 14,10; 2Sam. 17,3; 2Sam. 18,31; 2Sam. 19,44; 2Sam. 24,12; 1Kings 2,14; 1Kings 12,24k; 1Kings 13,2; 1Kings 21,6; 1Kings 21,22; 1Kings 22,18; 2Kings 5,6; 2Kings 5,13; 2Kings 5,13; 2Kings 9,5; 2Kings 9,5; 2Kings 9,11; 2Kings 20,14; 1Chr. 17,11; 1Chr. 19,3; 1Chr. 19,12; 1Chr. 21,10; 1Chr. 29,18; 2Chr. 18,23; Ezra 9,6; Neh. 9,26; Neh. 9,28; Esth. 14,3 # 4,17l; Esth. 14,14 # 4,17t; Tob. 10,9; 1Mac. 10,70; Psa. 5,12; Psa. 24,1; Psa. 24,20; Psa. 27,1; Psa. 27,2; Psa. 29,3; Psa. 29,9; Psa. 30,23; Psa. 31,9; Psa. 32,22; Psa. 41,2; Psa. 54,24; Psa. 62,7; Psa. 68,14; Psa. 73,23; Psa. 83,13; Psa. 85,2; Psa. 85,4; Psa. 85,7; Psa. 87,10; Psa. 87,14; Psa. 140,1; Psa. 140,1; Psa. 140,8; Psa. 141,6; Psa. 142,6; Ode. 5,9; Eccl. 10,4; Job 11,5; Job 11,6; Job 33,5; Wis. 12,2; Sol. 5,14; Joel 1,19; Joel 1,20; Obad. 5; Jonah 3,2; Nah. 2,14; Nah. 3,5; Nah. 3,19; Zech. 2,15; Zech. 4,9; Is. 26,9; Is. 39,3; Is. 41,12; Is. 49,18; Jer. 1,19; Jer. 6,23; Jer. 11,16; Jer. 12,1; Jer. 12,1; Jer. 13,12; Jer. 15,2; Jer. 15,19; Jer. 15,20; Jer.

σύ

16,10; Jer. 19,2; Jer. 27,42; Jer. 28,25; Jer. 30,21; Jer. 37,2; Jer. 45,20; Jer. 47,4; Bar. 3,1; Lam. 5,21; Ezek. 2,1; Ezek. 2,8; Ezek. 3,3; Ezek. 3,22; Ezek. 5,17; Ezek. 7,7; Ezek. 7,8; Ezek. 16,14; Ezek. 16,27; Ezek. 16,42; Ezek. 21,12; Ezek. 23,22; Ezek. 26,3; Ezek. 26,7; Ezek. 26,16; Ezek. 27,35; Ezek. 28,19; Ezek. 28,22; Ezek. 29,7; Ezek. 32,8; Ezek. 33,31; Ezek. 35,3; Ezek. 39,4; Dan. 4,23; Dan. 4,26; Dan. 4,33; Dan. 10,11; Dan. 10,11; Dan. 10,20; Judg. 3,19; Judg. 3,20; Judg. 6,18; Judg. 7,4; Judg. 7,4; Judg. 9,31; Judg. 9,33; Judg. 11,8; Judg. 16,9; Judg. 16,12; Judg. 16,14; Judg. 16,20; Tob. 5,17; Dan. 4,25; Dan. 4,32; Dan. 10,11; Dan. 10,11; Dan. 10,20; Mark 9,17; Mark 9,47; John 17,1; John 21,22; John 21,23; Acts 10,33; Acts 21,37; Acts 22,19; Rom. 11,18; Phil. 4,3; Rev. 3,3)

σοι ▸ 1036 + 63 + 164 = 1263

Pronoun • (personal) • second • singular • dative ▸ 1036 + 63 + 164 = **1263** (Gen. 3,11; Gen. 3,11; Gen. 3,17; Gen. 3,18; Gen. 4,12; Gen. 12,1; Gen. 14,20; Gen. 15,7; Gen. 16,6; Gen. 17,8; Gen. 17,16; Gen. 17,19; Gen. 17,21; Gen. 19,12; Gen. 19,12; Gen. 20,15; Gen. 20,16; Gen. 21,12; Gen. 21,12; Gen. 22,2; Gen. 23,11; Gen. 23,11; Gen. 24,41; Gen. 24,50; Gen. 26,2; Gen. 26,29; Gen. 27,8; Gen. 27,28; Gen. 27,29; Gen. 27,29; Gen. 27,29; Gen. 27,42; Gen. 28,4; Gen. 28,15; Gen. 28,22; Gen. 29,18; Gen. 29,27; Gen. 30,15; Gen. 30,26; Gen. 30,26; Gen. 30,29; Gen. 30,30; Gen. 30,31; Gen. 31,12; Gen. 31,13; Gen. 31,16; Gen. 31,39; Gen. 31,41; Gen. 32,7; Gen. 32,18; Gen. 33,9; Gen. 33,11; Gen. 35,1; Gen. 37,10; Gen. 38,17; Gen. 38,18; Gen. 40,14; Gen. 41,39; Gen. 43,4; Gen. 44,33; Gen. 48,4; Gen. 48,5; Gen. 48,8; Gen. 48,22; Gen. 49,8; Gen. 49,25; Gen. 50,17; Gen. 50,18; Ex. 2,7; Ex. 2,7; Ex. 2,9; Ex. 3,12; Ex. 4,1; Ex. 4,5; Ex. 4,5; Ex. 4,8; Ex. 4,8; Ex. 4,9; Ex. 4,14; Ex. 4,14; Ex. 4,16; Ex. 4,23; Ex. 7,2; Ex. 10,29; Ex. 13,5; Ex. 13,7; Ex. 13,7; Ex. 13,9; Ex. 13,11; Ex. 13,12; Ex. 15,11; Ex. 15,11; Ex. 18,14; Ex. 18,18; Ex. 18,19; Ex. 18,22; Ex. 20,3; Ex. 20,12; Ex. 20,12; Ex. 21,2; Ex. 21,13; Ex. 23,15; Ex. 23,20; Ex. 23,22; Ex. 23,22; Ex. 23,22; Ex. 23,33; Ex. 24,12; Ex. 25,9; Ex. 25,16; Ex. 25,21; Ex. 25,22; Ex. 25,22; Ex. 25,22; Ex. 25,40; Ex. 26,30; Ex. 27,8; Ex. 27,20; Ex. 29,26; Ex. 29,35; Ex. 29,42; Ex. 29,42; Ex. 30,6; Ex. 30,36; Ex. 31,6; Ex. 31,11; Ex. 32,21; Ex. 32,34; Ex. 33,5; Ex. 33,5; Ex. 33,17; Ex. 33,23; Ex. 34,10; Ex. 34,10; Ex. 34,11; Ex. 34,12; Ex. 34,18; Ex. 34,27; Lev. 25,6; Lev. 25,8; Lev. 25,15; Lev. 25,16; Lev. 25,39; Lev. 25,39; Lev. 25,40; Lev. 25,44; Num. 6,26; Num. 10,2; Num. 17,19; Num. 18,2; Num. 18,2; Num. 18,10; Num. 18,20; Num. 20,18; Num. 20,19; Num. 21,29; Num. 22,17; Num. 22,28; Num. 22,30; Num. 22,34; Num. 23,3; Num. 23,26; Num. 24,14; Deut. 1,38; Deut. 3,26; Deut. 4,21; Deut. 4,36; Deut. 4,38; Deut. 4,40; Deut. 4,40; Deut. 4,40; Deut. 5,7; Deut. 5,12; Deut. 5,15; Deut. 5,16; Deut. 5,16; Deut. 5,16; Deut. 5,32; Deut. 5,33; Deut. 5,33; Deut. 6,2; Deut. 6,3; Deut. 6,3; Deut. 6,6; Deut. 6,10; Deut. 6,17; Deut. 6,18; Deut. 7,11; Deut. 7,12; Deut. 7,13; Deut. 7,16; Deut. 7,16; Deut. 8,3; Deut. 8,10; Deut. 8,11; Deut. 8,13; Deut. 8,13; Deut. 8,13; Deut. 8,13; Deut. 8,15; Deut. 8,18; Deut. 9,3; Deut. 9,6; Deut. 10,13; Deut. 10,13; Deut. 11,8; Deut. 11,13; Deut. 11,22; Deut. 12,14; Deut. 12,15; Deut. 12,20; Deut. 12,21; Deut. 12,21; Deut. 12,25; Deut. 12,26; Deut. 12,28; Deut. 12,28; Deut. 13,1; Deut. 13,2; Deut. 13,6; Deut. 13,8; Deut. 13,13; Deut. 13,18; Deut. 13,19; Deut. 15,2; Deut. 15,3; Deut. 15,4; Deut. 15,5; Deut. 15,6; Deut. 15,7; Deut. 15,11; Deut. 15,12; Deut. 15,12; Deut. 15,15; Deut. 15,17; Deut. 15,18; Deut. 16,4; Deut. 16,5; Deut. 16,10; Deut. 16,17; Deut. 16,18; Deut. 16,20; Deut. 17,2; Deut. 17,4; Deut. 17,9; Deut. 17,10; Deut. 17,10; Deut. 17,11; Deut. 17,11; Deut. 17,14; Deut. 18,9; Deut. 18,15; Deut. 19,1; Deut. 19,2; Deut. 19,3; Deut. 19,3; Deut. 19,7; Deut. 19,8; Deut. 19,9; Deut. 19,10; Deut. 19,13; Deut. 19,14; Deut. 20,11; Deut. 20,11; Deut. 20,11; Deut. 20,12; Deut. 20,14; Deut. 20,16; Deut. 20,17; Deut. 21,1; Deut. 21,10; Deut. 21,23; Deut. 22,7; Deut. 23,13; Deut. 23,14; Deut. 23,16; Deut. 24,11; Deut. 24,13; Deut. 24,18; Deut. 24,20; Deut. 24,22; Deut. 25,15; Deut. 25,15; Deut. 25,15; Deut. 25,17; Deut. 25,18; Deut. 25,19; Deut. 26,1; Deut. 26,2; Deut. 26,11; Deut. 26,16; Deut. 26,18; Deut. 27,2; Deut. 27,3; Deut. 27,3; Deut. 27,4; Deut. 27,10; Deut. 28,1; Deut. 28,7; Deut. 28,8; Deut. 28,10; Deut. 28,11; Deut. 28,12; Deut. 28,13; Deut. 28,14; Deut. 28,15; Deut. 28,20; Deut. 28,23; Deut. 28,29; Deut. 28,31; Deut. 28,31; Deut. 28,40; Deut. 28,41; Deut. 28,44; Deut. 28,45; Deut. 28,51; Deut. 28,52; Deut. 28,53; Deut. 28,65; Deut. 29,12; Deut. 30,2; Deut. 30,8; Deut. 30,11; Deut. 30,16; Deut. 30,18; Deut. 30,18; Deut. 32,7; Deut. 32,7; Deut. 33,29; Josh. 1,7; Josh. 1,9; Josh. 1,18; Josh. 9,7; Josh. 13,6; Josh. 15,18; Josh. 17,17; Josh. 17,18; Josh. 17,18; Judg. 1,14; Judg. 4,20; Judg. 4,22; Judg. 6,23; Judg. 6,26; Judg. 7,4; Judg. 7,4; Judg. 10,10; Judg. 11,24; Judg. 11,27; Judg. 11,36; Judg. 13,17; Judg. 14,15; Judg. 15,2; Judg. 16,5; Judg. 17,2; Judg. 17,3; Judg. 17,3; Judg. 17,10; Judg. 18,23; Judg. 19,20; Ruth 2,22; Ruth 3,1; Ruth 3,1; Ruth 3,4; Ruth 3,11; Ruth 4,12; Ruth 4,14; Ruth 4,15; Ruth 4,15; 1Sam. 1,8; 1Sam. 1,8; 1Sam. 1,17; 1Sam. 2,20; 1Sam. 2,33; 1Sam. 2,34; 1Sam. 3,17; 1Sam. 3,17; 1Sam. 8,7; 1Sam. 9,17; 1Sam. 9,19; 1Sam. 9,23; 1Sam. 9,23; 1Sam. 9,24; 1Sam. 10,1; 1Sam. 10,2; 1Sam. 10,4; 1Sam. 10,8; 1Sam. 10,15; 1Sam. 11,1; 1Sam. 12,10; 1Sam. 13,13; 1Sam. 13,13; 1Sam. 13,14; 1Sam. 15,16; 1Sam. 15,18; 1Sam. 16,3; 1Sam. 16,16; 1Sam. 19,3; 1Sam. 20,2; 1Sam. 20,4; 1Sam. 20,7; 1Sam. 20,9; 1Sam. 20,9; 1Sam. 20,21; 1Sam. 21,3; 1Sam. 23,17; 1Sam. 24,18; 1Sam. 25,7; 1Sam. 25,8; 1Sam. 25,26; 1Sam. 25,30; 1Sam. 25,31; 1Sam. 28,8; 1Sam. 28,10; 1Sam. 28,11; 1Sam. 28,17; 1Sam. 28,18; 1Sam. 29,8; 2Sam. 7,11; 2Sam. 7,27; 2Sam. 9,7; 2Sam. 10,3; 2Sam. 11,20; 2Sam. 12,8; 2Sam. 12,8; 2Sam. 12,8; 2Sam. 12,10; 2Sam. 12,14; 2Sam. 13,4; 2Sam. 14,5; 2Sam. 14,21; 2Sam. 15,3; 2Sam. 16,2; 2Sam. 18,11; 2Sam. 18,22; 2Sam. 18,31; 2Sam. 19,8; 2Sam. 19,8; 2Sam. 19,39; 2Sam. 22,50; 2Sam. 24,12; 2Sam. 24,13; 1Kings 1,12; 1Kings 1,16; 1Kings 1,30; 1Kings 2,3; 1Kings 2,4; 1Kings 2,29; 1Kings 2,42; 1Kings 3,12; 1Kings 3,12; 1Kings 3,13; 1Kings 3,13; 1Kings 5,20; 1Kings 8,27; 1Kings 8,33; 1Kings 8,35; 1Kings 8,46; 1Kings 8,50; 1Kings 8,50; 1Kings 9,3; 1Kings 9,5; 1Kings 11,11; 1Kings 11,31; 1Kings 11,35; 1Kings 11,38; 1Kings 11,38; 1Kings 12,4; 1Kings 12,7; 1Kings 12,24d; 1Kings 12,24l; 1Kings 12,24l; 1Kings 12,24p; 1Kings 13,7; 1Kings 13,21; 1Kings 15,19; 1Kings 18,13; 1Kings 19,20; 1Kings 20,2; 1Kings 20,2; 1Kings 20,6; 1Kings 20,6; 1Kings 20,7; 1Kings 20,15; 1Kings 21,25; 1Kings 21,34; 2Kings 2,9; 2Kings 2,10; 2Kings 3,7; 2Kings 4,2; 2Kings 4,2; 2Kings 4,13; 2Kings 4,13; 2Kings 4,24; 2Kings 4,26; 2Kings 5,10; 2Kings 5,26; 2Kings 6,28; 2Kings 8,14; 2Kings 9,18; 2Kings 9,19; 2Kings 10,30; 2Kings 15,12; 2Kings 18,23; 2Kings 19,29; 1Chr. 11,2; 1Chr. 12,19; 1Chr. 12,19; 1Chr. 17,8; 1Chr. 17,10; 1Chr. 17,20; 1Chr. 19,3; 1Chr. 21,10; 1Chr. 21,15; 1Chr. 21,24; 1Chr. 22,9; 1Chr. 22,12; 1Chr. 28,9; 1Chr. 29,13; 1Chr. 29,14; 1Chr. 29,14; 1Chr. 29,17; 2Chr. 1,7; 2Chr. 1,12; 2Chr. 1,12; 2Chr. 1,12; 2Chr. 2,12; 2Chr. 6,2; 2Chr. 6,14; 2Chr. 6,16; 2Chr. 6,18; 2Chr. 6,24; 2Chr. 6,26; 2Chr. 6,36; 2Chr. 6,39; 2Chr. 7,17; 2Chr. 7,18; 2Chr. 9,7; 2Chr. 9,8; 2Chr. 10,4; 2Chr. 10,7; 2Chr. 16,3; 2Chr. 18,17; 2Chr. 25,9; 2Chr. 26,18; 1Esdr. 2,16; 1Esdr. 2,18; 1Esdr. 2,18; 1Esdr. 4,42; 1Esdr. 6,11; 1Esdr. 6,11; 1Esdr. 8,10; 1Esdr. 8,17; 1Esdr. 8,18; 1Esdr. 8,90; Ezra 4,13; Ezra 4,16; Ezra 5,10; Ezra 5,10; Ezra 7,19; Ezra 7,20; Ezra 7,24; Neh. 1,6; Neh. 9,35; Esth. 13,9 # 4,17b; Esth. 13,10 # 4,17c; Esth. 13,17 # 4,17h; Esth. 14,8 # 4,17o; Esth. 5,3; Esth. 5,6; Esth. 5,14; Esth. 7,2; Esth. 8,5; Esth. 8,7; Esth. 9,12; Judith 2,10; Judith

2,13; Judith 3,3; Judith 5,5; Judith 6,19; Judith 9,8; Judith 11,15; Judith 11,18; Judith 11,18; Judith 11,19; Judith 12,3; Judith 13,20; Judith 16,16; Tob. 3,15; Tob. 4,7; Tob. 4,8; Tob. 4,14; Tob. 4,16; Tob. 4,20; Tob. 4,21; Tob. 5,3; Tob. 5,15; Tob. 5,15; Tob. 5,16; Tob. 6,12; Tob. 6,16; Tob. 6,16; Tob. 7,10; Tob. 7,17; Tob. 10,13; Tob. 12,1; Tob. 12,3; Tob. 12,12; Tob. 13,11; Tob. 13,13; Tob. 14,9; 1Mac. 10,54; 1Mac. 10,54; 1Mac. 10,56; 1Mac. 10,56; 1Mac. 11,9; 1Mac. 11,42; 1Mac. 11,57; 1Mac. 12,45; 1Mac. 15,5; 1Mac. 15,5; 1Mac. 15,5; 1Mac. 15,6; 1Mac. 15,7; 1Mac. 15,8; 2Mac. 3,33; 3Mac. 2,9; 3Mac. 5,37; 4Mac. 5,6; 4Mac. 5,13; 4Mac. 11,16; Psa. 2,8; Psa. 5,4; Psa. 5,5; Psa. 6,6; Psa. 9,2; Psa. 17,50; Psa. 19,3; Psa. 19,5; Psa. 29,10; Psa. 29,13; Psa. 29,13; Psa. 34,10; Psa. 34,18; Psa. 36,4; Psa. 39,6; Psa. 40,5; Psa. 42,4; Psa. 44,15; Psa. 44,17; Psa. 44,18; Psa. 48,19; Psa. 49,7; Psa. 49,7; Psa. 49,12; Psa. 49,21; Psa. 51,11; Psa. 53,8; Psa. 55,9; Psa. 55,13; Psa. 56,10; Psa. 56,10; Psa. 62,2; Psa. 62,2; Psa. 62,3; Psa. 65,4; Psa. 65,4; Psa. 65,13; Psa. 65,15; Psa. 65,15; Psa. 66,4; Psa. 66,4; Psa. 66,6; Psa. 66,6; Psa. 70,19; Psa. 70,22; Psa. 70,22; Psa. 70,23; Psa. 73,19; Psa. 74,2; Psa. 75,8; Psa. 75,11; Psa. 75,11; Psa. 78,13; Psa. 80,9; Psa. 82,2; Psa. 82,19; Psa. 85,8; Psa. 85,12; Psa. 87,11; Psa. 88,9; Psa. 90,4; Psa. 93,20; Psa. 100,1; Psa. 107,4; Psa. 107,4; Psa. 110,1; Psa. 117,21; Psa. 117,28; Psa. 117,28; Psa. 118,7; Psa. 118,11; Psa. 118,62; Psa. 118,164; Psa. 119,3; Psa. 119,3; Psa. 121,9; Psa. 127,2; Psa. 136,8; Psa. 137,1; Psa. 137,1; Psa. 137,4; Psa. 138,14; Psa. 142,6; Psa. 143,9; Psa. 143,9; Psa. 144,10; Ode. 1,11; Ode. 1,11; Ode. 2,7; Ode. 2,7; Ode. 6,10; Ode. 6,10; Ode. 11,16; Ode. 12,8; Ode. 14,8; Ode. 14,41; Prov. 3,2; Prov. 4,10; Prov. 5,2; Prov. 5,16; Prov. 5,17; Prov. 5,17; Prov. 5,18; Prov. 5,19; Prov. 5,19; Prov. 6,3; Prov. 6,11; Prov. 6,22; Prov. 7,15; Prov. 8,1; Prov. 9,11; Prov. 9,18d; Prov. 17,17; Prov. 20,20 # 20,9c; Prov. 22,19; Prov. 22,21; Prov. 23,1; Prov. 23,18; Prov. 25,7; Prov. 25,10; Prov. 25,22; Prov. 27,26; Eccl. 9,9; Eccl. 10,16; Song 1,11; Song 7,14; Job 1,15; Job 1,16; Job 1,17; Job 1,19; Job 2,6; Job 4,2; Job 4,12; Job 5,1; Job 5,23; Job 7,20; Job 8,6; Job 10,3; Job 10,13; Job 11,3; Job 11,6; Job 11,6; Job 11,17; Job 11,18; Job 11,18; Job 12,7; Job 12,7; Job 12,8; Job 12,8; Job 13,22; Job 13,22; Job 13,24; Job 14,15; Job 15,17; Job 15,17; Job 16,3; Job 18,4; Job 22,4; Job 22,11; Job 22,27; Job 22,28; Job 38,17; Job 38,23; Job 38,35; Job 39,9; Job 39,12; Job 40,8; Job 40,27; Job 42,2; Wis. 12,12; Wis. 12,12; Wis. 12,14; Wis. 12,18; Wis. 16,28; Sir. 1,26; Sir. 2,4; Sir. 3,8; Sir. 3,10; Sir. 3,14; Sir. 3,22; Sir. 3,22; Sir. 3,23; Sir. 5,12; Sir. 6,6; Sir. 6,27; Sir. 6,28; Sir. 6,29; Sir. 6,37; Sir. 7,22; Sir. 7,22; Sir. 7,31; Sir. 8,19; Sir. 11,9; Sir. 11,33; Sir. 12,17; Sir. 13,5; Sir. 13,6; Sir. 13,6; Sir. 13,6; Sir. 14,12; Sir. 15,16; Sir. 19,7; Sir. 19,8; Sir. 19,10; Sir. 20,10; Sir. 20,14; Sir. 29,11; Sir. 30,12; Sir. 31,16; Sir. 31,22; Sir. 32,3; Sir. 33,31; Sir. 33,32; Sir. 35,10; Sir. 37,9; Sir. 37,9; Sir. 37,12; Sir. 37,13; Sir. 41,12; Sir. 48,4; Sir. 51,1; Sir. 51,12; Sol. 15,2; Sol. 16,5; Hos. 6,4; Hos. 6,4; Hos. 13,4; Hos. 13,11; Amos 4,12; Amos 4,12; Mic. 1,15; Mic. 2,5; Mic. 2,10; Mic. 2,11; Mic. 4,9; Mic. 6,3; Mic. 6,3; Mic. 6,8; Obad. 7; Obad. 15; Jonah 1,11; Jonah 2,10; Jonah 2,10; Zech. 1,9; Zech. 3,7; Zech. 9,9; Zech. 9,12; Is. 8,14; Is. 14,9; Is. 14,9; Is. 14,10; Is. 16,4; Is. 19,12; Is. 22,1; Is. 23,12; Is. 23,13; Is. 30,20; Is. 37,30; Is. 38,7; Is. 38,16; Is. 41,9; Is. 41,10; Is. 41,11; Is. 41,13; Is. 41,14; Is. 45,3; Is. 45,3; Is. 45,14; Is. 47,10; Is. 47,13; Is. 47,15; Is. 48,5; Is. 48,5; Is. 48,6; Is. 48,9; Is. 48,11; Is. 48,17; Is. 49,8; Is. 49,23; Is. 51,19; Is. 51,19; Is. 54,10; Is. 54,10; Is. 54,14; Is. 54,15; Is. 60,5; Is. 60,7; Is. 60,7; Is. 60,10; Is. 60,12; Is. 60,17; Is. 60,17; Is. 60,17; Is. 60,19; Is. 60,19; Is. 60,19; Is. 60,20; Is. 60,20; Is. 60,20; Is. 62,11; Jer. 1,7; Jer. 1,17; Jer. 2,17; Jer. 2,18; Jer. 2,18; Jer. 2,19; Jer. 3,3; Jer. 3,19; Jer. 3,22; Jer. 4,18; Jer. 5,7; Jer. 13,6; Jer. 13,20; Jer. 13,27; Jer. 15,5; Jer. 15,11; Jer. 16,2; Jer. 20,15;

Jer. 22,23; Jer. 27,21; Jer. 27,24; Jer. 30,3; Jer. 30,3; Jer. 30,10; Jer. 31,27; Jer. 31,32; Jer. 33,2; Jer. 37,13; Jer. 37,16; Jer. 38,19; Jer. 40,3; Jer. 40,3; Jer. 41,14; Jer. 41,14; Jer. 45,15; Jer. 45,15; Jer. 45,20; Jer. 45,22; Jer. 45,25; Jer. 45,25; Jer. 45,25; Jer. 49,20; Bar. 2,18; Bar. 4,3; Bar. 4,36; Lam. 2,13; Lam. 2,13; Lam. 2,14; Lam. 2,14; Ezek. 2,8; Ezek. 4,5; Ezek. 4,6; Ezek. 4,15; Ezek. 16,5; Ezek. 16,6; Ezek. 16,8; Ezek. 16,17; Ezek. 16,19; Ezek. 16,26; Ezek. 16,32; Ezek. 16,60; Ezek. 16,61; Ezek. 16,63; Ezek. 16,63; Ezek. 23,30; Ezek. 24,26; Ezek. 26,17; Ezek. 27,4; Ezek. 27,5; Ezek. 27,5; Ezek. 27,7; Ezek. 27,7; Ezek. 27,9; Ezek. 27,13; Ezek. 27,32; Ezek. 32,11; Ezek. 32,21; Ezek. 35,11; Ezek. 35,11; Ezek. 36,13; Ezek. 37,18; Ezek. 38,13; Ezek. 40,4; Ezek. 40,4; Dan. 2,4; Dan. 2,29; Dan. 3,16; Dan. 3,18; Dan. 4,26; Dan. 4,27; Dan. 4,34; Dan. 5,16; Dan. 5,23; Dan. 5,23; Dan. 8,19; Dan. 9,8; Dan. 9,22; Dan. 9,23; Dan. 10,14; Dan. 10,21; Dan. 11,2; Bel 7; Bel 15-17; Bel 26; Bel 34; Bel 37; Judg. 1,14; Judg. 4,22; Judg. 6,23; Judg. 7,4; Judg. 10,10; Judg. 11,27; Judg. 11,36; Judg. 13,17; Judg. 14,15; Judg. 15,2; Judg. 16,5; Judg. 17,3; Judg. 17,10; Judg. 18,3; Judg. 18,23; Judg. 19,20; Tob. 3,10; Tob. 3,15; Tob. 4,20; Tob. 4,21; Tob. 5,7; Tob. 5,10; Tob. 5,10; Tob. 5,15; Tob. 5,15; Tob. 5,16; Tob. 5,17; Tob. 6,13; Tob. 6,13; Tob. 6,13; Tob. 6,16; Tob. 6,16; Tob. 6,18; Tob. 6,18; Tob. 7,6; Tob. 7,10; Tob. 7,12; Tob. 7,12; Tob. 7,12; Tob. 7,13; Tob. 7,17; Tob. 9,6; Tob. 10,8; Tob. 10,13; Tob. 10,14; Tob. 13,11; Tob. 13,13; Dan. 2,29; Dan. 3,16; Dan. 3,18; Dan. 4,26; Dan. 4,27; Dan. 5,12; Dan. 5,17; Dan. 8,19; Dan. 9,8; Dan. 9,23; Dan. 10,19; Dan. 10,21; Dan. 11,2; Bel 6; Bel 26; Bel 37; Matt. 2,13; Matt. 4,9; Matt. 5,26; Matt. 5,29; Matt. 5,30; Matt. 5,40; Matt. 6,4; Matt. 6,6; Matt. 6,18; Matt. 8,13; Matt. 8,19; Matt. 11,21; Matt. 11,21; Matt. 11,25; Matt. 12,47; Matt. 14,4; Matt. 15,28; Matt. 16,17; Matt. 16,18; Matt. 16,19; Matt. 16,22; Matt. 16,22; Matt. 17,25; Matt. 18,17; Matt. 18,22; Matt. 18,26; Matt. 18,29; Matt. 18,32; Matt. 19,27; Matt. 21,5; Matt. 21,23; Matt. 22,16; Matt. 22,17; Matt. 25,44; Matt. 26,17; Matt. 26,34; Mark 4,38; Mark 5,9; Mark 5,19; Mark 6,18; Mark 6,22; Mark 6,23; Mark 9,25; Mark 10,28; Mark 10,51; Mark 11,28; Mark 12,14; Mark 14,30; Mark 14,31; Mark 14,36; Luke 1,3; Luke 1,13; Luke 1,14; Luke 1,19; Luke 1,35; Luke 5,20; Luke 5,23; Luke 7,47; Luke 8,30; Luke 8,39; Luke 9,57; Luke 9,61; Luke 10,13; Luke 10,13; Luke 10,21; Luke 10,35; Luke 10,36; Luke 10,40; Luke 11,7; Luke 12,59; Luke 14,9; Luke 14,10; Luke 14,10; Luke 14,10; Luke 14,12; Luke 14,14; Luke 14,14; Luke 15,29; Luke 18,11; Luke 18,22; Luke 18,28; Luke 18,41; Luke 19,43; Luke 20,2; Luke 22,11; Luke 22,34; Luke 23,43; John 1,50; John 3,3; John 3,5; John 3,7; John 3,11; John 4,10; John 4,10; John 4,26; John 5,10; John 5,12; John 6,30; John 9,26; John 11,22; John 11,40; John 11,41; John 13,37; John 13,38; John 18,30; John 18,34; John 19,11; John 19,11; John 21,18; Acts 3,6; Acts 7,3; Acts 8,21; Acts 8,22; Acts 9,6; Acts 9,17; Acts 10,33; Acts 16,18; Acts 18,10; Acts 21,23; Acts 22,10; Acts 22,10; Acts 23,18; Acts 24,13; Acts 24,14; Acts 26,1; Acts 26,14; Acts 26,16; Acts 26,16; Acts 27,24; Rom. 9,7; Rom. 15,9; 1Cor. 7,21; 2Cor. 6,2; 2Cor. 12,9; Eph. 5,14; Eph. 6,3; 1Tim. 1,18; 1Tim. 3,14; 1Tim. 4,14; 1Tim. 6,13; 2Tim. 2,7; Titus 1,5; Philem. 8; Philem. 11; Philem. 12; Philem. 19; Philem. 21; Heb. 8,5; Heb. 11,18; James 2,18; 2John 5; 3John 13; 3John 13; 3John 15; Jude 9; Rev. 2,5; Rev. 2,10; Rev. 2,16; Rev. 3,18; Rev. 4,1; Rev. 11,17; Rev. 17,1; Rev. 17,7; Rev. 21,9)

Σοί ▸ 6 + 1 = 7

Pronoun · (personal) · second · plural · dative ▸ 1 (1Chr. 16,18)
Pronoun · (personal) · second · singular · dative ▸ 5 + 1 = 6
(Gen. 24,7; Psa. 64,2; Psa. 104,11; LetterJ 5; Dan. 4,31; Dan. 4,31)

σύ

σοί ▸ 194 + 15 + 30 = 239

Pronoun ▪ (personal) ▪ second ▪ singular ▪ dative ▸ 194 + 15 + 30 = **239** (Gen. 6,21; Gen. 12,3; Gen. 13,15; Gen. 13,17; Gen. 26,3; Gen. 27,37; Gen. 28,4; Gen. 28,13; Gen. 28,14; Gen. 29,19; Gen. 35,12; Gen. 35,12; Gen. 48,6; Ex. 9,16; Ex. 19,9; Lev. 10,14; Lev. 10,15; Lev. 19,13; Lev. 25,39; Lev. 25,47; Lev. 25,47; Num. 5,20; Num. 11,17; Num. 18,8; Num. 18,9; Num. 18,11; Num. 18,12; Num. 18,13; Num. 18,14; Num. 18,15; Num. 18,18; Num. 18,19; Num. 18,19; Deut. 2,19; Deut. 6,15; Deut. 10,21; Deut. 12,15; Deut. 12,22; Deut. 13,2; Deut. 15,4; Deut. 15,7; Deut. 15,9; Deut. 15,22; Deut. 17,2; Deut. 18,10; Deut. 18,14; Deut. 19,10; Deut. 23,11; Deut. 23,15; Deut. 23,22; Deut. 23,23; Deut. 24,15; Deut. 28,46; Deut. 28,54; Deut. 31,26; Josh. 14,9; Judg. 4,6; Judg. 14,16; 1Sam. 9,20; 1Sam. 16,16; 1Sam. 25,28; 1Sam. 28,22; 2Sam. 16,4; 2Sam. 18,12; 2Sam. 22,30; 1Kings 10,9; 2Kings 5,27; 2Kings 19,21; 1Chr. 29,16; 2Chr. 14,10; 2Chr. 14,10; 2Chr. 20,12; 2Chr. 25,16; 1Esdr. 4,60; Neh. 9,6; Judith 16,14; Tob. 4,4; Tob. 4,8; Tob. 4,14; Tob. 6,12; Tob. 6,13; Tob. 6,16; Tob. 6,18; Tob. 6,18; Tob. 7,10; Tob. 12,13; Tob. 13,12; Tob. 13,12; Tob. 13,16; 2Mac. 7,14; 3Mac. 2,7; 3Mac. 5,40; 4Mac. 11,23; Psa. 5,12; Psa. 7,2; Psa. 9,35; Psa. 15,1; Psa. 17,30; Psa. 21,5; Psa. 21,6; Psa. 24,2; Psa. 26,8; Psa. 35,10; Psa. 38,13; Psa. 39,17; Psa. 43,6; Psa. 50,6; Psa. 55,4; Psa. 56,2; Psa. 58,18; Psa. 64,2; Psa. 67,30; Psa. 69,5; Psa. 70,1; Psa. 70,6; Psa. 80,10; Psa. 115,8; Psa. 129,4; Psa. 142,8; Ode. 14,44; Prov. 5,10; Prov. 23,26; Prov. 31,2; Job 7,20; Job 35,4; Wis. 11,21; Wis. 12,7; Wis. 15,2; Wis. 16,24; Wis. 16,24; Wis. 16,26; Sir. 37,8; Sir. 38,22; Hos. 11,9; Hos. 14,4; Mic. 1,13; Mic. 6,14; Zeph. 3,12; Zeph. 3,19; Zech. 3,2; Is. 14,8; Is. 14,16; Is. 22,3; Is. 26,3; Is. 30,33; Is. 33,2; Is. 37,22; Is. 45,14; Is. 45,14; Is. 45,14; Is. 47,15; Is. 49,3; Is. 54,9; Is. 54,11; Is. 62,4; Jer. 4,14; Jer. 14,7; Jer. 28,20; Jer. 28,21; Jer. 28,21; Jer. 28,22; Jer. 28,22; Jer. 28,23; Jer. 28,23; Jer. 28,23; Jer. 39,7; Jer. 39,8; Ezek. 5,9; Ezek. 5,10; Ezek. 5,15; Ezek. 7,5; Ezek. 16,5; Ezek. 16,34; Ezek. 16,34; Ezek. 16,34; Ezek. 16,41; Ezek. 16,59; Ezek. 21,3; Ezek. 21,3; Ezek. 22,7; Ezek. 22,9; Ezek. 22,10; Ezek. 22,16; Ezek. 23,29; Ezek. 25,4; Ezek. 25,4; Ezek. 27,27; Ezek. 28,13; Ezek. 28,22; Ezek. 28,23; Ezek. 29,21; Ezek. 38,16; Dan. 2,37; Dan. 4,21; Judg. 4,6; Judg. 14,16; Tob. 4,4; Tob. 6,12; Tob. 6,13; Tob. 6,18; Tob. 13,12; Tob. 13,12; Tob. 13,13; Tob. 13,16; Tob. 13,16; Dan. 4,9; Dan. 5,17; Sus. 50; Bel 18; Matt. 6,23; Matt. 17,4; Matt. 26,35; Matt. 27,19; Mark 1,11; Mark 2,11; Mark 5,41; Mark 9,5; Luke 3,22; Luke 4,6; Luke 5,24; Luke 7,14; Luke 9,33; Luke 11,35; John 17,6; Acts 5,4; Acts 8,20; Rom. 9,17; Rom. 13,4; Gal. 3,8; 1Tim. 4,14; 2Tim. 1,5; 2Tim. 1,6; Philem. 11; Philem. 16; Rev. 18,22; Rev. 18,22; Rev. 18,22; Rev. 18,23; Rev. 18,23)

σοί ▸ 127 + 10 + 21 = 158

Pronoun ▪ (personal) ▪ second ▪ singular ▪ dative ▸ 127 + 10 + 21 = **158** (Gen. 27,38; Gen. 29,25; Gen. 33,5; Gen. 33,8; Gen. 35,17; Gen. 45,10; Ex. 9,19; Ex. 20,10; Ex. 22,24; Ex. 33,16; Ex. 34,9; Lev. 10,13; Lev. 25,35; Lev. 25,40; Num. 11,15; Num. 18,18; Num. 22,9; Deut. 5,14; Deut. 6,15; Deut. 7,21; Deut. 15,16; Deut. 26,11; Deut. 28,43; Deut. 28,60; Judg. 8,18; Judg. 11,12; Judg. 18,3; 1Sam. 8,8; 1Sam. 9,23; 1Sam. 18,22; 1Sam. 22,3; 1Sam. 24,13; 2Sam. 1,26; 2Sam. 15,26; 1Kings 17,18; 1Kings 20,3; 1Kings 22,24; 2Kings 3,13; 1Chr. 29,11; 2Chr. 19,3; 2Chr. 26,18; 2Chr. 35,21; 1Esdr. 1,24; Esth. 14,18 # 4,17y; Judith 3,4; Judith 11,9; Judith 11,17; Judith 12,11; Psa. 9,3; Psa. 30,2; Psa. 37,16; Psa. 61,13; Psa. 72,22; Psa. 84,7; Psa. 86,7; Psa. 88,12; Psa. 113,5; Psa. 113,5; Psa. 147,2; Ode. 7,40; Prov. 3,29; Prov. 23,25; Song 1,4; Song 4,7; Song 6,11; Song 7,1; Song 7,13; Song 8,12; Job 14,5; Job 33,7; Job 40,9; Job 40,15; Wis. 9,10; Wis. 15,2; Sir. 7,22; Sir. 7,23; Sir. 7,24; Sir. 7,26; Sir. 7,28; Sir. 13,4; Sir. 13,7; Sir. 18,33; Sir. 33,21; Sol. 9,8; Sol. 17,1; Hos. 3,3; Amos 6,10; Mic. 5,11; Nah. 3,13; Zeph. 3,17; Zech. 3,2; Zech. 14,1; Is. 22,16; Is. 48,9; Is. 49,6; Is. 59,21; Is. 62,5; Jer. 2,19; Jer. 15,5; Jer. 15,5; Jer. 26,11; Jer. 31,43; Jer. 51,32; Ezek. 16,5; Ezek. 22,5; Ezek. 22,6; Ezek. 22,7; Ezek. 22,7; Ezek. 22,8; Ezek. 22,9; Ezek. 22,9; Ezek. 22,10; Ezek. 22,11; Ezek. 22,12; Ezek. 22,12; Ezek. 22,14; Ezek. 23,25; Ezek. 27,8; Ezek. 27,9; Ezek. 27,10; Ezek. 28,15; Ezek. 28,22; Ezek. 28,22; Ezek. 35,8; Dan. 2,23; Dan. 3,40; Dan. 9,7; Judg. 7,4; Judg. 7,4; Judg. 11,12; Dan. 2,23; Dan. 3,40; Dan. 4,18; Dan. 5,14; Dan. 5,14; Dan. 9,7; Dan. 9,7; Matt. 8,29; Matt. 11,23; Matt. 11,24; Matt. 18,8; Matt. 18,9; Matt. 20,14; Matt. 26,33; Mark 1,24; Mark 5,7; Luke 4,34; Luke 7,40; Luke 8,28; Luke 19,44; Luke 19,44; John 2,4; John 5,14; John 17,5; John 17,9; John 17,21; John 21,3; 2Tim. 1,5)

σου ▸ 5680 + 263 + 421 = 6364

Pronoun ▪ (personal) ▪ second ▪ singular ▪ genitive ▸ 5680 + 263 + 421 = **6364** (Gen. 3,10; Gen. 3,14; Gen. 3,14; Gen. 3,15; Gen. 3,15; Gen. 3,15; Gen. 3,16; Gen. 3,16; Gen. 3,16; Gen. 3,16; Gen. 3,16; Gen. 3,17; Gen. 3,17; Gen. 3,17; Gen. 3,19; Gen. 3,19; Gen. 4,6; Gen. 4,9; Gen. 4,10; Gen. 4,11; Gen. 4,11; Gen. 4,14; Gen. 6,18; Gen. 6,18; Gen. 6,18; Gen. 7,1; Gen. 8,16; Gen. 8,16; Gen. 8,16; Gen. 12,1; Gen. 12,1; Gen. 12,1; Gen. 12,2; Gen. 12,7; Gen. 12,19; Gen. 12,19; Gen. 13,8; Gen. 13,14; Gen. 13,15; Gen. 13,16; Gen. 13,16; Gen. 14,20; Gen. 15,1; Gen. 15,1; Gen. 15,5; Gen. 15,13; Gen. 15,15; Gen. 15,18; Gen. 16,5; Gen. 16,6; Gen. 16,6; Gen. 16,9; Gen. 16,10; Gen. 16,11; Gen. 17,1; Gen. 17,5; Gen. 17,5; Gen. 17,7; Gen. 17,7; Gen. 17,7; Gen. 17,8; Gen. 17,9; Gen. 17,10; Gen. 17,12; Gen. 17,12; Gen. 17,13; Gen. 17,15; Gen. 17,18; Gen. 17,19; Gen. 17,20; Gen. 18,3; Gen. 18,3; Gen. 18,9; Gen. 18,10; Gen. 19,15; Gen. 19,15; Gen. 19,19; Gen. 19,19; Gen. 19,19; Gen. 19,21; Gen. 20,6; Gen. 20,15; Gen. 20,16; Gen. 20,16; Gen. 21,12; Gen. 21,17; Gen. 21,18; Gen. 22,2; Gen. 22,12; Gen. 22,12; Gen. 22,16; Gen. 22,17; Gen. 22,17; Gen. 22,18; Gen. 22,20; Gen. 23,6; Gen. 23,6; Gen. 23,11; Gen. 23,15; Gen. 24,2; Gen. 24,5; Gen. 24,7; Gen. 24,7; Gen. 24,14; Gen. 24,14; Gen. 24,14; Gen. 24,17; Gen. 24,19; Gen. 24,23; Gen. 24,40; Gen. 24,43; Gen. 24,44; Gen. 24,46; Gen. 24,51; Gen. 24,51; Gen. 24,60; Gen. 25,23; Gen. 25,31; Gen. 26,3; Gen. 26,3; Gen. 26,4; Gen. 26,4; Gen. 26,4; Gen. 26,5; Gen. 26,10; Gen. 26,24; Gen. 26,24; Gen. 26,24; Gen. 27,3; Gen. 27,6; Gen. 27,6; Gen. 27,9; Gen. 27,10; Gen. 27,10; Gen. 27,13; Gen. 27,19; Gen. 27,19; Gen. 27,20; Gen. 27,25; Gen. 27,29; Gen. 27,29; Gen. 27,31; Gen. 27,32; Gen. 27,35; Gen. 27,35; Gen. 27,37; Gen. 27,39; Gen. 27,40; Gen. 27,40; Gen. 27,40; Gen. 27,42; Gen. 27,45; Gen. 28,2; Gen. 28,2; Gen. 28,4; Gen. 28,4; Gen. 28,13; Gen. 28,13; Gen. 28,14; Gen. 28,14; Gen. 29,18; Gen. 30,14; Gen. 30,15; Gen. 30,27; Gen. 30,28; Gen. 30,29; Gen. 30,31; Gen. 30,32; Gen. 30,33; Gen. 30,34; Gen. 31,3; Gen. 31,3; Gen. 31,8; Gen. 31,8; Gen. 31,12; Gen. 31,13; Gen. 31,29; Gen. 31,30; Gen. 31,31; Gen. 31,32; Gen. 31,35; Gen. 31,37; Gen. 31,37; Gen. 31,38; Gen. 31,38; Gen. 31,38; Gen. 31,41; Gen. 31,41; Gen. 31,41; Gen. 32,5; Gen. 32,6; Gen. 32,6; Gen. 32,7; Gen. 32,10; Gen. 32,11; Gen. 32,13; Gen. 32,18; Gen. 32,19; Gen. 32,21; Gen. 32,29; Gen. 32,29; Gen. 32,30; Gen. 33,5; Gen. 33,8; Gen. 33,8; Gen. 33,10; Gen. 33,10; Gen. 33,15; Gen. 35,1; Gen. 35,10; Gen. 35,10; Gen. 35,11; Gen. 35,11; Gen. 35,12; Gen. 37,10; Gen. 37,10; Gen. 37,13; Gen. 37,14; Gen. 38,8; Gen. 38,8; Gen. 38,11; Gen. 38,13; Gen. 38,18; Gen. 38,18; Gen. 38,24; Gen. 39,19; Gen. 40,13; Gen. 40,13; Gen. 40,13; Gen. 40,19; Gen. 40,19; Gen. 41,39; Gen. 41,40; Gen. 41,40; Gen. 42,10; Gen. 42,11; Gen. 42,13; Gen. 43,9; Gen. 43,28; Gen. 44,7; Gen. 44,8; Gen. 44,9; Gen. 44,16; Gen. 44,18; Gen. 44,18; Gen. 44,18; Gen. 44,19; Gen. 44,21;

Gen. 44,23; Gen. 44,24; Gen. 44,27; Gen. 44,30; Gen. 44,31; Gen. 44,31; Gen. 44,32; Gen. 44,32; Gen. 45,9; Gen. 45,10; Gen. 45,10; Gen. 45,10; Gen. 45,10; Gen. 45,11; Gen. 45,11; Gen. 45,17; Gen. 45,26; Gen. 46,3; Gen. 46,4; Gen. 46,30; Gen. 46,34; Gen. 47,3; Gen. 47,4; Gen. 47,4; Gen. 47,5; Gen. 47,5; Gen. 47,6; Gen. 47,6; Gen. 47,8; Gen. 47,15; Gen. 47,19; Gen. 47,29; Gen. 47,29; Gen. 47,30; Gen. 48,1; Gen. 48,2; Gen. 48,4; Gen. 48,5; Gen. 48,7; Gen. 48,11; Gen. 48,11; Gen. 48,18; Gen. 48,22; Gen. 49,4; Gen. 49,8; Gen. 49,8; Gen. 49,8; Gen. 49,8; Gen. 49,25; Gen. 49,26; Gen. 49,26; Gen. 50,6; Gen. 50,16; Gen. 50,17; Ex. 3,5; Ex. 3,6; Ex. 3,18; Ex. 4,2; Ex. 4,6; Ex. 4,6; Ex. 4,7; Ex. 4,7; Ex. 4,9; Ex. 4,10; Ex. 4,12; Ex. 4,14; Ex. 4,15; Ex. 4,16; Ex. 4,17; Ex. 4,19; Ex. 4,21; Ex. 4,21; Ex. 4,23; Ex. 5,16; Ex. 5,16; Ex. 5,16; Ex. 5,23; Ex. 7,1; Ex. 7,1; Ex. 7,2; Ex. 7,9; Ex. 7,15; Ex. 7,19; Ex. 7,19; Ex. 7,19; Ex. 7,27; Ex. 7,28; Ex. 7,28; Ex. 7,28; Ex. 7,28; Ex. 7,28; Ex. 7,28; Ex. 7,28; Ex. 7,29; Ex. 7,29; Ex. 8,1; Ex. 8,1; Ex. 8,5; Ex. 8,5; Ex. 8,5; Ex. 8,7; Ex. 8,7; Ex. 8,12; Ex. 8,17; Ex. 8,17; Ex. 8,25; Ex. 8,25; Ex. 9,3; Ex. 9,14; Ex. 9,14; Ex. 9,14; Ex. 9,15; Ex. 9,19; Ex. 9,22; Ex. 9,30; Ex. 10,4; Ex. 10,6; Ex. 10,6; Ex. 10,6; Ex. 10,21; Ex. 11,8; Ex. 11,8; Ex. 12,24; Ex. 13,5; Ex. 13,5; Ex. 13,7; Ex. 13,8; Ex. 13,9; Ex. 13,9; Ex. 13,9; Ex. 13,11; Ex. 13,11; Ex. 13,12; Ex. 13,13; Ex. 13,14; Ex. 13,16; Ex. 13,16; Ex. 14,16; Ex. 14,16; Ex. 14,26; Ex. 15,6; Ex. 15,6; Ex. 15,7; Ex. 15,7; Ex. 15,8; Ex. 15,10; Ex. 15,12; Ex. 15,13; Ex. 15,13; Ex. 15,13; Ex. 15,13; Ex. 15,16; Ex. 15,16; Ex. 15,16; Ex. 15,17; Ex. 15,17; Ex. 15,17; Ex. 15,26; Ex. 17,5; Ex. 18,6; Ex. 18,6; Ex. 20,2; Ex. 20,5; Ex. 20,7; Ex. 20,9; Ex. 20,10; Ex. 20,10; Ex. 20,10; Ex. 20,10; Ex. 20,10; Ex. 20,10; Ex. 20,10; Ex. 20,12; Ex. 20,12; Ex. 20,16; Ex. 20,17; Ex. 20,17; Ex. 20,25; Ex. 20,26; Ex. 22,27; Ex. 22,28; Ex. 22,28; Ex. 22,29; Ex. 22,29; Ex. 22,29; Ex. 23,4; Ex. 23,5; Ex. 23,10; Ex. 23,11; Ex. 23,11; Ex. 23,11; Ex. 23,12; Ex. 23,12; Ex. 23,12; Ex. 23,12; Ex. 23,16; Ex. 23,16; Ex. 23,16; Ex. 23,16; Ex. 23,17; Ex. 23,17; Ex. 23,18; Ex. 23,18; Ex. 23,19; Ex. 23,19; Ex. 23,20; Ex. 23,22; Ex. 23,23; Ex. 23,25; Ex. 23,25; Ex. 23,25; Ex. 23,25; Ex. 23,26; Ex. 23,26; Ex. 23,27; Ex. 23,27; Ex. 23,28; Ex. 23,31; Ex. 23,33; Ex. 28,1; Ex. 28,2; Ex. 28,41; Ex. 29,5; Ex. 29,12; Ex. 32,4; Ex. 32,7; Ex. 32,8; Ex. 32,11; Ex. 32,11; Ex. 32,12; Ex. 32,12; Ex. 32,32; Ex. 32,34; Ex. 33,1; Ex. 33,2; Ex. 33,13; Ex. 33,13; Ex. 33,13; Ex. 33,14; Ex. 33,16; Ex. 33,16; Ex. 33,16; Ex. 33,19; Ex. 33,19; Ex. 34,9; Ex. 34,10; Ex. 34,16; Ex. 34,16; Ex. 34,16; Ex. 34,16; Ex. 34,20; Ex. 34,23; Ex. 34,24; Ex. 34,24; Ex. 34,24; Ex. 34,24; Ex. 34,26; Ex. 34,26; Lev. 2,5; Lev. 2,7; Lev. 9,7; Lev. 9,7; Lev. 9,7; Lev. 10,9; Lev. 10,13; Lev. 10,14; Lev. 10,14; Lev. 10,14; Lev. 10,15; Lev. 10,15; Lev. 16,2; Lev. 18,7; Lev. 18,7; Lev. 18,8; Lev. 18,9; Lev. 18,9; Lev. 18,9; Lev. 18,10; Lev. 18,10; Lev. 18,11; Lev. 18,12; Lev. 18,13; Lev. 18,14; Lev. 18,15; Lev. 18,16; Lev. 18,20; Lev. 18,20; Lev. 18,21; Lev. 18,23; Lev. 19,9; Lev. 19,10; Lev. 19,10; Lev. 19,14; Lev. 19,15; Lev. 19,16; Lev. 19,16; Lev. 19,17; Lev. 19,17; Lev. 19,17; Lev. 19,18; Lev. 19,18; Lev. 19,18; Lev. 19,19; Lev. 19,19; Lev. 19,29; Lev. 19,32; Lev. 20,19; Lev. 20,19; Lev. 21,17; Lev. 21,21; Lev. 22,23; Lev. 23,22; Lev. 23,22; Lev. 25,3; Lev. 25,3; Lev. 25,4; Lev. 25,4; Lev. 25,5; Lev. 25,5; Lev. 25,6; Lev. 25,6; Lev. 25,6; Lev. 25,7; Lev. 25,7; Lev. 25,14; Lev. 25,14; Lev. 25,17; Lev. 25,25; Lev. 25,35; Lev. 25,35; Lev. 25,36; Lev. 25,36; Lev. 25,37; Lev. 25,37; Lev. 25,39; Lev. 25,43; Lev. 25,47; Lev. 25,53; Lev. 27,26; Num. 5,20; Num. 5,21; Num. 5,21; Num. 5,21; Num. 5,22; Num. 5,22; Num. 10,34; Num. 11,11; Num. 11,11; Num. 11,12; Num. 12,13; Num. 14,12; Num. 14,13; Num. 14,14; Num. 14,15; Num. 14,17; Num. 14,19; Num. 14,20; Num. 16,10; Num. 16,11; Num. 16,16; Num. 18,1; Num. 18,1; Num. 18,1; Num. 18,2; Num. 18,2; Num. 18,2; Num. 18,3; Num. 18,7; Num. 18,8; Num. 18,9; Num. 18,10; Num. 18,11; Num. 18,11; Num. 18,11; Num. 18,13; Num. 18,19; Num. 18,19; Num. 18,19; Num. 18,20; Num. 18,20; Num. 20,8; Num. 20,14; Num. 20,16; Num. 20,17; Num. 20,17; Num. 20,17; Num. 20,19; Num. 21,22; Num. 21,22; Num. 21,22; Num. 21,34; Num. 22,30; Num. 22,30; Num. 22,32; Num. 22,32; Num. 22,32; Num. 23,3; Num. 23,15; Num. 24,5; Num. 24,5; Num. 24,11; Num. 24,12; Num. 24,14; Num. 24,21; Num. 24,21; Num. 27,13; Num. 27,13; Num. 27,18; Num. 27,20; Num. 31,2; Num. 31,49; Num. 32,4; Num. 32,5; Num. 32,5; Num. 32,25; Num. 32,27; Deut. 1,31; Deut. 2,7; Deut. 2,7; Deut. 2,24; Deut. 2,25; Deut. 2,25; Deut. 2,25; Deut. 2,25; Deut. 2,27; Deut. 2,30; Deut. 2,31; Deut. 3,2; Deut. 3,24; Deut. 3,24; Deut. 3,24; Deut. 3,27; Deut. 4,9; Deut. 4,9; Deut. 4,9; Deut. 4,9; Deut. 4,9; Deut. 4,9; Deut. 4,19; Deut. 4,23; Deut. 4,24; Deut. 4,25; Deut. 4,29; Deut. 4,29; Deut. 4,29; Deut. 4,30; Deut. 4,31; Deut. 4,31; Deut. 4,32; Deut. 4,34; Deut. 4,35; Deut. 4,37; Deut. 4,38; Deut. 4,38; Deut. 4,39; Deut. 4,40; Deut. 4,40; Deut. 5,6; Deut. 5,9; Deut. 5,11; Deut. 5,12; Deut. 5,13; Deut. 5,14; Deut. 5,14; Deut. 5,14; Deut. 5,14; Deut. 5,14; Deut. 5,14; Deut. 5,14; Deut. 5,14; Deut. 5,14; Deut. 5,14; Deut. 5,15; Deut. 5,15; Deut. 5,16; Deut. 5,16; Deut. 5,16; Deut. 5,16; Deut. 5,20; Deut. 5,21; Deut. 5,21; Deut. 5,32; Deut. 5,33; Deut. 6,2; Deut. 6,2; Deut. 6,2; Deut. 6,3; Deut. 6,5; Deut. 6,5; Deut. 6,5; Deut. 6,5; Deut. 6,6; Deut. 6,6; Deut. 6,7; Deut. 6,8; Deut. 6,8; Deut. 6,10; Deut. 6,10; Deut. 6,12; Deut. 6,13; Deut. 6,15; Deut. 6,15; Deut. 6,16; Deut. 6,17; Deut. 6,19; Deut. 6,19; Deut. 6,20; Deut. 6,21; Deut. 7,1; Deut. 7,1; Deut. 7,2; Deut. 7,2; Deut. 7,3; Deut. 7,3; Deut. 7,4; Deut. 7,6; Deut. 7,6; Deut. 7,9; Deut. 7,13; Deut. 7,13; Deut. 7,13; Deut. 7,13; Deut. 7,13; Deut. 7,13; Deut. 7,13; Deut. 7,13; Deut. 7,14; Deut. 7,16; Deut. 7,16; Deut. 7,17; Deut. 7,18; Deut. 7,19; Deut. 7,19; Deut. 7,20; Deut. 7,21; Deut. 7,22; Deut. 7,22; Deut. 7,23; Deut. 7,23; Deut. 7,24; Deut. 7,26; Deut. 8,2; Deut. 8,2; Deut. 8,3; Deut. 8,4; Deut. 8,4; Deut. 8,5; Deut. 8,5; Deut. 8,6; Deut. 8,7; Deut. 8,9; Deut. 8,10; Deut. 8,11; Deut. 8,13; Deut. 8,13; Deut. 8,14; Deut. 8,16; Deut. 8,16; Deut. 8,17; Deut. 8,18; Deut. 8,18; Deut. 8,19; Deut. 9,3; Deut. 9,3; Deut. 9,3; Deut. 9,4; Deut. 9,4; Deut. 9,4; Deut. 9,4; Deut. 9,5; Deut. 9,5; Deut. 9,5; Deut. 9,6; Deut. 9,6; Deut. 9,7; Deut. 9,12; Deut. 9,26; Deut. 9,26; Deut. 9,26; Deut. 9,26; Deut. 9,26; Deut. 9,26; Deut. 9,27; Deut. 9,29; Deut. 9,29; Deut. 9,29; Deut. 9,29; Deut. 10,12; Deut. 10,12; Deut. 10,12; Deut. 10,12; Deut. 10,12; Deut. 10,13; Deut. 10,14; Deut. 10,20; Deut. 10,21; Deut. 10,21; Deut. 10,21; Deut. 10,22; Deut. 10,22; Deut. 11,1; Deut. 11,2; Deut. 11,12; Deut. 11,12; Deut. 11,13; Deut. 11,13; Deut. 11,13; Deut. 11,14; Deut. 11,14; Deut. 11,14; Deut. 11,14; Deut. 11,15; Deut. 11,15; Deut. 11,16; Deut. 11,24; Deut. 11,29; Deut. 12,7; Deut. 12,13; Deut. 12,14; Deut. 12,14; Deut. 12,14; Deut. 12,15; Deut. 12,15; Deut. 12,17; Deut. 12,17; Deut. 12,17; Deut. 12,17; Deut. 12,17; Deut. 12,17; Deut. 12,18; Deut. 12,18; Deut. 12,18; Deut. 12,18; Deut. 12,18; Deut. 12,18; Deut. 12,18; Deut. 12,18; Deut. 12,18; Deut. 12,20; Deut. 12,20; Deut. 12,20; Deut. 12,20; Deut. 12,21; Deut. 12,21; Deut. 12,21; Deut. 12,21; Deut. 12,21; Deut. 12,21; Deut. 12,25; Deut. 12,25; Deut. 12,26; Deut. 12,26; Deut. 12,26; Deut. 12,27; Deut. 12,27; Deut. 12,27; Deut. 12,27; Deut. 12,28; Deut. 12,28; Deut. 12,29; Deut. 12,29; Deut. 12,30; Deut. 12,31; Deut. 13,6; Deut. 13,6; Deut. 13,7; Deut. 13,7; Deut. 13,7; Deut. 13,7; Deut. 13,7; Deut. 13,7; Deut. 13,7; Deut. 13,7; Deut. 13,9; Deut. 13,10; Deut. 13,11; Deut. 13,13; Deut. 13,13; Deut. 13,17; Deut. 13,18; Deut. 13,18; Deut. 13,19; Deut. 13,19; Deut. 14,2; Deut. 14,2; Deut. 14,21; Deut. 14,21; Deut. 14,22; Deut. 14,22; Deut. 14,23; Deut. 14,23; Deut. 14,23; Deut. 14,23; Deut. 14,23; Deut. 14,23; Deut. 14,23; Deut. 14,23; Deut. 14,24; Deut. 14,24; Deut. 14,25; Deut. 14,25; Deut. 14,26; Deut. 14,26;

σύ

Deut. 14,26; Deut. 14,26; Deut. 14,27; Deut. 14,28; Deut. 14,28; Deut. 14,29; Deut. 14,29; Deut. 15,2; Deut. 15,2; Deut. 15,3; Deut. 15,3; Deut. 15,4; Deut. 15,4; Deut. 15,6; Deut. 15,7; Deut. 15,7; Deut. 15,7; Deut. 15,7; Deut. 15,7; Deut. 15,7; Deut. 15,8; Deut. 15,9; Deut. 15,9; Deut. 15,9; Deut. 15,10; Deut. 15,10; Deut. 15,10; Deut. 15,10; Deut. 15,11; Deut. 15,11; Deut. 15,11; Deut. 15,12; Deut. 15,14; Deut. 15,14; Deut. 15,14; Deut. 15,14; Deut. 15,15; Deut. 15,16; Deut. 15,17; Deut. 15,18; Deut. 15,18; Deut. 15,19; Deut. 15,19; Deut. 15,19; Deut. 15,19; Deut. 15,19; Deut. 15,20; Deut. 15,20; Deut. 15,21; Deut. 15,22; Deut. 16,1; Deut. 16,2; Deut. 16,2; Deut. 16,4; Deut. 16,5; Deut. 16,5; Deut. 16,6; Deut. 16,7; Deut. 16,7; Deut. 16,8; Deut. 16,9; Deut. 16,10; Deut. 16,10; Deut. 16,10; Deut. 16,11; Deut. 16,11; Deut. 16,11; Deut. 16,11; Deut. 16,11; Deut. 16,11; Deut. 16,11; Deut. 16,13; Deut. 16,13; Deut. 16,14; Deut. 16,14; Deut. 16,14; Deut. 16,14; Deut. 16,14; Deut. 16,14; Deut. 16,15; Deut. 16,15; Deut. 16,15; Deut. 16,15; Deut. 16,15; Deut. 16,16; Deut. 16,16; Deut. 16,16; Deut. 16,17; Deut. 16,18; Deut. 16,18; Deut. 16,20; Deut. 16,21; Deut. 16,22; Deut. 17,1; Deut. 17,2; Deut. 17,2; Deut. 17,2; Deut. 17,8; Deut. 17,10; Deut. 17,12; Deut. 17,14; Deut. 17,15; Deut. 17,15; Deut. 18,4; Deut. 18,4; Deut. 18,4; Deut. 18,4; Deut. 18,5; Deut. 18,5; Deut. 18,5; Deut. 18,9; Deut. 18,12; Deut. 18,13; Deut. 18,14; Deut. 18,15; Deut. 18,15; Deut. 18,16; Deut. 18,21; Deut. 19,1; Deut. 19,1; Deut. 19,2; Deut. 19,2; Deut. 19,3; Deut. 19,3; Deut. 19,8; Deut. 19,8; Deut. 19,8; Deut. 19,8; Deut. 19,9; Deut. 19,10; Deut. 19,10; Deut. 19,13; Deut. 19,14; Deut. 19,14; Deut. 19,14; Deut. 19,14; Deut. 19,21; Deut. 20,1; Deut. 20,1; Deut. 20,1; Deut. 20,11; Deut. 20,13; Deut. 20,13; Deut. 20,14; Deut. 20,14; Deut. 20,16; Deut. 20,17; Deut. 20,19; Deut. 21,1; Deut. 21,2; Deut. 21,2; Deut. 21,5; Deut. 21,8; Deut. 21,8; Deut. 21,9; Deut. 21,10; Deut. 21,10; Deut. 21,10; Deut. 21,12; Deut. 21,13; Deut. 21,13; Deut. 21,23; Deut. 22,1; Deut. 22,1; Deut. 22,2; Deut. 22,2; Deut. 22,2; Deut. 22,3; Deut. 22,4; Deut. 22,6; Deut. 22,8; Deut. 22,8; Deut. 22,9; Deut. 22,9; Deut. 22,12; Deut. 22,17; Deut. 23,6; Deut. 23,6; Deut. 23,6; Deut. 23,7; Deut. 23,10; Deut. 23,14; Deut. 23,14; Deut. 23,15; Deut. 23,15; Deut. 23,15; Deut. 23,15; Deut. 23,15; Deut. 23,19; Deut. 23,20; Deut. 23,21; Deut. 23,21; Deut. 23,21; Deut. 23,22; Deut. 23,22; Deut. 23,24; Deut. 23,24; Deut. 23,24; Deut. 23,25; Deut. 23,25; Deut. 23,25; Deut. 23,26; Deut. 23,26; Deut. 24,4; Deut. 24,9; Deut. 24,10; Deut. 24,13; Deut. 24,14; Deut. 24,14; Deut. 24,18; Deut. 24,19; Deut. 24,19; Deut. 24,19; Deut. 24,19; Deut. 24,20; Deut. 24,21; Deut. 24,21; Deut. 25,3; Deut. 25,3; Deut. 25,12; Deut. 25,13; Deut. 25,14; Deut. 25,15; Deut. 25,16; Deut. 25,17; Deut. 25,18; Deut. 25,18; Deut. 25,19; Deut. 25,19; Deut. 25,19; Deut. 25,19; Deut. 26,1; Deut. 26,2; Deut. 26,2; Deut. 26,2; Deut. 26,4; Deut. 26,4; Deut. 26,5; Deut. 26,10; Deut. 26,10; Deut. 26,11; Deut. 26,11; Deut. 26,12; Deut. 26,12; Deut. 26,13; Deut. 26,13; Deut. 26,15; Deut. 26,15; Deut. 26,16; Deut. 26,17; Deut. 26,19; Deut. 27,2; Deut. 27,3; Deut. 27,5; Deut. 27,6; Deut. 27,6; Deut. 27,7; Deut. 27,7; Deut. 27,9; Deut. 27,10; Deut. 28,1; Deut. 28,2; Deut. 28,4; Deut. 28,4; Deut. 28,4; Deut. 28,4; Deut. 28,5; Deut. 28,5; Deut. 28,7; Deut. 28,7; Deut. 28,7; Deut. 28,7; Deut. 28,8; Deut. 28,8; Deut. 28,8; Deut. 28,9; Deut. 28,9; Deut. 28,9; Deut. 28,11; Deut. 28,11; Deut. 28,11; Deut. 28,11; Deut. 28,11; Deut. 28,12; Deut. 28,12; Deut. 28,13; Deut. 28,13; Deut. 28,15; Deut. 28,17; Deut. 28,17; Deut. 28,18; Deut. 28,18; Deut. 28,18; Deut. 28,18; Deut. 28,20; Deut. 28,20; Deut. 28,23; Deut. 28,23; Deut. 28,24; Deut. 28,25; Deut. 28,29; Deut. 28,31; Deut. 28,31; Deut. 28,31; Deut. 28,31; Deut. 28,31; Deut. 28,32; Deut. 28,32; Deut. 28,32; Deut. 28,32; Deut. 28,33; Deut. 28,33; Deut. 28,34; Deut. 28,35; Deut. 28,35; Deut. 28,36; Deut. 28,36; Deut. 28,40; Deut. 28,40; Deut. 28,42; Deut. 28,42; Deut. 28,45; Deut. 28,46; Deut. 28,47; Deut. 28,48; Deut. 28,48; Deut. 28,51; Deut. 28,51; Deut. 28,51; Deut. 28,51; Deut. 28,52; Deut. 28,52; Deut. 28,52; Deut. 28,52; Deut. 28,52; Deut. 28,53; Deut. 28,53; Deut. 28,53; Deut. 28,53; Deut. 28,53; Deut. 28,53; Deut. 28,53; Deut. 28,55; Deut. 28,55; Deut. 28,55; Deut. 28,55; Deut. 28,57; Deut. 28,57; Deut. 28,57; Deut. 28,57; Deut. 28,58; Deut. 28,59; Deut. 28,59; Deut. 28,64; Deut. 28,64; Deut. 28,65; Deut. 28,66; Deut. 28,66; Deut. 28,66; Deut. 28,67; Deut. 28,67; Deut. 29,2; Deut. 29,11; Deut. 29,11; Deut. 29,12; Deut. 29,12; Deut. 30,1; Deut. 30,1; Deut. 30,2; Deut. 30,2; Deut. 30,2; Deut. 30,3; Deut. 30,4; Deut. 30,4; Deut. 30,4; Deut. 30,5; Deut. 30,5; Deut. 30,5; Deut. 30,6; Deut. 30,6; Deut. 30,6; Deut. 30,6; Deut. 30,6; Deut. 30,7; Deut. 30,7; Deut. 30,8; Deut. 30,9; Deut. 30,9; Deut. 30,9; Deut. 30,9; Deut. 30,9; Deut. 30,9; Deut. 30,9; Deut. 30,10; Deut. 30,10; Deut. 30,10; Deut. 30,10; Deut. 30,14; Deut. 30,14; Deut. 30,14; Deut. 30,15; Deut. 30,16; Deut. 30,16; Deut. 30,16; Deut. 30,17; Deut. 30,18; Deut. 30,19; Deut. 30,20; Deut. 30,20; Deut. 30,20; Deut. 30,20; Deut. 31,3; Deut. 31,3; Deut. 31,3; Deut. 31,3; Deut. 31,6; Deut. 31,11; Deut. 31,14; Deut. 31,16; Deut. 31,27; Deut. 31,27; Deut. 32,6; Deut. 32,7; Deut. 32,7; Deut. 32,50; Deut. 32,50; Deut. 33,3; Deut. 33,9; Deut. 33,9; Deut. 33,10; Deut. 33,10; Deut. 33,10; Deut. 33,10; Deut. 33,18; Deut. 33,25; Deut. 33,25; Deut. 33,26; Deut. 33,27; Deut. 33,29; Deut. 33,29; Deut. 33,29; Deut. 34,4; Josh. 1,5; Josh. 1,8; Josh. 1,8; Josh. 1,9; Josh. 1,18; Josh. 2,3; Josh. 2,17; Josh. 2,18; Josh. 2,18; Josh. 2,18; Josh. 2,18; Josh. 2,18; Josh. 2,19; Josh. 2,19; Josh. 2,19; Josh. 2,20; Josh. 4,6; Josh. 4,7; Josh. 5,15; Josh. 6,2; Josh. 7,7; Josh. 7,9; Josh. 7,10; Josh. 8,1; Josh. 8,18; Josh. 8,18; Josh. 8,18; Josh. 9,9; Josh. 9,9; Josh. 9,24; Josh. 10,6; Josh. 10,6; Josh. 10,8; Josh. 14,9; Josh. 24,10; Josh. 24,12; Josh. 24,12; Judg. 1,3; Judg. 4,7; Judg. 4,9; Judg. 4,14; Judg. 4,14; Judg. 5,4; Judg. 5,12; Judg. 5,14; Judg. 5,14; Judg. 5,31; Judg. 6,14; Judg. 6,17; Judg. 6,18; Judg. 6,25; Judg. 6,25; Judg. 6,26; Judg. 6,30; Judg. 6,39; Judg. 7,7; Judg. 7,9; Judg. 7,10; Judg. 7,11; Judg. 8,6; Judg. 8,6; Judg. 8,15; Judg. 8,15; Judg. 8,22; Judg. 9,29; Judg. 9,33; Judg. 9,38; Judg. 9,54; Judg. 10,15; Judg. 11,10; Judg. 11,17; Judg. 11,19; Judg. 11,24; Judg. 11,36; Judg. 11,36; Judg. 11,36; Judg. 12,1; Judg. 13,12; Judg. 13,15; Judg. 13,16; Judg. 13,17; Judg. 14,3; Judg. 14,13; Judg. 14,15; Judg. 14,15; Judg. 15,2; Judg. 15,18; Judg. 16,6; Judg. 16,15; Judg. 16,15; Judg. 17,10; Judg. 18,19; Judg. 18,19; Judg. 18,25; Judg. 18,25; Judg. 18,25; Judg. 19,5; Judg. 19,6; Judg. 19,8; Judg. 19,9; Judg. 19,9; Judg. 19,19; Judg. 19,19; Judg. 19,20; Judg. 19,22; Judg. 20,28; Ruth 1,10; Ruth 1,15; Ruth 1,15; Ruth 1,16; Ruth 1,16; Ruth 1,16; Ruth 2,9; Ruth 2,9; Ruth 2,10; Ruth 2,11; Ruth 2,11; Ruth 2,11; Ruth 2,11; Ruth 2,11; Ruth 2,12; Ruth 2,12; Ruth 2,13; Ruth 2,13; Ruth 2,13; Ruth 2,14; Ruth 3,3; Ruth 3,9; Ruth 3,9; Ruth 3,9; Ruth 3,10; Ruth 3,15; Ruth 3,17; Ruth 4,4; Ruth 4,11; Ruth 4,11; Ruth 4,12; Ruth 4,14; Ruth 4,15; Ruth 4,15; 1Sam. 1,8; 1Sam. 1,11; 1Sam. 1,11; 1Sam. 1,11; 1Sam. 1,14; 1Sam. 1,16; 1Sam. 1,17; 1Sam. 1,18; 1Sam. 1,18; 1Sam. 1,23; 1Sam. 1,23; 1Sam. 1,26; 1Sam. 1,26; 1Sam. 2,1; 1Sam. 2,16; 1Sam. 2,27; 1Sam. 2,28; 1Sam. 2,28; 1Sam. 2,29; 1Sam. 2,30; 1Sam. 2,30; 1Sam. 2,31; 1Sam. 2,31; 1Sam. 2,32; 1Sam. 2,33; 1Sam. 2,34; 1Sam. 2,36; 1Sam. 2,36; 1Sam. 3,9; 1Sam. 3,10; 1Sam. 3,17; 1Sam. 4,17; 1Sam. 7,8; 1Sam. 8,5; 1Sam. 8,5; 1Sam. 9,19; 1Sam. 9,20; 1Sam. 9,20; 1Sam. 9,20; 1Sam. 9,24; 1Sam. 10,2; 1Sam. 10,7; 1Sam. 12,19; 1Sam. 12,19; 1Sam. 13,13; 1Sam. 13,14; 1Sam. 14,7; 1Sam. 14,19; 1Sam. 14,28; 1Sam. 14,36; 1Sam. 14,40; 1Sam. 14,41; 1Sam. 14,41; 1Sam. 15,15; 1Sam. 15,24; 1Sam. 15,25; 1Sam. 15,28; 1Sam. 15,28; 1Sam. 15,30; 1Sam. 15,33; 1Sam. 15,33; 1Sam. 16,1; 1Sam. 16,2; 1Sam. 16,4; 1Sam. 16,16; 1Sam.

Σ, σ

16,16; 1Sam. 16,19; 1Sam. 16,19; 1Sam. 17,32; 1Sam. 17,34; 1Sam. 17,36; 1Sam. 17,44; 1Sam. 17,46; 1Sam. 17,46; 1Sam. 19,4; 1Sam. 20,1; 1Sam. 20,3; 1Sam. 20,3; 1Sam. 20,3; 1Sam. 20,4; 1Sam. 20,6; 1Sam. 20,7; 1Sam. 20,8; 1Sam. 20,8; 1Sam. 20,8; 1Sam. 20,8; 1Sam. 20,9; 1Sam. 20,10; 1Sam. 20,13; 1Sam. 20,15; 1Sam. 20,18; 1Sam. 20,19; 1Sam. 20,29; 1Sam. 20,30; 1Sam. 20,30; 1Sam. 20,31; 1Sam. 20,42; 1Sam. 21,4; 1Sam. 21,9; 1Sam. 22,14; 1Sam. 22,14; 1Sam. 22,14; 1Sam. 22,16; 1Sam. 22,22; 1Sam. 22,23; 1Sam. 23,4; 1Sam. 23,10; 1Sam. 23,11; 1Sam. 23,11; 1Sam. 24,5; 1Sam. 24,5; 1Sam. 24,5; 1Sam. 24,10; 1Sam. 24,11; 1Sam. 24,11; 1Sam. 24,12; 1Sam. 24,16; 1Sam. 24,17; 1Sam. 24,19; 1Sam. 24,21; 1Sam. 25,6; 1Sam. 25,7; 1Sam. 25,8; 1Sam. 25,8; 1Sam. 25,8; 1Sam. 25,8; 1Sam. 25,24; 1Sam. 25,24; 1Sam. 25,24; 1Sam. 25,25; 1Sam. 25,25; 1Sam. 25,26; 1Sam. 25,26; 1Sam. 25,27; 1Sam. 25,28; 1Sam. 25,29; 1Sam. 25,29; 1Sam. 25,31; 1Sam. 25,33; 1Sam. 25,35; 1Sam. 25,35; 1Sam. 25,35; 1Sam. 25,41; 1Sam. 25,41; 1Sam. 26,8; 1Sam. 26,8; 1Sam. 26,15; 1Sam. 26,15; 1Sam. 26,17; 1Sam. 26,17; 1Sam. 26,19; 1Sam. 26,21; 1Sam. 26,24; 1Sam. 27,5; 1Sam. 27,5; 1Sam. 27,5; 1Sam. 28,1; 1Sam. 28,2; 1Sam. 28,16; 1Sam. 28,17; 1Sam. 28,17; 1Sam. 28,17; 1Sam. 28,19; 1Sam. 28,21; 1Sam. 28,21; 1Sam. 28,22; 1Sam. 28,22; 1Sam. 29,6; 1Sam. 29,6; 1Sam. 29,8; 1Sam. 29,8; 1Sam. 29,10; 1Sam. 29,10; 1Sam. 31,4; 2Sam. 1,14; 2Sam. 1,16; 2Sam. 1,16; 2Sam. 1,16; 2Sam. 1,19; 2Sam. 1,25; 2Sam. 1,26; 2Sam. 2,22; 2Sam. 3,8; 2Sam. 3,12; 2Sam. 3,13; 2Sam. 3,21; 2Sam. 3,25; 2Sam. 3,25; 2Sam. 3,34; 2Sam. 3,34; 2Sam. 4,8; 2Sam. 4,8; 2Sam. 4,8; 2Sam. 5,1; 2Sam. 5,1; 2Sam. 5,19; 2Sam. 5,24; 2Sam. 6,21; 2Sam. 6,22; 2Sam. 7,3; 2Sam. 7,9; 2Sam. 7,9; 2Sam. 7,11; 2Sam. 7,12; 2Sam. 7,12; 2Sam. 7,12; 2Sam. 7,12; 2Sam. 7,19; 2Sam. 7,19; 2Sam. 7,20; 2Sam. 7,21; 2Sam. 7,21; 2Sam. 7,21; 2Sam. 7,23; 2Sam. 7,23; 2Sam. 7,24; 2Sam. 7,25; 2Sam. 7,26; 2Sam. 7,27; 2Sam. 7,27; 2Sam. 7,28; 2Sam. 7,28; 2Sam. 7,29; 2Sam. 7,29; 2Sam. 7,29; 2Sam. 7,29; 2Sam. 9,6; 2Sam. 9,7; 2Sam. 9,7; 2Sam. 9,8; 2Sam. 9,9; 2Sam. 9,10; 2Sam. 9,10; 2Sam. 9,10; 2Sam. 9,10; 2Sam. 9,11; 2Sam. 10,3; 2Sam. 10,3; 2Sam. 11,8; 2Sam. 11,8; 2Sam. 11,10; 2Sam. 11,11; 2Sam. 11,21; 2Sam. 11,24; 2Sam. 11,24; 2Sam. 11,25; 2Sam. 11,25; 2Sam. 12,8; 2Sam. 12,8; 2Sam. 12,8; 2Sam. 12,10; 2Sam. 12,11; 2Sam. 12,11; 2Sam. 12,11; 2Sam. 12,11; 2Sam. 12,11; 2Sam. 12,13; 2Sam. 12,14; 2Sam. 13,5; 2Sam. 13,5; 2Sam. 13,7; 2Sam. 13,10; 2Sam. 13,20; 2Sam. 13,20; 2Sam. 13,24; 2Sam. 13,24; 2Sam. 13,35; 2Sam. 14,6; 2Sam. 14,7; 2Sam. 14,8; 2Sam. 14,11; 2Sam. 14,12; 2Sam. 14,15; 2Sam. 14,17; 2Sam. 14,19; 2Sam. 14,19; 2Sam. 14,19; 2Sam. 14,20; 2Sam. 14,21; 2Sam. 14,22; 2Sam. 14,22; 2Sam. 14,31; 2Sam. 15,2; 2Sam. 15,3; 2Sam. 15,8; 2Sam. 15,15; 2Sam. 15,19; 2Sam. 15,20; 2Sam. 15,20; 2Sam. 15,20; 2Sam. 15,21; 2Sam. 15,27; 2Sam. 15,34; 2Sam. 15,34; 2Sam. 15,34; 2Sam. 16,3; 2Sam. 16,4; 2Sam. 16,8; 2Sam. 16,8; 2Sam. 16,17; 2Sam. 16,17; 2Sam. 16,17; 2Sam. 16,19; 2Sam. 16,19; 2Sam. 16,21; 2Sam. 16,21; 2Sam. 17,8; 2Sam. 17,8; 2Sam. 17,10; 2Sam. 17,11; 2Sam. 18,14; 2Sam. 18,28; 2Sam. 18,29; 2Sam. 19,6; 2Sam. 19,6; 2Sam. 19,6; 2Sam. 19,6; 2Sam. 19,6; 2Sam. 19,7; 2Sam. 19,7; 2Sam. 19,8; 2Sam. 19,8; 2Sam. 19,15; 2Sam. 19,20; 2Sam. 19,21; 2Sam. 19,27; 2Sam. 19,27; 2Sam. 19,28; 2Sam. 19,28; 2Sam. 19,29; 2Sam. 19,29; 2Sam. 19,30; 2Sam. 19,34; 2Sam. 19,36; 2Sam. 19,36; 2Sam. 19,37; 2Sam. 19,38; 2Sam. 19,38; 2Sam. 19,38; 2Sam. 19,39; 2Sam. 20,1; 2Sam. 20,6; 2Sam. 20,17; 2Sam. 22,36; 2Sam. 22,50; 2Sam. 24,3; 2Sam. 24,10; 2Sam. 24,13; 2Sam. 24,13; 2Sam. 24,13; 2Sam. 24,16; 2Sam. 24,17; 2Sam. 24,23; 1Kings 1,12; 1Kings 1,12; 1Kings 1,13; 1Kings 1,13; 1Kings 1,14; 1Kings 1,14; 1Kings 1,14; 1Kings 1,17; 1Kings 1,17; 1Kings 1,17; 1Kings 1,19; 1Kings 1,26; 1Kings 1,26; 1Kings 1,27; 1Kings 1,30; 1Kings 1,47; 1Kings 1,47; 1Kings 1,47; 1Kings 1,53; 1Kings 2,3; 1Kings 2,4; 1Kings 2,6; 1Kings 2,7; 1Kings 2,7; 1Kings 2,13; 1Kings 2,16; 1Kings 2,20; 1Kings 2,21; 1Kings 2,26; 1Kings 2,29; 1Kings 2,37; 1Kings 2,37; 1Kings 2,37; 1Kings 2,38; 1Kings 2,39; 1Kings 2,44; 1Kings 2,44; 1Kings 2,44; 1Kings 2,44; 1Kings 3,6; 1Kings 3,6; 1Kings 3,7; 1Kings 3,8; 1Kings 3,8; 1Kings 3,9; 1Kings 3,9; 1Kings 3,9; 1Kings 3,11; 1Kings 3,12; 1Kings 3,12; 1Kings 3,14; 1Kings 3,14; 1Kings 3,22; 1Kings 3,23; 1Kings 5,19; 1Kings 5,19; 1Kings 5,20; 1Kings 5,20; 1Kings 5,22; 1Kings 8,18; 1Kings 8,18; 1Kings 8,19; 1Kings 8,19; 1Kings 8,23; 1Kings 8,23; 1Kings 8,24; 1Kings 8,24; 1Kings 8,24; 1Kings 8,25; 1Kings 8,25; 1Kings 8,25; 1Kings 8,26; 1Kings 8,27; 1Kings 8,28; 1Kings 8,28; 1Kings 8,29; 1Kings 8,29; 1Kings 8,30; 1Kings 8,30; 1Kings 8,30; 1Kings 8,31; 1Kings 8,32; 1Kings 8,33; 1Kings 8,33; 1Kings 8,34; 1Kings 8,35; 1Kings 8,36; 1Kings 8,36; 1Kings 8,36; 1Kings 8,39; 1Kings 8,41; 1Kings 8,43; 1Kings 8,43; 1Kings 8,43; 1Kings 8,43; 1Kings 8,44; 1Kings 8,44; 1Kings 8,47; 1Kings 8,48; 1Kings 8,49; 1Kings 8,51; 1Kings 8,51; 1Kings 8,52; 1Kings 8,52; 1Kings 8,52; 1Kings 8,52; 1Kings 8,53; 1Kings 8,59; 1Kings 8,59; 1Kings 9,3; 1Kings 9,3; 1Kings 9,3; 1Kings 9,4; 1Kings 9,5; 1Kings 9,5; 1Kings 10,6; 1Kings 10,6; 1Kings 10,8; 1Kings 10,8; 1Kings 10,8; 1Kings 10,8; 1Kings 10,9; 1Kings 11,11; 1Kings 11,11; 1Kings 11,11; 1Kings 11,12; 1Kings 11,12; 1Kings 11,12; 1Kings 11,13; 1Kings 11,22; 1Kings 11,37; 1Kings 12,4; 1Kings 12,4; 1Kings 12,9; 1Kings 12,10; 1Kings 12,16; 1Kings 12,16; 1Kings 12,24h; 1Kings 12,24l; 1Kings 12,24l; 1Kings 12,24p; 1Kings 12,24t; 1Kings 12,28; 1Kings 13,6; 1Kings 13,8; 1Kings 13,18; 1Kings 13,21; 1Kings 13,22; 1Kings 13,22; 1Kings 15,19; 1Kings 15,19; 1Kings 16,3; 1Kings 16,28g; 1Kings 17,11; 1Kings 17,12; 1Kings 17,13; 1Kings 17,13; 1Kings 17,19; 1Kings 17,23; 1Kings 17,24; 1Kings 18,8; 1Kings 18,9; 1Kings 18,10; 1Kings 18,11; 1Kings 18,14; 1Kings 18,18; 1Kings 18,31; 1Kings 18,36; 1Kings 18,44; 1Kings 19,2; 1Kings 19,10; 1Kings 19,10; 1Kings 19,14; 1Kings 19,14; 1Kings 19,14; 1Kings 19,15; 1Kings 19,20; 1Kings 20,2; 1Kings 20,2; 1Kings 20,2; 1Kings 20,5; 1Kings 20,6; 1Kings 20,19; 1Kings 20,19; 1Kings 20,21; 1Kings 20,22; 1Kings 21,3; 1Kings 21,3; 1Kings 21,3; 1Kings 21,3; 1Kings 21,5; 1Kings 21,5; 1Kings 21,5; 1Kings 21,5; 1Kings 21,6; 1Kings 21,6; 1Kings 21,9; 1Kings 21,32; 1Kings 21,33; 1Kings 21,34; 1Kings 21,39; 1Kings 21,39; 1Kings 21,40; 1Kings 21,42; 1Kings 21,42; 1Kings 21,42; 1Kings 22,4; 1Kings 22,4; 1Kings 22,12; 1Kings 22,13; 1Kings 22,23; 1Kings 22,34; 2Kings 1,10; 2Kings 1,12; 2Kings 1,13; 2Kings 1,13; 2Kings 1,14; 2Kings 1,14; 2Kings 2,2; 2Kings 2,3; 2Kings 2,3; 2Kings 2,4; 2Kings 2,5; 2Kings 2,5; 2Kings 2,6; 2Kings 2,9; 2Kings 2,16; 2Kings 2,16; 2Kings 3,7; 2Kings 3,7; 2Kings 3,13; 2Kings 4,1; 2Kings 4,2; 2Kings 4,3; 2Kings 4,4; 2Kings 4,7; 2Kings 4,7; 2Kings 4,16; 2Kings 4,26; 2Kings 4,29; 2Kings 4,29; 2Kings 4,30; 2Kings 4,36; 2Kings 5,8; 2Kings 5,15; 2Kings 5,17; 2Kings 5,17; 2Kings 5,18; 2Kings 5,18; 2Kings 5,25; 2Kings 5,27; 2Kings 6,1; 2Kings 6,3; 2Kings 6,12; 2Kings 6,22; 2Kings 6,22; 2Kings 6,28; 2Kings 6,29; 2Kings 7,2; 2Kings 7,19; 2Kings 8,1; 2Kings 8,8; 2Kings 8,9; 2Kings 8,13; 2Kings 9,1; 2Kings 9,1; 2Kings 9,7; 2Kings 9,22; 2Kings 10,5; 2Kings 10,5; 2Kings 10,15; 2Kings 10,15; 2Kings 10,15; 2Kings 13,16; 2Kings 14,9; 2Kings 14,10; 2Kings 14,10; 2Kings 14,10; 2Kings 16,7; 2Kings 16,7; 2Kings 18,26; 2Kings 18,27; 2Kings 19,4; 2Kings 19,4; 2Kings 19,10; 2Kings 19,16; 2Kings 19,16; 2Kings 19,22; 2Kings 19,23; 2Kings 19,27; 2Kings 19,27; 2Kings 19,27; 2Kings 19,27; 2Kings 19,28; 2Kings 19,28; 2Kings 19,28; 2Kings 20,1; 2Kings 20,3; 2Kings 20,3; 2Kings 20,5; 2Kings 20,5; 2Kings 20,5; 2Kings 20,6; 2Kings 20,15; 2Kings 20,17; 2Kings 20,17; 2Kings 20,18; 2Kings 22,9; 2Kings 22,19; 2Kings 22,19;

σύ

2Kings 22,20; 2Kings 22,20; 2Kings 22,20; 1Chr. 4,10; 1Chr. 10,4; 1Chr. 11,1; 1Chr. 11,1; 1Chr. 12,19; 1Chr. 12,19; 1Chr. 12,19; 1Chr. 14,10; 1Chr. 14,15; 1Chr. 16,35; 1Chr. 16,35; 1Chr. 17,2; 1Chr. 17,8; 1Chr. 17,8; 1Chr. 17,10; 1Chr. 17,11; 1Chr. 17,11; 1Chr. 17,11; 1Chr. 17,11; 1Chr. 17,13; 1Chr. 17,17; 1Chr. 17,17; 1Chr. 17,18; 1Chr. 17,19; 1Chr. 17,21; 1Chr. 17,21; 1Chr. 17,22; 1Chr. 17,23; 1Chr. 17,23; 1Chr. 17,24; 1Chr. 17,24; 1Chr. 17,25; 1Chr. 17,25; 1Chr. 17,25; 1Chr. 17,26; 1Chr. 17,27; 1Chr. 17,27; 1Chr. 19,3; 1Chr. 19,3; 1Chr. 21,8; 1Chr. 21,12; 1Chr. 21,12; 1Chr. 21,15; 1Chr. 21,17; 1Chr. 21,17; 1Chr. 21,22; 1Chr. 22,11; 1Chr. 22,12; 1Chr. 28,6; 1Chr. 28,9; 1Chr. 28,21; 1Chr. 29,11; 1Chr. 29,12; 1Chr. 29,12; 1Chr. 29,13; 1Chr. 29,15; 1Chr. 29,16; 1Chr. 29,17; 1Chr. 29,18; 1Chr. 29,19; 1Chr. 29,19; 1Chr. 29,19; 1Chr. 29,19; 2Chr. 1,9; 2Chr. 1,10; 2Chr. 1,11; 2Chr. 1,12; 2Chr. 2,7; 2Chr. 2,7; 2Chr. 2,9; 2Chr. 2,13; 2Chr. 2,13; 2Chr. 2,15; 2Chr. 6,2; 2Chr. 6,8; 2Chr. 6,8; 2Chr. 6,9; 2Chr. 6,9; 2Chr. 6,14; 2Chr. 6,14; 2Chr. 6,15; 2Chr. 6,15; 2Chr. 6,15; 2Chr. 6,16; 2Chr. 6,16; 2Chr. 6,17; 2Chr. 6,17; 2Chr. 6,19; 2Chr. 6,19; 2Chr. 6,19; 2Chr. 6,20; 2Chr. 6,20; 2Chr. 6,20; 2Chr. 6,21; 2Chr. 6,21; 2Chr. 6,21; 2Chr. 6,23; 2Chr. 6,24; 2Chr. 6,24; 2Chr. 6,24; 2Chr. 6,25; 2Chr. 6,26; 2Chr. 6,27; 2Chr. 6,27; 2Chr. 6,27; 2Chr. 6,27; 2Chr. 6,29; 2Chr. 6,30; 2Chr. 6,31; 2Chr. 6,32; 2Chr. 6,32; 2Chr. 6,32; 2Chr. 6,32; 2Chr. 6,33; 2Chr. 6,33; 2Chr. 6,33; 2Chr. 6,33; 2Chr. 6,34; 2Chr. 6,34; 2Chr. 6,37; 2Chr. 6,38; 2Chr. 6,39; 2Chr. 6,40; 2Chr. 6,40; 2Chr. 6,41; 2Chr. 6,41; 2Chr. 6,41; 2Chr. 6,41; 2Chr. 6,42; 2Chr. 6,42; 2Chr. 7,12; 2Chr. 7,17; 2Chr. 7,18; 2Chr. 7,18; 2Chr. 9,5; 2Chr. 9,5; 2Chr. 9,6; 2Chr. 9,7; 2Chr. 9,7; 2Chr. 9,8; 2Chr. 9,8; 2Chr. 9,8; 2Chr. 10,4; 2Chr. 10,4; 2Chr. 10,9; 2Chr. 10,10; 2Chr. 10,16; 2Chr. 10,16; 2Chr. 14,10; 2Chr. 16,3; 2Chr. 16,7; 2Chr. 16,7; 2Chr. 16,8; 2Chr. 18,3; 2Chr. 18,12; 2Chr. 18,22; 2Chr. 18,33; 2Chr. 19,3; 2Chr. 20,6; 2Chr. 20,7; 2Chr. 20,7; 2Chr. 20,8; 2Chr. 20,9; 2Chr. 20,9; 2Chr. 20,37; 2Chr. 20,37; 2Chr. 21,12; 2Chr. 21,12; 2Chr. 21,13; 2Chr. 21,13; 2Chr. 21,14; 2Chr. 21,14; 2Chr. 21,14; 2Chr. 21,14; 2Chr. 21,15; 2Chr. 25,15; 2Chr. 25,18; 2Chr. 25,19; 2Chr. 34,16; 2Chr. 34,27; 2Chr. 34,27; 2Chr. 34,28; 2Chr. 34,28; 2Chr. 34,28; 1Esdr. 2,13; 1Esdr. 2,16; 1Esdr. 4,43; 1Esdr. 4,46; 1Esdr. 8,16; 1Esdr. 8,16; 1Esdr. 8,17; 1Esdr. 8,18; 1Esdr. 8,23; 1Esdr. 8,24; 1Esdr. 8,71; 1Esdr. 8,75; 1Esdr. 8,79; 1Esdr. 8,79; 1Esdr. 8,84; 1Esdr. 8,87; 1Esdr. 8,87; Ezra 4,11; Ezra 4,15; Ezra 7,14; Ezra 7,18; Ezra 7,20; Ezra 7,25; Ezra 7,25; Ezra 9,10; Ezra 9,11; Ezra 9,14; Ezra 9,15; Ezra 9,15; Ezra 10,12; Neh. 1,6; Neh. 1,6; Neh. 1,6; Neh. 1,6; Neh. 1,6; Neh. 1,7; Neh. 1,8; Neh. 1,10; Neh. 1,10; Neh. 1,10; Neh. 1,10; Neh. 1,11; Neh. 1,11; Neh. 1,11; Neh. 1,11; Neh. 1,11; Neh. 2,2; Neh. 2,5; Neh. 2,5; Neh. 2,6; Neh. 6,8; Neh. 9,5; Neh. 9,8; Neh. 9,8; Neh. 9,14; Neh. 9,14; Neh. 9,15; Neh. 9,16; Neh. 9,17; Neh. 9,19; Neh. 9,20; Neh. 9,25; Neh. 9,26; Neh. 9,26; Neh. 9,27; Neh. 9,27; Neh. 9,28; Neh. 9,28; Neh. 9,29; Neh. 9,29; Neh. 9,29; Neh. 9,30; Neh. 9,30; Neh. 9,31; Neh. 9,32; Neh. 9,32; Neh. 9,32; Neh. 9,32; Neh. 9,34; Neh. 9,34; Neh. 9,34; Neh. 9,35; Neh. 9,35; Neh. 13,22; Esth. 3,8; Esth. 4,8; Esth. 4,14; Esth. 13,9 # 4,17b; Esth. 13,15 # 4,17f; Esth. 13,15 # 4,17f; Esth. 13,16 # 4,17g; Esth. 13,17 # 4,17h; Esth. 13,17 # 4,17h; Esth. 14,6 # 4,17n; Esth. 14,8 # 4,17o; Esth. 14,8 # 4,17o; Esth. 14,8 # 4,17o; Esth. 14,8 # 4,17o; Esth. 14,8 # 4,17o; Esth. 14,11 # 4,17q; Esth. 14,14 # 4,17t; Esth. 14,17 # 4,17x; Esth. 14,18 # 4,17y; Esth. 15,9 # 5,1f; Esth. 15,13 # 5,2a; Esth. 15,13 # 5,2a; Esth. 6,10; Esth. 7,2; Esth. 7,2; Esth. 8,5; Judith 2,11; Judith 2,11; Judith 2,13; Judith 3,2; Judith 3,2; Judith 3,3; Judith 3,4; Judith 5,5; Judith 5,5; Judith 5,24; Judith 6,5; Judith 6,6; Judith 6,9; Judith 6,9; Judith 7,9; Judith 7,11; Judith 7,12; Judith 7,12; Judith 7,12; Judith 7,15; Judith 8,28; Judith 8,29; Judith 8,29; Judith 8,29; Judith 8,35; Judith 9,4; Judith 9,6; Judith 9,6; Judith 9,8; Judith 9,8; Judith 9,8; Judith 9,8; Judith 9,9; Judith 9,11; Judith 9,11; Judith 9,12; Judith 9,13; Judith 9,13; Judith 9,14; Judith 10,8; Judith 10,15; Judith 10,16; Judith 10,16; Judith 11,1; Judith 11,2; Judith 11,5; Judith 11,5; Judith 11,5; Judith 11,6; Judith 11,7; Judith 11,8; Judith 11,8; Judith 11,9; Judith 11,10; Judith 11,16; Judith 11,17; Judith 11,17; Judith 11,18; Judith 11,19; Judith 11,19; Judith 11,23; Judith 11,23; Judith 11,23; Judith 12,3; Judith 12,4; Judith 12,4; Judith 12,6; Judith 13,5; Judith 13,17; Judith 13,19; Judith 13,20; Judith 14,7; Judith 15,10; Judith 16,14; Judith 16,14; Judith 16,14; Judith 16,15; Tob. 2,14; Tob. 2,14; Tob. 3,2; Tob. 3,2; Tob. 3,3; Tob. 3,4; Tob. 3,5; Tob. 3,5; Tob. 3,6; Tob. 3,6; Tob. 3,8; Tob. 3,9; Tob. 3,11; Tob. 3,11; Tob. 4,3; Tob. 4,3; Tob. 4,5; Tob. 4,6; Tob. 4,6; Tob. 4,7; Tob. 4,7; Tob. 4,12; Tob. 4,12; Tob. 4,13; Tob. 4,13; Tob. 4,13; Tob. 4,13; Tob. 4,14; Tob. 4,14; Tob. 4,15; Tob. 4,16; Tob. 4,16; Tob. 4,16; Tob. 4,17; Tob. 4,19; Tob. 4,19; Tob. 5,12; Tob. 5,12; Tob. 5,13; Tob. 5,14; Tob. 5,14; Tob. 5,21; Tob. 6,16; Tob. 6,16; Tob. 7,13; Tob. 7,17; Tob. 8,5; Tob. 8,5; Tob. 8,15; Tob. 8,15; Tob. 8,15; Tob. 8,15; Tob. 8,16; Tob. 10,9; Tob. 10,12; Tob. 10,12; Tob. 10,13; Tob. 11,2; Tob. 11,3; Tob. 11,6; Tob. 11,7; Tob. 11,14; Tob. 11,14; Tob. 11,17; Tob. 11,17; Tob. 12,12; Tob. 12,13; Tob. 12,14; Tob. 13,10; Tob. 13,15; Tob. 13,16; Tob. 13,16; Tob. 13,17; Tob. 14,3; Tob. 14,9; 1Mac. 2,18; 1Mac. 2,18; 1Mac. 3,51; 1Mac. 3,51; 1Mac. 4,30; 1Mac. 4,31; 1Mac. 4,33; 1Mac. 5,17; 1Mac. 5,48; 1Mac. 6,23; 1Mac. 7,6; 1Mac. 7,17; 1Mac. 7,37; 1Mac. 7,37; 1Mac. 7,41; 1Mac. 7,42; 1Mac. 8,31; 1Mac. 9,29; 1Mac. 10,20; 1Mac. 10,54; 1Mac. 10,54; 1Mac. 10,55; 1Mac. 10,71; 1Mac. 10,72; 1Mac. 11,9; 1Mac. 11,42; 1Mac. 11,42; 1Mac. 13,8; 1Mac. 13,15; 1Mac. 13,46; 1Mac. 15,6; 1Mac. 15,9; 2Mac. 1,26; 2Mac. 1,26; 2Mac. 1,29; 2Mac. 1,29; 2Mac. 7,17; 2Mac. 7,29; 2Mac. 15,22; 2Mac. 15,24; 2Mac. 15,24; 3Mac. 2,6; 3Mac. 2,6; 3Mac. 2,9; 3Mac. 2,14; 3Mac. 2,15; 3Mac. 2,16; 3Mac. 2,16; 3Mac. 2,19; 3Mac. 2,20; 3Mac. 6,3; 3Mac. 6,5; 3Mac. 6,11; 3Mac. 6,15; 4Mac. 2,5; 4Mac. 5,7; 4Mac. 5,11; 4Mac. 5,37; 4Mac. 6,28; 4Mac. 7,9; 4Mac. 9,4; 4Mac. 9,30; 4Mac. 10,13; 4Mac. 11,24; 4Mac. 11,25; 4Mac. 11,26; 4Mac. 11,26; 4Mac. 12,3; 4Mac. 17,6; 4Mac. 17,7; 4Mac. 17,19; Psa. 2,8; Psa. 2,8; Psa. 3,9; Psa. 3,9; Psa. 4,7; Psa. 5,6; Psa. 5,8; Psa. 5,8; Psa. 5,8; Psa. 5,8; Psa. 5,9; Psa. 5,9; Psa. 5,12; Psa. 6,2; Psa. 6,2; Psa. 6,5; Psa. 6,6; Psa. 7,7; Psa. 8,2; Psa. 8,2; Psa. 8,3; Psa. 8,4; Psa. 8,7; Psa. 8,10; Psa. 9,2; Psa. 9,3; Psa. 9,4; Psa. 9,11; Psa. 9,15; Psa. 9,15; Psa. 9,20; Psa. 9,26; Psa. 9,33; Psa. 9,35; Psa. 9,38; Psa. 11,9; Psa. 12,2; Psa. 12,6; Psa. 12,6; Psa. 14,1; Psa. 14,1; Psa. 15,10; Psa. 15,11; Psa. 15,11; Psa. 16,2; Psa. 16,4; Psa. 16,5; Psa. 16,6; Psa. 16,7; Psa. 16,7; Psa. 16,8; Psa. 16,13; Psa. 16,13; Psa. 16,14; Psa. 16,15; Psa. 16,15; Psa. 17,16; Psa. 17,16; Psa. 17,36; Psa. 17,36; Psa. 17,36; Psa. 17,50; Psa. 18,12; Psa. 18,14; Psa. 18,15; Psa. 19,2; Psa. 19,2; Psa. 19,3; Psa. 19,4; Psa. 19,4; Psa. 19,5; Psa. 19,5; Psa. 19,6; Psa. 19,6; Psa. 19,10; Psa. 20,2; Psa. 20,2; Psa. 20,6; Psa. 20,7; Psa. 20,9; Psa. 20,9; Psa. 20,9; Psa. 20,10; Psa. 20,13; Psa. 20,14; Psa. 20,14; Psa. 21,23; Psa. 21,28; Psa. 22,4; Psa. 22,4; Psa. 22,5; Psa. 22,6; Psa. 24,4; Psa. 24,4; Psa. 24,5; Psa. 24,6; Psa. 24,6; Psa. 24,7; Psa. 24,7; Psa. 24,11; Psa. 25,3; Psa. 25,3; Psa. 25,6; Psa. 25,7; Psa. 25,8; Psa. 25,8; Psa. 26,8; Psa. 26,9; Psa. 26,9; Psa. 26,11; Psa. 26,14; Psa. 27,2; Psa. 27,9; Psa. 27,9; Psa. 29,8; Psa. 29,8; Psa. 29,10; Psa. 30,2; Psa. 30,3; Psa. 30,4; Psa. 30,6; Psa. 30,8; Psa. 30,16; Psa. 30,17; Psa. 30,17; Psa. 30,17; Psa. 30,20; Psa. 30,21; Psa. 30,23; Psa. 31,4; Psa. 32,22; Psa. 33,14; Psa. 33,14; Psa. 34,3; Psa. 34,24; Psa. 34,28; Psa. 34,28; Psa. 35,6; Psa. 35,6; Psa. 35,7; Psa. 35,7; Psa. 35,8; Psa. 35,8; Psa. 35,9; Psa. 35,9; Psa. 35,10; Psa. 35,11; Psa. 35,11; Psa. 36,4; Psa. 36,5; Psa. 36,6; Psa. 36,6; Psa. 37,2; Psa. 37,2; Psa. 37,3; Psa. 37,3; Psa. 37,4; Psa.

37,10; Psa. 38,6; Psa. 38,11; Psa. 38,11; Psa. 39,6; Psa. 39,6; Psa. 39,9; Psa. 39,9; Psa. 39,11; Psa. 39,11; Psa. 39,11; Psa. 39,11; Psa. 39,11; Psa. 39,12; Psa. 39,12; Psa. 39,12; Psa. 39,17; Psa. 40,13; Psa. 41,4; Psa. 41,7; Psa. 41,8; Psa. 41,8; Psa. 41,8; Psa. 41,11; Psa. 42,3; Psa. 42,3; Psa. 42,3; Psa. 42,3; Psa. 43,3; Psa. 43,4; Psa. 43,4; Psa. 43,4; Psa. 43,6; Psa. 43,9; Psa. 43,13; Psa. 43,18; Psa. 43,18; Psa. 43,19; Psa. 43,25; Psa. 43,27; Psa. 44,3; Psa. 44,4; Psa. 44,4; Psa. 44,4; Psa. 44,4; Psa. 44,5; Psa. 44,6; Psa. 44,6; Psa. 44,7; Psa. 44,7; Psa. 44,8; Psa. 44,8; Psa. 44,9; Psa. 44,10; Psa. 44,10; Psa. 44,11; Psa. 44,11; Psa. 44,11; Psa. 44,12; Psa. 44,12; Psa. 44,13; Psa. 44,17; Psa. 44,18; Psa. 47,10; Psa. 47,10; Psa. 47,11; Psa. 47,11; Psa. 47,11; Psa. 47,12; Psa. 49,8; Psa. 49,8; Psa. 49,9; Psa. 49,9; Psa. 49,14; Psa. 49,16; Psa. 49,18; Psa. 49,19; Psa. 49,19; Psa. 49,20; Psa. 49,20; Psa. 49,21; Psa. 50,3; Psa. 50,3; Psa. 50,6; Psa. 50,6; Psa. 50,8; Psa. 50,11; Psa. 50,13; Psa. 50,13; Psa. 50,14; Psa. 50,15; Psa. 50,16; Psa. 50,17; Psa. 50,20; Psa. 50,21; Psa. 51,4; Psa. 51,7; Psa. 51,11; Psa. 51,11; Psa. 53,3; Psa. 53,3; Psa. 53,7; Psa. 53,8; Psa. 54,23; Psa. 55,9; Psa. 55,9; Psa. 56,2; Psa. 56,6; Psa. 56,11; Psa. 56,11; Psa. 56,12; Psa. 58,12; Psa. 58,17; Psa. 58,17; Psa. 59,5; Psa. 59,7; Psa. 59,7; Psa. 60,5; Psa. 60,5; Psa. 60,6; Psa. 60,9; Psa. 62,3; Psa. 62,3; Psa. 62,4; Psa. 62,5; Psa. 62,7; Psa. 62,8; Psa. 62,9; Psa. 62,9; Psa. 64,5; Psa. 64,5; Psa. 64,5; Psa. 64,9; Psa. 64,10; Psa. 64,12; Psa. 64,12; Psa. 65,3; Psa. 65,3; Psa. 65,3; Psa. 65,4; Psa. 65,13; Psa. 66,3; Psa. 66,3; Psa. 67,8; Psa. 67,10; Psa. 67,11; Psa. 67,11; Psa. 67,24; Psa. 67,24; Psa. 67,25; Psa. 67,29; Psa. 67,30; Psa. 68,10; Psa. 68,14; Psa. 68,14; Psa. 68,17; Psa. 68,17; Psa. 68,18; Psa. 68,18; Psa. 68,20; Psa. 68,25; Psa. 68,25; Psa. 68,27; Psa. 68,28; Psa. 68,30; Psa. 69,5; Psa. 70,2; Psa. 70,2; Psa. 70,8; Psa. 70,8; Psa. 70,14; Psa. 70,15; Psa. 70,15; Psa. 70,16; Psa. 70,17; Psa. 70,18; Psa. 70,18; Psa. 70,18; Psa. 70,21; Psa. 70,22; Psa. 70,24; Psa. 71,1; Psa. 71,1; Psa. 71,2; Psa. 71,2; Psa. 71,3; Psa. 72,15; Psa. 72,20; Psa. 72,24; Psa. 72,28; Psa. 73,1; Psa. 73,1; Psa. 73,2; Psa. 73,2; Psa. 73,3; Psa. 73,3; Psa. 73,4; Psa. 73,7; Psa. 73,7; Psa. 73,10; Psa. 73,11; Psa. 73,11; Psa. 73,11; Psa. 73,13; Psa. 73,18; Psa. 73,19; Psa. 73,20; Psa. 73,21; Psa. 73,22; Psa. 73,22; Psa. 73,23; Psa. 74,2; Psa. 74,3; Psa. 75,7; Psa. 75,8; Psa. 76,12; Psa. 76,13; Psa. 76,13; Psa. 76,14; Psa. 76,15; Psa. 76,16; Psa. 76,16; Psa. 76,18; Psa. 76,19; Psa. 76,19; Psa. 76,20; Psa. 76,20; Psa. 76,20; Psa. 76,21; Psa. 78,1; Psa. 78,1; Psa. 78,2; Psa. 78,2; Psa. 78,5; Psa. 78,6; Psa. 78,6; Psa. 78,8; Psa. 78,9; Psa. 78,9; Psa. 78,10; Psa. 78,11; Psa. 78,11; Psa. 78,13; Psa. 78,13; Psa. 78,13; Psa. 79,3; Psa. 79,4; Psa. 79,5; Psa. 79,8; Psa. 79,16; Psa. 79,17; Psa. 79,18; Psa. 79,18; Psa. 79,19; Psa. 79,20; Psa. 80,8; Psa. 80,11; Psa. 80,11; Psa. 82,3; Psa. 82,4; Psa. 82,4; Psa. 82,16; Psa. 82,16; Psa. 82,17; Psa. 83,2; Psa. 83,4; Psa. 83,5; Psa. 83,10; Psa. 83,11; Psa. 84,2; Psa. 84,3; Psa. 84,4; Psa. 84,4; Psa. 84,5; Psa. 84,6; Psa. 84,7; Psa. 84,8; Psa. 84,8; Psa. 85,1; Psa. 85,2; Psa. 85,4; Psa. 85,8; Psa. 85,9; Psa. 85,9; Psa. 85,11; Psa. 85,11; Psa. 85,11; Psa. 85,12; Psa. 85,13; Psa. 85,16; Psa. 85,16; Psa. 85,16; Psa. 87,2; Psa. 87,3; Psa. 87,3; Psa. 87,6; Psa. 87,8; Psa. 87,8; Psa. 87,12; Psa. 87,12; Psa. 87,13; Psa. 87,13; Psa. 87,15; Psa. 87,17; Psa. 87,17; Psa. 88,2; Psa. 88,2; Psa. 88,3; Psa. 88,5; Psa. 88,5; Psa. 88,6; Psa. 88,6; Psa. 88,9; Psa. 88,9; Psa. 88,11; Psa. 88,11; Psa. 88,13; Psa. 88,14; Psa. 88,14; Psa. 88,15; Psa. 88,15; Psa. 88,16; Psa. 88,17; Psa. 88,17; Psa. 88,18; Psa. 88,20; Psa. 88,39; Psa. 88,40; Psa. 88,47; Psa. 88,50; Psa. 88,50; Psa. 88,51; Psa. 88,52; Psa. 88,52; Psa. 89,4; Psa. 89,7; Psa. 89,7; Psa. 89,8; Psa. 89,8; Psa. 89,9; Psa. 89,11; Psa. 89,11; Psa. 89,11; Psa. 89,12; Psa. 89,13; Psa. 89,14; Psa. 89,16; Psa. 89,16; Psa. 90,7; Psa. 90,7; Psa. 90,8; Psa. 90,9; Psa. 90,10; Psa. 90,11; Psa. 90,12; Psa. 91,2; Psa. 91,3; Psa. 91,3; Psa. 91,5; Psa. 91,5; Psa. 91,6; Psa. 91,6; Psa. 91,10; Psa. 92,2; Psa. 92,5; Psa. 92,5; Psa. 93,5; Psa. 93,5; Psa. 93,12; Psa. 93,18; Psa. 93,19; Psa. 96,8; Psa. 98,3; Psa. 101,3; Psa. 101,3; Psa. 101,11; Psa. 101,11; Psa. 101,13; Psa. 101,15; Psa. 101,16; Psa. 101,25; Psa. 101,28; Psa. 101,29; Psa. 102,3; Psa. 102,3; Psa. 102,4; Psa. 102,5; Psa. 102,5; Psa. 103,7; Psa. 103,7; Psa. 103,13; Psa. 103,24; Psa. 103,24; Psa. 103,28; Psa. 103,28; Psa. 103,29; Psa. 103,30; Psa. 105,4; Psa. 105,4; Psa. 105,5; Psa. 105,5; Psa. 105,5; Psa. 105,7; Psa. 105,7; Psa. 105,47; Psa. 105,47; Psa. 107,5; Psa. 107,5; Psa. 107,6; Psa. 107,7; Psa. 107,7; Psa. 108,21; Psa. 108,21; Psa. 108,26; Psa. 108,27; Psa. 108,28; Psa. 109,1; Psa. 109,1; Psa. 109,2; Psa. 109,2; Psa. 109,3; Psa. 109,5; Psa. 113,9; Psa. 113,9; Psa. 113,9; Psa. 114,7; Psa. 115,7; Psa. 115,10; Psa. 118,4; Psa. 118,5; Psa. 118,6; Psa. 118,7; Psa. 118,8; Psa. 118,9; Psa. 118,10; Psa. 118,11; Psa. 118,12; Psa. 118,13; Psa. 118,14; Psa. 118,15; Psa. 118,15; Psa. 118,16; Psa. 118,16; Psa. 118,17; Psa. 118,17; Psa. 118,18; Psa. 118,18; Psa. 118,19; Psa. 118,20; Psa. 118,21; Psa. 118,22; Psa. 118,23; Psa. 118,23; Psa. 118,24; Psa. 118,24; Psa. 118,25; Psa. 118,26; Psa. 118,27; Psa. 118,27; Psa. 118,28; Psa. 118,29; Psa. 118,30; Psa. 118,31; Psa. 118,32; Psa. 118,33; Psa. 118,34; Psa. 118,35; Psa. 118,36; Psa. 118,37; Psa. 118,38; Psa. 118,38; Psa. 118,38; Psa. 118,39; Psa. 118,40; Psa. 118,40; Psa. 118,41; Psa. 118,41; Psa. 118,41; Psa. 118,42; Psa. 118,43; Psa. 118,44; Psa. 118,45; Psa. 118,46; Psa. 118,47; Psa. 118,48; Psa. 118,48; Psa. 118,49; Psa. 118,49; Psa. 118,50; Psa. 118,51; Psa. 118,52; Psa. 118,53; Psa. 118,54; Psa. 118,55; Psa. 118,55; Psa. 118,56; Psa. 118,57; Psa. 118,58; Psa. 118,58; Psa. 118,59; Psa. 118,59; Psa. 118,60; Psa. 118,61; Psa. 118,62; Psa. 118,63; Psa. 118,64; Psa. 118,64; Psa. 118,65; Psa. 118,65; Psa. 118,66; Psa. 118,67; Psa. 118,68; Psa. 118,68; Psa. 118,69; Psa. 118,70; Psa. 118,71; Psa. 118,72; Psa. 118,73; Psa. 118,73; Psa. 118,74; Psa. 118,75; Psa. 118,76; Psa. 118,76; Psa. 118,76; Psa. 118,77; Psa. 118,77; Psa. 118,78; Psa. 118,79; Psa. 118,80; Psa. 118,81; Psa. 118,81; Psa. 118,82; Psa. 118,83; Psa. 118,84; Psa. 118,85; Psa. 118,86; Psa. 118,87; Psa. 118,88; Psa. 118,88; Psa. 118,89; Psa. 118,90; Psa. 118,91; Psa. 118,92; Psa. 118,93; Psa. 118,94; Psa. 118,95; Psa. 118,96; Psa. 118,97; Psa. 118,98; Psa. 118,99; Psa. 118,100; Psa. 118,101; Psa. 118,102; Psa. 118,103; Psa. 118,104; Psa. 118,105; Psa. 118,106; Psa. 118,107; Psa. 118,108; Psa. 118,109; Psa. 118,110; Psa. 118,111; Psa. 118,112; Psa. 118,113; Psa. 118,114; Psa. 118,116; Psa. 118,117; Psa. 118,118; Psa. 118,119; Psa. 118,120; Psa. 118,120; Psa. 118,122; Psa. 118,123; Psa. 118,123; Psa. 118,124; Psa. 118,124; Psa. 118,124; Psa. 118,125; Psa. 118,126; Psa. 118,127; Psa. 118,128; Psa. 118,129; Psa. 118,130; Psa. 118,131; Psa. 118,132; Psa. 118,133; Psa. 118,134; Psa. 118,135; Psa. 118,135; Psa. 118,135; Psa. 118,136; Psa. 118,137; Psa. 118,138; Psa. 118,139; Psa. 118,139; Psa. 118,140; Psa. 118,140; Psa. 118,141; Psa. 118,142; Psa. 118,142; Psa. 118,143; Psa. 118,144; Psa. 118,145; Psa. 118,146; Psa. 118,147; Psa. 118,148; Psa. 118,149; Psa. 118,149; Psa. 118,150; Psa. 118,151; Psa. 118,152; Psa. 118,153; Psa. 118,154; Psa. 118,155; Psa. 118,156; Psa. 118,156; Psa. 118,157; Psa. 118,158; Psa. 118,159; Psa. 118,159; Psa. 118,160; Psa. 118,160; Psa. 118,161; Psa. 118,162; Psa. 118,163; Psa. 118,164; Psa. 118,165; Psa. 118,166; Psa. 118,166; Psa. 118,167; Psa. 118,168; Psa. 118,168; Psa. 118,168; Psa. 118,169; Psa. 118,169; Psa. 118,170; Psa. 118,170; Psa. 118,171; Psa. 118,172; Psa. 118,172; Psa. 118,173; Psa. 118,173; Psa. 118,174; Psa. 118,174; Psa. 118,175; Psa. 118,176; Psa. 118,176; Psa. 120,3; Psa. 120,5; Psa. 120,5; Psa. 120,7; Psa. 120,8; Psa. 120,8; Psa. 121,2; Psa. 121,7; Psa. 121,7; Psa. 127,2; Psa. 127,3; Psa. 127,3; Psa. 127,3; Psa. 127,3; Psa. 127,5; Psa. 127,6; Psa. 129,2; Psa. 129,5; Psa. 129,5; Psa. 131,8; Psa. 131,8;

σύ

Psa. 131,9; Psa. 131,9; Psa. 131,10; Psa. 131,10; Psa. 131,11; Psa. 131,11; Psa. 131,12; Psa. 131,12; Psa. 134,9; Psa. 134,13; Psa. 134,13; Psa. 136,5; Psa. 136,6; Psa. 136,8; Psa. 136,9; Psa. 137,2; Psa. 137,2; Psa. 137,2; Psa. 137,2; Psa. 137,2; Psa. 137,4; Psa. 137,7; Psa. 137,7; Psa. 137,8; Psa. 137,8; Psa. 138,5; Psa. 138,6; Psa. 138,7; Psa. 138,7; Psa. 138,10; Psa. 138,10; Psa. 138,14; Psa. 138,16; Psa. 138,16; Psa. 138,17; Psa. 138,20; Psa. 138,21; Psa. 139,14; Psa. 139,14; Psa. 140,2; Psa. 141,8; Psa. 142,1; Psa. 142,1; Psa. 142,2; Psa. 142,2; Psa. 142,5; Psa. 142,5; Psa. 142,7; Psa. 142,8; Psa. 142,10; Psa. 142,10; Psa. 142,11; Psa. 142,11; Psa. 142,12; Psa. 143,5; Psa. 143,6; Psa. 143,7; Psa. 144,1; Psa. 144,2; Psa. 144,4; Psa. 144,4; Psa. 144,5; Psa. 144,5; Psa. 144,6; Psa. 144,6; Psa. 144,7; Psa. 144,7; Psa. 144,10; Psa. 144,10; Psa. 144,11; Psa. 144,11; Psa. 144,12; Psa. 144,12; Psa. 144,13; Psa. 144,13; Psa. 144,16; Psa. 145,10; Psa. 147,1; Psa. 147,2; Psa. 147,2; Psa. 147,3; Ode. 1,6; Ode. 1,6; Ode. 1,7; Ode. 1,7; Ode. 1,8; Ode. 1,10; Ode. 1,12; Ode. 1,13; Ode. 1,13; Ode. 1,13; Ode. 1,13; Ode. 1,16; Ode. 1,16; Ode. 1,16; Ode. 1,17; Ode. 1,17; Ode. 1,17; Ode. 2,6; Ode. 2,7; Ode. 2,7; Ode. 3,1; Ode. 4,2; Ode. 4,2; Ode. 4,8; Ode. 4,8; Ode. 4,8; Ode. 4,8; Ode. 4,9; Ode. 4,11; Ode. 4,11; Ode. 4,12; Ode. 4,13; Ode. 4,13; Ode. 4,15; Ode. 5,9; Ode. 5,11; Ode. 5,13; Ode. 5,16; Ode. 5,16; Ode. 5,17; Ode. 5,18; Ode. 5,18; Ode. 5,20; Ode. 5,20; Ode. 6,4; Ode. 6,4; Ode. 6,5; Ode. 6,5; Ode. 6,8; Ode. 7,26; Ode. 7,27; Ode. 7,27; Ode. 7,27; Ode. 7,29; Ode. 7,33; Ode. 7,34; Ode. 7,34; Ode. 7,35; Ode. 7,35; Ode. 7,35; Ode. 7,38; Ode. 7,40; Ode. 7,40; Ode. 7,41; Ode. 7,42; Ode. 7,42; Ode. 7,43; Ode. 7,43; Ode. 7,44; Ode. 8,52; Ode. 8,53; Ode. 8,55; Ode. 11,18; Ode. 11,19; Ode. 12,3; Ode. 12,3; Ode. 12,4; Ode. 12,5; Ode. 12,5; Ode. 12,6; Ode. 12,10; Ode. 12,10; Ode. 12,13; Ode. 12,14; Ode. 12,14; Ode. 13,29; Ode. 13,29; Ode. 13,30; Ode. 13,32; Ode. 14,9; Ode. 14,30; Ode. 14,35; Ode. 14,36; Ode. 14,37; Ode. 14,38; Ode. 14,43; Ode. 14,45; Ode. 14,46; Prov. 1,8; Prov. 1,8; Prov. 1,15; Prov. 2,2; Prov. 2,2; Prov. 2,2; Prov. 2,3; Prov. 3,6; Prov. 3,6; Prov. 3,6; Prov. 3,8; Prov. 3,8; Prov. 3,10; Prov. 3,10; Prov. 3,22; Prov. 3,22a; Prov. 3,23; Prov. 3,23; Prov. 3,26; Prov. 3,27; Prov. 3,28; Prov. 4,6; Prov. 4,9; Prov. 4,10; Prov. 4,12; Prov. 4,13; Prov. 4,21; Prov. 4,25; Prov. 4,25; Prov. 4,26; Prov. 4,27b; Prov. 4,27b; Prov. 5,9; Prov. 5,11; Prov. 5,18; Prov. 5,18; Prov. 5,19; Prov. 6,3; Prov. 6,11a; Prov. 6,20; Prov. 6,20; Prov. 7,3; Prov. 7,25; Prov. 9,11; Prov. 19,18; Prov. 19,18; Prov. 19,20; Prov. 19,20; Prov. 20,13; Prov. 22,18; Prov. 22,19; Prov. 22,20; Prov. 22,27; Prov. 22,28; Prov. 23,2; Prov. 23,8; Prov. 23,8; Prov. 23,9; Prov. 23,12; Prov. 23,12; Prov. 23,15; Prov. 23,17; Prov. 23,18; Prov. 23,22; Prov. 23,31; Prov. 23,33; Prov. 23,33; Prov. 24,13; Prov. 24,14; Prov. 24,17; Prov. 25,7; Prov. 25,10; Prov. 25,10a; Prov. 25,17; Prov. 25,21; Prov. 26,25; Prov. 27,10; Prov. 27,23; Prov. 27,23; Prov. 27,27; Prov. 29,17; Prov. 29,17; Prov. 24,27; Prov. 24,27; Prov. 24,34; Prov. 24,34; Prov. 30,32; Eccl. 4,17; Eccl. 4,17; Eccl. 5,1; Eccl. 5,1; Eccl. 5,1; Eccl. 5,5; Eccl. 5,5; Eccl. 5,5; Eccl. 5,5; Eccl. 7,9; Eccl. 7,17; Eccl. 7,18; Eccl. 7,21; Eccl. 7,21; Eccl. 7,22; Eccl. 9,7; Eccl. 9,7; Eccl. 9,7; Eccl. 9,8; Eccl. 9,8; Eccl. 9,9; Eccl. 9,9; Eccl. 9,9; Eccl. 9,9; Eccl. 9,9; Eccl. 9,10; Eccl. 9,10; Eccl. 10,4; Eccl. 10,16; Eccl. 10,16; Eccl. 10,17; Eccl. 10,17; Eccl. 10,20; Eccl. 10,20; Eccl. 11,1; Eccl. 11,6; Eccl. 11,6; Eccl. 11,9; Eccl. 11,9; Eccl. 11,9; Eccl. 11,9; Eccl. 11,9; Eccl. 11,10; Eccl. 11,10; Eccl. 12,1; Song 1,2; Song 1,3; Song 1,3; Song 1,4; Song 1,4; Song 1,4; Song 1,7; Song 1,8; Song 1,10; Song 1,10; Song 1,15; Song 2,14; Song 2,14; Song 2,14; Song 2,14; Song 4,1; Song 4,1; Song 4,1; Song 4,2; Song 4,3; Song 4,3; Song 4,3; Song 4,3; Song 4,4; Song 4,5; Song 4,9; Song 4,9; Song 4,10; Song 4,10; Song 4,10; Song 4,11; Song 4,11; Song 4,11; Song 4,13; Song 5,9; Song 5,9; Song 6,1; Song 6,1; Song 6,5; Song 6,5; Song 6,6; Song 6,7; Song 6,7; Song 6,7; Song 6,7; Song 7,2; Song 7,2; Song 7,3; Song 7,3; Song 7,4; Song 7,5; Song 7,5; Song 7,5; Song 7,6; Song 7,6; Song 7,7; Song 7,8; Song 7,8; Song 7,9; Song 7,9; Song 7,10; Song 8,5; Song 8,5; Song 8,6; Song 8,6; Song 8,13; Job 1,8; Job 1,11; Job 1,12; Job 1,18; Job 1,18; Job 1,19; Job 2,5; Job 2,9b; Job 4,2; Job 4,5; Job 4,6; Job 4,6; Job 4,12; Job 5,19; Job 5,24; Job 5,24; Job 5,25; Job 5,25; Job 7,8; Job 7,20; Job 8,2; Job 8,4; Job 8,6; Job 8,7; Job 8,7; Job 10,3; Job 10,5; Job 10,5; Job 10,7; Job 10,8; Job 10,12; Job 11,13; Job 11,14; Job 11,14; Job 11,15; Job 11,17; Job 11,19; Job 13,20; Job 13,21; Job 14,3; Job 14,13; Job 14,15; Job 15,5; Job 15,6; Job 15,6; Job 15,10; Job 15,12; Job 15,12; Job 18,3; Job 21,14; Job 22,3; Job 22,4; Job 22,6; Job 22,21; Job 22,22; Job 22,23; Job 22,25; Job 22,27; Job 22,27; Job 22,28; Job 22,30; Job 33,8; Job 35,4; Job 35,7; Job 35,8; Job 35,8; Job 35,8; Job 36,16; Job 36,28b; Job 36,28b; Job 38,3; Job 38,11; Job 38,21; Job 38,34; Job 39,9; Job 39,10; Job 39,11; Job 39,12; Job 40,7; Job 40,14; Job 42,5; Job 42,7; Wis. 9,1; Wis. 9,2; Wis. 9,4; Wis. 9,5; Wis. 9,7; Wis. 9,7; Wis. 9,8; Wis. 9,8; Wis. 9,9; Wis. 9,9; Wis. 9,9; Wis. 9,10; Wis. 9,12; Wis. 9,17; Wis. 9,17; Wis. 9,18; Wis. 10,20; Wis. 10,20; Wis. 11,17; Wis. 11,20; Wis. 11,21; Wis. 11,22; Wis. 12,1; Wis. 12,3; Wis. 12,8; Wis. 12,12; Wis. 12,16; Wis. 12,19; Wis. 12,19; Wis. 12,20; Wis. 12,21; Wis. 12,22; Wis. 14,5; Wis. 15,2; Wis. 15,3; Wis. 15,14; Wis. 16,2; Wis. 16,5; Wis. 16,6; Wis. 16,10; Wis. 16,10; Wis. 16,11; Wis. 16,16; Wis. 16,20; Wis. 16,21; Wis. 16,25; Wis. 16,26; Wis. 16,26; Wis. 16,28; Wis. 17,1; Wis. 18,1; Wis. 18,4; Wis. 18,7; Wis. 18,15; Wis. 18,15; Wis. 18,24; Wis. 19,5; Wis. 19,22; Sir. 1,29; Sir. 1,30; Sir. 1,30; Sir. 1,30; Sir. 2,1; Sir. 2,2; Sir. 2,3; Sir. 2,4; Sir. 2,6; Sir. 2,6; Sir. 3,8; Sir. 3,10; Sir. 3,12; Sir. 3,13; Sir. 3,15; Sir. 3,15; Sir. 3,15; Sir. 3,17; Sir. 3,21; Sir. 3,21; Sir. 3,23; Sir. 4,4; Sir. 4,7; Sir. 4,8; Sir. 4,10; Sir. 4,20; Sir. 4,22; Sir. 4,22; Sir. 4,25; Sir. 4,26; Sir. 4,29; Sir. 4,29; Sir. 4,30; Sir. 4,30; Sir. 4,31; Sir. 5,1; Sir. 5,2; Sir. 5,2; Sir. 5,2; Sir. 5,10; Sir. 5,10; Sir. 5,11; Sir. 5,12; Sir. 5,12; Sir. 5,14; Sir. 6,2; Sir. 6,2; Sir. 6,3; Sir. 6,3; Sir. 6,6; Sir. 6,8; Sir. 6,9; Sir. 6,10; Sir. 6,11; Sir. 6,11; Sir. 6,12; Sir. 6,13; Sir. 6,13; Sir. 6,18; Sir. 6,24; Sir. 6,24; Sir. 6,25; Sir. 6,26; Sir. 6,26; Sir. 6,32; Sir. 6,33; Sir. 6,36; Sir. 6,37; Sir. 7,6; Sir. 7,10; Sir. 7,12; Sir. 7,14; Sir. 7,17; Sir. 7,21; Sir. 7,24; Sir. 7,27; Sir. 7,27; Sir. 7,29; Sir. 7,32; Sir. 7,32; Sir. 7,36; Sir. 7,36; Sir. 8,2; Sir. 8,4; Sir. 8,11; Sir. 8,12; Sir. 8,13; Sir. 9,1; Sir. 9,2; Sir. 9,2; Sir. 9,6; Sir. 9,6; Sir. 9,9; Sir. 9,9; Sir. 9,13; Sir. 9,14; Sir. 9,15; Sir. 9,15; Sir. 9,16; Sir. 9,16; Sir. 10,26; Sir. 10,26; Sir. 10,28; Sir. 11,10; Sir. 11,20; Sir. 11,20; Sir. 11,21; Sir. 11,29; Sir. 11,34; Sir. 12,1; Sir. 12,10; Sir. 12,11; Sir. 12,12; Sir. 12,12; Sir. 12,12; Sir. 12,17; Sir. 12,17; Sir. 13,2; Sir. 13,6; Sir. 13,6; Sir. 13,7; Sir. 13,8; Sir. 13,13; Sir. 14,13; Sir. 14,15; Sir. 14,15; Sir. 14,16; Sir. 15,16; Sir. 16,24; Sir. 18,30; Sir. 18,30; Sir. 18,31; Sir. 18,31; Sir. 19,9; Sir. 19,17; Sir. 21,1; Sir. 23,9; Sir. 23,13; Sir. 23,14; Sir. 23,14; Sir. 23,14; Sir. 25,3; Sir. 25,26; Sir. 25,26; Sir. 27,19; Sir. 27,23; Sir. 27,23; Sir. 27,23; Sir. 28,2; Sir. 28,2; Sir. 28,2; Sir. 28,12; Sir. 28,24; Sir. 28,24; Sir. 28,25; Sir. 28,25; Sir. 29,3; Sir. 29,11; Sir. 29,12; Sir. 29,20; Sir. 29,26; Sir. 30,10; Sir. 30,13; Sir. 30,21; Sir. 30,23; Sir. 30,23; Sir. 31,12; Sir. 31,18; Sir. 31,22; Sir. 32,2; Sir. 32,7; Sir. 32,12; Sir. 32,22; Sir. 32,23; Sir. 33,20; Sir. 33,20; Sir. 33,22; Sir. 33,22; Sir. 33,23; Sir. 33,23; Sir. 33,24; Sir. 33,32; Sir. 34,6; Sir. 35,7; Sir. 35,8; Sir. 36,1; Sir. 36,2; Sir. 36,2; Sir. 36,7; Sir. 36,8; Sir. 36,11; Sir. 36,12; Sir. 36,12; Sir. 36,13; Sir. 36,13; Sir. 36,13; Sir. 36,14; Sir. 36,14; Sir. 36,15; Sir. 36,16; Sir. 36,16; Sir. 37,6; Sir. 37,6; Sir. 37,8; Sir. 37,9; Sir. 37,12; Sir. 37,15; Sir. 37,27; Sir. 37,27; Sir. 38,9; Sir. 38,12; Sir. 38,20; Sir. 41,1; Sir. 41,2; Sir. 41,3; Sir. 45,16; Sir. 45,22; Sir. 47,14; Sir. 47,15; Sir. 47,16; Sir. 47,16; Sir. 47,19; Sir. 47,19; Sir. 47,20; Sir. 47,20; Sir. 47,20; Sir. 47,20; Sir.

Σ, σ

48,4; Sir. 51,1; Sir. 51,3; Sir. 51,8; Sir. 51,8; Sir. 51,10; Sol. 2,2; Sol. 2,10; Sol. 2,13; Sol. 2,15; Sol. 2,15; Sol. 2,17; Sol. 2,22; Sol. 2,23; Sol. 4,1; Sol. 4,14; Sol. 4,25; Sol. 5,1; Sol. 5,1; Sol. 5,4; Sol. 5,6; Sol. 5,12; Sol. 5,14; Sol. 5,15; Sol. 5,18; Sol. 5,18; Sol. 7,2; Sol. 7,3; Sol. 7,6; Sol. 7,9; Sol. 7,9; Sol. 7,10; Sol. 8,16; Sol. 8,25; Sol. 8,25; Sol. 8,25; Sol. 8,26; Sol. 8,27; Sol. 8,28; Sol. 8,32; Sol. 8,32; Sol. 9,2; Sol. 9,3; Sol. 9,3; Sol. 9,3; Sol. 9,3; Sol. 9,4; Sol. 9,7; Sol. 9,8; Sol. 9,9; Sol. 11,2; Sol. 11,7; Sol. 11,7; Sol. 15,2; Sol. 16,6; Sol. 16,6; Sol. 16,9; Sol. 16,9; Sol. 16,14; Sol. 17,4; Sol. 17,5; Sol. 17,21; Sol. 18,1; Sol. 18,1; Sol. 18,1; Sol. 18,2; Sol. 18,2; Sol. 18,3; Sol. 18,3; Sol. 18,4; Hos. 4,5; Hos. 4,6; Hos. 4,6; Hos. 6,9; Hos. 8,5; Hos. 8,6; Hos. 9,1; Hos. 9,7; Hos. 9,7; Hos. 9,7; Hos. 10,13; Hos. 10,13; Hos. 10,14; Hos. 10,14; Hos. 11,8; Hos. 12,7; Hos. 12,7; Hos. 12,10; Hos. 13,4; Hos. 13,9; Hos. 13,10; Hos. 13,10; Hos. 13,13; Hos. 13,14; Hos. 13,14; Hos. 14,2; Hos. 14,2; Hos. 14,9; Amos 3,11; Amos 3,11; Amos 3,11; Amos 4,10; Amos 4,12; Amos 5,17; Amos 5,23; Amos 5,23; Amos 7,17; Amos 7,17; Amos 7,17; Amos 7,17; Amos 8,14; Amos 8,14; Mic. 1,16; Mic. 1,16; Mic. 4,9; Mic. 4,9; Mic. 4,10; Mic. 4,10; Mic. 4,13; Mic. 4,13; Mic. 5,8; Mic. 5,8; Mic. 5,9; Mic. 5,9; Mic. 5,9; Mic. 5,10; Mic. 5,10; Mic. 5,11; Mic. 5,11; Mic. 5,12; Mic. 5,12; Mic. 5,12; Mic. 5,12; Mic. 5,13; Mic. 5,13; Mic. 5,13; Mic. 6,1; Mic. 6,4; Mic. 6,8; Mic. 6,13; Mic. 7,4; Mic. 7,5; Mic. 7,10; Mic. 7,11; Mic. 7,11; Mic. 7,12; Mic. 7,12; Mic. 7,14; Mic. 7,14; Mic. 7,14; Mic. 7,15; Joel 2,17; Joel 2,17; Obad. 3; Obad. 4; Obad. 7; Obad. 7; Obad. 7; Obad. 7; Obad. 9; Obad. 10; Obad. 12; Obad. 15; Obad. 15; Jonah 1,6; Jonah 1,8; Jonah 2,4; Jonah 2,4; Jonah 2,5; Jonah 2,5; Jonah 2,8; Nah. 1,12; Nah. 1,13; Nah. 1,14; Nah. 1,14; Nah. 1,14; Nah. 2,1; Nah. 2,1; Nah. 2,2; Nah. 2,14; Nah. 2,14; Nah. 2,14; Nah. 2,14; Nah. 3,5; Nah. 3,5; Nah. 3,5; Nah. 3,5; Nah. 3,6; Nah. 3,12; Nah. 3,13; Nah. 3,13; Nah. 3,13; Nah. 3,13; Nah. 3,14; Nah. 3,16; Nah. 3,17; Nah. 3,18; Nah. 3,18; Nah. 3,18; Nah. 3,19; Nah. 3,19; Nah. 3,19; Nah. 3,19; Hab. 2,7; Hab. 2,10; Hab. 2,10; Hab. 2,16; Hab. 3,2; Hab. 3,2; Hab. 3,8; Hab. 3,8; Hab. 3,8; Hab. 3,8; Hab. 3,9; Hab. 3,11; Hab. 3,11; Hab. 3,13; Hab. 3,13; Hab. 3,15; Zeph. 3,11; Zeph. 3,11; Zeph. 3,14; Zeph. 3,15; Zeph. 3,15; Zeph. 3,15; Zeph. 3,16; Zeph. 3,17; Zech. 2,14; Zech. 2,15; Zech. 3,4; Zech. 3,8; Zech. 3,8; Zech. 5,5; Zech. 9,9; Zech. 9,11; Zech. 9,12; Zech. 9,13; Zech. 11,1; Zech. 11,1; Zech. 13,6; Zech. 14,1; Mal. 1,6; Mal. 1,8; Mal. 1,8; Mal. 2,14; Mal. 2,14; Mal. 2,14; Mal. 2,15; Mal. 2,16; Is. 1,22; Is. 1,23; Is. 1,26; Is. 1,26; Is. 3,7; Is. 3,24; Is. 3,25; Is. 6,7; Is. 6,7; Is. 6,7; Is. 7,3; Is. 7,4; Is. 7,11; Is. 7,17; Is. 7,17; Is. 8,8; Is. 8,13; Is. 9,2; Is. 9,2; Is. 10,27; Is. 12,1; Is. 14,3; Is. 14,3; Is. 14,11; Is. 14,11; Is. 14,11; Is. 14,11; Is. 14,13; Is. 14,21; Is. 14,21; Is. 14,30; Is. 14,30; Is. 16,4; Is. 16,6; Is. 16,9; Is. 16,9; Is. 16,10; Is. 16,10; Is. 17,9; Is. 17,10; Is. 17,10; Is. 17,11; Is. 19,12; Is. 20,2; Is. 20,2; Is. 20,2; Is. 22,2; Is. 22,2; Is. 22,3; Is. 22,7; Is. 22,7; Is. 22,17; Is. 22,18; Is. 22,18; Is. 22,18; Is. 22,19; Is. 22,19; Is. 22,21; Is. 22,21; Is. 22,21; Is. 23,10; Is. 23,11; Is. 23,16; Is. 25,1; Is. 25,12; Is. 26,8; Is. 26,9; Is. 26,11; Is. 26,13; Is. 26,16; Is. 26,16; Is. 26,17; Is. 26,17; Is. 26,18; Is. 26,20; Is. 26,20; Is. 28,25; Is. 28,26; Is. 29,4; Is. 29,4; Is. 29,4; Is. 29,4; Is. 30,19; Is. 30,19; Is. 30,20; Is. 30,21; Is. 30,23; Is. 30,23; Is. 30,23; Is. 30,26; Is. 32,5; Is. 33,3; Is. 33,3; Is. 33,20; Is. 33,23; Is. 33,23; Is. 36,11; Is. 37,4; Is. 37,4; Is. 37,4; Is. 37,10; Is. 37,23; Is. 37,23; Is. 37,28; Is. 37,28; Is. 37,28; Is. 37,29; Is. 37,29; Is. 37,29; Is. 37,29; Is. 38,1; Is. 38,3; Is. 38,3; Is. 38,5; Is. 38,5; Is. 38,5; Is. 38,5; Is. 38,8; Is. 38,18; Is. 38,19; Is. 39,4; Is. 39,6; Is. 39,6; Is. 39,7; Is. 40,9; Is. 41,10; Is. 41,11; Is. 41,13; Is. 41,13; Is. 42,6; Is. 43,1; Is. 43,3; Is. 43,3; Is. 43,4; Is. 43,5; Is. 43,23; Is. 43,23; Is. 43,24; Is. 43,24; Is. 43,24; Is. 43,24; Is. 43,25; Is. 43,26; Is. 44,3; Is. 44,3; Is. 44,22; Is. 44,22; Is. 44,27; Is. 45,2; Is. 45,3; Is. 45,4; Is. 45,14; Is. 47,2; Is. 47,3; Is. 47,3; Is. 47,6; Is. 47,7; Is. 47,9; Is. 47,9; Is. 47,10; Is. 47,10; Is. 47,10; Is. 47,12; Is. 47,12; Is. 47,12; Is. 47,13; Is. 47,15; Is. 48,4; Is. 48,4; Is. 48,8; Is. 48,14; Is. 48,17; Is. 48,18; Is. 48,18; Is. 48,19; Is. 48,19; Is. 48,19; Is. 49,8; Is. 49,15; Is. 49,16; Is. 49,18; Is. 49,19; Is. 49,20; Is. 49,20; Is. 49,21; Is. 49,22; Is. 49,22; Is. 49,23; Is. 49,23; Is. 49,23; Is. 49,25; Is. 49,25; Is. 51,9; Is. 51,15; Is. 51,16; Is. 51,18; Is. 51,18; Is. 51,18; Is. 51,20; Is. 51,22; Is. 51,23; Is. 51,23; Is. 52,1; Is. 52,1; Is. 52,2; Is. 52,7; Is. 52,7; Is. 52,14; Is. 52,14; Is. 54,2; Is. 54,2; Is. 54,2; Is. 54,3; Is. 54,4; Is. 54,6; Is. 54,9; Is. 54,10; Is. 54,10; Is. 54,11; Is. 54,11; Is. 54,12; Is. 54,12; Is. 54,12; Is. 54,13; Is. 54,13; Is. 54,17; Is. 55,5; Is. 55,11; Is. 57,6; Is. 57,6; Is. 57,7; Is. 57,8; Is. 57,8; Is. 57,9; Is. 57,9; Is. 57,10; Is. 57,11; Is. 57,12; Is. 57,13; Is. 58,1; Is. 58,5; Is. 58,7; Is. 58,7; Is. 58,7; Is. 58,8; Is. 58,8; Is. 58,8; Is. 58,8; Is. 58,9; Is. 58,9; Is. 58,10; Is. 58,10; Is. 58,10; Is. 58,11; Is. 58,11; Is. 58,11; Is. 58,11; Is. 58,12; Is. 58,12; Is. 58,13; Is. 58,13; Is. 58,13; Is. 58,13; Is. 58,13; Is. 58,14; Is. 59,12; Is. 59,21; Is. 59,21; Is. 59,21; Is. 60,1; Is. 60,3; Is. 60,3; Is. 60,4; Is. 60,4; Is. 60,4; Is. 60,4; Is. 60,9; Is. 60,10; Is. 60,11; Is. 60,17; Is. 60,17; Is. 60,18; Is. 60,18; Is. 60,18; Is. 60,18; Is. 60,19; Is. 60,20; Is. 60,21; Is. 61,5; Is. 62,2; Is. 62,2; Is. 62,2; Is. 62,3; Is. 62,4; Is. 62,4; Is. 62,5; Is. 62,6; Is. 62,8; Is. 62,8; Is. 62,8; Is. 62,8; Is. 63,2; Is. 63,2; Is. 63,14; Is. 63,15; Is. 63,15; Is. 63,15; Is. 63,15; Is. 63,15; Is. 63,16; Is. 63,17; Is. 63,17; Is. 63,17; Is. 63,18; Is. 63,18; Is. 63,19; Is. 64,1; Is. 64,3; Is. 64,4; Is. 64,6; Is. 64,6; Is. 64,6; Is. 64,7; Is. 64,8; Is. 64,9; Jer. 1,9; Jer. 1,17; Jer. 2,2; Jer. 2,2; Jer. 2,16; Jer. 2,17; Jer. 2,19; Jer. 2,19; Jer. 2,19; Jer. 2,19; Jer. 2,20; Jer. 2,20; Jer. 2,22; Jer. 2,23; Jer. 2,25; Jer. 2,25; Jer. 2,28; Jer. 2,28; Jer. 2,28; Jer. 2,28; Jer. 2,33; Jer. 2,33; Jer. 2,34; Jer. 2,36; Jer. 2,37; Jer. 2,37; Jer. 2,37; Jer. 3,2; Jer. 3,2; Jer. 3,2; Jer. 3,4; Jer. 3,13; Jer. 3,13; Jer. 3,13; Jer. 4,14; Jer. 4,14; Jer. 4,18; Jer. 4,18; Jer. 4,18; Jer. 4,18; Jer. 4,30; Jer. 4,30; Jer. 4,30; Jer. 4,30; Jer. 4,31; Jer. 5,3; Jer. 5,7; Jer. 5,14; Jer. 5,18; Jer. 6,2; Jer. 7,29; Jer. 10,17; Jer. 10,18; Jer. 10,19; Jer. 10,19; Jer. 10,25; Jer. 10,25; Jer. 11,13; Jer. 11,13; Jer. 11,15; Jer. 11,16; Jer. 12,3; Jer. 12,6; Jer. 12,6; Jer. 12,6; Jer. 13,1; Jer. 13,4; Jer. 13,20; Jer. 13,20; Jer. 13,22; Jer. 13,22; Jer. 13,22; Jer. 13,22; Jer. 13,25; Jer. 13,26; Jer. 13,26; Jer. 13,26; Jer. 13,27; Jer. 13,27; Jer. 13,27; Jer. 13,27; Jer. 14,9; Jer. 14,19; Jer. 14,20; Jer. 14,21; Jer. 14,21; Jer. 14,21; Jer. 15,13; Jer. 15,13; Jer. 15,13; Jer. 15,13; Jer. 15,14; Jer. 15,16; Jer. 15,16; Jer. 15,16; Jer. 15,17; Jer. 17,16; Jer. 17,19; Jer. 18,20; Jer. 18,20; Jer. 18,23; Jer. 18,23; Jer. 18,23; Jer. 20,3; Jer. 20,4; Jer. 20,4; Jer. 20,6; Jer. 20,6; Jer. 22,2; Jer. 22,2; Jer. 22,7; Jer. 22,15; Jer. 22,17; Jer. 22,17; Jer. 22,17; Jer. 22,20; Jer. 22,20; Jer. 22,21; Jer. 22,21; Jer. 22,21; Jer. 22,22; Jer. 22,22; Jer. 22,25; Jer. 22,26; Jer. 26,11; Jer. 26,12; Jer. 26,12; Jer. 26,14; Jer. 26,15; Jer. 26,16; Jer. 26,27; Jer. 27,31; Jer. 27,31; Jer. 27,32; Jer. 28,13; Jer. 28,13; Jer. 28,23; Jer. 28,36; Jer. 28,36; Jer. 29,6; Jer. 30,5; Jer. 30,10; Jer. 30,10; Jer. 30,15; Jer. 30,21; Jer. 30,32; Jer. 30,32; Jer. 31,2; Jer. 31,7; Jer. 31,18; Jer. 31,27; Jer. 31,32; Jer. 31,32; Jer. 31,32; Jer. 31,33; Jer. 32,28; Jer. 34,2; Jer. 35,6; Jer. 37,12; Jer. 37,13; Jer. 37,14; Jer. 37,14; Jer. 37,14; Jer. 37,14; Jer. 37,16; Jer. 37,16; Jer. 37,16; Jer. 37,17; Jer. 38,4; Jer. 38,16; Jer. 38,16; Jer. 38,16; Jer. 38,21; Jer. 38,21; Jer. 39,7; Jer. 39,17; Jer. 39,17; Jer. 39,19; Jer. 39,21; Jer. 39,23; Jer. 39,23; Jer. 41,3; Jer. 41,3; Jer. 41,5; Jer. 41,5; Jer. 41,14; Jer. 43,14; Jer. 44,18; Jer. 44,20; Jer. 45,10; Jer. 45,17; Jer. 45,17; Jer. 45,20; Jer. 45,22; Jer. 45,22; Jer. 45,23; Jer. 45,23; Jer. 46,18; Jer. 47,2; Jer. 47,4; Jer. 47,4; Jer. 47,5; Jer. 47,14; Jer. 47,15; Jer. 49,2; Jer. 49,2; Jer. 49,2; Jer. 49,3; Jer. 51,16; Jer. 51,35; Bar. 2,11; Bar. 2,12; Bar. 2,13; Bar. 2,15; Bar. 2,16; Bar. 2,16; Bar. 2,17; Bar. 2,19; Bar. 2,20; Bar. 2,20; Bar. 2,20; Bar. 2,24; Bar. 2,24; Bar. 2,24; Bar. 2,26; Bar. 2,27; Bar. 2,27; Bar. 2,28; Bar. 2,28; Bar. 2,28;

σύ

Bar. 3,2; Bar. 3,4; Bar. 3,5; Bar. 3,5; Bar. 3,7; Bar. 3,7; Bar. 3,7; Bar. 4,3; Bar. 4,25; Bar. 4,32; Bar. 4,32; Bar. 4,33; Bar. 4,37; Bar. 5,1; Bar. 5,2; Bar. 5,4; Bar. 5,5; Lam. 1,10; Lam. 1,22; Lam. 2,13; Lam. 2,14; Lam. 2,14; Lam. 2,14; Lam. 2,16; Lam. 2,18; Lam. 2,19; Lam. 2,19; Lam. 2,19; Lam. 2,19; Lam. 2,21; Lam. 3,55; Lam. 3,56; Lam. 3,65; Lam. 4,22; Lam. 4,22; Lam. 4,22; Lam. 5,19; Ezek. 2,1; Ezek. 2,8; Ezek. 3,3; Ezek. 3,3; Ezek. 3,6; Ezek. 3,7; Ezek. 3,8; Ezek. 3,8; Ezek. 3,10; Ezek. 3,10; Ezek. 3,11; Ezek. 3,18; Ezek. 3,19; Ezek. 3,20; Ezek. 3,24; Ezek. 3,26; Ezek. 3,27; Ezek. 4,1; Ezek. 4,3; Ezek. 4,4; Ezek. 4,6; Ezek. 4,7; Ezek. 4,7; Ezek. 4,8; Ezek. 4,8; Ezek. 4,8; Ezek. 4,9; Ezek. 4,10; Ezek. 4,15; Ezek. 5,1; Ezek. 5,1; Ezek. 5,3; Ezek. 5,8; Ezek. 5,9; Ezek. 5,10; Ezek. 5,10; Ezek. 5,11; Ezek. 5,12; Ezek. 5,12; Ezek. 5,12; Ezek. 5,12; Ezek. 5,12; Ezek. 5,12; Ezek. 5,14; Ezek. 5,14; Ezek. 5,15; Ezek. 5,16; Ezek. 6,2; Ezek. 7,5; Ezek. 7,5; Ezek. 7,6; Ezek. 7,6; Ezek. 7,6; Ezek. 7,7; Ezek. 7,7; Ezek. 7,8; Ezek. 7,8; Ezek. 7,8; Ezek. 8,5; Ezek. 9,8; Ezek. 10,2; Ezek. 11,15; Ezek. 11,15; Ezek. 12,3; Ezek. 12,4; Ezek. 12,6; Ezek. 12,18; Ezek. 12,18; Ezek. 13,4; Ezek. 13,17; Ezek. 13,17; Ezek. 16,3; Ezek. 16,3; Ezek. 16,3; Ezek. 16,3; Ezek. 16,4; Ezek. 16,4; Ezek. 16,5; Ezek. 16,6; Ezek. 16,6; Ezek. 16,7; Ezek. 16,7; Ezek. 16,8; Ezek. 16,8; Ezek. 16,9; Ezek. 16,11; Ezek. 16,11; Ezek. 16,12; Ezek. 16,12; Ezek. 16,12; Ezek. 16,13; Ezek. 16,14; Ezek. 16,14; Ezek. 16,15; Ezek. 16,15; Ezek. 16,15; Ezek. 16,16; Ezek. 16,17; Ezek. 16,18; Ezek. 16,20; Ezek. 16,20; Ezek. 16,21; Ezek. 16,22; Ezek. 16,22; Ezek. 16,22; Ezek. 16,23; Ezek. 16,25; Ezek. 16,25; Ezek. 16,25; Ezek. 16,25; Ezek. 16,27; Ezek. 16,27; Ezek. 16,29; Ezek. 16,30; Ezek. 16,31; Ezek. 16,31; Ezek. 16,31; Ezek. 16,33; Ezek. 16,33; Ezek. 16,34; Ezek. 16,36; Ezek. 16,36; Ezek. 16,36; Ezek. 16,36; Ezek. 16,36; Ezek. 16,36; Ezek. 16,37; Ezek. 16,37; Ezek. 16,37; Ezek. 16,39; Ezek. 16,39; Ezek. 16,39; Ezek. 16,39; Ezek. 16,41; Ezek. 16,41; Ezek. 16,43; Ezek. 16,43; Ezek. 16,43; Ezek. 16,43; Ezek. 16,45; Ezek. 16,45; Ezek. 16,46; Ezek. 16,46; Ezek. 16,46; Ezek. 16,46; Ezek. 16,47; Ezek. 16,48; Ezek. 16,48; Ezek. 16,49; Ezek. 16,51; Ezek. 16,51; Ezek. 16,51; Ezek. 16,51; Ezek. 16,52; Ezek. 16,52; Ezek. 16,52; Ezek. 16,52; Ezek. 16,52; Ezek. 16,53; Ezek. 16,54; Ezek. 16,55; Ezek. 16,55; Ezek. 16,56; Ezek. 16,56; Ezek. 16,56; Ezek. 16,57; Ezek. 16,58; Ezek. 16,58; Ezek. 16,60; Ezek. 16,61; Ezek. 16,61; Ezek. 16,61; Ezek. 16,61; Ezek. 16,61; Ezek. 16,63; Ezek. 16,63; Ezek. 19,2; Ezek. 19,10; Ezek. 21,2; Ezek. 21,7; Ezek. 21,11; Ezek. 21,17; Ezek. 21,21; Ezek. 21,34; Ezek. 21,35; Ezek. 21,37; Ezek. 21,37; Ezek. 21,37; Ezek. 22,4; Ezek. 22,4; Ezek. 22,4; Ezek. 22,9; Ezek. 22,12; Ezek. 22,13; Ezek. 22,13; Ezek. 22,14; Ezek. 22,14; Ezek. 22,15; Ezek. 22,25; Ezek. 22,25; Ezek. 23,19; Ezek. 23,19; Ezek. 23,21; Ezek. 23,21; Ezek. 23,21; Ezek. 23,22; Ezek. 23,22; Ezek. 23,25; Ezek. 23,25; Ezek. 23,25; Ezek. 23,25; Ezek. 23,25; Ezek. 23,25; Ezek. 23,26; Ezek. 23,26; Ezek. 23,27; Ezek. 23,27; Ezek. 23,27; Ezek. 23,28; Ezek. 23,29; Ezek. 23,29; Ezek. 23,29; Ezek. 23,29; Ezek. 23,29; Ezek. 23,31; Ezek. 23,31; Ezek. 23,32; Ezek. 23,33; Ezek. 23,35; Ezek. 23,35; Ezek. 23,35; Ezek. 23,40; Ezek. 24,14; Ezek. 24,14; Ezek. 24,14; Ezek. 24,14; Ezek. 24,16; Ezek. 24,17; Ezek. 24,17; Ezek. 24,17; Ezek. 24,27; Ezek. 25,2; Ezek. 25,4; Ezek. 25,4; Ezek. 25,6; Ezek. 25,6; Ezek. 25,6; Ezek. 26,4; Ezek. 26,8; Ezek. 26,8; Ezek. 26,9; Ezek. 26,9; Ezek. 26,10; Ezek. 26,10; Ezek. 26,11; Ezek. 26,11; Ezek. 26,11; Ezek. 26,12; Ezek. 26,12; Ezek. 26,12; Ezek. 26,12; Ezek. 26,12; Ezek. 26,12; Ezek. 26,12; Ezek. 26,13; Ezek. 26,13; Ezek. 26,15; Ezek. 26,15; Ezek. 26,18; Ezek. 27,4; Ezek. 27,6; Ezek. 27,6; Ezek. 27,7; Ezek. 27,8; Ezek. 27,8; Ezek. 27,8; Ezek. 27,8; Ezek. 27,9; Ezek. 27,10; Ezek. 27,10; Ezek. 27,10; Ezek. 27,11; Ezek. 27,11; Ezek. 27,11; Ezek. 27,11; Ezek. 27,11; Ezek. 27,12; Ezek. 27,12; Ezek. 27,12; Ezek. 27,13; Ezek. 27,14; Ezek. 27,15; Ezek. 27,15; Ezek. 27,15; Ezek. 27,16; Ezek. 27,16; Ezek. 27,16; Ezek. 27,17; Ezek. 27,17; Ezek. 27,18; Ezek. 27,18; Ezek. 27,19; Ezek. 27,20; Ezek. 27,21; Ezek. 27,21; Ezek. 27,22; Ezek. 27,22; Ezek. 27,23; Ezek. 27,23; Ezek. 27,25; Ezek. 27,25; Ezek. 27,26; Ezek. 27,27; Ezek. 27,27; Ezek. 27,27; Ezek. 27,27; Ezek. 27,27; Ezek. 27,27; Ezek. 27,27; Ezek. 27,27; Ezek. 27,27; Ezek. 27,27; Ezek. 27,27; Ezek. 27,27; Ezek. 27,28; Ezek. 27,28; Ezek. 27,29; Ezek. 27,33; Ezek. 27,33; Ezek. 27,34; Ezek. 27,34; Ezek. 27,34; Ezek. 27,34; Ezek. 28,2; Ezek. 28,2; Ezek. 28,4; Ezek. 28,4; Ezek. 28,4; Ezek. 28,5; Ezek. 28,5; Ezek. 28,5; Ezek. 28,5; Ezek. 28,5; Ezek. 28,6; Ezek. 28,7; Ezek. 28,7; Ezek. 28,13; Ezek. 28,13; Ezek. 28,15; Ezek. 28,16; Ezek. 28,16; Ezek. 28,17; Ezek. 28,17; Ezek. 28,17; Ezek. 28,17; Ezek. 28,17; Ezek. 28,18; Ezek. 28,18; Ezek. 28,18; Ezek. 28,18; Ezek. 28,18; Ezek. 28,21; Ezek. 28,23; Ezek. 28,23; Ezek. 29,2; Ezek. 29,4; Ezek. 29,4; Ezek. 29,4; Ezek. 29,4; Ezek. 29,4; Ezek. 29,5; Ezek. 29,7; Ezek. 29,10; Ezek. 31,2; Ezek. 31,10; Ezek. 32,2; Ezek. 32,2; Ezek. 32,2; Ezek. 32,4; Ezek. 32,5; Ezek. 32,5; Ezek. 32,6; Ezek. 32,6; Ezek. 32,8; Ezek. 32,9; Ezek. 32,10; Ezek. 32,12; Ezek. 33,2; Ezek. 33,8; Ezek. 33,12; Ezek. 33,17; Ezek. 33,30; Ezek. 33,31; Ezek. 33,31; Ezek. 33,32; Ezek. 35,2; Ezek. 35,4; Ezek. 35,8; Ezek. 35,8; Ezek. 35,8; Ezek. 35,9; Ezek. 35,11; Ezek. 35,12; Ezek. 35,13; Ezek. 36,13; Ezek. 36,14; Ezek. 37,17; Ezek. 37,18; Ezek. 37,20; Ezek. 38,2; Ezek. 38,4; Ezek. 38,7; Ezek. 38,10; Ezek. 38,12; Ezek. 38,13; Ezek. 38,15; Ezek. 39,3; Ezek. 39,3; Ezek. 39,3; Ezek. 39,3; Ezek. 40,4; Ezek. 40,4; Ezek. 40,4; Ezek. 44,5; Ezek. 44,5; Ezek. 44,5; Ezek. 44,5; Dan. 1,12; Dan. 1,13; Dan. 2,4; Dan. 2,4; Dan. 2,7; Dan. 2,28; Dan. 2,28; Dan. 2,29; Dan. 2,30; Dan. 2,31; Dan. 2,38; Dan. 2,39; Dan. 3,12; Dan. 3,12; Dan. 3,12; Dan. 3,17; Dan. 3,18; Dan. 3,18; Dan. 3,26; Dan. 3,27; Dan. 3,27; Dan. 3,28; Dan. 3,29; Dan. 3,33; Dan. 3,34; Dan. 3,34; Dan. 3,35; Dan. 3,35; Dan. 3,35; Dan. 3,38; Dan. 3,40; Dan. 3,40; Dan. 3,40; Dan. 3,41; Dan. 3,42; Dan. 3,42; Dan. 3,43; Dan. 3,43; Dan. 3,44; Dan. 3,52; Dan. 3,53; Dan. 3,54; Dan. 4,19; Dan. 4,22; Dan. 4,22; Dan. 4,27; Dan. 4,27; Dan. 4,27; Dan. 4,27; Dan. 4,31; Dan. 4,31; Dan. 4,31; Dan. 4,31; Dan. 4,31; Dan. 4,31; Dan. 4,31; Dan. 4,31; Dan. 4,31; Dan. 4,31; Dan. 4,32; Dan. 4,32; Dan. 4,32; Dan. 4,32; Dan. 5,12; Dan. 5,12; Dan. 5,23; Dan. 5,23; Dan. 5,23; Dan. 5,23; Dan. 5,26-28; Dan. 5,26-28; Dan. 5,26-28; Dan. 6,14; Dan. 6,17; Dan. 6,21; Dan. 8,19; Dan. 9,4; Dan. 9,5; Dan. 9,5; Dan. 9,6; Dan. 9,6; Dan. 9,7; Dan. 9,10; Dan. 9,10; Dan. 9,11; Dan. 9,11; Dan. 9,13; Dan. 9,15; Dan. 9,15; Dan. 9,16; Dan. 9,16; Dan. 9,16; Dan. 9,16; Dan. 9,16; Dan. 9,16; Dan. 9,17; Dan. 9,17; Dan. 9,17; Dan. 9,17; Dan. 9,18; Dan. 9,18; Dan. 9,18; Dan. 9,18; Dan. 9,18; Dan. 9,19; Dan. 9,19; Dan. 9,19; Dan. 9,23; Dan. 9,24; Dan. 10,11; Dan. 10,12; Dan. 10,12; Dan. 10,12; Dan. 10,12; Dan. 10,14; Dan. 11,14; Dan. 12,1; Dan. 12,13; Sus. 52; Sus. 55; Sus. 56; Judg. 1,3; Judg. 4,7; Judg. 4,9; Judg. 4,14; Judg. 4,14; Judg. 5,4; Judg. 5,12; Judg. 5,14; Judg. 5,14; Judg. 5,31; Judg. 6,14; Judg. 6,17; Judg. 6,18; Judg. 6,25; Judg. 6,25; Judg. 6,26; Judg. 6,30; Judg. 6,39; Judg. 7,7; Judg. 7,9; Judg. 7,10; Judg. 7,11; Judg. 8,6; Judg. 8,6; Judg. 8,15; Judg. 8,21; Judg. 8,22; Judg. 9,29; Judg. 9,33; Judg. 9,38; Judg. 10,15; Judg. 11,10; Judg. 11,17; Judg. 11,19; Judg. 11,24; Judg. 11,36; Judg. 11,36; Judg. 11,36; Judg. 12,1; Judg. 13,12; Judg. 13,15; Judg. 13,16; Judg. 13,17; Judg. 14,3; Judg. 14,15; Judg. 14,15; Judg. 15,2; Judg. 15,18; Judg. 16,6; Judg. 16,15; Judg. 16,15; Judg. 17,10; Judg. 18,19; Judg. 18,19; Judg. 18,25; Judg. 18,25; Judg. 19,5; Judg. 19,6; Judg. 19,8; Judg. 19,9; Judg. 19,9; Judg. 19,19; Judg. 19,20; Judg. 19,22; Tob. 2,14; Tob. 2,14; Tob. 3,2; Tob. 3,2; Tob. 3,3; Tob. 3,4; Tob. 3,5; Tob. 3,5; Tob. 3,5; Tob. 3,6; Tob. 3,6; Tob. 3,8; Tob. 3,9; Tob. 3,9; Tob. 3,11; Tob. 3,11; Tob. 4,3; Tob. 4,5; Tob. 4,5; Tob. 4,19; Tob. 4,21; Tob. 5,5;

Tob. 5,7; Tob. 5,10; Tob. 5,12; Tob. 5,13; Tob. 5,14; Tob. 5,14; Tob. 5,17; Tob. 5,21; Tob. 6,13; Tob. 6,16; Tob. 6,16; Tob. 7,12; Tob. 7,12; Tob. 7,13; Tob. 7,17; Tob. 8,5; Tob. 8,5; Tob. 8,16; Tob. 8,21; Tob. 8,21; Tob. 8,21; Tob. 8,21; Tob. 9,6; Tob. 9,6; Tob. 9,6; Tob. 10,9; Tob. 10,11; Tob. 10,12; Tob. 10,12; Tob. 10,12; Tob. 10,13; Tob. 10,13; Tob. 10,13; Tob. 11,2; Tob. 11,3; Tob. 11,6; Tob. 11,8; Tob. 11,17; Tob. 11,17; Tob. 11,17; Tob. 12,5; Tob. 12,13; Tob. 12,14; Tob. 13,11; Tob. 13,13; Tob. 13,14; Tob. 13,14; Tob. 13,14; Tob. 13,15; Tob. 13,16; Tob. 13,16; Tob. 13,17; Tob. 13,17; Tob. 14,3; Tob. 14,9; Dan. 1,12; Dan. 1,13; Dan. 1,13; Dan. 2,4; Dan. 2,28; Dan. 2,28; Dan. 2,28; Dan. 2,29; Dan. 2,29; Dan. 2,30; Dan. 2,31; Dan. 2,38; Dan. 2,39; Dan. 2,39; Dan. 3,12; Dan. 3,12; Dan. 3,17; Dan. 3,18; Dan. 3,26; Dan. 3,27; Dan. 3,27; Dan. 3,27; Dan. 3,29; Dan. 3,33; Dan. 3,34; Dan. 3,34; Dan. 3,35; Dan. 3,35; Dan. 3,35; Dan. 3,38; Dan. 3,40; Dan. 3,40; Dan. 3,41; Dan. 3,42; Dan. 3,42; Dan. 3,43; Dan. 3,43; Dan. 3,44; Dan. 3,52; Dan. 3,53; Dan. 3,54; Dan. 4,19; Dan. 4,22; Dan. 4,22; Dan. 4,25; Dan. 4,27; Dan. 4,27; Dan. 4,27; Dan. 4,32; Dan. 5,10; Dan. 5,10; Dan. 5,11; Dan. 5,11; Dan. 5,11; Dan. 5,16; Dan. 5,17; Dan. 5,17; Dan. 5,18; Dan. 5,22; Dan. 5,23; Dan. 5,23; Dan. 5,23; Dan. 5,23; Dan. 5,23; Dan. 5,23; Dan. 5,26; Dan. 5,28; Dan. 6,8; Dan. 6,14; Dan. 6,17; Dan. 6,21; Dan. 9,4; Dan. 9,4; Dan. 9,5; Dan. 9,5; Dan. 9,6; Dan. 9,6; Dan. 9,11; Dan. 9,11; Dan. 9,13; Dan. 9,15; Dan. 9,16; Dan. 9,16; Dan. 9,16; Dan. 9,16; Dan. 9,16; Dan. 9,16; Dan. 9,17; Dan. 9,17; Dan. 9,17; Dan. 9,17; Dan. 9,18; Dan. 9,18; Dan. 9,18; Dan. 9,18; Dan. 9,18; Dan. 9,18; Dan. 9,19; Dan. 9,19; Dan. 9,19; Dan. 9,19; Dan. 9,23; Dan. 9,24; Dan. 9,24; Dan. 10,11; Dan. 10,12; Dan. 10,12; Dan. 10,12; Dan. 10,12; Dan. 10,14; Dan. 10,16; Dan. 10,17; Dan. 11,14; Dan. 12,1; Dan. 12,1; Dan. 12,13; Sus. 21; Sus. 52; Sus. 56; Bel 9; Bel 11; Bel 29; Matt. 1,20; Matt. 4,6; Matt. 4,7; Matt. 4,10; Matt. 5,23; Matt. 5,23; Matt. 5,24; Matt. 5,24; Matt. 5,24; Matt. 5,25; Matt. 5,29; Matt. 5,29; Matt. 5,29; Matt. 5,30; Matt. 5,30; Matt. 5,30; Matt. 5,33; Matt. 5,36; Matt. 5,39; Matt. 5,40; Matt. 5,43; Matt. 5,43; Matt. 6,2; Matt. 6,3; Matt. 6,3; Matt. 6,4; Matt. 6,4; Matt. 6,6; Matt. 6,6; Matt. 6,6; Matt. 6,6; Matt. 6,9; Matt. 6,10; Matt. 6,10; Matt. 6,17; Matt. 6,17; Matt. 6,18; Matt. 6,18; Matt. 6,21; Matt. 6,21; Matt. 6,22; Matt. 6,22; Matt. 6,23; Matt. 6,23; Matt. 7,3; Matt. 7,4; Matt. 7,4; Matt. 7,5; Matt. 9,2; Matt. 9,5; Matt. 9,6; Matt. 9,6; Matt. 9,14; Matt. 9,18; Matt. 9,22; Matt. 11,10; Matt. 11,10; Matt. 11,10; Matt. 11,26; Matt. 12,2; Matt. 12,13; Matt. 12,37; Matt. 12,37; Matt. 12,47; Matt. 12,47; Matt. 15,2; Matt. 15,28; Matt. 17,16; Matt. 18,8; Matt. 18,8; Matt. 18,9; Matt. 18,15; Matt. 18,15; Matt. 18,15; Matt. 18,33; Matt. 19,19; Matt. 19,21; Matt. 20,15; Matt. 20,21; Matt. 20,21; Matt. 20,21; Matt. 21,5; Matt. 22,37; Matt. 22,37; Matt. 22,37; Matt. 22,37; Matt. 22,39; Matt. 22,44; Matt. 22,44; Matt. 23,37; Matt. 25,21; Matt. 25,23; Matt. 25,25; Matt. 26,42; Matt. 26,52; Matt. 26,62; Matt. 26,73; Matt. 27,13; Mark 1,2; Mark 1,2; Mark 1,44; Mark 2,5; Mark 2,9; Mark 2,9; Mark 2,11; Mark 2,11; Mark 3,32; Mark 3,32; Mark 3,32; Mark 5,19; Mark 5,34; Mark 5,34; Mark 5,35; Mark 6,18; Mark 7,5; Mark 7,10; Mark 7,10; Mark 7,29; Mark 9,18; Mark 9,38; Mark 9,43; Mark 9,45; Mark 9,47; Mark 10,19; Mark 10,37; Mark 10,37; Mark 10,52; Mark 12,30; Mark 12,30; Mark 12,30; Mark 12,30; Mark 12,30; Mark 12,31; Mark 12,36; Mark 12,36; Mark 14,60; Mark 15,4; Luke 1,13; Luke 1,13; Luke 1,36; Luke 1,38; Luke 1,42; Luke 1,44; Luke 1,61; Luke 2,29; Luke 2,29; Luke 2,30; Luke 2,32; Luke 2,48; Luke 4,8; Luke 4,11; Luke 4,12; Luke 4,23; Luke 5,5; Luke 5,14; Luke 5,20; Luke 5,23; Luke 5,24; Luke 5,24; Luke 6,10; Luke 6,29; Luke 6,41; Luke 6,42; Luke 6,42; Luke 6,42; Luke 6,42; Luke 6,42; Luke 7,27; Luke 7,27; Luke 7,27; Luke 7,44; Luke 7,48; Luke 7,50; Luke 8,20; Luke 8,20; Luke 8,28; Luke 8,39; Luke 8,48; Luke 8,49; Luke 9,38; Luke 9,40; Luke 9,41; Luke 9,49; Luke 10,17; Luke 10,21; Luke 10,27; Luke 10,27; Luke 10,27; Luke 10,27; Luke 10,27; Luke 10,27; Luke 11,2; Luke 11,2; Luke 11,34; Luke 11,34; Luke 11,34; Luke 11,34; Luke 11,36; Luke 12,20; Luke 12,58; Luke 13,12; Luke 13,26; Luke 13,34; Luke 14,8; Luke 14,12; Luke 14,12; Luke 14,12; Luke 15,18; Luke 15,19; Luke 15,19; Luke 15,21; Luke 15,21; Luke 15,27; Luke 15,27; Luke 15,29; Luke 15,30; Luke 15,30; Luke 15,32; Luke 16,2; Luke 16,6; Luke 16,7; Luke 16,25; Luke 16,25; Luke 17,3; Luke 17,19; Luke 18,20; Luke 18,42; Luke 19,5; Luke 19,16; Luke 19,18; Luke 19,20; Luke 19,22; Luke 19,39; Luke 19,42; Luke 19,43; Luke 19,44; Luke 19,44; Luke 20,43; Luke 20,43; Luke 22,32; Luke 22,32; Luke 23,42; Luke 23,46; John 2,17; John 4,16; John 4,18; John 4,50; John 4,53; John 5,8; John 5,10; John 5,11; John 7,3; John 8,13; John 8,19; John 9,10; John 9,17; John 9,26; John 11,23; John 12,15; John 12,28; John 13,38; John 17,1; John 17,6; John 17,6; John 17,11; John 17,12; John 17,14; John 17,26; John 19,26; John 19,27; John 20,27; John 20,27; John 21,18; Acts 2,27; Acts 2,28; Acts 2,35; Acts 2,35; Acts 3,25; Acts 4,25; Acts 4,27; Acts 4,28; Acts 4,28; Acts 4,29; Acts 4,29; Acts 4,30; Acts 4,30; Acts 5,3; Acts 5,4; Acts 5,9; Acts 7,3; Acts 7,3; Acts 7,32; Acts 7,33; Acts 8,20; Acts 8,21; Acts 8,22; Acts 8,22; Acts 8,34; Acts 9,13; Acts 9,14; Acts 10,4; Acts 10,4; Acts 10,31; Acts 10,31; Acts 11,14; Acts 12,8; Acts 12,8; Acts 13,35; Acts 14,10; Acts 16,31; Acts 17,32; Acts 21,39; Acts 22,16; Acts 22,18; Acts 22,20; Acts 23,5; Acts 23,35; Acts 23,35; Acts 24,11; Acts 26,16; Rom. 2,5; Rom. 2,25; Rom. 3,4; Rom. 4,18; Rom. 10,6; Rom. 10,8; Rom. 10,8; Rom. 10,8; Rom. 10,9; Rom. 10,9; Rom. 11,3; Rom. 11,3; Rom. 12,20; Rom. 13,9; Rom. 14,10; Rom. 14,10; Rom. 14,15; Rom. 14,15; Rom. 14,21; Rom. 15,9; 1Cor. 12,21; 1Cor. 15,55; 1Cor. 15,55; 2Cor. 6,2; Gal. 3,16; Gal. 5,14; Eph. 6,2; 1Tim. 4,12; 1Tim. 4,15; 1Tim. 4,16; 1Tim. 5,23; 2Tim. 1,4; 2Tim. 1,5; 2Tim. 1,5; 2Tim. 4,5; 2Tim. 4,22; Titus 2,15; Philem. 2; Philem. 4; Philem. 5; Philem. 6; Philem. 7; Philem. 14; Philem. 20; Philem. 21; Heb. 1,8; Heb. 1,8; Heb. 1,9; Heb. 1,9; Heb. 1,12; Heb. 1,13; Heb. 1,13; Heb. 2,12; Heb. 10,7; Heb. 10,9; James 2,8; James 2,18; 2John 4; 2John 13; 3John 2; 3John 3; 3John 6; Rev. 2,2; Rev. 2,2; Rev. 2,4; Rev. 2,5; Rev. 2,9; Rev. 2,19; Rev. 2,19; Rev. 2,19; Rev. 3,1; Rev. 3,2; Rev. 3,8; Rev. 3,8; Rev. 3,9; Rev. 3,11; Rev. 3,15; Rev. 3,18; Rev. 3,18; Rev. 4,11; Rev. 5,9; Rev. 10,9; Rev. 10,9; Rev. 11,17; Rev. 11,18; Rev. 11,18; Rev. 11,18; Rev. 14,15; Rev. 14,18; Rev. 15,3; Rev. 15,3; Rev. 15,4; Rev. 15,4; Rev. 15,4; Rev. 16,7; Rev. 18,10; Rev. 18,14; Rev. 18,23; Rev. 18,23; Rev. 19,10; Rev. 22,9)

σού ▸ 55 + 3 + 3 = 61

Pronoun • (personal) • second • singular • genitive ▸ 55 + 3 + 3 = **61** (Gen. 12,18; Gen. 13,9; Gen. 25,23; Gen. 26,9; Gen. 29,15; Gen. 32,28; Gen. 37,32; Gen. 47,6; Ex. 20,17; Lev. 18,7; Lev. 18,8; Lev. 18,11; Lev. 18,12; Lev. 18,13; Lev. 18,14; Lev. 18,15; Lev. 18,16; Lev. 18,17; Lev. 25,44; Deut. 5,21; Deut. 7,12; Deut. 7,25; Deut. 17,1; Deut. 17,15; Deut. 22,5; Deut. 23,8; Deut. 23,19; Deut. 24,11; Deut. 27,3; Josh. 9,8; Josh. 9,11; 1Sam. 25,26; 2Sam. 13,20; 2Sam. 15,34; 1Kings 18,12; 2Kings 5,10; 1Chr. 11,2; 1Chr. 29,16; Esth. 5,3; Tob. 3,5; Tob. 6,11; Tob. 7,12; Tob. 10,12; 4Mac. 2,5; Psa. 49,7; Psa. 101,26; Psa. 118,125; Psa. 142,12; Job 4,6; Job 22,5; Job 22,5; Jer. 17,16; Ezek. 27,19; Dan. 4,26; Dan. 4,34; Tob. 6,11; Dan. 4,26; Sus. 20; Heb. 1,10; Rev. 19,10; Rev. 22,9)

σοῦ ▸ 400 + 34 + 57 = 491

Pronoun • (personal) • second • singular • genitive ▸ 400 + 34 + 57 = **491** (Gen. 6,18; Gen. 6,20; Gen. 8,16; Gen. 8,17; Gen. 12,13; Gen. 13,8; Gen. 15,4; Gen. 16,5; Gen. 16,5; Gen. 17,2; Gen. 17,4; Gen. 17,6; Gen. 17,7; Gen. 20,7; Gen. 20,16; Gen. 21,22; Gen. 21,23; Gen. 23,6; Gen. 23,15; Gen. 24,8; Gen. 24,40; Gen. 26,3; Gen. 26,24; Gen. 26,28; Gen. 26,28; Gen. 26,28; Gen.

σύ

27,45; Gen. 28,15; Gen. 30,15; Gen. 31,3; Gen. 31,13; Gen. 31,38; Gen. 31,44; Gen. 31,44; Gen. 31,46; Gen. 31,48; Gen. 31,49; Gen. 33,15; Gen. 35,11; Gen. 39,9; Gen. 39,17; Gen. 40,19; Gen. 40,19; Gen. 41,15; Gen. 41,44; Gen. 46,4; Ex. 3,12; Ex. 8,5; Ex. 8,5; Ex. 8,7; Ex. 8,19; Ex. 8,25; Ex. 8,25; Ex. 18,18; Ex. 18,19; Ex. 18,22; Ex. 19,24; Ex. 23,28; Ex. 23,30; Ex. 23,31; Ex. 33,3; Ex. 34,3; Lev. 10,9; Lev. 10,14; Lev. 10,15; Lev. 25,25; Lev. 25,35; Lev. 25,36; Num. 5,19; Num. 11,16; Num. 11,17; Num. 11,17; Num. 16,10; Num. 18,2; Num. 18,7; Num. 18,11; Num. 18,19; Num. 21,7; Deut. 2,7; Deut. 7,15; Deut. 7,20; Deut. 8,4; Deut. 10,12; Deut. 13,8; Deut. 14,24; Deut. 14,24; Deut. 14,27; Deut. 14,29; Deut. 15,6; Deut. 15,9; Deut. 15,12; Deut. 15,13; Deut. 15,16; Deut. 15,18; Deut. 17,8; Deut. 18,12; Deut. 20,1; Deut. 20,15; Deut. 22,2; Deut. 23,15; Deut. 23,17; Deut. 23,22; Deut. 24,15; Deut. 28,12; Deut. 28,31; Deut. 30,11; Deut. 31,8; Deut. 31,23; Josh. 1,5; Josh. 1,9; Josh. 1,17; Josh. 1,17; Josh. 2,19; Josh. 3,7; Josh. 8,1; Josh. 9,22; Josh. 14,6; Judg. 1,3; Judg. 1,24; Judg. 4,9; Judg. 6,12; Judg. 6,16; Judg. 7,2; Judg. 7,4; Judg. 7,4; Judg. 7,4; Judg. 7,4; Judg. 9,32; Judg. 11,23; Judg. 11,35; Judg. 12,1; Ruth 1,10; Ruth 1,17; Ruth 4,4; 1Sam. 2,2; 1Sam. 2,15; 1Sam. 10,7; 1Sam. 14,7; 1Sam. 14,7; 1Sam. 15,26; 1Sam. 17,37; 1Sam. 17,46; 1Sam. 19,3; 1Sam. 20,13; 1Sam. 20,21; 1Sam. 20,22; 1Sam. 20,23; 1Sam. 20,37; 1Sam. 20,42; 1Sam. 21,2; 1Sam. 24,13; 1Sam. 24,13; 1Sam. 24,16; 1Sam. 26,6; 1Sam. 27,5; 1Sam. 28,16; 1Sam. 28,19; 1Sam. 28,19; 1Sam. 29,6; 1Sam. 29,10; 2Sam. 1,16; 2Sam. 3,12; 2Sam. 3,13; 2Sam. 3,21; 2Sam. 7,3; 2Sam. 7,9; 2Sam. 7,22; 2Sam. 9,7; 2Sam. 13,13; 2Sam. 13,20; 2Sam. 13,26; 2Sam. 14,8; 2Sam. 14,17; 2Sam. 14,19; 2Sam. 15,20; 2Sam. 15,20; 2Sam. 15,35; 2Sam. 16,21; 2Sam. 19,1; 2Sam. 19,1; 2Sam. 19,8; 2Sam. 24,21; 2Sam. 24,24; 1Kings 2,8; 1Kings 2,16; 1Kings 2,17; 1Kings 2,18; 1Kings 2,20; 1Kings 2,35l; 1Kings 2,43; 1Kings 3,6; 1Kings 5,19; 1Kings 11,11; 1Kings 11,38; 1Kings 13,8; 1Kings 13,16; 1Kings 15,19; 1Kings 18,12; 1Kings 19,7; 1Kings 19,16; 1Kings 21,25; 2Kings 2,9; 2Kings 2,10; 2Kings 4,4; 2Kings 5,26; 2Kings 14,10; 2Kings 19,9; 2Kings 20,18; 1Chr. 17,2; 1Chr. 17,8; 1Chr. 17,20; 1Chr. 22,11; 1Chr. 22,11; 1Chr. 22,15; 1Chr. 22,16; 1Chr. 28,20; 1Chr. 28,21; 1Chr. 29,12; 2Chr. 16,3; 2Chr. 16,9; 2Chr. 18,3; 2Chr. 25,7; 2Chr. 25,19; 1Esdr. 4,46; 1Esdr. 4,59; 1Esdr. 4,59; 1Esdr. 8,75; 1Esdr. 8,91; Ezra 4,12; Ezra 7,13; Ezra 10,4; Neh. 9,20; Neh. 9,26; Esth. 13,14 # 4,17e; Judith 5,5; Judith 9,4; Judith 11,6; Judith 11,16; Judith 12,3; Tob. 2,14; Tob. 4,7; Tob. 4,15; Tob. 5,5; Tob. 5,6; Tob. 5,9; Tob. 6,18; 1Mac. 8,32; 1Mac. 10,19; 1Mac. 12,45; 4Mac. 5,6; Psa. 21,26; Psa. 37,10; Psa. 38,8; Psa. 43,23; Psa. 68,6; Psa. 68,8; Psa. 72,23; Psa. 72,25; Psa. 72,27; Psa. 72,29; Psa. 79,19; Psa. 82,6; Psa. 83,6; Psa. 86,3; Psa. 90,11; Psa. 109,3; Psa. 121,8; Psa. 138,12; Psa. 138,15; Psa. 138,18; Ode. 3,2; Ode. 5,13; Ode. 5,19; Ode. 7,29; Ode. 7,35; Ode. 12,11; Ode. 12,15; Prov. 4,24; Prov. 6,22; Prov. 23,11; Prov. 27,11; Prov. 30,7; Song 6,1; Job 11,5; Job 11,14; Job 26,4; Job 34,33; Job 35,5; Job 37,17; Job 38,12; Job 40,28; Wis. 9,2; Wis. 9,6; Wis. 9,9; Wis. 11,25; Wis. 12,13; Sir. 4,28; Sir. 6,12; Sir. 7,2; Sir. 8,15; Sir. 12,15; Sir. 29,13; Sir. 29,15; Sir. 30,23; Sir. 36,4; Sol. 5,4; Hos. 4,5; Amos 3,11; Amos 7,10; Mic. 1,16; Mic. 5,1; Mic. 6,5; Mic. 6,8; Mic. 7,17; Nah. 1,11; Nah. 1,13; Nah. 1,14; Nah. 2,1; Nah. 3,7; Zeph. 3,11; Zeph. 3,19; Zech. 8,23; Mal. 2,14; Mal. 3,13; Is. 1,25; Is. 7,5; Is. 10,27; Is. 26,13; Is. 26,19; Is. 41,10; Is. 43,2; Is. 43,3; Is. 43,4; Is. 43,5; Is. 45,14; Is. 47,3; Is. 49,17; Is. 49,19; Is. 52,1; Is. 54,8; Is. 57,8; Is. 57,9; Is. 58,9; Is. 58,11; Is. 62,5; Is. 63,19; Is. 64,2; Is. 64,3; Jer. 1,8; Jer. 1,17; Jer. 1,19; Jer. 6,8; Jer. 11,15; Jer. 11,20; Jer. 12,5; Jer. 14,7; Jer. 14,7; Jer. 15,15; Jer. 15,20; Jer. 19,10; Jer. 20,12; Jer. 26,28; Jer. 28,20; Jer. 28,26; Jer. 39,17; Jer. 45,22; Bar. 2,14; Bar. 5,6; Ezek. 3,10; Ezek. 4,3; Ezek. 16,8; Ezek. 16,8; Ezek. 16,9; Ezek. 16,34; Ezek. 16,42; Ezek. 16,44; Ezek. 16,60; Ezek. 16,62; Ezek. 21,8; Ezek. 21,9; Ezek. 22,5; Ezek. 22,15; Ezek. 23,25; Ezek. 23,27; Ezek. 24,16; Ezek. 29,8; Ezek. 32,4; Ezek. 32,6; Ezek. 33,30; Ezek. 38,6; Ezek. 38,7; Ezek. 38,9; Ezek. 38,15; Ezek. 39,4; Ezek. 44,5; Dan. 3,29; Dan. 3,35; Dan. 6,13; Dan. 6,23; Dan. 9,9; Judg. 1,3; Judg. 1,24; Judg. 4,9; Judg. 6,12; Judg. 6,16; Judg. 7,2; Judg. 7,4; Judg. 7,4; Judg. 9,32; Judg. 11,35; Judg. 12,1; Tob. 2,14; Tob. 5,3; Tob. 5,9; Tob. 6,13; Tob. 6,18; Tob. 7,10; Tob. 7,10; Tob. 8,21; Tob. 9,2; Tob. 10,9; Tob. 12,1; Dan. 2,23; Dan. 3,29; Dan. 3,35; Dan. 4,31; Dan. 5,14; Dan. 5,16; Dan. 6,8; Dan. 6,13; Dan. 6,23; Sus. 21; Sus. 21; Bel 41; Matt. 2,6; Matt. 3,14; Matt. 4,6; Matt. 5,23; Matt. 5,29; Matt. 5,30; Matt. 5,42; Matt. 6,3; Matt. 7,4; Matt. 7,5; Matt. 12,38; Matt. 17,27; Matt. 18,8; Matt. 18,9; Matt. 18,15; Matt. 18,16; Matt. 21,19; Mark 11,14; Luke 1,28; Luke 2,35; Luke 4,7; Luke 4,10; Luke 12,20; Luke 16,2; Luke 22,32; Luke 22,33; John 3,26; John 7,3; John 9,37; John 13,37; John 17,7; John 17,8; Acts 10,22; Acts 17,19; Acts 18,10; Acts 21,21; Acts 21,24; Acts 23,21; Acts 23,30; Acts 24,2; Acts 24,19; Acts 25,26; Acts 26,2; Acts 27,24; Acts 28,21; Acts 28,21; Acts 28,22; Rom. 8,36; Rom. 11,21; 2Tim. 1,3; Philem. 7; Philem. 13; Rev. 2,4; Rev. 2,14; Rev. 2,20; Rev. 18,14; Rev. 18,14)

Σύ ▸ 3

Pronoun · (personal) · second · singular · nominative ▸ **2** (1Kings 21,14; Sol. 17,4)

Pronoun · (personal) · second · singular · vocative ▸ **1** (2Mac. 15,22)

Σὺ ▸ **49** + **4** + **7** = **60**

Pronoun · (personal) · second · singular · nominative ▸ **48** + **4** + **7** = **59** (Gen. 16,13; Gen. 17,9; Gen. 27,24; Gen. 30,29; Num. 18,1; Num. 20,14; Deut. 2,18; Josh. 13,1; Josh. 14,6; Judg. 15,18; 1Sam. 17,45; 2Sam. 5,2; 2Sam. 12,7; 2Sam. 17,8; 2Sam. 19,30; 2Sam. 19,34; 1Kings 2,15; 1Kings 2,44; 1Kings 3,6; 1Kings 3,23; 1Kings 5,17; 1Kings 20,7; 1Chr. 11,2; 2Chr. 1,8; Neh. 9,6; Judith 15,9; 1Mac. 7,37; 1Mac. 10,70; 1Mac. 13,8; 2Mac. 7,9; 4Mac. 6,27; Psa. 30,15; Psa. 109,4; Psa. 141,6; Prov. 8,1; Wis. 15,1; Hos. 4,15; Amos 7,16; Jonah 4,10; Is. 10,8; Is. 41,8; Jer. 2,27; Jer. 43,29; Ezek. 22,24; Ezek. 27,3; Ezek. 28,12; Ezek. 38,17; Bel 11; Judg. 15,18; Tob. 3,8; Tob. 11,2; Dan. 5,13; Rom. 14,10; 1Tim. 6,11; 2Tim. 2,1; 2Tim. 3,10; 2Tim. 3,14; 2Tim. 4,5; Titus 2,1)

Pronoun · (personal) · second · singular · vocative ▸ **1** (2Mac. 14,35)

σύ ▸ **161** + **12** + **23** = **196**

Pronoun · (personal) · second · singular · nominative ▸ **161** + **12** + **23** = **196** (Gen. 21,26; Gen. 24,46; Gen. 27,18; Gen. 27,32; Gen. 29,14; Gen. 31,44; Gen. 49,3; Ex. 33,12; Ex. 34,10; Num. 11,29; Num. 22,6; Num. 22,6; Num. 22,34; Num. 27,13; Deut. 5,14; Deut. 30,6; Deut. 33,29; Judg. 8,18; Judg. 11,2; Ruth 3,9; Ruth 3,9; Ruth 3,11; 1Sam. 17,33; 1Sam. 20,8; 1Sam. 20,23; 1Sam. 24,15; 1Sam. 26,15; 1Sam. 26,25; 1Sam. 29,6; 2Sam. 1,8; 2Sam. 1,13; 2Sam. 7,24; 2Sam. 16,8; 2Sam. 19,14; 2Sam. 19,44; 2Sam. 20,9; 1Kings 1,13; 1Kings 1,18; 1Kings 1,20; 1Kings 1,42; 1Kings 13,18; 1Kings 22,4; 2Kings 5,17; 2Kings 9,32; 1Chr. 17,22; 1Chr. 17,25; 1Chr. 17,27; 2Chr. 18,3; 1Esdr. 8,23; Ezra 7,25; Ezra 9,15; Neh. 9,8; Esth. 14,5 # 4,17m; Judith 6,2; Judith 9,14; Judith 13,18; Tob. 8,15; 2Mac. 14,9; 3Mac. 2,9; 3Mac. 6,5; 4Mac. 7,9; Psa. 2,7; Psa. 4,9; Psa. 6,4; Psa. 11,8; Psa. 15,2; Psa. 21,11; Psa. 31,7; Psa. 39,6; Psa. 55,10; Psa. 58,6; Psa. 58,9; Psa. 59,12; Psa. 60,6; Psa. 69,6; Psa. 70,3; Psa. 70,6; Psa. 85,5; Psa. 85,15; Psa. 85,17; Psa. 88,18; Psa. 88,27; Psa. 90,9; Psa. 101,26; Psa. 107,12; Psa. 108,21; Psa. 108,27; Psa. 117,28; Psa. 117,28; Psa. 118,68; Psa. 118,114; Psa. 118,151; Psa. 139,7; Eccl. 10,17; Song 2,14; Song

2,17; Job 2,9c; Wis. 9,7; Sir. 33,31; Sol. 2,23; Sol. 4,1; Sol. 5,11; Sol. 15,1; Sol. 17,7; Sol. 17,21; Hos. 2,25; Hos. 2,25; Mic. 4,8; Mic. 5,1; Mic. 7,18; Jonah 1,8; Jonah 1,14; Jonah 4,4; Zech. 4,7; Is. 29,16; Is. 43,1; Is. 44,17; Is. 44,21; Is. 44,21; Is. 49,3; Is. 51,16; Is. 57,11; Is. 63,16; Is. 64,7; Jer. 2,27; Jer. 12,3; Jer. 18,23; Jer. 22,6; Jer. 28,20; Ezek. 2,6; Ezek. 2,8; Ezek. 3,25; Ezek. 4,1; Ezek. 5,1; Ezek. 7,2; Ezek. 12,3; Ezek. 13,17; Ezek. 15,2; Ezek. 21,11; Ezek. 21,19; Ezek. 21,24; Ezek. 21,30; Ezek. 21,33; Ezek. 22,2; Ezek. 24,13; Ezek. 24,25; Ezek. 28,2; Ezek. 28,13; Ezek. 33,7; Ezek. 33,10; Ezek. 33,30; Ezek. 36,1; Ezek. 39,1; Ezek. 39,17; Ezek. 43,10; Dan. 2,29; Dan. 2,31; Dan. 2,37; Dan. 3,10; Dan. 4,22; Dan. 12,4; Judg. 8,18; Judg. 11,2; Tob. 3,3; Tob. 5,14; Tob. 5,14; Tob. 11,17; Tob. 14,9; Dan. 2,31; Dan. 2,37; Dan. 3,10; Dan. 4,18; Dan. 12,4; Matt. 11,23; Matt. 26,39; Mark 14,36; Luke 10,15; Luke 17,8; Luke 22,32; John 1,21; John 4,19; John 11,42; John 13,6; John 17,5; John 17,8; John 17,21; John 17,21; John 17,23; John 17,25; John 18,37; John 19,9; John 21,22; Acts 10,33; Acts 13,33; Heb. 1,5; Heb. 5,5)

σὺ ▸ 777 + 51 + 144 = 972

Pronoun · (personal) · second · singular · nominative ▸ 777 + 50 + 144 = 971 (Gen. 3,14; Gen. 3,15; Gen. 4,7; Gen. 4,11; Gen. 6,18; Gen. 6,21; Gen. 7,1; Gen. 8,16; Gen. 13,9; Gen. 13,9; Gen. 13,14; Gen. 13,15; Gen. 15,15; Gen. 16,11; Gen. 17,9; Gen. 18,25; Gen. 20,3; Gen. 20,7; Gen. 21,23; Gen. 22,12; Gen. 23,6; Gen. 23,15; Gen. 24,42; Gen. 24,44; Gen. 26,29; Gen. 27,21; Gen. 28,13; Gen. 30,26; Gen. 31,43; Gen. 31,52; Gen. 32,13; Gen. 38,23; Gen. 41,40; Gen. 43,8; Gen. 44,18; Gen. 44,19; Gen. 44,23; Gen. 45,10; Gen. 45,11; Gen. 45,19; Gen. 46,30; Ex. 2,13; Ex. 2,14; Ex. 3,5; Ex. 3,18; Ex. 4,16; Ex. 4,22; Ex. 7,2; Ex. 7,27; Ex. 9,17; Ex. 9,30; Ex. 10,4; Ex. 10,25; Ex. 11,8; Ex. 11,8; Ex. 14,16; Ex. 18,14; Ex. 18,14; Ex. 18,17; Ex. 18,18; Ex. 18,19; Ex. 18,21; Ex. 19,23; Ex. 19,24; Ex. 20,10; Ex. 20,19; Ex. 23,27; Ex. 24,1; Ex. 27,20; Ex. 28,1; Ex. 28,3; Ex. 30,23; Ex. 31,13; Ex. 32,22; Ex. 33,1; Ex. 33,12; Ex. 33,12; Ex. 33,15; Ex. 34,9; Ex. 34,11; Lev. 10,9; Lev. 10,14; Num. 1,3; Num. 1,50; Num. 5,20; Num. 11,15; Num. 11,16; Num. 11,17; Num. 11,21; Num. 14,14; Num. 14,14; Num. 16,11; Num. 16,16; Num. 16,17; Num. 18,1; Num. 18,2; Num. 18,7; Num. 18,10; Num. 20,8; Num. 31,26; Deut. 1,37; Deut. 3,21; Deut. 3,24; Deut. 3,24; Deut. 4,33; Deut. 5,14; Deut. 5,27; Deut. 5,27; Deut. 5,31; Deut. 6,2; Deut. 7,19; Deut. 9,1; Deut. 9,2; Deut. 9,2; Deut. 9,5; Deut. 12,18; Deut. 12,29; Deut. 13,7; Deut. 14,26; Deut. 15,6; Deut. 15,6; Deut. 15,20; Deut. 16,11; Deut. 16,14; Deut. 18,14; Deut. 21,9; Deut. 25,18; Deut. 26,11; Deut. 28,3; Deut. 28,3; Deut. 28,6; Deut. 28,6; Deut. 28,12; Deut. 28,12; Deut. 28,16; Deut. 28,16; Deut. 28,19; Deut. 28,19; Deut. 28,21; Deut. 28,36; Deut. 28,43; Deut. 28,44; Deut. 28,44; Deut. 28,52; Deut. 28,64; Deut. 30,8; Deut. 30,19; Deut. 31,7; Deut. 31,7; Deut. 31,16; Deut. 31,23; Deut. 33,29; Josh. 1,2; Josh. 1,6; Josh. 4,7; Josh. 5,15; Josh. 6,3; Josh. 7,10; Josh. 14,12; Josh. 17,18; Judg. 4,9; Judg. 4,22; Judg. 5,15; Judg. 6,17; Judg. 7,10; Judg. 7,10; Judg. 8,21; Judg. 8,22; Judg. 9,14; Judg. 9,32; Judg. 9,36; Judg. 10,15; Judg. 11,12; Judg. 11,23; Judg. 11,25; Judg. 11,27; Judg. 13,3; Judg. 13,5; Judg. 13,7; Judg. 13,11; Judg. 14,3; Ruth 1,15; Ruth 1,16; Ruth 2,8; Ruth 3,3; Ruth 3,10; 1Sam. 8,5; 1Sam. 9,27; 1Sam. 10,1; 1Sam. 10,1; 1Sam. 13,11; 1Sam. 15,6; 1Sam. 15,13; 1Sam. 15,17; 1Sam. 16,1; 1Sam. 17,43; 1Sam. 18,22; 1Sam. 19,11; 1Sam. 20,30; 1Sam. 21,2; 1Sam. 22,13; 1Sam. 22,16; 1Sam. 22,18; 1Sam. 22,23; 1Sam. 23,17; 1Sam. 24,12; 1Sam. 24,15; 1Sam. 24,18; 1Sam. 24,18; 1Sam. 24,19; 1Sam. 25,6; 1Sam. 25,17; 1Sam. 25,33; 1Sam. 26,14; 1Sam. 26,15; 1Sam. 28,1; 1Sam. 28,9; 1Sam. 28,9; 1Sam. 28,12; 1Sam. 28,19; 1Sam. 29,6; 1Sam. 29,9; 1Sam. 29,10; 1Sam. 29,10; 1Sam. 30,13; 2Sam. 1,3; 2Sam. 2,20; 2Sam. 2,21; 2Sam. 3,25; 2Sam. 5,2; 2Sam. 5,2; 2Sam. 7,5; 2Sam. 7,20; 2Sam. 7,22; 2Sam. 7,28; 2Sam. 7,29; 2Sam. 9,2; 2Sam. 9,7; 2Sam. 9,10; 2Sam. 11,10; 2Sam. 12,12; 2Sam. 13,4; 2Sam. 13,13; 2Sam. 15,2; 2Sam. 15,19; 2Sam. 15,19; 2Sam. 15,19; 2Sam. 15,27; 2Sam. 16,8; 2Sam. 17,3; 2Sam. 17,6; 2Sam. 18,3; 2Sam. 18,13; 2Sam. 18,20; 2Sam. 19,15; 2Sam. 20,4; 2Sam. 20,6; 2Sam. 20,17; 2Sam. 20,19; 2Sam. 22,29; 1Kings 1,6; 1Kings 1,17; 1Kings 1,24; 1Kings 2,5; 1Kings 2,9; 1Kings 2,22; 1Kings 2,26; 1Kings 2,26; 1Kings 2,35o; 1Kings 3,7; 1Kings 3,12; 1Kings 3,23; 1Kings 5,20; 1Kings 5,23; 1Kings 8,19; 1Kings 8,23; 1Kings 8,30; 1Kings 8,32; 1Kings 8,34; 1Kings 8,39; 1Kings 8,39; 1Kings 8,43; 1Kings 8,53; 1Kings 9,4; 1Kings 11,22; 1Kings 11,22; 1Kings 11,37; 1Kings 12,4; 1Kings 12,10; 1Kings 12,24l; 1Kings 12,24p; 1Kings 13,14; 1Kings 17,20; 1Kings 17,24; 1Kings 18,7; 1Kings 18,11; 1Kings 18,14; 1Kings 18,17; 1Kings 18,18; 1Kings 18,36; 1Kings 18,37; 1Kings 18,37; 1Kings 18,43; 1Kings 19,2; 1Kings 19,9; 1Kings 19,13; 1Kings 20,5; 1Kings 20,19; 1Kings 21,36; 1Kings 21,42; 1Kings 22,13; 1Kings 22,25; 1Kings 22,30; 2Kings 1,6; 2Kings 4,1; 2Kings 4,7; 2Kings 4,16; 2Kings 4,23; 2Kings 6,22; 2Kings 7,2; 2Kings 8,1; 2Kings 9,25; 2Kings 14,10; 2Kings 19,10; 2Kings 19,11; 2Kings 19,11; 2Kings 19,15; 2Kings 19,15; 2Kings 19,19; 2Kings 20,1; 1Chr. 11,2; 1Chr. 11,2; 1Chr. 17,4; 1Chr. 17,18; 1Chr. 17,26; 1Chr. 28,3; 1Chr. 29,11; 1Chr. 29,12; 1Chr. 29,17; 2Chr. 1,9; 2Chr. 2,15; 2Chr. 6,9; 2Chr. 6,21; 2Chr. 6,23; 2Chr. 6,25; 2Chr. 6,27; 2Chr. 6,30; 2Chr. 6,41; 2Chr. 7,17; 2Chr. 10,10; 2Chr. 18,29; 2Chr. 19,2; 2Chr. 20,6; 2Chr. 20,6; 2Chr. 20,7; 2Chr. 21,15; 2Chr. 25,19; 1Esdr. 4,45; 1Esdr. 8,84; Neh. 2,4; Neh. 5,12; Neh. 6,6; Neh. 6,6; Neh. 6,6; Neh. 6,8; Neh. 6,8; Neh. 9,6; Neh. 9,6; Neh. 9,7; Neh. 9,7; Neh. 9,17; Neh. 9,19; Neh. 9,27; Neh. 9,28; Neh. 9,31; Neh. 9,33; Esth. 4,14; Esth. 13,10 # 4,17c; Esth. 13,12 # 4,17d; Esth. 13,12 # 4,17d; Esth. 14,3 # 4,17l; Esth. 14,16 # 4,17w; Esth. 5,14; Judith 2,5; Judith 2,10; Judith 2,13; Judith 6,5; Judith 9,5; Judith 9,7; Judith 9,8; Judith 9,12; Judith 9,14; Judith 11,8; Judith 11,23; Judith 11,23; Judith 14,7; Judith 15,9; Judith 15,9; Judith 16,15; Tob. 3,2; Tob. 3,14; Tob. 5,11; Tob. 5,12; Tob. 5,14; Tob. 6,12; Tob. 6,18; Tob. 7,12; Tob. 8,6; Tob. 8,6; Tob. 11,8; Tob. 12,12; Tob. 14,9; 1Mac. 2,18; 1Mac. 2,18; 1Mac. 3,52; 1Mac. 3,53; 1Mac. 10,70; 2Mac. 1,27; 2Mac. 3,34; 2Mac. 7,17; 2Mac. 7,19; 2Mac. 7,31; 2Mac. 7,34; 2Mac. 7,36; 3Mac. 2,3; 3Mac. 2,4; 3Mac. 2,5; 3Mac. 2,6; 3Mac. 6,4; 3Mac. 6,5; 3Mac. 6,6; 3Mac. 6,7; 3Mac. 6,12; 4Mac. 5,10; 4Mac. 6,15; 4Mac. 9,9; 4Mac. 9,32; 4Mac. 10,11; 4Mac. 10,13; 4Mac. 12,4; 4Mac. 12,14; 4Mac. 15,32; 4Mac. 17,3; 4Mac. 17,5; Psa. 3,4; Psa. 3,8; Psa. 5,5; Psa. 5,13; Psa. 8,4; Psa. 9,35; Psa. 9,35; Psa. 15,5; Psa. 17,28; Psa. 17,29; Psa. 21,4; Psa. 21,10; Psa. 21,20; Psa. 22,4; Psa. 24,5; Psa. 24,7; Psa. 30,4; Psa. 30,5; Psa. 31,5; Psa. 37,16; Psa. 38,10; Psa. 39,10; Psa. 39,12; Psa. 39,18; Psa. 40,11; Psa. 42,2; Psa. 43,5; Psa. 49,16; Psa. 49,17; Psa. 54,14; Psa. 54,24; Psa. 61,13; Psa. 64,4; Psa. 67,10; Psa. 68,6; Psa. 68,20; Psa. 68,27; Psa. 70,5; Psa. 70,7; Psa. 73,13; Psa. 73,13; Psa. 73,14; Psa. 73,15; Psa. 73,15; Psa. 73,16; Psa. 73,17; Psa. 73,17; Psa. 75,5; Psa. 75,8; Psa. 76,15; Psa. 81,8; Psa. 82,19; Psa. 84,7; Psa. 85,10; Psa. 85,10; Psa. 88,10; Psa. 88,10; Psa. 88,11; Psa. 88,12; Psa. 88,13; Psa. 88,39; Psa. 89,2; Psa. 91,9; Psa. 92,2; Psa. 93,12; Psa. 96,9; Psa. 98,4; Psa. 98,4; Psa. 98,8; Psa. 98,8; Psa. 101,13; Psa. 101,14; Psa. 101,27; Psa. 101,28; Psa. 108,28; Psa. 118,4; Psa. 118,102; Psa. 118,104; Psa. 131,8; Psa. 138,2; Psa. 138,2; Psa. 138,3; Psa. 138,5; Psa. 138,5; Psa. 138,8; Psa. 138,13; Psa. 141,4; Psa. 142,10; Psa. 144,15; Psa. 144,16; Ode. 7,45; Ode. 9,76; Ode. 12,7; Ode. 12,13; Ode. 12,8; Ode. 14,25; Ode. 14,26; Ode. 14,43; Prov. 22,20; Prov. 23,14; Prov. 31,29; Eccl. 5,1; Eccl. 7,22; Eccl. 9,9; Eccl. 9,10; Song 1,8; Job 1,10; Job 2,2; Job 2,3; Job

σύ   2265

4,3; Job 4,5; Job 5,27; Job 8,5; Job 11,13; Job 15,4; Job 18,4; Job 22,3; Job 33,6; Job 33,33; Job 34,17; Job 34,32; Job 34,33; Job 35,2; Job 38,3; Job 38,14; Job 39,19; Job 40,7; Job 42,4; Job 42,7; Wis. 9,17; Wis. 11,25; Wis. 12,12; Wis. 12,18; Wis. 16,8; Wis. 16,13; Sir. 6,11; Sol. 5,2; Sol. 5,3; Sol. 5,5; Sol. 5,5; Sol. 5,8; Sol. 5,9; Sol. 5,11; Sol. 5,12; Sol. 5,12; Sol. 7,3; Sol. 7,4; Sol. 7,5; Sol. 7,7; Sol. 7,7; Sol. 7,8; Sol. 8,26; Sol. 8,29; Sol. 8,31; Sol. 9,2; Sol. 9,8; Sol. 9,9; Sol. 16,13; Sol. 17,1; Sol. 17,4; Hos. 4,6; Hos. 4,19; Hos. 12,7; Amos 7,8; Amos 7,17; Amos 8,2; Mic. 6,14; Mic. 6,15; Mic. 6,15; Obad. 2; Obad. 11; Obad. 13; Jonah 1,6; Jonah 4,2; Jonah 4,9; Nah. 3,11; Nah. 3,11; Hab. 1,12; Hab. 2,8; Hab. 2,16; Zech. 2,6; Zech. 3,7; Zech. 3,8; Zech. 4,2; Zech. 5,2; Zech. 6,10; Zech. 9,11; Is. 7,3; Is. 7,16; Is. 14,8; Is. 14,10; Is. 14,13; Is. 14,19; Is. 14,20; Is. 17,3; Is. 22,16; Is. 27,8; Is. 30,33; Is. 37,16; Is. 37,16; Is. 37,20; Is. 37,20; Is. 37,24; Is. 38,1; Is. 41,16; Is. 43,26; Is. 43,26; Is. 45,4; Is. 45,15; Is. 47,6; Is. 47,10; Is. 51,9; Is. 62,12; Is. 63,16; Is. 64,4; Jer. 1,11; Jer. 1,13; Jer. 1,17; Jer. 2,33; Jer. 3,1; Jer. 3,22; Jer. 4,30; Jer. 7,16; Jer. 11,14; Jer. 12,2; Jer. 12,5; Jer. 13,21; Jer. 14,9; Jer. 14,22; Jer. 14,22; Jer. 15,6; Jer. 15,19; Jer. 16,1; Jer. 17,14; Jer. 17,16; Jer. 20,6; Jer. 20,6; Jer. 22,2; Jer. 22,15; Jer. 22,25; Jer. 24,3; Jer. 26,27; Jer. 28,62; Jer. 30,6; Jer. 31,7; Jer. 32,30; Jer. 35,6; Jer. 38,18; Jer. 39,3; Jer. 39,8; Jer. 39,17; Jer. 39,25; Jer. 39,36; Jer. 39,43; Jer. 41,3; Jer. 43,14; Jer. 43,19; Jer. 43,28; Jer. 44,13; Jer. 44,18; Jer. 45,17; Jer. 45,18; Jer. 45,21; Jer. 45,23; Jer. 45,24; Jer. 46,17; Jer. 47,16; Jer. 51,35; Bar. 2,15; Bar. 3,3; Bar. 3,6; Lam. 1,21; Lam. 5,19; Ezek. 2,5; Ezek. 2,6; Ezek. 3,5; Ezek. 3,19; Ezek. 3,19; Ezek. 3,21; Ezek. 3,21; Ezek. 4,3; Ezek. 4,4; Ezek. 4,9; Ezek. 4,9; Ezek. 9,8; Ezek. 11,13; Ezek. 12,2; Ezek. 12,4; Ezek. 12,9; Ezek. 16,7; Ezek. 16,33; Ezek. 16,45; Ezek. 16,48; Ezek. 16,52; Ezek. 16,52; Ezek. 16,55; Ezek. 16,58; Ezek. 19,1; Ezek. 21,12; Ezek. 23,35; Ezek. 24,19; Ezek. 28,2; Ezek. 28,3; Ezek. 28,9; Ezek. 28,15; Ezek. 28,15; Ezek. 32,2; Ezek. 32,28; Ezek. 33,9; Ezek. 33,9; Ezek. 35,4; Ezek. 37,3; Ezek. 37,20; Ezek. 38,7; Ezek. 38,9; Ezek. 38,13; Ezek. 39,4; Ezek. 40,4; Dan. 2,10; Dan. 2,38; Dan. 3,45; Dan. 4,20; Dan. 5,23; Dan. 5,23; Dan. 6,17; Dan. 6,23; Dan. 9,4; Dan. 9,19; Dan. 12,13; Sus. 13-14; Sus. 35a; Bel 11; Bel 15-17; Judg. 4,9; Judg. 4,22; Judg. 6,36; Judg. 7,10; Judg. 7,10; Judg. 8,21; Judg. 8,22; Judg. 8,22; Judg. 9,12; Judg. 9,14; Judg. 9,32; Judg. 9,36; Judg. 10,15; Judg. 11,23; Judg. 11,25; Judg. 11,27; Judg. 11,35; Judg. 13,3; Judg. 13,5; Judg. 13,7; Judg. 13,11; Judg. 14,3; Judg. 18,3; Tob. 3,2; Tob. 3,14; Tob. 5,14; Tob. 6,12; Tob. 6,18; Tob. 7,10; Tob. 7,12; Tob. 8,6; Tob. 8,6; Tob. 9,3-4; Dan. 2,4; Dan. 2,38; Dan. 3,45; Dan. 4,18; Dan. 4,22; Dan. 5,22; Dan. 5,23; Dan. 6,17; Dan. 6,21; Dan. 8,26; Dan. 9,23; Dan. 12,13; Sus. 43; Sus. 47; Sus. 59; Bel 11; Bel 25; Matt. 2,6; Matt. 3,14; Matt. 6,6; Matt. 6,17; Matt. 11,3; Matt. 14,28; Matt. 16,16; Matt. 16,18; Matt. 26,25; Matt. 26,63; Matt. 26,64; Matt. 26,69; Matt. 26,73; Matt. 27,4; Matt. 27,11; Matt. 27,11; Mark 1,11; Mark 3,11; Mark 8,29; Mark 14,30; Mark 14,61; Mark 14,67; Mark 14,68; Mark 15,2; Mark 15,2; Luke 1,42; Luke 1,76; Luke 3,22; Luke 4,7; Luke 4,41; Luke 7,19; Luke 7,20; Luke 9,60; Luke 10,37; Luke 15,31; Luke 16,7; Luke 16,25; Luke 19,19; Luke 19,42; Luke 22,58; Luke 22,67; Luke 22,70; Luke 23,3; Luke 23,3; Luke 23,37; Luke 23,39; Luke 23,40; Luke 24,18; John 1,19; John 1,21; John 1,25; John 1,42; John 1,42; John 1,49; John 1,49; John 2,10; John 2,20; John 3,2; John 3,10; John 3,26; John 4,9; John 4,10; John 4,12; John 6,30; John 6,69; John 7,52; John 8,5; John 8,13; John 8,25; John 8,33; John 8,48; John 8,52; John 8,53; John 9,17; John 9,28; John 9,34; John 9,34; John 9,35; John 10,24; John 10,33; John 11,27; John 12,34; John 13,7; John 14,9; John 17,23; John 18,17; John 18,25; John 18,33; John 18,34; John 18,37; John 20,15; John 21,12; John 21,15; John 21,16; John 21,17; John 21,17; Acts 1,24; Acts 4,24; Acts 7,28; Acts 9,5; Acts 10,15; Acts 11,9; Acts 11,14; Acts 16,31; Acts 21,38; Acts 22,8; Acts 22,27; Acts 23,3; Acts 23,21; Acts 25,10; Acts 26,15; Rom. 2,3; Rom. 2,17; Rom. 9,20; Rom. 11,17; Rom. 11,18; Rom. 11,20; Rom. 11,22; Rom. 11,24; Rom. 14,4; Rom. 14,10; Rom. 14,22; 1Cor. 14,17; 1Cor. 15,36; Gal. 2,14; Gal. 6,1; 2Tim. 1,18; 2Tim. 4,15; Heb. 1,10; Heb. 1,11; Heb. 1,12; Heb. 5,6; Heb. 7,17; Heb. 7,21; James 2,3; James 2,3; James 2,18; James 2,19; James 4,12; 3John 3; Rev. 2,15; Rev. 3,17; Rev. 4,11; Rev. 7,14)

Pronoun ▪ (personal) ▪ second ▪ singular ▪ vocative   ▸ 1   (Dan. 2,29)

ὑμᾶς   ▸ 582 + 29 + 435 = 1046

Pronoun ▪ (personal) ▪ second ▪ plural ▪ accusative   ▸ 582 + 29 + 435 = 1046 (Gen. 9,9; Gen. 9,11; Gen. 19,8; Gen. 22,5; Gen. 32,20; Gen. 45,12; Gen. 46,33; Gen. 47,23; Gen. 48,21; Gen. 50,21; Gen. 50,24; Gen. 50,24; Gen. 50,25; Ex. 3,13; Ex. 3,14; Ex. 3,15; Ex. 3,16; Ex. 3,17; Ex. 3,19; Ex. 3,20; Ex. 4,15; Ex. 5,21; Ex. 6,6; Ex. 6,6; Ex. 6,6; Ex. 6,7; Ex. 6,7; Ex. 6,8; Ex. 7,9; Ex. 8,24; Ex. 9,28; Ex. 10,10; Ex. 10,16; Ex. 11,1; Ex. 11,1; Ex. 11,1; Ex. 12,13; Ex. 12,26; Ex. 12,48; Ex. 13,3; Ex. 13,19; Ex. 16,6; Ex. 16,32; Ex. 19,4; Ex. 19,4; Ex. 20,20; Ex. 20,20; Ex. 20,22; Ex. 22,23; Ex. 23,13; Ex. 24,8; Ex. 24,14; Ex. 31,13; Ex. 32,29; Ex. 33,5; Ex. 33,5; Lev. 11,45; Lev. 16,30; Lev. 18,3; Lev. 18,28; Lev. 18,30; Lev. 19,34; Lev. 19,36; Lev. 20,8; Lev. 20,22; Lev. 20,24; Lev. 20,26; Lev. 22,32; Lev. 22,33; Lev. 25,38; Lev. 25,46; Lev. 26,6; Lev. 26,9; Lev. 26,9; Lev. 26,9; Lev. 26,11; Lev. 26,13; Lev. 26,13; Lev. 26,15; Lev. 26,16; Lev. 26,17; Lev. 26,17; Lev. 26,17; Lev. 26,17; Lev. 26,18; Lev. 26,22; Lev. 26,22; Lev. 26,22; Lev. 26,24; Lev. 26,25; Lev. 26,25; Lev. 26,26; Lev. 26,28; Lev. 26,33; Lev. 26,33; Lev. 26,38; Num. 9,14; Num. 14,30; Num. 15,18; Num. 15,18; Num. 15,23; Num. 15,23; Num. 15,26; Num. 15,41; Num. 16,9; Num. 16,9; Num. 25,18; Num. 32,23; Num. 34,4; Deut. 1,9; Deut. 1,9; Deut. 1,10; Deut. 1,11; Deut. 1,20; Deut. 1,29; Deut. 1,33; Deut. 1,37; Deut. 1,44; Deut. 1,44; Deut. 2,4; Deut. 2,4; Deut. 3,20; Deut. 4,1; Deut. 4,12; Deut. 4,14; Deut. 4,14; Deut. 4,15; Deut. 4,20; Deut. 4,20; Deut. 4,23; Deut. 4,27; Deut. 4,27; Deut. 4,37; Deut. 5,2; Deut. 5,3; Deut. 5,4; Deut. 6,1; Deut. 7,4; Deut. 7,7; Deut. 7,7; Deut. 7,8; Deut. 7,8; Deut. 9,8; Deut. 9,9; Deut. 9,10; Deut. 9,19; Deut. 9,23; Deut. 9,25; Deut. 10,4; Deut. 10,10; Deut. 10,15; Deut. 11,25; Deut. 12,10; Deut. 13,4; Deut. 20,4; Deut. 20,18; Deut. 28,63; Deut. 28,63; Deut. 28,63; Deut. 29,4; Deut. 29,21; Josh. 1,13; Josh. 1,15; Josh. 4,21; Josh. 9,12; Josh. 20,2; Josh. 22,16; Josh. 22,19; Josh. 23,15; Josh. 23,15; Josh. 23,15; Josh. 23,15; Josh. 23,16; Josh. 24,5; Josh. 24,8; Josh. 24,10; Josh. 24,10; Josh. 24,11; Josh. 24,20; Josh. 24,20; Josh. 24,20; Judg. 2,1; Judg. 2,1; Judg. 6,8; Judg. 6,8; Judg. 6,9; Judg. 6,9; Judg. 7,7; Judg. 8,19; Judg. 9,17; Judg. 10,12; Judg. 10,12; Judg. 10,13; Judg. 10,14; Judg. 12,2; Judg. 21,22; Ruth 1,13; 1Sam. 7,3; 1Sam. 8,11; 1Sam. 10,2; 1Sam. 10,18; 1Sam. 10,18; 1Sam. 11,3; 1Sam. 11,10; 1Sam. 12,1; 1Sam. 12,7; 1Sam. 12,11; 1Sam. 12,12; 1Sam. 12,13; 1Sam. 12,15; 1Sam. 12,22; 1Sam. 17,47; 1Sam. 22,7; 1Sam. 29,10; 2Sam. 1,21; 2Sam. 1,24; 2Sam. 4,11; 2Sam. 13,28; 2Sam. 15,10; 1Kings 11,2; 1Kings 12,11; 1Kings 12,11; 1Kings 12,11; 1Kings 12,14; 1Kings 12,14; 1Kings 12,24r; 1Kings 18,18; 2Kings 1,6; 2Kings 1,7; 2Kings 2,18; 2Kings 6,19; 2Kings 10,2; 2Kings 17,36; 2Kings 17,39; 2Kings 18,29; 2Kings 18,29; 2Kings 18,30; 2Kings 18,32; 2Kings 18,32; 2Kings 22,15; 2Kings 22,18; 1Chr. 12,18; 1Chr. 15,13; 1Chr. 22,18; 1Chr. 28,8; 2Chr. 7,20; 2Chr. 10,11; 2Chr. 10,11; 2Chr. 10,11; 2Chr. 10,14; 2Chr. 10,14; 2Chr. 12,5; 2Chr. 13,12; 2Chr. 15,2; 2Chr. 15,2; 2Chr. 19,7; 2Chr. 19,10; 2Chr. 19,10; 2Chr. 19,11; 2Chr. 24,20; 2Chr. 30,9; 2Chr. 32,11; 2Chr. 32,11; 2Chr. 32,14; 2Chr. 32,15; 2Chr. 32,15

Σ, σ

2Chr. 32,15; 2Chr. 34,23; 2Chr. 34,26; 1Esdr. 4,22; 1Esdr. 8,58; 1Esdr. 9,52; Ezra 7,21; Neh. 1,8; Neh. 6,3; Esth. 16,7 # 8,12g; Tob. 6,18; Tob. 10,11; Tob. 12,7; Tob. 13,6; Tob. 13,8; 1Mac. 2,67; 1Mac. 5,48; 1Mac. 8,20; 1Mac. 10,29; 1Mac. 11,31; 1Mac. 12,10; 1Mac. 12,17; 1Mac. 12,17; 1Mac. 13,38; 1Mac. 15,21; 1Mac. 15,31; 2Mac. 1,5; 2Mac. 9,26; 2Mac. 11,29; 2Mac. 11,32; 4Mac. 2,6; 4Mac. 9,18; 4Mac. 16,17; 4Mac. 18,10; 4Mac. 18,12; 4Mac. 18,14; Psa. 33,12; Psa. 57,10; Psa. 113,22; Psa. 113,22; Psa. 117,26; Psa. 128,8; Psa. 128,8; Prov. 1,23; Song 2,7; Song 3,5; Song 5,8; Song 8,4; Job 6,22; Job 12,3; Job 13,9; Job 13,10; Job 13,11; Job 16,4; Job 21,27; Job 27,5; Job 42,8; Wis. 6,9; Hos. 5,1; Hos. 5,13; Amos 2,10; Amos 2,10; Amos 3,1; Amos 3,2; Amos 3,2; Amos 4,2; Amos 4,2; Amos 4,9; Amos 4,10; Amos 4,11; Amos 5,1; Amos 5,27; Amos 6,14; Amos 6,14; Mic. 2,4; Mic. 3,12; Joel 2,19; Joel 2,25; Jonah 1,12; Hab. 1,6; Zeph. 2,2; Zeph. 2,2; Zeph. 2,2; Zeph. 2,5; Zeph. 2,5; Zeph. 3,20; Zeph. 3,20; Hag. 2,17; Zech. 1,3; Zech. 2,10; Zech. 2,12; Zech. 6,15; Zech. 8,13; Zech. 8,14; Zech. 11,9; Mal. 1,2; Mal. 1,7; Mal. 1,12; Mal. 2,1; Mal. 2,2; Mal. 2,3; Mal. 2,4; Mal. 2,9; Mal. 2,10; Mal. 2,17; Mal. 3,5; Mal. 3,7; Mal. 3,12; Is. 1,20; Is. 3,12; Is. 3,12; Is. 3,12; Is. 8,7; Is. 8,19; Is. 8,21; Is. 9,1; Is. 14,29; Is. 17,14; Is. 17,14; Is. 24,17; Is. 28,17; Is. 28,19; Is. 28,28; Is. 29,10; Is. 30,7; Is. 30,16; Is. 30,18; Is. 30,18; Is. 30,29; Is. 32,15; Is. 32,19; Is. 33,1; Is. 33,1; Is. 33,1; Is. 33,11; Is. 36,12; Is. 36,14; Is. 36,14; Is. 36,15; Is. 36,17; Is. 36,18; Is. 36,18; Is. 41,24; Is. 41,29; Is. 41,29; Is. 43,14; Is. 46,4; Is. 50,1; Is. 50,9; Is. 51,2; Is. 52,5; Is. 52,12; Is. 55,12; Is. 57,16; Is. 65,12; Is. 65,12; Is. 65,15; Is. 66,13; Jer. 2,7; Jer. 2,7; Jer. 2,9; Jer. 3,12; Jer. 3,14; Jer. 3,14; Jer. 3,15; Jer. 5,15; Jer. 5,18; Jer. 6,17; Jer. 6,26; Jer. 7,3; Jer. 7,4; Jer. 7,7; Jer. 7,13; Jer. 7,13; Jer. 7,15; Jer. 7,25; Jer. 8,17; Jer. 8,17; Jer. 9,17; Jer. 10,1; Jer. 13,25; Jer. 15,14; Jer. 16,13; Jer. 18,6; Jer. 18,11; Jer. 18,11; Jer. 21,4; Jer. 21,5; Jer. 21,9; Jer. 23,2; Jer. 23,33; Jer. 23,38; Jer. 23,39; Jer. 23,40; Jer. 25,3; Jer. 25,4; Jer. 25,6; Jer. 30,25; Jer. 30,25; Jer. 33,5; Jer. 33,13; Jer. 33,15; Jer. 33,15; Jer. 34,10; Jer. 34,15; Jer. 36,7; Jer. 36,8; Jer. 36,8; Jer. 36,10; Jer. 36,10; Jer. 36,11; Jer. 36,28; Jer. 36,31; Jer. 41,17; Jer. 42,14; Jer. 42,15; Jer. 44,10; Jer. 47,10; Jer. 49,10; Jer. 49,10; Jer. 49,11; Jer. 49,11; Jer. 49,12; Jer. 49,12; Jer. 49,16; Jer. 49,16; Jer. 49,18; Jer. 49,19; Jer. 49,21; Jer. 51,4; Jer. 51,29; Bar. 1,10; Bar. 1,14; Bar. 4,6; Bar. 4,7; Bar. 4,8; Bar. 4,8; Bar. 4,18; Bar. 4,21; Bar. 4,23; Bar. 4,23; Lam. 1,12; LetterJ 2; LetterJ 4; Ezek. 6,3; Ezek. 11,7; Ezek. 11,8; Ezek. 11,9; Ezek. 11,9; Ezek. 11,10; Ezek. 11,11; Ezek. 13,8; Ezek. 13,12; Ezek. 13,15; Ezek. 13,19; Ezek. 14,22; Ezek. 14,23; Ezek. 18,30; Ezek. 20,33; Ezek. 20,34; Ezek. 20,34; Ezek. 20,35; Ezek. 20,35; Ezek. 20,36; Ezek. 20,37; Ezek. 20,37; Ezek. 20,41; Ezek. 20,41; Ezek. 20,41; Ezek. 20,42; Ezek. 22,19; Ezek. 22,20; Ezek. 22,20; Ezek. 22,21; Ezek. 22,22; Ezek. 23,49; Ezek. 25,4; Ezek. 33,20; Ezek. 36,2; Ezek. 36,3; Ezek. 36,3; Ezek. 36,3; Ezek. 36,6; Ezek. 36,9; Ezek. 36,9; Ezek. 36,10; Ezek. 36,11; Ezek. 36,11; Ezek. 36,11; Ezek. 36,12; Ezek. 36,12; Ezek. 36,15; Ezek. 36,24; Ezek. 36,24; Ezek. 36,24; Ezek. 36,25; Ezek. 36,25; Ezek. 36,29; Ezek. 36,29; Ezek. 36,32; Ezek. 36,33; Ezek. 37,5; Ezek. 37,6; Ezek. 37,6; Ezek. 37,6; Ezek. 37,6; Ezek. 37,12; Ezek. 37,12; Ezek. 37,14; Ezek. 37,14; Ezek. 43,27; Ezek. 44,7; Ezek. 44,7; Ezek. 45,1; Dan. 3,15; Sus. 59; Judg. 2,1; Judg. 2,1; Judg. 6,8; Judg. 6,8; Judg. 6,9; Judg. 6,9; Judg. 7,7; Judg. 8,19; Judg. 9,15; Judg. 9,17; Judg. 10,12; Judg. 10,12; Judg. 10,13; Judg. 10,14; Judg. 12,2; Judg. 21,22; Tob. 5,17; Tob. 5,17; Tob. 6,18; Tob. 7,12; Tob. 7,12; Tob. 10,11; Tob. 12,7; Tob. 13,3; Tob. 13,5; Tob. 13,5; Tob. 13,6; Dan. 3,15; Sus. 59; Matt. 3,11; Matt. 3,11; Matt. 4,19; Matt. 5,11; Matt. 5,44; Matt. 5,46; Matt. 6,8; Matt. 6,30; Matt. 7,6; Matt. 7,15; Matt. 7,23; Matt. 10,13; Matt. 10,14; Matt. 10,16; Matt. 10,17; Matt. 10,17; Matt. 10,19; Matt. 10,23; Matt. 10,40; Matt. 11,28; Matt. 11,29; Matt. 12,28; Matt. 21,24; Matt. 21,31; Matt. 21,32; Matt. 23,34; Matt. 23,35; Matt. 24,4; Matt. 24,9; Matt. 24,9; Matt. 25,12; Matt. 26,32; Matt. 28,7; Matt. 28,14; Mark 1,8; Mark 1,8; Mark 1,17; Mark 6,11; Mark 9,19; Mark 9,41; Mark 11,29; Mark 13,5; Mark 13,9; Mark 13,11; Mark 13,36; Mark 14,28; Mark 14,49; Mark 16,7; Luke 3,16; Luke 3,16; Luke 6,9; Luke 6,22; Luke 6,22; Luke 6,26; Luke 6,27; Luke 6,28; Luke 6,28; Luke 6,32; Luke 6,33; Luke 9,5; Luke 9,41; Luke 10,3; Luke 10,6; Luke 10,8; Luke 10,9; Luke 10,10; Luke 10,16; Luke 10,19; Luke 11,20; Luke 12,11; Luke 12,12; Luke 12,14; Luke 12,28; Luke 13,25; Luke 13,27; Luke 13,28; Luke 16,9; Luke 16,26; Luke 19,31; Luke 20,3; Luke 21,12; Luke 21,34; Luke 22,31; Luke 22,35; Luke 24,44; Luke 24,49; John 3,7; John 4,38; John 5,42; John 6,61; John 6,70; John 7,7; John 8,32; John 8,36; John 11,15; John 12,30; John 12,35; John 13,34; John 14,3; John 14,18; John 14,18; John 14,26; John 14,26; John 14,28; John 15,9; John 15,12; John 15,15; John 15,15; John 15,16; John 15,16; John 15,18; John 15,19; John 15,19; John 15,20; John 15,21; John 16,2; John 16,2; John 16,7; John 16,7; John 16,13; John 16,22; John 16,27; John 20,21; Acts 1,8; Acts 2,22; Acts 2,29; Acts 3,22; Acts 3,26; Acts 7,43; Acts 13,32; Acts 14,15; Acts 15,24; Acts 15,25; Acts 17,22; Acts 17,28; Acts 18,15; Acts 18,21; Acts 19,13; Acts 19,36; Acts 20,20; Acts 20,28; Acts 20,29; Acts 20,32; Acts 22,1; Acts 23,15; Acts 24,22; Acts 27,22; Acts 27,34; Acts 28,20; Rom. 1,10; Rom. 1,11; Rom. 1,11; Rom. 1,13; Rom. 1,13; Rom. 2,24; Rom. 7,4; Rom. 10,19; Rom. 10,19; Rom. 11,25; Rom. 11,28; Rom. 12,1; Rom. 12,2; Rom. 12,14; Rom. 13,11; Rom. 15,7; Rom. 15,13; Rom. 15,13; Rom. 15,15; Rom. 15,22; Rom. 15,23; Rom. 15,24; Rom. 15,29; Rom. 15,30; Rom. 15,32; Rom. 16,6; Rom. 16,16; Rom. 16,17; Rom. 16,19; Rom. 16,21; Rom. 16,22; Rom. 16,23; Rom. 16,23; Rom. 16,25; 1Cor. 1,7; 1Cor. 1,8; 1Cor. 1,10; 1Cor. 2,1; 1Cor. 2,3; 1Cor. 3,2; 1Cor. 4,6; 1Cor. 4,14; 1Cor. 4,15; 1Cor. 4,16; 1Cor. 4,17; 1Cor. 4,18; 1Cor. 4,19; 1Cor. 4,21; 1Cor. 7,5; 1Cor. 7,15; 1Cor. 7,32; 1Cor. 10,1; 1Cor. 10,13; 1Cor. 10,13; 1Cor. 10,20; 1Cor. 10,27; 1Cor. 11,2; 1Cor. 11,3; 1Cor. 11,14; 1Cor. 11,22; 1Cor. 12,1; 1Cor. 14,5; 1Cor. 14,6; 1Cor. 14,6; 1Cor. 14,36; 1Cor. 16,5; 1Cor. 16,6; 1Cor. 16,7; 1Cor. 16,7; 1Cor. 16,10; 1Cor. 16,12; 1Cor. 16,15; 1Cor. 16,19; 1Cor. 16,19; 1Cor. 16,20; 2Cor. 1,8; 2Cor. 1,12; 2Cor. 1,15; 2Cor. 1,16; 2Cor. 1,18; 2Cor. 2,1; 2Cor. 2,2; 2Cor. 2,3; 2Cor. 2,4; 2Cor. 2,5; 2Cor. 2,7; 2Cor. 2,8; 2Cor. 2,10; 2Cor. 3,1; 2Cor. 4,15; 2Cor. 6,1; 2Cor. 6,11; 2Cor. 6,17; 2Cor. 7,4; 2Cor. 7,8; 2Cor. 7,8; 2Cor. 7,12; 2Cor. 7,15; 2Cor. 8,6; 2Cor. 8,9; 2Cor. 8,17; 2Cor. 8,22; 2Cor. 8,23; 2Cor. 9,4; 2Cor. 9,5; 2Cor. 9,8; 2Cor. 9,14; 2Cor. 10,1; 2Cor. 10,1; 2Cor. 10,9; 2Cor. 10,14; 2Cor. 11,2; 2Cor. 11,2; 2Cor. 11,6; 2Cor. 11,9; 2Cor. 11,11; 2Cor. 11,20; 2Cor. 11,20; 2Cor. 12,14; 2Cor. 12,14; 2Cor. 12,15; 2Cor. 12,16; 2Cor. 12,16; 2Cor. 12,17; 2Cor. 12,17; 2Cor. 12,18; 2Cor. 12,20; 2Cor. 12,21; 2Cor. 13,1; 2Cor. 13,3; 2Cor. 13,4; 2Cor. 13,7; 2Cor. 13,12; Gal. 1,6; Gal. 1,7; Gal. 1,9; Gal. 2,5; Gal. 3,1; Gal. 4,11; Gal. 4,11; Gal. 4,17; Gal. 4,17; Gal. 4,18; Gal. 4,20; Gal. 5,2; Gal. 5,7; Gal. 5,8; Gal. 5,10; Gal. 5,10; Gal. 5,12; Gal. 6,12; Gal. 6,13; Eph. 1,15; Eph. 1,18; Eph. 2,1; Eph. 3,2; Eph. 4,1; Eph. 4,17; Eph. 4,22; Eph. 5,6; Eph. 6,11; Eph. 6,22; Phil. 1,7; Phil. 1,7; Phil. 1,8; Phil. 1,10; Phil. 1,12; Phil. 1,24; Phil. 1,26; Phil. 1,27; Phil. 2,25; Phil. 2,26; Phil. 4,21; Phil. 4,22; Col. 1,6; Col. 1,12; Col. 1,21; Col. 1,22; Col. 1,25; Col. 2,1; Col. 2,4; Col. 2,8; Col. 2,13; Col. 2,13; Col. 2,16; Col. 2,18; Col. 4,6; Col. 4,8; Col. 4,10; Col. 4,10; Col. 4,12; Col. 4,14; 1Th. 1,5; 1Th. 1,5; 1Th. 1,7; 1Th. 1,9; 1Th. 2,1; 1Th. 2,2; 1Th. 2,9; 1Th. 2,12; 1Th. 2,12; 1Th. 2,12; 1Th. 2,18; 1Th. 3,2; 1Th. 3,4; 1Th. 3,5; 1Th. 3,6; 1Th. 3,9; 1Th. 3,11; 1Th. 3,12; 1Th. 3,12; 1Th. 4,1; 1Th. 4,1; 1Th. 4,3; 1Th. 4,8; 1Th. 4,10; 1Th. 4,13; 1Th. 5,4; 1Th. 5,12; 1Th. 5,12; 1Th.

5,14; 1Th. 5,18; 1Th. 5,23; 1Th. 5,24; 1Th. 5,27; 2Th. 1,5; 2Th. 1,6; 2Th. 1,10; 2Th. 1,11; 2Th. 2,1; 2Th. 2,2; 2Th. 2,3; 2Th. 2,5; 2Th. 2,13; 2Th. 2,14; 2Th. 3,1; 2Th. 3,3; 2Th. 3,4; 2Th. 3,6; 2Th. 3,10; Heb. 5,12; Heb. 9,20; Heb. 13,21; Heb. 13,22; Heb. 13,23; Heb. 13,24; James 2,6; James 2,7; James 4,2; James 4,10; James 4,15; 1Pet. 1,4; 1Pet. 1,10; 1Pet. 1,12; 1Pet. 1,15; 1Pet. 1,20; 1Pet. 1,25; 1Pet. 2,9; 1Pet. 3,13; 1Pet. 3,15; 1Pet. 3,18; 1Pet. 3,21; 1Pet. 4,14; 1Pet. 5,6; 1Pet. 5,10; 1Pet. 5,13; 2Pet. 1,12; 2Pet. 1,13; 2Pet. 1,15; 2Pet. 2,3; 2Pet. 3,8; 2Pet. 3,9; 2Pet. 3,11; 1John 2,26; 1John 2,27; 1John 2,27; 1John 2,27; 1John 3,7; 1John 3,13; 2John 10; 2John 12; Jude 5; Jude 5; Jude 24; Rev. 2,24; Rev. 12,12)

Ὑμᾶς ▸ 1
Pronoun · (personal) · second · plural · accusative ▸ **1** (Prov. 8,4)

ὑμεῖς ▸ 285 + 20 + 220 = 525
Pronoun · (personal) · second · plural · nominative ▸ 285 + 20 + 220 = **525** (Gen. 9,7; Gen. 24,49; Gen. 26,27; Gen. 29,4; Gen. 34,15; Gen. 42,16; Gen. 44,10; Gen. 44,17; Gen. 45,8; Gen. 50,20; Ex. 5,11; Ex. 9,8; Ex. 12,13; Ex. 12,22; Ex. 12,31; Ex. 13,4; Ex. 14,14; Ex. 16,8; Ex. 16,32; Ex. 19,6; Ex. 23,9; Ex. 23,22; Lev. 23,14; Lev. 23,15; Lev. 25,23; Lev. 26,12; Lev. 26,34; Num. 12,4; Num. 14,9; Num. 14,25; Num. 14,30; Num. 14,31; Num. 14,41; Num. 15,14; Num. 15,15; Num. 15,19; Num. 15,39; Num. 18,3; Num. 18,26; Num. 18,28; Num. 18,31; Num. 20,12; Num. 22,19; Num. 31,19; Num. 31,19; Num. 32,6; Num. 33,55; Num. 35,33; Deut. 1,7; Deut. 1,40; Deut. 2,13; Deut. 2,24; Deut. 4,4; Deut. 4,5; Deut. 4,12; Deut. 4,14; Deut. 4,22; Deut. 4,23; Deut. 4,26; Deut. 5,3; Deut. 5,30; Deut. 6,1; Deut. 7,7; Deut. 9,1; Deut. 11,8; Deut. 11,23; Deut. 11,31; Deut. 12,1; Deut. 12,2; Deut. 12,7; Deut. 12,12; Deut. 20,3; Deut. 28,63; Deut. 29,15; Deut. 30,18; Deut. 31,13; Deut. 32,47; Josh. 1,11; Josh. 1,14; Josh. 2,12; Josh. 4,24; Josh. 6,18; Josh. 6,18; Josh. 8,7; Josh. 9,22; Josh. 10,19; Josh. 10,25; Josh. 18,6; Josh. 22,18; Josh. 23,3; Josh. 24,13; Josh. 24,15; Josh. 24,22; Josh. 24,22; Judg. 2,2; Judg. 6,10; Judg. 6,31; Judg. 6,31; Judg. 7,18; Judg. 8,2; Judg. 8,3; Judg. 9,15; Judg. 9,18; Judg. 9,19; Judg. 10,13; Judg. 11,7; Judg. 11,9; Judg. 12,4; Judg. 12,5; Judg. 14,13; Judg. 15,12; Judg. 15,12; Judg. 18,6; Judg. 18,8; Judg. 18,9; Judg. 18,18; Judg. 20,7; Judg. 21,22; Ruth 4,9; Ruth 4,10; 1Sam. 6,3; 1Sam. 7,3; 1Sam. 8,17; 1Sam. 8,18; 1Sam. 10,19; 1Sam. 12,14; 1Sam. 12,20; 1Sam. 12,25; 1Sam. 17,8; 1Sam. 18,22; 1Sam. 22,8; 1Sam. 23,21; 1Sam. 26,16; 2Sam. 2,5; 2Sam. 19,11; 2Sam. 19,13; 2Sam. 19,13; 2Sam. 21,4; 1Kings 9,6; 1Kings 12,6; 1Kings 12,9; 1Kings 18,21; 1Kings 18,25; 2Kings 1,3; 2Kings 3,17; 2Kings 10,6; 2Kings 10,6; 2Kings 10,9; 2Kings 10,13; 1Chr. 15,12; 2Chr. 7,19; 2Chr. 10,6; 2Chr. 10,9; 2Chr. 13,8; 2Chr. 13,8; 2Chr. 13,11; 2Chr. 15,7; 2Chr. 19,6; 2Chr. 19,6; 2Chr. 28,10; 2Chr. 28,13; 2Chr. 29,8; 2Chr. 30,7; 2Chr. 32,10; 1Esdr. 8,57; Ezra 4,2; Neh. 1,8; Neh. 2,17; Neh. 2,19; Neh. 2,19; Neh. 5,7; Neh. 5,8; Neh. 5,9; Neh. 13,17; Neh. 13,18; Neh. 13,21; Esth. 8,8; Esth. 16,22 # 8,12u; Judith 8,12; Judith 8,16; Judith 8,33; Judith 8,34; Judith 14,4; Tob. 12,19; 1Mac. 2,67; 1Mac. 3,22; 1Mac. 16,3; 4Mac. 6,22; 4Mac. 16,22; Psa. 81,7; Psa. 113,23; Job 6,21; Job 12,2; Job 13,2; Job 13,4; Job 13,8; Job 19,29; Job 32,6; Hos. 1,9; Hos. 2,1; Amos 6,12; Amos 9,7; Joel 4,4; Joel 4,4; Joel 4,4; Zeph. 2,12; Hag. 1,9; Hag. 2,3; Zech. 7,6; Zech. 7,6; Mal. 1,5; Mal. 1,6; Mal. 1,12; Mal. 2,2; Mal. 2,8; Mal. 2,9; Mal. 3,1; Mal. 3,1; Mal. 3,6; Mal. 3,8; Mal. 3,9; Mal. 3,9; Mal. 3,12; Is. 3,15; Is. 27,12; Is. 28,22; Is. 41,24; Is. 43,12; Is. 44,8; Is. 48,6; Is. 50,9; Is. 50,11; Is. 54,17; Is. 57,3; Is. 57,4; Is. 61,6; Is. 65,11; Is. 65,13; Is. 65,13; Is. 65,13; Is. 65,14; Jer. 2,29; Jer. 2,29; Jer. 5,17; Jer. 7,8; Jer. 7,14; Jer. 7,23; Jer. 13,23; Jer. 16,12; Jer. 16,12; Jer. 16,13; Jer. 18,6; Jer. 21,4; Jer. 32,29; Jer. 34,9; Jer. 34,15; Jer. 36,8; Jer. 40,10; Jer. 42,6; Jer. 42,7; Jer. 43,19; Jer. 47,10; Jer. 49,11; Jer. 49,13; Jer. 49,15; Jer. 49,16; Jer. 49,16; Jer. 49,22; Jer. 51,7; Jer. 51,9; Jer. 51,21; LetterJ 4; Ezek. 11,11; Ezek. 13,20; Ezek. 13,20; Ezek. 20,3; Ezek. 20,29; Ezek. 20,30; Ezek. 20,30; Ezek. 20,31; Ezek. 20,32; Ezek. 20,39; Ezek. 20,39; Ezek. 34,17; Dan. 2,8; Judg. 2,2; Judg. 6,10; Judg. 6,31; Judg. 6,31; Judg. 8,2; Judg. 8,3; Judg. 9,15; Judg. 9,18; Judg. 10,13; Judg. 11,7; Judg. 11,9; Judg. 12,4; Judg. 14,13; Judg. 15,12; Judg. 18,8; Judg. 18,9; Judg. 18,18; Judg. 20,7; Judg. 21,22; Dan. 2,8; Matt. 5,48; Matt. 6,9; Matt. 6,26; Matt. 7,11; Matt. 7,12; Matt. 10,20; Matt. 10,31; Matt. 14,16; Matt. 15,3; Matt. 15,5; Matt. 15,16; Matt. 16,15; Matt. 19,28; Matt. 19,28; Matt. 20,4; Matt. 20,7; Matt. 21,13; Matt. 21,32; Matt. 23,8; Matt. 23,13; Matt. 23,28; Matt. 23,32; Matt. 24,33; Matt. 24,44; Matt. 26,31; Matt. 27,24; Matt. 28,5; Mark 6,31; Mark 6,37; Mark 7,11; Mark 7,18; Mark 8,29; Mark 11,17; Mark 13,9; Mark 13,11; Mark 13,23; Mark 13,29; Luke 9,13; Luke 9,20; Luke 9,44; Luke 10,24; Luke 11,13; Luke 11,39; Luke 11,48; Luke 12,24; Luke 12,29; Luke 12,36; Luke 12,40; Luke 16,15; Luke 17,10; Luke 19,46; Luke 21,31; Luke 22,26; Luke 22,70; Luke 24,48; Luke 24,49; John 1,26; John 3,28; John 4,20; John 4,22; John 4,32; John 4,35; John 4,38; John 4,38; John 5,20; John 5,33; John 5,34; John 5,35; John 5,38; John 5,39; John 5,44; John 5,45; John 6,67; John 7,8; John 7,28; John 7,34; John 7,36; John 7,47; John 8,14; John 8,15; John 8,21; John 8,22; John 8,23; John 8,23; John 8,31; John 8,38; John 8,41; John 8,44; John 8,46; John 8,47; John 8,49; John 8,54; John 9,19; John 9,27; John 9,30; John 10,26; John 10,36; John 11,49; John 13,10; John 13,13; John 13,14; John 13,15; John 13,33; John 13,34; John 14,3; John 14,17; John 14,19; John 14,19; John 14,20; John 14,20; John 15,3; John 15,4; John 15,5; John 15,14; John 15,16; John 15,16; John 15,27; John 16,20; John 16,20; John 16,22; John 16,27; John 18,31; John 19,6; John 19,35; Acts 1,5; Acts 2,15; Acts 2,33; Acts 2,36; Acts 3,13; Acts 3,14; Acts 3,25; Acts 4,7; Acts 4,10; Acts 5,30; Acts 7,4; Acts 7,51; Acts 7,51; Acts 7,52; Acts 8,24; Acts 10,28; Acts 10,37; Acts 11,16; Acts 15,7; Acts 19,15; Acts 20,18; Acts 20,25; Acts 22,3; Acts 23,15; Acts 27,31; Rom. 1,6; Rom. 6,11; Rom. 7,4; Rom. 9,26; Rom. 11,30; Rom. 16,17; 1Cor. 1,30; 1Cor. 3,17; 1Cor. 3,23; 1Cor. 4,10; 1Cor. 4,10; 1Cor. 4,10; 1Cor. 5,2; 1Cor. 5,12; 1Cor. 6,8; 1Cor. 9,1; 1Cor. 9,2; 1Cor. 10,15; 1Cor. 14,9; 1Cor. 14,12; 1Cor. 16,1; 1Cor. 16,6; 1Cor. 16,16; 2Cor. 1,14; 2Cor. 3,2; 2Cor. 6,13; 2Cor. 6,18; 2Cor. 8,9; 2Cor. 9,4; 2Cor. 11,7; 2Cor. 12,11; 2Cor. 13,7; 2Cor. 13,9; Gal. 3,28; Gal. 3,29; Gal. 4,12; Gal. 6,1; Eph. 1,13; Eph. 2,11; Eph. 2,13; Eph. 2,22; Eph. 5,33; Eph. 6,21; Phil. 2,18; Phil. 4,15; Phil. 4,15; Col. 3,4; Col. 3,7; Col. 3,8; Col. 3,13; Col. 4,1; Col. 4,16; 1Th. 1,6; 1Th. 2,10; 1Th. 2,14; 1Th. 2,19; 1Th. 2,20; 1Th. 3,8; 1Th. 4,9; 1Th. 5,4; 1Th. 5,5; 2Th. 1,12; James 2,6; James 5,8; 1Pet. 2,9; 1Pet. 4,1; 1John 1,3; 1John 2,20; 1John 2,24; 1John 2,24; 1John 2,27)

Ὑμεῖς ▸ 29 + 16 = 45
Pronoun · (personal) · second · plural · nominative ▸ 29 + 16 = **45** (Gen. 44,27; Ex. 20,22; Ex. 32,30; Ex. 33,5; Lev. 20,24; Num. 17,6; Num. 33,51; Num. 34,2; Num. 35,10; Deut. 2,4; Deut. 29,1; Deut. 29,9; Josh. 8,4; Josh. 22,2; 1Sam. 14,40; 2Kings 9,11; 1Chr. 15,12; 2Chr. 12,5; 1Esdr. 9,7; Ezra 8,28; Ezra 10,10; 1Mac. 15,28; Is. 3,14; Is. 42,17; Jer. 23,2; Jer. 23,33; Jer. 41,17; Jer. 51,2; Jer. 51,25; Matt. 5,13; Matt. 5,14; Matt. 13,18; Matt. 23,8; Luke 22,28; Rom. 8,9; 1Cor. 12,27; Gal. 4,28; Gal. 5,13; Eph. 4,20; 1Th. 2,14; 2Th. 3,13; 2Pet. 3,17; 1John 4,4; Jude 17; Jude 20)

ὑμῖν ▸ 669 + 27 + 607 = 1303
Pronoun · (personal) · second · plural · dative ▸ 669 + 27 + 607 = **1303** (Gen. 1,29; Gen. 1,29; Gen. 9,2; Gen. 9,3; Gen. 9,3; Gen. 9,9; Gen. 17,12; Gen. 19,8; Gen. 23,9; Gen. 34,15; Gen. 34,15; Gen. 34,16; Gen. 34,16; Gen. 41,55; Gen. 42,14; Gen. 42,22; Gen.

42,34; Gen. 43,6; Gen. 43,7; Gen. 43,14; Gen. 43,23; Gen. 43,23; Gen. 45,5; Gen. 45,18; Gen. 45,20; Gen. 46,33; Gen. 47,16; Gen. 47,24; Gen. 47,24; Gen. 48,20; Gen. 49,1; Gen. 49,1; Ex. 3,16; Ex. 5,10; Ex. 5,13; Ex. 5,18; Ex. 6,8; Ex. 10,5; Ex. 10,5; Ex. 10,10; Ex. 12,2; Ex. 12,2; Ex. 12,5; Ex. 12,6; Ex. 12,13; Ex. 12,13; Ex. 12,14; Ex. 12,16; Ex. 12,16; Ex. 12,21; Ex. 12,25; Ex. 12,49; Ex. 16,4; Ex. 16,8; Ex. 16,15; Ex. 16,29; Ex. 16,29; Ex. 20,20; Ex. 20,23; Ex. 25,8; Ex. 26,33; Ex. 30,31; Ex. 30,32; Ex. 30,32; Ex. 30,36; Ex. 30,37; Ex. 30,37; Ex. 31,13; Ex. 31,14; Ex. 34,12; Ex. 35,10; Lev. 9,4; Lev. 9,6; Lev. 10,7; Lev. 10,17; Lev. 11,4; Lev. 11,5; Lev. 11,6; Lev. 11,7; Lev. 11,8; Lev. 11,11; Lev. 11,12; Lev. 11,20; Lev. 11,23; Lev. 11,26; Lev. 11,27; Lev. 11,28; Lev. 11,29; Lev. 11,31; Lev. 11,35; Lev. 11,38; Lev. 11,39; Lev. 11,41; Lev. 11,42; Lev. 14,34; Lev. 14,34; Lev. 16,29; Lev. 16,29; Lev. 16,31; Lev. 16,34; Lev. 17,3; Lev. 17,7; Lev. 17,8; Lev. 17,10; Lev. 17,11; Lev. 17,12; Lev. 17,13; Lev. 18,26; Lev. 18,28; Lev. 19,4; Lev. 19,23; Lev. 19,23; Lev. 19,25; Lev. 19,28; Lev. 19,33; Lev. 19,34; Lev. 19,36; Lev. 20,14; Lev. 20,22; Lev. 20,24; Lev. 20,24; Lev. 20,25; Lev. 22,19; Lev. 22,20; Lev. 22,25; Lev. 22,29; Lev. 23,7; Lev. 23,8; Lev. 23,10; Lev. 23,11; Lev. 23,21; Lev. 23,24; Lev. 23,24; Lev. 23,27; Lev. 23,28; Lev. 23,32; Lev. 23,36; Lev. 25,2; Lev. 25,2; Lev. 25,10; Lev. 25,11; Lev. 25,12; Lev. 25,21; Lev. 25,38; Lev. 25,45; Lev. 25,45; Lev. 25,46; Lev. 26,1; Lev. 26,1; Lev. 26,4; Lev. 26,5; Lev. 26,11; Lev. 26,12; Lev. 26,16; Lev. 26,19; Lev. 26,21; Lev. 26,30; Num. 9,10; Num. 9,14; Num. 10,8; Num. 10,9; Num. 10,10; Num. 10,29; Num. 11,18; Num. 11,20; Num. 11,20; Num. 14,28; Num. 14,41; Num. 14,43; Num. 15,2; Num. 15,14; Num. 15,14; Num. 15,15; Num. 15,15; Num. 15,16; Num. 15,16; Num. 15,39; Num. 16,3; Num. 16,6; Num. 16,7; Num. 16,9; Num. 17,20; Num. 18,8; Num. 18,9; Num. 18,11; Num. 18,26; Num. 18,27; Num. 18,31; Num. 19,21; Num. 20,10; Num. 22,8; Num. 25,18; Num. 28,18; Num. 28,19; Num. 28,25; Num. 28,26; Num. 28,31; Num. 29,1; Num. 29,1; Num. 29,7; Num. 29,8; Num. 29,12; Num. 29,35; Num. 32,22; Num. 32,24; Num. 32,30; Num. 33,53; Num. 33,56; Num. 34,2; Num. 34,3; Num. 34,3; Num. 34,6; Num. 34,6; Num. 34,7; Num. 34,7; Num. 34,9; Num. 34,10; Num. 34,12; Num. 34,17; Num. 34,18; Num. 35,5; Num. 35,11; Num. 35,11; Num. 35,12; Num. 35,13; Num. 35,15; Num. 35,29; Num. 35,34; Deut. 1,6; Deut. 1,11; Deut. 1,11; Deut. 1,18; Deut. 1,20; Deut. 1,21; Deut. 1,21; Deut. 1,30; Deut. 1,33; Deut. 1,33; Deut. 1,43; Deut. 1,44; Deut. 1,45; Deut. 2,3; Deut. 2,5; Deut. 2,9; Deut. 3,18; Deut. 3,18; Deut. 3,19; Deut. 3,19; Deut. 3,20; Deut. 4,1; Deut. 4,2; Deut. 4,2; Deut. 4,5; Deut. 4,13; Deut. 4,13; Deut. 4,16; Deut. 4,23; Deut. 4,26; Deut. 5,5; Deut. 7,14; Deut. 8,1; Deut. 8,19; Deut. 9,8; Deut. 9,16; Deut. 9,16; Deut. 9,19; Deut. 9,23; Deut. 9,24; Deut. 11,5; Deut. 11,7; Deut. 11,17; Deut. 11,17; Deut. 11,24; Deut. 11,27; Deut. 11,28; Deut. 11,28; Deut. 11,31; Deut. 12,1; Deut. 12,9; Deut. 12,10; Deut. 12,11; Deut. 13,12; Deut. 13,15; Deut. 14,7; Deut. 14,8; Deut. 14,10; Deut. 14,19; Deut. 16,11; Deut. 19,20; Deut. 20,4; Deut. 23,5; Deut. 23,17; Deut. 24,4; Deut. 24,8; Deut. 24,8; Deut. 27,1; Deut. 28,1; Deut. 28,56; Deut. 28,63; Deut. 28,63; Deut. 29,3; Deut. 29,13; Deut. 29,17; Deut. 29,17; Deut. 30,19; Deut. 31,5; Deut. 31,5; Deut. 31,6; Deut. 31,29; Deut. 31,29; Deut. 32,35; Deut. 32,38; Deut. 32,38; Deut. 32,46; Deut. 32,47; Josh. 1,3; Josh. 1,11; Josh. 1,13; Josh. 1,13; Josh. 1,14; Josh. 1,15; Josh. 2,9; Josh. 2,12; Josh. 2,14; Josh. 2,16; Josh. 3,5; Josh. 3,10; Josh. 3,12; Josh. 4,3; Josh. 4,6; Josh. 4,6; Josh. 4,7; Josh. 6,16; Josh. 7,13; Josh. 8,8; Josh. 9,24; Josh. 9,25; Josh. 9,25; Josh. 9,25; Josh. 18,6; Josh. 18,7; Josh. 18,8; Josh. 20,3; Josh. 22,2; Josh. 22,2; Josh. 22,4; Josh. 22,16; Josh. 22,19; Josh. 22,24; Josh. 22,25; Josh. 22,27; Josh. 23,3; Josh. 23,4; Josh. 23,4; Josh. 23,5; Josh. 23,7; Josh. 23,9; Josh. 23,10; Josh. 23,10; Josh. 23,12; Josh. 23,13; Josh. 23,13; Josh. 23,14; Josh. 23,15; Josh. 23,16; Josh. 24,8; Josh. 24,9; Josh. 24,13; Josh. 24,15; Josh. 24,15; Josh. 24,23; Josh. 24,27; Josh. 24,27; Judg. 2,1; Judg. 2,1; Judg. 2,3; Judg. 2,3; Judg. 6,9; Judg. 6,10; Judg. 9,19; Judg. 11,9; Judg. 14,12; Judg. 14,12; Judg. 18,25; Judg. 20,12; Ruth 1,9; Ruth 1,11; 1Sam. 6,3; 1Sam. 6,4; 1Sam. 10,24; 1Sam. 11,2; 1Sam. 11,9; 1Sam. 12,2; 1Sam. 12,3; 1Sam. 12,5; 1Sam. 12,7; 1Sam. 12,7; 1Sam. 12,23; 1Sam. 14,9; 1Sam. 14,12; 1Sam. 17,9; 1Sam. 22,7; 1Sam. 29,10; 2Sam. 13,28; 2Sam. 16,10; 2Sam. 19,23; 2Sam. 21,3; 2Sam. 21,4; 1Kings 12,24p; 1Kings 12,28; 2Kings 1,7; 2Kings 7,12; 2Kings 11,7; 2Kings 17,37; 2Kings 25,24; 1Chr. 13,2; 2Chr. 13,5; 2Chr. 13,8; 2Chr. 13,12; 2Chr. 15,2; 2Chr. 20,15; 2Chr. 20,15; 2Chr. 20,17; 2Chr. 28,11; 2Chr. 29,11; 2Chr. 35,3; 1Esdr. 1,3; 1Esdr. 5,65; 1Esdr. 5,66; 1Esdr. 5,67; 1Esdr. 6,4; 1Esdr. 6,10; 1Esdr. 8,22; Ezra 1,3; Ezra 4,3; Ezra 5,3; Ezra 5,9; Ezra 7,24; Neh. 2,20; Neh. 4,16; Neh. 13,21; Esth. 13,6 # 3,13f; Esth. 8,8; Judith 7,28; Judith 8,11; Judith 8,34; Judith 10,12; Tob. 5,17; Tob. 7,12; Tob. 12,17; Tob. 12,19; Tob. 13,8; 1Mac. 2,66; 1Mac. 7,15; 1Mac. 10,27; 1Mac. 10,28; 1Mac. 10,28; 1Mac. 10,72; 1Mac. 12,7; 1Mac. 12,14; 1Mac. 12,17; 1Mac. 12,23; 1Mac. 12,23; 1Mac. 12,23; 1Mac. 13,37; 1Mac. 13,37; 1Mac. 13,38; 2Mac. 1,2; 2Mac. 1,3; 2Mac. 1,5; 2Mac. 1,7; 2Mac. 1,18; 2Mac. 2,15; 2Mac. 2,16; 2Mac. 7,22; 2Mac. 7,23; 2Mac. 9,20; 2Mac. 9,27; 2Mac. 11,20; 2Mac. 11,35; 2Mac. 11,36; 4Mac. 1,1; 4Mac. 1,7; 4Mac. 8,11; 4Mac. 8,14; 4Mac. 16,8; 4Mac. 18,10; 4Mac. 18,11; 4Mac. 18,12; 4Mac. 18,15; 4Mac. 18,16; Psa. 126,2; Ode. 2,35; Ode. 2,38; Ode. 2,38; Ode. 10,5; Prov. 1,23; Prov. 1,26; Prov. 1,27; Prov. 1,27; Prov. 1,27; Prov. 4,2; Prov. 8,21a; Prov. 9,5; Prov. 24,23; Job 13,5; Job 13,5; Job 13,11; Job 16,4; Job 17,10; Job 27,11; Job 32,6; Job 32,10; Wis. 6,3; Wis. 6,5; Wis. 6,22; Sir. 2,14; Sir. 41,8; Sir. 45,26; Hos. 10,12; Hos. 10,15; Amos 4,6; Amos 5,18; Mic. 1,2; Mic. 3,1; Mic. 3,6; Mic. 3,6; Joel 2,19; Joel 2,23; Joel 2,23; Joel 2,25; Zeph. 3,20; Hag. 1,4; Zech. 1,6; Mal. 1,10; Mal. 1,10; Mal. 2,2; Mal. 2,3; Mal. 3,10; Mal. 3,10; Mal. 3,11; Mal. 3,20; Mal. 3,22; Is. 5,5; Is. 7,13; Is. 7,14; Is. 8,10; Is. 10,3; Is. 13,17; Is. 16,4; Is. 22,14; Is. 28,28; Is. 29,11; Is. 30,3; Is. 30,13; Is. 30,20; Is. 33,4; Is. 33,14; Is. 33,14; Is. 33,21; Is. 33,21; Is. 36,8; Is. 36,15; Is. 40,21; Is. 41,22; Is. 42,9; Is. 42,23; Is. 43,9; Is. 43,12; Is. 44,7; Is. 44,8; Is. 45,21; Is. 50,10; Is. 50,11; Is. 55,3; Is. 55,6; Is. 57,16; Is. 62,7; Jer. 3,12; Jer. 3,15; Jer. 4,10; Jer. 7,6; Jer. 7,9; Jer. 7,14; Jer. 7,23; Jer. 7,23; Jer. 7,23; Jer. 9,11; Jer. 11,4; Jer. 11,4; Jer. 14,13; Jer. 14,14; Jer. 16,13; Jer. 23,17; Jer. 23,39; Jer. 25,5; Jer. 33,14; Jer. 34,9; Jer. 34,9; Jer. 34,10; Jer. 34,14; Jer. 34,15; Jer. 34,16; Jer. 34,16; Jer. 34,16; Jer. 36,7; Jer. 36,8; Jer. 36,9; Jer. 36,11; Jer. 36,14; Jer. 36,27; Jer. 36,31; Jer. 36,32; Jer. 41,16; Jer. 41,17; Jer. 42,7; Jer. 42,15; Jer. 44,7; Jer. 44,19; Jer. 47,9; Jer. 49,4; Jer. 49,10; Jer. 49,12; Jer. 51,29; Bar. 4,9; Bar. 4,17; Bar. 4,18; Bar. 4,22; Bar. 4,24; Bar. 4,25; Bar. 4,29; Bar. 4,29; Ezek. 11,9; Ezek. 11,11; Ezek. 12,22; Ezek. 18,2; Ezek. 18,30; Ezek. 20,3; Ezek. 20,31; Ezek. 20,31; Ezek. 20,41; Ezek. 20,44; Ezek. 24,24; Ezek. 34,18; Ezek. 34,26; Ezek. 36,22; Ezek. 36,23; Ezek. 36,26; Ezek. 36,26; Ezek. 36,26; Ezek. 36,27; Ezek. 36,28; Ezek. 36,32; Ezek. 39,17; Ezek. 39,19; Ezek. 39,21; Ezek. 44,6; Ezek. 45,9; Ezek. 45,10; Ezek. 45,12; Ezek. 45,21; Ezek. 47,14; Ezek. 47,22; Ezek. 47,22; Dan. 1,10; Dan. 4,37c; Dan. 4,37c; Dan. 4,37c; Sus. 57; Judg. 2,3; Judg. 2,3; Judg. 6,9; Judg. 6,10; Judg. 8,23; Judg. 9,2; Judg. 9,19; Judg. 11,9; Judg. 14,12; Judg. 14,12; Judg. 15,7; Judg. 19,30; Judg. 20,12; Tob. 5,17; Tob. 7,11; Tob. 7,13; Tob. 12,11; Tob. 12,11; Tob. 12,17; Tob. 12,19; Tob. 12,20; Tob. 13,4; Tob. 14,8; Dan. 4,1; Dan. 4,2; Dan. 6,26; Sus. 57; Matt. 3,7; Matt. 3,9; Matt. 5,18; Matt. 5,20; Matt. 5,22; Matt.

σύ

5,28; Matt. 5,32; Matt. 5,34; Matt. 5,39; Matt. 5,44; Matt. 6,2; Matt. 6,5; Matt. 6,14; Matt. 6,16; Matt. 6,19; Matt. 6,20; Matt. 6,25; Matt. 6,29; Matt. 6,33; Matt. 7,2; Matt. 7,7; Matt. 7,7; Matt. 7,12; Matt. 8,10; Matt. 8,11; Matt. 9,29; Matt. 10,15; Matt. 10,19; Matt. 10,20; Matt. 10,23; Matt. 10,27; Matt. 10,42; Matt. 11,9; Matt. 11,11; Matt. 11,17; Matt. 11,21; Matt. 11,22; Matt. 11,22; Matt. 11,24; Matt. 12,6; Matt. 12,31; Matt. 12,36; Matt. 13,11; Matt. 13,17; Matt. 16,11; Matt. 16,28; Matt. 17,12; Matt. 17,20; Matt. 17,20; Matt. 18,3; Matt. 18,10; Matt. 18,12; Matt. 18,13; Matt. 18,18; Matt. 18,19; Matt. 18,35; Matt. 19,8; Matt. 19,9; Matt. 19,23; Matt. 19,24; Matt. 19,28; Matt. 20,4; Matt. 20,26; Matt. 20,26; Matt. 20,27; Matt. 20,32; Matt. 21,3; Matt. 21,21; Matt. 21,24; Matt. 21,27; Matt. 21,28; Matt. 21,31; Matt. 21,43; Matt. 22,31; Matt. 22,42; Matt. 23,3; Matt. 23,13; Matt. 23,15; Matt. 23,16; Matt. 23,23; Matt. 23,25; Matt. 23,27; Matt. 23,29; Matt. 23,36; Matt. 23,38; Matt. 23,39; Matt. 24,2; Matt. 24,23; Matt. 24,25; Matt. 24,26; Matt. 24,34; Matt. 24,47; Matt. 25,9; Matt. 25,12; Matt. 25,34; Matt. 25,40; Matt. 25,45; Matt. 26,13; Matt. 26,15; Matt. 26,21; Matt. 26,29; Matt. 26,64; Matt. 26,66; Matt. 27,17; Matt. 27,21; Matt. 28,7; Matt. 28,20; Mark 3,28; Mark 4,11; Mark 4,24; Mark 4,24; Mark 8,12; Mark 9,1; Mark 9,13; Mark 9,41; Mark 10,3; Mark 10,5; Mark 10,15; Mark 10,29; Mark 10,36; Mark 10,43; Mark 10,43; Mark 10,44; Mark 11,3; Mark 11,23; Mark 11,24; Mark 11,24; Mark 11,25; Mark 11,29; Mark 11,33; Mark 12,43; Mark 13,11; Mark 13,21; Mark 13,23; Mark 13,30; Mark 13,37; Mark 14,9; Mark 14,13; Mark 14,15; Mark 14,18; Mark 14,25; Mark 14,64; Mark 15,9; Mark 16,7; Luke 2,10; Luke 2,11; Luke 2,12; Luke 3,7; Luke 3,8; Luke 3,13; Luke 4,24; Luke 4,25; Luke 6,24; Luke 6,25; Luke 6,27; Luke 6,31; Luke 6,32; Luke 6,33; Luke 6,34; Luke 6,38; Luke 6,38; Luke 6,47; Luke 7,9; Luke 7,26; Luke 7,28; Luke 7,32; Luke 8,10; Luke 9,27; Luke 9,48; Luke 10,8; Luke 10,11; Luke 10,12; Luke 10,13; Luke 10,14; Luke 10,19; Luke 10,20; Luke 10,24; Luke 11,8; Luke 11,9; Luke 11,9; Luke 11,9; Luke 11,41; Luke 11,42; Luke 11,43; Luke 11,44; Luke 11,46; Luke 11,47; Luke 11,51; Luke 11,52; Luke 12,4; Luke 12,5; Luke 12,5; Luke 12,8; Luke 12,22; Luke 12,27; Luke 12,31; Luke 12,32; Luke 12,37; Luke 12,44; Luke 12,51; Luke 13,3; Luke 13,5; Luke 13,24; Luke 13,25; Luke 13,27; Luke 13,35; Luke 13,35; Luke 14,24; Luke 15,7; Luke 15,10; Luke 16,9; Luke 16,11; Luke 16,12; Luke 17,6; Luke 17,10; Luke 17,23; Luke 17,34; Luke 18,8; Luke 18,14; Luke 18,17; Luke 18,29; Luke 19,26; Luke 19,40; Luke 20,8; Luke 21,3; Luke 21,13; Luke 21,15; Luke 21,15; Luke 21,32; Luke 22,10; Luke 22,12; Luke 22,16; Luke 22,18; Luke 22,26; Luke 22,29; Luke 22,37; Luke 22,67; Luke 24,6; Luke 24,36; Luke 24,44; John 1,51; John 2,5; John 3,12; John 3,12; John 4,35; John 5,19; John 5,24; John 5,25; John 5,38; John 6,26; John 6,27; John 6,32; John 6,32; John 6,32; John 6,36; John 6,47; John 6,53; John 6,63; John 6,65; John 7,19; John 7,22; John 8,24; John 8,25; John 8,34; John 8,37; John 8,40; John 8,51; John 8,55; John 8,58; John 9,27; John 10,1; John 10,7; John 10,25; John 10,32; John 11,50; John 11,56; John 12,24; John 12,35; John 13,12; John 13,15; John 13,15; John 13,16; John 13,19; John 13,20; John 13,21; John 13,33; John 13,34; John 14,2; John 14,2; John 14,3; John 14,10; John 14,12; John 14,16; John 14,17; John 14,17; John 14,20; John 14,25; John 14,25; John 14,26; John 14,27; John 14,27; John 14,27; John 14,28; John 14,29; John 15,3; John 15,4; John 15,7; John 15,7; John 15,11; John 15,11; John 15,14; John 15,15; John 15,16; John 15,17; John 15,20; John 15,26; John 16,1; John 16,4; John 16,4; John 16,4; John 16,6; John 16,7; John 16,7; John 16,12; John 16,13; John 16,14; John 16,15; John 16,20; John 16,23; John 16,23; John 16,25; John 16,25; John 16,25; John 16,26; John 16,33; John 18,8; John 18,39; John 18,39; John 18,39; John 19,4; John 20,19; John 20,21; John 20,26; Acts 2,14; Acts 2,39; Acts 3,14; Acts 3,20; Acts 3,22; Acts 3,26; Acts 4,10; Acts 5,9; Acts 5,28; Acts 5,38; Acts 7,37; Acts 13,15; Acts 13,26; Acts 13,34; Acts 13,38; Acts 13,38; Acts 13,41; Acts 13,46; Acts 14,15; Acts 14,17; Acts 15,7; Acts 15,28; Acts 16,17; Acts 17,3; Acts 17,23; Acts 20,20; Acts 20,26; Acts 20,27; Acts 20,35; Acts 22,25; Acts 25,5; Acts 26,8; Acts 28,28; Rom. 1,7; Rom. 1,11; Rom. 1,12; Rom. 1,13; Rom. 1,15; Rom. 8,9; Rom. 8,10; Rom. 8,11; Rom. 8,11; Rom. 12,3; Rom. 15,5; Rom. 15,15; Rom. 15,32; Rom. 16,1; Rom. 16,19; 1Cor. 1,3; 1Cor. 1,4; 1Cor. 1,6; 1Cor. 1,10; 1Cor. 1,11; 1Cor. 2,1; 1Cor. 2,2; 1Cor. 3,1; 1Cor. 3,3; 1Cor. 3,16; 1Cor. 3,18; 1Cor. 4,8; 1Cor. 4,17; 1Cor. 5,1; 1Cor. 5,9; 1Cor. 5,11; 1Cor. 6,2; 1Cor. 6,5; 1Cor. 6,5; 1Cor. 6,7; 1Cor. 6,19; 1Cor. 7,35; 1Cor. 9,2; 1Cor. 9,11; 1Cor. 10,27; 1Cor. 10,28; 1Cor. 11,2; 1Cor. 11,13; 1Cor. 11,18; 1Cor. 11,19; 1Cor. 11,19; 1Cor. 11,22; 1Cor. 11,23; 1Cor. 11,30; 1Cor. 12,3; 1Cor. 12,31; 1Cor. 14,6; 1Cor. 14,25; 1Cor. 14,37; 1Cor. 15,1; 1Cor. 15,1; 1Cor. 15,2; 1Cor. 15,3; 1Cor. 15,12; 1Cor. 15,34; 1Cor. 15,51; 2Cor. 1,2; 2Cor. 1,13; 2Cor. 1,19; 2Cor. 1,21; 2Cor. 2,4; 2Cor. 4,12; 2Cor. 4,14; 2Cor. 5,12; 2Cor. 5,12; 2Cor. 5,13; 2Cor. 6,18; 2Cor. 7,7; 2Cor. 7,11; 2Cor. 7,12; 2Cor. 7,14; 2Cor. 7,16; 2Cor. 8,1; 2Cor. 8,7; 2Cor. 8,10; 2Cor. 8,13; 2Cor. 9,1; 2Cor. 9,14; 2Cor. 10,1; 2Cor. 10,15; 2Cor. 11,7; 2Cor. 11,9; 2Cor. 12,12; 2Cor. 12,19; 2Cor. 12,20; 2Cor. 13,3; 2Cor. 13,5; Gal. 1,3; Gal. 1,8; Gal. 1,8; Gal. 1,11; Gal. 1,20; Gal. 3,5; Gal. 3,5; Gal. 4,13; Gal. 4,15; Gal. 4,16; Gal. 4,19; Gal. 4,20; Gal. 5,2; Gal. 5,21; Gal. 6,11; Eph. 1,2; Eph. 1,17; Eph. 2,17; Eph. 3,16; Eph. 4,32; Eph. 5,3; Eph. 6,21; Phil. 1,2; Phil. 1,6; Phil. 1,25; Phil. 1,29; Phil. 2,5; Phil. 2,13; Phil. 2,17; Phil. 2,19; Phil. 3,1; Phil. 3,1; Phil. 3,15; Phil. 3,18; Col. 1,2; Col. 1,5; Col. 1,6; Col. 1,27; Col. 2,5; Col. 3,13; Col. 3,16; Col. 4,7; Col. 4,9; Col. 4,16; 1Th. 1,1; 1Th. 1,5; 1Th. 2,8; 1Th. 2,10; 1Th. 2,13; 1Th. 3,4; 1Th. 3,7; 1Th. 4,2; 1Th. 4,6; 1Th. 4,9; 1Th. 4,11; 1Th. 4,15; 1Th. 5,1; 1Th. 5,12; 2Th. 1,2; 2Th. 1,4; 2Th. 1,7; 2Th. 1,12; 2Th. 2,5; 2Th. 3,6; 2Th. 3,7; 2Th. 3,9; 2Th. 3,10; 2Th. 3,11; 2Th. 3,16; Philem. 3; Philem. 22; Heb. 12,5; Heb. 12,7; Heb. 13,7; Heb. 13,17; Heb. 13,19; Heb. 13,22; James 3,13; James 4,1; James 4,8; James 5,3; James 5,6; James 5,13; James 5,14; James 5,19; 1Pet. 1,2; 1Pet. 1,12; 1Pet. 1,12; 1Pet. 1,13; 1Pet. 2,7; 1Pet. 2,21; 1Pet. 3,15; 1Pet. 4,12; 1Pet. 4,12; 1Pet. 4,12; 1Pet. 5,1; 1Pet. 5,2; 1Pet. 5,12; 1Pet. 5,14; 2Pet. 1,2; 2Pet. 1,8; 2Pet. 1,11; 2Pet. 1,16; 2Pet. 2,1; 2Pet. 2,13; 2Pet. 3,1; 2Pet. 3,15; 1John 1,2; 1John 1,3; 1John 1,5; 1John 2,1; 1John 2,7; 1John 2,8; 1John 2,8; 1John 2,12; 1John 2,12; 1John 2,13; 1John 2,13; 1John 2,14; 1John 2,14; 1John 2,14; 1John 2,14; 1John 2,21; 1John 2,24; 1John 2,24; 1John 2,26; 1John 2,27; 1John 4,4; 1John 5,13; 2John 12; Jude 2; Jude 3; Jude 3; Jude 18; Rev. 1,4; Rev. 2,13; Rev. 2,23; Rev. 2,24; Rev. 22,16)

Ὑμῖν ▸ 1 + 1 + 1 = 3

Pronoun · (personal) · second · plural · dative ▸ 1 + 1 + 1 = 3 (Dan. 3,4; Dan. 3,4; Rom. 11,13)

ὑμῶν ▸ 1642 + 50 + 561 = 2253

Pronoun · (personal) · second · plural · genitive ▸ 1642 + 50 + 561 = 2253 (Gen. 3,5; Gen. 9,2; Gen. 9,5; Gen. 9,9; Gen. 9,10; Gen. 9,10; Gen. 9,12; Gen. 9,12; Gen. 9,15; Gen. 17,10; Gen. 17,10; Gen. 17,11; Gen. 17,11; Gen. 17,12; Gen. 17,13; Gen. 18,4; Gen. 18,5; Gen. 18,5; Gen. 19,2; Gen. 19,2; Gen. 19,2; Gen. 23,4; Gen. 23,4; Gen. 23,8; Gen. 26,27; Gen. 27,45; Gen. 31,5; Gen. 31,6; Gen. 31,7; Gen. 31,9; Gen. 34,8; Gen. 34,9; Gen. 34,9; Gen. 34,10; Gen. 34,11; Gen. 34,15; Gen. 34,16; Gen. 35,2; Gen. 35,2; Gen. 35,2; Gen. 37,7; Gen. 40,7; Gen. 42,15; Gen. 42,16; Gen. 42,16; Gen. 42,16; Gen. 42,19; Gen. 42,19; Gen. 42,20; Gen. 42,20; Gen. 42,33; Gen. 42,34; Gen. 42,34; Gen. 42,38; Gen. 43,3; Gen. 43,3; Gen. 43,5; Gen. 43,5; Gen. 43,7; Gen. 43,7; Gen. 43,11;

Gen. 43,12; Gen. 43,12; Gen. 43,12; Gen. 43,13; Gen. 43,14; Gen. 43,23; Gen. 43,23; Gen. 43,23; Gen. 43,23; Gen. 43,27; Gen. 43,29; Gen. 44,17; Gen. 44,23; Gen. 44,23; Gen. 45,4; Gen. 45,5; Gen. 45,7; Gen. 45,7; Gen. 45,7; Gen. 45,12; Gen. 45,17; Gen. 45,18; Gen. 45,18; Gen. 45,19; Gen. 45,19; Gen. 45,20; Gen. 46,33; Gen. 47,3; Gen. 47,16; Gen. 47,16; Gen. 47,23; Gen. 47,24; Gen. 48,21; Gen. 48,21; Gen. 49,2; Gen. 50,4; Gen. 50,21; Gen. 50,25; Ex. 3,13; Ex. 3,15; Ex. 3,16; Ex. 3,22; Ex. 3,22; Ex. 5,4; Ex. 5,11; Ex. 5,14; Ex. 6,5; Ex. 6,7; Ex. 6,7; Ex. 7,4; Ex. 8,5; Ex. 8,7; Ex. 8,17; Ex. 8,21; Ex. 8,24; Ex. 10,2; Ex. 10,2; Ex. 10,8; Ex. 10,10; Ex. 10,10; Ex. 10,16; Ex. 10,17; Ex. 10,24; Ex. 10,24; Ex. 10,24; Ex. 11,9; Ex. 12,11; Ex. 12,11; Ex. 12,11; Ex. 12,14; Ex. 12,15; Ex. 12,17; Ex. 12,17; Ex. 12,19; Ex. 12,20; Ex. 12,21; Ex. 12,23; Ex. 12,26; Ex. 12,31; Ex. 12,32; Ex. 13,19; Ex. 14,14; Ex. 16,7; Ex. 16,8; Ex. 16,8; Ex. 16,9; Ex. 16,12; Ex. 16,16; Ex. 16,16; Ex. 16,29; Ex. 16,32; Ex. 16,33; Ex. 20,24; Ex. 20,24; Ex. 22,23; Ex. 22,23; Ex. 23,13; Ex. 23,25; Ex. 23,31; Ex. 24,14; Ex. 27,21; Ex. 29,42; Ex. 30,15; Ex. 30,16; Ex. 30,31; Ex. 31,13; Ex. 32,2; Ex. 32,13; Ex. 32,29; Ex. 32,30; Ex. 33,1; Ex. 33,5; Ex. 34,11; Ex. 35,3; Ex. 35,5; Lev. 1,2; Lev. 1,2; Lev. 2,13; Lev. 2,13; Lev. 2,13; Lev. 2,13; Lev. 3,17; Lev. 3,17; Lev. 6,11; Lev. 7,26; Lev. 7,32; Lev. 7,34; Lev. 8,33; Lev. 8,33; Lev. 8,34; Lev. 10,4; Lev. 10,6; Lev. 10,6; Lev. 10,6; Lev. 10,9; Lev. 10,9; Lev. 11,43; Lev. 11,44; Lev. 11,44; Lev. 11,44; Lev. 11,45; Lev. 16,29; Lev. 16,30; Lev. 16,30; Lev. 16,31; Lev. 17,7; Lev. 17,11; Lev. 17,12; Lev. 18,2; Lev. 18,4; Lev. 18,5; Lev. 18,24; Lev. 18,27; Lev. 18,28; Lev. 18,30; Lev. 19,2; Lev. 19,3; Lev. 19,4; Lev. 19,5; Lev. 19,9; Lev. 19,9; Lev. 19,9; Lev. 19,10; Lev. 19,12; Lev. 19,12; Lev. 19,14; Lev. 19,16; Lev. 19,23; Lev. 19,25; Lev. 19,27; Lev. 19,27; Lev. 19,28; Lev. 19,28; Lev. 19,31; Lev. 19,32; Lev. 19,33; Lev. 19,34; Lev. 19,36; Lev. 19,37; Lev. 20,7; Lev. 20,23; Lev. 20,24; Lev. 20,25; Lev. 20,26; Lev. 21,8; Lev. 21,17; Lev. 22,3; Lev. 22,3; Lev. 22,3; Lev. 22,21; Lev. 22,24; Lev. 22,25; Lev. 22,33; Lev. 23,3; Lev. 23,10; Lev. 23,14; Lev. 23,14; Lev. 23,14; Lev. 23,17; Lev. 23,21; Lev. 23,21; Lev. 23,22; Lev. 23,22; Lev. 23,27; Lev. 23,28; Lev. 23,28; Lev. 23,31; Lev. 23,31; Lev. 23,32; Lev. 23,32; Lev. 23,38; Lev. 23,38; Lev. 23,38; Lev. 23,40; Lev. 23,41; Lev. 23,43; Lev. 23,43; Lev. 24,3; Lev. 24,22; Lev. 25,9; Lev. 25,9; Lev. 25,17; Lev. 25,24; Lev. 25,38; Lev. 25,38; Lev. 25,45; Lev. 25,46; Lev. 25,46; Lev. 25,55; Lev. 26,1; Lev. 26,1; Lev. 26,5; Lev. 26,5; Lev. 26,6; Lev. 26,6; Lev. 26,6; Lev. 26,7; Lev. 26,7; Lev. 26,8; Lev. 26,8; Lev. 26,8; Lev. 26,8; Lev. 26,9; Lev. 26,12; Lev. 26,13; Lev. 26,13; Lev. 26,13; Lev. 26,15; Lev. 26,16; Lev. 26,16; Lev. 26,16; Lev. 26,16; Lev. 26,17; Lev. 26,18; Lev. 26,19; Lev. 26,19; Lev. 26,20; Lev. 26,20; Lev. 26,20; Lev. 26,21; Lev. 26,22; Lev. 26,22; Lev. 26,24; Lev. 26,24; Lev. 26,25; Lev. 26,26; Lev. 26,26; Lev. 26,28; Lev. 26,28; Lev. 26,29; Lev. 26,29; Lev. 26,30; Lev. 26,30; Lev. 26,30; Lev. 26,30; Lev. 26,31; Lev. 26,31; Lev. 26,31; Lev. 26,32; Lev. 26,32; Lev. 26,33; Lev. 26,33; Lev. 26,34; Lev. 26,35; Lev. 26,36; Lev. 26,37; Lev. 26,38; Lev. 26,39; Lev. 26,39; Num. 1,4; Num. 1,5; Num. 9,8; Num. 9,10; Num. 9,14; Num. 10,8; Num. 10,9; Num. 10,9; Num. 10,10; Num. 10,10; Num. 10,10; Num. 10,10; Num. 10,10; Num. 11,20; Num. 12,6; Num. 14,27; Num. 14,29; Num. 14,29; Num. 14,29; Num. 14,32; Num. 14,33; Num. 14,33; Num. 14,33; Num. 14,34; Num. 14,42; Num. 14,42; Num. 14,43; Num. 15,2; Num. 15,3; Num. 15,14; Num. 15,14; Num. 15,15; Num. 15,20; Num. 15,21; Num. 15,21; Num. 15,23; Num. 15,39; Num. 15,39; Num. 15,40; Num. 15,41; Num. 15,41; Num. 15,41; Num. 18,1; Num. 18,6; Num. 18,7; Num. 18,7; Num. 18,27; Num. 18,28; Num. 18,29; Num. 18,31; Num. 18,31; Num. 22,13; Num. 22,13; Num. 28,22; Num. 28,30; Num. 29,5; Num. 29,7; Num. 29,11; Num. 29,39; Num. 29,39; Num. 29,39; Num. 29,39; Num. 29,39; Num. 29,39; Num. 29,39; Num. 31,3; Num. 31,19; Num. 32,6; Num. 32,8; Num. 32,14; Num. 32,21; Num. 32,23; Num. 32,24; Num. 32,24; Num. 32,24; Num. 32,29; Num. 32,29; Num. 32,30; Num. 32,30; Num. 33,52; Num. 33,54; Num. 33,54; Num. 33,55; Num. 33,55; Num. 33,55; Num. 35,29; Num. 35,29; Deut. 1,8; Deut. 1,8; Deut. 1,10; Deut. 1,11; Deut. 1,12; Deut. 1,12; Deut. 1,12; Deut. 1,13; Deut. 1,13; Deut. 1,13; Deut. 1,15; Deut. 1,15; Deut. 1,15; Deut. 1,16; Deut. 1,16; Deut. 1,17; Deut. 1,21; Deut. 1,21; Deut. 1,21; Deut. 1,23; Deut. 1,26; Deut. 1,27; Deut. 1,28; Deut. 1,28; Deut. 1,30; Deut. 1,30; Deut. 1,30; Deut. 1,32; Deut. 1,33; Deut. 1,34; Deut. 1,42; Deut. 1,42; Deut. 1,45; Deut. 2,4; Deut. 2,21; Deut. 3,18; Deut. 3,18; Deut. 3,19; Deut. 3,19; Deut. 3,19; Deut. 3,19; Deut. 3,20; Deut. 3,20; Deut. 3,21; Deut. 3,22; Deut. 3,26; Deut. 4,1; Deut. 4,2; Deut. 4,3; Deut. 4,3; Deut. 4,3; Deut. 4,4; Deut. 4,6; Deut. 4,8; Deut. 4,10; Deut. 4,15; Deut. 4,21; Deut. 4,23; Deut. 4,25; Deut. 4,29; Deut. 5,1; Deut. 5,2; Deut. 5,3; Deut. 5,5; Deut. 5,22; Deut. 5,23; Deut. 5,23; Deut. 5,28; Deut. 5,30; Deut. 6,2; Deut. 6,9; Deut. 6,9; Deut. 6,14; Deut. 6,18; Deut. 6,18; Deut. 7,1; Deut. 7,8; Deut. 7,12; Deut. 7,24; Deut. 8,1; Deut. 8,1; Deut. 8,20; Deut. 8,20; Deut. 9,5; Deut. 9,16; Deut. 9,17; Deut. 9,18; Deut. 9,18; Deut. 9,21; Deut. 9,22; Deut. 9,23; Deut. 10,15; Deut. 10,16; Deut. 10,16; Deut. 10,17; Deut. 11,2; Deut. 11,4; Deut. 11,7; Deut. 11,9; Deut. 11,18; Deut. 11,18; Deut. 11,18; Deut. 11,18; Deut. 11,19; Deut. 11,20; Deut. 11,20; Deut. 11,21; Deut. 11,21; Deut. 11,23; Deut. 11,24; Deut. 11,25; Deut. 11,25; Deut. 11,25; Deut. 11,25; Deut. 11,26; Deut. 11,27; Deut. 11,28; Deut. 11,31; Deut. 11,32; Deut. 12,1; Deut. 12,4; Deut. 12,5; Deut. 12,5; Deut. 12,6; Deut. 12,6; Deut. 12,6; Deut. 12,6; Deut. 12,6; Deut. 12,6; Deut. 12,6; Deut. 12,7; Deut. 12,7; Deut. 12,9; Deut. 12,10; Deut. 12,10; Deut. 12,11; Deut. 12,11; Deut. 12,11; Deut. 12,11; Deut. 12,11; Deut. 12,11; Deut. 12,11; Deut. 12,11; Deut. 12,12; Deut. 12,12; Deut. 12,12; Deut. 12,12; Deut. 12,12; Deut. 12,12; Deut. 12,12; Deut. 12,17; Deut. 12,17; Deut. 12,18; Deut. 13,4; Deut. 13,4; Deut. 13,4; Deut. 13,5; Deut. 13,6; Deut. 13,8; Deut. 13,14; Deut. 14,1; Deut. 14,1; Deut. 15,5; Deut. 16,3; Deut. 16,3; Deut. 16,17; Deut. 17,7; Deut. 17,8; Deut. 18,6; Deut. 19,19; Deut. 20,3; Deut. 20,3; Deut. 20,4; Deut. 20,4; Deut. 20,4; Deut. 20,18; Deut. 21,9; Deut. 21,21; Deut. 22,21; Deut. 22,24; Deut. 23,5; Deut. 24,4; Deut. 24,7; Deut. 24,9; Deut. 26,16; Deut. 26,16; Deut. 28,1; Deut. 28,1; Deut. 28,26; Deut. 28,62; Deut. 28,68; Deut. 29,1; Deut. 29,4; Deut. 29,4; Deut. 29,4; Deut. 29,5; Deut. 29,9; Deut. 29,9; Deut. 29,9; Deut. 29,9; Deut. 29,9; Deut. 29,10; Deut. 29,10; Deut. 29,10; Deut. 29,10; Deut. 29,10; Deut. 29,14; Deut. 29,17; Deut. 29,21; Deut. 30,19; Deut. 31,6; Deut. 31,12; Deut. 31,12; Deut. 31,13; Deut. 31,26; Deut. 31,27; Deut. 31,28; Deut. 31,28; Deut. 31,28; Deut. 31,28; Deut. 31,29; Deut. 32,46; Deut. 32,47; Deut. 34,4; Josh. 1,3; Josh. 1,4; Josh. 1,5; Josh. 1,6; Josh. 1,11; Josh. 1,13; Josh. 1,14; Josh. 1,14; Josh. 1,14; Josh. 1,14; Josh. 1,15; Josh. 1,15; Josh. 2,9; Josh. 2,10; Josh. 2,11; Josh. 2,11; Josh. 2,14; Josh. 2,16; Josh. 2,16; Josh. 2,21; Josh. 3,3; Josh. 3,4; Josh. 4,3; Josh. 4,21; Josh. 4,22; Josh. 4,24; Josh. 5,9; Josh. 6,10; Josh. 7,12; Josh. 7,12; Josh. 7,13; Josh. 7,13; Josh. 9,23; Josh. 9,24; Josh. 9,24; Josh. 10,8; Josh. 10,19; Josh. 10,24; Josh. 10,25; Josh. 18,4; Josh. 22,3; Josh. 22,3; Josh. 22,4; Josh. 22,4; Josh. 22,5; Josh. 22,5; Josh. 22,5; Josh. 22,19; Josh. 22,24; Josh. 22,25; Josh. 22,25; Josh. 22,27; Josh. 22,27; Josh. 22,28; Josh. 23,3; Josh. 23,3; Josh. 23,3; Josh. 23,4; Josh. 23,5; Josh. 23,5; Josh. 23,5; Josh. 23,5; Josh. 23,8; Josh. 23,9; Josh. 23,9; Josh. 23,10; Josh. 23,10; Josh. 23,11; Josh. 23,12; Josh. 23,13; Josh. 23,13; Josh. 23,13; Josh. 23,13; Josh. 23,14; Josh. 23,14; Josh. 23,14; Josh. 23,16; Josh. 24,2; Josh. 24,3; Josh. 24,6; Josh.

24,7; Josh. 24,8; Josh. 24,8; Josh. 24,11; Josh. 24,12; Josh. 24,12; Josh. 24,14; Josh. 24,15; Josh. 24,19; Josh. 24,19; Josh. 24,22; Josh. 24,23; Judg. 2,1; Judg. 2,1; Judg. 2,3; Judg. 3,28; Judg. 3,28; Judg. 6,9; Judg. 6,10; Judg. 7,15; Judg. 8,3; Judg. 8,7; Judg. 8,23; Judg. 8,23; Judg. 8,23; Judg. 8,24; Judg. 9,2; Judg. 9,2; Judg. 9,2; Judg. 9,2; Judg. 9,7; Judg. 9,15; Judg. 9,17; Judg. 9,18; Judg. 10,14; Judg. 11,7; Judg. 15,3; Judg. 15,7; Judg. 18,6; Judg. 18,10; Judg. 19,9; Judg. 19,24; Ruth 1,8; Ruth 2,4; 1Sam. 2,3; 1Sam. 6,3; 1Sam. 6,4; 1Sam. 6,5; 1Sam. 6,5; 1Sam. 6,5; 1Sam. 6,5; 1Sam. 6,6; 1Sam. 7,3; 1Sam. 7,3; 1Sam. 7,3; 1Sam. 7,5; 1Sam. 8,11; 1Sam. 8,13; 1Sam. 8,14; 1Sam. 8,14; 1Sam. 8,14; 1Sam. 8,15; 1Sam. 8,15; 1Sam. 8,16; 1Sam. 8,16; 1Sam. 8,16; 1Sam. 8,16; 1Sam. 8,17; 1Sam. 8,18; 1Sam. 8,18; 1Sam. 9,12; 1Sam. 10,19; 1Sam. 10,19; 1Sam. 10,19; 1Sam. 10,19; 1Sam. 10,19; 1Sam. 11,2; 1Sam. 11,10; 1Sam. 12,1; 1Sam. 12,2; 1Sam. 12,2; 1Sam. 12,3; 1Sam. 12,7; 1Sam. 12,11; 1Sam. 12,14; 1Sam. 12,15; 1Sam. 12,16; 1Sam. 12,17; 1Sam. 12,20; 1Sam. 12,23; 1Sam. 12,24; 1Sam. 12,24; 1Sam. 12,25; 1Sam. 14,17; 1Sam. 18,23; 1Sam. 22,8; 1Sam. 23,23; 1Sam. 25,19; 1Sam. 26,16; 1Sam. 30,24; 1Sam. 30,24; 2Sam. 1,24; 2Sam. 1,24; 2Sam. 2,5; 2Sam. 2,6; 2Sam. 2,6; 2Sam. 2,7; 2Sam. 2,7; 2Sam. 3,17; 2Sam. 3,31; 2Sam. 4,11; 2Sam. 10,5; 2Sam. 14,7; 2Sam. 15,27; 2Sam. 15,27; 2Sam. 15,28; 2Sam. 17,21; 2Sam. 18,2; 2Sam. 18,4; 1Kings 1,33; 1Kings 1,33; 1Kings 9,6; 1Kings 9,6; 1Kings 11,2; 1Kings 12,11; 1Kings 12,14; 1Kings 12,14; 1Kings 12,24; 1Kings 12,24r; 1Kings 12,24y; 1Kings 18,18; 1Kings 18,24; 1Kings 18,25; 1Kings 21,9; 2Kings 3,17; 2Kings 3,17; 2Kings 3,18; 2Kings 9,15; 2Kings 10,2; 2Kings 10,2; 2Kings 10,2; 2Kings 10,3; 2Kings 10,3; 2Kings 10,6; 2Kings 10,23; 2Kings 10,24; 2Kings 11,5; 2Kings 12,8; 2Kings 17,13; 2Kings 17,13; 2Kings 17,38; 2Kings 17,39; 2Kings 17,39; 2Kings 18,27; 2Kings 18,32; 2Kings 19,6; 1Chr. 15,12; 1Chr. 16,18; 1Chr. 19,5; 1Chr. 22,18; 1Chr. 22,19; 1Chr. 22,19; 1Chr. 22,19; 1Chr. 22,19; 1Chr. 28,8; 1Chr. 29,20; 2Chr. 7,19; 2Chr. 10,11; 2Chr. 10,14; 2Chr. 11,4; 2Chr. 13,8; 2Chr. 15,2; 2Chr. 15,7; 2Chr. 15,7; 2Chr. 18,14; 2Chr. 19,6; 2Chr. 19,10; 2Chr. 19,10; 2Chr. 19,11; 2Chr. 20,17; 2Chr. 20,17; 2Chr. 20,20; 2Chr. 23,4; 2Chr. 28,9; 2Chr. 28,9; 2Chr. 28,10; 2Chr. 28,10; 2Chr. 28,11; 2Chr. 29,5; 2Chr. 29,8; 2Chr. 29,9; 2Chr. 29,9; 2Chr. 29,9; 2Chr. 29,9; 2Chr. 29,31; 2Chr. 30,7; 2Chr. 30,7; 2Chr. 30,8; 2Chr. 30,8; 2Chr. 30,8; 2Chr. 30,9; 2Chr. 30,9; 2Chr. 32,14; 2Chr. 32,15; 2Chr. 35,3; 2Chr. 35,4; 2Chr. 35,4; 2Chr. 35,5; 2Chr. 35,5; 2Chr. 35,6; 2Chr. 36,23; 1Esdr. 1,4; 1Esdr. 1,4; 1Esdr. 1,5; 1Esdr. 1,5; 1Esdr. 1,6; 1Esdr. 2,3; 1Esdr. 2,14; 1Esdr. 4,22; 1Esdr. 5,66; 1Esdr. 8,81; 1Esdr. 8,81; 1Esdr. 8,82; Ezra 4,2; Ezra 4,2; Ezra 7,17; Ezra 7,18; Ezra 8,28; Ezra 9,12; Ezra 9,12; Ezra 9,12; Ezra 10,11; Neh. 1,9; Neh. 4,8; Neh. 4,8; Neh. 4,8; Neh. 4,8; Neh. 4,8; Neh. 5,8; Neh. 8,10; Neh. 9,5; Neh. 13,18; Neh. 13,25; Neh. 13,25; Neh. 13,27; Esth. 16,22 # 8,12u; Judith 7,24; Judith 7,31; Judith 8,11; Judith 8,11; Judith 10,13; Judith 14,1; Judith 14,2; Judith 14,3; Tob. 2,6; Tob. 2,6; Tob. 5,17; Tob. 12,6; Tob. 12,11; Tob. 12,12; Tob. 13,6; Tob. 13,6; Tob. 13,7; Tob. 13,7; 1Mac. 2,50; 1Mac. 2,65; 1Mac. 2,65; 1Mac. 2,67; 1Mac. 7,15; 1Mac. 7,28; 1Mac. 7,28; 1Mac. 8,20; 1Mac. 8,20; 1Mac. 11,31; 1Mac. 12,10; 1Mac. 12,11; 1Mac. 12,12; 1Mac. 12,22; 1Mac. 12,23; 1Mac. 12,23; 1Mac. 13,6; 1Mac. 13,40; 1Mac. 14,21; 1Mac. 15,9; 1Mac. 16,3; 2Mac. 1,4; 2Mac. 1,5; 2Mac. 1,6; 2Mac. 9,21; 2Mac. 9,25; 2Mac. 11,17; 3Mac. 6,24; 4Mac. 3,3; 4Mac. 3,4; 4Mac. 5,11; 4Mac. 5,13; 4Mac. 8,5; 4Mac. 8,7; 4Mac. 8,8; 4Mac. 8,9; 4Mac. 9,17; 4Mac. 16,9; 4Mac. 18,19; Psa. 4,5; Psa. 4,5; Psa. 23,7; Psa. 23,9; Psa. 30,25; Psa. 33,6; Psa. 47,14; Psa. 57,3; Psa. 57,10; Psa. 61,9; Psa. 68,33; Psa. 74,6; Psa. 75,12; Psa. 77,1; Psa. 94,8; Psa. 94,9; Psa. 104,11; Psa. 113,22; Psa. 133,2; Ode. 3,3; Prov. 1,28; Prov. 9,16; Job 6,22; Job 6,25; Job 6,26; Job 6,26; Job 6,27; Job 6,28; Job 12,2; Job 13,2; Job 13,12; Job 13,17; Job 16,4; Job 16,4; Job 21,2; Job 21,34; Job 32,11; Job 32,12; Job 32,12; Job 42,8; Job 42,8; Wis. 1,12; Wis. 1,12; Wis. 6,3; Sir. 2,8; Sir. 45,26; Sir. 51,24; Sir. 51,26; Sir. 51,26; Sir. 51,27; Sir. 51,29; Sir. 51,30; Sir. 51,30; Hos. 1,9; Hos. 2,3; Hos. 2,3; Hos. 2,4; Hos. 4,13; Hos. 4,13; Hos. 4,14; Hos. 4,14; Hos. 5,2; Hos. 5,13; Hos. 6,4; Hos. 6,5; Hos. 7,5; Hos. 10,15; Hos. 14,3; Amos 2,11; Amos 2,11; Amos 2,13; Amos 3,2; Amos 4,2; Amos 4,4; Amos 4,4; Amos 4,6; Amos 4,6; Amos 4,7; Amos 4,9; Amos 4,9; Amos 4,9; Amos 4,9; Amos 4,10; Amos 4,10; Amos 5,12; Amos 5,12; Amos 5,14; Amos 5,21; Amos 5,21; Amos 5,22; Amos 5,22; Amos 5,26; Amos 8,7; Amos 8,10; Amos 8,10; Mic. 1,10; Mic. 1,11; Mic. 2,3; Mic. 5,4; Mic. 5,4; Mic. 5,5; Mic. 5,5; Joel 1,2; Joel 1,2; Joel 1,3; Joel 1,3; Joel 1,5; Joel 1,13; Joel 1,14; Joel 1,16; Joel 1,16; Joel 2,12; Joel 2,12; Joel 2,13; Joel 2,13; Joel 2,13; Joel 2,20; Joel 2,23; Joel 2,26; Joel 2,26; Joel 2,27; Joel 3,1; Joel 3,1; Joel 3,1; Joel 3,1; Joel 4,4; Joel 4,4; Joel 4,5; Joel 4,7; Joel 4,7; Joel 4,8; Joel 4,8; Joel 4,10; Joel 4,10; Joel 4,17; Jonah 1,12; Hab. 1,5; Zeph. 3,20; Zeph. 3,20; Hag. 1,4; Hag. 1,5; Hag. 1,5; Hag. 1,7; Hag. 1,7; Hag. 1,13; Hag. 2,3; Hag. 2,3; Hag. 2,4; Hag. 2,5; Hag. 2,15; Hag. 2,17; Hag. 2,18; Hag. 2,18; Zech. 1,2; Zech. 1,4; Zech. 1,4; Zech. 1,4; Zech. 1,5; Zech. 1,6; Zech. 1,6; Zech. 1,6; Zech. 2,12; Zech. 6,15; Zech. 7,10; Zech. 8,9; Zech. 8,13; Zech. 8,14; Zech. 8,16; Zech. 8,17; Zech. 8,23; Zech. 11,12; Mal. 1,1; Mal. 1,5; Mal. 1,9; Mal. 1,9; Mal. 1,9; Mal. 1,9; Mal. 1,10; Mal. 1,13; Mal. 2,2; Mal. 2,2; Mal. 2,2; Mal. 2,2; Mal. 2,3; Mal. 2,3; Mal. 2,10; Mal. 2,10; Mal. 2,13; Mal. 2,15; Mal. 2,16; Mal. 2,17; Mal. 3,6; Mal. 3,7; Mal. 3,8; Mal. 3,11; Mal. 3,11; Mal. 3,13; Mal. 3,21; Is. 1,7; Is. 1,7; Is. 1,7; Is. 1,7; Is. 1,11; Is. 1,12; Is. 1,13; Is. 1,14; Is. 1,14; Is. 1,14; Is. 1,15; Is. 1,15; Is. 1,15; Is. 1,16; Is. 1,16; Is. 1,18; Is. 1,22; Is. 3,12; Is. 3,12; Is. 3,12; Is. 3,14; Is. 3,25; Is. 3,26; Is. 5,22; Is. 8,6; Is. 8,7; Is. 8,7; Is. 10,3; Is. 10,27; Is. 13,18; Is. 15,2; Is. 23,7; Is. 23,14; Is. 28,18; Is. 28,18; Is. 28,22; Is. 30,7; Is. 30,15; Is. 30,18; Is. 30,24; Is. 33,4; Is. 33,7; Is. 33,7; Is. 33,11; Is. 33,17; Is. 33,18; Is. 36,12; Is. 36,12; Is. 36,16; Is. 36,17; Is. 36,18; Is. 37,6; Is. 40,9; Is. 40,26; Is. 41,21; Is. 41,21; Is. 41,24; Is. 41,26; Is. 43,14; Is. 43,15; Is. 43,15; Is. 43,27; Is. 46,4; Is. 50,1; Is. 50,1; Is. 50,1; Is. 50,1; Is. 50,11; Is. 51,2; Is. 51,6; Is. 51,7; Is. 52,12; Is. 53,10; Is. 55,2; Is. 55,2; Is. 55,3; Is. 55,3; Is. 55,7; Is. 55,8; Is. 55,8; Is. 55,9; Is. 55,9; Is. 57,4; Is. 57,4; Is. 58,3; Is. 58,3; Is. 58,3; Is. 58,4; Is. 59,2; Is. 59,2; Is. 59,2; Is. 59,2; Is. 59,3; Is. 59,3; Is. 59,3; Is. 59,3; Is. 65,14; Is. 65,15; Is. 66,14; Is. 66,14; Is. 66,20; Is. 66,22; Is. 66,22; Jer. 2,5; Jer. 2,9; Jer. 2,30; Jer. 2,30; Jer. 3,14; Jer. 3,22; Jer. 4,4; Jer. 4,4; Jer. 4,4; Jer. 4,8; Jer. 5,17; Jer. 5,17; Jer. 5,17; Jer. 5,17; Jer. 5,17; Jer. 5,17; Jer. 5,17; Jer. 5,17; Jer. 5,17; Jer. 5,19; Jer. 5,19; Jer. 5,25; Jer. 5,25; Jer. 5,25; Jer. 6,16; Jer. 6,20; Jer. 6,20; Jer. 7,3; Jer. 7,3; Jer. 7,5; Jer. 7,5; Jer. 7,7; Jer. 7,11; Jer. 7,14; Jer. 7,15; Jer. 7,21; Jer. 7,21; Jer. 7,22; Jer. 8,18; Jer. 9,17; Jer. 9,17; Jer. 9,19; Jer. 9,19; Jer. 9,20; Jer. 9,20; Jer. 9,21; Jer. 11,4; Jer. 11,5; Jer. 12,13; Jer. 13,16; Jer. 13,16; Jer. 13,17; Jer. 13,17; Jer. 13,18; Jer. 13,18; Jer. 14,17; Jer. 16,9; Jer. 16,9; Jer. 16,11; Jer. 16,12; Jer. 16,13; Jer. 17,21; Jer. 17,22; Jer. 17,22; Jer. 18,11; Jer. 21,8; Jer. 23,2; Jer. 23,39; Jer. 25,4; Jer. 25,5; Jer. 25,5; Jer. 25,6; Jer. 26,4; Jer. 26,4; Jer. 27,12; Jer. 27,14; Jer. 28,24; Jer. 28,50; Jer. 31,6; Jer. 32,27; Jer. 32,34; Jer. 33,4; Jer. 33,11; Jer. 33,13; Jer. 33,13; Jer. 33,14; Jer. 33,15; Jer. 34,4; Jer. 34,9; Jer. 34,9; Jer. 34,9; Jer. 34,10; Jer. 34,12; Jer. 34,15; Jer. 35,7; Jer. 35,8; Jer. 36,6; Jer. 36,6; Jer. 36,8; Jer. 36,8; Jer. 36,10; Jer. 36,12; Jer. 36,13; Jer. 36,21; Jer. 36,32; Jer. 37,17; Jer. 41,13; Jer. 42,6; Jer. 42,7; Jer. 42,15; Jer. 42,15; Jer. 42,15; Jer. 44,9; Jer. 44,19; Jer. 45,5; Jer. 47,10; Jer. 47,10; Jer. 49,4; Jer. 49,4; Jer. 49,11; Jer. 49,12; Jer. 49,15; Jer. 49,16; Jer. 49,18;

Jer. 49,20; Jer. 51,7; Jer. 51,7; Jer. 51,7; Jer. 51,8; Jer. 51,9; Jer. 51,9; Jer. 51,9; Jer. 51,21; Jer. 51,21; Jer. 51,21; Jer. 51,22; Jer. 51,22; Jer. 51,23; Jer. 51,25; Jer. 51,25; Jer. 51,25; Bar. 2,21; Bar. 2,21; Bar. 4,18; Bar. 4,22; Bar. 4,22; Bar. 4,24; Bar. 4,27; Bar. 4,28; Bar. 4,29; LetterJ 6; LetterJ 6; Ezek. 5,7; Ezek. 5,7; Ezek. 5,7; Ezek. 6,3; Ezek. 6,4; Ezek. 6,4; Ezek. 6,4; Ezek. 6,4; Ezek. 6,5; Ezek. 6,5; Ezek. 6,6; Ezek. 6,6; Ezek. 6,6; Ezek. 6,6; Ezek. 6,7; Ezek. 6,8; Ezek. 6,8; Ezek. 6,9; Ezek. 6,13; Ezek. 6,13; Ezek. 6,13; Ezek. 9,5; Ezek. 11,5; Ezek. 11,6; Ezek. 11,7; Ezek. 12,25; Ezek. 13,8; Ezek. 13,8; Ezek. 13,12; Ezek. 13,20; Ezek. 13,20; Ezek. 13,21; Ezek. 13,21; Ezek. 13,21; Ezek. 13,23; Ezek. 14,6; Ezek. 14,6; Ezek. 14,6; Ezek. 16,45; Ezek. 16,45; Ezek. 16,46; Ezek. 18,25; Ezek. 18,29; Ezek. 18,30; Ezek. 18,31; Ezek. 20,5; Ezek. 20,7; Ezek. 20,18; Ezek. 20,19; Ezek. 20,20; Ezek. 20,20; Ezek. 20,27; Ezek. 20,30; Ezek. 20,31; Ezek. 20,31; Ezek. 20,31; Ezek. 20,36; Ezek. 20,38; Ezek. 20,39; Ezek. 20,39; Ezek. 20,40; Ezek. 20,40; Ezek. 20,40; Ezek. 20,42; Ezek. 20,43; Ezek. 20,43; Ezek. 20,43; Ezek. 20,43; Ezek. 20,44; Ezek. 20,44; Ezek. 21,29; Ezek. 21,29; Ezek. 21,29; Ezek. 21,29; Ezek. 21,29; Ezek. 23,49; Ezek. 23,49; Ezek. 24,21; Ezek. 24,21; Ezek. 24,21; Ezek. 24,21; Ezek. 24,21; Ezek. 24,23; Ezek. 24,23; Ezek. 24,23; Ezek. 24,23; Ezek. 24,23; Ezek. 33,11; Ezek. 34,18; Ezek. 34,18; Ezek. 34,18; Ezek. 34,19; Ezek. 34,19; Ezek. 34,21; Ezek. 34,21; Ezek. 34,31; Ezek. 36,3; Ezek. 36,7; Ezek. 36,8; Ezek. 36,8; Ezek. 36,11; Ezek. 36,11; Ezek. 36,24; Ezek. 36,25; Ezek. 36,25; Ezek. 36,26; Ezek. 36,28; Ezek. 36,29; Ezek. 36,31; Ezek. 36,31; Ezek. 36,31; Ezek. 36,31; Ezek. 36,32; Ezek. 36,33; Ezek. 36,36; Ezek. 37,12; Ezek. 37,12; Ezek. 37,13; Ezek. 37,14; Ezek. 43,27; Ezek. 43,27; Ezek. 44,6; Ezek. 44,7; Ezek. 44,30; Ezek. 44,30; Ezek. 44,30; Ezek. 44,30; Ezek. 45,15; Ezek. 47,22; Ezek. 47,22; Ezek. 47,22; Dan. 1,10; Dan. 1,10; Dan. 1,10; Dan. 2,5; Dan. 2,47; Dan. 3,15; Dan. 4,37c; Sus. 22; Sus. 23; Sus. 57; Bel 15-17; Judg. 2,1; Judg. 2,1; Judg. 2,3; Judg. 6,8; Judg. 6,9; Judg. 6,10; Judg. 8,3; Judg. 8,7; Judg. 8,23; Judg. 8,24; Judg. 9,2; Judg. 9,2; Judg. 9,2; Judg. 9,2; Judg. 9,7; Judg. 9,17; Judg. 9,18; Judg. 10,14; Judg. 11,7; Judg. 18,6; Judg. 18,10; Judg. 19,9; Judg. 19,24; Judg. 20,28; Tob. 2,6; Tob. 2,6; Tob. 10,11; Tob. 12,6; Tob. 12,11; Tob. 12,12; Tob. 12,18; Tob. 12,18; Tob. 13,5; Tob. 13,6; Tob. 13,6; Tob. 13,6; Tob. 13,7; Tob. 13,7; Tob. 14,8; Dan. 1,10; Dan. 1,10; Dan. 1,10; Dan. 1,10; Dan. 2,5; Dan. 2,47; Dan. 10,21; Sus. 22; Sus. 23; Sus. 57; Bel 27; Matt. 5,11; Matt. 5,12; Matt. 5,12; Matt. 5,16; Matt. 5,16; Matt. 5,16; Matt. 5,20; Matt. 5,37; Matt. 5,44; Matt. 5,45; Matt. 5,47; Matt. 5,48; Matt. 6,1; Matt. 6,1; Matt. 6,8; Matt. 6,14; Matt. 6,15; Matt. 6,15; Matt. 6,25; Matt. 6,25; Matt. 6,26; Matt. 6,27; Matt. 6,32; Matt. 7,6; Matt. 7,9; Matt. 7,11; Matt. 7,11; Matt. 9,4; Matt. 9,11; Matt. 9,29; Matt. 10,9; Matt. 10,13; Matt. 10,13; Matt. 10,14; Matt. 10,14; Matt. 10,20; Matt. 10,29; Matt. 10,30; Matt. 11,29; Matt. 12,11; Matt. 12,27; Matt. 12,27; Matt. 13,16; Matt. 13,16; Matt. 15,3; Matt. 15,6; Matt. 15,7; Matt. 17,17; Matt. 17,17; Matt. 17,20; Matt. 17,24; Matt. 18,14; Matt. 18,19; Matt. 18,35; Matt. 19,8; Matt. 19,8; Matt. 20,26; Matt. 20,27; Matt. 21,2; Matt. 21,43; Matt. 23,8; Matt. 23,9; Matt. 23,9; Matt. 23,10; Matt. 23,11; Matt. 23,11; Matt. 23,15; Matt. 23,32; Matt. 23,34; Matt. 23,38; Matt. 24,20; Matt. 24,42; Matt. 25,8; Matt. 26,21; Matt. 26,29; Matt. 28,20; Mark 2,8; Mark 6,11; Mark 6,11; Mark 7,6; Mark 7,9; Mark 7,13; Mark 8,17; Mark 9,19; Mark 10,5; Mark 10,43; Mark 11,2; Mark 11,25; Mark 11,25; Mark 14,18; Luke 3,14; Luke 4,21; Luke 5,4; Luke 5,22; Luke 6,22; Luke 6,23; Luke 6,24; Luke 6,27; Luke 6,35; Luke 6,35; Luke 6,36; Luke 6,38; Luke 8,25; Luke 9,5; Luke 9,41; Luke 9,44; Luke 9,50; Luke 9,50; Luke 10,6; Luke 10,11; Luke 10,16; Luke 10,20; Luke 11,5; Luke 11,11; Luke 11,13; Luke 11,19; Luke 11,19; Luke 11,39; Luke 11,46; Luke 11,47; Luke 11,48; Luke 12,7; Luke 12,25; Luke 12,30; Luke 12,32; Luke 12,33; Luke 12,34; Luke 12,34; Luke 12,35; Luke 13,15; Luke 13,35; Luke 14,5; Luke 14,28; Luke 14,33; Luke 15,4; Luke 16,15; Luke 16,26; Luke 17,7; Luke 17,21; Luke 21,14; Luke 21,16; Luke 21,18; Luke 21,19; Luke 21,19; Luke 21,28; Luke 21,28; Luke 21,34; Luke 22,10; Luke 22,15; Luke 22,19; Luke 22,20; Luke 22,27; Luke 22,53; Luke 22,53; Luke 23,14; Luke 23,28; Luke 24,38; John 1,26; John 4,35; John 5,45; John 5,45; John 6,49; John 6,64; John 6,70; John 7,19; John 7,33; John 8,7; John 8,21; John 8,24; John 8,24; John 8,26; John 8,41; John 8,42; John 8,44; John 8,46; John 8,56; John 9,19; John 9,41; John 10,34; John 13,14; John 13,18; John 13,21; John 13,33; John 14,1; John 14,9; John 14,16; John 14,27; John 14,30; John 15,11; John 15,16; John 15,18; John 16,4; John 16,5; John 16,6; John 16,20; John 16,22; John 16,22; John 16,22; John 16,24; John 16,26; John 18,31; John 19,14; John 19,15; John 20,17; John 20,17; Acts 1,7; Acts 1,11; Acts 2,17; Acts 2,17; Acts 2,17; Acts 2,17; Acts 2,22; Acts 2,38; Acts 2,38; Acts 2,39; Acts 3,16; Acts 3,17; Acts 3,19; Acts 3,22; Acts 3,22; Acts 3,25; Acts 3,26; Acts 4,10; Acts 4,11; Acts 4,19; Acts 5,28; Acts 6,3; Acts 7,37; Acts 7,43; Acts 7,51; Acts 7,52; Acts 13,41; Acts 14,17; Acts 15,24; Acts 17,23; Acts 18,6; Acts 18,6; Acts 18,14; Acts 20,18; Acts 20,30; Acts 24,21; Acts 25,26; Acts 27,22; Acts 27,34; Acts 28,25; Rom. 1,8; Rom. 1,8; Rom. 1,9; Rom. 1,12; Rom. 6,12; Rom. 6,13; Rom. 6,13; Rom. 6,14; Rom. 6,19; Rom. 6,19; Rom. 6,19; Rom. 6,22; Rom. 8,11; Rom. 12,1; Rom. 12,1; Rom. 12,18; Rom. 14,16; Rom. 15,14; Rom. 15,24; Rom. 15,24; Rom. 15,28; Rom. 15,33; Rom. 16,2; Rom. 16,19; Rom. 16,20; Rom. 16,20; 1Cor. 1,4; 1Cor. 1,11; 1Cor. 1,12; 1Cor. 1,13; 1Cor. 1,14; 1Cor. 1,26; 1Cor. 2,5; 1Cor. 3,21; 1Cor. 3,22; 1Cor. 4,3; 1Cor. 5,2; 1Cor. 5,4; 1Cor. 5,6; 1Cor. 5,13; 1Cor. 6,1; 1Cor. 6,15; 1Cor. 6,19; 1Cor. 6,20; 1Cor. 7,5; 1Cor. 7,14; 1Cor. 7,28; 1Cor. 7,35; 1Cor. 8,9; 1Cor. 9,11; 1Cor. 9,12; 1Cor. 11,18; 1Cor. 11,20; 1Cor. 11,24; 1Cor. 12,21; 1Cor. 14,18; 1Cor. 14,36; 1Cor. 15,14; 1Cor. 15,17; 1Cor. 15,17; 1Cor. 15,58; 1Cor. 16,2; 1Cor. 16,3; 1Cor. 16,14; 1Cor. 16,18; 1Cor. 16,23; 1Cor. 16,24; 2Cor. 1,6; 2Cor. 1,6; 2Cor. 1,7; 2Cor. 1,11; 2Cor. 1,14; 2Cor. 1,16; 2Cor. 1,16; 2Cor. 1,23; 2Cor. 1,24; 2Cor. 1,24; 2Cor. 2,3; 2Cor. 2,9; 2Cor. 3,1; 2Cor. 4,5; 2Cor. 5,11; 2Cor. 6,12; 2Cor. 7,4; 2Cor. 7,7; 2Cor. 7,7; 2Cor. 7,7; 2Cor. 7,12; 2Cor. 7,13; 2Cor. 7,14; 2Cor. 7,15; 2Cor. 8,14; 2Cor. 8,14; 2Cor. 8,16; 2Cor. 8,24; 2Cor. 8,24; 2Cor. 9,2; 2Cor. 9,2; 2Cor. 9,2; 2Cor. 9,3; 2Cor. 9,5; 2Cor. 9,10; 2Cor. 9,10; 2Cor. 9,13; 2Cor. 9,14; 2Cor. 10,6; 2Cor. 10,8; 2Cor. 10,13; 2Cor. 10,14; 2Cor. 10,15; 2Cor. 10,16; 2Cor. 11,3; 2Cor. 11,8; 2Cor. 12,11; 2Cor. 12,13; 2Cor. 12,14; 2Cor. 12,15; 2Cor. 12,19; 2Cor. 13,9; 2Cor. 13,11; 2Cor. 13,13; Gal. 3,2; Gal. 4,12; Gal. 4,14; Gal. 4,15; Gal. 4,15; Gal. 4,16; Gal. 6,18; Eph. 1,13; Eph. 1,16; Eph. 1,18; Eph. 2,1; Eph. 2,8; Eph. 3,1; Eph. 3,13; Eph. 3,13; Eph. 3,17; Eph. 4,4; Eph. 4,23; Eph. 4,26; Eph. 4,29; Eph. 4,31; Eph. 5,19; Eph. 6,1; Eph. 6,4; Eph. 6,5; Eph. 6,9; Eph. 6,14; Eph. 6,22; Phil. 1,3; Phil. 1,4; Phil. 1,5; Phil. 1,7; Phil. 1,9; Phil. 1,19; Phil. 1,25; Phil. 1,26; Phil. 1,27; Phil. 1,28; Phil. 2,17; Phil. 2,19; Phil. 2,20; Phil. 2,25; Phil. 2,30; Phil. 4,5; Phil. 4,6; Phil. 4,7; Phil. 4,7; Phil. 4,9; Phil. 4,17; Phil. 4,18; Phil. 4,19; Phil. 4,23; Col. 1,3; Col. 1,4; Col. 1,7; Col. 1,8; Col. 1,9; Col. 1,24; Col. 2,1; Col. 2,5; Col. 2,5; Col. 2,13; Col. 3,3; Col. 3,4; Col. 3,8; Col. 3,15; Col. 3,16; Col. 3,21; Col. 4,6; Col. 4,8; Col. 4,9; Col. 4,12; Col. 4,12; Col. 4,13; Col. 4,18; 1Th. 1,2; 1Th. 1,3; 1Th. 1,4; 1Th. 1,8; 1Th. 1,8; 1Th. 2,6; 1Th. 2,7; 1Th. 2,8; 1Th. 2,9; 1Th. 2,11; 1Th. 2,17; 1Th. 2,17; 1Th. 3,2; 1Th. 3,5; 1Th. 3,6; 1Th. 3,6; 1Th. 3,7; 1Th. 3,9; 1Th. 3,10; 1Th. 3,10; 1Th. 3,13; 1Th. 4,3; 1Th. 4,4; 1Th. 4,11; 1Th. 5,12; 1Th. 5,23; 1Th. 5,28; 2Th. 1,3; 2Th. 1,3; 2Th. 1,3; 2Th. 1,4; 2Th. 1,4; 2Th. 1,11; 2Th.

2,13; 2Th. 2,17; 2Th. 3,5; 2Th. 3,8; 2Th. 3,16; 2Th. 3,18; 1Tim. 6,21; 2Tim. 4,22; Titus 3,15; Philem. 22; Philem. 25; Heb. 3,8; Heb. 3,9; Heb. 3,12; Heb. 3,13; Heb. 3,15; Heb. 4,1; Heb. 4,7; Heb. 6,9; Heb. 6,10; Heb. 6,11; Heb. 10,34; Heb. 10,35; Heb. 12,3; Heb. 12,13; Heb. 13,7; Heb. 13,17; Heb. 13,17; Heb. 13,24; Heb. 13,25; James 1,3; James 1,5; James 1,21; James 2,2; James 2,6; James 2,16; James 3,14; James 4,1; James 4,1; James 4,3; James 4,7; James 4,9; James 4,14; James 4,16; James 5,1; James 5,2; James 5,2; James 5,3; James 5,3; James 5,4; James 5,4; James 5,5; James 5,8; James 5,12; 1Pet. 1,7; 1Pet. 1,9; 1Pet. 1,13; 1Pet. 1,14; 1Pet. 1,17; 1Pet. 1,18; 1Pet. 1,21; 1Pet. 1,22; 1Pet. 2,12; 1Pet. 2,12; 1Pet. 2,21; 1Pet. 2,25; 1Pet. 3,2; 1Pet. 3,7; 1Pet. 3,15; 1Pet. 3,16; 1Pet. 4,4; 1Pet. 4,15; 1Pet. 5,7; 1Pet. 5,7; 1Pet. 5,8; 1Pet. 5,9; 2Pet. 1,5; 2Pet. 1,10; 2Pet. 1,19; 2Pet. 3,1; 2Pet. 3,2; Jude 12; Jude 20; Rev. 1,9; Rev. 2,10; Rev. 2,23; Rev. 18,20)

Συβαΐ Subai ▸ 1
  Συβαΐ ▸ 1
    Noun · masculine · singular · genitive · (proper) ▸ **1** (1Esdr. 5,30)

συγγελάω (σύν; γελάω) to laugh together ▸ 1
  συγγελάσῃς ▸ 1
    Verb · second · singular · aorist · active · subjunctive ▸ **1** (Sir. 30,10)

συγγένεια (σύν; γίνομαι) kindred, family ▸ 40 + 5 + 3 = 48
  συγγένεια ▸ 2
    Noun · feminine · singular · nominative · (common) ▸ **2** (Ex. 6,14; Psa. 73,8)
  συγγενείᾳ ▸ 1
    Noun · feminine · singular · dative · (common) ▸ **1** (Wis. 8,17)
  συγγένειαν ▸ 8 + 3 + 1 = 12
    Noun · feminine · singular · accusative · (common) ▸ **8 + 3 + 1 = 12** (Gen. 50,8; Lev. 20,5; Josh. 6,23; Judg. 1,25; Judg. 9,1; Judg. 21,24; 2Mac. 5,9; 4Mac. 10,3; Judg. 1,25; Judg. 9,1; Judg. 21,24; Acts 7,14)
  συγγενείας ▸ 28 + 2 + 2 = 32
    Noun · feminine · plural · accusative · (common) ▸ **16** (Ex. 6,16; Ex. 6,19; Ex. 12,21; Num. 1,20; Num. 1,22; Num. 1,24; Num. 1,26; Num. 1,28; Num. 1,30; Num. 1,32; Num. 1,34; Num. 1,36; Num. 1,38; Num. 1,40; Num. 1,42; Num. 3,15)
    Noun · feminine · singular · genitive · (common) ▸ **12 + 2 + 2 = 16** (Gen. 12,1; Lev. 20,20; Num. 1,2; Judg. 17,7; Judg. 18,11; Judg. 18,19; Ruth 2,1; Ruth 2,3; 2Sam. 16,5; Ode. 11,12; Job 32,2; Is. 38,12; Judg. 13,2; Tob. 1,22; Luke 1,61; Acts 7,3)
  συγγενειῶν ▸ 1
    Noun · feminine · plural · genitive · (common) ▸ **1** (Judg. 18,2)

συγγενής (σύν; γίνομαι) relative, kin ▸ 20 + 4 + 11 = 35
  συγγενεῖ ▸ 1
    Adjective · masculine · singular · dative · noDegree ▸ **1** (1Mac. 11,31)
  συγγενεῖς ▸ 5 + 1 + 5 = 11
    Adjective · masculine · plural · accusative · noDegree ▸ **3 + 3 = 6** (2Mac. 5,6; 2Mac. 8,1; Ezek. 22,6; Luke 14,12; Acts 10,24; Rom. 16,7)
    Adjective · masculine · plural · nominative · noDegree ▸ **2 + 1 + 2 = 5** (3Mac. 5,39; 3Mac. 5,44; Sus. 30; Luke 1,58; Rom. 16,21)
  συγγενέσιν ▸ 2
    Adjective · masculine · plural · dative · noDegree ▸ **2** (1Mac. 10,89; 3Mac. 5,49)
  συγγενεῦσιν ▸ 2
    Adjective · masculine · plural · dative ▸ **2** (Mark 6,4; Luke 2,44)
  συγγενῆ ▸ 1
    Adjective · masculine · singular · accusative ▸ **1** (Rom. 16,11)
  συγγενής ▸ 2 + 1 = 3
    Adjective · masculine · singular · nominative · noDegree ▸ **2 + 1 = 3** (1Esdr. 4,42; Tob. 6,11; Tob. 6,11)
  συγγενής ▸ 5 + 1 + 1 = 7
    Adjective · feminine · singular · nominative · noDegree ▸ **1** (Lev. 18,14)
    Adjective · masculine · singular · nominative · noDegree ▸ **4 + 1 + 1 = 6** (2Sam. 3,39; 1Esdr. 3,7; 2Mac. 11,1; 2Mac. 11,35; Tob. 3,15; John 18,26)
  συγγενοῦς ▸ 2
    Adjective · feminine · singular · genitive · noDegree ▸ **1** (Lev. 20,20)
    Adjective · neuter · singular · genitive · noDegree ▸ **1** (Sir. 41,22)
  συγγενῶν ▸ 3 + 1 + 2 = 6
    Adjective · masculine · plural · genitive · noDegree ▸ **3 + 1 + 2 = 6** (Lev. 25,45; 2Mac. 12,39; 2Mac. 15,18; Sus. 63; Luke 21,16; Rom. 9,3)

συγγενίς (σύν; γίνομαι) relative (f) ▸ 1
  συγγενίς ▸ 1
    Noun · feminine · singular · nominative ▸ **1** (Luke 1,36)

συγγίνομαι (σύν; γίνομαι) to have sexual intercourse ▸ 3 + 2 = 5
  συγγενέσθαι ▸ 2 + 1 = 3
    Verb · aorist · middle · infinitive ▸ **2 + 1 = 3** (Gen. 39,10; Judith 12,16; Sus. 11)
  συγγενώμεθα ▸ 1
    Verb · first · plural · aorist · middle · subjunctive ▸ **1** (Gen. 19,5)
  συγγινομένους ▸ 1
    Verb · present · middle · participle · masculine · plural · accusative ▸ **1** (Sus. 39)

συγγινώσκω (σύν; γινώσκω) to know; to forgive ▸ 2
  συγγνούς ▸ 1
    Verb · aorist · active · participle · masculine · singular · nominative ▸ **1** (2Mac. 14,31)
  συγγνώσεται ▸ 1
    Verb · third · singular · future · middle · indicative ▸ **1** (4Mac. 8,22)

συγγνώμη (σύν; γινώσκω) concession; pardon, excuse ▸ 2 + 1 = 3
  συγγνώμην ▸ 2 + 1 = 3
    Noun · feminine · singular · accusative · (common) ▸ **2 + 1 = 3** (Sir. 1,18 Prol.; Sir. 3,13; 1Cor. 7,6)

συγγνωμονέω (σύν; γινώσκω) to pardon ▸ 1
  συγγνωμονήσειεν ▸ 1
    Verb · third · singular · aorist · active · optative ▸ **1** (4Mac. 5,13)

συγγνωστός (σύν; γινώσκω) pardonable ▸ 2
  συγγνωστοί ▸ 1
    Adjective · masculine · plural · nominative · noDegree ▸ **1** (Wis. 13,8)
  συγγνωστός ▸ 1
    Adjective · masculine · singular · nominative · noDegree ▸ **1** (Wis. 6,6)

συγγραφεύς (σύν; γράφω) historian, record-keeper; writer, author ▸ 1
  συγγραφεῖ ▸ 1
    Noun · masculine · singular · dative · (common) ▸ **1** (2Mac. 2,28)

συγγραφή (σύν; γράφω) document ▸ 5 + 1 = 6
  συγγραφαί ▸ 1
    Noun · feminine · plural · nominative · (common) ▸ **1** (1Mac. 14,43)

συγγραφαῖς ▸ 1
    Noun · feminine · plural · dative · (common) ▸ **1** (1Mac. 13,42)
συγγραφήν ▸ 1
    Noun · feminine · singular · nominative · (common) ▸ **1** (Tob. 7,14)
συγγραφήν ▸ **2 + 1 = 3**
    Noun · feminine · singular · accusative · (common) ▸ **2 + 1 = 3** (Job 31,35; Is. 58,6; Tob. 7,14)

συγγράφω (σύν; γράφω) to write down ▸ 1
    συγγράψαι ▸ 1
    Verb · aorist · active · infinitive ▸ **1** (Sir. 1,12 Prol.)

συγγυμνασία (σύν; γυμνός) shared training ▸ 1
    συγγυμνασίᾳ ▸ 1
    Noun · feminine · singular · dative · (common) ▸ **1** (Wis. 8,18)

συγκάθημαι (σύν; ἧμαι) to sit with; dwell with ▸ 1 + 2 = 3
    συγκαθήμενοι ▸ 1
    Verb · present · middle · participle · masculine · plural · nominative ▸ **1** (Acts 26,30)
    συγκαθήμενος ▸ 1
    Verb · present · middle · participle · masculine · singular · nominative ▸ **1** (Mark 14,54)
    συγκαθῆσθαι ▸ 1
    Verb · aorist · middle · infinitive ▸ **1** (Psa. 100,6)

συγκαθίζω (σύν; κατά; ἵζω) to sit together ▸ 6 + 2 = 8
    συγκαθίσαι ▸ 1
    Verb · aorist · active · infinitive ▸ **1** (Jer. 16,8)
    συνεκάθισαν ▸ 2
    Verb · third · plural · aorist · active · indicative ▸ **2** (1Esdr. 9,6; 1Esdr. 9,16)
    συγκαθισάντων ▸ 1
    Verb · aorist · active · participle · masculine · plural · genitive ▸ **1** (Luke 22,55)
    συνεκάθισεν ▸ **3 + 1 = 4**
    Verb · third · singular · aorist · active · indicative ▸ **3 + 1 = 4** (Gen. 15,11; Ex. 18,13; Num. 22,27; Eph. 2,6)

συγκαθυφαίνομαι (σύν; κατά; ὑφαίνω) to be interwoven ▸ 1
    συγκαθυφασμένα ▸ 1
    Verb · perfect · passive · participle · neuter · plural · accusative ▸ **1** (Is. 3,23)

συγκαίω (σύν; καίω) to burn ▸ 9
    συγκαίει ▸ 1
    Verb · third · singular · present · active · indicative ▸ **1** (Prov. 24,22e)
    συγκαιόμενος ▸ 1
    Verb · present · passive · participle · masculine · singular · nominative ▸ **1** (Gen. 31,40)
    συγκαίοντι ▸ 1
    Verb · present · active · participle · neuter · singular · dative ▸ **1** (Jonah 4,8)
    συγκαυθήσεται ▸ 1
    Verb · third · singular · future · passive · indicative ▸ **1** (Is. 5,24)
    συγκαύσει ▸ 2
    Verb · third · singular · future · active · indicative ▸ **2** (Psa. 120,6; Is. 5,11)
    συγκέκαυται ▸ 3
    Verb · third · singular · perfect · passive · indicative ▸ **3** (Job 16,16; Job 30,17; Is. 9,18)

συγκακοπαθέω (σύν; κακός; πάσχω) to share in suffering ▸ 2
    Συγκακοπάθησον ▸ 1
    Verb · second · singular · aorist · active · imperative ▸ **1** (2Tim. 2,3)
    συγκακοπάθησον ▸ 1
    Verb · second · singular · aorist · active · imperative ▸ **1** (2Tim. 1,8)

συγκακουχέομαι (σύν; κακός; ἔχω) to suffer with ▸ 1
    συγκακουχεῖσθαι ▸ 1
    Verb · present · middle · infinitive ▸ **1** (Heb. 11,25)

συγκαλέω (σύν; καλέω) to call together ▸ 13 + 8 = 21
    συγκαλεῖ ▸ 2
    Verb · third · singular · present · active · indicative ▸ **2** (Luke 15,6; Luke 15,9)
    Συγκαλεσάμενος ▸ 1
    Verb · aorist · middle · participle · masculine · singular · nominative ▸ **1** (Luke 9,1)
    συγκαλεσάμενος ▸ 2
    Verb · aorist · middle · participle · masculine · singular · nominative ▸ **2** (Luke 23,13; Acts 10,24)
    συγκαλέσας ▸ 1
    Verb · aorist · active · participle · masculine · singular · nominative ▸ **1** (2Mac. 15,31)
    συγκαλέσασθαι ▸ 1
    Verb · aorist · middle · infinitive ▸ **1** (Acts 28,17)
    συγκαλέσετε ▸ 1
    Verb · second · plural · future · active · indicative ▸ **1** (Zech. 3,10)
    συγκαλοῦσα ▸ 1
    Verb · present · active · participle · feminine · singular · nominative ▸ **1** (Prov. 9,3)
    συγκαλοῦσιν ▸ 1
    Verb · third · plural · present · active · indicative ▸ **1** (Mark 15,16)
    συγκαλῶ ▸ 1
    Verb · first · singular · present · active · indicative ▸ **1** (Jer. 1,15)
    συνεκάλεσαν ▸ **2 + 1 = 3**
    Verb · third · plural · aorist · active · indicative ▸ **2 + 1 = 3** (Judith 6,16; Judith 13,12; Acts 5,21)
    συνεκάλεσεν ▸ 7
    Verb · third · singular · aorist · active · indicative ▸ **7** (Ex. 7,11; Josh. 9,22; Josh. 10,24; Josh. 22,1; Josh. 23,2; Josh. 24,1; Judith 2,2)

συγκάλυμμα (σύν; καλύπτω) covering ▸ 2
    συγκάλυμμα ▸ 2
    Noun · neuter · singular · accusative · (common) ▸ **2** (Deut. 23,1; Deut. 27,20)

συγκαλύπτω (σύν; καλύπτω) to cover up ▸ 19 + 1 = 20
    συγκαλύπτει ▸ 1
    Verb · third · singular · present · active · indicative ▸ **1** (Job 9,24)
    συγκαλύπτον ▸ 1
    Verb · present · active · participle · neuter · singular · nominative ▸ **1** (Ex. 26,13)
    συγκαλύψαι ▸ 2
    Verb · aorist · active · infinitive ▸ **2** (2Chr. 4,12; 2Chr. 4,13)
    συγκαλύψει ▸ 2
    Verb · third · singular · future · active · indicative ▸ **2** (Sir. 26,8; Ezek. 12,12)
    συγκαλύψεις ▸ 1
    Verb · second · singular · future · active · indicative ▸ **1** (Ezek. 12,6)
    Συγκαλύψομαι ▸ 1

συγκαλύπτω–συγκινέω

Verb · first · singular · future · middle · indicative ▸ **1** (1Kings 22,30)
συγκαλύψουσιν ▸ 1
  Verb · third · plural · future · active · indicative ▸ **1** (Num. 4,14)
συγκεκαλυμμένον ▸ 1
  Verb · perfect · passive · participle · neuter · singular · nominative · (variant) ▸ **1** (Luke 12,2)
συγκεκαλυμμένος ▸ 1
  Verb · perfect · passive · participle · masculine · singular · nominative ▸ **1** (Sus. 39)
συνεκάλυπτεν ▸ 1
  Verb · third · singular · imperfect · active · indicative ▸ **1** (2Chr. 5,8)
συνεκάλυψαν ▸ 1
  Verb · third · plural · aorist · active · indicative ▸ **1** (Gen. 9,23)
συνεκαλύψατο ▸ 3
  Verb · third · singular · aorist · middle · indicative ▸ **3** (1Sam. 28,8; 1Kings 22,30; 2Chr. 18,29)
συνεκάλυψεν ▸ 4
  Verb · third · singular · aorist · active · indicative ▸ **4** (Judg. 4,18; Judg. 4,19; Judg. 4,20; 1Kings 20,4)

συγκάμπτω (σύν; κάμπτω) to bend, cause to bend ▸ **4** + **1** = **5**
συγκάμψας ▸ 1
  Verb · aorist · active · participle · masculine · singular · nominative ▸ **1** (Judg. 5,27)
σύγκαμψον ▸ **1** + **1** = **2**
  Verb · second · singular · aorist · active · imperative ▸ **1** + **1** = **2** (Psa. 68,24; Rom. 11,10)
συνέκαμψα ▸ 1
  Verb · first · singular · aorist · active · indicative ▸ **1** (Psa. 68,11)
συνέκαμψεν ▸ 1
  Verb · third · singular · aorist · active · indicative ▸ **1** (2Kings 4,35)

συγκαταβαίνω (σύν; κατά; βαίνω) to go down together ▸ **3** + **1** + **1** = **5**
συγκαταβάντες ▸ 1
  Verb · aorist · active · participle · masculine · plural · nominative ▸ **1** (Acts 25,5)
συγκαταβήσεται ▸ 1
  Verb · third · singular · future · middle · indicative ▸ **1** (Psa. 48,18)
συγκατέβη ▸ **2** + **1** = **3**
  Verb · third · singular · aorist · active · indicative ▸ **2** + **1** = **3** (Wis. 10,14; Dan. 3,49; Dan. 3,49)

συγκαταγηράσκω (σύν; κατά; γέρων) to grow old with ▸ **1** + **1** = **2**
συγκαταγηρᾶσαι ▸ **1** + **1** = **2**
  Verb · aorist · active · infinitive ▸ **1** + **1** = **2** (Tob. 8,7; Tob. 8,7)

συγκατάθεσις (σύν; κατά; τίθημι) agreement ▸ **1**
συγκατάθεσις ▸ 1
  Noun · feminine · singular · nominative ▸ **1** (2Cor. 6,16)

συγκατακληρονομέομαι (σύν; κατά; κληρόω) to inherit with ▸ **1**
συγκατακληρονομηθήσονται ▸ 1
  Verb · third · plural · future · passive · indicative ▸ **1** (Num. 32,30)

συγκαταμίγνυμι (σύν; κατά; μίγνυμι) to mingle together ▸ **1**
συγκαταμιγῆτε ▸ 1
  Verb · second · plural · aorist · passive · subjunctive ▸ **1** (Josh. 23,12)

συγκατατίθημι (σύν; κατά; τίθημι) to agree with ▸ **2** + **1** + **1** = **4**
συγκαταθήσῃ ▸ 2
  Verb · second · singular · future · middle · indicative ▸ **2** (Ex. 23,1; Ex. 23,32)
συγκατάθου ▸ 1
  Verb · second · singular · aorist · middle · imperative ▸ **1** (Sus. 20)
συγκατατεθειμένος ▸ 1
  Verb · perfect · passive · participle · masculine · singular · nominative · (variant) ▸ **1** (Luke 23,51)

συγκαταφέρω (σύν; κατά; φέρω) to bear down together ▸ **1**
συγκαταφερομένη ▸ 1
  Verb · present · middle · participle · feminine · singular · nominative ▸ **1** (Is. 30,30)

συγκαταψηφίζομαι (σύν; κατά; ψάω) to be counted among ▸ **1**
συγκατεψηφίσθη ▸ 1
  Verb · third · singular · aorist · passive · indicative ▸ **1** (Acts 1,26)

συγκατεσθίω (σύν; κατά; ἐσθίω) to devour together ▸ **1**
συγκαταφάγεται ▸ 1
  Verb · third · singular · future · middle · indicative ▸ **1** (Is. 9,17)

σύγκειμαι (σύν; κεῖμαι) to conspire together ▸ **2**
σύγκεισθε ▸ 1
  Verb · second · plural · present · passive · indicative ▸ **1** (1Sam. 22,8)
σύγκειται ▸ 1
  Verb · third · singular · present · passive · indicative ▸ **1** (Sir. 43,26)

συγκεντέω (σύν; κεντέω) to pierce ▸ **2**
συγκεντῶν ▸ 1
  Verb · present · active · participle · masculine · singular · nominative ▸ **1** (2Mac. 12,23)
συνεκέντησεν ▸ 1
  Verb · third · singular · aorist · active · indicative ▸ **1** (2Mac. 13,15)

συγκεράννυμι (σύν; κεράννυμι) to mix together, unite ▸ **2** + **2** = **4**
συγκεκερασμένους ▸ 1
  Verb · perfect · passive · participle · masculine · plural · accusative · (variant) ▸ **1** (Heb. 4,2)
συγκερασθείς ▸ 1
  Verb · aorist · passive · participle · masculine · singular · nominative ▸ **1** (2Mac. 15,39)
συγκραθῆναι ▸ 1
  Verb · aorist · passive · infinitive ▸ **1** (Dan. 2,43)
συνεκέρασεν ▸ 1
  Verb · third · singular · aorist · active · indicative ▸ **1** (1Cor. 12,24)

συγκερατίζομαι (σύν; κέρας) to fight with horns ▸ **1** + **1** = **2**
συγκερατισθήσεται ▸ **1** + **1** = **2**
  Verb · third · singular · future · passive · indicative ▸ **1** + **1** = **2** (Dan. 11,40; Dan. 11,40)

συγκεραυνόω (σύν; κεραυνός) to hit with a thunderbolt ▸ **1**
συνεκεραύνωσαν ▸ 1
  Verb · third · plural · aorist · active · indicative ▸ **1** (2Mac. 1,16)

συγκινέω (σύν; κινέω) to stir up ▸ **1**

συνεκίνησάν ▸ 1
: **Verb** · third · plural · aorist · active · indicative ▸ **1** (Acts 6,12)

συγκλασμός (σύν; κλάω) breaking ▸ 1
: συγκλασμόν ▸ 1
: **Noun** · masculine · singular · accusative · (common) ▸ **1** (Joel 1,7)

συγκλάω (σύν; κλάω) to break, shatter ▸ 8
: συγκλάσει ▸ 2
: **Verb** · third · singular · future · active · indicative ▸ **2** (Psa. 45,10; Sir. 28,17)
: συγκλάσω ▸ 2
: **Verb** · first · singular · future · active · indicative ▸ **2** (Psa. 74,11; Is. 45,2)
: συνέκλασας ▸ 1
: **Verb** · second · singular · aorist · active · indicative ▸ **1** (Ezek. 29,7)
: Συνέκλασεν ▸ 1
: **Verb** · third · singular · aorist · active · indicative ▸ **1** (Lam. 2,3)
: συνέκλασεν ▸ 1
: **Verb** · third · singular · aorist · active · indicative ▸ **1** (Psa. 106,16)
: συνεκλάσθη ▸ 1
: **Verb** · third · singular · aorist · passive · indicative ▸ **1** (Jer. 27,23)

σύγκλεισμα (σύν; κλείω) rim ▸ 4
: συγκλείσματα ▸ 4
: **Noun** · neuter · plural · accusative · (common) ▸ **2** (1Kings 7,16; 2Kings 16,17)
: **Noun** · neuter · plural · nominative · (common) ▸ **2** (1Kings 7,21; 1Kings 7,22).

συγκλεισμός refuge ▸ 10
: συγκλεισμόν ▸ 3
: **Noun** · masculine · singular · accusative · (common) ▸ **3** (Job 28,15; Hos. 13,8; Ezek. 4,7)
: συγκλεισμοῦ ▸ 4
: **Noun** · masculine · singular · genitive · (common) ▸ **4** (2Sam. 5,24; 1Mac. 6,21; Ezek. 4,8; Ezek. 5,2)
: συγκλεισμῷ ▸ 2
: **Noun** · masculine · singular · dative · (common) ▸ **2** (Mic. 7,17; Ezek. 4,3)
: συγκλεισμῶν ▸ 1
: **Noun** · masculine · plural · genitive · (common) ▸ **1** (2Sam. 22,46)

συγκλειστός (σύν; κλείω) closed up; socket ▸ 3
: συγκλειστά ▸ 1
: **Adjective** · neuter · plural · nominative · noDegree ▸ **1** (1Kings 7,36)
: συγκλειστὸν ▸ 2
: **Adjective** · neuter · singular · nominative · noDegree ▸ **2** (1Kings 7,15; 1Kings 7,15)

συγκλείω (σύν; κλείω) to shut up; make a prisoner ▸ 44 + 4 = 48
: συγκέκλεικεν ▸ 1
: **Verb** · third · singular · perfect · active · indicative ▸ **1** (Ex. 14,3)
: συγκεκλεικότας ▸ 2
: **Verb** · perfect · active · participle · masculine · plural · accusative ▸ **2** (Jer. 21,4; Jer. 21,9)
: συγκεκλεῖσθαι ▸ 1
: **Verb** · perfect · passive · infinitive ▸ **1** (1Mac. 6,49)
: συγκεκλεισμένα ▸ 1
: **Verb** · perfect · passive · participle · neuter · plural · nominative ▸ **1** (1Kings 10,21)
: συγκεκλεισμένη ▸ 1
: **Verb** · perfect · passive · participle · feminine · singular · nominative ▸ **1** (Josh. 6,1)
: συγκεκλεισμένῳ ▸ 1
: **Verb** · perfect · passive · participle · neuter · singular · dative ▸ **1** (1Kings 6,20)
: συγκλειομένας ▸ 1
: **Verb** · present · passive · participle · feminine · plural · accusative ▸ **1** (1Kings 7,35)
: συγκλειόμενοι ▸ 1 + 1 = 2
: **Verb** · present · passive · participle · masculine · plural · nominative ▸ **1 + 1 = 2** (2Mac. 8,25; Gal. 3,23)
: συγκλείοντα ▸ 2
: **Verb** · present · active · participle · masculine · singular · accusative ▸ **2** (2Kings 24,14; 2Kings 24,16)
: συγκλείοντες ▸ 1
: **Verb** · present · active · participle · masculine · plural · nominative ▸ **1** (1Mac. 6,18)
: συγκλεῖσαι ▸ 1
: **Verb** · aorist · active · infinitive ▸ **1** (Amos 1,6)
: συγκλείσαντες ▸ 1
: **Verb** · aorist · active · participle · masculine · plural · nominative ▸ **1** (2Mac. 1,15)
: συγκλείσεις ▸ 1
: **Verb** · second · singular · future · active · indicative ▸ **1** (Ezek. 4,3)
: συγκλείσῃς ▸ 1
: **Verb** · second · singular · aorist · active · subjunctive ▸ **1** (Obad. 14)
: συγκλεισθέντος ▸ 1
: **Verb** · aorist · passive · participle · neuter · singular · genitive ▸ **1** (2Mac. 12,7)
: συγκλεισθῆναι ▸ 1
: **Verb** · aorist · passive · infinitive ▸ **1** (1Mac. 3,18)
: συγκλεισθήσεταί ▸ 1
: **Verb** · third · singular · future · passive · indicative ▸ **1** (Prov. 4,12)
: συγκλεισθήσονται ▸ 2
: **Verb** · third · plural · future · passive · indicative ▸ **2** (Mal. 1,10; Is. 45,1)
: σύγκλεισον ▸ 3
: **Verb** · second · singular · aorist · active · imperative ▸ **3** (1Mac. 4,31; Psa. 34,3; Sir. 29,12)
: συγκλείων ▸ 1
: **Verb** · present · active · participle · masculine · singular · nominative ▸ **1** (Gen. 20,18)
: συνέκλεισαν ▸ 3 + 1 = 4
: **Verb** · third · plural · aorist · active · indicative ▸ **3 + 1 = 4** (Judith 5,1; Psa. 16,10; Amos 1,9; Luke 5,6)
: συνέκλεισάς ▸ 1
: **Verb** · second · singular · aorist · active · indicative ▸ **1** (Psa. 30,9)
: συνέκλεισεν ▸ 11 + 2 = 13
: **Verb** · third · singular · aorist · active · indicative ▸ **11 + 2 = 13** (Gen. 20,18; 1Sam. 1,6; 1Kings 11,27; 1Kings 12,24b; Judith 13,1; 1Mac. 11,65; 1Mac. 15,25; Psa. 77,50; Psa. 77,62; Job 3,10; Job 3,23; Rom. 11,32; Gal. 3,22)
: συνέκλεισέν ▸ 1
: **Verb** · third · singular · aorist · active · indicative ▸ **1** (Gen. 16,2)
: συνεκλείσθησαν ▸ 3
: **Verb** · third · plural · aorist · passive · indicative ▸ **3** (Tob. 8,4; 1Mac. 5,5; Jer. 13,19)

συγκληρονομέω (σύν; κληρόω; νόμος 1st homo-

graph) to be co-heir ▸ 1
  συγκληρονομήσῃς ▸ 1
    Verb · second · singular · aorist · active · subjunctive ▸ 1 (Sir. 22,23)

συγκληρονόμος (σύν; κληρόω; νόμος) sharing inheritance together; co-inheritor ▸ 4
  συγκληρονόμα ▸ 1
    Adjective · neuter · plural · accusative ▸ 1 (Eph. 3,6)
  συγκληρονόμοι ▸ 1
    Adjective · masculine · plural · nominative ▸ 1 (Rom. 8,17)
  συγκληρονόμοις ▸ 1
    Adjective · feminine · plural · dative ▸ 1 (1Pet. 3,7)
  συγκληρονόμων ▸ 1
    Adjective · masculine · plural · genitive ▸ 1 (Heb. 11,9)

σύγκλητος (σύν; καλέω) summoned; assembly, senate (f.) ▸ 1
  σύγκλητοι ▸ 1
    Adjective · masculine · plural · nominative · noDegree ▸ 1 (Num. 16,2)

συγκλύζω (σύν; κλύζω) to wash over ▸ 3
  συγκλύσουσιν ▸ 2
    Verb · third · plural · future · active · indicative ▸ 2 (Song 8,7; Wis. 5,22)
  συγκλύσουσίν ▸ 1
    Verb · third · plural · future · active · indicative ▸ 1 (Is. 43,2)

συγκοινωνέω (σύν; κοινός) to take part in ▸ 3
  συγκοινωνεῖτε ▸ 1
    Verb · second · plural · present · active · imperative ▸ 1 (Eph. 5,11)
  συγκοινωνήσαντές ▸ 1
    Verb · aorist · active · participle · masculine · plural · nominative ▸ 1 (Phil. 4,14)
  συγκοινωνήσητε ▸ 1
    Verb · second · plural · aorist · active · subjunctive ▸ 1 (Rev. 18,4)

συγκοινωνός (σύν; κοινός) participant ▸ 4
  συγκοινωνὸς ▸ 3
    Noun · masculine · singular · nominative ▸ 3 (Rom. 11,17; 1Cor. 9,23; Rev. 1,9)
  συγκοινωνούς ▸ 1
    Noun · masculine · plural · accusative ▸ 1 (Phil. 1,7)

σύγκοιτος (σύν; κεῖμαι) bedfellow ▸ 1
  συγκοίτου ▸ 1
    Adjective · feminine · singular · genitive · noDegree ▸ 1 (Mic. 7,5)

συγκολλάω (σύν; κόλλα) to glue together ▸ 1
  συγκολλῶν ▸ 1
    Verb · present · active · participle · masculine · singular · nominative ▸ 1 (Sir. 22,9)

συγκομίζω (σύν; κομίζω) to collect; to bury ▸ 1 + 1 = 2
  συγκομισθεῖσα ▸ 1
    Verb · aorist · passive · participle · feminine · singular · nominative ▸ 1 (Job 5,26)
  συνεκόμισαν ▸ 1
    Verb · third · plural · aorist · active · indicative ▸ 1 (Acts 8,2)

συγκόπτω (σύν; κόπτω) to cut in pieces ▸ 13
  συγκόπτειν ▸ 1
    Verb · present · active · infinitive ▸ 1 (2Kings 10,32)
  συγκόψαι ▸ 1
    Verb · aorist · active · infinitive ▸ 1 (Judith 5,22)
  συγκόψατε ▸ 1
    Verb · second · plural · aorist · active · imperative ▸ 1 (Joel 4,10)
  συγκόψεις ▸ 1
    Verb · second · singular · future · active · indicative ▸ 1 (Ex. 30,36)
  συγκόψουσιν ▸ 2
    Verb · third · plural · future · active · indicative ▸ 2 (Is. 2,4; Jer. 31,12)
  συγκόψουσίν ▸ 1
    Verb · third · plural · future · active · indicative ▸ 1 (Gen. 34,30)
  συγκόψω ▸ 1
    Verb · first · singular · future · active · indicative ▸ 1 (Psa. 88,24)
  συνέκοψα ▸ 1
    Verb · first · singular · aorist · active · indicative ▸ 1 (Deut. 9,21)
  συνέκοψεν ▸ 4
    Verb · third · singular · aorist · active · indicative ▸ 4 (2Kings 16,17; 2Kings 18,16; 2Kings 24,13; Psa. 128,4)

σύγκρασις (σύν; κεράννυμι) mixing together, blending ▸ 1
  σύγκρασιν ▸ 1
    Noun · feminine · singular · accusative · (common) ▸ 1 (Ezek. 22,19)

σύγκριμα (σύν; κρίνω) interpretation; decree; excuse; compound ▸ 13 + 6 = 19
  σύγκριμα ▸ 12 + 5 = 17
    Noun · neuter · singular · accusative · (common) ▸ 9 + 3 = 12 (Judg. 18,9; Sir. 32,17; Dan. 5,7; Dan. 5,7; Dan. 5,7; Dan. 5,8; Dan. 5,9; Dan. 5,16; Dan. 5,30; Dan. 2,25; Dan. 4,18; Dan. 4,18)
    Noun · neuter · singular · nominative · (common) ▸ 3 + 2 = 5 (1Mac. 1,57; Sir. 32,5; Dan. 5,26-28; Dan. 4,24; Dan. 5,26)
  συγκρίματα ▸ 1
    Noun · neuter · plural · accusative · (common) ▸ 1 (Dan. 5,12)
  συγκρίματος ▸ 1
    Noun · neuter · singular · genitive · (common) ▸ 1 (Dan. 4,17)

συγκρίνω (σύν; κρίνω) to interpret; to compare ▸ 12 + 2 + 3 = 17
  συγκριθῶμεν ▸ 1
    Verb · first · plural · aorist · passive · subjunctive ▸ 1 (1Mac. 10,71)
  συγκρῖναι ▸ 2 + 1 + 1 = 4
    Verb · aorist · active · infinitive ▸ 2 + 1 + 1 = 4 (Gen. 41,15; Dan. 5,7; Dan. 5,16; 2Cor. 10,12)
  συγκρινόμενα ▸ 1
    Verb · present · passive · participle · neuter · plural · nominative ▸ 1 (Wis. 15,18)
  συγκρινομένη ▸ 1
    Verb · present · passive · participle · feminine · singular · nominative ▸ 1 (Wis. 7,29)
  συγκρίνοντες ▸ 2
    Verb · present · active · participle · masculine · plural · nominative ▸ 2 (1Cor. 2,13; 2Cor. 10,12)
  συγκρίνων ▸ 2 + 1 = 3
    Verb · present · active · participle · masculine · singular · nominative ▸ 2 + 1 = 3 (Gen. 40,8; Gen. 41,15; Dan. 5,12)
  συνέκριναν ▸ 1
    Verb · third · plural · aorist · active · indicative ▸ 1 (Num. 15,34)
  συνέκρινεν ▸ 4
    Verb · third · singular · aorist · active · indicative ▸ 4 (Gen. 40,16; Gen. 40,22; Gen. 41,12; Gen. 41,13)

σύγκρισις (σύν; κρίνω) interpretation; comparison ▸ 23 + 26 = 49
  συγκρίσει ▸ 1
    Noun · feminine · singular · dative · (common) ▸ 1 (Wis. 7,8)

σύγκρισιν ▸ 18 + 22 = 40
  Noun · feminine · singular · accusative · (common) ▸ 18 + 22 = 40 (Num. 9,3; Num. 29,6; Num. 29,11; Num. 29,18; Num. 29,21; Num. 29,24; Num. 29,27; Num. 29,30; Num. 29,33; Num. 29,37; Judg. 7,15; Judg. 18,7; Dan. 2,4; Dan. 2,5; Dan. 2,6; Dan. 2,9; Dan. 2,26; Dan. 4,18; Judg. 7,15; Dan. 2,4; Dan. 2,5; Dan. 2,6; Dan. 2,6; Dan. 2,7; Dan. 2,9; Dan. 2,16; Dan. 2,24; Dan. 2,26; Dan. 2,30; Dan. 2,36; Dan. 4,6; Dan. 4,7; Dan. 4,9; Dan. 5,7; Dan. 5,8; Dan. 5,12; Dan. 5,15; Dan. 5,16; Dan. 5,17; Dan. 7,16)

σύγκρισις ▸ 4 + 4 = 8
  Noun · feminine · singular · nominative · (common) ▸ 4 + 4 = 8 (Gen. 40,12; Gen. 40,18; Dan. 4,19; Dan. 5,17; Dan. 2,45; Dan. 4,19; Dan. 4,19; Dan. 4,24)

συγκροτέω (σύν; κρότος) to knock together ▸ 1 + 1 = 2
  συνεκροτοῦντο ▸ 1
    Verb · third · plural · imperfect · middle · indicative ▸ 1 (Dan. 5,6)
  συνεκρότησεν ▸ 1
    Verb · third · singular · aorist · active · indicative ▸ 1 (Num. 24,10)

συγκρουσμός (σύν; κρούω) collision, clash ▸ 1
  συγκρουσμοῦ ▸ 1
    Noun · masculine · singular · genitive · (common) ▸ 1 (1Mac. 6,41)

συγκρύπτω (σύν; κρύπτω) to conceal ▸ 1 + 1 = 2
  συγκύπτουσα ▸ 1
    Verb · present · active · participle · feminine · singular · nominative ▸ 1 (Luke 13,11)
  συνεκρύπτετο ▸ 1
    Verb · third · singular · imperfect · middle · indicative ▸ 1 (2Mac. 14,30)

συγκρύφω (σύν; κρύπτω) to cover ▸ 1
  συγκρύφων ▸ 1
    Verb · present · active · participle · masculine · singular · nominative ▸ 1 (Sir. 19,27)

συγκτίζω (σύν; κτίζω) to create together ▸ 1
  συνεκτίσθη ▸ 1
    Verb · third · singular · aorist · passive · indicative ▸ 1 (Sir. 1,14)

συγκύπτω (σύν; κύπτω) to bend over ▸ 3
  συγκεκυφώς ▸ 1
    Verb · perfect · active · participle · masculine · singular · nominative ▸ 1 (Sir. 12,11)
  συγκεκυφώς ▸ 1
    Verb · perfect · active · participle · masculine · singular · nominative ▸ 1 (Sir. 19,26)
  συγκύψας ▸ 1
    Verb · aorist · active · participle · masculine · singular · nominative ▸ 1 (Job 9,27)

συγκυρέω (σύν; κυρέω) to belong to, to border ▸ 4
  συγκυροῦντα ▸ 3
    Verb · present · active · participle · neuter · plural · accusative ▸ 3 (Num. 35,4; Deut. 2,37; 1Mac. 11,34)
  συγκυρούσαις ▸ 1
    Verb · present · active · participle · feminine · plural · dative ▸ 1 (Num. 21,25)

συγκυρία chance, coincidence ▸ 1
  συγκυρίαν ▸ 1
    Noun · feminine · singular · accusative ▸ 1 (Luke 10,31)

συγχαίρω (σύν; χάρις) to rejoice with ▸ 1 + 7 = 8
  συγχαίρει ▸ 2
    Verb · third · singular · present · active · indicative ▸ 2 (1Cor. 12,26; 1Cor. 13,6)
  συγχαρεῖταί ▸ 1
    Verb · third · singular · future · middle · indicative ▸ 1 (Gen. 21,6)
  συγχαίρετέ ▸ 1
    Verb · second · plural · present · active · imperative ▸ 1 (Phil. 2,18)
  συγχαίρω ▸ 1
    Verb · first · singular · present · active · indicative ▸ 1 (Phil. 2,17)
  συγχάρητέ ▸ 2
    Verb · second · plural · aorist · passive · imperative ▸ 2 (Luke 15,6; Luke 15,9)
  συνέχαιρον ▸ 1
    Verb · third · plural · imperfect · active · indicative ▸ 1 (Luke 1,58)

συγχέω (σύν; χέω) to mingle together, confuse, confound ▸ 16 + 5 = 21
  συγκεχυμένη ▸ 1
    Verb · perfect · passive · participle · feminine · singular · nominative · (variant) ▸ 1 (Acts 19,32)
  συγκεχυμένος ▸ 1
    Verb · perfect · passive · participle · masculine · singular · nominative ▸ 1 (1Kings 21,43)
  συγχέαι ▸ 1
    Verb · aorist · active · infinitive ▸ 1 (Sol. 12,3)
  συγχεῶ ▸ 1
    Verb · first · singular · future · active · indicative ▸ 1 (Amos 3,15)
  συγχέωμεν ▸ 1
    Verb · first · plural · present · active · subjunctive ▸ 1 (Gen. 11,7)
  συγχυθέντες ▸ 1
    Verb · aorist · passive · participle · masculine · plural · nominative ▸ 1 (2Mac. 10,30)
  συγχυθέντων ▸ 1
    Verb · aorist · passive · participle · neuter · plural · genitive ▸ 1 (Wis. 10,5)
  συγχυθήσεται ▸ 1
    Verb · third · singular · future · passive · indicative ▸ 1 (Joel 2,10)
  συγχυθήσονται ▸ 2
    Verb · third · plural · future · passive · indicative ▸ 2 (Mic. 7,17; Nah. 2,5)
  συγχυθήτωσαν ▸ 1
    Verb · third · plural · aorist · passive · imperative ▸ 1 (Joel 2,1)
  συγχύννεται ▸ 1
    Verb · third · singular · present · passive · indicative · (variant) ▸ 1 (Acts 21,31)
  συνεκέχυτο ▸ 1
    Verb · third · singular · pluperfect · passive · indicative ▸ 1 (2Mac. 14,28)
  συνέχεεν ▸ 1
    Verb · third · singular · aorist · active · indicative ▸ 1 (Gen. 11,9)
  συνέχεον ▸ 1
    Verb · third · plural · imperfect · active · indicative ▸ 1 (Acts 21,27)
  συνεχύθη ▸ 3 + 1 = 4
    Verb · third · singular · aorist · passive · indicative ▸ 3 + 1 = 4 (1Mac. 4,27; 2Mac. 13,23; Jonah 4,1; Acts 2,6)
  συνεχύθησαν ▸ 1
    Verb · third · plural · aorist · passive · indicative ▸ 1 (1Sam. 7,10)
  συνέχυννεν ▸ 1

Verb · third · singular · imperfect · active · indicative ▸ **1** (Acts 9,22)

συγχράομαι (σύν; χράομαι) to have dealings with; to make use of ▸ **1**
  συγχρῶνται ▸ **1**
    Verb · third · plural · present · middle · indicative ▸ **1** (John 4,9)

συγχρονίζω (σύν; χρόνος) to spend time ▸ **1**
  συγχρονίσας ▸ **1**
    Verb · aorist · active · participle · masculine · singular · nominative ▸ **1** (Sir. 1,28 Prol.)

Σύγχυσις (σύν; χέω) Confusion ▸ **1**
  Σύγχυσις ▸ **1**
    Noun · feminine · singular · nominative · (proper) ▸ **1** (Gen. 11,9)

σύγχυσις (σύν; χέω) confusion ▸ **3 + 1 = 4**
  συγχύσεως ▸ **1**
    Noun · feminine · singular · genitive ▸ **1** (Acts 19,29)
  σύγχυσις ▸ **3**
    Noun · feminine · singular · nominative · (common) ▸ **3** (1Sam. 5,6; 1Sam. 5,11; 1Sam. 14,20)

συγχωρέω (σύν; χωρέω) to agree; to permit; to forgive ▸ **5**
  συγχωρηθῆναι ▸ **1**
    Verb · aorist · passive · infinitive ▸ **1** (2Mac. 11,24)
  συνεχώρησεν ▸ **4**
    Verb · third · singular · aorist · active · indicative ▸ **4** (2Mac. 11,15; 2Mac. 11,18; 2Mac. 11,35; Bel 26)

συγχωρητέον to be allowed, conceded ▸ **1**
  συγχωρητέον ▸ **1**
    Adjective · neuter · singular · accusative · noDegree · (verbal) ▸ **1** (2Mac. 2,31)

συζάω (σύν; ζάω) to live with ▸ **3**
  συζῆν ▸ **1**
    Verb · present · active · infinitive ▸ **1** (2Cor. 7,3)
  συζήσομεν ▸ **2**
    Verb · first · plural · future · active · indicative ▸ **2** (Rom. 6,8; 2Tim. 2,11)

συζεύγνυμι (σύν; ζυγός) to join together ▸ **2 + 2 = 4**
  συνεζευγμέναι ▸ **2**
    Verb · perfect · passive · participle · feminine · plural · nominative ▸ **2** (Ezek. 1,11; Ezek. 1,23)
  συνέζευξεν ▸ **2**
    Verb · third · singular · aorist · active · indicative ▸ **2** (Matt. 19,6; Mark 10,9)

συζητέω (σύν; ζητέω) to argue, question ▸ **10**
  συζητεῖν ▸ **4**
    Verb · present · active · infinitive ▸ **4** (Mark 1,27; Mark 8,11; Luke 22,23; Luke 24,15)
  συζητεῖτε ▸ **1**
    Verb · second · plural · present · active · indicative ▸ **1** (Mark 9,16)
  συζητοῦντας ▸ **1**
    Verb · present · active · participle · masculine · plural · accusative ▸ **1** (Mark 9,14)
  συζητοῦντες ▸ **2**
    Verb · present · active · participle · masculine · plural · nominative ▸ **2** (Mark 9,10; Acts 6,9)
  συζητούντων ▸ **1**
    Verb · present · active · participle · masculine · plural · genitive ▸ **1** (Mark 12,28)
  συνεζήτει ▸ **1**
    Verb · third · singular · imperfect · active · indicative ▸ **1** (Acts 9,29)

συζητητής (σύν; ζητέω) debater, disputant ▸ **1**
  συζητητής ▸ **1**
    Noun · masculine · singular · nominative ▸ **1** (1Cor. 1,20)

σύζυγος (σύν; ζυγός) fellow-worker ▸ **1**
  σύζυγε ▸ **1**
    Noun · masculine · singular · vocative ▸ **1** (Phil. 4,3)

συζώννυω to gird ▸ **2**
  συνεζώσατο ▸ **1**
    Verb · third · singular · aorist · middle · indicative ▸ **1** (1Mac. 3,3)
  συνέζωσεν ▸ **1**
    Verb · third · singular · aorist · active · indicative ▸ **1** (Lev. 8,7)

συζωοποιέω (σύν; ζάω; ποιέω) to make alive together with ▸ **2**
  συνεζωοποίησεν ▸ **2**
    Verb · third · singular · aorist · active · indicative ▸ **2** (Eph. 2,5; Col. 2,13)

Συήνη Aswan ▸ **3**
  Συήνη ▸ **1**
    Noun · feminine · singular · nominative · (proper) ▸ **1** (Ezek. 30,16)
  Συήνης ▸ **2**
    Noun · feminine · singular · genitive · (proper) ▸ **2** (Ezek. 29,10; Ezek. 30,6)

συκάμινον (συκάμινος) mulberry ▸ **1**
  συκάμινα ▸ **1**
    Noun · neuter · plural · accusative · (common) ▸ **1** (Amos 7,14)

συκάμινος mulberry tree ▸ **6 + 1 = 7**
  συκαμίνους ▸ **5**
    Noun · feminine · plural · accusative · (common) ▸ **5** (1Kings 10,27; 2Chr. 1,15; 2Chr. 9,27; Psa. 77,47; Is. 9,9)
  συκαμίνῳ ▸ **1**
    Noun · feminine · singular · dative ▸ **1** (Luke 17,6)
  συκαμίνων ▸ **1**
    Noun · feminine · plural · genitive · (common) ▸ **1** (1Chr. 27,28)

συκῆ (σῦκον) fig tree ▸ **27 + 2 + 16 = 45**
  συκαῖ ▸ **4**
    Noun · feminine · plural · nominative · (common) ▸ **4** (Num. 20,5; Deut. 8,8; Joel 1,12; Nah. 3,12)
  συκαῖς ▸ **1**
    Noun · feminine · plural · dative · (common) ▸ **1** (Jer. 8,13)
  συκᾶς ▸ **4**
    Noun · feminine · plural · accusative · (common) ▸ **4** (Psa. 104,33; Hos. 2,14; Joel 1,7; Is. 36,16)
  συκῆ ▸ **6 + 1 + 5 = 12**
    Noun · feminine · singular · nominative · (common) ▸ **6 + 1 + 5 = 12** (Judg. 9,11; Ode. 4,17; Song 2,13; Joel 2,22; Hab. 3,17; Hag. 2,19; Judg. 9,11; Matt. 21,19; Matt. 21,20; Mark 11,21; James 3,12; Rev. 6,13)
  συκῇ ▸ **2 + 1 + 1 = 4**
    Noun · feminine · singular · dative · (common) ▸ **2 + 1 + 1 = 4** (Judg. 9,10; Hos. 9,10; Judg. 9,10; Luke 13,7)
  συκῆν ▸ **4 + 6 = 10**
    Noun · feminine · singular · accusative · (common) ▸ **4 + 6 = 10** (1Kings 2,46g; 2Kings 18,31; 1Mac. 14,12; Prov. 27,18; Matt. 21,19; Mark 11,13; Mark 11,20; Luke 13,6; Luke 21,29; John 1,48)
  συκῆς ▸ **4 + 4 = 8**
    Noun · feminine · singular · genitive · (common) ▸ **4 + 4 = 8** (Gen. 3,7; Mic. 4,4; Zech. 3,10; Is. 34,4; Matt. 21,21; Matt. 24,32; Mark 13,28; John 1,50)
  συκῶν ▸ **2**

Noun · feminine · plural · genitive · (common) ▸ **2** (Num. 13,23; Neh. 2,13)

συκομορέα (σῦκον; μείρομαι) sycamore tree ▸ **1**
  συκομορέαν ▸ **1**
    Noun · feminine · singular · accusative ▸ **1** (Luke 19,4)

σῦκον fig ▸ **12** + **1** + **4** = **17**
  Σῦκα ▸ **1**
    Noun · neuter · plural · accusative · (common) ▸ **1** (Jer. 24,3)
  σῦκα ▸ **5** + **3** = **8**
    Noun · neuter · plural · accusative · (common) ▸ **3** + **3** = **6** (Neh. 13,15; Jer. 24,5; Jer. 24,8; Matt. 7,16; Luke 6,44; James 3,12)
    Noun · neuter · plural · nominative · (common) ▸ **2** (Jer. 8,13; Jer. 24,2)
  σύκου ▸ **1**
    Noun · neuter · singular · genitive · (common) ▸ **1** (Is. 28,4)
  σύκων ▸ **5** + **1** + **1** = **7**
    Noun · neuter · plural · genitive · (common) ▸ **5** + **1** + **1** = **7** (2Kings 20,7; Is. 38,21; Jer. 24,1; Jer. 24,2; Jer. 24,2; Tob. 1,7; Mark 11,13)

συκοφαντέω (σῦκον; φαίνω) to accuse falsely; to slander ▸ **9** + **2** = **11**
  ἐσυκοφάντησα ▸ **1**
    Verb · first · singular · aorist · active · indicative ▸ **1** (Luke 19,8)
  συκοφαντεῖ ▸ **1**
    Verb · third · singular · present · active · indicative ▸ **1** (Prov. 28,3)
  συκοφαντῆσαι ▸ **1**
    Verb · aorist · active · infinitive ▸ **1** (Gen. 43,18)
  συκοφαντησάτωσάν ▸ **1**
    Verb · third · plural · aorist · active · imperative ▸ **1** (Psa. 118,122)
  συκοφαντήσει ▸ **1**
    Verb · third · singular · future · active · indicative ▸ **1** (Lev. 19,11)
  συκοφαντήσητε ▸ **1**
    Verb · second · plural · aorist · active · subjunctive ▸ **1** (Luke 3,14)
  συκοφαντούμενοι ▸ **1**
    Verb · present · passive · participle · masculine · plural · nominative ▸ **1** (Job 35,9)
  συκοφαντουμένων ▸ **1**
    Verb · present · passive · participle · masculine · plural · genitive ▸ **1** (Eccl. 4,1)
  συκοφαντούντων ▸ **1**
    Verb · present · active · participle · masculine · plural · genitive ▸ **1** (Eccl. 4,1)
  συκοφαντῶν ▸ **2**
    Verb · present · active · participle · masculine · singular · nominative ▸ **2** (Prov. 14,31; Prov. 22,16)

συκοφάντης (σῦκον; φαίνω) slanderer, denouncer ▸ **2**
  συκοφάντην ▸ **1**
    Noun · masculine · singular · accusative · (common) ▸ **1** (Psa. 71,4)
  συκοφάντης ▸ **1**
    Noun · masculine · singular · nominative · (common) ▸ **1** (Prov. 28,16)

συκοφαντία (σῦκον; φαίνω) slander, false accusation ▸ **5**
  συκοφαντία ▸ **1**
    Noun · feminine · singular · nominative · (common) ▸ **1** (Eccl. 7,7)
  συκοφαντίαν ▸ **1**
    Noun · feminine · singular · accusative · (common) ▸ **1** (Eccl. 5,7)
  συκοφαντίας ▸ **2**
    Noun · feminine · plural · accusative · (common) ▸ **1** (Eccl. 4,1)
    Noun · feminine · singular · genitive · (common) ▸ **1** (Psa. 118,134)
  συκοφαντιῶν ▸ **1**
    Noun · feminine · plural · genitive · (common) ▸ **1** (Amos 2,8)

συκῶν (σῦκον) fig tree ▸ **2**
  συκῶνας ▸ **2**
    Noun · masculine · plural · accusative · (common) ▸ **2** (Amos 4,9; Jer. 5,17)

συλαγωγέω (συλάω; ἄγω) to make a captive ▸ **1**
  συλαγωγῶν ▸ **1**
    Verb · present · active · participle · masculine · singular · nominative ▸ **1** (Col. 2,8)

συλάω to rob ▸ **1** + **1** = **2**
  ἐσύλησα ▸ **1**
    Verb · first · singular · aorist · active · indicative ▸ **1** (2Cor. 11,8)
  συληθῶσι ▸ **1**
    Verb · third · plural · aorist · passive · subjunctive ▸ **1** (LetterJ 17)

συλλαλέω (σύν; λάλος) to speak with ▸ **4** + **6** = **10**
  συλλαλεῖν ▸ **1**
    Verb · present · active · infinitive ▸ **1** (Ex. 34,35)
  συλλαλῇ ▸ **1**
    Verb · third · singular · present · active · subjunctive ▸ **1** (Prov. 6,22)
  συλλαλήσαντες ▸ **1**
    Verb · aorist · active · participle · masculine · plural · nominative ▸ **1** (Is. 7,6)
  συλλαλήσας ▸ **1**
    Verb · aorist · active · participle · masculine · singular · nominative ▸ **1** (Acts 25,12)
  συλλαλοῦντες ▸ **2**
    Verb · present · active · participle · masculine · plural · nominative ▸ **2** (Matt. 17,3; Mark 9,4)
  συνελάλησαν ▸ **1**
    Verb · third · plural · aorist · active · indicative ▸ **1** (Jer. 18,20)
  συνελάλησεν ▸ **1**
    Verb · third · singular · aorist · active · indicative ▸ **1** (Luke 22,4)
  συνελάλουν ▸ **2**
    Verb · third · plural · imperfect · active · indicative ▸ **2** (Luke 4,36; Luke 9,30)

συλλαμβάνω (σύν; λαμβάνω) to seize; help; conceive, become pregnant. ▸ **111** + **7** + **16** = **134**
  συλλαβεῖν ▸ **8** + **3** = **11**
    Verb · aorist · active · infinitive ▸ **8** + **3** = **11** (1Sam. 23,26; Judith 6,10; 1Mac. 12,40; 1Mac. 14,2; 2Mac. 14,39; Amos 3,5; Jer. 39,24; Jer. 43,26; Matt. 26,55; Mark 14,48; Acts 12,3)
  συλλαβέσθαι ▸ **1**
    Verb · aorist · middle · infinitive ▸ **1** (Luke 5,7)
  Συλλάβετε ▸ **3**
    Verb · second · plural · aorist · active · imperative ▸ **3** (1Kings 13,4; 1Kings 18,40; 2Kings 10,14)
  συλλάβετε ▸ **2**
    Verb · second · plural · aorist · active · imperative ▸ **2** (1Kings 21,18; 1Kings 21,18)
  συλλαβέτω ▸ **1**
    Verb · third · singular · aorist · active · imperative ▸ **1** (Psa. 34,8)
  συλλάβῃ ▸ **1**
    Verb · third · singular · aorist · active · subjunctive ▸ **1** (Job

συλλέγω

39,13)

συλλαβόμενοι ▸ 1
Verb · aorist · middle · participle · masculine · plural · nominative ▸ 1 (Acts 26,21)

συλλαβόντες ▸ 1
Verb · aorist · active · participle · masculine · plural · nominative ▸ 1 (Deut. 21,19)

Συλλαβόντες ▸ 1
Verb · aorist · active · participle · masculine · plural · nominative ▸ 1 (Luke 22,54)

συλλαβοῦσα ▸ 9 + 1 = 10
Verb · aorist · active · participle · feminine · singular · nominative ▸ 9 + 1 = **10** (Gen. 4,1; Gen. 4,17; Gen. 4,25; Gen. 21,2; Gen. 29,35; Gen. 30,17; Gen. 30,23; Gen. 38,3; Gen. 38,4; James 1,15)

συλλαβούσης ▸ 2
Verb · present · active · participle · feminine · singular · genitive ▸ 2 (Song 3,4; Song 8,2)

συλλαβοῦσιν ▸ 1
Verb · aorist · active · participle · masculine · plural · dative ▸ 1 (Acts 1,16)

συλλαβών ▸ 2
Verb · aorist · active · participle · masculine · singular · nominative ▸ 2 (1Esdr. 1,36; 2Mac. 14,40)

συλλάβωσιν ▸ 1
Verb · third · plural · aorist · active · subjunctive ▸ 1 (1Mac. 9,60)

συλλαμβάνεσθαι ▸ 1
Verb · present · passive · infinitive ▸ 1 (4Mac. 17,1)

συλλαμβάνονται ▸ 1
Verb · third · plural · present · passive · indicative ▸ 1 (Psa. 9,23)

συλλαμβάνου ▸ 1
Verb · second · singular · present · middle · imperative ▸ 1 (Phil. 4,3)

συλλημφθέντα ▸ 1
Verb · aorist · passive · participle · masculine · singular · accusative ▸ 1 (Acts 23,27)

συλλημφθέντας ▸ 1
Verb · aorist · passive · participle · masculine · plural · accusative ▸ 1 (2Mac. 7,1)

συλλημφθῆναι ▸ 1 + 1 = 2
Verb · aorist · passive · infinitive ▸ 1 + 1 = **2** (3Mac. 1,5; Luke 2,21)

συλλημφθήσεται ▸ 3
Verb · third · singular · future · passive · indicative ▸ 3 (Eccl. 7,26; Jer. 31,44; Ezek. 12,13)

συλλημφθήσῃ ▸ 3
Verb · second · singular · future · passive · indicative ▸ 3 (Jer. 31,7; Jer. 41,3; Jer. 45,23)

συλλημφθήσονται ▸ 2
Verb · third · plural · future · passive · indicative ▸ 2 (Judith 6,9; Jer. 6,11)

συλλημφθήτωσαν ▸ 1
Verb · third · plural · aorist · passive · imperative ▸ 1 (Psa. 58,13)

συλλήμψεται ▸ 4 + 2 = 6
Verb · third · singular · future · active · indicative ▸ 1 (1Mac. 9,58)
Verb · third · singular · future · middle · indicative ▸ 3 + 2 = **5** (Ex. 12,4; Jer. 41,2; Jer. 45,3; Dan. 11,15; Dan. 11,18)

συλλήμψῃ ▸ 1 + 1 = 2
Verb · second · singular · future · middle · indicative ▸ 1 + 1 = **2** (Judg. 13,3; Luke 1,31)

συλλημψόμεθα ▸ 1
Verb · first · plural · future · middle · indicative ▸ 1 (2Kings 7,12)

συλλήμψονται ▸ 1
Verb · third · plural · future · middle · indicative ▸ 1 (Jer. 44,8)

συνειλημμένη ▸ 1
Verb · perfect · passive · participle · feminine · singular · nominative ▸ 1 (Num. 5,13)

συνειλημμένοι ▸ 2
Verb · perfect · passive · participle · masculine · plural · nominative ▸ 2 (1Mac. 5,26; 1Mac. 5,27)

συνείληφεν ▸ 1
Verb · third · singular · perfect · active · indicative ▸ 1 (Luke 1,36)

συνειληφυῖα ▸ 1
Verb · perfect · active · participle · feminine · singular · nominative ▸ 1 (1Sam. 4,19)

συνέλαβε ▸ 1
Verb · third · singular · aorist · active · indicative ▸ 1 (2Kings 14,7)

συνέλαβεν ▸ 28 + 3 + 1 = 32
Verb · third · singular · aorist · active · indicative ▸ 28 + 3 + 1 = **32** (Gen. 16,4; Gen. 29,32; Gen. 29,33; Gen. 29,34; Gen. 30,5; Gen. 30,7; Gen. 30,10; Gen. 30,12; Gen. 30,19; Judg. 15,4; 1Sam. 1,20; 1Sam. 15,8; 2Sam. 12,24; 2Kings 14,13; 2Kings 16,9; 2Kings 17,6; 2Kings 18,13; 1Mac. 7,16; 1Mac. 7,19; 1Mac. 14,3; 1Mac. 16,22; Psa. 7,15; Hos. 1,3; Hos. 1,6; Hos. 1,8; Jer. 30,10; Jer. 44,13; Jer. 44,14; Judg. 8,14; Judg. 15,4; Bel 21; Luke 1,24)

Συνελάβετό ▸ 1
Verb · third · singular · aorist · middle · indicative ▸ 1 (Gen. 30,8)

συνέλαβον ▸ 14 + 1 + 2 = 17
Verb · third · plural · aorist · active · indicative ▸ 14 + 1 + 2 = **17** (Gen. 19,36; Josh. 8,23; Judg. 7,25; Judg. 8,14; 1Kings 18,40; 2Kings 10,14; 2Kings 25,6; Judith 6,11; Judith 10,12; 1Mac. 7,2; 1Mac. 9,36; 1Mac. 9,61; 1Mac. 12,48; Jer. 52,9; Judg. 7,25; Luke 5,9; John 18,12)

συνελάβοσαν ▸ 1
Verb · third · plural · aorist · active · indicative ▸ 1 (Jer. 33,8)

συνελαμβάνοσαν ▸ 1
Verb · third · plural · imperfect · active · indicative ▸ 1 (Jer. 5,26)

συνελήμφθη ▸ 9
Verb · third · singular · aorist · passive · indicative ▸ 9 (2Kings 18,10; 1Mac. 12,50; Psa. 9,16; Psa. 9,17; Jer. 31,41; Jer. 45,28; Lam. 4,20; Ezek. 19,4; Ezek. 19,8)

συνελήμφθην ▸ 1
Verb · first · singular · aorist · passive · indicative ▸ 1 (Psa. 50,7)

συνελήμφθης ▸ 1
Verb · second · singular · aorist · passive · indicative ▸ 1 (4Mac. 16,15)

συνελήμφθησαν ▸ 1
Verb · third · plural · aorist · passive · indicative ▸ 1 (Job 22,16)

συλλέγω (σύν; λέγω)   to gather, collect, glean ▸ 42 + 1 + 8 = 51

συλλέγειν ▸ 3
Verb · present · active · infinitive ▸ 3 (Ruth 2,15; Ruth 2,23; Song 6,2)

συλλεγέντων ▸ 1
Verb · aorist · passive · participle · masculine · plural · genitive ▸ 1 (3Mac. 1,21)

συλλέγεται ▸ 1
Verb · third · singular · present · passive · indicative ▸ (variant) ▸ 1 (Matt. 13,40)

Συλλέγετε ▸ 1
    Verb · second · plural · present · active · imperative ▸ 1 (Gen. 31,46)
συλλέγετε ▸ 1
    Verb · second · plural · present · active · imperative ▸ 1 (Ex. 5,11)
συλλεγέτω ▸ 1
    Verb · third · singular · present · active · imperative ▸ 1 (Ruth 2,15)
συλλέγοντα ▸ 2
    Verb · present · active · participle · masculine · singular · accusative ▸ 2 (Num. 15,32; Num. 15,33)
συλλέγοντες ▸ 1 + 1 + 1 = 3
    Verb · present · active · participle · masculine · plural · nominative ▸ 1 + 1 + 1 = 3 (Judg. 1,7; Judg. 1,7; Matt. 13,29)
συλλέγουσιν ▸ 1 + 2 = 3
    Verb · third · plural · present · active · indicative ▸ 1 + 2 = 3 (Jer. 7,18; Matt. 7,16; Luke 6,44)
συλλέγω ▸ 1
    Verb · first · singular · present · active · indicative ▸ 1 (1Kings 17,12)
συλλέγων ▸ 1
    Verb · present · active · participle · masculine · singular · nominative ▸ 1 (Psa. 128,7)
συλλέξαι ▸ 4
    Verb · aorist · active · infinitive ▸ 4 (Ex. 16,27; Ruth 2,8; 2Kings 4,39; Judith 3,10)
συλλέξατε ▸ 1 + 1 = 2
    Verb · second · plural · aorist · active · imperative ▸ 1 + 1 = 2 (Ex. 16,16; Matt. 13,30)
συλλέξει ▸ 1
    Verb · third · singular · future · active · indicative ▸ 1 (Ruth 2,16)
συλλέξεις ▸ 4
    Verb · second · singular · future · active · indicative ▸ 4 (Lev. 19,9; Lev. 19,10; Lev. 23,22; Deut. 23,25)
συλλέξετε ▸ 1
    Verb · second · plural · future · active · indicative ▸ 1 (Ex. 16,26)
συλλέξουσιν ▸ 2 + 1 = 3
    Verb · third · plural · future · active · indicative ▸ 2 + 1 = 3 (Ex. 16,4; Psa. 103,28; Matt. 13,41)
Συλλέξω ▸ 1
    Verb · first · singular · future · active · indicative ▸ 1 (Ruth 2,7)
συλλέξωμεν ▸ 1
    Verb · first · plural · aorist · active · subjunctive ▸ 1 (Matt. 13,28)
συνέλεγεν ▸ 1
    Verb · third · singular · imperfect · active · indicative ▸ 1 (1Kings 17,10)
συνέλεγον ▸ 1
    Verb · third · plural · imperfect · active · indicative ▸ 1 (Num. 11,8)
συνελέγοντο ▸ 1
    Verb · third · plural · imperfect · middle · indicative ▸ 1 (Judg. 11,3)
συνελέλεκτο ▸ 1
    Verb · third · singular · pluperfect · passive · indicative ▸ 1 (Judith 4,3)
συνέλεξαν ▸ 5 + 1 = 6
    Verb · third · plural · aorist · active · indicative ▸ 5 + 1 = 6 (Gen. 31,46; Ex. 16,17; Ex. 16,18; Ex. 16,21; Ex. 16,22; Matt. 13,48)
συνέλεξας ▸ 1
    Verb · second · singular · aorist · active · indicative ▸ 1 (Ruth 2,19)
συνέλεξεν ▸ 5
    Verb · third · singular · aorist · active · indicative ▸ 5 (Ruth 2,3; Ruth 2,17; Ruth 2,17; Ruth 2,18; 2Kings 4,39)
Συλλημ Shillem ▸ 1
    Συλλημ ▸ 1
        Noun · masculine · singular · nominative · (proper) ▸ 1 (Gen. 46,24)
σύλλημψις (σύν; λαμβάνω) capture; pregnancy ▸ 5
    συλλήμψει ▸ 1
        Noun · feminine · singular · dative · (common) ▸ 1 (Jer. 41,3)
    συλλήμψεων ▸ 1
        Noun · feminine · plural · genitive · (common) ▸ 1 (Hos. 9,11)
    συλλήμψεως ▸ 1
        Noun · feminine · singular · genitive · (common) ▸ 1 (Jer. 20,17)
    σύλλημψίν ▸ 1
        Noun · feminine · singular · accusative · (common) ▸ 1 (Jer. 18,22)
    σύλλημψις ▸ 1
        Noun · feminine · singular · nominative · (common) ▸ 1 (Job 18,10)
συλλογή (σύν; λέγω) gathering ▸ 1
    συλλογὴν ▸ 1
        Noun · feminine · singular · accusative · (common) ▸ 1 (1Sam. 17,40)
συλλογίζομαι (σύν; λέγω) to calculate, consider, discuss ▸ 5 + 1 = 6
    συλλογιεῖται ▸ 3
        Verb · third · singular · future · middle · indicative ▸ 3 (Lev. 25,27; Lev. 25,50; Lev. 25,52)
    συλλογίζεσθε ▸ 1
        Verb · second · plural · present · middle · imperative ▸ 1 (Is. 43,18)
    συλλογισθήσεται ▸ 1
        Verb · third · singular · future · passive · indicative ▸ 1 (Num. 23,9)
    συνελογίσαντο ▸ 1
        Verb · third · plural · aorist · middle · indicative ▸ 1 (Luke 20,5)
συλλογισμός (σύν; λέγω) calculation, syllogism ▸ 2
    συλλογισμὸν ▸ 1
        Noun · masculine · singular · accusative · (common) ▸ 1 (Ex. 30,12)
    συλλογισμῷ ▸ 1
        Noun · masculine · singular · dative · (common) ▸ 1 (Wis. 4,20)
συλλοιδορέω (σύν; λοίδορος) to revile together ▸ 1
    συνελοιδορήσατε ▸ 1
        Verb · second · plural · aorist · active · indicative ▸ 1 (Jer. 36,27)
συλλοχάω (σύν; λόχος) to gather ▸ 1
    συνελόχησεν ▸ 1
        Verb · third · singular · aorist · active · indicative ▸ 1 (1Mac. 4,28)
συλλοχισμός (σύν; λόχος) roll, list ▸ 1
    συλλοχισμὸς ▸ 1
        Noun · masculine · singular · nominative · (common) ▸ 1 (1Chr. 9,1)
συλλυπέομαι (σύν; λύπη) to sympathize ▸ 2
    συλλυπηθήσεται ▸ 1
        Verb · third · singular · future · passive · indicative ▸ 1 (Is. 51,19)
    συλλυπούμενον ▸ 1
        Verb · present · passive · participle · masculine · singular · accusative ▸ 1 (Psa. 68,21)
συλλυπέω (σύν; λύπη) to sympathize, grieve with ▸ 1

συλλυπούμενος ▸ 1
  Verb · present · passive · participle · masculine · singular · nominative · (variant) ▸ **1** (Mark 3,5)
συλλύω (σύν; λύω) to help solve a difficulty; to agree ▸ 3
  συλλύεσθαι ▸ 1
    Verb · present · middle · infinitive ▸ **1** (2Mac. 11,14)
  συνελύθη ▸ 2
    Verb · third · singular · aorist · passive · indicative ▸ **2** (1Mac. 13,47; 2Mac. 13,23)
Συμαερ Shemida ▸ 1
  Συμαερ ▸ 1
    Noun · masculine · singular · dative · (proper) ▸ **1** (Num. 26,36)
Συμαερι Shemidaite ▸ 1
  Συμαερι ▸ 1
    Noun · masculine · singular · nominative · (proper) ▸ **1** (Num. 26,36)
Συμαριμ Shemida ▸ 1
  Συμαριμ ▸ 1
    Noun · masculine · singular · genitive · (proper) ▸ **1** (Josh. 17,2)
συμβαίνω (σύν; βαίνω) to happen, befall ▸ 47 + 4 + 8 = 59
  συμβαίνειν ▸ 1
    Verb · present · active · infinitive ▸ **1** (Mark 10,32)
  συμβαίνοντα ▸ 1
    Verb · present · active · participle · neuter · plural · nominative ▸ **1** (1Esdr. 8,83)
  συμβαίνοντος ▸ 1
    Verb · present · active · participle · neuter · singular · genitive ▸ **1** (1Pet. 4,12)
  συμβάντα ▸ 3 + 1 = 4
    Verb · aorist · active · participle · neuter · plural · accusative ▸ **3 + 1 = 4** (Gen. 42,29; 1Mac. 5,25; 4Mac. 4,14; Tob. 12,20)
  συμβάντων ▸ 1
    Verb · aorist · active · participle · masculine · plural · genitive ▸ **1** (Acts 20,19)
  συμβέβηκεν ▸ 1 + 1 = 2
    Verb · third · singular · perfect · active · indicative ▸ **1 + 1 = 2** (Ex. 3,16; 2Pet. 2,22)
  συμβέβηκέν ▸ 1
    Verb · third · singular · perfect · active · indicative ▸ **1** (Lev. 10,19)
  συμβεβηκὸς ▸ 1
    Verb · perfect · active · participle · neuter · singular · accusative ▸ **1** (Sus. 26)
  συμβεβηκός ▸ 1
    Verb · perfect · active · participle · neuter · singular · accusative ▸ **1** (Judith 6,16)
  συμβεβηκόσιν ▸ 3
    Verb · perfect · active · participle · neuter · plural · dative ▸ **3** (3Mac. 1,8; Job 1,22; Job 2,10)
  συμβεβηκότα ▸ 4
    Verb · perfect · active · participle · neuter · plural · accusative ▸ **4** (Josh. 2,23; Esth. 6,13; 1Mac. 4,26; Job 42,11)
  συμβεβηκότι ▸ 1
    Verb · perfect · active · participle · neuter · singular · dative ▸ **1** (Acts 3,10)
  συμβεβηκότων ▸ 1 + 1 = 2
    Verb · perfect · active · participle · neuter · plural · genitive ▸ **1 + 1 = 2** (Wis. 19,4; Luke 24,14)
  συμβῇ ▸ 6
    Verb · third · singular · aorist · active · subjunctive ▸ **6** (Gen. 42,4; Gen. 44,29; Ex. 1,10; Ex. 24,14; Deut. 18,22; 1Mac. 8,27)
  συμβῆναι ▸ 1
    Verb · aorist · active · infinitive ▸ **1** (Jer. 39,23)
  συμβήσεται ▸ 6 + 1 = 7
    Verb · third · singular · future · middle · indicative ▸ **6 + 1 = 7** (Gen. 42,38; Esth. 2,11; 2Mac. 12,24; Sir. 22,26; Is. 3,11; Is. 41,22; Tob. 14,4)
  συμβησόμενόν ▸ 1
    Verb · future · middle · participle · neuter · singular · accusative ▸ **1** (Sir. 37,9)
  συνέβαινεν ▸ 1 + 1 = 2
    Verb · third · singular · imperfect · active · indicative ▸ **1 + 1 = 2** (2Mac. 3,2; 1Cor. 10,11)
  Συνέβη ▸ 1
    Verb · third · singular · aorist · active · indicative ▸ **1** (2Mac. 7,1)
  συνέβη ▸ 16 + 1 + 1 = 18
    Verb · third · singular · aorist · active · indicative ▸ **16 + 1 + 1 = 18** (Gen. 41,13; 1Esdr. 1,23; Tob. 3,7; 2Mac. 4,30; 2Mac. 5,2; 2Mac. 5,18; 2Mac. 9,2; 2Mac. 9,7; 2Mac. 10,5; 2Mac. 12,34; 2Mac. 13,7; 3Mac. 1,3; 3Mac. 1,5; 3Mac. 1,8; 3Mac. 4,19; Dan. 2,1; Tob. 3,7; Acts 21,35)
συμβάλλω (σύν; βάλλω) to meet; consider, compare ▸ 9 + 6 = 15
  συμβαλεῖν ▸ 1
    Verb · aorist · active · infinitive ▸ **1** (Luke 14,31)
  συμβάλλει ▸ 1
    Verb · third · singular · present · active · indicative ▸ **1** (Jer. 50,3)
  συμβάλλεις ▸ 1
    Verb · second · singular · present · active · indicative ▸ **1** (2Chr. 25,19)
  συμβαλλόμενοι ▸ 1
    Verb · present · middle · participle · masculine · plural · nominative ▸ **1** (Is. 46,6)
  συμβάλλουσα ▸ 1
    Verb · present · active · participle · feminine · singular · nominative ▸ **1** (Luke 2,19)
  συμβεβληκὼς ▸ 1
    Verb · perfect · active · participle · masculine · singular · nominative ▸ **1** (2Mac. 14,17)
  συμβέβληται ▸ 1
    Verb · third · singular · perfect · middle · indicative ▸ **1** (Wis. 5,8)
  συνέβαλε ▸ 1
    Verb · third · singular · aorist · active · indicative ▸ **1** (2Mac. 8,23)
  συνεβάλετο ▸ 1
    Verb · third · singular · aorist · middle · indicative ▸ **1** (Acts 18,27)
  συνέβαλλεν ▸ 1
    Verb · third · singular · imperfect · active · indicative ▸ **1** (Acts 20,14)
  συνέβαλλον ▸ 1 + 2 = 3
    Verb · third · plural · imperfect · active · indicative ▸ **1 + 2 = 3** (1Mac. 4,34; Acts 4,15; Acts 17,18)
  συνεβλήθη ▸ 2
    Verb · third · singular · aorist · passive · indicative ▸ **2** (Sir. 22,1; Sir. 22,2)
συμβασιλεύω (σύν; βασιλεύς) to reign with ▸ 2
  συμβασιλεύσομεν ▸ 1
    Verb · first · plural · future · active · indicative ▸ **1** (2Tim. 2,12)
  συμβασιλεύσωμεν ▸ 1

Verb · first · plural · aorist · active · subjunctive ▸ **1** (1Cor. 4,8)

συμβαστάζω (σύν; βαστάζω) to compare with ▸ **2**
συμβασταχθήσεται ▸ 2
Verb · third · singular · future · passive · indicative ▸ **2** (Job 28,16; Job 28,19)

συμβιβάζω (σύν; βαίνω) to advise; to bring together, unite ▸ 8 + **2** + 7 = 17
συμβιβᾷ ▸ 1
Verb · third · singular · future · active · indicative ▸ **1** (Is. 40,13)
συμβιβαζόμενον ▸ 2
Verb · present · passive · participle · neuter · singular · nominative · (variant) ▸ **2** (Eph. 4,16; Col. 2,19)
συμβιβάζοντες ▸ 1
Verb · present · active · participle · masculine · plural · nominative ▸ **1** (Acts 16,10)
συμβιβάζω ▸ 1
Verb · first · singular · present · active · indicative ▸ **1** (Ex. 18,16)
συμβιβάζων ▸ 1
Verb · present · active · participle · masculine · singular · nominative ▸ **1** (Acts 9,22)
συμβιβάσαι ▸ 1
Verb · aorist · active · infinitive ▸ **1** (Dan. 9,22)
συμβιβασάτω ▸ 1
Verb · third · singular · aorist · active · imperative ▸ **1** (Judg. 13,8)
συμβιβάσει ▸ 1
Verb · third · singular · future · active · indicative ▸ **1** (1Cor. 2,16)
συμβιβάσεις ▸ 2
Verb · second · singular · future · active · indicative ▸ **2** (Lev. 10,11; Deut. 4,9)
συμβιβασθέντες ▸ 1
Verb · aorist · passive · participle · masculine · plural · nominative ▸ **1** (Col. 2,2)
συμβιβάσω ▸ 2
Verb · first · singular · future · active · indicative ▸ **2** (Ex. 4,12; Ex. 4,15)
συμβιβῶ ▸ 1
Verb · first · singular · future · active · indicative ▸ **1** (Psa. 31,8)
συνεβίβασαν ▸ 1
Verb · third · plural · aorist · active · indicative ▸ **1** (Acts 19,33)
συνεβίβασεν ▸ 1
Verb · third · singular · aorist · active · indicative ▸ **1** (Is. 40,14)

συμβιόω (σύν; βίος) to live with ▸ **1**
συμβιώσεταί ▸ 1
Verb · third · singular · future · middle · indicative ▸ **1** (Sir. 13,5)

συμβίωσις (σύν; βίος) living together ▸ **3**
συμβίωσιν ▸ 2
Noun · feminine · singular · accusative · (common) ▸ **2** (Wis. 8,3; Wis. 8,9)
συμβίωσις ▸ 1
Noun · feminine · singular · nominative · (common) ▸ **1** (Wis. 8,16)

συμβιωτής (σύν; βίος) companion ▸ 2 + **1** = 3
συμβιωτὰς ▸ 1
Noun · masculine · plural · accusative · (common) ▸ **1** (Bel 30)
συμβιωτής ▸ 1 + **1** = 2
Noun · masculine · singular · nominative · (common) ▸ 1 + **1** = 2 (Bel 2; Bel 2)

σύμβλημα (σύν; βάλλω) seam, juncture ▸ **1**
Σύμβλημα ▸ 1
Noun · neuter · singular · nominative · (common) ▸ **1** (Is. 41,7)

σύμβλησις (σύν; βάλλω) seam, juncture ▸ **1**
σύμβλησιν ▸ 1
Noun · feminine · singular · accusative · (common) ▸ **1** (Ex. 26,24)

συμβοηθός (σύν; βοή) helping, helper ▸ **1**
συμβοηθοί ▸ 1
Noun · masculine · plural · nominative · (common) ▸ **1** (1Kings 21,16)

συμβολή (σύν; βάλλω) seam, juncture; contribution ▸ **10**
συμβολαῖς ▸ 1
Noun · feminine · plural · dative · (common) ▸ **1** (Prov. 23,20)
συμβολὰς ▸ 1
Noun · feminine · plural · accusative · (common) ▸ **1** (Ex. 36,25)
συμβολῇ ▸ 2
Noun · feminine · singular · dative · (common) ▸ **2** (Ex. 26,4; Sir. 18,32)
συμβολὴν ▸ 6
Noun · feminine · singular · accusative · (common) ▸ **6** (Ex. 26,4; Ex. 26,5; Ex. 26,10; Ex. 28,32; Ex. 36,27; Is. 23,18)

συμβολοκοπέω (σύν; βάλλω; κόπτω) to revel ▸ **3**
συμβολοκοπήσῃς ▸ 1
Verb · second · singular · aorist · active · subjunctive ▸ **1** (Sir. 9,9)
συμβολοκοπῶν ▸ 2
Verb · present · active · participle · masculine · singular · nominative ▸ **2** (Deut. 21,20; Sir. 18,33)

σύμβολον (σύν; βάλλω) sign, seal; creed ▸ **3**
σύμβολα ▸ 1
Noun · neuter · plural · accusative · (common) ▸ **1** (Wis. 2,9)
συμβόλοις ▸ 1
Noun · neuter · plural · dative · (common) ▸ **1** (Hos. 4,12)
σύμβολον ▸ 1
Noun · neuter · singular · accusative · (common) ▸ **1** (Wis. 16,6)

συμβόσκομαι (σύν; βόσκω) to graze together ▸ **1**
συμβοσκηθήσεται ▸ 1
Verb · third · singular · future · passive · indicative ▸ **1** (Is. 11,6)

συμβουλευτής (σύν; βούλομαι) adviser ▸ **1**
συμβουλευταῖς ▸ 1
Noun · masculine · plural · dative · (common) ▸ **1** (1Esdr. 8,11)

συμβουλεύω (σύν; βούλομαι) to advise, counsel ▸ 32 + **1** + 4 = 37
συμβεβούλευσαι ▸ 1
Verb · second · singular · perfect · middle · indicative ▸ **1** (Job 26,3)
συμβουλεύετε ▸ 1
Verb · second · plural · present · active · indicative ▸ **1** (1Kings 12,9)
συμβουλεύοντα ▸ 1
Verb · present · active · participle · masculine · singular · accusative ▸ **1** (4Mac. 8,29)
συμβουλεύοντες ▸ 1
Verb · present · active · participle · masculine · plural · nominative ▸ **1** (Is. 33,18)
συμβουλευόντων ▸ 1
Verb · present · active · participle · masculine · plural · genitive ▸ **1** (1Esdr. 8,26)
συμβουλεύου ▸ 2
Verb · second · singular · present · middle · imperative ▸ **2** (Sir. 8,17; Sir. 9,14)
συμβουλεύσαιμ' ▸ 2
Verb · first · singular · aorist · active · optative ▸ **2** (4Mac. 1,1;

συμβουλεύω–συμμαρτυρέω

4Mac. 5,6)
  συμβουλεύσας ▸ 1
    Verb · aorist · active · participle · masculine · singular · nominative ▸ 1 (John 18,14)
  συμβουλεύσασιν ▸ 1
    Verb · aorist · active · participle · masculine · plural · dative ▸ 1 (1Mac. 9,69)
  συμβουλεύσομαι ▸ 1
    Verb · first · singular · future · middle · indicative ▸ 1 (1Kings 12,24q)
  συμβουλεύσω ▸ 4
    Verb · first · singular · future · active · indicative ▸ 4 (Ex. 18,19; Num. 24,14; 1Kings 1,12; Jer. 45,15)
  συμβουλεύω ▸ 1 + 1 = 2
    Verb · first · singular · present · active · indicative ▸ 1 + 1 = 2 (4Mac. 8,5; Rev. 3,18)
  συμβουλεύων ▸ 2
    Verb · present · active · participle · masculine · singular · nominative ▸ 2 (2Sam. 17,11; Sir. 37,7)
  συνεβούλευσα ▸ 2
    Verb · first · singular · aorist · active · indicative ▸ 2 (2Sam. 17,11; 2Sam. 17,15)
  συνεβούλευσαν ▸ 1
    Verb · third · plural · aorist · active · indicative ▸ 1 (1Kings 12,24s)
  συνεβουλεύσαντο ▸ 6 + 1 + 2 = 9
    Verb · third · plural · aorist · middle · indicative ▸ 6 + 1 + 2 = 9 (1Kings 12,8; 1Kings 12,13; 2Chr. 10,8; 1Mac. 9,59; Is. 33,19; Jer. 43,16; Dan. 6,8; Matt. 26,4; Acts 9,23)
  συνεβουλεύσατο ▸ 4
    Verb · third · singular · aorist · middle · indicative ▸ 4 (Josh. 15,18; 1Kings 12,8; 2Chr. 10,8; Is. 40,14)
  συνεβούλευσεν ▸ 1
    Verb · third · singular · aorist · active · indicative ▸ 1 (2Sam. 17,15)
συμβουλία (σύν; βούλομαι) advice, counsel ▸ 9
  συμβουλίαι ▸ 1
    Noun · feminine · plural · nominative · (common) ▸ 1 (Psa. 118,24)
  συμβουλίαν ▸ 3
    Noun · feminine · singular · accusative · (common) ▸ 3 (1Kings 1,12; Tob. 4,18; Sir. 6,23)
  συμβουλίας ▸ 5
    Noun · feminine · plural · accusative · (common) ▸ 1 (Prov. 12,15)
    Noun · feminine · singular · genitive · (common) ▸ 4 (2Chr. 25,16; Tob. 4,18; 4Mac. 6,16; Sir. 37,11)
συμβούλιον (σύν; βούλομαι) plan, council ▸ 1 + 8 = 9
  συμβούλιον ▸ 1 + 6 = 7
    Noun · neuter · singular · accusative ▸ 6 (Matt. 12,14; Matt. 22,15; Matt. 27,1; Matt. 27,7; Mark 3,6; Mark 15,1)
    Noun · neuter · singular · nominative · (common) ▸ 1 (4Mac. 17,17)
  συμβούλιόν ▸ 1
    Noun · neuter · singular · accusative ▸ 1 (Matt. 28,12)
  συμβουλίου ▸ 1
    Noun · neuter · singular · genitive ▸ 1 (Acts 25,12)
σύμβουλος (σύν; βούλομαι) adviser, counselor ▸ 28 + 1 = 29
  σύμβουλε ▸ 1
    Noun · masculine · singular · vocative · (common) ▸ 1 (4Mac. 9,3)
  σύμβουλοι ▸ 5
    Noun · masculine · plural · nominative · (common) ▸ 5 (2Chr. 22,4; 1Esdr. 8,55; Ezra 7,15; Ezra 8,25; Is. 19,11)
  σύμβουλοί ▸ 2
    Noun · masculine · plural · nominative · (common) ▸ 2 (Sir. 6,6; Ezek. 27,27)
  σύμβουλον ▸ 4
    Noun · masculine · singular · accusative · (common) ▸ 4 (2Sam. 15,12; 2Chr. 25,16; 2Mac. 7,25; Is. 3,3)
  σύμβουλος ▸ 8 + 1 = 9
    Noun · masculine · singular · nominative · (common) ▸ 8 + 1 = 9 (2Sam. 8,18; 1Kings 2,46h; 1Chr. 27,32; 1Chr. 27,33; 2Chr. 22,3; Wis. 8,9; Sir. 37,7; Is. 40,13; Rom. 11,34)
  συμβούλου ▸ 2
    Noun · masculine · singular · genitive · (common) ▸ 2 (Sir. 37,8; Sir. 42,21)
  συμβούλους ▸ 2
    Noun · masculine · plural · accusative · (common) ▸ 2 (4Mac. 15,25; Is. 1,26)
  συμβούλῳ ▸ 1
    Noun · masculine · singular · dative · (common) ▸ 1 (4Mac. 9,2)
  συμβούλων ▸ 3
    Noun · masculine · plural · genitive · (common) ▸ 3 (Ezra 7,14; Ezra 7,28; Esth. 13,3 # 3,13c)
συμβραβεύω (σύν; βραβεύω) do judge together ▸ 1
  συνεβράβευσαν ▸ 1
    Verb · third · plural · aorist · active · indicative ▸ 1 (1Esdr. 9,14)
Συμεων Simeon ▸ 55 + 7 = 62
  Συμεων ▸ 55 + 7 = 62
    Noun · feminine · singular · genitive · (proper) ▸ 1 (Num. 2,12)
    Noun · masculine · singular · accusative · (proper) ▸ 4 (Gen. 29,33; Gen. 42,24; Gen. 43,23; Judg. 1,3)
    Noun · masculine · singular · dative · (proper) ▸ 2 + 2 = 4 (Gen. 34,30; 1Chr. 27,16; Josh. 19,1; Judg. 1,3)
    Noun · masculine · singular · genitive · (proper) ▸ 37 + 4 = 41 (Gen. 46,10; Ex. 6,15; Ex. 6,15; Num. 1,6; Num. 1,22; Num. 1,23; Num. 2,12; Num. 7,36; Num. 10,19; Num. 13,5; Num. 25,14; Num. 26,12; Num. 26,12; Num. 26,14; Num. 34,20; Josh. 19,1; Josh. 19,8; Josh. 19,9; Josh. 19,9; Josh. 21,4; Josh. 21,9; Judg. 1,17; 1Chr. 4,24; 1Chr. 4,42; 1Chr. 6,50; 1Chr. 12,26; 2Chr. 15,9; 2Chr. 34,6; Judith 6,15; Judith 9,2; 1Mac. 2,1; 4Mac. 2,19; Ode. 13,0; Zech. 12,13; Ezek. 48,24; Ezek. 48,25; Ezek. 48,33; Josh. 19,8; Josh. 19,9; Josh. 19,9; Judg. 1,17)
    Noun · masculine · singular · nominative · (proper) ▸ 11 + 1 = 12 (Gen. 34,14; Gen. 34,25; Gen. 35,23; Gen. 42,36; Gen. 48,5; Gen. 49,5; Ex. 1,2; Deut. 27,12; Judg. 1,3; 1Chr. 2,1; 1Mac. 2,65; Judg. 1,3)
Συμεών Simeon ▸ 7
  Συμεών ▸ 7
    Noun · masculine · singular · genitive · (proper) ▸ 2 (Luke 3,30; Rev. 7,7)
    Noun · masculine · singular · nominative · (proper) ▸ 5 (Luke 2,25; Luke 2,34; Acts 13,1; Acts 15,14; 2Pet. 1,1)
συμμαθητής (σύν; μανθάνω) fellow disciple ▸ 1
  συμμαθηταῖς ▸ 1
    Noun · masculine · plural · dative ▸ 1 (John 11,16)
συμμαρτυρέω (σύν; μάρτυς) to demonstrate to be true ▸ 3
  συμμαρτυρεῖ ▸ 1
    Verb · third · singular · present · active · indicative ▸ 1 (Rom. 8,16)
  συμμαρτυρούσης ▸ 2

συμμαχέω (σύν; μάχη) to be an ally ▸ 11
- συμμαχῆσαι ▸ 2
  - Verb · aorist · active · infinitive ▸ 2 (1Mac. 15,26; 4Mac. 3,4)
- συμμαχήσει ▸ 1
  - Verb · third · singular · future · active · indicative ▸ 1 (1Mac. 8,25)
- συμμαχήσετε ▸ 1
  - Verb · second · plural · future · active · indicative ▸ 1 (Josh. 1,14)
- συμμαχήσουσιν ▸ 1
  - Verb · third · plural · future · active · indicative ▸ 1 (1Mac. 8,27)
- συμμαχήσουσίν ▸ 1
  - Verb · third · plural · future · active · indicative ▸ 1 (1Mac. 11,43)
- συμμαχοῦντα ▸ 1
  - Verb · present · active · participle · masculine · singular · accusative ▸ 1 (3Mac. 7,6)
- συμμαχοῦντος ▸ 1
  - Verb · present · active · participle · masculine · singular · genitive ▸ 1 (2Mac. 11,13)
- συμμαχῶσιν ▸ 1
  - Verb · third · plural · present · active · subjunctive ▸ 1 (1Mac. 15,19)
- συνεμάχησαν ▸ 1
  - Verb · third · plural · aorist · active · indicative ▸ 1 (1Chr. 12,22)
- συνεμάχουν ▸ 1
  - Verb · third · plural · imperfect · active · indicative ▸ 1 (1Mac. 10,47)

συμμαχία (σύν; μάχη) alliance ▸ 16
- συμμαχία ▸ 1
  - Noun · feminine · singular · nominative · (common) ▸ 1 (Is. 16,4)
- συμμαχίᾳ ▸ 1
  - Noun · feminine · singular · dative · (common) ▸ 1 (3Mac. 3,14)
- συμμαχίαν ▸ 11
  - Noun · feminine · singular · accusative · (common) ▸ 11 (Judith 3,6; Judith 7,1; 1Mac. 8,17; 1Mac. 8,20; 1Mac. 11,60; 1Mac. 12,3; 1Mac. 12,16; 1Mac. 14,18; 1Mac. 14,24; 1Mac. 15,17; 3Mac. 3,21)
- συμμαχίας ▸ 3
  - Noun · feminine · singular · genitive · (common) ▸ 3 (1Mac. 8,22; 1Mac. 12,8; 2Mac. 4,11)

σύμμαχος (σύν; μάχη) allied with; ally ▸ 13
- σύμμαχοι ▸ 2
  - Noun · masculine · plural · nominative · (common) ▸ 2 (1Mac. 14,40; 1Mac. 15,17)
- συμμάχοις ▸ 3
  - Noun · masculine · plural · dative · (common) ▸ 3 (1Mac. 8,24; 1Mac. 9,60; 1Mac. 12,14)
- σύμμαχον ▸ 5
  - Adjective · masculine · singular · accusative · noDegree ▸ 1 (2Mac. 10,16)
  - Noun · masculine · singular · accusative · (common) ▸ 4 (1Mac. 10,6; 1Mac. 10,16; 2Mac. 11,10; 2Mac. 12,36)
- συμμάχους ▸ 2
  - Noun · masculine · plural · accusative · (common) ▸ 2 (1Mac. 8,20; 1Mac. 8,31)
- συμμαχοῦσιν ▸ 1
  - Noun · masculine · plural · dative · (common) ▸ 1 (1Mac. 8,28)

συμμάχος (σύν; μάχη) ally ▸ 1
- συμμάχου ▸ 1
  - Noun · masculine · singular · genitive · (common) ▸ 1 (2Mac. 8,24)

συμμερίζω (σύν; μέρος) to share with ▸ 1
- συμμερίζονται ▸ 1
  - Verb · third · plural · present · middle · indicative ▸ 1 (1Cor. 9,13)

συμμετέχω (σύν; μετά; ἔχω) to partake of ▸ 1
- συμμετασχών ▸ 1
  - Verb · aorist · active · participle · masculine · singular · nominative ▸ 1 (2Mac. 5,20)

συμμέτοχος (σύν; μετά; ἔχω) sharer, co-partaker ▸ 2
- συμμέτοχα ▸ 1
  - Adjective · neuter · plural · accusative ▸ 1 (Eph. 3,6)
- συμμέτοχοι ▸ 1
  - Adjective · masculine · plural · nominative ▸ 1 (Eph. 5,7)

συμμετρία (σύν; μέτρον) proportion; symmetry ▸ 1
- συμμετρία ▸ 1
  - Noun · feminine · singular · nominative · (common) ▸ 1 (Sol. 5,16)

σύμμετρος (σύν; μέτρον) suitable ▸ 1
- σύμμετρον ▸ 1
  - Adjective · masculine · singular · accusative · noDegree ▸ 1 (Jer. 22,14)

συμμιαίνομαι (σύν; μαίνομαι) to be defiled with ▸ 1
- συνεμιάνθης ▸ 1
  - Verb · second · singular · aorist · passive · indicative ▸ 1 (Bar. 3,11)

συμμιγής (σύν; μίγνυμι) mixed, commingled; promiscuous ▸ 1 + 1 = 2
- συμμειγεῖς ▸ 1 + 1 = 2
  - Adjective · masculine · plural · nominative · noDegree ▸ 1 + 1 = 2 (Dan. 2,43; Dan. 2,43)

συμμίγνυμι (σύν; μίγνυμι) to mix, mingle with; to have sexual intercourse with ▸ 6 + 1 = 7
- συμμειγήσονται ▸ 1
  - Verb · third · plural · future · passive · indicative ▸ 1 (Dan. 11,6)
- συμμειγνύμενος ▸ 1
  - Verb · present · passive · participle · masculine · singular · nominative ▸ 1 (Prov. 20,1)
- συμμείξας ▸ 1
  - Verb · aorist · active · participle · masculine · singular · nominative ▸ 1 (2Mac. 3,7)
- συμμείξῃ ▸ 1
  - Verb · third · singular · aorist · active · subjunctive ▸ 1 (Prov. 11,15)
- συνέμειξαν ▸ 1
  - Verb · third · plural · aorist · active · indicative ▸ 1 (2Mac. 15,26)
- συνέμειξεν ▸ 1
  - Verb · third · singular · aorist · active · indicative ▸ 1 (2Mac. 13,3)
- συνέμιξαν ▸ 1
  - Verb · third · plural · aorist · active · indicative ▸ 1 (Ex. 14,20)

σύμμικτος (σύν; μίγνυμι) mixed, mingled; sundry; promiscuous ▸ 15
- σύμμικτοί ▸ 1
  - Adjective · masculine · plural · nominative · noDegree ▸ 1 (Ezek. 27,27)
- σύμμικτον ▸ 1
  - Adjective · masculine · singular · accusative · noDegree ▸ 1 (Jer. 27,37)
- σύμμικτόν ▸ 1
  - Adjective · masculine · singular · accusative · noDegree ▸ 1

(Ezek. 27,17)

σύμμικτος ‣ 1
 Adjective · masculine · singular · nominative · noDegree ‣ 1 (Judith 1,16)

σύμμικτός ‣ 2
 Adjective · masculine · singular · nominative · noDegree ‣ 2 (Nah. 3,17; Ezek. 27,34)

συμμίκτου ‣ 2
 Adjective · masculine · singular · genitive · noDegree ‣ 2 (Ezek. 27,16; Ezek. 27,33)

συμμίκτους ‣ 2
 Adjective · masculine · plural · accusative · noDegree ‣ 2 (Jer. 32,20; Jer. 32,24)

συμμίκτῳ ‣ 2
 Adjective · masculine · singular · dative · noDegree ‣ 2 (Ezek. 27,19; Ezek. 27,25)

συμμίκτων ‣ 3
 Adjective · masculine · plural · genitive · noDegree ‣ 2 (Ezek. 27,27; Ezek. 27,27)
 Adjective · neuter · plural · genitive · noDegree ‣ 1 (Sol. 17,15)

συμμιμητής (σύν; μιμέομαι) joint-imitator ‣ 1
 Συμμιμηταί ‣ 1
 Noun · masculine · plural · nominative ‣ 1 (Phil. 3,17)

σύμμιξις (σύν; μίγνυμι) mixing, commingling; sexual intercourse ‣ 2
 συμμίξεων ‣ 2
 Noun · feminine · plural · genitive · (common) ‣ 2 (2Kings 14,14; 2Chr. 25,24)

συμμίσγω (σύν; μίγνυμι) to meet ‣ 3
 συμμίσγει ‣ 1
 Verb · third · singular · present · active · indicative ‣ 1 (2Mac. 14,16)
 συμμίσγειν ‣ 1
 Verb · present · active · infinitive ‣ 1 (1Mac. 11,22)
 συνέμισγον ‣ 1
 Verb · third · plural · imperfect · active · indicative ‣ 1 (2Mac. 14,14)

συμμισοπονηρέω (σύν; μῖσος; πόνος) to share hatred of the evil ‣ 1
 συμμισοπονηρούντων ‣ 1
 Verb · present · active · participle · masculine · plural · genitive ‣ 1 (2Mac. 4,36)

συμμολύνομαι (σύν; μολύνω) to defile oneself ‣ 1
 συμμολυνθῇ ‣ 1
 Verb · third · singular · aorist · passive · subjunctive ‣ 1 (Dan. 1,8)

συμμορφίζω (σύν; μορφή) to share the same form ‣ 1
 συμμορφιζόμενος ‣ 1
 Verb · present · passive · participle · masculine · singular · nominative · (variant) ‣ 1 (Phil. 3,10)

σύμμορφος (σύν; μορφή) to share the likeness ‣ 2
 σύμμορφον ‣ 1
 Adjective · neuter · singular · accusative ‣ 1 (Phil. 3,21)
 συμμόρφους ‣ 1
 Adjective · masculine · plural · accusative ‣ 1 (Rom. 8,29)

Συμοβορ Shemeber ‣ 1
 Συμοβορ ‣ 1
 Noun · masculine · singular · genitive · (proper) ‣ 1 (Gen. 14,2)

Συμοων Shimron ‣ 3
 Συμοων ‣ 3
 Noun · singular · genitive · (proper) ‣ 2 (Josh. 11,1; Josh. 12,20)
 Noun · singular · nominative · (proper) ‣ 1 (Josh. 19,15)

συμπαθεία (σύν; πάσχω) sympathy ‣ 1
 συμπαθείᾳ ‣ 1
 Noun · feminine · singular · dative · (common) ‣ 1 (4Mac. 6,13)

συμπάθεια (σύν; πείθω) sympathy ‣ 6
 συμπάθεια ‣ 1
 Noun · feminine · singular · nominative · (common) ‣ 1 (4Mac. 14,20)
 συμπάθειαν ‣ 5
 Noun · feminine · singular · accusative · (common) ‣ 5 (4Mac. 14,13; 4Mac. 14,14; 4Mac. 14,18; 4Mac. 15,7; 4Mac. 15,11)

συμπαθέω (σύν; πάσχω) to have sympathy for ‣ 1 + 2 = 3
 συμπαθεῖ ‣ 1
 Verb · third · singular · present · active · indicative ‣ 1 (4Mac. 5,25)
 συμπαθῆσαι ‣ 1
 Verb · aorist · active · infinitive ‣ 1 (Heb. 4,15)
 συνεπαθήσατε ‣ 1
 Verb · second · plural · aorist · active · indicative ‣ 1 (Heb. 10,34)

συμπαθής (σύν; πάσχω) sympathetic; sharing feeling with ‣ 3 + 1 = 4
 συμπαθεῖς ‣ 1
 Adjective · masculine · plural · nominative ‣ 1 (1Pet. 3,8)
 συμπαθεστέρας ‣ 1
 Adjective · feminine · plural · accusative · comparative ‣ 1 (4Mac. 15,4)
 συμπαθέστερον ‣ 1
 Adjective · neuter · singular · accusative · comparative ‣ 1 (4Mac. 13,23)
 συμπαθοῦς ‣ 1
 Adjective · feminine · singular · genitive · noDegree ‣ 1 (4Mac. 13,23)

συμπαίζω (σύν; παῖς) to play with ‣ 1
 σύμπαιξον ‣ 1
 Verb · second · singular · aorist · active · imperative ‣ 1 (Sir. 30,9)

συμπαραγίνομαι (σύν; γίνομαι) to assemble ‣ 1 + 1 = 2
 συμπαρεγένετο ‣ 1
 Verb · third · singular · aorist · middle · indicative ‣ 1 (Psa. 82,9)
 συμπαραγενόμενοι ‣ 1
 Verb · aorist · middle · participle · masculine · plural · nominative ‣ 1 (Luke 23,48)

συμπαρακαλέω (σύν; παρά; καλέω) to be encouraged together ‣ 1
 συμπαρακληθῆναι ‣ 1
 Verb · aorist · passive · infinitive ‣ 1 (Rom. 1,12)

συμπαραλαμβάνω (σύν; παρά; λαμβάνω) to take with, take along ‣ 4 + 4 = 8
 συμπαραλαβεῖν ‣ 1
 Verb · aorist · active · infinitive ‣ 1 (Acts 15,37)
 συμπαραλαβόντες ‣ 1
 Verb · aorist · active · participle · masculine · plural · nominative ‣ 1 (Acts 12,25)
 συμπαραλαβών ‣ 1 + 1 = 2
 Verb · aorist · active · participle · masculine · singular · nominative ‣ 1 + 1 = 2 (3Mac. 1,1; Gal. 2,1)
 συμπαραλαμβάνειν ‣ 1
 Verb · present · active · infinitive ‣ 1 (Acts 15,38)
 συμπαραλαμβάνοντες ‣ 1

Verb · present · active · participle · masculine · plural · nominative ▸ **1** (Job 1,4)
συμπαραλημφθῇς ▸ 1
Verb · second · singular · aorist · passive · subjunctive ▸ **1** (Gen. 19,17)
συμπαραληφθῇ ▸ 1
Verb · third · singular · aorist · passive · subjunctive ▸ **1** (Sol. 13,5)

συμπαραμένω (σύν; παρά; μένω) to stay along with, stay among ▸ 1
συμπαραμενεῖ ▸ 1
Verb · third · singular · future · active · indicative ▸ **1** (Psa. 71,5)

συμπάρειμι (σύν; εἰμί) to be present also, to stand by (sum) ▸ 3 + 1 = 4
συμπαρήμην ▸ 2
Verb · first · singular · imperfect · middle · indicative ▸ **2** (Tob. 12,12; Prov. 8,27)
συμπαρόντες ▸ 1
Verb · present · participle · masculine · plural · vocative · (variant) ▸ **1** (Acts 25,24)
συμπαροῦσά ▸ 1
Verb · present · active · participle · feminine · singular · nominative ▸ **1** (Wis. 9,10)

συμπαρίσταμαι (σύν; παρά; ἵστημι) to stand up for someone ▸ 1
συμπαραστήσεταί ▸ 1
Verb · third · singular · future · middle · indicative ▸ **1** (Psa. 93,16)

σύμπας (σύν; πᾶς) the whole; all together, entirely ▸ 15
σύμπαν ▸ 4
Adjective · neuter · singular · accusative · noDegree ▸ **3** (2Mac. 7,38; 2Mac. 8,9; 2Mac. 12,7)
Adjective · neuter · singular · nominative · noDegree ▸ **1** (2Mac. 14,8)
σύμπαντα ▸ 5
Adjective · masculine · singular · accusative · noDegree ▸ **1** (2Mac. 3,12)
Adjective · neuter · plural · accusative · noDegree ▸ **2** (Psa. 38,6; Ezek. 7,14)
Adjective · neuter · plural · nominative · noDegree ▸ **2** (Psa. 103,28; Psa. 118,91)
σύμπασα ▸ 3
Adjective · feminine · singular · nominative · noDegree ▸ **3** (Nah. 1,5; Is. 11,9; Ezek. 27,13)
σύμπασαν ▸ 2
Adjective · feminine · singular · accusative · noDegree ▸ **2** (Job 2,2; Job 25,2)
σύμπασιν ▸ 1
Adjective · masculine · plural · dative · noDegree ▸ **1** (Psa. 144,9)

συμπάσχω (σύν; πάσχω) to suffer together ▸ 2
συμπάσχει ▸ 1
Verb · third · singular · present · active · indicative ▸ **1** (1Cor. 12,26)
συμπάσχομεν ▸ 1
Verb · first · plural · present · active · indicative ▸ **1** (Rom. 8,17)

συμπατέω (σύν; πατέω) to trample on ▸ 5 + 6 = 11
συμπατηθήσεται ▸ 1
Verb · third · singular · future · passive · indicative ▸ **1** (Dan. 8,13)
συμπατήθητι ▸ 1
Verb · second · singular · aorist · passive · imperative ▸ **1** (Nah. 3,14)
συνεπάτει ▸ 2
Verb · third · singular · imperfect · active · indicative ▸ **2** (Dan. 7,7; Dan. 7,19)
συνεπάτησαν ▸ 2
Verb · third · plural · aorist · active · indicative ▸ **2** (2Kings 9,33; 2Kings 14,9)
συμπατήσει ▸ 1
Verb · third · singular · future · active · indicative ▸ **1** (Dan. 7,23)
συνεπάτησεν ▸ 2 + 2 = 4
Verb · third · singular · aorist · active · indicative ▸ **2 + 2 = 4** (2Kings 7,17; 2Kings 7,20; Dan. 8,7; Dan. 8,10)

συμπείθω (σύν; πείθω) to persuade ▸ 2
συνέπεισαν ▸ 1
Verb · third · plural · aorist · active · indicative ▸ **1** (3Mac. 7,3)
συνέπεισεν ▸ 1
Verb · third · singular · aorist · active · indicative ▸ **1** (2Mac. 13,26)

συμπέμπω (σύν; πέμπω) to send with ▸ 2
συνεπέμψαμεν ▸ 2
Verb · first · plural · aorist · active · indicative ▸ **2** (2Cor. 8,18; 2Cor. 8,22)

συμπεραίνω (σύν; πέραν) to destroy completely ▸ 1
συνεπέρανας ▸ 1
Verb · second · singular · aorist · active · indicative ▸ **1** (Hab. 2,10)

συμπεριλαμβάνω (σύν; περί; λαμβάνω) to embrace ▸ 1 + 1 = 2
συμπεριλαβών ▸ 1
Verb · aorist · active · participle · masculine · singular · nominative ▸ **1** (Acts 20,10)
συμπεριλήμψῃ ▸ 1
Verb · second · singular · future · middle · indicative ▸ **1** (Ezek. 5,3)

συμπεριφέρω (σύν; περί; φέρω) to accommodate, deal with, go around with ▸ 5
συμπεριενεχθέντες ▸ 1
Verb · aorist · passive · participle · masculine · plural · nominative ▸ **1** (3Mac. 3,20)
συμπεριενεχθήσεσθαι ▸ 1
Verb · future · passive · infinitive ▸ **1** (2Mac. 9,27)
συμπεριφερόμενοι ▸ 1
Verb · present · middle · participle · masculine · plural · nominative ▸ **1** (Sir. 25,1)
συμπεριφερόμενος ▸ 2
Verb · present · passive · participle · masculine · singular · nominative ▸ **2** (Prov. 5,19; Prov. 11,29)

συμπίνω (σύν; πίνω) to drink together ▸ 1 + 1 = 2
συμπιεῖν ▸ 1
Verb · aorist · active · infinitive ▸ **1** (Esth. 7,1)
συνεπίομεν ▸ 1
Verb · first · plural · aorist · active · indicative ▸ **1** (Acts 10,41)

συμπίπτω (σύν; πίπτω) to collapse, fall together ▸ 15 + 1 = 16
συμπέπτωκα ▸ 1
Verb · first · singular · perfect · active · indicative ▸ **1** (1Mac. 6,10)
συμπέπτωκεν ▸ 1
Verb · third · singular · perfect · active · indicative ▸ **1** (Is. 3,8)
συμπεσεῖται ▸ 2
Verb · third · singular · future · middle · indicative ▸ **2** (Is. 3,5;

συμπίπτω–συμπορεύομαι

Ezek. 30,4)
συμπεσέτω ‣ 2
  Verb · third · singular · aorist · active · imperative ‣ 2 (1Sam. 17,32; Judith 6,9)
συμπεσοῦνται ‣ 1
  Verb · third · plural · future · middle · indicative ‣ 1 (Is. 34,7)
συνέπεσαν ‣ 3
  Verb · third · plural · aorist · active · indicative ‣ 3 (2Sam. 5,18; 2Sam. 5,22; 1Chr. 14,13)
συνέπεσεν ‣ 4 + 1 = 5
  Verb · third · singular · aorist · active · indicative ‣ 4 + 1 = 5 (Gen. 4,5; Gen. 4,6; 1Sam. 1,18; Is. 64,10; Luke 6,49)
συνέπεσον ‣ 1
  Verb · third · plural · aorist · active · indicative ‣ 1 (1Chr. 14,9)

συμπλεκτός (σύν; πλέκω) woven together ‣ 1
συμπλεκτόν ‣ 1
  Adjective · neuter · singular · nominative · noDegree ‣ 1 (Ex. 36,30)

συμπλέκω (σύν; πλέκω) to braid together; to plot ‣ 12
συμπεπλεγμένον ‣ 2
  Verb · perfect · passive · participle · neuter · singular · accusative ‣ 1 (Ex. 36,12)
  Verb · perfect · passive · participle · neuter · singular · nominative ‣ 1 (Ezek. 24,17)
συμπεπλεγμένους ‣ 3
  Verb · perfect · passive · participle · masculine · plural · accusative ‣ 3 (Ex. 28,22; Ex. 36,22; Ex. 36,28)
συμπέπλεκται ‣ 1
  Verb · third · singular · perfect · passive · indicative ‣ 1 (Job 40,17)
συμπλακήσεται ‣ 1
  Verb · third · singular · future · passive · indicative ‣ 1 (Zech. 14,13)
συμπλακήσονται ‣ 1
  Verb · third · plural · future · passive · indicative ‣ 1 (Nah. 2,5)
συμπλέκεται ‣ 1
  Verb · third · singular · present · passive · indicative ‣ 1 (Prov. 20,3)
συμπλέκουσιν ‣ 1
  Verb · third · plural · present · active · indicative ‣ 1 (Psa. 57,3)
συνεπλάκησαν ‣ 1
  Verb · third · plural · aorist · passive · indicative ‣ 1 (Lam. 1,14)
συνεπλέκετο ‣ 1
  Verb · third · singular · imperfect · passive · indicative ‣ 1 (Hos. 4,14)

συμπληρόω (σύν; πληρόω) to draw near, swamp ‣ 3
συμπληροῦσθαι ‣ 2
  Verb · present · passive · infinitive · (variant) ‣ 2 (Luke 9,51; Acts 2,1)
συνεπληροῦντο ‣ 1
  Verb · third · plural · imperfect · passive · indicative · (variant) ‣ 1 (Luke 8,23)

συμπλήρωσις (σύν; πληρόω) fulfillment, completion ‣ 2 + 1 = 3
συμπλήρωσιν ‣ 2 + 1 = 3
  Noun · feminine · singular · accusative · (common) ‣ 2 + 1 = 3 (2Chr. 36,21; 1Esdr. 1,55; Dan. 9,2)

συμπλοκή (σύν; πλέκω) intertwining; sexual embrace ‣ 1
συμπλοκῶν ‣ 1
  Noun · feminine · plural · genitive · (common) ‣ 1 (1Kings 16,28d)

συμπνίγω (σύν; πνίγω) to choke ‣ 5
συμπνίγει ‣ 1
  Verb · third · singular · present · active · indicative ‣ 1 (Matt. 13,22)
συμπνίγονται ‣ 1
  Verb · third · plural · present · passive · indicative · (variant) ‣ 1 (Luke 8,14)
συμπνίγουσιν ‣ 1
  Verb · third · plural · present · active · indicative ‣ 1 (Mark 4,19)
συνέπνιγον ‣ 1
  Verb · third · plural · imperfect · active · indicative ‣ 1 (Luke 8,42)
συνέπνιξαν ‣ 1
  Verb · third · plural · aorist · active · indicative ‣ 1 (Mark 4,7)

συμποδίζω (σύν; πούς) to bind the feet ‣ 11 + 1 = 12
συμποδιοῦσιν ‣ 1
  Verb · third · plural · future · active · indicative ‣ 1 (Zech. 13,3)
συμποδίσαντας ‣ 2
  Verb · aorist · active · participle · masculine · plural · accusative ‣ 2 (Dan. 3,20; Dan. 3,23)
συμποδίσαντες ‣ 1
  Verb · aorist · active · participle · masculine · plural · nominative ‣ 1 (Dan. 3,22)
συμποδίσας ‣ 1
  Verb · aorist · active · participle · masculine · singular · nominative ‣ 1 (Gen. 22,9)
συμποδισθήσεται ‣ 1
  Verb · third · singular · future · passive · indicative ‣ 1 (Prov. 20,11)
συνεπόδισα ‣ 1
  Verb · first · singular · aorist · active · indicative ‣ 1 (Hos. 11,3)
συνεπόδισας ‣ 1
  Verb · second · singular · aorist · active · indicative ‣ 1 (Psa. 17,40)
συνεπόδισεν ‣ 1 + 1 = 2
  Verb · third · singular · aorist · active · indicative ‣ 1 + 1 = 2 (Psa. 77,31; Tob. 8,3)
συνεποδίσθησαν ‣ 2
  Verb · third · plural · aorist · passive · indicative ‣ 2 (Psa. 19,9; Dan. 3,21)

συμποιέω (σύν; ποιέω) to assist ‣ 1
συμποιῶσιν ‣ 1
  Verb · third · plural · present · active · subjunctive ‣ 1 (1Esdr. 6,27)

συμπολεμέω (σύν; πόλεμος) to join in the battle ‣ 2
συνεπολέμει ‣ 1
  Verb · third · singular · imperfect · active · indicative ‣ 1 (Josh. 10,42)
συνεπολέμησεν ‣ 1
  Verb · third · singular · aorist · active · indicative ‣ 1 (Josh. 10,14)

συμπολίτης (σύν; πόλις) fellow citizen ‣ 1
συμπολῖται ‣ 1
  Noun · masculine · plural · nominative ‣ 1 (Eph. 2,19)

συμπονέω (σύν; πένομαι) to labor with ‣ 1
συμπονεῖ ‣ 1
  Verb · third · singular · present · active · indicative ‣ 1 (Sir. 37,5)

συμπορεύομαι (σύν; πορεύομαι) to come with, go with ‣ 25 + 1 + 4 = 30
συμπορεύεσθαι ‣ 2
  Verb · present · middle · infinitive ‣ 2 (Deut. 31,11; Judg. 13,25)

συμπορεύεσθαί ▸ 1
: **Verb** · present · middle · infinitive ▸ **1** (1Esdr. 8,10)

συμπορεύεται ▸ 1
: **Verb** · third · singular · present · middle · indicative ▸ **1** (Ezek. 33,31)

συμπορευθεῖσιν ▸ 1
: **Verb** · aorist · passive · participle · masculine · plural · dative ▸ **1** (Tob. 1,3)

συμπορευθέντων ▸ 1
: **Verb** · aorist · passive · participle · masculine · plural · genitive ▸ **1** (Gen. 14,24)

Συμπορεύθητι ▸ 1
: **Verb** · second · singular · aorist · passive · imperative ▸ **1** (Num. 22,35)

συμπορευθήτω ▸ 2
: **Verb** · third · singular · aorist · passive · imperative ▸ **2** (Ex. 34,9; Tob. 5,17)

συμπορευόμενοι ▸ 1
: **Verb** · present · middle · participle · masculine · plural · nominative ▸ **1** (Job 1,4)

συμπορευόμενος ▸ 3
: **Verb** · present · middle · participle · masculine · singular · nominative ▸ **3** (Deut. 31,8; Prov. 13,20; Prov. 13,20)

συμπορευομένου ▸ 1
: **Verb** · present · middle · participle · masculine · singular · genitive ▸ **1** (Ex. 33,16)

συμπορευομένους ▸ 1
: **Verb** · present · middle · participle · masculine · plural · accusative ▸ **1** (Josh. 10,24)

συμπορευομένῳ ▸ 1
: **Verb** · present · middle · participle · masculine · singular · dative ▸ **1** (Gen. 13,5)

συμπορευομένων ▸ 1
: **Verb** · present · middle · participle · masculine · plural · genitive ▸ **1** (Dan. 11,6)

συμπορεύονται ▸ 1
: **Verb** · third · plural · present · middle · indicative ▸ **1** (Mark 10,1)

συμπορεύσεται ▸ 2
: **Verb** · third · singular · future · middle · indicative ▸ **2** (Tob. 5,12; Tob. 5,22)

συμπορεύσεταί ▸ 2
: **Verb** · third · singular · future · middle · indicative ▸ **2** (Tob. 5,3; Tob. 5,9)

συμπορεύσῃ ▸ 1
: **Verb** · second · singular · future · middle · indicative ▸ **1** (Judg. 11,8)

συνεπορεύετο ▸ 1 + 1 = 2
: **Verb** · third · singular · imperfect · middle · indicative ▸ 1 + 1 = **2** (Gen. 18,16; Luke 24,15)

συνεπορεύθησαν ▸ 1
: **Verb** · third · plural · aorist · passive · indicative ▸ **1** (Num. 16,25)

συνεπορεύοντο ▸ 1 + 1 = 2
: **Verb** · third · plural · imperfect · middle · indicative ▸ 1 + 1 = **2** (Judg. 11,40; Luke 7,11)

Συνεπορεύοντο ▸ 1
: **Verb** · third · plural · imperfect · middle · indicative ▸ **1** (Luke 14,25)

συνεπορεύοντό ▸ 1
: **Verb** · third · plural · imperfect · middle · indicative ▸ **1** (Tob. 5,14)

συμπορπάομαι (σύν; πείρω) to be fastened together ▸ 1
: συμπεπορπημένους ▸ 1
: **Verb** · perfect · passive · participle · masculine · plural · accusative ▸ **1** (Ex. 36,13)

συμποσία (σύν; πόσις) banquet ▸ 4
: συμποσίαν ▸ 1
: **Noun** · feminine · singular · accusative · (common) ▸ **1** (3Mac. 5,16)
: συμποσίας ▸ 3
: **Noun** · feminine · singular · genitive · (common) ▸ **3** (3Mac. 5,15; 3Mac. 5,17; 3Mac. 7,20)

συμπόσιον (σύν; πίνω) drinking party, banquet, group ▸ 10 + 2 = 12
: συμπόσια ▸ 1 + 2 = 3
: **Noun** · neuter · plural · accusative · (common) ▸ 1 + 2 = **3** (3Mac. 4,16; Mark 6,39; Mark 6,39)
: συμπόσιον ▸ 5
: **Noun** · neuter · singular · accusative · (common) ▸ **5** (Esth. 14,17 # 4,17x; 1Mac. 16,16; 2Mac. 2,27; 3Mac. 5,36; 3Mac. 6,33)
: συμποσίου ▸ 1
: **Noun** · neuter · singular · genitive · (common) ▸ **1** (Esth. 7,7)
: συμποσίῳ ▸ 3
: **Noun** · neuter · singular · dative · (common) ▸ **3** (Sir. 31,31; Sir. 32,5; Sir. 49,1)

συμπότης (σύν; πίνω) drinking partner ▸ 1
: συμποτῶν ▸ 1
: **Noun** · masculine · plural · genitive · (common) ▸ **1** (3Mac. 2,25)

συμπραγματεύομαι (σύν; πράσσω) to do business together ▸ 1
: συμπραγματευόμενοι ▸ 1
: **Verb** · present · middle · participle · masculine · plural · nominative ▸ **1** (3Mac. 3,10)

συμπρεσβύτερος (σύν; πρεσβύτης) fellow-elder ▸ 1
: συμπρεσβύτερος ▸ 1
: **Adjective** · masculine · singular · nominative · comparative ▸ **1** (1Pet. 5,1)

συμπροπέμπω (σύν; πρό; πέμπω) to accompany ▸ 2
: συμπροπέμπων ▸ 1
: **Verb** · present · active · participle · masculine · singular · nominative ▸ **1** (Gen. 18,16)
: συμπροπέμψαι ▸ 1
: **Verb** · aorist · active · infinitive ▸ **1** (Gen. 12,20)

συμπρόσειμι (σύν; πρός; εἰμί) to be present with (sum) ▸ 2
: συμπροσέσται ▸ 2
: **Verb** · third · singular · future · middle · indicative ▸ **2** (Psa. 93,20; Eccl. 8,15)

συμπροσπλέκομαι to struggle hard ▸ 1
: συμπροσπλακήσεται ▸ 1
: **Verb** · third · singular · future · middle · indicative ▸ **1** (Dan. 11,10)

σύμπτωμα (σύν; πίπτω) chance; chance mishap ▸ 4
: Σύμπτωμα ▸ 1
: **Noun** · neuter · singular · nominative · (common) ▸ **1** (1Sam. 20,26)
: σύμπτωμα ▸ 1
: **Noun** · neuter · singular · nominative · (common) ▸ **1** (1Sam. 6,9)
: συμπτώματος ▸ 1
: **Noun** · neuter · singular · genitive · (common) ▸ **1** (Psa. 90,6)
: συμπτωμάτων ▸ 1

Noun · neuter · plural · genitive · (common) ▸ **1** (Prov. 27,9)

συμφερόντως (σύν; φέρω) profitably ▸ 1
- συμφερόντως ▸ 1
  - **Adverb** ▸ **1** (4Mac. 1,17)

συμφέρω (σύν; φέρω) to be better, bring together ▸ 11 + 15 = 26
- συμφέρει ▸ 5 + 10 = 15
  - **Verb** · third · singular · present · active · indicative ▸ 5 + 10 = **15** (Esth. 3,8; Prov. 19,10; Sir. 30,19; Sir. 37,28; Jer. 33,14; Matt. 5,29; Matt. 5,30; Matt. 18,6; Matt. 19,10; John 11,50; John 16,7; John 18,14; 1Cor. 6,12; 1Cor. 10,23; 2Cor. 8,10)
- συμφέρον ▸ 3
  - **Verb** · present · active · participle · neuter · singular · accusative ▸ **2** (1Cor. 12,7; Heb. 12,10)
  - **Verb** · present · active · participle · neuter · singular · nominative ▸ **1** (2Cor. 12,1)
- συμφέροντα ▸ 3
  - **Verb** · present · active · participle · neuter · plural · accusative ▸ **3** (Deut. 23,7; 3Mac. 6,24; Prov. 31,19)
- συμφέροντά ▸ 1
  - **Verb** · present · active · participle · neuter · singular · accusative ▸ **1** (Bar. 4,3)
- συμφέροντος ▸ 2
  - **Verb** · present · active · participle · neuter · singular · genitive ▸ **2** (2Mac. 11,15; 4Mac. 5,11)
- συμφερόντων ▸ 1
  - **Verb** · present · active · participle · neuter · plural · genitive ▸ **1** (Acts 20,20)
- συνενέγκαντες ▸ 1
  - **Verb** · aorist · active · participle · masculine · plural · nominative ▸ **1** (Acts 19,19)

συμφεύγω (σύν; φεύγω) to flee together ▸ 4
- συμφυγόντας ▸ 2
  - **Verb** · aorist · active · participle · masculine · plural · accusative ▸ **2** (1Mac. 10,84; 2Mac. 12,6)
- συμφυγόντων ▸ 1
  - **Verb** · aorist · active · participle · masculine · plural · genitive ▸ **1** (2Mac. 10,18)
- συνέφυγεν ▸ 1
  - **Verb** · third · singular · aorist · active · indicative ▸ **1** (2Mac. 10,32)

σύμφημι (σύν; φημί) to approve, agree ▸ 2 + 1 = 3
- σύμφημι ▸ 1
  - **Verb** · first · singular · present · active · indicative ▸ **1** (Rom. 7,16)
- συνειπάμεθα ▸ 1
  - **Verb** · first · plural · aorist · middle · indicative ▸ **1** (Sus. 38)
- συνείπασθε ▸ 1
  - **Verb** · second · plural · aorist · middle · indicative ▸ **1** (Dan. 2,9)

συμφλέγω (σύν; φλέγω) to burn to ashes ▸ 1
- συμφλέγοντες ▸ 1
  - **Verb** · present · active · participle · masculine · plural · nominative ▸ **1** (Is. 42,25)

συμφλογίζομαι (σύν; φλέγω) to be burnt together ▸ 1
- συνεφλογίσθησαν ▸ 1
  - **Verb** · third · plural · aorist · passive · indicative ▸ **1** (2Mac. 6,11)

συμφορά (σύν; φέρω) calamity ▸ 9
- συμφορᾷ ▸ 2
  - **Noun** · feminine · singular · dative · (common) ▸ **2** (Wis. 14,21; Wis. 18,21)
- συμφοραῖς ▸ 3
  - **Noun** · feminine · plural · dative · (common) ▸ **3** (Esth. 16,5 # 8,12e; 2Mac. 9,6; 4Mac. 3,21)
- συμφοράν ▸ 1
  - **Noun** · feminine · singular · accusative · (common) ▸ **1** (2Mac. 14,40)
- συμφοράς ▸ 1
  - **Noun** · feminine · plural · accusative · (common) ▸ **1** (2Mac. 6,12)
- συμφοράς ▸ 1
  - **Noun** · feminine · plural · accusative · (common) ▸ **1** (2Mac. 14,14)
- συμφορᾶς ▸ 1
  - **Noun** · feminine · singular · genitive · (common) ▸ **1** (2Mac. 6,16)

συμφοράζω (σύν; φέρω) to wail ▸ 1
- συμφοράσουσιν ▸ 1
  - **Verb** · third · plural · future · active · indicative ▸ **1** (Is. 13,8)

σύμφορος (σύν; φέρω) advantageous ▸ 1 + 2 = 3
- σύμφορον ▸ 1 + 2 = 3
  - **Adjective** · feminine · singular · accusative · noDegree ▸ 1 + 2 = **3** (2Mac. 4,5; 1Cor. 7,35; 1Cor. 10,33)

συμφράσσω (σύν; φράσσω) to hem in ▸ 1
- συμφράξει ▸ 1
  - **Verb** · third · singular · future · active · indicative ▸ **1** (Is. 27,12)

συμφρονέω (σύν; φρήν) to agree, collect oneself ▸ 1
- συμφρονοῦσιν ▸ 1
  - **Verb** · present · active · participle · masculine · plural · dative ▸ **1** (3Mac. 3,2)

συμφρύγω (σύν; φρύγω) to burn up ▸ 2
- συνέφρυγεν ▸ 1
  - **Verb** · third · singular · imperfect · active · indicative ▸ **1** (4Mac. 3,11)
- συνεφρύγησαν ▸ 1
  - **Verb** · third · plural · aorist · active · indicative ▸ **1** (Psa. 101,4)

συμφυλέτης (σύν; φύω) fellow countryman ▸ 1
- συμφυλετῶν ▸ 1
  - **Noun** · masculine · plural · genitive ▸ **1** (1Th. 2,14)

συμφύρω (σύν; φύρω) to mingle, mix; to cohabit ▸ 3
- συμφυρόμενον ▸ 1
  - **Verb** · present · middle · participle · masculine · singular · accusative ▸ **1** (Sir. 12,14)
- συνεφύροντο ▸ 2
  - **Verb** · third · plural · imperfect · middle · indicative ▸ **2** (Sol. 8,9; Hos. 4,14)

σύμφυτος (σύν; φύω) deeply implanted; thickly wooded; united with ▸ 3 + 1 = 4
- σύμφυτοι ▸ 1 + 1 = 2
  - **Adjective** · masculine · plural · nominative · noDegree ▸ 1 + 1 = **2** (Amos 9,13; Rom. 6,5)
- σύμφυτος ▸ 1
  - **Adjective** · masculine · singular · nominative · noDegree ▸ **1** (Zech. 11,2)
- συμφύτῳ ▸ 1
  - **Adjective** · feminine · singular · dative · noDegree ▸ **1** (3Mac. 3,22)

συμφύω (σύν; φύω) to grow up with ▸ 1 + 1 = 2
- συμπεφυκός ▸ 1
  - **Verb** · perfect · active · participle · neuter · singular · accusative ▸ **1** (Wis. 13,13)
- συμφυεῖσαι ▸ 1
  - **Verb** · aorist · passive · participle · feminine · plural · nominative ▸ **1** (Luke 8,7)

συμφωνέω (σύν; φωνή) to agree with ▸ 4 + 6 = 10
  συνεφώνησαν ▸ 3
    Verb · third · plural · aorist · active · indicative ▸ 3 (Gen. 14,3; 2Kings 12,9; 4Mac. 14,6)
  συμφωνήσας ▸ 1
    Verb · aorist · active · participle · masculine · singular · nominative ▸ 1 (Matt. 20,2)
  συμφωνήσει ▸ 1
    Verb · third · singular · future · active · indicative ▸ 1 (Luke 5,36)
  συμφωνήσωσιν ▸ 1
    Verb · third · plural · aorist · active · subjunctive ▸ 1 (Matt. 18,19)
  συμφωνοῦσιν ▸ 1
    Verb · third · plural · present · active · indicative ▸ 1 (Acts 15,15)
  συνεφωνήθη ▸ 1
    Verb · third · singular · aorist · passive · indicative ▸ 1 (Acts 5,9)
  συνεφώνησάς ▸ 1
    Verb · second · singular · aorist · active · indicative ▸ 1 (Matt. 20,13)
  Συνεφώνησεν ▸ 1
    Verb · third · singular · aorist · active · indicative ▸ 1 (Is. 7,2)

συμφώνησις (σύν; φωνή) agreement ▸ 1
  συμφώνησις ▸ 1
    Noun · feminine · singular · nominative ▸ 1 (2Cor. 6,15)

συμφωνία (σύν; φωνή) music, harmony ▸ 2 + 4 + 1 = 7
  συμφωνίας ▸ 2 + 4 + 1 = 7
    Noun · feminine · singular · genitive · (common) ▸ 2 + 4 + 1 = 7 (4Mac. 14,3; Dan. 3,5; Dan. 3,5; Dan. 3,7; Dan. 3,10; Dan. 3,15; Luke 15,25)

σύμφωνος (σύν; φωνή) harmonious, friendly ▸ 3 + 1 = 4
  σύμφωνε ▸ 1
    Adjective · masculine · singular · vocative · noDegree ▸ 1 (4Mac. 7,7)
  σύμφωνον ▸ 1
    Adjective · neuter · singular · accusative · noDegree ▸ 1 (Eccl. 7,14)
  συμφώνου ▸ 1
    Adjective · neuter · singular · genitive ▸ 1 (1Cor. 7,5)
  συμφώνων ▸ 1
    Adjective · masculine · plural · genitive · noDegree ▸ 1 (4Mac. 14,7)

συμφώνως (σύν; φωνή) in harmony with, harmoniously ▸ 1
  συμφώνως ▸ 1
    Adverb · 1 (4Mac. 14,6)

συμψάω to sweep away ▸ 3
  συμψησθείς ▸ 1
    Verb · aorist · passive · participle · masculine · singular · nominative ▸ 1 (Jer. 22,19)
  συμψησθῶσιν ▸ 1
    Verb · third · plural · aorist · passive · subjunctive ▸ 1 (Jer. 30,14)
  συνεψήσθη ▸ 1
    Verb · third · singular · aorist · passive · indicative ▸ 1 (Jer. 31,33)

συμψηφίζω (σύν; ψάω) to count ▸ 1
  συνεψήφισαν ▸ 1
    Verb · third · plural · aorist · active · indicative ▸ 1 (Acts 19,19)

σύμψυχος (σύν; ψύχω) united, as one ▸ 1
  σύμψυχοι ▸ 1
    Adjective · masculine · plural · nominative ▸ 1 (Phil. 2,2)

σύν (+dat) with, besides; (Adv. LXX – untrans. Heb. part). ▸ 221 + 10 + 128 = 359
  Σὺν ▸ 3
    Adverb · 2 (Eccl. 3,17; Eccl. 7,15)
    Preposition · (+dative) ▸ 1 (Ex. 10,9)
  σὺν ▸ 1 + 1 = 2
    Preposition · (+dative) ▸ 1 + 1 = 2 (3Mac. 1,22; Acts 25,23)
  σὺν ▸ 217 + 10 + 127 = 354
    Adverb ▸ 32 (Eccl. 1,14; Eccl. 2,17; Eccl. 2,18; Eccl. 3,10; Eccl. 3,11; Eccl. 3,11; Eccl. 3,17; Eccl. 4,1; Eccl. 4,2; Eccl. 4,3; Eccl. 4,4; Eccl. 4,4; Eccl. 4,15; Eccl. 5,3; Eccl. 5,6; Eccl. 7,14; Eccl. 7,26; Eccl. 7,29; Eccl. 8,8; Eccl. 8,9; Eccl. 8,15; Eccl. 8,17; Eccl. 8,17; Eccl. 9,1; Eccl. 9,1; Eccl. 9,15; Eccl. 10,19; Eccl. 10,20; Eccl. 11,5; Eccl. 11,7; Eccl. 12,9; Eccl. 12,14)
    Preposition · (+dative) ▸ 185 + 10 + 127 = 322 (Ex. 6,26; Ex. 7,4; Ex. 7,4; Ex. 10,9; Ex. 11,1; Ex. 12,9; Ex. 12,51; Ex. 15,19; Ex. 16,16; Ex. 29,17; Ex. 36,10; Ex. 36,10; Ex. 36,10; Ex. 40,36; Lev. 1,16; Lev. 2,2; Lev. 2,16; Lev. 3,4; Lev. 3,9; Lev. 3,10; Lev. 3,15; Lev. 4,9; Lev. 4,11; Lev. 6,8; Lev. 6,8; Lev. 7,4; Lev. 14,31; Num. 1,3; Num. 1,45; Num. 1,52; Num. 2,3; Num. 2,9; Num. 2,10; Num. 2,16; Num. 2,18; Num. 2,24; Num. 2,25; Num. 2,32; Num. 10,12; Num. 10,14; Num. 10,18; Num. 10,22; Num. 10,25; Num. 10,28; Num. 19,5; Num. 31,6; Num. 31,8; Num. 32,33; Num. 33,1; Num. 34,2; Deut. 32,25; Deut. 33,2; Josh. 6,24; Josh. 11,21; Josh. 21,13; Judg. 3,27; Judg. 9,28; Judg. 16,3; Judg. 16,14; Judg. 18,22; Judg. 20,44; Judg. 20,46; 1Sam. 7,9; 1Sam. 14,32; 1Sam. 14,33; 1Sam. 14,34; 2Sam. 6,4; 1Chr. 16,32; 2Chr. 30,6; 1Esdr. 1,30; 1Esdr. 2,4; 1Esdr. 5,56; 1Esdr. 8,13; 1Esdr. 8,74; 1Esdr. 8,74; 1Esdr. 8,74; 1Esdr. 8,90; 1Esdr. 9,36; Ezra 4,7; Neh. 5,18; Esth. 13,6 # 3,13f; Esth. 5,14; Esth. 16,13 # 8,12n; Esth. 16,17 # 8,12r; Judith 2,5; Judith 11,18; Judith 16,15; Tob. 12,13; 1Mac. 3,14; 1Mac. 3,40; 1Mac. 5,5; 1Mac. 5,23; 1Mac. 5,44; 1Mac. 7,1; 1Mac. 10,24; 1Mac. 10,85; 1Mac. 10,87; 1Mac. 13,45; 1Mac. 15,10; 1Mac. 15,13; 2Mac. 1,14; 2Mac. 3,24; 2Mac. 5,26; 2Mac. 5,27; 2Mac. 7,5; 2Mac. 7,7; 2Mac. 7,12; 2Mac. 7,29; 2Mac. 8,1; 2Mac. 8,12; 2Mac. 8,20; 2Mac. 9,15; 2Mac. 10,1; 2Mac. 10,19; 2Mac. 11,6; 2Mac. 12,3; 2Mac. 12,3; 2Mac. 12,9; 2Mac. 13,1; 2Mac. 13,2; 2Mac. 13,13; 2Mac. 13,14; 2Mac. 13,15; 2Mac. 14,13; 2Mac. 15,8; 2Mac. 15,28; 2Mac. 15,30; 3Mac. 1,18; 3Mac. 1,27; 3Mac. 2,7; 3Mac. 3,25; 3Mac. 5,47; 3Mac. 6,4; 3Mac. 6,16; 4Mac. 10,7; 4Mac. 12,8; 4Mac. 13,26; 4Mac. 17,2; 4Mac. 17,5; 4Mac. 17,5; 4Mac. 18,9; 4Mac. 18,10; 4Mac. 18,23; Psa. 33,4; Psa. 54,19; Psa. 119,4; Psa. 135,10; Psa. 139,14; Psa. 140,4; Ode. 1,19; Ode. 2,25; Ode. 12,2; Prov. 24,22d; Job 24,2; Job 33,26; Job 39,25; Job 40,22; Wis. 14,10; Hos. 4,3; Hos. 4,3; Hos. 4,3; Amos 6,8; Mic. 2,12; Mic. 7,13; Is. 3,23; Is. 10,34; Is. 29,1; Is. 60,8; Jer. 20,4; Jer. 48,15; Bar. 5,9; Ezek. 1,20; Ezek. 1,21; Ezek. 12,19; Ezek. 16,37; Ezek. 16,61; Ezek. 17,7; Ezek. 17,10; Ezek. 32,15; Ezek. 32,30; Dan. 3,21; Dan. 4,16; Sus. 30; Sus. 54; Judg. 3,27; Judg. 7,4; Judg. 7,4; Judg. 9,28; Judg. 16,3; Judg. 16,3; Judg. 16,13; Tob. 9,5; Dan. 3,21; Dan. 9,26; Matt. 25,27; Matt. 26,35; Matt. 27,38; Matt. 27,44; Mark 2,26; Mark 4,10; Mark 8,34; Mark 9,4; Mark 15,27; Mark 15,32; Luke 1,56; Luke 2,5; Luke 2,13; Luke 5,9; Luke 5,19; Luke 7,6; Luke 7,12; Luke 8,1; Luke 8,38; Luke 8,51; Luke 9,32; Luke 19,23; Luke 20,1; Luke 22,14; Luke 22,56; Luke 23,11; Luke 23,32; Luke 24,10; Luke 24,21; Luke 24,24; Luke 24,29; Luke 24,33; Luke 24,44; John 12,2; John 18,1; John 21,3; Acts 1,14; Acts 1,22; Acts 2,14; Acts 3,4; Acts 3,8; Acts 4,13; Acts 4,14; Acts 4,27; Acts 5,1; Acts 5,17; Acts 5,21; Acts 5,26; Acts 7,35; Acts 8,20; Acts 8,31; Acts 10,2; Acts 10,20; Acts 10,23; Acts 11,12; Acts 13,7; Acts 14,4; Acts 14,4; Acts 14,5;

Acts 14,13; Acts 14,20; Acts 14,28; Acts 15,22; Acts 15,22; Acts 15,25; Acts 16,3; Acts 16,32; Acts 17,34; Acts 18,8; Acts 18,18; Acts 19,38; Acts 20,36; Acts 21,5; Acts 21,16; Acts 21,18; Acts 21,24; Acts 21,26; Acts 21,29; Acts 22,9; Acts 23,15; Acts 23,27; Acts 23,32; Acts 24,24; Acts 26,13; Acts 27,2; Acts 28,16; Rom. 6,8; Rom. 8,32; Rom. 16,14; Rom. 16,15; 1Cor. 1,2; 1Cor. 5,4; 1Cor. 10,13; 1Cor. 11,32; 1Cor. 15,10; 1Cor. 16,4; 1Cor. 16,19; 2Cor. 1,1; 2Cor. 1,21; 2Cor. 4,14; 2Cor. 4,14; 2Cor. 8,19; 2Cor. 9,4; 2Cor. 13,4; Gal. 1,2; Gal. 2,3; Gal. 3,9; Gal. 5,24; Eph. 3,18; Eph. 4,31; Phil. 1,1; Phil. 1,23; Phil. 2,22; Phil. 4,21; Col. 2,5; Col. 2,13; Col. 2,20; Col. 3,3; Col. 3,4; Col. 3,9; Col. 4,9; 1Th. 4,14; 1Th. 4,17; 1Th. 4,17; 1Th. 5,10; James 1,11; 2Pet. 1,18)

συναγελάζομαι (σύν; ἄγω) to be gathered together ▸ 1
   συναγελάζονται ▸ 1
      Verb · third · plural · present · passive · indicative ▸ **1** (4Mac. 18,23)

σύναγμα (σύν; ἄγω) collection ▸ 1
   συναγμάτων ▸ 1
      Noun · neuter · plural · genitive · (common) ▸ **1** (Eccl. 12,11)

συνάγω (σύν; ἄγω) to gather, bring together; compile ▸ 360 + 17 + 59 = 436
   Συνάγαγε ▸ 2
      Verb · second · singular · aorist · active · imperative ▸ **2** (Num. 21,16; 1Sam. 14,19)
   συνάγαγε ▸ 4
      Verb · second · singular · aorist · active · imperative ▸ **4** (Ex. 3,16; 2Sam. 12,28; Sir. 36,10; Sol. 8,28)
   Συνάγαγέ ▸ 1
      Verb · second · singular · aorist · active · imperative ▸ **1** (Num. 11,16)
   συναγαγεῖν ▸ 16 + 1 + 3 = 20
      Verb · aorist · active · infinitive ▸ 16 + 1 + 3 = **20** (Ex. 5,12; Ex. 9,19; Deut. 16,13; Deut. 19,5; 1Chr. 22,2; Neh. 12,25; 1Mac. 3,31; 1Mac. 9,7; 1Mac. 10,6; 1Mac. 10,8; 3Mac. 3,1; Eccl. 2,26; Eccl. 3,5; Is. 49,5; Is. 66,18; Ezek. 39,27; Dan. 3,2; Luke 3,17; Rev. 16,14; Rev. 20,8)
   Συναγάγετε ▸ 1
      Verb · second · plural · aorist · active · imperative ▸ **1** (Ex. 16,16)
   συναγάγετε ▸ 11 + 2 = 13
      Verb · second · plural · aorist · active · imperative ▸ 11 + 2 = **13** (2Chr. 24,5; Psa. 49,5; Joel 1,14; Joel 2,16; Joel 2,16; Is. 27,12; Is. 29,1; Jer. 7,21; Jer. 12,9; Jer. 47,10; Jer. 47,10; Matt. 13,30; John 6,12)
   συναγαγέτωσαν ▸ 2
      Verb · third · plural · aorist · active · imperative ▸ **2** (Gen. 41,35; Ex. 5,7)
   συναγάγῃ ▸ 5 + 1 = 6
      Verb · third · singular · aorist · active · subjunctive ▸ 5 + 1 = **6** (2Mac. 2,7; Job 27,16; Is. 17,5; Is. 17,5; Is. 33,4; John 11,52)
   συναγάγητε ▸ 1
      Verb · second · plural · aorist · active · subjunctive ▸ **1** (Num. 10,7)
   συναγαγόντες ▸ 1 + 2 = 3
      Verb · aorist · active · participle · masculine · plural · nominative ▸ 1 + 2 = **3** (1Mac. 1,35; Acts 14,27; Acts 15,30)
   συναγαγόντι ▸ 1
      Verb · aorist · active · participle · masculine · singular · dative ▸ **1** (Jer. 27,7)
   συναγαγούσῃ ▸ 1
      Verb · aorist · active · participle · feminine · singular · dative ▸ **1** (Matt. 13,47)
   συναγάγω ▸ 1
      Verb · first · singular · aorist · active · subjunctive ▸ **1** (Psa. 15,4)
   συναγάγωμεν ▸ 1
      Verb · first · plural · aorist · active · subjunctive ▸ **1** (Lev. 25,20)
   συναγαγών ▸ 5 + 2 = 7
      Verb · aorist · active · participle · masculine · singular · nominative ▸ 5 + 2 = **7** (2Mac. 8,16; 2Mac. 10,21; 2Mac. 10,24; 3Mac. 5,3; 3Mac. 6,33; Matt. 2,4; Luke 15,13)
   συναγάγωσιν ▸ 2
      Verb · third · plural · aorist · active · subjunctive ▸ **2** (Ex. 16,5; 1Esdr. 4,18)
   σύναγε ▸ 1
      Verb · second · singular · present · active · imperative ▸ **1** (Prov. 27,25)
   συνάγει ▸ 5 + 1 = 6
      Verb · third · singular · present · active · indicative ▸ 5 + 1 = **6** (Prov. 9,12c; Prov. 10,10; Prov. 28,8; Prov. 31,14; Sir. 14,4; John 4,36)
   συναγείοχας ▸ 1
      Verb · second · singular · perfect · active · indicative ▸ **1** (Sir. 25,3)
   συνάγεται ▸ 2 + 1 = 3
      Verb · third · singular · present · passive · indicative ▸ 2 + 1 = **3** (1Kings 12,24f; Sir. 13,16; Mark 4,1)
   συναγομένης ▸ 1
      Verb · present · passive · participle · feminine · singular · genitive ▸ **1** (3Mac. 1,28)
   συναγόμενος ▸ 3
      Verb · present · passive · participle · masculine · singular · nominative ▸ **3** (2Sam. 17,11; Job 20,15; Mic. 2,12)
   συνάγονται ▸ 3 + 1 + 2 = 6
      Verb · third · plural · present · middle · indicative ▸ 3 + 1 + 2 = **6** (1Sam. 13,5; 1Sam. 17,1; 1Sam. 17,2; Dan. 3,94; Mark 6,30; Mark 7,1)
   συνάγοντες ▸ 3
      Verb · present · active · participle · masculine · plural · nominative ▸ **3** (Prov. 11,24; Is. 62,9; Is. 62,9)
   συνάγουσα ▸ 1
      Verb · present · active · participle · feminine · singular · nominative ▸ **1** (Ezek. 16,31)
   συνάγουσιν ▸ 3 + 2 = 5
      Verb · third · plural · present · active · indicative ▸ 3 + 2 = **5** (1Sam. 5,8; 1Sam. 5,11; 1Sam. 17,1; Matt. 6,26; John 15,6)
   συνάγω ▸ 2 + 1 = 3
      Verb · first · singular · present · active · indicative ▸ 2 + 1 = **3** (Jer. 39,37; Ezek. 16,37; Matt. 25,26)
   συνάγων ▸ 13 + 2 + 3 = 18
      Verb · present · active · participle · masculine · singular · nominative ▸ 13 + 2 + 3 = **18** (Num. 19,10; Judg. 19,15; Judg. 19,18; Psa. 32,7; Prov. 13,11; Sir. 14,4; Sir. 21,8; Mic. 7,1; Hag. 1,6; Is. 13,14; Is. 56,8; Jer. 9,21; Jer. 30,21; Judg. 19,15; Judg. 19,18; Matt. 12,30; Matt. 25,24; Luke 11,23)
   συνάξει ▸ 16 + 1 = 17
      Verb · third · singular · future · active · indicative ▸ 16 + 1 = **17** (Num. 19,9; Deut. 30,3; Deut. 30,4; Tob. 13,5; Psa. 38,7; Sol. 17,26; Sol. 17,33; Hab. 1,9; Zech. 14,14; Is. 11,12; Is. 11,12; Is. 40,11; Jer. 38,10; Dan. 11,10; Dan. 11,13; Dan. 12,12; Matt. 3,12)
   συνάξεις ▸ 7
      Verb · second · singular · future · active · indicative ▸ **7** (Gen. 6,21; Ex. 23,10; Lev. 25,3; Num. 8,9; Deut. 13,17; Deut. 22,2; Josh. 2,18)
   συνάξουσιν ▸ 3 + 1 = 4

Verb · third · plural · future · active · indicative ▸ 3 + 1 = **4** (Is. 24,22; Jer. 8,13; Dan. 11,34; Dan. 11,10)

συνάξω ▸ **23 + 2 = 25**
  Verb · first · singular · aorist · active · subjunctive ▸ **1** (Luke 12,17)
  Verb · first · singular · future · active · indicative ▸ 23 + 1 = **24** (Deut. 32,23; Ruth 2,2; Ruth 2,7; Neh. 1,9; Ode. 2,23; Mic. 4,6; Joel 4,2; Zeph. 3,18; Zech. 2,10; Is. 43,5; Is. 56,8; Is. 60,22; Jer. 37,21; Jer. 38,8; Ezek. 11,17; Ezek. 16,37; Ezek. 22,20; Ezek. 28,25; Ezek. 29,13; Ezek. 34,13; Ezek. 37,21; Ezek. 38,4; Ezek. 39,2; Luke 12,18)

συναχθέντας ▸ **2**
  Verb · aorist · passive · participle · masculine · plural · accusative ▸ **2** (2Chr. 12,5; 2Mac. 14,23)

συναχθέντες ▸ 1 + 1 = **2**
  Verb · aorist · passive · participle · masculine · plural · nominative ▸ 1 + 1 = **2** (Gen. 34,30; Matt. 28,12)

συναχθέντων ▸ 1 + 1 = **2**
  Verb · aorist · passive · participle · masculine · plural · genitive ▸ 1 + 1 = **2** (Deut. 33,5; 1Cor. 5,4)

συναχθῇ ▸ **2**
  Verb · third · singular · aorist · passive · subjunctive ▸ **2** (2Sam. 17,13; Mic. 5,6)

συναχθῆναι ▸ 6 + 2 = **8**
  Verb · aorist · passive · infinitive ▸ 6 + 2 = **8** (Gen. 29,7; Gen. 29,8; 1Esdr. 8,14; 1Esdr. 9,3; Psa. 101,23; Is. 28,20; Acts 4,5; Acts 11,26)

συναχθῇς ▸ **1**
  Verb · second · singular · aorist · passive · subjunctive ▸ **1** (Ezek. 29,5)

συναχθήσεσθε ▸ **2**
  Verb · second · plural · future · passive · indicative ▸ **2** (Josh. 7,14; Neh. 4,14)

συναχθήσεται ▸ 8 + 1 = **9**
  Verb · third · singular · future · passive · indicative ▸ 8 + 1 = **9** (Num. 10,3; Num. 11,22; 2Sam. 14,14; 2Sam. 17,11; Mic. 2,12; Is. 18,6; Is. 23,18; Is. 33,4; Dan. 11,40)

συναχθήσῃ ▸ **1**
  Verb · second · singular · future · passive · indicative ▸ **1** (2Kings 22,20)

συναχθήσομαι ▸ **1**
  Verb · first · singular · future · passive · indicative ▸ **1** (Is. 49,5)

συναχθήσονται ▸ 7 + 2 = **9**
  Verb · third · plural · future · passive · indicative ▸ 7 + 2 = **9** (1Chr. 13,2; Tob. 13,15; Hos. 2,2; Hos. 10,10; Is. 43,9; Is. 48,14; Jer. 3,17; Matt. 24,28; Matt. 25,32)

συναχθήσονταί ▸ **1**
  Verb · third · plural · future · passive · indicative ▸ **1** (Is. 60,7)

Συνάχθητε ▸ **6**
  Verb · second · plural · aorist · passive · imperative ▸ **6** (Gen. 49,1; Amos 3,9; Zeph. 2,1; Jer. 4,5; Jer. 30,8; Ezek. 39,17)

συνάχθητε ▸ 4 + 1 = **5**
  Verb · second · plural · aorist · passive · imperative ▸ 4 + 1 = **5** (Joel 4,11; Is. 45,20; Jer. 8,14; Ezek. 39,17; Rev. 19,17)

Συναχθήτω ▸ **1**
  Verb · third · singular · aorist · passive · imperative ▸ **1** (Gen. 1,9)

συναχθήτω ▸ **1**
  Verb · third · singular · aorist · passive · imperative ▸ **1** (Gen. 41,35)

συναχθήτωσαν ▸ **1**
  Verb · third · plural · aorist · passive · imperative ▸ **1** (Is. 44,11)

Συναχθῶμεν ▸ **1**
  Verb · first · plural · aorist · passive · subjunctive ▸ **1** (Neh. 6,10)

συναχθῶμεν ▸ **1**
  Verb · first · plural · aorist · passive · subjunctive ▸ **1** (Neh. 6,2)

συναχθῶσιν ▸ **1**
  Verb · third · plural · aorist · passive · subjunctive ▸ **1** (Jer. 28,44)

Συνήγαγεν ▸ **1**
  Verb · third · singular · aorist · active · indicative ▸ **1** (Jer. 10,17)

συνήγαγεν ▸ 59 + 2 + 1 = **62**
  Verb · third · singular · aorist · active · indicative ▸ 59 + 2 + 1 = **62** (Gen. 29,22; Gen. 41,48; Gen. 41,49; Gen. 47,14; Ex. 9,20; Num. 11,24; Num. 11,32; Num. 21,23; Josh. 24,1; Judg. 11,20; 1Sam. 14,52; 2Sam. 6,1; 2Sam. 10,16; 2Sam. 10,17; 2Sam. 11,27; 2Sam. 12,29; 2Sam. 21,13; 2Kings 23,1; 1Chr. 15,4; 1Chr. 19,17; 1Chr. 23,2; 2Chr. 1,14; 2Chr. 2,1; 2Chr. 2,16; 2Chr. 10,6; 2Chr. 18,5; 2Chr. 24,5; 2Chr. 25,5; 2Chr. 29,20; 2Chr. 32,4; 2Chr. 34,29; 1Mac. 3,9; 1Mac. 3,10; 1Mac. 3,27; 1Mac. 5,37; 1Mac. 5,45; 1Mac. 6,28; 1Mac. 9,63; 1Mac. 10,2; 1Mac. 10,21; 1Mac. 10,48; 1Mac. 10,69; 1Mac. 11,20; 1Mac. 13,1; 1Mac. 13,10; 1Mac. 14,1; 1Mac. 14,7; Psa. 40,7; Psa. 106,3; Prov. 30,4; Sol. 11,3; Mic. 1,7; Mic. 4,12; Hab. 1,15; Hag. 1,6; Zech. 9,3; Is. 34,16; Jer. 17,11; Jer. 23,8; Judg. 3,13; Tob. 6,5; Rev. 16,16)

συνήγαγες ▸ **2**
  Verb · second · singular · aorist · active · indicative ▸ **2** (Sir. 47,18; Ezek. 38,13)

συνηγάγετέ ▸ **2**
  Verb · second · plural · aorist · active · indicative ▸ **2** (Matt. 25,35; Matt. 25,43)

συνηγάγομεν ▸ **1**
  Verb · first · plural · aorist · active · indicative ▸ **1** (Matt. 25,38)

συνήγαγον ▸ 18 + 3 = **21**
  Verb · first · singular · aorist · active · indicative ▸ **3** (1Esdr. 8,27; 1Esdr. 8,41; Neh. 13,11)
  Verb · third · plural · aorist · active · indicative ▸ 15 + 3 = **18** (Ex. 4,29; Ex. 8,10; Num. 1,18; Num. 11,32; 2Kings 22,4; 2Chr. 23,2; 2Chr. 24,11; 2Chr. 29,15; 2Chr. 34,9; 2Mac. 8,1; Job 5,5; Is. 39,6; Jer. 47,12; Bar. 1,6; Ezek. 13,5; Matt. 22,10; Matt. 27,27; John 6,13)

Συνήγαγον ▸ **1**
  Verb · third · plural · aorist · active · indicative ▸ **1** (John 11,47)

συνήγαγόν ▸ **1**
  Verb · first · singular · aorist · active · indicative ▸ **1** (Eccl. 2,8)

συνηγμένα ▸ 3 + 1 = **4**
  Verb · perfect · passive · participle · neuter · plural · accusative ▸ 3 + 1 = **4** (Sol. 11,2; Is. 60,4; Bar. 5,5; Rev. 19,19)

συνηγμένη ▸ **1**
  Verb · perfect · passive · participle · feminine · singular · nominative ▸ **1** (Judg. 7,22)

συνηγμένοι ▸ 9 + 3 = **12**
  Verb · perfect · passive · participle · masculine · plural · nominative ▸ 9 + 3 = **12** (Josh. 10,6; 1Kings 7,10; Neh. 5,16; Is. 13,15; Is. 29,7; Is. 35,10; Jer. 47,15; Bar. 4,37; Ezek. 38,7; Matt. 18,20; Acts 4,31; Acts 20,8)

συνηγμένοις ▸ **1**
  Verb · perfect · passive · participle · masculine · plural · dative ▸ **1** (Neh. 12,44)

συνηγμένον ▸ **2**
  Verb · perfect · passive · participle · neuter · singular · accusative ▸ **1** (Ezek. 38,12)
  Verb · perfect · passive · participle · neuter · singular · nominative ▸ **1** (Sir. 21,9)

συναγωγή

   συνηγμένων ‣ 3 + 2 = 5
     Verb · perfect · passive · participle · masculine · plural · genitive ‣ 2 + 2 = **4** (Deut. 33,21; Ezek. 38,8; Matt. 27,17; Acts 20,7)
     Verb · perfect · passive · participle · neuter · plural · genitive ‣ **1** (Is. 13,4)
   Συνηγμένων ‣ 1
     Verb · perfect · passive · participle · masculine · plural · genitive · (variant) ‣ **1** (Matt. 22,41)
   συνήγοντο ‣ 2
     Verb · third · plural · imperfect · middle · indicative ‣ **1** (1Sam. 22,2)
     Verb · third · plural · imperfect · passive · indicative ‣ **1** (Gen. 29,3)
   συνῆκται ‣ 3
     Verb · third · singular · perfect · middle · indicative ‣ **2** (1Mac. 3,52; Ode. 2,34)
     Verb · third · singular · perfect · passive · indicative ‣ **1** (Deut. 32,34)
   συνῆξα ‣ 3
     Verb · first · singular · aorist · active · indicative ‣ **3** (Ezra 7,28; Ezra 8,15; Neh. 7,5)
   συνῆξεν ‣ 1 + 1 = 2
     Verb · third · singular · aorist · active · indicative ‣ 1 + 1 = **2** (1Mac. 1,4; Judg. 11,20)
   συνήχθη ‣ 9 + 1 + 4 = 14
     Verb · third · singular · aorist · passive · indicative ‣ 9 + 1 + 4 = **14** (Gen. 1,9; Judg. 20,11; 2Sam. 3,34; 2Chr. 20,4; 2Chr. 30,3; 1Esdr. 9,38; Ezra 3,1; 1Mac. 4,37; Hab. 2,16; Judg. 20,11; Mark 5,21; Luke 22,66; John 18,2; Acts 13,44)
   συνήχθημεν ‣ 1
     Verb · first · plural · aorist · passive · indicative ‣ **1** (Jer. 8,15)
   συνήχθησαν ‣ 51 + 7 + 8 = 66
     Verb · third · plural · aorist · passive · indicative ‣ 51 + 7 + 8 = **66** (Gen. 37,35; Judg. 6,33; Judg. 9,6; Judg. 9,47; Judg. 12,1; Judg. 16,23; Judg. 20,14; 1Sam. 7,6; 1Sam. 13,11; 2Sam. 10,15; 2Sam. 23,9; 2Sam. 23,11; 1Chr. 11,13; 1Chr. 19,7; 2Chr. 11,13; 2Chr. 13,7; 2Chr. 15,10; 2Chr. 30,13; 2Chr. 32,6; 1Esdr. 5,46; Ezra 8,20; Ezra 9,4; Ezra 10,1; Ezra 10,9; Neh. 4,2; Neh. 8,1; Neh. 8,13; Neh. 9,1; Neh. 12,28; Esth. 2,8; Esth. 9,15; Esth. 9,16; Esth. 9,18; 1Mac. 2,16; 1Mac. 2,42; 1Mac. 3,46; 1Mac. 6,20; 1Mac. 7,22; 1Mac. 12,37; 1Mac. 13,6; Psa. 2,2; Psa. 34,15; Psa. 34,15; Psa. 46,10; Psa. 47,5; Psa. 103,22; Is. 43,9; Is. 49,18; Dan. 3,94; Dan. 6,24; Bel 28; Judg. 6,33; Judg. 9,6; Judg. 9,47; Judg. 10,17; Judg. 16,23; Judg. 20,14; Dan. 3,3; Matt. 13,2; Matt. 22,34; Matt. 26,3; Matt. 26,57; Matt. 27,62; Mark 2,2; Acts 4,26; Acts 4,27)
   Συνήχθησάν ‣ 1
     Verb · third · plural · aorist · passive · indicative ‣ **1** (Acts 15,6)
συναγωγή (σύν; ἄγω) collection, gathering, synagogue ‣ 221 + 7 + 56 = 284
   συναγωγαί ‣ 2
     Noun · feminine · plural · nominative · (common) ‣ **2** (Gen. 35,11; Sol. 10,7)
   συναγωγαῖς ‣ 3 + 15 = 18
     Noun · feminine · plural · dative · (common) ‣ 3 + 15 = **18** (Deut. 33,4; Sir. 24,23; Sol. 17,43; Matt. 4,23; Matt. 6,2; Matt. 6,5; Matt. 9,35; Matt. 10,17; Matt. 23,6; Matt. 23,34; Mark 12,39; Luke 4,15; Luke 11,43; Luke 20,46; Acts 9,20; Acts 13,5; Acts 15,21; Acts 24,12)
   συναγωγάς ‣ 1
     Noun · feminine · plural · accusative ‣ **1** (Acts 9,2)
   συναγωγάς ‣ 7 + 7 = 14
     Noun · feminine · plural · accusative · (common) ‣ 7 + 7 = **14** (Gen. 1,9; Gen. 28,3; Gen. 48,4; Psa. 15,4; Sol. 17,16; Zeph. 3,8; Jer. 27,9; Mark 1,39; Mark 13,9; Luke 4,44; Luke 12,11; Luke 21,12; Acts 22,19; Acts 26,11)
   συναγωγή ‣ 10
     Noun · feminine · singular · nominative · (common) ‣ **10** (Lev. 24,14; Num. 14,2; Num. 15,35; Num. 16,11; Num. 20,1; Num. 20,22; Num. 27,21; Ezek. 27,27; Ezek. 27,34; Ezek. 38,7)
   συναγωγή ‣ 54 + 6 + 2 = 62
     Noun · feminine · singular · nominative · (common) ‣ 54 + 6 + 2 = **62** (Ex. 12,47; Ex. 16,1; Ex. 16,2; Ex. 17,1; Ex. 35,20; Lev. 4,13; Lev. 4,14; Lev. 9,5; Lev. 24,16; Num. 8,20; Num. 10,3; Num. 14,1; Num. 14,10; Num. 15,14; Num. 15,24; Num. 15,36; Num. 15,36; Num. 16,3; Num. 16,6; Num. 20,11; Num. 20,29; Num. 22,4; Num. 27,17; Num. 35,24; Num. 35,25; Num. 35,25; Josh. 9,18; Josh. 18,1; Josh. 22,16; Judg. 20,1; Judg. 21,10; Judg. 21,13; 2Chr. 5,6; 1Mac. 2,42; 1Mac. 3,44; 1Mac. 7,12; Psa. 7,8; Psa. 21,17; Psa. 61,9; Psa. 67,31; Psa. 85,14; Sir. 21,9; Sir. 45,18; Is. 19,6; Is. 22,6; Jer. 51,15; Ezek. 32,22; Ezek. 32,22; Ezek. 37,10; Ezek. 38,4; Ezek. 38,15; Dan. 11,11; Sus. 41; Sus. 60-62; Judg. 14,8; Judg. 20,1; Judg. 21,10; Judg. 21,13; Sus. 41; Sus. 60; Acts 17,1; Rev. 2,9)
   συναγωγῇ ‣ 31 + 12 = 43
     Noun · feminine · singular · dative · (common) ‣ 31 + 12 = **43** (Ex. 16,9; Ex. 16,10; Ex. 23,16; Lev. 8,5; Lev. 10,3; Lev. 19,2; Lev. 22,18; Num. 13,26; Num. 14,35; Num. 16,19; Num. 16,24; Num. 19,9; Num. 20,2; Num. 26,9; Num. 27,3; Num. 31,16; Josh. 9,19; Josh. 9,21; Josh. 9,27; Josh. 22,17; Psa. 81,1; Psa. 105,18; Psa. 110,1; Prov. 21,16; Sir. 4,7; Sir. 16,6; Sir. 31,3; Sol. 17,44; Jer. 33,17; Jer. 38,13; Sus. 52; Matt. 13,54; Mark 1,23; Mark 6,2; Luke 4,20; Luke 4,28; Luke 4,33; John 6,59; John 18,20; Acts 17,17; Acts 18,4; Acts 18,7; Acts 18,26)
   συναγωγήν ‣ 7 + 1 = 8
     Noun · feminine · singular · accusative · (common) ‣ 7 + 1 = **8** (Num. 10,7; Num. 16,16; Num. 17,12; Sir. 46,14; Is. 56,8; Ezek. 38,13; Dan. 11,12; Mark 3,1)
   συναγωγήν ‣ 45 + 11 = 56
     Noun · feminine · singular · accusative · (common) ‣ 45 + 11 = **56** (Gen. 1,9; Ex. 12,3; Ex. 16,3; Ex. 16,6; Ex. 35,1; Ex. 35,4; Lev. 8,3; Lev. 8,4; Lev. 10,6; Num. 1,18; Num. 8,9; Num. 10,2; Num. 13,26; Num. 14,7; Num. 14,27; Num. 14,36; Num. 15,26; Num. 15,33; Num. 16,3; Num. 16,5; Num. 16,19; Num. 16,22; Num. 16,26; Num. 17,7; Num. 20,4; Num. 20,8; Num. 20,8; Num. 20,10; Num. 20,12; Num. 27,14; Num. 32,15; Deut. 5,22; Josh. 22,20; 1Kings 12,20; 1Kings 12,21; Psa. 105,17; Job 8,17; Sir. 43,20; Obad. 13; Is. 37,25; Jer. 6,11; Dan. 8,25; Dan. 11,10; Dan. 11,13; Sus. 28; Matt. 12,9; Mark 1,21; Luke 4,16; Luke 6,6; Luke 7,5; Acts 13,14; Acts 14,1; Acts 17,10; Acts 18,19; Acts 19,8; James 2,2)
   συναγωγῆς ‣ 62 + 1 + 6 = 69
     Noun · feminine · singular · genitive · (common) ‣ 62 + 1 + 6 = **69** (Ex. 12,6; Ex. 12,19; Ex. 16,22; Ex. 34,22; Ex. 34,31; Ex. 38,22; Ex. 39,2; Lev. 4,13; Lev. 4,15; Lev. 4,21; Lev. 10,17; Lev. 11,36; Lev. 16,5; Lev. 16,17; Lev. 16,33; Num. 1,2; Num. 1,16; Num. 14,5; Num. 15,24; Num. 15,25; Num. 16,2; Num. 16,9; Num. 16,9; Num. 16,21; Num. 16,24; Num. 16,33; Num. 17,10; Num. 19,20; Num. 20,6; Num. 20,25; Num. 20,27; Num. 25,6; Num. 25,7; Num. 26,2; Num. 26,9; Num. 26,10; Num. 27,2; Num. 27,3; Num. 27,16; Num. 27,19; Num. 27,22; Num. 31,13; Num. 31,26; Num. 31,27; Num. 31,43; Num. 32,2; Num. 35,12; Josh. 9,15; Josh. 20,3; Josh. 20,9; Josh. 22,30; Judg. 21,16; Esth. 10,13 # 10,3k; 1Mac. 14,28; Psa. 39,11; Psa. 73,2; Prov. 5,14; Sir. 1,30; Sir. 41,18; Zech. 9,12; Jer. 38,4; Ezek. 26,7; Judg. 21,16;

Mark 1,29; Luke 4,38; Luke 8,41; Acts 6,9; Acts 13,43; Rev. 3,9)
συναγωγῶν ▸ 1
Noun · feminine · plural · genitive ▸ **1** (Luke 13,10)

συναγωνίζομαι (σύν; ἀγών) to help, join ▸ 1
συναγωνίσασθαί ▸ 1
Verb · aorist · middle · infinitive ▸ **1** (Rom. 15,30)

συνᾴδω (σύν; ᾄδω) to sing together; agree with ▸ 2
συνᾴδοντες ▸ 1
Verb · present · active · participle · masculine · plural · nominative ▸ **1** (Hos. 7,2)
συνᾴδωσιν ▸ 1
Verb · third · plural · present · active · subjunctive ▸ **1** (Hos. 7,2)

συναθλέω (σύν; ἆθλον) to work together with ▸ 2
συναθλοῦντες ▸ 1
Verb · present · active · participle · masculine · plural · nominative ▸ **1** (Phil. 1,27)
συνήθλησάν ▸ 1
Verb · third · plural · aorist · active · indicative ▸ **1** (Phil. 4,3)

συναθροίζω (σύν; α; θρόος) to gather ▸ 33 + 2 = 35
συναθροίζει ▸ 1
Verb · third · singular · present · active · indicative ▸ **1** (1Sam. 28,4)
συναθροίζεσθε ▸ 1
Verb · second · plural · present · middle · imperative ▸ **1** (Joel 4,11)
συναθροιζομένων ▸ 1
Verb · present · passive · participle · masculine · plural · genitive ▸ **1** (Jer. 20,10)
συναθροίζονται ▸ 6
Verb · third · plural · present · passive · indicative ▸ **6** (1Sam. 4,1; 1Sam. 8,4; 1Sam. 25,1; 1Sam. 28,1; 1Sam. 28,4; 2Sam. 2,25)
συναθροίζουσιν ▸ 1
Verb · third · plural · present · active · indicative ▸ **1** (1Sam. 29,1)
συναθροίσαντας ▸ 1
Verb · aorist · active · participle · masculine · plural · accusative ▸ **1** (3Mac. 7,3)
συναθροίσας ▸ 2 + 1 = 3
Verb · aorist · active · participle · masculine · singular · nominative ▸ **2 + 1 = 3** (2Mac. 10,24; 2Mac. 11,2; Acts 19,25)
συναθροισθέντες ▸ 1
Verb · aorist · passive · participle · masculine · plural · nominative ▸ **1** (Deut. 1,41)
συναθροισθῆναι ▸ 1
Verb · aorist · passive · infinitive ▸ **1** (Ezra 10,7)
συναθροισθήσονται ▸ 1
Verb · third · plural · future · passive · indicative ▸ **1** (Amos 4,8)
συνάθροισον ▸ 1
Verb · second · singular · aorist · active · imperative ▸ **1** (1Kings 18,19)
συναθροίσω ▸ 1
Verb · first · singular · future · active · indicative ▸ **1** (2Sam. 3,21)
συνήθροισεν ▸ 8
Verb · third · singular · aorist · active · indicative ▸ **8** (Ex. 35,1; Judg. 12,4; 2Sam. 2,30; 1Kings 12,240; 1Kings 12,24x; 1Kings 21,1; 1Kings 22,6; 2Kings 10,18)
συνηθροίσθησαν ▸ 4
Verb · third · plural · aorist · passive · indicative ▸ **4** (Josh. 22,12; 1Sam. 7,7; 1Kings 11,14; 1Mac. 1,52)
συνηθροισμένη ▸ 1
Verb · perfect · passive · participle · feminine · singular · nominative ▸ **1** (Num. 16,11)
συνηθροισμένοι ▸ 1
Verb · perfect · passive · participle · masculine · plural · nominative · (variant) ▸ **1** (Acts 12,12)
συνηθροισμένους ▸ 1
Verb · perfect · passive · participle · masculine · plural · accusative ▸ **1** (3Mac. 5,34)
συνήθροιστο ▸ 1
Verb · third · singular · pluperfect · passive · indicative ▸ **1** (3Mac. 5,24)

συναινέω (σύν; αἶνος) to approve ▸ 2
συναινέσαντες ▸ 1
Verb · aorist · active · participle · masculine · plural · nominative ▸ **1** (3Mac. 5,21)
συναινέσας ▸ 1
Verb · aorist · active · participle · masculine · singular · nominative ▸ **1** (3Mac. 6,41)

συναίρω (σύν; αἴρω) to settle ▸ 3
συναίρει ▸ 1
Verb · third · singular · present · active · indicative ▸ **1** (Matt. 25,19)
συναίρειν ▸ 1
Verb · present · active · infinitive ▸ **1** (Matt. 18,24)
συνᾶραι ▸ 1
Verb · aorist · active · infinitive ▸ **1** (Matt. 18,23)

συναιχμάλωτος (σύν; ἅλωσις) fellow-prisoner ▸ 3
συναιχμάλωτός ▸ 2
Noun · masculine · singular · nominative ▸ **2** (Col. 4,10; Philem. 23)
συναιχμαλώτους ▸ 1
Noun · masculine · plural · accusative ▸ **1** (Rom. 16,7)

συνακολουθέω (σύν; ἀκόλουθος) to accompany, follow ▸ 2 + 3 = 5
συνακολουθεῖν ▸ 1
Verb · present · active · infinitive ▸ **1** (2Mac. 2,4)
συνακολουθῆσαι ▸ 1
Verb · aorist · active · infinitive ▸ **1** (Mark 5,37)
συνακολουθούντων ▸ 1
Verb · present · active · participle · masculine · plural · genitive ▸ **1** (2Mac. 2,6)
συνακολουθοῦσαι ▸ 1
Verb · present · active · participle · feminine · plural · nominative ▸ **1** (Luke 23,49)
συνηκολούθει ▸ 1
Verb · third · singular · imperfect · active · indicative ▸ **1** (Mark 14,51)

συναλγέω (σύν; ἄλγος) to suffer with ▸ 1
συναλγήσει ▸ 1
Verb · third · singular · future · active · indicative ▸ **1** (Sir. 37,12)

συναλίζω (σύν; ἅλας) to eat with, assemble ▸ 1
συναλιζόμενος ▸ 1
Verb · present · middle · participle · masculine · singular · nominative ▸ **1** (Acts 1,4)

συνάλλαγμα (σύν; ἄλλος) covenant, transaction ▸ 3
συναλλάγμασιν ▸ 1
Noun · neuter · plural · dative · (common) ▸ **1** (1Mac. 13,42)
συναλλάγματι ▸ 1
Noun · neuter · singular · dative · (common) ▸ **1** (Sol. 4,4)
συναλλαγμάτων ▸ 1
Noun · neuter · plural · genitive · (common) ▸ **1** (Is. 58,6)

συναλλάσσω (σύν; ἄλλος) to reconcile, make peace

▸ 1
  συνήλλασσεν ▸ 1
    Verb ▪ third ▪ singular ▪ imperfect ▪ active ▪ indicative ▸ 1 (Acts 7,26)

συναλοάω (σύν; ἀλέω) to grind into powder ▸ 1
  συνηλόησε ▸ 1
    Verb ▪ third ▪ singular ▪ aorist ▪ active ▪ indicative ▸ 1 (Dan. 2,45)

συναναβαίνω (σύν; ἀνά; βαίνω) to go up together, to travel with ▸ 11 + 1 + 2 = 14
  συναναβάντες ▸ 2
    Verb ▪ aorist ▪ active ▪ participle ▪ masculine ▪ plural ▪ nominative ▸ 2 (Gen. 50,14; Num. 13,31)
  συναναβᾶσαι ▸ 1
    Verb ▪ aorist ▪ active ▪ participle ▪ feminine ▪ plural ▪ nominative ▸ 1 (Mark 15,41)
  συναναβᾶσιν ▸ 1
    Verb ▪ aorist ▪ active ▪ participle ▪ masculine ▪ plural ▪ dative ▸ 1 (Acts 13,31)
  συναναβῆναι ▸ 2
    Verb ▪ aorist ▪ active ▪ infinitive ▸ 2 (2Chr. 18,2; 1Esdr. 5,3)
  συναναβῆναί ▸ 1
    Verb ▪ aorist ▪ active ▪ infinitive ▸ 1 (1Esdr. 8,27)
  συναναβήσεται ▸ 1
    Verb ▪ third ▪ singular ▪ future ▪ middle ▪ indicative ▸ 1 (Ex. 24,2)
  συναναβῶ ▸ 1
    Verb ▪ first ▪ singular ▪ aorist ▪ active ▪ subjunctive ▸ 1 (Ex. 33,3)
  συνανέβαινον ▸ 1
    Verb ▪ third ▪ plural ▪ imperfect ▪ active ▪ indicative ▸ 1 (Judg. 6,3)
  συνανέβη ▸ 1
    Verb ▪ third ▪ singular ▪ aorist ▪ active ▪ indicative ▸ 1 (Ex. 12,38)
  συνανέβησαν ▸ 3
    Verb ▪ third ▪ plural ▪ aorist ▪ active ▪ indicative ▸ 3 (Gen. 50,7; Gen. 50,9; 1Esdr. 8,5)

συνανάκειμαι (σύν; ἀνά; κεῖμαι) to recline together, to eat with ▸ 1 + 7 = 8
  συνανακείμενοι ▸ 1 + 1 = 2
    Verb ▪ present ▪ middle ▪ participle ▪ masculine ▪ plural ▪ nominative ▸ 1 + 1 = 2 (3Mac. 5,39; Luke 7,49)
  συνανακειμένοις ▸ 1
    Verb ▪ present ▪ middle ▪ participle ▪ masculine ▪ plural ▪ dative ▸ 1 (Mark 6,22)
  συνανακειμένους ▸ 1
    Verb ▪ present ▪ middle ▪ participle ▪ masculine ▪ plural ▪ accusative ▸ 1 (Matt. 14,9)
  συνανακειμένων ▸ 2
    Verb ▪ present ▪ middle ▪ participle ▪ masculine ▪ plural ▪ genitive ▸ 2 (Luke 14,10; Luke 14,15)
  συνανέκειντο ▸ 2
    Verb ▪ third ▪ plural ▪ imperfect ▪ middle ▪ indicative ▸ 2 (Matt. 9,10; Mark 2,15)

συναναμίγνυμι (σύν; ἀνά; μίγνυμι) to mix together; to associate with ▸ 1 + 3 = 4
  συναναμίγνυσθαι ▸ 3
    Verb ▪ present ▪ middle ▪ infinitive ▸ 3 (1Cor. 5,9; 1Cor. 5,11; 2Th. 3,14)
  συνανεμείγνυτο ▸ 1
    Verb ▪ third ▪ singular ▪ imperfect ▪ passive ▪ indicative ▸ 1 (Hos. 7,8)

συνανάμιξις joined together, in league with ▸ 1
  συναναμείξεων ▸ 1
    Noun ▪ feminine ▪ plural ▪ genitive ▪ (common) ▸ 1 (Dan. 11,23)

συναναμίσγω (σύν; ἀνά; μίγνυμι) to share together ▸ 1
  συναναμίσγεσθε ▸ 1
    Verb ▪ second ▪ plural ▪ present ▪ middle ▪ imperative ▸ 1 (Ezek. 20,18)

συναναπαύομαι (σύν; ἀνά; παύω) to rest with ▸ 1 + 1 = 2
  συναναπαύσεται ▸ 1
    Verb ▪ third ▪ singular ▪ future ▪ middle ▪ indicative ▸ 1 (Is. 11,6)
  συναναπαύσωμαι ▸ 1
    Verb ▪ first ▪ singular ▪ aorist ▪ middle ▪ subjunctive ▸ 1 (Rom. 15,32)

συναναστρέφω (σύν; ἀνά; στρέφω) to live among ▸ 3
  συναναστρεφόμενα ▸ 1
    Verb ▪ present ▪ middle ▪ participle ▪ neuter ▪ plural ▪ nominative ▸ 1 (Sir. 41,5)
  συνανεστράφη ▸ 1
    Verb ▪ third ▪ singular ▪ aorist ▪ passive ▪ indicative ▸ 1 (Bar. 3,38)
  συνανεστράφην ▸ 1
    Verb ▪ first ▪ singular ▪ aorist ▪ passive ▪ indicative ▸ 1 (Gen. 30,8)

συναναστροφή (σύν; ἀνά; στρέφω) association; living together ▸ 4
  συναναστροφή ▸ 1
    Noun ▪ feminine ▪ singular ▪ nominative ▪ (common) ▸ 1 (Wis. 8,16)
  συναναστροφήν ▸ 1
    Noun ▪ feminine ▪ singular ▪ accusative ▪ (common) ▸ 1 (3Mac. 3,5)
  συναναστροφῆς ▸ 2
    Noun ▪ feminine ▪ singular ▪ genitive ▪ (common) ▸ 2 (3Mac. 2,31; 3Mac. 2,33)

συναναφέρω (σύν; ἀνά; φέρω) to carry up ▸ 3
  συναναφέρων ▸ 1
    Verb ▪ present ▪ active ▪ participle ▪ masculine ▪ singular ▪ nominative ▸ 1 (2Sam. 6,18)
  συνανοίσετε ▸ 1
    Verb ▪ second ▪ plural ▪ future ▪ active ▪ indicative ▸ 1 (Gen. 50,25)
  συνανοίσετέ ▸ 1
    Verb ▪ second ▪ plural ▪ future ▪ active ▪ indicative ▸ 1 (Ex. 13,19)

συναναφύρω (σύν; ἀνά; φύρω) to conspire ▸ 1
  συνανεφύροντο ▸ 1
    Verb ▪ third ▪ plural ▪ imperfect ▪ middle ▪ indicative ▸ 1 (Ezek. 22,6)

συναντάω (σύν; ἀντί) to meet, come upon ▸ 57 + 4 + 6 = 67
  συναντᾷ ▸ 5
    Verb ▪ third ▪ singular ▪ present ▪ active ▪ indicative ▸ 5 (Prov. 7,10; Prov. 9,18; Prov. 17,20; Prov. 20,30; Prov. 24,8)
  συναντᾶν ▸ 2
    Verb ▪ present ▪ active ▪ infinitive ▸ 2 (Josh. 11,20; 1Mac. 11,2)
  συναντᾶτε ▸ 1
    Verb ▪ second ▪ plural ▪ present ▪ active ▪ imperative ▸ 1 (Is. 21,14)
  συναντῆσαι ▸ 3
    Verb ▪ aorist ▪ active ▪ infinitive ▸ 3 (Gen. 46,28; Num. 35,21; Deut. 23,5)
  συναντήσας ▸ 1 + 2 = 3
    Verb ▪ aorist ▪ active ▪ participle ▪ masculine ▪ singular ▪ nominative ▸ 1 + 2 = 3 (Is. 14,9; Acts 10,25; Heb. 7,1)

συναντήσει ‣ 1
    Verb · third · singular · future · active · indicative ‣ **1** (Luke 22,10)

συναντήσεσθε ‣ 1
    Verb · second · plural · future · middle · indicative ‣ **1** (Is. 8,14)

συναντήσεται ‣ 6
    Verb · third · singular · future · middle · indicative ‣ **6** (Deut. 31,29; Prov. 12,23; Eccl. 2,14; Eccl. 9,11; Job 5,14; Is. 64,4)

συναντήσεταί ‣ 1
    Verb · third · singular · future · middle · indicative ‣ **1** (Eccl. 2,15)

συναντήση ‣ 3
    Verb · third · singular · aorist · active · subjunctive ‣ **3** (Gen. 32,18; Ex. 5,3; Num. 35,19)

συναντήσης ‣ 2
    Verb · second · singular · aorist · active · subjunctive ‣ **2** (Ex. 23,4; Deut. 22,6)

συναντήσητε ‣ 1
    Verb · second · plural · aorist · active · subjunctive ‣ **1** (Judg. 15,12)

συνάντησον ‣ 1
    Verb · second · singular · aorist · active · imperative ‣ **1** (Judg. 8,21)

συναντήσοντά ‣ 1
    Verb · future · active · participle · neuter · plural · accusative ‣ **1** (Acts 20,22)

συναντήσουσιν ‣ 1
    Verb · third · plural · future · active · indicative ‣ **1** (Is. 34,14)

συναντήσωσιν ‣ 2 + 1 = 3
    Verb · third · plural · aorist · active · subjunctive ‣ **2 + 1 = 3** (Josh. 2,16; Job 41,18; Judg. 18,25)

συναντῶν ‣ 3
    Verb · present · active · participle · masculine · singular · nominative ‣ **3** (Ex. 7,15; Prov. 12,13a; Job 39,22)

συναντῶσα ‣ 1
    Verb · present · active · participle · feminine · singular · nominative ‣ **1** (Neh. 12,38)

συναντῶσιν ‣ 1
    Verb · third · plural · present · active · indicative ‣ **1** (2Sam. 2,13)

συνήντησαν ‣ 9
    Verb · third · plural · aorist · active · indicative ‣ **9** (Gen. 32,2; Ex. 5,20; Neh. 13,2; Judith 1,6; 1Mac. 5,25; Psa. 84,11; Prov. 22,2; Job 27,20; Is. 34,15)

συνήντησάν ‣ 2
    Verb · third · plural · aorist · active · indicative ‣ **2** (Job 3,12; Job 30,26)

συνήντησεν ‣ 11 + 1 + 2 = 14
    Verb · third · singular · aorist · active · indicative ‣ **11 + 1 + 2 = 14** (Ex. 4,24; Ex. 4,27; Num. 23,16; 2Sam. 18,9; Judith 10,11; 1Mac. 4,29; 1Mac. 7,39; 1Mac. 10,74; 1Mac. 11,6; 1Mac. 11,64; Job 4,14; Judg. 20,41; Luke 9,37; Heb. 7,10)

συνήντησέν ‣ 1
    Verb · third · singular · aorist · active · indicative ‣ **1** (Job 3,25)

συνήντων ‣ 1
    Verb · third · plural · imperfect · active · indicative ‣ **1** (1Mac. 11,2)

συναντή (σύν; ἀντί) meeting ‣ 3
    συναντήν ‣ 1
        Noun · feminine · singular · accusative · (common) ‣ **1** (2Kings 5,26)
    συναντήν ‣ 2
        Noun · feminine · singular · accusative · (common) ‣ **2** (1Kings 18,16; 2Kings 2,15)

συνάντημα (σύν; ἀντί) event; adversity ‣ 9
    συνάντημα ‣ 8
        Noun · masculine · singular · nominative · (common) ‣ **1** (Eccl. 3,19)
        Noun · neuter · singular · accusative · (common) ‣ **1** (1Kings 8,37)
        Noun · neuter · singular · nominative · (common) ‣ **6** (Eccl. 2,14; Eccl. 2,15; Eccl. 3,19; Eccl. 3,19; Eccl. 9,2; Eccl. 9,3)
    συναντήματά ‣ 1
        Noun · neuter · plural · accusative · (common) ‣ **1** (Ex. 9,14)

συνάντησις (σύν; ἀντί) meeting ‣ 70 + 10 = 80
    συναντήσει ‣ 1
        Noun · feminine · singular · dative · (common) ‣ **1** (Num. 23,3)
    συνάντησιν ‣ 64 + 9 = 73
        Noun · feminine · singular · accusative · (common) ‣ **64 + 9 = 73** (Gen. 14,17; Gen. 18,2; Gen. 19,1; Gen. 24,17; Gen. 24,65; Gen. 29,13; Gen. 30,16; Gen. 33,4; Gen. 46,29; Ex. 4,27; Ex. 5,20; Ex. 18,7; Ex. 19,17; Num. 20,20; Num. 21,33; Num. 22,34; Num. 22,36; Num. 24,1; Num. 31,13; Deut. 1,44; Deut. 2,32; Deut. 3,1; Deut. 29,6; Josh. 8,5; Josh. 8,14; Josh. 8,22; Josh. 9,11; Judg. 6,35; Judg. 7,24; Judg. 15,14; 1Sam. 17,48; 1Sam. 18,6; 1Sam. 23,28; 1Sam. 25,20; 2Sam. 2,25; 2Sam. 5,23; 1Kings 12,24l; 1Kings 18,7; 1Kings 18,16; 2Kings 1,3; 2Kings 1,6; 2Kings 1,7; 2Chr. 14,9; 2Chr. 35,20; Judith 2,6; Tob. 11,16; 1Mac. 3,11; 1Mac. 3,16; 1Mac. 3,17; 1Mac. 5,39; 1Mac. 5,59; 1Mac. 6,48; 1Mac. 7,31; 1Mac. 9,11; 1Mac. 9,39; 1Mac. 10,2; 1Mac. 10,59; 1Mac. 10,86; 1Mac. 16,5; 3Mac. 5,2; Psa. 151,6; Zech. 2,7; Is. 7,3; Is. 21,14; Judg. 4,18; Judg. 4,22; Judg. 6,35; Judg. 7,24; Judg. 14,5; Judg. 15,14; Judg. 19,3; Judg. 20,25; Judg. 20,31)
    συνάντησίν ‣ 5 + 1 = 6
        Noun · feminine · singular · accusative · (common) ‣ **5 + 1 = 6** (Gen. 32,7; Ex. 4,14; Num. 20,18; Psa. 58,5; Prov. 7,15; Judg. 11,31)

συναντιλαμβάνομαι (σύν; ἀντί; λαμβάνω) to assist, help ‣ 3 + 2 = 5
    συναντιλάβηται ‣ 1
        Verb · third · singular · aorist · middle · subjunctive ‣ **1** (Luke 10,40)
    συναντιλαμβάνεται ‣ 1
        Verb · third · singular · present · middle · indicative ‣ **1** (Rom. 8,26)
    συναντιλήμψεται ‣ 1
        Verb · third · singular · future · middle · indicative ‣ **1** (Psa. 88,22)
    συναντιλήμψονται ‣ 1
        Verb · third · plural · future · middle · indicative ‣ **1** (Num. 11,17)
    συναντιλήμψονταί ‣ 1
        Verb · third · plural · future · middle · indicative ‣ **1** (Ex. 18,22)

συναπάγω (σύν; ἀπό; ἄγω) to lead off; condescend ‣ 1 + 3 = 4
    συναπαγόμενοι ‣ 1
        Verb · present · passive · participle · masculine · plural · nominative · (variant) ‣ **1** (Rom. 12,16)
    συναπαχθέντες ‣ 1
        Verb · aorist · passive · participle · masculine · plural · nominative ‣ **1** (2Pet. 3,17)
    συναπήγαγεν ‣ 1
        Verb · third · singular · aorist · active · indicative ‣ **1** (Ex. 14,6)
    συναπήχθη ‣ 1

συναπάγω–συναρπάζω

Verb · third · singular · aorist · passive · indicative ▸ 1 (Gal. 2,13)

συναποθνῄσκω (σύν; ἀπό; θνῄσκω) to die with ▸ 1 + 3 = 4
  συναπεθάνομεν ▸ 1
    Verb · first · plural · aorist · active · indicative ▸ 1 (2Tim. 2,11)
  συναποθανεῖν ▸ 2
    Verb · aorist · active · infinitive ▸ 2 (Mark 14,31; 2Cor. 7,3)
  συναποθανέτω ▸ 1
    Verb · third · singular · aorist · active · imperative ▸ 1 (Sir. 19,10)

συναποκρύπτω (σύν; ἀπό; κρύπτω) to hide with ▸ 1
  συναποκρυβῶσι ▸ 1
    Verb · third · plural · aorist · passive · subjunctive ▸ 1 (LetterJ 48)

συναπόλλυμι (σύν; ἀπό; ὄλλυμι) to perish together ▸ 10 + 1 = 11
  συναπολέσῃ ▸ 1
    Verb · third · singular · aorist · active · subjunctive ▸ 1 (Deut. 29,18)
  συναπολέσῃς ▸ 4
    Verb · second · singular · aorist · active · subjunctive ▸ 4 (Gen. 18,23; Psa. 25,9; Psa. 27,3; Ode. 12,13)
  συναπολέσθαι ▸ 1
    Verb · aorist · middle · infinitive ▸ 1 (Dan. 2,13)
  συναπόλῃ ▸ 1
    Verb · second · singular · aorist · middle · subjunctive ▸ 1 (Gen. 19,15)
  συναπολῇ ▸ 1
    Verb · second · singular · future · middle · indicative ▸ 1 (Sir. 8,15)
  συναπόλησθε ▸ 1
    Verb · second · plural · aorist · middle · subjunctive ▸ 1 (Num. 16,26)
  συναπώλετο ▸ 1 + 1 = 2
    Verb · third · singular · aorist · middle · indicative ▸ 1 + 1 = 2 (Wis. 10,3; Heb. 11,31)

συναποστέλλω (σύν; ἀπό; στέλλω) to send with ▸ 3 + 1 = 4
  συναπέστειλα ▸ 1
    Verb · first · singular · aorist · active · indicative ▸ 1 (2Cor. 12,18)
  συναπέστειλεν ▸ 1
    Verb · third · singular · aorist · active · indicative ▸ 1 (1Esdr. 5,2)
  συναποστελεῖς ▸ 1
    Verb · second · singular · future · active · indicative ▸ 1 (Ex. 33,12)
  συναποστελῶ ▸ 1
    Verb · first · singular · future · active · indicative ▸ 1 (Ex. 33,2)

συνάπτω (σύν; ἅπτω) to join together ▸ 44 + 12 = 56
  σύναπτε ▸ 1
    Verb · second · singular · present · active · imperative ▸ 1 (Deut. 2,24)
  συνάπτειν ▸ 1
    Verb · present · active · infinitive ▸ 1 (1Mac. 13,14)
  συνάπτοντες ▸ 2
    Verb · present · active · participle · masculine · plural · nominative ▸ 2 (Ode. 10,8; Is. 5,8)
  συναπτούσης ▸ 2
    Verb · present · active · participle · feminine · singular · genitive ▸ 2 (Ex. 26,10; Neh. 3,19)
  συνάπτουσιν ▸ 2
    Verb · third · plural · present · active · indicative ▸ 2 (1Sam. 14,22; 1Sam. 31,2)
  συνάψαι ▸ 1
    Verb · aorist · active · infinitive ▸ 1 (Judg. 20,22)
  συνάψει ▸ 8 + 7 = 15
    Verb · third · singular · future · active · indicative ▸ 8 + 7 = 15 (Josh. 19,11; Josh. 19,22; Josh. 19,26; Josh. 19,27; Josh. 19,34; Josh. 19,34; 1Kings 21,14; Sir. 35,16; Josh. 19,11; Josh. 19,22; Josh. 19,26; Josh. 19,27; Josh. 19,34; Josh. 19,34; Dan. 11,25)
  συνάψεις ▸ 6
    Verb · second · singular · future · active · indicative ▸ 6 (Ex. 26,6; Ex. 26,9; Ex. 26,11; Ex. 26,11; Ex. 29,5; Ezek. 37,17)
  συνάψητε ▸ 5
    Verb · second · plural · aorist · active · subjunctive ▸ 5 (Deut. 2,5; Deut. 2,9; Deut. 2,19; 1Mac. 5,19; Is. 16,8)
  συνάψουσιν ▸ 1
    Verb · third · plural · future · active · indicative ▸ 1 (Josh. 17,10)
  συνημμένος ▸ 1
    Verb · perfect · passive · participle · masculine · singular · nominative ▸ 1 (1Mac. 9,13)
  συνῆψα ▸ 1
    Verb · first · singular · aorist · active · indicative ▸ 1 (1Mac. 10,53)
  συνῆψαν ▸ 7 + 4 = 11
    Verb · third · plural · aorist · active · indicative ▸ 7 + 4 = 11 (2Sam. 1,6; 1Mac. 4,14; 1Mac. 7,43; 1Mac. 10,49; 1Mac. 10,78; 1Mac. 11,69; 1Mac. 15,14; Judg. 20,20; Judg. 20,22; Judg. 20,30; Judg. 20,33)
  συνῆψεν ▸ 7
    Verb · third · singular · aorist · active · indicative ▸ 7 (1Kings 16,20; 2Kings 10,34; 1Mac. 5,7; 1Mac. 5,21; 1Mac. 9,47; 1Mac. 10,82; Is. 15,8)

συναριθμέω (σύν; ἀριθμός) to reckon, calculate ▸ 1
  συναριθμήσεται ▸ 1
    Verb · third · singular · future · middle · indicative ▸ 1 (Ex. 12,4)

συναρμολογέω (σύν; ἁρμόζω; λέγω) to be joined together ▸ 2
  συναρμολογουμένη ▸ 1
    Verb · present · passive · participle · feminine · singular · nominative · (variant) ▸ 1 (Eph. 2,21)
  συναρμολογούμενον ▸ 1
    Verb · present · passive · participle · neuter · singular · nominative · (variant) ▸ 1 (Eph. 4,16)

συναρπάζω (σύν; ἁρπάζω) to seize, catch up ▸ 4 + 4 = 8
  συναρπάσαντες ▸ 2 + 1 = 3
    Verb · aorist · active · participle · masculine · plural · nominative ▸ 2 + 1 = 3 (2Mac. 3,27; 2Mac. 4,41; Acts 19,29)
  συναρπασθέντος ▸ 1
    Verb · aorist · passive · participle · neuter · singular · genitive ▸ 1 (Acts 27,15)
  συναρπασθέντων ▸ 1
    Verb · aorist · passive · participle · masculine · plural · genitive ▸ 1 (4Mac. 5,4)
  συναρπασθῇς ▸ 1
    Verb · second · singular · aorist · passive · subjunctive ▸ 1 (Prov. 6,25)
  συνηρπάκει ▸ 1
    Verb · third · singular · pluperfect · active · indicative ▸ 1 (Luke 8,29)
  συνήρπασαν ▸ 1
    Verb · third · plural · aorist · active · indicative ▸ 1 (Acts 6,12)

συναρχία (σύν; ἄρχω) dominion; common government ▸ 1
- συναρχίαν ▸ 1
  - **Noun** · feminine · singular · accusative · (common) ▸ 1 (Esth. 13,4 # 3,13d)

συνασπίζω (σύν; ἀσπίς) to protect, support ▸ 1
- συνασπιεῖν ▸ 1
  - **Verb** · future · active · infinitive ▸ 1 (3Mac. 3,10)

συναυλίζομαι (σύν; αὐλή) to associate with ▸ 1
- συναυλίζου ▸ 1
  - **Verb** · second · singular · present · middle · imperative ▸ 1 (Prov. 22,24)

συναυξάνω (σύν; αὐξάνω) to grow together ▸ 1
- συναυξάνεσθαι ▸ 1
  - **Verb** · present · passive · infinitive · (variant) ▸ 1 (Matt. 13,30)

συναύξω (σύν; αὐξάνω) to increase ▸ 2
- συναύξοντα ▸ 1
  - **Verb** · present · active · participle · masculine · singular · accusative ▸ 1 (2Mac. 4,4)
- συναυξόντων ▸ 1
  - **Verb** · present · active · participle · neuter · plural · genitive ▸ 1 (4Mac. 13,27)

συναφίστημι (σύν; ἀπό; ἵστημι) to revolt together with ▸ 1
- συναποστᾶσαι ▸ 1
  - **Verb** · aorist · active · participle · feminine · plural · nominative ▸ 1 (Tob. 1,5)

σύναψις (σύν; ἅπτω) revolt, rebellion; alliance ▸ 2
- συνάψεις ▸ 2
  - **Noun** · feminine · plural · accusative · (common) ▸ 2 (1Kings 16,20; 2Kings 10,34)

συνδάκνω (σύν; δάκνω) to experience pain ▸ 1
- συνεδήχθησαν ▸ 1
  - **Verb** · third · plural · aorist · passive · indicative ▸ 1 (Tob. 11,12)

συνδειπνέω (σύν; δεῖπνον) to dine together ▸ 2
- συνδείπνει ▸ 1
  - **Verb** · second · singular · present · active · imperative ▸ 1 (Prov. 23,6)
- συνδειπνοῦσιν ▸ 1
  - **Verb** · present · active · participle · masculine · plural · dative ▸ 1 (Gen. 43,32)

σύνδειπνος (σύν; δεῖπνον) dining companion ▸ 1
- σύνδειπνοί ▸ 1
  - **Noun** · masculine · plural · nominative · (common) ▸ 1 (Sir. 9,16)

σύνδεσμος (σύν; δέω) joint; bond, chain; conspiracy; conjunction ▸ 8 + 2 + 4 = 14
- σύνδεσμοι ▸ 1
  - **Noun** · masculine · plural · nominative · (common) ▸ 1 (Dan. 5,6)
- σύνδεσμον ▸ 3 + 1 = 4
  - **Noun** · masculine · singular · accusative · (common) ▸ 3 + 1 = 4 (2Kings 12,21; Is. 58,6; Is. 58,9; Acts 8,23)
- Σύνδεσμος ▸ 1
  - **Noun** · masculine · singular · nominative · (common) ▸ 1 (2Kings 11,14)
- σύνδεσμος ▸ 4 + 1 = 5
  - **Noun** · masculine · singular · nominative · (common) ▸ 4 + 1 = 5 (1Kings 14,24; 2Kings 11,14; Job 41,7; Jer. 11,9; Col. 3,14)
- συνδέσμους ▸ 1
  - **Noun** · masculine · plural · accusative · (common) ▸ 1 (Dan. 5,12)
- συνδέσμῳ ▸ 1
  - **Noun** · masculine · singular · dative ▸ 1 (Eph. 4,3)
- συνδέσμων ▸ 1
  - **Noun** · masculine · plural · genitive ▸ 1 (Col. 2,19)

συνδέω (σύν; δέω) to fasten together; to be in prison with ▸ 8 + 1 = 9
- συνδεδεμένα ▸ 2
  - **Verb** · perfect · passive · participle · neuter · plural · nominative ▸ 2 (Ex. 28,20; Ex. 36,20)
- συνδεδεμένοι ▸ 1
  - **Verb** · perfect · passive · participle · masculine · plural · nominative · (variant) ▸ 1 (Heb. 13,3)
- συνδέθητε ▸ 1
  - **Verb** · second · plural · aorist · passive · imperative ▸ 1 (Zeph. 2,1)
- συνδεθήτω ▸ 1
  - **Verb** · third · singular · aorist · passive · imperative ▸ 1 (Job 17,3)
- σύνδησον ▸ 1
  - **Verb** · second · singular · aorist · active · imperative ▸ 1 (Sir. 33,4)
- συνδήσω ▸ 1
  - **Verb** · first · singular · future · active · indicative ▸ 1 (Ezek. 3,26)
- συνέδησεν ▸ 2
  - **Verb** · third · singular · aorist · active · indicative ▸ 2 (Ex. 14,25; Judg. 15,4)

συνδιώκω (σύν; διώκω) to pursue someone ▸ 1
- συνδιώξαντες ▸ 1
  - **Verb** · aorist · active · participle · masculine · plural · nominative ▸ 1 (2Mac. 8,25)

συνδοξάζω (σύν; δοκέω) to share in glory ▸ 1
- συνδοξασθῶμεν ▸ 1
  - **Verb** · first · plural · aorist · passive · subjunctive ▸ 1 (Rom. 8,17)

σύνδουλος (σύν; δοῦλος) fellow slave ▸ 8 + 10 = 18
- σύνδουλοι ▸ 5 + 2 = 7
  - **Noun** · masculine · plural · nominative · (common) ▸ 5 + 2 = 7 (Ezra 4,9; Ezra 5,3; Ezra 5,6; Ezra 6,6; Ezra 6,13; Matt. 18,31; Rev. 6,11)
- συνδούλοις ▸ 1
  - **Noun** · masculine · plural · dative · (common) ▸ 1 (Ezra 4,7)
- σύνδουλόν ▸ 1
  - **Noun** · masculine · singular · accusative ▸ 1 (Matt. 18,33)
- σύνδουλος ▸ 2
  - **Noun** · masculine · singular · nominative ▸ 2 (Matt. 18,29; Col. 4,7)
- σύνδουλός ▸ 2
  - **Noun** · masculine · singular · nominative ▸ 2 (Rev. 19,10; Rev. 22,9)
- συνδούλου ▸ 1
  - **Noun** · masculine · singular · genitive ▸ 1 (Col. 1,7)
- συνδούλους ▸ 1 + 1 = 2
  - **Noun** · masculine · plural · accusative · (common) ▸ 1 + 1 = 2 (Ezra 4,17; Matt. 24,49)
- συνδούλων ▸ 1 + 1 = 2
  - **Noun** · masculine · plural · genitive · (common) ▸ 1 + 1 = 2 (Ezra 4,23; Matt. 18,28)

συνδράω to do together, help to do ▸ 1
- συνέδρων ▸ 1
  - **Verb** · third · plural · imperfect · active · indicative ▸ 1 (Judg. 5,10)

συνδρομή (σύν; τρέχω) running together; tumultuous mob ▸ 2 + 1 = 3
- συνδρομάς ▸ 1
  - **Noun** · feminine · plural · accusative · (common) ▸ 1 (3Mac. 3,8)

συνδρομή ‣ 1 + 1 = 2
    Noun · feminine · singular · nominative · (common) ‣ 1 + 1 = 2 (Judith 10,18; Acts 21,30)

συνδυάζω (σύν; δύο) tumult, excitement ‣ 1
    συνδυάσω ‣ 1
    Verb · first · singular · aorist · active · subjunctive ‣ 1 (Psa. 140,4)

συνεγγίζω (σύν; ἐγγίζω) to draw near ‣ 4
    συνεγγίζοντος ‣ 1
    Verb · present · active · participle · masculine · singular · genitive ‣ 1 (2Mac. 10,25)
    συνεγγίσαντες ‣ 1
    Verb · aorist · active · participle · masculine · plural · nominative ‣ 1 (2Mac. 10,27)
    συνεγγίσας ‣ 1
    Verb · aorist · active · participle · masculine · singular · nominative ‣ 1 (2Mac. 11,5)
    συνεγγίσῃ ‣ 1
    Verb · third · singular · aorist · active · subjunctive ‣ 1 (Sir. 35,17)

σύνεγγυς (σύν; ἐγγύς) near, nearby ‣ 5 + 1 = 6
    σύνεγγυς ‣ 5 + 1 = 6
    Adverb ‣ 1 (Sir. 26,12)
    Preposition · (+genitive) ‣ 4 + 1 = 5 (Deut. 3,29; Sir. 14,24; Sir. 51,6; Sol. 16,2; Tob. 11,15)

συνεγείρω (σύν; ἐγείρω) to help raise up; to raise together with ‣ 3 + 3 = 6
    συνεγείρων ‣ 1
    Verb · present · active · participle · masculine · singular · nominative ‣ 1 (4Mac. 2,14)
    συνεγερεῖς ‣ 1
    Verb · second · singular · future · active · indicative ‣ 1 (Ex. 23,5)
    συνήγειρεν ‣ 1
    Verb · third · singular · aorist · active · indicative ‣ 1 (Eph. 2,6)
    συνηγέρθησάν ‣ 1
    Verb · third · plural · aorist · passive · indicative ‣ 1 (Is. 14,9)
    συνηγέρθητε ‣ 2
    Verb · second · plural · aorist · passive · indicative ‣ 2 (Col. 2,12; Col. 3,1)

συνεδρεύω (σύν; ἕζομαι) to sit among; to sit in council ‣ 4
    συνέδρευε ‣ 2
    Verb · second · singular · present · active · imperative ‣ 2 (Sir. 11,9; Sir. 42,12)
    συνεδρεύεις ‣ 1
    Verb · second · singular · present · active · indicative ‣ 1 (Sir. 23,14)
    συνήδρευσαν ‣ 1
    Verb · third · plural · aorist · active · indicative ‣ 1 (Sus. 28)

συνεδρία (σύν; ἕζομαι) council ‣ 3
    συνεδρίᾳ ‣ 1
    Noun · feminine · singular · dative · (common) ‣ 1 (Judith 11,9)
    συνεδρίας ‣ 2
    Noun · feminine · singular · genitive · (common) ‣ 2 (Judith 6,1; Judith 6,17)

συνεδριάζω (σύν; ἕζομαι) to sit among; to sit in council ‣ 1
    συνεδριάζει ‣ 1
    Verb · third · singular · present · active · indicative ‣ 1 (Prov. 3,32)

συνέδριον (σύν; ἕζομαι) council; sanhedrin ‣ 12 + 22 = 34
    συνέδρια ‣ 1 + 2 = 3
    Noun · neuter · plural · accusative · (common) ‣ 1 + 2 = 3 (Prov. 15,22; Matt. 10,17; Mark 13,9)
    συνεδρίοις ‣ 2
    Noun · neuter · plural · dative · (common) ‣ 2 (Prov. 24,8; Prov. 26,26)
    συνέδριον ‣ 1 + 10 = 11
    Noun · neuter · singular · accusative · (common) ‣ 1 + 7 = 8 (2Mac. 14,5; Luke 22,66; John 11,47; Acts 5,21; Acts 6,12; Acts 22,30; Acts 23,20; Acts 23,28)
    Noun · neuter · singular · nominative · (common) ‣ 3 (Matt. 26,59; Mark 14,55; Mark 15,1)
    συνεδρίου ‣ 3 + 3 = 6
    Noun · neuter · singular · genitive · (common) ‣ 3 + 3 = 6 (Psa. 25,4; Prov. 22,10; Prov. 27,22; Acts 4,15; Acts 5,41; Acts 24,20)
    συνεδρίῳ ‣ 5 + 7 = 12
    Noun · neuter · singular · dative · (common) ‣ 5 + 7 = 12 (Prov. 11,13; Prov. 22,10; Prov. 31,23; Sol. 4,1; Jer. 15,17; Matt. 5,22; Acts 5,27; Acts 5,34; Acts 6,15; Acts 23,1; Acts 23,6; Acts 23,15)

σύνεδρος (σύν; ἕζομαι) council member ‣ 1
    συνέδρων ‣ 1
    Noun · masculine · plural · genitive · (common) ‣ 1 (4Mac. 5,1)

συνεθίζω (σύν; ἔθος) to do by habit; to do by custom ‣ 3
    συνεθιζόμενος ‣ 1
    Verb · present · passive · participle · masculine · singular · nominative ‣ 1 (Sir. 23,15)
    συνεθίσῃς ‣ 1
    Verb · second · singular · aorist · active · subjunctive ‣ 1 (Sir. 23,13)
    συνεθισθῇς ‣ 1
    Verb · second · singular · aorist · passive · subjunctive ‣ 1 (Sir. 23,9)

συνείδησις (σύν; εἶδος) conscience ‣ 2 + 30 = 32
    συνειδήσει ‣ 2 + 3 = 5
    Noun · feminine · singular · dative · (common) ‣ 2 + 3 = 5 (Eccl. 10,20; Wis. 17,10; Acts 23,1; 1Tim. 3,9; 2Tim. 1,3)
    συνειδήσεσιν ‣ 1
    Noun · feminine · plural · dative ‣ 1 (2Cor. 5,11)
    συνειδήσεως ‣ 6
    Noun · feminine · singular · genitive ‣ 6 (Rom. 2,15; 1Cor. 10,29; 2Cor. 1,12; 1Tim. 1,5; Heb. 10,22; 1Pet. 3,21)
    συνειδήσεώς ‣ 1
    Noun · feminine · singular · genitive ‣ 1 (Rom. 9,1)
    συνείδησιν ‣ 16
    Noun · feminine · singular · accusative ‣ 16 (Acts 24,16; Rom. 13,5; 1Cor. 8,12; 1Cor. 10,25; 1Cor. 10,27; 1Cor. 10,28; 1Cor. 10,29; 2Cor. 4,2; 1Tim. 1,19; 1Tim. 4,2; Heb. 9,9; Heb. 9,14; Heb. 10,2; Heb. 13,18; 1Pet. 2,19; 1Pet. 3,16)
    συνείδησις ‣ 3
    Noun · feminine · singular · nominative ‣ 3 (1Cor. 8,7; 1Cor. 8,10; Titus 1,15)

συνείκω (σύν; εἴκω) to yield ‣ 1
    συνείξαντάς ‣ 1
    Verb · aorist · active · participle · masculine · singular · accusative ‣ 1 (4Mac. 8,5)

σύνειμι (1st homograph) (σύν; εἰμί) to be present (sum) ‣ 5 + 2 = 7
    συνέστω ‣ 1
    Verb · third · singular · present · active · imperative ‣ 1 (Prov. 5,19)

συνῇσαν ▸ 1
  Verb · third · plural · imperfect · active · indicative ▸ 1 (Luke 9,18)
συνόντα ▸ 1
  Verb · present · active · participle · masculine · singular · accusative ▸ 1 (Jer. 3,20)
συνόντων ▸ 1 + 1 = 2
  Verb · present · active · participle · masculine · plural · genitive ▸ 1 + 1 = 2 (1Esdr. 6,2; Acts 22,11)
συνούσης ▸ 1
  Verb · present · active · participle · feminine · singular · genitive ▸ 1 (2Mac. 9,4)
συνοῦσιν ▸ 1
  Verb · present · active · participle · neuter · plural · dative ▸ 1 (1Esdr. 8,50)

σύνειμι (2nd homograph) (σύν; εἶμι) to gather, join together (ibo) ▸ 1
  Συνιόντος ▸ 1
    Verb · present · active · participle · masculine · singular · genitive ▸ 1 (Luke 8,4)

συνεισέρχομαι (σύν; εἰς 2nd homograph; ἔρχομαι) to go in with ▸ 5 + 2 = 7
  συνεισελεύσεται ▸ 1
    Verb · third · singular · future · middle · indicative ▸ 1 (Sir. 39,2)
  συνεισελεύσεταί ▸ 1
    Verb · third · singular · future · middle · indicative ▸ 1 (Job 22,4)
  συνεισέλθῃ ▸ 1
    Verb · third · singular · aorist · active · subjunctive ▸ 1 (Ex. 21,3)
  συνεισῆλθεν ▸ 2
    Verb · third · singular · aorist · active · indicative ▸ 2 (John 6,22; John 18,15)
  συνεισελθόντας ▸ 1
    Verb · aorist · active · participle · masculine · plural · accusative ▸ 1 (1Mac. 12,48)
  συνεισέρχεσθαι ▸ 1
    Verb · present · middle · infinitive ▸ 1 (Esth. 2,13)

συνέκδημος (σύν; ἐκ; δῆμος) traveling partner ▸ 2
  συνέκδημος ▸ 1
    Noun · masculine · singular · nominative ▸ 1 (2Cor. 8,19)
  συνεκδήμους ▸ 1
    Noun · masculine · plural · accusative ▸ 1 (Acts 19,29)

συνεκκεντέω (σύν; ἐκ; κέντρον) to pierce through; to put to the sword ▸ 1
  συνεξεκέντησεν ▸ 1
    Verb · third · singular · aorist · active · indicative ▸ 1 (2Mac. 5,26)

συνεκλεκτός (σύν; ἐκ; λέγω) person also chosen ▸ 1
  συνεκλεκτή ▸ 1
    Adjective · feminine · singular · nominative · (verbal) ▸ 1 (1Pet. 5,13)

συνεκπολεμέω (σύν; ἐκ; πόλεμος) to fight on behalf of someone ▸ 3
  συνεκπολεμῆσαι ▸ 1
    Verb · aorist · active · infinitive ▸ 1 (Deut. 20,4)
  συνεκπολεμήσει ▸ 2
    Verb · third · singular · future · active · indicative ▸ 2 (Deut. 1,30; Wis. 5,20)

συνεκπορεύομαι (σύν; ἐκ; πορεύομαι) to accompany ▸ 1 + 1 = 2
  συνεκπορεύεσθαι ▸ 1
    Verb · present · middle · infinitive ▸ 1 (Judg. 13,25)
  συνεξεπορεύοντο ▸ 1
    Verb · third · plural · imperfect · middle · indicative ▸ 1 (Judg. 11,3)

συνεκτρέφω (σύν; ἐκ; τρέφω) to grow up together with ▸ 1
  συνεκτραφέντων ▸ 1
    Verb · aorist · passive · participle · neuter · plural · genitive ▸ 1 (2Chr. 10,8)

συνεκτρίβω (σύν; ἐκ; τρίβος) to destroy completely ▸ 1
  συνεκτρῖψαι ▸ 1
    Verb · aorist · active · infinitive ▸ 1 (Wis. 11,19)

συνέκτροφος (σύν; ἐκ; τρέφω) brought up together; reared with ▸ 1
  συνεκτρόφους ▸ 1
    Adjective · masculine · plural · accusative · noDegree ▸ 1 (1Mac. 1,6)

συνελαύνω (σύν; ἐλαύνω) to drive away ▸ 3
  συνελασθέντων ▸ 1
    Verb · aorist · passive · participle · masculine · singular · nominative ▸ 1 (2Mac. 5,5)
  συνήλασαν ▸ 1
    Verb · third · plural · aorist · active · indicative ▸ 1 (2Mac. 4,42)
  συνήλαστο ▸ 1
    Verb · third · singular · pluperfect · middle · indicative ▸ 1 (2Mac. 4,26)

συνέλευσις gathering; stronghold ▸ 3
  συνέλευσιν ▸ 3
    Noun · feminine · singular · accusative · (common) ▸ 3 (Judg. 9,46; Judg. 9,49; Judg. 9,49)

συνέλκω (σύν; ἕλκω) to draw together ▸ 1
  συνελκύσῃς ▸ 1
    Verb · second · singular · aorist · active · subjunctive ▸ 1 (Psa. 27,3)

συνεξέρχομαι (σύν; ἐκ; ἔρχομαι) to go along with ▸ 2
  συνεξελεύσεται ▸ 1
    Verb · third · singular · future · middle · indicative ▸ 1 (Prov. 22,10)
  συνεξῆλθον ▸ 1
    Verb · third · plural · aorist · active · indicative ▸ 1 (Judith 2,20)

συνεξορμάω (σύν; ἐκ; ὁρμή) to depart together ▸ 1
  συνεξορμάτωσαν ▸ 1
    Verb · third · plural · present · active · imperative ▸ 1 (1Esdr. 8,11)

συνεπακολουθέω (σύν; ἐπί; ἀκόλουθος) to follow closely, accompany ▸ 2
  συνεπηκολούθησαν ▸ 1
    Verb · third · plural · aorist · active · indicative ▸ 1 (Num. 32,11)
  συνεπηκολούθησεν ▸ 1
    Verb · third · singular · aorist · active · indicative ▸ 1 (Num. 32,12)

συνεπιμαρτυρέω (σύν; ἐπί; μάρτυς) to testify at the same time ▸ 1
  συνεπιμαρτυροῦντος ▸ 1
    Verb · present · active · participle · masculine · singular · genitive ▸ 1 (Heb. 2,4)

συνεπισκοπέω (σύν; ἐπί; σκοπός) to muster, count ▸ 3
  συνεπεσκέπησαν ▸ 2
    Verb · third · plural · aorist · passive · indicative ▸ 2 (Num. 2,33; Num. 26,62)
  συνεπισκέψῃ ▸ 1

Verb · second · singular · future · middle · indicative · **1** (Num. 1,49)

συνεπίσταμαι (σύν; ἐπί; ἵστημι) to know very well · **2**
  συνεπίσταμαι · **2**
    Verb · first · singular · present · middle · indicative · **2** (Job 9,35; Job 19,27)

συνεπισχύω (σύν; ἐπί; ἰσχύς) to help, assist · **2**
  συνεπισχύειν · **1**
    Verb · present · active · infinitive · **1** (Esth. 16,19 # 8,12s)
  συνεπίσχυσαν · **1**
    Verb · third · plural · aorist · active · indicative · **1** (2Chr. 32,3)

συνεπιτίθημι (σύν; ἐπί; τίθημι) to join in an attack · **7 + 1 = 8**
  συνεπέθεντο · **1 + 1 = 2**
    Verb · third · plural · aorist · middle · indicative · **1 + 1 = 2** (Zech. 1,15; Acts 24,9)
  συνεπιθῇ · **2**
    Verb · second · singular · aorist · middle · subjunctive · **1** (Obad. 13)
    Verb · third · singular · aorist · active · subjunctive · **1** (Num. 12,11)
  συνεπιθῶνται · **2**
    Verb · third · plural · aorist · middle · subjunctive · **2** (Deut. 32,27; Ode. 2,27)
  συνεπιτιθέμενα · **1**
    Verb · present · middle · participle · neuter · plural · accusative · **1** (Zech. 1,15)
  συνεπιτιθεμένων · **1**
    Verb · present · middle · participle · masculine · plural · genitive · **1** (Psa. 3,7)

συνέπομαι (σύν; ἕπω) to accompany · **3 + 1 = 4**
  συνείπετο · **1**
    Verb · third · singular · imperfect · middle · indicative · **1** (Acts 20,4)
  συνεπομένας · **1**
    Verb · present · middle · participle · feminine · plural · accusative · **1** (3Mac. 6,21)
  συνεπομένης · **1**
    Verb · present · middle · participle · feminine · singular · genitive · **1** (3Mac. 5,48)
  συνεπομένων · **1**
    Verb · present · middle · participle · masculine · plural · genitive · **1** (2Mac. 15,2)

συνεργέω (σύν; ἔργον) to work with, assist; collaborate · **2 + 5 = 7**
  συνεργεῖ · **1 + 1 = 2**
    Verb · third · singular · present · active · indicative · **1 + 1 = 2** (1Mac. 12,1; Rom. 8,28)
  συνεργοῦντες · **1**
    Verb · present · active · participle · masculine · plural · nominative · **1** (1Esdr. 7,2)
  Συνεργοῦντες · **1**
    Verb · present · active · participle · masculine · plural · nominative · **1** (2Cor. 6,1)
  συνεργοῦντι · **1**
    Verb · present · active · participle · masculine · singular · dative · **1** (1Cor. 16,16)
  συνεργοῦντος · **1**
    Verb · present · active · participle · masculine · singular · genitive · **1** (Mark 16,20)
  συνήργει · **1**
    Verb · third · singular · imperfect · active · indicative · **1** (James 2,22)

συνεργός (σύν; ἔργον) helping; fellow worker · **2 + 13 = 15**
  συνεργοί · **2**
    Adjective · masculine · plural · nominative · **2** (Col. 4,11; 3John 8)
  συνεργοί · **3**
    Adjective · masculine · plural · nominative · **3** (1Cor. 3,9; 2Cor. 1,24; Philem. 24)
  συνεργόν · **1 + 3 = 4**
    Adjective · masculine · singular · accusative · noDegree · **1 + 3 = 4** (2Mac. 14,5; Rom. 16,9; Phil. 2,25; 1Th. 3,2)
  συνεργός · **2**
    Adjective · masculine · singular · nominative · **2** (Rom. 16,21; 2Cor. 8,23)
  συνεργούς · **1**
    Adjective · feminine · plural · accusative · noDegree · **1** (2Mac. 8,7)
  συνεργούς · **1**
    Adjective · masculine · plural · accusative · **1** (Rom. 16,3)
  συνεργῷ · **1**
    Adjective · masculine · singular · dative · **1** (Philem. 1)
  συνεργῶν · **1**
    Adjective · masculine · plural · genitive · **1** (Phil. 4,3)

συνερίζω (σύν; ἔρις) to contend together with · **1**
  συνερίσαντες · **1**
    Verb · aorist · active · participle · masculine · plural · nominative · **1** (2Mac. 8,30)

συνέρχομαι (σύν; ἔρχομαι) to come together; to go together · **19 + 4 + 30 = 53**
  συνελεύσεται · **1**
    Verb · third · singular · future · middle · indicative · **1** (Tob. 5,22)
  συνελεύσομαι · **1**
    Verb · first · singular · future · middle · indicative · **1** (Prov. 23,35)
  συνελεύσονται · **2**
    Verb · third · plural · future · middle · indicative · **2** (Zech. 8,21; Jer. 3,18)
  συνεληλύθεισαν · **1**
    Verb · third · plural · pluperfect · active · indicative · **1** (Acts 19,32)
  συνεληλυθότας · **1**
    Verb · perfect · active · participle · masculine · plural · accusative · **1** (Acts 10,27)
  συνεληλυθυῖαι · **1**
    Verb · perfect · active · participle · feminine · plural · nominative · **1** (Luke 23,55)
  συνελθεῖν · **1 + 1 + 3 = 5**
    Verb · aorist · active · infinitive · **1 + 1 + 3 = 5** (2Mac. 3,24; Tob. 5,10; Matt. 1,18; Acts 11,12; Acts 22,30)
  συνέλθῃ · **1**
    Verb · third · singular · aorist · active · subjunctive · **1** (1Cor. 14,23)
  συνελθὸν · **1**
    Verb · aorist · active · participle · neuter · singular · nominative · **1** (Job 40,31)
  συνελθόντα · **1**
    Verb · aorist · active · participle · masculine · singular · accusative · **1** (Acts 15,38)
  συνελθόντας · **1**

Verb · aorist · active · participle · masculine · plural · accusative ▸ **1** (John 11,33)

συνελθόντες ▸ **1**
Verb · aorist · active · participle · masculine · plural · nominative ▸ **1** (Acts 1,6)

συνελθόντι ▸ **1**
Verb · aorist · active · participle · masculine · singular · dative ▸ **1** (Tob. 12,1)

συνελθόντων ▸ **1 + 3 = 4**
Verb · aorist · active · participle · masculine · plural · genitive ▸ **1 + 3 = 4** (Prov. 29,13; Acts 1,21; Acts 25,17; Acts 28,17)

συνελθούσαις ▸ **1**
Verb · aorist · active · participle · feminine · plural · dative ▸ **1** (Acts 16,13)

συνελθούσης ▸ **1**
Verb · aorist · active · participle · feminine · singular · genitive ▸ **1** (Wis. 7,2)

Συνέλθωμεν ▸ **1**
Verb · first · plural · aorist · active · subjunctive ▸ **1** (Ezek. 33,30)

συνέρχεσθε ▸ **1 + 1 = 2**
Verb · second · plural · present · middle · imperative ▸ **1 + 1 = 2** (Job 6,29; 1Cor. 11,17)

συνέρχεται ▸ **1**
Verb · third · singular · present · middle · indicative ▸ **1** (Mark 3,20)

συνέρχησθε ▸ **2**
Verb · second · plural · present · middle · subjunctive ▸ **2** (1Cor. 11,34; 1Cor. 14,26)

συνερχόμενοι ▸ **1**
Verb · present · middle · participle · masculine · plural · nominative ▸ **1** (1Cor. 11,33)

Συνερχομένων ▸ **1**
Verb · present · middle · participle · masculine · plural · genitive ▸ **1** (1Cor. 11,20)

συνερχομένων ▸ **1**
Verb · present · middle · participle · masculine · plural · genitive ▸ **1** (1Cor. 11,18)

συνέρχονται ▸ **2**
Verb · third · plural · present · middle · indicative ▸ **2** (Mark 14,53; John 18,20)

συνῆλθαν ▸ **1**
Verb · third · plural · aorist · active · indicative ▸ **1** (Acts 10,45)

συνῆλθεν ▸ **1 + 2 + 2 = 5**
Verb · third · singular · aorist · active · indicative ▸ **1 + 2 + 2 = 5** (Tob. 11,4; Tob. 11,4; Sus. 28; Acts 2,6; Acts 9,39)

συνῆλθον ▸ **7 + 2 = 9**
Verb · third · plural · aorist · active · indicative ▸ **7 + 2 = 9** (Ex. 32,26; Josh. 11,5; Judith 1,6; Judith 1,11; 1Mac. 9,14; 1Mac. 12,47; 1Mac. 15,10; Acts 10,23; Acts 21,16)

συνήλθοσαν ▸ **1**
Verb · third · plural · aorist · active · indicative ▸ **1** (Josh. 9,2)

συνήρχετο ▸ **1**
Verb · third · singular · imperfect · middle · indicative ▸ **1** (Acts 5,16)

συνήρχοντο ▸ **1**
Verb · third · plural · imperfect · middle · indicative ▸ **1** (Luke 5,15)

συνεσθίω (σύν; ἐσθίω) to eat with ▸ **4 + 5 = 9**

συμφαγεῖν ▸ **1**
Verb · aorist · active · infinitive ▸ **1** (Ex. 18,12)

συνεσθίει ▸ **1**
Verb · third · singular · present · active · indicative ▸ **1** (Luke 15,2)

συνεσθίειν ▸ **1 + 1 = 2**
Verb · present · active · infinitive ▸ **1 + 1 = 2** (Gen. 43,32; 1Cor. 5,11)

συνέφαγεν ▸ **1**
Verb · third · singular · aorist · active · indicative ▸ **1** (2Sam. 12,17)

συνέφαγες ▸ **1**
Verb · second · singular · aorist · active · indicative ▸ **1** (Acts 11,3)

συνεφάγομεν ▸ **1**
Verb · first · plural · aorist · active · indicative ▸ **1** (Acts 10,41)

συνήσθιεν ▸ **1**
Verb · third · singular · imperfect · active · indicative ▸ **1** (Gal. 2,12)

συνήσθιον ▸ **1**
Verb · first · singular · imperfect · active · indicative ▸ **1** (Psa. 100,5)

σύνεσις (σύν; ἵημι) understanding, intelligence ▸ **119 + 9 + 7 = 135**

συνέσει ▸ **19 + 2 = 21**
Noun · feminine · singular · dative · (common) ▸ **19 + 2 = 21** (1Sam. 25,3; Judith 11,21; Psa. 135,5; Prov. 2,3; Job 34,35; Job 39,17; Wis. 9,5; Sir. 5,10; Sir. 10,3; Sir. 14,20; Sir. 19,24; Sir. 25,2; Sir. 44,3; Sir. 44,4; Sir. 47,23; Is. 53,11; Jer. 28,15; Bar. 3,32; Dan. 1,20; Luke 2,47; Col. 1,9)

συνέσεσι ▸ **1**
Noun · feminine · plural · dative · (common) ▸ **1** (Psa. 77,72)

Συνέσεως ▸ **4**
Noun · feminine · singular · genitive · (common) ▸ **4** (Psa. 73,1; Psa. 77,1; Psa. 88,1; Psa. 141,1)

συνέσεως ▸ **36 + 2 = 38**
Noun · feminine · singular · genitive · (common) ▸ **36 + 2 = 38** (Ex. 31,3; Ex. 35,31; Ex. 35,35; Deut. 34,9; 1Kings 7,2; 1Esdr. 1,31; Psa. 31,1; Psa. 51,1; Psa. 52,1; Psa. 53,1; Psa. 54,1; Psa. 87,1; Psa. 146,5; Prov. 24,3; Job 15,2; Job 20,3; Job 28,20; Wis. 13,13; Sir. 1,19; Sir. 3,23; Sir. 6,35; Sir. 15,3; Sir. 17,7; Sir. 22,17; Sir. 37,22; Sir. 37,23; Sir. 39,6; Sir. 47,14; Sir. 50,27; Sol. 17,37; Is. 10,13; Is. 11,2; Is. 40,14; Bar. 3,23; Sus. 44-45; Sus. 63; Mark 12,33; Col. 2,2)

σύνεσιν ▸ **41 + 4 + 2 = 47**
Noun · feminine · singular · accusative · (common) ▸ **41 + 4 + 2 = 47** (Ex. 31,6; 1Kings 3,11; 1Chr. 12,33; 1Chr. 22,12; 1Chr. 28,19; 2Chr. 1,10; 2Chr. 1,11; 2Chr. 1,12; 2Chr. 2,11; 2Chr. 2,12; 2Chr. 30,22; Psa. 41,1; Psa. 43,1; Psa. 44,1; Psa. 48,4; Prov. 2,2; Prov. 9,6; Job 6,30; Job 12,20; Job 21,22; Job 22,2; Job 38,4; Wis. 4,11; Sir. 1,24; Sir. 3,13; Sir. 8,9; Sir. 13,22; Sir. 22,11; Sir. 24,26; Sir. 34,9; Sir. 39,9; Hos. 2,17; Obad. 8; Is. 27,11; Is. 29,14; Is. 29,24; Is. 56,11; Bar. 3,23; Dan. 1,17; Dan. 1,17; Dan. 2,21; Dan. 1,17; Dan. 2,21; Dan. 8,15; Dan. 9,22; 1Cor. 1,19; 2Tim. 2,7)

σύνεσίν ▸ **1 + 1 = 2**
Noun · feminine · singular · accusative · (common) ▸ **1 + 1 = 2** (Judith 8,29; Eph. 3,4)

σύνεσις ▸ **16 + 5 = 21**
Noun · feminine · singular · nominative · (common) ▸ **16 + 5 = 21** (Deut. 4,6; Psa. 31,9; Psa. 110,10; Prov. 1,7; Prov. 2,6; Prov. 9,10; Prov. 13,15; Job 12,13; Job 12,16; Job 33,3; Sir. 1,4; Sir. 5,12; Obad. 7; Is. 33,19; Is. 47,10; Bar. 3,14; Dan. 2,20; Dan. 5,11; Dan. 5,12; Dan. 5,14; Dan. 10,1)

σύνεσίς ▸ **1**
Noun · feminine · singular · nominative · (common) ▸ **1** (Sir. 34,11)

συνεταιρίς (σύν; ἑταῖρος) friend, companion (f) ‣ 2 + 2 = 4
   συνεταιρίδες ‣ 2 + 2 = 4
      Noun · feminine · plural · nominative · (common) ‣ 2 + 2 = 4 (Judg. 11,37; Judg. 11,38; Judg. 11,37; Judg. 11,38)

συνέταιρος (σύν; ἑταῖρος) friend, companion ‣ 9
   συνέταιροι ‣ 4
      Noun · masculine · plural · nominative · (common) ‣ 4 (1Esdr. 6,3; 1Esdr. 6,7; 1Esdr. 7,1; Dan. 5,6)
   συνεταίροις ‣ 3
      Noun · masculine · plural · dative · (common) ‣ 3 (1Esdr. 6,26; Dan. 2,17; Dan. 3,25)
   συνεταίρῳ ‣ 2
      Noun · masculine · singular · dative · (common) ‣ 2 (Judg. 15,2; Judg. 15,6)

συνετίζω (σύν; ἵημι) to instruct ‣ 13 + 3 = 16
   συνετιεῖ ‣ 1
      Verb · third · singular · future · active · indicative ‣ 1 (Psa. 118,130)
   συνετίζοντες ‣ 2
      Verb · present · active · participle · masculine · plural · nominative ‣ 2 (Neh. 8,7; Neh. 8,9)
   συνετίσαι ‣ 1 + 1 = 2
      Verb · aorist · active · infinitive ‣ 1 + 1 = 2 (Neh. 9,20; Dan. 10,14)
   συνετίσαντά ‣ 1
      Verb · aorist · active · participle · masculine · singular · accusative ‣ 1 (Psa. 15,7)
   συνέτισέν ‣ 1
      Verb · third · singular · aorist · active · indicative ‣ 1 (Dan. 9,22)
   συνέτισον ‣ 1 + 1 = 2
      Verb · second · singular · aorist · active · imperative ‣ 1 + 1 = 2 (Dan. 8,16; Dan. 8,16)
   συνέτισόν ‣ 6
      Verb · second · singular · aorist · active · imperative ‣ 6 (Psa. 118,27; Psa. 118,34; Psa. 118,73; Psa. 118,125; Psa. 118,144; Psa. 118,169)
   συνετιῶ ‣ 1
      Verb · first · singular · future · active · indicative ‣ 1 (Psa. 31,8)

συνετός (σύν; ἵημι) intelligent ‣ 51 + 1 + 4 = 56
   συνετὰ ‣ 1
      Adjective · neuter · plural · accusative · noDegree ‣ 1 (Is. 32,8)
   συνετὴ ‣ 2
      Adjective · feminine · singular · nominative · noDegree ‣ 2 (Prov. 31,30; Sir. 36,19)
   συνετῇ ‣ 1
      Adjective · feminine · singular · dative · noDegree ‣ 1 (Sir. 25,8)
   συνετοί ‣ 5 + 1 = 6
      Adjective · masculine · plural · nominative · noDegree ‣ 4 + 1 = 5 (Job 34,34; Sir. 18,29; Sir. 26,28; Is. 5,21; Dan. 11,33)
      Adjective · masculine · plural · vocative · noDegree ‣ 1 (Job 34,10)
   συνετοί ‣ 1
      Adjective · masculine · plural · nominative · noDegree ‣ 1 (Jer. 4,22)
   συνετοῖς ‣ 1
      Adjective · masculine · plural · dative · noDegree ‣ 1 (Eccl. 9,11)
   συνετόν ‣ 2
      Adjective · masculine · singular · accusative · noDegree ‣ 2 (Sir. 6,36; Sir. 10,23)
   συνετὸν ‣ 4
      Adjective · masculine · singular · accusative · noDegree ‣ 3 (Gen. 41,33; Sir. 7,21; Is. 3,3)
      Adjective · neuter · singular · nominative · noDegree ‣ 1 (Prov. 17,24)
   συνετός ‣ 5
      Adjective · masculine · singular · nominative · noDegree ‣ 5 (1Sam. 16,18; 2Kings 11,9; Prov. 28,7; Jer. 9,11; Dan. 6,4)
   συνετὸς ‣ 7
      Adjective · masculine · singular · nominative · noDegree ‣ 7 (1Chr. 15,22; 1Chr. 27,32; Prov. 12,23; Prov. 16,20; Sir. 18,28; Sir. 33,3; Hos. 14,10)
   συνετοῦ ‣ 8
      Adjective · masculine · singular · genitive · noDegree ‣ 8 (Prov. 12,8; Prov. 15,24; Sir. 3,29; Sir. 10,1; Sir. 16,4; Sir. 21,16; Jer. 18,18; Jer. 27,9)
   συνετούς ‣ 1
      Adjective · masculine · plural · accusative · noDegree ‣ 1 (Sir. 19,2)
   συνετοὺς ‣ 6
      Adjective · masculine · plural · accusative · noDegree ‣ 6 (Deut. 1,13; Deut. 1,15; Prov. 16,21; Prov. 23,9; Jer. 27,35; Dan. 1,4)
   συνετῷ ‣ 2 + 1 = 3
      Adjective · masculine · singular · dative · noDegree ‣ 2 + 1 = 3 (Ex. 31,6; Sir. 7,25; Acts 13,7)
   συνετῶν ‣ 4 + 3 = 7
      Adjective · masculine · plural · genitive · noDegree ‣ 4 + 3 = 7 (Sir. 9,15; Is. 19,11; Is. 29,14; Jer. 30,1; Matt. 11,25; Luke 10,21; 1Cor. 1,19)
   συνετώτερός ‣ 1
      Adjective · masculine · singular · nominative · comparative ‣ 1 (Gen. 41,39)

συνετῶς (σύν; ἵημι) wisely ‣ 2
   συνετῶς ‣ 2
      Adverb ‣ 2 (Psa. 46,8; Is. 29,16)

συνευδοκέω (σύν; εὖ; δοκέω) to approve of; to agree to ‣ 3 + 6 = 9
   συνευδόκει ‣ 1
      Verb · third · singular · imperfect · active · indicative ‣ 1 (1Mac. 1,57)
   συνευδοκεῖ ‣ 2
      Verb · third · singular · present · active · indicative ‣ 2 (1Cor. 7,12; 1Cor. 7,13)
   συνευδοκεῖτε ‣ 1
      Verb · second · plural · present · active · indicative ‣ 1 (Luke 11,48)
   συνευδοκοῦμεν ‣ 1
      Verb · first · plural · present · active · indicative ‣ 1 (2Mac. 11,35)
   συνευδοκοῦντας ‣ 1
      Verb · present · active · participle · masculine · plural · accusative ‣ 1 (2Mac. 11,24)
   συνευδοκοῦσιν ‣ 1
      Verb · third · plural · present · active · indicative ‣ 1 (Rom. 1,32)
   συνευδοκῶν ‣ 2
      Verb · present · active · participle · masculine · singular · nominative ‣ 2 (Acts 8,1; Acts 22,20)

συνευφραίνομαι (σύν; εὖ; φρήν) to rejoice with ‣ 1
   συνευφραίνου ‣ 1
      Verb · second · singular · present · middle · imperative ‣ 1 (Prov. 5,18)

συνευωχέομαι (σύν; εὖ; ἔχω) to eat together ‣ 2
   συνευωχούμενοι ‣ 2
      Verb · present · passive · participle · masculine · plural

συνεφίστημι (σύν; ἐπί; ἵστημι) to join in attack ▸ 1
  συνεπέστη ▸ 1
    Verb · third · singular · aorist · active · indicative ▸ **1** (Acts 16,22)

συνεχής (σύν; ἔχω) continuous, constant ▸ 1
  συνέχων ▸ 1
    Adjective · masculine · plural · genitive · noDegree ▸ **1** (Prov. 11,26)

συνέχω (σύν; ἔχω) to surround, control, constrain ▸ 49 + 12 = 61
  συνείχετο ▸ 1 + 1 = 2
    Verb · third · singular · imperfect · middle · indicative ▸ **1** (Wis. 17,19)
    Verb · third · singular · imperfect · passive · indicative · (variant) ▸ **1** (Acts 18,5)
  συνείχοντο ▸ 1
    Verb · third · plural · imperfect · passive · indicative · (variant) ▸ **1** (Luke 8,37)
  συνέξει ▸ 2
    Verb · third · singular · future · active · indicative ▸ **2** (Psa. 76,10; Job 20,13)
  συνέξουσιν ▸ 1
    Verb · third · plural · future · active · indicative ▸ **1** (Is. 52,15)
  συνέξουσίν ▸ 1
    Verb · third · plural · future · active · indicative ▸ **1** (Luke 19,43)
  συνεσχέθη ▸ 3
    Verb · third · singular · aorist · passive · indicative ▸ **3** (Gen. 8,2; 2Sam. 24,25; Ezek. 33,22)
  συνεσχέθησαν ▸ 1
    Verb · third · plural · aorist · passive · indicative ▸ **1** (Sol. 17,19)
  συνέσχεν ▸ 3
    Verb · third · singular · aorist · active · indicative ▸ **3** (1Kings 6,10; Job 31,23; Mic. 7,18)
  συνέσχον ▸ 1
    Verb · third · plural · aorist · active · indicative ▸ **1** (Acts 7,57)
  συνέχει ▸ 1
    Verb · third · singular · present · active · indicative ▸ **1** (2Cor. 5,14)
  συνέχειν ▸ 4
    Verb · present · active · infinitive ▸ **4** (1Sam. 23,8; 2Mac. 9,2; Job 34,14; Jer. 2,13)
  συνέχομαι ▸ 2
    Verb · first · singular · present · passive · indicative · (variant) ▸ **2** (Luke 12,50; Phil. 1,23)
  συνέχομεν ▸ 1
    Verb · first · plural · present · active · indicative ▸ **1** (1Mac. 13,15)
  συνεχόμενα ▸ 1
    Verb · present · middle · participle · neuter · plural · accusative ▸ **1** (1Kings 6,15)
  συνεχόμεναι ▸ 2
    Verb · present · passive · participle · feminine · plural · nominative ▸ **2** (Ex. 26,3; 2Sam. 20,3)
  συνεχομένη ▸ 2 + 1 = 3
    Verb · present · middle · participle · feminine · singular · nominative ▸ **1** (4Mac. 15,32)
    Verb · present · passive · participle · feminine · singular · nominative ▸ **1 + 1 = 2** (Wis. 17,10; Luke 4,38)
  συνεχόμενον ▸ 4 + 1 = 5
    Verb · present · middle · participle · masculine · singular · accusative ▸ **1** (1Sam. 14,6)
    Verb · present · middle · participle · neuter · singular · nominative ▸ **1** (Ezek. 43,8)
    Verb · present · passive · participle · masculine · singular · accusative ▸ **2 + 1 = 3** (1Kings 20,21; 2Kings 9,8; Acts 28,8)
  συνεχόμενος ▸ 6
    Verb · present · passive · participle · masculine · singular · nominative ▸ **6** (1Sam. 21,8; Neh. 6,10; Job 3,24; Job 7,11; Job 10,1; Jer. 23,9)
  συνεχομένου ▸ 1
    Verb · present · middle · participle · masculine · singular · genitive ▸ **1** (1Chr. 12,1)
  συνεχομένους ▸ 2 + 1 = 3
    Verb · present · passive · participle · masculine · plural · accusative ▸ **2 + 1 = 3** (Ex. 36,28; 2Kings 14,26; Matt. 4,24)
  συνέχον ▸ 1
    Verb · present · active · participle · neuter · singular · nominative ▸ **1** (Wis. 1,7)
  συνέχοντα ▸ 1
    Verb · present · active · participle · neuter · plural · accusative ▸ **1** (2Mac. 10,10)
  συνέχονται ▸ 1
    Verb · third · plural · present · active · indicative ▸ **1** (Job 41,9)
  συνέχοντες ▸ 1
    Verb · present · active · participle · masculine · plural · nominative ▸ **1** (Luke 22,63)
  συνέχου ▸ 1
    Verb · second · singular · present · middle · imperative ▸ **1** (Prov. 5,20)
  συνέχουσαι ▸ 1
    Verb · present · active · participle · feminine · plural · nominative ▸ **1** (Ex. 28,7)
  συνεχούσας ▸ 1
    Verb · present · active · participle · feminine · plural · accusative ▸ **1** (Ex. 36,11)
  συνέχουσιν ▸ 1
    Verb · third · plural · present · active · indicative ▸ **1** (Job 2,9d)
  συνέχουσίν ▸ 1
    Verb · third · plural · present · active · indicative ▸ **1** (Luke 8,45)
  συνέχων ▸ 1
    Verb · present · active · participle · masculine · singular · nominative ▸ **1** (Job 38,2)
  συσχεθῇ ▸ 1
    Verb · third · singular · aorist · passive · subjunctive ▸ **1** (2Sam. 24,21)
  συσχεθῆναι ▸ 2
    Verb · aorist · passive · infinitive ▸ **2** (1Kings 8,35; 2Chr. 6,26)
  συσχεθήσονται ▸ 1
    Verb · third · plural · future · passive · indicative ▸ **1** (Job 36,8)
  συσχέτω ▸ 1
    Verb · third · singular · aorist · active · imperative ▸ **1** (Psa. 68,16)
  συσχῇ ▸ 1
    Verb · third · singular · aorist · active · subjunctive ▸ **1** (Deut. 11,17)
  συσχῶ ▸ 1
    Verb · first · singular · aorist · active · subjunctive ▸ **1** (2Chr. 7,13)

συνζυγής (σύν; ζυγός) husband ▸ 1
  συνζυγεῖς ▸ 1
    Noun · masculine · plural · nominative · (common) ▸ **1** (3Mac. 4,8)

συνήδομαι (σύν; ἥδομαι) to delight in ▸ 1
  συνήδομαι ▸ 1

Verb · first · singular · present · middle · indicative ▸ 1 (Rom. 7,22)

συνήθεια (σύν; ἔθος) companionship; custom ▸ 4 + 3 = 7

συνήθεια ▸ 1
Noun · feminine · singular · nominative ▸ 1 (John 18,39)
συνηθείᾳ ▸ 1
Noun · feminine · singular · dative ▸ 1 (1Cor. 8,7)
συνήθειαν ▸ 1
Noun · feminine · singular · accusative ▸ 1 (1Cor. 11,16)
συνηθείας ▸ 4
Noun · feminine · singular · genitive · (common) ▸ 4 (4Mac. 2,13; 4Mac. 6,13; 4Mac. 13,22; 4Mac. 13,27)

συνήθης (σύν; ἔθος) habitual, customary, familiar; companion, friend ▸ 1

συνήθων ▸ 1
Adjective · masculine · plural · genitive · noDegree ▸ 1 (2Mac. 3,31)

συνηλικιώτης (σύν; ἡλικία) contemporary ▸ 1

συνηλικιώτας ▸ 1
Noun · masculine · plural · accusative ▸ 1 (Gal. 1,14)

συνῆλιξ equal in age; playmate, comrad ▸ 1

συνήλικα ▸ 1
Noun · neuter · plural · accusative · (common) ▸ 1 (Dan. 1,10)

συνηχέω (σύν; ἠχή) to echo, resound ▸ 1

συνηχήσαντας ▸ 1
Verb · aorist · active · participle · masculine · plural · accusative ▸ 1 (3Mac. 6,17)

συνθάπτω (σύν; θάπτω) to bury with ▸ 2

συνετάφημεν ▸ 1
Verb · first · plural · aorist · passive · indicative ▸ 1 (Rom. 6,4)
συνταφέντες ▸ 1
Verb · aorist · passive · participle · masculine · plural · nominative ▸ 1 (Col. 2,12)

συνθέλω (σύν; θέλω) to consent with ▸ 1

συνθελήσεις ▸ 1
Verb · second · singular · future · active · indicative ▸ 1 (Deut. 13,9)

σύνθεσις (σύν; τίθημι) composition, collection; phraseology ▸ 16

συνθέσεις ▸ 1
Noun · feminine · plural · accusative · (common) ▸ 1 (Ex. 35,28)
συνθέσεως ▸ 9
Noun · feminine · singular · genitive · (common) ▸ 9 (Ex. 31,11; Ex. 35,19; Ex. 39,15; Ex. 40,27; Lev. 4,7; Lev. 4,18; Lev. 16,12; Num. 4,16; 2Chr. 13,11)
σύνθεσιν ▸ 6
Noun · feminine · singular · accusative · (common) ▸ 6 (Ex. 30,32; Ex. 30,37; Ex. 35,28; Ex. 38,25; Sir. 49,1; Is. 3,20)

σύνθετος (σύν; τίθημι) composite, mixed ▸ 1

σύνθετον ▸ 1
Adjective · neuter · singular · accusative · noDegree ▸ 1 (Ex. 30,7)

συνθήκη (σύν; τίθημι) agreement, covenant ▸ 13 + 1 = 14

συνθήκαις ▸ 1
Noun · feminine · plural · dative · (common) ▸ 1 (2Mac. 14,20)
συνθήκας ▸ 8 + 1 = 9
Noun · feminine · plural · accusative · (common) ▸ 8 + 1 = 9 (1Mac. 10,26; 2Mac. 14,26; Wis. 12,21; Sol. 8,10; Is. 28,15; Is. 30,1; Dan. 11,6; Dan. 11,17; Dan. 11,6)
συνθήκην ▸ 1
Noun · feminine · singular · accusative · (common) ▸ 1 (Wis. 1,16)
συνθηκῶν ▸ 3
Noun · feminine · plural · genitive · (common) ▸ 3 (2Mac. 12,1; 2Mac. 13,25; 2Mac. 14,27)

σύνθημα (σύν; τίθημι) password, watchword ▸ 3

Σύνθημα ▸ 1
Noun · neuter · singular · accusative · (common) ▸ 1 (Judg. 12,6)
σύνθημα ▸ 2
Noun · neuter · singular · accusative · (common) ▸ 2 (2Mac. 8,23; 2Mac. 13,15)

συνθλάω (σύν; θλάω) to break, shatter ▸ 8 + 2 = 10

συνέθλασαν ▸ 1
Verb · third · plural · aorist · active · indicative ▸ 1 (Mic. 3,3)
συνέθλασας ▸ 1
Verb · second · singular · aorist · active · indicative ▸ 1 (Psa. 73,14)
συνέθλασεν ▸ 4
Verb · third · singular · aorist · active · indicative ▸ 4 (Judg. 5,26; Judg. 9,53; Psa. 57,7; Psa. 109,5)
συνθλάσει ▸ 2
Verb · third · singular · future · active · indicative ▸ 2 (Psa. 67,22; Psa. 109,6)
συνθλασθήσεται ▸ 2
Verb · third · singular · future · passive · indicative ▸ 2 (Matt. 21,44; Luke 20,18)

συνθλίβω (σύν; θλίβω) to collide, to crowd ▸ 2 + 2 = 4

συνέθλιβον ▸ 1
Verb · third · plural · imperfect · active · indicative ▸ 1 (Mark 5,24)
συνθλιβῇ ▸ 1
Verb · third · singular · aorist · passive · subjunctive ▸ 1 (Eccl. 12,6)
συνθλίβοντά ▸ 1
Verb · present · active · participle · masculine · singular · accusative ▸ 1 (Mark 5,31)
συνθλίβου ▸ 1
Verb · second · singular · present · middle · imperative ▸ 1 (Sir. 31,14)

συνθρύπτω (σύν; τρυφή) to break ▸ 1

συνθρύπτοντές ▸ 1
Verb · present · active · participle · masculine · plural · nominative ▸ 1 (Acts 21,13)

συνίημι (σύν; ἵημι) to understand, to think about ▸ 97 + 21 + 26 = 144

σύνες ▸ 1 + 2 = 3
Verb · second · singular · aorist · active · imperative ▸ 1 + 2 = 3 (Psa. 5,2; Dan. 9,23; Dan. 10,11)
Σύνες ▸ 1
Verb · second · singular · aorist · active · imperative ▸ 1 (Dan. 8,17)
σύνετε ▸ 7 + 1 = 8
Verb · second · plural · aorist · active · imperative ▸ 7 + 1 = 8 (Deut. 32,7; 2Chr. 20,17; Psa. 2,10; Psa. 49,22; Psa. 93,8; Ode. 2,7; Wis. 6,1; Mark 7,14)
συνέτω ▸ 1
Verb · third · singular · aorist · active · imperative ▸ 1 (Jer. 9,11)
συνῇ ▸ 1
Verb · third · singular · aorist · active · subjunctive ▸ 1 (Job 36,29)
συνῆκα ▸ 6 + 2 = 8
Verb · first · singular · aorist · active · indicative ▸ 6 + 2 = 8

(Ezra 8,15; Neh. 13,7; Psa. 118,95; Psa. 118,99; Psa. 118,100; Psa. 118,104; Dan. 9,2; Dan. 12,8)

συνῆκαν ▸ 7 + 6 = 13
   Verb ▪ third ▪ plural ▪ aorist ▪ active ▪ indicative ▸ 7 + 6 = 13 (Neh. 8,12; Psa. 27,5; Psa. 63,10; Psa. 81,5; Psa. 105,7; Mic. 4,12; Bar. 3,21; Matt. 16,12; Matt. 17,13; Mark 6,52; Luke 2,50; Luke 18,34; Acts 7,25)

συνῆκας ▸ 2
   Verb ▪ second ▪ singular ▪ aorist ▪ active ▪ indicative ▸ 2 (Psa. 138,2; Job 38,31)

Συνήκατε ▸ 1
   Verb ▪ second ▪ plural ▪ aorist ▪ active ▪ indicative ▸ 1 (Matt. 13,51)

συνῆκεν ▸ 6 + 1 = 7
   Verb ▪ third ▪ singular ▪ aorist ▪ active ▪ indicative ▸ 6 + 1 = 7 (2Sam. 12,19; 2Kings 18,7; Neh. 8,8; Psa. 48,13; Psa. 48,21; Is. 1,3; Dan. 1,17)

συνῇς ▸ 2
   Verb ▪ second ▪ singular ▪ aorist ▪ active ▪ subjunctive ▸ 2 (Josh. 1,7; Josh. 1,8)

συνήσει ▸ 7 + 3 = 10
   Verb ▪ third ▪ singular ▪ future ▪ active ▪ indicative ▸ 7 + 3 = 10 (Psa. 18,13; Psa. 91,7; Psa. 93,7; Prov. 29,7; Hos. 14,10; Is. 52,13; Jer. 23,5; Dan. 11,30; Dan. 11,37; Dan. 11,37)

συνήσεις ▸ 3 + 1 = 4
   Verb ▪ second ▪ singular ▪ future ▪ active ▪ indicative ▸ 3 + 1 = 4 (Josh. 1,8; Prov. 2,5; Prov. 2,9; Dan. 9,25)

συνήσουσιν ▸ 5 + 3 + 1 = 9
   Verb ▪ third ▪ plural ▪ future ▪ active ▪ indicative ▸ 5 + 3 + 1 = 9 (Psa. 106,43; Prov. 28,5; Wis. 3,9; Is. 52,15; Dan. 11,33; Dan. 11,33; Dan. 12,10; Dan. 12,10; Rom. 15,21)

συνήσω ▸ 3
   Verb ▪ first ▪ singular ▪ future ▪ active ▪ indicative ▸ 3 (Psa. 100,2; Job 31,1; Job 32,12)

συνῆτε ▸ 4 + 2 = 6
   Verb ▪ second ▪ plural ▪ aorist ▪ active ▪ subjunctive ▸ 4 + 2 = 6 (Deut. 29,8; Is. 6,9; Is. 7,9; Is. 43,10; Matt. 13,14; Acts 28,26)

συνιᾶσιν ▸ 1
   Verb ▪ third ▪ plural ▪ present ▪ active ▪ indicative ▸ 1 (2Cor. 10,12)

συνίει ▸ 4
   Verb ▪ third ▪ singular ▪ present ▪ active ▪ indicative ▸ 4 (1Sam. 18,15; Prov. 21,12; Prov. 21,29; Wis. 9,11)

συνίειν ▸ 4
   Verb ▪ present ▪ active ▪ infinitive ▸ 4 (1Sam. 2,10; 1Kings 3,9; Ode. 3,10; Jer. 9,23)

συνιείς ▸ 1
   Verb ▪ aorist ▪ active ▪ participle ▪ masculine ▪ singular ▪ nominative ▸ 1 (Psa. 32,15)

συνιείς ▸ 1
   Verb ▪ present ▪ active ▪ participle ▪ masculine ▪ singular ▪ nominative ▸ 1 (Matt. 13,23)

συνίεις ▸ 3
   Verb ▪ second ▪ singular ▪ imperfect ▪ active ▪ indicative ▸ 3 (Tob. 3,8; Job 15,9; Job 36,4)

συνιέναι ▸ 7 + 2 + 2 = 11
   Verb ▪ present ▪ active ▪ infinitive ▸ 7 + 2 + 2 = 11 (Ex. 35,35; Ex. 36,1; Deut. 32,29; Psa. 35,4; Psa. 57,10; Ode. 2,29; Is. 59,15; Dan. 9,13; Dan. 10,12; Luke 24,45; Acts 7,25)

συνιέντας ▸ 1
   Verb ▪ present ▪ active ▪ participle ▪ masculine ▪ plural ▪ accusative ▸ 1 (Dan. 1,4)

συνιέντες ▸ 2 + 1 = 3
   Verb ▪ present ▪ active ▪ participle ▪ masculine ▪ plural ▪ nominative ▸ 2 + 1 = 3 (Neh. 8,3; Dan. 12,3; Dan. 12,3)

συνιέντος ▸ 1
   Verb ▪ present ▪ active ▪ participle ▪ masculine ▪ singular ▪ genitive ▸ 1 (Matt. 13,19)

συνιέντων ▸ 1 + 1 = 2
   Verb ▪ present ▪ active ▪ participle ▪ masculine ▪ plural ▪ genitive ▸ 1 + 1 = 2 (Dan. 11,35; Dan. 11,35)

συνίετε ▸ 1 + 4 = 5
   Verb ▪ second ▪ plural ▪ present ▪ active ▪ indicative ▸ 1 + 2 = 3 (Job 20,2; Mark 8,17; Mark 8,21)
   Verb ▪ second ▪ plural ▪ present ▪ active ▪ imperative ▸ 2 (Matt. 15,10; Eph. 5,17)

συνίῃς ▸ 1
   Verb ▪ second ▪ singular ▪ present ▪ active ▪ subjunctive ▸ 1 (1Kings 2,3)

συνιόντας ▸ 1
   Verb ▪ present ▪ active ▪ participle ▪ masculine ▪ plural ▪ accusative ▸ 1 (Ezra 8,16)

συνιόντος ▸ 1
   Verb ▪ present ▪ active ▪ participle ▪ masculine ▪ singular ▪ genitive ▸ 1 (2Chr. 26,5)

συνιόντων ▸ 1
   Verb ▪ present ▪ active ▪ participle ▪ masculine ▪ plural ▪ genitive ▸ 1 (2Chr. 30,22)

συνίουσιν ▸ 1
   Verb ▪ third ▪ plural ▪ present ▪ active ▪ indicative ▸ 1 (Matt. 13,13)

συνιοῦσιν ▸ 1
   Verb ▪ present ▪ active ▪ participle ▪ masculine ▪ plural ▪ dative ▸ 1 (Prov. 8,9)

συνίων ▸ 12 + 3 + 1 = 16
   Verb ▪ present ▪ active ▪ participle ▪ masculine ▪ singular ▪ nominative ▸ 12 + 3 + 1 = 16 (1Sam. 18,14; 1Chr. 25,7; 2Chr. 34,12; Neh. 8,2; Neh. 10,29; Psa. 13,2; Psa. 40,2; Psa. 52,3; Prov. 21,11; Hos. 4,14; Amos 5,13; Jer. 20,12; Dan. 8,5; Dan. 8,23; Dan. 8,27; Rom. 3,11)

συνιῶσιν ▸ 2
   Verb ▪ third ▪ plural ▪ present ▪ active ▪ subjunctive ▸ 2 (Mark 4,12; Luke 8,10)

συνῶ ▸ 1
   Verb ▪ first ▪ singular ▪ aorist ▪ active ▪ subjunctive ▸ 1 (Psa. 72,17)

συνῶσιν ▸ 1 + 2 = 3
   Verb ▪ third ▪ plural ▪ aorist ▪ active ▪ subjunctive ▸ 1 + 2 = 3 (Is. 6,10; Matt. 13,15; Acts 28,27)

συνίστημι (σύν; ἵστημι) to associate with, to recommend; to unite, to collect ▸ 42 + 2 + 16 = 60

συνέστη ▸ 1
   Verb ▪ third ▪ singular ▪ aorist ▪ active ▪ indicative ▸ 1 (Ex. 32,1)

συνέστηκεν ▸ 2 + 1 = 3
   Verb ▪ third ▪ singular ▪ perfect ▪ active ▪ indicative ▸ 2 + 1 = 3 (Lev. 15,3; Lev. 15,3; Col. 1,17)

συνεστηκὸς ▸ 1
   Verb ▪ perfect ▪ active ▪ participle ▪ neuter ▪ singular ▪ accusative ▸ 1 (Ex. 7,19)

συνεστηκότων ▸ 2
   Verb ▪ perfect ▪ active ▪ participle ▪ masculine ▪ plural ▪ genitive ▸ 1 (3Mac. 4,18)
   Verb ▪ perfect ▪ active ▪ participle ▪ neuter ▪ plural ▪ genitive ▸ 1 (2Mac. 4,30)

συνέστησαν ▸ 1
　　Verb · third · plural · aorist · active · indicative ▸ 1 (Num. 16,3)
συνεστήσαντο ▸ 3
　　Verb · third · plural · aorist · middle · indicative ▸ 3 (1Mac. 2,32; 1Mac. 2,44; Psa. 106,36)
συνεστήσαντό ▸ 1
　　Verb · third · plural · aorist · middle · indicative ▸ 1 (Psa. 140,9)
συνεστήσατε ▸ 1
　　Verb · second · plural · aorist · active · indicative ▸ 1 (2Cor. 7,11)
συνεστήσατο ▸ 4
　　Verb · third · singular · aorist · middle · indicative ▸ 4 (1Esdr. 1,27; 1Mac. 1,2; 1Mac. 1,18; 1Mac. 3,3)
συνέστησεν ▸ 6 + 1 = 7
　　Verb · third · singular · aorist · active · indicative ▸ 6 + 1 = 7 (Gen. 40,4; Num. 27,23; Num. 32,28; 1Mac. 12,43; 2Mac. 8,9; Job 28,23; Sus. 61)
συνεστῶσα ▸ 1
　　Verb · perfect · active · participle · feminine · singular · nominative ▸ 1 (2Pet. 3,5)
συνεστῶτας ▸ 1
　　Verb · perfect · active · participle · masculine · plural · accusative ▸ 1 (Luke 9,32)
συνιστάμενοι ▸ 1
　　Verb · present · middle · participle · masculine · plural · nominative ▸ 1 (1Esdr. 2,17)
συνιστάμενον ▸ 1
　　Verb · present · middle · participle · neuter · singular · accusative ▸ 1 (Dan. 7,21)
συνιστάμενος ▸ 1
　　Verb · present · middle · participle · masculine · singular · nominative ▸ 1 (3Mac. 4,16)
συνιστάνειν ▸ 1
　　Verb · present · active · infinitive ▸ 1 (2Cor. 3,1)
συνιστάνομεν ▸ 1
　　Verb · first · plural · present · active · indicative ▸ 1 (2Cor. 5,12)
συνιστάνοντες ▸ 1
　　Verb · present · active · participle · masculine · plural · nominative ▸ 1 (2Cor. 4,2)
συνιστανόντων ▸ 1
　　Verb · present · active · participle · masculine · plural · genitive ▸ 1 (2Cor. 10,12)
συνίστανται ▸ 1
　　Verb · third · plural · present · passive · indicative ▸ 1 (3Mac. 6,38)
συνιστάντες ▸ 1
　　Verb · present · active · participle · masculine · plural · nominative ▸ 1 (2Cor. 6,4)
συνίσταντο ▸ 2
　　Verb · third · plural · imperfect · middle · indicative ▸ 2 (3Mac. 1,19; 3Mac. 6,32)
συνιστάνω ▸ 1
　　Verb · first · singular · present · active · indicative ▸ 1 (Gal. 2,18)
συνιστάνων ▸ 1
　　Verb · present · active · participle · masculine · singular · nominative ▸ 1 (2Cor. 10,18)
συνίστασθαι ▸ 1 + 1 = 2
　　Verb · present · middle · infinitive ▸ 1 (3Mac. 2,26)
　　Verb · present · passive · infinitive · (variant) ▸ 1 (2Cor. 12,11)
συνίστατο ▸ 1
　　Verb · third · singular · imperfect · passive · indicative ▸ 1 (3Mac. 4,1)
Συνίστημι ▸ 1
　　Verb · first · singular · present · active · indicative ▸ 1 (Rom. 16,1)
συνίστησιν ▸ 2 + 3 = 5
　　Verb · third · singular · present · active · indicative ▸ 2 + 3 = 5 (Prov. 6,14; Prov. 26,26; Rom. 3,5; Rom. 5,8; 2Cor. 10,18)
συνιστῶν ▸ 1
　　Verb · present · active · participle · masculine · singular · nominative ▸ 1 (2Mac. 9,25)
συσταθεὶς ▸ 1
　　Verb · aorist · passive · participle · masculine · singular · nominative ▸ 1 (2Mac. 4,24)
συσταθέντες ▸ 1
　　Verb · aorist · passive · participle · masculine · plural · nominative ▸ 1 (Wis. 7,14)
συστὰς ▸ 1
　　Verb · aorist · active · participle · masculine · singular · nominative ▸ 1 (Dan. 3,25)
συστῆναι ▸ 1
　　Verb · aorist · active · infinitive ▸ 1 (Psa. 38,2)
συστησάμενοι ▸ 2
　　Verb · aorist · middle · participle · masculine · plural · nominative ▸ 2 (3Mac. 6,31; 3Mac. 6,35)
συστησάμενος ▸ 1
　　Verb · aorist · middle · participle · masculine · singular · nominative ▸ 1 (3Mac. 5,36)
συστήσαντα ▸ 1
　　Verb · aorist · active · participle · masculine · singular · accusative ▸ 1 (2Mac. 14,15)
συστήσασθαι ▸ 2
　　Verb · aorist · middle · infinitive ▸ 2 (2Mac. 4,9; 2Mac. 15,6)
συστήσασθε ▸ 1
　　Verb · second · plural · aorist · middle · imperative ▸ 1 (Psa. 117,27)

συνίστωρ (σύν; οἶδα) confederate, accomplice; witness, co-knower ▸ 1
　　συνίστωρ ▸ 1
　　　　Noun · masculine · singular · nominative · (common) ▸ 1 (Job 16,19)

συννεφέω (σύν; νέφος) to cause clouds to gather ▸ 1
　　συννεφεῖν ▸ 1
　　　　Verb · present · active · infinitive ▸ 1 (Gen. 9,14)

συννεφής (σύν; νέφος) cloudy ▸ 1
　　συννεφής ▸ 1
　　　　Adjective · masculine · singular · nominative · noDegree ▸ 1 (Deut. 33,28)

συννοέω (σύν; νοῦς) to understand ▸ 3
　　συννοήσας ▸ 2
　　　　Verb · aorist · active · participle · masculine · singular · nominative ▸ 2 (2Mac. 11,13; 2Mac. 14,3)
　　συννοῶν ▸ 1
　　　　Verb · present · active · participle · masculine · singular · nominative ▸ 1 (2Mac. 5,6)

σύννους (σύν; νοῦς) gloomy; in deep thought ▸ 1
　　σύννους ▸ 1
　　　　Noun · masculine · singular · nominative · (common) ▸ 1 (1Esdr. 8,68)

σύννυμφος (σύν; νύμφη) sister-in-law ▸ 2
　　σύννυμφός ▸ 1
　　　　Noun · feminine · singular · nominative · (common) ▸ 1 (Ruth 1,15)
　　συννύμφου ▸ 1
　　　　Noun · feminine · singular · genitive · (common) ▸ 1 (Ruth 1,15)

συνοδεύω (σύν; ὁδός) to travel with ▸ 1 + 1 + 1 = 3
   συνοδεύοντες ▸ 1
      Verb · present · active · participle · masculine · plural · nominative ▸ 1 (Acts 9,7)
   συνοδεῦσαι ▸ 1
      Verb · third · singular · aorist · active · optative ▸ 1 (Tob. 5,17)
   συνοδεύσω ▸ 1
      Verb · first · singular · future · active · indicative ▸ 1 (Wis. 6,23)

συνοδία (σύν; ὁδός) group ▸ 3 + 1 = 4
   συνοδίᾳ ▸ 1
      Noun · feminine · singular · dative ▸ 1 (Luke 2,44)
   συνοδίας ▸ 3
      Noun · feminine · plural · accusative · (common) ▸ 1 (Neh. 7,5)
      Noun · feminine · singular · genitive · (common) ▸ 2 (Neh. 7,5; Neh. 7,64)

σύνοδος (σύν; ὁδός) (f) meeting, gathering, synod; (m) traveling companion ▸ 3
   σύνοδον ▸ 1
      Noun · feminine · singular · accusative · (common) ▸ 1 (1Kings 15,13)
   σύνοδος ▸ 1
      Noun · feminine · singular · nominative · (common) ▸ 1 (Jer. 9,1)
   συνόδων ▸ 1
      Noun · feminine · plural · genitive · (common) ▸ 1 (Deut. 33,14)

συνοδυνάομαι (σύν; ὁδύνη) to suffer together ▸ 1
   συνοδυνηθῇς ▸ 1
      Verb · second · singular · aorist · passive · subjunctive ▸ 1 (Sir. 30,10)

σύνοιδα (σύν; οἶδα) to know; to share knowledge, be aware of; conscience (subst) ▸ 2 + 2 = 4
   συνειδυίης ▸ 1
      Verb · perfect · active · participle · feminine · singular · genitive ▸ 1 (Acts 5,2)
   σύνοιδα ▸ 1 + 1 = 2
      Verb · first · singular · perfect · active · indicative ▸ 1 + 1 = 2 (Job 27,6; 1Cor. 4,4)
   σύνοιδεν ▸ 1
      Verb · third · singular · perfect · active · indicative ▸ 1 (Lev. 5,1)

συνοικέω (σύν; οἶκος) to live with ▸ 14 + 1 = 15
   συνοικῆσαι ▸ 2
      Verb · aorist · active · infinitive ▸ 2 (Sir. 25,16; Sir. 25,16)
   συνοικήσει ▸ 1
      Verb · third · singular · future · active · indicative ▸ 1 (Deut. 25,5)
   συνοικήσῃ ▸ 2
      Verb · third · singular · aorist · active · subjunctive ▸ 2 (Deut. 22,13; Deut. 24,1)
   συνοικήσων ▸ 1
      Verb · future · active · participle · masculine · singular · nominative ▸ 1 (2Mac. 1,14)
   συνοικοῦντα ▸ 1
      Verb · present · active · participle · masculine · singular · accusative ▸ 1 (Wis. 7,28)
   συνοικοῦντες ▸ 1
      Verb · present · active · participle · masculine · plural · nominative ▸ 1 (1Pet. 3,7)
   συνοικῶν ▸ 2
      Verb · present · active · participle · masculine · singular · nominative ▸ 2 (Sir. 25,8; Is. 62,5)
   συνῳκηκυῖα ▸ 3
      Verb · perfect · active · participle · feminine · singular · nominative ▸ 3 (Gen. 20,3; Sir. 42,9; Sir. 42,10)
   συνῴκησαν ▸ 1
      Verb · third · plural · aorist · active · indicative ▸ 1 (1Esdr. 8,67)
   συνῴκησεν ▸ 1
      Verb · third · singular · aorist · active · indicative ▸ 1 (Judg. 14,20)

συνοίκησις living together in marriage ▸ 1
   συνοικήσεως ▸ 1
      Noun · feminine · singular · genitive · (common) ▸ 1 (Tob. 7,14)

συνοικίζω (σύν; οἶκος) to give in marriage; to take in marriage ▸ 7
   συνοικίσητε ▸ 1
      Verb · second · plural · aorist · active · subjunctive ▸ 1 (1Esdr. 8,81)
   συνοικισθήσεται ▸ 1
      Verb · third · singular · future · passive · indicative ▸ 1 (Sir. 16,4)
   συνοικισθήσῃ ▸ 1
      Verb · second · singular · future · passive · indicative ▸ 1 (Deut. 21,13)
   συνῳκίσαμεν ▸ 1
      Verb · first · plural · aorist · active · indicative ▸ 1 (1Esdr. 8,89)
   συνῴκισαν ▸ 1
      Verb · third · plural · aorist · active · indicative ▸ 1 (1Esdr. 9,36)
   συνῳκίσατε ▸ 1
      Verb · second · plural · aorist · active · indicative ▸ 1 (1Esdr. 9,7)
   συνῳκισμένης ▸ 1
      Verb · perfect · passive · participle · feminine · singular · genitive ▸ 1 (Deut. 22,22)

συνοικοδομέω (σύν; οἶκος; δῶμα) to build together ▸ 1 + 1 = 2
   συνοικοδομεῖσθε ▸ 1
      Verb · second · plural · present · passive · indicative · (variant) ▸ 1 (Eph. 2,22)
   Συνοικοδομήσομεν ▸ 1
      Verb · first · plural · future · active · indicative ▸ 1 (1Esdr. 5,65)

συνολκή (σύν; ἕλκω) inhaling ▸ 1
   συνολκήν ▸ 1
      Noun · feminine · singular · accusative · (common) ▸ 1 (Wis. 15,15)

σύνολος (σύν; ὅλος) in every instance ▸ 8
   σύνολον ▸ 8
      Adjective · neuter · singular · accusative · noDegree ▸ 8 (Esth. 16,24 # 8,12x; 3Mac. 3,29; 3Mac. 4,3; 3Mac. 4,11; 3Mac. 7,8; 3Mac. 7,9; 3Mac. 7,21; Sir. 9,9)

συνομιλέω (σύν; ὁμός; εἴλω) to talk with; have fellowshp with ▸ 1
   συνομιλῶν ▸ 1
      Verb · present · active · participle · masculine · singular · nominative ▸ 1 (Acts 10,27)

συνομολογέω (σύν; ὁμός; λέγω) to agree ▸ 1
   συνομολογεῖται ▸ 1
      Verb · third · singular · present · middle · indicative ▸ 1 (4Mac. 13,1)

συνομορέω (σύν; ὁμός; ὅρος 2nd homograph) to be next door ▸ 1
   συνομοροῦσα ▸ 1
      Verb · present · active · participle · feminine · singular · nominative ▸ 1 (Acts 18,7)

συνοράω (σύν; ὁράω) to see, consider ▸ 16 + 2 = 18
   συνιδόντες ▸ 5 + 1 = 6
      Verb · aorist · active · participle · masculine · plural · nominative ▸ 5 + 1 = 6 (1Mac. 4,21; 1Mac. 4,21; 2Mac. 4,41; 3Mac. 2,8;

συνοράω–συντάσσω

3Mac. 5,50; Acts 14,6)
- συνιδών ▸ 5
  - **Verb** · aorist · active · participle · masculine · singular · nominative ▸ 5 (2Mac. 14,26; 2Mac. 14,30; 2Mac. 15,21; 3Mac. 6,23; Dan. 3,14)
- συνιδών ▸ 1
  - **Verb** · aorist · active · participle · masculine · singular · nominative ▸ 1 (Acts 12,12)
- Συνορῶν ▸ 1
  - **Verb** · present · active · participle · masculine · singular · nominative ▸ 1 (2Mac. 8,8)
- συνορῶν ▸ 2
  - **Verb** · present · active · participle · masculine · singular · nominative ▸ 2 (2Mac. 4,4; 2Mac. 5,17)
- συνορῶντες ▸ 1
  - **Verb** · present · active · participle · masculine · plural · nominative ▸ 1 (2Mac. 2,24)
- συνορώντων ▸ 1
  - **Verb** · present · active · participle · masculine · plural · genitive ▸ 1 (2Mac. 7,4)
- συνορῶσα ▸ 1
  - **Verb** · present · active · participle · feminine · singular · nominative ▸ 1 (2Mac. 7,20)

συνούλωσις (σύν; ὅλος) complete healing ▸ 1
- συνούλωσιν ▸ 1
  - **Noun** · feminine · singular · accusative · (common) ▸ 1 (Jer. 40,6)

συνουσιασμός (σύν; εἰμί) sexual intercourse ▸ 2
- συνουσιασμὸν ▸ 1
  - **Noun** · masculine · singular · accusative · (common) ▸ 1 (4Mac. 2,3)
- συνουσιασμός ▸ 1
  - **Noun** · masculine · singular · nominative · (common) ▸ 1 (Sir. 23,6)

συνοχή (σύν; ἔχω) distress ▸ 4 + 1 + 2 = 7
- συνοχάς ▸ 1 + 1 = 2
  - **Noun** · feminine · plural · accusative · (common) ▸ 1 + 1 = 2 (Judg. 2,3; Judg. 2,3)
- συνοχὴ ▸ 1
  - **Noun** · feminine · singular · nominative ▸ 1 (Luke 21,25)
- συνοχήν ▸ 3
  - **Noun** · feminine · singular · accusative · (common) ▸ 3 (Job 30,3; Mic. 4,14; Jer. 52,5)
- συνοχῆς ▸ 1
  - **Noun** · feminine · singular · genitive ▸ 1 (2Cor. 2,4)

συνταγή (σύν; τάσσω) signal, sign ▸ 3
- συνταγὴ ▸ 1
  - **Noun** · feminine · singular · nominative · (common) ▸ 1 (Judg. 20,38)
- συνταγῇ ▸ 1
  - **Noun** · feminine · singular · dative · (common) ▸ 1 (Sol. 4,5)
- συνταγῶν ▸ 1
  - **Noun** · feminine · plural · genitive · (common) ▸ 1 (Ezra 10,14)

σύνταγμα (σύν; τάσσω) body, collection, work, doctrine ▸ 2
- σύνταγμα ▸ 1
  - **Noun** · neuter · singular · accusative · (common) ▸ 1 (Job 15,8)
- συντάγματος ▸ 1
  - **Noun** · neuter · singular · genitive · (common) ▸ 1 (2Mac. 2,23)

σύνταξις (σύν; τάσσω) array, composition, arrangement ▸ 14
- συντάξει ▸ 2
  - **Noun** · feminine · singular · dative · (common) ▸ 2 (2Mac. 15,38; 2Mac. 15,39)
- συντάξεις ▸ 2
  - **Noun** · feminine · plural · accusative · (common) ▸ 2 (Ex. 5,14; 2Mac. 9,16)
- συντάξεως ▸ 2
  - **Noun** · feminine · singular · genitive · (common) ▸ 2 (Ex. 5,11; 1Mac. 4,35)
- σύνταξιν ▸ 6
  - **Noun** · feminine · singular · accusative · (common) ▸ 6 (Ex. 5,8; Ex. 5,18; Num. 9,14; Num. 15,24; 1Kings 5,1; 1Esdr. 6,28)
- σύνταξις ▸ 2
  - **Noun** · feminine · singular · nominative · (common) ▸ 2 (Ex. 37,19; Jer. 52,34)

συνταράσσω (σύν; ταράσσω) to trouble ▸ 13 + 5 = 18
- συνετάραξαν ▸ 1
  - **Verb** · third · plural · aorist · active · indicative ▸ 1 (Dan. 4,5)
- συνετάραξας ▸ 1
  - **Verb** · second · singular · aorist · active · indicative ▸ 1 (Psa. 59,4)
- συνετάραξεν ▸ 2
  - **Verb** · third · singular · aorist · active · indicative ▸ 2 (Ex. 14,24; Psa. 17,15)
- συνεταράχθη ▸ 1
  - **Verb** · third · singular · aorist · passive · indicative ▸ 1 (Hos. 11,8)
- συνεταράχθησαν ▸ 2
  - **Verb** · third · plural · aorist · passive · indicative ▸ 2 (2Sam. 22,8; 1Mac. 3,6)
- συνταράξει ▸ 1
  - **Verb** · third · singular · future · active · indicative ▸ 1 (Psa. 20,10)
- συνταράξεις ▸ 1
  - **Verb** · second · singular · future · active · indicative ▸ 1 (Psa. 143,6)
- συνταράσσει ▸ 1
  - **Verb** · third · singular · present · active · indicative ▸ 1 (Is. 10,33)
- συνταράσσεις ▸ 3
  - **Verb** · second · singular · present · active · indicative ▸ 3 (Psa. 41,6; Psa. 41,12; Psa. 42,5)
- συνετάρασσον ▸ 2
  - **Verb** · third · plural · imperfect · active · indicative ▸ 2 (Dan. 4,19; Dan. 5,6)
- συνετάρασσόν ▸ 1
  - **Verb** · third · plural · imperfect · active · indicative ▸ 1 (Dan. 7,28)
- συνεταράσσοντο ▸ 1
  - **Verb** · third · plural · imperfect · passive · indicative ▸ 1 (Dan. 5,9)
- συνταράσσων ▸ 1
  - **Verb** · present · active · participle · masculine · singular · nominative ▸ 1 (Psa. 64,8)

συντάσσω (σύν; τάσσω) to appoint, instruct; arrange, organize, compose ▸ 124 + 1 + 3 = 128
- συνετάγη ▸ 1
  - **Verb** · third · singular · aorist · passive · indicative ▸ 1 (Ex. 37,19)
- συνέταξα ▸ 5
  - **Verb** · first · singular · aorist · active · indicative ▸ 5 (Ex. 31,6; Is. 37,26; Jer. 36,23; Jer. 39,13; Jer. 39,35)
- συνέταξά ▸ 1
  - **Verb** · first · singular · aorist · active · indicative ▸ 1 (Jer. 33,2)

συνέταξαν ▸ 1
: **Verb** · third · plural · aorist · active · indicative ▸ **1** (Judith 10,9)

συνετάξαντο ▸ 1
: **Verb** · third · plural · aorist · middle · indicative ▸ **1** (Sus. 14)

συνέταξε ▸ 1
: **Verb** · third · singular · aorist · active · indicative ▸ **1** (Judith 7,16)

συνέταξεν ▸ 91 + 2 = 93
: **Verb** · third · singular · aorist · active · indicative ▸ 91 + 2 = **93** (Gen. 26,11; Ex. 1,17; Ex. 1,22; Ex. 5,6; Ex. 6,13; Ex. 9,12; Ex. 12,35; Ex. 16,16; Ex. 16,24; Ex. 16,32; Ex. 16,34; Ex. 19,7; Ex. 34,4; Ex. 35,4; Ex. 35,10; Ex. 35,29; Ex. 36,1; Ex. 36,5; Ex. 36,8; Ex. 36,12; Ex. 36,14; Ex. 36,28; Ex. 36,33; Ex. 36,36; Ex. 36,38; Ex. 37,20; Ex. 38,27; Ex. 39,10; Ex. 39,22; Ex. 39,23; Ex. 40,19; Ex. 40,21; Ex. 40,23; Ex. 40,25; Ex. 40,27; Lev. 8,4; Lev. 8,9; Lev. 8,13; Lev. 8,17; Lev. 8,36; Lev. 9,21; Lev. 10,15; Lev. 10,18; Lev. 16,34; Lev. 24,23; Num. 1,19; Num. 2,34; Num. 3,16; Num. 3,51; Num. 4,49; Num. 8,3; Num. 8,22; Num. 9,5; Num. 15,23; Num. 15,23; Num. 15,36; Num. 17,26; Num. 19,2; Num. 20,9; Num. 20,27; Num. 26,4; Num. 27,11; Num. 27,23; Num. 30,2; Num. 31,21; Num. 31,31; Num. 31,41; Num. 31,47; Num. 34,13; Num. 36,2; Num. 36,6; Num. 36,10; Deut. 4,23; Josh. 4,8; Josh. 8,27; Josh. 8,29; Josh. 9,24; Josh. 11,12; Josh. 11,15; Josh. 11,15; Josh. 24,31a; Judith 4,8; Judith 12,1; 1Mac. 15,41; 2Mac. 9,4; Job 42,9; Is. 27,4; Jer. 33,8; Jer. 44,21; Bar. 1,20; Bar. 5,7; Matt. 21,6; Matt. 26,19)

συνέταξέν ▸ 1 + 1 = 2
: **Verb** · third · singular · aorist · active · indicative ▸ 1 + 1 = **2** (Deut. 5,15; Matt. 27,10)

συνταγέντος ▸ 1
: **Verb** · aorist · passive · participle · masculine · singular · genitive ▸ **1** (Dan. 11,23)

συντάξαντος ▸ 1
: **Verb** · aorist · active · participle · masculine · singular · genitive ▸ **1** (1Esdr. 6,4)

συντάξει ▸ 2
: **Verb** · third · singular · future · active · indicative ▸ **2** (Gen. 18,19; Lev. 13,54)

συντάξεις ▸ 1
: **Verb** · second · singular · future · active · indicative ▸ **1** (Jer. 34,4)

Σύνταξον ▸ 1
: **Verb** · second · singular · aorist · active · imperative ▸ **1** (Num. 35,2)

σύνταξον ▸ 4
: **Verb** · second · singular · aorist · active · imperative ▸ **4** (Ex. 27,20; Ex. 31,13; Josh. 4,3; Prov. 30,8)

συντάξω ▸ 1
: **Verb** · first · singular · future · active · indicative ▸ **1** (Is. 10,6)

συντάσσει ▸ 1
: **Verb** · third · singular · present · active · indicative ▸ **1** (Job 25,5)

συντάσσεται ▸ 1
: **Verb** · third · singular · present · passive · indicative ▸ **1** (Judith 2,16)

συντασσόμενοι ▸ 2
: **Verb** · present · middle · participle · masculine · plural · nominative ▸ **2** (1Esdr. 2,12; 1Esdr. 2,25)

συντασσομένοις ▸ 1
: **Verb** · present · passive · participle · masculine · plural · dative ▸ **1** (1Esdr. 2,19)

συντάσσω ▸ 2
: **Verb** · first · singular · present · active · indicative ▸ **2** (Is. 13,3; Jer. 41,22)

συντάσσων ▸ 1
: **Verb** · present · active · participle · masculine · singular · nominative ▸ **1** (Job 37,6)

συνταχθέν ▸ 1
: **Verb** · aorist · passive · participle · neuter · singular · accusative ▸ **1** (LetterJ 61)

συντέτακται ▸ 1
: **Verb** · third · singular · perfect · passive · indicative ▸ **1** (Job 37,12)

συντέτακταί ▸ 1
: **Verb** · third · singular · perfect · passive · indicative ▸ **1** (Lev. 8,31)

συντέταχα ▸ 1
: **Verb** · first · singular · perfect · active · indicative ▸ **1** (Job 38,12)

συντέλεια (σύν; τέλος)   consumption, completion, perfection, end ▸ 81 + 7 + 6 = 94

συντέλεια ▸ 15 + 2 + 1 = 18
: **Noun** · feminine · singular · nominative · (common) ▸ 15 + 2 + 1 = **18** (Judg. 20,40; 1Kings 6,25; Job 30,2; Sir. 21,9; Sir. 21,11; Sir. 43,27; Amos 8,8; Amos 9,5; Hab. 1,9; Dan. 9,26; Dan. 9,27; Dan. 11,27; Dan. 11,36; Dan. 12,6; Dan. 12,7; Judg. 20,40; Dan. 9,27; Matt. 13,39)

συντελείᾳ ▸ 6 + 3 = 9
: **Noun** · feminine · singular · dative · (common) ▸ 6 + 3 = **9** (Josh. 4,8; Sir. 11,27; Sir. 22,10; Nah. 1,3; Dan. 4,28; Dan. 4,34; Matt. 13,40; Matt. 13,49; Heb. 9,26)

συντέλειαι ▸ 1
: **Noun** · feminine · plural · nominative · (common) ▸ **1** (Psa. 58,13)

συντέλειαν ▸ 30 + 2 = 32
: **Noun** · feminine · singular · accusative · (common) ▸ 30 + 2 = **32** (2Chr. 24,23; 1Esdr. 2,1; 1Esdr. 6,19; Neh. 9,31; Esth. 14,13 # 4,17s; 1Mac. 3,42; Ode. 4,19; Sir. 38,28; Sir. 40,14; Sir. 45,8; Sir. 50,11; Sir. 50,14; Nah. 1,8; Nah. 1,9; Hab. 1,15; Hab. 3,19; Zeph. 1,18; Jer. 4,27; Jer. 5,10; Jer. 5,18; Jer. 26,28; Ezek. 11,13; Ezek. 13,13; Ezek. 20,17; Ezek. 21,33; Ezek. 22,12; Dan. 9,27; Dan. 11,6; Dan. 11,13; Dan. 12,13; Dan. 11,36; Dan. 12,13)

συντελείας ▸ 29 + 3 + 2 = 34
: **Noun** · feminine · singular · genitive · (common) ▸ 29 + 3 + 2 = **34** (Ex. 23,16; Deut. 11,12; 1Sam. 8,3; 1Sam. 20,41; 1Kings 6,22; 2Kings 13,17; 2Kings 13,19; Ezra 9,14; Psa. 58,14; Psa. 118,96; Job 26,10; Sir. 33,24; Sir. 37,11; Sir. 38,28; Sir. 39,28; Sir. 43,7; Sir. 47,10; Amos 1,14; Dan. 4,31; Dan. 8,19; Dan. 9,26; Dan. 9,27; Dan. 9,27; Dan. 11,35; Dan. 11,40; Dan. 11,45; Dan. 12,4; Dan. 12,7; Dan. 12,13; Dan. 9,27; Dan. 12,4; Dan. 12,13; Matt. 24,3; Matt. 28,20)

συντελέω (σύν; τέλος)   to finish, to end ▸ 198 + 15 + 6 = 219

συνετέλει ▸ 1
: **Verb** · third · singular · imperfect · active · indicative ▸ **1** (3Mac. 5,4)

συνετέλεσα ▸ 1
: **Verb** · first · singular · aorist · active · indicative ▸ **1** (Jer. 6,11)

συνετελέσαμεν ▸ 1
: **Verb** · first · plural · aorist · active · indicative ▸ **1** (1Mac. 10,5)

συνετέλεσαν ▸ 14 + 2 = 16
: **Verb** · third · plural · aorist · active · indicative ▸ 14 + 2 = **16** (Gen. 43,2; Gen. 49,5; 1Kings 1,41; 2Chr. 20,23; 2Chr. 24,14; 2Chr. 29,17; 2Chr. 29,29; 2Chr. 30,22; 1Esdr. 1,53; 1Esdr. 7,4; Tob. 8,1; 2Mac. 12,3; Job 21,13; Jer. 41,15; Tob. 8,1; Tob. 8,11)

συνετέλεσάν ▸ 1

συντελέω

> Verb · third · plural · aorist · active · indicative ▸ **1** (Psa. 118,87)

συνετελέσαντο ▸ 1
> Verb · third · plural · aorist · middle · indicative ▸ **1** (Jer. 6,13)

συνετέλεσας ▸ 1
> Verb · second · singular · aorist · active · indicative ▸ **1** (Jer. 5,3)

συνετελέσατε ▸ 1
> Verb · second · plural · aorist · active · indicative ▸ **1** (Ex. 5,14)

συνετελέσατο ▸ 2
> Verb · third · singular · aorist · middle · indicative ▸ **2** (2Mac. 5,5; 2Mac. 13,8)

Συνετέλεσεν ▸ 1
> Verb · third · singular · aorist · active · indicative ▸ **1** (Lam. 4,11)

συνετέλεσεν ▸ 45 + 1 = 46
> Verb · third · singular · aorist · active · indicative ▸ 45 + 1 = **46** (Gen. 2,2; Gen. 17,22; Ex. 40,33; Num. 7,1; Deut. 31,1; Deut. 31,24; Deut. 32,45; Josh. 3,17; Josh. 4,1; Josh. 4,10; Josh. 4,11; Josh. 21,42a; Judg. 3,18; Judg. 15,17; Ruth 2,23; 1Sam. 10,13; 1Sam. 13,10; 1Sam. 20,34; 1Sam. 24,17; 2Sam. 6,18; 2Sam. 13,36; 2Sam. 21,5; 1Kings 2,35c; 1Kings 2,35g; 1Kings 6,3; 1Kings 6,9; 1Kings 7,26; 1Kings 7,50; 1Kings 8,53a; 1Kings 8,54; 1Kings 9,1; 2Kings 10,25; 1Chr. 16,2; 1Chr. 27,24; 2Chr. 4,11; 2Chr. 7,1; 2Chr. 7,11; Judith 2,2; Judith 2,4; Judith 10,1; 1Mac. 11,40; 1Mac. 16,1; Sir. 24,28; Jer. 13,19; Lam. 2,17; Judg. 3,18)

συντελεσθεισῶν ▸ 1
> Verb · aorist · passive · participle · feminine · plural · genitive ▸ **1** (Luke 4,2)

συνετελέσθη ▸ 11 + 1 = 12
> Verb · third · singular · aorist · passive · indicative ▸ 11 + 1 = **12** (1Kings 6,1d; 2Chr. 5,1; 2Chr. 29,28; 2Chr. 29,34; 2Chr. 31,1; 1Esdr. 1,16; 1Esdr. 7,5; Job 19,26; Mal. 3,9; Is. 46,10; Ezek. 42,15; Dan. 4,33)

συνετελέσθησαν ▸ 6 + 3 = 9
> Verb · third · plural · aorist · passive · indicative ▸ 6 + 3 = **9** (Gen. 2,1; Deut. 34,8; 2Chr. 31,7; Tob. 10,7; Job 1,5; Sir. 45,19; Tob. 10,1; Tob. 10,8; Tob. 14,1)

συνετελέσω ▸ 2
> Verb · second · singular · aorist · middle · indicative ▸ **2** (Job 15,4; Ezek. 22,12)

συνετέλουν ▸ 2
> Verb · first · plural · imperfect · active · indicative ▸ **1** (Job 33,27)
> Verb · third · plural · imperfect · active · indicative ▸ **1** (Mic. 2,1)

συντελεῖν ▸ 2 + 1 = 3
> Verb · present · active · infinitive ▸ 2 + 1 = **3** (Ex. 36,2; Is. 32,6; Tob. 8,19)

συντελεῖσθαι ▸ 1 + 2 = 3
> Verb · present · passive · infinitive ▸ 1 + 2 = **3** (2Mac. 4,3; Mark 13,4; Acts 21,27)

συντελεῖται ▸ 1 + 1 = 2
> Verb · third · singular · present · middle · indicative ▸ 1 + 1 = **2** (1Mac. 8,31; Tob. 14,9)

Συντελεῖτε ▸ 1
> Verb · second · plural · present · active · imperative ▸ **1** (Ex. 5,13)

συντελέσαι ▸ 18
> Verb · aorist · active · infinitive ▸ **18** (Gen. 24,15; Gen. 24,45; Ruth 3,3; 2Sam. 11,19; 1Kings 2,35c; 1Kings 5,14a; 1Kings 8,1; 1Chr. 28,20; Sir. 38,30; Sol. 7,5; Jer. 41,8; Ezek. 5,13; Ezek. 20,8; Ezek. 20,21; Ezek. 22,31; Ezek. 23,32; Ezek. 43,23; Dan. 10,3)

συντελέσας ▸ 2 + 1 = 3
> Verb · aorist · active · participle · masculine · singular · nominative ▸ 2 + 1 = **3** (Prov. 8,31; Job 14,14; Luke 4,13)

συντελέσασθαί ▸ 1
> Verb · aorist · middle · infinitive ▸ **1** (Is. 8,8)

συντελέσει ▸ 5
> Verb · third · singular · future · active · indicative ▸ **5** (Lev. 16,20; Prov. 22,8; Prov. 22,8a; Zech. 5,4; Ezek. 7,15)

συντελέσεις ▸ 2
> Verb · second · singular · future · active · indicative ▸ **2** (Gen. 6,16; Ezek. 4,6)

συντελέσετε ▸ 2
> Verb · second · plural · future · active · indicative ▸ **2** (Lev. 19,9; Lev. 23,22)

συντελέση ▸ 3
> Verb · third · singular · aorist · active · subjunctive ▸ **3** (Sir. 18,7; Amos 7,2; Is. 10,12)

συντελέσης ▸ 2
> Verb · second · singular · aorist · active · subjunctive ▸ **2** (Deut. 26,12; 1Sam. 15,18)

συντελέσητε ▸ 1
> Verb · second · plural · aorist · active · subjunctive ▸ **1** (Lev. 23,39)

συντελεσθέντα ▸ 1
> Verb · aorist · passive · participle · neuter · plural · accusative ▸ **1** (Tob. 12,20)

συντελεσθῇ ▸ 9 + 1 = 10
> Verb · third · singular · aorist · passive · subjunctive ▸ 9 + 1 = **10** (1Kings 22,11; 2Chr. 18,10; 1Esdr. 2,15; 3Mac. 7,4; Sir. 38,8; Sir. 50,19; Is. 18,5; Is. 55,11; Dan. 11,36; Dan. 11,36)

συντελεσθῆναι ▸ 4 + 2 = 6
> Verb · aorist · passive · infinitive ▸ 4 + 2 = **6** (Tob. 8,20; Sir. 23,20; Dan. 9,24; Dan. 9,24; Dan. 9,24; Dan. 12,7)

συντελεσθήσεσθε ▸ 1
> Verb · second · plural · future · passive · indicative ▸ **1** (Ezek. 13,14)

συντελεσθήσεται ▸ 5 + 2 = 7
> Verb · third · singular · future · passive · indicative ▸ 5 + 2 = **7** (Sir. 34,8; Ezek. 5,12; Ezek. 5,13; Ezek. 6,12; Dan. 12,7; Tob. 14,4; Dan. 11,16)

συντελεσθήσονται ▸ 4
> Verb · third · plural · future · passive · indicative ▸ **4** (Sol. 2,23; Is. 1,28; Jer. 14,15; Jer. 16,4)

συντελεσθήτω ▸ 1
> Verb · third · singular · aorist · passive · imperative ▸ **1** (Psa. 7,10)

συντελεσθῶσιν ▸ 2
> Verb · third · plural · aorist · passive · subjunctive ▸ **2** (Joel 2,8; Ezek. 4,8)

συντέλεσον ▸ 3 + 1 = 4
> Verb · second · singular · aorist · active · imperative ▸ 3 + 1 = **4** (Gen. 29,27; Tob. 8,17; Jer. 15,16; Tob. 8,17)

συντελέσουσιν ▸ 2
> Verb · third · plural · future · active · indicative ▸ **2** (Num. 4,15; Job 36,11)

συντελέσω ▸ 7 + 1 = 8
> Verb · first · singular · future · active · indicative ▸ 7 + 1 = **8** (Deut. 32,23; 2Sam. 22,38; Ode. 2,23; Jer. 14,12; Ezek. 6,12; Ezek. 7,5; Ezek. 13,15; Heb. 8,8)

συντελούμενα ▸ 1
> Verb · present · passive · participle · neuter · plural · nominative ▸ **1** (1Esdr. 6,9)

συντελούμενον ▸ 1
> Verb · present · passive · participle · neuter · singular · accusative ▸ **1** (Esth. 4,1)

συντελοῦν ▸ 1
    Verb · present · active · participle · neuter · singular · accusative ▸ **1** (Esth. 13,5 # 3,13e)

συντελοῦνται ▸ 1
    Verb · third · plural · present · middle · indicative ▸ **1** (Gen. 18,21)

συντελοῦντες ▸ 1
    Verb · present · active · participle · masculine · plural · nominative ▸ **1** (1Esdr. 2,21)

συντελούντων ▸ 3
    Verb · present · active · participle · masculine · plural · genitive ▸ **3** (3Mac. 5,43; Prov. 1,19; Job 35,14)

συντελοῦσι ▸ 1
    Verb · third · plural · present · active · indicative ▸ **1** (LetterJ 61)

συντελῶν ▸ 2 + 1 = 3
    Verb · present · active · participle · masculine · singular · nominative ▸ 2 + 1 = **3** (Is. 10,22; Is. 44,24; Rom. 9,28)

συντετέλεσαι ▸ 1
    Verb · second · singular · perfect · middle · indicative ▸ **1** (Ezek. 22,13)

συντετελέσθαι ▸ 1
    Verb · perfect · middle · infinitive ▸ **1** (2Mac. 3,32)

συντετέλεσθε ▸ 1
    Verb · second · plural · perfect · middle · indicative ▸ **1** (Gen. 44,5)

συντετελεσμένα ▸ 3
    Verb · perfect · passive · participle · neuter · plural · accusative ▸ **3** (Esth. 16,7 # 8,12g; Hos. 13,2; Is. 28,22)

συντετελεσμένην ▸ 1
    Verb · perfect · passive · participle · feminine · singular · accusative ▸ **1** (2Mac. 8,17)

συντετελεσμένον ▸ 1
    Verb · perfect · passive · participle · neuter · singular · nominative ▸ **1** (Ezek. 16,14)

συντετελεσμένων ▸ 1
    Verb · perfect · passive · participle · neuter · plural · genitive ▸ **1** (Judith 15,4)

Συντετέλεσται ▸ 1
    Verb · third · singular · perfect · passive · indicative ▸ **1** (Nah. 2,1)

συντετέλεσται ▸ 7
    Verb · third · singular · perfect · passive · indicative ▸ **7** (1Sam. 20,7; 1Sam. 20,9; 1Sam. 20,33; 1Sam. 25,17; Job 19,27; Ezek. 11,15; Dan. 5,26-28)

συντέμνω (σύν; τομός) to cut short, shorten; summarize ▸ 5 + 2 + 1 = **8**

συνετμήθησαν ▸ 1
    Verb · third · plural · aorist · passive · indicative ▸ **1** (Dan. 9,24)

συντέμνοντες ▸ 1
    Verb · present · active · participle · masculine · plural · nominative ▸ **1** (2Mac. 10,10)

συντέμνων ▸ 1 + 1 = 2
    Verb · present · active · participle · masculine · singular · nominative ▸ 1 + 1 = **2** (Is. 10,22; Rom. 9,28)

συντετμημένα ▸ 1
    Verb · perfect · passive · participle · neuter · plural · accusative ▸ **1** (Is. 28,22)

συντετμημένον ▸ 1
    Verb · present · passive · participle · masculine · singular · accusative ▸ **1** (Is. 10,23)

συντετμημένου ▸ 1
    Verb · perfect · passive · participle · masculine · singular · genitive ▸ **1** (Dan. 9,26)

συντέτμηται ▸ 1
    Verb · third · singular · perfect · passive · indicative ▸ **1** (Dan. 5,26-28)

συντηρέω (σύν; τηρέω) to preserve ▸ 34 + 4 + 3 = **41**

συνετήρει ▸ 2
    Verb · third · singular · imperfect · active · indicative ▸ **2** (Mark 6,20; Luke 2,19)

συνετηρήθησαν ▸ 1
    Verb · third · plural · aorist · passive · indicative ▸ **1** (Dan. 3,23)

συνετήρησα ▸ 1 + 2 = 3
    Verb · first · singular · aorist · active · indicative ▸ 1 + 2 = **3** (Tob. 1,11; Tob. 1,11; Dan. 7,28)

συνετηρήσαμεν ▸ 2 + 1 = 3
    Verb · first · plural · aorist · active · indicative ▸ 2 + 1 = **3** (Ode. 7,30; Dan. 3,30; Dan. 3,30)

συνετήρησαν ▸ 1
    Verb · third · plural · aorist · active · indicative ▸ **1** (1Mac. 8,11)

συνετηρήσατε ▸ 1
    Verb · second · plural · aorist · active · indicative ▸ **1** (1Mac. 10,26)

συνετήρησε ▸ 1
    Verb · third · singular · aorist · active · indicative ▸ **1** (Dan. 4,28)

συνετήρησεν ▸ 3
    Verb · third · singular · aorist · active · indicative ▸ **3** (1Mac. 14,35; Sir. 44,20; Ezek. 18,19)

συντηρεῖ ▸ 1
    Verb · third · singular · present · active · indicative ▸ **1** (Sir. 28,3)

συντηρεῖν ▸ 4
    Verb · present · active · infinitive ▸ **4** (1Mac. 10,20; 2Mac. 9,26; 2Mac. 10,12; 2Mac. 12,42)

συντηρηθήσεται ▸ 1
    Verb · third · singular · future · passive · indicative ▸ **1** (Dan. 4,26)

συντηρῆσαι ▸ 1
    Verb · aorist · active · infinitive ▸ **1** (1Mac. 10,27)

συντηρήσατε ▸ 1
    Verb · second · plural · aorist · active · imperative ▸ **1** (Sir. 41,14)

συντηρήσει ▸ 2
    Verb · third · singular · future · active · indicative ▸ **2** (Sir. 17,22; Sir. 39,2)

συντηρήσεις ▸ 1
    Verb · second · singular · future · active · indicative ▸ **1** (Sir. 15,15)

συντηρήσητε ▸ 1
    Verb · second · plural · aorist · active · subjunctive ▸ **1** (2Mac. 11,19)

Συντήρησον ▸ 1
    Verb · second · singular · aorist · active · imperative ▸ **1** (Sir. 4,20)

συντήρησον ▸ 3
    Verb · second · singular · aorist · active · imperative ▸ **3** (Sir. 6,26; Sir. 13,13; Sir. 27,12)

συντηρήσουσιν ▸ 1
    Verb · third · plural · future · active · indicative ▸ **1** (Sir. 2,15)

συντηρήσω ▸ 1 + 1 = 2
    Verb · first · singular · aorist · active · subjunctive ▸ 1 + 1 = **2** (Tob. 3,15; Tob. 3,15)

συντηρουμένων ▸ 1
    Verb · present · passive · participle · masculine · plural · genitive ▸ **1** (2Mac. 3,1)

συντηρέω–συντρίβω 2315

συντηροῦντα ▸ 1
   Verb · present · active · participle · masculine · singular · accusative ▸ 1 (Sir. 37,12)
συντηροῦνται ▸ 1
   Verb · third · plural · present · passive · indicative · (variant) ▸ 1 (Matt. 9,17)
συντηροῦσιν ▸ 1
   Verb · third · plural · present · active · indicative ▸ 1 (1Mac. 11,33)
συντηρῶν ▸ 3
   Verb · present · active · participle · masculine · singular · nominative ▸ 3 (Prov. 15,4; Sir. 13,12; Sir. 35,1)
συντίθημι (σύν; τίθημι) to put together, to agree ▸ 9 + 2 + 3 = 14
   συνέθεντο ▸ 1 + 2 = 3
      Verb · third · plural · aorist · middle · indicative ▸ 1 + 2 = 3 (Sol. 8,10; Luke 22,5; Acts 23,20)
   συνέθεσθε ▸ 1
      Verb · second · plural · aorist · middle · indicative ▸ 1 (Dan. 2,9)
   συνέθετο ▸ 2
      Verb · third · singular · aorist · middle · indicative ▸ 2 (1Kings 16,28c; 1Mac. 15,27)
   συνέθηκαν ▸ 1 + 1 = 2
      Verb · third · plural · aorist · active · indicative ▸ 1 + 1 = 2 (2Mac. 8,31; Tob. 9,5)
   συνέθου ▸ 1
      Verb · second · singular · aorist · middle · indicative ▸ 1 (1Sam. 22,13)
   συνετέθειντο ▸ 1
      Verb · third · plural · pluperfect · middle · indicative ▸ 1 (John 9,22)
   συνθέμενοι ▸ 1
      Verb · aorist · middle · participle · masculine · plural · nominative ▸ 1 (Sus. 19)
   συνθέμενον ▸ 1
      Verb · aorist · middle · participle · masculine · singular · accusative ▸ 1 (4Mac. 4,17)
   συνθέσθαι ▸ 1
      Verb · aorist · middle · infinitive ▸ 1 (1Mac. 9,70)
   συνθώμεθα ▸ 1
      Verb · first · plural · aorist · middle · subjunctive ▸ 1 (1Mac. 11,9)
συντίμησις (σύν; τιμή) evaluation ▸ 6
   συντιμήσεως ▸ 3
      Noun · feminine · singular · genitive · (common) ▸ 3 (Lev. 27,18; 2Kings 12,5; 2Kings 12,5)
   συντίμησιν ▸ 1
      Noun · feminine · singular · accusative · (common) ▸ 1 (2Kings 23,35)
   συντίμησις ▸ 2
      Noun · feminine · singular · nominative · (common) ▸ 2 (Lev. 27,4; Num. 18,16)
σύντομος (σύν; τέμνω) concise, brief, short ▸ 3
   σύντομον ▸ 2
      Adjective · neuter · singular · accusative · noDegree ▸ 1 (2Mac. 2,31)
      Adjective · neuter · singular · nominative · noDegree ▸ 1 (Wis. 14,14)
   σύντομος ▸ 1
      Adjective · feminine · singular · nominative · noDegree ▸ 1 (4Mac. 14,10)
συντόμως (σύν; τομός) briefly ▸ 3 + 2 = 5

συντόμως ▸ 3 + 2 = 5
   Adverb ▸ 3 + 2 = 5 (3Mac. 5,25; Prov. 13,23; Prov. 23,28; Mark 16,8; Acts 24,4)
συντρέφω to bring up together ▸ 4
   συντραφέντες ▸ 1
      Verb · aorist · passive · participle · masculine · plural · nominative ▸ 1 (4Mac. 13,24)
   συντρεφομένους ▸ 1
      Verb · present · passive · participle · masculine · plural · accusative ▸ 1 (Dan. 1,10)
   συντρέφονται ▸ 1
      Verb · third · plural · present · passive · indicative ▸ 1 (4Mac. 13,21)
   συστρέφων ▸ 1
      Verb · present · active · participle · masculine · singular · nominative ▸ 1 (Sir. 38,29)
συντρέχω (σύν; τρέχω) to run together ▸ 7 + 3 = 10
   συνδραμόντες ▸ 1
      Verb · aorist · active · participle · masculine · plural · nominative ▸ 1 (2Mac. 6,11)
   συνδραμοῦνται ▸ 1
      Verb · third · plural · future · middle · indicative ▸ 1 (Judith 14,3)
   συνέδραμεν ▸ 1 + 1 = 2
      Verb · third · singular · aorist · active · indicative ▸ 1 + 1 = 2 (Judith 15,12; Acts 3,11)
   συνέδραμον ▸ 2 + 1 = 3
      Verb · third · plural · aorist · active · indicative ▸ 2 + 1 = 3 (Judith 6,16; Judith 13,13; Mark 6,33)
   συνέτρεχες ▸ 1
      Verb · second · singular · imperfect · active · indicative ▸ 1 (Psa. 49,18)
   συνέτρεχον ▸ 1
      Verb · third · plural · imperfect · active · indicative ▸ 1 (2Mac. 3,19)
   συντρεχόντων ▸ 1
      Verb · present · active · participle · masculine · plural · genitive ▸ 1 (1Pet. 4,4)
συντριβή (σύν; τρίβος) crushing, bruise ▸ 22
   συντριβή ▸ 1
      Noun · feminine · singular · nominative · (common) ▸ 1 (Lam. 3,47)
   συντριβή ▸ 9
      Noun · feminine · singular · nominative · (common) ▸ 9 (Prov. 6,15; Prov. 10,15; Prov. 10,29; Prov. 14,28; Prov. 18,7; Is. 13,6; Jer. 6,1; Jer. 27,22; Jer. 28,54)
   συντριβῇ ▸ 6
      Noun · feminine · singular · dative · (common) ▸ 6 (1Mac. 4,32; Prov. 10,14; Hos. 13,13; Amos 6,6; Nah. 3,19; Ezek. 21,11)
   συντριβήν ▸ 1
      Noun · feminine · singular · accusative · (common) ▸ 1 (Prov. 17,16a)
   συντριβήν ▸ 1
      Noun · feminine · singular · accusative · (common) ▸ 1 (Jer. 4,6)
   συντριβῆς ▸ 4
      Noun · feminine · singular · genitive · (common) ▸ 4 (Prov. 16,18; Prov. 18,12; Is. 65,14; Lam. 2,13)
συντρίβω (σύν; τρίβος) to crush, to break ▸ 219 + 16 + 7 = 242
   Συνετρίβη ▸ 2
      Verb · third · singular · aorist · passive · indicative ▸ 2 (Neh. 4,4; Jer. 31,4)

Σ, σ

συνετρίβη ▸ 30 + 1 = 31
    Verb ▪ third ▪ singular ▪ aorist ▪ passive ▪ indicative ▸ 30 + 1 = **31** (Gen. 49,24; 1Sam. 4,18; 1Kings 16,28f; 2Chr. 20,37; 1Mac. 3,23; 1Mac. 5,21; 1Mac. 7,43; 1Mac. 8,6; 1Mac. 9,7; 1Mac. 9,15; 1Mac. 9,16; 1Mac. 9,68; 1Mac. 10,53; 1Mac. 13,51; Psa. 123,7; Sol. 8,5; Is. 14,12; Is. 14,29; Is. 46,1; Jer. 13,17; Jer. 14,17; Jer. 23,9; Jer. 27,23; Jer. 28,8; Jer. 31,17; Jer. 31,20; Jer. 31,25; Ezek. 26,2; Ezek. 31,12; Dan. 8,8; Dan. 8,8)

συνετρίβης ▸ 2
    Verb ▪ second ▪ singular ▪ aorist ▪ passive ▪ indicative ▸ **2** (Ezek. 27,34; Ezek. 29,7)

συνετρίβησαν ▸ 11
    Verb ▪ third ▪ plural ▪ aorist ▪ passive ▪ indicative ▸ **11** (Josh. 10,12; 2Chr. 14,12; 1Mac. 4,14; 1Mac. 4,36; 1Mac. 5,7; 1Mac. 5,43; 1Mac. 10,82; 1Mac. 14,13; Is. 21,9; Jer. 22,20; Jer. 28,30)

Συνέτριψα ▸ 1
    Verb ▪ first ▪ singular ▪ aorist ▪ active ▪ indicative ▸ **1** (Jer. 35,2)

συνέτριψα ▸ 6
    Verb ▪ first ▪ singular ▪ aorist ▪ active ▪ indicative ▸ **6** (Lev. 26,13; Deut. 9,17; 1Mac. 10,52; Job 29,17; Jer. 31,38; Ezek. 30,21)

συνέτριψαν ▸ 9 + 1 = 10
    Verb ▪ third ▪ plural ▪ aorist ▪ active ▪ indicative ▸ 9 + 1 = **10** (Josh. 7,5; Judg. 7,20; 2Kings 11,18; 2Kings 25,13; 2Chr. 31,1; 1Mac. 8,4; 1Mac. 8,5; Jer. 5,5; Jer. 52,17; Judg. 7,20)

συνέτριψας ▸ 9
    Verb ▪ second ▪ singular ▪ aorist ▪ active ▪ indicative ▸ **9** (Ex. 15,7; Ex. 34,1; Deut. 10,2; Psa. 3,8; Psa. 73,13; Ode. 1,7; Job 38,15; Jer. 2,20; Jer. 35,13)

συνέτριψε ▸ 1
    Verb ▪ third ▪ singular ▪ aorist ▪ active ▪ indicative ▸ **1** (Dan. 8,7)

συνέτριψεν ▸ 26 + 2 = 28
    Verb ▪ third ▪ singular ▪ aorist ▪ active ▪ indicative ▸ 26 + 2 = **28** (Ex. 9,25; Ex. 32,19; Josh. 10,10; Josh. 10,12; 1Kings 13,28; 1Kings 21,37; 2Kings 1,18c; 2Kings 18,4; 2Kings 23,14; 2Kings 23,15; 2Chr. 14,2; 2Chr. 34,4; Psa. 57,7; Psa. 75,4; Psa. 104,16; Psa. 104,33; Psa. 106,16; Ode. 11,13; Sir. 47,7; Is. 14,5; Is. 38,13; Jer. 35,10; Lam. 2,7; Lam. 2,9; Lam. 3,4; Dan. 8,7; Judg. 14,6; Dan. 8,7)

συνέτριψέν ▸ 1
    Verb ▪ third ▪ singular ▪ aorist ▪ active ▪ indicative ▸ **1** (Ezek. 27,26)

συντετριμμένη ▸ 2 + 1 = 3
    Verb ▪ perfect ▪ passive ▪ participle ▪ feminine ▪ singular ▪ dative ▸ 2 + 1 = **3** (Ode. 7,39; Dan. 3,39; Dan. 3,39)

συντετριμμένην ▸ 3
    Verb ▪ perfect ▪ passive ▪ participle ▪ feminine ▪ singular ▪ accusative ▸ **3** (Psa. 50,19; Mic. 4,6; Mic. 4,7)

συντετριμμένοις ▸ 2
    Verb ▪ perfect ▪ passive ▪ participle ▪ masculine ▪ plural ▪ dative ▸ **2** (Psa. 33,19; Is. 57,15)

συντετριμμένον ▸ 7 + 1 = 8
    Verb ▪ perfect ▪ passive ▪ participle ▪ masculine ▪ singular ▪ accusative ▪ (variant) ▸ **1** (Matt. 12,20)
    Verb ▪ perfect ▪ passive ▪ participle ▪ neuter ▪ singular ▪ accusative ▸ **5** (Lev. 22,22; Zech. 11,16; Ezek. 34,4; Ezek. 34,16; Dan. 2,42)
    Verb ▪ perfect ▪ passive ▪ participle ▪ neuter ▪ singular ▪ nominative ▸ **2** (Psa. 50,19; Sir. 21,14)

συντετριμμένος ▸ 1
    Verb ▪ perfect ▪ passive ▪ participle ▪ masculine ▪ singular ▪ nominative ▸ **1** (Jer. 23,9)

συντετριμμένους ▸ 5
    Verb ▪ perfect ▪ passive ▪ participle ▪ masculine ▪ plural ▪ accusative ▸ **5** (Deut. 28,7; Psa. 146,3; Zeph. 3,18; Is. 61,1; Jer. 2,13)

συντετριμμένων ▸ 1
    Verb ▪ perfect ▪ passive ▪ participle ▪ masculine ▪ plural ▪ genitive ▸ **1** (3Mac. 2,20)

συντετρῖφθαι ▸ 1
    Verb ▪ perfect ▪ passive ▪ infinitive ▪ (variant) ▸ **1** (Mark 5,4)

συντρίβει ▸ 2
    Verb ▪ third ▪ singular ▪ present ▪ active ▪ indicative ▸ **2** (Prov. 17,10; Prov. 25,15)

συντριβείη ▸ 4 + 1 = 5
    Verb ▪ third ▪ singular ▪ aorist ▪ passive ▪ optative ▸ 4 + 1 = **5** (Ode. 7,44; Job 24,20; Job 31,22; Dan. 3,44; Dan. 3,44)

συντριβείησαν ▸ 1
    Verb ▪ third ▪ plural ▪ aorist ▪ passive ▪ optative ▸ **1** (Psa. 36,15)

συντριβέν ▸ 1
    Verb ▪ aorist ▪ passive ▪ participle ▪ neuter ▪ singular ▪ nominative ▸ **1** (LetterJ 15)

συντριβέντα ▸ 1
    Verb ▪ aorist ▪ passive ▪ participle ▪ neuter ▪ plural ▪ nominative ▸ **1** (Dan. 8,22)

συντριβέντας ▸ 1
    Verb ▪ aorist ▪ passive ▪ participle ▪ masculine ▪ plural ▪ accusative ▸ **1** (Dan. 11,22)

συντριβέντος ▸ 1
    Verb ▪ aorist ▪ passive ▪ participle ▪ neuter ▪ singular ▪ genitive ▸ **1** (Dan. 8,22)

συντρίβεται ▸ 3 + 1 = 4
    Verb ▪ third ▪ singular ▪ present ▪ passive ▪ indicative ▸ 3 + 1 = **4** (Prov. 6,16; Prov. 26,10; Jer. 19,11; Rev. 2,27)

συντριβῇ ▸ 3
    Verb ▪ third ▪ singular ▪ aorist ▪ passive ▪ subjunctive ▸ **3** (Ex. 22,9; Ex. 22,13; Eccl. 12,6)

συντριβῆναι ▸ 1
    Verb ▪ aorist ▪ passive ▪ infinitive ▸ **1** (Jonah 1,4)

συντριβήσεται ▸ 10 + 2 + 1 = 13
    Verb ▪ third ▪ singular ▪ future ▪ passive ▪ indicative ▸ 10 + 2 + 1 = **13** (Lev. 6,21; Lev. 11,33; Lev. 15,12; Psa. 33,21; Prov. 24,22c; Sir. 13,2; Sir. 27,2; Ezek. 32,12; Dan. 11,4; Dan. 11,20; Dan. 11,4; Dan. 11,20; John 19,36)

συντριβήσεταί ▸ 1
    Verb ▪ third ▪ singular ▪ future ▪ passive ▪ indicative ▸ **1** (Job 38,11)

συντριβήσονται ▸ 8 + 1 = 9
    Verb ▪ third ▪ plural ▪ future ▪ passive ▪ indicative ▸ 8 + 1 = **9** (Psa. 36,17; Joel 2,6; Is. 1,28; Is. 8,15; Is. 10,33; Is. 28,13; Ezek. 6,4; Ezek. 6,6; Dan. 11,22)

συντριβῆτε ▸ 1
    Verb ▪ second ▪ plural ▪ aorist ▪ passive ▪ subjunctive ▸ **1** (Deut. 1,42)

Συντριβήτω ▸ 1
    Verb ▪ third ▪ singular ▪ aorist ▪ passive ▪ imperative ▸ **1** (Jer. 25,15)

συντριβόμενον ▸ 1
    Verb ▪ present ▪ passive ▪ participle ▪ neuter ▪ singular ▪ nominative ▸ **1** (Dan. 2,42)

συντρῖβον ▸ 1 + 1 = 2
    Verb ▪ present ▪ active ▪ participle ▪ neuter ▪ singular ▪ nominative ▸ 1 + 1 = **2** (1Kings 19,11; Luke 9,39)

συντρίβοντα ▸ 1
    Verb ▪ present ▪ active ▪ participle ▪ masculine ▪ singular ▪ accusative ▸ **1** (2Mac. 12,28)

συντρίβοντος ▸ 1
    Verb · present · active · participle · masculine · singular · genitive ▸ 1 (Psa. 28,5)
συντρίβω ▸ 1
    Verb · first · singular · present · active · indicative ▸ 1 (Ezek. 4,16)
συντρίβων ▸ 7
    Verb · present · active · participle · masculine · singular · nominative ▸ 7 (Ex. 15,3; Ex. 23,24; Neh. 2,13; Neh. 2,15; Judith 9,7; Judith 16,2; Ode. 1,3)
συντρίβωνται ▸ 1
    Verb · third · plural · present · passive · subjunctive ▸ 1 (Dan. 11,34)
συντριβῶσι ▸ 1
    Verb · third · plural · aorist · passive · subjunctive ▸ 1 (Ezek. 30,8)
συντρῖψαι ▸ 5
    Verb · aorist · active · infinitive ▸ 5 (Gen. 19,9; Sol. 17,24; Jer. 35,12; Lam. 1,15; Ezek. 30,18)
συντρῖψαί ▸ 1
    Verb · aorist · active · infinitive ▸ 1 (Ezek. 34,27)
συντρίψας ▸ 3
    Verb · aorist · active · participle · masculine · singular · nominative ▸ 3 (Deut. 33,20; 1Mac. 4,30; Is. 59,5)
συντρίψασα ▸ 1
    Verb · aorist · active · participle · feminine · singular · nominative ▸ 1 (Mark 14,3)
συντρίψει ▸ 10 + 3 + 1 = 14
    Verb · third · singular · future · active · indicative ▸ 10 + 3 + 1 = 14 (1Mac. 3,22; 1Mac. 4,10; Psa. 28,5; Psa. 45,10; Sir. 35,21; Is. 42,3; Is. 42,13; Jer. 50,13; Ezek. 7,11; Dan. 11,22; Judg. 14,6; Dan. 8,25; Dan. 11,40; Rom. 16,20)
συντρίψεις ▸ 4
    Verb · second · singular · future · active · indicative ▸ 4 (Ex. 23,24; Psa. 2,9; Psa. 47,8; Jer. 19,10)
συντρίψετε ▸ 6 + 1 = 7
    Verb · second · plural · future · active · indicative ▸ 6 + 1 = 7 (Ex. 12,10; Ex. 12,46; Ex. 34,13; Deut. 7,5; Deut. 12,3; Judg. 2,2; Judg. 2,2)
συντρίψῃ ▸ 1
    Verb · third · singular · aorist · active · subjunctive ▸ 1 (Sir. 35,20)
σύντριψον ▸ 4
    Verb · second · singular · aorist · active · imperative ▸ 4 (1Mac. 7,42; Psa. 9,36; Sir. 36,9; Jer. 17,18)
συντρίψουσιν ▸ 2 + 1 = 3
    Verb · third · plural · future · active · indicative ▸ 2 + 1 = 3 (Num. 9,12; Is. 13,18; Dan. 11,26)
συντρίψω ▸ 13
    Verb · first · singular · future · active · indicative ▸ 13 (Lev. 26,19; Hos. 1,5; Hos. 2,20; Amos 1,5; Nah. 1,13; Is. 45,2; Jer. 19,11; Jer. 35,4; Jer. 35,11; Jer. 37,8; Ezek. 5,16; Ezek. 14,13; Ezek. 30,22)

σύντριμμα (σύν; τρίβος) fracture, wound, destruction ▸ 35 + 1 = 36
    σύντριμμα ▸ 23 + 1 = 24
        Noun · neuter · singular · accusative · (common) ▸ 10 (Lev. 24,20; 1Mac. 2,7; 1Mac. 2,7; Is. 22,4; Is. 30,26; Jer. 6,14; Jer. 17,18; Jer. 37,12; Lam. 2,11; Lam. 3,48)
        Noun · neuter · singular · nominative · (common) ▸ 13 + 1 = 14 (Lev. 21,19; Lev. 21,19; Psa. 13,3; Wis. 3,3; Sir. 40,9; Amos 9,9; Is. 15,5; Is. 28,12; Is. 30,14; Is. 51,19; Is. 59,7; Is. 60,18; Jer. 31,3; Rom. 3,16)
    συντρίμματα ▸ 6
        Noun · neuter · plural · accusative · (common) ▸ 4 (Psa. 59,4; Psa. 146,3; Job 9,17; Jer. 3,22)
        Noun · neuter · plural · nominative · (common) ▸ 2 (Prov. 20,30; Prov. 23,29)
    συντρίμματι ▸ 3
        Noun · neuter · singular · dative · (common) ▸ 3 (Jer. 8,21; Jer. 14,17; Lam. 4,10)
    συντρίμματί ▸ 1
        Noun · neuter · singular · dative · (common) ▸ 1 (Jer. 10,19)
    συντρίμματος ▸ 2
        Noun · neuter · singular · genitive · (common) ▸ 2 (Lev. 24,20; Jer. 31,5)

συντριμμός (σύν; τρίβω) ruin ▸ 5
    συντριμμοί ▸ 1
        Noun · masculine · plural · nominative · (common) ▸ 1 (2Sam. 22,5)
    συντριμμόν ▸ 3
        Noun · masculine · singular · accusative · (common) ▸ 3 (Amos 5,9; Mic. 2,8; Jer. 4,20)
    συντριμμός ▸ 1
        Noun · masculine · singular · nominative · (common) ▸ 1 (Zeph. 1,10)

σύντριψις (σύν; τρίβος) ruin ▸ 1
    σύντριψιν ▸ 1
        Noun · feminine · singular · accusative · (common) ▸ 1 (Josh. 10,10)

συντροφία (σύν; τρέφω) common upbringing, common nurture ▸ 2
    συντροφίας ▸ 2
        Noun · feminine · singular · genitive · (common) ▸ 2 (3Mac. 5,32; 4Mac. 13,22)

σύντροφος (σύν; τρέφω) close friend, comrade ▸ 4 + 1 = 5
    σύντροφοι ▸ 2
        Noun · masculine · plural · nominative ▸ 2 (1Kings 12,24r; 1Kings 12,24s)
    σύντροφος ▸ 1 + 1 = 2
        Noun · masculine · singular · nominative ▸ 1 + 1 = 2 (2Mac. 9,29; Acts 13,1)
    συντρόφους ▸ 1
        Noun · masculine · plural · accusative ▸ 1 (1Kings 12,24r)

συντροχάζω (σύν; τρέχω) to run together ▸ 1
    συντροχάσῃ ▸ 1
        Verb · third · singular · aorist · active · subjunctive ▸ 1 (Eccl. 12,6)

συντυγχάνω (σύν; τυγχάνω) to reach, to meet ▸ 1 + 1 = 2
    συντυχεῖν ▸ 1 + 1 = 2
        Verb · aorist · active · infinitive ▸ 1 + 1 = 2 (2Mac. 8,14; Luke 8,19)

Συντύχη Syntyche ▸ 1
    Συντύχην ▸ 1
        Noun · feminine · singular · accusative · (proper) ▸ 1 (Phil. 4,2)

συνυποκρίνομαι (σύν; ὑπό; κρίνω) to act insincerely with ▸ 1
    συνυπεκρίθησαν ▸ 1
        Verb · third · plural · aorist · passive · indicative ▸ 1 (Gal. 2,13)

συνυπουργέω (σύν; ὑπό; ἔργον) to help ▸ 1
    συνυπουργούντων ▸ 1
        Verb · present · active · participle · masculine · plural · genitive

▸ 1 (2Cor. 1,11)

συνυφαίνω (σύν; ὑφαίνω) to weave together ▸ 3
  συνυφᾶναι ▸ 1
    Verb · aorist · active · infinitive ▸ **1** (Ex. 36,10)
  συνυφάνθη ▸ 1
    Verb · third · singular · aorist · passive · indicative ▸ **1** (Ex. 36,17)
  συνυφασμένην ▸ 1
    Verb · perfect · passive · participle · feminine · singular · accusative ▸ **1** (Ex. 28,32)

συνυφή (σύν; ὑφαίνω) woven of same material ▸ 1
  συνυφῆς ▸ 1
    Noun · feminine · singular · genitive · (common) ▸ **1** (Ex. 36,27)

συνωδίνω (σύν; ὠδίν) to suffer pain together ▸ 1
  συνωδίνει ▸ 1
    Verb · third · singular · present · active · indicative ▸ **1** (Rom. 8,22)

συνωμοσία (σύν; ὀμνύω) conspiracy, plot ▸ 1
  συνωμοσίαν ▸ 1
    Noun · feminine · singular · accusative ▸ **1** (Acts 23,13)

συνωμότης (σύν; ὄμνυμι) ally ▸ 1
  συνωμόται ▸ 1
    Noun · masculine · plural · nominative · (common) ▸ **1** (Gen. 14,13)

συνωρίς (σύν; αἴρω) pair; band ▸ 1
  συνωρίδος ▸ 1
    Noun · feminine · singular · genitive · (common) ▸ **1** (Is. 21,9)

Σύρα Syrian, Aramean (f.) ▸ 3
  Σύρα ▸ 2
    Noun · feminine · singular · nominative · (proper) ▸ **2** (Gen. 46,20; 1Chr. 7,14)
  Σύρας ▸ 1
    Noun · feminine · plural · accusative · (proper) ▸ **1** (1Kings 11,1)

Συράκουσαι Syracuse ▸ 1
  Συρακούσας ▸ 1
    Noun · feminine · plural · accusative · (proper) ▸ **1** (Acts 28,12)

Συρία Syria, Aram ▸ 143 + 2 + 8 = 153
  Συρία ▸ 15
    Noun · feminine · singular · nominative · (proper) ▸ **15** (2Sam. 8,5; 2Sam. 10,8; 2Sam. 10,11; 2Sam. 10,14; 2Sam. 10,15; 2Sam. 10,17; 2Sam. 10,18; 2Sam. 10,19; 1Kings 21,20; 1Kings 21,27; 1Kings 21,28; 2Kings 5,2; 2Kings 6,9; 2Kings 7,12; 2Kings 7,15)
  Συρίᾳ ▸ 14
    Noun · feminine · singular · dative · (proper) ▸ **14** (2Sam. 8,6; 2Sam. 15,8; 1Kings 16,28e; 1Kings 21,21; 2Kings 5,1; 2Kings 13,17; 2Kings 16,6; 1Chr. 18,6; 1Esdr. 2,13; 1Esdr. 2,19; 1Esdr. 4,48; 1Esdr. 6,7; 1Esdr. 6,26; 1Esdr. 8,23)
  Συρίαν ▸ 19 + 6 = 25
    Noun · feminine · singular · accusative · (proper) ▸ **19 + 6 = 25** (Deut. 26,5; 2Sam. 10,6; 2Sam. 10,13; 2Sam. 10,16; 1Kings 21,26; 1Kings 21,29; 1Kings 22,11; 2Kings 8,13; 2Kings 13,17; 2Kings 13,19; 2Kings 13,19; 2Chr. 18,10; 1Esdr. 2,18; 1Esdr. 2,22; 1Mac. 11,2; 2Mac. 3,8; 3Mac. 3,15; Psa. 59,2; Is. 9,11; Matt. 4,24; Acts 15,23; Acts 15,41; Acts 18,18; Acts 20,3; Acts 21,3)
  Συρίας ▸ 95 + 2 + 2 = 99
    Noun · femini ne · singular · genitive · (proper) ▸ **95 + 2 + 2 = 99** (Gen. 28,6; Gen. 28,7; Gen. 33,18; Gen. 35,9; Gen. 35,26; Gen. 46,15; Gen. 48,7; Judg. 3,8; Judg. 3,10; Judg. 18,7; Judg. 18,9; 2Sam. 10,9; 2Sam. 10,18; 1Kings 10,29; 1Kings 15,18; 1Kings 19,15; 1Kings 21,17; 1Kings 21,20; 1Kings 21,22; 1Kings 21,23; 1Kings 22,1; 1Kings 22,3; 1Kings 22,12; 1Kings 22,31; 1Kings 22,35; 2Kings 5,1; 2Kings 5,5; 2Kings 6,8; 2Kings 6,11; 2Kings 6,23; 2Kings 6,24; 2Kings 7,4; 2Kings 7,5; 2Kings 7,5; 2Kings 7,6; 2Kings 7,10; 2Kings 7,14; 2Kings 7,16; 2Kings 8,7; 2Kings 8,9; 2Kings 8,29; 2Kings 9,14; 2Kings 9,15; 2Kings 9,16; 2Kings 12,18; 2Kings 12,19; 2Kings 13,3; 2Kings 13,4; 2Kings 13,5; 2Kings 13,7; 2Kings 13,24; 2Kings 15,37; 2Kings 16,5; 2Kings 16,6; 2Kings 16,7; 2Kings 24,2; 1Chr. 19,6; 1Chr. 19,6; 2Chr. 1,17; 2Chr. 16,2; 2Chr. 16,7; 2Chr. 16,7; 2Chr. 18,30; 2Chr. 18,34; 2Chr. 20,2; 2Chr. 22,5; 2Chr. 22,6; 2Chr. 24,23; 2Chr. 24,24; 2Chr. 28,5; 2Chr. 28,23; 1Esdr. 6,3; 1Esdr. 6,7; 1Esdr. 6,26; 1Esdr. 6,28; 1Esdr. 7,1; 1Esdr. 8,19; 1Esdr. 8,64; Judith 1,12; Judith 8,26; 1Mac. 3,13; 1Mac. 3,41; 1Mac. 7,39; 1Mac. 10,69; 1Mac. 11,60; 2Mac. 3,5; 2Mac. 4,4; 2Mac. 8,8; 2Mac. 10,11; 4Mac. 4,2; Psa. 59,2; Hos. 12,13; Amos 1,5; Mic. 7,12; Ezek. 16,57; Judg. 3,8; Judg. 3,10; Luke 2,2; Gal. 1,21)

Συριακή Syriac, Aramaic ▸ 2
  Συριακῇ ▸ 1
    Noun · feminine · singular · dative · (proper) ▸ **1** (2Mac. 15,36)
  Συριακῆς ▸ 1
    Noun · feminine · singular · genitive · (proper) ▸ **1** (Job 42,17b)

σύριγμα (σύν; συρίζω) scorn ▸ 1
  σύριγμα ▸ 1
    Noun · neuter · singular · accusative · (common) ▸ **1** (Jer. 18,16)

συριγμός (σῦριγξ) hissing; scorn ▸ 3
  συριγμόν ▸ 1
    Noun · masculine · singular · accusative · (common) ▸ **1** (Jer. 19,8)
  συριγμῶν ▸ 2
    Noun · masculine · singular · accusative · (common) ▸ **2** (Jer. 25,9; Jer. 32,18)

σύριγξ (σύν; συρίζω) pipe; duct, channel; nostrils (pl); abscess ▸ 1 + 4 = 5
  σύριγγος ▸ 1
    Noun · feminine · singular · genitive · (common) ▸ **1** (Dan. 3,5)
  σύριγγός ▸ 4
    Noun · feminine · singular · genitive · (common) ▸ **4** (Dan. 3,5; Dan. 3,7; Dan. 3,10; Dan. 3,15)

συρίζω (σῦριγξ) to hiss ▸ 13
  ἐσύρισαν ▸ 2
    Verb · third · plural · aorist · active · indicative ▸ **2** (Lam. 2,15; Lam. 2,16)
  ἐσύρισάν ▸ 1
    Verb · third · plural · aorist · active · indicative ▸ **1** (Ezek. 27,36)
  συριεῖ ▸ 7
    Verb · third · singular · future · active · indicative ▸ **7** (1Kings 9,8; Job 27,23; Zeph. 2,15; Is. 5,26; Is. 7,18; Jer. 19,8; Jer. 30,11)
  συρίζον ▸ 1
    Verb · present · active · participle · neuter · singular · nominative ▸ **1** (Wis. 17,17)
  συρίζοντος ▸ 1
    Verb · present · active · participle · masculine · singular · genitive ▸ **1** (Jer. 26,22)
  συριοῦσιν ▸ 1
    Verb · third · plural · future · active · indicative ▸ **1** (Jer. 27,13)

συρισμός (σῦριγξ) hissing; bleating ▸ 4 + 1 = 5
  συριγμοῖς ▸ 1
    Noun · masculine · plural · dative · (common) ▸ **1** (Wis. 17,9)
  συρισμόν ▸ 2
    Noun · masculine · singular · accusative · (common) ▸ **2** (2Chr. 29,8; Mic. 6,16)
  συρισμοῦ ▸ 1
    Noun · masculine · singular · genitive · (common) ▸ **1** (Judg. 5,16)

συρισμούς ▸ 1
 Noun · masculine · plural · accusative · (common) ▸ 1 (Judg. 5,16)
Συριστί in Syriac, in Aramaic ▸ 4 + 1 = 5
 Συριστὶ ▸ 1
  Adverb ▸ 1 (Ezra 4,7)
 Συριστί ▸ 3 + 1 = 4
  Adverb ▸ 3 + 1 = 4 (2Kings 18,26; Is. 36,11; Dan. 2,4; Dan. 2,4)
Σύρος Syrian, Aramean ▸ 32 + 1 = 33
 Σύροι ▸ 4
  Noun · masculine · plural · nominative · (proper) ▸ 4 (2Kings 8,28; 2Kings 9,15; 1Chr. 19,15; 2Chr. 22,6)
 Σύρον ▸ 3
  Noun · masculine · singular · accusative · (proper) ▸ 3 (Gen. 31,20; Gen. 31,24; 1Chr. 19,16)
 Σύρος ▸ 11 + 1 = 12
  Noun · masculine · singular · nominative · (proper) ▸ 11 + 1 = 12 (1Sam. 21,8; 1Sam. 22,9; 1Sam. 22,18; 1Sam. 22,22; 2Sam. 8,6; 1Chr. 18,5; 1Chr. 19,12; 1Chr. 19,16; 1Chr. 19,17; 1Chr. 19,18; 1Chr. 19,19; Luke 4,27)
 Σύρου ▸ 7
  Noun · masculine · singular · genitive · (proper) ▸ 7 (Gen. 25,20; Gen. 25,20; Gen. 28,5; Gen. 29,1; 2Kings 5,20; 1Chr. 19,10; 1Chr. 19,18)
 Σύρους ▸ 1
  Noun · masculine · plural · accusative · (proper) ▸ 1 (Amos 9,7)
 Σύρῳ ▸ 3
  Noun · masculine · singular · dative · (proper) ▸ 3 (Gen. 31,22; 2Sam. 8,5; 1Chr. 18,5)
 Σύρων ▸ 3
  Noun · masculine · plural · genitive · (proper) ▸ 3 (Gen. 22,21; 2Chr. 36,5b; Is. 17,3)
Συροφοινίκισσα Syrophoenician (f) ▸ 1
 Συροφοινίκισσα ▸ 1
  Noun · feminine · singular · nominative · (proper) ▸ 1 (Mark 7,26)
συρράπτω (σύν; ῥάπις) to sew ▸ 2
 συρραπτούσαις ▸ 1
  Verb · present · active · participle · feminine · plural · dative ▸ 1 (Ezek. 13,18)
 συρραφῇ ▸ 1
  Verb · third · singular · aorist · passive · subjunctive ▸ 1 (Job 14,12)
Σύρτις Syrtis ▸ 1
 Σύρτιν ▸ 1
  Noun · feminine · singular · accusative · (proper) ▸ 1 (Acts 27,17)
σύρω (σύν; σύρω) to drag, draw ▸ 8 + 5 = 13
 ἔσυραν ▸ 1
  Verb · third · plural · aorist · active · indicative ▸ 1 (4Mac. 6,1)
 ἔσυρον ▸ 2
  Verb · third · plural · imperfect · active · indicative ▸ 2 (Acts 14,19; Acts 17,6)
 σύρει ▸ 1
  Verb · third · singular · present · active · indicative ▸ 1 (Rev. 12,4)
 σῦρον ▸ 2
  Verb · present · active · participle · neuter · singular · accusative ▸ 1 (Is. 28,2)
  Verb · present · active · participle · neuter · singular · nominative ▸ 1 (Is. 30,28)
 σύροντες ▸ 1 + 1 = 2
  Verb · present · active · participle · masculine · plural · nominative ▸ 1 + 1 = 2 (Mic. 7,17; John 21,8)
 συρόντων ▸ 2
  Verb · present · active · participle · neuter · plural · genitive ▸ 2 (Deut. 32,24; Ode. 2,24)
 συροῦμεν ▸ 1
  Verb · first · plural · future · active · indicative ▸ 1 (2Sam. 17,13)
 σύρουσαι ▸ 1
  Verb · present · active · participle · feminine · plural · nominative ▸ 1 (Is. 3,16)
 σύρων ▸ 1
  Verb · present · active · participle · masculine · singular · nominative ▸ 1 (Acts 8,3)
Σύρων Syrian, Aramean ▸ 1
 Σύρων ▸ 1
  Noun · masculine · plural · genitive · (proper) ▸ 1 (1Chr. 19,14)
σῦς (ὗς) wild pig, boar ▸ 1
 σῦς ▸ 1
  Noun · masculine · singular · nominative · (common) ▸ 1 (Psa. 79,14)
συσκήνιος (σύν; σκηνή) fellow lodger, tentmates ▸ 1
 συσκηνίοις ▸ 1
  Noun · masculine · plural · dative · (common) ▸ 1 (Ex. 16,16)
σύσκηνος (σύν; σκηνή) tentmate, fellow lodger ▸ 1
 συσκήνου ▸ 1
  Noun · masculine · singular · genitive · (common) ▸ 1 (Ex. 3,22)
συσκιάζω (σύν; σκιά) to overshadow ▸ 3
 συσκιάζον ▸ 1
  Verb · present · active · participle · neuter · singular · accusative ▸ 1 (Num. 4,5)
 συσκιάζοντες ▸ 1
  Verb · present · active · participle · masculine · plural · nominative ▸ 1 (Ex. 25,20)
 συσκιάζοντος ▸ 1
  Verb · present · active · participle · neuter · singular · genitive ▸ 1 (Hos. 4,13)
σύσκιος (σύν; σκιά) heavily shaded; shady ▸ 3
 σύσκιος ▸ 1
  Adjective · feminine · singular · nominative · noDegree ▸ 1 (Song 1,16)
 συσκίου ▸ 2
  Adjective · neuter · singular · genitive · noDegree ▸ 2 (1Kings 14,23; Ezek. 6,13)
συσκοτάζω (σύν; σκότος) to darken ▸ 11
 συνεσκότασεν ▸ 1
  Verb · third · singular · aorist · active · indicative ▸ 1 (1Kings 18,45)
 συσκοτάζων ▸ 1
  Verb · present · active · participle · masculine · singular · nominative ▸ 1 (Amos 5,8)
 συσκοτάσαι ▸ 1
  Verb · aorist · active · infinitive ▸ 1 (Jer. 13,16)
 συσκοτασάτω ▸ 1
  Verb · third · singular · aorist · active · imperative ▸ 1 (Jer. 4,28)
 συσκοτάσει ▸ 3
  Verb · third · singular · future · active · indicative ▸ 3 (Amos 8,9; Mic. 3,6; Ezek. 30,18)
 συσκοτάσουσιν ▸ 3
  Verb · third · plural · future · active · indicative ▸ 3 (Joel 2,10; Joel 4,15; Ezek. 32,8)
 συσκοτάσω ▸ 1
  Verb · first · singular · future · active · indicative ▸ 1 (Ezek. 32,7)
συσπαράσσω (σύν; σπάω) to throw into convulsions

▸ 2
  συνεσπάραξεν ▸ 2
    Verb · third · singular · aorist · active · indicative ▸ 2 (Mark 9,20; Luke 9,42)
συσπάω (σύν; σπάω) to shrivel up ▸ 1
  συνεσπάσθησαν ▸ 1
    Verb · third · plural · aorist · passive · indicative ▸ 1 (Lam. 5,10)
συσσεισμός (σύν; σείω) earthquake, commotion ▸ 9
  συσσεισμόν ▸ 1
    Noun · masculine · singular · accusative · (common) ▸ 1 (Jer. 23,19)
  συσσεισμόν ▸ 1
    Noun · masculine · singular · accusative · (common) ▸ 1 (1Kings 19,12)
  συσσεισμός ▸ 1
    Noun · masculine · singular · nominative · (common) ▸ 1 (1Kings 19,11)
  συσσεισμοῦ ▸ 1
    Noun · masculine · singular · genitive · (common) ▸ 1 (1Chr. 14,15)
  συσσεισμῷ ▸ 5
    Noun · masculine · singular · dative · (common) ▸ 5 (1Kings 19,11; 2Kings 2,1; 2Kings 2,11; Sir. 22,16; Nah. 1,3)
συσσείω (σύν; σείω) to shake together ▸ 6
  συνέσεισας ▸ 1
    Verb · second · singular · aorist · active · indicative ▸ 1 (Psa. 59,4)
  συνέσεισεν ▸ 1
    Verb · third · singular · aorist · active · indicative ▸ 1 (Job 4,14)
  συσσείονται ▸ 1
    Verb · third · plural · present · middle · indicative ▸ 1 (Sir. 16,19)
  συσσείοντος ▸ 1
    Verb · present · active · participle · masculine · singular · genitive ▸ 1 (Psa. 28,8)
  συσσείσει ▸ 1
    Verb · third · singular · future · active · indicative ▸ 1 (Psa. 28,8)
  συσσείσω ▸ 1
    Verb · first · singular · future · active · indicative ▸ 1 (Hag. 2,7)
σύσσημον (σύν; σημεῖον) signal ▸ 3 + 2 + 1 = 6
  σύσσημον ▸ 2 + 2 + 1 = 5
    Noun · neuter · singular · accusative · (common) ▸ 2 + 1 + 1 = 4 (Is. 5,26; Is. 62,10; Judg. 20,38; Mark 14,44)
    Noun · neuter · singular · nominative · (common) ▸ 1 (Judg. 20,40)
  σύσσημόν ▸ 1
    Noun · neuter · singular · accusative · (common) ▸ 1 (Is. 49,22)
συσσύρω (σύν; σύρω) to pull down ▸ 1
  συσσύρων ▸ 1
    Verb · present · active · participle · masculine · singular · nominative ▸ 1 (2Mac. 5,16)
σύσσωμος (σύν; σῶμα) part of the same body; co-body member ▸ 1
  σύσσωμα ▸ 1
    Adjective · neuter · plural · accusative ▸ 1 (Eph. 3,6)
σύστασις (σύν; ἵστημι) alliance; conspiracy, composition ▸ 3
  συστάσει ▸ 1
    Noun · feminine · singular · dative · (common) ▸ 1 (Gen. 49,6)
  σύστασιν ▸ 2
    Noun · feminine · singular · accusative · (common) ▸ 2 (3Mac. 2,9; Wis. 7,17)
συστατικός (σύν; ἵστημι) recommendation ▸ 1
  συστατικῶν ▸ 1
    Adjective · feminine · plural · genitive ▸ 1 (2Cor. 3,1)
συσταυρόω (σύν; σταυρόω) to crucify with ▸ 5
  συνεσταυρώθη ▸ 1
    Verb · third · singular · aorist · passive · indicative ▸ 1 (Rom. 6,6)
  συνεσταύρωμαι ▸ 1
    Verb · first · singular · perfect · passive · indicative · (variant) ▸ 1 (Gal. 2,19)
  συνεσταυρωμένοι ▸ 1
    Verb · perfect · passive · participle · masculine · plural · nominative · (variant) ▸ 1 (Mark 15,32)
  συσταυρωθέντες ▸ 1
    Verb · aorist · passive · participle · masculine · plural · nominative ▸ 1 (Matt. 27,44)
  συσταυρωθέντος ▸ 1
    Verb · aorist · passive · participle · masculine · singular · genitive ▸ 1 (John 19,32)
συστέλλω (σύν; στέλλω) to humilate, subdue; to wrap up ▸ 5 + 2 + 2 = 9
  συνεστάλη ▸ 1 + 1 = 2
    Verb · third · singular · aorist · passive · indicative ▸ 1 + 1 = 2 (3Mac. 5,33; Judg. 8,28)
  συνεστάλησαν ▸ 1 + 1 = 2
    Verb · third · plural · aorist · passive · indicative ▸ 1 + 1 = 2 (1Mac. 3,6; Judg. 11,33)
  συνεσταλμένη ▸ 1
    Verb · perfect · passive · participle · feminine · singular · nominative ▸ 1 (Sir. 4,31)
  συνεσταλμένος ▸ 1
    Verb · perfect · passive · participle · masculine · singular · nominative · (variant) ▸ 1 (1Cor. 7,29)
  συνέστειλαν ▸ 1
    Verb · third · plural · aorist · active · indicative ▸ 1 (Acts 5,6)
  συνέστειλεν ▸ 1
    Verb · third · singular · aorist · active · indicative ▸ 1 (1Mac. 5,3)
  συστέλλεσθαι ▸ 1
    Verb · present · passive · infinitive ▸ 1 (2Mac. 6,12)
σύστεμα (σύν; ἵστημι) company, community ▸ 5
  σύστεμα ▸ 2
    Noun · neuter · singular · accusative · (common) ▸ 1 (3Mac. 3,9)
    Noun · neuter · singular · nominative · (common) ▸ 1 (1Chr. 11,16)
  συστέματα ▸ 2
    Noun · neuter · plural · accusative · (common) ▸ 2 (Jer. 28,32; Ezek. 31,4)
  συστέματι ▸ 1
    Noun · neuter · singular · dative · (common) ▸ 1 (2Mac. 8,5)
συστενάζω (σύν; στένος) to groan together ▸ 1
  συστενάζει ▸ 1
    Verb · third · singular · present · active · indicative ▸ 1 (Rom. 8,22)
σύστημα (σύν; ἵστημι) band, community, gathering; system ▸ 4
  σύστημα ▸ 2
    Noun · neuter · singular · accusative · (common) ▸ 1 (3Mac. 7,3)
    Noun · neuter · singular · nominative · (common) ▸ 1 (2Sam. 23,15)
  συστήματα ▸ 1
    Noun · neuter · plural · accusative · (common) ▸ 1 (Gen. 1,10)
  συστήματι ▸ 1
    Noun · neuter · singular · dative · (common) ▸ 1 (2Mac. 15,12)

συστοιχέω (σύν; στοιχέω) to correspond to ▸ 1
  συστοιχεῖ ▸ 1
    Verb · third · singular · present · active · indicative ▸ **1** (Gal. 4,25)
συστρατιώτης (σύν; στρατιά) fellow-soldier ▸ 2
  συστρατιώτῃ ▸ 1
    Noun · masculine · singular · dative ▸ **1** (Philem. 2)
  συστρατιώτην ▸ 1
    Noun · masculine · singular · accusative ▸ **1** (Phil. 2,25)
σύστρεμμα (σύν; στρέφω) band, crowd, conspiracy ▸ 7
  σύστρεμμα ▸ 5
    Noun · neuter · singular · accusative · (common) ▸ **2** (2Kings 14,19; 2Kings 15,30)
    Noun · neuter · singular · nominative · (common) ▸ **3** (Num. 32,14; 2Sam. 15,12; Ezra 8,3)
  συστρέμματος ▸ 1
    Noun · neuter · singular · genitive · (common) ▸ **1** (1Kings 11,14)
  συστρεμμάτων ▸ 1
    Noun · neuter · plural · genitive · (common) ▸ **1** (2Sam. 4,2)
συστρέφω (σύν; στρέφω) to gather, tie up; twist ▸ 20 + 3 + 2 = 25
  συνεστραμμένοι ▸ 1
    Verb · perfect · passive · participle · masculine · plural · nominative ▸ **1** (1Mac. 12,50)
  Συνεστράφη ▸ 1
    Verb · third · singular · aorist · passive · indicative ▸ **1** (1Kings 16,16)
  συνεστράφη ▸ 3
    Verb · third · singular · aorist · passive · indicative ▸ **3** (2Kings 9,14; 2Kings 15,15; 2Kings 15,25)
  συνεστράφην ▸ 1
    Verb · first · singular · aorist · passive · indicative ▸ **1** (2Kings 10,9)
  συνεστράφησαν ▸ 3 + 2 = 5
    Verb · third · plural · aorist · passive · indicative ▸ **3 + 2 = 5** (2Kings 14,19; 2Kings 15,10; 2Kings 21,23; Judg. 11,3; Bel 28)
  συνεστρέφετο ▸ 1
    Verb · third · singular · imperfect · passive · indicative ▸ **1** (Gen. 43,30)
  συνέστρεψεν ▸ 4 + 1 = 5
    Verb · third · singular · aorist · active · indicative ▸ **4 + 1 = 5** (1Kings 16,9; 2Kings 15,30; Prov. 30,4; Mic. 1,7; Judg. 12,4)
  συστραφέντας ▸ 1
    Verb · aorist · passive · participle · masculine · plural · accusative ▸ **1** (2Kings 21,24)
  συστρέφετε ▸ 1
    Verb · second · plural · present · active · indicative ▸ **1** (Ezek. 13,20)
  συστρεφομένη ▸ 1
    Verb · present · passive · participle · feminine · singular · nominative ▸ **1** (Jer. 23,19)
  συστρεφομένοις ▸ 1
    Verb · present · active · participle · masculine · plural · dative ▸ **1** (2Sam. 15,31)
  συστρεφομένων ▸ 1
    Verb · present · passive · participle · feminine · plural · genitive ▸ **1** (Ezek. 1,13)
  Συστρεφομένων ▸ 1
    Verb · present · passive · participle · masculine · plural · genitive · (variant) ▸ **1** (Matt. 17,22)
  Συστρέψαντος ▸ 1
    Verb · aorist · active · participle · masculine · singular · genitive ▸ **1** (Acts 28,3)
  συστρέψας ▸ 1
    Verb · aorist · active · participle · masculine · singular · nominative ▸ **1** (2Mac. 14,30)
συστροφή (σύν; στρέφω) uproar, band, conspiracy ▸ 11 + 2 = 13
  Συστροφαὶ ▸ 1
    Noun · feminine · plural · nominative · (common) ▸ **1** (Jer. 4,16)
  συστροφαῖς ▸ 1
    Noun · feminine · plural · dative · (common) ▸ **1** (3Mac. 5,41)
  Συστροφὰς ▸ 1
    Noun · feminine · plural · accusative · (common) ▸ **1** (Amos 7,10)
  συστροφὴ ▸ 4
    Noun · feminine · singular · nominative · (common) ▸ **4** (Judg. 14,8; 2Kings 15,15; Sir. 43,17; Hos. 4,19)
  συστροφήν ▸ 1
    Noun · feminine · singular · accusative · (common) ▸ **1** (Ezek. 13,21)
  συστροφὴν ▸ 2 + 1 = 3
    Noun · feminine · singular · accusative · (common) ▸ **2 + 1 = 3** (1Mac. 14,44; Hos. 13,12; Acts 23,12)
  συστροφῆς ▸ 1 + 1 = 2
    Noun · feminine · singular · genitive · (common) ▸ **1 + 1 = 2** (Psa. 63,3; Acts 19,40)
συσφίγγω (σύν; σφίγγω) to fasten, tighten up, shut ▸ 4
  συνέσφιγξεν ▸ 3
    Verb · third · singular · aorist · active · indicative ▸ **3** (Ex. 36,28; Lev. 8,7; 1Kings 18,46)
  συσφίγξῃς ▸ 1
    Verb · second · singular · aorist · active · subjunctive ▸ **1** (Deut. 15,7)
συσχηματίζω (σύν; ἔχω) to conform to ▸ 2
  συσχηματίζεσθε ▸ 1
    Verb · second · plural · present · passive · imperative · (variant) ▸ **1** (Rom. 12,2)
  συσχηματιζόμενοι ▸ 1
    Verb · present · passive · participle · masculine · plural · nominative · (variant) ▸ **1** (1Pet. 1,14)
Συχάρ Sychar ▸ 1
  Συχὰρ ▸ 1
    Noun · feminine · singular · accusative · (proper) ▸ **1** (John 4,5)
Συχεμ Shechem ▸ 29 + 14 = 43
  Συχεμ ▸ 29 + 14 = 43
    Noun · feminine · singular · accusative · (proper) ▸ **7** (Gen. 37,12; Gen. 37,14; Josh. 20,7; Josh. 21,21; 1Chr. 6,52; 2Chr. 10,1; 2Chr. 10,1)
    Noun · feminine · singular · dative · (proper) ▸ **1 + 2 = 3** (Gen. 37,13; Judg. 8,31; Judg. 9,41)
    Noun · feminine · singular · genitive · (proper) ▸ **2 + 6 = 8** (Gen. 12,6; Jer. 48,5; Judg. 9,2; Judg. 9,3; Judg. 9,39; Judg. 9,46; Judg. 9,47; Judg. 9,57)
    Noun · feminine · singular · nominative · (proper) ▸ **2** (1Chr. 7,19; 1Chr. 7,28)
    Noun · masculine · singular · accusative · (proper) ▸ **2 + 4 = 6** (Gen. 34,26; Judith 5,16; Judg. 9,1; Judg. 9,31; Judg. 9,34; Judg. 21,19)
    Noun · masculine · singular · dative · (proper) ▸ **2** (Gen. 34,13; Num. 26,35)
    Noun · masculine · singular · genitive · (proper) ▸ **8 + 2 = 10** (Gen. 33,19; Gen. 34,6; Gen. 34,18; Gen. 34,24; Gen. 34,26;

Josh. 17,2; Judg. 9,28; Judg. 9,28; Judg. 9,28; Judg. 9,28)
Noun · masculine · singular · nominative · (proper) ▸ **5** (Gen. 34,2; Gen. 34,4; Gen. 34,8; Gen. 34,11; Gen. 34,20)

Συχέμ Shechem ▸ **2**
  Συχὲμ ▸ **1**
    Noun · feminine · singular · accusative · (proper) ▸ **1** (Acts 7,16)
  Συχέμ ▸ **1**
    Noun · feminine · singular · dative · (proper) ▸ **1** (Acts 7,16)

Συχεμι Shechemite ▸ **1**
  Συχεμι ▸ **1**
    Noun · masculine · singular · nominative · (proper) ▸ **1** (Num. 26,35)

συχνός (σύν; συχνός) frequent, long, many ▸ **1**
  συχνοὺς ▸ **1**
    Adjective · masculine · singular · nominative · noDegree ▸ **1** (2Mac. 5,9)

σφαγή (σφάζω) slaughter, butchery ▸ **24 + 3 = 27**
  σφαγαί ▸ **1**
    Noun · feminine · plural · nominative · (common) ▸ **1** (2Mac. 5,13)
  σφαγὰς ▸ **2**
    Noun · feminine · plural · accusative · (common) ▸ **2** (2Mac. 5,6; 2Mac. 12,16)
  σφαγὴ ▸ **1**
    Noun · feminine · singular · nominative · (common) ▸ **1** (Is. 34,6)
  σφαγῇ ▸ **1**
    Noun · feminine · singular · dative · (common) ▸ **1** (Is. 65,12)
  σφαγήν ▸ **7**
    Noun · feminine · singular · accusative · (common) ▸ **7** (Job 10,16; Job 21,20; Is. 34,2; Jer. 27,27; Jer. 31,15; Jer. 32,34; Ezek. 21,20)
  σφαγὴν ▸ **7 + 1 = 8**
    Noun · feminine · singular · accusative · (common) ▸ **7 + 1 = 8** (Prov. 7,22; Job 27,14; Sol. 8,1; Obad. 10; Is. 53,7; Jer. 15,3; Jer. 28,40; Acts 8,32)
  σφαγῆς ▸ **5 + 2 = 7**
    Noun · feminine · singular · genitive · (common) ▸ **5 + 2 = 7** (Psa. 43,23; Zech. 11,4; Zech. 11,7; Jer. 12,3; Jer. 19,6; Rom. 8,36; James 5,5)

σφαγιάζω (σφάζω) to slay, slaughter ▸ **2**
  σφαγιάσαι ▸ **1**
    Verb · aorist · active · infinitive ▸ **1** (4Mac. 16,20)
  σφαγιασθῆναι ▸ **1**
    Verb · aorist · passive · infinitive ▸ **1** (4Mac. 13,12)

σφάγιον (σφάζω) sacrificial victim ▸ **5 + 1 = 6**
  σφάγια ▸ **5 + 1 = 6**
    Noun · neuter · plural · accusative · (common) ▸ **5 + 1 = 6** (Lev. 22,23; Amos 5,25; Ezek. 21,15; Ezek. 21,20; Ezek. 21,33; Acts 7,42)

σφάζω to slay ▸ **84 + 10 = 94**
  ἐσφάγης ▸ **1**
    Verb · second · singular · aorist · passive · indicative ▸ **1** (Rev. 5,9)
  ἐσφαγμένην ▸ **1**
    Verb · perfect · passive · participle · feminine · singular · accusative · (variant) ▸ **1** (Rev. 13,3)
  ἐσφαγμένον ▸ **2**
    Verb · perfect · passive · participle · neuter · singular · accusative · (variant) ▸ **1** (Rev. 5,6)
    Verb · perfect · passive · participle · neuter · singular · nominative · (variant) ▸ **1** (Rev. 5,12)
  ἐσφαγμένος ▸ **1**
    Verb · perfect · passive · participle · masculine · singular · nominative ▸ **1** (Deut. 28,31)
  ἐσφαγμένου ▸ **1 + 1 = 2**
    Verb · perfect · passive · participle · neuter · singular · genitive ▸ **1 + 1 = 2** (Lev. 14,51; Rev. 13,8)
  ἐσφαγμένων ▸ **1 + 2 = 3**
    Verb · perfect · passive · participle · masculine · plural · genitive ▸ **1 + 2 = 3** (2Mac. 5,14; Rev. 6,9; Rev. 18,24)
  ἔσφαζον ▸ **1**
    Verb · third · plural · imperfect · active · indicative ▸ **1** (1Sam. 14,34)
  ἔσφαξαν ▸ **5**
    Verb · third · plural · aorist · active · indicative ▸ **5** (Gen. 37,31; Judg. 12,6; 2Kings 10,7; 2Kings 10,14; Ezra 6,20)
  ἔσφαξας ▸ **1**
    Verb · second · singular · aorist · active · indicative ▸ **1** (Ezek. 16,21)
  ἔσφαξεν ▸ **19 + 2 = 21**
    Verb · third · singular · aorist · active · indicative ▸ **19 + 2 = 21** (Lev. 8,15; Lev. 8,19; Lev. 8,23; Lev. 9,8; Lev. 9,12; Lev. 9,15; Lev. 9,18; 1Sam. 1,25; 1Sam. 1,25; 1Sam. 14,32; 1Sam. 15,33; 1Kings 18,40; 2Kings 25,7; 1Mac. 1,2; 1Mac. 2,24; Prov. 9,2; Jer. 48,7; Jer. 52,10; Jer. 52,10; 1John 3,12; 1John 3,12)
  σφαγέντος ▸ **1**
    Verb · aorist · passive · participle · neuter · singular · genitive ▸ **1** (Lev. 14,6)
  σφαγῆναι ▸ **1**
    Verb · aorist · passive · infinitive ▸ **1** (Is. 14,21)
  σφαγήσονται ▸ **1**
    Verb · third · plural · future · passive · indicative ▸ **1** (Num. 11,22)
  σφάζε ▸ **1**
    Verb · second · singular · present · active · imperative ▸ **1** (Ezek. 21,15)
  σφάζειν ▸ **1**
    Verb · present · active · infinitive ▸ **1** (Ezek. 23,39)
  σφάζετε ▸ **1**
    Verb · second · plural · present · active · indicative ▸ **1** (Ezek. 34,3)
  σφαζέτω ▸ **1**
    Verb · third · singular · present · active · imperative ▸ **1** (1Sam. 14,34)
  σφάζοντες ▸ **2**
    Verb · present · active · participle · masculine · plural · nominative ▸ **2** (Is. 22,13; Is. 57,5)
  σφάζουσιν ▸ **7**
    Verb · third · plural · present · active · indicative ▸ **7** (Lev. 4,24; Lev. 4,29; Lev. 4,33; Lev. 6,18; Lev. 7,2; Lev. 14,13; Ezek. 40,42)
  σφάζωσιν ▸ **1**
    Verb · third · plural · present · active · subjunctive ▸ **1** (Ezek. 40,39)
  σφάξαι ▸ **2**
    Verb · aorist · active · infinitive ▸ **2** (Gen. 22,10; Psa. 36,14)
  σφάξει ▸ **8**
    Verb · third · singular · future · active · indicative ▸ **8** (Lev. 3,2; Lev. 3,8; Lev. 4,4; Lev. 14,19; Lev. 14,25; Lev. 14,50; Lev. 16,11; Lev. 16,15)
  σφάξεις ▸ **5**
    Verb · second · singular · future · active · indicative ▸ **5** (Ex. 29,11; Ex. 29,16; Ex. 29,20; Ex. 34,25; Lev. 22,28)
  σφάξῃ ▸ **4**
    Verb · third · singular · aorist · active · subjunctive ▸ **4** (Ex.

21,37; Lev. 17,3; Lev. 17,3; Lev. 17,4)
- **σφάξῃς** ▸ 1
  - Verb · second · singular · aorist · active · subjunctive ▸ 1 (Ezek. 21,15)
- **σφάξον** ▸ 1
  - Verb · second · singular · aorist · active · imperative ▸ 1 (Gen. 43,16)
- **σφάξουσι** ▸ 2
  - Verb · third · plural · future · active · indicative ▸ 2 (Lev. 1,5; Ezek. 40,41)
- **σφάξουσιν** ▸ 14 + 1 = 15
  - Verb · third · plural · future · active · indicative ▸ 14 + 1 = 15 (Ex. 12,6; Lev. 1,11; Lev. 3,13; Lev. 4,15; Lev. 4,24; Lev. 4,29; Lev. 4,33; Lev. 6,18; Lev. 7,2; Lev. 14,5; Lev. 14,13; Lev. 17,5; Num. 19,3; Ezek. 44,11; Rev. 6,4)
- **σφάξω** ▸ 1
  - Verb · first · singular · future · active · indicative ▸ 1 (Jer. 19,7)

σφαιρωτήρ (σφαῖρα) thong ▸ 7
- **σφαιρωτήρ** ▸ 3
  - Noun · masculine · singular · nominative · (common) ▸ 3 (Ex. 25,33; Ex. 25,35; Ex. 25,35)
- **σφαιρωτῆρες** ▸ 3
  - Noun · masculine · plural · nominative · (common) ▸ 3 (Ex. 25,31; Ex. 25,34; Ex. 25,36)
- **σφαιρωτῆρος** ▸ 1
  - Noun · masculine · singular · genitive · (common) ▸ 1 (Gen. 14,23)

σφακελίζω (σφάκελος) to be infected ▸ 2
- **σφακελίζοντας** ▸ 1
  - Verb · present · active · participle · masculine · plural · accusative ▸ 1 (Lev. 26,16)
- **σφακελίζοντες** ▸ 1
  - Verb · present · active · participle · masculine · plural · nominative ▸ 1 (Deut. 28,32)

σφαλερός (σφάλλω) slippery, perilous ▸ 1
- **σφαλεραί** ▸ 1
  - Adjective · feminine · plural · nominative · noDegree ▸ 1 (Prov. 5,6)

σφάλλω to slip, to fall ▸ 10
- **ἔσφαλεν** ▸ 3
  - Verb · third · singular · aorist · active · indicative ▸ 3 (Job 21,10; Sir. 13,22; Amos 5,2)
- **ἐσφάλησαν** ▸ 2
  - Verb · third · plural · aorist · passive · indicative ▸ 2 (1Esdr. 4,27; Wis. 10,8)
- **σφάλαι** ▸ 1
  - Verb · third · singular · aorist · active · optative ▸ 1 (Job 18,7)
- **σφαλέντος** ▸ 1
  - Verb · aorist · passive · participle · masculine · singular · genitive ▸ 1 (Sir. 13,22)
- **σφαλῇ** ▸ 2
  - Verb · third · singular · aorist · passive · subjunctive ▸ 2 (Deut. 32,35; Ode. 2,35)
- **σφαλοῦσιν** ▸ 1
  - Verb · third · plural · future · active · indicative ▸ 1 (2Sam. 22,46)

σφάλμα (σφάλλω) false step, stumble; error ▸ 1
- **σφάλμα** ▸ 1
  - Noun · neuter · singular · accusative · (common) ▸ 1 (Prov. 29,25)

σφενδονάω (σφενδόνη) to throw ▸ 2
- **ἐσφενδόνησεν** ▸ 1
  - Verb · third · singular · aorist · active · indicative ▸ 1 (1Sam. 17,49)
- **σφενδονήσεις** ▸ 1
  - Verb · second · singular · future · active · indicative ▸ 1 (1Sam. 25,29)

σφενδόνη sling ▸ 8
- **σφενδόνας** ▸ 2
  - Noun · feminine · plural · accusative · (common) ▸ 2 (2Chr. 26,14; 1Mac. 6,51)
- **σφενδόνῃ** ▸ 2
  - Noun · feminine · singular · dative · (common) ▸ 2 (Judith 9,7; Prov. 26,8)
- **σφενδόνην** ▸ 1
  - Noun · feminine · singular · accusative · (common) ▸ 1 (1Sam. 17,40)
- **σφενδόνης** ▸ 3
  - Noun · feminine · singular · genitive · (common) ▸ 3 (1Sam. 25,29; Sir. 47,4; Zech. 9,15)

σφενδονήτης (σφενδόνη) slinger ▸ 5 + 1 = 6
- **σφενδονῆται** ▸ 4 + 1 = 5
  - Noun · masculine · plural · nominative · (common) ▸ 4 + 1 = 5 (Judg. 20,16; 2Kings 3,25; 1Chr. 12,2; 1Mac. 9,11; Judg. 20,16)
- **σφενδονήτης** ▸ 1
  - Noun · masculine · singular · nominative · (common) ▸ 1 (Judith 6,12)

σφηκιά (σφήξ) hornet's nest ▸ 1
- **σφηκιάν** ▸ 1
  - Noun · feminine · singular · accusative · (common) ▸ 1 (Josh. 24,12)

σφηκία (σφήξ) hornet ▸ 2
- **σφηκίας** ▸ 2
  - Noun · feminine · plural · accusative · (common) ▸ 2 (Ex. 23,28; Deut. 7,20)

σφήν wedge ▸ 2
- **σφῆνα** ▸ 1
  - Noun · masculine · singular · accusative · (common) ▸ 1 (4Mac. 11,10)
- **σφῆνας** ▸ 1
  - Noun · masculine · plural · accusative · (common) ▸ 1 (4Mac. 8,13)

σφηνόω (σφήν) to shut ▸ 2 + 2 = 4
- **ἐσφηνωμέναι** ▸ 1
  - Verb · perfect · passive · participle · feminine · plural · nominative ▸ 1 (Judg. 3,24)
- **ἐσφήνωσεν** ▸ 1 + 1 = 2
  - Verb · third · singular · aorist · active · indicative ▸ 1 + 1 = 2 (Judg. 3,23; Judg. 3,23)
- **σφηνούσθωσαν** ▸ 1
  - Verb · third · plural · present · passive · imperative ▸ 1 (Neh. 7,3)

σφήξ wasp ▸ 1
- **σφῆκας** ▸ 1
  - Noun · masculine · plural · accusative · (common) ▸ 1 (Wis. 12,8)

σφιγγία (σφίγγω) restraint ▸ 1
- **σφιγγίας** ▸ 1
  - Noun · feminine · singular · genitive · (common) ▸ 1 (Sir. 11,18)

σφίγγω to tie up ▸ 2
- **ἔσφιγξαν** ▸ 1
  - Verb · third · plural · aorist · active · indicative ▸ 1 (2Kings 12,11)
- **σφίγγεται** ▸ 1
  - Verb · third · singular · present · passive · indicative ▸ 1 (Prov.

5,22)

σφόδρα   very much ‣ 396 + 17 + 11 = 424
   Σφόδρα ‣ 1
      Adverb ‣ **1** (Jonah 4,9)
   σφόδρα ‣ 395 + 17 + 11 = 423
      Adverb ‣ 395 + 17 + 11 = **423** (Gen. 7,18; Gen. 7,19; Gen. 12,14; Gen. 13,2; Gen. 13,13; Gen. 15,1; Gen. 17,2; Gen. 17,6; Gen. 17,6; Gen. 17,20; Gen. 18,20; Gen. 19,9; Gen. 20,8; Gen. 21,11; Gen. 24,16; Gen. 24,35; Gen. 26,13; Gen. 26,16; Gen. 27,33; Gen. 27,34; Gen. 30,43; Gen. 30,43; Gen. 32,8; Gen. 34,7; Gen. 34,12; Gen. 39,6; Gen. 41,31; Gen. 41,49; Gen. 47,13; Gen. 47,27; Gen. 50,9; Gen. 50,10; Ex. 1,7; Ex. 1,7; Ex. 1,12; Ex. 1,12; Ex. 1,20; Ex. 9,3; Ex. 9,18; Ex. 9,24; Ex. 9,24; Ex. 10,14; Ex. 11,3; Ex. 12,38; Ex. 14,10; Ex. 19,18; Ex. 19,19; Num. 11,10; Num. 11,33; Num. 12,3; Num. 13,28; Num. 14,7; Num. 14,7; Num. 14,39; Num. 16,15; Num. 22,3; Num. 32,1; Deut. 2,4; Deut. 3,5; Deut. 4,9; Deut. 4,15; Deut. 6,3; Deut. 9,20; Deut. 9,21; Deut. 13,15; Deut. 17,4; Deut. 17,10; Deut. 17,17; Deut. 20,15; Deut. 24,8; Deut. 27,8; Deut. 28,54; Deut. 28,56; Deut. 29,27; Deut. 30,14; Josh. 3,16; Josh. 6,18; Josh. 9,9; Josh. 9,13; Josh. 9,22; Josh. 9,24; Josh. 10,2; Josh. 10,20; Josh. 11,4; Josh. 22,5; Josh. 22,8; Josh. 23,6; Josh. 23,11; Judg. 2,15; Judg. 3,17; Judg. 6,6; Judg. 10,9; Judg. 11,33; Judg. 12,2; Judg. 13,6; Judg. 15,18; Judg. 18,9; Judg. 19,11; Ruth 1,20; 1Sam. 2,17; 1Sam. 2,22; 1Sam. 3,21; 1Sam. 4,10; 1Sam. 5,9; 1Sam. 5,11; 1Sam. 6,19; 1Sam. 11,6; 1Sam. 12,18; 1Sam. 14,20; 1Sam. 14,31; 1Sam. 16,21; 1Sam. 17,11; 1Sam. 18,15; 1Sam. 19,1; 1Sam. 19,4; 1Sam. 19,8; 1Sam. 20,30; 1Sam. 21,13; 1Sam. 25,2; 1Sam. 25,3; 1Sam. 25,15; 1Sam. 25,36; 1Sam. 26,21; 1Sam. 27,12; 1Sam. 28,5; 1Sam. 28,15; 1Sam. 28,20; 1Sam. 28,21; 1Sam. 30,6; 1Sam. 31,4; 2Sam. 1,26; 2Sam. 3,8; 2Sam. 8,8; 2Sam. 10,5; 2Sam. 11,2; 2Sam. 12,2; 2Sam. 12,5; 2Sam. 12,30; 2Sam. 13,1; 2Sam. 13,3; 2Sam. 13,15; 2Sam. 13,21; 2Sam. 13,36; 2Sam. 14,25; 2Sam. 14,27; 2Sam. 17,8; 2Sam. 18,17; 2Sam. 19,33; 2Sam. 19,33; 2Sam. 24,10; 2Sam. 24,10; 2Sam. 24,14; 2Sam. 24,14; 1Kings 1,4; 1Kings 1,6; 1Kings 1,15; 1Kings 2,12; 1Kings 2,35a; 1Kings 2,35b; 1Kings 2,46a; 1Kings 2,46a; 1Kings 5,9; 1Kings 5,10; 1Kings 5,21; 1Kings 7,32; 1Kings 10,2; 1Kings 10,2; 1Kings 10,10; 1Kings 10,11; 1Kings 11,19; 1Kings 12,24g; 1Kings 17,17; 1Kings 18,3; 1Kings 20,26; 2Kings 10,4; 2Kings 14,26; 2Kings 17,18; 2Kings 21,16; 1Chr. 10,4; 1Chr. 16,25; 1Chr. 18,8; 1Chr. 19,5; 1Chr. 20,2; 1Chr. 21,8; 1Chr. 21,8; 1Chr. 21,13; 1Chr. 21,13; 2Chr. 4,18; 2Chr. 7,8; 2Chr. 9,1; 2Chr. 11,12; 2Chr. 16,8; 2Chr. 16,12; 2Chr. 16,14; 2Chr. 24,24; 2Chr. 25,10; 2Chr. 30,13; 2Chr. 32,27; 2Chr. 32,29; 2Chr. 33,12; 2Chr. 33,14; 2Chr. 35,23; 1Esdr. 8,88; Ezra 10,1; Neh. 2,2; Neh. 4,1; Neh. 5,6; Neh. 6,16; Neh. 13,8; Esth. 3,5; Esth. 14,1 # 4,17k; Esth. 15,6 # 5,1c; Esth. 5,9; Judith 1,12; Judith 1,16; Judith 2,17; Judith 2,18; Judith 2,28; Judith 4,2; Judith 4,2; Judith 5,2; Judith 5,9; Judith 5,18; Judith 6,20; Judith 7,2; Judith 7,4; Judith 7,18; Judith 8,7; Judith 8,8; Judith 8,30; Judith 10,4; Judith 10,7; Judith 10,14; Judith 12,16; Judith 12,20; Judith 13,17; Judith 14,10; Judith 14,19; Judith 14,19; Judith 15,6; Judith 15,7; Judith 16,23; Tob. 3,10; Tob. 6,19; 1Mac. 1,4; 1Mac. 1,64; 1Mac. 2,14; 1Mac. 2,39; 1Mac. 3,27; 1Mac. 3,31; 1Mac. 3,41; 1Mac. 4,21; 1Mac. 4,58; 1Mac. 5,1; 1Mac. 5,38; 1Mac. 5,45; 1Mac. 5,46; 1Mac. 5,63; 1Mac. 6,2; 1Mac. 6,8; 1Mac. 6,41; 1Mac. 7,48; 1Mac. 8,4; 1Mac. 8,6; 1Mac. 8,13; 1Mac. 8,19; 1Mac. 9,6; 1Mac. 9,22; 1Mac. 9,24; 1Mac. 9,68; 1Mac. 10,2; 1Mac. 10,46; 1Mac. 10,50; 1Mac. 10,68; 1Mac. 11,53; 1Mac. 12,52; 1Mac. 13,22; 1Mac. 13,49; 1Mac. 14,16; 1Mac. 16,7; 1Mac. 16,22; 2Mac. 3,11; 2Mac. 14,37; 3Mac. 5,51; 4Mac. 3,8; 4Mac. 8,2; Psa. 6,4; Psa. 6,11; Psa. 6,11; Psa. 20,2; Psa. 30,12; Psa. 37,9; Psa. 45,2; Psa. 46,10; Psa. 47,2; Psa. 49,3; Psa. 77,29; Psa. 77,59; Psa. 78,8; Psa. 91,6; Psa. 92,5; Psa. 95,4; Psa. 96,9; Psa. 103,1; Psa. 104,24; Psa. 106,38; Psa. 108,30; Psa. 111,1; Psa. 115,1; Psa. 118,4; Psa. 118,8; Psa. 118,43; Psa. 118,47; Psa. 118,51; Psa. 118,96; Psa. 118,107; Psa. 118,138; Psa. 118,140; Psa. 118,167; Psa. 138,14; Psa. 141,7; Psa. 144,3; Job 1,3; Job 2,13; Job 32,2; Job 32,3; Job 35,15; Sir. 1,8; Sir. 6,20; Sir. 7,17; Sir. 11,6; Sir. 17,26; Sir. 25,2; Sir. 39,16; Sir. 43,11; Sir. 43,29; Sir. 47,24; Sir. 51,24; Sol. 2,16; Sol. 8,2; Joel 2,11; Joel 2,11; Obad. 2; Jonah 4,4; Jonah 4,9; Nah. 2,2; Zeph. 1,14; Zeph. 3,14; Zech. 9,2; Zech. 9,5; Zech. 9,9; Zech. 14,4; Zech. 14,14; Is. 16,6; Is. 31,1; Is. 47,6; Is. 47,9; Is. 52,13; Is. 64,8; Is. 64,11; Jer. 2,10; Jer. 2,12; Jer. 2,36; Jer. 9,18; Jer. 14,17; Jer. 18,13; Jer. 20,11; Jer. 24,2; Jer. 24,2; Jer. 27,12; Jer. 31,16; Jer. 47,12; Lam. 5,22; Ezek. 9,9; Ezek. 9,9; Ezek. 16,13; Ezek. 20,13; Ezek. 26,7; Ezek. 27,25; Ezek. 37,2; Ezek. 37,2; Ezek. 37,10; Ezek. 40,2; Ezek. 47,7; Ezek. 47,9; Ezek. 47,10; Dan. 2,31; Dan. 3,25; Dan. 4,17a; Dan. 6,15; Dan. 7,28; Dan. 8,8; Dan. 11,25; Sus. 31; Bel 19; Judg. 2,15; Judg. 3,17; Judg. 6,6; Judg. 10,9; Judg. 11,33; Judg. 12,2; Judg. 13,6; Judg. 15,18; Judg. 18,9; Judg. 19,11; Dan. 8,8; Dan. 11,25; Sus. 2; Sus. 4; Sus. 27; Sus. 31; Bel 30; Matt. 2,10; Matt. 17,6; Matt. 17,23; Matt. 18,31; Matt. 19,25; Matt. 26,22; Matt. 27,54; Mark 16,4; Luke 18,23; Acts 6,7; Rev. 16,21)

σφοδρός (σφόδρα)   strong, violent, vehement ‣ 7
   σφοδρόν ‣ 1
      Adjective · masculine · singular · accusative · noDegree ‣ **1** (Ex. 10,19)
   σφοδρότερον ‣ 2
      Adjective · neuter · singular · accusative · comparative ‣ **2** (4Mac. 5,32; 4Mac. 13,22)
   σφοδρῷ ‣ 4
      Adjective · neuter · singular · dative · noDegree ‣ **4** (Ex. 15,10; Neh. 9,11; Ode. 1,10; Wis. 18,5)

σφοδρῶς (σφόδρα)   greatly ‣ 4 + 1 = 5
   σφοδρῶς ‣ 4 + 1 = 5
      Adverb ‣ 4 + 1 = **5** (Gen. 7,19; Josh. 3,16; 4Mac. 6,11; Sir. 13,13; Acts 27,18)

σφόνδυλος   neck bone, vertebra ‣ 1
   σφονδύλου ‣ 1
      Noun · masculine · singular · genitive · (common) ‣ **1** (Lev. 5,8)

σφραγίζω (σφραγίς)   to seal ‣ 26 + 8 + 15 = 49
   ἐσφραγισάμην ‣ 2
      Verb · first · singular · aorist · middle · indicative ‣ **2** (Jer. 39,10; Jer. 39,25)
   ἐσφράγισαν ‣ 1
      Verb · third · plural · aorist · active · indicative ‣ **1** (Job 24,16)
   ἐσφραγίσαντο ‣ 2 + 1 = 3
      Verb · third · plural · aorist · middle · indicative ‣ 2 + 1 = **3** (1Esdr. 3,8; Tob. 7,14; Bel 14)
   ἐσφράγισας ‣ 1
      Verb · second · singular · aorist · active · indicative ‣ **1** (Job 14,17)
   ἐσφραγίσατο ‣ 2 + 1 = 3
      Verb · third · singular · aorist · middle · indicative ‣ 2 + 1 = **3** (1Kings 20,8; Dan. 6,18; Dan. 6,18)
   ἐσφράγισεν ‣ 3
      Verb · third · singular · aorist · active · indicative ‣ **3** (John 3,33; John 6,27; Rev. 20,3)
   ἐσφραγίσθη ‣ 1
      Verb · third · singular · aorist · passive · indicative ‣ **1** (Esth. 8,10)
   ἐσφραγίσθητε ‣ 2
      Verb · second · plural · aorist · passive · indicative ‣ **2** (Eph.

1,13; Eph. 4,30)
- ἐσφραγισμένα ▸ 1
  - **Verb** · perfect · passive · participle · neuter · plural · nominative ▸ **1** (Dan. 12,9)
- ἐσφραγισμένη ▸ 1
  - **Verb** · perfect · passive · participle · feminine · singular · nominative ▸ **1** (Song 4,12)
- ἐσφραγισμένοι ▸ 1 + 3 = 4
  - **Verb** · perfect · passive · participle · masculine · plural · nominative ▸ 1 + 3 = **4** (Dan. 12,9; Rev. 7,4; Rev. 7,5; Rev. 7,8)
- ἐσφραγισμένον ▸ 1
  - **Verb** · perfect · passive · participle · neuter · singular · accusative ▸ **1** (Jer. 39,11)
- ἐσφραγισμένου ▸ 1
  - **Verb** · perfect · passive · participle · neuter · singular · genitive ▸ **1** (Is. 29,11)
- ἐσφραγισμένων ▸ 1
  - **Verb** · perfect · passive · participle · masculine · plural · genitive · (variant) ▸ **1** (Rev. 7,4)
- ἐσφράγισται ▸ 3
  - **Verb** · third · singular · perfect · passive · indicative ▸ **3** (Deut. 32,34; Ode. 2,34; Is. 29,11)
- σφραγιζόμενοι ▸ 1
  - **Verb** · present · middle · participle · masculine · plural · nominative ▸ **1** (Is. 8,16)
- σφραγιζόντων ▸ 1
  - **Verb** · present · active · participle · masculine · plural · genitive ▸ **1** (Neh. 10,2)
- σφραγιῇ ▸ 1
  - **Verb** · second · singular · future · middle · indicative ▸ **1** (Jer. 39,44)
- σφραγίσαι ▸ 2 + 2 = 4
  - **Verb** · aorist · active · infinitive ▸ 2 + 2 = **4** (Esth. 3,10; Bel 14; Dan. 9,24; Dan. 9,24)
- σφράγισαι ▸ 1
  - **Verb** · second · singular · aorist · middle · imperative ▸ **1** (Dan. 12,4)
- σφραγισάμενος ▸ 1 + 2 = 3
  - **Verb** · aorist · middle · participle · masculine · singular · nominative ▸ 1 + 2 = **3** (Ode. 12,3; Rom. 15,28; 2Cor. 1,22)
- σφραγίσαντες ▸ 1
  - **Verb** · aorist · active · participle · masculine · plural · nominative ▸ **1** (Matt. 27,66)
- σφραγίσατε ▸ 1
  - **Verb** · second · plural · aorist · active · imperative ▸ **1** (Esth. 8,8)
- σφραγίσῃς ▸ 1
  - **Verb** · second · singular · aorist · active · subjunctive ▸ **1** (Rev. 22,10)
- σφραγισθῇ ▸ 1
  - **Verb** · third · singular · aorist · passive · subjunctive ▸ **1** (Esth. 8,8)
- σφράγισον ▸ 1 + 3 + 1 = 5
  - **Verb** · second · singular · aorist · active · imperative ▸ 1 + 3 + 1 = **5** (2Kings 22,4; Dan. 8,26; Dan. 12,4; Bel 11; Rev. 10,4)
- σφραγίσωμεν ▸ 1
  - **Verb** · first · plural · aorist · active · subjunctive ▸ **1** (Rev. 7,3)

σφραγίς seal ▸ 26 + 2 + 16 = 44
- σφραγῖδα ▸ 5 + 10 = 15
  - **Noun** · feminine · singular · accusative · (common) ▸ 5 + 10 = **15** (Song 8,6; Song 8,6; Sir. 22,27; Hag. 2,23; Bel 15-17; Rom. 4,11; 2Tim. 2,19; Rev. 6,3; Rev. 6,5; Rev. 6,7; Rev. 6,9; Rev. 6,12; Rev. 7,2; Rev. 8,1; Rev. 9,4)
- σφραγῖδας ▸ 3 + 3 = 6
  - **Noun** · feminine · plural · accusative · (common) ▸ 3 + 3 = **6** (Ex. 35,22; Ex. 36,21; Bel 15-17; Rev. 5,2; Rev. 5,5; Rev. 5,9)
- σφραγῖδες ▸ 1
  - **Noun** · feminine · plural · nominative · (common) ▸ **1** (Bel 17)
- σφραγῖδι ▸ 2
  - **Noun** · feminine · singular · dative · (common) ▸ **2** (1Kings 20,8; Sol. 2,6)
- σφραγῖδος ▸ 6
  - **Noun** · feminine · singular · genitive · (common) ▸ **6** (Ex. 28,11; Ex. 28,36; Ex. 36,13; Ex. 36,37; Sir. 45,11; Sir. 45,12)
- σφραγίδων ▸ 2 + 1 = 3
  - **Noun** · feminine · plural · genitive · (common) ▸ 2 + 1 = **3** (Ex. 28,21; Sir. 38,27; Rev. 6,1)
- σφραγίς ▸ 5
  - **Noun** · feminine · singular · nominative · (common) ▸ **5** (4Mac. 7,15; Sir. 17,22; Sir. 32,5; Sir. 32,6; Sir. 49,11)
- σφραγίς ▸ 2 + 1 = 3
  - **Noun** · feminine · singular · nominative · (common) ▸ 2 + 1 = **3** (Sir. 42,6; Bel 15-17; 1Cor. 9,2)
- σφραγῖσιν ▸ 1 + 1 + 1 = 3
  - **Noun** · feminine · plural · dative · (common) ▸ 1 + 1 + 1 = **3** (Tob. 9,5; Tob. 9,5; Rev. 5,1)

σφυδρόν ankle ▸ 1
- σφυδρά ▸ 1
  - **Noun** · neuter · plural · nominative ▸ **1** (Acts 3,7)

σφῦρα hammer; mallet ▸ 7 + 2 = 9
- σφῦρα ▸ 2
  - **Noun** · feminine · singular · nominative · (common) ▸ **2** (1Kings 6,7; Jer. 27,23)
- σφῦραι ▸ 1
  - **Noun** · feminine · plural · nominative · (common) ▸ **1** (Job 41,21)
- σφύραις ▸ 1
  - **Noun** · feminine · plural · dative · (common) ▸ **1** (Jer. 10,4)
- σφῦραν ▸ 1 + 2 = 3
  - **Noun** · feminine · singular · accusative · (common) ▸ 1 + 2 = **3** (Judg. 4,21; Judg. 4,21; Judg. 5,26)
- σφύρῃ ▸ 1
  - **Noun** · feminine · singular · dative · (common) ▸ **1** (Is. 41,7)
- σφύρης ▸ 1
  - **Noun** · feminine · singular · genitive · (common) ▸ **1** (Sir. 38,28)

σφυροκοπέω to hit with a hammer ▸ 1
- ἐσφυροκόπησεν ▸ 1
  - **Verb** · third · singular · aorist · active · indicative ▸ **1** (Judg. 5,26)

σφυροκόπος (σφῦρα; κόπτω) hammerer (Philo+) ▸ 1
- σφυροκόπος ▸ 1
  - **Adjective** · masculine · singular · nominative · noDegree ▸ **1** (Gen. 4,22)

σχάζω to relax ▸ 1
- σχασθήσεται ▸ 1
  - **Verb** · third · singular · future · passive · indicative ▸ **1** (Amos 3,5)

Σχεδία (ἔχω) Schedia ▸ 1
- Σχεδίαν ▸ 1
  - **Noun** · feminine · singular · accusative · (proper) ▸ **1** (3Mac. 4,11)

σχεδία (ἔχω) raft ▸ 5
- σχεδίᾳ ▸ 1
  - **Noun** · feminine · singular · dative · (common) ▸ **1** (Wis. 14,5)
- σχεδίαις ▸ 1

Noun · feminine · plural · dative · (common) ▸ **1** (2Chr. 2,15)
σχεδίας ▸ 3
Noun · feminine · plural · accusative · (common) ▸ **2** (1Kings 5,23; 1Esdr. 5,53)
Noun · feminine · singular · genitive · (common) ▸ **1** (Wis. 14,6)

σχεδιάζω (ἔχω)   to do a thing spontaneously ▸ **1**
ἐσχεδιάζομεν ▸ 1
Verb · first · plural · imperfect · active · indicative ▸ **1** (Bar. 1,19)

σχεδόν (ἔχω)   almost ▸ **3 + 3 = 6**
σχεδὸν ▸ **3 + 3 = 6**
Adverb ▸ **3 + 3 = 6** (2Mac. 5,2; 3Mac. 5,14; 3Mac. 5,45; Acts 13,44; Acts 19,26; Heb. 9,22)

σχετλιάζω (ἔχω)   to be indignant ▸ **2**
σχετλιάζοντος ▸ 1
Verb · present · active · participle · neuter · singular · genitive ▸ **1** (4Mac. 4,7)
σχετλιαζόντων ▸ 1
Verb · present · active · participle · masculine · plural · genitive ▸ **1** (4Mac. 3,12)

σχέτλιος (ἔχω)   unwearying; cruel, wicked, miserable ▸ **1**
σχέτλιον ▸ 1
Adjective · neuter · singular · accusative · noDegree ▸ **1** (2Mac. 15,5)

σχῆμα (ἔχω)   form, outward form ▸ **1 + 2 = 3**
σχῆμα ▸ **1 + 1 = 2**
Noun · neuter · singular · accusative · (common) ▸ **1 + 1 = 2** (Is. 3,17; 1Cor. 7,31)
σχήματι ▸ 1
Noun · neuter · singular · dative ▸ **1** (Phil. 2,7)

σχίδαξ (σχίζω)   split wood ▸ **4**
σχίδακας ▸ 4
Noun · feminine · plural · accusative · (common) ▸ **4** (1Kings 18,33; 1Kings 18,33; 1Kings 18,34; 1Kings 18,38)

σχίζα (σχίζω)   arrow, shaft ▸ **10**
σχίζα ▸ 3
Noun · feminine · singular · nominative · (common) ▸ **3** (1Sam. 20,21; 1Sam. 20,22; 1Sam. 20,37)
σχίζαις ▸ 1
Noun · feminine · plural · dative · (common) ▸ **1** (1Sam. 20,20)
σχίζαν ▸ 1
Noun · feminine · singular · accusative · (common) ▸ **1** (1Sam. 20,21)
σχίζας ▸ 3
Noun · feminine · plural · accusative · (common) ▸ **3** (1Sam. 20,36; 1Sam. 20,38; 1Mac. 10,80)
σχίζῃ ▸ 1
Noun · feminine · singular · dative · (common) ▸ **1** (1Sam. 20,36)
σχίζης ▸ 1
Noun · feminine · singular · genitive · (common) ▸ **1** (1Sam. 20,37)

σχίζω   to split ▸ **11 + 1 + 11 = 23**
ἐσχίζοντο ▸ 1
Verb · third · plural · imperfect · middle · indicative ▸ **1** (1Mac. 6,45)
ἔσχισεν ▸ 1
Verb · third · singular · aorist · active · indicative ▸ **1** (Is. 37,1)
ἐσχίσθη ▸ **1 + 6 = 7**
Verb · third · singular · aorist · passive · indicative ▸ **1 + 6 = 7** (Ex. 14,21; Matt. 27,51; Mark 15,38; Luke 23,45; John 21,11; Acts 14,4; Acts 23,7)
ἐσχίσθησαν ▸ 1
Verb · third · plural · aorist · passive · indicative ▸ **1** (Matt. 27,51)
ἐσχισμένοι ▸ 1
Verb · perfect · passive · participle · masculine · plural · nominative ▸ **1** (Is. 36,22)
σχιζόμενον ▸ 1
Verb · present · passive · participle · neuter · singular · nominative ▸ **1** (Wis. 5,11)
σχιζομένους ▸ 1
Verb · present · passive · participle · masculine · plural · accusative · (variant) ▸ **1** (Mark 1,10)
σχίζουσιν ▸ 1
Verb · third · plural · present · active · indicative ▸ **1** (1Sam. 6,14)
σχίζων ▸ 1
Verb · present · active · participle · masculine · singular · nominative ▸ **1** (Eccl. 10,9)
σχίσας ▸ **1 + 1 = 2**
Verb · aorist · active · participle · masculine · singular · nominative ▸ **1 + 1 = 2** (Gen. 22,3; Luke 5,36)
σχίσει ▸ **1 + 1 + 1 = 3**
Verb · third · singular · future · active · indicative ▸ **1 + 1 + 1 = 3** (Sus. 55; Sus. 55; Luke 5,36)
σχισθήσεται ▸ 2
Verb · third · singular · future · passive · indicative ▸ **2** (Zech. 14,4; Is. 48,21)
σχίσωμεν ▸ 1
Verb · first · plural · aorist · active · subjunctive ▸ **1** (John 19,24)

σχῖνος   mastic tree ▸ **1 + 1 = 2**
σχῖνον ▸ **1 + 1 = 2**
Noun · feminine · singular · accusative · (common) ▸ **1 + 1 = 2** (Sus. 54; Sus. 54)

σχίσμα (σχίζω)   division ▸ **8**
Σχίσμα ▸ 1
Noun · neuter · singular · nominative ▸ **1** (John 10,19)
σχίσμα ▸ 5
Noun · neuter · singular · nominative ▸ **5** (Matt. 9,16; Mark 2,21; John 7,43; John 9,16; 1Cor. 12,25)
σχίσματα ▸ 2
Noun · neuter · plural · accusative ▸ **1** (1Cor. 11,18)
Noun · neuter · plural · nominative ▸ **1** (1Cor. 1,10)

σχισμή (σχίζω)   split, crack, fissure ▸ **4**
σχισμὰς ▸ 4
Noun · feminine · plural · accusative · (common) ▸ **4** (Ode. 6,6; Jonah 2,6; Is. 2,19; Is. 2,21)

σχιστός (σχίζω)   split ▸ **1**
σχιστὸν ▸ 1
Adjective · neuter · singular · accusative · noDegree ▸ **1** (Is. 19,9)

σχοινίον (σχοῖνος)   rope ▸ **28 + 2 = 30**
σχοινία ▸ **10 + 1 = 11**
Noun · neuter · plural · accusative · (common) ▸ **7 + 1 = 8** (2Sam. 17,13; 1Kings 21,31; 1Kings 21,32; Psa. 139,6; Is. 33,20; Jer. 45,11; LetterJ 42; Acts 27,32)
Noun · neuter · plural · nominative · (common) ▸ **3** (Psa. 15,6; Psa. 118,61; Is. 33,23)
σχοινίοις ▸ 6
Noun · neuter · plural · dative · (common) ▸ **6** (2Sam. 8,2; Esth. 1,6; Job 36,8; Amos 2,8; Jer. 45,13; Ezek. 27,24)
σχοινίον ▸ 6
Noun · neuter · singular · accusative · (common) ▸ **2** (Sol. 2,20; Mic. 2,5)

σχοινίον–σῴζω

    Noun · neuter · singular · nominative · (common) ▸ **4** (Eccl. 12,6; Job 18,10; Zech. 2,5; LetterJ 43)
- σχοινίῳ ▸ **5**
  - **Noun** · neuter · singular · dative · (common) ▸ **5** (Psa. 77,55; Amos 7,17; Mic. 2,4; Is. 3,24; Is. 5,18)
- σχοινίων ▸ **1** + **1** = **2**
  - **Noun** · neuter · plural · genitive · (common) ▸ **1** + **1** = **2** (Jer. 45,12; John 2,15)

Σχοίνισμα (σχοῖνος) Allotment ▸ **2**
- Σχοίνισμα ▸ **2**
  - **Noun** · neuter · singular · accusative · (proper) ▸ **2** (Zech. 11,7; Zech. 11,14)

σχοίνισμα (σχοῖνος) allotment ▸ **12** + **1** = **13**
- σχοίνισμα ▸ **8**
  - **Noun** · masculine · singular · nominative · (common) ▸ **1** (Deut. 32,9)
  - **Noun** · neuter · singular · accusative · (common) ▸ **4** (Josh. 17,14; 1Chr. 16,18; Psa. 104,11; Zeph. 2,5)
  - **Noun** · neuter · singular · nominative · (common) ▸ **3** (1Kings 4,13; Ode. 2,9; Zeph. 2,7)
- σχοινίσματα ▸ **2**
  - **Noun** · neuter · plural · accusative · (common) ▸ **1** (2Sam. 8,2)
  - **Noun** · neuter · plural · nominative · (common) ▸ **1** (2Sam. 8,2)
- σχοινίσματά ▸ **1**
  - **Noun** · neuter · plural · accusative · (common) ▸ **1** (Is. 54,2)
- σχοινίσματος ▸ **1** + **1** = **2**
  - **Noun** · neuter · singular · genitive · (common) ▸ **1** + **1** = **2** (Ezek. 47,13; Josh. 19,29)

σχοινισμός (σχοῖνος) allotment ▸ **1**
- σχοινισμός ▸ **1**
  - **Noun** · masculine · singular · nominative · (common) ▸ **1** (Josh. 17,5)

σχοῖνος stylus, reed ▸ **5**
- σχοῖνόν ▸ **1**
  - **Noun** · feminine · singular · accusative · (common) ▸ **1** (Psa. 138,3)
- σχοῖνος ▸ **1**
  - **Noun** · masculine · singular · nominative · (common) ▸ **1** (Jer. 8,8)
- σχοίνους ▸ **1**
  - **Noun** · masculine · plural · accusative · (common) ▸ **1** (Jer. 18,15)
- σχοίνων ▸ **2**
  - **Noun** · masculine · plural · genitive · (common) ▸ **2** (Mic. 6,5; Joel 4,18)

σχολάζω (σχολή) to have leisure; to devote oneself to ▸ **3** + **2** = **5**
- Σχολάζετε ▸ **1**
  - **Verb** · second · plural · present · active · indicative ▸ **1** (Ex. 5,17)
- σχολάζοντα ▸ **1**
  - **Verb** · present · active · participle · masculine · singular · accusative ▸ **1** (Matt. 12,44)
- σχολάζουσιν ▸ **1**
  - **Verb** · third · plural · present · active · indicative ▸ **1** (Ex. 5,8)
- σχολάσατε ▸ **1**
  - **Verb** · second · plural · aorist · active · imperative ▸ **1** (Psa. 45,11)
- σχολάσητε ▸ **1**
  - **Verb** · second · plural · aorist · active · subjunctive ▸ **1** (1Cor. 7,5)

σχολαστής (σχολή) one with leisure; scholar ▸ **1**
- σχολασταί ▸ **1**
  - **Noun** · masculine · plural · nominative · (common) ▸ **1** (Ex. 5,17)

σχολή leisure, idleness; lecture hall ▸ **3** + **1** = **4**
- σχολήν ▸ **2**
  - **Noun** · feminine · singular · accusative · (common) ▸ **2** (Gen. 33,14; Prov. 28,19)
- σχολῇ ▸ **1**
  - **Noun** · feminine · singular · dative ▸ **1** (Acts 19,9)
- σχολῆς ▸ **1**
  - **Noun** · feminine · singular · genitive · (common) ▸ **1** (Sir. 38,24)

Σωβ Shepho ▸ **1**
- Σωβ ▸ **1**
  - **Noun** · masculine · singular · nominative · (proper) ▸ **1** (1Chr. 1,40)

Σωβα Zobah ▸ **3**
- Σωβα ▸ **3**
  - **Noun** · feminine · singular · accusative · (proper) ▸ **2** (2Chr. 8,3; Psa. 59,2)
  - **Noun** · feminine · singular · genitive · (proper) ▸ **1** (1Chr. 19,6)

Σωβαβ Shobab ▸ **3**
- Σωβαβ ▸ **3**
  - **Noun** · singular · nominative · (proper) ▸ **1** (2Sam. 5,14)
  - **Noun** · masculine · singular · nominative · (proper) ▸ **2** (1Chr. 2,18; 1Chr. 3,5)

Σωβαι Shobai ▸ **1**
- Σωβαι ▸ **1**
  - **Noun** · masculine · singular · genitive · (proper) ▸ **1** (1Esdr. 5,28)

Σωβακ Shobach ▸ **2**
- Σωβακ ▸ **2**
  - **Noun** · masculine · singular · accusative · (proper) ▸ **1** (2Sam. 10,18)
  - **Noun** · masculine · singular · nominative · (proper) ▸ **1** (2Sam. 10,16)

Σωβαλ Shobal ▸ **7**
- Σωβαλ ▸ **7**
  - **Noun** · masculine · singular · dative · (proper) ▸ **1** (1Chr. 2,52)
  - **Noun** · masculine · singular · genitive · (proper) ▸ **2** (Gen. 36,23; 1Chr. 1,40)
  - **Noun** · masculine · singular · nominative · (proper) ▸ **4** (Gen. 36,20; Gen. 36,29; 1Chr. 1,38; 1Chr. 2,50)

Σωβηκ Shobek ▸ **1**
- Σωβηκ ▸ **1**
  - **Noun** · masculine · singular · nominative · (proper) ▸ **1** (Neh. 10,25)

Σωγαλ Shual ▸ **1**
- Σωγαλ ▸ **1**
  - **Noun** · singular · genitive · (proper) ▸ **1** (1Sam. 13,17)

Σωγαρ Zuar ▸ **5**
- Σωγαρ ▸ **5**
  - **Noun** · masculine · singular · genitive · (proper) ▸ **5** (Num. 1,8; Num. 2,5; Num. 7,18; Num. 7,23; Num. 10,15)

Σωε Shuah ▸ **1**
- Σωε ▸ **1**
  - **Noun** · masculine · singular · accusative · (proper) ▸ **1** (1Chr. 1,32)

σῴζω (σῴζω) to save; maintain, preserve ▸ **340** + **25** + **106** = **471**
- ἔσῳζεν ▸ **2**
  - **Verb** · third · singular · imperfect · active · indicative ▸ **2** (1Chr. 18,6; 1Chr. 18,13)
- ἐσῴζετο ▸ **2**
  - **Verb** · third · singular · imperfect · passive · indicative ▸ **2** (1Sam. 14,47; Wis. 16,7)
- ἐσῴζοντο ▸ **1**

σῴζω

Verb · third · plural · imperfect · passive · indicative · (variant) ▸ **1** (Mark 6,56)

ἐσώθη ▸ 7 + **1** + 4 = **12**
Verb · third · singular · aorist · passive · indicative ▸ 7 + **1** + 4 = **12** (Gen. 32,31; 1Sam. 30,17; 2Chr. 16,7; Tob. 14,10; Tob. 14,10; Jer. 48,15; Sus. 60-62; Sus. 62; Matt. 9,22; Matt. 24,22; Mark 13,20; Luke 8,36)

ἐσώθημεν ▸ 1
Verb · first · plural · aorist · passive · indicative ▸ **1** (Rom. 8,24)

ἐσώθην ▸ 3
Verb · first · singular · aorist · passive · indicative ▸ **3** (Job 1,17; Job 1,19; Sol. 15,1)

ἐσώθησαν ▸ 6
Verb · third · plural · aorist · passive · indicative ▸ **6** (2Kings 19,37; 1Mac. 2,59; 1Mac. 4,9; Psa. 21,6; Wis. 9,18; Mal. 3,15)

ἔσωσα ▸ 2 + **1** = **3**
Verb · first · singular · aorist · active · indicative ▸ 2 + **1** = **3** (Judg. 10,12; Is. 43,12; Judg. 10,12)

ἔσωσαν ▸ 1
Verb · third · plural · aorist · active · indicative ▸ **1** (1Mac. 11,48)

ἔσωσας ▸ 4 + **1** = **5**
Verb · second · singular · aorist · active · indicative ▸ 4 + **1** = **5** (Neh. 9,27; Psa. 30,8; Psa. 43,8; Sir. 51,11; Judg. 8,22)

ἔσωσάς ▸ 1
Verb · second · singular · aorist · active · indicative ▸ **1** (Psa. 29,4)

ἐσώσατέ ▸ **1** + **1** = **2**
Verb · second · plural · aorist · active · indicative ▸ **1** + **1** = **2** (Judg. 12,2; Judg. 12,2)

ἔσωσε ▸ 1
Verb · third · singular · aorist · active · indicative ▸ **1** (Dan. 3,95)

ἔσωσεν ▸ 26 + **5** + 4 = **35**
Verb · third · singular · aorist · active · indicative ▸ 26 + **5** + 4 = **35** (Judg. 2,16; Judg. 2,18; Judg. 3,9; Judg. 3,31; 1Sam. 14,23; 1Sam. 23,5; 2Sam. 8,6; 2Sam. 8,14; 2Kings 14,27; 1Chr. 11,14; 2Chr. 18,31; 2Chr. 32,22; Esth. 10,9 # 10,3f; Psa. 19,7; Psa. 33,7; Psa. 43,4; Psa. 97,1; Psa. 105,8; Psa. 105,10; Psa. 106,13; Psa. 106,19; Wis. 10,4; Sol. 13,2; Is. 34,15; Is. 63,9; Dan. 3,88; Judg. 2,16; Judg. 2,18; Judg. 3,9; Judg. 3,31; Dan. 3,88; Matt. 27,42; Mark 15,31; Luke 23,35; Titus 3,5)

Ἔσωσεν ▸ 1
Verb · third · singular · aorist · active · indicative ▸ **1** (Jer. 38,7)

ἔσωσέν ▸ 5 + **1** = **6**
Verb · third · singular · aorist · active · indicative ▸ 5 + **1** = **6** (Judg. 7,2; Psa. 56,4; Psa. 114,6; Psa. 137,7; Sol. 16,4; Judg. 7,2)

Σέσωκας ▸ 2
Verb · second · singular · perfect · active · indicative ▸ **2** (Gen. 47,25; Judith 10,15)

σέσωκας ▸ 1
Verb · second · singular · perfect · active · indicative ▸ **1** (Judg. 8,22)

σέσωκέ ▸ 2
Verb · third · singular · perfect · active · indicative ▸ **2** (Dan. 6,21; Dan. 6,23)

σέσωκέν ▸ 7
Verb · third · singular · perfect · active · indicative ▸ **7** (Matt. 9,22; Mark 5,34; Mark 10,52; Luke 7,50; Luke 8,48; Luke 17,19; Luke 18,42)

σεσωσμένη ▸ 1
Verb · perfect · passive · participle · feminine · singular · nominative ▸ **1** (Sol. 17,17)

σεσωσμένοι ▸ 3 + **2** = **5**
Verb · perfect · passive · participle · masculine · plural · nominative ▸ 3 + **2** = **5** (2Mac. 1,11; Obad. 21; Jer. 51,28; Eph. 2,5; Eph. 2,8)

σεσωσμένον ▸ 1
Verb · perfect · passive · participle · masculine · singular · accusative ▸ **1** (Josh. 8,22)

σεσωσμένον ▸ 2
Verb · perfect · middle · participle · masculine · singular · accusative ▸ **2** (Josh. 10,33; Josh. 10,40)

σεσωσμένος ▸ 2
Verb · perfect · passive · participle · masculine · singular · nominative ▸ **2** (Job 18,19; Jer. 51,14)

σεσωσμένους ▸ 1
Verb · perfect · passive · participle · masculine · plural · accusative ▸ **1** (Is. 66,19)

σέσωται ▸ 1
Verb · third · singular · perfect · passive · indicative · (variant) ▸ **1** (Acts 4,9)

σῶζε ▸ 2
Verb · second · singular · present · active · imperative ▸ **2** (Gen. 19,17; 4Mac. 10,13)

σῴζει ▸ 2 + **1** = **3**
Verb · third · singular · present · active · indicative ▸ 2 + **1** = **3** (1Sam. 17,47; Sir. 2,11; 1Pet. 3,21)

σῴζειν ▸ 11 + **2** = **13**
Verb · present · active · infinitive ▸ 11 + **2** = **13** (Judg. 13,5; 1Sam. 14,6; 1Sam. 25,26; 2Chr. 14,10; 2Chr. 32,8; 1Mac. 3,18; Psa. 67,21; Wis. 14,4; Jer. 14,9; Jer. 15,20; Jer. 49,11; Heb. 5,7; Heb. 7,25)

σῴζεις ▸ 4 + **1** = **5**
Verb · second · singular · present · active · indicative ▸ 4 + **1** = **5** (Judg. 6,36; Judg. 6,37; Sir. 51,8; Jer. 14,8; Judg. 6,36)

σῴζεσθαι ▸ 2 + **1** = **3**
Verb · present · middle · infinitive ▸ **1** (4Mac. 6,27)
Verb · present · passive · infinitive ▸ 1 + **1** = **2** (Gen. 32,9; Acts 27,20)

σῴζεσθαί ▸ 1
Verb · present · middle · infinitive ▸ **1** (Is. 51,14)

σῴζεσθε ▸ 1
Verb · second · plural · present · passive · indicative · (variant) ▸ **1** (1Cor. 15,2)

σῴζεται ▸ 7 + **1** = **8**
Verb · third · singular · present · middle · indicative ▸ **4** (1Sam. 19,12; 1Kings 21,20; Prov. 10,25; Prov. 11,31)
Verb · third · singular · present · passive · indicative ▸ 3 + **1** = **4** (Psa. 32,16; Prov. 15,27; Is. 45,17; 1Pet. 4,18)

σῴζετε ▸ **1** + **1** = **2**
Verb · second · plural · present · active · indicative ▸ **1** + **1** = **2** (Judg. 6,31; Jude 23)

σῴζῃ ▸ 1
Verb · second · singular · present · passive · subjunctive ▸ **1** (Prov. 6,5)

σῴζοιο ▸ 1
Verb · second · singular · present · middle · optative ▸ **1** (4Mac. 5,6)

σῴζοιτο ▸ 1
Verb · third · singular · present · middle · optative ▸ **1** (4Mac. 10,1)

σωζόμενοι ▸ 2 + **1** + **1** = **4**
Verb · present · passive · participle · masculine · plural · nominative ▸ 2 + **1** + **1** = **4** (Is. 37,32; Is. 45,20; Tob. 14,7;

σῴζω

Luke 13,23)
σωζομένοις ▸ 2
   Verb · present · passive · participle · masculine · plural · dative · (variant) ▸ 2 (1Cor. 1,18; 2Cor. 2,15)
σωζόμενον ▸ 4
   Verb · present · passive · participle · masculine · singular · accusative ▸ 4 (Num. 24,19; 1Kings 19,17; 1Kings 19,17; Jer. 31,19)
σωζόμενος ▸ 4 + 1 = 5
   Verb · present · passive · participle · masculine · singular · nominative ▸ 4 + 1 = 5 (Deut. 33,29; 2Chr. 20,24; Sir. 36,8; Jer. 49,17; Tob. 5,14)
σωζομένους ▸ 1
   Verb · present · passive · participle · masculine · plural · accusative · (variant) ▸ 1 (Acts 2,47)
σῷζον ▸ 1
   Verb · present · active · participle · neuter · singular · accusative ▸ 1 (Lam. 4,17)
σῴζοντα ▸ 1
   Verb · present · active · participle · masculine · singular · accusative ▸ 1 (Sir. 34,13)
σῴζοντά ▸ 1
   Verb · present · active · participle · masculine · singular · accusative ▸ 1 (Psa. 54,9)
σῴζοντι ▸ 1
   Verb · present · active · participle · masculine · singular · dative ▸ 1 (Sus. 60)
σῴζοντος ▸ 3
   Verb · present · active · participle · masculine · singular · genitive ▸ 3 (Psa. 7,3; Psa. 7,11; Psa. 105,21)
σῴζου ▸ 2
   Verb · second · singular · present · middle · imperative ▸ 2 (Gen. 19,17; Prov. 6,3)
σῴζουσαν ▸ 2
   Verb · present · active · participle · feminine · singular · accusative ▸ 2 (4Mac. 15,3; 4Mac. 15,27)
σῴζουσιν ▸ 2
   Verb · third · plural · present · active · indicative ▸ 2 (Is. 45,20; LetterJ 49)
σῴζωμεν ▸ 1
   Verb · first · plural · present · active · subjunctive ▸ 1 (1Mac. 9,9)
Σῴζων ▸ 1
   Verb · present · active · participle · masculine · singular · nominative ▸ 1 (Gen. 19,17)
σῴζων ▸ 13
   Verb · present · active · participle · masculine · singular · nominative ▸ 13 (Judg. 12,3; 1Sam. 11,3; 1Mac. 4,11; 1Mac. 9,21; Psa. 16,7; Psa. 17,42; Hos. 13,4; Zech. 9,9; Is. 43,3; Is. 43,11; Is. 60,16; Jer. 26,27; Jer. 46,18)
σωθείς ▸ 3
   Verb · aorist · passive · participle · masculine · singular · nominative ▸ 3 (4Mac. 4,12; Job 1,15; Job 1,16)
σωθέντες ▸ 2
   Verb · aorist · passive · participle · masculine · plural · nominative ▸ 2 (Esth. 10,9 # 10,3f; Is. 10,20)
σωθέντος ▸ 1
   Verb · aorist · passive · participle · neuter · singular · genitive ▸ 1 (Wis. 18,5)
σωθέντων ▸ 1
   Verb · aorist · passive · participle · masculine · plural · genitive ▸ 1 (Neh. 1,2)
σωθῇ ▸ 4 + 3 = 7
   Verb · third · singular · aorist · passive · subjunctive ▸ 4 + 3 = 7 (Prov. 15,24; Job 20,24; Jer. 31,8; Jer. 39,4; Mark 5,23; John 3,17; 1Cor. 5,5)
σωθῆναι ▸ 9 + 10 = 19
   Verb · aorist · passive · infinitive ▸ 9 + 10 = 19 (Gen. 19,22; Esth. 8,6; 1Mac. 2,44; 1Mac. 10,83; Sol. 17,17; Is. 15,7; Is. 20,6; Is. 46,2; Ezek. 33,12; Matt. 19,25; Mark 10,26; Luke 18,26; Acts 4,12; Acts 14,9; Acts 15,1; Acts 15,11; Acts 27,31; 2Th. 2,10; 1Tim. 2,4)
σωθῇς ▸ 4
   Verb · second · singular · aorist · passive · subjunctive ▸ 4 (Jer. 4,14; Jer. 41,3; Jer. 45,18; Jer. 45,23)
σωθήσεσθε ▸ 1
   Verb · second · plural · future · passive · indicative ▸ 1 (Is. 45,22)
σωθήσεται ▸ 18 + 1 + 13 = 32
   Verb · third · singular · future · passive · indicative ▸ 18 + 1 + 13 = 32 (Esth. 4,11; Psa. 32,16; Psa. 32,17; Prov. 19,7; Prov. 28,26; Prov. 29,25; Job 20,20; Job 27,8; Sol. 6,1; Joel 3,5; Is. 1,27; Is. 10,22; Is. 49,24; Is. 49,25; Jer. 23,6; Jer. 37,7; Ezek. 17,15; Ezek. 17,18; Dan. 12,1; Matt. 10,22; Matt. 24,13; Mark 13,13; Mark 16,16; Luke 8,50; John 10,9; John 11,12; Acts 2,21; Rom. 9,27; Rom. 10,13; Rom. 11,26; 1Cor. 3,15; 1Tim. 2,15)
σωθήσῃ ▸ 2 + 3 = 5
   Verb · second · singular · future · passive · indicative ▸ 2 + 3 = 5 (Esth. 4,13; Is. 30,15; Acts 11,14; Acts 16,31; Rom. 10,9)
σωθήσομαι ▸ 7 + 2 = 9
   Verb · first · singular · future · passive · indicative ▸ 7 + 2 = 9 (Gen. 19,20; 1Sam. 27,1; 2Sam. 22,4; Psa. 17,4; Psa. 118,117; Is. 12,2; Jer. 17,14; Matt. 9,21; Mark 5,28)
σωθησόμεθα ▸ 4 + 2 = 6
   Verb · first · plural · future · passive · indicative ▸ 4 + 2 = 6 (Psa. 79,4; Psa. 79,8; Psa. 79,20; Is. 20,6; Rom. 5,9; Rom. 5,10)
σωθήσονται ▸ 5
   Verb · third · plural · future · passive · indicative ▸ 5 (Is. 14,32; Ezek. 14,14; Ezek. 14,16; Ezek. 14,16; Ezek. 14,18)
σωθῆτε ▸ 1 + 1 = 2
   Verb · second · plural · aorist · passive · subjunctive ▸ 1 + 1 = 2 (Sir. 3,1; John 5,34)
σώθητε ▸ 1
   Verb · second · plural · aorist · passive · imperative ▸ 1 (Acts 2,40)
σώθητι ▸ 1
   Verb · second · singular · aorist · passive · imperative ▸ 1 (4Mac. 6,15)
σωθήτω ▸ 1
   Verb · third · singular · aorist · passive · imperative ▸ 1 (1Kings 18,40)
σωθῶ ▸ 1 + 1 = 2
   Verb · first · singular · aorist · passive · subjunctive ▸ 1 + 1 = 2 (1Sam. 27,1; Acts 16,30)
σωθῶσι ▸ 1
   Verb · third · plural · aorist · passive · subjunctive ▸ 1 (1Kings 13,31)
σωθῶσιν ▸ 3
   Verb · third · plural · aorist · passive · subjunctive ▸ 3 (Luke 8,12; 1Cor. 10,33; 1Th. 2,16)
σώσαι ▸ 1
   Verb · third · singular · aorist · active · optative ▸ 1 (2Kings 6,27)
σῶσαι ▸ 21 + 3 + 13 = 37
   Verb · aorist · active · infinitive ▸ 21 + 3 + 13 = 37 (Judg. 10,1; Judg. 10,13; 1Sam. 25,31; 1Sam. 25,33; 2Sam. 10,19; 2Chr. 32,13; 2Chr. 32,14; 2Chr. 32,14; 2Chr. 32,15; Ezra 8,22; Esth. 13,9 # 4,17b; 1Mac. 6,44; Psa. 75,10; Psa. 79,3; Psa. 108,31; Ode.

4,13; Job 40,14; Hab. 3,13; Is. 37,35; Is. 59,1; Dan. 6,28; Judg. 10,1; Judg. 10,13; Judg. 13,5; Matt. 16,25; Matt. 27,42; Mark 3,4; Mark 8,35; Mark 15,31; Luke 6,9; Luke 9,24; Luke 19,10; 1Cor. 1,21; 1Tim. 1,15; James 1,21; James 2,14; James 4,12)

σῶσαι ▸ 6
    Verb · aorist · active · infinitive ▸ **6** (2Sam. 10,11; Psa. 30,3; Psa. 69,2; Psa. 70,3; Psa. 118,173; Job 6,23)

σώσαντος ▸ 1
    Verb · aorist · active · participle · masculine · singular · genitive ▸ **1** (2Tim. 1,9)

σώσας ▸ 2 + 1 = 3
    Verb · aorist · active · participle · masculine · singular · nominative ▸ **2 + 1 = 3** (1Sam. 14,39; 2Mac. 2,17; Jude 5)

σώσατε ▸ 1
    Verb · second · plural · aorist · active · imperative ▸ **1** (Jer. 31,6)

σωσάτω ▸ 1 + 1 = 2
    Verb · third · singular · aorist · active · imperative ▸ **1 + 1 = 2** (Psa. 21,9; Luke 23,35)

σωσάτωσαν ▸ 1 + 1 = 2
    Verb · third · plural · aorist · active · imperative ▸ **1 + 1 = 2** (Judg. 10,14; Judg. 10,14)

σωσάτωσάν ▸ 1
    Verb · third · plural · aorist · active · imperative ▸ **1** (Is. 47,13)

σώσει ▸ 26 + 6 = 32
    Verb · third · singular · future · active · indicative ▸ **26 + 6 = 32** (1Sam. 4,3; 1Sam. 7,8; 1Sam. 9,16; 1Sam. 10,27; 2Chr. 32,11; 2Chr. 32,15; Tob. 6,18; Psa. 33,19; Psa. 36,40; Psa. 43,7; Psa. 68,36; Psa. 71,4; Psa. 71,13; Psa. 144,19; Job 22,29; Job 35,14; Mic. 6,9; Zeph. 3,17; Zech. 9,16; Zech. 12,7; Is. 19,20; Is. 19,20; Is. 31,5; Is. 33,22; Is. 35,4; Lam. 2,13; Matt. 1,21; Mark 8,35; Luke 9,24; 2Tim. 4,18; James 5,15; James 5,20)

σώσεις ▸ 12 + 3 + 3 = 18
    Verb · second · singular · future · active · indicative ▸ **12 + 3 + 3 = 18** (Judg. 6,14; 1Sam. 10,1; 1Sam. 23,2; 2Sam. 22,3; 2Sam. 22,28; 2Chr. 20,9; Tob. 6,18; Psa. 17,28; Psa. 35,7; Psa. 55,8; Ode. 12,14; Hab. 1,2; Judg. 6,14; Judg. 6,37; Tob. 6,18; 1Cor. 7,16; 1Cor. 7,16; 1Tim. 4,16)

σώσετε ▸ 1
    Verb · second · plural · future · active · indicative ▸ **1** (Judg. 6,31)

σώσῃ ▸ 4
    Verb · third · singular · aorist · active · subjunctive ▸ **4** (Hos. 14,4; Amos 2,14; Amos 2,15; Is. 46,7)

σώσῃς ▸ 1
    Verb · second · singular · aorist · active · subjunctive ▸ **1** (1Sam. 19,11)

Σῶσον ▸ 3
    Verb · second · singular · aorist · active · imperative ▸ **3** (2Sam. 14,4; 2Kings 6,26; 1Chr. 16,35)

σῶσον ▸ 13 + 5 = 18
    Verb · second · singular · aorist · active · imperative ▸ **13 + 5 = 18** (2Sam. 14,4; 2Kings 19,19; Psa. 19,10; Psa. 27,9; Psa. 59,7; Psa. 85,2; Psa. 85,16; Psa. 105,47; Psa. 107,7; Psa. 117,25; Job 33,28; Is. 37,20; Jer. 2,27; Matt. 8,25; Matt. 27,40; Mark 15,30; Luke 23,37; Luke 23,39)

Σῶσόν ▸ 2
    Verb · second · singular · aorist · active · imperative ▸ **2** (Psa. 11,2; Psa. 68,2)

σῶσόν ▸ 14 + 2 = 16
    Verb · second · singular · aorist · active · imperative ▸ **14 + 2 = 16** (2Kings 16,7; Psa. 3,8; Psa. 6,5; Psa. 7,2; Psa. 21,22; Psa. 30,17; Psa. 53,3; Psa. 58,3; Psa. 68,15; Psa. 70,2; Psa. 108,26; Psa. 118,94; Psa. 118,146; Jer. 17,14; Matt. 14,30; John 12,27)

σώσουσιν ▸ 1
    Verb · third · plural · future · active · indicative ▸ **1** (Jer. 11,12)

σώσουσίν ▸ 1
    Verb · third · plural · future · active · indicative ▸ **1** (Jer. 2,28)

σώσω ▸ 16 + 2 + 3 = 21
    Verb · first · singular · aorist · active · subjunctive ▸ **2** (John 12,47; 1Cor. 9,22)
    Verb · first · singular · future · active · indicative ▸ **16 + 2 + 1 = 19** (Judg. 6,15; Judg. 7,7; 2Sam. 3,18; 2Kings 6,27; 2Kings 20,6; 1Chr. 19,12; Hos. 1,7; Hos. 1,7; Zeph. 3,19; Zech. 10,6; Is. 38,6; Is. 46,4; Jer. 46,17; Jer. 46,18; Ezek. 34,22; Ezek. 36,29; Judg. 6,15; Judg. 7,7; Rom. 11,14)

σώσων ▸ 1
    Verb · future · active · participle · masculine · singular · nominative ▸ **1** (Matt. 27,49)

Σωηα Siaha ▸ 1
    Σωηα ▸ 1
    Noun · masculine · singular · genitive · (proper) ▸ **1** (Ezra 2,44)

Σωθαλα Shuthelah ▸ 1
    Σωθαλα ▸ 1
    Noun · masculine · singular · nominative · (proper) ▸ **1** (1Chr. 7,20)

Σωθελε Shuthelah ▸ 1
    Σωθελε ▸ 1
    Noun · masculine · singular · nominative · (proper) ▸ **1** (1Chr. 7,21)

Σωθηβα Sotheba (Rabbah?) ▸ 1
    Σωθηβα ▸ 1
    Noun · singular · nominative · (proper) ▸ **1** (Josh. 15,60)

Σωκαθιιμ Sucathites ▸ 1
    Σωκαθιιμ ▸ 1
    Noun · masculine · plural · nominative · (proper) ▸ **1** (1Chr. 2,55)

Σωκλαγ Ziklag ▸ 2
    Σωκλαγ ▸ 2
    Noun · singular · accusative · (proper) ▸ **2** (1Chr. 12,1; 1Chr. 12,21)

Σωλα Shua; Shagee ▸ 2
    Σωλα ▸ 2
    Noun · feminine · singular · accusative · (proper) ▸ **1** (1Chr. 7,32)
    Noun · masculine · singular · genitive · (proper) ▸ **1** (1Chr. 11,34)

σῶμα body; slave ▸ 128 + 8 + 142 = 278
    σῶμα ▸ 68 + 4 + 56 = 128
    Noun · neuter · singular · accusative · (common) ▸ **53 + 28 = 81** (Gen. 47,12; Lev. 6,3; Lev. 14,9; Lev. 15,11; Lev. 15,13; Lev. 15,16; Lev. 15,21; Lev. 15,27; Lev. 16,4; Lev. 16,24; Lev. 16,26; Lev. 16,28; Lev. 17,16; Lev. 22,6; Num. 8,7; Num. 19,7; Num. 19,8; Deut. 23,12; Josh. 8,29; 1Sam. 31,10; 1Sam. 31,12; 1Sam. 31,12; 1Kings 13,24; 1Kings 13,28; 1Kings 13,28; 1Kings 13,28; 1Kings 13,29; 1Kings 20,27; 1Chr. 10,12; 1Chr. 10,12; 1Chr. 28,1; 1Esdr. 3,4; Esth. 14,1 # 4,17k; Judith 10,3; Judith 13,9; 2Mac. 6,30; 2Mac. 7,7; 2Mac. 7,37; 2Mac. 9,29; 2Mac. 14,38; 3Mac. 2,29; 4Mac. 1,20; 4Mac. 1,27; 4Mac. 6,7; 4Mac. 11,11; Prov. 11,17; Job 33,17; Job 33,24; Wis. 8,20; Sir. 30,14; Sir. 38,16; Sol. 2,27; LetterJ 21; Matt. 10,28; Matt. 10,28; Matt. 27,58; Matt. 27,59; Mark 15,43; Luke 12,4; Luke 23,52; Luke 24,3; Luke 24,23; John 19,38; John 19,38; John 19,40; Acts 9,40; Rom. 4,19; 1Cor. 6,18; 1Cor. 9,27; 1Cor. 11,29; 1Cor. 12,13; 1Cor. 12,24; 1Cor. 15,37; 1Cor. 15,38; 1Cor. 15,38; Phil. 3,21; Heb. 10,5; Heb. 10,22; James 3,2; James 3,3; James 3,6)
    Noun · neuter · singular · nominative · (common) ▸ **15 + 4 + 28 = 47** (Gen. 47,18; Lev. 15,3; Lev. 15,3; Deut. 21,23; 1Kings 13,24;

σῶμα–σωρηδόν

3Mac. 6,20; Job 7,5; Job 13,12; Wis. 2,3; Wis. 9,15; Sir. 30,15; Sir. 48,13; Dan. 4,16; Dan. 7,11; Dan. 10,6; Dan. 4,33; Dan. 5,21; Dan. 7,11; Dan. 10,6; Matt. 6,25; Luke 12,23; Luke 17,37; Luke 23,55; John 20,12; Rom. 6,6; Rom. 8,10; 1Cor. 6,13; 1Cor. 6,19; 1Cor. 10,17; 1Cor. 11,24; 1Cor. 12,12; 1Cor. 12,12; 1Cor. 12,14; 1Cor. 12,17; 1Cor. 12,19; 1Cor. 12,20; 1Cor. 12,27; 1Cor. 15,44; 1Cor. 15,44; 1Cor. 15,44; Eph. 1,23; Eph. 4,4; Eph. 4,16; Col. 2,17; Col. 2,19; 1Th. 5,23; James 2,26)

σῶμά ▸ 2 + 14 = 16
   Noun · neuter · singular · accusative · (common) ▸ 1 + 2 = 3 (Sir. 51,2; Mark 14,8; 1Cor. 13,3)
   Noun · neuter · singular · nominative · (common) ▸ 1 + 12 = 13 (1Kings 13,22; Matt. 5,29; Matt. 5,30; Matt. 6,22; Matt. 6,23; Matt. 26,26; Mark 14,22; Luke 11,34; Luke 11,34; Luke 11,36; Luke 22,19; Rom. 12,5; 1Cor. 6,16)

σώμασιν ▸ 2
   Noun · neuter · plural · dative · (common) ▸ 2 (Sir. 41,11; Nah. 3,3)

σώματα ▸ 19 + 3 + 10 = 32
   Noun · neuter · plural · accusative · (common) ▸ 15 + 2 + 4 = 21 (Gen. 15,11; Gen. 34,29; Gen. 36,6; Neh. 9,37; Esth. 9,14; Tob. 10,10; 1Mac. 11,4; 2Mac. 8,11; 2Mac. 12,39; 4Mac. 13,13; 4Mac. 14,10; 4Mac. 18,3; Is. 37,36; Ezek. 1,23; Dan. 3,95; Tob. 1,18; Dan. 3,95; Rom. 1,24; Rom. 8,11; Rom. 12,1; Eph. 5,28)
   Noun · neuter · plural · nominative · (common) ▸ 4 + 1 + 6 = 11 (2Kings 19,35; Tob. 1,18; Sir. 44,14; Bel 31-32; Bel 32; Matt. 27,52; John 19,31; 1Cor. 6,15; 1Cor. 15,40; 1Cor. 15,40; Heb. 13,11)

σώματι ▸ 9 + 23 = 32
   Noun · neuter · singular · dative · (common) ▸ 9 + 23 = 32 (Lev. 15,19; Lev. 19,28; 2Mac. 15,30; Prov. 25,20; Job 3,17; Job 40,32; Wis. 1,4; Sir. 7,24; Sir. 23,17; Matt. 6,25; Mark 5,29; Luke 12,22; Rom. 6,12; Rom. 12,4; 1Cor. 5,3; 1Cor. 6,13; 1Cor. 6,20; 1Cor. 7,34; 1Cor. 12,18; 1Cor. 12,25; 1Cor. 15,35; 2Cor. 4,10; 2Cor. 4,10; 2Cor. 5,6; 2Cor. 12,2; 2Cor. 12,3; Eph. 2,16; Phil. 3,21; Col. 1,22; Col. 3,15; Heb. 13,3; 1Pet. 2,24)

σώματί ▸ 3 + 2 = 5
   Noun · neuter · singular · dative · (common) ▸ 3 + 2 = 5 (Prov. 3,8; Job 6,4; Sir. 47,19; Gal. 6,17; Phil. 1,20)

σώματος ▸ 20 + 1 + 32 = 53
   Noun · neuter · singular · genitive · (common) ▸ 20 + 1 + 32 = 53 (Lev. 15,2; Lev. 15,3; Lev. 15,3; Neh. 9,26; 2Mac. 3,17; 2Mac. 9,7; 2Mac. 9,9; 4Mac. 1,28; 4Mac. 1,35; 4Mac. 7,13; 4Mac. 10,20; 4Mac. 17,1; Job 20,25; Job 36,28b; Job 41,15; Wis. 18,22; Sir. 30,16; Ezek. 1,11; Dan. 1,15; Dan. 3,94; Dan. 3,94; John 2,21; Rom. 7,4; Rom. 7,24; Rom. 8,13; Rom. 8,23; 1Cor. 7,4; 1Cor. 7,4; 1Cor. 10,16; 1Cor. 11,27; 1Cor. 12,12; 1Cor. 12,15; 1Cor. 12,15; 1Cor. 12,16; 1Cor. 12,16; 1Cor. 12,22; 1Cor. 12,23; 2Cor. 5,8; 2Cor. 5,10; 2Cor. 10,10; 2Cor. 12,2; 2Cor. 12,3; Eph. 4,12; Eph. 4,16; Eph. 5,23; Eph. 5,30; Col. 1,18; Col. 1,24; Col. 2,11; Col. 2,23; Heb. 10,10; James 2,16; Jude 9)

σώματός ▸ 2 + 4 = 6
   Noun · neuter · singular · genitive · (common) ▸ 2 + 4 = 6 (Prov. 5,11; Ezek. 23,35; Matt. 6,22; Matt. 26,12; Luke 11,34; 1Cor. 6,18)

σωμάτων ▸ 3 + 1 = 4
   Noun · neuter · plural · genitive · (common) ▸ 3 + 1 = 4 (2Mac. 8,11; 2Mac. 12,26; 4Mac. 3,18; Rev. 18,13)

Σωμαν Shunem ▸ 1
   Σωμαν ▸ 1
      Noun · singular · accusative · (proper) ▸ 1 (1Sam. 28,4)

Σωμανῖτις Shunammite (f) ▸ 7

Σωμανῖτιν ▸ 4
   Noun · feminine · singular · accusative · (proper) ▸ 4 (1Kings 1,3; 1Kings 2,17; 2Kings 4,12; 2Kings 4,36)

Σωμανῖτις ▸ 3
   Noun · feminine · singular · nominative · (proper) ▸ 3 (1Kings 1,15; 1Kings 2,21; 2Kings 4,25)

σωματικός (σῶμα) bodily ▸ 2 + 2 = 4
   σωματικαί ▸ 1
      Adjective · feminine · plural · nominative · noDegree ▸ 1 (4Mac. 1,32)
   σωματική ▸ 1
      Adjective · feminine · singular · nominative ▸ 1 (1Tim. 4,8)
   σωματικῷ ▸ 1
      Adjective · neuter · singular · dative ▸ 1 (Luke 3,22)
   σωματικῶν ▸ 1
      Adjective · neuter · plural · genitive · noDegree ▸ 1 (4Mac. 3,1)

σωματικῶς (σῶμα) in bodily form ▸ 1
   σωματικῶς ▸ 1
      Adverb ▸ 1 (Col. 2,9)

σωματοποιέω (σῶμα; ποιέω) to provide with a body ▸ 1
   ἐσωματοποιήσατε ▸ 1
      Verb · second · plural · aorist · active · indicative ▸ 1 (Ezek. 34,4)

σωματοφύλαξ (σῶμα; φυλάσσω) bodyguard ▸ 3
   σωματοφύλακες ▸ 2
      Noun · masculine · plural · nominative · (common) ▸ 2 (1Esdr. 3,4; 3Mac. 2,23)
   σωματοφύλαξιν ▸ 1
      Noun · masculine · plural · dative · (common) ▸ 1 (Judith 12,7)

Σωμηρ Shimeath ▸ 1
   Σωμηρ ▸ 1
      Noun · masculine · singular · nominative · (proper) ▸ 1 (2Kings 12,22)

σῶος (σῶς) safe; whole ▸ 4
   σῶα ▸ 2
      Adjective · neuter · plural · accusative · noDegree ▸ 2 (2Mac. 3,15; 2Mac. 3,22)
   σῶον ▸ 1
      Adjective · masculine · singular · accusative · noDegree ▸ 1 (2Mac. 12,24)
   σώους ▸ 1
      Adjective · masculine · plural · accusative · noDegree ▸ 1 (3Mac. 2,7)

σῷος (σῷς) safe; whole ▸ 2
   Σῷοι ▸ 2
      Adjective · masculine · plural · nominative · noDegree ▸ 2 (Bel 17; Bel 17)

Σώπατρος Sopater ▸ 1
   Σώπατρος ▸ 1
      Noun · masculine · singular · nominative · (proper) ▸ 1 (Acts 20,4)

σωρεύω to heap ▸ 2 + 2 = 4
   ἐσώρευσεν ▸ 1
      Verb · third · singular · aorist · active · indicative ▸ 1 (Judith 15,11)
   σεσωρευμένα ▸ 1
      Verb · perfect · passive · participle · neuter · plural · accusative · (variant) ▸ 1 (2Tim. 3,6)
   σωρεύσεις ▸ 1 + 1 = 2
      Verb · second · singular · future · active · indicative ▸ 1 + 1 = 2 (Prov. 25,22; Rom. 12,20)

σωρηδόν (σωρός) in heaps ▸ 1

σωρηδὸν ▸ 1
    Adverb ▸ 1 (Wis. 18,23)
σωρηκ (Hebr.) grapes ▸ 1
    σωρηκ ▸ 1
        Noun ▸ 1 (Ode. 10,2)
Σωρης Sores ▸ 1
    Σωρης ▸ 1
        Noun · singular · nominative · (proper) ▸ 1 (Josh. 15,59a)
Σωρηχ Sorek ▸ 1
    Σωρηχ ▸ 1
        Noun · singular · genitive · (proper) ▸ 1 (Judg. 16,4)
σωρηχ Sorek ▸ 1
    σωρηχ ▸ 1
        Noun ▸ 1 (Is. 5,2)
Σωρθ Zior ▸ 1
    Σωρθ ▸ 1
        Noun · singular · nominative · (proper) ▸ 1 (Josh. 15,54)
Σωριν Tyre (?) ▸ 1
    Σωριν ▸ 1
        Noun · masculine · plural · dative · (proper) ▸ 1 (Ezra 3,7)
σωρός heap ▸ 9
    σωροὶ ▸ 1
        Noun · masculine · plural · nominative · (common) ▸ 1 (2Chr. 31,7)
    σωρὸν ▸ 3
        Noun · masculine · singular · accusative · (common) ▸ 3 (Josh. 7,26; Josh. 8,29; 2Sam. 18,17)
    σωρὸς ▸ 1
        Noun · masculine · singular · nominative · (common) ▸ 1 (4Mac. 9,20)
    σωρούς ▸ 1
        Noun · masculine · plural · accusative · (common) ▸ 1 (2Chr. 31,6)
    σωροὺς ▸ 2
        Noun · masculine · plural · accusative · (common) ▸ 2 (2Chr. 31,6; 2Chr. 31,8)
    σωρῶν ▸ 1
        Noun · masculine · plural · genitive · (common) ▸ 1 (2Chr. 31,9)
Σωσαν Sheshan ▸ 5
    Σωσαν ▸ 5
        Noun · masculine · singular · dative · (proper) ▸ 2 (1Chr. 2,34; 1Chr. 2,34)
        Noun · masculine · singular · genitive · (proper) ▸ 1 (1Chr. 2,31)
        Noun · masculine · singular · nominative · (proper) ▸ 2 (1Chr. 2,31; 1Chr. 2,35)
Σωσηκ Shashak ▸ 2
    Σωσηκ ▸ 2
        Noun · masculine · singular · genitive · (proper) ▸ 1 (1Chr. 8,25)
        Noun · masculine · singular · nominative · (proper) ▸ 1 (1Chr. 8,14)
Σωσθένης Sosthenes ▸ 2
    Σωσθένην ▸ 1
        Noun · masculine · singular · accusative · (proper) ▸ 1 (Acts 18,17)
    Σωσθένης ▸ 1
        Noun · masculine · singular · nominative · (proper) ▸ 1 (1Cor. 1,1)
Σωσιμ Susim ▸ 1
    Σωσιμ ▸ 1
        Noun · masculine · singular · genitive · (proper) ▸ 1 (1Chr. 4,31)
Σωσίπατρος Sosipater ▸ 2 + 1 = 3
    Σωσίπατρον ▸ 1
        Noun · masculine · singular · accusative · (proper) ▸ 1 (2Mac. 12,24)
    Σωσίπατρος ▸ 1 + 1 = 2
        Noun · masculine · singular · nominative · (proper) ▸ 1 + 1 = 2 (2Mac. 12,19; Rom. 16,21)
Σώστρατος Sostratus ▸ 2
    Σώστρατος ▸ 1
        Noun · masculine · singular · nominative · (proper) ▸ 1 (2Mac. 4,29)
    Σωστράτου ▸ 1
        Noun · masculine · singular · genitive · (proper) ▸ 1 (2Mac. 4,28)
σωτήρ (σῴζω) savior, Savior ▸ 38 + 3 + 24 = 65
    σωτήρ ▸ 8 + 1 = 9
        Noun · masculine · singular · nominative · (common) ▸ 8 + 1 = 9 (Judith 9,11; Psa. 24,5; Psa. 26,1; Psa. 26,9; Psa. 61,3; Psa. 61,7; Is. 12,2; Is. 45,15; Judg. 12,3)
    σωτὴρ ▸ 8 + 4 = 12
        Noun · masculine · singular · nominative · (common) ▸ 8 + 4 = 12 (1Sam. 10,19; 1Mac. 4,30; Psa. 64,6; Psa. 78,9; Sol. 8,33; Sol. 16,4; Is. 45,21; Is. 62,11; Luke 2,11; John 4,42; Eph. 5,23; 1Tim. 4,10)
    σωτῆρα ▸ 8 + 2 + 4 = 14
        Noun · masculine · singular · accusative · (common) ▸ 8 + 2 + 4 = 14 (Judg. 3,9; Judg. 3,15; Esth. 15,2 # 5,1a; Esth. 16,13 # 8,12n; 3Mac. 6,29; 3Mac. 6,32; Wis. 16,7; Sol. 17,3; Judg. 3,9; Judg. 3,15; Acts 5,31; Acts 13,23; Phil. 3,20; 1John 4,14)
    σωτῆρά ▸ 2
        Noun · masculine · singular · accusative · (common) ▸ 2 (Sir. 51,1; Is. 17,10)
    σωτῆρας ▸ 1
        Noun · masculine · plural · accusative · (common) ▸ 1 (Neh. 9,27)
    σωτῆρι ▸ 2 + 1 = 3
        Noun · masculine · singular · dative · (common) ▸ 2 + 1 = 3 (3Mac. 7,16; Psa. 94,1; Jude 25)
    σωτῆρί ▸ 4 + 1 = 5
        Noun · masculine · singular · dative · (common) ▸ 4 + 1 = 5 (Ode. 4,18; Ode. 9,47; Mic. 7,7; Hab. 3,18; Luke 1,47)
    σωτῆρος ▸ 5 + 14 = 19
        Noun · masculine · singular · genitive · (common) ▸ 5 + 14 = 19 (Deut. 32,15; Psa. 23,5; Ode. 2,15; Sol. 3,6; Bar. 4,22; 1Tim. 1,1; 1Tim. 2,3; 2Tim. 1,10; Titus 1,3; Titus 1,4; Titus 2,10; Titus 2,13; Titus 3,4; Titus 3,6; 2Pet. 1,1; 2Pet. 1,11; 2Pet. 2,20; 2Pet. 3,2; 2Pet. 3,18)
σωτηρία (σῴζω) salvation ▸ 150 + 8 + 46 = 204
    Σωτηρία ▸ 1
        Noun · feminine · singular · nominative · (common) ▸ 1 (Psa. 34,3)
    σωτηρία ▸ 38 + 3 + 8 = 49
        Noun · feminine · singular · nominative · (common) ▸ 38 + 3 + 8 = 49 (1Sam. 11,9; 2Sam. 15,14; 2Sam. 19,3; 2Sam. 23,5; Esth. 4,11; Esth. 16,22 # 8,12u; 1Mac. 3,6; 1Mac. 4,25; 1Mac. 5,62; 2Mac. 14,3; Psa. 3,3; Psa. 3,9; Psa. 19,7; Psa. 36,39; Psa. 41,12; Psa. 59,13; Psa. 68,30; Psa. 107,13; Psa. 118,155; Psa. 145,3; Ode. 4,8; Prov. 11,14; Job 11,20; Job 20,20; Job 30,15; Wis. 6,24; Wis. 18,7; Sol. 3,5; Sol. 10,8; Sol. 12,6; Obad. 17; Hab. 3,8; Is. 33,2; Is. 33,6; Is. 47,15; Is. 59,11; Jer. 3,23; Jer. 32,35; Tob. 6,18; Tob. 8,5; Tob. 14,4; Luke 19,9; John 4,22; Acts 4,12; Rom. 11,11; Rom. 13,11; Rev. 7,10; Rev. 12,10; Rev. 19,1)
    σωτηρίᾳ ▸ 13
        Noun · feminine · singular · dative · (common) ▸ 13 (1Sam. 2,1; 2Mac. 7,25; 2Mac. 13,3; 3Mac. 6,13; 3Mac. 6,33; 3Mac. 7,22;

4Mac. 9,4; Psa. 11,6; Psa. 149,4; Ode. 3,1; Sir. 46,1; Is. 25,9; Jer. 38,22)

σωτηρίαν ▸ 55 + 4 + 18 = 77
Noun • feminine • singular • accusative • (common) ▸ 55 + 4 + 18 = 77 (Gen. 49,18; Ex. 14,13; Ex. 15,2; Judg. 15,18; 1Sam. 11,13; 1Sam. 14,45; 1Sam. 19,5; 2Sam. 10,11; 2Sam. 23,10; 2Sam. 23,12; 2Kings 5,1; 2Kings 13,5; 1Chr. 11,14; 1Chr. 16,23; 1Chr. 19,12; 2Chr. 6,41; 2Chr. 12,7; 2Chr. 20,17; Ezra 9,8; Ezra 9,13; Esth. 13,12 # 4,17d; Judith 8,17; Judith 11,3; 2Mac. 11,6; 4Mac. 15,8; 4Mac. 15,27; Psa. 32,17; Psa. 70,15; Psa. 73,12; Psa. 117,14; Psa. 117,21; Psa. 117,28; Psa. 131,16; Psa. 143,10; Ode. 1,2; Ode. 4,13; Ode. 6,10; Ode. 9,71; Prov. 2,7; Job 13,16; Sol. 15,6; Sol. 16,5; Hab. 3,13; Is. 12,2; Is. 45,17; Is. 46,13; Is. 46,13; Is. 49,6; Is. 52,7; Is. 52,10; Is. 63,8; Jer. 37,6; Jer. 38,22; Bar. 4,22; Bar. 4,24; Judg. 15,18; Tob. 8,4; Tob. 8,17; Dan. 11,42; Luke 1,71; Acts 7,25; Acts 13,47; Rom. 1,16; Rom. 10,1; Rom. 10,10; 2Cor. 7,10; Phil. 1,19; Phil. 2,12; 2Th. 2,13; 2Tim. 3,15; Heb. 1,14; Heb. 9,28; Heb. 11,7; 1Pet. 1,5; 1Pet. 1,9; 1Pet. 2,2; 2Pet. 3,15)

σωτηρίας ▸ 43 + 1 + 20 = 64
Noun • feminine • plural • accusative • (common) ▸ 3 (2Sam. 22,51; Psa. 17,51; Psa. 43,5)
Noun • feminine • singular • genitive • (common) ▸ 40 + 1 + 20 = 61 (Gen. 26,31; Gen. 28,21; Gen. 44,17; 2Sam. 22,3; 2Sam. 22,3; 2Sam. 22,36; 2Sam. 22,47; 2Kings 13,17; 2Kings 13,17; 1Chr. 16,35; 2Mac. 3,29; 2Mac. 3,32; 2Mac. 12,25; 3Mac. 6,36; 3Mac. 7,16; 4Mac. 15,2; Psa. 17,3; Psa. 17,36; Psa. 17,47; Psa. 21,2; Psa. 37,23; Psa. 50,16; Psa. 68,14; Psa. 87,2; Psa. 88,27; Psa. 117,15; Psa. 139,8; Ode. 5,18; Ode. 9,69; Ode. 9,77; Ode. 11,19; Job 2,9a; Job 5,4; Job 30,22; Wis. 5,2; Wis. 16,6; Is. 26,18; Is. 38,20; Is. 49,8; Bar. 4,29; Tob. 5,17; Mark 16,8; Luke 1,69; Luke 1,77; Acts 13,26; Acts 16,17; Acts 27,34; 2Cor. 1,6; 2Cor. 6,2; 2Cor. 6,2; Eph. 1,13; Phil. 1,28; 1Th. 5,8; 1Th. 5,9; 2Tim. 2,10; Heb. 2,3; Heb. 2,10; Heb. 5,9; Heb. 6,9; 1Pet. 1,10; Jude 3)

σωτήριον (σῴζω) salvation; peace-offering ▸ 136 + 4 = 140
σωτήρια ▸ 3
Noun • neuter • plural • accusative • (common) ▸ 3 (Ex. 20,24; Num. 29,39; 3Mac. 6,30)
Σωτήριον ▸ 1
Noun • neuter • singular • nominative • (common) ▸ 1 (Is. 60,18)
σωτήριον ▸ 22 + 2 = 24
Noun • neuter • singular • accusative • (common) ▸ 17 + 1 = 18 (Lev. 17,4; Num. 6,14; Num. 15,8; Psa. 13,7; Psa. 49,23; Psa. 52,7; Psa. 77,22; Psa. 95,2; Psa. 97,2; Psa. 97,3; Ode. 11,11; Sir. 39,18; Is. 26,1; Is. 38,11; Is. 40,5; Is. 60,6; Lam. 3,26; Luke 3,6)
Noun • neuter • singular • nominative • (common) ▸ 5 + 1 = 6 (Gen. 41,16; Psa. 41,6; Psa. 42,5; Psa. 84,10; Is. 33,20; Acts 28,28)

σωτήριόν ▸ 19 + 1 = 20
Noun • neuter • singular • accusative • (common) ▸ 11 + 1 = 12 (Psa. 39,11; Psa. 39,17; Psa. 66,3; Psa. 69,5; Psa. 84,8; Psa. 90,16; Psa. 118,81; Psa. 118,123; Psa. 118,166; Psa. 118,174; Ode. 13,30; Luke 2,30)
Noun • neuter • singular • nominative • (common) ▸ 8 (Psa. 61,2; Psa. 61,8; Psa. 118,41; Is. 51,5; Is. 51,6; Is. 51,8; Is. 56,1; Is. 62,1)

σωτηρίου ▸ 77 + 1 = 78
Noun • neuter • singular • genitive • (common) ▸ 77 + 1 = 78 (Ex. 24,5; Ex. 32,6; Lev. 3,1; Lev. 3,3; Lev. 3,6; Lev. 3,9; Lev. 4,10; Lev. 4,26; Lev. 4,31; Lev. 4,35; Lev. 6,5; Lev. 7,11; Lev. 7,13; Lev. 7,14; Lev. 7,15; Lev. 7,20; Lev. 7,21; Lev. 7,29; Lev. 7,29; Lev. 7,32; Lev. 7,33; Lev. 7,34; Lev. 7,37; Lev. 9,4; Lev. 9,18; Lev. 9,22; Lev. 10,14; Lev. 17,5; Lev. 19,5; Lev. 22,21; Lev. 23,19; Num. 6,17; Num. 6,18; Num. 7,17; Num. 7,23; Num. 7,29; Num. 7,35; Num. 7,41; Num. 7,47; Num. 7,53; Num. 7,59; Num. 7,65; Num. 7,71; Num. 7,77; Num. 7,83; Num. 7,88; Deut. 27,7; Josh. 8,31 # 9,2b; Josh. 22,23; Josh. 22,29; Judg. 20,26; Judg. 21,4; 1Chr. 16,1; 1Chr. 16,2; 1Chr. 21,26; 2Chr. 29,35; 2Chr. 30,22; 2Chr. 31,2; 2Chr. 33,16; 1Esdr. 8,63; 1Mac. 4,56; Psa. 50,14; Psa. 115,4; Sir. 35,1; Sir. 47,2; Amos 5,22; Jonah 2,10; Is. 12,3; Is. 59,17; Is. 61,10; Is. 63,1; Ezek. 43,27; Ezek. 45,15; Ezek. 45,17; Ezek. 46,2; Ezek. 46,12; Ezek. 46,12; Eph. 6,17)

σωτηρίῳ ▸ 7
Noun • neuter • singular • dative • (common) ▸ 7 (Psa. 9,15; Psa. 12,6; Psa. 19,6; Psa. 20,2; Psa. 20,6; Psa. 34,9; Psa. 105,4)
σωτηρίων ▸ 7
Noun • neuter • plural • genitive • (common) ▸ 7 (Ex. 29,28; Num. 10,10; Josh. 22,27; 2Chr. 7,7; Psa. 27,8; Psa. 67,20; Psa. 84,5)

σωτήριος (σῴζω) bringing salvation ▸ 5 + 1 = 6
σωτήριοι ▸ 1
Adjective • feminine • plural • nominative • noDegree ▸ 1 (Wis. 1,14)
σωτήριον ▸ 4
Adjective • feminine • singular • accusative • noDegree ▸ 2 (4Mac. 12,6; 4Mac. 15,26)
Adjective • masculine • singular • accusative • noDegree ▸ 2 (3Mac. 6,31; 3Mac. 7,18)
σωτήριος ▸ 1
Adjective • feminine • singular • nominative ▸ 1 (Titus 2,11)

Σωυε Shuah ▸ 1
Σωυε ▸ 1
Noun • masculine • singular • accusative • (proper) ▸ 1 (Gen. 25,2)

Σωφ Shepho ▸ 1
Σωφ ▸ 1
Noun • masculine • singular • nominative • (proper) ▸ 1 (Gen. 36,23)

Σωφα Zophah ▸ 2
Σωφα ▸ 2
Noun • masculine • singular • genitive • (proper) ▸ 1 (1Chr. 7,36)
Noun • masculine • singular • nominative • (proper) ▸ 1 (1Chr. 7,35)

Σωφαν Shupham ▸ 1
Σωφαν ▸ 1
Noun • masculine • singular • dative • (proper) ▸ 1 (Num. 26,43)

Σωφανι Shuphamite ▸ 1
Σωφανι ▸ 1
Noun • masculine • singular • nominative • (proper) ▸ 1 (Num. 26,43)

Σωφαρ Zepho ▸ 9
Σωφαρ ▸ 9
Noun • feminine • singular • accusative • (proper) ▸ 1 (Num. 32,35)
Noun • masculine • singular • nominative • (proper) ▸ 8 (Gen. 36,11; Gen. 36,15; 1Chr. 1,36; Job 2,11; Job 11,1; Job 20,1; Job 42,9; Job 42,17e)

Σωφαρφακ Shuphuphan ▸ 1
Σωφαρφακ ▸ 1
Noun • masculine • singular • nominative • (proper) ▸ 1 (1Chr. 8,5)

Σωφατ Shaphat ▸ 1
Σωφατ ▸ 1
Noun • masculine • singular • nominative • (proper) ▸ 1 (1Chr. 27,29)

Σωφαχ Shophach ▸ 2

Σωφαχ ▸ 2
  Noun · masculine · singular · accusative · (proper) ▸ **1**
    (1Chr. 19,18)
  Noun · masculine · singular · nominative · (proper) ▸ **1**
    (1Chr. 19,16)
σωφερ (Hebr.) shofar, ram's horn ▸ **1**
  σωφερ ▸ 1
    Noun ▸ **1** (1Chr. 15,28)
Σωφηρα Sephar; Ophir ▸ 2
  Σωφηρα ▸ 2
    Noun · singular · accusative · (proper) ▸ **2** (Gen. 10,30; 1Kings 9,28)
Σωφιρ Ophir ▸ 1
  Σωφιρ ▸ 1
    Noun · feminine · singular · accusative · (proper) ▸ **1**
    (1Kings 16,28f)
Σωφιρα Ophir ▸ 1
  Σωφιρα ▸ 1
    Noun · feminine · singular · accusative · (proper) ▸ **1** (2Chr. 8,18)
σωφρονέω (σῶς; φρήν) to be in a right mind ▸ **6**
  σωφρονεῖν ▸ 2
    Verb · present · active · infinitive ▸ **2** (Rom. 12,3; Titus 2,6)
  σωφρονήσατε ▸ 1
    Verb · second · plural · aorist · active · imperative ▸ **1** (1Pet. 4,7)
  σωφρονοῦμεν ▸ 1
    Verb · first · plural · present · active · indicative ▸ **1** (2Cor. 5,13)
  σωφρονοῦντα ▸ 2
    Verb · present · active · participle · masculine · singular · accusative ▸ **2** (Mark 5,15; Luke 8,35)
σωφρονίζω (σῶς; φρήν) to train ▸ **1**
  σωφρονίζωσιν ▸ 1
    Verb · third · plural · present · active · subjunctive ▸ **1** (Titus 2,4)
σωφρονισμός (σῶς; φρήν) self-control ▸ **1**
  σωφρονισμοῦ ▸ 1
    Noun · masculine · singular · genitive ▸ **1** (2Tim. 1,7)
σωφρόνως (σῶς; φρήν) wisely, soberly, moderately ▸ **1 + 1 = 2**
  σωφρόνως ▸ 1 + 1 = 2
    Adverb ▸ **1 + 1 = 2** (Wis. 9,11; Titus 2,12)
σωφροσύνη (σῶς; φρήν) self-control; prudence, good sense ▸ **9 + 3 = 12**
  σωφροσύνη ▸ 2
    Noun · feminine · singular · nominative · (common) ▸ **2**
    (4Mac. 1,18; 4Mac. 1,31)
  σωφροσύνῃ ▸ 1
  Noun · feminine · singular · dative · (common) ▸ **1**
    (Esth. 13,3 # 3,13c)
  σωφροσύνην ▸ 3
    Noun · feminine · singular · accusative · (common) ▸ **3**
    (2Mac. 4,37; 4Mac. 5,23; Wis. 8,7)
  σωφροσύνης ▸ 3 + 3 = 6
    Noun · feminine · singular · genitive · (common) ▸ **3 + 3 = 6**
    (4Mac. 1,3; 4Mac. 1,6; 4Mac. 1,30; Acts 26,25; 1Tim. 2,9; 1Tim. 2,15)
σώφρων (σῶς; φρήν) self-controlled; wise ▸ **8 + 4 = 12**
  σώφρονα ▸ 2
    Adjective · masculine · singular · accusative ▸ **2**
    (1Tim. 3,2; Titus 1,8)
  σώφρονά ▸ 1
    Adjective · feminine · singular · accusative · noDegree ▸ **1**
    (4Mac. 2,23)
  σώφρονας ▸ 2
    Adjective · feminine · plural · accusative ▸ **1** (Titus 2,5)
    Adjective · masculine · plural · accusative ▸ **1** (Titus 2,2)
  σώφρονες ▸ 1
    Adjective · masculine · plural · nominative · noDegree ▸ **1**
    (4Mac. 15,10)
  σώφρονος ▸ 2
    Adjective · masculine · singular · genitive · noDegree ▸ **2**
    (4Mac. 1,35; 4Mac. 3,19)
  σώφρων ▸ 4
    Adjective · masculine · singular · nominative · noDegree ▸ **4**
    (4Mac. 2,2; 4Mac. 2,16; 4Mac. 2,18; 4Mac. 3,17)
Σωχα Socoh ▸ 1
  Σωχα ▸ 1
    Noun · singular · nominative · (proper) ▸ **1** (Josh. 15,48)
Σωχαρ Sacar ▸ 1
  Σωχαρ ▸ 1
    Noun · masculine · singular · nominative · (proper) ▸ **1**
    (1Chr. 26,4)
Σωχω Soco ▸ 1 + 2 = 3
  Σωχω ▸ 1 + 2 = 3
    Noun · singular · nominative · (proper) ▸ **2**
    (Josh. 15,35; Josh. 15,48)
    Noun · feminine · singular · accusative · (proper) ▸ **1**
    (2Chr. 28,18)
Σωχων Soco ▸ 1
  Σωχων ▸ 1
    Noun · masculine · singular · genitive · (proper) ▸ **1** (1Chr. 4,18)

T, τ

Τααμ Taam (?) ‣ 1
   Τααμ ‣ 1
      Noun · masculine · singular · nominative · (proper) ‣ 1
      (Gen. 46,20)

Ταβαθ Tabbath ‣ 1 + 1 = 2
   Ταβαθ ‣ 1 + 1 = 2
      Noun · singular · accusative · (proper) ‣ 1 + 1 = 2
      (Judg. 7,22; Judg. 7,22)

Ταβαωθ Tabbaoth ‣ 3
   Ταβαωθ ‣ 3
      Noun · masculine · singular · genitive · (proper) ‣ 3
      (1Esdr. 5,29; Ezra 2,43; Neh. 7,46)

Ταβεηλ Tabeel ‣ 2
   Ταβεηλ ‣ 2
      Noun · masculine · singular · genitive · (proper) ‣ 1 (Is. 7,6)
      Noun · masculine · singular · nominative · (proper) ‣ 1 (Ezra 4,7)

Ταβεκ Tebah ‣ 1
   Ταβεκ ‣ 1
      Noun · masculine · singular · accusative · (proper) ‣ 1
      (Gen. 22,24)

Ταβελλιος Tabeel ‣ 1
   Ταβελλιος ‣ 1
      Noun · masculine · singular · nominative · (proper) ‣ 1
      (1Esdr. 2,12)

Ταβερεμμαν Tabrimmon ‣ 1
   Ταβερεμμαν ‣ 1
      Noun · masculine · singular · genitive · (proper) ‣ 1
      (1Kings 15,18)

ταβέρναι inns, taverns (pl.) ‣ 1
   ταβερνῶν ‣ 1
      Noun · feminine · plural · genitive · (proper) ‣ 1 (Acts 28,15)

Ταβιθά Tabitha ‣ 2
   Ταβιθά ‣ 2
      Noun · feminine · singular · nominative · (proper) ‣ 1 (Acts 9,36)
      Noun · feminine · singular · vocative · (proper) ‣ 1 (Acts 9,40)

Ταβλαι Tabaliah ‣ 1
   Ταβλαι ‣ 1
      Noun · masculine · singular · nominative · (proper) ‣ 1
      (1Chr. 26,11)

Ταβληθ Taphath ‣ 1
   Ταβληθ ‣ 1
      Noun · feminine · singular · nominative · (proper) ‣ 1
      (1Kings 4,11)

τάγμα (τάσσω) proper order; group ‣ 15 + 1 = 16
   Τάγμα ‣ 3
      Noun · neuter · singular · nominative · (common) ‣ 3
      (Num. 2,10; Num. 2,18; Num. 2,25)
   τάγμα ‣ 9
      Noun · neuter · singular · accusative · (common) ‣ 9
      (Num. 2,2; Num. 2,3; Num. 2,31; Num. 2,34; Num. 10,14; Num. 10,18; Num. 10,22; Num. 10,25; 2Sam. 23,13)
   τάγματι ‣ 1
      Noun · neuter · singular · dative ‣ 1 (1Cor. 15,23)
   ταγμάτων ‣ 3
      Noun · neuter · plural · genitive · (common) ‣ 3
      (1Sam. 4,10; 1Sam. 15,4; 1Sam. 15,4)

ταινία (τείνω) board ‣ 1
   ταινίαι ‣ 1
      Noun · feminine · plural · nominative · (common) ‣ 1
      (Ezek. 27,5)

τακτικός able to administrate; administrator ‣ 4
   τακτικοὶ ‣ 2
      Noun · masculine · plural · nominative · (common) ‣ 2
      (Dan. 6,5; Dan. 6,7)
   τακτικοί ‣ 1
      Noun · masculine · plural · nominative · (common) ‣ 1 (Dan. 6,6)
   τακτικοὺς ‣ 1
      Noun · masculine · plural · accusative · (common) ‣ 1 (Dan. 6,3)

τακτός (τάσσω) appointed ‣ 1 + 1 = 2
   τακτῇ ‣ 1
      Adjective · feminine · singular · dative · (verbal) ‣ 1 (Acts 12,21)
   τακτὸν ‣ 1
      Adjective · masculine · singular · accusative · noDegree ‣ 1
      (Job 12,5)

ταλαιπωρέω (τάλας; πείρω) to be sorrowful; to suffer distress ‣ 17 + 1 = 18
   ἐταλαιπώρησα ‣ 1
      Verb · first · singular · aorist · active · indicative ‣ 1 (Psa. 37,7)
   ἐταλαιπωρήσαμεν ‣ 2
      Verb · first · plural · aorist · active · indicative ‣ 2
      (Mic. 2,4; Jer. 9,18)
   ἐταλαιπώρησαν ‣ 1
      Verb · third · plural · aorist · active · indicative ‣ 1 (Zech. 11,2)
   ἐταλαιπώρησεν ‣ 1
      Verb · third · singular · aorist · active · indicative ‣ 1 (Jer. 10,20)
   ταλαιπωρησάντων ‣ 1
      Verb · aorist · active · participle · masculine · plural · genitive ‣ 1 (Psa. 16,9)

ταλαιπωρήσατε ▸ 1
> **Verb** · second · plural · aorist · active · imperative ▸ **1** (James 4,9)

ταλαιπωρήσουσιν ▸ 1
> **Verb** · third · plural · future · active · indicative ▸ **1** (Hos. 10,2)

ταλαιπωροῦμεν ▸ 1
> **Verb** · first · plural · present · active · indicative ▸ **1** (Jer. 4,13)

ταλαιπωροῦντες ▸ 1
> **Verb** · present · active · participle · masculine · plural · nominative ▸ **1** (Jer. 12,12)

ταλαιπωρούντων ▸ 1
> **Verb** · present · active · participle · masculine · plural · genitive ▸ **1** (3Mac. 5,5)

ταλαιπωροῦσιν ▸ 1
> **Verb** · present · active · participle · masculine · plural · dative ▸ **1** (Is. 33,1)

τεταλαιπώρηκεν ▸ 6
> **Verb** · third · singular · perfect · active · indicative ▸ **6** (Joel 1,10; Joel 1,10; Zech. 11,3; Zech. 11,3; Jer. 4,20; Jer. 4,20)

ταλαιπωρία (τάλας; πείρω) misery; hardship ▸ 29 + 2 = 31

ταλαιπωρία ▸ 9 + 1 = 10
> **Noun** · feminine · singular · nominative · (common) ▸ **9 + 1 = 10** (Psa. 13,3; Joel 1,15; Hab. 2,17; Is. 47,11; Is. 59,7; Is. 60,18; Jer. 6,7; Jer. 6,26; Jer. 28,56; Rom. 3,16)

Ταλαιπωρίᾳ ▸ 1
> **Noun** · feminine · singular · dative · (common) ▸ **1** (Mic. 2,4)

ταλαιπωρίαι ▸ 1
> **Noun** · feminine · plural · nominative · (common) ▸ **1** (Jer. 28,35)

ταλαιπωρίαις ▸ 1 + 1 = 2
> **Noun** · feminine · plural · dative · (common) ▸ **1 + 1 = 2** (Psa. 139,11; James 5,1)

ταλαιπωρίαν ▸ 12
> **Noun** · feminine · singular · accusative · (common) ▸ **12** (2Mac. 6,9; 3Mac. 4,12; Psa. 31,4; Psa. 68,21; Job 30,3; Amos 3,10; Amos 5,9; Hab. 1,3; Jer. 4,20; Jer. 15,8; Jer. 20,8; Ezek. 45,9)

ταλαιπωρίας ▸ 5
> **Noun** · feminine · singular · genitive · (common) ▸ **5** (Psa. 11,6; Psa. 39,3; Psa. 87,19; Hos. 9,6; Joel 1,15)

ταλαίπωρος (τάλας; πείρω) wretched; miserable ▸ 10 + 2 + 2 = 14

Ταλαίπωροι ▸ 1
> **Adjective** · masculine · plural · nominative · noDegree ▸ **1** (Wis. 13,10)

ταλαίπωροι ▸ 1
> **Adjective** · feminine · plural · nominative · noDegree ▸ **1** (4Mac. 16,7)

ταλαιπώροις ▸ 2
> **Adjective** · masculine · plural · dative · noDegree ▸ **2** (2Mac. 4,47; 3Mac. 5,22)

ταλαίπωρον ▸ 1
> **Adjective** · feminine · singular · accusative · noDegree ▸ **1** (3Mac. 5,47)

ταλαίπωρος ▸ 3 + 1 = 4
> **Adjective** · feminine · singular · nominative · noDegree ▸ **1** (Psa. 136,8)
>
> **Adjective** · masculine · singular · nominative · noDegree ▸ **2 + 1 = 3** (Judg. 5,27; Wis. 3,11; Rev. 3,17)

Ταλαίπωρος ▸ 1
> **Adjective** · masculine · singular · nominative ▸ **1** (Rom. 7,24)

ταλαιπώρους ▸ 2 + 1 = 3
> **Adjective** · masculine · plural · accusative · noDegree ▸ **2 + 1 = 3** (Tob. 13,12; Is. 33,1; Tob. 13,12)

ταλαιπώρων ▸ 1
> **Adjective** · neuter · plural · genitive · noDegree ▸ **1** (Tob. 7,6)

ταλαντιαῖος (τάλαντον) weighing a talent ▸ 1

ταλαντιαία ▸ 1
> **Adjective** · feminine · singular · nominative ▸ **1** (Rev. 16,21)

τάλαντον talent ▸ 72 + 2 + 14 = 88

τάλαντα ▸ 48 + 2 + 8 = 58
> **Noun** · neuter · plural · accusative · (common) ▸ **41 + 2 + 8 = 51** (Ex. 39,4; 1Kings 9,14; 1Kings 9,28; 1Kings 10,10; 2Kings 5,5; 2Kings 15,19; 2Kings 18,14; 2Kings 18,14; 2Kings 23,33; 2Kings 23,33; 1Chr. 19,6; 1Chr. 29,4; 1Chr. 29,4; 1Chr. 29,7; 1Chr. 29,7; 2Chr. 3,8; 2Chr. 8,18; 2Chr. 9,9; 2Chr. 25,9; 2Chr. 27,5; 2Chr. 36,3; 1Esdr. 4,51; 1Esdr. 4,52; 1Esdr. 8,56; 1Esdr. 8,56; Ezra 8,26; Ezra 8,26; Esth. 3,9; Tob. 1,14; Tob. 4,20; 1Mac. 11,28; 1Mac. 13,16; 1Mac. 13,19; 1Mac. 15,31; 1Mac. 15,31; 1Mac. 15,35; 2Mac. 4,8; 2Mac. 4,8; 2Mac. 4,24; 2Mac. 5,21; 4Mac. 4,17; Tob. 1,14; Tob. 4,20; Matt. 25,15; Matt. 25,16; Matt. 25,20; Matt. 25,20; Matt. 25,20; Matt. 25,22; Matt. 25,22; Matt. 25,28)
>
> **Noun** · neuter · plural · nominative · (common) ▸ **7** (Ex. 39,1; Ex. 39,2; Ex. 39,4; Ex. 39,6; 1Kings 10,14; 2Chr. 9,13; 2Mac. 3,11)

τάλαντά ▸ 2
> **Noun** · neuter · plural · accusative ▸ **2** (Matt. 25,20; Matt. 25,22)

ταλάντοις ▸ 1
> **Noun** · neuter · plural · dative · (common) ▸ **1** (1Esdr. 1,34)

τάλαντον ▸ 8 + 2 = 10
> **Noun** · neuter · singular · accusative · (common) ▸ **5 + 2 = 7** (Ex. 39,4; 1Kings 21,39; 2Kings 5,22; 1Chr. 20,2; 2Chr. 36,3; Matt. 25,24; Matt. 25,28)
>
> **Noun** · neuter · singular · nominative · (common) ▸ **3** (Ex. 25,39; 2Sam. 12,30; Zech. 5,7)

τάλαντόν ▸ 1
> **Noun** · neuter · singular · accusative ▸ **1** (Matt. 25,25)

ταλάντου ▸ 1
> **Noun** · neuter · singular · genitive · (common) ▸ **1** (2Mac. 8,11)

ταλάντῳ ▸ 1
> **Noun** · neuter · singular · dative · (common) ▸ **1** (1Esdr. 1,34)

ταλάντων ▸ 13 + 1 = 14
> **Noun** · neuter · plural · genitive · (common) ▸ **13 + 1 = 14** (1Kings 16,24; 1Chr. 22,14; 1Chr. 22,14; 1Chr. 29,7; 1Chr. 29,7; 2Chr. 25,6; 1Esdr. 3,21; 1Esdr. 8,19; 1Esdr. 8,56; Ezra 7,22; Esth. 1,7; Esth. 4,7; 2Mac. 8,10; Matt. 18,24)

τάλας suffering, wretched, miserable ▸ 4

τάλανες ▸ 2
> **Adjective** · masculine · plural · nominative · noDegree ▸ **2** (4Mac. 8,17; Wis. 15,14)

τάλας ▸ 2
> **Adjective** · masculine · singular · nominative · noDegree ▸ **2** (4Mac. 12,4; Is. 6,5)

ταλιθά talitha (Aram.) little girl ▸ 1

ταλιθα ▸ 1
> **Noun** · vocative · singular · (Aram.) ▸ **1** (Mark 5,41)

Ταλμαν Talmon ▸ 1

Ταλμαν ▸ 1
> **Noun** · masculine · singular · nominative · (proper) ▸ **1** (1Chr. 9,17)

ταμεῖον (τέμνω) inner room ▸ 4

ταμείοις ▸ 2
> **Noun** · neuter · plural · dative ▸ **2** (Matt. 24,26; Luke 12,3)

ταμεῖον ▸ 1
> **Noun** · neuter · singular · nominative ▸ **1** (Luke 12,24)

ταμεῖόν ▸ 1

Noun · neuter · singular · accusative ▸ **1** (Matt. 6,6)

ταμίας (τέμνω) steward, quaestor ▸ 1
   ταμίαν ▸ 1
      Noun · masculine · singular · accusative · (common) ▸ **1** (Is. 22,15)

ταμιεῖον (τέμνω) chamber, storehouse ▸ 40 + 8 = 48
   ταμιεῖα ▸ 9
      Noun · neuter · plural · accusative · (common) ▸ **7** (Ex. 7,28; Prov. 7,27; Prov. 20,27; Prov. 20,30; Prov. 26,22; Job 9,9; Sol. 14,8)
      Noun · neuter · plural · nominative · (common) ▸ **2** (Psa. 143,13; Prov. 24,4)
   ταμιεῖά ▸ 4
      Noun · neuter · plural · accusative · (common) ▸ **3** (Ode. 5,20; Is. 26,20; Ezek. 28,16)
      Noun · neuter · plural · nominative · (common) ▸ **1** (Prov. 3,10)
   ταμιείοις ▸ 5
      Noun · neuter · plural · dative · (common) ▸ **5** (Deut. 28,8; Psa. 104,30; Eccl. 10,20; Sir. 29,12; Is. 42,22)
   ταμιεῖον ▸ 12 + 4 = 16
      Noun · neuter · singular · accusative · (common) ▸ **12 + 4 = 16** (Gen. 43,30; 2Sam. 13,10; 1Kings 1,15; 1Kings 21,30; 1Kings 22,25; 2Kings 9,2; 2Chr. 18,24; 2Chr. 22,11; Tob. 7,15; Song 1,4; Song 3,4; Song 8,2; Judg. 15,1; Tob. 7,15; Tob. 7,16; Tob. 8,1)
   ταμιείου ▸ 2 + 2 = 4
      Noun · neuter · singular · genitive · (common) ▸ **2 + 2 = 4** (1Kings 22,25; 2Chr. 18,24; Judg. 16,12; Tob. 8,4)
   ταμιείῳ ▸ 5 + 2 = 7
      Noun · neuter · singular · dative · (common) ▸ **5 + 2 = 7** (Judg. 16,9; Judg. 16,12; 2Kings 6,12; 2Kings 9,2; 2Kings 11,2; Judg. 3,24; Judg. 16,9)
   ταμιείων ▸ 3
      Noun · neuter · plural · genitive · (common) ▸ **3** (Deut. 32,25; Ode. 2,25; Job 37,9)

ταμιεύομαι (τέμνω) deal out; dispense; control ▸ 2
   ταμιεύεται ▸ 1
      Verb · third · singular · present · middle · indicative ▸ **1** (Prov. 29,11)
   ταμιεύσεταί ▸ 1
      Verb · third · singular · future · middle · indicative ▸ **1** (4Mac. 12,12)

Ταναθαν Tartan (Heb. commander) ▸ 1
   Ταναθαν ▸ 1
      Noun · masculine · singular · nominative · (proper) ▸ **1** (Is. 20,1)

Ταναχ Tahan; Taanach ▸ 3
   Ταναχ ▸ 3
      Noun · singular · genitive · (proper) ▸ **1** (Josh. 12,21)
      Noun · feminine · singular · accusative · (proper) ▸ **1** (Josh. 21,25)
      Noun · masculine · singular · dative · (proper) ▸ **1** (Num. 26,39)

Ταναχι Tahanite ▸ 1
   Ταναχι ▸ 1
      Noun · masculine · singular · nominative · (proper) ▸ **1** (Num. 26,39)

Τανιν Tanis, Zoan ▸ 1
   Τάνιν ▸ 1
      Noun · masculine · singular · genitive · (proper) ▸ **1** (Num. 13,22)

Τάνις Tanis, Zoan ▸ 7
   Τάνει ▸ 1
      Noun · feminine · singular · dative · (proper) ▸ **1** (Is. 30,4)
   Τάνεως ▸ 5
      Noun · feminine · singular · genitive · (proper) ▸ **5** (Judith 1,10; Psa. 77,12; Psa. 77,43; Is. 19,11; Is. 19,13)
   Τάνιν ▸ 1
      Noun · feminine · singular · accusative · (proper) ▸ **1** (Ezek. 30,14)

Τανυ Juttah ▸ 1
   Τανυ ▸ 1
      Noun · feminine · singular · accusative · (proper) ▸ **1** (Josh. 21,16)

τανύω (τείνω) to stretch out ▸ 2
   ἐτάνυσαν ▸ 1
      Verb · third · plural · aorist · active · indicative ▸ **1** (Sir. 43,12)
   τανύσας ▸ 1
      Verb · aorist · active · participle · masculine · singular · nominative ▸ **1** (Job 9,8)

Τανω Tano (?) ▸ 1
   Τανω ▸ 1
      Noun · singular · nominative · (proper) ▸ **1** (Josh. 15,34)

τάξις (τάσσω) order, band ▸ 19 + 9 = 28
   τάξει ▸ 5 + 1 = 6
      Noun · feminine · singular · dative · (common) ▸ **5 + 1 = 6** (Num. 1,52; 1Esdr. 1,5; Ode. 4,11; Ode. 4,19; Hab. 3,11; Luke 1,8)
   τάξεως ▸ 4
      Noun · feminine · singular · genitive · (common) ▸ **4** (Judg. 5,20; 1Esdr. 1,15; 2Mac. 8,22; 2Mac. 13,21)
   τάξιν ▸ 9 + 8 = 17
      Noun · feminine · singular · accusative · (common) ▸ **9 + 8 = 17** (1Kings 7,23; 2Mac. 1,19; 2Mac. 9,18; 2Mac. 10,36; Psa. 109,4; Prov. 31,25; Job 28,3; Job 36,28a; Job 38,12; 1Cor. 14,40; Col. 2,5; Heb. 5,6; Heb. 5,10; Heb. 6,20; Heb. 7,11; Heb. 7,11; Heb. 7,17)
   τάξις ▸ 1
      Noun · feminine · singular · nominative · (common) ▸ **1** (Job 16,3)

ταπεινός humble ▸ 66 + 3 + 8 = 77
   ταπεινά ▸ 2
      Adjective · neuter · plural · accusative · noDegree ▸ **2** (Josh. 11,16; 1Mac. 6,40)
   ταπεινὰ ▸ 2
      Adjective · neuter · plural · accusative · noDegree ▸ **2** (Psa. 112,6; Psa. 137,6)
   Ταπεινὴ ▸ 1
      Adjective · feminine · singular · nominative · noDegree ▸ **1** (Is. 54,11)
   ταπεινὴ ▸ 5
      Adjective · feminine · singular · nominative · noDegree ▸ **5** (Lev. 13,3; Lev. 13,4; Lev. 13,25; Sir. 25,23; Ezek. 29,14)
   ταπεινῇ ▸ 1
      Adjective · feminine · singular · dative · noDegree ▸ **1** (Is. 25,4)
   ταπεινοί ▸ 7 + 2 = 9
      Adjective · masculine · plural · nominative · noDegree ▸ **7 + 2 = 9** (Esth. 11,11 # 1,1k; Ode. 7,37; Ode. 8,87; Zeph. 2,3; Is. 14,32; Dan. 3,37; Dan. 3,87; Dan. 3,37; Dan. 3,87)
   ταπεινοὶ ▸ 1
      Adjective · masculine · plural · nominative · noDegree ▸ **1** (Judith 16,11)
   ταπεινοῖς ▸ 1 + 3 = 4
      Adjective · masculine · plural · dative · noDegree ▸ **1 + 3 = 4** (Prov. 3,34; Rom. 12,16; James 4,6; 1Pet. 5,5)
   ταπεινόν ▸ 2
      Adjective · masculine · singular · accusative · noDegree ▸ **2** (Zeph. 3,12; Is. 58,4)
   ταπεινὸν ▸ 8

Adjective · masculine · singular · accusative · noDegree ▸ **4** (Psa. 17,28; Psa. 81,3; Amos 8,6; Is. 66,2)
Adjective · neuter · singular · accusative · noDegree ▸ **2** (Ezek. 17,24; Ezek. 21,31)
Adjective · neuter · singular · nominative · noDegree ▸ **2** (Lev. 13,21; Lev. 13,26)

ταπεινός ▸ **1**
Adjective · masculine · singular · nominative · noDegree ▸ **1** (Is. 2,11)

ταπεινὸς ▸ **4** + **3** = **7**
Adjective · masculine · singular · nominative · noDegree ▸ **4** + **3** = **7** (Lev. 27,8; 1Sam. 18,23; Sir. 13,21; Sir. 13,22; Matt. 11,29; 2Cor. 10,1; James 1,9)

ταπεινοτέρα ▸ **3**
Adjective · feminine · singular · nominative · comparative ▸ **3** (Lev. 13,20; Lev. 14,37; Judg. 6,15)

ταπεινοῦ ▸ **4**
Adjective · masculine · singular · genitive · noDegree ▸ **4** (Prov. 16,2; Sir. 11,1; Sir. 35,17; Sol. 5,12)

ταπεινούς ▸ **1** + **1** = **2**
Adjective · masculine · plural · accusative · noDegree ▸ **1** + **1** = **2** (Ode. 9,52; Luke 1,52)

ταπεινοὺς ▸ **9** + **1** = **10**
Adjective · masculine · plural · accusative · noDegree ▸ **9** + **1** = **10** (1Mac. 14,14; Psa. 33,19; Prov. 30,14; Job 5,11; Job 12,21; Sir. 10,15; Is. 11,4; Is. 32,7; Is. 49,13; 2Cor. 7,6)

ταπεινῷ ▸ **6**
Adjective · masculine · singular · dative · noDegree ▸ **6** (Psa. 9,39; Eccl. 10,6; Sir. 12,5; Sir. 29,8; Is. 11,4; Jer. 22,16)

ταπεινῶν ▸ **8** + **1** = **9**
Adjective · masculine · plural · genitive · noDegree ▸ **7** (Judith 9,11; Psa. 101,18; Prov. 11,2; Sir. 3,20; Amos 2,7; Is. 26,6; Is. 32,7)
Adjective · neuter · plural · genitive · noDegree ▸ **1** + **1** = **2** (Judg. 1,15; Judg. 1,15)

ταπεινότης (ταπεινός) humility ▸ **1**
ταπεινότης ▸ **1**
Noun · feminine · singular · nominative · (common) ▸ **1** (Sir. 13,20)

ταπεινοφρονέω (ταπεινός; φρήν) to be humble-minded ▸ **1**
ἐταπεινοφρόνουν ▸ **1**
Verb · first · singular · imperfect · active · indicative ▸ **1** (Psa. 130,2)

ταπεινοφροσύνη (ταπεινός; φρήν) humility ▸ **7**
ταπεινοφροσύνῃ ▸ **3**
Noun · feminine · singular · dative ▸ **3** (Phil. 2,3; Col. 2,18; Col. 2,23)
ταπεινοφροσύνην ▸ **2**
Noun · feminine · singular · accusative ▸ **2** (Col. 3,12; 1Pet. 5,5)
ταπεινοφροσύνης ▸ **2**
Noun · feminine · singular · genitive ▸ **2** (Acts 20,19; Eph. 4,2)

ταπεινόφρων (ταπεινός; φρήν) humble, humility ▸ **1** + **1** = **2**
ταπεινόφρονας ▸ **1**
Noun · masculine · plural · accusative · (common) ▸ **1** (Prov. 29,23)
ταπεινόφρονες ▸ **1**
Adjective · masculine · plural · nominative ▸ **1** (1Pet. 3,8)

ταπεινόω (ταπεινός) to humble, humiliate ▸ **167** + **11** + **14** = **192**
ἐταπεινούμην ▸ **1**
Verb · first · singular · imperfect · middle · indicative ▸ **1** (Psa. 34,14)
ἐταπείνου ▸ **1**
Verb · third · singular · imperfect · active · indicative ▸ **1** (Dan. 5,19)
ἐταπείνουν ▸ **5**
Verb · first · singular · imperfect · active · indicative ▸ **1** (Psa. 34,13)
Verb · third · plural · imperfect · active · indicative ▸ **4** (Ex. 1,12; Judg. 12,2; Ezek. 22,10; Ezek. 22,11)
ἐταπεινώθη ▸ **8**
Verb · third · singular · aorist · passive · indicative ▸ **8** (2Chr. 32,26; 2Chr. 33,12; 2Chr. 33,23; 2Chr. 33,23; Psa. 43,26; Psa. 106,12; Is. 2,9; Is. 3,8)
ἐταπεινώθην ▸ **7**
Verb · first · singular · aorist · passive · indicative ▸ **7** (Psa. 37,9; Psa. 38,3; Psa. 87,16; Psa. 114,6; Psa. 115,1; Psa. 118,107; Psa. 141,7)
ἐταπεινώθης ▸ **3**
Verb · second · singular · aorist · passive · indicative ▸ **3** (2Chr. 34,27; 2Chr. 34,27; Is. 57,9)
ἐταπεινώθησαν ▸ **5**
Verb · third · plural · aorist · passive · indicative ▸ **5** (2Chr. 13,18; 1Mac. 12,15; Psa. 105,42; Psa. 105,43; Psa. 106,17)
ἐταπείνωσα ▸ **3**
Verb · first · singular · aorist · active · indicative ▸ **3** (1Chr. 17,10; Psa. 80,15; Hos. 14,9)
ἐταπεινώσαμεν ▸ **1**
Verb · first · plural · aorist · active · indicative ▸ **1** (Is. 58,3)
ἐταπείνωσαν ▸ **9** + **1** = **10**
Verb · third · plural · aorist · active · indicative ▸ **9** + **1** = **10** (Deut. 26,6; Judg. 20,5; Judith 4,9; Judith 5,11; Psa. 93,5; Psa. 104,18; Job 24,9; Lam. 1,8; Lam. 5,11; Judg. 20,5)
ἐταπείνωσας ▸ **6** + **1** = **7**
Verb · second · singular · aorist · active · indicative ▸ **6** + **1** = **7** (Deut. 21,14; Psa. 43,20; Psa. 88,11; Psa. 89,15; Is. 64,11; Ezek. 21,31; Dan. 5,22)
ἐταπείνωσάς ▸ **2**
Verb · second · singular · aorist · active · indicative ▸ **2** (Psa. 118,71; Psa. 118,75)
ἐταπείνωσεν ▸ **20** + **1** = **21**
Verb · third · singular · aorist · active · indicative ▸ **20** + **1** = **21** (Gen. 34,2; Deut. 22,24; Deut. 22,29; Judg. 4,23; 1Sam. 7,13; 1Sam. 12,8; 2Sam. 13,14; 2Sam. 13,22; 2Sam. 13,32; 1Chr. 20,4; 2Chr. 28,19; Esth. 14,1 # 4,17k; Psa. 142,3; Job 22,12; Job 22,29; Sir. 33,12; Sol. 11,4; Is. 25,11; Lam. 1,5; Lam. 3,33; Phil. 2,8)
ἐταπείνωσέν ▸ **2**
Verb · third · singular · aorist · active · indicative ▸ **2** (Ruth 1,21; Lam. 1,12)
ταπεινοῖ ▸ **6** + **1** = **7**
Verb · third · singular · present · active · indicative ▸ **6** + **1** = **7** (1Sam. 2,7; Tob. 4,19; Psa. 74,8; Ode. 3,7; Prov. 10,4; Prov. 29,23; Tob. 4,19)
ταπείνου ▸ **2**
Verb · second · singular · present · active · imperative ▸ **2** (Sir. 3,18; Sir. 4,7)
ταπεινουμένην ▸ **1**
Verb · present · passive · participle · feminine · singular · accusative ▸ **1** (Lam. 2,5)
ταπεινοῦν ▸ **1**
Verb · present · active · infinitive ▸ **1** (Is. 58,5)
ταπεινοῦντες ▸ **1**

ταπείνωσις

Verb • present • active • participle • masculine • plural • nominative ▸ **1** (Prov. 13,7)

ταπεινοῦσθαι ▸ 3 + **1** = **4**
  Verb • present • passive • infinitive ▸ 3 + **1** = **4** (Judg. 16,19; Esth. 6,13; Bar. 5,7; Phil. 4,12)

ταπεινοῦται ▸ **1**
  Verb • third • singular • present • passive • indicative ▸ **1** (Prov. 18,12)

ταπεινωθείη ▸ **1**
  Verb • third • singular • aorist • passive • optative ▸ **1** (Job 31,10)

ταπεινωθείς ▸ **1**
  Verb • aorist • passive • participle • masculine • singular • nominative ▸ **1** (2Mac. 8,35)

ταπεινωθῇ ▸ **4**
  Verb • third • singular • aorist • passive • subjunctive ▸ **4** (Lev. 25,39; Sir. 12,11; Mal. 2,12; Jer. 38,35)

ταπεινωθῆναι ▸ **4**
  Verb • aorist • passive • infinitive ▸ **4** (Ezra 8,21; Psa. 118,67; Sir. 34,26; Dan. 10,12)

ταπεινωθῆναί ▸ **1** + **1** = **2**
  Verb • aorist • passive • infinitive ▸ **1** + **1** = **2** (Judg. 16,6; Judg. 16,6)

ταπεινωθῇς ▸ **2**
  Verb • second • singular • aorist • passive • subjunctive ▸ **2** (Sir. 6,12; Sir. 13,8)

ταπεινωθήσεται ▸ 9 + **1** + 4 = **14**
  Verb • third • singular • future • passive • indicative ▸ 9 + **1** + 4 = **14** (Lev. 23,29; Eccl. 10,18; Hos. 2,17; Hos. 5,5; Hos. 7,10; Is. 2,11; Is. 2,17; Is. 5,15; Is. 40,4; Dan. 11,30; Matt. 23,12; Luke 3,5; Luke 14,11; Luke 18,14)

ταπεινωθήσονται ▸ **7**
  Verb • third • plural • future • passive • indicative ▸ **7** (Eccl. 12,4; Job 34,25; Is. 2,12; Is. 3,26; Is. 5,15; Is. 10,33; Is. 29,4)

ταπεινώθητε ▸ **1**
  Verb • second • plural • aorist • passive • imperative ▸ **1** (James 4,10)

Ταπεινώθητε ▸ **1** + **1** = **2**
  Verb • second • plural • aorist • passive • imperative ▸ **1** + **1** = **2** (Jer. 13,18; 1Pet. 5,6)

ταπεινώθητι ▸ **2**
  Verb • second • singular • aorist • passive • imperative ▸ **2** (Gen. 16,9; Sir. 18,21)

ταπεινῶν ▸ 3 + 3 = **6**
  Verb • present • active • participle • masculine • singular • nominative ▸ 3 + 3 = **6** (Psa. 146,6; Sir. 7,11; Ezek. 17,24; Luke 14,11; Luke 18,14; 2Cor. 11,7)

ταπεινῶσαι ▸ 4 + 3 = **7**
  Verb • aorist • active • infinitive ▸ 4 + 3 = **7** (Judg. 16,5; 2Sam. 7,10; 1Chr. 17,9; Lam. 3,34; Judg. 16,5; Judg. 16,19; Dan. 4,37)

ταπεινῶσαί ▸ **2**
  Verb • aorist • active • infinitive ▸ **2** (1Chr. 4,10; Prov. 25,7)

ταπεινωσάντων ▸ **2**
  Verb • aorist • active • participle • masculine • plural • genitive ▸ **2** (Is. 51,23; Is. 60,14)

ταπεινώσας ▸ **2**
  Verb • aorist • active • participle • masculine • singular • nominative ▸ **2** (Is. 26,5; Lam. 3,32)

ταπεινώσατε ▸ 2 + **1** = **3**
  Verb • second • plural • aorist • active • imperative ▸ 2 + **1** = **3** (Lev. 16,29; Judg. 19,24; Judg. 19,24)

ταπεινώσει ▸ 7 + **1** + 2 = **10**
  Verb • third • singular • future • active • indicative ▸ 7 + **1** + 2 = **10** (Psa. 54,20; Psa. 71,4; Sir. 29,5; Is. 3,17; Is. 25,11; Is. 25,12; Dan. 7,24; Dan. 7,24; Matt. 18,4; Matt. 23,12)

ταπεινώσεις ▸ **4**
  Verb • second • singular • future • active • indicative ▸ **4** (Gen. 31,50; 2Sam. 22,28; 2Chr. 6,26; Psa. 17,28)

ταπεινώσετε ▸ **3**
  Verb • second • plural • future • active • indicative ▸ **3** (Lev. 16,31; Lev. 23,27; Lev. 23,32)

ταπεινώσῃ ▸ **1**
  Verb • third • singular • aorist • active • subjunctive ▸ **1** (2Cor. 12,21)

ταπεινώσῃς ▸ **4**
  Verb • second • singular • aorist • active • subjunctive ▸ **4** (1Sam. 26,9; 2Sam. 13,12; 1Kings 8,35; Job 22,23)

ταπείνωσον ▸ **2**
  Verb • second • singular • aorist • active • imperative ▸ **2** (Job 40,11; Sir. 7,17)

ταπεινώσον ▸ **1**
  Verb • second • singular • aorist • active • imperative ▸ **1** (Judg. 5,13)

ταπεινώσουσιν ▸ **2**
  Verb • third • plural • future • active • indicative ▸ **2** (Gen. 15,13; Sir. 2,17)

ταπεινώσω ▸ **2**
  Verb • first • singular • future • active • indicative ▸ **2** (Is. 1,25; Is. 13,11)

τεταπεινωμένα ▸ **1**
  Verb • perfect • passive • participle • neuter • plural • nominative ▸ **1** (Psa. 50,10)

τεταπεινωμένη ▸ **1**
  Verb • perfect • passive • participle • feminine • singular • nominative ▸ **1** (Is. 51,21)

τεταπεινωμένην ▸ **3**
  Verb • perfect • passive • participle • feminine • singular • accusative ▸ **3** (Psa. 50,19; Is. 58,10; Lam. 2,5)

τεταπεινωμένος ▸ **1**
  Verb • perfect • passive • participle • masculine • singular • nominative ▸ **1** (Psa. 73,21)

τεταπεινωμένου ▸ **1**
  Verb • perfect • passive • participle • masculine • singular • genitive ▸ **1** (Sir. 40,3)

τεταπεινωμένῳ ▸ **1**
  Verb • perfect • passive • participle • neuter • singular • dative ▸ **1** (Dan. 3,39)

ταπείνωσις (ταπεινός) humiliation ▸ 42 + **1** + 4 = **47**

ταπεινώσει ▸ 12 + 2 = **14**
  Noun • feminine • singular • dative • (common) ▸ 11 + 2 = **13** (Gen. 16,11; 2Sam. 16,12; Judith 7,32; 1Mac. 3,51; 3Mac. 2,12; Psa. 118,50; Psa. 118,92; Psa. 135,23; Sol. 3,8; Is. 53,8; Jer. 2,24; Acts 8,33; James 1,10)
  Verb • third • singular • future • active • indicative ▸ **1** (Psa. 9,31)

ταπεινώσεως ▸ 8 + **1** + 1 = **10**
  Noun • feminine • singular • genitive • (common) ▸ 8 + **1** + 1 = **10** (Ode. 7,39; Prov. 16,19; Sir. 2,5; Sir. 11,12; Sir. 20,11; Sol. 2,35; Lam. 1,3; Lam. 1,7; Dan. 3,39; Phil. 3,21)

ταπεινώσεώς ▸ **4**
  Noun • feminine • singular • genitive • (common) ▸ **4** (Gen. 41,52; Ezra 9,5; Esth. 4,8; Sir. 2,4)

ταπείνωσιν ▸ 10 + **1** = **11**
  Noun • feminine • singular • accusative • (common) ▸ 10 + **1** = **11** (Gen. 29,32; Deut. 26,7; 1Sam. 1,11; 1Sam. 9,16; 2Kings 14,26; Neh. 9,9; Judith 6,19; Judith 13,20; Psa. 89,3; Ode. 9,48; Luke

1,48)
ταπείνωσιν ▸ 7
   Noun · feminine · singular · accusative · (common) ▸ 7 (Gen. 31,42; Psa. 9,14; Psa. 21,22; Psa. 24,18; Psa. 30,8; Psa. 118,153; Lam. 1,9)
ταπείνωσις ▸ 1
   Noun · feminine · singular · nominative · (common) ▸ 1 (Is. 40,2)

Ταραθ Terah ▸ 2
   Ταραθ ▸ 2
   Noun · singular · accusative · (proper) ▸ 1 (Num. 33,27)
   Noun · singular · genitive · (proper) ▸ 1 (Num. 33,28)

ταράσσω to trouble ▸ 114 + 7 + 17 = 138
   ἐτάραξαν ▸ 2
   Verb · third · plural · aorist · active · indicative ▸ 2 (Acts 15,24; Acts 17,8)
   ἐτάραξας ▸ 1
   Verb · second · singular · aorist · active · indicative ▸ 1 (Judg. 11,35)
   ἐτάραξεν ▸ 2 + 1 = 3
   Verb · third · singular · aorist · active · indicative ▸ 2 + 1 = 3 (Eccl. 10,10; Lam. 3,9; John 11,33)
   ἐτάρασσες ▸ 1
   Verb · second · singular · imperfect · active · indicative ▸ 1 (Ezek. 32,2)
   ἐτάρασσετε ▸ 1
   Verb · second · plural · imperfect · active · indicative ▸ 1 (Ezek. 34,18)
   ἐτάρασσετο ▸ 2
   Verb · third · singular · imperfect · passive · indicative ▸ 2 (Esth. 3,15; Esth. 15,15 # 5,2b)
   ἐτάρασσόν ▸ 1
   Verb · third · plural · imperfect · active · indicative ▸ 1 (Dan. 7,15)
   ἐταράχθη ▸ 26 + 1 + 3 = 30
   Verb · third · singular · aorist · passive · indicative ▸ 26 + 1 + 3 = 30 (Gen. 41,8; Gen. 43,30; Ruth 3,8; 2Sam. 19,1; 2Sam. 22,8; 1Kings 3,26; Esth. 11,9 # 1,1h; Esth. 4,4; Esth. 15,13 # 5,2a; Esth. 7,6; Judith 14,19; Psa. 6,3; Psa. 6,4; Psa. 6,8; Psa. 30,10; Psa. 37,11; Psa. 41,7; Psa. 54,5; Psa. 142,5; Ode. 4,16; Job 37,1; Sir. 51,21; Sol. 8,5; Hab. 3,16; Lam. 1,20; Lam. 2,11; Dan. 5,9; Matt. 2,3; Luke 1,12; John 13,21)
   Ἐταράχθη ▸ 1
   Verb · third · singular · aorist · passive · indicative ▸ 1 (Sol. 13,5)
   ἐταράχθημεν ▸ 1
   Verb · first · plural · aorist · passive · indicative ▸ 1 (Psa. 89,7)
   ἐταράχθην ▸ 3 + 1 = 4
   Verb · first · singular · aorist · passive · indicative ▸ 3 + 1 = 4 (Psa. 54,3; Psa. 76,5; Psa. 118,60; Dan. 4,5)
   ἐταράχθησαν ▸ 18 + 1 + 2 = 21
   Verb · third · plural · aorist · passive · indicative ▸ 18 + 1 + 2 = 21 (Gen. 19,16; Gen. 42,28; Gen. 45,3; Judith 4,2; Judith 7,4; Judith 16,10; Tob. 12,16; Psa. 17,8; Psa. 30,11; Psa. 45,4; Psa. 45,4; Psa. 45,7; Psa. 47,6; Psa. 63,9; Psa. 75,6; Psa. 76,17; Psa. 106,27; Wis. 16,6; Tob. 12,16; Matt. 14,26; Mark 6,50)
   ταράξαι ▸ 2
   Verb · aorist · active · infinitive ▸ 2 (Job 34,10; Is. 30,28)
   ταράξας ▸ 1
   Verb · aorist · active · participle · masculine · singular · nominative ▸ 1 (Job 19,6)
   ταράξει ▸ 6
   Verb · third · singular · future · active · indicative ▸ 6 (Psa. 2,5; Job 8,3; Job 34,12; Sir. 28,9; Dan. 11,12; Dan. 11,44)
   ταράξεις ▸ 1
   Verb · second · singular · future · active · indicative ▸ 1 (Psa. 82,16)
   ταράξῃ ▸ 1
   Verb · third · singular · aorist · active · subjunctive ▸ 1 (Ezek. 32,13)
   ταράξουσιν ▸ 1
   Verb · third · plural · future · active · indicative ▸ 1 (Dan. 11,44)
   ταράσσει ▸ 1
   Verb · third · singular · present · active · indicative ▸ 1 (Prov. 12,25)
   ταράσσεσθαι ▸ 1
   Verb · present · middle · infinitive ▸ 1 (Psa. 45,3)
   ταρασσέσθω ▸ 2
   Verb · third · singular · present · passive · imperative · (variant) ▸ 2 (John 14,1; John 14,27)
   ταράσσεται ▸ 2
   Verb · third · singular · present · passive · indicative ▸ 2 (1Chr. 29,11; Psa. 38,12)
   ταρασσέτωσάν ▸ 1
   Verb · third · plural · present · active · imperative ▸ 1 (Dan. 5,10)
   ταρασσομένοις ▸ 1
   Verb · present · active · participle · masculine · plural · dative ▸ 1 (2Mac. 15,19)
   ταρασσομένους ▸ 1
   Verb · present · middle · participle · masculine · plural · accusative ▸ 1 (Jer. 4,24)
   ταράσσονται ▸ 1
   Verb · third · plural · present · passive · indicative ▸ 1 (Psa. 38,7)
   ταράσσοντας ▸ 3
   Verb · present · active · participle · masculine · plural · accusative ▸ 3 (1Mac. 3,5; Ode. 4,15; Hab. 3,15)
   ταράσσοντες ▸ 1 + 2 = 3
   Verb · present · active · participle · masculine · plural · nominative ▸ 1 + 2 = 3 (1Mac. 7,22; Acts 17,13; Gal. 1,7)
   ταράσσουσα ▸ 1
   Verb · present · active · participle · feminine · singular · nominative ▸ 1 (Hos. 6,8)
   ταράσσουσιν ▸ 1
   Verb · third · plural · present · active · indicative ▸ 1 (Is. 3,12)
   ταράσσων ▸ 1 + 1 = 2
   Verb · present · active · participle · masculine · singular · nominative ▸ 1 + 1 = 2 (Is. 51,15; Gal. 5,10)
   ταραχθείησαν ▸ 1
   Verb · third · plural · aorist · passive · optative ▸ 1 (Psa. 6,11)
   ταραχθέντες ▸ 1
   Verb · aorist · passive · participle · masculine · plural · nominative ▸ 1 (3Mac. 1,17)
   ταραχθέντος ▸ 1
   Verb · aorist · passive · participle · masculine · singular · genitive ▸ 1 (Wis. 11,6)
   ταραχθῇ ▸ 1
   Verb · third · singular · aorist · passive · subjunctive ▸ 1 (John 5,7)
   ταραχθῆναι ▸ 3
   Verb · aorist · passive · infinitive ▸ 3 (Ode. 4,2; Hab. 3,2; Dan. 2,1)
   ταραχθήσεσθε ▸ 1
   Verb · second · plural · future · passive · indicative ▸ 1 (Is. 17,12)
   ταραχθήσεται ▸ 8
   Verb · third · singular · future · passive · indicative ▸ 8 (Sir. 30,7; Sol. 6,3; Amos 8,8; Is. 19,3; Is. 24,14; Is. 24,19; Jer. 5,22; Ezek.

30,16)
- **ταραχθήσονται** ▸ 8
  - **Verb** · third · plural · future · passive · indicative ▸ **8** (Deut. 2,25; Judith 14,7; Psa. 64,8; Psa. 67,5; Psa. 103,29; Wis. 5,2; Is. 13,8; Is. 64,1)
- **ταραχθῆτε** ▸ **1** + **1** = **2**
  - **Verb** · second · plural · aorist · passive · subjunctive ▸ **1** + **1** = **2** (Is. 8,12; 1Pet. 3,14)
- **ταραχθήτωσαν** ▸ 1
  - **Verb** · third · plural · aorist · passive · imperative ▸ **1** (Psa. 82,18)
- **τεταραγμέναι** ▸ 1
  - **Verb** · perfect · passive · participle · feminine · plural · nominative ▸ **1** (Is. 14,31)
- **τεταραγμένη** ▸ 1
  - **Verb** · perfect · passive · participle · feminine · singular · nominative ▸ **1** (1Sam. 14,16)
- **τεταραγμένοι** ▸ **1** + **1** = **2**
  - **Verb** · perfect · passive · participle · masculine · plural · nominative ▸ **1** + **1** = **2** (Gen. 40,6; Luke 24,38)
- **τεταραγμένον** ▸ 3
  - **Verb** · perfect · passive · participle · neuter · singular · accusative ▸ **1** (Ezek. 34,19)
  - **Verb** · perfect · passive · participle · neuter · singular · nominative ▸ **2** (1Kings 20,4; 1Kings 20,5)
- **τεταραγμένος** ▸ 2
  - **Verb** · perfect · passive · participle · masculine · singular · nominative ▸ **2** (Psa. 29,8; Psa. 56,5)
- **τετάρακται** ▸ **1** + **1** = **2**
  - **Verb** · third · singular · perfect · passive · indicative ▸ **1** + **1** = **2** (Psa. 108,22; John 12,27)
- **ταραχή** (ταράσσω) trouble, confusion ▸ **26** + **1** = **27**
  - **ταραχαῖς** ▸ 1
    - **Noun** · feminine · plural · dative · (common) ▸ **1** (Sir. 11,34)
  - **ταραχάς** ▸ 1
    - **Noun** · feminine · plural · accusative · (common) ▸ **1** (Lam. 3,59)
  - **ταραχὰς** ▸ 3
    - **Noun** · feminine · plural · accusative · (common) ▸ **3** (Prov. 6,14; Job 24,17; Wis. 17,8)
  - **ταραχή** ▸ 1
    - **Noun** · feminine · singular · nominative · (common) ▸ **1** (Jer. 14,19)
  - **ταραχὴ** ▸ 4
    - **Noun** · feminine · singular · nominative · (common) ▸ **4** (Sir. 40,4; Hos. 5,12; Ezek. 30,4; Ezek. 30,9)
  - **ταραχῇ** ▸ **1** + **1** = **2**
    - **Noun** · feminine · singular · dative · (common) ▸ **1** + **1** = **2** (Is. 24,19; Judg. 11,35)
  - **ταραχὴν** ▸ 5
    - **Noun** · feminine · singular · accusative · (common) ▸ **5** (3Mac. 3,8; Prov. 26,21; Ezek. 23,46; Ezek. 30,16; Dan. 11,7)
  - **ταραχῆς** ▸ 10
    - **Noun** · feminine · singular · genitive · (common) ▸ **10** (2Mac. 3,30; 2Mac. 10,30; 2Mac. 11,25; 2Mac. 13,16; 2Mac. 15,29; 3Mac. 3,24; 3Mac. 6,19; Psa. 30,21; Is. 22,5; Is. 52,12)
- **τάραχος** (ταράσσω) agitation, confusion ▸ **4** + **1** + **2** = **7**
  - **τάραχος** ▸ **4** + **2** = **6**
    - **Noun** · masculine · singular · nominative · (common) ▸ **4** + **2** = **6** (1Sam. 5,9; Esth. 11,5 # 1,1d; Esth. 11,8 # 1,1g; Wis. 14,25; Acts 12,18; Acts 19,23)
  - **ταράχῳ** ▸ 1
    - **Noun** · masculine · singular · dative · (common) ▸ **1** (Judg. 11,35)
- **ταραχώδης** (ταράσσω; εἶδος) terrifying ▸ 2
  - **ταραχῶδες** ▸ 1
    - **Adjective** · neuter · singular · nominative · noDegree ▸ **1** (Wis. 17,9)
  - **ταραχώδους** ▸ 1
    - **Adjective** · masculine · singular · genitive · noDegree ▸ **1** (Psa. 90,3)
- **ταριχεύω** (τάριχος) to salt ▸ 1
  - **ταριχεύουσαι** ▸ 1
    - **Verb** · present · active · participle · feminine · plural · nominative ▸ **1** (LetterJ 27)
- **Ταρσεῖς** Tarsus ▸ 1
  - **Ταρσεῖς** ▸ 1
    - **Noun** · plural · accusative · (proper) ▸ **1** (2Mac. 4,30)
- **Ταρσεύς** Tarsean ▸ 2
  - **Ταρσέα** ▸ 1
    - **Noun** · masculine · singular · accusative · (proper) ▸ **1** (Acts 9,11)
  - **Ταρσεὺς** ▸ 1
    - **Noun** · masculine · singular · nominative · (proper) ▸ **1** (Acts 21,39)
- **Ταρσός** (τέρσομαι) Tarsus ▸ 3
  - **Ταρσόν** ▸ 1
    - **Noun** · feminine · singular · accusative · (proper) ▸ **1** (Acts 9,30)
  - **Ταρσὸν** ▸ 1
    - **Noun** · feminine · singular · accusative · (proper) ▸ **1** (Acts 11,25)
  - **Ταρσῷ** ▸ 1
    - **Noun** · feminine · singular · dative · (proper) ▸ **1** (Acts 22,3)
- **ταρσός** (τέρσομαι) wing ▸ 1
  - **ταρσῶν** ▸ 1
    - **Noun** · masculine · plural · genitive · (common) ▸ **1** (Wis. 5,11)
- **τάρταρος** Tartarus; dark abyss ▸ 3
  - **τάρταρον** ▸ 1
    - **Noun** · masculine · singular · accusative · (common) ▸ **1** (Job 41,24)
  - **τάρταρος** ▸ 1
    - **Noun** · masculine · singular · nominative · (common) ▸ **1** (Prov. 30,16)
  - **ταρτάρῳ** ▸ 1
    - **Noun** · masculine · singular · dative · (common) ▸ **1** (Job 40,20)
- **ταρταρόω** to cast into Tartarus ▸ 1
  - **ταρταρώσας** ▸ 1
    - **Verb** · aorist · active · participle · masculine · singular · nominative ▸ **1** (2Pet. 2,4)
- **Ταρφαλλαῖοι** Tarfallaioi (Heb. men from Tripolis) ▸ 1
  - **Ταρφαλλαῖοι** ▸ 1
    - **Noun** · masculine · plural · nominative · (proper) ▸ **1** (Ezra 4,9)
- **τάσσω** to appoint; to station ▸ **80** + **6** + **8** = **94**
  - **ἔταξα** ▸ 5
    - **Verb** · first · singular · aorist · active · indicative ▸ **5** (2Sam. 7,11; 1Chr. 17,10; Job 31,24; Mal. 1,3; Ezek. 16,14)
  - **ἔταξαν** ▸ **9** + **2** = **11**
    - **Verb** · third · plural · aorist · active · indicative ▸ **9** + **2** = **11** (Judg. 18,21; Judg. 18,31; Judg. 20,36; 2Kings 10,27; Zech. 7,12; Zech. 7,14; Jer. 2,15; Jer. 7,30; Ezek. 20,28; Acts 15,2; 1Cor. 16,15)
  - **ἐτάξαντο** ▸ 1
    - **Verb** · third · plural · aorist · middle · indicative ▸ **1** (2Mac. 14,21)
  - **ἔταξας** ▸ **1** + **2** = **3**
    - **Verb** · second · singular · aorist · active · indicative ▸ **1** + **2** = **3**

(Job 30,22; Dan. 6,13; Dan. 6,14)

ἐτάξατε ▸ 1
    Verb · second · plural · aorist · active · indicative ▸ **1** (Jer. 11,13)

ἐτάξατο ▸ 3 + **1** = 4
    Verb · third · singular · aorist · middle · indicative ▸ 3 + **1** = **4** (Ex. 8,8; 1Sam. 20,35; 2Sam. 20,5; Matt. 28,16)

ἔταξεν ▸ 15 + **1** = 16
    Verb · third · singular · aorist · active · indicative ▸ 15 + **1** = **16** (Gen. 3,24; Judg. 20,30; 2Sam. 23,23; 1Kings 2,5; 2Kings 10,24; 2Kings 12,18; 1Chr. 16,4; 1Chr. 16,7; 2Chr. 31,2; Tob. 1,21; 1Mac. 14,10; Mic. 4,14; Zech. 10,4; Ezek. 17,5; Ezek. 19,5; Tob. 1,21)

Τάξαι ▸ 2
    Verb · second · singular · aorist · middle · imperative ▸ **2** (Ex. 8,5; Is. 38,1)

τάξαι ▸ 3
    Verb · aorist · active · infinitive ▸ **3** (Hab. 2,9; Jer. 10,22; Jer. 18,16)

Ταξάμενοι ▸ 1
    Verb · aorist · middle · participle · masculine · plural · nominative ▸ **1** (Acts 28,23)

ταξάμενος ▸ 1
    Verb · aorist · middle · participle · masculine · singular · nominative ▸ **1** (2Mac. 3,14)

τάξαντα ▸ 1
    Verb · aorist · active · participle · masculine · singular · accusative ▸ **1** (Jer. 5,22)

τάξαντος ▸ 1
    Verb · aorist · active · participle · masculine · singular · genitive ▸ **1** (2Mac. 8,27)

τάξας ▸ 1
    Verb · aorist · active · participle · masculine · singular · nominative ▸ **1** (2Mac. 8,22)

Τάξατε ▸ 1
    Verb · second · plural · aorist · active · imperative ▸ **1** (Hag. 1,5)

τάξατε ▸ 1
    Verb · second · plural · aorist · active · imperative ▸ **1** (Song 2,4)

τάξει ▸ 3 + **2** = 5
    Verb · third · singular · future · active · indicative ▸ 3 + **2** = **5** (1Sam. 22,7; Hab. 3,19; Zech. 10,3; Dan. 9,26; Dan. 11,17)

τάξεις ▸ 2
    Verb · second · singular · future · active · indicative ▸ **2** (Ezek. 4,2; Ezek. 44,5)

τάξῃ ▸ 3
    Verb · second · singular · aorist · middle · subjunctive ▸ **1** (Job 14,13)
    Verb · third · singular · aorist · active · subjunctive ▸ **2** (Ezek. 14,4; Ezek. 14,7)

τάξομαι ▸ 1
    Verb · first · singular · future · middle · indicative ▸ **1** (Ex. 29,43)

τάξον ▸ 2
    Verb · second · singular · aorist · active · imperative ▸ **2** (Ezek. 40,4; Ezek. 44,5)

τάξουσιν ▸ 1
    Verb · third · plural · future · active · indicative ▸ **1** (Job 36,13)

τάξω ▸ 5
    Verb · first · singular · future · active · indicative ▸ **5** (Hos. 2,5; Hos. 2,16; Jer. 3,19; Jer. 19,8; Lam. 3,21)

τασσόμενος ▸ 1
    Verb · present · passive · participle · masculine · singular · nominative · (variant) ▸ **1** (Luke 7,8)

τάσσονται ▸ 2
    Verb · third · plural · present · middle · indicative ▸ **2** (1Mac. 5,27; 1Mac. 12,26)

ταττόμενοι ▸ 1
    Verb · present · middle · participle · masculine · plural · nominative ▸ **1** (2Mac. 10,28)

ταχθέν ▸ 1
    Verb · aorist · passive · participle · neuter · singular · accusative ▸ **1** (LetterJ 61)

τεταγμένα ▸ 1
    Verb · perfect · passive · participle · neuter · plural · accusative ▸ **1** (1Esdr. 1,15)

τεταγμέναι ▸ 2 + **1** = 3
    Verb · perfect · passive · participle · feminine · plural · nominative ▸ 2 + **1** = **3** (Song 6,4; Song 6,10; Rom. 13,1)

τεταγμένη ▸ 1
    Verb · perfect · passive · participle · feminine · singular · nominative ▸ **1** (Sir. 10,1)

τεταγμένης ▸ 1
    Verb · perfect · passive · participle · feminine · singular · genitive ▸ **1** (2Mac. 15,20)

τεταγμένοι ▸ 1 + **1** = 2
    Verb · perfect · passive · participle · masculine · plural · nominative ▸ 1 + **1** = **2** (2Mac. 6,21; Acts 13,48)

τεταγμένοις ▸ 1
    Verb · perfect · passive · participle · masculine · plural · dative ▸ **1** (3Mac. 7,1)

τεταγμένος ▸ 1
    Verb · perfect · passive · participle · masculine · singular · nominative ▸ **1** (3Mac. 5,14)

τεταγμένου ▸ 1
    Verb · perfect · passive · participle · masculine · singular · genitive ▸ **1** (Esth. 13,6 # 3,13f)

τεταγμένων ▸ 1 + **1** = 2
    Verb · perfect · passive · participle · feminine · plural · genitive ▸ **1** (Tob. 5,6)
    Verb · perfect · passive · participle · masculine · plural · genitive ▸ **1** (Esth. 16,5 # 8,12e)

τέτακται ▸ 1
    Verb · third · singular · perfect · passive · indicative ▸ **1** (Zeph. 1,14)

τέτακταί ▸ 1
    Verb · third · singular · perfect · passive · indicative · (variant) ▸ **1** (Acts 22,10)

τέταχα ▸ 1
    Verb · first · singular · perfect · active · indicative ▸ **1** (Ezek. 24,7)

τέταχας ▸ 1
    Verb · second · singular · perfect · active · indicative ▸ **1** (Hab. 1,12)

Ταταμ Tatam (?) ▸ 1
    Ταταμ ▸ 1
        Noun · singular · nominative · (proper) ▸ **1** (Josh. 15,59a)

Ταταμι Tatami ▸ 1
    Ταταμι ▸ 1
        Noun · singular · nominative · (proper) ▸ **1** (Josh. 15,59a)

ταυρηδὸν (ταῦρος) bull-like ▸ 1
    ταυρηδὸν ▸ 1
        Adverb ▸ **1** (4Mac. 15,19)

ταῦρος bull ▸ 36 + **3** + **4** = 43
    ταῦροι ▸ 5
        Noun · masculine · plural · nominative · (common) ▸ **5** (Psa. 21,13; Is. 5,17; Is. 30,24; Is. 34,7; Jer. 27,11)
    ταυροί ▸ 1

Noun · masculine · plural · nominative ▸ **1** (Matt. 22,4)
 ταῦρον ▸ 5 + 2 = 7
   Noun · masculine · singular · accusative · (common) ▸ 5 + 2 = **7** (Gen. 49,6; Ex. 21,35; Ex. 21,35; Ex. 21,35; Ex. 21,36; Judg. 6,4; Judg. 6,25)
 ταῦρος ▸ 10
   Noun · masculine · singular · nominative · (common) ▸ **10** (Ex. 21,28; Ex. 21,28; Ex. 21,29; Ex. 21,29; Ex. 21,32; Ex. 21,32; Ex. 21,35; Ex. 21,36; Sir. 6,2; Is. 11,6)
 ταύρου ▸ 3
   Noun · masculine · singular · genitive · (common) ▸ **3** (Ex. 21,28; Ex. 21,36; Deut. 33,17)
 ταύρους ▸ 5 + 1 = 6
   Noun · masculine · plural · accusative · (common) ▸ 5 + 1 = **6** (Gen. 32,16; 1Esdr. 6,28; 1Esdr. 7,7; 1Esdr. 8,14; 1Esdr. 8,63; Acts 14,13)
 ταύρων ▸ 8 + 1 + 2 = 11
   Noun · masculine · plural · genitive · (common) ▸ 8 + 1 + 2 = **11** (Deut. 32,14; Psa. 49,13; Psa. 67,31; Ode. 2,14; Ode. 7,39; Sir. 38,25; Is. 1,11; Dan. 3,39; Dan. 3,39; Heb. 9,13; Heb. 10,4)

Ταφεθ Topheth ▸ 4
 Ταφεθ ▸ 4
   Noun · masculine · singular · accusative · (proper) ▸ **1** (2Kings 23,10)
   Noun · masculine · singular · dative · (proper) ▸ **1** (Jer. 7,32)
   Noun · masculine · singular · genitive · (proper) ▸ **2** (Jer. 7,31; Jer. 7,32)

ταφή (θάπτω) burial place, burial ▸ 14 + 1 = 15
 ταφὴ ▸ 3
   Noun · feminine · singular · nominative · (common) ▸ **3** (Eccl. 6,3; Is. 57,2; Ezek. 32,22)
 ταφῇ ▸ 1
   Noun · feminine · singular · dative · (common) ▸ **1** (Deut. 21,23)
 ταφήν ▸ 1
   Noun · feminine · singular · accusative · (common) ▸ **1** (Nah. 1,14)
 ταφὴν ▸ 3 + 1 = 4
   Noun · feminine · singular · accusative · (common) ▸ 3 + 1 = **4** (Deut. 34,6; Sir. 38,16; Jer. 22,19; Matt. 27,7)
 ταφῆς ▸ 6
   Noun · feminine · singular · genitive · (common) ▸ **6** (Gen. 50,3; 2Chr. 26,23; 2Mac. 9,15; Job 17,1; Is. 53,9; Bel 31-32)

Ταφνας Tahpanhes ▸ 7
 Ταφνας ▸ 7
   Noun · singular · accusative · (proper) ▸ **1** (Jer. 50,7)
   Noun · singular · dative · (proper) ▸ **4** (Jer. 50,8; Jer. 50,9; Jer. 51,1; Ezek. 30,18)
   Noun · singular · genitive · (proper) ▸ **1** (Jer. 2,16)
   Noun · masculine · singular · genitive · (proper) ▸ **1** (Judith 1,9)

τάφος (θάπτω) grave ▸ 58 + 7 + 7 = 72
 τάφοι ▸ 1
   Noun · masculine · plural · nominative · (common) ▸ **1** (Psa. 48,12)
 τάφοις ▸ 5 + 1 = 6
   Noun · masculine · plural · dative · (common) ▸ 5 + 1 = **6** (1Sam. 10,2; 2Chr. 21,20; 1Mac. 2,70; Psa. 67,7; Wis. 19,3; Matt. 23,27)
 τάφον ▸ 10 + 4 + 3 = 17
   Noun · masculine · singular · accusative · (common) ▸ 10 + 4 + 3 = **17** (1Kings 13,22; 2Kings 22,20; 2Kings 23,6; 2Kings 23,16; Tob. 4,17; Tob. 6,15; Tob. 8,10; Tob. 8,18; 1Mac. 13,27; 3Mac. 6,31; Tob. 6,15; Tob. 8,10; Tob. 8,11; Tob. 8,18; Matt. 27,64; Matt. 27,66; Matt. 28,1)
 τάφος ▸ 5 + 1 = 6
   Noun · masculine · singular · nominative · (common) ▸ 5 + 1 = **6** (1Mac. 13,30; Psa. 5,10; Psa. 13,3; Job 6,10; Jer. 20,17; Rom. 3,13)
 τάφου ▸ 5 + 1 = 6
   Noun · masculine · singular · genitive · (common) ▸ 5 + 1 = **6** (Gen. 23,4; Gen. 23,20; 2Sam. 3,32; Neh. 3,16; 2Mac. 5,10; Matt. 27,61)
 τάφους ▸ 6 + 1 = 7
   Noun · masculine · plural · accusative · (common) ▸ 6 + 1 = **7** (2Kings 23,16; 2Chr. 28,27; 2Mac. 12,39; Eccl. 8,10; Job 21,32; Ezek. 37,13; Matt. 23,29)
 τάφῳ ▸ 22 + 3 = 25
   Noun · masculine · singular · dative · (common) ▸ 22 + 3 = **25** (Gen. 47,30; Judg. 8,32; Judg. 16,31; 2Sam. 2,32; 2Sam. 4,12; 2Sam. 17,23; 2Sam. 19,38; 2Sam. 21,14; 1Kings 13,30; 1Kings 13,31; 2Kings 9,28; 2Kings 13,21; 2Kings 21,26; 2Kings 23,30; 2Chr. 24,25; 1Esdr. 1,29; Tob. 4,4; 1Mac. 9,19; Psa. 87,6; Psa. 87,12; Job 5,26; Sir. 30,18; Judg. 8,32; Judg. 16,31; Tob. 4,4)
 τάφων ▸ 4
   Noun · masculine · plural · genitive · (common) ▸ **4** (2Kings 23,16; 2Chr. 32,33; Jer. 8,1; Ezek. 37,13)

Ταφου Tappuah ▸ 1
 Ταφου ▸ 1
   Noun · singular · genitive · (proper) ▸ **1** (Josh. 16,8)

Ταφουγ Tappuah ▸ 1
 Ταφουγ ▸ 1
   Noun · singular · genitive · (proper) ▸ **1** (Josh. 12,17)

τάφρος (θάπτω) trench ▸ 1
 τάφρῳ ▸ 1
   Noun · feminine · singular · dative · (common) ▸ **1** (Mic. 5,5)

τάχα (ταχύς) perhaps; quickly, presently ▸ 2 + 2 = 4
 τάχα ▸ 2 + 1 = 3
   Adverb ▸ 2 + 1 = **3** (Wis. 13,6; Wis. 14,19; Rom. 5,7)
 Τάχα ▸ 1
   Adverb ▸ **1** (Philem. 15)

ταχέως (ταχύς) quickly, soon ▸ 29 + 1 + 15 = 45
 θᾶττον ▸ 2
   Adverb ▸ **2** (2Mac. 5,21; 2Mac. 14,11)
 Ταχέως ▸ 2
   Adverb ▸ **2** (2Kings 1,11; Is. 8,3)
 ταχέως ▸ 25 + 1 + 10 = 36
   Adverb ▸ 25 + 1 + 10 = **36** (Judg. 9,48; 2Sam. 17,18; 2Sam. 17,21; 2Mac. 2,18; 2Mac. 4,48; 2Mac. 6,23; 2Mac. 7,10; 2Mac. 8,9; 2Mac. 14,27; 2Mac. 14,44; 3Mac. 2,23; 4Mac. 4,22; 4Mac. 10,21; 4Mac. 12,9; 4Mac. 14,10; Prov. 25,8; Eccl. 4,12; Wis. 4,16; Wis. 6,5; Wis. 6,15; Wis. 14,15; Wis. 14,28; Joel 4,4; Jer. 27,44; Dan. 2,16; Judg. 9,48; Luke 14,21; Luke 16,6; John 11,31; 1Cor. 4,19; Gal. 1,6; Phil. 2,19; Phil. 2,24; 2Th. 2,2; 1Tim. 5,22; 2Tim. 4,9)
 τάχιον ▸ 4
   Adverb · (comparative) ▸ **4** (John 13,27; John 20,4; Heb. 13,19; Heb. 13,23)
 τάχιστα ▸ 1
   Adverb ▸ **1** (Acts 17,15)

ταχινός (ταχύς) soon ▸ 6 + 2 = 8
 ταχινὰ ▸ 1
   Adjective · neuter · plural · nominative · noDegree ▸ **1** (Sir. 18,26)
 ταχινή ▸ 1
   Adjective · feminine · singular · nominative ▸ **1** (2Pet. 1,14)
 ταχινῇ ▸ 1
   Adjective · feminine · singular · dative · noDegree ▸ **1** (Sir.

11,22)
- τάχινὴν ▸ 1
  - **Adjective** · feminine · singular · accusative ▸ **1** (2Pet. 2,1)
- τάχινοὶ ▸ 2
  - **Adjective** · masculine · plural · nominative · noDegree ▸ **2** (Prov. 1,16; Is. 59,7)
- τάχινὸν ▸ 2
  - **Adjective** · masculine · singular · accusative · noDegree ▸ **1** (Wis. 13,2)
  - **Adjective** · neuter · singular · accusative · noDegree ▸ **1** (Hab. 1,6)

τάχιον (ταχύς) quicker, sooner ▸ 2
- τάχιον ▸ 2
  - **Adverb** ▸ **2** (1Mac. 2,40; Wis. 13,9)

τάχος (ταχύς) quickness; quickly ▸ 34 + **1** + 8 = 43
- τάχει ▸ 14 + 8 = 22
  - **Noun** · neuter · singular · dative · (common) ▸ 14 + 8 = **22** (Deut. 28,20; Josh. 8,18; Josh. 8,19; 1Sam. 23,22; 1Chr. 12,9; 3Mac. 5,43; Psa. 2,12; Wis. 18,14; Sir. 27,3; Bar. 4,22; Bar. 4,24; Bar. 4,25; Ezek. 29,5; Dan. 9,21; Luke 18,8; Acts 12,7; Acts 22,18; Acts 25,4; Rom. 16,20; 1Tim. 3,14; Rev. 1,1; Rev. 22,6)
- Τάχος ▸ 2
  - **Adverb** ▸ **2** (1Kings 22,9; 2Chr. 18,8)
- τάχος ▸ 11 + **1** = 12
  - **Noun** · neuter · singular · accusative · (common) ▸ 11 + **1** = **12** (Ex. 32,7; Num. 17,11; Deut. 7,4; Deut. 7,22; Deut. 9,12; Josh. 10,6; Judg. 2,23; Judg. 7,9; Judg. 9,54; 3Mac. 6,9; Is. 5,19; Judg. 2,23)
- τάχους ▸ 7
  - **Noun** · neuter · singular · genitive · (common) ▸ **7** (Esth. 16,17 # 8,12r; 1Mac. 6,27; 3Mac. 3,23; 3Mac. 5,43; Psa. 6,11; Psa. 147,4; Sir. 11,21)

ταχύνω (ταχύς) to send quickly, to be quick ▸ 17 + **1** = 18
- ἐτάχυναν ▸ 3
  - **Verb** · third · plural · aorist · active · indicative ▸ **3** (1Mac. 2,35; Psa. 15,4; Psa. 105,13)
- ἐταχύνατε ▸ 1
  - **Verb** · second · plural · aorist · active · indicative ▸ **1** (Ex. 2,18)
- ἐτάχυνεν ▸ 4 + **1** = 5
  - **Verb** · third · singular · aorist · active · indicative ▸ 4 + **1** = **5** (Gen. 18,7; Judg. 13,10; 2Sam. 19,17; 1Mac. 13,10; Judg. 13,10)
- ταχύναι ▸ 1
  - **Verb** · third · singular · aorist · active · optative ▸ **1** (Sol. 17,45)
- ταχύναντες ▸ 1
  - **Verb** · aorist · active · participle · masculine · plural · nominative ▸ **1** (Gen. 45,13)
- Ταχύνας ▸ 1
  - **Verb** · aorist · active · participle · masculine · singular · nominative ▸ **1** (1Sam. 20,38)
- ταχύνατε ▸ 1
  - **Verb** · second · plural · aorist · active · imperative ▸ **1** (2Sam. 15,14)
- ταχυνάτω ▸ 1
  - **Verb** · third · singular · aorist · active · imperative ▸ **1** (Eccl. 5,1)
- ταχύνει ▸ 1
  - **Verb** · third · singular · present · active · indicative ▸ **1** (Sir. 43,13)
- ταχυνεῖ ▸ 1
  - **Verb** · third · singular · future · active · indicative ▸ **1** (Gen. 41,32)
- ταχύνῃ ▸ 1
  - **Verb** · third · singular · aorist · active · subjunctive ▸ **1** (2Sam. 15,14)
- τάχυνον ▸ 1
  - **Verb** · second · singular · aorist · active · imperative ▸ **1** (Psa. 30,3)

ταχύς swift, quickly, soon ▸ 45 + **2** + 13 = 60
- θᾶττον ▸ 1
  - **Adjective** · neuter · singular · accusative · comparative ▸ **1** (2Mac. 4,31)
- τάχει ▸ 1
  - **Adjective** · neuter · singular · dative · noDegree ▸ **1** (Deut. 11,17)
- ταχεῖα ▸ 2
  - **Adjective** · feminine · singular · nominative · noDegree ▸ **2** (Zeph. 1,14; Jer. 31,16)
- ταχεῖς ▸ 1
  - **Adjective** · masculine · plural · nominative · noDegree ▸ **1** (Nah. 1,14)
- τάχιστα ▸ 1
  - **Adjective** · neuter · singular · accusative · superlative ▸ **1** (3Mac. 1,8)
- ταχίστην ▸ 1
  - **Adjective** · feminine · singular · accusative · superlative ▸ **1** (1Mac. 11,22)
- ταχύ ▸ 2 + **6** = 8
  - **Adverb** ▸ 2 + **6** = **8** (Prov. 20,25; Eccl. 8,11; Matt. 5,25; Rev. 3,11; Rev. 11,14; Rev. 22,7; Rev. 22,12; Rev. 22,20)
- ταχὺ ▸ 28 + **2** + 6 = 36
  - **Adverb** ▸ 28 + **2** + 6 = **36** (Gen. 27,20; Ex. 32,8; Deut. 9,12; Judg. 2,17; 2Sam. 17,16; 2Mac. 3,31; 2Mac. 7,37; 3Mac. 2,20; 4Mac. 4,5; Psa. 36,2; Psa. 36,2; Psa. 68,18; Psa. 78,8; Psa. 101,3; Psa. 137,3; Psa. 142,7; Sir. 6,7; Sir. 6,19; Sir. 19,4; Sir. 48,20; Is. 5,26; Is. 8,23; Is. 13,22; Is. 32,4; Is. 49,17; Is. 51,5; Is. 58,8; Jer. 30,13; Judg. 2,17; Judg. 9,54; Matt. 28,7; Matt. 28,8; Mark 9,39; Luke 15,22; John 11,29; Rev. 2,16)
- ταχὺν ▸ 1
  - **Adjective** · masculine · singular · accusative · noDegree ▸ **1** (Prov. 29,20)
- ταχὺς ▸ 7 + **1** = 8
  - **Adjective** · masculine · singular · nominative · noDegree ▸ 7 + **1** = **8** (1Esdr. 4,34; Ezra 7,6; Prov. 12,19; Sir. 5,11; Sir. 21,22; Sol. 4,5; Mal. 3,5; James 1,19)

τέ and, so, both/and ▸ 266 + **8** + 215 = 489
- τε ▸ 264 + **8** + 215 = 487
  - **Conjunction** · coordinating · (copulative) ▸ 264 + **8** + 215 = **487** (Gen. 2,25; Gen. 3,8; Gen. 13,17; Gen. 20,11; Gen. 27,3; Gen. 27,36; Gen. 31,52; Gen. 34,26; Gen. 34,28; Gen. 34,29; Gen. 34,30; Gen. 37,10; Gen. 41,10; Gen. 41,11; Gen. 41,13; Gen. 48,13; Ex. 1,11; Ex. 6,20; Ex. 6,23; Ex. 7,19; Ex. 8,12; Ex. 8,13; Ex. 9,3; Ex. 9,9; Ex. 9,22; Ex. 10,8; Ex. 12,19; Ex. 14,26; Ex. 19,13; Ex. 19,13; Ex. 22,3; Ex. 22,8; Ex. 28,1; Ex. 33,16; Ex. 33,16; Ex. 35,34; Ex. 38,12; Lev. 1,10; Lev. 3,1; Lev. 3,1; Lev. 7,26; Lev. 9,24; Lev. 24,16; Lev. 24,16; Lev. 26,16; Lev. 27,26; Lev. 27,26; Num. 20,19; Num. 25,8; Num. 26,60; Deut. 4,26; Deut. 8,19; Deut. 18,3; Deut. 18,3; Deut. 30,19; Deut. 31,28; Josh. 22,13; 2Kings 19,12; 1Chr. 28,14; 1Esdr. 1,14; 1Esdr. 1,31; 1Esdr. 2,14; 1Esdr. 3,19; 1Esdr. 3,19; 1Esdr. 3,19; 1Esdr. 4,53; 1Esdr. 5,45; 1Esdr. 6,15; 1Esdr. 6,25; 1Esdr. 8,11; 1Esdr. 8,13; 1Esdr. 8,14; 1Esdr. 8,24; 1Esdr. 8,24; 1Esdr. 8,50; 1Esdr. 8,51; 1Esdr. 9,41; Ezra 7,26; Ezra 7,26; Ezra 7,26; Ezra 7,26; Esth. 12,2 # 1,1n; Esth. 3,12; Esth. 13,2 # 3,13b; Esth. 13,2 # 3,13b; Esth. 13,4 # 3,13d; Esth. 7,4; Esth. 8,11; Esth. 16,3 # 8,12c; Esth. 16,13

8,12n; Esth. 16,16 # 8,12q; Esth. 8,13; Esth. 9,7; Esth. 9,21; Esth. 9,29; Esth. 10,1; Esth. 10,2; Tob. 10,7; 1Mac. 8,7; 1Mac. 11,34; 1Mac. 12,11; 1Mac. 12,21; 2Mac. 1,14; 2Mac. 1,18; 2Mac. 1,21; 2Mac. 1,22; 2Mac. 1,23; 2Mac. 2,20; 2Mac. 3,1; 2Mac. 3,10; 2Mac. 3,21; 2Mac. 4,1; 2Mac. 4,32; 2Mac. 5,13; 2Mac. 5,13; 2Mac. 10,17; 2Mac. 10,17; 2Mac. 11,20; 2Mac. 11,25; 2Mac. 11,26; 2Mac. 12,14; 2Mac. 12,16; 2Mac. 12,22; 2Mac. 12,23; 2Mac. 12,43; 2Mac. 15,20; 2Mac. 15,21; 3Mac. 1,1; 3Mac. 1,4; 3Mac. 1,12; 3Mac. 1,16; 3Mac. 1,18; 3Mac. 1,18; 3Mac. 1,22; 3Mac. 1,23; 3Mac. 1,28; 3Mac. 2,23; 3Mac. 2,25; 3Mac. 2,29; 3Mac. 2,32; 3Mac. 2,33; 3Mac. 3,10; 3Mac. 3,15; 3Mac. 3,21; 3Mac. 3,23; 3Mac. 4,8; 3Mac. 5,5; 3Mac. 5,5; 3Mac. 5,13; 3Mac. 5,35; 3Mac. 5,48; 3Mac. 6,8; 3Mac. 6,30; 3Mac. 6,32; 3Mac. 6,34; 3Mac. 6,35; 3Mac. 7,7; 3Mac. 7,14; 3Mac. 7,20; 4Mac. 1,3; 4Mac. 1,4; 4Mac. 1,8; 4Mac. 1,20; 4Mac. 1,28; 4Mac. 2,23; 4Mac. 4,2; 4Mac. 4,7; 4Mac. 4,7; 4Mac. 4,10; 4Mac. 4,10; 4Mac. 4,12; 4Mac. 4,22; 4Mac. 5,23; 4Mac. 7,4; 4Mac. 8,3; 4Mac. 8,13; 4Mac. 8,13; 4Mac. 8,13; 4Mac. 9,29; 4Mac. 15,4; 4Mac. 15,10; 4Mac. 15,22; 4Mac. 15,26; 4Mac. 17,24; 4Mac. 18,11; 4Mac. 18,12; Psa. 48,3; Psa. 57,6; Ode. 12,6; Prov. 1,2; Prov. 1,3; Prov. 1,3; Prov. 1,4; Prov. 1,6; Prov. 1,6; Prov. 6,8; Prov. 6,8a; Prov. 6,33; Prov. 7,21; Prov. 8,13; Prov. 15,3; Prov. 23,20; Job 2,9c; Job 4,4; Job 4,4; Job 5,9; Job 9,4; Job 9,10; Job 9,15; Job 9,16; Job 9,20; Job 9,27; Job 10,14; Job 10,15; Job 10,15; Job 11,18; Job 12,5; Job 21,6; Job 28,25; Job 34,24; Wis. 1,3; Wis. 3,17; Wis. 3,18; Wis. 4,2; Wis. 6,7; Wis. 7,6; Wis. 7,13; Wis. 7,13; Wis. 7,16; Wis. 8,19; Wis. 10,2; Wis. 10,14; Wis. 10,20; Wis. 12,5; Wis. 12,8; Wis. 15,5; Wis. 15,6; Wis. 15,7; Wis. 15,7; Wis. 15,9; Wis. 15,10; Wis. 16,5; Wis. 17,16; Wis. 17,17; Sir. 1,8 Prol.; Sir. 13,25; Sir. 13,25; Sir. 45,21; Is. 37,12; LetterJ 6; LetterJ 7; LetterJ 10; LetterJ 17; LetterJ 19; LetterJ 25; LetterJ 46; LetterJ 46; LetterJ 50; LetterJ 53; LetterJ 61; LetterJ 66; LetterJ 71; LetterJ 71; Ezek. 40,20; Tob. 8,21; Dan. 2,38; Dan. 3,5; Dan. 3,7; Dan. 3,10; Dan. 3,15; Sus. 22; Sus. 22; Matt. 22,10; Matt. 27,48; Matt. 28,12; Luke 2,16; Luke 12,45; Luke 14,26; Luke 15,2; Luke 21,11; Luke 21,11; Luke 22,66; Luke 23,12; Luke 24,20; John 2,15; John 4,42; John 6,18; Acts 1,1; Acts 1,8; Acts 1,13; Acts 1,15; Acts 2,9; Acts 2,10; Acts 2,11; Acts 2,33; Acts 2,37; Acts 2,40; Acts 2,43; Acts 2,46; Acts 2,46; Acts 4,13; Acts 4,14; Acts 4,27; Acts 4,33; Acts 5,14; Acts 5,19; Acts 5,24; Acts 5,35; Acts 5,42; Acts 6,7; Acts 6,12; Acts 6,13; Acts 7,26; Acts 8,3; Acts 8,12; Acts 8,13; Acts 8,25; Acts 8,28; Acts 8,31; Acts 8,38; Acts 9,2; Acts 9,3; Acts 9,15; Acts 9,15; Acts 9,18; Acts 9,24; Acts 9,29; Acts 10,22; Acts 10,28; Acts 10,33; Acts 10,39; Acts 11,21; Acts 11,26; Acts 12,6; Acts 12,12; Acts 12,17; Acts 13,1; Acts 13,1; Acts 13,4; Acts 13,11; Acts 13,46; Acts 13,52; Acts 14,1; Acts 14,5; Acts 14,11; Acts 14,12; Acts 14,13; Acts 14,21; Acts 15,3; Acts 15,4; Acts 15,5; Acts 15,6; Acts 15,9; Acts 15,32; Acts 15,39; Acts 16,13; Acts 16,23; Acts 16,34; Acts 17,4; Acts 17,4; Acts 17,10; Acts 17,14; Acts 17,14; Acts 17,19; Acts 17,26; Acts 18,4; Acts 18,5; Acts 18,26; Acts 19,2; Acts 19,3; Acts 19,6; Acts 19,10; Acts 19,11; Acts 19,12; Acts 19,17; Acts 19,18; Acts 19,27; Acts 19,29; Acts 20,3; Acts 20,7; Acts 20,11; Acts 20,21; Acts 20,35; Acts 21,12; Acts 21,18; Acts 21,20; Acts 21,25; Acts 21,28; Acts 21,30; Acts 21,31; Acts 21,37; Acts 22,4; Acts 22,7; Acts 22,8; Acts 22,23; Acts 23,5; Acts 23,10; Acts 23,24; Acts 23,28; Acts 24,3; Acts 24,5; Acts 24,10; Acts 24,15; Acts 24,23; Acts 24,27; Acts 25,2; Acts 25,16; Acts 25,23; Acts 25,24; Acts 26,3; Acts 26,4; Acts 26,10; Acts 26,10; Acts 26,11; Acts 26,14; Acts 26,16; Acts 26,16; Acts 26,20; Acts 26,20; Acts 26,22; Acts 26,22; Acts 26,23; Acts 26,30; Acts 26,30; Acts 27,1; Acts 27,3; Acts 27,3; Acts 27,5; Acts 27,8; Acts 27,17; Acts 27,20; Acts 27,21; Acts 27,21; Acts 27,29; Acts 27,43; Acts 28,2; Acts 28,23; Acts 28,23; Rom. 1,12; Rom. 1,14; Rom. 1,14; Rom. 1,16; Rom. 1,20; Rom. 1,26; Rom. 1,27; Rom. 2,9; Rom. 2,10; Rom. 2,19; Rom. 3,9; Rom. 7,7; Rom. 10,12; Rom. 14,8; Rom. 14,8; Rom. 14,8; Rom. 14,8; Rom. 16,26; 1Cor. 1,24; 1Cor. 1,30; 1Cor. 4,21; 2Cor. 10,8; 2Cor. 12,12; Eph. 3,19; Phil. 1,7; Heb. 1,3; Heb. 2,4; Heb. 2,11; Heb. 4,12; Heb. 5,1; Heb. 5,7; Heb. 5,14; Heb. 6,2; Heb. 6,2; Heb. 6,4; Heb. 6,5; Heb. 6,19; Heb. 8,3; Heb. 9,1; Heb. 9,2; Heb. 9,9; Heb. 9,19; Heb. 10,33; Heb. 11,32; Heb. 12,2; James 3,7; James 3,7; Jude 6; Rev. 19,18)

τέ ▸ 2
    Conjunction · coordinating ▸ **2** (Job 19,15; Wis. 7,21)

τέγος roof ▸ 1
    τέγους ▸ 1
        Noun · neuter · singular · genitive · (common) ▸ **1** (LetterJ 9)

τείνω to stretch out ▸ 9
    τεινέτω ▸ 1
        Verb · third · singular · present · active · imperative ▸ **1** (Jer. 28,3)
    τείνοντες ▸ 4
        Verb · present · active · participle · masculine · plural · nominative ▸ **4** (1Chr. 5,18; 1Chr. 8,40; 3Mac. 5,25; Jer. 27,14)
    τείνων ▸ 1
        Verb · present · active · participle · masculine · singular · nominative ▸ **1** (Jer. 28,3)
    τέτακα ▸ 1
        Verb · first · singular · perfect · active · indicative ▸ **1** (Prov. 7,16)
    τεταμένοις ▸ 1
        Verb · perfect · passive · participle · masculine · plural · dative ▸ **1** (Esth. 1,6)
    τεταμένους ▸ 1
        Verb · perfect · passive · participle · masculine · plural · accusative ▸ **1** (Ezek. 30,22)

τειχήρης (τεῖχος) walled, fortified ▸ 10 + 1 = 11
    τειχήρεις ▸ 8 + 1 = 9
        Adjective · feminine · plural · accusative · noDegree ▸ **6** (Deut. 9,1; 2Chr. 11,5; 2Chr. 11,10; 2Chr. 14,5; 2Chr. 32,1; Jer. 4,5)
        Adjective · feminine · plural · nominative · noDegree ▸ **2 + 1 = 3** (Josh. 19,35; 1Kings 4,13; Josh. 19,35)
    τειχήρεσιν ▸ 2
        Adjective · feminine · plural · dative · noDegree ▸ **2** (Num. 13,19; 2Chr. 33,14)

τειχίζω (τεῖχος) to wall, fortify ▸ 11
    ἐτείχισαν ▸ 2
        Verb · third · plural · aorist · active · indicative ▸ **2** (Judith 4,5; Judith 5,1)
    τετειχισμέναι ▸ 2
        Verb · perfect · passive · participle · feminine · plural · nominative ▸ **2** (Num. 13,28; Deut. 1,28)
    τετειχισμέναις ▸ 2
        Verb · perfect · passive · participle · feminine · plural · dative ▸ **2** (Num. 32,17; Ezek. 33,27)
    τετειχισμένας ▸ 1
        Verb · perfect · passive · participle · feminine · plural · accusative ▸ **1** (Hos. 8,14)
    τετειχισμένη ▸ 1
        Verb · perfect · passive · participle · feminine · singular · dative ▸ **1** (Lev. 25,29)
    τετειχισμένην ▸ 1
        Verb · perfect · passive · participle · feminine · singular · accusative ▸ **1** (Ezek. 17,4)
    τετειχισμένων ▸ 2
        Verb · perfect · passive · participle · feminine · plural · genitive

▸ 2 (1Sam. 27,8; 2Chr. 21,3)

τειχιστής (τεῖχος) builder ▸ 2
  τειχισταῖς ▸ 2
    Noun · masculine · plural · dative · (common) ▸ **2** (2Kings 12,13; 2Kings 22,6)

τεῖχος wall ▸ 191 + 4 + 9 = 204
  τείχει ▸ 18
    Noun · neuter · singular · dative · (common) ▸ **18** (1Sam. 31,10; 2Kings 14,13; 2Chr. 27,3; Neh. 2,13; Neh. 2,15; Neh. 2,15; Neh. 3,13; Neh. 4,4; Neh. 4,11; 1Mac. 1,33; 2Mac. 5,5; 2Mac. 10,17; 2Mac. 10,35; 2Mac. 12,15; Is. 36,11; Is. 36,12; Is. 56,5; Jer. 30,33)
  τείχεσιν ▸ 6
    Noun · neuter · plural · dative · (common) ▸ **6** (2Chr. 11,11; Neh. 4,1; 1Mac. 6,7; 1Mac. 9,50; 1Mac. 13,33; 2Mac. 12,13)
  τειχέων ▸ 12
    Noun · neuter · plural · genitive · (common) ▸ **12** (2Kings 25,4; 2Mac. 12,14; 2Mac. 12,27; Prov. 1,21; Song 5,7; Job 6,10; Amos 1,12; Joel 2,9; Is. 22,11; Is. 62,6; Jer. 28,12; Ezek. 27,11)
  Τείχη ▸ 1
    Noun · neuter · plural · vocative · (common) ▸ **1** (Lam. 2,18)
  τείχη ▸ 52 + 2 + 1 = 55
    Noun · neuter · plural · accusative · (common) ▸ **39 + 1 = 40** (2Chr. 8,5; 2Chr. 14,6; 2Chr. 26,6; 2Chr. 26,6; 2Chr. 26,6; 1Esdr. 1,52; 1Esdr. 2,14; 1Esdr. 4,4; Judith 1,2; Judith 7,32; Tob. 13,17; 1Mac. 1,31; 1Mac. 4,60; 1Mac. 10,11; 1Mac. 10,45; 1Mac. 10,45; 1Mac. 12,36; 1Mac. 13,10; 1Mac. 14,37; 2Mac. 3,19; 2Mac. 11,9; 3Mac. 1,29; Psa. 54,11; Prov. 25,28; Sir. 49,13; Sol. 2,1; Sol. 8,17; Amos 1,7; Amos 1,10; Amos 1,14; Joel 2,7; Nah. 2,6; Is. 49,16; Is. 60,10; Jer. 1,15; Ezek. 26,4; Ezek. 26,9; Ezek. 26,12; Ezek. 33,30; Tob. 13,14)
    Noun · neuter · plural · nominative · (common) ▸ **13 + 1 + 1 = 15** (Deut. 3,5; Deut. 28,52; Josh. 6,5; 1Esdr. 2,15; 1Esdr. 2,18; Ezra 4,12; Ezra 4,13; Ezra 4,16; Neh. 1,3; Psa. 50,20; Nah. 3,8; Is. 60,18; Ezek. 26,10; Tob. 13,17; Heb. 11,30)
  Τεῖχος ▸ 1
    Noun · neuter · singular · nominative · (common) ▸ **1** (Jer. 28,58)
  τεῖχος ▸ 60 + 1 + 4 = 65
    Noun · neuter · singular · accusative · (common) ▸ **38 + 3 = 41** (Lev. 25,30; 2Sam. 11,21; 2Sam. 11,22; 2Sam. 18,24; 2Sam. 20,15; 2Sam. 22,30; 1Kings 2,35c; 1Kings 2,35k; 1Kings 5,14a; 1Kings 10,22a # 9,15; 2Chr. 32,5; 2Chr. 33,14; 2Chr. 36,19; Neh. 2,8; Neh. 2,17; Neh. 3,15; Neh. 3,33; Neh. 3,35; Neh. 4,9; Neh. 6,1; Neh. 6,6; Neh. 12,30; 1Mac. 6,62; 1Mac. 9,54; 1Mac. 13,45; 2Mac. 14,43; Psa. 17,30; Prov. 28,4; Sol. 8,19; Is. 2,15; Is. 8,7; Is. 26,1; Jer. 1,18; Jer. 15,20; Jer. 52,14; Lam. 2,7; Lam. 2,8; Lam. 2,8; Rev. 21,12; Rev. 21,15; Rev. 21,17)
    Noun · neuter · singular · nominative · (common) ▸ **22 + 1 + 1 = 24** (Ex. 14,22; Ex. 14,22; Ex. 14,29; Ex. 14,29; Ex. 15,8; Lev. 25,31; Josh. 6,20; 1Sam. 25,16; 1Kings 21,30; Neh. 6,15; Neh. 7,1; Ode. 1,8; Song 8,10; Zech. 2,9; Is. 15,1; Is. 16,11; Is. 24,23; Is. 27,3; Is. 30,13; Jer. 27,15; Ezek. 38,11; Ezek. 38,20; Dan. 9,25; Rev. 21,14)
  τεῖχός ▸ 1
    Noun · neuter · singular · nominative · (common) ▸ **1** (Song 8,9)
  τείχους ▸ 38 + 1 + 4 = 43
    Noun · neuter · singular · genitive · (common) ▸ **38 + 1 + 4 = 43** (Num. 35,4; 1Sam. 31,12; 2Sam. 11,20; 2Sam. 11,21; 2Sam. 11,22; 2Sam. 11,22; 2Sam. 11,24; 2Sam. 20,16; 2Sam. 20,21; 2Kings 3,27; 2Kings 6,26; 2Kings 6,30; 2Kings 18,26; 2Kings 18,27; 2Chr. 25,23; 2Chr. 32,18; Neh. 3,8; Neh. 3,27; Neh. 4,7; Neh. 4,13; Neh. 5,16; Neh. 12,27; Neh. 12,31; Neh. 12,31; Neh. 12,37; Neh. 12,38; Neh. 12,38; Neh. 13,21; Judith 1,2; Judith 14,1; Judith 14,11; Tob. 1,17; 1Mac. 12,37; 2Mac. 6,10; Amos 7,7; Is. 22,10; Jer. 21,4; Jer. 52,7; Tob. 1,17; Acts 9,25; 2Cor. 11,33; Rev. 21,18; Rev. 21,19)
  τειχῶν ▸ 2
    Noun · neuter · plural · genitive · (common) ▸ **2** (1Mac. 16,23; Dan. 4,29)

τεκμήριον (τέκμαρ) sign; proof ▸ 3 + 1 = 4
  τεκμηρίοις ▸ 1 + 1 = 2
    Noun · neuter · plural · dative · (common) ▸ **1 + 1 = 2** (3Mac. 3,24; Acts 1,3)
  τεκμήριον ▸ 1
    Noun · neuter · singular · nominative · (common) ▸ **1** (Wis. 5,11)
  τεκμηρίων ▸ 1
    Noun · neuter · plural · genitive · (common) ▸ **1** (Wis. 19,13)

τεκνίον (τίκτω) little child ▸ 7
  Τεκνία ▸ 3
    Noun · neuter · plural · vocative ▸ **3** (1John 2,1; 1John 3,18; 1John 5,21)
  τεκνία ▸ 4
    Noun · neuter · plural · vocative · (common) ▸ **4** (John 13,33; 1John 2,12; 1John 2,28; 1John 4,4)

τεκνογονέω (τίκτω; γίνομαι) to have children ▸ 1
  τεκνογονεῖν ▸ 1
    Verb · present · active · infinitive ▸ **1** (1Tim. 5,14)

τεκνογονία (τίκτω; γίνομαι) childbirth ▸ 1
  τεκνογονίας ▸ 1
    Noun · feminine · singular · genitive ▸ **1** (1Tim. 2,15)

τέκνον (τίκτω) child ▸ 303 + 10 + 99 = 412
  Τέκνα ▸ 1
    Noun · neuter · plural · nominative · (common) ▸ **1** (Sir. 41,5)
  τέκνα ▸ 146 + 5 + 63 = 214
    Noun · neuter · plural · accusative · (common) ▸ **80 + 4 + 33 = 117** (Gen. 3,16; Gen. 30,1; Ex. 17,3; Ex. 20,5; Ex. 34,7; Ex. 34,7; Num. 14,18; Num. 14,23; Deut. 2,34; Deut. 5,9; Deut. 11,19; Deut. 28,54; 1Sam. 1,8; 1Sam. 6,7; 1Sam. 6,10; 1Sam. 14,32; 1Sam. 30,22; 1Kings 10,22b # 9,20; 1Kings 15,4; 1Kings 21,5; 1Chr. 2,30; 1Chr. 2,32; 2Chr. 28,3; 2Chr. 33,6; Judith 7,27; Judith 7,32; 1Mac. 1,32; 1Mac. 1,60; 1Mac. 3,20; 1Mac. 5,13; 1Mac. 5,45; 1Mac. 8,10; 2Mac. 6,10; 2Mac. 9,20; 2Mac. 12,21; 3Mac. 6,3; 4Mac. 14,18; 4Mac. 16,9; Job 39,16; Wis. 16,21; Sir. 14,26; Sir. 16,3; Sir. 23,23; Sir. 23,24; Sir. 33,22; Sir. 47,20; Sol. 2,8; Sol. 11,2; Sol. 17,11; Hos. 1,2; Hos. 2,6; Hos. 9,12; Hos. 9,13; Hos. 9,13; Hos. 10,9; Hos. 11,1; Mic. 1,16; Zech. 9,13; Zech. 9,13; Zech. 10,9; Is. 13,16; Is. 13,18; Is. 14,21; Is. 44,3; Is. 54,13; Is. 57,5; Is. 60,4; Is. 60,9; Jer. 2,30; Jer. 3,19; Jer. 45,23; Bar. 5,5; Ezek. 5,10; Ezek. 16,21; Ezek. 16,45; Ezek. 16,45; Ezek. 20,18; Ezek. 23,37; Ezek. 23,39; Dan. 6,25; Judg. 18,21; Tob. 10,13; Bel 15; Bel 21; Matt. 2,18; Matt. 3,9; Matt. 18,25; Matt. 19,29; Matt. 21,28; Matt. 22,24; Matt. 23,37; Matt. 27,25; Mark 7,27; Mark 10,29; Mark 10,30; Luke 1,17; Luke 3,8; Luke 13,34; Luke 14,26; Luke 18,29; Luke 19,44; Luke 20,31; Luke 23,28; John 1,12; John 11,52; Acts 21,21; 1Cor. 4,14; Eph. 6,4; Col. 3,21; 1Th. 2,7; 1Th. 2,11; 1Tim. 3,4; 1Tim. 5,4; Titus 1,6; 1John 5,2; 3John 4; Rev. 2,23)
    Noun · neuter · plural · nominative · (common) ▸ **55 + 1 + 26 = 82** (Gen. 33,6; Gen. 33,7; Lev. 25,41; Num. 16,27; Deut. 3,19; Deut. 32,5; Josh. 22,24; Josh. 22,27; 1Kings 8,25; 1Kings 9,6; 1Kings 17,15; 1Kings 21,3; 2Chr. 30,9; Neh. 12,43; Esth. 7,4; Esth. 9,25; Judith 7,14; 1Mac. 1,38; 1Mac. 2,38; 3Mac. 7,2; Psa. 33,12; Psa. 108,13; Ode. 2,5; Prov. 17,6; Prov. 31,28; Job 5,25; Job 21,8; Job 39,4; Wis. 3,12; Wis. 3,16; Wis. 4,6; Sir. 7,23; Sir. 23,25; Sir. 40,19; Sir. 41,5; Sir. 41,7; Sir. 44,9; Sir. 44,12; Hos.

τέκνον–τεκταίνω

2,6; Hos. 5,7; Hos. 11,10; Joel 1,3; Joel 1,3; Joel 2,23; Zech. 10,7; Is. 2,6; Is. 27,6; Is. 29,23; Is. 30,1; Is. 54,1; Is. 57,4; Is. 63,8; Bar. 4,32; Ezek. 5,10; Ezek. 20,21; Sus. 30; Matt. 10,21; Mark 13,12; John 8,39; Rom. 8,16; Rom. 8,17; Rom. 9,7; Rom. 9,8; Rom. 9,8; Rom. 9,8; 1Cor. 7,14; 2Cor. 12,14; Gal. 4,27; Gal. 4,28; Gal. 4,31; Eph. 2,3; Eph. 5,1; Eph. 5,8; Phil. 2,15; 1Pet. 1,14; 1Pet. 3,6; 2Pet. 2,14; 1John 3,1; 1John 3,2; 1John 3,10; 1John 3,10; 2John 13)

Noun · neuter · plural · vocative · (common) ▸ 11 + 4 = **15** (1Sam. 2,24; Tob. 10,11; 1Mac. 2,50; 1Mac. 2,64; Sir. 3,1; Sir. 23,7; Sir. 41,14; Bar. 4,19; Bar. 4,21; Bar. 4,25; Bar. 4,27; Mark 10,24; Gal. 4,19; Eph. 6,1; Col. 3,20)

τέκνοις ▸ 44 + 8 = 52

Noun · neuter · plural · dative · (common) ▸ 44 + 8 = **52** (Gen. 31,16; Gen. 31,43; Gen. 32,12; Ex. 10,2; Lev. 25,46; Deut. 29,28; Josh. 14,9; Josh. 22,24; Josh. 22,27; 1Sam. 2,5; 1Kings 12,24h; 1Kings 17,12; 1Kings 17,13; 1Esdr. 4,53; 1Esdr. 8,50; 1Esdr. 8,90; 1Esdr. 9,36; Ezra 8,21; Esth. 13,6 # 3,13f; Tob. 4,12; 1Mac. 5,23; 1Mac. 13,45; 2Mac. 12,3; 3Mac. 1,4; 3Mac. 3,25; 4Mac. 14,17; 4Mac. 18,6; Ode. 3,5; Prov. 14,26; Prov. 30,4; Sir. 3,2; Sir. 3,11; Sir. 11,28; Sir. 25,7; Sol. 1,3; Sol. 8,33; Sol. 15,11; Hos. 10,14; Joel 1,3; Joel 1,3; Is. 13,18; Jer. 38,17; Jer. 39,39; Jer. 42,14; Matt. 7,11; Luke 11,13; Acts 2,39; Acts 13,33; Acts 21,5; 2Cor. 6,13; 2Cor. 12,14; 2John 1)

Τέκνον ▸ 14 + 1 = 15

Noun · neuter · singular · nominative · (common) ▸ **1** (1Chr. 22,7)

Noun · neuter · singular · vocative · (common) ▸ 13 + 1 = **14** (Tob. 14,3; Sir. 2,1; Sir. 3,17; Sir. 4,1; Sir. 6,18; Sir. 11,10; Sir. 14,11; Sir. 18,15; Sir. 21,1; Sir. 37,27; Sir. 38,9; Sir. 38,16; Sir. 40,28; Tob. 10,13)

τέκνον ▸ 38 + 3 + 16 = 57

Noun · neuter · singular · accusative · (common) ▸ 4 + 4 = **8** (Gen. 17,16; Deut. 28,57; 2Mac. 7,28; Sir. 30,9; Matt. 10,21; Mark 12,19; Mark 13,12; Rev. 12,4)

Noun · neuter · singular · nominative · (common) ▸ 1 + 2 + 4 = **7** (1Sam. 3,9; Tob. 3,15; Tob. 11,13; Luke 1,7; 1Cor. 4,17; Phil. 2,22; Rev. 12,5)

Noun · neuter · singular · vocative · (common) ▸ 33 + 1 + 8 = **42** (Gen. 22,7; Gen. 22,8; Gen. 27,13; Gen. 27,18; Gen. 27,20; Gen. 27,21; Gen. 27,25; Gen. 27,26; Gen. 27,37; Gen. 27,43; Gen. 43,29; Gen. 48,19; 1Sam. 3,16; 1Sam. 4,16; 1Sam. 24,17; 1Sam. 26,17; 1Sam. 26,21; 1Sam. 26,25; Tob. 7,17; Tob. 10,5; Tob. 12,1; Tob. 14,4; Tob. 14,8; Tob. 14,10; Prov. 31,2; Prov. 31,2; Prov. 31,2; Sir. 3,12; Sir. 6,23; Sir. 6,32; Sir. 10,28; Sir. 16,24; Sir. 31,22; Tob. 10,5; Matt. 9,2; Matt. 21,28; Mark 2,5; Luke 2,48; Luke 15,31; Luke 16,25; 1Tim. 1,18; 2Tim. 2,1)

τέκνου ▸ 3 + 2 = 5

Noun · neuter · singular · genitive · (common) ▸ 3 + 2 = **5** (Wis. 10,5; Wis. 14,15; Wis. 18,5; Acts 7,5; Philem. 10)

τέκνῳ ▸ 3

Noun · neuter · singular · dative ▸ **3** (1Tim. 1,2; 2Tim. 1,2; Titus 1,4)

τέκνων ▸ 57 + 1 + 7 = 65

Noun · neuter · plural · genitive · (common) ▸ 57 + 1 + 7 = **65** (Gen. 49,3; Ex. 10,2; Ex. 10,2; Ex. 34,7; Deut. 21,17; Deut. 22,6; Deut. 24,16; Deut. 28,55; Deut. 33,24; 1Sam. 6,7; 2Chr. 25,4; 2Chr. 35,7; 1Mac. 13,6; 2Mac. 5,13; 2Mac. 15,18; 3Mac. 1,20; 4Mac. 2,12; 4Mac. 14,12; 4Mac. 14,20; 4Mac. 15,1; 4Mac. 15,1; 4Mac. 15,8; 4Mac. 15,15; 4Mac. 15,20; 4Mac. 15,20; 4Mac. 15,20; 4Mac. 15,21; 4Mac. 15,24; 4Mac. 15,25; 4Mac. 15,26; 4Mac. 16,1; 4Mac. 17,7; Psa. 77,4; Psa. 112,9; Prov. 7,7; Prov. 17,6; Prov. 17,6; Wis. 12,5; Wis. 13,17; Wis. 18,5; Sir. 3,5; Sir.

3,9; Sir. 16,1; Sir. 32,22; Sir. 41,6; Sir. 42,5; Hos. 4,6; Hos. 13,13; Is. 39,7; Is. 51,18; Jer. 19,2; Jer. 38,29; Jer. 39,18; Bar. 4,12; Ezek. 16,36; Ezek. 18,2; Bel 9; Bel 9; Matt. 15,26; Mark 7,27; Luke 7,35; Rom. 8,21; Gal. 4,25; 1Tim. 3,12; 2John 4)

τεκνοποιέω (τίκτω; ποιέω) to bear children; beget children ▸ 7

ἐτεκνοποίει ▸ 1

Verb · third · singular · imperfect · active · indicative ▸ **1** (Gen. 11,30)

ἐτεκνοποίησαν ▸ 1

Verb · third · plural · aorist · active · indicative ▸ **1** (Jer. 12,2)

τεκνοποιήσατε ▸ 1

Verb · second · plural · aorist · active · imperative ▸ **1** (Jer. 36,6)

τεκνοποιήσῃ ▸ 1

Verb · second · singular · future · middle · indicative ▸ **1** (Jer. 38,8)

τεκνοποιήσῃς ▸ 1

Verb · second · singular · aorist · active · subjunctive ▸ **1** (Gen. 16,2)

τεκνοποιήσομαι ▸ 1

Verb · first · singular · future · middle · indicative ▸ **1** (Gen. 30,3)

τεκνοποιήσουσιν ▸ 1

Verb · third · plural · future · active · indicative ▸ **1** (Is. 65,23)

τεκνοτροφέω (τίκτω; τρέφω) to bring up children ▸ 1

ἐτεκνοτρόφησεν ▸ 1

Verb · third · singular · aorist · active · indicative ▸ **1** (1Tim. 5,10)

τεκνοφόνος (τίκτω; φόνος) child killing ▸ 1

τεκνοφόνους ▸ 1

Adjective · feminine · plural · accusative · noDegree ▸ **1** (Wis. 14,23)

τεκταίνω (τίκτω) to make, frame, devise, plan ▸ 13

ἐτέκταινον ▸ 1

Verb · third · plural · imperfect · active · indicative ▸ **1** (Psa. 128,3)

τεκταίνει ▸ 2

Verb · third · singular · present · active · indicative ▸ **2** (Sir. 11,33; Sir. 27,22)

τεκταίνεται ▸ 2

Verb · third · singular · present · middle · indicative ▸ **2** (Prov. 6,14; Prov. 26,24)

τεκταινομένη ▸ 1

Verb · present · middle · participle · feminine · singular · nominative ▸ **1** (Prov. 6,18)

τεκταινόμενος ▸ 1

Verb · perfect · middle · participle · masculine · singular · nominative ▸ **1** (Prov. 11,27)

τεκταινομένου ▸ 1

Verb · present · middle · participle · masculine · singular · genitive ▸ **1** (Prov. 12,20)

τεκταίνοντες ▸ 1

Verb · present · active · participle · masculine · plural · nominative ▸ **1** (Bar. 3,18)

τεκταινόντων ▸ 1

Verb · present · active · participle · masculine · plural · genitive ▸ **1** (Ezek. 21,36)

τεκταίνουσι ▸ 1

Verb · third · plural · present · active · indicative ▸ **1** (Prov. 14,22)

τεκταίνουσιν ▸ 1

Verb · third · plural · present · active · indicative ▸ **1** (Prov.

14,22)
- τεκτήνῃ ▸ 1
  - **Verb** · second · singular · aorist · middle · subjunctive ▸ **1** (Prov. 3,29)

τεκτονικός (τίκτω; νίκη) skilled; carpentry (f.) ▸ 1
- τεκτονικὰ ▸ 1
  - **Adjective** · neuter · plural · accusative · noDegree ▸ **1** (Ex. 31,5)

τέκτων (τίκτω) carpenter; craftsman ▸ 30 + 2 = 32
- τέκτονα ▸ 2
  - **Noun** · masculine · singular · accusative · (common) ▸ **2** (2Kings 24,14; 2Kings 24,16)
- τέκτονας ▸ 5
  - **Noun** · masculine · plural · accusative · (common) ▸ **5** (2Sam. 5,11; 2Sam. 5,11; 1Chr. 14,1; 2Chr. 24,12; Zech. 2,3)
- τέκτονες ▸ 3
  - **Noun** · masculine · plural · nominative · (common) ▸ **3** (1Chr. 4,14; 1Chr. 22,15; Prov. 14,22)
- τέκτονος ▸ 2 + 1 = 3
  - **Noun** · masculine · singular · genitive · (common) ▸ 2 + 1 = **3** (Jer. 10,3; LetterJ 7; Matt. 13,55)
- τεκτόνων ▸ 2
  - **Noun** · masculine · plural · genitive · (common) ▸ **2** (Hos. 13,2; LetterJ 45)
- τέκτοσι ▸ 2
  - **Noun** · masculine · plural · dative · (common) ▸ **2** (2Chr. 34,11; 1Esdr. 5,53)
- τέκτοσιν ▸ 4
  - **Noun** · masculine · plural · dative · (common) ▸ **4** (2Kings 12,12; 2Kings 22,6; Ezra 3,7; Prov. 14,22)
- τέκτων ▸ 10 + 1 = 11
  - **Noun** · masculine · singular · nominative · (common) ▸ 10 + 1 = **11** (1Sam. 13,19; 1Kings 7,2; Wis. 13,11; Sir. 38,27; Hos. 8,6; Is. 40,19; Is. 40,20; Is. 41,7; Is. 44,12; Is. 44,13; Mark 6,3)

Τελαμιν Talmon ▸ 1
- Τελαμιν ▸ 1
  - **Noun** · masculine · singular · nominative · (proper) ▸ **1** (Neh. 11,19)

τελαμών bandage, headband ▸ 2
- τελαμῶνα ▸ 1
  - **Noun** · masculine · singular · accusative · (common) ▸ **1** (1Kings 21,41)
- τελαμῶνι ▸ 1
  - **Noun** · masculine · singular · dative · (common) ▸ **1** (1Kings 21,38)

τέλειος (τέλος) complete, perfect ▸ 17 + 2 + 19 = 38
- τελεία ▸ 5 + 1 = 6
  - **Adjective** · feminine · singular · nominative · noDegree ▸ 2 + 1 = **3** (1Kings 15,3; Song 6,9; 1John 4,18)
  - **Adjective** · feminine · singular · vocative · noDegree ▸ **1** (Song 5,2)
  - **Adjective** · neuter · plural · accusative · noDegree ▸ **2** (1Kings 11,4; 1Kings 15,14)
- τελεία ▸ 1
  - **Adjective** · feminine · singular · dative · noDegree ▸ **1** (1Chr. 28,9)
- τέλειαι ▸ 1
  - **Adjective** · feminine · plural · nominative · noDegree ▸ **1** (1Kings 8,61)
- τελείαν ▸ 1
  - **Adjective** · feminine · singular · accusative · noDegree ▸ **1** (Jer. 13,19)
- τελείας ▸ 2
  - **Adjective** · feminine · plural · accusative · noDegree ▸ **2** (Judg. 20,26; Judg. 21,4)
- τέλειοι ▸ 5
  - **Adjective** · masculine · plural · nominative ▸ **5** (Matt. 5,48; 1Cor. 14,20; Phil. 3,15; Col. 4,12; James 1,4)
- τελείοις ▸ 1 + 1 = 2
  - **Adjective** · masculine · plural · dative · noDegree ▸ 1 + 1 = **2** (Ezra 2,63; 1Cor. 2,6)
- τέλειον ▸ 2 + 7 = 9
  - **Adjective** · masculine · singular · accusative ▸ **3** (Eph. 4,13; Col. 1,28; James 1,25)
  - **Adjective** · neuter · singular · accusative · noDegree ▸ 1 + 1 = **2** (Psa. 138,22; James 1,4)
  - **Adjective** · neuter · singular · nominative · noDegree ▸ 1 + 3 = **4** (Ex. 12,5; Rom. 12,2; 1Cor. 13,10; James 1,17)
- τέλειος ▸ 4 + 2 = 6
  - **Adjective** · masculine · singular · nominative · noDegree ▸ 4 + 2 = **6** (Gen. 6,9; Deut. 18,13; Wis. 9,6; Sir. 44,17; Matt. 19,21; James 3,2)
- τέλειός ▸ 1
  - **Adjective** · masculine · singular · nominative ▸ **1** (Matt. 5,48)
- τελειοτέρας ▸ 1
  - **Adjective** · feminine · singular · genitive · comparative ▸ **1** (Heb. 9,11)
- τελείου ▸ 1
  - **Adjective** · masculine · singular · genitive · noDegree ▸ **1** (2Sam. 22,26)
- τελείων ▸ 1 + 1 = 2
  - **Adjective** · masculine · plural · genitive · noDegree ▸ 1 + 1 = **2** (1Chr. 25,8; Heb. 5,14)

τελειότης (τέλος) completeness ▸ 4 + 2 + 2 = 8
- τελειότης ▸ 1
  - **Noun** · feminine · singular · nominative · (common) ▸ **1** (Wis. 6,15)
- τελειότητα ▸ 1
  - **Noun** · feminine · singular · accusative ▸ **1** (Heb. 6,1)
- τελειότητι ▸ 3 + 2 = 5
  - **Noun** · feminine · singular · dative · (common) ▸ 3 + 2 = **5** (Judg. 9,16; Judg. 9,19; Wis. 12,17; Judg. 9,16; Judg. 9,19)
- τελειότητος ▸ 1
  - **Noun** · feminine · singular · genitive ▸ **1** (Col. 3,14)

τελειόω (τέλος) to finish, to make perfect ▸ 21 + 23 = 44
- ἐτελειώθη ▸ 1 + 1 = 2
  - **Verb** · third · singular · aorist · passive · indicative ▸ 1 + 1 = **2** (Sir. 31,10; James 2,22)
- ἐτελείωσαν ▸ 2
  - **Verb** · third · plural · aorist · active · indicative ▸ **2** (Num. 3,3; Sir. 50,19)
- ἐτελείωσάν ▸ 1
  - **Verb** · third · plural · aorist · active · indicative ▸ **1** (Ezek. 27,11)
- ἐτελείωσεν ▸ 2 + 1 = 3
  - **Verb** · third · singular · aorist · active · indicative ▸ 2 + 1 = **3** (2Chr. 8,16; 4Mac. 7,15; Heb. 7,19)
- τελειοῦμαι ▸ 1
  - **Verb** · first · singular · present · passive · indicative · (variant) ▸ **1** (Luke 13,32)
- τελειωθείς ▸ 1 + 1 = 2
  - **Verb** · aorist · passive · participle · masculine · singular · nominative ▸ 1 + 1 = **2** (Wis. 4,13; Heb. 5,9)
- τελειωθῇ ▸ 1 + 1 = 2
  - **Verb** · third · singular · aorist · passive · subjunctive ▸ 1 + 1 = **2**

(Sir. 7,32; John 19,28)
- **τελειωθῆναι** ▸ 1
  - **Verb** · aorist · passive · infinitive ▸ **1** (Neh. 6,16)
- **τελειωθήσῃ** ▸ 1
  - **Verb** · second · singular · future · passive · indicative ▸ **1** (2Sam. 22,26)
- **τελειωθῶσιν** ▸ 1
  - **Verb** · third · plural · aorist · passive · subjunctive ▸ **1** (Heb. 11,40)
- **τελειώσαι** ▸ 1
  - **Verb** · third · singular · aorist · active · optative ▸ **1** (Judith 10,8)
- **τελειῶσαι** ▸ 2 + **4** = **6**
  - **Verb** · aorist · active · infinitive ▸ 2 + **4** = **6** (Ex. 29,29; Ex. 29,33; Acts 20,24; Heb. 2,10; Heb. 9,9; Heb. 10,1)
- **τελείωσαι** ▸ 1
  - **Verb** · second · singular · aorist · active · imperative ▸ **1** (Dan. 3,40)
- **τελειωσάντων** ▸ 1
  - **Verb** · aorist · active · participle · masculine · plural · genitive ▸ **1** (Luke 2,43)
- **τελειώσας** ▸ 1
  - **Verb** · aorist · active · participle · masculine · singular · nominative ▸ **1** (John 17,4)
- **τελειώσει** ▸ 1
  - **Verb** · third · singular · future · active · indicative ▸ **1** (Lev. 8,33)
- **τελειώσεις** ▸ 2
  - **Verb** · second · singular · future · active · indicative ▸ **2** (Ex. 29,9; Ex. 29,35)
- **τελειώσουσιν** ▸ 1
  - **Verb** · third · plural · future · active · indicative ▸ **1** (Lev. 16,32)
- **τελειώσω** ▸ **1** + **2** = **3**
  - **Verb** · first · singular · future · active · indicative ▸ **1** (Neh. 6,3)
  - **Verb** · first · singular · aorist · active · subjunctive ▸ **2** (John 4,34; John 5,36)
- **τετελείωκεν** ▸ 1
  - **Verb** · third · singular · perfect · active · indicative ▸ **1** (Heb. 10,14)
- **τετελείωμαι** ▸ 1
  - **Verb** · first · singular · perfect · passive · indicative · (variant) ▸ **1** (Phil. 3,12)
- **τετελειωμένη** ▸ 1
  - **Verb** · perfect · passive · participle · feminine · singular · nominative · (variant) **1** (1John 4,12)
- **τετελειωμένοι** ▸ 1
  - **Verb** · perfect · passive · participle · masculine · plural · nominative · (variant) ▸ **1** (John 17,23)
- **τετελειωμένον** ▸ 1
  - **Verb** · perfect · passive · participle · masculine · singular · accusative · (variant) ▸ **1** (Heb. 7,28)
- **τετελειωμένος** ▸ 1
  - **Verb** · perfect · passive · participle · masculine · singular · nominative ▸ **1** (Lev. 4,5)
- **τετελειωμένου** ▸ 1
  - **Verb** · perfect · passive · participle · masculine · singular · genitive ▸ **1** (Lev. 21,10)
- **τετελειωμένων** ▸ 1
  - **Verb** · perfect · passive · participle · masculine · plural · genitive · (variant) ▸ **1** (Heb. 12,23)
- **τετελείωται** ▸ 3
  - **Verb** · third · singular · perfect · passive · indicative · (variant) ▸ **3** (1John 2,5; 1John 4,17; 1John 4,18)

τελείως (τέλος) completely, perfectly ▸ **4** + **1** = **5**
- **τελείως** ▸ **4** + **1** = **5**
  - **Adverb** ▸ **4** + **1** = **5** (Judith 11,6; 2Mac. 12,42; 3Mac. 3,26; 3Mac. 7,22; 1Pet. 1,13)

τελείωσις (τέλος) completion, fulfillment ▸ **17** + **2** = **19**
- **τελειώσεως** ▸ 13
  - **Noun** · feminine · singular · genitive · (common) ▸ **13** (Ex. 29,26; Ex. 29,27; Ex. 29,31; Ex. 29,34; Lev. 7,37; Lev. 8,22; Lev. 8,26; Lev. 8,28; Lev. 8,29; Lev. 8,31; Lev. 8,33; 2Chr. 29,35; 2Mac. 2,9)
- **τελειώσεώς** ▸ 1
  - **Noun** · feminine · singular · genitive · (common) ▸ **1** (Jer. 2,2)
- **τελείωσιν** ▸ 1
  - **Noun** · feminine · singular · accusative · (common) ▸ **1** (Judith 10,9)
- **τελείωσις** ▸ **2** + **2** = **4**
  - **Noun** · feminine · singular · nominative · (common) ▸ **2** + **2** = **4** (Ex. 29,22; Sir. 34,8; Luke 1,45; Heb. 7,11)

τελειωτής (τέλος) completeness ▸ 1
- **τελειωτήν** ▸ 1
  - **Noun** · masculine · singular · accusative ▸ **1** (Heb. 12,2)

Τελεμ Telem ▸ 1
- **Τελεμ** ▸ 1
  - **Noun** · singular · nominative · (proper) ▸ **1** (Josh. 15,24)

τέλεος (τέλος) completely ▸ 1
- **τέλεον** ▸ 1
  - **Adjective** · neuter · singular · accusative · noDegree ▸ **1** (3Mac. 1,22)

τελεσιουργέω (τέλος; ἔργον) to accomplish fully ▸ 1
- **τελεσιουργεῖ** ▸ 1
  - **Verb** · third · singular · present · active · indicative ▸ **1** (Prov. 19,7)

τελεσφορέω (τέλος; φέρω) to bring to perfection; to produce mature fruit ▸ **1** + **1** = **2**
- **τελεσφορηθέντες** ▸ 1
  - **Verb** · aorist · passive · participle · masculine · plural · nominative ▸ **1** (4Mac. 13,20)
- **τελεσφοροῦσιν** ▸ 1
  - **Verb** · third · plural · present · active · indicative ▸ **1** (Luke 8,14)

τελεσφόρος (τέλος; φέρω) shrine prostitute ▸ 1
- **τελεσφόρος** ▸ 1
  - **Adjective** · masculine · singular · nominative · noDegree ▸ **1** (Deut. 23,18)

τελετή (τέλος) initiation rite; ritual; sanctuary ▸ 6
- **τελεταί** ▸ 1
  - **Noun** · feminine · plural · nominative · (common) ▸ **1** (Amos 7,9)
- **τελετάς** ▸ 1
  - **Noun** · feminine · plural · accusative · (common) ▸ **1** (Wis. 14,15)
- **τελετὰς** ▸ 4
  - **Noun** · feminine · plural · accusative · (common) ▸ **4** (1Kings 15,12; 3Mac. 2,30; Wis. 12,4; Wis. 14,23)

τελευταῖος (τέλος) final, last ▸ 5
- **τελευταῖα** ▸ 2
  - **Adjective** · neuter · plural · nominative · noDegree ▸ **2** (Prov. 14,12; Prov. 16,25)
- **τελευταία** ▸ 1
  - **Adjective** · feminine · singular · nominative · noDegree ▸ **1** (Prov. 14,13)
- **τελευταίοις** ▸ 1
  - **Adjective** · neuter · plural · dative · noDegree ▸ **1** (Prov. 20,20 # 20,9b)
- **τελευταῖον** ▸ 1

Adjective · neuter · singular · accusative · noDegree ▸ **1** (3Mac. 5,49)

τελευτάω (τέλος) to die ▸ 91 + **1** + 11 = 103

    ἐτελεύτησα ▸ 1
        Verb · first · singular · aorist · active · indicative ▸ **1** (Job 3,11)

    ἐτελεύτησαν ▸ 5
        Verb · third · plural · aorist · active · indicative ▸ **5** (Ex. 7,21; Ex. 8,9; Lev. 16,1; Job 1,19; Sir. 37,31)

    ἐτελεύτησεν ▸ 21 + **1** + 4 = 26
        Verb · third · singular · aorist · active · indicative ▸ 21 + **1** + 4 = **26** (Gen. 50,26; Ex. 1,6; Ex. 2,23; Ex. 4,19; Ex. 9,6; Ex. 9,6; Ex. 9,7; Num. 3,4; Num. 20,1; Deut. 34,5; Josh. 24,33; Judg. 2,8; 1Chr. 29,28; 2Chr. 13,20; 2Chr. 16,13; 2Chr. 24,15; Judith 8,3; 2Mac. 7,41; 4Mac. 18,9; Job 42,17; Sir. 30,4; Judg. 2,8; Matt. 9,18; Matt. 22,25; Acts 2,29; Acts 7,15)

    τελεύτα ▸ 2
        Verb · second · singular · present · active · imperative ▸ **2** (Deut. 32,50; Job 2,9e)

    τελευτᾷ ▸ 3 + **1** = 4
        Verb · third · singular · present · active · indicative ▸ 3 + **1** = **4** (Prov. 5,23; Job 21,25; Sir. 14,18; Mark 9,48)

    τελευτᾶν ▸ 7 + **1** = 8
        Verb · present · active · infinitive ▸ 7 + **1** = **8** (Gen. 25,32; Deut. 34,7; 2Chr. 24,15; 2Mac. 6,30; 2Mac. 7,5; 2Mac. 7,14; 3Mac. 1,23; Luke 7,2)

    τελευτᾶτε ▸ 1
        Verb · second · plural · present · active · imperative ▸ **1** (4Mac. 6,22)

    τελευτάτω ▸ 3 + **2** = 5
        Verb · third · singular · present · active · imperative ▸ 3 + **2** = **5** (Ex. 21,17; Ex. 35,2; Lev. 24,16; Matt. 15,4; Mark 7,10)

    τελευτῆσαι ▸ 4
        Verb · aorist · active · infinitive ▸ **4** (Gen. 50,16; Lev. 16,1; Wis. 4,7; Sir. 14,13)

    Τελευτήσαντος ▸ 2 + **1** = 3
        Verb · aorist · active · participle · masculine · singular · genitive ▸ 2 + **1** = **3** (4Mac. 4,15; 4Mac. 11,13; Matt. 2,19)

    τελευτήσαντος ▸ 1
        Verb · aorist · active · participle · masculine · singular · genitive ▸ **1** (Prov. 11,7)

    τελευτήσας ▸ 1
        Verb · aorist · active · participle · masculine · singular · nominative ▸ **1** (Job 14,10)

    τελευτήσει ▸ 17
        Verb · third · singular · future · active · indicative ▸ **17** (Gen. 6,17; Gen. 44,31; Ex. 9,4; Ex. 9,19; Ex. 11,5; Ex. 19,12; Ex. 21,16; Job 12,2; Job 34,15; Sir. 10,10; Amos 7,11; Is. 66,24; Ezek. 6,12; Ezek. 7,15; Ezek. 12,13; Ezek. 17,16; Ezek. 18,17)

    τελευτήσεις ▸ 1
        Verb · second · singular · future · active · indicative ▸ **1** (Amos 7,17)

    τελευτήσῃ ▸ 5
        Verb · third · singular · aorist · active · subjunctive ▸ **5** (Ex. 21,35; Ex. 22,9; Num. 35,16; Job 14,8; Sir. 23,17)

    τελευτήσουσι ▸ 1
        Verb · third · plural · future · active · indicative ▸ **1** (Amos 9,10)

    τελευτήσουσιν ▸ 4
        Verb · third · plural · future · active · indicative ▸ **4** (Ex. 7,18; Deut. 17,5; Job 27,15; Jer. 11,22)

    τελευτήσω ▸ 1
        Verb · first · singular · future · active · indicative ▸ **1** (Gen. 30,1)

    τελευτήσωσιν ▸ 1
        Verb · third · plural · aorist · active · subjunctive ▸ **1** (Wis. 3,18)

    τελευτῶμεν ▸ 1
        Verb · first · plural · present · active · indicative ▸ **1** (Sir. 8,7)

    τελευτῶν ▸ 1
        Verb · present · active · participle · masculine · singular · nominative ▸ **1** (Heb. 11,22)

    τελευτῶσιν ▸ 2
        Verb · third · plural · present · active · indicative ▸ **2** (Prov. 10,21; Prov. 15,10)

    τετελεύτηκεν ▸ 2
        Verb · third · singular · perfect · active · indicative ▸ **2** (Josh. 1,2; 1Mac. 9,29)

    τετελευτηκὸς ▸ 1
        Verb · perfect · active · participle · neuter · singular · nominative ▸ **1** (Ex. 21,34)

    τετελευτηκότος ▸ 1 + **1** = 2
        Verb · perfect · active · participle · masculine · singular · genitive ▸ 1 + **1** = **2** (Deut. 25,6; John 11,39)

    τετελευτηκυία ▸ 2
        Verb · perfect · active · participle · feminine · singular · dative ▸ **2** (Lev. 21,11; Num. 6,6)

    τετελευτηκὼς ▸ 1
        Verb · perfect · active · participle · masculine · singular · nominative ▸ **1** (Ex. 21,36)

τελευτή (τέλος) finishing, completion; death ▸ 26 + **1** + 1 = 28

    τελευτή ▸ 2
        Noun · feminine · singular · nominative · (common) ▸ **2** (2Mac. 15,39; Prov. 24,14)

    τελευτῇ ▸ 3
        Noun · feminine · singular · dative · (common) ▸ **3** (Wis. 2,1; Sir. 30,5; Sir. 48,14)

    τελευτήν ▸ 1
        Noun · feminine · singular · accusative · (common) ▸ **1** (Bar. 3,25)

    τελευτὴν ▸ 7 + **1** = 8
        Noun · feminine · singular · accusative · (common) ▸ 7 + **1** = **8** (Josh. 1,1; Judg. 1,1; 2Chr. 24,17; 1Mac. 9,23; Wis. 4,17; Wis. 5,4; Sir. 46,20; Judg. 1,1)

    τελευτῆς ▸ 13 + **1** = 14
        Noun · feminine · singular · genitive · (common) ▸ 13 + **1** = **14** (Gen. 27,2; Deut. 31,29; Deut. 33,1; 1Chr. 22,5; 2Chr. 26,21; 2Mac. 10,9; Wis. 2,5; Sir. 1,13; Sir. 11,26; Sir. 11,28; Sir. 18,24; Sir. 33,24; Sir. 40,2; Matt. 2,15)

τελέω (τέλος) to finish ▸ 24 + **28** = 52

    ἐτέλεσαν ▸ 3 + **2** = 5
        Verb · third · plural · aorist · active · indicative ▸ 3 + **2** = **5** (Ezra 6,15; Ezra 10,17; 1Mac. 4,51; Luke 2,39; Acts 13,29)

    ἐτέλεσεν ▸ 5
        Verb · third · singular · aorist · active · indicative ▸ **5** (Matt. 7,28; Matt. 11,1; Matt. 13,53; Matt. 19,1; Matt. 26,1)

    ἐτελέσθη ▸ 4 + **2** = 6
        Verb · third · singular · aorist · passive · indicative ▸ 4 + **2** = **6** (Num. 25,3; Ezra 5,16; Ezra 9,1; Neh. 6,15; Rev. 10,7; Rev. 15,1)

    ἐτελέσθησαν ▸ 1
        Verb · third · plural · aorist · passive · indicative ▸ **1** (Psa. 105,28)

    τελεῖ ▸ 1
        Verb · third · singular · present · active · indicative ▸ **1** (Matt. 17,24)

    τελεῖται ▸ 1
        Verb · third · singular · present · passive · indicative · (variant)

▸ **1** (2Cor. 12,9)

τελεῖτε ▸ 2
Verb · second · plural · present · active · indicative ▸ **2** (Rom. 13,6; James 2,8)

τελέσαι ▸ 2
Verb · aorist · active · infinitive ▸ **2** (1Mac. 13,10; Sir. 38,27)

τελέσῃ ▸ 1
Verb · third · singular · aorist · active · subjunctive ▸ **1** (Ruth 3,18)

τελέσητε ▸ 2
Verb · second · plural · aorist · active · subjunctive ▸ **2** (Matt. 10,23; Gal. 5,16)

τελεσθεῖσα ▸ 1
Verb · aorist · passive · participle · feminine · singular · nominative ▸ **1** (Wis. 4,16)

τελεσθέντων ▸ 1
Verb · aorist · passive · participle · neuter · plural · genitive ▸ **1** (1Esdr. 8,65)

τελεσθῇ ▸ 4
Verb · third · singular · aorist · passive · subjunctive ▸ **4** (Luke 12,50; Rev. 20,3; Rev. 20,5; Rev. 20,7)

τελεσθῆναι ▸ 2 + 1 = 3
Verb · aorist · passive · infinitive ▸ **2 + 1 = 3** (Ezra 1,1; Judith 8,34; Luke 22,37)

τελεσθήσεται ▸ 1 + 1 = 2
Verb · third · singular · future · passive · indicative ▸ **1 + 1 = 2** (Dan. 4,33; Luke 18,31)

τελεσθήσονται ▸ 1
Verb · third · plural · future · passive · indicative ▸ **1** (Rev. 17,17)

τελεσθήτω ▸ 1
Verb · third · singular · aorist · passive · imperative ▸ **1** (Tob. 7,9)

τελεσθῶσιν ▸ 1
Verb · third · plural · aorist · passive · subjunctive ▸ **1** (Rev. 15,8)

τελέσοντα ▸ 1
Verb · future · active · participle · masculine · singular · accusative ▸ **1** (2Mac. 4,23)

τελέσωσιν ▸ 1 + 1 = 2
Verb · third · plural · aorist · active · subjunctive ▸ **1 + 1 = 2** (Ruth 2,21; Rev. 11,7)

τελοῦσα ▸ 1
Verb · present · active · participle · feminine · singular · nominative ▸ **1** (Rom. 2,27)

τετέλεκα ▸ 1
Verb · first · singular · perfect · active · indicative ▸ **1** (2Tim. 4,7)

τετελεκώς ▸ 1
Verb · perfect · active · participle · masculine · singular · nominative ▸ **1** (Sir. 7,25)

τετελεσμένον ▸ 1
Verb · perfect · passive · participle · masculine · singular · accusative ▸ **1** (Num. 25,5)

τετελεσμένων ▸ 1
Verb · perfect · passive · participle · masculine · plural · genitive ▸ **1** (Hos. 4,14)

τετέλεσται ▸ 2 + 2 = 4
Verb · third · singular · perfect · passive · indicative ▸ **2 + 2 = 4** (Ezra 7,12; 3Mac. 5,27; John 19,28; John 19,30)

Τελημ Telem ▸ 1
Τελημ ▸ 1
Noun · masculine · singular · nominative · (proper) ▸ **1** (Ezra 10,24)

τελίσκομαι (τέλος) to initiate ▸ 1

τελισκόμενος ▸ 1
Verb · present · passive · participle · masculine · singular · nominative ▸ **1** (Deut. 23,18)

Τελμων Talmon ▸ 2
Τελμων ▸ 2
Noun · masculine · singular · genitive · (proper) ▸ **2** (Ezra 2,42; Neh. 7,45)

τέλος end, goal; tribute ▸ 154 + 11 + 40 = 205

τέλει ▸ 2 + 1 = 3
Noun · neuter · singular · dative · (common) ▸ **2 + 1 = 3** (Wis. 11,14; Dan. 9,27; Judg. 11,39)

τέλη ▸ 3 + 2 = 5
Noun · neuter · plural · accusative · (common) ▸ **1 + 1 = 2** (Esth. 10,1; Matt. 17,25)
Noun · neuter · plural · nominative · (common) ▸ **2 + 1 = 3** (1Mac. 10,31; Wis. 3,19; 1Cor. 10,11)

Τέλος ▸ 1
Noun · neuter · singular · nominative · (common) ▸ **1** (Eccl. 12,13)

τέλος ▸ 135 + 7 + 33 = 175
Noun · neuter · singular · accusative · (common) ▸ **128 + 7 + 17 = 152** (Gen. 46,4; Lev. 27,23; Num. 17,28; Num. 31,28; Num. 31,41; Deut. 31,24; Deut. 31,30; Josh. 3,16; Josh. 8,24; Josh. 10,13; Josh. 10,20; Judg. 11,39; 2Kings 8,3; 1Chr. 28,9; 1Chr. 29,19; 2Chr. 12,12; 2Chr. 31,1; Neh. 13,6; Judith 7,30; Judith 14,13; 2Mac. 5,5; 2Mac. 5,7; 2Mac. 6,15; 2Mac. 8,29; 2Mac. 13,16; 3Mac. 1,26; 3Mac. 3,14; 3Mac. 4,14; 3Mac. 4,15; 3Mac. 5,19; 3Mac. 5,49; 4Mac. 12,3; Psa. 4,1; Psa. 5,1; Psa. 6,1; Psa. 8,1; Psa. 9,1; Psa. 9,7; Psa. 9,19; Psa. 9,32; Psa. 10,1; Psa. 11,1; Psa. 12,1; Psa. 12,2; Psa. 13,1; Psa. 15,11; Psa. 17,1; Psa. 17,36; Psa. 18,1; Psa. 19,1; Psa. 20,1; Psa. 21,1; Psa. 29,1; Psa. 30,1; Psa. 35,1; Psa. 38,1; Psa. 39,1; Psa. 40,1; Psa. 41,1; Psa. 43,1; Psa. 43,24; Psa. 44,1; Psa. 45,1; Psa. 46,1; Psa. 48,1; Psa. 48,10; Psa. 50,1; Psa. 51,1; Psa. 51,7; Psa. 52,1; Psa. 53,1; Psa. 54,1; Psa. 55,1; Psa. 56,1; Psa. 57,1; Psa. 58,1; Psa. 59,1; Psa. 60,1; Psa. 61,1; Psa. 63,1; Psa. 64,1; Psa. 65,1; Psa. 66,1; Psa. 67,1; Psa. 67,17; Psa. 68,1; Psa. 69,1; Psa. 73,1; Psa. 73,3; Psa. 73,10; Psa. 73,11; Psa. 73,19; Psa. 74,1; Psa. 75,1; Psa. 76,1; Psa. 76,9; Psa. 78,5; Psa. 79,1; Psa. 80,1; Psa. 83,1; Psa. 84,1; Psa. 87,1; Psa. 88,47; Psa. 102,9; Psa. 108,1; Psa. 138,1; Psa. 139,1; Ode. 7,34; Job 6,9; Job 14,20; Job 20,7; Job 20,28; Job 23,3; Job 23,7; Wis. 7,18; Sir. 10,13; Sir. 12,11; Sol. 1,1; Sol. 2,5; Amos 9,8; Hab. 1,4; Is. 19,15; Ezek. 15,4; Ezek. 15,5; Ezek. 20,40; Ezek. 22,30; Ezek. 36,10; Dan. 3,34; Dan. 1,15; Dan. 1,18; Dan. 2,34; Dan. 3,19; Dan. 3,34; Dan. 4,34; Dan. 11,13; Matt. 10,22; Matt. 24,13; Matt. 26,58; Mark 3,26; Mark 13,13; Luke 18,5; Luke 22,37; John 13,1; Rom. 6,22; Rom. 13,7; Rom. 13,7; 2Cor. 3,13; 1Th. 2,16; Heb. 7,3; James 5,11; 1Pet. 1,9; 1Pet. 3,8)
Noun · neuter · singular · nominative · (common) ▸ **7 + 16 = 23** (Num. 31,37; Num. 31,38; Num. 31,39; Num. 31,40; Eccl. 7,2; Wis. 14,14; Bar. 3,17; Matt. 24,6; Matt. 24,14; Mark 13,7; Luke 1,33; Luke 21,9; Rom. 6,21; Rom. 10,4; 1Cor. 15,24; 2Cor. 11,15; Phil. 3,19; 1Tim. 1,5; Heb. 6,8; 1Pet. 4,7; 1Pet. 4,17; Rev. 21,6; Rev. 22,13)

τέλους ▸ 12 + 3 + 5 = 20
Noun · neuter · singular · genitive · (common) ▸ **12 + 3 + 5 = 20** (2Sam. 15,7; 2Sam. 24,8; 2Kings 18,10; 2Kings 19,23; 2Chr. 18,2; Esth. 13,7 # 3,13g; Psa. 37,7; Eccl. 3,11; Wis. 16,5; Wis. 19,1; Is. 62,6; Dan. 7,26; Dan. 6,27; Dan. 7,26; Dan. 9,26; 1Cor. 1,8; 2Cor. 1,13; Heb. 3,14; Heb. 6,11; Rev. 2,26)

τελῶν ▸ 1
Noun · neuter · plural · genitive · (common) ▸ **1** (1Mac. 11,35)

τελώνης (τέλος; ὠνέομαι) tax collector ▸ 21
  τελῶναι ▸ 8
    Noun · masculine · plural · nominative ▸ **8** (Matt. 5,46; Matt. 9,10; Matt. 21,31; Matt. 21,32; Mark 2,15; Luke 3,12; Luke 7,29; Luke 15,1)
  τελώνην ▸ 1
    Noun · masculine · singular · accusative ▸ **1** (Luke 5,27)
  τελώνης ▸ 5
    Noun · masculine · singular · nominative ▸ **5** (Matt. 10,3; Matt. 18,17; Luke 18,10; Luke 18,11; Luke 18,13)
  τελωνῶν ▸ 7
    Noun · masculine · plural · genitive ▸ **7** (Matt. 9,11; Matt. 11,19; Mark 2,16; Mark 2,16; Luke 5,29; Luke 5,30; Luke 7,34)
τελωνέω (τέλος; ὠνέομαι) to be assessed a tax ▸ 2
  ἐτελωνεῖτο ▸ 1
    Verb · third · singular · imperfect · passive · indicative ▸ **1** (1Mac. 13,39)
  τελωνείσθω ▸ 1
    Verb · third · singular · present · passive · imperative ▸ **1** (1Mac. 13,39)
τελώνιον (τέλος; ὠνέομαι) tax booth ▸ 3
  τελώνιον ▸ 3
    Noun · neuter · singular · accusative ▸ **3** (Matt. 9,9; Mark 2,14; Luke 5,27)
Τεμα Tema ▸ 1
  Τεμα ▸ 1
    Noun · feminine · singular · accusative · (proper) ▸ **1** (Josh. 21,14)
τέμενος (τέμνω) sacred area, shrine ▸ 11
  τεμένεσι ▸ 1
    Noun · neuter · plural · dative · (common) ▸ **1** (3Mac. 1,7)
  τεμένη ▸ 6
    Noun · neuter · plural · accusative · (common) ▸ **4** (1Mac. 1,47; 2Mac. 10,2; 2Mac. 11,3; Hos. 8,14)
    Noun · neuter · plural · nominative · (common) ▸ **2** (Ezek. 6,4; Ezek. 6,6)
  τέμενος ▸ 3
    Noun · neuter · singular · accusative · (common) ▸ **3** (1Mac. 5,43; 1Mac. 5,44; 3Mac. 1,13)
  τεμένους ▸ 1
    Noun · neuter · singular · genitive · (common) ▸ **1** (2Mac. 1,15)
τέμνω to cut, prune, trim ▸ 11 + 2 = 13
  ἔτεμνον ▸ 1
    Verb · third · plural · imperfect · active · indicative ▸ **1** (2Kings 6,4)
  ἐτμήθη ▸ 2 + 2 = 4
    Verb · third · singular · aorist · passive · indicative ▸ 2 + 2 = **4** (Ex. 36,10; Dan. 2,34; Dan. 2,34; Dan. 2,45)
  τεμεῖς ▸ 2
    Verb · second · singular · future · active · indicative ▸ **2** (Lev. 25,3; Lev. 25,4)
  τέμνε ▸ 1
    Verb · second · singular · present · active · imperative ▸ **1** (4Mac. 10,19)
  τέμνετέ ▸ 1
    Verb · second · plural · present · active · imperative ▸ **1** (4Mac. 9,17)
  τμηθείς ▸ 1
    Verb · aorist · passive · participle · masculine · singular · nominative ▸ **1** (Wis. 5,12)
  τμηθῇ ▸ 2
    Verb · third · singular · aorist · passive · subjunctive ▸ **2** (Ode. 10,6; Is. 5,6)
  τμηθῆναι ▸ 1
    Verb · aorist · passive · infinitive ▸ **1** (Dan. 2,45)
τένων (τείνω) sinew ▸ 1
  τενόντων ▸ 1
    Noun · masculine · plural · genitive · (common) ▸ **1** (4Mac. 9,28)
τέρας wonder, marvel; omen, monster ▸ 47 + 2 + 16 = 65
  τέρας ▸ 10
    Noun · neuter · singular · accusative · (common) ▸ **8** (Ex. 7,9; Deut. 13,2; 1Kings 13,3; 1Kings 13,5; 2Chr. 32,31; Ezek. 12,6; Ezek. 24,24; Ezek. 24,27)
    Noun · neuter · singular · nominative · (common) ▸ **2** (Deut. 13,3; Psa. 70,7)
  τέρασι ▸ 1
    Noun · neuter · plural · dative · (common) ▸ **1** (Wis. 10,16)
  τέρασιν ▸ 6 + 4 = 10
    Noun · neuter · plural · dative · (common) ▸ 6 + 4 = **10** (Deut. 4,34; Deut. 26,8; Deut. 34,11; Wis. 17,14; Jer. 39,21; Bar. 2,11; Acts 2,22; 2Cor. 12,12; 2Th. 2,9; Heb. 2,4)
  τέρατα ▸ 29 + 2 + 11 = 42
    Noun · neuter · plural · accusative · (common) ▸ 26 + 2 + 9 = **37** (Ex. 4,21; Ex. 7,3; Ex. 11,9; Ex. 11,10; Ex. 15,11; Deut. 6,22; Deut. 7,19; Deut. 11,3; Deut. 29,2; 1Chr. 16,12; Esth. 10,9 # 10,3f; Psa. 45,9; Psa. 77,43; Psa. 104,5; Psa. 134,9; Ode. 1,11; Wis. 8,8; Wis. 19,8; Sir. 45,19; Sir. 48,14; Joel 3,3; Is. 8,18; Is. 24,16; Jer. 39,20; Ezek. 12,11; Dan. 4,37; Dan. 4,2; Dan. 6,28; Matt. 24,24; Mark 13,22; John 4,48; Acts 2,19; Acts 4,30; Acts 6,8; Acts 7,36; Acts 14,3; Acts 15,12)
    Noun · neuter · plural · nominative · (common) ▸ 3 + 2 = **5** (Deut. 28,46; Is. 20,3; Is. 28,29; Acts 2,43; Acts 5,12)
  τεράτων ▸ 1 + 1 = 2
    Noun · neuter · plural · genitive · (common) ▸ 1 + 1 = **2** (Psa. 104,27; Rom. 15,19)
τερατεύομαι (τέρας) to take as a marvel; to boast ▸ 1
  τερατεύεσθαι ▸ 1
    Verb · present · middle · infinitive ▸ **1** (3Mac. 1,14)
τερατοποιός (τέρας; ποιέω) wonder working ▸ 2
  τερατοποιὸν ▸ 2
    Adjective · masculine · singular · accusative · noDegree ▸ **2** (2Mac. 15,21; 3Mac. 6,32)
τερατοσκόπος (τέρας; σκοπός) sign-observing; wonder-watcher ▸ 2
  τερατοσκόποι ▸ 1
    Noun · masculine · plural · nominative · (common) ▸ **1** (Zech. 3,8)
  τερατοσκόπος ▸ 1
    Noun · masculine · singular · nominative · (common) ▸ **1** (Deut. 18,11)
τερέβινθος (τερέμινθος) terebinth tree; pistachio nut ▸ 2
  τερέβινθος ▸ 2
    Noun · feminine · singular · nominative · (common) ▸ **2** (Is. 1,30; Is. 6,13)
τερέμινθος terebinth tree ▸ 6 + 2 = 8
  τερέμινθον ▸ 3 + 2 = 5
    Noun · feminine · singular · accusative · (common) ▸ 3 + 2 = **5** (Gen. 35,4; Gen. 43,11; Josh. 24,26; Judg. 6,11; Judg. 6,19)
  τερέμινθος ▸ 2
    Noun · masculine · singular · nominative · (common) ▸ **2** (Josh. 17,9; Sir. 24,16)
  τερεμίνθου ▸ 1

Noun · feminine · singular · genitive · (common) ▸ **1** (Gen. 14,6)

τέρετρον (τείρω) awl, boring tool ▸ 1
  τερέτρῳ ▸ 1
  Noun · neuter · singular · dative · (common) ▸ **1** (Is. 44,12)

τέρμα limit, end ▸ 2
  τέρμα ▸ 2
  Noun · neuter · singular · nominative · (common) ▸ **2** (1Kings 7,32; Wis. 12,27)

τερπνός (τέρπω) pleasant ▸ 2
  τερπνὸν ▸ 2
  Adjective · neuter · singular · accusative · noDegree ▸ **1** (Psa. 80,3)
  Adjective · neuter · singular · nominative · noDegree ▸ **1** (Psa. 132,1)

τερπνότης (τέρπω) pleasure ▸ 2
  τερπνότητα ▸ 1
  Noun · feminine · singular · accusative · (common) ▸ **1** (Psa. 26,4)
  τερπνότητες ▸ 1
  Noun · feminine · plural · nominative · (common) ▸ **1** (Psa. 15,11)

τέρπω to take pleasure, to delight ▸ 12
  ἐτέρφθην ▸ 1
  Verb · first · singular · aorist · passive · indicative ▸ **1** (Psa. 118,14)
  τέρπει ▸ 1
  Verb · third · singular · present · active · indicative ▸ **1** (2Mac. 15,39)
  τέρπεται ▸ 2
  Verb · third · singular · present · middle · indicative ▸ **2** (Prov. 27,9; Wis. 1,13)
  τερπόμενοι ▸ 1
  Verb · present · passive · participle · masculine · plural · nominative ▸ **1** (Wis. 13,3)
  τερπομένων ▸ 1
  Verb · present · middle · participle · plural · genitive ▸ **1** (Job 39,13)
  τέρπου ▸ 1
  Verb · second · singular · present · middle · imperative ▸ **1** (Zech. 2,14)
  τερφθήσεται ▸ 1
  Verb · third · singular · future · passive · indicative ▸ **1** (Psa. 34,9)
  τερφθήτωσαν ▸ 1
  Verb · third · plural · aorist · passive · imperative ▸ **1** (Psa. 67,4)
  τέρψει ▸ 2
  Verb · third · singular · future · active · indicative ▸ **2** (Sir. 1,12; Sir. 26,13)
  τέρψεις ▸ 1
  Verb · second · singular · future · active · indicative ▸ **1** (Psa. 64,9)

Τέρτιος Tertius ▸ 1
  Τέρτιος ▸ 1
  Noun · masculine · singular · nominative · (proper) ▸ **1** (Rom. 16,22)

Τέρτυλλος Tertullus ▸ 2
  Τέρτυλλος ▸ 1
  Noun · masculine · singular · nominative · (proper) ▸ **1** (Acts 24,2)
  Τερτύλλου ▸ 1
  Noun · masculine · singular · genitive · (proper) ▸ **1** (Acts 24,1)

τέρψις (τέρπω) delight ▸ 5
  τέρψει ▸ 1
  Noun · feminine · singular · dative · (common) ▸ **1** (Zeph. 3,17)
  τέρψεως ▸ 2
  Noun · feminine · singular · genitive · (common) ▸ **2** (1Kings 8,28; 3Mac. 4,6)
  τέρψις ▸ 2
  Noun · feminine · singular · nominative · (common) ▸ **2** (1Mac. 3,45; Wis. 8,18)

τεσσαράκοντα (τέσσαρες; ἑκατόν) forty ▸ 141 + 10 = 151
  τεσσαράκοντα ▸ 141 + 10 = 151
  Adjective · (cardinal · numeral) ▸ **141** + **10** = **151** (Gen. 5,13; Gen. 7,4; Gen. 7,4; Gen. 7,12; Gen. 7,12; Gen. 7,17; Gen. 7,17; Gen. 8,6; Gen. 18,28; Gen. 18,29; Gen. 18,29; Gen. 25,20; Gen. 26,34; Gen. 32,16; Gen. 47,28; Gen. 50,3; Ex. 16,35; Ex. 24,18; Ex. 24,18; Ex. 26,19; Ex. 26,21; Ex. 34,28; Ex. 34,28; Lev. 25,8; Num. 1,21; Num. 1,31; Num. 1,37; Num. 1,41; Num. 2,11; Num. 2,15; Num. 2,19; Num. 2,28; Num. 13,25; Num. 14,33; Num. 14,34; Num. 14,34; Num. 26,7; Num. 26,27; Num. 26,45; Num. 26,50; Num. 32,13; Num. 35,6; Num. 35,7; Deut. 2,7; Deut. 8,4; Deut. 9,9; Deut. 9,9; Deut. 9,11; Deut. 9,11; Deut. 9,18; Deut. 9,18; Deut. 9,25; Deut. 9,25; Deut. 10,10; Deut. 10,10; Deut. 25,3; Deut. 29,4; Josh. 5,6; Josh. 14,7; Josh. 21,41; Judg. 5,8; Judg. 5,31; Judg. 8,28; Judg. 12,6; Judg. 12,14; Judg. 13,1; 2Sam. 2,10; 2Sam. 5,4; 2Sam. 10,18; 2Sam. 15,7; 1Kings 2,11; 1Kings 2,46i; 1Kings 6,2; 1Kings 6,17; 1Kings 7,24; 1Kings 7,31; 1Kings 7,40; 1Kings 11,42; 1Kings 14,21; 1Kings 15,10; 1Kings 19,8; 1Kings 19,8; 2Kings 2,24; 2Kings 8,9; 2Kings 10,14; 2Kings 12,2; 2Kings 14,23; 1Chr. 5,18; 1Chr. 12,37; 1Chr. 19,18; 1Chr. 29,27; 2Chr. 9,30; 2Chr. 12,13; 2Chr. 24,1; 1Esdr. 5,12; 1Esdr. 5,12; 1Esdr. 5,18; 1Esdr. 5,19; 1Esdr. 5,22; 1Esdr. 5,25; 1Esdr. 5,41; 1Esdr. 5,42; Ezra 2,8; Ezra 2,10; Ezra 2,24; Ezra 2,25; Ezra 2,34; Ezra 2,38; Ezra 2,66; Neh. 5,15; Neh. 7,13; Neh. 7,15; Neh. 7,28; Neh. 7,29; Neh. 7,36; Neh. 7,41; Neh. 7,44; Neh. 7,62; Neh. 7,67; Neh. 7,68; Neh. 9,21; Neh. 11,13; Judith 1,4; 1Mac. 3,39; 1Mac. 12,41; 2Mac. 5,2; 2Mac. 12,9; 3Mac. 4,15; 3Mac. 6,38; Psa. 94,10; Job 42,16; Amos 2,10; Amos 5,25; Ezek. 4,6; Ezek. 29,11; Ezek. 29,12; Ezek. 29,13; Ezek. 41,2; Ezek. 41,4; Ezek. 46,22; Dan. 3,47; Judg. 3,11; Judg. 5,8; Judg. 5,31; Judg. 8,28; Judg. 12,6; Judg. 12,14; Judg. 13,1; Tob. 1,21; Dan. 3,47; Bel 3)

τεσσαρακοστός (τέσσαρες) fortieth ▸ 15
  τεσσαρακοστὸν ▸ 1
  Adjective · neuter · singular · accusative · (ordinal · numeral) ▸ **1** (Josh. 14,10)
  τεσσαρακοστοῦ ▸ 6
  Adjective · neuter · singular · genitive · (ordinal · numeral) ▸ **6** (1Mac. 3,37; 1Mac. 4,52; 1Mac. 6,16; 2Mac. 11,21; 2Mac. 11,33; 2Mac. 11,38)
  τεσσαρακοστῷ ▸ 8
  Adjective · neuter · singular · dative · (ordinal · numeral) ▸ **8** (Num. 33,38; Deut. 1,3; 1Kings 6,1; 1Chr. 26,31; 1Mac. 1,20; 1Mac. 1,54; 1Mac. 2,70; 2Mac. 13,1)

τέσσαρες four ▸ 224 + 25 + 41 = 290
  τέσσαρα ▸ 37 + 6 + 6 = 49
  Adjective · masculine · singular · accusative · (cardinal · numeral) ▸ **1** (Ezek. 43,17)
  Adjective · neuter · plural · accusative · (cardinal · numeral) ▸ **24** + **1** + **1** = **26** (Gen. 11,16; Gen. 31,41; Ex. 21,37; Ex. 25,12; Ex. 25,26; Ex. 27,4; Lev. 11,20; Lev. 11,21; Lev. 11,27; Lev. 11,42; 1Kings 15,33; Zech. 2,1; Zech. 2,4; Jer. 15,3; Ezek. 1,8; Ezek. 1,17; Ezek. 10,11; Ezek. 40,47; Ezek. 42,20; Ezek. 43,16; Ezek. 43,20; Ezek. 46,21; Ezek. 46,22; Sus. 30; Tob. 2,10; John

19,23)
- Adjective · neuter · plural · nominative · (cardinal · numeral)
  - 12 + 5 + 5 = **22** (Gen. 47,24; 1Kings 7,17; Prov. 30,24; Sir. 37,17; Zech. 6,1; Ezek. 1,6; Ezek. 10,21; Dan. 7,3; Dan. 7,6; Dan. 8,8; Dan. 8,22; Bel 3; Dan. 7,3; Dan. 7,6; Dan. 7,17; Dan. 8,8; Dan. 8,22; Rev. 4,6; Rev. 4,8; Rev. 5,8; Rev. 5,14; Rev. 19,4)

τέσσαρας ▸ 40 + 7 + 7 = 54
- Adjective · feminine · plural · accusative · (cardinal · numeral)
  - 12 + 1 + 3 = **16** (Gen. 2,10; Judg. 9,34; Judg. 11,40; 1Kings 18,34; 2Chr. 13,21; Judith 7,20; 2Mac. 10,33; Jer. 43,23; Ezek. 7,2; Ezek. 14,21; Ezek. 43,20; Ezek. 45,19; Judg. 11,40; John 11,17; Acts 27,29; Rev. 7,1)
- Adjective · masculine · plural · accusative · (cardinal · numeral)
  - 28 + 6 + 4 = **38** (Ex. 25,12; Ex. 25,26; Ex. 25,35; Ex. 27,4; Ex. 37,4; Ex. 38,3; Ex. 38,10; Ex. 38,24; Num. 7,7; Num. 7,8; Num. 29,13; Num. 29,15; Num. 29,17; Num. 29,20; Num. 29,23; Num. 29,26; Num. 29,29; Num. 29,32; 1Sam. 27,7; 1Chr. 9,24; 1Chr. 25,5; Judith 8,4; Zech. 2,3; Jer. 25,16; Ezek. 43,17; Dan. 3,92; Dan. 8,8; Dan. 11,4; Judg. 20,47; Tob. 8,19; Tob. 9,2; Dan. 3,92; Dan. 8,8; Dan. 11,4; Rev. 4,4; Rev. 7,1; Rev. 7,1; Rev. 9,14)

τέσσαρες ▸ 100 + 9 + 11 = 120
- Adjective · feminine · plural · nominative · (cardinal · numeral)
  - 51 + 5 + 4 = **60** (Ex. 26,32; Ex. 27,16; Ex. 37,4; Ex. 37,17; Num. 1,25; Num. 1,27; Num. 2,4; Num. 2,6; Num. 7,88; Num. 17,14; Num. 25,9; Num. 26,21; Num. 26,47; Josh. 15,36; Josh. 19,7; Josh. 21,18; Josh. 21,22; Josh. 21,24; Josh. 21,29; Josh. 21,31; Josh. 21,35; Josh. 21,37; Josh. 21,39; 1Sam. 4,2; 1Kings 7,20; 1Kings 10,26; 1Chr. 5,18; 1Chr. 23,4; 1Chr. 23,5; 1Chr. 23,5; 1Chr. 27,1; 1Chr. 27,2; 1Chr. 27,4; 1Chr. 27,5; 1Chr. 27,7; 1Chr. 27,8; 1Chr. 27,9; 1Chr. 27,10; 1Chr. 27,11; 1Chr. 27,12; 1Chr. 27,13; 1Chr. 27,14; 1Chr. 27,15; 2Chr. 9,25; Ezek. 1,6; Ezek. 40,41; Ezek. 40,41; Ezek. 40,42; Ezek. 48,16; Ezek. 48,16; Dan. 7,6; Josh. 15,36; Josh. 19,7; Tob. 10,8; Dan. 7,6; Dan. 7,17; Acts 21,9; Rev. 7,4; Rev. 14,1; Rev. 14,3)
- Adjective · masculine · plural · accusative · (cardinal · numeral)
  - 1 + 1 = **2** (1Kings 7,3; Rev. 4,4)
- Adjective · masculine · plural · nominative · (cardinal · numeral)
  - 48 + 4 + 6 = **58** (Gen. 14,9; Ex. 25,34; Ex. 27,16; Ex. 37,17; Lev. 11,23; 2Sam. 21,20; 2Sam. 21,22; 1Kings 7,14; 1Kings 7,17; 2Kings 7,3; 1Chr. 3,5; 1Chr. 7,1; 1Chr. 7,7; 1Chr. 9,26; 1Chr. 20,6; 1Chr. 20,8; 1Chr. 21,20; 1Chr. 23,10; 1Chr. 23,12; 1Chr. 26,17; 1Chr. 26,17; 1Chr. 26,18; 1Esdr. 5,12; 1Esdr. 5,14; 1Esdr. 5,26; 1Esdr. 5,41; Ezra 2,7; Ezra 2,15; Ezra 2,31; Ezra 2,40; Ezra 2,64; Neh. 7,12; Neh. 7,23; Neh. 7,34; Neh. 7,43; Neh. 7,66; Neh. 11,18; Tob. 8,20; Tob. 10,7; 1Mac. 6,37; 2Mac. 5,14; Zech. 6,5; Is. 17,6; Ezek. 10,9; Ezek. 43,14; Dan. 7,2; Dan. 7,17; Dan. 8,22; Tob. 9,5; Dan. 1,17; Dan. 7,2; Dan. 8,22; Acts 21,23; Rev. 4,10; Rev. 5,8; Rev. 9,15; Rev. 11,16; Rev. 19,4)

τέσσαρσιν ▸ 20 + 5 = 25
- Adjective · feminine · plural · dative · (cardinal · numeral) ▸ 10 + 3 = **13** (Amos 1,3; Amos 1,6; Amos 1,9; Amos 1,11; Amos 1,13; Amos 2,1; Amos 2,4; Amos 2,6; Ezek. 46,22; Ezek. 46,23; Acts 10,11; Acts 11,5; Rev. 20,8)
- Adjective · masculine · plural · dative · (cardinal · numeral) ▸ 3 + 1 = **4** (1Mac. 13,28; Ezek. 1,18; Ezek. 10,12; Rev. 7,2)
- Adjective · neuter · plural · dative · (cardinal · numeral) ▸ 7 + 1 = **8** (Ezek. 1,10; Ezek. 1,10; Ezek. 1,10; Ezek. 1,11; Ezek. 1,15; Ezek. 1,16; Ezek. 10,10; Acts 12,4)

τεσσάρων ▸ 26 + 2 + 12 = 40
- Adjective · feminine · plural · genitive · (cardinal · numeral) ▸ 4 + 1 = **5** (Ex. 27,2; Tob. 8,19; Job 1,19; Is. 11,12; Tob. 8,20)
- Adjective · masculine · plural · genitive · (cardinal · numeral)
  - 16 + 1 + 4 = **21** (Ex. 26,2; Ex. 26,8; Ex. 26,32; Ex. 37,2; Deut. 3,11; 1Sam. 17,4; 1Kings 7,3; 1Kings 7,8; 1Kings 7,20; 1Mac. 11,57; Zech. 2,10; Jer. 52,21; Ezek. 40,48; Ezek. 41,5; Ezek. 43,15; Ezek. 43,17; Judg. 19,2; Matt. 24,31; Mark 2,3; Mark 13,27; Rev. 21,17)
- Adjective · neuter · plural · genitive · (cardinal · numeral) ▸ 6 + 8 = **14** (Ex. 38,24; Deut. 22,12; Jer. 25,16; Ezek. 1,5; Ezek. 1,8; Ezek. 37,9; Luke 2,37; Rev. 5,6; Rev. 6,1; Rev. 6,6; Rev. 7,11; Rev. 9,13; Rev. 14,3; Rev. 15,7)

τετράδι ▸ 1
- Adjective · feminine · singular · dative · (cardinal · numeral)
  - **1** (Psa. 93,1)

τέτρασιν ▸ 1
- Adjective · feminine · plural · dative · (cardinal · numeral) ▸ **1** (Judg. 9,34)

τεσσαρεσκαιδέκατος (τέσσαρες; καί; δέκα) fourteenth ▸ 29 + 2 = 31
- τεσσαρεσκαιδεκάτη ▸ 1
  - Adjective · feminine · singular · nominative · (ordinal) ▸ **1** (Acts 27,27)
- τεσσαρεσκαιδεκάτῃ ▸ 18
  - Adjective · feminine · singular · dative · (ordinal · numeral)
    - **18** (Ex. 12,18; Lev. 23,5; Num. 9,3; Num. 9,5; Num. 9,11; Num. 28,16; Josh. 5,10; 2Chr. 30,15; 2Chr. 35,1; 1Esdr. 1,1; 1Esdr. 7,10; Ezra 6,19; Esth. 13,6 # 3,13f; Esth. 9,15; Esth. 9,17; Esth. 9,18; Esth. 10,13 # 10,3k; Ezek. 45,21)
- τεσσαρεσκαιδεκάτην ▸ 3 + 1 = 4
  - Adjective · feminine · singular · accusative · (ordinal · numeral)
    - 3 + 1 = **4** (Esth. 3,7; Esth. 9,19; Esth. 9,21; Acts 27,33)
- τεσσαρεσκαιδεκάτης ▸ 2
  - Adjective · feminine · singular · genitive · (ordinal · numeral)
    - **2** (Ex. 12,6; 3Mac. 6,40)
- τεσσαρεσκαιδέκατος ▸ 2
  - Adjective · masculine · singular · nominative · (ordinal · numeral) ▸ **2** (1Chr. 24,13; 1Chr. 25,21)
- τεσσαρεσκαιδεκάτου ▸ 1
  - Adjective · neuter · singular · genitive · (ordinal · numeral) ▸ **1** (Is. 36,1)
- τεσσαρεσκαιδεκάτῳ ▸ 3
  - Adjective · neuter · singular · dative · (ordinal · numeral) ▸ **3** (Gen. 14,5; 2Kings 18,13; Ezek. 40,1)

τεσσεράκοντα (τέσσαρες; ἑκατόν) forty ▸ 22
- τεσσεράκοντα ▸ 22
  - Adjective · feminine · plural · accusative · (cardinal) ▸ **5** (Matt. 4,2; Matt. 4,2; Mark 1,13; Luke 4,2; 2Cor. 11,24)
  - Adjective · feminine · plural · genitive · (cardinal) ▸ **1** (Acts 1,3)
  - Adjective · feminine · plural · nominative · (cardinal) ▸ **3** (Rev. 7,4; Rev. 14,1; Rev. 14,3)
  - Adjective · masculine · plural · accusative · (cardinal) ▸ **2** (Rev. 11,2; Rev. 13,5)
  - Adjective · masculine · plural · genitive · (cardinal) ▸ **1** (Rev. 21,17)
  - Adjective · masculine · plural · nominative · (cardinal) ▸ **2** (Acts 23,13; Acts 23,21)
  - Adjective · neuter · plural · accusative · (cardinal) ▸ **5** (Acts 7,36; Acts 7,42; Acts 13,21; Heb. 3,10; Heb. 3,17)
  - Adjective · neuter · plural · dative · (cardinal) ▸ **1** (John 2,20)
  - Adjective · neuter · plural · genitive · (cardinal) ▸ **2** (Acts 4,22; Acts 7,30)

τεσσερακονταετής (τέσσαρες; ἔτος) forty years old ▸ 2
- τεσσερακονταετῆ ▸ 1

τεσσερακονταετής–τετρακισχίλιοι

    Adjective · masculine · singular · accusative ▸ **1** (Acts 13,18)
  τεσσερακονταετής ▸ **1**
    Adjective · masculine · singular · nominative ▸ **1** (Acts 7,23)
τεταγμένως (τάσσω) in an orderly manner ▸ **1**
  τεταγμένως ▸ **1**
    Adverb ▸ **1** (1Mac. 6,40)
τεταρταῖος (τέσσαρες) on the fourth day ▸ **1**
  τεταρταῖος ▸ **1**
    Adjective · masculine · singular · nominative ▸ **1** (John 11,39)
τέταρτος (τέσσαρες) fourth ▸ **94** + **11** + **10** = **115**
  τετάρτη ▸ **5** + **2** = **7**
    Adjective · feminine · singular · nominative · (ordinal · numeral)
    ▸ **5** + **2** = **7** (Gen. 1,19; Gen. 15,16; Prov. 30,15; Dan. 2,40; Dan. 7,23; Dan. 2,40; Dan. 7,23)
  τετάρτῃ ▸ **9** + **3** + **1** = **13**
    Adjective · feminine · singular · dative · (ordinal · numeral) ▸ **9** + **3** + **1** = **13** (Num. 7,30; Num. 29,23; Judg. 14,15; Judg. 19,5; 2Chr. 20,26; Ezra 8,33; Neh. 9,1; Judith 12,10; Dan. 10,4; Judg. 14,15; Judg. 19,5; Dan. 10,4; Matt. 14,25)
  τετάρτην ▸ **4** + **2** = **6**
    Adjective · feminine · singular · accusative · (ordinal · numeral)
    ▸ **4** + **2** = **6** (Ex. 34,7; Num. 10,6; Deut. 5,9; Job 42,16; Mark 6,48; Rev. 6,7)
  τετάρτης ▸ **3** + **1** = **4**
    Adjective · feminine · singular · genitive · (ordinal · numeral)
    ▸ **3** + **1** = **4** (Ex. 20,5; Num. 14,18; 3Mac. 6,38; Acts 10,30)
  τέταρτοι ▸ **2**
    Adjective · masculine · plural · nominative · (ordinal · numeral)
    ▸ **2** (2Kings 10,30; 2Kings 15,12)
  τέταρτον ▸ **20** + **2** + **2** = **24**
    Adjective · masculine · singular · accusative · (ordinal · numeral)
    ▸ **5** (1Sam. 9,8; 1Chr. 8,2; 1Chr. 27,7; 2Mac. 7,13; 4Mac. 10,12)
    Adjective · neuter · singular · accusative · (ordinal · numeral)
    ▸ **11** + **1** = **12** (Ex. 29,40; Num. 15,5; Num. 28,7; Josh. 15,7; Prov. 30,18; Prov. 30,21; Ezek. 5,2; Ezek. 5,2; Ezek. 5,2; Ezek. 5,2; Dan. 7,7; Rev. 6,8)
    Adjective · neuter · singular · nominative · (ordinal · numeral)
    ▸ **4** + **2** + **1** = **7** (Lev. 23,13; Num. 28,14; 2Kings 6,25; Prov. 30,29; Dan. 7,7; Dan. 7,23; Rev. 4,7)
  τέταρτόν ▸ **4**
    Adjective · neuter · singular · accusative · (ordinal · numeral)
    ▸ **1** (Ezek. 5,12)
    Adjective · neuter · singular · nominative · (ordinal · numeral)
    ▸ **3** (Ezek. 5,12; Ezek. 5,12; Ezek. 5,12)
  τέταρτος ▸ **20** + **2** + **3** = **25**
    Adjective · masculine · singular · nominative · (ordinal · numeral) ▸ **20** + **2** + **3** = **25** (Gen. 2,14; Ex. 28,20; Ex. 36,20; Josh. 19,17; 2Sam. 3,4; 1Chr. 2,14; 1Chr. 3,2; 1Chr. 3,15; 1Chr. 12,11; 1Chr. 23,19; 1Chr. 24,8; 1Chr. 24,18; 1Chr. 24,23; 1Chr. 25,11; 1Chr. 25,31; 1Chr. 26,2; 1Chr. 26,4; 1Chr. 26,11; 1Chr. 27,7; Dan. 11,2; Josh. 19,17; Dan. 11,2; Rev. 8,12; Rev. 16,8; Rev. 21,19)
  τετάρτου ▸ **5** + **2** + **1** = **8**
    Adjective · masculine · singular · genitive · (ordinal · numeral)
    ▸ **1** + **1** = **2** (Dan. 3,92; Dan. 3,92)
    Adjective · neuter · singular · genitive · (ordinal · numeral) ▸ **4** + **1** + **1** = **6** (Esth. 11,1 # 10,3l; 1Mac. 15,10; Dan. 7,19; Dan. 7,23; Dan. 7,19; Rev. 6,7)
  τετάρτῳ ▸ **22**
    Adjective · masculine · singular · dative · (ordinal · numeral)
    ▸ **6** (Num. 28,5; 1Kings 15,9; Jer. 43,1; Jer. 46,2; Jer. 51,31; Ezek. 1,1)

    Adjective · neuter · singular · dative · (ordinal · numeral) ▸ **16** (Ex. 29,40; Lev. 19,24; Num. 15,4; 1Kings 6,1; 1Kings 6,1c; 1Kings 15,8; 1Kings 22,41; 2Kings 18,9; 2Chr. 3,2; Sir. 26,5; Zech. 6,3; Zech. 7,1; Jer. 25,1; Jer. 26,2; Jer. 28,59; Jer. 35,1)
τετρααρχέω (τέσσαρες; ἄρχω) to be tetrarch ▸ **3**
  τετρααρχοῦντος ▸ **3**
    Verb · present · active · participle · masculine · singular · genitive ▸ **3** (Luke 3,1; Luke 3,1; Luke 3,1)
τετραάρχης (τέσσαρες; ἄρχω) tetrarch ▸ **4**
  τετραάρχης ▸ **3**
    Noun · masculine · singular · nominative ▸ **3** (Matt. 14,1; Luke 3,19; Luke 9,7)
  τετραάρχου ▸ **1**
    Noun · masculine · singular · genitive ▸ **1** (Acts 13,1)
τετράγωνος (τέσσαρες; γωνία) rectangular; square ▸ **10** + **1** = **11**
  τετράγωνα ▸ **1**
    Adjective · neuter · plural · accusative · noDegree ▸ **1** (Ezek. 41,21)
  τετράγωνοι ▸ **1**
    Adjective · feminine · plural · nominative · noDegree ▸ **1** (1Kings 7,42)
  τετράγωνον ▸ **7**
    Adjective · masculine · singular · accusative · noDegree ▸ **2** (Ezek. 43,16; Ezek. 48,20)
    Adjective · neuter · singular · accusative · noDegree ▸ **2** (Ex. 36,16; Ezek. 45,2)
    Adjective · neuter · singular · nominative · noDegree ▸ **3** (Ex. 27,1; Ex. 28,16; Ex. 30,2)
  τετράγωνος ▸ **1**
    Adjective · feminine · singular · nominative ▸ **1** (Rev. 21,16)
  τετραγώνων ▸ **1**
    Adjective · neuter · plural · genitive · noDegree ▸ **1** (Gen. 6,14)
τετράδιον (τέσσαρες) squad of four ▸ **1**
  τετραδίοις ▸ **1**
    Noun · neuter · plural · dative ▸ **1** (Acts 12,4)
τετράδραχμον (τέσσαρες; δράσσομαι) four drachma coin ▸ **1**
  τετράδραχμον ▸ **1**
    Noun · neuter · singular · accusative · (common) ▸ **1** (Job 42,11)
τετραίνω (τέσσαρες) to bore ▸ **5**
  ἔτρησεν ▸ **2**
    Verb · third · singular · aorist · active · indicative ▸ **2** (2Kings 12,10; Is. 44,12)
  τετρημένος ▸ **1**
    Verb · perfect · passive · participle · masculine · singular · nominative ▸ **1** (Prov. 23,27)
  τρήσει ▸ **2**
    Verb · third · singular · future · active · indicative ▸ **2** (2Kings 18,21; Job 40,24)
τετρακισμύριοι (τέσσαρες; μύριοι) forty thousand ▸ **1**
  τετρακισμύριοι ▸ **1**
    Adjective · masculine · plural · nominative · (cardinal · numeral) ▸ **1** (Josh. 4,13)
τετρακισχίλιοι (τέσσαρες; χίλιοι) four thousand ▸ **9** + **5** = **14**
  τετρακισχίλια ▸ **1**
    Adjective · neuter · plural · nominative · (cardinal · numeral)
    ▸ **1** (Job 42,12)
  τετρακισχίλιοι ▸ **6** + **2** = **8**
    Adjective · masculine · plural · nominative · (cardinal · numeral)

▸ 6 + 2 = **8** (1Chr. 12,27; Ezek. 48,16; Ezek. 48,30; Ezek. 48,32; Ezek. 48,33; Ezek. 48,34; Matt. 15,38; Mark 8,9)

τετρακισχιλίοις ▸ 1
Adjective · masculine · plural · dative · (cardinal · numeral) ▸ **1** (2Mac. 8,20)

τετρακισχιλίους ▸ 1 + 2 = 3
Adjective · masculine · plural · accusative · (cardinal · numeral) ▸ 1 + 2 = **3** (Ezek. 48,16; Mark 8,20; Acts 21,38)

τετρακισχιλίων ▸ 1
Adjective · masculine · plural · genitive · (cardinal) ▸ **1** (Matt. 16,10)

τετρακόσιοι (τέσσαρες; ἑκατόν) four hundred ▸ 64 + 3 + 4 = 71

τετρακόσια ▸ 11 + 2 = 13
Adjective · neuter · plural · accusative · (cardinal · numeral) ▸ 6 + 2 = **8** (Gen. 11,13; Gen. 15,13; Gen. 23,16; Ex. 12,40; Ex. 12,41; 2Chr. 8,18; Acts 7,6; Gal. 3,17)
Adjective · neuter · plural · nominative · (cardinal · numeral) ▸ **5** (1Sam. 30,17; 2Chr. 1,14; 1Esdr. 2,11; Ezra 1,11; 2Mac. 3,11)

τετρακόσιαι ▸ 4 + 2 = 6
Adjective · feminine · plural · nominative · (cardinal · numeral) ▸ 4 + 2 = **6** (Judg. 20,2; Judg. 20,17; 1Chr. 21,5; 1Esdr. 2,10; Judg. 20,2; Judg. 20,17)

τετρακοσίαις ▸ 1
Adjective · feminine · plural · dative · (cardinal · numeral) ▸ **1** (2Chr. 13,3)

τετρακοσίας ▸ 3 + 1 = 4
Adjective · feminine · plural · accusative · (cardinal · numeral) ▸ 3 + 1 = **4** (Judg. 21,12; 1Sam. 15,4; 1Kings 7,28; Judg. 21,12)

τετρακόσιοι ▸ 32
Adjective · masculine · plural · nominative · (cardinal · numeral) ▸ **32** (Gen. 32,7; Gen. 33,1; Num. 1,27; Num. 1,29; Num. 1,35; Num. 1,43; Num. 2,6; Num. 2,8; Num. 2,9; Num. 2,16; Num. 2,23; Num. 2,30; Num. 7,85; Num. 26,31; Num. 26,47; Num. 26,50; 1Sam. 22,2; 1Sam. 23,13; 1Sam. 25,13; 1Sam. 27,2; 1Kings 18,22; 1Kings 18,22; 1Esdr. 5,10; 1Esdr. 5,14; 1Esdr. 5,15; 1Esdr. 5,20; 1Esdr. 5,42; Ezra 2,15; Ezra 2,28; Ezra 2,67; Neh. 7,69; Neh. 11,6)

τετρακοσίοις ▸ 1 + 1 = 2
Adjective · masculine · plural · dative · (cardinal · numeral) ▸ **1** (1Sam. 30,10)
Adjective · neuter · plural · dative · (cardinal) ▸ **1** (Acts 13,20)

τετρακοσίους ▸ 9
Adjective · masculine · plural · accusative · (cardinal · numeral) ▸ **9** (1Kings 18,19; 1Kings 18,19; 1Kings 22,6; 2Kings 14,13; 2Chr. 4,13; 2Chr. 18,5; 2Chr. 25,23; 1Esdr. 7,7; Ezra 6,17)

τετρακοσίων ▸ 3 + 1 = 4
Adjective · masculine · plural · genitive · (cardinal · numeral) ▸ 2 + 1 = **3** (2Kings 15,25; 2Mac. 12,33; Acts 5,36)
Adjective · neuter · plural · genitive · (cardinal · numeral) ▸ **1** (Gen. 23,15)

τετρακοσιοστός (τέσσαρες; ἑκατόν) four hundredth ▸ 1

τετρακοσιοστῷ ▸ 1
Adjective · neuter · singular · dative · (ordinal · numeral) ▸ **1** (1Kings 6,1)

τετραμερής (τέσσαρες; μέρος) four parts ▸ 1

τετραμερές ▸ 1
Adjective · neuter · plural · accusative · noDegree ▸ **1** (2Mac. 8,21)

τετράμηνος (τέσσαρες; μήν) four months ▸ 2 + 1 = 3

τετράμηνον ▸ 2
Adjective · neuter · singular · accusative · noDegree ▸ **2** (Judg. 19,2; Judg. 20,47)

τετράμηνός ▸ 1
Noun · feminine · singular · nominative ▸ **1** (John 4,35)

τετράπεδος (τέσσαρες; πούς) four-footed ▸ 2

τετραπέδοις ▸ 1
Adjective · masculine · plural · dative · noDegree ▸ **1** (Jer. 52,4)

τετραπέδους ▸ 1
Adjective · masculine · plural · accusative · noDegree ▸ **1** (2Chr. 34,11)

τετραπλοῦς (τέσσαρες) fourfold ▸ 1

τετραπλοῦν ▸ 1
Adverb ▸ **1** (Luke 19,8)

τετραπλῶς (τέσσαρες) in a fourfold way ▸ 1

τετραπλῶς ▸ 1
Adverb ▸ **1** (1Kings 6,33)

τετράποδος (τέσσαρες; πούς) four-sided; four-faced ▸ 13

τετράποδα ▸ 7
Adjective · neuter · plural · accusative · noDegree ▸ **3** (Gen. 1,24; Ex. 9,9; Job 12,7)
Adjective · neuter · plural · nominative · noDegree ▸ **4** (Gen. 34,23; Job 18,3; Is. 40,16; Dan. 3,81)

τετραπόδων ▸ 6
Adjective · masculine · plural · genitive · noDegree ▸ **1** (1Mac. 10,11)
Adjective · neuter · plural · genitive · noDegree ▸ **5** (Lev. 7,21; Lev. 27,27; 4Mac. 1,34; Job 35,11; Bar. 3,32)

τετράπους (τέσσαρες; πούς) four-footed ▸ 13 + 3 = 16

τετράποδα ▸ 2
Adjective · neuter · plural · accusative ▸ **1** (Acts 11,6)
Adjective · neuter · plural · nominative ▸ **1** (Acts 10,12)

τετράποδι ▸ 1
Adjective · neuter · singular · dative · noDegree ▸ **1** (Lev. 20,15)

τετραπόδων ▸ 1 + 1 = 2
Adjective · neuter · plural · genitive · noDegree ▸ 1 + 1 = **2** (Is. 30,6; Rom. 1,23)

τετράποσιν ▸ 8
Adjective · neuter · plural · dative · noDegree ▸ **8** (Ex. 8,12; Ex. 8,13; Ex. 8,14; Ex. 9,9; Ex. 9,10; Num. 35,3; Job 40,20; Job 41,17)

τετράπουν ▸ 3
Adjective · neuter · singular · accusative · noDegree ▸ **3** (Lev. 18,23; Lev. 18,23; Lev. 20,15)

τετράς (τέσσαρες) tetrad; fourth day (Wednesday) ▸ 9

Τετράδι ▸ 1
Noun · feminine · singular · dative · (common) ▸ **1** (Hag. 2,10)

τετράδι ▸ 6
Noun · feminine · singular · dative · (common) ▸ **6** (2Mac. 11,21; Hag. 1,15; Hag. 2,20; Zech. 1,7; Zech. 7,1; Jer. 52,31)

τετράδος ▸ 1
Noun · feminine · singular · genitive · (common) ▸ **1** (Hag. 2,18)

τετράς ▸ 1
Noun · feminine · singular · nominative · (common) ▸ **1** (Zech. 8,19)

τετράστιχος (τέσσαρες; στείχω) placed in four rows ▸ 3

τετράστιχον ▸ 2
Adjective · neuter · singular · accusative · noDegree ▸ **1** (Ex. 28,17)
Adjective · neuter · singular · nominative · noDegree ▸ **1** (Ex.

τετράστιχος–τήκω

36,17)
τετραστίχου ▸ 1
Adjective · feminine · singular · genitive · noDegree ▸ **1** (Wis. 18,24)

τέφρα ashes ▸ 3 + 3 = 6
τέφρα ▸ 1
Noun · feminine · singular · nominative · (common) ▸ **1** (Wis. 2,3)
τέφραν ▸ 2 + 3 = 5
Noun · feminine · singular · accusative · (common) ▸ 2 + 3 = **5** (Tob. 6,17; Tob. 8,2; Tob. 6,17; Tob. 8,2; Bel 14)

τεφρόω (τύφω) to turn into ashes ▸ 1
τεφρώσας ▸ 1
Verb · aorist · active · participle · masculine · singular · nominative ▸ **1** (2Pet. 2,6)

Τεφων Tephon ▸ 1
Τεφων ▸ 1
Noun · feminine · singular · accusative · (proper) ▸ **1** (1Mac. 9,50)

τεχνάζω (τίκτω) to craft, contrive, act cunningly ▸ 1
τεχνάσασθε ▸ 1
Verb · second · plural · aorist · middle · imperative ▸ **1** (Is. 46,5)

τεχνάομαι (τίκτω) to craft ▸ 1
τεχνησάμενος ▸ 1
Verb · aorist · middle · participle · masculine · singular · nominative ▸ **1** (Wis. 13,11)

τέχνη (τίκτω) craft, trade; skill ▸ 10 + 3 = 13
τέχνῃ ▸ 3 + 1 = 4
Noun · feminine · singular · dative · (common) ▸ 3 + 1 = **4** (Ex. 30,25; Wis. 14,19; Dan. 1,17; Acts 18,3)
τέχνην ▸ 1
Noun · feminine · singular · accusative · (common) ▸ **1** (1Chr. 28,21)
τέχνης ▸ 6 + 2 = 8
Noun · feminine · singular · genitive · (common) ▸ 6 + 2 = **8** (Ex. 28,11; 1Kings 7,2; Wis. 13,10; Wis. 14,4; Wis. 17,7; Sir. 38,34; Acts 17,29; Rev. 18,22)

τεχνίτης (τίκτω) craftsman ▸ 12 + 4 = 16
τεχνῖται ▸ 2 + 1 = 3
Noun · masculine · plural · nominative · (common) ▸ 2 + 1 = **3** (1Chr. 22,15; LetterJ 45; Acts 19,38)
τεχνίταις ▸ 1
Noun · masculine · plural · dative ▸ **1** (Acts 19,24)
τεχνίτας ▸ 1
Noun · masculine · plural · accusative · (common) ▸ **1** (Jer. 24,1)
τεχνίτην ▸ 1
Noun · masculine · singular · accusative · (common) ▸ **1** (Wis. 13,1)
τεχνίτης ▸ 2
Noun · masculine · singular · nominative ▸ **2** (Heb. 11,10; Rev. 18,22)
τεχνίτου ▸ 5
Noun · masculine · singular · genitive · (common) ▸ **5** (Deut. 27,15; Song 7,2; Wis. 14,18; Sir. 45,10; Jer. 36,2)
τεχνιτῶν ▸ 3
Noun · masculine · plural · genitive · (common) ▸ **3** (1Chr. 29,5; Sir. 9,17; Jer. 10,9)

τεχνῖτις (τίκτω) craftsman (f) ▸ 3
τεχνῖτις ▸ 3
Noun · feminine · singular · nominative · (common) ▸ **3** (Wis. 7,21; Wis. 8,6; Wis. 14,2)

τηγανίζω (τήγανον) to fry ▸ 1

τηγανίζειν ▸ 1
Verb · present · active · infinitive ▸ **1** (2Mac. 7,5)

τήγανον frying pan ▸ 13
τήγανα ▸ 1
Noun · neuter · plural · accusative · (common) ▸ **1** (2Mac. 7,3)
τηγανά ▸ 1
Noun · neuter · plural · accusative · (common) ▸ **1** (4Mac. 8,13)
τήγανον ▸ 3
Noun · neuter · singular · accusative · (common) ▸ **3** (2Sam. 13,9; 1Chr. 23,29; Ezek. 4,3)
τηγάνου ▸ 6
Noun · neuter · singular · genitive · (common) ▸ **6** (Lev. 2,5; Lev. 6,14; Lev. 7,9; 2Sam. 6,19; 1Chr. 9,31; 2Mac. 7,5)
τηγάνων ▸ 2
Noun · neuter · plural · genitive · (common) ▸ **2** (4Mac. 12,10; 4Mac. 12,19)

τηθ (Hebr.) Teth ▸ 1
τηθ ▸ 1
Noun ▸ **1** (Psa. 118,65)

τηκτός (τήκω) able to be melted ▸ 1
τηκτὸν ▸ 1
Adjective · neuter · singular · accusative · noDegree ▸ **1** (Wis. 19,21)

τήκω to melt ▸ 50 + 1 + 1 = 52
ἐτάκη ▸ 3
Verb · third · singular · aorist · passive · indicative ▸ **3** (Psa. 74,4; Ode. 4,6; Jer. 6,29)
ἐτάκην ▸ 1
Verb · first · singular · aorist · passive · indicative ▸ **1** (Job 42,6)
ἐτάκησαν ▸ 8 + 1 = 9
Verb · third · plural · aorist · passive · indicative ▸ 8 + 1 = **9** (Ex. 15,15; Josh. 5,1; Psa. 96,5; Ode. 1,15; Ode. 4,6; Job 17,5; Wis. 1,16; Hab. 3,6; Judg. 15,14)
ἐτήκετο ▸ 4
Verb · third · singular · imperfect · passive · indicative ▸ **4** (Ex. 16,21; Psa. 106,26; Wis. 16,22; Wis. 16,27)
τακεὶς ▸ 1
Verb · aorist · passive · participle · masculine · singular · nominative ▸ **1** (Psa. 57,9)
τακεῖσα ▸ 1
Verb · aorist · passive · participle · feminine · singular · nominative ▸ **1** (Job 6,17)
τακῇ ▸ 2
Verb · third · singular · aorist · passive · subjunctive ▸ **1** (Ezek. 24,10)
Verb · third · singular · present · active · subjunctive ▸ **1** (Ezek. 24,11)
τακήσεται ▸ 5
Verb · third · singular · future · passive · indicative ▸ **5** (2Sam. 17,10; Psa. 111,10; Wis. 16,29; Zech. 14,12; Is. 24,23)
τακήσονται ▸ 8
Verb · third · plural · future · passive · indicative ▸ **8** (Lev. 26,39; Judith 7,14; Judith 16,15; Job 11,20; Mic. 1,4; Zech. 14,12; Is. 63,19; Ezek. 4,17)
τετηκότι ▸ 1
Verb · perfect · active · participle · masculine · singular · dative ▸ **1** (Wis. 6,23)
τήκει ▸ 1
Verb · third · singular · present · active · indicative ▸ **1** (Nah. 1,6)
τήκεται ▸ 2 + 1 = 3
Verb · third · singular · present · passive · indicative ▸ 2 + 1 = **3**

(Psa. 67,3; Is. 64,1; 2Pet. 3,12)
τηκόμεθα ▸ 1
   Verb ▪ first ▪ plural ▪ present ▪ passive ▪ indicative ▸ 1 (Ezek. 33,10)
τηκομένας ▸ 1
   Verb ▪ present ▪ passive ▪ participle ▪ feminine ▪ plural ▪ accusative ▸ 1 (4Mac. 15,15)
τηκομένη ▸ 1
   Verb ▪ present ▪ passive ▪ participle ▪ feminine ▪ singular ▪ nominative ▸ 1 (2Sam. 17,10)
τηκομένην ▸ 1
   Verb ▪ present ▪ passive ▪ participle ▪ feminine ▪ singular ▪ accusative ▸ 1 (Deut. 28,65)
τηκόμενοι ▸ 2
   Verb ▪ present ▪ passive ▪ participle ▪ masculine ▪ plural ▪ nominative ▸ 2 (Deut. 32,24; Ode. 2,24)
τηκόμενον ▸ 1
   Verb ▪ present ▪ passive ▪ participle ▪ masculine ▪ singular ▪ accusative ▸ 1 (3Mac. 6,8)
τηκόμενος ▸ 1
   Verb ▪ present ▪ passive ▪ participle ▪ masculine ▪ singular ▪ nominative ▸ 1 (Psa. 21,15)
τήκω ▸ 1
   Verb ▪ first ▪ singular ▪ present ▪ active ▪ indicative ▸ 1 (Job 7,5)
τήξει ▸ 2
   Verb ▪ third ▪ singular ▪ future ▪ active ▪ indicative ▸ 2 (Psa. 147,7; Sir. 38,28)
τήξειας ▸ 1
   Verb ▪ second ▪ singular ▪ aorist ▪ active ▪ optative ▸ 1 (4Mac. 5,30)
τῆξον ▸ 1
   Verb ▪ second ▪ singular ▪ aorist ▪ active ▪ imperative ▸ 1 (1Mac. 4,32)

τηλαύγημα (τῆλε; αὐγή)   white place ▸ 1
τηλαύγημα ▸ 1
   Noun ▪ neuter ▪ singular ▪ nominative ▪ (common) ▸ 1 (Lev. 13,23)

τηλαυγής (τῆλε; αὐγή)   bright ▸ 6
τηλαυγὲς ▸ 1
   Adjective ▪ neuter ▪ plural ▪ nominative ▪ noDegree ▸ 1 (Lev. 13,24)
τηλαυγές ▸ 1
   Adjective ▪ neuter ▪ singular ▪ nominative ▪ noDegree ▸ 1 (Job 37,21)
τηλαυγής ▸ 1
   Adjective ▪ feminine ▪ singular ▪ nominative ▪ noDegree ▸ 1 (Psa. 18,9)
τηλαυγής ▸ 3
   Adjective ▪ feminine ▪ singular ▪ nominative ▪ noDegree ▸ 3 (Lev. 13,2; Lev. 13,4; Lev. 13,19)

τηλαύγησις (τῆλε; αὐγή)   brightness ▸ 1
τηλαυγήσεως ▸ 1
   Noun ▪ feminine ▪ singular ▪ genitive ▪ (common) ▸ 1 (Psa. 17,13)

τηλαυγῶς (τῆλε; αὐγή)   clearly ▸ 1
τηλαυγῶς ▸ 1
   Adverb ▸ 1 (Mark 8,25)

τηλικοῦτος (τῆλε; οὗτος)   so great ▸ 3 + 4 = 7
τηλικαῦτα ▸ 1 + 1 = 2
   Pronoun ▪ (demonstrative) ▪ neuter ▪ plural ▪ accusative ▸ 1 (4Mac. 16,4)
   Pronoun ▪ (demonstrative) ▪ neuter ▪ plural ▪ nominative ▸ 1 (James 3,4)
τηλικαύτης ▸ 1
   Pronoun ▪ (demonstrative) ▪ feminine ▪ singular ▪ genitive ▸ 1 (Heb. 2,3)
τηλικοῦτο ▸ 2
   Pronoun ▪ (demonstrative) ▪ neuter ▪ singular ▪ accusative ▸ 2 (2Mac. 12,3; 3Mac. 3,9)
τηλικοῦτος ▸ 1
   Pronoun ▪ (demonstrative) ▪ masculine ▪ singular ▪ nominative ▸ 1 (Rev. 16,18)
τηλικούτου ▸ 1
   Pronoun ▪ (demonstrative) ▪ masculine ▪ singular ▪ genitive ▸ 1 (2Cor. 1,10)

τηρέω   to keep, to guard ▸ 37 + 70 = 107
ἐτήρει ▸ 2
   Verb ▪ third ▪ singular ▪ imperfect ▪ active ▪ indicative ▸ 2 (Judith 12,16; 2Mac. 14,29)
ἐτηρεῖτο ▸ 1
   Verb ▪ third ▪ singular ▪ imperfect ▪ passive ▪ indicative ▪ (variant) ▸ 1 (Acts 12,5)
ἐτήρησα ▸ 1
   Verb ▪ first ▪ singular ▪ aorist ▪ active ▪ indicative ▸ 1 (2Cor. 11,9)
ἐτήρησά ▸ 1
   Verb ▪ first ▪ singular ▪ aorist ▪ active ▪ indicative ▸ 1 (Song 7,14)
ἐτήρησαν ▸ 1 + 1 = 2
   Verb ▪ third ▪ plural ▪ aorist ▪ active ▪ indicative ▸ 1 + 1 = 2 (Dan. 6,12; John 15,20)
ἐτήρησας ▸ 1
   Verb ▪ second ▪ singular ▪ aorist ▪ active ▪ indicative ▸ 1 (Rev. 3,10)
ἐτήρησάς ▸ 1
   Verb ▪ second ▪ singular ▪ aorist ▪ active ▪ indicative ▸ 1 (Rev. 3,8)
ἐτήρησεν ▸ 2
   Verb ▪ third ▪ singular ▪ aorist ▪ active ▪ indicative ▸ 2 (1Sam. 15,11; Wis. 10,5)
ἐτήρουν ▸ 3
   Verb ▪ first ▪ singular ▪ imperfect ▪ active ▪ indicative ▸ 1 (John 17,12)
   Verb ▪ third ▪ plural ▪ imperfect ▪ active ▪ indicative ▸ 2 (Matt. 27,36; Acts 12,6)
τετήρηκα ▸ 2
   Verb ▪ first ▪ singular ▪ perfect ▪ active ▪ indicative ▸ 2 (John 15,10; 2Tim. 4,7)
τετήρηκαν ▸ 1
   Verb ▪ third ▪ plural ▪ perfect ▪ active ▪ indicative ▸ 1 (John 17,6)
τετήρηκας ▸ 1
   Verb ▪ second ▪ singular ▪ perfect ▪ active ▪ indicative ▸ 1 (John 2,10)
τετήρηκεν ▸ 1
   Verb ▪ third ▪ singular ▪ perfect ▪ active ▪ indicative ▸ 1 (Jude 6)
τετηρημένην ▸ 1
   Verb ▪ perfect ▪ passive ▪ participle ▪ feminine ▪ singular ▪ accusative ▪ (variant) ▸ 1 (1Pet. 1,4)
τετηρημένοις ▸ 1
   Verb ▪ perfect ▪ passive ▪ participle ▪ masculine ▪ plural ▪ dative ▪ (variant) ▸ 1 (Jude 1)
τετήρηται ▸ 2
   Verb ▪ third ▪ singular ▪ perfect ▪ passive ▪ indicative ▪ (variant) ▸ 2 (2Pet. 2,17; Jude 13)
τήρει ▸ 1 + 2 = 3
   Verb ▪ second ▪ singular ▪ present ▪ active ▪ imperative ▸ 1 + 2 = 3 (Prov. 4,23; 1Tim. 5,22; Rev. 3,3)
τηρεῖ ▸ 4 + 3 = 7

Verb · third · singular · present · active · indicative ▸ 4 + 3 = **7** (Prov. 13,3; Prov. 16,17; Prov. 19,16; Sir. 29,1; John 9,16; John 14,24; 1John 5,18)

τηρεῖν ▸ **3** + **7** = **10**
Verb · present · active · infinitive ▸ 3 + 7 = **10** (1Mac. 4,61; 1Mac. 4,61; 1Mac. 6,50; Matt. 28,20; Acts 15,5; Acts 16,23; 1Cor. 7,37; Eph. 4,3; James 1,27; 2Pet. 2,9)

τηρεῖσθαι ▸ **3**
Verb · present · passive · infinitive · (variant) ▸ **3** (Acts 24,23; Acts 25,4; Acts 25,21)

τηρεῖτε ▸ **1** + **1** = **2**
Verb · second · plural · present · active · imperative ▸ 1 + 1 = **2** (Ezra 8,29; Matt. 23,3)

τηρείτω ▸ **1**
Verb · third · singular · present · active · imperative ▸ **1** (Prov. 3,1)

τηρείτωσαν ▸ **1**
Verb · third · plural · present · active · imperative ▸ **1** (Prov. 23,26)

τηρῇ ▸ **1**
Verb · third · singular · present · active · subjunctive ▸ **1** (1John 2,5)

τηρηθείη ▸ **1**
Verb · third · singular · aorist · passive · optative ▸ **1** (1Th. 5,23)

τηρηθῆναι ▸ **1**
Verb · aorist · passive · infinitive ▸ **1** (Acts 25,21)

τηρῆσαι ▸ **1**
Verb · aorist · active · infinitive ▸ **1** (1Tim. 6,14)

τηρήσαντας ▸ **1**
Verb · aorist · active · participle · masculine · plural · accusative ▸ **1** (Jude 6)

τηρήσατε ▸ **1** + **1** = **2**
Verb · second · plural · aorist · active · imperative ▸ 1 + 1 = **2** (Jer. 20,10; Jude 21)

τηρήσει ▸ **3** + **1** = **4**
Verb · third · singular · future · active · indicative ▸ 3 + 1 = **4** (Gen. 3,15; Prov. 2,11; Prov. 4,6; John 14,23)

τηρήσεις ▸ **2**
Verb · second · singular · future · active · indicative ▸ **2** (Gen. 3,15; Prov. 31,2)

τηρήσετε ▸ **1**
Verb · second · plural · future · active · indicative ▸ **1** (John 14,15)

τηρήσῃ ▸ **1** + **4** = **5**
Verb · third · singular · aorist · active · subjunctive ▸ 1 + 4 = **5** (Prov. 7,5; John 8,51; John 8,52; John 12,7; James 2,10)

τηρήσῃς ▸ **2** + **1** = **3**
Verb · second · singular · aorist · active · subjunctive ▸ 2 + 1 = **3** (Ode. 12,13; Prov. 23,18; John 17,15)

τηρήσητε ▸ **1**
Verb · second · plural · aorist · active · subjunctive ▸ **1** (John 15,10)

τήρησον ▸ **3** + **2** = **5**
Verb · second · singular · aorist · active · imperative ▸ 3 + 2 = **5** (Tob. 14,9; Prov. 3,21; Prov. 25,10a; Matt. 19,17; John 17,11)

τηρήσουσιν ▸ **1**
Verb · third · plural · future · active · indicative ▸ **1** (John 15,20)

τηρήσω ▸ **2**
Verb · first · singular · future · active · indicative ▸ **2** (2Cor. 11,9; Rev. 3,10)

τηροῦμεν ▸ **1**
Verb · first · plural · present · active · indicative ▸ **1** (1John 3,22)

τηρούμενοι ▸ **1**
Verb · present · passive · participle · masculine · plural · nominative · (variant) ▸ **1** (2Pet. 3,7)

τηρουμένους ▸ **1**
Verb · present · passive · participle · masculine · plural · accusative · (variant) ▸ **1** (2Pet. 2,4)

τηροῦντες ▸ **1** + **4** = **5**
Verb · present · active · participle · masculine · plural · nominative ▸ 1 + 4 = **5** (Song 3,3; Matt. 27,54; Matt. 28,4; Rev. 1,3; Rev. 14,12)

τηρούντων ▸ **2**
Verb · present · active · participle · masculine · plural · genitive ▸ **2** (Rev. 12,17; Rev. 22,9)

τηροῦσι ▸ **1**
Verb · present · active · participle · masculine · plural · dative ▸ **1** (Song 8,12)

τηροῦσιν ▸ **2**
Verb · present · active · participle · masculine · plural · dative ▸ **1** (Song 8,11)
Verb · third · plural · present · active · indicative ▸ **1** (1Esdr. 4,11)

τηρῶ ▸ **1**
Verb · first · singular · present · active · indicative ▸ **1** (John 8,55)

τηρῶμεν ▸ **2**
Verb · first · plural · present · active · subjunctive ▸ **2** (1John 2,3; 1John 5,3)

τηρῶν ▸ **4** + **6** = **10**
Verb · present · active · participle · masculine · singular · nominative ▸ 4 + 6 = **10** (Prov. 8,34; Prov. 15,32; Eccl. 11,4; Dan. 9,4; John 14,21; 1John 2,4; 1John 3,24; Rev. 2,26; Rev. 16,15; Rev. 22,7)

τήρησις (τηρέω) keeping, custody ▸ **5** + **3** = **8**
τηρήσει ▸ **1**
Noun · feminine · singular · dative ▸ **1** (Acts 5,18)

τήρησιν ▸ **3** + **1** = **4**
Noun · feminine · singular · accusative · (common) ▸ 3 + 1 = **4** (1Mac. 5,18; 2Mac. 3,40; 3Mac. 5,44; Acts 4,3)

τήρησις ▸ **2** + **1** = **3**
Noun · feminine · singular · nominative · (common) ▸ 2 + 1 = **3** (Wis. 6,18; Sir. 32,23; 1Cor. 7,19)

τιάρα tiara ▸ **2** + **1** = **3**
τιάραι ▸ **1**
Noun · feminine · plural · nominative · (common) ▸ **1** (Ezek. 23,15)

τιάραις ▸ **1**
Noun · feminine · plural · dative · (common) ▸ **1** (Dan. 3,21)

τιάρας ▸ **1**
Noun · feminine · plural · accusative · (common) ▸ **1** (Dan. 3,21)

Τιβεριάς Tiberias ▸ **3**
Τιβεριάδος ▸ **3**
Noun · feminine · singular · genitive · (proper) ▸ **3** (John 6,1; John 6,23; John 21,1)

Τιβέριος Tiberius ▸ **1**
Τιβερίου ▸ **1**
Noun · masculine · singular · genitive · (proper) ▸ **1** (Luke 3,1)

Τίγρης Tigris ▸ **1**
Τίγρης ▸ **1**
Noun · masculine · singular · nominative · (proper) ▸ **1** (Dan. 10,4)

Τίγρις Tigris ▸ **4** + **2** = **6**
Τίγριδος ▸ **1**

Noun · masculine · singular · genitive · (proper) ▸ **1** (Tob. 6,1)

Τίγριν ▸ **2** + **1** = **3**
  Noun · masculine · singular · accusative · (proper) ▸ **2** + **1** = **3** (Judith 1,6; Tob. 6,1; Tob. 6,2)

Τίγρις ▸ **2**
  Noun · masculine · singular · nominative · (proper) ▸ **2** (Gen. 2,14; Sir. 24,25)

τίθημι   to put, make, appoint ▸ **527** + **32** + **100** = **659**

ἐθέμην ▸ **12**
  Verb · first · singular · aorist · middle · indicative ▸ **12** (Judg. 12,3; 1Sam. 28,21; 1Kings 8,21; Psa. 38,2; Psa. 68,12; Job 31,1; Job 31,25; Job 38,9; Job 38,10; Job 39,6; Sir. 1,30 Prol.; Jer. 41,13)

Ἐθέμην ▸ **1**
  Verb · first · singular · aorist · middle · indicative ▸ **1** (Psa. 88,20)

ἔθεντο ▸ **27** + **4** = **31**
  Verb · third · plural · aorist · middle · indicative ▸ **27** + **4** = **31** (Judg. 8,33; Judg. 9,25; 1Sam. 6,11; 1Sam. 6,15; 2Sam. 20,18; 1Kings 21,12; 2Kings 13,7; Judith 5,11; 1Mac. 1,53; 1Mac. 14,26; 1Mac. 14,35; Psa. 16,11; Psa. 48,15; Psa. 72,9; Psa. 73,4; Psa. 78,1; Psa. 78,2; Psa. 108,5; Psa. 118,110; Prov. 22,28; Job 32,3; Wis. 1,16; Sol. 17,6; Is. 42,25; Ezek. 7,20; Ezek. 14,3; Ezek. 19,9; Luke 1,66; Acts 4,3; Acts 5,18; Acts 27,12)

ἔθεντό ▸ **4**
  Verb · third · plural · aorist · middle · indicative ▸ **4** (Psa. 87,7; Psa. 87,9; Psa. 139,6; Song 1,6)

ἔθεσαν ▸ **2**
  Verb · third · plural · aorist · active · indicative ▸ **2** (1Kings 21,32; 2Mac. 14,21)

ἔθεσθε ▸ **1** + **1** = **2**
  Verb · second · plural · aorist · middle · indicative ▸ **1** + **1** = **2** (Jer. 2,7; Acts 5,25)

ἔθετο ▸ **79** + **1** + **7** = **87**
  Verb · third · singular · aorist · middle · indicative ▸ **79** + **1** + **7** = **87** (Gen. 1,17; Gen. 2,8; Gen. 2,15; Gen. 4,15; Gen. 40,3; Gen. 41,10; Gen. 42,17; Gen. 42,30; Gen. 47,26; Ex. 15,25; Judg. 1,28; Judg. 7,22; 1Sam. 9,22; 1Sam. 11,11; 1Sam. 17,40; 1Sam. 19,5; 1Sam. 19,13; 1Sam. 19,13; 1Sam. 21,13; 1Sam. 25,18; 2Sam. 8,6; 2Sam. 8,14; 2Sam. 14,19; 2Sam. 22,12; 1Kings 2,15; 1Kings 7,25; 1Kings 10,26; 1Kings 12,29; 1Kings 21,34; 1Chr. 18,6; 1Chr. 18,13; 2Chr. 9,25; 2Chr. 32,6; Ezra 5,13; Esth. 9,24; Judith 2,2; 1Mac. 9,51; 1Mac. 9,52; 1Mac. 9,53; 1Mac. 10,65; 1Mac. 11,66; 1Mac. 12,34; 1Mac. 13,33; 1Mac. 13,53; 1Mac. 14,3; 1Mac. 14,33; 1Mac. 14,34; 4Mac. 4,23; Psa. 17,12; Psa. 17,33; Psa. 18,5; Psa. 45,9; Psa. 51,9; Psa. 77,5; Psa. 77,43; Psa. 80,6; Psa. 83,7; Psa. 104,27; Psa. 104,32; Psa. 106,33; Psa. 106,35; Psa. 106,41; Psa. 148,6; Ode. 4,4; Prov. 2,18; Job 19,8; Job 24,15; Job 28,3; Job 33,11; Job 36,28a; Job 37,15; Job 38,5; Hos. 13,1; Joel 1,7; Hab. 3,4; Jer. 28,16; Ezek. 17,4; Ezek. 18,12; Ezek. 18,15; Dan. 1,8; Acts 1,7; Acts 12,4; Acts 19,21; Acts 20,28; 1Cor. 12,18; 1Cor. 12,28; 1Th. 5,9)

ἔθετό ▸ **5**
  Verb · third · singular · aorist · middle · indicative ▸ **5** (2Sam. 23,5; 1Kings 2,24; 1Kings 10,9; Song 6,12; Lam. 3,11)

ἔθηκα ▸ **7** + **3** + **3** = **13**
  Verb · first · singular · aorist · active · indicative ▸ **7** + **3** + **3** = **13** (2Chr. 6,11; Ezra 6,12; Ezra 7,21; Ezra 8,17; Is. 37,25; Is. 50,7; Jer. 35,14; Judg. 12,3; Tob. 2,4; Tob. 5,3; Luke 19,22; John 15,16; 1Cor. 3,10)

ἔθηκά ▸ **1**
  Verb · first · singular · aorist · active · indicative ▸ **1** (Ezek. 28,14)

ἐθήκαμεν ▸ **2**
  Verb · first · plural · aorist · active · indicative ▸ **2** (Neh. 5,10; Is. 28,15)

ἔθηκαν ▸ **21** + **9** + **7** = **37**
  Verb · third · plural · aorist · active · indicative ▸ **21** + **9** + **7** = **37** (Gen. 50,26; Josh. 4,18; Josh. 7,23; Josh. 24,31a; Judg. 20,29; 2Kings 9,13; 2Kings 10,7; 2Kings 17,29; 1Chr. 10,10; 1Chr. 10,10; 2Chr. 31,6; 2Chr. 35,3; 1Esdr. 3,8; Esth. 14,8 # 4,17o; Judith 5,1; 1Mac. 1,34; Job 17,12; Obad. 7; Jer. 39,34; Ezek. 14,3; Ezek. 32,27; Judg. 8,33; Judg. 9,25; Judg. 11,11; Judg. 18,21; Judg. 18,31; Judg. 20,29; Judg. 20,36; Tob. 14,11; Sus. 34; Mark 6,29; Mark 16,6; John 19,42; John 20,2; John 20,13; Acts 9,37; Acts 13,29)

ἔθηκας ▸ **10** + **1** + **2** = **13**
  Verb · second · singular · aorist · active · indicative ▸ **10** + **1** + **2** = **13** (2Sam. 19,29; Psa. 20,4; Psa. 138,5; Is. 25,2; Is. 51,23; Is. 57,8; Bar. 2,26; Lam. 3,45; Ezek. 16,18; Ezek. 16,19; Dan. 3,10; Luke 19,21; John 20,15)

ἔθηκεν ▸ **57** + **9** + **11** = **77**
  Verb · third · singular · aorist · active · indicative ▸ **57** + **9** + **11** = **77** (Gen. 15,10; Gen. 24,9; Gen. 28,11; Gen. 30,41; Gen. 41,48; Gen. 41,48; Gen. 48,20; Ex. 2,3; Ex. 40,22; Ex. 40,24; Ex. 40,26; Ex. 40,29; Josh. 8,28; Josh. 21,42d; Josh. 22,25; Judg. 4,21; Judg. 15,4; Judg. 16,3; Ruth 4,16; 1Sam. 10,25; 1Sam. 17,54; 2Sam. 11,16; 2Sam. 12,31; 2Sam. 14,3; 1Kings 8,9; 1Kings 18,42; 2Kings 4,34; 2Kings 8,11; 2Kings 11,18; 2Kings 17,34; 2Kings 18,11; 2Kings 21,7; 2Chr. 1,15; 2Chr. 4,6; 2Chr. 4,7; 2Chr. 4,8; 2Chr. 4,10; 2Chr. 5,10; 2Chr. 6,13; 2Chr. 33,7; 2Chr. 36,7; Ezra 5,3; Ezra 5,9; Ezra 6,1; Ezra 6,3; Ezra 6,3; Judith 1,14; Wis. 10,21; Wis. 13,15; Sir. 17,4; Sir. 17,8; Sir. 33,9; Hos. 4,17; Amos 5,7; Is. 49,2; Dan. 8,11; Bel 36; Judg. 4,21; Judg. 6,19; Judg. 7,22; Judg. 8,31; Judg. 9,48; Judg. 15,4; Judg. 16,3; Judg. 16,3; Bel 36; Matt. 27,60; Mark 15,46; Luke 6,48; Luke 23,53; John 19,19; Acts 4,37; Acts 5,2; Heb. 1,2; 1John 3,16; Rev. 1,17; Rev. 10,2)

ἔθηκέν ▸ **4**
  Verb · third · singular · aorist · active · indicative ▸ **4** (Is. 49,2; Is. 50,4; Ezek. 37,1; Ezek. 40,2)

ἔθου ▸ **23** + **1** = **24**
  Verb · second · singular · aorist · middle · indicative ▸ **23** + **1** = **24** (Psa. 17,35; Psa. 38,6; Psa. 43,14; Psa. 43,15; Psa. 55,9; Psa. 65,11; Psa. 72,18; Psa. 79,7; Psa. 88,41; Psa. 89,8; Psa. 90,9; Psa. 103,9; Psa. 103,20; Ode. 12,8; Ode. 12,8; Job 7,20; Job 10,12; Job 11,13; Job 13,27; Job 14,5; Job 17,6; Job 38,14; Sol. 9,9; Acts 5,4)

ἐτέθη ▸ **10** + **2** + **1** = **13**
  Verb · third · singular · aorist · passive · indicative ▸ **10** + **2** + **1** = **13** (1Kings 2,19; Ezra 4,19; Ezra 5,17; Ezra 6,5; Ezra 6,8; Ezra 6,11; Ezra 7,13; Job 20,4; Jer. 12,11; Dan. 6,18; Dan. 4,6; Dan. 6,27; Luke 23,55)

ἐτέθην ▸ **2**
  Verb · first · singular · aorist · passive · indicative ▸ **2** (1Tim. 2,7; 2Tim. 1,11)

ἐτέθησαν ▸ **2** + **1** + **2** = **5**
  Verb · third · plural · aorist · passive · indicative ▸ **2** + **1** + **2** = **5** (Sir. 44,18; Dan. 7,9; Dan. 7,9; Acts 7,16; 1Pet. 2,8)

ἐτίθει ▸ **2** + **1** = **3**
  Verb · third · singular · imperfect · active · indicative ▸ **2** + **1** = **3** (Gen. 30,42; Prov. 8,28; 2Cor. 3,13)

ἐτίθεις ▸ **2**
  Verb · second · singular · imperfect · active · indicative ▸ **2** (Psa. 49,18; Psa. 49,20)

ἐτίθεσαν ▸ **1**

τίθημι

Verb · third · plural · imperfect · active · indicative ▸ **1** (Mark 6,56)

ἐτίθετο ▸ **2**
Verb · third · singular · imperfect · middle · indicative ▸ **1** (2Mac. 7,12)
Verb · third · singular · imperfect · passive · indicative ▸ **1** (Judith 12,1)

ἐτίθετό ▸ **1**
Verb · third · singular · imperfect · passive · indicative ▸ **1** (Job 29,7)

ἐτίθουν ▸ **2**
Verb · third · plural · imperfect · active · indicative ▸ **2** (Acts 3,2; Acts 4,35)

ἠθέτηκα ▸ **1**
Verb · first · singular · perfect · active · indicative ▸ **1** (Is. 27,4)

θείη ▸ **1**
Verb · third · singular · aorist · active · optative ▸ **1** (Job 29,2)

θεῖναι ▸ **10 + 1 + 4 = 15**
Verb · aorist · active · infinitive ▸ **10 + 1 + 4 = 15** (1Sam. 9,23; 1Mac. 10,4; 1Mac. 10,4; Hag. 2,15; Is. 10,6; Is. 13,9; Jer. 4,7; Jer. 28,29; Jer. 32,18; Ezek. 44,30; Judg. 9,24; Luke 5,18; John 10,18; 1Cor. 3,11; 1John 3,16)

θείς ▸ **3 + 4 = 7**
Verb · aorist · active · participle · masculine · singular · nominative ▸ **3 + 4 = 7** (Sir. 50,28; Is. 14,17; Is. 63,11; Luke 22,41; Acts 7,60; Acts 9,40; Acts 20,36)

θεῖσα ▸ **1**
Verb · aorist · active · participle · feminine · singular · nominative ▸ **1** (Is. 51,10)

θέμενος ▸ **1 + 2 = 3**
Verb · aorist · middle · participle · masculine · singular · nominative ▸ **1 + 2 = 3** (3Mac. 2,24; 2Cor. 5,19; 1Tim. 1,12)

θεμένου ▸ **1**
Verb · aorist · middle · participle · masculine · singular · genitive ▸ **1** (Psa. 65,9)

θέντες ▸ **3 + 1 = 4**
Verb · aorist · active · participle · masculine · plural · nominative ▸ **3 + 1 = 4** (Job 21,5; Wis. 4,14; Jer. 49,17; Acts 21,5)

θέντος ▸ **1**
Verb · aorist · active · participle · masculine · singular · genitive ▸ **1** (Luke 14,29)

Θὲς ▸ **1**
Verb · second · singular · aorist · active · imperative ▸ **1** (Gen. 24,2)

Θές ▸ **1**
Verb · second · singular · aorist · active · imperative ▸ **1** (Song 8,6)

Θὲς ▸ **7 + 2 = 9**
Verb · second · singular · aorist · active · imperative ▸ **7 + 2 = 9** (Gen. 31,37; Num. 21,8; Judg. 6,20; Ezra 5,15; Tob. 6,4; Sir. 29,11; Jer. 45,12; Judg. 6,20; Bel 11)

θέσθαι ▸ **17**
Verb · aorist · middle · infinitive ▸ **17** (1Sam. 8,12; 1Sam. 15,19; 1Sam. 22,13; 2Sam. 7,23; 2Sam. 14,7; 2Sam. 19,20; 1Kings 9,3; 1Kings 11,36; 1Kings 14,21; 1Kings 22,27; 1Chr. 17,21; 1Mac. 14,23; 1Mac. 14,46; 1Mac. 14,48; 1Mac. 14,49; 2Mac. 5,21; Job 34,19)

Θέσθε ▸ **2**
Verb · second · plural · aorist · middle · imperative ▸ **2** (Ex. 32,27; Hag. 1,7)

Θέσθε ▸ **5 + 1 + 1 = 7**
Verb · second · plural · aorist · middle · imperative ▸ **5 + 1**

= 7 (Judg. 19,30; Psa. 47,14; Hag. 2,15; Hag. 2,18; Mal. 1,1; Judg. 19,30; Luke 9,44)

θέσθω ▸ **2**
Verb · third · singular · aorist · middle · imperative ▸ **2** (1Sam. 25,25; 2Sam. 13,33)

Θέτε ▸ **1**
Verb · second · plural · aorist · active · imperative ▸ **1** (2Kings 10,8)

Θέτε ▸ **4 + 1 = 5**
Verb · second · plural · aorist · active · imperative ▸ **4 + 1 = 5** (Josh. 4,3; 1Kings 13,31; 2Kings 2,20; Ezra 4,21; Luke 21,14)

θῇ ▸ **3 + 2 = 5**
Verb · third · singular · aorist · active · subjunctive ▸ **3 + 2 = 5** (Num. 24,23; Is. 42,4; Ezek. 14,4; John 15,13; 1Cor. 15,25)

θῇς ▸ **8**
Verb · second · singular · aorist · active · subjunctive ▸ **8** (Ex. 34,12; Ex. 34,15; Num. 24,21; 1Sam. 9,20; 1Sam. 29,10; 2Sam. 13,20; Eccl. 7,21; Obad. 4)

θήσει ▸ **15 + 2 = 17**
Verb · third · singular · future · active · indicative ▸ **15 + 2 = 17** (Deut. 26,4; Deut. 27,15; Judith 8,23; Psa. 83,4; Psa. 84,14; Job 24,25; Job 34,23; Sir. 14,26; Zeph. 2,13; Is. 10,28; Is. 22,18; Is. 26,1; Is. 27,4; Jer. 27,3; Jer. 50,10; Matt. 24,51; Luke 12,46)

θήσειν ▸ **1**
Verb · future · active · infinitive ▸ **1** (Judith 16,4)

θήσεις ▸ **25 + 1 = 26**
Verb · second · singular · future · active · indicative ▸ **25 + 1 = 26** (Ex. 26,33; Ex. 26,35; Ex. 26,35; Ex. 28,12; Ex. 28,23 # 28,29a; Ex. 29,12; Ex. 30,6; Ex. 30,18; Ex. 30,36; Ex. 34,26; Ex. 40,3; Ex. 40,5; Ex. 40,6; Num. 17,19; Deut. 14,28; Josh. 2,18; 1Kings 21,34; Psa. 20,10; Psa. 20,13; Sir. 7,6; Is. 41,15; Jer. 39,14; Ezek. 4,1; Ezek. 4,3; Ezek. 4,4; John 13,38)

θήσεσθαι ▸ **1**
Verb · future · middle · infinitive ▸ **1** (3Mac. 5,43)

θήσεται ▸ **2**
Verb · third · singular · future · middle · indicative ▸ **2** (1Sam. 8,11; Job 40,28)

θήσετε ▸ **4**
Verb · second · plural · future · active · indicative ▸ **4** (Lev. 26,1; Deut. 31,26; 1Sam. 6,8; 1Sam. 6,8)

θήσῃ ▸ **1**
Verb · second · singular · future · middle · indicative ▸ **1** (Job 22,24)

θῆσθε ▸ **1**
Verb · second · plural · aorist · middle · subjunctive ▸ **1** (Mal. 2,2)

θήσομαι ▸ **33**
Verb · first · singular · future · middle · indicative ▸ **33** (Gen. 17,2; 1Sam. 11,2; 2Sam. 7,10; 1Kings 5,23; 1Kings 19,2; 1Chr. 17,9; Psa. 11,6; Psa. 12,3; Psa. 88,26; Psa. 88,28; Psa. 88,30; Psa. 131,11; Hos. 2,5; Hos. 2,14; Hos. 4,7; Amos 8,10; Mic. 1,6; Mic. 1,7; Mic. 2,12; Mic. 4,7; Mic. 4,13; Mic. 4,13; Nah. 1,14; Zeph. 3,19; Zech. 12,3; Zech. 12,6; Jer. 9,10; Jer. 25,12; Ezek. 6,14; Ezek. 14,8; Ezek. 21,32; Ezek. 25,13; Ezek. 37,14)

θήσομαί ▸ **6**
Verb · first · singular · future · middle · indicative ▸ **6** (1Sam. 28,2; Hos. 11,8; Nah. 3,6; Hag. 2,23; Ezek. 5,14; Ezek. 35,9)

θήσονται ▸ **1**
Verb · third · plural · future · middle · indicative ▸ **1** (Hos. 2,2)

θήσουσιν ▸ **9**
Verb · third · plural · future · active · indicative ▸ **9** (Ex. 12,7; 2Sam. 18,3; 2Sam. 18,3; Zech. 5,11; Is. 29,21; Is. 41,7; Jer. 1,15;

Ezek. 42,13; Ezek. 44,19)
θήσουσίν ▸ 1
Verb · third · plural · future · active · indicative ▸ **1** (Judith 6,7)
θήσω ▸ 37 + 1 + 3 = 41
Verb · first · singular · aorist · active · subjunctive ▸ **1** (1Cor. 9,18)

Verb · first · singular · future · active · indicative ▸ 37 + 1 + 2 = **40** (Gen. 3,15; Gen. 17,6; Gen. 32,13; Ex. 23,31; Ex. 33,22; Lev. 26,11; Lev. 26,19; Lev. 26,30; Lev. 26,31; Judg. 6,18; 2Kings 19,28; 2Kings 21,4; 2Kings 21,7; 2Chr. 33,7; Judith 11,19; Job 13,14; Job 40,4; Wis. 6,22; Is. 14,13; Is. 14,23; Is. 14,23; Is. 28,17; Is. 29,3; Is. 41,19; Is. 42,15; Is. 49,11; Is. 50,2; Is. 50,3; Is. 51,3; Is. 51,16; Is. 54,12; Is. 60,15; Jer. 25,18; Jer. 47,4; Ezek. 13,14; Ezek. 16,38; Ezek. 37,26; Judg. 6,18; Matt. 12,18; John 13,37)

θῆται ▸ 1
Verb · third · singular · aorist · middle · subjunctive ▸ **1** (Ezek. 14,7)
θοῦ ▸ 4
Verb · second · singular · aorist · middle · imperative ▸ **4** (1Kings 21,24; Psa. 82,12; Psa. 82,14; Psa. 140,3)
θῶ ▸ 3 + 5 = 8
Verb · first · singular · aorist · active · subjunctive ▸ 3 + 5 = **8** (Esth. 13,14 # 4,17e; Psa. 109,1; Jer. 22,6; Matt. 22,44; Mark 12,36; Luke 20,43; Acts 2,35; Heb. 1,13)
θῶμεν ▸ 1 + 1 = 2
Verb · first · plural · aorist · active · subjunctive ▸ 1 + 1 = **2** (2Kings 4,10; Mark 4,30)
θῶνται ▸ 1
Verb · third · plural · aorist · middle · subjunctive ▸ **1** (Psa. 77,7)
θῶσιν ▸ 2
Verb · third · plural · aorist · active · subjunctive ▸ **2** (Is. 27,9; Is. 46,7)
τέθεικα ▸ 1
Verb · first · singular · perfect · active · indicative ▸ **1** (Ezek. 5,5)
τέθεικά ▸ 5 + 2 = 7
Verb · first · singular · perfect · active · indicative ▸ 5 + 2 = **7** (Gen. 17,5; Is. 49,6; Jer. 1,5; Jer. 1,18; Ezek. 4,6; Acts 13,47; Rom. 4,17)
τεθείκατε ▸ 1
Verb · second · plural · perfect · active · indicative ▸ **1** (John 11,34)
τεθεικὼς ▸ 1
Verb · perfect · active · participle · masculine · singular · nominative ▸ **1** (2Pet. 2,6)
τέθειμαί ▸ 1
Verb · first · singular · perfect · middle · indicative ▸ **1** (Ex. 34,27)
τεθειμένος ▸ 1
Verb · perfect · passive · participle · masculine · singular · nominative · (variant) ▸ **1** (John 19,41)
τέθειται ▸ 1
Verb · third · singular · perfect · passive · indicative · (variant) ▸ **1** (Mark 15,47)
τέθειταί ▸ 1
Verb · third · singular · perfect · passive · indicative ▸ **1** (1Sam. 9,24)
τεθῇ ▸ 1 + 2 = 3
Verb · third · singular · aorist · passive · subjunctive ▸ 1 + 2 = **3** (1Esdr. 6,25; Mark 4,21; Mark 4,21)
τεθῆναι ▸ 1 + 1 = 2
Verb · aorist · passive · infinitive ▸ 1 + 1 = **2** (Job 19,23; Rev. 11,9)
τεθήσονται ▸ 1
Verb · third · plural · future · passive · indicative ▸ **1** (Jer. 13,16)
τεθήτω ▸ 2
Verb · third · singular · aorist · passive · imperative ▸ **2** (2Chr. 24,8; 1Mac. 11,37)
τεθῶσιν ▸ 1
Verb · third · plural · aorist · passive · subjunctive ▸ **1** (Heb. 10,13)
τιθέασιν ▸ 1
Verb · third · plural · present · active · indicative ▸ **1** (Matt. 5,15)
τιθεὶς ▸ 4 + 1 = 5
Verb · present · active · participle · masculine · singular · nominative ▸ 4 + 1 = **5** (2Sam. 22,34; Psa. 32,7; Psa. 103,3; Psa. 147,3; Mark 10,16)
τιθέμενοι ▸ 3
Verb · present · middle · participle · masculine · plural · nominative ▸ **3** (2Mac. 4,15; 3Mac. 1,17; 3Mac. 6,34)
τιθέμενος ▸ 1
Verb · present · middle · participle · masculine · singular · nominative ▸ **1** (Jer. 12,11)
τιθεμένων ▸ 1
Verb · present · passive · participle · neuter · plural · genitive ▸ **1** (1Esdr. 6,8)
τιθέναι ▸ 2 + 2 = 4
Verb · present · active · infinitive ▸ 2 + 2 = **4** (4Mac. 8,12; Ezek. 43,8; Acts 5,15; Rom. 14,13)
τιθέντες ▸ 2 + 1 = 3
Verb · present · active · participle · masculine · plural · nominative ▸ 2 + 1 = **3** (Is. 5,20; Is. 5,20; Mark 15,19)
τίθεσθαι ▸ 1
Verb · present · middle · infinitive ▸ **1** (Psa. 72,28)
τίθεσθε ▸ 1
Verb · second · plural · present · middle · indicative ▸ **1** (Mal. 2,2)
τιθέτω ▸ 1
Verb · third · singular · present · active · imperative ▸ **1** (1Cor. 16,2)
τίθημι ▸ 2 + 1 + 5 = 8
Verb · first · singular · present · active · indicative ▸ 2 + 1 + 5 = **8** (Gen. 9,13; Zech. 12,2; Judg. 6,37; John 10,15; John 10,17; John 10,18; Rom. 9,33; 1Pet. 2,6)
τίθημί ▸ 1
Verb · first · singular · present · active · indicative ▸ **1** (Ex. 34,10)
τίθησιν ▸ 6
Verb · third · singular · present · active · indicative ▸ **6** (Luke 8,16; Luke 8,16; Luke 11,33; John 2,10; John 10,11; John 13,4)
τιθηνέω to nurse, to bring up ▸ 3
τιθηνήσασθαι ▸ 1
Verb · aorist · middle · infinitive ▸ **1** (3Mac. 3,15)
τιθήνησον ▸ 1
Verb · second · singular · aorist · active · imperative ▸ **1** (Sir. 30,9)
τιθηνούμενοι ▸ 1
Verb · present · passive · participle · masculine · plural · nominative ▸ **1** (Lam. 4,5)
τιθηνία (τιθηνέω) nursing ▸ 1
τιθηνίαι ▸ 1
Noun · feminine · plural · nominative · (common) ▸ **1** (4Mac. 16,7)
τιθηνός (τιθηνέω) nurse, nourisher ▸ 7
τιθηνοὶ ▸ 2
Adjective · feminine · plural · nominative · noDegree ▸ **1** (3Mac.

τίκτω

1,20)
- **Adjective** · masculine · plural · nominative · noDegree ▸ **1** (2Kings 10,5)

τιθηνοί ▸ **1**
- **Adjective** · masculine · plural · nominative · noDegree ▸ **1** (Is. 49,23)

τιθηνόν ▸ **1**
- **Noun** · masculine · singular · accusative · (common) ▸ **1** (Ruth 4,16)

τιθηνός ▸ **2**
- **Adjective** · feminine · singular · nominative · noDegree ▸ **2** (Num. 11,12; 2Sam. 4,4)

τιθηνούς ▸ **1**
- **Adjective** · masculine · plural · accusative · noDegree ▸ **1** (2Kings 10,1)

τίκτω to bear children ▸ 236 + **9** + 18 = 263

ἔτεκεν ▸ 104 + **4** + 4 = 112
- **Verb** · third · singular · aorist · active · indicative ▸ 104 + **4** + 4 = **112** (Gen. 4,1; Gen. 4,17; Gen. 4,20; Gen. 4,22; Gen. 4,25; Gen. 16,15; Gen. 16,15; Gen. 16,16; Gen. 19,37; Gen. 19,38; Gen. 21,2; Gen. 21,3; Gen. 22,23; Gen. 22,24; Gen. 24,24; Gen. 24,36; Gen. 24,47; Gen. 25,2; Gen. 25,12; Gen. 25,26; Gen. 29,32; Gen. 29,33; Gen. 29,34; Gen. 29,35; Gen. 30,5; Gen. 30,7; Gen. 30,10; Gen. 30,12; Gen. 30,17; Gen. 30,19; Gen. 30,21; Gen. 30,23; Gen. 30,25; Gen. 34,1; Gen. 35,16; Gen. 36,4; Gen. 36,4; Gen. 36,5; Gen. 36,12; Gen. 36,14; Gen. 38,3; Gen. 38,4; Gen. 38,5; Gen. 38,5; Gen. 41,50; Gen. 46,15; Gen. 46,18; Gen. 46,20; Gen. 46,20; Gen. 46,22; Gen. 46,25; Ex. 2,2; Ex. 2,22; Ex. 6,23; Ex. 6,25; Num. 26,59; Num. 26,59; Judg. 8,31; Judg. 11,1; Judg. 11,2; Judg. 13,24; Ruth 4,12; Ruth 4,13; Ruth 4,15; 1Sam. 1,20; 1Sam. 2,5; 1Sam. 2,21; 1Sam. 4,19; 2Sam. 11,27; 2Sam. 12,15; 2Sam. 12,24; 2Sam. 21,8; 2Sam. 21,8; 1Kings 1,6; 1Kings 3,18; 1Kings 11,20; 1Kings 12,24e; 2Kings 4,17; 1Chr. 1,32; 1Chr. 2,4; 1Chr. 2,19; 1Chr. 2,21; 1Chr. 2,24; 1Chr. 2,29; 1Chr. 2,35; 1Chr. 4,6; 1Chr. 4,18; 1Chr. 7,14; 1Chr. 7,14; 1Chr. 7,16; 1Chr. 7,18; 1Chr. 7,23; 2Chr. 11,19; 2Chr. 11,20; Psa. 7,15; Ode. 3,5; Hos. 1,3; Hos. 1,6; Hos. 1,8; Is. 8,3; Is. 66,7; Is. 66,8; Jer. 17,11; Jer. 37,6; Judg. 8,31; Judg. 11,2; Judg. 13,2; Judg. 13,24; Matt. 1,25; Luke 2,7; Rev. 12,5; Rev. 12,13)

ἔτεκέν ▸ **2**
- **Verb** · third · singular · aorist · active · indicative ▸ **2** (Gen. 44,27; Jer. 20,14)

ἔτεκες ▸ **2**
- **Verb** · second · singular · aorist · active · indicative ▸ **2** (Is. 51,18; Jer. 15,10)

ἐτέκομεν ▸ **3**
- **Verb** · first · plural · aorist · active · indicative ▸ **3** (1Kings 3,17; Ode. 5,18; Is. 26,18)

ἔτεκον ▸ **11**
- **Verb** · first · singular · aorist · active · indicative ▸ **6** (Gen. 21,7; Gen. 29,34; Gen. 30,20; Num. 11,12; 1Kings 3,21; Is. 23,4)
- **Verb** · third · plural · aorist · active · indicative ▸ **5** (Gen. 20,17; Gen. 30,42; Gen. 31,43; Jer. 14,5; Ezek. 23,4)

Ἔτεκον ▸ **1**
- **Verb** · first · singular · aorist · active · indicative ▸ **1** (1Chr. 4,9)

ἐτέχθη ▸ 2 + **1** + 1 = 4
- **Verb** · third · singular · aorist · passive · indicative ▸ 2 + **1** + 1 = **4** (2Sam. 21,20; Is. 66,8; Judg. 18,29; Luke 2,11)

Ἐτέχθη ▸ **2**
- **Verb** · third · singular · aorist · passive · indicative ▸ **2** (Ruth 4,17; Jer. 20,15)

ἐτέχθην ▸ **1**
- **Verb** · first · singular · aorist · passive · indicative ▸ **1** (Jer. 20,14)

ἐτέχθης ▸ **3**
- **Verb** · second · singular · aorist · passive · indicative ▸ **3** (Jer. 22,26; Ezek. 16,4; Ezek. 16,5)

ἐτέχθησαν ▸ **9**
- **Verb** · third · plural · aorist · passive · indicative ▸ **9** (Gen. 50,23; 2Sam. 3,2; 2Sam. 3,5; 2Sam. 14,27; 2Sam. 21,22; 1Chr. 2,9; 1Chr. 3,5; 1Chr. 14,3; 1Chr. 26,6)

ἔτικτεν ▸ **3**
- **Verb** · third · singular · imperfect · active · indicative ▸ **3** (Gen. 16,1; Gen. 38,27; Judg. 13,2)

ἔτικτον ▸ **2**
- **Verb** · third · plural · imperfect · active · indicative ▸ **2** (Gen. 30,39; Ex. 1,19)

τεκεῖν ▸ 8 + **4** = 12
- **Verb** · aorist · active · infinitive ▸ 8 + **4** = **12** (Gen. 4,2; Gen. 25,24; 1Sam. 4,19; Ode. 5,17; Eccl. 3,2; Is. 26,17; Is. 37,3; Is. 66,7; Luke 1,57; Luke 2,6; Rev. 12,2; Rev. 12,4)

τέκῃ ▸ 5 + **1** = 6
- **Verb** · third · singular · aorist · active · subjunctive ▸ 5 + **1** = **6** (Ex. 21,4; Lev. 12,2; Lev. 12,5; Deut. 25,6; Deut. 28,57; Rev. 12,4)

τεκοῦσα ▸ **2**
- **Verb** · aorist · active · participle · feminine · singular · nominative ▸ **2** (4Mac. 16,6; Hos. 2,7)

τεκοῦσά ▸ **2**
- **Verb** · aorist · active · participle · feminine · singular · nominative ▸ **2** (Prov. 23,25; Song 8,5)

τεκούσαις ▸ **1**
- **Verb** · aorist · active · participle · feminine · plural · dative ▸ **1** (3Mac. 1,18)

τεκοῦσάν ▸ **1**
- **Verb** · aorist · active · participle · feminine · singular · accusative ▸ **1** (Jer. 22,26)

τεκούσῃ ▸ **2**
- **Verb** · aorist · active · participle · feminine · singular · dative ▸ **2** (Prov. 17,25; Song 6,9)

τεκούσης ▸ **1**
- **Verb** · aorist · active · participle · feminine · singular · genitive ▸ **1** (1Kings 3,18)

τέκωσιν ▸ **1**
- **Verb** · third · plural · aorist · active · subjunctive ▸ **1** (Deut. 21,15)

τέξεται ▸ 9 + **2** = 11
- **Verb** · third · singular · future · middle · indicative ▸ 9 + **2** = **11** (Gen. 17,17; Gen. 30,3; Gen. 31,8; Gen. 31,8; Prov. 3,28; Prov. 27,1; Sir. 8,18; Mic. 5,2; Is. 7,14; Matt. 1,21; Matt. 1,23)

τέξεταί ▸ **2**
- **Verb** · third · singular · future · middle · indicative ▸ **2** (Gen. 17,19; Gen. 17,21)

τέξῃ ▸ 5 + **2** + 1 = 8
- **Verb** · second · singular · future · middle · indicative ▸ 5 + **2** + 1 = **8** (Gen. 3,16; Gen. 16,11; Judg. 13,3; Judg. 13,5; Judg. 13,7; Judg. 13,5; Judg. 13,7; Luke 1,31)

τέξομαι ▸ **2**
- **Verb** · first · singular · future · middle · indicative ▸ **2** (Gen. 18,13; Ruth 1,12)

τέτοκας ▸ 2 + **1** = 3
- **Verb** · second · singular · perfect · active · indicative ▸ 2 + **1** = **3** (Judg. 13,3; 1Sam. 4,20; Judg. 13,3)

τέτοκεν ▸ **3**
- **Verb** · third · singular · perfect · active · indicative ▸ **3** (Gen.

22,20; Gen. 30,1; Job 38,29)
τετοκυιῶν ▸ 1
   Verb ▪ perfect ▪ active ▪ participle ▪ feminine ▪ plural ▪ genitive ▸ 1 (Jer. 16,3)
τετοκώς ▸ 1
   Verb ▪ perfect ▪ active ▪ participle ▪ masculine ▪ singular ▪ nominative ▸ 1 (Job 38,28)
τεχθείς ▸ 1
   Verb ▪ aorist ▪ passive ▪ participle ▪ masculine ▪ singular ▪ nominative ▸ 1 (2Sam. 12,14)
τεχθείς ▸ 1
   Verb ▪ aorist ▪ passive ▪ participle ▪ masculine ▪ singular ▪ nominative ▸ 1 (Matt. 2,2)
τεχθεῖσα ▸ 1
   Verb ▪ aorist ▪ passive ▪ participle ▪ feminine ▪ singular ▪ nominative ▸ 1 (Gen. 24,15)
τεχθέντες ▸ 2
   Verb ▪ aorist ▪ passive ▪ participle ▪ masculine ▪ plural ▪ nominative ▸ 2 (1Chr. 3,1; 1Chr. 7,21)
τεχθέντων ▸ 1
   Verb ▪ aorist ▪ passive ▪ participle ▪ masculine ▪ plural ▪ genitive ▸ 1 (1Chr. 14,4)
τεχθῇ ▸ 3
   Verb ▪ third ▪ singular ▪ aorist ▪ passive ▪ subjunctive ▸ 3 (Ex. 1,22; Lev. 22,27; Deut. 15,19)
τεχθησόμενοι ▸ 1
   Verb ▪ future ▪ passive ▪ participle ▪ masculine ▪ plural ▪ nominative ▸ 1 (Psa. 77,6)
τεχθησομένῳ ▸ 1
   Verb ▪ future ▪ passive ▪ participle ▪ masculine ▪ singular ▪ dative ▸ 1 (Psa. 21,32)
τίκτει ▸ 2 + 1 = 3
   Verb ▪ third ▪ singular ▪ present ▪ active ▪ indicative ▸ 2 + 1 = 3 (2Sam. 14,27; Prov. 10,23; James 1,15)
τίκτειν ▸ 6
   Verb ▪ present ▪ active ▪ infinitive ▸ 6 (Gen. 16,2; Gen. 29,35; Gen. 30,9; Gen. 35,17; Gen. 38,28; Ex. 1,16)
τίκτεται ▸ 1
   Verb ▪ third ▪ singular ▪ present ▪ passive ▪ indicative ▸ 1 (1Kings 13,2)
τίκτεταί ▸ 1
   Verb ▪ third ▪ singular ▪ present ▪ passive ▪ indicative ▸ 1 (1Chr. 22,9)
τίκτῃ ▸ 1
   Verb ▪ third ▪ singular ▪ present ▪ active ▪ subjunctive ▸ 1 (John 16,21)
τικτομένῳ ▸ 1 + 1 = 2
   Verb ▪ present ▪ passive ▪ participle ▪ neuter ▪ singular ▪ dative ▸ 1 + 1 = 2 (Judg. 13,8; Judg. 13,8)
τίκτουσα ▸ 5 + 2 = 7
   Verb ▪ present ▪ active ▪ participle ▪ feminine ▪ singular ▪ nominative ▸ 5 + 1 = 6 (Sir. 19,11; Mic. 4,10; Is. 42,14; Is. 54,1; Jer. 15,9; Heb. 6,7)
   Verb ▪ present ▪ active ▪ participle ▪ feminine ▪ singular ▪ vocative ▪ (variant) ▸ 1 (Gal. 4,27)
τίκτουσαι ▸ 1
   Verb ▪ present ▪ active ▪ participle ▪ feminine ▪ plural ▪ nominative ▸ 1 (Sir. 48,19)
τίκτουσαν ▸ 2
   Verb ▪ present ▪ active ▪ participle ▪ feminine ▪ singular ▪ accusative ▸ 2 (Is. 21,3; Jer. 13,21)
τικτούσῃ ▸ 2
   Verb ▪ present ▪ active ▪ participle ▪ feminine ▪ singular ▪ dative ▸ 2 (2Kings 19,3; Is. 37,3)
τικτούσης ▸ 10
   Verb ▪ present ▪ active ▪ participle ▪ feminine ▪ singular ▪ genitive ▸ 10 (Lev. 12,7; Psa. 47,7; Hos. 13,13; Mic. 4,9; Mic. 5,2; Is. 13,8; Jer. 6,24; Jer. 8,21; Jer. 22,23; Jer. 27,43)
τίκτουσιν ▸ 2
   Verb ▪ third ▪ plural ▪ present ▪ active ▪ indicative ▸ 2 (Ex. 1,19; Is. 59,4)
τίλλω to pluck ▸ 4 + 3 = 7
   ἐτίλη ▸ 1
      Verb ▪ third ▪ singular ▪ aorist ▪ passive ▪ indicative ▸ 1 (Dan. 7,4)
   ἔτιλλον ▸ 1 + 1 = 2
      Verb ▪ first ▪ singular ▪ imperfect ▪ active ▪ indicative ▸ 1 (Ezra 9,3)
      Verb ▪ third ▪ plural ▪ imperfect ▪ active ▪ indicative ▸ 1 (Luke 6,1)
   ἐτίλλοσαν ▸ 1
      Verb ▪ third ▪ plural ▪ imperfect ▪ active ▪ indicative ▸ 1 (Sol. 13,3)
   τετιλμένου ▸ 1
      Verb ▪ perfect ▪ passive ▪ participle ▪ masculine ▪ singular ▪ genitive ▸ 1 (Is. 18,7)
   τίλλειν ▸ 1
      Verb ▪ present ▪ active ▪ infinitive ▸ 1 (Matt. 12,1)
   τίλλοντες ▸ 1
      Verb ▪ present ▪ active ▪ participle ▪ masculine ▪ plural ▪ nominative ▸ 1 (Mark 2,23)
Τιμαῖος (τιμή) Timaeus ▸ 1
   Τιμαίου ▸ 1
      Noun ▪ masculine ▪ singular ▪ genitive ▪ (proper) ▸ 1 (Mark 10,46)
τιμάω (τιμή) to honor, value ▸ 46 + 2 + 21 = 69
   ἐτιμήθησαν ▸ 1
      Verb ▪ third ▪ plural ▪ aorist ▪ passive ▪ indicative ▸ 1 (Psa. 138,17)
   ἐτίμησαν ▸ 1
      Verb ▪ third ▪ plural ▪ aorist ▪ active ▪ indicative ▸ 1 (Acts 28,10)
   ἐτιμήσαντο ▸ 1
      Verb ▪ third ▪ plural ▪ aorist ▪ middle ▪ indicative ▸ 1 (Matt. 27,9)
   ἐτίμησεν ▸ 3
      Verb ▪ third ▪ singular ▪ aorist ▪ active ▪ indicative ▸ 3 (1Esdr. 8,26; 2Mac. 13,23; Wis. 14,15)
   ἐτίμων ▸ 1
      Verb ▪ third ▪ plural ▪ imperfect ▪ active ▪ indicative ▸ 1 (Esth. 9,3)
   τετιμημένου ▸ 1 + 1 = 2
      Verb ▪ perfect ▪ passive ▪ participle ▪ masculine ▪ singular ▪ genitive ▸ 1 + 1 = 2 (2Mac. 3,12; Matt. 27,9)
   τετίμηνται ▸ 1
      Verb ▪ third ▪ plural ▪ perfect ▪ passive ▪ indicative ▸ 1 (4Mac. 17,20)
   Τίμα ▸ 2
      Verb ▪ second ▪ singular ▪ present ▪ active ▪ imperative ▸ 2 (Tob. 10,12; Sir. 38,1)
   τίμα ▸ 7 + 1 + 7 = 15
      Verb ▪ second ▪ singular ▪ present ▪ active ▪ imperative ▸ 7 + 1 + 7 = 15 (Ex. 20,12; Deut. 5,16; Tob. 4,3; Prov. 3,9; Prov. 7,1a; Prov. 27,26; Sir. 3,8; Tob. 4,3; Matt. 15,4; Matt. 19,19; Mark 7,10; Mark 10,19; Luke 18,20; Eph. 6,2; 1Tim. 5,3)
   τιμᾷ ▸ 1 + 3 = 4
      Verb ▪ third ▪ singular ▪ present ▪ active ▪ indicative ▸ 1 + 3 = 4 (Prov. 25,2; Matt. 15,8; Mark 7,6; John 5,23)
   τιμᾶν ▸ 3 + 1 = 4

τιμάω–τίμιος

Verb · present · active · infinitive ▸ 3 + 1 = **4** (2Mac. 3,2; Prov. 25,27; Wis. 14,17; Tob..10,14)

τιμᾶσθε ▸ 1
Verb · second · plural · present · middle · indicative ▸ **1** (Is. 55,2)

τιμᾶτε ▸ 1
Verb · second · plural · present · active · imperative ▸ **1** (1Pet. 2,17)

τιμηθέντα ▸ 1
Verb · aorist · passive · participle · masculine · singular · accusative ▸ **1** (Wis. 14,20)

τιμηθήσεται ▸ 1
Verb · third · singular · future · passive · indicative ▸ **1** (Prov. 27,18)

τιμῆσαι ▸ 2
Verb · aorist · active · infinitive ▸ **2** (3Mac. 3,16; 3Mac. 3,17)

τιμῆσαί ▸ 1
Verb · aorist · active · infinitive ▸ **1** (Num. 22,37)

τιμήσασα ▸ 1
Verb · aorist · active · participle · feminine · singular · nominative ▸ **1** (Prov. 6,8c)

τιμήσατε ▸ 1 + 1 = 2
Verb · second · plural · aorist · active · imperative ▸ 1 + 1 = **2** (Wis. 6,21; 1Pet. 2,17)

τιμήσει ▸ 1 + 2 = 3
Verb · third · singular · future · active · indicative ▸ 1 + 2 = **3** (Dan. 11,38; Matt. 15,6; John 12,26)

τιμήσεις ▸ 1
Verb · second · singular · future · active · indicative ▸ **1** (Lev. 19,32)

τιμήσεται ▸ 6
Verb · third · singular · future · middle · indicative ▸ **6** (Lev. 27,8; Lev. 27,8; Lev. 27,12; Lev. 27,12; Lev. 27,14; Lev. 27,14)

τίμησον ▸ 1
Verb · second · singular · aorist · active · imperative ▸ **1** (Prov. 4,8)

Τιμήσω ▸ 1
Verb · first · singular · future · active · indicative ▸ **1** (Num. 24,11)

τιμήσω ▸ 1
Verb · first · singular · future · active · indicative ▸ **1** (Num. 22,17)

τιμῶ ▸ 1
Verb · first · singular · present · active · indicative ▸ **1** (John 8,49)

τιμώμενοι ▸ 1
Verb · present · passive · participle · masculine · plural · nominative ▸ **1** (Esth. 16,3 # 8,12c)

τιμωμένου ▸ 1
Verb · present · passive · participle · masculine · singular · genitive ▸ **1** (Wis. 14,17)

τιμῶν ▸ 3 + 1 = 4
Verb · present · active · participle · masculine · singular · nominative ▸ 3 + 1 = **4** (Prov. 14,31; Sir. 3,3; Sir. 3,5; John 5,23)

τιμῶντες ▸ 1
Verb · present · active · participle · masculine · plural · nominative ▸ **1** (Prov. 15,22)

τιμῶσιν ▸ 2
Verb · third · plural · present · active · indicative ▸ **1** (John 5,23)
Verb · third · plural · present · active · subjunctive ▸ **1** (John 5,23)

τιμῶσίν ▸ 1
Verb · third · plural · present · active · indicative ▸ **1** (Is. 29,13)

τιμή honor ▸ 71 + 6 + 41 = **118**

τιμαῖς ▸ 1 + 1 = 2
Noun · feminine · plural · dative · (common) ▸ 1 + 1 = **2** (Sir. 38,1; Acts 28,10)

τιμὰς ▸ 2 + 2 = 4
Noun · feminine · plural · accusative · (common) ▸ 2 + 2 = **4** (2Mac. 4,15; Ezek. 22,25; Acts 4,34; Acts 19,19)

τιμή ▸ 2
Noun · feminine · singular · nominative · (common) ▸ **2** (Prov. 26,1; Is. 11,10)

τιμή ▸ 13 + 2 + 7 = 22
Noun · feminine · singular · nominative · (common) ▸ 13 + 2 + 7 = **22** (Lev. 27,3; Lev. 27,3; Lev. 27,5; Lev. 27,6; Lev. 27,7; Lev. 27,16; Lev. 27,25; 2Chr. 1,16; 1Mac. 1,39; Psa. 98,4; Prov. 6,26; Job 37,22; Is. 35,2; Dan. 5,20; Dan. 7,14; Matt. 27,6; Rom. 2,10; 1Tim. 1,17; 1Tim. 6,16; 1Pet. 2,7; Rev. 5,13; Rev. 7,12)

τιμῇ ▸ 7 + 5 = 12
Noun · feminine · singular · dative · (common) ▸ 7 + 5 = **12** (Lev. 27,8; 4Mac. 17,20; Psa. 8,6; Psa. 44,10; Psa. 48,13; Psa. 48,21; Is. 14,18; Rom. 12,10; Col. 2,23; 1Th. 4,4; Heb. 2,7; Heb. 2,9)

τιμήν ▸ 4 + 3 = 7
Noun · feminine · singular · accusative · (common) ▸ 4 + 3 = **7** (Num. 20,19; Psa. 28,1; Psa. 61,5; Psa. 95,7; Rom. 13,7; 1Cor. 12,24; 2Tim. 2,21)

τιμὴν ▸ 26 + 4 + 16 = 46
Noun · feminine · singular · accusative · (common) ▸ 26 + 4 + 16 = **46** (Gen. 20,16; Gen. 44,2; Ex. 28,2; Ex. 28,40; Ex. 34,20; Lev. 27,2; Lev. 27,13; Lev. 27,17; Lev. 27,19; Lev. 27,23; Lev. 27,27; 2Chr. 32,33; Esth. 1,20; 2Mac. 5,16; 2Mac. 9,21; Psa. 48,9; Prov. 12,9; Prov. 22,9a; Job 34,19; Job 40,10; Wis. 8,10; Sir. 10,28; Is. 10,16; Dan. 1,9; Dan. 2,37; Dan. 4,30; Dan. 2,6; Dan. 4,30; Dan. 4,36; Dan. 5,18; Matt. 27,9; John 4,44; Rom. 2,7; Rom. 9,21; Rom. 13,7; 1Cor. 12,23; 2Tim. 2,20; Heb. 3,3; Heb. 5,4; 1Pet. 1,7; 1Pet. 3,7; 2Pet. 1,17; Rev. 4,9; Rev. 4,11; Rev. 5,12; Rev. 21,26)

τιμῆς ▸ 14 + 7 = 21
Noun · feminine · singular · genitive · (common) ▸ 14 + 7 = **21** (Lev. 5,15; Lev. 5,18; Lev. 5,25; Lev. 27,15; Lev. 27,23; 1Mac. 10,29; 1Mac. 14,21; 3Mac. 1,12; Psa. 43,13; Job 31,39; Sir. 3,11; Sir. 45,12; Is. 55,1; LetterJ 24; Acts 5,2; Acts 5,3; Acts 7,16; 1Cor. 6,20; 1Cor. 7,23; 1Tim. 5,17; 1Tim. 6,1)

τιμῶν ▸ 2
Noun · feminine · plural · genitive · (common) ▸ **2** (4Mac. 1,10; 4Mac. 11,6)

τίμημα (τιμή) price ▸ **1**

τίμημα ▸ 1
Noun · neuter · singular · accusative · (common) ▸ **1** (Lev. 27,27)

τίμιος (τιμή) precious, rare; honorable ▸ 40 + 2 + 13 = **55**

τιμία ▸ 1
Adjective · feminine · singular · vocative · noDegree ▸ **1** (4Mac. 5,35)

τίμια ▸ 2 + 1 = 3
Adjective · neuter · plural · accusative · noDegree ▸ 2 + 1 = **3** (1Mac. 11,27; Hos. 11,7; 2Pet. 1,4)

τιμίαν ▸ 1
Adjective · feminine · singular · accusative ▸ **1** (Acts 20,24)

τιμίας ▸ 1
Adjective · feminine · plural · accusative · noDegree ▸ **1** (Prov. 6,26)

τίμιοι ▸ 1
Adjective · masculine · plural · nominative · noDegree ▸ **1** (Lam.

4,2)
τιμίοις ▸ 3
　Adjective · masculine · plural · dative · noDegree ▸ 3 (1Kings 7,47; 1Kings 7,48; 2Chr. 3,6)
τίμιον ▸ 19 + 1 = 20
　Adjective · feminine · singular · nominative · noDegree ▸ 1 (Sol. 17,17)
　Adjective · masculine · singular · accusative · noDegree ▸ 10 + 1 = 11 (1Sam. 3,1; 1Kings 10,2; 1Kings 10,10; 1Kings 10,11; 1Chr. 29,2; 2Chr. 9,1; 2Chr. 9,9; 2Chr. 9,10; Psa. 18,11; Prov. 8,19; James 5,7)
　Adjective · neuter · singular · accusative · noDegree ▸ 2 (Sol. 17,43; Jer. 15,19)
　Adjective · neuter · singular · nominative · noDegree ▸ 6 (Prov. 3,15; Prov. 8,11; Prov. 12,27; Prov. 20,6; Eccl. 10,1; Wis. 4,8)
Τίμιος ▸ 1
　Adjective · masculine · singular · nominative ▸ 1 (Heb. 13,4)
τίμιος ▸ 3 + 1 = 4
　Adjective · masculine · singular · nominative · noDegree ▸ 3 + 1 = 4 (1Chr. 20,2; Ezra 4,10; Psa. 115,6; Acts 5,34)
τιμίου ▸ 4 + 1 = 5
　Adjective · masculine · singular · genitive · noDegree ▸ 4 + 1 = 5 (2Sam. 12,30; 2Chr. 32,27; Psa. 20,4; Prov. 24,4; Rev. 18,12)
τιμίους ▸ 1 + 1 = 2
　Adjective · masculine · plural · accusative · noDegree ▸ 1 + 1 = 2 (1Kings 6,1a; 1Cor. 3,12)
τιμίῳ ▸ 1 + 2 + 4 = 7
　Adjective · masculine · singular · dative · noDegree ▸ 1 + 2 + 3 = 6 (Job 28,16; Tob. 13,17; Dan. 11,38; Rev. 17,4; Rev. 18,16; Rev. 21,19)
　Adjective · neuter · singular · dative ▸ 1 (1Pet. 1,19)
τιμίων ▸ 1
　Adjective · masculine · plural · genitive · noDegree ▸ 1 (1Kings 7,46)
τιμιωτάτη ▸ 1
　Adjective · feminine · singular · nominative · superlative ▸ 1 (Wis. 12,7)
τιμιωτάτου ▸ 1
　Adjective · neuter · singular · genitive · superlative ▸ 1 (Rev. 18,12)
τιμιωτέρα ▸ 2
　Adjective · feminine · singular · nominative · comparative ▸ 2 (Prov. 3,15; Prov. 31,10)
τιμιωτάτῳ ▸ 1
　Adjective · masculine · singular · dative · superlative ▸ 1 (Rev. 21,11)

τιμιότης (τιμή) abundance ▸ 1
　τιμιότητος ▸ 1
　　Noun · feminine · singular · genitive ▸ 1 (Rev. 18,19)

τιμογραφέω (τιμή; γράφω) to tax ▸ 1
　ἐτιμογράφησεν ▸ 1
　　Verb · third · singular · aorist · active · indicative ▸ 1 (2Kings 23,35)

Τιμόθεος (τιμή; θεός) Timothy ▸ 18 + 26 = 44
　Τιμόθεε ▸ 2
　　Noun · masculine · singular · vocative · (proper) ▸ 2 (1Tim. 1,18; 1Tim. 6,20)
　ΤΙΜΟΘΕΟΝ ▸ 2
　　Noun · masculine · singular · accusative · (proper) ▸ 2 (1Tim. 1,0; 2Tim. 1,0)
　Τιμόθεον ▸ 8 + 6 = 14
　　Noun · masculine · singular · accusative · (proper) ▸ 8 + 6 = 14 (1Mac. 5,6; 2Mac. 8,30; 2Mac. 8,32; 2Mac. 9,3; 2Mac. 10,37; 2Mac. 12,10; 2Mac. 12,18; 2Mac. 12,20; Acts 17,15; Acts 19,22; 1Cor. 4,17; Phil. 2,19; 1Th. 3,2; Heb. 13,23)
　Τιμόθεος ▸ 8 + 12 = 20
　　Noun · masculine · singular · nominative · (proper) ▸ 8 + 12 = 20 (1Mac. 5,11; 1Mac. 5,37; 1Mac. 5,40; 2Mac. 10,24; 2Mac. 10,32; 2Mac. 12,2; 2Mac. 12,21; 2Mac. 12,24; Acts 16,1; Acts 17,14; Acts 18,5; Acts 20,4; Rom. 16,21; 1Cor. 16,10; 2Cor. 1,1; Phil. 1,1; Col. 1,1; 1Th. 1,1; 2Th. 1,1; Philem. 1)
　Τιμοθέου ▸ 2 + 2 = 4
　　Noun · masculine · singular · genitive · (proper) ▸ 2 + 2 = 4 (1Mac. 5,34; 2Mac. 12,19; 2Cor. 1,19; 1Th. 3,6)
　Τιμοθέῳ ▸ 2
　　Noun · masculine · singular · dative · (proper) ▸ 2 (1Tim. 1,2; 2Tim. 1,2)

Τίμων Timon ▸ 1
　Τίμωνα ▸ 1
　　Noun · masculine · singular · accusative · (proper) ▸ 1 (Acts 6,5)

τιμωρέω (τιμή; αἴρω) to punish, torment ▸ 11 + 2 = 13
　ἐτιμωρήσατο ▸ 1
　　Verb · third · singular · aorist · middle · indicative ▸ 1 (Judg. 5,14)
　ἐτιμωρήσω ▸ 2
　　Verb · second · singular · aorist · middle · indicative ▸ 2 (Wis. 12,20; Wis. 18,8)
　τετιμώρηται ▸ 1
　　Verb · third · singular · perfect · passive · indicative ▸ 1 (4Mac. 18,5)
　τιμωρηθῆναι ▸ 2
　　Verb · aorist · passive · infinitive ▸ 2 (2Mac. 7,7; 4Mac. 17,21)
　τιμωρηθῶσιν ▸ 1
　　Verb · third · plural · aorist · passive · subjunctive ▸ 1 (Acts 22,5)
　τιμωρήσειεν ▸ 1
　　Verb · third · singular · aorist · active · optative ▸ 1 (4Mac. 9,24)
　τιμωρήσεται ▸ 1
　　Verb · third · singular · future · middle · indicative ▸ 1 (4Mac. 12,18)
　τιμωρήσομαι ▸ 1
　　Verb · first · singular · future · middle · indicative ▸ 1 (Ezek. 14,15)
　τιμωρήσομαί ▸ 1
　　Verb · first · singular · future · middle · indicative ▸ 1 (Ezek. 5,17)
　τιμωρούμενον ▸ 1
　　Verb · present · passive · participle · masculine · singular · accusative ▸ 1 (Prov. 22,3)
　τιμωρῶν ▸ 1
　　Verb · present · active · participle · masculine · singular · nominative ▸ 1 (Acts 26,11)

τιμωρητής (τιμή; αἴρω) punisher; avenger ▸ 1
　τιμωρητάς ▸ 1
　　Noun · masculine · plural · accusative · (common) ▸ 1 (2Mac. 4,16)

τιμωρία (τιμή; αἴρω) punishment ▸ 15 + 1 = 16
　τιμωρίᾳ ▸ 2
　　Noun · feminine · singular · dative · (common) ▸ 2 (1Esdr. 8,24; 4Mac. 5,10)
　τιμωρίαι ▸ 2
　　Noun · feminine · plural · nominative · (common) ▸ 2 (Prov. 19,29; Wis. 19,13)
　τιμωρίαις ▸ 3

τιμωρία–τὶς

    Noun · feminine · plural · dative · (common) ▸ **3** (3Mac. 2,6; 3Mac. 4,4; 3Mac. 7,3)

τιμωρίαν ▸ **4**

    Noun · feminine · singular · accusative · (common) ▸ **4** (2Mac. 6,26; 4Mac. 11,3; Jer. 38,21; Dan. 2,18)

τιμωρίας ▸ **4 + 1 = 5**

    Noun · feminine · plural · accusative · (common) ▸ **2** (2Mac. 6,12; Prov. 24,22)

    Noun · feminine · singular · genitive · (common) ▸ **2 + 1 = 3** (3Mac. 4,13; 4Mac. 4,24; Heb. 10,29)

τίναγμα (τινάσσω) shake ▸ **1**

    τινάγματι ▸ **1**

    Noun · neuter · singular · dative · (common) ▸ **1** (Job 28,26)

τίνω to pay; undergo payment ▸ **4 + 1 = 5**

    Τείσομαι ▸ **1**

    Verb · first · singular · future · middle · indicative ▸ **1** (Prov. 20,20 # 20,9c)

    τείσομαι ▸ **1**

    Verb · first · singular · future · middle · indicative ▸ **1** (Prov. 24,29)

    τείσονται ▸ **1**

    Verb · third · plural · future · middle · indicative ▸ **1** (Prov. 24,22)

    τείσουσιν ▸ **1**

    Verb · third · plural · future · active · indicative ▸ **1** (Prov. 27,12)

    τίσουσιν ▸ **1**

    Verb · third · plural · future · active · indicative ▸ **1** (2Th. 1,9)

τὶς (τις) a certain, a, one ▸ **328 + 14 + 525 = 867**

    τι ▸ **96 + 9 + 91 = 196**

    Adjective · neuter · singular · accusative · noDegree · (intensive) ▸ **12 + 2 = 14** (Num. 11,1; Num. 22,38; Num. 22,41; Num. 23,13; 1Kings 3,5; 1Kings 12,24d; 1Kings 12,31; Tob. 2,4; 2Mac. 4,46; 2Mac. 8,21; Dan. 2,41; Dan. 2,41; Dan. 2,41; Dan. 2,41)

    Adjective · neuter · singular · nominative · noDegree · (intensive) ▸ **10 + 5 = 15** (Num. 33,6; 1Mac. 4,19; 1Mac. 6,40; Job 4,12; Dan. 2,33; Dan. 2,33; Dan. 2,42; Dan. 2,42; Dan. 2,42; Dan. 2,42; Dan. 2,33; Dan. 2,33; Dan. 2,42; Dan. 2,42; Dan. 2,42)

    Pronoun · (indefinite) · neuter · singular · accusative ▸ **65 + 2 + 83 = 150** (Gen. 18,30; Gen. 18,32; Gen. 20,9; Ex. 19,12; Ex. 22,8; Lev. 4,2; Lev. 5,4; Lev. 5,21; Josh. 24,27; Ruth 2,9; 1Sam. 14,6; 1Sam. 19,3; 2Sam. 13,2; 2Sam. 16,1; 2Kings 5,20; 2Kings 9,35; 2Chr. 32,13; 1Esdr. 6,31; 1Esdr. 8,22; 1Esdr. 8,75; Ezra 6,8; Ezra 7,16; Judith 2,13; 1Mac. 14,44; 1Mac. 14,45; 2Mac. 9,24; 2Mac. 9,24; 2Mac. 15,11; 3Mac. 1,9; 3Mac. 2,3; 3Mac. 3,7; 3Mac. 7,9; 3Mac. 7,22; 4Mac. 2,17; Psa. 8,6; Prov. 3,30; Prov. 15,23; Prov. 20,25; Prov. 21,25; Prov. 25,28; Job 2,9e; Job 4,18; Job 5,27; Job 6,22; Job 6,24; Job 14,17; Job 34,4; Wis. 11,24; Wis. 11,25; Sir. 1,12 Prol.; Sir. 19,13; Amos 3,4; Amos 3,5; Mic. 7,5; Is. 5,8; Is. 8,8; Is. 57,8; Is. 57,17; Jer. 39,27; Lam. 5,1; Ezek. 16,5; Dan. 1,2; Dan. 4,37a; Dan. 6,8; Dan. 6,13a; Judg. 6,17; Judg. 18,14; Matt. 5,23; Matt. 18,28; Matt. 20,20; Matt. 21,3; Mark 8,23; Mark 9,22; Mark 11,13; Mark 11,25; Mark 13,15; Mark 16,18; Luke 7,40; Luke 11,36; Luke 11,54; Luke 12,4; Luke 19,8; Luke 23,8; Luke 24,41; John 5,19; John 6,7; John 7,4; John 13,29; John 14,14; John 16,23; John 21,5; Acts 3,5; Acts 4,32; Acts 5,2; Acts 8,36; Acts 10,11; Acts 11,5; Acts 17,21; Acts 17,21; Acts 19,32; Acts 19,39; Acts 21,34; Acts 21,37; Acts 23,17; Acts 23,18; Acts 23,20; Acts 24,19; Acts 25,8; Acts 25,11; Acts 25,26; Acts 26,26; Acts 26,31; Acts 27,16; Acts 28,3; Acts 28,19; Acts 28,21; Rom. 1,11; Rom. 9,11; Rom. 14,14; Rom. 15,18; 1Cor. 2,2; 1Cor. 4,5; 1Cor. 8,2; 1Cor. 10,31; 1Cor. 11,18; 1Cor. 14,35; 2Cor. 2,10; 2Cor. 2,10; 2Cor. 3,5; 2Cor. 7,14; 2Cor. 10,8; 2Cor. 11,1; 2Cor. 11,16; 2Cor. 12,6; 2Cor. 13,8; Gal. 2,6; Gal. 5,6; Eph. 5,27; Eph. 6,8; Phil. 3,15; 1Th. 1,8; 1Tim. 6,7; Philem. 18; Heb. 2,7; Heb. 2,9; Heb. 8,3; Heb. 11,40; James 1,7; 1John 5,14; 3John 9)

    Pronoun · (indefinite) · neuter · singular · nominative ▸ **9 + 8 = 17** (2Kings 12,17; Ezra 7,18; 1Mac. 13,39; 2Mac. 3,17; Eccl. 6,3; Eccl. 6,10; Sir. 29,26; Zech. 9,17; Zech. 9,17; John 1,46; John 5,14; John 6,12; Acts 18,14; 1Cor. 3,7; Gal. 6,3; Phil. 2,1; 1Tim. 1,10)

    τί ▸ **1 + 4 = 5**

    Pronoun · (indefinite) · neuter · singular · nominative ▸ **1 + 4 = 5** (Job 11,14; Acts 25,5; 1Cor. 10,19; 1Cor. 10,19; Gal. 6,15)

    τινα ▸ **23 + 3 + 31 = 57**

    Adjective · feminine · singular · accusative · noDegree · (intensive) ▸ **4** (2Mac. 3,38; 2Mac. 12,13; 2Mac. 15,13; 3Mac. 1,15)

    Adjective · masculine · singular · accusative · noDegree · (intensive) ▸ **5 + 1 = 6** (Gen. 38,1; Ex. 2,11; Esth. 13,4 # 3,13d; 2Mac. 3,38; Prov. 7,12; Tob. 2,3)

    Pronoun · (indefinite) · feminine · singular · accusative ▸ **5** (Luke 17,12; Luke 21,2; Acts 27,26; 1Cor. 9,12; James 1,18)

    Pronoun · (indefinite) · masculine · singular · accusative ▸ **12 + 2 + 23 = 37** (Ex. 21,12; Ex. 21,17; Tob. 1,17; Tob. 1,18; Tob. 6,8; 1Mac. 10,35; 2Mac. 11,36; 3Mac. 1,3; 4Mac. 16,12; Job 5,1; Wis. 12,11; Is. 66,13; Tob. 1,17; Tob. 1,18; Mark 9,38; Mark 15,21; Luke 8,51; Luke 9,49; Luke 23,26; John 13,20; Acts 5,36; Acts 7,24; Acts 8,9; Acts 9,33; Acts 10,5; Acts 18,2; Acts 19,38; Acts 24,12; Acts 25,16; Acts 27,39; 1Cor. 1,16; 1Cor. 5,1; 2Cor. 12,17; Col. 3,13; 1Th. 2,9; 2Th. 3,8; 1Pet. 5,8)

    Pronoun · (indefinite) · neuter · plural · accusative ▸ **1 + 2 = 3** (2Mac. 4,32; Acts 17,20; Acts 25,19)

    Pronoun · (indefinite) · neuter · singular · accusative ▸ **1** (Sir. 1,30 Prol.)

    Pronoun · (indefinite) · neuter · plural · nominative ▸ **1** (2Pet. 3,16)

    τινά ▸ **2 + 1 = 3**

    Pronoun · (indefinite) · feminine · singular · accusative ▸ **1** (Luke 10,38)

    Pronoun · (indefinite) · masculine · singular · accusative ▸ **2** (2Mac. 10,11; 4Mac. 16,11)

    τινὰ ▸ **6 + 13 = 19**

    Adjective · feminine · singular · accusative · noDegree · (intensive) ▸ **1** (2Mac. 3,32)

    Adjective · masculine · singular · accusative · noDegree · (intensive) ▸ **2** (2Kings 6,8; Ezek. 27,33)

    Pronoun · (indefinite) · feminine · singular · accusative ▸ **5** (Luke 23,19; Acts 16,16; Acts 27,27; Rom. 15,26; Heb. 4,7)

    Pronoun · (indefinite) · masculine · singular · accusative ▸ **2 + 8 = 10** (3Mac. 3,27; Job 27,10; Matt. 8,28; Acts 13,6; Acts 18,23; Acts 27,8; Rom. 1,13; 1Cor. 16,7; Heb. 5,12; James 5,12)

    Pronoun · (indefinite) · neuter · plural · accusative ▸ **1** (2Mac. 3,11)

    τίνα ▸ **1**

    Pronoun · (indefinite) · masculine · singular · accusative ▸ **1** (Jer. 15,10)

    τινας ▸ **7 + 13 = 20**

    Pronoun · (indefinite) · feminine · plural · accusative ▸ **1** (Acts 15,36)

    Pronoun · (indefinite) · masculine · plural · accusative ▸ **7 + 12 = 19** (1Mac. 7,19; 1Mac. 16,16; 2Mac. 10,20; 2Mac. 11,37; 3Mac. 3,10; 3Mac. 4,4; 4Mac. 7,20; Mark 12,13; Luke 18,9; Acts 9,2; Acts 12,1; Acts 15,2; Acts 17,6; Acts 19,1; Acts 27,1; 2Cor. 10,2; Gal. 2,12; 2Th. 3,11; 2Pet. 3,9)

τινὰς ▸ 2 + 9 = 11
   Adjective · feminine · plural · accusative · noDegree · (intensive)
      ▸ **1** (Gen. 27,44)
   Pronoun · (indefinite) · feminine · plural · accusative ▸ **2** (Acts 9,19; Acts 24,24)
   Pronoun · (indefinite) · masculine · plural · accusative ▸ 1 + 7 = **8** (2Mac. 4,42; Mark 7,2; Luke 7,18; Acts 17,5; Acts 23,23; Rom. 11,14; 1Cor. 9,22; Heb. 4,6)

τινάς ▸ 2
   Pronoun · (indefinite) · feminine · plural · accusative ▸ **2** (Acts 10,48; Acts 16,12)

τινες ▸ 26 + 56 = 82
   Adjective · masculine · plural · nominative · noDegree · (intensive) ▸ **4** (1Mac. 15,3; 1Mac. 15,21; 3Mac. 3,10; Dan. 3,12)
   Pronoun · (indefinite) · feminine · plural · nominative ▸ **3** (Luke 8,2; Luke 24,22; 1Tim. 5,15)
   Pronoun · (indefinite) · masculine · plural · nominative ▸ 22 + 53 = **75** (Ex. 16,20; Ex. 16,27; Neh. 5,2; Neh. 5,3; Neh. 5,4; 1Mac. 1,13; 1Mac. 6,21; 1Mac. 6,40; 1Mac. 10,14; 1Mac. 11,21; 1Mac. 11,25; 1Mac. 13,40; 2Mac. 3,31; 3Mac. 2,30; 4Mac. 1,5; 4Mac. 3,21; 4Mac. 4,23; 4Mac. 5,3; 4Mac. 6,13; 4Mac. 7,17; 4Mac. 8,16; Jer. 44,10; Matt. 9,3; Matt. 12,38; Matt. 16,28; Matt. 28,11; Mark 2,6; Mark 7,1; Mark 8,3; Mark 9,1; Mark 11,5; Mark 14,4; Mark 14,57; Mark 14,65; Mark 15,35; Luke 9,27; Luke 13,1; Luke 13,31; Luke 19,39; Luke 20,27; Luke 20,39; Luke 24,24; John 6,64; John 7,25; John 12,20; Acts 6,9; Acts 10,23; Acts 11,20; Acts 15,1; Acts 15,5; Acts 17,4; Acts 17,18; Acts 17,28; Acts 19,9; Acts 19,13; Rom. 3,3; Rom. 3,8; Rom. 11,17; 1Cor. 4,18; 1Cor. 6,11; 1Cor. 10,7; 1Cor. 10,8; 1Cor. 10,9; 1Cor. 15,12; 1Cor. 15,34; 2Cor. 3,1; 1Tim. 1,6; 1Tim. 1,19; 1Tim. 4,1; 1Tim. 6,10; 1Tim. 6,21; Heb. 13,2; 1Pet. 3,1; 2Pet. 3,9; Jude 4)

τινὲς ▸ 8 + 18 = 26
   Pronoun · (indefinite) · feminine · plural · nominative ▸ **1** (2Mac. 3,19)
   Pronoun · (indefinite) · masculine · plural · nominative ▸ 7 + 18 = **25** (2Mac. 2,6; 2Mac. 4,41; 3Mac. 7,3; 4Mac. 17,1; Sir. 48,16; Sir. 48,16; LetterJ 31; Matt. 27,47; Luke 6,2; Luke 11,15; John 7,44; John 11,37; John 11,46; John 13,29; Acts 15,24; Acts 17,18; Acts 17,34; Acts 19,31; Acts 23,9; Acts 24,19; 1Cor. 8,7; 1Cor. 10,10; 1Cor. 15,6; Phil. 1,15; Phil. 1,15)

τινές ▸ 2
   Pronoun · (indefinite) · masculine · plural · nominative ▸ **2** (John 9,16; Gal. 1,7)

τινι ▸ 13 + 10 = 23
   Adjective · masculine · singular · dative · noDegree · (intensive) ▸ **4** (Lev. 13,2; 1Mac. 15,33; 2Mac. 10,37; 2Mac. 12,18)
   Pronoun · (indefinite) · feminine · singular · dative ▸ **2** (Luke 18,2; Col. 2,23)
   Pronoun · (indefinite) · masculine · singular · dative ▸ 9 + 7 = **16** (Ex. 24,14; Ex. 32,24; Lev. 13,40; Lev. 15,32; Lev. 25,26; Lev. 25,51; Deut. 21,18; Deut. 21,22; 1Mac. 1,57; Matt. 18,12; Luke 7,41; Acts 9,43; Acts 10,6; Acts 21,16; 1Th. 5,15; Heb. 3,12)
   Pronoun · (indefinite) · neuter · singular · dative ▸ **1** (Gal. 6,1)

τινὶ ▸ 2 + 3 = 5
   Adjective · neuter · singular · dative · noDegree · (intensive) ▸ **1** (Wis. 13,14)
   Pronoun · (indefinite) · masculine · singular · dative ▸ 1 + 3 = **4** (LetterJ 17; Luke 11,1; Luke 12,15; Acts 5,15)

τίνι ▸ 1
   Pronoun · (indefinite) · masculine · singular · dative ▸ **1** (Num. 5,7)

τινος ▸ 8 + 16 = 24
   Adjective · feminine · singular · genitive · noDegree · (intensive) ▸ **1** (2Mac. 14,45)
   Adjective · masculine · singular · genitive · noDegree · (intensive) ▸ **1** (4Mac. 5,1)
   Pronoun · (indefinite) · masculine · singular · genitive ▸ 4 + 12 = **16** (2Mac. 4,3; Job 31,35; LetterJ 33; LetterJ 43; Mark 11,25; Mark 12,19; Luke 7,2; Luke 14,1; Luke 14,8; Luke 20,28; Acts 19,14; Acts 25,19; 1Cor. 3,14; 1Cor. 3,15; 2Th. 3,8; Heb. 3,4)
   Pronoun · (indefinite) · neuter · singular · genitive ▸ 2 + 4 = **6** (2Sam. 3,35; 4Mac. 17,7; Luke 22,35; Acts 17,25; 1Cor. 6,12; 1Cor. 15,37)

τινὸς ▸ 6 + 2 = 8
   Adjective · feminine · singular · genitive · noDegree · (intensive) ▸ **2** (2Mac. 4,8; 3Mac. 2,31)
   Adjective · masculine · singular · genitive · noDegree · (intensive) ▸ **1** (2Mac. 4,40)
   Pronoun · (indefinite) · masculine · singular · genitive ▸ 3 + 2 = **5** (Ex. 12,44; Ex. 21,35; 2Mac. 12,35; Luke 12,16; Acts 18,7)

τινός ▸ 3
   Pronoun · (indefinite) · masculine · singular · genitive ▸ **3** (Luke 19,8; Acts 8,34; Acts 24,1)

τινων ▸ 3 + 7 = 10
   Adjective · neuter · plural · genitive · noDegree · (intensive) ▸ **1** (2Mac. 13,6)
   Pronoun · (indefinite) · masculine · plural · genitive ▸ 2 + 6 = **8** (2Mac. 10,20; Job 22,8; Luke 9,7; Luke 9,8; Luke 21,5; John 20,23; John 20,23; 2Tim. 2,18)
   Pronoun · (indefinite) · neuter · plural · genitive ▸ **1** (Acts 27,44)

τινῶν ▸ 1 + 2 = 3
   Adjective · masculine · plural · genitive · noDegree · (intensive) ▸ **1** (Bel 14)
   Pronoun · (indefinite) · feminine · plural · genitive ▸ **1** (Acts 25,13)
   Pronoun · (indefinite) · masculine · plural · genitive ▸ **1** (Acts 24,1)

Τινῶν ▸ 1
   Pronoun · (indefinite) · masculine · plural · genitive ▸ **1** (1Tim. 5,24)

τις ▸ 113 + 2 + 231 = 346
   Adjective · feminine · singular · nominative · noDegree · (intensive) ▸ **3** (Gen. 39,11; 2Mac. 4,13; Wis. 19,15)
   Adjective · masculine · singular · nominative · noDegree · (intensive) ▸ **10** (Lev. 19,33; Deut. 1,31; Deut. 8,5; Deut. 22,26; 2Sam. 19,23; 2Mac. 3,25; 2Mac. 14,3; 3Mac. 1,2; 3Mac. 6,1; Bel 2)
   Pronoun · (indefinite) · feminine · singular · nominative ▸ 3 + 16 = **19** (3Mac. 1,28; 4Mac. 3,11; LetterJ 43; Luke 8,46; Luke 10,38; Luke 11,27; Luke 22,56; Acts 9,36; Acts 16,14; Rom. 8,39; Rom. 13,9; 1Cor. 7,13; Phil. 2,1; Phil. 2,1; Phil. 4,8; 1Tim. 5,4; 1Tim. 5,16; Heb. 10,27; Heb. 12,15)
   Pronoun · (indefinite) · masculine · singular · nominative ▸ 97 + 2 + 215 = **314** (Gen. 6,5; Gen. 13,16; Gen. 14,13; Gen. 26,10; Gen. 33,10; Ex. 2,1; Ex. 12,48; Ex. 21,7; Ex. 21,14; Ex. 21,18; Ex. 21,20; Ex. 21,26; Ex. 21,33; Ex. 21,37; Ex. 22,4; Ex. 22,6; Ex. 22,9; Ex. 22,13; Ex. 22,15; Ex. 32,33; Ex. 33,11; Lev. 15,24; Lev. 19,20; Lev. 20,2; Lev. 20,11; Lev. 20,12; Lev. 24,19; Lev. 25,29; Num. 5,13; Num. 5,19; Num. 5,20; Num. 6,9; Deut. 1,35; Deut. 22,13; Deut. 22,28; Deut. 24,1; Deut. 24,5; Josh. 2,20; Judg. 4,20; 1Sam. 10,12; 1Sam. 24,20; 1Kings 19,5; Ezra 7,23; 1Mac. 1,57; 1Mac. 6,5; 1Mac. 16,21; 2Mac. 3,4; 2Mac. 3,37; 2Mac. 6,18; 2Mac. 12,35; 2Mac. 14,37; 3Mac. 1,14; 4Mac. 1,24;

τίς

4Mac. 2,7; 4Mac. 2,8; 4Mac. 2,9; 4Mac. 2,24; 4Mac. 3,2; 4Mac. 3,3; 4Mac. 3,4; 4Mac. 4,1; 4Mac. 6,8; 4Mac. 17,1; Psa. 28,9; Psa. 87,12; Prov. 6,27; Prov. 6,28; Prov. 6,30; Prov. 17,28; Prov. 23,7; Prov. 25,26; Job 1,1; Job 6,2; Job 25,3; Wis. 8,7; Wis. 8,8; Wis. 9,6; Wis. 11,16; Wis. 13,11; Wis. 14,1; Wis. 14,4; Wis. 16,21; Wis. 17,16; Sir. 10,24; Sol. 5,3; Hab. 1,5; Is. 10,15; Is. 17,5; Is. 17,5; Is. 24,13; Is. 33,4; Is. 49,24; Is. 49,24; Is. 49,25; LetterJ 23; LetterJ 26; LetterJ 34; Judg. 16,9; Tob. 1,19; Matt. 11,27; Matt. 12,19; Matt. 12,29; Matt. 12,47; Matt. 16,24; Matt. 21,3; Matt. 22,24; Matt. 22,46; Matt. 24,4; Matt. 24,23; Mark 4,23; Mark 8,4; Mark 8,34; Mark 9,30; Mark 9,35; Mark 11,3; Mark 11,16; Mark 13,5; Mark 13,21; Mark 14,47; Mark 14,51; Mark 15,36; Luke 1,5; Luke 7,36; Luke 8,27; Luke 8,49; Luke 9,8; Luke 9,19; Luke 9,23; Luke 9,57; Luke 10,25; Luke 10,30; Luke 10,31; Luke 10,33; Luke 11,1; Luke 11,45; Luke 12,13; Luke 13,6; Luke 13,23; Luke 14,2; Luke 14,15; Luke 14,16; Luke 14,26; Luke 15,11; Luke 16,1; Luke 16,19; Luke 16,20; Luke 16,30; Luke 16,31; Luke 18,2; Luke 18,18; Luke 18,35; Luke 19,12; Luke 19,31; Luke 20,9; Luke 22,50; Luke 22,59; John 2,25; John 3,3; John 3,5; John 4,33; John 4,46; John 5,5; John 6,46; John 6,50; John 6,51; John 7,17; John 7,37; John 7,48; John 8,51; John 8,52; John 9,22; John 9,31; John 9,32; John 10,9; John 10,28; John 11,1; John 11,9; John 11,10; John 11,49; John 11,57; John 12,26; John 12,26; John 14,23; John 15,6; John 15,13; Acts 2,45; Acts 3,2; Acts 4,34; Acts 4,35; Acts 5,1; Acts 5,25; Acts 5,34; Acts 8,9; Acts 8,31; Acts 9,10; Acts 10,1; Acts 10,47; Acts 11,29; Acts 13,41; Acts 14,8; Acts 16,1; Acts 16,9; Acts 18,24; Acts 19,24; Acts 20,9; Acts 21,10; Acts 22,12; Acts 27,42; Acts 28,21; Rom. 5,7; Rom. 5,7; Rom. 8,9; 1Cor. 1,15; 1Cor. 3,4; 1Cor. 3,12; 1Cor. 3,17; 1Cor. 3,18; 1Cor. 4,2; 1Cor. 5,11; 1Cor. 6,1; 1Cor. 7,12; 1Cor. 7,18; 1Cor. 7,18; 1Cor. 7,36; 1Cor. 8,2; 1Cor. 8,3; 1Cor. 8,10; 1Cor. 10,27; 1Cor. 10,28; 1Cor. 11,16; 1Cor. 11,34; 1Cor. 14,24; 1Cor. 14,27; 1Cor. 14,37; 1Cor. 14,38; 1Cor. 15,35; 1Cor. 16,11; 1Cor. 16,22; 2Cor. 2,5; 2Cor. 5,17; 2Cor. 8,20; 2Cor. 10,7; 2Cor. 11,20; 2Cor. 11,20; 2Cor. 11,20; 2Cor. 11,20; 2Cor. 11,20; 2Cor. 11,21; 2Cor. 12,6; Gal. 1,9; Gal. 6,3; Eph. 2,9; Eph. 4,29; Phil. 2,1; Phil. 3,4; Phil. 4,8; Col. 2,8; Col. 2,16; Col. 3,13; 1Th. 5,15; 2Th. 2,3; 2Th. 3,10; 2Th. 3,14; 1Tim. 1,8; 1Tim. 3,1; 1Tim. 3,5; 1Tim. 5,8; 1Tim. 6,3; 2Tim. 2,5; 2Tim. 2,21; Titus 1,12; Heb. 2,6; Heb. 3,13; Heb. 4,1; Heb. 4,11; Heb. 5,4; Heb. 10,28; Heb. 12,15; Heb. 12,16; James 1,5; James 1,23; James 1,26; James 2,14; James 2,16; James 2,18; James 3,2; James 5,13; James 5,13; James 5,14; James 5,19; James 5,19; 1Pet. 2,19; 1Pet. 4,11; 1Pet. 4,11; 1Pet. 4,15; 2Pet. 2,19; 1John 2,1; 1John 2,15; 1John 2,27; 1John 4,20; 1John 5,16; 2John 10; Rev. 3,20; Rev. 11,5; Rev. 11,5; Rev. 13,9; Rev. 13,10; Rev. 13,10; Rev. 13,17; Rev. 14,9; Rev. 14,11; Rev. 20,15; Rev. 22,18; Rev. 22,19)

τίς ▸ 8 + 6 = 14
  Pronoun · (indefinite) · feminine · singular · nominative ▸ 2 (Deut. 29,17; 4Mac. 5,13)
  Pronoun · (indefinite) · masculine · singular · nominative ▸ 6 + 6 = 12 (Gen. 19,12; Gen. 19,12; Ex. 21,17; Deut. 29,17; 1Esdr. 2,3; Sir. 16,17; John 12,47; John 16,30; Acts 13,15; Acts 25,14; 2Cor. 11,16; Titus 1,6)

τισιν ▸ 1
  Pronoun · (indefinite) · masculine · plural · dative ▸ 1 (2Cor. 10,12)

τισὶν ▸ 1 + 2 = 3
  Pronoun · (indefinite) · feminine · plural · dative ▸ 1 (Sir. 1,20 Prol.)
  Pronoun · (indefinite) · masculine · plural · dative ▸ 2 (1Tim. 1,3; 1Tim. 5,24)

τισὶν ▸ 1

Pronoun · (indefinite) · masculine · plural · dative ▸ 1 (Heb. 10,25)

τίς who? what? why? ▸ 1427 + 84 + 556 = 2067
  Τί ▸ 224 + 17 + 23 = 264
  Adjective · neuter · singular · accusative · noDegree · (interrogative) ▸ 1 + 1 = 2 (Judg. 8,1; Judg. 8,1)
  Adjective · neuter · singular · nominative · noDegree · (interrogative) ▸ 13 + 1 = 14 (Gen. 31,36; Gen. 32,28; Gen. 37,10; Gen. 44,15; Gen. 46,33; Gen. 47,3; Ex. 3,13; Judg. 13,17; 2Kings 20,8; 2Kings 23,17; Neh. 2,19; Job 25,2; Jer. 23,33; Judg. 13,17)
  Pronoun · (indefinite) · neuter · singular · nominative ▸ 1 (1Sam. 3,17)
  Pronoun · (interrogative) · neuter · singular · accusative ▸ 118 + 7 + 12 = 137 (Gen. 3,13; Gen. 4,10; Gen. 12,18; Gen. 20,9; Gen. 20,10; Gen. 26,10; Gen. 29,25; Gen. 30,31; Gen. 31,26; Gen. 37,15; Gen. 38,16; Gen. 38,29; Gen. 42,28; Gen. 43,6; Gen. 44,16; Ex. 14,5; Ex. 15,24; Ex. 16,15; Ex. 17,2; Ex. 17,4; Ex. 32,21; Lev. 25,20; Num. 22,9; Num. 22,28; Num. 23,11; Num. 23,17; Josh. 7,25; Judg. 8,2; Judg. 9,48; Judg. 11,12; Judg. 14,18; Judg. 18,8; Judg. 18,18; Judg. 21,16; 1Sam. 5,8; 1Sam. 5,10; 1Sam. 6,2; 1Sam. 10,2; 1Sam. 10,27; 1Sam. 13,11; 1Sam. 17,8; 1Sam. 20,1; 1Sam. 20,4; 1Sam. 28,14; 1Sam. 29,8; 2Sam. 3,24; 2Sam. 6,20; 2Sam. 18,23; 2Sam. 21,3; 2Sam. 21,4; 1Kings 2,29; 1Kings 12,9; 1Kings 18,9; 1Kings 19,9; 1Kings 19,13; 1Kings 20,5; 2Kings 4,2; 2Kings 4,14; 2Kings 4,43; 2Kings 6,28; 2Kings 7,3; 2Kings 8,14; 2Kings 9,18; 2Kings 9,19; 2Kings 9,22; 2Kings 20,14; 2Kings 20,15; 2Chr. 10,9; 2Chr. 25,15; Esth. 5,3; Esth. 6,6; Tob. 5,18; 1Mac. 3,50; 1Mac. 10,23; 4Mac. 6,14; 4Mac. 9,1; Psa. 51,3; Eccl. 2,2; Eccl. 7,10; Eccl. 8,4; Song 7,1; Song 7,2; Job 9,12; Job 11,10; Job 19,28; Job 22,13; Job 35,3; Job 40,4; Wis. 12,12; Amos 7,8; Amos 8,2; Jonah 1,6; Jonah 1,10; Jonah 1,11; Hab. 2,18; Zech. 2,4; Zech. 4,2; Zech. 5,2; Mal. 2,15; Is. 36,4; Is. 39,3; Is. 39,4; Is. 40,6; Is. 45,9; Is. 45,10; Is. 45,10; Jer. 1,11; Jer. 1,13; Jer. 2,5; Jer. 8,6; Jer. 23,35; Jer. 23,35; Jer. 24,3; Jer. 31,19; Lam. 2,13; Ezek. 12,9; Ezek. 19,2; Sus. 13-14; Judg. 8,2; Judg. 18,8; Judg. 18,18; Judg. 18,24; Judg. 21,16; Tob. 5,12; Dan. 4,35; Matt. 7,3; Luke 6,41; Luke 6,46; Luke 12,57; Rom. 4,1; Rom. 6,1; Rom. 7,7; Rom. 8,31; Rom. 9,14; Rom. 9,30; 1Cor. 10,19; 1Cor. 15,30)
  Pronoun · (interrogative) · neuter · singular · nominative ▸ 91 + 8 + 11 = 110 (Gen. 3,1; Gen. 18,13; Gen. 21,17; Gen. 21,29; Gen. 22,7; Gen. 27,20; Gen. 31,11; Gen. 33,5; Gen. 33,8; Gen. 37,26; Gen. 40,7; Gen. 44,4; Gen. 46,2; Ex. 1,18; Ex. 2,18; Ex. 3,4; Ex. 4,2; Ex. 13,14; Ex. 14,15; Ex. 18,14; Deut. 6,20; Josh. 4,6; Josh. 4,21; Josh. 15,18; Josh. 22,24; Judg. 1,14; Judg. 9,28; Judg. 12,1; Judg. 18,23; Judg. 18,24; Ruth 2,10; 1Sam. 1,8; 1Sam. 4,16; 1Sam. 6,4; 1Sam. 10,11; 1Sam. 11,5; 1Sam. 20,27; 1Sam. 21,2; 2Sam. 3,7; 2Sam. 7,7; 2Sam. 11,20; 2Sam. 12,21; 2Sam. 13,4; 2Sam. 14,5; 2Sam. 16,2; 2Sam. 16,10; 2Sam. 19,23; 2Sam. 19,26; 2Sam. 19,42; 2Sam. 24,21; 1Kings 1,16; 1Kings 9,13; 1Kings 17,18; 2Kings 1,5; 2Kings 1,16; 2Kings 3,13; 2Kings 4,23; 2Kings 8,12; 2Kings 12,8; 2Chr. 24,20; 2Chr. 35,21; 1Esdr. 1,24; Esth. 15,9 # 5,1f; Esth. 5,6; Esth. 7,2; 1Mac. 3,17; 2Mac. 7,2; Song 5,9; Song 7,7; Job 4,17; Job 35,2; Job 38,35; Sir. 18,8; Sir. 22,10; Sir. 39,16; Sir. 39,21; Zech. 1,9; Zech. 2,2; Zech. 4,4; Zech. 4,11; Zech. 4,12; Zech. 5,6; Zech. 6,4; Zech. 13,6; Is. 22,1; Is. 22,16; Is. 58,3; Is. 65,24; Jer. 44,18; Ezek. 18,19; Ezek. 20,29; Judg. 1,14; Judg. 9,2; Judg. 11,12; Judg. 14,14; Judg. 14,18; Judg. 18,23; Tob. 5,10; Tob. 5,18; Matt. 18,12; Matt. 21,28; Rom. 3,1; Rom. 3,9; Rom. 6,15; Rom. 11,7; 1Cor. 3,5; 1Cor. 14,26; Gal. 3,19; Phil. 1,18; James 2,14)
  Τί ▸ 543 + 37 + 318 = 898

Adjective • neuter • singular • accusative • noDegree
• (interrogative) ▸ 2 + 5 = **7** (Sus. 54; Sus. 58; Tob. 5,2; Tob. 5,9; Tob. 5,12; Sus. 54; Sus. 58)

Adjective • neuter • singular • nominative • noDegree
• (interrogative) ▸ 6 + 1 = **7** (Gen. 31,36; Judg. 13,12; 3Mac. 5,27; Prov. 30,4; Prov. 30,4; Job 21,21; Tob. 6,7)

Pronoun • (indefinite) • neuter • singular • nominative ▸ **1** (1Sam. 20,1)

Pronoun • (interrogative) • neuter • singular • accusative ▸ 282 + 22 + 248 = **552** (Gen. 2,19; Gen. 15,2; Gen. 15,8; Gen. 27,37; Gen. 31,37; Gen. 31,43; Gen. 44,16; Gen. 44,16; Ex. 2,4; Ex. 2,13; Ex. 3,13; Ex. 4,1; Ex. 5,14; Ex. 5,22; Ex. 10,26; Ex. 14,11; Ex. 18,14; Lev. 10,17; Num. 9,8; Num. 11,11; Num. 12,8; Num. 15,34; Num. 16,3; Num. 22,19; Num. 22,32; Num. 22,37; Num. 23,8; Num. 23,8; Num. 23,23; Num. 24,14; Deut. 10,12; Deut. 29,23; Deut. 32,20; Josh. 5,14; Josh. 7,8; Josh. 7,9; Josh. 7,19; Josh. 9,22; Josh. 17,14; Judg. 5,17; Judg. 5,28; Judg. 5,28; Judg. 7,11; Judg. 8,3; Judg. 13,8; Judg. 18,3; Judg. 18,14; Judg. 21,7; 1Sam. 4,3; 1Sam. 9,7; 1Sam. 10,15; 1Sam. 14,43; 1Sam. 20,1; 1Sam. 20,4; 1Sam. 20,32; 1Sam. 22,3; 1Sam. 25,17; 1Sam. 26,15; 1Sam. 26,18; 1Sam. 28,15; 1Sam. 29,8; 2Sam. 7,20; 2Sam. 16,10; 2Sam. 16,20; 2Sam. 17,5; 2Sam. 18,29; 2Sam. 24,13; 2Sam. 24,17; 1Kings 1,6; 1Kings 12,9; 1Kings 12,24q; 1Kings 21,22; 2Kings 2,9; 2Kings 4,2; 2Kings 4,13; 2Kings 6,33; 1Chr. 12,33; 1Chr. 17,18; 1Chr. 21,12; 1Chr. 21,17; 2Chr. 1,7; 2Chr. 19,6; 2Chr. 20,12; 2Chr. 24,6; 2Chr. 25,9; 1Esdr. 8,79; Ezra 9,10; Neh. 2,2; Neh. 2,3; Neh. 2,12; Neh. 2,16; Neh. 2,16; Neh. 13,11; Neh. 13,21; Esth. 11,12 # 1,1l; Esth. 3,3; Esth. 8,7; Esth. 9,12; Judith 5,4; Tob. 3,9; Tob. 4,2; Tob. 6,7; Tob. 14,10; Tob. 14,11; Tob. 14,11; 1Mac. 4,44; 1Mac. 5,16; 1Mac. 8,31; 1Mac. 10,70; 4Mac. 2,19; 4Mac. 5,8; 4Mac. 6,23; 4Mac. 8,18; 4Mac. 8,23; 4Mac. 11,4; 4Mac. 14,10; Psa. 3,2; Psa. 10,3; Psa. 38,5; Psa. 41,10; Psa. 55,5; Psa. 55,12; Psa. 72,25; Psa. 72,25; Psa. 84,9; Psa. 113,5; Psa. 115,3; Psa. 117,6; Ode. 2,20; Ode. 10,4; Ode. 10,5; Prov. 3,28; Prov. 27,1; Prov. 31,2; Prov. 31,2; Prov. 31,2; Prov. 31,2; Eccl. 3,19; Eccl. 6,11; Eccl. 6,12; Eccl. 8,7; Eccl. 10,14; Eccl. 10,14; Eccl. 11,2; Song 1,10; Song 4,10; Song 4,10; Song 5,8; Song 5,9; Song 8,8; Job 3,11; Job 7,20; Job 7,20; Job 7,21; Job 9,29; Job 10,2; Job 10,19; Job 11,8; Job 11,8; Job 13,24; Job 15,9; Job 15,9; Job 15,12; Job 15,12; Job 16,6; Job 17,2; Job 18,3; Job 19,22; Job 21,4; Job 21,4; Job 21,7; Job 22,17; Job 22,17; Job 23,8; Job 24,1; Job 24,12; Job 27,11; Job 31,2; Job 31,14; Job 33,13; Job 34,33; Job 35,6; Job 35,6; Job 35,7; Job 35,7; Job 37,19; Job 37,19; Wis. 4,17; Wis. 4,17; Wis. 5,8; Wis. 5,8; Wis. 9,13; Sir. 2,14; Sir. 7,28; Sir. 8,18; Sir. 9,11; Sir. 10,9; Sir. 11,24; Sir. 13,2; Sir. 23,18; Sir. 30,19; Sir. 33,7; Sir. 34,23; Sir. 34,25; Sir. 34,26; Sir. 38,25; Sir. 39,16; Sir. 39,21; Sol. 3,5; Hos. 6,4; Hos. 6,4; Hos. 9,5; Hos. 9,14; Hos. 10,3; Hos. 11,8; Hos. 11,8; Mic. 6,3; Mic. 6,3; Mic. 6,3; Mic. 6,5; Mic. 6,5; Mic. 6,8; Joel 1,18; Jonah 4,5; Nah. 1,9; Hab. 2,1; Hab. 2,1; Zech. 5,5; Is. 1,5; Is. 1,11; Is. 3,14; Is. 3,15; Is. 5,4; Is. 5,5; Is. 8,19; Is. 10,3; Is. 14,32; Is. 19,12; Is. 40,27; Is. 41,22; Is. 47,13; Is. 52,5; Is. 63,17; Jer. 2,14; Jer. 2,23; Jer. 2,31; Jer. 2,33; Jer. 2,36; Jer. 4,30; Jer. 5,31; Jer. 7,17; Jer. 8,5; Jer. 8,14; Jer. 8,19; Jer. 8,22; Jer. 13,21; Jer. 13,22; Jer. 16,10; Jer. 22,8; Jer. 23,28; Jer. 23,37; Jer. 26,15; Jer. 30,17; Jer. 30,20; Jer. 36,27; Jer. 39,3; Jer. 43,29; Jer. 45,25; Jer. 45,25; Bar. 4,17; Lam. 2,13; Lam. 3,39; Ezek. 8,6; Ezek. 15,2; Ezek. 16,30; Ezek. 17,12; Ezek. 18,2; Dan. 3,14; Dan. 10,20; Sus. 56; Bel 5; Judg. 5,16; Judg. 5,17; Judg. 6,13; Judg. 7,11; Judg. 8,3; Judg. 11,7; Judg. 11,26; Judg. 12,1; Judg. 12,3; Judg. 13,8; Judg. 13,18; Judg. 15,10; Judg. 15,11; Judg. 18,3; Judg. 21,3; Judg. 21,7; Tob. 3,9; Tob. 4,2; Tob. 9,3-4; Tob. 14,11; Tob. 14,11; Bel 5; Matt. 5,47; Matt. 6,3; Matt. 6,25; Matt. 6,25; Matt. 6,25; Matt. 6,28; Matt. 6,31; Matt. 6,31; Matt. 6,31; Matt. 7,14; Matt. 9,11; Matt. 9,14; Matt. 10,19; Matt. 10,19; Matt. 11,7; Matt. 11,8; Matt. 11,9; Matt. 12,3; Matt. 13,10; Matt. 14,31; Matt. 15,2; Matt. 15,3; Matt. 15,32; Matt. 16,8; Matt. 16,26; Matt. 16,26; Matt. 17,10; Matt. 17,19; Matt. 19,7; Matt. 19,16; Matt. 19,17; Matt. 19,20; Matt. 20,6; Matt. 20,21; Matt. 20,22; Matt. 20,32; Matt. 21,16; Matt. 21,25; Matt. 21,40; Matt. 22,18; Matt. 26,8; Matt. 26,10; Matt. 26,15; Matt. 26,62; Matt. 26,65; Matt. 26,70; Matt. 27,22; Matt. 27,23; Mark 2,7; Mark 2,8; Mark 2,18; Mark 2,24; Mark 2,25; Mark 4,24; Mark 4,40; Mark 5,35; Mark 5,39; Mark 6,24; Mark 6,36; Mark 7,5; Mark 8,1; Mark 8,2; Mark 8,12; Mark 8,17; Mark 8,36; Mark 8,37; Mark 9,6; Mark 9,16; Mark 9,33; Mark 10,3; Mark 10,17; Mark 10,18; Mark 10,36; Mark 10,38; Mark 10,51; Mark 11,3; Mark 11,5; Mark 11,31; Mark 12,9; Mark 12,15; Mark 13,11; Mark 14,4; Mark 14,6; Mark 14,36; Mark 14,36; Mark 14,40; Mark 14,60; Mark 14,63; Mark 14,68; Mark 15,12; Mark 15,14; Mark 15,24; Mark 15,34; Luke 1,18; Luke 1,62; Luke 2,48; Luke 2,49; Luke 3,10; Luke 3,12; Luke 3,14; Luke 5,22; Luke 5,30; Luke 6,2; Luke 6,11; Luke 7,24; Luke 7,25; Luke 7,26; Luke 9,25; Luke 10,25; Luke 12,11; Luke 12,11; Luke 12,17; Luke 12,22; Luke 12,22; Luke 12,26; Luke 12,29; Luke 12,29; Luke 12,49; Luke 16,3; Luke 16,4; Luke 17,8; Luke 18,6; Luke 18,18; Luke 18,19; Luke 18,41; Luke 19,15; Luke 19,23; Luke 19,31; Luke 19,33; Luke 19,48; Luke 20,5; Luke 20,13; Luke 20,15; Luke 22,46; Luke 22,71; Luke 23,22; Luke 23,34; Luke 24,5; Luke 24,38; Luke 24,38; John 1,22; John 1,25; John 1,38; John 2,18; John 4,27; John 4,27; John 6,6; John 6,28; John 6,30; John 6,30; John 7,19; John 7,45; John 7,51; John 8,5; John 8,43; John 8,46; John 9,17; John 9,26; John 9,27; John 10,20; John 11,47; John 11,56; John 12,5; John 12,27; John 12,49; John 12,49; John 13,12; John 13,28; John 13,37; John 15,15; John 16,18; John 18,21; John 18,21; John 18,23; John 18,35; John 20,13; John 20,15; Acts 1,11; Acts 2,12; Acts 2,37; Acts 3,12; Acts 3,12; Acts 4,16; Acts 5,3; Acts 5,4; Acts 5,9; Acts 5,35; Acts 9,4; Acts 9,6; Acts 13,25; Acts 14,15; Acts 15,10; Acts 16,30; Acts 17,18; Acts 19,3; Acts 21,13; Acts 21,33; Acts 22,7; Acts 22,10; Acts 22,16; Acts 22,26; Acts 22,30; Acts 24,20; Acts 25,26; Acts 26,8; Acts 26,14; Rom. 3,5; Rom. 3,7; Rom. 4,3; Rom. 8,26; Rom. 9,19; Rom. 9,20; Rom. 9,32; Rom. 10,8; Rom. 11,2; Rom. 11,4; Rom. 14,10; Rom. 14,10; 1Cor. 4,7; 1Cor. 4,7; 1Cor. 4,21; 1Cor. 6,7; 1Cor. 6,7; 1Cor. 7,16; 1Cor. 7,16; 1Cor. 10,30; 1Cor. 11,22; 1Cor. 14,6; 1Cor. 14,16; 1Cor. 15,29; 1Cor. 15,29; 2Cor. 11,11; 2Cor. 12,13; Gal. 4,30; Gal. 5,11; Eph. 6,21; Phil. 1,22; Col. 2,20; Heb. 11,32; Heb. 13,6; Rev. 2,7; Rev. 2,11; Rev. 2,17; Rev. 2,29; Rev. 3,6; Rev. 3,13; Rev. 3,22; Rev. 17,7)

Pronoun • (interrogative) • neuter • singular • nominative ▸ 252 + 9 + 70 = **331** (Gen. 4,6; Gen. 4,6; Gen. 12,19; Gen. 23,15; Gen. 24,31; Gen. 25,22; Gen. 25,32; Gen. 26,9; Gen. 26,27; Gen. 27,46; Gen. 29,25; Gen. 31,26; Gen. 31,30; Gen. 31,32; Gen. 32,30; Gen. 33,15; Gen. 37,20; Gen. 42,1; Gen. 44,5; Gen. 44,7; Gen. 47,15; Gen. 49,1; Ex. 2,20; Ex. 3,3; Ex. 5,4; Ex. 5,15; Ex. 5,22; Ex. 16,7; Ex. 16,8; Ex. 16,15; Ex. 17,2; Ex. 17,3; Ex. 32,1; Ex. 32,11; Ex. 32,23; Num. 11,11; Num. 11,20; Num. 14,3; Num. 14,41; Num. 20,4; Num. 20,5; Num. 21,5; Num. 31,15; Num. 32,7; Josh. 7,7; Josh. 7,10; Judg. 5,15; Judg. 5,16; Judg. 6,13; Judg. 9,28; Judg. 11,7; Judg. 11,26; Judg. 12,3; Judg. 13,18; Judg. 14,18; Judg. 15,10; Judg. 15,11; Judg. 18,3; Judg. 18,24; Judg. 18,24; Judg. 21,3; Ruth 1,11; Ruth 1,21; 1Sam. 1,8; 1Sam. 1,8; 1Sam. 2,23; 1Sam. 2,29; 1Sam. 6,6; 1Sam. 9,21; 1Sam. 14,41; 1Sam. 15,19; 1Sam. 19,5; 1Sam. 19,17; 1Sam. 20,2; 1Sam. 20,8; 1Sam. 20,32; 1Sam. 21,15; 1Sam. 22,13; 1Sam. 24,10; 1Sam.

τίς

26,18; 1Sam. 26,18; 1Sam. 27,5; 1Sam. 28,9; 1Sam. 28,12; 1Sam. 28,15; 1Sam. 28,16; 2Sam. 3,24; 2Sam. 11,10; 2Sam. 11,21; 2Sam. 11,22; 2Sam. 11,22; 2Sam. 12,9; 2Sam. 12,23; 2Sam. 13,26; 2Sam. 14,13; 2Sam. 14,31; 2Sam. 14,32; 2Sam. 15,19; 2Sam. 16,9; 2Sam. 16,17; 2Sam. 18,11; 2Sam. 18,22; 2Sam. 19,11; 2Sam. 19,12; 2Sam. 19,13; 2Sam. 19,29; 2Sam. 19,30; 2Sam. 19,36; 2Sam. 19,37; 2Sam. 19,43; 2Sam. 19,44; 2Sam. 20,19; 2Sam. 24,3; 1Kings 1,13; 1Kings 2,22; 1Kings 2,43; 1Kings 12,24l; 2Kings 5,8; 2Kings 9,11; 2Kings 14,10; 2Kings 18,26; 1Chr. 21,3; 2Chr. 25,19; Esth. 2,11; Esth. 5,3; Esth. 7,2; Esth. 7,2; Tob. 3,15; 1Mac. 2,7; 1Mac. 2,13; 1Mac. 12,44; 4Mac. 1,14; 4Mac. 1,14; 4Mac. 2,1; 4Mac. 14,18; Psa. 2,1; Psa. 4,3; Psa. 8,5; Psa. 9,22; Psa. 21,2; Psa. 41,6; Psa. 41,6; Psa. 41,10; Psa. 41,12; Psa. 41,12; Psa. 42,2; Psa. 42,2; Psa. 42,5; Psa. 42,5; Psa. 43,24; Psa. 43,25; Psa. 48,6; Psa. 49,16; Psa. 67,17; Psa. 73,1; Psa. 73,11; Psa. 79,13; Psa. 87,15; Psa. 119,3; Psa. 119,3; Psa. 132,1; Psa. 132,1; Psa. 143,3; Prov. 17,16; Eccl. 1,9; Eccl. 1,9; Eccl. 2,15; Eccl. 2,22; Eccl. 5,10; Eccl. 6,12; Song 7,7; Song 8,4; Song 8,4; Job 3,12; Job 3,12; Job 3,20; Job 6,5; Job 6,22; Job 7,17; Job 10,18; Job 15,7; Job 16,3; Job 16,3; Job 18,4; Job 21,15; Job 22,3; Job 30,2; Wis. 6,22; Wis. 8,5; Wis. 9,9; Wis. 9,9; Wis. 9,10; Sir. 5,4; Sir. 13,17; Sir. 14,3; Sir. 17,31; Sir. 18,8; Sir. 18,8; Sir. 18,8; Sir. 22,14; Sir. 22,14; Sir. 31,13; Sir. 34,4; Sir. 34,4; Sir. 37,27; Sir. 41,4; Sir. 51,24; Sol. 3,1; Sol. 4,1; Sol. 15,2; Hos. 10,13; Hos. 14,9; Amos 5,18; Mic. 4,9; Mic. 6,8; Joel 4,4; Hab. 1,3; Hab. 1,13; Zech. 1,9; Zech. 4,5; Zech. 4,13; Mal. 2,10; Mal. 3,14; Is. 22,16; Is. 36,11; Is. 50,2; Is. 55,2; Is. 58,4; Jer. 2,18; Jer. 2,18; Jer. 2,29; Jer. 6,20; Jer. 11,15; Jer. 12,1; Jer. 14,8; Jer. 14,19; Jer. 15,18; Jer. 20,18; Jer. 26,5; Jer. 44,20; Jer. 51,7; Bar. 3,10; Bar. 3,10; Lam. 5,20; Ezek. 18,31; Ezek. 21,18; Ezek. 24,13; Ezek. 24,19; Ezek. 33,11; Ezek. 37,18; Dan. 10,14; Bel 15-17; Judg. 9,28; Judg. 14,18; Judg. 18,3; Judg. 18,24; Judg. 18,24; Tob. 3,15; Dan. 2,29; Dan. 10,20; Dan. 12,8; Matt. 8,26; Matt. 8,29; Matt. 9,5; Matt. 9,13; Matt. 12,7; Matt. 17,25; Matt. 19,27; Matt. 22,17; Matt. 22,42; Matt. 23,19; Matt. 24,3; Matt. 26,66; Matt. 27,4; Mark 1,24; Mark 1,27; Mark 2,9; Mark 5,7; Mark 5,9; Mark 5,14; Mark 9,10; Mark 13,4; Mark 14,64; Luke 1,66; Luke 4,34; Luke 5,23; Luke 8,28; Luke 8,30; Luke 10,26; Luke 15,26; Luke 16,2; Luke 18,36; Luke 20,17; Luke 21,7; Luke 23,31; John 1,21; John 2,4; John 2,25; John 6,9; John 14,22; John 16,17; John 16,18; John 18,38; John 21,21; John 21,22; John 21,23; Acts 5,24; Acts 7,40; Acts 8,36; Acts 10,4; Acts 10,17; Acts 12,18; Acts 21,22; Acts 23,19; Rom. 3,3; Rom. 8,27; Rom. 12,2; 1Cor. 3,5; 1Cor. 5,12; 1Cor. 14,15; 1Cor. 15,32; Eph. 1,19; Eph. 3,18; Eph. 4,9; Eph. 5,10; Eph. 5,17; Col. 1,27; Heb. 2,6; James 2,16; 1Pet. 4,17; 1John 3,2)

Τίνα ▸ 8
- **Adjective** · feminine · singular · accusative · noDegree · (interrogative) ▸ **2** (Esth. 6,3; 1Mac. 14,25)
- **Adjective** · masculine · singular · accusative · noDegree · (interrogative) ▸ **1** (Gen. 38,18)
- **Adjective** · neuter · plural · nominative · noDegree · (interrogative) ▸ **1** (Ezra 5,4)
- **Pronoun** · (interrogative) · masculine · singular · accusative ▸ **3** (1Sam. 28,11; Esth. 6,6; Is. 6,8)
- **Pronoun** · (interrogative) · neuter · plural · accusative ▸ **1** (2Mac. 7,30)

τίνα ▸ **29** + **24** = **53**
- **Adjective** · feminine · singular · accusative · noDegree · (interrogative) ▸ **1** (3Mac. 1,13)
- **Adjective** · masculine · singular · accusative · noDegree · (interrogative) ▸ **1** (4Mac. 15,4)
- **Pronoun** · (interrogative) · feminine · singular · accusative ▸ **3**

+ **2** = **5** (Job 31,14; Job 40,4; Is. 51,12; John 18,29; 1Th. 3,9)
- **Pronoun** · (interrogative) · masculine · singular · accusative ▸ **19** + **20** = **39** (1Sam. 6,20; 1Sam. 12,3; 1Sam. 12,3; 1Sam. 27,10; 2Kings 9,5; 2Kings 19,22; Tob. 5,15; 4Mac. 2,7; Psa. 26,1; Nah. 3,19; Is. 10,3; Is. 37,23; Is. 37,23; Is. 40,14; Is. 57,4; Is. 57,4; Is. 57,11; Is. 66,2; Jer. 6,10; Matt. 5,46; Matt. 16,13; Matt. 16,15; Matt. 27,17; Matt. 27,21; Mark 8,27; Mark 8,29; Luke 9,18; Luke 9,20; Luke 11,11; Luke 12,5; John 6,68; John 8,53; John 18,4; John 18,7; John 20,15; Acts 7,52; Rom. 6,21; Heb. 1,13; 1Pet. 1,11)
- **Pronoun** · (interrogative) · neuter · plural · accusative ▸ **2** + **1** = **3** (1Sam. 28,13; Job 23,5; Acts 17,20)
- **Pronoun** · (interrogative) · neuter · plural · nominative ▸ **2** + **1** = **3** (Sir. 11,23; Is. 41,22; John 10,6)
- **Pronoun** · (interrogative) · neuter · singular · accusative ▸ **1** (2Kings 19,22)

τίνας ▸ **1** + **2** = **3**
- **Pronoun** · (interrogative) · feminine · plural · accusative ▸ **1** (1Th. 4,2)
- **Pronoun** · (interrogative) · masculine · plural · accusative ▸ **1** + **1** = **2** (Job 25,3; John 13,18)

Τίνες ▸ **3**
- **Pronoun** · (interrogative) · masculine · plural · nominative ▸ **3** (Gen. 48,8; 1Sam. 29,3; 2Kings 10,13)

τίνες ▸ **13** + **6** = **19**
- **Adjective** · feminine · plural · nominative · noDegree · (interrogative) ▸ **2** (Num. 13,19; 3Mac. 4,3)
- **Pronoun** · (interrogative) · feminine · plural · nominative ▸ **2** (Judith 5,3; Job 13,23)
- **Pronoun** · (interrogative) · masculine · plural · nominative ▸ **9** + **6** = **15** (Ex. 10,8; Ex. 10,8; 1Esdr. 6,4; Judith 8,12; 4Mac. 17,16; 4Mac. 17,16; Hag. 2,16; Is. 60,8; Sus. 38; Matt. 12,48; Luke 24,17; John 6,64; Acts 19,15; Heb. 3,16; Rev. 7,13)

Τίνι ▸ **4** + **3** = **7**
- **Pronoun** · (interrogative) · masculine · singular · dative ▸ **3** + **1** = **4** (Job 26,2; Sol. 9,6; Ezek. 31,2; Heb. 1,5)
- **Pronoun** · (interrogative) · neuter · singular · dative ▸ **1** + **2** = **3** (1Kings 11,22; Matt. 11,16; Luke 7,31)

τίνι ▸ **65** + **8** + **16** = **89**
- **Adjective** · feminine · singular · dative · noDegree · (interrogative) ▸ **1** (2Mac. 14,5)
- **Adjective** · neuter · singular · dative · noDegree · (interrogative) ▸ **1** (Is. 40,18)
- **Pronoun** · (interrogative) · feminine · singular · dative ▸ **1** + **1** = **2** (1Esdr. 4,54; Mark 4,30)
- **Pronoun** · (interrogative) · masculine · singular · dative ▸ **20** + **7** = **27** (Lev. 21,17; Josh. 24,15; 2Kings 18,20; Prov. 23,29; Prov. 23,29; Prov. 23,29; Prov. 23,29; Job 26,2; Sir. 1,6; Sir. 12,1; Sir. 14,5; Sir. 25,11; Sir. 34,15; Is. 28,9; Is. 36,5; Is. 40,18; Is. 40,25; Is. 50,1; LetterJ 51; Matt. 12,27; Luke 6,47; Luke 11,19; Luke 12,20; John 12,38; Acts 10,29; 1Cor. 15,2)
- **Pronoun** · (interrogative) · neuter · singular · dative ▸ **42** + **8** + **8** = **58** (Ex. 22,26; Judg. 6,15; Judg. 16,5; Judg. 16,5; Judg. 16,6; Judg. 16,6; Judg. 16,10; Judg. 16,13; Judg. 16,15; 1Sam. 6,2; 1Sam. 9,20; 1Sam. 14,38; 1Sam. 29,4; 2Sam. 16,19; 2Sam. 21,3; 1Kings 21,14; 1Kings 22,21; 2Chr. 18,20; 2Chr. 32,10; Judith 5,3; Psa. 38,7; Psa. 118,9; Eccl. 4,8; Job 26,3; Job 26,3; Job 26,4; Sol. 9,7; Mic. 6,6; Mal. 1,2; Mal. 1,6; Mal. 1,7; Mal. 2,17; Mal. 3,7; Mal. 3,8; Mal. 3,13; Is. 23,2; Is. 28,9; Is. 46,5; Is. 53,1; Is. 57,4; Lam. 2,20; Ezek. 31,18; Judg. 6,15; Judg. 16,5; Judg. 16,5; Judg. 16,6; Judg. 16,6; Judg. 16,10; Judg. 16,13; Judg. 16,15; Matt. 5,13; Mark 9,50; Luke 7,31; Luke 13,18; Luke 13,18; Luke 13,20; Luke 14,34; Acts 4,9)

Τίνος ▸ 7
    Pronoun · (interrogative) · masculine · singular · genitive ▸ **6** (Gen. 24,47; Gen. 32,18; Ruth 2,5; 1Sam. 30,13; 1Esdr. 6,4; 1Esdr. 6,10)
    Pronoun · (interrogative) · neuter · singular · genitive ▸ **1** (Jer. 5,19)
τίνος ▸ **62** + **3** + **13** = **78**
    Adjective · feminine · singular · genitive · noDegree · (interrogative) ▸ **3** (1Mac. 6,11; 3Mac. 5,18; Sir. 34,24)
    Adjective · masculine · singular · genitive · noDegree · (interrogative) ▸ **2** (Gen. 38,25; 4Mac. 13,12)
    Pronoun · (interrogative) · feminine · singular · genitive ▸ **1** (Tob. 5,12)
    Pronoun · (interrogative) · masculine · singular · genitive ▸ **12** + **1** + **11** = **24** (Gen. 24,23; Gen. 38,25; Lev. 5,24; Lev. 14,35; 1Sam. 12,3; 1Sam. 12,3; Prov. 23,29; Sir. 24,7; Jonah 1,7; Jer. 51,28; Dan. 12,8; Bel 19; Bel 19; Matt. 22,20; Matt. 22,28; Matt. 22,42; Mark 12,16; Mark 12,23; Luke 14,5; Luke 20,24; Luke 20,33; John 13,22; John 19,24; Acts 8,34)
    Pronoun · (interrogative) · neuter · singular · genitive ▸ **45** + **1** + **2** = **48** (Gen. 32,18; Ex. 10,3; Ex. 10,7; Ex. 16,28; Num. 14,11; Num. 14,11; Num. 14,27; Deut. 29,17; Josh. 18,3; 1Sam. 12,3; 1Sam. 24,15; 1Sam. 24,15; 1Kings 9,8; 2Chr. 7,21; Neh. 2,4; Judith 11,3; 2Mac. 3,9; 3Mac. 5,40; Psa. 9,34; Psa. 12,3; Psa. 26,1; Prov. 6,9; Job 2,9; Job 7,19; Job 8,2; Job 18,2; Job 19,2; Job 26,4; Job 38,6; Job 38,29; Wis. 8,21; Hos. 8,5; Jonah 1,8; Hab. 1,2; Hab. 2,6; Zech. 1,12; Mal. 2,14; Jer. 9,11; Jer. 13,27; Jer. 29,5; Jer. 29,6; Ezek. 21,12; Ezek. 32,21; Dan. 2,15; Dan. 8,13; Dan. 2,15; Acts 19,32; 1John 3,12)
τίνων ▸ **3**
    Pronoun · (interrogative) · masculine · plural · genitive ▸ **2** (Matt. 17,25; 2Tim. 3,14)
    Pronoun · (interrogative) · neuter · plural · genitive ▸ **1** (1Tim. 1,7)
Τίνων ▸ **1**
    Pronoun · (interrogative) · masculine · plural · genitive ▸ **1** (Judith 10,12)
Τίς ▸ **101** + **13** + **7** = **121**
    Adjective · feminine · singular · nominative · noDegree · (interrogative) ▸ **10** + **1** = **11** (Ex. 12,26; Josh. 22,16; Judg. 20,12; 1Kings 1,41; 1Kings 12,16; 2Kings 1,7; 2Chr. 10,16; Psa. 29,10; Sir. 11,23; Sir. 13,6; Judg. 20,12)
    Adjective · masculine · singular · nominative · noDegree · (interrogative) ▸ **6** + **2** = **8** (Deut. 20,5; Deut. 20,8; Judg. 10,18; 2Sam. 1,4; Neh. 6,11; Neh. 13,17; Judg. 10,18; Sus. 47)
    Pronoun · (interrogative) · feminine · singular · nominative ▸ **11** + **1** = **12** (Judg. 21,8; Ruth 3,9; Ruth 3,16; 1Sam. 4,6; 1Sam. 4,14; 1Sam. 4,15; 2Kings 9,32; 2Kings 18,19; Song 3,6; Song 6,10; Song 8,5; Judg. 21,5)
    Pronoun · (interrogative) · masculine · singular · nominative ▸ **74** + **9** + **7** = **90** (Gen. 3,11; Gen. 21,7; Gen. 24,65; Gen. 27,32; Gen. 27,33; Ex. 2,14; Ex. 3,11; Ex. 4,11; Ex. 5,2; Ex. 32,26; Num. 11,4; Num. 11,18; Deut. 9,2; Deut. 30,12; Deut. 30,13; Judg. 1,1; Judg. 6,29; Judg. 7,3; Judg. 9,38; Judg. 15,6; Judg. 18,3; Judg. 20,18; Judg. 21,5; 1Sam. 6,20; 1Sam. 11,12; 1Sam. 20,10; 1Sam. 25,10; 1Sam. 26,6; 1Sam. 26,14; 2Sam. 1,8; 2Sam. 7,18; 2Sam. 9,8; 2Sam. 12,22; 2Sam. 14,10; 2Sam. 15,4; 2Sam. 20,11; 2Sam. 23,15; 1Kings 21,14; 1Kings 22,20; 2Kings 8,13; 1Chr. 11,17; 1Chr. 17,16; 2Chr. 18,19; Ezra 5,3; Ezra 5,9; Esth. 6,4; Esth. 7,5; Judith 10,19; Psa. 4,7; Psa. 54,7; Psa. 63,6; Prov. 30,9; Eccl. 8,1; Song 8,1; Job 29,2; Job 31,31; Job 38,2; Sir. 5,3; Sir. 13,23; Sir. 22,27; Sir. 23,18; Obad. 3; Jonah 3,9; Hag. 2,3; Is. 29,15; Is. 40,12; Is. 49,21; Is. 50,10; Is. 63,1; Jer. 18,13; Jer. 21,13; Jer. 30,20; Lam. 3,37; Sus. 40; Judg. 1,1; Judg. 6,29; Judg. 7,3; Judg. 9,28; Judg. 9,38; Judg. 15,6; Judg. 18,3; Judg. 20,18; Judg. 21,8; Matt. 24,45; Luke 14,28; Luke 17,7; 1Cor. 9,7; James 3,13; 1John 2,22; 1John 5,5)
τίς ▸ **366** + **6** + **139** = **511**
    Adjective · feminine · singular · nominative · noDegree · (interrogative) ▸ **14** + **1** = **15** (Num. 13,20; 1Esdr. 5,63; Eccl. 1,3; Eccl. 3,9; Eccl. 5,15; Eccl. 6,8; Eccl. 11,5; Sir. 13,18; Sir. 13,18; Sir. 20,30; Sir. 31,27; Sir. 37,8; Sir. 41,14; Mic. 1,5; Judg. 13,12)
    Adjective · masculine · singular · nominative · noDegree · (interrogative) ▸ **20** (Gen. 29,15; Deut. 20,6; Deut. 20,7; Deut. 29,23; 2Sam. 7,18; 1Chr. 17,16; 1Chr. 29,14; 2Chr. 6,18; 3Mac. 4,3; 3Mac. 4,3; Psa. 17,32; Psa. 76,14; Eccl. 2,12; Job 6,11; Job 34,7; Wis. 9,13; Sir. 11,19; Sol. 17,2; Mic. 7,18; Ezek. 12,22)
    Pronoun · (indefinite) · masculine · singular · nominative ▸ **2** (1Sam. 10,12; 1Sam. 15,14)
    Pronoun · (interrogative) · feminine · singular · nominative ▸ **10** + **19** = **29** (Num. 13,18; Num. 13,19; Judith 12,14; Job 21,15; Job 38,18; Sir. 16,17; Mic. 1,5; Jer. 8,9; Jer. 16,10; Jer. 16,10; Matt. 12,48; Mark 6,2; Luke 7,39; Luke 8,9; Luke 15,8; Acts 10,21; Acts 17,19; Rom. 3,1; Rom. 11,15; 2Cor. 6,14; 2Cor. 6,14; 2Cor. 6,15; 2Cor. 6,15; 2Cor. 6,16; Eph. 1,18; Eph. 3,9; 1Th. 2,19; Heb. 7,11; Rev. 18,18)
    Pronoun · (interrogative) · masculine · singular · nominative ▸ **319** + **5** + **120** = **444** (Gen. 21,26; Gen. 27,18; Gen. 43,22; Gen. 49,9; Ex. 4,11; Ex. 15,11; Ex. 15,11; Ex. 21,12; Num. 11,29; Num. 16,11; Num. 23,10; Num. 23,10; Num. 24,9; Num. 24,23; Deut. 3,24; Deut. 5,26; Deut. 5,29; Deut. 33,29; Judg. 9,28; Judg. 9,29; 1Sam. 2,25; 1Sam. 4,8; 1Sam. 14,17; 1Sam. 17,36; 1Sam. 22,14; 1Sam. 25,10; 1Sam. 26,9; 1Sam. 26,15; 1Sam. 30,24; 2Sam. 7,23; 2Sam. 11,21; 2Sam. 11,22; 2Sam. 16,10; 2Sam. 19,1; 2Sam. 20,11; 2Sam. 22,32; 2Sam. 22,32; 1Kings 1,27; 1Kings 3,9; 2Kings 6,11; 2Kings 10,9; 2Kings 18,35; 1Chr. 29,5; 1Chr. 29,14; 2Chr. 1,10; 2Chr. 2,5; 2Chr. 2,5; 2Chr. 32,14; 2Chr. 36,23; 1Esdr. 4,14; 1Esdr. 4,14; Ezra 1,3; Esth. 4,14; Judith 5,3; Judith 5,3; Judith 6,2; Judith 6,2; Tob. 13,8; 1Mac. 10,72; 3Mac. 6,25; 3Mac. 6,26; 4Mac. 7,21; Psa. 6,6; Psa. 11,5; Psa. 13,7; Psa. 14,1; Psa. 14,1; Psa. 17,32; Psa. 18,13; Psa. 23,3; Psa. 23,3; Psa. 23,8; Psa. 23,10; Psa. 24,12; Psa. 33,13; Psa. 34,10; Psa. 38,5; Psa. 38,8; Psa. 39,6; Psa. 52,7; Psa. 58,8; Psa. 59,11; Psa. 59,11; Psa. 60,8; Psa. 70,19; Psa. 75,8; Psa. 82,2; Psa. 88,7; Psa. 88,7; Psa. 88,9; Psa. 88,48; Psa. 88,49; Psa. 89,11; Psa. 93,16; Psa. 93,16; Psa. 105,2; Psa. 106,43; Psa. 107,11; Psa. 107,11; Psa. 112,5; Psa. 129,3; Psa. 147,6; Psa. 151,3; Ode. 1,11; Ode. 1,11; Prov. 18,14; Prov. 20,9; Prov. 20,9; Prov. 24,22; Prov. 30,4; Prov. 30,4; Prov. 30,4; Prov. 30,4; Prov. 31,10; Eccl. 2,19; Eccl. 2,25; Eccl. 2,25; Eccl. 3,21; Eccl. 3,22; Eccl. 5,9; Eccl. 6,12; Eccl. 6,12; Eccl. 7,13; Eccl. 7,24; Eccl. 8,1; Eccl. 8,4; Eccl. 8,7; Eccl. 9,4; Eccl. 10,14; Job 4,2; Job 4,7; Job 5,1; Job 6,11; Job 9,4; Job 9,12; Job 9,12; Job 9,19; Job 9,24; Job 10,7; Job 11,10; Job 12,9; Job 12,14; Job 12,14; Job 13,19; Job 14,4; Job 15,14; Job 17,3; Job 19,23; Job 21,31; Job 21,31; Job 23,3; Job 23,13; Job 24,25; Job 25,4; Job 26,14; Job 27,8; Job 31,35; Job 34,13; Job 34,29; Job 34,29; Job 35,2; Job 36,22; Job 36,23; Job 36,23; Job 38,5; Job 38,5; Job 38,6; Job 38,25; Job 38,28; Job 38,28; Job 38,29; Job 38,30; Job 38,36; Job 38,37; Job 38,41; Job 39,5; Job 39,5; Job 41,2; Job 41,3; Job 41,5; Job 41,5; Job 41,6; Job 42,3; Job 42,3; Wis. 8,6; Wis. 9,13; Wis. 9,16; Wis. 9,17; Wis. 11,21; Wis. 12,12; Wis. 12,12; Wis. 12,12; Wis. 15,7; Sir. 1,2; Sir. 1,3; Sir. 1,6; Sir. 2,10; Sir. 2,10; Sir. 2,10; Sir. 6,34; Sir. 10,29; Sir. 10,29; Sir. 12,13; Sir. 16,20; Sir. 16,22;

Sir. 16,22; Sir. 17,27; Sir. 18,4; Sir. 18,5; Sir. 18,5; Sir. 19,16; Sir. 23,2; Sir. 28,5; Sir. 31,9; Sir. 31,10; Sir. 31,10; Sir. 34,15; Sir. 34,26; Sir. 36,26; Sir. 42,25; Sir. 43,3; Sir. 43,31; Sir. 43,31; Sir. 46,3; Sir. 48,4; Sol. 5,3; Sol. 5,11; Sol. 5,12; Sol. 15,2; Sol. 16,13; Sol. 17,39; Hos. 13,9; Hos. 14,10; Amos 3,8; Amos 3,8; Amos 7,2; Amos 7,5; Mic. 1,12; Mic. 6,9; Joel 2,11; Joel 2,14; Jonah 1,8; Nah. 1,6; Nah. 1,6; Nah. 3,7; Zeph. 3,18; Zech. 4,7; Zech. 4,10; Mal. 3,2; Mal. 3,2; Is. 1,12; Is. 6,8; Is. 14,27; Is. 14,27; Is. 18,2; Is. 23,8; Is. 27,4; Is. 29,15; Is. 33,14; Is. 33,14; Is. 36,20; Is. 40,12; Is. 40,13; Is. 40,13; Is. 40,14; Is. 40,14; Is. 40,26; Is. 41,2; Is. 41,4; Is. 41,26; Is. 42,19; Is. 42,23; Is. 42,24; Is. 43,9; Is. 43,9; Is. 43,13; Is. 44,7; Is. 44,24; Is. 45,21; Is. 48,14; Is. 49,21; Is. 50,8; Is. 50,8; Is. 50,9; Is. 51,19; Is. 51,19; Is. 53,1; Is. 53,8; Is. 66,8; Is. 66,8; Jer. 2,24; Jer. 8,23; Jer. 9,1; Jer. 9,11; Jer. 15,5; Jer. 15,5; Jer. 15,5; Jer. 17,9; Jer. 21,13; Jer. 23,18; Jer. 23,18; Jer. 26,7; Jer. 27,44; Jer. 27,44; Jer. 27,44; Jer. 30,13; Jer. 30,13; Jer. 30,13; Jer. 37,21; Bar. 3,15; Bar. 3,15; Bar. 3,29; Bar. 3,30; Lam. 2,13; Lam. 2,13; Dan. 12,8; Sus. 12; Sus. 41; Judg. 9,28; Judg. 9,29; Dan. 3,15; Sus. 40; Bel 8; Matt. 3,7; Matt. 6,27; Matt. 7,9; Matt. 10,11; Matt. 12,11; Matt. 18,1; Matt. 19,25; Matt. 21,10; Matt. 21,23; Matt. 21,31; Matt. 23,17; Matt. 26,68; Mark 1,24; Mark 2,7; Mark 3,33; Mark 4,41; Mark 5,30; Mark 5,31; Mark 9,34; Mark 10,26; Mark 11,28; Mark 15,24; Mark 16,3; Luke 3,7; Luke 4,34; Luke 4,36; Luke 5,21; Luke 5,21; Luke 7,42; Luke 7,49; Luke 8,25; Luke 8,45; Luke 9,9; Luke 9,46; Luke 10,22; Luke 10,22; Luke 10,29; Luke 10,36; Luke 11,5; Luke 12,14; Luke 12,25; Luke 12,42; Luke 14,31; Luke 15,4; Luke 16,11; Luke 16,12; Luke 18,26; Luke 19,3; Luke 20,2; Luke 22,23; Luke 22,24; Luke 22,27; Luke 22,64; John 1,19; John 1,22; John 4,10; John 5,12; John 5,13; John 6,60; John 6,64; John 7,20; John 7,36; John 8,25; John 8,46; John 9,2; John 9,21; John 9,36; John 12,34; John 12,38; John 13,24; John 13,25; John 21,12; John 21,20; Acts 7,27; Acts 7,35; Acts 7,49; Acts 8,33; Acts 9,5; Acts 11,17; Acts 19,35; Acts 21,33; Acts 22,8; Acts 26,15; Rom. 7,24; Rom. 8,24; Rom. 8,31; Rom. 8,33; Rom. 8,34; Rom. 8,35; Rom. 9,19; Rom. 9,20; Rom. 10,6; Rom. 10,7; Rom. 10,16; Rom. 11,34; Rom. 11,34; Rom. 11,35; Rom. 14,4; 1Cor. 2,11; 1Cor. 2,16; 1Cor. 4,7; 1Cor. 9,7; 1Cor. 9,7; 1Cor. 9,18; 1Cor. 14,8; 2Cor. 2,2; 2Cor. 2,16; 2Cor. 11,29; 2Cor. 11,29; Gal. 3,1; Gal. 5,7; Eph. 1,18; Heb. 12,7; James 4,12; 1Pet. 3,13; Rev. 5,2; Rev. 6,17; Rev. 13,4; Rev. 13,4; Rev. 15,4)

Pronoun - (interrogative) - neuter - singular - accusative ▸ **1** (1Kings 1,20)

τίσιν ▸ **2**
Pronoun - (interrogative) - masculine - plural - dative ▸ **2** (Heb. 3,17; Heb. 3,18)

τιτάν titan; giant ▸ **3**
τιτάνων ▸ **3**
Noun - masculine - plural - genitive - (common) ▸ **3** (2Sam. 5,18; 2Sam. 5,22; Judith 16,6)

Τίτιος Titius ▸ **1**
Τιτίου ▸ **1**
Noun - masculine - singular - genitive - (proper) ▸ **1** (Acts 18,7)

τίτλος inscription, notice ▸ **2**
τίτλον ▸ **2**
Noun - masculine - singular - accusative ▸ **2** (John 19,19; John 19,20)

Τίτος Titus ▸ **1 + 14 = 15**
TITON ▸ **1**
Noun - masculine - singular - accusative - (proper) ▸ **1** (Titus 1,0)
Τίτον ▸ **4**
Noun - masculine - singular - accusative - (proper) ▸ **4** (2Cor. 2,13; 2Cor. 8,6; 2Cor. 12,18; Gal. 2,1)

Τίτος ▸ **1 + 3 = 4**
Noun - masculine - singular - nominative - (proper) ▸ **1 + 3 = 4** (2Mac. 11,34; 2Cor. 12,18; Gal. 2,3; 2Tim. 4,10)
Τίτου ▸ **5**
Noun - masculine - singular - genitive - (proper) ▸ **5** (2Cor. 7,6; 2Cor. 7,13; 2Cor. 7,14; 2Cor. 8,16; 2Cor. 8,23)
Τίτῳ ▸ **1**
Noun - masculine - singular - dative - (proper) ▸ **1** (Titus 1,4)

τιτρώσκω to wound, cripple ▸ **19**
ἐτίτρωσκον ▸ **2**
Verb - third - plural - imperfect - active - indicative ▸ **2** (Deut. 1,44; Judith 16,12)
ἔτρωσε ▸ **1**
Verb - third - singular - aorist - active - indicative ▸ **1** (Job 26,12)
τέτρωμαι ▸ **1**
Verb - first - singular - perfect - passive - indicative ▸ **1** (1Kings 22,34)
τετρωμένη ▸ **2**
Verb - perfect - passive - participle - feminine - singular - nominative ▸ **2** (Song 2,5; Song 5,8)
τετρωμένου ▸ **1**
Verb - perfect - passive - participle - masculine - singular - genitive ▸ **1** (Num. 31,19)
τιτρώσκειν ▸ **1**
Verb - present - active - infinitive ▸ **1** (2Mac. 11,9)
τιτρώσκεσθαι ▸ **1**
Verb - present - passive - infinitive ▸ **1** (2Mac. 3,16)
τιτρωσκομένη ▸ **1**
Verb - present - passive - participle - feminine - singular - nominative ▸ **1** (Job 36,14)
τιτρωσκόμενοί ▸ **1**
Verb - present - passive - participle - masculine - plural - nominative ▸ **1** (Job 36,25)
τιτρώσκουσα ▸ **1**
Verb - present - active - participle - feminine - singular - nominative ▸ **1** (Jer. 9,7)
τιτρώσκουσιν ▸ **1**
Verb - third - plural - present - active - indicative ▸ **1** (Prov. 12,18)
τρωθήσομαι ▸ **1**
Verb - first - singular - future - passive - indicative ▸ **1** (Job 16,6)
τρώσαι ▸ **1**
Verb - third - singular - aorist - active - optative ▸ **1** (Job 20,24)
τρώσασα ▸ **1**
Verb - aorist - active - participle - feminine - singular - nominative ▸ **1** (Prov. 7,26)
τρωσάτω ▸ **1**
Verb - third - singular - aorist - active - imperative ▸ **1** (Job 6,9)
τρώσῃ ▸ **2**
Verb - third - singular - aorist - active - subjunctive ▸ **2** (Job 33,23; Job 41,20)

τμητός (τέμνω) cut ▸ **1**
τμητούς ▸ **1**
Adjective - masculine - plural - accusative - noDegree ▸ **1** (Ex. 20,25)

τοι surely, truly ▸ **8**
τοι ▸ **8**
Particle ▸ **8** (4Mac. 2,17; 4Mac. 4,11; 4Mac. 5,1; 4Mac. 6,8; 4Mac. 6,11; 4Mac. 6,15; 4Mac. 8,1; 4Mac. 17,17)

τοιγαροῦν (τοι; γάρ; οὖν) therefore, then ▸ **11 + 2 = 13**
Τοιγαροῦν ▸ **1 + 1 = 2**

Conjunction · coordinating · (inferential) ▸ **1** (Heb. 12,1)
    Particle ▸ **1** (Sir. 41,16)
τοιγαροῦν ▸ **10** + **1** = **11**
    Conjunction · coordinating · (inferential) ▸ **1** (1Th. 4,8)
    Particle ▸ **10** (2Mac. 7,23; 4Mac. 1,34; 4Mac. 9,7; 4Mac. 13,16; 4Mac. 17,4; Prov. 1,26; Prov. 1,31; Job 22,10; Job 24,22; Is. 5,26)
τοίνυν (τοι; νῦν) therefore, then, hence ▸ **20** + **3** = **23**
  τοίνυν ▸ **20** + **3** = **23**
    Conjunction · coordinating ▸ **20** (1Chr. 28,10; 2Chr. 28,23; 4Mac. 1,13; 4Mac. 1,15; 4Mac. 1,16; 4Mac. 1,17; 4Mac. 1,30; 4Mac. 1,31; 4Mac. 7,16; 4Mac. 13,1; 4Mac. 13,23; 4Mac. 16,1; Job 8,13; Job 36,14; Wis. 1,11; Wis. 8,9; Is. 3,10; Is. 5,13; Is. 27,4; Is. 33,23)
    Particle ▸ **3** (Luke 20,25; 1Cor. 9,26; Heb. 13,13)
τοῖος (οἷος) such ▸ **1**
  τοῖα ▸ **1**
    Pronoun · (demonstrative) · neuter · plural · accusative ▸ **1** (Ezra 5,3)
τοιόσδε (τοι; ὁ; δέ) of such a kind ▸ **2** + **1** = **3**
  τοιάδε ▸ **2**
    Adjective · feminine · singular · nominative · noDegree · (demonstrative) ▸ **2** (2Mac. 11,27; 2Mac. 15,12)
  τοιᾶσδε ▸ **1**
    Pronoun · (demonstrative) · feminine · singular · genitive ▸ **1** (2Pet. 1,17)
τοιοῦτος (τοι; οὗτος) such, of such kind ▸ **80** + **2** + **57** = **139**
  τοιαῦτα ▸ **18** + **9** = **27**
    Adjective · neuter · plural · accusative · noDegree · (demonstrative) ▸ **13** (Num. 15,13; 1Kings 10,12; 2Chr. 9,11; 2Mac. 2,3; 4Mac. 11,9; Job 8,18; Job 15,4; Job 15,13; Job 16,2; Job 32,14; Job 40,4; Sir. 16,5; Jer. 18,13)
    Adjective · neuter · plural · nominative · noDegree · (demonstrative) ▸ **5** (1Esdr. 4,37; 1Mac. 4,27; Sir. 45,13; Joel 1,2; Jer. 2,10)
    Pronoun · (demonstrative) · neuter · plural · accusative ▸ **9** (Mark 7,13; Luke 9,9; John 9,16; Acts 19,25; Rom. 1,32; Rom. 2,2; Rom. 2,3; Gal. 5,21; Heb. 11,14)
  τοιαῦτά ▸ **1**
    Adjective · neuter · plural · accusative · noDegree · (demonstrative) ▸ **1** (Prov. 23,2)
  τοιαῦται ▸ **1** + **1** = **2**
    Adjective · feminine · plural · nominative · noDegree · (demonstrative) ▸ **1** (Ezek. 31,8)
    Pronoun · (demonstrative) · feminine · plural · nominative ▸ **1** (Mark 6,2)
  τοιαύταις ▸ **2**
    Pronoun · (demonstrative) · feminine · plural · dative ▸ **2** (Mark 4,33; Heb. 13,16)
  τοιαύτας ▸ **3** + **1** = **4**
    Adjective · feminine · plural · accusative · noDegree · (demonstrative) ▸ **3** (Gen. 41,19; Judith 10,19; 2Mac. 8,7)
    Pronoun · (demonstrative) · feminine · plural · accusative ▸ **1** (John 8,5)
  τοιαύτη ▸ **19** + **3** = **22**
    Adjective · feminine · singular · nominative · noDegree · (demonstrative) ▸ **19** (Gen. 39,11; Ex. 9,18; Ex. 9,24; Ex. 10,14; Ex. 11,6; Ex. 11,6; Josh. 10,14; 1Sam. 4,7; 2Chr. 30,26; Judith 11,21; Prov. 30,20; Prov. 31,10; Prov. 31,11; Job 8,19; Jer. 10,16; Jer. 28,19; Jer. 37,7; Ezek. 21,31; Ezek. 21,32)
    Pronoun · (demonstrative) · feminine · singular · nominative ▸ **3** (Mark 13,19; 1Cor. 5,1; James 4,16)
  τοιαύτην ▸ **6** + **6** = **12**
    Adjective · feminine · singular · accusative · noDegree · (demonstrative) ▸ **6** (1Esdr. 8,84; Judith 12,12; 1Mac. 10,73; 1Mac. 13,35; 3Mac. 2,1; Is. 58,6)
    Pronoun · (demonstrative) · feminine · singular · accusative ▸ **6** (Matt. 9,8; Acts 16,24; 1Cor. 11,16; 2Cor. 3,4; 2Cor. 3,12; Heb. 12,3)
  τοιοῦτο ▸ **8** + **1** + **1** = **10**
    Adjective · neuter · singular · accusative · noDegree · (demonstrative) ▸ **6** + **1** = **7** (2Sam. 14,13; 1Esdr. 2,16; Ezra 5,11; Wis. 4,14; Is. 66,8; Dan. 2,10; Dan. 2,10)
    Adjective · neuter · singular · nominative · noDegree · (demonstrative) ▸ **2** (Deut. 4,32; 1Esdr. 1,18)
    Pronoun · (demonstrative) · neuter · singular · accusative ▸ **1** (Matt. 18,5)
  τοιοῦτοι ▸ **1** + **6** = **7**
    Adjective · masculine · plural · nominative · noDegree · (demonstrative) ▸ **1** (LetterJ 15)
    Pronoun · (demonstrative) · masculine · plural · nominative ▸ **6** (Rom. 16,18; 1Cor. 7,28; 1Cor. 15,48; 1Cor. 15,48; 2Cor. 10,11; 2Cor. 11,13)
  τοιούτοις ▸ **3** + **3** = **6**
    Adjective · neuter · plural · dative · noDegree · (demonstrative) ▸ **3** (2Mac. 10,4; Prov. 20,3; Job 33,16)
    Pronoun · (demonstrative) · masculine · plural · dative ▸ **2** (1Cor. 16,16; 2Th. 3,12)
    Pronoun · (demonstrative) · neuter · plural · dative ▸ **1** (1Cor. 7,15)
  τοιοῦτον ▸ **3** + **6** = **9**
    Adjective · masculine · singular · accusative · noDegree · (demonstrative) ▸ **2** (Gen. 41,38; 1Mac. 10,16)
    Adjective · neuter · singular · accusative · noDegree · (demonstrative) ▸ **1** (1Esdr. 1,19)
    Pronoun · (demonstrative) · masculine · singular · accusative ▸ **6** (Acts 22,22; 1Cor. 5,5; 2Cor. 12,2; 2Cor. 12,3; Gal. 6,1; Heb. 8,1)
  τοιοῦτος ▸ **5** + **1** + **4** = **10**
    Adjective · masculine · singular · nominative · noDegree · (demonstrative) ▸ **5** + **1** = **6** (Prov. 6,14; Prov. 28,21; Prov. 28,26; Sir. 20,15; Sir. 49,14; Sus. 27)
    Pronoun · (demonstrative) · masculine · singular · nominative ▸ **4** (2Cor. 2,7; 2Cor. 10,11; Titus 3,11; Philem. 9)
  Τοιοῦτος ▸ **1**
    Pronoun · (demonstrative) · masculine · singular · nominative ▸ **1** (Heb. 7,26)
  τοιούτου ▸ **1**
    Pronoun · (demonstrative) · masculine · singular · genitive ▸ **1** (2Cor. 12,5)
  τοιούτους ▸ **2** + **5** = **7**
    Adjective · masculine · plural · accusative · noDegree · (demonstrative) ▸ **2** (4Mac. 7,8; Ezek. 3,6)
    Pronoun · (demonstrative) · masculine · plural · accusative ▸ **5** (John 4,23; Acts 26,29; 1Cor. 16,18; Phil. 2,29; 3John 8)
  τοιούτῳ ▸ **4** + **2** = **6**
    Adjective · masculine · singular · dative · noDegree · (demonstrative) ▸ **2** (2Mac. 13,7; Jer. 9,8)
    Adjective · neuter · singular · dative · noDegree · (demonstrative) ▸ **2** (Jer. 5,9; Jer. 5,29)
    Pronoun · (demonstrative) · masculine · singular · dative ▸ **2** (1Cor. 5,11; 2Cor. 2,6)
  Τοιούτων ▸ **1**
    Adjective · neuter · plural · genitive · noDegree · (demonstrative) ▸ **1** (2Mac. 4,30)
  τοιούτων ▸ **5** + **6** = **11**

Adjective · feminine · plural · genitive · noDegree · (demonstrative) ▸ **1** (Wis. 15,6)
Adjective · neuter · plural · genitive · noDegree · (demonstrative) ▸ **4** (2Mac. 14,11; Wis. 12,19; Wis. 16,9; Sir. 7,35)
Pronoun · (demonstrative) · masculine · plural · genitive ▸ **1** (Matt. 19,14)
Pronoun · (demonstrative) · neuter · plural · genitive ▸ **5** (Mark 9,37; Mark 10,14; Luke 18,16; Gal. 5,23; Eph. 5,27)

τοῖχος (τεῖχος) wall ▸ 76 + 6 + 1 = 83
  τοῖχε ▸ 1
    Noun · masculine · singular · vocative ▸ **1** (Acts 23,3)
  τοῖχοι ▸ 2
    Noun · masculine · plural · nominative · (common) ▸ **2** (Ezek. 41,13; Ezek. 41,22)
  τοῖχοί ▸ 1
    Noun · masculine · plural · nominative · (common) ▸ **1** (Sir. 23,18)
  τοίχοις ▸ 5
    Noun · masculine · plural · dative · (common) ▸ **5** (Lev. 14,37; Lev. 14,39; 1Esdr. 6,8; Ezra 5,8; Sir. 14,24)
  τοῖχον ▸ 29 + 3 = 32
    Noun · masculine · singular · accusative · (common) ▸ 29 + 3 = **32** (Lev. 5,9; Num. 22,25; Judg. 16,13; Judg. 16,14; 1Sam. 19,10; 1Sam. 20,25; 1Sam. 25,22; 1Sam. 25,34; 1Kings 6,5; 1Kings 12,24m; 1Kings 20,21; 2Kings 9,8; 2Kings 9,33; 2Kings 20,2; Tob. 2,9; Ode. 10,5; Amos 5,19; Is. 5,5; Is. 38,2; Is. 59,10; Ezek. 4,3; Ezek. 12,5; Ezek. 12,7; Ezek. 13,10; Ezek. 13,14; Ezek. 13,15; Ezek. 40,13; Ezek. 41,5; Ezek. 41,17; Judg. 16,13; Judg. 16,14; Tob. 2,9)
  τοῖχόν ▸ 1
    Noun · masculine · singular · accusative · (common) ▸ **1** (Ezek. 43,8)
  τοῖχος ▸ 3
    Noun · masculine · singular · nominative · (common) ▸ **3** (Is. 23,13; Ezek. 13,12; Ezek. 13,15)
  τοίχου ▸ 20 + 2 = 22
    Noun · masculine · singular · genitive · (common) ▸ 20 + 2 = **22** (Judg. 16,14; 1Kings 5,13; 1Kings 6,27; 1Kings 6,27; 2Kings 3,25; 2Chr. 3,11; 2Chr. 3,12; Song 2,9; Job 33,24; Sir. 22,17; Hab. 2,11; Is. 25,12; Ezek. 12,12; Ezek. 23,14; Ezek. 40,13; Ezek. 41,7; Ezek. 41,9; Ezek. 41,12; Dan. 5,0; Dan. 5,5; Judg. 16,14; Dan. 5,5)
  τοίχους ▸ 5
    Noun · masculine · plural · accusative · (common) ▸ **5** (Ex. 30,3; 1Kings 6,15; 1Kings 6,29; 1Chr. 29,4; 2Chr. 3,7)
  τοίχῳ ▸ 4 + 1 = 5
    Noun · masculine · singular · dative · (common) ▸ 4 + 1 = **5** (Tob. 2,10; Psa. 61,4; Wis. 13,15; Ezek. 41,6; Tob. 2,10)
  τοίχων ▸ 6
    Noun · masculine · plural · genitive · (common) ▸ **6** (Lev. 14,37; 1Kings 6,6; 1Kings 6,15; 1Chr. 14,1; 2Chr. 3,7; Ezek. 41,6)

τοκάς (τίκτω) breeding animal ▸ 1
  τοκάδες ▸ 1
    Noun · feminine · plural · nominative · (common) ▸ **1** (1Kings 2,46i)

τοκετός (τίκτω) birth, delivery ▸ 4
  τοκετοῦ ▸ 3
    Noun · masculine · singular · genitive · (common) ▸ **3** (Job 39,1; Job 39,2; Sir. 23,14)
  τοκετῷ ▸ 1
    Noun · masculine · singular · dative · (common) ▸ **1** (Gen. 35,16)

τόκος (τίκτω) childbirth, offspring; produce, interest ▸ 19 + 2 = 21
  τόκον ▸ 7
    Noun · masculine · singular · accusative · (common) ▸ **7** (Ex. 22,24; Lev. 25,36; Deut. 23,20; Deut. 23,20; Deut. 23,20; Ezek. 18,17; Ezek. 22,12)
  τόκος ▸ 2
    Noun · masculine · singular · nominative · (common) ▸ **2** (Psa. 54,12; Jer. 9,5)
  τόκου ▸ 2
    Noun · masculine · singular · genitive · (common) ▸ **2** (Psa. 71,14; Ezek. 18,13)
  τόκους ▸ 1
    Noun · masculine · plural · accusative · (common) ▸ **1** (2Kings 4,7)
  τόκῳ ▸ 4 + 2 = 6
    Noun · masculine · singular · dative · (common) ▸ 4 + 2 = **6** (Lev. 25,37; Psa. 14,5; Jer. 9,5; Ezek. 18,8; Matt. 25,27; Luke 19,23)
  τόκων ▸ 3
    Noun · masculine · plural · genitive · (common) ▸ **3** (4Mac. 2,8; Prov. 28,8; Hos. 9,11)

Τολβανης Tolbanes (Telem?) ▸ 1
  Τολβανης ▸ 1
    Noun · masculine · singular · nominative · (proper) ▸ **1** (1Esdr. 9,25)

τόλμα (τολμάω) courage, boldness; recklessness, audacity ▸ 5
  τόλμαις ▸ 1
    Noun · feminine · plural · dative · (common) ▸ **1** (2Mac. 8,18)
  τόλμαν ▸ 2
    Noun · feminine · singular · accusative · (common) ▸ **2** (Judith 16,10; 3Mac. 6,34)
  τόλμῃ ▸ 2
    Noun · feminine · singular · dative · (common) ▸ **2** (Job 21,27; Job 39,20)

Τολμαν Talmon ▸ 1
  Τολμαν ▸ 1
    Noun · masculine · singular · genitive · (proper) ▸ **1** (1Esdr. 5,28)

τολμάω to dare, act rashly ▸ 7 + 16 = 23
  ἐτόλμα ▸ 1 + 4 = 5
    Verb · third · singular · imperfect · active · indicative ▸ 1 + 4 = **5** (2Mac. 4,2; Mark 12,34; John 21,12; Acts 5,13; Acts 7,32)
  ἐτόλμησαν ▸ 1
    Verb · third · plural · aorist · active · indicative ▸ **1** (Judith 14,13)
  ἐτόλμησεν ▸ 2 + 1 = 3
    Verb · third · singular · aorist · active · indicative ▸ 2 + 1 = **3** (Esth. 7,5; Job 15,12; Jude 9)
  ἐτόλμησέν ▸ 1
    Verb · third · singular · aorist · active · indicative ▸ **1** (Matt. 22,46)
  ἐτόλμων ▸ 1
    Verb · third · plural · imperfect · active · indicative ▸ **1** (Luke 20,40)
  Τολμᾷ ▸ 1
    Verb · third · singular · present · active · indicative ▸ **1** (1Cor. 6,1)
  τολμᾷ ▸ 2
    Verb · third · singular · present · active · indicative ▸ **1** (Rom. 5,7)
    Verb · third · singular · present · active · subjunctive ▸ **1** (2Cor. 11,21)
  τολμᾶν ▸ 1
    Verb · present · active · infinitive ▸ **1** (Phil. 1,14)

τολμῆσαι ▸ 1
    Verb · aorist · active · infinitive ▸ 1 (2Cor. 10,2)
τολμήσαντες ▸ 1
    Verb · aorist · active · participle · masculine · plural · nominative ▸ 1 (3Mac. 3,21)
τολμήσας ▸ 1
    Verb · aorist · active · participle · masculine · singular · nominative ▸ 1 (Mark 15,43)
τολμήσουσιν ▸ 1
    Verb · third · plural · future · active · indicative ▸ 1 (Esth. 1,18)
τολμήσω ▸ 1
    Verb · first · singular · future · active · indicative ▸ 1 (Rom. 15,18)
τολμῶ ▸ 1
    Verb · first · singular · present · active · indicative ▸ 1 (2Cor. 11,21)
τολμῶμεν ▸ 1 + 1 = 2
    Verb · first · plural · present · active · indicative ▸ 1 + 1 = 2 (4Mac. 8,18; 2Cor. 10,12)

τολμηρός (τολμάω) bold, courageous; boldly ▸ 3 + 1 = 4
  τολμηρά ▸ 1
    Adjective · feminine · singular · nominative · noDegree ▸ 1 (Sir. 19,3)
  τολμηρότερον ▸ 1
    Adverb · (comparative) ▸ 1 (Rom. 15,15)
  τολμηρότερος ▸ 1
    Adjective · masculine · singular · nominative · comparative ▸ 1 (Sir. 19,2)
  τολμηροῦ ▸ 1
    Adjective · masculine · singular · genitive · noDegree ▸ 1 (Sir. 8,15)

τολμητής (τολμάω) adventurer; reckless person ▸ 1
  τολμηταί ▸ 1
    Noun · masculine · plural · nominative ▸ 1 (2Pet. 2,10)

τολύπη gourd ▸ 1
  τολύπην ▸ 1
    Noun · feminine · singular · accusative · (common) ▸ 1 (2Kings 4,39)

τομή (τέμνω) stump, end; cutting ▸ 2
  τομή ▸ 1
    Noun · feminine · singular · nominative · (common) ▸ 1 (Job 15,32)
  τομῆς ▸ 1
    Noun · feminine · singular · genitive · (common) ▸ 1 (Song 2,12)

τομίς (τέμνω) knife ▸ 1
  τομίδας ▸ 1
    Noun · feminine · plural · accusative · (common) ▸ 1 (Prov. 30,14)

Τομμαν Tomman (?) ▸ 1
  Τομμαν ▸ 1
    Noun · singular · nominative · (proper) ▸ 1 (Josh. 19,21)

τόμος (τέμνω) slice; volume, tome ▸ 2
  τόμον ▸ 1
    Noun · masculine · singular · accusative · (common) ▸ 1 (Is. 8,1)
  τόμος ▸ 1
    Noun · masculine · singular · nominative · (common) ▸ 1 (1Esdr. 6,22)

τομός sharp, cutting ▸ 1
  τομώτερος ▸ 1
    Adjective · masculine · singular · nominative · comparative ▸ 1 (Heb. 4,12)

τόνος (τείνω) cord, sinew; force, energy; tone ▸ 1
  τόνων ▸ 1
    Noun · masculine · plural · genitive · (common) ▸ 1 (4Mac. 7,13)

τόξευμα (τόξον) arrow ▸ 13
  τόξευμα ▸ 1
    Noun · neuter · singular · nominative · (common) ▸ 1 (Prov. 25,18)
  τοξεύμασιν ▸ 2
    Noun · neuter · plural · dative · (common) ▸ 2 (Jer. 27,14; Ezek. 39,9)
  τοξεύματα ▸ 3
    Noun · neuter · plural · accusative · (common) ▸ 3 (2Mac. 10,30; Is. 13,18; Jer. 28,11)
  τοξεύματά ▸ 1
    Noun · neuter · plural · accusative · (common) ▸ 1 (Ezek. 39,3)
  τοξεύματι ▸ 1
    Noun · neuter · singular · dative · (common) ▸ 1 (Prov. 7,23)
  τοξεύματος ▸ 1
    Noun · neuter · singular · genitive · (common) ▸ 1 (Is. 7,24)
  τοξευμάτων ▸ 4
    Noun · neuter · plural · genitive · (common) ▸ 4 (Gen. 49,23; 2Kings 9,16; Is. 21,15; Is. 21,17)

τοξεύω (τόξον) to shoot with a bow and arrow ▸ 8
  ἐτόξευσαν ▸ 2
    Verb · third · plural · aorist · active · indicative ▸ 2 (2Sam. 11,24; 2Chr. 35,23)
  ἐτόξευσεν ▸ 1
    Verb · third · singular · aorist · active · indicative ▸ 1 (2Kings 13,17)
  τοξεύοντες ▸ 1
    Verb · present · active · participle · masculine · plural · nominative ▸ 1 (2Sam. 11,24)
  τοξεύσατε ▸ 1
    Verb · second · plural · aorist · active · imperative ▸ 1 (Jer. 27,14)
  τοξεύσει ▸ 1
    Verb · third · singular · future · active · indicative ▸ 1 (2Kings 19,32)
  Τόξευσον ▸ 1
    Verb · second · singular · aorist · active · imperative ▸ 1 (2Kings 13,17)
  τοξεύσουσιν ▸ 1
    Verb · third · plural · future · active · indicative ▸ 1 (2Sam. 11,20)

τοξικός pertaining to the bow ▸ 1
  τοξικοῦ ▸ 1
    Adjective · masculine · singular · genitive · noDegree ▸ 1 (Judg. 5,28)

τόξον (archery) bow ▸ 78 + 1 = 79
  τόξα ▸ 8
    Noun · neuter · plural · accusative · (common) ▸ 3 (2Kings 13,18; 2Chr. 26,14; Neh. 4,7)
    Noun · neuter · plural · nominative · (common) ▸ 5 (Gen. 49,24; Neh. 4,10; Psa. 36,15; Is. 5,28; Is. 41,2)
  τόξοις ▸ 4
    Noun · neuter · plural · dative · (common) ▸ 4 (1Chr. 10,3; 1Chr. 12,2; Psa. 77,9; Ezek. 39,9)
  τόξον ▸ 51 + 1 = 52
    Noun · neuter · singular · accusative · (common) ▸ 39 + 1 = 40 (Gen. 9,13; Gen. 27,3; 1Sam. 2,4; 2Sam. 22,35; 1Kings 22,34; 2Kings 13,15; 2Kings 13,15; 2Kings 13,16; 2Kings 13,16; 1Chr. 5,18; 1Chr. 8,40; 2Chr. 18,33; Psa. 7,13; Psa. 10,2; Psa. 17,35;

τόξον–τόπος

Psa. 36,14; Psa. 45,10; Psa. 57,8; Psa. 63,4; Psa. 77,57; Ode. 3,4; Ode. 4,9; Job 39,23; Sir. 43,11; Sol. 17,33; Hos. 1,5; Hos. 2,20; Hab. 3,9; Zech. 9,13; Jer. 6,23; Jer. 9,2; Jer. 26,9; Jer. 27,14; Jer. 27,29; Jer. 27,42; Jer. 28,3; Lam. 2,4; Lam. 3,12; Ezek. 39,3; Rev. 6,2)

Noun • neuter • singular • nominative • (common) ▸ **12** (Gen. 9,14; Gen. 9,16; 2Sam. 1,22; Job 20,24; Job 29,20; Job 41,20; Sir. 50,7; Hos. 7,16; Zech. 9,10; Zech. 10,4; Jer. 25,15; Jer. 28,56)

τόξου ▸ 5

Noun • neuter • singular • genitive • (common) ▸ **5** (Gen. 21,16; Psa. 59,6; Wis. 5,21; Jer. 4,29; Ezek. 1,28)

τόξῳ ▸ 8

Noun • neuter • singular • dative • (common) ▸ **8** (Gen. 48,22; Josh. 24,12; 2Kings 6,22; 2Kings 9,24; 1Chr. 12,2; Judith 9,7; Psa. 43,7; Hos. 1,7)

τόξων ▸ 2

Noun • neuter • plural • genitive • (common) ▸ **2** (1Chr. 10,3; Psa. 75,4)

τοξότης (τόξον) archer ▸ 10

τοξόται ▸ 7

Noun • masculine • plural • nominative • (common) ▸ **7** (1Sam. 31,3; 1Chr. 10,3; 2Chr. 14,7; 2Chr. 17,17; 2Chr. 22,5; 2Chr. 35,23; 1Mac. 9,11)

τοξότας ▸ 1

Noun • masculine • plural • accusative • (common) ▸ **1** (Judith 2,15)

τοξότης ▸ 2

Noun • masculine • singular • nominative • (common) ▸ **2** (Gen. 21,20; Amos 2,15)

τοπάζιον (τόπαζος) topaz ▸ 5 + 1 = 6

τοπάζιον ▸ 5 + 1 = 6

Noun • neuter • singular • accusative • (common) ▸ **2** (Psa. 118,127; Ezek. 28,13)

Noun • neuter • singular • nominative • (common) ▸ 3 + 1 = **4** (Ex. 28,17; Ex. 36,17; Job 28,19; Rev. 21,20)

τοπάρχης (τόπος; ἄρχω) governor; regional ruler ▸ 11 + 4 = 15

τοπάρχαι ▸ 1 + 3 = 4

Noun • masculine • plural • nominative • (common) ▸ 1 + 3 = **4** (Dan. 3,94; Dan. 3,3; Dan. 3,94; Dan. 6,8)

τοπάρχαις ▸ 3

Noun • masculine • plural • dative • (common) ▸ **3** (1Esdr. 3,2; 1Esdr. 4,48; Esth. 13,1 # 3,13a)

τοπάρχας ▸ 4 + 1 = 5

Noun • masculine • plural • accusative • (common) ▸ 4 + 1 = **5** (Gen. 41,34; 1Esdr. 3,14; 1Esdr. 4,47; Dan. 3,2; Dan. 3,2)

τοπάρχην ▸ 1

Noun • masculine • singular • accusative • (common) ▸ **1** (1Esdr. 4,49)

τοπάρχου ▸ 2

Noun • masculine • singular • genitive • (common) ▸ **2** (2Kings 18,24; Is. 36,9)

τοπαρχία (τόπος; ἄρχω) region, district ▸ 1

τοπαρχίας ▸ 1

Noun • feminine • plural • accusative • (common) ▸ **1** (1Mac. 11,28)

τόπος place, position; opportunity; passage ▸ 587 + 24 + 93 = 704

τόποι ▸ 1

Noun • masculine • plural • nominative • (common) ▸ **1** (2Chr. 33,19)

τόποις ▸ 11 + 2 = 13

Noun • masculine • plural • dative • (common) ▸ 11 + 2 = **13** (2Chr. 34,6; 1Esdr. 2,12; Neh. 12,27; 2Mac. 14,22; 2Mac. 15,1; 3Mac. 2,26; Prov. 19,23; Prov. 25,6; Prov. 28,12; Prov. 28,28; Amos 4,6; Mark 1,45; Acts 16,3)

τόπον ▸ 232 + 8 + 45 = 285

Noun • masculine • singular • accusative • (common) ▸ 232 + 8 + 45 = **285** (Gen. 13,4; Gen. 18,24; Gen. 18,26; Gen. 18,33; Gen. 19,13; Gen. 19,27; Gen. 20,13; Gen. 22,3; Gen. 22,4; Gen. 22,9; Gen. 24,31; Gen. 29,3; Gen. 30,25; Gen. 32,1; Gen. 35,1; Gen. 36,40; Gen. 39,20; Gen. 40,3; Ex. 3,8; Ex. 18,23; Ex. 21,13; Ex. 24,10; Ex. 32,34; Lev. 1,16; Lev. 4,12; Lev. 6,4; Lev. 14,17; Lev. 14,28; Lev. 14,40; Lev. 14,41; Lev. 14,45; Num. 10,29; Num. 13,24; Num. 14,40; Num. 19,3; Num. 19,9; Num. 20,5; Num. 23,13; Num. 23,27; Num. 24,11; Num. 24,14; Num. 24,25; Num. 32,17; Deut. 1,31; Deut. 1,33; Deut. 9,7; Deut. 11,5; Deut. 11,24; Deut. 12,5; Deut. 12,14; Deut. 12,26; Deut. 14,25; Deut. 16,6; Deut. 17,8; Deut. 18,6; Deut. 26,2; Deut. 26,9; Josh. 1,16; Josh. 9,27; Josh. 24,28; Josh. 24,33b; Judg. 7,7; Judg. 9,55; Judg. 15,17; Judg. 19,28; Judg. 20,36; Ruth 3,4; 1Sam. 2,20; 1Sam. 5,3; 1Sam. 5,11; 1Sam. 6,2; 1Sam. 9,22; 1Sam. 10,25; 1Sam. 14,46; 1Sam. 20,19; 1Sam. 22,23; 1Sam. 23,22; 1Sam. 24,23; 1Sam. 26,5; 1Sam. 26,25; 1Sam. 27,5; 1Sam. 29,4; 1Sam. 29,10; 2Sam. 6,17; 2Sam. 7,10; 2Sam. 11,16; 2Sam. 15,20; 2Sam. 15,21; 2Sam. 19,40; 1Kings 5,1; 1Kings 8,6; 1Kings 8,7; 1Kings 8,21; 1Kings 8,29; 1Kings 8,29; 1Kings 8,30; 1Kings 8,35; 1Kings 8,42; 1Kings 21,24; 2Kings 4,10; 2Kings 5,11; 2Kings 6,6; 2Kings 6,8; 2Kings 6,10; 2Kings 18,25; 2Kings 22,16; 2Kings 22,19; 2Kings 22,20; 1Chr. 13,11; 1Chr. 15,1; 1Chr. 15,3; 1Chr. 17,9; 1Chr. 21,22; 2Chr. 5,7; 2Chr. 5,8; 2Chr. 6,20; 2Chr. 6,20; 2Chr. 6,21; 2Chr. 6,26; 2Chr. 6,32; 2Chr. 24,11; 2Chr. 25,10; 2Chr. 25,10; 2Chr. 34,24; 2Chr. 34,27; 2Chr. 34,28; 1Esdr. 4,34; Ezra 5,15; Neh. 1,9; Esth. 14,1 # 4,17k; Tob. 3,6; 1Mac. 4,43; 1Mac. 6,54; 1Mac. 10,13; 1Mac. 11,38; 1Mac. 12,4; 1Mac. 13,20; 2Mac. 1,14; 2Mac. 1,19; 2Mac. 1,29; 2Mac. 1,33; 2Mac. 2,18; 2Mac. 2,18; 2Mac. 3,2; 2Mac. 3,18; 2Mac. 3,30; 2Mac. 3,38; 2Mac. 4,33; 2Mac. 4,38; 2Mac. 5,17; 2Mac. 5,19; 2Mac. 5,19; 2Mac. 6,2; 2Mac. 8,17; 2Mac. 9,17; 2Mac. 10,7; 2Mac. 12,2; 2Mac. 13,23; 2Mac. 15,34; 3Mac. 1,9; 3Mac. 2,9; 3Mac. 2,10; 3Mac. 2,14; 3Mac. 2,16; 3Mac. 3,12; 3Mac. 4,18; 3Mac. 6,31; 3Mac. 7,12; 3Mac. 7,20; Psa. 22,2; Psa. 25,8; Psa. 36,10; Psa. 70,3; Psa. 78,7; Psa. 83,7; Psa. 102,16; Psa. 103,8; Psa. 131,5; Psa. 131,7; Eccl. 1,5; Eccl. 1,7; Eccl. 3,16; Eccl. 3,16; Eccl. 3,20; Eccl. 6,6; Eccl. 10,4; Job 2,9d; Job 28,23; Wis. 12,10; Wis. 12,20; Sir. 4,5; Sir. 12,12; Sir. 16,14; Sir. 19,17; Sir. 36,12; Sir. 38,12; Hos. 5,15; Nah. 3,17; Is. 14,2; Is. 18,7; Is. 30,23; Is. 33,14; Is. 49,20; Is. 54,2; Is. 56,5; Is. 60,13; Jer. 7,12; Jer. 7,20; Jer. 7,32; Jer. 19,3; Jer. 19,4; Jer. 19,4; Jer. 27,44; Jer. 28,62; Jer. 30,13; Jer. 35,3; Jer. 35,6; Jer. 36,10; Jer. 39,37; Jer. 47,2; Jer. 49,18; Bar. 3,15; Ezek. 10,11; Ezek. 12,3; Ezek. 39,11; Ezek. 43,7; Ezek. 43,7; Dan. 4,25; Dan. 4,37b; Dan. 11,21; Dan. 11,38; Bel 15-17; Judg. 7,7; Judg. 9,55; Judg. 15,17; Judg. 19,21; Judg. 19,28; Judg. 20,36; Tob. 3,6; Bel 39; Matt. 14,13; Matt. 26,52; Matt. 27,33; Matt. 28,6; Mark 1,35; Mark 6,31; Mark 6,32; Mark 15,22; Luke 4,17; Luke 4,37; Luke 4,42; Luke 10,1; Luke 10,32; Luke 14,9; Luke 14,9; Luke 14,10; Luke 16,28; Luke 19,5; Luke 23,33; John 10,40; John 11,48; John 14,2; John 14,3; John 18,2; John 19,13; John 20,7; Acts 1,25; Acts 1,25; Acts 6,14; Acts 12,17; Acts 21,28; Acts 25,16; Acts 27,8; Acts 27,41; Acts 28,7; Rom. 12,19; Rom. 15,23; 1Cor. 14,16; Eph. 4,27; Heb. 11,8; Heb. 12,17; Rev. 12,6; Rev. 12,14; Rev. 16,16; Rev. 18,17)

τόπος ▸ 67 + 3 + 14 = 84

Noun • masculine • singular • nominative • (common) ▸ 67 + 3 + 14 = **84** (Gen. 24,23; Gen. 24,25; Gen. 28,17; Ex. 3,5; Ex.

33,21; Num. 20,5; Num. 32,1; Num. 32,1; Deut. 12,11; Deut. 12,21; Deut. 14,24; Deut. 23,13; Josh. 1,3; Josh. 5,15; Judg. 18,10; 1Sam. 20,25; 1Sam. 20,27; 1Sam. 23,28; 2Sam. 6,8; 2Kings 6,1; Ezra 6,3; Neh. 2,14; Judith 3,3; 1Mac. 3,46; 1Mac. 6,57; 1Mac. 8,4; 1Mac. 9,45; 1Mac. 10,73; 2Mac. 2,7; 2Mac. 2,8; 2Mac. 5,20; 3Mac. 3,29; 3Mac. 4,3; Psa. 36,36; Psa. 75,3; Ode. 7,38; Job 7,10; Job 8,18; Job 16,18; Job 18,21; Job 20,9; Job 28,1; Job 28,1; Job 28,6; Job 28,12; Job 28,20; Job 34,22; Job 38,19; Sir. 13,22; Zech. 13,1; Is. 4,5; Is. 7,23; Is. 33,21; Is. 49,20; Is. 66,1; Jer. 10,20; Jer. 10,20; Jer. 19,13; Jer. 30,2; Bar. 3,24; Ezek. 42,13; Ezek. 45,4; Ezek. 46,19; Ezek. 46,20; Dan. 3,38; Dan. 4,26; Dan. 8,11; Judg. 18,10; Dan. 2,35; Dan. 3,38; Matt. 14,15; Mark 6,11; Mark 6,35; Mark 16,6; Luke 2,7; Luke 14,22; John 4,20; John 19,20; Acts 4,31; Acts 7,33; Acts 7,49; Heb. 8,7; Rev. 12,8; Rev. 20,11)

Τόπος ▸ 2

Noun · masculine · singular · nominative · (proper) ▸ **2** (Matt. 27,33; Mark 15,22)

τόπου ▸ 110 + 6 + 7 = 123

Noun · masculine · singular · genitive · (common) ▸ 110 + 6 + 7 = **123** (Gen. 12,6; Gen. 13,3; Gen. 13,14; Gen. 19,12; Gen. 19,14; Gen. 21,17; Gen. 21,17; Gen. 21,31; Gen. 22,14; Gen. 26,7; Gen. 26,7; Gen. 28,11; Gen. 28,19; Gen. 29,22; Gen. 32,3; Gen. 32,31; Gen. 33,17; Gen. 35,7; Gen. 35,13; Gen. 35,15; Gen. 38,21; Gen. 38,22; Ex. 15,23; Ex. 16,29; Ex. 17,7; Num. 11,3; Num. 11,34; Num. 21,3; Deut. 7,24; Deut. 12,3; Deut. 17,10; Deut. 21,19; Deut. 29,6; Josh. 5,3; Josh. 5,9; Josh. 8,18; Josh. 8,19; Judg. 2,5; Judg. 11,19; Judg. 19,16; Judg. 20,33; Judg. 20,33; Ruth 1,7; 1Sam. 20,37; 2Sam. 2,16; 2Sam. 2,23; 2Sam. 5,20; 2Sam. 15,19; 1Kings 5,23; 1Kings 10,19; 1Chr. 14,11; 2Chr. 6,40; 2Chr. 7,15; 2Chr. 20,26; 1Esdr. 5,43; 1Esdr. 5,49; 1Esdr. 6,18; 1Esdr. 6,26; 1Esdr. 6,26; Ezra 9,13; Ezra 1,4; Ezra 6,5; Ezra 6,7; Ezra 8,17; Ezra 8,17; Neh. 3,35; Neh. 4,7; 1Mac. 3,35; 1Mac. 6,62; 1Mac. 8,4; 2Mac. 3,12; 2Mac. 3,39; 2Mac. 5,16; 2Mac. 10,34; 3Mac. 1,29; 3Mac. 7,17; 4Mac. 4,9; 4Mac. 4,12; 4Mac. 5,1; Eccl. 8,10; Job 2,9d; Job 14,18; Job 27,21; Job 27,23; Job 37,1; Sir. 41,19; Sir. 46,12; Sir. 49,10; Mic. 1,3; Joel 4,7; Zeph. 1,4; Zeph. 2,11; Zech. 14,10; Zech. 14,10; Is. 46,7; Jer. 4,7; Jer. 13,7; Jer. 16,9; Jer. 22,11; Jer. 24,5; Jer. 32,30; Bar. 2,24; Ezek. 3,12; Ezek. 12,3; Ezek. 34,12; Ezek. 38,15; Dan. 8,18; Dan. 10,11; Dan. 11,43; Dan. 11,43; Judg. 2,5; Judg. 11,19; Judg. 19,16; Judg. 20,33; Judg. 20,33; Dan. 11,38; Matt. 14,35; Luke 6,17; Luke 22,40; John 6,23; Acts 6,13; Acts 21,28; Rev. 2,5)

τόπους ▸ 11 + 5 = 16

Noun · masculine · plural · accusative · (common) ▸ 11 + 5 = **16** (Deut. 12,2; 1Sam. 30,31; 2Kings 23,14; 1Esdr. 2,4; 1Mac. 12,2; 2Mac. 8,6; 2Mac. 8,31; 2Mac. 9,23; 2Mac. 10,19; 2Mac. 13,18; 3Mac. 5,44; Matt. 24,7; Mark 13,8; Luke 21,11; Acts 27,2; Acts 27,29)

τόπῳ ▸ 132 + 6 + 15 = 153

Noun · masculine · singular · dative · (common) ▸ 132 + 6 + 15 = **153** (Gen. 20,11; Gen. 28,11; Gen. 28,11; Gen. 28,16; Gen. 29,26; Gen. 31,13; Gen. 35,14; Ex. 20,24; Ex. 24,11; Ex. 29,31; Lev. 4,24; Lev. 4,29; Lev. 4,33; Lev. 6,9; Lev. 6,18; Lev. 6,19; Lev. 6,20; Lev. 7,2; Lev. 7,6; Lev. 8,31; Lev. 10,13; Lev. 10,14; Lev. 10,17; Lev. 10,18; Lev. 13,19; Lev. 14,13; Lev. 14,13; Lev. 16,24; Lev. 24,9; Num. 9,17; Num. 18,31; Num. 22,26; Deut. 12,13; Deut. 12,18; Deut. 14,23; Deut. 15,20; Deut. 16,2; Deut. 16,7; Deut. 16,11; Deut. 16,15; Deut. 16,16; Deut. 23,17; Deut. 31,11; Josh. 4,9; Judg. 18,12; Judg. 20,22; 1Sam. 3,2; 1Sam. 3,9; 1Sam. 12,8; 1Sam. 21,3; 1Kings 8,30; 1Kings 13,8; 1Kings 13,16; 1Kings 13,22; 1Kings 20,19; 2Kings 6,9; 2Kings 22,17; 1Chr. 16,27; 1Chr. 21,25; 2Chr. 3,1; 2Chr. 6,21; 2Chr. 7,12; 2Chr. 34,25; 1Esdr. 2,4; 1Esdr. 8,44; 1Esdr. 8,45; 1Esdr. 8,75; Ezra 9,8; Neh. 4,14; Esth. 16,19 # 8,12s; 1Mac. 1,8; 1Mac. 1,25; 1Mac. 4,46; 1Mac. 5,49; 1Mac. 11,37; 1Mac. 14,48; 2Mac. 12,18; 2Mac. 13,4; 2Mac. 13,5; 3Mac. 1,9; 3Mac. 1,23; 3Mac. 6,30; 3Mac. 7,8; Psa. 23,3; Psa. 41,5; Psa. 43,20; Psa. 67,6; Psa. 102,22; Psa. 118,54; Ode. 10,1; Prov. 4,15; Prov. 9,18a; Prov. 15,3; Eccl. 11,3; Wis. 19,22; Sol. 16,9; Hos. 2,1; Amos 8,3; Hag. 2,9; Mal. 1,11; Is. 5,1; Is. 10,26; Is. 22,23; Is. 22,25; Is. 45,19; Is. 48,16; Jer. 7,3; Jer. 7,6; Jer. 7,7; Jer. 7,14; Jer. 8,3; Jer. 14,13; Jer. 16,2; Jer. 16,3; Jer. 19,6; Jer. 19,7; Jer. 19,12; Jer. 22,3; Jer. 22,12; Jer. 24,9; Jer. 31,37; Jer. 40,10; Jer. 40,12; Jer. 44,10; Jer. 49,22; Jer. 51,35; Ezek. 17,16; Ezek. 21,35; Dan. 5,0; Sus. 54; Sus. 58; Bel 23; Judg. 17,8; Judg. 17,9; Judg. 18,3; Judg. 18,12; Judg. 20,22; Dan. 2,38; Matt. 24,15; Luke 9,12; Luke 11,1; John 5,13; John 6,10; John 11,6; John 11,30; John 19,41; Acts 7,7; Rom. 9,26; 1Cor. 1,2; 2Cor. 2,14; 1Th. 1,8; 1Tim. 2,8; 2Pet. 1,19)

τόπων ▸ 23 + 1 + 3 = 27

Noun · masculine · plural · genitive · (common) ▸ 23 + 1 + 3 = **27** (Josh. 3,3; Judg. 19,13; 2Sam. 17,9; 2Sam. 17,12; Ezra 1,4; Neh. 4,6; Tob. 5,5; 1Mac. 10,40; 1Mac. 11,14; 1Mac. 11,69; 1Mac. 15,29; 1Mac. 15,30; 2Mac. 4,36; 2Mac. 9,1; 2Mac. 9,21; 2Mac. 10,14; 2Mac. 10,17; 2Mac. 12,18; 2Mac. 12,18; 2Mac. 12,21; 3Mac. 1,1; 3Mac. 1,1; Prov. 27,8; Judg. 19,13; Matt. 12,43; Luke 11,24; Rev. 6,14)

Τόπος (τόπος) Place ▸ 1

Τόπον ▸ 1

Noun · masculine · singular · accusative · (proper) ▸ **1** (John 19,17)

τορευτός (τείρω) carved in relief ▸ 7

τορευτά ▸ 1

Adjective · neuter · plural · accusative · noDegree ▸ **1** (Ex. 25,18)

τορευταί ▸ 1

Adjective · feminine · plural · nominative · noDegree ▸ **1** (Song 5,14)

τορευτή ▸ 1

Adjective · feminine · singular · nominative · noDegree ▸ **1** (Ex. 25,36)

τορευτήν ▸ 1

Adjective · feminine · singular · accusative · noDegree ▸ **1** (Ex. 25,31)

τορευτόν ▸ 1

Adjective · neuter · singular · nominative · noDegree ▸ **1** (Jer. 10,9)

τορευτός ▸ 1

Adjective · masculine · singular · nominative · noDegree ▸ **1** (Song 7,3)

τορευτῶν ▸ 1

Adjective · masculine · plural · genitive · noDegree ▸ **1** (1Kings 10,22)

τόσος (ὅσος) so much more ▸ 2

τόσῳ ▸ 2

Adjective · neuter · singular · dative · noDegree ▸ **2** (Sir. 11,11; Sir. 13,9)

τοσοῦτος (οὗτος) so much, so great ▸ 24 + 1 + 20 = 45

τοσαῦτα ▸ 4 + 3 = 7

Adjective · neuter · plural · accusative · noDegree · (demonstrative) ▸ **4** (2Mac. 6,28; 2Mac. 14,34; 4Mac. 16,4; Wis. 14,22)

Pronoun · (demonstrative) · neuter · plural · accusative ▸ **2** (Luke 15,29; Gal. 3,4)

Pronoun · (demonstrative) · neuter · plural · nominative ▸ **1** (1Cor. 14,10)

Τοσαῦτα ▸ 1
   Pronoun · (demonstrative) · neuter · plural · accusative ▸ 1 (John 12,37)

τοσαύτη ▸ 1
   Adjective · feminine · singular · nominative · noDegree · (demonstrative) ▸ 1 (4Mac. 8,26)

τοσαύτης ▸ 1
   Adjective · feminine · singular · genitive · noDegree · (demonstrative) ▸ 1 (Wis. 12,20)

τοσαύτην ▸ 2
   Pronoun · (demonstrative) · feminine · singular · accusative ▸ 2 (Matt. 8,10; Luke 7,9)

τοσοῦτο ▸ 2 + 1 = 3
   Adjective · neuter · singular · accusative · noDegree · (demonstrative) ▸ 2 (Num. 15,5; 1Mac. 3,17)
   Pronoun · (demonstrative) · neuter · singular · accusative ▸ 1 (Heb. 7,22)

τοσοῦτοι ▸ 1 + 1 = 2
   Adjective · masculine · plural · nominative · noDegree · (demonstrative) ▸ 1 (4Mac. 11,20)
   Pronoun · (demonstrative) · masculine · plural · nominative ▸ 1 (Matt. 15,33)

τοσοῦτον ▸ 9 + 4 = 13
   Adjective · masculine · singular · accusative · noDegree · (demonstrative) ▸ 3 (Esth. 16,11 # 8,12l; 2Mac. 4,3; 4Mac. 5,7)
   Adjective · neuter · singular · accusative · noDegree · (demonstrative) ▸ 5 (2Mac. 2,32; 2Mac. 7,42; 3Mac. 2,26; 3Mac. 3,1; Wis. 13,9)
   Pronoun · (demonstrative) · masculine · singular · accusative ▸ 3 (Matt. 15,33; Heb. 4,7; Rev. 18,7)
   Pronoun · (demonstrative) · neuter · singular · accusative ▸ 1 + 1 = 2 (Esth. 16,7 # 8,12g; Heb. 12,1)

τοσοῦτος ▸ 1
   Pronoun · (demonstrative) · masculine · singular · nominative ▸ 1 (Rev. 18,17)

τοσούτου ▸ 2
   Pronoun · (demonstrative) · neuter · singular · genitive ▸ 2 (Acts 5,8; Acts 5,8)

τοσούτους ▸ 1
   Pronoun · (demonstrative) · masculine · plural · accusative ▸ 1 (John 6,9)

τοσούτῳ ▸ 3 + 1 + 3 = 7
   Pronoun · (demonstrative) · masculine · singular · dative ▸ 1 (John 14,9)
   Pronoun · (demonstrative) · neuter · singular · dative ▸ 3 + 1 + 2 = 6 (Ex. 1,12; 4Mac. 15,5; Sir. 3,18; Tob. 2,10; Heb. 1,4; Heb. 10,25)

τοσούτων ▸ 3 + 1 = 4
   Adjective · masculine · plural · genitive · noDegree · (demonstrative) ▸ 2 (4Mac. 8,5; 4Mac. 12,6)
   Adjective · neuter · plural · genitive · noDegree · (demonstrative) ▸ 1 (4Mac. 15,11)
   Pronoun · (demonstrative) · masculine · plural · genitive ▸ 1 (John 21,11)

τότε (ὅς; τέ)   then ▸ 246 + 49 + 160 = 455
   Τότε ▸ 26 + 4 + 48 = 78
      Adverb · (temporal) ▸ 26 + 4 + 48 = **78** (Ex. 15,1; Deut. 4,41; Josh. 8,30 # 9,2a; Josh. 10,12; Josh. 22,1; 1Kings 3,16; 1Kings 8,53a; 1Kings 9,9a # 9,24; 1Kings 16,21; 2Kings 12,18; 1Chr. 15,2; 2Chr. 5,2; 2Chr. 8,12; 2Chr. 8,17; 1Esdr. 4,42; 1Esdr. 6,22; 1Esdr. 7,1; Ezra 4,23; Ezra 6,1; Ezra 6,13; Tob. 12,6; 1Mac. 2,29; 3Mac. 5,1; Wis. 5,1; Is. 8,16; Jer. 19,1; Tob. 5,1; Tob. 9,1; Tob. 12,6; Dan. 3,51; Matt. 2,7; Matt. 2,16; Matt. 3,5; Matt. 3,13; Matt. 4,1; Matt. 4,5; Matt. 4,11; Matt. 9,14; Matt. 11,20; Matt. 12,22; Matt. 12,38; Matt. 13,36; Matt. 15,1; Matt. 15,12; Matt. 16,20; Matt. 16,24; Matt. 17,19; Matt. 18,21; Matt. 18,32; Matt. 19,13; Matt. 19,27; Matt. 20,20; Matt. 22,15; Matt. 23,1; Matt. 24,9; Matt. 24,23; Matt. 24,40; Matt. 25,1; Matt. 25,34; Matt. 25,41; Matt. 26,3; Matt. 26,14; Matt. 26,31; Matt. 26,36; Matt. 26,56; Matt. 26,65; Matt. 26,67; Matt. 27,3; Matt. 27,27; Matt. 27,38; Luke 21,10; John 19,1; John 19,16; Acts 1,12; Acts 4,8; Acts 5,26; Acts 15,22; Acts 21,26)

   τότε ▸ 220 + 45 + 112 = 377
      Adverb · (temporal) ▸ 220 + 45 + 112 = **377** (Gen. 12,6; Gen. 13,7; Gen. 24,41; Gen. 49,4; Ex. 12,44; Ex. 12,48; Ex. 15,15; Ex. 21,6; Ex. 33,23; Lev. 22,7; Lev. 26,34; Lev. 26,34; Lev. 26,41; Lev. 26,41; Lev. 26,43; Num. 21,17; Deut. 28,13; Deut. 28,29; Deut. 29,19; Josh. 1,8; Josh. 1,8; Josh. 6,10; Josh. 10,33; Judg. 5,11; Judg. 5,19; Judg. 5,22; Judg. 8,3; Judg. 13,21; 1Sam. 6,3; 1Sam. 25,34; 2Sam. 2,27; 2Sam. 5,24; 2Sam. 5,24; 2Sam. 15,34; 2Sam. 19,7; 2Sam. 21,17; 2Sam. 21,18; 2Sam. 23,14; 2Sam. 23,14; 2Sam. 23,15; 1Kings 2,35f; 1Kings 5,14b; 1Kings 8,1; 1Kings 9,11; 1Kings 11,5; 1Kings 16,28g; 2Kings 5,3; 2Kings 8,22; 2Kings 13,19; 2Kings 14,8; 2Kings 15,16; 2Kings 16,5; 1Chr. 11,16; 1Chr. 11,16; 1Chr. 14,15; 1Chr. 16,7; 1Chr. 16,33; 1Chr. 20,4; 1Chr. 22,13; 2Chr. 6,1; 2Chr. 21,10; 2Chr. 24,17; 2Chr. 36,4a; 1Esdr. 2,19; 1Esdr. 2,25; 1Esdr. 3,4; 1Esdr. 3,8; 1Esdr. 4,33; 1Esdr. 4,41; 1Esdr. 4,41; 1Esdr. 4,43; 1Esdr. 4,47; 1Esdr. 6,2; 1Esdr. 6,10; 1Esdr. 6,19; Ezra 4,24; Ezra 5,2; Ezra 5,4; Ezra 5,5; Ezra 5,9; Ezra 5,16; Ezra 5,16; Neh. 2,16; Esth. 2,13; Esth. 4,16; Esth. 7,10; Esth. 9,31; Judith 6,6; Judith 15,3; Judith 16,11; Tob. 6,14; Tob. 8,21; Tob. 13,6; 1Mac. 2,42; 1Mac. 4,41; 1Mac. 14,32; 1Mac. 16,9; 2Mac. 1,19; 2Mac. 2,8; 2Mac. 12,18; 3Mac. 1,29; 3Mac. 5,44; 3Mac. 6,18; 3Mac. 6,31; 3Mac. 7,13; 4Mac. 3,8; 4Mac. 3,21; 4Mac. 8,2; 4Mac. 15,22; 4Mac. 17,12; 4Mac. 18,5; 4Mac. 18,20; Psa. 2,5; Psa. 18,14; Psa. 39,8; Psa. 50,21; Psa. 50,21; Psa. 68,5; Psa. 75,8; Psa. 88,20; Psa. 92,2; Psa. 95,12; Psa. 118,6; Psa. 118,92; Psa. 125,2; Psa. 125,2; Ode. 1,15; Prov. 2,5; Prov. 2,9; Prov. 3,8; Prov. 23,33; Eccl. 2,15; Eccl. 8,10; Eccl. 8,12; Job 1,12; Job 2,2; Job 11,6; Job 13,20; Job 19,29; Job 20,7; Job 28,27; Job 33,16; Job 33,27; Job 38,21; Wis. 11,8; Wis. 16,25; Wis. 18,17; Sir. 11,7; Sir. 18,7; Sir. 18,7; Sir. 24,8; Sir. 28,2; Sir. 48,19; Sir. 50,16; Sir. 50,17; Sir. 50,20; Hos. 2,9; Hab. 1,11; Zeph. 3,9; Zeph. 3,11; Is. 20,2; Is. 28,25; Is. 30,15; Is. 30,23; Is. 35,5; Is. 35,6; Is. 41,1; Is. 44,8; Is. 45,21; Is. 58,8; Is. 58,9; Is. 58,10; Is. 60,5; Is. 65,25; Jer. 11,18; Jer. 22,22; Jer. 38,13; Ezek. 32,14; Dan. 2,12; Dan. 2,14; Dan. 2,15; Dan. 2,17; Dan. 2,19; Dan. 2,19; Dan. 2,25; Dan. 2,35; Dan. 2,46; Dan. 2,48; Dan. 3,13; Dan. 3,13; Dan. 3,18; Dan. 3,19; Dan. 3,21; Dan. 3,91; Dan. 5,7; Dan. 5,9; Dan. 5,10; Dan. 5,13; Dan. 5,17; Dan. 5,29; Dan. 6,4; Dan. 6,5; Dan. 6,7; Dan. 6,13; Dan. 6,15; Dan. 6,18; Dan. 6,19; Dan. 6,19; Dan. 6,21; Dan. 6,22; Dan. 6,24; Dan. 6,25; Dan. 6,26; Dan. 7,1; Dan. 7,11; Dan. 7,19; Dan. 11,45; Sus. 38; Sus. 60-62; Bel 14; Judg. 5,8; Judg. 5,11; Judg. 5,13; Judg. 5,19; Judg. 5,22; Judg. 8,3; Judg. 13,21; Tob. 1,22; Tob. 5,3; Tob. 6,7; Tob. 6,14; Tob. 8,18; Tob. 12,13; Tob. 13,6; Tob. 13,15; Dan. 2,12; Dan. 2,14; Dan. 2,19; Dan. 2,25; Dan. 2,35; Dan. 2,46; Dan. 3,8; Dan. 3,13; Dan. 3,19; Dan. 3,21; Dan. 3,93; Dan. 3,97; Dan. 4,19; Dan. 5,6; Dan. 5,13; Dan. 5,17; Dan. 6,7; Dan. 6,10; Dan. 6,12; Dan. 6,14; Dan. 6,15; Dan. 6,16; Dan. 6,17; Dan. 6,20; Dan. 6,24; Dan. 6,26; Dan. 7,11; Sus. 14; Bel 21; Bel 32; Matt. 2,17; Matt. 3,15; Matt. 4,10; Matt. 4,17; Matt. 5,24; Matt. 7,5; Matt. 7,23; Matt. 8,26; Matt. 9,6; Matt. 9,15; Matt. 9,29; Matt. 9,37; Matt. 12,13; Matt. 12,29; Matt. 12,44; Matt. 12,45; Matt. 13,26; Matt. 13,43; Matt. 15,28; Matt.

16,12; Matt. 16,21; Matt. 16,27; Matt. 17,13; Matt. 21,1; Matt. 22,8; Matt. 22,13; Matt. 22,21; Matt. 24,10; Matt. 24,14; Matt. 24,16; Matt. 24,21; Matt. 24,30; Matt. 24,30; Matt. 25,7; Matt. 25,31; Matt. 25,37; Matt. 25,44; Matt. 25,45; Matt. 26,16; Matt. 26,38; Matt. 26,45; Matt. 26,50; Matt. 26,52; Matt. 26,74; Matt. 27,9; Matt. 27,13; Matt. 27,16; Matt. 27,26; Matt. 27,58; Matt. 28,10; Mark 2,20; Mark 3,27; Mark 13,14; Mark 13,21; Mark 13,26; Mark 13,27; Luke 5,35; Luke 6,42; Luke 11,24; Luke 11,26; Luke 13,26; Luke 14,9; Luke 14,10; Luke 14,21; Luke 16,16; Luke 21,20; Luke 21,21; Luke 21,27; Luke 23,30; Luke 24,45; John 7,10; John 8,28; John 10,22; John 11,6; John 11,14; John 12,16; John 13,27; John 20,8; Acts 6,11; Acts 7,4; Acts 8,17; Acts 10,46; Acts 10,48; Acts 13,3; Acts 13,12; Acts 17,14; Acts 21,13; Acts 21,33; Acts 23,3; Acts 25,12; Acts 26,1; Acts 27,21; Acts 27,32; Acts 28,1; Rom. 6,21; 1Cor. 4,5; 1Cor. 13,12; 1Cor. 13,12; 1Cor. 15,28; 1Cor. 15,54; 1Cor. 16,2; 2Cor. 12,10; Gal. 4,8; Gal. 4,29; Gal. 6,4; Col. 3,4; 1Th. 5,3; 2Th. 2,8; Heb. 10,7; Heb. 10,9; Heb. 12,26; 2Pet. 3,6)

Τουβαν Tobiah ▸ 1
   Τουβαν ▸ 1
      Noun ▪ masculine ▪ singular ▪ genitive ▪ (proper) ▸ 1 (1Esdr. 5,37)

Τουβιανοί Toubiani ▸ 1
   Τουβιανοὺς ▸ 1
      Noun ▪ masculine ▪ plural ▪ accusative ▪ (proper) ▸ 1 (2Mac. 12,17)

Τουβίας Tob, Toubias ▸ 1
   Τουβίου ▸ 1
      Noun ▪ masculine ▪ singular ▪ genitive ▪ (proper) ▸ 1 (1Mac. 5,13)

Τοφολ Tophel ▸ 1
   Τοφολ ▸ 1
      Noun ▪ singular ▪ genitive ▪ (proper) ▸ 1 (Deut. 1,1)

Τοχος Tahash ▸ 1
   Τοχος ▸ 1
      Noun ▪ masculine ▪ singular ▪ accusative ▪ (proper) ▸ 1 (Gen. 22,24)

τραγέλαφος (τράγος; ἔλαφος) wild goat ▸ 2
   τραγέλαφον ▸ 1
      Noun ▪ masculine ▪ singular ▪ accusative ▪ (common) ▸ 1 (Deut. 14,5)
   τραγελάφων ▸ 1
      Noun ▪ masculine ▪ plural ▪ genitive ▪ (common) ▸ 1 (Job 39,1)

τράγος (τρώγω) male goat ▸ 32 + 4 + 4 = 40
   τράγοι ▸ 2
      Noun ▪ masculine ▪ plural ▪ nominative ▪ (common) ▸ 2 (Gen. 31,10; Num. 7,88)
   τράγος ▸ 4 + 3 = 7
      Noun ▪ masculine ▪ singular ▪ nominative ▪ (common) ▸ 4 + 3 = 7 (Prov. 30,31; Dan. 8,5; Dan. 8,8; Dan. 8,21; Dan. 8,5; Dan. 8,8; Dan. 8,21)
   τράγου ▸ 3
      Noun ▪ masculine ▪ singular ▪ genitive ▪ (common) ▸ 3 (Dan. 8,5; Dan. 8,7; Dan. 8,7)
   τράγους ▸ 17
      Noun ▪ masculine ▪ plural ▪ accusative ▪ (common) ▸ 17 (Gen. 30,35; Gen. 31,12; Gen. 32,15; Num. 7,17; Num. 7,23; Num. 7,29; Num. 7,35; Num. 7,41; Num. 7,47; Num. 7,53; Num. 7,59; Num. 7,65; Num. 7,71; Num. 7,77; Num. 7,83; 1Esdr. 8,63; Ezek. 39,18)
   τράγῳ ▸ 1
      Noun ▪ masculine ▪ singular ▪ dative ▪ (common) ▸ 1 (Dan. 8,5)
   τράγων ▸ 6 + 4 = 10
      Noun ▪ masculine ▪ plural ▪ genitive ▪ (common) ▸ 6 + 4 = 10 (Deut. 32,14; Psa. 49,13; Ode. 2,14; Is. 1,11; Is. 34,6; Ezek. 34,17; Heb. 9,12; Heb. 9,13; Heb. 9,19; Heb. 10,4)

τρανός (τετραίνω) clear ▸ 3
   τρανάς ▸ 1
      Adjective ▪ feminine ▪ plural ▪ accusative ▪ noDegree ▸ 1 (Wis. 10,21)
   τρανή ▸ 1
      Adjective ▪ feminine ▪ singular ▪ nominative ▪ noDegree ▸ 1 (Is. 35,6)
   τρανόν ▸ 1
      Adjective ▪ neuter ▪ singular ▪ nominative ▪ noDegree ▸ 1 (Wis. 7,22)

τράπεζα (τέσσαρες; πούς) table ▸ 77 + 10 + 15 = 102
   Τράπεζα ▸ 2
      Noun ▪ feminine ▪ singular ▪ nominative ▪ (common) ▸ 2 (Mal. 1,7; Mal. 1,12)
   τράπεζα ▸ 5 + 1 + 2 = 8
      Noun ▪ feminine ▪ singular ▪ nominative ▪ (common) ▸ 5 + 1 + 2 = 8 (Ex. 25,28; Num. 3,31; Psa. 68,23; Ezek. 23,41; Ezek. 41,22; Tob. 2,2; Rom. 11,9; Heb. 9,2)
   τράπεζά ▸ 1
      Noun ▪ feminine ▪ singular ▪ nominative ▪ (common) ▸ 1 (Job 36,16)
   τράπεζαι ▸ 3
      Noun ▪ feminine ▪ plural ▪ nominative ▪ (common) ▸ 3 (Ezek. 40,40; Ezek. 40,40; Ezek. 40,42)
   τραπέζαις ▸ 1
      Noun ▪ feminine ▪ plural ▪ dative ▸ 1 (Acts 6,2)
   τράπεζαν ▸ 34 + 4 + 2 = 40
      Noun ▪ feminine ▪ singular ▪ accusative ▪ (common) ▸ 34 + 4 + 2 = 40 (Ex. 25,23; Ex. 25,27; Ex. 25,30; Ex. 26,35; Ex. 26,35; Ex. 30,28; Ex. 31,8; Ex. 35,13; Ex. 38,9; Ex. 39,17; Ex. 40,4; Ex. 40,22; Lev. 24,6; Num. 4,7; 1Sam. 20,24; 1Sam. 20,27; 1Sam. 20,29; 1Kings 5,1; 1Kings 7,34; 1Kings 18,19; 2Kings 4,10; 2Chr. 29,18; Esth. 14,17 # 4,17x; 1Mac. 1,22; 1Mac. 4,49; 1Mac. 4,51; Psa. 22,5; Psa. 77,19; Psa. 77,20; Prov. 9,2; Sir. 29,26; Sir. 40,29; Is. 21,5; Is. 65,11; Dan. 1,13; Dan. 1,15; Bel 12; Bel 18; Luke 19,23; Acts 16,34)
   τράπεζάν ▸ 4
      Noun ▪ feminine ▪ singular ▪ accusative ▪ (common) ▸ 4 (2Sam. 19,29; 1Kings 2,7; Neh. 5,17; Ezek. 44,16)
   τραπέζας ▸ 4 + 3 = 7
      Noun ▪ feminine ▪ plural ▪ accusative ▪ (common) ▸ 4 + 3 = 7 (2Chr. 4,8; 2Chr. 4,19; Ezek. 40,43; Bel 18; Matt. 21,12; Mark 11,15; John 2,15)
   τραπέζῃ ▸ 3
      Noun ▪ feminine ▪ singular ▪ dative ▪ (common) ▸ 3 (Dan. 1,8; Dan. 11,27; Bel 21)
   τραπέζης ▸ 20 + 2 + 7 = 29
      Noun ▪ feminine ▪ singular ▪ genitive ▪ (common) ▸ 20 + 2 + 7 = 29 (Ex. 26,35; Ex. 38,11; Ex. 38,12; Judg. 1,7; 1Sam. 20,34; 2Sam. 9,7; 2Sam. 9,10; 2Sam. 9,11; 2Sam. 9,13; 1Kings 12,24p; 1Kings 13,20; 1Chr. 28,16; 2Chr. 13,11; Psa. 127,3; Prov. 23,1; Sir. 14,10; Sir. 31,12; Ezek. 39,20; Dan. 1,5; Dan. 11,27; Judg. 1,7; Dan. 1,5; Matt. 15,27; Mark 7,28; Luke 16,21; Luke 22,21; Luke 22,30; 1Cor. 10,21; 1Cor. 10,21)
   τραπεζῶν ▸ 4
      Noun ▪ feminine ▪ plural ▪ genitive ▪ (common) ▸ 4 (1Chr. 28,16; 2Chr. 9,4; Sir. 6,10; Ezek. 40,41)

τραπεζίτης (τέσσαρες; πούς) banker ▸ 1
   τραπεζίταις ▸ 1
      Noun ▪ masculine ▪ plural ▪ dative ▸ 1 (Matt. 25,27)

τραῦμα wound ▸ 17 + 1 = 18
  τραῦμα ▸ 10
    Noun · neuter · singular · accusative · (common) ▸ **9** (Gen. 4,23; Ex. 21,25; Judg. 15,19; Judith 9,13; Judith 13,18; Job 6,21; Job 16,6; Sir. 27,21; Ezek. 32,29)
    Noun · neuter · singular · nominative · (common) ▸ **1** (Is. 1,6)
  τραῦμά ▸ 1
    Noun · neuter · singular · nominative · (common) ▸ **1** (Jer. 10,19)
  τραύματα ▸ 4 + 1 = 5
    Noun · neuter · plural · accusative · (common) ▸ 3 + 1 = **4** (Sir. 27,25; Sir. 30,7; Sir. 31,30; Luke 10,34)
    Noun · neuter · plural · nominative · (common) ▸ **1** (Prov. 27,6)
  τραύματος ▸ 1
    Noun · neuter · singular · genitive · (common) ▸ **1** (Ex. 21,25)
  τραυμάτων ▸ 1
    Noun · neuter · plural · genitive · (common) ▸ **1** (2Mac. 14,45)

τραυματίας (τραῦμα) wounded person ▸ 84 + 5 = 89
  τραυματίᾳ ▸ 2
    Noun · masculine · singular · dative · (common) ▸ **2** (Deut. 21,3; Deut. 21,6)
  τραυματίαι ▸ 35 + 2 = 37
    Noun · masculine · plural · nominative · (common) ▸ 35 + 2 = **37** (Judg. 9,40; 1Sam. 17,52; 1Sam. 31,1; 1Chr. 5,22; 1Chr. 10,1; 2Chr. 13,17; Judith 2,8; 1Mac. 1,18; 1Mac. 3,11; 1Mac. 8,10; 1Mac. 9,17; 1Mac. 9,40; 1Mac. 16,8; 2Mac. 11,12; Psa. 87,6; Zeph. 2,12; Is. 22,2; Is. 22,2; Is. 34,3; Is. 66,16; Jer. 14,18; Jer. 28,4; Jer. 28,49; Jer. 28,52; Jer. 32,33; Lam. 4,9; Lam. 4,9; Ezek. 6,7; Ezek. 32,22; Ezek. 32,22; Ezek. 32,24; Ezek. 32,26; Ezek. 32,26; Ezek. 32,30; Dan. 11,26; Judg. 9,40; Dan. 11,26)
  τραυματίαις ▸ 4
    Noun · masculine · plural · dative · (common) ▸ **4** (Num. 31,8; Num. 31,8; Judith 6,6; Ezek. 31,17)
  τραυματίαν ▸ 1
    Noun · masculine · singular · accusative · (common) ▸ **1** (Psa. 88,11)
  τραυματίας ▸ 17 + 3 = 20
    Noun · masculine · plural · accusative · (common) ▸ 15 + 3 = **18** (Gen. 34,27; Judg. 16,24; Judg. 20,39; 2Sam. 23,8; 2Sam. 23,18; 1Kings 11,15; 1Chr. 10,8; 1Chr. 11,11; 1Chr. 11,20; 2Mac. 4,42; 2Mac. 8,24; Lam. 2,12; Ezek. 6,4; Ezek. 6,13; Ezek. 26,15; Judg. 16,24; Judg. 20,31; Judg. 20,39)
    Noun · masculine · singular · nominative · (common) ▸ **2** (Deut. 21,1; 2Sam. 1,25)
  τραυματίου ▸ 3
    Noun · masculine · singular · genitive · (common) ▸ **3** (Num. 19,16; Num. 19,18; Deut. 21,2)
  τραυματιῶν ▸ 22
    Noun · masculine · plural · genitive · (common) ▸ **22** (Num. 23,24; Deut. 32,42; 2Sam. 1,19; 2Sam. 1,22; Psa. 68,27; Ode. 2,42; Nah. 3,3; Jer. 48,9; Ezek. 11,6; Ezek. 21,19; Ezek. 21,19; Ezek. 21,34; Ezek. 28,8; Ezek. 30,11; Ezek. 31,18; Ezek. 32,20; Ezek. 32,21; Ezek. 32,25; Ezek. 32,29; Ezek. 32,30; Ezek. 32,32; Ezek. 35,8)

τραυματίζω (τραῦμα) to wound ▸ 10 + 2 = 12
  ἐτραυμάτισάν ▸ 1
    Verb · third · plural · aorist · active · indicative ▸ **1** (Song 5,7)
  ἐτραυματίσθη ▸ 3
    Verb · third · singular · aorist · passive · indicative ▸ **3** (1Sam. 31,3; 1Mac. 16,9; Is. 53,5)
  ἐτραυματίσθης ▸ 1
    Verb · second · singular · aorist · passive · indicative ▸ **1** (Ezek. 28,16)
  τετραυματισμένοι ▸ 3
    Verb · perfect · passive · participle · masculine · plural · nominative ▸ **3** (Ezek. 28,23; Ezek. 30,4; Ezek. 35,8)
  τετραυματισμένους ▸ 1 + 1 = 2
    Verb · perfect · passive · participle · masculine · plural · accusative ▸ 1 + 1 = **2** (Jer. 8,23; Acts 19,16)
  τετραυματισμένων ▸ 1
    Verb · perfect · passive · participle · masculine · plural · genitive ▸ **1** (Ezek. 32,28)
  τραυματίσαντες ▸ 1
    Verb · aorist · active · participle · masculine · plural · nominative ▸ **1** (Luke 20,12)

τραχηλιάω (τράχηλος) to stiffen the neck ▸ 1
  ἐτραχηλίασεν ▸ 1
    Verb · third · singular · aorist · active · indicative ▸ **1** (Job 15,25)

τραχηλίζω (τράχηλος) to lay bare (the neck) ▸ 1
  τετραχηλισμένα ▸ 1
    Verb · perfect · passive · participle · neuter · plural · nominative · (variant) ▸ **1** (Heb. 4,13)

τράχηλος neck, throat ▸ 76 + 9 + 7 = 92
  τραχήλοις ▸ 2 + 2 = 4
    Noun · masculine · plural · dative · (common) ▸ 2 + 2 = **4** (Judg. 8,21; Judg. 8,26; Judg. 8,21; Judg. 8,26)
  τράχηλον ▸ 31 + 5 + 7 = 43
    Noun · masculine · singular · accusative · (common) ▸ 31 + 5 + 7 = **43** (Gen. 33,4; Gen. 41,42; Gen. 45,14; Gen. 46,29; Deut. 10,16; Deut. 33,29; Judg. 5,30; 2Chr. 36,13; 1Esdr. 1,46; 1Esdr. 3,6; Neh. 3,5; Neh. 9,16; Neh. 9,17; Neh. 9,29; Esth. 15,11 # 5:2; Judith 13,8; Judith 16,9; Tob. 11,9; Tob. 11,13; Sir. 7,23; Sir. 33,27; Sir. 51,26; Sol. 8,29; Jer. 7,26; Jer. 17,23; Jer. 19,15; Jer. 34,8; Jer. 34,11; Jer. 34,12; Jer. 35,14; Lam. 5,5; Tob. 7,6; Tob. 11,9; Tob. 11,13; Dan. 5,7; Dan. 5,29; Matt. 18,6; Mark 9,42; Luke 15,20; Luke 17,2; Acts 15,10; Acts 20,37; Rom. 16,4)
  τράχηλόν ▸ 7 + 1 = 8
    Noun · masculine · singular · accusative · (common) ▸ 7 + 1 = **8** (Deut. 28,48; Deut. 31,27; Sir. 6,24; Is. 58,5; Jer. 34,2; Lam. 1,14; Ezek. 16,11; Dan. 5,16)
  τράχηλος ▸ 1
    Noun · masculine · singular · nominative · (common) ▸ **1** (Sol. 2,6)
  τράχηλός ▸ 4
    Noun · masculine · singular · nominative · (common) ▸ **4** (Song 1,10; Song 4,4; Song 7,5; Is. 48,4)
  τραχήλου ▸ 12
    Noun · masculine · singular · genitive · (common) ▸ **12** (Gen. 27,16; Gen. 27,40; Ode. 4,13; Song 4,9; Hos. 10,11; Hab. 3,13; Is. 9,3; Is. 30,28; Is. 52,2; Jer. 35,10; Jer. 35,12; Jer. 37,8)
  τραχήλους ▸ 8
    Noun · masculine · plural · accusative · (common) ▸ **8** (Josh. 10,24; Josh. 10,24; 2Chr. 30,8; 3Mac. 4,9; 3Mac. 5,49; Mic. 2,3; Bar. 4,25; Ezek. 21,34)
  τραχήλῳ ▸ 9 + 1 = 10
    Noun · masculine · singular · dative · (common) ▸ 9 + 1 = **10** (Gen. 45,14; Prov. 1,9; Prov. 3,3; Prov. 3,22; Prov. 6,21; Job 39,19; Job 41,14; Is. 3,16; Dan. 1,10; Judg. 5,30)
  τραχήλων ▸ 2
    Noun · masculine · plural · genitive · (common) ▸ **2** (1Mac. 1,61; Jer. 35,11)

τραχύς rugged, rough; harsh, savage ▸ 7 + 2 = 9
  τραχεῖα ▸ 2
    Adjective · feminine · singular · nominative · noDegree ▸ **2** (2Sam. 17,8; Is. 40,4)

τραχεῖά ▸ 1
  Adjective ▪ feminine ▪ singular ▪ nominative ▪ noDegree ▸ **1** (Sir. 6,20)
τραχεῖαι ▸ 1
  Adjective ▪ feminine ▪ plural ▪ nominative ▸ **1** (Luke 3,5)
τραχεῖαν ▸ 1
  Adjective ▪ feminine ▪ singular ▪ accusative ▪ noDegree ▸ **1** (Deut. 21,4)
τραχείας ▸ 3
  Adjective ▪ feminine ▪ plural ▪ accusative ▪ noDegree ▸ **2** (Sol. 8,17; Bar. 4,26)
  Adjective ▪ feminine ▪ singular ▪ genitive ▪ noDegree ▸ **1** (Jer. 2,25)
τραχεῖς ▸ 1
  Adjective ▪ masculine ▪ plural ▪ accusative ▸ **1** (Acts 27,29)

τραχύτης (τραχύς) roughness, ruggedness ▸ 1
  τραχύτητα ▸ 1
    Noun ▪ feminine ▪ singular ▪ accusative ▪ (common) ▸ **1** (3Mac. 1,23)

Τραχωνῖτις Trachonitis ▸ 1
  Τραχωνίτιδος ▸ 1
    Noun ▪ feminine ▪ singular ▪ genitive ▪ (proper) ▸ **1** (Luke 3,1)

τρεῖς three ▸ 353 + 25 + 69 = 447
  Τρεῖς ▸ 1
    Adjective ▪ feminine ▪ plural ▪ accusative ▪ (cardinal ▪ numeral) ▸ **1** (Deut. 19,7)
  τρεῖς ▸ 216 + 18 + 43 = 277
    Adjective ▪ feminine ▪ plural ▪ accusative ▪ (cardinal ▪ numeral)
    ▸ 53 + 6 + 19 = **78** (Gen. 42,17; Ex. 10,22; Ex. 10,23; Ex. 10,23; Ex. 15,22; Ex. 19,15; Lev. 12,4; Num. 35,14; Num. 35,14; Deut. 4,41; Deut. 19,2; Deut. 19,9; Deut. 19,9; Josh. 2,16; Josh. 2,22; Josh. 3,2; Josh. 9,16; Josh. 21,32; Judg. 1,20; Judg. 7,16; Judg. 9,43; Judg. 14,14; Judg. 19,4; 1Sam. 11,11; 1Sam. 13,2; 1Sam. 24,3; 1Sam. 30,12; 1Sam. 30,12; 2Sam. 20,4; 2Sam. 24,13; 2Kings 2,17; 1Chr. 21,12; 1Chr. 25,5; 2Chr. 35,7; 1Esdr. 8,41; Ezra 8,15; Ezra 8,32; Ezra 10,8; Ezra 10,9; Neh. 2,11; Esth. 4,16; Judith 12,7; 1Mac. 11,28; 2Mac. 12,23; 2Mac. 13,12; Job 1,4; Job 1,17; Job 33,29; Jonah 2,1; Jonah 2,1; Jer. 43,23; Dan. 10,2; Dan. 10,3; Judg. 1,20; Judg. 7,16; Judg. 9,43; Judg. 14,14; Judg. 19,4; Dan. 10,2; Matt. 12,40; Matt. 12,40; Matt. 12,40; Matt. 12,40; Matt. 17,4; Matt. 27,63; Mark 8,31; Mark 9,5; Mark 9,31; Mark 10,34; Luke 2,46; Luke 9,33; Acts 9,9; Acts 25,1; Acts 28,7; Acts 28,12; Acts 28,17; Rev. 11,9; Rev. 11,11)
    Adjective ▪ feminine ▪ plural ▪ nominative ▪ (cardinal ▪ numeral)
    ▸ 45 + 4 + 4 = **53** (Gen. 7,13; Gen. 40,12; Gen. 40,13; Gen. 40,18; Gen. 46,15; Ex. 27,14; Ex. 27,15; Ex. 37,12; Ex. 37,13; Num. 1,43; Num. 2,30; Num. 26,7; Num. 26,31; Num. 26,62; Josh. 1,11; Josh. 18,28; Josh. 19,6; Josh. 21,4; Josh. 21,6; Josh. 21,19; Josh. 21,33; Judg. 7,20; Judg. 15,11; 1Sam. 26,2; 1Kings 2,35h; 1Kings 5,30; 1Kings 10,17; 1Chr. 2,22; 1Chr. 4,27; 1Chr. 12,28; 1Chr. 12,30; 2Chr. 20,25; 2Chr. 25,13; 1Mac. 10,34; 1Mac. 10,34; Prov. 30,15; Prov. 30,15; Job 1,2; Job 42,13; Amos 4,8; Jonah 3,4; Ezek. 48,31; Ezek. 48,32; Ezek. 48,33; Ezek. 48,34; Josh. 18,28; Josh. 19,6; Judg. 7,20; Judg. 20,15; Matt. 15,32; Mark 8,2; 1Cor. 10,8; Rev. 6,6)
    Adjective ▪ masculine ▪ plural ▪ accusative ▪ (cardinal ▪ numeral)
    ▸ 40 + 5 + 9 = **54** (Gen. 5,32; Gen. 6,10; Gen. 29,34; Ex. 2,2; Ex. 23,14; Ex. 23,17; Ex. 34,23; Ex. 34,24; Num. 29,13; Deut. 16,16; Josh. 15,14; Josh. 18,4; Judg. 1,20; Judg. 6,27; 1Sam. 10,3; 1Sam. 31,8; 2Sam. 6,11; 2Sam. 23,23; 2Sam. 24,13; 1Kings 2,35g; 1Kings 6,36; 2Kings 3,10; 2Kings 3,13; 2Kings 25,18; 1Chr. 13,14; 1Chr. 21,12; 2Chr. 8,13; 1Esdr. 1,33; 1Esdr. 1,42; Judith 16,20; 1Mac. 10,38; 1Mac. 11,34; 3Mac. 6,6; 4Mac. 13,9; Zech. 11,8; Jer. 52,24; Ezek. 40,21; Dan. 3,46; Dan. 6,3; Dan. 7,24; Dan. 3,91; Dan. 6,3; Dan. 6,11; Dan. 6,14; Dan. 7,24; Luke 1,56; Luke 11,5; John 2,6; Acts 7,20; Acts 19,8; Acts 20,3; Acts 28,11; 1Cor. 14,27; James 5,17)
    Adjective ▪ masculine ▪ plural ▪ nominative ▪ (cardinal ▪ numeral)
    ▸ 78 + 3 + 11 = **92** (Gen. 9,19; Gen. 18,2; Gen. 40,10; Gen. 40,12; Ex. 25,32; Ex. 25,32; Ex. 25,33; Ex. 27,14; Ex. 27,15; Ex. 37,12; Ex. 37,13; Ex. 38,15; Ex. 38,15; Num. 3,43; Num. 12,4; Num. 12,4; 1Sam. 2,21; 1Sam. 13,21; 1Sam. 31,6; 2Sam. 2,18; 2Sam. 14,27; 2Sam. 23,13; 2Sam. 23,16; 2Sam. 23,17; 1Kings 7,10; 1Kings 7,13; 1Kings 7,13; 1Kings 7,13; 1Kings 7,13; 1Kings 7,49; 1Chr. 2,3; 1Chr. 2,16; 1Chr. 3,23; 1Chr. 7,6; 1Chr. 10,6; 1Chr. 11,15; 1Chr. 11,18; 1Chr. 11,19; 1Chr. 11,25; 1Chr. 12,40; 1Chr. 23,8; 1Chr. 23,9; 1Chr. 23,23; 2Chr. 4,4; 2Chr. 4,4; 2Chr. 4,4; 2Chr. 4,4; 1Esdr. 3,4; 1Esdr. 3,9; 1Esdr. 5,13; 1Esdr. 5,16; 1Esdr. 5,17; 1Esdr. 5,19; Ezra 2,11; Ezra 2,17; Ezra 2,19; Ezra 2,21; Ezra 2,25; Ezra 2,28; Ezra 2,36; Ezra 6,4; Neh. 7,26; Neh. 7,29; Neh. 7,32; Neh. 7,39; 2Mac. 4,44; Job 2,11; Job 32,1; Is. 17,6; Ezek. 14,14; Ezek. 14,16; Ezek. 14,18; Ezek. 40,10; Ezek. 40,10; Ezek. 40,21; Ezek. 41,6; Dan. 3,51; Dan. 11,2; Dan. 3,23; Dan. 3,51; Dan. 11,2; Matt. 18,20; Luke 12,52; Acts 10,19; Acts 11,11; 1Cor. 14,29; 1John 5,7; 1John 5,8; Rev. 21,13; Rev. 21,13; Rev. 21,13; Rev. 21,13)

  Τρία ▸ 2
    Adjective ▪ neuter ▪ plural ▪ accusative ▪ (cardinal ▪ numeral) ▸ **2** (2Sam. 24,12; 1Chr. 21,10)
  τρία ▸ 55 + 6 + 9 = 70
    Adjective ▪ masculine ▪ singular ▪ accusative ▪ (cardinal ▪ numeral) ▸ **3** (2Kings 24,1; 1Chr. 3,4; 1Chr. 29,27)
    Adjective ▪ neuter ▪ plural ▪ accusative ▪ (cardinal ▪ numeral)
    ▸ 41 + 4 + 7 = **52** (Gen. 18,6; Gen. 40,16; Ex. 21,11; Lev. 14,10; Lev. 19,23; Lev. 25,21; Num. 15,9; Num. 28,12; Num. 28,20; Num. 28,28; Num. 29,3; Num. 29,9; Num. 29,14; Deut. 14,28; Judg. 9,22; Judg. 10,2; 1Sam. 10,3; 1Sam. 10,3; 2Sam. 5,5; 2Sam. 13,38; 2Sam. 21,1; 2Sam. 24,13; 1Kings 2,11; 1Kings 2,38; 1Kings 2,39; 1Kings 5,32; 1Kings 7,41; 1Kings 22,1; 2Kings 17,5; 1Chr. 21,12; 2Chr. 11,17; 2Chr. 11,17; 2Chr. 13,2; 2Chr. 36,5a; Judith 8,4; 2Mac. 7,27; Sir. 25,2; Is. 5,10; Is. 20,3; Jer. 25,3; Dan. 1,5; Judg. 9,22; Judg. 10,2; Dan. 1,5; Dan. 7,20; Matt. 13,33; Luke 4,25; Luke 13,21; Acts 17,2; Gal. 1,18; Rev. 16,13; Rev. 16,19)
    Adjective ▪ neuter ▪ plural ▪ nominative ▪ (cardinal ▪ numeral)
    ▸ 10 + 2 + 2 = **14** (Gen. 5,31; Gen. 29,2; Gen. 40,18; Lev. 27,6; 1Chr. 21,13; Prov. 30,18; Prov. 30,29; Dan. 7,5; Dan. 7,8; Dan. 7,20; Dan. 7,5; Dan. 7,8; Luke 13,7; 1Cor. 13,13)
    Adjective ▪ neuter ▪ singular ▪ accusative ▪ (cardinal ▪ numeral)
    ▸ **1** (2Sam. 18,14)

  τρίς ▸ 1
    Adverb ▸ **1** (1Sam. 20,41)
  τρισίν ▸ 23 + 5 = 28
    Adjective ▪ feminine ▪ plural ▪ dative ▪ (cardinal ▪ numeral) ▸ 13 + 4 = **17** (1Sam. 13,17; 1Esdr. 9,4; 1Esdr. 9,5; 1Mac. 5,33; 2Mac. 5,14; Amos 1,3; Amos 1,6; Amos 1,9; Amos 1,11; Amos 1,13; Amos 2,1; Amos 2,4; Amos 2,6; Matt. 27,40; Mark 15,29; John 2,19; John 2,20)
    Adjective ▪ masculine ▪ plural ▪ dative ▪ (cardinal ▪ numeral) ▸ 8 + 1 = **9** (Deut. 17,6; 2Sam. 23,9; 2Sam. 23,22; 1Chr. 11,12; 1Chr. 11,24; Job 35,4; Ezek. 40,10; Ezek. 41,16; Heb. 10,28)
    Adjective ▪ neuter ▪ plural ▪ dative ▪ (cardinal ▪ numeral) ▸ **2** (Sir. 25,1; Is. 16,14)
  τρισίν ▸ 4 + 1 = 5
    Adjective ▪ masculine ▪ plural ▪ dative ▪ (cardinal ▪ numeral) ▸ 4

τρεῖς–τρέφω

+ 1 = **5** (2Sam. 23,18; 2Sam. 23,18; 1Chr. 11,20; 3Mac. 6,38; Luke 12,52)
- τριῶν ▸ **51** + **1** + **10** = **62**
    - **Adjective** · feminine · plural · genitive · (cardinal · numeral)
      ▸ 15 + **1** + 4 = **20** (Gen. 30,36; Gen. 40,19; Ex. 3,18; Ex. 5,3; Ex. 8,23; Num. 10,33; Num. 10,33; Num. 33,8; 1Kings 12,5; 1Kings 12,24p; 2Chr. 10,5; Judith 2,21; 1Mac. 5,24; 2Mac. 15,27; Jonah 3,3; Dan. 10,3; Matt. 26,61; Mark 14,58; Acts 5,7; Rev. 9,18)
    - **Adjective** · masculine · plural · genitive · (cardinal · numeral)
      ▸ 24 + 6 = **30** (Ex. 27,1; Num. 3,46; Deut. 19,15; 2Sam. 23,19; 2Sam. 23,19; 2Sam. 23,23; 1Kings 7,39; 2Kings 25,17; 1Chr. 11,20; 1Chr. 11,21; 1Chr. 11,21; 2Chr. 6,13; 1Esdr. 6,24; Judith 1,2; 1Mac. 10,30; Ode. 8,0; Job 32,3; Job 32,5; Amos 4,7; Ezek. 40,11; Ezek. 40,48; Ezek. 40,48; Ezek. 41,22; Dan. 6,3; Matt. 18,16; Luke 10,36; John 21,11; 2Cor. 13,1; 1Tim. 5,19; Rev. 8,13)
    - **Adjective** · neuter · plural · genitive · (cardinal · numeral) ▸ **12** (Gen. 17,25; Ex. 7,7; Ex. 16,36; Num. 33,39; 1Kings 10,22; 2Kings 18,10; 2Kings 23,31; 2Chr. 9,21; 2Chr. 36,2; 1Esdr. 1,32; Prov. 30,21; Sir. 26,5)
- Τριῶν ▸ **1**
    - **Adjective** · feminine · plural · genitive · (proper) ▸ **1** (Acts 28,15)

τρέμω to tremble ▸ **11** + **2** + **3** = **16**
- τρέμει ▸ **2**
    - **Verb** · third · singular · present · active · indicative ▸ **2** (1Esdr. 4,36; Ode. 12,4)
- τρέμειν ▸ **1**
    - **Verb** · present · active · infinitive ▸ **1** (Psa. 103,32)
- τρέμοντα ▸ **2**
    - **Verb** · present · active · participle · masculine · singular · accusative ▸ **1** (Is. 66,2)
    - **Verb** · present · active · participle · neuter · plural · nominative ▸ **1** (Jer. 4,24)
- τρέμοντας ▸ **1**
    - **Verb** · present · active · participle · masculine · plural · accusative ▸ **1** (Dan. 6,27)
- τρέμοντες ▸ **2** + **1** = **3**
    - **Verb** · present · active · participle · masculine · plural · nominative ▸ **2** + **1** = **3** (1Esdr. 9,6; Is. 66,5; Dan. 5,19)
- τρέμουσα ▸ **2**
    - **Verb** · present · active · participle · feminine · singular · nominative ▸ **2** (Mark 5,33; Luke 8,47)
- τρέμουσιν ▸ **1**
    - **Verb** · third · plural · present · active · indicative ▸ **1** (2Pet. 2,10)
- τρέμων ▸ **4**
    - **Verb** · present · active · participle · masculine · singular · nominative ▸ **4** (Gen. 4,12; Gen. 4,14; 1Sam. 15,32; Dan. 10,11)

τρέπω to turn ▸ **17**
- ἐτράπησαν ▸ **4**
    - **Verb** · third · plural · aorist · passive · indicative ▸ **4** (Judith 15,3; 2Mac. 9,2; 2Mac. 12,42; 3Mac. 1,27)
- ἐτρέπετο ▸ **1**
    - **Verb** · third · singular · imperfect · middle · indicative ▸ **1** (3Mac. 5,3)
- ἐτρέψαντο ▸ **1**
    - **Verb** · third · plural · aorist · middle · indicative ▸ **1** (Num. 14,45)
- ἐτρέψατο ▸ **1**
    - **Verb** · third · singular · aorist · middle · indicative ▸ **1** (Ex. 17,13)
- ἔτρεψε ▸ **1**
    - **Verb** · third · singular · aorist · active · indicative ▸ **1** (4Mac. 7,3)
- τραπείς ▸ **2**
    - **Verb** · aorist · passive · participle · masculine · singular · nominative ▸ **2** (2Mac. 4,37; 3Mac. 5,16)
- τραπείσης ▸ **1**
    - **Verb** · aorist · passive · participle · feminine · singular · genitive ▸ **1** (2Mac. 8,5)
- τραπέντες ▸ **1**
    - **Verb** · aorist · passive · participle · masculine · plural · nominative ▸ **1** (3Mac. 5,49)
- τραπῆναι ▸ **2**
    - **Verb** · aorist · passive · infinitive ▸ **2** (2Mac. 3,24; 3Mac. 5,36)
- τραπήσεται ▸ **1**
    - **Verb** · third · singular · future · passive · indicative ▸ **1** (Sir. 39,27)
- τρεπόμενος ▸ **1**
    - **Verb** · present · middle · participle · masculine · singular · nominative ▸ **1** (Sir. 37,2)
- τρέψομαι ▸ **1**
    - **Verb** · first · singular · future · middle · indicative ▸ **1** (4Mac. 1,12)

τρέφω to feed ▸ **22** + **3** + **9** = **34**
- ἔθρεψα ▸ **2**
    - **Verb** · first · singular · aorist · active · indicative ▸ **2** (1Kings 18,13; Bar. 4,11)
- ἐθρέψαμεν ▸ **1**
    - **Verb** · first · plural · aorist · active · indicative ▸ **1** (Matt. 25,37)
- ἔθρεψαν ▸ **1**
    - **Verb** · third · plural · aorist · active · indicative ▸ **1** (Luke 23,29)
- ἐθρέψατε ▸ **1**
    - **Verb** · second · plural · aorist · active · indicative ▸ **1** (James 5,5)
- ἐτράφης ▸ **1**
    - **Verb** · second · singular · aorist · passive · indicative ▸ **1** (Esth. 4,8)
- ἔτρεφεν ▸ **1**
    - **Verb** · third · singular · imperfect · active · indicative ▸ **1** (1Mac. 11,39)
- ἔτρεφέν ▸ **1** + **1** = **2**
    - **Verb** · third · singular · imperfect · active · indicative ▸ **1** + **1** = **2** (Tob. 2,10; Tob. 2,10)
- ἐτρέφετο ▸ **1**
    - **Verb** · third · singular · imperfect · passive · indicative ▸ **1** (Dan. 4,12)
- ἐτρέφοντο ▸ **1**
    - **Verb** · third · plural · imperfect · passive · indicative ▸ **1** (Bel 31-32)
- θρέψαντι ▸ **1**
    - **Verb** · aorist · active · participle · masculine · singular · dative ▸ **1** (Tob. 14,10)
- θρέψαι ▸ **1**
    - **Verb** · aorist · active · infinitive ▸ **1** (Dan. 1,5)
- θρέψει ▸ **1**
    - **Verb** · third · singular · future · active · indicative ▸ **1** (Is. 7,21)
- τεθραμμένος ▸ **1**
    - **Verb** · perfect · passive · participle · masculine · singular · nominative · (variant) ▸ **1** (Luke 4,16)
- τραφῶσιν ▸ **1**
    - **Verb** · third · plural · aorist · passive · subjunctive ▸ **1** (Wis. 16,23)
- τρέφε ▸ **1**
    - **Verb** · second · singular · present · active · imperative ▸ **1** (Prov. 25,21)

τρέφει ▸ 2
  Verb · third · singular · present · active · indicative ▸ 2 (Matt. 6,26; Luke 12,24)
τρέφειν ▸ 1
  Verb · present · active · infinitive ▸ 1 (1Mac. 3,33)
τρέφεις ▸ 2
  Verb · second · singular · present · active · indicative ▸ 2 (Sol. 5,9; Sol. 5,11)
τρέφεσθαι ▸ 1 + 1 = 2
  Verb · present · passive · infinitive ▸ 1 + 1 = 2 (Gen. 6,20; Acts 12,20)
τρέφεται ▸ 1
  Verb · third · singular · present · passive · indicative · (variant) ▸ 1 (Rev. 12,14)
τρέφῃς ▸ 1
  Verb · second · singular · present · active · subjunctive ▸ 1 (Gen. 6,19)
τρεφόμενοι ▸ 1
  Verb · present · passive · participle · masculine · plural · nominative ▸ 1 (Jer. 26,21)
τρεφομένους ▸ 1
  Verb · present · passive · participle · masculine · plural · accusative ▸ 1 (Is. 33,18)
τρέφοντός ▸ 2
  Verb · present · active · participle · masculine · singular · genitive ▸ 2 (Deut. 32,18; Ode. 2,18)
τρέφουσιν ▸ 1
  Verb · third · plural · present · active · indicative ▸ 1 (Wis. 16,26)
τρέφων ▸ 2
  Verb · present · active · participle · masculine · singular · nominative ▸ 2 (Gen. 48,15; Num. 6,5)
τρέφωσιν ▸ 1
  Verb · third · plural · present · active · subjunctive ▸ 1 (Rev. 12,6)

τρέχω to run · 63 + 6 + 20 = 89
  Δράμε ▸ 3
    Verb · second · singular · aorist · active · imperative ▸ 3 (1Sam. 20,36; 2Sam. 18,23; Zech. 2,8)
  δράμε ▸ 1
    Verb · second · singular · aorist · active · imperative ▸ 1 (2Kings 4,26)
  δραμεῖν ▸ 2
    Verb · aorist · active · infinitive ▸ 2 (1Sam. 20,6; Psa. 18,6)
  δραμεῖται ▸ 1
    Verb · third · singular · future · middle · indicative ▸ 1 (Psa. 147,4)
  δραμοῦμαι ▸ 4
    Verb · first · singular · future · middle · indicative ▸ 4 (2Sam. 18,23; 2Sam. 22,30; 2Kings 4,22; 2Kings 5,20)
  δραμοῦμεν ▸ 1
    Verb · first · plural · future · active · indicative ▸ 1 (Song 1,4)
  δραμοῦνται ▸ 3
    Verb · third · plural · future · middle · indicative ▸ 3 (Joel 2,7; Joel 2,9; Is. 40,31)
  δραμοῦσα ▸ 2
    Verb · aorist · active · participle · feminine · singular · nominative ▸ 2 (Gen. 24,28; Gen. 29,12)
  Δράμω ▸ 1
    Verb · first · singular · aorist · active · subjunctive ▸ 1 (2Sam. 18,19)
  δράμω ▸ 1
    Verb · first · singular · aorist · active · subjunctive ▸ 1 (2Sam. 18,22)
  δραμών ▸ 2 + 1 + 3 = 6
    Verb · aorist · active · participle · masculine · singular · nominative ▸ 2 + 1 + 3 = 6 (1Mac. 2,24; 4Mac. 12,10; Sus. 25; Matt. 27,48; Mark 15,36; Luke 15,20)
  ἔδραμε ▸ 2
    Verb · third · singular · aorist · active · indicative ▸ 2 (1Sam. 20,36; Dan. 8,6)
  ἔδραμεν ▸ 11 + 3 + 2 = 16
    Verb · third · singular · aorist · active · indicative ▸ 11 + 3 + 2 = 16 (Gen. 18,7; Gen. 24,20; Gen. 24,29; Gen. 29,13; Num. 17,12; 1Sam. 3,5; 1Sam. 4,12; 1Sam. 10,23; 1Sam. 17,51; 2Sam. 18,23; Job 15,26; Judg. 7,21; Judg. 13,10; Dan. 8,6; Mark 5,6; Luke 24,12)
  ἐδράμομεν ▸ 1
    Verb · first · plural · aorist · active · indicative ▸ 1 (Sus. 38)
  ἔδραμον ▸ 9 + 1 + 3 = 13
    Verb · first · singular · aorist · active · indicative ▸ 2 + 2 = 4 (Psa. 58,5; Psa. 118,32; Gal. 2,2; Phil. 2,16)
    Verb · third · plural · aorist · active · indicative ▸ 7 + 1 + 1 = 9 (Josh. 7,22; Judg. 7,21; Judg. 15,14; 2Chr. 35,13; 1Mac. 2,32; Psa. 61,5; Job 16,14; Judg. 15,14; Matt. 28,8)
  ἔτρεχεν ▸ 1
    Verb · third · singular · imperfect · active · indicative ▸ 1 (1Kings 18,46)
  Ἐτρέχετε ▸ 1
    Verb · second · plural · imperfect · active · indicative ▸ 1 (Gal. 5,7)
  ἔτρεχον ▸ 1 + 1 = 2
    Verb · third · plural · imperfect · active · indicative ▸ 1 + 1 = 2 (Jer. 23,21; John 20,4)
  τρέχει ▸ 2 + 1 = 3
    Verb · third · singular · present · active · indicative ▸ 2 + 1 = 3 (Prov. 7,23; Job 41,14; John 20,2)
  τρέχεις ▸ 1
    Verb · second · singular · present · active · indicative ▸ 1 (2Sam. 18,22)
  τρέχετε ▸ 1
    Verb · second · plural · present · active · imperative ▸ 1 (1Cor. 9,24)
  τρέχῃ ▸ 1
    Verb · third · singular · present · active · subjunctive ▸ 1 (2Th. 3,1)
  τρέχῃς ▸ 1
    Verb · second · singular · present · active · subjunctive ▸ 1 (Prov. 4,12)
  τρέχοντα ▸ 2
    Verb · present · active · participle · masculine · singular · accusative ▸ 2 (2Sam. 18,26; 2Kings 5,21)
  τρέχοντας ▸ 1
    Verb · present · active · participle · masculine · plural · accusative ▸ 1 (2Mac. 5,2)
  τρέχοντες ▸ 3 + 1 = 4
    Verb · present · active · participle · masculine · plural · nominative ▸ 3 + 1 = 4 (2Chr. 30,6; 2Chr. 30,10; 4Mac. 14,5; 1Cor. 9,24)
  τρέχοντος ▸ 1
    Verb · present · active · participle · masculine · singular · genitive ▸ 1 (Rom. 9,16)
  τρεχόντων ▸ 2 + 1 = 3
    Verb · present · active · participle · masculine · plural · genitive ▸ 2 + 1 = 3 (2Kings 11,13; 2Chr. 23,12; Rev. 9,9)

τρέχουσιν ▸ 3 + 1 = 4
   Verb · third · plural · present · active · indicative ▸ 3 + 1 = 4 (Prov. 1,16; Is. 59,7; Jer. 12,5; 1Cor. 9,24)

τρέχω ▸ 2
   Verb · first · singular · present · active · indicative ▸ 1 (1Cor. 9,26)
   Verb · first · singular · present · active · subjunctive ▸ 1 (Gal. 2,2)

τρέχωμεν ▸ 1
   Verb · first · plural · present · active · subjunctive ▸ 1 (Heb. 12,1)

τρέχων ▸ 3
   Verb · present · active · participle · masculine · singular · nominative ▸ 3 (2Sam. 18,24; 2Sam. 18,26; Jer. 8,6)

τρέω to flee in fear ▸ 1
τρωθήσῃ ▸ 1
   Verb · second · singular · future · passive · indicative ▸ 1 (Deut. 7,21)

τρῆμα eye of needle ▸ 1
τρήματος ▸ 1
   Noun · neuter · singular · genitive ▸ 1 (Luke 18,25)

τριακάς (τρεῖς) thirtieth day ▸ 1
τριακάδος ▸ 1
   Noun · feminine · singular · genitive · (common) ▸ 1 (2Mac. 11,30)

τριάκοντα (τρεῖς) thirty ▸ 167 + 18 + 11 = 196
τριάκοντα ▸ 167 + 18 + 11 = 196
   Adjective · (cardinal · numeral) ▸ 167 + 18 = 185 (Gen. 5,3; Gen. 5,5; Gen. 5,16; Gen. 6,15; Gen. 11,12; Gen. 11,13; Gen. 11,13; Gen. 11,13; Gen. 11,14; Gen. 11,15; Gen. 11,16; Gen. 11,18; Gen. 11,20; Gen. 11,22; Gen. 18,30; Gen. 18,30; Gen. 25,17; Gen. 32,16; Gen. 41,46; Gen. 46,15; Gen. 47,9; Ex. 6,16; Ex. 6,18; Ex. 6,20; Ex. 12,40; Ex. 12,41; Ex. 21,32; Ex. 26,8; Lev. 12,4; Lev. 27,4; Num. 1,33; Num. 1,35; Num. 2,21; Num. 2,23; Num. 4,40; Num. 7,13; Num. 7,19; Num. 7,25; Num. 7,31; Num. 7,37; Num. 7,43; Num. 7,49; Num. 7,55; Num. 7,61; Num. 7,67; Num. 7,73; Num. 7,79; Num. 7,85; Num. 20,29; Num. 26,7; Num. 26,41; Num. 26,51; Num. 31,35; Num. 31,36; Num. 31,38; Num. 31,39; Num. 31,40; Num. 31,43; Num. 31,44; Num. 31,45; Deut. 2,14; Deut. 34,8; Josh. 7,5; Josh. 8,3; Judg. 10,4; Judg. 10,4; Judg. 10,4; Judg. 12,9; Judg. 12,9; Judg. 12,9; Judg. 12,14; Judg. 14,11; Judg. 14,12; Judg. 14,12; Judg. 14,13; Judg. 14,13; Judg. 14,19; Judg. 20,31; Judg. 20,39; 1Sam. 4,10; 1Sam. 13,5; 1Sam. 15,4; 2Sam. 5,4; 2Sam. 5,5; 2Sam. 23,13; 2Sam. 23,24; 2Sam. 23,39; 1Kings 2,11; 1Kings 2,46e; 1Kings 5,2; 1Kings 5,27; 1Kings 7,10; 1Kings 7,39; 1Kings 7,43; 1Kings 16,28a; 1Kings 21,1; 1Kings 21,15; 1Kings 21,16; 1Kings 22,31; 1Kings 22,42; 2Kings 8,17; 2Kings 18,14; 2Kings 22,1; 1Chr. 3,4; 1Chr. 7,4; 1Chr. 7,7; 1Chr. 11,11; 1Chr. 11,15; 1Chr. 11,25; 1Chr. 11,42; 1Chr. 12,4; 1Chr. 12,4; 1Chr. 12,19; 1Chr. 12,35; 1Chr. 19,7; 1Chr. 23,3; 1Chr. 27,6; 1Chr. 27,6; 1Chr. 29,27; 2Chr. 3,15; 2Chr. 4,2; 2Chr. 11,21; 2Chr. 20,31; 2Chr. 21,5; 2Chr. 21,20; 2Chr. 24,15; 2Chr. 34,1; 2Chr. 35,7; 1Esdr. 1,7; 1Esdr. 2,10; 1Esdr. 5,15; 1Esdr. 5,23; 1Esdr. 5,28; 1Esdr. 5,41; 1Esdr. 5,42; 1Esdr. 5,42; Ezra 1,9; Ezra 1,10; Ezra 2,35; Ezra 2,42; Ezra 2,65; Ezra 2,66; Ezra 2,67; Neh. 7,38; Neh. 7,45; Neh. 7,67; Neh. 7,68; Neh. 7,69; Neh. 7,70; Esth. 4,11; Judith 7,20; Judith 15,11; 1Mac. 6,30; 1Mac. 10,36; Zech. 11,12; Zech. 11,13; Jer. 45,10; Jer. 52,21; Ezek. 40,17; Ezek. 41,6; Ezek. 46,22; Dan. 4,12; Dan. 6,6; Dan. 6,8; Dan. 6,13; Dan. 12,12; Bel 27; Judg. 10,4; Judg. 10,4; Judg. 10,4; Judg. 12,9; Judg. 12,9; Judg. 12,9; Judg. 12,14; Judg. 14,11; Judg. 14,12; Judg. 14,12; Judg. 14,13; Judg. 14,13; Judg. 14,19; Judg. 20,31; Judg. 20,39; Dan. 6,8; Dan. 6,13; Dan. 12,12)

   Adjective · masculine · plural · accusative · (cardinal) ▸ 2 (Matt. 13,8; Matt. 13,23)
   Adjective · neuter · plural · accusative · (cardinal) ▸ 8 (Matt. 26,15; Matt. 27,3; Matt. 27,9; Mark 4,8; Mark 4,20; John 5,5; John 6,19; Gal. 3,17)
   Adjective · neuter · plural · genitive · (cardinal) ▸ 1 (Luke 3,23)

τριακονταετής (τρεῖς; ἑκατόν; ἔτος) thirty years old; for thirty years ▸ 1
τριακονταετοῦς ▸ 1
   Noun · neuter · plural · genitive · (common) ▸ 1 (1Chr. 23,3)

τριακόσιοι (τρεῖς; ἑκατόν) three hundred ▸ 80 + 10 + 2 = 92
τριακόσια ▸ 13 + 1 = 14
   Adjective · neuter · plural · accusative · (cardinal · numeral) ▸ 11 + 1 = 12 (Gen. 9,28; Gen. 11,13; Gen. 11,15; Gen. 11,17; Judg. 11,26; 1Kings 10,16; 1Kings 10,17; 2Kings 18,14; 1Mac. 11,28; 2Mac. 4,24; 2Mac. 13,2; Judg. 11,26)
   Adjective · neuter · plural · nominative · (cardinal · numeral) ▸ 2 (Gen. 5,23; 1Kings 12,24b)

τριακόσιαι ▸ 8 + 1 = 9
   Adjective · feminine · plural · nominative · (cardinal · numeral) ▸ 8 + 1 = 9 (Num. 31,36; Num. 31,43; Judg. 7,22; 1Kings 11,1; 2Chr. 14,7; 2Chr. 17,14; 2Chr. 26,13; Dan. 8,14; Dan. 8,14)

τριακοσίαις ▸ 1
   Adjective · feminine · plural · dative · (cardinal · numeral) ▸ 1 (Judg. 7,22)

τριακοσίας ▸ 6 + 2 = 8
   Adjective · feminine · plural · accusative · (cardinal · numeral) ▸ 5 + 2 = 7 (2Chr. 9,16; 2Chr. 25,5; 2Chr. 28,8; 2Mac. 4,19; Dan. 12,12; Judg. 15,4; Dan. 12,12)
   Adjective · feminine · singular · genitive · (cardinal · numeral) ▸ 1 (Judg. 15,4)

τριακόσιοι ▸ 32 + 2 = 34
   Adjective · masculine · plural · nominative · (cardinal · numeral) ▸ 32 + 2 = 34 (Num. 1,23; Num. 2,13; Num. 26,21; Judg. 7,6; Judg. 8,4; 1Kings 10,16; 1Esdr. 5,13; 1Esdr. 5,16; 1Esdr. 5,22; 1Esdr. 5,23; 1Esdr. 5,35; 1Esdr. 5,41; 1Esdr. 5,41; 1Esdr. 8,32; Ezra 2,4; Ezra 2,17; Ezra 2,32; Ezra 2,34; Ezra 2,58; Ezra 2,64; Ezra 2,65; Ezra 8,5; Neh. 7,9; Neh. 7,17; Neh. 7,22; Neh. 7,23; Neh. 7,35; Neh. 7,36; Neh. 7,60; Neh. 7,66; Neh. 7,67; 1Mac. 8,15; Judg. 7,6; Judg. 8,4)

τριακοσίοις ▸ 3 + 1 = 4
   Adjective · masculine · plural · dative · (cardinal · numeral) ▸ 1 + 1 = 2 (Judg. 7,7; Judg. 7,7)
   Adjective · neuter · plural · dative · (cardinal · numeral) ▸ 2 (2Chr. 14,8; 2Mac. 4,8)

τριακοσίους ▸ 14 + 2 = 16
   Adjective · masculine · plural · accusative · (cardinal · numeral) ▸ 14 + 2 = 16 (Gen. 14,14; Gen. 45,22; Num. 3,50; Judg. 7,16; 1Sam. 22,18; 2Sam. 2,31; 2Sam. 23,18; 1Chr. 11,11; 1Chr. 11,20; 2Chr. 35,8; 1Esdr. 1,8; Esth. 9,15; 2Mac. 13,2; 3Mac. 7,15; Judg. 7,8; Judg. 7,16)

τριακοσίων ▸ 4 + 2 = 6
   Adjective · feminine · plural · genitive · (cardinal · numeral) ▸ 1 (2Chr. 9,16)
   Adjective · masculine · plural · genitive · (cardinal · numeral) ▸ 3 (Gen. 6,15; Judg. 7,8; 2Sam. 21,16)
   Adjective · neuter · plural · genitive · (cardinal) ▸ 2 (Mark 14,5; John 12,5)

τριακοστός (τρεῖς) thirtieth ▸ 16
τριακοστοῦ ▸ 2
   Adjective · neuter · singular · genitive · (ordinal · numeral) ▸ 2

(2Chr. 15,19; Neh. 5,14)
τριακοστῷ ▸ 14
  Adjective · neuter · singular · dative · (ordinal · numeral) ▸ 14
    (1Kings 16,23; 2Kings 13,10; 2Kings 15,8; 2Kings 15,13; 2Kings 15,17; 2Kings 25,27; 2Chr. 16,1; 2Chr. 16,12; 2Chr. 16,13; Neh. 13,6; 1Mac. 1,10; Sir. 1,27 Prol.; Jer. 52,31; Ezek. 1,1)
τρίβολος (τρεῖς; βάλλω) briar, thistle ▸ 4 + 2 = 6
  τρίβολοι ▸ 2
    Noun · masculine · plural · nominative · (common) ▸ 2 (Prov. 22,5; Hos. 10,8)
  τριβόλοις ▸ 1
    Noun · masculine · plural · dative · (common) ▸ 1 (2Sam. 12,31)
  τριβόλους ▸ 1 + 1 = 2
    Noun · masculine · plural · accusative · (common) ▸ 1 + 1 = 2 (Gen. 3,18; Heb. 6,8)
  τριβόλων ▸ 1
    Noun · masculine · plural · genitive ▸ 1 (Matt. 7,16)
τρίβος path ▸ 68 + 2 + 3 = 73
  τρίβοι ▸ 10 + 1 = 11
    Noun · feminine · plural · nominative · (common) ▸ 9 + 1 = 10 (Tob. 4,19; Psa. 76,20; Prov. 2,15; Prov. 15,21; Prov. 16,17; Job 30,13; Wis. 2,15; Wis. 9,18; Is. 59,8; Dan. 4,37)
    Noun · masculine · plural · nominative · (common) ▸ 1 (Prov. 3,17)
  τρίβοις ▸ 7
    Noun · feminine · plural · dative · (common) ▸ 7 (Psa. 16,5; Psa. 118,105; Wis. 5,7; Wis. 6,16; Wis. 10,10; Mic. 4,2; Is. 49,9)
  τρίβον ▸ 11
    Noun · feminine · singular · accusative · (common) ▸ 8 (Psa. 77,50; Psa. 138,3; Job 22,15; Wis. 14,3; Hos. 2,8; Is. 43,16; Is. 49,11; Bar. 3,31)
    Noun · masculine · singular · accusative · (common) ▸ 2 (Is. 3,12; Is. 30,11)
    Noun · masculine · singular · nominative · (common) ▸ 1 (1Chr. 26,18)
  τρίβος ▸ 1
    Noun · feminine · singular · nominative · (common) ▸ 1 (Job 28,7)
  τρίβου ▸ 5
    Noun · feminine · singular · genitive · (common) ▸ 4 (2Sam. 20,12; 2Sam. 20,12; 2Sam. 20,13; Psa. 139,6)
    Noun · masculine · singular · genitive · (common) ▸ 1 (Gen. 49,17)
  τρίβους ▸ 25 + 3 = 28
    Noun · feminine · plural · accusative · (common) ▸ 22 + 3 = 25 (Judg. 5,6; Psa. 8,9; Psa. 22,3; Psa. 24,4; Psa. 43,19; Psa. 138,23; Psa. 141,4; Prov. 2,19; Prov. 2,20; Prov. 30,19; Job 30,12; Job 38,20; Sir. 2,12; Joel 2,7; Is. 40,3; Jer. 6,16; Jer. 9,9; Jer. 18,15; Bar. 3,21; Bar. 3,23; Bar. 4,13; Lam. 3,9; Matt. 3,3; Mark 1,3; Luke 3,4)
    Noun · masculine · plural · accusative · (common) ▸ 3 (Prov. 2,20; Is. 42,16; Is. 58,12)
  τρίβῳ ▸ 4
    Noun · feminine · singular · dative · (common) ▸ 3 (1Sam. 6,12; Psa. 26,11; Psa. 118,35)
    Noun · masculine · singular · dative · (common) ▸ 1 (Job 34,11)
  τρίβων ▸ 5 + 1 = 6
    Noun · feminine · plural · genitive · (common) ▸ 4 + 1 = 5 (Psa. 17,46; Prov. 1,15; Prov. 8,2; Prov. 8,20; Judg. 5,20)
    Noun · masculine · plural · genitive · (common) ▸ 1 (Job 18,10)
τρίβω to crush; knead ▸ 4
  ἔτριβον ▸ 1
    Verb · third · plural · imperfect · active · indicative ▸ 1 (Num. 11,8)
  τετριμμέναι ▸ 1
    Verb · perfect · passive · participle · feminine · plural · nominative ▸ 1 (Prov. 15,19)
  τρίβουσιν ▸ 1
    Verb · third · plural · present · active · indicative ▸ 1 (Jer. 7,18)
  τρῖψον ▸ 1
    Verb · second · singular · aorist · active · imperative ▸ 1 (Is. 38,21)
τριετής (τρεῖς; ἔτος) for/of three years ▸ 4
  τριετῆ ▸ 2
    Adjective · masculine · singular · accusative · noDegree ▸ 2 (2Mac. 4,23; 2Mac. 14,1)
  τριετής ▸ 1
    Adjective · feminine · singular · nominative · noDegree ▸ 1 (Is. 15,5)
  τριετοῦς ▸ 1
    Adjective · neuter · singular · genitive · noDegree ▸ 1 (2Chr. 31,16)
τριετία (τρεῖς; ἔτος) period of three years ▸ 1
  τριετίαν ▸ 1
    Noun · feminine · singular · accusative ▸ 1 (Acts 20,31)
τριετίζω (τρεῖς; ἔτος) to be three years old ▸ 4
  τριετίζοντα ▸ 1
    Verb · present · active · participle · masculine · singular · accusative ▸ 1 (Gen. 15,9)
  τριετίζοντι ▸ 1
    Verb · present · active · participle · masculine · singular · dative ▸ 1 (1Sam. 1,24)
  τριετίζουσαν ▸ 2
    Verb · present · active · participle · feminine · singular · accusative ▸ 2 (Gen. 15,9; Gen. 15,9)
τρίζω to scream ▸ 1
  τρίζει ▸ 1
    Verb · third · singular · present · active · indicative ▸ 1 (Mark 9,18)
τριημερία (τρεῖς; ἡμέρα) for three days ▸ 1
  τριημερίαν ▸ 1
    Noun · feminine · singular · accusative · (common) ▸ 1 (Amos 4,4)
τριήρης (τρεῖς; ἐρέσσω) trireme ▸ 1
  τριηρέων ▸ 1
    Noun · feminine · plural · genitive · (common) ▸ 1 (2Mac. 4,20)
τρικυμία (τρεῖς; κύω) third wave, huge wave; sea storm ▸ 1
  τρικυμίαις ▸ 1
    Noun · feminine · plural · dative · (common) ▸ 1 (4Mac. 7,2)
τριμερίζω (τρεῖς; μέρος) to divide into three parts ▸ 1
  τριμεριεῖς ▸ 1
    Verb · second · singular · future · active · indicative ▸ 1 (Deut. 19,3)
τρίμηνος (τρεῖς; μήν) for three months ▸ 4 + 1 = 5
  τρίμηνον ▸ 4 + 1 = 5
    Adjective · neuter · singular · accusative · noDegree ▸ 4 + 1 = 5 (Gen. 38,24; 2Kings 23,31; 2Chr. 36,2; 2Chr. 36,9; Heb. 11,23)
τρίμηνος (τρεῖς; μήν) three months ▸ 1
  τρίμηνον ▸ 1
    Adjective · masculine · singular · accusative · noDegree ▸ 1 (2Kings 24,8)
τριόδους (τρεῖς; ὁδούς) three pronged ▸ 1

τριόδους ▸ 1
　Adjective · masculine · singular · accusative · noDegree ▸ 1 (1Sam. 2,13)

τριπλασίως (τρεῖς) triply ▸ 1
　τριπλασίως ▸ 1
　　Adverb ▸ 1 (Sir. 43,4)

τριπλόος (τρεῖς) triple ▸ 1
　τριπλαῖ ▸ 1
　　Adjective · feminine · plural · nominative · noDegree ▸ 1 (Ezek. 42,6)

Τρίπολις Tripolis ▸ 1
　Τρίπολιν ▸ 1
　　Noun · feminine · singular · accusative · (proper) ▸ 1 (2Mac. 14,1)

τρίς (τρεῖς) three times ▸ 12 + 12 = 24
　τρίς ▸ 11 + 6 = 17
　　Adverb · (frequency) ▸ 11 + 6 = 17 (1Kings 17,21; 2Kings 13,18; 2Kings 13,19; 2Kings 13,25; Sir. 48,3; Dan. 6,6; Dan. 6,9; Dan. 6,11; Dan. 6,12; Dan. 6,14; Dan. 6,17; Matt. 26,34; Matt. 26,75; Acts 10,16; 2Cor. 11,25; 2Cor. 11,25; 2Cor. 12,8)
　τρίς ▸ 1 + 6 = 7
　　Adverb · (frequency) ▸ 1 + 6 = 7 (Sir. 13,7; Mark 14,30; Mark 14,72; Luke 22,34; Luke 22,61; John 13,38; Acts 11,10)

τρισάθλιος (τρεῖς; ἆθλον) triply wretched ▸ 1
　τρισαθλία ▸ 1
　　Adjective · feminine · singular · nominative · noDegree ▸ 1 (4Mac. 16,6)

τρισαλιτήριος (τρεῖς; ἀλιταίνω) triply sinful; triply cursed ▸ 3
　τρισαλιτήριος ▸ 2
　　Adjective · masculine · singular · nominative · noDegree ▸ 2 (2Mac. 8,34; 2Mac. 15,3)
　τρισαλιτηρίου ▸ 1
　　Adjective · masculine · singular · genitive · noDegree ▸ 1 (Esth. 16,15 # 8,12p)

τρισκαίδεκα (τρεῖς; καί; δέκα) thirteen ▸ 5
　τρισκαίδεκα ▸ 5
　　Adjective · (cardinal · numeral) ▸ 5 (Num. 29,14; 1Kings 7,38; 1Chr. 6,45; 1Chr. 6,47; 1Chr. 26,11)

τρισκαιδέκατος (τρεῖς; καί; δέκα) thirteenth ▸ 13
　τρισκαιδεκάτῃ ▸ 7
　　Adjective · feminine · singular · dative · (ordinal · numeral) ▸ 7 (Esth. 3,12; Esth. 8,12; Esth. 16,19 # 8,12s; Esth. 9,1; Esth. 9,16; 1Mac. 7,43; 1Mac. 7,49)
　τρισκαιδεκάτην ▸ 1
　　Adjective · feminine · singular · accusative · (ordinal · numeral) ▸ 1 (2Mac. 15,36)
　τρισκαιδέκατος ▸ 2
　　Adjective · masculine · singular · nominative · (ordinal · numeral) ▸ 2 (1Chr. 24,13; 1Chr. 25,20)
　τρισκαιδεκάτου ▸ 1
　　Adjective · neuter · singular · genitive · (ordinal · numeral) ▸ 1 (Jer. 1,2)
　τρισκαιδεκάτῳ ▸ 2
　　Adjective · neuter · singular · dative · (ordinal · numeral) ▸ 2 (Gen. 14,4; Jer. 25,3)

τρισμύριοι (τρεῖς; μύριοι) thirty thousand ▸ 1
　τρισμυρίων ▸ 1
　　Adjective · neuter · plural · genitive · (cardinal · numeral) ▸ 1 (Esth. 1,7)

τρισσεύω (τρεῖς) to do for a third time ▸ 3
　ἐτρίσσευσαν ▸ 1
　　Verb · third · plural · aorist · active · indicative ▸ 1 (1Kings 18,34)
　τρισσεύσεις ▸ 1
　　Verb · second · singular · future · active · indicative ▸ 1 (1Sam. 20,19)
　τρισσεύσω ▸ 1
　　Verb · first · singular · future · active · indicative ▸ 1 (1Sam. 20,20)

τρισσός (τρεῖς) threefold; third ▸ 4
　τρισσαί ▸ 1
　　Adjective · feminine · plural · nominative · noDegree ▸ 1 (Ezek. 42,3)
　τρισσὴ ▸ 1
　　Adjective · feminine · singular · nominative · noDegree ▸ 1 (Ezek. 23,15)
　τρισσοὺς ▸ 2
　　Adjective · masculine · plural · accusative · noDegree ▸ 2 (2Kings 11,10; Ezek. 23,23)

τρισσόω (τρεῖς) to do for a third time ▸ 1
　Τρισσώσατε ▸ 1
　　Verb · second · plural · aorist · active · imperative ▸ 1 (1Kings 18,34)

τρισσῶς (τρεῖς) three times ▸ 6
　τρισσῶς ▸ 6
　　Adverb ▸ 6 (1Sam. 20,12; 1Kings 7,41; 1Kings 7,42; Prov. 22,20; Ezek. 16,30; Ezek. 41,16)

τριστάτης (τρεῖς; ἵστημι) third man, officer ▸ 10
　τριστάται ▸ 1
　　Noun · masculine · plural · nominative · (common) ▸ 1 (2Kings 10,25)
　τριστάταις ▸ 1
　　Noun · masculine · plural · dative · (common) ▸ 1 (2Kings 10,25)
　τριστάτας ▸ 3
　　Noun · masculine · plural · accusative · (common) ▸ 3 (Ex. 14,7; Ex. 15,4; Ode. 1,4)
　τριστάτην ▸ 2
　　Noun · masculine · singular · accusative · (common) ▸ 2 (2Kings 7,17; 2Kings 9,25)
　τριστάτης ▸ 3
　　Noun · masculine · singular · nominative · (common) ▸ 3 (2Kings 7,2; 2Kings 7,19; 2Kings 15,25)

τρίστεγον (τρεῖς; στέγω) third floor ▸ 1
　τριστέγου ▸ 1
　　Noun · neuter · singular · genitive ▸ 1 (Acts 20,9)

τρισχίλιοι (τρεῖς; χίλιοι) three thousand ▸ 35 + 1 + 1 = 37
　τρισχίλια ▸ 4
　　Adjective · neuter · plural · accusative · (cardinal · numeral) ▸ 2 (1Chr. 29,4; 4Mac. 4,17)
　　Adjective · neuter · plural · nominative · (cardinal · numeral) ▸ 2 (1Sam. 25,2; 2Chr. 29,33)
　τρισχίλιαι ▸ 1 + 1 = 2
　　Adjective · feminine · plural · nominative · (cardinal · numeral) ▸ 1 + 1 = 2 (Job 1,3; Acts 2,41)
　τρισχιλίας ▸ 1
　　Adjective · feminine · plural · accusative · (cardinal · numeral) ▸ 1 (1Kings 5,12)
　τρισχίλιοι ▸ 16 + 1 = 17
　　Adjective · masculine · plural · nominative · (cardinal · numeral) ▸ 16 + 1 = 17 (Ex. 39,3; Num. 1,46; Num. 2,32; Num. 4,44; Josh. 7,3; Josh. 7,4; Judg. 16,27; 2Chr. 2,1; 2Chr. 2,16; 1Esdr. 5,17; 1Esdr. 5,23; Ezra 2,12; Ezra 2,35; Neh. 7,38; 1Mac. 5,20; 1Mac.

9,5; Judg. 15,11)
- τρισχιλίοις ▸ 2
  - **Adjective** · masculine · plural · dative · (cardinal · numeral) ▸ 2 (1Mac. 4,6; 1Mac. 7,40)
- τρισχιλίους ▸ 10
  - **Adjective** · masculine · plural · accusative · (cardinal · numeral) ▸ 10 (Ex. 32,28; 2Chr. 2,17; 2Chr. 4,5; 1Esdr. 1,7; 1Mac. 4,15; 1Mac. 5,22; 1Mac. 11,44; 1Mac. 11,74; 1Mac. 12,47; 2Mac. 4,40)
- τρισχιλίων ▸ 1
  - **Adjective** · masculine · plural · genitive · (cardinal · numeral) ▸ 1 (2Mac. 12,33)

τρισχίλιος (τρεῖς; χίλιοι) three thousand ▸ 1
- τρισχιλίαν ▸ 1
  - **Adjective** · feminine · singular · accusative · (cardinal · numeral) ▸ 1 (1Mac. 10,77)

τριταῖος (τρεῖς) on the third day; lasting three days ▸ 2
- τριταῖος ▸ 1
  - **Adjective** · masculine · singular · nominative · noDegree ▸ 1 (1Sam. 30,13)
- τριταίων ▸ 1
  - **Adjective** · feminine · plural · genitive · noDegree ▸ 1 (1Sam. 9,20)

τρίτος (τρεῖς) third ▸ 167 + 12 + 57 = 236
- ΤΡΙΤΗ ▸ 1
  - **Adjective** · feminine · singular · nominative · (ordinal · numeral) ▸ 1 (3John 0)
- τρίτη ▸ 7 + 1 + 3 = 11
  - **Adjective** · feminine · singular · nominative · (ordinal · numeral) ▸ 7 + 1 + 3 = 11 (Gen. 1,13; Deut. 23,9; 1Kings 6,6; Sir. 28,14; Sir. 28,15; Ezek. 21,19; Dan. 2,39; Dan. 2,39; Mark 15,25; Acts 2,15; Rev. 11,14)
- τρίτῃ ▸ 32 + 1 + 13 = 46
  - **Adjective** · feminine · singular · dative · (ordinal · numeral) ▸ 32 + 1 + 13 = 46 (Gen. 22,4; Gen. 31,22; Gen. 34,25; Gen. 40,20; Gen. 42,18; Ex. 19,11; Ex. 19,16; Lev. 7,18; Lev. 19,7; Num. 7,24; Num. 19,12; Num. 19,12; Num. 19,19; Num. 29,20; Num. 31,19; Judg. 20,30; 1Sam. 30,1; 2Sam. 1,2; 1Kings 3,18; 1Kings 12,12; 1Kings 12,12; 1Kings 12,24q; 2Kings 20,5; 2Kings 20,8; 2Chr. 7,10; 2Chr. 10,12; 2Chr. 10,12; Esth. 15,1; Esth. 8,9; 1Mac. 11,18; 1Mac. 13,51; Hos. 6,2; Judg. 20,30; Matt. 16,21; Matt. 17,23; Matt. 20,19; Luke 9,22; Luke 12,38; Luke 13,32; Luke 18,33; Luke 24,7; Luke 24,46; John 2,1; Acts 10,40; Acts 27,19; 1Cor. 15,4)
- τρίτην ▸ 20 + 3 = 23
  - **Adjective** · feminine · singular · accusative · (ordinal · numeral) ▸ 20 + 3 = 23 (Gen. 31,2; Gen. 31,5; Ex. 5,7; Ex. 5,14; Ex. 19,11; Ex. 34,7; Num. 10,6; Deut. 5,9; Josh. 4,18; 1Sam. 4,7; 1Sam. 10,11; 1Sam. 14,21; 1Sam. 19,7; 1Sam. 21,6; 2Sam. 3,17; 2Sam. 5,2; 1Chr. 11,2; Tob. 1,8; 1Mac. 9,44; Job 42,14; Matt. 20,3; Luke 24,21; Rev. 6,5)
- τρίτης ▸ 17 + 1 + 2 = 20
  - **Adjective** · feminine · singular · genitive · (ordinal · numeral) ▸ 17 + 1 + 2 = 20 (Gen. 50,23; Ex. 4,10; Ex. 20,5; Ex. 21,29; Ex. 21,36; Lev. 7,17; Lev. 19,6; Num. 14,18; Deut. 4,42; Deut. 19,4; Deut. 19,6; Josh. 3,4; Ruth 2,11; 2Kings 13,5; 1Esdr. 7,5; 1Esdr. 8,61; Ezra 6,15; Sus. 15; Matt. 27,64; Acts 23,23)
- τρίτοι ▸ 1
  - **Adjective** · masculine · plural · nominative · (ordinal · numeral) ▸ 1 (Num. 2,24)
- τρίτον ▸ 31 + 2 + 24 = 57
  - **Adverb** ▸ 5 + 6 = 11 (Num. 22,28; Num. 22,32; Num. 22,33; Num. 24,10; Judg. 16,15; Luke 23,22; John 21,14; John 21,17; John 21,17; 1Cor. 12,28; 2Cor. 12,14)
  - **Adjective** · masculine · singular · accusative · (ordinal · numeral) ▸ 5 + 2 + 1 = 8 (2Kings 1,13; 1Chr. 8,1; 1Chr. 27,5; Neh. 10,33; 3Mac. 5,40; Judg. 16,15; Dan. 5,29; Luke 20,12)
  - **Adjective** · neuter · singular · accusative · (ordinal · numeral) ▸ 12 + 5 = 17 (Num. 15,6; Num. 15,7; Josh. 17,11; 2Sam. 18,2; 2Sam. 18,2; 2Sam. 18,2; 2Chr. 23,4; 2Chr. 23,5; 2Chr. 23,5; Sir. 23,23; Zech. 13,9; Ezek. 46,14; Mark 14,41; Rev. 8,10; Rev. 8,12; Rev. 9,15; Rev. 12,4)
  - **Adjective** · neuter · singular · nominative · (ordinal · numeral) ▸ 9 + 12 = 21 (Num. 28,14; 2Kings 11,5; 2Kings 11,6; 2Kings 11,6; 1Mac. 14,27; Sir. 23,16; Sir. 50,25; Zech. 13,8; Ezek. 40,8; Rev. 4,7; Rev. 8,7; Rev. 8,7; Rev. 8,8; Rev. 8,9; Rev. 8,9; Rev. 8,11; Rev. 8,12; Rev. 8,12; Rev. 8,12; Rev. 8,12; Rev. 9,18)
- Τρίτον ▸ 1
  - **Adverb** ▸ 1 (2Cor. 13,1)
- τρίτος ▸ 28 + 3 + 7 = 38
  - **Adjective** · masculine · singular · nominative · (ordinal · numeral) ▸ 28 + 3 + 7 = 38 (Gen. 2,14; Ex. 28,19; Ex. 36,19; Josh. 19,10; 2Sam. 3,3; 2Kings 1,13; 1Chr. 2,13; 1Chr. 3,2; 1Chr. 3,15; 1Chr. 8,39; 1Chr. 12,10; 1Chr. 23,19; 1Chr. 24,8; 1Chr. 24,18; 1Chr. 24,23; 1Chr. 25,10; 1Chr. 25,30; 1Chr. 26,2; 1Chr. 26,4; 1Chr. 26,11; 1Chr. 27,5; 1Esdr. 3,12; 1Esdr. 4,13; 2Mac. 7,10; 4Mac. 10,1; 4Mac. 15,18; Sir. 45,23; Is. 19,24; Josh. 19,10; Dan. 5,7; Dan. 5,16; Matt. 22,26; Mark 12,21; Luke 20,31; Rev. 8,10; Rev. 14,9; Rev. 16,4; Rev. 21,19)
- τρίτου ▸ 8 + 3 = 11
  - **Adjective** · masculine · singular · genitive · (ordinal · numeral) ▸ 2 + 1 = 3 (Ex. 19,1; 1Mac. 10,30; 2Cor. 12,2)
  - **Adjective** · neuter · singular · genitive · (ordinal · numeral) ▸ 6 + 2 = 8 (2Sam. 23,8; Dan. 1,1; Dan. 5,7; Dan. 5,16; Dan. 5,29; Dan. 8,1; Matt. 26,44; Rev. 6,5)
- τρίτους ▸ 1
  - **Adjective** · masculine · plural · accusative · (ordinal · numeral) ▸ 1 (1Sam. 19,21)
- τρίτῳ ▸ 22 + 4 = 26
  - **Adjective** · masculine · singular · dative · (ordinal · numeral) ▸ 9 (Gen. 32,20; 1Sam. 3,8; 1Kings 18,1; 1Kings 22,2; 2Chr. 15,10; 2Chr. 31,7; Zech. 6,3; Is. 37,30; Ezek. 31,1)
  - **Adjective** · neuter · singular · dative · (ordinal · numeral) ▸ 13 + 4 = 17 (Deut. 26,12; 1Kings 15,28; 1Kings 15,33; 2Kings 12,7; 2Kings 13,1; 2Kings 18,1; 2Kings 19,29; 2Chr. 17,7; 2Chr. 27,5; Esth. 1,3; 1Mac. 1,20; 1Mac. 9,54; Sir. 26,28; Tob. 1,8; Dan. 1,1; Dan. 8,1; Dan. 10,1)

τρίχαπτος (θρίξ; ἅπτω) woven with hair ▸ 2
- τρίχαπτα ▸ 1
  - **Adjective** · neuter · plural · nominative · noDegree ▸ 1 (Ezek. 16,13)
- τριχάπτῳ ▸ 1
  - **Adjective** · neuter · singular · dative · noDegree ▸ 1 (Ezek. 16,10)

τρίχινος (θρίξ) made of hair ▸ 2 + 1 = 3
- τριχίνας ▸ 1
  - **Adjective** · feminine · plural · accusative · noDegree ▸ 1 (Ex. 26,7)
- τριχίνην ▸ 1
  - **Adjective** · feminine · singular · accusative · noDegree ▸ 1 (Zech. 13,4)
- τρίχινος ▸ 1
  - **Adjective** · masculine · singular · nominative ▸ 1 (Rev. 6,12)

τρίχωμα (θρίξ) hair ▸ 5

τρίχωμα ▸ 1
    Noun ▪ neuter ▪ singular ▪ nominative ▪ (common) ▸ 1 (Dan. 7,9)
τριχώμά ▸ 3
    Noun ▪ neuter ▪ singular ▪ nominative ▪ (common) ▸ 3 (Song 4,1; Song 6,5; Ezek. 24,17)
τριχώματος ▸ 1
    Noun ▪ neuter ▪ singular ▪ genitive ▪ (common) ▸ 1 (1Esdr. 8,68)
τριώροφος (τρεῖς; φέρω) with three stories ▸ 3
    τριώροφα ▸ 3
        Adjective ▪ neuter ▪ plural ▪ accusative ▪ noDegree ▸ 3 (Gen. 6,16; 1Kings 6,8; Ezek. 41,7)
τρομέω (τρέμω) to tremble ▸ 1
    ἐτρόμησαν ▸ 1
        Verb ▪ third ▪ plural ▪ aorist ▪ active ▪ indicative ▸ 1 (1Mac. 2,24)
τρόμος (τρέμω) trembling ▸ 30 + 5 = 35
    τρόμον ▸ 5
        Noun ▪ masculine ▪ singular ▪ accusative ▪ (common) ▸ 5 (Deut. 2,25; Deut. 11,25; 2Mac. 15,23; 4Mac. 4,10; Jer. 15,8)
    τρόμος ▸ 19 + 1 = 20
        Noun ▪ masculine ▪ singular ▪ nominative ▪ (common) ▸ 19 + 1 = 20 (Gen. 9,2; Ex. 15,15; Ex. 15,16; Judith 2,28; Judith 15,2; 1Mac. 7,18; Psa. 47,7; Psa. 54,6; Ode. 1,15; Ode. 1,16; Ode. 4,16; Job 4,14; Hab. 3,16; Is. 33,14; Is. 54,14; Is. 63,19; Is. 64,2; Jer. 30,30; Dan. 4,37a; Mark 16,8)
    τρόμου ▸ 1 + 3 = 4
        Noun ▪ masculine ▪ singular ▪ genitive ▪ (common) ▸ 1 + 3 = 4 (Dan. 4,19; 2Cor. 7,15; Eph. 6,5; Phil. 2,12)
    τρόμῳ ▸ 5 + 1 = 6
        Noun ▪ masculine ▪ singular ▪ dative ▪ (common) ▸ 5 + 1 = 6 (Psa. 2,11; Job 38,34; Sir. 16,19; Is. 19,16; Bar. 3,33; 1Cor. 2,3)
τρόπαιον (τρέπω) trophy, monument ▸ 2
    τρόπαια ▸ 1
        Noun ▪ neuter ▪ plural ▪ accusative ▪ (common) ▸ 1 (2Mac. 5,6)
    τρόπαιον ▸ 1
        Noun ▪ neuter ▪ singular ▪ accusative ▪ (common) ▸ 1 (2Mac. 15,6)
τροπή (τρέπω) turning ▸ 11 + 1 = 12
    τροπὰς ▸ 1
        Noun ▪ feminine ▪ plural ▪ accusative ▪ (common) ▸ 1 (Job 38,33)
    τροπὴ ▸ 1
        Noun ▪ feminine ▪ singular ▪ nominative ▪ (common) ▸ 1 (1Mac. 5,61)
    τροπῇ ▸ 1
        Noun ▪ feminine ▪ singular ▪ dative ▪ (common) ▸ 1 (Sir. 45,23)
    τροπὴν ▸ 4
        Noun ▪ feminine ▪ singular ▪ accusative ▪ (common) ▸ 4 (1Mac. 4,35; 2Mac. 12,27; 2Mac. 12,37; Jer. 30,27)
    τροπῆς ▸ 2 + 1 = 3
        Noun ▪ feminine ▪ singular ▪ genitive ▪ (common) ▸ 2 + 1 = 3 (Ex. 32,18; 1Kings 22,35; James 1,17)
    τροπῶν ▸ 2
        Noun ▪ feminine ▪ plural ▪ genitive ▪ (common) ▸ 2 (Deut. 33,14; Wis. 7,18)
τρόπις (τρέπω) ship's keel ▸ 1
    τρόπιος ▸ 1
        Noun ▪ feminine ▪ singular ▪ genitive ▪ (common) ▸ 1 (Wis. 5,10)
τρόπος (τρέπω) way, manner; customs, kind of life, deportment ▸ 233 + 10 + 13 = 256
    τρόπον ▸ 227 + 10 + 10 = 247
        Noun ▪ masculine ▪ singular ▪ accusative ▪ (common) ▸ 227 + 10 + 10 = 247 (Gen. 26,29; Ex. 2,14; Ex. 13,11; Ex. 14,13; Ex. 16,34; Ex. 36,36; Ex. 36,38; Ex. 39,23; Ex. 40,15; Ex. 40,21; Ex. 40,23; Ex. 40,25; Lev. 4,10; Lev. 4,20; Lev. 4,21; Lev. 4,31; Lev. 4,35; Lev. 7,38; Lev. 8,4; Lev. 8,9; Lev. 8,17; Lev. 8,31; Lev. 9,10; Lev. 9,21; Lev. 10,5; Lev. 10,15; Lev. 10,18; Lev. 16,15; Lev. 18,28; Num. 1,19; Num. 3,16; Num. 3,42; Num. 3,51; Num. 4,49; Num. 14,17; Num. 14,28; Num. 15,14; Num. 18,7; Num. 23,2; Num. 26,4; Num. 31,47; Num. 32,27; Num. 34,13; Num. 36,10; Deut. 1,21; Deut. 2,1; Deut. 2,12; Deut. 2,22; Deut. 4,33; Deut. 5,12; Deut. 5,16; Deut. 5,32; Deut. 6,16; Deut. 11,25; Deut. 12,21; Deut. 13,18; Deut. 15,6; Deut. 19,8; Deut. 19,19; Deut. 20,17; Deut. 23,24; Deut. 24,8; Deut. 27,3; Deut. 28,9; Deut. 28,63; Deut. 29,12; Deut. 29,12; Deut. 32,50; Josh. 1,3; Josh. 1,17; Josh. 5,4; Josh. 8,2; Josh. 8,6; Josh. 8,27; Josh. 10,1; Josh. 10,28; Josh. 10,30; Josh. 10,32; Josh. 10,35; Josh. 10,37; Josh. 10,39; Josh. 10,40; Josh. 11,9; Josh. 11,12; Josh. 11,15; Josh. 11,20; Josh. 13,6; Josh. 14,2; Josh. 14,5; Josh. 14,10; Josh. 14,12; Josh. 21,8; Josh. 22,4; Josh. 23,15; Judg. 2,22; Judg. 6,36; Judg. 6,37; Judg. 8,8; Judg. 11,36; Judg. 15,10; Judg. 16,9; 2Sam. 10,2; 2Sam. 16,23; 2Sam. 17,3; 2Sam. 24,19; 1Esdr. 4,42; Judith 2,16; Judith 4,1; 1Mac. 11,29; 1Mac. 15,2; 2Mac. 1,24; 2Mac. 5,22; 2Mac. 5,27; 2Mac. 6,20; 2Mac. 6,31; 2Mac. 7,7; 2Mac. 8,35; 2Mac. 8,36; 2Mac. 10,6; 2Mac. 10,6; 2Mac. 11,16; 2Mac. 11,31; 2Mac. 12,8; 2Mac. 14,3; 2Mac. 14,46; 2Mac. 15,12; 2Mac. 15,22; 2Mac. 15,39; 3Mac. 3,24; 3Mac. 4,9; 3Mac. 4,13; 3Mac. 4,13; 3Mac. 7,7; 4Mac. 1,29; 4Mac. 2,7; 4Mac. 2,8; 4Mac. 4,1; 4Mac. 4,24; 4Mac. 5,14; 4Mac. 5,17; 4Mac. 6,1; 4Mac. 6,5; 4Mac. 7,3; 4Mac. 9,15; 4Mac. 10,7; 4Mac. 11,4; 4Mac. 11,10; 4Mac. 11,11; 4Mac. 12,13; 4Mac. 15,4; 4Mac. 18,1; Psa. 41,2; Ode. 11,19; Prov. 23,7; Prov. 24,29; Job 4,8; Job 4,19; Job 29,25; Hos. 9,13; Amos 2,13; Amos 3,12; Amos 5,14; Amos 5,19; Amos 9,9; Mic. 3,3; Mic. 5,7; Obad. 15; Obad. 16; Jonah 1,14; Zech. 4,1; Zech. 7,13; Zech. 8,13; Zech. 8,14; Zech. 10,6; Zech. 11,13; Mal. 3,17; Is. 5,24; Is. 7,2; Is. 9,2; Is. 10,10; Is. 10,11; Is. 13,19; Is. 14,19; Is. 14,24; Is. 14,24; Is. 17,5; Is. 17,5; Is. 17,9; Is. 20,3; Is. 24,13; Is. 25,10; Is. 25,11; Is. 29,8; Is. 31,4; Is. 33,4; Is. 38,19; Is. 51,13; Is. 52,14; Is. 62,5; Is. 65,8; Is. 66,22; Lam. 1,22; LetterJ 68; LetterJ 70; Ezek. 10,10; Ezek. 12,11; Ezek. 15,6; Ezek. 16,48; Ezek. 16,57; Ezek. 18,4; Ezek. 20,32; Ezek. 20,36; Ezek. 22,22; Ezek. 23,18; Ezek. 23,44; Ezek. 24,18; Ezek. 24,18; Ezek. 24,22; Ezek. 25,8; Ezek. 40,23; Ezek. 42,3; Ezek. 42,3; Ezek. 42,7; Ezek. 45,6; Ezek. 46,12; Ezek. 48,11; Dan. 1,14; Judg. 2,22; Judg. 6,27; Judg. 8,8; Judg. 11,36; Judg. 15,10; Judg. 15,11; Dan. 2,40; Dan. 2,41; Dan. 2,45; Sus. 61; Matt. 23,37; Luke 13,34; Acts 1,11; Acts 7,28; Acts 15,11; Acts 27,25; Rom. 3,2; 2Th. 2,3; 2Tim. 3,8; Jude 7)
    τρόπος ▸ 2 + 1 = 3
        Noun ▪ masculine ▪ singular ▪ nominative ▪ (common) ▸ 2 + 1 = 3 (1Sam. 25,33; 4Mac. 9,29; Heb. 13,5)
    τρόπῳ ▸ 3 + 2 = 5
        Noun ▪ masculine ▪ singular ▪ dative ▪ (common) ▸ 3 + 2 = 5 (1Mac. 14,35; 3Mac. 6,12; Prov. 9,11; Phil. 1,18; 2Th. 3,16)
    τρόπων ▸ 1
        Noun ▪ masculine ▪ plural ▪ genitive ▪ (common) ▸ 1 (Esth. 16,14 # 8,12o)
τροποφορέω (τρέπω; φέρω) to put up with ▸ 1
    ἐτροποφόρησεν ▸ 1
        Verb ▪ third ▪ singular ▪ aorist ▪ active ▪ indicative ▸ 1 (Acts 13,18)
τροπόω (τρέπω) to cause to turn away ▸ 28 + 1 = 29
    ἐτροποῦτο ▸ 1
        Verb ▪ third ▪ singular ▪ imperfect ▪ passive ▪ indicative ▸ 1 (2Mac. 13,19)
    ἐτροπώθη ▸ 7
        Verb ▪ third ▪ singular ▪ aorist ▪ passive ▪ indicative ▸ 7 (1Kings 22,35; 2Chr. 18,34; 2Chr. 25,22; 1Mac. 5,44; 1Mac. 5,60; 1Mac.

11,55; 1Mac. 16,8)
ἐτροπώθησαν ▸ 2
   Verb · third · plural · aorist · passive · indicative   ▸ 2   (2Chr. 20,22; 1Mac. 10,72)
ἐτροπώσατο ▸ 5
   Verb · third · singular · aorist · middle · indicative   ▸ 5   (2Sam. 8,1; 1Chr. 18,1; 1Chr. 19,16; 1Mac. 11,15; 1Mac. 11,72)
ἐτρόπωσεν ▸ 1 + 1 = 2
   Verb · third · singular · aorist · active · indicative   ▸ 1 + 1 = 2   (Judg. 20,35; Judg. 4,23)
τετροπωμένους ▸ 1
   Verb · perfect · passive · participle · masculine · plural · accusative ▸ 1 (Josh. 11,6)
τετρόπωνται ▸ 2
   Verb · third · plural · perfect · passive · indicative   ▸ 2   (1Mac. 4,20; 1Mac. 6,5)
τετρόπωται ▸ 1
   Verb · third · singular · perfect · passive · indicative   ▸ 1   (Judg. 20,36)
τροπούμενον ▸ 1
   Verb · present · middle · participle · neuter · singular · accusative ▸ 1 (Dan. 7,21)
τροπούμενος ▸ 2
   Verb · present · middle · participle · masculine · singular · nominative ▸ 2 (Judg. 20,39; 2Mac. 8,6)
τροποῦται ▸ 1
   Verb · third · singular · present · passive · indicative   ▸ 1   (Judg. 20,39)
τροπωθέντα ▸ 1
   Verb · aorist · passive · participle · masculine · singular · accusative ▸ 1 (2Mac. 9,2)
τροπώσασθαι ▸ 1
   Verb · aorist · middle · infinitive ▸ 1 (2Chr. 25,8)
τροπώσεταί ▸ 1
   Verb · third · singular · future · middle · indicative   ▸ 1   (2Chr. 25,8)
τροπώσομαι ▸ 1
   Verb · first · singular · future · middle · indicative   ▸ 1   (Psa. 88,24)
τροφεία (τρέφω)   pay or service of a wet-nurse; nurture ▸ 1
   τροφεία ▸ 1
      Noun · neuter · plural · vocative · (common) ▸ 1 (4Mac. 15,13)
τροφεύω (τρέφω)   to nurse, nurture ▸ 2
   τροφεύουσαν ▸ 1
      Verb · present · active · participle · feminine · singular · accusative ▸ 1 (Ex. 2,7)
   τροφεύσαντα ▸ 1
      Verb · aorist · active · participle · masculine · singular · accusative ▸ 1 (Bar. 4,8)
τροφή (τρέφω)   food, provisions, forage ▸ 30 + 3 + 16 = 49
   τροφάς ▸ 2
      Noun · feminine · plural · accusative · (common)   ▸ 2   (1Mac. 13,21; 3Mac. 3,4)
   τροφάς ▸ 2 + 1 = 3
      Noun · feminine · plural · accusative · (common)   ▸ 2 + 1 = 3   (2Chr. 11,23; 4Mac. 1,33; John 4,8)
   τροφή ▸ 1
      Noun · feminine · singular · nominative ▸ 1 (Heb. 5,14)
   τροφή ▸ 1 + 2 + 1 = 4
      Noun · feminine · singular · nominative · (common)   ▸ 1 + 2 + 1 = 4 (1Mac. 6,57; Dan. 4,12; Dan. 4,21; Matt. 3,4)
   τροφήν ▸ 3
      Noun · feminine · singular · accusative · (common)   ▸ 3   (Gen. 49,27; Prov. 30,25; Sir. 41,1)
   τροφήν ▸ 17 + 1 + 2 = 20
      Noun · feminine · singular · accusative · (common)   ▸ 17 + 1 + 2 = 20 (1Esdr. 8,76; 1Esdr. 8,78; Judith 12,9; 1Mac. 1,35; 2Mac. 5,27; Psa. 64,10; Psa. 103,27; Psa. 110,5; Psa. 135,25; Psa. 144,15; Psa. 145,7; Psa. 146,9; Prov. 6,8; Job 36,31; Wis. 16,2; Wis. 16,3; Wis. 16,20; Judg. 8,5; Matt. 24,45; Acts 9,19)
   τροφῆς ▸ 3 + 11 = 14
      Noun · feminine · singular · genitive · (common)   ▸ 3 + 11 = 14 (Wis. 13,12; Wis. 19,21; Sir. 37,20; Matt. 6,25; Matt. 10,10; Luke 12,23; Acts 2,46; Acts 14,17; Acts 27,33; Acts 27,34; Acts 27,36; Acts 27,38; Heb. 5,12; James 2,15)
   τροφῶν ▸ 2
      Noun · feminine · plural · genitive · (common)   ▸ 2   (3Mac. 3,7; 4Mac. 4,26)
Τρόφιμος   Trophimus ▸ 3
   Τρόφιμον ▸ 2
      Noun · masculine · singular · accusative · (proper)   ▸ 2   (Acts 21,29; 2Tim. 4,20)
   Τρόφιμος ▸ 1
      Noun · masculine · singular · nominative · (proper)   ▸ 1   (Acts 20,4)
τροφός (τρέφω)   nurse ▸ 4 + 1 = 5
   τροφοί ▸ 1
      Noun · feminine · plural · nominative · (common) ▸ 1 (Is. 49,23)
   τροφόν ▸ 2
      Noun · feminine · singular · accusative · (common)   ▸ 2   (2Kings 11,2; 2Chr. 22,11)
   τροφός ▸ 1 + 1 = 2
      Noun · feminine · singular · nominative · (common)   ▸ 1 + 1 = 2   (Gen. 35,8; 1Th. 2,7)
τροφοφορέω (τρέφω; φέρω)   to nurse ▸ 3
   ἐτροφοφόρησέν ▸ 1
      Verb · third · singular · aorist · active · indicative   ▸ 1   (Deut. 1,31)
   τροφοφορήσασαν ▸ 1
      Verb · aorist · active · participle · feminine · singular · accusative ▸ 1 (2Mac. 7,27)
   τροφοφορήσει ▸ 1
      Verb · third · singular · future · active · indicative   ▸ 1   (Deut. 1,31)
τροχαντήρ (τρέχω)   bone crusher; joint dislocator wheel ▸ 1
   τροχαντῆρας ▸ 1
      Noun · masculine · plural · accusative · (common)   ▸ 1   (4Mac. 8,13)
τροχιά (τρέχω)   path; course; wheel-track ▸ 6 + 1 = 7
   τροχιαί ▸ 2
      Noun · feminine · plural · nominative · (common)   ▸ 2   (Prov. 2,15; Prov. 5,6)
   τροχιαῖς ▸ 1
      Noun · feminine · plural · dative · (common) ▸ 1 (Prov. 4,11)
   τροχιάς ▸ 1
      Noun · feminine · plural · accusative · (common)   ▸ 1   (Prov. 4,27b)
   τροχιάς ▸ 2 + 1 = 3
      Noun · feminine · plural · accusative · (common)   ▸ 2 + 1 = 3   (Prov. 4,26; Prov. 5,21; Heb. 12,13)
τροχιαῖος (τρέχω)   wheel-like ▸ 1

τροχιαῖος–τρύγητος

τροχιαῖον ▸ 1
Adjective · masculine · singular · accusative · noDegree ▸ 1 (4Mac. 11,10)

τροχίζω (τρέχω) to torture on a wheel ▸ 1
τροχισθέντας ▸ 1
Verb · aorist · passive · participle · masculine · plural · accusative ▸ 1 (4Mac. 5,3)

τροχίσκος (τρέχω) ring, dear-ring ▸ 1
τροχίσκους ▸ 1
Noun · masculine · plural · accusative · (common) ▸ 1 (Ezek. 16,12)

τροχός (τρέχω) wheel, cycle ▸ 57 + 1 + 1 = 59
τροχοί ▸ 11 + 1 = 12
Noun · masculine · plural · nominative · (common) ▸ 11 + 1 = 12 (2Sam. 24,22; 1Kings 7,17; Is. 5,28; Ezek. 1,19; Ezek. 1,20; Ezek. 10,9; Ezek. 10,12; Ezek. 10,16; Ezek. 10,19; Ezek. 11,22; Ezek. 23,24; Dan. 7,9)
τροχοί ▸ 2
Noun · masculine · plural · nominative · (common) ▸ 2 (Ezek. 1,19; Ezek. 10,16)
τροχοῖς ▸ 6
Noun · masculine · plural · dative · (common) ▸ 6 (1Kings 7,18; 4Mac. 15,22; Ezek. 1,20; Ezek. 1,21; Ezek. 10,12; Ezek. 10,13)
τροχόν ▸ 6
Noun · masculine · singular · accusative · (common) ▸ 6 (4Mac. 9,12; 4Mac. 10,8; 4Mac. 11,17; Psa. 82,14; Prov. 20,26; Sir. 38,29)
τροχὸν ▸ 2 + 1 = 3
Noun · masculine · singular · accusative · (common) ▸ 2 + 1 = 3 (4Mac. 9,19; 4Mac. 11,10; James 3,6)
τροχός ▸ 2
Noun · masculine · singular · nominative · (common) ▸ 2 (4Mac. 9,17; 4Mac. 9,20)
τροχὸς ▸ 8
Noun · masculine · singular · nominative · (common) ▸ 8 (Eccl. 12,6; Sir. 33,5; Is. 28,27; Ezek. 1,15; Ezek. 1,16; Ezek. 10,9; Ezek. 10,10; Ezek. 27,19)
τροχοῦ ▸ 4
Noun · masculine · singular · genitive · (common) ▸ 4 (1Kings 7,18; Is. 17,13; Is. 29,5; Ezek. 10,10)
τροχούς ▸ 1
Noun · masculine · plural · accusative · (common) ▸ 1 (4Mac. 8,13)
τροχοὺς ▸ 2
Noun · masculine · plural · accusative · (common) ▸ 2 (4Mac. 5,32; Is. 41,15)
τροχῷ ▸ 2
Noun · masculine · singular · dative · (common) ▸ 2 (Psa. 76,19; Ezek. 1,16)
τροχῶν ▸ 11
Noun · masculine · plural · genitive · (common) ▸ 11 (1Kings 7,19; 1Kings 7,19; Nah. 3,2; Jer. 29,3; Ezek. 1,16; Ezek. 3,13; Ezek. 10,2; Ezek. 10,6; Ezek. 10,6; Ezek. 10,9; Ezek. 26,10)

τρύβλιον bowl, cup ▸ 19 + 2 = 21
τρύβλια ▸ 5
Noun · neuter · plural · accusative · (common) ▸ 3 (Ex. 25,29; Ex. 38,12; Num. 4,7)
Noun · neuter · plural · nominative · (common) ▸ 2 (Num. 7,84; 1Kings 7,36)
τρύβλιον ▸ 12 + 1 = 13
Noun · neuter · singular · accusative · (common) ▸ 11 + 1 = 12 (Num. 7,19; Num. 7,25; Num. 7,31; Num. 7,37; Num. 7,43; Num. 7,49; Num. 7,55; Num. 7,61; Num. 7,67; Num. 7,73; Num. 7,79; Mark 14,20)
Noun · neuter · singular · nominative · (common) ▸ 1 (Num. 7,85)
τρυβλίον ▸ 1
Noun · neuter · singular · accusative · (common) ▸ 1 (Num. 7,13)
τρυβλίῳ ▸ 1 + 1 = 2
Noun · neuter · singular · dative · (common) ▸ 1 + 1 = 2 (Sir. 31,14; Matt. 26,23)

τρυγάω (τρύγη) to gather ▸ 14 + 1 + 3 = 18
ἐτρύγησα ▸ 1
Verb · first · singular · aorist · active · indicative ▸ 1 (Song 5,1)
ἐτρύγησαν ▸ 1 + 1 = 2
Verb · third · plural · aorist · active · indicative ▸ 1 + 1 = 2 (Judg. 9,27; Judg. 9,27)
ἐτρυγήσατε ▸ 1
Verb · second · plural · aorist · active · indicative ▸ 1 (Hos. 10,13)
ἐτρύγησεν ▸ 1
Verb · third · singular · aorist · active · indicative ▸ 1 (Rev. 14,19)
τρυγᾶν ▸ 2
Verb · present · active · infinitive ▸ 2 (1Sam. 8,12; Hos. 6,11)
τρυγηθείη ▸ 1
Verb · third · singular · aorist · passive · optative ▸ 1 (Job 15,33)
τρυγήσατε ▸ 1
Verb · second · plural · aorist · active · imperative ▸ 1 (Hos. 10,12)
τρυγήσεις ▸ 1
Verb · second · singular · future · active · indicative ▸ 1 (Deut. 28,30)
τρυγήσετε ▸ 1
Verb · second · plural · future · active · indicative ▸ 1 (Lev. 25,11)
τρυγήσῃς ▸ 1
Verb · second · singular · aorist · active · subjunctive ▸ 1 (Deut. 24,21)
τρύγησον ▸ 1
Verb · second · singular · aorist · active · imperative ▸ 1 (Rev. 14,18)
τρυγῶν ▸ 2
Verb · present · active · participle · masculine · singular · nominative ▸ 2 (Sir. 33,17; Jer. 6,9)
τρυγῶντες ▸ 1
Verb · present · active · participle · masculine · plural · nominative ▸ 1 (Jer. 32,30)
τρυγῶσιν ▸ 1 + 1 = 2
Verb · third · plural · present · active · indicative ▸ 1 + 1 = 2 (Psa. 79,13; Luke 6,44)

τρυγητής (τρύγη) grape-gatherer ▸ 3
τρυγηταί ▸ 2
Noun · masculine · plural · nominative · (common) ▸ 2 (Obad. 5; Jer. 30,3)
τρυγηταῖς ▸ 1
Noun · masculine · plural · dative · (common) ▸ 1 (Jer. 31,32)

τρύγητος (τρύγη) fruit gathering; crop gathering; harvest ▸ 15 + 1 = 16
τρύγητον ▸ 2
Noun · masculine · singular · accusative · (common) ▸ 2 (Lev. 26,5; Amos 9,13)
τρυγητὸν ▸ 1
Noun · masculine · singular · accusative · (common) ▸ 1 (1Sam.

8,12)
τρύγητος ▸ 4
   Noun ▪ masculine ▪ singular ▪ nominative ▪ (common) ▸ 4 (Lev. 26,5; Joel 4,13; Is. 24,13; Is. 32,10)
τρυγητὸς ▸ 3 + 1 = 4
   Noun ▪ masculine ▪ singular ▪ nominative ▪ (common) ▸ 3 + 1 = 4 (Judg. 8,2; 1Sam. 13,21; Joel 1,11; Judg. 8,2)
τρυγήτου ▸ 2
   Noun ▪ masculine ▪ singular ▪ genitive ▪ (common) ▸ 2 (Sir. 24,27; Amos 4,7)
τρυγήτῳ ▸ 2
   Noun ▪ masculine ▪ singular ▪ dative ▪ (common) ▸ 2 (Mic. 7,1; Is. 16,9)
τρυγητῶν ▸ 1
   Noun ▪ masculine ▪ plural ▪ genitive ▪ (common) ▸ 1 (Sir. 33,16)

τρυγίας (τρύγη) dregs ▸ 1
   τρυγίας ▸ 1
   Noun ▪ masculine ▪ singular ▪ nominative ▪ (common) ▸ 1 (Psa. 74,9)

τρυγών (τρύγη) turtledove ▸ 15 + 1 = 16
   τρυγόνα ▸ 2
   Noun ▪ feminine ▪ singular ▪ accusative ▪ (common) ▸ 2 (Gen. 15,9; Lev. 12,6)
   τρυγόνας ▸ 6
   Noun ▪ feminine ▪ plural ▪ accusative ▪ (common) ▸ 6 (Lev. 5,7; Lev. 12,8; Lev. 14,22; Lev. 15,14; Lev. 15,29; Num. 6,10)
   τρυγόνες ▸ 1
   Noun ▪ feminine ▪ plural ▪ nominative ▪ (common) ▸ 1 (Song 1,10)
   τρυγόνος ▸ 1
   Noun ▪ feminine ▪ singular ▪ genitive ▪ (common) ▸ 1 (Song 2,12)
   τρυγόνων ▸ 3 + 1 = 4
   Noun ▪ feminine ▪ plural ▪ genitive ▪ (common) ▸ 3 + 1 = 4 (Lev. 1,14; Lev. 5,11; Lev. 14,30; Luke 2,24)
   τρυγῶν ▸ 2
   Noun ▪ feminine ▪ singular ▪ nominative ▪ (common) ▸ 2 (Psa. 83,4; Jer. 8,7)

τρυμαλιά hole ▸ 3 + 3 + 1 = 7
   τρυμαλιᾷ ▸ 1 + 1 = 2
   Noun ▪ feminine ▪ singular ▪ dative ▪ (common) ▸ 1 + 1 = 2 (Jer. 13,4; Judg. 15,8)
   τρυμαλιὰν ▸ 1
   Noun ▪ feminine ▪ singular ▪ accusative ▪ (common) ▸ 1 (Judg. 15,11)
   τρυμαλιὰς ▸ 1 + 1 = 2
   Noun ▪ feminine ▪ plural ▪ accusative ▪ (common) ▸ 1 + 1 = 2 (Jer. 30,10; Judg. 6,2)
   τρυμαλιᾶς ▸ 1
   Noun ▪ feminine ▪ singular ▪ genitive ▪ (common) ▸ 1 (Mark 10,25)
   τρυμαλιῶν ▸ 1
   Noun ▪ feminine ▪ plural ▪ genitive ▪ (common) ▸ 1 (Jer. 16,16)

τρυπάω (τρύω) to pierce ▸ 4
   τετρυπημένον ▸ 1
   Verb ▪ perfect ▪ passive ▪ participle ▪ masculine ▪ singular ▪ accusative ▸ 1 (Hag. 1,6)
   τρυπήσει ▸ 1
   Verb ▪ third ▪ singular ▪ future ▪ active ▪ indicative ▸ 1 (Ex. 21,6)
   τρυπήσεις ▸ 2
   Verb ▪ second ▪ singular ▪ future ▪ active ▪ indicative ▸ 2 (Deut. 15,17; Job 40,26)

τρύπημα (τρυμαλιά) bore-hole ▸ 1
   τρυπήματος ▸ 1
   Noun ▪ neuter ▪ singular ▪ genitive ▪ 1 (Matt. 19,24)

Τρύφαινα Tryphena ▸ 1
   Τρύφαιναν ▸ 1
   Noun ▪ feminine ▪ singular ▪ accusative ▪ (proper) ▸ 1 (Rom. 16,12)

τρυφάω (τρυφή) to live in self-indulgence; to revel ▸ 3 + 1 = 4
   ἐτρύφησαν ▸ 1
   Verb ▪ third ▪ plural ▪ aorist ▪ passive ▪ indicative ▸ 1 (Neh. 9,25)
   ἐτρυφήσατε ▸ 1
   Verb ▪ second ▪ plural ▪ aorist ▪ active ▪ indicative ▸ 1 (James 5,5)
   τρυφήσητε ▸ 1
   Verb ▪ second ▪ plural ▪ aorist ▪ active ▪ subjunctive ▸ 1 (Is. 66,11)
   τρυφήσουσιν ▸ 1
   Verb ▪ third ▪ singular ▪ future ▪ active ▪ indicative ▸ 1 (Sir. 14,4)

τρυφερεύομαι (τρυφή) to be delicate ▸ 1
   τρυφερευομένη ▸ 1
   Verb ▪ present ▪ passive ▪ participle ▪ feminine ▪ singular ▪ nominative ▸ 1 (Esth. 15,2 # 5,1a)

τρυφερός (τρυφή) delicate, delightful ▸ 9 + 1 = 10
   τρυφερά ▸ 3
   Adjective ▪ feminine ▪ singular ▪ nominative ▪ noDegree ▸ 1 (Is. 47,1)
   Adjective ▪ neuter ▪ plural ▪ accusative ▪ noDegree ▸ 2 (Mic. 1,16; Is. 58,13)
   τρυφερὰ ▸ 4 + 1 = 5
   Adjective ▪ feminine ▪ singular ▪ nominative ▪ noDegree ▸ 4 + 1 = 5 (Deut. 28,56; Is. 47,8; Jer. 27,2; Sus. 31; Sus. 31)
   τρυφεροί ▸ 1
   Adjective ▪ masculine ▪ plural ▪ nominative ▪ noDegree ▸ 1 (Bar. 4,26)
   τρυφερὸς ▸ 1
   Adjective ▪ masculine ▪ singular ▪ nominative ▪ noDegree ▸ 1 (Deut. 28,54)

τρυφερότης (τρυφή) daintiness ▸ 1
   τρυφερότητα ▸ 1
   Noun ▪ feminine ▪ singular ▪ accusative ▪ (common) ▸ 1 (Deut. 28,56)

τρυφή dainty; delight; luxury, self-indulgence ▸ 25 + 2 = 27
   τρυφαῖς ▸ 1
   Noun ▪ feminine ▪ plural ▪ dative ▪ (common) ▸ 1 (Song 7,7)
   τρυφὰς ▸ 1
   Noun ▪ feminine ▪ plural ▪ accusative ▪ (common) ▸ 1 (Lam. 4,5)
   τρυφή ▸ 1
   Noun ▪ feminine ▪ singular ▪ nominative ▪ (common) ▸ 1 (Prov. 19,10)
   τρυφῇ ▸ 5 + 1 = 6
   Noun ▪ feminine ▪ singular ▪ dative ▪ (common) ▸ 5 + 1 = 6 (Psa. 138,11; Sir. 18,32; Sir. 37,29; Ezek. 28,13; Ezek. 34,14; Luke 7,25)
   τρυφήν ▸ 2 + 1 = 3
   Noun ▪ feminine ▪ singular ▪ accusative ▪ (common) ▸ 2 + 1 = 3 (Sir. 14,16; Dan. 4,31; 2Pet. 2,13)
   τρυφὴν ▸ 1
   Noun ▪ feminine ▪ singular ▪ accusative ▪ (common) ▸ 1 (Gen. 49,20)
   τρυφῆς ▸ 14
   Noun ▪ feminine ▪ singular ▪ genitive ▪ (common) ▸ 14 (Gen. 3,23; Gen. 3,24; Psa. 35,9; Prov. 4,9; Wis. 19,11; Sir. 11,27; Mic. 2,9; Joel 2,3; Jer. 28,34; Ezek. 31,9; Ezek. 31,16; Ezek. 31,18; Ezek. 36,35; Dan. 4,32)

τρύφημα (θρύπτω) object of pleasure ▸ 1
    τρυφημάτων ▸ 1
        Noun · neuter · plural · genitive · (common) ▸ 1 (Sir. 31,3)

Τρύφων Trypho ▸ 20
    Τρύφων ▸ 14
        Noun · masculine · singular · nominative · (proper) ▸ 14 (1Mac. 11,39; 1Mac. 11,54; 1Mac. 11,56; 1Mac. 12,39; 1Mac. 12,42; 1Mac. 12,49; 1Mac. 13,1; 1Mac. 13,12; 1Mac. 13,14; 1Mac. 13,20; 1Mac. 13,22; 1Mac. 13,24; 1Mac. 13,31; 1Mac. 15,37)
    Τρύφωνα ▸ 4
        Noun · masculine · singular · accusative · (proper) ▸ 4 (1Mac. 13,21; 1Mac. 14,1; 1Mac. 15,25; 1Mac. 15,39)
    Τρύφωνι ▸ 1
        Noun · masculine · singular · dative · (proper) ▸ 1 (1Mac. 15,10)
    Τρύφωνος ▸ 1
        Noun · masculine · singular · genitive · (proper) ▸ 1 (1Mac. 13,34)

Τρυφῶσα Tryphosa ▸ 1
    Τρυφῶσαν ▸ 1
        Noun · feminine · singular · accusative · (proper) ▸ 1 (Rom. 16,12)

τρύχω (τρύω) to distress, torment ▸ 2
    ἐτρύχοντο ▸ 1
        Verb · third · plural · imperfect · passive · indicative ▸ 1 (Wis. 11,11)
    τρυχόμενος ▸ 1
        Verb · present · passive · participle · masculine · singular · nominative ▸ 1 (Wis. 14,15)

Τρωάς Troas ▸ 6
    Τρωάδα ▸ 3
        Noun · feminine · singular · accusative · (proper) ▸ 3 (Acts 16,8; Acts 20,6; 2Cor. 2,12)
    Τρωάδι ▸ 2
        Noun · feminine · singular · dative · (proper) ▸ 2 (Acts 20,5; 2Tim. 4,13)
    Τρωάδος ▸ 1
        Noun · feminine · singular · genitive · (proper) ▸ 1 (Acts 16,11)

τρώγλη (τρώγω) hole, cave ▸ 7
    τρῶγλαι ▸ 1
        Noun · feminine · plural · nominative · (common) ▸ 1 (Job 30,6)
    τρώγλαις ▸ 1
        Noun · feminine · plural · dative · (common) ▸ 1 (Is. 7,19)
    τρώγλας ▸ 2
        Noun · feminine · plural · accusative · (common) ▸ 2 (Is. 2,19; Is. 2,21)
    τρώγλην ▸ 2
        Noun · feminine · singular · accusative · (common) ▸ 2 (2Kings 12,10; Is. 11,8)
    τρωγλῶν ▸ 1
        Noun · feminine · plural · genitive · (common) ▸ 1 (1Sam. 14,11)

Τρωγλοδύτης Troglodyte; Sukkite ▸ 1
    Τρωγλοδύται ▸ 1
        Noun · masculine · plural · nominative · (proper) ▸ 1 (2Chr. 12,3)

τρώγω to eat ▸ 6
    τρώγοντες ▸ 1
        Verb · present · active · participle · masculine · plural · nominative ▸ 1 (Matt. 24,38)
    τρώγων ▸ 5
        Verb · present · active · participle · masculine · singular · nominative ▸ 5 (John 6,54; John 6,56; John 6,57; John 6,58; John 13,18)

τυγχάνω to obtain; to happen; to hit upon ▸ 28 + 2 + 12 = 42
    ἐτύγχανεν ▸ 2
        Verb · third · singular · imperfect · active · indicative ▸ 2 (2Mac. 4,32; 2Mac. 9,1)
    ἐτύγχανον ▸ 1
        Verb · third · plural · imperfect · active · indicative ▸ 1 (2Mac. 6,2)
    ἔτυχεν ▸ 2 + 1 = 3
        Verb · third · singular · aorist · active · indicative ▸ 2 + 1 = 3 (Esth. 16,11 # 8,12l; 2Mac. 5,8; Tob. 6,1)
    ἐτύχομεν ▸ 1
        Verb · first · plural · aorist · active · indicative ▸ 1 (1Esdr. 8,53)
    τετευχότες ▸ 1
        Verb · perfect · active · participle · masculine · plural · nominative ▸ 1 (3Mac. 5,35)
    τετευχώς ▸ 1
        Verb · perfect · active · participle · masculine · singular · nominative ▸ 1 (Job 7,2)
    τέτυχεν ▸ 1
        Verb · third · singular · perfect · active · indicative ▸ 1 (Heb. 8,6)
    τεύξασθαι ▸ 2
        Verb · aorist · middle · infinitive ▸ 2 (2Mac. 15,7; 3Mac. 2,33)
    τευξόμενος ▸ 1
        Verb · future · middle · participle · masculine · singular · nominative ▸ 1 (2Mac. 5,9)
    τυγχάνει ▸ 2
        Verb · third · singular · present · active · indicative ▸ 2 (2Mac. 3,9; Wis. 15,19)
    τυγχάνειν ▸ 1
        Verb · present · active · infinitive ▸ 1 (Esth. 13,5 # 3,13e)
    τυγχάνεις ▸ 1 + 1 = 2
        Verb · second · singular · present · active · indicative ▸ 1 + 1 = 2 (Tob. 5,14; Tob. 5,14)
    τυγχάνοντες ▸ 1
        Verb · present · active · participle · masculine · plural · nominative ▸ 1 (Acts 24,2)
    τυγχάνουσιν ▸ 1
        Verb · third · plural · present · active · indicative ▸ 1 (Job 3,21)
    τυγχάνω ▸ 1
        Verb · first · singular · present · active · indicative ▸ 1 (Job 17,1)
    τυχεῖν ▸ 4 + 2 = 6
        Verb · aorist · active · infinitive ▸ 4 + 2 = 6 (2Mac. 4,6; 2Mac. 14,6; 2Mac. 14,10; 3Mac. 7,10; Luke 20,35; Acts 27,3)
    τύχῃ ▸ 4
        Verb · third · singular · aorist · active · subjunctive ▸ 4 (Deut. 19,5; 2Mac. 6,22; Prov. 30,23; Bel 31-32)
    τύχοι ▸ 2
        Verb · third · singular · aorist · active · optative ▸ 2 (1Cor. 14,10; 1Cor. 15,37)
    τυχὸν ▸ 1
        Verb · aorist · active · participle · neuter · singular · accusative ▸ 1 (1Cor. 16,6)
    τυχόντα ▸ 1
        Verb · aorist · active · participle · masculine · singular · accusative ▸ 1 (2Mac. 13,7)
    τυχόντι ▸ 1
        Verb · aorist · active · participle · masculine · singular · dative ▸ 1 (3Mac. 3,7)
    τυχοῦσαν ▸ 1
        Verb · aorist · active · participle · feminine · singular · accusative ▸ 1 (Acts 28,2)
    τυχούσας ▸ 1

Verb · aorist · active · participle · feminine · plural · accusative ▸ **1** (Acts 19,11)
τύχω ▸ **1**
Verb · first · singular · aorist · active · subjunctive ▸ **1** (1Mac. 11,42)
τυχών ▸ **1**
Verb · aorist · active · participle · masculine · singular · nominative ▸ **1** (Acts 26,22)
τύχωσιν ▸ **2**
Verb · third · plural · aorist · active · subjunctive ▸ **2** (2Tim. 2,10; Heb. 11,35)

τυλόω (τύλος) to make callous ▸ **1**
ἐτυλώθησαν ▸ **1**
Verb · third · plural · aorist · passive · indicative ▸ **1** (Deut. 8,4)

τυμπανίζω (τύπος) to pound like a drum; to torture ▸ **1 + 1 = 2**
ἐτυμπάνιζεν ▸ **1**
Verb · third · singular · imperfect · active · indicative ▸ **1** (1Sam. 21,14)
ἐτυμπανίσθησαν ▸ **1**
Verb · third · plural · aorist · passive · indicative ▸ **1** (Heb. 11,35)

τυμπανίστρια (τύπος) drummer (f) ▸ **1**
τυμπανιστριῶν ▸ **1**
Noun · feminine · plural · genitive · (common) ▸ **1** (Psa. 67,26)

τύμπανον (τύπτω) kettledrum; tambourine; torture-rack ▸ **20 + 1 = 21**
τυμπάνοις ▸ **5 + 1 = 6**
Noun · neuter · plural · dative · (common) ▸ **5 + 1 = 6** (Judg. 11,34; 1Sam. 18,6; 2Sam. 6,5; 1Chr. 13,8; Judith 16,1; Judg. 11,34)
τύμπανον ▸ **5**
Noun · neuter · singular · accusative · (common) ▸ **4** (Ex. 15,20; 2Mac. 6,19; 2Mac. 6,28; Psa. 80,3)
Noun · neuter · singular · nominative · (common) ▸ **1** (1Sam. 10,5)
τύμπανόν ▸ **1**
Noun · neuter · singular · accusative · (common) ▸ **1** (Jer. 38,4)
τυμπάνῳ ▸ **2**
Noun · neuter · singular · dative · (common) ▸ **2** (Psa. 149,3; Psa. 150,4)
τυμπάνων ▸ **7**
Noun · neuter · plural · genitive · (common) ▸ **7** (Gen. 31,27; Ex. 15,20; 1Esdr. 5,2; Judith 3,7; 1Mac. 9,39; Is. 5,12; Is. 24,8)

τυπικῶς (τύπος) by way of example, warning ▸ **1**
τυπικῶς ▸ **1**
Adverb · **1** (1Cor. 10,11)

τύπος image, pattern, example, sign ▸ **4 + 15 = 19**
τύποι ▸ **2**
Noun · masculine · plural · nominative ▸ **2** (1Cor. 10,6; 1Pet. 5,3)
τύπον ▸ **1 + 10 = 11**
Noun · masculine · singular · accusative · (common) ▸ **1 + 10 = 11** (Ex. 25,40; John 20,25; John 20,25; Acts 7,44; Acts 23,25; Rom. 6,17; Phil. 3,17; 1Th. 1,7; 2Th. 3,9; Titus 2,7; Heb. 8,5)
τύπος ▸ **2 + 2 = 4**
Noun · masculine · singular · nominative · (common) ▸ **2 + 2 = 4** (3Mac. 3,30; 4Mac. 6,19; Rom. 5,14; 1Tim. 4,12)
τύπους ▸ **1 + 1 = 2**
Noun · masculine · plural · accusative · (common) ▸ **1 + 1 = 2** (Amos 5,26; Acts 7,43)

τυπόω to form ▸ **2**
ἐτύπωσεν ▸ **1**
Verb · third · singular · aorist · active · indicative ▸ **1** (Wis. 13,13)
τυπώσει ▸ **1**
Verb · third · singular · future · active · indicative ▸ **1** (Sir. 38,30)

τύπτω (τύπος) to strike, beat ▸ **40 + 1 + 13 = 54**
ἔτυπτε ▸ **1**
Verb · third · singular · imperfect · active · indicative ▸ **1** (1Sam. 27,9)
ἔτυπτεν ▸ **3 + 1 + 1 = 5**
Verb · third · singular · imperfect · active · indicative ▸ **3 + 1 + 1 = 5** (Num. 22,27; 1Sam. 17,36; 4Mac. 6,8; Dan. 5,19; Luke 18,13)
ἔτυπτον ▸ **1 + 3 = 4**
Verb · third · plural · imperfect · active · indicative ▸ **1 + 3 = 4** (1Sam. 11,11; Matt. 27,30; Mark 15,19; Acts 18,17)
τύπτε ▸ **1**
Verb · second · singular · present · active · imperative ▸ **1** (Prov. 25,4)
τύπτει ▸ **4**
Verb · third · singular · present · active · indicative ▸ **4** (Ex. 21,15; 1Sam. 1,8; 2Sam. 2,23; Prov. 10,13)
τύπτειν ▸ **4 + 4 = 8**
Verb · present · active · infinitive ▸ **4 + 4 = 8** (Judg. 20,31; Judg. 20,39; 1Kings 18,4; 1Mac. 9,66; Matt. 24,49; Luke 12,45; Acts 23,2; Acts 23,3)
τύπτεις ▸ **2**
Verb · second · singular · present · active · indicative ▸ **2** (Ex. 2,13; 2Kings 6,22)
τύπτεσθαι ▸ **1**
Verb · present · passive · infinitive · (variant) ▸ **1** (Acts 23,3)
τύπτετε ▸ **1**
Verb · second · plural · present · active · indicative ▸ **1** (Is. 58,4)
τυπτόμενος ▸ **1**
Verb · present · passive · participle · masculine · singular · nominative ▸ **1** (4Mac. 6,10)
τύπτοντα ▸ **1**
Verb · present · active · participle · masculine · singular · accusative ▸ **1** (2Sam. 24,17)
τύπτοντά ▸ **1**
Verb · present · active · participle · masculine · singular · accusative ▸ **1** (Ex. 2,11)
τύπτοντάς ▸ **1**
Verb · present · active · participle · masculine · plural · accusative ▸ **1** (2Chr. 28,23)
τύπτοντες ▸ **2 + 3 = 5**
Verb · present · active · participle · masculine · plural · nominative ▸ **2 + 3 = 5** (2Kings 3,24; 4Mac. 9,12; Luke 23,48; Acts 21,32; 1Cor. 8,12)
τύπτοντί ▸ **1**
Verb · present · active · participle · masculine · singular · dative ▸ **1** (Luke 6,29)
τύπτοντος ▸ **1**
Verb · present · active · participle · masculine · singular · genitive ▸ **1** (Deut. 25,11)
τύπτουσιν ▸ **4**
Verb · third · plural · present · active · indicative ▸ **4** (1Sam. 31,2; 2Sam. 4,7; 1Esdr. 4,8; Prov. 26,22)
Τύπτουσίν ▸ **1**
Verb · third · plural · present · active · indicative ▸ **1** (Prov. 23,35)
τύπτω ▸ **2**
Verb · first · singular · present · active · indicative ▸ **2** (Ex. 7,17; Ex. 7,27)
τύπτων ▸ **9**

τύπτω–τυρόω

Verb · present · active · participle · masculine · singular · nominative ▸ **9** (Deut. 27,24; 2Sam. 1,1; 2Sam. 5,8; 2Kings 14,10; 1Chr. 11,6; 2Mac. 3,39; Is. 41,7; Ezek. 7,6; Dan. 11,20)

τυραννέω (τύραννος) to tyrannize ▸ **4**

τυραννεῖ ▸ **1**
Verb · third · singular · present · active · indicative ▸ **1** (Prov. 28,15)

τυραννήσεις ▸ **1**
Verb · second · singular · future · active · indicative ▸ **1** (4Mac. 5,38)

τυραννούντων ▸ **1**
Verb · present · active · participle · masculine · plural · genitive ▸ **1** (Wis. 10,14)

τυραννοῦσιν ▸ **1**
Verb · present · active · participle · masculine · plural · dative ▸ **1** (Wis. 16,4)

τυραννικός (τύραννος) tyrannical ▸ **2**

τυραννικὴ ▸ **1**
Adjective · feminine · singular · nominative · noDegree ▸ **1** (3Mac. 3,8)

τυραννικὸν ▸ **1**
Adjective · neuter · singular · nominative · noDegree ▸ **1** (4Mac. 5,27)

τυραννίς (τύραννος) tyranny; princess ▸ **7**

τυραννίδα ▸ **4**
Noun · feminine · singular · accusative · (common) ▸ **4** (4Mac. 1,11; 4Mac. 8,15; 4Mac. 11,24; Sir. 47,21)

τυραννίδες ▸ **1**
Noun · feminine · plural · nominative · (common) ▸ **1** (Esth. 1,18)

τυραννίδι ▸ **1**
Noun · feminine · singular · dative · (common) ▸ **1** (Wis. 14,21)

τυραννίδος ▸ **1**
Noun · feminine · singular · genitive · (common) ▸ **1** (4Mac. 9,30)

Τύραννος (τύραννος) Tyrannus ▸ **1**

Τυράννου ▸ **1**
Noun · masculine · singular · genitive · (proper) ▸ **1** (Acts 19,9)

τύραννος tyrant; sovereign; prince ▸ **61 + 3 = 64**

Τύραννε ▸ **1**
Noun · masculine · singular · vocative · (common) ▸ **1** (4Mac. 9,15)

τύραννε ▸ **12**
Noun · masculine · singular · vocative · (common) ▸ **12** (4Mac. 9,1; 4Mac. 9,3; 4Mac. 9,7; 4Mac. 9,30; 4Mac. 9,32; 4Mac. 10,10; 4Mac. 10,16; 4Mac. 11,2; 4Mac. 11,12; 4Mac. 11,21; 4Mac. 12,11; 4Mac. 15,1)

τύραννοι ▸ **7 + 1 = 8**
Noun · masculine · plural · nominative · (common) ▸ **5 + 1 = 6** (Esth. 9,3; Prov. 8,16; Wis. 8,15; Sir. 11,5; Hab. 1,10; Dan. 3,3)
Noun · masculine · plural · vocative · (common) ▸ **2** (Wis. 6,9; Wis. 6,21)

τύραννοί ▸ **1**
Noun · masculine · plural · nominative · (common) ▸ **1** (Dan. 4,36)

τύραννον ▸ **10**
Noun · masculine · singular · accusative · (common) ▸ **10** (2Mac. 5,8; 2Mac. 7,27; 4Mac. 1,11; 4Mac. 5,4; 4Mac. 8,29; 4Mac. 9,24; 4Mac. 9,29; 4Mac. 16,14; 4Mac. 17,21; 4Mac. 18,22)

τύραννος ▸ **14**
Noun · masculine · singular · nominative · (common) ▸ **14** (4Mac. 5,1; 4Mac. 8,2; 4Mac. 8,4; 4Mac. 8,13; 4Mac. 9,10; 4Mac. 12,2; 4Mac. 17,14; 4Mac. 17,17; 4Mac. 17,23; 4Mac. 18,5; 4Mac. 18,20; Job 2,11; Job 42,17e; Wis. 12,14)

τυράννου ▸ **13**
Noun · masculine · singular · genitive · (common) ▸ **13** (2Mac. 4,25; 4Mac. 5,14; 4Mac. 6,1; 4Mac. 6,21; 4Mac. 6,23; 4Mac. 7,2; 4Mac. 8,3; 4Mac. 10,15; 4Mac. 11,13; 4Mac. 11,27; 4Mac. 15,2; 4Mac. 17,2; 4Mac. 17,9)

τυράννους ▸ **1 + 1 = 2**
Noun · masculine · plural · accusative · (common) ▸ **1 + 1 = 2** (3Mac. 6,24; Dan. 3,2)

τυράννῳ ▸ **1**
Noun · masculine · singular · dative · (common) ▸ **1** (4Mac. 8,15)

τυράννων ▸ **2**
Noun · masculine · plural · genitive · (common) ▸ **2** (1Mac. 1,4; Wis. 14,17)

Τύριος Tyrian ▸ **8 + 2 + 1 = 11**

Τύριοι ▸ **2**
Noun · masculine · plural · nominative · (proper) ▸ **2** (1Chr. 22,4; 2Mac. 4,49)

Τυρίοις ▸ **1 + 1 = 2**
Noun · masculine · plural · dative · (proper) ▸ **1 + 1 = 2** (1Esdr. 5,53; Acts 12,20)

Τύριος ▸ **2**
Noun · masculine · singular · nominative · (proper) ▸ **2** (1Kings 7,2; 2Chr. 2,13)

Τυρίων ▸ **3 + 2 = 5**
Noun · masculine · plural · genitive · (proper) ▸ **3 + 2 = 5** (Josh. 19,29; Josh. 19,35; Sir. 46,18; Josh. 19,29; Josh. 19,35)

Τύρος (τυρός) Tyre ▸ **40 + 1 + 11 = 52**

Τύρον ▸ **6 + 2 = 8**
Noun · feminine · singular · accusative · (proper) ▸ **6 + 2 = 8** (2Mac. 4,32; 2Mac. 4,44; Psa. 82,8; Is. 23,8; Jer. 29,4; Ezek. 29,20; Mark 3,8; Acts 21,3)

Τύρος ▸ **8 + 1 = 9**
Noun · feminine · singular · nominative · (proper) ▸ **8 + 1 = 9** (Josh. 19,35; Psa. 86,4; Amos 3,11; Joel 4,4; Zech. 9,2; Zech. 9,3; Is. 23,15; Is. 23,15; Josh. 19,35)

Τύρου ▸ **24 + 5 = 29**
Noun · feminine · singular · genitive · (proper) ▸ **24 + 5 = 29** (2Sam. 5,11; 2Sam. 24,7; 1Kings 5,15; 1Kings 7,1; 1Kings 9,11; 1Kings 9,12; 1Chr. 14,1; 2Chr. 2,2; 2Chr. 2,10; 1Mac. 5,15; 1Mac. 11,59; Psa. 44,13; Amos 1,9; Amos 1,10; Mic. 7,12; Is. 23,1; Is. 23,5; Is. 23,17; Jer. 32,22; Jer. 34,3; Ezek. 28,2; Ezek. 28,12; Ezek. 29,18; Ezek. 29,18; Matt. 15,21; Mark 7,24; Mark 7,31; Luke 6,17; Acts 21,7)

Τύρῳ ▸ **2 + 4 = 6**
Noun · feminine · singular · dative · (proper) ▸ **2 + 4 = 6** (Judith 2,28; 2Mac. 4,18; Matt. 11,21; Matt. 11,22; Luke 10,13; Luke 10,14)

τυρός cheese ▸ **1**

τυρῷ ▸ **1**
Noun · masculine · singular · dative · (common) ▸ **1** (Job 10,10)

τυρόω (τυρός) to curdle ▸ **4**

ἐτυρώθη ▸ **1**
Verb · third · singular · aorist · passive · indicative ▸ **1** (Psa. 118,70)

ἐτύρωσας ▸ **1**
Verb · second · singular · aorist · active · indicative ▸ **1** (Job 10,10)

τετυρωμένα ▸ **1**
Verb · perfect · passive · participle · neuter · plural · nominative ▸ **1** (Psa. 67,17)

τετυρωμένον ▸ 1
    Verb · perfect · passive · participle · neuter · singular · nominative ▸ **1** (Psa. 67,16)

τυφλός blind ▸ 25 + 50 = 75
  τυφλέ ▸ 1
    Adjective · masculine · singular · vocative ▸ **1** (Matt. 23,26)
  Τυφλοὶ ▸ 1
    Adjective · masculine · plural · nominative · noDegree ▸ **1** (2Sam. 5,8)
  τυφλοὶ ▸ 2 + 8 = 10
    Adjective · masculine · plural · nominative · noDegree ▸ **2 + 7 = 9** (2Sam. 5,6; Is. 59,10; Matt. 9,27; Matt. 11,5; Matt. 20,30; Matt. 21,14; Luke 7,22; John 9,39; John 9,41)
    Adjective · masculine · plural · vocative ▸ **1** (Matt. 23,16)
  τυφλοί ▸ 3 + 6 = 9
    Adjective · masculine · plural · nominative · noDegree ▸ **3 + 3 = 6** (Zeph. 1,17; Is. 42,18; Is. 43,8; Matt. 9,28; Matt. 15,14; John 9,40)
    Adjective · masculine · plural · vocative ▸ **3** (Matt. 23,17; Matt. 23,19; Matt. 23,24)
  τυφλοῖς ▸ 1 + 2 = 3
    Adjective · masculine · plural · dative · noDegree ▸ **1 + 2 = 3** (Is. 61,1; Luke 4,18; Luke 7,21)
  τυφλόν ▸ 2 + 1 = 3
    Adjective · masculine · singular · accusative · noDegree ▸ **2 + 1 = 3** (Ex. 4,11; Is. 43,8; John 9,13)
  τυφλὸν ▸ 5 + 5 = 10
    Adjective · masculine · singular · accusative · noDegree ▸ **3 + 5 = 8** (Deut. 27,18; Mal. 1,8; LetterJ 36; Matt. 15,14; Mark 8,22; Mark 10,49; Luke 6,39; John 9,1)
    Adjective · neuter · singular · accusative · noDegree ▸ **1** (Lev. 22,22)
    Adjective · neuter · singular · nominative · noDegree ▸ **1** (Deut. 15,21)
  τυφλός ▸ 2
    Adjective · masculine · singular · nominative ▸ **2** (Luke 18,35; 2Pet. 1,9)
  τυφλὸς ▸ 3 + 13 = 16
    Adjective · masculine · singular · nominative · noDegree ▸ **3 + 13 = 16** (Lev. 21,18; Deut. 28,29; Is. 42,19; Matt. 12,22; Matt. 15,14; Mark 10,46; Mark 10,51; Luke 6,39; John 9,2; John 9,18; John 9,19; John 9,20; John 9,24; John 9,25; Acts 13,11; Rev. 3,17)
  τυφλοῦ ▸ 1 + 3 = 4
    Adjective · masculine · singular · genitive · noDegree ▸ **1 + 3 = 4** (Lev. 19,14; Mark 8,23; John 9,32; John 11,37)
  τυφλούς ▸ 1 + 2 = 3
    Adjective · masculine · plural · accusative · noDegree ▸ **1 + 2 = 3** (Psa. 145,8; Matt. 15,30; Luke 14,13)
  τυφλοὺς ▸ 2 + 2 = 4
    Adjective · masculine · plural · accusative · noDegree ▸ **2 + 2 = 4** (2Sam. 5,8; Is. 42,16; Matt. 15,31; Luke 14,21)
  τυφλῷ ▸ 1
    Adjective · masculine · singular · dative ▸ **1** (John 9,17)
  τυφλῶν ▸ 4 + 4 = 8
    Adjective · masculine · plural · genitive · noDegree ▸ **4 + 4 = 8** (Job 29,15; Is. 29,18; Is. 35,5; Is. 42,7; Matt. 15,14; John 5,3; John 10,21; Rom. 2,19)

τυφλόω (τυφλός) to blind ▸ 1 + 1 + 3 = 5
  ἐτυφλώθη ▸ 1
    Verb · third · singular · aorist · passive · indicative ▸ **1** (Tob. 7,6)
  ἐτυφλώθησαν ▸ 1
    Verb · third · plural · aorist · passive · indicative ▸ **1** (Is. 42,19)
  ἐτύφλωσεν ▸ 2
    Verb · third · singular · aorist · active · indicative ▸ **2** (2Cor. 4,4; 1John 2,11)
  τετύφλωκεν ▸ 1
    Verb · third · singular · perfect · active · indicative ▸ **1** (John 12,40)

τῦφος (τύφω) arrogance, conceit ▸ 1
  τύφοις ▸ 1
    Noun · masculine · plural · dative · (common) ▸ **1** (3Mac. 3,18)

τυφόω (τύφω) to be proud ▸ 3
  τετυφωμένοι ▸ 1
    Verb · perfect · passive · participle · masculine · plural · nominative · (variant) ▸ **1** (2Tim. 3,4)
  τετύφωται ▸ 1
    Verb · third · singular · perfect · passive · indicative · (variant) ▸ **1** (1Tim. 6,4)
  τυφωθείς ▸ 1
    Verb · aorist · passive · participle · masculine · singular · nominative ▸ **1** (1Tim. 3,6)

τύφω to smoke, smolder ▸ 1
  τυφόμενον ▸ 1
    Verb · present · passive · participle · neuter · singular · accusative · (variant) ▸ **1** (Matt. 12,20)

τυφωνικός tempestuous ▸ 1
  τυφωνικὸς ▸ 1
    Adjective · masculine · singular · nominative ▸ **1** (Acts 27,14)

τύχη (τυγχάνω) luck; genius, "divinity" ▸ 2
  τύχῃ ▸ 2
    Noun · feminine · singular · dative · (common) ▸ **2** (Gen. 30,11; Is. 65,11)

Τυχικός Tychicus ▸ 5
  Τύχικον ▸ 2
    Noun · masculine · singular · accusative · (proper) ▸ **2** (2Tim. 4,12; Titus 3,12)
  Τύχικος ▸ 3
    Noun · masculine · singular · nominative · (proper) ▸ **3** (Acts 20,4; Eph. 6,21; Col. 4,7)

Τωβ Tob ▸ 2 + 2 = 4
  Τωβ ▸ 2 + 2 = 4
    Noun · singular · dative · (proper) ▸ **1** (Judg. 11,5)
    Noun · singular · genitive · (proper) ▸ **1 + 2 = 3** (Judg. 11,3; Judg. 11,5)

Τωβείας Tobias ▸ 15
  Τωβια ▸ 3
    Noun · masculine · singular · dative · (proper) ▸ **3** (Tob. 3,17; Tob. 3,17; Tob. 7,13)
  Τωβιας ▸ 12
    Noun · masculine · singular · nominative · (proper) ▸ **12** (Tob. 5,1; Tob. 5,7; Tob. 6,19; Tob. 7,12; Tob. 8,4; Tob. 8,5; Tob. 9,1; Tob. 9,6; Tob. 10,8; Tob. 10,9; Tob. 10,14; Tob. 14,12)

Τωβια Tobiah ▸ 3 + 1 = 4
  Τωβια ▸ 3 + 1 = 4
    Noun · masculine · singular · nominative · (proper) ▸ **3 + 1 = 4** (Neh. 2,10; Neh. 2,19; Neh. 4,1; Tob. 3,17)

Τωβιας Tobijah; Tobiah; Tobias ▸ 29 + 43 = 72
  Τωβια ▸ 9 + 12 = 21
    Noun · masculine · singular · dative · (proper) ▸ **4 + 9 = 13** (Neh. 6,1; Neh. 6,14; Neh. 13,4; Neh. 13,7; Tob. 2,2; Tob. 3,17; Tob. 5,3; Tob. 6,11; Tob. 10,9; Tob. 10,10; Tob. 10,13; Tob. 11,7; Tob. 11,7)
    Noun · masculine · singular · genitive · (proper) ▸ **5 + 3 = 8** (Ezra 2,60; Neh. 6,17; Neh. 7,62; Neh. 13,8; Tob. 11,19; Tob. 1,20; Tob. 7,6; Tob. 11,4)

Τωβιαν ▸ 11 + 8 = 19
  Noun · masculine · singular · accusative · (proper) ▸ 11 + 8 = **19** (Neh. 6,17; Tob. 1,9; Tob. 4,2; Tob. 5,17; Tob. 7,10; Tob. 8,1; Tob. 10,7; Tob. 10,13; Tob. 11,1; Tob. 11,14; Tob. 12,1; Tob. 1,9; Tob. 4,2; Tob. 4,3; Tob. 8,20; Tob. 9,6; Tob. 11,14; Tob. 12,1; Tob. 14,3)

Τωβιας ▸ 7 + 22 = 29
  Noun · masculine · singular · nominative · (proper) ▸ 7 + 22 = **29** (2Chr. 17,8; Neh. 3,35; Neh. 6,12; Neh. 6,19; Tob. 2,1; Tob. 7,5; Tob. 7,9; Tob. 2,1; Tob. 2,3; Tob. 5,1; Tob. 5,4; Tob. 5,9; Tob. 5,10; Tob. 5,10; Tob. 6,14; Tob. 6,19; Tob. 7,5; Tob. 7,9; Tob. 7,12; Tob. 8,2; Tob. 8,4; Tob. 9,1; Tob. 10,8; Tob. 10,14; Tob. 11,11; Tob. 11,15; Tob. 11,15; Tob. 11,17; Tob. 14,12)

Τωβιου ▸ 2 + 1 = 3
  Noun · masculine · singular · genitive · (proper) ▸ 2 + 1 = **3** (Tob. 1,20; 2Mac. 3,11; Tob. 9,5)

Τωβιηλ Tobiel ▸ 1 + 1 = 2
  Τωβιηλ ▸ 1 + 1 = 2
    Noun · masculine · singular · genitive · (proper) ▸ 1 + 1 = **2** (Tob. 1,1; Tob. 1,1)

Τωβιθ Tobit ▸ 22
  Τωβιθ ▸ 22
    Noun · masculine · singular · accusative · (proper) ▸ **1** (Tob. 5,18)
    Noun · masculine · singular · dative · (proper) ▸ **2** (Tob. 5,1; Tob. 5,9)
    Noun · masculine · singular · genitive · (proper) ▸ **5** (Tob. 1,1; Tob. 3,17; Tob. 9,5; Tob. 14,1; Tob. 14,13)
    Noun · masculine · singular · nominative · (proper) ▸ **14** (Tob. 1,3; Tob. 3,17; Tob. 4,1; Tob. 5,3; Tob. 5,10; Tob. 5,10; Tob. 5,10; Tob. 5,17; Tob. 10,1; Tob. 10,6; Tob. 11,16; Tob. 11,16; Tob. 11,17; Tob. 12,1)

Τωβις Tobit ▸ 8
  Τωβει ▸ 1
    Noun · masculine · singular · dative · (proper) ▸ **1** (Tob. 7,2)
  Τωβιν ▸ 5
    Noun · masculine · singular · accusative · (proper) ▸ **5** (Tob. 3,17; Tob. 7,4; Tob. 9,6; Tob. 10,9; Tob. 11,19)
  Τωβις ▸ 2
    Noun · masculine · singular · nominative · (proper) ▸ **2** (Tob. 11,10; Tob. 12,4)

Τωβιτ Tobit ▸ 23
  Τωβιτ ▸ 23
    Noun · masculine · singular · accusative · (proper) ▸ **2** (Tob. 5,18; Tob. 7,4)
    Noun · masculine · singular · genitive · (proper) ▸ **5** (Tob. 1,1; Tob. 3,17; Tob. 3,17; Tob. 7,2; Tob. 14,13)
    Noun · masculine · singular · nominative · (proper) ▸ **14** (Tob. 1,3; Tob. 3,17; Tob. 4,1; Tob. 5,21; Tob. 7,6; Tob. 10,1; Tob. 10,6; Tob. 11,10; Tob. 11,16; Tob. 11,16; Tob. 11,17; Tob. 12,1; Tob. 13,1; Tob. 14,1)
    Noun · masculine · singular · vocative · (proper) ▸ **2** (Tob. 5,11; Tob. 5,12)

Y, υ

ὕαινα hyena ▸ 2
    ὑαίνῃ ▸ 1
        Noun · feminine · singular · dative · (common) ▸ **1** (Sir. 13,18)
    ὑαίνης ▸ 1
        Noun · feminine · singular · genitive · (common) ▸ **1** (Jer. 12,9)

ὑακίνθινος (ὑάκινθος) hyacinth-colored, blue ▸ 26 + 1 = 27
    ὑακίνθινα ▸ 7
        Adjective · neuter · plural · accusative · noDegree ▸ **6**
        (Ex. 25,5; Ex. 26,14; Ex. 35,7; Ex. 39,20; Is. 3,23; Ezek. 23,6)
        Adjective · neuter · plural · nominative · noDegree ▸ **1**
        (Ex. 35,23)
    ὑακινθίνας ▸ 1
        Adjective · feminine · plural · accusative · noDegree ▸ **1**
        (Ex. 26,4)
    ὑακίνθινον ▸ 15
        Adjective · masculine · singular · accusative · noDegree ▸ **2**
        (Ex. 28,31; Sir. 40,4)
        Adjective · neuter · singular · accusative · noDegree ▸ **12**
        (Ex. 36,29; Ex. 36,38; Num. 4,6; Num. 4,6; Num. 4,9; Num. 4,10; Num. 4,11; Num. 4,12; Num. 4,14; Num. 4,14; Num. 4,25; Num. 15,38)
        Adjective · neuter · singular · nominative · noDegree ▸ **1**
        (Sir. 6,30)
    ὑακινθίνους ▸ 1
        Adjective · masculine · plural · accusative ▸ **1** (Rev. 9,17)
    ὑακινθίνῳ ▸ 3
        Adjective · neuter · singular · dative · noDegree ▸ **3**
        (Num. 4,8; Num. 4,11; Num. 4,12)

ὑάκινθος hyacinth; cloth of hyacinth color ▸ 34 + 1 = 35
    ὑάκινθον ▸ 11
        Noun · feminine · singular · accusative · (common) ▸ **11**
        (Ex. 25,4; Ex. 28,5; Ex. 31,4; Ex. 35,6; Ex. 35,25; Ex. 39,12; 1Mac. 4,23; Jer. 10,9; Ezek. 16,10; Ezek. 27,7; Ezek. 27,24)
    ὑάκινθος ▸ 1
        Noun · masculine · singular · nominative ▸ **1** (Rev. 21,20)
    ὑακίνθου ▸ 18
        Noun · feminine · singular · genitive · (common) ▸ **18**
        (Ex. 26,1; Ex. 26,31; Ex. 26,36; Ex. 27,16; Ex. 28,8; Ex. 28,15; Ex. 28,33; Ex. 28,37; Ex. 36,9; Ex. 36,12; Ex. 36,15; Ex. 36,28; Ex. 36,31; Ex. 36,36; Ex. 37,3; Ex. 37,5; Ex. 37,16; 2Chr. 3,14)
    ὑακίνθῳ ▸ 5
        Noun · feminine · singular · dative · (common) ▸ **5**
        (Ex. 36,10; 2Chr. 2,6; 2Chr. 2,13; Sir. 45,10; Is. 3,23)

ὑάλινος (ὕαλος) made of glass ▸ 3
    ὑαλίνη ▸ 1
        Adjective · feminine · singular · nominative ▸ **1** (Rev. 4,6)
    ὑαλίνην ▸ 2
        Adjective · feminine · singular · accusative ▸ **2**
        (Rev. 15,2; Rev. 15,2)

ὕαλος crystal-stone; glass ▸ 1 + 2 = 3
    ὕαλος ▸ 1 + 1 = 2
        Noun · feminine · singular · nominative · (common) ▸ **1 + 1 = 2**
        (Job 28,17; Rev. 21,21)
    ὑάλῳ ▸ 1
        Noun · masculine · singular · dative ▸ **1** (Rev. 21,18)

ὑβρίζω (ὕβρις) to boast; to insult ▸ 6 + 5 = 11
    ὑβρίζειν ▸ 1
        Verb · present · active · infinitive ▸ **1** (Is. 23,12)
    ὑβρίζεις ▸ 1
        Verb · second · singular · present · active · indicative ▸ **1** (Luke 11,45)
    ὑβριζομένοις ▸ 1
        Verb · present · passive · participle · masculine · plural · dative ▸ **1** (3Mac. 6,9)
    ὑβρίζοντες ▸ 1
        Verb · present · active · participle · masculine · plural · nominative ▸ **1** (Is. 13,3)
    ὑβρίσαι ▸ 1
        Verb · aorist · active · infinitive ▸ **1** (Acts 14,5)
    ὕβρισαν ▸ 1
        Verb · third · plural · aorist · active · indicative ▸ **1** (Matt. 22,6)
    ὕβρισάς ▸ 1
        Verb · second · singular · aorist · active · indicative ▸ **1** (2Sam. 19,44)
    ὕβρισεν ▸ 1
        Verb · third · singular · aorist · active · indicative ▸ **1** (Jer. 31,29)
    ὑβρισθέντες ▸ 1
        Verb · aorist · passive · participle · masculine · plural · nominative ▸ **1** (1Th. 2,2)
    ὑβρισθῆναι ▸ 1
        Verb · aorist · passive · infinitive ▸ **1** (2Mac. 14,42)
    ὑβρισθήσεται ▸ 1
        Verb · third · singular · future · passive · indicative ▸ **1** (Luke 18,32)

ὕβρις insolence; insult; violence, injury ▸ 62 + 3 = 65
    ὕβρει ▸ 11

Noun · feminine · singular · dative · (common) ▸ **11** (Esth. 13,12 # 4,17d; 3Mac. 2,3; 3Mac. 2,21; Prov. 14,10; Prov. 21,4; Job 15,26; Job 22,12; Wis. 2,19; Sol. 2,27; Is. 9,8; Is. 10,33)

ὕβρεις ▸ **1**
Noun · feminine · plural · accusative · (common) ▸ **1** (Sir. 10,8)

ὕβρεσιν ▸ **1**
Noun · feminine · plural · dative ▸ **1** (2Cor. 12,10)

ὕβρεως ▸ **14 + 1 = 15**
Noun · feminine · singular · genitive · (common) ▸ **14 + 1 = 15** (1Mac. 3,20; 3Mac. 3,25; Prov. 1,22; Prov. 13,10; Prov. 14,3; Prov. 19,10; Job 35,12; Job 37,4; Sir. 10,6; Mic. 6,10; Zeph. 2,10; Is. 28,1; Is. 28,3; Jer. 13,17; Acts 27,10)

ὕβρεώς ▸ **1**
Noun · feminine · singular · genitive · (common) ▸ **1** (Zeph. 3,11)

ὕβριν ▸ **22 + 1 = 23**
Noun · feminine · singular · accusative · (common) ▸ **22 + 1 = 23** (Lev. 26,19; 2Mac. 8,17; 3Mac. 6,12; Prov. 8,13; Prov. 19,18; Wis. 4,19; Sol. 2,26; Amos 6,8; Nah. 2,3; Nah. 2,3; Zech. 9,6; Is. 13,11; Is. 13,11; Is. 16,6; Is. 23,9; Is. 25,11; Jer. 13,9; Jer. 13,9; Jer. 13,10; Jer. 31,29; Jer. 31,29; Ezek. 32,12; Acts 27,21)

ὕβρις ▸ **13**
Noun · feminine · singular · nominative · (common) ▸ **13** (Prov. 11,2; Prov. 16,18; Prov. 29,23; Sir. 21,4; Hos. 5,5; Hos. 7,10; Zech. 10,11; Is. 23,7; Jer. 27,32; Ezek. 7,10; Ezek. 30,6; Ezek. 30,18; Ezek. 33,28)

ὑβριστής (ὕβρις) insolent person ▸ **8 + 2 = 10**

ὑβριστὰς ▸ **1**
Noun · masculine · plural · accusative ▸ **1** (Rom. 1,30)

ὑβριστάς ▸ **1**
Noun · masculine · plural · accusative · (common) ▸ **1** (Jer. 28,2)

ὑβριστὴν ▸ **2**
Noun · masculine · singular · accusative · (common) ▸ **2** (Job 40,11; Is. 2,12)

ὑβριστήν ▸ **1**
Noun · masculine · singular · accusative ▸ **1** (1Tim. 1,13)

ὑβριστής ▸ **2**
Noun · masculine · singular · genitive · (common) ▸ **1** (Is. 16,6)
Noun · masculine · singular · nominative · (common) ▸ **1** (Prov. 27,13)

ὑβριστῶν ▸ **3**
Noun · masculine · plural · genitive · (common) ▸ **3** (Prov. 15,25; Prov. 16,19; Sir. 35,21)

ὑβριστικός (ὕβρις) insolent, brawling ▸ **1**

ὑβριστικὸν ▸ **1**
Adjective · neuter · singular · nominative · noDegree ▸ **1** (Prov. 20,1)

ὕβριστος (ὕβρις) insolent ▸ **2**

ὑβρίστου ▸ **2**
Adjective · masculine · singular · genitive · noDegree ▸ **2** (Prov. 6,17; Sir. 8,11)

ὑβρίστρια (ὕβρις) insolent woman ▸ **1**

ὑβρίστριαν ▸ **1**
Noun · feminine · singular · accusative · (common) ▸ **1** (Jer. 27,31)

ὑγιάζω (ὑγιής) to heal ▸ **10**

ὑγίακεν ▸ **1**
Verb · third · singular · perfect · active · indicative ▸ **1** (Lev. 13,37)

ὑγιάσει ▸ **4**
Verb · third · singular · future · active · indicative ▸ **4** (2Kings 20,7; Hos. 6,2; Ezek. 47,8; Ezek. 47,9)

ὑγιασθὲν ▸ **1**
Verb · aorist · passive · participle · neuter · singular · nominative ▸ **1** (Lev. 13,24)

ὑγιασθῇ ▸ **1**
Verb · third · singular · aorist · passive · subjunctive ▸ **1** (Lev. 13,18)

ὑγιασθῆναι ▸ **1**
Verb · aorist · passive · infinitive ▸ **1** (Job 24,23)

ὑγιάσθησαν ▸ **1**
Verb · third · plural · aorist · passive · indicative ▸ **1** (Josh. 5,8)

ὑγιάσωσιν ▸ **1**
Verb · third · plural · aorist · active · subjunctive ▸ **1** (Ezek. 47,11)

ὑγιαίνω (ὑγιής) to be healthy, be sound ▸ **24 + 25 + 12 = 61**

ὑγίαινε ▸ **1**
Verb · second · singular · present · active · imperative ▸ **1** (Dan. 10,19)

Ὑγίαινε ▸ **1**
Verb · second · singular · present · active · imperative ▸ **1** (Tob. 10,11)

ὑγιαίνει ▸ **4 + 1 = 5**
Verb · third · singular · present · active · indicative ▸ **4 + 1 = 5** (Gen. 43,27; Tob. 7,5; Tob. 10,6; Prov. 13,13; Tob. 10,6)

Ὑγιαίνει ▸ **4 + 2 = 6**
Verb · third · singular · present · active · indicative ▸ **4 + 2 = 6** (Gen. 29,6; Gen. 29,6; Gen. 43,28; Tob. 7,5; Tob. 7,5; Tob. 7,5)

ὑγιαίνειν ▸ **2 + 1 = 3**
Verb · present · active · infinitive ▸ **2 + 1 = 3** (2Mac. 1,10; 2Mac. 9,19; 3John 2)

ὑγιαίνεις ▸ **1**
Verb · second · singular · present · active · indicative ▸ **1** (2Sam. 20,9)

ὑγιαίνετε ▸ **1**
Verb · second · plural · present · active · imperative ▸ **1** (2Mac. 11,38)

ὑγιαίνομεν ▸ **1**
Verb · first · plural · present · active · indicative ▸ **1** (2Mac. 11,28)

ὑγιαίνοντα ▸ **1 + 1 + 2 = 4**
Verb · present · active · participle · masculine · singular · accusative ▸ **2** (Luke 7,10; Luke 15,27)
Verb · present · active · participle · neuter · plural · nominative ▸ **1 + 1 = 2** (1Sam. 25,6; Tob. 12,3)

ὑγιαίνοντας ▸ **3 + 1 = 4**
Verb · present · active · participle · masculine · plural · accusative ▸ **3 + 1 = 4** (Tob. 5,17; Tob. 10,11; Tob. 10,13; Titus 2,2)

ὑγιαίνοντες ▸ **1 + 3 + 1 = 5**
Verb · present · active · participle · masculine · plural · nominative ▸ **1 + 3 + 1 = 5** (Tob. 5,16; Tob. 5,17; Tob. 5,17; Tob. 7,1; Luke 5,31)

ὑγιαινόντων ▸ **1**
Verb · present · active · participle · masculine · plural · genitive ▸ **1** (2Tim. 1,13)

ὑγιαίνουσα ▸ **1 + 2 = 3**
Verb · present · active · participle · feminine · singular · nominative ▸ **1 + 2 = 3** (Tob. 11,17; Tob. 11,17; Tob. 11,17)

Ὑγιαίνουσα ▸ **1**
Verb · present · active · participle · feminine · singular · nominative ▸ **1** (2Sam. 14,8)

ὑγιαινούσῃ ▸ **3**
Verb · present · active · participle · feminine · singular · dative ▸ **3** (1Tim. 1,10; Titus 1,9; Titus 2,1)

ὑγιαινούσης ▸ 1
　Verb · present · active · participle · feminine · singular · genitive ▸ 1 (2Tim. 4,3)
ὑγιαίνουσιν ▸ 1 + 1 + 1 = 3
　Verb · third · plural · present · active · indicative ▸ 1 + 1 = 2 (Gen. 37,14; Tob. 6,9)
　Verb · present · active · participle · masculine · plural · dative ▸ 1 (1Tim. 6,3)
ὑγιαίνων ▸ 4 + 10 = 14
　Verb · present · active · participle · masculine · singular · nominative ▸ 4 + 10 = 14 (Ex. 4,18; 1Sam. 25,6; Tob. 5,21; Tob. 5,22; Tob. 5,17; Tob. 5,21; Tob. 5,21; Tob. 5,21; Tob. 5,22; Tob. 7,13; Tob. 8,21; Tob. 10,11; Tob. 10,14; Tob. 12,5)
Ὑγιαίνων ▸ 1 + 1 = 2
　Verb · present · active · participle · masculine · singular · nominative ▸ 1 + 1 = 2 (Tob. 5,14; Tob. 5,14)
ὑγιαίνωσιν ▸ 1
　Verb · third · plural · present · active · subjunctive ▸ 1 (Titus 1,13)

ὑγίεια (ὑγιής) health ▸ 14
ὑγίεια ▸ 1
　Noun · feminine · singular · nominative · (common) ▸ 1 (Sir. 30,15)
ὑγιείᾳ ▸ 1
　Noun · feminine · singular · dative · (common) ▸ 1 (Tob. 8,17)
ὑγίειαν ▸ 7
　Noun · feminine · singular · accusative · (common) ▸ 7 (Gen. 42,15; Gen. 42,16; Prov. 6,8b; Wis. 7,10; Sir. 1,18; Is. 9,5; Ezek. 47,12)
ὑγιείας ▸ 5
　Noun · feminine · singular · genitive · (common) ▸ 5 (Esth. 9,31; Tob. 8,21; Wis. 13,17; Sir. 30,16; Sir. 31,20)

ὑγιής whole, healthy ▸ 9 + 11 = 20
ὑγιεῖς ▸ 1 + 1 = 2
　Adjective · masculine · plural · accusative ▸ 1 (Matt. 15,31)
　Adjective · masculine · plural · nominative · noDegree ▸ 1 (Josh. 10,21)
ὑγιῆ ▸ 2 + 4 = 6
　Adjective · masculine · singular · accusative · noDegree ▸ 1 + 4 = 5 (Lev. 13,15; John 5,11; John 5,15; John 7,23; Titus 2,8)
　Adjective · neuter · plural · accusative · noDegree ▸ 1 (Tob. 12,3)
ὑγιής ▸ 1 + 1 = 2
　Adjective · masculine · singular · nominative · noDegree ▸ 1 + 1 = 2 (Lev. 13,15; Acts 4,10)
ὑγιής ▸ 4 + 5 = 9
　Adjective · feminine · singular · nominative ▸ 2 (Matt. 12,13; Mark 5,34)
　Adjective · masculine · singular · nominative · noDegree ▸ 4 + 3 = 7 (Lev. 13,16; Sir. 17,28; Sir. 30,14; Is. 38,21; John 5,6; John 5,9; John 5,14)
ὑγιοῦς ▸ 1
　Adjective · neuter · singular · genitive · noDegree ▸ 1 (Lev. 13,10)

ὑγιῶς (ὑγιής) soundly ▸ 1
ὑγιῶς ▸ 1
　Adverb ▸ 1 (Prov. 31,8)

ὑγραίνω (ὕω) to wet ▸ 1
ὑγραίνονται ▸ 1
　Verb · third · plural · present · passive · indicative ▸ 1 (Job 24,8)

ὑγρασία (ὕω) moisture ▸ 3
ὑγρασίᾳ ▸ 3
　Noun · feminine · singular · dative · (common) ▸ 3 (Jer. 31,18; Ezek. 7,17; Ezek. 21,12)

ὑγρός (ὕω) moist, running, fluid; supple ▸ 4 + 2 + 1 = 7
ὑγραῖς ▸ 1 + 1 = 2
　Adjective · feminine · plural · dative · noDegree ▸ 1 + 1 = 2 (Judg. 16,7; Judg. 16,7)
ὑγράς ▸ 1 + 1 = 2
　Adjective · feminine · plural · accusative · noDegree ▸ 1 + 1 = 2 (Judg. 16,8; Judg. 16,8)
ὑγρός ▸ 1
　Adjective · masculine · singular · nominative · noDegree ▸ 1 (Job 8,16)
ὑγροῦ ▸ 1
　Adjective · neuter · singular · genitive · noDegree ▸ 1 (Sir. 39,13)
ὑγρῷ ▸ 1
　Adjective · neuter · singular · dative ▸ 1 (Luke 23,31)

Ὑδάσπης Hydaspes ▸ 1
Ὑδάσπην ▸ 1
　Noun · masculine · singular · accusative · (proper) ▸ 1 (Judith 1,6)

ὑδραγωγός (ὕδωρ; ἄγω) aquaduct ▸ 5
ὑδραγωγοῖς ▸ 1
　Noun · masculine · plural · dative · (common) ▸ 1 (Is. 41,18)
ὑδραγωγόν ▸ 1
　Noun · masculine · singular · accusative · (common) ▸ 1 (2Kings 20,20)
ὑδραγωγός ▸ 1
　Noun · masculine · singular · nominative · (common) ▸ 1 (Sir. 24,30)
ὑδραγωγῷ ▸ 2
　Noun · masculine · singular · dative · (common) ▸ 2 (2Kings 18,17; Is. 36,2)

ὑδρεύω (ὕδωρ) to carry water ▸ 12 + 1 = 13
ὑδρευόμεναι ▸ 1
　Verb · present · middle · participle · feminine · plural · nominative ▸ 1 (Gen. 24,11)
ὑδρευομένων ▸ 1
　Verb · present · passive · participle · masculine · plural · genitive ▸ 1 (Judg. 5,11)
ὑδρεύονται ▸ 2
　Verb · third · plural · present · middle · indicative ▸ 2 (1Sam. 7,6; Judith 7,13)
ὑδρεύσαντο ▸ 2
　Verb · third · plural · aorist · middle · indicative ▸ 2 (2Sam. 23,16; 1Chr. 11,18)
ὑδρεύσασθαι ▸ 2
　Verb · aorist · middle · infinitive ▸ 2 (Gen. 24,43; 1Sam. 9,11)
ὑδρεύσατο ▸ 2
　Verb · third · singular · aorist · middle · indicative ▸ 2 (Gen. 24,20; Gen. 24,45)
ὑδρεύσομαι ▸ 2
　Verb · first · singular · future · middle · indicative ▸ 2 (Gen. 24,19; Gen. 24,44)
ὑδρεύωνται ▸ 1
　Verb · third · plural · present · middle · subjunctive ▸ 1 (Ruth 2,9)

ὑδρία (ὕδωρ) water jar, pitcher ▸ 18 + 4 + 3 = 25
ὑδρία ▸ 3
　Noun · feminine · singular · nominative · (common) ▸ 3 (1Kings 17,14; 1Kings 17,16; Eccl. 12,6)
ὑδρίᾳ ▸ 1
　Noun · feminine · singular · dative · (common) ▸ 1 (1Kings

17,12)

ὑδρίαι ▸ 1
   Noun · feminine · plural · nominative ▸ **1** (John 2,6)

ὑδρίαν ▸ 7 + **1** = **8**
   Noun · feminine · singular · accusative · (common) ▸ 7 + **1** = **8** (Gen. 24,14; Gen. 24,15; Gen. 24,16; Gen. 24,18; Gen. 24,20; Gen. 24,45; Gen. 24,46; John 4,28)

ὑδρίαις ▸ 1
   Noun · feminine · plural · dative · (common) ▸ **1** (Judg. 7,16)

ὑδρίας ▸ 6 + **3** + 1 = **10**
   Noun · feminine · plural · accusative · (common) ▸ 4 + **3** + 1 = **8** (Judg. 7,16; Judg. 7,19; Judg. 7,20; 1Kings 18,34; Judg. 7,16; Judg. 7,19; Judg. 7,20; John 2,7)
   Noun · feminine · singular · genitive · (common) ▸ **2** (Gen. 24,17; Gen. 24,43)

ὑδριῶν ▸ 1
   Noun · feminine · plural · genitive · (common) ▸ **1** (Judg. 7,16)

ὑδρίσκη (ὕδωρ)   small waterjar ▸ 1
   ὑδρίσκην ▸ 1
      Noun · feminine · singular · accusative · (common) ▸ **1** (2Kings 2,20)

ὑδροποτέω (ὕδωρ; πίνω)   to drink water ▸ 1 + **1** = 2
   ὑδροπότει ▸ 1
      Verb · second · singular · present · active · imperative ▸ **1** (1Tim. 5,23)
   ὑδροποτεῖν ▸ 1
      Verb · present · active · infinitive ▸ **1** (Dan. 1,12)

ὑδρωπικός (ὕδωρ)   to have dropsy ▸ 1
   ὑδρωπικὸς ▸ 1
      Adjective · masculine · singular · nominative ▸ **1** (Luke 14,2)

ὑδροφόρος (ὕδωρ; φέρω)   water carrier ▸ 4
   ὑδροφόροι ▸ 2
      Noun · masculine · plural · nominative · (common) ▸ **2** (Josh. 9,21; Josh. 9,27)
   ὑδροφόρου ▸ 1
      Noun · masculine · singular · genitive · (common) ▸ **1** (Deut. 29,10)
   ὑδροφόρους ▸ 1
      Noun · masculine · plural · accusative · (common) ▸ **1** (Josh. 9,27)

ὕδωρ   water ▸ 657 + **19** + 76 = 752
   ὕδασι ▸ 4
      Noun · neuter · plural · dative · (common) ▸ **4** (Psa. 76,20; Psa. 106,23; Jer. 28,13; Dan. 3,79)
   ὕδασιν ▸ 10 + **1** + 1 = **12**
      Noun · neuter · plural · dative · (common) ▸ 10 + **1** + 1 = **12** (Ex. 20,4; Lev. 11,9; Lev. 11,9; Deut. 4,18; Deut. 5,8; Deut. 14,9; Judith 16,15; Psa. 103,3; Ode. 8,79; Job 41,26; Dan. 3,79; Matt. 8,32)
   ὕδατα ▸ 64 + **1** + 5 = **70**
      Noun · neuter · plural · accusative · (common) ▸ 31 + 3 = **34** (Gen. 1,22; Ex. 7,19; Ex. 8,2; Ex. 15,27; Num. 20,8; Num. 24,6; 2Kings 2,14; 2Kings 2,21; 2Kings 3,22; 2Kings 3,22; 2Kings 5,12; 2Kings 19,24; 2Chr. 32,3; 2Chr. 32,4; Judith 7,17; Psa. 32,7; Psa. 77,13; Psa. 77,16; Psa. 104,29; Ode. 4,10; Ode. 4,15; Prov. 5,15; Sir. 39,23; Sir. 48,17; Joel 4,18; Hab. 3,10; Is. 37,25; Jer. 2,24; Jer. 17,8; Jer. 28,55; Ezek. 47,8; Matt. 14,28; Matt. 14,29; Mark 9,22)
      Noun · neuter · plural · nominative · (common) ▸ 33 + **1** + 2 = **36** (Gen. 1,20; Gen. 1,21; Ex. 15,8; Lev. 11,10; Josh. 3,16; Judg. 15,19; 2Sam. 5,20; 2Kings 2,19; 2Kings 2,22; 2Kings 3,20; Psa. 45,4; Psa. 68,2; Psa. 76,17; Psa. 76,17; Psa. 77,20; Psa. 103,6; Psa. 103,10; Psa. 104,41; Psa. 147,7; Ode. 1,8; Ode. 8,60; Prov. 5,16; Prov. 5,16; Job 14,19; Job 14,19; Amos 8,12; Nah. 2,9; Jer. 26,8; Jer. 29,2; Ezek. 30,16; Ezek. 32,14; Ezek. 47,12; Dan. 3,60; Dan. 3,60; John 3,23; Rev. 17,15)
   ὕδατι ▸ 82 + **1** + 13 = **96**
      Noun · neuter · singular · dative · (common) ▸ 82 + **1** + 13 = **96** (Ex. 12,9; Ex. 15,10; Ex. 17,3; Ex. 29,4; Ex. 29,17; Ex. 30,19; Ex. 30,20; Ex. 30,21; Ex. 30,21; Ex. 40,12; Lev. 1,9; Lev. 1,13; Lev. 6,21; Lev. 8,6; Lev. 8,21; Lev. 9,14; Lev. 11,10; Lev. 11,10; Lev. 11,12; Lev. 11,40; Lev. 11,46; Lev. 14,5; Lev. 14,6; Lev. 14,8; Lev. 14,9; Lev. 14,50; Lev. 14,51; Lev. 14,52; Lev. 15,5; Lev. 15,6; Lev. 15,7; Lev. 15,8; Lev. 15,10; Lev. 15,11; Lev. 15,12; Lev. 15,13; Lev. 15,16; Lev. 15,17; Lev. 15,18; Lev. 15,21; Lev. 15,22; Lev. 15,27; Lev. 16,4; Lev. 16,24; Lev. 16,26; Lev. 16,28; Lev. 17,15; Lev. 17,16; Lev. 22,6; Num. 19,7; Num. 19,19; Num. 27,14; Num. 31,23; Deut. 23,12; Josh. 3,13; 1Kings 18,4; 1Kings 18,13; 2Kings 8,15; Neh. 9,11; Neh. 13,2; Judith 10,3; 2Mac. 1,21; 2Mac. 15,39; Ode. 1,10; Wis. 16,17; Wis. 18,5; Wis. 19,20; Sir. 25,25; Is. 1,22; Is. 23,3; Is. 43,16; Jer. 13,1; Jer. 27,38; Ezek. 16,4; Ezek. 16,9; Ezek. 17,5; Ezek. 17,8; Ezek. 19,10; Ezek. 27,26; Ezek. 31,14; Ezek. 47,3; Ezek. 47,4; Judg. 5,19; Matt. 3,11; Mark 1,8; Luke 3,16; Luke 8,25; John 1,26; John 1,31; John 1,33; Acts 1,5; Acts 11,16; Heb. 10,22; 2Pet. 3,6; 1John 5,6; 1John 5,6)
   ὕδατος ▸ 123 + **6** + 22 = **151**
      Noun · neuter · singular · genitive · (common) ▸ 123 + **6** + 22 = **151** (Gen. 1,2; Gen. 1,6; Gen. 1,6; Gen. 1,6; Gen. 1,7; Gen. 1,7; Gen. 7,6; Gen. 7,18; Gen. 9,11; Gen. 9,11; Gen. 16,7; Gen. 21,14; Gen. 21,19; Gen. 21,19; Gen. 21,25; Gen. 24,11; Gen. 24,13; Gen. 24,43; Gen. 26,18; Gen. 26,19; Gen. 30,38; Ex. 2,10; Ex. 4,9; Lev. 11,36; Num. 5,19; Num. 19,21; Num. 20,24; Num. 31,23; Deut. 8,15; Deut. 23,5; Deut. 32,51; Deut. 33,8; Josh. 3,8; Josh. 3,15; Josh. 11,5; Josh. 15,9; Josh. 18,15; Judg. 1,15; Judg. 5,19; Judg. 6,38; Judg. 7,5; 1Sam. 26,11; 1Sam. 26,12; 1Sam. 26,16; 2Sam. 17,20; 1Kings 18,34; 1Kings 18,35; 1Kings 19,6; 2Kings 3,17; 2Kings 3,19; 2Kings 3,20; 2Kings 3,25; 1Chr. 14,11; 2Chr. 32,30; Neh. 3,26; Neh. 8,1; Neh. 12,37; Judith 7,12; Judith 12,7; 1Mac. 5,40; 1Mac. 5,42; 4Mac. 3,11; Psa. 22,2; Psa. 65,12; Psa. 68,16; Psa. 73,13; Psa. 80,8; Psa. 105,32; Prov. 5,18; Prov. 9,17; Prov. 9,18c; Prov. 21,1; Prov. 25,26; Prov. 30,16; Eccl. 11,1; Song 4,15; Job 8,11; Job 14,9; Job 24,18; Job 26,5; Job 26,10; Job 29,19; Job 38,34; Wis. 10,18; Wis. 16,19; Wis. 17,17; Wis. 19,7; Sir. 18,10; Sir. 26,12; Sir. 40,16; Sir. 43,20; Sir. 43,20; Sir. 50,8; Hos. 10,7; Amos 8,11; Mic. 7,12; Nah. 2,9; Is. 3,1; Is. 5,13; Is. 17,13; Is. 18,2; Is. 19,6; Is. 28,2; Is. 32,2; Is. 35,7; Is. 37,25; Is. 43,2; Is. 44,4; Is. 54,9; Jer. 2,13; Jer. 10,13; Jer. 28,16; Jer. 48,12; Ezek. 1,24; Ezek. 4,17; Ezek. 19,10; Ezek. 27,34; Ezek. 31,5; Ezek. 31,15; Ezek. 32,13; Ezek. 47,19; Ezek. 48,28; Dan. 12,7; Judg. 1,15; Judg. 6,38; Judg. 7,5; Tob. 6,2; Dan. 12,6; Dan. 12,7; Matt. 3,16; Mark 1,10; Mark 9,41; Mark 14,13; Luke 8,24; Luke 16,24; Luke 22,10; John 2,7; John 3,5; John 4,13; John 4,14; John 4,14; John 7,38; Acts 8,39; Eph. 5,26; Heb. 9,19; 1Pet. 3,20; 2Pet. 3,5; 2Pet. 3,5; 1John 5,6; Rev. 21,6; Rev. 22,1)
   ὕδατός ▸ 2
      Noun · neuter · singular · genitive · (common) ▸ **2** (Num. 20,19; Job 28,25)
   ὑδάτων ▸ 49 + **12** = **61**
      Noun · neuter · plural · genitive · (common) ▸ 49 + **12** = **61** (Gen. 1,10; Ex. 15,27; Lev. 11,36; Num. 33,9; Deut. 8,7; Deut. 10,7; 2Sam. 12,27; 2Sam. 22,12; 2Sam. 22,17; 1Kings 18,5; 2Kings 2,21; Judith 7,7; Judith 7,17; Judith 7,20; Judith 8,9; Judith 9,12; Psa. 1,3; Psa. 17,16; Psa. 17,17; Psa. 28,3; Psa. 28,3; Psa. 31,6; Psa. 41,2; Psa. 64,10; Psa. 68,15; Psa. 76,17; Psa. 92,4; Psa.

ὕδωρ–ὑετός

106,33; Psa. 106,35; Psa. 106,35; Psa. 113,8; Psa. 113,8; Psa. 118,136; Psa. 135,6; Psa. 143,7; Prov. 8,24; Eccl. 2,6; Song 5,12; Song 5,12; Sir. 39,17; Sir. 40,11; Sir. 50,3; Hos. 11,10; Joel 1,20; Nah. 1,12; Zech. 9,10; Is. 49,10; Jer. 38,9; Lam. 3,48; Rev. 1,15; Rev. 7,17; Rev. 8,10; Rev. 8,11; Rev. 8,11; Rev. 11,6; Rev. 14,2; Rev. 14,7; Rev. 16,4; Rev. 16,5; Rev. 17,1; Rev. 19,6)

ὕδωρ ▸ 323 + 10 + 23 = 356

    Noun ▪ neuter ▪ singular ▪ accusative ▪ (common) ▸ 192 + 9 + 17 = **218** (Gen. 6,17; Gen. 7,7; Gen. 8,7; Gen. 24,13; Gen. 24,17; Gen. 24,32; Gen. 24,43; Gen. 24,43; Gen. 26,20; Gen. 26,32; Gen. 37,24; Gen. 43,24; Ex. 7,15; Ex. 7,17; Ex. 7,20; Ex. 7,21; Ex. 7,24; Ex. 7,24; Ex. 8,16; Ex. 14,27; Ex. 15,8; Ex. 15,19; Ex. 15,22; Ex. 15,25; Ex. 17,2; Ex. 23,25; Ex. 30,18; Ex. 32,20; Ex. 34,28; Lev. 11,32; Num. 5,17; Num. 5,17; Num. 5,23; Num. 5,24; Num. 5,26; Num. 8,7; Num. 19,17; Num. 19,18; Num. 19,21; Num. 20,8; Num. 20,10; Num. 20,17; Num. 21,16; Num. 21,22; Num. 33,9; Deut. 2,6; Deut. 2,28; Deut. 9,9; Deut. 9,18; Deut. 11,4; Deut. 11,11; Deut. 12,16; Deut. 12,24; Deut. 15,23; Josh. 4,23; Josh. 11,7; Josh. 15,7; Judg. 4,19; Judg. 5,4; Judg. 5,25; Judg. 7,4; Judg. 7,5; Judg. 7,6; Judg. 7,24; Judg. 7,24; 1Sam. 7,6; 1Sam. 9,11; 1Sam. 30,11; 1Sam. 30,12; 2Sam. 17,21; 2Sam. 23,15; 2Sam. 23,16; 1Kings 12,240; 1Kings 13,8; 1Kings 13,9; 1Kings 13,16; 1Kings 13,17; 1Kings 13,18; 1Kings 13,19; 1Kings 13,22; 1Kings 13,22; 1Kings 13,23; 1Kings 17,4; 1Kings 17,6; 1Kings 17,10; 1Kings 18,38; 1Kings 18,44; 1Kings 22,27; 2Kings 2,8; 2Kings 2,14; 2Kings 3,11; 2Kings 6,5; 2Kings 6,22; 2Kings 18,31; 2Kings 20,20; 1Chr. 11,17; 1Chr. 11,18; 2Chr. 18,26; 2Chr. 32,4; 1Esdr. 9,2; Ezra 10,6; Neh. 9,15; Neh. 9,20; Judith 2,7; Judith 7,21; 1Mac. 9,33; 1Mac. 11,67; 2Mac. 1,20; 2Mac. 1,31; 2Mac. 15,39; 3Mac. 2,4; Psa. 77,16; Psa. 78,3; Psa. 123,5; Psa. 135,16; Ode. 1,19; Prov. 9,18b; Prov. 30,4; Job 5,10; Job 12,15; Job 22,7; Job 26,8; Job 34,7; Job 37,10; Wis. 5,10; Wis. 11,7; Wis. 13,2; Sir. 15,3; Sir. 15,16; Sir. 48,17; Sol. 8,20; Hos. 2,7; Hos. 5,10; Hos. 6,8; Amos 4,8; Amos 5,8; Amos 9,6; Jonah 3,7; Nah. 3,14; Hab. 3,15; Zech. 9,11; Is. 1,30; Is. 8,6; Is. 8,7; Is. 12,3; Is. 19,5; Is. 21,14; Is. 22,9; Is. 22,11; Is. 30,14; Is. 30,20; Is. 30,22; Is. 32,20; Is. 36,16; Is. 40,12; Is. 41,17; Is. 43,20; Is. 44,3; Is. 44,4; Is. 44,12; Is. 48,21; Is. 50,2; Is. 51,10; Is. 55,1; Is. 63,12; Jer. 2,13; Jer. 2,18; Jer. 2,18; Jer. 6,7; Jer. 8,14; Jer. 8,23; Jer. 9,14; Jer. 9,17; Jer. 14,3; Jer. 14,3; Jer. 23,15; Jer. 26,7; Lam. 1,16; Lam. 2,19; Ezek. 4,11; Ezek. 4,16; Ezek. 12,18; Ezek. 12,19; Ezek. 24,3; Ezek. 31,7; Ezek. 31,14; Ezek. 31,16; Ezek. 32,2; Ezek. 34,18; Ezek. 34,19; Ezek. 36,25; Ezek. 47,8; Judg. 4,19; Judg. 5,4; Judg. 5,25; Judg. 7,4; Judg. 7,5; Judg. 7,6; Judg. 7,24; Judg. 7,24; Dan. 1,12; Matt. 17,15; Matt. 27,24; Luke 7,44; John 2,9; John 2,9; John 4,7; John 4,10; John 4,11; John 4,15; John 4,46; John 13,5; Acts 8,36; Acts 8,38; Acts 10,47; James 3,12; Rev. 12,15; Rev. 22,17)

    Noun ▪ neuter ▪ singular ▪ nominative ▪ (common) ▸ 131 + 1 + 6 = **138** (Gen. 1,9; Gen. 1,9; Gen. 7,10; Gen. 7,17; Gen. 7,18; Gen. 7,19; Gen. 7,20; Gen. 7,24; Gen. 8,1; Gen. 8,3; Gen. 8,3; Gen. 8,5; Gen. 8,7; Gen. 8,8; Gen. 8,9; Gen. 8,11; Gen. 8,13; Gen. 8,13; Gen. 9,15; Gen. 18,4; Gen. 21,15; Gen. 49,4; Ex. 4,9; Ex. 7,18; Ex. 7,19; Ex. 7,20; Ex. 14,21; Ex. 14,22; Ex. 14,26; Ex. 14,27; Ex. 14,28; Ex. 14,29; Ex. 15,25; Ex. 17,1; Ex. 17,6; Lev. 11,34; Lev. 11,38; Num. 5,18; Num. 5,22; Num. 5,24; Num. 5,27; Num. 19,9; Num. 19,13; Num. 19,20; Num. 20,2; Num. 20,5; Num. 20,11; Num. 20,13; Num. 21,5; Num. 27,14; Num. 33,14; Deut. 8,15; Josh. 3,13; Josh. 3,13; Josh. 4,18; Josh. 7,5; 2Sam. 14,14; 2Sam. 21,10; 1Kings 18,35; 2Kings 2,8; 2Kings 3,9; Esth. 11,10 # 1,1i; Esth. 10,6 # 10,3c; Judith 11,12; 1Mac. 9,45; 2Mac. 1,33; Psa. 17,12; Psa. 21,15; Psa. 57,8; Psa. 87,18; Psa. 105,11; Psa. 108,18; Psa. 123,4; Psa. 148,4; Ode. 1,8; Ode. 6,6; Prov. 18,4; Prov. 20,5; Prov. 25,25; Prov. 30,16; Song 8,7; Job 11,15; Job 22,11; Job 27,20; Job 38,30; Wis. 5,22; Wis. 11,4; Wis. 16,29; Wis. 19,20; Sir. 3,30; Sir. 29,21; Sir. 38,5; Sir. 39,17; Sir. 39,26; Sir. 43,20; Amos 5,24; Mic. 1,4; Jonah 2,6; Nah. 3,8; Nah. 3,8; Hab. 2,14; Zech. 14,8; Is. 11,9; Is. 15,6; Is. 15,9; Is. 17,12; Is. 17,13; Is. 24,14; Is. 30,25; Is. 30,28; Is. 30,30; Is. 33,16; Is. 35,6; Is. 48,21; Is. 58,11; Jer. 15,18; Jer. 18,14; Jer. 31,34; Jer. 45,6; Lam. 3,54; Ezek. 26,19; Ezek. 31,4; Ezek. 47,1; Ezek. 47,1; Ezek. 47,2; Ezek. 47,3; Ezek. 47,4; Ezek. 47,4; Ezek. 47,5; Ezek. 47,8; Ezek. 47,9; Judg. 15,19; John 4,14; John 5,7; John 19,34; Acts 8,36; 1John 5,8; Rev. 16,12)

ὕειος (ὗς) pertaining to pigs ▸ 9

  ὕεια ▸ 2

    Adjective ▪ neuter ▪ plural ▪ accusative ▪ noDegree ▸ **2** (1Mac. 1,47; Is. 65,4)

  ὕειον ▸ 3

    Adjective ▪ neuter ▪ singular ▪ accusative ▪ noDegree ▸ **3** (2Mac. 6,18; Is. 66,3; Is. 66,17)

  ὑείων ▸ 4

    Adjective ▪ neuter ▪ plural ▪ genitive ▪ noDegree ▸ **4** (2Mac. 7,1; 4Mac. 5,2; 4Mac. 5,6; 4Mac. 6,15)

ὑετίζω (ὕω) to bring rain ▸ 2

  ὑετίζων ▸ 1

    Verb ▪ present ▪ active ▪ participle ▪ masculine ▪ singular ▪ nominative ▸ **1** (Jer. 14,22)

  ὑετίσαι ▸ 1

    Verb ▪ aorist ▪ active ▪ infinitive ▸ **1** (Job 38,26)

ὑετός (ὕω) rain ▸ 83 + 5 = 88

  ὑετοί ▸ 1

    Noun ▪ masculine ▪ plural ▪ nominative ▪ (common) ▸ **1** (Prov. 25,14)

  ὑετοῖς ▸ 2

    Noun ▪ masculine ▪ plural ▪ dative ▪ (common) ▸ **2** (Wis. 16,16; Wis. 16,22)

  ὑετόν ▸ 8

    Noun ▪ masculine ▪ singular ▪ accusative ▪ (common) ▸ **8** (1Sam. 12,17; 1Kings 8,35; 2Kings 3,17; 2Chr. 6,26; Psa. 146,8; Ode. 10,6; Job 29,23; Is. 5,6)

  ὑετὸν ▸ 26 + 3 = 29

    Noun ▪ masculine ▪ singular ▪ accusative ▪ (common) ▸ 26 + 3 = **29** (Gen. 7,4; Lev. 26,4; Deut. 11,14; Deut. 28,12; Deut. 28,24; 1Sam. 12,18; 1Kings 8,36; 1Kings 17,14; 1Kings 18,1; 2Chr. 6,27; Judith 8,31; Psa. 134,7; Job 5,10; Job 28,26; Sol. 5,9; Sol. 17,18; Amos 4,7; Joel 2,23; Zech. 10,1; Zech. 10,1; Jer. 5,24; Jer. 10,13; Jer. 28,16; LetterJ 52; Ezek. 34,26; Ezek. 34,26; Acts 28,2; Heb. 6,7; James 5,18)

  ὑετός ▸ 5

    Noun ▪ masculine ▪ singular ▪ nominative ▪ (common) ▸ **5** (Deut. 11,17; 1Kings 18,44; 2Chr. 7,13; Job 37,6; Jer. 14,4)

  ὑετὸς ▸ 23 + 1 = 24

    Noun ▪ masculine ▪ singular ▪ nominative ▪ (common) ▸ 23 + 1 = **24** (Gen. 7,12; Gen. 8,2; Ex. 9,29; Ex. 9,33; Ex. 9,34; Deut. 32,2; 2Sam. 1,21; 1Kings 17,1; 1Kings 17,7; 1Kings 18,45; Psa. 71,6; Ode. 2,2; Prov. 26,1; Prov. 28,3; Song 2,11; Hos. 6,3; Is. 30,23; Is. 44,14; Is. 55,10; Ezek. 13,11; Ezek. 13,13; Ezek. 22,24; Ezek. 38,9; Rev. 11,6)

  ὑετοῦ ▸ 13

    Noun ▪ masculine ▪ singular ▪ genitive ▪ (common) ▸ **13** (Deut. 11,11; 2Sam. 23,4; 1Kings 18,41; Eccl. 11,3; Eccl. 12,2; Job 36,27; Job 38,28; Sir. 1,2; Sir. 35,24; Sir. 43,18; Is. 4,6; Ezek. 1,28; Ezek. 40,43)

ὑετούς ▸ 1
　Noun · masculine · plural · accusative ▸ 1 (Acts 14,17)
ὑετῷ ▸ 4
　Noun · masculine · singular · dative · (common) ▸ 4 (Job 36,27; Job 38,25; Sir. 40,13; Ezek. 38,22)
ὑετῶν ▸ 1
　Noun · masculine · plural · genitive · (common) ▸ 1 (Job 37,6)

υἱοθεσία (υἱός; τίθημι)　adoption ▸ 5
　υἱοθεσία ▸ 1
　　Noun · feminine · singular · nominative ▸ 1 (Rom. 9,4)
　υἱοθεσίαν ▸ 3
　　Noun · feminine · singular · accusative ▸ 3 (Rom. 8,23; Gal. 4,5; Eph. 1,5)
　υἱοθεσίας ▸ 1
　　Noun · feminine · singular · genitive ▸ 1 (Rom. 8,15)

υἱός　son ▸ 4914 + 289 + 377 = 5580
　Υἱὲ ▸ 61
　　Noun · masculine · singular · vocative · (common) ▸ 61 (1Sam. 20,30; Ezek. 2,1; Ezek. 2,3; Ezek. 3,1; Ezek. 3,3; Ezek. 3,4; Ezek. 3,10; Ezek. 3,17; Ezek. 4,16; Ezek. 6,2; Ezek. 8,5; Ezek. 8,6; Ezek. 8,8; Ezek. 8,12; Ezek. 8,15; Ezek. 11,2; Ezek. 11,15; Ezek. 12,2; Ezek. 12,9; Ezek. 12,18; Ezek. 12,22; Ezek. 12,27; Ezek. 13,2; Ezek. 14,3; Ezek. 14,13; Ezek. 16,2; Ezek. 17,2; Ezek. 17,12; Ezek. 18,2; Ezek. 20,3; Ezek. 21,2; Ezek. 21,14; Ezek. 22,18; Ezek. 22,24; Ezek. 23,2; Ezek. 23,36; Ezek. 24,2; Ezek. 24,16; Ezek. 25,2; Ezek. 26,2; Ezek. 27,2; Ezek. 28,12; Ezek. 28,21; Ezek. 29,2; Ezek. 29,18; Ezek. 30,2; Ezek. 30,21; Ezek. 31,2; Ezek. 32,2; Ezek. 32,18; Ezek. 33,2; Ezek. 33,24; Ezek. 34,2; Ezek. 35,2; Ezek. 36,17; Ezek. 37,3; Ezek. 37,11; Ezek. 37,16; Ezek. 38,2; Ezek. 43,18; Ezek. 44,5)
　Υἱέ ▸ 13
　　Noun · masculine · singular · vocative · (common) ▸ 13 (Gen. 27,1; 2Sam. 19,1; 2Sam. 19,5; 2Mac. 7,27; Prov. 2,1; Prov. 3,1; Prov. 3,11; Prov. 3,21; Prov. 4,20; Prov. 5,1; Prov. 6,1; Prov. 6,20; Prov. 7,1)
　υἱὲ ▸ 38 + 1 + 8 = 47
　　Noun · masculine · singular · vocative · (common) ▸ 38 + 1 + 8 = 47 (1Sam. 22,12; 2Sam. 13,4; Ode. 14,13; Ezek. 2,6; Ezek. 2,8; Ezek. 3,25; Ezek. 4,1; Ezek. 5,1; Ezek. 7,2; Ezek. 8,17; Ezek. 11,4; Ezek. 12,3; Ezek. 13,17; Ezek. 15,2; Ezek. 20,4; Ezek. 20,27; Ezek. 21,7; Ezek. 21,11; Ezek. 21,17; Ezek. 21,19; Ezek. 21,24; Ezek. 21,33; Ezek. 22,2; Ezek. 24,25; Ezek. 28,2; Ezek. 33,7; Ezek. 33,10; Ezek. 33,30; Ezek. 36,1; Ezek. 37,9; Ezek. 38,14; Ezek. 39,1; Ezek. 39,17; Ezek. 40,4; Ezek. 43,7; Ezek. 43,10; Ezek. 47,6; Dan. 8,17; Dan. 8,17; Matt. 8,29; Mark 5,7; Mark 10,47; Mark 10,48; Luke 8,28; Luke 18,38; Luke 18,39; Acts 13,10)
　υἱέ ▸ 35 + 1 = 36
　　Noun · masculine · singular · vocative · (common) ▸ 35 + 1 = 36 (Gen. 27,8; Gen. 49,9; 2Sam. 13,25; 2Sam. 18,22; 2Sam. 19,1; 2Sam. 19,1; 2Sam. 19,1; 2Sam. 19,5; 1Chr. 22,11; 1Chr. 28,9; Prov. 1,8; Prov. 1,10; Prov. 2,17; Prov. 4,10; Prov. 5,7; Prov. 6,3; Prov. 7,1a; Prov. 7,24; Prov. 8,32; Prov. 9,12; Prov. 19,20; Prov. 23,15; Prov. 23,19; Prov. 23,22; Prov. 23,26; Prov. 24,1; Prov. 24,13; Prov. 24,21; Prov. 27,11; Prov. 27,27; Prov. 30,1; Prov. 31,2; Eccl. 12,12; Sir. 7,3; Heb. 12,5)
　Υἱοὶ ▸ 30
　　Noun · masculine · plural · nominative · (common) ▸ 30 (Gen. 10,2; Gen. 10,6; Num. 4,29; Num. 26,15; Num. 26,22; Num. 26,24; Num. 26,28; Num. 26,32; Num. 26,42; Num. 26,48; 2Kings 15,12; 1Chr. 1,5; 1Chr. 1,17; 1Chr. 1,28; 1Chr. 1,35; 1Chr. 2,3; 1Chr. 3,10; 1Chr. 4,21; 1Chr. 4,24; 1Chr. 5,11; 1Chr. 5,18; 1Chr. 5,27; 1Chr. 6,1; 1Chr. 7,13; 1Chr. 7,14; 1Chr. 7,30; 2Chr. 30,6; 1Mac. 9,37; Is. 19,11; Lam. 4,2)
　Υἱοί ▸ 2
　　Noun · masculine · plural · nominative · (common) ▸ 2 (Gen. 48,9; Deut. 14,1)
　υἱοὶ ▸ 1297 + 97 + 26 = 1420
　　Noun · masculine · plural · nominative · (common) ▸ 1296 + 97 + 25 = **1418** (Gen. 6,2; Gen. 6,4; Gen. 7,7; Gen. 7,13; Gen. 8,18; Gen. 9,18; Gen. 9,19; Gen. 10,1; Gen. 10,3; Gen. 10,4; Gen. 10,7; Gen. 10,7; Gen. 10,20; Gen. 10,22; Gen. 10,23; Gen. 10,29; Gen. 10,31; Gen. 11,5; Gen. 19,12; Gen. 23,5; Gen. 25,3; Gen. 25,4; Gen. 25,4; Gen. 25,9; Gen. 25,16; Gen. 27,29; Gen. 31,43; Gen. 32,33; Gen. 34,5; Gen. 34,7; Gen. 34,13; Gen. 34,14; Gen. 34,25; Gen. 34,27; Gen. 35,22; Gen. 35,23; Gen. 35,24; Gen. 35,25; Gen. 35,26; Gen. 35,26; Gen. 35,29; Gen. 36,5; Gen. 36,11; Gen. 36,12; Gen. 36,13; Gen. 36,13; Gen. 36,14; Gen. 36,15; Gen. 36,15; Gen. 36,16; Gen. 36,17; Gen. 36,17; Gen. 36,18; Gen. 36,19; Gen. 36,19; Gen. 36,20; Gen. 36,22; Gen. 36,23; Gen. 36,24; Gen. 36,25; Gen. 36,26; Gen. 36,27; Gen. 36,28; Gen. 37,35; Gen. 41,50; Gen. 42,5; Gen. 42,11; Gen. 42,32; Gen. 45,10; Gen. 45,21; Gen. 46,5; Gen. 46,7; Gen. 46,7; Gen. 46,8; Gen. 46,9; Gen. 46,10; Gen. 46,11; Gen. 46,12; Gen. 46,12; Gen. 46,13; Gen. 46,14; Gen. 46,15; Gen. 46,15; Gen. 46,16; Gen. 46,17; Gen. 46,17; Gen. 46,18; Gen. 46,19; Gen. 46,20; Gen. 46,20; Gen. 46,20; Gen. 46,20; Gen. 46,21; Gen. 46,21; Gen. 46,22; Gen. 46,23; Gen. 46,24; Gen. 46,25; Gen. 46,27; Gen. 47,5; Gen. 49,8; Gen. 49,28; Gen. 50,12; Gen. 50,13; Gen. 50,23; Ex. 1,7; Ex. 2,23; Ex. 6,12; Ex. 6,14; Ex. 6,15; Ex. 6,17; Ex. 6,18; Ex. 6,19; Ex. 6,21; Ex. 6,22; Ex. 6,24; Ex. 9,26; Ex. 12,26; Ex. 12,28; Ex. 12,31; Ex. 12,35; Ex. 12,37; Ex. 12,50; Ex. 13,18; Ex. 13,20; Ex. 14,3; Ex. 14,8; Ex. 14,10; Ex. 14,10; Ex. 14,16; Ex. 14,22; Ex. 14,29; Ex. 15,1; Ex. 15,19; Ex. 16,3; Ex. 16,15; Ex. 16,17; Ex. 16,31; Ex. 16,35; Ex. 18,5; Ex. 27,21; Ex. 28,38; Ex. 28,43; Ex. 29,10; Ex. 29,15; Ex. 29,19; Ex. 29,21; Ex. 29,32; Ex. 30,19; Ex. 31,16; Ex. 32,26; Ex. 32,28; Ex. 33,6; Ex. 34,32; Ex. 34,35; Ex. 35,29; Ex. 36,3; Ex. 38,27; Ex. 39,10; Ex. 39,22; Ex. 40,36; Lev. 1,5; Lev. 1,7; Lev. 1,8; Lev. 1,11; Lev. 3,2; Lev. 3,5; Lev. 3,8; Lev. 3,13; Lev. 6,7; Lev. 6,9; Lev. 8,14; Lev. 8,18; Lev. 8,22; Lev. 8,31; Lev. 8,36; Lev. 9,9; Lev. 9,12; Lev. 9,18; Lev. 10,1; Lev. 17,5; Lev. 22,3; Lev. 24,3; Lev. 24,23; Lev. 25,55; Num. 1,20; Num. 1,52; Num. 1,54; Num. 2,2; Num. 2,2; Num. 2,34; Num. 3,17; Num. 3,19; Num. 3,20; Num. 3,23; Num. 3,38; Num. 4,5; Num. 4,15; Num. 4,15; Num. 4,15; Num. 4,19; Num. 4,38; Num. 5,4; Num. 5,4; Num. 8,10; Num. 8,20; Num. 9,2; Num. 9,5; Num. 9,17; Num. 9,17; Num. 9,18; Num. 9,18; Num. 9,19; Num. 9,22; Num. 10,8; Num. 10,12; Num. 10,17; Num. 10,17; Num. 10,21; Num. 11,4; Num. 13,24; Num. 14,2; Num. 14,33; Num. 15,32; Num. 16,1; Num. 16,7; Num. 16,8; Num. 17,6; Num. 17,27; Num. 18,19; Num. 18,22; Num. 20,1; Num. 20,13; Num. 20,19; Num. 20,22; Num. 21,10; Num. 21,29; Num. 22,1; Num. 26,4; Num. 26,5; Num. 26,8; Num. 26,9; Num. 26,11; Num. 26,12; Num. 26,16; Num. 26,17; Num. 26,19; Num. 26,33; Num. 26,34; Num. 26,39; Num. 26,40; Num. 26,44; Num. 26,45; Num. 26,46; Num. 26,57; Num. 27,3; Num. 27,20; Num. 27,21; Num. 32,2; Num. 32,2; Num. 32,18; Num. 32,25; Num. 32,25; Num. 32,29; Num. 32,29; Num. 32,31; Num. 32,31; Num. 32,34; Num. 32,37; Num. 33,3; Num. 33,5; Num. 33,40; Num. 36,7; Num. 36,8; Num. 36,9; Deut. 2,12; Deut. 2,29; Deut. 4,46; Deut. 6,2; Deut. 10,6; Deut. 12,12; Deut. 17,20; Deut. 18,5; Deut. 23,9; Deut. 24,16; Deut. 29,21; Deut. 31,13; Deut. 32,43; Deut. 34,8; Deut. 34,9; Josh. 3,17; Josh. 4,8; Josh. 4,12; Josh. 4,12; Josh. 4,19; Josh. 4,21; Josh. 5,10; Josh. 7,1; Josh. 7,12; Josh. 8,24; Josh. 8,27; Josh. 9,7; Josh. 9,17; Josh. 9,18; Josh. 10,11; Josh. 11,14; Josh.

υἱός   2405

12,1; Josh. 12,6; Josh. 12,7; Josh. 13,13; Josh. 14,4; Josh. 14,5; Josh. 14,6; Josh. 15,63; Josh. 16,4; Josh. 17,3; Josh. 17,12; Josh. 17,13; Josh. 17,14; Josh. 18,2; Josh. 18,5; Josh. 19,9; Josh. 19,47a; Josh. 19,48; Josh. 19,49; Josh. 21,3; Josh. 21,8; Josh. 21,42b; Josh. 22,9; Josh. 22,9; Josh. 22,10; Josh. 22,10; Josh. 22,11; Josh. 22,11; Josh. 22,11; Josh. 22,12; Josh. 22,13; Josh. 22,21; Josh. 22,21; Josh. 22,25; Josh. 22,30; Josh. 22,30; Josh. 24,4; Josh. 24,32; Josh. 24,33a; Josh. 24,33b; Josh. 24,33b; Judg. 1,1; Judg. 1,8; Judg. 1,9; Judg. 1,16; Judg. 1,21; Judg. 1,22; Judg. 2,6; Judg. 2,11; Judg. 3,5; Judg. 3,7; Judg. 3,9; Judg. 3,12; Judg. 3,14; Judg. 3,15; Judg. 3,15; Judg. 3,27; Judg. 4,1; Judg. 4,3; Judg. 4,5; Judg. 6,1; Judg. 6,2; Judg. 6,3; Judg. 6,6; Judg. 6,7; Judg. 6,33; Judg. 7,12; Judg. 8,19; Judg. 8,30; Judg. 8,33; Judg. 8,34; Judg. 10,4; Judg. 10,6; Judg. 10,9; Judg. 10,9; Judg. 10,10; Judg. 10,11; Judg. 10,15; Judg. 10,17; Judg. 10,17; Judg. 11,2; Judg. 11,4; Judg. 11,5; Judg. 11,33; Judg. 12,1; Judg. 12,2; Judg. 12,9; Judg. 12,14; Judg. 12,14; Judg. 13,1; Judg. 18,2; Judg. 18,23; Judg. 18,25; Judg. 18,26; Judg. 18,30; Judg. 18,30; Judg. 19,16; Judg. 19,22; Judg. 20,1; Judg. 20,3; Judg. 20,3; Judg. 20,3; Judg. 20,7; Judg. 20,13; Judg. 20,14; Judg. 20,15; Judg. 20,18; Judg. 20,19; Judg. 20,21; Judg. 20,23; Judg. 20,24; Judg. 20,26; Judg. 20,27; Judg. 20,29; Judg. 20,31; Judg. 20,32; Judg. 20,32; Judg. 20,35; Judg. 21,5; Judg. 21,6; Judg. 21,18; Judg. 21,23; Judg. 21,24; Ruth 1,1; Ruth 1,3; Ruth 1,11; 1Sam. 1,3; 1Sam. 2,12; 1Sam. 2,12; 1Sam. 2,22; 1Sam. 3,13; 1Sam. 3,21; 1Sam. 4,4; 1Sam. 4,11; 1Sam. 6,19; 1Sam. 7,4; 1Sam. 7,7; 1Sam. 7,7; 1Sam. 7,8; 1Sam. 8,3; 1Sam. 10,26; 1Sam. 10,27; 1Sam. 12,8; 1Sam. 14,49; 1Sam. 22,7; 1Sam. 26,16; 1Sam. 26,19; 1Sam. 30,3; 1Sam. 31,6; 1Sam. 31,7; 2Sam. 2,18; 2Sam. 2,25; 2Sam. 3,2; 2Sam. 3,39; 2Sam. 4,2; 2Sam. 4,5; 2Sam. 5,13; 2Sam. 6,3; 2Sam. 6,5; 2Sam. 8,18; 2Sam. 9,10; 2Sam. 10,6; 2Sam. 10,6; 2Sam. 10,8; 2Sam. 10,11; 2Sam. 10,14; 2Sam. 13,29; 2Sam. 13,33; 2Sam. 13,35; 2Sam. 13,36; 2Sam. 14,27; 2Sam. 15,27; 2Sam. 15,36; 2Sam. 16,10; 2Sam. 17,10; 2Sam. 19,18; 2Sam. 19,23; 2Sam. 21,2; 2Sam. 21,2; 2Sam. 22,45; 2Sam. 22,46; 2Sam. 23,32; 1Kings 6,1b; 1Kings 6,1b; 1Kings 8,62; 1Kings 8,63; 1Kings 10,22b # 9,20; 1Kings 13,11; 1Kings 13,12; 1Kings 19,10; 1Kings 19,14; 1Kings 20,13; 1Kings 21,27; 2Kings 2,3; 2Kings 2,5; 2Kings 2,7; 2Kings 2,15; 2Kings 2,16; 2Kings 4,38; 2Kings 6,1; 2Kings 10,1; 2Kings 10,2; 2Kings 10,6; 2Kings 10,30; 2Kings 11,1; 2Kings 13,5; 2Kings 14,6; 2Kings 17,7; 2Kings 17,9; 2Kings 17,22; 2Kings 17,41; 2Kings 17,41; 2Kings 18,4; 2Kings 19,3; 2Kings 19,37; 1Chr. 1,4; 1Chr. 1,6; 1Chr. 1,7; 1Chr. 1,8; 1Chr. 1,9; 1Chr. 1,9; 1Chr. 1,31; 1Chr. 1,32; 1Chr. 1,32; 1Chr. 1,33; 1Chr. 1,33; 1Chr. 1,34; 1Chr. 1,36; 1Chr. 1,37; 1Chr. 1,38; 1Chr. 1,39; 1Chr. 1,40; 1Chr. 1,40; 1Chr. 1,41; 1Chr. 1,41; 1Chr. 1,42; 1Chr. 1,42; 1Chr. 2,4; 1Chr. 2,5; 1Chr. 2,6; 1Chr. 2,7; 1Chr. 2,8; 1Chr. 2,9; 1Chr. 2,16; 1Chr. 2,18; 1Chr. 2,25; 1Chr. 2,27; 1Chr. 2,28; 1Chr. 2,28; 1Chr. 2,30; 1Chr. 2,31; 1Chr. 2,31; 1Chr. 2,31; 1Chr. 2,32; 1Chr. 2,33; 1Chr. 2,33; 1Chr. 2,42; 1Chr. 2,42; 1Chr. 2,43; 1Chr. 2,47; 1Chr. 2,50; 1Chr. 2,50; 1Chr. 2,52; 1Chr. 2,54; 1Chr. 3,1; 1Chr. 3,9; 1Chr. 3,15; 1Chr. 3,16; 1Chr. 3,17; 1Chr. 3,19; 1Chr. 3,19; 1Chr. 3,21; 1Chr. 3,22; 1Chr. 3,23; 1Chr. 3,24; 1Chr. 4,1; 1Chr. 4,3; 1Chr. 4,4; 1Chr. 4,6; 1Chr. 4,7; 1Chr. 4,13; 1Chr. 4,13; 1Chr. 4,15; 1Chr. 4,15; 1Chr. 4,17; 1Chr. 4,18; 1Chr. 4,19; 1Chr. 4,19; 1Chr. 4,20; 1Chr. 4,20; 1Chr. 4,20; 1Chr. 4,27; 1Chr. 4,27; 1Chr. 4,27; 1Chr. 4,42; 1Chr. 5,1; 1Chr. 5,3; 1Chr. 5,4; 1Chr. 5,4; 1Chr. 5,14; 1Chr. 5,28; 1Chr. 5,29; 1Chr. 5,29; 1Chr. 6,3; 1Chr. 6,4; 1Chr. 6,7; 1Chr. 6,10; 1Chr. 6,13; 1Chr. 6,14; 1Chr. 6,18; 1Chr. 6,29; 1Chr. 6,34; 1Chr. 6,35; 1Chr. 6,49; 1Chr. 7,2; 1Chr. 7,3; 1Chr. 7,3; 1Chr. 7,7; 1Chr. 7,8; 1Chr. 7,8; 1Chr. 7,10; 1Chr. 7,10; 1Chr. 7,11; 1Chr. 7,12; 1Chr. 7,13; 1Chr. 7,17; 1Chr. 7,17; 1Chr. 7,19; 1Chr. 7,20; 1Chr. 7,24; 1Chr. 7,25; 1Chr. 7,25; 1Chr. 7,29; 1Chr. 7,31; 1Chr. 7,33; 1Chr. 7,33; 1Chr. 7,34; 1Chr. 7,36; 1Chr. 7,38; 1Chr. 7,39; 1Chr. 7,40; 1Chr. 8,3; 1Chr. 8,6; 1Chr. 8,12; 1Chr. 8,16; 1Chr. 8,18; 1Chr. 8,21; 1Chr. 8,25; 1Chr. 8,27; 1Chr. 8,34; 1Chr. 8,35; 1Chr. 8,38; 1Chr. 8,39; 1Chr. 8,40; 1Chr. 9,5; 1Chr. 9,8; 1Chr. 9,23; 1Chr. 9,41; 1Chr. 9,44; 1Chr. 10,6; 1Chr. 10,7; 1Chr. 11,44; 1Chr. 12,3; 1Chr. 12,8; 1Chr. 12,8; 1Chr. 12,25; 1Chr. 14,3; 1Chr. 15,15; 1Chr. 16,13; 1Chr. 16,42; 1Chr. 18,17; 1Chr. 19,6; 1Chr. 19,6; 1Chr. 19,7; 1Chr. 19,9; 1Chr. 19,12; 1Chr. 19,15; 1Chr. 21,20; 1Chr. 23,8; 1Chr. 23,9; 1Chr. 23,10; 1Chr. 23,12; 1Chr. 23,13; 1Chr. 23,13; 1Chr. 23,14; 1Chr. 23,15; 1Chr. 23,16; 1Chr. 23,17; 1Chr. 23,17; 1Chr. 23,17; 1Chr. 23,18; 1Chr. 23,19; 1Chr. 23,20; 1Chr. 23,21; 1Chr. 23,21; 1Chr. 23,22; 1Chr. 23,22; 1Chr. 23,23; 1Chr. 23,24; 1Chr. 24,1; 1Chr. 24,2; 1Chr. 24,2; 1Chr. 24,4; 1Chr. 24,23; 1Chr. 24,24; 1Chr. 24,24; 1Chr. 24,25; 1Chr. 24,26; 1Chr. 24,26; 1Chr. 24,26; 1Chr. 24,27; 1Chr. 24,27; 1Chr. 24,29; 1Chr. 24,30; 1Chr. 24,30; 1Chr. 24,31; 1Chr. 25,2; 1Chr. 25,2; 1Chr. 25,3; 1Chr. 25,4; 1Chr. 25,5; 1Chr. 25,9; 1Chr. 25,10; 1Chr. 25,11; 1Chr. 25,12; 1Chr. 25,13; 1Chr. 25,14; 1Chr. 25,15; 1Chr. 25,16; 1Chr. 25,17; 1Chr. 25,18; 1Chr. 25,19; 1Chr. 25,20; 1Chr. 25,21; 1Chr. 25,22; 1Chr. 25,23; 1Chr. 25,24; 1Chr. 25,25; 1Chr. 25,26; 1Chr. 25,27; 1Chr. 25,28; 1Chr. 25,29; 1Chr. 25,30; 1Chr. 25,31; 1Chr. 26,6; 1Chr. 26,7; 1Chr. 26,7; 1Chr. 26,8; 1Chr. 26,9; 1Chr. 26,10; 1Chr. 26,11; 1Chr. 26,14; 1Chr. 26,21; 1Chr. 26,21; 1Chr. 26,22; 1Chr. 26,29; 1Chr. 26,30; 1Chr. 26,32; 1Chr. 27,1; 1Chr. 29,24; 2Chr. 7,3; 2Chr. 8,8; 2Chr. 10,18; 2Chr. 11,14; 2Chr. 13,7; 2Chr. 13,10; 2Chr. 13,12; 2Chr. 13,16; 2Chr. 13,18; 2Chr. 13,18; 2Chr. 17,14; 2Chr. 20,1; 2Chr. 20,1; 2Chr. 20,10; 2Chr. 20,23; 2Chr. 21,2; 2Chr. 21,2; 2Chr. 23,11; 2Chr. 24,7; 2Chr. 24,27; 2Chr. 25,4; 2Chr. 25,12; 2Chr. 25,13; 2Chr. 26,17; 2Chr. 27,5; 2Chr. 28,8; 2Chr. 29,9; 2Chr. 30,21; 2Chr. 31,5; 2Chr. 31,6; 2Chr. 31,13; 2Chr. 35,15; 2Chr. 35,17; 1Esdr. 1,15; 1Esdr. 1,17; 1Esdr. 4,37; 1Esdr. 5,1; 1Esdr. 5,5; 1Esdr. 5,9; 1Esdr. 5,10; 1Esdr. 5,10; 1Esdr. 5,11; 1Esdr. 5,12; 1Esdr. 5,12; 1Esdr. 5,12; 1Esdr. 5,12; 1Esdr. 5,13; 1Esdr. 5,13; 1Esdr. 5,14; 1Esdr. 5,14; 1Esdr. 5,14; 1Esdr. 5,15; 1Esdr. 5,15; 1Esdr. 5,15; 1Esdr. 5,16; 1Esdr. 5,16; 1Esdr. 5,16; 1Esdr. 5,16; 1Esdr. 5,17; 1Esdr. 5,17; 1Esdr. 5,21; 1Esdr. 5,22; 1Esdr. 5,22; 1Esdr. 5,23; 1Esdr. 5,24; 1Esdr. 5,24; 1Esdr. 5,25; 1Esdr. 5,25; 1Esdr. 5,26; 1Esdr. 5,27; 1Esdr. 5,28; 1Esdr. 5,28; 1Esdr. 5,28; 1Esdr. 5,28; 1Esdr. 5,28; 1Esdr. 5,28; 1Esdr. 5,29; 1Esdr. 5,29; 1Esdr. 5,29; 1Esdr. 5,29; 1Esdr. 5,29; 1Esdr. 5,29; 1Esdr. 5,29; 1Esdr. 5,29; 1Esdr. 5,30; 1Esdr. 5,30; 1Esdr. 5,30; 1Esdr. 5,30; 1Esdr. 5,30; 1Esdr. 5,30; 1Esdr. 5,30; 1Esdr. 5,31; 1Esdr. 5,31; 1Esdr. 5,31; 1Esdr. 5,31; 1Esdr. 5,31; 1Esdr. 5,31; 1Esdr. 5,31; 1Esdr. 5,31; 1Esdr. 5,31; 1Esdr. 5,31; 1Esdr. 5,31; 1Esdr. 5,31; 1Esdr. 5,31; 1Esdr. 5,31; 1Esdr. 5,31; 1Esdr. 5,32; 1Esdr. 5,32; 1Esdr. 5,32; 1Esdr. 5,32; 1Esdr. 5,32; 1Esdr. 5,32; 1Esdr. 5,32; 1Esdr. 5,33; 1Esdr. 5,33; 1Esdr. 5,33; 1Esdr. 5,33; 1Esdr. 5,33; 1Esdr. 5,33; 1Esdr. 5,33; 1Esdr. 5,34; 1Esdr. 5,34; 1Esdr. 5,34; 1Esdr. 5,34; 1Esdr. 5,34; 1Esdr. 5,34; 1Esdr. 5,34; 1Esdr. 5,34; 1Esdr. 5,34; 1Esdr. 5,35; 1Esdr. 5,37; 1Esdr. 5,37; 1Esdr. 5,38; 1Esdr. 5,38; 1Esdr. 5,38; 1Esdr. 5,56; 1Esdr. 5,56; 1Esdr. 5,56; 1Esdr. 5,57; 1Esdr. 7,6; 1Esdr. 7,10; 1Esdr. 7,11; 1Esdr. 7,13; 1Esdr. 8,47; 1Esdr. 8,67; 1Esdr. 9,37; Ezra 2,1; Ezra 2,3; Ezra 2,4; Ezra 2,5; Ezra 2,6; Ezra 2,7; Ezra 2,8; Ezra 2,9; Ezra 2,10; Ezra 2,11; Ezra 2,12; Ezra 2,13; Ezra 2,14; Ezra 2,15; Ezra 2,16; Ezra 2,17; Ezra 2,18; Ezra 2,19; Ezra 2,20; Ezra 2,21; Ezra 2,22; Ezra 2,23; Ezra 2,24; Ezra 2,25; Ezra 2,26; Ezra 2,29; Ezra 2,30; Ezra 2,31; Ezra 2,32; Ezra 2,33; Ezra 2,34; Ezra 2,35; Ezra 2,36; Ezra 2,37; Ezra 2,38; Ezra 2,39; Ezra 2,40; Ezra 2,41; Ezra 2,42; Ezra 2,42; Ezra 2,42;

Ezra 2,42; Ezra 2,42; Ezra 2,42; Ezra 2,43; Ezra 2,43; Ezra 2,43; Ezra 2,44; Ezra 2,44; Ezra 2,44; Ezra 2,45; Ezra 2,45; Ezra 2,45; Ezra 2,46; Ezra 2,46; Ezra 2,46; Ezra 2,47; Ezra 2,47; Ezra 2,47; Ezra 2,48; Ezra 2,48; Ezra 2,48; Ezra 2,49; Ezra 2,49; Ezra 2,49; Ezra 2,50; Ezra 2,50; Ezra 2,50; Ezra 2,51; Ezra 2,51; Ezra 2,51; Ezra 2,52; Ezra 2,52; Ezra 2,52; Ezra 2,53; Ezra 2,53; Ezra 2,53; Ezra 2,54; Ezra 2,54; Ezra 2,55; Ezra 2,55; Ezra 2,55; Ezra 2,55; Ezra 2,56; Ezra 2,56; Ezra 2,56; Ezra 2,57; Ezra 2,57; Ezra 2,57; Ezra 2,57; Ezra 2,58; Ezra 2,60; Ezra 2,60; Ezra 2,60; Ezra 2,60; Ezra 2,61; Ezra 2,61; Ezra 2,61; Ezra 3,1; Ezra 3,9; Ezra 3,9; Ezra 3,9; Ezra 3,9; Ezra 3,9; Ezra 3,10; Ezra 4,1; Ezra 6,16; Ezra 6,19; Ezra 6,21; Ezra 8,18; Ezra 8,19; Ezra 8,35; Ezra 9,7; Ezra 10,16; Ezra 10,38; Ezra 10,38; Neh. 3,3; Neh. 3,14; Neh. 5,5; Neh. 5,5; Neh. 7,6; Neh. 7,8; Neh. 7,9; Neh. 7,10; Neh. 7,11; Neh. 7,12; Neh. 7,13; Neh. 7,14; Neh. 7,15; Neh. 7,16; Neh. 7,17; Neh. 7,18; Neh. 7,19; Neh. 7,20; Neh. 7,21; Neh. 7,22; Neh. 7,23; Neh. 7,24; Neh. 7,25; Neh. 7,26; Neh. 7,26; Neh. 7,27; Neh. 7,35; Neh. 7,36; Neh. 7,37; Neh. 7,38; Neh. 7,39; Neh. 7,40; Neh. 7,41; Neh. 7,42; Neh. 7,43; Neh. 7,44; Neh. 7,45; Neh. 7,45; Neh. 7,45; Neh. 7,45; Neh. 7,45; Neh. 7,45; Neh. 7,46; Neh. 7,46; Neh. 7,46; Neh. 7,47; Neh. 7,47; Neh. 7,47; Neh. 7,48; Neh. 7,48; Neh. 7,48; Neh. 7,49; Neh. 7,49; Neh. 7,49; Neh. 7,50; Neh. 7,50; Neh. 7,50; Neh. 7,51; Neh. 7,51; Neh. 7,51; Neh. 7,52; Neh. 7,52; Neh. 7,52; Neh. 7,53; Neh. 7,53; Neh. 7,53; Neh. 7,54; Neh. 7,54; Neh. 7,54; Neh. 7,55; Neh. 7,55; Neh. 7,55; Neh. 7,56; Neh. 7,56; Neh. 7,57; Neh. 7,57; Neh. 7,57; Neh. 7,57; Neh. 7,58; Neh. 7,58; Neh. 7,58; Neh. 7,59; Neh. 7,59; Neh. 7,59; Neh. 7,59; Neh. 7,59; Neh. 7,60; Neh. 7,62; Neh. 7,62; Neh. 7,62; Nch. 7,63; Neh. 7,63; Neh. 7,63; Neh. 7,73; Neh. 8,14; Neh. 8,17; Neh. 9,1; Neh. 9,2; Neh. 9,4; Neh. 9,4; Neh. 10,14; Neh. 10,15; Neh. 10,29; Neh. 10,40; Neh. 10,40; Neh. 11,3; Neh. 11,6; Neh. 11,7; Neh. 11,31; Neh. 12,23; Neh. 12,24; Neh. 12,28; Neh. 13,24; Judith 4,1; Judith 4,8; Judith 5,1; Judith 5,3; Judith 6,14; Judith 7,4; Judith 7,18; Judith 7,18; Judith 7,19; Judith 14,12; Judith 15,3; Judith 15,5; Judith 15,7; Judith 16,6; Judith 16,12; Tob. 1,21; Tob. 4,12; Tob. 13,3; 1Mac. 1,9; 1Mac. 1,11; 1Mac. 2,2; 1Mac. 2,14; 1Mac. 2,16; 1Mac. 2,28; 1Mac. 2,30; 1Mac. 3,45; 1Mac. 4,2; 1Mac. 6,24; 1Mac. 9,36; 1Mac. 14,49; 1Mac. 16,14; 1Mac. 16,16; Psa. 4,3; Psa. 17,45; Psa. 17,46; Psa. 28,1; Psa. 35,8; Psa. 48,3; Psa. 56,5; Psa. 57,2; Psa. 61,10; Psa. 61,10; Psa. 77,6; Psa. 77,9; Psa. 81,6; Psa. 88,31; Psa. 89,3; Psa. 101,29; Psa. 104,6; Psa. 108,9; Psa. 108,10; Psa. 126,4; Psa. 131,12; Psa. 143,12; Psa. 149,2; Ode. 1,19; Ode. 2,43; Ode. 8,82; Eccl. 9,12; Song 1,6; Job 1,2; Job 1,4; Job 1,13; Job 2,9b; Job 5,4; Job 27,14; Job 28,8; Job 30,8; Job 42,13; Sir. 39,13; Sir. 46,10; Sir. 50,13; Sir. 50,16; Sol. 2,3; Sol. 2,6; Sol. 17,15; Sol. 17,27; Hos. 2,1; Hos. 2,2; Hos. 2,2; Hos. 3,4; Hos. 3,5; Hos. 4,1; Amos 2,11; Amos 3,12; Amos 4,5; Amos 9,7; Amos 9,7; Joel 1,12; Joel 3,1; Zeph. 2,9; Zech. 4,14; Mal. 3,6; Is. 1,4; Is. 11,14; Is. 19,11; Is. 30,9; Is. 37,38; Is. 57,3; Is. 60,14; Is. 62,8; Is. 66,20; Jer. 2,16; Jer. 2,26; Jer. 3,14; Jer. 3,22; Jer. 4,22; Jer. 6,1; Jer. 6,21; Jer. 7,18; Jer. 7,30; Jer. 11,22; Jer. 14,16; Jer. 27,4; Jer. 27,4; Jer. 27,33; Jer. 27,33; Jer. 30,17; Jer. 37,20; Jer. 39,30; Jer. 39,30; Jer. 42,6; Jer. 42,8; Jer. 42,14; Jer. 42,16; Jer. 42,18; Jer. 47,8; Bar. 3,21; Bar. 3,23; Ezek. 4,13; Ezek. 14,16; Ezek. 14,20; Ezek. 23,7; Ezek. 23,17; Ezek. 24,21; Ezek. 27,11; Ezek. 27,15; Ezek. 27,17; Ezek. 27,32; Ezek. 33,17; Ezek. 33,30; Ezek. 37,18; Ezek. 40,46; Ezek. 42,13; Ezek. 44,15; Dan. 3,82; Sus. 28; Sus. 48; Josh. 19,9; Judg. 1,1; Judg. 1,8; Judg. 1,9; Judg. 1,16; Judg. 1,21; Judg. 1,22; Judg. 2,11; Judg. 3,5; Judg. 3,7; Judg. 3,8; Judg. 3,9; Judg. 3,12; Judg. 3,14; Judg. 3,15; Judg. 3,15; Judg. 3,27; Judg. 4,1; Judg. 4,3; Judg. 4,5; Judg. 6,1; Judg. 6,2; Judg. 6,3; Judg. 6,3; Judg. 6,6; Judg. 6,33; Judg. 7,12; Judg. 8,19; Judg. 8,30; Judg. 8,33; Judg. 8,34; Judg. 10,4; Judg. 10,6; Judg. 10,9; Judg. 10,10; Judg. 10,15; Judg. 10,17; Judg. 10,17; Judg. 11,2; Judg. 11,5; Judg. 11,33; Judg. 12,2; Judg. 12,9; Judg. 12,14; Judg. 12,14; Judg. 13,1; Judg. 18,2; Judg. 18,23; Judg. 18,25; Judg. 18,26; Judg. 18,27; Judg. 18,30; Judg. 18,30; Judg. 19,16; Judg. 19,22; Judg. 20,1; Judg. 20,3; Judg. 20,3; Judg. 20,3; Judg. 20,7; Judg. 20,13; Judg. 20,14; Judg. 20,15; Judg. 20,18; Judg. 20,19; Judg. 20,21; Judg. 20,23; Judg. 20,24; Judg. 20,25; Judg. 20,26; Judg. 20,28; Judg. 20,29; Judg. 20,30; Judg. 20,31; Judg. 20,32; Judg. 20,32; Judg. 20,35; Judg. 20,36; Judg. 20,39; Judg. 20,45; Judg. 20,45; Judg. 20,48; Judg. 21,1; Judg. 21,5; Judg. 21,6; Judg. 21,14; Judg. 21,23; Judg. 21,24; Tob. 1,21; Tob. 13,3; Tob. 14,7; Dan. 2,38; Dan. 3,82; Dan. 6,25; Dan. 11,10; Dan. 11,14; Sus. 48; Matt. 5,9; Matt. 5,45; Matt. 8,12; Matt. 9,15; Matt. 12,27; Matt. 13,38; Matt. 13,38; Mark 2,19; Mark 3,17; Mark 10,35; Luke 6,35; Luke 11,19; Luke 16,8; Luke 20,34; Luke 20,36; John 4,12; John 12,36; Acts 2,17; Acts 3,25; Acts 19,14; Rom. 8,14; Rom. 9,26; Gal. 3,26; 1Th. 5,5; 1Th. 5,5)

Noun · masculine · plural · vocative · (common) ▸ 1 + 1 = **2** (Gen. 49,2; Acts 13,26)

υἱοί ▸ 60 + 7 = **67**

Noun · masculine · plural · nominative · (common) ▸ 60 + 7 = **67** (Gen. 6,18; Gen. 8,16; Gen. 10,25; Gen. 22,23; Gen. 31,43; Gen. 45,10; Gen. 45,11; Gen. 48,5; Ex. 18,6; Lev. 10,9; Lev. 10,14; Num. 18,1; Num. 18,1; Num. 18,2; Num. 18,7; Num. 18,10; Num. 26,37; Deut. 5,14; Deut. 6,2; Deut. 28,32; Deut. 32,20; Judg. 8,22; 1Sam. 4,17; 1Sam. 8,5; 1Sam. 12,2; 1Sam. 28,19; 2Sam. 9,10; 2Sam. 14,6; 1Kings 2,4; 2Kings 4,7; 2Kings 20,18; 1Chr. 2,34; 1Chr. 8,38; 1Chr. 9,44; 1Chr. 24,28; 1Chr. 26,2; 1Chr. 26,4; 2Chr. 6,16; 2Chr. 6,41; 1Mac. 2,18; 1Mac. 2,18; 1Mac. 2,20; Psa. 44,17; Psa. 126,3; Psa. 127,3; Psa. 131,12; Ode. 2,20; Job 1,5; Job 8,4; Wis. 16,26; Amos 7,17; Is. 49,20; Is. 51,20; Is. 60,4; Is. 62,5; Jer. 5,7; Jer. 10,20; Bar. 4,37; Lam. 1,16; Ezek. 27,4; Matt. 17,26; Matt. 20,21; Matt. 23,31; Luke 20,36; Gal. 3,7; Gal. 4,6; Heb. 12,8)

υἱοῖς ▸ 390 + 12 + 7 = **409**

Noun · masculine · plural · dative · (common) ▸ 390 + 12 + 7 = **409** (Gen. 9,8; Gen. 18,19; Gen. 23,3; Gen. 23,7; Gen. 25,6; Gen. 34,9; Gen. 42,1; Gen. 49,33; Ex. 3,14; Ex. 3,15; Ex. 6,6; Ex. 6,9; Ex. 10,9; Ex. 10,23; Ex. 11,7; Ex. 12,24; Ex. 12,42; Ex. 13,2; Ex. 14,2; Ex. 14,15; Ex. 19,3; Ex. 19,6; Ex. 20,22; Ex. 23,22; Ex. 25,2; Ex. 27,20; Ex. 28,4; Ex. 28,12; Ex. 28,40; Ex. 29,28; Ex. 29,29; Ex. 29,35; Ex. 29,43; Ex. 29,45; Ex. 30,16; Ex. 30,31; Ex. 31,13; Ex. 31,17; Ex. 33,5; Ex. 34,16; Ex. 34,16; Ex. 34,34; Ex. 35,19; Ex. 35,30; Ex. 36,34; Lev. 1,2; Lev. 2,3; Lev. 2,10; Lev. 6,2; Lev. 6,18; Lev. 7,10; Lev. 7,23; Lev. 7,29; Lev. 7,31; Lev. 7,34; Lev. 7,38; Lev. 10,13; Lev. 10,14; Lev. 10,15; Lev. 11,2; Lev. 12,2; Lev. 15,2; Lev. 17,12; Lev. 17,14; Lev. 18,2; Lev. 19,18; Lev. 20,2; Lev. 21,1; Lev. 21,2; Lev. 22,2; Lev. 22,18; Lev. 23,2; Lev. 23,10; Lev. 23,24; Lev. 23,34; Lev. 23,44; Lev. 24,2; Lev. 24,9; Lev. 24,10; Lev. 24,15; Lev. 24,23; Lev. 25,2; Lev. 27,2; Num. 1,22; Num. 1,24; Num. 1,26; Num. 1,28; Num. 1,30; Num. 1,30; Num. 1,32; Num. 1,34; Num. 1,36; Num. 1,38; Num. 1,40; Num. 1,42; Num. 1,47; Num. 1,53; Num. 3,9; Num. 3,42; Num. 3,48; Num. 3,51; Num. 5,2; Num. 5,6; Num. 5,9; Num. 5,12; Num. 6,2; Num. 6,23; Num. 7,7; Num. 7,8; Num. 7,9; Num. 8,17; Num. 8,18; Num. 8,19; Num. 8,19; Num. 9,4; Num. 9,10; Num. 13,2; Num. 14,10; Num. 15,2; Num. 15,18; Num. 15,29; Num. 15,38; Num. 17,3; Num. 17,5; Num. 17,17; Num. 17,21; Num. 17,25; Num. 18,5; Num. 18,8; Num. 18,9; Num. 18,11; Num. 18,14; Num. 18,19; Num. 18,21; Num. 19,2; Num. 19,10; Num. 20,24; Num. 25,16; Num. 27,8; Num. 27,11;

υἱός

Num. 27,12; Num. 28,2; Num. 30,1; Num. 31,16; Num. 32,1; Num. 32,1; Num. 32,6; Num. 32,6; Num. 32,33; Num. 32,33; Num. 33,51; Num. 34,2; Num. 34,13; Num. 34,29; Num. 35,2; Num. 35,10; Num. 35,15; Num. 36,2; Num. 36,5; Num. 36,7; Deut. 1,36; Deut. 2,5; Deut. 2,9; Deut. 2,19; Deut. 2,22; Deut. 3,16; Deut. 4,40; Deut. 4,45; Deut. 5,29; Deut. 6,4; Deut. 11,6; Deut. 12,25; Deut. 12,28; Deut. 17,20; Deut. 18,5; Deut. 21,16; Deut. 22,21; Deut. 28,69; Deut. 31,9; Deut. 31,19; Deut. 32,46; Deut. 32,49; Deut. 32,51; Deut. 32,51; Josh. 3,9; Josh. 4,7; Josh. 4,22; Josh. 5,12; Josh. 6,16; Josh. 7,1; Josh. 8,31 # 9,2b; Josh. 13,13; Josh. 13,14; Josh. 13,24; Josh. 13,31; Josh. 13,31; Josh. 16,9; Josh. 17,2; Josh. 17,2; Josh. 17,2; Josh. 17,2; Josh. 17,2; Josh. 17,2; Josh. 17,2; Josh. 17,6; Josh. 17,8; Josh. 17,17; Josh. 18,3; Josh. 18,7; Josh. 20,2; Josh. 20,9; Josh. 21,4; Josh. 21,5; Josh. 21,6; Josh. 21,7; Josh. 21,10; Josh. 21,12; Josh. 21,13; Josh. 21,20; Josh. 21,27; Josh. 21,40; Josh. 21,45; Josh. 22,31; Josh. 22,31; Josh. 22,33; Judg. 3,6; Judg. 10,18; Judg. 11,6; Judg. 11,8; Judg. 11,9; Judg. 12,1; Judg. 12,9; Judg. 14,16; Judg. 14,17; Judg. 21,20; Ruth 1,2; 1Sam. 1,4; 1Sam. 2,22; 1Sam. 9,2; 1Sam. 16,1; 1Sam. 31,2; 2Sam. 4,2; 2Sam. 4,9; 1Kings 2,7; 1Kings 11,2; 1Kings 12,33; 1Kings 13,13; 1Kings 13,31; 2Kings 4,38; 2Kings 8,12; 2Kings 8,19; 2Kings 10,3; 2Kings 17,34; 1Chr. 6,39; 1Chr. 6,42; 1Chr. 6,46; 1Chr. 6,47; 1Chr. 6,48; 1Chr. 6,55; 1Chr. 6,56; 1Chr. 6,62; 1Chr. 7,1; 1Chr. 16,40; 1Chr. 19,19; 1Chr. 20,3; 1Chr. 23,6; 1Chr. 23,10; 1Chr. 24,1; 1Chr. 24,4; 1Chr. 24,4; 1Chr. 24,5; 1Chr. 24,5; 1Chr. 24,20; 1Chr. 24,20; 1Chr. 24,20; 1Chr. 24,22; 1Chr. 26,1; 1Chr. 26,19; 1Chr. 26,19; 1Chr. 27,21; 1Chr. 28,4; 1Chr. 28,8; 2Chr. 5,12; 2Chr. 5,12; 2Chr. 13,5; 2Chr. 21,7; 2Chr. 21,14; 2Chr. 26,18; 2Chr. 29,21; 2Chr. 31,19; 2Chr. 35,5; 2Chr. 35,7; 2Chr. 35,12; 2Chr. 35,14; 2Chr. 36,20; 1Esdr. 1,14; 1Esdr. 1,14; 1Esdr. 1,54; 1Esdr. 5,56; 1Esdr. 7,12; 1Esdr. 8,81; 1Esdr. 8,81; 1Esdr. 8,82; Ezra 2,6; Ezra 2,40; Ezra 6,20; Ezra 9,2; Ezra 9,12; Ezra 9,12; Ezra 9,12; Ezra 10,7; Neh. 2,10; Neh. 5,2; Neh. 7,11; Neh. 7,43; Neh. 10,31; Neh. 12,47; Neh. 13,2; Neh. 13,16; Neh. 13,17; Neh. 13,25; Neh. 13,25; Judith 8,32; Tob. 1,7; Tob. 1,7; Tob. 13,15; 1Mac. 2,17; 1Mac. 2,49; 1Mac. 3,15; 1Mac. 7,9; 1Mac. 7,13; 1Mac. 7,23; 1Mac. 14,25; Psa. 41,1; Psa. 43,1; Psa. 44,1; Psa. 47,1; Psa. 48,1; Psa. 68,9; Psa. 77,5; Psa. 77,6; Psa. 82,9; Psa. 83,1; Psa. 84,1; Psa. 86,1; Psa. 87,1; Psa. 88,7; Psa. 102,7; Psa. 106,8; Psa. 106,15; Psa. 106,21; Psa. 106,31; Psa. 113,24; Psa. 144,12; Psa. 148,14; Prov. 8,4; Prov. 8,31; Eccl. 1,13; Eccl. 2,3; Eccl. 3,10; Job 17,5; Wis. 5,5; Wis. 9,6; Sir. 3,2; Sir. 16,1; Sir. 38,25; Sir. 45,9; Sir. 46,12; Mic. 5,6; Joel 4,6; Obad. 20; Is. 17,11; Jer. 30,17; Jer. 36,6; Jer. 38,15; Jer. 47,11; Ezek. 3,1; Ezek. 4,3; Ezek. 18,2; Ezek. 25,3; Ezek. 25,4; Ezek. 25,10; Ezek. 33,2; Ezek. 44,9; Ezek. 44,28; Ezek. 46,16; Ezek. 46,18; Ezek. 47,22; Ezek. 48,11; Dan. 8,19; Judg. 3,6; Judg. 11,9; Judg. 12,1; Judg. 12,9; Judg. 14,16; Judg. 14,17; Judg. 20,38; Judg. 21,18; Judg. 21,20; Tob. 1,7; Tob. 1,7; Tob. 1,8; Mark 3,28; Acts 7,37; Acts 10,36; Eph. 2,2; Eph. 3,5; Heb. 12,5; Heb. 12,7)

υἱόν ▸ 59 + 8 + 20 = 87

Noun · masculine · singular · accusative · (common) ▸ 59 + 8 + 20 = **87** (Gen. 16,15; Gen. 17,19; Gen. 22,2; Gen. 24,5; Gen. 24,6; Gen. 24,8; Gen. 30,5; Gen. 30,6; Gen. 30,10; Gen. 30,23; Gen. 37,35; Ex. 2,10; Ex. 2,22; Ex. 4,23; Deut. 7,4; Judg. 6,30; Judg. 8,31; Judg. 13,3; Judg. 13,5; Judg. 13,7; Ruth 4,13; 1Sam. 1,20; 1Sam. 16,19; 1Sam. 22,8; 2Sam. 7,14; 2Sam. 11,27; 2Sam. 12,24; 2Sam. 14,11; 2Sam. 14,16; 1Kings 1,33; 1Kings 3,20; 1Kings 3,21; 1Kings 17,18; 1Kings 17,19; 2Kings 4,16; 2Kings 4,36; 2Kings 6,28; 2Kings 6,28; 2Kings 6,29; 2Kings 6,29; 2Kings 8,1; 1Chr. 7,23; 1Chr. 17,13; 1Chr. 28,6; Tob. 4,2; Tob. 11,14; 2Mac. 7,26; 2Mac. 9,26; Prov. 19,18; Prov. 28,17a; Prov. 29,17; Eccl. 5,13; Job 42,17c; Sir. 30,13; Hos. 1,3; Hos. 1,8; Is. 7,14; Is. 8,3; Ezek. 18,14; Judg. 6,30; Judg. 8,31; Judg. 13,3; Judg. 13,5; Judg. 13,7; Tob. 3,9; Tob. 4,2; Tob. 11,14; Matt. 1,21; Matt. 1,23; Matt. 1,25; Matt. 2,15; Matt. 17,15; Matt. 21,37; Mark 9,17; Mark 12,6; Luke 1,13; Luke 1,57; Luke 9,38; Luke 9,41; Luke 20,13; Luke 20,41; John 4,47; John 17,1; Acts 7,21; Heb. 1,5; Heb. 1,8; 1John 2,22)

υἱὸν ▸ 256 + 13 + 65 = 334

Noun · masculine · singular · accusative · (common) ▸ 256 + 13 + 65 = **334** (Gen. 4,25; Gen. 5,28; Gen. 11,31; Gen. 11,31; Gen. 11,31; Gen. 12,5; Gen. 14,12; Gen. 16,11; Gen. 17,23; Gen. 18,10; Gen. 19,37; Gen. 19,38; Gen. 21,2; Gen. 21,7; Gen. 21,9; Gen. 21,10; Gen. 21,13; Gen. 22,3; Gen. 22,9; Gen. 22,10; Gen. 24,36; Gen. 25,11; Gen. 27,1; Gen. 27,5; Gen. 27,6; Gen. 27,15; Gen. 27,30; Gen. 27,42; Gen. 28,5; Gen. 29,1; Gen. 29,5; Gen. 29,32; Gen. 29,33; Gen. 29,34; Gen. 29,35; Gen. 30,7; Gen. 30,12; Gen. 30,17; Gen. 30,19; Gen. 30,24; Gen. 34,26; Gen. 37,34; Gen. 38,3; Gen. 38,4; Gen. 38,5; Gen. 47,29; Ex. 21,31; Num. 13,16; Num. 17,2; Num. 20,25; Num. 20,26; Num. 20,28; Num. 22,5; Num. 27,18; Num. 31,6; Num. 31,8; Num. 32,28; Deut. 1,31; Deut. 8,5; Deut. 18,10; Deut. 21,16; Deut. 21,17; Deut. 23,5; Deut. 28,56; Josh. 2,23; Josh. 7,24; Josh. 22,13; Judg. 3,9; Judg. 3,15; Judg. 4,6; Judg. 9,18; Judg. 13,24; 1Sam. 1,23; 1Sam. 4,20; 1Sam. 7,1; 1Sam. 9,3; 1Sam. 14,52; 1Sam. 16,18; 1Sam. 19,1; 1Sam. 20,27; 1Sam. 22,9; 1Sam. 22,9; 1Sam. 22,11; 1Sam. 23,6; 1Sam. 26,6; 1Sam. 27,2; 1Sam. 30,7; 2Sam. 1,12; 2Sam. 1,17; 2Sam. 2,5; 2Sam. 2,8; 2Sam. 3,14; 2Sam. 3,37; 2Sam. 8,3; 2Sam. 8,10; 2Sam. 11,21; 2Sam. 11,22; 2Sam. 13,37; 2Sam. 13,37; 2Sam. 18,12; 2Sam. 21,7; 1Kings 1,26; 1Kings 1,32; 1Kings 1,44; 1Kings 1,52; 1Kings 2,29; 1Kings 2,32; 1Kings 2,32; 1Kings 2,35; 1Kings 2,39; 1Kings 3,6; 1Kings 3,20; 1Kings 5,21; 1Kings 7,2; 1Kings 11,14; 1Kings 11,20; 1Kings 12,24e; 1Kings 12,24p; 1Kings 15,18; 1Kings 15,18; 1Kings 17,20; 1Kings 19,16; 1Kings 19,16; 1Kings 19,19; 1Kings 21,15; 1Kings 22,9; 2Kings 3,27; 2Kings 4,17; 2Kings 4,28; 2Kings 4,37; 2Kings 6,29; 2Kings 8,5; 2Kings 8,5; 2Kings 8,29; 2Kings 9,2; 2Kings 9,20; 2Kings 10,15; 2Kings 11,2; 2Kings 11,4; 2Kings 11,12; 2Kings 14,8; 2Kings 14,13; 2Kings 14,17; 2Kings 15,14; 2Kings 15,30; 2Kings 15,37; 2Kings 16,3; 2Kings 17,21; 2Kings 19,2; 2Kings 21,7; 2Kings 21,24; 2Kings 22,3; 2Kings 23,10; 2Kings 23,30; 2Kings 23,34; 2Kings 24,17; 2Kings 25,18; 2Kings 25,22; 1Chr. 7,16; 1Chr. 15,17; 1Chr. 18,10; 1Chr. 22,6; 1Chr. 22,10; 1Chr. 23,1; 1Chr. 29,22; 2Chr. 2,11; 2Chr. 16,2; 2Chr. 18,8; 2Chr. 18,25; 2Chr. 22,1; 2Chr. 22,6; 2Chr. 22,7; 2Chr. 22,11; 2Chr. 23,1; 2Chr. 23,1; 2Chr. 23,1; 2Chr. 23,1; 2Chr. 23,1; 2Chr. 23,3; 2Chr. 23,11; 2Chr. 24,22; 2Chr. 25,17; 2Chr. 28,7; 2Chr. 33,7; 2Chr. 33,25; 2Chr. 34,8; 2Chr. 34,8; 2Chr. 36,1; 2Chr. 36,4; 1Esdr. 1,32; Tob. 1,21; Tob. 3,9; Tob. 10,7; Tob. 11,13; Tob. 12,1; Tob. 14,3; 1Mac. 3,33; 1Mac. 6,15; 1Mac. 6,17; 1Mac. 6,55; 1Mac. 8,17; 1Mac. 8,17; 1Mac. 13,53; 2Mac. 2,20; 2Mac. 9,25; 2Mac. 9,29; 2Mac. 10,10; 4Mac. 16,20; Psa. 79,16; Psa. 79,18; Psa. 85,16; Prov. 3,12; Prov. 13,24; Wis. 18,13; Sir. 30,1; Sir. 30,2; Sir. 30,3; Sir. 30,7; Sir. 34,20; Sir. 48,10; Sol. 13,9; Sol. 17,21; Sol. 18,4; Zeph. 1,1; Zech. 1,1; Zech. 1,7; Mal. 3,17; Mal. 3,23; Is. 2,1; Is. 7,6; Is. 8,2; Is. 8,6; Is. 37,2; Jer. 15,4; Jer. 21,1; Jer. 21,1; Jer. 22,11; Jer. 22,18; Jer. 24,1; Jer. 26,25; Jer. 36,25; Jer. 39,16; Jer. 42,3; Jer. 43,4; Jer. 43,14; Jer. 43,14; Jer. 44,3; Jer. 44,3; Jer. 46,14; Jer. 47,5; Jer. 47,11; Jer. 50,6; Jer. 51,31; Bar. 1,7; Ezek. 1,3; Ezek. 18,10; Judg. 3,9; Judg. 3,15; Judg. 3,15; Judg. 4,6; Judg. 9,18; Judg. 11,25; Judg. 13,24; Tob. 1,9; Tob. 1,21; Tob. 4,3; Tob. 5,17; Tob. 12,1; Tob. 14,3; Matt. 10,37; Matt. 11,27; Matt. 16,13; Matt. 16,28; Matt. 21,5; Matt. 21,37; Matt. 21,38; Matt. 23,15; Matt. 24,30;

Matt. 26,64; Mark 8,31; Mark 9,12; Mark 12,6; Mark 13,26; Mark 14,62; Luke 1,31; Luke 1,36; Luke 2,7; Luke 3,2; Luke 9,22; Luke 12,10; Luke 21,27; Luke 22,48; Luke 24,7; John 1,45; John 1,51; John 3,14; John 3,16; John 3,17; John 3,35; John 3,36; John 5,20; John 5,23; John 5,23; John 6,40; John 6,62; John 8,28; John 9,35; John 12,34; John 19,7; Acts 7,56; Acts 13,21; Rom. 8,3; Gal. 1,16; Gal. 4,4; Gal. 4,30; 1Th. 1,10; Heb. 4,14; Heb. 6,6; Heb. 7,28; Heb. 10,29; Heb. 12,6; James 2,21; 1John 2,23; 1John 2,23; 1John 4,9; 1John 4,10; 1John 4,14; 1John 5,10; 1John 5,12; 1John 5,12; 2John 9; Rev. 1,13; Rev. 12,5; Rev. 14,14)

Υἱός ▸ 1
  Noun · masculine · singular · nominative · (common) ▸ 1 (Psa. 2,7)

Υἱὸς ▸ 18
  Noun · masculine · singular · nominative · (common) ▸ 18 (Gen. 35,18; Gen. 49,22; Ex. 4,22; 2Sam. 1,13; 2Kings 12,1; 2Kings 21,1; 2Kings 21,19; 2Kings 22,1; 2Kings 23,31; 2Kings 23,36; 2Kings 24,8; 2Kings 24,18; 2Chr. 22,9; 2Chr. 27,1; 2Chr. 28,1; 2Chr. 36,9; Prov. 10,1; Mal. 1,6)

υἱός ▸ 58 + 7 + 32 = 97
  Noun · masculine · singular · nominative · (common) ▸ 58 + 7 + 32 = 97 (Gen. 4,26; Gen. 18,14; Gen. 27,21; Gen. 27,24; Gen. 27,32; Gen. 34,8; Gen. 35,17; Gen. 38,11; Gen. 42,38; Gen. 45,9; Gen. 45,26; Gen. 45,28; Gen. 48,2; Gen. 49,22; Ex. 13,14; Ex. 20,10; Num. 27,4; Deut. 6,20; Deut. 12,18; Deut. 13,7; Deut. 16,11; Deut. 16,14; Josh. 4,6; Judg. 8,23; Judg. 17,2; 1Sam. 9,2; 1Sam. 14,40; 1Sam. 22,8; 2Sam. 12,14; 2Sam. 15,27; 2Sam. 16,11; 1Kings 1,13; 1Kings 1,17; 1Kings 1,21; 1Kings 1,30; 1Kings 3,21; 1Kings 3,22; 1Kings 3,22; 1Kings 3,23; 1Kings 3,23; 1Kings 3,23; 1Kings 5,19; 1Kings 8,19; 1Kings 17,23; 2Kings 8,9; 2Kings 16,7; 1Chr. 22,5; 1Chr. 28,6; 1Chr. 29,1; 2Chr. 6,9; 2Chr. 22,10; Tob. 2,1; Tob. 3,15; Tob. 11,6; Job 42,17c; Hos. 13,13; Is. 3,25; Is. 7,3; Judg. 8,22; Judg. 8,23; Judg. 17,2; Tob. 2,1; Tob. 5,10; Tob. 11,6; Tob. 11,17; Matt. 3,17; Matt. 13,55; Matt. 17,5; Matt. 22,42; Matt. 24,36; Matt. 27,43; Mark 1,11; Mark 9,7; Mark 12,37; Mark 13,32; Luke 3,22; Luke 3,23; Luke 4,22; Luke 9,35; Luke 15,19; Luke 15,21; Luke 15,24; Luke 15,30; Luke 20,44; John 4,50; John 4,53; John 19,26; Acts 13,33; Rom. 9,9; Gal. 4,7; Gal. 4,7; Heb. 1,5; Heb. 5,5; Heb. 5,8; 1Pet. 5,13; 2Pet. 1,17; Rev. 21,7)

υἱὸς ▸ 863 + 41 + 129 = 1033
  Noun · masculine · singular · nominative · (common) ▸ 863 + 41 + 125 = 1029 (Gen. 9,24; Gen. 11,10; Gen. 15,2; Gen. 17,25; Gen. 17,26; Gen. 19,38; Gen. 21,5; Gen. 21,8; Gen. 21,10; Gen. 25,25; Gen. 29,12; Gen. 34,2; Gen. 34,5; Gen. 34,20; Gen. 36,10; Gen. 36,10; Gen. 36,32; Gen. 36,33; Gen. 36,35; Gen. 36,38; Gen. 36,39; Gen. 36,39; Gen. 37,3; Gen. 46,10; Gen. 49,22; Ex. 23,12; Ex. 33,11; Lev. 24,10; Lev. 24,10; Lev. 24,11; Lev. 25,49; Num. 1,5; Num. 1,6; Num. 1,7; Num. 1,8; Num. 1,9; Num. 1,10; Num. 1,10; Num. 1,11; Num. 1,12; Num. 1,13; Num. 1,14; Num. 1,15; Num. 2,3; Num. 2,5; Num. 2,7; Num. 2,10; Num. 2,12; Num. 2,14; Num. 2,18; Num. 2,20; Num. 2,22; Num. 2,25; Num. 2,27; Num. 2,29; Num. 3,24; Num. 3,30; Num. 3,32; Num. 3,35; Num. 4,16; Num. 7,12; Num. 7,18; Num. 7,24; Num. 7,30; Num. 7,36; Num. 7,42; Num. 7,48; Num. 7,54; Num. 7,60; Num. 7,66; Num. 7,72; Num. 7,78; Num. 10,14; Num. 10,15; Num. 10,16; Num. 10,18; Num. 10,19; Num. 10,22; Num. 10,26; Num. 10,27; Num. 13,4; Num. 13,5; Num. 13,6; Num. 13,7; Num. 13,8; Num. 13,9; Num. 13,10; Num. 13,11; Num. 13,12; Num. 13,13; Num. 13,14; Num. 13,15; Num. 14,30; Num. 14,38; Num. 14,38; Num. 16,1; Num. 16,1; Num. 17,4; Num. 22,2; Num. 22,4; Num. 22,10; Num. 23,18; Num. 23,19; Num. 24,3; Num. 24,15; Num. 25,7; Num. 25,11; Num. 25,14; Num. 26,65; Num. 27,8; Num. 32,12; Num. 32,39; Num. 34,19; Num. 34,20; Num. 34,21; Num. 34,22; Num. 34,23; Num. 34,24; Num. 34,25; Num. 34,26; Num. 34,27; Num. 34,28; Deut. 1,36; Deut. 1,38; Deut. 3,14; Deut. 10,6; Deut. 21,15; Deut. 21,18; Deut. 21,20; Deut. 34,9; Josh. 2,1; Josh. 7,1; Josh. 7,18; Josh. 10,20; Josh. 15,14; Josh. 15,17; Josh. 24,30; Josh. 24,33; Judg. 1,13; Judg. 2,8; Judg. 2,8; Judg. 3,11; Judg. 3,31; Judg. 4,12; Judg. 5,1; Judg. 5,12; Judg. 6,11; Judg. 6,29; Judg. 8,13; Judg. 8,29; Judg. 8,32; Judg. 9,1; Judg. 9,5; Judg. 9,26; Judg. 9,28; Judg. 9,28; Judg. 9,28; Judg. 9,31; Judg. 9,35; Judg. 9,36; Judg. 10,1; Judg. 10,1; Judg. 11,1; Judg. 11,2; Judg. 11,34; Judg. 12,13; Judg. 12,15; Judg. 18,30; Judg. 20,28; Ruth 4,17; 1Sam. 1,1; 1Sam. 4,15; 1Sam. 9,1; 1Sam. 9,21; 1Sam. 10,21; 1Sam. 13,16; 1Sam. 14,1; 1Sam. 14,3; 1Sam. 14,50; 1Sam. 14,51; 1Sam. 19,1; 1Sam. 20,27; 1Sam. 20,31; 1Sam. 20,31; 1Sam. 22,7; 1Sam. 22,13; 1Sam. 22,20; 1Sam. 23,16; 1Sam. 25,10; 1Sam. 25,17; 1Sam. 26,5; 2Sam. 1,4; 2Sam. 1,5; 2Sam. 2,8; 2Sam. 2,10; 2Sam. 2,12; 2Sam. 2,13; 2Sam. 3,3; 2Sam. 3,4; 2Sam. 3,7; 2Sam. 3,23; 2Sam. 4,1; 2Sam. 4,4; 2Sam. 4,4; 2Sam. 5,4; 2Sam. 7,10; 2Sam. 8,16; 2Sam. 8,16; 2Sam. 8,17; 2Sam. 8,17; 2Sam. 8,18; 2Sam. 9,3; 2Sam. 9,6; 2Sam. 9,10; 2Sam. 9,12; 2Sam. 10,1; 2Sam. 12,5; 2Sam. 13,1; 2Sam. 13,3; 2Sam. 13,32; 2Sam. 14,1; 2Sam. 15,27; 2Sam. 15,36; 2Sam. 15,36; 2Sam. 16,3; 2Sam. 16,5; 2Sam. 16,9; 2Sam. 16,11; 2Sam. 17,10; 2Sam. 17,25; 2Sam. 17,27; 2Sam. 17,27; 2Sam. 18,18; 2Sam. 18,19; 2Sam. 18,20; 2Sam. 18,22; 2Sam. 19,17; 2Sam. 19,19; 2Sam. 19,22; 2Sam. 19,25; 2Sam. 19,33; 2Sam. 19,36; 2Sam. 20,1; 2Sam. 20,1; 2Sam. 20,6; 2Sam. 20,21; 2Sam. 20,23; 2Sam. 20,24; 2Sam. 21,11; 2Sam. 21,17; 2Sam. 21,19; 2Sam. 21,21; 2Sam. 23,1; 2Sam. 23,9; 2Sam. 23,9; 2Sam. 23,11; 2Sam. 23,18; 2Sam. 23,20; 2Sam. 23,22; 2Sam. 23,24; 2Sam. 23,26; 2Sam. 23,29; 2Sam. 23,29; 2Sam. 23,29; 2Sam. 23,31; 2Sam. 23,33; 2Sam. 23,34; 2Sam. 23,34; 2Sam. 23,34; 2Sam. 23,36; 2Sam. 23,36; 1Kings 1,5; 1Kings 1,8; 1Kings 1,11; 1Kings 1,36; 1Kings 1,38; 1Kings 1,42; 1Kings 2,5; 1Kings 2,8; 1Kings 2,8; 1Kings 2,12; 1Kings 2,13; 1Kings 2,22; 1Kings 2,30; 1Kings 2,30; 1Kings 2,34; 1Kings 2,35l; 1Kings 2,35l; 1Kings 2,46h; 1Kings 2,46h; 1Kings 2,46h; 1Kings 2,46h; 1Kings 2,46h; 1Kings 2,46h; 1Kings 2,46h; 1Kings 2,46l; 1Kings 3,19; 1Kings 3,23; 1Kings 3,26; 1Kings 4,2; 1Kings 4,3; 1Kings 4,3; 1Kings 4,5; 1Kings 4,5; 1Kings 4,6; 1Kings 4,6; 1Kings 4,9; 1Kings 4,10; 1Kings 4,12; 1Kings 4,13; 1Kings 4,14; 1Kings 4,16; 1Kings 4,17; 1Kings 4,18; 1Kings 4,19; 1Kings 11,26; 1Kings 11,26; 1Kings 11,43; 1Kings 11,43; 1Kings 12,24a; 1Kings 12,24a; 1Kings 12,24h; 1Kings 12,24o; 1Kings 13,2; 1Kings 14,21; 1Kings 14,21; 1Kings 14,31; 1Kings 15,1; 1Kings 15,8; 1Kings 15,20; 1Kings 15,24; 1Kings 15,25; 1Kings 15,27; 1Kings 15,33; 1Kings 16,6; 1Kings 16,8; 1Kings 16,28; 1Kings 16,28a; 1Kings 16,28h; 1Kings 16,29; 1Kings 17,17; 1Kings 21,1; 1Kings 21,3; 1Kings 21,5; 1Kings 21,10; 1Kings 21,16; 1Kings 21,20; 1Kings 21,22; 1Kings 21,26; 1Kings 21,30; 1Kings 21,32; 1Kings 21,33; 1Kings 21,33; 1Kings 22,8; 1Kings 22,11; 1Kings 22,24; 1Kings 22,40; 1Kings 22,41; 1Kings 22,42; 1Kings 22,51; 1Kings 22,52; 2Kings 1,18a; 2Kings 3,1; 2Kings 3,11; 2Kings 4,14; 2Kings 6,24; 2Kings 6,32; 2Kings 8,5; 2Kings 8,7; 2Kings 8,9; 2Kings 8,16; 2Kings 8,17; 2Kings 8,24; 2Kings 8,25; 2Kings 8,26; 2Kings 8,29; 2Kings 9,14; 2Kings 10,23; 2Kings 10,35; 2Kings 12,22; 2Kings 12,22; 2Kings 12,22; 2Kings 13,1; 2Kings 13,9; 2Kings 13,10; 2Kings 13,24; 2Kings 13,24; 2Kings 13,25; 2Kings 14,1; 2Kings 14,2; 2Kings 14,13; 2Kings 14,16; 2Kings 14,17; 2Kings 14,21; 2Kings 14,23; 2Kings 14,29; 2Kings 15,1; 2Kings 15,2; 2Kings 15,5; 2Kings 15,7; 2Kings 15,8; 2Kings 15,10; 2Kings 15,13; 2Kings 15,14; 2Kings 15,17; 2Kings 15,22; 2Kings 15,23; 2Kings 15,25; 2Kings 15,27; 2Kings 15,30; 2Kings 15,32; 2Kings 15,33; 2Kings 15,38; 2Kings

υἱός

16,1; 2Kings 16,2; 2Kings 16,5; 2Kings 16,20; 2Kings 17,1; 2Kings 18,1; 2Kings 18,2; 2Kings 18,18; 2Kings 18,18; 2Kings 18,26; 2Kings 18,37; 2Kings 18,37; 2Kings 19,20; 2Kings 19,37; 2Kings 20,1; 2Kings 20,12; 2Kings 20,21; 2Kings 21,18; 2Kings 21,26; 2Kings 23,15; 2Kings 24,6; 2Kings 25,23; 2Kings 25,23; 2Kings 25,23; 2Kings 25,23; 2Kings 25,25; 1Chr. 1,43; 1Chr. 1,44; 1Chr. 1,46; 1Chr. 1,49; 1Chr. 1,50; 1Chr. 1,50; 1Chr. 2,18; 1Chr. 2,45; 1Chr. 3,2; 1Chr. 3,2; 1Chr. 3,10; 1Chr. 3,10; 1Chr. 3,10; 1Chr. 3,11; 1Chr. 3,11; 1Chr. 3,11; 1Chr. 3,12; 1Chr. 3,12; 1Chr. 3,12; 1Chr. 3,13; 1Chr. 3,13; 1Chr. 3,13; 1Chr. 3,14; 1Chr. 3,14; 1Chr. 3,16; 1Chr. 3,16; 1Chr. 3,17; 1Chr. 3,21; 1Chr. 3,21; 1Chr. 3,21; 1Chr. 3,21; 1Chr. 3,21; 1Chr. 3,22; 1Chr. 4,2; 1Chr. 4,16; 1Chr. 4,20; 1Chr. 4,25; 1Chr. 4,25; 1Chr. 4,25; 1Chr. 4,26; 1Chr. 4,26; 1Chr. 4,26; 1Chr. 4,26; 1Chr. 4,34; 1Chr. 4,35; 1Chr. 4,35; 1Chr. 4,35; 1Chr. 4,37; 1Chr. 5,4; 1Chr. 5,5; 1Chr. 5,5; 1Chr. 5,5; 1Chr. 5,6; 1Chr. 5,8; 1Chr. 5,8; 1Chr. 5,8; 1Chr. 6,5; 1Chr. 6,5; 1Chr. 6,6; 1Chr. 6,6; 1Chr. 6,6; 1Chr. 6,6; 1Chr. 6,7; 1Chr. 6,7; 1Chr. 6,7; 1Chr. 6,8; 1Chr. 6,8; 1Chr. 6,8; 1Chr. 6,9; 1Chr. 6,9; 1Chr. 6,9; 1Chr. 6,9; 1Chr. 6,11; 1Chr. 6,11; 1Chr. 6,11; 1Chr. 6,12; 1Chr. 6,12; 1Chr. 6,12; 1Chr. 6,14; 1Chr. 6,14; 1Chr. 6,14; 1Chr. 6,15; 1Chr. 6,15; 1Chr. 6,15; 1Chr. 6,18; 1Chr. 6,24; 1Chr. 6,29; 1Chr. 6,35; 1Chr. 6,35; 1Chr. 6,35; 1Chr. 6,36; 1Chr. 6,36; 1Chr. 6,36; 1Chr. 6,37; 1Chr. 6,37; 1Chr. 6,37; 1Chr. 6,38; 1Chr. 6,38; 1Chr. 7,12; 1Chr. 7,16; 1Chr. 7,20; 1Chr. 7,20; 1Chr. 7,20; 1Chr. 7,20; 1Chr. 7,21; 1Chr. 7,21; 1Chr. 7,25; 1Chr. 7,26; 1Chr. 7,26; 1Chr. 7,27; 1Chr. 7,27; 1Chr. 8,30; 1Chr. 8,37; 1Chr. 8,37; 1Chr. 8,37; 1Chr. 9,4; 1Chr. 9,7; 1Chr. 9,8; 1Chr. 9,8; 1Chr. 9,11; 1Chr. 9,12; 1Chr. 9,12; 1Chr. 9,14; 1Chr. 9,15; 1Chr. 9,16; 1Chr. 9,16; 1Chr. 9,19; 1Chr. 9,20; 1Chr. 9,21; 1Chr. 9,36; 1Chr. 9,40; 1Chr. 9,43; 1Chr. 9,43; 1Chr. 9,43; 1Chr. 11,6; 1Chr. 11,11; 1Chr. 11,12; 1Chr. 11,22; 1Chr. 11,22; 1Chr. 11,24; 1Chr. 11,26; 1Chr. 11,28; 1Chr. 11,30; 1Chr. 11,31; 1Chr. 11,34; 1Chr. 11,35; 1Chr. 11,35; 1Chr. 11,37; 1Chr. 11,38; 1Chr. 11,41; 1Chr. 11,42; 1Chr. 11,43; 1Chr. 11,45; 1Chr. 11,46; 1Chr. 12,3; 1Chr. 12,19; 1Chr. 15,17; 1Chr. 15,17; 1Chr. 16,38; 1Chr. 18,12; 1Chr. 18,15; 1Chr. 18,15; 1Chr. 18,16; 1Chr. 18,16; 1Chr. 18,17; 1Chr. 19,1; 1Chr. 20,5; 1Chr. 20,7; 1Chr. 22,9; 1Chr. 24,6; 1Chr. 24,6; 1Chr. 26,1; 1Chr. 26,25; 1Chr. 27,6; 1Chr. 27,7; 1Chr. 29,26; 1Chr. 29,28; 2Chr. 1,1; 2Chr. 1,5; 2Chr. 2,3; 2Chr. 9,31; 2Chr. 10,2; 2Chr. 12,16; 2Chr. 13,23; 2Chr. 15,1; 2Chr. 16,4; 2Chr. 17,1; 2Chr. 18,7; 2Chr. 18,10; 2Chr. 18,23; 2Chr. 19,11; 2Chr. 21,1; 2Chr. 21,17; 2Chr. 22,1; 2Chr. 22,6; 2Chr. 23,3; 2Chr. 24,27; 2Chr. 26,3; 2Chr. 26,21; 2Chr. 26,23; 2Chr. 27,9; 2Chr. 28,27; 2Chr. 32,20; 2Chr. 32,33; 2Chr. 33,20; 2Chr. 33,23; 2Chr. 35,3; 2Chr. 36,2; 2Chr. 36,8; 1Esdr. 1,41; Ezra 5,2; Ezra 7,1; Ezra 8,4; Ezra 8,5; Ezra 8,6; Ezra 8,7; Ezra 8,8; Ezra 8,9; Ezra 8,10; Ezra 8,11; Ezra 8,12; Ezra 8,33; Ezra 8,33; Ezra 8,33; Ezra 10,2; Ezra 10,15; Ezra 10,15; Neh. 3,4; Neh. 3,4; Neh. 3,4; Neh. 3,6; Neh. 3,6; Neh. 3,8; Neh. 3,10; Neh. 3,10; Neh. 3,11; Neh. 3,11; Neh. 3,12; Neh. 3,14; Neh. 3,16; Neh. 3,17; Neh. 3,18; Neh. 3,19; Neh. 3,20; Neh. 3,21; Neh. 3,23; Neh. 3,24; Neh. 3,25; Neh. 3,29; Neh. 3,29; Neh. 3,30; Neh. 3,30; Neh. 3,30; Neh. 3,31; Neh. 6,18; Neh. 9,4; Neh. 10,2; Neh. 10,3; Neh. 10,10; Neh. 10,39; Neh. 11,4; Neh. 11,4; Neh. 11,4; Neh. 11,4; Neh. 11,4; Neh. 11,5; Neh. 11,5; Neh. 11,5; Neh. 11,5; Neh. 11,5; Neh. 11,5; Neh. 11,5; Neh. 11,5; Neh. 11,7; Neh. 11,7; Neh. 11,7; Neh. 11,7; Neh. 11,7; Neh. 11,7; Neh. 11,7; Neh. 11,9; Neh. 11,9; Neh. 11,10; Neh. 11,11; Neh. 11,11; Neh. 11,11; Neh. 11,11; Neh. 11,11; Neh. 11,12; Neh. 11,12; Neh. 11,12; Neh. 11,13; Neh. 11,15; Neh. 11,15; Neh. 11,17; Neh. 11,17; Neh. 11,22; Neh. 11,22; Neh. 11,22; Neh. 11,24; Neh. 12,35; Neh. 12,35; Neh. 12,35; Neh. 12,35; Neh. 12,35; Neh. 12,35; Neh. 13,13; Neh. 13,13; Esth. 11,1 # 10,3l; Judith 6,15; Judith 8,16; Tob. 1,15; Tob. 1,21; Tob. 5,17; Tob. 6,15; Tob. 11,10; Tob. 11,15; 1Mac. 1,10; 1Mac. 2,1; 1Mac. 3,1; 1Mac. 10,67; 1Mac. 14,29; 1Mac. 15,1; 4Mac. 4,15; Psa. 8,5; Psa. 28,6; Psa. 88,23; Psa. 115,7; Psa. 142,1; Psa. 143,3; Ode. 14,18; Prov. 4,3; Prov. 10,1; Prov. 10,4a; Prov. 10,5; Prov. 10,5; Prov. 11,19; Prov. 13,1; Prov. 13,1; Prov. 15,20; Prov. 15,20; Prov. 16,15; Prov. 17,21; Prov. 17,25; Prov. 19,13; Prov. 19,27; Prov. 24,22a; Prov. 28,7; Eccl. 4,8; Eccl. 10,17; Job 16,21; Job 25,6; Job 42,17d; Wis. 2,18; Wis. 9,5; Sir. 4,10; Sir. 17,30; Sir. 30,8; Sir. 45,23; Sir. 46,7; Sir. 47,12; Sir. 47,24; Sir. 49,12; Sir. 50,1; Sir. 50,27; Sol. 8,9; Amos 2,7; Amos 7,14; Mic. 6,5; Mic. 7,6; Is. 1,1; Is. 7,1; Is. 7,5; Is. 7,5; Is. 7,9; Is. 9,5; Is. 13,1; Is. 37,21; Is. 37,38; Is. 38,1; Is. 39,1; Jer. 2,6; Jer. 16,2; Jer. 20,1; Jer. 22,24; Jer. 27,40; Jer. 28,43; Jer. 30,12; Jer. 30,28; Jer. 33,20; Jer. 35,1; Jer. 38,20; Jer. 39,7; Jer. 39,8; Jer. 42,6; Jer. 43,11; Jer. 43,12; Jer. 43,12; Jer. 43,12; Jer. 43,12; Jer. 44,1; Jer. 44,13; Jer. 45,1; Jer. 45,1; Jer. 45,1; Jer. 47,8; Jer. 47,8; Jer. 47,8; Jer. 47,13; Jer. 48,1; Jer. 48,11; Jer. 49,1; Jer. 50,2; Jer. 50,2; Jer. 50,3; Bar. 1,1; Bar. 1,8; Ezek. 18,19; Ezek. 18,19; Ezek. 18,20; Ezek. 44,9; Dan. 7,13; Dan. 11,10; Bel 2; Judg. 1,13; Judg. 2,8; Judg. 2,8; Judg. 2,21; Judg. 3,11; Judg. 3,31; Judg. 4,12; Judg. 5,1; Judg. 5,12; Judg. 6,11; Judg. 6,29; Judg. 8,13; Judg. 8,29; Judg. 8,32; Judg. 9,1; Judg. 9,5; Judg. 9,26; Judg. 9,28; Judg. 9,28; Judg. 9,28; Judg. 9,31; Judg. 9,35; Judg. 9,36; Judg. 10,1; Judg. 10,1; Judg. 11,1; Judg. 11,2; Judg. 11,34; Judg. 12,13; Judg. 12,15; Judg. 18,30; Judg. 18,30; Judg. 20,28; Tob. 1,15; Tob. 1,21; Tob. 6,12; Tob. 6,15; Tob. 10,1; Tob. 10,7; Dan. 5,22; Dan. 7,13; Matt. 1,20; Matt. 4,3; Matt. 4,6; Matt. 7,9; Matt. 8,20; Matt. 9,6; Matt. 10,23; Matt. 11,19; Matt. 11,27; Matt. 11,27; Matt. 12,8; Matt. 12,23; Matt. 12,40; Matt. 13,37; Matt. 13,41; Matt. 14,33; Matt. 16,16; Matt. 16,27; Matt. 17,9; Matt. 17,12; Matt. 17,22; Matt. 19,28; Matt. 20,18; Matt. 20,28; Matt. 22,45; Matt. 24,44; Matt. 25,31; Matt. 26,2; Matt. 26,24; Matt. 26,24; Matt. 26,45; Matt. 26,63; Matt. 27,40; Matt. 27,54; Mark 2,10; Mark 2,28; Mark 3,11; Mark 6,3; Mark 8,38; Mark 9,9; Mark 9,31; Mark 10,33; Mark 10,45; Mark 10,46; Mark 12,35; Mark 14,21; Mark 14,21; Mark 14,41; Mark 14,61; Mark 15,39; Luke 1,32; Luke 1,35; Luke 4,3; Luke 4,9; Luke 4,41; Luke 5,24; Luke 6,5; Luke 7,12; Luke 7,34; Luke 9,26; Luke 9,44; Luke 9,58; Luke 10,6; Luke 10,22; Luke 10,22; Luke 10,22; Luke 11,11; Luke 11,30; Luke 12,8; Luke 12,40; Luke 12,53; Luke 14,5; Luke 15,13; Luke 15,21; Luke 15,25; Luke 17,24; Luke 17,30; Luke 18,8; Luke 19,9; Luke 19,10; Luke 22,22; Luke 22,69; Luke 22,70; John 1,34; John 1,42; John 1,49; John 3,13; John 4,46; John 5,19; John 5,19; John 5,21; John 5,27; John 6,27; John 6,42; John 8,35; John 8,36; John 9,19; John 9,20; John 10,36; John 11,4; John 11,27; John 12,23; John 12,34; John 13,31; John 17,1; John 17,12; John 20,31; Acts 4,36; Acts 9,20; Acts 16,1; Acts 23,6; Acts 23,16; 1Cor. 15,28; 2Cor. 1,19; Gal. 4,30; 2Th. 2,3; Heb. 2,6; Heb. 3,6; Heb. 11,24; Heb. 12,7; 1John 3,8; 1John 4,15; 1John 5,5; 1John 5,20; Rev. 2,18)

    Noun · masculine · singular · vocative · (variant) ▸ **4** (Matt. 9,27; Matt. 15,22; Matt. 20,30; Matt. 20,31)

υἱοῦ ▸ 434 + 15 + 36 = **485**

    Noun · masculine · singular · genitive · (common) ▸ 434 + 15 + 36 = **485** (Gen. 4,17; Gen. 11,31; Gen. 11,31; Gen. 16,15; Gen. 17,12; Gen. 21,3; Gen. 21,9; Gen. 21,10; Gen. 21,11; Gen. 22,12; Gen. 22,13; Gen. 22,16; Gen. 24,47; Gen. 25,6; Gen. 25,12; Gen. 25,19; Gen. 27,15; Gen. 27,17; Gen. 27,27; Gen. 27,31; Gen. 27,42; Gen. 28,9; Gen. 29,13; Gen. 30,14; Gen. 30,15; Gen. 30,15; Gen. 30,16; Gen. 34,18; Gen. 34,24; Gen. 36,2; Gen. 36,12; Gen. 36,14; Gen. 36,17; Gen. 36,21; Gen. 36,39; Gen. 37,32; Gen. 37,33; Gen. 50,23; Ex. 4,25; Ex. 37,19; Lev. 18,10; Lev.

18,15; Lev. 18,17; Num. 4,28; Num. 4,33; Num. 7,8; Num. 7,17; Num. 7,23; Num. 7,29; Num. 7,35; Num. 7,41; Num. 7,47; Num. 7,53; Num. 7,59; Num. 7,65; Num. 7,71; Num. 7,77; Num. 7,83; Num. 16,1; Num. 16,1; Num. 16,1; Num. 25,7; Num. 25,11; Num. 27,1; Num. 27,1; Num. 27,1; Num. 31,6; Num. 32,39; Num. 36,1; Num. 36,1; Deut. 11,6; Josh. 7,1; Josh. 7,1; Josh. 7,18; Josh. 13,31; Josh. 13,31; Josh. 14,13; Josh. 15,6; Josh. 21,12; Josh. 22,13; Josh. 24,33; Judg. 3,15; Judg. 5,6; Judg. 7,14; Judg. 9,30; Judg. 9,57; Judg. 11,25; Judg. 18,30; Judg. 20,28; 1Sam. 1,1; 1Sam. 1,1; 1Sam. 9,1; 1Sam. 9,1; 1Sam. 9,1; 1Sam. 9,1; 1Sam. 10,2; 1Sam. 14,3; 1Sam. 14,3; 1Sam. 14,39; 1Sam. 14,42; 1Sam. 14,42; 1Sam. 14,50; 1Sam. 14,51; 1Sam. 16,20; 1Sam. 22,8; 1Sam. 31,12; 2Sam. 2,12; 2Sam. 2,15; 2Sam. 3,15; 2Sam. 3,25; 2Sam. 3,28; 2Sam. 4,4; 2Sam. 4,8; 2Sam. 4,12; 2Sam. 8,7; 2Sam. 8,12; 2Sam. 9,4; 2Sam. 9,5; 2Sam. 9,6; 2Sam. 10,2; 2Sam. 13,21; 2Sam. 14,11; 2Sam. 16,8; 2Sam. 16,19; 2Sam. 18,2; 2Sam. 18,27; 2Sam. 19,17; 2Sam. 19,25; 2Sam. 20,2; 2Sam. 20,7; 2Sam. 20,10; 2Sam. 20,13; 2Sam. 20,22; 2Sam. 21,7; 2Sam. 21,7; 2Sam. 21,12; 2Sam. 21,13; 2Sam. 21,14; 2Sam. 23,37; 1Kings 1,7; 1Kings 1,12; 1Kings 1,47; 1Kings 2,25; 1Kings 2,28; 1Kings 11,12; 1Kings 11,35; 1Kings 12,15; 1Kings 12,24a; 1Kings 15,1; 1Kings 15,18; 1Kings 15,28; 1Kings 15,34; 1Kings 16,1; 1Kings 16,3; 1Kings 16,7; 1Kings 16,13; 1Kings 16,19; 1Kings 16,21; 1Kings 16,22; 1Kings 16,26; 1Kings 16,31; 1Kings 16,34; 1Kings 20,22; 1Kings 20,22; 1Kings 20,29; 1Kings 21,9; 1Kings 22,53; 2Kings 3,3; 2Kings 8,28; 2Kings 9,2; 2Kings 9,9; 2Kings 9,9; 2Kings 9,14; 2Kings 10,29; 2Kings 10,31; 2Kings 13,2; 2Kings 13,3; 2Kings 13,3; 2Kings 13,11; 2Kings 13,25; 2Kings 13,25; 2Kings 14,8; 2Kings 14,13; 2Kings 14,23; 2Kings 14,24; 2Kings 14,25; 2Kings 14,27; 2Kings 15,9; 2Kings 15,18; 2Kings 15,24; 2Kings 15,28; 2Kings 15,30; 2Kings 15,32; 2Kings 16,1; 2Kings 16,3; 2Kings 22,3; 2Kings 22,14; 2Kings 22,14; 2Kings 23,10; 2Kings 25,22; 2Kings 25,25; 1Chr. 4,8; 1Chr. 4,15; 1Chr. 4,21; 1Chr. 4,37; 1Chr. 4,37; 1Chr. 4,37; 1Chr. 4,37; 1Chr. 5,4; 1Chr. 5,14; 1Chr. 5,14; 1Chr. 5,14; 1Chr. 5,14; 1Chr. 5,14; 1Chr. 5,14; 1Chr. 5,14; 1Chr. 5,15; 1Chr. 5,15; 1Chr. 6,18; 1Chr. 6,19; 1Chr. 6,19; 1Chr. 6,19; 1Chr. 6,19; 1Chr. 6,20; 1Chr. 6,20; 1Chr. 6,20; 1Chr. 6,20; 1Chr. 6,21; 1Chr. 6,21; 1Chr. 6,21; 1Chr. 6,21; 1Chr. 6,22; 1Chr. 6,22; 1Chr. 6,22; 1Chr. 6,22; 1Chr. 6,23; 1Chr. 6,23; 1Chr. 6,23; 1Chr. 6,23; 1Chr. 6,24; 1Chr. 6,25; 1Chr. 6,25; 1Chr. 6,25; 1Chr. 6,26; 1Chr. 6,26; 1Chr. 6,26; 1Chr. 6,27; 1Chr. 6,27; 1Chr. 6,27; 1Chr. 6,28; 1Chr. 6,28; 1Chr. 6,28; 1Chr. 6,29; 1Chr. 6,29; 1Chr. 6,30; 1Chr. 6,30; 1Chr. 6,30; 1Chr. 6,31; 1Chr. 6,31; 1Chr. 6,31; 1Chr. 6,32; 1Chr. 6,32; 1Chr. 6,32; 1Chr. 6,32; 1Chr. 7,17; 1Chr. 7,17; 1Chr. 7,29; 1Chr. 9,4; 1Chr. 9,4; 1Chr. 9,4; 1Chr. 9,7; 1Chr. 9,7; 1Chr. 9,8; 1Chr. 9,8; 1Chr. 9,8; 1Chr. 9,11; 1Chr. 9,11; 1Chr. 9,11; 1Chr. 9,11; 1Chr. 9,12; 1Chr. 9,12; 1Chr. 9,12; 1Chr. 9,12; 1Chr. 9,12; 1Chr. 9,12; 1Chr. 9,14; 1Chr. 9,14; 1Chr. 9,15; 1Chr. 9,15; 1Chr. 9,16; 1Chr. 9,16; 1Chr. 9,16; 1Chr. 9,19; 1Chr. 9,19; 1Chr. 11,39; 1Chr. 12,1; 1Chr. 19,2; 2Chr. 1,5; 2Chr. 9,29; 2Chr. 10,15; 2Chr. 11,18; 2Chr. 22,5; 2Chr. 24,25; 2Chr. 25,17; 2Chr. 30,26; 2Chr. 32,32; 2Chr. 34,22; 2Chr. 34,22; 2Chr. 35,4; 1Esdr. 1,4; 1Esdr. 5,5; 1Esdr. 5,24; 1Esdr. 5,37; Ezra 6,14; Ezra 7,1; Ezra 7,1; Ezra 7,2; Ezra 7,2; Ezra 7,2; Ezra 7,3; Ezra 7,3; Ezra 7,3; Ezra 7,4; Ezra 7,4; Ezra 7,4; Ezra 7,5; Ezra 7,5; Ezra 7,5; Ezra 8,18; Ezra 8,18; Ezra 8,33; Ezra 10,6; Ezra 10,18; Neh. 1,1; Neh. 3,2; Neh. 3,4; Neh. 3,4; Neh. 3,21; Neh. 3,23; Neh. 3,25; Neh. 6,10; Neh. 6,10; Neh. 6,18; Neh. 6,18; Neh. 8,17; Neh. 9,2; Neh. 12,1; Neh. 12,23; Neh. 12,26; Neh. 12,26; Neh. 12,45; Judith 8,1; Judith 8,1; Judith 8,1; Judith 8,1; Judith 8,1; Judith 8,1; Judith 8,1; Judith 8,1; Judith 8,1; Judith 8,1; Judith 8,1; Judith 8,1; Judith 8,1; Judith 8,1; Judith 8,1; Tob. 1,20; Tob. 5,12; Tob. 11,9; 1Mac. 4,30; Psa. 3,1; Psa. 7,1; Psa. 9,1; Psa. 49,20; Psa. 71,20; Prov. 1,1; Eccl. 1,1; Sir. 45,25; Sir. 45,25; Hos. 1,1; Amos 1,4; Zeph. 1,1; Zech. 6,14; Is. 7,1; Is. 51,12; Jer. 1,2; Jer. 1,3; Jer. 1,3; Jer. 7,31; Jer. 7,32; Jer. 19,6; Jer. 25,1; Jer. 25,3; Jer. 28,59; Jer. 30,33; Jer. 33,1; Jer. 33,24; Jer. 36,3; Jer. 36,3; Jer. 39,9; Jer. 39,12; Jer. 39,12; Jer. 39,35; Jer. 42,3; Jer. 42,4; Jer. 42,4; Jer. 42,14; Jer. 42,16; Jer. 42,18; Jer. 42,19; Jer. 43,1; Jer. 43,10; Jer. 43,11; Jer. 43,14; Jer. 43,14; Jer. 44,13; Jer. 45,6; Jer. 46,14; Jer. 47,5; Jer. 48,1; Jer. 50,6; Bar. 1,1; Bar. 1,1; Bar. 1,1; Bar. 1,3; Bar. 1,7; Bar. 1,11; Bar. 1,12; Bar. 2,3; Ezek. 18,4; Ezek. 18,20; Bel 1; Judg. 5,6; Judg. 7,14; Judg. 8,18; Judg. 9,30; Judg. 9,57; Judg. 20,28; Tob. 1,20; Tob. 5,16; Tob. 9,5; Tob. 10,4; Tob. 11,5; Tob. 11,9; Tob. 11,17; Dan. 9,1; Dan. 10,16; Matt. 1,1; Matt. 1,1; Matt. 12,32; Matt. 23,35; Matt. 24,27; Matt. 24,30; Matt. 24,37; Matt. 24,39; Matt. 28,19; Mark 1,1; Luke 6,22; Luke 17,22; Luke 17,26; Luke 21,36; John 3,18; John 5,25; John 6,53; Rom. 1,3; Rom. 1,4; Rom. 1,9; Rom. 5,10; Rom. 8,29; Rom. 8,32; 1Cor. 1,9; Gal. 2,20; Gal. 4,6; Gal. 4,30; Eph. 4,13; Col. 1,13; 1John 1,3; 1John 1,7; 1John 3,23; 1John 5,9; 1John 5,10; 1John 5,13; 2John 3)

υἱούς ▸ 30 + 1 + 1 = 32

Noun · masculine · plural · accusative · (common) ▸ 30 + 1 + 1 = 32 (Gen. 5,32; Gen. 6,10; Gen. 29,34; Gen. 42,37; Ex. 34,16; Deut. 4,9; Deut. 6,7; Judg. 11,2; Ruth 1,12; Ruth 4,15; 1Sam. 2,29; 1Sam. 2,34; 2Kings 4,1; 1Chr. 7,4; Ezra 10,44; Tob. 14,3; 4Mac. 16,3; Psa. 102,13; Psa. 147,2; Wis. 12,19; Wis. 12,21; Wis. 16,10; Wis. 18,4; Is. 43,6; Is. 49,22; Is. 49,25; Is. 54,13; Bar. 4,32; Ezek. 16,20; Ezek. 23,25; Judg. 11,2; Luke 15,11)

υἱούς ▸ 358 + 32 + 13 = 403

Noun · masculine · plural · accusative · (common) ▸ 358 + 32 + 13 = 403 (Gen. 5,4; Gen. 5,7; Gen. 5,10; Gen. 5,13; Gen. 5,16; Gen. 5,19; Gen. 5,22; Gen. 5,26; Gen. 5,30; Gen. 9,1; Gen. 11,11; Gen. 11,13; Gen. 11,13; Gen. 11,15; Gen. 11,17; Gen. 11,19; Gen. 11,21; Gen. 11,23; Gen. 11,25; Gen. 22,20; Gen. 30,20; Gen. 32,1; Gen. 33,2; Gen. 36,6; Gen. 37,3; Gen. 48,1; Gen. 48,8; Gen. 48,13; Gen. 49,1; Gen. 50,25; Ex. 1,13; Ex. 2,11; Ex. 2,25; Ex. 3,10; Ex. 3,11; Ex. 3,13; Ex. 3,22; Ex. 4,31; Ex. 5,2; Ex. 6,11; Ex. 6,13; Ex. 6,26; Ex. 6,27; Ex. 7,2; Ex. 7,4; Ex. 7,5; Ex. 9,35; Ex. 10,20; Ex. 11,10; Ex. 12,51; Ex. 13,19; Ex. 14,5; Ex. 15,22; Ex. 18,3; Ex. 21,4; Ex. 25,22; Ex. 28,1; Ex. 28,1; Ex. 28,41; Ex. 29,4; Ex. 29,8; Ex. 29,21; Ex. 29,44; Ex. 30,30; Ex. 32,20; Ex. 40,12; Ex. 40,14; Lev. 2,2; Lev. 4,2; Lev. 8,2; Lev. 8,6; Lev. 8,13; Lev. 8,24; Lev. 8,30; Lev. 8,30; Lev. 8,31; Lev. 9,1; Lev. 10,4; Lev. 10,4; Lev. 10,6; Lev. 10,11; Lev. 10,12; Lev. 10,16; Lev. 15,31; Lev. 16,1; Lev. 17,2; Lev. 17,2; Lev. 21,24; Lev. 21,24; Lev. 23,43; Lev. 27,34; Num. 3,10; Num. 3,15; Num. 4,34; Num. 6,23; Num. 6,23; Num. 13,32; Num. 14,39; Num. 16,10; Num. 16,12; Num. 17,24; Num. 21,35; Num. 24,17; Num. 25,11; Num. 26,63; Num. 26,64; Num. 31,12; Deut. 1,3; Deut. 1,28; Deut. 2,8; Deut. 2,33; Deut. 4,9; Deut. 4,10; Deut. 4,25; Deut. 4,25; Deut. 9,2; Deut. 12,31; Deut. 28,41; Deut. 29,1; Deut. 31,1; Deut. 31,19; Deut. 31,22; Deut. 31,23; Deut. 32,8; Deut. 32,44; Deut. 33,1; Deut. 33,9; Josh. 5,2; Josh. 5,3; Josh. 5,4; Josh. 5,7; Josh. 7,24; Josh. 10,4; Josh. 15,14; Josh. 21,42d; Josh. 22,1; Josh. 22,1; Josh. 22,13; Josh. 22,15; Josh. 22,15; Josh. 22,25; Josh. 22,31; Josh. 22,32; Josh. 22,33; Josh. 23,2; Josh. 24,31a; Judg. 1,16; Judg. 1,20; Judg. 1,34; Judg. 3,13; Judg. 6,8; Judg. 9,2; Judg. 9,5; Judg. 9,18; Judg. 10,8; Judg. 10,8; Judg. 10,11; Judg. 11,30; Judg. 11,32; Judg. 12,3; Judg. 18,2; Judg. 20,13; Judg. 20,48; Judg. 21,14; 1Sam. 2,21; 1Sam. 7,6; 1Sam. 8,1; 1Sam. 8,11; 1Sam. 10,18; 1Sam. 10,18; 1Sam. 11,11; 1Sam. 14,47; 1Sam. 14,47; 1Sam. 16,5; 1Sam. 16,10; 1Sam. 22,11; 1Sam. 30,6; 1Sam. 31,2; 1Sam. 31,8; 2Sam. 1,18; 2Sam. 2,7; 2Sam. 7,6; 2Sam. 10,19; 2Sam. 11,1; 2Sam.

υἱός

13,23; 2Sam. 13,27; 2Sam. 13,28; 2Sam. 13,30; 2Sam. 13,32; 2Sam. 21,2; 2Sam. 21,8; 2Sam. 21,8; 2Sam. 23,20; 1Kings 1,19; 1Kings 1,25; 1Kings 5,11; 1Kings 12,24y; 1Kings 20,10; 2Kings 4,6; 2Kings 10,7; 2Kings 14,6; 2Kings 14,14; 2Kings 17,17; 2Kings 17,31; 2Kings 19,12; 2Kings 21,6; 2Kings 25,7; 1Chr. 8,40; 1Chr. 8,40; 1Chr. 10,2; 1Chr. 10,8; 1Chr. 15,4; 1Chr. 23,11; 1Chr. 24,4; 1Chr. 25,1; 1Chr. 25,5; 1Chr. 28,5; 2Chr. 8,2; 2Chr. 11,19; 2Chr. 11,21; 2Chr. 11,23; 2Chr. 13,9; 2Chr. 13,21; 2Chr. 17,7; 2Chr. 20,22; 2Chr. 21,13; 2Chr. 21,17; 2Chr. 24,3; 2Chr. 25,4; 2Chr. 25,11; 2Chr. 25,24; 2Chr. 28,8; 2Chr. 28,10; 2Chr. 35,13; 1Esdr. 5,11; 1Esdr. 5,24; 1Esdr. 8,46; Ezra 6,9; Neh. 5,5; Neh. 9,23; Esth. 16,16 # 8,12q; Esth. 9,10; Esth. 9,13; Judith 1,12; Judith 2,23; Judith 2,23; Judith 2,26; Judith 6,1; Judith 7,1; Judith 10,19; Judith 16,25; Tob. 5,14; Tob. 13,10; Tob. 14,3; 1Mac. 1,48; 1Mac. 2,47; 1Mac. 3,36; 1Mac. 3,41; 1Mac. 3,58; 1Mac. 5,3; 1Mac. 5,6; 1Mac. 5,65; 1Mac. 9,53; 1Mac. 9,66; 1Mac. 11,62; 1Mac. 16,2; 1Mac. 16,16; 2Mac. 7,20; 3Mac. 6,28; 4Mac. 15,27; Psa. 10,4; Psa. 11,9; Psa. 13,2; Psa. 28,1; Psa. 32,13; Psa. 44,3; Psa. 52,3; Psa. 65,5; Psa. 71,4; Psa. 76,16; Psa. 78,11; Psa. 88,48; Psa. 89,16; Psa. 101,21; Psa. 102,17; Psa. 105,37; Psa. 113,22; Psa. 127,6; Psa. 145,3; Ode. 2,8; Prov. 13,22; Job 19,17; Job 20,10; Job 21,19; Job 42,16; Job 42,16; Sir. 4,11; Sir. 36,23; Sir. 40,1; Sol. 2,11; Sol. 8,21; Sol. 9,4; Sol. 17,31; Sol. 18,3; Hos. 1,7; Hos. 3,1; Mic. 5,2; Joel 4,6; Joel 4,6; Joel 4,8; Joel 4,16; Obad. 12; Mal. 3,3; Is. 1,2; Is. 27,12; Jer. 2,9; Jer. 3,24; Jer. 5,17; Jer. 7,31; Jer. 9,25; Jer. 9,25; Jer. 13,13; Jer. 13,14; Jer. 16,14; Jer. 18,21; Jer. 19,5; Jer. 29,3; Jer. 30,23; Jer. 32,21; Jer. 36,6; Jer. 39,35; Jer. 42,3; Jer. 48,15; Jer. 52,10; Lam. 3,33; Ezek. 3,11; Ezek. 14,18; Ezek. 14,22; Ezek. 16,26; Ezek. 21,33; Ezek. 23,4; Ezek. 23,10; Ezek. 23,12; Ezek. 23,23; Ezek. 23,23; Ezek. 23,47; Ezek. 24,25; Ezek. 25,2; Ezek. 25,5; Ezek. 25,10; Ezek. 33,12; Ezek. 37,16; Ezek. 37,16; Ezek. 44,7; Ezek. 47,22; Dan. 12,1; Sus. 63; Judg. 1,34; Judg. 2,4; Judg. 3,13; Judg. 6,8; Judg. 9,2; Judg. 9,5; Judg. 9,18; Judg. 10,8; Judg. 10,8; Judg. 10,11; Judg. 10,18; Judg. 11,6; Judg. 11,8; Judg. 11,30; Judg. 11,32; Judg. 12,3; Judg. 18,2; Judg. 18,22; Judg. 20,13; Judg. 20,14; Judg. 20,18; Judg. 20,23; Judg. 20,24; Judg. 20,28; Judg. 20,30; Judg. 20,48; Judg. 21,13; Judg. 21,14; Tob. 5,14; Tob. 13,15; Tob. 14,15; Dan. 12,1; Matt. 26,37; Luke 5,10; Luke 5,34; Luke 16,8; Acts 7,23; Acts 7,29; 2Cor. 3,7; 2Cor. 3,13; 2Cor. 6,18; Gal. 4,22; Eph. 5,6; Col. 3,6; Heb. 2,10)

Υἱῷ ▸ 1

    Noun ▪ masculine ▪ singular ▪ dative ▪ (common) ▸ **1** (Sir. 33,20)

υἱῷ ▸ 102 + 6 + 15 = 123

    Noun ▪ masculine ▪ singular ▪ dative ▪ (common) ▸ 102 + 6 + 15 = **123** (Gen. 22,6; Gen. 24,3; Gen. 24,4; Gen. 24,7; Gen. 24,15; Gen. 24,37; Gen. 24,38; Gen. 24,40; Gen. 24,48; Gen. 24,51; Gen. 25,5; Gen. 27,20; Gen. 38,26; Ex. 13,8; Ex. 21,9; Ex. 32,29; Lev. 12,6; Num. 10,29; Num. 26,37; Num. 32,40; Deut. 6,21; Deut. 7,3; Deut. 7,3; Deut. 21,16; Josh. 1,1; Josh. 4,7; Josh. 5,9; Josh. 14,13; Josh. 15,13; Josh. 17,3; Josh. 19,49; 1Sam. 10,11; 1Sam. 13,22; 1Sam. 14,41; 1Sam. 20,30; 1Sam. 22,20; 1Sam. 25,8; 1Sam. 25,44; 2Sam. 4,2; 2Sam. 4,4; 2Sam. 9,9; 2Sam. 9,10; 2Sam. 13,1; 2Sam. 14,27; 2Sam. 19,3; 2Sam. 20,1; 2Sam. 21,8; 1Kings 2,1; 1Kings 2,5; 1Kings 2,5; 1Kings 2,46; 1Kings 3,26; 1Kings 11,13; 1Kings 11,36; 1Kings 12,16; 1Kings 12,21; 1Kings 12,23; 1Kings 12,24t; 1Kings 22,26; 2Kings 8,16; 2Kings 8,25; 2Kings 13,1; 2Kings 14,1; 2Kings 14,9; 2Kings 18,1; 2Kings 18,9; 2Kings 22,12; 2Kings 22,12; 1Chr. 5,1; 1Chr. 5,1; 1Chr. 6,5; 1Chr. 6,41; 1Chr. 7,26; 1Chr. 10,14; 1Chr. 22,17; 1Chr. 26,6; 1Chr. 28,5; 1Chr. 28,11; 1Chr. 28,20; 1Chr. 29,19; 2Chr. 10,16; 2Chr. 25,18; 2Chr. 34,20; 2Chr. 34,20; Tob. 2,2; Tob. 3,17; Tob. 5,15; 1Mac. 2,26; Psa. 71,1; Prov. 2,2; Prov. 13,13a; Prov. 17,21; Prov. 23,24; Job 35,8; Sir. 45,25; Jer. 28,59; Jer. 39,12; Jer. 43,26; Jer. 43,26; Jer. 48,10; Jer. 51,31; Ezek. 44,25; Judg. 17,3; Tob. 2,2; Tob. 3,17; Tob. 5,3; Tob. 5,15; Dan. 3,92; Matt. 21,9; Matt. 21,15; Matt. 22,2; Luke 12,53; Luke 18,31; John 3,36; John 4,5; John 5,22; John 5,26; John 14,13; Heb. 1,2; Heb. 7,3; 1John 2,24; 1John 5,11; 1John 5,20)

υἱῶν ▸ 808 + 56 + 17 = 881

    Noun ▪ masculine ▪ plural ▪ genitive ▪ (common) ▸ 808 + 56 + 17 = **881** (Gen. 6,18; Gen. 7,7; Gen. 7,13; Gen. 8,16; Gen. 8,18; Gen. 10,1; Gen. 10,21; Gen. 10,32; Gen. 23,10; Gen. 23,10; Gen. 23,16; Gen. 23,18; Gen. 23,20; Gen. 25,10; Gen. 25,13; Gen. 27,46; Gen. 30,35; Gen. 31,1; Gen. 35,5; Gen. 36,10; Gen. 37,2; Gen. 37,2; Gen. 37,4; Gen. 45,10; Gen. 46,7; Gen. 46,7; Gen. 46,8; Gen. 46,26; Gen. 49,32; Ex. 1,1; Ex. 1,9; Ex. 1,12; Ex. 2,11; Ex. 3,9; Ex. 3,16; Ex. 4,29; Ex. 5,14; Ex. 5,15; Ex. 5,19; Ex. 6,5; Ex. 6,15; Ex. 6,16; Ex. 9,4; Ex. 9,4; Ex. 9,6; Ex. 9,7; Ex. 12,3; Ex. 12,6; Ex. 12,21; Ex. 12,27; Ex. 12,40; Ex. 12,47; Ex. 13,13; Ex. 13,15; Ex. 14,8; Ex. 14,19; Ex. 16,1; Ex. 16,2; Ex. 16,6; Ex. 16,9; Ex. 16,10; Ex. 16,12; Ex. 17,1; Ex. 17,6; Ex. 17,7; Ex. 19,1; Ex. 21,17; Ex. 22,28; Ex. 24,5; Ex. 24,17; Ex. 27,21; Ex. 28,1; Ex. 28,9; Ex. 28,11; Ex. 28,12; Ex. 28,21; Ex. 28,29; Ex. 28,30; Ex. 29,9; Ex. 29,20; Ex. 29,21; Ex. 29,21; Ex. 29,24; Ex. 29,27; Ex. 29,28; Ex. 29,28; Ex. 29,30; Ex. 30,12; Ex. 30,16; Ex. 31,10; Ex. 34,20; Ex. 35,1; Ex. 35,4; Ex. 35,20; Ex. 36,13; Ex. 36,14; Ex. 36,21; Ex. 39,18; Lev. 6,13; Lev. 6,15; Lev. 7,33; Lev. 7,34; Lev. 7,34; Lev. 7,35; Lev. 7,36; Lev. 8,27; Lev. 8,30; Lev. 8,30; Lev. 10,14; Lev. 13,2; Lev. 16,5; Lev. 16,16; Lev. 16,17; Lev. 16,19; Lev. 16,21; Lev. 16,34; Lev. 17,3; Lev. 17,8; Lev. 17,8; Lev. 17,10; Lev. 17,13; Lev. 19,2; Lev. 20,2; Lev. 20,17; Lev. 22,2; Lev. 22,15; Lev. 22,18; Lev. 22,18; Lev. 22,32; Lev. 24,8; Lev. 25,33; Lev. 25,45; Lev. 25,46; Lev. 26,29; Lev. 26,46; Num. 1,2; Num. 1,10; Num. 1,45; Num. 1,49; Num. 2,3; Num. 2,5; Num. 2,7; Num. 2,10; Num. 2,12; Num. 2,14; Num. 2,18; Num. 2,20; Num. 2,22; Num. 2,25; Num. 2,27; Num. 2,29; Num. 2,32; Num. 3,2; Num. 3,3; Num. 3,7; Num. 3,8; Num. 3,9; Num. 3,12; Num. 3,12; Num. 3,18; Num. 3,25; Num. 3,29; Num. 3,36; Num. 3,38; Num. 3,40; Num. 3,41; Num. 3,41; Num. 3,45; Num. 3,46; Num. 3,50; Num. 4,2; Num. 4,2; Num. 4,4; Num. 4,22; Num. 4,27; Num. 4,27; Num. 4,28; Num. 4,33; Num. 4,41; Num. 4,42; Num. 4,45; Num. 7,24; Num. 7,30; Num. 7,36; Num. 7,42; Num. 7,48; Num. 7,54; Num. 7,60; Num. 7,66; Num. 7,72; Num. 7,78; Num. 7,84; Num. 8,6; Num. 8,9; Num. 8,11; Num. 8,13; Num. 8,14; Num. 8,16; Num. 8,16; Num. 8,19; Num. 8,19; Num. 8,19; Num. 8,20; Num. 8,22; Num. 9,7; Num. 10,14; Num. 10,15; Num. 10,16; Num. 10,19; Num. 10,20; Num. 10,23; Num. 10,24; Num. 10,25; Num. 10,26; Num. 10,27; Num. 10,28; Num. 13,3; Num. 13,11; Num. 13,26; Num. 14,5; Num. 14,7; Num. 14,27; Num. 15,25; Num. 15,26; Num. 15,33; Num. 16,2; Num. 17,20; Num. 18,6; Num. 18,8; Num. 18,11; Num. 18,20; Num. 18,23; Num. 18,24; Num. 18,24; Num. 18,26; Num. 18,28; Num. 18,32; Num. 19,9; Num. 20,12; Num. 21,6; Num. 21,24; Num. 21,24; Num. 22,3; Num. 22,5; Num. 25,6; Num. 25,6; Num. 25,8; Num. 25,11; Num. 25,13; Num. 26,2; Num. 26,12; Num. 26,27; Num. 26,41; Num. 26,51; Num. 26,58; Num. 26,62; Num. 26,62; Num. 27,1; Num. 31,2; Num. 31,30; Num. 31,42; Num. 31,47; Num. 31,54; Num. 32,4; Num. 32,7; Num. 32,9; Num. 32,17; Num. 32,33; Num. 33,1; Num. 33,38; Num. 34,14; Num. 34,14; Num. 34,23; Num. 34,23; Num. 34,24; Num. 34,26; Num. 34,27; Num. 35,8; Num. 35,34; Num. 36,1; Num. 36,1; Num. 36,1; Num. 36,3; Num. 36,4; Num. 36,5; Num. 36,8; Num. 36,12; Deut. 2,4; Deut. 2,19; Deut. 2,19; Deut. 2,37; Deut. 3,11; Deut. 3,18; Deut. 4,9; Deut. 4,25; Deut. 4,44; Deut.

6,2; Deut. 9,2; Deut. 10,6; Deut. 11,21; Deut. 18,6; Deut. 23,18; Deut. 23,18; Deut. 24,7; Deut. 28,53; Deut. 29,20; Deut. 31,9; Deut. 32,14; Deut. 32,19; Deut. 32,43; Josh. 2,2; Josh. 3,7; Josh. 3,12; Josh. 4,4; Josh. 4,8; Josh. 4,12; Josh. 5,1; Josh. 5,1; Josh. 6,18; Josh. 8,16; Josh. 8,32 # 9,2c; Josh. 8,35 # 9,2f; Josh. 9,26; Josh. 10,10; Josh. 10,11; Josh. 10,12; Josh. 10,21; Josh. 11,22; Josh. 12,2; Josh. 13,10; Josh. 13,23; Josh. 13,25; Josh. 13,28; Josh. 14,1; Josh. 14,1; Josh. 15,12; Josh. 15,13; Josh. 15,20; Josh. 15,21; Josh. 16,1; Josh. 16,5; Josh. 16,9; Josh. 17,1; Josh. 17,6; Josh. 17,7; Josh. 17,7; Josh. 18,1; Josh. 18,11; Josh. 18,14; Josh. 18,17; Josh. 18,20; Josh. 18,21; Josh. 18,28; Josh. 19,1; Josh. 19,1; Josh. 19,8; Josh. 19,9; Josh. 19,9; Josh. 19,16; Josh. 19,23; Josh. 19,31; Josh. 19,39; Josh. 19,47; Josh. 21,1; Josh. 21,9; Josh. 21,9; Josh. 21,9; Josh. 21,10; Josh. 21,19; Josh. 21,20; Josh. 21,26; Josh. 21,34; Josh. 21,34; Josh. 21,41; Josh. 22,9; Josh. 22,9; Josh. 22,11; Josh. 22,28; Josh. 22,32; Josh. 22,32; Josh. 22,33; Josh. 22,33; Josh. 22,33; Judg. 1,21; Judg. 3,2; Judg. 4,6; Judg. 4,6; Judg. 4,11; Judg. 4,23; Judg. 4,24; Judg. 8,10; Judg. 8,18; Judg. 8,28; Judg. 9,24; Judg. 10,6; Judg. 10,7; Judg. 11,12; Judg. 11,13; Judg. 11,14; Judg. 11,15; Judg. 11,27; Judg. 11,27; Judg. 11,28; Judg. 11,29; Judg. 11,31; Judg. 11,33; Judg. 11,36; Judg. 12,14; Judg. 14,4; Judg. 17,5; Judg. 17,11; Judg. 18,16; Judg. 18,22; Judg. 19,12; Judg. 19,30; Judg. 19,30; Judg. 20,13; Judg. 20,14; Judg. 20,17; Judg. 20,28; Judg. 21,10; Ruth 1,5; 1Sam. 2,28; 1Sam. 3,13; 1Sam. 7,14; 1Sam. 8,2; 1Sam. 9,1; 1Sam. 11,5; 1Sam. 12,12; 1Sam. 15,6; 1Sam. 30,19; 2Sam. 2,31; 2Sam. 3,34; 2Sam. 4,2; 2Sam. 7,14; 2Sam. 8,12; 2Sam. 9,11; 2Sam. 10,1; 2Sam. 10,2; 2Sam. 10,3; 2Sam. 10,10; 2Sam. 10,14; 2Sam. 12,3; 2Sam. 12,9; 2Sam. 12,26; 2Sam. 12,31; 2Sam. 17,27; 2Sam. 19,6; 2Sam. 21,6; 2Sam. 21,12; 2Sam. 23,27; 1Kings 2,35b; 1Kings 6,1; 1Kings 8,9; 1Kings 8,39; 1Kings 10,22b # 9,20; 1Kings 10,22c # 9,22; 1Kings 11,5; 1Kings 11,20; 1Kings 11,20; 1Kings 11,33; 1Kings 12,24; 1Kings 12,24a; 1Kings 12,31; 1Kings 14,24; 1Kings 20,26; 1Kings 21,7; 1Kings 21,35; 2Kings 4,1; 2Kings 4,4; 2Kings 4,5; 2Kings 5,22; 2Kings 9,1; 2Kings 9,26; 2Kings 10,1; 2Kings 10,6; 2Kings 10,8; 2Kings 10,13; 2Kings 10,13; 2Kings 11,2; 2Kings 13,13; 2Kings 14,6; 2Kings 16,3; 2Kings 17,8; 2Kings 17,24; 2Kings 17,41; 2Kings 21,2; 2Kings 21,9; 2Kings 23,6; 2Kings 23,13; 2Kings 24,2; 1Chr. 2,1; 1Chr. 2,23; 1Chr. 3,9; 1Chr. 4,40; 1Chr. 4,42; 1Chr. 5,18; 1Chr. 6,2; 1Chr. 6,18; 1Chr. 6,50; 1Chr. 6,50; 1Chr. 6,51; 1Chr. 7,29; 1Chr. 8,40; 1Chr. 8,40; 1Chr. 9,3; 1Chr. 9,3; 1Chr. 9,3; 1Chr. 9,4; 1Chr. 9,6; 1Chr. 9,7; 1Chr. 9,14; 1Chr. 9,18; 1Chr. 9,30; 1Chr. 10,2; 1Chr. 10,12; 1Chr. 12,15; 1Chr. 12,17; 1Chr. 12,26; 1Chr. 12,27; 1Chr. 12,30; 1Chr. 12,31; 1Chr. 12,33; 1Chr. 15,5; 1Chr. 15,6; 1Chr. 15,7; 1Chr. 15,8; 1Chr. 15,9; 1Chr. 15,10; 1Chr. 15,17; 1Chr. 18,11; 1Chr. 19,1; 1Chr. 19,2; 1Chr. 19,11; 1Chr. 20,1; 1Chr. 20,4; 1Chr. 23,27; 1Chr. 23,32; 1Chr. 24,3; 1Chr. 24,3; 1Chr. 25,9; 1Chr. 26,1; 1Chr. 26,8; 1Chr. 26,10; 1Chr. 27,3; 1Chr. 27,10; 1Chr. 27,14; 1Chr. 27,32; 1Chr. 28,5; 1Chr. 29,6; 2Chr. 5,2; 2Chr. 5,10; 2Chr. 6,30; 2Chr. 8,8; 2Chr. 8,9; 2Chr. 12,13; 2Chr. 13,8; 2Chr. 20,14; 2Chr. 20,14; 2Chr. 20,14; 2Chr. 20,19; 2Chr. 20,19; 2Chr. 21,17; 2Chr. 22,11; 2Chr. 25,7; 2Chr. 25,14; 2Chr. 27,5; 2Chr. 28,3; 2Chr. 28,12; 2Chr. 29,12; 2Chr. 29,12; 2Chr. 29,12; 2Chr. 29,13; 2Chr. 29,13; 2Chr. 29,14; 2Chr. 29,14; 2Chr. 31,18; 2Chr. 32,33; 2Chr. 33,2; 2Chr. 33,9; 2Chr. 34,9; 2Chr. 34,12; 2Chr. 34,12; 2Chr. 34,33; 2Chr. 36,5b; 1Esdr. 1,5; 1Esdr. 5,46; 1Esdr. 8,5; 1Esdr. 8,21; 1Esdr. 8,29; 1Esdr. 8,29; 1Esdr. 8,29; 1Esdr. 8,30; 1Esdr. 8,31; 1Esdr. 8,32; 1Esdr. 8,32; 1Esdr. 8,33; 1Esdr. 8,34; 1Esdr. 8,35; 1Esdr. 8,36; 1Esdr. 8,37; 1Esdr. 8,38; 1Esdr. 8,39; 1Esdr. 8,40; 1Esdr. 8,42; 1Esdr. 8,46; 1Esdr. 8,47; 1Esdr. 8,89; 1Esdr. 9,19; 1Esdr. 9,21; 1Esdr. 9,22; 1Esdr. 9,26; 1Esdr. 9,27; 1Esdr. 9,28; 1Esdr. 9,29; 1Esdr. 9,30; 1Esdr. 9,31; 1Esdr. 9,32; 1Esdr. 9,33; 1Esdr. 9,34; 1Esdr. 9,34; 1Esdr. 9,35; Ezra 2,61; Ezra 6,10; Ezra 6,16; Ezra 7,7; Ezra 7,23; Ezra 8,2; Ezra 8,2; Ezra 8,2; Ezra 8,3; Ezra 8,3; Ezra 8,4; Ezra 8,5; Ezra 8,6; Ezra 8,7; Ezra 8,8; Ezra 8,9; Ezra 8,10; Ezra 8,11; Ezra 8,12; Ezra 8,13; Ezra 8,14; Ezra 8,15; Ezra 8,18; Ezra 8,19; Ezra 10,2; Ezra 10,18; Ezra 10,18; Ezra 10,20; Ezra 10,21; Ezra 10,22; Ezra 10,25; Ezra 10,26; Ezra 10,27; Ezra 10,28; Ezra 10,29; Ezra 10,30; Ezra 10,31; Ezra 10,33; Ezra 10,34; Ezra 10,43; Neh. 1,6; Neh. 1,6; Neh. 3,2; Neh. 3,2; Neh. 4,8; Neh. 10,10; Neh. 10,37; Neh. 11,4; Neh. 11,4; Neh. 11,4; Neh. 11,4; Neh. 11,22; Neh. 11,25; Neh. 12,35; Neh. 13,28; Esth. 9,14; Judith 1,6; Judith 5,5; Judith 5,23; Judith 6,10; Judith 6,17; Judith 7,6; Judith 7,8; Judith 7,10; Judith 7,17; Judith 7,17; Judith 7,17; Judith 7,24; Judith 8,12; Judith 9,4; Judith 9,13; Judith 10,8; Judith 12,8; Judith 12,13; Judith 14,2; Judith 15,8; Tob. 4,13; Tob. 7,3; Tob. 13,10; Tob. 14,12; 1Mac. 2,1; 1Mac. 5,4; 1Mac. 13,16; 1Mac. 14,29; 1Mac. 16,13; 2Mac. 7,41; 3Mac. 7,6; 4Mac. 12,6; 4Mac. 15,2; 4Mac. 15,9; 4Mac. 15,22; 4Mac. 15,32; 4Mac. 16,11; 4Mac. 16,13; 4Mac. 16,24; Psa. 11,2; Psa. 16,14; Psa. 20,11; Psa. 30,20; Psa. 45,1; Psa. 46,1; Psa. 70,1; Psa. 72,15; Psa. 102,17; Psa. 105,38; Psa. 127,6; Psa. 136,7; Psa. 143,7; Psa. 143,11; Psa. 151,7; Ode. 2,14; Ode. 2,19; Ode. 2,43; Prov. 13,22; Eccl. 2,8; Eccl. 3,18; Eccl. 3,19; Eccl. 3,21; Eccl. 8,11; Eccl. 9,3; Song 2,3; Job 1,18; Job 14,21; Job 42,16; Job 42,17c; Job 42,17e; Wis. 9,7; Sir. 33,22; Sir. 45,13; Sir. 47,2; Sir. 50,20; Sol. 8,18; Hos. 2,1; Amos 1,13; Amos 2,4; Amos 2,11; Joel 4,8; Joel 4,19; Zeph. 2,7; Zeph. 2,8; Is. 4,4; Is. 17,3; Is. 17,9; Is. 21,16; Is. 21,17; Is. 45,11; Is. 45,25; Is. 51,18; Is. 56,5; Jer. 2,9; Jer. 3,21; Jer. 16,3; Jer. 17,19; Jer. 19,2; Jer. 19,9; Jer. 33,23; Jer. 34,3; Jer. 38,14; Jer. 39,19; Jer. 39,32; Jer. 42,4; Jer. 42,19; Jer. 47,14; Jer. 48,10; Bar. 1,4; Bar. 2,28; Bar. 3,4; Bar. 4,10; Bar. 4,14; Ezek. 12,24; Ezek. 21,25; Ezek. 23,9; Ezek. 23,15; Ezek. 25,10; Ezek. 30,5; Ezek. 31,14; Ezek. 44,13; Ezek. 46,16; Ezek. 46,17; Ezek. 47,13; Ezek. 48,11; Dan. 1,3; Dan. 1,6; Dan. 2,25; Sus. 7-8; Josh. 18,28; Josh. 19,1; Josh. 19,8; Josh. 19,9; Josh. 19,9; Josh. 19,16; Josh. 19,23; Josh. 19,31; Josh. 19,39; Judg. 1,16; Judg. 1,20; Judg. 1,21; Judg. 3,2; Judg. 4,6; Judg. 4,6; Judg. 4,11; Judg. 4,23; Judg. 4,24; Judg. 8,28; Judg. 9,24; Judg. 10,6; Judg. 10,7; Judg. 10,11; Judg. 11,12; Judg. 11,13; Judg. 11,14; Judg. 11,15; Judg. 11,27; Judg. 11,27; Judg. 11,28; Judg. 11,29; Judg. 11,31; Judg. 11,33; Judg. 11,36; Judg. 12,14; Judg. 17,5; Judg. 17,11; Judg. 18,16; Judg. 19,12; Judg. 19,30; Judg. 20,6; Judg. 20,13; Judg. 20,25; Judg. 20,35; Judg. 20,42; Judg. 21,10; Tob. 1,18; Tob. 5,5; Tob. 5,9; Tob. 7,3; Dan. 1,3; Dan. 1,6; Dan. 2,25; Dan. 5,13; Dan. 6,14; Dan. 11,41; Matt. 17,25; Matt. 20,20; Matt. 20,20; Matt. 27,9; Matt. 27,56; Luke 1,16; Acts 5,21; Acts 7,16; Acts 9,15; Rom. 8,19; Rom. 9,27; Heb. 7,5; Heb. 11,21; Heb. 11,22; Rev. 2,14; Rev. 7,4; Rev. 21,12)

ὑλακτέω (ὑλάω) to bark ▸ 1
- **ὑλακτεῖν** ▸ 1
  - **Verb** · present · active · infinitive ▸ 1 (Is. 56,10)

ὕλη wood, forest; material, matter ▸ 8 + 1 = 9
- **ὕλαις** ▸ 1
  - **Noun** · feminine · plural · dative · (common) ▸ 1 (Job 38,40)
- **ὕλας** ▸ 1
  - **Noun** · feminine · plural · accusative · (common) ▸ 1 (4Mac. 1,29)
- **ὕλη** ▸ 1
  - **Noun** · feminine · singular · nominative · (common) ▸ 1 (Job 19,29)
- **ὕλην** ▸ 2 + 1 = 3
  - **Noun** · feminine · singular · accusative · (common) ▸ 2 + 1 = 3 (Sir. 28,10; Is. 10,17; James 3,5)

ὕλη–ὕμνησις

ὕλης ▸ 3
  Noun · feminine · singular · genitive · (common) ▸ 3 (2Mac. 2,24; Wis. 11,17; Wis. 15,13)

ὑλοτόμος (ὕλη; τέμνω) cutting wood; wood-cutter ▸ 1
  ὑλοτόμος ▸ 1
    Adjective · masculine · singular · nominative · noDegree ▸ 1 (Wis. 13,11)

ὑλώδης (ὕλη; εἶδος) wooded ▸ 1
  ὑλώδης ▸ 1
    Adjective · masculine · singular · nominative · noDegree ▸ 1 (Job 29,5)

Ὑμέναιος (ὑμήν) Hymenaeus ▸ 2
  Ὑμέναιος ▸ 2
    Noun · masculine · singular · nominative · (proper) ▸ 2 (1Tim. 1,20; 2Tim. 2,17)

ὑμέναιος (ὑμήν) wedding song ▸ 1
  ὑμεναίων ▸ 1
    Noun · masculine · plural · genitive · (common) ▸ 1 (3Mac. 4,6)

ὑμέτερος (σύ) your (pl.) ▸ 4 + 1 + 11 = 16
  ὑμετέρα ▸ 1
    Adjective · feminine · singular · nominative · (possessive) ▸ 1 (Luke 6,20)
  ὑμετέρᾳ ▸ 1 + 1 = 2
    Adjective · feminine · singular · dative · noDegree · (possessive) ▸ 1 + 1 = 2 (Prov. 1,26; Gal. 6,13)
  ὑμετέραν ▸ 1 + 1 = 2
    Adjective · feminine · singular · accusative · noDegree · (possessive) ▸ 1 + 1 = 2 (Bar. 4,24; 1Cor. 15,31)
  ὑμετέρας ▸ 2
    Adjective · feminine · singular · genitive · (possessive) ▸ 2 (Acts 27,34; 2Cor. 8,8)
  ὑμέτερον ▸ 1 + 3 = 4
    Adjective · masculine · singular · accusative · (possessive) ▸ 1 (John 15,20)
    Adjective · neuter · singular · accusative · noDegree · (possessive) ▸ 1 + 2 = 3 (Gen. 9,5; Luke 16,12; 1Cor. 16,17)
  ὑμέτερόν ▸ 1
    Adjective · neuter · singular · nominative · noDegree · (possessive) ▸ 1 (Tob. 8,21)
  ὑμέτερος ▸ 1
    Adjective · masculine · singular · nominative · (possessive) ▸ 1 (John 7,6)
  ὑμετέρῳ ▸ 2
    Adjective · masculine · singular · dative · (possessive) ▸ 1 (John 8,17)
    Adjective · neuter · singular · dative · (possessive) ▸ 1 (Rom. 11,31)
  ὑμετέρων ▸ 1
    Adjective · neuter · plural · genitive · noDegree · (possessive) ▸ 1 (Amos 6,2)

ὑμνέω (ὕμνος) to sing a hymn, praise song; to praise ▸ 95 + 40 + 4 = 139
  ὑμνεῖ ▸ 1
    Verb · third · singular · present · active · indicative ▸ 1 (Ode. 12,15)
  ὑμνεῖν ▸ 2 + 1 = 3
    Verb · present · active · infinitive ▸ 2 + 1 = 3 (2Chr. 29,30; Neh. 12,24; Tob. 12,6)
  ὑμνεῖται ▸ 2
    Verb · third · singular · present · middle · indicative ▸ 2 (Prov. 1,20; Prov. 8,3)
  ὑμνεῖτε ▸ 62 + 33 = 95
    Verb · second · plural · present · active · imperative ▸ 62 + 33 = 95 (Ode. 8,57; Ode. 8,58; Ode. 8,59; Ode. 8,60; Ode. 8,61; Ode. 8,62; Ode. 8,63; Ode. 8,64; Ode. 8,65; Ode. 8,66; Ode. 8,67; Ode. 8,68; Ode. 8,69; Ode. 8,70; Ode. 8,71; Ode. 8,72; Ode. 8,73; Ode. 8,75; Ode. 8,76; Ode. 8,77; Ode. 8,78; Ode. 8,79; Ode. 8,80; Ode. 8,81; Ode. 8,82; Ode. 8,84; Ode. 8,85; Ode. 8,86; Ode. 8,87; Ode. 8,88; Dan. 3,57; Dan. 3,58; Dan. 3,59; Dan. 3,60; Dan. 3,61; Dan. 3,62; Dan. 3,63; Dan. 3,64; Dan. 3,65; Dan. 3,66; Dan. 3,67; Dan. 3,68; Dan. 3,69; Dan. 3,70; Dan. 3,71; Dan. 3,72; Dan. 3,73; Dan. 3,75; Dan. 3,76; Dan. 3,77; Dan. 3,78; Dan. 3,79; Dan. 3,80; Dan. 3,81; Dan. 3,82; Dan. 3,83; Dan. 3,84; Dan. 3,85; Dan. 3,86; Dan. 3,87; Dan. 3,88; Dan. 3,90; Tob. 12,18; Dan. 3,57; Dan. 3,59; Dan. 3,58; Dan. 3,60; Dan. 3,61; Dan. 3,62; Dan. 3,63; Dan. 3,64; Dan. 3,65; Dan. 3,66; Dan. 3,67; Dan. 3,68; Dan. 3,71; Dan. 3,72; Dan. 3,69; Dan. 3,70; Dan. 3,73; Dan. 3,75; Dan. 3,76; Dan. 3,78; Dan. 3,77; Dan. 3,79; Dan. 3,80; Dan. 3,81; Dan. 3,82; Dan. 3,83; Dan. 3,84; Dan. 3,85; Dan. 3,86; Dan. 3,87; Dan. 3,88; Dan. 3,90)
  Ὑμνεῖτε ▸ 1
    Verb · second · plural · present · active · imperative ▸ 1 (Is. 12,4)
  ὑμνείτω ▸ 3 + 1 = 4
    Verb · third · singular · present · active · imperative ▸ 3 + 1 = 4 (Ode. 8,74; Ode. 8,83; Dan. 3,74; Dan. 3,74)
  ὕμνησαν ▸ 2 + 1 = 3
    Verb · third · plural · aorist · active · indicative ▸ 2 + 1 = 3 (Wis. 10,20; Dan. 3,24; Judg. 16,24)
  ὑμνήσαντες ▸ 2
    Verb · aorist · active · participle · masculine · plural · nominative ▸ 2 (Matt. 26,30; Mark 14,26)
  ὑμνήσατε ▸ 3
    Verb · second · plural · aorist · active · imperative ▸ 3 (1Chr. 16,9; Sir. 39,35; Is. 12,5)
  Ὑμνήσατε ▸ 1
    Verb · second · plural · aorist · active · imperative ▸ 1 (Is. 42,10)
  ὑμνήσειν ▸ 1
    Verb · future · active · infinitive ▸ 1 (4Mac. 4,12)
  ὕμνησεν ▸ 1
    Verb · third · singular · aorist · active · indicative ▸ 1 (Sir. 47,8)
  ὑμνήσουσιν ▸ 1
    Verb · third · plural · future · active · indicative ▸ 1 (Psa. 64,14)
  ὑμνήσω ▸ 5 + 1 = 6
    Verb · first · singular · future · active · indicative ▸ 5 + 1 = 6 (Judith 16,13; Psa. 21,23; Psa. 70,8; Sir. 51,10; Is. 25,1; Heb. 2,12)
  ὕμνουν ▸ 4 + 2 + 1 = 7
    Verb · third · plural · imperfect · active · indicative ▸ 4 + 2 + 1 = 7 (2Chr. 29,30; Judith 15,13; 1Mac. 4,24; Dan. 3,51; Tob. 12,22; Dan. 3,51; Acts 16,25)
  ὑμνοῦντες ▸ 3 + 1 = 4
    Verb · present · active · participle · masculine · plural · nominative ▸ 3 + 1 = 4 (2Chr. 23,13; 1Esdr. 5,57; 1Esdr. 5,59; Dan. 3,24)
  ὑμνούντων ▸ 1 + 1 = 2
    Verb · present · active · participle · masculine · plural · genitive ▸ 1 + 1 = 2 (Dan. 3,91; Dan. 3,91)
  ὑμνῶμέν ▸ 1
    Verb · first · plural · present · active · subjunctive ▸ 1 (Esth. 13,17 # 4,17h)
  ὑμνῶν ▸ 1
    Verb · present · active · participle · masculine · singular · nominative ▸ 1 (1Mac. 13,47)

ὕμνησις (ὕμνος) singing in praise ▸ 2

ὕμνησίς ▸ 2
  Noun · feminine · singular · nominative · (common)   ▸ **2**   (Psa. 70,6; Psa. 117,14)

ὑμνητός (ὕμνος)   praiseworthy   ▸ 2 + **1** = 3
  ὑμνητός ▸ 2 + **1** = 3
    Adjective · masculine · singular · nominative · noDegree   ▸ 2 + **1** = **3** (Dan. 3,54; Dan. 3,56; Dan. 3,56)

ὑμνογράφος (ὕμνος; γράφω)   hymn-writer ▸ 1
  ὑμνογράφον ▸ 1
    Noun · masculine · singular · accusative · (common)   ▸ **1** (4Mac. 18,15)

ὕμνος   hymn; praise song   ▸ 32 + **2** = 34
  ὕμνοι ▸ 1
    Noun · masculine · plural · nominative · (common)   ▸ **1**   (Psa. 71,20)
  ὕμνοις ▸ 12 + **2** = 14
    Noun · masculine · plural · dative · (common)   ▸ 12 + **2** = **14** (2Chr. 7,6; 1Mac. 4,33; 1Mac. 13,51; 3Mac. 7,16; Psa. 6,1; Psa. 53,1; Psa. 54,1; Psa. 60,1; Psa. 66,1; Psa. 75,1; Psa. 99,4; Sol. 10,0; Eph. 5,19; Col. 3,16)
  ὕμνον ▸ 7
    Noun · masculine · singular · accusative · (common)   ▸ **7**   (Neh. 12,46; Judith 16,13; Psa. 39,4; Psa. 118,171; Psa. 136,3; Sol. 3,1; Is. 42,10)
  ὕμνος ▸ 2
    Noun · masculine · singular · nominative · (common)   ▸ **2**   (Psa. 64,2; Psa. 148,14)
  Ὕμνος ▸ 4
    Noun · masculine · singular · nominative · (common)   ▸ **4**   (Ode. 8,0; Ode. 14,0; Sol. 14,0; Sol. 16,0)
  ὕμνους ▸ 2
    Noun · masculine · plural · accusative · (common)   ▸ **2**   (2Mac. 1,30; 2Mac. 10,7)
  ὕμνων ▸ 4
    Noun · masculine · plural · genitive · (common)   ▸ **4** (1Esdr. 5,58; 2Mac. 10,38; 2Mac. 12,37; 4Mac. 10,21)

ὑμνῳδέω (ὕμνος; ᾠδή)   to sing hymns ▸ 1
  ὑμνῳδοῦντες ▸ 1
    Verb · present · active · participle · masculine · plural · nominative   ▸ **1** (1Chr. 25,6)

ὑπαγορεύω (ὑπό; ἀγορά)   to dictate; suggest ▸ 1
  ὑπαγορεύσωσιν ▸ 1
    Verb · third · plural · aorist · active · subjunctive   ▸ **1**   (1Esdr. 6,29)

ὑπάγω (ὑπό; ἄγω)   to go away; to draw off   ▸ 2 + **4** + 79 = 85
  ὕπαγε ▸ 3 + 24 = 27
    Verb · second · singular · present · active · imperative   ▸ 3 + 24 = **27** (Tob. 8,21; Tob. 10,11; Tob. 12,5; Matt. 4,10; Matt. 5,24; Matt. 5,41; Matt. 8,4; Matt. 8,13; Matt. 9,6; Matt. 16,23; Matt. 18,15; Matt. 19,21; Matt. 20,14; Matt. 21,28; Mark 1,44; Mark 2,11; Mark 5,19; Mark 5,34; Mark 7,29; Mark 8,33; Mark 10,21; Mark 10,52; John 4,16; John 7,3; John 9,7; John 9,11; Rev. 10,8)
  Ὕπαγε ▸ 1
    Verb · second · singular · present · active · imperative   ▸ **1**   (Tob. 10,12)
  ὑπάγει ▸ 11
    Verb · third · singular · present · active · indicative   ▸ **11**   (Matt. 13,44; Matt. 26,24; Mark 14,21; John 3,8; John 11,31; John 12,35; John 13,3; 1John 2,11; Rev. 13,10; Rev. 17,8; Rev. 17,11)
  ὑπάγειν ▸ 5
    Verb · present · active · infinitive   ▸ **5** (Luke 8,42; Luke 17,14; John 6,67; John 11,44; John 18,8)
  ὑπάγεις ▸ 5
    Verb · second · singular · present · active · indicative   ▸ **5**   (Luke 12,58; John 11,8; John 13,36; John 14,5; John 16,5)
  ὑπάγετε ▸ 14
    Verb · second · plural · present · active · imperative   ▸ **14**   (Matt. 8,32; Matt. 20,4; Matt. 20,7; Matt. 26,18; Matt. 27,65; Matt. 28,10; Mark 6,38; Mark 11,2; Mark 14,13; Mark 16,7; Luke 10,3; Luke 19,30; James 2,16; Rev. 16,1)
  ὑπάγῃ ▸ 1
    Verb · third · singular · present · active · subjunctive   ▸ **1**   (Rev. 14,4)
  ὑπάγητε ▸ 1
    Verb · second · plural · present · active · subjunctive   ▸ **1** (John 15,16)
  ὑπάγοντας ▸ 1
    Verb · present · active · participle · masculine · plural · accusative   ▸ **1** (Mark 6,33)
  ὑπάγοντες ▸ 1
    Verb · present · active · participle · masculine · plural · nominative   ▸ **1** (Mark 6,31)
  ὑπάγω ▸ 14
    Verb · first · singular · present · active · indicative   ▸ **14**   (John 7,33; John 8,14; John 8,14; John 8,21; John 8,21; John 8,22; John 13,33; John 13,36; John 14,4; John 14,28; John 16,5; John 16,10; John 16,17; John 21,3)
  ὑπαχθείς ▸ 1
    Verb · aorist · passive · participle · masculine · singular · nominative   ▸ **1** (4Mac. 4,13)
  ὑπήγαγεν ▸ 1
    Verb · third · singular · aorist · active · indicative   ▸ **1** (Ex. 14,21)
  ὑπῆγον ▸ 2
    Verb · third · plural · imperfect · active · indicative   ▸ **2** (John 6,21; John 12,11)

ὕπαιθρος (ὑπό; αἴθω)   under the open sky ▸ 2
  ὑπαίθρου ▸ 1
    Adjective · feminine · singular · genitive · noDegree   ▸ **1** (Prov. 21,9)
  ὑπαίθρῳ ▸ 1
    Adjective · neuter · singular · dative · noDegree   ▸ **1** (2Mac. 15,19)

ὑπακοή (ὑπό; ἀκούω)   obedience   ▸ 1 + **15** = 16
  ὑπακοή ▸ 1 + 1 = 2
    Noun · feminine · singular · nominative · (common)   ▸ 1 + **1** = **2** (2Sam. 22,36; 2Cor. 10,6)
  ὑπακοή ▸ 1
    Noun · feminine · singular · nominative   ▸ **1** (Rom. 16,19)
  ὑπακοῇ ▸ 2
    Noun · feminine · singular · dative   ▸ **2** (Philem. 21; 1Pet. 1,22)
  ὑπακοήν ▸ 3
    Noun · feminine · singular · accusative   ▸ **3** (Rom. 6,16; 2Cor. 7,15; Heb. 5,8)
  ὑπακοήν ▸ 5
    Noun · feminine · singular · accusative   ▸ **5** (Rom. 1,5; Rom. 15,18; Rom. 16,26; 2Cor. 10,5; 1Pet. 1,2)
  ὑπακοῆς ▸ 3
    Noun · feminine · singular · genitive   ▸ **3** (Rom. 5,19; Rom. 6,16; 1Pet. 1,14)

ὑπακούω (ὑπό; ἀκούω)   to obey; to hear, listen   ▸ 58 + **3** + 21 = 82
  ὑπακούει ▸ 3 + 2 = 5
    Verb · third · singular · present · active · indicative   ▸ 3 + **2** = **5**

(Deut. 21,20; Prov. 17,4; Sir. 42,23; Mark 4,41; 2Th. 3,14)

ὑπακούειν ▸ 7 + **1** = 8
  Verb · present · active · infinitive ▸ 7 + **1** = **8** (Lev. 26,21; Deut. 26,17; 1Mac. 12,43; Prov. 22,21; Is. 29,24; Jer. 13,10; Jer. 16,12; Rom. 6,12)

ὑπακούετε ▸ 5
  Verb · second · plural · present · active · indicative ▸ **1** (Rom. 6,16)
  Verb · second · plural · present · active · imperative ▸ **4** (Eph. 6,1; Eph. 6,5; Col. 3,20; Col. 3,22)

ὑπακούοντος ▸ 1
  Verb · present · active · participle · masculine · singular · genitive ▸ **1** (Prov. 29,12)

ὑπακούουσιν ▸ 5
  Verb · present · active · participle · masculine · plural · dative ▸ **2** (2Th. 1,8; Heb. 5,9)
  Verb · third · plural · present · active · indicative ▸ **3** (Matt. 8,27; Mark 1,27; Luke 8,25)

ὑπακοῦσαι ▸ **2** + **1** = 3
  Verb · aorist · active · infinitive ▸ **2** + **1** = **3** (Deut. 17,12; 1Mac. 10,38; Acts 12,13)

ὑπακούσεται ▸ 5
  Verb · third · singular · future · middle · indicative ▸ **5** (Gen. 41,40; 1Sam. 30,24; Prov. 2,2; Prov. 29,19; Job 5,1)

ὑπακούσεταί ▸ 1
  Verb · third · singular · future · middle · indicative ▸ **1** (Job 38,34)

ὑπακούσῃ ▸ 5
  Verb · second · singular · future · middle · indicative ▸ **1** (Deut. 30,2)
  Verb · third · singular · aorist · active · subjunctive ▸ **4** (Prov. 8,1; Prov. 15,23; Job 9,3; Job 9,16)

ὑπακούσῃς ▸ 1
  Verb · second · singular · aorist · active · subjunctive ▸ **1** (Prov. 28,17a)

ὑπακούσηται ▸ 1
  Verb · third · singular · aorist · middle · subjunctive ▸ **1** (Job 9,14)

ὑπακούσητέ ▸ 3
  Verb · second · plural · aorist · active · subjunctive ▸ **3** (Lev. 26,14; Lev. 26,18; Lev. 26,27)

ὑπακούσομαι ▸ 2
  Verb · first · singular · future · middle · indicative ▸ **2** (Job 13,22; Job 14,15)

ὑπάκουσον ▸ 1
  Verb · second · singular · aorist · active · imperative ▸ **1** (Gen. 27,13)

ὑπακούσονται ▸ **1** + **1** = 2
  Verb · third · plural · future · middle · indicative ▸ **1** + **1** = **2** (Is. 11,14; Dan. 7,27)

ὑπακούσωσίν ▸ 1
  Verb · third · plural · aorist · active · subjunctive ▸ **1** (Deut. 20,12)

ὑπακούω ▸ 1
  Verb · first · singular · present · active · indicative ▸ **1** (2Mac. 7,30)

ὑπακούων ▸ 4
  Verb · present · active · participle · masculine · singular · nominative ▸ **4** (Deut. 21,18; Sir. 4,15; Sir. 24,22; Is. 50,2)

ὑπήκουεν ▸ 1
  Verb · third · singular · imperfect · active · indicative ▸ **1** (Esth. 3,4)

ὑπήκουον ▸ 1
  Verb · third · plural · imperfect · active · indicative ▸ **1** (Acts 6,7)

ὑπήκουσα ▸ 1
  Verb · first · singular · aorist · active · indicative ▸ **1** (Deut. 26,14)

ὑπηκούσαμεν ▸ 2
  Verb · first · plural · aorist · active · indicative ▸ **2** (Jer. 3,25; Dan. 3,29)

ὑπήκουσαν ▸ **1** + **2** + **1** = 4
  Verb · third · plural · aorist · active · indicative ▸ **1** + **2** + **1** = **4** (Judg. 2,20; Judg. 2,17; Dan. 3,12; Rom. 10,16)

ὑπήκουσάν ▸ 1
  Verb · third · plural · aorist · active · indicative ▸ **1** (Is. 66,4)

ὑπήκουσας ▸ 2
  Verb · second · singular · aorist · active · indicative ▸ **2** (Gen. 22,18; Jer. 3,13)

ὑπηκούσατε ▸ **2** + **2** = 4
  Verb · second · plural · aorist · active · indicative ▸ **2** + **2** = **4** (Prov. 1,24; Is. 65,12; Rom. 6,17; Phil. 2,12)

ὑπήκουσεν ▸ **6** + **3** = 9
  Verb · third · singular · aorist · active · indicative ▸ **6** + **3** = **9** (Gen. 16,2; Gen. 26,5; Gen. 39,10; 2Sam. 22,42; Job 19,16; Bar. 3,33; Luke 17,6; Heb. 11,8; 1Pet. 3,6)

ὑπήκουσέν ▸ 3
  Verb · third · singular · aorist · active · indicative ▸ **3** (Psa. 17,45; Song 3,1; Song 5,6)

ὕπανδρος (ὑπό; ἀνήρ) married woman ▸ **4** + **1** = 5
  ὕπανδρον ▸ 1
    Adjective · feminine · singular · accusative · noDegree ▸ **1** (Prov. 6,29)
  ὕπανδρος ▸ 1
    Adjective · feminine · singular · nominative ▸ **1** (Rom. 7,2)
  ὑπάνδρου ▸ 3
    Adjective · feminine · singular · genitive · noDegree ▸ **3** (Prov. 6,24; Sir. 9,9; Sir. 41,23)

ὑπαντάω (ὑπό; ἀντί) to meet ▸ **6** + **10** = 16
  ὑπάντα ▸ 1
    Verb · second · singular · present · active · imperative ▸ **1** (Sir. 9,3)
  ὑπαντᾷ ▸ 1
    Verb · third · singular · present · active · indicative ▸ **1** (Wis. 6,16)
  ὑπαντῆσαι ▸ 2
    Verb · aorist · active · infinitive ▸ **2** (Luke 14,31; Acts 16,16)
  ὑπαντήσεται ▸ 2
    Verb · third · singular · future · middle · indicative ▸ **2** (Sir. 15,2; Dan. 10,14)
  ὑπαντήσῃ ▸ 1
    Verb · third · singular · aorist · active · subjunctive ▸ **1** (Sir. 12,17)
  ὑπήντησαν ▸ 2
    Verb · third · plural · aorist · active · indicative ▸ **2** (Matt. 8,28; John 4,51)
  ὑπήντησεν ▸ **1** + **6** = 7
    Verb · third · singular · aorist · active · indicative ▸ **1** + **6** = **7** (Tob. 7,1; Matt. 28,9; Mark 5,2; Luke 8,27; John 11,20; John 11,30; John 12,18)

ὑπάντησις (ὑπό; ἀντί) meeting ▸ **1** + **3** = 4
  ὑπάντησιν ▸ **1** + **3** = 4
    Noun · feminine · singular · accusative · (common) ▸ **1** + **3** = **4** (Judg. 11,34; Matt. 8,34; Matt. 25,1; John 12,13)

ὕπαρ sort of vision ▸ 1

ὕπαρ ▸ 1
- **Noun** · neuter · singular · accusative · (common) ▸ **1** (2Mac. 15,11)

ὕπαρξις (ὑπό; ἄρχω) possession, property ▸ 10 + 3 + 2 = 15
- ὑπάρξει ▸ 2
  - **Noun** · feminine · singular · dative · (common) ▸ **2** (Dan. 11,13; Dan. 11,28)
- ὑπάρξεις ▸ 1
  - **Noun** · feminine · plural · accusative ▸ **1** (Acts 2,45)
- ὑπάρξεως ▸ 3
  - **Noun** · feminine · singular · genitive · (common) ▸ **3** (2Chr. 35,7; Judith 16,21; Jer. 9,9)
- ὕπαρξιν ▸ 3 + 1 + 1 = 5
  - **Noun** · feminine · singular · accusative · (common) ▸ **3 + 1 + 1 = 5** (Psa. 77,48; Prov. 8,21; Prov. 19,14; Dan. 11,24; Heb. 10,34)
- ὕπαρξις ▸ 4
  - **Noun** · feminine · singular · nominative · (common) ▸ **4** (Ezra 10,8; 1Mac. 12,23; Prov. 13,11; Prov. 18,11)

ὑπάρχω (ὑπό; ἄρχω) to be, exist; possess, have advantage ▸ 143 + 13 + 60 = 216
- ὑπάρξαντες ▸ 2
  - **Verb** · aorist · active · participle · masculine · plural · nominative ▸ **2** (Wis. 2,2; Sir. 44,9)
- ὑπαρξάτω ▸ 1
  - **Verb** · third · singular · aorist · active · imperative ▸ **1** (Psa. 108,12)
- ὑπάρξει ▸ 4
  - **Verb** · third · singular · future · active · indicative ▸ **4** (2Mac. 11,30; Psa. 102,16; Zech. 8,10; Jer. 27,20)
- ὑπάρξεις ▸ 2
  - **Verb** · second · singular · future · active · indicative ▸ **2** (Ezek. 26,21; Ezek. 28,19)
- ὑπάρξῃ ▸ 2
  - **Verb** · third · singular · aorist · active · subjunctive ▸ **2** (Psa. 36,10; Prov. 29,18)
- ὑπάρξουσιν ▸ 2
  - **Verb** · third · plural · future · active · indicative ▸ **2** (Mic. 5,3; Jer. 4,14)
- ὑπάρξω ▸ 1
  - **Verb** · first · singular · aorist · active · subjunctive ▸ **1** (Psa. 38,14)
- ὑπάρξωσιν ▸ 1
  - **Verb** · third · plural · aorist · active · subjunctive ▸ **1** (Psa. 58,14)
- ὑπάρχει ▸ 28 + 8 + 3 = 39
  - **Verb** · third · singular · present · active · indicative ▸ **28 + 8 + 3 = 39** (Gen. 42,13; Gen. 42,32; Ex. 32,24; Num. 32,4; Judg. 19,19; Judg. 19,19; Ruth 2,21; Ruth 4,9; Tob. 3,15; Tob. 4,8; Tob. 4,21; Tob. 5,20; Tob. 6,15; Psa. 72,25; Psa. 108,11; Prov. 8,18; Prov. 11,14; Prov. 11,14; Prov. 29,7; Job 2,4; Job 18,17; Job 38,26; Sir. 20,16; Amos 6,10; Mic. 7,2; Lam. 1,2; Lam. 5,3; Ezek. 38,11; Tob. 3,15; Tob. 3,15; Tob. 4,21; Tob. 5,10; Tob. 6,12; Tob. 6,15; Tob. 8,21; Tob. 10,4; Acts 3,6; Acts 27,34; Phil. 3,20)
- Ὑπάρχει ▸ 1
  - **Verb** · third · singular · present · active · indicative ▸ **1** (Esth. 3,8)
- ὑπάρχειν ▸ 11 + 6 = 17
  - **Verb** · present · active · infinitive ▸ **11 + 6 = 17** (Ex. 14,11; 1Esdr. 4,50; 1Esdr. 4,53; 4Mac. 4,12; Psa. 103,35; Zeph. 3,6; Jer. 7,32; Jer. 26,19; LetterJ 39; LetterJ 44; LetterJ 63; Acts 19,36; Acts 28,18; 1Cor. 7,26; 1Cor. 11,18; 1Cor. 12,22; 2Pet. 3,11)
- ὑπαρχέτω ▸ 2
  - **Verb** · third · singular · present · active · imperative ▸ **2** (1Mac. 13,38; Prov. 17,17)
- ὑπάρχῃ ▸ 3
  - **Verb** · third · singular · present · active · subjunctive ▸ **3** (Ex. 22,2; Deut. 20,14; Tob. 4,8)
- ὑπάρχον ▸ 1
  - **Verb** · present · active · participle · neuter · singular · accusative ▸ **1** (1Sam. 9,7)
- ὑπάρχοντα ▸ 30 + 7 = 37
  - **Verb** · present · active · participle · masculine · singular · accusative ▸ **1 + 1 = 2** (Hag. 2,3; Acts 17,27)
  - **Verb** · present · active · participle · neuter · plural · accusative ▸ **19 + 4 = 23** (Gen. 12,5; Gen. 14,16; Gen. 24,59; Gen. 25,5; Gen. 31,18; Gen. 36,6; Gen. 45,18; Gen. 46,6; Deut. 21,16; Josh. 7,24; Esth. 3,13; Esth. 8,7; Judith 16,24; Prov. 6,31; Eccl. 5,18; Eccl. 6,2; Job 2,3; Job 17,3; Job 18,7; Matt. 19,21; Matt. 25,14; Luke 12,33; Luke 16,1)
  - **Verb** · present · active · participle · neuter · plural · nominative ▸ **10 + 2 = 12** (Gen. 13,6; Gen. 34,23; Gen. 36,7; Gen. 47,18; 1Esdr. 6,31; Prov. 5,17; Job 15,29; Job 21,19; LetterJ 50; Dan. 2,5; Luke 11,21; 2Pet. 1,8)
- ὑπάρχοντά ▸ 3 + 1 = 4
  - **Verb** · present · active · participle · neuter · plural · accusative ▸ **1 + 1 = 2** (Ezek. 26,12; 1Cor. 13,3)
  - **Verb** · present · active · participle · neuter · plural · nominative ▸ **2** (Gen. 45,11; Tob. 1,20)
- ὑπάρχοντας ▸ 1
  - **Verb** · present · active · participle · masculine · plural · accusative ▸ **1** (Acts 16,37)
- ὑπάρχοντες ▸ 1 + 6 = 7
  - **Verb** · present · active · participle · masculine · plural · nominative ▸ **1 + 6 = 7** (Obad. 16; Luke 7,25; Luke 11,13; Luke 16,14; Acts 16,20; Acts 17,29; 2Pet. 2,19)
- ὑπάρχοντος ▸ 3 + 3 = 6
  - **Verb** · present · active · participle · masculine · singular · genitive ▸ **2 + 2 = 4** (Prov. 19,4; Mic. 7,1; Acts 4,37; Acts 27,12)
  - **Verb** · present · active · participle · neuter · singular · genitive ▸ **1 + 1 = 2** (Prov. 6,7; Acts 19,40)
- ὑπαρχόντων ▸ 11 + 2 + 5 = 18
  - **Verb** · present · active · participle · masculine · plural · genitive ▸ **1** (Is. 59,10)
  - **Verb** · present · active · participle · neuter · plural · genitive ▸ **10 + 2 + 5 = 17** (Gen. 36,7; 1Chr. 27,31; 1Chr. 28,1; 2Chr. 31,3; Ezra 6,8; Tob. 4,7; Tob. 8,21; Tob. 10,10; 3Mac. 7,21; Job 20,29; Tob. 10,10; Tob. 12,2; Luke 8,3; Luke 12,15; Luke 19,8; Acts 4,32; Heb. 10,34)
- ὑπάρχουσα ▸ 1
  - **Verb** · present · active · participle · feminine · singular · nominative ▸ **1** (Amos 5,5)
- ὑπαρχούσης ▸ 1
  - **Verb** · present · active · participle · feminine · singular · genitive ▸ **1** (Acts 27,21)
- ὑπάρχουσιν ▸ 9 + 1 + 4 = 14
  - **Verb** · present · active · participle · neuter · plural · dative ▸ **4 + 3 = 7** (Gen. 39,5; Judith 8,10; Job 20,20; Sir. 41,1; Matt. 24,47; Luke 12,44; Luke 14,33)
  - **Verb** · third · plural · present · active · indicative ▸ **5 + 1 + 1 = 7** (4Mac. 15,5; Ode. 4,17; Hab. 3,17; Lam. 5,7; LetterJ 15; Tob. 3,5; Acts 21,20)
- ὑπάρχω ▸ 2
  - **Verb** · first · singular · present · active · indicative ▸ **2** (Psa.

103,33; Psa. 145,2)
- **ὑπάρχων** ‣ 8 + **15** = **23**
  - **Verb** · present · active · participle · masculine · singular · nominative ‣ 8 + **15** = **23** (Tob. 3,15; 2Mac. 11,13; 2Mac. 14,35; 2Mac. 14,45; Psa. 54,20; Job 42,17d; Sir. 38,11; Bar. 4,1; Luke 9,48; Luke 16,23; Luke 23,50; Acts 2,30; Acts 3,2; Acts 7,55; Acts 17,24; Acts 22,3; Rom. 4,19; 1Cor. 11,7; 2Cor. 8,17; 2Cor. 12,16; Gal. 1,14; Gal. 2,14; Phil. 2,6)
- **ὑπάρχωσιν** ‣ 1 + **1** = **2**
  - **Verb** · third · plural · present · active · subjunctive ‣ 1 + **1** = **2** (Josh. 4,6; James 2,15)
- **ὑπῆρξεν** ‣ **2**
  - **Verb** · third · singular · aorist · active · indicative ‣ **2** (Psa. 68,21; Prov. 17,16)
- **ὑπῆρχεν** ‣ **10** + **1** + **5** = **16**
  - **Verb** · third · singular · imperfect · active · indicative ‣ **10** + **1** + **5** = **16** (Josh. 5,12; 2Chr. 15,17; 2Chr. 20,33; 2Chr. 26,10; Esth. 8,1; Psa. 71,12; Joel 1,18; Mal. 1,14; Jer. 5,13; Ezek. 16,49; Tob. 3,10; Luke 8,41; Acts 5,4; Acts 10,12; Acts 16,3; Acts 28,7)
- **ὑπήρχέν** ‣ **1**
  - **Verb** · third · singular · imperfect · active · indicative ‣ **1** (Tob. 1,20)
- **ὑπῆρχον** ‣ **1** + **2** = **3**
  - **Verb** · third · plural · imperfect · active · indicative ‣ **1** + **2** = **3** (2Mac. 12,27; Acts 4,34; Acts 8,16)

ὑπασπιστής (ὑπό; ἀσπίς) shield bearer; armor bearer ‣ **2**
- **ὑπασπισταί** ‣ **1**
  - **Noun** · masculine · plural · nominative · (common) ‣ **1** (4Mac. 9,11)
- **ὑπασπιστῶν** ‣ **1**
  - **Noun** · masculine · plural · genitive · (common) ‣ **1** (4Mac. 3,12)

ὕπατος highest; highest official; consul ‣ **4** + **3** = **7**
- **ὕπατοι** ‣ **1** + **2** = **3**
  - **Adjective** · masculine · plural · nominative · superlative ‣ **1** + **2** = **3** (Dan. 3,94; Dan. 3,3; Dan. 6,8)
- **ὕπατος** ‣ **1**
  - **Noun** · masculine · singular · nominative · (common) ‣ **1** (1Mac. 15,16)
- **ὑπάτους** ‣ **2** + **1** = **3**
  - **Noun** · masculine · plural · accusative · (common) ‣ **2** + **1** = **3** (1Esdr. 3,14; Dan. 3,2; Dan. 3,2)

ὑπείκω (ὑπέρ; εἴκω) to submit to ‣ **1** + **1** = **2**
- **ὑπείκειν** ‣ **1**
  - **Verb** · present · active · infinitive ‣ **1** (4Mac. 6,35)
- **ὑπείκετε** ‣ **1**
  - **Verb** · second · plural · present · active · imperative ‣ **1** (Heb. 13,17)

ὑπεκρέω (ὑπέρ; ἐκ; ῥέω) to slip away ‣ **1**
- **ὑπεκρέων** ‣ **1**
  - **Verb** · present · active · participle · masculine · singular · nominative ‣ **1** (3Mac. 5,34)

ὑπεναντίος (ὑπό; ἐν; ἀντί) against; meeting; opposed ‣ **43** + **2** = **45**
- **ὑπεναντίοι** ‣ **5**
  - **Adjective** · masculine · plural · nominative · noDegree ‣ **5** (Lev. 26,16; Deut. 32,27; 1Mac. 12,28; Ode. 2,27; Is. 63,18)
- **ὑπεναντίοις** ‣ **8**
  - **Adjective** · masculine · plural · dative · noDegree ‣ **8** (Ex. 32,25; 1Mac. 14,29; 2Mac. 10,29; 3Mac. 6,6; Is. 1,24; Is. 59,18; Is. 64,1; Bar. 4,6)
- **ὑπεναντίον** ‣ **2** + **1** = **3**
  - **Adjective** · masculine · singular · accusative · noDegree ‣ **2** (Job 13,24; Job 33,10)
  - **Adjective** · neuter · singular · nominative ‣ **1** (Col. 2,14)
- **ὑπεναντίος** ‣ **2**
  - **Adjective** · masculine · singular · nominative · noDegree ‣ **2** (Psa. 73,10; Lam. 2,4)
- **ὑπεναντίους** ‣ **18** + **1** = **19**
  - **Adjective** · masculine · plural · accusative · noDegree ‣ **18** + **1** = **19** (Ex. 1,10; Ex. 15,7; Ex. 23,27; Num. 10,9; 2Chr. 20,29; 2Chr. 26,13; Esth. 8,13; 1Mac. 9,8; 2Mac. 10,30; 2Mac. 15,16; Ode. 1,7; Ode. 5,11; Wis. 11,8; Wis. 18,8; Sir. 47,7; Nah. 1,2; Is. 26,11; Is. 64,1; Heb. 10,27)
- **ὑπεναντίων** ‣ **8**
  - **Adjective** · feminine · plural · genitive · noDegree ‣ **1** (2Chr. 1,11)
  - **Adjective** · masculine · plural · genitive · noDegree ‣ **7** (Gen. 22,17; Gen. 24,60; Josh. 5,13; Judith 5,18; 1Mac. 16,7; 3Mac. 6,19; Sir. 23,3)

ὑπεξαιρέω (ὑπό; ἐκ; αἱρέω) to exclude, remove; exaggerate ‣ **1**
- **ὑπεξήρηται** ‣ **1**
  - **Verb** · third · singular · perfect · passive · indicative ‣ **1** (Gen. 39,9)

ὑπέρ for; (+acc) beyond; (adv) more ‣ **416** + **14** + **150** = **580**
- **ὑπέρ** ‣ **416** + **14** + **149** = **579**
  - **Adverb** ‣ **1** (2Cor. 11,23)
  - **Preposition** · (+accusative) ‣ **240** + **11** + **18** = **269** (Gen. 48,22; Ex. 1,9; Deut. 25,3; Deut. 30,5; Judg. 2,19; Judg. 16,30; Ruth 1,13; Ruth 3,10; Ruth 3,12; Ruth 4,15; 1Sam. 1,5; 1Sam. 1,8; 1Sam. 2,29; 1Sam. 9,2; 1Sam. 9,2; 1Sam. 9,2; 1Sam. 10,23; 1Sam. 10,23; 1Sam. 15,22; 1Sam. 15,22; 1Sam. 15,28; 1Sam. 24,18; 2Sam. 1,23; 2Sam. 1,23; 2Sam. 1,26; 2Sam. 6,21; 2Sam. 6,21; 2Sam. 10,11; 2Sam. 10,11; 2Sam. 13,14; 2Sam. 13,15; 2Sam. 13,16; 2Sam. 17,14; 2Sam. 18,8; 2Sam. 19,8; 2Sam. 19,44; 2Sam. 19,44; 2Sam. 20,6; 2Sam. 22,18; 1Kings 1,37; 1Kings 1,47; 1Kings 1,47; 1Kings 2,22; 1Kings 2,32; 1Kings 2,35b; 1Kings 2,35b; 1Kings 5,10; 1Kings 5,10; 1Kings 5,11; 1Kings 5,11; 1Kings 10,23; 1Kings 12,24g; 1Kings 16,25; 1Kings 16,30; 1Kings 16,33; 1Kings 19,4; 1Kings 20,2; 1Kings 21,23; 1Kings 21,23; 1Kings 21,25; 2Kings 3,26; 2Kings 5,12; 2Kings 6,16; 2Kings 17,14; 2Kings 21,9; 1Chr. 4,9; 1Chr. 11,21; 1Chr. 11,22; 1Chr. 11,25; 1Chr. 19,12; 1Chr. 19,12; 2Chr. 9,22; 2Chr. 11,21; 2Chr. 21,13; 2Chr. 33,9; 1Esdr. 1,47; 1Esdr. 3,12; 1Esdr. 8,72; 1Mac. 3,30; 1Mac. 7,23; 1Mac. 12,24; 2Mac. 8,24; 2Mac. 8,30; 2Mac. 8,35; 2Mac. 9,8; 2Mac. 14,39; 3Mac. 7,15; 4Mac. 9,3; Psa. 17,18; Psa. 18,11; Psa. 18,11; Psa. 36,16; Psa. 37,20; Psa. 39,6; Psa. 39,13; Psa. 50,9; Psa. 51,5; Psa. 51,5; Psa. 52,1; Psa. 54,22; Psa. 61,1; Psa. 62,4; Psa. 65,5; Psa. 68,5; Psa. 68,32; Psa. 71,16; Psa. 76,1; Psa. 83,11; Psa. 86,2; Psa. 87,1; Psa. 96,9; Psa. 104,24; Psa. 118,72; Psa. 118,98; Psa. 118,99; Psa. 118,100; Psa. 118,103; Psa. 118,127; Psa. 130,1; Psa. 138,18; Psa. 141,7; Ode. 12,9; Prov. 8,10; Prov. 8,19; Prov. 16,16; Prov. 22,1; Eccl. 2,7; Eccl. 2,13; Eccl. 2,13; Eccl. 4,2; Eccl. 4,3; Eccl. 4,6; Eccl. 4,9; Eccl. 4,13; Eccl. 4,17; Eccl. 6,3; Eccl. 6,5; Eccl. 6,8; Eccl. 6,9; Eccl. 6,10; Eccl. 7,1; Eccl. 7,1; Eccl. 7,3; Eccl. 7,5; Eccl. 7,8; Eccl. 7,8; Eccl. 7,10; Eccl. 7,19; Eccl. 7,24; Eccl. 7,26; Eccl. 9,4; Eccl. 9,16; Eccl. 9,17; Eccl. 9,18; Eccl. 10,1; Song 1,2; Song 1,3; Song 1,4; Song 4,10; Job 28,18; Wis. 7,10; Wis. 7,29; Wis. 15,14; Wis. 16,19; Sir. 7,19; Sir. 8,13; Sir. 13,2; Sir. 18,17; Sir. 22,11; Sir. 22,14; Sir. 24,20; Sir. 25,10; Sir. 25,11; Sir. 25,15; Sir. 25,15; Sir. 26,5; Sir. 29,13; Sir. 29,13; Sir. 30,16; Sir. 30,17; Sir. 36,22; Sir. 40,18; Sir. 40,19; Sir. 40,20; Sir. 40,21; Sir. 40,22;

Sir. 40,23; Sir. 40,24; Sir. 40,25; Sir. 40,26; Sir. 40,27; Sir. 49,16; Sol. 1,8; Sol. 2,26; Sol. 4,2; Sol. 8,13; Sol. 17,43; Amos 1,1; Joel 1,8; Nah. 2,10; Nah. 3,14; Nah. 3,16; Hab. 1,8; Hab. 1,8; Hag. 2,9; Is. 31,5; Is. 57,9; Jer. 5,3; Jer. 6,1; Jer. 7,26; Jer. 15,8; Jer. 16,12; Jer. 17,23; Jer. 26,23; Lam. 4,7; Lam. 4,7; Lam. 4,7; Lam. 4,8; Lam. 4,19; Ezek. 5,1; Ezek. 16,51; Ezek. 16,52; Ezek. 16,52; Ezek. 23,11; Ezek. 23,11; Ezek. 43,22; Ezek. 43,25; Ezek. 44,29; Ezek. 44,29; Ezek. 45,17; Ezek. 45,22; Ezek. 45,23; Ezek. 46,20; Ezek. 46,20; Dan. 1,20; Dan. 2,30; Dan. 3,22; Dan. 4,22; Dan. 6,4; Dan. 7,24; Judg. 2,19; Judg. 3,9; Judg. 11,25; Judg. 15,2; Judg. 18,26; Dan. 1,15; Dan. 6,4; Dan. 11,8; Dan. 11,13; Sus. 39; Bel 2; Matt. 10,24; Matt. 10,24; Matt. 10,37; Matt. 10,37; Luke 6,40; Luke 16,8; Acts 26,13; 1Cor. 4,6; 1Cor. 10,13; 2Cor. 1,8; 2Cor. 12,6; 2Cor. 12,13; Gal. 1,14; Eph. 1,22; Eph. 3,20; Philem. 16; Philem. 21; Heb. 4,12)

Preposition • (+genitive) ▸ 176 + 3 + 130 = **309** (Deut. 24,16; Deut. 24,16; Deut. 28,23; Judg. 9,17; 1Sam. 1,27; 1Sam. 2,25; 1Sam. 2,25; 1Sam. 4,21; 1Sam. 4,21; 1Sam. 4,21; 1Sam. 10,2; 1Sam. 12,19; 1Sam. 21,3; 2Sam. 1,19; 2Sam. 3,8; 2Sam. 6,8; 2Sam. 7,19; 2Sam. 7,28; 2Sam. 8,10; 2Sam. 10,5; 2Sam. 10,12; 2Sam. 18,5; 1Kings 8,53a; 1Kings 9,26; 1Kings 11,10; 1Kings 12,24f; 1Kings 12,24r; 1Kings 16,7; 1Kings 16,19; 1Kings 20,27; 2Kings 10,3; 2Kings 14,6; 2Kings 14,6; 2Kings 19,34; 2Kings 20,6; 2Kings 22,13; 1Chr. 18,10; 1Chr. 29,9; 2Chr. 25,4; 2Chr. 25,4; 2Chr. 30,18; 2Chr. 31,9; 1Esdr. 1,30; 1Esdr. 4,49; 1Esdr. 6,30; 1Esdr. 7,8; 1Esdr. 8,63; 1Esdr. 8,63; 1Esdr. 9,2; 1Esdr. 9,20; Ezra 5,5; Ezra 6,17; Ezra 9,6; Esth. 12,6 # 1,1r; Esth. 2,23; Esth. 4,8; Judith 5,21; Judith 8,12; Judith 15,4; Tob. 6,16; Tob. 7,9; 1Mac. 2,40; 1Mac. 2,50; 1Mac. 3,26; 1Mac. 5,32; 1Mac. 7,33; 1Mac. 16,3; 2Mac. 1,26; 2Mac. 2,21; 2Mac. 3,32; 2Mac. 4,11; 2Mac. 4,36; 2Mac. 6,28; 2Mac. 7,9; 2Mac. 8,21; 2Mac. 11,20; 2Mac. 11,35; 2Mac. 12,43; 2Mac. 12,44; 2Mac. 13,25; 2Mac. 14,8; 2Mac. 14,27; 2Mac. 14,38; 2Mac. 15,30; 3Mac. 1,23; 3Mac. 6,22; 3Mac. 7,6; 4Mac. 1,8; 4Mac. 1,10; 4Mac. 4,1; 4Mac. 5,38; 4Mac. 6,22; 4Mac. 6,28; 4Mac. 9,18; 4Mac. 10,20; 4Mac. 11,2; 4Mac. 11,15; 4Mac. 14,6; 4Mac. 15,26; 4Mac. 15,32; 4Mac. 16,13; 4Mac. 16,16; 4Mac. 16,16; 4Mac. 18,22; Psa. 5,1; Psa. 6,1; Psa. 7,1; Psa. 7,8; Psa. 8,1; Psa. 9,1; Psa. 11,1; Psa. 21,1; Psa. 31,6; Psa. 37,19; Psa. 38,12; Psa. 44,1; Psa. 44,1; Psa. 45,1; Psa. 45,1; Psa. 46,1; Psa. 55,1; Psa. 55,8; Psa. 68,1; Psa. 79,1; Psa. 79,1; Psa. 80,1; Psa. 83,1; Psa. 104,14; Psa. 137,8; Ode. 12,10; Job 2,4; Job 2,4; Job 24,5; Job 29,3; Wis. 16,24; Sir. 1,3 Prol.; Sir. 4,28; Sir. 24,20; Sir. 29,13; Sir. 29,15; Sir. 51,9; Mic. 1,1; Mic. 6,7; Joel 1,3; Joel 1,11; Joel 4,2; Jonah 4,6; Jonah 4,10; Jonah 4,10; Jonah 4,11; Nah. 1,14; Zech. 11,13; Zech. 12,8; Is. 35,10; Is. 37,35; Is. 38,6; Is. 43,3; Is. 43,4; Is. 43,4; Is. 61,7; Jer. 18,20; Jer. 19,8; Lam. 4,6; Ezek. 1,22; Ezek. 1,25; Ezek. 10,1; Ezek. 24,21; Ezek. 40,39; Ezek. 40,39; Ezek. 45,17; Ezek. 45,22; Ezek. 45,22; Ezek. 45,25; Dan. 7,16; Dan. 9,20; Dan. 10,21; Judg. 6,31; Judg. 9,17; Dan. 2,18; Matt. 5,44; Mark 9,40; Mark 14,24; Luke 9,50; Luke 22,19; Luke 22,20; John 1,30; John 6,51; John 10,11; John 10,15; John 11,4; John 11,50; John 11,51; John 11,52; John 13,37; John 13,38; John 15,13; John 17,19; John 18,14; Acts 5,41; Acts 8,24; Acts 9,16; Acts 15,26; Acts 21,13; Acts 21,26; Rom. 1,5; Rom. 5,6; Rom. 5,7; Rom. 5,7; Rom. 5,8; Rom. 8,27; Rom. 8,31; Rom. 8,32; Rom. 8,34; Rom. 9,3; Rom. 9,27; Rom. 10,1; Rom. 14,15; Rom. 15,8; Rom. 15,9; Rom. 15,30; Rom. 16,4; 1Cor. 1,13; 1Cor. 4,6; 1Cor. 10,30; 1Cor. 11,24; 1Cor. 12,25; 1Cor. 15,3; 1Cor. 15,29; 1Cor. 15,29; 2Cor. 1,6; 2Cor. 1,6; 2Cor. 1,7; 2Cor. 1,8; 2Cor. 1,11; 2Cor. 1,11; 2Cor. 5,12; 2Cor. 5,14; 2Cor. 5,15; 2Cor. 5,15; 2Cor. 5,20; 2Cor. 5,21; 2Cor. 7,4; 2Cor. 7,7; 2Cor. 7,12; 2Cor. 7,14; 2Cor. 8,16; 2Cor. 8,23; 2Cor. 8,24; 2Cor. 9,2; 2Cor. 9,3; 2Cor. 9,14; 2Cor. 12,5; 2Cor. 12,5; 2Cor. 12,8; 2Cor. 12,10; 2Cor. 12,15; 2Cor. 12,19; 2Cor. 13,8; Gal. 1,4; Gal. 2,20; Gal. 3,13; Eph. 1,16; Eph. 3,1; Eph. 3,13; Eph. 5,2; Eph. 5,20; Eph. 5,25; Eph. 6,19; Eph. 6,20; Phil. 1,4; Phil. 1,7; Phil. 1,29; Phil. 1,29; Phil. 2,9; Phil. 2,13; Phil. 4,10; Col. 1,7; Col. 1,9; Col. 1,24; Col. 1,24; Col. 2,1; Col. 4,12; Col. 4,13; 1Th. 3,2; 1Th. 5,10; 2Th. 1,4; 2Th. 1,5; 2Th. 2,1; 1Tim. 2,1; 1Tim. 2,2; 1Tim. 2,6; Titus 2,14; Philem. 13; Heb. 2,9; Heb. 5,1; Heb. 5,1; Heb. 6,20; Heb. 7,25; Heb. 7,27; Heb. 9,7; Heb. 9,24; Heb. 10,12; Heb. 13,17; James 5,16; 1Pet. 2,21; 1Pet. 3,18; 1John 3,16; 1John 3,16; 3John 7)

Ὑπέρ ▸ 1
    Preposition • (+genitive) ▸ **1** (2Cor. 5,20)

ὑπεράγαν (ὑπέρ; ἄγαν) exceedingly ▸ 1
  ὑπεράγαν ▸ 1
    Adverb ▸ **1** (2Mac. 10,34)

ὑπεραγόντως (ὑπέρ; ἄγαν) exceedingly ▸ 1
  Ὑπεραγόντως ▸ 1
    Adverb ▸ **1** (2Mac. 7,20)

ὑπεράγω (ὑπέρ; ἄγω) to be in a higher position ▸ 3
  ὑπεράγει ▸ 1
    Verb • third • singular • present • active • indicative ▸ **1** (Sir. 36,22)
  ὑπεράγον ▸ 1
    Verb • present • active • participle • neuter • singular • nominative ▸ **1** (1Mac. 6,43)
  ὑπεράγων ▸ 1
    Verb • present • active • participle • masculine • singular • nominative ▸ **1** (Sir. 33,23)

ὑπεραινετός (ὑπέρ; αἰνέω) to be exceedingly praised ▸ 3 + 1 = 4
  ὑπεραινετὸν ▸ 2 + 1 = 3
    Adjective • neuter • singular • nominative • noDegree ▸ 2 + 1 = **3** (Ode. 8,52; Dan. 3,52; Dan. 3,52)
  ὑπεραινετὸς ▸ 1
    Adjective • masculine • singular • nominative • noDegree ▸ **1** (Ode. 8,54)

ὑπεραίρω (ὑπέρ; αἴρω) to surpass; be lifted up; to lord it over ▸ 6 + 3 = 9
  ὑπεραιρόμενος ▸ 1
    Verb • present • middle • participle • masculine • singular • nominative ▸ **1** (2Th. 2,4)
  ὑπεραίρωμαι ▸ 2
    Verb • first • singular • present • passive • subjunctive • (variant) ▸ **2** (2Cor. 12,7; 2Cor. 12,7)
  ὑπεραρθήσεται ▸ 1
    Verb • third • singular • future • passive • indicative ▸ **1** (Psa. 71,16)
  ὑπερῆραν ▸ 1
    Verb • third • plural • aorist • active • indicative ▸ **1** (Psa. 37,5)
  ὑπερῆρας ▸ 1
    Verb • second • singular • aorist • active • indicative ▸ **1** (Prov. 31,29)
  ὑπερῆρεν ▸ 1
    Verb • third • singular • aorist • active • indicative ▸ **1** (Sir. 48,13)
  ὑπερῄρετο ▸ 1
    Verb • third • singular • imperfect • middle • indicative ▸ **1** (2Mac. 5,23)
  ὑπερήρθη ▸ 1
    Verb • third • singular • aorist • passive • indicative ▸ **1** (2Chr. 32,23)

ὑπέρακμος (ὑπέρ; ἀκή) past marital age ▸ 1
  ὑπέρακμος ▸ 1

ὑπέρακμος–ὑπερβάλλω

Adjective • feminine • singular • nominative ▸ **1** (1Cor. 7,36)

ὑπεράλλομαι (ὑπέρ; ἅλλομαι) to leap up ▸ **1**
  ὑπεραλοῦνται ▸ **1**
    Verb • third • plural • future • middle • indicative ▸ **1** (Sir. 38,33)

ὑπεράνω (ὑπέρ; ἀνά) far above; from now on ▸ **20 + 2 + 3 = 25**
  ὑπεράνω ▸ **20 + 2 + 3 = 25**
    Adverb ▸ **5** (Psa. 73,5; Ode. 8,60; Hag. 2,15; Ezek. 8,2; Ezek. 10,19)
    ImproperPreposition • (+genitive) ▸ **15 + 2 + 3 = 20** (Deut. 26,19; Deut. 28,1; Neh. 12,38; Neh. 12,39; Esth. 13,14 # 4,17e; Tob. 1,2; Psa. 8,2; Psa. 148,4; Mic. 4,1; Jonah 4,6; Mal. 1,5; Is. 2,2; Ezek. 11,22; Ezek. 43,15; Dan. 3,46; Tob. 1,2; Dan. 7,6; Eph. 1,21; Eph. 4,10; Heb. 9,5)

ὑπεράνωθεν (ὑπέρ; ἀνά; θεν) from above ▸ **2**
  ὑπεράνωθεν ▸ **2**
    Adverb ▸ **1** (Psa. 77,23)
    Preposition • (+genitive) ▸ **1** (Ezek. 1,25)

ὑπέραρσις (ὑπέρ; αἴρω) high water mark ▸ **1**
  ὑπεράρσει ▸ **1**
    Noun • feminine • singular • dative • (common) ▸ **1** (Ezek. 47,11)

ὑπερασπίζω (ὑπέρ; ἀσπίς) to shield, defend ▸ **22**
  ὑπερασπιεῖ ▸ **7**
    Verb • third • singular • future • active • indicative ▸ **7** (Deut. 33,29; Judith 6,2; Prov. 2,7; Wis. 5,16; Zech. 9,15; Zech. 12,8; Is. 31,5)
  ὑπερασπίζει ▸ **1**
    Verb • third • singular • present • active • indicative ▸ **1** (Prov. 30,5)
  ὑπερασπίζοντα ▸ **1**
    Verb • present • active • participle • masculine • singular • accusative ▸ **1** (4Mac. 7,4)
  ὑπερασπίζοντας ▸ **1**
    Verb • present • active • participle • masculine • plural • accusative ▸ **1** (4Mac. 7,8)
  ὑπερασπίζω ▸ **1**
    Verb • first • singular • present • active • indicative ▸ **1** (Gen. 15,1)
  ὑπερασπίζων ▸ **1**
    Verb • present • active • participle • masculine • singular • nominative ▸ **1** (Judith 9,14)
  ὑπερασπίσαι ▸ **2**
    Verb • aorist • active • infinitive ▸ **1** (4Mac. 4,9)
    Verb • third • singular • aorist • active • optative ▸ **1** (Psa. 19,2)
  ὑπερασπίση ▸ **2**
    Verb • third • singular • aorist • active • subjunctive ▸ **2** (Judith 5,21; Prov. 4,9)
  ὑπερασπιῶ ▸ **5**
    Verb • first • singular • future • active • indicative ▸ **5** (2Kings 19,34; 2Kings 20,6; Hos. 11,8; Is. 37,35; Is. 38,6)
  ὑπερησπικότα ▸ **1**
    Verb • perfect • active • participle • masculine • singular • accusative ▸ **1** (3Mac. 7,6)

ὑπερασπισμός (ὑπέρ; ἀσπίς) covering, shielding, protection ▸ **4**
  ὑπερασπισμὸν ▸ **3**
    Noun • masculine • singular • accusative • (common) ▸ **3** (2Sam. 22,36; Psa. 17,36; Lam. 3,65)
  ὑπερασπισμός ▸ **1**
    Noun • masculine • singular • nominative • (common) ▸ **1** (Sir. 34,16)

ὑπερασπιστής (ὑπέρ; ἀσπίς) defender ▸ **20**
  ὑπερασπιστὰ ▸ **1**
    Noun • masculine • singular • vocative • (common) ▸ **1** (Psa. 83,10)
  ὑπερασπιστὴν ▸ **2**
    Noun • masculine • singular • accusative • (common) ▸ **2** (Psa. 30,3; Psa. 70,3)
  ὑπερασπιστής ▸ **9**
    Noun • masculine • singular • nominative • (common) ▸ **9** (2Sam. 22,3; 2Sam. 22,31; Psa. 17,3; Psa. 17,31; Psa. 27,7; Psa. 30,5; Psa. 39,18; Psa. 58,12; Psa. 143,2)
  ὑπερασπιστής ▸ **8**
    Noun • masculine • singular • nominative • (common) ▸ **8** (Psa. 26,1; Psa. 27,8; Psa. 32,20; Psa. 36,39; Psa. 113,17; Psa. 113,18; Psa. 113,19; Sol. 7,7)

ὑπερασπίστρια (ὑπέρ; ἀσπίς) shielder, protector (f) ▸ **1**
  ὑπερασπίστρια ▸ **1**
    Noun • feminine • singular • vocative • (common) ▸ **1** (4Mac. 15,29)

ὑπεραυξάνω (ὑπέρ; αὐξάνω) to grow abundantly ▸ **1**
  ὑπεραυξάνει ▸ **1**
    Verb • third • singular • present • active • indicative ▸ **1** (2Th. 1,3)

ὑπερβαίνω (ὑπέρ; βαίνω) to cross over, to exceed; to sin against ▸ **17 + 1 = 18**
  ὑπερβαίνειν ▸ **1**
    Verb • present • active • infinitive ▸ **1** (1Th. 4,6)
  ὑπερβαίνοντες ▸ **1**
    Verb • present • active • participle • masculine • plural • nominative ▸ **1** (1Sam. 5,5)
  ὑπερβαίνουσιν ▸ **1**
    Verb • third • plural • present • active • indicative ▸ **1** (1Sam. 5,5)
  ὑπερβαίνων ▸ **1**
    Verb • present • active • participle • masculine • singular • nominative ▸ **1** (Mic. 7,18)
  ὑπερβεβήκατε ▸ **1**
    Verb • second • plural • perfect • active • indicative ▸ **1** (3Mac. 6,24)
  ὑπερβῇ ▸ **2**
    Verb • third • singular • aorist • active • subjunctive ▸ **2** (Job 9,11; Job 14,5)
  ὑπερβήσεται ▸ **3**
    Verb • third • singular • future • middle • indicative ▸ **3** (Sir. 20,7; Jer. 5,22; Jer. 5,22)
  ὑπερβήσῃ ▸ **2**
    Verb • second • singular • future • middle • indicative ▸ **2** (Prov. 9,18b; Job 38,11)
  ὑπερβήσομαι ▸ **2**
    Verb • first • singular • future • middle • indicative ▸ **2** (2Sam. 22,30; Psa. 17,30)
  ὑπερέβη ▸ **1**
    Verb • third • singular • aorist • active • indicative ▸ **1** (2Sam. 18,23)
  ὑπερέβην ▸ **1**
    Verb • first • singular • aorist • active • indicative ▸ **1** (4Mac. 18,7)
  ὑπερέβησαν ▸ **2**
    Verb • third • plural • aorist • active • indicative ▸ **2** (4Mac. 3,12; Job 24,2)

ὑπερβαλλόντως (ὑπέρ; βάλλω) more severely, exceedingly ▸ **1 + 1 = 2**
  ὑπερβαλλόντως ▸ **1 + 1 = 2**
    Adverb ▸ **1 + 1 = 2** (Job 15,11; 2Cor. 11,23)

ὑπερβάλλω (ὑπέρ; βάλλω) to exceed, surpass ▸ **6 + 5**

= 11
ὑπερβάλλον ▸ 2
  Verb ▪ present ▪ active ▪ participle ▪ neuter ▪ singular ▪ accusative ▸ 1 (Eph. 2,7)
  Verb ▪ present ▪ active ▪ participle ▪ neuter ▪ singular ▪ nominative ▸ 1 (Eph. 1,19)
ὑπερβάλλοντι ▸ 1
  Verb ▪ present ▪ active ▪ participle ▪ masculine ▪ singular ▪ dative ▸ 1 (3Mac. 2,23)
ὑπερβάλλου ▸ 1
  Verb ▪ second ▪ singular ▪ present ▪ middle ▪ imperative ▸ 1 (Sir. 5,7)
ὑπερβάλλουσαν ▸ 1 + 2 = 3
  Verb ▪ present ▪ active ▪ participle ▪ feminine ▪ singular ▪ accusative ▸ 1 + 2 = 3 (2Mac. 4,13; 2Cor. 9,14; Eph. 3,19)
ὑπερβαλλούσας ▸ 1
  Verb ▪ present ▪ active ▪ participle ▪ feminine ▪ plural ▪ accusative ▸ 1 (2Mac. 7,42)
ὑπερβαλλούσης ▸ 1
  Verb ▪ present ▪ active ▪ participle ▪ feminine ▪ singular ▪ genitive ▸ 1 (2Cor. 3,10)
ὑπερβαλών ▸ 1
  Verb ▪ aorist ▪ active ▪ participle ▪ masculine ▪ singular ▪ nominative ▸ 1 (2Mac. 4,24)
ὑπερέβαλεν ▸ 1
  Verb ▪ third ▪ singular ▪ aorist ▪ active ▪ indicative ▸ 1 (Sir. 25,11)
ὑπερβολή (ὑπέρ; βάλλω) exceeding quality; excess ▸ 1 + 8 = 9
ὑπερβολή ▸ 1
  Noun ▪ feminine ▪ singular ▪ nominative ▸ 1 (2Cor. 4,7)
ὑπερβολῇ ▸ 1
  Noun ▪ feminine ▪ singular ▪ dative ▸ 1 (2Cor. 12,7)
ὑπερβολήν ▸ 1 + 6 = 7
  Noun ▪ feminine ▪ singular ▪ accusative ▪ (common) ▸ 1 + 6 = 7 (4Mac. 3,18; Rom. 7,13; 1Cor. 12,31; 2Cor. 1,8; 2Cor. 4,17; 2Cor. 4,17; Gal. 1,13)
ὑπερδυναμόω (ὑπέρ; δύναμαι) to overcome ▸ 1
ὑπερεδυνάμωσαν ▸ 1
  Verb ▪ third ▪ plural ▪ aorist ▪ active ▪ indicative ▸ 1 (Psa. 64,4)
ὑπερείδω (ὑπό; ἐρείδω) to support, prop up ▸ 2
ὑπερείσῃ ▸ 1
  Verb ▪ third ▪ singular ▪ aorist ▪ active ▪ subjunctive ▸ 1 (Job 8,15)
ὑπήρεισεν ▸ 1
  Verb ▪ third ▪ singular ▪ aorist ▪ active ▪ indicative ▸ 1 (Prov. 9,1)
ὑπερέκεινα (ὑπέρ; ἐκεῖ) beyond ▸ 1
ὑπερέκεινα ▸ 1
  ImproperPreposition ▪ (+genitive) ▸ 1 (2Cor. 10,16)
ὑπερεκπερισσοῦ (ὑπέρ; ἐκ; περί) more than ever, far beyond ▸ 3
ὑπερεκπερισσοῦ ▸ 3
  Adverb ▸ 3 (Eph. 3,20; 1Th. 3,10; 1Th. 5,13)
ὑπερεκτείνω (ὑπέρ; ἐκ; τείνω) to go beyond ▸ 1
ὑπερεκτείνομεν ▸ 1
  Verb ▪ first ▪ plural ▪ present ▪ active ▪ indicative ▸ 1 (2Cor. 10,14)
ὑπερεκχέω (ὑπέρ; ἐκ; χέω) to flow out, overflow ▸ 3
ὑπερεκχείσθω ▸ 1
  Verb ▪ third ▪ singular ▪ present ▪ passive ▪ imperative ▸ 1 (Prov. 5,16)
ὑπερεκχεῖται ▸ 1
  Verb ▪ third ▪ singular ▪ present ▪ middle ▪ indicative ▸ 1 (Joel 4,13)
ὑπερεκχυθήσονται ▸ 1
  Verb ▪ third ▪ plural ▪ future ▪ passive ▪ indicative ▸ 1 (Joel 2,24)
ὑπερεκχύννω (ὑπέρ; ἐκ; χέω) to run over ▸ 1
ὑπερεκχυννόμενον ▸ 1
  Verb ▪ present ▪ passive ▪ participle ▪ neuter ▪ singular ▪ accusative ▪ (variant) ▸ 1 (Luke 6,38)
ὑπερένδοξος (ὑπέρ; ἐν; δόξα) exceedingly glorious ▸ 3 + 1 = 4
ὑπερένδοξος ▸ 3 + 1 = 4
  Adjective ▪ masculine ▪ singular ▪ nominative ▪ noDegree ▸ 1 (Dan. 3,53)
  Adjective ▪ neuter ▪ singular ▪ nominative ▪ noDegree ▸ 3 (Ode. 8,53; Ode. 8,56; Dan. 3,53)
ὑπερεντυγχάνω (ὑπέρ; ἐν; τυγχάνω) to intercede ▸ 1
ὑπερεντυγχάνει ▸ 1
  Verb ▪ third ▪ singular ▪ present ▪ active ▪ indicative ▸ 1 (Rom. 8,26)
ὑπερέχω (ὑπέρ; ἔχω) to excel, exceed, be better than ▸ 11 + 2 + 5 = 18
ὑπερεῖχον ▸ 2
  Verb ▪ third ▪ plural ▪ imperfect ▪ active ▪ indicative ▸ 2 (1Kings 8,8; 2Chr. 5,9)
ὑπερέξει ▸ 2 + 1 = 3
  Verb ▪ third ▪ singular ▪ future ▪ active ▪ indicative ▸ 2 + 1 = 3 (Gen. 25,23; Sir. 43,30; Dan. 7,23)
ὑπερέξω ▸ 1
  Verb ▪ first ▪ singular ▪ future ▪ active ▪ indicative ▸ 1 (Gen. 41,40)
ὑπερέχει ▸ 3
  Verb ▪ third ▪ singular ▪ present ▪ active ▪ indicative ▸ 3 (Gen. 39,9; Lev. 25,27; Sir. 33,7)
ὑπερέχον ▸ 1
  Verb ▪ present ▪ active ▪ participle ▪ neuter ▪ singular ▪ accusative ▸ 1 (Phil. 3,8)
ὑπερέχοντας ▸ 1
  Verb ▪ present ▪ active ▪ participle ▪ masculine ▪ plural ▪ accusative ▸ 1 (Phil. 2,3)
ὑπερέχοντι ▸ 1
  Verb ▪ present ▪ active ▪ participle ▪ masculine ▪ singular ▪ dative ▸ 1 (1Pet. 2,13)
ὑπερέχοντος ▸ 1
  Verb ▪ present ▪ active ▪ participle ▪ neuter ▪ singular ▪ genitive ▸ 1 (Ex. 26,13)
ὑπερεχόντων ▸ 1
  Verb ▪ present ▪ active ▪ participle ▪ masculine ▪ plural ▪ genitive ▸ 1 (Judg. 5,25)
ὑπερέχουσα ▸ 1
  Verb ▪ present ▪ active ▪ participle ▪ feminine ▪ singular ▪ nominative ▸ 1 (Phil. 4,7)
ὑπερεχούσαις ▸ 1
  Verb ▪ present ▪ active ▪ participle ▪ feminine ▪ plural ▪ dative ▸ 1 (Rom. 13,1)
ὑπερέχουσιν ▸ 1
  Verb ▪ present ▪ active ▪ participle ▪ masculine ▪ plural ▪ dative ▸ 1 (Wis. 6,5)
ὑπερέχων ▸ 1
  Verb ▪ present ▪ active ▪ participle ▪ masculine ▪ singular ▪ nominative ▸ 1 (Dan. 5,11)
ὑπερηφανεύω (ὑπέρ; φαίνω) to behave haughtily ▸ 6 + 1 = 7
ὑπερηφανεύσασθαι ▸ 1
  Verb ▪ aorist ▪ middle ▪ infinitive ▸ 1 (Dan. 5,20)

ὑπερηφανεύεσθαι ▸ 2
    Verb · present · middle · infinitive ▸ **2** (Psa. 9,23; Sol. 2,1)
ὑπερηφανεύεται ▸ 1
    Verb · third · singular · present · middle · indicative ▸ **1** (Sir. 10,9)
ὑπερηφανεύου ▸ 1
    Verb · second · singular · aorist · middle · imperative ▸ **1** (Tob. 4,13)
ὑπερηφανεύσαντο ▸ 1
    Verb · third · plural · aorist · middle · indicative ▸ **1** (Neh. 9,16)
Ὑπερηφανεύσατο ▸ 1
    Verb · third · singular · aorist · middle · indicative ▸ **1** (Job 22,29)

ὑπερηφανέω (ὑπέρ; φαίνω)　to be proud, to disdain ▸ **2**
ὑπερηφανεῖται ▸ 1
    Verb · third · singular · present · passive · indicative ▸ **1** (4Mac. 5,21)
ὑπερηφάνησαν ▸ 1
    Verb · third · plural · aorist · passive · indicative ▸ **1** (Neh. 9,10)

ὑπερηφανία (ὑπέρ; φαίνω)　pride, arrogance ▸ **57 + 1 + 1 = 59**
ὑπερηφανία ▸ **9 + 1 = 10**
    Noun · feminine · singular · nominative · (common) ▸ **9 + 1 = 10** (1Mac. 2,49; Psa. 72,6; Psa. 73,23; Wis. 5,8; Sir. 10,7; Sir. 10,18; Sol. 17,41; Obad. 3; Ezek. 16,49; Mark 7,22)
ὑπερηφανία ▸ **14 + 1 = 15**
    Noun · feminine · singular · dative · (common) ▸ **14 + 1 = 15** (Deut. 17,12; Esth. 13,12 # 4,17d; Esth. 13,14 # 4,17e; Tob. 4,13; 1Mac. 1,21; 2Mac. 1,28; 3Mac. 2,17; Psa. 30,19; Psa. 58,13; Sir. 48,18; Sol. 2,2; Sol. 4,24; Sol. 17,6; Dan. 4,22; Dan. 4,37)
ὑπερηφανίαν ▸ 16
    Noun · feminine · singular · accusative · (common) ▸ **16** (Ex. 18,21; Esth. 16,12 # 8,12m; Judith 9,9; 1Mac. 1,24; 3Mac. 2,5; Psa. 16,10; Psa. 30,24; Psa. 100,7; Prov. 8,13; Sir. 16,8; Sol. 2,25; Sol. 17,13; Sol. 17,23; Is. 16,6; Jer. 31,29; Ezek. 7,20)
ὑπερηφανίας ▸ 17
    Noun · feminine · plural · accusative · (common) ▸ **2** (Judith 6,19; Psa. 73,3)
    Noun · feminine · singular · genitive · (common) ▸ **15** (Lev. 26,19; Num. 15,30; Esth. 14,16 # 4,17w; 1Mac. 2,47; 2Mac. 5,21; 2Mac. 7,36; 2Mac. 9,7; 2Mac. 9,11; Psa. 35,12; Sir. 10,12; Sir. 10,13; Sir. 15,8; Sir. 22,22; Amos 8,7; Ezek. 16,56)
ὑπερηφανιῶν ▸ 1
    Noun · feminine · plural · genitive · (common) ▸ **1** (Sir. 51,10)

ὑπερήφανος (ὑπέρ; φαίνω)　proud, arrogant ▸ **41 + 5 = 46**
ὑπερήφανοι ▸ **4 + 1 = 5**
    Adjective · masculine · plural · nominative · noDegree ▸ **4 + 1 = 5** (Psa. 118,51; Psa. 118,78; Psa. 118,122; Psa. 139,6; 2Tim. 3,2)
ὑπερηφάνοις ▸ **5 + 2 = 7**
    Adjective · masculine · plural · dative · noDegree ▸ **4 + 2 = 6** (Psa. 93,2; Psa. 118,21; Psa. 122,4; Prov. 3,34; James 4,6; 1Pet. 5,5)
    Adjective · neuter · plural · dative · noDegree ▸ **1** (3Mac. 5,13)
ὑπερήφανον ▸ 7
    Adjective · feminine · singular · accusative · noDegree ▸ **1** (3Mac. 1,27)
    Adjective · masculine · singular · accusative · noDegree ▸ **6** (Esth. 13,12 # 4,17d; 4Mac. 9,30; Psa. 88,11; Job 40,12; Sir. 25,2; Is. 2,12)

ὑπερήφανος ▸ 4
    Adjective · masculine · singular · nominative · noDegree ▸ **4** (4Mac. 4,15; Sir. 23,8; Sir. 32,18; Is. 29,20)
ὑπερηφάνου ▸ 3
    Adjective · masculine · singular · genitive · noDegree ▸ **3** (Sir. 3,28; Sir. 11,30; Sir. 21,4)
ὑπερηφάνους ▸ **4 + 2 = 6**
    Adjective · feminine · plural · accusative · noDegree ▸ **1** (Sol. 2,31)
    Adjective · masculine · plural · accusative · noDegree ▸ **3 + 2 = 5** (Ode. 9,51; Zeph. 3,6; Is. 1,25; Luke 1,51; Rom. 1,30)
ὑπερηφάνῳ ▸ 6
    Adjective · feminine · singular · dative · noDegree ▸ **1** (3Mac. 6,4)
    Adjective · masculine · singular · dative · noDegree ▸ **5** (Psa. 100,5; Sir. 13,1; Sir. 13,20; Sir. 27,28; Sir. 32,12)
ὑπερηφάνων ▸ 8
    Adjective · masculine · plural · genitive · noDegree ▸ **7** (Psa. 17,28; Psa. 118,69; Job 38,15; Wis. 14,6; Sir. 27,15; Sir. 31,26; Is. 13,11)
    Adjective · neuter · plural · genitive · noDegree ▸ **1** (Esth. 14,1 # 4,17k)

ὑπερηφάνως (ὑπέρ; φαίνω)　proudly, arrogantly ▸ **3**
ὑπερηφάνως ▸ 3
    Adverb ▸ **3** (1Mac. 7,34; 1Mac. 7,47; 2Mac. 9,4)

ὑπέρθυρον (ὑπέρ; θύρα)　lintel ▸ **1**
ὑπέρθυρον ▸ 1
    Noun · neuter · singular · nominative · (common) ▸ **1** (Is. 6,4)

ὑπερισχύω (ὑπέρ; ἰσχύς)　to be strong, overpower ▸ **13 + 2 = 15**
ὑπερισχύει ▸ 5
    Verb · third · singular · present · active · indicative ▸ **5** (1Esdr. 3,18; 1Esdr. 3,24; 1Esdr. 4,3; 1Esdr. 4,12; 1Esdr. 4,41)
Ὑπερισχύει ▸ 2
    Verb · third · singular · present · active · indicative ▸ **2** (1Esdr. 3,10; 1Esdr. 3,11)
ὑπερισχύεις ▸ 1
    Verb · second · singular · present · active · indicative ▸ **1** (Josh. 17,18)
ὑπερίσχυεν ▸ 1
    Verb · third · singular · imperfect · active · indicative ▸ **1** (Dan. 3,22)
ὑπερισχύουσιν ▸ 1
    Verb · third · plural · present · active · indicative ▸ **1** (1Esdr. 4,2)
Ὑπερισχύουσιν ▸ 1
    Verb · third · plural · present · active · indicative ▸ **1** (1Esdr. 3,12)
ὑπερισχύσει ▸ **1 + 1 = 2**
    Verb · third · singular · future · active · indicative ▸ **1 + 1 = 2** (1Esdr. 3,5; Dan. 11,23)
ὑπερίσχυσεν ▸ 2
    Verb · third · singular · aorist · active · indicative ▸ **2** (Gen. 49,26; 2Sam. 24,4)

ὑπέρκειμαι (ὑπέρ; κεῖμαι)　to exceed ▸ **2**
ὑπέρκεισαι ▸ 2
    Verb · second · singular · present · passive · indicative ▸ **2** (Prov. 31,29; Ezek. 16,47)

ὑπερκεράω (ὑπέρ; κεράννυμι)　to outflank ▸ **2**
ὑπερεκέρασαν ▸ 1
    Verb · third · plural · aorist · active · indicative ▸ **1** (Judith 15,5)
ὑπερεκέρων ▸ 1
    Verb · third · plural · imperfect · active · indicative ▸ **1** (1Mac.

ὑπερκρατέω (ὑπέρ; κεράννυμι) to overpower ▸ 1
ὑπερεκράτησεν ▸ 1
Verb ⋅ third ⋅ singular ⋅ aorist ⋅ active ⋅ indicative ▸ 1 (1Kings 16,22)

ὑπερλίαν (ὑπέρ; λίαν) outstanding, special ▸ 2
ὑπερλίαν ▸ 2
Adverb ▸ 2 (2Cor. 11,5; 2Cor. 12,11)

ὑπερμαχέω (ὑπέρ; μάχη) to defend ▸ 1
ὑπερμαχεῖτε ▸ 1
Verb ⋅ second ⋅ plural ⋅ present ⋅ active ⋅ imperative ▸ 1 (1Mac. 16,3)

ὑπέρμαχος (ὑπέρ; μάχη) defending; (n.) defender ▸ 4
ὑπέρμαχον ▸ 2
Noun ⋅ masculine ⋅ singular ⋅ accusative ⋅ (common) ▸ 2 (2Mac. 8,36; 2Mac. 14,34)
ὑπέρμαχόν ▸ 1
Noun ⋅ feminine ⋅ singular ⋅ accusative ⋅ (common) ▸ 1 (Wis. 10,20)
ὑπέρμαχος ▸ 1
Noun ⋅ masculine ⋅ singular ⋅ nominative ⋅ (common) ▸ 1 (Wis. 16,17)

ὑπερμεγέθης (ὑπέρ; μέγας) immense, gigantic ▸ 2
ὑπερμεγέθη ▸ 1
Adjective ⋅ neuter ⋅ plural ⋅ accusative ⋅ noDegree ▸ 1 (Dan. 4,37a)
ὑπερμεγέθης ▸ 1
Adjective ⋅ masculine ⋅ singular ⋅ nominative ⋅ noDegree ▸ 1 (1Chr. 20,6)

ὑπερμήκης (ὑπέρ; μῆκος) very long, very tall ▸ 1
ὑπερμήκεις ▸ 1
Noun ⋅ masculine ⋅ plural ⋅ nominative ⋅ (common) ▸ 1 (Num. 13,32)

ὑπερνικάω (ὑπέρ; νίκη) to be completely victorious ▸ 1
ὑπερνικῶμεν ▸ 1
Verb ⋅ first ⋅ plural ⋅ present ⋅ active ⋅ indicative ▸ 1 (Rom. 8,37)

ὑπέρογκος (ὑπέρ; ὄγκος) boastful; difficult ▸ 6 + 1 + 2 = 9
ὑπέρογκα ▸ 2 + 1 + 2 = 5
Adjective ⋅ neuter ⋅ plural ⋅ accusative ⋅ noDegree ▸ 2 + 1 + 2 = 5 (Lam. 1,9; Dan. 5,12; Dan. 11,36; 2Pet. 2,18; Jude 16)
ὑπέρογκον ▸ 3
Adjective ⋅ masculine ⋅ singular ⋅ accusative ⋅ noDegree ▸ 1 (2Sam. 13,2)
Adjective ⋅ neuter ⋅ singular ⋅ accusative ⋅ noDegree ▸ 2 (Ex. 18,22; Ex. 18,26)
ὑπέρογκός ▸ 1
Adjective ⋅ masculine ⋅ singular ⋅ nominative ⋅ noDegree ▸ 1 (Deut. 30,11)

ὑπερόρασις (ὑπέρ; ὁράω) disregard ▸ 1
ὑπεροράσει ▸ 1
Noun ⋅ feminine ⋅ singular ⋅ dative ⋅ (common) ▸ 1 (Num. 22,30)

ὑπεροράω (ὑπέρ; ὁράω) to disregard, overlook ▸ 42 + 1 = 43
ὑπερεῖδεν ▸ 5
Verb ⋅ third ⋅ singular ⋅ aorist ⋅ active ⋅ indicative ▸ 5 (Deut. 3,26; 4Mac. 15,8; Psa. 77,59; Psa. 77,62; Sir. 2,10)
ὑπερεῖδέν ▸ 1
Verb ⋅ third ⋅ singular ⋅ aorist ⋅ active ⋅ indicative ▸ 1 (Job 6,14)
ὑπερεῖδες ▸ 2
Verb ⋅ second ⋅ singular ⋅ aorist ⋅ active ⋅ indicative ▸ 2 (Wis. 19,22; Zech. 1,12)
ὑπερείδομεν ▸ 1
Verb ⋅ first ⋅ plural ⋅ aorist ⋅ active ⋅ indicative ▸ 1 (Gen. 42,21)
ὑπερεῖδον ▸ 4
Verb ⋅ first ⋅ singular ⋅ aorist ⋅ active ⋅ indicative ▸ 3 (Lev. 26,44; 3Mac. 6,15; Job 31,19)
Verb ⋅ third ⋅ plural ⋅ aorist ⋅ active ⋅ indicative ▸ 1 (Lev. 26,43)
ὑπερεῖδόν ▸ 1
Verb ⋅ third ⋅ plural ⋅ aorist ⋅ active ⋅ indicative ▸ 1 (Lev. 26,40)
ὑπερεωραμένη ▸ 1
Verb ⋅ perfect ⋅ passive ⋅ participle ⋅ feminine ⋅ singular ⋅ nominative ▸ 1 (Nah. 3,11)
ὑπεριδεῖν ▸ 3
Verb ⋅ aorist ⋅ active ⋅ infinitive ▸ 3 (Num. 31,16; Deut. 22,3; 1Esdr. 2,16)
ὑπερίδῃ ▸ 2
Verb ⋅ third ⋅ singular ⋅ aorist ⋅ active ⋅ subjunctive ▸ 2 (Sir. 23,11; Sir. 35,14)
ὑπερίδῃς ▸ 7
Verb ⋅ second ⋅ singular ⋅ aorist ⋅ active ⋅ subjunctive ▸ 7 (Deut. 22,1; Deut. 22,4; Esth. 13,16 # 4,17g; Tob. 4,3; Psa. 54,2; Sir. 38,16; Sol. 8,30)
ὑπεριδόντες ▸ 2
Verb ⋅ aorist ⋅ active ⋅ participle ⋅ masculine ⋅ plural ⋅ nominative ▸ 2 (4Mac. 1,9; 4Mac. 9,6)
ὑπεριδοῦσα ▸ 2
Verb ⋅ aorist ⋅ active ⋅ participle ⋅ feminine ⋅ singular ⋅ nominative ▸ 2 (Num. 5,12; Num. 22,30)
ὑπεριδών ▸ 1 + 1 = 2
Verb ⋅ aorist ⋅ active ⋅ participle ⋅ masculine ⋅ singular ⋅ nominative ▸ 1 + 1 = 2 (Deut. 21,16; Acts 17,30)
ὑπερίδωσιν ▸ 1
Verb ⋅ third ⋅ plural ⋅ aorist ⋅ active ⋅ subjunctive ▸ 1 (Lev. 20,4)
ὑπερορᾷς ▸ 1
Verb ⋅ second ⋅ singular ⋅ present ⋅ active ⋅ indicative ▸ 1 (Psa. 9,22)
ὑπερορᾶτε ▸ 1
Verb ⋅ second ⋅ plural ⋅ present ⋅ active ⋅ indicative ▸ 1 (2Mac. 7,23)
ὑπερορῶ ▸ 1
Verb ⋅ first ⋅ singular ⋅ present ⋅ active ⋅ indicative ▸ 1 (2Mac. 7,11)
ὑπερορῶν ▸ 1
Verb ⋅ present ⋅ active ⋅ participle ⋅ masculine ⋅ singular ⋅ nominative ▸ 1 (Sir. 14,8)
ὑπεροφθήσεται ▸ 1
Verb ⋅ third ⋅ singular ⋅ future ⋅ passive ⋅ indicative ▸ 1 (Ezek. 7,19)
ὑπερόψεται ▸ 2
Verb ⋅ third ⋅ singular ⋅ future ⋅ middle ⋅ indicative ▸ 2 (Lev. 26,37; Judith 8,20)
ὑπερόψῃ ▸ 1
Verb ⋅ second ⋅ singular ⋅ future ⋅ middle ⋅ indicative ▸ 1 (Is. 58,7)
ὑπερόψομαί ▸ 1
Verb ⋅ first ⋅ singular ⋅ future ⋅ middle ⋅ indicative ▸ 1 (Josh. 1,5)

ὕπερος pestle ▸ 1
ὑπέρου ▸ 1
Noun ⋅ masculine ⋅ singular ⋅ genitive ⋅ (common) ▸ 1 (Prov. 23,31)

ὑπεροχή (ὑπέρ; ἔχω) height; authoritativeness, dig-

nity ▸ 5 + 2 = 7
ὑπεροχή ▸ 1
    Noun ▪ feminine ▪ singular ▪ nominative ▪ (common) ▸ 1 (Jer. 52,22)
ὑπεροχῇ ▸ 1 + 1 = 2
    Noun ▪ feminine ▪ singular ▪ dative ▪ (common) ▸ 1 + 1 = 2 (2Mac. 3,11; 1Tim. 2,2)
ὑπεροχήν ▸ 1
    Noun ▪ feminine ▪ singular ▪ accusative ▪ (common) ▸ 1 (2Mac. 15,13)
ὑπεροχὴν ▸ 1 + 1 = 2
    Noun ▪ feminine ▪ singular ▪ accusative ▪ (common) ▸ 1 + 1 = 2 (2Mac. 13,6; 1Cor. 2,1)
ὑπεροχῆς ▸ 1
    Noun ▪ feminine ▪ singular ▪ genitive ▪ (common) ▸ 1 (2Mac. 6,23)

ὑπέροψις (ὑπέρ; ὁράω)   disregard, not taking notice ▸ 1
ὑπερόψει ▸ 1
    Noun ▪ feminine ▪ singular ▪ dative ▪ (common) ▸ 1 (Lev. 20,4)

ὑπερπερισσεύω (ὑπέρ; περί)   to increase more ▸ 2
ὑπερεπερίσσευσεν ▸ 1
    Verb ▪ third ▪ singular ▪ aorist ▪ active ▪ indicative ▸ 1 (Rom. 5,20)
ὑπερπερισσεύομαι ▸ 1
    Verb ▪ first ▪ singular ▪ present ▪ middle ▪ indicative ▸ 1 (2Cor. 7,4)

ὑπερπερισσῶς (ὑπέρ; περί)   completely ▸ 1
ὑπερπερισσῶς ▸ 1
    Adverb ▸ 1 (Mark 7,37)

ὑπερπλεονάζω (ὑπέρ; πληρόω)   to overflow, abound greatly ▸ 1 + 1 = 2
ὑπερεπλεόνασεν ▸ 1
    Verb ▪ third ▪ singular ▪ aorist ▪ active ▪ indicative ▸ 1 (1Tim. 1,14)
ὑπερπλεονάσῃ ▸ 1
    Verb ▪ third ▪ singular ▪ aorist ▪ active ▪ subjunctive ▸ 1 (Sol. 5,16)

ὑπερτήκω (ὑπέρ; τήκω)   to melt away ▸ 1
ὑπερτηκόμενος ▸ 1
    Verb ▪ present ▪ passive ▪ participle ▪ masculine ▪ singular ▪ nominative ▸ 1 (4Mac. 7,12)

ὑπερτίθημι (ὑπέρ; τίθημι)   to defer ▸ 1
ὑπερτίθενται ▸ 1
    Verb ▪ third ▪ plural ▪ present ▪ middle ▪ indicative ▸ 1 (Prov. 15,22)

ὑπερτιμάω (ὑπέρ; τιμή)   to honor highly ▸ 1
ὑπερτιμῶν ▸ 1
    Verb ▪ present ▪ active ▪ participle ▪ masculine ▪ singular ▪ nominative ▸ 1 (4Mac. 8,5)

ὑπερυμνητός (ὑπέρ; ὕμνος)   highly praised ▸ 4 + 2 = 6
ὑπερυμνητὸς ▸ 4 + 2 = 6
    Adjective ▪ masculine ▪ singular ▪ nominative ▪ noDegree ▸ 3 + 2 = 5 (Ode. 8,53; Ode. 8,55; Ode. 8,56; Dan. 3,53; Dan. 3,54)
    Adjective ▪ neuter ▪ singular ▪ nominative ▪ noDegree ▸ 1 (Dan. 3,53)

ὑπερυψόω (ὑπέρ; ὕψος)   to highly exalt ▸ 73 + 37 + 1 = 111
ὑπερυψούμενον ▸ 2 + 1 = 3
    Verb ▪ present ▪ passive ▪ participle ▪ masculine ▪ singular ▪ accusative ▸ 1 (Psa. 36,35)
    Verb ▪ present ▪ passive ▪ participle ▪ neuter ▪ singular ▪ nominative ▸ 1 + 1 = 2 (Ode. 8,52; Dan. 3,52)
ὑπερυψούμενος ▸ 4 + 3 = 7
    Verb ▪ present ▪ passive ▪ participle ▪ masculine ▪ singular ▪ nominative ▸ 4 + 3 = 7 (Ode. 8,52; Ode. 8,54; Ode. 8,55; Dan. 3,52; Dan. 3,52; Dan. 3,55; Dan. 3,54)
ὑπερυψοῦτε ▸ 61 + 31 = 92
    Verb ▪ second ▪ plural ▪ present ▪ active ▪ imperative ▸ 61 + 31 = 92 (Ode. 8,57; Ode. 8,58; Ode. 8,59; Ode. 8,60; Ode. 8,61; Ode. 8,62; Ode. 8,63; Ode. 8,64; Ode. 8,65; Ode. 8,66; Ode. 8,67; Ode. 8,68; Ode. 8,69; Ode. 8,70; Ode. 8,71; Ode. 8,72; Ode. 8,73; Ode. 8,75; Ode. 8,76; Ode. 8,77; Ode. 8,78; Ode. 8,79; Ode. 8,80; Ode. 8,81; Ode. 8,82; Ode. 8,84; Ode. 8,85; Ode. 8,86; Ode. 8,87; Ode. 8,88; Dan. 3,57; Dan. 3,58; Dan. 3,59; Dan. 3,60; Dan. 3,61; Dan. 3,62; Dan. 3,63; Dan. 3,64; Dan. 3,65; Dan. 3,66; Dan. 3,67; Dan. 3,68; Dan. 3,69; Dan. 3,70; Dan. 3,71; Dan. 3,72; Dan. 3,73; Dan. 3,75; Dan. 3,76; Dan. 3,77; Dan. 3,78; Dan. 3,79; Dan. 3,80; Dan. 3,81; Dan. 3,82; Dan. 3,83; Dan. 3,84; Dan. 3,85; Dan. 3,86; Dan. 3,87; Dan. 3,88; Dan. 3,57; Dan. 3,59; Dan. 3,58; Dan. 3,60; Dan. 3,61; Dan. 3,62; Dan. 3,63; Dan. 3,64; Dan. 3,65; Dan. 3,66; Dan. 3,67; Dan. 3,68; Dan. 3,71; Dan. 3,72; Dan. 3,69; Dan. 3,70; Dan. 3,73; Dan. 3,75; Dan. 3,76; Dan. 3,78; Dan. 3,77; Dan. 3,79; Dan. 3,80; Dan. 3,81; Dan. 3,82; Dan. 3,83; Dan. 3,84; Dan. 3,85; Dan. 3,86; Dan. 3,87; Dan. 3,88)
ὑπερυψούτω ▸ 3 + 1 = 4
    Verb ▪ third ▪ singular ▪ present ▪ active ▪ imperative ▸ 3 + 1 = 4 (Ode. 8,74; Ode. 8,83; Dan. 3,74; Dan. 3,74)
ὑπερυψῶ ▸ 1
    Verb ▪ first ▪ singular ▪ present ▪ active ▪ indicative ▸ 1 (Dan. 4,37)
ὑπερυψώθης ▸ 1
    Verb ▪ second ▪ singular ▪ aorist ▪ passive ▪ indicative ▸ 1 (Psa. 96,9)
ὑπερυψωμένον ▸ 1
    Verb ▪ present ▪ passive ▪ participle ▪ neuter ▪ singular ▪ nominative ▸ 1 (Dan. 3,52)
ὑπερυψωμένος ▸ 1
    Verb ▪ present ▪ passive ▪ participle ▪ masculine ▪ singular ▪ nominative ▸ 1 (Dan. 3,54)
ὑπερύψωσεν ▸ 1
    Verb ▪ third ▪ singular ▪ aorist ▪ active ▪ indicative ▸ 1 (Phil. 2,9)

ὑπερφερής (ὑπέρ; φέρω)   surpassing ▸ 1 + 1 = 2
ὑπερφερής ▸ 1
    Adjective ▪ feminine ▪ singular ▪ nominative ▪ noDegree ▸ 1 (Dan. 2,31)
ὑπερφερής ▸ 1
    Adjective ▪ feminine ▪ singular ▪ nominative ▪ noDegree ▸ 1 (Dan. 2,31)

ὑπερφέρω (ὑπέρ; φέρω)   to surpass ▸ 3 + 1 = 4
ὑπερέφερε ▸ 1
    Verb ▪ third ▪ singular ▪ imperfect ▪ active ▪ indicative ▸ 1 (Dan. 7,20)
ὑπερήνεγκαν ▸ 1
    Verb ▪ third ▪ plural ▪ aorist ▪ active ▪ indicative ▸ 1 (1Esdr. 8,72)
ὑπεροίσει ▸ 1
    Verb ▪ third ▪ singular ▪ future ▪ active ▪ indicative ▸ 1 (Dan. 7,24)
ὑπερφέρων ▸ 1
    Verb ▪ present ▪ active ▪ participle ▪ masculine ▪ singular ▪ nominative ▸ 1 (Dan. 7,7)

ὑπέρφοβος (ὑπέρ; φόβος)   very terrifying ▸ 1
ὑπερφόβου ▸ 1
    Adjective ▪ neuter ▪ singular ▪ genitive ▪ noDegree ▸ 1 (Dan. 7,19)

ὑπερφρονέω (ὑπέρ; φρήν) to despise; to hold too high a self-opinion ▸ 3 + 1 = 4
- ὑπερφρονεῖν ▸ 1
    - **Verb** · present · active · infinitive ▸ **1** (Rom. 12,3)
- ὑπερεφρόνησαν ▸ 1
    - **Verb** · third · plural · aorist · active · indicative ▸ **1** (4Mac. 13,1)
- ὑπερεφρόνησεν ▸ 2
    - **Verb** · third · singular · aorist · active · indicative ▸ **2** (4Mac. 14,11; 4Mac. 16,2)

ὑπερφωνέω (ὑπέρ; φωνή) to sing loudly ▸ 1
- ὑπερεφώνει ▸ 1
    - **Verb** · third · singular · imperfect · active · indicative ▸ **1** (Judith 15,14)

ὑπερχαρής (ὑπέρ; χάρις) exceedingly joyful ▸ 2
- ὑπερχαρεῖς ▸ 1
    - **Adjective** · masculine · plural · nominative · noDegree ▸ **1** (3Mac. 7,20)
- ὑπερχαρής ▸ 1
    - **Adjective** · masculine · singular · nominative · noDegree ▸ **1** (Esth. 5,9)

ὑπερχέομαι (ὑπέρ; χέω) to overflow ▸ 1
- ὑπερεχύθη ▸ 1
    - **Verb** · third · singular · aorist · passive · indicative ▸ **1** (Lam. 3,54)

ὑπέρχομαι (ὑπέρ; ἔρχομαι) to enter ▸ 1
- ὑπεληλυθυῖαι ▸ 1
    - **Verb** · perfect · active · participle · feminine · plural · nominative ▸ **1** (3Mac. 4,6)

ὑπερῷον (ὑπέρ) upstairs room ▸ 21 + 7 + 4 = 32
- ὑπερῷα ▸ 4
    - **Noun** · neuter · plural · accusative · (common) ▸ **4** (Psa. 103,3; Jer. 22,13; Jer. 22,14; Ezek. 41,7)
- ὑπερῷοι ▸ 1
    - **Noun** · masculine · plural · nominative · (common) ▸ **1** (Ezek. 42,5)
- ὑπερῴοις ▸ 1
    - **Noun** · neuter · plural · dative · (common) ▸ **1** (Dan. 6,11)
- ὑπερῷον ▸ 5 + 1 + 2 = 8
    - **Noun** · neuter · singular · accusative · (common) ▸ **5 + 1 + 2 = 8** (2Sam. 19,1; 1Kings 17,19; 2Kings 4,10; 2Kings 4,11; 2Chr. 3,9; Tob. 3,10; Acts 1,13; Acts 9,39)
- ὑπερῴου ▸ 6 + 4 = 10
    - **Noun** · neuter · singular · genitive · (common) ▸ **6 + 4 = 10** (Judg. 3,23; Judg. 3,24; Judg. 3,25; 1Kings 17,23; 2Kings 23,12; Tob. 3,17; Judg. 3,23; Judg. 3,24; Judg. 3,25; Tob. 3,17)
- ὑπερῴῳ ▸ 3 + 1 + 2 = 6
    - **Noun** · neuter · singular · dative · (common) ▸ **3 + 1 + 2 = 6** (Judg. 3,20; 2Kings 1,2; Dan. 6,11; Judg. 3,20; Acts 9,37; Acts 20,8)
- ὑπερῴων ▸ 2
    - **Noun** · neuter · plural · genitive · (common) ▸ **2** (1Chr. 28,11; Psa. 103,13)

ὑπερῷος (ὑπέρ) upper ▸ 1
- ὑπερῴου ▸ 1
    - **Noun** · masculine · singular · genitive · (common) ▸ **1** (Jer. 20,2)

ὑπεύθυνος (ὑπό; εὐθύς) subservient to, subject to; guilty ▸ 1
- ὑπεύθυνοι ▸ 1
    - **Noun** · masculine · plural · nominative · (common) ▸ **1** (Prov. 1,23)

ὑπευλαβέομαι (ὑπό; εὖ; λαμβάνω) to shrink from ▸ 1
- ὑπευλαβεῖτο ▸ 1
    - **Verb** · third · plural · imperfect · active · indicative ▸ **1** (2Mac. 14,18)

ὑπέχω (ὑπό; ἔχω) to suffer; hold, supply, furnish ▸ 4 + 1 = 5
- ὑπέσχομεν ▸ 1
    - **Verb** · first · plural · aorist · active · indicative ▸ **1** (Lam. 5,7)
- ὑπέσχον ▸ 2
    - **Verb** · first · singular · aorist · active · indicative ▸ **1** (Psa. 88,51)
    - **Verb** · third · plural · aorist · active · indicative ▸ **1** (2Mac. 4,48)
- ὑπέχουσαι ▸ 1
    - **Verb** · present · active · participle · feminine · plural · nominative ▸ **1** (Jude 7)
- ὑφέξεται ▸ 1
    - **Verb** · third · singular · future · middle · indicative ▸ **1** (Sol. 16,13)

ὑπήκοος (ὑπό; ἀκούω) obedient ▸ 5 + 3 = 8
- ὑπήκοοι ▸ 1
    - **Adjective** · masculine · plural · nominative ▸ **1** (Acts 7,39)
- ὑπήκοοί ▸ 1 + 1 = 2
    - **Adjective** · masculine · plural · nominative · noDegree ▸ **1 + 1 = 2** (Deut. 20,11; 2Cor. 2,9)
- ὑπήκοος ▸ 3 + 1 = 4
    - **Adjective** · masculine · singular · nominative · noDegree ▸ **3 + 1 = 4** (Prov. 4,3; Prov. 13,1; Prov. 21,28; Phil. 2,8)
- ὑπηκόους ▸ 1
    - **Adjective** · masculine · plural · accusative · noDegree ▸ **1** (Josh. 17,13)

ὑπηρεσία (ὑπέρ; ἐρέσσω) service ▸ 3
- ὑπηρεσία ▸ 1
    - **Noun** · feminine · singular · nominative · (common) ▸ **1** (Job 1,3)
- ὑπηρεσίαν ▸ 2
    - **Noun** · feminine · singular · accusative · (common) ▸ **2** (Wis. 13,11; Wis. 15,7)

ὑπηρετέω (ὑπέρ; ἐρέσσω) to serve ▸ 5 + 3 = 8
- ὑπηρέτει ▸ 1
    - **Verb** · third · singular · imperfect · active · indicative ▸ **1** (Wis. 16,25)
- ὑπηρετεῖν ▸ 1
    - **Verb** · present · active · infinitive ▸ **1** (Acts 24,23)
- ὑπηρέτησαν ▸ 1
    - **Verb** · third · plural · aorist · active · indicative ▸ **1** (Acts 20,34)
- ὑπηρετήσας ▸ 1
    - **Verb** · aorist · active · participle · masculine · singular · nominative ▸ **1** (Acts 13,36)
- ὑπηρετήσει ▸ 1
    - **Verb** · third · singular · future · active · indicative ▸ **1** (Sir. 39,4)
- ὑπηρετοῦσα ▸ 2
    - **Verb** · present · active · participle · feminine · singular · nominative ▸ **2** (Wis. 16,24; Wis. 19,6)
- ὑπηρετῶν ▸ 1
    - **Verb** · present · active · participle · masculine · singular · nominative ▸ **1** (Wis. 16,21)

ὑπηρέτης (ὑπέρ; ἐρέσσω) servant, assistant ▸ 4 + 1 + 20 = 25
- ὑπηρέται ▸ 3 + 1 + 9 = 13
    - **Noun** · masculine · plural · nominative · (common) ▸ **3 + 1 + 9 = 13** (Wis. 6,4; Is. 32,5; Dan. 3,46; Dan. 3,46; Mark 14,65; Luke 1,2; John 7,45; John 7,46; John 18,12; John 18,18; John 18,36; John 19,6; Acts 5,22)
- ὑπηρέταις ▸ 1
    - **Noun** · masculine · plural · dative ▸ **1** (Acts 5,26)

ὑπηρέτας ▸ 3
　Noun · masculine · plural · accusative ▸ 3 (John 7,32; John 18,3; 1Cor. 4,1)
ὑπηρέτῃ ▸ 2
　Noun · masculine · singular · dative ▸ 2 (Matt. 5,25; Luke 4,20)
ὑπηρέτην ▸ 2
　Noun · masculine · singular · accusative ▸ 2 (Acts 13,5; Acts 26,16)
ὑπηρέτης ▸ 1
　Noun · masculine · singular · nominative · (common) ▸ 1 (Prov. 14,35)
ὑπηρετῶν ▸ 3
　Noun · masculine · plural · genitive ▸ 3 (Matt. 26,58; Mark 14,54; John 18,22)

ὑπισχνέομαι (ὑπό; ἰσχύς) to promise; engage, undertake ▸ 4
ὑπισχνεῖτο ▸ 1
　Verb · third · singular · imperfect · middle · indicative ▸ 1 (2Mac. 4,9)
ὑπισχνούμενοι ▸ 2
　Verb · present · middle · participle · masculine · plural · nominative ▸ 2 (2Mac. 12,11; Wis. 17,8)
ὑπισχνούμενος ▸ 1
　Verb · present · middle · participle · masculine · singular · nominative ▸ 1 (2Mac. 8,11)

ὕπνος sleep ▸ 56 + 5 + 6 = 67
ὕπνοις ▸ 1
　Noun · masculine · plural · dative · (common) ▸ 1 (Sir. 40,6)
ὕπνον ▸ 15 + 1 = 16
　Noun · masculine · singular · accusative · (common) ▸ 15 + 1 = 16 (Gen. 20,6; Gen. 31,11; Gen. 31,24; Esth. 6,1; 3Mac. 5,22; Psa. 75,6; Psa. 126,2; Psa. 131,4; Prov. 6,4; Eccl. 8,16; Wis. 17,13; Sir. 31,1; Sir. 31,2; Sir. 42,9; Jer. 28,39; Tob. 10,7)
ὕπνος ▸ 12 + 2 = 14
　Noun · masculine · singular · nominative · (common) ▸ 12 + 2 = 14 (Gen. 31,40; 1Mac. 6,10; Prov. 4,16; Eccl. 5,11; Sir. 31,20; Sir. 40,5; Sol. 4,15; Sol. 4,16; Jer. 38,26; Dan. 2,1; Dan. 4,17a; Dan. 4,33b; Dan. 2,1; Dan. 6,19)
ὕπνου ▸ 10 + 2 + 4 = 16
　Noun · masculine · singular · genitive · (common) ▸ 10 + 2 + 4 = 16 (Gen. 28,16; Judg. 16,14; Judg. 16,20; 3Mac. 5,11; Prov. 6,9; Job 14,12; Sir. 22,9; Sol. 6,4; Hos. 7,6; Zech. 4,1; Judg. 16,14; Judg. 16,20; Matt. 1,24; John 11,13; Acts 20,9; Rom. 13,11)
ὕπνους ▸ 1
　Noun · masculine · plural · accusative · (common) ▸ 1 (Dan. 7,2)
ὕπνῳ ▸ 16 + 2 = 18
　Noun · masculine · singular · dative · (common) ▸ 16 + 2 = 18 (Gen. 20,3; Gen. 31,10; Gen. 40,9; Gen. 41,17; Gen. 41,22; Num. 12,6; Num. 24,4; Num. 24,16; 1Sam. 26,7; 1Kings 3,5; 3Mac. 5,20; Wis. 7,2; Is. 29,7; Is. 29,8; Dan. 4,13; Dan. 9,21; Luke 9,32; Acts 20,9)
ὕπνων ▸ 1
　Noun · masculine · plural · genitive · (common) ▸ 1 (Wis. 4,6)

ὑπνόω (ὕπνος) to sleep ▸ 25 + 1 = 26
ὑπνοῖς ▸ 3
　Verb · second · singular · present · active · indicative ▸ 3 (Psa. 43,24; Prov. 6,10; Sol. 3,1)
ὑπνοῦντας ▸ 1
　Verb · present · active · participle · masculine · plural · accusative ▸ 1 (Tob. 8,13)
ὑπνοῦντες ▸ 1
　Verb · present · active · participle · masculine · plural · nominative ▸ 1 (1Sam. 26,12)
ὑπνούντων ▸ 1
　Verb · present · active · participle · masculine · plural · genitive ▸ 1 (Sol. 16,1)
ὑπνῶν ▸ 2
　Verb · present · active · participle · masculine · singular · nominative ▸ 2 (Psa. 77,65; Jer. 14,9)
ὕπνωσα ▸ 1
　Verb · first · singular · aorist · active · indicative ▸ 1 (Psa. 3,6)
ὑπνῶσαι ▸ 2
　Verb · aorist · active · infinitive ▸ 2 (Eccl. 5,11; Sir. 46,20)
ὕπνωσαν ▸ 2
　Verb · third · plural · aorist · active · indicative ▸ 2 (Judg. 19,4; Psa. 75,6)
ὑπνώσας ▸ 1
　Verb · aorist · active · participle · masculine · singular · nominative ▸ 1 (Job 3,13)
ὑπνώσατε ▸ 1
　Verb · second · plural · aorist · active · imperative ▸ 1 (Joel 1,13)
ὑπνώσει ▸ 2
　Verb · third · singular · future · active · indicative ▸ 2 (Psa. 120,4; Jer. 26,27)
ὑπνώσεις ▸ 1
　Verb · second · singular · future · active · indicative ▸ 1 (Prov. 3,24)
ὕπνωσεν ▸ 3
　Verb · third · singular · aorist · active · indicative ▸ 3 (Gen. 2,21; 1Kings 19,5; Judith 12,5)
ὑπνώσουσιν ▸ 1
　Verb · third · plural · future · active · indicative ▸ 1 (Ezek. 34,25)
ὑπνώσω ▸ 2
　Verb · first · singular · aorist · active · subjunctive ▸ 1 (Psa. 12,4)
　Verb · first · singular · future · active · indicative ▸ 1 (Psa. 4,9)
ὑπνώσωσιν ▸ 2
　Verb · third · plural · aorist · active · subjunctive ▸ 2 (Prov. 4,16; Jer. 28,39)

ὑπνώδης (ὕπνος; εἶδος) sleepy ▸ 1
ὑπνώδης ▸ 1
　Adjective · masculine · singular · nominative · noDegree ▸ 1 (Prov. 23,21)

ὑπό by, from; (+acc) under ▸ 481 + 14 + 220 = 715
ὑπ' ▸ 70 + 25 = 95
　Preposition · (+accusative) ▸ 29 + 3 = 32 (Ex. 17,12; 1Esdr. 3,1; 1Esdr. 3,2; Esth. 13,10 # 4,17c; 2Mac. 3,36; 2Mac. 4,12; 2Mac. 12,42; Psa. 17,48; Psa. 143,2; Prov. 8,26; Prov. 8,28; Prov. 29,12; Job 1,7; Job 2,2; Job 5,10; Job 9,6; Job 9,13; Job 18,4; Job 18,19; Job 28,24; Job 34,13; Job 38,18; Job 38,24; Job 38,33; Job 41,3; Job 41,22; Job 42,15; Sol. 2,32; Bar. 5,3; Matt. 8,9; Luke 7,8; Luke 17,24)
　Preposition · (+genitive) ▸ 41 + 22 = 63 (Lev. 20,16; Lev. 26,43; Num. 4,27; Num. 4,31; Num. 4,32; Num. 5,20; Num. 5,29; Josh. 18,1; 1Esdr. 1,31; Esth. 1,18; 1Mac. 5,5; 1Mac. 5,16; 1Mac. 6,23; 1Mac. 8,6; 1Mac. 9,68; 1Mac. 10,82; 1Mac. 14,22; 1Mac. 14,44; 2Mac. 5,16; 2Mac. 7,14; 2Mac. 7,14; 2Mac. 8,17; 2Mac. 8,36; 2Mac. 10,4; 2Mac. 12,3; 3Mac. 1,1; 3Mac. 1,21; 4Mac. 6,11; Psa. 2,6; Prov. 3,11; Prov. 13,13; Prov. 19,9; Prov. 21,10; Job 9,13; Sir. 14,27; Sir. 50,2; Bar. 3,37; LetterJ 46; Dan. 2,6; Dan. 4,17a; Bel 8; Matt. 3,6; Matt. 3,13; Matt. 17,12; Mark 1,5; Mark 5,4; Mark 16,11; Luke 3,7; Luke 3,19; Luke 7,30; Luke 13,17; Luke 14,8; Luke 23,8; Acts 2,24; Acts 23,10; Acts 23,27; 1Cor. 2,15; 1Cor. 8,3; Gal. 1,11; Gal. 5,15; Eph. 5,12; 2Tim. 2,26; Heb. 12,5)
ὑπό ▸ 4 + 5 = 9

Preposition · (+genitive) ‣ 4 + 5 = **9** (2Mac. 10,20; 3Mac. 1,23; LetterJ 33; LetterJ 43; Luke 9,7; Luke 9,8; Luke 14,8; 1Cor. 6,12; Heb. 3,4)

ὑπό ‣ 393 + 10 + 180 = 583

Preposition · (+accusative) ‣ 176 + 6 + 47 = **229** (Gen. 9,2; Gen. 16,9; Gen. 18,4; Gen. 18,8; Gen. 19,8; Gen. 24,2; Gen. 24,9; Gen. 35,4; Gen. 35,8; Gen. 41,35; Gen. 47,29; Ex. 3,1; Ex. 14,27; Ex. 17,14; Ex. 19,17; Ex. 21,20; Ex. 22,29; Ex. 23,5; Ex. 24,4; Ex. 24,10; Ex. 25,27; Ex. 25,35; Ex. 25,35; Ex. 27,5; Ex. 30,4; Ex. 32,19; Ex. 36,29; Ex. 38,24; Ex. 40,20; Lev. 22,27; Lev. 27,32; Num. 5,19; Num. 6,18; Deut. 3,17; Deut. 4,11; Deut. 4,17; Deut. 4,49; Deut. 25,19; Deut. 29,19; Deut. 33,3; Deut. 33,3; Deut. 33,27; Josh. 4,9; Josh. 11,3; Josh. 11,17; Josh. 12,3; Josh. 13,5; Josh. 24,26; Judg. 3,16; Judg. 3,30; Judg. 4,5; Judg. 6,11; Judg. 6,19; Ruth 2,12; 1Sam. 14,2; 1Sam. 21,4; 1Sam. 21,5; 1Sam. 21,9; 1Sam. 22,6; 1Sam. 31,13; 2Sam. 18,9; 2Sam. 22,39; 1Kings 2,46g; 1Kings 2,46g; 1Kings 5,17; 1Kings 6,8; 1Kings 8,6; 1Kings 13,14; 1Kings 19,5; 1Kings 19,13; 1Chr. 10,12; 1Esdr. 3,8; Esth. 2,8; Esth. 2,18; Esth. 3,6; Esth. 16,9 # 8,12i; Judith 6,13; Tob. 7,11; 1Mac. 6,46; 1Mac. 8,2; 1Mac. 9,38; 1Mac. 14,12; 2Mac. 2,18; 2Mac. 3,6; 2Mac. 3,19; 2Mac. 4,12; 2Mac. 7,20; 2Mac. 7,36; 2Mac. 12,40; 3Mac. 3,28; 3Mac. 4,14; 3Mac. 5,2; 3Mac. 7,3; 3Mac. 7,12; 4Mac. 17,19; Psa. 9,28; Psa. 13,3; Psa. 17,10; Psa. 17,39; Psa. 46,4; Psa. 65,17; Psa. 90,4; Psa. 105,42; Psa. 139,4; Prov. 6,7; Prov. 22,27; Eccl. 1,3; Eccl. 1,9; Eccl. 1,13; Eccl. 1,14; Eccl. 2,3; Eccl. 2,11; Eccl. 2,17; Eccl. 2,18; Eccl. 2,19; Eccl. 2,20; Eccl. 2,22; Eccl. 3,1; Eccl. 3,16; Eccl. 4,1; Eccl. 4,3; Eccl. 4,7; Eccl. 4,15; Eccl. 5,12; Eccl. 5,17; Eccl. 6,1; Eccl. 6,12; Eccl. 7,6; Eccl. 8,9; Eccl. 8,15; Eccl. 8,15; Eccl. 8,17; Eccl. 9,3; Eccl. 9,6; Eccl. 9,9; Eccl. 9,9; Eccl. 9,11; Eccl. 9,13; Eccl. 10,5; Song 2,6; Song 4,11; Song 8,3; Job 12,5; Job 20,12; Job 30,7; Job 37,8; Job 40,21; Sir. 14,26; Sir. 29,10; Sir. 29,22; Sir. 51,26; Sol. 7,9; Sol. 17,30; Sol. 18,7; Hos. 14,8; Jonah 4,10; Jonah 4,10; Zeph. 3,9; Is. 3,6; Is. 49,2; Is. 51,16; Is. 57,5; Jer. 34,8; Jer. 34,11; Bar. 1,12; Bar. 1,12; Lam. 3,34; Ezek. 17,23; Ezek. 20,37; Ezek. 31,17; Ezek. 32,27; Dan. 2,38; Dan. 4,37c; Dan. 7,27; Dan. 9,12; Sus. 54; Judg. 3,16; Judg. 3,30; Judg. 4,5; Judg. 6,11; Judg. 6,19; Bel 12; Matt. 5,15; Matt. 8,8; Matt. 8,9; Matt. 23,37; Mark 4,21; Mark 4,21; Mark 4,32; Luke 7,6; Luke 7,8; Luke 11,33; Luke 13,34; Luke 17,24; John 1,48; Acts 2,5; Acts 4,12; Acts 5,21; Rom. 3,13; Rom. 6,14; Rom. 6,14; Rom. 6,15; Rom. 6,15; Rom. 7,14; Rom. 16,20; 1Cor. 9,20; 1Cor. 9,20; 1Cor. 9,20; 1Cor. 9,20; 1Cor. 10,1; 1Cor. 15,25; 1Cor. 15,27; Gal. 3,10; Gal. 3,22; Gal. 3,23; Gal. 3,25; Gal. 4,2; Gal. 4,3; Gal. 4,4; Gal. 4,5; Gal. 4,21; Gal. 5,18; Eph. 1,22; Col. 1,23; 1Tim. 6,1; James 2,3; James 5,12; 1Pet. 5,6; Jude 6)

Preposition · (+genitive) ‣ 217 + 4 + 133 = **354** (Gen. 26,29; Gen. 45,21; Gen. 45,27; Ex. 5,14; Ex. 16,3; Lev. 10,6; Num. 26,64; Deut. 21,23; Deut. 33,12; Deut. 33,29; Josh. 20,3; Josh. 24,27; 2Sam. 3,39; 1Kings 19,4; 2Chr. 19,2; 2Chr. 24,6; 2Chr. 26,22; 1Esdr. 1,15; 1Esdr. 1,25; 1Esdr. 1,45; 1Esdr. 2,11; 1Esdr. 4,45; 1Esdr. 7,1; 1Esdr. 8,3; 1Esdr. 8,13; 1Esdr. 8,77; 1Esdr. 9,39; Esth. 1,15; Esth. 1,20; Esth. 3,3; Esth. 13,6 # 3,13f; Esth. 8,1; Esth. 8,5; Esth. 16,11 # 8,12l; Esth. 16,15 # 8,12p; Esth. 16,17 # 8,12r; Esth. 8,14; Esth. 9,1; Esth. 10,3; Judith 5,18; Judith 9,4; Judith 16,6; Tob. 1,8; Tob. 1,18; Tob. 3,7; 1Mac. 11,18; 1Mac. 13,29; 1Mac. 14,40; 1Mac. 14,43; 1Mac. 15,33; 2Mac. 1,11; 2Mac. 1,20; 2Mac. 2,23; 2Mac. 3,9; 2Mac. 3,32; 2Mac. 4,3; 2Mac. 4,22; 2Mac. 4,28; 2Mac. 4,39; 2Mac. 4,44; 2Mac. 5,8; 2Mac. 5,18; 2Mac. 6,4; 2Mac. 6,21; 2Mac. 7,1; 2Mac. 7,14; 2Mac. 7,16; 2Mac. 8,2; 2Mac. 8,2; 2Mac. 8,14; 2Mac. 8,25; 2Mac. 8,35; 2Mac. 9,2; 2Mac. 9,9; 2Mac. 10,2; 2Mac. 10,5; 2Mac. 10,13; 2Mac. 10,13; 2Mac. 10,24; 2Mac. 12,19; 2Mac. 12,22; 2Mac. 14,5; 2Mac. 14,11; 2Mac. 14,31; 2Mac. 15,2; 2Mac. 15,37; 3Mac. 1,1; 3Mac. 2,2; 3Mac. 2,22; 3Mac. 4,4; 3Mac. 5,11; 3Mac. 6,9; 3Mac. 6,40; 3Mac. 7,21; 4Mac. 1,11; 4Mac. 1,11; 4Mac. 1,35; 4Mac. 1,35; 4Mac. 2,9; 4Mac. 4,26; 4Mac. 6,21; 4Mac. 9,9; 4Mac. 9,30; 4Mac. 10,1; 4Mac. 12,2; 4Mac. 14,6; 4Mac. 18,3; 4Mac. 18,11; Psa. 73,22; Psa. 106,2; Ode. 7,35; Prov. 2,19; Prov. 12,8; Prov. 13,14; Prov. 15,10; Prov. 15,29b; Prov. 18,19; Prov. 22,14; Prov. 23,32; Prov. 23,32; Prov. 27,9; Prov. 31,1; Job 6,18; Job 8,16; Job 12,5; Job 13,25; Job 13,25; Job 17,7; Job 21,25; Job 30,4; Job 31,30; Job 36,14; Job 40,19; Job 41,25; Wis. 2,4; Wis. 2,4; Wis. 4,4; Wis. 4,4; Wis. 5,14; Wis. 5,14; Wis. 5,14; Wis. 6,12; Wis. 6,12; Wis. 9,2; Wis. 11,20; Wis. 11,20; Wis. 11,25; Wis. 16,9; Wis. 16,27; Wis. 16,27; Wis. 18,7; Sir. 3,5; Sir. 3,16; Sir. 3,17; Sir. 3,20; Sir. 7,15; Sir. 13,21; Sir. 13,21; Sir. 19,28; Sir. 22,5; Sir. 30,19; Sir. 45,1; Sir. 46,13; Sir. 48,12; Sol. 3,4; Sol. 4,19; Sol. 6,2; Sol. 6,2; Sol. 8,34; Sol. 11,2; Sol. 15,9; Sol. 16,15; Sol. 17,18; Sol. 17,26; Sol. 17,32; Hos. 9,7; Is. 1,7; Is. 5,24; Is. 5,24; Is. 7,2; Is. 9,17; Is. 9,18; Is. 13,19; Is. 20,1; Is. 24,18; Is. 30,2; Is. 30,2; Is. 30,33; Is. 45,17; Is. 49,7; Is. 51,8; Is. 51,8; Is. 51,11; Is. 61,9; Is. 62,12; Is. 65,23; Is. 66,16; Jer. 13,24; Jer. 15,16; Jer. 32,33; Bar. 4,12; Bar. 4,26; Bar. 4,27; Bar. 4,35; Bar. 5,6; LetterJ 0; LetterJ 0; LetterJ 1; LetterJ 7; LetterJ 17; LetterJ 61; Ezek. 34,19; Ezek. 36,3; Ezek. 36,13; Dan. 2,24; Dan. 3,25; Dan. 3,35; Tob. 3,7; Tob. 11,16; Dan. 3,35; Bel 11; Matt. 1,22; Matt. 2,15; Matt. 2,16; Matt. 3,14; Matt. 4,1; Matt. 4,1; Matt. 5,13; Matt. 6,2; Matt. 8,24; Matt. 10,22; Matt. 11,7; Matt. 11,27; Matt. 14,8; Matt. 14,24; Matt. 19,12; Matt. 20,23; Matt. 22,31; Matt. 23,7; Matt. 24,9; Matt. 27,12; Mark 1,9; Mark 1,13; Mark 2,3; Mark 5,26; Mark 8,31; Mark 13,13; Luke 2,18; Luke 2,21; Luke 2,26; Luke 4,2; Luke 4,15; Luke 7,24; Luke 8,14; Luke 8,29; Luke 10,22; Luke 16,22; Luke 17,20; Luke 21,16; Luke 21,17; Luke 21,20; Luke 21,24; John 14,21; Acts 5,16; Acts 8,6; Acts 10,17; Acts 10,22; Acts 10,22; Acts 10,33; Acts 10,38; Acts 10,41; Acts 10,42; Acts 12,5; Acts 13,4; Acts 13,45; Acts 15,3; Acts 15,40; Acts 16,2; Acts 16,4; Acts 16,6; Acts 16,14; Acts 17,13; Acts 17,19; Acts 17,25; Acts 20,3; Acts 21,35; Acts 22,11; Acts 22,12; Acts 22,30; Acts 23,27; Acts 24,26; Acts 25,14; Acts 26,2; Acts 26,6; Acts 26,7; Acts 27,11; Acts 27,41; Rom. 3,21; Rom. 12,21; Rom. 13,1; Rom. 13,1; Rom. 15,15; 1Cor. 1,11; 1Cor. 2,12; 1Cor. 4,3; 1Cor. 7,25; 1Cor. 10,9; 1Cor. 10,10; 1Cor. 10,29; 1Cor. 11,32; 1Cor. 14,24; 1Cor. 14,24; 2Cor. 1,4; 2Cor. 2,6; 2Cor. 2,11; 2Cor. 3,2; 2Cor. 5,4; 2Cor. 8,19; Gal. 3,17; Gal. 4,9; Eph. 2,11; Eph. 5,13; Phil. 1,28; Phil. 3,12; Col. 2,18; 1Th. 1,4; 1Th. 2,4; 1Th. 2,14; 1Th. 2,14; 2Th. 2,13; Heb. 2,3; Heb. 5,4; Heb. 5,10; Heb. 7,7; Heb. 9,19; Heb. 11,23; Heb. 12,3; James 1,14; James 2,9; James 3,4; James 3,4; James 3,6; 1Pet. 2,4; 2Pet. 1,17; 2Pet. 1,21; 2Pet. 2,7; 2Pet. 2,17; 2Pet. 3,2; 3John 12; 3John 12; Jude 12; Jude 17; Rev. 6,8; Rev. 6,13)

Ὑπό ‣ 6 + 4 + 1 = **11**

Preposition · (+accusative) ‣ 5 + 4 = **9** (Josh. 5,2; Song 8,5; Sus. 54; Sus. 58; Sus. 58; Sus. 54; Sus. 54; Sus. 58; Sus. 58)

Preposition · (+genitive) ‣ 1 + 1 = **2** (LetterJ 45; 2Cor. 11,24)

ὑφ' ‣ 8 + 9 = **17**

Preposition · (+accusative) ‣ 3 + 1 = **4** (1Mac. 10,38; 2Mac. 5,25; Wis. 12,9; Rom. 3,9)

Preposition · (+genitive) ‣ 5 + 8 = **13** (Deut. 4,21; Esth. 13,4 # 3,13d; 1Mac. 10,53; 2Mac. 4,26; Is. 49,17; Acts 4,11; Rom. 15,24; 1Cor. 4,3; 2Cor. 1,16; 2Cor. 3,3; 2Cor. 8,19; 2Cor. 8,20; 2Cor. 12,11)

ὑποβάλλω (ὑπό; βάλλω) to subject, submit; substitute ‣ 1 + 1 = **2**

ὑπέβαλον ‣ **1**

Verb · third · plural · aorist · active · indicative ‣ **1** (Acts 6,11)

ὑποβάλλονται ▸ 1
: **Verb** · third · plural · present · middle · indicative ▸ **1** (1Esdr. 2,14)

ὑποβλέπω (ὑπό; βλέπω)   to look at suspiciously, angrily ▸ 2
: ὑποβλεπόμενος ▸ 1
: : **Verb** · present · middle · participle · masculine · singular · nominative ▸ **1** (1Sam. 18,9)
: ὑποβλεπομένου ▸ 1
: : **Verb** · present · middle · participle · masculine · singular · genitive ▸ **1** (Sir. 37,10)

ὑπόγειος (ὑπό; γῆ)   underground, subterranean ▸ 1
: ὑπόγειον ▸ 1
: : **Adjective** · feminine · singular · accusative · noDegree ▸ **1** (Jer. 45,11)

ὑπογραμμός (ὑπό; γράφω)   example; outline ▸ 1 + 1 = 2
: ὑπογραμμοῖς ▸ 1
: : **Noun** · masculine · plural · dative · (common) ▸ **1** (2Mac. 2,28)
: ὑπογραμμόν ▸ 1
: : **Noun** · masculine · singular · accusative ▸ **1** (1Pet. 2,21)

ὑπογράφω (ὑπό; γράφω)   to write under ▸ 10
: ὑπέγραψεν ▸ 1
: : **Verb** · third · singular · aorist · active · indicative ▸ **1** (3Mac. 2,30)
: ὑπογεγραμμένα ▸ 3
: : **Verb** · perfect · passive · participle · neuter · plural · accusative ▸ **2** (1Esdr. 2,19; 2Mac. 9,25)
: : **Verb** · perfect · passive · participle · neuter · plural · nominative ▸ **1** (Esth. 16,1 # 8,12a)
: ὑπογεγραμμένην ▸ 3
: : **Verb** · perfect · passive · participle · feminine · singular · accusative ▸ **3** (1Esdr. 2,12; 2Mac. 9,18; 3Mac. 6,41)
: ὑπογεγραμμένον ▸ 1
: : **Verb** · perfect · passive · participle · masculine · singular · accusative ▸ **1** (2Mac. 11,17)
: ὑπογράφῃ ▸ 2
: : **Verb** · third · singular · present · active · subjunctive ▸ **2** (1Mac. 8,25; 1Mac. 8,27)

ὑπόγυος (ὑπό; γυῖον)   approaching ▸ 1
: ὑπογύου ▸ 1
: : **Adjective** · feminine · singular · genitive · noDegree ▸ **1** (2Mac. 12,31)

ὑπόδειγμα (ὑπό; δείκνυμι)   example, pattern ▸ 5 + 6 = 11
: ὑπόδειγμα ▸ 5 + 3 = 8
: : **Noun** · neuter · singular · accusative · (common) ▸ **4 + 3 = 7** (2Mac. 6,28; 2Mac. 6,31; 4Mac. 17,23; Ezek. 42,15; John 13,15; James 5,10; 2Pet. 2,6)
: : **Noun** · neuter · singular · nominative · (common) ▸ **1** (Sir. 44,16)
: ὑποδείγματα ▸ 1
: : **Noun** · neuter · plural · accusative ▸ **1** (Heb. 9,23)
: ὑποδείγματι ▸ 2
: : **Noun** · neuter · singular · dative ▸ **2** (Heb. 4,11; Heb. 8,5)

ὑποδείκνυμι (ὑπό; δείκνυμι)   to show, inform ▸ 45 + 15 + 6 = 66
: ὑπεδείκνυεν ▸ 1
: : **Verb** · third · singular · imperfect · active · indicative ▸ **1** (3Mac. 5,29)
: ὑπέδειξα ▸ 1 + 1 = 2
: : **Verb** · first · singular · aorist · active · indicative ▸ **1 + 1 = 2** (Tob. 12,11; Acts 20,35)
: ὑπέδειξά ▸ 1 + 1 = 2
: : **Verb** · first · singular · aorist · active · indicative ▸ **1 + 1 = 2** (Jer. 38,19; Tob. 10,8)
: ὑπέδειξαν ▸ 2
: : **Verb** · third · plural · aorist · active · indicative ▸ **2** (2Chr. 20,2; Esth. 3,4)
: ὑπέδειξε ▸ 4
: : **Verb** · third · singular · aorist · active · indicative ▸ **4** (Tob. 1,19; 3Mac. 5,15; Dan. 2,17; Dan. 5,12)
: ὑπέδειξέ ▸ 1
: : **Verb** · third · singular · aorist · active · indicative ▸ **1** (Dan. 4,18)
: ὑπέδειξεν ▸ 14 + 5 + 2 = 21
: : **Verb** · third · singular · aorist · active · indicative ▸ **14 + 5 + 2 = 21** (1Chr. 28,18; Esth. 12,2 # 1,1n; Esth. 2,10; Esth. 2,20; Esth. 3,4; Esth. 4,7; Esth. 5,11; Esth. 8,1; Sir. 17,7; Sir. 17,12; Sir. 46,20; Sir. 48,25; Sir. 49,8; Dan. 5,9; Tob. 1,19; Tob. 5,9; Tob. 8,14; Tob. 9,5; Tob. 13,4; Matt. 3,7; Luke 3,7)
: ὑπεδείχθη ▸ 2
: : **Verb** · third · singular · aorist · passive · indicative ▸ **2** (Sir. 3,23; Sir. 14,12)
: ὑποδείκνυμέν ▸ 1
: : **Verb** · first · plural · present · active · indicative ▸ **1** (1Esdr. 2,18)
: ὑποδεικνύοντες ▸ 1
: : **Verb** · present · active · participle · masculine · plural · nominative ▸ **1** (Tob. 12,6)
: ὑποδεικνύοντος ▸ 1
: : **Verb** · present · active · participle · masculine · singular · genitive ▸ **1** (2Chr. 15,3)
: ὑποδείκνυτε ▸ 1
: : **Verb** · second · plural · present · active · imperative ▸ **1** (Tob. 12,6)
: ὑποδεικνύω ▸ 1 + 1 = 2
: : **Verb** · first · singular · present · active · subjunctive ▸ **1 + 1 = 2** (Tob. 4,20; Tob. 4,20)
: ὑποδεικνύων ▸ 1
: : **Verb** · present · active · participle · masculine · singular · nominative ▸ **1** (3Mac. 5,26)
: ὑποδεῖξαι ▸ 1
: : **Verb** · aorist · active · infinitive ▸ **1** (Dan. 5,16)
: ὑποδεῖξαί ▸ 4
: : **Verb** · aorist · active · infinitive ▸ **4** (Dan. 9,22; Dan. 9,23; Dan. 10,14; Dan. 11,2)
: ὑποδείξαντος ▸ 3
: : **Verb** · aorist · active · participle · masculine · singular · genitive ▸ **3** (2Mac. 3,10; 2Mac. 13,4; 3Mac. 5,19)
: ὑποδείξατε ▸ 1
: : **Verb** · second · plural · aorist · active · imperative ▸ **1** (Tob. 13,4)
: ὑποδείξῃ ▸ 1
: : **Verb** · third · singular · aorist · active · subjunctive ▸ **1** (Dan. 5,7)
: ὑπόδειξόν ▸ 1 + 1 = 2
: : **Verb** · second · singular · aorist · active · imperative ▸ **1 + 1 = 2** (Tob. 5,11; Tob. 5,11)
: ὑποδείξουσιν ▸ 1
: : **Verb** · third · plural · future · active · indicative ▸ **1** (Tob. 10,9)
: ὑποδείξω ▸ 4 + 4 + 3 = 11
: : **Verb** · first · singular · aorist · active · subjunctive ▸ **2** (Tob. 4,2; Tob. 7,10)
: : **Verb** · first · singular · future · active · indicative ▸ **2 + 4 + 3 = 9** (Dan. 4,37c; Dan. 10,21; Tob. 4,2; Tob. 5,7; Tob. 7,10; Tob. 12,11; Luke 6,47; Luke 12,5; Acts 9,16)

ὑποδέχομαι (ὑπό; δέχομαι)   to receive ▸ 4 + 1 + 4 = 9
: ὑπεδέξαντο ▸ 2

Verb · third · plural · aorist · middle · indicative ▸ 2 (Judith 13,13; Tob. 7,7)
ὑπεδέξατο ▸ 1 + 1 + 2 = 4
Verb · third · singular · aorist · middle · indicative ▸ 1 + 1 + 2 = 4 (1Mac. 16,15; Tob. 7,8; Luke 10,38; Luke 19,6)
ὑποδέδεκται ▸ 1
Verb · third · singular · perfect · middle · indicative ▸ 1 (Acts 17,7)
ὑποδεξαμένη ▸ 1
Verb · aorist · middle · participle · feminine · singular · nominative ▸ 1 (James 2,25)
ὑποδέξονται ▸ 1
Verb · third · plural · future · middle · indicative ▸ 1 (4Mac. 13,17)

ὑποδέω (ὑπό; δέω) to put on, bind on ▸ 2 + 3 = 5
ὑπέδησά ▸ 1
Verb · first · singular · aorist · active · indicative ▸ 1 (Ezek. 16,10)
ὑπέδησαν ▸ 1
Verb · third · plural · aorist · active · indicative ▸ 1 (2Chr. 28,15)
ὑποδεδεμένους ▸ 1
Verb · perfect · middle · participle · masculine · plural · accusative ▸ 1 (Mark 6,9)
ὑπόδησαι ▸ 1
Verb · second · singular · aorist · middle · imperative ▸ 1 (Acts 12,8)
ὑποδησάμενοι ▸ 1
Verb · aorist · middle · participle · masculine · plural · nominative ▸ 1 (Eph. 6,15)

ὑπόδημα (ὑπό; πούς; δέω) sandal, shoe ▸ 26 + 10 = 36
ὑπόδημα ▸ 8 + 2 = 10
Noun · neuter · singular · accusative · (common) ▸ 6 + 2 = 8 (Ex. 3,5; Deut. 25,9; Josh. 5,15; Ruth 4,7; Ruth 4,8; 1Sam. 12,3; Acts 7,33; Acts 13,25)
Noun · neuter · singular · nominative · (common) ▸ 2 (Deut. 25,10; Deut. 33,25)
ὑπόδημά ▸ 2
Noun · neuter · singular · accusative · (common) ▸ 2 (Psa. 59,10; Psa. 107,10)
ὑποδήμασιν ▸ 3
Noun · neuter · plural · dative · (common) ▸ 3 (Song 7,2; Sol. 2,2; Is. 11,15)
ὑποδήματα ▸ 5 + 4 = 9
Noun · neuter · plural · accusative · (common) ▸ 1 + 4 = 5 (Dan. 3,21; Matt. 3,11; Matt. 10,10; Luke 10,4; Luke 15,22)
Noun · neuter · plural · nominative · (common) ▸ 4 (Ex. 12,11; Deut. 29,4; Josh. 9,13; Ezek. 24,23)
ὑποδήματά ▸ 1
Noun · neuter · plural · nominative · (common) ▸ 1 (Ezek. 24,17)
ὑποδήματι ▸ 1
Noun · neuter · singular · dative · (common) ▸ 1 (1Kings 2,5)
ὑποδήματος ▸ 1 + 1 = 2
Noun · neuter · singular · genitive · (common) ▸ 1 + 1 = 2 (Gen. 14,23; John 1,27)
ὑποδημάτων ▸ 5 + 3 = 8
Noun · neuter · plural · genitive · (common) ▸ 5 + 3 = 8 (Josh. 9,5; Sir. 46,19; Amos 2,6; Amos 8,6; Is. 5,27; Mark 1,7; Luke 3,16; Luke 22,35)

ὑπόδικος (ὑπό; δίκη) guilty ▸ 1
ὑπόδικος ▸ 1
Adjective · masculine · singular · nominative ▸ 1 (Rom. 3,19)

ὑποδύτης (ὑπό; δύω) ephod, undergarment ▸ 10
ὑποδύτην ▸ 3
Noun · masculine · singular · accusative · (common) ▸ 3 (Ex. 28,31; Ex. 36,29; Lev. 8,7)
ὑποδύτου ▸ 7
Noun · masculine · singular · genitive · (common) ▸ 7 (Ex. 28,33; Ex. 28,33; Ex. 28,34; Ex. 36,30; Ex. 36,31; Ex. 36,32; Ex. 36,33)

ὑποδύω (ὑπό; δύω) to go under; to put on under ▸ 1
ὑποδύσαντες ▸ 1
Verb · aorist · active · participle · masculine · plural · nominative ▸ 1 (Judith 6,13)

ὑποζύγιον (ὑπό; ζυγός) donkey ▸ 28 + 1 + 2 = 31
ὑποζύγια ▸ 5
Noun · neuter · plural · accusative · (common) ▸ 3 (Gen. 36,24; Ex. 4,20; Josh. 7,24)
Noun · neuter · plural · nominative · (common) ▸ 2 (2Sam. 16,2; 1Esdr. 5,42)
ὑποζυγίοις ▸ 3
Noun · neuter · plural · dative · (common) ▸ 3 (Ex. 9,3; Judg. 19,21; 2Chr. 28,15)
ὑποζύγιον ▸ 5 + 1 = 6
Noun · neuter · singular · accusative · (common) ▸ 5 (Ex. 22,9; Ex. 23,5; Judg. 19,28; Job 24,3; Zech. 9,9)
Noun · neuter · singular · nominative ▸ 1 (2Pet. 2,16)
ὑποζύγιόν ▸ 4
Noun · neuter · singular · accusative · (common) ▸ 1 (Ex. 22,29)
Noun · neuter · singular · nominative · (common) ▸ 3 (Ex. 20,10; Ex. 23,12; Deut. 5,14)
ὑποζυγίου ▸ 7 + 1 + 1 = 9
Noun · neuter · singular · genitive · (common) ▸ 7 + 1 + 1 = 9 (Ex. 20,17; Ex. 22,8; Ex. 34,20; Deut. 5,21; Josh. 6,21; Judg. 1,14; Judg. 1,14; Judg. 1,14; Matt. 21,5)
ὑποζυγίῳ ▸ 1
Noun · neuter · singular · dative · (common) ▸ 1 (Ex. 23,4)
ὑποζυγίων ▸ 3
Noun · neuter · plural · genitive · (common) ▸ 3 (Judg. 5,10; Judg. 19,3; Judg. 19,10)

ὑποζώννυμι (ὑπό; ζώννυμι) to undergird ▸ 2 + 1 = 3
ὑπεζωσμέναι ▸ 1
Verb · perfect · middle · participle · feminine · plural · nominative ▸ 1 (2Mac. 3,19)
ὑποζωννύντες ▸ 1
Verb · present · active · participle · masculine · plural · nominative ▸ 1 (Acts 27,17)
ὑπόζωσον ▸ 1
Verb · second · singular · aorist · active · imperative ▸ 1 (Sol. 17,22)

ὑπόθεμα (ὑπό; τίθημι) tray ▸ 1
ὑποθέματα ▸ 1
Noun · neuter · plural · accusative · (common) ▸ 1 (Ex. 25,38)

ὑπόθεσις (ὑπό; τίθημι) theory, principle, presupposition ▸ 1
ὑποθέσεως ▸ 1
Noun · feminine · singular · genitive · (common) ▸ 1 (4Mac. 1,12)

ὑποκαίω (ὑπό; καίω) to burn from below; to be inflamed by love (Philo+) ▸ 6
ὑπεκαίετο ▸ 1
Verb · third · singular · imperfect · passive · indicative ▸ 1 (4Mac. 11,18)
ὑπέκαιον ▸ 1
Verb · third · plural · imperfect · active · indicative ▸ 1 (Dan. 3,46)

ὑπόκαιε ▸ 1
  Verb ▪ second ▪ singular ▪ present ▪ active ▪ imperative ▸ 1 (Ezek. 24,5)
ὑποκαιομένης ▸ 1
  Verb ▪ present ▪ middle ▪ participle ▪ feminine ▪ singular ▪ genitive ▸ 1 (Dan. 3,25)
ὑποκαιόμενον ▸ 1
  Verb ▪ present ▪ middle ▪ participle ▪ masculine ▪ singular ▪ accusative ▸ 1 (Jer. 1,13)
ὑποκαιομένους ▸ 1
  Verb ▪ present ▪ middle ▪ participle ▪ masculine ▪ plural ▪ accusative ▸ 1 (Amos 4,2)

ὑποκαλύπτω (ὑπό; καλύπτω) to hang down, drape over ▸ 2
  ὑποκαλύψεις ▸ 2
    Verb ▪ second ▪ singular ▪ future ▪ active ▪ indicative ▸ 2 (Ex. 26,12; Ex. 26,12)

ὑποκάτω (ὑπό; κατά) under, beneath ▸ 84 + 8 + 11 = 103
  ὑποκάτω ▸ 84 + 8 + 11 = 103
    Adverb ▸ 6 + 2 = 8 (Deut. 28,13; Judg. 1,7; 1Kings 6,6; Bar. 2,5; Ezek. 40,18; Dan. 4,11; Judg. 1,7; Dan. 8,22)
    ImproperPreposition ▪ (+genitive) ▸ 78 + 6 + 11 = 95 (Gen. 1,7; Gen. 1,9; Gen. 1,9; Gen. 6,17; Gen. 7,19; Gen. 21,15; Ex. 20,4; Lev. 15,10; Num. 16,31; Num. 22,27; Deut. 2,25; Deut. 4,18; Deut. 4,19; Deut. 5,8; Deut. 12,2; Deut. 28,23; Josh. 7,21; Josh. 7,22; 1Sam. 7,11; 2Sam. 2,23; 2Sam. 18,9; 2Sam. 22,10; 2Sam. 22,37; 2Sam. 22,40; 2Sam. 22,48; 1Kings 4,12; 1Kings 7,13; 1Kings 7,17; 1Kings 7,30; 1Kings 14,23; 2Kings 9,13; 2Kings 16,4; 2Kings 16,17; 2Kings 17,10; 1Chr. 17,1; 2Chr. 4,15; 2Chr. 5,7; 2Chr. 28,4; Neh. 2,14; Judith 6,11; Judith 6,13; Psa. 8,7; Psa. 17,37; Psa. 17,40; Psa. 44,6; Job 26,8; Job 28,5; Job 36,16; Job 37,3; Sir. 33,6; Hos. 4,13; Amos 2,13; Mic. 4,4; Mic. 4,4; Obad. 7; Jonah 4,5; Zech. 3,10; Zech. 3,10; Mal. 3,21; Is. 14,11; Jer. 2,20; Jer. 3,6; Jer. 3,13; Jer. 45,12; Jer. 52,20; Bar. 2,2; Lam. 3,66; Ezek. 1,23; Ezek. 6,13; Ezek. 10,2; Ezek. 10,20; Ezek. 10,22; Ezek. 17,6; Ezek. 17,23; Ezek. 24,5; Ezek. 31,6; Ezek. 46,23; Dan. 4,12; Judg. 7,8; Dan. 4,12; Dan. 4,21; Dan. 7,27; Dan. 8,8; Dan. 9,12; Matt. 22,44; Mark 6,11; Mark 7,28; Mark 12,36; Luke 8,16; John 1,50; Heb. 2,8; Rev. 5,3; Rev. 5,13; Rev. 6,9; Rev. 12,1)

ὑποκάτωθεν (ὑπό; κατά; θεν) from beneath; below ▸ 27 + 1 = 28
  ὑποκάτωθεν ▸ 25 + 1 = 26
    Adverb ▸ 6 (1Kings 6,8; Job 18,16; Amos 2,9; Ezek. 42,5; Ezek. 42,6; Ezek. 43,14)
    Preposition ▪ (+genitive) ▸ 19 + 1 = 20 (Deut. 9,14; Judg. 7,8; 1Kings 7,11; 1Kings 7,16; 2Kings 8,20; 2Kings 8,22; 2Kings 13,5; 2Kings 14,27; 2Kings 17,7; 2Chr. 4,3; Job 26,5; Mic. 1,4; Zech. 6,12; Jer. 10,11; Ezek. 1,8; Ezek. 10,8; Ezek. 10,21; Ezek. 47,1; Dan. 3,46; Dan. 4,14)
  ὑποκάτωθέν ▸ 2
    Preposition ▪ (+genitive) ▸ 2 (Ode. 4,16; Hab. 3,16)

ὑπόκειμαι (ὑπό; κεῖμαι) to be, exist; to be below; to be subject ▸ 4
  ὑπέκειτό ▸ 1
    Verb ▪ third ▪ singular ▪ imperfect ▪ passive ▪ indicative ▸ 1 (Job 16,4)
  ὑποκείμενον ▸ 1
    Verb ▪ present ▪ passive ▪ participle ▪ neuter ▪ singular ▪ nominative ▸ 1 (1Esdr. 8,8)
  ὑποκειμένου ▸ 1
    Verb ▪ present ▪ passive ▪ participle ▪ masculine ▪ singular ▪ genitive ▸ 1 (Sol. 16,8)
  ὑπόκειται ▸ 1
    Verb ▪ third ▪ singular ▪ present ▪ passive ▪ indicative ▸ 1 (1Mac. 12,7)

ὑποκρίνομαι (ὑπό; κρίνω) to pretend; act; be a hypocrite ▸ 10 + 1 = 11
  ὑπεκρίνοντο ▸ 1
    Verb ▪ third ▪ plural ▪ imperfect ▪ middle ▪ indicative ▸ 1 (Sol. 4,22)
  ὑποκριθείς ▸ 1
    Verb ▪ aorist ▪ passive ▪ participle ▪ masculine ▪ singular ▪ nominative ▸ 1 (2Mac. 5,25)
  ὑποκριθῆναι ▸ 2
    Verb ▪ aorist ▪ passive ▪ infinitive ▸ 2 (2Mac. 6,21; 2Mac. 6,24)
  ὑποκριθῆς ▸ 1
    Verb ▪ second ▪ singular ▪ aorist ▪ passive ▪ subjunctive ▸ 1 (Sir. 1,29)
  ὑποκρίνασθαι ▸ 1
    Verb ▪ aorist ▪ middle ▪ infinitive ▸ 1 (4Mac. 6,17)
  ὑποκρινόμενος ▸ 3
    Verb ▪ present ▪ middle ▪ participle ▪ masculine ▪ singular ▪ nominative ▸ 3 (4Mac. 6,15; Sir. 32,15; Sir. 33,2)
  ὑποκρινομένους ▸ 1
    Verb ▪ present ▪ middle ▪ participle ▪ masculine ▪ plural ▪ accusative ▸ 1 (Luke 20,20)
  ὑποκρινομένων ▸ 1
    Verb ▪ present ▪ middle ▪ participle ▪ masculine ▪ plural ▪ genitive ▸ 1 (Sol. 4,20)

ὑπόκρισις (ὑπό; κρίνω) hypocrisy ▸ 2 + 6 = 8
  ὑποκρίσει ▸ 1 + 2 = 3
    Noun ▪ feminine ▪ singular ▪ dative ▪ (common) ▸ 1 + 2 = 3 (Sol. 4,6; Gal. 2,13; 1Tim. 4,2)
  ὑποκρίσεις ▸ 1
    Noun ▪ feminine ▪ plural ▪ accusative ▸ 1 (1Pet. 2,1)
  ὑποκρίσεως ▸ 1
    Noun ▪ feminine ▪ singular ▪ genitive ▸ 1 (Matt. 23,28)
  ὑπόκρισιν ▸ 1 + 1 = 2
    Noun ▪ feminine ▪ singular ▪ accusative ▪ (common) ▸ 1 + 1 = 2 (2Mac. 6,25; Mark 12,15)
  ὑπόκρισις ▸ 1
    Noun ▪ feminine ▪ singular ▪ nominative ▸ 1 (Luke 12,1)

ὑποκριτής (ὑπό; κρίνω) interpreter; actor; hypocrite ▸ 2 + 17 = 19
  ὑποκριτά ▸ 2
    Noun ▪ masculine ▪ singular ▪ vocative ▸ 2 (Matt. 7,5; Luke 6,42)
  ὑποκριταί ▸ 1 + 2 = 3
    Noun ▪ masculine ▪ singular ▪ nominative ▪ (common) ▸ 1 + 2 = 3 (Job 36,13; Matt. 6,2; Matt. 6,16)
  ὑποκριταί ▸ 11
    Noun ▪ masculine ▪ plural ▪ nominative ▸ 1 (Matt. 6,5)
    Noun ▪ masculine ▪ plural ▪ vocative ▸ 10 (Matt. 15,7; Matt. 22,18; Matt. 23,13; Matt. 23,15; Matt. 23,23; Matt. 23,25; Matt. 23,27; Matt. 23,29; Luke 12,56; Luke 13,15)
  ὑποκριτήν ▸ 1
    Noun ▪ masculine ▪ singular ▪ accusative ▪ (common) ▸ 1 (Job 34,30)
  ὑποκριτῶν ▸ 2
    Noun ▪ masculine ▪ plural ▪ genitive ▸ 2 (Matt. 24,51; Mark 7,6)

ὑπολαμβάνω (ὑπό; λαμβάνω) to suppose; to lift up; to reply ▸ 50 + 1 + 5 = 56
  ὑπειληφότες ▸ 1
    Verb ▪ perfect ▪ active ▪ participle ▪ masculine ▪ plural ▪ nominative

▸ **1** (Wis. 17,2)

ὑπέλαβεν ▸ **1** + **1** = **2**
Verb · third · singular · aorist · active · indicative ▸ **1** + **1** = **2** (1Mac. 1,16; Acts 1,9)

ὑπέλαβες ▸ **2**
Verb · second · singular · aorist · active · indicative ▸ **2** (Psa. 49,21; Dan. 2,30)

ὑπέλαβές ▸ **1**
Verb · second · singular · aorist · active · indicative ▸ **1** (Psa. 29,2)

ὑπελάβομεν ▸ **1**
Verb · first · plural · aorist · active · indicative ▸ **1** (Psa. 47,10)

ὑπέλαβον ▸ **1**
Verb · first · singular · aorist · active · indicative ▸ **1** (Psa. 72,16)

ὑπέλαβόν ▸ **1**
Verb · third · plural · aorist · active · indicative ▸ **1** (Psa. 16,12)

ὑπελάμβανον ▸ **3**
Verb · first · singular · imperfect · active · indicative ▸ **1** (Job 20,2)
Verb · third · plural · imperfect · active · indicative ▸ **2** (3Mac. 3,8; Wis. 13,3)

ὑπολάβῃς ▸ **1**
Verb · second · singular · aorist · active · subjunctive ▸ **1** (2Chr. 25,8)

ὑπολάβητε ▸ **1**
Verb · second · plural · aorist · active · subjunctive ▸ **1** (Jer. 44,9)

ὑπολάβοι ▸ **1**
Verb · third · singular · aorist · active · optative ▸ **1** (Job 25,3)

ὑπολαβόντες ▸ **2**
Verb · aorist · active · participle · masculine · plural · nominative ▸ **2** (2Mac. 6,24; Dan. 3,9)

ὑπολαβών ▸ **6**
Verb · aorist · active · participle · masculine · singular · nominative ▸ **6** (2Mac. 12,12; 4Mac. 8,13; Job 2,4; Job 32,6; Job 40,6; Dan. 3,95)

Ὑπολαβών ▸ **21** + **1** = **22**
Verb · aorist · active · participle · masculine · singular · nominative ▸ **21** + **1** = **22** (Job 4,1; Job 6,1; Job 8,1; Job 9,1; Job 11,1; Job 12,1; Job 15,1; Job 16,1; Job 18,1; Job 19,1; Job 20,1; Job 21,1; Job 22,1; Job 23,1; Job 25,1; Job 26,1; Job 32,17; Job 34,1; Job 35,1; Job 40,3; Job 42,1; Luke 10,30)

ὑπολαμβάνειν ▸ **1**
Verb · present · active · infinitive ▸ **1** (3John 8)

ὑπολαμβάνεις ▸ **1**
Verb · second · singular · present · active · indicative ▸ **1** (4Mac. 5,18)

ὑπολαμβάνετε ▸ **1** + **1** = **2**
Verb · second · plural · present · active · indicative ▸ **1** + **1** = **2** (Psa. 67,17; Acts 2,15)

ὑπολαμβάνομεν ▸ **1**
Verb · first · plural · present · active · indicative ▸ **1** (1Esdr. 2,16)

ὑπολαμβάνοντες ▸ **1**
Verb · present · active · participle · masculine · plural · nominative ▸ **1** (Wis. 12,24)

ὑπολαμβάνουσιν ▸ **1**
Verb · third · plural · present · active · indicative ▸ **1** (Esth. 16,4 # 8,12d)

ὑπολαμβάνω ▸ **1** + **1** + **1** = **3**
Verb · first · singular · present · active · indicative ▸ **1** + **1** + **1** = **3** (Tob. 6,18; Tob. 6,18; Luke 7,43)

ὑπολαμβάνων ▸ **1**
Verb · present · active · participle · masculine · singular · nominative ▸ **1** (3Mac. 3,11)

ὑπόλειμμα (ὑπό; λείπω)   remnant ▸ **8** + **1** = **9**
ὑπόλειμμα ▸ **8** + **1** = **9**
Noun · neuter · singular · accusative · (common) ▸ **3** (2Kings 21,14; 1Mac. 6,53; Mic. 4,7)
Noun · neuter · singular · nominative · (common) ▸ **5** + **1** = **6** (1Sam. 9,24; Job 20,21; Mic. 5,6; Mic. 5,7; Mal. 2,15; Rom. 9,27)

ὑπολείπω (ὑπό; λείπω)   to leave ▸ **84** + **6** + **1** = **91**
ὑπελείποντο ▸ **1**
Verb · third · plural · imperfect · middle · indicative ▸ **1** (Judg. 6,4)

ὑπελείφθη ▸ **13** + **2** = **15**
Verb · third · singular · aorist · passive · indicative ▸ **13** + **2** = **15** (Gen. 32,25; Gen. 44,20; Ex. 10,15; Ex. 10,15; Ex. 10,19; Josh. 12,4; 1Sam. 5,4; 1Kings 17,17; 2Kings 13,7; 2Kings 17,18; 2Kings 24,14; Judith 13,2; Psa. 105,11; Dan. 10,8; Dan. 10,17)

ὑπελείφθην ▸ **1** + **1** = **2**
Verb · first · singular · aorist · passive · indicative ▸ **1** + **1** = **2** (Dan. 10,8; Rom. 11,3)

ὑπελείφθησαν ▸ **3** + **1** = **4**
Verb · third · plural · aorist · passive · indicative ▸ **3** + **1** = **4** (Judg. 7,3; 1Sam. 11,11; 1Mac. 6,54; Judg. 7,3)

ὑπελείφθησάν ▸ **1**
Verb · third · plural · aorist · passive · indicative ▸ **1** (1Mac. 10,14)

ὑπέλιπεν ▸ **1**
Verb · third · singular · aorist · active · indicative ▸ **1** (2Kings 25,12)

ὑπελίπετο ▸ **5**
Verb · third · singular · aorist · middle · indicative ▸ **5** (Ex. 10,12; 2Sam. 8,4; 1Kings 15,29; 1Chr. 18,4; Judith 8,7)

ὑπελίποντο ▸ **3**
Verb · third · plural · aorist · middle · indicative ▸ **3** (Gen. 50,8; Obad. 5; Zeph. 3,3)

ὑπελίπω ▸ **1**
Verb · second · singular · aorist · middle · indicative ▸ **1** (Gen. 27,36)

ὑπολείπεσθαι ▸ **3**
Verb · present · passive · infinitive ▸ **3** (Gen. 45,7; Judith 10,19; Jer. 30,5)

ὑπολείπεται ▸ **1**
Verb · third · singular · present · passive · indicative ▸ **1** (Gen. 47,18)

ὑπολειπόμενα ▸ **1**
Verb · present · passive · participle · neuter · plural · accusative ▸ **1** (Ex. 23,11)

ὑπολειπόμενοι ▸ **1**
Verb · present · passive · participle · masculine · plural · nominative ▸ **1** (4Mac. 13,27)

ὑπολειφθεῖσιν ▸ **2** + **1** = **3**
Verb · aorist · passive · participle · masculine · plural · dative ▸ **1** + **1** = **2** (Judg. 21,7; Judg. 21,7)
Verb · aorist · passive · participle · neuter · plural · dative ▸ **1** (Josh. 23,12)

ὑπολειφθὲν ▸ **2**
Verb · aorist · passive · participle · neuter · singular · nominative ▸ **2** (2Kings 19,30; Is. 4,3)

ὑπολειφθέντα ▸ **1**
Verb · aorist · passive · participle · neuter · plural · accusative ▸ **1** (Gen. 30,36)

ὑπολειφθῇ ▸ **2**

ὑπολείπω–ὑπομένω

Verb · third · singular · aorist · passive · subjunctive ▸ 2 (Zech. 10,10; Mal. 3,19)

ὑπολειφθήσεται ▸ 5 + 1 = 6
Verb · third · singular · future · passive · indicative ▸ 5 + 1 = 6 (Josh. 10,8; 1Sam. 25,34; 2Kings 20,17; Zech. 9,7; Zech. 13,8; Dan. 2,44)

ὑπολειφθήσονται ▸ 7
Verb · third · plural · future · passive · indicative ▸ 7 (Ex. 8,5; Ex. 8,7; Prov. 2,21; Prov. 2,21; Amos 5,3; Amos 5,3; Amos 6,9)

ὑπολειφθῶσιν ▸ 2
Verb · third · plural · aorist · passive · subjunctive ▸ 2 (Amos 6,9; Ezek. 14,20)

ὑπολείψεται ▸ 1
Verb · third · singular · future · middle · indicative ▸ 1 (Joel 2,14)

ὑπολείψῃ ▸ 1
Verb · second · singular · future · middle · indicative ▸ 1 (Lev. 23,22)

ὑπολείψομαι ▸ 3
Verb · first · singular · future · middle · indicative ▸ 3 (1Sam. 25,22; Zeph. 3,12; Ezek. 12,16)

ὑπολειψόμεθα ▸ 2
Verb · first · plural · future · middle · indicative ▸ 2 (Ex. 10,26; 2Sam. 17,12)

ὑπολέλειμμαι ▸ 3
Verb · first · singular · perfect · passive · indicative ▸ 3 (1Kings 18,22; 1Kings 19,10; 1Kings 19,14)

ὑπολελειμμένα ▸ 1
Verb · perfect · passive · participle · neuter · plural · accusative ▸ 1 (1Kings 10,22b # 9,20)

ὑπολελειμμέναι ▸ 1
Verb · perfect · passive · participle · feminine · plural · nominative ▸ 1 (Zech. 12,14)

ὑπολελειμμένοι ▸ 3
Verb · perfect · passive · participle · masculine · plural · nominative ▸ 3 (1Sam. 11,11; Hab. 2,8; Ezek. 14,22)

ὑπολελειμμένοις ▸ 2
Verb · perfect · passive · participle · masculine · plural · dative ▸ 2 (Josh. 21,26; Jer. 27,20)

ὑπολελειμμένον ▸ 2
Verb · perfect · passive · participle · masculine · singular · accusative ▸ 1 (1Kings 10,22b # 9,20)
Verb · perfect · passive · participle · neuter · singular · accusative ▸ 1 (Ex. 26,12)

ὑπολελειμμένος ▸ 1
Verb · perfect · passive · participle · masculine · singular · nominative ▸ 1 (2Sam. 9,1)

ὑπολελειμμένους ▸ 2
Verb · perfect · passive · participle · masculine · plural · accusative ▸ 2 (1Chr. 13,2; Jer. 24,8)

ὑπολελειμμένων ▸ 1
Verb · perfect · passive · participle · masculine · plural · genitive ▸ 1 (2Kings 7,13)

ὑπολέλειπται ▸ 2
Verb · third · singular · perfect · passive · indicative ▸ 2 (Josh. 13,1; 2Sam. 9,3)

ὑπολίπεσθε ▸ 2
Verb · second · plural · aorist · middle · imperative ▸ 2 (Ex. 10,24; Jer. 5,10)

ὑπολίποιτο ▸ 1
Verb · third · singular · aorist · middle · optative ▸ 1 (Prov. 11,26)

ὑπολίπωμεν ▸ 1

Verb · first · plural · aorist · active · subjunctive ▸ 1 (1Sam. 14,36)

ὑπόλημψις (ὑπό; λαμβάνω) assumption ▸ 1
ὑπόλημψις ▸ 1
Noun · feminine · singular · nominative · (common) ▸ 1 (Sir. 3,24)

ὑπολήνιον (ὑπό; ληνός) winepress trough ▸ 4 + 1 = 5
ὑπολήνια ▸ 2
Noun · neuter · plural · accusative · (common) ▸ 1 (Is. 16,10)
Noun · neuter · plural · nominative · (common) ▸ 1 (Joel 4,13)
ὑπολήνιον ▸ 1 + 1 = 2
Noun · neuter · singular · accusative · (common) ▸ 1 + 1 = 2 (Hag. 2,16; Mark 12,1)
ὑποληνίων ▸ 1
Noun · neuter · plural · genitive · (common) ▸ 1 (Zech. 14,10)

ὑπολιμπάνω (ὑπό; λείπω) to leave behind ▸ 1
ὑπολιμπάνων ▸ 1
Verb · present · active · participle · masculine · singular · nominative ▸ 1 (1Pet. 2,21)

ὑπόλοιπος (ὑπό; λείπω) remaining ▸ 1
ὑπόλοιπον ▸ 1
Adjective · neuter · singular · accusative · noDegree ▸ 1 (Is. 11,11)

ὑπόλυσις (ὑπό; λύω) loosening ▸ 1
ὑπόλυσις ▸ 1
Noun · feminine · singular · nominative · (common) ▸ 1 (Nah. 2,11)

ὑπολύω (ὑπό; λύω) to untie ▸ 5
ὑπελύετο ▸ 1
Verb · third · singular · imperfect · middle · indicative ▸ 1 (Ruth 4,7)
ὑπελύσατο ▸ 1
Verb · third · singular · aorist · middle · indicative ▸ 1 (Ruth 4,8)
ὑπολυθέντος ▸ 1
Verb · aorist · passive · participle · masculine · singular · genitive ▸ 1 (Deut. 25,10)
ὑπόλυσαι ▸ 1
Verb · second · singular · aorist · middle · imperative ▸ 1 (Is. 20,2)
ὑπολύσει ▸ 1
Verb · third · singular · future · active · indicative ▸ 1 (Deut. 25,9)

ὑπομαστίδιον (ὑπό; μαστός) infant, suckling ▸ 1
ὑπομαστιδίων ▸ 1
Noun · neuter · plural · genitive · (common) ▸ 1 (3Mac. 3,27)

ὑπομένω (ὑπό; μένω) to endure, remain, wait upon ▸ 82 + 3 + 17 = 102
ὑπέμεινα ▸ 6
Verb · first · singular · aorist · active · indicative ▸ 6 (4Mac. 16,8; Psa. 24,5; Psa. 39,2; Psa. 68,21; Job 7,3; Job 32,16)
ὑπέμεινά ▸ 2
Verb · first · singular · aorist · active · indicative ▸ 2 (Psa. 24,21; Psa. 129,5)
ὑπεμείναμεν ▸ 1
Verb · first · plural · aorist · active · indicative ▸ 1 (Jer. 14,19)
ὑπέμειναν ▸ 5 + 1 = 6
Verb · third · plural · aorist · active · indicative ▸ 5 + 1 = 6 (4Mac. 16,21; Psa. 55,7; Psa. 105,13; Psa. 118,95; Is. 60,9; Judg. 3,25)
ὑπέμεινάν ▸ 1
Verb · third · plural · aorist · active · indicative ▸ 1 (Acts 17,14)
ὑπέμεινας ▸ 1

ὑπεμείνατε ▸ 1
: **Verb** · second · plural · aorist · active · indicative ▸ 1 (Heb. 10,32)

ὑπέμεινε ▸ 2
: **Verb** · third · singular · aorist · active · indicative ▸ 2 (Wis. 16,22; Sus. 57)

ὑπέμεινεν ▸ 8 + 1 + 2 = 11
: **Verb** · third · singular · aorist · active · indicative ▸ 8 + 1 + 2 = 11 (Josh. 19,48a; 4Mac. 9,22; 4Mac. 13,12; 4Mac. 15,31; 4Mac. 16,1; Psa. 129,5; Job 9,4; Job 32,4; Sus. 57; Luke 2,43; Heb. 12,2)

ὑπέμενε ▸ 1
: **Verb** · third · singular · imperfect · active · indicative ▸ 1 (4Mac. 6,9)

ὑπέμενον ▸ 1
: **Verb** · third · plural · imperfect · active · indicative ▸ 1 (Wis. 17,5)

ὑπομεῖναι ▸ 1
: **Verb** · aorist · active · infinitive ▸ 1 (Sol. 16,15)

ὑπομείναι ▸ 2
: **Verb** · third · singular · aorist · active · optative ▸ 2 (Job 3,9; Job 20,26)

ὑπομείναντας ▸ 1
: **Verb** · aorist · active · participle · masculine · plural · accusative ▸ 1 (James 5,11)

ὑπομείναντες ▸ 2
: **Verb** · aorist · active · participle · masculine · plural · nominative ▸ 2 (4Mac. 9,6; 4Mac. 17,10)

ὑπομεινάντων ▸ 1
: **Verb** · aorist · active · participle · masculine · plural · genitive ▸ 1 (Is. 59,9)

ὑπομείνας ▸ 3
: **Verb** · aorist · active · participle · masculine · singular · nominative ▸ 3 (Matt. 10,22; Matt. 24,13; Mark 13,13)

ὑπομείνασαν ▸ 1
: **Verb** · aorist · active · participle · feminine · singular · accusative ▸ 1 (4Mac. 17,7)

ὑπομείνατε ▸ 1
: **Verb** · second · plural · aorist · active · imperative ▸ 1 (Num. 22,19)

ὑπομείνῃ ▸ 2
: **Verb** · third · singular · aorist · active · subjunctive ▸ 2 (Job 8,15; Sir. 22,18)

ὑπομείνῃς ▸ 1
: **Verb** · second · singular · aorist · active · subjunctive ▸ 1 (Job 22,21)

ὑπόμεινον ▸ 6
: **Verb** · second · singular · aorist · active · imperative ▸ 6 (Psa. 26,14; Psa. 26,14; Psa. 36,34; Prov. 20,20 # 20,9c; Job 33,5; Hab. 2,3)

ὑπόμεινόν ▸ 1
: **Verb** · second · singular · aorist · active · imperative ▸ 1 (Zeph. 3,8)

Ὑπόμεινόν ▸ 1
: **Verb** · second · singular · aorist · active · imperative ▸ 1 (Tob. 5,7)

ὑπομείνω ▸ 2
: **Verb** · first · singular · aorist · active · subjunctive ▸ 2 (2Kings 6,33; Job 17,13)

ὑπομείνωσιν ▸ 2
: **Verb** · third · plural · aorist · active · subjunctive ▸ 2 (1Esdr. 2,15; Sir. 22,18)

ὑπομεμενηκότα ▸ 1
: **Verb** · perfect · active · participle · masculine · singular · accusative ▸ 1 (Heb. 12,3)

ὑπομενεῖ ▸ 5
: **Verb** · third · singular · future · active · indicative ▸ 5 (Job 15,31; Job 41,3; Sir. 16,22; Mal. 3,2; Lam. 3,26)

ὑπομένει ▸ 1 + 2 = 3
: **Verb** · third · singular · present · active · indicative ▸ 1 + 2 = 3 (Psa. 32,20; 1Cor. 13,7; James 1,12)

ὑπομένειν ▸ 4
: **Verb** · present · active · infinitive ▸ 4 (4Mac. 5,23; 4Mac. 7,22; 4Mac. 16,17; 4Mac. 16,19)

ὑπομενεῖτε ▸ 2
: **Verb** · second · plural · future · active · indicative ▸ 2 (1Pet. 2,20; 1Pet. 2,20)

ὑπομένετε ▸ 1
: **Verb** · second · plural · present · active · indicative ▸ 1 (Heb. 12,7)

ὑπομένομεν ▸ 1
: **Verb** · first · plural · present · active · indicative ▸ 1 (2Tim. 2,12)

ὑπομένοντας ▸ 1
: **Verb** · present · active · participle · masculine · plural · accusative ▸ 1 (2Mac. 6,20)

ὑπομένοντάς ▸ 1
: **Verb** · present · active · participle · masculine · plural · accusative ▸ 1 (Sir. 51,8)

ὑπομένοντες ▸ 2 + 1 = 3
: **Verb** · present · active · participle · masculine · plural · nominative ▸ 2 + 1 = 3 (Psa. 36,9; Is. 40,31; Rom. 12,12)

ὑπομένοντές ▸ 2
: **Verb** · present · active · participle · masculine · plural · nominative ▸ 2 (Psa. 24,3; Psa. 68,7)

ὑπομενοῦμέν ▸ 1
: **Verb** · first · plural · future · active · indicative ▸ 1 (Jer. 14,22)

ὑπομενοῦσιν ▸ 2
: **Verb** · third · plural · future · active · indicative ▸ 2 (Psa. 141,8; Is. 51,5)

ὑπομένουσιν ▸ 6
: **Verb** · present · active · participle · masculine · plural · dative ▸ 6 (Sol. 10,2; Sol. 14,1; Nah. 1,7; Zech. 6,14; Is. 64,3; Lam. 3,25)

ὑπομένουσίν ▸ 1
: **Verb** · present · active · participle · masculine · plural · dative ▸ 1 (Sir. 36,15)

ὑπομενῶ ▸ 4
: **Verb** · first · singular · future · active · indicative ▸ 4 (Psa. 51,11; Job 14,14; Mic. 7,7; Lam. 3,21)

ὑπομένω ▸ 1 + 1 = 2
: **Verb** · first · singular · present · active · indicative ▸ 1 + 1 = 2 (Job 6,11; 2Tim. 2,10)

ὑπομένων ▸ 1
: **Verb** · present · active · participle · masculine · singular · nominative ▸ 1 (Dan. 12,12)

Ὑπομένων ▸ 1
: **Verb** · present · active · participle · masculine · singular · nominative ▸ 1 (Psa. 39,2)

ὑπομιμνῄσκω (ὑπό; μιμνῄσκομαι) to remind ▸ 4 + 7 = 11

ὑπεμίμνῃσκεν ▸ 1
: **Verb** · third · singular · imperfect · active · indicative ▸ 1 (4Mac.

18,14)
ὑπεμνήσθη ▸ 1
Verb · third · singular · aorist · passive · indicative ▸ 1 (Luke 22,61)
ὑπομίμνησκε ▸ 1
Verb · second · singular · present · active · imperative ▸ 1 (2Tim. 2,14)
Ὑπομίμνησκε ▸ 1
Verb · second · singular · present · active · imperative ▸ 1 (Titus 3,1)
ὑπομιμνήσκειν ▸ 1
Verb · present · active · infinitive ▸ 1 (2Pet. 1,12)
ὑπομιμνήσκων ▸ 2
Verb · present · active · participle · masculine · singular · nominative ▸ 2 (1Kings 4,3; Wis. 12,2)
Ὑπομνῆσαι ▸ 1
Verb · aorist · active · infinitive ▸ 1 (Jude 5)
ὑπομνήσας ▸ 1
Verb · aorist · active · participle · masculine · singular · nominative ▸ 1 (Wis. 18,22)
ὑπομνήσει ▸ 1
Verb · third · singular · future · active · indicative ▸ 1 (John 14,26)
ὑπομνήσω ▸ 1
Verb · first · singular · future · active · indicative ▸ 1 (3John 10)

ὑπόμνημα (ὑπό; μιμνῄσκομαι) record; memoir ▸ 2
Ὑπόμνημα ▸ 1
Noun · neuter · singular · nominative · (common) ▸ 1 (Ezra 6,2)
ὑπομνημάτων ▸ 1
Noun · neuter · plural · genitive · (common) ▸ 1 (2Sam. 8,16)

ὑπομνηματίζομαι (ὑπό; μιμνῄσκομαι) to record ▸ 1
ὑπεμνημάτιστο ▸ 1
Verb · third · singular · pluperfect · passive · indicative ▸ 1 (1Esdr. 6,22)

ὑπομνηματισμός (ὑπό; μιμνῄσκομαι) remembrance, record ▸ 4
ὑπομνηματισμοῖς ▸ 2
Noun · masculine · plural · dative · (common) ▸ 2 (1Esdr. 2,17; 2Mac. 2,13)
ὑπομνηματισμοῦ ▸ 1
Noun · masculine · singular · genitive · (common) ▸ 1 (Ezra 4,15)
ὑπομνηματισμοὺς ▸ 1
Noun · masculine · plural · accusative · (common) ▸ 1 (2Mac. 4,23)

ὑπομνηματογράφος (ὑπό; μιμνῄσκομαι; γράφω) recorder, record keeper ▸ 4
ὑπομνηματογράφον ▸ 1
Noun · masculine · singular · accusative · (common) ▸ 1 (2Chr. 34,8)
ὑπομνηματογράφος ▸ 3
Noun · masculine · singular · nominative · (common) ▸ 3 (1Chr. 18,15; Is. 36,3; Is. 36,22)

ὑπόμνησις (ὑπό; μιμνῄσκομαι) remembrance, reminder ▸ 2 + 3 = 5
ὑπομνήσει ▸ 2
Noun · feminine · singular · dative ▸ 2 (2Pet. 1,13; 2Pet. 3,1)
ὑπομνήσεως ▸ 1
Noun · feminine · singular · genitive · (common) ▸ 1 (2Mac. 6,17)
ὑπόμνησιν ▸ 1 + 1 = 2
Noun · feminine · singular · accusative · (common) ▸ 1 + 1 = 2 (Wis. 16,11; 2Tim. 1,5)

ὑπομονή (ὑπό; μένω) endurance; staying ▸ 25 + 32 = 57
ὑπομονή ▸ 4
Noun · feminine · singular · nominative · (common) ▸ 4 (1Chr. 29,15; Psa. 38,8; Psa. 61,6; Psa. 70,5)
ὑπομονή ▸ 5 + 4 = 9
Noun · feminine · singular · nominative · (common) ▸ 5 + 4 = 9 (Ezra 10,2; Psa. 9,19; Sir. 16,13; Jer. 14,8; Jer. 17,13; Rom. 5,4; James 1,4; Rev. 13,10; Rev. 14,12)
ὑπομονῇ ▸ 3 + 9 = 12
Noun · feminine · singular · dative · (common) ▸ 3 + 9 = 12 (4Mac. 1,11; 4Mac. 1,11; Sol. 2,36; Luke 8,15; Luke 21,19; 2Cor. 1,6; 2Cor. 6,4; 2Cor. 12,12; 2Tim. 3,10; Titus 2,2; 2Pet. 1,6; Rev. 1,9)
ὑπομονήν ▸ 4 + 4 = 8
Noun · feminine · singular · accusative · (common) ▸ 4 + 4 = 8 (4Mac. 17,17; Sir. 2,14; Sir. 17,24; Sir. 41,2; James 1,3; 2Pet. 1,6; Rev. 2,2; Rev. 2,19)
ὑπομονήν ▸ 4 + 7 = 11
Noun · feminine · singular · accusative · (common) ▸ 4 + 7 = 11 (4Mac. 15,30; 4Mac. 17,23; 4Mac. 17,23; Job 14,19; Rom. 2,7; Rom. 5,3; Col. 1,11; 2Th. 3,5; 1Tim. 6,11; James 5,11; Rev. 2,3)
ὑπομονῆς ▸ 4 + 8 = 12
Noun · feminine · singular · genitive · (common) ▸ 4 + 8 = 12 (4Mac. 9,8; 4Mac. 9,30; 4Mac. 17,4; 4Mac. 17,12; Rom. 8,25; Rom. 15,4; Rom. 15,5; 1Th. 1,3; 2Th. 1,4; Heb. 10,36; Heb. 12,1; Rev. 3,10)
ὑπομονῶν ▸ 1
Noun · feminine · plural · genitive · (common) ▸ 1 (4Mac. 7,9)

ὑπονοέω (ὑπό; νοῦς) to think; to expect ▸ 3 + 2 + 3 = 8
ὑπενόει ▸ 1
Verb · third · singular · imperfect · active · indicative ▸ 1 (Judith 14,14)
ὑπενόησεν ▸ 1
Verb · third · singular · aorist · active · indicative ▸ 1 (Sir. 23,21)
ὑπενόουν ▸ 1 + 1 + 2 = 4
Verb · first · singular · imperfect · active · indicative ▸ 1 + 1 + 1 = 3 (Tob. 8,16; Tob. 8,16; Acts 25,18)
Verb · third · plural · imperfect · active · indicative ▸ 1 (Acts 27,27)
ὑπονοεῖτε ▸ 1
Verb · second · plural · present · active · indicative ▸ 1 (Acts 13,25)
ὑπονοήσει ▸ 1
Verb · third · singular · future · active · indicative ▸ 1 (Dan. 7,25)

ὑπονόημα (ὑπό; νοῦς) supposition ▸ 1
ὑπονοήματα ▸ 1
Noun · neuter · plural · accusative · (common) ▸ 1 (Sir. 25,7)

ὑπονοθεύω (ὑπό; νόθος) to obtain by corruption ▸ 3
ὑπενόθευσεν ▸ 1
Verb · third · singular · aorist · active · indicative ▸ 1 (2Mac. 4,7)
ὑπονοθευθεὶς ▸ 1
Verb · aorist · passive · participle · masculine · singular · nominative ▸ 1 (2Mac. 4,26)
ὑπονοθεύσας ▸ 1
Verb · aorist · active · participle · masculine · singular · nominative ▸ 1 (2Mac. 4,26)

ὑπόνοια (ὑπό; νοῦς) suspicion; conjecture, foreboding ▸ 4 + 1 = 5
ὑπόνοια ▸ 2
Noun · feminine · singular · nominative · (common) ▸ 2 (Sir.

3,24; Dan. 4,19)
- **ὑπόνοιαι** ▸ 1 + 1 = 2
  - **Noun** · feminine · plural · nominative · (common) ▸ 1 + 1 = 2 (Dan. 5,6; 1Tim. 6,4)
- **ὑπόνοιαί** ▸ 1
  - **Noun** · feminine · plural · nominative · (common) ▸ 1 (Dan. 4,33b)

ὑπονύσσω (ὑπό; νύσσω) to prod ▸ 1
- **ὑπονύσσετε** ▸ 1
  - **Verb** · second · plural · present · active · indicative ▸ 1 (Is. 58,3)

ὑποπίπτω (ὑπό; πίπτω) to fall down, fall under; befall ▸ 4
- **ὑπέπεσεν** ▸ 1
  - **Verb** · third · singular · aorist · active · indicative ▸ 1 (Judith 16,6)
- **ὑποπίπτῃ** ▸ 1
  - **Verb** · third · singular · present · active · subjunctive ▸ 1 (1Esdr. 8,18)
- **ὑποπίπτοντά** ▸ 1
  - **Verb** · present · active · participle · neuter · plural · accusative ▸ 1 (Sus. 52)
- **ὑποπίπτουσα** ▸ 1
  - **Verb** · present · active · participle · feminine · singular · nominative ▸ 1 (Prov. 15,1)

ὑποπλέω (ὑπό; πλέω) to sail under shelter of ▸ 2
- **ὑπεπλεύσαμεν** ▸ 2
  - **Verb** · first · plural · aorist · active · indicative ▸ 2 (Acts 27,4; Acts 27,7)

ὑποπνέω (ὑπό; πνέω) to blow gently ▸ 1
- **Ὑποπνεύσαντος** ▸ 1
  - **Verb** · aorist · active · participle · masculine · singular · genitive ▸ 1 (Acts 27,13)

ὑποπόδιον (ὑπό; πούς) footstool ▸ 4 + 7 = 11
- **ὑποπόδιον** ▸ 2 + 5 = 7
  - **Noun** · neuter · singular · accusative · (common) ▸ 1 + 3 = 4 (Psa. 109,1; Luke 20,43; Acts 2,35; Heb. 1,13)
  - **Noun** · neuter · singular · nominative · (common) ▸ 1 + 2 = 3 (Is. 66,1; Acts 7,49; Heb. 10,13)
- **ὑποπόδιόν** ▸ 2
  - **Noun** · neuter · singular · accusative ▸ 1 (James 2,3)
  - **Noun** · neuter · singular · nominative ▸ 1 (Matt. 5,35)
- **ὑποποδίου** ▸ 1
  - **Noun** · neuter · singular · genitive · (common) ▸ 1 (Lam. 2,1)
- **ὑποποδίῳ** ▸ 1
  - **Noun** · neuter · singular · dative · (common) ▸ 1 (Psa. 98,5)

ὑποπτεύω (ὑπό; ὁράω) to view with suspicion, anxiety ▸ 2
- **ὑποπτεύσῃς** ▸ 1
  - **Verb** · second · singular · aorist · active · subjunctive ▸ 1 (Sir. 9,13)
- **ὑπώπτευσα** ▸ 1
  - **Verb** · first · singular · aorist · active · indicative ▸ 1 (Psa. 118,39)

ὕποπτος (ὑπό; ὁράω) suspicious ▸ 2
- **ὕποπτον** ▸ 1
  - **Adjective** · neuter · singular · accusative · noDegree ▸ 1 (2Mac. 12,4)
- **ὕποπτος** ▸ 1
  - **Adjective** · masculine · singular · nominative · noDegree ▸ 1 (2Mac. 3,32)

ὑποπυρρίζω (ὑπό; πῦρ) to become red ▸ 1
- **ὑποπυρρίζον** ▸ 1
  - **Verb** · present · active · participle · neuter · singular · nominative ▸ 1 (Lev. 13,24)

ὑπορράπτω (ὑπό; ῥάπις) to mend ▸ 1
- **ὑπέρραψεν** ▸ 1
  - **Verb** · third · singular · aorist · active · indicative ▸ 1 (Sir. 50,1)

ὑπορρίπτω (ὑπό; ῥίπτω) to throw down ▸ 1
- **ὑπερρίπτοσαν** ▸ 1
  - **Verb** · third · plural · imperfect · active · indicative ▸ 1 (4Mac. 6,25)

ὑποσημαίνω (ὑπό; σημεῖον) to indicate, intimate ▸ 1
- **ὑποσημανθῆναι** ▸ 1
  - **Verb** · aorist · passive · infinitive ▸ 1 (1Esdr. 6,6)

ὑποσκελίζω (ὑπό; σκελίζω) to overthrow ▸ 7
- **ὑπεσκελίσθησαν** ▸ 1
  - **Verb** · third · plural · aorist · passive · indicative ▸ 1 (Prov. 29,25)
- **ὑποσκελίσαι** ▸ 1
  - **Verb** · aorist · active · infinitive ▸ 1 (Psa. 139,5)
- **ὑποσκελισθήσεται** ▸ 3
  - **Verb** · third · singular · future · passive · indicative ▸ 3 (Psa. 36,31; Prov. 10,8; Prov. 26,18)
- **ὑποσκελισθήσονται** ▸ 1
  - **Verb** · third · plural · future · passive · indicative ▸ 1 (Jer. 23,12)
- **ὑποσκέλισον** ▸ 1
  - **Verb** · second · singular · aorist · active · imperative ▸ 1 (Psa. 16,13)

ὑποσκέλισμα (ὑπό; σκελίζω) trip, stumble ▸ 1
- **ὑποσκελίσματι** ▸ 1
  - **Noun** · neuter · singular · dative · (common) ▸ 1 (Prov. 24,17)

ὑπόστασις (ὑπό; ἵστημι) support, foundation, confidence ▸ 22 + 1 + 5 = 28
- **ὑποστάσει** ▸ 1 + 2 = 3
  - **Noun** · feminine · singular · dative · (common) ▸ 1 + 2 = 3 (Jer. 23,22; 2Cor. 9,4; 2Cor. 11,17)
- **ὑποστάσεως** ▸ 1 + 2 = 3
  - **Noun** · feminine · singular · genitive · (common) ▸ 1 + 2 = 3 (1Sam. 13,23; Heb. 1,3; Heb. 3,14)
- **ὑπόστασιν** ▸ 7 + 1 = 8
  - **Noun** · feminine · singular · accusative · (common) ▸ 7 + 1 = 8 (Deut. 1,12; Deut. 11,6; Judg. 6,4; 1Sam. 14,4; Sol. 15,5; Sol. 17,24; Ezek. 43,11; Judg. 6,4)
- **ὑπόστασίν** ▸ 2
  - **Noun** · feminine · singular · accusative · (common) ▸ 2 (Jer. 10,17; Ezek. 26,11)
- **ὑπόστασις** ▸ 7 + 1 = 8
  - **Noun** · feminine · singular · nominative · (common) ▸ 7 + 1 = 8 (Ruth 1,12; 1Sam. 13,21; Psa. 68,3; Psa. 88,48; Job 22,20; Nah. 2,8; Ezek. 19,5; Heb. 11,1)
- **ὑπόστασίς** ▸ 4
  - **Noun** · feminine · singular · nominative · (common) ▸ 4 (Psa. 38,6; Psa. 38,8; Psa. 138,15; Wis. 16,21)

ὑποστέλλω (ὑπό; στέλλω) to draw back ▸ 6 + 4 = 10
- **ὑπεστειλάμην** ▸ 2
  - **Verb** · first · singular · aorist · middle · indicative ▸ 2 (Acts 20,20; Acts 20,27)
- **ὑπέστελλεν** ▸ 1
  - **Verb** · third · singular · imperfect · active · indicative ▸ 1 (Gal. 2,12)
- **ὑποστείλῃ** ▸ 1
  - **Verb** · second · singular · aorist · middle · subjunctive ▸ 1 (Deut. 1,17)
- **ὑποστείληται** ▸ 1 + 1 = 2

ὑποστέλλω–ὑποτάσσω

Verb · third · singular · aorist · middle · subjunctive ▸ 1 + 1 = **2** (Hab. 2,4; Heb. 10,38)

ὑποστείληταί ▸ 1
Verb · third · singular · aorist · middle · subjunctive ▸ **1** (Ex. 23,21)

ὑποστελεῖσθε ▸ 1
Verb · second · plural · future · middle · indicative ▸ **1** (Job 13,8)

ὑποστελεῖται ▸ 2
Verb · third · singular · future · middle · indicative ▸ **2** (Wis. 6,7; Hag. 1,10)

ὑπόστημα (ὑπό; ἵστημι) soldier camp ▸ **2**

ὑπόστημα ▸ 1
Noun · neuter · singular · nominative · (common) ▸ **1** (2Sam. 23,14)

ὑποστήματι ▸ 1
Noun · neuter · singular · dative · (common) ▸ **1** (Jer. 23,18)

ὑποστήριγμα (ὑπό; ἵστημι) support ▸ 4 + **1** = **5**

ὑποστηρίγματα ▸ 4 + **1** = **5**
Noun · neuter · plural · accusative · (common) ▸ 3 + **1** = **4** (1Kings 2,35e; 1Kings 10,12; Jer. 5,10; Dan. 11,7)
Noun · neuter · plural · nominative · (common) ▸ **1** (1Kings 7,11)

ὑποστηρίζω (ὑπό; ἵστημι) to support ▸ **2**

ὑποστηρίζει ▸ 2
Verb · third · singular · present · active · indicative ▸ **2** (Psa. 36,17; Psa. 144,14)

ὑποστολή (ὑπό; στέλλω) turning back ▸ **1**

ὑποστολῆς ▸ 1
Noun · feminine · singular · genitive ▸ **1** (Heb. 10,39)

ὑποστρέφω (ὑπό; στρέφω) to return ▸ 12 + **5** + 35 = **52**

ὑπέστρεφον ▸ 2
Verb · third · plural · imperfect · active · indicative ▸ **2** (Luke 23,48; Acts 8,25)

ὑπέστρεψα ▸ 1
Verb · first · singular · aorist · active · indicative ▸ **1** (Gal. 1,17)

ὑπεστρέψαμεν ▸ 1
Verb · first · plural · aorist · active · indicative ▸ **1** (Gen. 43,10)

ὑπέστρεψαν ▸ 1 + **1** + 9 = **11**
Verb · third · plural · aorist · active · indicative ▸ 1 + **1** + 9 = **11** (Josh. 2,23; Judg. 21,23; Luke 2,20; Luke 2,45; Luke 24,33; Luke 24,52; Acts 1,12; Acts 12,25; Acts 14,21; Acts 21,6; Acts 23,32)

Ὑπέστρεψαν ▸ 1
Verb · third · plural · aorist · active · indicative ▸ **1** (Luke 10,17)

ὑπέστρεψεν ▸ 7 + **3** + 6 = **16**
Verb · third · singular · aorist · active · indicative ▸ 7 + **3** + 6 = **16** (Gen. 8,7; Gen. 8,9; Ex. 32,31; Esth. 6,12; 1Mac. 10,68; 1Mac. 11,72; Dan. 6,19; Judg. 3,19; Judg. 7,15; Judg. 14,8; Luke 1,56; Luke 4,1; Luke 4,14; Luke 8,37; Luke 17,15; Acts 13,13)

ὑπόστρεφε ▸ 1
Verb · second · singular · present · active · imperative ▸ **1** (Luke 8,39)

ὑποστρέφει ▸ 1
Verb · third · singular · present · active · indicative ▸ **1** (Prov. 23,5)

ὑποστρέφειν ▸ 4
Verb · present · active · infinitive ▸ **4** (Luke 2,43; Luke 8,40; Acts 13,34; Acts 20,3)

ὑποστρέφοντι ▸ 1
Verb · present · active · participle · masculine · singular · dative ▸ **1** (Heb. 7,1)

ὑποστρέφων ▸ 1
Verb · present · active · participle · masculine · singular · nominative ▸ **1** (Acts 8,28)

ὑποστρέψαι ▸ 2
Verb · aorist · active · infinitive ▸ **2** (Luke 19,12; 2Pet. 2,21)

ὑποστρέψαντες ▸ 3
Verb · aorist · active · participle · masculine · plural · nominative ▸ **3** (Luke 7,10; Luke 9,10; Luke 17,18)

ὑποστρέψαντι ▸ 1
Verb · aorist · active · participle · masculine · singular · dative ▸ **1** (Acts 22,17)

ὑποστρεψάσαι ▸ 2
Verb · aorist · active · participle · feminine · plural · nominative ▸ **2** (Luke 23,56; Luke 24,9)

ὑποστρέψει ▸ 1 + **1** = **2**
Verb · third · singular · future · active · indicative ▸ 1 + **1** = **2** (Tob. 5,22; Tob. 5,22)

ὑποστρέψω ▸ 1
Verb · first · singular · future · active · indicative ▸ **1** (Luke 11,24)

ὑποστρέψωμεν ▸ 1
Verb · first · plural · aorist · active · subjunctive ▸ **1** (Tob. 6,13)

ὑποστρωννύω (ὑπό; στρωννύω) to spread under, spread out ▸ 4 + **1** = **5**

ὑπεστρώννυον ▸ 1
Verb · third · plural · imperfect · active · indicative ▸ **1** (Luke 19,36)

ὑπέστρωσαν ▸ 1
Verb · third · plural · aorist · active · indicative ▸ **1** (4Mac. 9,19)

ὑποστρώσῃ ▸ 1
Verb · third · singular · aorist · active · subjunctive ▸ **1** (Is. 58,5)

ὑποστρώσῃς ▸ 1
Verb · second · singular · aorist · active · subjunctive ▸ **1** (Sir. 4,27)

ὑποστρώσονται ▸ 1
Verb · third · plural · future · middle · indicative ▸ **1** (Ezek. 27,30)

ὑποσχάζω (ὑπό; σχάζω) to trip, cause to collapse ▸ **1**

ὑποσχάσει ▸ 1
Verb · third · singular · future · active · indicative ▸ **1** (Sir. 12,17)

ὑπόσχεσις (ὑπό; ἔχω) promise ▸ **2**

ὑποσχέσεων ▸ 1
Noun · feminine · plural · genitive · (common) ▸ **1** (Wis. 12,21)

ὑπόσχεσιν ▸ 1
Noun · feminine · singular · accusative · (common) ▸ **1** (4Mac. 15,2)

ὑποταγή (ὑπό; τάσσω) obedience ▸ **4**

ὑποταγῇ ▸ 4
Noun · feminine · singular · dative ▸ **4** (2Cor. 9,13; Gal. 2,5; 1Tim. 2,11; 1Tim. 3,4)

ὑποτάσσω (ὑπό; τάσσω) to subject; to submit ▸ 28 + **2** + 38 = **68**

ὑπετάγη ▸ 2 + **1** + 1 = **4**
Verb · third · singular · aorist · passive · indicative ▸ 2 + **1** + 1 = **4** (1Chr. 22,18; 2Mac. 13,23; Dan. 6,14; Rom. 8,20)

ὑπετάγημεν ▸ 1
Verb · first · plural · aorist · passive · indicative ▸ **1** (3Mac. 2,13)

ὑπετάγησαν ▸ 3 + **1** = **4**
Verb · third · plural · aorist · passive · indicative ▸ 3 + **1** = **4** (1Chr. 29,24; Psa. 59,10; Psa. 107,10; Rom. 10,3)

ὑπέταξας ▸ 1 + **1** = **2**
Verb · second · singular · aorist · active · indicative ▸ 1 + **1** = **2** (Psa. 8,7; Heb. 2,8)

ὑπέταξεν ▸ 2 + **3** = **5**

Verb · third · singular · aorist · active · indicative ▸ 2 + 3 = **5** (Psa. 46,4; Wis. 18,22; 1Cor. 15,27; Eph. 1,22; Heb. 2,5)

ὑποτάγηθι ▸ 2
Verb · second · singular · aorist · passive · imperative ▸ **2** (Psa. 36,7; Psa. 61,6)

ὑποταγέντων ▸ 1
Verb · aorist · passive · participle · masculine · plural · genitive ▸ **1** (1Pet. 3,22)

ὑποταγῇ ▸ 1
Verb · third · singular · aorist · passive · subjunctive ▸ **1** (1Cor. 15,28)

ὑποταγήσεται ▸ 2 + 1 = 3
Verb · third · singular · future · passive · indicative ▸ 2 + 1 = **3** (Psa. 61,2; Dan. 11,37; 1Cor. 15,28)

ὑποταγήσεταί ▸ 1
Verb · third · singular · future · passive · indicative ▸ **1** (Wis. 8,14)

ὑποταγησόμεθα ▸ 1
Verb · first · plural · future · passive · indicative ▸ **1** (Heb. 12,9)

ὑποταγήσονται ▸ 1
Verb · third · plural · future · passive · indicative ▸ **1** (Dan. 7,27)

ὑποτάγητε ▸ 2
Verb · second · plural · aorist · passive · imperative ▸ **2** (James 4,7; 1Pet. 5,5)

Ὑποτάγητε ▸ 1
Verb · second · plural · aorist · passive · imperative ▸ **1** (1Pet. 2,13)

ὑποτάξαι ▸ 2
Verb · aorist · active · infinitive ▸ **2** (Phil. 3,21; Heb. 2,8)

ὑποτάξαντα ▸ 1
Verb · aorist · active · participle · masculine · singular · accusative ▸ **1** (Rom. 8,20)

ὑποτάξαντι ▸ 1
Verb · aorist · active · participle · masculine · singular · dative ▸ **1** (1Cor. 15,28)

ὑποτάξαντος ▸ 1
Verb · aorist · active · participle · masculine · singular · genitive ▸ **1** (1Cor. 15,27)

ὑποτάξας ▸ 3
Verb · aorist · active · participle · masculine · singular · nominative ▸ **3** (2Mac. 8,9; 2Mac. 8,22; Psa. 17,48)

ὑποτάξατε ▸ 1
Verb · second · plural · aorist · active · imperative ▸ **1** (Hag. 2,18)

ὑποτάξει ▸ 1
Verb · third · singular · future · active · indicative ▸ **1** (Dan. 11,39)

ὑποτάσσεσθαι ▸ 1 + 3 = 4
Verb · present · passive · infinitive ▸ 1 + 3 = **4** (2Mac. 9,12; Rom. 13,5; Titus 2,9; Titus 3,1)

ὑποτάσσεσθε ▸ 1
Verb · second · plural · present · passive · imperative · (variant) ▸ **1** (Col. 3,18)

ὑποτασσέσθω ▸ 1
Verb · third · singular · present · passive · imperative · (variant) ▸ **1** (Rom. 13,1)

ὑποτασσέσθωσαν ▸ 1
Verb · third · plural · present · passive · imperative · (variant) ▸ **1** (1Cor. 14,34)

ὑποτάσσεται ▸ 5
Verb · third · singular · present · passive · indicative · (variant) ▸ **5** (Luke 10,17; Luke 10,20; Rom. 8,7; 1Cor. 14,32; Eph. 5,24)

ὑποτάσσησθε ▸ 1
Verb · second · plural · present · passive · subjunctive · (variant) ▸ **1** (1Cor. 16,16)

ὑποτασσόμεναι ▸ 2
Verb · present · passive · participle · feminine · plural · nominative · (variant) ▸ **2** (1Pet. 3,1; 1Pet. 3,5)

ὑποτασσομένας ▸ 1
Verb · present · passive · participle · feminine · plural · accusative · (variant) ▸ **1** (Titus 2,5)

ὑποτασσόμενοι ▸ 1
Verb · present · passive · participle · masculine · plural · nominative · (variant) ▸ **1** (1Pet. 2,18)

Ὑποτασσόμενοι ▸ 1
Verb · present · passive · participle · masculine · plural · nominative · (variant) ▸ **1** (Eph. 5,21)

ὑποτασσόμενος ▸ 1
Verb · present · passive · participle · masculine · singular · nominative · (variant) ▸ **1** (Luke 2,51)

ὑποτάσσων ▸ 2
Verb · present · active · participle · masculine · singular · nominative ▸ **2** (2Mac. 4,12; Psa. 143,2)

ὑποτεταγμένα ▸ 1
Verb · perfect · passive · participle · neuter · plural · accusative · (variant) ▸ **1** (Heb. 2,8)

ὑποτεταγμένοις ▸ 1
Verb · perfect · passive · participle · masculine · plural · dative ▸ **1** (Esth. 13,1 # 3,13a)

ὑποτεταγμένους ▸ 2
Verb · perfect · passive · participle · masculine · plural · accusative ▸ **2** (Esth. 16,3 # 8,12c; 3Mac. 1,7)

ὑποτεταγμένων ▸ 3
Verb · perfect · passive · participle · masculine · plural · genitive ▸ **3** (1Kings 10,15; 2Chr. 9,14; Esth. 13,2 # 3,13b)

ὑποτέτακται ▸ 1
Verb · third · singular · perfect · passive · indicative · (variant) ▸ **1** (1Cor. 15,27)

ὑποτίθημι (ὑπό; τίθημι) to put under; to risk; to point out ▸ 13 + 2 = **15**

ὑπέθεντο ▸ 1
Verb · third · singular · aorist · middle · indicative ▸ **1** (Jer. 43,25)

ὑπέθηκαν ▸ 1 + 1 = 2
Verb · third · plural · aorist · active · indicative ▸ 1 + 1 = **2** (Ex. 17,12; Rom. 16,4)

ὑπέθηκεν ▸ 5
Verb · third · singular · aorist · active · indicative ▸ **5** (Gen. 28,18; Gen. 49,15; Ex. 40,20; 1Mac. 6,46; 2Mac. 14,41)

ὑποθεμένου ▸ 1
Verb · aorist · middle · participle · masculine · singular · genitive ▸ **1** (2Mac. 6,8)

ὑπόθες ▸ 2
Verb · second · singular · aorist · active · imperative ▸ **2** (Gen. 47,29; Sir. 6,25)

ὑπόθετε ▸ 1
Verb · second · plural · aorist · active · imperative ▸ **1** (Sir. 51,26)

ὑποθήσεις ▸ 2
Verb · second · singular · future · active · indicative ▸ **2** (Ex. 26,12; Ex. 27,5)

ὑποτιθέμενος ▸ 1
Verb · present · middle · participle · masculine · singular · nominative ▸ **1** (1Tim. 4,6)

ὑποτίτθιος (ὑπό; τιτθός) under the breast ▸ 1
    ὑποτίτθια ▸ 1
        Noun · neuter · plural · nominative · (common) ▸ 1 (Hos. 14,1)

ὑποτρέχω (ὑπό; τρέχω) to run under shelter of ▸ 1
    ὑποδραμόντες ▸ 1
        Verb · aorist · active · participle · masculine · plural · nominative ▸ 1 (Acts 27,16)

ὑποτύπωσις (ὑπό; τύπος) pattern ▸ 2
    ὑποτύπωσιν ▸ 1
        Noun · feminine · singular · accusative ▸ 1 (1Tim. 1,16)
    Ὑποτύπωσιν ▸ 1
        Noun · feminine · singular · accusative ▸ 1 (2Tim. 1,13)

ὑπουργός (ὑπό; ἔργον) helpful, helper ▸ 1
    ὑπουργῷ ▸ 1
        Adjective · masculine · singular · dative · noDegree ▸ 1 (Josh. 1,1)

ὑποφαίνω (ὑπό; φαίνω) to start shining ▸ 2
    ὑποφαινούσης ▸ 2
        Verb · present · active · participle · feminine · singular · genitive ▸ 2 (2Mac. 10,35; 2Mac. 13,17)

ὑπόφαυσις (ὑπό; φαίνω) small light opening ▸ 1
    ὑποφαύσεις ▸ 1
        Noun · feminine · plural · nominative · (common) ▸ 1 (Ezek. 41,16)

ὑποφέρω (ὑπό; φέρω) to endure ▸ 20 + 3 = 23
    ὑπενέγκαντες ▸ 1
        Verb · aorist · active · participle · masculine · plural · nominative ▸ 1 (2Mac. 7,36)
    ὑπενεγκεῖν ▸ 4 + 1 = 5
        Verb · aorist · active · infinitive ▸ 4 + 1 = 5 (1Kings 8,64; Sir. 22,15; Amos 7,10; Sus. 57; 1Cor. 10,13)
    ὑπήνεγκα ▸ 2 + 1 = 3
        Verb · first · singular · aorist · active · indicative ▸ 2 + 1 = 3 (Psa. 54,13; Psa. 68,8; 2Tim. 3,11)
    ὑπήνεγκας ▸ 1
        Verb · second · singular · aorist · active · indicative ▸ 1 (4Mac. 17,3)
    ὑπήνεγκεν ▸ 2
        Verb · third · singular · aorist · active · indicative ▸ 2 (3Mac. 5,33; 4Mac. 14,12)
    ὑποίσει ▸ 3
        Verb · third · singular · future · active · indicative ▸ 3 (Prov. 18,14; Job 4,2; Job 15,35)
    ὑποίσομεν ▸ 2
        Verb · first · plural · future · active · indicative ▸ 2 (2Mac. 2,27; Job 2,10)
    ὑποίσω ▸ 2
        Verb · first · singular · future · active · indicative ▸ 2 (Job 31,23; Mic. 7,9)
    ὑποφέρει ▸ 2 + 1 = 3
        Verb · third · singular · present · active · indicative ▸ 2 + 1 = 3 (Prov. 6,33; Prov. 14,17; 1Pet. 2,19)
    ὑποφέρω ▸ 1
        Verb · first · singular · present · active · indicative ▸ 1 (2Mac. 6,30)

ὑπόφρικος (ὑπό; φρίσσω) shuddering ▸ 1
    ὑπόφρικον ▸ 1
        Adjective · neuter · singular · accusative · noDegree ▸ 1 (3Mac. 6,20)

ὑποχείριος (ὑπό; χείρ) subjected; submissive ▸ 16
    ὑποχείριοι ▸ 2
        Adjective · masculine · plural · nominative · noDegree ▸ 2 (Josh. 9,25; Jer. 49,18)
    ὑποχειρίοις ▸ 1
        Adjective · masculine · plural · dative · noDegree ▸ 1 (Wis. 14,15)
    ὑποχείριον ▸ 5
        Adjective · feminine · singular · accusative · noDegree ▸ 2 (2Mac. 12,28; 3Mac. 6,5)
        Adjective · masculine · singular · accusative · noDegree ▸ 3 (Num. 21,2; Num. 21,3; Josh. 10,12)
    ὑποχείριόν ▸ 1
        Adjective · feminine · singular · accusative · noDegree ▸ 1 (Josh. 6,2)
    ὑποχείριος ▸ 1
        Adjective · masculine · singular · nominative · noDegree ▸ 1 (2Mac. 14,42)
    ὑποχειρίους ▸ 6
        Adjective · masculine · plural · accusative · noDegree ▸ 6 (Gen. 14,20; Josh. 11,8; 2Mac. 13,11; Wis. 12,9; Is. 58,3; Bar. 2,4)

ὑποχόνδριον (ὑπό; χόνδρος) belly ▸ 1
    ὑποχόνδρια ▸ 1
        Noun · neuter · plural · accusative · (common) ▸ 1 (1Sam. 31,3)

ὑπόχρεως (ὑπό; χράομαι) in debt; debtor ▸ 2
    ὑπόχρεῳ ▸ 1
        Adjective · masculine · singular · dative · noDegree ▸ 1 (Is. 50,1)
    ὑπόχρεως ▸ 1
        Adjective · masculine · singular · nominative · noDegree ▸ 1 (1Sam. 22,2)

ὑποχυτήρ (ὑπό; χέω) small pitcher ▸ 1
    ὑποχυτῆρας ▸ 1
        Noun · masculine · plural · accusative · (common) ▸ 1 (Jer. 52,19)

ὑποχωρέω (ὑπό; χωρέω) to withdraw ▸ 1 + 1 + 2 = 4
    ὑπεχώρησεν ▸ 1
        Verb · third · singular · aorist · active · indicative ▸ 1 (Luke 9,10)
    ὑποχωρῆσαι ▸ 1
        Verb · aorist · active · infinitive ▸ 1 (Judg. 20,37)
    ὑποχωρῶν ▸ 1 + 1 = 2
        Verb · present · active · participle · masculine · singular · nominative ▸ 1 + 1 = 2 (Sir. 13,9; Luke 5,16)

ὑπωπιάζω (ὑπό; ὁράω) to wear out, treat severely ▸ 2
    ὑπωπιάζῃ ▸ 1
        Verb · third · singular · present · active · subjunctive ▸ 1 (Luke 18,5)
    ὑπωπιάζω ▸ 1
        Verb · first · singular · present · active · indicative ▸ 1 (1Cor. 9,27)

ὑποψία (ὑπό; ὁράω) suspicion ▸ 1
    ὑποψίᾳ ▸ 1
        Noun · feminine · singular · dative · (common) ▸ 1 (2Mac. 4,34)

ὑπτιάζω (ὕπτιος) to stretch out ▸ 1
    ὑπτιάζεις ▸ 1
        Verb · second · singular · present · active · indicative ▸ 1 (Job 11,13)

ὕπτιος smoothly flowing ▸ 1
    ὕπτια ▸ 1
        Adjective · neuter · plural · accusative · noDegree ▸ 1 (Job 14,19)

ὑπώπιον (ὑπό; ὁράω) face bruise ▸ 1
    ὑπώπια ▸ 1
        Noun · neuter · plural · nominative · (common) ▸ 1 (Prov. 20,30)

Ὑρκανός Hyrcanus ▸ 1
    Ὑρκανοῦ ▸ 1
        Noun · masculine · singular · genitive · (proper) ▸ 1 (2Mac. 3,11)

ὗς pig; wild pig ▸ 6 + 1 = 7
- **ὗες** ▸ 2
  - **Noun** · feminine · plural · nominative · (common) ▸ 2 (1Kings 20,19; 1Kings 22,38)
- **ὗν** ▸ 2
  - **Noun** · masculine · singular · accusative · (common) ▸ 2 (Lev. 11,7; Deut. 14,8)
- **ὑός** ▸ 1
  - **Noun** · masculine · singular · genitive · (common) ▸ 1 (Prov. 11,22)
- **ὗς** ▸ 1 + 1 = 2
  - **Noun** · feminine · singular · nominative · (common) ▸ 1 + 1 = 2 (2Sam. 17,8; 2Pet. 2,22)

ὕσσωπος hyssop ▸ 10 + 2 = 12
- **ὕσσωπον** ▸ 6
  - **Noun** · masculine · singular · accusative · (common) ▸ 6 (Lev. 14,4; Lev. 14,6; Lev. 14,49; Lev. 14,51; Num. 19,6; Num. 19,18)
- **ὑσσώπου** ▸ 2 + 1 = 3
  - **Noun** · feminine · singular · genitive · (common) ▸ 1 + 1 = 2 (1Kings 5,13; Heb. 9,19)
  - **Noun** · masculine · singular · genitive · (common) ▸ 1 (Ex. 12,22)
- **ὑσσώπῳ** ▸ 2 + 1 = 3
  - **Noun** · masculine · singular · dative · (common) ▸ 2 + 1 = 3 (Lev. 14,52; Psa. 50,9; John 19,29)

ὑστερέω (ὕστερος) to lack; be late; postpone ▸ 19 + 1 + 16 = 36
- **ὑστέρει** ▸ 1
  - **Verb** · second · singular · present · active · imperative ▸ 1 (Sir. 7,34)
- **ὑστερεῖ** ▸ 1
  - **Verb** · third · singular · present · active · indicative ▸ 1 (Mark 10,21)
- **ὑστερεῖσθαι** ▸ 1 + 3 = 4
  - **Verb** · present · middle · infinitive ▸ 1 (Sir. 51,24)
  - **Verb** · present · passive · infinitive · (variant) ▸ 3 (Luke 15,14; 1Cor. 1,7; Phil. 4,12)
- **ὑστερεῖται** ▸ 1
  - **Verb** · third · singular · present · middle · indicative ▸ 1 (Sir. 11,11)
- **ὑστερηθείς** ▸ 1
  - **Verb** · aorist · passive · participle · masculine · singular · nominative ▸ 1 (2Cor. 11,9)
- **ὑστερηκέναι** ▸ 2
  - **Verb** · perfect · active · infinitive ▸ 2 (2Cor. 11,5; Heb. 4,1)
- **ὑστέρησα** ▸ 1
  - **Verb** · first · singular · aorist · active · indicative ▸ 1 (2Cor. 12,11)
- **ὑστέρησαν** ▸ 1
  - **Verb** · third · plural · aorist · active · indicative ▸ 1 (Neh. 9,21)
- **ὑστερήσαντος** ▸ 1
  - **Verb** · aorist · active · participle · masculine · singular · genitive ▸ 1 (John 2,3)
- **ὑστερήσατε** ▸ 1
  - **Verb** · second · plural · aorist · active · indicative ▸ 1 (Luke 22,35)
- **ὑστερησάτω** ▸ 1
  - **Verb** · third · singular · aorist · active · imperative ▸ 1 (Eccl. 9,8)
- **ὑστερήσει** ▸ 5
  - **Verb** · third · singular · future · active · indicative ▸ 5 (Psa. 22,1; Eccl. 10,3; Job 36,17; Sol. 18,2; Dan. 4,33)
- **ὑστερήσῃ** ▸ 2
  - **Verb** · third · singular · aorist · active · subjunctive ▸ 2 (Num. 9,13; Hab. 2,3)
- **ὑστερήσῃς** ▸ 1
  - **Verb** · second · singular · aorist · active · subjunctive ▸ 1 (Sir. 13,4)
- **ὑστερήσωμεν** ▸ 1
  - **Verb** · first · plural · aorist · active · subjunctive ▸ 1 (Num. 9,7)
- **ὑστερούμεθα** ▸ 1
  - **Verb** · first · plural · present · passive · indicative · (variant) ▸ 1 (1Cor. 8,8)
- **ὑστερούμενοι** ▸ 1
  - **Verb** · present · passive · participle · masculine · plural · nominative · (variant) ▸ 1 (Heb. 11,37)
- **ὑστερούμενος** ▸ 1
  - **Verb** · present · middle · participle · masculine · singular · nominative ▸ 1 (Song 7,3)
- **ὑστερουμένῳ** ▸ 1
  - **Verb** · present · passive · participle · neuter · singular · dative · (variant) ▸ 1 (1Cor. 12,24)
- **ὑστεροῦνται** ▸ 1
  - **Verb** · third · plural · present · middle · indicative ▸ 1 (Rom. 3,23)
- **ὑστεροῦσα** ▸ 1
  - **Verb** · present · active · participle · feminine · singular · nominative ▸ 1 (Dan. 5,27)
- **ὑστερῶ** ▸ 1 + 1 = 2
  - **Verb** · first · singular · present · active · indicative ▸ 1 + 1 = 2 (Psa. 38,5; Matt. 19,20)
- **ὑστερῶν** ▸ 3 + 1 = 4
  - **Verb** · present · active · participle · masculine · singular · nominative ▸ 3 + 1 = 4 (Eccl. 6,2; Sir. 11,12; Sir. 26,28; Heb. 12,15)

ὑστέρημα (ὕστερος) what is lacking ▸ 6 + 3 + 9 = 18
- **ὑστέρημα** ▸ 5 + 2 + 4 = 11
  - **Noun** · neuter · singular · accusative ▸ 4 (1Cor. 16,17; 2Cor. 8,14; 2Cor. 8,14; Phil. 2,30)
  - **Noun** · neuter · singular · nominative · (common) ▸ 5 + 2 = 7 (Judg. 18,10; Judg. 19,19; Ezra 6,9; Psa. 33,10; Eccl. 1,15; Judg. 18,10; Judg. 19,19)
- **ὑστερήμά** ▸ 1 + 1 + 1 = 3
  - **Noun** · neuter · singular · accusative ▸ 1 (2Cor. 11,9)
  - **Noun** · neuter · singular · nominative · (common) ▸ 1 + 1 = 2 (Judg. 19,20; Judg. 19,20)
- **ὑστερήματα** ▸ 3
  - **Noun** · neuter · plural · accusative ▸ 3 (2Cor. 9,12; Col. 1,24; 1Th. 3,10)
- **ὑστερήματος** ▸ 1
  - **Noun** · neuter · singular · genitive ▸ 1 (Luke 21,4)

ὑστέρησις (ὕστερος) need, want ▸ 2
- **ὑστερήσεως** ▸ 1
  - **Noun** · feminine · singular · genitive ▸ 1 (Mark 12,44)
- **ὑστέρησιν** ▸ 1
  - **Noun** · feminine · singular · accusative ▸ 1 (Phil. 4,11)

ὑστεροβουλία (ὕστερος; βούλομαι) remorse; hindsight ▸ 1
- **ὑστεροβουλίαν** ▸ 1
  - **Noun** · feminine · singular · accusative · (common) ▸ 1 (Prov. 31,3)

ὕστερος afterwards, last, later ▸ 20 + 12 = 32
- **ὑστάτην** ▸ 1
  - **Adjective** · feminine · singular · accusative · superlative ▸ 1 (3Mac. 5,49)
- **ὕστεροι** ▸ 1

ὕστερος–ὑφίστημι

> **Adjective** · masculine · plural · nominative · comparative ▸ **1** (1Chr. 29,29)

ὑστέροις ▸ **1**
> **Adjective** · masculine · plural · dative ▸ **1** (1Tim. 4,1)

ὕστερον ▸ **16** + **10** = **26**
> **Adverb** · (comparative) ▸ **14** + **10** = **24** (2Mac. 5,20; 2Mac. 6,15; 3Mac. 1,3; 3Mac. 2,24; 4Mac. 12,7; Prov. 5,4; Prov. 23,31; Prov. 24,32; Sir. 27,23; Jer. 27,17; Jer. 36,2; Jer. 38,19; Jer. 38,19; Jer. 47,1; Matt. 4,2; Matt. 21,29; Matt. 21,32; Matt. 21,37; Matt. 22,27; Matt. 25,11; Matt. 26,60; Luke 20,32; John 13,36; Heb. 12,11)
> **Adjective** · neuter · singular · accusative · noDegree ▸ **2** (Sir. 1,23; Sol. 2,28)

Ὕστερον ▸ **1**
> **Adverb** · (comparative) ▸ **1** (Mark 16,14)

ὑστέρου ▸ **1**
> **Adjective** · neuter · singular · genitive · comparative ▸ **1** (LetterJ 71)

ὑστέρῳ ▸ **1**
> **Adjective** · neuter · singular · dative · noDegree ▸ **1** (Wis. 19,11)

ὑφαίνω to weave ▸ **12** + **2** = **14**

ὑφαίνειν ▸ **1**
> **Verb** · present · active · infinitive ▸ **1** (2Chr. 2,13)

ὕφαινον ▸ **1**
> **Verb** · third · plural · imperfect · active · indicative ▸ **1** (2Kings 23,7)

ὑφαινόντων ▸ **4**
> **Verb** · present · active · participle · masculine · plural · genitive ▸ **4** (1Sam. 17,7; 2Sam. 21,19; 1Chr. 11,23; 1Chr. 20,5)

ὑφαίνουσιν ▸ **1**
> **Verb** · third · plural · present · active · indicative ▸ **1** (Is. 59,5)

ὑφᾶναι ▸ **2**
> **Verb** · aorist · active · infinitive ▸ **2** (Ex. 35,35; Ex. 37,21)

ὕφανεν ▸ **1** + **1** = **2**
> **Verb** · third · singular · aorist · active · indicative ▸ **1** + **1** = **2** (2Chr. 3,14; Judg. 16,14)

ὑφάνῃς ▸ **1** + **1** = **2**
> **Verb** · second · singular · aorist · active · subjunctive ▸ **1** + **1** = **2** (Judg. 16,13; Judg. 16,13)

ὑφασμένον ▸ **1**
> **Verb** · perfect · passive · participle · neuter · singular · accusative ▸ **1** (Lev. 19,19)

ὑφαιρέω (ὑπό; αἱρέω) to take away from; to assume ▸ **4**

ὑφαιρούμενοι ▸ **1**
> **Verb** · present · middle · participle · masculine · plural · nominative ▸ **1** (LetterJ 9)

ὑφείλατο ▸ **2**
> **Verb** · third · singular · aorist · middle · indicative ▸ **2** (Job 21,18; Job 27,20)

ὑφεῖλον ▸ **1**
> **Verb** · first · singular · aorist · active · indicative ▸ **1** (Eccl. 2,10)

ὑφάντης (ὑφαίνω) weaver ▸ **4**

ὑφάντου ▸ **4**
> **Noun** · masculine · singular · genitive · (common) ▸ **4** (Ex. 26,1; Ex. 28,32; Ex. 37,3; Ex. 37,5)

ὑφαντός (ὑφαίνω) woven ▸ **9** + **1** = **10**

ὑφαντά ▸ **2**
> **Adjective** · neuter · plural · accusative · noDegree ▸ **2** (Ex. 35,35; Ex. 37,21)

ὑφαντόν ▸ **1**
> **Adjective** · neuter · singular · accusative · noDegree ▸ **1** (Ex. 36,10)

ὑφαντὸν ▸ **6**
> **Adjective** · neuter · singular · accusative · noDegree ▸ **6** (Ex. 26,31; Ex. 28,6; Ex. 36,12; Ex. 36,15; Ex. 36,29; Ex. 36,34)

ὑφαντὸς ▸ **1**
> **Adjective** · masculine · singular · nominative · (verbal) ▸ **1** (John 19,23)

ὑφάπτω (ὑπό; ἅπτω) to set fire to ▸ **3**

ὑφάπτειν ▸ **1**
> **Verb** · present · active · infinitive ▸ **1** (2Mac. 14,41)

ὑφῆψαν ▸ **1**
> **Verb** · third · plural · aorist · active · indicative ▸ **1** (2Mac. 8,33)

ὑφῆψεν ▸ **1**
> **Verb** · third · singular · aorist · active · indicative ▸ **1** (2Mac. 12,9)

ὕφασμα (ὑφαίνω) woven cloth ▸ **6** + **1** = **7**

ὕφασμα ▸ **4**
> **Noun** · neuter · singular · accusative · (common) ▸ **2** (Ex. 28,17; Ex. 36,28)
> **Noun** · neuter · singular · nominative · (common) ▸ **2** (Ex. 28,8; Ex. 36,17)

ὑφάσματι ▸ **1**
> **Noun** · neuter · singular · dative · (common) ▸ **1** (Judg. 16,14)

ὑφάσματος ▸ **1** + **1** = **2**
> **Noun** · neuter · singular · genitive · (common) ▸ **1** + **1** = **2** (Job 38,36; Judg. 16,14)

ὑφίστημι (ὑπό; ἵστημι) to set up; to stand still, withstand ▸ **26** + **1** = **27**

ὑπέστη ▸ **1**
> **Verb** · third · singular · aorist · active · indicative ▸ **1** (Num. 22,26)

ὑπέστησαν ▸ **1**
> **Verb** · third · plural · aorist · active · indicative ▸ **1** (1Sam. 30,10)

ὑποστῇ ▸ **3**
> **Verb** · third · singular · aorist · active · subjunctive ▸ **3** (Hos. 13,13; Amos 2,15; Mic. 5,6)

ὑποστῆναι ▸ **6**
> **Verb** · aorist · active · infinitive ▸ **6** (Josh. 7,12; 1Mac. 3,53; 1Mac. 5,40; 1Mac. 5,44; 1Mac. 7,25; 1Mac. 10,73)

ὑποστήσεται ▸ **6**
> **Verb** · third · singular · future · middle · indicative ▸ **6** (Psa. 129,3; Psa. 147,6; Sir. 43,3; Nah. 1,6; Mal. 3,2; Ezek. 22,14)

ὑποστήσομαι ▸ **1**
> **Verb** · first · singular · future · middle · indicative ▸ **1** (Zech. 9,8)

ὑποστήσονται ▸ **2**
> **Verb** · third · plural · future · middle · indicative ▸ **2** (Judith 6,3; Judith 7,4)

ὑπόστητε ▸ **1**
> **Verb** · second · plural · aorist · active · imperative ▸ **1** (Judg. 9,15)

ὑποστῶσιν ▸ **1**
> **Verb** · third · plural · aorist · active · subjunctive ▸ **1** (Psa. 139,11)

ὑφίστασο ▸ **1**
> **Verb** · second · singular · present · middle · imperative ▸ **1** (Prov. 25,6)

ὑφίσταται ▸ **3**
> **Verb** · third · singular · present · middle · indicative ▸ **3** (Prov. 13,8; Prov. 21,29; Prov. 27,4)

ὑφίστατο ▸ **1**
> **Verb** · third · singular · imperfect · middle · indicative ▸ **1** (2Sam. 2,23)

ὑφοράω (ὑπό; ὁράω) to suspect ▸ 2
  ὑφορώμενοι ▸ 1
    Verb · present · middle · participle · masculine · plural · nominative ▸ **1** (3Mac. 3,23)
  ὑφορώμενος ▸ 1
    Verb · present · middle · participle · masculine · singular · nominative ▸ **1** (2Mac. 7,24)
ὑψαυχενέω (ὕψος; αὐχήν) to show off ▸ 2
  ὑψαυχενοῦντες ▸ 1
    Verb · present · active · participle · masculine · plural · nominative ▸ **1** (3Mac. 3,19)
  ὑψαυχενῶν ▸ 1
    Verb · present · active · participle · masculine · singular · nominative ▸ **1** (2Mac. 15,6)
ὑψηλοκάρδιος (ὕψος; καρδία) arrogant, proud ▸ 1
  ὑψηλοκάρδιος ▸ 1
    Adjective · masculine · singular · nominative · noDegree ▸ **1** (Prov. 16,5)
ὑψηλός (ὕψος) high, proud ▸ 214 + 3 + 11 = 228
  ὑψηλά ▸ 10 + 1 = 11
    Adjective · neuter · plural · accusative · noDegree ▸ **9** (Gen. 7,19; Gen. 7,20; 1Sam. 2,3; 1Kings 13,33; 2Kings 21,3; 2Kings 23,8; 2Chr. 33,3; Ode. 3,3; Prov. 10,21)
    Adjective · neuter · plural · nominative · noDegree ▸ **1 + 1 = 2** (Deut. 3,5; Dan. 8,3)
  ὑψηλά ▸ 36 + 2 = 38
    Adjective · neuter · plural · accusative · noDegree ▸ **30 + 2 = 32** (1Kings 14,23; 1Kings 15,14; 2Kings 14,4; 2Kings 15,35; 2Kings 17,9; 2Kings 18,4; 2Kings 18,22; 2Chr. 14,2; 2Chr. 15,17; 2Chr. 17,6; 2Chr. 21,11; 2Chr. 28,25; 2Chr. 31,1; 2Chr. 32,12; 2Chr. 33,19; 2Chr. 34,4; 2Chr. 34,7; 1Mac. 4,60; 1Mac. 6,40; Psa. 17,34; Psa. 137,6; Ode. 4,19; Job 5,7; Job 22,12; Job 35,5; Sol. 11,4; Hab. 3,19; Is. 12,5; Is. 14,13; Jer. 19,5; Rom. 11,20; Rom. 12,16)
    Adjective · neuter · plural · nominative · noDegree ▸ **6** (Deut. 28,52; 2Chr. 20,33; Judith 7,4; Psa. 103,18; Ezek. 6,3; Ezek. 6,6)
  ὑψηλαί ▸ 1
    Adjective · feminine · plural · nominative · noDegree ▸ **1** (Jer. 28,58)
  ὑψηλάς ▸ 1
    Adjective · feminine · plural · accusative · noDegree ▸ **1** (Zeph. 1,16)
  ὑψηλάς ▸ 3
    Adjective · feminine · plural · accusative · noDegree ▸ **3** (Neh. 9,25; Judith 2,24; Judith 3,6)
  ὑψηλή ▸ 7
    Adjective · feminine · singular · nominative · noDegree ▸ **7** (Ode. 2,27; Prov. 18,19; Is. 5,25; Is. 9,11; Is. 9,16; Is. 9,20; Is. 10,4)
  ὑψηλή ▸ 2
    Adjective · feminine · singular · nominative · noDegree ▸ **2** (Deut. 32,27; Is. 14,26)
  ὑψηλῇ ▸ 3
    Adjective · feminine · singular · dative · noDegree ▸ **3** (Ex. 14,8; Num. 33,3; Is. 9,8)
  ὑψηλήν ▸ 1
    Adjective · feminine · singular · accusative · noDegree ▸ **1** (Gen. 12,6)
  ὑψηλήν ▸ 4
    Adjective · feminine · singular · accusative · noDegree ▸ **4** (Gen. 22,2; 2Chr. 1,3; 2Chr. 27,3; Is. 14,27)
  ὑψηλῆς ▸ 2
    Adjective · feminine · singular · genitive · noDegree ▸ **2** (Deut. 11,30; Ezek. 9,2)
  ὑψηλοί ▸ 7
    Adjective · masculine · plural · nominative · noDegree ▸ **7** (Judith 16,6; Eccl. 5,7; Is. 10,33; Is. 10,33; Is. 10,34; Is. 24,4; Is. 45,14)
  ὑψηλοί ▸ 1
    Adjective · masculine · plural · nominative · noDegree ▸ **1** (Is. 2,11)
  ὑψηλοῖς ▸ 21 + 1 = 22
    Adjective · masculine · plural · dative · noDegree ▸ **2 + 1 = 3** (1Mac. 13,33; Is. 10,34; Heb. 1,3)
    Adjective · neuter · plural · dative · noDegree ▸ **19** (1Kings 3,2; 1Kings 3,3; 1Kings 16,28b; 1Kings 22,44; 2Kings 12,4; 2Kings 14,4; 2Kings 15,4; 2Kings 15,35; 2Kings 16,4; 2Kings 17,11; 2Kings 23,5; 1Mac. 6,7; 1Mac. 9,50; Psa. 92,4; Psa. 112,5; Sir. 24,4; Is. 26,5; Is. 33,5; Is. 57,15)
  ὑψηλόν ▸ 4 + 2 = 6
    Adjective · masculine · singular · accusative · noDegree ▸ **2** (Deut. 3,24; Deut. 7,19)
    Adjective · neuter · singular · accusative · noDegree ▸ **2 + 2 = 4** (2Kings 23,15; Ezek. 17,22; Rev. 21,10; Rev. 21,12)
  ὑψηλόν ▸ 26 + 1 + 4 = 31
    Adjective · masculine · singular · accusative · noDegree ▸ **14** (Deut. 11,2; 1Kings 14,23; 2Chr. 6,32; Psa. 88,28; Prov. 17,16a; Eccl. 7,8; Is. 2,12; Is. 2,14; Is. 2,15; Jer. 2,20; Lam. 3,41; Ezek. 6,13; Ezek. 20,28; Ezek. 34,6)
    Adjective · neuter · singular · accusative · noDegree ▸ **10 + 3 = 13** (1Kings 11,5; 2Kings 23,15; Job 41,26; Is. 2,15; Is. 40,9; Is. 57,7; Jer. 3,6; Bar. 5,7; Ezek. 17,24; Ezek. 21,31; Matt. 4,8; Matt. 17,1; Mark 9,2)
    Adjective · neuter · singular · nominative · noDegree ▸ **2 + 1 + 1 = 4** (Sir. 50,2; Dan. 4,10; Dan. 8,3; Luke 16,15)
  ὑψηλός ▸ 6
    Adjective · masculine · singular · nominative · noDegree ▸ **6** (1Kings 9,8; 2Chr. 7,21; Psa. 98,2; Ode. 5,11; Prov. 25,3; Is. 26,11)
  ὑψηλός ▸ 8
    Adjective · masculine · singular · nominative · noDegree ▸ **8** (1Sam. 9,2; 1Esdr. 4,34; Psa. 112,4; Psa. 137,6; Eccl. 5,7; Job 11,8; Bar. 3,25; Ezek. 31,3)
  ὑψηλοτάτῃ ▸ 1
    Adjective · feminine · singular · nominative · superlative ▸ **1** (1Kings 3,4)
  ὑψηλότερον ▸ 2 + 1 = 3
    Adjective · neuter · singular · nominative · comparative ▸ **2 + 1 = 3** (Dan. 8,3; Dan. 8,3; Dan. 8,3)
  ὑψηλότερος ▸ 1
    Adjective · masculine · singular · nominative · comparative ▸ **1** (Heb. 7,26)
  ὑψηλοῦ ▸ 14 + 1 = 15
    Adjective · masculine · singular · genitive · noDegree ▸ **5 + 1 = 6** (4Mac. 5,1; Eccl. 5,7; Is. 6,1; Jer. 30,10; Bar. 5,5; Acts 13,17)
    Adjective · neuter · singular · genitive · noDegree ▸ **9** (Judith 5,1; Prov. 9,3; Sol. 11,2; Is. 28,4; Is. 30,25; Is. 32,15; Jer. 32,30; Ezek. 20,40; Ezek. 40,2)
  ὑψηλούς ▸ 3
    Adjective · masculine · plural · accusative · noDegree ▸ **3** (1Kings 13,32; 4Mac. 6,6; Prov. 30,13)
  ὑψηλῷ ▸ 25
    Adjective · masculine · singular · dative · noDegree ▸ **21** (Ex.

ὑψηλός–ὑψόω

6,1; Ex. 6,6; Ex. 32,11; Deut. 4,34; Deut. 5,15; Deut. 6,21; Deut. 7,8; Deut. 9,26; Deut. 9,29; Deut. 26,8; 2Kings 17,10; 2Kings 17,36; Psa. 135,12; Is. 3,16; Jer. 34,5; Jer. 39,17; Jer. 39,21; Bar. 2,11; Ezek. 20,33; Ezek. 20,34; Dan. 9,15)

    Adjective · neuter · singular · dative · noDegree ▸ **4** (Is. 14,13; Is. 22,16; Is. 33,16; Ezek. 34,14)

- ὑψηλῶν ▸ **26**

    Adjective · feminine · plural · genitive · noDegree ▸ **1** (Is. 2,13)

    Adjective · neuter · plural · genitive · noDegree ▸ **25** (Deut. 12,2; 1Kings 12,31; 1Kings 12,32; 1Kings 13,2; 1Kings 13,33; 1Kings 16,28b; 1Kings 22,44; 2Kings 12,4; 2Kings 15,4; 2Kings 17,29; 2Kings 17,32; 2Kings 17,32; 2Kings 17,32; 2Kings 23,9; 2Kings 23,19; 2Kings 23,20; 2Chr. 11,15; 2Chr. 28,4; 2Chr. 33,17; 2Chr. 34,3; Judith 4,5; 2Mac. 8,30; Prov. 8,2; Sol. 17,19; Hos. 5,8)

ὑψηλοφρονέω (ὕψος; φρήν) to be arrogant ▸ **1**

- ὑψηλοφρονεῖν ▸ **1**

    Verb · present · active · infinitive ▸ **1** (1Tim. 6,17)

ὕψιστος (ὕψος) highest; most high; Most High ▸ **124** + **15** + **13** = **152**

- ὕψιστε ▸ **3**

    Adjective · masculine · singular · vocative · superlative ▸ **3** (3Mac. 6,2; Psa. 9,3; Psa. 91,2)

- ὑψίστοις ▸ **6** + **4** = **10**

    Adjective · neuter · plural · dative · superlative ▸ **6** + **4** = **10** (Psa. 148,1; Ode. 14,1; Job 16,19; Sir. 26,16; Sir. 43,9; Sol. 18,10; Matt. 21,9; Mark 11,10; Luke 2,14; Luke 19,38)

- ὕψιστον ▸ **12** + **1** = **13**

    Adjective · masculine · singular · accusative · superlative ▸ **12** + **1** = **13** (Gen. 14,22; 2Mac. 3,31; 3Mac. 7,9; Psa. 56,3; Psa. 77,17; Psa. 77,56; Psa. 90,9; Sir. 17,26; Sir. 46,5; Sir. 47,5; Dan. 2,19; Dan. 7,25; Dan. 7,25)

- ὕψιστος ▸ **23** + **7** + **1** = **31**

    Adjective · masculine · singular · nominative · superlative ▸ **23** + **7** + **1** = **31** (Gen. 14,20; Deut. 32,8; 2Sam. 22,14; 1Esdr. 2,2; Tob. 1,13; Psa. 17,14; Psa. 45,5; Psa. 46,3; Psa. 77,35; Psa. 82,19; Psa. 86,5; Psa. 91,9; Psa. 96,9; Ode. 2,8; Ode. 12,7; Sir. 12,6; Sir. 23,18; Sir. 34,19; Sir. 35,18; Sir. 42,18; Is. 57,15; Is. 57,15; Dan. 4,24; Tob. 1,25; Dan. 4,2; Dan. 4,17; Dan. 4,25; Dan. 4,32; Dan. 5,18; Dan. 5,21; Acts 7,48)

- ὑψίστου ▸ **57** + **6** + **8** = **71**

    Adjective · masculine · singular · genitive · superlative ▸ **57** + **6** + **8** = **71** (Gen. 14,18; Num. 24,16; 1Esdr. 8,19; Esth. 16,16 # 8,12q; Tob. 1,4; Tob. 4,11; Psa. 7,18; Psa. 12,6; Psa. 20,8; Psa. 76,11; Psa. 81,6; Psa. 90,1; Psa. 106,11; Ode. 9,76; Job 31,28; Wis. 6,3; Sir. 4,10; Sir. 7,15; Sir. 9,15; Sir. 12,2; Sir. 19,17; Sir. 23,23; Sir. 24,2; Sir. 24,3; Sir. 24,23; Sir. 28,7; Sir. 29,11; Sir. 33,15; Sir. 34,6; Sir. 35,5; Sir. 37,15; Sir. 38,2; Sir. 39,1; Sir. 39,5; Sir. 41,4; Sir. 41,8; Sir. 42,2; Sir. 43,2; Sir. 43,12; Sir. 44,20; Sir. 48,5; Sir. 49,4; Sir. 50,7; Sir. 50,14; Sir. 50,16; Sir. 50,19; Sir. 50,21; Mic. 6,6; Lam. 3,35; Lam. 3,38; Dan. 2,18; Dan. 3,93; Dan. 4,14; Dan. 7,18; Dan. 7,22; Dan. 7,25; Dan. 7,27; Dan. 3,93; Dan. 4,24; Dan. 7,18; Dan. 7,22; Dan. 7,25; Dan. 7,27; Mark 5,7; Luke 1,32; Luke 1,35; Luke 1,76; Luke 6,35; Luke 8,28; Acts 16,17; Heb. 7,1)

- ὑψίστῳ ▸ **20** + **1** = **21**

    Adjective · masculine · singular · dative · superlative ▸ **20** + **1** = **21** (Gen. 14,19; 1Esdr. 6,30; 1Esdr. 8,21; 1Esdr. 9,46; Judith 13,18; Psa. 49,14; Psa. 72,11; Job 25,2; Wis. 5,15; Sir. 7,9; Sir. 17,27; Sir. 35,9; Sir. 47,8; Sir. 50,15; Sir. 50,17; Is. 14,14; Dan. 4,34; Dan. 4,37; Dan. 4,37a; Dan. 5,0; Dan. 4,34)

- ὑψίστων ▸ **3**

    Adjective · neuter · plural · genitive · superlative ▸ **3** (Psa. 70,19; Job 31,2; Wis. 9,17)

ὕψος height ▸ **122** + **5** + **6** = **133**

- ὕψει ▸ **7** + **1** = **8**

    Noun · neuter · singular · dative · (common) ▸ **7** + **1** = **8** (Ode. 11,10; Job 39,18; Sir. 43,8; Is. 38,10; Ezek. 31,2; Ezek. 31,7; Ezek. 31,14; James 1,9)

- ὕψεσι ▸ **2**

    Noun · masculine · plural · dative · (common) ▸ **1** (Eccl. 10,6)

    Noun · neuter · plural · dative · (common) ▸ **1** (Judith 7,10)

- ὑψέων ▸ **1**

    Noun · neuter · plural · genitive · (common) ▸ **1** (Song 7,9)

- ὕψη ▸ **8** + **1** = **9**

    Noun · neuter · plural · accusative · (common) ▸ **7** + **1** = **8** (Judg. 5,18; 2Sam. 1,19; 2Sam. 1,25; 2Sam. 22,34; 2Mac. 9,8; Amos 4,13; Mic. 1,3; Judg. 5,18)

    Noun · neuter · plural · nominative · (common) ▸ **1** (Psa. 94,4)

- ὕψος ▸ **90** + **4** + **3** = **97**

    Noun · neuter · singular · accusative · (common) ▸ **54** + **1** = **55** (Ex. 25,10; Ex. 25,23; Ex. 27,16; 1Kings 6,2; 2Kings 19,22; 2Kings 19,23; 1Chr. 14,2; 1Chr. 15,16; 1Chr. 23,17; 1Chr. 29,3; 2Chr. 1,1; 2Chr. 3,4; 2Chr. 3,15; 2Chr. 4,1; 2Chr. 4,2; 2Chr. 17,12; 2Chr. 20,19; Ezra 6,3; Judith 1,2; Judith 1,4; Judith 13,20; Judith 16,7; 1Mac. 12,36; Psa. 7,8; Psa. 11,9; Psa. 67,19; Psa. 72,8; Psa. 74,6; Psa. 102,11; Ode. 4,10; Ode. 11,14; Ode. 12,9; Job 5,11; Job 40,10; Sir. 1,3; Sir. 27,25; Sir. 46,9; Sir. 51,19; Amos 5,7; Hab. 2,9; Hab. 3,10; Is. 7,11; Is. 10,12; Is. 25,12; Is. 35,2; Is. 37,23; Is. 37,24; Is. 37,24; Is. 37,24; Is. 38,14; Is. 40,26; Jer. 28,53; Jer. 37,18; Ezek. 41,8; Eph. 4,8)

    Noun · neuter · singular · nominative · (common) ▸ **36** + **4** + **2** = **42** (Gen. 6,15; Ex. 27,1; Ex. 27,14; Ex. 27,15; Ex. 27,18; Ex. 30,2; Ex. 37,16; 1Sam. 17,4; 1Kings 6,10; 1Kings 6,20; 1Kings 6,26; 1Kings 7,3; 1Kings 7,4; 1Kings 7,4; 1Kings 7,10; 1Kings 7,14; 1Kings 7,18; 1Kings 7,39; 2Kings 25,17; 2Kings 25,17; 2Chr. 6,13; 1Esdr. 6,24; 1Mac. 1,40; Sir. 50,2; Amos 2,9; Amos 2,9; Is. 2,11; Is. 2,17; Jer. 6,2; Jer. 52,21; Ezek. 1,18; Ezek. 40,5; Ezek. 40,42; Ezek. 41,22; Ezek. 43,13; Dan. 3,1; Dan. 3,1; Dan. 4,10; Dan. 4,11; Dan. 4,20; Eph. 3,18; Rev. 21,16)

- ὕψους ▸ **14** + **2** = **16**

    Noun · neuter · singular · genitive · (common) ▸ **14** + **2** = **16** (2Sam. 22,17; 2Chr. 32,26; 1Mac. 10,24; Psa. 17,17; Psa. 55,3; Psa. 101,20; Psa. 143,7; Ode. 9,78; Eccl. 12,5; Sir. 16,17; Sir. 17,32; Sir. 43,1; Sol. 17,6; Lam. 1,13; Luke 1,78; Luke 24,49)

ὑψόω (ὕψος) to lift up; to exalt ▸ **192** + **8** + **20** = **220**

- ὑψοῖ ▸ **2**

    Verb · third · singular · present · active · indicative ▸ **2** (Psa. 74,8; Prov. 14,34)

- ὕψου ▸ **1**

    Verb · third · singular · imperfect · active · indicative ▸ **1** (Dan. 5,19)

- ὑψουμένη ▸ **1**

    Verb · present · passive · participle · feminine · singular · nominative ▸ **1** (Sir. 50,10)

- ὑψοῦν ▸ **1**

    Verb · present · active · infinitive ▸ **1** (Tob. 12,6)

- ὑψοῦντα ▸ **1**

    Verb · present · active · participle · masculine · singular · accusative ▸ **1** (Sir. 50,22)

- ὑψοῦνται ▸ **1**

    Verb · third · plural · present · passive · indicative ▸ **1** (Prov. 18,10)

- ὑψοῦντες ▸ **1**

    Verb · present · active · participle · masculine · plural · nominative ▸ **1** (Sir. 43,30)

ὑψούσθωσαν ▸ 1
    Verb · third · plural · present · middle · imperative ▸ **1** (Psa. 65,7)
ὑψοῦται ▸ 2
    Verb · third · singular · present · middle · indicative ▸ **2** (Prov. 18,12; Job 39,27)
ὑψοῦτε ▸ 5 + **1** = **6**
    Verb · second · plural · present · active · imperative ▸ **5 + 1 = 6** (Judith 16,1; Tob. 13,4; Psa. 74,5; Psa. 98,5; Psa. 98,9; Tob. 13,4)
ὑψῶ ▸ 1
    Verb · first · singular · present · active · indicative ▸ **1** (Tob. 13,9)
ὑψωθείς ▸ 1
    Verb · aorist · passive · participle · masculine · singular · nominative ▸ **1** (Psa. 87,16)
ὑψωθείς ▸ 1
    Verb · aorist · passive · participle · masculine · singular · nominative ▸ **1** (Acts 2,33)
ὑψώθη ▸ 31 + **1** = **32**
    Verb · third · singular · aorist · passive · indicative ▸ **31 + 1 = 32** (Gen. 7,17; Gen. 7,20; Gen. 7,24; Gen. 19,13; Gen. 24,35; Gen. 26,13; 1Sam. 2,1; 1Sam. 10,23; 2Chr. 17,6; 2Chr. 26,16; 2Chr. 32,25; 1Mac. 1,3; 1Mac. 11,16; 1Mac. 16,13; Psa. 106,25; Psa. 130,1; Psa. 148,13; Ode. 3,1; Mic. 6,12; Is. 12,4; Is. 12,6; Is. 52,8; Jer. 31,29; Ezek. 19,11; Ezek. 28,2; Ezek. 28,5; Ezek. 28,17; Ezek. 31,5; Dan. 4,22; Dan. 8,4; Dan. 8,10; Dan. 5,20)
ὑψωθῇ ▸ 3
    Verb · third · singular · aorist · passive · subjunctive ▸ **3** (Deut. 17,20; Jer. 38,35; Ezek. 29,15)
ὑψωθῆναι ▸ 2 + **2** = **4**
    Verb · aorist · passive · infinitive ▸ **2 + 2 = 4** (Psa. 36,20; Ezek. 31,10; John 3,14; John 12,34)
ὑψωθῆς ▸ 1 + **1** = **2**
    Verb · second · singular · aorist · passive · indicative ▸ **1 + 1 = 2** (Dan. 4,22; Dan. 5,23)
ὑψωθῇς ▸ 1
    Verb · second · singular · aorist · passive · subjunctive ▸ **1** (Deut. 8,14)
ὑψώθησαν ▸ 7
    Verb · third · plural · aorist · passive · indicative ▸ **7** (Esth. 11,11 # 1,1k; Judith 9,7; 1Mac. 8,13; Sol. 1,5; Hos. 13,6; Is. 3,16; Is. 19,13)
ὑψωθήσεται ▸ 24 + **2** + **3** = **29**
    Verb · third · singular · future · passive · indicative ▸ **24 + 2 + 3 = 29** (Gen. 48,19; Num. 24,7; 2Sam. 22,47; Psa. 12,3; Psa. 63,8; Psa. 74,11; Psa. 88,18; Psa. 88,25; Psa. 91,11; Psa. 111,9; Job 8,11; Mic. 5,8; Is. 2,2; Is. 2,11; Is. 2,17; Is. 5,16; Is. 10,15; Is. 30,18; Is. 52,13; Dan. 8,25; Dan. 11,12; Dan. 11,36; Dan. 11,37; Dan. 12,1; Dan. 11,12; Dan. 11,36; Matt. 23,12; Luke 14,11; Luke 18,14)
ὑψωθήσῃ ▸ 2
    Verb · second · singular · future · passive · indicative ▸ **2** (Matt. 11,23; Luke 10,15)
ὑψωθήσομαι ▸ 4
    Verb · first · singular · future · passive · indicative ▸ **4** (Psa. 45,11; Psa. 45,11; Is. 33,10; Is. 40,25)
Ὑψωθήσομαι ▸ 1
    Verb · first · singular · future · passive · indicative ▸ **1** (Psa. 107,8)
ὑψωθήσονται ▸ 2
    Verb · third · plural · future · passive · indicative ▸ **2** (Psa. 88,17; Job 36,7)
ὑψωθῆτε ▸ 1
    Verb · second · plural · aorist · passive · subjunctive ▸ **1** (2Cor. 11,7)
ὑψώθητι ▸ 6
    Verb · second · singular · aorist · passive · imperative ▸ **6** (Psa. 7,7; Psa. 20,14; Psa. 56,6; Psa. 56,12; Psa. 93,2; Psa. 107,6)
Ὑψώθητι ▸ 1
    Verb · second · singular · aorist · passive · imperative ▸ **1** (Hab. 2,19)
ὑψωθήτω ▸ 4
    Verb · third · singular · aorist · passive · imperative ▸ **4** (Num. 14,17; Psa. 9,33; Psa. 17,47; Psa. 88,14)
ὑψωθῶ ▸ 1
    Verb · first · singular · aorist · passive · subjunctive ▸ **1** (John 12,32)
ὑψωθῶσιν ▸ 2
    Verb · third · plural · aorist · passive · subjunctive ▸ **2** (Psa. 139,9; Ezek. 31,14)
ὑψωμένος ▸ 1
    Verb · present · passive · participle · masculine · singular · nominative ▸ **1** (Jer. 17,12)
ὑψῶν ▸ 4 + **2** = **6**
    Verb · present · active · participle · masculine · singular · nominative ▸ **4 + 2 = 6** (Psa. 3,4; Psa. 9,14; Obad. 3; Ezek. 17,24; Luke 14,11; Luke 18,14)
ὕψωσα ▸ 7
    Verb · first · singular · aorist · active · indicative ▸ **7** (Gen. 39,15; Gen. 39,18; Psa. 65,17; Psa. 88,20; Psa. 130,2; Is. 1,2; Is. 23,4)
ὕψωσά ▸ 1
    Verb · first · singular · aorist · active · indicative ▸ **1** (1Kings 16,2)
ὑψῶσαι ▸ 8
    Verb · aorist · active · infinitive ▸ **8** (1Chr. 25,5; Ezra 3,12; Ezra 9,6; Ezra 9,9; 1Mac. 12,36; 1Mac. 14,35; Is. 4,2; Ezek. 21,27)
ὑψῶσαί ▸ 1
    Verb · aorist · active · infinitive ▸ **1** (Josh. 3,7)
ὕψωσαν ▸ 4
    Verb · third · plural · aorist · active · indicative ▸ **4** (Num. 32,35; 2Chr. 5,13; Judith 16,11; Prov. 3,35)
ὕψωσας ▸ 5
    Verb · second · singular · aorist · active · indicative ▸ **5** (2Kings 19,22; Psa. 88,43; Is. 37,23; Is. 51,18; Ezek. 21,31)
Ὕψωσάς ▸ 2
    Verb · second · singular · aorist · active · indicative ▸ **2** (1Chr. 17,17; Psa. 60,3)
ὑψώσατε ▸ 5 + **1** = **6**
    Verb · second · plural · aorist · active · imperative ▸ **5 + 1 = 6** (Tob. 13,7; Sir. 43,30; Is. 13,2; Is. 28,29; Is. 40,9; Tob. 13,7)
ὑψωσάτωσαν ▸ 1
    Verb · third · plural · aorist · active · imperative ▸ **1** (Psa. 106,32)
ὕψωσε ▸ 1
    Verb · third · singular · aorist · active · indicative ▸ **1** (Dan. 12,7)
ὑψώσει ▸ 10 + **2** = **12**
    Verb · third · singular · future · active · indicative ▸ **10 + 2 = 12** (1Sam. 2,10; Tob. 14,7; Psa. 36,34; Psa. 109,7; Psa. 148,14; Psa. 149,4; Ode. 3,10; Prov. 4,8; Job 39,18; Sir. 15,5; Matt. 23,12; James 4,10)
ὑψώσεις ▸ 2
    Verb · second · singular · future · active · indicative ▸ **2** (2Sam. 22,49; Psa. 17,49)
ὕψωσεν ▸ 20 + **1** + **4** = **25**
    Verb · third · singular · aorist · active · indicative ▸ **20 + 1 + 4 = 25** (1Sam. 9,24; 2Kings 2,13; 2Kings 25,27; 2Chr. 33,14; Ezra

8,25; Ezra 10,1; Esth. 2,18; Esth. 3,1; Tob. 13,18; 1Mac. 11,26; 1Mac. 13,27; 1Mac. 14,37; Psa. 26,6; Ode. 9,52; Job 19,6; Sir. 45,6; Is. 63,9; Jer. 30,10; Lam. 2,17; Ezek. 31,4; Dan. 12,7; Luke 1,52; John 3,14; Acts 5,31; Acts 13,17)

ὕψωσέν ▸ 2
   Verb · third · singular · aorist · active · indicative ▸ 2 (Psa. 26,5; Psa. 117,16)

ὑψώσῃ ▸ 1 + 1 = 2
   Verb · third · singular · aorist · active · subjunctive ▸ 1 + 1 = 2 (Hos. 11,7; 1Pet. 5,6)

ὑψώσῃς ▸ 1
   Verb · second · singular · aorist · active · subjunctive ▸ 1 (Job 17,4)

ὑψώσητε ▸ 1
   Verb · second · plural · aorist · active · subjunctive ▸ 1 (John 8,28)

ὕψωσον ▸ 2
   Verb · second · singular · aorist · active · imperative ▸ 2 (Is. 40,9; Is. 58,1)

Ὕψωσον ▸ 1
   Verb · second · singular · aorist · active · imperative ▸ 1 (2Kings 6,7)

ὑψώσουσιν ▸ 1
   Verb · third · plural · future · active · indicative ▸ 1 (Neh. 9,5)

ὑψώσω ▸ 3
   Verb · first · singular · future · active · indicative ▸ 3 (Ex. 15,2; Psa. 117,28; Ode. 1,2)

Ὑψώσω ▸ 2
   Verb · first · singular · future · active · indicative ▸ 2 (Psa. 29,2; Psa. 144,1)

ὑψώσωμεν ▸ 1
   Verb · first · plural · aorist · active · subjunctive ▸ 1 (Psa. 33,4)

ὕψωμα (ὕψος) height; exaltation ▸ 4 + 2 = 6
   ὕψωμα ▸ 4 + 2 = 6
     Noun · neuter · singular · accusative · (common) ▸ 2 + 1 = 3 (Judith 10,8; Judith 13,4; 2Cor. 10,5)
     Noun · neuter · singular · nominative · (common) ▸ 2 + 1 = 3 (Judith 15,9; Job 24,24; Rom. 8,39)

ὕψωσις (ὕψος) exaltation ▸ 1
   ὑψώσεις ▸ 1
     Noun · feminine · plural · nominative · (common) ▸ 1 (Psa. 149,6)

ὕω to send rain ▸ 2
   ὕω ▸ 2
     Verb · first · singular · present · active · indicative ▸ 2 (Ex. 9,18; Ex. 16,4)

Φ, φ

Φααθμωαβ Pahath-moab ▸ 8
  Φααθμωαβ ▸ 8
    Noun · masculine · singular · genitive · (proper) ▸ 7 (1Esdr. 5,11; 1Esdr. 8,31; Ezra 2,6; Ezra 8,4; Ezra 10,30; Neh. 3,11; Neh. 7,11)
    Noun · masculine · singular · nominative · (proper) ▸ 1 (Neh. 10,15)

Φαγαιηλ Pagiel ▸ 5
  Φαγαιηλ ▸ 5
    Noun · masculine · singular · genitive · (proper) ▸ 1 (Num. 7,77)
    Noun · masculine · singular · nominative · (proper) ▸ 4 (Num. 1,13; Num. 2,27; Num. 7,72; Num. 10,26)

Φαγγαι Japhia (?) ▸ 1
  Φαγγαι ▸ 1
    Noun · singular · accusative · (proper) ▸ 1 (Josh. 19,12)

φάγος glutton ▸ 2
  φάγος ▸ 2
    Noun · masculine · singular · nominative ▸ 2 (Matt. 11,19; Luke 7,34)

Φαγωρ Pagor (?) ▸ 1 + 1 = 2
  Φαγωρ ▸ 1 + 1 = 2
    Noun · singular · nominative · (proper) ▸ 1 + 1 = 2 (Josh. 15,59a; Josh. 15,59a)

Φαδαηλ Pedahel ▸ 1
  Φαδαηλ ▸ 1
    Noun · masculine · singular · nominative · (proper) ▸ 1 (Num. 34,28)

Φαδαια Pedaiah ▸ 4
  Φαδαια ▸ 4
    Noun · masculine · singular · genitive · (proper) ▸ 3 (1Chr. 27,20; Neh. 11,7; Neh. 13,13)
    Noun · masculine · singular · nominative · (proper) ▸ 1 (Neh. 3,25)

Φαδαιας Pedaiah ▸ 3
  Φαδαιας ▸ 2
    Noun · masculine · singular · nominative · (proper) ▸ 2 (1Chr. 3,18; Neh. 8,4)
  Φαδαιου ▸ 1
    Noun · masculine · singular · genitive · (proper) ▸ 1 (1Esdr. 5,29)

Φαδαιος Pedaiah ▸ 1
  Φαδαιος ▸ 1
    Noun · masculine · singular · nominative · (proper) ▸ 1 (1Esdr. 9,44)

Φαδασσουρ Pedahzur ▸ 5
  Φαδασσουρ ▸ 5
    Noun · masculine · singular · genitive · (proper) ▸ 5 (Num. 1,10; Num. 2,20; Num. 7,54; Num. 7,59; Num. 10,23)

Φαδουρα Peruda ▸ 1
  Φαδουρα ▸ 1
    Noun · masculine · singular · genitive · (proper) ▸ 1 (Ezra 2,55)

Φαδων Padon ▸ 2
  Φαδων ▸ 2
    Noun · masculine · singular · genitive · (proper) ▸ 2 (Ezra 2,44; Neh. 7,47)

φαζ (Hebr.) refined gold ▸ 1
  φαζ ▸ 1
    Noun ▸ 1 (Song 5,11)

Φαθαια Pethahiah ▸ 1
  Φαθαια ▸ 1
    Noun · masculine · singular · nominative · (proper) ▸ 1 (Ezra 10,23)

Φαθουρα Pethor ▸ 1
  Φαθουρα ▸ 1
    Noun · masculine · singular · (proper) ▸ 1 (Num. 22,5)

φαιδρός (φάω) bright, beaming, cheerful; sparkling ▸ 1
  φαιδροί ▸ 1
    Adjective · masculine · plural · nominative · noDegree ▸ 1 (4Mac. 13,13)

Φαιθων Pithon ▸ 1
  Φαιθων ▸ 1
    Noun · masculine · singular · nominative · (proper) ▸ 1 (1Chr. 9,41)

φαιλόνης heavy cloak ▸ 1
  φαιλόνην ▸ 1
    Noun · masculine · singular · accusative ▸ 1 (2Tim. 4,13)

φαίνω to appear, shine; cause to shine ▸ 65 + 1 + 31 = 97
  ἐφαίνετο ▸ 2
    Verb · third · singular · imperfect · middle · indicative ▸ 2 (Gen. 30,37; 2Mac. 3,25)
  ἔφαινον ▸ 1
    Verb · third · plural · imperfect · active · indicative ▸ 1 (1Mac. 4,50)
  ἐφαίνοντο ▸ 1
    Verb · third · plural · imperfect · middle · indicative ▸ 1 (3Mac. 3,4)
  ἔφαναν ▸ 2
    Verb · third · plural · aorist · active · indicative ▸ 2

(Psa. 76,19; Psa. 96,4)

ἐφάνη ▸ 13 + 5 = 18
  Verb · third · singular · aorist · passive · indicative ▸ 13 + 5 = **18** (Gen. 21,11; Gen. 35,22; Gen. 38,10; Num. 23,4; 1Sam. 18,8; 2Sam. 11,27; 1Chr. 21,7; Neh. 4,1; Neh. 13,8; 1Mac. 11,12; 2Mac. 1,33; 2Mac. 11,8; Dan. 1,15; Matt. 1,20; Matt. 9,33; Matt. 13,26; Mark 16,9; Luke 9,8)

ἐφάνησαν ▸ 2 + 1 = 3
  Verb · third · plural · aorist · passive · indicative ▸ 2 + 1 = **3** (2Mac. 3,33; 2Mac. 10,29; Luke 24,11)

ἐφάνητε ▸ 1
  Verb · second · plural · aorist · passive · indicative ▸ **1** (2Mac. 7,22)

φαίνει ▸ 3
  Verb · third · singular · present · active · indicative ▸ **3** (John 1,5; 1John 2,8; Rev. 1,16)

φαίνειν ▸ 2
  Verb · present · active · infinitive ▸ **2** (Gen. 1,15; Gen. 1,17)

φαίνεσθαι ▸ 3
  Verb · present · middle · infinitive ▸ **3** (2Mac. 5,2; 2Mac. 12,9; 2Mac. 12,16)

φαίνεσθαί ▸ 1
  Verb · present · middle · infinitive ▸ **1** (4Mac. 7,20)

φαίνεσθε ▸ 2
  Verb · second · plural · present · middle · indicative ▸ **1** (Phil. 2,15)
  Verb · second · plural · present · passive · indicative · (variant) ▸ **1** (Matt. 23,28)

Φαίνεται ▸ 1
  Verb · third · singular · present · passive · indicative ▸ **1** (1Kings 22,32)

φαίνεται ▸ 9 + 4 = 13
  Verb · third · singular · present · middle · indicative ▸ **2** (Matt. 2,13; Matt. 2,19)
  Verb · third · singular · present · passive · indicative ▸ 9 + 2 = **11** (1Sam. 20,26; 4Mac. 1,3; 4Mac. 1,32; 4Mac. 2,4; 4Mac. 2,15; 4Mac. 3,1; Prov. 21,2; Prov. 26,16; Prov. 27,7; Matt. 24,27; Mark 14,64)

φαίνηται ▸ 2
  Verb · third · singular · present · middle · subjunctive ▸ **2** (3Mac. 2,30; Prov. 26,5)

φαίνηταί ▸ 1
  Verb · third · singular · present · middle · subjunctive ▸ **1** (1Esdr. 2,16)

φαινομένη ▸ 1
  Verb · present · passive · participle · feminine · singular · nominative · (variant) ▸ **1** (James 4,14)

φαινομένου ▸ 1
  Verb · present · middle · participle · masculine · singular · genitive ▸ **1** (Matt. 2,7)

φαινομένων ▸ 1
  Verb · present · middle · participle · neuter · plural · genitive ▸ **1** (Heb. 11,3)

φαίνοντα ▸ 1
  Verb · present · active · participle · neuter · plural · nominative ▸ **1** (Ezek. 32,8)

φαίνονται ▸ 1
  Verb · third · plural · present · passive · indicative · (variant) ▸ **1** (Matt. 23,27)

φαίνοντι ▸ 1
  Verb · present · active · participle · masculine · singular · dative ▸ **1** (2Pet. 1,19)

φαίνων ▸ 1
  Verb · present · active · participle · masculine · singular · nominative ▸ **1** (John 5,35)

φαίνωσιν ▸ 1
  Verb · third · plural · present · active · subjunctive ▸ **1** (Rev. 21,23)

φανείσης ▸ 1
  Verb · aorist · passive · participle · feminine · singular · genitive ▸ **1** (2Mac. 14,20)

φανεῖσθε ▸ 1
  Verb · second · plural · future · middle · indicative ▸ **1** (Gen. 42,15)

φανεῖται ▸ 3 + 1 = 4
  Verb · third · singular · future · middle · indicative ▸ 3 + 1 = **4** (Num. 23,3; Prov. 11,31; Prov. 23,5; 1Pet. 4,18)

φανῇ ▸ 4 + 1 + 1 = 6
  Verb · third · singular · aorist · passive · subjunctive ▸ 4 + 1 + 1 = **6** (1Esdr. 3,5; Ezra 7,20; Sol. 2,17; Dan. 1,13; Tob. 6,17; Rom. 7,13)

φάνη ▸ 1 + 2 = 3
  Verb · third · singular · aorist · active · subjunctive ▸ 1 + 2 = **3** (Ezek. 32,7; Rev. 8,12; Rev. 18,23)

φανῆναι ▸ 1
  Verb · aorist · passive · infinitive ▸ **1** (2Mac. 12,36)

φανῇς ▸ 1
  Verb · second · singular · aorist · passive · subjunctive ▸ **1** (Matt. 6,18)

φανήσεται ▸ 4 + 1 = 5
  Verb · third · singular · future · passive · indicative ▸ 4 + 1 = **5** (3Mac. 3,29; Is. 32,2; Is. 60,2; Sus. 12; Matt. 24,30)

φανήσομαι ▸ 1
  Verb · first · singular · future · passive · indicative ▸ **1** (2Mac. 6,27)

φανήσονται ▸ 1
  Verb · third · plural · future · passive · indicative ▸ **1** (Is. 47,3)

φανήτω ▸ 1
  Verb · third · singular · aorist · passive · imperative ▸ **1** (Gen. 45,5)

φάνοιεν ▸ 1
  Verb · third · plural · aorist · active · optative ▸ **1** (4Mac. 4,23)

φανοῦμαι ▸ 1
  Verb · first · singular · future · middle · indicative ▸ **1** (Wis. 8,15)

φανοῦνται ▸ 1
  Verb · third · plural · future · middle · indicative ▸ **1** (Prov. 24,25)

φανοῦσιν ▸ 2
  Verb · third · plural · future · active · indicative ▸ **2** (Ex. 25,37; Dan. 12,3)

φανῶμεν ▸ 1
  Verb · first · plural · aorist · passive · subjunctive ▸ **1** (2Cor. 13,7)

φανῶσιν ▸ 2
  Verb · third · plural · aorist · passive · subjunctive ▸ **2** (Matt. 6,5; Matt. 6,16)

φαιός (φάω) gray ▸ 3
  φαιὸν ▸ 3
    Adjective · neuter · singular · accusative · noDegree ▸ **1** (Gen. 30,32)
    Adjective · neuter · singular · nominative · noDegree ▸ **2** (Gen. 30,33; Gen. 30,35)

Φαισουρ Pashhur ▸ 1
  Φαισουρ ▸ 1
    Noun · masculine · singular · genitive · (proper) ▸ **1** (1Esdr. 9,22)

Φακαρεθ-σαβιη Pakereth-hazzebaim ▸ 1
- Φακαρεθ-σαβιη ▸ 1
  - **Noun** · masculine · singular · genitive · (proper) ▸ 1 (1Esdr. 5,34)

Φακεε Pekah ▸ 11
- Φακεε ▸ 11
  - **Noun** · masculine · singular · accusative · (proper) ▸ 2 (2Kings 15,30; 2Kings 15,37)
  - **Noun** · masculine · singular · genitive · (proper) ▸ 4 (2Kings 15,29; 2Kings 15,31; 2Kings 15,32; 2Kings 16,1)
  - **Noun** · masculine · singular · nominative · (proper) ▸ 5 (2Kings 15,25; 2Kings 15,27; 2Kings 16,5; 2Chr. 28,6; Is. 7,1)

Φακεϊας Pekahiah ▸ 3
- Φακεϊας ▸ 2
  - **Noun** · masculine · singular · nominative · (proper) ▸ 2 (2Kings 15,22; 2Kings 15,23)
- Φακεϊου ▸ 1
  - **Noun** · masculine · singular · genitive · (proper) ▸ 1 (2Kings 15,26)

φακός lentil ▸ 10
- φακὸν ▸ 7
  - **Noun** · masculine · singular · accusative · (common) ▸ 7 (1Sam. 10,1; 1Sam. 26,11; 1Sam. 26,12; 2Sam. 17,28; 2Kings 9,1; 2Kings 9,3; Ezek. 4,9)
- φακὸς ▸ 1
  - **Noun** · masculine · singular · nominative · (common) ▸ 1 (1Sam. 26,16)
- φακοῦ ▸ 2
  - **Noun** · masculine · singular · genitive · (common) ▸ 2 (Gen. 25,34; 2Sam. 23,11)

Φακουα Aphekah ▸ 1
- Φακουα ▸ 1
  - **Noun** · singular · nominative · (proper) ▸ 1 (Josh. 15,53)

Φακουδ Pekod ▸ 1
- Φακουδ ▸ 1
  - **Noun** · singular · accusative · (proper) ▸ 1 (Ezek. 23,23)

φάλαγξ phalanx, battle formation ▸ 5
- φάλαγγα ▸ 1
  - **Noun** · feminine · singular · accusative · (common) ▸ 1 (1Mac. 10,82)
- φάλαγγας ▸ 1
  - **Noun** · feminine · plural · accusative · (common) ▸ 1 (1Mac. 6,35)
- φάλαγγος ▸ 1
  - **Noun** · feminine · singular · genitive · (common) ▸ 1 (1Mac. 6,45)
- φάλαγξ ▸ 1
  - **Noun** · feminine · singular · nominative · (common) ▸ 1 (1Mac. 9,12)
- φάλαγξιν ▸ 1
  - **Noun** · feminine · plural · dative · (common) ▸ 1 (1Mac. 6,38)

Φαλαϊ Pilha ▸ 1
- Φαλαϊ ▸ 1
  - **Noun** · masculine · singular · nominative · (proper) ▸ 1 (Neh. 10,25)

Φαλαια Pelaiah ▸ 1
- Φαλαια ▸ 1
  - **Noun** · masculine · singular · nominative · (proper) ▸ 1 (1Chr. 3,24)

φαλακρός (φάω; ἀκή) bald ▸ 3
- φαλακρὰ ▸ 1
  - **Adjective** · feminine · singular · nominative · noDegree ▸ 1 (Ezek. 29,18)
- φαλακρέ ▸ 1
  - **Adjective** · masculine · singular · vocative · noDegree ▸ 1 (2Kings 2,23)
- φαλακρός ▸ 1
  - **Adjective** · masculine · singular · nominative · noDegree ▸ 1 (Lev. 13,40)

φαλάκρωμα (φάω; ἀκή) baldness ▸ 10
- φαλάκρωμα ▸ 7
  - **Noun** · neuter · singular · accusative · (common) ▸ 4 (Lev. 21,5; Deut. 14,1; Amos 8,10; Is. 3,24)
  - **Noun** · neuter · singular · nominative · (common) ▸ 3 (Is. 15,2; Jer. 29,5; Ezek. 7,18)
- φαλακρώματι ▸ 3
  - **Noun** · neuter · singular · dative · (common) ▸ 3 (Lev. 13,42; Lev. 13,42; Lev. 13,43)

Φαλαλ Palal ▸ 1
- Φαλαλ ▸ 1
  - **Noun** · masculine · singular · genitive · (proper) ▸ 1 (Neh. 3,25)

Φάλαρις Phalaris ▸ 2
- Φαλάριδος ▸ 1
  - **Noun** · feminine · singular · genitive · (proper) ▸ 1 (3Mac. 5,20)
- Φάλαρις ▸ 1
  - **Noun** · masculine · singular · nominative · (proper) ▸ 1 (3Mac. 5,42)

Φαλδας Pildash ▸ 1
- Φαλδας ▸ 1
  - **Noun** · masculine · singular · accusative · (proper) ▸ 1 (Gen. 22,22)

Φαλεθ Peleth ▸ 2
- Φαλεθ ▸ 2
  - **Noun** · masculine · singular · genitive · (proper) ▸ 1 (Num. 16,1)
  - **Noun** · masculine · singular · nominative · (proper) ▸ 1 (1Chr. 2,33)

Φαλεκ Peleg ▸ 6
- Φαλεκ ▸ 6
  - **Noun** · masculine · singular · accusative · (proper) ▸ 2 (Gen. 11,16; Gen. 11,17)
  - **Noun** · masculine · singular · nominative · (proper) ▸ 4 (Gen. 10,25; Gen. 11,18; Gen. 11,19; 1Chr. 1,25)

Φάλεκ Peleg ▸ 1
- Φάλεκ ▸ 1
  - **Noun** · masculine · singular · genitive · (proper) ▸ 1 (Luke 3,35)

Φαλετ Pelet ▸ 1
- Φαλετ ▸ 1
  - **Noun** · masculine · singular · nominative · (proper) ▸ 1 (1Chr. 2,47)

Φαλεττια Pelatiah ▸ 1
- Φαλεττια ▸ 1
  - **Noun** · masculine · singular · nominative · (proper) ▸ 1 (1Chr. 4,42)

Φαλιας Pelaiah ▸ 1
- Φαλιας ▸ 1
  - **Noun** · masculine · singular · nominative · (proper) ▸ 1 (1Esdr. 9,48)

Φαλλετια Pelatiah ▸ 1
- Φαλλετια ▸ 1
  - **Noun** · masculine · singular · nominative · (proper) ▸ 1 (1Chr. 3,21)

Φαλλου Pallu ▸ 2
- Φαλλου ▸ 2
  - **Noun** · masculine · singular · dative · (proper) ▸ 1 (Num. 26,5)
  - **Noun** · masculine · singular · genitive · (proper) ▸ 1 (Num. 26,8)

Φαλλουι Palluite ▸ 1
   Φαλλουι ▸ 1
      Noun · masculine · singular · genitive · (proper) ▸ **1** (Num. 26,5)

Φαλλους Pallu; Pelonite ▸ 4
   Φαλλους ▸ 4
      Noun · masculine · singular · genitive · (proper) ▸ **1** (1Chr. 27,10)
      Noun · masculine · singular · nominative · (proper) ▸ **3** (Gen. 46,9; Ex. 6,14; 1Chr. 5,3)

Φαλτι Palti; Paltiel ▸ 2
   Φαλτι ▸ 2
      Noun · masculine · singular · dative · (proper) ▸ **1** (1Sam. 25,44)
      Noun · masculine · singular · nominative · (proper) ▸ **1** (Num. 13,9)

Φαλτια Pelatiah ▸ 1
   Φαλτια ▸ 1
      Noun · masculine · singular · nominative · (proper) ▸ **1** (Neh. 10,23)

Φαλτιας Pelatiah ▸ 2
   Φαλτιαν ▸ 1
      Noun · masculine · singular · accusative · (proper) ▸ **1** (Ezek. 11,1)
   Φαλτιας ▸ 1
      Noun · masculine · singular · nominative · (proper) ▸ **1** (Ezek. 11,13)

Φαλτιηλ Paltiel ▸ 2
   Φαλτιηλ ▸ 2
      Noun · masculine · singular · genitive · (proper) ▸ **1** (2Sam. 3,15)
      Noun · masculine · singular · nominative · (proper) ▸ **1** (Num. 34,26)

Φαλωχ Pul ▸ 1
   Φαλωχ ▸ 1
      Noun · masculine · singular · genitive · (proper) ▸ **1** (1Chr. 5,26)

φανερός (φαίνω) known, plain ▸ 19 + 18 = 37
   φανερά ▸ 1 + 1 = 2
      Adjective · feminine · singular · nominative · noDegree ▸ **1** (Sir. 6,22)
      Adjective · neuter · plural · nominative ▸ **1** (1John 3,10)
   φανερὰ ▸ 7 + 3 = 10
      Adjective · feminine · singular · nominative · noDegree ▸ **2 + 1 = 3** (Prov. 14,4; Prov. 15,11; 1Tim. 4,15)
      Adjective · neuter · plural · accusative · noDegree ▸ **2** (Gen. 42,16; 2Mac. 12,41)
      Adjective · neuter · plural · nominative · noDegree ▸ **3 + 2 = 5** (Deut. 29,28; Prov. 16,2; Is. 33,9; 1Cor. 14,25; Gal. 5,19)
   φανερὰν ▸ 2
      Adjective · feminine · singular · accusative · noDegree ▸ **2** (1Mac. 15,9; 2Mac. 9,8)
   φανεροί ▸ 2 + 1 = 3
      Adjective · masculine · plural · nominative · noDegree ▸ **2 + 1 = 3** (3Mac. 6,18; Is. 8,16; 1Cor. 11,19)
   φανερόν ▸ 2 + 2 = 4
      Adjective · masculine · singular · accusative · noDegree ▸ **1** (Dan. 3,18)
      Adjective · neuter · singular · accusative ▸ **1** (Mark 4,22)
      Adjective · neuter · singular · nominative · noDegree ▸ **1 + 1 = 2** (2Mac. 6,30; Rom. 1,19)
   φανερὸν ▸ 5 + 8 = 13
      Adjective · masculine · singular · accusative ▸ **2** (Matt. 12,16; Mark 3,12)
      Adjective · neuter · singular · accusative · noDegree ▸ **1 + 1 = 2** (2Mac. 15,35; Luke 8,17)
      Adjective · neuter · singular · nominative · noDegree ▸ **4 + 5 = 9** (2Mac. 1,33; Is. 64,1; LetterJ 50; LetterJ 68; Mark 6,14; Luke 8,17; Acts 4,16; Acts 7,13; 1Cor. 3,13)
   φανεροὺς ▸ 1
      Adjective · masculine · plural · accusative ▸ **1** (Phil. 1,13)
   φανερῷ ▸ 2
      Adjective · neuter · singular · dative ▸ **2** (Rom. 2,28; Rom. 2,28)

φανερόω (φαίνω) to make known, reveal ▸ 1 + 49 = 50
   ἐφανερώθη ▸ 11
      Verb · third · singular · aorist · passive · indicative ▸ **11** (Mark 16,12; Mark 16,14; John 21,14; Col. 1,26; 1Tim. 3,16; 1John 1,2; 1John 1,2; 1John 3,2; 1John 3,5; 1John 3,8; 1John 4,9)
   ἐφανερώθησαν ▸ 1
      Verb · third · plural · aorist · passive · indicative ▸ **1** (Rev. 15,4)
   Ἐφανέρωσά ▸ 1
      Verb · first · singular · aorist · active · indicative ▸ **1** (John 17,6)
   ἐφανέρωσεν ▸ 5
      Verb · third · singular · aorist · active · indicative ▸ **5** (John 2,11; John 21,1; John 21,1; Rom. 1,19; Titus 1,3)
   πεφανερώμεθα ▸ 1
      Verb · first · plural · perfect · passive · indicative · (variant) ▸ **1** (2Cor. 5,11)
   πεφανερῶσθαι ▸ 2
      Verb · perfect · passive · infinitive · (variant) ▸ **2** (2Cor. 5,11; Heb. 9,8)
   πεφανέρωται ▸ 2
      Verb · third · singular · perfect · passive · indicative · (variant) ▸ **2** (Rom. 3,21; Heb. 9,26)
   φανερούμενοι ▸ 1
      Verb · present · passive · participle · masculine · plural · nominative · (variant) ▸ **1** (2Cor. 3,3)
   φανερούμενον ▸ 1
      Verb · present · passive · participle · neuter · singular · nominative · (variant) ▸ **1** (Eph. 5,14)
   φανεροῦντι ▸ 1
      Verb · present · active · participle · masculine · singular · dative ▸ **1** (2Cor. 2,14)
   φανεροῦται ▸ 1
      Verb · third · singular · present · passive · indicative · (variant) ▸ **1** (Eph. 5,13)
   φανερωθεῖσαν ▸ 1
      Verb · aorist · passive · participle · feminine · singular · accusative ▸ **1** (2Tim. 1,10)
   φανερωθέντος ▸ 3
      Verb · aorist · passive · participle · masculine · singular · genitive ▸ **2** (1Pet. 1,20; 1Pet. 5,4)
      Verb · aorist · passive · participle · neuter · singular · genitive ▸ **1** (Rom. 16,26)
   φανερωθῇ ▸ 10
      Verb · third · singular · aorist · passive · subjunctive ▸ **10** (Mark 4,22; John 1,31; John 3,21; John 9,3; 2Cor. 4,10; 2Cor. 4,11; Col. 3,4; 1John 2,28; 1John 3,2; Rev. 3,18)
   φανερωθῆναι ▸ 2
      Verb · aorist · passive · infinitive ▸ **2** (2Cor. 5,10; 2Cor. 7,12)
   φανερωθήσεσθε ▸ 1
      Verb · second · plural · future · passive · indicative ▸ **1** (Col. 3,4)
   φανερωθῶσιν ▸ 1
      Verb · third · plural · aorist · passive · subjunctive ▸ **1** (1John 2,19)
   φανερώσαντες ▸ 1
      Verb · aorist · active · participle · masculine · plural · nominative ▸ **1** (2Cor. 11,6)

φανερώσει ▸ 1
    Verb ▪ third ▪ singular ▪ future ▪ active ▪ indicative ▸ **1** (1Cor. 4,5)
φανέρωσον ▸ 1
    Verb ▪ second ▪ singular ▪ aorist ▪ active ▪ imperative ▸ **1** (John 7,4)
φανερώσω ▸ 1 + 1 = 2
    Verb ▪ first ▪ singular ▪ aorist ▪ active ▪ subjunctive ▸ **1** (Col. 4,4)
    Verb ▪ first ▪ singular ▪ future ▪ active ▪ indicative ▸ **1** (Jer. 40,6)

φανερῶς (φαίνω) openly, publicly ▸ 1 + 3 = 4
  φανερῶς ▸ 1 + 3 = 4
    Adverb ▸ 1 + 3 = **4** (2Mac. 3,28; Mark 1,45; John 7,10; Acts 10,3)

φανέρωσις (φαίνω) disclosure, manifestation ▸ 2
  φανερώσει ▸ 1
    Noun ▪ feminine ▪ singular ▪ dative ▸ **1** (2Cor. 4,2)
  φανέρωσις ▸ 1
    Noun ▪ feminine ▪ singular ▪ nominative ▸ **1** (1Cor. 12,7)

φανός (φαίνω) torch, lantern, lamp ▸ 1
  φανῶν ▸ 1
    Noun ▪ masculine ▪ plural ▪ genitive ▸ **1** (John 18,3)

Φανουηλ Phanuel ▸ 6 + 4 = 10
  Φανουηλ ▸ 6 + 4 = 10
    Noun ▪ singular ▪ accusative ▪ (proper) ▸ 1 + 1 = **2** (Judg. 8,8; Judg. 8,8)
    Noun ▪ singular ▪ genitive ▪ (proper) ▸ 3 + 3 = **6** (Judg. 8,8; Judg. 8,9; Judg. 8,17; Judg. 8,8; Judg. 8,9; Judg. 8,17)
    Noun ▪ feminine ▪ singular ▪ accusative ▪ (proper) ▸ **1** (1Kings 12,25)
    Noun ▪ masculine ▪ singular ▪ nominative ▪ (proper) ▸ **1** (1Chr. 4,4)

Φανουήλ Phanuel ▸ 1
  Φανουήλ ▸ 1
    Noun ▪ masculine ▪ singular ▪ genitive ▪ (proper) ▸ **1** (Luke 2,36)

φαντάζω (φαίνω) to appear, become visible ▸ 2 + 1 = 3
  φαντάζεται ▸ 2
    Verb ▪ third ▪ singular ▪ present ▪ passive ▪ indicative ▸ **2** (Wis. 6,16; Sir. 34,5)
  φανταζόμενον ▸ 1
    Verb ▪ present ▪ passive ▪ participle ▪ neuter ▪ singular ▪ nominative ▪ (variant) ▸ **1** (Heb. 12,21)

φαντασία (φαίνω) appearance; pomp; fantasy ▸ 6 + 1 = 7
  φαντασία ▸ 1
    Noun ▪ feminine ▪ singular ▪ nominative ▪ (common) ▸ **1** (Hab. 2,19)
  φαντασίαι ▸ 1
    Noun ▪ feminine ▪ plural ▪ nominative ▪ (common) ▸ **1** (Wis. 18,17)
  φαντασίαν ▸ 1
    Noun ▪ feminine ▪ singular ▪ accusative ▪ (common) ▸ **1** (Hab. 2,18)
  φαντασίας ▸ 3 + 1 = 4
    Noun ▪ feminine ▪ plural ▪ accusative ▪ (common) ▸ **1** (Zech. 10,1)
    Noun ▪ feminine ▪ singular ▪ genitive ▪ (common) ▸ 2 + 1 = **3** (Ode. 4,10; Hab. 3,10; Acts 25,23)

φαντασιοκοπέω (φαίνω; σκοπός) to play-act ▸ 1
  φαντασιοκοπῶν ▸ 1
    Verb ▪ present ▪ active ▪ participle ▪ masculine ▪ singular ▪ nominative ▸ **1** (Sir. 4,30)

φάντασμα (φαίνω) ghost ▸ 1 + 2 = 3
  φάντασμά ▸ 2
    Noun ▪ neuter ▪ singular ▪ nominative ▸ **2** (Matt. 14,26; Mark 6,49)
  φαντασμάτων ▸ 1
    Noun ▪ neuter ▪ plural ▪ genitive ▪ (common) ▸ **1** (Wis. 17,14)

Φαρα Para ▸ 3 + 2 = 5
  Φαρα ▸ 3 + 2 = 5
    Noun ▪ singular ▪ nominative ▪ (proper) ▸ **1** (Josh. 18,23)
    Noun ▪ masculine ▪ singular ▪ nominative ▪ (proper) ▸ 2 + 2 = **4** (Judg. 7,10; Judg. 7,11; Judg. 7,10; Judg. 7,11)

Φάραγξ (φάραγξ) Valley ▸ 4
  Φάραγγα ▸ 1
    Noun ▪ feminine ▪ singular ▪ accusative ▪ (proper) ▸ **1** (Num. 32,9)
  Φάραγγος ▸ 2
    Noun ▪ feminine ▪ singular ▪ genitive ▪ (proper) ▸ **2** (Num. 13,23; Deut. 1,24)
  Φάραγξ ▸ 1
    Noun ▪ feminine ▪ singular ▪ nominative ▪ (proper) ▸ **1** (Num. 13,24)

φάραγξ valley ▸ 81 + 1 + 1 = 83
  φάραγγα ▸ 22 + 1 = 23
    Noun ▪ feminine ▪ singular ▪ accusative ▪ (common) ▸ 22 + 1 = **23** (Gen. 14,3; Num. 21,12; Deut. 2,13; Deut. 2,13; Deut. 2,14; Deut. 2,24; Deut. 21,4; Josh. 7,24; Josh. 10,12; Josh. 15,8; Josh. 17,9; Josh. 17,9; Josh. 19,11; Judith 11,17; Judith 12,7; Judith 13,10; Psa. 59,2; Is. 8,7; Is. 10,29; Is. 15,7; Is. 30,33; Sus. 60-62; Josh. 19,11)
  φάραγγας ▸ 4
    Noun ▪ feminine ▪ plural ▪ accusative ▪ (common) ▸ **4** (Judith 2,8; Is. 11,15; Bar. 5,7; Ezek. 32,6)
  φάραγγάς ▸ 1
    Noun ▪ feminine ▪ plural ▪ accusative ▪ (common) ▸ **1** (Ezek. 35,8)
  φάραγγες ▸ 4
    Noun ▪ feminine ▪ plural ▪ nominative ▪ (common) ▸ **4** (Judith 7,4; Mic. 6,2; Is. 34,9; Ezek. 38,20)
  φάραγγές ▸ 1
    Noun ▪ feminine ▪ plural ▪ nominative ▪ (common) ▸ **1** (Is. 22,7)
  φάραγγι ▸ 17
    Noun ▪ feminine ▪ singular ▪ dative ▪ (common) ▸ **17** (Gen. 26,17; Gen. 26,19; Deut. 2,36; Deut. 4,46; Deut. 21,4; Deut. 21,6; Josh. 12,2; Josh. 13,16; Josh. 15,7; 2Kings 23,10; 2Chr. 14,9; Is. 17,5; Is. 22,5; Is. 28,21; Is. 30,28; Jer. 7,31; Jer. 39,35)
  φάραγγος ▸ 14
    Noun ▪ feminine ▪ singular ▪ genitive ▪ (common) ▸ **14** (Josh. 12,1; Josh. 12,2; Josh. 13,9; Josh. 13,16; Josh. 15,4; Josh. 15,7; Josh. 15,8; 2Sam. 24,5; 2Chr. 26,9; 2Chr. 32,6; Neh. 2,15; Neh. 3,13; Is. 22,1; Ezek. 39,11)
  φαράγγων ▸ 2
    Noun ▪ feminine ▪ plural ▪ genitive ▪ (common) ▸ **2** (4Mac. 14,16; Prov. 30,17)
  Φάραγξ ▸ 2
    Noun ▪ feminine ▪ singular ▪ nominative ▪ (common) ▸ **2** (Jer. 7,32; Jer. 7,32)
  φάραγξ ▸ 6 + 1 = 7
    Noun ▪ feminine ▪ singular ▪ nominative ▪ (common) ▸ 6 + 1 = **7** (Zech. 14,5; Zech. 14,5; Is. 30,33; Is. 35,6; Is. 40,4; Is. 65,10; Luke 3,5)
  φάραγξι ▸ 1
    Noun ▪ feminine ▪ plural ▪ dative ▪ (common) ▸ **1** (Is. 7,19)
  φάραγξιν ▸ 7
    Noun ▪ feminine ▪ plural ▪ dative ▪ (common) ▸ **7** (Psa. 103,10; Is. 57,5; Ezek. 6,3; Ezek. 31,12; Ezek. 34,13; Ezek. 36,4; Ezek. 36,6)

Φαραθωμ Pirathon ▸ 1
  Φαραθωμ ▸ 1

Noun · singular · dative · (proper) ▸ **1** (Judg. 12,15)

Φαραθων Pirathon; Pharathon ▸ **2**
  Φαραθων ▸ **2**
    Noun · feminine · singular · accusative · (proper) ▸ **1** (1Mac. 9,50)
    Noun · masculine · singular · genitive · (proper) ▸ **1** (1Chr. 27,14)

Φαραθωνι Pirathonite ▸ **1**
  Φαραθωνι ▸ **1**
    Noun · masculine · singular · nominative · (proper) ▸ **1** (1Chr. 11,31)

Φαραθωνίτης Pirathonite ▸ **1** + **2** = **3**
  Φαραθωνίτης ▸ **1** + **2** = **3**
    Noun · masculine · singular · nominative · (proper) ▸ **1** + **2** = **3** (2Sam. 23,30; Judg. 12,13; Judg. 12,15)

Φαραϊ Paarai ▸ **1**
  Φαραϊ ▸ **1**
    Noun · masculine · singular · nominative · (proper) ▸ **1** (2Sam. 23,35)

Φαρακιμ Pharakim ▸ **1**
  Φαρακιμ ▸ **1**
    Noun · masculine · singular · genitive · (proper) ▸ **1** (1Esdr. 5,31)

Φαραν Paran ▸ **11**
  Φαραν ▸ **11**
    Noun · singular · accusative · (proper) ▸ **1** (1Kings 11,18)
    Noun · singular · genitive · (proper) ▸ **8** (Num. 10,12; Num. 12,16; Num. 13,3; Num. 13,26; Num. 33,36; Deut. 1,1; Deut. 33,2; Ode. 4,3)
    Noun · feminine · singular · accusative · (proper) ▸ **1** (Gen. 21,21)
    Noun · feminine · singular · genitive · (proper) ▸ **1** (Gen. 14,6)

Φαρασιν Perasim ▸ **1**
  φαρασιν ▸ **1**
    Noun · masculine · singular · genitive · (proper) ▸ **1** (1Chr. 14,11)

Φαραω Pharaoh ▸ **292**
  Φαραω ▸ **292**
    Noun · masculine · singular · accusative · (proper) ▸ **41** (Gen. 12,15; Gen. 12,17; Gen. 41,9; Gen. 41,14; Gen. 41,32; Gen. 41,55; Gen. 44,18; Gen. 47,7; Gen. 47,10; Ex. 3,10; Ex. 3,11; Ex. 3,18; Ex. 5,1; Ex. 5,15; Ex. 5,23; Ex. 6,13; Ex. 6,27; Ex. 6,29; Ex. 7,2; Ex. 7,7; Ex. 7,15; Ex. 7,26; Ex. 8,5; Ex. 9,1; Ex. 10,1; Ex. 10,8; Ex. 11,1; 1Kings 11,1; 1Kings 11,18; 1Kings 11,18; 1Kings 11,21; 1Esdr. 1,23; 3Mac. 2,6; 3Mac. 6,4; Psa. 135,15; Jer. 26,25; Jer. 32,19; Ezek. 29,2; Ezek. 30,22; Ezek. 31,2; Ezek. 32,2)
    Noun · masculine · singular · dative · (proper) ▸ **45** (Gen. 12,15; Gen. 40,14; Gen. 41,8; Gen. 41,16; Gen. 41,16; Gen. 41,25; Gen. 41,25; Gen. 41,28; Gen. 41,28; Gen. 45,8; Gen. 46,31; Gen. 47,1; Gen. 47,3; Gen. 47,4; Gen. 47,9; Gen. 47,20; Gen. 47,20; Gen. 47,20; Gen. 47,23; Gen. 47,24; Gen. 47,26; Gen. 47,26; Ex. 1,11; Ex. 1,19; Ex. 4,22; Ex. 6,1; Ex. 6,11; Ex. 7,1; Ex. 8,15; Ex. 14,4; Ex. 14,17; Ex. 14,18; Ex. 18,8; Deut. 6,21; Deut. 6,22; Deut. 7,18; Deut. 11,3; Deut. 29,1; Deut. 34,11; 2Kings 23,35; 2Kings 23,35; 2Chr. 36,4a; 2Chr. 36,4a; Neh. 9,10; Psa. 134,9)
    Noun · masculine · singular · genitive · (proper) ▸ **117** (Gen. 12,15; Gen. 37,36; Gen. 39,1; Gen. 40,7; Gen. 40,11; Gen. 40,11; Gen. 40,13; Gen. 40,13; Gen. 40,20; Gen. 40,21; Gen. 41,25; Gen. 41,26; Gen. 41,35; Gen. 41,37; Gen. 41,46; Gen. 41,46; Gen. 42,15; Gen. 42,16; Gen. 45,2; Gen. 45,16; Gen. 45,21; Gen. 47,2; Gen. 47,7; Gen. 47,14; Gen. 47,19; Gen. 47,25; Gen. 50,4; Gen. 50,4; Gen. 50,7; Ex. 2,5; Ex. 2,6; Ex. 2,7; Ex. 2,8; Ex. 2,9; Ex. 2,10; Ex. 2,15; Ex. 4,21; Ex. 5,14; Ex. 5,20; Ex. 5,21; Ex. 7,3; Ex. 7,9; Ex. 7,10; Ex. 7,10; Ex. 7,13; Ex. 7,14; Ex. 7,20; Ex. 7,22; Ex. 8,8; Ex. 8,16; Ex. 8,20; Ex. 8,26; Ex. 8,27; Ex. 9,7; Ex. 9,8; Ex. 9,10; Ex. 9,12; Ex. 9,13; Ex. 9,20; Ex. 9,33; Ex. 9,35; Ex. 10,3; Ex. 10,6; Ex. 10,7; Ex. 10,11; Ex. 10,18; Ex. 10,20; Ex. 10,27; Ex. 11,3; Ex. 11,5; Ex. 11,8; Ex. 11,10; Ex. 11,10; Ex. 12,29; Ex. 14,4; Ex. 14,5; Ex. 14,8; Ex. 14,9; Ex. 14,17; Ex. 14,23; Ex. 14,28; Ex. 15,4; Ex. 15,19; Ex. 18,4; Ex. 18,8; Ex. 18,9; Ex. 18,10; Deut. 7,8; 1Sam. 2,27; 1Sam. 10,18; 1Kings 2,35c; 1Kings 2,35f; 1Kings 5,14a; 1Kings 7,45; 1Kings 9,9a # 9,24; 1Kings 11,19; 1Kings 11,20; 1Kings 11,20; 2Kings 17,7; 2Kings 23,35; 1Chr. 4,18; 2Chr. 8,11; 2Chr. 36,4a; Ode. 1,4; Ode. 1,19; Song 1,9; Is. 30,2; Is. 30,3; Jer. 26,2; Jer. 26,17; Jer. 44,5; Jer. 44,7; Jer. 44,11; Jer. 50,9; Ezek. 29,3; Ezek. 30,21; Ezek. 30,25)
    Noun · masculine · singular · nominative · (proper) ▸ **88** (Gen. 12,18; Gen. 12,20; Gen. 40,2; Gen. 40,17; Gen. 40,19; Gen. 41,1; Gen. 41,4; Gen. 41,7; Gen. 41,8; Gen. 41,10; Gen. 41,14; Gen. 41,15; Gen. 41,17; Gen. 41,34; Gen. 41,38; Gen. 41,39; Gen. 41,41; Gen. 41,42; Gen. 41,44; Gen. 41,44; Gen. 41,45; Gen. 41,55; Gen. 45,16; Gen. 45,17; Gen. 46,33; Gen. 47,3; Gen. 47,5; Gen. 47,5; Gen. 47,5; Gen. 47,8; Gen. 47,11; Gen. 47,22; Gen. 47,22; Gen. 50,6; Ex. 1,22; Ex. 2,15; Ex. 3,19; Ex. 5,2; Ex. 5,5; Ex. 5,6; Ex. 5,10; Ex. 6,12; Ex. 6,30; Ex. 7,4; Ex. 7,9; Ex. 7,11; Ex. 7,23; Ex. 8,4; Ex. 8,8; Ex. 8,11; Ex. 8,15; Ex. 8,21; Ex. 8,24; Ex. 8,28; Ex. 9,7; Ex. 9,27; Ex. 9,34; Ex. 10,16; Ex. 10,24; Ex. 10,28; Ex. 11,9; Ex. 12,30; Ex. 12,31; Ex. 13,15; Ex. 13,17; Ex. 14,3; Ex. 14,6; Ex. 14,10; Josh. 16,10; Josh. 16,10; 1Sam. 6,6; 1Kings 5,14b; 1Kings 5,14b; 1Kings 11,22; 2Kings 18,21; 2Kings 23,29; 2Kings 23,33; 2Kings 23,34; 2Chr. 35,20; 2Chr. 36,2c; 2Chr. 36,4; 2Chr. 36,4; 1Mac. 4,9; Is. 36,6; Ezek. 17,17; Ezek. 31,18; Ezek. 32,31; Ezek. 32,32)
    Noun · masculine · singular · vocative · (proper) ▸ **1** (Ex. 8,25)

Φαραώ Pharaoh ▸ **5**
  Φαραώ ▸ **1**
    Noun · masculine · singular · genitive · (proper) ▸ **1** (Heb. 11,24)
  Φαραώ ▸ **4**
    Noun · masculine · singular · dative · (proper) ▸ **2** (Acts 7,13; Rom. 9,17)
    Noun · masculine · singular · genitive · (proper) ▸ **2** (Acts 7,10; Acts 7,21)

Φαρδαθα Poratha ▸ **1**
  Φαρδαθα ▸ **1**
    Noun · masculine · singular · accusative · (proper) ▸ **1** (Esth. 9,8)

Φαρες Perez ▸ **20**
  Φαρες ▸ **20**
    Noun · singular · dative · (proper) ▸ **1** (Num. 33,19)
    Noun · singular · genitive · (proper) ▸ **1** (Num. 33,20)
    Noun · masculine · singular · accusative · (proper) ▸ **3** (Gen. 38,29; 1Chr. 2,4; 1Chr. 7,16)
    Noun · masculine · singular · dative · (proper) ▸ **1** (Num. 26,16)
    Noun · masculine · singular · genitive · (proper) ▸ **10** (Gen. 46,12; Num. 26,17; Ruth 4,12; Ruth 4,18; 1Chr. 2,5; 1Chr. 9,4; 1Chr. 27,3; 1Esdr. 5,5; Neh. 11,4; Neh. 11,6)
    Noun · masculine · singular · nominative · (proper) ▸ **4** (Gen. 46,12; Num. 26,16; Ruth 4,18; 1Chr. 4,1)

Φαρές Perez ▸ **3**
  Φαρές ▸ **3**
    Noun · masculine · singular · accusative · (proper) ▸ **1** (Matt. 1,3)
    Noun · masculine · singular · genitive · (proper) ▸ **1** (Luke 3,33)
    Noun · masculine · singular · nominative · (proper) ▸ **1** (Matt. 1,3)

φαρες Perez ▸ **2** + **2** = **4**
  φαρες ▸ **2** + **2** = **4**
    Noun ▸ **2** + **2** = **4** (Dan. 5,0; Dan. 5,0; Dan. 5,25; Dan. 5,28)

φαρέτρα (φέρω) arrow quiver ▸ **10**

φαρέτρᾳ ▸ 1
    Noun ▪ feminine ▪ singular ▪ dative ▪ (common) ▸ 1 (Is. 49,2)
φαρέτραν ▸ 4
    Noun ▪ feminine ▪ singular ▪ accusative ▪ (common) ▸ 4 (Gen. 27,3; Psa. 10,2; Job 30,11; Sir. 26,12)
φαρέτρας ▸ 5
    Noun ▪ feminine ▪ plural ▪ accusative ▪ (common) ▸ 4 (Is. 22,6; Jer. 28,11; Jer. 28,12; Ezek. 27,11)
    Noun ▪ feminine ▪ singular ▪ genitive ▪ (common) ▸ 1 (Lam. 3,13)

Φαρζελλαιας Phaezeldaeus ▸ 1
    Φαρζελλαιου ▸ 1
        Noun ▪ masculine ▪ singular ▪ genitive ▪ (proper) ▸ 1 (1Esdr. 5,38)

Φαριδα Peruda ▸ 1
    Φαριδα ▸ 1
        Noun ▪ masculine ▪ singular ▪ genitive ▪ (proper) ▸ 1 (1Esdr. 5,33)

Φαρισαῖος Pharisee ▸ 98
    Φαρισαῖε ▸ 1
        Noun ▪ masculine ▪ singular ▪ vocative ▪ (proper) ▸ 1 (Matt. 23,26)
    Φαρισαῖοι ▸ 50
        Noun ▪ masculine ▪ plural ▪ nominative ▪ (proper) ▸ 44 (Matt. 9,11; Matt. 9,14; Matt. 9,34; Matt. 12,2; Matt. 12,14; Matt. 12,24; Matt. 15,1; Matt. 15,12; Matt. 16,1; Matt. 19,3; Matt. 21,45; Matt. 22,15; Matt. 22,34; Matt. 23,2; Matt. 27,62; Mark 2,18; Mark 2,24; Mark 3,6; Mark 7,1; Mark 7,3; Mark 7,5; Mark 8,11; Mark 10,2; Luke 5,17; Luke 5,21; Luke 5,30; Luke 6,7; Luke 7,30; Luke 11,39; Luke 11,53; Luke 13,31; Luke 15,2; Luke 16,14; John 4,1; John 7,32; John 7,32; John 7,47; John 8,3; John 8,13; John 9,15; John 11,47; John 11,57; John 12,19; Acts 23,8)
        Noun ▪ masculine ▪ plural ▪ vocative ▪ (proper) ▸ 6 (Matt. 23,13; Matt. 23,15; Matt. 23,23; Matt. 23,25; Matt. 23,27; Matt. 23,29)
    Φαρισαίοις ▸ 2
        Noun ▪ masculine ▪ plural ▪ dative ▪ (proper) ▸ 2 (Luke 11,42; Luke 11,43)
    Φαρισαῖος ▸ 8
        Noun ▪ masculine ▪ singular ▪ nominative ▪ (proper) ▸ 8 (Luke 7,39; Luke 11,37; Luke 11,38; Luke 18,10; Luke 18,11; Acts 5,34; Acts 26,5; Phil. 3,5)
    Φαρισαῖός ▸ 1
        Noun ▪ masculine ▪ singular ▪ nominative ▪ (proper) ▸ 1 (Acts 23,6)
    Φαρισαίου ▸ 2
        Noun ▪ masculine ▪ singular ▪ genitive ▪ (proper) ▸ 2 (Luke 7,36; Luke 7,37)
    Φαρισαίους ▸ 5
        Noun ▪ masculine ▪ plural ▪ accusative ▪ (proper) ▸ 5 (Luke 14,3; John 7,45; John 9,13; John 11,46; John 12,42)
    Φαρισαίων ▸ 29
        Noun ▪ masculine ▪ plural ▪ genitive ▪ (proper) ▸ 29 (Matt. 3,7; Matt. 5,20; Matt. 12,38; Matt. 16,6; Matt. 16,11; Matt. 16,12; Matt. 22,41; Mark 2,16; Mark 2,18; Mark 8,15; Mark 12,13; Luke 5,33; Luke 6,2; Luke 7,36; Luke 12,1; Luke 14,1; Luke 17,20; Luke 19,39; John 1,24; John 3,1; John 7,48; John 9,16; John 9,40; John 18,3; Acts 15,5; Acts 23,6; Acts 23,6; Acts 23,7; Acts 23,9)

φαρμακεία (φάρμακον) sorcery, magic ▸ 8 + 2 = 10
    φαρμακεία ▸ 1
        Noun ▪ feminine ▪ singular ▪ nominative ▸ 1 (Gal. 5,20)
    φαρμακείᾳ ▸ 2 + 1 = 3
        Noun ▪ feminine ▪ singular ▪ dative ▪ (common) ▸ 2 + 1 = 3 (Is. 47,9; Is. 47,12; Rev. 18,23)
    φαρμακείαις ▸ 4
        Noun ▪ feminine ▪ plural ▪ dative ▪ (common) ▸ 4 (Ex. 7,11; Ex. 7,22; Ex. 8,3; Ex. 8,14)
    φαρμακείας ▸ 1
        Noun ▪ feminine ▪ plural ▪ accusative ▪ (common) ▸ 1 (Wis. 18,13)
    φαρμακειῶν ▸ 1
        Noun ▪ feminine ▪ plural ▪ genitive ▪ (common) ▸ 1 (Wis. 12,4)

φαρμακεύω (φάρμακον) to practice magic; to mix poison ▸ 3
    ἐφαρμακεύετο ▸ 1
        Verb ▪ third ▪ singular ▪ imperfect ▪ middle ▪ indicative ▸ 1 (2Chr. 33,6)
    φαρμακευομένου ▸ 1
        Verb ▪ present ▪ passive ▪ participle ▪ masculine ▪ singular ▪ genitive ▸ 1 (Psa. 57,6)
    φαρμακεύσας ▸ 1
        Verb ▪ aorist ▪ active ▪ participle ▪ masculine ▪ singular ▪ nominative ▸ 1 (2Mac. 10,13)

φάρμακον medicine; poison, potion; sorcery, witchcraft ▸ 7 + 5 + 1 = 13
    φάρμακα ▸ 2 + 1 = 3
        Noun ▪ neuter ▪ plural ▪ accusative ▪ (common) ▸ 1 + 1 = 2 (Sir. 38,4; Tob. 2,10)
        Noun ▪ neuter ▪ plural ▪ nominative ▪ (common) ▸ 1 (2Kings 9,22)
    φάρμακά ▸ 1
        Noun ▪ neuter ▪ plural ▪ accusative ▪ (common) ▸ 1 (Mic. 5,11)
    φαρμάκοις ▸ 1
        Noun ▪ neuter ▪ plural ▪ dative ▪ (common) ▸ 1 (Nah. 3,4)
    φάρμακον ▸ 2 + 4 = 6
        Noun ▪ neuter ▪ singular ▪ accusative ▪ (common) ▸ 2 (Tob. 6,4; Tob. 11,11)
        Noun ▪ neuter ▪ singular ▪ nominative ▪ (common) ▸ 2 + 2 = 4 (Wis. 1,14; Sir. 6,16; Tob. 6,7; Tob. 11,8)
    φαρμάκων ▸ 1 + 1 = 2
        Noun ▪ neuter ▪ plural ▪ genitive ▪ (common) ▸ 1 + 1 = 2 (Nah. 3,4; Rev. 9,21)

φάρμακος (φάρμακον) poisoner; magician, sorcerer ▸ 11 + 1 + 2 = 14
    φάρμακοι ▸ 1 + 1 = 2
        Noun ▪ masculine ▪ plural ▪ nominative ▪ (common) ▸ 1 + 1 = 2 (Dan. 5,8; Rev. 22,15)
    φαρμάκοις ▸ 2 + 1 = 3
        Noun ▪ masculine ▪ plural ▪ dative ▪ (common) ▸ 2 + 1 = 3 (Ex. 9,11; Ex. 9,11; Rev. 21,8)
    φάρμακος ▸ 1
        Noun ▪ masculine ▪ singular ▪ nominative ▪ (common) ▸ 1 (Deut. 18,10)
    φαρμάκου ▸ 1
        Noun ▪ masculine ▪ singular ▪ genitive ▪ (common) ▸ 1 (Psa. 57,6)
    φαρμάκους ▸ 4 + 1 = 5
        Noun ▪ masculine ▪ plural ▪ accusative ▪ (common) ▸ 4 + 1 = 5 (Ex. 7,11; Ex. 22,17; Dan. 2,2; Dan. 5,7; Dan. 2,2)
    φαρμάκων ▸ 2
        Noun ▪ masculine ▪ plural ▪ genitive ▪ (common) ▸ 2 (Jer. 34,9; Dan. 2,27)

φάρμοκος witch ▸ 1
    φαρμάκους ▸ 1
        Noun ▪ feminine ▪ plural ▪ accusative ▪ (common) ▸ 1 (Mal. 3,5)

Φαρναχ Parnach ▸ 1
    Φαρναχ ▸ 1
        Noun ▪ masculine ▪ singular ▪ genitive ▪ (proper) ▸ 1 (Num. 34,25)

Φαρουαιμ Parvaim ▸ 1
    Φαρουαιμ ▸ 1

φαρουριμ (Hebr.) courts ▸ 1
  φαρουριμ ▸ 1
    Noun ▸ 1 (2Kings 23,11)
Φαρσαννεσταιν Parshandatha ▸ 1
  Φαρσαννεσταιν ▸ 1
    Noun · masculine · singular · accusative · (proper) ▸ 1 (Esth. 9,7)
φάρυγξ throat ▸ 9
  φάρυγγα ▸ 2
    Noun · masculine · singular · accusative · (common) ▸ 2 (Prov. 5,3; Lam. 4,4)
  φάρυγγά ▸ 2
    Noun · feminine · singular · accusative · (common) ▸ 1 (Sir. 31,12)
    Noun · masculine · singular · accusative · (common) ▸ 1 (Jer. 2,25)
  φάρυγγος ▸ 1
    Noun · masculine · singular · genitive · (common) ▸ 1 (1Sam. 17,35)
  φάρυγξ ▸ 4
    Noun · feminine · singular · nominative · (common) ▸ 1 (Sir. 36,19)
    Noun · masculine · singular · nominative · (common) ▸ 3 (Prov. 8,7; Prov. 24,13; Song 5,16)
Φαρφαρ Pharpar ▸ 1
  Φαρφαρ ▸ 1
    Noun · singular · nominative · (proper) ▸ 1 (2Kings 5,12)
Φασγα Pisgah ▸ 5
  Φασγα ▸ 5
    Noun · singular · genitive · (proper) ▸ 3 (Deut. 34,1; Josh. 12,3; Josh. 13,20)
    Noun · feminine · singular · accusative · (proper) ▸ 1 (Deut. 3,17)
    Noun · masculine · singular · accusative · (proper) ▸ 1 (Esth. 9,7)
Φασεκ Paseah ▸ 1
  Φασεκ ▸ 1
    Noun · masculine · singular · genitive · (proper) ▸ 1 (Neh. 3,6)
φασεκ (Hebr.) passover ▸ 7
  φασεκ ▸ 7
    Noun ▸ 7 (2Chr. 30,1; 2Chr. 30,2; 2Chr. 30,5; 2Chr. 30,15; 2Chr. 30,17; 2Chr. 30,18; Jer. 38,8)
φασεχ (Hebr.) passover ▸ 12
  φασεχ ▸ 12
    Noun ▸ 12 (2Chr. 35,1; 2Chr. 35,1; 2Chr. 35,6; 2Chr. 35,7; 2Chr. 35,8; 2Chr. 35,9; 2Chr. 35,11; 2Chr. 35,13; 2Chr. 35,16; 2Chr. 35,17; 2Chr. 35,18; 2Chr. 35,18)
Φαση Paseah ▸ 1
  Φαση ▸ 1
    Noun · masculine · singular · genitive · (proper) ▸ 1 (Ezra 2,49)
Φασῆλις Phaselis ▸ 1
  Φασηλίδα ▸ 1
    Noun · feminine · singular · accusative · (proper) ▸ 1 (1Mac. 15,23)
Φασιρων Phasiron ▸ 1
  Φασιρων ▸ 1
    Noun · masculine · singular · genitive · (proper) ▸ 1 (1Mac. 9,66)
φάσις (φαίνω) news, report ▸ 1 + 1 = 2
  φάσιν ▸ 1
    Noun ▸ 1 (Sus. 55)
  φάσις ▸ 1
    Noun · feminine · singular · nominative · 1 (Acts 21,31)
φάσκω (φαίνω) to claim, assert, affirm ▸ 5 + 3 = 8
  ἔφασκεν ▸ 1
    Verb · third · singular · imperfect · active · indicative ▸ 1 (Acts 25,19)
  φάσκοντες ▸ 2 + 2 = 4
    Verb · present · active · participle · masculine · plural · nominative ▸ 2 + 2 = 4 (Gen. 26,20; 3Mac. 3,7; Acts 24,9; Rom. 1,22)
  φασκόντων ▸ 1
    Verb · present · active · participle · masculine · plural · genitive ▸ 1 (2Mac. 14,32)
  φάσκων ▸ 2
    Verb · present · active · participle · masculine · singular · nominative ▸ 2 (2Mac. 14,27; Bel 8)
φάσμα (φαίνω) ghost, phantom, delusion; sign ▸ 4
  φάσμα ▸ 2
    Noun · neuter · singular · nominative · (common) ▸ 2 (Job 20,8; Is. 28,7)
  φάσματα ▸ 1
    Noun · neuter · plural · nominative · (common) ▸ 1 (Wis. 17,4)
  φάσματι ▸ 1
    Noun · neuter · singular · dative · (common) ▸ 1 (Num. 16,30)
Φασοδομιν Pas Dammim ▸ 1
  Φασοδομιν ▸ 1
    Noun · singular · dative · (proper) ▸ 1 (1Chr. 11,13)
Φασουρ Pashhur ▸ 2
  Φασουρ ▸ 2
    Noun · masculine · singular · genitive · (proper) ▸ 1 (Ezra 10,22)
    Noun · masculine · singular · nominative · (proper) ▸ 1 (Neh. 10,4)
Φασσουρ Pashhur ▸ 3
  Φασσουρ ▸ 3
    Noun · masculine · singular · genitive · (proper) ▸ 3 (Ezra 2,38; Neh. 7,41; Neh. 11,12)
Φασσουρος Phassaron ▸ 1
  Φασσουρου ▸ 1
    Noun · masculine · singular · genitive · (proper) ▸ 1 (1Esdr. 5,25)
Φασφα Pispah ▸ 1
  Φασφα ▸ 1
    Noun · masculine · singular · nominative · (proper) ▸ 1 (1Chr. 7,38)
φάτνη (πατέομαι) manger, feeding trough, stall ▸ 8 + 4 = 12
  φάτναι ▸ 1
    Noun · feminine · plural · nominative · (common) ▸ 1 (Prov. 14,4)
  φάτναις ▸ 3
    Noun · feminine · plural · dative · (common) ▸ 3 (Ode. 4,17; Joel 1,17; Hab. 3,17)
  φάτνας ▸ 1
    Noun · feminine · plural · accusative · (common) ▸ 1 (2Chr. 32,28)
  φάτνη ▸ 3
    Noun · feminine · singular · dative ▸ 3 (Luke 2,7; Luke 2,12; Luke 2,16)
  φάτνην ▸ 1
    Noun · feminine · singular · accusative · (common) ▸ 1 (Is. 1,3)
  φάτνης ▸ 2 + 1 = 3
    Noun · feminine · singular · genitive · (common) ▸ 2 + 1 = 3 (Job 6,5; Job 39,9; Luke 13,15)
φατνόω to roof ▸ 2
  ἐφάτνωσεν ▸ 1
    Verb · third · singular · aorist · active · indicative ▸ 1 (1Kings 7,40)
  πεφατνωμένα ▸ 1

φατνόω–φείδομαι

    Verb · perfect · passive · participle · neuter · plural · nominative · **1** (Ezek. 41,16)

φάτνωμα (πατέομαι) rafter, ceiling · **5**
- φατνώμασιν · **1**
  - **Noun** · neuter · plural · dative · (common) · **1** (Zeph. 2,14)
- φατνώματα · **2**
  - **Noun** · neuter · plural · accusative · (common) · **1** (Amos 8,3)
  - **Noun** · neuter · plural · nominative · (common) · **1** (Song 1,17)
- φατνώματος · **2**
  - **Noun** · neuter · singular · genitive · (common) · **2** (2Mac. 1,16; Ezek. 41,20)

φαυλίζω (φαῦλος) to despise · **16**
- ἐφαύλισα · **2**
  - **Verb** · first · singular · aorist · active · indicative · **2** (Job 31,13; Job 42,6)
- ἐφαυλίσαμεν · **1**
  - **Verb** · first · plural · aorist · active · indicative · **1** (Mal. 1,6)
- ἐφαύλισαν · **1**
  - **Verb** · third · plural · aorist · active · indicative · **1** (Judith 1,11)
- ἐφαύλισάν · **1**
  - **Verb** · third · plural · aorist · active · indicative · **1** (Judith 11,2)
- ἐφαύλισας · **1**
  - **Verb** · second · singular · aorist · active · indicative · **1** (2Sam. 12,9)
- ἐφαύλισεν · **2**
  - **Verb** · third · singular · aorist · active · indicative · **2** (Gen. 25,34; Num. 15,31)
- Ἐφαύλισέν · **1**
  - **Verb** · third · singular · aorist · active · indicative · **1** (Is. 37,22)
- πεφαυλισμένοι · **1**
  - **Verb** · perfect · passive · participle · masculine · plural · nominative · **1** (Job 30,4)
- πεφαυλισμένος · **1**
  - **Verb** · perfect · passive · participle · masculine · singular · nominative · **1** (Is. 33,19)
- φαυλίζει · **2**
  - **Verb** · third · singular · present · active · indicative · **2** (Prov. 21,12; Prov. 22,12)
- φαυλίζοντα · **1**
  - **Verb** · present · active · participle · masculine · singular · accusative · **1** (Is. 49,7)
- φαυλίζοντες · **1**
  - **Verb** · present · active · participle · masculine · plural · nominative · **1** (Mal. 1,6)
- φαυλίσασι · **1**
  - **Verb** · aorist · active · participle · masculine · plural · dative · **1** (Judith 11,22)

φαύλισμα (φαῦλος) detestible act · **1**
- φαυλίσματα · **1**
  - **Noun** · neuter · plural · accusative · (common) · **1** (Zeph. 3,11)

φαυλισμός (φαῦλος) detestibility · **3**
- φαυλισμόν · **1**
  - **Noun** · masculine · singular · accusative · (common) · **1** (Is. 28,11)
- φαυλισμός · **1**
  - **Noun** · masculine · singular · nominative · (common) · **1** (Hos. 7,16)
- φαυλισμῷ · **1**
  - **Noun** · masculine · singular · dative · (common) · **1** (Is. 51,7)

φαυλίστριος (φαῦλος) contemptuous · **1**
- φαυλίστρια · **1**
  - **Adjective** · feminine · singular · nominative · noDegree · **1** (Zeph. 2,15)

φαῦλος evil, base; ordinary · **10 + 6 = 16**
- φαῦλα · **3 + 2 = 5**
  - **Adjective** · neuter · plural · accusative · noDegree · **1 + 2 = 3** (Prov. 22,8; John 3,20; John 5,29)
  - **Adjective** · neuter · plural · nominative · noDegree · **2** (Job 6,3; Job 6,25)
- φαύλη · **1**
  - **Adjective** · feminine · singular · dative · noDegree · **1** (Prov. 5,3)
- φαῦλοι · **2**
  - **Adjective** · masculine · plural · nominative · noDegree · **2** (Job 9,23; Sir. 20,17)
- φαῦλον · **1 + 4 = 5**
  - **Adjective** · neuter · singular · accusative · noDegree · **1 + 3 = 4** (3Mac. 3,22; Rom. 9,11; 2Cor. 5,10; Titus 2,8)
  - **Adjective** · neuter · singular · nominative · **1** (James 3,16)
- φαῦλος · **1**
  - **Adjective** · masculine · singular · nominative · noDegree · **1** (Prov. 29,9)
- φαύλους · **2**
  - **Adjective** · masculine · plural · accusative · noDegree · **2** (Prov. 13,6; Prov. 16,21)

φαυλότης (φαῦλος) evil, worthlessness · **1**
- φαυλότητος · **1**
  - **Noun** · feminine · singular · genitive · (common) · **1** (Wis. 4,12)

φαῦσις (φάω) light · **4**
- φαῦσιν · **4**
  - **Noun** · feminine · singular · accusative · (common) · **4** (Gen. 1,14; Gen. 1,15; Judith 13,13; Psa. 73,16)

Φαχαραθ Pokereth-hazzebaim · **1**
- Φαχαραθ · **1**
  - **Noun** · masculine · singular · genitive · (proper) · **1** (Neh. 7,59)

Φαχεραθ-ασεβωιν Pokereth-hazzebaim · **1**
- Φαχεραθ-ασεβωιν · **1**
  - **Noun** · masculine · singular · genitive · (proper) · **1** (Ezra 2,57)

Φεγγιθ Haggith · **1**
- Φεγγιθ · **1**
  - **Noun** · masculine · singular · genitive · (proper) · **1** (2Sam. 3,4)

φέγγος light, splendor · **25 + 2 = 27**
- φέγγος · **20 + 2 = 22**
  - **Noun** · neuter · singular · accusative · (common) · **8 + 2 = 10** (3Mac. 6,4; Ode. 4,11; Job 38,12; Amos 5,20; Joel 2,10; Joel 4,15; Hab. 3,11; Ezek. 1,27; Matt. 24,29; Mark 13,24)
  - **Noun** · neuter · singular · nominative · (common) · **12** (Ode. 4,4; Job 3,4; Job 10,22; Job 22,28; Job 41,10; Wis. 7,10; Hos. 7,6; Hab. 3,4; Ezek. 1,4; Ezek. 1,4; Ezek. 1,13; Ezek. 43,2)
- φέγγους · **5**
  - **Noun** · neuter · singular · genitive · (common) · **5** (2Sam. 22,13; 2Sam. 23,4; 2Mac. 12,9; Ezek. 1,28; Ezek. 10,4)

Φεδεϊα Pedaiah · **1**
- Φεδεϊα · **1**
  - **Noun** · masculine · singular · genitive · (proper) · **1** (2Kings 23,36)

φείδομαι to spare · **95 + 10 = 105**
- ἐφείδετο · **2**
  - **Verb** · third · singular · imperfect · middle · indicative · **2** (2Sam. 18,16; 1Esdr. 1,48)
- ἐφεισάμην · **3**
  - **Verb** · first · singular · aorist · middle · indicative · **3** (Gen. 20,6; 1Sam. 24,11; Ezek. 36,21)
- ἐφείσαντο · **4**

Verb · third · plural · aorist · middle · indicative ▸ 4 (1Esdr. 1,50; Job 30,10; Sol. 2,23; Jer. 14,10)

ἐφείσατο ▸ 17 + 4 = 21
Verb · third · singular · aorist · middle · indicative ▸ 17 + 4 = **21** (Ex. 2,6; Deut. 33,3; 2Sam. 12,4; 2Sam. 12,6; 2Sam. 21,7; 2Kings 5,20; 2Chr. 36,17; Psa. 77,50; Job 33,18; Sir. 16,8; Sol. 13,1; Sol. 17,12; Joel 2,18; Is. 14,6; Lam. 2,17; Ezek. 16,5; Ezek. 20,17; Rom. 8,32; Rom. 11,21; 2Pet. 2,4; 2Pet. 2,5)

ἐφείσω ▸ 7
Verb · second · singular · aorist · middle · indicative ▸ 7 (Gen. 22,12; Gen. 22,16; Judith 13,20; Wis. 12,8; Jonah 4,10; Lam. 2,21; Lam. 3,43)

φείδεσθαι ▸ 1
Verb · present · middle · infinitive ▸ 1 (Is. 63,9)

φείδεσθαί ▸ 1
Verb · present · middle · infinitive ▸ 1 (Wis. 12,16)

φείδεσθε ▸ 1
Verb · second · plural · present · middle · imperative ▸ 1 (Ezek. 9,5)

φείδεται ▸ 2
Verb · third · singular · present · middle · indicative ▸ 2 (Prov. 13,24; Prov. 17,27)

φείδῃ ▸ 1
Verb · second · singular · present · middle · indicative ▸ 1 (Wis. 11,26)

φείδομαι ▸ 2
Verb · first · singular · present · middle · indicative ▸ 2 (1Cor. 7,28; 2Cor. 12,6)

φειδόμενοι ▸ 1 + 1 = 2
Verb · present · middle · participle · masculine · plural · nominative ▸ 1 + 1 = **2** (Job 16,13; Acts 20,29)

φειδόμενος ▸ 4 + 1 = 5
Verb · present · middle · participle · masculine · singular · nominative ▸ 4 + 1 = **5** (2Chr. 36,15; Prov. 10,19; Prov. 21,14; Job 42,3; 2Cor. 1,23)

φειδόμενός ▸ 1
Verb · present · middle · participle · masculine · singular · nominative ▸ 1 (Jer. 17,17)

φείδονται ▸ 1
Verb · third · plural · present · middle · indicative ▸ 1 (Ezek. 24,21)

Φεῖσαι ▸ 1
Verb · second · singular · aorist · middle · imperative ▸ 1 (Joel 2,17)

φεῖσαι ▸ 2
Verb · second · singular · aorist · middle · imperative ▸ 2 (Esth. 13,15 # 4,17f; Psa. 18,14)

φεῖσαί ▸ 1
Verb · second · singular · aorist · middle · imperative ▸ 1 (Neh. 13,22)

φεισάμενος ▸ 1
Verb · aorist · middle · participle · masculine · singular · nominative ▸ 1 (Lam. 2,2)

φείσασθαι ▸ 1
Verb · aorist · middle · infinitive ▸ 1 (Gen. 19,16)

φείσασθαί ▸ 1
Verb · aorist · middle · infinitive ▸ 1 (1Mac. 13,5)

φείσασθε ▸ 1
Verb · second · plural · aorist · middle · imperative ▸ 1 (Wis. 1,11)

Φείσασθέ ▸ 1
Verb · second · plural · aorist · middle · imperative ▸ 1 (2Sam. 18,5)

φείσεται ▸ 20 + 1 = 21
Verb · third · singular · future · middle · indicative ▸ 20 + 1 = **21** (Deut. 7,16; Deut. 13,9; Deut. 19,13; Deut. 19,21; Deut. 25,12; Judith 2,11; Psa. 71,13; Prov. 6,34; Prov. 16,17; Eccl. 2,25; Job 20,13; Job 27,22; Sol. 5,14; Sol. 13,10; Joel 4,16; Hab. 1,17; Jer. 15,5; Ezek. 7,6; Ezek. 7,8; Ezek. 8,18; Rom. 11,21)

φείσεταί ▸ 2
Verb · third · singular · future · middle · indicative ▸ 2 (Ezek. 5,11; Ezek. 9,10)

φείσῃ ▸ 4
Verb · second · singular · aorist · middle · subjunctive ▸ 3 (Prov. 24,11; Is. 54,2; Is. 58,1)
Verb · second · singular · future · middle · indicative ▸ 1 (1Sam. 15,3)

φείσησθε ▸ 3
Verb · second · plural · aorist · middle · subjunctive ▸ 3 (Gen. 45,20; Jer. 27,14; Jer. 28,3)

φείσηται ▸ 1
Verb · third · singular · aorist · middle · subjunctive ▸ 1 (Sir. 13,12)

φείσομαι ▸ 6 + 1 = 7
Verb · first · singular · future · middle · indicative ▸ 6 + 1 = **7** (Job 7,11; Job 16,5; Jonah 4,11; Zech. 11,6; Jer. 13,14; Jer. 21,7; 2Cor. 13,2)

φείσονται ▸ 1
Verb · third · plural · future · middle · indicative ▸ 1 (Is. 13,18)

φείσωμαι ▸ 1
Verb · first · singular · aorist · middle · subjunctive ▸ 1 (Job 6,10)

φεισώμεθα ▸ 1
Verb · first · plural · aorist · middle · subjunctive ▸ 1 (Wis. 2,10)

φείσωνται ▸ 1
Verb · third · plural · aorist · middle · subjunctive ▸ 1 (Sir. 23,2)

φειδομένως (φείδομαι) sparingly ▸ 2
φειδομένως ▸ 2
Adverb ▸ 2 (2Cor. 9,6; 2Cor. 9,6)

φειδώ (φείδομαι) sparing; thrift ▸ 3
φειδοῖ ▸ 1
Noun · feminine · singular · dative · (common) ▸ 1 (Sol. 5,13)
φειδοῦς ▸ 2
Noun · feminine · singular · genitive · (common) ▸ 2 (Esth. 13,6 # 3,13f; Wis. 12,18)

φειδωλός (φείδομαι) sparing ▸ 1
φειδωλός ▸ 1
Adjective · masculine · singular · nominative · noDegree ▸ 1 (4Mac. 2,9)

Φελεθθι (Hebr.) Pelethite ▸ 3
Φελεθθι ▸ 3
Noun · masculine · singular · genitive · (proper) ▸ 1 (2Sam. 20,23)
Noun · masculine · singular · nominative · (proper) ▸ 2 (2Sam. 15,18; 2Sam. 20,7)

φελεθθι (Hebr.) Pelethite ▸ 3
φελεθθι ▸ 3
Noun · masculine · singular · accusative · (common) ▸ 1 (1Kings 1,44)
Noun · masculine · singular · genitive · (common) ▸ 1 (1Chr. 18,17)
Noun · masculine · singular · nominative · (common) ▸ 1 (1Kings 1,38)

Φελεϊα Pelaiah ▸ 1
Φελεϊα ▸ 1

Φελεϊα–φέρω

Noun · masculine · singular · nominative · (proper) ▸ **1** (Neh. 10,11)

Φελεθθι Pelethite ▸ 1
  Φελεθθι ▸ 1
    Noun · masculine · singular · nominative · (proper) ▸ **1** (2Sam. 15,18)

Φελεττι Pelethite ▸ 1
  Φελεττι ▸ 1
    Noun · masculine · singular · nominative · (proper) ▸ **1** (2Sam. 8,18)

Φεληтι Piltai ▸ 1
  Φελητι ▸ 1
    Noun · masculine · singular · dative · (proper) ▸ **1** (Neh. 12,17)

Φελιηλ Penuel ▸ 1
  Φελιηλ ▸ 1
    Noun · masculine · singular · nominative · (proper) ▸ **1** (1Chr. 8,25)

Φελλανι Phallani (Heb r. a certain one) ▸ 1
  Φελλανι ▸ 1
    Noun · singular · nominative · (common) ▸ **1** (1Sam. 21,3)

φελμουνι (Hebr.) a certain person ▸ 1 + 1 = 2
  φελμουνι ▸ 1 + 1 = 2
    Noun · 1 + 1 = 2 (Dan. 8,13; Dan. 8,13)

Φελωθι Paltite ▸ 1
  Φελωθι ▸ 1
    Noun · masculine · singular · nominative · (proper) ▸ **1** (2Sam. 23,26)

Φελωνι Pelonite ▸ 2
  Φελωνι ▸ 2
    Noun · masculine · singular · nominative · (proper) ▸ **2** (1Chr. 11,27; 1Chr. 11,36)

Φεννανα Peninnah ▸ 3
  Φεννανα ▸ 3
    Noun · feminine · singular · dative · (proper) ▸ **2** (1Sam. 1,2; 1Sam. 1,4)
    Noun · feminine · singular · nominative · (proper) ▸ **1** (1Sam. 1,2)

Φερεζαῖος Perizzites ▸ 26 + 3 = 29
  Φερεζαῖοι ▸ 2
    Noun · masculine · plural · nominative · (proper) ▸ **2** (Gen. 13,7; Josh. 9,1)
  Φερεζαίοις ▸ 1
    Noun · masculine · plural · dative · (proper) ▸ **1** (Gen. 34,30)
  Φερεζαῖον ▸ 10 + 2 = 12
    Noun · masculine · singular · accusative · (proper) ▸ 10 + 2 = **12** (Ex. 23,23; Ex. 33,2; Ex. 34,11; Deut. 7,1; Deut. 20,17; Josh. 3,10; Josh. 12,8; Judg. 1,4; Judg. 1,5; Judith 5,16; Judg. 1,4; Judg. 1,5)
  Φερεζαῖος ▸ 1
    Noun · masculine · singular · nominative · (proper) ▸ **1** (Josh. 24,11)
  Φερεζαίου ▸ 4 + 1 = 5
    Noun · masculine · singular · genitive · (proper) ▸ 4 + 1 = **5** (Judg. 3,5; 1Sam. 6,18; 1Kings 10,22b # 9,20; 2Chr. 8,7; Judg. 3,5)
  Φερεζαίους ▸ 3
    Noun · masculine · plural · accusative · (proper) ▸ **3** (Gen. 15,20; Josh. 11,3; Josh. 16,10)
  Φερεζαίων ▸ 5
    Noun · masculine · plural · genitive · (proper) ▸ **5** (Ex. 3,8; Ex. 3,17; Ex. 13,5; 1Esdr. 8,66; Neh. 9,8)

Φερεζαῖος Perizzites ▸ 1
  Φερεζαίων ▸ 1
    Noun · masculine · plural · genitive · (proper) ▸ **1** (Deut. 3,5)

Φερεζι Perrizite ▸ 1
  Φερεζι ▸ 1
    Noun · masculine · singular · nominative · (proper) ▸ **1** (Ezra 9,1)

Φεριδα Perida ▸ 1
  Φεριδα ▸ 1
    Noun · masculine · singular · genitive · (proper) ▸ **1** (Neh. 7,57)

φερνή (φέρω) dowry, bride-price ▸ 5
  φερνή ▸ 1
    Noun · feminine · singular · nominative · (common) ▸ **1** (Ex. 22,16)
  φερνῇ ▸ 2
    Noun · feminine · singular · dative · (common) ▸ **2** (Ex. 22,15; Josh. 16,10)
  φερνὴν ▸ 1
    Noun · feminine · singular · accusative · (common) ▸ **1** (Gen. 34,12)
  φερνῆς ▸ 1
    Noun · feminine · singular · genitive · (common) ▸ **1** (2Mac. 1,14)

φερνίζω (φέρω) to pay the bride price ▸ 1
  φερνιεῖ ▸ 1
    Verb · third · singular · future · active · indicative ▸ **1** (Ex. 22,15)

φέρω to bring, carry; (pass. be extant) ▸ 273 + 18 + 66 = 357
  ἐνέγκαι ▸ 10 + 1 + 1 = 12
    Verb · aorist · active · infinitive ▸ 10 + 1 + 1 = **12** (Ezra 3,7; Ezra 8,17; Neh. 8,1; Neh. 10,35; Neh. 10,36; Neh. 10,37; Neh. 11,1; Neh. 12,27; Ezek. 36,6; Dan. 5,2; Sus. 18; Mark 6,27)
  ἐνέγκαισαν ▸ 1
    Verb · third · plural · aorist · active · optative ▸ **1** (Is. 66,20)
  ἐνέγκαντα ▸ 1
    Verb · aorist · active · participle · masculine · singular · accusative ▸ **1** (2Mac. 6,21)
  ἐνέγκαντες ▸ 1
    Verb · aorist · active · participle · masculine · plural · nominative ▸ **1** (4Mac. 10,5)
  ἐνέγκαντος ▸ 1
    Verb · aorist · active · participle · masculine · singular · genitive ▸ **1** (Ezra 4,2)
  ἐνέγκας ▸ 1 + 2 = 3
    Verb · aorist · active · participle · masculine · singular · nominative ▸ 1 + 2 = **3** (Esth. 16,12 # 8,12m; Acts 5,2; Acts 14,13)
  ἐνέγκατε ▸ 11 + 1 = 12
    Verb · second · plural · aorist · active · imperative ▸ 11 + 1 = **12** (Ex. 32,2; Josh. 18,6; 2Kings 10,6; 1Chr. 16,29; 1Chr. 21,2; Psa. 28,1; Psa. 28,1; Psa. 28,2; Psa. 95,7; Psa. 95,7; Psa. 95,8; John 21,10)
  Ἐνέγκατε ▸ 1 + 1 = 2
    Verb · second · plural · aorist · active · imperative ▸ 1 + 1 = **2** (Psa. 28,1; Sus. 17)
  ἐνεγκάτωσαν ▸ 1
    Verb · third · plural · aorist · active · imperative ▸ **1** (Esth. 6,8)
  ἔνεγκέ ▸ 2
    Verb · second · singular · aorist · active · imperative ▸ **2** (Gen. 27,4; Gen. 27,13)
  ἐνεγκεῖν ▸ 3 + 2 = 5
    Verb · aorist · active · infinitive ▸ 3 + 2 = **5** (2Kings 12,5; 2Chr. 35,16; Ezra 8,30; Tob. 7,14; Dan. 5,2)
  ἐνέγκετε ▸ 1
    Verb · second · plural · aorist · active · imperative ▸ **1** (Neh. 8,15)

ἐνέγκῃ ▸ 4
    Verb ▪ third ▪ singular ▪ aorist ▪ active ▪ subjunctive ▸ 4 (Lev. 17,4; Lev. 17,4; Lev. 17,9; Hos. 9,16)
ἐνέγκητέ ▸ 1
    Verb ▪ second ▪ plural ▪ aorist ▪ active ▪ subjunctive ▸ 1 (Amos 5,22)
Ἐνεγκόν ▸ 1
    Verb ▪ second ▪ singular ▪ aorist ▪ active ▪ imperative ▸ 1 (Gen. 27,7)
ἐνέγκωσιν ▸ 3
    Verb ▪ third ▪ plural ▪ aorist ▪ active ▪ subjunctive ▸ 3 (Num. 18,13; Job 40,31; Ezek. 34,29)
ἐνεχθεῖσαν ▸ 1
    Verb ▪ aorist ▪ passive ▪ participle ▪ feminine ▪ singular ▪ accusative ▸ 1 (2Pet. 1,18)
ἐνεχθείσης ▸ 1
    Verb ▪ aorist ▪ passive ▪ participle ▪ feminine ▪ singular ▪ genitive ▸ 1 (2Pet. 1,17)
ἐνεχθέντος ▸ 1
    Verb ▪ aorist ▪ passive ▪ participle ▪ neuter ▪ singular ▪ genitive ▸ 1 (2Chr. 9,13)
ἐνήνοχα ▸ 3
    Verb ▪ first ▪ singular ▪ perfect ▪ active ▪ indicative ▸ 3 (Deut. 26,10; 2Sam. 1,10; Tob. 12,2)
ἐνήνοχας ▸ 1
    Verb ▪ second ▪ singular ▪ perfect ▪ active ▪ indicative ▸ 1 (1Kings 12,24l)
ἐνηνόχατε ▸ 1
    Verb ▪ second ▪ plural ▪ perfect ▪ active ▪ indicative ▸ 1 (Tob. 12,5)
ἐνήνοχεν ▸ 2 + 2 = 4
    Verb ▪ third ▪ singular ▪ perfect ▪ active ▪ indicative ▸ 2 + 2 = 4 (1Sam. 25,27; 2Kings 5,20; Tob. 11,15; Tob. 12,2)
ἔφερεν ▸ 7 + 1 = 8
    Verb ▪ third ▪ singular ▪ imperfect ▪ active ▪ indicative ▸ 7 + 1 = 8 (Gen. 32,14; Ex. 35,21; Ex. 35,29; 1Sam. 25,35; 2Chr. 27,5; 2Mac. 7,20; 2Mac. 14,28; Mark 4,8)
ἐφερόμεθα ▸ 1
    Verb ▪ first ▪ plural ▪ imperfect ▪ passive ▪ indicative ▪ (variant) ▸ 1 (Acts 27,15)
ἔφερον ▸ 15 + 4 = 19
    Verb ▪ third ▪ plural ▪ imperfect ▪ active ▪ indicative ▸ 15 + 4 = 19 (2Sam. 3,22; 1Kings 10,25; 1Kings 17,6; 1Chr. 12,41; 2Chr. 1,17; 2Chr. 9,10; 2Chr. 9,14; 2Chr. 9,14; 2Chr. 9,24; 2Chr. 17,11; 2Chr. 17,11; 2Chr. 25,12; 2Chr. 32,23; 2Mac. 3,28; Is. 30,6; Mark 1,32; Acts 4,34; Acts 25,18; Heb. 12,20)
ἐφέροντο ▸ 1
    Verb ▪ third ▪ plural ▪ imperfect ▪ passive ▪ indicative ▪ (variant) ▸ 1 (Acts 27,17)
ἐφέροσαν ▸ 1
    Verb ▪ third ▪ plural ▪ imperfect ▪ active ▪ indicative ▸ 1 (1Chr. 22,4)
ἤνεγκα ▸ 1 + 1 = 2
    Verb ▪ first ▪ singular ▪ aorist ▪ active ▪ indicative ▸ 1 + 1 = 2 (1Sam. 15,15; Mark 9,17)
ἠνεγκά ▸ 1
    Verb ▪ first ▪ singular ▪ aorist ▪ active ▪ indicative ▸ 1 (Gen. 33,11)
ἠνέγκαμεν ▸ 1
    Verb ▪ first ▪ plural ▪ aorist ▪ active ▪ indicative ▸ 1 (Gen. 43,22)
ἤνεγκαν ▸ 40 + 5 + 3 = 48
    Verb ▪ third ▪ plural ▪ aorist ▪ active ▪ indicative ▸ 40 + 5 + 3 = 48 (Gen. 43,2; Ex. 32,3; Ex. 35,21; Ex. 35,21; Ex. 35,22; Ex. 35,22; Ex. 35,22; Ex. 35,23; Ex. 35,24; Ex. 35,24; Ex. 35,25; Ex. 35,27; Ex. 35,29; Ex. 36,3; Ex. 39,13; Num. 7,3; Num. 15,25; Josh. 7,23; Josh. 18,9; Judg. 7,25; Judg. 16,18; 1Sam. 10,27; 2Sam. 4,8; 2Sam. 17,28; 1Kings 1,3; 1Kings 9,28; 1Chr. 10,12; 1Chr. 11,19; 2Chr. 15,11; 2Chr. 24,14; 2Chr. 28,8; 2Chr. 31,5; 2Chr. 31,6; Neh. 8,16; Neh. 13,12; 1Mac. 3,49; 1Mac. 7,47; 1Mac. 15,18; 2Mac. 8,31; Sol. 1,6; Judg. 7,25; Judg. 21,12; Dan. 5,23; Dan. 6,18; Bel 14; Mark 9,20; Mark 12,16; John 2,8)
Ἤνεγκαν ▸ 1
    Verb ▪ third ▪ plural ▪ aorist ▪ active ▪ indicative ▸ 1 (2Kings 10,8)
ἠνέγκατε ▸ 1
    Verb ▪ second ▪ plural ▪ aorist ▪ active ▪ indicative ▸ 1 (Amos 4,4)
ἤνεγκε ▸ 1
    Verb ▪ third ▪ singular ▪ aorist ▪ active ▪ indicative ▸ 1 (Dan. 5,2)
ἤνεγκεν ▸ 23 + 2 + 5 = 30
    Verb ▪ third ▪ singular ▪ aorist ▪ active ▪ indicative ▸ 23 + 2 + 5 = 30 (Gen. 4,3; Gen. 4,4; Gen. 27,14; Gen. 30,14; Gen. 43,24; 1Sam. 15,12; 1Sam. 17,54; 2Sam. 8,7; 1Kings 9,14; 1Kings 10,11; 2Kings 4,42; 2Kings 5,6; 2Kings 17,4; 1Chr. 18,7; 2Chr. 9,12; 2Chr. 25,14; Neh. 8,2; Neh. 13,18; Tob. 12,3; Psa. 77,29; Wis. 10,14; Joel 2,22; Ezek. 17,4; Tob. 12,3; Dan. 1,2; Matt. 14,11; Mark 6,28; John 4,33; Acts 4,37; Rom. 9,22)
ἠνεγκέν ▸ 1
    Verb ▪ third ▪ singular ▪ aorist ▪ active ▪ indicative ▸ 1 (Judg. 18,3)
ἠνέχθη ▸ 3 + 2 = 5
    Verb ▪ third ▪ singular ▪ aorist ▪ passive ▪ indicative ▸ 3 + 2 = 5 (Dan. 5,3; Dan. 5,23; Dan. 6,18; Matt. 14,11; 2Pet. 1,21)
ἠνέχθησαν ▸ 1
    Verb ▪ third ▪ plural ▪ aorist ▪ passive ▪ indicative ▸ 1 (Dan. 5,3)
οἴσει ▸ 20 + 1 + 1 = 22
    Verb ▪ third ▪ singular ▪ future ▪ active ▪ indicative ▸ 20 + 1 + 1 = 22 (Ex. 28,30; Lev. 2,2; Lev. 4,28; Lev. 4,28; Lev. 5,6; Lev. 5,7; Lev. 5,8; Lev. 5,11; Lev. 5,12; Lev. 5,15; Lev. 5,18; Lev. 5,25; Lev. 6,14; Lev. 7,29; Lev. 15,14; Lev. 15,29; Num. 6,10; Song 8,11; Is. 64,5; Bar. 3,30; Dan. 11,8; John 21,18)
οἴσεις ▸ 1
    Verb ▪ second ▪ singular ▪ future ▪ active ▪ indicative ▸ 1 (Num. 11,17)
οἴσετε ▸ 4
    Verb ▪ second ▪ plural ▪ future ▪ active ▪ indicative ▸ 4 (Lev. 23,10; Deut. 12,6; Deut. 12,11; Deut. 14,23)
οἴσομεν ▸ 2
    Verb ▪ first ▪ plural ▪ future ▪ active ▪ indicative ▸ 2 (1Sam. 9,7; Neh. 10,38)
οἴσουσιν ▸ 7 + 1 = 8
    Verb ▪ third ▪ plural ▪ future ▪ active ▪ indicative ▸ 7 + 1 = 8 (Ex. 35,5; Lev. 17,5; Psa. 67,30; Psa. 75,12; Sir. 23,25; Zeph. 3,10; Is. 60,6; Rev. 21,26)
οἴσω ▸ 5
    Verb ▪ first ▪ singular ▪ future ▪ active ▪ indicative ▸ 5 (Judg. 6,18; Is. 60,17; Is. 60,17; Is. 60,17; Jer. 30,27)
Φέρε ▸ 1
    Verb ▪ second ▪ singular ▪ present ▪ active ▪ imperative ▸ 1 (Ruth 3,15)
φέρε ▸ 1 + 3 = 4
    Verb ▪ second ▪ singular ▪ present ▪ active ▪ imperative ▸ 1 + 3 = 4 (Gen. 31,35; John 20,27; John 20,27; 2Tim. 4,13)
φέρει ▸ 2 + 3 = 5
    Verb ▪ third ▪ singular ▪ present ▪ active ▪ indicative ▸ 2 + 3 = 5 (Ex. 36,5; Is. 53,4; John 12,24; John 15,5; 2John 10)
φέρειν ▸ 15 + 2 = 17
    Verb ▪ present ▪ active ▪ infinitive ▸ 15 + 2 = 17 (Gen. 36,7; Num.

φέρω–Φεταια

11,14; Deut. 1,9; Deut. 1,12; Esth. 16,3 # 8,12c; 2Mac. 1,20; 2Mac. 14,27; 2Mac. 15,30; 3Mac. 3,19; 4Mac. 6,7; Prov. 30,21; Is. 53,3; Jer. 20,9; Jer. 51,22; Ezek. 17,8; Luke 23,26; John 15,4)

φέρεσθαι ▸ 3 + 1 = 4
   Verb · present · passive · infinitive ▸ 3 + 1 = 4 (Gen. 49,3; 2Chr. 31,10; Sir. 47,6; Heb. 9,16)

Φέρετε ▸ 2
   Verb · second · plural · present · active · imperative ▸ 2 (Gen. 47,16; 2Sam. 16,20)

φέρετε ▸ 4 + 5 = 9
   Verb · second · plural · present · active · indicative ▸ 2 + 1 = 3 (1Esdr. 4,22; Jer. 6,20; John 18,29)
   Verb · second · plural · present · active · imperative ▸ 2 + 4 = 6 (2Chr. 29,31; Is. 21,14; Mark 9,19; Mark 11,2; Luke 15,23; John 2,8)

φέρετέ ▸ 3
   Verb · second · plural · present · active · imperative ▸ 3 (Matt. 14,18; Matt. 17,17; Mark 12,15)

φέρῃ ▸ 1
   Verb · third · singular · present · active · subjunctive ▸ 1 (John 15,2)

φέρητε ▸ 3 + 2 = 5
   Verb · second · plural · present · active · subjunctive ▸ 3 + 2 = 5 (Lev. 23,12; Mal. 1,13; Is. 1,13; John 15,8; John 15,16)

φερόμενα ▸ 1
   Verb · present · passive · participle · neuter · plural · accusative ▸ 1 (Jer. 13,24)

φερομένη ▸ 3
   Verb · present · middle · participle · feminine · singular · nominative ▸ 3 (Is. 28,15; Is. 28,18; Is. 29,6)

φερομένην ▸ 1
   Verb · present · passive · participle · feminine · singular · accusative · (variant) ▸ 1 (1Pet. 1,13)

φερομένης ▸ 1
   Verb · present · middle · participle · feminine · singular · genitive ▸ 1 (Acts 2,2)

φερόμενοι ▸ 1 + 1 = 2
   Verb · present · passive · participle · masculine · plural · nominative ▸ 1 + 1 = 2 (3Mac. 3,18; 2Pet. 1,21)

φερόμενον ▸ 1
   Verb · present · passive · participle · neuter · singular · nominative ▸ 1 (Jer. 18,14)

φερόμενος ▸ 7
   Verb · present · middle · participle · masculine · singular · nominative ▸ 4 (2Mac. 3,25; Is. 29,5; Is. 32,2; Dan. 9,21)
   Verb · present · passive · participle · masculine · singular · nominative ▸ 3 (2Mac. 12,22; Job 17,1; Wis. 5,14)

φερομένου ▸ 4
   Verb · present · middle · participle · neuter · singular · genitive ▸ 2 (2Mac. 9,7; Is. 32,2)
   Verb · present · passive · participle · neuter · singular · genitive ▸ 2 (Lev. 26,36; Sol. 8,2)

φερομένους ▸ 2
   Verb · present · passive · participle · masculine · plural · accusative ▸ 2 (3Mac. 2,28; Job 22,12)

φερομένῳ ▸ 1
   Verb · present · passive · participle · masculine · singular · dative ▸ 1 (Job 13,25)

φερομένων ▸ 1
   Verb · present · passive · participle · neuter · plural · genitive ▸ 1 (2Mac. 14,45)

φέρον ▸ 2
   Verb · present · active · participle · neuter · singular · accusative ▸ 2 (John 15,2; John 15,2)

φέροντα ▸ 1
   Verb · present · active · participle · neuter · plural · nominative ▸ 1 (Hag. 2,19)

φέρονται ▸ 1
   Verb · third · plural · present · passive · indicative ▸ 1 (LetterJ 25)

φέροντας ▸ 5 + 1 = 6
   Verb · present · active · participle · masculine · plural · accusative ▸ 5 + 1 = 6 (2Sam. 8,2; 2Sam. 8,6; 1Chr. 18,6; Neh. 13,15; Neh. 13,15; Judg. 3,18)

φέροντες ▸ 10 + 1 + 4 = 15
   Verb · present · active · participle · masculine · plural · nominative ▸ 10 + 1 + 4 = 15 (Josh. 6,13; 1Chr. 18,2; Neh. 10,32; Neh. 13,16; Sol. 17,31; Is. 52,11; Is. 60,6; Jer. 17,26; Jer. 17,26; Ezek. 27,24; Dan. 11,6; Mark 2,3; Luke 5,18; Acts 5,16; Heb. 13,13)

φέροντος ▸ 1
   Verb · present · active · participle · neuter · singular · genitive ▸ 1 (Wis. 14,1)

φερόντων ▸ 1
   Verb · present · active · participle · masculine · plural · genitive ▸ 1 (Ex. 36,3)

φέρουσα ▸ 2
   Verb · present · active · participle · feminine · singular · nominative ▸ 2 (Is. 17,13; Ezek. 40,44)

φέρουσαι ▸ 1
   Verb · present · active · participle · feminine · plural · nominative ▸ 1 (Luke 24,1)

φέρουσαν ▸ 1
   Verb · present · active · participle · feminine · singular · accusative ▸ 1 (Acts 12,10)

φερούσης ▸ 1
   Verb · present · active · participle · feminine · singular · genitive ▸ 1 (Josh. 15,2)

φέρουσιν ▸ 3 + 6 = 9
   Verb · third · plural · present · active · indicative ▸ 3 + 6 = 9 (1Sam. 31,12; 2Sam. 6,17; 2Chr. 2,5; Mark 7,32; Mark 8,22; Mark 11,7; Mark 15,22; 2Pet. 2,11; Rev. 21,24)

φέρω ▸ 5
   Verb · first · singular · present · active · indicative ▸ 5 (2Kings 21,12; Jer. 30,21; Jer. 42,17; Jer. 46,16; Ezek. 37,5)

φερώμεθα ▸ 1
   Verb · first · plural · present · passive · subjunctive · (variant) ▸ 1 (Heb. 6,1)

φέρων ▸ 6 + 2 = 8
   Verb · present · active · participle · masculine · singular · nominative ▸ 6 + 2 = 8 (Judg. 15,1; 2Mac. 4,25; 2Mac. 7,39; 2Mac. 11,1; Wis. 18,15; Is. 30,17; John 19,39; Heb. 1,3)

Φεση Paseah ▸ 1
   Φεση ▸ 1
      Noun · masculine · singular · genitive · (proper) ▸ 1 (Neh. 7,51)

Φεσηχι Pasach ▸ 1
   Φεσηχι ▸ 1
      Noun · masculine · singular · nominative · (proper) ▸ 1 (1Chr. 7,33)

Φεσσηε Paseah ▸ 1
   Φεσσηε ▸ 1
      Noun · masculine · singular · accusative · (proper) ▸ 1 (1Chr. 4,12)

Φεταια Pethahiah ▸ 1
   Φεταια ▸ 1

Noun · masculine · singular · dative · (proper) ▸ **1** (1Chr. 24,16)

φεύγω to flee ▸ **230** + **20** + **29** = **279**

   ἔφευγον ▸ **1** + **1** = **2**
      Verb · third · plural · imperfect · active · indicative ▸ **1** + **1** = **2** (Judith 15,2; Judg. 20,45)

   ἔφυγαν ▸ **3** + **1** = **4**
      Verb · third · plural · aorist · active · indicative ▸ **3** + **1** = **4** (2Sam. 10,13; 2Sam. 10,14; 2Sam. 13,29; Judg. 7,21)

   ἔφυγε ▸ **1**
      Verb · third · singular · aorist · active · indicative ▸ **1** (Sus. 39)

   ἔφυγεν ▸ **52** + **7** + **5** = **64**
      Verb · third · singular · aorist · active · indicative ▸ **52** + **7** + **5** = **64** (Gen. 14,10; Gen. 39,12; Gen. 39,13; Gen. 39,15; Gen. 39,18; Ex. 4,3; Judg. 1,6; Judg. 4,15; Judg. 7,22; Judg. 8,12; Judg. 9,21; Judg. 9,40; 1Sam. 4,10; 1Sam. 19,12; 1Sam. 19,18; 1Sam. 21,11; 1Sam. 22,20; 2Sam. 4,4; 2Sam. 10,14; 2Sam. 10,18; 2Sam. 13,37; 2Sam. 18,17; 2Sam. 19,9; 2Sam. 23,11; 1Kings 2,28; 1Kings 11,43; 1Kings 21,20; 1Kings 21,30; 2Kings 8,21; 2Kings 9,10; 2Kings 9,27; 2Kings 9,27; 2Kings 14,12; 2Kings 14,19; 1Chr. 10,7; 1Chr. 11,13; 1Chr. 19,18; 2Chr. 10,2; 2Chr. 21,9; 2Chr. 25,22; 2Chr. 25,27; Tob. 8,3; 1Mac. 1,18; 1Mac. 2,28; 1Mac. 6,4; 1Mac. 10,49; 1Mac. 11,16; 1Mac. 11,46; 1Mac. 11,55; 1Mac. 15,37; Psa. 113,3; Jer. 26,15; Judg. 1,6; Judg. 4,15; Judg. 4,17; Judg. 7,22; Judg. 9,21; Judg. 9,40; Judg. 11,3; Mark 14,52; Acts 7,29; Rev. 12,6; Rev. 16,20; Rev. 20,11)

   Ἔφυγεν ▸ **2**
      Verb · third · singular · aorist · active · indicative ▸ **2** (2Sam. 1,4; 1Kings 2,29)

   ἔφυγες ▸ **1**
      Verb · second · singular · aorist · active · indicative ▸ **1** (Psa. 113,5)

   ἔφυγον ▸ **53** + **6** + **7** = **66**
      Verb · first · singular · aorist · active · indicative ▸ **1** (1Kings 2,29)
      Verb · third · plural · aorist · active · indicative ▸ **52** + **6** + **7** = **65** (Gen. 14,10; Ex. 14,27; Num. 16,34; Josh. 7,4; Josh. 10,16; Judg. 7,21; Judg. 9,51; Judg. 20,45; Judg. 20,47; 1Sam. 17,51; 1Sam. 19,8; 1Sam. 23,5; 1Sam. 30,17; 1Sam. 31,1; 1Sam. 31,7; 1Kings 21,30; 2Kings 3,24; 2Kings 7,7; 1Chr. 10,1; 1Chr. 10,7; 1Chr. 19,14; 1Chr. 19,15; 1Chr. 19,15; 2Chr. 13,16; 2Chr. 14,11; Judith 5,8; Tob. 1,21; 1Mac. 1,38; 1Mac. 2,44; 1Mac. 3,11; 1Mac. 3,24; 1Mac. 4,14; 1Mac. 4,22; 1Mac. 5,9; 1Mac. 5,34; 1Mac. 5,43; 1Mac. 7,32; 1Mac. 7,44; 1Mac. 9,18; 1Mac. 9,33; 1Mac. 9,40; 1Mac. 10,12; 1Mac. 10,64; 1Mac. 10,82; 1Mac. 10,83; 1Mac. 11,70; 1Mac. 11,72; 1Mac. 16,8; 1Mac. 16,10; Psa. 30,12; Jer. 26,5; Jer. 26,21; Judg. 8,12; Judg. 9,51; Judg. 20,42; Judg. 20,47; Tob. 1,21; Dan. 10,7; Matt. 8,33; Matt. 26,56; Mark 5,14; Mark 14,50; Mark 16,8; Luke 8,34; Heb. 11,34)

   ἐφύγοσαν ▸ **3**
      Verb · third · plural · aorist · active · indicative ▸ **3** (Neh. 13,10; Sol. 11,4; Sol. 17,16)

   πέφευγα ▸ **1**
      Verb · first · singular · perfect · active · indicative ▸ **1** (1Sam. 4,16)

   πέφευγας ▸ **1**
      Verb · second · singular · perfect · active · indicative ▸ **1** (1Kings 2,29)

   πεφεύγασιν ▸ **3**
      Verb · third · plural · perfect · active · indicative ▸ **3** (1Sam. 14,22; Is. 22,3; Is. 22,3)

   Πέφευγεν ▸ **1**
      Verb · third · singular · perfect · active · indicative ▸ **1** (1Sam. 4,17)

   πέφευγεν ▸ **3**
      Verb · third · singular · perfect · active · indicative ▸ **3** (Ex. 14,5; 1Sam. 27,4; 2Sam. 19,10)

   πεφευγότα ▸ **1**
      Verb · perfect · active · participle · masculine · singular · accusative ▸ **1** (2Mac. 8,33)

   πεφευγότων ▸ **1**
      Verb · perfect · active · participle · masculine · plural · genitive ▸ **1** (Jer. 45,19)

   φεῦγε ▸ **2** + **3** = **5**
      Verb · second · singular · present · active · imperative ▸ **2** + **3** = **5** (Num. 24,11; Sir. 21,2; Matt. 2,13; 1Tim. 6,11; 2Tim. 2,22)

   φεύγει ▸ **2** + **2** = **4**
      Verb · third · singular · present · active · indicative ▸ **2** + **2** = **4** (1Sam. 22,17; Prov. 28,1; John 10,12; Rev. 9,6)

   φεύγειν ▸ **6**
      Verb · present · active · infinitive ▸ **6** (Num. 35,6; Josh. 10,11; 2Sam. 19,4; 2Sam. 24,13; 1Chr. 21,12; 2Mac. 11,11)

   φεύγεις ▸ **1**
      Verb · second · singular · present · active · indicative ▸ **1** (Jer. 44,13)

   Φεύγετε ▸ **1** + **1** = **2**
      Verb · second · plural · present · active · imperative ▸ **1** + **1** = **2** (Jer. 31,6; 1Cor. 6,18)

   φεύγετε ▸ **4** + **2** = **6**
      Verb · second · plural · present · active · imperative ▸ **4** + **2** = **6** (Zech. 2,10; Jer. 4,6; Jer. 28,6; Jer. 30,25; Matt. 10,23; 1Cor. 10,14)

   φευγέτω ▸ **1**
      Verb · third · singular · present · active · imperative ▸ **1** (Jer. 26,6)

   φευγέτωσαν ▸ **3**
      Verb · third · plural · present · active · imperative ▸ **3** (Matt. 24,16; Mark 13,14; Luke 21,21)

   φεῦγον ▸ **1**
      Verb · present · active · participle · neuter · singular · nominative ▸ **1** (Is. 13,14)

   φεύγοντα ▸ **3**
      Verb · present · active · participle · masculine · singular · accusative ▸ **2** (Is. 27,1; Jer. 31,19)
      Verb · present · active · participle · neuter · plural · accusative ▸ **1** (Amos 6,5)

   φεύγοντας ▸ **3**
      Verb · present · active · participle · masculine · plural · accusative ▸ **3** (Obad. 14; Is. 43,14; Jer. 4,21)

   φεύγοντες ▸ **4**
      Verb · present · active · participle · masculine · plural · nominative ▸ **4** (Lev. 26,36; 1Mac. 11,73; Job 30,3; Nah. 2,9)

   φευγόντων ▸ **2**
      Verb · present · active · participle · masculine · plural · genitive ▸ **2** (Is. 21,15; Jer. 27,28)

   Φεύγουσιν ▸ **2**
      Verb · third · plural · present · active · indicative ▸ **2** (Josh. 8,6; 1Mac. 4,5)

   φεύγουσιν ▸ **3**
      Verb · present · active · participle · masculine · plural · dative ▸ **1** (Is. 21,14)
      Verb · third · plural · present · active · indicative ▸ **2** (1Sam. 31,7; Is. 16,3)

   φεύγω ▸ **1**
      Verb · first · singular · present · active · indicative ▸ **1** (Jer.

φεύγω–φημί

44,14)

φεύγων ▸ 12 + 1 = 13
 Verb · present · active · participle · masculine · singular · nominative ▸ 12 + 1 = **13** (Tob. 1,18; 1Mac. 15,11; 2Mac. 5,8; 2Mac. 11,12; Amos 9,1; Jonah 1,10; Is. 10,18; Is. 10,18; Is. 24,18; Is. 31,9; Is. 48,20; Jer. 31,44; Tob. 1,18)

φεύξεσθε ▸ 2
 Verb · second · plural · future · middle · indicative ▸ **2** (Lev. 26,17; Is. 30,16)

φεύξεται ▸ 8 + 2 + 1 = 11
 Verb · third · singular · future · middle · indicative ▸ 8 + 2 + 1 = **11** (Ex. 21,13; 2Sam. 17,2; Tob. 6,17; Job 27,22; Wis. 1,5; Is. 10,29; Is. 31,8; Jer. 27,16; Tob. 6,8; Tob. 6,17; James 4,7)

φεύξη ▸ 2
 Verb · second · singular · future · middle · indicative ▸ **2** (Deut. 28,25; 2Kings 9,3)

φευξόμεθα ▸ 3
 Verb · first · plural · future · middle · indicative ▸ **3** (Josh. 8,5; 4Mac. 8,19; Is. 30,16)

φεύξονται ▸ 9 + 1 = 10
 Verb · third · plural · future · middle · indicative ▸ 9 + 1 = **10** (Lev. 26,36; Deut. 28,7; Judith 14,3; Psa. 103,7; Sol. 15,7; Nah. 2,6; Is. 30,17; Is. 30,17; LetterJ 54; John 10,5)

Φύγε ▸ 1
 Verb · second · singular · aorist · active · imperative ▸ **1** (Song 8,14)

φυγεῖν ▸ 17 + 3 = 20
 Verb · aorist · active · infinitive ▸ 17 + 3 = **20** (Num. 35,11; Num. 35,15; Num. 35,32; Deut. 4,42; 1Sam. 23,6; 1Kings 12,18; 2Kings 9,23; 2Chr. 10,18; 1Mac. 9,10; 1Mac. 10,73; 2Mac. 8,24; Psa. 59,6; Wis. 16,15; Sol. 17,25; Jonah 1,3; Jonah 4,2; Is. 20,6; Matt. 3,7; Luke 3,7; Acts 27,30)

φυγέτωσαν ▸ 2
 Verb · third · plural · aorist · active · imperative ▸ **2** (Num. 10,34; Psa. 67,2)

φύγη ▸ 3
 Verb · third · singular · aorist · active · subjunctive ▸ **3** (Deut. 19,4; Deut. 19,11; Amos 5,19)

φύγης ▸ 1
 Verb · second · singular · aorist · active · subjunctive ▸ **1** (Tob. 4,21)

φύγητε ▸ 1
 Verb · second · plural · aorist · active · subjunctive ▸ **1** (Matt. 23,33)

φυγόντα ▸ 1
 Verb · aorist · active · participle · masculine · singular · accusative ▸ **1** (Wis. 10,6)

φύγω ▸ 1
 Verb · first · singular · aorist · active · subjunctive ▸ **1** (Psa. 138,7)

Φύγωμεν ▸ 2 + 1 = 3
 Verb · first · plural · aorist · active · subjunctive ▸ 2 + 1 = **3** (Ex. 14,25; Judg. 20,32; Judg. 20,32)

φύγωμεν ▸ 2
 Verb · first · plural · aorist · active · subjunctive ▸ **2** (2Sam. 15,14; 2Sam. 18,3)

φύγωσιν ▸ 2
 Verb · third · plural · aorist · active · subjunctive ▸ **2** (Josh. 8,20; 1Mac. 10,43)

φευκτός (φεύγω) what can be fled from, avoidable ▸ 1

φευκτὸν ▸ 1
 Adjective · masculine · singular · accusative · noDegree ▸ **1** (Wis. 17,9)

φη (Hebr.) pe ▸ 1
 φη ▸ 1
 Noun ▸ **1** (Psa. 118,129)

Φῆλιξ Felix ▸ 9
 Φήλικα ▸ 1
 Noun · masculine · singular · accusative · (proper) ▸ **1** (Acts 23,24)
 Φήλικι ▸ 1
 Noun · masculine · singular · dative · (proper) ▸ **1** (Acts 23,26)
 Φήλικος ▸ 1
 Noun · masculine · singular · genitive · (proper) ▸ **1** (Acts 25,14)
 Φῆλιξ ▸ 6
 Noun · masculine · singular · nominative · (proper) ▸ **5** (Acts 24,22; Acts 24,24; Acts 24,25; Acts 24,27; Acts 24,27)
 Noun · masculine · singular · vocative · (proper) ▸ **1** (Acts 24,3)

φήμη (φημί) report ▸ 4 + 2 = 6
 φήμη ▸ 2 + 2 = 4
 Noun · feminine · singular · nominative · (common) ▸ 2 + 2 = **4** (3Mac. 3,2; Prov. 15,30; Matt. 9,26; Luke 4,14)
 φήμης ▸ 2
 Noun · feminine · singular · genitive · (common) ▸ **2** (2Mac. 4,39; 4Mac. 4,22)

φημί to say ▸ 74 + 66 = 140
 ἔφασαν ▸ 1
 Verb · third · plural · imperfect · active · indicative ▸ **1** (Esth. 11,1 # 10,3l)
 ἔφη ▸ 23 + 41 = 64
 Verb · third · singular · aorist · active · indicative ▸ **23** (Gen. 24,47; Ex. 2,6; 1Esdr. 3,17; Esth. 11,1 # 10,3l; Judith 13,3; 2Mac. 7,2; 2Mac. 7,14; 2Mac. 7,18; 2Mac. 9,12; 2Mac. 14,5; 2Mac. 15,33; 3Mac. 1,14; 3Mac. 5,20; 4Mac. 5,5; 4Mac. 8,4; 4Mac. 8,13; 4Mac. 9,29; 4Mac. 10,2; 4Mac. 10,9; 4Mac. 10,14; 4Mac. 10,18; 4Mac. 11,13; 4Mac. 12,15)
 Verb · third · singular · imperfect · active · indicative · (variant) ▸ **41** (Matt. 4,7; Matt. 8,8; Matt. 13,28; Matt. 17,26; Matt. 19,21; Matt. 21,27; Matt. 22,37; Matt. 25,21; Matt. 25,23; Matt. 26,34; Matt. 26,61; Matt. 27,11; Matt. 27,23; Matt. 27,65; Mark 9,12; Mark 10,20; Mark 10,29; Mark 14,29; Luke 7,44; Luke 15,17; Luke 22,58; Luke 22,58; Luke 22,70; Luke 23,3; Luke 23,40; John 1,23; John 9,38; Acts 7,2; Acts 10,28; Acts 10,30; Acts 16,30; Acts 16,37; Acts 17,22; Acts 21,37; Acts 22,27; Acts 22,28; Acts 23,5; Acts 23,17; Acts 23,35; Acts 26,1; Acts 26,32)
 Ἔφη ▸ 2
 Verb · third · singular · imperfect · active · indicative · (variant) ▸ **2** (Mark 9,38; Mark 12,24)
 ἔφην ▸ 1
 Verb · first · singular · aorist · active · indicative ▸ **1** (4Mac. 2,18)
 ἔφησεν ▸ 3
 Verb · third · singular · aorist · active · indicative ▸ **3** (2Mac. 3,37; 2Mac. 7,27; 2Mac. 8,18)
 φάμενος ▸ 1
 Verb · present · middle · participle · masculine · singular · nominative ▸ **1** (Job 24,25)
 φασιν ▸ 1
 Verb · third · plural · present · active · indicative ▸ **1** (LetterJ 19)
 φασίν ▸ 1
 Verb · third · plural · present · active · indicative ▸ **1** (Rom. 3,8)
 φημι ▸ 4
 Verb · first · singular · present · active · indicative ▸ **4** (1Cor. 7,29; 1Cor. 10,15; 1Cor. 10,19; 1Cor. 15,50)

φησιν ▸ **10** + **5** = **15**
  Verb ▪ third ▪ singular ▪ present ▪ active ▪ indicative ▸ **10** + **5** = **15** (1Sam. 2,30; 2Chr. 34,27; Ezra 4,17; 2Mac. 15,5; 3Mac. 1,15; 4Mac. 12,8; 4Mac. 12,11; 4Mac. 17,19; Prov. 30,20; Wis. 15,12; Matt. 13,29; Acts 8,36; Acts 25,24; Acts 26,24; Heb. 8,5)
Φησὶν ▸ **3**
  Verb ▪ third ▪ singular ▪ present ▪ active ▪ indicative ▸ **3** (Num. 24,3; Num. 24,15; Psa. 35,2)
φησὶν ▸ **31**
  Verb ▪ third ▪ singular ▪ present ▪ active ▪ indicative ▸ **31** (Num. 24,3; Num. 24,4; Num. 24,15; 2Kings 9,26; 2Kings 9,26; Jer. 2,3; Jer. 23,12; Jer. 25,12; Jer. 30,18; Jer. 30,32; Jer. 31,12; Jer. 31,35; Jer. 31,38; Jer. 34,15; Jer. 36,23; Jer. 37,3; Jer. 37,17; Jer. 37,21; Jer. 38,20; Jer. 38,27; Jer. 38,28; Jer. 38,31; Jer. 38,32; Jer. 38,33; Jer. 38,35; Jer. 38,35; Jer. 38,37; Jer. 38,38; Jer. 41,22; Jer. 46,18; Jer. 49,11)
φησίν ▸ **13**
  Verb ▪ third ▪ singular ▪ present ▪ active ▪ indicative ▸ **13** (Matt. 14,8; Luke 7,40; John 18,29; Acts 2,38; Acts 10,31; Acts 19,35; Acts 22,2; Acts 23,18; Acts 25,5; Acts 25,22; Acts 26,25; 1Cor. 6,16; 2Cor. 10,10)

Φῆστος Festus ▸ **13**
  Φῆστε ▸ **1**
    Noun ▪ masculine ▪ singular ▪ vocative ▪ (proper) ▸ **1** (Acts 26,25)
  Φῆστον ▸ **3**
    Noun ▪ masculine ▪ singular ▪ accusative ▪ (proper) ▸ **3** (Acts 24,27; Acts 25,13; Acts 25,22)
  Φῆστος ▸ **7**
    Noun ▪ masculine ▪ singular ▪ nominative ▪ (proper) ▸ **7** (Acts 25,1; Acts 25,4; Acts 25,9; Acts 25,12; Acts 25,14; Acts 25,24; Acts 26,24)
  Φήστου ▸ **1**
    Noun ▪ masculine ▪ singular ▪ genitive ▪ (proper) ▸ **1** (Acts 25,23)
  Φήστῳ ▸ **1**
    Noun ▪ masculine ▪ singular ▪ dative ▪ (proper) ▸ **1** (Acts 26,32)

Φθαιηλ Iphtah El ▸ **1**
  Φθαιηλ ▸ **1**
    Noun ▪ singular ▪ genitive ▪ (proper) ▸ **1** (Josh. 19,27)

φθάνω to come before, to overtake, to reach ▸ **14** + **13** + **7** = **34**
  ἔφθακεν ▸ **2**
    Verb ▪ third ▪ singular ▪ perfect ▪ active ▪ indicative ▸ **2** (2Chr. 28,9; Song 2,12)
  ἔφθασα ▸ **1**
    Verb ▪ first ▪ singular ▪ aorist ▪ active ▪ indicative ▸ **1** (Sir. 33,17)
  ἐφθάσαμεν ▸ **2**
    Verb ▪ first ▪ plural ▪ aorist ▪ active ▪ indicative ▸ **2** (2Cor. 10,14; Phil. 3,16)
  ἔφθασαν ▸ **1**
    Verb ▪ third ▪ plural ▪ aorist ▪ active ▪ indicative ▸ **1** (Dan. 6,25)
  ἔφθασεν ▸ **4** + **8** + **4** = **16**
    Verb ▪ third ▪ singular ▪ aorist ▪ active ▪ indicative ▸ **4** + **8** + **4** = **16** (2Sam. 20,13; 1Kings 12,18; Ezra 3,1; Neh. 7,73; Judg. 20,42; Dan. 4,11; Dan. 4,20; Dan. 4,22; Dan. 4,24; Dan. 4,28; Dan. 7,13; Dan. 7,22; Matt. 12,28; Luke 11,20; Rom. 9,31; 1Th. 2,16)
  φθάνει ▸ **3** + **1** = **4**
    Verb ▪ third ▪ singular ▪ present ▪ active ▪ indicative ▸ **3** + **1** = **4** (Eccl. 8,14; Eccl. 8,14; Wis. 6,13; Judg. 20,34)
  φθάνειν ▸ **1**
    Verb ▪ present ▪ active ▪ infinitive ▸ **1** (Wis. 16,28)
  φθάνοντα ▸ **1**
    Verb ▪ present ▪ active ▪ participle ▪ masculine ▪ singular ▪ accusative ▸ **1** (Dan. 8,7)
  φθάσαι ▸ **1** + **1** = **2**
    Verb ▪ second ▪ singular ▪ aorist ▪ middle ▪ imperative ▸ **1** + **1** = **2** (Tob. 5,19; Tob. 5,19)
  φθάσας ▸ **1**
    Verb ▪ aorist ▪ active ▪ participle ▪ masculine ▪ singular ▪ nominative ▸ **1** (Dan. 12,12)
  φθάσῃ ▸ **1**
    Verb ▪ third ▪ singular ▪ aorist ▪ active ▪ subjunctive ▸ **1** (Wis. 4,7)
  φθάσωμεν ▸ **1**
    Verb ▪ first ▪ plural ▪ aorist ▪ active ▪ subjunctive ▸ **1** (1Th. 4,15)
  φθάσωσιν ▸ **1**
    Verb ▪ third ▪ plural ▪ aorist ▪ active ▪ subjunctive ▸ **1** (Eccl. 12,1)

φθάρμα (φθείρω) corrupted ▸ **1**
  φθάρματά ▸ **1**
    Noun ▪ neuter ▪ plural ▪ nominative ▪ (common) ▸ **1** (Lev. 22,25)

φθαρτός (φθείρω) perishable, corruptible ▸ **4** + **6** = **10**
  φθαρτῆς ▸ **1**
    Adjective ▪ feminine ▪ singular ▪ genitive ▪ (verbal) ▸ **1** (1Pet. 1,23)
  φθαρτοῖς ▸ **1**
    Adjective ▪ neuter ▪ plural ▪ dative ▪ (verbal) ▸ **1** (1Pet. 1,18)
  φθαρτόν ▸ **1**
    Adjective ▪ neuter ▪ singular ▪ accusative ▪ noDegree ▸ **1** (Is. 54,17)
  φθαρτόν ▸ **2** + **3** = **5**
    Adjective ▪ masculine ▪ singular ▪ accusative ▪ noDegree ▪ (verbal) ▸ **1** (1Cor. 9,25)
    Adjective ▪ neuter ▪ singular ▪ accusative ▪ noDegree ▸ **1** (1Cor. 15,53)
    Adjective ▪ neuter ▪ singular ▪ nominative ▪ noDegree ▪ (verbal) ▸ **2** + **1** = **3** (Wis. 9,15; Wis. 14,8; 1Cor. 15,54)
  φθαρτὸς ▸ **1**
    Adjective ▪ masculine ▪ singular ▪ nominative ▪ noDegree ▸ **1** (2Mac. 7,16)
  φθαρτοῦ ▸ **1**
    Adjective ▪ masculine ▪ singular ▪ genitive ▪ (verbal) ▸ **1** (Rom. 1,23)

φθέγγομαι to speak, utter ▸ **15** + **3** = **18**
  ἐφθέγξατο ▸ **2**
    Verb ▪ third ▪ singular ▪ aorist ▪ middle ▪ indicative ▸ **2** (Sir. 13,22; Amos 1,2)
  φθέγγεσθαι ▸ **1**
    Verb ▪ present ▪ middle ▪ infinitive ▸ **1** (Acts 4,18)
  φθέγγεσθε ▸ **1**
    Verb ▪ second ▪ plural ▪ present ▪ middle ▪ indicative ▸ **1** (Job 13,7)
  φθεγγόμεναι ▸ **1**
    Verb ▪ present ▪ middle ▪ participle ▪ feminine ▪ plural ▪ nominative ▸ **1** (Nah. 2,8)
  φθεγγόμενοι ▸ **1**
    Verb ▪ present ▪ middle ▪ participle ▪ masculine ▪ plural ▪ nominative ▸ **1** (2Pet. 2,18)
  φθεγγόμενος ▸ **1**
    Verb ▪ present ▪ middle ▪ participle ▪ masculine ▪ singular ▪ nominative ▸ **1** (Wis. 1,8)
  φθεγγομένῳ ▸ **1**
    Verb ▪ present ▪ middle ▪ participle ▪ masculine ▪ singular ▪ dative ▸ **1** (Wis. 8,12)
  φθέγγου ▸ **1**

φθέγγομαι–φθόνος

Verb · second · singular · present · middle · imperative · ▸ **1** (Sir. 5,11)
φθέγξαιτο ▸ 1
  Verb · third · singular · aorist · middle · optative · ▸ **1** (Psa. 118,172)
φθεγξάμενον ▸ 1
  Verb · aorist · middle · participle · neuter · singular · nominative ▸ **1** (2Pet. 2,16)
φθεγξάμενος ▸ 1
  Verb · aorist · middle · participle · masculine · singular · nominative ▸ **1** (Lam. 1,12)
φθέγξασθε ▸ 1
  Verb · second · plural · aorist · middle · imperative ▸ **1** (Judg. 5,11)
φθεγξάσθωσαν ▸ 1
  Verb · third · plural · aorist · middle · imperative ▸ **1** (Jer. 9,16)
φθέγξεται ▸ 1
  Verb · third · singular · future · middle · indicative ▸ **1** (Hab. 2,11)
φθέγξομαι ▸ 1
  Verb · first · singular · future · middle · indicative ▸ **1** (Psa. 77,2)
φθέγξονται ▸ 2
  Verb · third · plural · future · middle · indicative ▸ **2** (Psa. 93,4; Jer. 28,14)

φθέγμα (φθέγγομαι) sound, voice, speech, saying, utterance ▸ 2
φθέγμα ▸ 2
  Noun · neuter · singular · accusative · (common) ▸ **1** (Job 6,26)
  Noun · neuter · singular · nominative · (common) ▸ **1** (Wis. 1,11)

φθειρίζω (φθείρω) to pick lice ▸ 2
φθειριεῖ ▸ 1
  Verb · third · singular · future · active · indicative ▸ **1** (Jer. 50,12)
φθειρίζει ▸ 1
  Verb · third · singular · present · active · indicative ▸ **1** (Jer. 50,12)

φθείρω to corrupt, destroy ▸ 20 + 9 = 29
ἐφθάρη ▸ 3
  Verb · third · singular · aorist · passive · indicative ▸ **3** (Gen. 6,11; Ex. 10,15; Is. 24,4)
ἐφθάρησαν ▸ 2
  Verb · third · plural · aorist · passive · indicative ▸ **2** (Deut. 34,7; Hos. 9,9)
ἐφθείραμεν ▸ 1
  Verb · first · plural · aorist · active · indicative ▸ **1** (2Cor. 7,2)
ἔφθειραν ▸ 1
  Verb · third · plural · aorist · active · indicative ▸ **1** (1Chr. 20,1)
ἔφθειρας ▸ 1
  Verb · second · singular · aorist · active · indicative ▸ **1** (Ezek. 16,52)
ἔφθειρεν ▸ 1
  Verb · third · singular · aorist · active · indicative ▸ **1** (Rev. 19,2)
ἔφθειρέν ▸ 1
  Verb · third · singular · imperfect · active · indicative ▸ **1** (4Mac. 18,8)
φθαρῇ ▸ 1 + 1 = 2
  Verb · third · singular · aorist · passive · subjunctive ▸ **1 + 1 = 2** (Dan. 7,14; 2Cor. 11,3)
φθαρήσεται ▸ 3
  Verb · third · singular · future · passive · indicative ▸ **3** (Job 15,32; Is. 24,3; Dan. 2,44)
φθαρήσονται ▸ 1
  Verb · third · plural · future · passive · indicative ▸ **1** (2Pet. 2,12)

φθεῖραι ▸ 2
  Verb · aorist · active · infinitive ▸ **2** (Is. 54,16; Dan. 11,17)
φθείρει ▸ 1
  Verb · third · singular · present · active · indicative ▸ **1** (1Cor. 3,17)
φθειρόμενον ▸ 1 + 1 = 2
  Verb · present · passive · participle · masculine · singular · accusative · (variant) ▸ **1** (Eph. 4,22)
  Verb · present · passive · participle · neuter · singular · nominative ▸ **1** (Wis. 16,27)
φθείρονται ▸ 1
  Verb · third · plural · present · passive · indicative · (variant) ▸ **1** (Jude 10)
φθείρουσιν ▸ 1
  Verb · third · plural · present · active · indicative ▸ **1** (1Cor. 15,33)
φθερεῖ ▸ 3 + 1 = 4
  Verb · third · singular · future · active · indicative ▸ **3 + 1 = 4** (Dan. 8,24; Dan. 8,24; Dan. 9,26; 1Cor. 3,17)
φθερεῖτε ▸ 1
  Verb · second · plural · future · active · indicative ▸ **1** (Lev. 19,27)
φθερῶ ▸ 1
  Verb · first · singular · future · active · indicative ▸ **1** (Jer. 13,9)

φθινοπωρινός (φθίνω; ὀπώρα) Autumn, Fall; autumnal ▸ 1
φθινοπωρινά ▸ 1
  Adjective · neuter · plural · nominative ▸ **1** (Jude 12)

φθίνω to wane ▸ 1
φθίνουσαν ▸ 1
  Verb · present · active · participle · feminine · singular · accusative ▸ **1** (Job 31,26)

φθόγγος (φθέγγομαι) sound ▸ 2 + 2 = 4
φθόγγοι ▸ 1
  Noun · masculine · plural · nominative · (common) ▸ **1** (Wis. 19,18)
φθόγγοις ▸ 1
  Noun · masculine · plural · dative ▸ **1** (1Cor. 14,7)
φθόγγος ▸ 1 + 1 = 2
  Noun · masculine · singular · nominative · (common) ▸ **1 + 1 = 2** (Psa. 18,5; Rom. 10,18)

φθονερός (φθόνος) envious ▸ 1
φθονερὸς ▸ 1
  Adjective · masculine · singular · nominative · noDegree ▸ **1** (Sir. 14,10)

φθονέω (φθόνος) to envy ▸ 2 + 1 = 3
φθονεσάτω ▸ 2
  Verb · third · singular · aorist · active · imperative ▸ **2** (Tob. 4,7; Tob. 4,16)
φθονοῦντες ▸ 1
  Verb · present · active · participle · masculine · plural · nominative ▸ **1** (Gal. 5,26)

φθόνος envy ▸ 4 + 9 = 13
φθόνοι ▸ 1
  Noun · masculine · plural · nominative ▸ **1** (Gal. 5,21)
φθόνον ▸ 4
  Noun · masculine · singular · accusative ▸ **4** (Matt. 27,18; Mark 15,10; Phil. 1,15; James 4,5)
φθόνος ▸ 1 + 1 = 2
  Noun · masculine · singular · nominative · (common) ▸ **1 + 1 = 2** (1Mac. 8,16; 1Tim. 6,4)
φθόνου ▸ 1 + 1 = 2

Noun · masculine · singular · genitive · (common) ▸ 1 + 1 = **2** (3Mac. 6,7; Rom. 1,29)

φθόνους ▸ **1**

Noun · masculine · plural · accusative ▸ **1** (1Pet. 2,1)

φθόνῳ ▸ **2 + 1 = 3**

Noun · masculine · singular · dative · (common) ▸ 2 + 1 = **3** (Wis. 2,24; Wis. 6,23; Titus 3,3)

φθορά (φθείρω) corruption, decay ▸ 11 + 9 = 20

φθορά ▸ **1**

Noun · feminine · singular · nominative · (common) ▸ **1** (Wis. 14,25)

φθορά ▸ **3 + 1 = 4**

Noun · feminine · singular · nominative · (common) ▸ 3 + 1 = **4** (Wis. 14,12; Jonah 2,7; Dan. 3,92; 1Cor. 15,50)

φθορᾷ ▸ **4 + 2 = 6**

Noun · feminine · singular · dative · (common) ▸ 4 + 2 = **6** (Ex. 18,18; Sol. 4,6; Mic. 2,10; Is. 24,3; 1Cor. 15,42; 2Pet. 2,12)

φθοράν ▸ **1 + 1 = 2**

Noun · feminine · singular · accusative · (common) ▸ 1 + 1 = **2** (Dan. 10,8; Gal. 6,8)

φθοράν ▸ **2**

Noun · feminine · singular · accusative ▸ **2** (Col. 2,22; 2Pet. 2,12)

φθορᾶς ▸ **2 + 3 = 5**

Noun · feminine · singular · genitive · (common) ▸ 2 + 3 = **5** (Psa. 102,4; Ode. 6,7; Rom. 8,21; 2Pet. 1,4; 2Pet. 2,19)

φθορεύς (φθείρω) corruptor ▸ 1

φθορεύς ▸ **1**

Noun · masculine · singular · nominative · (common) ▸ **1** (4Mac. 18,8)

φιάλη bowl ▸ 35 + 12 = 47

φιάλαι ▸ **6**

Noun · feminine · plural · nominative · (common) ▸ **6** (Num. 7,84; 1Kings 7,36; 2Kings 12,14; 1Esdr. 2,10; Song 5,13; Zech. 14,20)

φιάλας ▸ **15 + 5 = 20**

Noun · feminine · plural · accusative · (common) ▸ 15 + 5 = **20** (Ex. 27,3; Ex. 38,23; Num. 4,14; 1Kings 7,26; 1Kings 7,31; 2Kings 25,14; 2Kings 25,15; 2Chr. 4,8; 2Chr. 4,21; Neh. 7,70; 1Mac. 1,22; Prov. 23,31; Song 6,2; Zech. 9,15; Jer. 52,18; Rev. 5,8; Rev. 15,7; Rev. 16,1; Rev. 17,1; Rev. 21,9)

φιάλη ▸ **1**

Noun · feminine · singular · nominative · (common) ▸ **1** (Num. 7,85)

φιάλην ▸ **12 + 7 = 19**

Noun · feminine · singular · accusative · (common) ▸ 12 + 7 = **19** (Num. 7,13; Num. 7,19; Num. 7,25; Num. 7,31; Num. 7,37; Num. 7,43; Num. 7,49; Num. 7,55; Num. 7,61; Num. 7,67; Num. 7,73; Num. 7,79; Rev. 16,2; Rev. 16,3; Rev. 16,4; Rev. 16,8; Rev. 16,10; Rev. 16,12; Rev. 16,17)

φιαλῶν ▸ **1**

Noun · feminine · plural · genitive · (common) ▸ **1** (1Chr. 28,17)

Φιδων Piram ▸ 1

Φιδων ▸ **1**

Noun · masculine · singular · accusative · (proper) ▸ **1** (Josh. 10,3)

Φιθων Pithon ▸ 1

Φιθων ▸ **1**

Noun · masculine · singular · nominative · (proper) ▸ **1** (1Chr. 8,35)

Φικολ Phicol ▸ 3

Φικολ ▸ **3**

Noun · masculine · singular · nominative · (proper) ▸ **3** (Gen. 21,22; Gen. 21,32; Gen. 26,26)

φιλάγαθος (φίλος; ἀγαθός) loving the good ▸ 1 + 1 = 2

φιλάγαθον ▸ **1 + 1 = 2**

Adjective · masculine · singular · accusative ▸ **1** (Titus 1,8)

Adjective · neuter · singular · nominative · noDegree ▸ **1** (Wis. 7,22)

Φιλαδέλφεια (φίλος; ἀδελφός) Philadelphia ▸ 2

Φιλαδελφείᾳ ▸ **1**

Noun · feminine · singular · dative · (proper) ▸ **1** (Rev. 3,7)

Φιλαδέλφειαν ▸ **1**

Noun · feminine · singular · accusative · (proper) ▸ **1** (Rev. 1,11)

φιλαδελφία (φίλος; ἀδελφός) brotherly love ▸ 3 + 6 = 9

φιλαδελφία ▸ **1**

Noun · feminine · singular · nominative ▸ **1** (Heb. 13,1)

φιλαδελφίᾳ ▸ **2**

Noun · feminine · singular · dative ▸ **2** (Rom. 12,10; 2Pet. 1,7)

φιλαδελφίαν ▸ **1 + 2 = 3**

Noun · feminine · singular · accusative · (common) ▸ 1 + 2 = **3** (4Mac. 13,26; 1Pet. 1,22; 2Pet. 1,7)

φιλαδελφίας ▸ **2 + 1 = 3**

Noun · feminine · singular · genitive · (common) ▸ 2 + 1 = **3** (4Mac. 13,23; 4Mac. 14,1; 1Th. 4,9)

φιλάδελφος (φίλος; ἀδελφός) brother-loving ▸ 3 + 1 = 4

φιλάδελφοι ▸ **2 + 1 = 3**

Adjective · feminine · plural · nominative · noDegree ▸ **1** (4Mac. 13,21)

Adjective · masculine · plural · nominative · noDegree ▸ 1 + 1 = **2** (4Mac. 15,10; 1Pet. 3,8)

φιλάδελφος ▸ **1**

Adjective · masculine · singular · nominative · noDegree ▸ **1** (2Mac. 15,14)

φιλαμαρτήμων (φίλος; ἁμαρτάνω) loving sin ▸ 1

φιλαμαρτήμων ▸ **1**

Adjective · masculine · singular · nominative · noDegree ▸ **1** (Prov. 17,19)

φίλανδρος (φίλος; ἀνήρ) loving one's husband ▸ 1

φιλάνδρους ▸ **1**

Adjective · feminine · plural · accusative ▸ **1** (Titus 2,4)

φιλανθρωπέω (φίλος; ἄνθρωπος) to treat kindly ▸ 1

ἐφιλανθρώπησεν ▸ **1**

Verb · third · singular · aorist · active · indicative ▸ **1** (2Mac. 13,23)

φιλανθρωπία (φίλος; ἄνθρωπος) kindness, love of mankind ▸ 5 + 2 = 7

φιλανθρωπία ▸ **1**

Noun · feminine · singular · nominative ▸ **1** (Titus 3,4)

φιλανθρωπίᾳ ▸ **1**

Noun · feminine · singular · dative · (common) ▸ **1** (3Mac. 3,15)

φιλανθρωπίαν ▸ **2 + 1 = 3**

Noun · feminine · singular · accusative · (common) ▸ 2 + 1 = **3** (2Mac. 14,9; 3Mac. 3,18; Acts 28,2)

φιλανθρωπίας ▸ **2**

Noun · feminine · singular · genitive · (common) ▸ **2** (Esth. 16,11 # 8,12l; 2Mac. 6,22)

φιλάνθρωπος (φίλος; ἄνθρωπος) kindly, humane ▸ 6

φιλάνθρωπα ▸ **2**

Adjective · neuter · plural · accusative · noDegree ▸ **2** (1Esdr. 8,10; 2Mac. 4,11)

φιλάνθρωπον ▸ **4**

Adjective · feminine · singular · accusative · noDegree ▸ 1 (4Mac. 5,12)

Adjective · masculine · singular · accusative · noDegree ▸ 1 (Wis. 12,19)

Adjective · neuter · singular · nominative · noDegree ▸ 2 (Wis. 1,6; Wis. 7,23)

φιλανθρώπως (φίλος; ἄνθρωπος) kindly, considerately ▸ 2 + 1 = 3
  φιλανθρώπως ▸ 2 + 1 = 3
    Adverb ▸ 2 + 1 = 3 (2Mac. 9,27; 3Mac. 3,20; Acts 27,3)

φιλαργυρέω (φίλος; ἄργυρος) to love money ▸ 1
  φιλαργυρήσαντες ▸ 1
    Verb · aorist · active · participle · masculine · plural · nominative ▸ 1 (2Mac. 10,20)

φιλαργυρία (φίλος; ἄργυρος) love of money ▸ 1 + 1 = 2
  φιλαργυρία ▸ 1 + 1 = 2
    Noun · feminine · singular · nominative · (common) ▸ 1 + 1 = 2 (4Mac. 1,26; 1Tim. 6,10)

φιλάργυρος (φίλος; ἄργυρος) money-loving, avaricious ▸ 1 + 2 = 3
  φιλάργυροι ▸ 2
    Adjective · masculine · plural · nominative ▸ 2 (Luke 16,14; 2Tim. 3,2)
  φιλάργυρός ▸ 1
    Adjective · masculine · singular · nominative · noDegree ▸ 1 (4Mac. 2,8)

φιλαρχία (φίλος; ἄρχω) love of power ▸ 1
  φιλαρχίας ▸ 1
    Noun · feminine · singular · genitive · (common) ▸ 1 (4Mac. 2,15)

φίλαυτος (φίλος; αὐτός) selfish, self-centered ▸ 1
  φίλαυτοι ▸ 1
    Adjective · masculine · plural · nominative ▸ 1 (2Tim. 3,2)

φιλελεήμων (φίλος; ἔλεος) love of mercy; merciful ▸ 1
  φιλελεήμων ▸ 1
    Adjective · masculine · singular · nominative · noDegree ▸ 1 (Tob. 14,9)

φιλεχθρέω (φίλος; ἐχθρός) to be ready to argue ▸ 1
  φιλεχθρήσῃς ▸ 1
    Verb · second · singular · aorist · active · subjunctive ▸ 1 (Prov. 3,30)

φιλέω (φίλος) to love, have affection for; kiss; ask, pray ▸ 32 + 1 + 25 = 58
  ἐφίλει ▸ 1 + 3 = 4
    Verb · third · singular · imperfect · active · indicative ▸ 1 + 3 = 4 (Gen. 27,14; John 11,36; John 15,19; John 20,2)
  ἐφίλησα ▸ 2
    Verb · first · singular · aorist · active · indicative ▸ 2 (Job 31,27; Wis. 8,2)
  ἐφίλησεν ▸ 11 + 1 = 12
    Verb · third · singular · aorist · active · indicative ▸ 11 + 1 = 12 (Gen. 27,27; Gen. 29,11; Gen. 29,13; Gen. 33,4; Gen. 48,10; Gen. 50,1; Ex. 18,7; 1Sam. 10,1; Tob. 6,19; Tob. 10,12; Prov. 7,13; Tob. 5,17)
  πεφιλήκατε ▸ 1
    Verb · second · plural · perfect · active · indicative ▸ 1 (John 16,27)
  φιλεῖ ▸ 3 + 3 = 6
    Verb · third · singular · present · active · indicative ▸ 3 + 3 = 6 (Gen. 27,9; Gen. 37,4; Tob. 6,15; John 5,20; John 16,27; 1Cor. 16,22)
  φιλεῖν ▸ 1
    Verb · present · active · infinitive ▸ 1 (Esth. 13,12 # 4,17d)
  φιλεῖς ▸ 3
    Verb · second · singular · present · active · indicative ▸ 3 (John 11,3; John 21,17; John 21,17)
  φιλῆσαι ▸ 1 + 1 = 2
    Verb · aorist · active · infinitive ▸ 1 + 1 = 2 (Eccl. 3,8; Luke 22,47)
  Φιλησάτω ▸ 1
    Verb · third · singular · aorist · active · imperative ▸ 1 (Song 1,2)
  φίλησόν ▸ 1
    Verb · second · singular · aorist · active · imperative ▸ 1 (Gen. 27,26)
  φιλήσουσιν ▸ 1
    Verb · third · plural · future · active · indicative ▸ 1 (Prov. 24,26)
  φιλήσω ▸ 1 + 2 = 3
    Verb · first · singular · aorist · active · subjunctive ▸ 1 + 2 = 3 (Song 8,1; Matt. 26,48; Mark 14,44)
  φιλούμενος ▸ 1
    Verb · present · passive · participle · masculine · singular · nominative ▸ 1 (Esth. 10,3)
  φιλοῦντας ▸ 1 + 1 = 2
    Verb · present · active · participle · masculine · plural · accusative ▸ 1 + 1 = 2 (Prov. 8,17; Titus 3,15)
  φιλοῦντες ▸ 2
    Verb · present · active · participle · masculine · plural · nominative ▸ 2 (Is. 56,10; Lam. 1,2)
  φιλοῦντος ▸ 1
    Verb · present · active · participle · masculine · singular · genitive ▸ 1 (Prov. 29,3)
  φιλούντων ▸ 1 + 1 = 2
    Verb · present · active · participle · masculine · plural · genitive ▸ 1 + 1 = 2 (Jer. 22,22; Luke 20,46)
  φιλοῦσιν ▸ 1 + 2 = 3
    Verb · third · plural · present · active · indicative ▸ 1 + 2 = 3 (Hos. 3,1; Matt. 6,5; Matt. 23,6)
  φιλῶ ▸ 1 + 4 = 5
    Verb · first · singular · present · active · indicative ▸ 1 + 3 = 4 (Gen. 27,4; John 21,15; John 21,16; John 21,17)
    Verb · first · singular · present · active · subjunctive ▸ 1 (Rev. 3,19)
  φιλῶν ▸ 1 + 4 = 5
    Verb · present · active · participle · masculine · singular · nominative ▸ 1 + 4 = 5 (Prov. 21,17; Matt. 10,37; Matt. 10,37; John 12,25; Rev. 22,15)

φιλήδονος (φίλος; ἥδομαι) pleasure-loving ▸ 1
  φιλήδονοι ▸ 1
    Adjective · masculine · plural · nominative ▸ 1 (2Tim. 3,4)

φιληκοΐα (φίλος; ἀκούω) love of listening ▸ 1
  φιληκοΐαν ▸ 1
    Noun · feminine · singular · accusative · (common) ▸ 1 (4Mac. 15,21)

φίλημα (φίλος) kiss ▸ 2 + 7 = 9
  φίλημά ▸ 1
    Noun · neuter · singular · accusative ▸ 1 (Luke 7,45)
  φιλήματα ▸ 1
    Noun · neuter · plural · nominative · (common) ▸ 1 (Prov. 27,6)
  φιλήματι ▸ 6
    Noun · neuter · singular · dative ▸ 6 (Luke 22,48; Rom. 16,16; 1Cor. 16,20; 2Cor. 13,12; 1Th. 5,26; 1Pet. 5,14)
  φιλημάτων ▸ 1
    Noun · neuter · plural · genitive · (common) ▸ 1 (Song 1,2)

Φιλήμων (φίλος) Philemon ▸ 2
  ΦΙΛΗΜΟΝΑ ▸ 1
    Noun · masculine · singular · accusative · (proper) ▸ 1 (Philem. 0)
  Φιλήμονι ▸ 1
    Noun · masculine · singular · dative · (proper) ▸ 1 (Philem. 1)
Φίλητος (φίλος) Philetus ▸ 1
  Φίλητος ▸ 1
    Noun · masculine · singular · nominative · (proper) ▸ 1 (2Tim. 2,17)
φιλία (φίλος) love, friendship ▸ 36 + 1 = 37
  φιλία ▸ 4 + 1 = 5
    Noun · feminine · singular · nominative · (common) ▸ 4 + 1 = 5 (Prov. 10,12; Prov. 25,10a; Sir. 9,8; Sir. 25,1; James 4,4)
  φιλίᾳ ▸ 3
    Noun · feminine · singular · dative · (common) ▸ 3 (1Mac. 10,26; Prov. 5,19; Wis. 8,18)
  φιλίαν ▸ 19
    Noun · feminine · singular · accusative · (common) ▸ 19 (1Mac. 8,1; 1Mac. 8,11; 1Mac. 8,17; 1Mac. 10,23; 1Mac. 10,54; 1Mac. 12,1; 1Mac. 12,3; 1Mac. 12,10; 1Mac. 12,16; 1Mac. 14,18; 1Mac. 14,22; 1Mac. 15,17; 2Mac. 6,22; Prov. 15,17; Prov. 17,9; Wis. 7,14; Sir. 6,17; Sir. 22,20; Sir. 27,18)
  φιλίας ▸ 10
    Noun · feminine · singular · genitive · (common) ▸ 10 (1Mac. 10,20; 1Mac. 12,8; 2Mac. 4,11; 4Mac. 2,11; 4Mac. 2,12; 4Mac. 8,5; Prov. 5,19; Prov. 7,18; Prov. 19,7; Prov. 27,5)
φιλιάζω (φίλος) to be friendly ▸ 5 + 1 = 6
  Ἐφιλίασα ▸ 1
    Verb · first · singular · aorist · active · indicative ▸ 1 (Sir. 37,1)
  ἐφιλίασας ▸ 1
    Verb · second · singular · aorist · active · indicative ▸ 1 (2Chr. 20,37)
  ἐφιλίασεν ▸ 1
    Verb · third · singular · aorist · active · indicative ▸ 1 (Judg. 14,20)
  φιλιάζειν ▸ 1
    Verb · present · active · infinitive ▸ 1 (1Esdr. 3,22)
  φιλιάζεις ▸ 1
    Verb · second · singular · present · active · indicative ▸ 1 (2Chr. 19,2)
  φιλιάζων ▸ 1
    Verb · present · active · participle · masculine · singular · nominative ▸ 1 (Judg. 5,30)
Φιλιππήσιος (φίλος; ἵππος) Philippian ▸ 2
  Φιλιππήσιοι ▸ 1
    Noun · masculine · plural · vocative · (proper) ▸ 1 (Phil. 4,15)
  ΦΙΛΙΠΠΗΣΙΟΥΣ ▸ 1
    Noun · masculine · plural · accusative · (proper) ▸ 1 (Phil. 1,0)
Φίλιπποι (φίλος; ἵππος) Philippi ▸ 4
  Φιλίπποις ▸ 2
    Noun · masculine · plural · dative · (proper) ▸ 2 (Phil. 1,1; 1Th. 2,2)
  Φιλίππους ▸ 1
    Noun · masculine · plural · accusative · (proper) ▸ 1 (Acts 16,12)
  Φιλίππων ▸ 1
    Noun · masculine · plural · genitive · (proper) ▸ 1 (Acts 20,6)
Φίλιππος (φίλος; ἵππος) Philip ▸ 11 + 36 = 47
  Φίλιππε ▸ 1
    Noun · masculine · singular · vocative · (proper) ▸ 1 (John 14,9)
  Φίλιππον ▸ 5 + 9 = 14
    Noun · masculine · singular · accusative · (proper) ▸ 5 + 9 = 14 (1Mac. 6,14; 1Mac. 6,63; 1Mac. 8,5; 2Mac. 5,22; 2Mac. 13,23; Mark 3,18; Luke 6,14; John 1,43; John 1,48; John 6,5; Acts 6,5; Acts 8,26; Acts 8,31; Acts 8,39)
  Φίλιππος ▸ 3 + 14 = 17
    Noun · masculine · singular · nominative · (proper) ▸ 3 + 14 = 17 (1Mac. 6,55; 2Mac. 8,8; 2Mac. 9,29; Matt. 10,3; John 1,44; John 1,45; John 1,46; John 6,7; John 12,22; John 12,22; John 14,8; Acts 1,13; Acts 8,5; Acts 8,30; Acts 8,35; Acts 8,38; Acts 8,40)
  Φιλίππου ▸ 2 + 7 = 9
    Noun · masculine · singular · genitive · (proper) ▸ 2 + 7 = 9 (1Mac. 1,1; 1Mac. 6,2; Matt. 14,3; Matt. 16,13; Mark 6,17; Mark 8,27; Luke 3,1; Acts 8,6; Acts 21,8)
  Φιλίππῳ ▸ 1 + 5 = 6
    Noun · masculine · singular · dative · (proper) ▸ 1 + 5 = 6 (2Mac. 6,11; John 12,21; Acts 8,12; Acts 8,13; Acts 8,29; Acts 8,34)
φιλογέωργος (φίλος; γῆ; ἔργον) love of farming ▸ 1
  φιλογέωργος ▸ 1
    Noun · masculine · singular · nominative · (common) ▸ 1 (2Chr. 26,10)
φιλογύναιος (φίλος; γυνή) love of women ▸ 1
  φιλογύναιος ▸ 1
    Adjective · masculine · singular · nominative · noDegree ▸ 1 (1Kings 11,1)
φιλοδοξία (φίλος; δοκέω) love of praise, glory ▸ 2
  φιλοδοξία ▸ 1
    Noun · feminine · singular · nominative · (common) ▸ 1 (4Mac. 1,26)
  φιλοδοξίᾳ ▸ 1
    Noun · feminine · singular · dative · (common) ▸ 1 (Esth. 13,12 # 4,17d)
φιλόθεος (φίλος; θεός) god-loving, pious; God-loving ▸ 1
  φιλόθεοι ▸ 1
    Adjective · masculine · plural · nominative ▸ 1 (2Tim. 3,4)
φιλόκοσμος (φίλος; κόσμος) adornment-loving ▸ 1
  φιλοκόσμῳ ▸ 1
    Adjective · feminine · singular · dative · noDegree ▸ 1 (LetterJ 8)
Φιλόλογος (φίλος; λέγω) Philologus ▸ 1
  Φιλόλογον ▸ 1
    Noun · masculine · singular · accusative · (proper) ▸ 1 (Rom. 16,15)
φιλομαθέω (φίλος; μανθάνω) to love learning ▸ 2
  φιλομαθεῖν ▸ 1
    Verb · present · active · infinitive ▸ 1 (Sir. 1,34 Prol.)
  φιλομαθοῦντας ▸ 1
    Verb · present · active · participle · masculine · plural · accusative ▸ 1 (Sir. 1,5 Prol.)
φιλομαθής (φίλος; μανθάνω) learning-loving; love of learning ▸ 1
  φιλομαθεῖς ▸ 1
    Adjective · masculine · plural · nominative · noDegree ▸ 1 (Sir. 1,13 Prol.)
Φιλομήτωρ (φίλος; μήτηρ) Philometor ▸ 3
  Φιλομήτορα ▸ 1
    Noun · masculine · singular · accusative · (proper) ▸ 1 (2Mac. 9,29)
  Φιλομήτορος ▸ 2
    Noun · masculine · singular · genitive · (proper) ▸ 2 (2Mac. 4,21; 2Mac. 10,13)
φιλομήτωρ (φίλος; μήτηρ) loving one's mother ▸ 1
  φιλομήτορες ▸ 1

φιλομήτωρ–φιλοσοφέω

      Noun · masculine · plural · nominative · (common) ▸ 1 (4Mac. 15,10)

φιλονεικέω (φίλος; νεῖκος) to argue ▸ 1
  φιλονεικοῦντας ▸ 1
      Verb · present · active · participle · masculine · plural · accusative ▸ 1 (Prov. 10,12)

φιλονεικία (φίλος; νεῖκος) argument ▸ 3 + 1 = 4
  φιλονεικία ▸ 2 + 1 = 3
      Noun · feminine · singular · nominative · (common) ▸ 2 + 1 = 3 (4Mac. 1,26; 4Mac. 8,26; Luke 22,24)
  φιλονεικίας ▸ 1
      Noun · feminine · singular · genitive · (common) ▸ 1 (2Mac. 4,4)

φιλόνεικος (φίλος; νεῖκος) argumentative ▸ 1 + 1 = 2
  φιλόνεικοι ▸ 1
      Adjective · masculine · plural · nominative · noDegree ▸ 1 (Ezek. 3,7)
  φιλόνεικος ▸ 1
      Adjective · masculine · singular · nominative ▸ 1 (1Cor. 11,16)

φιλοξενία (φίλος; ξένος) hospitality ▸ 2
  φιλοξενίαν ▸ 1
      Noun · feminine · singular · accusative ▸ 1 (Rom. 12,13)
  φιλοξενίας ▸ 1
      Noun · feminine · singular · genitive ▸ 1 (Heb. 13,2)

φιλόξενος (φίλος; ξένος) hospitable ▸ 3
  φιλόξενοι ▸ 1
      Adjective · masculine · plural · nominative ▸ 1 (1Pet. 4,9)
  φιλόξενον ▸ 2
      Adjective · masculine · singular · accusative ▸ 2 (1Tim. 3,2; Titus 1,8)

Φιλοπάτωρ (φίλος; πατήρ) Philopator ▸ 3
  Φιλοπάτωρ ▸ 3
      Noun · masculine · singular · nominative · (proper) ▸ 3 (3Mac. 1,1; 3Mac. 3,12; 3Mac. 7,1)

φιλοπολίτης (φίλος; πόλις) lover of fellow-citizens, patriot ▸ 1
  φιλοπολίτης ▸ 1
      Noun · masculine · singular · nominative · (common) ▸ 1 (2Mac. 14,37)

φιλοπονέω (φίλος; πόνος) to work lovingly; be industrious ▸ 1
  πεφιλοπονημένων ▸ 1
      Verb · perfect · middle · participle · neuter · plural · genitive ▸ 1 (Sir. 1,20 Prol.)

φιλοπονία (φίλος; πόνος) love of labor ▸ 1
  φιλοπονίαν ▸ 1
      Noun · feminine · singular · accusative · (common) ▸ 1 (Sir. 1,30 Prol.)

φιλοπρωτεύω (φίλος; πρό) desire to be first ▸ 1
  φιλοπρωτεύων ▸ 1
      Verb · present · active · participle · masculine · singular · nominative ▸ 1 (3John 9)

φίλος friend, beloved; friendly, dear, pleasant, welcome ▸ 180 + 7 + 29 = 216
  φίλας ▸ 1
      Adjective · feminine · plural · accusative ▸ 1 (Luke 15,9)
  φίλε ▸ 2
      Adjective · masculine · singular · vocative ▸ 2 (Luke 11,5; Luke 14,10)
  φίλη ▸ 1
      Adjective · feminine · singular · vocative · noDegree ▸ 1 (4Mac. 5,34)
  φίλοι ▸ 31 + 1 + 4 = 36
      Adjective · masculine · plural · nominative · noDegree ▸ 31 + 1 + 4 = 36 (1Esdr. 8,13; Esth. 5,14; Esth. 6,13; 1Mac. 2,39; 1Mac. 2,45; 1Mac. 9,28; 1Mac. 9,39; 1Mac. 14,40; 1Mac. 15,17; 2Mac. 1,14; 2Mac. 14,11; 3Mac. 2,23; 3Mac. 3,10; 3Mac. 5,29; 3Mac. 5,44; Psa. 37,12; Psa. 138,17; Prov. 14,20; Prov. 14,20; Prov. 15,28a; Prov. 25,1; Job 2,11; Job 19,13; Job 19,21; Job 32,1; Job 42,7; Job 42,17e; Jer. 20,6; Jer. 20,10; Jer. 37,14; Dan. 3,94; Dan. 2,18; Luke 23,12; John 15,14; Acts 19,31; 3John 15)
  φίλοις ▸ 22 + 1 + 1 = 24
      Adjective · masculine · plural · dative · noDegree ▸ 22 + 1 + 1 = 24 (Judg. 5,30; 1Esdr. 3,22; 1Esdr. 8,11; Esth. 1,3; Esth. 1,13; Esth. 2,18; Esth. 6,13; Esth. 9,22; 1Mac. 7,15; 1Mac. 10,60; 1Mac. 11,33; 1Mac. 12,14; 1Mac. 12,43; 1Mac. 12,43; 3Mac. 6,23; 4Mac. 12,8; Job 35,4; Sir. 30,6; Mic. 7,5; Jer. 20,4; Dan. 3,91; Dan. 5,23; Dan. 2,17; Luke 12,4)
  φίλον ▸ 30 + 2 = 32
      Adjective · masculine · singular · accusative · noDegree ▸ 30 + 2 = 32 (Ex. 33,11; 1Mac. 10,16; 1Mac. 10,20; 2Mac. 7,24; 2Mac. 11,14; Psa. 87,19; Prov. 3,29; Prov. 6,1; Prov. 6,3; Prov. 6,3; Prov. 17,18; Prov. 25,17; Prov. 27,10; Prov. 27,10; Prov. 27,14; Job 36,33; Wis. 1,16; Sir. 6,7; Sir. 7,18; Sir. 9,10; Sir. 19,13; Sir. 19,15; Sir. 22,20; Sir. 22,21; Sir. 22,22; Sir. 22,25; Sir. 27,16; Sir. 27,17; Sir. 29,10; Dan. 6,14; Luke 11,5; Luke 11,8)
  φίλος ▸ 27 + 8 = 35
      Adjective · masculine · singular · nominative · noDegree ▸ 27 + 8 = 35 (Deut. 13,7; 1Chr. 27,33; 1Mac. 10,19; 1Mac. 15,32; 4Mac. 12,5; Prov. 12,26; Prov. 17,17; Prov. 25,8; Prov. 25,10; Prov. 27,10; Sir. 6,8; Sir. 6,9; Sir. 6,10; Sir. 6,14; Sir. 6,16; Sir. 9,10; Sir. 12,8; Sir. 12,9; Sir. 20,16; Sir. 22,22; Sir. 33,6; Sir. 37,1; Sir. 37,1; Sir. 37,1; Sir. 37,2; Sir. 40,23; Jer. 9,3; Matt. 11,19; Luke 7,34; Luke 11,6; John 3,29; John 11,11; John 19,12; James 2,23; James 4,4)
  φίλου ▸ 11
      Adjective · masculine · singular · genitive · noDegree ▸ 11 (3Mac. 7,7; Prov. 19,4; Prov. 25,18; Prov. 27,6; Prov. 29,5; Sir. 5,15; Sir. 6,15; Sir. 37,4; Sir. 37,6; Sir. 41,19; Jer. 9,4)
  φίλους ▸ 17 + 2 + 8 = 27
      Adjective · masculine · plural · accusative · noDegree ▸ 17 + 2 + 8 = 27 (Esth. 5,10; 1Mac. 6,10; 1Mac. 6,28; 1Mac. 7,6; 1Mac. 8,20; 1Mac. 8,31; 1Mac. 9,26; 1Mac. 9,35; 3Mac. 5,26; Prov. 14,20; Prov. 16,28; Prov. 17,9; Prov. 19,4; Prov. 26,19; Wis. 7,27; Sir. 6,5; Sir. 28,9; Dan. 2,13; Bel 2; Luke 7,6; Luke 14,12; Luke 15,6; Luke 16,9; John 15,15; Acts 10,24; Acts 27,3; 3John 15)
  φίλῳ ▸ 9
      Adjective · masculine · singular · dative · noDegree ▸ 9 (1Mac. 13,36; Prov. 22,24; Job 6,27; Sir. 7,12; Sir. 14,13; Sir. 19,8; Sir. 20,23; Sir. 33,20; Sir. 37,5)
  φίλων ▸ 32 + 3 + 3 = 38
      Adjective · masculine · plural · genitive · noDegree ▸ 32 + 3 + 3 = 38 (1Esdr. 8,26; Esth. 3,1; Esth. 6,9; Esth. 16,5 # 8,12e; 1Mac. 2,18; 1Mac. 3,38; 1Mac. 6,14; 1Mac. 7,8; 1Mac. 8,11; 1Mac. 10,65; 1Mac. 11,26; 1Mac. 11,27; 1Mac. 11,57; 1Mac. 14,39; 1Mac. 15,28; 2Mac. 8,9; 2Mac. 10,13; 3Mac. 2,26; 3Mac. 5,3; 3Mac. 5,19; 3Mac. 5,34; 3Mac. 7,3; 4Mac. 2,13; Prov. 16,29; Prov. 18,1; Job 32,3; Job 42,10; Sir. 6,13; Sir. 13,21; Sir. 13,21; Sir. 30,3; Sir. 41,25; Judg. 14,20; Judg. 15,2; Judg. 15,6; Luke 15,29; Luke 21,16; John 15,13)

φιλοσοφέω (φίλος; σοφός) to be philosopher; love wisdom; seek knowledge ▸ 4
  φιλοσοφεῖν ▸ 1
      Verb · present · active · infinitive ▸ 1 (4Mac. 5,7)
  φιλοσοφήσεις ▸ 1

Verb · second · singular · future · active · indicative ▸ 1 (4Mac. 5,11)
φιλοσοφοῦντες ▸ 1
Verb · present · active · participle · masculine · plural · nominative ▸ 1 (4Mac. 8,1)
φιλοσοφῶν ▸ 1
Verb · present · active · participle · masculine · singular · nominative ▸ 1 (4Mac. 7,21)

φιλοσοφία (φίλος; σοφός) philosophy; love of wisdom; investigation ▸ 5 + 1 = 6
φιλοσοφίᾳ ▸ 1
Noun · feminine · singular · dative · (common) ▸ 1 (4Mac. 1,1)
φιλοσοφίαν ▸ 1
Noun · feminine · singular · accusative · (common) ▸ 1 (4Mac. 5,22)
φιλοσοφίας ▸ 3 + 1 = 4
Noun · feminine · singular · genitive · (common) ▸ 3 + 1 = 4 (4Mac. 5,11; 4Mac. 7,9; 4Mac. 7,21; Col. 2,8)

φιλόσοφος (φίλος; σοφός) (n) philosopher; (adj) philosophical, scientific ▸ 4 + 1 = 5
φιλόσοφε ▸ 2
Adjective · masculine · singular · vocative · noDegree ▸ 1 (4Mac. 5,35)
Noun · masculine · singular · vocative · (common) ▸ 1 (4Mac. 7,7)
φιλοσόφους ▸ 1
Noun · masculine · plural · accusative · (common) ▸ 1 (Dan. 1,20)
φιλοσόφων ▸ 1
Noun · masculine · plural · genitive ▸ 1 (Acts 17,18)
Φιλοσοφώτατον ▸ 1
Adjective · masculine · singular · accusative · superlative ▸ 1 (4Mac. 1,1)

φιλοστοργία (φίλος; στέργω) tender love ▸ 3
φιλοστοργίαν ▸ 3
Noun · feminine · singular · accusative · (common) ▸ 3 (2Mac. 6,20; 4Mac. 15,6; 4Mac. 15,9)

φιλόστοργος (φίλος; στέργω) devoted, loving; good-natured ▸ 1 + 1 = 2
φιλόστοργε ▸ 1
Adjective · neuter · singular · vocative · noDegree ▸ 1 (4Mac. 15,13)
φιλόστοργοι ▸ 1
Adjective · masculine · plural · nominative ▸ 1 (Rom. 12,10)

φιλοστόργως (φίλος; στέργω) lovingly, kindly ▸ 1
φιλοστόργως ▸ 1
Adverb ▸ 1 (2Mac. 9,21)

φιλοτεκνία (φίλος; τίκτω) parental love for children ▸ 5
φιλοτεκνίαν ▸ 3
Noun · feminine · singular · accusative · (common) ▸ 3 (4Mac. 15,11; 4Mac. 15,23; 4Mac. 15,25)
φιλοτεκνίας ▸ 2
Noun · feminine · singular · genitive · (common) ▸ 2 (4Mac. 14,13; 4Mac. 16,3)

φιλότεκνος (φίλος; τίκτω) children-loving ▸ 3 + 1 = 4
φιλότεκνα ▸ 1
Adjective · neuter · plural · accusative · noDegree ▸ 1 (4Mac. 15,4)
φιλοτεκνοτέρα ▸ 1
Adjective · feminine · singular · nominative · comparative ▸ 1 (4Mac. 15,6)
φιλοτεκνότεραι ▸ 1
Adjective · feminine · plural · nominative · comparative ▸ 1 (4Mac. 15,5)
φιλοτέκνους ▸ 1
Adjective · feminine · plural · accusative ▸ 1 (Titus 2,4)

φιλοτιμέομαι (φίλος; τιμή) to vie for; aspire ▸ 3
φιλοτιμεῖσθαι ▸ 1
Verb · present · middle · infinitive ▸ 1 (1Th. 4,11)
φιλοτιμούμεθα ▸ 1
Verb · first · plural · present · middle · indicative ▸ 1 (2Cor. 5,9)
φιλοτιμούμενον ▸ 1
Verb · present · middle · participle · masculine · singular · accusative ▸ 1 (Rom. 15,20)

φιλοτιμία (φίλος; τιμή) love of honor ▸ 1
φιλοτιμία ▸ 1
Noun · feminine · singular · nominative · (common) ▸ 1 (Wis. 14,18)

φιλότιμος (φίλος; τιμή) glorious ▸ 2
φιλοτίμου ▸ 2
Adjective · feminine · singular · genitive · noDegree ▸ 2 (3Mac. 4,15; Wis. 18,3)

φιλοτίμως (φίλος; τιμή) diligently, honorably, ambitiously ▸ 1 + 1 = 2
φιλοτίμως ▸ 1 + 1 = 2
Adverb ▸ 1 + 1 = 2 (2Mac. 2,21; Sus. 12)

φιλοφρονέω (φίλος; φρήν) to treat affectionately, show kindness to, favor ▸ 1
φιλοφρονοῦσιν ▸ 1
Verb · third · plural · present · active · indicative ▸ 1 (2Mac. 2,25)

φιλοφρόνως (φίλος; φρήν) hospitably ▸ 2 + 1 = 3
φιλοφρόνως ▸ 2 + 1 = 3
Adverb ▸ 2 + 1 = 3 (2Mac. 3,9; 4Mac. 8,5; Acts 28,7)

φιλόψυχος (φίλος; ψύχω) soul-lover, lover of people ▸ 1
φιλόψυχε ▸ 1
Adjective · masculine · singular · vocative · noDegree ▸ 1 (Wis. 11,26)

φίλτρον (φιλέω) love charm, spell ▸ 3
φίλτρα ▸ 3
Noun · neuter · plural · accusative · (common) ▸ 2 (4Mac. 13,19; 4Mac. 13,27)
Noun · neuter · plural · vocative · (common) ▸ 1 (4Mac. 15,13)

φιμός muzzle ▸ 3
φιμὸν ▸ 1
Noun · masculine · singular · accusative · (common) ▸ 1 (Is. 37,29)
φιμὸς ▸ 1
Noun · masculine · singular · nominative · (common) ▸ 1 (Sir. 20,29)
φιμοῦ ▸ 1
Noun · masculine · singular · genitive · (common) ▸ 1 (Job 30,28)

φιμόω (φιμός) to put to silence ▸ 3 + 7 = 10
ἐφιμώθη ▸ 1
Verb · third · singular · aorist · passive · indicative ▸ 1 (Matt. 22,12)
ἐφίμωσαν ▸ 1
Verb · third · plural · aorist · active · indicative ▸ 1 (Sus. 60-62)
ἐφίμωσεν ▸ 1
Verb · third · singular · aorist · active · indicative ▸ 1 (Matt. 22,34)
πεφίμωσο ▸ 1

φιμόω–φλόγινος

Verb · second · singular · perfect · passive · imperative · (variant) ▸ **1** (Mark 4,39)
φιμοῦν ▸ 1
   Verb · present · active · infinitive ▸ **1** (1Pet. 2,15)
φιμοῦται ▸ 1
   Verb · third · singular · present · passive · indicative ▸ **1** (4Mac. 1,35)
φιμώθητι ▸ 2
   Verb · second · singular · aorist · passive · imperative ▸ **2** (Mark 1,25; Luke 4,35)
φιμώσεις ▸ 1 + 1 = 2
   Verb · second · singular · future · active · indicative ▸ 1 + 1 = 2 (Deut. 25,4; 1Tim. 5,18)

Φινεες Phineas ▸ 33 + 1 = 34
   Φινεες ▸ 33 + 1 = 34
      Noun · singular · nominative · (proper) ▸ **3** (Josh. 22,30; Josh. 22,31; Josh. 22,32)
      Noun · masculine · singular · accusative · (proper) ▸ **6** (Ex. 6,25; Num. 31,6; Josh. 22,13; 1Sam. 2,34; 1Sam. 4,11; 1Chr. 5,30)
      Noun · masculine · singular · genitive · (proper) ▸ **11** (Josh. 24,33; 1Sam. 4,19; 1Sam. 14,3; 1Esdr. 5,5; 1Esdr. 8,2; 1Esdr. 8,29; 1Esdr. 8,62; Ezra 7,5; Ezra 8,2; Ezra 8,33; 4Mac. 18,12)
      Noun · masculine · singular · nominative · (proper) ▸ 13 + 1 = **14** (Num. 25,7; Num. 25,11; Josh. 24,33a; Judg. 20,28; 1Sam. 1,3; 1Sam. 4,4; 1Chr. 5,30; 1Chr. 6,35; 1Chr. 9,20; 1Mac. 2,26; 1Mac. 2,54; Psa. 105,30; Sir. 45,23; Judg. 20,28)

Φινοε Phinoe ▸ 1
   Φινοε ▸ 1
      Noun · masculine · singular · genitive · (proper) ▸ **1** (1Esdr. 5,31)

Φινω Punon ▸ 2
   Φινω ▸ 2
      Noun · singular · accusative · (proper) ▸ **1** (Num. 33,42)
      Noun · singular · genitive · (proper) ▸ **1** (Num. 33,43)

Φινων Pinon ▸ 2
   Φινων ▸ 2
      Noun · masculine · singular · nominative · (proper) ▸ **2** (Gen. 36,41; 1Chr. 1,52)

Φιρα Kephirah (?) ▸ 1
   Φιρα ▸ 1
      Noun · singular · nominative · (proper) ▸ **1** (Josh. 18,27)

Φισων Pishon ▸ 2
   Φισων ▸ 2
      Noun · singular · nominative · (proper) ▸ **1** (Gen. 2,11)
      Noun · masculine · singular · nominative · (proper) ▸ **1** (Sir. 24,25)

φλεγμαίνω (φλόξ) to inflame ▸ 2
   ἐφλέγμανεν ▸ 1
      Verb · third · singular · aorist · active · indicative ▸ **1** (Nah. 3,19)
   φλεγμαίνουσα ▸ 1
      Verb · present · active · participle · feminine · singular · nominative ▸ **1** (Is. 1,6)

φλεγμονή (φλόξ) inflammation; passion ▸ 1
   φλεγμονὰς ▸ 1
      Noun · feminine · plural · accusative · (common) ▸ **1** (4Mac. 3,17)

φλέγω (φλόξ) to set on fire, to burn ▸ 11 + 1 = 12
   φλέγει ▸ 1
      Verb · third · singular · present · active · indicative ▸ **1** (Wis. 16,19)
   φλεγόμενον ▸ 2
      Verb · present · middle · participle · neuter · singular · nominative ▸ **1** (Wis. 16,22)

Verb · present · passive · participle · masculine · singular · accusative ▸ **1** (4Mac. 15,14)
φλεγομένου ▸ 1
   Verb · present · passive · participle · masculine · singular · genitive ▸ **1** (Prov. 29,1)
φλέγον ▸ 4 + 1 = 5
   Verb · present · active · participle · neuter · singular · accusative ▸ **1** (Psa. 103,4)
   Verb · present · active · participle · neuter · singular · nominative ▸ 3 + 1 = **4** (Ex. 24,17; Jer. 20,9; Jer. 23,29; Dan. 7,9)
φλέξει ▸ 3
   Verb · third · singular · future · active · indicative ▸ **3** (Deut. 32,22; Ode. 2,22; Mal. 3,19)

Φλέγων Phlegon ▸ 1
   Φλέγοντα ▸ 1
      Noun · masculine · singular · accusative · (proper) ▸ **1** (Rom. 16,14)

φλέψ vein ▸ 1
   φλέβας ▸ 1
      Noun · feminine · plural · accusative · (common) ▸ **1** (Hos. 13,15)

φλιά doorpost, lintel ▸ 12
   φλιαί ▸ 1
      Noun · feminine · plural · nominative · (common) ▸ **1** (1Kings 6,33)
   φλιάν ▸ 1
      Noun · feminine · singular · accusative · (common) ▸ **1** (Ex. 12,7)
   φλιάς ▸ 1
      Noun · feminine · plural · accusative · (common) ▸ **1** (Ezek. 43,8)
   φλιάς ▸ 5
      Noun · feminine · plural · accusative · (common) ▸ **5** (Deut. 6,9; Deut. 11,20; 1Kings 6,31; Ezek. 45,19; Ezek. 45,19)
   φλιᾶς ▸ 2
      Noun · feminine · singular · genitive · (common) ▸ **2** (Ex. 12,22; Ex. 12,23)
   φλιῶν ▸ 2
      Noun · feminine · plural · genitive · (common) ▸ **2** (1Sam. 1,9; Ezek. 43,8)

φλογίζω (φλόξ) to set on fire ▸ 6 + 1 + 2 = 9
   ἐφλόγισεν ▸ 2
      Verb · third · singular · aorist · active · indicative ▸ **2** (Num. 21,14; 1Mac. 3,5)
   ἐφλογίσθη ▸ 1
      Verb · third · singular · aorist · passive · indicative ▸ **1** (Dan. 3,94)
   φλογιεῖ ▸ 1
      Verb · third · singular · future · active · indicative ▸ **1** (Psa. 96,3)
   φλογιζομένη ▸ 1
      Verb · present · passive · participle · feminine · singular · nominative · (variant) ▸ **1** (James 3,6)
   φλογιζόμενον ▸ 1
      Verb · present · middle · participle · neuter · singular · accusative ▸ **1** (Sir. 3,30)
   φλογίζον ▸ 1
      Verb · present · active · participle · neuter · singular · nominative ▸ **1** (Ex. 9,24)
   φλογίζουσα ▸ 1
      Verb · present · active · participle · feminine · singular · nominative ▸ **1** (James 3,6)
   φλογιζούσης ▸ 1
      Verb · present · active · participle · feminine · singular · genitive ▸ **1** (Sol. 12,3)

φλόγινος (φλόξ) burning; flaming ▸ 1

φλογίνην ▸ 1
: **Adjective** · feminine · singular · accusative · noDegree ▸ **1** (Gen. 3,24)

φλοιός (φλέω) bark ▸ 1
: φλοιὸν ▸ 1
: **Noun** · masculine · singular · accusative · (common) ▸ **1** (Wis. 13,11)

φλόξ flame ▸ 51 + 10 + 7 = 68
: φλόγα ▸ 7 + 2 + 2 = 11
: **Noun** · feminine · singular · accusative · (common) ▸ 7 + 2 + 2 = **11** (Judg. 13,20; 3Mac. 6,6; Psa. 28,7; Wis. 10,17; Is. 50,11; Lam. 2,3; Dan. 3,49; Judg. 13,20; Dan. 3,49; Heb. 1,7; Rev. 2,18)
: φλόγες ▸ 3
: **Noun** · feminine · plural · nominative · (common) ▸ **3** (Song 8,6; Wis. 17,5; Wis. 19,21)
: φλογὶ ▸ 3 + 2 + 2 = 7
: **Noun** · feminine · singular · dative · (common) ▸ 3 + 2 + 2 = **7** (Ex. 3,2; Sir. 28,22; Is. 66,15; Judg. 13,20; Dan. 11,33; Luke 16,24; Acts 7,30)
: φλογί ▸ 2
: **Noun** · feminine · singular · dative · (common) ▸ **2** (Judg. 13,20; Is. 50,11)
: φλογός ▸ 5 + 2 + 1 = 8
: **Noun** · feminine · singular · genitive · (common) ▸ 5 + 2 + 1 = **8** (Judg. 3,22; Judg. 3,22; 1Mac. 2,59; Hos. 7,4; Is. 47,14; Judg. 3,22; Judg. 3,22; 2Th. 1,8)
: φλογὸς ▸ 8 + 2 = 10
: **Noun** · feminine · singular · genitive · (common) ▸ 8 + 2 = **10** (Sir. 8,10; Sir. 45,19; Sol. 12,4; Joel 2,5; Is. 5,24; Is. 10,18; Is. 30,30; Dan. 3,88; Dan. 3,24; Dan. 3,88)
: φλόξ ▸ 4
: **Noun** · feminine · singular · nominative · (common) ▸ **4** (Job 18,5; Wis. 16,18; Joel 2,3; Obad. 18)
: φλὸξ ▸ 19 + 2 + 2 = 23
: **Noun** · feminine · singular · nominative · (common) ▸ 19 + 2 + 2 = **23** (Gen. 15,17; Gen. 19,28; Num. 21,28; 2Mac. 1,32; 4Mac. 18,14; Psa. 82,15; Psa. 105,18; Prov. 24,22e; Job 41,13; Sir. 21,9; Sol. 15,4; Joel 1,19; Is. 13,8; Is. 29,6; Is. 43,2; Ezek. 21,3; Dan. 3,23; Dan. 3,47; Dan. 7,9; Dan. 3,47; Dan. 7,9; Rev. 1,14; Rev. 19,12)

φλυαρέω (φλύαρος) to slander; talk nonsense ▸ 1
: φλυαρῶν ▸ 1
: **Verb** · present · active · participle · masculine · singular · nominative ▸ **1** (3John 10)

φλύαρος nonsense; babbler; talkative, gossipy ▸ 1 + 1 = 2
: φλύαροι ▸ 1
: **Adjective** · feminine · plural · nominative ▸ **1** (1Tim. 5,13)
: φλυάρου ▸ 1
: **Adjective** · feminine · singular · genitive · noDegree ▸ **1** (4Mac. 5,11)

φλυκτίς (φλέω) blister ▸ 2
: φλυκτίδες ▸ 2
: **Noun** · feminine · plural · nominative · (common) ▸ **2** (Ex. 9,9; Ex. 9,10)

φοβερίζω (φόβος) to terrify ▸ 4 + 1 = 5
: ἐφοβέρισέν ▸ 1
: **Verb** · third · singular · aorist · active · indicative ▸ **1** (Dan. 4,5)
: φοβερίζοντές ▸ 1
: **Verb** · present · active · participle · masculine · plural · nominative ▸ **1** (Neh. 6,14)
: φοβερίζουσιν ▸ 1
: **Verb** · third · plural · present · active · indicative ▸ **1** (Neh. 6,9)
: φοβερίσαι ▸ 1
: **Verb** · aorist · active · infinitive ▸ **1** (Neh. 6,19)
: φοβέρισον ▸ 1
: **Verb** · second · singular · aorist · active · imperative ▸ **1** (Ezra 10,3)

φοβερισμός (φόβος) terror ▸ 1
: φοβερισμοί ▸ 1
: **Noun** · masculine · plural · nominative · (common) ▸ **1** (Psa. 87,17)

φοβεροειδής (φόβος; εἶδος) terrible in form ▸ 1
: φοβεροειδεῖς ▸ 1
: **Noun** · masculine · plural · nominative · (common) ▸ **1** (3Mac. 6,18)

φοβερός (φόβος) terrible, fearful, horrifying ▸ 36 + 4 + 3 = 43
: φοβερά ▸ 1 + 1 = 2
: **Adjective** · feminine · singular · nominative · noDegree ▸ 1 + 1 = **2** (Dan. 2,31; Dan. 2,31)
: φοβερὰ ▸ 3 + 1 = 4
: **Adjective** · feminine · singular · nominative ▸ **1** (Heb. 10,27)
: **Adjective** · neuter · plural · accusative · noDegree ▸ **2** (Psa. 105,22; Dan. 4,37a)
: **Adjective** · neuter · plural · nominative · noDegree ▸ **1** (Psa. 65,3)
: φοβερὰν ▸ 2
: **Adjective** · feminine · singular · accusative · noDegree ▸ **2** (Deut. 1,19; Deut. 2,7)
: φοβερᾶς ▸ 1
: **Adjective** · feminine · singular · genitive · noDegree ▸ **1** (Deut. 8,15)
: φοβεροῖς ▸ 1
: **Adjective** · masculine · plural · dative · noDegree ▸ **1** (Wis. 10,16)
: φοβερόν ▸ 1
: **Adjective** · neuter · singular · accusative · noDegree ▸ **1** (Dan. 7,7)
: φοβερὸν ▸ 4 + 3 + 2 = 9
: **Adjective** · masculine · singular · accusative · noDegree ▸ **1** (2Mac. 3,25)
: **Adjective** · neuter · singular · nominative · noDegree ▸ 3 + 3 + 2 = **8** (Psa. 98,3; Psa. 110,9; Is. 21,1; Judg. 13,6; Dan. 7,7; Dan. 7,19; Heb. 10,31; Heb. 12,21)
: φοβερός ▸ 5
: **Adjective** · masculine · singular · nominative · noDegree ▸ **5** (Deut. 10,17; 1Chr. 16,25; Neh. 1,5; Psa. 46,3; Psa. 95,4)
: φοβερὸς ▸ 13
: **Adjective** · masculine · singular · nominative · noDegree ▸ **13** (Gen. 28,17; Neh. 9,32; Esth. 15,6 # 5,1c; 2Mac. 1,24; Psa. 65,5; Psa. 75,8; Psa. 88,8; Prov. 12,25; Sir. 1,8; Sir. 9,18; Sir. 43,29; Hab. 1,7; Dan. 9,4)
: φοβεροῦ ▸ 1
: **Adjective** · masculine · singular · genitive · noDegree ▸ **1** (Neh. 4,8)
: φοβερῷ ▸ 3
: **Adjective** · masculine · singular · dative · noDegree ▸ **2** (Psa. 75,13; Psa. 75,13)
: **Adjective** · neuter · singular · dative · noDegree ▸ **1** (Ode. 12,3)
: φοβερῶν ▸ 1
: **Adjective** · neuter · plural · genitive · noDegree ▸ **1** (Psa. 144,6)

φοβερῶς (φόβος) fearfully ▸ 2
: φοβερῶς ▸ 2

φοβέω

    Adverb ▸ **2** (3Mac. 5,45; Psa. 138,14)

φοβέω (φόβος) to fear ▸ 435 + 28 + 95 = 558

  ἐφόβει ▸ **1**
    Verb · third · singular · imperfect · active · indicative ▸ **1** (Wis. 17,9)

  ἐφοβεῖσθε ▸ **1**
    Verb · second · plural · imperfect · middle · indicative ▸ **1** (Is. 33,7)

  ἐφοβεῖτο ▸ **2** + **1** = **3**
    Verb · third · singular · imperfect · middle · indicative ▸ **2** (1Chr. 10,4; Judith 8,8)
    Verb · third · singular · imperfect · passive · indicative · (variant) ▸ **1** (Mark 6,20)

  ἐφοβήθη ▸ **33** + **3** + **5** = **41**
    Verb · third · singular · aorist · passive · indicative ▸ **33** + **3** + **5** = **41** (Gen. 18,15; Gen. 19,30; Gen. 20,2; Gen. 26,7; Gen. 28,17; Gen. 32,8; Ex. 2,14; Ex. 14,31; Num. 22,3; Deut. 25,18; Judg. 6,27; Judg. 8,20; 1Sam. 3,15; 1Sam. 14,26; 1Sam. 18,12; 1Sam. 21,13; 1Sam. 28,5; 1Sam. 28,20; 1Sam. 31,4; 2Sam. 6,9; 2Sam. 10,19; 1Kings 1,50; 1Kings 1,51; 1Kings 12,24c; 1Kings 19,3; 1Chr. 13,12; 2Chr. 20,3; Psa. 63,10; Psa. 75,9; Wis. 18,25; Sol. 8,5; Hag. 1,12; Jer. 3,8; Judg. 6,27; Judg. 6,34; Judg. 8,20; Matt. 2,22; Matt. 14,5; Matt. 14,30; John 19,8; Acts 22,29)

  ἐφοβήθημεν ▸ **2**
    Verb · first · plural · aorist · passive · indicative ▸ **2** (Josh. 9,24; Hos. 10,3)

  ἐφοβήθην ▸ **7** + **1** = **8**
    Verb · first · singular · aorist · passive · indicative ▸ **7** + **1** = **8** (Gen. 3,10; 1Sam. 15,24; 1Kings 2,29; Neh. 2,2; Psa. 118,120; Ode. 4,2; Hab. 3,2; Tob. 1,19)

  ἐφοβήθης ▸ **4**
    Verb · second · singular · aorist · passive · indicative ▸ **4** (2Sam. 1,14; Is. 51,12; Is. 57,11; Is. 57,11)

  ἐφοβήθησαν ▸ **36** + **1** + **14** = **51**
    Verb · third · plural · aorist · passive · indicative ▸ **36** + **1** + **14** = **51** (Gen. 20,8; Gen. 42,35; Ex. 1,17; Ex. 14,10; Ex. 34,30; Josh. 10,2; 1Sam. 4,7; 1Sam. 7,7; 1Sam. 12,18; 1Sam. 17,11; 2Sam. 12,18; 1Kings 3,28; 2Kings 10,4; 2Kings 17,7; 2Kings 17,25; 2Kings 25,26; Neh. 6,16; Judith 1,11; Judith 2,28; Judith 4,2; Judith 16,11; Tob. 12,16; 1Mac. 9,6; 1Mac. 10,8; 1Mac. 12,28; 1Mac. 12,52; 4Mac. 8,15; Psa. 54,20; Psa. 76,17; Sol. 4,21; Jonah 1,5; Jonah 1,10; Jonah 1,16; Is. 41,5; Jer. 33,19; Jer. 48,18; Tob. 12,16; Matt. 9,8; Matt. 17,6; Matt. 21,46; Matt. 27,54; Mark 4,41; Mark 5,15; Mark 12,12; Luke 2,9; Luke 8,35; Luke 9,34; Luke 20,19; John 6,19; Acts 16,38; Heb. 11,23)

  ἐφοβήθησάν ▸ **1**
    Verb · third · plural · aorist · passive · indicative ▸ **1** (Dan. 3,12)

  ἐφοβήθητε ▸ **3**
    Verb · second · plural · aorist · passive · indicative ▸ **3** (Num. 12,8; Deut. 5,5; Jer. 2,30)

  ἐφόβου ▸ **1**
    Verb · second · singular · imperfect · middle · indicative ▸ **1** (Is. 51,13)

  ἐφοβούμην ▸ **1**
    Verb · first · singular · imperfect · passive · indicative · (variant) ▸ **1** (Luke 19,21)

  ἐφοβοῦντο ▸ **4** + **10** = **14**
    Verb · third · plural · imperfect · middle · indicative ▸ **4** + **1** = **5** (Ex. 1,21; Josh. 4,14; 2Kings 17,33; 1Mac. 8,12; Mark 16,8)
    Verb · third · plural · imperfect · passive · indicative · (variant) ▸ **9** (Mark 9,32; Mark 10,32; Mark 11,18; Mark 11,32; Luke 9,45; Luke 22,2; John 9,22; Acts 5,26; Acts 9,26)

  πεφόβησθε ▸ **1**
    Verb · second · plural · perfect · middle · indicative ▸ **1** (Ex. 9,30)

  φοβεῖσθαι ▸ **18** + **1** = **19**
    Verb · present · middle · infinitive ▸ **18** (Deut. 6,24; Deut. 8,6; Deut. 10,12; Deut. 14,23; Deut. 17,19; Deut. 28,58; Deut. 31,12; Deut. 31,13; Judg. 14,11; 2Sam. 3,11; Neh. 1,11; Esth. 2,20; Tob. 14,2; Tob. 14,6; Psa. 85,11; Sir. 1,14; Sir. 1,16; Sir. 1,20)
    Verb · present · passive · infinitive · (variant) ▸ **1** (Rom. 13,3)

  φοβεῖσθαί ▸ **5**
    Verb · present · middle · infinitive ▸ **5** (Deut. 4,10; Deut. 5,29; 2Chr. 6,33; Mal. 2,5; Is. 63,17)

  φοβεῖσθε ▸ **22** + **1** + **12** = **35**
    Verb · second · plural · present · middle · indicative ▸ **2** (Jer. 49,16; Ezek. 11,8)
    Verb · second · plural · present · middle · imperative ▸ **20** + **1** = **21** (Gen. 43,23; Gen. 50,19; Gen. 50,21; Deut. 1,21; Deut. 20,3; 1Sam. 12,20; 1Sam. 12,24; 2Kings 25,24; 2Chr. 20,15; 2Chr. 20,17; Tob. 12,17; 1Mac. 3,22; 1Mac. 4,8; Is. 13,2; Is. 35,4; Is. 40,9; Is. 51,7; Jer. 10,2; Jer. 49,11; LetterJ 22; Tob. 12,17)
    Verb · second · plural · present · passive · imperative · (variant) ▸ **12** (Matt. 10,28; Matt. 10,28; Matt. 10,31; Matt. 14,27; Matt. 17,7; Matt. 28,5; Matt. 28,10; Mark 6,50; Luke 2,10; Luke 12,7; John 6,20; 1Pet. 2,17)

  φοβεῖσθέ ▸ **1**
    Verb · second · plural · present · middle · imperative ▸ **1** (Zeph. 3,7)

  φοβείσθω ▸ **1**
    Verb · third · singular · present · middle · imperative ▸ **1** (Lev. 19,3)

  φοβεῖται ▸ **2** + **1** = **3**
    Verb · third · singular · present · middle · indicative ▸ **2** + **1** = **3** (Tob. 2,8; Prov. 14,2; Tob. 2,8)

  φοβῇ ▸ **5** + **1** + **1** = **7**
    Verb · second · singular · present · middle · indicative ▸ **4** (Gen. 22,12; Deut. 7,19; Is. 7,16; Jer. 46,17)
    Verb · second · singular · present · middle · subjunctive ▸ **1** + **1** = **2** (Judg. 7,10; Judg. 7,10)
    Verb · second · singular · present · passive · indicative · (variant) ▸ **1** (Luke 23,40)

  φοβηθείς ▸ **4** + **3** = **7**
    Verb · aorist · passive · participle · masculine · singular · nominative ▸ **4** + **3** = **7** (Tob. 1,19; Prov. 14,16; Job 32,6; Dan. 4,19; Matt. 25,25; Acts 23,10; Heb. 11,27)

  φοβηθεῖσα ▸ **1**
    Verb · aorist · passive · participle · feminine · singular · nominative ▸ **1** (Mark 5,33)

  φοβηθεῖσιν ▸ **1**
    Verb · aorist · passive · participle · masculine · plural · dative ▸ **1** (4Mac. 8,22)

  φοβηθέντα ▸ **1**
    Verb · aorist · passive · participle · masculine · singular · accusative ▸ **1** (4Mac. 5,37)

  φοβηθέντας ▸ **1**
    Verb · aorist · passive · participle · masculine · plural · accusative ▸ **1** (4Mac. 8,25)

  φοβηθέντες ▸ **3** + **1** = **4**
    Verb · aorist · passive · participle · masculine · plural · nominative ▸ **3** + **1** = **4** (Ex. 20,18; 1Mac. 10,76; Prov. 29,25; Luke 8,25)

  φοβηθῇ ▸ **3** + **1** = **4**
    Verb · third · singular · aorist · passive · subjunctive ▸ **3** + **1** = **4** (Psa. 111,8; Ezek. 18,14; Dan. 11,12; Rev. 15,4)

  φοβηθῆναί ▸ **1**

Verb · aorist · passive · infinitive ▸ **1** (Jer. 39,39)

φοβηθῆς ▸ **22** + **2** + **1** = **25**
    Verb · second · singular · aorist · passive · subjunctive ▸ **22** + **2** + **1** = **25** (Num. 21,34; Deut. 3,2; Josh. 1,9; Josh. 8,1; Josh. 10,8; Josh. 11,6; 2Kings 1,15; 2Kings 19,6; Judith 10,16; Judith 11,1; Tob. 4,21; 2Mac. 7,29; Job 5,21; Job 5,22; Job 11,15; Is. 37,6; Jer. 1,8; Jer. 1,17; Jer. 26,27; Ezek. 2,6; Ezek. 2,6; Ezek. 3,9; Tob. 4,21; Tob. 5,17; Matt. 1,20)

φοβηθήσεσθε ▸ **11** + **1** = **12**
    Verb · second · plural · future · passive · indicative ▸ **11** + **1** = **12** (Lev. 19,30; Lev. 26,2; Deut. 3,22; Deut. 13,5; Judg. 6,10; 2Kings 17,35; 2Kings 17,36; 2Kings 17,37; 2Kings 17,38; 2Kings 17,39; Jer. 5,22; Judg. 6,10)

φοβηθήσεται ▸ **8**
    Verb · third · singular · future · passive · indicative ▸ **8** (Deut. 13,12; Deut. 17,13; Psa. 26,3; Psa. 111,7; Amos 3,8; Zech. 9,5; Jer. 17,8; Jer. 17,8)

φοβηθήσῃ ▸ **15**
    Verb · second · singular · future · passive · indicative ▸ **15** (Lev. 19,14; Lev. 19,32; Lev. 25,17; Lev. 25,36; Lev. 25,43; Deut. 6,13; Deut. 7,18; Deut. 10,20; Deut. 20,1; Deut. 28,66; Deut. 28,67; Psa. 90,5; Prov. 3,25; Is. 54,14; Is. 60,5)

φοβηθήσομαι ▸ **8** + **1** = **9**
    Verb · first · singular · future · passive · indicative ▸ **8** + **1** = **9** (Psa. 3,7; Psa. 22,4; Psa. 26,1; Psa. 55,4; Psa. 55,5; Psa. 55,12; Psa. 117,6; Is. 12,2; Heb. 13,6)

φοβηθησόμεθα ▸ **3**
    Verb · first · plural · future · passive · indicative ▸ **3** (Judith 5,23; 4Mac. 8,19; Psa. 45,3)

φοβηθήσονται ▸ **22** + **1** = **23**
    Verb · third · plural · future · passive · indicative ▸ **22** + **1** = **23** (Deut. 2,4; Deut. 19,20; Deut. 21,21; Psa. 39,4; Psa. 51,8; Psa. 52,6; Psa. 63,5; Psa. 64,9; Psa. 101,16; Job 37,24; Job 37,24; Mic. 7,17; Is. 19,17; Is. 29,23; Is. 33,7; Is. 33,7; Is. 59,19; Jer. 23,4; Jer. 40,9; Ezek. 26,16; Ezek. 26,18; Ezek. 27,28; Tob. 14,6)

φοβηθήσονταί ▸ **2**
    Verb · third · plural · future · passive · indicative ▸ **2** (Deut. 28,10; Wis. 8,15)

φοβήθητε ▸ **4** + **3** = **7**
    Verb · second · plural · aorist · passive · imperative ▸ **4** + **3** = **7** (Josh. 24,14; 4Mac. 8,14; Psa. 33,10; Job 6,21; Luke 12,5; Luke 12,5; Rev. 14,7)

φοβηθῆτε ▸ **17** + **4** = **21**
    Verb · second · plural · aorist · passive · subjunctive ▸ **17** + **4** = **21** (Num. 14,9; Num. 14,9; Deut. 1,29; Josh. 10,25; 1Sam. 12,14; 2Sam. 13,28; Neh. 4,8; 1Mac. 2,62; Is. 8,12; Jer. 10,5; Jer. 47,9; Jer. 49,11; Jer. 49,11; LetterJ 14; LetterJ 28; LetterJ 64; LetterJ 68; Matt. 10,26; Luke 12,4; Luke 12,5; 1Pet. 3,14)

φοβήθητι ▸ **1**
    Verb · second · singular · aorist · passive · imperative ▸ **1** (Prov. 30,1)

φοβηθήτω ▸ **2**
    Verb · third · singular · aorist · passive · imperative ▸ **2** (1Chr. 16,30; Psa. 32,8)

φοβηθήτωσαν ▸ **2**
    Verb · third · plural · aorist · passive · imperative ▸ **2** (Psa. 21,24; Psa. 66,8)

φοβηθῶ ▸ **2**
    Verb · first · singular · aorist · passive · subjunctive ▸ **2** (Neh. 6,13; Job 9,35)

Φοβηθῶμεν ▸ **1** + **1** = **2**
    Verb · first · plural · aorist · passive · subjunctive ▸ **1** + **1** = **2** (Jer. 5,24; Heb. 4,1)

φοβηθῶμεν ▸ **1**
    Verb · first · plural · aorist · passive · subjunctive ▸ **1** (4Mac. 13,14)

φοβηθῶσιν ▸ **2**
    Verb · third · plural · aorist · passive · subjunctive ▸ **2** (2Kings 17,28; Eccl. 3,14)

φοβῆσαι ▸ **1**
    Verb · aorist · active · infinitive ▸ **1** (2Chr. 32,18)

φοβῆσθε ▸ **1**
    Verb · second · plural · present · middle · subjunctive ▸ **1** (Deut. 6,2)

φοβῆται ▸ **1**
    Verb · third · singular · present · passive · subjunctive · (variant) ▸ **1** (Eph. 5,33)

φοβοῦ ▸ **40** + **7** + **13** = **60**
    Verb · second · singular · present · middle · imperative ▸ **40** + **7** = **47** (Gen. 15,1; Gen. 21,17; Gen. 26,24; Gen. 28,13; Gen. 46,3; Deut. 31,6; Deut. 31,8; Judg. 4,18; Judg. 6,23; Ruth 3,11; 1Sam. 4,20; 1Sam. 22,23; 1Sam. 23,17; 1Sam. 28,13; 2Sam. 9,7; 2Kings 6,16; 1Chr. 22,13; 1Chr. 28,20; Tob. 4,8; Tob. 4,21; Tob. 6,18; Psa. 48,17; Prov. 3,7; Prov. 7,1a; Prov. 24,21; Eccl. 5,6; Eccl. 12,13; Sir. 7,31; Is. 7,4; Is. 10,24; Is. 41,10; Is. 41,13; Is. 43,1; Is. 43,5; Is. 44,2; Is. 54,4; Jer. 26,28; Lam. 3,57; Dan. 10,12; Dan. 10,19; Judg. 4,18; Judg. 6,23; Tob. 4,21; Tob. 5,22; Tob. 6,18; Dan. 10,12; Dan. 10,19)
    Verb · second · singular · present · passive · imperative · (variant) ▸ **13** (Mark 5,36; Luke 1,13; Luke 1,30; Luke 5,10; Luke 8,50; Luke 12,32; John 12,15; Acts 18,9; Acts 27,24; Rom. 11,20; Rom. 13,4; Rev. 1,17; Rev. 2,10)

φοβοῦμαι ▸ **5** + **1** + **4** = **10**
    Verb · first · singular · present · middle · indicative ▸ **5** + **1** = **6** (Gen. 32,12; Gen. 42,18; Tob. 6,15; Tob. 6,15; Psa. 48,6; Tob. 6,15)
    Verb · first · singular · present · passive · indicative · (variant) ▸ **4** (Luke 18,4; 2Cor. 11,3; 2Cor. 12,20; Gal. 4,11)

Φοβοῦμαι ▸ **1**
    Verb · first · singular · present · middle · indicative ▸ **1** (Dan. 1,10)

φοβούμεθα ▸ **2** + **1** = **3**
    Verb · first · plural · present · middle · indicative ▸ **2** (1Sam. 23,3; Dan. 3,17)
    Verb · first · plural · present · passive · indicative · (variant) ▸ **1** (Matt. 21,26)

φοβούμεθά ▸ **2** + **1** = **3**
    Verb · first · plural · present · middle · indicative ▸ **2** + **1** = **3** (Ode. 7,41; Dan. 3,41; Dan. 3,41)

φοβούμεναι ▸ **1** + **1** + **1** = **3**
    Verb · present · middle · participle · feminine · plural · nominative ▸ **1** + **1** = **2** (Sus. 57; Sus. 57)
    Verb · present · passive · participle · feminine · plural · nominative · (variant) ▸ **1** (1Pet. 3,6)

φοβουμένη ▸ **1**
    Verb · present · middle · participle · feminine · singular · nominative ▸ **1** (Sus. 2)

φοβούμενοι ▸ **28** + **1** + **4** = **33**
    Verb · present · middle · participle · masculine · plural · nominative ▸ **28** + **1** = **29** (2Kings 17,32; 2Kings 17,32; 2Kings 17,41; 2Chr. 5,6; Esth. 11,9 # 1,1h; 3Mac. 2,23; Psa. 21,24; Psa. 65,16; Psa. 113,19; Psa. 117,4; Psa. 127,1; Psa. 134,20; Sir. 2,7; Sir. 2,8; Sir. 2,9; Sir. 2,15; Sir. 2,16; Sir. 2,17; Sir. 6,16; Sir. 10,19; Sir. 10,20; Sir. 32,16; Sol. 2,33; Sol. 3,12; Sol. 4,23; Sol. 5,18; Sol.

15,13; Mal. 3,16; Dan. 5,19)
- **Verb** · present · passive · participle · masculine · plural · nominative · (variant) ▸ **1** (Col. 3,22)
- **Verb** · present · middle · participle · masculine · plural · vocative · (variant) ▸ **1** (Rev. 19,5)
- **Verb** · present · passive · participle · masculine · plural · vocative · (variant) ▸ **2** (Acts 13,16; Acts 13,26)

φοβούμενοί ▸ 2 + **1** + 2 = 5
- **Verb** · present · middle · participle · masculine · plural · nominative ▸ 2 + **1** = **3** (Psa. 118,74; Psa. 118,79; Tob. 13,14)
- **Verb** · present · passive · participle · masculine · plural · nominative · (variant) ▸ **2** (Acts 27,17; Acts 27,29)

φοβουμένοις ▸ 12 + 2 = 14
- **Verb** · present · middle · participle · masculine · plural · dative ▸ **12** (Judith 16,15; Psa. 30,20; Psa. 33,10; Psa. 59,6; Psa. 60,6; Psa. 110,5; Psa. 146,11; Ode. 9,50; Eccl. 8,12; Sir. 15,13; Mal. 3,16; Mal. 3,20)
- **Verb** · present · passive · participle · masculine · plural · dative · (variant) ▸ **2** (Luke 1,50; Rev. 11,18)

φοβούμενον ▸ 1
- **Verb** · present · middle · participle · masculine · singular · accusative ▸ **1** (Sir. 25,10)

φοβούμενος ▸ 22 + **1** + 6 = 29
- **Verb** · present · middle · participle · masculine · singular · nominative ▸ 22 + **1** = **23** (Ex. 9,20; Deut. 20,8; Judg. 7,3; 1Kings 18,3; 1Kings 18,12; 2Kings 4,1; Neh. 7,2; Esth. 9,2; Judith 16,16; Psa. 24,12; Psa. 111,1; Psa. 127,4; Prov. 13,13; Eccl. 7,18; Eccl. 8,13; Eccl. 9,2; Sir. 6,17; Sir. 15,1; Sir. 21,6; Sir. 32,14; Sir. 34,14; Is. 50,10; Judg. 7,3)
- **Verb** · present · passive · participle · masculine · singular · nominative · (variant) ▸ **6** (Luke 18,2; Acts 10,2; Acts 10,22; Acts 10,35; Gal. 2,12; 1John 4,18)

φοβουμένου ▸ 2
- **Verb** · present · middle · participle · masculine · singular · genitive ▸ **2** (Sir. 10,24; Sir. 34,15)

φοβουμένους ▸ 11 + 1 = 12
- **Verb** · present · middle · participle · masculine · plural · accusative ▸ 11 + 1 = **12** (Psa. 14,4; Psa. 32,18; Psa. 102,11; Psa. 102,13; Psa. 102,17; Psa. 113,21; Sir. 15,19; Sol. 2,33; Sol. 13,12; Mic. 6,9; Mal. 3,5; Dan. 6,27)

φοβουμένῳ ▸ 2
- **Verb** · present · middle · participle · masculine · singular · dative ▸ **2** (Sir. 1,13; Sir. 33,1)

φοβουμένων ▸ 10
- **Verb** · present · middle · participle · masculine · plural · genitive ▸ **10** (Psa. 21,26; Psa. 24,14; Psa. 24,14; Psa. 33,8; Psa. 84,10; Psa. 118,63; Psa. 144,19; Sir. 26,3; Sir. 34,13; Sol. 12,4)

φοβοῦνται ▸ 2
- **Verb** · third · plural · present · middle · indicative ▸ **2** (2Kings 17,34; Jer. 10,2)

φοβῶνται ▸ 2
- **Verb** · third · plural · present · middle · subjunctive ▸ **2** (2Chr. 6,31; Eccl. 8,12)

φοβῶνταί ▸ 2
- **Verb** · third · plural · present · middle · subjunctive ▸ **2** (1Kings 8,40; 1Kings 8,43)

φόβητρον (φόβος) terror, dreadful sight ▸ 1 + 1 = 2

φόβητρά ▸ 1
- **Noun** · neuter · plural · nominative ▸ **1** (Luke 21,11)

φόβητρον ▸ 1
- **Noun** · neuter · singular · accusative · (common) ▸ **1** (Is. 19,17)

φόβος fear, terror; reverence ▸ 198 + **1** + 47 = 246

φόβοι ▸ 4 + **1** = 5
- **Noun** · masculine · plural · nominative · (common) ▸ 4 + **1** = 5 (Job 4,13; Job 20,25; Wis. 18,17; Dan. 5,6; 2Cor. 7,5)

φόβοις ▸ 1
- **Noun** · masculine · plural · dative · (common) ▸ **1** (Sir. 45,2)

φόβον ▸ 44 + **15** = 59
- **Noun** · masculine · singular · accusative · (common) ▸ 44 + **15** = 59 (Ex. 23,27; Deut. 2,25; Deut. 11,25; 2Sam. 23,3; 1Chr. 14,17; Esth. 1,22; Esth. 8,17; 1Mac. 10,8; 2Mac. 6,30; 4Mac. 4,10; 4Mac. 14,8; 4Mac. 15,8; Psa. 33,12; Psa. 52,6; Psa. 118,38; Ode. 5,18; Prov. 1,29; Prov. 2,5; Prov. 31,30; Job 15,4; Job 39,19; Sir. 4,17; Sir. 9,13; Sir. 17,4; Sir. 32,18; Sir. 36,1; Sir. 40,2; Sir. 40,7; Jonah 1,10; Is. 8,12; Is. 21,4; Is. 24,18; Is. 26,17; Is. 33,18; Jer. 30,21; Jer. 39,40; Bar. 3,7; LetterJ 3; Ezek. 26,17; Ezek. 32,23; Ezek. 32,24; Ezek. 32,26; Ezek. 32,32; Ezek. 38,21; Mark 4,41; Luke 2,9; John 7,13; John 19,38; John 20,19; Rom. 8,15; Rom. 13,7; Rom. 13,7; 2Cor. 5,11; 2Cor. 7,11; 1Tim. 5,20; 1Pet. 3,14; 1John 4,18; Rev. 18,10; Rev. 18,15)

Φόβος ▸ 1
- **Noun** · masculine · singular · nominative · (common) ▸ **1** (Sir. 1,11)

φόβος ▸ 80 + **12** = 92
- **Noun** · masculine · singular · nominative · (common) ▸ 80 + **12** = 92 (Gen. 9,2; Gen. 15,12; Gen. 31,42; Gen. 35,5; Ex. 15,16; Ex. 20,20; Deut. 32,25; Josh. 2,9; 2Chr. 19,7; Neh. 6,16; Esth. 9,3; Judith 2,28; Judith 14,3; Judith 15,2; 1Mac. 3,25; 1Mac. 7,18; 2Mac. 15,18; 4Mac. 1,23; Psa. 13,3; Psa. 13,5; Psa. 18,10; Psa. 30,12; Psa. 35,2; Psa. 52,6; Psa. 54,6; Psa. 104,38; Psa. 110,10; Ode. 1,16; Ode. 2,25; Prov. 1,7; Prov. 8,13; Prov. 9,10; Prov. 10,27; Prov. 10,29; Prov. 15,33; Prov. 18,8; Prov. 19,23; Prov. 22,4; Job 3,25; Job 4,6; Job 4,13; Job 9,34; Job 13,11; Job 13,21; Job 15,21; Job 21,9; Job 25,2; Job 31,23; Job 33,7; Job 33,15; Job 41,6; Job 41,17; Wis. 17,11; Wis. 17,14; Sir. 1,12; Sir. 1,18; Sir. 1,27; Sir. 10,22; Sir. 16,2; Sir. 19,20; Sir. 23,19; Sir. 25,6; Sir. 25,11; Sir. 40,4; Sir. 40,26; Sir. 40,27; Mal. 1,6; Is. 7,25; Is. 8,13; Is. 10,27; Is. 10,29; Is. 24,17; Is. 33,8; Jer. 31,43; Jer. 37,5; Lam. 3,47; LetterJ 4; Dan. 4,5; Dan. 7,7; Dan. 10,7; Luke 1,12; Luke 1,65; Luke 7,16; Acts 2,43; Acts 5,5; Acts 5,11; Acts 19,17; Rom. 3,18; Rom. 13,3; 1John 4,18; 1John 4,18; Rev. 11,11)

φόβου ▸ 35 + **9** = 44
- **Noun** · masculine · singular · genitive · (common) ▸ 35 + **9** = **44** (Gen. 31,53; Deut. 28,67; Neh. 5,15; Esth. 14,19 # 4,17z; Esth. 15,5 # 5,1b; Esth. 15,13 # 5,2a; 1Mac. 3,6; 2Mac. 12,22; 3Mac. 7,21; 3Mac. 7,22; 4Mac. 1,4; 4Mac. 8,12; Psa. 63,2; Psa. 89,11; Psa. 90,5; Psa. 118,120; Prov. 15,16; Job 33,16; Job 39,3; Job 39,16; Wis. 17,6; Sir. 21,11; Sir. 22,18; Sir. 23,27; Is. 2,10; Is. 2,19; Is. 2,21; Is. 11,3; Is. 33,3; Is. 33,3; Jer. 31,44; Jer. 37,5; Jer. 37,6; Dan. 4,37a; Dan. 11,31; Matt. 14,26; Matt. 28,4; Matt. 28,8; Luke 5,26; Luke 21,26; 2Cor. 7,15; Eph. 6,5; Phil. 2,12; 1Pet. 3,16)

φόβῳ ▸ 33 + **1** + 10 = 44
- **Noun** · masculine · singular · dative · (common) ▸ 33 + **1** + 10 = 44 (2Chr. 19,9; 2Chr. 26,5; Neh. 5,9; 3Mac. 2,23; Psa. 2,11; Psa. 5,8; Psa. 13,5; Prov. 14,26; Prov. 15,27a; Prov. 23,17; Job 3,24; Job 38,17; Wis. 5,2; Sir. 1,28; Sir. 1,30; Sir. 2,10; Sir. 9,16; Sir. 27,3; Sir. 40,26; Sir. 45,23; Sol. 6,5; Sol. 17,34; Sol. 17,40; Sol. 18,7; Sol. 18,8; Sol. 18,9; Sol. 18,11; Jonah 1,16; Mal. 2,5; Is. 19,16; Is. 33,7; Ezek. 27,28; Ezek. 32,30; Dan. 10,7; Luke 8,37; Acts 9,31; 1Cor. 2,3; 2Cor. 7,1; Eph. 5,21; Heb. 2,15; 1Pet. 1,17; 1Pet. 2,18; 1Pet. 3,2; Jude 23)

Φογωρ Pau ▸ 10 + **1** = 11

Φογωρ ▸ 10 + **1** = 11

Noun · singular · accusative · (proper) ▸ **2** (Num. 25,18; Num. 25,18)

Noun · singular · genitive · (proper) ▸ **5** (Num. 31,16; Deut. 3,29; Deut. 4,46; Deut. 34,6; Josh. 22,17)

Noun · singular · nominative · (proper) ▸ **1** (Gen. 36,39)

Noun · feminine · singular · nominative · (proper) ▸ **1** (1Chr. 1,50)

Noun · masculine · singular · genitive · (proper) ▸ **1** (Tob. 1,2)

Noun · neuter · singular · genitive · (proper) ▸ **1** (Num. 23,28)

φοιβάω (φάω) to cleanse, purify ▸ **1**
   φοιβήσετε ▸ **1**
     Verb · second · plural · future · active · indicative ▸ **1** (Deut. 14,1)

Φοίβη Phoebe ▸ **1**
   Φοίβην ▸ **1**
     Noun · feminine · singular · accusative · (proper) ▸ **1** (Rom. 16,1)

Φοινίκη Phoenicia ▸ **26 + 3 = 29**
   Φοινίκῃ ▸ **6**
     Noun · feminine · singular · dative · (proper) ▸ **6** (1Esdr. 2,13; 1Esdr. 2,19; 1Esdr. 4,48; 1Esdr. 6,7; 1Esdr. 6,26; 1Esdr. 8,23)
   Φοινίκην ▸ **5 + 2 = 7**
     Noun · feminine · singular · accusative · (proper) ▸ **5 + 2 = 7** (1Esdr. 2,18; 1Esdr. 2,22; 2Mac. 3,8; 2Mac. 4,22; 3Mac. 3,15; Acts 15,3; Acts 21,2)
   Φοινίκης ▸ **14 + 1 = 15**
     Noun · feminine · singular · genitive · (proper) ▸ **14 + 1 = 15** (Ex. 16,35; Josh. 5,1; 1Esdr. 6,3; 1Esdr. 6,7; 1Esdr. 6,26; 1Esdr. 6,28; 1Esdr. 7,1; 1Esdr. 8,19; 1Esdr. 8,64; 2Mac. 4,4; 2Mac. 8,8; 2Mac. 10,11; 4Mac. 4,2; Is. 23,2; Acts 11,19)
   Φοινίκων ▸ **1**
     Noun · feminine · plural · genitive · (proper) ▸ **1** (Josh. 5,12)

Φοινίκης Phoenicia ▸ **1**
   Φοινίκης ▸ **1**
     Noun · feminine · singular · genitive · (proper) ▸ **1** (2Mac. 3,5)

φοινικοῦς (φοῖνιξ) purple ▸ **1**
   φοινικοῦν ▸ **1**
     Adjective · neuter · singular · nominative · noDegree ▸ **1** (Is. 1,18)

Φοινικών Phoenicia (?) ▸ **2**
   Φοινικῶνος ▸ **2**
     Noun · masculine · singular · genitive · (proper) ▸ **2** (Ezek. 47,18; Ezek. 47,19)

Φοῖνιξ (φοῖνιξ) Phoenician; Phoenix (city) ▸ **1 + 1 = 2**
   Φοίνικα ▸ **1**
     Noun · masculine · singular · accusative · (proper) ▸ **1** (Acts 27,12)
   Φοίνικες ▸ **1**
     Noun · masculine · plural · nominative · (proper) ▸ **1** (Deut. 3,9)

φοῖνιξ palm tree, palm branch; date-palm, date ▸ **39 + 3 + 2 = 44**
   φοίνικα ▸ **4 + 1 = 5**
     Noun · masculine · singular · accusative · (common) ▸ **4 + 1 = 5** (Judg. 4,5; 2Mac. 14,4; Ezek. 41,19; Ezek. 41,19; Judg. 4,5)
   φοίνικας ▸ **5**
     Noun · masculine · plural · accusative · (common) ▸ **5** (1Kings 6,32; 1Kings 6,32; 2Chr. 3,5; 2Mac. 10,7; Ezek. 40,21)
   φοίνικες ▸ **14 + 1 = 15**
     Noun · masculine · plural · nominative · (common) ▸ **14 + 1 = 15** (2Sam. 16,1; 2Sam. 16,2; 1Kings 6,29; 1Kings 6,35; 1Kings 7,22; Ezek. 40,16; Ezek. 40,22; Ezek. 40,26; Ezek. 40,31; Ezek. 40,34; Ezek. 40,37; Ezek. 41,18; Ezek. 41,20; Ezek. 41,25; Rev. 7,9)
   φοίνικι ▸ **2**
     Noun · masculine · singular · dative · (common) ▸ **2** (Song 7,8; Song 7,9)
   φοίνικος ▸ **1**
     Noun · masculine · singular · genitive · (common) ▸ **1** (Job 29,18)
   Φοινίκων ▸ **1**
     Noun · masculine · plural · genitive · (common) ▸ **1** (Job 40,30)
   φοινίκων ▸ **9 + 2 + 1 = 12**
     Noun · masculine · plural · genitive · (common) ▸ **9 + 2 + 1 = 12** (Ex. 15,27; Lev. 23,40; Num. 33,9; Deut. 34,3; Judg. 1,16; Judg. 3,13; 2Chr. 28,15; Neh. 8,15; Sir. 50,12; Judg. 1,16; Judg. 3,13; John 12,13)
   φοῖνιξ ▸ **3**
     Noun · masculine · singular · nominative · (common) ▸ **3** (Psa. 91,13; Sir. 24,14; Joel 1,12)

Φοίνισσα Phoenician (f) ▸ **1**
   Φοινίσσης ▸ **1**
     Noun · feminine · singular · genitive · (proper) ▸ **1** (Ex. 6,15)

Φολλαθι Peullethai ▸ **1**
   Φολλαθι ▸ **1**
     Noun · masculine · singular · nominative · (proper) ▸ **1** (1Chr. 26,5)

φονεύς (φόνος) murderer ▸ **1 + 7 = 8**
   φονάς ▸ **1**
     Noun · masculine · plural · accusative · (common) ▸ **1** (Wis. 12,5)
   φονέα ▸ **1**
     Noun · masculine · singular · accusative ▸ **1** (Acts 3,14)
   φονεῖς ▸ **3**
     Noun · masculine · plural · accusative ▸ **1** (Matt. 22,7)
     Noun · masculine · plural · nominative ▸ **2** (Acts 7,52; Rev. 22,15)
   φονεύς ▸ **1**
     Noun · masculine · singular · nominative ▸ **1** (Acts 28,4)
   φονεύς ▸ **1**
     Noun · masculine · singular · nominative ▸ **1** (1Pet. 4,15)
   φονεῦσιν ▸ **1**
     Noun · masculine · plural · dative ▸ **1** (Rev. 21,8)

φονευτής (φόνος) murderer, killer ▸ **17**
   φονευταί ▸ **2**
     Noun · masculine · plural · nominative · (common) ▸ **2** (Prov. 22,13; Is. 1,21)
   φονευτῇ ▸ **2**
     Noun · masculine · singular · dative · (common) ▸ **2** (Deut. 19,3; Josh. 20,3)
   φονευτήν ▸ **2**
     Noun · masculine · singular · accusative · (common) ▸ **2** (Num. 35,11; Deut. 4,42)
   φονευτής ▸ **7**
     Noun · masculine · singular · nominative · (common) ▸ **7** (Num. 35,16; Num. 35,16; Num. 35,17; Num. 35,17; Num. 35,18; Num. 35,18; Num. 35,21)
   φονευτής ▸ **2**
     Noun · masculine · singular · nominative · (common) ▸ **2** (Josh. 20,3; 2Kings 9,31)
   φονευτοῦ ▸ **2**
     Noun · masculine · singular · genitive · (common) ▸ **2** (Deut. 19,4; 2Kings 6,32)

φονεύω (φόνος) to murder ▸ **49 + 5 + 12 = 66**
   ἐφόνευσαν ▸ **6**
     Verb · third · plural · aorist · active · indicative ▸ **6** (Josh. 10,28; Josh. 10,30; Josh. 10,32; Josh. 10,35; Psa. 93,6; Hos. 6,9)
   ἐφόνευσας ▸ **2**
     Verb · second · singular · aorist · active · indicative ▸ **2** (1Kings 20,19; 1Kings 21,40)

ἐφονεύσατε ▸ 2
: **Verb** ▪ second ▪ plural ▪ aorist ▪ active ▪ indicative ▸ 2 (Matt. 23,35; James 5,6)

ἐφόνευσεν ▸ 1
: **Verb** ▪ third ▪ singular ▪ aorist ▪ active ▪ indicative ▸ 1 (Josh. 10,35)

πεφόνευκεν ▸ 1
: **Verb** ▪ third ▪ singular ▪ perfect ▪ active ▪ indicative ▸ 1 (Prov. 7,26)

πεφονευμένης ▸ 1
: **Verb** ▪ perfect ▪ passive ▪ participle ▪ feminine ▪ singular ▪ genitive ▸ 1 (Judg. 20,4)

πεφόνευται ▸ 1
: **Verb** ▪ third ▪ singular ▪ perfect ▪ passive ▪ indicative ▸ 1 (Tob. 2,3)

φονεύειν ▸ 2
: **Verb** ▪ present ▪ active ▪ infinitive ▸ 2 (1Mac. 15,40; Sir. 9,13)

φονεύεις ▸ 1
: **Verb** ▪ second ▪ singular ▪ present ▪ active ▪ indicative ▸ 1 (James 2,11)

φονεύετε ▸ 2 + 1 = 3
: **Verb** ▪ second ▪ plural ▪ present ▪ active ▪ indicative ▸ 2 + 1 = 3 (Psa. 61,4; Jer. 7,9; James 4,2)

φονευθείσης ▸ 1
: **Verb** ▪ aorist ▪ passive ▪ participle ▪ feminine ▪ singular ▪ nominative ▸ 1 (Judg. 20,4)

φονευθῆναι ▸ 1 + 1 = 2
: **Verb** ▪ aorist ▪ passive ▪ infinitive ▸ 1 + 1 = 2 (Tob. 2,8; Tob. 2,8)

φονευθήσονται ▸ 2
: **Verb** ▪ third ▪ plural ▪ future ▪ passive ▪ indicative ▸ 2 (Prov. 1,32; Lam. 2,20)

φονεύονται ▸ 1
: **Verb** ▪ third ▪ plural ▪ present ▪ passive ▪ indicative ▸ 1 (1Esdr. 4,5)

φονεύουσιν ▸ 1
: **Verb** ▪ third ▪ plural ▪ present ▪ active ▪ indicative ▸ 1 (1Esdr. 4,5)

φονεῦσαι ▸ 1
: **Verb** ▪ aorist ▪ active ▪ infinitive ▸ 1 (Judg. 20,5)

φονεῦσαί ▸ 1
: **Verb** ▪ aorist ▪ active ▪ infinitive ▸ 1 (Neh. 6,10)

φονεύσαντα ▸ 5
: **Verb** ▪ aorist ▪ active ▪ participle ▪ masculine ▪ singular ▪ accusative ▸ 5 (Num. 35,19; Num. 35,21; Num. 35,25; Num. 35,27; Num. 35,30)

φονεύσαντας ▸ 1
: **Verb** ▪ aorist ▪ active ▪ participle ▪ masculine ▪ plural ▪ accusative ▸ 1 (2Chr. 25,3)

φονεύσαντι ▸ 3
: **Verb** ▪ aorist ▪ active ▪ participle ▪ masculine ▪ singular ▪ dative ▸ 3 (Num. 35,6; Josh. 21,13; Josh. 21,32)

φονεύσαντος ▸ 5
: **Verb** ▪ aorist ▪ active ▪ participle ▪ masculine ▪ singular ▪ genitive ▸ 5 (Num. 35,31; Deut. 19,6; Josh. 21,21; Josh. 21,36; Josh. 21,38)

φονευσάντων ▸ 1
: **Verb** ▪ aorist ▪ active ▪ participle ▪ masculine ▪ plural ▪ genitive ▸ 1 (Matt. 23,31)

φονεύσας ▸ 3
: **Verb** ▪ aorist ▪ active ▪ participle ▪ masculine ▪ singular ▪ nominative ▸ 3 (Ex. 21,13; Num. 35,26; Num. 35,28)

φονεύσασι ▸ 1
: **Verb** ▪ aorist ▪ active ▪ participle ▪ masculine ▪ plural ▪ dative ▸ 1 (Josh. 21,27)

φονεύσεις ▸ 3 + 3 = 6
: **Verb** ▪ second ▪ singular ▪ future ▪ active ▪ indicative ▸ 3 + 3 = 6 (Ex. 20,15; Num. 35,30; Deut. 5,18; Matt. 5,21; Matt. 19,18; Rom. 13,9)

φονεύσῃ ▸ 3 + 1 = 4
: **Verb** ▪ third ▪ singular ▪ aorist ▪ active ▪ subjunctive ▸ 3 + 1 = 4 (Num. 35,27; Deut. 4,42; Deut. 22,26; Matt. 5,21)

φονεύσῃς ▸ 3
: **Verb** ▪ second ▪ singular ▪ aorist ▪ active ▪ subjunctive ▸ 3 (Mark 10,19; Luke 18,20; James 2,11)

φονεύσωμεν ▸ 1 + 1 = 2
: **Verb** ▪ first ▪ plural ▪ aorist ▪ active ▪ subjunctive ▸ 1 + 1 = 2 (Neh. 4,5; Judg. 16,2)

φονεύων ▸ 3
: **Verb** ▪ present ▪ active ▪ participle ▪ masculine ▪ singular ▪ nominative ▸ 3 (Num. 35,12; Num. 35,21; Sir. 34,22)

φονοκτονέω (φόνος; κτείνω) to pollute with murder ▸ 3

ἐφονοκτονήθη ▸ 1
: **Verb** ▪ third ▪ singular ▪ aorist ▪ passive ▪ indicative ▸ 1 (Psa. 105,38)

φονοκτονεῖ ▸ 1
: **Verb** ▪ third ▪ singular ▪ present ▪ active ▪ indicative ▸ 1 (Num. 35,33)

φονοκτονήσητε ▸ 1
: **Verb** ▪ second ▪ plural ▪ aorist ▪ active ▪ subjunctive ▸ 1 (Num. 35,33)

φονοκτονία (φόνος; κτείνω) murder; massacre ▸ 1

φονοκτονίαν ▸ 1
: **Noun** ▪ feminine ▪ singular ▪ accusative ▪ (common) ▸ 1 (1Mac. 1,24)

φόνος murder; slaughter ▸ 24 + 9 = 33

φόνοι ▸ 2
: **Noun** ▪ masculine ▪ plural ▪ nominative ▸ 2 (Matt. 15,19; Mark 7,21)

φόνοις ▸ 1
: **Noun** ▪ masculine ▪ plural ▪ dative ▪ (common) ▸ 1 (Ezek. 43,7)

φόνον ▸ 6 + 3 = 9
: **Noun** ▪ masculine ▪ singular ▪ accusative ▪ (common) ▸ 6 + 3 = 9 (Deut. 22,8; Judith 2,11; Judith 8,22; Judith 9,3; 3Mac. 3,25; Jer. 22,17; Mark 15,7; Luke 23,19; Luke 23,25)

φόνος ▸ 4
: **Noun** ▪ masculine ▪ singular ▪ nominative ▪ (common) ▸ 4 (Ex. 5,3; Ex. 22,1; Wis. 14,25; Hos. 4,2)

φόνου ▸ 2 + 2 = 4
: **Noun** ▪ masculine ▪ singular ▪ genitive ▪ (common) ▸ 2 + 2 = 4 (Prov. 1,18; Prov. 28,17; Acts 9,1; Rom. 1,29)

φόνους ▸ 3
: **Noun** ▪ masculine ▪ plural ▪ accusative ▪ (common) ▸ 3 (2Mac. 4,3; Job 21,22; Ezek. 43,9)

φόνῳ ▸ 8 + 1 = 9
: **Noun** ▪ masculine ▪ singular ▪ dative ▪ (common) ▸ 8 + 1 = 9 (Ex. 17,13; Lev. 26,7; Num. 21,24; Deut. 13,16; Deut. 20,13; Deut. 28,22; 2Mac. 4,35; Ezek. 43,8; Heb. 11,37)

φόνων ▸ 1
: **Noun** ▪ masculine ▪ plural ▪ genitive ▸ 1 (Rev. 9,21)

φονώδης (φόνος; εἶδος) murderous ▸ 1

φονώδης ▸ 1
: **Adjective** ▪ masculine ▪ singular ▪ nominative ▪ noDegree ▸ 1 (4Mac. 10,17)

φορβεά (φέρβω) rope, halter ▸ 1

φορβεάν ▸ 1
　Noun · feminine · singular · accusative · (common) ▸ 1 (Job 40,25)

φορεῖον (φέρω) litter ▸ 3
　φορεῖον ▸ 2
　　Noun · neuter · singular · accusative · (common) ▸ 1 (2Mac. 3,27)
　　Noun · neuter · singular · nominative · (common) ▸ 1 (Song 3,9)
　φορείῳ ▸ 1
　　Noun · neuter · singular · dative · (common) ▸ 1 (2Mac. 9,8)

φορεύς (φέρω) carrying pole ▸ 3
　φορεῖς ▸ 3
　　Noun · masculine · plural · accusative · (common) ▸ 2 (Ex. 27,6; Ex. 27,7)
　　Noun · masculine · plural · nominative · (common) ▸ 1 (Ex. 27,7)

φορέω (φέρω) to wear; to bear ▸ 6 + 6 = 12
　ἐφορέσαμεν ▸ 1
　　Verb · first · plural · aorist · active · indicative ▸ 1 (1Cor. 15,49)
　ἐφόρεσεν ▸ 1
　　Verb · third · singular · aorist · active · indicative ▸ 1 (Sir. 11,5)
　φορεῖ ▸ 2 + 1 = 3
　　Verb · third · singular · present · active · indicative ▸ 2 + 1 = 3 (Prov. 3,16a; Prov. 16,26; Rom. 13,4)
　φορέσει ▸ 1
　　Verb · third · singular · future · active · indicative ▸ 1 (Prov. 16,23)
　φορέσομεν ▸ 1
　　Verb · first · plural · future · active · indicative ▸ 1 (1Cor. 15,49)
　φοροῦντα ▸ 1
　　Verb · present · active · participle · masculine · singular · accusative ▸ 1 (James 2,3)
　φοροῦντες ▸ 1
　　Verb · present · active · participle · masculine · plural · nominative ▸ 1 (Matt. 11,8)
　φοροῦντος ▸ 1
　　Verb · present · active · participle · masculine · singular · genitive ▸ 1 (Sir. 40,4)
　φορῶ ▸ 1
　　Verb · first · singular · present · active · indicative ▸ 1 (Esth. 14,16 # 4,17w)
　φορῶν ▸ 1
　　Verb · present · active · participle · masculine · singular · nominative ▸ 1 (John 19,5)

φορθομμιν nobles ▸ 1
　φορθομμιν ▸ 1
　　Noun ▸ 1 (Dan. 1,3)

φορολογέω (φέρω; λέγω) to take tribute ▸ 2
　φορολογεῖσθαι ▸ 1
　　Verb · present · passive · infinitive ▸ 1 (2Chr. 36,4a)
　φορολογοῦντες ▸ 1
　　Verb · present · active · participle · masculine · plural · nominative ▸ 1 (1Esdr. 2,22)

φορολόγητος (φέρω; λέγω) tributary to ▸ 1
　φορολόγητοι ▸ 1
　　Adjective · masculine · plural · nominative · noDegree ▸ 1 (Deut. 20,11)

φορολογία (φέρω; λέγω) taking tribute; tribute ▸ 4
　φορολογία ▸ 1
　　Noun · feminine · singular · nominative · (common) ▸ 1 (1Esdr. 8,22)
　φορολογίαν ▸ 1
　　Noun · feminine · singular · accusative · (common) ▸ 1 (1Esdr. 2,15)
　φορολογίας ▸ 2
　　Noun · feminine · singular · genitive · (common) ▸ 2 (1Esdr. 6,28; 1Mac. 1,29)

φορολόγος (φέρω; λέγω) tax/tribute collector ▸ 6
　φορολόγος ▸ 3
　　Noun · masculine · singular · nominative · (common) ▸ 3 (Ezra 4,7; Ezra 4,18; Ezra 4,23)
　φορολόγου ▸ 2
　　Noun · masculine · singular · genitive · (common) ▸ 2 (Job 3,18; Job 39,7)
　φορολόγῳ ▸ 1
　　Noun · masculine · singular · dative · (common) ▸ 1 (Ezra 5,5)

φόρον forum ▸ 1
　φόρου ▸ 1
　　Noun · neuter · singular · genitive · (proper) ▸ 1 (Acts 28,15)

Φορος (φέρω) Parosh ▸ 9
　Φορος ▸ 9
　　Noun · masculine · singular · genitive · (proper) ▸ 8 (1Esdr. 5,9; 1Esdr. 8,30; 1Esdr. 9,26; Ezra 2,3; Ezra 8,3; Ezra 10,25; Neh. 3,25; Neh. 7,8)
　　Noun · masculine · singular · nominative · (proper) ▸ 1 (Neh. 10,15)

φόρος (φέρω) tribute, tax ▸ 37 + 6 + 5 = 48
　φόροι ▸ 3
　　Noun · masculine · plural · nominative · (common) ▸ 3 (Ezra 4,13; Ezra 4,20; 1Mac. 3,29)
　φόρον ▸ 18 + 6 + 3 = 27
　　Noun · masculine · singular · accusative · (common) ▸ 18 + 6 + 3 = 27 (Josh. 19,48a; Judg. 1,28; Judg. 1,29; Judg. 1,30; Judg. 1,31; Judg. 1,33; Judg. 1,35; 1Kings 5,27; 1Kings 10,22b # 9,20; 2Chr. 8,8; 2Chr. 36,3; 1Mac. 1,4; 1Mac. 8,2; 1Mac. 8,4; 1Mac. 8,7; 2Mac. 8,10; 2Mac. 8,36; Lam. 1,1a; Judg. 1,28; Judg. 1,29; Judg. 1,30; Judg. 1,31; Judg. 1,33; Judg. 1,35; Luke 20,22; Rom. 13,7; Rom. 13,7)
　φόρος ▸ 2
　　Noun · masculine · singular · nominative · (common) ▸ 2 (1Kings 5,27; Ezra 7,24)
　φόρου ▸ 4
　　Noun · masculine · singular · genitive · (common) ▸ 4 (2Sam. 20,24; 1Kings 5,28; 1Kings 12,18; 2Chr. 10,18)
　φόρους ▸ 5 + 2 = 7
　　Noun · masculine · plural · accusative · (common) ▸ 5 + 2 = 7 (1Esdr. 4,6; Neh. 5,4; 1Mac. 3,31; 1Mac. 10,33; 1Mac. 15,30; Luke 23,2; Rom. 13,6)
　φόρων ▸ 5
　　Noun · masculine · plural · genitive · (common) ▸ 5 (1Kings 4,6; 1Kings 10,15; Ezra 6,8; 1Mac. 10,29; 1Mac. 15,31)

φορτίζω (φέρω) to burden ▸ 1 + 2 = 3
　ἐφόρτιζες ▸ 1
　　Verb · second · singular · imperfect · active · indicative ▸ 1 (Ezek. 16,33)
　πεφορτισμένοι ▸ 1
　　Verb · perfect · middle · participle · masculine · plural · vocative · (variant) ▸ 1 (Matt. 11,28)
　φορτίζετε ▸ 1
　　Verb · second · plural · present · active · indicative ▸ 1 (Luke 11,46)

φορτίον (φέρω) burden ▸ 8 + 6 = 14
　φορτία ▸ 1 + 2 = 3
　　Noun · neuter · plural · accusative ▸ 2 (Matt. 23,4; Luke 11,46)
　　Noun · neuter · plural · nominative · (common) ▸ 1 (Sir. 33,25)

φορτίοις ▸ 1
   Noun · neuter · plural · dative ▸ **1** (Luke 11,46)
φορτίον ▸ 7 + 2 = 9
   Noun · neuter · singular · accusative · (common) ▸ 5 + 1 = **6** (Judg. 9,48; Judg. 9,49; 2Sam. 19,36; Psa. 37,5; Is. 46,1; Gal. 6,5)
   Noun · neuter · singular · nominative · (common) ▸ 2 + 1 = **3** (Job 7,20; Sir. 21,16; Matt. 11,30)
φορτίου ▸ 1
   Noun · neuter · singular · genitive ▸ **1** (Acts 27,10)

Φορτουνᾶτος Fortunatus ▸ 1
   Φορτουνάτου ▸ 1
      Noun · masculine · singular · genitive · (proper) ▸ **1** (1Cor. 16,17)

Φουα Puah ▸ 5 + 1 = 6
   Φουα ▸ 5 + 1 = 6
      Noun · feminine · singular · nominative · (proper) ▸ **1** (Ex. 1,15)
      Noun · masculine · singular · dative · (proper) ▸ **1** (Num. 26,19)
      Noun · masculine · singular · genitive · (proper) ▸ 1 + 1 = **2** (Judg. 10,1; Judg. 10,1)
      Noun · masculine · singular · nominative · (proper) ▸ **2** (Gen. 46,13; 1Chr. 7,1)

Φουαϊ Puite ▸ 1
   Φουαϊ ▸ 1
      Noun · masculine · singular · nominative · (proper) ▸ **1** (Num. 26,19)

Φουασουδ Paruah ▸ 1
   Φουασουδ ▸ 1
      Noun · masculine · singular · genitive · (proper) ▸ **1** (1Kings 4,19)

Φουδ Put ▸ 4
   Φουδ ▸ 4
      Noun · singular · accusative · (proper) ▸ **1** (Is. 66,19)
      Noun · masculine · singular · nominative · (proper) ▸ **2** (Gen. 10,6; 1Chr. 1,8)
      Noun · neuter · singular · accusative · (proper) ▸ **1** (Judith 2,23)

Φουλ Pul ▸ 2
   Φουλ ▸ 2
      Noun · masculine · singular · dative · (proper) ▸ **1** (2Kings 15,19)
      Noun · masculine · singular · nominative · (proper) ▸ **1** (2Kings 15,19)

Φουτιηλ Putiel ▸ 1
   Φουτιηλ ▸ 1
      Noun · masculine · singular · genitive · (proper) ▸ **1** (Ex. 6,25)

Φρααθων Pirathon (Ephraim?) ▸ 1
   Φρααθων ▸ 1
      Noun · singular · dative · (proper) ▸ **1** (Judg. 12,15)

Φρααθωνίτης Pirathonite (Ephraimite?) ▸ 2
   Φρααθωνίτης ▸ 2
      Noun · masculine · singular · nominative · (proper) ▸ **2** (Judg. 12,13; Judg. 12,15)

φραγέλλιον whip ▸ 1
   φραγέλλιον ▸ 1
      Noun · neuter · singular · accusative ▸ **1** (John 2,15)

φραγελλόω (φραγέλλιον) beat with a whip ▸ 2
   φραγελλώσας ▸ 2
      Verb · aorist · active · participle · masculine · singular · nominative ▸ **2** (Matt. 27,26; Mark 15,15)

φραγμός (φράσσω) fence, wall ▸ 21 + 4 = 25
   φραγμοί ▸ 1
      Noun · masculine · plural · nominative · (common) ▸ **1** (Prov. 24,31)
   φραγμόν ▸ 1
      Noun · masculine · singular · accusative · (common) ▸ **1** (Eccl. 10,8)
   φραγμόν ▸ 10 + 2 = 12
      Noun · masculine · singular · accusative · (common) ▸ 10 + 2 = **12** (1Kings 10,22a # 9,15; 1Kings 11,27; Ezra 9,9; Psa. 79,13; Ode. 10,2; Ode. 10,5; Job 38,31; Nah. 3,17; Is. 5,2; Is. 5,5; Matt. 21,33; Mark 12,1)
   φραγμός ▸ 2
      Noun · masculine · singular · nominative · (common) ▸ **2** (Gen. 38,29; Sir. 36,25)
   φραγμὸς ▸ 2
      Noun · masculine · singular · nominative · (common) ▸ **2** (Num. 22,24; Num. 22,24)
   φραγμοῦ ▸ 1 + 1 = 2
      Noun · masculine · singular · genitive · (common) ▸ 1 + 1 = **2** (Psa. 143,14; Eph. 2,14)
   φραγμοὺς ▸ 1 + 1 = 2
      Noun · masculine · plural · accusative · (common) ▸ 1 + 1 = **2** (Psa. 88,41; Luke 14,23)
   φραγμῷ ▸ 2
      Noun · masculine · singular · dative · (common) ▸ **2** (Psa. 61,4; Mic. 4,14)
   φραγμῶν ▸ 1
      Noun · masculine · plural · genitive · (common) ▸ **1** (Is. 58,12)

φράζω to explain ▸ 3 + 1 = 4
   φράσατέ ▸ 1
      Verb · second · plural · aorist · active · imperative ▸ **1** (Job 6,24)
   φράσῃ ▸ 1
      Verb · third · singular · aorist · active · subjunctive ▸ **1** (Job 12,8)
   φράσομεν ▸ 1
      Verb · first · plural · future · active · indicative ▸ **1** (Dan. 2,4)
   φράσον ▸ 1
      Verb · second · singular · aorist · active · imperative ▸ **1** (Matt. 15,15)

φραζων peasantry; village life ▸ 1
   φραζων ▸ 1
      Noun · singular · nominative · (common) ▸ **1** (Judg. 5,7)

φράσσω to silence, stop ▸ 6 + 3 = 9
   ἔφραξα ▸ 1
      Verb · first · singular · aorist · active · indicative ▸ **1** (Job 38,8)
   ἔφραξαν ▸ 1
      Verb · third · plural · aorist · active · indicative ▸ **1** (Heb. 11,33)
   πεφραγμένη ▸ 1
      Verb · perfect · passive · participle · feminine · singular · nominative ▸ **1** (Song 7,3)
   πεφραγμένον ▸ 1
      Verb · perfect · passive · participle · neuter · singular · accusative ▸ **1** (Dan. 8,26)
   φραγῇ ▸ 1
      Verb · third · singular · aorist · passive · subjunctive ▸ **1** (Rom. 3,19)
   φραγήσεται ▸ 1
      Verb · third · singular · future · passive · indicative ▸ **1** (2Cor. 11,10)
   φράσσει ▸ 1
      Verb · third · singular · present · active · indicative ▸ **1** (Prov. 21,13)
   φράσσοι ▸ 1
      Verb · third · singular · present · active · optative ▸ **1** (Prov. 25,26)
   φράσσω ▸ 1
      Verb · first · singular · present · active · indicative ▸ **1** (Hos. 2,8)

Φρέαρ (φρέαρ) Well ▸ 3

Φρέαρ ▸ 3
  Noun · neuter · singular · nominative · (proper) ▸ 3 (Gen. 16,14; Gen. 21,31; Gen. 26,33)

φρέαρ well, pit ▸ 56 + 7 = 63
  φρέαρ ▸ 28 + 4 = 32
    Noun · neuter · singular · accusative · (common) ▸ 19 + 3 = 22 (Gen. 16,14; Gen. 21,14; Gen. 21,19; Gen. 21,30; Gen. 22,19; Gen. 24,11; Gen. 24,20; Gen. 24,62; Gen. 25,11; Gen. 26,19; Gen. 26,21; Gen. 26,22; Gen. 26,23; Gen. 26,25; Gen. 46,1; 1Mac. 7,19; Psa. 54,24; Amos 5,5; Jer. 48,7; Luke 14,5; John 4,12; Rev. 9,2)
    Noun · neuter · singular · nominative · (common) ▸ 9 + 1 = 10 (Gen. 29,2; Num. 21,16; Num. 21,16; Num. 21,18; Psa. 68,16; Prov. 23,27; Song 4,15; Jer. 48,9; Jer. 48,9; John 4,11)
  φρέατα ▸ 5
    Noun · neuter · plural · accusative · (common) ▸ 3 (Gen. 26,15; Gen. 26,18; Jer. 14,3)
    Noun · neuter · plural · nominative · (common) ▸ 2 (Gen. 14,10; Gen. 14,10)
  φρέατι ▸ 3
    Noun · neuter · singular · dative · (common) ▸ 3 (Gen. 21,32; Gen. 21,33; Gen. 22,19)
  φρέατος ▸ 17 + 3 = 20
    Noun · neuter · singular · genitive · (common) ▸ 17 + 3 = 20 (Gen. 26,20; Gen. 26,32; Gen. 28,10; Gen. 29,2; Gen. 29,2; Gen. 29,3; Gen. 29,3; Gen. 29,8; Gen. 29,10; Gen. 46,5; Ex. 2,15; Num. 21,17; Num. 21,18; 1Sam. 19,22; 2Sam. 3,26; 2Mac. 1,19; Is. 15,8; Rev. 9,1; Rev. 9,2; Rev. 9,2)
  φρέατός ▸ 1
    Noun · neuter · singular · genitive · (common) ▸ 1 (Num. 21,22)
  φρεάτων ▸ 2
    Noun · neuter · plural · genitive · (common) ▸ 2 (Gen. 21,25; Prov. 5,15)

φρεναπατάω (φρήν; ἀπάτη) to deceive ▸ 1
  φρεναπατᾷ ▸ 1
    Verb · third · singular · present · active · indicative ▸ 1 (Gal. 6,3)

φρεναπάτης (φρήν; ἀπάτη) deceiver ▸ 1
  φρεναπάται ▸ 1
    Noun · masculine · plural · nominative ▸ 1 (Titus 1,10)

φρενόω (φρήν) to make wise, teach; be elated (pass.) ▸ 1
  πεφρενωμένος ▸ 1
    Verb · perfect · passive · participle · masculine · singular · nominative ▸ 1 (2Mac. 11,4)

φρήν mind; understanding ▸ 10 + 2 + 2 = 14
  φρένα ▸ 1
    Noun · feminine · singular · accusative · (common) ▸ 1 (3Mac. 5,47)
  φρένες ▸ 2
    Noun · feminine · plural · nominative · (common) ▸ 2 (Dan. 4,34; Dan. 4,36)
  φρενί ▸ 1
    Noun · feminine · singular · dative · (common) ▸ 1 (3Mac. 4,16)
  φρενῶν ▸ 8
    Noun · feminine · plural · genitive · (common) ▸ 8 (Prov. 6,32; Prov. 7,7; Prov. 9,4; Prov. 11,12; Prov. 12,11; Prov. 15,21; Prov. 18,2; Prov. 24,30)
  φρεσὶν ▸ 2
    Noun · feminine · plural · dative ▸ 2 (1Cor. 14,20; 1Cor. 14,20)

φρικασμός (φρίσσω) trembling ▸ 1
  φρικασμὸς ▸ 1
    Noun · masculine · singular · nominative · (common) ▸ 1 (2Mac. 3,17)

φρίκη (φρίσσω) trembling anger ▸ 2
  φρίκη ▸ 1
    Noun · feminine · singular · nominative · (common) ▸ 1 (Job 4,14)
  φρίκην ▸ 1
    Noun · feminine · singular · accusative · (common) ▸ 1 (Amos 1,11)

φρικτός (φρίσσω) shocking, horrible ▸ 4
  φρικτά ▸ 2
    Adjective · neuter · plural · accusative · noDegree ▸ 2 (Jer. 18,13; Jer. 23,14)
  φρικτὰ ▸ 1
    Adjective · neuter · plural · nominative · noDegree ▸ 1 (Jer. 5,30)
  φρικτοί ▸ 1
    Adjective · masculine · plural · nominative · noDegree ▸ 1 (Wis. 8,15)

φρικτῶς (φρίσσω) horribly ▸ 1
  φρικτῶς ▸ 1
    Adverb ▸ 1 (Wis. 6,5)

φρικώδης (φρίσσω) causing horror; horribly (neut.) ▸ 1
  φρικώδη ▸ 1
    Adjective · neuter · plural · accusative · noDegree ▸ 1 (Hos. 6,10)

φρίσσω to tremble, shudder ▸ 3 + 1 + 1 = 5
  ἔφριξαν ▸ 2
    Verb · third · plural · aorist · active · indicative ▸ 2 (Judith 16,10; Job 4,15)
  ἔφριξεν ▸ 1 + 1 = 2
    Verb · third · singular · aorist · active · indicative ▸ 1 + 1 = 2 (Jer. 2,12; Dan. 7,15)
  φρίσσουσιν ▸ 1
    Verb · third · plural · present · active · indicative ▸ 1 (James 2,19)

φρίττω (φρίσσω) to tremble, shudder ▸ 3
  ἔφριττον ▸ 1
    Verb · third · plural · imperfect · active · indicative ▸ 1 (4Mac. 17,7)
  φρίττει ▸ 1
    Verb · third · singular · present · active · indicative ▸ 1 (Ode. 12,4)
  φρίττομεν ▸ 1
    Verb · first · plural · present · active · indicative ▸ 1 (4Mac. 14,9)

φρονέω (φρήν) to be wise, to think ▸ 16 + 26 = 42
  ἐφρονεῖτε ▸ 1
    Verb · second · plural · imperfect · active · indicative ▸ 1 (Phil. 4,10)
  ἐφρόνησαν ▸ 5
    Verb · third · plural · aorist · active · indicative ▸ 5 (Deut. 32,29; Esth. 16,3 # 8,12c; Ode. 2,29; Wis. 14,30; Zech. 9,2)
  ἐφρόνουν ▸ 1
    Verb · first · singular · imperfect · active · indicative ▸ 1 (1Cor. 13,11)
  φρόνει ▸ 1
    Verb · second · singular · present · active · imperative ▸ 1 (Rom. 11,20)
  φρονεῖ ▸ 1
    Verb · third · singular · present · active · indicative ▸ 1 (Rom. 14,6)
  φρονεῖν ▸ 4 + 6 = 10
    Verb · present · active · infinitive ▸ 4 + 6 = 10 (1Mac. 10,20;

φρονέω–φρόνιμος

2Mac. 9,12; 2Mac. 14,26; Is. 44,28; Rom. 12,3; Rom. 12,3; Rom. 15,5; Phil. 1,7; Phil. 4,2; Phil. 4,10)

φρονεῖς ▸ 3
Verb · second · singular · present · active · indicative ▸ **3** (Matt. 16,23; Mark 8,33; Acts 28,22)

φρονεῖτε ▸ 4
Verb · second · plural · present · active · indicative ▸ **1** (Phil. 3,15)
Verb · second · plural · present · active · imperative ▸ **3** (2Cor. 13,11; Phil. 2,5; Col. 3,2)

φρονῆσαι ▸ 2
Verb · aorist · active · infinitive ▸ **2** (Is. 44,18; Is. 56,10)

φρονήσετε ▸ 1
Verb · second · plural · future · active · indicative ▸ **1** (Gal. 5,10)

φρονήσαιμεν ▸ 1
Verb · first · plural · aorist · active · optative ▸ **1** (4Mac. 6,17)

φρονήσατε ▸ 2
Verb · second · plural · aorist · active · imperative ▸ **2** (Psa. 93,8; Wis. 1,1)

φρονῆτε ▸ 1
Verb · second · plural · present · active · subjunctive ▸ **1** (Phil. 2,2)

φρονοῦντες ▸ 4
Verb · present · active · participle · masculine · plural · nominative ▸ **4** (Rom. 12,16; Rom. 12,16; Phil. 2,2; Phil. 3,19)

φρονοῦσι ▸ 1
Verb · present · active · participle · masculine · plural · dative ▸ **1** (Esth. 16,2 # 8,12b)

φρονοῦσιν ▸ 1
Verb · third · plural · present · active · indicative ▸ **1** (Rom. 8,5)

φρονῶμεν ▸ 1
Verb · first · plural · present · active · subjunctive ▸ **1** (Phil. 3,15)

φρονῶν ▸ 1 + 1 = 2
Verb · present · active · participle · masculine · singular · nominative ▸ **1 + 1 = 2** (2Mac. 14,8; Rom. 14,6)

φρόνημα (φρήν) mind, thought; doctrine ▸ 2 + 4 = 6
φρόνημα ▸ 4
Noun · neuter · singular · nominative ▸ **4** (Rom. 8,6; Rom. 8,6; Rom. 8,7; Rom. 8,27)

φρονήμασιν ▸ 1
Noun · neuter · plural · dative · (common) ▸ **1** (2Mac. 13,9)

φρονήματι ▸ 1
Noun · neuter · singular · dative · (common) ▸ **1** (2Mac. 7,21)

φρόνησις (φρήν) wisdom ▸ 58 + 4 + 2 = 64
φρονήσει ▸ 10 + 2 = 12
Noun · feminine · singular · dative · (common) ▸ **10 + 2 = 12** (1Sam. 2,10; 1Kings 10,23; Prov. 3,19; Prov. 14,29; Job 5,13; Wis. 17,7; Sir. 19,24; Is. 44,19; Jer. 10,12; Ezek. 28,4; Luke 1,17; Eph. 1,8)

φρονήσεως ▸ 11
Noun · feminine · singular · genitive · (common) ▸ **11** (1Kings 10,24; 4Mac. 1,2; Prov. 1,2; Prov. 9,16; Prov. 16,16; Job 17,4; Wis. 3,15; Wis. 6,15; Wis. 8,21; Sir. 1,4; Is. 40,28)

φρονήσεώς ▸ 1
Noun · feminine · singular · genitive · (common) ▸ **1** (1Kings 10,6)

φρόνησιν ▸ 20 + 3 = 23
Noun · feminine · singular · accusative · (common) ▸ **20 + 3 = 23** (1Kings 2,35a; 1Kings 2,35b; 1Kings 5,9; 1Kings 5,10; 1Kings 10,4; 1Kings 11,41; Prov. 3,13; Prov. 7,4; Prov. 9,6; Prov. 10,23; Prov. 19,8; Prov. 19,8; Prov. 24,5; Wis. 8,7; Sir. 25,9; Sir. 29,28; Bar. 3,9; Bar. 3,28; Dan. 1,17; Dan. 2,23; Dan. 1,4; Dan. 1,17; Dan. 2,21)

φρόνησίν ▸ 1
Noun · feminine · singular · accusative · (common) ▸ **1** (1Kings 10,8)

φρόνησις ▸ 14 + 1 = 15
Noun · feminine · singular · nominative · (common) ▸ **14 + 1 = 15** (Josh. 5,1; 1Kings 2,35b; 1Kings 3,28; 4Mac. 1,18; 4Mac. 1,19; Prov. 8,14; Prov. 30,2; Wis. 4,9; Wis. 7,7; Wis. 7,16; Wis. 8,6; Wis. 8,18; Sir. 19,22; Bar. 3,14; Dan. 5,12)

φρόνησίς ▸ 1
Noun · feminine · singular · nominative · (common) ▸ **1** (Prov. 8,1)

φρόνιμος (φρήν) wise ▸ 40 + 1 + 14 = 55
φρονίμη ▸ 1
Adjective · feminine · singular · nominative · noDegree ▸ **1** (Sir. 22,4)

φρονίμην ▸ 1
Adjective · feminine · singular · accusative · noDegree ▸ **1** (1Kings 3,12)

φρόνιμοι ▸ 8
Adjective · feminine · plural · nominative ▸ **3** (Matt. 25,2; Matt. 25,4; Matt. 25,9)
Adjective · masculine · plural · nominative ▸ **5** (Matt. 10,16; Rom. 11,25; Rom. 12,16; 1Cor. 4,10; 2Cor. 11,19)

φρονίμοις ▸ 1 + 2 = 3
Adjective · feminine · plural · dative ▸ **1** (Matt. 25,8)
Adjective · masculine · plural · dative · noDegree ▸ **1 + 1 = 2** (Prov. 14,6; 1Cor. 10,15)

φρόνιμον ▸ 4 + 1 = 5
Adjective · masculine · singular · accusative · noDegree ▸ **4 + 1 = 5** (Gen. 41,33; 1Kings 5,21; 4Mac. 7,17; Prov. 19,25; Tob. 6,12)

φρόνιμόν ▸ 1
Adjective · neuter · singular · nominative · noDegree ▸ **1** (Tob. 6,12)

φρόνιμος ▸ 19 + 2 = 21
Adjective · masculine · singular · nominative · noDegree ▸ **19 + 2 = 21** (1Sam. 2,10; 1Kings 2,35o; 1Kings 2,46a; Prov. 3,7; Prov. 11,12; Prov. 14,17; Prov. 15,21; Prov. 17,21; Prov. 17,27; Prov. 17,28; Prov. 18,14; Prov. 19,7; Prov. 20,5; Wis. 6,24; Sir. 20,1; Sir. 20,27; Sir. 21,24; Sir. 38,4; Hos. 13,13; Matt. 24,45; Luke 12,42)

φρονίμου ▸ 4
Adjective · masculine · singular · genitive · noDegree ▸ **4** (Tob. 4,18; Prov. 17,10; Prov. 18,15; Sir. 21,17)

φρονίμους ▸ 4
Adjective · masculine · plural · accusative · noDegree ▸ **4** (1Kings 2,35b; 1Kings 5,10; Prov. 15,1; Is. 44,25)

φρονίμῳ ▸ 2 + 1 = 3
Adjective · masculine · singular · dative · noDegree ▸ **2 + 1 = 3** (Prov. 11,29; Sir. 21,21; Matt. 7,24)

φρονίμων ▸ 1
Adjective · masculine · plural · genitive · noDegree ▸ **1** (Sir. 21,25)

φρονιμώτατος ▸ 1
Adjective · masculine · singular · nominative · superlative ▸ **1** (Gen. 3,1)

φρονιμώτεροι ▸ 1
Adjective · masculine · plural · nominative · comparative ▸ **1** (Luke 16,8)

φρονιμώτερος ▸ 1
Adjective · masculine · singular · nominative · comparative ▸ **1** (Gen. 41,39)

φρονίμως (φρήν) wisely ▸ 1
 φρονίμως ▸ 1
  Adverb ▸ **1** (Luke 16,8)
φροντίζω (φρήν) to consider; to be careful ▸ 15 + 1 = 16
 ἐφρόντιζεν ▸ 1
  Verb ▪ third ▪ singular ▪ imperfect ▪ active ▪ indicative ▸ **1** (2Mac. 4,21)
 ἐφρόντισα ▸ 2
  Verb ▪ first ▪ singular ▪ aorist ▪ active ▪ indicative ▸ **2** (Job 3,25; Job 23,15)
 ἐφροντίσαμεν ▸ 1
  Verb ▪ first ▪ plural ▪ aorist ▪ active ▪ indicative ▸ **1** (2Mac. 2,25)
 φροντιεῖ ▸ 1
  Verb ▪ third ▪ singular ▪ future ▪ active ▪ indicative ▸ **1** (Psa. 39,18)
 φρόντιζε ▸ 1
  Verb ▪ second ▪ singular ▪ present ▪ active ▪ imperative ▸ **1** (Sir. 8,13)
 φροντίζει ▸ 1
  Verb ▪ third ▪ singular ▪ present ▪ active ▪ indicative ▸ **1** (Prov. 31,21)
 φροντίζῃ ▸ 1
  Verb ▪ third ▪ singular ▪ present ▪ active ▪ subjunctive ▸ **1** (1Sam. 9,5)
 φροντίζων ▸ 3
  Verb ▪ present ▪ active ▪ participle ▪ masculine ▪ singular ▪ nominative ▸ **3** (1Mac. 16,14; 2Mac. 11,15; Sir. 50,4)
 φροντίζωσιν ▸ 1
  Verb ▪ third ▪ plural ▪ present ▪ active ▪ subjunctive ▸ **1** (Titus 3,8)
 φροντίσαι ▸ 1
  Verb ▪ aorist ▪ active ▪ infinitive ▸ **1** (2Mac. 9,21)
 φροντίσας ▸ 1
  Verb ▪ aorist ▪ active ▪ participle ▪ masculine ▪ singular ▪ nominative ▸ **1** (Wis. 8,17)
 φρόντισον ▸ 2
  Verb ▪ second ▪ singular ▪ aorist ▪ active ▪ imperative ▸ **2** (Sir. 32,1; Sir. 41,12)
φροντίς (φρήν) thought, care, attention, anxiety ▸ 8
 φροντίδας ▸ 1
  Noun ▪ feminine ▪ plural ▪ accusative ▪ (common) ▸ **1** (4Mac. 16,8)
 φροντίδι ▸ 1
  Noun ▪ feminine ▪ singular ▪ dative ▪ (common) ▸ **1** (Job 15,20)
 φροντίδος ▸ 1
  Noun ▪ feminine ▪ singular ▪ genitive ▪ (common) ▸ **1** (Job 11,18)
 φροντίδων ▸ 1
  Noun ▪ feminine ▪ plural ▪ genitive ▪ (common) ▸ **1** (Wis. 8,9)
 φροντίς ▸ 3
  Noun ▪ feminine ▪ singular ▪ nominative ▪ (common) ▸ **3** (Wis. 5,15; Wis. 6,17; Wis. 15,9)
 φροντίσιν ▸ 1
  Noun ▪ feminine ▪ plural ▪ dative ▪ (common) ▸ **1** (Wis. 7,4)
φροντιστέον (φρήν) one must take care ▸ 1
 φροντιστέον ▸ 1
  Adjective ▪ neuter ▪ singular ▪ accusative ▪ noDegree ▪ (verbal) ▸ **1** (2Mac. 2,29)
φρουρά (φρουρός) watch, guard, garrison; prison, stronghold ▸ 12
 φρουρᾷ ▸ 1
  Noun ▪ feminine ▪ singular ▪ nominative ▪ (common) ▸ **1** (1Mac. 10,75)
 φρουράν ▸ 3
  Noun ▪ feminine ▪ singular ▪ accusative ▪ (common) ▸ **3** (2Sam. 8,14; 1Mac. 11,66; 1Mac. 12,34)
 φρουράν ▸ 7
  Noun ▪ feminine ▪ singular ▪ accusative ▪ (common) ▸ **7** (2Sam. 8,6; 1Chr. 18,6; 1Mac. 6,50; 1Mac. 9,51; 1Mac. 11,3; 1Mac. 14,33; 2Mac. 12,18)
 φρουράς ▸ 1
  Noun ▪ feminine ▪ plural ▪ accusative ▪ (common) ▸ **1** (1Chr. 18,13)
Φρουραι Purim ▸ 5
 Φρουραι ▸ 5
  Noun ▪ feminine ▪ plural ▪ genitive ▪ (proper) ▸ **3** (Esth. 9,28; Esth. 9,29; Esth. 11,1 # 10,3l)
  Noun ▪ feminine ▪ plural ▪ nominative ▪ (proper) ▸ **2** (Esth. 9,26; Esth. 9,26)
φρουρέω (φρουρός) to keep, to guard; to set a garrison ▸ 3 + 4 = 7
 ἐφρούρει ▸ 1
  Verb ▪ third ▪ singular ▪ imperfect ▪ active ▪ indicative ▸ **1** (2Cor. 11,32)
 ἐφρουρεῖτο ▸ 1
  Verb ▪ third ▪ singular ▪ imperfect ▪ passive ▪ indicative ▸ **1** (Wis. 17,15)
 ἐφρουρούμεθα ▸ 1
  Verb ▪ first ▪ plural ▪ imperfect ▪ passive ▪ indicative ▪ (variant) ▸ **1** (Gal. 3,23)
 ἐφρούρωσε ▸ 1
  Verb ▪ third ▪ singular ▪ aorist ▪ active ▪ indicative ▸ **1** (Judith 3,6)
 φρουρήσει ▸ 1
  Verb ▪ third ▪ singular ▪ future ▪ active ▪ indicative ▸ **1** (Phil. 4,7)
 φρουρουμένους ▸ 1
  Verb ▪ present ▪ passive ▪ participle ▪ masculine ▪ plural ▪ accusative ▪ (variant) ▸ **1** (1Pet. 1,5)
 φρουροῦσι ▸ 1
  Verb ▪ present ▪ active ▪ participle ▪ masculine ▪ plural ▪ dative ▸ **1** (1Esdr. 4,56)
φρούριον (φρουρός) fort ▸ 3
 φρούριον ▸ 3
  Noun ▪ neuter ▪ singular ▪ accusative ▪ (common) ▸ **3** (2Mac. 10,32; 2Mac. 10,33; 2Mac. 13,19)
φρύαγμα (φρυάσσω) snorting, pride ▸ 6
 φρύαγμα ▸ 3
  Noun ▪ neuter ▪ singular ▪ accusative ▪ (common) ▸ **2** (Ezek. 7,24; Ezek. 24,21)
  Noun ▪ neuter ▪ singular ▪ nominative ▪ (common) ▸ **1** (Zech. 11,3)
 φρυάγματι ▸ 2
  Noun ▪ neuter ▪ singular ▪ dative ▪ (common) ▸ **2** (3Mac. 6,16; Jer. 12,5)
 φρυάγματος ▸ 1
  Noun ▪ neuter ▪ singular ▪ genitive ▪ (common) ▸ **1** (Hos. 4,18)
φρυάσσω to be furious ▸ 3 + 1 = 4
 ἐφρύαξαν ▸ 1 + 1 = 2
  Verb ▪ third ▪ plural ▪ aorist ▪ active ▪ indicative ▸ **1 + 1 = 2** (Psa. 2,1; Acts 4,25)
 πεφρυαγμένου ▸ 1
  Verb ▪ perfect ▪ passive ▪ participle ▪ masculine ▪ singular ▪ genitive ▸ **1** (3Mac. 2,2)
 φρυαττόμενος ▸ 1
  Verb ▪ present ▪ passive ▪ participle ▪ masculine ▪ singular ▪ nominative ▸ **1** (2Mac. 7,34)

φρύγανον (φρύγω) stick ▸ 6 + 1 = 7
  φρύγανα ▸ 5
    Noun · neuter · plural · accusative · (common) ▸ 3 (Job 30,7; Is. 40,24; Jer. 13,24)
    Noun · neuter · plural · nominative · (common) ▸ 2 (Is. 41,2; Is. 47,14)
  φρύγανον ▸ 1
    Noun · neuter · singular · accusative · (common) ▸ 1 (Hos. 10,7)
  φρυγάνων ▸ 1
    Noun · neuter · plural · genitive ▸ 1 (Acts 28,3)

Φρυγία Phrygia ▸ 3
  Φρυγίαν ▸ 3
    Noun · feminine · singular · accusative · (proper) ▸ 3 (Acts 2,10; Acts 16,6; Acts 18,23)

φρύγιον (φρύγω) firewood ▸ 1
  φρύγιον ▸ 1
    Noun · neuter · singular · nominative · (common) ▸ 1 (Psa. 101,4)

φρύγω to dry, parch ▸ 2
  πεφρυγμένα ▸ 2
    Verb · perfect · passive · participle · neuter · plural · accusative ▸ 2 (Lev. 2,14; Lev. 23,14)

Φρύξ Phrygian ▸ 1
  Φρύγα ▸ 1
    Noun · masculine · singular · accusative · (proper) ▸ 1 (2Mac. 5,22)

φυγαδεῖον place for refuge ▸ 3
  φυγαδεῖα ▸ 2
    Noun · neuter · plural · nominative · (common) ▸ 2 (Ezra 4,15; Ezra 4,19)
  φυγαδεῖον ▸ 1
    Noun · neuter · singular · nominative · (common) ▸ 1 (Num. 35,15)

φυγαδευτήριον (φεύγω; δύο) place of refuge ▸ 18
  φυγαδευτήρια ▸ 3
    Noun · neuter · plural · nominative · (common) ▸ 3 (Num. 35,11; Num. 35,12; Num. 35,13)
  φυγαδευτήριον ▸ 7
    Noun · neuter · singular · accusative · (common) ▸ 6 (Num. 35,15; Josh. 20,3; Josh. 21,13; Josh. 21,36; Josh. 21,38; 1Mac. 10,14)
    Noun · neuter · singular · nominative · (common) ▸ 1 (Josh. 20,3)
  φυγαδευτηρίου ▸ 2
    Noun · neuter · singular · genitive · (common) ▸ 2 (Num. 35,25; Josh. 21,21)
  φυγαδευτηρίῳ ▸ 1
    Noun · neuter · singular · dative · (common) ▸ 1 (1Mac. 1,53)
  φυγαδευτηρίων ▸ 5
    Noun · neuter · plural · genitive · (common) ▸ 5 (Num. 35,6; Num. 35,32; Josh. 20,2; 1Chr. 6,42; 1Chr. 6,52)

φυγαδεύω (φεύγω) to send away; to flee ▸ 6
  ἐφυγάδευσεν ▸ 1
    Verb · third · singular · aorist · active · indicative ▸ 1 (2Mac. 5,5)
  πεφυγαδευκότες ▸ 1
    Verb · perfect · active · participle · masculine · plural · nominative ▸ 1 (2Mac. 14,14)
  πεφυγαδευκότων ▸ 1
    Verb · perfect · active · participle · masculine · plural · genitive ▸ 1 (2Mac. 9,4)
  φυγαδεύοντες ▸ 1
    Verb · present · active · participle · masculine · plural · nominative ▸ 1 (1Mac. 2,43)
  φυγαδεύσαντας ▸ 1
    Verb · aorist · active · participle · masculine · plural · accusative ▸ 1 (2Mac. 10,15)
  φυγαδεύων ▸ 1
    Verb · present · active · participle · masculine · singular · nominative ▸ 1 (Psa. 54,8)

φυγάς (φεύγω) runaway, fugitive ▸ 9
  φυγάδα ▸ 1
    Noun · masculine · singular · accusative · (common) ▸ 1 (Wis. 10,10)
  φυγάδας ▸ 2
    Noun · masculine · plural · accusative · (common) ▸ 2 (Ex. 23,27; Wis. 19,3)
  φυγάδες ▸ 2
    Noun · masculine · plural · nominative · (common) ▸ 2 (Wis. 17,2; Is. 16,4)
  φυγάς ▸ 4
    Noun · masculine · singular · nominative · (common) ▸ 4 (2Mac. 4,26; 2Mac. 5,7; 4Mac. 4,1; Prov. 28,17)

Φύγελος Phygellus ▸ 1
  Φύγελος ▸ 1
    Noun · masculine · singular · nominative · (proper) ▸ 1 (2Tim. 1,15)

φυγή (φεύγω) flight; exile ▸ 12 + 1 = 13
  φυγή ▸ 3 + 1 = 4
    Noun · feminine · singular · nominative · (common) ▸ 3 + 1 = 4 (Psa. 141,5; Amos 2,14; Jer. 32,35; Matt. 24,20)
  φυγῇ ▸ 4
    Noun · feminine · singular · dative · (common) ▸ 4 (2Sam. 18,3; Job 27,22; Is. 52,12; Jer. 26,5)
  φυγήν ▸ 2
    Noun · feminine · singular · accusative · (common) ▸ 2 (Judith 15,3; Jer. 30,30)
  φυγήν ▸ 2
    Noun · feminine · singular · accusative · (common) ▸ 2 (2Mac. 4,42; 2Mac. 12,22)
  φυγῆς ▸ 1
    Noun · feminine · singular · genitive · (common) ▸ 1 (Nah. 3,9)

φυή nature, stature, height; stump ▸ 1 + 3 = 4
  φυή ▸ 1
    Noun · feminine · singular · nominative · (common) ▸ 1 (Neh. 4,1)
  φυήν ▸ 3
    Noun · feminine · singular · accusative · (common) ▸ 3 (Dan. 4,15; Dan. 4,23; Dan. 4,26)

φῦκος red paint ▸ 1
  φύκει ▸ 1
    Noun · neuter · singular · dative · (common) ▸ 1 (Wis. 13,14)

φύλαγμα (φυλάσσω) commandment ▸ 8
  φυλάγματα ▸ 7
    Noun · neuter · plural · accusative · (common) ▸ 6 (Lev. 8,35; Deut. 11,1; 1Mac. 8,26; 1Mac. 8,28; Zeph. 1,12; Mal. 3,14)
    Noun · neuter · plural · nominative · (common) ▸ 1 (Num. 4,31)
  φυλάγματά ▸ 1
    Noun · neuter · plural · accusative · (common) ▸ 1 (Lev. 22,9)

φυλακή (φυλάσσω) guard, watch, prison ▸ 119 + 2 + 47 = 168
  φυλακαῖς ▸ 3 + 3 = 6
    Noun · feminine · plural · dative · (common) ▸ 3 + 3 = 6 (Num. 8,26; Sir. 43,10; Bar. 3,34; Acts 26,10; 2Cor. 6,5; 2Cor. 11,23)
  φυλακάς ▸ 4 + 1 = 5
    Noun · feminine · plural · accusative · (common) ▸ 4 + 1 = 5

(Num. 8,26; Num. 18,3; Jer. 28,12; Ezek. 44,16; Luke 21,12)
- **φυλακὰς** ▸ 29 + 2 = 31
  - **Noun** · feminine · plural · accusative · (common) ▸ 29 + 2 = **31** (Num. 3,7; Num. 3,7; Num. 3,8; Num. 3,28; Num. 3,32; Num. 3,38; Num. 3,38; Num. 18,3; Num. 18,4; Num. 18,5; Num. 18,5; Num. 31,30; Num. 31,47; 1Chr. 9,19; 1Chr. 23,32; 1Chr. 23,32; 2Chr. 7,6; 2Chr. 8,14; 2Chr. 13,11; 2Chr. 23,6; 2Chr. 35,2; Neh. 12,45; Neh. 12,45; Psa. 76,5; Job 35,10; Ezek. 44,8; Ezek. 44,14; Ezek. 44,15; Ezek. 48,11; Luke 2,8; Acts 22,4)
- **φυλακή** ▸ 1
  - **Noun** · feminine · singular · nominative · (common) ▸ **1** (1Chr. 9,27)
- **φυλακὴ** ▸ 8 + 3 = 11
  - **Noun** · feminine · singular · nominative · (common) ▸ 8 + 3 = **11** (Num. 3,25; Num. 3,31; Num. 3,36; Num. 4,28; 1Chr. 26,16; Psa. 89,4; Prov. 20,28; Sir. 34,16; Rev. 18,2; Rev. 18,2; Rev. 18,2)
- **φυλακῇ** ▸ 16 + 17 = 33
  - **Noun** · feminine · singular · dative · (common) ▸ 16 + 17 = **33** (Gen. 40,3; Gen. 40,4; Gen. 40,7; Gen. 41,10; Gen. 42,17; Gen. 42,19; Gen. 42,30; Ex. 14,24; 1Sam. 11,11; 1Kings 22,27; 1Mac. 9,53; 1Mac. 13,12; 1Mac. 14,3; 4Mac. 13,13; 4Mac. 18,11; Prov. 4,23; Matt. 14,3; Matt. 14,10; Matt. 14,25; Matt. 24,43; Matt. 25,36; Matt. 25,39; Matt. 25,43; Matt. 25,44; Mark 6,17; Mark 6,27; Luke 3,20; Luke 12,38; Luke 23,19; Acts 5,22; Acts 5,25; Acts 12,5; 1Pet. 3,19)
- **φυλακήν** ▸ 7 + 4 = 11
  - **Noun** · feminine · singular · accusative · (common) ▸ 7 + 4 = **11** (Num. 15,34; 2Chr. 16,10; Judith 12,5; Job 7,12; Sir. 26,10; Sir. 42,11; Ezek. 19,9; Luke 12,58; Acts 8,3; Acts 12,6; Acts 16,37)
- **φυλακὴν** ▸ 17 + 11 = 28
  - **Noun** · feminine · singular · accusative · (common) ▸ 17 + 11 = **28** (Lev. 24,12; Num. 1,53; Num. 9,19; Num. 9,23; 1Kings 2,3; 2Kings 11,5; 2Kings 11,6; 2Kings 11,7; 1Chr. 12,30; Psa. 38,2; Psa. 140,3; Sir. 22,27; Ezek. 23,24; Ezek. 40,45; Ezek. 40,46; Dan. 4,17a; Dan. 4,25; Matt. 5,25; Matt. 18,30; Mark 6,48; Luke 22,33; Luke 23,25; John 3,24; Acts 12,4; Acts 12,10; Acts 16,23; Acts 16,24; Rev. 2,10)
- **φυλακῆς** ▸ 34 + 2 + 6 = 42
  - **Noun** · feminine · singular · genitive · (common) ▸ 34 + 2 + 6 = **42** (Num. 4,32; Judg. 7,19; Judg. 16,21; Judg. 16,25; Judg. 16,25; 2Sam. 20,3; 2Kings 17,4; 2Kings 25,27; 2Kings 25,29; 1Chr. 26,16; 2Chr. 18,26; Neh. 3,25; Neh. 12,39; Psa. 129,6; Psa. 129,6; Psa. 141,8; Hab. 2,1; Is. 42,7; Jer. 39,2; Jer. 39,8; Jer. 39,12; Jer. 40,1; Jer. 44,4; Jer. 44,15; Jer. 44,18; Jer. 44,21; Jer. 44,21; Jer. 45,6; Jer. 45,13; Jer. 45,28; Jer. 46,14; Jer. 46,15; Jer. 52,33; Lam. 2,19; Judg. 7,19; Judg. 16,25; Acts 5,19; Acts 12,17; Acts 16,27; Acts 16,40; Heb. 11,36; Rev. 20,7)
- **φυλακίζω** (φυλάσσω) to imprison ▸ 1 + 1 = 2
  - **φυλακίζων** ▸ 1
    - **Verb** · present · active · participle · masculine · singular · nominative ▸ **1** (Acts 22,19)
  - **φυλακισθῆναι** ▸ 1
    - **Verb** · aorist · passive · infinitive ▸ **1** (Wis. 18,4)
- **φυλάκισσα** (φυλάσσω) guard (f) ▸ 1
  - **φυλάκισσαν** ▸ 1
    - **Noun** · feminine · singular · accusative · (common) ▸ **1** (Song 1,6)
- **φυλακτήριον** (φυλάσσω) phylactery ▸ 1
  - **φυλακτήρια** ▸ 1
    - **Noun** · neuter · plural · accusative ▸ **1** (Matt. 23,5)
- **φύλαξ** (φυλάσσω) guard ▸ 16 + 3 = 19
  - **φύλακα** ▸ 2
    - **Noun** · masculine · singular · accusative · (common) ▸ **2** (Neh. 2,8; Esth. 2,8)
  - **φύλακας** ▸ 1 + 2 = 3
    - **Noun** · masculine · plural · accusative · (common) ▸ 1 + 2 = **3** (Is. 62,6; Acts 5,23; Acts 12,19)
  - **φύλακες** ▸ 4
    - **Noun** · masculine · plural · nominative · (common) ▸ **4** (Eccl. 12,3; Song 5,7; Song 5,7; Ezek. 27,11)
  - **φύλακές** ▸ 1
    - **Noun** · masculine · plural · nominative ▸ **1** (Acts 12,6)
  - **φύλακι** ▸ 1
    - **Noun** · masculine · singular · dative · (common) ▸ **1** (Esth. 2,3)
  - **φύλαξ** ▸ 8
    - **Noun** · masculine · singular · nominative · (common) ▸ **8** (Gen. 4,9; 2Sam. 22,3; 2Sam. 22,47; 2Sam. 22,47; 2Sam. 23,3; Neh. 3,29; Esth. 2,14; Esth. 2,15)
- **φυλάρχης** (φυλάσσω; ἄρχω) tribal leader ▸ 1
  - **φυλάρχην** ▸ 1
    - **Noun** · masculine · singular · accusative · (common) ▸ **1** (2Mac. 8,32)
- **φύλαρχος** (φυλάσσω; ἄρχω) tribal leader; chief priest ▸ 5
  - **φυλάρχοις** ▸ 1
    - **Noun** · masculine · plural · dative · (common) ▸ **1** (1Esdr. 8,58)
  - **φυλάρχους** ▸ 2
    - **Noun** · masculine · plural · accusative · (common) ▸ **2** (Deut. 31,28; 1Esdr. 8,92)
  - **φυλάρχων** ▸ 2
    - **Noun** · masculine · plural · genitive · (common) ▸ **2** (1Esdr. 7,8; 1Esdr. 8,54)
- **φυλάσσω**   to guard, keep ▸ 457 + 9 + 31 = 497
  - **ἐφύλαξα** ▸ 8 + 3 = 11
    - **Verb** · first · singular · aorist · active · indicative ▸ 8 + 3 = **11** (2Sam. 22,22; Psa. 16,4; Psa. 17,22; Psa. 118,55; Psa. 118,67; Psa. 118,168; Song 1,6; Job 23,11; Matt. 19,20; Luke 18,21; John 17,12)
  - **ἐφυλάξαμεν** ▸ 2
    - **Verb** · first · plural · aorist · active · indicative ▸ **2** (Neh. 1,7; Mal. 3,14)
  - **ἐφυλαξάμην** ▸ 2 + 1 = 3
    - **Verb** · first · singular · aorist · middle · indicative ▸ 2 + 1 = **3** (Ode. 4,16; Hab. 3,16; Mark 10,20)
  - **ἐφύλαξαν** ▸ 5 + 1 = 6
    - **Verb** · third · plural · aorist · active · indicative ▸ 5 + 1 = **6** (2Kings 17,15; Neh. 12,45; Psa. 77,10; Psa. 118,136; Jer. 8,7; Judg. 2,22)
  - **ἐφυλάξαντο** ▸ 8
    - **Verb** · third · plural · aorist · middle · indicative ▸ **8** (Num. 9,23; Judg. 2,22; Psa. 77,56; Psa. 118,158; Amos 2,4; Jer. 16,11; Ezek. 20,21; Ezek. 44,15)
  - **ἐφύλαξας** ▸ 12
    - **Verb** · second · singular · aorist · active · indicative ▸ **12** (1Sam. 13,13; 1Sam. 13,14; 1Kings 2,43; 1Kings 3,6; 1Kings 8,24; 1Kings 11,11; 1Kings 13,21; 2Chr. 6,15; Job 13,27; Job 14,13; Job 39,1; Mic. 6,16)
  - **ἐφυλάξασθε** ▸ 4
    - **Verb** · second · plural · aorist · middle · indicative ▸ **4** (Josh. 22,3; Mal. 2,9; Mal. 3,7; Is. 42,20)
  - **ἐφυλάξατε** ▸ 1 + 1 = 2
    - **Verb** · second · plural · aorist · active · indicative ▸ 1 + 1 = **2** (Wis. 6,4; Acts 7,53)
  - **ἐφυλάξατο** ▸ 5
    - **Verb** · third · singular · aorist · middle · indicative ▸ **5** (2Sam.

φυλάσσω

20,10; 2Kings 6,10; Hos. 12,13; Ezek. 33,5; Ezek. 33,5)

ἐφυλάξατό ▸ 1
 Verb · third · singular · aorist · middle · indicative ▸ **1** (Sir. 19,9)

ἐφύλαξεν ▸ **17** + **1** = **18**
 Verb · third · singular · aorist · active · indicative ▸ **17** + **1** = **18** (Gen. 26,5; Deut. 33,9; 1Sam. 1,12; 2Kings 10,31; 2Kings 17,19; 2Kings 18,6; 1Chr. 10,13; 1Mac. 2,53; Psa. 58,1; Psa. 118,167; Job 24,15; Job 29,2; Job 33,11; Wis. 10,5; Amos 1,11; Jer. 5,24; Ezek. 18,27; 2Pet. 2,5)

ἐφύλαξέν ▸ 1
 Verb · third · singular · aorist · active · indicative ▸ **1** (Job 10,12)

ἐφύλασσεν ▸ 1
 Verb · third · singular · imperfect · active · indicative ▸ **1** (2Kings 9,14)

ἐφυλάσσετο ▸ 1
 Verb · third · singular · imperfect · passive · indicative ▸ **1** (Jer. 39,2)

ἐφύλασσον ▸ 2
 Verb · third · plural · imperfect · active · indicative ▸ **2** (4Mac. 18,7; Psa. 98,7)

ἐφυλάττετο ▸ 1
 Verb · third · singular · imperfect · passive · indicative ▸ **1** (Jer. 52,31)

ἐφυλάχθη ▸ 1
 Verb · third · singular · aorist · passive · indicative ▸ **1** (Wis. 14,16)

πεφυλαγμένα ▸ 3
 Verb · perfect · passive · participle · neuter · plural · nominative ▸ **3** (Gen. 41,36; 1Sam. 21,5; Sol. 6,2)

πεφυλαγμένην ▸ 1
 Verb · perfect · passive · participle · feminine · singular · accusative ▸ **1** (2Sam. 23,5)

πεφυλαγμένοι ▸ 1
 Verb · perfect · passive · participle · masculine · plural · nominative ▸ **1** (Ezra 4,22)

πεφύλακα ▸ 1
 Verb · first · singular · perfect · active · indicative ▸ **1** (1Sam. 25,21)

πεφύλακται ▸ 1
 Verb · third · singular · perfect · middle · indicative ▸ **1** (Ezek. 18,9)

πεφύλαξαι ▸ 1
 Verb · second · singular · perfect · passive · indicative ▸ **1** (1Sam. 22,23)

Φύλαξαι ▸ 5
 Verb · second · singular · aorist · middle · imperative ▸ **5** (Gen. 31,24; Gen. 31,29; Deut. 16,1; 2Kings 6,9; Is. 7,4)

φύλαξαι ▸ **12** + **1** = **13**
 Verb · second · singular · aorist · middle · imperative ▸ **12** + **1** = **13** (Deut. 5,12; Deut. 6,3; Judg. 13,4; 1Sam. 19,2; Eccl. 12,12; Job 36,21; Sir. 4,20; Sir. 12,11; Sir. 22,13; Sir. 26,11; Sir. 32,22; Mic. 7,5; Judg. 13,4)

φυλάξαι ▸ **14** + **2** = **16**
 Verb · aorist · active · infinitive ▸ **12** + **2** = **14** (Ex. 22,6; Ex. 22,9; Deut. 8,11; Deut. 28,45; 1Sam. 19,11; 1Sam. 30,23; 4Mac. 5,29; Prov. 2,8; Prov. 19,27; Eccl. 3,6; Eccl. 5,7; Hos. 4,10; 2Tim. 1,12; Jude 24)
 Verb · third · singular · aorist · active · optative ▸ **2** (Num. 6,24; Sol. 12,5)

ἐφυλάξαντες ▸ 2
 Verb · aorist · active · participle · masculine · plural · nominative ▸ **2** (Wis. 6,10; Wis. 18,4)

φυλάξασθαι ▸ 10
 Verb · aorist · middle · infinitive ▸ **10** (Josh. 22,5; 1Kings 11,10; 1Kings 11,38; 1Chr. 28,7; Psa. 118,4; Psa. 118,5; Psa. 118,57; Psa. 118,60; Psa. 118,106; Ezek. 33,8)

Φυλάξασθε ▸ 1
 Verb · second · plural · aorist · middle · imperative ▸ **1** (Wis. 1,11)

φυλάξασθε ▸ 12
 Verb · second · plural · aorist · middle · imperative ▸ **12** (Ex. 23,13; Ex. 23,15; Lev. 20,22; Lev. 25,18; Deut. 24,8; Josh. 6,18; Josh. 22,5; Josh. 23,11; 1Chr. 28,8; Mal. 2,15; Mal. 2,16; Jer. 9,3)

φυλαξάσθω ▸ 2
 Verb · third · singular · aorist · middle · imperative ▸ **2** (Judg. 13,13; Judg. 13,14)

φυλάξατε ▸ **1** + **1** = **2**
 Verb · second · plural · aorist · active · imperative ▸ **1** + **1** = **2** (2Kings 17,13; 1John 5,21)

Φυλάξατέ ▸ 1
 Verb · second · plural · aorist · active · imperative ▸ **1** (2Sam. 18,12)

φυλάξει ▸ **9** + **2** = **11**
 Verb · third · singular · future · active · indicative ▸ **9** + **2** = **11** (Psa. 106,43; Psa. 120,5; Psa. 120,7; Psa. 120,7; Psa. 120,8; Prov. 2,11; Prov. 8,34; Wis. 9,11; Jer. 38,10; John 12,25; 2Th. 3,3)

φυλάξεις ▸ 4
 Verb · second · singular · future · active · indicative ▸ **4** (2Sam. 22,44; 1Kings 2,3; Psa. 11,8; Job 22,15)

φυλάξεσθε ▸ 27
 Verb · second · plural · future · middle · indicative ▸ **27** (Ex. 12,17; Ex. 12,24; Ex. 12,25; Ex. 13,10; Ex. 31,13; Ex. 31,14; Lev. 8,35; Lev. 18,4; Lev. 18,5; Lev. 18,26; Lev. 19,3; Lev. 19,19; Lev. 19,30; Lev. 19,37; Lev. 20,8; Lev. 26,2; Num. 18,5; Deut. 4,6; Deut. 4,15; Deut. 5,1; Deut. 5,32; Deut. 8,1; Deut. 11,8; Deut. 11,32; Deut. 13,5; Deut. 26,16; Deut. 29,8)

φυλάξεται ▸ **3** + **2** = **5**
 Verb · third · singular · future · middle · indicative ▸ **3** + **2** = **5** (Sir. 22,26; Sir. 40,29; Mal. 2,7; Judg. 13,13; Judg. 13,14)

φυλάξετε ▸ 5
 Verb · second · plural · future · active · indicative ▸ **5** (Lev. 18,30; Lev. 22,31; Deut. 12,1; 2Kings 11,5; 2Kings 11,6)

φυλάξῃ ▸ **17** + **1** = **18**
 Verb · second · singular · future · middle · indicative ▸ **15** (Ex. 34,18; Num. 22,35; Deut. 4,40; Deut. 6,17; Deut. 7,11; Deut. 8,2; Deut. 8,6; Deut. 11,1; Deut. 13,1; Deut. 16,12; Deut. 17,10; Deut. 23,10; Deut. 23,24; Deut. 24,8; 2Chr. 7,17)
 Verb · third · singular · aorist · active · subjunctive ▸ **2** + **1** = **3** (Ex. 23,20; Psa. 126,1; John 12,47)

φυλάξῃς ▸ **6** + **1** = **7**
 Verb · second · singular · aorist · active · subjunctive ▸ **6** + **1** = **7** (Ex. 15,26; 1Kings 9,4; 1Kings 11,38; 1Chr. 22,13; Prov. 5,2; Zech. 3,7; 1Tim. 5,21)

φυλάξησθε ▸ 1
 Verb · second · plural · aorist · middle · subjunctive ▸ **1** (Ezek. 36,27)

φυλάξηται ▸ 3
 Verb · third · singular · aorist · middle · subjunctive ▸ **3** (Ezek. 18,21; Ezek. 33,4; Ezek. 33,6)

φυλάξητε ▸ 5
 Verb · second · plural · aorist · active · subjunctive ▸ **5** (Ex. 19,5; Ex. 23,22; Deut. 7,12; 1Kings 9,6; Neh. 1,9)

φυλάξομαι ▸ 1
 Verb · first · singular · future · middle · indicative ▸ **1** (Psa.

Φ, φ

17,24)

Φύλαξον ‣ 2
  Verb · second · singular · aorist · active · imperative ‣ **2** (1Kings 21,39; Eccl. 4,17)

φύλαξον ‣ 12 + 2 = 14
  Verb · second · singular · aorist · active · imperative ‣ 12 + 2 = **14** (Deut. 4,9; 1Kings 8,25; 1Chr. 29,18; 2Chr. 6,16; Psa. 24,20; Psa. 36,34; Psa. 85,2; Prov. 4,13; Prov. 7,2; Prov. 25,10a; Eccl. 8,2; Sir. 37,8; 1Tim. 6,20; 2Tim. 1,14)

Φύλαξόν ‣ 1
  Verb · second · singular · aorist · active · imperative ‣ **1** (Psa. 15,1)

φύλαξόν ‣ 3
  Verb · second · singular · aorist · active · imperative ‣ **3** (Psa. 16,8; Psa. 139,5; Psa. 140,9)

φυλάξονται ‣ 9
  Verb · third · plural · future · middle · indicative ‣ **9** (Lev. 22,9; Num. 9,19; Num. 18,3; Num. 18,4; 1Mac. 8,26; 1Mac. 8,28; Ezek. 37,24; Ezek. 43,11; Ezek. 44,24)

φυλάξουσιν ‣ 11
  Verb · third · plural · future · active · indicative ‣ **11** (Gen. 18,19; Ex. 31,16; Num. 1,53; Num. 3,7; Num. 3,8; Num. 3,10; 2Kings 11,7; 2Kings 21,8; 1Chr. 23,32; Psa. 55,7; Ezek. 44,16)

Φυλάξω ‣ 1
  Verb · first · singular · future · active · indicative ‣ **1** (Psa. 38,2)

φυλάξω ‣ 13
  Verb · first · singular · aorist · active · subjunctive ‣ **1** (Psa. 118,101)
  Verb · first · singular · future · active · indicative ‣ **12** (Gen. 30,31; Num. 23,12; Psa. 58,10; Psa. 88,29; Psa. 118,8; Psa. 118,17; Psa. 118,34; Psa. 118,44; Psa. 118,88; Psa. 118,134; Psa. 118,146; Ezek. 34,16)

φυλάξωνται ‣ 3
  Verb · third · plural · aorist · middle · subjunctive ‣ **3** (1Kings 8,25; Psa. 131,12; Is. 56,4)

φυλάξωσιν ‣ 4
  Verb · third · plural · aorist · active · subjunctive ‣ **4** (1Kings 2,4; 2Chr. 6,16; Psa. 88,32; Psa. 104,45)

φύλασσε ‣ 6
  Verb · second · singular · present · active · imperative ‣ **6** (Psa. 36,37; Prov. 4,5; Prov. 4,21; Prov. 6,20; Prov. 7,1; Eccl. 12,13)

φυλάσσει ‣ 15
  Verb · third · singular · present · active · indicative ‣ **15** (Psa. 18,12; Psa. 33,21; Psa. 96,10; Psa. 144,20; Psa. 145,9; Prov. 10,17; Prov. 13,3; Prov. 13,6; Prov. 14,3; Prov. 16,17; Prov. 19,8; Prov. 19,16; Prov. 21,23; Prov. 27,18; Prov. 28,7)

φυλάσσειν ‣ 34 + 2 = 36
  Verb · present · active · infinitive ‣ 34 + 2 = **36** (Gen. 2,15; Gen. 3,24; Num. 3,32; Num. 8,26; Deut. 13,19; Deut. 15,5; Deut. 26,18; Deut. 28,1; Deut. 28,13; Deut. 28,15; Deut. 32,46; Josh. 10,18; Josh. 23,6; 1Sam. 7,1; 1Sam. 29,11; 2Sam. 11,16; 2Sam. 15,16; 2Sam. 16,21; 2Sam. 20,3; 1Kings 2,3; 1Kings 3,14; 1Kings 8,58; 1Kings 8,61; 2Kings 23,3; 1Chr. 9,23; 2Chr. 34,31; Esth. 6,2; 1Mac. 10,32; Psa. 18,12; Is. 27,4; Jer. 43,20; Ezek. 17,14; Ezek. 44,8; Ezek. 44,14; Acts 12,4; Acts 16,4)

φυλάσσεις ‣ 2
  Verb · second · singular · present · active · indicative ‣ **2** (1Sam. 26,15; Job 10,14)

φυλάσσεσθαι ‣ 12 + 2 = 14
  Verb · present · middle · infinitive ‣ 12 + 1 = **13** (Deut. 5,15; Deut. 5,29; Deut. 6,2; Deut. 10,13; Deut. 17,19; Deut. 26,17; Deut. 30,10; Deut. 30,16; Josh. 1,7; 1Chr. 22,12; Neh. 10,30; Psa. 118,9; Acts 21,25)
  Verb · present · passive · infinitive · (variant) ‣ **1** (Acts 23,35)

Φυλάσσεσθε ‣ 3
  Verb · second · plural · present · middle · imperative ‣ **3** (Deut. 27,1; Is. 56,1; Jer. 17,21)

φυλάσσεσθε ‣ 4 + 2 = 6
  Verb · second · plural · present · middle · imperative ‣ 4 + 2 = **6** (Deut. 4,2; 2Kings 17,37; Ezek. 20,18; Ezek. 20,19; Luke 12,15; 2Pet. 3,17)

φυλάσσεται ‣ 1
  Verb · third · singular · present · passive · indicative ‣ **1** (Prov. 16,9)

Φυλάσσετε ‣ 1
  Verb · second · plural · present · active · imperative ‣ **1** (Is. 21,11)

φυλάσσετε ‣ 2
  Verb · second · plural · present · active · imperative ‣ **2** (2Chr. 19,7; 1Esdr. 8,58)

φυλασσέτω ‣ 2
  Verb · third · singular · present · active · imperative ‣ **2** (2Chr. 23,6; Prov. 6,22)

φυλάσσῃ ‣ 2
  Verb · third · singular · present · active · subjunctive ‣ **2** (Luke 11,21; Rom. 2,26)

φυλάσσησθε ‣ 1
  Verb · second · plural · present · middle · subjunctive ‣ **1** (Lev. 26,3)

φυλάσσομαι ‣ 1
  Verb · first · singular · present · passive · indicative ‣ **1** (Jer. 43,5)

φυλάσσομεν ‣ 1
  Verb · first · plural · present · active · indicative ‣ **1** (2Chr. 13,11)

φυλασσόμενα ‣ 1
  Verb · present · passive · participle · neuter · plural · accusative ‣ **1** (Zech. 11,11)

φυλασσόμενοι ‣ 2
  Verb · present · middle · participle · masculine · plural · nominative ‣ **2** (Ode. 6,9; Jonah 2,9)

φυλασσόμενον ‣ 1
  Verb · present · passive · participle · masculine · singular · accusative ‣ **1** (Eccl. 5,12)

φυλασσόμενος ‣ 2 + 1 = 3
  Verb · present · middle · participle · masculine · singular · nominative ‣ **2** (Prov. 21,28; Prov. 24,22a)
  Verb · present · passive · participle · masculine · singular · nominative · (variant) ‣ **1** (Luke 8,29)

φυλασσομένους ‣ 1
  Verb · present · middle · participle · masculine · plural · accusative ‣ **1** (Is. 56,6)

φυλάσσον ‣ 1
  Verb · present · active · participle · neuter · singular · nominative ‣ **1** (LetterJ 69)

φυλάσσοντα ‣ 1
  Verb · present · active · participle · masculine · singular · accusative ‣ **1** (Psa. 145,6)

φυλάσσονται ‣ 1 + 1 = 2
  Verb · third · plural · present · middle · indicative ‣ 1 + 1 = **2** (Judg. 2,22; Judg. 2,22)

φυλάσσοντας ‣ 4 + 1 = 5
  Verb · present · active · participle · masculine · plural · accusative ‣ 4 + 1 = **5** (Judg. 7,19; 2Kings 25,18; 2Chr. 12,10; 4Mac. 15,10;

φυλή

Judg. 7,19)

φυλάσσοντες ▸ 21 + 1 + 2 = 24
  Verb ▪ present ▪ active ▪ participle ▪ masculine ▪ plural ▪ nominative ▸ 21 + 1 + 2 = 24 (Num. 3,28; Num. 3,38; Judg. 1,24; 1Sam. 26,16; 1Kings 14,27; 2Kings 12,10; 2Kings 22,4; 1Chr. 9,19; 1Chr. 9,19; 1Chr. 26,10; 2Chr. 12,11; 2Chr. 34,9; 1Esdr. 3,4; Neh. 2,16; Neh. 13,22; Judith 7,5; 3Mac. 3,3; 4Mac. 6,18; Psa. 70,10; Psa. 105,3; Jer. 4,17; Judg. 1,24; Luke 2,8; Luke 11,28)

φυλάσσοντι ▸ 1
  Verb ▪ present ▪ active ▪ participle ▪ masculine ▪ singular ▪ dative ▸ 1 (Acts 28,16)

φυλάσσοντος ▸ 1
  Verb ▪ present ▪ active ▪ participle ▪ masculine ▪ singular ▪ genitive ▸ 1 (Jer. 42,4)

φυλασσόντων ▸ 5
  Verb ▪ present ▪ active ▪ participle ▪ masculine ▪ plural ▪ genitive ▸ 5 (2Kings 17,9; 2Kings 18,8; Esth. 12,1 # 1,1m; Psa. 118,63; Is. 52,8)

φυλάσσου ▸ 2 + 1 = 3
  Verb ▪ second ▪ singular ▪ present ▪ middle ▪ imperative ▸ 2 + 1 = 3 (Deut. 12,28; Hos. 12,7; 2Tim. 4,15)

φυλάσσουσαν ▸ 1
  Verb ▪ present ▪ active ▪ participle ▪ feminine ▪ singular ▪ accusative ▸ 1 (2Chr. 34,22)

φυλάσσουσι ▸ 4
  Verb ▪ present ▪ active ▪ participle ▪ masculine ▪ plural ▪ dative ▸ 4 (Ezek. 40,45; Ezek. 40,46; Ezek. 48,11; Dan. 9,4)

φυλάσσουσιν ▸ 10 + 1 + 1 = 12
  Verb ▪ present ▪ active ▪ participle ▪ masculine ▪ plural ▪ dative ▸ 9 + 1 = 10 (Ex. 20,6; Num. 31,30; Num. 31,47; Deut. 5,10; Deut. 7,9; 2Kings 23,4; Neh. 1,5; Judith 13,11; Psa. 102,18; Dan. 9,4)
  Verb ▪ third ▪ plural ▪ present ▪ active ▪ indicative ▸ 1 + 1 = 2 (Wis. 14,24; Gal. 6,13)

φυλάσσω ▸ 1
  Verb ▪ first ▪ singular ▪ present ▪ active ▪ indicative ▸ 1 (Is. 21,12)

φυλασσώμεθα ▸ 2
  Verb ▪ first ▪ plural ▪ present ▪ middle ▪ subjunctive ▸ 2 (Deut. 6,25; Sus. 63)

φυλάσσων ▸ 23 + 1 + 2 = 26
  Verb ▪ present ▪ active ▪ participle ▪ masculine ▪ singular ▪ nominative ▸ 23 + 1 + 2 = 26 (Deut. 6,17; Deut. 7,9; 1Kings 8,23; 2Chr. 6,14; Neh. 1,5; Neh. 9,32; Psa. 114,6; Psa. 120,3; Psa. 120,4; Psa. 126,1; Prov. 13,18; Prov. 15,5; Prov. 16,17; Prov. 22,5; Prov. 29,18; Eccl. 8,5; Sir. 21,11; Sir. 23,7; Is. 26,2; Is. 26,2; Is. 26,3; Is. 56,2; Is. 60,21; Dan. 9,4; Acts 21,24; Acts 22,20)

φυλάσσωνται ▸ 2
  Verb ▪ third ▪ plural ▪ present ▪ middle ▪ subjunctive ▸ 2 (2Chr. 33,8; Ezek. 11,20)

φυλάσσωσιν ▸ 1
  Verb ▪ third ▪ plural ▪ present ▪ active ▪ subjunctive ▸ 1 (1Mac. 12,34)

φυλάττοντας ▸ 1
  Verb ▪ present ▪ active ▪ participle ▪ masculine ▪ plural ▪ accusative ▸ 1 (Jer. 52,24)

φυλαχθῆναι ▸ 1
  Verb ▪ aorist ▪ passive ▪ infinitive ▸ 1 (Ode. 14,33)

φυλαχθήσονται ▸ 1
  Verb ▪ third ▪ plural ▪ future ▪ passive ▪ indicative ▸ 1 (Psa. 36,28)

φυλαχθήτω ▸ 1
  Verb ▪ third ▪ singular ▪ aorist ▪ passive ▪ imperative ▸ 1 (Gen. 41,35)

φυλαχθῶσιν ▸ 1
  Verb ▪ third ▪ plural ▪ aorist ▪ passive ▪ subjunctive ▸ 1 (Wis. 19,6)

φυλή (φύω) tribe ▸ 410 + 35 + 31 = 476

  φυλαί ▸ 16 + 2 + 2 = 20
    Noun ▪ feminine ▪ plural ▪ nominative ▪ (common) ▸ 16 + 2 + 2 = 20 (Gen. 10,18; Gen. 10,32; Gen. 12,3; Gen. 28,14; Num. 34,15; Judg. 20,2; Judg. 20,12; 2Sam. 5,1; Judith 3,8; Tob. 1,5; Psa. 71,17; Psa. 121,4; Zech. 12,14; Ezek. 20,32; Dan. 3,7; Dan. 3,96; Judg. 20,2; Judg. 20,12; Matt. 24,30; Rev. 1,7)

  φυλαί ▸ 3 + 4 = 7
    Noun ▪ feminine ▪ plural ▪ nominative ▪ (common) ▸ 3 + 4 = 7 (Josh. 14,4; Josh. 18,2; Psa. 121,4; Dan. 3,4; Dan. 3,7; Dan. 5,19; Dan. 7,14)

  φυλαῖς ▸ 24 + 4 + 1 = 29
    Noun ▪ feminine ▪ plural ▪ dative ▪ (common) ▸ 24 + 4 + 1 = 29 (Gen. 10,5; Gen. 10,20; Gen. 10,31; Gen. 36,40; Num. 25,5; Num. 34,13; Deut. 33,5; Josh. 12,7; Josh. 13,7; Josh. 13,8; Josh. 14,2; Josh. 19,51; Judg. 21,15; 2Sam. 15,10; 2Sam. 19,10; 2Sam. 20,14; Esth. 13,4 # 3,13d; Psa. 104,37; Sir. 44,23; Sol. 17,28; Hos. 5,9; Ezek. 47,13; Ezek. 47,21; Ezek. 48,29; Judg. 21,15; Tob. 1,4; Dan. 4,1; Dan. 6,26; James 1,1)

  φυλάς ▸ 10
    Noun ▪ feminine ▪ plural ▪ accusative ▪ (common) ▸ 10 (Ex. 28,21; Ex. 36,21; Num. 24,2; Deut. 16,18; Josh. 7,14; Josh. 7,16; 1Sam. 10,21; Tob. 1,4; Zech. 12,12; Is. 19,13)

  φυλάς ▸ 33 + 1 + 2 = 36
    Noun ▪ feminine ▪ plural ▪ accusative ▪ (common) ▸ 33 + 1 + 2 = 36 (Ex. 24,4; Num. 26,55; Num. 33,54; Num. 33,54; Deut. 1,13; Josh. 11,23; Josh. 23,4; Josh. 24,1; Judg. 19,29; 1Sam. 10,19; 2Sam. 24,2; 1Kings 12,240; 1Kings 12,240; 1Esdr. 1,4; 1Esdr. 1,11; 1Esdr. 5,1; 1Esdr. 5,4; 1Esdr. 7,9; Psa. 77,55; Prov. 14,34; Sir. 36,10; Sir. 48,10; Sol. 17,26; Sol. 17,43; Mic. 4,14; Nah. 3,4; Zech. 9,1; Zech. 12,12; Is. 49,6; Is. 63,17; Ezek. 37,19; Ezek. 45,8; Dan. 3,2; Judg. 20,10; Matt. 19,28; Luke 22,30)

  φυλή ▸ 3 + 1 = 4
    Noun ▪ feminine ▪ singular ▪ nominative ▪ (common) ▸ 3 + 1 = 4 (Deut. 29,17; Josh. 7,14; Mic. 6,9; Dan. 3,96)

  φυλή ▸ 26 + 4 = 30
    Noun ▪ feminine ▪ singular ▪ nominative ▪ (common) ▸ 26 + 4 = 30 (Gen. 49,16; Num. 34,14; Num. 34,14; Num. 36,5; Josh. 7,16; Josh. 21,9; Josh. 21,9; Judg. 18,1; Judg. 21,6; Judg. 21,17; Ruth 3,11; 1Sam. 10,21; 2Kings 17,18; Judith 8,18; Tob. 1,4; Sir. 16,4; Amos 1,8; Zech. 12,12; Zech. 12,12; Zech. 12,12; Zech. 12,13; Zech. 12,13; Zech. 12,14; Zech. 14,18; Ezek. 19,14; Ezek. 21,18; Judg. 18,1; Judg. 21,6; Judg. 21,17; Tob. 1,4)

  φυλῇ ▸ 7 + 2 = 9
    Noun ▪ feminine ▪ singular ▪ dative ▪ (common) ▸ 7 + 2 = 9 (Deut. 18,1; Josh. 13,15; Judg. 18,30; Judg. 20,12; 1Sam. 20,6; Esth. 14,5 # 4,17m; Ezek. 47,23; Judg. 18,30; Judg. 20,12)

  Φυλήν ▸ 1
    Noun ▪ feminine ▪ singular ▪ accusative ▪ (common) ▸ 1 (Tob. 5,12)

  φυλήν ▸ 5
    Noun ▪ feminine ▪ singular ▪ accusative ▪ (common) ▸ 5 (Gen. 24,4; Gen. 24,38; Num. 36,7; Deut. 1,23; Tob. 5,14)

  φυλήν ▸ 25 + 2 + 3 = 30
    Noun ▪ feminine ▪ singular ▪ accusative ▪ (common) ▸ 25 + 2 + 3 = 30 (Gen. 24,41; Num. 1,4; Num. 1,44; Num. 1,44; Num. 1,49; Num. 3,6; Num. 13,2; Num. 17,18; Num. 18,2; Num. 36,9; Num. 36,12; Deut. 10,8; Judg. 21,3; Judg. 21,24; 1Sam. 10,21; 2Sam. 7,7; 1Chr. 17,6; 1Chr. 23,14; Psa. 77,67; Psa. 77,68; Amos 1,5;

Mic. 2,3; Ezek. 19,11; Ezek. 37,19; Ezek. 37,19; Judg. 21,3; Judg. 21,24; Heb. 7,14; Rev. 13,7; Rev. 14,6)

φυλῆς ‣ 215 + 11 + 20 = 246

Noun · feminine · singular · genitive · (common) ‣ 215 + 11 + 20 = 246 (Gen. 24,40; Ex. 2,1; Ex. 31,2; Ex. 31,6; Ex. 35,30; Ex. 35,34; Ex. 37,20; Ex. 37,21; Lev. 24,11; Lev. 25,49; Num. 1,21; Num. 1,23; Num. 1,25; Num. 1,27; Num. 1,29; Num. 1,31; Num. 1,33; Num. 1,35; Num. 1,37; Num. 1,39; Num. 1,41; Num. 1,43; Num. 1,47; Num. 2,5; Num. 2,7; Num. 2,12; Num. 2,14; Num. 2,20; Num. 2,22; Num. 2,27; Num. 2,29; Num. 4,18; Num. 7,12; Num. 7,18; Num. 10,15; Num. 10,16; Num. 10,19; Num. 10,20; Num. 10,23; Num. 10,24; Num. 10,26; Num. 10,27; Num. 13,4; Num. 13,5; Num. 13,6; Num. 13,7; Num. 13,8; Num. 13,9; Num. 13,10; Num. 13,11; Num. 13,12; Num. 13,13; Num. 13,14; Num. 13,15; Num. 27,11; Num. 31,4; Num. 31,4; Num. 31,5; Num. 31,6; Num. 31,6; Num. 32,33; Num. 34,13; Num. 34,14; Num. 34,15; Num. 34,18; Num. 34,19; Num. 34,20; Num. 34,21; Num. 34,22; Num. 34,23; Num. 34,24; Num. 34,25; Num. 34,26; Num. 34,27; Num. 34,28; Num. 36,1; Num. 36,1; Num. 36,3; Num. 36,4; Num. 36,4; Num. 36,7; Num. 36,7; Num. 36,9; Deut. 3,13; Deut. 29,7; Josh. 1,12; Josh. 3,12; Josh. 4,2; Josh. 4,4; Josh. 4,12; Josh. 7,1; Josh. 12,6; Josh. 13,7; Josh. 13,8; Josh. 13,14; Josh. 13,29; Josh. 14,2; Josh. 15,1; Josh. 15,20; Josh. 15,21; Josh. 16,8; Josh. 17,1; Josh. 18,4; Josh. 18,7; Josh. 18,11; Josh. 19,8; Josh. 19,9; Josh. 19,16; Josh. 19,23; Josh. 19,31; Josh. 19,39; Josh. 19,47; Josh. 20,8; Josh. 20,8; Josh. 20,8; Josh. 21,4; Josh. 21,4; Josh. 21,4; Josh. 21,5; Josh. 21,5; Josh. 21,5; Josh. 21,6; Josh. 21,6; Josh. 21,6; Josh. 21,6; Josh. 21,7; Josh. 21,7; Josh. 21,7; Josh. 21,9; Josh. 21,17; Josh. 21,20; Josh. 21,23; Josh. 21,25; Josh. 21,27; Josh. 21,28; Josh. 21,30; Josh. 21,32; Josh. 21,34; Josh. 21,36; Josh. 21,38; Josh. 21,40; Josh. 22,1; Josh. 22,7; Josh. 22,9; Josh. 22,10; Josh. 22,11; Josh. 22,13; Josh. 22,15; Josh. 22,21; Josh. 22,30; Josh. 22,31; Josh. 22,32; Josh. 22,33; Josh. 22,34; Judg. 13,2; Judg. 18,19; Ruth 4,10; 1Sam. 9,21; 1Sam. 9,21; 1Sam. 15,17; 1Sam. 20,29; 1Kings 7,2; 1Chr. 5,18; 1Chr. 5,23; 1Chr. 5,26; 1Chr. 6,45; 1Chr. 6,46; 1Chr. 6,46; 1Chr. 6,47; 1Chr. 6,47; 1Chr. 6,47; 1Chr. 6,47; 1Chr. 6,48; 1Chr. 6,48; 1Chr. 6,48; 1Chr. 6,50; 1Chr. 6,50; 1Chr. 6,51; 1Chr. 6,55; 1Chr. 6,56; 1Chr. 6,57; 1Chr. 6,59; 1Chr. 6,61; 1Chr. 6,62; 1Chr. 6,63; 1Chr. 6,65; 1Chr. 12,32; 1Chr. 12,38; 1Chr. 26,32; 1Chr. 27,20; 1Chr. 27,21; 1Esdr. 2,5; 1Esdr. 5,5; 1Esdr. 5,63; 1Esdr. 9,5; Esth. 11,2 # 1,1a; Esth. 2,5; Judith 6,15; Judith 8,2; Judith 9,14; Tob. 1,1; Tob. 4,12; Tob. 5,9; Tob. 5,11; 2Mac. 3,4; Sir. 45,6; Sir. 45,25; Amos 3,1; Amos 3,12; Hag. 1,1; Hag. 1,12; Hag. 1,14; Hag. 2,2; Hag. 2,21; Bel 1; Josh. 19,8; Josh. 19,9; Josh. 19,16; Josh. 19,23; Josh. 19,31; Josh. 19,39; Judg. 18,19; Tob. 1,1; Tob. 5,9; Tob. 5,11; Tob. 5,12; Luke 2,36; Acts 13,21; Rom. 11,1; Phil. 3,5; Heb. 7,13; Rev. 5,5; Rev. 5,9; Rev. 7,4; Rev. 7,5; Rev. 7,5; Rev. 7,5; Rev. 7,6; Rev. 7,6; Rev. 7,6; Rev. 7,7; Rev. 7,7; Rev. 7,7; Rev. 7,8; Rev. 7,8; Rev. 7,8)

φυλῶν ‣ 42 + 4 + 3 = 49

Noun · feminine · plural · genitive · (common) ‣ 42 + 4 + 3 = **49** (Num. 1,16; Num. 7,2; Num. 30,2; Num. 31,4; Num. 32,28; Num. 36,3; Num. 36,8; Deut. 5,23; Deut. 12,5; Deut. 12,14; Deut. 18,5; Josh. 4,5; Josh. 14,1; Josh. 21,1; Josh. 21,16; Josh. 22,14; Judg. 18,1; Judg. 21,5; Judg. 21,8; 2Sam. 15,2; 1Kings 11,32; 1Kings 14,21; 1Kings 18,31; 2Kings 21,7; 1Chr. 27,16; 1Chr. 27,22; 2Chr. 5,2; 2Chr. 6,5; 2Chr. 11,16; 2Chr. 12,13; 2Chr. 33,7; Ezra 6,17; Tob. 1,4; Sir. 45,11; Sol. 17,44; Amos 3,2; Zech. 14,17; Ezek. 47,22; Ezek. 48,1; Ezek. 48,19; Ezek. 48,23; Ezek. 48,31; Judg. 18,1; Judg. 21,5; Judg. 21,8; Tob. 1,4; Rev. 7,9; Rev. 11,9; Rev. 21,12)

Φυλιστιιμ Philistines ‣ 18 + 6 = 24

Φυλιστιιμ ‣ 18 + 6 = 24

Noun · genitive · (proper) ‣ **1** (Josh. 13,2)

Noun · masculine · plural · accusative · (proper) ‣ **3** (Ex. 15,14; Ode. 1,14; Sir. 47,7)

Noun · masculine · plural · genitive · (proper) ‣ 9 + 6 = **15** (Gen. 21,32; Gen. 21,34; Gen. 26,1; Ex. 13,17; Ex. 23,31; Josh. 13,3; Josh. 13,5; 1Mac. 3,24; Sir. 46,18; Judg. 10,6; Judg. 10,7; Judg. 10,11; Judg. 13,1; Judg. 13,5; Judg. 14,2)

Noun · masculine · plural · nominative · (proper) ‣ **5** (Gen. 10,14; Gen. 26,14; Gen. 26,15; Gen. 26,18; Sir. 50,26)

φύλλον (φλέω) leaf ‣ 18 + 3 + 6 = 27

φύλλα ‣ 13 + 3 + 6 = 22

Noun · neuter · plural · accusative · (common) ‣ 8 + 1 + 5 = **14** (Gen. 3,7; Neh. 8,15; Neh. 8,15; Neh. 8,15; Neh. 8,15; Neh. 8,15; Sir. 6,3; Is. 1,30; Dan. 4,14; Matt. 21,19; Matt. 24,32; Mark 11,13; Mark 11,13; Mark 13,28)

Noun · neuter · plural · nominative · (common) ‣ 5 + 2 + 1 = **8** (Prov. 11,14; Is. 34,4; Is. 34,4; Is. 64,5; Jer. 8,13; Dan. 4,12; Dan. 4,21; Rev. 22,2)

φύλλον ‣ 4

Noun · neuter · singular · accusative · (common) ‣ **2** (Gen. 8,11; Job 13,25)

Noun · neuter · singular · nominative · (common) ‣ **2** (Psa. 1,3; Sir. 14,18)

φύλλου ‣ 1

Noun · neuter · singular · genitive · (common) ‣ **1** (Lev. 26,36)

φῦλον (φύω) race ‣ 2

φῦλον ‣ 2

Noun · neuter · singular · accusative · (common) ‣ **2** (3Mac. 4,14; 3Mac. 5,5)

φύραμα (φύρω) lump of dough ‣ 4 + 5 = 9

φύραμα ‣ 4

Noun · neuter · singular · accusative ‣ **2** (1Cor. 5,6; Gal. 5,9)

Noun · neuter · singular · nominative ‣ **2** (Rom. 11,16; 1Cor. 5,7)

φυράμασίν ‣ 1

Noun · neuter · plural · dative · (common) ‣ **1** (Ex. 7,28)

φυράματα ‣ 1

Noun · neuter · plural · accusative · (common) ‣ **1** (Ex. 12,34)

φυράματος ‣ 2 + 1 = 3

Noun · neuter · singular · genitive · (common) ‣ 2 + 1 = **3** (Num. 15,20; Num. 15,21; Rom. 9,21)

φύρασις (φύρω) mixing ‣ 1

φυράσεως ‣ 1

Noun · feminine · singular · genitive · (common) ‣ **1** (Hos. 7,4)

φυράω (φύρω) to mix ‣ 13

ἐφύρασεν ‣ 2

Verb · third · singular · aorist · active · indicative ‣ **2** (1Sam. 28,24; 2Sam. 13,8)

πεφυραμένη ‣ 1

Verb · perfect · passive · participle · feminine · singular · nominative ‣ **1** (Lev. 2,5)

πεφυραμένην ‣ 4

Verb · perfect · passive · participle · feminine · singular · accusative ‣ **4** (Lev. 6,14; Lev. 7,12; Lev. 9,4; 1Chr. 23,29)

πεφυραμένης ‣ 3

Verb · perfect · passive · participle · feminine · singular · genitive ‣ **3** (Ex. 29,40; Lev. 14,10; Lev. 14,21)

πεφυραμένους ‣ 2

Verb · perfect · passive · participle · masculine · plural · accusative ‣ **2** (Ex. 29,2; Lev. 2,4)

φύρασον ‣ 1

Verb · second · singular · aorist · active · imperative ‣ **1** (Gen.

18,6)

φύρδην (φύρω) confusion ▸ 1
  φύρδην ▸ 1
    Adverb ▸ 1 (2Mac. 4,41)
φυρμός (φύρω) confusion ▸ 2
  φυρμόν ▸ 1
    Noun · masculine · singular · accusative · (common) ▸ 1 (Ezek. 7,23)
  φυρμῷ ▸ 1
    Noun · neuter · singular · dative · (common) ▸ 1 (Sol. 2,13)
φύρω to soak, welter; defile ▸ 8
  πέφυρμαι ▸ 1
    Verb · first · singular · perfect · passive · indicative ▸ 1 (Job 30,14)
  πεφυρμέναι ▸ 1
    Verb · perfect · passive · participle · feminine · plural · nominative ▸ 1 (3Mac. 4,6)
  πεφυρμένη ▸ 1
    Verb · perfect · passive · participle · feminine · singular · nominative ▸ 1 (Ezek. 16,22)
  πεφυρμένην ▸ 1
    Verb · perfect · passive · participle · feminine · singular · accusative ▸ 1 (Ezek. 16,6)
  πεφυρμένον ▸ 1
    Verb · perfect · passive · participle · neuter · singular · nominative ▸ 1 (Is. 14,19)
  πεφυρμένος ▸ 1
    Verb · perfect · passive · participle · masculine · singular · nominative ▸ 1 (2Sam. 20,12)
  φύρεται ▸ 1
    Verb · third · singular · present · passive · indicative ▸ 1 (Job 7,5)
  φύρονται ▸ 1
    Verb · third · plural · present · passive · indicative ▸ 1 (Job 39,30)
φυσάω (φῦσα) to blow ▸ 4
  φυσήσῃς ▸ 1
    Verb · second · singular · aorist · active · subjunctive ▸ 1 (Sir. 28,12)
  φυσῶν ▸ 2
    Verb · present · active · participle · masculine · singular · nominative ▸ 2 (Sir. 43,4; Is. 54,16)
  φυσῶντας ▸ 1
    Verb · present · active · participle · masculine · plural · accusative ▸ 1 (Wis. 11,18)
φυσητήρ (φῦσα) bellows ▸ 2
  φυσητήρ ▸ 2
    Noun · masculine · singular · nominative · (common) ▸ 2 (Job 32,19; Jer. 6,29)
φυσικός (φύω) natural, native; physical ▸ 3
  φυσικά ▸ 1
    Adjective · neuter · plural · nominative ▸ 1 (2Pet. 2,12)
  φυσικήν ▸ 2
    Adjective · feminine · singular · accusative ▸ 2 (Rom. 1,26; Rom. 1,27)
φυσικῶς (φύω) naturally ▸ 1
  φυσικῶς ▸ 1
    Adverb ▸ 1 (Jude 10)
φυσιόω (φύω) to cause conceit ▸ 7
  ἐφυσιώθησάν ▸ 1
    Verb · third · plural · aorist · passive · indicative ▸ 1 (1Cor. 4,18)
  πεφυσιωμένοι ▸ 1
    Verb · perfect · passive · participle · masculine · plural · nominative · (variant) ▸ 1 (1Cor. 5,2)
  πεφυσιωμένων ▸ 1
    Verb · perfect · passive · participle · masculine · plural · genitive · (variant) ▸ 1 (1Cor. 4,19)
  φυσιοῖ ▸ 1
    Verb · third · singular · present · active · indicative ▸ 1 (1Cor. 8,1)
  φυσιούμενος ▸ 1
    Verb · present · passive · participle · masculine · singular · nominative · (variant) ▸ 1 (Col. 2,18)
  φυσιοῦσθε ▸ 1
    Verb · second · plural · present · passive · indicative · (variant) ▸ 1 (1Cor. 4,6)
  φυσιοῦται ▸ 1
    Verb · third · singular · present · passive · indicative · (variant) ▸ 1 (1Cor. 13,4)
φύσις (φύω) nature ▸ 12 + 14 = 26
  φύσει ▸ 2 + 5 = 7
    Noun · feminine · singular · dative · (common) ▸ 2 + 5 = 7 (3Mac. 3,29; Wis. 13,1; Rom. 2,14; Gal. 2,15; Gal. 4,8; Eph. 2,3; James 3,7)
  φύσεις ▸ 2
    Noun · feminine · plural · accusative · (common) ▸ 1 (Wis. 7,20)
    Noun · feminine · plural · nominative · (common) ▸ 1 (4Mac. 1,20)
  φύσεως ▸ 4 + 2 = 6
    Noun · feminine · singular · genitive · (common) ▸ 4 + 2 = 6 (4Mac. 5,8; 4Mac. 5,9; 4Mac. 13,27; Wis. 19,20; Rom. 2,27; 2Pet. 1,4)
  φύσιν ▸ 2 + 5 = 7
    Noun · feminine · singular · accusative · (common) ▸ 2 + 5 = 7 (4Mac. 5,25; 4Mac. 15,25; Rom. 1,26; Rom. 11,21; Rom. 11,24; Rom. 11,24; Rom. 11,24)
  φύσις ▸ 2 + 2 = 4
    Noun · feminine · singular · nominative · (common) ▸ 1 + 2 = 3 (4Mac. 16,3; 1Cor. 11,14; James 3,7)
    Noun · feminine · singular · vocative · (common) ▸ 1 (4Mac. 15,13)
φυσίωσις (φύω) conceit, pride ▸ 1
  φυσιώσεις ▸ 1
    Noun · feminine · plural · nominative ▸ 1 (2Cor. 12,20)
φυτεία (φύω) plant, planting ▸ 4 + 1 = 5
  φυτεία ▸ 2 + 1 = 3
    Noun · feminine · singular · nominative · (common) ▸ 2 + 1 = 3 (2Kings 19,29; Sol. 14,4; Matt. 15,13)
  φυτείαν ▸ 1
    Noun · feminine · singular · accusative · (common) ▸ 1 (Mic. 1,6)
  φυτείας ▸ 1
    Noun · feminine · singular · genitive · (common) ▸ 1 (Ezek. 17,7)
φύτευμα (φύω) planting ▸ 3
  φύτευμα ▸ 3
    Noun · neuter · singular · accusative · (common) ▸ 2 (Is. 17,10; Is. 60,21)
    Noun · neuter · singular · nominative · (common) ▸ 1 (Is. 61,3)
φυτεύω (φύω) to plant ▸ 50 + 11 = 61
  ἐφύτευον ▸ 1
    Verb · third · plural · imperfect · active · indicative ▸ 1 (Luke 17,28)
  ἐφύτευσα ▸ 4 + 1 = 5
    Verb · first · singular · aorist · active · indicative ▸ 4 + 1 = 5 (Ode. 10,2; Eccl. 2,5; Is. 5,2; Jer. 51,34; 1Cor. 3,6)
  ἐφύτευσά ▸ 2

Verb · first · singular · aorist · active · indicative ▸ **2** (Eccl. 2,4; Jer. 2,21)

ἐφύτευσαν ▸ **1**
Verb · third · plural · aorist · active · indicative ▸ **1** (Psa. 106,37)

ἐφύτευσας ▸ **1**
Verb · second · singular · aorist · active · indicative ▸ **1** (Jer. 12,2)

ἐφυτεύσατε ▸ **2**
Verb · second · plural · aorist · active · indicative ▸ **2** (Josh. 24,13; Amos 5,11)

ἐφύτευσεν ▸ **9 + 4 = 13**
Verb · third · singular · aorist · active · indicative ▸ **9 + 4 = 13** (Gen. 2,8; Gen. 9,20; Gen. 21,33; Deut. 20,6; Psa. 79,16; Psa. 103,16; Sir. 10,15; Sir. 43,23; Is. 44,14; Matt. 15,13; Matt. 21,33; Mark 12,1; Luke 20,9)

πεφύτευκαν ▸ **1**
Verb · third · plural · perfect · active · indicative ▸ **1** (Ezek. 19,13)

πεφυτευμένη ▸ **1**
Verb · perfect · passive · participle · feminine · singular · nominative ▸ **1** (Ezek. 19,10)

πεφυτευμένην ▸ **1**
Verb · perfect · passive · participle · feminine · singular · accusative ▸ **1** (Luke 13,6)

πεφυτευμένοι ▸ **2**
Verb · perfect · passive · participle · masculine · plural · nominative ▸ **2** (Psa. 91,14; Eccl. 12,11)

πεφυτευμένον ▸ **3**
Verb · perfect · passive · participle · neuter · singular · accusative ▸ **1** (Eccl. 3,2)
Verb · perfect · passive · participle · neuter · singular · nominative ▸ **2** (Psa. 1,3; Dan. 4,20)

φυτεύει ▸ **1 + 1 = 2**
Verb · third · singular · present · active · indicative ▸ **1 + 1 = 2** (Prov. 27,18; 1Cor. 9,7)

φυτεύθητι ▸ **1**
Verb · second · singular · aorist · passive · imperative ▸ **1** (Luke 17,6)

φυτεύοντας ▸ **1**
Verb · present · active · participle · masculine · plural · accusative ▸ **1** (1Esdr. 4,16)

φυτεύουσιν ▸ **2**
Verb · third · plural · present · active · indicative ▸ **2** (1Esdr. 4,9; 1Mac. 3,56)

φυτεῦσαι ▸ **2**
Verb · aorist · active · infinitive ▸ **2** (1Esdr. 4,9; Eccl. 3,2)

φυτεύσας ▸ **1**
Verb · aorist · active · participle · masculine · singular · nominative ▸ **1** (Psa. 93,9)

φυτεύσασα ▸ **1**
Verb · aorist · active · participle · feminine · singular · nominative ▸ **1** (4Mac. 13,19)

φυτεύσατε ▸ **5**
Verb · second · plural · aorist · active · imperative ▸ **5** (Is. 37,30; Jer. 36,5; Jer. 36,28; Jer. 38,5; Jer. 38,5)

φυτεύσεις ▸ **4**
Verb · second · singular · future · active · indicative ▸ **4** (Deut. 16,21; Deut. 28,30; Deut. 28,39; Is. 17,10)

φυτεύσῃς ▸ **1**
Verb · second · singular · aorist · active · subjunctive ▸ **1** (Is. 17,11)

φυτεύσουσιν ▸ **3**
Verb · third · plural · future · active · indicative ▸ **3** (Amos 9,14; Is. 65,22; Ezek. 28,26)

φυτεύσω ▸ **2**
Verb · first · singular · aorist · active · subjunctive ▸ **1** (Jer. 49,10)
Verb · first · singular · future · active · indicative ▸ **1** (Jer. 39,41)

φυτεύσωσιν ▸ **1**
Verb · third · plural · aorist · active · subjunctive ▸ **1** (Is. 40,24)

φυτεύων ▸ **2**
Verb · present · active · participle · masculine · singular · nominative ▸ **2** (1Cor. 3,7; 1Cor. 3,8)

φυτόν (φύω) plant ▸ **17 + 1 = 18**

φυτά ▸ **2**
Noun · neuter · plural · accusative · (common) ▸ **1** (4Mac. 2,14)
Noun · neuter · plural · nominative · (common) ▸ **1** (Wis. 10,7)

φυτά ▸ **3**
Noun · neuter · plural · accusative · (common) ▸ **1** (1Mac. 4,38)
Noun · neuter · plural · nominative · (common) ▸ **2** (Job 24,19; Sir. 24,14)

φυτόν ▸ **1**
Noun · neuter · singular · accusative · (common) ▸ **1** (1Kings 19,5)

φυτὸν ▸ **6 + 1 = 7**
Noun · neuter · singular · accusative · (common) ▸ **3** (Wis. 13,11; Ezek. 17,5; Ezek. 34,29)
Noun · neuter · singular · nominative · (common) ▸ **3 + 1 = 4** (Sir. 3,28; Dan. 11,7; Dan. 11,20; Dan. 11,20)

φυτῷ ▸ **1**
Noun · neuter · singular · dative · (common) ▸ **1** (Gen. 22,13)

φυτῶν ▸ **4**
Noun · neuter · plural · genitive · (common) ▸ **4** (4Mac. 1,28; 4Mac. 1,28; Wis. 7,20; Ezek. 31,4)

φύω to grow, come up; be born ▸ **14 + 1 + 3 = 18**

ἐφύοντο ▸ **1**
Verb · third · plural · imperfect · middle · indicative ▸ **1** (Ezek. 37,8)

πέφυκεν ▸ **1**
Verb · third · singular · perfect · active · indicative ▸ **1** (4Mac. 1,20)

πεφυκότα ▸ **1**
Verb · perfect · active · participle · neuter · plural · accusative ▸ **1** (1Mac. 4,38)

φύει ▸ **1**
Verb · third · singular · present · active · indicative ▸ **1** (Sir. 14,18)

φυὲν ▸ **2**
Verb · aorist · passive · participle · neuter · singular · nominative ▸ **2** (Luke 8,6; Luke 8,8)

φύεται ▸ **1**
Verb · third · singular · present · middle · indicative ▸ **1** (Prov. 11,30)

φυήσουσιν ▸ **1**
Verb · third · plural · future · active · indicative ▸ **1** (Is. 37,31)

φυόμενα ▸ **2 + 1 = 3**
Verb · present · middle · participle · neuter · plural · nominative ▸ **2 + 1 = 3** (Ode. 8,76; Dan. 3,76; Dan. 3,76)

φυόμενον ▸ **3**
Verb · present · middle · participle · neuter · singular · accusative ▸ **1** (Ex. 10,5)
Verb · present · middle · participle · neuter · singular · nominative ▸ **2** (Sir. 39,13; Dan. 4,10)

φύονται ▸ **1**

φύω–φωνή

> **Verb** · third · plural · present · middle · indicative ▸ **1** (Prov. 26,9)

φύουσα ▸ **1** + **1** = **2**
> **Verb** · present · active · participle · feminine · singular · nominative ▸ **1** + **1** = **2** (Deut. 29,17; Heb. 12,15)

φύουσαι ▸ **1**
> **Verb** · present · active · participle · feminine · plural · nominative ▸ **1** (Song 5,13)

φωλεός hole, den ▸ **2**

φωλεούς ▸ **2**
> **Noun** · masculine · plural · accusative ▸ **2** (Matt. 8,20; Luke 9,58)

φωνέω (φωνή) to call, to shout ▸ **24** + **1** + **43** = **68**

ἐφώνει ▸ **1**
> **Verb** · third · singular · imperfect · active · indicative ▸ **1** (Luke 8,8)

ἐφώνησαν ▸ **2** + **1** = **3**
> **Verb** · third · plural · aorist · active · indicative ▸ **2** + **1** = **3** (1Esdr. 5,58; 1Esdr. 9,10; John 9,18)

Ἐφώνησαν ▸ **1**
> **Verb** · third · plural · aorist · active · indicative ▸ **1** (John 9,24)

ἐφώνησε ▸ **2**
> **Verb** · third · singular · aorist · active · indicative ▸ **2** (Dan. 4,14; Dan. 5,7)

ἐφώνησεν ▸ **2** + **1** + **13** = **16**
> **Verb** · third · singular · aorist · active · indicative ▸ **2** + **1** + **13** = **16** (1Esdr. 4,41; Jer. 17,11; Dan. 4,14; Matt. 20,32; Matt. 26,74; Mark 9,35; Mark 14,68; Mark 14,72; Luke 8,54; Luke 22,60; John 11,28; John 12,17; John 18,27; John 18,33; Acts 16,28; Rev. 14,18)

ἐφώνουν ▸ **1**
> **Verb** · third · plural · imperfect · active · indicative ▸ **1** (1Mac. 9,12)

φωνεῖ ▸ **6**
> **Verb** · third · singular · present · active · indicative ▸ **6** (Matt. 27,47; Mark 10,49; Mark 15,35; John 2,9; John 10,3; John 11,28)

φώνει ▸ **1**
> **Verb** · second · singular · present · active · imperative ▸ **1** (Luke 14,12)

φωνεῖτέ ▸ **1**
> **Verb** · second · plural · present · active · indicative ▸ **1** (John 13,13)

φωνηθῆναι ▸ **1**
> **Verb** · aorist · passive · infinitive ▸ **1** (Luke 19,15)

φωνῆσαι ▸ **3** + **6** = **9**
> **Verb** · aorist · active · infinitive ▸ **3** + **6** = **9** (1Chr. 15,16; 3Mac. 2,22; LetterJ 40; Matt. 26,34; Matt. 26,75; Mark 14,30; Mark 14,72; Luke 22,61; John 1,48)

φωνῆσαν ▸ **1**
> **Verb** · aorist · active · participle · neuter · singular · nominative ▸ **1** (Mark 1,26)

φωνήσαντες ▸ **1** + **1** = **2**
> **Verb** · aorist · active · participle · masculine · plural · nominative ▸ **1** + **1** = **2** (3Mac. 1,23; Acts 10,18)

φωνήσας ▸ **1** + **5** = **6**
> **Verb** · aorist · active · participle · masculine · singular · nominative ▸ **1** + **5** = **6** (1Esdr. 8,89; Luke 16,2; Luke 16,24; Luke 23,46; Acts 9,41; Acts 10,7)

φωνήσατε ▸ **1**
> **Verb** · second · plural · aorist · active · imperative ▸ **1** (Mark 10,49)

φωνήσει ▸ **2** + **1** = **3**
> **Verb** · third · singular · future · active · indicative ▸ **2** + **1** = **3** (Amos 3,6; Zeph. 2,14; Luke 22,34)

φωνήσῃ ▸ **1**
> **Verb** · third · singular · aorist · active · subjunctive ▸ **1** (John 13,38)

φώνησον ▸ **1**
> **Verb** · second · singular · aorist · active · imperative ▸ **1** (John 4,16)

Φώνησον ▸ **1**
> **Verb** · second · singular · aorist · active · imperative ▸ **1** (Tob. 5,9)

φωνήσουσιν ▸ **2**
> **Verb** · third · plural · future · active · indicative ▸ **2** (Psa. 113,15; Psa. 134,17)

φωνήσω ▸ **2**
> **Verb** · first · singular · future · active · indicative ▸ **2** (Ode. 11,14; Is. 38,14)

φωνοῦντας ▸ **2**
> **Verb** · present · active · participle · masculine · plural · accusative ▸ **2** (Is. 8,19; Is. 19,3)

φωνοῦντες ▸ **1**
> **Verb** · present · active · participle · masculine · plural · nominative ▸ **1** (Is. 29,4)

φωνούντων ▸ **1**
> **Verb** · present · active · participle · feminine · plural · genitive ▸ **1** (4Mac. 15,21)

φωνοῦσιν ▸ **1** + **1** = **2**
> **Verb** · third · plural · present · active · indicative ▸ **1** + **1** = **2** (Is. 8,19; Mark 10,49)

φωνή voice, sound, speech ▸ **600** + **33** + **139** = **772**

φωναὶ ▸ **9** + **6** = **15**
> **Noun** · feminine · plural · nominative · (common) ▸ **9** + **6** = **15** (Ex. 9,29; Ex. 9,33; Ex. 19,13; Ex. 19,16; Ex. 19,19; Esth. 11,5 # 1,1d; 4Mac. 15,21; 4Mac. 15,21; Psa. 18,4; Luke 23,23; Rev. 4,5; Rev. 8,5; Rev. 11,15; Rev. 11,19; Rev. 16,18)

φωναί ▸ **1**
> **Noun** · feminine · plural · nominative · (common) ▸ **1** (Ex. 9,34)

φωναῖς ▸ **1** + **1** = **2**
> **Noun** · feminine · plural · dative · (common) ▸ **1** + **1** = **2** (Sir. 50,18; Luke 23,23)

φωνάς ▸ **1** + **1** = **2**
> **Noun** · feminine · plural · accusative ▸ **1** (Rev. 10,3)
> **Noun** · feminine · singular · genitive · (common) ▸ **1** (Job 28,26)

φωνὰς ▸ **5** + **1** = **6**
> **Noun** · feminine · plural · accusative · (common) ▸ **5** + **1** = **6** (Ex. 9,23; Ex. 9,28; 1Sam. 12,17; 1Sam. 12,18; Psa. 92,3; Acts 13,27)

Φωνή ▸ **4**
> **Noun** · feminine · singular · nominative · (common) ▸ **4** (Ex. 32,17; Song 2,8; Mic. 6,9; Jer. 38,15)

φωνή ▸ **10** + **1** = **11**
> **Noun** · feminine · singular · nominative · (common) ▸ **10** + **1** = **11** (Judg. 18,25; 1Sam. 24,17; 1Sam. 26,17; 1Kings 1,45; 1Kings 18,29; Song 2,14; Job 37,4; Is. 29,4; Is. 29,4; Jer. 38,16; Judg. 18,25)

φωνή ▸ **109** + **3** + **33** = **145**
> **Noun** · feminine · singular · nominative · (common) ▸ **109** + **3** + **33** = **145** (Gen. 4,10; Gen. 11,1; Gen. 15,4; Gen. 27,22; Gen. 27,22; Gen. 45,16; Ex. 19,16; Ex. 28,35; Ex. 32,18; Ex. 32,18; Lev. 26,36; Deut. 4,11; Deut. 4,36; Deut. 5,22; 1Sam. 1,13; 1Sam. 4,15; 1Sam. 15,14; 1Sam. 15,14; 1Kings 1,41; 1Kings 18,26; 1Kings 18,41; 1Kings 19,12; 1Kings 19,13; 2Kings 4,31; 2Kings 6,32; 2Kings 7,10; 2Chr. 5,13; 2Chr. 30,27; 1Esdr. 5,63; Ezra 3,13; Esth. 11,6 # 1,1e; 1Mac. 9,41; Psa. 28,3; Psa. 28,4; Psa. 28,4; Psa. 28,5; Psa. 28,7; Psa. 28,8; Psa. 28,9; Psa. 76,19; Psa.

117,15; Eccl. 5,2; Eccl. 7,6; Song 2,12; Song 5,2; Job 4,10; Wis. 17,18; Wis. 18,10; Sir. 43,17; Sol. 8,2; Joel 2,5; Joel 2,5; Nah. 3,2; Nah. 3,2; Zeph. 1,10; Zeph. 1,14; Zech. 11,3; Zech. 11,3; Is. 5,30; Is. 13,4; Is. 13,4; Is. 15,4; Is. 18,3; Is. 24,8; Is. 28,28; Is. 40,3; Is. 40,6; Is. 42,2; Is. 52,8; Is. 54,17; Is. 65,19; Is. 65,19; Is. 66,6; Is. 66,6; Is. 66,6; Jer. 2,23; Jer. 3,21; Jer. 4,15; Jer. 4,31; Jer. 6,23; Jer. 8,19; Jer. 9,18; Jer. 10,22; Jer. 26,22; Jer. 27,22; Jer. 27,28; Jer. 27,42; Jer. 28,54; Jer. 31,3; Jer. 32,36; Jer. 37,19; Jer. 40,11; Jer. 40,11; Jer. 40,11; Jer. 40,11; Jer. 40,11; Ezek. 1,25; Ezek. 3,13; Ezek. 3,13; Ezek. 10,5; Ezek. 10,5; Ezek. 19,9; Ezek. 26,13; Ezek. 33,32; Ezek. 43,2; Ezek. 43,2; Ezek. 43,6; Dan. 10,6; Dan. 10,6; Dan. 4,31; Dan. 10,6; Dan. 10,6; Matt. 2,18; Matt. 3,3; Matt. 3,17; Matt. 17,5; Mark 1,3; Mark 1,11; Mark 9,7; Luke 1,44; Luke 3,4; Luke 9,35; John 1,23; John 12,28; John 12,30; Acts 7,31; Acts 10,13; Acts 10,15; Acts 11,9; Acts 12,22; Acts 19,34; Heb. 12,26; Rev. 1,15; Rev. 1,15; Rev. 4,1; Rev. 6,1; Rev. 9,9; Rev. 9,9; Rev. 10,8; Rev. 14,2; Rev. 16,17; Rev. 18,22; Rev. 18,22; Rev. 18,23; Rev. 19,5)

Φωνῇ ▸ 2
    Noun · feminine · singular · dative · (common) ▸ **2** (Psa. 76,2; Psa. 141,2)

φωνῇ ▸ 89 + 7 + 32 = 128
    Noun · feminine · singular · dative · (common) ▸ 89 + 7 + 32 = **128** (Gen. 29,11; Gen. 39,14; Ex. 19,19; Ex. 24,3; Lev. 25,9; Deut. 27,14; 1Sam. 4,5; 1Sam. 7,10; 1Sam. 28,12; 2Sam. 15,23; 2Sam. 19,5; 1Kings 1,40; 1Kings 8,55; 1Kings 18,27; 1Kings 18,28; 2Kings 18,28; 1Chr. 15,16; 1Chr. 15,28; 2Chr. 5,13; 2Chr. 15,14; 2Chr. 20,19; 2Chr. 32,18; 1Esdr. 5,59; 1Esdr. 5,61; 1Esdr. 9,10; Ezra 3,12; Ezra 3,13; Neh. 9,4; Esth. 11,7 # 1,1f; Esth. 4,1; Judith 7,23; Judith 7,29; Judith 9,1; Judith 13,14; Judith 14,9; Judith 14,16; Judith 16,14; 1Mac. 2,19; 1Mac. 2,27; 1Mac. 3,50; 1Mac. 3,54; 1Mac. 13,8; 1Mac. 13,45; 2Mac. 7,8; 2Mac. 7,21; 2Mac. 7,27; 2Mac. 12,37; 2Mac. 15,29; 2Mac. 15,36; 3Mac. 5,51; 4Mac. 12,7; 4Mac. 14,17; 4Mac. 16,15; Psa. 3,5; Psa. 5,3; Psa. 41,5; Psa. 46,2; Psa. 46,6; Psa. 65,19; Psa. 67,34; Psa. 76,2; Psa. 85,6; Psa. 97,5; Psa. 97,6; Psa. 140,1; Psa. 141,2; Prov. 2,3; Prov. 26,25; Prov. 27,14; Eccl. 5,5; Song 8,13; Job 2,12; Job 21,12; Job 37,4; Job 37,5; Job 38,7; Job 38,34; Job 40,9; Sir. 38,28; Is. 24,14; Is. 36,13; Is. 52,8; Ezek. 9,1; Ezek. 11,13; Ezek. 27,30; Dan. 4,19; Dan. 5,7; Dan. 6,21; Dan. 6,22; Dan. 6,21; Sus. 24; Sus. 42; Sus. 46; Sus. 60; Bel 18; Bel 41; Matt. 27,46; Matt. 27,50; Mark 1,26; Mark 5,7; Mark 15,34; Luke 4,33; Luke 8,28; Luke 19,37; Luke 23,46; John 11,43; Acts 7,57; Acts 7,60; Acts 8,7; Acts 14,10; Acts 16,28; Acts 26,24; 1Th. 4,16; Heb. 12,19; 2Pet. 2,16; Rev. 5,2; Rev. 5,12; Rev. 6,10; Rev. 7,2; Rev. 7,10; Rev. 8,13; Rev. 10,3; Rev. 14,7; Rev. 14,9; Rev. 14,15; Rev. 14,18; Rev. 18,2; Rev. 19,17)

Φωνήν ▸ 1
    Noun · feminine · singular · accusative · (common) ▸ **1** (Jer. 37,5)

φωνήν ▸ 19 + 2 = 21
    Noun · feminine · singular · accusative · (common) ▸ 19 + 2 = **21** (Gen. 3,10; Gen. 39,15; Gen. 39,18; Num. 14,1; Deut. 4,12; Josh. 6,10; 2Kings 19,22; Psa. 103,12; Prov. 2,3; Eccl. 10,20; Song 2,14; Sir. 29,5; Mic. 6,1; Is. 37,23; Is. 40,9; Is. 58,1; Jer. 22,20; Jer. 26,12; Lam. 3,56; John 10,5; Gal. 4,20)

φωνήν ▸ 153 + 7 + 38 = 198
    Noun · feminine · singular · accusative · (common) ▸ 153 + 7 + 38 = **198** (Gen. 3,8; Gen. 11,7; Gen. 27,34; Gen. 27,38; Gen. 45,2; Ex. 20,18; Ex. 20,18; Ex. 32,17; Ex. 32,18; Lev. 5,1; Num. 7,89; Deut. 1,34; Deut. 4,12; Deut. 4,33; Deut. 5,23; Deut. 5,24; Deut. 5,25; Deut. 5,26; Deut. 5,28; Deut. 5,28; Deut. 18,16; Deut. 21,18; Deut. 21,18; Josh. 6,20; Judg. 2,4; Judg. 5,11; Judg. 9,7; Judg. 18,3; Judg. 21,2; Ruth 1,9; Ruth 1,14; 1Sam. 4,14; 1Sam. 11,4; 1Sam. 24,17; 1Sam. 26,17; 1Sam. 30,4; 2Sam. 3,32; 2Sam. 5,24; 2Sam. 13,36; 2Sam. 15,10; 2Sam. 19,36; 2Sam. 22,14; 1Kings 1,41; 2Kings 7,6; 2Kings 7,6; 2Kings 7,6; 2Kings 11,13; 1Chr. 14,15; 2Chr. 5,13; 2Chr. 23,12; Ezra 1,1; Ezra 3,11; Ezra 3,13; Ezra 10,7; Neh. 4,14; Esth. 14,19 # 4,17z; Judith 13,12; Judith 14,9; Judith 16,11; 2Mac. 7,24; Psa. 17,14; Psa. 25,7; Psa. 41,8; Psa. 45,7; Psa. 57,6; Psa. 65,8; Psa. 67,34; Psa. 76,18; Psa. 129,2; Psa. 139,7; Ode. 4,10; Prov. 5,13; Prov. 8,4; Eccl. 12,4; Job 3,18; Job 4,16; Job 6,5; Job 33,8; Job 34,16; Job 37,4; Wis. 7,3; Wis. 18,1; Sir. 21,20; Sir. 45,9; Sir. 46,17; Sir. 46,20; Sir. 50,16; Sol. 8,1; Sol. 8,1; Sol. 8,4; Sol. 11,1; Amos 1,2; Amos 3,4; Amos 6,5; Joel 2,11; Joel 4,16; Hab. 3,10; Is. 13,2; Is. 30,17; Is. 30,17; Is. 30,19; Is. 30,31; Is. 33,3; Is. 48,20; Is. 51,3; Is. 58,4; Jer. 2,15; Jer. 4,16; Jer. 4,19; Jer. 4,21; Jer. 4,31; Jer. 7,34; Jer. 7,34; Jer. 7,34; Jer. 7,34; Jer. 8,16; Jer. 9,9; Jer. 11,16; Jer. 12,8; Jer. 16,9; Jer. 16,9; Jer. 16,9; Jer. 16,9; Jer. 25,10; Jer. 25,10; Jer. 25,10; Jer. 25,10; Jer. 28,16; Jer. 28,55; Jer. 28,55; Jer. 31,34; Jer. 32,30; Jer. 49,6; Jer. 49,14; Bar. 2,23; Bar. 2,23; Bar. 2,23; Bar. 2,23; Lam. 2,7; Ezek. 1,24; Ezek. 1,24; Ezek. 1,28; Ezek. 3,12; Ezek. 3,13; Ezek. 21,27; Ezek. 23,42; Ezek. 27,28; Ezek. 33,4; Ezek. 33,5; Dan. 4,31; Dan. 7,11; Dan. 8,16; Dan. 10,9; Judg. 2,4; Judg. 9,7; Judg. 18,3; Judg. 21,2; Tob. 5,10; Dan. 8,16; Dan. 10,9; Matt. 12,19; Mark 15,37; Luke 3,22; Luke 9,36; Luke 11,27; Luke 17,13; John 3,8; John 3,29; John 5,37; John 10,4; Acts 2,14; Acts 4,24; Acts 9,4; Acts 12,14; Acts 14,11; Acts 22,9; Acts 22,14; Acts 22,22; Acts 26,14; 1Cor. 14,7; 1Cor. 14,8; 2Pet. 1,18; Rev. 1,10; Rev. 1,12; Rev. 5,11; Rev. 6,6; Rev. 6,7; Rev. 9,13; Rev. 10,4; Rev. 12,10; Rev. 14,2; Rev. 14,2; Rev. 14,2; Rev. 18,4; Rev. 19,1; Rev. 19,6; Rev. 19,6; Rev. 19,6)

φωνῆς ▸ 195 + 15 + 23 = 233
    Noun · feminine · singular · genitive · (common) ▸ 195 + 15 + 23 = **233** (Gen. 3,17; Gen. 4,23; Gen. 16,2; Gen. 21,12; Gen. 21,17; Gen. 21,17; Gen. 22,18; Gen. 26,5; Gen. 27,13; Gen. 27,43; Gen. 30,6; Ex. 3,18; Ex. 4,1; Ex. 4,8; Ex. 4,8; Ex. 4,9; Ex. 5,2; Ex. 15,26; Ex. 18,24; Ex. 19,5; Ex. 22,22; Ex. 23,22; Ex. 23,22; Num. 3,16; Num. 3,39; Num. 3,51; Num. 4,37; Num. 4,41; Num. 4,45; Num. 4,49; Num. 9,20; Num. 10,13; Num. 13,3; Num. 14,22; Num. 16,34; Num. 20,16; Num. 21,3; Deut. 1,45; Deut. 4,30; Deut. 8,20; Deut. 9,23; Deut. 13,5; Deut. 13,19; Deut. 15,5; Deut. 21,20; Deut. 26,7; Deut. 26,14; Deut. 26,17; Deut. 27,10; Deut. 28,1; Deut. 28,2; Deut. 28,9; Deut. 28,15; Deut. 28,45; Deut. 28,49; Deut. 28,62; Deut. 30,2; Deut. 30,8; Deut. 30,10; Deut. 30,20; Deut. 33,7; Josh. 22,2; Josh. 24,24; Judg. 2,2; Judg. 2,20; Judg. 6,10; Judg. 13,9; Judg. 20,13; 1Sam. 2,25; 1Sam. 4,14; 1Sam. 8,7; 1Sam. 8,9; 1Sam. 8,22; 1Sam. 12,1; 1Sam. 12,14; 1Sam. 12,15; 1Sam. 15,1; 1Sam. 15,19; 1Sam. 15,20; 1Sam. 15,22; 1Sam. 15,24; 1Sam. 19,6; 1Sam. 25,35; 1Sam. 28,18; 1Sam. 28,21; 1Sam. 28,22; 1Sam. 28,23; 2Sam. 6,15; 2Sam. 12,18; 2Sam. 13,14; 2Sam. 13,16; 2Sam. 22,7; 1Kings 9,3; 1Kings 21,25; 1Kings 21,36; 2Kings 10,6; 2Kings 18,12; Ezra 3,13; Judith 4,13; Judith 8,17; 1Mac. 6,41; 1Mac. 9,13; 4Mac. 8,29; 4Mac. 10,18; Psa. 5,4; Psa. 6,9; Psa. 17,7; Psa. 26,7; Psa. 27,2; Psa. 27,6; Psa. 30,23; Psa. 43,17; Psa. 54,4; Psa. 54,18; Psa. 63,2; Psa. 73,23; Psa. 80,12; Psa. 94,7; Psa. 101,6; Psa. 102,20; Psa. 103,7; Psa. 105,25; Psa. 114,1; Psa. 118,149; Psa. 129,2; Ode. 4,16; Ode. 6,3; Ode. 6,10; Eccl. 12,4; Wis. 1,7; Sir. 17,13; Sir. 34,24; Sir. 45,5; Amos 2,2; Jonah 2,3; Jonah 2,10; Hab. 3,16; Zeph. 3,2; Hag. 1,12; Zech. 6,15; Is. 6,4; Is. 6,8; Is. 28,23; Is. 29,6; Is. 30,30; Is. 31,4; Is. 32,9; Is. 38,5; Is. 50,10; Jer. 3,13; Jer. 3,25; Jer. 4,29; Jer. 5,15; Jer. 6,17; Jer. 7,23; Jer. 7,27; Jer. 8,16; Jer. 9,12; Jer. 11,4; Jer. 18,10; Jer. 18,19; Jer. 22,21; Jer. 27,46; Jer. 29,3; Jer. 30,15; Jer. 33,13; Jer. 39,23; Jer. 42,8; Jer. 47,3; Jer. 49,6; Jer. 49,13; Jer. 49,21;

φωνή–φωτίζω

Jer. 50,4; Jer. 50,7; Jer. 51,23; Bar. 1,18; Bar. 1,19; Bar. 1,21; Bar. 2,5; Bar. 2,10; Bar. 2,22; Bar. 2,24; Bar. 2,29; Bar. 3,4; Ezek. 19,7; Ezek. 26,10; Ezek. 26,15; Ezek. 31,16; Ezek. 35,12; Dan. 3,5; Dan. 3,7; Dan. 3,10; Dan. 9,10; Dan. 9,11; Dan. 9,14; Judg. 2,2; Judg. 2,20; Judg. 5,11; Judg. 6,10; Judg. 13,9; Judg. 20,13; Dan. 3,5; Dan. 3,7; Dan. 3,10; Dan. 3,15; Dan. 7,11; Dan. 9,10; Dan. 9,11; Dan. 9,14; Sus. 44; Luke 17,15; John 5,25; John 5,28; John 10,3; John 10,16; John 10,27; John 18,37; Acts 2,6; Acts 9,7; Acts 11,7; Acts 22,7; Acts 24,21; 1Cor. 14,11; Heb. 3,7; Heb. 3,15; Heb. 4,7; 2Pet. 1,17; Rev. 3,20; Rev. 10,7; Rev. 11,12; Rev. 14,13; Rev. 16,1; Rev. 21,3)

φωνῶν ▸ 1 + 2 = 3
    Noun · feminine · plural · genitive · (common) ▸ 1 + 2 = 3 (Psa. 92,4; 1Cor. 14,10; Rev. 8,13)

φωράομαι (φώρ) to discover ▸ 2
    φωραθῇ ▸ 1
        Verb · third · singular · aorist · passive · subjunctive ▸ 1 (3Mac. 3,29)
    φωραθῶσιν ▸ 1
        Verb · third · plural · aorist · passive · subjunctive ▸ 1 (Prov. 26,19)

φῶς (φαίνω) light ▸ 165 + 11 + 73 = 249
    φῶς ▸ 119 + 10 + 48 = 177
        Noun · neuter · singular · accusative · (common) ▸ 59 + 7 + 24 = 90 (Gen. 1,4; Gen. 1,5; Ex. 27,20; Lev. 24,2; Tob. 10,5; 3Mac. 6,7; Psa. 35,10; Psa. 36,6; Psa. 42,3; Psa. 48,20; Psa. 103,2; Ode. 4,11; Ode. 13,32; Ode. 14,45; Job 3,16; Job 12,22; Job 12,25; Job 24,16; Job 28,11; Job 33,28; Job 36,32; Job 37,3; Job 37,15; Job 38,15; Wis. 18,4; Sir. 22,11; Hos. 10,12; Mic. 7,9; Hab. 3,11; Zeph. 3,5; Is. 5,20; Is. 5,20; Is. 9,1; Is. 13,10; Is. 13,10; Is. 30,26; Is. 42,6; Is. 42,16; Is. 45,7; Is. 49,6; Is. 51,4; Is. 53,11; Is. 59,9; Is. 60,19; Jer. 10,13; Jer. 13,16; Jer. 25,10; Jer. 28,16; Jer. 38,36; Jer. 38,36; Bar. 3,20; Bar. 3,33; Lam. 3,2; Ezek. 32,7; Ezek. 32,8; Ezek. 42,7; Ezek. 42,10; Ezek. 42,12; Dan. 10,5; Tob. 3,17; Tob. 5,10; Tob. 5,10; Tob. 10,5; Tob. 11,8; Tob. 11,13; Tob. 14,10; Matt. 4,16; Mark 14,54; Luke 2,32; Luke 8,16; Luke 11,33; Luke 22,56; John 3,19; John 3,20; John 3,20; John 3,21; John 8,12; John 11,9; John 12,35; John 12,36; John 12,36; Acts 13,47; Acts 22,6; Acts 22,9; Acts 26,13; Acts 26,18; Acts 26,23; Rom. 2,19; 1Tim. 6,16; 1Pet. 2,9)
        Noun · neuter · singular · nominative · (common) ▸ 60 + 3 + 24 = 87 (Gen. 1,3; Gen. 1,3; Ex. 10,23; Esth. 11,11 # 1,1k; Esth. 8,16; Esth. 10,6 # 10,3c; Psa. 4,7; Psa. 37,11; Psa. 96,11; Psa. 111,4; Psa. 118,105; Psa. 138,12; Psa. 148,3; Ode. 4,4; Ode. 5,9; Ode. 8,72; Prov. 6,23; Prov. 13,9; Prov. 13,9; Prov. 20,27; Eccl. 11,7; Eccl. 12,2; Job 3,20; Job 17,12; Job 18,5; Job 18,6; Job 22,11; Job 29,24; Job 37,11; Job 37,21; Job 38,19; Wis. 5,6; Wis. 18,1; Sir. 24,27; Sir. 32,16; Sir. 33,7; Sir. 50,29; Hos. 6,5; Amos 5,18; Amos 5,20; Amos 8,9; Hab. 3,4; Zech. 14,6; Zech. 14,7; Is. 9,1; Is. 10,17; Is. 18,4; Is. 26,9; Is. 30,26; Is. 30,26; Is. 50,10; Is. 51,5; Is. 58,8; Is. 58,10; Is. 60,1; Is. 60,19; Is. 60,20; Is. 62,1; Bar. 3,14; Dan. 3,72; Tob. 13,13; Dan. 2,22; Dan. 3,72; Matt. 4,16; Matt. 5,14; Matt. 5,16; Matt. 6,23; Matt. 17,2; Luke 11,35; John 1,4; John 1,5; John 1,8; John 1,9; John 3,19; John 8,12; John 9,5; John 11,10; John 12,35; John 12,46; Acts 9,3; Acts 12,7; 2Cor. 4,6; Eph. 5,8; Eph. 5,14; 1John 1,5; 1John 2,8; Rev. 18,23)
    φῶτα ▸ 4 + 1 = 5
        Noun · neuter · plural · accusative · (common) ▸ 3 + 1 = 4 (1Mac. 12,29; Psa. 135,7; Ezek. 42,11; Acts 16,29)
        Noun · neuter · plural · nominative · (common) ▸ 1 (Jer. 4,23)
    φωτί ▸ 13 + 1 + 6 = 20
        Noun · neuter · singular · dative · (common) ▸ 13 + 1 + 6 = 20 (2Sam. 23,4; Psa. 55,14; Psa. 88,16; Prov. 4,18; Prov. 16,15; Job 29,3; Job 33,30; Wis. 7,29; Wis. 17,19; Sol. 3,12; Is. 2,5; Is. 50,11; Bar. 5,9; Dan. 6,20; Luke 12,3; John 5,35; 2Cor. 6,14; 1John 1,7; 1John 2,9; 1John 2,10)

    φωτί ▸ 4 + 3 = 7
        Noun · neuter · singular · dative · (common) ▸ 4 + 3 = 7 (Psa. 35,10; Ode. 14,45; Is. 60,3; Dan. 2,22; Matt. 10,27; Col. 1,12; 1John 1,7)
    φωτός ▸ 5
        Noun · neuter · singular · genitive ▸ 5 (John 1,7; John 1,8; Rom. 13,12; 2Cor. 11,14; 1Th. 5,5)
    φωτὸς ▸ 25 + 9 = 34
        Noun · neuter · singular · genitive · (common) ▸ 25 + 9 = 34 (Gen. 1,4; Gen. 1,18; Ex. 35,14; Ex. 39,16; Num. 4,16; Judg. 16,2; 1Sam. 25,34; 1Sam. 25,36; 2Sam. 17,22; 2Kings 7,9; 2Chr. 4,20; Tob. 14,10; 1Mac. 1,21; 2Mac. 1,32; Eccl. 2,13; Job 18,18; Job 26,10; Wis. 7,10; Wis. 7,26; Wis. 16,28; Wis. 18,4; Is. 4,5; Bar. 4,2; Ezek. 41,11; Dan. 5,5; Luke 16,8; John 12,36; Acts 22,11; Eph. 5,8; Eph. 5,9; Eph. 5,13; Rev. 21,24; Rev. 22,5; Rev. 22,5)
    φώτων ▸ 1
        Noun · neuter · plural · genitive ▸ 1 (James 1,17)

φωστήρ (φαίνω) light, star ▸ 9 + 2 = 11
    φωστὴρ ▸ 1 + 1 = 2
        Noun · masculine · singular · nominative · (common) ▸ 1 + 1 = 2 (Sir. 43,7; Rev. 21,11)
    φωστῆρα ▸ 3
        Noun · masculine · singular · accusative · (common) ▸ 3 (Gen. 1,16; Gen. 1,16; 1Esdr. 8,76)
    φωστῆρας ▸ 3
        Noun · masculine · plural · accusative · (common) ▸ 3 (Gen. 1,16; Wis. 13,2; Sol. 18,10)
    φωστῆρες ▸ 2 + 1 = 3
        Noun · masculine · plural · nominative · (common) ▸ 2 + 1 = 3 (Gen. 1,14; Dan. 12,3; Phil. 2,15)

φωσφόρος (φαίνω; φέρω) morning star ▸ 1
    φωσφόρος ▸ 1
        Adjective · masculine · singular · nominative ▸ 1 (2Pet. 1,19)

φωταγωγέω (φαίνω; ἄγω) to guide with light ▸ 1
    φωταγωγήσασα ▸ 1
        Verb · aorist · active · participle · feminine · singular · nominative ▸ 1 (4Mac. 17,5)

φωτεινός (φαίνω) bright, full of light ▸ 2 + 5 = 7
    φωτεινὴ ▸ 1
        Adjective · feminine · singular · nominative ▸ 1 (Matt. 17,5)
    φωτεινόν ▸ 2
        Adjective · neuter · singular · nominative ▸ 2 (Luke 11,34; Luke 11,36)
    φωτεινὸν ▸ 2
        Adjective · neuter · singular · nominative ▸ 2 (Matt. 6,22; Luke 11,36)
    φωτεινότεροι ▸ 1
        Adjective · masculine · plural · nominative · comparative ▸ 1 (Sir. 23,19)
    φωτεινότερον ▸ 1
        Adjective · neuter · singular · nominative · comparative ▸ 1 (Sir. 17,31)

φωτίζω (φαίνω) to give light ▸ 40 + 11 = 51
    ἐφώτιζον ▸ 1
        Verb · third · plural · imperfect · active · indicative ▸ 1 (Dan. 4,11)
    ἐφώτισεν ▸ 2 + 1 = 3
        Verb · third · singular · aorist · active · indicative ▸ 2 + 1 = 3

(Judg. 13,23; 2Kings 12,3; Rev. 21,23)
ἐφωτίσθη ‣ 1
    Verb · third · singular · aorist · passive · indicative ‣ 1 (Rev. 18,1)
πεφωτισμένους ‣ 1
    Verb · perfect · passive · participle · masculine · plural · accusative · (variant) ‣ 1 (Eph. 1,18)
φωτιεῖ ‣ 4
    Verb · third · singular · future · active · indicative ‣ 4 (Psa. 118,130; Eccl. 8,1; Mic. 7,8; Is. 60,19)
φωτιεῖς ‣ 2
    Verb · second · singular · future · active · indicative ‣ 2 (Psa. 17,29; Psa. 17,29)
φωτίζει ‣ 1 + 1 = 2
    Verb · third · singular · present · active · indicative ‣ 1 + 1 = 2 (Ex. 38,13; John 1,9)
φωτίζειν ‣ 2
    Verb · present · active · infinitive ‣ 2 (Neh. 9,19; Wis. 17,5)
φωτίζεις ‣ 1
    Verb · second · singular · present · active · indicative ‣ 1 (Psa. 75,5)
φωτίζῃ ‣ 1
    Verb · third · singular · present · active · subjunctive ‣ 1 (Luke 11,36)
φωτίζον ‣ 1
    Verb · present · active · participle · neuter · singular · nominative ‣ 1 (Sir. 50,7)
Φωτίζου ‣ 1
    Verb · second · singular · present · middle · imperative ‣ 1 (Is. 60,1)
φωτίζου ‣ 1
    Verb · second · singular · present · middle · imperative ‣ 1 (Is. 60,1)
φωτίζουσα ‣ 1
    Verb · present · active · participle · feminine · singular · nominative ‣ 1 (Psa. 18,9)
φωτίζουσαν ‣ 1
    Verb · present · active · participle · feminine · singular · accusative ‣ 1 (Num. 4,9)
φωτίζουσιν ‣ 2
    Verb · present · active · participle · masculine · plural · dative ‣ 1 (Ezra 2,63)
    Verb · third · plural · present · active · indicative ‣ 1 (Prov. 4,18)
φωτίζων ‣ 4
    Verb · present · active · participle · masculine · singular · nominative ‣ 4 (2Kings 17,28; Sir. 34,17; Sir. 42,16; Sir. 43,9)
φωτιοῦσιν ‣ 2
    Verb · third · plural · future · active · indicative ‣ 2 (Num. 8,2; 2Kings 17,27)
φωτίσαι ‣ 4 + 1 = 5
    Verb · aorist · active · infinitive ‣ 4 + 1 = 5 (Ezra 9,8; Neh. 9,12; Psa. 104,39; Sir. 45,17; Eph. 3,9)
φωτίσαντος ‣ 1
    Verb · aorist · active · participle · masculine · singular · genitive ‣ 1 (2Tim. 1,10)
φωτίσατε ‣ 1
    Verb · second · plural · aorist · active · imperative ‣ 1 (Hos. 10,12)
φωτισάτω ‣ 2
    Verb · third · singular · aorist · active · imperative ‣ 2 (Judg. 13,8; 1Sam. 29,10)
φωτίσει ‣ 1 + 2 = 3
    Verb · third · singular · future · active · indicative ‣ 1 + 2 = 3 (Bar. 1,12; 1Cor. 4,5; Rev. 22,5)
φωτισθέντας ‣ 1
    Verb · aorist · passive · participle · masculine · plural · accusative ‣ 1 (Heb. 6,4)
φωτισθέντες ‣ 1
    Verb · aorist · passive · participle · masculine · plural · nominative ‣ 1 (Heb. 10,32)
φωτισθήσεται ‣ 1
    Verb · third · singular · future · passive · indicative ‣ 1 (Psa. 138,12)
φωτίσθητε ‣ 1
    Verb · second · plural · aorist · passive · imperative ‣ 1 (Psa. 33,6)
φώτισον ‣ 1
    Verb · second · singular · aorist · active · imperative ‣ 1 (Psa. 12,4)
φωτίσουσιν ‣ 1
    Verb · third · plural · future · active · indicative ‣ 1 (LetterJ 66)
φωτίσων ‣ 1
    Verb · future · active · participle · masculine · singular · nominative ‣ 1 (Neh. 7,65)
φωτιῶ ‣ 1
    Verb · first · singular · future · active · indicative ‣ 1 (Sir. 24,32)
φωτισμός (φαίνω) light ‣ 6 + 2 = 8
    φωτισμὸν ‣ 2 + 2 = 4
        Noun · masculine · singular · accusative · (common) ‣ 2 + 2 = 4 (Psa. 89,8; Job 3,9; 2Cor. 4,4; 2Cor. 4,6)
    φωτισμός ‣ 1
        Noun · masculine · singular · nominative · (common) ‣ 1 (Psa. 26,1)
    φωτισμὸς ‣ 2
        Noun · masculine · singular · nominative · (common) ‣ 2 (Psa. 43,4; Psa. 138,11)
    φωτισμῷ ‣ 1
        Noun · masculine · singular · dative · (common) ‣ 1 (Psa. 77,14)

Χ, χ

Χαβασιν Habazziniah ▸ 1
   Χαβασιν ▸ 1
      Noun · masculine · singular · genitive · (proper) ▸ 1 (Jer. 42,3)

Χαββα Cabbon ▸ 1
   Χαββα ▸ 1
      Noun · singular · nominative · (proper) ▸ 1 (Josh. 15,40)

Χαβερ Heber ▸ 6 + 5 = 11
   Χαβερ ▸ 6 + 5 = 11
      Noun · masculine · singular · genitive · (proper) ▸ 4 + 4 = 8
      (Judg. 4,17; Judg. 4,17; Judg. 4,21; Judg. 5,24; Judg. 4,17; Judg. 4,17; Judg. 4,21; Judg. 5,24)
      Noun · masculine · singular · nominative · (proper) ▸ 2 + 1 = 3
      (1Chr. 7,31; 1Chr. 7,32; Judg. 4,11)

Χαβια Hobaiah ▸ 1
   Χαβια ▸ 1
      Noun · masculine · singular · genitive · (proper) ▸ 1 (Ezra 2,61)

Χαβρα Cabbon ▸ 1
   Χαβρα ▸ 1
      Noun · singular · nominative · (proper) ▸ 1 (Josh. 15,40)

Χαβραθα Cabratha (Hebr.) some distance ▸ 2
   Χαβραθα ▸ 1
      Noun · singular · dative · (proper) ▸ 1 (Gen. 35,16)
   χαβραθα ▸ 1
      Noun · singular · genitive · (proper) ▸ 1 (Gen. 48,7)

Χαβριν Chabris ▸ 2
   Χαβριν ▸ 2
      Noun · singular · accusative · (proper) ▸ 1 (Judith 10,6)
      Noun · masculine · singular · accusative · (proper) ▸ 1 (Judith 8,10)

Χαβρις Chabris ▸ 1
   Χαβρις ▸ 1
      Noun · masculine · singular · nominative · (proper) ▸ 1 (Judith 6,15)

Χαβωλ Cabul ▸ 1
   Χαβωλ ▸ 1
      Noun · singular · accusative · (proper) ▸ 1 (Josh. 19,27)

Χαβωρ Habor ▸ 1
   Χαβωρ ▸ 1
      Noun · singular · accusative · (proper) ▸ 1 (1Chr. 5,26)

Χαδιασαι Chadiasans ▸ 1
   Χαδιασαι ▸ 1
      Noun · masculine · plural · nominative · (proper) ▸ 1 (1Esdr. 5,20)

Χαθλως Kitlish ▸ 1
   Χαθλως ▸ 1
      Noun · singular · nominative · (proper) ▸ 1 (Josh. 15,40)

Χαιλων Helon ▸ 6
   Χαιλων ▸ 6
      Noun · singular · accusative · (proper) ▸ 1 (Jer. 31,21)
      Noun · masculine · singular · genitive · (proper) ▸ 5 (Num. 1,9; Num. 2,7; Num. 7,24; Num. 7,29; Num. 10,16)

χαίνω (χάσκω) to yawn, gape ▸ 1
   ἔχανεν ▸ 1
      Verb · third · singular · aorist · active · indicative ▸ 1 (Gen. 4,11)

Χαιρέας Chaereas ▸ 2
   Χαιρέαν ▸ 1
      Noun · masculine · singular · accusative · (proper) ▸ 1 (2Mac. 10,37)
   Χαιρεου ▸ 1
      Noun · masculine · singular · genitive · (proper) ▸ 1 (2Mac. 10,32)

χαιρετίζω (χάρις) to greet ▸ 1 + 2 = 3
   ἐχαιρέτισαν ▸ 1
      Verb · third · plural · aorist · active · indicative ▸ 1 (Tob. 7,1)
   ἐχαιρέτισεν ▸ 1 + 1 = 2
      Verb · third · singular · aorist · active · indicative ▸ 1 + 1 = 2 (Tob. 7,1; Tob. 5,10)

χαίρω (χάρις) to rejoice; hail ▸ 76 + 12 + 74 = 162
   ἔχαιρεν ▸ 1
      Verb · third · singular · imperfect · active · indicative ▸ 1 (Luke 13,17)
   ἔχαιρον ▸ 1
      Verb · third · plural · imperfect · active · indicative ▸ 1 (Acts 13,48)
   ἐχάρη ▸ 10 + 1 + 3 = 14
      Verb · third · singular · aorist · passive · indicative ▸ 10 + 1 + 3 = 14 (Gen. 45,16; Ex. 4,31; 1Kings 5,21; 2Kings 11,20; 2Kings 20,13; Tob. 14,15; Jonah 4,6; Is. 39,2; Bar. 4,33; Bel 18; Tob. 14,15; Luke 23,8; John 8,56; Acts 11,23)
   ἐχάρημεν ▸ 1 + 1 = 2
      Verb · first · plural · aorist · passive · indicative ▸ 1 + 1 = 2 (1Mac. 10,26; 2Cor. 7,13)
   ἐχάρην ▸ 1
      Verb · first · singular · aorist · passive · indicative ▸ 1 (3John 3)
   Ἐχάρην ▸ 2
      Verb · first · singular · aorist · passive · indicative ▸ 2 (Phil. 4,10; 2John 4)
   ἐχάρησαν ▸ 3 + 5 = 8

Verb · third · plural · aorist · passive · indicative ▸ 3 + 5 = **8** (1Sam. 19,5; Esth. 8,15; Lam. 1,21; Matt. 2,10; Mark 14,11; Luke 22,5; John 20,20; Acts 15,31)

ἐχάρητε ▸ **1**
Verb · second · plural · aorist · passive · indicative ▸ **1** (John 14,28)

Χαῖρε ▸ **3**
Verb · second · singular · present · active · imperative ▸ **3** (Zeph. 3,14; Zech. 9,9; Lam. 4,21)

χαῖρε ▸ 3 + **5** = **8**
Verb · second · singular · present · active · imperative ▸ 3 + **5** = **8** (Prov. 24,19; Hos. 9,1; Joel 2,21; Matt. 26,49; Matt. 27,29; Mark 15,18; Luke 1,28; John 19,3)

χαίρει ▸ 2 + **3** = **5**
Verb · third · singular · present · active · indicative ▸ 2 + **3** = **5** (Prov. 6,16; Prov. 17,19; Matt. 18,13; John 3,29; 1Cor. 13,6)

χαίρειν ▸ 24 + **1** + 7 = **32**
Verb · present · active · infinitive ▸ 24 + **1** + 7 = **32** (1Esdr. 6,8; 1Esdr. 8,9; Esth. 16,2 # 8,12b; 1Mac. 10,18; 1Mac. 10,25; 1Mac. 11,30; 1Mac. 11,32; 1Mac. 12,6; 1Mac. 12,20; 1Mac. 13,36; 1Mac. 14,20; 1Mac. 15,2; 1Mac. 15,16; 2Mac. 1,1; 2Mac. 1,10; 2Mac. 9,19; 2Mac. 11,16; 2Mac. 11,22; 2Mac. 11,27; 2Mac. 11,34; 3Mac. 3,12; 3Mac. 7,1; Is. 48,22; Is. 57,21; Tob. 5,10; Acts 15,23; Acts 23,26; Rom. 12,15; 2Cor. 2,3; James 1,1; 2John 10; 2John 11)

Χαίρειν ▸ **1**
Verb · present · active · infinitive ▸ **1** (Tob. 5,10)

χαίρετε ▸ 1 + **10** = **11**
Verb · second · plural · present · active · imperative ▸ 1 + **10** = **11** (Joel 2,23; Matt. 5,12; Matt. 28,9; Luke 10,20; Luke 10,20; 2Cor. 13,11; Phil. 2,18; Phil. 3,1; Phil. 4,4; 1Th. 5,16; 1Pet. 4,13)

Χαίρετε ▸ 1 + **1** = **2**
Verb · second · plural · present · active · imperative ▸ 1 + **1** = **2** (Tob. 7,1; Phil. 4,4)

χαιρέτω ▸ **2**
Verb · third · singular · present · active · imperative ▸ **2** (Prov. 23,25; Ezek. 7,12)

χαίρῃ ▸ **1**
Verb · third · singular · present · active · subjunctive ▸ **1** (John 4,36)

χαίροιεν ▸ **1**
Verb · third · plural · present · active · optative ▸ **1** (4Mac. 4,22)

χαίρομεν ▸ **2**
Verb · first · plural · present · active · indicative ▸ **2** (2Cor. 13,9; 1Th. 3,9)

χαίροντας ▸ **1**
Verb · present · active · participle · masculine · plural · accusative ▸ **1** (Bar. 5,5)

χαίροντες ▸ 5 + **1** + 6 = **12**
Verb · present · active · participle · masculine · plural · nominative ▸ 5 + **1** + 6 = **12** (1Kings 2,46a; 1Kings 8,66; Prov. 2,14; Is. 13,3; Bar. 4,37; Tob. 11,19; Luke 19,37; Acts 5,41; Rom. 12,12; 1Cor. 7,30; 1Cor. 7,30; 2Cor. 6,10)

χαιρόντων ▸ 1 + **1** = **2**
Verb · present · active · participle · masculine · plural · genitive ▸ 1 + **1** = **2** (Jer. 7,34; Rom. 12,15)

χαίρουσιν ▸ **1**
Verb · third · plural · present · active · indicative ▸ **1** (Rev. 11,10)

χαίρω ▸ **8**
Verb · first · singular · present · active · indicative ▸ **8** (John 11,15; Rom. 16,19; 1Cor. 16,17; 2Cor. 7,9; 2Cor. 7,16; Phil. 1,18; Phil. 2,17; Col. 1,24)

χαίρωμεν ▸ **1**
Verb · first · plural · present · active · subjunctive ▸ **1** (Rev. 19,7)

χαίρων ▸ 3 + **4** + 4 = **11**
Verb · present · active · participle · masculine · singular · nominative ▸ 3 + **4** + 4 = **11** (2Kings 11,14; Tob. 11,15; Tob. 11,16; Tob. 5,14; Tob. 10,14; Tob. 11,15; Tob. 11,16; Luke 15,5; Luke 19,6; Acts 8,39; Col. 2,5)

χαρεῖται ▸ **1**
Verb · third · singular · future · middle · indicative ▸ **1** (Zech. 10,7)

χάρηθι ▸ **1**
Verb · second · singular · aorist · passive · imperative ▸ **1** (Tob. 13,15)

χαρῆναι ▸ **2**
Verb · aorist · passive · infinitive ▸ **2** (Luke 15,32; 2Cor. 7,7)

χαρήσεται ▸ 5 + **2** = **7**
Verb · third · singular · future · passive · indicative ▸ 5 + **2** = **7** (Ex. 4,14; Psa. 95,12; Hab. 1,15; Zech. 10,7; Is. 66,14; John 16,20; John 16,22)

χαρήσομαι ▸ 2 + **1** = **3**
Verb · first · singular · future · passive · indicative ▸ 2 + **1** = **3** (Ode. 4,18; Hab. 3,18; Phil. 1,18)

χαρήσονται ▸ 5 + **3** + 1 = **9**
Verb · third · plural · future · middle · indicative ▸ **1** (Luke 1,14)
Verb · third · plural · future · passive · indicative ▸ 5 + **3** = **8** (Tob. 13,15; Tob. 13,16; Tob. 14,7; Jer. 38,13; Jer. 38,13; Tob. 13,15; Tob. 13,16; Tob. 14,7)

χάρητε ▸ 1 + **1** = **2**
Verb · second · plural · aorist · passive · imperative ▸ 1 + **1** = **2** (Is. 66,10; Luke 6,23)

χαρῆτε ▸ **2**
Verb · second · plural · aorist · passive · subjunctive ▸ **2** (Phil. 2,28; 1Pet. 4,13)

χαροῦνται ▸ **1**
Verb · third · plural · future · middle · indicative ▸ **1** (Zech. 4,10)

Χαλαζα (χάλαζα) Col-hozeh ▸ **1**
Χαλαζα ▸ **1**
Noun · masculine · singular · genitive · (proper) ▸ **1** (Neh. 11,5)

χάλαζα hail, hailstone ▸ 38 + **4** = **42**
χάλαζα ▸ 19 + **3** = **22**
Noun · feminine · singular · nominative · (common) ▸ 19 + **3** = **22** (Ex. 9,19; Ex. 9,22; Ex. 9,24; Ex. 9,24; Ex. 9,25; Ex. 9,25; Ex. 9,25; Ex. 9,26; Ex. 9,29; Ex. 9,33; Ex. 9,34; Ex. 10,5; Ex. 10,12; Psa. 17,13; Psa. 148,8; Sir. 39,29; Is. 28,2; Is. 30,30; Is. 32,19; Rev. 8,7; Rev. 11,19; Rev. 16,21)

χάλαζαι ▸ **1**
Noun · feminine · plural · nominative · (common) ▸ **1** (Wis. 5,22)

χαλάζαις ▸ **1**
Noun · feminine · plural · dative · (common) ▸ **1** (Wis. 16,16)

χάλαζαν ▸ **6**
Noun · feminine · singular · accusative · (common) ▸ **6** (Ex. 9,18; Ex. 9,23; Ex. 9,23; Ex. 9,28; Psa. 77,48; Psa. 104,32)

χαλάζῃ ▸ **4**
Noun · feminine · singular · dative · (common) ▸ **4** (Ex. 9,24; Psa. 77,47; Wis. 16,22; Hag. 2,17)

χαλάζης ▸ 7 + **1** = **8**
Noun · feminine · singular · genitive · (common) ▸ 7 + **1** = **8** (Ex. 10,15; Josh. 10,11; Josh. 10,11; Job 38,22; Sir. 43,15; Sir. 46,5; Ezek. 38,22; Rev. 16,21)

Χαλαμακ Calamak (?) ▸ **1**
Χαλαμακ ▸ **1**
Noun · singular · genitive · (proper) ▸ **1** (2Sam. 10,16)

Χαλαννη Calneh ▸ **2**

Χαλαννη ▸ 2
    Noun · singular · nominative · (proper) ▸ **1** (Gen. 10,10)
    Noun · masculine · singular · genitive · (proper) ▸ **1** (Is. 10,9)
χαλαστόν chain ▸ 2
    χαλαστά ▸ 1
        Noun · neuter · plural · accusative · (common) ▸ **1** (2Chr. 3,5)
    χαλαστῶν ▸ 1
        Noun · neuter · plural · genitive · (common) ▸ **1** (2Chr. 3,16)
Χαλαχ Calah ▸ 3
    Χαλαχ ▸ 3
        Noun · singular · accusative · (proper) ▸ **1** (1Chr. 5,26)
        Noun · feminine · singular · accusative · (proper) ▸ **1** (Gen. 10,11)
        Noun · feminine · singular · genitive · (proper) ▸ **1** (Gen. 10,12)
χαλάω to let down; to loosen ▸ 4 + 7 = 11
    ἐχάλασαν ▸ 1
        Verb · third · plural · aorist · active · indicative ▸ **1** (Jer. 45,6)
    ἐχαλάσατε ▸ 1
        Verb · second · plural · aorist · active · indicative ▸ **1** (Is. 57,4)
    ἐχαλάσθην ▸ 1
        Verb · first · singular · aorist · passive · indicative ▸ **1** (2Cor. 11,33)
    χαλάσει ▸ 1
        Verb · third · singular · future · active · indicative ▸ **1** (Is. 33,23)
    χαλάσαντες ▸ 2
        Verb · aorist · active · participle · masculine · plural · nominative ▸ **2** (Acts 9,25; Acts 27,17)
    χαλασάντων ▸ 1
        Verb · aorist · active · participle · masculine · plural · genitive ▸ **1** (Acts 27,30)
    χαλάσατε ▸ 1
        Verb · second · plural · aorist · active · imperative ▸ **1** (Luke 5,4)
    χαλάσω ▸ 1
        Verb · first · singular · future · active · indicative ▸ **1** (Luke 5,5)
    χαλᾶται ▸ 1
        Verb · third · singular · present · middle · subjunctive ▸ **1** (Ex. 36,28)
    χαλῶσιν ▸ 1
        Verb · third · plural · present · active · indicative ▸ **1** (Mark 2,4)
χαλβάνη galbanum ▸ 2
    χαλβάνη ▸ 1
        Noun · feminine · singular · nominative · (common) ▸ **1** (Sir. 24,15)
    χαλβάνην ▸ 1
        Noun · feminine · singular · accusative · (common) ▸ **1** (Ex. 30,34)
Χαλδαία Chaldea ▸ 1
    Χαλδαία ▸ 1
        Noun · feminine · singular · nominative · (proper) ▸ **1** (Jer. 27,10)
Χαλδαϊκός Chaldean ▸ 1
    Χαλδαϊκὴν ▸ 1
        Adjective · feminine · singular · accusative · noDegree ▸ **1** (Dan. 1,4)
Χαλδαῖος Chaldean ▸ 90 + 14 + 1 = 105
    Χαλδαῖοι ▸ 13 + 4 = 17
        Noun · masculine · plural · nominative · (proper) ▸ **13** + **4** = **17** (2Kings 25,4; 2Kings 25,13; Is. 43,14; Jer. 39,29; Jer. 44,5; Jer. 44,8; Jer. 44,9; Jer. 52,7; Jer. 52,17; Bar. 1,2; Dan. 2,4; Dan. 2,10; Dan. 3,8; Dan. 2,4; Dan. 2,10; Dan. 3,8; Dan. 4,7)
    Χαλδαίοις ▸ 2 + 1 = 3
        Noun · masculine · plural · dative · (proper) ▸ **2** + **1** = **3** (Jer. 28,24; Dan. 2,5; Dan. 2,5)
    Χαλδαῖον ▸ 1 + 1 = 2
        Noun · masculine · singular · accusative · (proper) ▸ **1** + **1** = **2** (Dan. 2,10; Dan. 2,10)
    Χαλδαίου ▸ 1
        Noun · masculine · singular · genitive · (proper) ▸ **1** (Ezra 5,12)
    Χαλδαίους ▸ 19 + 2 = 21
        Noun · masculine · plural · accusative · (proper) ▸ **19** + **2** = **21** (2Kings 25,25; 2Chr. 36,5b; Hab. 1,6; Jer. 21,4; Jer. 21,9; Jer. 27,35; Jer. 27,45; Jer. 28,1; Jer. 28,35; Jer. 40,5; Jer. 44,13; Jer. 44,14; Jer. 45,2; Jer. 45,19; Jer. 45,23; Jer. 48,3; Ezek. 23,20; Ezek. 23,23; Dan. 5,7; Dan. 2,2; Dan. 5,7)
    Χαλδαίων ▸ 54 + 6 + 1 = 61
        Noun · masculine · plural · genitive · (proper) ▸ **54** + **6** + **1** = **61** (Gen. 11,28; Gen. 11,31; Gen. 15,7; 2Kings 24,2; 2Kings 25,5; 2Kings 25,24; 2Kings 25,26; 2Chr. 36,17; 1Esdr. 1,49; 1Esdr. 4,45; 1Esdr. 6,14; Neh. 9,7; Judith 5,6; Judith 5,7; Is. 13,19; Is. 23,13; Is. 47,1; Is. 47,5; Is. 48,14; Is. 48,20; Jer. 22,25; Jer. 24,5; Jer. 27,8; Jer. 27,22; Jer. 27,25; Jer. 28,4; Jer. 28,54; Jer. 39,4; Jer. 39,24; Jer. 39,25; Jer. 39,43; Jer. 42,11; Jer. 44,10; Jer. 44,11; Jer. 45,18; Jer. 47,9; Jer. 47,10; Jer. 48,18; Jer. 50,3; Jer. 52,8; Jer. 52,14; LetterJ 40; Ezek. 1,3; Ezek. 11,24; Ezek. 12,13; Ezek. 16,29; Ezek. 23,14; Ezek. 23,15; Ezek. 23,16; Dan. 2,2; Dan. 3,25; Dan. 3,48; Dan. 5,30; Dan. 9,1; Dan. 1,4; Dan. 3,48; Dan. 5,11; Dan. 5,30; Dan. 7,1; Dan. 9,1; Acts 7,4)
Χαλδαϊστί in Chaldean ▸ 1
    Χαλδαϊστί ▸ 1
        Adverb ▸ **1** (Dan. 2,26)
Χαλεβ Caleb ▸ 42 + 7 = 49
    Χαλεβ ▸ 42 + 7 = 49
        Noun · singular · genitive · (proper) ▸ **2** (Josh. 15,17; Josh. 21,12)
        Noun · singular · nominative · (proper) ▸ **6** (Josh. 14,6; Josh. 15,14; Josh. 15,15; Josh. 15,16; Josh. 15,18; Josh. 15,19)
        Noun · feminine · singular · nominative · (proper) ▸ **1** (Judg. 1,15)
        Noun · masculine · singular · dative · (proper) ▸ **6** + **1** = **7** (Josh. 14,13; Josh. 14,14; Josh. 15,13; Judg. 1,20; 1Chr. 6,41; Sir. 46,9; Judg. 1,20)
        Noun · masculine · singular · genitive · (proper) ▸ **8** + **2** = **10** (Judg. 1,13; Judg. 3,9; 1Chr. 2,42; 1Chr. 2,46; 1Chr. 2,48; 1Chr. 2,49; 1Chr. 2,50; 1Chr. 4,15; Judg. 1,13; Judg. 3,9)
        Noun · masculine · singular · nominative · (proper) ▸ **19** + **4** = **23** (Num. 13,6; Num. 13,30; Num. 14,6; Num. 14,24; Num. 14,30; Num. 14,38; Num. 26,65; Num. 32,12; Num. 34,19; Deut. 1,36; Judg. 1,12; Judg. 1,14; 1Chr. 2,9; 1Chr. 2,18; 1Chr. 2,19; 1Chr. 2,24; 1Chr. 4,11; 1Mac. 2,56; Sir. 46,7; Judg. 1,12; Judg. 1,13; Judg. 1,14; Judg. 1,15)
χαλεπαίνω (χαλεπός) to be angry, severe ▸ 2
    ἐχαλέπαινεν ▸ 1
        Verb · third · singular · imperfect · active · indicative ▸ **1** (4Mac. 9,10)
    χαλεπαίνετε ▸ 1
        Verb · second · plural · present · active · imperative ▸ **1** (4Mac. 16,22)
χαλεπός fierce, harsh, difficult ▸ 11 + 2 = 13
    χαλεπὰ ▸ 2
        Adjective · neuter · plural · accusative · noDegree ▸ **1** (Wis. 17,10)
        Adjective · neuter · plural · nominative · noDegree ▸ **1** (Wis. 3,19)
    χαλεπὴ ▸ 2
        Adjective · feminine · singular · nominative · noDegree ▸ **2**

(2Mac. 4,16; 2Mac. 6,3)
- χαλεποί ▸ 1
  - **Adjective** · masculine · plural · nominative ▸ **1** (Matt. 8,28)
- χαλεποί ▸ 1
  - **Adjective** · masculine · plural · nominative ▸ **1** (2Tim. 3,1)
- χαλεπόν ▸ 1
  - **Adjective** · masculine · singular · accusative · noDegree ▸ **1** (Is. 18,2)
- χαλεπὸν ▸ 1
  - **Adjective** · neuter · singular · accusative · noDegree ▸ **1** (2Mac. 4,4)
- χαλεπώτερά ▸ 1
  - **Adjective** · neuter · plural · accusative · comparative ▸ **1** (Sir. 3,21)
- χαλεπωτέραν ▸ 1
  - **Adjective** · feminine · singular · accusative · comparative ▸ **1** (Wis. 19,13)
- χαλεπωτέρας ▸ 1
  - **Adjective** · feminine · plural · accusative · comparative ▸ **1** (4Mac. 16,8)
- χαλεπώτερον ▸ 1
  - **Adjective** · masculine · singular · accusative · comparative ▸ **1** (4Mac. 9,4)
- χαλεπωτέρων ▸ 1
  - **Adjective** · neuter · plural · genitive · comparative ▸ **1** (4Mac. 8,1)

Χαληλ Kelal ▸ 1
- Χαληλ ▸ 1
  - **Noun** · masculine · singular · nominative · (proper) ▸ **1** (Ezra 10,30)

Χαλια Jecoliah ▸ 2
- Χαλια ▸ 2
  - **Noun** · feminine · singular · nominative · (proper) ▸ **2** (2Kings 15,2; 2Chr. 26,3)

χαλιναγωγέω (χαλάω; ἄγω) to bridle ▸ 2
- χαλιναγωγῆσαι ▸ 1
  - **Verb** · aorist · active · infinitive ▸ **1** (James 3,2)
- χαλιναγωγῶν ▸ 1
  - **Verb** · present · active · participle · masculine · singular · nominative ▸ **1** (James 1,26)

χαλινός (χαλάω) bit, bridle ▸ 7 + 2 = 9
- χαλινὸν ▸ 4
  - **Noun** · masculine · singular · accusative · (common) ▸ **4** (2Kings 19,28; Job 30,11; Zech. 14,20; Is. 37,29)
- χαλινοὺς ▸ 2 + 1 = 3
  - **Noun** · masculine · plural · accusative · (common) ▸ 2 + 1 = 3 (Ode. 4,14; Hab. 3,14; James 3,3)
- χαλινῷ ▸ 1
  - **Noun** · masculine · singular · dative · (common) ▸ **1** (Psa. 31,9)
- χαλινῶν ▸ 1
  - **Noun** · masculine · plural · genitive ▸ **1** (Rev. 14,20)

χάλιξ pebble ▸ 2
- χάλικες ▸ 1
  - **Noun** · masculine · plural · nominative · (common) ▸ **1** (Job 21,33)
- χαλίκων ▸ 1
  - **Noun** · masculine · plural · genitive · (common) ▸ **1** (Job 8,17)

Χαλκαλ Calcol ▸ 1
- Χαλκαλ ▸ 1
  - **Noun** · masculine · singular · accusative · (proper) ▸ **1** (1Kings 5,11)

χαλκεῖον (χαλκός) forge, smithy; copper pot ▸ 4
- χαλκείοις ▸ 1
  - **Noun** · neuter · plural · dative · (common) ▸ **1** (1Esdr. 1,13)
- χαλκεῖον ▸ 1
  - **Noun** · neuter · singular · accusative · (common) ▸ **1** (Job 41,23)
- χάλκειον ▸ 2
  - **Noun** · neuter · singular · nominative · (common) ▸ **2** (Job 20,24; Job 41,20)

χάλκειος (χαλκός) made of copper, bronze ▸ 6 + 1 = 7
- χάλκειαι ▸ 3
  - **Adjective** · feminine · plural · nominative · noDegree ▸ **3** (Job 6,12; Job 40,18; Job 41,7)
- χαλκείαις ▸ 1
  - **Adjective** · feminine · plural · dative · noDegree ▸ **1** (Judg. 16,21)
- χάλκειοι ▸ 1
  - **Adjective** · masculine · plural · nominative · noDegree ▸ **1** (Sir. 28,20)
- χαλκείοις ▸ 1
  - **Adjective** · masculine · plural · dative · noDegree ▸ **1** (2Chr. 35,13)
- χαλκείῳ ▸ 1
  - **Adjective** · masculine · singular · dative · noDegree ▸ **1** (1Esdr. 1,38)

χαλκεύς (χαλκός) coppersmith ▸ 7 + 1 = 8
- χαλκεῖς ▸ 2
  - **Noun** · masculine · plural · nominative · (common) ▸ **2** (2Chr. 24,12; Neh. 3,32)
- χαλκεὺς ▸ 4 + 1 = 5
  - **Noun** · masculine · singular · nominative · (common) ▸ 4 + 1 = 5 (Gen. 4,22; Sir. 38,28; Is. 41,7; Is. 54,16; 2Tim. 4,14)
- χαλκέως ▸ 1
  - **Noun** · masculine · singular · genitive · (common) ▸ **1** (Job 32,19)

χαλκεύω (χαλκός) to forge ▸ 1
- χαλκεύειν ▸ 1
  - **Verb** · present · active · infinitive ▸ **1** (1Sam. 13,20)

χαλκηδών (χαλκός) chalcedony ▸ 1
- χαλκηδών ▸ 1
  - **Noun** · masculine · singular · nominative ▸ **1** (Rev. 21,19)

χαλκίον (χαλκός) copper vessel ▸ 1 + 1 = 2
- χαλκίον ▸ 1
  - **Noun** · neuter · singular · accusative · (common) ▸ **1** (1Sam. 2,14)
- χαλκίων ▸ 1
  - **Noun** · neuter · plural · genitive ▸ **1** (Mark 7,4)

χαλκολίβανον (χαλκός; λείβω) fine bronze ▸ 2
- χαλκολιβάνῳ ▸ 2
  - **Noun** · neuter · singular · dative ▸ **2** (Rev. 1,15; Rev. 2,18)

χαλκοπλάστης (χαλκός; πλάσσω) bronze worker; copper worker ▸ 1
- χαλκοπλάστας ▸ 1
  - **Noun** · masculine · plural · accusative · (common) ▸ **1** (Wis. 15,9)

χαλκός bronze, brass, brass gong ▸ 55 + 5 + 5 = 65
- χαλκόν ▸ 6 + 1 + 1 = 8
  - **Noun** · masculine · singular · accusative · (common) ▸ 6 + 1 + 1 = **8** (Ex. 35,5; Deut. 8,9; 1Chr. 29,2; Is. 60,17; Lam. 3,7; Ezek. 16,36; Dan. 2,45; Mark 6,8)
- χαλκὸν ▸ 13 + 2 = 15
  - **Noun** · masculine · singular · accusative · (common) ▸ 13 + 2 = **15** (Ex. 25,3; Ex. 31,4; Ex. 35,24; Ex. 35,32; 2Sam. 8,8; 2Kings 25,13; 1Chr. 18,8; 1Chr. 22,3; 1Chr. 22,14; Job 41,19; Jer. 52,17; LetterJ 34; Dan. 2,45; Matt. 10,9; Mark 12,41)
- χαλκός ▸ 1 + 2 = 3

Noun · masculine · singular · nominative · (common) ▸ 1 + 2 = **3** (Ezek. 1,7; Dan. 2,35; Dan. 2,39)
- χαλκὸς ▸ 10 + 1 + 1 = **12**
  - **Noun** · masculine · singular · nominative · (common) ▸ 10 + 1 + 1 = **12** (Ex. 39,6; Deut. 33,25; Josh. 6,19; Job 28,2; Sir. 12,10; Jer. 6,28; Ezek. 22,20; Ezek. 24,11; Dan. 2,35; Dan. 10,6; Bel 7; 1Cor. 13,1)
- χαλκοῦ ▸ 16 + 1 + 1 = **18**
  - **Noun** · masculine · singular · genitive · (common) ▸ 16 + 1 + 1 = **18** (Gen. 4,22; Num. 31,22; Josh. 6,24; 1Sam. 17,5; 2Sam. 21,16; 1Kings 7,2; 1Kings 7,32; 1Kings 7,32; 2Kings 25,16; 1Chr. 29,7; 2Chr. 4,16; 2Chr. 4,18; 2Chr. 24,12; 1Esdr. 8,56; Ezra 8,27; Is. 60,17; Dan. 10,6; Rev. 18,12)
- χαλκοῦς ▸ 1
  - **Noun** · masculine · plural · accusative · (common) ▸ **1** (2Kings 25,13)
- χαλκῷ ▸ 8
  - **Noun** · masculine · singular · dative · (common) ▸ **8** (Ex. 27,2; Ex. 27,6; 1Kings 7,2; 1Chr. 22,16; 2Chr. 2,6; 2Chr. 2,13; 2Chr. 4,9; Ezek. 22,18)

χαλκοῦς (χαλκός) made of bronze ▸ 101 + 6 + 1 = **108**
- χαλκᾶ ▸ 16 + 1 = **17**
  - **Adjective** · neuter · plural · accusative · noDegree ▸ 10 + 1 = **11** (Ex. 27,3; Num. 17,2; Num. 17,4; 1Kings 7,4; 1Kings 14,27; 2Kings 25,14; 1Chr. 18,8; 1Esdr. 8,56; Jer. 52,18; Ezek. 27,13; Rev. 9,20)
  - **Adjective** · neuter · plural · nominative · noDegree ▸ **6** (2Sam. 8,10; 1Kings 7,17; 1Kings 7,31; 2Kings 25,17; Zech. 6,1; Jer. 52,22)
- χαλκαῖ ▸ 9
  - **Adjective** · feminine · plural · nominative · noDegree ▸ **9** (Ex. 27,10; Ex. 27,11; Ex. 27,17; Ex. 27,18; Ex. 37,6; Ex. 37,15; Ex. 37,17; 1Sam. 17,6; 1Mac. 6,35)
- χαλκαῖς ▸ 7
  - **Adjective** · feminine · plural · dative · noDegree ▸ **7** (Judg. 16,21; 2Chr. 36,6; 1Mac. 8,22; 1Mac. 14,18; 1Mac. 14,26; 1Mac. 14,48; Dan. 4,17a)
- χαλκᾶς ▸ 8
  - **Adjective** · feminine · plural · accusative · noDegree ▸ **8** (Ex. 26,37; Ex. 38,20; Ex. 38,23; 1Kings 7,14; 1Mac. 6,39; Psa. 106,16; Mic. 4,13; Is. 45,2)
- χαλκῆ ▸ 2
  - **Adjective** · feminine · singular · nominative · noDegree ▸ **2** (1Sam. 17,6; Dan. 2,39)
- χαλκῆν ▸ 11
  - **Adjective** · feminine · singular · accusative · noDegree ▸ **11** (Ex. 27,4; Ex. 30,18; Ex. 38,26; Lev. 26,19; 1Sam. 17,38; 2Sam. 8,8; 1Kings 2,35e; 2Kings 25,13; 1Chr. 18,8; 2Chr. 6,13; Jer. 52,17)
- χαλκοῖ ▸ 7 + 2 = **9**
  - **Adjective** · masculine · plural · nominative · noDegree ▸ 7 + 2 = **9** (Ex. 27,19; Ex. 37,18; 1Kings 4,13; 1Kings 7,17; Jer. 52,20; Dan. 2,32; Dan. 7,19; Dan. 2,32; Dan. 7,19)
- χαλκοῖς ▸ 1
  - **Adjective** · neuter · plural · dative · noDegree ▸ **1** (1Chr. 15,19)
- χαλκοῦ ▸ 3
  - **Adjective** · masculine · singular · genitive · noDegree ▸ **2** (Jer. 52,20; Ezek. 40,3)
  - **Adjective** · neuter · singular · genitive · noDegree ▸ **1** (Ezek. 9,2)
- χαλκοῦν ▸ 22
  - **Adjective** · masculine · singular · accusative · noDegree ▸ **6** (Ex. 30,18; Ex. 38,26; Num. 21,9; Num. 21,9; 2Kings 18,4; Jer. 52,22)
  - **Adjective** · neuter · singular · accusative · noDegree ▸ **10** (Ex. 38,22; Ex. 39,9; 2Sam. 22,35; 2Kings 16,14; 2Kings 16,15; 2Chr. 1,6; 2Chr. 4,1; Psa. 17,35; Jer. 1,18; Jer. 15,20)
  - **Adjective** · neuter · singular · nominative · noDegree ▸ **6** (1Kings 8,64; 2Kings 25,17; 2Chr. 1,5; 2Chr. 7,7; Is. 48,4; Jer. 15,12)
- χαλκοῦς ▸ 11 + 2 = **13**
  - **Adjective** · masculine · plural · accusative · noDegree ▸ 8 + 2 = **10** (Ex. 26,11; Ex. 27,4; Ex. 38,19; Ex. 38,21; Ex. 38,24; 1Kings 7,24; 2Chr. 12,10; Jer. 52,17; Dan. 5,4; Dan. 5,23)
  - **Adjective** · masculine · singular · nominative · noDegree ▸ **3** (Deut. 28,23; Bel 7; Bel 24)
- χαλκῷ ▸ 1 + 2 = **3**
  - **Adjective** · neuter · singular · dative · noDegree ▸ 1 + 2 = **3** (Lev. 6,21; Dan. 4,15; Dan. 4,23)
- χαλκῶν ▸ 3
  - **Adjective** · feminine · plural · genitive · noDegree ▸ **1** (1Kings 7,6)
  - **Adjective** · masculine · plural · genitive · noDegree ▸ **1** (2Kings 16,17)
  - **Adjective** · neuter · plural · genitive · noDegree ▸ **1** (Ex. 38,22)

Χαλου Holon ▸ 1
- Χαλου ▸ 1
  - **Noun** · singular · nominative · (proper) ▸ **1** (Josh. 15,51)

Χαλφι Chalphi ▸ 1
- Χαλφι ▸ 1
  - **Noun** · masculine · singular · genitive · (proper) ▸ **1** (1Mac. 11,70)

Χαλχαλ Calcol ▸ 1
- Χαλχαλ ▸ 1
  - **Noun** · masculine · singular · nominative · (proper) ▸ **1** (1Chr. 2,6)

Χαμ Ham ▸ 16
- Χαμ ▸ 16
  - **Noun** · masculine · singular · accusative · (proper) ▸ **2** (Gen. 5,32; Gen. 6,10)
  - **Noun** · masculine · singular · genitive · (proper) ▸ **9** (Gen. 10,1; Gen. 10,6; Gen. 10,20; 1Chr. 1,8; 1Chr. 4,40; Psa. 77,51; Psa. 104,23; Psa. 104,27; Psa. 105,22)
  - **Noun** · masculine · singular · nominative · (proper) ▸ **5** (Gen. 7,13; Gen. 9,18; Gen. 9,18; Gen. 9,22; 1Chr. 1,4)

Χαμααμ Kimham ▸ 3
- Χαμααμ ▸ 3
  - **Noun** · masculine · singular · nominative · (proper) ▸ **3** (2Sam. 19,38; 2Sam. 19,39; 2Sam. 19,41)

χαμαί to the ground; on the ground ▸ 7 + 1 + 2 = **10**
- χαμαί ▸ 5 + 1 + 1 = **7**
  - **Adverb** · (place) ▸ 5 + 1 + 1 = **7** (Judith 12,15; Job 1,20; Dan. 2,46; Dan. 8,11; Dan. 8,12; Dan. 8,12; John 9,6)
- χαμαί ▸ 2 + 1 = **3**
  - **Adverb** · (place) ▸ 2 + 1 = **3** (Judith 14,18; Dan. 8,18; John 18,6)

χαμαιλέων (χαμαί; λέων) chameleon ▸ 2
- χαμαιλέοντες ▸ 1
  - **Noun** · masculine · plural · nominative · (common) ▸ **1** (Zeph. 2,14)
- χαμαιλέων ▸ 1
  - **Noun** · masculine · singular · nominative · (common) ▸ **1** (Lev. 11,30)

χαμαιπετής (χαμαί; πίπτω) falling to the ground; on the ground ▸ 1
- χαμαιπετής ▸ 1
  - **Adjective** · masculine · singular · nominative · noDegree ▸ **1** (1Esdr. 8,88)

χαμανιμ Chamanim (?) ▸ 1
- χαμανιμ ▸ 1
  - **Noun** · masculine · plural · nominative · (common) ▸ 1 (Ezra 8,27)

Χαμματα Humtah ▸ 1
- Χαμματα ▸ 1
  - **Noun** · singular · nominative · (proper) ▸ 1 (Josh. 15,54)

Χαμωθ Hammon ▸ 1
- Χαμωθ ▸ 1
  - **Noun** · feminine · singular · accusative · (proper) ▸ 1 (1Chr. 6,61)

Χαμως Chemosh ▸ 7 + 1 = 8
- Χαμως ▸ 7 + 1 = 8
  - **Noun** · singular · genitive · (proper) ▸ 2 (Num. 21,29; Jer. 31,13)
  - **Noun** · singular · nominative · (proper) ▸ 1 (Jer. 31,7)
  - **Noun** · masculine · singular · dative · (proper) ▸ 3 (1Kings 11,5; 1Kings 11,33; 2Kings 23,13)
  - **Noun** · masculine · singular · nominative · (proper) ▸ 1 + 1 = 2 (Judg. 11,24; Judg. 11,24)

Χανααν Canaan ▸ 97 + 8 = 105
- Χανααν ▸ 97 + 8 = 105
  - **Noun** · feminine · singular · accusative · (proper) ▸ 2 (Ex. 15,15; Ode. 1,15)
  - **Noun** · feminine · singular · dative · (proper) ▸ 2 (Zeph. 1,11; Bar. 3,22)
  - **Noun** · feminine · singular · genitive · (proper) ▸ 9 + 6 = 15 (Judg. 3,1; Judg. 4,2; Judg. 4,23; Judg. 4,24; Judg. 5,19; 1Mac. 9,37; Psa. 105,38; Psa. 134,11; Is. 23,11; Judg. 3,1; Judg. 4,2; Judg. 4,23; Judg. 4,24; Judg. 4,24; Judg. 5,19)
  - **Noun** · feminine · singular · vocative · (proper) ▸ 1 (Zeph. 2,5)
  - **Noun** · masculine · singular · genitive · (proper) ▸ 76 + 2 = 78 (Gen. 9,18; Gen. 9,22; Gen. 11,31; Gen. 12,5; Gen. 12,5; Gen. 13,12; Gen. 16,3; Gen. 17,8; Gen. 23,2; Gen. 23,19; Gen. 28,1; Gen. 28,6; Gen. 28,8; Gen. 31,18; Gen. 33,18; Gen. 35,6; Gen. 35,27; Gen. 36,5; Gen. 36,6; Gen. 36,6; Gen. 37,1; Gen. 42,5; Gen. 42,7; Gen. 42,13; Gen. 42,29; Gen. 42,32; Gen. 44,8; Gen. 45,17; Gen. 45,25; Gen. 46,6; Gen. 46,12; Gen. 46,31; Gen. 47,1; Gen. 47,4; Gen. 47,13; Gen. 47,14; Gen. 47,15; Gen. 48,3; Gen. 48,7; Gen. 49,30; Gen. 50,5; Gen. 50,11; Gen. 50,13; Ex. 12,40; Lev. 18,3; Lev. 25,38; Num. 13,17; Num. 26,15; Num. 27,12; Num. 32,30; Num. 32,30; Num. 32,32; Num. 33,40; Num. 33,51; Num. 34,2; Num. 34,2; Num. 34,29; Num. 35,10; Num. 35,14; Deut. 11,30; Deut. 32,49; Josh. 13,4; Josh. 14,1; Josh. 21,2; Josh. 22,9; Josh. 22,10; Josh. 22,11; Josh. 22,32; Judg. 21,12; 1Chr. 16,18; Judith 5,3; Judith 5,9; Judith 5,10; Psa. 104,11; Ezek. 16,3; Ezek. 17,4; Judg. 21,12; Sus. 56)
  - **Noun** · masculine · singular · nominative · (proper) ▸ 7 (Gen. 9,25; Gen. 9,26; Gen. 9,27; Gen. 10,6; Gen. 10,15; 1Chr. 1,8; Hos. 12,8)

Χανάαν Canaan ▸ 2
- Χανάαν ▸ 2
  - **Noun** · feminine · singular · accusative · (proper) ▸ 1 (Acts 7,11)
  - **Noun** · feminine · singular · genitive · (proper) ▸ 1 (Acts 13,19)

Χαναανῖτις Canaanite (f) ▸ 2
- Χαναανίτιδος ▸ 1
  - **Noun** · feminine · singular · genitive · (proper) ▸ 1 (1Chr. 2,3)
- Χαναανῖτιν ▸ 1
  - **Noun** · feminine · singular · accusative · (proper) ▸ 1 (Zech. 11,7)

Χανανα Kenaanah ▸ 5
- Χανανα ▸ 5
  - **Noun** · masculine · singular · genitive · (proper) ▸ 4 (1Kings 22,11; 1Kings 22,24; 2Chr. 18,10; 2Chr. 18,23)
  - **Noun** · masculine · singular · nominative · (proper) ▸ 1 (1Chr. 7,10)

Χαναναῖος Canaanite ▸ 71 + 16 + 1 = 88
- Χαναναία ▸ 1
  - **Adjective** · feminine · singular · nominative · (proper) ▸ 1 (Matt. 15,22)
- Χαναναῖοι ▸ 4
  - **Noun** · masculine · plural · nominative · (proper) ▸ 4 (Gen. 12,6; Gen. 13,7; Josh. 9,1; Zech. 11,11)
- Χαναναίοις ▸ 2
  - **Noun** · masculine · plural · dative · (proper) ▸ 2 (Gen. 34,30; Prov. 31,24)
- Χαναναῖον ▸ 18 + 8 = 26
  - **Noun** · masculine · singular · accusative · (proper) ▸ 18 + 8 = 26 (Ex. 23,23; Ex. 34,11; Deut. 7,1; Deut. 20,17; Josh. 3,10; Josh. 12,8; Josh. 13,13; Josh. 16,10; Josh. 17,18; Judg. 1,1; Judg. 1,4; Judg. 1,5; Judg. 1,10; Judg. 1,17; Judg. 1,28; Judg. 1,29; Judg. 3,3; Judith 5,16; Judg. 1,4; Judg. 1,5; Judg. 1,9; Judg. 1,10; Judg. 1,17; Judg. 1,28; Judg. 1,29; Judg. 3,3)
- Χαναναῖος ▸ 14 + 3 = 17
  - **Noun** · masculine · singular · nominative · (proper) ▸ 14 + 3 = 17 (Num. 13,29; Num. 14,25; Num. 14,43; Num. 14,45; Josh. 7,9; Josh. 13,2; Josh. 16,10; Josh. 17,12; Josh. 24,11; Judg. 1,27; Judg. 1,29; Judg. 1,30; 2Sam. 23,8; Zech. 14,21; Judg. 1,27; Judg. 1,29; Judg. 1,30)
- Χαναναίου ▸ 6 + 3 = 9
  - **Noun** · masculine · singular · genitive · (proper) ▸ 6 + 3 = 9 (Gen. 38,2; Judg. 1,32; Judg. 1,33; Judg. 3,5; 2Sam. 24,7; 1Kings 10,22b # 9,20; Judg. 1,32; Judg. 1,33; Judg. 3,5)
- Χαναναίους ▸ 6 + 2 = 8
  - **Noun** · masculine · plural · accusative · (proper) ▸ 6 + 2 = 8 (Gen. 15,21; Ex. 23,28; Josh. 11,3; Josh. 16,10; Josh. 17,13; Hos. 4,18; Judg. 1,1; Judg. 1,3)
- Χαναναίῳ ▸ 3
  - **Noun** · masculine · singular · dative · (proper) ▸ 3 (Josh. 17,16; Judg. 1,3; Judg. 1,9)
- Χαναναίων ▸ 18
  - **Noun** · masculine · plural · genitive · (proper) ▸ 18 (Gen. 10,18; Gen. 10,19; Gen. 24,3; Gen. 24,37; Gen. 36,2; Ex. 3,8; Ex. 3,17; Ex. 6,4; Ex. 13,5; Ex. 13,11; Lev. 14,34; Num. 13,2; Deut. 1,7; Josh. 13,3; 1Esdr. 8,66; Neh. 9,8; Neh. 9,24; Obad. 20)

Χανανι Kenani; Canaanite ▸ 2
- Χανανι ▸ 2
  - **Noun** · masculine · singular · dative · (proper) ▸ 1 (Ezra 9,1)
  - **Noun** · masculine · singular · genitive · (proper) ▸ 1 (Neh. 9,4)

Χανανις Canaanite (f) ▸ 3
- Χανανιν ▸ 1
  - **Noun** · masculine · singular · accusative · (proper) ▸ 1 (Num. 21,3)
- Χανανις ▸ 2
  - **Noun** · masculine · singular · nominative · (proper) ▸ 2 (Num. 21,1; Num. 33,40)

Χανανίτης Canaanite ▸ 1
- Χανανίτην ▸ 1
  - **Noun** · masculine · singular · accusative · (proper) ▸ 1 (1Kings 5,14b)

Χανανῖτις Canaanite (f) ▸ 2
- Χανανίτιδι ▸ 1
  - **Noun** · feminine · singular · dative · (proper) ▸ 1 (Is. 19,18)
- Χανανίτιδος ▸ 1
  - **Noun** · feminine · singular · genitive · (proper) ▸ 1 (Gen. 46,10)

Χαννα Giloh; Canneh ▸ 2
- Χαννα ▸ 2

Χαννα–Χαρημ

Noun · singular · nominative · (proper) ▸ **2** (Josh. 15,51; Ezek. 27,23)

Χανουναῖος Hananiah ▸ 1
Χανουναιου ▸ 1
Noun · masculine · singular · genitive · (proper) ▸ **1** (1Esdr. 8,47)

χάος chaos; chasm ▸ 2
χάος ▸ 2
Noun · neuter · singular · accusative · (common) ▸ **1** (Mic. 1,6)
Noun · neuter · singular · nominative · (common) ▸ **1** (Zech. 14,4)

χαρα (χάρις) joy ▸ 1
χαρα ▸ 1
Noun ▸ **1** (1Esdr. 5,53)

χαρά (χάρις) joy ▸ 43 + 5 + 59 = 107
χαρά ▸ 3 + 2 = 5
Noun · feminine · singular · nominative · (common) ▸ **3 + 2 = 5** (4Mac. 1,22; Joel 1,5; Joel 1,16; Luke 1,14; 1Th. 2,20)
χαρὰ ▸ 5 + 1 + 15 = 21
Noun · feminine · singular · nominative · (common) ▸ **5 + 1 + 14 = 20** (Esth. 8,17; Tob. 11,18; Prov. 14,13; Bar. 4,22; Lam. 5,15; Tob. 11,18; Luke 15,7; Luke 15,10; John 3,29; John 15,11; John 15,11; John 16,24; Acts 8,8; Rom. 14,17; 2Cor. 2,3; Gal. 5,22; 1Th. 2,19; James 4,9; 1John 1,4; 2John 12)
Noun · feminine · singular · vocative · (variant) ▸ **1** (Phil. 4,1)
χαρᾷ ▸ 7 + 1 + 6 = 14
Noun · feminine · singular · dative · (common) ▸ **7 + 1 + 6 = 14** (1Mac. 5,54; 3Mac. 4,16; Psa. 20,7; Prov. 29,6; Is. 55,12; Is. 55,12; Is. 66,10; Tob. 11,17; John 3,29; Rom. 15,32; 2Cor. 7,4; 2Cor. 7,13; 1Th. 3,9; 1Pet. 1,8)
χαράν ▸ 1 + 1 + 1 = 3
Noun · feminine · singular · accusative · (common) ▸ **1 + 1 + 1 = 3** (Wis. 8,16; Tob. 13,16; 3John 4)
χαρὰν ▸ 8 + 1 + 13 = 22
Noun · feminine · singular · accusative · (common) ▸ **8 + 1 + 13 = 22** (Esth. 9,22; Sir. 1,12; Sir. 30,16; Joel 1,12; Jonah 4,6; Zech. 8,19; Is. 39,2; Jer. 15,16; Tob. 7,17; Matt. 2,10; Matt. 25,21; Matt. 25,23; Luke 2,10; John 16,20; John 16,21; John 16,22; John 17,13; Acts 15,3; Phil. 1,25; Phil. 2,2; Philem. 7; James 1,2)
χαρᾶς ▸ 19 + 1 + 22 = 42
Noun · feminine · singular · genitive · (common) ▸ **19 + 1 + 22 = 42** (1Chr. 29,22; 1Esdr. 4,63; 1Esdr. 5,61; Esth. 9,17; Esth. 9,18; Esth. 10,13 # 10,3k; Tob. 13,11; 1Mac. 4,59; 2Mac. 3,30; 2Mac. 15,28; 3Mac. 4,1; 3Mac. 5,21; 3Mac. 6,34; 3Mac. 7,13; 3Mac. 7,15; Psa. 125,2; Sol. 8,16; Jer. 16,9; Jer. 25,10; Tob. 13,11; Matt. 13,20; Matt. 13,44; Matt. 28,8; Mark 4,16; Luke 8,13; Luke 10,17; Luke 24,41; Luke 24,52; Acts 12,14; Acts 13,52; Rom. 15,13; 2Cor. 1,24; 2Cor. 8,2; Phil. 1,4; Phil. 2,29; Col. 1,11; 1Th. 1,6; 2Tim. 1,4; Heb. 10,34; Heb. 12,2; Heb. 12,11; Heb. 13,17)

Χαρααθ Cherub ▸ 1
Χαρααθ ▸ 1
Noun · masculine · singular · nominative · (proper) ▸ **1** (1Esdr. 5,36)

χάραγμα (χαράσσω) mark, stamp ▸ 8
χάραγμα ▸ 7
Noun · neuter · singular · accusative · **7** (Rev. 13,16; Rev. 13,17; Rev. 14,9; Rev. 14,11; Rev. 16,2; Rev. 19,20; Rev. 20,4)
χαράγματι ▸ 1
Noun · neuter · singular · dative ▸ **1** (Acts 17,29)

Χαραδαθ Haradah ▸ 2
Χαραδαθ ▸ 2
Noun · singular · accusative · (proper) ▸ **1** (Num. 33,24)
Noun · singular · genitive · (proper) ▸ **1** (Num. 33,25)

χαραδριός (χαράσσω) cliff bird ▸ 2
χαραδριὸν ▸ 2
Noun · masculine · singular · accusative · (common) ▸ **2** (Lev. 11,19; Deut. 14,18)

Χαραιφι Haruphite ▸ 1
Χαραιφι ▸ 1
Noun · masculine · singular · nominative · (proper) ▸ **1** (1Chr. 12,6)

Χάρακα Charax ▸ 1
Χάρακα ▸ 1
Noun · masculine · singular · accusative · (proper) ▸ **1** (2Mac. 12,17)

χαρακοβολία (χαράσσω; βάλλω) building of a mound ▸ 1
χαρακοβολίᾳ ▸ 1
Noun · feminine · singular · dative · (common) ▸ **1** (Ezek. 17,17)

χαρακόω (χαράσσω) to besiege ▸ 2
ἐχαράκωσα ▸ 1
Verb · first · singular · aorist · active · indicative ▸ **1** (Is. 5,2)
ἐχαράκωσεν ▸ 1
Verb · third · singular · aorist · active · indicative ▸ **1** (Jer. 39,2)

χαρακτήρ (χαράσσω) mark; character; express image ▸ 3 + 1 = 4
χαρακτὴρ ▸ 1 + 1 = 2
Noun · masculine · singular · nominative · (common) ▸ **1 + 1 = 2** (Lev. 13,28; Heb. 1,3)
χαρακτῆρα ▸ 2
Noun · masculine · singular · accusative · (common) ▸ **2** (2Mac. 4,10; 4Mac. 15,4)

χαράκωσις (χαράσσω) bulwark; barricade ▸ 1
χαράκωσιν ▸ 1
Noun · feminine · singular · accusative · (common) ▸ **1** (Deut. 20,20)

χάραξ (χαράσσω) barricade, bulwark ▸ 15 + 1 = 16
χάρακα ▸ 10
Noun · masculine · singular · accusative · (common) ▸ **10** (Deut. 20,19; 1Kings 12,24f; 1Kings 21,12; 1Kings 21,12; Is. 29,3; Is. 37,33; Ezek. 4,2; Ezek. 21,27; Ezek. 21,27; Ezek. 26,8)
χάρακά ▸ 1
Noun · masculine · singular · accusative ▸ **1** (Luke 19,43)
χάρακας ▸ 3
Noun · masculine · plural · accusative · (common) ▸ **3** (4Mac. 3,12; Eccl. 9,14; Jer. 40,4)
χάρακες ▸ 1
Noun · masculine · plural · nominative · (common) ▸ **1** (Sir. 22,18)
χάρακι ▸ 1
Noun · masculine · singular · dative · (common) ▸ **1** (Is. 31,9)

χαράσσω to provoke, to engrave ▸ 3
ἐχάραξαν ▸ 1
Verb · third · plural · aorist · active · indicative ▸ **1** (2Kings 17,11)
ἐχάραξεν ▸ 1
Verb · third · singular · aorist · active · indicative ▸ **1** (Sir. 50,27)
χαράσσεσθαι ▸ 1
Verb · present · passive · infinitive ▸ **1** (3Mac. 2,29)

Χαρεα Charea ▸ 1
Χαρεα ▸ 1
Noun · masculine · singular · genitive · (proper) ▸ **1** (1Esdr. 5,32)

Χαρημ Harim ▸ 1
Χαρημ ▸ 1
Noun · masculine · singular · dative · (proper) ▸ **1** (1Chr. 24,8)

χαρίεις (χάρις) beautiful, graceful ▸ 1
  χαρίεντες ▸ 1
    Adjective · masculine · plural · nominative · noDegree ▸ 1 (4Mac. 8,3)

χαρίζομαι (χάρις) to give, favor, forgive ▸ 12 + 23 = 35
  ἐχαρίζετο ▸ 1
    Verb · third · singular · imperfect · middle · indicative ▸ 1 (2Mac. 1,35)
  ἐχαρισάμην ▸ 2
    Verb · first · singular · aorist · middle · indicative ▸ 2 (Esth. 8,7; 2Mac. 7,22)
  ἐχαρίσατο ▸ 1 + 6 = 7
    Verb · third · singular · aorist · middle · indicative ▸ 1 + 6 = 7 (2Mac. 4,32; Luke 7,21; Luke 7,42; Luke 7,43; Eph. 4,32; Phil. 2,9; Col. 3,13)
  ἐχαρίσθη ▸ 1
    Verb · third · singular · aorist · passive · indicative ▸ 1 (Phil. 1,29)
  κεχάρισμαι ▸ 2
    Verb · first · singular · perfect · middle · indicative ▸ 2 (2Cor. 2,10; 2Cor. 2,10)
  κεχαρισμένης ▸ 1
    Verb · perfect · middle · participle · feminine · singular · genitive ▸ 1 (4Mac. 5,8)
  κεχάρισται ▸ 1 + 1 = 2
    Verb · third · singular · perfect · middle · indicative ▸ 1 (2Mac. 3,33)
    Verb · third · singular · perfect · passive · indicative · (variant) ▸ 1 (Gal. 3,18)
  κεχάρισταί ▸ 1
    Verb · third · singular · perfect · middle · indicative ▸ 1 (Acts 27,24)
  χαρίζεσθαί ▸ 1
    Verb · present · middle · infinitive ▸ 1 (Acts 25,16)
  χαρίζεσθε ▸ 1
    Verb · second · plural · present · middle · indicative ▸ 1 (2Cor. 2,10)
  χαρίζῃ ▸ 1
    Verb · second · singular · present · middle · indicative ▸ 1 (4Mac. 11,12)
  χαριζόμενοι ▸ 2
    Verb · present · middle · participle · masculine · plural · nominative ▸ 2 (Eph. 4,32; Col. 3,13)
  χαριζομένου ▸ 1
    Verb · present · middle · participle · masculine · singular · genitive ▸ 1 (3Mac. 5,11)
  χαριζομένῳ ▸ 1
    Verb · present · middle · participle · masculine · singular · dative ▸ 1 (Sir. 12,3)
  χαρισάμενοι ▸ 1
    Verb · aorist · middle · participle · masculine · plural · nominative ▸ 1 (3Mac. 7,6)
  χαρισάμενος ▸ 1
    Verb · aorist · middle · participle · masculine · singular · nominative ▸ 1 (Col. 2,13)
  χαρίσασθαι ▸ 1 + 2 = 3
    Verb · aorist · middle · infinitive ▸ 1 + 2 = 3 (2Mac. 3,31; Acts 25,11; 2Cor. 2,7)
  χαρίσασθέ ▸ 1
    Verb · second · plural · aorist · middle · imperative ▸ 1 (2Cor. 12,13)
  χαρίσεται ▸ 1
    Verb · third · singular · future · middle · indicative ▸ 1 (Rom. 8,32)
  χαρισθέντα ▸ 1
    Verb · aorist · passive · participle · neuter · plural · accusative ▸ 1 (1Cor. 2,12)
  χαρισθῆναι ▸ 1
    Verb · aorist · passive · infinitive ▸ 1 (Acts 3,14)
  χαρισθήσομαι ▸ 1
    Verb · first · singular · future · passive · indicative ▸ 1 (Philem. 22)
  χαρισομένους ▸ 1
    Verb · future · middle · participle · masculine · plural · accusative ▸ 1 (3Mac. 1,8)

χάριν (χάρις) for the sake of ▸ 31 + 1 + 9 = 41
  Χάριν ▸ 1
    ImproperPreposition · (+genitive) ▸ 1 (2Chr. 7,21)
  χάριν ▸ 30 + 1 + 9 = 40
    Noun · feminine · singular · accusative · (common) ▸ 1 (Sir. 19,25)
    ImproperPreposition · (+genitive) ▸ 29 + 1 + 9 = 39 (Judith 8,19; 1Mac. 3,29; 1Mac. 6,13; 1Mac. 6,24; 1Mac. 6,59; 1Mac. 9,10; 1Mac. 11,11; 1Mac. 11,33; 1Mac. 13,4; 1Mac. 12,45; 1Mac. 13,6; 2Mac. 1,14; 2Mac. 4,16; 2Mac. 7,33; 3Mac. 5,41; 3Mac. 6,36; Sir. 20,23; Sir. 27,1; Sir. 29,7; Sir. 29,9; Sir. 31,6; Sir. 31,17; Sir. 32,2; Sir. 34,12; Sir. 35,4; Sir. 37,5; Sir. 38,14; Sir. 38,17; Dan. 2,13; Tob. 2,14; Luke 7,47; Gal. 3,19; Eph. 3,1; Eph. 3,14; 1Tim. 5,14; Titus 1,5; Titus 1,11; 1John 3,12; Jude 16)

χάρις grace, favor; gratitude; gift ▸ 130 + 2 + 155 = 287
  Χάριν ▸ 2
    Noun · feminine · singular · accusative · (common) ▸ 2 (1Tim. 1,12; 2Tim. 1,3)
  χάριν ▸ 84 + 1 + 40 = 125
    Noun · feminine · singular · accusative · (common) ▸ 84 + 1 + 40 = 125 (Gen. 6,8; Gen. 18,3; Gen. 30,27; Gen. 32,6; Gen. 33,8; Gen. 33,10; Gen. 33,15; Gen. 34,11; Gen. 39,4; Gen. 39,21; Gen. 43,14; Gen. 47,25; Gen. 47,29; Gen. 50,4; Ex. 3,21; Ex. 11,3; Ex. 12,36; Ex. 33,12; Ex. 33,13; Ex. 33,13; Ex. 33,16; Ex. 33,17; Ex. 34,9; Num. 11,11; Num. 32,5; Deut. 24,1; Judg. 6,17; Ruth 2,2; Ruth 2,10; Ruth 2,13; 1Sam. 1,18; 1Sam. 16,22; 1Sam. 20,3; 1Sam. 20,29; 1Sam. 25,8; 1Sam. 27,5; 2Sam. 14,22; 2Sam. 15,25; 2Sam. 16,4; 1Kings 11,19; 1Esdr. 6,5; 1Esdr. 8,4; Esth. 2,9; Esth. 2,15; Esth. 2,17; Esth. 5,8; Esth. 6,3; Esth. 7,3; Esth. 8,5; Judith 8,23; Judith 10,8; Tob. 1,13; Tob. 7,17; 1Mac. 10,60; 1Mac. 11,24; 1Mac. 13,4; 1Mac. 14,25; 2Mac. 15,39; 3Mac. 5,20; Psa. 83,12; Prov. 3,3; Prov. 3,34; Prov. 7,5; Prov. 11,27; Prov. 12,2; Prov. 13,15; Prov. 15,17; Prov. 17,17; Prov. 30,7; Wis. 18,2; Sir. 3,18; Sir. 7,33; Sir. 8,19; Sir. 17,22; Sir. 24,17; Sir. 30,6; Sir. 35,2; Sir. 40,22; Sir. 41,27; Sir. 45,1; Bar. 1,12; Bar. 2,14; Ezek. 12,24; Dan. 1,9; Tob. 1,13; Luke 1,30; Luke 17,9; John 1,16; Acts 2,47; Acts 7,10; Acts 7,46; Acts 11,23; Acts 25,3; Acts 25,9; Rom. 1,5; Rom. 4,4; Rom. 4,16; Rom. 5,2; Rom. 6,14; Rom. 6,15; Rom. 12,6; Rom. 15,15; 1Cor. 3,10; 1Cor. 16,3; 2Cor. 1,15; 2Cor. 6,1; 2Cor. 8,1; 2Cor. 8,4; 2Cor. 8,6; 2Cor. 8,9; 2Cor. 9,8; 2Cor. 9,14; Gal. 2,9; Gal. 2,21; Eph. 4,29; Col. 1,6; 2Th. 1,12; 2Tim. 1,9; Heb. 4,16; Heb. 12,28; James 4,6; James 4,6; 1Pet. 1,13; 1Pet. 5,5; 1Pet. 5,12)
  Χάρις ▸ 1 + 2 = 3
    Noun · feminine · singular · nominative · (common) ▸ 1 + 2 = 3 (Sir. 26,13; 2Cor. 8,16; 2Cor. 9,15)
  χάρις ▸ 21 + 58 = 79
    Noun · feminine · singular · nominative · (common) ▸ 21 + 58 = 79 (Psa. 44,3; Prov. 3,22; Prov. 22,1; Prov. 25,10a; Prov.

26,11a; Eccl. 9,11; Eccl. 10,12; Wis. 3,9; Wis. 3,14; Wis. 4,15; Wis. 8,21; Sir. 4,21; Sir. 7,19; Sir. 7,33; Sir. 12,1; Sir. 20,16; Sir. 21,16; Sir. 26,15; Sir. 32,10; Sir. 37,21; Sir. 40,17; Luke 2,40; Luke 6,32; Luke 6,33; Luke 6,34; John 1,17; Acts 4,33; Rom. 1,7; Rom. 5,15; Rom. 5,20; Rom. 5,21; Rom. 6,1; Rom. 6,17; Rom. 7,25; Rom. 11,6; Rom. 11,6; Rom. 16,20; 1Cor. 1,3; 1Cor. 15,10; 1Cor. 15,10; 1Cor. 15,57; 1Cor. 16,23; 2Cor. 1,2; 2Cor. 2,14; 2Cor. 4,15; 2Cor. 12,9; 2Cor. 13,13; Gal. 1,3; Gal. 6,18; Eph. 1,2; Eph. 3,8; Eph. 4,7; Eph. 6,24; Phil. 1,2; Phil. 4,23; Col. 1,2; Col. 4,18; 1Th. 1,1; 1Th. 5,28; 2Th. 1,2; 2Th. 3,18; 1Tim. 1,2; 1Tim. 1,14; 1Tim. 6,21; 2Tim. 1,2; 2Tim. 4,22; Titus 1,4; Titus 2,11; Titus 3,15; Philem. 3; Philem. 25; Heb. 13,25; 1Pet. 1,2; 1Pet. 2,19; 1Pet. 2,20; 2Pet. 1,2; 2John 3; Rev. 1,4; Rev. 22,21)

χάριτα ▸ 2 + 2 = 4
Noun • feminine • singular • accusative • (common) ▸ 2 + 2 = **4** (Zech. 4,7; Zech. 6,14; Acts 24,27; Jude 4)

χάριτας ▸ 9
Noun • feminine • plural • accusative • (common) ▸ **9** (2Mac. 3,33; 3Mac. 1,9; 4Mac. 5,9; 4Mac. 11,12; Prov. 10,32; Prov. 18,22; Prov. 28,23; Sir. 3,31; Sir. 29,15)

χάριτες ▸ 1
Noun • feminine • plural • nominative • (common) ▸ **1** (Sir. 20,13)

χάριτι ▸ 3 + 1 + 22 = 26
Noun • feminine • singular • dative • (common) ▸ 3 + 1 + 22 = **26** (1Esdr. 8,77; Tob. 12,18; Sir. 26,15; Tob. 12,18; Luke 2,52; Acts 13,43; Acts 14,26; Acts 15,40; Rom. 3,24; Rom. 5,15; Rom. 11,6; 1Cor. 1,4; 1Cor. 10,30; 1Cor. 15,10; 2Cor. 1,12; 2Cor. 8,7; 2Cor. 8,19; Gal. 1,6; Col. 3,16; Col. 4,6; 2Th. 2,16; 2Tim. 2,1; Titus 3,7; Heb. 2,9; Heb. 13,9; 2Pet. 3,18)

χάριτί ▸ 2
Noun • feminine • singular • dative ▸ **2** (Eph. 2,5; Eph. 2,8)

χάριτος ▸ 4 + 27 = 31
Noun • feminine • singular • genitive • (common) ▸ 4 + 27 = **31** (Wis. 14,26; Sir. 24,16; Zech. 4,7; Zech. 12,10; Luke 4,22; John 1,14; John 1,16; Acts 6,8; Acts 14,3; Acts 15,11; Acts 18,27; Acts 20,24; Acts 20,32; Rom. 5,17; Rom. 11,5; Rom. 12,3; Gal. 1,15; Gal. 5,4; Eph. 1,6; Eph. 1,7; Eph. 2,7; Eph. 3,2; Eph. 3,7; Phil. 1,7; Heb. 4,16; Heb. 10,29; Heb. 12,15; 1Pet. 1,10; 1Pet. 3,7; 1Pet. 4,10; 1Pet. 5,10)

χαρίτων ▸ 5
Noun • feminine • plural • genitive • (common) ▸ **5** (Esth. 15,13 # 5,2a; Prov. 1,9; Prov. 4,9; Prov. 5,19; Prov. 17,8)

χάρισμα (χάρις) gift ▸ 17
χάρισμα ▸ 8
Noun • neuter • singular • accusative ▸ **4** (Rom. 1,11; 1Cor. 7,7; 2Tim. 1,6; 1Pet. 4,10)
Noun • neuter • singular • nominative ▸ **4** (Rom. 5,15; Rom. 5,16; Rom. 6,23; 2Cor. 1,11)

χαρίσματα ▸ 6
Noun • neuter • plural • accusative ▸ **4** (Rom. 12,6; 1Cor. 12,28; 1Cor. 12,30; 1Cor. 12,31)
Noun • neuter • plural • nominative ▸ **2** (Rom. 11,29; 1Cor. 12,9)

χαρίσματι ▸ 1
Noun • neuter • singular • dative ▸ **1** (1Cor. 1,7)

χαρίσματος ▸ 1
Noun • neuter • singular • genitive ▸ **1** (1Tim. 4,14)

χαρισμάτων ▸ 1
Noun • neuter • plural • genitive ▸ **1** (1Cor. 12,4)

χαριστήριον thank-offering ▸ 1
χαριστήριον ▸ 1
Noun • neuter • singular • accusative • (common) ▸ **1** (2Mac. 12,45)

χαριτόω (χάρις) to be gracious, be favored, bestow on freely ▸ 1 + 2 = 3
ἐχαρίτωσεν ▸ 1
Verb • third • singular • aorist • active • indicative ▸ **1** (Eph. 1,6)
κεχαριτωμένη ▸ 1
Verb • perfect • passive • participle • feminine • singular • vocative • (variant) ▸ **1** (Luke 1,28)
κεχαριτωμένῳ ▸ 1
Verb • perfect • passive • participle • masculine • singular • dative ▸ **1** (Sir. 18,17)

Χαρκαμυς Carchemish ▸ 1
Χαρκαμυς ▸ 1
Noun • singular • dative • (proper) ▸ **1** (1Esdr. 1,23)

Χαρμαλι Carmelite ▸ 1
Χαρμαλι ▸ 1
Noun • masculine • singular • nominative • (proper) ▸ **1** (1Chr. 11,37)

Χαρμαν Kilmad ▸ 1
Χαρμαν ▸ 1
Noun • singular • nominative • (proper) ▸ **1** (Ezek. 27,23)

Χαρμη Charme ▸ 1
Χαρμη ▸ 1
Noun • masculine • singular • genitive • (proper) ▸ **1** (1Esdr. 5,25)

Χαρμι Carmi ▸ 8
Χαρμι ▸ 8
Noun • masculine • singular • dative • (proper) ▸ **1** (Num. 26,6)
Noun • masculine • singular • genitive • (proper) ▸ **3** (Num. 26,6; Josh. 7,1; 1Chr. 2,7)
Noun • masculine • singular • nominative • (proper) ▸ **4** (Gen. 46,9; Ex. 6,14; 1Chr. 4,1; 1Chr. 5,3)

Χαρμιν Charmis ▸ 2
Χαρμιν ▸ 2
Noun • singular • accusative • (proper) ▸ **1** (Judith 10,6)
Noun • masculine • singular • accusative • (proper) ▸ **1** (Judith 8,10)

Χαρμις Charmis ▸ 1
Χαρμις ▸ 1
Noun • masculine • singular • nominative • (proper) ▸ **1** (Judith 6,15)

χαρμονή (χάρις) joy ▸ 5
χαρμονή ▸ 1
Noun • feminine • singular • nominative • (common) ▸ **1** (Job 3,7)
χαρμονή ▸ 1
Noun • feminine • singular • nominative • (common) ▸ **1** (Job 20,5)
χαρμονήν ▸ 2
Noun • feminine • singular • accusative • (common) ▸ **2** (Job 40,20; Jer. 38,13)
χαρμονῆς ▸ 1
Noun • feminine • singular • genitive • (common) ▸ **1** (3Mac. 6,31)

χαρμοσύνη (χάρις) joyfulness ▸ 7
χαρμοσύνη ▸ 1
Noun • feminine • singular • nominative • (common) ▸ **1** (Jer. 31,33)
χαρμοσύνη ▸ 1
Noun • feminine • singular • dative • (common) ▸ **1** (1Sam. 18,6)
χαρμοσύνης ▸ 4
Noun • feminine • singular • genitive • (common) ▸ **4** (Lev. 22,29; Jer. 40,11; Bar. 2,23; Bar. 4,23)
χαρμοσυνῶν ▸ 1
Noun • feminine • plural • genitive • (common) ▸ **1** (Judith 8,6)

χαροπός (χάρις; ὁράω) bright-eyed, sparkling; light-blue; amber ▸ 1
  χαροποί ▸ 1
    Adjective · masculine · plural · nominative · noDegree ▸ **1** (Gen. 49,12)
Χαρουβ Kerub ▸ 2
  Χαρουβ ▸ 2
    Noun · singular · genitive · (proper) ▸ **1** (Ezra 2,59)
    Noun · masculine · singular · genitive · (proper) ▸ **1** (Neh. 7,61)
Χαρραν Haran ▸ 14
  Χαρραν ▸ 14
    Noun · singular · genitive · (proper) ▸ **1** (Amos 1,5)
    Noun · feminine · singular · accusative · (proper) ▸ **4** (Gen. 27,43; Gen. 28,10; 2Kings 19,12; Is. 37,12)
    Noun · feminine · singular · dative · (proper) ▸ **3** (Gen. 11,32; Gen. 11,32; Gen. 12,5)
    Noun · feminine · singular · genitive · (proper) ▸ **3** (Gen. 11,31; Gen. 12,4; Gen. 29,4)
    Noun · feminine · singular · nominative · (proper) ▸ **1** (Ezek. 27,23)
    Noun · masculine · singular · nominative · (proper) ▸ **2** (Gen. 36,26; 1Chr. 1,41)
Χαρράν Haran ▸ 2
  Χαρράν ▸ 1
    Noun · feminine · singular · dative · (proper) ▸ **1** (Acts 7,4)
  Χαρράν ▸ 1
    Noun · feminine · singular · dative · (proper) ▸ **1** (Acts 7,2)
Χαρρι Berites (?) ▸ 1
  Χαρρι ▸ 1
    Noun · singular · dative · (proper) ▸ **1** (2Sam. 20,14)
χαρσιθ (Hebr.) potsherd ▸ 1
  χαρσιθ ▸ 1
    Noun ▸ **1** (Jer. 19,2)
χαρτηρία (χάρτης) papyrus ▸ 1
  χαρτηρίαν ▸ 1
    Noun · feminine · singular · accusative · (common) ▸ **1** (3Mac. 4,20)
χάρτης (χαράσσω) papyrus sheet; record ▸ 1 + 1 = 2
  χάρτης ▸ 1
    Noun · masculine · singular · nominative · (common) ▸ **1** (Jer. 43,23)
  χάρτου ▸ 1
    Noun · masculine · singular · genitive ▸ **1** (2John 12)
χαρτίον (χάρτης) papyrus roll ▸ 13
  χαρτίον ▸ 11
    Noun · neuter · singular · accusative · (common) ▸ **11** (Jer. 43,2; Jer. 43,4; Jer. 43,14; Jer. 43,14; Jer. 43,20; Jer. 43,21; Jer. 43,25; Jer. 43,27; Jer. 43,28; Jer. 43,29; Jer. 43,32)
  χαρτίου ▸ 1
    Noun · neuter · singular · genitive · (common) ▸ **1** (Jer. 43,28)
  χαρτίῳ ▸ 1
    Noun · neuter · singular · dative · (common) ▸ **1** (Jer. 43,6)
Χαρχαμις Carchemish ▸ 1
  Χαρχαμις ▸ 1
    Noun · singular · dative · (proper) ▸ **1** (Jer. 26,2)
Χασαδ Kesed ▸ 1
  Χασαδ ▸ 1
    Noun · masculine · singular · accusative · (proper) ▸ **1** (Gen. 22,22)
Χασαλωθ Kesulloth ▸ 1 + 1 = 2
  Χασαλωθ ▸ 1 + 1 = 2
    Noun · singular · genitive · (proper) ▸ **1** (Josh. 19,12)
    Noun · singular · nominative · (proper) ▸ **1** (Josh. 19,18)
Χασβι Kezib ▸ 3
  Χασβι ▸ 3
    Noun · singular · accusative · (proper) ▸ **1** (Num. 25,18)
    Noun · singular · dative · (proper) ▸ **1** (Gen. 38,5)
    Noun · feminine · singular · nominative · (proper) ▸ **1** (Num. 25,15)
Χασεβα Chezib ▸ 1
  Χασεβα ▸ 1
    Noun · masculine · singular · genitive · (proper) ▸ **1** (1Esdr. 5,31)
Χασεηλου Kislev ▸ 1
  Χασεηλου ▸ 1
    Noun · masculine · singular · dative · (proper) ▸ **1** (Neh. 1,1)
Χασελευ Kislev ▸ 7
  Χασελευ ▸ 7
    Noun · singular · genitive · (proper) ▸ **3** (1Mac. 1,54; 1Mac. 4,52; 1Mac. 4,59)
    Noun · singular · nominative · (proper) ▸ **2** (2Mac. 10,5; Zech. 7,1)
    Noun · masculine · singular · dative · (proper) ▸ **1** (2Mac. 1,18)
    Noun · masculine · singular · genitive · (proper) ▸ **1** (2Mac. 1,9)
Χασελωθαιθ Kisloth Tabor ▸ 1
  Χασελωθαιθ ▸ 1
    Noun · singular · genitive · (proper) ▸ **1** (Josh. 19,12)
Χασιλ Kesil ▸ 1
  Χασιλ ▸ 1
    Noun · singular · nominative · (proper) ▸ **1** (Josh. 15,30)
χάσκω to open, yawn, gape ▸ 3
  χάνε ▸ 1
    Verb · second · singular · aorist · active · imperative ▸ **1** (Ezek. 2,8)
  χάσκοντες ▸ 1
    Verb · present · active · participle · masculine · plural · nominative ▸ **1** (1Esdr. 4,19)
  χάσκων ▸ 1
    Verb · present · active · participle · masculine · singular · nominative ▸ **1** (1Esdr. 4,31)
Χασλων Kislon ▸ 2
  Χασλων ▸ 2
    Noun · feminine · singular · nominative · (proper) ▸ **1** (Josh. 15,10)
    Noun · masculine · singular · genitive · (proper) ▸ **1** (Num. 34,21)
Χασλωνιιμ Casluhites ▸ 1
  Χασλωνιιμ ▸ 1
    Noun · masculine · plural · accusative · (proper) ▸ **1** (Gen. 10,14)
χάσμα (χάσκω) gulf, chasm ▸ 1 + 1 = 2
  χάσμα ▸ 1 + 1 = 2
    Noun · neuter · singular · accusative · (common) ▸ **1** (2Sam. 18,17)
    Noun · neuter · singular · nominative ▸ **1** (Luke 16,26)
Χασφω Chaspho ▸ 2
  Χασφω ▸ 2
    Noun · singular · accusative · (proper) ▸ **1** (1Mac. 5,36)
    Noun · singular · dative · (proper) ▸ **1** (1Mac. 5,26)
Χαταρωθι Ataroth ▸ 1
  Χαταρωθι ▸ 1
    Noun · masculine · singular · genitive · (proper) ▸ **1** (Josh. 16,2)
Χαττους Hattush ▸ 1
  Χαττους ▸ 1
    Noun · masculine · singular · nominative · (proper) ▸ **1** (1Chr. 3,22)

χαῦνος (χάσκω) gaping, porous, loose, empty, thin ▸ 1
- χαῦνος ▸ 1
  - **Adjective** · masculine · singular · nominative · noDegree ▸ 1 (Wis. 2,3)

χαυών (Hebr.) cake ▸ 2
- χαυῶνας ▸ 2
  - **Noun** · masculine · plural · accusative · (common) ▸ 2 (Jer. 7,18; Jer. 51,19)

χαφ (Hebr.) kaph ▸ 1
- χαφ ▸ 1
  - **Noun** ▸ 1 (Psa. 118,81)

Χαφαρσαλαμα Caphar-salama ▸ 1
- Χαφαρσαλαμα ▸ 1
  - **Noun** · singular · accusative · (proper) ▸ 1 (1Mac. 7,31)

Χαφεναθα Chaphenatha ▸ 1
- Χαφεναθα ▸ 1
  - **Noun** · singular · accusative · (proper) ▸ 1 (1Mac. 12,37)

Χεβρων Hebron ▸ 76 + 6 = 82
- Χεβρων ▸ 76 + 6 = 82
  - **Noun** · feminine · singular · accusative · (proper) ▸ 23 + 1 = 24 (Josh. 10,36; Josh. 10,39; Josh. 14,13; Josh. 21,13; Judg. 1,20; 2Sam. 2,1; 2Sam. 2,2; 2Sam. 3,19; 2Sam. 3,20; 2Sam. 3,22; 2Sam. 3,27; 2Sam. 3,32; 2Sam. 4,8; 2Sam. 5,1; 2Sam. 5,3; 2Sam. 15,9; 1Chr. 6,40; 1Chr. 6,42; 1Chr. 11,3; 1Chr. 12,24; 1Chr. 12,39; 2Chr. 11,10; 1Mac. 5,65; Judg. 1,20)
  - **Noun** · feminine · singular · dative · (proper) ▸ 20 + 1 = 21 (Gen. 13,18; Num. 13,22; Judg. 1,10; 1Sam. 30,31; 2Sam. 2,11; 2Sam. 2,32; 2Sam. 3,2; 2Sam. 3,5; 2Sam. 4,1; 2Sam. 4,12; 2Sam. 5,3; 2Sam. 5,5; 2Sam. 15,7; 2Sam. 15,10; 1Kings 2,11; 1Chr. 3,1; 1Chr. 3,4; 1Chr. 11,1; 1Chr. 11,3; 1Chr. 29,27; Judg. 1,10)
  - **Noun** · feminine · singular · genitive · (proper) ▸ 15 + 3 = 18 (Gen. 37,14; Num. 13,22; Josh. 10,3; Josh. 10,5; Josh. 10,23; Josh. 11,21; Josh. 12,10; Josh. 14,15; Judg. 1,10; Judg. 1,10; Judg. 16,3; 2Sam. 2,3; 2Sam. 2,13; 2Sam. 5,13; 1Kings 2,35l; Judg. 1,10; Judg. 1,10; Judg. 16,3)
  - **Noun** · feminine · singular · nominative · (proper) ▸ 8 + 1 = 9 (Gen. 23,2; Gen. 23,19; Gen. 35,27; Josh. 14,14; Josh. 15,13; Josh. 15,54; Josh. 20,7; Josh. 21,11; Josh. 15,54)
  - **Noun** · masculine · singular · genitive · (proper) ▸ 4 (1Chr. 2,42; 1Chr. 2,43; 1Chr. 15,9; 1Chr. 23,19)
  - **Noun** · masculine · singular · nominative · (proper) ▸ 6 (Ex. 6,18; Num. 3,19; 1Chr. 5,28; 1Chr. 6,3; 1Chr. 23,12; 1Chr. 26,23)

Χεβρωνι Hebronite ▸ 4
- Χεβρωνι ▸ 4
  - **Noun** · masculine · plural · genitive · (proper) ▸ 1 (1Chr. 26,31)
  - **Noun** · masculine · singular · dative · (proper) ▸ 1 (1Chr. 26,30)
  - **Noun** · masculine · singular · genitive · (proper) ▸ 1 (1Chr. 26,31)
  - **Noun** · masculine · singular · nominative · (proper) ▸ 1 (Num. 26,58)

Χεβρωνις Hebronite ▸ 1
- Χεβρωνις ▸ 1
  - **Noun** · masculine · singular · nominative · (proper) ▸ 1 (Num. 3,27)

Χεζραθ Kinnereth ▸ 1
- Χεζραθ ▸ 1
  - **Noun** · feminine · singular · accusative · (proper) ▸ 1 (1Kings 15,20)

χεῖλος lip, shore ▸ 172 + 6 + 7 = 185
- χείλεσιν ▸ 23 + 1 = 24
  - **Noun** · neuter · plural · dative · (common) ▸ 23 + 1 = 24 (Lev. 5,4; Psa. 16,1; Psa. 21,8; Psa. 58,8; Psa. 105,33; Prov. 6,2; Prov. 10,8; Prov. 13,3; Prov. 16,10; Prov. 16,23; Prov. 16,30; Prov. 17,4; Prov. 22,11; Prov. 22,18; Prov. 26,24; Prov. 24,28; Job 2,10; Sir. 12,16; Sir. 23,8; Sol. 12,3; Mal. 2,6; Is. 29,13; Ezek. 24,17; 1Cor. 14,21)
- χείλεσίν ▸ 5 + 2 = 7
  - **Noun** · neuter · plural · dative · (common) ▸ 5 + 2 = 7 (2Kings 19,28; Psa. 44,3; Psa. 118,13; Song 7,10; Sir. 1,29; Matt. 15,8; Mark 7,6)
- χειλέων ▸ 45 + 1 + 1 = 47
  - **Noun** · neuter · plural · genitive · (common) ▸ 45 + 1 + 1 = 47 (Num. 30,7; Num. 30,13; Deut. 23,24; Judg. 5,15; 2Kings 18,20; Judith 9,10; Psa. 15,4; Psa. 16,4; Psa. 20,3; Psa. 58,13; Psa. 88,35; Psa. 119,2; Psa. 139,10; Ode. 4,16; Prov. 5,2; Prov. 5,3; Prov. 7,21; Prov. 8,6; Prov. 10,13; Prov. 10,19; Prov. 12,13; Prov. 12,14; Prov. 16,27; Prov. 18,20; Job 13,6; Job 16,5; Job 33,3; Wis. 1,6; Sir. 22,27; Sir. 39,15; Sir. 50,20; Sir. 51,2; Sol. 15,3; Sol. 15,3; Hos. 14,3; Hab. 3,16; Is. 6,7; Is. 11,4; Is. 28,11; Is. 30,27; Is. 36,5; Jer. 3,21; Jer. 7,29; Jer. 17,16; Dan. 10,16; Dan. 10,16; Heb. 13,15)
- χείλη ▸ 61 + 2 = 63
  - **Noun** · neuter · plural · accusative · (common) ▸ 22 + 2 = 24 (Gen. 11,9; Psa. 11,4; Psa. 13,3; Psa. 33,14; Psa. 39,10; Psa. 50,17; Psa. 139,4; Psa. 140,3; Prov. 4,24; Prov. 23,16; Prov. 24,26; Job 8,21; Job 11,5; Job 12,20; Job 27,4; Job 32,20; Sol. 12,4; Sol. 16,10; Is. 6,5; Is. 6,5; Is. 37,29; Lam. 3,62; Rom. 3,13; 1Pet. 3,10)
  - **Noun** · neuter · plural · nominative · (common) ▸ 39 (1Sam. 1,13; Psa. 11,3; Psa. 11,5; Psa. 30,19; Psa. 62,4; Psa. 62,6; Psa. 65,14; Psa. 70,23; Psa. 118,171; Prov. 6,2; Prov. 8,7; Prov. 10,18; Prov. 10,21; Prov. 10,32; Prov. 12,19; Prov. 12,22; Prov. 14,3; Prov. 14,7; Prov. 15,7; Prov. 16,13; Prov. 17,7; Prov. 17,7; Prov. 18,6; Prov. 18,7; Prov. 23,16; Prov. 24,2; Prov. 26,23; Prov. 27,2; Eccl. 10,12; Song 4,3; Song 4,11; Song 5,13; Song 6,7; Job 15,6; Sir. 1,24; Sir. 21,25; Sir. 31,23; Mal. 2,7; Is. 59,3)
- χεῖλος ▸ 18 + 1 + 1 = 20
  - **Noun** · neuter · singular · accusative · (common) ▸ 13 + 1 + 1 = 15 (Gen. 22,17; Gen. 41,3; Gen. 41,17; Ex. 7,15; Ex. 14,30; Deut. 2,36; Judg. 7,12; 1Mac. 11,1; Ode. 7,36; Job 40,26; Ezek. 43,13; Ezek. 47,6; Dan. 3,36; Dan. 3,36; Heb. 11,12)
  - **Noun** · neuter · singular · nominative · (common) ▸ 5 (Gen. 11,1; Gen. 11,6; 1Kings 7,12; 2Chr. 4,5; 2Chr. 4,5)
- χείλους ▸ 20 + 4 = 24
  - **Noun** · neuter · singular · genitive · (common) ▸ 20 + 4 = 24 (Ex. 26,4; Ex. 26,4; Ex. 26,10; Ex. 26,10; Deut. 3,12; Deut. 4,48; Josh. 13,9; Judg. 7,22; 1Kings 7,10; 1Kings 7,10; 1Kings 7,11; 1Kings 7,12; 1Kings 9,26; 2Kings 2,13; 2Kings 10,33; Sir. 21,16; Sir. 40,16; Ezek. 47,7; Ezek. 47,12; Dan. 10,4; Judg. 7,12; Judg. 7,22; Dan. 12,5; Dan. 12,5)

χειμάζω (χειμών) to be storm-tossed; spend the winter ▸ 1 + 1 = 2
- χειμάζεται ▸ 1
  - **Verb** · third · singular · present · passive · indicative ▸ 1 (Prov. 26,10)
- χειμαζομένων ▸ 1
  - **Verb** · present · passive · participle · masculine · plural · genitive · (variant) ▸ 1 (Acts 27,18)

χείμαρρος (χειμών; ῥέω) brook ▸ 95 + 6 + 1 = 102
- χείμαρροι ▸ 7
  - **Noun** · masculine · plural · nominative · (common) ▸ 7 (Deut. 8,7; Deut. 10,7; 2Sam. 22,5; Psa. 17,5; Psa. 77,20; Eccl. 1,7; Eccl. 1,7)
- χειμάρροις ▸ 3

Noun · masculine · plural · dative · (common) ▸ **3** (Lev. 11,9; Lev. 11,10; Ezek. 36,4)

χείμαρρον ▸ 1
  Noun · masculine · singular · accusative · (common) ▸ **1** (Psa. 123,4)

χειμάρρου ▸ 32 + 1 + 1 = 34
  Noun · masculine · singular · genitive · (common) ▸ **32 + 1 + 1 = 34** (Lev. 23,40; Deut. 2,36; Deut. 2,37; Deut. 3,8; Deut. 3,12; Deut. 3,16; Deut. 3,16; Deut. 4,48; Josh. 13,9; Josh. 15,47; Judg. 16,4; 1Sam. 17,40; 1Sam. 30,9; 1Sam. 30,10; 1Kings 17,4; 1Kings 17,6; 2Kings 10,33; 2Kings 24,7; 2Chr. 7,8; Neh. 2,15; Judith 2,24; Judith 7,18; 1Mac. 5,37; 1Mac. 5,39; 1Mac. 5,42; 1Mac. 12,37; Psa. 109,7; Song 6,11; Job 21,33; Job 28,4; Amos 6,14; Ezek. 47,5; Josh. 15,47; John 18,1)

χειμάρρουν ▸ 21 + 2 = 23
  Noun · masculine · singular · accusative · (common) ▸ **21 + 2 = 23** (Gen. 32,24; Num. 34,5; Deut. 9,21; Josh. 17,9; Judg. 4,7; Judg. 4,13; 2Sam. 15,23; 2Sam. 17,13; 1Kings 2,37; 1Kings 18,40; 2Kings 3,16; 2Kings 23,6; 2Kings 23,12; 2Chr. 29,16; 2Chr. 30,14; 1Mac. 5,40; 1Mac. 5,42; 1Mac. 16,6; Psa. 35,9; Joel 4,18; Jer. 29,2; Judg. 4,7; Judg. 4,13)

χειμάρρους ▸ 19 + 3 = 22
  Noun · masculine · plural · accusative · (common) ▸ **8** (Num. 21,14; Num. 21,15; 1Kings 18,5; Judith 16,3; Psa. 73,15; Psa. 125,4; Job 22,24; Lam. 2,18)
  Noun · masculine · plural · nominative · (common) ▸ **1 + 3 = 4** (1Mac. 16,5; Judg. 5,21; Judg. 5,21; Judg. 5,21)
  Noun · masculine · singular · nominative · (common) ▸ **10** (Deut. 3,16; Judg. 5,21; Judg. 5,21; Judg. 5,21; 1Kings 17,7; 2Kings 3,17; Judith 2,8; Job 6,15; Amos 5,24; Is. 66,12)

χειμάρρῳ ▸ 11
  Noun · masculine · singular · dative · (common) ▸ **11** (Judg. 15,8; 1Sam. 15,5; 1Sam. 30,21; 2Sam. 15,23; 1Kings 15,13; 1Kings 17,3; 1Kings 17,5; 2Kings 23,6; 2Chr. 15,16; 2Chr. 33,14; Psa. 82,10)

χειμάρρων ▸ 1
  Noun · masculine · plural · genitive · (common) ▸ **1** (Mic. 6,7)

χειμερινός (χειμών) wintry, winter's ▸ 5
  χειμερινή ▸ 1
    Adjective · feminine · singular · nominative · noDegree ▸ **1** (1Esdr. 9,11)
  χειμερινῇ ▸ 1
    Adjective · feminine · singular · dative · noDegree ▸ **1** (Prov. 27,15)
  χειμερινὸν ▸ 1
    Adjective · masculine · singular · accusative · noDegree ▸ **1** (Zech. 10,1)
  χειμερινός ▸ 1
    Adjective · masculine · singular · nominative · noDegree ▸ **1** (Ezra 10,13)
  χειμερινῷ ▸ 1
    Adjective · masculine · singular · dative · noDegree ▸ **1** (Jer. 43,22)

χειμέριος (χειμών) wintry, stormy ▸ 1
  χειμέριος ▸ 1
    Adjective · feminine · singular · nominative · noDegree ▸ **1** (Wis. 16,29)

χειμών bad weather, storm; winter ▸ 7 + 6 = 13
  χειμών ▸ 3 + 1 = 4
    Noun · masculine · singular · nominative · (common) ▸ **3 + 1 = 4** (Song 2,11; Job 37,6; Job 37,6; John 10,22)
  χειμών ▸ 1
    Noun · masculine · singular · nominative ▸ **1** (Matt. 16,3)
  χειμῶνα ▸ 2
    Noun · masculine · singular · accusative · (common) ▸ **2** (1Esdr. 9,6; Sir. 21,8)
  χειμῶνας ▸ 1
    Noun · masculine · plural · accusative · (common) ▸ **1** (4Mac. 15,32)
  χειμῶνος ▸ 1 + 3 = 4
    Noun · masculine · singular · genitive · (common) ▸ **1 + 3 = 4** (Ezra 10,9; Matt. 24,20; Mark 13,18; 2Tim. 4,21)
  χειμῶνός ▸ 1
    Noun · masculine · singular · genitive ▸ **1** (Acts 27,20)

χείρ hand ▸ 1812 + 133 + 177 = 2122
  Χεὶρ ▸ 2
    Noun · feminine · singular · nominative · (common) ▸ **2** (2Sam. 18,18; Ezra 8,22)
  χείρ ▸ 88 + 8 + 8 = 104
    Noun · feminine · singular · nominative · (common) ▸ **88 + 8 + 8 = 104** (Gen. 25,26; Ex. 4,6; Ex. 9,3; Lev. 5,7; Lev. 5,11; Lev. 12,8; Lev. 14,21; Lev. 14,22; Lev. 25,28; Lev. 25,47; Lev. 27,8; Num. 6,21; Num. 11,23; Deut. 2,15; Deut. 17,7; Deut. 17,7; Deut. 19,5; Deut. 32,27; Josh. 19,48a; Judg. 1,35; Judg. 2,15; Judg. 3,10; Judg. 4,24; Judg. 6,2; Judg. 8,6; Judg. 8,15; Ruth 1,13; 1Sam. 5,3; 1Sam. 5,6; 1Sam. 5,7; 1Sam. 5,9; 1Sam. 6,3; 1Sam. 6,9; 1Sam. 7,13; 1Sam. 12,15; 1Sam. 18,21; 1Sam. 22,17; 1Sam. 23,17; 2Sam. 14,19; 2Sam. 20,9; 2Sam. 23,10; 2Sam. 23,10; 1Kings 13,4; 1Kings 18,46; 2Kings 3,15; 2Chr. 30,12; Ezra 7,6; Ezra 7,9; Ezra 7,28; Ezra 8,18; Ezra 8,31; Ezra 9,2; Neh. 2,8; Psa. 35,12; Ode. 2,27; Prov. 12,24; Job 12,9; Job 19,21; Job 23,2; Wis. 11,17; Sol. 4,3; Zech. 14,13; Is. 5,25; Is. 9,11; Is. 9,16; Is. 9,20; Is. 10,4; Is. 13,7; Is. 14,26; Is. 34,17; Is. 41,20; Is. 59,1; Is. 66,14; Jer. 10,9; Jer. 33,24; Ezek. 1,3; Ezek. 1,8; Ezek. 2,9; Ezek. 3,14; Ezek. 3,22; Ezek. 8,1; Ezek. 21,24; Ezek. 29,7; Ezek. 33,22; Ezek. 37,1; Ezek. 40,1; Ezek. 46,7; Ezek. 46,11; Judg. 1,35; Judg. 2,15; Judg. 3,10; Judg. 4,24; Judg. 6,2; Judg. 8,6; Judg. 8,15; Dan. 10,10; Matt. 5,30; Mark 3,5; Luke 1,66; Luke 6,6; Luke 6,10; Luke 22,21; Acts 11,21; Acts 13,11)
  χείρ ▸ 47 + 2 + 5 = 54
    Noun · feminine · singular · nominative · (common) ▸ **47 + 2 + 5 = 54** (Gen. 31,29; Ex. 15,6; Ex. 15,9; Ex. 19,13; Lev. 14,30; Lev. 19,18; Deut. 16,10; Deut. 28,32; Deut. 32,41; Judg. 7,2; Judg. 9,33; 1Sam. 10,7; 1Sam. 24,13; 1Sam. 24,14; 1Sam. 25,8; 2Sam. 3,12; 2Sam. 24,17; 1Kings 13,6; 1Chr. 4,10; 1Chr. 21,17; Psa. 9,33; Psa. 20,9; Psa. 31,4; Psa. 43,3; Psa. 79,18; Psa. 88,14; Psa. 88,22; Psa. 108,27; Psa. 118,173; Psa. 138,10; Ode. 1,6; Ode. 1,9; Ode. 2,41; Prov. 3,27; Eccl. 9,10; Eccl. 11,6; Job 33,7; Sir. 4,31; Sir. 5,12; Amos 9,2; Mic. 5,8; Is. 23,11; Is. 48,13; Is. 50,2; Is. 66,2; Bar. 1,6; Dan. 5,17; Judg. 7,2; Judg. 9,33; Matt. 18,8; Mark 9,43; Acts 4,28; Acts 7,50; 1Cor. 12,15)
  Χεῖρα ▸ 1
    Noun · feminine · singular · accusative · (common) ▸ **1** (Lam. 1,10)
  χεῖρα ▸ 191 + 9 + 26 = 226
    Noun · feminine · singular · accusative · (common) ▸ **191 + 9 + 26 = 226** (Gen. 3,22; Gen. 8,9; Gen. 22,6; Gen. 22,10; Gen. 24,9; Gen. 37,22; Gen. 38,28; Gen. 38,28; Gen. 38,29; Gen. 40,13; Gen. 40,21; Gen. 41,35; Gen. 41,42; Gen. 41,44; Gen. 48,14; Gen. 49,24; Ex. 3,20; Ex. 4,4; Ex. 4,4; Ex. 4,6; Ex. 4,6; Ex. 4,7; Ex. 7,5; Ex. 8,2; Ex. 9,15; Ex. 9,23; Ex. 10,12; Ex. 10,22; Ex. 14,21; Ex. 14,27; Ex. 14,31; Ex. 21,24; Ex. 33,23; Lev. 1,4; Lev. 1,10; Lev. 4,4; Lev. 4,24; Lev. 4,29; Lev. 4,33; Lev. 14,15; Lev. 14,26; Num. 20,11; Deut. 3,24; Deut. 7,19; Deut. 11,2; Deut. 12,7; Deut. 19,21;

χείρ

Deut. 25,11; Deut. 25,12; Deut. 34,12; Josh. 8,18; Josh. 8,19; Judg. 3,21; Judg. 3,30; Judg. 5,26; Judg. 15,15; Judg. 17,5; Judg. 17,12; 1Sam. 6,5; 1Sam. 14,26; 1Sam. 14,27; 1Sam. 15,12; 1Sam. 17,49; 1Sam. 25,31; 1Sam. 26,9; 2Sam. 6,6; 2Sam. 8,3; 2Sam. 15,2; 2Sam. 15,5; 2Sam. 15,18; 2Sam. 15,18; 2Sam. 18,4; 2Sam. 18,28; 2Sam. 20,21; 2Sam. 24,16; 1Kings 12,24i; 1Kings 13,4; 1Kings 13,6; 1Kings 13,33; 1Kings 18,9; 1Kings 21,28; 1Kings 22,15; 2Kings 5,11; 2Kings 6,7; 2Kings 7,2; 2Kings 9,24; 2Kings 10,15; 2Kings 13,16; 2Kings 15,19; 2Kings 18,21; 2Kings 22,5; 2Kings 22,9; 1Chr. 13,9; 1Chr. 13,10; 1Chr. 18,3; 1Chr. 23,28; 2Chr. 34,10; 2Chr. 34,17; 2Chr. 34,17; 1Esdr. 6,32; 1Esdr. 8,46; 1Esdr. 8,60; Ezra 1,8; Ezra 6,12; Ezra 8,33; Ezra 10,19; Neh. 2,18; Neh. 3,4; Neh. 3,4; Neh. 3,4; Neh. 3,5; Neh. 3,8; Neh. 3,9; Neh. 3,10; Neh. 3,10; Neh. 3,12; Neh. 3,17; Neh. 3,19; Neh. 11,24; Neh. 13,13; Neh. 13,13; Esth. 2,8; Esth. 3,10; Tob. 11,4; Tob. 13,2; 1Mac. 5,6; 1Mac. 6,25; 1Mac. 9,47; 1Mac. 12,39; 2Mac. 7,34; 2Mac. 15,30; 2Mac. 15,32; 4Mac. 16,20; Psa. 36,24; Psa. 54,21; Psa. 67,32; Psa. 88,26; Psa. 103,28; Psa. 105,26; Psa. 120,5; Psa. 128,7; Prov. 6,1; Prov. 26,15; Song 5,4; Job 13,21; Job 21,5; Job 28,9; Job 31,21; Job 31,35; Job 40,4; Job 40,32; Wis. 8,12; Wis. 10,20; Wis. 16,15; Sir. 22,2; Sir. 31,14; Sir. 36,5; Sir. 47,4; Sir. 48,18; Sir. 50,15; Hos. 7,5; Zeph. 2,13; Zech. 14,13; Is. 5,25; Is. 11,8; Is. 11,11; Is. 11,15; Is. 14,27; Is. 24,21; Is. 28,4; Is. 31,3; Is. 36,6; Jer. 1,9; Jer. 30,3; Jer. 30,4; Jer. 40,13; Lam. 2,8; Lam. 3,3; Lam. 5,6; Ezek. 10,7; Ezek. 16,49; Ezek. 17,18; Ezek. 18,8; Ezek. 18,17; Ezek. 21,16; Ezek. 21,16; Ezek. 21,19; Ezek. 21,19; Ezek. 30,24; Dan. 5,5; Dan. 10,10; Judg. 3,21; Judg. 3,30; Judg. 5,26; Judg. 15,15; Judg. 16,26; Judg. 17,5; Judg. 17,12; Tob. 13,2; Dan. 11,42; Matt. 8,3; Matt. 12,10; Matt. 12,13; Matt. 12,49; Matt. 14,31; Matt. 26,23; Matt. 26,51; Mark 1,41; Mark 3,1; Mark 3,3; Mark 3,5; Mark 7,32; Luke 5,13; Luke 6,8; Luke 9,62; Luke 15,22; John 7,30; John 20,25; Acts 9,41; Acts 19,33; Acts 26,1; 1Pet. 5,6; Rev. 10,5; Rev. 14,9; Rev. 20,1; Rev. 20,4)

χεῖρά ▸ 104 + 1 + 4 = 109

Noun • feminine • singular • accusative • (common) ▸ 104 + 1 + 4 = 109 (Gen. 14,22; Gen. 22,12; Gen. 24,2; Gen. 42,37; Gen. 47,29; Ex. 4,6; Ex. 4,7; Ex. 6,8; Ex. 7,4; Ex. 7,19; Ex. 9,22; Ex. 10,21; Ex. 14,16; Ex. 14,26; Num. 14,30; Deut. 12,18; Deut. 15,7; Deut. 15,10; Deut. 28,8; Deut. 28,20; Deut. 32,40; Josh. 8,18; Judg. 18,19; 1Sam. 17,46; 1Sam. 21,4; 1Sam. 21,4; 1Sam. 21,5; 1Sam. 21,9; 1Sam. 24,7; 1Sam. 24,11; 1Sam. 24,11; 1Sam. 25,26; 1Sam. 25,33; 1Sam. 26,11; 1Sam. 26,23; 2Sam. 1,14; 2Sam. 18,12; 2Sam. 24,16; 1Kings 12,24h; 2Kings 10,15; 2Kings 13,16; 1Chr. 21,15; 2Chr. 6,32; 2Chr. 18,33; Neh. 9,15; Neh. 13,21; Psa. 37,3; Psa. 73,11; Psa. 80,15; Psa. 137,7; Psa. 138,5; Psa. 143,7; Psa. 144,16; Ode. 2,40; Prov. 23,2; Prov. 30,32; Eccl. 7,18; Job 1,11; Job 2,5; Job 31,25; Job 31,27; Sir. 7,32; Sir. 15,16; Sir. 31,18; Sir. 36,2; Sol. 2,22; Sol. 5,6; Sol. 5,12; Amos 1,8; Zeph. 1,4; Zech. 2,13; Zech. 13,7; Is. 1,25; Is. 47,6; Is. 49,22; Jer. 6,12; Jer. 15,6; Jer. 16,21; Jer. 28,25; Jer. 43,14; Ezek. 6,14; Ezek. 13,9; Ezek. 14,9; Ezek. 14,13; Ezek. 16,27; Ezek. 20,15; Ezek. 20,23; Ezek. 20,28; Ezek. 20,42; Ezek. 21,17; Ezek. 21,22; Ezek. 21,22; Ezek. 22,13; Ezek. 22,13; Ezek. 25,6; Ezek. 25,7; Ezek. 25,13; Ezek. 25,16; Ezek. 35,3; Ezek. 36,7; Ezek. 38,12; Ezek. 39,21; Ezek. 44,12; Ezek. 47,14; Judg. 18,19; Matt. 9,18; Luke 6,10; John 20,27; Acts 4,30)

χεῖρας ▸ 321 + 11 + 55 = 387

Noun • feminine • plural • accusative • (common) ▸ 321 + 11 + 55 = 387 (Gen. 9,2; Gen. 16,9; Gen. 19,10; Gen. 24,22; Gen. 24,30; Gen. 24,47; Gen. 27,17; Gen. 39,6; Gen. 40,11; Gen. 46,4; Gen. 48,14; Ex. 5,21; Ex. 9,8; Ex. 9,33; Ex. 17,11; Ex. 17,11; Ex. 17,12; Ex. 21,13; Ex. 21,20; Ex. 23,31; Ex. 28,41; Ex. 29,9; Ex. 29,9; Ex. 29,10; Ex. 29,15; Ex. 29,19; Ex. 29,24; Ex. 29,24; Ex. 29,29; Ex. 29,33; Ex. 29,35; Ex. 30,19; Ex. 30,21; Ex. 32,29; Ex. 38,27; Lev. 3,2; Lev. 3,8; Lev. 3,13; Lev. 4,5; Lev. 4,15; Lev. 8,14; Lev. 8,18; Lev. 8,22; Lev. 8,27; Lev. 8,27; Lev. 8,33; Lev. 9,17; Lev. 9,22; Lev. 15,11; Lev. 16,12; Lev. 16,21; Lev. 16,32; Lev. 24,14; Lev. 26,25; Num. 3,3; Num. 5,18; Num. 6,19; Num. 7,88; Num. 8,10; Num. 8,12; Num. 27,23; Deut. 1,27; Deut. 2,36; Deut. 3,3; Deut. 7,24; Deut. 19,12; Deut. 21,6; Deut. 24,1; Deut. 24,3; Deut. 34,9; Josh. 10,19; Josh. 10,30; Josh. 10,32; Josh. 21,44; Josh. 24,8; Josh. 24,11; Josh. 24,33b; Judg. 3,8; Judg. 9,24; Judg. 15,12; Judg. 15,13; 1Sam. 12,9; 1Sam. 12,9; 1Sam. 12,9; 1Sam. 14,10; 1Sam. 14,12; 1Sam. 14,13; 1Sam. 14,37; 1Sam. 17,47; 1Sam. 18,25; 1Sam. 22,17; 1Sam. 23,14; 1Sam. 23,16; 1Sam. 23,20; 1Sam. 27,1; 1Sam. 28,19; 1Sam. 28,19; 1Sam. 30,15; 1Sam. 30,23; 2Sam. 4,12; 2Sam. 13,19; 2Sam. 24,14; 1Kings 8,22; 1Kings 8,38; 1Kings 10,19; 1Kings 11,27; 1Kings 15,18; 1Kings 21,6; 1Kings 21,13; 1Kings 22,6; 2Kings 3,11; 2Kings 3,13; 2Kings 4,34; 2Kings 4,34; 2Kings 9,23; 2Kings 10,24; 2Kings 11,16; 2Kings 12,12; 2Kings 12,16; 2Kings 13,16; 2Kings 13,16; 2Kings 19,10; 2Kings 21,14; 1Chr. 5,20; 1Chr. 6,16; 1Chr. 21,13; 1Chr. 21,13; 1Chr. 29,5; 2Chr. 6,12; 2Chr. 6,13; 2Chr. 6,29; 2Chr. 13,9; 2Chr. 13,16; 2Chr. 18,5; 2Chr. 18,11; 2Chr. 18,14; 2Chr. 24,24; 2Chr. 25,20; 2Chr. 28,5; 2Chr. 28,9; 2Chr. 29,23; 2Chr. 29,31; 1Esdr. 1,50; 1Esdr. 6,14; 1Esdr. 7,15; 1Esdr. 8,70; 1Esdr. 9,20; 1Esdr. 9,47; Ezra 3,10; Ezra 4,4; Ezra 5,12; Ezra 6,22; Ezra 8,26; Neh. 3,2; Neh. 3,2; Neh. 8,6; Neh. 9,24; Neh. 9,28; Esth. 12,2 # 1,1n; Esth. 14,6 # 4,17n; Esth. 14,8 # 4,17o; Esth. 14,8 # 4,17o; Esth. 6,2; Esth. 8,7; Judith 6,10; Judith 7,25; Judith 10,15; 1Mac. 4,30; 1Mac. 12,42; 1Mac. 14,31; 1Mac. 15,25; 2Mac. 3,20; 2Mac. 6,26; 2Mac. 7,10; 2Mac. 7,31; 2Mac. 14,34; 2Mac. 15,12; 2Mac. 15,21; 3Mac. 2,1; 3Mac. 5,5; 3Mac. 5,25; 4Mac. 4,11; 4Mac. 8,13; 4Mac. 9,11; 4Mac. 9,26; 4Mac. 10,5; 4Mac. 15,20; Psa. 30,9; Psa. 36,33; Psa. 40,3; Psa. 43,21; Psa. 46,2; Psa. 57,11; Psa. 62,11; Psa. 77,61; Psa. 105,41; Psa. 105,42; Psa. 113,15; Psa. 122,2; Psa. 122,2; Psa. 124,3; Psa. 133,2; Psa. 134,17; Ode. 7,32; Prov. 6,3; Prov. 11,21; Prov. 16,5; Prov. 19,24; Prov. 30,10; Prov. 31,19; Prov. 31,20; Eccl. 4,5; Song 5,5; Job 4,3; Job 9,24; Job 11,13; Job 15,22; Job 15,25; Job 16,11; Job 17,9; Job 27,23; Sir. 2,18; Sir. 2,18; Sir. 4,19; Sir. 8,1; Sir. 11,6; Sir. 14,25; Sir. 29,5; Sir. 33,22; Sir. 33,26; Sir. 38,10; Sir. 38,15; Sir. 38,31; Sir. 40,14; Sir. 45,15; Sir. 46,2; Sir. 48,20; Sir. 50,20; Sol. 2,7; Amos 5,19; Mic. 2,1; Mic. 7,3; Mic. 7,16; Joel 4,8; Nah. 3,19; Zeph. 2,15; Zech. 2,4; Zech. 11,6; Zech. 11,6; Is. 1,15; Is. 11,14; Is. 19,4; Is. 22,21; Is. 25,11; Is. 25,11; Is. 29,12; Is. 33,15; Is. 37,10; Is. 37,27; Is. 45,9; Is. 51,23; Is. 56,2; Jer. 3,8; Jer. 4,31; Jer. 12,7; Jer. 18,21; Jer. 20,4; Jer. 20,5; Jer. 21,7; Jer. 21,10; Jer. 22,25; Jer. 22,25; Jer. 26,24; Jer. 33,24; Jer. 36,21; Jer. 39,4; Jer. 39,24; Jer. 39,25; Jer. 39,28; Jer. 39,36; Jer. 39,43; Jer. 41,2; Jer. 41,3; Jer. 41,21; Jer. 44,17; Jer. 45,3; Jer. 45,4; Jer. 45,4; Jer. 45,16; Jer. 45,18; Jer. 45,19; Jer. 46,17; Jer. 50,3; Jer. 51,30; Jer. 51,30; Jer. 51,30; Lam. 1,7; Lam. 1,17; Lam. 2,15; Lam. 4,6; Ezek. 7,21; Ezek. 10,7; Ezek. 11,9; Ezek. 13,22; Ezek. 16,39; Ezek. 21,36; Ezek. 23,9; Ezek. 23,9; Ezek. 23,28; Ezek. 23,42; Ezek. 30,25; Ezek. 31,11; Ezek. 39,23; Ezek. 43,26; Dan. 1,2; Dan. 3,32; Dan. 7,25; Dan. 11,11; Sus. 22; Sus. 23; Sus. 34; Judg. 1,4; Judg. 2,14; Judg. 9,24; Judg. 14,9; Judg. 20,28; Tob. 3,11; Tob. 11,4; Dan. 3,32; Sus. 22; Sus. 23; Sus. 34; Matt. 15,2; Matt. 17,22; Matt. 18,8; Matt. 19,13; Matt. 19,15; Matt. 22,13; Matt. 26,45; Matt. 26,50; Matt. 27,24; Mark 5,23; Mark 6,5; Mark 7,3; Mark 8,23; Mark 8,25; Mark 9,31; Mark 9,43; Mark 10,16; Mark 14,41; Mark 14,46; Mark 16,18; Luke 4,40; Luke 9,44; Luke 13,13; Luke 20,19; Luke 21,12; Luke 22,53; Luke 24,7; Luke 24,40; Luke 24,50; John 7,44; John 11,44; John

13,3; John 13,9; John 20,20; Acts 4,3; Acts 5,18; Acts 6,6; Acts 8,17; Acts 8,19; Acts 9,12; Acts 9,17; Acts 12,1; Acts 13,3; Acts 19,6; Acts 21,11; Acts 21,11; Acts 21,27; Acts 28,8; Acts 28,17; 2Cor. 11,33; 1Tim. 2,8; 1Tim. 5,22; Heb. 10,31; Heb. 12,12; James 4,8)

χεῖράς ▸ 60 + 1 + 5 = 66

Noun · feminine · plural · accusative · (common) ▸ 60 + 1 + 5 = 66 (Gen. 39,8; Ex. 9,29; Num. 21,34; Num. 27,18; Deut. 2,24; Deut. 2,30; Deut. 3,2; Deut. 7,2; Deut. 7,23; Deut. 15,8; Deut. 15,11; Deut. 20,13; Deut. 21,10; Deut. 33,3; Josh. 8,1; Josh. 8,18; Josh. 10,6; Josh. 10,8; 1Sam. 14,19; 1Sam. 23,4; 1Sam. 23,7; 1Sam. 24,5; 1Sam. 24,19; 1Sam. 26,8; 1Sam. 26,23; 2Sam. 5,19; 2Sam. 5,19; 2Sam. 18,12; 2Sam. 22,35; 1Kings 22,12; 1Kings 22,34; 1Chr. 14,10; 1Chr. 14,10; 2Chr. 16,8; Ezra 9,5; Neh. 6,9; 1Mac. 7,35; 4Mac. 17,19; Psa. 9,35; Psa. 17,35; Psa. 21,17; Psa. 25,6; Psa. 27,2; Psa. 30,6; Psa. 62,5; Psa. 72,13; Psa. 73,3; Psa. 87,10; Psa. 118,48; Psa. 142,6; Psa. 143,1; Sir. 25,26; Sir. 51,19; Is. 65,2; Jer. 45,10; Jer. 47,4; Lam. 2,19; Ezek. 16,11; Ezek. 23,31; Dan. 2,38; Judg. 4,7; Luke 23,46; Luke 24,39; John 20,27; John 21,18; Rom. 10,21)

Χεῖρες ▸ 1

Noun · feminine · plural · nominative · (common) ▸ 1 (Lam. 4,10)

χεῖρες ▸ 59 + 2 + 2 = 63

Noun · feminine · plural · nominative · (common) ▸ 59 + 2 + 2 = 63 (Gen. 16,12; Gen. 16,12; Gen. 27,22; Gen. 27,22; Gen. 27,23; Gen. 27,23; Gen. 37,27; Ex. 17,12; Ex. 17,12; Lev. 7,30; Deut. 13,10; Deut. 21,7; Deut. 33,7; Judg. 19,27; 2Sam. 2,7; 2Sam. 4,1; 2Sam. 16,21; 1Kings 7,18; 1Kings 7,19; 1Kings 8,54; 1Kings 10,19; 2Kings 11,7; 2Chr. 15,7; Neh. 2,18; Neh. 6,9; 4Mac. 14,6; Psa. 57,3; Psa. 80,7; Psa. 94,5; Prov. 6,17; Prov. 10,4; Prov. 13,4; Prov. 21,25; Eccl. 7,26; Song 5,14; Job 5,12; Job 5,18; Job 20,10; Sir. 25,23; Sir. 42,6; Sir. 43,12; Sir. 48,19; Hos. 13,4; Zech. 4,9; Zech. 4,9; Zech. 8,9; Is. 1,15; Is. 31,7; Is. 35,3; Is. 59,3; Jer. 6,24; Jer. 27,15; Jer. 27,43; Jer. 31,37; Jer. 37,6; Ezek. 7,17; Ezek. 7,27; Ezek. 10,12; Ezek. 21,12; Judg. 19,27; Dan. 2,32; Acts 20,34; 1John 1,1)

χεῖρές ▸ 15 + 1 = 16

Noun · feminine · plural · nominative · (common) ▸ 15 + 1 = 16 (Gen. 49,8; Ex. 15,17; Deut. 13,10; Judg. 7,11; 2Sam. 3,34; 2Sam. 19,44; Psa. 118,73; Psa. 151,2; Ode. 1,17; Eccl. 2,11; Song 5,5; Job 10,8; Zeph. 3,16; Jer. 2,37; Ezek. 22,14; Judg. 7,11)

χειρὶ ▸ 281 + 43 + 17 = 341

Noun · feminine · singular · dative · (common) ▸ 281 + 43 + 17 = 341 (Gen. 38,20; Gen. 38,30; Ex. 4,4; Ex. 4,20; Ex. 6,1; Ex. 8,1; Ex. 8,12; Ex. 8,13; Ex. 13,3; Ex. 13,9; Ex. 13,14; Ex. 13,16; Ex. 14,8; Ex. 15,20; Ex. 17,16; Ex. 22,3; Lev. 14,17; Lev. 14,27; Lev. 14,32; Lev. 16,21; Lev. 25,26; Lev. 26,46; Num. 4,28; Num. 4,33; Num. 4,37; Num. 4,41; Num. 4,45; Num. 4,49; Num. 5,18; Num. 9,23; Num. 10,13; Num. 15,23; Num. 15,30; Num. 17,5; Num. 20,20; Num. 22,23; Num. 22,31; Num. 25,7; Num. 33,1; Num. 33,3; Num. 36,13; Deut. 4,34; Deut. 5,15; Deut. 6,21; Deut. 7,8; Deut. 26,8; Josh. 2,24; Josh. 5,13; Josh. 10,35; Josh. 14,2; Josh. 20,9; Josh. 21,2; Josh. 22,9; Judg. 1,2; Judg. 1,4; Judg. 2,14; Judg. 2,14; Judg. 2,23; Judg. 3,4; Judg. 3,10; Judg. 3,15; Judg. 3,28; Judg. 4,2; Judg. 4,9; Judg. 4,21; Judg. 6,1; Judg. 6,13; Judg. 6,21; Judg. 7,2; Judg. 7,8; Judg. 7,14; Judg. 7,16; Judg. 7,20; Judg. 7,20; Judg. 8,3; Judg. 9,48; Judg. 10,7; Judg. 10,7; Judg. 11,21; Judg. 11,32; Judg. 13,1; Judg. 14,6; Judg. 15,18; Judg. 15,18; Judg. 16,23; Judg. 16,24; Judg. 18,10; 1Sam. 2,13; 1Sam. 11,7; 1Sam. 13,22; 1Sam. 14,27; 1Sam. 14,34; 1Sam. 16,20; 1Sam. 16,23; 1Sam. 17,40; 1Sam. 17,40; 1Sam. 19,5; 1Sam. 19,9; 1Sam. 22,6; 1Sam. 23,6; 1Sam. 28,15; 2Sam. 2,16; 2Sam. 3,18; 2Sam. 10,2; 2Sam. 10,10; 2Sam. 11,14; 2Sam. 12,25; 2Sam. 15,36; 2Sam. 16,8; 2Sam. 18,2; 2Sam. 18,2; 2Sam. 18,2; 2Sam. 18,14; 2Sam. 20,10; 2Sam. 21,9; 2Sam. 21,22; 2Sam. 21,22; 2Sam. 23,6; 2Sam. 23,21; 2Sam. 24,14; 1Kings 2,25; 1Kings 8,53; 1Kings 8,56; 1Kings 12,15; 1Kings 15,29; 1Kings 16,1; 1Kings 16,7; 1Kings 16,34; 1Kings 17,16; 1Kings 20,28; 2Kings 3,10; 2Kings 3,18; 2Kings 5,5; 2Kings 7,17; 2Kings 8,9; 2Kings 9,36; 2Kings 10,10; 2Kings 11,8; 2Kings 11,11; 2Kings 11,12; 2Kings 13,3; 2Kings 13,3; 2Kings 14,5; 2Kings 14,25; 2Kings 17,13; 2Kings 17,13; 2Kings 17,20; 2Kings 17,23; 2Kings 18,30; 2Kings 19,23; 2Kings 21,10; 2Kings 24,2; 1Chr. 5,41; 1Chr. 11,23; 1Chr. 16,7; 1Chr. 16,40; 1Chr. 19,11; 1Chr. 20,8; 1Chr. 20,8; 1Chr. 21,16; 2Chr. 8,18; 2Chr. 10,15; 2Chr. 12,5; 2Chr. 17,5; 2Chr. 23,7; 2Chr. 25,3; 2Chr. 26,19; 2Chr. 29,25; 2Chr. 33,8; 2Chr. 34,16; 2Chr. 36,5b; 2Chr. 36,15; 1Esdr. 8,79; Ezra 9,7; Ezra 9,11; Neh. 4,11; Neh. 6,5; Neh. 9,14; Neh. 9,27; Neh. 9,30; Neh. 9,30; Neh. 10,30; Judith 9,2; Judith 9,10; Judith 13,15; Judith 14,6; Judith 16,5; 1Mac. 1,44; 1Mac. 2,7; 1Mac. 2,7; 1Mac. 2,47; 1Mac. 3,6; 1Mac. 3,30; 1Mac. 4,30; 1Mac. 4,31; 1Mac. 5,50; 1Mac. 11,15; 4Mac. 13,12; Psa. 74,9; Psa. 76,21; Psa. 94,4; Psa. 97,8; Psa. 126,4; Psa. 135,12; Prov. 7,20; Prov. 10,11; Prov. 11,21; Prov. 16,5; Prov. 18,21; Prov. 21,1; Prov. 26,9; Prov. 26,9; Eccl. 5,13; Eccl. 5,14; Eccl. 9,1; Job 8,4; Job 12,10; Job 27,11; Job 29,20; Job 30,21; Job 37,7; Wis. 3,1; Wis. 3,14; Wis. 7,16; Wis. 11,1; Wis. 19,8; Sir. 9,17; Sir. 10,4; Sir. 10,5; Sir. 15,14; Sir. 29,1; Sir. 33,13; Sir. 33,13; Sir. 46,4; Sir. 48,20; Sir. 49,7; Sol. 16,14; Hos. 12,8; Amos 7,7; Hag. 1,1; Hag. 1,3; Hag. 2,1; Zech. 2,5; Zech. 4,10; Zech. 8,4; Mal. 1,1; Is. 6,6; Is. 8,11; Is. 10,14; Is. 10,32; Is. 36,15; Is. 40,12; Is. 62,3; Is. 62,3; Jer. 6,3; Jer. 21,5; Jer. 26,13; Jer. 28,7; Jer. 31,26; Jer. 34,8; Jer. 36,3; Jer. 39,21; Jer. 44,2; Jer. 45,23; Bar. 2,11; Bar. 2,20; Bar. 2,28; Lam. 2,7; Ezek. 6,11; Ezek. 9,1; Ezek. 9,2; Ezek. 20,33; Ezek. 20,34; Ezek. 25,14; Ezek. 29,7; Ezek. 35,5; Ezek. 37,19; Ezek. 40,3; Ezek. 40,5; Ezek. 47,3; Dan. 5,23; Judg. 1,2; Judg. 2,23; Judg. 3,4; Judg. 3,8; Judg. 3,10; Judg. 3,15; Judg. 3,28; Judg. 4,2; Judg. 4,9; Judg. 4,21; Judg. 6,1; Judg. 6,13; Judg. 6,21; Judg. 7,2; Judg. 7,6; Judg. 7,8; Judg. 7,14; Judg. 7,15; Judg. 7,16; Judg. 8,3; Judg. 9,48; Judg. 10,7; Judg. 10,7; Judg. 11,21; Judg. 11,32; Judg. 13,1; Judg. 15,12; Judg. 15,13; Judg. 15,18; Judg. 15,18; Judg. 16,23; Judg. 16,24; Judg. 18,10; Tob. 11,11; Dan. 1,2; Dan. 4,35; Dan. 5,23; Dan. 7,25; Dan. 8,25; Dan. 8,25; Dan. 9,15; Dan. 11,11; Dan. 11,16; Matt. 3,12; Luke 3,17; John 3,35; Acts 7,35; Acts 12,17; Acts 13,16; Acts 21,40; 1Cor. 16,21; Gal. 3,19; Col. 4,18; 2Th. 3,17; Rev. 1,16; Rev. 6,5; Rev. 10,2; Rev. 10,8; Rev. 14,14; Rev. 17,4)

χειρί ▸ 71 + 13 + 3 = 87

Noun · feminine · singular · dative · (common) ▸ 71 + 13 + 3 = 87 (Gen. 21,18; Gen. 38,18; Gen. 40,11; Ex. 4,2; Ex. 4,17; Ex. 7,15; Ex. 7,17; Ex. 17,5; Ex. 17,9; Ex. 33,22; Num. 22,29; Num. 35,21; Deut. 9,26; Deut. 13,18; Josh. 8,18; Judg. 4,7; Judg. 4,14; Judg. 6,36; Judg. 6,37; Judg. 7,7; Judg. 7,9; Judg. 8,6; Judg. 8,7; Judg. 8,15; Judg. 9,29; Judg. 11,30; Judg. 12,3; Judg. 12,3; Judg. 20,28; 1Sam. 9,8; 1Sam. 12,5; 1Sam. 14,43; 1Sam. 16,2; 1Sam. 21,9; 1Sam. 24,12; 1Sam. 24,12; 1Sam. 28,17; 1Sam. 28,21; 1Kings 17,11; 2Kings 4,29; 2Kings 8,8; 2Kings 9,1; 2Kings 19,26; 1Chr. 14,11; 1Chr. 29,12; 1Chr. 29,12; 2Chr. 20,6; Ezra 7,14; Ezra 7,25; Neh. 1,10; Esth. 4,8; Esth. 14,3 # 4,17l; Esth. 14,14 # 4,17t; Judith 2,12; Judith 8,33; Judith 9,9; Judith 12,4; Judith 15,10; Job 1,12; Job 13,14; Job 17,3; Wis. 14,6; Sir. 29,26; Is. 10,10; Is. 13,2; Is. 45,12; Ezek. 8,11; Ezek. 20,5; Ezek. 20,6; Ezek. 37,17; Ezek. 37,20; Judg. 4,14; Judg. 6,36; Judg. 6,37; Judg. 7,7; Judg. 7,9; Judg. 8,6; Judg. 8,7; Judg. 8,15; Judg. 9,29; Judg. 11,30; Judg. 12,3; Judg. 12,3; Dan. 2,38; 1Cor. 12,21; Gal. 6,11;

χείρ

Philem. 19)

χειρός ▸ 62 + 1 + 2 = 65

Noun · feminine · singular · genitive · (common) ▸ 62 + 1 + 2 = **65** (Gen. 4,11; Gen. 43,9; Ex. 13,9; Ex. 13,16; Ex. 21,24; Num. 35,17; Num. 35,18; Deut. 6,8; Deut. 8,17; Deut. 19,21; Judg. 17,3; 1Sam. 15,28; 1Sam. 24,16; 1Sam. 28,17; 2Sam. 13,10; 1Kings 11,11; 1Kings 21,42; 2Kings 5,18; 2Kings 18,29; 2Kings 18,34; 2Kings 18,35; 2Kings 18,35; 1Chr. 12,18; 1Chr. 29,16; 2Chr. 16,7; 2Chr. 25,15; 2Chr. 32,13; 2Chr. 32,14; 2Chr. 32,14; 2Chr. 32,15; 2Chr. 32,15; 2Chr. 32,17; 2Chr. 32,17; Neh. 10,32; Judith 13,14; 3Mac. 6,10; Psa. 16,13; Psa. 38,11; Psa. 87,6; Job 23,2; Job 35,7; Sir. 27,19; Sir. 35,9; Sir. 49,11; Hos. 2,12; Is. 36,19; Is. 36,20; Is. 36,20; Is. 42,6; Is. 51,16; Is. 51,18; Is. 51,22; Jer. 15,17; Jer. 32,15; Jer. 32,28; Bar. 3,5; Ezek. 3,18; Ezek. 3,20; Ezek. 27,21; Ezek. 33,8; Ezek. 39,3; Ezek. 39,3; Judg. 17,3; Mark 1,31; John 10,28)

χειρός ▸ 241 + 25 + 24 = 290

Noun · feminine · singular · genitive · (common) ▸ 241 + 25 + 24 = **290** (Gen. 9,5; Gen. 9,5; Gen. 19,16; Gen. 19,16; Gen. 30,35; Gen. 32,12; Gen. 32,17; Gen. 39,1; Gen. 39,4; Gen. 39,22; Gen. 39,23; Gen. 41,42; Gen. 48,17; Gen. 48,22; Ex. 3,8; Ex. 3,19; Ex. 14,30; Ex. 18,4; Ex. 18,8; Ex. 18,8; Ex. 18,9; Ex. 18,9; Ex. 18,10; Ex. 18,10; Ex. 29,20; Lev. 8,23; Lev. 10,11; Lev. 14,14; Lev. 14,16; Lev. 14,17; Lev. 14,18; Lev. 14,25; Lev. 14,28; Lev. 14,28; Lev. 14,29; Lev. 21,19; Lev. 22,25; Num. 5,25; Num. 24,24; Deut. 7,8; Deut. 11,18; Deut. 25,11; Josh. 17,4; Josh. 22,31; Judg. 2,16; Judg. 2,18; Judg. 6,9; Judg. 6,9; Judg. 8,22; Judg. 8,34; Judg. 9,16; Judg. 9,17; Judg. 10,12; Judg. 12,2; Judg. 13,5; Judg. 15,17; Ruth 4,5; Ruth 4,9; 1Sam. 4,3; 1Sam. 4,8; 1Sam. 7,3; 1Sam. 7,8; 1Sam. 7,14; 1Sam. 9,16; 1Sam. 10,1; 1Sam. 10,4; 1Sam. 10,18; 1Sam. 12,3; 1Sam. 12,4; 1Sam. 12,10; 1Sam. 12,11; 1Sam. 14,48; 1Sam. 17,37; 1Sam. 17,37; 1Sam. 17,37; 1Sam. 25,35; 1Sam. 25,39; 1Sam. 25,39; 1Sam. 27,1; 2Sam. 3,18; 2Sam. 3,18; 2Sam. 4,11; 2Sam. 8,1; 2Sam. 12,7; 2Sam. 13,6; 2Sam. 14,16; 2Sam. 18,19; 2Sam. 18,31; 2Sam. 19,10; 2Sam. 22,1; 2Sam. 22,1; 2Sam. 23,21; 1Kings 10,13; 1Kings 11,12; 1Kings 11,31; 1Kings 11,34; 1Kings 11,35; 1Kings 14,26; 1Kings 22,3; 2Kings 5,20; 2Kings 8,20; 2Kings 8,22; 2Kings 9,7; 2Kings 9,8; 2Kings 13,5; 2Kings 13,25; 2Kings 13,25; 2Kings 14,27; 2Kings 16,7; 2Kings 16,7; 2Kings 17,7; 2Kings 18,33; 2Kings 19,14; 2Kings 19,19; 2Kings 20,6; 1Chr. 11,3; 1Chr. 11,23; 1Chr. 18,1; 1Chr. 24,19; 1Chr. 26,28; 1Chr. 28,19; 1Chr. 29,5; 1Chr. 29,8; 2Chr. 7,6; 2Chr. 13,8; 2Chr. 21,10; 2Chr. 23,18; 2Chr. 23,18; 2Chr. 24,11; 2Chr. 26,11; 2Chr. 26,11; 2Chr. 28,5; 2Chr. 30,6; 2Chr. 30,16; 2Chr. 31,15; 2Chr. 31,15; 2Chr. 32,11; 2Chr. 32,15; 2Chr. 32,22; 2Chr. 32,22; 2Chr. 34,9; 2Chr. 34,14; 2Chr. 35,4; 2Chr. 35,6; 2Chr. 35,11; Ezra 8,31; Neh. 9,27; Esth. 14,19 # 4,17z; Judith 16,2; Tob. 5,18; Tob. 7,13; 1Mac. 2,48; 1Mac. 5,12; 1Mac. 5,62; 1Mac. 9,46; 3Mac. 2,8; 3Mac. 5,13; Psa. 17,1; Psa. 17,1; Psa. 21,21; Psa. 30,16; Psa. 34,10; Psa. 48,16; Psa. 70,4; Psa. 70,4; Psa. 71,12; Psa. 72,23; Psa. 77,42; Psa. 77,42; Psa. 81,4; Psa. 88,49; Psa. 94,7; Psa. 96,10; Psa. 105,10; Psa. 105,10; Psa. 106,2; Psa. 139,5; Psa. 143,7; Psa. 143,11; Ode. 9,71; Ode. 9,74; Eccl. 2,24; Eccl. 4,1; Job 2,10; Job 5,15; Job 5,20; Job 6,23; Job 20,24; Job 27,22; Job 29,12; Wis. 2,18; Wis. 5,16; Wis. 13,10; Sir. 4,9; Sir. 21,19; Sir. 51,3; Sir. 51,8; Hos. 13,14; Mic. 4,10; Hab. 2,9; Zeph. 3,15; Zech. 11,6; Zech. 14,13; Is. 19,16; Is. 36,18; Is. 37,20; Is. 38,6; Is. 40,2; Is. 49,2; Is. 51,17; Jer. 15,21; Jer. 15,21; Jer. 20,13; Jer. 21,12; Jer. 22,3; Jer. 22,24; Jer. 32,17; Jer. 38,11; Jer. 38,32; Jer. 39,4; Jer. 41,3; Jer. 49,11; Bar. 4,18; Bar. 4,21; Lam. 5,8; Ezek. 8,3; Ezek. 13,18; Ezek. 13,21; Ezek. 13,23; Ezek. 30,10; Ezek. 30,22; Ezek. 33,6; Ezek. 34,27; Ezek. 37,19; Ezek. 38,17; Ezek. 46,5; Dan. 3,88; Dan. 5,5; Dan. 6,17; Dan. 8,25; Dan. 10,16; Judg. 2,16; Judg. 2,18; Judg. 6,9; Judg. 6,9; Judg. 6,14; Judg. 8,22; Judg. 8,34; Judg. 9,16; Judg. 9,17; Judg. 10,12; Judg. 12,2; Judg. 13,5; Judg. 13,23; Judg. 15,17; Tob. 5,18; Tob. 7,13; Dan. 3,88; Dan. 5,5; Dan. 5,5; Dan. 5,24; Dan. 6,28; Dan. 8,4; Dan. 8,7; Dan. 11,41; Dan. 12,7; Matt. 8,15; Matt. 9,25; Mark 5,41; Mark 8,23; Mark 9,27; Luke 1,71; Luke 1,74; Luke 8,54; John 10,29; John 10,39; Acts 2,23; Acts 3,7; Acts 7,25; Acts 11,30; Acts 12,11; Acts 15,23; Acts 23,19; Acts 28,3; Acts 28,4; Heb. 8,9; Rev. 8,4; Rev. 10,10; Rev. 13,16; Rev. 19,2)

χειρῶν ▸ 142 + 7 + 16 = 165

Noun · feminine · plural · genitive · (common) ▸ 142 + 7 + 16 = **165** (Gen. 5,29; Gen. 19,16; Gen. 20,5; Gen. 31,42; Gen. 33,10; Gen. 37,21; Gen. 37,22; Gen. 49,24; Ex. 29,20; Ex. 29,25; Ex. 32,4; Ex. 32,19; Ex. 34,29; Lev. 8,24; Lev. 8,28; Lev. 11,27; Deut. 2,7; Deut. 3,8; Deut. 4,28; Deut. 9,17; Deut. 12,11; Deut. 12,17; Deut. 16,15; Deut. 16,17; Deut. 24,19; Deut. 26,4; Deut. 27,15; Deut. 28,12; Deut. 30,9; Deut. 31,29; Deut. 32,39; Deut. 33,11; Josh. 9,26; Josh. 24,10; Judg. 1,6; Judg. 1,7; Judg. 13,23; 1Sam. 5,4; 1Sam. 5,4; 2Sam. 13,5; 2Sam. 21,20; 2Sam. 22,21; 2Sam. 22,25; 1Kings 7,21; 1Kings 7,21; 1Kings 16,7; 2Kings 5,24; 2Kings 9,35; 2Kings 19,18; 2Kings 22,17; 2Chr. 32,19; 2Chr. 34,25; Neh. 5,5; Neh. 12,8; Judith 13,4; 2Mac. 4,40; 2Mac. 5,14; 4Mac. 15,15; Psa. 8,7; Psa. 9,17; Psa. 17,21; Psa. 17,25; Psa. 18,2; Psa. 27,4; Psa. 27,5; Psa. 77,72; Psa. 89,17; Psa. 90,12; Psa. 91,5; Psa. 101,26; Psa. 110,7; Psa. 113,12; Psa. 134,15; Psa. 137,8; Psa. 140,2; Psa. 142,5; Ode. 2,39; Prov. 31,16; Prov. 31,31; Eccl. 5,5; Eccl. 10,18; Song 7,2; Job 1,10; Job 10,3; Job 10,7; Job 14,15; Job 30,2; Job 36,32; Wis. 1,12; Wis. 8,18; Wis. 12,6; Wis. 13,10; Wis. 13,19; Wis. 15,15; Sir. 35,7; Sir. 50,12; Sol. 4,16; Sol. 6,2; Sol. 9,4; Sol. 16,9; Sol. 18,1; Hos. 14,4; Mic. 5,11; Mic. 5,12; Hag. 1,11; Hag. 2,14; Hag. 2,17; Zech. 13,6; Mal. 1,10; Mal. 1,13; Mal. 2,13; Is. 1,12; Is. 2,8; Is. 3,11; Is. 5,12; Is. 17,8; Is. 37,19; Is. 43,13; Is. 45,11; Is. 49,16; Is. 60,21; Is. 64,7; Jer. 1,16; Jer. 23,14; Jer. 25,6; Jer. 29,3; Jer. 51,8; Lam. 3,41; Lam. 3,64; Lam. 4,2; LetterJ 50; Ezek. 10,8; Ezek. 10,21; Ezek. 34,10; Ezek. 39,9; Dan. 2,34; Dan. 2,45; Dan. 3,15; Dan. 3,17; Dan. 6,15; Dan. 8,4; Dan. 12,7; Judg. 1,6; Judg. 1,7; Judg. 15,14; Dan. 2,34; Dan. 2,45; Dan. 3,15; Dan. 3,17; Matt. 4,6; Mark 6,2; Luke 4,11; Acts 5,12; Acts 7,41; Acts 8,18; Acts 12,7; Acts 14,3; Acts 17,25; Acts 19,11; Acts 19,26; 1Tim. 4,14; 2Tim. 1,6; Heb. 1,10; Heb. 6,2; Rev. 9,20)

χερσί ▸ 1

Noun · feminine · plural · dative · (common) ▸ **1** (Judg. 2,14)

χερσίν ▸ 102 + 8 + 7 = 117

Noun · feminine · plural · dative · (common) ▸ 102 + 8 + 7 = **117** (Gen. 35,4; Gen. 39,3; Gen. 39,12; Gen. 39,13; Gen. 39,23; Gen. 43,12; Gen. 43,15; Gen. 43,21; Gen. 43,26; Ex. 12,11; Ex. 32,15; Ex. 35,25; Lev. 25,35; Lev. 25,49; Num. 22,7; Num. 24,10; Num. 31,6; Deut. 1,25; Judg. 7,15; Judg. 7,19; Judg. 16,18; 1Sam. 19,9; 1Sam. 21,14; 2Sam. 8,10; 1Kings 8,15; 1Chr. 5,10; 1Chr. 22,18; 2Chr. 1,17; 2Chr. 6,4; 2Chr. 24,13; 2Chr. 36,17; 1Esdr. 6,9; Ezra 1,6; Ezra 5,8; Judith 11,13; Judith 11,22; Judith 15,12; Tob. 13,13; 1Mac. 3,18; 1Mac. 12,9; 1Mac. 14,36; 1Mac. 16,2; 2Mac. 5,16; 2Mac. 5,16; 2Mac. 10,23; 2Mac. 14,46; 2Mac. 15,27; 4Mac. 9,28; 4Mac. 15,20; Psa. 23,4; Psa. 25,10; Psa. 75,6; Psa. 149,6; Ode. 4,4; Prov. 6,10; Prov. 9,12c; Prov. 14,1; Prov. 24,33; Prov. 30,28; Prov. 31,13; Job 9,30; Job 21,16; Wis. 1,16; Wis. 7,11; Wis. 9,16; Wis. 13,19; Wis. 15,17; Wis. 19,3; Sir. 2,12; Sir. 12,18; Sir. 38,13; Sir. 50,13; Sol. 4,17; Hos. 11,6; Hos. 12,11; Jonah 3,8; Hab. 3,4; Zech. 4,12; Zech. 7,7; Zech. 7,12; Zech. 8,13; Mal. 1,9; Is. 10,5; Jer. 5,31; Jer. 11,21; Jer. 18,4; Jer. 19,7; Jer. 33,14; Jer. 34,3; Jer. 39,3; Jer. 45,5; Jer. 48,5; Jer. 51,25; Bar. 2,24; Lam. 5,12; Ezek. 13,21; Ezek. 23,37; Ezek. 23,45; Ezek. 28,10; Ezek. 30,12; Dan. 8,25; Dan. 11,16; Judg. 7,19; Judg. 7,20; Judg. 7,20; Judg. 14,6;

Judg. 16,18; Tob. 11,12; Tob. 13,13; Dan. 9,10; Matt. 15,20; Mark 7,5; Mark 16,18; John 20,25; Eph. 4,28; 1Th. 4,11; Rev. 7,9)

χερσίν ▸ 24 + 3 = 27
  Noun · feminine · plural · dative · (common) ▸ 24 + 3 = 27 (Gen. 16,6; Ex. 4,21; Deut. 9,15; Deut. 10,3; Deut. 14,25; Deut. 23,25; Deut. 30,14; 1Sam. 24,21; 2Sam. 17,2; 1Kings 8,24; 2Chr. 6,15; Psa. 7,4; Psa. 30,16; Psa. 76,3; Psa. 118,109; Job 11,14; Job 16,17; Job 22,30; Job 31,7; Is. 28,2; Jer. 2,34; Jer. 18,6; Lam. 1,14; Lam. 1,14; Mark 7,2; Luke 6,1; 1Cor. 4,12)

χειραγωγέω (χείρ; ἄγω) to lead by the hand ▸ 1 + 1 + 2 = 4
  χειραγωγούμενον ▸ 1
    Verb · present · passive · participle · masculine · singular · accusative ▸ 1 (Tob. 11,16)
  χειραγωγούμενος ▸ 1
    Verb · present · passive · participle · masculine · singular · nominative · (variant) ▸ 1 (Acts 22,11)
  χειραγωγοῦντα ▸ 1
    Verb · present · active · participle · masculine · singular · accusative ▸ 1 (Judg. 16,26)
  χειραγωγοῦντες ▸ 1
    Verb · present · active · participle · masculine · plural · nominative ▸ 1 (Acts 9,8)

χειραγωγός (χείρ; ἄγω) one who leads by the hand ▸ 1
  χειραγωγούς ▸ 1
    Noun · masculine · plural · accusative ▸ 1 (Acts 13,11)

χειρίζω (χείρ) to handle ▸ 1
  χειρίζειν ▸ 1
    Verb · present · active · infinitive ▸ 1 (Esth. 16,5 # 8,12e)

χειρίστως (κακός) in a worse way ▸ 1
  χειρίστως ▸ 1
    Adverb · (comparative · or · superlative) ▸ 1 (2Mac. 7,39)

χειρόγραφον (χείρ; γράφω) handwriting ▸ 2 + 4 + 1 = 7
  χειρόγραφον ▸ 2 + 3 + 1 = 6
    Noun · neuter · singular · accusative · (common) ▸ 2 + 3 + 1 = 6 (Tob. 5,3; Tob. 9,5; Tob. 5,3; Tob. 9,2; Tob. 9,5; Col. 2,14)
  Χειρόγραφον ▸ 1
    Noun · neuter · singular · accusative · (common) ▸ 1 (Tob. 5,3)

χειρονομία (χείρ; νομέω) hand-to-hand fighting ▸ 1
  χειρονομίαις ▸ 1
    Noun · feminine · plural · dative · (common) ▸ 1 (3Mac. 1,5)

χειροπέδη (χείρ; πούς) hand binding; handcuff ▸ 8
  χειροπέδαι ▸ 1
    Noun · feminine · plural · nominative · (common) ▸ 1 (Sir. 21,19)
  χειροπέδαις ▸ 6
    Noun · feminine · plural · dative · (common) ▸ 6 (Psa. 149,8; Job 36,8; Nah. 3,10; Is. 45,14; Jer. 47,1; Dan. 4,17a)
  χειροπέδων ▸ 1
    Noun · feminine · plural · genitive · (common) ▸ 1 (Jer. 47,4)

χειροποίητος (χείρ; ποιέω) hand-made ▸ 14 + 1 + 6 = 21
  χειροποίητα ▸ 11 + 1 + 1 = 13
    Adjective · neuter · plural · accusative · noDegree ▸ 7 + 1 + 1 = 9 (Lev. 26,1; Lev. 26,30; Is. 16,12; Is. 31,7; Is. 46,6; Dan. 5,4; Dan. 5,23; Bel 5; Heb. 9,24)
    Adjective · neuter · plural · nominative · noDegree ▸ 4 (Is. 2,18; Is. 19,1; Is. 21,9; Dan. 6,28)
  χειροποιήτοις ▸ 2 + 2 = 4
    Adjective · masculine · plural · dative · noDegree ▸ 1 + 1 = 2 (Judith 8,18; Acts 17,24)
    Adjective · neuter · plural · dative · noDegree ▸ 1 + 1 = 2 (Is. 10,11; Acts 7,48)
  χειροποίητον ▸ 1 + 1 = 2
    Adjective · masculine · singular · accusative ▸ 1 (Mark 14,58)
    Adjective · neuter · singular · nominative · noDegree ▸ 1 (Wis. 14,8)
  χειροποιήτου ▸ 2
    Adjective · feminine · singular · genitive ▸ 2 (Eph. 2,11; Heb. 9,11)

χειροτονέω (χείρ; τείνω) to appoint, choose ▸ 2
  χειροτονηθείς ▸ 1
    Verb · aorist · passive · participle · masculine · singular · nominative ▸ 1 (2Cor. 8,19)
  χειροτονήσαντες ▸ 1
    Verb · aorist · active · participle · masculine · plural · nominative ▸ 1 (Acts 14,23)

χειροτονία (χείρ; τείνω) extending the hand; ordination ▸ 1
  χειροτονίαν ▸ 1
    Noun · feminine · singular · accusative · (common) ▸ 1 (Is. 58,9)

χειρόω (χείρ) to overpower ▸ 6
  ἐχειρώσαντο ▸ 1
    Verb · third · plural · aorist · active · indicative ▸ 1 (2Mac. 4,42)
  χειρωσάμενοι ▸ 1
    Verb · aorist · middle · participle · masculine · plural · nominative ▸ 1 (3Mac. 7,15)
  χειρώσασθαι ▸ 3
    Verb · aorist · middle · infinitive ▸ 3 (2Mac. 4,34; Job 3,8; Job 30,24)
  χειρώσηται ▸ 1
    Verb · third · singular · aorist · middle · subjunctive ▸ 1 (Job 13,15)

Χελαιων Kilion ▸ 3
  Χελαιων ▸ 3
    Noun · masculine · singular · dative · (proper) ▸ 1 (Ruth 4,9)
    Noun · masculine · singular · nominative · (proper) ▸ 2 (Ruth 1,2; Ruth 1,5)

Χελβα Helba ▸ 1 + 1 = 2
  Χελβα ▸ 1 + 1 = 2
    Noun · feminine · singular · accusative · (proper) ▸ 1 (Judg. 1,31)
    Noun · masculine · singular · accusative · (proper) ▸ 1 (Judg. 1,31)

Χελβων Helbon ▸ 1
  Χελβων ▸ 1
    Noun · genitive · (proper) ▸ 1 (Ezek. 27,18)

Χελεγ Helek ▸ 1
  Χελεγ ▸ 1
    Noun · masculine · singular · dative · (proper) ▸ 1 (Num. 26,34)

Χελεγι Helekite ▸ 1
  Χελεγι ▸ 1
    Noun · masculine · singular · nominative · (proper) ▸ 1 (Num. 26,34)

Χελεθθι Kerethite ▸ 1
  Χελεθθι ▸ 1
    Noun · masculine · singular · nominative · (proper) ▸ 1 (2Sam. 8,18)

Χελεουδ Chaldeans ▸ 1
  Χελεουδ ▸ 1
    Noun · masculine · singular · genitive · (proper) ▸ 1 (Judith 1,6)

Χελεων Chelleans ▸ 1
  Χελεων ▸ 1
    Noun · feminine · singular · genitive · (proper) ▸ 1 (Judith 2,23)

Χελια Keluhi ▸ 1
    Χελια ▸ 1
        Noun · masculine · singular · nominative · (proper) ▸ **1** (Ezra 10,35)

χελιδών swallow (bird) ▸ 4
    χελιδόνες ▸ 1
        Noun · feminine · plural · nominative · (common) ▸ **1** (LetterJ 21)
    χελιδών ▸ 3
        Noun · feminine · singular · nominative · (common) ▸ **3** (Ode. 11,14; Is. 38,14; Jer. 8,7)

Χελκαθ Helkath ▸ 1
    Χελκαθ ▸ 1
        Noun · singular · nominative · (proper) ▸ **1** (Josh. 19,25)

Χελκανα Kanah ▸ 1
    Χελκανα ▸ 1
        Noun · singular · accusative · (proper) ▸ **1** (Josh. 16,8)

Χελκατ Helkath ▸ 1
    Χελκατ ▸ 1
        Noun · feminine · singular · accusative · (proper) ▸ **1** (Josh. 21,31)

Χελκείας Hilkiah ▸ 1
    Χελκιου ▸ 1
        Noun · masculine · singular · genitive · (proper) ▸ **1** (1Esdr. 8,1)

Χελκια Hilkiah ▸ 1
    Χελκια ▸ 1
        Noun · masculine · singular · genitive · (proper) ▸ **1** (1Chr. 9,11)

Χελκιας Hilkiah ▸ 32 + 1 = 33
    Χελκια ▸ 3
        Noun · masculine · singular · dative · (proper) ▸ **3** (2Kings 22,12; 2Kings 23,4; 2Chr. 34,20)
    Χελκιαν ▸ 3
        Noun · masculine · singular · accusative · (proper) ▸ **3** (2Kings 22,4; 1Chr. 5,39; 2Chr. 34,9)
    Χελκιας ▸ 14 + 1 = 15
        Noun · masculine · singular · nominative · (proper) ▸ **14 + 1 = 15** (2Kings 22,8; 2Kings 22,8; 2Kings 22,10; 2Kings 22,14; 2Kings 23,24; 1Chr. 5,39; 2Chr. 34,14; 2Chr. 34,15; 2Chr. 34,15; 2Chr. 34,18; 2Chr. 34,22; 2Chr. 35,8; 2Chr. 35,19a; 1Esdr. 1,8; Sus. 63)
    Χελκιου ▸ 12
        Noun · masculine · singular · genitive · (proper) ▸ **12** (2Kings 18,18; 2Kings 18,26; 2Kings 18,37; 1Chr. 6,30; Judith 8,1; Is. 22,20; Is. 36,3; Is. 36,22; Jer. 1,1; Jer. 36,3; Bar. 1,1; Bar. 1,7)

Χελκιος Hilkiah ▸ 2 + 2 = 4
    Χελκιου ▸ 2 + 2 = 4
        Noun · masculine · singular · genitive · (proper) ▸ **2 + 2 = 4** (Sus. 7-8; Sus. 29; Sus. 2; Sus. 29)

Χελλης Helez ▸ 5
    Χελλης ▸ 5
        Noun · masculine · singular · accusative · (proper) ▸ **1** (1Chr. 2,39)
        Noun · masculine · singular · genitive · (proper) ▸ **1** (2Chr. 34,22)
        Noun · masculine · singular · nominative · (proper) ▸ **3** (1Chr. 2,39; 1Chr. 11,27; 1Chr. 27,10)

Χελουβ Caleb ▸ 1
    Χελουβ ▸ 1
        Noun · singular · genitive · (proper) ▸ **1** (1Sam. 30,14)

Χελούς Chelous ▸ 1
    Χελους ▸ 1
        Noun · singular · genitive · (proper) ▸ **1** (Judith 1,9)

χελύνιον (χεῖλος) jaw ▸ 1
    χελύνια ▸ 1
        Noun · neuter · plural · nominative · (common) ▸ **1** (Deut. 34,7)

Χελχα Halak ▸ 1
    Χελχα ▸ 1
        Noun · singular · genitive · (proper) ▸ **1** (Josh. 12,7)

χελώνη mound ▸ 1
    χελῶναι ▸ 1
        Noun · feminine · plural · nominative · (common) ▸ **1** (Hos. 12,12)

χελωνίς (χεῖλος) threshold ▸ 1
    χελωνίδος ▸ 1
        Noun · feminine · singular · genitive · (common) ▸ **1** (Judith 14,15)

Χεναρα Kinnereth ▸ 1
    Χεναρα ▸ 1
        Noun · singular · genitive · (proper) ▸ **1** (Num. 34,11)

Χενερεθ Kinnereth ▸ 2 + 1 = 3
    Χενερεθ ▸ 2 + 1 = 3
        Noun · singular · genitive · (proper) ▸ **2** (Josh. 12,3; Josh. 13,27)
        Noun · singular · nominative · (proper) ▸ **1** (Josh. 19,35)

χερεθ dungeon (?) ▸ 1
    χερεθ ▸ 1
        Noun ▸ **1** (Jer. 44,16)

Χερεθθι Kerethite ▸ 4
    Χερεθθι ▸ 3
        Noun · masculine · singular · genitive · (proper) ▸ **1** (2Sam. 20,23)
        Noun · masculine · singular · nominative · (proper) ▸ **2** (2Sam. 15,18; 2Sam. 20,7)
    χερεθθι ▸ 1
        Noun · masculine · singular · nominative · (proper) ▸ **1** (1Kings 1,38)

χερεθθι Kerethite ▸ 2
    χερεθθι ▸ 2
        Noun · masculine · singular · accusative · (common) ▸ **1** (1Kings 1,44)
        Noun · masculine · singular · genitive · (common) ▸ **1** (1Chr. 18,17)

Χερμελ Carmel ▸ 6 + 1 = 7
    Χερμελ ▸ 6 + 1 = 7
        Noun · singular · nominative · (proper) ▸ **1 + 1 = 2** (Josh. 15,55; Josh. 15,55)
        Noun · masculine · singular · genitive · (proper) ▸ **1** (Josh. 12,22)
        Noun · masculine · singular · nominative · (proper) ▸ **2** (Is. 32,15; Is. 32,15)
        Noun · neuter · singular · nominative · (proper) ▸ **2** (Is. 29,17; Is. 29,17)

Χερουβ cherub ▸ 1
    Χερουβιν ▸ 1
        Noun · neuter · plural · accusative · (common) ▸ **1** (2Sam. 22,11)

Χερούβ cherub ▸ 1
    Χερουβιν ▸ 1
        Noun · neuter · plural · nominative ▸ **1** (Heb. 9,5)

χερουβ cherub ▸ 3 + 1 = 4
    χερουβιμ ▸ 3
        Noun · neuter · plural · accusative · (common) ▸ **3** (Gen. 3,24; Ex. 25,18; 1Sam. 4,4)
    χερουβιν ▸ 1
        Noun · neuter · plural · genitive · (common) ▸ **1** (Dan. 3,55)

χερούβ cherub ▸ 79
    χερουβ ▸ 17
        Noun · masculine · singular · accusative · (common) ▸ **2** (Ex.

38,7; Ex. 38,7)
    Noun · masculine · singular · nominative · (common) ▸ **2** (Ex. 25,19; Ex. 25,19)
    Noun · neuter · singular · dative · (common) ▸ **2** (1Kings 6,25; Ezek. 41,18)
    Noun · neuter · singular · genitive · (common) ▸ **9** (1Kings 6,24; 1Kings 6,26; 2Chr. 3,11; 2Chr. 3,12; 2Chr. 3,12; Ezek. 10,9; Ezek. 28,14; Ezek. 41,18; Ezek. 41,18)
    Noun · neuter · singular · nominative · (common) ▸ **2** (1Kings 6,26; Ezek. 28,16)
  χερουβιμ ▸ 11
    Noun · masculine · plural · accusative · (common) ▸ **3** (Ex. 25,19; Ex. 26,31; Ex. 38,6)
    Noun · masculine · plural · dative · (common) ▸ **3** (Ex. 26,1; Ex. 37,3; Ex. 37,5)
    Noun · masculine · plural · genitive · (common) ▸ **2** (Ex. 25,20; Ex. 25,22)
    Noun · masculine · plural · nominative · (common) ▸ **1** (Ex. 25,20)
    Noun · neuter · plural · genitive · (common) ▸ **2** (Num. 7,89; Dan. 3,55)
  χερουβιν ▸ 51
    Noun · neuter · plural · accusative · (common) ▸ **14** (1Kings 6,23; 1Kings 6,28; 1Kings 6,29; 1Kings 6,32; 1Kings 6,32; 2Chr. 3,7; 2Chr. 3,8; 2Chr. 3,10; 2Chr. 3,14; Psa. 17,11; Ezek. 10,8; Ezek. 10,16; Ezek. 10,16; Ezek. 10,18)
    Noun · neuter · plural · genitive · (common) ▸ **21** (1Kings 8,6; 2Kings 19,15; 1Chr. 13,6; 1Chr. 28,18; 2Chr. 3,11; 2Chr. 3,13; 2Chr. 5,7; Psa. 79,2; Psa. 98,1; Ode. 8,54; Sir. 49,8; Is. 37,16; Ezek. 9,3; Ezek. 10,1; Ezek. 10,2; Ezek. 10,2; Ezek. 10,4; Ezek. 10,5; Ezek. 10,6; Ezek. 10,7; Ezek. 10,9)
    Noun · neuter · plural · nominative · (common) ▸ **16** (1Kings 6,27; 1Kings 6,35; 1Kings 7,16; 1Kings 7,22; 1Kings 8,7; 1Kings 8,7; 2Chr. 5,8; 2Chr. 5,8; Ezek. 10,3; Ezek. 10,15; Ezek. 10,19; Ezek. 10,20; Ezek. 11,22; Ezek. 41,18; Ezek. 41,20; Ezek. 41,25)

Χερουβιν cherubim ▸ 1
  Χερουβιν ▸ 1
    Noun · neuter · plural · genitive · (common) ▸ **1** (2Sam. 6,2)

χερσαῖος (χέρσος) belonging to dry land ▸ 2
  χερσαῖα ▸ 1
    Adjective · neuter · plural · nominative · noDegree ▸ **1** (Wis. 19,19)
  χερσαῖος ▸ 1
    Adjective · masculine · singular · nominative · noDegree ▸ **1** (Lev. 11,29)

χερσόομαι (χέρσος) to be dry ▸ 4
  κεχερσωμένη ▸ 1
    Verb · perfect · passive · participle · feminine · singular · nominative ▸ **1** (Jer. 2,31)
  χερσωθήσεται ▸ 2
    Verb · third · singular · future · passive · indicative ▸ **2** (Prov. 24,31; Nah. 1,10)
  χερσωθήσονται ▸ 1
    Verb · third · plural · future · passive · indicative ▸ **1** (Wis. 4,19)

χέρσος dry, (fem n) dry land ▸ 8
  χέρσον ▸ 5
    Noun · feminine · singular · accusative · (common) ▸ **5** (Ode. 10,6; Hos. 10,4; Hos. 12,12; Is. 5,6; Is. 7,23)
  χέρσος ▸ 2
    Noun · feminine · singular · nominative · (common) ▸ **2** (Wis. 10,7; Is. 7,24)
  χέρσου ▸ 1
    Noun · feminine · singular · genitive · (common) ▸ **1** (Is. 7,25)

Χετ Heth ▸ 11
  Χετ ▸ 11
    Noun · masculine · singular · genitive · (proper) ▸ **11** (Gen. 23,3; Gen. 23,5; Gen. 23,7; Gen. 23,10; Gen. 23,10; Gen. 23,16; Gen. 23,18; Gen. 23,20; Gen. 25,10; Gen. 27,46; Gen. 49,32)

Χετταία Hittite (f) ▸ 3
  Χετταία ▸ 2
    Noun · feminine · singular · nominative · (proper) ▸ **2** (Ezek. 16,3; Ezek. 16,45)
  Χετταίας ▸ 1
    Noun · feminine · plural · accusative · (proper) ▸ **1** (1Kings 11,1)

Χετταῖος Hittite ▸ 40 + 1 = 41
  Χετταῖοι ▸ 1
    Noun · masculine · plural · nominative · (proper) ▸ **1** (Josh. 9,1)
  Χετταῖον ▸ 11
    Noun · masculine · singular · accusative · (proper) ▸ **11** (Gen. 10,15; Ex. 23,23; Ex. 33,2; Ex. 34,11; Deut. 7,1; Deut. 20,17; Josh. 3,10; Josh. 12,8; 1Sam. 26,6; 2Sam. 11,6; 2Sam. 12,9)
  Χετταῖος ▸ 7
    Noun · masculine · singular · nominative · (proper) ▸ **7** (Gen. 23,10; Num. 13,29; Josh. 24,11; 2Sam. 11,17; 2Sam. 11,21; 2Sam. 11,24; 2Sam. 23,39)
  Χετταίου ▸ 11 + 1 = 12
    Noun · masculine · singular · genitive · (proper) ▸ **11 + 1 = 12** (Gen. 25,9; Gen. 26,34; Gen. 36,2; Gen. 49,29; Gen. 49,30; Gen. 50,13; Judg. 3,5; 2Sam. 11,3; 2Sam. 12,10; 1Kings 10,22b # 9,20; 2Chr. 8,7; Judg. 3,5)
  Χετταίους ▸ 3
    Noun · masculine · plural · accusative · (proper) ▸ **3** (Gen. 15,20; Ex. 23,28; Josh. 11,3)
  Χετταίων ▸ 7
    Noun · masculine · plural · genitive · (proper) ▸ **7** (Ex. 3,8; Ex. 3,17; Ex. 13,5; 2Kings 7,6; 2Chr. 1,17; 1Esdr. 8,66; Neh. 9,8)

Χεττι Kerethite ▸ 2
  Χεττι ▸ 2
    Noun · masculine · singular · nominative · (proper) ▸ **2** (2Sam. 15,18; 1Chr. 11,41)

Χεττιιμ Hitties; Kittim ▸ 3
  Χεττιιμ ▸ 3
    Noun · plural · genitive · (proper) ▸ **1** (Judg. 1,26)
    Noun · masculine · plural · genitive · (proper) ▸ **2** (1Mac. 1,1; Jer. 2,10)

Χεττιιν Kittim/Cyprus (?) ▸ 2 + 1 = 3
  Χεττιιν ▸ 2 + 1 = 3
    Noun · plural · genitive · (proper) ▸ **1** (1Kings 10,29)
    Noun · masculine · plural · genitive · (proper) ▸ **1 + 1 = 2** (Ezek. 27,6; Judg. 1,26)

χεττιιν (Hebr.) garments (?) ▸ 1
  χεττιιν ▸ 1
    Noun ▸ **1** (2Kings 23,7)

Χεττουρα Keturah ▸ 4
  Χεττουρα ▸ 1
    Noun · feminine · singular · nominative · (proper) ▸ **1** (Gen. 25,1)
  Χεττουρας ▸ 3
    Noun · feminine · singular · genitive · (proper) ▸ **3** (Gen. 25,4; 1Chr. 1,32; 1Chr. 1,33)

Χεφιρα Kephirah ▸ 1
  Χεφιρα ▸ 1
    Noun · singular · nominative · (proper) ▸ **1** (Josh. 18,26)

χέω to pour; to scatter ▸ 10

ἐχέοντο ‣ 1
   Verb · third · plural · imperfect · middle · indicative ‣ 1 (Job 29,6)
ἐχέοντό ‣ 1
   Verb · third · plural · imperfect · middle · indicative ‣ 1 (Job 29,6)
κεχυμένῳ ‣ 2
   Verb · perfect · passive · participle · masculine · singular · dative ‣ 2 (Ezek. 20,33; Ezek. 20,34)
κέχυται ‣ 2
   Verb · third · singular · perfect · passive · indicative ‣ 2 (Job 38,38; Hos. 4,2)
χεεῖ ‣ 1
   Verb · third · singular · future · active · indicative ‣ 1 (Mal. 3,3)
χέει ‣ 1
   Verb · third · singular · present · active · indicative ‣ 1 (Sir. 43,19)
χεῖται ‣ 1
   Verb · third · singular · present · passive · indicative ‣ 1 (Jer. 7,20)
χυθήσεται ‣ 1
   Verb · third · singular · future · passive · indicative ‣ 1 (Joel 2,2)

Χηζιρ Hezir ‣ 1
   Χηζιρ ‣ 1
      Noun · masculine · singular · dative · (proper) ‣ 1 (1Chr. 24,15)

χήλη hoof ‣ 2
   χηλῶν ‣ 2
      Noun · feminine · plural · genitive · (common) ‣ 2 (Lev. 11,3; Deut. 14,6)

χήρα widow ‣ 68 + 1 + 26 = 95
   χήρα ‣ 13 + 9 = 22
      Noun · feminine · singular · nominative · (common) ‣ 13 + 9 = 22 (Gen. 38,11; Lev. 22,13; Deut. 14,29; Deut. 16,11; Deut. 16,14; 2Sam. 14,5; 1Kings 17,10; 4Mac. 16,10; Psa. 108,9; Is. 47,8; Is. 49,21; Lam. 1,1a; Ezek. 44,22; Mark 12,42; Mark 12,43; Luke 2,37; Luke 7,12; Luke 18,3; Luke 21,3; 1Tim. 5,4; 1Tim. 5,5; Rev. 18,7)
   Χήρα ‣ 1
      Noun · feminine · singular · nominative ‣ 1 (1Tim. 5,9)
   χήρᾳ ‣ 8
      Noun · feminine · singular · dative · (common) ‣ 8 (Deut. 10,18; Deut. 24,19; Deut. 24,20; Deut. 24,21; Deut. 26,12; Deut. 26,13; 1Kings 17,9; Bar. 4,12)
   χῆραι ‣ 7 + 3 = 10
      Noun · feminine · plural · nominative · (common) ‣ 7 + 3 = 10 (Ex. 22,23; 2Sam. 20,3; Psa. 77,64; Jer. 15,8; Jer. 18,21; Jer. 30,5; Lam. 5,3; Luke 4,25; Acts 6,1; Acts 9,39)
   χῆραί ‣ 1
      Noun · feminine · plural · nominative · (common) ‣ 1 (Ezek. 22,25)
   χήραις ‣ 2 + 1 + 2 = 5
      Noun · feminine · plural · dative · (common) ‣ 2 + 1 + 2 = 5 (2Mac. 8,28; 2Mac. 8,30; Tob. 1,8; 1Cor. 7,8; 1Tim. 5,16)
   χήραν ‣ 14 + 3 = 17
      Noun · feminine · singular · accusative · (common) ‣ 14 + 3 = 17 (Ex. 22,21; Lev. 21,14; Psa. 93,6; Psa. 145,9; Sir. 35,14; Zech. 7,10; Mal. 3,5; Is. 1,17; Is. 10,2; Jer. 7,6; Jer. 22,3; LetterJ 37; Ezek. 22,7; Ezek. 44,22; Luke 4,26; Luke 18,5; Luke 21,2)
   χήρας ‣ 20 + 5 = 25
      Noun · feminine · plural · accusative · (common) ‣ 3 + 5 = 8 (Job 22,9; Job 31,16; Is. 9,16; Acts 9,41; 1Tim. 5,3; 1Tim. 5,11; 1Tim. 5,16; James 1,27)
      Noun · feminine · singular · genitive · (common) ‣ 17 (Num. 30,10; Deut. 24,17; Deut. 24,17; Deut. 27,19; 1Kings 7,2; 1Kings 11,26; 1Kings 17,20; Judith 9,4; Judith 9,9; Prov. 15,25; Job 24,3; Job 27,15; Job 29,13; Wis. 2,10; Sir. 35,15; Jer. 5,28; Bar. 4,16)
   Χήρας ‣ 1
      Noun · feminine · plural · accusative ‣ 1 (1Tim. 5,3)
   χηρῶν ‣ 3 + 2 = 5
      Noun · feminine · plural · genitive · (common) ‣ 3 + 2 = 5 (2Mac. 3,10; Psa. 67,6; Is. 1,23; Mark 12,40; Luke 20,47)

χηρεία (χήρα) widowhood ‣ 2
   χηρεία ‣ 1
      Noun · feminine · singular · nominative · (common) ‣ 1 (Is. 47,9)
   χηρείαν ‣ 1
      Noun · feminine · singular · accusative · (common) ‣ 1 (Mic. 1,16)

χήρειος (χήρα) widowed ‣ 1
   χηρείας ‣ 1
      Adjective · feminine · singular · genitive · noDegree ‣ 1 (Is. 54,4)

χήρευσις (χήρα) widowhood ‣ 6
   χηρεύσεως ‣ 6
      Noun · feminine · singular · genitive · (common) ‣ 6 (Gen. 38,14; Gen. 38,19; Judith 8,5; Judith 8,6; Judith 10,3; Judith 16,7)

χηρεύω (χήρα) to be widowed ‣ 3
   ἐχήρευσεν ‣ 1
      Verb · third · singular · aorist · active · indicative ‣ 1 (Jer. 28,5)
   χηρεύουσα ‣ 2
      Verb · present · active · participle · feminine · singular · nominative ‣ 2 (2Sam. 13,20; Judith 8,4)

χθιζός (χθές) of yesterday ‣ 1
   χθιζοί ‣ 1
      Adjective · masculine · plural · nominative · noDegree ‣ 1 (Job 8,9)

χῖδρον (χίδρον) crushed grain ‣ 2
   χῖδρα ‣ 2
      Noun · neuter · plural · accusative · (common) ‣ 2 (Lev. 2,14; Lev. 23,14)

χίδρον crushed grain ‣ 1
   χίδρων ‣ 1
      Noun · neuter · plural · genitive · (common) ‣ 1 (Lev. 2,16)

χιλιαρχία (χίλιοι; ἄρχω) thousand; group of a thousand soldiers ‣ 2
   χιλιαρχίαν ‣ 1
      Noun · feminine · singular · accusative · (common) ‣ 1 (1Mac. 5,13)
   χιλιαρχίας ‣ 1
      Noun · feminine · plural · accusative · (common) ‣ 1 (Num. 31,48)

χιλίαρχος (ἄρχω; χίλιοι) commander of a thousand; tribune, chief officer ‣ 29 + 21 = 50
   χιλίαρχοι ‣ 10 + 1 = 11
      Noun · masculine · plural · nominative · (common) ‣ 10 + 1 = 11 (Num. 1,16; Num. 31,48; Josh. 22,14; 1Chr. 15,25; 1Chr. 26,26; 1Chr. 27,1; 1Chr. 29,6; 2Chr. 17,14; 1Esdr. 1,9; Zech. 12,5; Rev. 6,15)
   χιλιάρχοις ‣ 4 + 2 = 6
      Noun · masculine · plural · dative · (common) ‣ 4 + 2 = 6 (Num. 31,14; Josh. 22,21; 2Chr. 1,2; 1Mac. 16,19; Mark 6,21; Acts 25,23)
   χιλίαρχον ‣ 1 + 3 = 4
      Noun · masculine · singular · accusative · (common) ‣ 1 + 3 = 4 (1Sam. 18,13; Acts 21,32; Acts 23,17; Acts 23,18)
   χιλίαρχος ‣ 1 + 10 = 11

Noun · masculine · singular · nominative · (common) ▸ 1 + 10 = **11** (Zech. 9,7; John 18,12; Acts 21,33; Acts 22,24; Acts 22,27; Acts 22,28; Acts 22,29; Acts 23,10; Acts 23,19; Acts 23,22; Acts 24,22)

χιλιάρχους ▸ 10
Noun · masculine · plural · accusative · (common) ▸ **10** (Ex. 18,21; Ex. 18,25; Deut. 1,15; 1Sam. 8,12; 1Sam. 22,7; 2Sam. 18,1; 2Chr. 25,5; Judith 14,12; 1Mac. 3,55; Zech. 12,6)

χιλιάρχῳ ▸ 4
Noun · masculine · singular · dative ▸ **4** (Acts 21,31; Acts 21,37; Acts 22,26; Acts 23,15)

χιλιάρχων ▸ 3 + 1 = 4
Noun · masculine · plural · genitive · (common) ▸ 3 + 1 = **4** (Num. 31,52; Num. 31,54; 1Chr. 13,1; Rev. 19,18)

χιλιάς (χίλιοι) group of a thousand ▸ 320 + 23 + 23 = 366

χιλιάδας ▸ 112 + 7 = 119
Noun · feminine · plural · accusative · (common) ▸ 112 + 7 = **119** (Gen. 24,60; Ex. 12,37; Ex. 20,6; Ex. 34,7; Num. 10,35; Deut. 5,10; Josh. 8,3; Judg. 1,4; Judg. 3,29; Judg. 4,6; Judg. 20,21; Judg. 20,25; Judg. 20,35; Judg. 20,45; Judg. 21,10; 1Sam. 6,19; 1Sam. 11,8; 1Sam. 11,8; 1Sam. 13,2; 1Sam. 15,4; 1Sam. 15,4; 1Sam. 18,8; 1Sam. 24,3; 1Sam. 29,2; 2Sam. 6,1; 2Sam. 8,4; 2Sam. 8,4; 2Sam. 8,5; 2Sam. 8,13; 2Sam. 10,6; 2Sam. 10,6; 2Sam. 10,18; 2Sam. 17,1; 2Sam. 18,4; 1Kings 5,25; 1Kings 5,25; 1Kings 8,63; 1Kings 8,63; 1Kings 19,18; 1Kings 21,15; 1Kings 21,29; 1Kings 21,30; 2Kings 3,4; 2Kings 3,4; 2Kings 14,7; 2Kings 19,35; 2Kings 24,14; 1Chr. 5,21; 1Chr. 5,21; 1Chr. 18,4; 1Chr. 18,4; 1Chr. 18,5; 1Chr. 18,12; 1Chr. 19,7; 1Chr. 19,18; 1Chr. 19,18; 1Chr. 22,14; 1Chr. 22,14; 1Chr. 23,3; 1Chr. 29,7; 1Chr. 29,7; 2Chr. 2,1; 2Chr. 2,1; 2Chr. 2,9; 2Chr. 2,9; 2Chr. 2,9; 2Chr. 2,9; 2Chr. 2,17; 2Chr. 2,17; 2Chr. 7,5; 2Chr. 7,5; 2Chr. 11,1; 2Chr. 25,5; 2Chr. 25,6; 2Chr. 25,11; 2Chr. 25,12; 2Chr. 25,13; 2Chr. 27,5; 2Chr. 27,5; 2Chr. 28,6; 2Chr. 28,8; 2Chr. 30,24; 2Chr. 35,7; 2Chr. 35,7; 1Esdr. 1,7; Judith 2,5; Judith 2,5; 1Mac. 3,39; 1Mac. 4,28; 1Mac. 7,41; 1Mac. 10,36; 1Mac. 10,40; 1Mac. 10,74; 1Mac. 16,4; 2Mac. 15,22; Psa. 59,2; Psa. 83,11; Psa. 118,72; Sir. 16,10; Is. 37,36; Is. 60,22; Jer. 39,18; Ezek. 45,1; Ezek. 45,1; Ezek. 45,3; Ezek. 45,3; Ezek. 45,6; Ezek. 45,6; Ezek. 48,15; Ezek. 48,20; Ezek. 48,21; Ezek. 48,21; Judg. 1,4; Judg. 3,29; Judg. 4,6; Judg. 20,21; Judg. 20,25; Judg. 20,35; Judg. 21,10)

χιλιάδες ▸ 187 + 14 + 19 = 220
Noun · feminine · plural · nominative · (common) ▸ 187 + 14 + 19 = **220** (Num. 1,21; Num. 1,23; Num. 1,25; Num. 1,27; Num. 1,29; Num. 1,31; Num. 1,33; Num. 1,35; Num. 1,37; Num. 1,39; Num. 1,41; Num. 1,43; Num. 1,46; Num. 2,4; Num. 2,6; Num. 2,8; Num. 2,9; Num. 2,11; Num. 2,13; Num. 2,15; Num. 2,16; Num. 2,19; Num. 2,21; Num. 2,23; Num. 2,24; Num. 2,26; Num. 2,28; Num. 2,30; Num. 2,31; Num. 2,32; Num. 3,39; Num. 3,43; Num. 11,21; Num. 17,14; Num. 25,9; Num. 26,7; Num. 26,14; Num. 26,18; Num. 26,21; Num. 26,23; Num. 26,27; Num. 26,31; Num. 26,38; Num. 26,41; Num. 26,45; Num. 26,47; Num. 26,50; Num. 26,51; Num. 26,62; Num. 31,5; Num. 31,32; Num. 31,32; Num. 31,33; Num. 31,34; Num. 31,35; Num. 31,36; Num. 31,38; Num. 31,39; Num. 31,40; Num. 31,43; Num. 31,43; Num. 31,44; Num. 31,45; Num. 31,46; Num. 31,52; Deut. 33,17; Josh. 8,25; Judg. 4,10; Judg. 4,14; Judg. 7,3; Judg. 7,3; Judg. 8,10; Judg. 8,10; Judg. 12,6; Judg. 15,11; Judg. 20,2; Judg. 20,15; Judg. 20,17; Judg. 20,34; Judg. 20,44; Judg. 20,46; 1Sam. 4,2; 1Sam. 4,10; 1Sam. 13,5; 1Sam. 13,5; 1Sam. 14,23; 1Sam. 17,5; 1Sam. 26,2; 2Sam. 18,3; 2Sam. 18,7; 2Sam. 24,9; 2Sam. 24,9; 2Sam. 24,15; 1Kings 2,35d; 1Kings 2,35d; 1Kings 2,35h; 1Kings 2,46i; 1Kings 2,46i; 1Kings 5,27; 1Kings 5,28; 1Kings 5,29; 1Kings 5,29; 1Kings 5,30; 1Kings 10,26; 1Kings 10,26; 1Kings 12,21; 2Kings 13,7; 1Chr. 5,18; 1Chr. 7,2; 1Chr. 7,4; 1Chr. 7,5; 1Chr. 7,7; 1Chr. 7,9; 1Chr. 7,11; 1Chr. 7,40; 1Chr. 12,25; 1Chr. 12,26; 1Chr. 12,28; 1Chr. 12,30; 1Chr. 12,31; 1Chr. 12,32; 1Chr. 12,34; 1Chr. 12,35; 1Chr. 12,36; 1Chr. 12,37; 1Chr. 12,38; 1Chr. 21,5; 1Chr. 21,5; 1Chr. 21,5; 1Chr. 21,14; 1Chr. 23,4; 1Chr. 23,5; 1Chr. 23,5; 1Chr. 27,1; 1Chr. 27,2; 1Chr. 27,4; 1Chr. 27,5; 1Chr. 27,7; 1Chr. 27,8; 1Chr. 27,9; 1Chr. 27,10; 1Chr. 27,11; 1Chr. 27,12; 1Chr. 27,13; 1Chr. 27,14; 1Chr. 27,15; 2Chr. 1,14; 2Chr. 2,16; 2Chr. 9,25; 2Chr. 9,25; 2Chr. 13,17; 2Chr. 14,7; 2Chr. 14,7; 2Chr. 17,14; 2Chr. 17,15; 2Chr. 17,16; 2Chr. 17,17; 2Chr. 17,18; 2Chr. 26,13; 1Esdr. 5,9; Judith 7,2; Judith 7,2; Judith 7,17; 1Mac. 6,30; 1Mac. 6,30; 2Mac. 8,19; Psa. 67,18; Ezek. 45,5; Ezek. 45,5; Ezek. 48,8; Ezek. 48,9; Ezek. 48,9; Ezek. 48,10; Ezek. 48,10; Ezek. 48,10; Ezek. 48,10; Ezek. 48,13; Ezek. 48,13; Ezek. 48,13; Ezek. 48,13; Ezek. 48,16; Ezek. 48,16; Ezek. 48,18; Ezek. 48,18; Ezek. 48,20; Ezek. 48,35; Dan. 7,10; Judg. 4,10; Judg. 4,14; Judg. 7,3; Judg. 7,3; Judg. 8,10; Judg. 8,10; Judg. 12,6; Judg. 20,2; Judg. 20,15; Judg. 20,17; Judg. 20,34; Judg. 20,44; Judg. 20,46; Dan. 7,10; Acts 4,4; 1Cor. 10,8; Rev. 5,11; Rev. 7,4; Rev. 7,5; Rev. 7,5; Rev. 7,5; Rev. 7,6; Rev. 7,6; Rev. 7,6; Rev. 7,7; Rev. 7,7; Rev. 7,7; Rev. 7,8; Rev. 7,8; Rev. 7,8; Rev. 11,13; Rev. 14,1; Rev. 14,3)

χιλιάδων ▸ 4 + 3 = 7
Noun · feminine · plural · genitive · (common) ▸ 4 + 2 = **6** (Num. 31,5; 1Chr. 12,21; 1Chr. 28,1; Sir. 46,8; Luke 14,31; Rev. 5,11)
Noun · neuter · plural · genitive ▸ **1** (Rev. 21,16)

χιλιάς ▸ 1 + 1 = 2
Noun · feminine · singular · nominative · (common) ▸ 1 + 1 = **2** (Judg. 6,15; Judg. 6,15)

χιλιάσιν ▸ 16 + 1 + 1 = 18
Noun · feminine · plural · dative · (common) ▸ 16 + 1 + 1 = **18** (Judg. 5,8; 1Sam. 18,7; 1Sam. 21,12; 1Sam. 23,23; 1Sam. 29,5; 2Chr. 12,3; 2Chr. 13,3; 2Chr. 13,3; 2Chr. 14,8; 1Mac. 4,29; 1Mac. 9,4; 1Mac. 12,41; 2Mac. 11,4; Mic. 5,1; Mic. 6,7; Ezek. 48,15; Judg. 5,8; Luke 14,31)

χίλιοι thousand ▸ 116 + 14 + 11 = 141

χίλια ▸ 14 + 8 = 22
Adjective · neuter · plural · accusative · (cardinal · numeral) ▸ 6 + 3 = **9** (Gen. 20,14; Gen. 20,16; 2Sam. 8,4; 2Kings 15,19; 1Chr. 18,4; 1Chr. 19,6; Rev. 20,2; Rev. 20,4; Rev. 20,6)
Adjective · neuter · plural · nominative · (cardinal · numeral) ▸ 8 + 5 = **13** (2Chr. 1,14; 1Esdr. 2,9; 1Esdr. 2,9; 1Esdr. 2,10; Ezra 1,10; Psa. 89,4; Job 42,12; Sir. 41,4; 2Pet. 3,8; 2Pet. 3,8; Rev. 20,3; Rev. 20,5; Rev. 20,7)

χίλιαι ▸ 6 + 2 = 8
Adjective · feminine · plural · nominative · (cardinal · numeral) ▸ 6 + 2 = **8** (1Sam. 25,2; 1Chr. 21,5; Ezra 2,69; Job 42,12; Is. 7,23; Dan. 7,10; Dan. 7,10; Dan. 12,11)

χιλίαις ▸ 1
Adjective · feminine · plural · dative · (cardinal · numeral) ▸ **1** (2Chr. 14,8)

χιλιάς ▸ 1
Adjective · feminine · singular · genitive · noDegree ▸ **1** (Psa. 90,7)

χιλίας ▸ 7 + 1 + 2 = 10
Adjective · feminine · plural · accusative · (cardinal · numeral) ▸ 7 + 1 + 2 = **10** (Deut. 7,9; 1Chr. 16,15; 1Chr. 22,14; 1Esdr. 5,44; Psa. 104,8; Dan. 12,11; Dan. 12,12; Dan. 12,12; Rev. 11,3; Rev. 12,6)

χίλιοι ▸ 36 + 3 = 39
Adjective · masculine · plural · nominative · (cardinal · numeral)

▸ 36 + 3 = **39** (Ex. 39,2; Ex. 39,6; Num. 26,51; Judg. 8,26; Judg. 9,49; 1Sam. 13,2; 2Sam. 19,18; 1Chr. 9,13; 1Chr. 12,35; 1Chr. 26,30; 1Esdr. 5,12; 1Esdr. 5,13; 1Esdr. 5,24; 1Esdr. 5,25; 1Esdr. 5,25; Ezra 1,9; Ezra 2,7; Ezra 2,31; Ezra 2,37; Ezra 2,38; Ezra 2,39; Ezra 8,27; Neh. 7,12; Neh. 7,34; Neh. 7,40; Neh. 7,41; Neh. 7,42; 1Mac. 12,47; Song 4,4; Song 8,12; Job 33,23; Sir. 16,3; Sir. 39,11; Sir. 41,12; Amos 5,3; Is. 30,17; Judg. 8,26; Judg. 9,49; Judg. 17,2)

χιλίοις ▸ 5 + 2 = 7
Adjective · masculine · plural · dative · (cardinal · numeral) ▸ 3 + 2 = **5** (Judg. 20,10; 1Chr. 12,15; 2Mac. 11,11; Judg. 20,10; Dan. 5,1)
Adjective · neuter · plural · dative · (cardinal · numeral) ▸ **2** (2Chr. 12,3; 2Mac. 5,21)

Χιλίους ▸ 1
Adjective · masculine · plural · accusative · (cardinal · numeral) ▸ **1** (Judg. 17,2)

χιλίους ▸ 36 + 5 = 41
Adjective · masculine · plural · accusative · noDegree ▸ **1** (Neh. 7,70)
Adjective · masculine · plural · accusative · (cardinal · numeral) ▸ 35 + 5 = **40** (Ex. 39,5; Num. 3,50; Num. 31,4; Num. 31,4; Num. 31,5; Num. 31,6; Num. 31,6; Deut. 32,30; Josh. 23,10; Judg. 15,15; Judg. 15,16; Judg. 16,5; Judg. 17,3; Judg. 20,10; 2Sam. 10,6; 2Sam. 18,12; 2Kings 24,16; 1Chr. 29,21; 1Chr. 29,21; 1Chr. 29,21; 2Chr. 30,24; 2Chr. 30,24; 1Esdr. 5,2; Neh. 3,13; 1Mac. 6,35; 1Mac. 9,49; 2Mac. 8,22; 2Mac. 8,34; 2Mac. 11,11; Ode. 2,30; Song 8,11; Ezek. 47,3; Ezek. 47,4; Ezek. 47,4; Ezek. 47,5; Judg. 15,15; Judg. 15,16; Judg. 16,5; Judg. 17,3; Judg. 20,10)

χιλίων ▸ 9 + 1 + 1 = 11
Adjective · feminine · plural · genitive · (cardinal · numeral) ▸ **3** (1Mac. 2,38; 1Mac. 14,24; 1Mac. 15,18)
Adjective · masculine · plural · genitive · (cardinal · numeral) ▸ 5 + 1 = **6** (2Mac. 5,5; Eccl. 7,28; Job 9,3; Sir. 6,6; Is. 7,23; Dan. 5,1)
Adjective · neuter · plural · genitive · (cardinal · numeral) ▸ 1 + 1 = **2** (Eccl. 6,6; Rev. 14,20)

χιλιοπλασίως (χίλιοι) thousand times more ▸ 1
χιλιοπλασίως ▸ 1
Adverb ▸ **1** (Deut. 1,11)

χίλιος (χίλιοι) thousand ▸ 4
χιλίαν ▸ 4
Adjective · feminine · singular · accusative · (cardinal · numeral) ▸ **4** (1Kings 3,4; 2Chr. 1,6; 1Mac. 4,1; 1Mac. 10,79)

Χιλουων Holon ▸ 1
Χιλουων ▸ 1
Noun · singular · nominative · (proper) ▸ **1** (Josh. 15,51)

χίμαιρα (χίμαρος) young female goat ▸ 3
χίμαιραν ▸ 3
Noun · feminine · singular · accusative · (common) ▸ **3** (Lev. 4,28; Lev. 4,29; Lev. 5,6)

χίμαρος young male goat ▸ 56
χίμαροι ▸ 1
Noun · masculine · plural · nominative · (common) ▸ **1** (Num. 7,87)
χίμαρον ▸ 39
Noun · masculine · singular · accusative · (common) ▸ **39** (Lev. 4,23; Lev. 9,3; Lev. 9,15; Lev. 10,16; Lev. 16,9; Lev. 16,10; Lev. 16,15; Lev. 16,20; Lev. 16,22; Lev. 16,26; Lev. 16,27; Lev. 23,19; Num. 7,16; Num. 7,22; Num. 7,28; Num. 7,34; Num. 7,40; Num. 7,46; Num. 7,52; Num. 7,58; Num. 7,64; Num. 7,70; Num. 7,76; Num. 7,82; Num. 15,24; Num. 28,15; Num. 28,22; Num. 28,30; Num. 29,5; Num. 29,11; Num. 29,16; Num. 29,19; Num. 29,22; Num. 29,25; Num. 29,28; Num. 29,31; Num. 29,34; Num. 29,38; Deut. 14,4)

χίμαρος ▸ 2
Noun · masculine · singular · nominative · (common) ▸ **2** (Lev. 16,22; Neh. 5,18)
χιμάρου ▸ 4
Noun · masculine · singular · genitive · (common) ▸ **4** (Lev. 4,24; Lev. 16,18; Lev. 16,21; Lev. 16,21)
χιμάρους ▸ 9
Noun · masculine · plural · accusative · (common) ▸ **9** (Lev. 16,5; Lev. 16,7; Lev. 16,8; 2Chr. 29,21; 2Chr. 29,23; 1Esdr. 7,8; Ezra 6,17; Ezra 8,35; Psa. 49,9)
χιμάρων ▸ 1
Noun · masculine · plural · genitive · (common) ▸ **1** (Psa. 65,15)

Χιναναδαβ Ben-abinadab ▸ 1
Χιναναδαβ ▸ 1
Noun · masculine · singular · nominative · (proper) ▸ **1** (1Kings 4,11)

χιονόομαι (χιών) to snow upon ▸ 1
χιονωθήσονται ▸ 1
Verb · third · plural · future · passive · indicative ▸ **1** (Psa. 67,15)

Χίος Chios ▸ 1
Χίου ▸ 1
Noun · feminine · singular · genitive · (proper) ▸ **1** (Acts 20,15)

Χιραμ Hiram ▸ 34
Χιραμ ▸ 34
Noun · masculine · singular · accusative · (proper) ▸ **4** (1Kings 5,16; 1Kings 7,1; 2Chr. 2,2; 2Chr. 2,12)
Noun · masculine · singular · dative · (proper) ▸ **3** (1Kings 5,25; 1Kings 5,25; 1Kings 9,11)
Noun · masculine · singular · genitive · (proper) ▸ **6** (1Kings 5,26; 1Kings 6,1b; 1Kings 10,11; 1Kings 10,22; 2Chr. 9,10; 2Chr. 9,21)
Noun · masculine · singular · nominative · (proper) ▸ **21** (2Sam. 5,11; 1Kings 5,15; 1Kings 5,15; 1Kings 5,21; 1Kings 5,24; 1Kings 7,26; 1Kings 7,26; 1Kings 7,31; 1Kings 7,31; 1Kings 9,11; 1Kings 9,12; 1Kings 9,14; 1Kings 9,27; 1Chr. 14,1; 2Chr. 2,10; 2Chr. 2,11; 2Chr. 4,11; 2Chr. 4,11; 2Chr. 4,16; 2Chr. 8,2; 2Chr. 8,18)

χιτών tunic, shirt ▸ 36 + 11 = 47
Χιτών ▸ 1
Noun · masculine · singular · nominative · (common) ▸ **1** (Gen. 37,33)
χιτών ▸ 2 + 1 = 3
Noun · masculine · singular · nominative · (common) ▸ 2 + 1 = **3** (Gen. 37,32; 2Sam. 13,18; John 19,23)
χιτῶνα ▸ 15 + 3 = 18
Noun · masculine · singular · accusative · (common) ▸ 15 + 3 = **18** (Gen. 37,3; Gen. 37,23; Gen. 37,31; Gen. 37,31; Gen. 37,32; Ex. 28,4; Ex. 29,5; Lev. 6,3; Lev. 8,7; Lev. 16,4; 2Sam. 13,19; 2Sam. 15,32; 1Kings 20,27; 4Mac. 9,11; Is. 61,10; Luke 6,29; John 19,23; Jude 23)
χιτῶνά ▸ 1 + 1 = 2
Noun · masculine · singular · accusative · (common) ▸ 1 + 1 = **2** (Song 5,3; Matt. 5,40)
χιτῶνας ▸ 13 + 6 = 19
Noun · masculine · plural · accusative · (common) ▸ 13 + 6 = **19** (Gen. 3,21; Ex. 28,40; Ex. 29,8; Ex. 35,19; Ex. 36,34; Ex. 40,14; Lev. 8,13; Judith 14,19; 2Mac. 4,38; 2Mac. 12,40; Is. 3,16; Is. 36,22; LetterJ 30; Matt. 10,10; Mark 6,9; Mark 14,63; Luke 3,11; Luke 9,3; Acts 9,39)
χιτῶνος ▸ 1
Noun · masculine · singular · genitive · (common) ▸ **1** (Is. 3,24)
χιτῶνός ▸ 1

Noun · masculine · singular · genitive · (common) ▸ **1** (Job 30,18)
  χιτώνων ▸ 1
    Noun · masculine · plural · genitive · (common) ▸ **1** (Ex. 28,39)
  χιτῶσιν ▸ 1
    Noun · masculine · plural · dative · (common) ▸ **1** (Lev. 10,5)

χιών snow ▸ 25 + 2 + 2 = 29
  χιόνα ▸ 8
    Noun · feminine · singular · accusative · (common) ▸ **8** (1Mac. 13,22; Psa. 50,9; Psa. 147,5; Sir. 43,13; Sir. 43,18; Is. 1,18; Lam. 4,7; Dan. 7,9)
  χιόνες ▸ 2 + 1 = 3
    Noun · feminine · plural · nominative · (common) ▸ 2 + 1 = 3 (Ode. 8,70; Dan. 3,70; Dan. 3,70)
  χιόνι ▸ 2
    Noun · feminine · singular · dative · (common) ▸ **2** (Job 9,30; Job 37,6)
  χιόνος ▸ 4
    Noun · feminine · singular · genitive · (common) ▸ **4** (2Sam. 23,20; 1Chr. 11,22; Prov. 25,13; Job 38,22)
  χιών ▸ 4 + 1 = 5
    Noun · feminine · singular · nominative · (common) ▸ 4 + 1 = 5 (Ex. 4,6; Num. 12,10; 2Kings 5,27; Psa. 148,8; Matt. 28,3)
  χιών ▸ 5 + 1 + 1 = 7
    Noun · feminine · singular · nominative · (common) ▸ 5 + 1 + 1 = 7 (1Mac. 13,22; Job 6,16; Wis. 16,22; Is. 55,10; Jer. 18,14; Dan. 7,9; Rev. 1,14)

χλαῖνα shirt, upper raiment ▸ 1
  χλαίνας ▸ 1
    Noun · feminine · plural · accusative · (common) ▸ **1** (Prov. 31,22)

χλαμύς cloak ▸ 1 + 2 = 3
  χλαμύδα ▸ 2
    Noun · feminine · singular · accusative ▸ **2** (Matt. 27,28; Matt. 27,31)
  χλαμύδος ▸ 1
    Noun · feminine · singular · genitive · (common) ▸ **1** (2Mac. 12,35)

χλευάζω to joke, scoff, jeer ▸ 3 + 1 = 4
  ἐχλεύαζον ▸ 1
    Verb · third · plural · imperfect · active · indicative ▸ **1** (Acts 17,32)
  χλευάζεις ▸ 1
    Verb · second · singular · present · active · indicative ▸ **1** (4Mac. 5,22)
  χλευάζοντες ▸ 1
    Verb · present · active · participle · masculine · plural · nominative ▸ **1** (Wis. 11,14)
  χλευάσασα ▸ 1
    Verb · aorist · active · participle · feminine · singular · nominative ▸ **1** (2Mac. 7,27)

χλεύασμα (χλευάζω) thing mocked ▸ 1
  χλεύασμα ▸ 1
    Noun · neuter · singular · accusative · (common) ▸ **1** (Job 12,4)

χλευασμός (χλευάζω) mockery; joke ▸ 2
  χλευασμόν ▸ 1
    Noun · masculine · singular · accusative · (common) ▸ **1** (Jer. 20,8)
  χλευασμός ▸ 1
    Noun · masculine · singular · nominative · (common) ▸ **1** (Psa. 78,4)

χλιαρός lukewarm ▸ 1
  χλιαρός ▸ 1
    Adjective · masculine · singular · nominative ▸ **1** (Rev. 3,16)

χλιδών wrist band, ankle band ▸ 6
  χλιδών ▸ 1
    Noun · masculine · singular · nominative · (common) ▸ **1** (Sir. 21,21)
  χλιδῶνα ▸ 2
    Noun · masculine · singular · accusative · (common) ▸ **2** (Num. 31,50; 2Sam. 1,10)
  χλιδῶνας ▸ 3
    Noun · masculine · plural · accusative · (common) ▸ **3** (2Sam. 8,7; Judith 10,4; Is. 3,20)

Χλόη (χλόη) Chloe ▸ 1
  Χλόης ▸ 1
    Noun · feminine · singular · genitive · (proper) ▸ **1** (1Cor. 1,11)

χλόη fresh growth, grass ▸ 13 + 2 = 15
  χλόη ▸ 2
    Noun · feminine · singular · nominative · (common) ▸ **2** (2Kings 19,26; Psa. 89,5)
  χλόῃ ▸ 2
    Noun · feminine · singular · dative · (common) ▸ **2** (Dan. 4,15; Dan. 4,23)
  χλόην ▸ 4
    Noun · feminine · singular · accusative · (common) ▸ **4** (Psa. 103,14; Psa. 146,8; Sir. 40,22; Sir. 43,21)
  χλόης ▸ 7
    Noun · feminine · singular · genitive · (common) ▸ **7** (2Sam. 23,4; Psa. 22,2; Psa. 36,2; Job 38,27; Sol. 5,9; Dan. 4,32; Dan. 4,33a)

χλοηφόρος (χλόη; φέρω) grassy ▸ 1
  χλοηφόρον ▸ 1
    Adjective · neuter · singular · nominative · noDegree ▸ **1** (Wis. 19,7)

χλωρίζω (χλόη) to be green ▸ 2
  χλωρίζουσα ▸ 1
    Verb · present · active · participle · feminine · singular · nominative ▸ **1** (Lev. 13,49)
  χλωριζούσας ▸ 1
    Verb · present · active · participle · feminine · plural · accusative ▸ **1** (Lev. 14,37)

χλωρός (χλόη) green ▸ 15 + 4 = 19
  χλωρά ▸ 2
    Adjective · feminine · singular · nominative · noDegree ▸ **1** (2Kings 19,26)
    Adjective · neuter · plural · accusative · noDegree ▸ **1** (Num. 22,4)
  χλωράν ▸ 1
    Adjective · feminine · singular · accusative · noDegree ▸ **1** (Gen. 30,37)
  χλωρόν ▸ 2
    Adjective · neuter · singular · accusative · noDegree ▸ **1** (Gen. 30,37)
    Adjective · neuter · singular · nominative · noDegree ▸ **1** (Deut. 29,22)
  χλωρόν ▸ 7 + 1 = 8
    Adjective · masculine · singular · accusative · noDegree ▸ 1 + 1 = 2 (Gen. 1,30; Rev. 9,4)
    Adjective · neuter · singular · accusative · noDegree ▸ **2** (Gen. 2,5; Ezek. 17,24)
    Adjective · neuter · singular · nominative · noDegree ▸ **4** (Ex. 10,15; Is. 19,7; Is. 27,11; Ezek. 21,3)
  χλωρός ▸ 1
    Adjective · masculine · singular · nominative ▸ **1** (Rev. 6,8)
  χλωρός ▸ 1 + 1 = 2

χλωρός–χολή

Adjective · masculine · singular · nominative · noDegree ▸ 1 + 1 = **2** (Is. 15,6; Rev. 8,7)

χλωροῦ ▸ 1
    Adjective · masculine · singular · genitive · noDegree ▸ **1** (Job 39,8)

χλωρῷ ▸ 1
    Adjective · masculine · singular · dative ▸ **1** (Mark 6,39)

χλωρῶν ▸ 1
    Adjective · masculine · plural · genitive · noDegree ▸ **1** (Prov. 27,25)

χλωρότης (χλόη) yellow-green ▸ **1**

χλωρότητι ▸ 1
    Noun · feminine · singular · dative · (common) ▸ **1** (Psa. 67,14)

χνοῦς dust; foam ▸ **8**

χνοῦν ▸ 2
    Noun · masculine · singular · accusative · (common) ▸ **2** (Is. 17,13; Is. 41,15)

χνοῦς ▸ 6
    Noun · masculine · singular · nominative · (common) ▸ **5** (Psa. 1,4; Psa. 34,5; Wis. 5,14; Hos. 13,3; Is. 29,5)
    Noun · neuter · singular · nominative · (common) ▸ **1** (Is. 5,24)

Χοβαρ Kebar ▸ **8**

Χοβαρ ▸ 8
    Noun · singular · genitive · (proper) ▸ **8** (Ezek. 1,1; Ezek. 1,3; Ezek. 3,15; Ezek. 3,23; Ezek. 10,15; Ezek. 10,20; Ezek. 10,22; Ezek. 43,3)

Χοβερ Heber ▸ **1**

Χοβερ ▸ 1
    Noun · masculine · singular · dative · (proper) ▸ **1** (Num. 26,29)

Χοβερι Heberite ▸ **1**

Χοβερι ▸ 1
    Noun · masculine · singular · nominative · (proper) ▸ **1** (Num. 26,29)

Χοβορ Heber ▸ **1**

Χοβορ ▸ 1
    Noun · masculine · singular · nominative · (proper) ▸ **1** (Gen. 46,17)

Χοβωρ Beker (?) ▸ **1**

Χοβωρ ▸ 1
    Noun · masculine · singular · nominative · (proper) ▸ **1** (Gen. 46,21)

Χοδδαδ Hadad ▸ **2**

Χοδδαδ ▸ 2
    Noun · masculine · singular · nominative · (proper) ▸ **2** (Gen. 25,15; 1Chr. 1,30)

Χοδλι Hadlai ▸ **1**

Χοδλι ▸ 1
    Noun · masculine · singular · genitive · (proper) ▸ **1** (2Chr. 28,12)

Χοδολλογομορ Kedorlaomer ▸ **5**

Χοδολλογομορ ▸ 5
    Noun · masculine · singular · accusative · (proper) ▸ **1** (Gen. 14,9)
    Noun · masculine · singular · dative · (proper) ▸ **1** (Gen. 14,4)
    Noun · masculine · singular · genitive · (proper) ▸ **1** (Gen. 14,17)
    Noun · masculine · singular · nominative · (proper) ▸ **2** (Gen. 14,1; Gen. 14,5)

χοεύς measure ▸ **1**

χοεῖς ▸ 1
    Noun · masculine · plural · accusative · (common) ▸ **1** (1Kings 7,24)

χοθωνωθ (Hebr.) garments ▸ **2**

χοθωνωθ ▸ 2
    Noun ▸ **2** (Neh. 7,70; Neh. 7,72)

χοϊκός (χέω) made of earth ▸ **4**

χοϊκοί ▸ 1
    Adjective · masculine · plural · nominative ▸ **1** (1Cor. 15,48)

χοϊκός ▸ 2
    Adjective · masculine · singular · nominative ▸ **2** (1Cor. 15,47; 1Cor. 15,48)

χοϊκοῦ ▸ 1
    Adjective · masculine · singular · genitive ▸ **1** (1Cor. 15,49)

χοῖνιξ measure (quart-sized) ▸ 3 + 2 = **5**

χοίνικες ▸ 1
    Noun · feminine · plural · nominative ▸ **1** (Rev. 6,6)

χοῖνιξ ▸ 3 + 1 = **4**
    Noun · feminine · singular · nominative · (common) ▸ 3 + 1 = **4** (Ezek. 45,10; Ezek. 45,11; Ezek. 45,11; Rev. 6,6)

χοιρογρύλλιος (χοῖρος; γρῦλος) rabbit ▸ **4**

χοιρογρύλλιοι ▸ 1
    Noun · masculine · plural · nominative · (common) ▸ **1** (Prov. 30,26)

χοιρογρυλλίοις ▸ 1
    Noun · masculine · plural · dative · (common) ▸ **1** (Psa. 103,18)

χοιρογρύλλιον ▸ 2
    Noun · masculine · singular · accusative · (common) ▸ **2** (Lev. 11,6; Deut. 14,7)

χοῖρος pig ▸ **12**

χοῖροι ▸ 1
    Noun · masculine · plural · nominative ▸ **1** (Luke 15,16)

χοίρους ▸ 5
    Noun · masculine · plural · accusative ▸ **5** (Matt. 8,32; Mark 5,12; Mark 5,13; Luke 8,33; Luke 15,15)

χοίρων ▸ 6
    Noun · masculine · plural · genitive ▸ **6** (Matt. 7,6; Matt. 8,30; Matt. 8,31; Mark 5,11; Mark 5,16; Luke 8,32)

Χολασεωλα Hazar Shual ▸ **1**

Χολασεωλα ▸ 1
    Noun · feminine · singular · nominative · (proper) ▸ **1** (Josh. 15,28)

χολάω (χολή) to be angry ▸ **1**

χολᾶτε ▸ 1
    Verb · second · plural · present · active · indicative ▸ **1** (John 7,23)

Χολδαι Heldai ▸ **1**

Χολδαι ▸ 1
    Noun · masculine · singular · nominative · (proper) ▸ **1** (1Chr. 27,15)

χολέρα (χολή) cholera ▸ **3**

χολέραν ▸ 1
    Noun · feminine · singular · accusative · (common) ▸ **1** (Num. 11,20)

χολέρας ▸ 2
    Noun · feminine · singular · genitive · (common) ▸ **2** (Sir. 31,20; Sir. 37,30)

χολή gall; gall bladder ▸ 17 + 8 + 2 = **27**

χολή ▸ 1 + 1 = **2**
    Noun · feminine · singular · nominative · (common) ▸ 1 + 1 = **2** (Tob. 6,9; Tob. 6,9)

χολή ▸ 2 + 2 = **4**
    Noun · feminine · singular · nominative · (common) ▸ 2 + 2 = **4** (Tob. 6,7; Job 20,14; Tob. 6,4; Tob. 11,11)

χολῇ ▸ 1 + 1 = **2**
    Noun · feminine · singular · dative · (common) ▸ 1 + 1 = **2** (Deut. 29,17; Tob. 6,7)

χολήν ▸ **1** + **1** = 2
  Noun · feminine · singular · accusative · (common) ▸ 1 + 1 = 2 (Job 16,13; Tob. 11,4)
χολήν ▸ **5** + **3** + **1** = 9
  Noun · feminine · singular · accusative · (common) ▸ 5 + 3 + 1 = 9 (Tob. 6,4; Tob. 11,4; Tob. 11,8; Tob. 11,11; Psa. 68,22; Tob. 6,4; Tob. 6,5; Tob. 11,8; Acts 8,23)
χολῆς ▸ **7** + **1** = 8
  Noun · feminine · singular · genitive · (common) ▸ 7 + 1 = 8 (Deut. 32,32; Ode. 2,32; Prov. 5,4; Jer. 8,14; Jer. 9,14; Lam. 3,15; Lam. 3,19; Matt. 27,34)

Χολθι Kerethites ▸ 1
  Χολθι ▸ 1
    Noun · singular · genitive · (proper) ▸ 1 (1Sam. 30,14)

Χολοδ Heled ▸ 1
  Χολοδ ▸ 1
    Noun · masculine · singular · nominative · (proper) ▸ 1 (1Chr. 11,30)

χόλος gall, wrath ▸ 4
  χόλον ▸ 1
    Noun · masculine · singular · accusative · (common) ▸ 1 (Wis. 18,22)
  χόλῳ ▸ 3
    Noun · masculine · singular · dative · (common) ▸ 3 (3Mac. 5,1; 3Mac. 5,30; Eccl. 5,16)

Χολουβ Chelub (?) ▸ 1
  Χολουβ ▸ 1
    Noun · masculine · singular · genitive · (proper) ▸ 1 (1Chr. 27,26)

χονδρίτης (χόνδρος) bread; grain-cake ▸ 1
  χονδριτῶν ▸ 1
    Noun · masculine · plural · genitive · (common) ▸ 1 (Gen. 40,16)

Χοραζίν Chorazin ▸ 2
  Χοραζίν ▸ 2
    Noun · feminine · singular · vocative · (proper) ▸ 2 (Matt. 11,21; Luke 10,13)

Χορβε Chorbe ▸ 1
  Χορβε ▸ 1
    Noun · masculine · singular · genitive · (proper) ▸ 1 (1Esdr. 5,12)

χορδή string (for music) ▸ 2
  χορδαῖς ▸ 1
    Noun · feminine · plural · dative · (common) ▸ 1 (Psa. 150,4)
  χορδήν ▸ 1
    Noun · feminine · singular · accusative · (common) ▸ 1 (Nah. 3,8)

χορεία (χορός) dance ▸ 1
  χορείᾳ ▸ 1
    Noun · feminine · singular · dative · (common) ▸ 1 (Judith 15,13)

χορεύω (χορός) to dance ▸ **6** + **2** = 8
  ἐχόρευον ▸ 1
    Verb · third · plural · imperfect · active · indicative ▸ 1 (1Kings 1,40)
  χορεύειν ▸ 1
    Verb · present · active · infinitive ▸ 1 (Judg. 21,21)
  χορεύοντες ▸ 1
    Verb · present · active · participle · masculine · plural · nominative ▸ 1 (4Mac. 14,8)
  χορεύουσαι ▸ 2
    Verb · present · active · participle · feminine · plural · nominative ▸ 2 (1Sam. 18,6; 1Sam. 21,12)
  χορευουσῶν ▸ **1** + **1** = 2
    Verb · present · active · participle · feminine · plural · genitive ▸ 1 + 1 = 2 (Judg. 21,23; Judg. 21,23)
  χορεῦσαι ▸ 1
    Verb · aorist · active · infinitive ▸ 1 (Judg. 21,21)

χορηγέω (χορός; ἄγω) to supply ▸ **18** + **2** = 20
  ἐχορήγει ▸ 1
    Verb · third · singular · imperfect · active · indicative ▸ 1 (Dan. 4,12)
  ἐχορηγεῖτο ▸ 1
    Verb · third · singular · imperfect · passive · indicative ▸ 1 (Bel 31-32)
  ἐχορήγησαν ▸ 1
    Verb · third · plural · aorist · active · indicative ▸ 1 (2Mac. 4,49)
  ἐχορήγησεν ▸ 2
    Verb · third · singular · aorist · active · indicative ▸ 2 (1Mac. 14,10; Sir. 1,10)
  ἐχορήγουν ▸ 1
    Verb · third · plural · imperfect · active · indicative ▸ 1 (1Kings 5,1)
  κεχορηγημένοι ▸ 1
    Verb · perfect · passive · participle · masculine · plural · nominative ▸ 1 (Sir. 44,6)
  χορηγεῖ ▸ 1
    Verb · third · singular · present · active · indicative ▸ 1 (1Pet. 4,11)
  χορηγεῖν ▸ 4
    Verb · present · active · infinitive ▸ 4 (1Kings 4,7; 1Kings 4,7; 2Mac. 3,3; 3Mac. 6,30)
  χορηγηθήσεται ▸ 1
    Verb · third · singular · future · passive · indicative ▸ 1 (Judith 12,2)
  χορηγήσαντος ▸ 1
    Verb · aorist · active · participle · masculine · singular · genitive ▸ 1 (3Mac. 7,18)
  χορηγήσει ▸ **2** + **1** = 3
    Verb · third · singular · future · active · indicative ▸ 2 + 1 = 3 (Sir. 1,26; Sir. 39,33; 2Cor. 9,10)
  χορηγήσειν ▸ 1
    Verb · future · active · infinitive ▸ 1 (2Mac. 9,16)
  χορηγήσῃς ▸ 1
    Verb · second · singular · aorist · active · subjunctive ▸ 1 (Sir. 18,31)
  χορηγούμενοι ▸ 1
    Verb · present · passive · participle · masculine · plural · nominative ▸ 1 (3Mac. 6,40)

χορηγία (χορός) provision; abundance; expense ▸ 7
  χορηγία ▸ 1
    Noun · feminine · singular · dative · (common) ▸ 1 (3Mac. 5,2)
  χορηγίαν ▸ 4
    Noun · feminine · singular · accusative · (common) ▸ 4 (1Esdr. 4,54; 1Esdr. 4,55; Ezra 5,3; Ezra 5,9)
  χορηγίας ▸ 2
    Noun · feminine · singular · genitive · (common) ▸ 2 (2Mac. 4,14; 3Mac. 5,10)

χορηγός (χορός) supplier, sponsor; chorus leader; group leader ▸ 1
  χορηγός ▸ 1
    Noun · masculine · singular · nominative · (common) ▸ 1 (2Mac. 1,25)

χόριον placenta, afterbirth ▸ 1
  χόριον ▸ 1
    Noun · neuter · singular · accusative · (common) ▸ 1 (Deut. 28,57)

χορός dance; chorus; troop, group ▸ **22** + **2** + **1** = 25
  χοροὶ ▸ 2

χορός–χόρτος

Noun · masculine · plural · nominative · (common) ▸ **2** (2Sam. 6,13; Song 7,1)
χοροῖς ▸ **4 + 2 = 6**
Noun · masculine · plural · dative · (common) ▸ **4 + 2 = 6** (Judg. 11,34; Judg. 21,21; 1Sam. 29,5; 1Kings 1,40; Judg. 11,34; Judg. 21,21)
χορόν ▸ **5**
Noun · masculine · singular · accusative · (common) ▸ **5** (Judith 15,12; 3Mac. 6,35; 4Mac. 13,8; 4Mac. 18,23; Psa. 29,12)
χορός ▸ **2**
Noun · masculine · singular · nominative · (common) ▸ **2** (1Sam. 10,10; Lam. 5,15)
χορούς ▸ **1**
Noun · masculine · plural · accusative · (common) ▸ **1** (Ex. 32,19)
χορούς ▸ **2**
Noun · masculine · plural · accusative · (common) ▸ **2** (Judg. 9,27; 3Mac. 6,32)
χορῷ ▸ **4**
Noun · masculine · singular · dative · (common) ▸ **4** (1Sam. 10,5; 4Mac. 8,4; Psa. 149,3; Psa. 150,4)
χορῶν ▸ **2 + 1 = 3**
Noun · masculine · plural · genitive · (common) ▸ **2 + 1 = 3** (Ex. 15,20; Judith 3,7; Luke 15,25)

Χορραθ Kerith ▸ **2**
Χορραθ ▸ **2**
Noun · singular · genitive · (proper) ▸ **1** (1Kings 17,3)
Noun · masculine · singular · genitive · (proper) ▸ **1** (1Kings 17,5)

Χορραῖος Horite; Hivite ▸ **7**
Χορραῖον ▸ **2**
Noun · masculine · singular · accusative · (proper) ▸ **2** (Deut. 2,22; Josh. 9,7)
Χορραῖος ▸ **2**
Noun · masculine · singular · nominative · (proper) ▸ **2** (Gen. 34,2; Deut. 2,12)
Χορραίου ▸ **2**
Noun · masculine · singular · genitive · (proper) ▸ **2** (Gen. 36,20; Gen. 36,21)
Χορραίους ▸ **1**
Noun · masculine · plural · accusative · (proper) ▸ **1** (Gen. 14,6)

Χορρι Hori; Horite; Carite ▸ **6**
Χορρι ▸ **6**
Noun · masculine · singular · accusative · (proper) ▸ **2** (2Kings 11,4; 2Kings 11,19)
Noun · masculine · singular · genitive · (proper) ▸ **2** (Gen. 36,29; Gen. 36,30)
Noun · masculine · singular · nominative · (proper) ▸ **2** (Gen. 36,22; 1Chr. 1,39)

χορτάζω (χόρτος) to feed, to fill ▸ **13 + 1 + 16 = 30**
ἐχόρτασα ▸ **1**
Verb · first · singular · aorist · active · indicative ▸ **1** (Jer. 5,7)
ἐχόρτασεν ▸ **2**
Verb · third · singular · aorist · active · indicative ▸ **2** (Psa. 80,17; Psa. 106,9)
ἐχόρτασέν ▸ **1**
Verb · third · singular · aorist · active · indicative ▸ **1** (Lam. 3,15)
ἐχορτάσθησαν ▸ **1 + 6 = 7**
Verb · third · plural · aorist · passive · indicative ▸ **1 + 6 = 7** (Psa. 16,14; Matt. 14,20; Matt. 15,37; Mark 6,42; Mark 8,8; Luke 9,17; Rev. 19,21)
ἐχορτάσθητε ▸ **1**
Verb · second · plural · aorist · passive · indicative ▸ **1** (John 6,26)
χορτάζεσθαι ▸ **1**
Verb · present · passive · infinitive · (variant) ▸ **1** (Phil. 4,12)
χορτάζεσθε ▸ **1**
Verb · second · plural · present · passive · imperative · (variant) ▸ **1** (James 2,16)
χορτάσαι ▸ **1 + 2 = 3**
Verb · aorist · active · infinitive ▸ **1 + 2 = 3** (Job 38,27; Matt. 15,33; Mark 8,4)
χορτασθῆναι ▸ **3**
Verb · aorist · passive · infinitive ▸ **3** (Mark 7,27; Luke 15,16; Luke 16,21)
χορτασθήσεσθε ▸ **1**
Verb · second · plural · future · passive · indicative ▸ **1** (Luke 6,21)
χορτασθήσεται ▸ **3**
Verb · third · singular · future · passive · indicative ▸ **3** (Psa. 103,13; Psa. 103,16; Lam. 3,30)
χορτασθήσομαι ▸ **1**
Verb · first · singular · future · passive · indicative ▸ **1** (Psa. 16,15)
χορτασθήσονται ▸ **1 + 1 + 1 = 3**
Verb · third · plural · future · passive · indicative ▸ **1 + 1 + 1 = 3** (Psa. 36,19; Tob. 12,9; Matt. 5,6)
χορτασθῶσιν ▸ **1**
Verb · third · plural · aorist · passive · subjunctive ▸ **1** (Psa. 58,16)
χορτάσω ▸ **1**
Verb · first · singular · future · active · indicative ▸ **1** (Psa. 131,15)

χορτασία (χόρτος) feasting; fullness ▸ **1**
χορτασίᾳ ▸ **1**
Noun · feminine · singular · dative · (common) ▸ **1** (Prov. 24,15)

χόρτασμα (χόρτος) feed; food ▸ **9 + 1 + 1 = 11**
Χορτάσματα ▸ **1**
Noun · neuter · plural · nominative · (common) ▸ **1** (Sir. 33,25)
χορτάσματα ▸ **8 + 1 = 9**
Noun · neuter · plural · accusative · (common) ▸ **6 + 1 = 7** (Gen. 24,32; Gen. 42,27; Gen. 43,24; Deut. 11,15; Sir. 38,26; Sol. 5,10; Acts 7,11)
Noun · neuter · plural · nominative · (common) ▸ **2** (Gen. 24,25; Judg. 19,19)
χορτάσματά ▸ **1**
Noun · neuter · plural · nominative · (common) ▸ **1** (Judg. 19,19)

χορτομανέω (χόρτος) to be covered (with grass) ▸ **1**
χορτομανήσει ▸ **1**
Verb · third · singular · future · active · indicative ▸ **1** (Prov. 24,31)

χόρτος grass ▸ **45 + 5 + 15 = 65**
χόρτον ▸ **20 + 4 + 6 = 30**
Noun · masculine · singular · accusative · (common) ▸ **20 + 4 + 6 = 30** (Gen. 1,29; Gen. 1,30; Gen. 2,5; Gen. 3,18; Deut. 32,2; Psa. 91,8; Psa. 103,14; Psa. 104,35; Psa. 105,20; Psa. 146,8; Ode. 2,2; Prov. 27,25; Job 40,15; Job 41,20; Amos 7,2; Is. 10,17; Dan. 4,15; Dan. 4,17a; Dan. 4,32; Dan. 4,33a; Dan. 4,25; Dan. 4,32; Dan. 4,33; Dan. 5,21; Matt. 6,30; Mark 4,28; Luke 12,28; 1Cor. 3,12; James 1,11; Rev. 9,4)
χόρτος ▸ **18 + 5 = 23**
Noun · masculine · singular · accusative · (common) ▸ **1** (Is. 51,12)
Noun · masculine · singular · nominative · (common) ▸ **17 + 5 = 22** (2Kings 19,26; Psa. 36,2; Psa. 71,16; Psa. 101,5; Psa. 101,12; Psa. 102,15; Psa. 128,6; Is. 15,6; Is. 15,6; Is. 32,13; Is. 37,27; Is.

40,6; Is. 40,7; Is. 44,4; Jer. 9,21; Jer. 12,4; Jer. 14,6; Matt. 13,26; John 6,10; 1Pet. 1,24; 1Pet. 1,24; Rev. 8,7)

χόρτου ▸ 5 + 3 = 8
  Noun · masculine · singular · genitive · (common) ▸ 5 + 3 = 8 (Gen. 1,11; Gen. 1,12; Gen. 9,3; Sir. 40,16; Is. 40,6; Matt. 14,19; James 1,10; 1Pet. 1,24)

χόρτῳ ▸ 2 + 1 + 1 = 4
  Noun · masculine · singular · dative · (common) ▸ 2 + 1 + 1 = 4 (Prov. 19,12; Job 13,25; Dan. 4,15; Mark 6,39)

χορτώδης (χόρτος) grass-like ▸ 1
  χορτώδη ▸ 1
    Adjective · feminine · singular · accusative · noDegree ▸ 1 (2Mac. 5,27)

Χορχορ Chorchor (Heb. ruby) ▸ 1
  Χορχορ ▸ 1
    Noun · nominative · (proper) ▸ 1 (Ezek. 27,16)

Χοσαμαιος Chosamaeus ▸ 1
  Χοσαμαιος ▸ 1
    Noun · masculine · singular · nominative · (proper) ▸ 1 (1Esdr. 9,32)

Χουζᾶς Chuza ▸ 1
  Χουζᾶ ▸ 1
    Noun · masculine · singular · genitive · (proper) ▸ 1 (Luke 8,3)

Χουθ Cuthah ▸ 1
  Χουθ ▸ 1
    Noun · feminine · singular · genitive · (proper) ▸ 1 (2Kings 17,30)

Χουνθα Cuthah ▸ 1
  Χουνθα ▸ 1
    Noun · singular · genitive · (proper) ▸ 1 (2Kings 17,24)

Χους (χέω) Cush; Cous ▸ 7
  Χους ▸ 7
    Noun · feminine · singular · genitive · (proper) ▸ 1 (Judith 7,18)
    Noun · masculine · singular · genitive · (proper) ▸ 2 (Gen. 10,7; 1Chr. 1,9)
    Noun · masculine · singular · nominative · (proper) ▸ 4 (Gen. 10,6; Gen. 10,8; 1Chr. 1,8; 1Chr. 1,10)

χοῦς (χέω) soil, dust ▸ 45 + 2 = 47
  χοΐ ▸ 1
    Noun · masculine · singular · dative · (common) ▸ 1 (2Sam. 16,13)
  χοός ▸ 1
    Noun · masculine · singular · genitive · (common) ▸ 1 (Eccl. 3,20)
  χοῦν ▸ 34 + 2 = 36
    Noun · masculine · singular · accusative · (common) ▸ 34 + 2 = 36 (Gen. 2,7; Lev. 14,41; Lev. 14,42; Lev. 14,45; Josh. 7,6; 2Sam. 22,43; 1Kings 18,38; 2Kings 13,7; 2Kings 23,4; 2Kings 23,6; 2Kings 23,6; 2Kings 23,12; 2Kings 23,15; 1Mac. 2,63; Psa. 7,6; Psa. 17,43; Psa. 21,16; Psa. 43,26; Psa. 71,9; Psa. 77,27; Psa. 101,15; Psa. 103,29; Eccl. 3,20; Job 39,14; Sir. 44,21; Amos 2,7; Mic. 7,17; Zeph. 1,17; Zech. 9,3; Is. 49,23; Is. 52,2; Lam. 2,10; Ezek. 26,4; Ezek. 26,12; Mark 6,11; Rev. 18,19)
  χοῦς ▸ 9
    Noun · masculine · singular · nominative · (common) ▸ 9 (Lev. 19,36; Deut. 28,24; 1Kings 21,10; 2Chr. 1,9; Neh. 4,4; Psa. 29,10; Psa. 102,14; Eccl. 12,7; Is. 48,19)

Χουσαρσαθαιμ Cushan-rishathaim ▸ 5
  Χουσαρσαθαιμ ▸ 5
    Noun · masculine · singular · accusative · (proper) ▸ 3 (Judg. 3,10; Judg. 3,10; Judg. 3,10)
    Noun · masculine · singular · dative · (proper) ▸ 1 (Judg. 3,8)
    Noun · masculine · singular · genitive · (proper) ▸ 1 (Judg. 3,8)

Χουσαρσαθωμ Cushan-rishathaim ▸ 3
  Χουσαρσαθωμ ▸ 3
    Noun · masculine · singular · accusative · (proper) ▸ 2 (Judg. 3,10; Judg. 3,10)
    Noun · masculine · singular · genitive · (proper) ▸ 1 (Judg. 3,8)

Χουσι Hushai ▸ 24
  Χουσι ▸ 24
    Noun · masculine · singular · accusative · (proper) ▸ 4 (2Sam. 16,17; 2Sam. 17,5; 2Sam. 18,23; 2Sam. 18,32)
    Noun · masculine · singular · dative · (proper) ▸ 1 (2Sam. 18,21)
    Noun · masculine · singular · genitive · (proper) ▸ 6 (2Sam. 17,14; 2Sam. 18,22; 1Kings 4,16; Psa. 7,1; Zeph. 1,1; Jer. 43,14)
    Noun · masculine · singular · nominative · (proper) ▸ 13 (2Sam. 15,32; 2Sam. 15,37; 2Sam. 16,16; 2Sam. 16,16; 2Sam. 16,18; 2Sam. 17,6; 2Sam. 17,7; 2Sam. 17,8; 2Sam. 17,15; 2Sam. 18,21; 2Sam. 18,31; 2Sam. 18,32; 1Chr. 27,33)

Χουχι Suah ▸ 1
  Χουχι ▸ 1
    Noun · masculine · singular · nominative · (proper) ▸ 1 (1Chr. 7,36)

χόω (χέω) to fill with dirt ▸ 1 + 1 = 2
  χῶσαι ▸ 1 + 1 = 2
    Verb · aorist · active · infinitive ▸ 1 + 1 = 2 (Tob. 8,18; Tob. 8,18)

χράομαι (χράομαι) to use; to warn, declare ▸ 58 + 11 = 69
  ἐχρησάμεθα ▸ 1
    Verb · first · plural · aorist · middle · indicative ▸ 1 (1Cor. 9,12)
  ἐχρησάμεθά ▸ 1
    Verb · first · plural · aorist · middle · indicative ▸ 1 (Gen. 26,29)
  ἐχρησάμην ▸ 1
    Verb · first · singular · aorist · middle · indicative ▸ 1 (2Cor. 1,17)
  ἔχρησαν ▸ 2
    Verb · third · plural · aorist · active · indicative ▸ 2 (Ex. 11,3; Ex. 12,36)
  ἐχρήσαντο ▸ 5
    Verb · third · plural · aorist · middle · indicative ▸ 5 (Gen. 12,16; Esth. 9,12; 4Mac. 3,21; 4Mac. 8,16; Job 34,20)
  ἔχρησας ▸ 1
    Verb · second · singular · aorist · active · indicative ▸ 1 (1Sam. 2,20)
  ἐχρήσατο ▸ 3
    Verb · third · singular · aorist · middle · indicative ▸ 3 (Esth. 2,9; Job 19,11; Dan. 1,14)
  ἐχρήσατό ▸ 1
    Verb · third · singular · aorist · middle · indicative ▸ 1 (Prov. 24,29)
  ἐχρήσω ▸ 1
    Verb · second · singular · aorist · middle · indicative ▸ 1 (Job 10,17)
  ἐχρῶντο ▸ 2 + 1 = 3
    Verb · third · plural · imperfect · middle · indicative ▸ 2 + 1 = 3 (2Mac. 12,14; 3Mac. 4,20; Acts 27,17)
  κέχρημαι ▸ 1
    Verb · first · singular · perfect · middle · indicative ▸ 1 (1Cor. 9,15)
  κεχρημένον ▸ 1
    Verb · perfect · passive · participle · neuter · singular · nominative ▸ 1 (2Kings 6,5)
  κέχρηταί ▸ 2
    Verb · third · singular · perfect · middle · indicative ▸ 2 (Job 18,4; Job 30,14)
  χρᾶσθαι ▸ 1

Verb · present · middle · infinitive ▸ **1** (2Mac. 6,21)
χρῆσαι ▸ 3 + **1** = 4
Verb · second · singular · aorist · middle · imperative ▸ 3 + **1** = 4 (Judith 3,2; Judith 3,3; Dan. 1,13; 1Cor. 7,21)
χρησαίμεθα ▸ 1
Verb · first · plural · aorist · middle · optative ▸ **1** (4Mac. 9,2)
χρησάμενος ▸ **1** + **1** = 2
Verb · aorist · middle · participle · masculine · singular · nominative ▸ **1** + **1** = **2** (Job 16,9; Acts 27,3)
χρησαμένων ▸ 1
Verb · aorist · middle · participle · masculine · plural · genitive ▸ **1** (2Mac. 1,13)
χρήσασθε ▸ 1
Verb · second · plural · aorist · middle · imperative ▸ **1** (Gen. 19,8)
χρησάσθω ▸ 1
Verb · third · singular · aorist · middle · imperative ▸ **1** (Esth. 1,19)
χρήσεται ▸ 4
Verb · third · singular · future · middle · indicative ▸ **4** (Prov. 10,4a; Job 23,6; Is. 28,21; LetterJ 58)
χρήσῃ ▸ 2
Verb · second · singular · aorist · middle · subjunctive ▸ **1** (1Mac. 13,46)
Verb · second · singular · future · middle · indicative ▸ **1** (Job 13,20)
χρήσηται ▸ 1
Verb · third · singular · aorist · middle · subjunctive ▸ **1** (Sir. 26,10)
χρῆσθαι ▸ 7
Verb · present · middle · infinitive ▸ **7** (Esth. 8,11; Esth. 8,11; Esth. 16,19 # 8,12s; Esth. 9,13; 2Mac. 4,19; 2Mac. 11,31; Wis. 13,18)
χρησθῇ ▸ 1
Verb · third · singular · aorist · passive · subjunctive ▸ **1** (Jer. 13,7)
χρησθήσεται ▸ 1
Verb · third · singular · future · passive · indicative ▸ **1** (Jer. 13,10)
χρήσομαι ▸ 1
Verb · first · singular · future · middle · indicative ▸ **1** (Prov. 24,29)
χρήσονται ▸ 1
Verb · third · plural · future · middle · indicative ▸ **1** (Esth. 9,27)
χρήσωμαι ▸ 1
Verb · first · singular · aorist · middle · subjunctive ▸ **1** (2Cor. 13,10)
χρησώμεθα ▸ 1
Verb · first · plural · aorist · middle · subjunctive ▸ **1** (Wis. 2,6)
χρήσωμεν ▸ 1
Verb · first · plural · aorist · active · subjunctive ▸ **1** (4Mac. 13,13)
χρήσωνται ▸ 1
Verb · third · plural · aorist · middle · subjunctive ▸ **1** (Gen. 34,31)
χρῆται ▸ 1
Verb · third · singular · present · middle · subjunctive ▸ **1** (1Tim. 1,8)
χρῶ ▸ 2 + **1** = 3
Verb · second · singular · present · middle · imperative ▸ 2 + **1** = **3** (Gen. 16,6; Esth. 3,11; 1Tim. 5,23)
χρώμεθα ▸ 1
Verb · first · plural · present · middle · indicative ▸ **1** (2Cor. 3,12)

χρώμενοι ▸ **1** + **1** = 2
Verb · present · middle · participle · masculine · plural · nominative ▸ **1** + **1** = **2** (Esth. 16,9 # 8,12i; 1Cor. 7,31)
χρωμένοις ▸ 2
Verb · present · middle · participle · masculine · plural · dative ▸ **2** (Prov. 10,26; Prov. 17,8)
χρώμενον ▸ 1
Verb · present · middle · participle · neuter · singular · accusative ▸ **1** (Dan. 7,7)
χρώμενος ▸ 1
Verb · present · middle · participle · masculine · singular · nominative ▸ **1** (4Mac. 5,7)
χρωμένους ▸ 1
Verb · present · middle · participle · masculine · plural · accusative ▸ **1** (Prov. 5,5)
χρωμένων ▸ 1
Verb · present · middle · participle · masculine · plural · genitive ▸ **1** (Prov. 25,13)

χρεία (χράομαι) need, use, duty ▸ 52 + 3 + 49 = 104
χρεία ▸ 10 + 2 = 12
Noun · feminine · singular · nominative · (common) ▸ 10 + 2 = **12** (Sir. 3,22; Sir. 11,9; Sir. 11,23; Sir. 13,6; Sir. 29,27; Sir. 32,7; Sir. 37,8; Sir. 38,12; Jer. 22,28; Jer. 31,38; Luke 10,42; Heb. 7,11)
χρείαις ▸ 3 + 2 = 5
Noun · feminine · plural · dative · (common) ▸ 3 + 2 = **5** (Judith 12,10; 2Mac. 8,9; Sir. 42,23; Acts 20,34; Rom. 12,13)
χρείαν ▸ 17 + 3 + 40 = 60
Noun · feminine · singular · accusative · (common) ▸ 17 + 3 + 40 = **60** (2Chr. 2,15; 1Esdr. 8,17; 1Esdr. 8,18; 1Mac. 3,28; 2Mac. 2,15; 2Mac. 8,20; Psa. 15,2; Prov. 18,2; Job 31,16; Wis. 13,16; Sir. 13,6; Sir. 15,12; Sir. 29,3; Sir. 32,2; Sir. 39,33; Is. 13,17; Dan. 3,16; Tob. 5,7; Tob. 5,12; Dan. 3,16; Matt. 3,14; Matt. 6,8; Matt. 9,12; Matt. 14,16; Matt. 21,3; Matt. 26,65; Mark 2,17; Mark 2,25; Mark 11,3; Mark 14,63; Luke 5,31; Luke 9,11; Luke 15,7; Luke 19,31; Luke 19,34; Luke 22,71; John 2,25; John 13,10; John 13,29; John 16,30; Acts 2,45; Acts 4,35; 1Cor. 12,21; 1Cor. 12,21; 1Cor. 12,24; Eph. 4,28; Phil. 4,16; Phil. 4,19; 1Th. 1,8; 1Th. 4,9; 1Th. 4,12; 1Th. 5,1; Heb. 5,12; Heb. 5,12; Heb. 10,36; 1John 2,27; 1John 3,17; Rev. 3,17; Rev. 21,23; Rev. 22,5)
χρείας ▸ 17 + 5 = 22
Noun · feminine · plural · accusative · (common) ▸ 6 + 2 = **8** (1Mac. 13,15; 2Mac. 7,24; 2Mac. 15,5; Sir. 38,1; Sir. 39,21; Sir. 39,31; Acts 28,10; Titus 3,14)
Noun · feminine · singular · genitive · (common) ▸ 11 + 3 = **14** (Ezra 7,20; 1Mac. 11,63; 2Mac. 12,39; 2Mac. 15,28; 3Mac. 5,32; Sir. 4,23; Sir. 8,9; Sir. 29,2; Sir. 39,26; Sir. 40,7; LetterJ 59; Acts 6,3; Eph. 4,29; Phil. 2,25)
χρειῶν ▸ 5
Noun · feminine · plural · genitive · (common) ▸ **5** (1Mac. 10,37; 1Mac. 10,41; 1Mac. 10,42; 1Mac. 12,45; 1Mac. 13,37)

χρεμετίζω to neigh, whinny ▸ 3
ἐχρεμέτιζον ▸ 1
Verb · third · plural · imperfect · active · indicative ▸ **1** (Jer. 5,8)
χρεμετίζει ▸ 1
Verb · third · singular · present · active · indicative ▸ **1** (Sir. 33,6)
χρεμετίσατε ▸ 1
Verb · second · plural · aorist · active · imperative ▸ **1** (Jer. 38,7)

χρεμετισμός (χρεμετίζω) neighing, whinnying ▸ 4
χρεμετισμός ▸ 1
Noun · masculine · singular · nominative · (common) ▸ **1** (Jer. 13,27)

χρεμετισμός ▸ 1
    Noun · masculine · singular · nominative · (common) ▸ **1** (Amos 6,7)
χρεμετισμοῦ ▸ 1
    Noun · masculine · singular · genitive · (common) ▸ **1** (Jer. 8,16)
χρεμετισμῷ ▸ 1
    Noun · masculine · singular · dative · (common) ▸ **1** (Jer. 8,6)
χρεοκοπέομαι (χράομαι; κόπτω) to lower a debt ▸ 1
    χρεοκοπούμενος ▸ 1
        Verb · present · middle · participle · masculine · singular · nominative ▸ **1** (4Mac. 2,8)
χρέος (χράομαι) debt ▸ 4
    χρέος ▸ 2
        Noun · neuter · singular · accusative · (common) ▸ **2** (Deut. 15,2; Wis. 15,8)
    χρέους ▸ 2
        Noun · neuter · singular · genitive · (common) ▸ **2** (Deut. 15,3; 1Sam. 2,20)
χρεοφειλέτης (χράομαι; ὀφείλω) debtor ▸ 2 + 2 = 4
    χρεοφειλέται ▸ 1
        Noun · masculine · plural · nominative ▸ **1** (Luke 7,41)
    χρεοφειλέτου ▸ 2
        Noun · masculine · singular · genitive · (common) ▸ **2** (Prov. 29,13; Job 31,37)
    χρεοφειλετῶν ▸ 1
        Noun · masculine · plural · genitive ▸ **1** (Luke 16,5)
χρή (χράομαι) it ought, should ▸ 1 + 1 = 2
    χρή ▸ 1
        Verb · third · singular · present · active · indicative ▸ **1** (James 3,10)
    χρὴ ▸ 1
        Verb · third · singular · present · active · indicative ▸ **1** (Prov. 25,27)
χρῄζω (χράομαι) to have need ▸ 1 + 5 = 6
    χρῄζει ▸ 1
        Verb · third · singular · present · active · indicative ▸ **1** (Luke 11,8)
    χρῄζετε ▸ 1 + 2 = 3
        Verb · second · plural · present · active · indicative ▸ **1** + 2 = **3** (Judg. 11,7; Matt. 6,32; Luke 12,30)
    χρῄζῃ ▸ 1
        Verb · third · singular · present · active · subjunctive ▸ **1** (Rom. 16,2)
    χρῄζομεν ▸ 1
        Verb · first · plural · present · active · indicative ▸ **1** (2Cor. 3,1)
χρῆμα (χράομαι) possessions, wealth ▸ 41 + 6 = 47
    χρῆμα ▸ 1
        Noun · neuter · singular · accusative ▸ **1** (Acts 4,37)
    χρήμασι ▸ 2
        Noun · neuter · plural · dative · (common) ▸ **2** (Dan. 11,13; Dan. 11,28)
    χρήμασιν ▸ 5
        Noun · neuter · plural · dative · (common) ▸ **5** (Josh. 22,8; Job 6,20; Sir. 5,8; Sir. 14,5; Sir. 21,8)
    χρήμασίν ▸ 2
        Noun · neuter · plural · dative · (common) ▸ **2** (Sir. 5,1; Sir. 37,6)
    Χρήματα ▸ 1
        Noun · neuter · plural · accusative · (common) ▸ **1** (Sir. 46,19)
    χρήματα ▸ 16 + 4 = 20
        Noun · neuter · plural · accusative · (common) ▸ 13 + 3 = **16** (2Chr. 1,12; 1Mac. 14,32; 2Mac. 1,14; 2Mac. 4,23; 2Mac. 4,45; 2Mac. 8,25; 3Mac. 2,32; 4Mac. 3,20; 4Mac. 4,6; Prov. 17,16; Job 27,17; Sir. 10,8; Dan. 11,24; Mark 10,23; Luke 18,24; Acts 8,18)
        Noun · neuter · plural · nominative · (common) ▸ 3 + 1 = **4** (Sir. 14,3; Sir. 40,13; Sir. 40,26; Acts 24,26)
    χρήματά ▸ 1
        Noun · neuter · plural · accusative · (common) ▸ **1** (Sir. 33,20)
    χρημάτων ▸ 14 + 1 = 15
        Noun · neuter · plural · genitive · (common) ▸ 14 + 1 = **15** (2Chr. 1,11; 2Mac. 3,6; 2Mac. 3,7; 2Mac. 3,7; 2Mac. 4,1; 2Mac. 4,27; 4Mac. 4,3; 4Mac. 4,4; 4Mac. 4,10; Prov. 17,6a; Sir. 29,5; Sir. 29,6; Sir. 31,3; Sir. 34,20; Acts 8,20)
χρηματίζω (χράομαι) to deal with; to warn, direct, reveal; be titled, called ▸ 10 + 9 = 19
    ἐχρημάτισα ▸ 2
        Verb · first · singular · aorist · active · indicative ▸ **2** (Jer. 37,2; Jer. 43,2)
    ἐχρημάτισαν ▸ 1
        Verb · third · plural · aorist · active · indicative ▸ **1** (Jer. 36,23)
    ἐχρημάτισεν ▸ 1
        Verb · third · singular · aorist · active · indicative ▸ **1** (Jer. 43,4)
    ἐχρηματίσθη ▸ 1
        Verb · third · singular · aorist · passive · indicative ▸ **1** (Acts 10,22)
    κεχρηματικέναι ▸ 1
        Verb · perfect · active · infinitive ▸ **1** (Job 40,8)
    κεχρηματισμένον ▸ 1
        Verb · perfect · passive · participle · neuter · singular · nominative · (variant) ▸ **1** (Luke 2,26)
    κεχρημάτισται ▸ 1
        Verb · third · singular · perfect · passive · indicative · (variant) ▸ **1** (Heb. 8,5)
    χρηματιεῖ ▸ 2
        Verb · third · singular · future · active · indicative ▸ **2** (Jer. 32,30; Jer. 32,30)
    χρηματιεῖς ▸ 1
        Verb · second · singular · future · active · indicative ▸ **1** (Jer. 33,2)
    χρηματίζει ▸ 1
        Verb · third · singular · present · active · indicative ▸ **1** (1Kings 18,27)
    χρηματίζοντα ▸ 1
        Verb · present · active · participle · masculine · singular · accusative ▸ **1** (Heb. 12,25)
    χρηματίσαι ▸ 1 + 1 = 2
        Verb · aorist · active · infinitive ▸ 1 + 1 = **2** (Jer. 33,2; Acts 11,26)
    χρηματίσει ▸ 1
        Verb · third · singular · future · active · indicative ▸ **1** (Rom. 7,3)
    χρηματισθείς ▸ 2
        Verb · aorist · passive · participle · masculine · singular · nominative ▸ **2** (Matt. 2,22; Heb. 11,7)
    χρηματισθέντες ▸ 1
        Verb · aorist · passive · participle · masculine · plural · nominative ▸ **1** (Matt. 2,12)
χρηματισμός (χράομαι) oracle, divine reply ▸ 3 + 1 = 4
    χρηματισμὸν ▸ 1
        Noun · masculine · singular · accusative · (common) ▸ **1** (2Mac. 11,17)
    χρηματισμός ▸ 1 + 1 = 2
        Noun · masculine · singular · nominative · (common) ▸ 1 + 1 = **2** (Prov. 31,1; Rom. 11,4)
    χρηματισμοῦ ▸ 1
        Noun · masculine · singular · genitive · (common) ▸ **1** (2Mac.

χρηματιστήριον (χράομαι) judgment seat ▸ 1
  χρηματιστηρίῳ ▸ 1
    Noun · neuter · singular · dative · (common) ▸ **1** (1Esdr. 3,14)
χρησιμεύω (χράομαι) to be profitable, useful ▸ 2
  χρησιμεύσει ▸ 1
    Verb · third · singular · future · active · indicative ▸ **1** (Wis. 4,3)
  χρησιμεύσῃς ▸ 1
    Verb · second · singular · aorist · active · subjunctive ▸ **1** (Sir. 13,4)
χρήσιμος (χράομαι) profitable, useful ▸ 13 + 2 + 1 = 16
  χρήσιμα ▸ 1
    Adjective · neuter · plural · nominative · noDegree ▸ **1** (Sir. 7,22)
  χρησίμης ▸ 1
    Adjective · feminine · singular · genitive · noDegree ▸ **1** (Tob. 4,18)
  χρήσιμοι ▸ 1
    Adjective · masculine · plural · nominative · noDegree ▸ **1** (Prov. 17,17)
  χρησίμοις ▸ 1
    Adjective · masculine · plural · dative · noDegree ▸ **1** (Zech. 6,14)
  χρήσιμον ▸ 5 + 1 + 1 = 7
    Adjective · masculine · singular · accusative · noDegree ▸ **1** (Sir. 10,4)
    Adjective · neuter · singular · accusative · noDegree ▸ 2 + 1 + 1 = **4** (Wis. 13,11; LetterJ 58; Tob. 6,4; 2Tim. 2,14)
    Adjective · neuter · singular · nominative · noDegree ▸ **2** (Gen. 37,26; Ezek. 15,4)
  χρησίμους ▸ 2
    Adjective · masculine · plural · accusative · noDegree ▸ **2** (2Mac. 12,12; Sir. 1,5 Prol.)
  χρησίμων ▸ 1
    Adjective · masculine · plural · genitive · noDegree ▸ **1** (Zech. 6,10)
  χρησιμώτερον ▸ 1
    Adjective · neuter · singular · accusative · comparative ▸ **1** (Wis. 8,7)
  χρησιμώτερόν ▸ 1
    Adjective · neuter · singular · nominative · comparative ▸ **1** (Tob. 3,10)
χρῆσις (χράομαι) use, profit ▸ 4 + 1 + 2 = 7
  χρῆσιν ▸ 1 + 1 + 2 = 4
    Noun · feminine · singular · accusative · (common) ▸ 1 + 1 + 2 = **4** (1Sam. 1,28; Tob. 1,13; Rom. 1,26; Rom. 1,27)
  χρῆσις ▸ 3
    Noun · feminine · singular · nominative · (common) ▸ **3** (Wis. 15,7; Wis. 15,15; Sir. 18,8)
χρησμολογέω (χράομαι; λέγω) to prophesy ▸ 1
  χρησμολογεῖ ▸ 1
    Verb · third · singular · present · active · indicative ▸ **1** (Jer. 45,4)
χρηστεύομαι (χράομαι) to be good, kind ▸ 1 + 1 = 2
  χρηστεύεται ▸ 1
    Verb · third · singular · present · middle · indicative ▸ **1** (1Cor. 13,4)
  χρηστεύσῃ ▸ 1
    Verb · second · singular · future · middle · indicative ▸ **1** (Sol. 9,6)
χρηστοήθεια (χράομαι; ἦθος) generosity of heart; kindness ▸ 1
  χρηστοηθείας ▸ 1
    Noun · feminine · singular · genitive · (common) ▸ **1** (Sir. 37,11)
χρηστολογία (χράομαι) smooth talk ▸ 1
  χρηστολογίας ▸ 1
    Noun · feminine · singular · genitive ▸ **1** (Rom. 16,18)
χρηστός (χράομαι) kind ▸ 39 + 2 + 7 = 48
  χρηστά ▸ 1
    Adjective · neuter · plural · nominative · noDegree ▸ **1** (Psa. 118,39)
  χρηστὰ ▸ 5 + 1 = 6
    Adjective · neuter · plural · accusative · noDegree ▸ 3 + 1 = **4** (Jer. 24,3; Jer. 24,5; Jer. 52,32; 1Cor. 15,33)
    Adjective · neuter · plural · nominative · noDegree ▸ **2** (Sol. 8,32; Jer. 24,3)
  χρηστοὶ ▸ 2
    Adjective · masculine · plural · nominative · noDegree ▸ **2** (Prov. 2,21; Jer. 51,17)
  χρηστοί ▸ 1
    Adjective · masculine · plural · nominative ▸ **1** (Eph. 4,32)
  χρηστοῖς ▸ 1
    Adjective · masculine · plural · dative · noDegree ▸ **1** (2Mac. 9,19)
  χρηστὸν ▸ 4 + 1 = 5
    Adjective · masculine · singular · accusative · noDegree ▸ **1** (Ezek. 28,13)
    Adjective · neuter · singular · nominative · noDegree ▸ 3 + 1 = **4** (Psa. 51,11; Psa. 68,17; Psa. 108,21; Rom. 2,4)
  χρηστός ▸ 5 + 1 + 2 = 8
    Adjective · masculine · singular · nominative · noDegree ▸ 5 + 1 + 2 = **8** (2Mac. 1,24; Psa. 105,1; Psa. 106,1; Psa. 135,1; Dan. 3,89; Dan. 3,89; Luke 5,39; Luke 6,35)
  χρηστὸς ▸ 16 + 2 = 18
    Adjective · masculine · singular · nominative · noDegree ▸ 16 + 2 = **18** (1Mac. 6,11; Psa. 24,8; Psa. 33,9; Psa. 85,5; Psa. 99,5; Psa. 111,5; Psa. 118,68; Psa. 144,9; Wis. 15,1; Sol. 2,36; Sol. 5,2; Sol. 5,12; Sol. 10,2; Sol. 10,7; Nah. 1,7; Jer. 40,11; Matt. 11,30; 1Pet. 2,3)
  χρηστοῦ ▸ 3 + 1 = 4
    Adjective · masculine · singular · genitive · noDegree ▸ **2** (1Esdr. 8,56; Job 31,31)
    Adjective · neuter · singular · genitive · noDegree ▸ 1 + 1 = **2** (Dan. 2,32; Dan. 2,32)
  χρηστῶν ▸ 2
    Adjective · masculine · plural · genitive · noDegree ▸ **1** (Ezek. 27,22)
    Adjective · neuter · plural · genitive · noDegree ▸ **1** (Jer. 24,2)
χρηστότης (χράομαι) kindness ▸ 26 + 10 = 36
  χρηστότης ▸ 5 + 3 = 8
    Noun · feminine · singular · nominative · (common) ▸ 5 + 3 = **8** (1Esdr. 5,58; Sol. 5,13; Sol. 5,18; Sol. 9,7; Sol. 18,1; Rom. 11,22; Gal. 5,22; Titus 3,4)
  Χρηστότητα ▸ 1
    Noun · feminine · singular · accusative · (common) ▸ **1** (Psa. 118,65)
  χρηστότητα ▸ 5 + 3 = 8
    Noun · feminine · singular · accusative · (common) ▸ 5 + 3 = **8** (Psa. 13,1; Psa. 13,3; Psa. 36,3; Psa. 84,13; Psa. 118,66; Rom. 3,12; Rom. 11,22; Col. 3,12)
  χρηστότητι ▸ 3 + 3 = 6
    Noun · feminine · singular · dative · (common) ▸ 3 + 3 = **6** (Esth. 16,3 # 8,12c; Psa. 105,5; Sol. 5,15; Rom. 11,22; 2Cor. 6,6; Eph.

2,7)
- χρηστότητί ▸ 2
  - **Noun** · feminine · singular · dative · (common) ▸ **2** (Psa. 67,11; Psa. 118,68)
- χρηστότητος ▸ **6 + 1 = 7**
  - **Noun** · feminine · singular · genitive · (common) ▸ **6 + 1 = 7** (Esth. 16,10 # 8,12k; Psa. 20,4; Psa. 103,28; Ode. 12,11; Sol. 5,14; Sol. 8,28; Rom. 2,4)
- χρηστότητός ▸ 4
  - **Noun** · feminine · singular · genitive · (common) ▸ **4** (Psa. 24,7; Psa. 30,20; Psa. 64,12; Psa. 144,7)

χρηστῶς (χράομαι)   well ▸ 1
- χρηστῶς ▸ 1
  - **Adverb** ▸ **1** (Wis. 8,1)

χρῖσις (χρίω)   anointing ▸ 15
- χρίσεως ▸ 13
  - **Noun** · feminine · singular · genitive · (common) ▸ **13** (Ex. 29,21; Ex. 30,31; Ex. 31,11; Ex. 35,28; Ex. 38,25; Ex. 39,15; Lev. 8,2; Lev. 8,10; Lev. 8,12; Lev. 8,30; Lev. 10,7; Num. 4,16; Psa. 151,4)
- χρῖσις ▸ 2
  - **Noun** · feminine · singular · nominative · (common) ▸ **2** (Lev. 7,35; Lev. 7,35)

χρῖσμα (χρίω)   anointing; anointment ▸ 9 + 1 + 3 = 13
- χρῖσμα ▸ **5 + 1 + 3 = 9**
  - **Noun** · neuter · singular · accusative · (common) ▸ **2 + 1 = 3** (Ex. 30,25; Sir. 38,30; 1John 2,20)
  - **Noun** · neuter · singular · nominative · (common) ▸ **3 + 1 + 2 = 6** (Ex. 30,25; Ex. 40,15; Dan. 9,26; Dan. 9,26; 1John 2,27; 1John 2,27)
- χρίσματος ▸ 4
  - **Noun** · neuter · singular · genitive · (common) ▸ **4** (Ex. 29,7; Ex. 35,17 # 35,12a; Ex. 35,19; Ex. 40,9)

Χριστιανός (χρίω)   Christian ▸ 2
- Χριστιανόν ▸ 1
  - **Noun** · masculine · singular · accusative · (proper) ▸ **1** (Acts 26,28)
- Χριστιανούς ▸ 1
  - **Noun** · masculine · plural · accusative · (proper) ▸ **1** (Acts 11,26)

χριστιανός (χρίω)   Christian ▸ 1
- χριστιανός ▸ 1
  - **Noun** · masculine · singular · nominative ▸ **1** (1Pet. 4,16)

Χριστός (χρίω)   Christ ▸ 2 + 529 = 531
- Χριστὲ ▸ 1
  - **Noun** · masculine · singular · vocative · (proper) ▸ **1** (Ode. 14,14)
- χριστέ ▸ 1
  - **Noun** · masculine · singular · vocative ▸ **1** (Matt. 26,68)
- Χριστόν ▸ 14
  - **Noun** · masculine · singular · accusative ▸ **14** (John 17,3; Acts 8,5; Acts 11,17; Rom. 16,5; 1Cor. 4,10; 1Cor. 10,9; 1Cor. 15,15; 2Cor. 5,16; 2Cor. 11,3; Gal. 3,24; Eph. 4,20; Phil. 3,20; Col. 2,8; Philem. 6)
- Χριστόν ▸ 34
  - **Noun** · masculine · singular · accusative ▸ **34** (Acts 24,24; Rom. 6,3; Rom. 8,11; Rom. 10,6; Rom. 10,7; Rom. 13,14; Rom. 15,5; Rom. 15,8; 1Cor. 1,23; 1Cor. 1,24; 1Cor. 2,2; 1Cor. 8,12; 2Cor. 1,21; 2Cor. 4,5; Gal. 2,16; Gal. 3,27; Gal. 3,27; Gal. 4,14; Eph. 3,17; Eph. 5,32; Eph. 6,24; Phil. 1,15; Phil. 1,17; Phil. 3,7; Phil. 3,8; Col. 2,5; Col. 2,6; 2Tim. 2,8; 1Pet. 1,11; 1Pet. 3,15; 1John 2,1; 1John 4,2; 2John 7; Jude 4)
- χριστόν ▸ 3
  - **Noun** · masculine · singular · accusative ▸ **3** (Matt. 27,17; Matt. 27,22; John 9,22)
- χριστὸν ▸ 14
  - **Noun** · masculine · singular · accusative ▸ **14** (Luke 2,26; Luke 4,41; Luke 9,20; Luke 20,41, Luke 23,2; Luke 24,26; Luke 24,46; Acts 2,36; Acts 3,18; Acts 3,20; Acts 5,42; Acts 17,3; Acts 18,5; Acts 18,28)
- Χριστός ▸ **1 + 20 = 21**
  - **Noun** · masculine · singular · nominative · (proper) ▸ **1 + 20 = 21** (Ode. 14,27; Matt. 1,16; Matt. 23,10; Acts 9,34; Rom. 15,20; 1Cor. 1,13; 1Cor. 3,11; 1Cor. 5,7; 1Cor. 10,4; 1Cor. 11,3; 1Cor. 12,12; 1Cor. 15,23; Gal. 2,20; Gal. 3,16; Eph. 4,15; Eph. 5,14; Col. 3,1; Col. 3,11; Heb. 9,24; 1John 2,22; 1John 5,6)
- Χριστός ▸ 56
  - **Noun** · masculine · singular · nominative ▸ **56** (Rom. 5,6; Rom. 5,8; Rom. 6,4; Rom. 6,9; Rom. 8,10; Rom. 8,34; Rom. 9,5; Rom. 10,4; Rom. 14,9; Rom. 14,15; Rom. 15,3; Rom. 15,7; Rom. 15,18; 1Cor. 1,17; 1Cor. 3,23; 1Cor. 8,6; 1Cor. 8,11; 1Cor. 15,3; 1Cor. 15,12; 1Cor. 15,13; 1Cor. 15,14; 1Cor. 15,16; 1Cor. 15,17; 1Cor. 15,20; 2Cor. 1,19; 2Cor. 13,5; Gal. 2,17; Gal. 2,21; Gal. 3,1; Gal. 3,13; Gal. 4,19; Gal. 5,1; Gal. 5,2; Eph. 5,2; Eph. 5,23; Eph. 5,25; Eph. 5,29; Phil. 1,18; Phil. 1,20; Phil. 1,21; Phil. 2,11; Col. 1,27; Col. 3,4; 2Th. 2,16; 1Tim. 1,15; 1Tim. 1,16; 1Tim. 2,5; Heb. 3,6; Heb. 5,5; Heb. 9,11; Heb. 9,28; Heb. 13,8; 1Pet. 2,21; 1Pet. 3,18; 2Pet. 1,14; 1John 5,1)
- χριστός ▸ 19
  - **Noun** · masculine · singular · nominative ▸ **19** (Matt. 16,20; Matt. 24,5; Matt. 24,23; Mark 8,29; Mark 13,21; Luke 3,15; Luke 22,67; Luke 23,39; John 1,20; John 1,41; John 3,28; John 4,25; John 4,29; John 7,26; John 7,41; John 7,42; John 10,24; Acts 9,22; Acts 26,23)
- χριστὸς ▸ 16
  - **Noun** · masculine · singular · nominative ▸ **16** (Matt. 2,4; Matt. 16,16; Matt. 26,63; Mark 12,35; Mark 14,61; Mark 15,32; Luke 2,11; Luke 23,35; John 1,25; John 7,27; John 7,31; John 7,41; John 11,27; John 12,34; John 20,31; Acts 17,3)
- Χριστοῦ ▸ 245
  - **Noun** · masculine · singular · genitive ▸ **245** (Matt. 1,1; Matt. 1,17; Matt. 1,18; Matt. 11,2; Mark 1,1; Mark 9,41; John 1,17; Acts 2,31; Acts 2,38; Acts 3,6; Acts 4,10; Acts 8,12; Acts 10,36; Acts 10,48; Acts 15,26; Acts 16,18; Acts 28,31; Rom. 1,1; Rom. 1,4; Rom. 1,6; Rom. 1,7; Rom. 1,8; Rom. 2,16; Rom. 3,22; Rom. 5,1; Rom. 5,11; Rom. 5,15; Rom. 5,17; Rom. 5,21; Rom. 7,4; Rom. 7,25; Rom. 8,9; Rom. 8,17; Rom. 8,35; Rom. 9,3; Rom. 10,17; Rom. 15,6; Rom. 15,16; Rom. 15,19; Rom. 15,29; Rom. 15,30; Rom. 16,16; Rom. 16,25; Rom. 16,27; 1Cor. 1,1; 1Cor. 1,2; 1Cor. 1,3; 1Cor. 1,6; 1Cor. 1,7; 1Cor. 1,8; 1Cor. 1,9; 1Cor. 1,10; 1Cor. 1,12; 1Cor. 1,17; 1Cor. 2,16; 1Cor. 3,23; 1Cor. 4,1; 1Cor. 6,11; 1Cor. 6,15; 1Cor. 6,15; 1Cor. 7,22; 1Cor. 9,12; 1Cor. 9,21; 1Cor. 10,16; 1Cor. 10,16; 1Cor. 11,1; 1Cor. 11,3; 1Cor. 12,27; 1Cor. 15,23; 1Cor. 15,57; 2Cor. 1,1; 2Cor. 1,2; 2Cor. 1,3; 2Cor. 1,5; 2Cor. 1,5; 2Cor. 2,10; 2Cor. 2,12; 2Cor. 2,15; 2Cor. 3,3; 2Cor. 3,4; 2Cor. 4,4; 2Cor. 4,6; 2Cor. 5,10; 2Cor. 5,14; 2Cor. 5,18; 2Cor. 5,20; 2Cor. 5,20; 2Cor. 6,15; 2Cor. 8,9; 2Cor. 8,23; 2Cor. 9,13; 2Cor. 10,1; 2Cor. 10,5; 2Cor. 10,7; 2Cor. 10,7; 2Cor. 10,14; 2Cor. 11,10; 2Cor. 11,13; 2Cor. 11,23; 2Cor. 12,9; 2Cor. 12,10; 2Cor. 13,3; 2Cor. 13,13; Gal. 1,1; Gal. 1,3; Gal. 1,6; Gal. 1,7; Gal. 1,10; Gal. 1,12; Gal. 2,16; Gal. 2,16; Gal. 3,22; Gal. 3,29; Gal. 5,4; Gal. 5,24; Gal. 6,2; Gal. 6,12; Gal. 6,14; Gal. 6,18; Eph. 1,1; Eph. 1,2; Eph. 1,3; Eph. 1,5; Eph. 1,17; Eph. 2,12; Eph. 2,13; Eph. 2,20; Eph. 3,1; Eph. 3,4; Eph. 3,8; Eph. 3,19; Eph. 4,7; Eph. 4,12; Eph. 4,13; Eph. 5,5; Eph. 5,20; Eph. 5,21; Eph. 6,6; Eph. 6,23; Phil. 1,1; Phil. 1,2; Phil. 1,6; Phil. 1,8; Phil. 1,10; Phil. 1,11; Phil. 1,19; Phil. 1,27; Phil. 1,29; Phil. 2,16; Phil. 2,21; Phil. 2,30; Phil. 3,8; Phil. 3,9; Phil. 3,12; Phil. 3,18; Phil. 4,23; Col. 1,1; Col. 1,3; Col.

1,7; Col. 1,24; Col. 2,2; Col. 2,11; Col. 2,17; Col. 3,15; Col. 3,16; Col. 4,3; Col. 4,12; 1Th. 1,3; 1Th. 2,7; 1Th. 3,2; 1Th. 5,9; 1Th. 5,23; 1Th. 5,28; 2Th. 1,2; 2Th. 1,12; 2Th. 2,1; 2Th. 2,14; 2Th. 3,5; 2Th. 3,6; 2Th. 3,18; 1Tim. 1,1; 1Tim. 1,1; 1Tim. 1,2; 1Tim. 4,6; 1Tim. 5,11; 1Tim. 5,21; 1Tim. 6,3; 1Tim. 6,13; 1Tim. 6,14; 2Tim. 1,1; 2Tim. 1,2; 2Tim. 1,10; 2Tim. 2,3; 2Tim. 4,1; Titus 1,1; Titus 1,4; Titus 2,13; Titus 3,6; Philem. 1; Philem. 3; Philem. 9; Philem. 25; Heb. 3,14; Heb. 6,1; Heb. 9,14; Heb. 10,10; Heb. 11,26; Heb. 13,21; James 1,1; James 2,1; 1Pet. 1,1; 1Pet. 1,2; 1Pet. 1,3; 1Pet. 1,3; 1Pet. 1,7; 1Pet. 1,11; 1Pet. 1,13; 1Pet. 1,19; 1Pet. 2,5; 1Pet. 3,21; 1Pet. 4,1; 1Pet. 4,11; 1Pet. 4,13; 1Pet. 4,14; 1Pet. 5,1; 2Pet. 1,1; 2Pet. 1,1; 2Pet. 1,8; 2Pet. 1,11; 2Pet. 1,16; 2Pet. 2,20; 2Pet. 3,18; 1John 1,3; 1John 3,23; 2John 3; 2John 9; Jude 1; Jude 17; Jude 21; Jude 25; Rev. 1,1; Rev. 1,2; Rev. 1,5; Rev. 20,4; Rev. 20,6)

χριστοῦ ▸ 4
  Noun · masculine · singular · genitive ▸ **4** (Matt. 22,42; Acts 4,26; Rev. 11,15; Rev. 12,10)

Χριστῷ ▸ 103
  Noun · masculine · singular · dative ▸ **103** (Rom. 3,24; Rom. 6,8; Rom. 6,11; Rom. 6,23; Rom. 8,1; Rom. 8,2; Rom. 8,39; Rom. 9,1; Rom. 12,5; Rom. 14,18; Rom. 15,17; Rom. 16,3; Rom. 16,7; Rom. 16,9; Rom. 16,10; Rom. 16,18; 1Cor. 1,2; 1Cor. 1,4; 1Cor. 1,30; 1Cor. 3,1; 1Cor. 4,10; 1Cor. 4,15; 1Cor. 4,15; 1Cor. 4,17; 1Cor. 15,18; 1Cor. 15,19; 1Cor. 15,22; 1Cor. 15,31; 1Cor. 16,24; 2Cor. 2,14; 2Cor. 2,17; 2Cor. 3,14; 2Cor. 5,17; 2Cor. 5,19; 2Cor. 11,2; 2Cor. 12,2; 2Cor. 12,19; Gal. 1,22; Gal. 2,4; Gal. 2,17; Gal. 2,19; Gal. 3,14; Gal. 3,26; Gal. 3,28; Gal. 5,6; Eph. 1,1; Eph. 1,3; Eph. 1,10; Eph. 1,12; Eph. 1,20; Eph. 2,5; Eph. 2,6; Eph. 2,7; Eph. 2,10; Eph. 2,13; Eph. 3,6; Eph. 3,11; Eph. 3,21; Eph. 4,32; Eph. 5,24; Eph. 6,5; Phil. 1,1; Phil. 1,13; Phil. 1,23; Phil. 1,26; Phil. 2,1; Phil. 2,5; Phil. 3,3; Phil. 3,14; Phil. 4,7; Phil. 4,19; Phil. 4,21; Col. 1,2; Col. 1,4; Col. 1,28; Col. 2,20; Col. 3,1; Col. 3,3; Col. 3,24; 1Th. 1,1; 1Th. 2,14; 1Th. 4,16; 1Th. 5,18; 2Th. 1,1; 2Th. 3,12; 1Tim. 1,12; 1Tim. 1,14; 1Tim. 3,13; 2Tim. 1,1; 2Tim. 1,9; 2Tim. 1,13; 2Tim. 2,1; 2Tim. 2,10; 2Tim. 3,12; 2Tim. 3,15; Philem. 8; Philem. 20; Philem. 23; 1Pet. 3,16; 1Pet. 5,10; 1Pet. 5,14; 1John 5,20; Jude 1)

χριστός (χρίω) anointed; Christ ▸ 49 + 1 = 50

χριστόν ▸ 1
  Adjective · masculine · singular · accusative · noDegree ▸ **1** (Psa. 88,39)

χριστόν ▸ 13
  Adjective · masculine · singular · accusative · noDegree ▸ **12** (1Sam. 26,9; 1Sam. 26,11; 1Sam. 26,16; 1Sam. 26,23; 2Sam. 1,14; 2Sam. 1,16; 2Sam. 2,5; 2Sam. 19,22; 2Sam. 23,1; 2Chr. 22,7; Psa. 19,7; Amos 4,13)
  Adjective · neuter · singular · nominative · noDegree ▸ **1** (Lev. 21,12)

χριστός ▸ 9
  Adjective · masculine · singular · nominative · noDegree ▸ **9** (Lev. 4,5; Lev. 4,16; Lev. 6,15; 1Sam. 12,5; 1Sam. 16,6; 1Sam. 24,7; 1Sam. 24,11; Sol. 17,32; Lam. 4,20)

χριστοῦ ▸ 16 + 1 = 17
  Adjective · masculine · singular · genitive · noDegree ▸ **16 + 1 = 17** (Lev. 21,10; 1Sam. 2,10; 1Sam. 2,35; 1Sam. 12,3; 2Chr. 6,42; Psa. 2,2; Psa. 27,8; Psa. 83,10; Psa. 88,52; Psa. 131,10; Ode. 3,10; Sir. 46,19; Sol. 18,0; Sol. 18,5; Sol. 18,7; Dan. 9,26; Dan. 9,25)

χριστούς ▸ 2
  Adjective · masculine · plural · accusative · noDegree ▸ **2** (Ode. 4,13; Hab. 3,13)

χριστῷ ▸ 5
  Adjective · masculine · singular · dative · noDegree ▸ **5** (1Sam. 24,7; 2Sam. 22,51; Psa. 17,51; Psa. 131,17; Is. 45,1)

χριστῶν ▸ 3
  Adjective · masculine · plural · genitive · noDegree ▸ **3** (1Chr. 16,22; 2Mac. 1,10; Psa. 104,15)

χρίω to anoint ▸ 76 + 3 + 5 = 84

ἔχρισα ▸ 1
  Verb · first · singular · aorist · active · indicative ▸ **1** (Psa. 88,21)

ἔχρισά ▸ 2
  Verb · first · singular · aorist · active · indicative ▸ **2** (2Sam. 12,7; Ezek. 16,9)

ἐχρίσαμεν ▸ 1
  Verb · first · plural · aorist · active · indicative ▸ **1** (2Sam. 19,11)

ἔχρισαν ▸ 7
  Verb · third · plural · aorist · active · indicative ▸ **7** (Num. 35,25; 1Kings 1,45; 2Kings 23,30; 1Chr. 11,3; 1Chr. 29,22; 2Chr. 23,11; 2Chr. 36,1)

ἔχρισας ▸ 1
  Verb · second · singular · aorist · active · indicative ▸ **1** (Acts 4,27)

ἐχρίσατο ▸ 1
  Verb · third · singular · aorist · middle · indicative ▸ **1** (Judith 10,3)

ἔχρισεν ▸ 14 + 1 = 15
  Verb · third · singular · aorist · active · indicative ▸ **14 + 1 = 15** (Lev. 7,36; Lev. 8,11; Lev. 8,11; Lev. 8,12; Num. 7,1; Num. 7,1; Num. 7,10; Num. 7,84; 1Sam. 11,15; 1Sam. 16,13; 1Kings 1,39; 2Kings 11,12; Sir. 45,15; Sir. 46,13; Acts 10,38)

ἔχρισέν ▸ 5 + 2 = 7
  Verb · third · singular · aorist · active · indicative ▸ **5 + 2 = 7** (1Sam. 10,1; 1Sam. 15,17; Psa. 44,8; Psa. 151,4; Is. 61,1; Luke 4,18; Heb. 1,9)

ἐχρίσθη ▸ 2
  Verb · third · singular · aorist · passive · indicative ▸ **2** (2Sam. 1,21; 1Chr. 14,8)

Κέχρικά ▸ 3
  Verb · first · singular · perfect · active · indicative ▸ **3** (2Kings 9,3; 2Kings 9,6; 2Kings 9,12)

κέχρικεν ▸ 1
  Verb · third · singular · perfect · active · indicative ▸ **1** (2Sam. 2,7)

κέχρικέν ▸ 1
  Verb · third · singular · perfect · active · indicative ▸ **1** (1Sam. 10,1)

κεχρισμένα ▸ 3
  Verb · perfect · passive · participle · neuter · plural · accusative ▸ **3** (Ex. 29,2; Num. 6,15; Jer. 22,14)

κεχρισμένος ▸ 1
  Verb · perfect · passive · participle · masculine · singular · nominative ▸ **1** (Lev. 4,3)

κέχρισται ▸ 1
  Verb · third · singular · perfect · passive · indicative ▸ **1** (2Sam. 5,17)

χρίειν ▸ 1
  Verb · present · active · infinitive ▸ **1** (Hos. 8,10)

χρίετέ ▸ 1 + 1 = 2
  Verb · second · plural · present · active · indicative ▸ **1 + 1 = 2** (Judg. 9,15; Judg. 9,15)

χριόμενοι ▸ 1
  Verb · present · middle · participle · masculine · plural · nominative ▸ **1** (Amos 6,6)

χρίουσιν ▸ 2

Verb · third · plural · present · active · indicative ▸ **2** (2Sam. 2,4; 2Sam. 5,3)

χρῖσαι ▸ 4 + 2 = **6**
Verb · aorist · active · infinitive ▸ 4 + 2 = **6** (Num. 7,88; Judg. 9,8; 1Kings 5,15; Ezek. 43,3; Judg. 9,8; Dan. 9,24)

χρῖσαί ▸ **1**
Verb · aorist · active · infinitive ▸ **1** (1Sam. 15,1)

χρίσας ▸ **1**
Verb · aorist · active · participle · masculine · singular · nominative ▸ **1** (2Cor. 1,21)

χρισάτω ▸ **1**
Verb · third · singular · aorist · active · imperative ▸ **1** (1Kings 1,34)

χρίσεις ▸ **13**
Verb · second · singular · future · active · indicative ▸ **13** (Ex. 28,41; Ex. 29,7; Ex. 29,36; Ex. 30,26; Ex. 30,30; Ex. 40,9; Ex. 40,10; Ex. 40,13; 1Sam. 9,16; 1Sam. 16,3; 1Kings 19,15; 1Kings 19,16; 1Kings 19,16)

χρίσῃ ▸ **1**
Verb · second · singular · future · middle · indicative ▸ **1** (Deut. 28,40)

χρίσῃς ▸ **1**
Verb · second · singular · aorist · active · subjunctive ▸ **1** (Lev. 6,13)

χρισθῆναι ▸ **2**
Verb · aorist · passive · infinitive ▸ **2** (Ex. 29,29; Psa. 26,1)

χρισθήσεται ▸ **1**
Verb · third · singular · future · passive · indicative ▸ **1** (Ex. 30,32)

χρῖσον ▸ **1**
Verb · second · singular · aorist · active · imperative ▸ **1** (1Sam. 16,12)

χρίσονται ▸ **1**
Verb · third · plural · future · middle · indicative ▸ **1** (Is. 25,6)

χρίσωσιν ▸ **1**
Verb · third · plural · aorist · active · subjunctive ▸ **1** (Lev. 16,32)

χρίων ▸ **1**
Verb · present · active · participle · masculine · singular · nominative ▸ **1** (Sir. 48,8)

χρόα (χρώς) color; skin, surface; appearance ▸ **3**
χρόαν ▸ **2**
Noun · feminine · singular · accusative · (common) ▸ **2** (Ex. 4,7; Wis. 13,14)

χρόας ▸ **1**
Noun · feminine · singular · genitive · (common) ▸ **1** (2Mac. 3,16)

χρονίζω (χρόνος) to stay long; to delay ▸ 23 + 4 + 5 = **32**
ἐχρόνισα ▸ **2**
Verb · first · singular · aorist · active · indicative ▸ **2** (Gen. 32,5; Sol. 2,26)

ἐχρόνισαν ▸ 1 + 1 = **2**
Verb · third · plural · aorist · active · indicative ▸ 1 + 1 = **2** (Judg. 5,28; Judg. 5,28)

ἐχρόνισεν ▸ **2**
Verb · third · singular · aorist · active · indicative ▸ **2** (Gen. 34,19; 2Sam. 20,5)

κεχρόνικεν ▸ **2**
Verb · third · singular · perfect · active · indicative ▸ **2** (Ex. 32,1; Tob. 10,4)

χρονιεῖ ▸ **5**
Verb · third · singular · future · active · indicative ▸ **5** (Sir. 6,21; Sir. 7,16; Sir. 14,12; Is. 13,22; Is. 51,14)

χρονιεῖς ▸ **1**
Verb · second · singular · future · active · indicative ▸ **1** (Deut. 23,22)

χρονίζει ▸ **2**
Verb · third · singular · present · active · indicative ▸ **2** (Matt. 24,48; Luke 12,45)

χρονίζειν ▸ **1**
Verb · present · active · infinitive ▸ **1** (Luke 1,21)

χρονίζῃ ▸ **1**
Verb · third · singular · present · active · subjunctive ▸ **1** (Prov. 31,21)

χρονίζοντος ▸ **1**
Verb · present · active · participle · masculine · singular · genitive ▸ **1** (Matt. 25,5)

χρονίσει ▸ **1**
Verb · third · singular · future · active · indicative ▸ **1** (Heb. 10,37)

χρονίσῃ ▸ **1**
Verb · third · singular · aorist · active · subjunctive ▸ **1** (Hab. 2,3)

χρονίσῃς ▸ 6 + 2 = **8**
Verb · second · singular · aorist · active · subjunctive ▸ 6 + 2 = **8** (Tob. 5,8; Psa. 39,18; Psa. 69,6; Eccl. 5,3; Sol. 2,25; Dan. 9,19; Tob. 5,8; Dan. 9,19)

χρονίσητε ▸ **1**
Verb · second · plural · aorist · active · subjunctive ▸ **1** (Deut. 4,25)

χρονίσω ▸ 1 + 1 = **2**
Verb · first · singular · aorist · active · subjunctive ▸ 1 + 1 = **2** (Tob. 9,4; Tob. 9,3-4)

χρονίσκος (χρόνος) short time ▸ **1**
χρονίσκον ▸ **1**
Noun · masculine · singular · accusative · (common) ▸ **1** (2Mac. 11,1)

χρόνος time ▸ 134 + 6 + 54 = **194**
χρόνοις ▸ 5 + 2 = **7**
Noun · masculine · plural · dative · (common) ▸ 5 + 2 = **7** (1Esdr. 1,22; 1Esdr. 2,12; 2Mac. 14,3; 2Mac. 14,38; Dan. 2,44; Luke 8,29; Rom. 16,25)

χρόνον ▸ 69 + 1 + 27 = **97**
Noun · masculine · singular · accusative · (common) ▸ 69 + 1 + 27 = **97** (Ex. 14,13; Deut. 12,19; Deut. 22,19; Deut. 22,29; Deut. 32,29; Josh. 4,14; Josh. 24,29; 1Esdr. 1,55; 1Esdr. 5,70; 1Esdr. 8,82; 1Esdr. 9,12; Esth. 2,15; Esth. 13,7 # 3,13g; Esth. 16,24 # 8,12x; Esth. 9,28; Judith 15,10; 1Mac. 10,30; 1Mac. 11,36; 1Mac. 15,8; 2Mac. 4,23; 2Mac. 6,1; 2Mac. 6,13; 2Mac. 10,3; 2Mac. 12,39; 2Mac. 14,1; 3Mac. 3,26; 3Mac. 3,29; 3Mac. 5,22; 3Mac. 5,25; 3Mac. 5,43; 3Mac. 7,19; 4Mac. 5,7; 4Mac. 6,20; 4Mac. 13,20; 4Mac. 15,27; 4Mac. 18,9; Ode. 2,29; Prov. 1,22; Prov. 7,12; Prov. 7,12; Prov. 9,11; Prov. 9,18d; Prov. 15,15; Prov. 28,16; Job 2,9a; Job 12,5; Job 14,5; Job 14,13; Job 29,18; Sir. 29,5; Sol. 8,33; Sol. 15,13; Sol. 17,2; Is. 9,6; Is. 13,20; Is. 14,20; Is. 18,7; Is. 27,10; Is. 27,11; Is. 33,20; Is. 34,10; Is. 34,10; Is. 34,17; Is. 38,5; Is. 54,7; Is. 65,20; Bar. 3,32; Bar. 4,35; LetterJ 2; Dan. 2,16; Matt. 2,7; Matt. 2,16; Matt. 25,19; Mark 2,19; Luke 18,4; John 5,6; John 7,33; John 12,35; Acts 13,18; Acts 14,3; Acts 14,28; Acts 15,33; Acts 18,20; Acts 18,23; Acts 19,22; Acts 20,18; Rom. 7,1; 1Cor. 7,39; 1Cor. 16,7; Gal. 4,1; Heb. 4,7; Heb. 5,12; 1Pet. 1,17; 1Pet. 4,2; Rev. 2,21; Rev. 6,11; Rev. 20,3)

χρόνος ▸ 14 + 1 + 7 = **22**
Noun · masculine · singular · nominative · (common) ▸ 14 + 1

χρόνος–χρυσίον

+ 7 = **22** (2Mac. 1,22; Eccl. 3,1; Job 6,11; Job 10,20; Job 32,7; Sol. 17,2; Is. 23,15; Is. 23,15; Jer. 37,7; Dan. 2,16; Dan. 4,27; Dan. 4,34; Dan. 5,26-28; Dan. 7,12; Tob. 14,5; Mark 9,21; Luke 1,57; Acts 7,17; Acts 7,23; Heb. 11,32; 1Pet. 4,3; Rev. 10,6)

Χρόνου ▸ **1**
  Noun · masculine · singular · genitive · (common) ▸ **1** (Job 2,9)

χρόνου ▸ **12** + **2** + **4** = **18**
  Noun · masculine · singular · genitive · (common) ▸ **12** + **2** + **4** = **18** (Tob. 14,4; 2Mac. 10,6; 3Mac. 4,17; 3Mac. 5,11; Psa. 88,46; Sir. 1,32 Prol.; Is. 30,27; Is. 49,1; Is. 51,8; Jer. 45,28; Dan. 4,33b; Dan. 7,12; Tob. 14,4; Tob. 14,5; Luke 4,5; Acts 27,9; Gal. 4,4; Jude 18)

χρόνους ▸ **6** + **1** + **3** = **10**
  Noun · masculine · plural · accusative · (common) ▸ **6** + **1** + **3** = **10** (2Mac. 12,15; 3Mac. 7,23; Wis. 4,13; Wis. 12,20; Dan. 2,21; Dan. 4,37; Dan. 2,21; Luke 20,9; Acts 1,7; Acts 17,30)

χρόνῳ ▸ **16** + **1** + **5** = **22**
  Noun · masculine · singular · dative · (common) ▸ **16** + **1** + **5** = **22** (Gen. 26,1; Gen. 26,15; Josh. 4,24; 1Esdr. 6,3; 3Mac. 2,24; 3Mac. 6,29; 4Mac. 13,20; Job 12,12; Job 14,11; Job 32,6; Wis. 2,4; Wis. 7,2; Wis. 14,16; Is. 54,9; Jer. 30,2; Jer. 38,1; Tob. 2,11; Luke 8,27; John 14,9; Acts 1,6; Acts 1,21; Acts 8,11)

χρόνων ▸ **11** + **6** = **17**
  Noun · masculine · plural · genitive · (common) ▸ **11** + **6** = **17** (1Esdr. 1,18; 1Esdr. 1,40; 1Esdr. 8,73; Ezra 4,15; Neh. 10,35; Neh. 13,31; 2Mac. 6,21; 4Mac. 13,21; Wis. 7,18; Wis. 8,8; Sir. 43,6; Luke 23,8; Acts 3,21; 1Th. 5,1; 2Tim. 1,9; Titus 1,2; 1Pet. 1,20)

χρονοτριβέω (χρόνος; τρίβος) to spend time ▸ **1**
  χρονοτριβῆσαι ▸ **1**
    Verb · aorist · active · infinitive ▸ **1** (Acts 20,16)

χρυσαυγέω (χρυσός; αὐγή) to shine like gold ▸ **1**
  χρυσαυγοῦντα ▸ **1**
    Verb · present · active · participle · neuter · plural · nominative ▸ **1** (Job 37,22)

χρύσεος (χρυσός) gold ▸ **8**
  χρυσᾶ ▸ **2**
    Adjective · neuter · plural · accusative · noDegree ▸ **2** (Gen. 24,22; Gen. 24,53)
  χρύσεοι ▸ **1**
    Adjective · masculine · plural · nominative · noDegree ▸ **1** (Sir. 26,18)
  χρύσεον ▸ **2**
    Adjective · masculine · singular · accusative · noDegree ▸ **1** (Prov. 1,9)
    Adjective · neuter · singular · accusative · noDegree ▸ **1** (Song 3,10)
  χρύσεός ▸ **1**
    Adjective · masculine · singular · nominative · noDegree ▸ **1** (Sir. 6,30)
  χρυσέων ▸ **1**
    Adjective · masculine · plural · genitive · noDegree ▸ **1** (2Mac. 5,3)
  χρυσοῦν ▸ **1**
    Adjective · masculine · singular · accusative · noDegree ▸ **1** (Gen. 41,42)

χρυσίον (χρυσός) gold, golden ▸ **290** + **6** + **12** = **308**
  χρυσία ▸ **1**
    Noun · neuter · plural · nominative · (common) ▸ **1** (Ex. 32,24)
  χρυσίον ▸ **132** + **1** + **4** = **137**
    Noun · neuter · singular · accusative · (common) ▸ **102** + **1** + **1** = **104** (Gen. 24,35; Gen. 44,8; Ex. 25,3; Ex. 28,5; Ex. 31,4; Ex. 35,5; Ex. 35,32; Ex. 39,11; Num. 31,51; Num. 31,54; Deut. 7,25; Deut. 17,17; Deut. 29,16; Josh. 22,8; 1Kings 6,32; 1Kings 7,37; 1Kings 10,11; 1Kings 10,27; 1Kings 15,18; 1Kings 15,19; 1Kings 16,28f; 1Kings 21,5; 1Kings 21,7; 2Kings 7,8; 2Kings 12,19; 2Kings 14,14; 2Kings 16,8; 2Kings 20,13; 2Kings 23,35; 2Kings 23,35; 1Chr. 29,2; 2Chr. 1,15; 2Chr. 5,1; 2Chr. 9,1; 2Chr. 9,10; 2Chr. 9,14; 2Chr. 9,27; 2Chr. 15,18; 2Chr. 16,2; 2Chr. 16,3; 2Chr. 21,3; 2Chr. 25,24; 2Chr. 36,4a; 2Chr. 36,4a; 1Esdr. 4,18; 1Esdr. 4,19; 1Esdr. 8,14; 1Esdr. 8,55; 1Esdr. 8,59; Ezra 2,69; Ezra 8,25; Ezra 8,33; Judith 2,18; Judith 8,7; Tob. 12,8; 1Mac. 1,23; 1Mac. 3,41; 1Mac. 4,23; 1Mac. 10,60; 1Mac. 11,24; 1Mac. 15,26; 1Mac. 16,11; 1Mac. 16,19; Psa. 18,11; Psa. 118,127; Prov. 8,10; Prov. 8,19; Prov. 22,1; Eccl. 2,8; Job 23,10; Job 27,16; Job 31,24; Sir. 7,19; Sir. 28,24; Sir. 29,11; Sir. 31,5; Sir. 47,18; Sol. 17,33; Sol. 17,43; Hos. 8,4; Joel 4,5; Nah. 2,10; Zech. 6,11; Zech. 9,3; Zech. 14,14; Mal. 3,3; Mal. 3,3; Is. 40,19; Is. 46,6; Is. 60,6; Is. 60,17; Bar. 3,17; LetterJ 8; LetterJ 9; LetterJ 23; LetterJ 57; Ezek. 27,12; Ezek. 27,22; Ezek. 28,4; Ezek. 28,13; Ezek. 38,13; Dan. 11,8; Tob. 12,8; Rev. 3,18)
    Noun · neuter · singular · nominative · (common) ▸ **30** + **3** = **33** (Gen. 2,11; Gen. 2,12; Ex. 39,1; Num. 7,86; Num. 31,52; Josh. 6,19; 2Sam. 21,4; 1Kings 21,3; 1Chr. 29,3; 1Esdr. 8,13; 1Esdr. 8,57; 1Esdr. 8,61; Ezra 7,15; Ezra 7,16; Ezra 8,28; Psa. 113,12; Psa. 134,15; Song 5,11; Job 28,6; Job 28,17; Sir. 8,2; Sir. 40,25; Zeph. 1,18; Hag. 2,8; Zech. 13,9; Is. 13,12; Jer. 10,9; Lam. 4,1; Ezek. 7,19; Dan. 2,35; Acts 3,6; Rev. 21,18; Rev. 21,21)
  χρυσίου ▸ **94** + **2** + **2** = **98**
    Noun · neuter · singular · genitive · (common) ▸ **94** + **2** + **2** = **98** (Ex. 25,17; Ex. 25,23; Ex. 25,29; Ex. 25,31; Ex. 25,36; Ex. 25,38; Ex. 25,39; Ex. 28,8; Ex. 28,13; Ex. 28,14; Ex. 28,15; Ex. 28,22; Ex. 35,22; Ex. 36,9; Ex. 36,10; Ex. 36,12; Ex. 36,15; Ex. 36,22; Ex. 36,24; Ex. 36,37; Ex. 38,5; Ex. 38,9; Ex. 39,1; Num. 22,18; Num. 24,13; Num. 31,22; Deut. 8,13; Josh. 6,24; 2Sam. 8,11; 2Sam. 12,30; 1Kings 9,14; 1Kings 9,28; 1Kings 10,10; 1Kings 10,14; 1Kings 10,14; 1Kings 10,17; 1Kings 10,22; 2Kings 18,14; 2Kings 23,33; 1Chr. 18,11; 1Chr. 20,2; 1Chr. 21,25; 1Chr. 22,14; 1Chr. 28,18; 1Chr. 29,4; 1Chr. 29,7; 2Chr. 3,6; 2Chr. 3,9; 2Chr. 4,20; 2Chr. 4,21; 2Chr. 8,18; 2Chr. 9,9; 2Chr. 9,13; 2Chr. 9,13; 2Chr. 9,20; 2Chr. 9,21; 2Chr. 32,27; 2Chr. 36,3; 1Esdr. 1,34; 1Esdr. 5,44; 1Esdr. 8,56; Ezra 7,18; Ezra 8,26; Ezra 8,30; Neh. 7,71; Neh. 7,72; Judith 10,21; 1Mac. 8,3; 2Mac. 3,11; 3Mac. 1,4; Psa. 67,14; Psa. 71,15; Psa. 118,72; Prov. 3,14; Prov. 8,10; Prov. 16,16; Eccl. 12,6; Song 1,11; Sir. 30,15; Sir. 31,6; Sir. 31,8; Sir. 41,12; Sir. 45,11; Sir. 50,9; Hab. 2,19; Is. 2,7; Is. 3,24; Is. 13,17; Is. 39,2; Bar. 3,30; Ezek. 16,17; Ezek. 28,13; Dan. 2,32; Dan. 11,43; Dan. 2,32; Dan. 11,8; Acts 20,33; 1Pet. 1,7)
  χρυσίῳ ▸ **63** + **3** + **5** = **71**
    Noun · neuter · singular · dative · (common) ▸ **63** + **3** + **5** = **71** (Gen. 13,2; Ex. 25,11; Ex. 25,13; Ex. 25,28; Ex. 26,29; Ex. 26,29; Ex. 26,32; Ex. 26,37; Ex. 28,20; Ex. 28,20; Ex. 30,3; Ex. 30,5; Ex. 36,13; Ex. 36,20; Ex. 36,20; Ex. 37,4; Ex. 37,6; Ex. 38,2; Ex. 38,11; Ex. 38,18; Ex. 38,18; 1Kings 6,20; 1Kings 6,21; 1Kings 6,22; 1Kings 6,28; 1Kings 6,30; 1Kings 6,32; 1Kings 6,35; 1Kings 9,11; 1Kings 10,18; 1Kings 10,21; 1Chr. 22,16; 2Chr. 2,6; 2Chr. 2,13; 2Chr. 3,4; 2Chr. 3,5; 2Chr. 3,6; 2Chr. 3,7; 2Chr. 3,8; 2Chr. 3,9; 2Chr. 3,10; 2Chr. 9,17; 2Chr. 9,18; 2Chr. 9,20; 1Esdr. 2,4; 1Esdr. 2,6; 1Esdr. 8,16; Ezra 1,4; Ezra 8,27; Judith 5,9; Tob. 13,17; 1Mac. 2,18; 1Mac. 6,1; Psa. 104,37; Job 28,1; Job 28,16; Job 28,19; Sir. 7,18; Is. 3,23; Jer. 10,4; Lam. 4,2; Ezek. 16,13; Dan. 11,38; Tob. 13,17; Tob. 13,17; Dan. 10,5; 1Tim. 2,9; Heb. 9,4; 1Pet. 1,18; Rev. 17,4; Rev. 18,16)
  χρυσίων ▸ **1**

Noun · neuter · plural · genitive ▸ **1** (1Pet. 3,3)

χρυσοδακτύλιος (χρυσός; δείκνυμι) with a gold ring ▸ **1**

    χρυσοδακτύλιος ▸ **1**

        Adjective · masculine · singular · nominative ▸ **1** (James 2,2)

χρυσοειδής (χρυσός; εἶδος) like gold ▸ **1**

    χρυσοειδῆ ▸ **1**

        Adjective · neuter · plural · accusative · noDegree ▸ **1** (1Esdr. 8,56)

χρυσόλιθος (χρυσός; λίθος) chrysolite ▸ **3** + **1** = **4**

    χρυσόλιθον ▸ **1**

        Noun · feminine · singular · accusative · (common) ▸ **1** (Ezek. 28,13)

    χρυσόλιθος ▸ **2** + **1** = **3**

        Noun · masculine · singular · nominative · (common) ▸ **2** + **1** = **3** (Ex. 28,20; Ex. 36,20; Rev. 21,20)

χρυσόπρασος (χρυσός; πρασιά) chrysoprase ▸ **1**

    χρυσόπρασος ▸ **1**

        Noun · masculine · singular · nominative ▸ **1** (Rev. 21,20)

χρυσός gold ▸ **13** + **2** + **10** = **25**

    χρυσόν ▸ **1** + **1** + **2** = **4**

        Noun · masculine · singular · accusative · (common) ▸ **1** + **1** + **2** = **4** (Dan. 2,45; Dan. 2,45; Matt. 23,17; 1Cor. 3,12)

    χρυσὸν ▸ **5** + **2** = **7**

        Noun · masculine · singular · accusative · (common) ▸ **5** + **2** = **7** (1Kings 10,2; Wis. 3,6; Wis. 13,10; Sir. 51,28; Is. 60,9; Matt. 2,11; Matt. 10,9)

    χρυσός ▸ **2**

        Noun · masculine · singular · nominative · (common) ▸ **2** (Prov. 17,3; Job 3,15)

    χρυσὸς ▸ **3** + **1** + **2** = **6**

        Noun · masculine · singular · nominative · (common) ▸ **3** + **1** + **2** = **6** (Job 41,22; Wis. 7,9; Sir. 2,5; Dan. 2,35; Matt. 23,17; James 5,3)

    χρυσοῦ ▸ **1** + **1** = **2**

        Noun · masculine · singular · genitive · (common) ▸ **1** + **1** = **2** (Esth. 15,6 # 5,1c; Rev. 18,12)

    χρυσῷ ▸ **1** + **3** = **4**

        Noun · masculine · singular · dative · (common) ▸ **1** + **3** = **4** (1Esdr. 3,6; Matt. 23,16; Acts 17,29; Rev. 9,7)

χρυσουργός (χρυσός; ἔργον) goldsmith ▸ **1**

    χρυσουργοῖς ▸ **1**

        Noun · masculine · plural · dative · (common) ▸ **1** (Wis. 15,9)

χρυσοῦς (χρυσός) golden ▸ **206** + **20** + **18** = **244**

    χρυσᾶ ▸ **39** + **3** + **2** = **44**

        Adjective · neuter · plural · accusative · noDegree ▸ **30** + **1** + **1** = **32** (Ex. 3,22; Ex. 11,2; Ex. 12,35; Ex. 25,11; Ex. 25,18; Ex. 25,24; Ex. 32,2; Ex. 32,3; Ex. 38,12; 1Sam. 6,8; 1Sam. 6,15; 1Kings 10,16; 1Kings 10,17; 1Kings 10,25; 1Kings 14,26; 1Kings 14,26; 2Kings 24,13; 1Chr. 18,10; 2Chr. 9,24; 1Esdr. 6,17; 1Esdr. 6,25; Ezra 5,14; 1Mac. 6,12; 2Mac. 2,2; Hos. 2,10; Is. 2,20; Is. 31,7; Jer. 52,19; Jer. 52,19; Dan. 5,2; Dan. 5,2; Rev. 9,20)

        Adjective · neuter · plural · nominative · noDegree ▸ **9** + **2** + **1** = **12** (Judg. 8,24; 2Sam. 8,10; 1Kings 10,21; 1Esdr. 2,9; 1Esdr. 2,11; Ezra 6,5; Esth. 1,7; 1Mac. 6,2; Job 28,17; Judg. 8,24; Dan. 5,3; 2Tim. 2,20)

    χρυσαῖ ▸ **11**

        Adjective · feminine · plural · nominative · noDegree ▸ **11** (Ex. 26,32; Ex. 26,37; Ex. 37,4; Num. 7,84; Num. 7,86; 1Sam. 6,17; 1Kings 7,36; 2Kings 10,29; 1Esdr. 2,10; Esth. 1,6; Song 5,14)

    χρυσᾶν ▸ **1**

        Adjective · feminine · singular · accusative ▸ **1** (Rev. 1,13)

    χρυσᾶς ▸ **19** + **5** = **24**

        Adjective · feminine · plural · accusative · noDegree ▸ **19** + **5** = **24** (Ex. 36,23; Ex. 38,17; Ex. 38,17; Ex. 38,18; 1Sam. 6,4; 1Kings 7,35; 1Kings 7,35; 1Kings 7,36; 1Kings 12,28; 2Kings 25,15; 2Chr. 4,7; 2Chr. 4,8; 2Chr. 4,22; 2Chr. 9,16; 2Chr. 24,14; 1Mac. 1,22; 1Mac. 6,39; Song 5,15; Zech. 4,12; Rev. 1,12; Rev. 1,20; Rev. 5,8; Rev. 15,6; Rev. 15,7)

    χρυσῆ ▸ **4** + **1** + **1** = **6**

        Adjective · feminine · singular · nominative · noDegree ▸ **4** + **1** + **1** = **6** (Num. 8,4; 2Chr. 13,11; Zech. 4,2; Dan. 2,38; Dan. 2,38; Heb. 9,4)

    χρυσῇ ▸ **7** + **6** = **13**

        Adjective · feminine · singular · dative · noDegree ▸ **7** + **6** = **13** (Dan. 3,5; Dan. 3,7; Dan. 3,10; Dan. 3,12; Dan. 3,14; Dan. 3,15; Dan. 3,18; Dan. 3,5; Dan. 3,7; Dan. 3,11; Dan. 3,12; Dan. 3,14; Dan. 3,18)

    χρυσῆν ▸ **16** + **1** = **17**

        Adjective · feminine · singular · accusative · noDegree ▸ **16** + **1** = **17** (Ex. 30,3; Ex. 38,13; Josh. 7,21; 1Kings 7,34; Esth. 4,11; Esth. 15,11 # 5:2; Esth. 8,4; 1Mac. 10,89; 1Mac. 11,58; 1Mac. 14,24; 1Mac. 14,44; 1Mac. 15,18; 2Mac. 3,25; 2Mac. 11,8; 2Mac. 15,15; Dan. 3,1; Dan. 3,1)

    χρυσῆς ▸ **2**

        Adjective · feminine · singular · genitive · noDegree ▸ **2** (1Chr. 28,16; Dan. 3,2)

    χρυσοῖ ▸ **10** + **1** = **11**

        Adjective · masculine · plural · nominative · noDegree ▸ **10** + **1** = **11** (Num. 7,86; 1Sam. 6,18; 1Kings 10,16; 1Kings 10,21; 2Chr. 9,15; 2Chr. 9,15; 2Chr. 13,8; Ezra 1,9; Ezra 1,10; Ezra 8,27; Judg. 8,26)

    χρυσοῖς ▸ **5**

        Adjective · masculine · plural · dative · noDegree ▸ **4** (Esth. 1,6; 1Mac. 4,57; Sir. 45,9; LetterJ 29)

        Adjective · neuter · plural · dative · noDegree ▸ **1** (Psa. 44,14)

    χρυσοῦ ▸ **1** + **1** + **1** = **3**

        Adjective · masculine · singular · genitive · noDegree ▸ **1** + **1** + **1** = **3** (Judg. 8,26; Dan. 11,43; Rev. 9,13)

    χρυσοῦν ▸ **30** + **1** + **6** = **37**

        Adjective · masculine · singular · accusative · noDegree ▸ **12** + **1** + **3** = **16** (Ex. 16,33; Ex. 28,34; 2Sam. 1,24; Esth. 8,15; 1Mac. 1,22; 1Mac. 10,20; 1Mac. 13,37; 2Mac. 14,4; Sir. 45,12; Dan. 5,7; Dan. 5,16; Dan. 5,29; Dan. 5,29; Heb. 9,4; Rev. 8,3; Rev. 14,14)

        Adjective · neuter · singular · accusative · noDegree ▸ **14** + **3** = **17** (Ex. 28,36; Ex. 36,37; Ex. 38,16; Ex. 40,5; Ex. 40,26; Lev. 8,9; Num. 4,11; Num. 31,50; Judg. 8,25; 1Kings 7,34; 2Chr. 4,19; 1Mac. 1,21; Prov. 25,12; Job 42,11; Rev. 8,3; Rev. 17,4; Rev. 21,15)

        Adjective · neuter · singular · nominative · noDegree ▸ **4** (Ex. 35,22; 2Kings 12,14; Prov. 25,11; Jer. 28,7)

    χρυσοῦς ▸ **34** + **4** + **1** = **39**

        Adjective · masculine · plural · accusative · noDegree ▸ **25** + **2** + **1** = **28** (Gen. 45,22; Ex. 20,23; Ex. 25,12; Ex. 25,26; Ex. 26,6; Ex. 26,29; Ex. 28,33; Ex. 30,4; Ex. 32,31; Ex. 36,23; Ex. 36,32; Ex. 38,6; Ex. 38,17; Ex. 38,19; 1Sam. 6,11; 2Sam. 8,7; 1Kings 15,15; 2Kings 5,5; 1Chr. 29,7; 2Chr. 4,13; 2Chr. 9,15; 2Chr. 12,9; Neh. 7,70; LetterJ 3; LetterJ 10; Dan. 5,4; Dan. 5,23; Rev. 4,4)

        Adjective · masculine · singular · nominative · noDegree ▸ **9** + **2** = **11** (Ex. 36,23; Ex. 36,26; Ex. 36,27; Ex. 36,33; Ex. 38,3; Ex. 38,18; 1Sam. 6,5; 1Chr. 18,7; Sir. 21,21; Dan. 5,7; Dan. 5,16)

    χρυσῷ ▸ **7** + **1** = **8**

        Adjective · feminine · singular · dative · noDegree ▸ **1** (Sir. 45,10)

χρυσοῦς–χυτρόκαυλος

    Adjective · masculine · singular · dative · noDegree ▸ **5** (Ezra 1,6; Ezra 1,11; Prov. 27,21; Sir. 32,5; Jer. 4,30)
    Adjective · neuter · singular · dative · noDegree ▸ 1 + 1 = **2** (Sir. 32,6; Dan. 11,38)
  χρυσῶν ▸ 21 + 1 + 1 = 23
    Adjective · feminine · plural · genitive · noDegree ▸ 2 + 1 = **3** (1Chr. 28,17; 2Chr. 9,16; Rev. 2,1)
    Adjective · masculine · plural · genitive · noDegree ▸ **8** (Gen. 24,22; Gen. 37,28; Num. 7,14; Num. 7,20; Judg. 8,26; 1Chr. 28,14; 1Chr. 28,17; Zech. 4,12)
    Adjective · neuter · plural · genitive · noDegree ▸ 11 + 1 = **12** (Num. 7,26; Num. 7,32; Num. 7,38; Num. 7,44; Num. 7,50; Num. 7,56; Num. 7,62; Num. 7,68; Num. 7,74; Num. 7,80; Judg. 8,26; Judg. 8,26)

χρυσοφορέω (χρυσός; φέρω) to wear gold ▸ 1
  χρυσοφορῇ ▸ 1
    Verb · third · singular · present · active · subjunctive ▸ **1** (1Mac. 14,43)

χρυσοχάλινος (χρυσός; χαλινός) golden-bridled ▸ 2
  χρυσοχάλινον ▸ 1
    Adjective · neuter · singular · accusative · noDegree ▸ **1** (1Esdr. 3,6)
  χρυσοχαλίνων ▸ 1
    Adjective · masculine · plural · genitive · noDegree ▸ **1** (2Mac. 10,29)

χρυσοχόος (χρυσός; χέω) goldsmith ▸ 6
  χρυσοχόον ▸ 1
    Noun · masculine · singular · accusative · (common) ▸ **1** (Is. 46,6)
  χρυσοχόος ▸ 3
    Noun · masculine · singular · nominative · (common) ▸ **3** (Is. 40,19; Jer. 10,14; Jer. 28,17)
  χρυσοχόων ▸ 2
    Noun · masculine · plural · genitive · (common) ▸ **2** (Jer. 10,9; LetterJ 45)

χρυσόω (χρυσός) to cover with gold ▸ 8 + 2 = 10
  ἐχρύσωσεν ▸ 5
    Verb · third · singular · aorist · active · indicative ▸ **5** (Ex. 38,18; 2Kings 18,16; 2Chr. 3,7; 2Chr. 3,9; 2Chr. 3,10)
  κεχρυσωμένη ▸ 2
    Verb · perfect · passive · participle · feminine · singular · nominative · (variant) ▸ **1** (Rev. 18,16)
    Verb · perfect · middle · participle · feminine · singular · vocative · (variant) ▸ **1** (Rev. 17,4)
  κεχρυσωμένων ▸ 1
    Verb · perfect · passive · participle · masculine · plural · genitive ▸ **1** (Ex. 26,32)
  χρυσώσεις ▸ 2
    Verb · second · singular · future · active · indicative ▸ **2** (Ex. 25,11; Ex. 26,37)

χρύσωμα (χρυσός) golden vessel ▸ 7
  χρυσώμασιν ▸ 2
    Noun · neuter · plural · dative · (common) ▸ **2** (1Esdr. 3,6; 1Mac. 11,58)
  χρυσώματα ▸ 2
    Noun · neuter · plural · accusative · (common) ▸ **2** (1Esdr. 8,56; 1Mac. 11,58)
  χρυσώματά ▸ 1
    Noun · neuter · plural · accusative · (common) ▸ **1** (2Mac. 4,32)
  χρυσωμάτων ▸ 2
    Noun · neuter · plural · genitive · (common) ▸ **2** (1Mac. 15,32; 2Mac. 4,39)

χρῶμα (χρώς) color, complexion ▸ 4
  χρῶμα ▸ 1
    Noun · neuter · singular · accusative · (common) ▸ **1** (Esth. 15,7 # 5,1d)
  χρώμασιν ▸ 1
    Noun · neuter · plural · dative · (common) ▸ **1** (Wis. 15,4)
  χρώματος ▸ 2
    Noun · neuter · singular · genitive · (common) ▸ **2** (Ex. 34,29; Ex. 34,30)

χρώς skin, body surface ▸ 15 + 1 = 16
  χρώς ▸ 3
    Noun · masculine · singular · nominative · (common) ▸ **3** (Lev. 13,14; Lev. 13,15; Lev. 13,16)
  χρῶτα ▸ 1
    Noun · masculine · singular · accusative · (common) ▸ **1** (Lev. 13,15)
  χρωτός ▸ 5
    Noun · masculine · singular · genitive · (common) ▸ **5** (Lev. 13,3; Lev. 13,4; Lev. 13,11; Lev. 13,13; Lev. 13,21)
  χρωτός ▸ 6 + 1 = 7
    Noun · masculine · singular · genitive · (common) ▸ 6 + 1 = **7** (Ex. 28,42; Lev. 13,2; Lev. 13,2; Lev. 13,3; Lev. 15,7; Lev. 16,4; Acts 19,12)

χυδαῖος numerous ▸ 1
  χυδαῖοι ▸ 1
    Adjective · masculine · plural · nominative · noDegree ▸ **1** (Ex. 1,7)

χυλός (χέω) plant liquid; flavor, taste ▸ 1
  χυλοὺς ▸ 1
    Noun · masculine · plural · accusative · (common) ▸ **1** (4Mac. 6,25)

χύμα (χέω) mass, largeness ▸ 2
  χύμα ▸ 2
    Noun · neuter · singular · accusative · (common) ▸ **2** (1Kings 5,9; 2Mac. 2,24)

χυτός (χέω) melted ▸ 2
  χυτήν ▸ 1
    Adjective · feminine · singular · accusative · noDegree ▸ **1** (2Chr. 4,2)
  χυτός ▸ 1
    Adjective · masculine · singular · nominative · noDegree ▸ **1** (Job 40,18)

χύτρα (χέω) clay pot ▸ 6 + 1 = 7
  χύτρα ▸ 1
    Noun · feminine · singular · nominative · (common) ▸ **1** (Sir. 13,2)
  χύτρᾳ ▸ 1 + 1 = 2
    Noun · feminine · singular · dative · (common) ▸ 1 + 1 = **2** (Num. 11,8; Judg. 6,19)
  χύτραν ▸ 2
    Noun · feminine · singular · accusative · (common) ▸ **2** (Judg. 6,19; Mic. 3,3)
  χύτρας ▸ 2
    Noun · feminine · singular · genitive · (common) ▸ **2** (Joel 2,6; Nah. 2,11)

χυτρόκαυλος (χύτρα; καυλός) basin ▸ 4
  χυτρόκαυλον ▸ 1
    Noun · masculine · singular · accusative · (common) ▸ **1** (1Kings 7,24)
  χυτρόκαυλος ▸ 1
    Noun · masculine · singular · nominative · (common) ▸ **1** (1Kings 7,24)
  χυτροκαύλους ▸ 2

Noun · masculine · plural · accusative · (common) ▸ **2** (1Kings 7,24; 1Kings 7,29)

Χωβα Hobah ▸ 4
  Χωβα ▸ 4
    Noun · singular · accusative · (proper) ▸ **1** (Josh. 19,27)
    Noun · feminine · singular · accusative · (proper) ▸ **1** (Judith 4,4)
    Noun · feminine · singular · genitive · (proper) ▸ **2** (Gen. 14,15; Judith 15,5)

Χωβαι Hobah ▸ 1
  Χωβαι ▸ 1
    Noun · singular · accusative · (proper) ▸ **1** (Judith 15,4)

Χοζηβα Cozeba ▸ 1
  Χοζηβα ▸ 1
    Noun · masculine · singular · genitive · (proper) ▸ **1** (1Chr. 4,22)

Χωθαμ Hotham ▸ 1
  Χωθαμ ▸ 1
    Noun · masculine · singular · accusative · (proper) ▸ **1** (1Chr. 7,32)

Χωθαν Hotham ▸ 1
  Χωθαν ▸ 1
    Noun · masculine · singular · genitive · (proper) ▸ **1** (1Chr. 11,44)

χωθαρ (Hebr.) capital ▸ 3
  χωθαρ ▸ 3
    Noun ▸ **3** (2Kings 25,17; 2Kings 25,17; 2Kings 25,17)

χωθαρεθ (Hebr.) capital ▸ 3
  χωθαρεθ ▸ 3
    Noun ▸ **3** (2Chr. 4,12; 2Chr. 4,12; 2Chr. 4,13)

χωλαίνω (χωλός) to walk uncertainly; to vacillate ▸ 3
  ἐχώλαναν ▸ 1
    Verb · third · plural · aorist · active · indicative ▸ **1** (Psa. 17,46)
  ἐχωλάνθη ▸ 1
    Verb · third · singular · aorist · passive · indicative ▸ **1** (2Sam. 4,4)
  χωλανεῖτε ▸ 1
    Verb · second · plural · future · active · indicative ▸ **1** (1Kings 18,21)

χωλός crippled ▸ 12 + 14 = 26
  χωλά ▸ 1
    Adjective · neuter · plural · accusative · noDegree ▸ **1** (Mal. 1,13)
  χωλοὶ ▸ 2 + 4 = 6
    Adjective · masculine · plural · nominative · noDegree ▸ 2 + 4 = **6** (2Sam. 5,8; Is. 33,23; Matt. 11,5; Matt. 21,14; Luke 7,22; Acts 8,7)
  χωλοί ▸ 1
    Adjective · masculine · plural · nominative · noDegree ▸ **1** (2Sam. 5,6)
  χωλὸν ▸ 2 + 3 = 5
    Adjective · masculine · singular · accusative · noDegree ▸ 1 + 2 = **3** (Mal. 1,8; Matt. 18,8; Mark 9,45)
    Adjective · neuter · singular · nominative · noDegree ▸ 1 + 1 = **2** (Deut. 15,21; Heb. 12,13)
  χωλός ▸ 1
    Adjective · masculine · singular · nominative · noDegree ▸ **1** (Is. 35,6)
  χωλὸς ▸ 3 + 2 = 5
    Adjective · masculine · singular · nominative · noDegree ▸ 3 + 2 = **5** (Lev. 21,18; 2Sam. 9,13; 2Sam. 19,27; Acts 3,2; Acts 14,8)
  χωλοὺς ▸ 1 + 2 = 3
    Adjective · masculine · plural · accusative · noDegree ▸ 1 + 2 = **3** (2Sam. 5,8; Matt. 15,31; Luke 14,21)
  χωλούς ▸ 2
    Adjective · masculine · plural · accusative ▸ **2** (Matt. 15,30; Luke 14,13)
  χωλῶν ▸ 1 + 1 = 2
    Adjective · masculine · plural · genitive · noDegree ▸ 1 + 1 = **2** (Job 29,15; John 5,3)

χῶμα (χέω) mound ▸ 12 + 1 = 13
  χῶμα ▸ 7
    Noun · neuter · singular · accusative · (common) ▸ **6** (Ex. 8,12; Ex. 8,13; Josh. 8,28; Hab. 1,10; Is. 25,2; Ezek. 21,27)
    Noun · neuter · singular · nominative · (common) ▸ **1** (Job 28,6)
  χώματι ▸ 2 + 1 = 3
    Noun · neuter · singular · dative · (common) ▸ 2 + 1 = **3** (Ex. 8,13; Job 22,24; Dan. 12,2)
  χώματος ▸ 3
    Noun · neuter · singular · genitive · (common) ▸ **3** (Job 14,19; Job 17,16; Job 20,11)

χωμαριμ (Hebr.) pagan priests ▸ 1
  χωμαριμ ▸ 1
    Noun ▸ **1** (2Kings 23,5)

χωματίζω (χέω) to fortify with dirt mounds ▸ 1
  κεχωματισμένας ▸ 1
    Verb · perfect · passive · participle · feminine · plural · accusative ▸ **1** (Josh. 11,13)

Χωνενια Kenaniah ▸ 3
  Χωνενια ▸ 2
    Noun · masculine · singular · nominative · (proper) ▸ **2** (1Chr. 15,22; 1Chr. 26,29)
  Χωνενιου ▸ 1
    Noun · masculine · singular · genitive · (proper) ▸ **1** (2Chr. 31,13)

Χωνενιας Kenaniah ▸ 3
  Χωνενιας ▸ 3
    Noun · masculine · singular · nominative · (proper) ▸ **3** (1Chr. 15,27; 2Chr. 31,12; 2Chr. 35,9)

χώνευμα (χέω) molten image ▸ 5
  χώνευμα ▸ 5
    Noun · neuter · singular · accusative · (common) ▸ **4** (Deut. 9,12; 2Kings 17,16; Hos. 13,2; Hab. 2,18)
    Noun · neuter · singular · nominative · (common) ▸ **1** (Jer. 10,3)

χώνευσις (χέω) melting, smelting ▸ 2
  χωνεύσει ▸ 1
    Noun · feminine · singular · dative · (common) ▸ **1** (2Chr. 4,3)
  χώνευσιν ▸ 1
    Noun · feminine · singular · accusative · (common) ▸ **1** (Ex. 39,4)

χωνευτήριον (χέω) smelting furnace ▸ 5
  χωνευτήριον ▸ 2
    Noun · neuter · singular · accusative · (common) ▸ **2** (Zech. 11,13; Zech. 11,13)
  χωνευτηρίου ▸ 2
    Noun · neuter · singular · genitive · (common) ▸ **2** (1Kings 8,51; Mal. 3,2)
  χωνευτηρίῳ ▸ 1
    Noun · neuter · singular · dative · (common) ▸ **1** (Wis. 3,6)

χωνευτής (χέω) smelter ▸ 1
  χωνευτῇ ▸ 1
    Noun · masculine · singular · dative · (common) ▸ **1** (Judg. 17,4)

χωνευτός (χέω) molten, cast ▸ 23 + 6 = 29
  χωνευτά ▸ 2
    Adjective · neuter · plural · accusative · noDegree ▸ **1** (Nah. 1,14)
    Adjective · neuter · plural · nominative · noDegree ▸ **1** (1Kings 7,19)
  χωνευτὰ ▸ 4

χωνυτός–χώρα

Adjective · neuter · plural · accusative · noDegree ▸ **3** (Num. 33,52; 1Kings 7,4; 2Chr. 34,4)
Adjective · neuter · plural · nominative · noDegree ▸ **1** (Is. 48,5)

χωνευτοῖς ▸ **1**
Adjective · neuter · plural · dative · noDegree ▸ **1** (Is. 42,17)

χωνευτόν ▸ **7** + **4** = **11**
Adjective · neuter · singular · accusative · noDegree ▸ **6** + **3** = **9** (Deut. 27,15; Judg. 17,3; Judg. 17,4; Judg. 18,17; Judg. 18,18; 2Chr. 33,7; Judg. 17,3; Judg. 17,4; Judg. 18,18)
Adjective · neuter · singular · nominative · noDegree ▸ **1** + **1** = **2** (Judg. 18,14; Judg. 18,14)

χωνευτὸν ▸ **4** + **1** = **5**
Adjective · masculine · singular · accusative · noDegree ▸ **2** (Ex. 32,4; Neh. 9,18)
Adjective · neuter · singular · accusative · noDegree ▸ **2** + **1** = **3** (Deut. 9,16; Judg. 18,20; Judg. 18,20)

χωνευτοὺς ▸ **3**
Adjective · masculine · plural · accusative · noDegree ▸ **3** (Ex. 34,17; Lev. 19,4; Dan. 5,0)

χωνευτῶν ▸ **2** + **1** = **3**
Adjective · neuter · plural · genitive · noDegree ▸ **2** + **1** = **3** (2Chr. 34,3; Dan. 11,8; Dan. 11,8)

χωνεύω (χέω) to cast (metal), smelt ▸ **21**

ἐχωνεύοντο ▸ **1**
Verb · third · plural · imperfect · passive · indicative ▸ **1** (LetterJ 23)

ἐχώνευσαν ▸ **4**
Verb · third · plural · aorist · active · indicative ▸ **4** (2Chr. 4,3; 2Chr. 34,17; Jer. 10,14; Jer. 28,17)

Ἐχώνευσαν ▸ **1**
Verb · third · plural · aorist · active · indicative ▸ **1** (2Kings 22,9)

ἐχώνευσεν ▸ **7**
Verb · third · singular · aorist · active · indicative ▸ **7** (Ex. 38,3; Ex. 38,10; Ex. 38,18; Ex. 38,20; 1Kings 7,3; 1Kings 7,33; 2Chr. 4,17)

χωνεύεται ▸ **1**
Verb · third · singular · present · passive · indicative ▸ **1** (Ezek. 22,22)

χωνευθῆναι ▸ **1**
Verb · aorist · passive · infinitive ▸ **1** (Ezek. 22,20)

χωνευθήσεσθε ▸ **2**
Verb · second · plural · future · passive · indicative ▸ **2** (Ezek. 22,21; Ezek. 22,22)

χωνεύσας ▸ **1**
Verb · aorist · active · participle · masculine · singular · nominative ▸ **1** (Is. 40,19)

χωνεύσεις ▸ **1**
Verb · second · singular · future · active · indicative ▸ **1** (Ex. 26,37)

χωνεύσω ▸ **1**
Verb · first · singular · future · active · indicative ▸ **1** (Ezek. 22,20)

χωνεύων ▸ **1**
Verb · present · active · participle · masculine · singular · nominative ▸ **1** (Mal. 3,3)

χώρα (χωρέω) place, land, country ▸ **232** + **12** + **28** = **272**

χώρα ▸ **10** + **2** = **12**
Noun · feminine · singular · nominative · (common) ▸ **10** + **2** = **12** (1Kings 7,41; Esth. 16,24 # 8,12x; 1Mac. 9,24; Is. 2,6; Is. 2,7; Is. 8,23; Is. 18,3; Is. 18,3; Is. 19,17; Jer. 4,29; Mark 1,5; Luke 12,16)

χώρᾳ ▸ **37** + **5** + **3** = **45**
Noun · feminine · singular · dative · (common) ▸ **37** + **5** + **3** = **45** (Gen. 11,28; 1Esdr. 5,45; 1Esdr. 6,22; 1Esdr. 8,13; 1Esdr. 9,37; Ezra 7,16; Neh. 1,3; Esth. 4,3; Esth. 9,19; Tob. 1,4; 1Mac. 7,7; 1Mac. 8,3; 1Mac. 11,64; 1Mac. 12,32; 1Mac. 13,34; 1Mac. 14,29; 1Mac. 14,43; 1Mac. 14,44; 1Mac. 15,6; 1Mac. 16,14; 2Mac. 1,1; 3Mac. 3,1; Psa. 114,9; Eccl. 5,7; Job 1,1; Is. 7,18; Is. 9,1; Is. 19,19; Is. 19,20; Is. 21,14; Is. 27,13; Is. 37,12; LetterJ 60; LetterJ 71; Dan. 8,2; Dan. 11,16; Dan. 11,42; Tob. 1,4; Tob. 1,14; Dan. 3,1; Dan. 3,97; Dan. 8,2; Matt. 4,16; Luke 2,8; Acts 10,39)

χῶραι ▸ **8**
Noun · feminine · plural · nominative · (common) ▸ **7** (Gen. 41,57; 1Kings 7,16; 1Kings 7,42; 1Esdr. 4,28; Sir. 47,17; Ezek. 35,10; Dan. 4,21)
Noun · feminine · plural · vocative · (common) ▸ **1** (Dan. 3,4)

χῶραί ▸ **2**
Noun · feminine · plural · nominative · (common) ▸ **2** (Amos 3,11; Dan. 4,37a)

χώραις ▸ **22** + **1** + **1** = **24**
Noun · feminine · plural · dative · (common) ▸ **22** + **1** + **1** = **24** (Gen. 10,20; Gen. 10,31; Gen. 36,40; Esth. 2,3; Esth. 3,12; 1Mac. 15,15; 1Mac. 15,19; Psa. 105,27; Amos 3,9; Amos 3,10; Lam. 1,1a; Ezek. 6,8; Ezek. 11,16; Ezek. 12,15; Ezek. 20,23; Ezek. 22,4; Ezek. 22,15; Dan. 4,37b; Dan. 4,37b; Dan. 4,37c; Dan. 6,26; Dan. 9,7; Dan. 11,24; Luke 21,21)

χώραν ▸ **63** + **1** + **14** = **78**
Noun · feminine · singular · accusative · (common) ▸ **63** + **1** + **14** = **78** (Gen. 32,4; Lev. 13,23; Lev. 13,28; Num. 32,1; Num. 32,1; Josh. 4,18; Josh. 5,12; 1Kings 7,41; 2Kings 18,33; 1Chr. 20,1; 1Esdr. 4,20; 1Esdr. 4,21; 1Esdr. 4,50; 1Esdr. 6,8; Ezra 5,8; Esth. 1,22; Esth. 3,12; Esth. 3,14; Esth. 8,9; Esth. 8,9; Esth. 8,17; Esth. 9,27; Tob. 1,3; 1Mac. 7,20; 1Mac. 7,24; 1Mac. 8,8; 1Mac. 9,65; 1Mac. 9,69; 1Mac. 11,62; 1Mac. 12,25; 1Mac. 12,25; 1Mac. 13,20; 1Mac. 13,49; 1Mac. 14,31; 1Mac. 15,4; 1Mac. 15,4; 1Mac. 15,19; 1Mac. 15,35; 1Mac. 16,18; 2Mac. 2,21; 2Mac. 4,26; 2Mac. 9,24; 3Mac. 4,11; 3Mac. 4,18; Prov. 29,4; Sir. 43,3; Mic. 5,4; Is. 1,7; Is. 10,9; Is. 13,14; Is. 22,18; Is. 28,2; Is. 36,10; Is. 36,18; Is. 37,7; Is. 37,18; Dan. 3,2; Dan. 11,19; Dan. 11,28; Dan. 11,28; Dan. 11,39; Dan. 11,40; Dan. 11,41; Tob. 1,3; Matt. 2,12; Matt. 8,28; Mark 5,1; Mark 6,55; Luke 8,26; Luke 15,13; Luke 15,14; Luke 19,12; John 11,54; Acts 12,20; Acts 16,6; Acts 18,23; Acts 26,20; Acts 27,27)

χώρας ▸ **65** + **3** + **8** = **76**
Noun · feminine · plural · accusative · (common) ▸ **17** + **3** = **20** (1Kings 18,10; 2Chr. 15,5; Ezra 4,15; 1Mac. 3,37; 1Mac. 6,1; 1Mac. 15,23; Psa. 104,44; Prov. 8,26; Sir. 10,16; Amos 3,9; Amos 6,8; Ezek. 5,5; Ezek. 29,12; Ezek. 30,23; Ezek. 30,26; Ezek. 36,19; Dan. 3,1; John 4,35; Acts 8,1; James 5,4)
Noun · feminine · singular · genitive · (common) ▸ **48** + **3** + **5** = **56** (Gen. 11,31; Gen. 15,7; Gen. 42,9; Ex. 14,27; Lev. 13,37; 1Sam. 5,6; 1Esdr. 6,16; Ezra 2,1; Neh. 7,6; Neh. 9,7; Neh. 11,3; 1Mac. 3,29; 1Mac. 3,41; 1Mac. 9,25; 1Mac. 9,53; 1Mac. 9,61; 1Mac. 10,38; 1Mac. 10,52; 1Mac. 14,6; 1Mac. 14,17; 1Mac. 14,28; 1Mac. 14,36; 1Mac. 14,37; 1Mac. 14,42; 1Mac. 15,21; 1Mac. 16,4; 1Mac. 16,13; 2Mac. 14,2; 2Mac. 14,9; 3Mac. 6,1; 3Mac. 6,25; Job 2,11; Job 32,2; Job 42,17d; Job 42,17d; Jonah 1,8; Is. 7,19; Is. 8,8; Is. 18,7; LetterJ 12; LetterJ 52; Ezek. 21,24; Dan. 3,1; Dan. 3,12; Dan. 3,97; Dan. 7,1; Bel 28; Bel 30; Dan. 2,48; Dan. 2,49; Dan. 3,12; Mark 5,10; Luke 3,1; Luke 15,15; John 11,55; Acts 13,49)

χωρῶν ▸ **25** + **2** = **27**
Noun · feminine · plural · genitive · (common) ▸ **25** + **2** = **27**

(1Kings 21,14; 1Kings 21,15; 1Kings 21,17; 1Kings 21,19; 2Chr. 32,13; Esth. 1,1 # 1,1s; Esth. 13,1 # 3,13a; Esth. 16,2 # 8,12b; 1Mac. 1,4; 1Mac. 3,31; 1Mac. 8,8; Psa. 106,3; Eccl. 2,8; Jer. 3,18; Jer. 16,15; Jer. 23,8; Ezek. 5,6; Ezek. 11,17; Ezek. 19,8; Ezek. 20,34; Ezek. 20,41; Ezek. 25,7; Ezek. 30,7; Ezek. 34,13; Ezek. 39,27; Dan. 3,2; Dan. 3,3)

χωρέω   to hold, to receive; to penetrate ▸ 10 + 10 = 20
  ἐχώρει ▸ 1
    Verb · third · singular · imperfect · active · indicative ▸ **1** (Gen. 13,6)
  ἐχώρησεν ▸ 2
    Verb · third · singular · aorist · active · indicative ▸ **2** (2Mac. 3,40; 2Mac. 13,26)
  χωρεῖ ▸ 1 + 2 = 3
    Verb · third · singular · present · active · indicative ▸ 1 + 2 = **3** (Wis. 7,24; Matt. 15,17; John 8,37)
  χωρεῖν ▸ 2
    Verb · present · active · infinitive ▸ **2** (Matt. 19,12; Mark 2,2)
  χωρείτω ▸ 1
    Verb · third · singular · present · active · imperative ▸ **1** (Matt. 19,12)
  χωρῆσαι ▸ 2
    Verb · aorist · active · infinitive ▸ **2** (John 21,25; 2Pet. 3,9)
  χωρησάντων ▸ 1
    Verb · aorist · active · participle · neuter · plural · genitive ▸ **1** (2Mac. 15,37)
  χωρήσασαν ▸ 1
    Verb · aorist · active · participle · feminine · singular · accusative ▸ **1** (4Mac. 7,6)
  Χωρήσατε ▸ 1
    Verb · second · plural · aorist · active · imperative ▸ **1** (2Cor. 7,2)
  χωροῦν ▸ 1
    Verb · present · active · participle · neuter · singular · nominative ▸ **1** (Wis. 7,23)
  χωροῦντα ▸ 1
    Verb · present · active · participle · masculine · singular · accusative ▸ **1** (1Kings 7,24)
  χωροῦσαι ▸ 1
    Verb · present · active · participle · feminine · plural · nominative ▸ **1** (John 2,6)
  χωροῦσαν ▸ 2
    Verb · present · active · participle · feminine · singular · accusative ▸ **2** (1Kings 18,32; 2Chr. 4,5)
  χωροῦσιν ▸ 1
    Verb · third · plural · present · active · indicative ▸ **1** (Matt. 19,11)

Χωρηβ   Horeb ▸ 18
  Χωρηβ ▸ 18
    Noun · singular · accusative · (proper) ▸ **1** (Ex. 3,1)
    Noun · singular · dative · (proper) ▸ **14** (Ex. 17,6; Deut. 1,2; Deut. 1,6; Deut. 4,10; Deut. 4,15; Deut. 5,2; Deut. 9,8; Deut. 18,16; Deut. 28,69; 1Kings 8,9; 2Chr. 5,10; Psa. 105,19; Sir. 48,7; Mal. 3,24)
    Noun · singular · genitive · (proper) ▸ **3** (Ex. 33,6; Deut. 1,19; 1Kings 19,8)

χωρίζω (χωρίς)   to remove; to depart ▸ 21 + 2 + 13 = 36
  ἐχώρισα ▸ 1
    Verb · first · singular · aorist · active · indicative ▸ **1** (1Esdr. 8,54)
  ἐχώρισαν ▸ 1
    Verb · third · plural · aorist · active · indicative ▸ **1** (1Esdr. 8,66)
  ἐχωρίσθη ▸ 3 + 1 + 1 = 5
    Verb · third · singular · aorist · passive · indicative ▸ 3 + 1 + 1 = **5** (Ezra 9,1; 2Mac. 5,21; 2Mac. 10,19; Judg. 4,11; Philem. 15)
  ἐχωρίσθημεν ▸ 1
    Verb · first · plural · aorist · passive · indicative ▸ **1** (1Mac. 1,11)
  ἐχωρίσθησαν ▸ 6
    Verb · third · plural · aorist · passive · indicative ▸ **6** (Judg. 4,11; 1Chr. 12,9; 1Esdr. 5,39; Neh. 9,2; Neh. 13,3; 2Mac. 12,12)
  κεχωρισμένος ▸ 2 + 1 = 3
    Verb · perfect · passive · participle · masculine · singular · nominative ▸ 2 + 1 = **3** (Lev. 13,46; Ezek. 46,19; Heb. 7,26)
  κεχωρισμένων ▸ 1
    Verb · perfect · passive · participle · masculine · plural · genitive ▸ **1** (3Mac. 2,25)
  χωρίζεσθαι ▸ 1 + 2 = 3
    Verb · present · passive · infinitive ▸ 1 + 2 = **3** (Prov. 18,1; Acts 1,4; Acts 18,2)
  χωριζέσθω ▸ 1
    Verb · third · singular · present · passive · imperative · (variant) ▸ **1** (1Cor. 7,15)
  χωρίζεται ▸ 1
    Verb · third · singular · present · passive · indicative · (variant) ▸ **1** (1Cor. 7,15)
  χωριζέτω ▸ 2
    Verb · third · singular · present · active · imperative ▸ **2** (Matt. 19,6; Mark 10,9)
  χωριζόμενος ▸ 1
    Verb · present · middle · participle · masculine · singular · nominative ▸ **1** (Ezra 6,21)
  χωρίζουσιν ▸ 1
    Verb · third · plural · present · active · indicative ▸ **1** (Wis. 1,3)
  χωρίσαι ▸ 1
    Verb · aorist · active · infinitive ▸ **1** (Rom. 8,39)
  χωρίσαντες ▸ 1
    Verb · aorist · active · participle · masculine · plural · nominative ▸ **1** (3Mac. 5,50)
  χωρίσει ▸ 1
    Verb · third · singular · future · active · indicative ▸ **1** (Rom. 8,35)
  χωρισθείς ▸ 1
    Verb · aorist · passive · participle · masculine · singular · nominative ▸ **1** (Acts 18,1)
  χωρισθέντες ▸ 1
    Verb · aorist · passive · participle · masculine · plural · nominative ▸ **1** (1Esdr. 7,13)
  χωρισθῇ ▸ 1
    Verb · third · singular · aorist · passive · subjunctive ▸ **1** (1Cor. 7,11)
  χωρισθῆναι ▸ 1
    Verb · aorist · passive · infinitive ▸ **1** (1Cor. 7,10)
  χωρισθῇς ▸ 1
    Verb · second · singular · aorist · passive · subjunctive ▸ **1** (Judg. 6,18)
  χωρίσθητε ▸ 1
    Verb · second · plural · aorist · passive · imperative ▸ **1** (1Esdr. 9,9)

χωρίον (χωρέω)   place, field ▸ 6 + 10 = 16
  χωρία ▸ 1
    Noun · neuter · plural · nominative ▸ **1** (Acts 28,7)
  χωρίοις ▸ 1
    Noun · neuter · plural · dative · (common) ▸ **1** (1Chr. 27,27)
  χωρίον ▸ 2 + 6 = 8
    Noun · neuter · singular · accusative · (common) ▸ 1 + 6 = **7**

(4Mac. 15,20; Matt. 26,36; Mark 14,32; Acts 1,18; Acts 1,19; Acts 1,19; Acts 5,8)
- **Noun** · neuter · singular · nominative · (common) ▸ **1** (2Mac. 12,21)

χωρίου ▸ **1** + **2** = **3**
- **Noun** · neuter · singular · genitive · (common) ▸ **1** + **2** = **3** (2Mac. 12,7; John 4,5; Acts 5,3)

χωρίῳ ▸ **1**
- **Noun** · neuter · singular · dative · (common) ▸ **1** (2Mac. 11,5)

χωρίων ▸ **1** + **1** = **2**
- **Noun** · neuter · plural · genitive · (common) ▸ **1** + **1** = **2** (1Chr. 27,27; Acts 4,34)

χωρίς without (prep.); separately (adv) ▸ **20** + **41** = **61**

χωρίς ▸ **20** + **40** = **60**
- **Adverb** ▸ **1** (John 20,7)
- **ImproperPreposition** · (+genitive) ▸ **20** + **39** = **59** (Gen. 26,1; Gen. 46,26; Gen. 47,22; Gen. 47,26; Lev. 9,17; Num. 6,21; Num. 17,14; Judg. 20,15; Judg. 20,17; 1Kings 5,30; 1Kings 10,15; 1Esdr. 4,17; 1Esdr. 5,41; Ezra 2,65; Judith 7,2; Judith 8,6; 4Mac. 2,8; 4Mac. 5,9; Wis. 11,20; Bel 9; Matt. 13,34; Matt. 14,21; Matt. 15,38; Mark 4,34; Luke 6,49; John 1,3; John 15,5; Rom. 3,21; Rom. 3,28; Rom. 4,6; Rom. 7,8; Rom. 7,9; Rom. 10,14; 1Cor. 4,8; 1Cor. 11,11; 1Cor. 11,11; 2Cor. 11,28; 2Cor. 12,3; Eph. 2,12; Phil. 2,14; 1Tim. 2,8; 1Tim. 5,21; Philem. 14; Heb. 4,15; Heb. 7,7; Heb. 7,20; Heb. 7,20; Heb. 9,7; Heb. 9,18; Heb. 9,22; Heb. 9,28; Heb. 10,28; Heb. 11,6; Heb. 11,40; Heb. 12,14; James 2,18; James 2,20; James 2,26; James 2,26)

χωρίς ▸ **1**
- **ImproperPreposition** · (+genitive) ▸ **1** (Heb. 12,8)

χωρισμός (χωρίς) separation ▸ **3**

χωρισμὸν ▸ **1**
- **Noun** · masculine · singular · accusative · (common) ▸ **1** (3Mac. 3,4)

χωρισμοῦ ▸ **1**
- **Noun** · masculine · singular · genitive · (common) ▸ **1** (Lev. 12,2)

χωρισμῷ ▸ **1**
- **Noun** · masculine · singular · dative · (common) ▸ **1** (Lev. 18,19)

χωροβατέω (χωρίς; βαίνω) to explore, survey ▸ **3**

ἐχωροβάτησαν ▸ **1**
- **Verb** · third · plural · aorist · active · indicative ▸ **1** (Josh. 18,9)

χωροβατῆσαι ▸ **1**
- **Verb** · aorist · active · infinitive ▸ **1** (Josh. 18,8)

χωροβατήσατε ▸ **1**
- **Verb** · second · plural · aorist · active · imperative ▸ **1** (Josh. 18,8)

χῶρος plot of ground, place; NW wind ▸ **1**

χῶρον ▸ **1**
- **Noun** · masculine · singular · accusative ▸ **1** (Acts 27,12)

Ψ, ψ

ψαλίς ring ▸ 4
  ψαλίδας ▸ 1
    Noun ▪ feminine ▪ plural ▪ accusative ▪ (common) ▸ **1** (Ex. 37,6)
  ψαλίδες ▸ 3
    Noun ▪ feminine ▪ plural ▪ nominative ▪ (common) ▸ **3** (Ex. 27,10; Ex. 27,11; Ex. 30,4)

ψάλλω to play a harp; to sing a psalm ▸ 58 + 1 + 5 = 64
  ἔψαλλεν ▸ 3
    Verb ▪ third ▪ singular ▪ imperfect ▪ active ▪ indicative ▸ **3** (1Sam. 16,23; 1Sam. 19,9; 2Kings 3,15)
  ἔψαλλον ▸ 1
    Verb ▪ third ▪ plural ▪ imperfect ▪ active ▪ indicative ▸ **1** (Psa. 68,13)
  ψάλατε ▸ 19
    Verb ▪ second ▪ plural ▪ aorist ▪ active ▪ imperative ▸ **19** (Psa. 9,12; Psa. 29,5; Psa. 32,2; Psa. 32,3; Psa. 46,7; Psa. 46,7; Psa. 46,7; Psa. 46,7; Psa. 46,8; Psa. 65,2; Psa. 67,5; Psa. 67,33; Psa. 67,34; Psa. 97,4; Psa. 97,5; Psa. 104,2; Psa. 134,3; Psa. 146,7; Sol. 3,1)
  ψαλάτωσαν ▸ 2
    Verb ▪ third ▪ plural ▪ aorist ▪ active ▪ imperative ▸ **2** (Psa. 65,4; Psa. 149,3)
  ψαλάτωσάν ▸ 1
    Verb ▪ third ▪ plural ▪ aorist ▪ active ▪ imperative ▸ **1** (Psa. 65,4)
  ψαλεῖ ▸ 1
    Verb ▪ third ▪ singular ▪ future ▪ active ▪ indicative ▸ **1** (1Sam. 16,16)
  ψάλῃ ▸ 1
    Verb ▪ third ▪ singular ▪ aorist ▪ active ▪ subjunctive ▸ **1** (Psa. 29,13)
  ψάλλε ▸ 1
    Verb ▪ second ▪ singular ▪ present ▪ active ▪ imperative ▸ **1** (Sol. 3,2)
  ψάλλειν ▸ 2
    Verb ▪ present ▪ active ▪ infinitive ▸ **2** (1Sam. 16,16; Psa. 91,2)
  ψαλλέτω ▸ 1
    Verb ▪ third ▪ singular ▪ present ▪ active ▪ imperative ▸ **1** (James 5,13)
  ψάλλοντα ▸ 2
    Verb ▪ present ▪ active ▪ participle ▪ masculine ▪ singular ▪ accusative ▸ **2** (1Sam. 16,17; 2Kings 3,15)
  ψάλλοντες ▸ 1
    Verb ▪ present ▪ active ▪ participle ▪ masculine ▪ plural ▪ nominative ▸ **1** (Eph. 5,19)
  ψαλλόντων ▸ 1
    Verb ▪ present ▪ active ▪ participle ▪ masculine ▪ plural ▪ genitive ▸ **1** (Psa. 67,26)
  ψαλλούσης ▸ 1
    Verb ▪ present ▪ active ▪ participle ▪ feminine ▪ singular ▪ genitive ▸ **1** (Sir. 9,4)
  ψάλλων ▸ 1
    Verb ▪ present ▪ active ▪ participle ▪ masculine ▪ singular ▪ nominative ▸ **1** (2Kings 3,15)
  ψαλοῦμεν ▸ 1
    Verb ▪ first ▪ plural ▪ future ▪ active ▪ indicative ▸ **1** (Psa. 20,14)
  ψαλῶ ▸ 20 + 1 + 3 = 24
    Verb ▪ first ▪ singular ▪ future ▪ active ▪ indicative ▸ **20 + 1 + 3 = 24** (Judg. 5,3; 2Sam. 22,50; Psa. 7,18; Psa. 9,3; Psa. 12,6; Psa. 17,50; Psa. 26,6; Psa. 56,8; Psa. 56,10; Psa. 58,18; Psa. 60,9; Psa. 70,22; Psa. 74,10; Psa. 100,2; Psa. 103,33; Psa. 107,2; Psa. 107,4; Psa. 137,1; Psa. 143,9; Psa. 145,2; Judg. 5,3; Rom. 15,9; 1Cor. 14,15; 1Cor. 14,15)
  ψάλω ▸ 1
    Verb ▪ first ▪ singular ▪ aorist ▪ active ▪ subjunctive ▸ **1** (Psa. 70,23)

ψαλμός (ψάλλω) psalm ▸ 92 + 7 = 99
  ψαλμοί ▸ 1
    Noun ▪ masculine ▪ plural ▪ nominative ▪ (common) ▸ **1** (2Sam. 23,1)
  ψαλμοῖς ▸ 3 + 3 = 6
    Noun ▪ masculine ▪ plural ▪ dative ▪ (common) ▸ **3 + 3 = 6** (3Mac. 6,35; Psa. 4,1; Psa. 94,2; Luke 24,44; Eph. 5,19; Col. 3,16)
  ψαλμόν ▸ 1
    Noun ▪ masculine ▪ singular ▪ accusative ▪ (common) ▸ **1** (1Sam. 16,18)
  ψαλμὸν ▸ 5 + 1 = 6
    Noun ▪ masculine ▪ singular ▪ accusative ▪ (common) ▸ **5 + 1 = 6** (Judith 16,1; Psa. 80,3; Sol. 15,3; Amos 5,23; Zech. 6,14; 1Cor. 14,26)
  Ψαλμός ▸ 28
    Noun ▪ masculine ▪ singular ▪ nominative ▪ (common) ▸ **28** (Psa. 3,1; Psa. 7,1; Psa. 14,1; Psa. 22,1; Psa. 23,1; Psa. 24,1; Psa. 28,1; Psa. 37,1; Psa. 42,1; Psa. 47,1; Psa. 49,1; Psa. 62,1; Psa. 72,1; Psa. 78,1; Psa. 81,1; Psa. 91,1; Psa. 93,1; Psa. 97,1; Psa. 98,1; Psa. 99,1; Psa. 140,1; Psa. 142,1; Sol. 2,0; Sol. 3,0; Sol. 5,0; Sol. 15,0; Sol. 17,0; Sol. 18,0)
  ψαλμός ▸ 15

Noun · masculine · singular · nominative · (common) ▸ 15
(Psa. 39,1; Psa. 43,1; Psa. 45,1; Psa. 46,1; Psa. 48,1; Psa. 76,1; Psa. 80,1; Psa. 83,1; Psa. 84,1; Psa. 100,1; Psa. 108,1; Psa. 109,1; Psa. 146,1; Job 30,31; Sol. 13,0)

ψαλμός ▸ 30
  Noun · masculine · singular · nominative · (common) ▸ 30 (Psa. 5,1; Psa. 6,1; Psa. 8,1; Psa. 9,1; Psa. 10,1; Psa. 11,1; Psa. 12,1; Psa. 13,1; Psa. 18,1; Psa. 19,1; Psa. 20,1; Psa. 21,1; Psa. 29,1; Psa. 30,1; Psa. 40,1; Psa. 50,1; Psa. 61,1; Psa. 63,1; Psa. 64,1; Psa. 66,1; Psa. 67,1; Psa. 74,1; Psa. 75,1; Psa. 79,1; Psa. 86,1; Psa. 138,1; Psa. 139,1; Psa. 151,1; Sol. 3,2; Lam. 3,14)

ψαλμοῦ ▸ 7
  Noun · masculine · singular · genitive · (common) ▸ 7 (Psa. 65,1; Psa. 70,22; Psa. 82,1; Psa. 87,1; Psa. 97,5; Psa. 107,1; Job 21,12)

ψαλμῷ ▸ 1
  Noun · masculine · singular · dative ▸ 1 (Acts 13,33)

ψαλμῶν ▸ 2 + 2 = 4
  Noun · masculine · plural · genitive · (common) ▸ 2 + 2 = 4 (Is. 66,20; Lam. 5,14; Luke 20,42; Acts 1,20)

ψαλτήριον (ψάλλω) harp ▸ 21 + 4 = 25
  ψαλτήρια ▸ 1
    Noun · neuter · plural · nominative · (common) ▸ 1 (Neh. 12,27)
  ψαλτήριον ▸ 7
    Noun · neuter · singular · accusative · (common) ▸ 4 (Gen. 4,21; Psa. 80,3; Psa. 151,2; Job 21,12)
    Noun · neuter · singular · nominative · (common) ▸ 3 (Psa. 56,9; Psa. 107,3; Sir. 40,21)
  ψαλτηρίου ▸ 5 + 4 = 9
    Noun · neuter · singular · genitive · (common) ▸ 5 + 4 = 9 (Ode. 11,20; Is. 5,12; Is. 38,20; Ezek. 33,32; Dan. 3,5; Dan. 3,5; Dan. 3,7; Dan. 3,10; Dan. 3,15)
  ψαλτηρίῳ ▸ 7
    Noun · neuter · singular · dative · (common) ▸ 7 (Psa. 32,2; Psa. 48,5; Psa. 91,4; Psa. 143,9; Psa. 149,3; Psa. 150,3; Wis. 19,18)
  ψαλτηρίων ▸ 1
    Noun · neuter · plural · genitive · (common) ▸ 1 (Ezek. 26,13)

ψάλτης (ψάλλω) harpist; psalm-singer ▸ 1
  ψάλται ▸ 1
    Noun · masculine · plural · nominative · (common) ▸ 1 (1Esdr. 5,41)

ψαλτός (ψάλλω) sung to the harp; as a psalm ▸ 1
  ψαλτά ▸ 1
    Adjective · neuter · plural · nominative · noDegree ▸ 1 (Psa. 118,54)

ψαλτῳδέω (ψάλλω; ᾄδω) to sing to the harp; as a psalm ▸ 1
  ψαλτῳδεῖν ▸ 1
    Verb · present · active · infinitive ▸ 1 (2Chr. 5,13)

ψαλτῳδός (ψάλλω; ᾄδω) psalm-singer ▸ 13
  ψαλτῳδοί ▸ 7
    Noun · masculine · plural · nominative · (common) ▸ 7 (1Chr. 9,33; 1Chr. 15,27; 2Chr. 5,12; 2Chr. 29,28; 2Chr. 35,15; 1Esdr. 5,41; Sir. 50,18)
  ψαλτῳδοί ▸ 1
    Noun · masculine · plural · nominative · (common) ▸ 1 (1Chr. 15,19)
  ψαλτῳδοῖς ▸ 1
    Noun · masculine · plural · dative · (common) ▸ 1 (1Chr. 13,8)
  ψαλτῳδός ▸ 1
    Noun · masculine · singular · nominative · (common) ▸ 1 (1Chr. 6,18)
  ψαλτῳδούς ▸ 3

    Noun · masculine · plural · accusative · (common) ▸ 3 (1Chr. 15,16; 2Chr. 20,21; Sir. 47,9)

ψάμμος (ψάω) sand ▸ 2
  ψάμμος ▸ 1
    Noun · feminine · singular · nominative · (common) ▸ 1 (Wis. 7,9)
  ψάμμου ▸ 1
    Noun · feminine · singular · genitive · (common) ▸ 1 (Ode. 12,9)

ψαμμωτός (ψάω) made of plaster ▸ 1
  ψαμμωτός ▸ 1
    Adjective · masculine · singular · nominative · noDegree ▸ 1 (Sir. 22,17)

ψαρός (ψάρ) dappled gray ▸ 3
  ψαροί ▸ 2
    Adjective · masculine · plural · nominative · noDegree ▸ 2 (Zech. 1,8; Zech. 6,7)
  ψαροί ▸ 1
    Adjective · masculine · plural · nominative · noDegree ▸ 1 (Zech. 6,3)

ψαύω to touch ▸ 1
  ψαύσειέν ▸ 1
    Verb · third · singular · aorist · active · optative ▸ 1 (4Mac. 17,1)

ψεκάς (ψάω) raindrop ▸ 2
  ψεκάδων ▸ 2
    Noun · feminine · plural · genitive · (common) ▸ 2 (Song 5,2; Job 24,8)

ψέλιον bracelet, arm band ▸ 9
  ψέλια ▸ 7
    Noun · neuter · plural · accusative · (common) ▸ 7 (Gen. 24,22; Gen. 24,30; Gen. 24,47; Judith 10,4; Is. 3,20; Ezek. 16,11; Ezek. 23,42)
  ψέλιον ▸ 1
    Noun · neuter · singular · accusative · (common) ▸ 1 (Num. 31,50)
  ψελίῳ ▸ 1
    Noun · neuter · singular · dative · (common) ▸ 1 (Job 40,26)

ψελλίζω (ψελλός) to stutter ▸ 2
  ψελλίζουσαι ▸ 2
    Verb · present · active · participle · feminine · plural · nominative ▸ 2 (Is. 29,24; Is. 32,4)

ψευδάδελφος (ψεύδομαι; ἀδελφός) false brother ▸ 2
  ψευδαδέλφοις ▸ 1
    Noun · masculine · plural · dative ▸ 1 (2Cor. 11,26)
  ψευδαδέλφους ▸ 1
    Noun · masculine · plural · accusative ▸ 1 (Gal. 2,4)

ψευδαπόστολος (ψεύδομαι; ἀπό; στέλλω) false apostle ▸ 1
  ψευδαπόστολοι ▸ 1
    Noun · masculine · plural · nominative ▸ 1 (2Cor. 11,13)

ψευδής (ψεύδομαι) lie, false; liar ▸ 95 + 8 + 3 = 106
  ψευδεῖ ▸ 4
    Adjective · feminine · singular · dative · noDegree ▸ 3 (Prov. 21,6; Prov. 25,14; Sol. 12,3)
    Adjective · masculine · singular · dative · noDegree ▸ 1 (Esth. 16,6 # 8,12f)
  ψευδεῖς ▸ 17 + 1 + 2 = 20
    Adjective · feminine · plural · accusative · noDegree ▸ 3 (Hos. 10,4; Zech. 10,2; Jer. 14,14)
    Adjective · feminine · plural · nominative · noDegree ▸ 2 (Prov. 31,30; Sir. 34,1)
    Adjective · masculine · plural · accusative · noDegree ▸ 5 + 1

ψευδής–ψεύδομαι

+ 2 = **8** (Tob. 3,6; Psa. 39,5; Wis. 10,14; Sir. 36,19; Dan. 2,9; Tob. 3,6; Acts 6,13; Rev. 2,2)
    Adjective · masculine · plural · nominative · noDegree ▸ **7** (Psa. 61,10; Hos. 12,12; Is. 30,9; LetterJ 58; LetterJ 58; LetterJ 58; Ezek. 13,8)

ψευδὲς ▸ **5** + **1** = **6**
    Adjective · neuter · singular · accusative · noDegree ▸ **2** + **1** = **3** (1Kings 22,23; 2Chr. 18,22; Dan. 2,9)
    Adjective · neuter · singular · nominative · noDegree ▸ **3** (1Kings 22,22; 2Chr. 18,21; Jer. 15,18)

ψευδέσιν ▸ **4** + **1** = **5**
    Adjective · masculine · plural · dative · noDegree ▸ **2** + **1** = **3** (Jer. 7,4; Jer. 7,8; Rev. 21,8)
    Adjective · neuter · plural · dative · noDegree ▸ **2** (2Chr. 30,14; Prov. 17,4)

Ψευδῆ ▸ **1**
    Adjective · neuter · plural · accusative · noDegree ▸ **1** (Jer. 14,14)

ψεύδη ▸ **1**
    Adjective · neuter · plural · accusative · noDegree ▸ **1** (Prov. 6,19)

ψευδῆ ▸ **43** + **6** = **49**
    Adjective · feminine · singular · accusative · noDegree ▸ **5** (Ex. 20,16; Deut. 5,20; Prov. 25,18; Hab. 2,18; Ezek. 13,7)
    Adjective · masculine · singular · accusative · noDegree ▸ **3** (Prov. 30,8; Hos. 10,13; Zech. 8,17)
    Adjective · neuter · plural · accusative · noDegree ▸ **29** + **6** = **35** (Judg. 16,10; Judg. 16,13; Ode. 6,9; Job 24,25; Wis. 14,28; Sol. 12,1; Hos. 7,1; Mic. 6,12; Jonah 2,9; Zech. 10,2; Zech. 13,3; Jer. 6,13; Jer. 9,4; Jer. 10,14; Jer. 14,15; Jer. 16,19; Jer. 20,6; Jer. 23,25; Jer. 23,26; Jer. 23,32; Jer. 28,17; Jer. 34,10; Jer. 34,15; Jer. 47,16; Ezek. 13,6; Ezek. 13,9; Ezek. 13,23; Ezek. 21,34; Ezek. 22,28; Judg. 16,10; Judg. 16,13; Tob. 14,6; Dan. 11,27; Sus. 43; Sus. 49)
    Adjective · neuter · plural · nominative · noDegree ▸ **6** (Prov. 8,7; Prov. 12,22; Prov. 17,7; LetterJ 7; LetterJ 44; LetterJ 50)

ψευδής ▸ **1**
    Adjective · feminine · singular · vocative · noDegree ▸ **1** (Jer. 6,6)

ψευδής ▸ **12**
    Adjective · feminine · singular · nominative · noDegree ▸ **4** (Prov. 26,28; Sol. 4,4; Nah. 3,1; Ezek. 12,24)
    Adjective · masculine · singular · nominative · noDegree ▸ **8** (Psa. 32,17; Prov. 19,5; Prov. 19,9; Prov. 21,28; Prov. 30,6; Prov. 30,9; Prov. 24,28; Jer. 8,8)

ψευδοῦς ▸ **6**
    Adjective · feminine · singular · genitive · noDegree ▸ **2** (2Mac. 5,5; Prov. 23,3)
    Adjective · masculine · singular · genitive · noDegree ▸ **3** (Prov. 28,6; Sir. 20,26; Sir. 51,5)
    Adjective · neuter · singular · genitive · noDegree ▸ **1** (Sir. 34,4)

ψευδῶν ▸ **1**
    Adjective · neuter · plural · genitive · noDegree ▸ **1** (Amos 6,3)

ψευδοδιδάσκαλος (ψεύδομαι; διδάσκω) false teacher ▸ **1**
    ψευδοδιδάσκαλοι ▸ **1**
        Noun · masculine · plural · nominative ▸ **1** (2Pet. 2,1)

ψευδοθύριον (ψεύδομαι; θύρα) secret door ▸ **1**
    ψευδοθύρια ▸ **1**
        Noun · neuter · plural · accusative · (common) ▸ **1** (Bel 21)

ψευδοθυρίς (ψεύδομαι; θύρα) secret door ▸ **1**
    ψευδοθυρίδων ▸ **1**
        Noun · feminine · plural · genitive · (common) ▸ **1** (Bel 15-17)

ψευδολογέω (ψεύδομαι; λέγω) to lie ▸ **1**
    ψευδολογήσουσι ▸ **1**
        Verb · third · plural · future · active · indicative ▸ **1** (Dan. 11,27)

ψευδολόγος (ψεύδομαι; λέγω) lying; liar ▸ **1**
    ψευδολόγων ▸ **1**
        Noun · masculine · plural · genitive ▸ **1** (1Tim. 4,2)

ψεύδομαι to lie ▸ **35** + **3** + **12** = **50**
    ἔψευσαι ▸ **1** + **2** = **3**
        Verb · second · singular · perfect · middle · indicative ▸ **1** + **2** = **3** (Sus. 55; Sus. 55; Sus. 59)
    ἐψευσάμεθα ▸ **1**
        Verb · first · plural · aorist · middle · indicative ▸ **1** (Is. 59,13)
    ἐψευσάμην ▸ **2**
        Verb · first · singular · aorist · middle · indicative ▸ **2** (Job 6,10; Job 31,28)
    ἐψεύσαντο ▸ **4**
        Verb · third · plural · aorist · middle · indicative ▸ **4** (Psa. 77,36; Psa. 80,16; Zech. 13,4; Jer. 5,12)
    ἐψεύσαντό ▸ **2**
        Verb · third · plural · aorist · middle · indicative ▸ **2** (2Sam. 22,45; Psa. 17,45)
    ἐψεύσατο ▸ **5**
        Verb · third · singular · aorist · middle · indicative ▸ **5** (1Kings 13,18; 1Mac. 11,53; Psa. 26,12; Job 34,6; Hos. 9,2)
    ἐψεύσω ▸ **1** + **1** = **2**
        Verb · second · singular · aorist · middle · indicative ▸ **1** + **1** = **2** (Is. 57,11; Acts 5,4)
    ψεύδεσθαι ▸ **1**
        Verb · present · middle · infinitive ▸ **1** (Sir. 7,13)
    ψεύδεσθε ▸ **2**
        Verb · second · plural · present · middle · imperative ▸ **2** (Col. 3,9; James 3,14)
    ψεύδεται ▸ **1**
        Verb · third · singular · present · middle · indicative ▸ **1** (Prov. 14,5)
    ψεύδη ▸ **1**
        Verb · second · singular · present · middle · indicative ▸ **1** (Neh. 6,8)
    ψεύδομαι ▸ **4**
        Verb · first · singular · present · middle · indicative ▸ **4** (Rom. 9,1; 2Cor. 11,31; Gal. 1,20; 1Tim. 2,7)
    ψευδόμεθα ▸ **1**
        Verb · first · plural · present · middle · indicative ▸ **1** (1John 1,6)
    ψευδόμενοι ▸ **1**
        Verb · present · middle · participle · masculine · plural · nominative ▸ **1** (Matt. 5,11)
    ψευδόμενος ▸ **1**
        Verb · present · middle · participle · masculine · singular · nominative ▸ **1** (Bel 11)
    ψεύδονται ▸ **1**
        Verb · third · plural · present · middle · indicative ▸ **1** (Rev. 3,9)
    ψεύσασθαι ▸ **1**
        Verb · aorist · middle · infinitive ▸ **1** (Heb. 6,18)
    ψεύσασθαί ▸ **1**
        Verb · aorist · middle · infinitive ▸ **1** (Acts 5,3)
    ψεύσεσθε ▸ **1**
        Verb · second · plural · future · middle · indicative ▸ **1** (Lev. 19,11)
    ψεύσεται ▸ **3**
        Verb · third · singular · future · middle · indicative ▸ **3** (Ode. 4,17; Job 8,18; Hab. 3,17)

ψεύσῃ ▸ 1
　Verb · second · singular · aorist · middle · subjunctive ▸ **1** (4Mac. 13,18)
ψεύσησθε ▸ 1
　Verb · second · plural · aorist · middle · subjunctive ▸ **1** (Josh. 24,27)
ψεύσηται ▸ 2
　Verb · third · singular · aorist · middle · subjunctive ▸ **2** (Lev. 5,21; Lev. 5,22)
ψευσθέντες ▸ 1
　Verb · aorist · passive · participle · masculine · plural · nominative ▸ **1** (Wis. 12,24)
ψεύσομαι ▸ 3
　Verb · first · singular · future · middle · indicative ▸ **3** (Psa. 88,36; Job 6,28; Job 27,11)
ψεύσομαί ▸ 1
　Verb · first · singular · future · middle · indicative ▸ **1** (4Mac. 5,34)
ψεύσονταί ▸ 2
　Verb · third · plural · future · middle · indicative ▸ **2** (Deut. 33,29; Psa. 65,3)
ψεύσωνται ▸ 1
　Verb · third · plural · aorist · middle · subjunctive ▸ **1** (Sus. 52)

ψευδομαρτυρέω (ψεύδομαι; μάρτυς) to bear false testimony ▸ 2 + 1 + 5 = 8
　ἐψευδομαρτύρουν ▸ 2
　　Verb · third · plural · imperfect · active · indicative ▸ **2** (Mark 14,56; Mark 14,57)
　ψευδομαρτυρήσαντας ▸ 1
　　Verb · aorist · active · participle · masculine · plural · accusative ▸ **1** (Sus. 61)
　ψευδομαρτυρήσεις ▸ 2 + 1 = 3
　　Verb · second · singular · future · active · indicative ▸ **2 + 1 = 3** (Ex. 20,16; Deut. 5,20; Matt. 19,18)
　ψευδομαρτυρήσῃς ▸ 2
　　Verb · second · singular · aorist · active · subjunctive ▸ **2** (Mark 10,19; Luke 18,20)

ψευδομαρτυρία (ψεύδομαι; μάρτυς) false testimony ▸ 2
　ψευδομαρτυρίαι ▸ 1
　　Noun · feminine · plural · nominative ▸ **1** (Matt. 15,19)
　ψευδομαρτυρίαν ▸ 1
　　Noun · feminine · singular · accusative ▸ **1** (Matt. 26,59)

ψευδόμαρτυς (ψεύδομαι; μάρτυς) false witness ▸ 1 + 2 = 3
　ψευδομάρτυρας ▸ 1
　　Noun · masculine · plural · accusative · (common) ▸ **1** (Sus. 60-62)
　ψευδομάρτυρες ▸ 1
　　Noun · masculine · plural · nominative ▸ **1** (1Cor. 15,15)
　ψευδομαρτύρων ▸ 1
　　Noun · masculine · plural · genitive ▸ **1** (Matt. 26,60)

ψευδοπροφήτης (ψεύδομαι; πρό; φημί) false prophet ▸ 10 + 11 = 21
　ψευδοπροφῆται ▸ 4 + 5 = 9
　　Noun · masculine · plural · nominative · (common) ▸ **4 + 5 = 9** (Jer. 33,7; Jer. 33,8; Jer. 33,11; Jer. 36,8; Matt. 24,11; Matt. 24,24; Mark 13,22; 2Pet. 2,1; 1John 4,1)
　ψευδοπροφήταις ▸ 1
　　Noun · masculine · plural · dative ▸ **1** (Luke 6,26)
　ψευδοπροφήτας ▸ 3
　　Noun · masculine · plural · accusative · (common) ▸ **3** (Zech. 13,2; Jer. 33,16; Jer. 36,1)
　ψευδοπροφήτην ▸ 1
　　Noun · masculine · singular · accusative ▸ **1** (Acts 13,6)
　ψευδοπροφήτης ▸ 1 + 2 = 3
　　Noun · masculine · singular · nominative · (common) ▸ **1 + 2 = 3** (Jer. 35,1; Rev. 19,20; Rev. 20,10)
　ψευδοπροφήτου ▸ 1 + 1 = 2
　　Noun · masculine · singular · genitive · (common) ▸ **1 + 1 = 2** (Jer. 6,13; Rev. 16,13)
　ψευδοπροφητῶν ▸ 1 + 1 = 2
　　Noun · masculine · plural · genitive · (common) ▸ **1 + 1 = 2** (Jer. 34,9; Matt. 7,15)

ψεῦδος (ψεύδομαι) lie; falsehood ▸ 46 + 10 = 56
　ψεύδει ▸ 9 + 2 = 11
　　Noun · masculine · singular · dative · (common) ▸ **1** (Is. 28,17)
　　Noun · neuter · singular · dative · (common) ▸ **8 + 2 = 10** (Psa. 61,5; Sir. 20,25; Hos. 12,1; Zech. 5,4; Mal. 3,5; Is. 28,15; Is. 30,12; Jer. 3,10; Rom. 1,25; 2Th. 2,11)
　ψεύδεσι ▸ 1
　　Noun · neuter · plural · dative · (common) ▸ **1** (Jer. 23,14)
　ψεύδεσιν ▸ 5
　　Noun · neuter · plural · dative · (common) ▸ **5** (Prov. 9,12a; Hos. 7,3; Jer. 5,2; Jer. 13,25; Jer. 23,32)
　Ψεύδη ▸ 1
　　Noun · neuter · plural · accusative · (common) ▸ **1** (Jer. 50,2)
　ψεύδη ▸ 6
　　Noun · neuter · plural · accusative · (common) ▸ **6** (Psa. 57,4; Prov. 14,5; Prov. 14,25; Prov. 24,2; Hos. 7,13; LetterJ 47)
　Ψεῦδος ▸ 2
　　Noun · neuter · singular · nominative · (common) ▸ **2** (Is. 44,20; Jer. 44,14)
　ψεῦδος ▸ 18 + 7 = 25
　　Noun · neuter · singular · accusative · (common) ▸ **10 + 4 = 14** (Judith 11,5; Psa. 4,3; Psa. 5,7; Sir. 7,12; Sir. 7,13; Sir. 51,2; Mic. 2,11; Is. 28,15; Jer. 3,23; Dan. 11,23; John 8,44; Eph. 4,25; Rev. 21,27; Rev. 22,15)
　　Noun · neuter · singular · nominative · (common) ▸ **8 + 3 = 11** (Judith 5,5; Prov. 24,22b; Prov. 24,22b; Sir. 20,24; Hos. 4,2; Jer. 9,2; Ezek. 33,31; Dan. 8,25; 1John 2,21; 1John 2,27; Rev. 14,5)
　ψεῦδός ▸ 1
　　Noun · neuter · singular · nominative · (common) ▸ **1** (Job 16,8)
　ψεύδους ▸ 3 + 1 = 4
　　Noun · neuter · singular · genitive · (common) ▸ **3 + 1 = 4** (Psa. 58,13; Sir. 34,8; Sir. 41,17; 2Th. 2,9)

ψευδόχριστος (ψεύδομαι; χρίω) false Christ ▸ 2
　ψευδόχριστοι ▸ 2
　　Noun · masculine · plural · nominative ▸ **2** (Matt. 24,24; Mark 13,22)

ψευδώνυμος (ψεύδομαι; ὄνομα) falsely called; under a false name ▸ 1
　ψευδωνύμου ▸ 1
　　Adjective · feminine · singular · genitive ▸ **1** (1Tim. 6,20)

ψεῦσμα (ψεύδομαι) untruthfulness ▸ 1
　ψεύσματι ▸ 1
　　Noun · neuter · singular · dative ▸ **1** (Rom. 3,7)

ψεύστης (ψεύδομαι) liar ▸ 4 + 10 = 14
　ψεῦσται ▸ 1 + 1 = 2
　　Noun · masculine · plural · nominative · (common) ▸ **1 + 1 = 2** (Sir. 15,8; Titus 1,12)
　ψεύσταις ▸ 1
　　Noun · masculine · plural · dative ▸ **1** (1Tim. 1,10)
　ψεύστην ▸ 1 + 2 = 3

Noun · masculine · singular · accusative · (common) ▸ 1 + 2 = 3 (Sir. 25,2; 1John 1,10; 1John 5,10)

ψεύστης ▸ 2 + 6 = 8

Noun · masculine · singular · nominative · (common) ▸ 2 + 6 = 8 (Psa. 115,2; Prov. 19,22; John 8,44; John 8,55; Rom. 3,4; 1John 2,4; 1John 2,22; 1John 4,20)

ψηλαφάω (ψάω) to touch, feel ▸ 15 + 1 + 4 = 20

ἐψηλάφησαν ▸ 1

Verb · third · plural · aorist · active · indicative ▸ 1 (1John 1,1)

ἐψηλάφησεν ▸ 1

Verb · third · singular · aorist · active · indicative ▸ 1 (Gen. 27,22)

ψηλαφηθήσεται ▸ 1

Verb · third · singular · future · passive · indicative ▸ 1 (Nah. 3,1)

ψηλαφήσαι ▸ 1

Verb · third · singular · aorist · active · optative ▸ 1 (Deut. 28,29)

ψηλαφῆσαί ▸ 1

Verb · aorist · active · infinitive ▸ 1 (Judg. 16,26)

ψηλαφήσαισαν ▸ 2

Verb · third · plural · aorist · active · optative ▸ 2 (Job 5,14; Job 12,25)

ψηλαφήσατέ ▸ 1

Verb · second · plural · aorist · active · imperative ▸ 1 (Luke 24,39)

ψηλαφήσειαν ▸ 1

Verb · third · plural · aorist · active · optative ▸ 1 (Acts 17,27)

ψηλαφήση ▸ 1

Verb · third · singular · aorist · active · subjunctive ▸ 1 (Gen. 27,12)

ψηλαφήσουσιν ▸ 4

Verb · third · plural · future · active · indicative ▸ 4 (Psa. 113,15; Psa. 134,17; Is. 59,10; Is. 59,10)

ψηλαφήσω ▸ 3 + 1 = 4

Verb · first · singular · future · active · indicative ▸ 3 + 1 = 4 (Gen. 27,21; Zech. 3,9; Zech. 9,13; Judg. 16,26)

ψηλαφωμένῳ ▸ 1

Verb · present · passive · participle · neuter · singular · dative · (variant) ▸ 1 (Heb. 12,18)

ψηλαφῶν ▸ 1

Verb · present · active · participle · masculine · singular · nominative ▸ 1 (Deut. 28,29)

ψηλάφησις (ψάω) feeling, touching ▸ 1

ψηλάφησιν ▸ 1

Noun · feminine · singular · accusative · (common) ▸ 1 (Wis. 15,15)

ψηλαφητός (ψάω) felt, can be felt ▸ 1

ψηλαφητὸν ▸ 1

Adjective · neuter · singular · nominative · noDegree ▸ 1 (Ex. 10,21)

ψηφίζω (ψάω) to figure out, count ▸ 2

ψηφίζει ▸ 1

Verb · third · singular · present · active · indicative ▸ 1 (Luke 14,28)

ψηφισάτω ▸ 1

Verb · third · singular · aorist · active · imperative ▸ 1 (Rev. 13,18)

ψήφισμα (ψάω) decree, petition ▸ 6

ψήφισμα ▸ 4

Noun · neuter · singular · accusative · (common) ▸ 3 (Esth. 3,7; Esth. 9,24; 2Mac. 6,8)

Noun · neuter · singular · nominative · (common) ▸ 1 (2Mac. 12,4)

ψηφίσματος ▸ 2

Noun · neuter · singular · genitive · (common) ▸ 2 (2Mac. 10,8; 2Mac. 15,36)

ψηφολογέω (ψάω; λέγω) to pave with mosaic tile ▸ 1 + 1 = 2

ψηφολογηθήσονται ▸ 1 + 1 = 2

Verb · third · plural · future · passive · indicative ▸ 1 + 1 = 2 (Tob. 13,17; Tob. 13,17)

ψῆφος (ψάω) stone, pebble, counter ▸ 5 + 3 = 8

ψῆφον ▸ 2 + 3 = 5

Noun · feminine · singular · accusative · (common) ▸ 2 + 3 = 5 (Ex. 4,25; Eccl. 7,25; Acts 26,10; Rev. 2,17; Rev. 2,17)

ψῆφος ▸ 1

Noun · feminine · singular · nominative · (common) ▸ 1 (Sir. 18,10)

ψήφους ▸ 1

Noun · feminine · plural · accusative · (common) ▸ 1 (4Mac. 15,26)

ψήφῳ ▸ 1

Noun · feminine · singular · dative · (common) ▸ 1 (Lam. 3,16)

ψιθυρίζω (ψιθυρισμός) to whisper ▸ 3

ἐψιθύριζον ▸ 1

Verb · third · plural · imperfect · active · indicative ▸ 1 (Psa. 40,8)

ψιθυρίζουσιν ▸ 1

Verb · third · plural · present · active · indicative ▸ 1 (2Sam. 12,19)

ψιθυρίζων ▸ 1

Verb · present · active · participle · masculine · singular · nominative ▸ 1 (Sir. 21,28)

ψιθυρισμός whistle; gossip ▸ 1 + 1 = 2

ψιθυρισμοί ▸ 1

Noun · masculine · plural · nominative ▸ 1 (2Cor. 12,20)

ψιθυρισμῷ ▸ 1

Noun · masculine · singular · dative · (common) ▸ 1 (Eccl. 10,11)

ψιθυριστής (ψιθυρισμός) gossiper ▸ 1

ψιθυριστὰς ▸ 1

Noun · masculine · plural · accusative ▸ 1 (Rom. 1,29)

ψίθυρος whispering, slanderous ▸ 6

ψιθύροις ▸ 1

Adjective · neuter · plural · dative · noDegree ▸ 1 (Sol. 12,3)

Ψίθυρον ▸ 1

Adjective · masculine · singular · accusative · noDegree ▸ 1 (Sir. 28,13)

ψίθυρος ▸ 2

Adjective · feminine · singular · nominative · noDegree ▸ 1 (Sir. 5,14)

Adjective · masculine · singular · nominative · noDegree ▸ 1 (Sol. 12,4)

ψιθύρου ▸ 1

Adjective · feminine · singular · genitive · noDegree ▸ 1 (Sol. 12,1)

ψιθύρων ▸ 1

Adjective · neuter · plural · genitive · noDegree ▸ 1 (Sol. 12,4)

ψιλός bare, simple, uncovered; light, bald ▸ 1

ψιλὴν ▸ 1

Adjective · feminine · singular · accusative · noDegree ▸ 1 (Josh. 7,21)

ψιλόω (ψιλός) to strip ▸ 1

ψιλώσουσιν ▸ 1

Verb · third · plural · future · active · indicative ▸ 1 (Ezek. 44,20)

ψιχίον small crumb ▸ 2
    ψιχίων ▸ 2
        Noun · neuter · plural · genitive ▸ 2 (Matt. 15,27; Mark 7,28)

ψόα hip muscle ▸ 4
    ψόαις ▸ 1
        Noun · feminine · plural · dative · (common) ▸ 1 (Lev. 3,9)
    ψόαν ▸ 3
        Noun · feminine · singular · accusative · (common) ▸ 3 (2Sam. 2,23; 2Sam. 3,27; 2Sam. 20,10)

ψογίζω (ψέγω) to criticize ▸ 2
    ἐψόγισεν ▸ 1
        Verb · third · singular · aorist · active · indicative ▸ 1 (1Mac. 11,11)
    ψογίσαι ▸ 1
        Verb · aorist · active · infinitive ▸ 1 (1Mac. 11,5)

ψόγος (ψέγω) fault, blame ▸ 5
    ψόγον ▸ 4
        Noun · masculine · singular · accusative · (common) ▸ 4 (Gen. 37,2; 3Mac. 2,27; Psa. 30,14; Jer. 20,10)
    ψόγῳ ▸ 1
        Noun · masculine · singular · dative · (common) ▸ 1 (3Mac. 3,7)

Ψονθομφανηχ Zaphenath-paneah ▸ 1
    Ψονθομφανηχ ▸ 1
        Noun · masculine · singular · accusative · (proper) ▸ 1 (Gen. 41,45)

ψοφέω (ψόφος) to make a sound, rattle ▸ 1
    ψόφησον ▸ 1
        Verb · second · singular · aorist · active · imperative ▸ 1 (Ezek. 6,11)

ψόφος noise, sound ▸ 1
    ψόφος ▸ 1
        Noun · masculine · singular · nominative · (common) ▸ 1 (Mic. 1,13)

ψύα (ψόα) hip muscle ▸ 1
    ψύαι ▸ 1
        Noun · feminine · plural · nominative · (common) ▸ 1 (Psa. 37,8)

ψυγμός (ψύχω) drying place ▸ 4
    ψυγμός ▸ 3
        Noun · masculine · singular · nominative · (common) ▸ 3 (Ezek. 26,5; Ezek. 26,14; Ezek. 47,10)
    ψυγμοὺς ▸ 1
        Noun · masculine · plural · accusative · (common) ▸ 1 (Num. 11,32)

ψυκτήρ (ψύχω) wine-cooling container ▸ 2
    ψυκτῆρες ▸ 2
        Noun · masculine · plural · nominative · (common) ▸ 2 (Ezra 1,9; Ezra 1,9)

ψύλλος flea ▸ 1
    ψύλλου ▸ 1
        Noun · masculine · singular · genitive · (common) ▸ 1 (1Sam. 24,15)

ψυχαγωγία (ψύχω; ἄγω) persuasion; amusement ▸ 1
    ψυχαγωγίαν ▸ 1
        Noun · feminine · singular · accusative · (common) ▸ 1 (2Mac. 2,25)

ψυχή (ψύχω) soul, self, inner life ▸ 954 + 20 + 103 = 1077
    ψυχαὶ ▸ 28 + 1 + 2 = 31
        Noun · feminine · plural · nominative · (common) ▸ 28 + 1 + 2 = 31 (Gen. 46,22; Gen. 46,25; Gen. 46,26; Gen. 46,26; Gen. 46,27; Gen. 46,27; Ex. 1,5; Lev. 18,29; Lev. 19,8; Num. 31,35; Num. 31,35; Num. 31,40; Num. 31,46; Ode. 8,86; Prov. 11,30; Prov. 13,2; Prov. 13,9a; Prov. 13,25; Prov. 18,8; Wis. 3,1; Wis. 17,1; Sir. 51,24; Zech. 11,8; Ezek. 7,19; Ezek. 13,18; Ezek. 18,4; Ezek. 24,21; Dan. 3,86; Dan. 3,86; Acts 2,41; Acts 27,37)
    ψυχαί ▸ 3 + 1 = 4
        Noun · feminine · plural · nominative · (common) ▸ 3 + 1 = 4 (Gen. 46,15; Num. 31,40; 4Mac. 13,21; 1Pet. 3,20)
    ψυχαῖς ▸ 21 + 3 = 24
        Noun · feminine · plural · dative · (common) ▸ 21 + 3 = 24 (Lev. 21,1; Num. 17,3; Num. 23,10; Deut. 10,22; 2Sam. 23,17; 1Chr. 11,19; 1Chr. 11,19; 2Mac. 11,9; 4Mac. 5,26; Psa. 77,18; Job 3,20; Wis. 14,11; Hos. 9,4; Jer. 6,16; Jer. 22,27; Jer. 44,9; Jer. 49,20; Jer. 51,7; Jer. 51,14; Lam. 5,9; Ezek. 27,13; Matt. 11,29; Acts 7,14; Heb. 12,3)
    ψυχάς ▸ 13 + 1 = 14
        Noun · feminine · plural · accusative · (common) ▸ 13 + 1 = 14 (Gen. 46,18; Num. 19,18; Psa. 18,8; Prov. 8,36; Prov. 12,13a; Sir. 14,8; Jer. 50,6; Ezek. 13,18; Ezek. 13,19; Ezek. 13,19; Ezek. 13,20; Ezek. 13,20; Ezek. 17,17; 1Th. 2,8)
    ψυχὰς ▸ 61 + 14 = 75
        Noun · feminine · plural · accusative · (common) ▸ 61 + 14 = 75 (Lev. 11,43; Lev. 11,44; Lev. 16,29; Lev. 16,31; Lev. 20,25; Lev. 23,27; Lev. 23,32; Num. 29,7; Deut. 4,15; 1Kings 3,11; 1Kings 21,31; 1Chr. 5,21; 1Chr. 22,19; Judith 4,9; Judith 7,27; 1Mac. 1,48; 1Mac. 2,50; 1Mac. 9,2; 1Mac. 9,9; 2Mac. 15,17; 3Mac. 2,20; 4Mac. 9,7; 4Mac. 13,13; 4Mac. 18,23; Psa. 26,12; Psa. 32,19; Psa. 33,23; Psa. 71,13; Psa. 71,14; Psa. 96,10; Psa. 105,15; Prov. 6,26; Prov. 12,10; Prov. 25,13; Prov. 27,23; Job 38,39; Wis. 7,27; Wis. 14,5; Sir. 2,17; Sir. 21,2; Sol. 4,22; Sol. 17,17; Hos. 4,8; Is. 19,10; Is. 32,6; Is. 32,6; Is. 58,3; Jer. 17,21; Jer. 19,7; Jer. 21,7; Jer. 31,6; Jer. 33,19; Lam. 1,19; Lam. 2,12; LetterJ 6; Ezek. 13,18; Ezek. 13,20; Ezek. 14,20; Ezek. 16,27; Ezek. 22,25; Ezek. 36,5; Luke 21,19; Acts 14,2; Acts 14,22; Acts 15,24; Acts 15,26; James 1,21; 1Pet. 1,22; 1Pet. 4,19; 2Pet. 2,14; 1John 3,16; Rev. 6,9; Rev. 8,9; Rev. 18,13; Rev. 20,4)
    Ψυχή ▸ 3
        Noun · feminine · singular · nominative · (common) ▸ 3 (Lev. 4,2; Lev. 5,15; Lev. 5,21)
    ψυχή ▸ 154 + 4 + 8 = 166
        Noun · feminine · singular · nominative · (common) ▸ 154 + 4 + 7 = 165 (Gen. 12,13; Gen. 19,20; Gen. 27,4; Gen. 27,19; Gen. 27,25; Gen. 27,31; Gen. 32,31; Gen. 49,6; Lev. 5,2; Lev. 5,4; Lev. 5,17; Lev. 7,18; Lev. 7,20; Lev. 7,21; Lev. 7,27; Lev. 17,15; Lev. 20,6; Lev. 22,6; Lev. 23,29; Lev. 23,30; Lev. 26,11; Lev. 26,30; Num. 15,30; Num. 23,10; Deut. 12,20; Deut. 12,23; Deut. 14,26; Deut. 14,26; Judg. 5,21; Judg. 16,30; 1Sam. 1,26; 1Sam. 2,16; 1Sam. 20,3; 1Sam. 20,4; 1Sam. 25,26; 1Sam. 26,21; 1Sam. 26,24; 1Sam. 26,24; 2Sam. 1,9; 2Sam. 3,21; 2Sam. 11,11; 2Sam. 14,19; 1Kings 11,37; 1Kings 21,32; 1Kings 21,39; 1Kings 21,42; 2Kings 1,13; 2Kings 2,2; 2Kings 2,4; 2Kings 2,6; 2Kings 4,30; Esth. 7,3; Judith 12,4; Tob. 13,9; Tob. 13,16; Psa. 6,4; Psa. 21,30; Psa. 30,10; Psa. 33,3; Psa. 34,9; Psa. 41,2; Psa. 41,3; Psa. 41,6; Psa. 41,7; Psa. 41,12; Psa. 42,5; Psa. 56,2; Psa. 61,2; Psa. 61,6; Psa. 62,2; Psa. 62,6; Psa. 62,9; Psa. 68,21; Psa. 70,23; Psa. 76,3; Psa. 83,3; Psa. 87,4; Psa. 93,17; Psa. 102,1; Psa. 102,2; Psa. 102,22; Psa. 103,1; Psa. 103,35; Psa. 114,7; Psa. 118,20; Psa. 118,25; Psa. 118,28; Psa. 118,81; Psa. 118,109; Psa. 118,129; Psa. 118,167; Psa. 118,175; Psa. 119,6; Psa. 129,5; Psa. 129,6; Psa. 138,14; Psa. 142,6; Psa. 145,1; Ode. 9,46; Prov. 3,22; Prov. 27,9; Eccl. 7,28; Song 1,7; Song 3,1; Song 3,2; Song 3,3; Song 3,4; Song 5,6; Song 6,12; Job 6,7; Job 6,11; Job 27,4; Job 30,16; Sir. 6,2; Sir. 7,21; Sir. 9,9; Sir. 16,17; Sir. 25,2; Sir. 33,32; Sir. 34,15; Sir. 47,15; Sir. 50,25; Sir. 51,6; Sir. 51,19; Sol. 3,1; Sol. 16,2; Mic. 7,1; Hab. 2,4;

ψυχή

Hab. 2,10; Zech. 11,8; Is. 1,14; Is. 7,4; Is. 21,4; Is. 42,1; Is. 58,11; Is. 61,10; Jer. 4,19; Jer. 4,19; Jer. 4,31; Jer. 5,9; Jer. 5,29; Jer. 6,8; Jer. 9,8; Jer. 14,19; Jer. 15,1; Jer. 45,17; Jer. 45,20; Jer. 46,18; Lam. 3,20; Ezek. 4,14; Ezek. 23,18; Ezek. 23,18; Ezek. 23,22; Ezek. 23,28; Judg. 5,21; Judg. 16,30; Tob. 13,16; Tob. 14,11; Matt. 12,18; Matt. 26,38; Mark 14,34; Luke 1,46; John 12,27; Heb. 10,38; 3John 2)

Noun • feminine • singular • vocative ▸ 1 (Luke 12,19)

ψυχή ▸ **121** + **1** + **8** = **130**

Noun • feminine • singular • nominative • (common) ▸ 121 + 1 + 8 = **130** (Gen. 17,14; Gen. 41,8; Gen. 44,30; Ex. 12,15; Ex. 12,19; Ex. 31,14; Lev. 2,1; Lev. 4,27; Lev. 5,1; Lev. 7,20; Lev. 7,21; Lev. 7,25; Lev. 7,27; Lev. 17,4; Lev. 17,11; Lev. 17,12; Lev. 17,14; Lev. 17,14; Lev. 22,3; Lev. 23,30; Lev. 26,15; Num. 5,6; Num. 9,13; Num. 11,6; Num. 15,27; Num. 15,30; Num. 15,31; Num. 19,13; Num. 19,20; Num. 19,22; Num. 21,5; Deut. 12,23; Deut. 18,6; Josh. 2,14; 1Sam. 25,29; 1Sam. 30,6; 1Kings 17,21; 2Kings 1,13; 2Kings 1,14; 2Kings 4,27; 2Kings 6,11; 2Kings 9,15; 2Kings 10,24; 1Chr. 12,39; Judith 7,27; Judith 8,24; Judith 12,16; Judith 14,19; Tob. 6,19; Tob. 14,11; Psa. 24,13; Psa. 32,20; Psa. 43,26; Psa. 48,19; Psa. 68,33; Psa. 104,18; Psa. 106,5; Psa. 106,18; Psa. 106,26; Psa. 122,4; Psa. 123,4; Psa. 123,5; Psa. 123,7; Prov. 11,25; Prov. 12,14; Prov. 14,10; Prov. 19,15; Prov. 21,10; Prov. 23,24; Prov. 27,7; Eccl. 6,3; Eccl. 6,7; Job 12,10; Job 14,22; Job 16,4; Job 24,12; Job 33,20; Job 33,22; Job 36,14; Job 41,13; Wis. 4,14; Sir. 6,4; Sir. 14,2; Sir. 19,3; Sir. 23,17; Sir. 31,20; Sir. 37,14; Sir. 37,28; Sir. 51,26; Sir. 51,29; Sol. 4,13; Sol. 6,3; Sol. 17,1; Sol. 17,17; Is. 7,2; Is. 7,2; Is. 13,7; Is. 15,4; Is. 26,9; Is. 29,8; Is. 33,18; Is. 53,10; Is. 53,12; Is. 55,2; Is. 55,3; Is. 66,3; Jer. 13,17; Jer. 15,9; Jer. 21,9; Jer. 27,19; Jer. 38,12; Jer. 45,2; Bar. 2,18; Bar. 2,18; Bar. 3,1; Ezek. 18,4; Ezek. 18,4; Ezek. 18,4; Ezek. 18,20; Ezek. 23,17; Ezek. 47,9; Judg. 10,16; Matt. 6,25; Luke 12,23; Acts 3,23; Acts 4,32; Acts 20,10; Rom. 13,1; 1Th. 5,23; Rev. 16,3)

ψυχῇ ▸ **101** + **6** + **8** = **115**

Noun • feminine • singular • dative • (common) ▸ 101 + 6 + 8 = **115** (Gen. 9,10; Gen. 23,8; Gen. 34,3; Gen. 34,8; Ex. 12,16; Ex. 35,21; Lev. 19,28; Lev. 21,11; Lev. 26,43; Num. 5,2; Num. 6,6; Num. 9,6; Num. 9,7; Num. 9,10; Deut. 6,6; Deut. 16,8; Josh. 23,14; Judg. 18,25; 1Sam. 1,10; 1Sam. 2,35; 1Sam. 22,2; 1Sam. 22,23; 1Sam. 22,23; 2Sam. 17,8; 2Sam. 18,13; 1Kings 2,4; 1Kings 8,48; 2Kings 23,3; 2Kings 23,25; 1Chr. 12,39; 1Chr. 15,29; 1Chr. 17,2; 1Chr. 22,7; 1Chr. 28,9; 2Chr. 6,38; 2Chr. 7,11; 2Chr. 9,1; 2Chr. 34,31; 2Chr. 35,19b; Tob. 1,12; Tob. 13,6; 1Mac. 3,31; 2Mac. 1,3; 2Mac. 5,11; 2Mac. 15,30; 3Mac. 2,32; 4Mac. 3,15; 4Mac. 15,25; Psa. 3,3; Psa. 10,1; Psa. 12,3; Psa. 34,3; Psa. 34,12; Psa. 34,25; Psa. 65,16; Psa. 68,19; Psa. 137,3; Ode. 7,39; Prov. 2,10; Prov. 6,21; Prov. 6,32; Prov. 11,17; Prov. 18,7; Prov. 19,18; Prov. 22,25; Prov. 24,14; Prov. 25,25; Prov. 26,25; Prov. 27,7; Prov. 28,17a; Prov. 29,17; Eccl. 2,24; Eccl. 6,2; Eccl. 6,9; Job 9,21; Job 10,1; Wis. 16,9; Sir. 1,30; Sir. 4,17; Sir. 5,2; Sir. 6,26; Sir. 7,29; Sir. 16,30; Sir. 18,31; Sir. 23,6; Sir. 23,18; Sir. 32,23; Sir. 37,6; Sir. 37,12; Sir. 37,19; Sir. 37,22; Hag. 2,13; Is. 3,9; Is. 10,7; Is. 44,19; Is. 51,23; Is. 56,11; Jer. 39,41; Jer. 41,16; Lam. 3,25; Dan. 3,39; Judg. 18,25; Tob. 1,12; Tob. 3,1; Tob. 3,10; Tob. 13,6; Dan. 3,39; Matt. 6,25; Matt. 22,37; Luke 10,27; Luke 12,19; Luke 12,22; Acts 2,43; Phil. 1,27; Phil. 2,30)

ψυχήν ▸ **164** + **2** + **8** = **174**

Noun • feminine • singular • accusative • (common) ▸ 164 + 2 + 8 = **174** (Gen. 12,5; Gen. 19,17; Gen. 19,19; Gen. 35,18; Gen. 37,21; Ex. 4,19; Ex. 15,9; Num. 30,14; Num. 35,30; Deut. 4,9; Deut. 19,6; Deut. 19,11; Deut. 22,26; Deut. 23,26; Deut. 28,65; Josh. 2,13; Judg. 12,3; Judg. 18,25; 1Sam. 1,15; 1Sam. 20,1; 1Sam. 24,10; 1Sam. 24,12; 1Sam. 25,29; 1Sam. 26,20; 1Sam. 28,9; 1Sam. 28,21; 2Sam. 4,8; 2Sam. 4,9; 2Sam. 14,14; 2Sam. 16,11; 1Kings 1,12; 1Kings 1,29; 1Kings 19,2; 1Kings 19,4; 1Kings 19,10; 1Kings 19,14; Judith 10,15; Tob. 1,11; 2Mac. 7,12; 4Mac. 6,29; 4Mac. 9,25; Psa. 6,5; Psa. 7,3; Psa. 7,6; Psa. 10,5; Psa. 15,10; Psa. 16,9; Psa. 16,13; Psa. 21,21; Psa. 22,3; Psa. 24,1; Psa. 24,20; Psa. 25,9; Psa. 27,3; Psa. 29,4; Psa. 30,8; Psa. 30,14; Psa. 34,4; Psa. 34,7; Psa. 34,13; Psa. 34,17; Psa. 37,13; Psa. 39,15; Psa. 40,5; Psa. 41,5; Psa. 48,16; Psa. 53,5; Psa. 54,19; Psa. 55,7; Psa. 55,14; Psa. 56,5; Psa. 56,7; Psa. 58,4; Psa. 62,10; Psa. 63,2; Psa. 65,9; Psa. 68,11; Psa. 69,3; Psa. 70,10; Psa. 70,13; Psa. 85,2; Psa. 85,4; Psa. 85,13; Psa. 85,14; Psa. 87,15; Psa. 93,19; Psa. 108,31; Psa. 114,4; Psa. 114,8; Psa. 119,2; Psa. 120,7; Psa. 130,2; Psa. 130,2; Psa. 140,8; Psa. 141,5; Psa. 141,8; Psa. 142,3; Psa. 142,8; Psa. 142,11; Psa. 142,12; Ode. 1,9; Ode. 4,2; Ode. 6,8; Ode. 11,17; Ode. 14,41; Prov. 13,3; Prov. 13,19; Prov. 16,17; Prov. 19,16; Prov. 20,2; Prov. 22,23; Prov. 29,24; Eccl. 4,8; Job 7,15; Job 19,2; Job 21,8; Job 27,2; Job 33,28; Job 33,30; Wis. 1,11; Wis. 9,15; Sir. 2,1; Sir. 6,32; Sir. 7,17; Sir. 7,26; Sir. 9,2; Sir. 9,6; Sir. 10,28; Sir. 12,11; Sir. 14,9; Sir. 14,16; Sir. 21,27; Sir. 30,21; Sir. 30,23; Sir. 37,8; Sir. 37,12; Sir. 37,27; Sir. 51,3; Sir. 51,20; Sol. 12,1; Sol. 16,1; Sol. 16,3; Sol. 16,12; Sol. 16,12; Jonah 2,8; Jonah 4,3; Hab. 3,2; Is. 24,7; Is. 38,17; Is. 42,25; Jer. 4,30; Jer. 11,21; Jer. 12,7; Jer. 22,25; Jer. 47,14; Jer. 51,35; Lam. 1,11; Lam. 1,16; Lam. 3,17; Lam. 3,51; Ezek. 3,19; Ezek. 33,6; Dan. 4,33a; Sus. 55; Judg. 12,3; Tob. 1,11; Luke 12,20; John 10,15; John 10,17; John 13,37; John 13,38; Acts 2,27; Rom. 11,3; 2Cor. 1,23)

ψυχήν ▸ **130** + **5** + **33** = **168**

Noun • feminine • singular • accusative • (common) ▸ 130 + 5 + 33 = **168** (Gen. 1,21; Gen. 1,24; Gen. 1,30; Gen. 2,7; Gen. 2,19; Gen. 9,5; Ex. 21,23; Ex. 23,9; Lev. 17,10; Lev. 20,6; Lev. 22,11; Lev. 24,17; Lev. 24,18; Lev. 26,16; Num. 31,28; Num. 35,11; Num. 35,15; Num. 35,30; Deut. 11,18; Deut. 19,21; Deut. 24,6; Deut. 24,7; Deut. 27,25; Josh. 20,3; Josh. 20,9; Judg. 5,18; Judg. 9,17; Judg. 18,25; Ruth 4,15; 1Sam. 2,33; 1Sam. 19,5; 1Sam. 19,11; 1Sam. 20,17; 1Sam. 23,20; 1Sam. 25,29; 2Sam. 5,8; 2Sam. 17,3; 2Sam. 19,6; 2Sam. 19,6; 1Kings 1,12; 1Kings 16,33; 1Kings 19,2; 1Kings 19,3; 1Kings 19,4; 2Kings 7,7; 2Chr. 1,11; 1Esdr. 4,21; Judith 16,9; 1Mac. 10,33; 2Mac. 3,16; 2Mac. 6,30; 2Mac. 7,37; 2Mac. 14,38; 3Mac. 6,6; 4Mac. 1,20; 4Mac. 7,4; Psa. 23,4; Psa. 38,12; Psa. 73,19; Psa. 85,4; Psa. 88,49; Psa. 93,21; Psa. 106,9; Psa. 106,9; Prov. 1,19; Prov. 6,30; Prov. 10,3; Prov. 13,25; Prov. 14,25; Prov. 15,32; Prov. 19,19; Prov. 21,23; Prov. 22,5; Prov. 22,9a; Prov. 23,14; Prov. 29,10; Job 2,6; Job 13,14; Job 31,39; Wis. 1,4; Wis. 4,11; Wis. 10,16; Wis. 15,11; Wis. 15,14; Wis. 16,14; Sir. 4,2; Sir. 7,20; Sir. 10,29; Sir. 19,4; Sir. 20,22; Sir. 21,28; Sir. 24,1; Sir. 27,16; Sir. 29,15; Sir. 34,17; Sir. 39,1; Sir. 40,29; Sol. 4,17; Sol. 5,12; Sol. 9,6; Sol. 12,5; Sol. 16,14; Sol. 18,4; Amos 2,14; Amos 2,15; Jonah 4,8; Hab. 2,5; Is. 5,14; Is. 44,20; Is. 47,14; Is. 49,7; Is. 58,5; Is. 58,10; Jer. 3,11; Jer. 20,13; Jer. 25,17; Jer. 28,6; Jer. 38,14; Jer. 38,25; Jer. 38,25; Jer. 45,16; Jer. 47,15; Jer. 51,30; Jer. 51,30; Ezek. 3,21; Ezek. 18,27; Ezek. 33,5; Ezek. 33,9; Ezek. 44,25; Sus. 55; Judg. 5,18; Judg. 9,17; Judg. 18,25; Judg. 18,25; Tob. 8,20; Matt. 2,20; Matt. 10,28; Matt. 10,28; Matt. 10,39; Matt. 10,39; Matt. 16,25; Matt. 16,25; Matt. 16,26; Matt. 20,28; Mark 3,4; Mark 8,35; Mark 8,35; Mark 8,36; Mark 10,45; Luke 2,35; Luke 6,9; Luke 9,24; Luke 9,24; Luke 14,26; Luke 17,33; John 10,11; John 10,24; John 12,25; John 12,25; John 15,13; Acts 20,24; Rom. 2,9; 1Cor. 15,45; James 5,20; 2Pet. 2,8; 1John 3,16; Jude 15; Rev. 12,11)

ψυχῆς ▸ **134** + **1** + **12** = **147**

Noun • feminine • singular • genitive • (common) ▸ 134 + 1 + 12

= **147** (Gen. 9,4; Gen. 9,12; Gen. 9,15; Gen. 9,16; Gen. 42,21; Gen. 44,30; Ex. 21,23; Ex. 21,30; Ex. 30,12; Lev. 11,10; Lev. 11,46; Lev. 11,46; Lev. 17,11; Lev. 22,4; Lev. 24,18; Lev. 27,2; Num. 6,11; Num. 15,28; Num. 19,11; Num. 19,13; Num. 30,3; Num. 30,5; Num. 30,5; Num. 30,6; Num. 30,7; Num. 30,8; Num. 30,9; Num. 30,10; Num. 30,11; Num. 30,12; Num. 30,13; Num. 35,31; Deut. 4,29; Deut. 6,5; Deut. 10,12; Deut. 11,13; Deut. 12,20; Deut. 12,21; Deut. 13,4; Deut. 13,7; Deut. 19,21; Deut. 26,16; Deut. 30,2; Deut. 30,6; Deut. 30,10; Josh. 22,5; 2Sam. 14,7; 1Kings 2,23; 1Kings 21,39; 1Kings 21,42; 2Kings 10,24; 2Chr. 15,12; 2Chr. 15,15; 2Chr. 31,21; Judith 11,7; Judith 11,8; Judith 13,20; 1Mac. 2,40; 1Mac. 8,27; 1Mac. 12,51; 1Mac. 13,5; 3Mac. 4,4; 3Mac. 5,42; 4Mac. 1,26; 4Mac. 1,28; 4Mac. 2,1; 4Mac. 3,3; 4Mac. 8,29; 4Mac. 13,15; 4Mac. 13,20; 4Mac. 14,6; 4Mac. 14,6; 4Mac. 15,4; Psa. 9,24; Psa. 20,3; Psa. 48,9; Psa. 53,6; Psa. 68,2; Psa. 108,20; Ode. 6,6; Ode. 11,15; Prov. 6,16; Prov. 7,23; Prov. 13,8; Prov. 16,24; Job 2,4; Job 7,11; Job 10,1; Job 21,25; Job 24,7; Job 33,18; Wis. 8,19; Wis. 9,3; Wis. 10,7; Wis. 15,8; Wis. 17,8; Wis. 17,14; Sir. 4,6; Sir. 4,20; Sir. 4,22; Sir. 6,2; Sir. 7,11; Sir. 14,4; Sir. 19,16; Sir. 26,14; Sir. 26,15; Sir. 31,28; Sir. 31,29; Sir. 45,23; Sol. 2,24; Sol. 3,8; Sol. 6,6; Sol. 9,4; Sol. 9,5; Sol. 9,10; Mic. 6,7; Mic. 7,3; Jonah 1,14; Jonah 2,6; Hag. 2,9; Is. 10,18; Is. 38,15; Is. 53,11; Is. 58,10; Jer. 2,24; Jer. 4,10; Jer. 18,20; Lam. 2,19; Lam. 3,58; Ezek. 16,5; Ezek. 24,25; Ezek. 25,6; Ezek. 25,15; Dan. 4,37a; Tob. 12,10; Matt. 16,26; Mark 8,37; Mark 12,30; Acts 27,22; Rom. 16,4; Eph. 6,6; Col. 3,23; Heb. 4,12; Heb. 6,19; Heb. 10,39; 1Pet. 2,11; Rev. 18,14)

ψυχῶν ▸ **21** + **5** = **26**
Noun · feminine · plural · genitive · (common) ▸ **21** + **5** = **26** (Gen. 1,20; Gen. 9,5; Ex. 12,4; Ex. 16,16; Ex. 30,15; Ex. 30,16; Lev. 17,11; Josh. 9,24; 1Sam. 22,22; 1Mac. 2,38; 1Mac. 3,21; 1Mac. 9,44; Psa. 73,19; Psa. 77,50; Job 1,5; Wis. 2,22; Wis. 3,13; Wis. 12,6; Wis. 14,26; Is. 1,16; Jer. 2,34; Acts 27,10; 2Cor. 12,15; Heb. 13,17; 1Pet. 1,9; 1Pet. 2,25)

ψυχικός (ψύχω)   natural, unspiritual ▸ **1** + **6** = **7**
ψυχικαί ▸ **1**
Adjective · feminine · plural · nominative · noDegree ▸ **1** (4Mac. 1,32)
ψυχική ▸ **1**
Adjective · feminine · singular · nominative ▸ **1** (James 3,15)
ψυχικοί ▸ **1**
Adjective · masculine · plural · nominative ▸ **1** (Jude 19)
ψυχικόν ▸ **3**
Adjective · neuter · singular · nominative ▸ **3** (1Cor. 15,44; 1Cor. 15,44; 1Cor. 15,46)
ψυχικός ▸ **1**
Adjective · masculine · singular · nominative ▸ **1** (1Cor. 2,14)

ψυχικῶς (ψύχω)   soulish; mental ▸ **2**
ψυχικῶς ▸ **2**
Adverb ▸ **2** (2Mac. 4,37; 2Mac. 14,24)

ψῦχος (ψύχω)   cold, coldness ▸ **8** + **2** + **3** = **13**
ψύχει ▸ **1**
Noun · neuter · singular · dative ▸ **1** (2Cor. 11,27)
ψῦχος ▸ **7** + **2** + **2** = **11**
Noun · neuter · singular · accusative ▸ **1** (Acts 28,2)
Noun · neuter · singular · nominative · (common) ▸ **7** + **2** + **1** = **10** (Gen. 8,22; Ode. 8,67; Ode. 8,69; Job 37,9; Zech. 14,6; Dan. 3,67; Dan. 3,69; Dan. 3,67; Dan. 3,69; John 18,18)
ψύχους ▸ **1**
Noun · neuter · singular · genitive · (common) ▸ **1** (Psa. 147,6)

ψυχουλκέομαι (ψύχω)   to have a last gasp ▸ **1**
ψυχουλκούμενοι ▸ **1**
Verb · present · middle · participle · masculine · plural · nominative ▸ **1** (3Mac. 5,25)

ψυχρός (ψύχω)   cold ▸ **3** + **4** = **7**
ψυχρόν ▸ **2**
Adjective · neuter · singular · nominative · noDegree ▸ **2** (4Mac. 11,26; Prov. 25,25)
ψυχρός ▸ **1**
Adjective · masculine · singular · nominative ▸ **1** (Rev. 3,16)
ψυχρὸς ▸ **1** + **2** = **3**
Adjective · masculine · singular · nominative · noDegree ▸ **1** + **2** = **3** (Sir. 43,20; Rev. 3,15; Rev. 3,15)
ψυχροῦ ▸ **1**
Adjective · neuter · singular · genitive ▸ **1** (Matt. 10,42)

ψύχω   to cool; grow cold; make dry ▸ **6** + **1** = **7**
ἔψυξα ▸ **1**
Verb · first · singular · aorist · active · indicative ▸ **1** (2Kings 19,24)
ἔψυξαν ▸ **1**
Verb · third · plural · aorist · active · indicative ▸ **1** (Num. 11,32)
ἔψυξεν ▸ **1**
Verb · third · singular · aorist · active · indicative ▸ **1** (2Sam. 17,19)
ψυγήσεται ▸ **1**
Verb · third · singular · future · passive · indicative ▸ **1** (Matt. 24,12)
ψύξουσιν ▸ **1**
Verb · third · plural · future · active · indicative ▸ **1** (Jer. 8,2)
ψύχει ▸ **2**
Verb · third · singular · present · active · indicative ▸ **2** (Jer. 6,7; Jer. 6,7)

ψωμίζω (ψάω)   to feed, to give away ▸ **20** + **3** + **2** = **25**
ἐψώμιζον ▸ **1**
Verb · third · plural · imperfect · active · indicative ▸ **1** (Dan. 5,21)
ἐψώμισά ▸ **1**
Verb · first · singular · aorist · active · indicative ▸ **1** (Ezek. 16,19)
ἐψώμισάν ▸ **1**
Verb · third · plural · aorist · active · indicative ▸ **1** (Dan. 4,33a)
ἐψώμισας ▸ **1**
Verb · second · singular · aorist · active · indicative ▸ **1** (Wis. 16,20)
ἐψώμισεν ▸ **3**
Verb · third · singular · aorist · active · indicative ▸ **3** (Deut. 32,13; Psa. 80,17; Ode. 2,13)
ἐψώμισέν ▸ **3**
Verb · third · singular · aorist · active · indicative ▸ **3** (Deut. 8,3; Lam. 3,16; Ezek. 3,2)
ψωμιεῖ ▸ **4**
Verb · third · singular · future · active · indicative ▸ **4** (Num. 11,4; Num. 11,18; Sir. 15,3; Is. 58,14)
ψωμιεῖς ▸ **1**
Verb · second · singular · future · active · indicative ▸ **1** (Psa. 79,6)
ψώμιζε ▸ **1**
Verb · second · singular · present · active · imperative ▸ **1** (Rom. 12,20)
ψωμιοῦσίν ▸ **2**
Verb · third · plural · future · active · indicative ▸ **2** (Dan. 4,25; Dan. 4,32)
ψωμίσαντός ▸ **1**
Verb · aorist · active · participle · masculine · singular · genitive

▸ **1** (Deut. 8,16)
- ψωμισάτω ▸ 1
  - **Verb** · third · singular · aorist · active · imperative ▸ **1** (2Sam. 13,5)
- ψώμισόν ▸ 1
  - **Verb** · second · singular · aorist · active · imperative ▸ **1** (Sir. 29,26)
- ψωμίσουσι ▸ 1
  - **Verb** · third · plural · future · active · indicative ▸ **1** (Dan. 4,32)
- ψωμίσω ▸ 1
  - **Verb** · first · singular · aorist · active · subjunctive ▸ **1** (1Cor. 13,3)
- ψωμιῶ ▸ 2
  - **Verb** · first · singular · future · active · indicative ▸ **2** (Jer. 9,14; Jer. 23,15)

ψωμίον (ψάω) piece of bread ▸ 4
- ψωμίον ▸ 4
  - **Noun** · neuter · singular · accusative ▸ **4** (John 13,26; John 13,26; John 13,27; John 13,30)

ψωμός (ψάω) morsel ▸ 11 + 1 = 12
- ψωμόν ▸ 4
  - **Noun** · masculine · singular · accusative · (common) ▸ **4** (Ruth 2,14; Prov. 23,8; Job 22,7; Job 31,17)
- ψωμὸν ▸ 3
  - **Noun** · masculine · singular · accusative · (common) ▸ **3** (1Sam. 28,22; 1Kings 17,11; Job 24,10)
- ψωμός ▸ 1
  - **Noun** · masculine · singular · nominative · (common) ▸ **1** (Prov. 17,1)
- ψωμοῦ ▸ 2
  - **Noun** · masculine · singular · genitive · (common) ▸ **2** (Prov. 9,13; Prov. 28,21)
- ψωμούς ▸ 1
  - **Noun** · masculine · plural · accusative · (common) ▸ **1** (Psa. 147,6)
- ψωμῷ ▸ 1
  - **Noun** · masculine · singular · dative · (common) ▸ **1** (Judg. 19,5)

ψώρα (ψάω) itch, scab ▸ 3
- ψώρα ▸ 1
  - **Noun** · feminine · singular · nominative · (common) ▸ **1** (Lev. 21,20)
- ψώρᾳ ▸ 1
  - **Noun** · feminine · singular · dative · (common) ▸ **1** (Deut. 28,27)
- ψώραν ▸ 1
  - **Noun** · feminine · singular · accusative · (common) ▸ **1** (Lev. 26,16)

ψωραγριάω (ψάω; ἄγρα) to have an itch, to have scabies ▸ 1
- ψωραγριῶντα ▸ 1
  - **Verb** · present · active · participle · neuter · plural · accusative ▸ **1** (Lev. 22,22)

ψώχω (ψάω) to rub ▸ 1
- ψώχοντες ▸ 1
  - **Verb** · present · active · participle · masculine · plural · nominative ▸ **1** (Luke 6,1)

Ω, ω

ὦ omega; O (address), or Oh!; alas ▸ 88 + 1 + 20 = 109
  ὦ ▸ 52 + 1 + 17 = 70
    Interjection ▸ 52 + 1 + 14 = **67** (Gen. 27,20; Num. 24,23; 1Esdr. 3,24; 1Esdr. 4,12; 1Esdr. 4,32; Tob. 13,15; 2Mac. 7,34; 4Mac. 5,6; 4Mac. 6,22; 4Mac. 7,6; 4Mac. 7,7; 4Mac. 7,10; 4Mac. 7,15; 4Mac. 9,1; 4Mac. 9,17; 4Mac. 10,10; 4Mac. 11,4; 4Mac. 11,12; 4Mac. 11,21; 4Mac. 14,3; 4Mac. 14,7; 4Mac. 15,4; 4Mac. 15,13; 4Mac. 15,16; 4Mac. 15,17; 4Mac. 15,29; 4Mac. 15,30; 4Mac. 16,7; 4Mac. 16,8; 4Mac. 16,9; 4Mac. 16,10; 4Mac. 16,14; 4Mac. 17,4; Psa. 115,7; Psa. 117,25; Psa. 117,25; Prov. 2,13; Prov. 6,6; Prov. 8,4; Job 19,21; Wis. 6,9; Sir. 37,3; Sir. 41,2; Hab. 2,9; Hab. 2,15; Zech. 2,10; Zech. 2,10; Zech. 11,17; Jer. 6,6; Jer. 27,24; Bar. 3,24; Ezek. 30,2; Tob. 7,6; Matt. 15,28; Matt. 17,17; Mark 9,19; Luke 9,41; Luke 24,25; Acts 1,1; Acts 13,10; Acts 18,14; Acts 27,21; Rom. 2,1; Rom. 2,3; Rom. 9,20; 1Tim. 6,11; James 2,20)
    Noun ▪ neuter ▪ singular ▪ nominative ▸ **3**
    (Rev. 1,8; Rev. 21,6; Rev. 22,13)
  Ὦ ▸ 36 + 3 = 39
    Interjection ▸ 36 + 3 = **39**
    (Num. 24,23; 2Kings 3,10; 2Kings 6,5; 2Kings 6,15; 2Kings 20,3; 1Esdr. 4,2; 4Mac. 8,5; 4Mac. 8,17; 4Mac. 11,20; 4Mac. 14,2; 4Mac. 15,1; 4Mac. 16,6; 4Mac. 16,16; 4Mac. 17,2; 4Mac. 18,1; 4Mac. 18,20; Psa. 114,4; Sir. 41,1; Jonah 4,2; Nah. 3,1; Zeph. 3,1; Is. 6,5; Jer. 1,6; Jer. 4,10; Jer. 14,13; Jer. 22,13; Jer. 22,18; Jer. 23,1; Jer. 39,17; Jer. 41,5; Ezek. 22,3; Ezek. 24,6; Ezek. 30,2; Ezek. 34,2; Dan. 5,16; Dan. 6,21; Rom. 11,33; Gal. 3,1; 1Tim. 6,20)

ᾤα edge, border, collar ▸ 3
  ᾤαν ▸ 3
    Noun ▪ feminine ▪ singular ▪ accusative ▪ (common) ▸ **3**
    (Ex. 28,32; Ex. 36,30; Psa. 132,2)

Ωβαδιος Abdi ▸ 1
  Ωβαδιος ▸ 1
    Noun ▪ masculine ▪ singular ▪ nominative ▪ (proper) ▸ **1**
    (1Esdr. 9,27)

Ωβηδ Obed ▸ 14
  Ωβηδ ▸ 14
    Noun ▪ masculine ▪ singular ▪ accusative ▪ (proper) ▸ **4**
    (Ruth 4,17; Ruth 4,21; 1Chr. 2,12; 1Chr. 2,37)
    Noun ▪ masculine ▪ singular ▪ genitive ▪ (proper) ▸ **1** (2Chr. 23,1)
    Noun ▪ masculine ▪ singular ▪ nominative ▪ (proper) ▸ **9**
    (Ruth 4,22; 1Chr. 2,12; 1Chr. 2,38; 1Chr. 5,13; 1Chr. 8,12; 1Chr. 8,22; 1Chr. 11,47; 1Chr. 26,7; Neh. 11,17)

Ωβηθ Ebed ▸ 1
  Ωβηθ ▸ 1
    Noun ▪ masculine ▪ singular ▪ nominative ▪ (proper) ▸ **1** (Ezra 8,6)

Ωβιλ Obil ▸ 1
  Ωβιλ ▸ 1
    Noun ▪ masculine ▪ singular ▪ nominative ▪ (proper) ▸ **1** (1Chr. 27,30)

Ωβωθ Oboth ▸ 4
  Ωβωθ ▸ 4
    Noun ▪ singular ▪ accusative ▪ (proper) ▸ **1** (Num. 33,43)
    Noun ▪ singular ▪ dative ▪ (proper) ▸ **1** (Num. 21,10)
    Noun ▪ singular ▪ genitive ▪ (proper) ▸ **2**
    (Num. 21,11; Num. 33,44)

Ωγ Og ▸ 23
  Ωγ ▸ 23
    Noun ▪ masculine ▪ singular ▪ accusative ▪ (proper) ▸ **5**
    (Num. 24,23; Deut. 1,4; Deut. 3,3; Psa. 134,11; Psa. 135,20)
    Noun ▪ masculine ▪ singular ▪ dative ▪ (proper) ▸ **3**
    (Deut. 31,4; Josh. 2,10; Josh. 9,10)
    Noun ▪ masculine ▪ singular ▪ genitive ▪ (proper) ▸ **10**
    (Num. 32,33; Deut. 3,4; Deut. 3,10; Deut. 3,13; Deut. 4,47; Josh. 13,12; Josh. 13,30; Josh. 13,31; 1Kings 4,18; Neh. 9,22)
    Noun ▪ masculine ▪ singular ▪ nominative ▪ (proper) ▸ **5**
    (Num. 21,33; Deut. 3,1; Deut. 3,11; Deut. 29,6; Josh. 12,4)

Ωδ Hod ▸ 1
  Ωδ ▸ 1
    Noun ▪ masculine ▪ singular ▪ nominative ▪ (proper) ▸ **1** (1Chr. 7,37)

ὧδε (ὁ) here; in this way, so, thus ▸ 79 + 10 + 61 = 150
  ὧδε ▸ 74 + 9 + 58 = 141
    Adverb ▪ (place) ▸ 74 + 9 + 58 = **141** (Gen. 15,14; Gen. 15,16; Gen. 19,12; Gen. 22,5; Gen. 31,37; Gen. 38,22; Gen. 40,15; Gen. 42,15; Gen. 42,33; Gen. 45,5; Gen. 45,8; Gen. 45,13; Ex. 2,12; Ex. 2,12; Ex. 3,5; Num. 14,23; Num. 23,29; Num. 23,29; Num. 32,16; Deut. 5,3; Deut. 12,8; Deut. 29,14; Deut. 29,14; Deut. 31,21; Josh. 2,2; Josh. 3,9; Josh. 8,20; Josh. 8,20; Josh. 18,6; Josh. 18,8; Judg. 18,3; Judg. 18,3; Judg. 19,9; Ruth 2,8; Ruth 2,14; Ruth 4,1; Ruth 4,2; 1Sam. 20,21; 2Sam. 1,10; 2Sam. 5,6; 2Sam. 5,6; 2Sam. 14,32; 2Sam. 18,30; 2Sam. 20,16; 1Kings 2,30; 1Kings 18,45; 1Kings 18,45; 1Kings 21,40; 1Kings 21,40; 1Kings 22,7; 2Kings 2,6; 2Kings 3,11; 2Kings 7,3; 2Kings 7,4; 2Kings 7,13; 2Kings 8,7; 1Chr. 11,5; 1Chr. 29,17; 2Chr. 18,6; 2Chr. 28,13; Ezra 4,2; Tob. 7,12; Psa. 131,14; Zech. 7,3; Is. 22,16; Is. 22,16; Is. 22,16; Is. 57,3; Jer. 27,5; Jer. 38,8; Ezek. 8,6; Ezek. 8,9; Ezek. 8,17; Ezek. 40,4; Judg. 4,20; Judg. 16,2; Judg. 18,3; Judg. 18,3; Judg. 19,9; Judg.

19,12; Tob. 5,5; Tob. 14,9; Dan. 7,28; Matt. 8,29; Matt. 12,6; Matt. 12,41; Matt. 12,42; Matt. 14,8; Matt. 14,17; Matt. 14,18; Matt. 16,28; Matt. 17,4; Matt. 17,4; Matt. 17,17; Matt. 20,6; Matt. 22,12; Matt. 24,2; Matt. 24,23; Matt. 24,23; Matt. 26,38; Matt. 28,6; Mark 6,3; Mark 8,4; Mark 9,1; Mark 9,5; Mark 11,3; Mark 13,2; Mark 13,21; Mark 14,32; Mark 14,34; Mark 16,6; Luke 4,23; Luke 9,12; Luke 9,33; Luke 9,41; Luke 11,31; Luke 11,32; Luke 14,21; Luke 15,17; Luke 16,25; Luke 17,21; Luke 17,23; Luke 19,27; Luke 22,38; Luke 23,5; Luke 24,6; John 6,9; John 6,25; John 11,21; John 11,32; John 20,27; Acts 9,14; Acts 9,21; 1Cor. 4,2; Col. 4,9; Heb. 7,8; Heb. 13,14; James 2,3; Rev. 4,1; Rev. 11,12; Rev. 17,9)

ὧδε ▸ **3 + 2 = 5**
    Adverb · (place) ▸ **3 + 2 = 5** (1Sam. 20,21; 1Sam. 20,22; 2Kings 3,11; Rev. 13,18; Rev. 14,12)

Ὧδέ ▸ **1**
    Adverb · (place) ▸ **1** (Rev. 13,10)

ὧδέ ▸ **2 + 1 = 3**
    Adverb ▸ **2 + 1 = 3** (2Mac. 1,6; Is. 52,5; Judg. 13,15)

ᾠδή (ᾄδω) song ▸ **85 + 3 + 7 = 95**
    ᾠδαὶ ▸ **1 + 1 = 2**
        Noun · feminine · plural · nominative · (common) ▸ **1 + 1 = 2** (1Kings 5,12; Tob. 2,6)
    ᾠδαῖς ▸ **8 + 2 = 10**
        Noun · feminine · plural · dative · (common) ▸ **8 + 2 = 10** (2Sam. 6,5; 2Chr. 23,18; Neh. 12,27; Neh. 12,36; 1Mac. 4,54; 1Mac. 13,51; Sir. 39,15; Sir. 47,17; Eph. 5,19; Col. 3,16)
    ᾠδὰς ▸ **1 + 1 = 2**
        Noun · feminine · plural · accusative · (common) ▸ **1 + 1 = 2** (Amos 8,10; Tob. 13,18)
    ᾠδή ▸ **1**
        Noun · feminine · singular · nominative · (common) ▸ **1** (Psa. 64,1)
    ᾠδὴ ▸ **10**
        Noun · feminine · singular · nominative · (common) ▸ **10** (Deut. 31,19; Deut. 31,21; Psa. 4,1; Psa. 9,17; Psa. 38,1; Psa. 41,9; Psa. 44,1; Psa. 65,1; Psa. 75,1; Psa. 95,1)
    Ὠιδὴ ▸ **21**
        Noun · feminine · singular · nominative · (common) ▸ **21** (Psa. 82,1; Psa. 87,1; Psa. 107,1; Psa. 119,1; Psa. 120,1; Psa. 121,1; Psa. 122,1; Psa. 123,1; Psa. 124,1; Psa. 125,1; Psa. 126,1; Psa. 127,1; Psa. 128,1; Psa. 129,1; Psa. 130,1; Psa. 131,1; Psa. 132,1; Psa. 133,1; Ode. 1,0; Ode. 2,0; Ode. 10,0)
    ᾠδῇ ▸ **2**
        Noun · feminine · singular · dative · (common) ▸ **2** (Ode. 4,19; Hab. 3,19)
    ᾠδήν ▸ **1 + 1 = 2**
        Noun · feminine · singular · accusative · (common) ▸ **1 + 1 = 2** (Ezra 3,12; Judg. 5,12)
    ᾠδὴν ▸ **7 + 5 = 12**
        Noun · feminine · singular · accusative · (common) ▸ **7 + 5 = 12** (Ex. 15,1; Deut. 31,22; Deut. 32,44; 3Mac. 6,32; 4Mac. 18,18; Psa. 136,4; Psa. 143,9; Rev. 5,9; Rev. 14,3; Rev. 14,3; Rev. 15,3; Rev. 15,3)
    ᾠδῆς ▸ **23**
        Noun · feminine · singular · genitive · (common) ▸ **23** (Deut. 31,19; Deut. 31,30; Judg. 5,12; 2Sam. 22,1; 1Kings 8,53a; 2Mac. 7,6; Psa. 17,1; Psa. 29,1; Psa. 47,1; Psa. 66,1; Psa. 67,1; Psa. 68,31; Psa. 74,1; Psa. 86,1; Psa. 90,1; Psa. 91,1; Psa. 91,4; Psa. 92,1; Psa. 94,1; Sol. 15,0; Sol. 15,3; Sol. 17,0; Hab. 3,1)
    ᾠδῶν ▸ **10**
        Noun · feminine · plural · genitive · (common) ▸ **10** (1Chr. 15,16; 1Chr. 15,22; 1Chr. 15,27; 1Chr. 16,42; 2Chr. 5,13; 2Chr. 7,6; 2Chr. 34,12; Psa. 136,3; Psa. 136,3; Amos 5,23)

Ωδηδ Eder; Oded ▸ **3**
    Ωδηδ ▸ **3**
        Noun · masculine · singular · genitive · (proper) ▸ **1** (2Chr. 15,1)
        Noun · masculine · singular · nominative · (proper) ▸ **2** (1Chr. 8,15; 2Chr. 28,9)

Ωδιηλ Adiel ▸ **1**
    Ωδιηλ ▸ **1**
        Noun · masculine · singular · genitive · (proper) ▸ **1** (1Chr. 27,25)

ὠδίν birth-pains, pain ▸ **35 + 4 = 39**
    ὠδίν ▸ **1 + 1 = 2**
        Noun · feminine · singular · nominative · (common) ▸ **1 + 1 = 2** (Is. 37,3; 1Th. 5,3)
    ὠδῖνας ▸ **8 + 1 = 9**
        Noun · feminine · plural · accusative · (common) ▸ **7 + 1 = 8** (Deut. 2,25; 4Mac. 15,7; 4Mac. 16,8; Job 39,1; Job 39,2; Sir. 7,27; Sol. 3,9; Acts 2,24)
        Noun · feminine · singular · genitive · (common) ▸ **1** (Jer. 22,23)
    ὠδῖνες ▸ **19**
        Noun · feminine · plural · nominative · (common) ▸ **19** (Ex. 15,14; 1Sam. 4,19; 2Sam. 22,6; Psa. 17,5; Psa. 17,6; Psa. 47,7; Psa. 114,3; Ode. 1,14; Job 2,9b; Job 21,17; Hos. 13,13; Mic. 4,9; Nah. 2,11; Is. 13,8; Is. 21,3; Jer. 6,24; Jer. 8,21; Jer. 13,21; Jer. 27,43)
    ὠδῖνι ▸ **2**
        Noun · feminine · singular · dative · (common) ▸ **2** (Ode. 5,17; Is. 26,17)
    ὠδίνων ▸ **5 + 2 = 7**
        Noun · feminine · plural · genitive · (common) ▸ **5 + 2 = 7** (2Kings 19,3; 4Mac. 15,16; Hos. 9,11; Is. 66,7; Ezek. 7,4; Matt. 24,8; Mark 13,8)

ὠδίνω (ὠδίν) to suffer birth-pains ▸ **22 + 3 = 25**
    ὤδινε ▸ **1**
        Verb · second · singular · present · active · imperative ▸ **1** (Mic. 4,10)
    ὤδινεν ▸ **2**
        Verb · third · singular · imperfect · active · indicative ▸ **2** (Is. 66,8; Is. 66,8)
    ὠδινήσαμεν ▸ **2**
        Verb · first · plural · aorist · active · indicative ▸ **2** (Ode. 5,18; Is. 26,18)
    ὠδίνησαν ▸ **1**
        Verb · third · plural · aorist · active · indicative ▸ **1** (Sir. 48,19)
    ὠδινήσει ▸ **1**
        Verb · third · singular · future · active · indicative ▸ **1** (Sir. 19,11)
    ὠδινήσεις ▸ **1**
        Verb · second · singular · future · active · indicative ▸ **1** (Is. 45,10)
    ὠδίνησεν ▸ **1**
        Verb · third · singular · aorist · active · indicative ▸ **1** (Psa. 7,15)
    ὠδίνησέν ▸ **2**
        Verb · third · singular · aorist · active · indicative ▸ **2** (Song 8,5; Song 8,5)
    ὠδινήσουσιν ▸ **2**
        Verb · third · plural · future · active · indicative ▸ **2** (Ode. 4,10; Hab. 3,10)
    ὤδινον ▸ **1**
        Verb · first · singular · imperfect · active · indicative ▸ **1** (Is. 23,4)
    ὠδίνουσα ▸ **3 + 2 = 5**
        Verb · present · active · participle · feminine · singular · nominative ▸ **3 + 1 = 4** (Ode. 5,17; Is. 26,17; Is. 54,1; Gal.

ὠδίνω–ὦμος

4,27)
    Verb · present · active · participle · feminine · singular · vocative · (variant) · **1** (Rev. 12,2)
ὠδίνουσαν · 2
    Verb · present · active · participle · feminine · singular · accusative · **2** (Is. 51,2; Is. 66,7)
ὠδινούσης · 3
    Verb · present · active · participle · feminine · singular · genitive · **3** (Sir. 34,5; Jer. 4,31; Jer. 30,16)
ὠδίνω · 1
    Verb · first · singular · present · active · indicative · **1** (Gal. 4,19)

ὠδίς (ὠδίν) birth-pains, pain · 1
ὠδῖνας · 1
    Noun · feminine · plural · accusative · (common) · **1** (Job 39,3)

ᾠδός (ᾄδω) singer · 4
ᾠδοί · 2
    Noun · masculine · plural · nominative · (common) · **2** (2Kings 11,14; 2Chr. 23,13)
ᾠδοῖς · 2
    Noun · masculine · plural · dative · (common) · **2** (1Kings 10,12; 2Chr. 9,11)

Ωδουε Uri · 1
Ωδουε · 1
    Noun · masculine · singular · nominative · (proper) · **1** (Ezra 10,24)

Ωδουια Hodaviah · 5
Ωδουια · 5
    Noun · masculine · singular · genitive · (proper) · **2** (1Chr. 9,7; Ezra 2,40)
    Noun · masculine · singular · nominative · (proper) · **3** (1Chr. 5,24; Neh. 10,11; Neh. 10,14)

ὠθέω to shove, push out · 7
ἔωσαν · 1
    Verb · third · plural · aorist · active · indicative · **1** (Jer. 41,11)
ὦσας · 1
    Verb · second · singular · aorist · active · indicative · **1** (Job 14,20)
ὤσεις · 1
    Verb · second · singular · future · active · indicative · **1** (Is. 30,22)
ὤσῃ · 2
    Verb · third · singular · aorist · active · subjunctive · **2** (Num. 35,20; Num. 35,22)
ὠσθείς · 1
    Verb · aorist · passive · participle · masculine · singular · nominative · **1** (Psa. 117,13)
ὠσμένῳ · 1
    Verb · perfect · passive · participle · masculine · singular · dative · **1** (Psa. 61,4)

Ωθηρι Hothir · 1
Ωθηρι · 1
    Noun · masculine · singular · nominative · (proper) · **1** (1Chr. 25,4)

Ωιμ Huram · 1
Ωιμ · 1
    Noun · masculine · singular · nominative · (proper) · **1** (1Chr. 8,5)

Ωκιδηλος Gedaliah · 1
Ωκιδηλος · 1
    Noun · masculine · singular · nominative · (proper) · **1** (1Esdr. 9,22)

Ωλα Ulla · 1
Ωλα · 1
    Noun · masculine · singular · genitive · (proper) · **1** (1Chr. 7,39)

Ωλαμ Elam · 1
Ωλαμ · 1
    Noun · masculine · singular · nominative · (proper) · **1** (1Chr. 26,3)

Ωλαμος Elam · 2
Ωλαμος · 1
    Noun · masculine · singular · nominative · (proper) · **1** (1Esdr. 9,30)
Ωλαμου · 1
    Noun · masculine · singular · genitive · (proper) · **1** (1Esdr. 5,12)

Ωμαθα Hammath · 1
Ωμαθα · 1
    Noun · singular · nominative · (proper) · **1** (Josh. 19,35)

Ωμαν Onam · 1
Ωμαν · 1
    Noun · masculine · singular · nominative · (proper) · **1** (Gen. 36,23)

Ωμαρ Omar · 3
Ωμαρ · 3
    Noun · masculine · singular · nominative · (proper) · **3** (Gen. 36,11; Gen. 36,15; 1Chr. 1,36)

ὠμία (ὦμος) shoulder, corner · 13
ὠμίαι · 3
    Noun · feminine · plural · nominative · (common) · **3** (1Kings 7,17; 1Kings 7,20; 1Kings 7,39)
ὠμίαν · 3
    Noun · feminine · singular · accusative · (common) · **3** (1Sam. 9,2; 1Sam. 10,23; 1Kings 6,8)
ὠμίας · 7
    Noun · feminine · singular · genitive · (common) · **7** (1Kings 7,25; 1Kings 7,25; 1Kings 7,25; 2Kings 11,11; 2Kings 11,11; 2Chr. 23,10; 2Chr. 23,10)

ὤμοι (ὤ; ἐγώ) shoulder · 1
ὤμοι · 1
    Interjection · **1** (1Kings 7,20)

ὠμόλινον (ὠμός; λίνον) fax, rough cloth · 1
ὠμόλινον · 1
    Noun · neuter · singular · accusative · (common) · **1** (Sir. 40,4)

ὦμος shoulder · 47 + 2 + 2 = 51
ὦμοι · 1
    Noun · masculine · plural · nominative · (common) · **1** (Job 31,20)
ὤμοις · 5
    Noun · masculine · plural · dative · (common) · **5** (Prov. 19,29; Job 31,36; LetterJ 3; LetterJ 25; Ezek. 34,21)
ὦμον · 7
    Noun · masculine · singular · accusative · (common) · **7** (Gen. 21,14; Gen. 49,15; 2Mac. 12,35; Mal. 2,3; Bar. 2,21; Ezek. 24,4; Ezek. 25,9)
ὠμόν · 1
    Noun · masculine · singular · accusative · (common) · **1** (Sir. 6,25)
ὦμος · 1
    Noun · masculine · singular · nominative · (common) · **1** (Ezek. 29,18)
ὠμός · 1
    Noun · masculine · singular · nominative · (common) · **1** (Job 31,22)
ὤμου · 2
    Noun · masculine · singular · genitive · (common) · **2** (Is. 9,5; Is.

10,27)
 ὤμους ▸ 6 + 2 = 8
  Noun · masculine · plural · accusative · (common) ▸ 6 + 2 = 8 (Ex. 28,23 # 28,29a; Ex. 36,14; Ex. 36,25; Ex. 36,27; Judg. 9,48; Jer. 38,21; Matt. 23,4; Luke 15,5)
 ὤμῳ ▸ 3
  Noun · masculine · singular · dative · (common) ▸ 3 (Judg. 16,3; 1Sam. 10,9; 2Mac. 15,30)
 ὤμων ▸ 20 + 2 = 22
  Noun · masculine · plural · genitive · (common) ▸ 20 + 2 = 22 (Gen. 24,15; Gen. 24,45; Ex. 12,34; Ex. 28,12; Ex. 28,12; Num. 7,9; Deut. 33,12; Josh. 4,5; 1Sam. 17,6; 2Chr. 35,3; 1Esdr. 1,3; Is. 10,27; Is. 14,25; Is. 46,7; Is. 49,22; Is. 60,4; Is. 66,12; Ezek. 12,6; Ezek. 12,7; Ezek. 12,12; Judg. 9,48; Judg. 16,3)

ὠμός course, savage, cruel ▸ 5
 ὠμοῖς ▸ 1
  Adjective · masculine · plural · dative · noDegree ▸ 1 (4Mac. 18,20)
 ὠμὸν ▸ 2
  Adjective · masculine · singular · accusative · noDegree ▸ 1 (2Mac. 7,27)
  Adjective · neuter · singular · accusative · noDegree ▸ 1 (Ex. 12,9)
 ὠμότατε ▸ 1
  Adjective · masculine · singular · vocative · superlative ▸ 1 (4Mac. 9,30)
 ὠμοῦ ▸ 1
  Adjective · masculine · singular · genitive · noDegree ▸ 1 (2Mac. 4,25)

ὠμότης (ὠμός) ruthlessness; cruelty ▸ 4
 ὠμότητα ▸ 3
  Noun · feminine · singular · accusative · (common) ▸ 3 (2Mac. 12,5; 3Mac. 5,20; 3Mac. 7,5)
 ὠμότητι ▸ 1
  Noun · feminine · singular · dative · (common) ▸ 1 (3Mac. 6,24)

ὠμοτοκέω (ὠμός; τίκτω) to miscarry ▸ 1
 ὠμοτόκησεν ▸ 1
  Verb · third · singular · aorist · active · indicative ▸ 1 (Job 21,10)

ὠμόφρων (ὠμός; φρήν) cruel, cruel minded ▸ 1
 ὠμόφρων ▸ 1
  Adjective · masculine · singular · vocative · noDegree ▸ 1 (4Mac. 9,15)

Ὤν On; Aven (Heb. wickedness) ▸ 8
 Ὤν ▸ 8
  Noun · genitive · (proper) ▸ 1 (Hos. 10,8)
  Noun · singular · genitive · (proper) ▸ 5 (Hos. 4,15; Hos. 5,8; Hos. 10,5; Hos. 12,5; Amos 1,5)
  Noun · feminine · singular · accusative · (proper) ▸ 1 (Ex. 1,11)
  Noun · feminine · singular · dative · (proper) ▸ 1 (Jer. 50,13)

Ὠνάμ Onam ▸ 1
 Ὠνάμ ▸ 1
  Noun · masculine · singular · nominative · (proper) ▸ 1 (1Chr. 1,40)

Ὠνάν Anah ▸ 1
 Ὠνάν ▸ 1
  Noun · masculine · singular · nominative · (proper) ▸ 1 (Gen. 36,24)

Ὠνάς Anah ▸ 1
 Ὠνάς ▸ 1
  Noun · masculine · singular · nominative · (proper) ▸ 1 (Gen. 36,24)

ὠνέομαι to buy ▸ 1
 ὠνήσατο ▸ 1
  Verb · third · singular · aorist · middle · indicative ▸ 1 (Acts 7,16)

Ὠνί Unni ▸ 2
 Ὠνί ▸ 2
  Noun · masculine · singular · nominative · (proper) ▸ 2 (1Chr. 15,18; 1Chr. 15,20)

Ὠνούς Ono ▸ 1
 Ὠνούς ▸ 1
  Noun · masculine · singular · genitive · (proper) ▸ 1 (1Esdr. 5,22)

Ὠνώ Ono ▸ 4
 Ὠνώ ▸ 4
  Noun · feminine · singular · accusative · (proper) ▸ 1 (1Chr. 8,12)
  Noun · masculine · singular · genitive · (propcr) ▸ 3 (Ezra 2,33; Neh. 6,2; Neh. 7,37)

Ὤξ Uz; Ox ▸ 2
 Ὤξ ▸ 2
  Noun · masculine · singular · accusative · (proper) ▸ 1 (Gen. 22,21)
  Noun · masculine · singular · genitive · (proper) ▸ 1 (Judith 8,1)

ᾠόν (ὠόν) egg ▸ 6 + 1 + 1 = 8
 ᾠὰ ▸ 3 + 1 = 4
  Noun · neuter · plural · accusative · (common) ▸ 3 + 1 = 4 (Job 39,14; Is. 10,14; Is. 59,5; Dan. 8,25)
 ᾠοῖς ▸ 1
  Noun · neuter · plural · dative · (common) ▸ 1 (Deut. 22,6)
 ᾠόν ▸ 1
  Noun · neuter · singular · accusative ▸ 1 (Luke 11,12)
 ᾠῶν ▸ 2
  Noun · neuter · plural · genitive · (common) ▸ 2 (Deut. 22,6; Is. 59,5)

Ὠουδας Judah ▸ 1
 Ὠουδας ▸ 1
  Noun · masculine · singular · nominative · (proper) ▸ 1 (1Esdr. 9,23)

Ὤρ Hur; Hor ▸ 21
 Ὤρ ▸ 21
  Noun · singular · accusative · (proper) ▸ 4 (Num. 20,22; Num. 20,25; Num. 20,27; Num. 33,37)
  Noun · singular · dative · (proper) ▸ 3 (Num. 20,23; Num. 27,13; Num. 33,39)
  Noun · singular · genitive · (proper) ▸ 2 (Num. 21,4; Num. 33,41)
  Noun · masculine · singular · accusative · (proper) ▸ 2 (Ex. 35,30; 1Chr. 2,19)
  Noun · masculine · singular · dative · (proper) ▸ 1 (Deut. 32,50)
  Noun · masculine · singular · genitive · (proper) ▸ 4 (Ex. 31,2; 1Chr. 2,50; 1Chr. 4,4; 2Chr. 1,5)
  Noun · masculine · singular · nominative · (proper) ▸ 5 (Ex. 17,10; Ex. 17,12; Ex. 24,14; 1Chr. 2,20; 1Chr. 4,1)

ὥρα hour ▸ 66 + 8 + 106 = 180
 ὥρα ▸ 10 + 1 + 33 = 44
  Noun · feminine · singular · nominative · (common) ▸ 10 + 1 + 33 = 44 (Gen. 29,7; Ruth 2,14; 2Kings 4,16; 2Kings 4,17; 2Kings 7,1; 2Kings 7,18; 2Kings 10,6; 1Esdr. 9,11; Is. 52,7; Dan. 11,45; Sus. 13; Matt. 14,15; Matt. 26,45; Mark 6,35; Mark 14,35; Mark 14,41; Mark 15,25; Luke 22,14; Luke 22,53; Luke 23,44; John 1,39; John 2,4; John 4,6; John 4,21; John 4,23; John 5,25; John 5,28; John 7,30; John 8,20; John 12,23; John 13,1; John 16,2; John 16,4; John 16,21; John 16,25; John 16,32; John 17,1; John 19,14; Acts 2,15; Rom. 13,11; 1John 2,18; 1John 2,18; Rev. 14,7; Rev. 14,15)
 ὥρᾳ ▸ 9 + 5 + 28 = 42
  Noun · feminine · singular · dative · (common) ▸ 9 + 5 + 28 = 42

(1Esdr. 8,62; Judith 13,4; Sir. 11,22; Sir. 18,20; Sir. 32,11; Sir. 39,33; Dan. 4,17a; Dan. 5,5; Dan. 9,21; Dan. 3,5; Dan. 3,6; Dan. 3,15; Dan. 4,33; Dan. 5,5; Matt. 8,13; Matt. 10,19; Matt. 18,1; Matt. 24,44; Matt. 24,50; Matt. 26,55; Mark 13,11; Mark 15,34; Luke 1,10; Luke 2,38; Luke 7,21; Luke 10,21; Luke 12,12; Luke 12,39; Luke 12,40; Luke 12,46; Luke 13,31; Luke 14,17; Luke 20,19; Luke 24,33; John 4,53; Acts 16,18; Acts 16,33; Acts 22,13; Rev. 11,13; Rev. 18,10; Rev. 18,17; Rev. 18,19)

- ὧραι ▸ 2
  - **Noun** · feminine · plural · nominative · (common) ▸ **2** (Job 24,1; Dan. 12,13)
- ὧραί ▸ 1
  - **Noun** · feminine · plural · nominative ▸ **1** (John 11,9)
- ὥραις ▸ 1
  - **Noun** · feminine · plural · dative · (common) ▸ **1** (Wis. 10,7)
- ὥραν ▸ **26** + **2** + **22** = **50**
  - **Noun** · feminine · singular · accusative · (common) ▸ **26** + **2** + **22** = **50** (Ex. 9,18; Ex. 10,4; Ex. 18,22; Ex. 18,26; Lev. 16,2; Num. 9,2; Deut. 11,14; Deut. 33,14; Deut. 33,16; Josh. 11,6; 1Kings 19,2; 1Kings 21,6; Esth. 10,11 # 10,3h; 3Mac. 2,19; 3Mac. 5,13; Job 5,26; Job 36,28a; Job 38,23; Sir. 12,15; Hos. 2,11; Zech. 10,1; Dan. 4,19; Dan. 4,26; Dan. 8,17; Dan. 11,40; Dan. 12,1; Dan. 4,19; Dan. 9,21; Matt. 20,3; Matt. 20,5; Matt. 20,9; Matt. 20,12; Matt. 25,13; Matt. 26,40; Matt. 27,46; Mark 14,37; John 4,52; John 4,52; John 5,35; John 12,27; Acts 3,1; Acts 10,3; Acts 10,9; 1Cor. 15,30; 2Cor. 7,8; Gal. 2,5; Philem. 15; Rev. 3,3; Rev. 9,15; Rev. 17,12)
- ὥρας ▸ **15** + **21** = **36**
  - **Noun** · feminine · plural · accusative · (common) ▸ **6** + **1** = **7** (Gen. 18,10; Gen. 18,14; 1Sam. 25,6; Dan. 8,19; Dan. 11,6; Dan. 11,35; Acts 19,34)
  - **Noun** · feminine · singular · genitive · (common) ▸ **9** + **20** = **29** (2Sam. 24,15; Neh. 8,3; 2Mac. 8,25; 3Mac. 5,14; 4Mac. 12,4; Job 15,32; Job 15,33; Job 24,6; Sir. 11,27; Matt. 9,22; Matt. 15,28; Matt. 17,18; Matt. 24,36; Matt. 27,45; Matt. 27,45; Mark 6,35; Mark 11,11; Mark 13,32; Mark 15,33; Mark 15,33; Luke 22,59; Luke 23,44; John 12,27; John 19,27; Acts 10,30; Acts 23,23; 1Cor. 4,11; 1Th. 2,17; Rev. 3,10)
- ὡρῶν ▸ **3** + **1** = **4**
  - **Noun** · feminine · plural · genitive · (common) ▸ **3** + **1** = **4** (Ex. 13,10; Deut. 33,13; Sol. 18,10; Acts 5,7)

Ωραι Ira ▸ 1
- Ωραι ▸ 1
  - **Noun** · masculine · singular · nominative · (proper) ▸ **1** (1Chr. 11,28)

ὡραΐζομαι (ὥρα) to be beautiful ▸ 1
- ὡραΐσθην ▸ 1
  - **Verb** · first · singular · aorist · passive · indicative ▸ **1** (Sir. 25,1)

ὡραίοομαι (ὥρα) to be beautiful ▸ 4
- ὡραιώθης ▸ 2
  - **Verb** · second · singular · aorist · passive · indicative ▸ **2** (2Sam. 1,26; Song 7,7)
- ὡραιώθησαν ▸ 2
  - **Verb** · third · plural · aorist · passive · indicative ▸ **2** (Song 1,10; Song 7,2)

ὡραῖος (ὥρα) beautiful ▸ **36** + **1** + **4** = **41**
- ὡραῖα ▸ **7** + **1** = **8**
  - **Adjective** · neuter · plural · accusative · noDegree ▸ **6** (1Sam. 9,20; Psa. 64,13; Job 18,13; Joel 1,19; Joel 1,20; Lam. 2,2)
  - **Adjective** · neuter · plural · nominative · noDegree ▸ **1** + **1** = **2** (Sir. 45,13; Dan. 4,12)
- ὡραία ▸ 9
  - **Adjective** · feminine · singular · nominative · noDegree ▸ **6** (Gen. 26,7; Gen. 29,17; Judith 8,7; Song 4,3; Song 6,4; Song 6,7)
  - **Adjective** · neuter · plural · accusative · noDegree ▸ **1** (Song 2,14)
  - **Adjective** · neuter · plural · nominative · noDegree ▸ **2** (Sir. 25,1; Sir. 25,5)
- ὡραίᾳ ▸ 1
  - **Adjective** · feminine · singular · dative ▸ **1** (Acts 3,10)
- ὡραίαν ▸ 1
  - **Adjective** · feminine · singular · accusative · noDegree ▸ **1** (Jer. 11,16)
- Ὡραίαν ▸ 1
  - **Adjective** · feminine · singular · accusative · (proper) ▸ **1** (Acts 3,2)
- ὡραῖοι ▸ **2** + **2** = **4**
  - **Adjective** · masculine · plural · nominative · noDegree ▸ **2** + **2** = **4** (2Sam. 1,23; Sir. 26,18; Matt. 23,27; Rom. 10,15)
- ὡραῖον ▸ 8
  - **Adjective** · masculine · singular · accusative · noDegree ▸ **1** (Lev. 23,40)
  - **Adjective** · neuter · singular · accusative · noDegree ▸ **4** (Gen. 2,9; 2Chr. 36,19; 1Esdr. 4,18; 1Esdr. 4,19)
  - **Adjective** · neuter · singular · nominative · noDegree ▸ **3** (Sir. 25,4; Sir. 35,24; Sir. 43,11)
- ὡραῖόν ▸ 1
  - **Adjective** · neuter · singular · nominative · noDegree ▸ **1** (Gen. 3,6)
- ὡραῖος ▸ 7
  - **Adjective** · masculine · singular · nominative · noDegree ▸ **7** (Gen. 39,6; 1Kings 1,6; Psa. 44,3; Song 1,16; Sir. 15,9; Sir. 20,1; Is. 63,1)
- ὡραίους ▸ 1
  - **Adjective** · masculine · plural · accusative · noDegree ▸ **1** (2Mac. 10,7)

ὡραιότης (ὥρα) beauty; bloom of youth ▸ 7
- ὡραιότης ▸ 2
  - **Noun** · feminine · singular · nominative · (common) ▸ **2** (Psa. 49,11; Psa. 95,6)
- ὡραιότητα ▸ 1
  - **Noun** · masculine · singular · accusative · (common) ▸ **1** (Is. 44,13)
- ὡραιότητι ▸ 2
  - **Noun** · feminine · singular · dative · (common) ▸ **2** (Psa. 67,13; Ezek. 16,14)
- ὡραιότητί ▸ 1
  - **Noun** · feminine · singular · dative · (common) ▸ **1** (Psa. 44,4)
- ὡραιότητος ▸ 1
  - **Noun** · feminine · singular · genitive · (common) ▸ **1** (Psa. 49,2)

ὡραϊσμός (ὥρα) elegance; adornment ▸ 1
- ὡραϊσμός ▸ 1
  - **Noun** · masculine · singular · nominative · (common) ▸ **1** (Jer. 4,30)

Ωραμ Horem ▸ 1
- Ωραμ ▸ 1
  - **Noun** · singular · nominative · (proper) ▸ **1** (Josh. 19,38)

Ωρηβ Oreb ▸ **5** + **4** = **9**
- Ωρηβ ▸ **5** + **4** = **9**
  - **Noun** · masculine · singular · accusative · (proper) ▸ **4** + **3** = **7** (Judg. 7,25; Judg. 7,25; Judg. 8,3; Psa. 82,12; Judg. 7,25; Judg. 7,25; Judg. 8,3)
  - **Noun** · masculine · singular · genitive · (proper) ▸ **1** + **1** = **2**

(Judg. 7,25; Judg. 7,25)

Ωρηρ Arad ‣ 1
- Ωρηρ ‣ 1
  - **Noun** · masculine · singular · nominative · (proper) ‣ 1 (1Chr. 8,15)

ὥριμος (ὥρα) in season ‣ 2
- ὥριμος ‣ 2
  - **Adjective** · feminine · singular · nominative · noDegree ‣ 1 (Jer. 28,33)
  - **Adjective** · neuter · singular · nominative · noDegree ‣ 1 (Job 5,26)

Ὠρίων Orion (constellation) ‣ 2
- Ὠρίων ‣ 1
  - **Noun** · masculine · singular · nominative · (proper) ‣ 1 (Is. 13,10)
- Ὠρίωνος ‣ 1
  - **Noun** · masculine · singular · genitive · (proper) ‣ 1 (Job 38,31)

ὤρυμα (ὠρύομαι) roaring ‣ 1
- ὠρύματος ‣ 1
  - **Noun** · neuter · singular · genitive · (common) ‣ 1 (Ezek. 19,7)

ὠρύομαι to roar ‣ 11 + 1 + 1 = 13
- ὠρυόμενοι ‣ 3
  - **Verb** · present · middle · participle · masculine · plural · nominative ‣ 3 (Psa. 103,21; Zeph. 3,3; Ezek. 22,25)
- ὠρυόμενος ‣ 2 + 1 + 1 = 4
  - **Verb** · present · middle · participle · masculine · singular · nominative ‣ 2 + 1 + 1 = 4 (Judg. 14,5; Psa. 21,14; Judg. 14,5; 1Pet. 5,8)
- ὠρυομένων ‣ 2
  - **Verb** · present · middle · participle · masculine · plural · genitive ‣ 1 (Zech. 11,3)
  - **Verb** · present · middle · participle · neuter · plural · genitive ‣ 1 (Wis. 17,18)
- ὠρυόμην ‣ 1
  - **Verb** · first · singular · imperfect · middle · indicative ‣ 1 (Psa. 37,9)
- ὠρύονται ‣ 1
  - **Verb** · third · plural · present · middle · indicative ‣ 1 (LetterJ 31)
- ὠρύοντο ‣ 1
  - **Verb** · third · plural · imperfect · middle · indicative ‣ 1 (Jer. 2,15)
- ὠρύσεται ‣ 1
  - **Verb** · third · singular · future · middle · indicative ‣ 1 (Hos. 11,10)

Ωρωναιμ Horonaim ‣ 3
- Ωρωναιμ ‣ 3
  - **Noun** · genitive · (proper) ‣ 1 (Jer. 31,34)
  - **Noun** · singular · genitive · (proper) ‣ 2 (Jer. 31,3; Jer. 31,5)

Ωρωνην Horonaim ‣ 1
- Ωρωνην ‣ 1
  - **Noun** · feminine · singular · genitive · (proper) ‣ 1 (2Sam. 13,34)

Ωρωνιν Horon ‣ 2
- Ωρωνιν ‣ 2
  - **Noun** · singular · genitive · (proper) ‣ 2 (Josh. 10,10; Josh. 10,11)

Ωρωνίτης Horonite ‣ 1
- Ωρωνίτου ‣ 1
  - **Noun** · masculine · singular · genitive · (proper) ‣ 1 (Neh. 13,28)

Ως (ὥς) Uz ‣ 3
- Ως ‣ 3
  - **Noun** · masculine · singular · nominative · (proper) ‣ 3 (Gen. 10,23; Gen. 36,28; 1Chr. 1,42)

ὥς Uz ‣ 9
- ὥς ‣ 9
  - **Adverb** ‣ 9 (Lev. 26,44; 3Mac. 1,12; Eccl. 9,2; Eccl. 9,2; Job 9,11; Amos 4,9; Amos 4,10; Amos 4,11; Ezek. 16,47)

ὡς as, like, while, that; (interjection) how! ‣ 1953 + 94 + 504 = 2551
- ὥς ‣ 1
  - **Conjunction** · subordinating ‣ 1 (Judg. 8,18)
- ὥς ‣ 2
  - **Conjunction** · subordinating · (comparative) ‣ 2 (2Cor. 3,1; 2Pet. 3,9)
- ὥς ‣ 2
  - **Conjunction** · subordinating ‣ 2 (Sir. 30,4; Jer. 6,15)
- ὡς ‣ 1907 + 91 + 478 = 2476
  - **Adverb** ‣ 15 + 4 + 1 = 20 (Josh. 7,3; Ruth 1,4; 1Sam. 13,15; 1Sam. 14,2; 1Sam. 14,14; 1Sam. 14,23; 1Sam. 22,2; 1Sam. 22,13; 1Sam. 25,13; 2Sam. 6,1; 1Kings 22,6; Ezra 2,64; Neh. 7,66; Ezek. 8,16; Ezek. 11,1; Judg. 9,49; Judg. 16,27; Judg. 20,31; Judg. 20,39; 1Pet. 5,12)
  - **Conjunction** · subordinating ‣ 1892 + 87 + 53 = 2032 (Gen. 3,5; Gen. 3,22; Gen. 6,4; Gen. 9,3; Gen. 12,12; Gen. 13,10; Gen. 13,10; Gen. 13,16; Gen. 16,6; Gen. 18,23; Gen. 18,25; Gen. 18,25; Gen. 18,33; Gen. 19,31; Gen. 22,17; Gen. 22,17; Gen. 26,4; Gen. 27,4; Gen. 27,9; Gen. 27,12; Gen. 27,23; Gen. 27,27; Gen. 27,30; Gen. 28,14; Gen. 29,10; Gen. 29,13; Gen. 29,20; Gen. 30,25; Gen. 30,38; Gen. 31,2; Gen. 31,5; Gen. 31,15; Gen. 31,26; Gen. 32,13; Gen. 33,10; Gen. 34,7; Gen. 34,15; Gen. 34,16; Gen. 38,29; Gen. 39,13; Gen. 39,18; Gen. 39,19; Gen. 40,13; Gen. 42,30; Gen. 44,10; Gen. 45,8; Gen. 48,5; Gen. 48,20; Gen. 48,20; Gen. 49,4; Gen. 49,9; Gen. 49,9; Gen. 50,20; Ex. 1,19; Ex. 3,4; Ex. 8,8; Ex. 9,14; Ex. 12,27; Ex. 13,8; Ex. 13,11; Ex. 15,7; Ex. 16,31; Ex. 16,31; Ex. 16,32; Ex. 19,18; Ex. 28,43; Ex. 33,9; Ex. 33,11; Ex. 34,29; Ex. 36,31; Lev. 5,10; Lev. 5,13; Lev. 9,16; Lev. 13,43; Lev. 16,24; Lev. 19,18; Lev. 19,34; Lev. 19,34; Lev. 22,27; Lev. 24,19; Lev. 25,35; Lev. 25,40; Lev. 25,50; Lev. 25,53; Lev. 26,36; Lev. 27,14; Num. 2,17; Num. 9,15; Num. 11,25; Num. 15,15; Num. 15,20; Num. 16,31; Num. 18,27; Num. 18,30; Num. 18,30; Num. 22,4; Num. 23,10; Num. 23,19; Num. 23,19; Num. 23,22; Num. 23,24; Num. 23,24; Num. 24,8; Num. 24,9; Num. 24,9; Num. 33,1; Deut. 1,11; Deut. 1,31; Deut. 1,31; Deut. 1,44; Deut. 2,30; Deut. 4,7; Deut. 4,20; Deut. 5,23; Deut. 5,26; Deut. 7,19; Deut. 8,5; Deut. 8,18; Deut. 10,3; Deut. 11,4; Deut. 12,15; Deut. 12,16; Deut. 12,22; Deut. 12,24; Deut. 15,22; Deut. 15,23; Deut. 18,15; Deut. 22,26; Deut. 26,19; Deut. 27,3; Deut. 27,4; Deut. 28,1; Deut. 29,15; Deut. 29,15; Deut. 30,1; Deut. 32,2; Deut. 32,2; Deut. 32,8; Deut. 32,10; Deut. 32,11; Deut. 32,31; Deut. 32,41; Deut. 33,20; Deut. 33,25; Deut. 34,10; Josh. 2,5; Josh. 2,7; Josh. 3,13; Josh. 3,15; Josh. 4,7; Josh. 4,11; Josh. 4,18; Josh. 5,1; Josh. 5,13; Josh. 6,5; Josh. 6,20; Josh. 8,5; Josh. 8,6; Josh. 8,14; Josh. 8,24; Josh. 9,25; Josh. 9,25; Josh. 10,20; Judg. 2,4; Judg. 2,19; Judg. 3,18; Judg. 5,8; Judg. 6,5; Judg. 6,27; Judg. 7,5; Judg. 7,12; Judg. 7,15; Judg. 7,17; Judg. 8,18; Judg. 8,21; Judg. 8,33; Judg. 9,17; Judg. 9,36; Judg. 9,48; Judg. 13,6; Judg. 16,7; Judg. 16,11; Judg. 16,12; Judg. 16,13; Judg. 17,11; Judg. 20,1; Judg. 20,8; Judg. 20,11; Judg. 21,21; Ruth 2,13; Ruth 2,17; Ruth 4,11; Ruth 4,11; Ruth 4,12; 1Sam. 2,2; 1Sam. 2,2; 1Sam. 2,13; 1Sam. 2,16; 1Sam. 3,10; 1Sam. 4,5; 1Sam. 4,18; 1Sam. 5,10; 1Sam. 5,11; 1Sam. 6,6; 1Sam. 8,1; 1Sam. 8,6; 1Sam. 9,13; 1Sam. 9,26; 1Sam. 9,27; 1Sam. 10,2; 1Sam. 10,5; 1Sam. 11,1; 1Sam. 11,6; 1Sam. 11,7; 1Sam. 12,8; 1Sam. 13,5; 1Sam. 13,8; 1Sam. 13,10; 1Sam. 13,11; 1Sam. 13,11; 1Sam. 13,13; 1Sam. 14,7; 1Sam. 14,19; 1Sam. 15,2; 1Sam. 15,22; 1Sam. 15,29; 1Sam. 16,7; 1Sam. 17,36; 1Sam. 18,15;

ὡς

1Sam. 20,12; 1Sam. 20,25; 1Sam. 20,41; 1Sam. 20,42; 1Sam. 22,8; 1Sam. 22,14; 1Sam. 23,13; 1Sam. 24,2; 1Sam. 24,5; 1Sam. 24,11; 1Sam. 24,17; 1Sam. 24,19; 1Sam. 25,16; 1Sam. 25,26; 1Sam. 25,36; 1Sam. 25,37; 1Sam. 25,37; 1Sam. 26,15; 1Sam. 26,23; 1Sam. 28,9; 2Sam. 3,34; 2Sam. 4,8; 2Sam. 4,10; 2Sam. 5,20; 2Sam. 7,22; 2Sam. 7,23; 2Sam. 7,23; 2Sam. 12,3; 2Sam. 13,13; 2Sam. 13,28; 2Sam. 14,2; 2Sam. 14,13; 2Sam. 14,25; 2Sam. 14,26; 2Sam. 17,8; 2Sam. 17,8; 2Sam. 17,11; 2Sam. 17,12; 2Sam. 18,3; 2Sam. 18,27; 2Sam. 18,32; 2Sam. 19,15; 2Sam. 19,28; 2Sam. 19,37; 2Sam. 21,19; 2Sam. 22,34; 2Sam. 22,43; 2Sam. 22,43; 2Sam. 23,4; 2Sam. 23,21; 1Kings 1,21; 1Kings 2,32; 1Kings 2,35a; 1Kings 2,46a; 1Kings 3,6; 1Kings 3,12; 1Kings 3,13; 1Kings 3,14; 1Kings 3,19; 1Kings 5,9; 1Kings 7,12; 1Kings 8,10; 1Kings 8,23; 1Kings 8,24; 1Kings 8,38; 1Kings 8,53a; 1Kings 8,54; 1Kings 8,61; 1Kings 9,1; 1Kings 10,27; 1Kings 10,27; 1Kings 11,8; 1Kings 11,27; 1Kings 11,33; 1Kings 11,43; 1Kings 11,43; 1Kings 12,20; 1Kings 12,24n; 1Kings 12,24n; 1Kings 12,24t; 1Kings 13,4; 1Kings 15,3; 1Kings 15,5; 1Kings 15,11; 1Kings 15,21; 1Kings 15,29; 1Kings 15,30; 1Kings 15,34; 1Kings 16,3; 1Kings 16,13; 1Kings 16,18; 1Kings 16,19; 1Kings 18,17; 1Kings 18,29; 1Kings 18,31; 1Kings 18,44; 1Kings 19,1; 1Kings 19,13; 1Kings 20,15; 1Kings 20,16; 1Kings 20,22; 1Kings 20,22; 1Kings 20,25; 1Kings 20,25; 1Kings 20,27; 1Kings 20,29; 1Kings 21,11; 1Kings 21,39; 1Kings 22,17; 1Kings 22,32; 1Kings 22,33; 2Kings 1,18b; 2Kings 1,18b; 2Kings 2,1; 2Kings 2,11; 2Kings 3,2; 2Kings 3,2; 2Kings 3,7; 2Kings 3,7; 2Kings 3,15; 2Kings 4,16; 2Kings 4,17; 2Kings 4,17; 2Kings 4,25; 2Kings 5,6; 2Kings 5,7; 2Kings 5,8; 2Kings 5,14; 2Kings 6,20; 2Kings 6,21; 2Kings 6,30; 2Kings 6,32; 2Kings 7,7; 2Kings 7,10; 2Kings 7,18; 2Kings 8,5; 2Kings 9,9; 2Kings 9,9; 2Kings 9,22; 2Kings 9,37; 2Kings 10,2; 2Kings 10,6; 2Kings 10,7; 2Kings 10,25; 2Kings 12,11; 2Kings 13,7; 2Kings 14,3; 2Kings 14,6; 2Kings 16,2; 2Kings 17,2; 2Kings 18,32; 2Kings 19,1; 2Kings 21,4; 2Kings 22,11; 2Kings 22,19; 1Chr. 4,9; 1Chr. 4,27; 1Chr. 11,23; 1Chr. 12,9; 1Chr. 12,23; 1Chr. 14,11; 1Chr. 15,15; 1Chr. 16,19; 1Chr. 17,1; 1Chr. 17,13; 1Chr. 17,17; 1Chr. 17,21; 1Chr. 17,21; 1Chr. 19,2; 1Chr. 20,5; 1Chr. 21,3; 1Chr. 21,15; 1Chr. 22,11; 1Chr. 24,19; 1Chr. 27,23; 1Chr. 28,7; 1Chr. 29,15; 1Chr. 29,15; 2Chr. 1,9; 2Chr. 1,12; 2Chr. 1,15; 2Chr. 1,15; 2Chr. 2,7; 2Chr. 4,5; 2Chr. 4,10; 2Chr. 5,13; 2Chr. 6,15; 2Chr. 6,16; 2Chr. 6,30; 2Chr. 6,33; 2Chr. 7,1; 2Chr. 7,17; 2Chr. 7,18; 2Chr. 9,27; 2Chr. 9,27; 2Chr. 10,2; 2Chr. 10,2; 2Chr. 10,12; 2Chr. 12,1; 2Chr. 12,1; 2Chr. 12,7; 2Chr. 17,4; 2Chr. 18,3; 2Chr. 18,12; 2Chr. 18,16; 2Chr. 18,31; 2Chr. 18,32; 2Chr. 20,23; 2Chr. 21,6; 2Chr. 21,7; 2Chr. 21,13; 2Chr. 21,19; 2Chr. 22,4; 2Chr. 22,8; 2Chr. 24,11; 2Chr. 24,11; 2Chr. 24,14; 2Chr. 24,22; 2Chr. 25,3; 2Chr. 25,4; 2Chr. 26,16; 2Chr. 28,1; 2Chr. 29,3; 2Chr. 29,8; 2Chr. 29,29; 2Chr. 30,10; 2Chr. 31,1; 2Chr. 31,5; 2Chr. 32,19; 2Chr. 33,12; 2Chr. 33,19; 2Chr. 33,22; 2Chr. 33,23; 2Chr. 34,19; 2Chr. 35,12; 2Chr. 35,18; 1Esdr. 1,13; 1Esdr. 2,6; 1Esdr. 5,37; 1Esdr. 5,50; 1Esdr. 5,50; 1Esdr. 8,3; 1Esdr. 8,90; 1Esdr. 9,10; Ezra 2,69; Ezra 3,1; Ezra 3,4; Ezra 4,2; Ezra 4,3; Ezra 7,18; Ezra 7,25; Ezra 7,28; Ezra 8,18; Ezra 9,1; Ezra 9,3; Ezra 9,7; Ezra 9,13; Ezra 9,15; Ezra 10,1; Ezra 10,1; Ezra 10,3; Ezra 10,3; Ezra 10,8; Neh. 2,8; Neh. 4,1; Neh. 4,6; Neh. 5,5; Neh. 5,5; Neh. 5,11; Neh. 5,12; Neh. 6,3; Neh. 6,4; Neh. 6,8; Neh. 6,14; Neh. 7,2; Neh. 8,1; Neh. 8,9; Neh. 9,10; Neh. 9,23; Neh. 9,24; Neh. 9,28; Neh. 9,37; Neh. 10,35; Neh. 10,37; Neh. 12,45; Neh. 13,3; Neh. 13,30; Esth. 1,15; Esth. 1,17; Esth. 1,17; Esth. 2,1; Esth. 3,11; Esth. 3,12; Esth. 4,8; Esth. 4,14; Esth. 14,16 # 4,17w; Esth. 15,1; Esth. 15,2 # 5,1a; Esth. 15,5 # 5,1b; Esth. 15,13 # 5,2a; Esth. 5,11; Esth. 6,2; Esth. 8,8; Esth. 8,11; Esth. 8,11; Esth. 16,10 # 8,12k; Esth. 9,25; Judith 1,11; Judith 2,4; Judith 2,20; Judith 2,20; Judith 3,4; Judith 5,22; Judith 6,1; Judith 6,3; Judith 6,12; Judith 7,4; Judith 8,9; Judith 8,16; Judith 8,16; Judith 10,1; Judith 10,7; Judith 10,14; Judith 10,18; Judith 10,23; Judith 11,15; Judith 11,19; Judith 12,8; Judith 12,13; Judith 13,12; Judith 14,2; Judith 14,5; Judith 14,6; Judith 14,7; Judith 14,9; Judith 14,12; Judith 14,15; Judith 14,19; Judith 15,1; Judith 15,5; Judith 15,9; Judith 16,12; Judith 16,15; Tob. 3,8; Tob. 4,8; Tob. 5,14; Tob. 5,15; Tob. 5,20; Tob. 6,5; Tob. 6,19; Tob. 7,16; Tob. 8,4; Tob. 10,1; Tob. 11,12; Tob. 11,17; Tob. 12,22; Tob. 14,10; 1Mac. 1,39; 1Mac. 2,8; 1Mac. 2,18; 1Mac. 2,23; 1Mac. 2,40; 1Mac. 3,3; 1Mac. 3,4; 1Mac. 3,17; 1Mac. 3,23; 1Mac. 3,30; 1Mac. 3,45; 1Mac. 3,60; 1Mac. 4,6; 1Mac. 4,9; 1Mac. 4,35; 1Mac. 4,38; 1Mac. 4,38; 1Mac. 4,60; 1Mac. 5,1; 1Mac. 5,16; 1Mac. 5,42; 1Mac. 6,8; 1Mac. 6,39; 1Mac. 6,39; 1Mac. 6,59; 1Mac. 7,2; 1Mac. 7,25; 1Mac. 7,44; 1Mac. 8,25; 1Mac. 8,26; 1Mac. 8,27; 1Mac. 8,28; 1Mac. 9,44; 1Mac. 10,36; 1Mac. 10,41; 1Mac. 10,64; 1Mac. 10,77; 1Mac. 10,88; 1Mac. 10,89; 1Mac. 11,1; 1Mac. 11,3; 1Mac. 11,4; 1Mac. 11,22; 1Mac. 11,23; 1Mac. 11,49; 1Mac. 12,7; 1Mac. 12,11; 1Mac. 12,27; 1Mac. 12,43; 1Mac. 12,48; 1Mac. 13,23; 1Mac. 14,17; 1Mac. 15,3; 1Mac. 15,9; 2Mac. 1,11; 2Mac. 1,14; 2Mac. 1,15; 2Mac. 1,20; 2Mac. 1,21; 2Mac. 1,22; 2Mac. 1,23; 2Mac. 1,32; 2Mac. 1,33; 2Mac. 2,1; 2Mac. 2,2; 2Mac. 2,4; 2Mac. 2,4; 2Mac. 2,7; 2Mac. 2,8; 2Mac. 2,8; 2Mac. 2,9; 2Mac. 2,13; 2Mac. 3,8; 2Mac. 4,1; 2Mac. 4,19; 2Mac. 4,46; 2Mac. 5,5; 2Mac. 5,8; 2Mac. 5,8; 2Mac. 5,9; 2Mac. 6,21; 2Mac. 6,29; 2Mac. 7,8; 2Mac. 7,12; 2Mac. 7,17; 2Mac. 7,23; 2Mac. 8,19; 2Mac. 8,20; 2Mac. 9,28; 2Mac. 10,6; 2Mac. 10,21; 2Mac. 10,24; 2Mac. 11,6; 2Mac. 11,28; 2Mac. 11,36; 2Mac. 12,3; 2Mac. 12,4; 2Mac. 12,7; 2Mac. 12,12; 2Mac. 13,4; 2Mac. 14,4; 2Mac. 15,11; 3Mac. 1,2; 3Mac. 1,8; 3Mac. 1,24; 3Mac. 2,18; 3Mac. 2,22; 3Mac. 2,31; 3Mac. 2,33; 3Mac. 3,2; 3Mac. 3,19; 3Mac. 4,1; 3Mac. 4,6; 3Mac. 4,12; 3Mac. 4,13; 3Mac. 4,18; 3Mac. 4,19; 3Mac. 5,22; 3Mac. 5,40; 3Mac. 5,45; 3Mac. 5,48; 3Mac. 7,5; 3Mac. 7,5; 3Mac. 7,6; 3Mac. 7,13; 4Mac. 2,18; 4Mac. 3,10; 4Mac. 4,7; 4Mac. 4,22; 4Mac. 4,23; 4Mac. 5,13; 4Mac. 5,18; 4Mac. 5,21; 4Mac. 6,5; 4Mac. 6,21; 4Mac. 7,4; 4Mac. 8,13; 4Mac. 9,10; 4Mac. 9,10; 4Mac. 9,12; 4Mac. 9,27; 4Mac. 12,7; 4Mac. 14,1; 4Mac. 14,6; 4Mac. 15,21; 4Mac. 16,3; 4Mac. 16,12; 4Mac. 17,1; 4Mac. 17,5; 4Mac. 18,5; Psa. 1,3; Psa. 1,4; Psa. 2,9; Psa. 5,13; Psa. 7,3; Psa. 8,2; Psa. 8,10; Psa. 9,30; Psa. 10,1; Psa. 16,8; Psa. 17,34; Psa. 17,43; Psa. 17,43; Psa. 18,6; Psa. 18,6; Psa. 20,10; Psa. 21,14; Psa. 21,16; Psa. 22,5; Psa. 28,6; Psa. 28,6; Psa. 30,20; Psa. 31,9; Psa. 32,7; Psa. 34,14; Psa. 34,14; Psa. 34,14; Psa. 35,8; Psa. 36,6; Psa. 36,6; Psa. 36,35; Psa. 38,12; Psa. 43,12; Psa. 43,23; Psa. 47,7; Psa. 48,15; Psa. 55,9; Psa. 57,8; Psa. 58,7; Psa. 58,15; Psa. 61,4; Psa. 63,4; Psa. 65,10; Psa. 67,3; Psa. 67,3; Psa. 71,6; Psa. 72,7; Psa. 73,5; Psa. 73,6; Psa. 76,14; Psa. 76,21; Psa. 77,8; Psa. 77,15; Psa. 77,16; Psa. 77,43; Psa. 77,52; Psa. 77,52; Psa. 77,65; Psa. 77,65; Psa. 77,69; Psa. 78,3; Psa. 78,5; Psa. 81,7; Psa. 81,7; Psa. 82,10; Psa. 82,10; Psa. 82,12; Psa. 82,14; Psa. 82,14; Psa. 82,15; Psa. 86,7; Psa. 87,5; Psa. 87,18; Psa. 88,11; Psa. 88,30; Psa. 88,37; Psa. 88,38; Psa. 88,47; Psa. 89,4; Psa. 89,9; Psa. 91,6; Psa. 91,8; Psa. 91,11; Psa. 91,13; Psa. 94,8; Psa. 94,11; Psa. 101,27; Psa. 102,5; Psa. 103,2; Psa. 103,6; Psa. 103,24; Psa. 104,22; Psa. 105,9; Psa. 106,27; Psa. 106,41; Psa. 108,18; Psa. 108,18; Psa. 108,19; Psa. 112,5; Psa. 113,4; Psa. 113,6; Psa. 118,14; Psa. 118,70; Psa. 118,83; Psa. 118,85; Psa. 118,103; Psa. 118,162; Psa. 118,176; Psa. 121,3; Psa. 122,2; Psa. 122,2; Psa. 123,7; Psa. 124,1; Psa. 125,1; Psa. 125,4; Psa. 127,3; Psa. 127,3; Psa. 128,6; Psa. 130,2; Psa. 130,2; Psa. 131,2; Psa. 132,2; Psa. 132,3; Psa. 138,12; Psa. 138,12; Psa. 140,2; Psa. 142,3; Psa. 142,6; Psa. 143,12; Psa. 143,12; Ode. 1,7; Ode. 2,2; Ode. 2,2; Ode. 2,8; Ode. 2,10; Ode. 2,11; Ode. 2,31; Ode. 2,41; Ode. 3,2; Ode. 3,2; Ode. 4,4; Ode.

4,14; Ode. 5,17; Ode. 7,36; Ode. 7,36; Ode. 7,39; Ode. 7,39; Ode. 11,12; Ode. 11,13; Ode. 11,14; Ode. 11,14; Prov. 1,27; Prov. 2,4; Prov. 2,4; Prov. 3,18; Prov. 6,8a; Prov. 6,8a; Prov. 6,22; Prov. 7,23; Prov. 8,28; Prov. 17,18; Prov. 18,17; Prov. 18,19; Eccl. 2,13; Eccl. 3,19; Eccl. 5,14; Eccl. 7,6; Eccl. 7,12; Eccl. 8,14; Eccl. 8,14; Eccl. 9,1; Eccl. 9,2; Eccl. 9,10; Eccl. 9,12; Eccl. 9,12; Eccl. 9,12; Eccl. 10,5; Eccl. 10,7; Eccl. 11,5; Eccl. 12,7; Eccl. 12,11; Eccl. 12,11; Song 1,5; Song 1,5; Song 1,7; Song 1,10; Song 1,10; Song 3,4; Song 3,6; Song 4,1; Song 4,2; Song 4,3; Song 4,3; Song 4,4; Song 4,5; Song 4,11; Song 5,11; Song 5,12; Song 5,13; Song 5,15; Song 5,15; Song 6,4; Song 6,4; Song 6,4; Song 6,5; Song 6,6; Song 6,7; Song 6,7; Song 6,10; Song 6,10; Song 6,10; Song 7,1; Song 7,4; Song 7,5; Song 7,5; Song 7,5; Song 7,6; Song 7,6; Song 7,9; Song 7,9; Song 7,10; Song 8,6; Song 8,6; Song 8,6; Song 8,6; Song 8,10; Song 8,10; Job 1,5; Job 1,6; Job 1,13; Job 1,21; Job 2,1; Job 6,3; Job 6,25; Job 7,4; Job 9,8; Job 12,6; Job 13,25; Job 13,25; Job 15,14; Job 15,33; Job 21,11; Job 22,24; Job 24,14; Job 27,10; Job 29,3; Job 30,14; Job 31,15; Job 31,18; Job 33,6; Job 33,15; Job 35,5; Job 35,14; Job 37,10; Job 37,18; Job 40,17; Job 41,16; Job 41,21; Wis. 2,2; Wis. 2,3; Wis. 2,4; Wis. 2,4; Wis. 2,6; Wis. 2,16; Wis. 3,6; Wis. 3,6; Wis. 3,7; Wis. 5,9; Wis. 5,9; Wis. 5,10; Wis. 5,11; Wis. 5,12; Wis. 5,12; Wis. 5,14; Wis. 5,14; Wis. 5,14; Wis. 5,14; Wis. 5,21; Wis. 5,23; Wis. 7,9; Wis. 11,10; Wis. 11,10; Wis. 11,22; Wis. 11,22; Wis. 12,8; Wis. 12,25; Wis. 14,15; Wis. 14,16; Wis. 14,17; Wis. 15,19; Wis. 16,29; Wis. 16,29; Wis. 19,3; Wis. 19,9; Wis. 19,9; Sir. 1,4 Prol.; Sir. 2,18; Sir. 3,4; Sir. 3,7; Sir. 3,15; Sir. 3,16; Sir. 4,10; Sir. 4,10; Sir. 4,30; Sir. 6,2; Sir. 6,3; Sir. 6,11; Sir. 6,19; Sir. 6,20; Sir. 6,21; Sir. 8,11; Sir. 8,12; Sir. 8,13; Sir. 8,16; Sir. 9,8; Sir. 11,30; Sir. 12,10; Sir. 12,11; Sir. 12,17; Sir. 13,11; Sir. 14,17; Sir. 14,18; Sir. 14,22; Sir. 15,2; Sir. 15,2; Sir. 17,19; Sir. 17,22; Sir. 17,22; Sir. 17,28; Sir. 17,29; Sir. 18,10; Sir. 18,13; Sir. 18,23; Sir. 19,11; Sir. 20,2; Sir. 20,15; Sir. 20,29; Sir. 21,2; Sir. 21,3; Sir. 21,8; Sir. 21,13; Sir. 21,13; Sir. 21,14; Sir. 21,16; Sir. 21,19; Sir. 21,21; Sir. 21,21; Sir. 22,17; Sir. 23,17; Sir. 24,3; Sir. 24,13; Sir. 24,13; Sir. 24,14; Sir. 24,14; Sir. 24,14; Sir. 24,14; Sir. 24,15; Sir. 24,15; Sir. 24,15; Sir. 24,15; Sir. 24,16; Sir. 24,17; Sir. 24,25; Sir. 24,25; Sir. 24,26; Sir. 24,26; Sir. 24,27; Sir. 24,27; Sir. 24,30; Sir. 24,30; Sir. 24,32; Sir. 24,33; Sir. 25,4; Sir. 25,5; Sir. 25,10; Sir. 25,17; Sir. 26,7; Sir. 26,12; Sir. 27,8; Sir. 27,11; Sir. 27,19; Sir. 27,20; Sir. 27,28; Sir. 28,18; Sir. 28,23; Sir. 28,23; Sir. 29,4; Sir. 29,6; Sir. 29,17; Sir. 30,12; Sir. 31,16; Sir. 32,1; Sir. 32,8; Sir. 32,16; Sir. 33,2; Sir. 33,3; Sir. 33,5; Sir. 33,6; Sir. 33,13; Sir. 33,16; Sir. 33,17; Sir. 33,31; Sir. 33,32; Sir. 33,32; Sir. 34,2; Sir. 34,5; Sir. 35,24; Sir. 38,11; Sir. 38,16; Sir. 38,27; Sir. 39,12; Sir. 39,13; Sir. 39,14; Sir. 39,14; Sir. 39,17; Sir. 39,22; Sir. 39,22; Sir. 39,23; Sir. 40,6; Sir. 40,6; Sir. 40,6; Sir. 40,13; Sir. 40,13; Sir. 40,17; Sir. 40,27; Sir. 41,1; Sir. 42,21; Sir. 42,22; Sir. 42,22; Sir. 43,14; Sir. 43,18; Sir. 43,18; Sir. 43,19; Sir. 43,20; Sir. 43,21; Sir. 44,9; Sir. 44,9; Sir. 44,21; Sir. 44,21; Sir. 46,2; Sir. 47,3; Sir. 47,3; Sir. 47,14; Sir. 47,14; Sir. 47,18; Sir. 47,18; Sir. 48,1; Sir. 48,1; Sir. 48,4; Sir. 48,19; Sir. 49,1; Sir. 49,1; Sir. 49,11; Sir. 49,15; Sir. 50,5; Sir. 50,6; Sir. 50,6; Sir. 50,7; Sir. 50,7; Sir. 50,8; Sir. 50,8; Sir. 50,8; Sir. 50,9; Sir. 50,9; Sir. 50,10; Sir. 50,10; Sir. 50,12; Sir. 50,12; Sir. 51,15; Sol. 4,3; Sol. 4,5; Sol. 4,5; Sol. 4,9; Sol. 4,10; Sol. 4,13; Sol. 8,2; Sol. 8,2; Sol. 8,5; Sol. 8,11; Sol. 8,12; Sol. 8,18; Sol. 8,20; Sol. 8,23; Sol. 8,30; Sol. 13,9; Sol. 13,9; Sol. 15,7; Sol. 15,9; Sol. 16,4; Sol. 17,16; Sol. 17,23; Sol. 17,30; Sol. 17,43; Sol. 18,4; Hos. 2,1; Hos. 2,5; Hos. 2,5; Hos. 4,4; Hos. 4,6; Hos. 4,16; Hos. 4,16; Hos. 5,1; Hos. 5,10; Hos. 5,10; Hos. 5,12; Hos. 5,12; Hos. 5,14; Hos. 5,14; Hos. 6,3; Hos. 6,3; Hos. 6,4; Hos. 6,4; Hos. 6,5; Hos. 6,7; Hos. 7,2; Hos. 7,4; Hos. 7,6; Hos. 7,6; Hos. 7,7; Hos. 7,11; Hos. 7,16; Hos. 8,1; Hos. 8,1; Hos. 8,8; Hos. 9,4; Hos. 9,10; Hos. 9,10; Hos. 9,11; Hos. 10,4; Hos. 10,7; Hos. 10,14; Hos. 11,4; Hos. 11,8; Hos. 11,8; Hos. 11,10; Hos. 11,11; Hos. 11,11; Hos. 12,12; Hos. 13,3; Hos. 13,3; Hos. 13,3; Hos. 13,7; Hos. 13,7; Hos. 13,8; Hos. 13,13; Hos. 14,6; Hos. 14,6; Hos. 14,6; Hos. 14,7; Hos. 14,7; Hos. 14,8; Hos. 14,8; Hos. 14,9; Amos 2,9; Amos 4,11; Amos 5,5; Amos 5,6; Amos 5,24; Amos 5,24; Amos 6,5; Amos 6,5; Amos 8,8; Amos 8,8; Amos 8,10; Amos 8,10; Amos 9,5; Amos 9,5; Amos 9,7; Mic. 1,4; Mic. 1,4; Mic. 1,8; Mic. 1,8; Mic. 1,16; Mic. 2,12; Mic. 2,12; Mic. 3,3; Mic. 3,3; Mic. 3,12; Mic. 3,12; Mic. 3,12; Mic. 4,9; Mic. 4,10; Mic. 4,12; Mic. 5,6; Mic. 5,6; Mic. 5,7; Mic. 5,7; Mic. 7,1; Mic. 7,1; Mic. 7,4; Mic. 7,10; Mic. 7,17; Joel 1,15; Joel 2,2; Joel 2,3; Joel 2,4; Joel 2,4; Joel 2,5; Joel 2,5; Joel 2,5; Joel 2,6; Joel 2,7; Joel 2,7; Joel 2,9; Obad. 4; Obad. 11; Nah. 1,10; Nah. 1,10; Nah. 2,5; Nah. 2,5; Nah. 2,9; Nah. 2,11; Nah. 3,13; Nah. 3,15; Nah. 3,15; Nah. 3,17; Nah. 3,17; Hab. 1,8; Hab. 1,9; Hab. 1,14; Hab. 1,14; Hab. 2,5; Hab. 2,14; Hab. 3,4; Hab. 3,14; Zeph. 1,17; Zeph. 1,17; Zeph. 1,17; Zeph. 2,2; Zeph. 2,9; Zeph. 2,9; Zeph. 2,9; Zeph. 2,13; Zeph. 3,3; Zeph. 3,3; Zeph. 3,17; Hag. 2,23; Zech. 2,12; Zech. 3,2; Zech. 5,9; Zech. 9,3; Zech. 9,3; Zech. 9,7; Zech. 9,7; Zech. 9,13; Zech. 9,14; Zech. 9,15; Zech. 9,15; Zech. 9,16; Zech. 10,2; Zech. 10,3; Zech. 10,5; Zech. 10,7; Zech. 10,7; Zech. 12,2; Zech. 12,6; Zech. 12,6; Zech. 12,8; Zech. 12,8; Zech. 12,8; Zech. 12,10; Zech. 12,10; Zech. 12,11; Zech. 13,9; Zech. 13,9; Zech. 14,20; Mal. 3,2; Mal. 3,2; Mal. 3,3; Mal. 3,3; Mal. 3,3; Mal. 3,3; Mal. 3,19; Mal. 3,20; Is. 1,8; Is. 1,8; Is. 1,8; Is. 1,9; Is. 1,9; Is. 1,18; Is. 1,18; Is. 1,18; Is. 1,18; Is. 1,26; Is. 1,26; Is. 1,30; Is. 1,30; Is. 1,31; Is. 1,31; Is. 2,6; Is. 2,6; Is. 3,9; Is. 4,5; Is. 4,5; Is. 5,6; Is. 5,17; Is. 5,18; Is. 5,18; Is. 5,24; Is. 5,24; Is. 5,25; Is. 5,28; Is. 5,28; Is. 5,29; Is. 5,29; Is. 5,29; Is. 5,30; Is. 6,13; Is. 6,13; Is. 8,14; Is. 8,14; Is. 8,20; Is. 8,21; Is. 9,2; Is. 9,3; Is. 9,17; Is. 9,17; Is. 9,18; Is. 10,14; Is. 10,14; Is. 10,18; Is. 10,22; Is. 11,9; Is. 11,16; Is. 13,8; Is. 13,8; Is. 13,14; Is. 13,14; Is. 14,19; Is. 16,1; Is. 16,2; Is. 16,9; Is. 16,11; Is. 17,6; Is. 17,11; Is. 17,12; Is. 17,12; Is. 17,13; Is. 17,13; Is. 17,13; Is. 17,13; Is. 18,3; Is. 18,3; Is. 18,4; Is. 18,4; Is. 19,14; Is. 19,16; Is. 21,3; Is. 21,16; Is. 22,21; Is. 23,3; Is. 23,15; Is. 23,15; Is. 23,15; Is. 24,2; Is. 24,2; Is. 24,2; Is. 24,2; Is. 24,2; Is. 24,2; Is. 24,20; Is. 24,20; Is. 25,5; Is. 26,17; Is. 27,7; Is. 27,7; Is. 27,9; Is. 27,10; Is. 28,2; Is. 28,2; Is. 28,4; Is. 29,3; Is. 29,4; Is. 29,5; Is. 29,5; Is. 29,5; Is. 29,7; Is. 29,8; Is. 29,8; Is. 29,11; Is. 29,16; Is. 29,17; Is. 30,13; Is. 30,14; Is. 30,17; Is. 30,17; Is. 30,22; Is. 30,22; Is. 30,26; Is. 30,27; Is. 30,28; Is. 30,30; Is. 30,33; Is. 31,5; Is. 31,9; Is. 32,2; Is. 32,2; Is. 32,19; Is. 33,1; Is. 33,12; Is. 34,4; Is. 34,4; Is. 34,4; Is. 34,9; Is. 35,1; Is. 35,6; Is. 36,17; Is. 37,11; Is. 37,27; Is. 37,27; Is. 38,3; Is. 38,12; Is. 38,13; Is. 38,14; Is. 38,14; Is. 40,6; Is. 40,11; Is. 40,15; Is. 40,15; Is. 40,15; Is. 40,17; Is. 40,22; Is. 40,22; Is. 40,22; Is. 40,23; Is. 40,24; Is. 40,31; Is. 41,2; Is. 41,11; Is. 41,12; Is. 41,15; Is. 41,15; Is. 41,25; Is. 41,25; Is. 42,14; Is. 43,17; Is. 44,4; Is. 44,13; Is. 44,13; Is. 44,22; Is. 44,22; Is. 45,9; Is. 45,20; Is. 46,1; Is. 47,14; Is. 48,18; Is. 48,19; Is. 48,19; Is. 49,2; Is. 49,18; Is. 49,26; Is. 50,3; Is. 50,7; Is. 50,9; Is. 50,9; Is. 51,3; Is. 51,5; Is. 51,6; Is. 51,6; Is. 51,8; Is. 51,9; Is. 51,9; Is. 51,20; Is. 52,7; Is. 52,7; Is. 52,7; Is. 53,2; Is. 53,2; Is. 53,6; Is. 53,7; Is. 53,7; Is. 54,6; Is. 54,6; Is. 54,16; Is. 55,9; Is. 55,10; Is. 57,1; Is. 58,1; Is. 58,2; Is. 58,4; Is. 58,5; Is. 58,10; Is. 58,11; Is. 58,11; Is. 58,11; Is. 59,10; Is. 59,10; Is. 59,10; Is. 59,10; Is. 59,11; Is. 59,11; Is. 59,17; Is. 59,18; Is. 59,19; Is. 60,8; Is. 60,8; Is. 61,10; Is. 61,10; Is. 61,11; Is. 61,11; Is. 62,1; Is. 62,1; Is. 62,5; Is. 63,2; Is. 63,3; Is. 63,13; Is. 63,14; Is. 63,19; Is. 64,1; Is. 64,5; Is. 64,5; Is. 64,5; Is. 64,9; Is. 65,25; Is. 65,25; Is. 66,3; Is. 66,3; Is. 66,3; Is. 66,12; Is. 66,12; Is. 66,13; Is. 66,14; Is. 66,15; Is. 66,15; Is. 66,20; Jer. 1,16; Jer. 1,18; Jer. 1,18; Jer. 2,26; Jer. 2,30; Jer. 3,4; Jer. 3,20; Jer. 4,4; Jer. 4,13; Jer. 4,13; Jer. 4,17; Jer. 4,31; Jer. 4,31; Jer. 5,27; Jer.

ὡς

6,7; Jer. 6,9; Jer. 6,9; Jer. 6,23; Jer. 6,23; Jer. 6,24; Jer. 8,6; Jer. 8,21; Jer. 9,2; Jer. 9,11; Jer. 9,21; Jer. 11,19; Jer. 12,8; Jer. 13,24; Jer. 13,25; Jer. 14,8; Jer. 14,9; Jer. 15,10; Jer. 15,15; Jer. 15,18; Jer. 15,19; Jer. 15,20; Jer. 17,6; Jer. 17,8; Jer. 18,6; Jer. 18,17; Jer. 19,12; Jer. 20,9; Jer. 20,16; Jer. 21,12; Jer. 22,23; Jer. 22,28; Jer. 23,9; Jer. 23,9; Jer. 23,14; Jer. 23,29; Jer. 24,2; Jer. 24,8; Jer. 26,7; Jer. 26,7; Jer. 26,18; Jer. 26,18; Jer. 26,22; Jer. 26,22; Jer. 27,9; Jer. 27,11; Jer. 27,11; Jer. 27,26; Jer. 27,42; Jer. 27,43; Jer. 28,25; Jer. 28,27; Jer. 28,33; Jer. 28,34; Jer. 28,38; Jer. 28,38; Jer. 28,40; Jer. 28,40; Jer. 28,53; Jer. 28,55; Jer. 30,3; Jer. 30,16; Jer. 31,28; Jer. 31,32; Jer. 31,38; Jer. 33,14; Jer. 33,14; Jer. 33,18; Jer. 36,22; Jer. 36,22; Jer. 37,20; Jer. 38,10; Jer. 39,20; Jer. 39,24; Jer. 41,5; Jer. 43,16; Jer. 43,32; Jer. 50,1; Jer. 51,6; Jer. 51,13; Jer. 51,18; Jer. 51,22; Bar. 1,11; Bar. 1,15; Bar. 1,20; Bar. 2,6; Bar. 2,11; Bar. 2,26; Bar. 3,24; Bar. 4,26; Bar. 5,6; Lam. 1,1a; Lam. 1,6; Lam. 2,3; Lam. 2,4; Lam. 2,4; Lam. 2,4; Lam. 2,5; Lam. 2,6; Lam. 2,7; Lam. 2,12; Lam. 2,18; Lam. 2,19; Lam. 2,22; Lam. 3,6; Lam. 3,12; Lam. 3,52; Lam. 4,3; Lam. 5,3; Lam. 5,10; LetterJ 10; LetterJ 12; LetterJ 17; LetterJ 40; LetterJ 66; LetterJ 66; Ezek. 1,4; Ezek. 1,5; Ezek. 1,7; Ezek. 1,13; Ezek. 1,13; Ezek. 1,16; Ezek. 1,22; Ezek. 1,24; Ezek. 1,26; Ezek. 1,26; Ezek. 1,27; Ezek. 1,27; Ezek. 1,28; Ezek. 3,3; Ezek. 8,2; Ezek. 8,17; Ezek. 10,1; Ezek. 10,5; Ezek. 10,9; Ezek. 11,21; Ezek. 12,4; Ezek. 12,4; Ezek. 12,7; Ezek. 13,4; Ezek. 16,20; Ezek. 16,31; Ezek. 16,59; Ezek. 18,23; Ezek. 19,10; Ezek. 19,10; Ezek. 20,32; Ezek. 20,32; Ezek. 21,28; Ezek. 22,25; Ezek. 22,27; Ezek. 23,20; Ezek. 26,3; Ezek. 26,10; Ezek. 26,19; Ezek. 26,20; Ezek. 28,2; Ezek. 28,6; Ezek. 32,2; Ezek. 32,14; Ezek. 33,11; Ezek. 33,31; Ezek. 33,32; Ezek. 36,11; Ezek. 36,35; Ezek. 36,37; Ezek. 36,38; Ezek. 36,38; Ezek. 38,9; Ezek. 38,9; Ezek. 38,16; Ezek. 41,12; Ezek. 41,21; Ezek. 42,12; Ezek. 43,2; Ezek. 43,2; Ezek. 43,8; Ezek. 45,7; Ezek. 47,5; Ezek. 47,10; Ezek. 47,22; Dan. 2,41; Dan. 2,43; Dan. 3,36; Dan. 3,36; Dan. 3,36; Dan. 3,39; Dan. 3,39; Dan. 3,51; Dan. 4,12; Dan. 4,15; Dan. 4,28; Dan. 4,32; Dan. 4,33a; Dan. 4,33b; Dan. 5,9; Dan. 6,24; Dan. 6,28; Dan. 7,13; Dan. 7,13; Dan. 8,4; Dan. 8,15; Dan. 10,16; Dan. 10,16; Dan. 10,18; Dan. 11,29; Dan. 11,34; Dan. 12,3; Sus. 12; Sus. 30; Sus. 41; Sus. 52; Sus. 56; Sus. 56; Sus. 60-62; Sus. 60-62; Bel 15-17; Judg. 2,4; Judg. 2,19; Judg. 5,31; Judg. 6,27; Judg. 7,5; Judg. 7,12; Judg. 7,15; Judg. 8,3; Judg. 8,21; Judg. 9,16; Judg. 9,17; Judg. 9,36; Judg. 9,38; Judg. 9,48; Judg. 11,35; Judg. 13,6; Judg. 15,17; Judg. 16,7; Judg. 16,9; Judg. 16,11; Judg. 16,12; Judg. 16,13; Judg. 16,17; Judg. 16,20; Judg. 17,11; Judg. 18,7; Judg. 19,25; Judg. 19,30; Judg. 20,1; Judg. 20,8; Judg. 20,11; Judg. 20,30; Judg. 20,31; Judg. 20,32; Judg. 20,39; Judg. 20,40; Judg. 21,22; Tob. 5,20; Tob. 6,18; Tob. 7,14; Tob. 7,16; Tob. 10,8; Tob. 10,12; Tob. 11,1; Tob. 11,15; Tob. 12,22; Tob. 14,5; Dan. 1,8; Dan. 1,8; Dan. 2,40; Dan. 3,15; Dan. 3,36; Dan. 3,36; Dan. 3,39; Dan. 3,39; Dan. 3,50; Dan. 3,51; Dan. 4,3; Dan. 4,25; Dan. 4,32; Dan. 4,33; Dan. 4,33; Dan. 4,33; Dan. 4,35; Dan. 5,21; Dan. 6,15; Dan. 7,13; Dan. 8,15; Dan. 8,25; Dan. 9,7; Dan. 9,15; Dan. 10,6; Dan. 10,6; Dan. 10,16; Dan. 10,18; Dan. 11,4; Dan. 11,29; Dan. 11,29; Dan. 12,3; Dan. 12,3; Sus. 19; Sus. 26; Sus. 28; Sus. 41; Sus. 52; Bel 13; Bel 28; Matt. 1,24; Matt. 5,48; Matt. 6,12; Matt. 8,13; Matt. 15,28; Matt. 18,33; Matt. 19,19; Matt. 20,14; Matt. 22,39; Matt. 24,38; Matt. 26,19; Matt. 26,39; Matt. 26,39; Matt. 27,65; Matt. 28,15; Mark 4,26; Mark 4,27; Mark 4,36; Mark 7,6; Mark 9,21; Mark 10,1; Mark 14,72; Luke 1,23; Luke 1,41; Luke 1,44; Luke 2,15; Luke 2,39; Luke 3,4; Luke 3,23; Luke 4,25; Luke 7,12; Luke 9,52; Luke 10,27; Luke 11,1; Luke 19,5; Luke 19,29; Luke 20,37; Luke 23,26; Luke 24,32; John 4,40; John 12,35; John 12,36; Acts 8,36; Acts 25,10; Acts 25,14; Rom. 5,18; Rom. 9,25; Gal. 6,10; Eph. 5,24; Eph. 6,5; Heb. 3,8; 2Pet. 3,16; 1John 1,7)

Conjunction • subordinating • (causal) ▸ **2** (Acts 22,11; Col. 3,18)
Conjunction • subordinating • (complement) ▸ **17** (Luke 6,4; Luke 8,47; Luke 22,61; Luke 23,55; Luke 24,6; Luke 24,35; Acts 10,28; Acts 10,38; Acts 11,16; Acts 20,20; Rom. 1,9; Rom. 11,2; 2Cor. 7,15; Phil. 1,8; 1Th. 2,10; 1Th. 2,11; 2Tim. 1,3)
Conjunction • subordinating • (comparative) ▸ **60** (Luke 11,36; Acts 2,15; Acts 7,51; Acts 8,32; Acts 10,47; Acts 11,17; Acts 13,33; Acts 17,28; Acts 21,12; Acts 22,5; Acts 23,11; 1Cor. 7,8; 1Cor. 7,17; 1Cor. 7,17; 1Cor. 16,10; 2Cor. 1,7; 2Cor. 7,14; 2Cor. 11,3; Gal. 1,9; Gal. 4,12; Gal. 4,12; Gal. 4,14; Gal. 4,14; Gal. 5,14; Eph. 2,3; Eph. 3,5; Eph. 5,23; Eph. 5,28; Eph. 5,33; Eph. 6,20; Phil. 2,22; Col. 4,4; 1Th. 2,7; 2Tim. 3,9; Titus 1,5; Philem. 17; Heb. 3,2; Heb. 3,11; Heb. 3,15; Heb. 4,3; Heb. 7,9; James 2,8; 1Pet. 3,6; 2Pet. 2,1; 2Pet. 3,16; 1John 2,27; Jude 7; Rev. 1,16; Rev. 2,24; Rev. 2,27; Rev. 2,28; Rev. 3,21; Rev. 6,11; Rev. 6,13; Rev. 9,3; Rev. 9,5; Rev. 9,8; Rev. 10,7; Rev. 18,6; Rev. 22,12)
Conjunction • subordinating • (temporal) ▸ **32** (Luke 12,58; Luke 15,25; Luke 19,41; Luke 22,66; Luke 24,32; John 2,9; John 6,12; John 8,7; John 11,20; John 11,29; John 11,32; John 11,33; John 18,6; John 19,33; John 20,11; Acts 1,10; Acts 5,24; Acts 10,7; Acts 13,25; Acts 13,29; Acts 14,5; Acts 16,10; Acts 16,15; Acts 19,9; Acts 20,14; Acts 20,18; Acts 22,25; Acts 28,4; Rom. 15,24; 1Cor. 11,34; 1Cor. 12,2; Phil. 2,23)
Conjunction • subordinating • (purposive) ▸ **1** (Acts 20,24)
Particle ▸ **156** (Matt. 6,5; Matt. 6,10; Matt. 6,16; Matt. 6,29; Matt. 7,29; Matt. 7,29; Matt. 10,16; Matt. 10,16; Matt. 10,16; Matt. 10,25; Matt. 10,25; Matt. 12,13; Matt. 13,43; Matt. 14,5; Matt. 17,2; Matt. 17,2; Matt. 17,20; Matt. 18,3; Matt. 18,4; Matt. 21,26; Matt. 22,30; Matt. 26,55; Matt. 28,3; Matt. 28,3; Matt. 28,4; Mark 1,10; Mark 1,22; Mark 1,22; Mark 4,31; Mark 5,13; Mark 6,15; Mark 6,34; Mark 8,24; Mark 10,15; Mark 12,25; Mark 12,31; Mark 12,33; Mark 14,48; Luke 3,22; Luke 6,22; Luke 6,40; Luke 10,3; Luke 10,18; Luke 11,44; Luke 12,27; Luke 15,19; Luke 16,1; Luke 17,6; Luke 18,11; Luke 18,17; Luke 21,35; Luke 22,26; Luke 22,26; Luke 22,27; Luke 22,31; Luke 22,52; Luke 23,14; John 1,14; John 1,32; John 7,10; John 11,18; John 15,6; John 21,8; Acts 3,12; Acts 3,22; Acts 7,37; Acts 8,32; Acts 9,18; Acts 10,11; Acts 11,5; Acts 17,15; Acts 17,22; Acts 23,15; Acts 23,20; Acts 27,30; Acts 28,19; Rom. 1,21; Rom. 3,7; Rom. 4,17; Rom. 5,15; Rom. 8,36; Rom. 9,27; Rom. 9,29; Rom. 9,29; Rom. 9,32; Rom. 10,15; Rom. 11,33; Rom. 12,3; Rom. 13,9; Rom. 13,13; Rom. 15,15; 1Cor. 3,1; 1Cor. 3,1; 1Cor. 3,1; 1Cor. 3,5; 1Cor. 3,10; 1Cor. 3,15; 1Cor. 4,1; 1Cor. 4,7; 1Cor. 4,13; 1Cor. 4,14; 1Cor. 5,3; 1Cor. 7,7; 1Cor. 7,25; 1Cor. 7,29; 1Cor. 7,30; 1Cor. 7,30; 1Cor. 7,30; 1Cor. 7,31; 1Cor. 8,7; 1Cor. 9,5; 1Cor. 9,20; 1Cor. 9,20; 1Cor. 9,21; 1Cor. 9,26; 1Cor. 9,26; 1Cor. 10,15; 1Cor. 13,11; 1Cor. 13,11; 1Cor. 13,11; 2Cor. 2,17; 2Cor. 2,17; 2Cor. 2,17; 2Cor. 3,5; 2Cor. 5,19; 2Cor. 5,20; 2Cor. 6,4; 2Cor. 6,8; 2Cor. 6,9; 2Cor. 6,9; 2Cor. 6,9; 2Cor. 6,10; 2Cor. 6,10; 2Cor. 6,10; 2Cor. 11,17; 2Cor. 11,21; 2Cor. 13,7; Eph. 5,1; Eph. 5,8; Eph. 6,6; Eph. 6,6; Col. 3,22; 2Th. 3,15; Heb. 3,5; Heb. 12,5; Heb. 12,7; Heb. 12,27; Heb. 13,17; 1Pet. 4,16; 2John 5; Rev. 9,2; Rev. 9,9; Rev. 13,2; Rev. 13,2; Rev. 13,11; Rev. 14,2)
Particle • (indefinite) ▸ **16** (Mark 8,9; Luke 1,56; Luke 8,42; John 1,39; John 4,6; John 6,10; John 6,19; John 19,14; John 19,39; Acts 4,4; Acts 5,7; Acts 5,36; Acts 13,18; Acts 13,20; Acts 19,34; Rev. 8,1)
Particle • (interrogative) ▸ **3** (Col. 2,20; Col. 3,23; 1Th. 2,4)
Particle • (comparative) ▸ **119** (Rom. 5,16; 1Cor. 4,9; 2Cor. 9,5; 2Cor. 9,5; 2Cor. 11,16; Eph. 5,15; Eph. 5,15; Eph. 5,22; Eph. 6,7; Phil. 1,20; Phil. 2,12; Phil. 2,15; 1Th. 2,7; 1Th. 2,11; 1Th. 5,2; 1Th. 5,4; 1Th. 5,6; 2Th. 3,15; 1Tim. 5,1; 1Tim. 5,1; 1Tim. 5,2;

1Tim. 5,2; 2Tim. 2,3; 2Tim. 2,9; 2Tim. 2,17; Titus 1,7; Philem. 9; Heb. 1,11; Heb. 1,12; Heb. 3,6; Heb. 6,19; Heb. 11,9; Heb. 11,12; Heb. 12,16; Heb. 13,3; Heb. 13,3; James 1,10; James 2,9; James 5,3; 1Pet. 1,14; 1Pet. 1,19; 1Pet. 1,24; 1Pet. 1,24; 1Pet. 2,2; 1Pet. 2,5; 1Pet. 2,11; 1Pet. 2,12; 1Pet. 2,13; 1Pet. 2,14; 1Pet. 2,16; 1Pet. 2,16; 1Pet. 2,16; 1Pet. 2,25; 1Pet. 3,7; 1Pet. 3,7; 1Pet. 4,10; 1Pet. 4,11; 1Pet. 4,11; 1Pet. 4,12; 1Pet. 4,15; 1Pet. 4,15; 1Pet. 5,3; 1Pet. 5,8; 2Pet. 1,19; 2Pet. 2,12; 2Pet. 3,8; 2Pet. 3,8; 2Pet. 3,10; Jude 10; Rev. 1,10; Rev. 1,14; Rev. 1,14; Rev. 1,14; Rev. 1,15; Rev. 1,15; Rev. 1,17; Rev. 2,18; Rev. 3,3; Rev. 4,1; Rev. 4,6; Rev. 4,7; Rev. 5,6; Rev. 6,1; Rev. 6,6; Rev. 6,12; Rev. 6,12; Rev. 6,14; Rev. 8,8; Rev. 8,10; Rev. 9,7; Rev. 9,7; Rev. 9,8; Rev. 9,9; Rev. 9,17; Rev. 10,1; Rev. 10,1; Rev. 10,9; Rev. 10,10; Rev. 12,15; Rev. 14,2; Rev. 14,2; Rev. 14,3; Rev. 15,2; Rev. 16,3; Rev. 16,13; Rev. 16,15; Rev. 16,21; Rev. 17,12; Rev. 18,21; Rev. 19,1; Rev. 19,6; Rev. 19,6; Rev. 19,6; Rev. 19,12; Rev. 20,8; Rev. 21,2; Rev. 21,11; Rev. 21,21; Rev. 22,1)

    Particle · (hypothetical) ▸ **18** (2Cor. 6,13; 2Cor. 10,2; 2Cor. 10,9; 2Cor. 10,14; 2Cor. 11,15; 2Cor. 13,2; Gal. 3,16; Gal. 3,16; Phil. 2,7; Col. 3,12; 2Th. 2,2; 2Th. 2,2; Philem. 14; Philem. 16; Heb. 11,27; Heb. 11,29; James 2,12; Rev. 13,3)

Ὡς ▸ 44 + 2 + 24 = 70

    Conjunction · subordinating ▸ 44 + 2 + 3 = **49** (Gen. 10,9; Gen. 28,17; Ex. 8,6; Ex. 9,29; Ex. 13,17; Lev. 14,34; Num. 24,5; Josh. 2,14; Josh. 3,8; Josh. 9,1; Josh. 10,1; Josh. 11,1; 1Sam. 9,16; 2Sam. 16,10; 1Kings 20,19; 2Kings 7,1; 2Chr. 2,2; 2Chr. 18,3; 2Chr. 20,37; 2Chr. 32,17; Judith 13,1; Judith 16,18; Tob. 6,10; Tob. 7,2; 1Mac. 3,27; 1Mac. 10,46; 1Mac. 10,74; 1Mac. 14,25; 4Mac. 9,29; 4Mac. 11,1; 4Mac. 12,1; Psa. 65,3; Psa. 72,1; Psa. 83,2; Psa. 118,97; Eccl. 2,15; Song 2,2; Song 2,3; Sir. 21,18; Sir. 31,19; Hos. 9,10; Is. 21,1; Jer. 16,19; Jer. 24,5; Judg. 8,18; Tob. 7,2; Mark 13,34; Luke 5,4; John 6,16)

    Conjunction · subordinating · (comparative) ▸ **1** (Col. 2,6)

    Conjunction · subordinating · (temporal) ▸ **17** (John 2,23; John 4,1; John 7,10; John 11,6; John 21,9; Acts 7,23; Acts 9,23; Acts 10,17; Acts 10,25; Acts 16,4; Acts 17,13; Acts 18,5; Acts 19,21; Acts 21,1; Acts 21,27; Acts 27,1; Acts 27,27)

    Particle ▸ **2** (1Cor. 4,18; 1Cor. 14,33)

    Particle · (comparative) ▸ **1** (2Pet. 1,3)

Ωσα Arza; Hosah ▸ 4 + **1** = 5

    Ωσα ▸ 4 + **1** = 5

        Noun · singular · accusative · (proper) ▸ **1** (Josh. 19,29)

        Noun · masculine · singular · dative · (proper) ▸ **3** (1Chr. 26,10; 1Chr. 26,11; 1Chr. 26,16)

        Noun · masculine · singular · genitive · (proper) ▸ **1** (1Kings 16,9)

Ωσαια Hoshaiah ▸ 1

    Ωσαια ▸ 1

        Noun · masculine · singular · nominative · (proper) ▸ **1** (Neh. 12,32)

Ωσαιαν Jeshaiah ▸ 1

    Ωσαιαν ▸ 1

        Noun · masculine · singular · accusative · (proper) ▸ **1** (Ezra 8,19)

Ὡσαίας Jeshaiah ▸ 1

    Ωσαιαν ▸ 1

        Noun · masculine · singular · accusative · (proper) ▸ **1** (1Esdr. 8,47)

Ωσαμ Hashum ▸ 1

    Ωσαμ ▸ 1

        Noun · masculine · singular · nominative · (proper) ▸ **1** (Neh. 8,4)

Ωσαμω Hoshama ▸ 1

    Ωσαμω ▸ 1

        Noun · masculine · singular · nominative · (proper) ▸ **1** (1Chr. 3,18)

Ωσαν Hushah ▸ 1

    Ωσαν ▸ 1

        Noun · masculine · singular · genitive · (proper) ▸ **1** (1Chr. 4,4)

ὡσανεί (ὡς) as though ▸ 1

    ὡσανεί ▸ 1

        Conjunction · subordinating ▸ **1** (Esth. 11,10 # 1,1i)

ὡσαννά hosanna (Aram. save, I pray) ▸ 6

    ὡσαννά ▸ 2

        Verb · singular · imperative · (Aram.) ▸ **2** (Mark 11,9; John 12,13)

    ὡσαννά ▸ 4

        Verb · singular · imperative · (Aram.) ▸ **4** (Matt. 21,9; Matt. 21,9; Matt. 21,15; Mark 11,10)

Ωσαρ Ezer ▸ 2

    Ωσαρ ▸ 2

        Noun · masculine · singular · genitive · (proper) ▸ **1** (1Chr. 1,42)

        Noun · masculine · singular · nominative · (proper) ▸ **1** (1Chr. 1,38)

ὡσαύτως (ὡς; αὐτός) likewise, similarly ▸ 37 + 3 + 17 = 57

    ὡσαύτως ▸ 37 + 3 + 15 = 55

        Adverb ▸ 37 + 3 + 15 = **55** (Ex. 7,11; Ex. 7,22; Ex. 8,3; Ex. 8,14; Ex. 30,32; Ex. 30,33; Ex. 30,38; Lev. 24,19; Deut. 12,22; Deut. 15,17; Deut. 15,22; Josh. 6,8; Josh. 11,15; Josh. 14,11; 1Chr. 28,16; Esth. 9,13; Judith 15,5; Tob. 12,12; 2Mac. 2,12; 2Mac. 2,14; 2Mac. 7,13; 2Mac. 15,39; 3Mac. 6,33; 3Mac. 7,19; Prov. 20,4; Prov. 27,15; Prov. 27,20; Sir. 49,7; Is. 10,15; Is. 43,8; LetterJ 21; LetterJ 27; LetterJ 34; LetterJ 60; LetterJ 70; Ezek. 40,16; Ezek. 42,5; Judg. 8,8; Tob. 7,10; Tob. 12,12; Matt. 20,5; Matt. 21,30; Matt. 21,36; Matt. 25,17; Mark 12,21; Mark 14,31; Luke 13,5; Luke 20,31; Luke 22,20; 1Cor. 11,25; 1Tim. 3,8; 1Tim. 3,11; 1Tim. 5,25; Titus 2,3; Titus 2,6)

    Ὡσαύτως ▸ 2

        Adverb ▸ **2** (Rom. 8,26; 1Tim. 2,9)

ὡσεί (ὡς; εἰ) like, as, about ▸ 186 + 18 + 21 = 225

    ὡσεί ▸ 184 + 18 + 21 = 223

        Particle · (indefinite) ▸ 184 + 18 + 10 = **212** (Gen. 19,28; Gen. 21,16; Gen. 24,55; Gen. 25,25; Gen. 34,31; Gen. 41,49; Gen. 49,16; Ex. 4,6; Ex. 15,5; Ex. 15,8; Ex. 15,10; Ex. 16,14; Ex. 16,14; Ex. 19,4; Ex. 24,10; Ex. 24,17; Ex. 28,33; Ex. 32,13; Lev. 26,19; Lev. 26,37; Num. 11,7; Num. 11,8; Num. 11,12; Num. 11,31; Num. 12,10; Num. 12,12; Num. 12,12; Num. 13,33; Num. 14,15; Num. 24,6; Num. 24,6; Num. 24,6; Num. 24,6; Num. 27,17; Deut. 1,10; Deut. 9,21; Deut. 10,22; Deut. 11,10; Deut. 28,29; Deut. 28,49; Deut. 28,62; Deut. 29,27; Deut. 32,2; Deut. 32,2; Josh. 3,15; Josh. 7,4; Josh. 10,2; Josh. 14,11; Judg. 3,29; Judg. 6,16; Judg. 8,10; Judg. 9,49; Judg. 14,6; Judg. 15,14; Judg. 16,27; Judg. 20,31; Judg. 20,39; 1Sam. 9,22; 1Sam. 17,7; 1Sam. 19,7; 1Sam. 25,38; 2Sam. 2,18; 1Kings 21,27; 2Kings 3,22; 2Kings 5,27; Neh. 9,11; 1Mac. 5,13; 1Mac. 7,32; 2Mac. 11,5; Psa. 16,12; Psa. 16,12; Psa. 21,15; Psa. 21,15; Psa. 30,13; Psa. 30,13; Psa. 34,5; Psa. 35,7; Psa. 36,2; Psa. 36,2; Psa. 36,20; Psa. 37,5; Psa. 37,14; Psa. 37,14; Psa. 37,15; Psa. 37,21; Psa. 38,6; Psa. 51,4; Psa. 51,10; Psa. 54,7; Psa. 57,5; Psa. 57,9; Psa. 57,10; Psa. 57,10; Psa. 62,6; Psa. 70,7; Psa. 71,6; Psa. 71,16; Psa. 72,20; Psa. 77,13; Psa. 77,27; Psa. 77,27; Psa. 79,2; Psa. 82,11; Psa. 82,15; Psa. 87,6; Psa. 89,5; Psa. 91,13; Psa. 96,5; Psa. 101,4; Psa. 101,4; Psa. 101,5; Psa. 101,7; Psa. 101,8; Psa. 101,10; Psa. 101,12; Psa. 101,12; Psa. 101,27; Psa. 102,15; Psa. 102,15; Psa. 103,2; Psa. 108,18; Psa. 108,19; Psa. 108,23; Psa. 108,23; Psa. 108,29; Psa. 113,4; Psa. 113,6; Psa. 117,12; Psa. 117,12; Psa. 126,4; Psa. 139,4; Psa. 140,7; Psa.

ὡσεί–ὥστε

143,4; Psa. 147,5; Psa. 147,5; Psa. 147,6; Ode. 1,5; Ode. 1,8; Ode. 1,10; Ode. 2,2; Ode. 2,2; Ode. 10,6; Prov. 31,14; Song 6,10; Job 28,5; Job 29,25; Sir. 50,3; Jonah 3,3; Jonah 3,4; Is. 10,17; Is. 16,11; Is. 18,3; Is. 30,29; Is. 30,29; Is. 44,4; Is. 48,18; Is. 49,2; Is. 51,12; Jer. 3,2; Jer. 14,8; Jer. 26,8; Jer. 27,37; Jer. 28,14; Jer. 28,30; Ezek. 1,22; Ezek. 40,2; Ezek. 40,3; Dan. 2,35; Dan. 3,50; Dan. 4,33b; Dan. 5,0; Dan. 5,5; Dan. 7,4; Dan. 7,4; Dan. 7,6; Dan. 7,9; Dan. 7,9; Dan. 7,9; Dan. 10,6; Dan. 10,6; Dan. 10,6; Dan. 10,6; Dan. 10,6; Dan. 12,3; Judg. 3,29; Judg. 6,16; Judg. 7,12; Judg. 8,10; Judg. 14,6; Judg. 15,14; Dan. 2,35; Dan. 4,19; Dan. 7,4; Dan. 7,4; Dan. 7,6; Dan. 7,8; Dan. 7,9; Dan. 7,9; Dan. 9,21; Dan. 10,6; Dan. 10,6; Dan. 10,6; Matt. 14,21; Luke 3,23; Luke 9,14; Luke 9,28; Luke 22,41; Luke 22,59; Acts 1,15; Acts 2,41; Acts 10,3; Acts 19,7)

Particle · (comparative) ▸ **11** (Matt. 3,16; Matt. 9,36; Mark 9,26; Luke 9,14; Luke 22,44; Luke 23,44; Luke 24,11; Acts 2,3; Acts 6,15; Rom. 6,13; Heb. 1,12)

Ὡσεὶ ▸ 2

Particle ▸ **2** (Judg. 8,18; 1Sam. 17,43)

Ωση Hosea ▸ 1

Ωση ▸ 1

Noun · masculine · singular · nominative · (proper) ▸ **1** (1Chr. 27,20)

Ωσηε Hosea ▸ 14

Ωσηε ▸ 14

Noun · masculine · singular · accusative · (proper) ▸ **3** (Hos. 1,1; Hos. 1,2; Hos. 1,2)

Noun · masculine · singular · dative · (proper) ▸ **4** (2Kings 17,4; 2Kings 18,1; 2Kings 18,9; 2Kings 18,10)

Noun · masculine · singular · genitive · (proper) ▸ **3** (1Sam. 6,14; 1Sam. 6,18; 2Kings 17,6)

Noun · masculine · singular · nominative · (proper) ▸ **4** (2Kings 15,30; 2Kings 17,1; 2Kings 17,3; Neh. 10,24)

Ὡσηέ Hosea ▸ 1

Ὡσηὲ ▸ 1

Noun · masculine · singular · dative · (proper) ▸ **1** (Rom. 9,25)

Ωσιμ Hushim ▸ 2

Ωσιμ ▸ 2

Noun · feminine · singular · genitive · (proper) ▸ **1** (1Chr. 8,11)

Noun · masculine · singular · accusative · (proper) ▸ **1** (1Chr. 8,8)

ὥσπερ (ὡς; περ) as, just as ▸ 262 + 1 + 36 = 299

ὥσπερ ▸ 255 + 1 + 34 = 290

Conjunction · subordinating · (correlative) ▸ 255 + 1 + 26 = **282** (Gen. 37,9; Gen. 38,11; Gen. 41,2; Gen. 41,18; Gen. 41,22; Ex. 12,48; Ex. 21,7; Ex. 24,10; Lev. 4,26; Lev. 6,10; Lev. 6,10; Lev. 7,7; Lev. 14,13; Lev. 27,21; Num. 17,5; Deut. 2,10; Deut. 2,11; Deut. 2,21; Deut. 2,22; Deut. 3,2; Deut. 3,6; Deut. 3,20; Deut. 5,14; Deut. 6,24; Deut. 7,26; Deut. 10,1; Deut. 11,10; Deut. 18,7; Deut. 18,18; Deut. 20,8; Deut. 29,22; Deut. 33,26; Josh. 1,5; Josh. 1,15; Josh. 4,14; Josh. 7,5; Josh. 11,4; Judg. 7,12; 1Sam. 21,10; 2Sam. 14,14; 2Sam. 23,6; 2Sam. 24,3; 2Sam. 24,3; 4Mac. 2,16; 4Mac. 5,22; 4Mac. 6,5; 4Mac. 6,16; 4Mac. 7,5; 4Mac. 7,11; 4Mac. 7,19; 4Mac. 8,6; 4Mac. 8,29; 4Mac. 9,5; 4Mac. 9,22; 4Mac. 14,5; 4Mac. 15,15; 4Mac. 16,13; 4Mac. 16,25; 4Mac. 17,7; 4Mac. 17,21; Ode. 11,12; Prov. 1,12; Prov. 6,5; Prov. 6,5; Prov. 6,11; Prov. 6,11; Prov. 6,11a; Prov. 6,11a; Prov. 7,2; Prov. 7,22; Prov. 7,22; Prov. 7,23; Prov. 10,26; Prov. 11,14; Prov. 11,22; Prov. 12,4; Prov. 16,15; Prov. 17,3; Prov. 18,19; Prov. 19,12; Prov. 21,1; Prov. 23,5; Prov. 23,32; Prov. 23,32; Prov. 23,34; Prov. 23,34; Prov. 24,22e; Prov. 25,13; Prov. 25,14; Prov. 25,20; Prov. 25,20a; Prov. 25,25; Prov. 25,26; Prov. 25,28; Prov. 26,1; Prov. 26,1; Prov. 26,2; Prov. 26,3; Prov. 26,11; Prov. 26,14; Prov. 26,17; Prov. 26,18; Prov. 26,23; Prov. 27,8; Prov. 27,19; Prov. 28,1; Prov. 28,3; Prov. 24,30; Prov. 24,30; Prov. 24,34; Eccl. 5,15; Job 3,16; Job 3,16; Job 3,21; Job 5,25; Job 5,26; Job 5,26; Job 6,7; Job 6,15; Job 6,15; Job 6,16; Job 7,1; Job 7,2; Job 7,2; Job 7,9; Job 10,4; Job 10,10; Job 10,16; Job 10,19; Job 11,15; Job 11,16; Job 11,17; Job 12,25; Job 13,28; Job 14,2; Job 14,2; Job 14,6; Job 14,9; Job 15,24; Job 15,33; Job 16,12; Job 18,3; Job 19,10; Job 19,11; Job 19,22; Job 20,8; Job 20,8; Job 20,18; Job 21,18; Job 21,18; Job 22,25; Job 23,10; Job 24,5; Job 24,20; Job 24,24; Job 24,24; Job 27,7; Job 27,7; Job 27,16; Job 27,18; Job 27,18; Job 27,20; Job 29,18; Job 29,23; Job 30,15; Job 30,15; Job 30,18; Job 32,19; Job 32,19; Job 33,10; Job 33,24; Job 33,25; Job 34,7; Job 34,7; Job 34,36; Job 37,21; Job 38,3; Job 38,30; Job 38,38; Job 38,38; Job 40,7; Job 40,29; Job 40,29; Job 41,7; Job 41,16; Job 41,19; Job 41,22; Job 41,23; Job 41,23; Job 41,24; Job 42,7; Wis. 19,17; Wis. 19,18; Sir. 23,10; Sir. 30,20; Sir. 36,3; Sir. 47,2; Sol. 12,2; Hos. 9,7; Hos. 13,3; Mic. 7,18; Is. 14,10; Is. 27,9; Is. 28,21; Is. 38,12; Is. 44,7; Is. 51,6; Is. 51,8; Is. 55,8; Is. 55,8; Jer. 13,10; Jer. 14,9; Jer. 23,14; Jer. 23,29; Jer. 26,21; Jer. 27,8; Jer. 27,42; Jer. 27,44; Jer. 27,44; Jer. 30,10; Jer. 30,12; Jer. 30,13; Jer. 30,13; Jer. 30,16; Jer. 31,6; Jer. 31,13; Jer. 31,36; Jer. 31,36; Jer. 32,30; Jer. 32,34; Jer. 32,38; Jer. 33,6; Jer. 38,12; Jer. 38,18; Jer. 38,28; Jer. 50,12; Bar. 4,24; Bar. 4,28; Bar. 4,33; Lam. 1,20; Lam. 4,6; Lam. 4,8; LetterJ 8; LetterJ 17; LetterJ 19; LetterJ 26; LetterJ 31; LetterJ 43; LetterJ 53; LetterJ 54; Ezek. 34,12; Ezek. 36,11; Dan. 2,40; Dan. 2,43; Dan. 7,8; Tob. 5,10; Matt. 6,2; Matt. 12,40; Matt. 13,40; Matt. 20,28; Matt. 24,27; Matt. 25,32; Luke 17,24; John 5,21; John 5,26; Rom. 5,12; Rom. 5,19; Rom. 5,21; Rom. 6,4; Rom. 6,19; Rom. 11,30; 1Cor. 8,5; 1Cor. 10,7; 1Cor. 11,12; 1Cor. 15,22; 1Cor. 16,1; 2Cor. 8,7; Gal. 4,29; 1Th. 5,3; Heb. 4,10; Heb. 9,25; James 2,26)

Conjunction · subordinating · (comparative) ▸ **1** (Rev. 10,3)

Particle · (comparative) ▸ **7** (Matt. 6,7; Matt. 18,17; Luke 18,11; Acts 2,2; Acts 3,17; Acts 11,15; Heb. 7,27)

Ὥσπερ ▸ 7 + 2 = 9

Conjunction · subordinating · (correlative) ▸ 7 + 2 = **9** (Lev. 14,35; 4Mac. 2,6; 4Mac. 7,1; Job 2,10; Jer. 33,9; LetterJ 15; LetterJ 69; Matt. 24,37; Matt. 25,14)

ὡσπερεί (ὡς; περ; εἰ) as, as though ▸ 1

ὡσπερεί ▸ 1

Particle · (comparative) ▸ **1** (1Cor. 15,8)

ὥστε (ὡς; τέ) so that, in order that, thus ▸ 178 + 3 + 83 = 264

ὥστε ▸ 177 + 3 + 74 = 254

Conjunction · coordinating · (inferential) ▸ **4** (Matt. 12,12; Matt. 19,6; Matt. 23,31; Mark 10,8)

Conjunction · subordinating · (resultive) ▸ 177 + 3 + 69 = **249** (Gen. 1,15; Gen. 1,17; Gen. 9,15; Gen. 15,7; Gen. 23,8; Gen. 34,22; Gen. 34,30; Gen. 45,27; Ex. 5,2; Ex. 6,4; Ex. 6,13; Ex. 7,2; Ex. 7,24; Ex. 12,4; Ex. 12,42; Ex. 12,42; Ex. 15,22; Ex. 23,2; Ex. 25,27; Ex. 29,1; Ex. 29,36; Ex. 29,42; Ex. 30,4; Ex. 30,18; Ex. 30,38; Ex. 36,2; Ex. 36,10; Ex. 36,38; Ex. 38,4; Ex. 38,10; Ex. 38,24; Ex. 39,12; Ex. 40,15; Lev. 5,22; Lev. 7,30; Lev. 8,34; Lev. 14,21; Lev. 15,32; Lev. 16,10; Lev. 17,4; Lev. 17,4; Lev. 20,5; Lev. 20,6; Lev. 22,33; Lev. 23,37; Lev. 25,28; Lev. 25,38; Lev. 26,15; Lev. 26,15; Lev. 26,44; Lev. 27,2; Num. 5,8; Num. 7,1; Num. 8,11; Deut. 4,35; Deut. 5,15; Deut. 5,29; Deut. 12,20; Deut. 28,27; Deut. 28,35; Deut. 28,51; Deut. 28,55; Josh. 8,3; Josh. 10,14; Josh. 22,12; Josh. 22,23; Josh. 22,23; Josh. 22,23; Josh. 22,29; Josh. 24,16; Judg. 3,1; Judg. 3,4; Judg. 7,2; Judg. 9,24; Judg. 16,5; Ruth 4,5; 1Sam. 3,11; 1Sam. 10,9; 1Sam. 11,15; 2Sam. 2,17; 2Sam. 13,2; 2Sam. 14,7; 2Kings 9,37; 2Kings 10,11; 2Kings 21,12; 2Chr. 6,6; 2Chr. 14,12; 1Esdr. 5,62; 1Esdr. 5,62; 1Esdr. 8,15; 1Esdr.

8,27; Ezra 5,10; Neh. 2,5; Neh. 2,7; Neh. 2,8; Neh. 13,19; Neh. 13,19; Esth. 11,7 # 1,1f; Esth. 1,22; Esth. 3,7; Esth. 16,11 # 8,12l; Esth. 9,13; Tob. 3,10; 1Mac. 1,49; 1Mac. 4,2; 1Mac. 4,28; 1Mac. 8,14; 1Mac. 10,3; 1Mac. 15,9; 1Mac. 15,10; 2Mac. 1,19; 2Mac. 1,22; 2Mac. 2,6; 2Mac. 2,21; 2Mac. 3,3; 2Mac. 3,6; 2Mac. 3,24; 2Mac. 4,3; 2Mac. 4,14; 2Mac. 7,12; 2Mac. 9,9; 2Mac. 12,9; 2Mac. 12,16; 2Mac. 12,22; 3Mac. 2,22; 3Mac. 2,26; 3Mac. 3,1; 3Mac. 4,4; 3Mac. 6,17; 3Mac. 7,22; 4Mac. 1,6; 4Mac. 1,6; 4Mac. 1,11; 4Mac. 3,20; 4Mac. 4,12; 4Mac. 4,20; 4Mac. 4,25; 4Mac. 5,23; 4Mac. 5,23; 4Mac. 5,24; 4Mac. 5,24; 4Mac. 5,31; 4Mac. 5,33; 4Mac. 6,17; 4Mac. 8,29; 4Mac. 9,17; 4Mac. 10,14; 4Mac. 11,16; 4Mac. 15,10; Psa. 36,8; Psa. 103,35; Prov. 24,22e; Prov. 30,14; Job 6,21; Job 6,23; Job 21,27; Job 39,16; Job 42,17c; Wis. 6,25; Is. 8,8; Is. 8,22; Is. 10,2; Is. 11,15; Is. 13,14; Is. 14,23; Is. 16,12; Is. 22,13; Is. 30,14; Is. 33,19; Jer. 19,3; Jer. 32,28; LetterJ 44; LetterJ 58; Ezek. 41,16; Dan. 1,4; Dan. 1,12; Dan. 2,35; Judg. 3,1; Judg. 3,4; Judg. 7,2; Matt. 8,24; Matt. 8,28; Matt. 10,1; Matt. 12,22; Matt. 13,2; Matt. 13,32; Matt. 13,54; Matt. 15,31; Matt. 15,33; Matt. 24,24; Matt. 27,1; Matt. 27,14; Mark 1,27; Mark 1,45; Mark 2,2; Mark 2,12; Mark 2,28; Mark 3,10; Mark 3,20; Mark 4,1; Mark 4,32; Mark 4,37; Mark 9,26; Mark 15,5; Luke 4,29; Luke 5,7; Luke 12,1; Luke 20,20; John 3,16; Acts 1,19; Acts 5,15; Acts 14,1; Acts 15,39; Acts 16,26; Acts 19,10; Acts 19,12; Acts 19,16; Rom. 7,4; Rom. 7,6; Rom. 7,12; Rom. 13,2; Rom. 15,19; 1Cor. 1,7; 1Cor. 3,7; 1Cor. 3,21; 1Cor. 4,5; 1Cor. 5,1; 1Cor. 5,8; 1Cor. 7,38; 1Cor. 13,2; 1Cor. 14,22; 2Cor. 1,8; 2Cor. 2,7; 2Cor. 3,7; 2Cor. 4,12; 2Cor. 5,17; 2Cor. 7,7; Gal. 2,13; Gal. 3,9; Gal. 3,24; Gal. 4,7; Gal. 4,16; Phil. 1,13; 1Th. 1,7; 1Th. 1,8; 2Th. 1,4; 2Th. 2,4; Heb. 13,6; 1Pet. 1,21)

Pronoun · (reciprocal) ▸ **1** (1Pet. 4,19)

Ὥστε ▸ **1** + 9 = **10**

Conjunction · subordinating · (resultive) ▸ **1** + 9 = **10** (Esth. 7,8; 1Cor. 10,12; 1Cor. 11,27; 1Cor. 11,33; 1Cor. 14,39; 1Cor. 15,58; 2Cor. 5,16; Phil. 2,12; Phil. 4,1; 1Th. 4,18)

ὠτάριον (οὖς) ear ▸ **2**

ὠτάριον ▸ **2**

Noun · neuter · singular · accusative ▸ **2** (Mark 14,47; John 18,10)

ὠτίον (οὖς) ear ▸ **17** + 3 = **20**

ὠτία ▸ **1**

Noun · neuter · plural · accusative · (common) ▸ **1** (Psa. 39,7)

ὠτίοις ▸ **1**

Noun · neuter · plural · dative · (common) ▸ **1** (Is. 55,3)

ὠτίον ▸ **9** + 2 = **11**

Noun · neuter · singular · accusative · (common) ▸ **9** + 2 = **11** (Deut. 15,17; 1Sam. 9,15; 1Sam. 20,2; 1Sam. 20,13; 1Sam. 22,8; 1Sam. 22,8; 1Sam. 22,17; 2Sam. 7,27; Is. 50,4; Matt. 26,51; John 18,26)

ὠτίου ▸ **3** + 1 = **4**

Noun · neuter · singular · genitive · (common) ▸ **3** + 1 = **4** (2Sam. 22,45; Psa. 17,45; Amos 3,12; Luke 22,51)

ὠτίων ▸ **3**

Noun · neuter · plural · genitive · (common) ▸ **3** (Sir. 21,5; Sir. 27,14; Sir. 43,24)

ὠτότμητος (οὖς; τέμνω) having ears cut off ▸ **2**

ὠτότμητον ▸ **1**

Adjective · neuter · singular · accusative · noDegree ▸ **1** (Lev. 22,23)

ὠτότμητος ▸ **1**

Adjective · masculine · singular · nominative · noDegree ▸ **1** (Lev. 21,18)

Ωφαζ Uphaz ▸ **1**

Ωφαζ ▸ **1**

Noun · singular · genitive · (proper) ▸ **1** (Dan. 10,5)

Ωφαλ Ophel ▸ **1**

Ωφαλ ▸ **1**

Noun · masculine · singular · dative · (proper) ▸ **1** (Neh. 3,26)

Ωφε Ephai ▸ **1**

Ωφε ▸ **1**

Noun · masculine · singular · genitive · (proper) ▸ **1** (Jer. 47,8)

ὠφέλεια (ὠφελέω) advantage, gain ▸ **13** + 2 = **15**

ὠφέλεια ▸ **8** + 1 = **9**

Noun · feminine · singular · nominative · (common) ▸ **8** + 1 = **9** (Psa. 29,10; Job 21,15; Job 22,3; Sir. 20,30; Sir. 30,23; Sir. 41,14; Jer. 26,11; Jer. 37,13; Rom. 3,1)

ὠφέλειαν ▸ **5**

Noun · feminine · singular · accusative · (common) ▸ **5** (2Sam. 18,22; 2Mac. 2,25; 2Mac. 8,20; Is. 30,5; Jer. 23,32)

ὠφελείας ▸ **1**

Noun · feminine · singular · genitive ▸ **1** (Jude 16)

ὠφελέω to gain; to benefit ▸ **28** + 15 = **43**

ὠφελεῖ ▸ **3** + 4 = **7**

Verb · third · singular · present · active · indicative ▸ **3** + 4 = **7** (Prov. 25,13; Prov. 25,13; Hab. 2,18; Matt. 27,24; Mark 8,36; John 6,63; Rom. 2,25)

ὠφελεῖται ▸ **1**

Verb · third · singular · present · passive · indicative · (variant) ▸ **1** (Luke 9,25)

ὠφελεῖτε ▸ **1**

Verb · second · plural · present · active · indicative ▸ **1** (John 12,19)

ὠφεληθεῖσα ▸ **1**

Verb · aorist · passive · participle · feminine · singular · nominative ▸ **1** (Mark 5,26)

ὠφεληθῆναι ▸ **1**

Verb · aorist · passive · infinitive ▸ **1** (Is. 47,12)

ὠφεληθῇς ▸ **2**

Verb · second · singular · aorist · passive · subjunctive ▸ **2** (Matt. 15,5; Mark 7,11)

ὠφελήθησαν ▸ **1**

Verb · third · plural · aorist · passive · indicative ▸ **1** (Heb. 13,9)

ὠφεληθήσεσθε ▸ **2**

Verb · second · plural · future · passive · indicative ▸ **2** (Wis. 6,25; Jer. 7,8)

ὠφεληθήσεται ▸ **1**

Verb · third · singular · future · passive · indicative ▸ **1** (Matt. 16,26)

ὠφεληθήσονται ▸ **1**

Verb · third · plural · future · passive · indicative ▸ **1** (Jer. 2,11)

ὠφέλησα ▸ **1**

Verb · first · singular · aorist · active · indicative ▸ **1** (Jer. 15,10)

ὠφελῆσαι ▸ **1**

Verb · aorist · active · infinitive ▸ **1** (LetterJ 67)

ὠφέλησαν ▸ **1**

Verb · third · plural · aorist · active · indicative ▸ **1** (Sir. 34,23)

ὠφέλησάν ▸ **1**

Verb · third · plural · aorist · active · indicative ▸ **1** (Tob. 2,10)

ὠφελήσει ▸ **5** + 1 = **6**

Verb · third · singular · future · active · indicative ▸ **5** + 1 = **6** (Psa. 88,23; Sir. 5,8; Is. 30,5; Is. 30,6; Is. 44,9; Gal. 5,2)

ὠφελήσειν ▸ **1**

Verb · future · active · infinitive ▸ **1** (2Mac. 12,11)

ὠφελήσεις ▸ **1**

Verb · second · singular · future · active · indicative ▸ **1** (Sir. 38,21)

ὠφέλησεν ▸ 3 + 1 = 4
    Verb · third · singular · aorist · active · indicative ▸ 3 + 1 = 4 (Wis. 5,8; Sir. 34,25; Sir. 34,26; Heb. 4,2)
ὠφέλησέν ▸ 1
    Verb · third · singular · aorist · active · indicative ▸ 1 (Jer. 15,10)
ὠφελήσουσιν ▸ 5
    Verb · third · plural · future · active · indicative ▸ 5 (Prov. 10,2; Is. 30,7; Jer. 7,4; Jer. 12,13; Jer. 23,32)
ὠφελήσουσίν ▸ 1
    Verb · third · plural · future · active · indicative ▸ 1 (Is. 57,12)
ὠφελήσω ▸ 1
    Verb · first · singular · future · active · indicative ▸ 1 (1Cor. 14,6)
ὠφελοῦμαι ▸ 1
    Verb · first · singular · present · passive · indicative · (variant) ▸ 1 (1Cor. 13,3)
ὠφέλημα benefit ▸ 1
    ὠφέλημα ▸ 1
        Noun · neuter · singular · nominative · (common) ▸ 1 (Jer. 16,19)
ὠφέλιμος (ὠφελέω) beneficial ▸ 4
    ὠφέλιμα ▸ 1
        Adjective · neuter · plural · nominative ▸ 1 (Titus 3,8)
    ὠφέλιμος ▸ 2
        Adjective · feminine · singular · nominative ▸ 2 (1Tim. 4,8; 2Tim. 3,16)
    ὠφέλιμός ▸ 1
        Adjective · feminine · singular · nominative ▸ 1 (1Tim. 4,8)
Ωφιρ Ophir ▸ 2
    Ωφιρ ▸ 2
        Noun · masculine · singular · genitive · (proper) ▸ 2 (Job 22,24; Job 28,16)
Ωχαζαμ Ahuzzam ▸ 1
    Ωχαζαμ ▸ 1
        Noun · masculine · singular · accusative · (proper) ▸ 1 (1Chr. 4,6)
ὠχρός pale ▸ 1
    ὤχρᾳ ▸ 1
        Adjective · feminine · singular · dative · noDegree ▸ 1 (Deut. 28,22)